中国人口普查
CHINA POPULATION CENSUS

2020

吉林省人口普查年鉴

（上册）

JILIN POPULATION CENSUS YEARBOOK 2020

(BOOK 1)

吉林省第七次全国人口普查领导小组办公室 编
吉 林 省 统 计 局

Compiled by
Office of the Leading Group of Jilin Province for the Seventh National Population Census
Jilin Provincial Bureau of Statistics

中国统计出版社
China Statistics Press

图书在版编目（CIP）数据

吉林省人口普查年鉴. 2020. 上册 / 吉林省第七次全国人口普查领导小组办公室, 吉林省统计局编. -- 北京 : 中国统计出版社, 2022.10
ISBN 978-7-5037-9961-7

Ⅰ. ①吉… Ⅱ. ①吉… ②吉… Ⅲ. ①人口普查－统计资料－吉林－2020－年鉴 Ⅳ. ①C924.253.4-54

中国版本图书馆 CIP 数据核字(2022)第 167293 号

吉林省人口普查年鉴-2020（上册）
Jilin Population Census Yearbook 2020 (Book 1)

作　　者/吉林省第七次全国人口普查领导小组办公室　吉林省统计局
责任编辑/郭　栋
执行编辑/吕仁睿
封面设计/李雪燕
出版发行/中国统计出版社有限公司
通信地址/北京市丰台区西三环南路甲 6 号　邮政编码/100073
发行电话/邮购（010）63376909　书店（010）68783171
网　　址/http://www.zgtjcbs.com/
印　　刷/河北鑫兆源印刷有限公司
经　　销/新华书店
开　　本/880mm×1230mm　1/16
字　　数/1158 千字
印　　张/48.5
版　　别/2022 年 10 月第 1 版
版　　次/2022 年 10 月第 1 次印刷
定　　价/990.00 元（全三册附光盘）

《吉林省人口普查年鉴—2020》编委会和编辑工作人员

编辑说明

在吉林省委省政府的领导下，按照国务院第七次全国人口普查领导小组统一部署，各地各有关部门精心组织、协同推进，全体普查工作人员艰苦努力、无私奉献，2400余万普查对象共同参与、积极配合，吉林省第七次全国人口普查取得了圆满成功，获得了丰富详实的资料，为了满足社会各界的需要，现将汇总数据资料编辑出版。

为便于读者使用本资料，现将有关情况说明如下：

一、普查对象和标准时点

第七次全国人口普查的普查对象指普查标准时点在中华人民共和国境内的自然人以及在中华人民共和国境外但未定居的中国公民，不包括在中华人民共和国境内短期停留的境外人员。普查标准时点为2020年11月1日零时。

二、普查表式

第七次全国人口普查采用长、短两种普查表。普查短表包括反映人口基本状况的项目，由全部住户（不包括港澳台居民和外籍人员）填报；普查长表包括所有短表项目和人口的经济活动、婚姻生育和住房等情况的项目，在全部住户中抽取10%的户（不包括港澳台居民和外籍人员）填报。

三、资料主要内容

本资料分为三部分。第一部分是全部人口数据，主要反映人口的基本状况，分为八卷，共196张表；第二部分是普查长表数据，主要反映人口的各种结构情况，分为九卷，共218张表；第三部分是附录，主要是普查的有关规定和技术文件等。

四、数据汇总口径及推算说明

本资料是普查实际登记直接汇总的数据，不包括漏登的人口（全国事后质量抽查表明，人口漏登率为0.05%），不包括现役军人。

资料中各项指标的汇总结果未做任何误差校正，读者在使用时应考虑不同指标登记误差因素的影响。

由于普查长表是按户抽样并进行登记，因此人口总数以及各种人口结构数据的抽样比会存在略微差异，请读者使用本资料推算总体时，对采用的方法予以注意。

五、城乡划分规定

本次人口普查关于城乡的划分，按照国家统计局《统计上划分城乡的规定》执行。

六、行政区划变动

与2010年相比，因省内行政区划调整，统计口径变化如下：1.长春市人口增加公主岭市数据，四平市不含公主岭数据； 2.梅河口市独立统计，通化市人口不含梅河口市数据；3.长白山管委会独立统计，白山市、延边州人口不含长白山管委会数据。

七、其他

本资料中部分相对数由于单位取舍问题而产生的计算误差，均未做机械调整。本资料中空项表示无数字或数据很小。

目　　录

上　册

第一部分　全部数据资料

第二卷　民族

第三卷 年龄

第四卷 教育

第五卷 家庭

中 册

第一部分　全部数据资料（续）

第六卷　死亡

第七卷　户口登记状况

第八卷 住房

第二部分　长表数据资料

第一卷　概要

第二卷　民族

第三卷　教育

第四卷　就业

下　册

第二部分　长表数据资料（续）

第五卷　婚姻

第六卷　生育

第七卷 迁移和户口登记地

第八卷 老年人口

第三部分 附 录

第一部分　全部数据资料

第一卷　概要

1-1 各地区户数、

地区	户数						
				合计			
	合计	家庭户	集体户	合计	男	女	性别比（女=100）
全 省	**9961655**	**9426822**	**534833**	**24073453**	**12018319**	**12055134**	**99.69**
长春市	**3607133**	**3330525**	**276608**	**9066906**	**4538382**	**4528524**	**100.22**
南关区	274693	245117	29576	657682	319554	338128	94.51
宽城区	345799	315144	30655	856177	430095	426082	100.94
朝阳区	252791	219858	32933	614021	306504	307517	99.67
二道区	222687	202385	20302	522453	255942	266511	96.03
绿园区	291027	272457	18570	714919	355599	359320	98.96
双阳区	127948	116134	11814	335723	168752	166971	101.07
九台区	247423	237598	9825	613836	310055	303781	102.07
农安县	300047	293282	6765	763983	388645	375338	103.55
长春经济技术开发区	176259	158225	18034	429387	212067	217320	97.58
长春净月高新技术产业开发区	148836	113379	35457	408740	193858	214882	90.22
长春高新技术产业开发区	177107	146467	30640	460607	233665	226942	102.96
长春汽车经济技术开发区	132001	121297	10704	317978	163993	153985	106.50
长春莲花山生态旅游度假区	15083	14634	449	37513	19004	18509	102.67
榆树市	318936	313305	5631	836098	422713	413385	102.26
德惠市	243245	237356	5889	635476	322457	313019	103.02
公主岭市	333251	323887	9364	862313	435479	426834	102.03
吉林市	**1580080**	**1516884**	**63196**	**3623713**	**1803823**	**1819890**	**99.12**
昌邑区	259146	248784	10362	581852	283783	298069	95.21
龙潭区	167662	158586	9076	371607	186809	184798	101.09
船营区	201793	191136	10657	464893	229830	235063	97.77
丰满区	111185	104492	6693	259374	125950	133424	94.40
永吉县	105258	101534	3724	243469	125564	117905	106.50
吉林经济开发区	23417	20016	3401	55692	28533	27159	105.06
吉林高新技术产业开发区	66375	59898	6477	162447	76601	85846	89.23
吉林中国新加坡食品区	15744	15661	83	37164	18563	18601	99.80
蛟河市	147495	145178	2317	328925	165292	163633	101.01
桦甸市	151079	148657	2422	341308	171822	169486	101.38
舒兰市	174590	170330	4260	406744	204714	202030	101.33
磐石市	156336	152612	3724	370238	186362	183876	101.35
四平市	**737257**	**700554**	**36703**	**1814733**	**904701**	**910032**	**99.41**
铁西区	131188	114617	16571	314307	148202	166105	89.22
铁东区	139577	130215	9362	313650	157285	156365	100.59
梨树县	210341	205486	4855	537145	273030	264115	103.38
伊通满族自治县	131346	128420	2926	331873	168381	163492	102.99
双辽市	124805	121816	2989	317758	157803	159955	98.65
辽源市	**417395**	**396879**	**20516**	**996903**	**498860**	**498043**	**100.16**
龙山区	140478	128862	11616	327079	159837	167242	95.57
西安区	64310	59445	4865	136337	68327	68010	100.47
东丰县	121624	118914	2710	307302	155448	151854	102.37
东辽县	90983	89658	1325	226185	115248	110937	103.89

人口数和性别比

单位：户、人

人口数								平均家庭户规模（人/户）
家庭户				集体户				
小计	男	女	性别比（女=100）	小计	男	女	性别比（女=100）	
22103381	**10995039**	**11108342**	**98.98**	**1970072**	**1023280**	**946792**	**108.08**	**2.34**
8018524	**3990323**	**4028201**	**99.06**	**1048382**	**548059**	**500323**	**109.54**	**2.41**
546560	261872	284688	91.99	111122	57682	53440	107.94	2.23
739587	368712	370875	99.42	116590	61383	55207	111.19	2.35
484936	232977	251959	92.47	129085	73527	55558	132.34	2.21
445565	218123	227442	95.90	76888	37819	39069	96.80	2.20
648650	319307	329343	96.95	66269	36292	29977	121.07	2.38
290185	146099	144086	101.40	45538	22653	22885	98.99	2.50
577786	292023	285763	102.19	36050	18032	18018	100.08	2.43
736993	374741	362252	103.45	26990	13904	13086	106.25	2.51
363697	178237	185460	96.11	65690	33830	31860	106.18	2.30
274692	134060	140632	95.33	134048	59798	74250	80.54	2.42
352245	174094	178151	97.72	108362	59571	48791	122.09	2.40
281173	140798	140375	100.30	36805	23195	13610	170.43	2.32
35670	17965	17705	101.47	1843	1039	804	129.23	2.44
812139	410530	401609	102.22	23959	12183	11776	103.46	2.59
613923	311566	302357	103.05	21553	10891	10662	102.15	2.59
814723	409219	405504	100.92	47590	26260	21330	123.11	2.52
3412989	**1688328**	**1724661**	**97.89**	**210724**	**115495**	**95229**	**121.28**	**2.25**
550289	267755	282534	94.77	31563	16028	15535	103.17	2.21
343545	169817	173728	97.75	28062	16992	11070	153.50	2.17
429295	207653	221642	93.69	35598	22177	13421	165.24	2.25
236443	115016	121427	94.72	22931	10934	11997	91.14	2.26
229634	115776	113858	101.68	13835	9788	4047	241.86	2.26
44113	22018	22095	99.65	11579	6515	5064	128.65	2.20
140120	67318	72802	92.47	22327	9283	13044	71.17	2.34
36827	18341	18486	99.22	337	222	115	193.04	2.35
321746	161192	160554	100.40	7179	4100	3079	133.16	2.22
330948	166395	164553	101.12	10360	5427	4933	110.01	2.23
391833	197100	194733	101.22	14911	7614	7297	104.34	2.30
358196	179947	178249	100.95	12042	6415	5627	114.00	2.35
1681136	**840057**	**841079**	**99.88**	**133597**	**64644**	**68953**	**93.75**	**2.40**
256551	124268	132283	93.94	57756	23934	33822	70.76	2.24
278599	137897	140702	98.01	35051	19388	15663	123.78	2.14
517768	262857	254911	103.12	19377	10173	9204	110.53	2.52
322232	163375	158857	102.84	9641	5006	4635	108.00	2.51
305986	151660	154326	98.27	11772	6143	5629	109.13	2.51
924333	**461888**	**462445**	**99.88**	**72570**	**36972**	**35598**	**103.86**	**2.33**
286637	139594	147043	94.93	40442	20243	20199	100.22	2.22
119019	59524	59495	100.05	17318	8803	8515	103.38	2.00
297027	149976	147051	101.99	10275	5472	4803	113.93	2.50
221650	112794	108856	103.62	4535	2454	2081	117.92	2.47

1–1 续表

地区	户数			合计			
	合计	家庭户	集体户	合计	男	女	性别比（女=100）
通化市	**544579**	**524562**	**20017**	**1302778**	**649529**	**653249**	**99.43**
东昌区	148684	138492	10192	355346	172138	183208	93.96
二道江区	43101	41615	1486	91571	45266	46305	97.76
通化县	74624	73368	1256	175114	88391	86723	101.92
辉南县	98740	96032	2708	237113	118757	118356	100.34
柳河县	108553	105951	2602	274414	140021	134393	104.19
集安市	70877	69104	1773	169220	84956	84264	100.82
白山市	**414483**	**394772**	**19711**	**951866**	**475119**	**476747**	**99.66**
浑江区	130805	123257	7548	307982	151338	156644	96.61
江源区	62523	58718	3805	138272	69737	68535	101.75
抚松县	94127	89560	4567	217252	108972	108280	100.64
靖宇县	45778	44006	1772	108478	55057	53421	103.06
长白朝鲜族自治县	26398	25539	859	58266	29484	28782	102.44
临江市	54852	53692	1160	121616	60531	61085	99.09
松原市	**872426**	**840420**	**32006**	**2252994**	**1128600**	**1124394**	**100.37**
宁江区	239349	224912	14437	619364	304463	314901	96.69
前郭尔罗斯蒙古族自治县	157787	153718	4069	407385	204560	202825	100.86
长岭县	176945	173386	3559	451620	228661	222959	102.56
乾安县	83158	80331	2827	205542	103221	102321	100.88
吉林松原经济开发区	35990	32615	3375	94066	46842	47224	99.19
扶余市	179197	175458	3739	475017	240853	234164	102.86
白城市	**660180**	**635434**	**24746**	**1551378**	**770277**	**781101**	**98.61**
洮北区	150895	144274	6621	356054	176363	179691	98.15
镇赉县	92114	89791	2323	217387	108978	108409	100.52
通榆县	119107	116194	2913	281589	140977	140612	100.26
吉林白城经济开发区	46361	39231	7130	118222	55148	63074	87.43
洮南市	132335	129745	2590	307215	153596	153619	99.99
大安市	119368	116199	3169	270911	135215	135696	99.65
延边朝鲜族自治州	**891093**	**858472**	**32621**	**1941700**	**961606**	**980094**	**98.11**
延吉市	306468	290999	15469	686136	331434	354702	93.44
图们市	40510	38773	1737	85248	42139	43109	97.75
敦化市	179064	174753	4311	392486	196287	196199	100.04
珲春市	104590	100539	4051	239359	119044	120315	98.94
龙井市	63068	61137	1931	129286	65060	64226	101.30
和龙市	57124	55010	2114	117087	59623	57464	103.76
汪清县	81935	80110	1825	167911	84601	83310	101.55
安图县	58334	57151	1183	124187	63418	60769	104.36
长白山管委会	**25836**	**24401**	**1435**	**61146**	**31035**	**30111**	**103.07**
长白山保护开发区池北区	18630	17673	957	44639	22697	21942	103.44
长白山保护开发区池西区	6331	5933	398	14660	7379	7281	101.35
长白山保护开发区池南区	875	795	80	1847	959	888	108.00
梅河口市	**211193**	**203919**	**7274**	**509336**	**256387**	**252949**	**101.36**

单位：户、人

人口数								平均家庭户规模（人/户）
家庭户				集体户				
小计	男	女	性别比（女=100）	小计	男	女	性别比（女=100）	
1227593	**612070**	**615523**	**99.44**	**75185**	**37459**	**37726**	**99.29**	**2.34**
315472	153378	162094	94.62	39874	18760	21114	88.85	2.28
87053	42843	44210	96.91	4518	2423	2095	115.66	2.09
170003	85556	84447	101.31	5111	2835	2276	124.56	2.32
227061	113534	113527	100.01	10052	5223	4829	108.16	2.36
264517	134890	129627	104.06	9897	5131	4766	107.66	2.50
163487	81869	81618	100.31	5733	3087	2646	116.67	2.37
881771	**438310**	**443461**	**98.84**	**70095**	**36809**	**33286**	**110.58**	**2.23**
280604	137324	143280	95.84	27378	14014	13364	104.86	2.28
124773	62662	62111	100.89	13499	7075	6424	110.13	2.12
201805	100861	100944	99.92	15447	8111	7336	110.56	2.25
102079	51666	50413	102.49	6399	3391	3008	112.73	2.32
54794	27415	27379	100.13	3472	2069	1403	147.47	2.15
117716	58382	59334	98.40	3900	2149	1751	122.73	2.19
2130955	**1065124**	**1065831**	**99.93**	**122039**	**63476**	**58563**	**108.39**	**2.54**
566496	276928	289568	95.63	52868	27535	25333	108.69	2.52
392820	196919	195901	100.52	14565	7641	6924	110.36	2.56
436709	221049	215660	102.50	14911	7612	7299	104.29	2.52
195161	97749	97412	100.35	10381	5472	4909	111.47	2.43
81389	40368	41021	98.41	12677	6474	6203	104.37	2.50
458380	232111	226269	102.58	16637	8742	7895	110.73	2.61
1457082	**723784**	**733298**	**98.70**	**94296**	**46493**	**47803**	**97.26**	**2.29**
330670	162780	167890	96.96	25384	13583	11801	115.10	2.29
208062	103695	104367	99.36	9325	5283	4042	130.70	2.32
269678	134876	134802	100.05	11911	6101	5810	105.01	2.32
91712	44627	47085	94.78	26510	10521	15989	65.80	2.34
297945	148669	149276	99.59	9270	4927	4343	113.45	2.30
259015	129137	129878	99.43	11896	6078	5818	104.47	2.23
1829522	**904945**	**924577**	**97.88**	**112178**	**56661**	**55517**	**102.06**	**2.13**
632386	306386	326000	93.98	53750	25048	28702	87.27	2.17
79131	38957	40174	96.97	6117	3182	2935	108.42	2.04
378162	188500	189662	99.39	14324	7787	6537	119.12	2.16
226435	112543	113892	98.82	12924	6501	6423	101.21	2.25
121988	60591	61397	98.69	7298	4469	2829	157.97	2.00
109647	55801	53846	103.63	7440	3822	3618	105.64	1.99
162057	81592	80465	101.40	5854	3009	2845	105.76	2.02
119716	60575	59141	102.42	4471	2843	1628	174.63	2.09
54548	**27382**	**27166**	**100.80**	**6598**	**3653**	**2945**	**124.04**	**2.24**
40163	20116	20047	100.34	4476	2581	1895	136.20	2.27
12813	6446	6367	101.24	1847	933	914	102.08	2.16
1572	820	752	109.04	275	139	136	102.21	1.98
484928	**242828**	**242100**	**100.30**	**24408**	**13559**	**10849**	**124.98**	**2.38**

1-1a 各地区户数、

地区	户数						
				合计			
	合计	家庭户	集体户	合计	男	女	性别比(女=100)
全 省	**4381757**	**4088980**	**292777**	**10291703**	**5028946**	**5262757**	**95.56**
长春市	**1680286**	**1534610**	**145676**	**4082653**	**2008590**	**2074063**	**96.84**
南关区	274693	245117	29576	657682	319554	338128	94.51
宽城区	250445	232911	17534	598334	296932	301402	98.52
朝阳区	237287	204666	32621	577014	287509	289505	99.31
二道区	221953	201705	20248	520984	255184	265800	96.01
绿园区	284820	266512	18308	698396	346762	351634	98.61
双阳区	56234	45473	10761	155035	75308	79727	94.46
九台区	93946	89768	4178	218445	106955	111490	95.93
农安县							
长春经济技术开发区							
长春净月高新技术产业开发区							
长春高新技术产业开发区							
长春汽车经济技术开发区							
长春莲花山生态旅游度假区							
榆树市	78612	75520	3092	202198	97849	104349	93.77
德惠市	78061	74213	3848	191912	93553	98359	95.11
公主岭市	104235	98725	5510	262653	128984	133669	96.50
吉林市	**825839**	**787941**	**37898**	**1853574**	**902738**	**950836**	**94.94**
昌邑区	208454	199762	8692	461496	223145	238351	93.62
龙潭区	118597	110492	8105	261040	129791	131249	98.89
船营区	168753	158886	9867	385706	189492	196214	96.57
丰满区	80617	77102	3515	186288	90627	95661	94.74
永吉县							
吉林经济开发区	699	673	26	1672	824	848	97.17
吉林高新技术产业开发区							
吉林中国新加坡食品区							
蛟河市	60138	58831	1307	131058	63281	67777	93.37
桦甸市	69448	67842	1606	153982	74787	79195	94.43
舒兰市	66916	64163	2753	149478	71862	77616	92.59
磐石市	52217	50190	2027	122854	58929	63925	92.18
四平市	**260701**	**240656**	**20045**	**601530**	**294409**	**307121**	**95.86**
铁西区	99196	89997	9199	232301	112432	119869	93.80
铁东区	111961	103138	8823	249032	124055	124977	99.26
梨树县							
伊通满族自治县							
双辽市	49544	47521	2023	120197	57922	62275	93.01
辽源市	**181488**	**167288**	**14200**	**406463**	**199237**	**207226**	**96.14**
龙山区	123833	114263	9570	286000	139251	146749	94.89
西安区	57655	53025	4630	120463	59986	60477	99.19

人口数和性别比(城市)

单位：户、人

人口数								平均家庭户规模(人/户)
家庭户				集体户				
小计	男	女	性别比(女=100)	小计	男	女	性别比(女=100)	
9214553	**4464035**	**4750518**	**93.97**	**1077150**	**564911**	**512239**	**110.28**	**2.25**
3522602	**1713255**	**1809347**	**94.69**	**560051**	**295335**	**264716**	**111.57**	**2.30**
546560	261872	284688	91.99	111122	57682	53440	107.94	2.23
532711	263053	269658	97.55	65623	33879	31744	106.73	2.29
449136	214712	234424	91.59	127878	72797	55081	132.16	2.19
444288	217461	226827	95.87	76696	37723	38973	96.79	2.20
632912	311111	321801	96.68	65484	35651	29833	119.50	2.37
113076	54863	58213	94.25	41959	20445	21514	95.03	2.49
203607	99306	104301	95.21	14838	7649	7189	106.40	2.27
188417	90956	97461	93.33	13781	6893	6888	100.07	2.49
177486	86368	91118	94.79	14426	7185	7241	99.23	2.39
234409	113553	120856	93.96	28244	15431	12813	120.43	2.37
1728956	**831615**	**897341**	**92.68**	**124618**	**71123**	**53495**	**132.95**	**2.19**
435893	209964	225929	92.93	25603	13181	12422	106.11	2.18
235597	114330	121267	94.28	25443	15461	9982	154.89	2.13
352555	168731	183824	91.79	33151	20761	12390	167.56	2.22
173746	82868	90878	91.19	12542	7759	4783	162.22	2.25
1583	774	809	95.67	89	50	39	128.21	2.35
126776	60791	65985	92.13	4282	2490	1792	138.95	2.15
146773	71295	75478	94.46	7209	3492	3717	93.95	2.16
138965	66719	72246	92.35	10513	5143	5370	95.77	2.17
117068	56143	60925	92.15	5786	2786	3000	92.87	2.33
527974	**255901**	**272073**	**94.06**	**73556**	**38508**	**35048**	**109.87**	**2.19**
199679	95948	103731	92.50	32622	16484	16138	102.14	2.22
215946	105762	110184	95.99	33086	18293	14793	123.66	2.09
112349	54191	58158	93.18	7848	3731	4117	90.62	2.36
355426	**173213**	**182213**	**95.06**	**51037**	**26024**	**25013**	**104.04**	**2.12**
251531	121591	129940	93.57	34469	17660	16809	105.06	2.20
103895	51622	52273	98.75	16568	8364	8204	101.95	1.96

1-1a 续表

地区	户数			合计			
	合计	家庭户	集体户	合计	男	女	性别比(女=100)
东丰县							
东辽县							
通化市	**195445**	**183336**	**12109**	**459852**	**221812**	**238040**	**93.18**
东昌区	135895	126290	9605	324526	156364	168162	92.98
二道江区	28605	27493	1112	62900	30629	32271	94.91
通化县							
辉南县							
柳河县							
集安市	30945	29553	1392	72426	34819	37607	92.59
白山市	**187013**	**176895**	**10118**	**430885**	**210370**	**220515**	**95.40**
浑江区	115473	108644	6829	270916	132205	138711	95.31
江源区	34991	32611	2380	78752	38789	39963	97.06
抚松县							
靖宇县							
长白朝鲜族自治县							
临江市	36549	35640	909	81217	39376	41841	94.11
松原市	**219951**	**205331**	**14620**	**567144**	**275741**	**291403**	**94.63**
宁江区	177303	165178	12125	453353	220140	233213	94.39
前郭尔罗斯蒙古族自治县	8253	7890	363	20709	9991	10718	93.22
长岭县							
乾安县							
吉林松原经济开发区							
扶余市	34395	32263	2132	93082	45610	47472	96.08
白城市	**191998**	**182703**	**9295**	**452627**	**218821**	**233806**	**93.59**
洮北区	100545	95104	5441	238947	116041	122906	94.41
镇赉县							
通榆县							
吉林白城经济开发区	2334	2165	169	5359	2733	2626	104.07
洮南市	45004	43268	1736	105179	50436	54743	92.13
大安市	44115	42166	1949	103142	49611	53531	92.68
延边朝鲜族自治州	**533514**	**509364**	**24150**	**1189646**	**576504**	**613142**	**94.02**
延吉市	271565	257466	14099	610911	293267	317644	92.33
图们市	27601	26205	1396	59388	28928	30460	94.97
敦化市	88263	85729	2534	195002	94629	100373	94.28
珲春市	76742	73913	2829	179047	87774	91273	96.17
龙井市	40918	39196	1722	86037	42660	43377	98.35
和龙市	28425	26855	1570	59261	29246	30015	97.44
汪清县							
安图县							
长白山管委会							
梅河口市	**105522**	**100856**	**4666**	**247329**	**120724**	**126605**	**95.35**

单位：户、人

人口数								平均家庭户规模（人/户）
家庭户				集体户				
小计	男	女	性别比（女=100）	小计	男	女	性别比（女=100）	
414731	**200441**	**214290**	**93.54**	**45121**	**21371**	**23750**	**89.98**	**2.26**
287071	138998	148073	93.87	37455	17366	20089	86.45	2.27
59544	28840	30704	93.93	3356	1789	1567	114.17	2.17
68116	32603	35513	91.81	4310	2216	2094	105.83	2.30
395732	**192032**	**203700**	**94.27**	**35153**	**18338**	**16815**	**109.06**	**2.24**
247388	119872	127516	94.01	23528	12333	11195	110.17	2.28
70212	34386	35826	95.98	8540	4403	4137	106.43	2.15
78132	37774	40358	93.60	3085	1602	1483	108.02	2.19
512816	**248153**	**264663**	**93.76**	**54328**	**27588**	**26740**	**103.17**	**2.50**
410021	198290	211731	93.65	43332	21850	21482	101.71	2.48
19459	9335	10124	92.21	1250	656	594	110.44	2.47
83336	40528	42808	94.67	9746	5082	4664	108.96	2.58
417791	**200891**	**216900**	**92.62**	**34836**	**17930**	**16906**	**106.06**	**2.29**
218081	105164	112917	93.13	20866	10877	9989	108.89	2.29
4785	2441	2344	104.14	574	292	282	103.55	2.21
98884	47222	51662	91.41	6295	3214	3081	104.32	2.29
96041	46064	49977	92.17	7101	3547	3554	99.80	2.28
1106285	**535674**	**570611**	**93.88**	**83361**	**40830**	**42531**	**96.00**	**2.17**
562241	271009	291232	93.06	48670	22258	26412	84.27	2.18
54490	26413	28077	94.07	4898	2515	2383	105.54	2.08
186495	90193	96302	93.66	8507	4436	4071	108.97	2.18
169781	82954	86827	95.54	9266	4820	4446	108.41	2.30
79571	38650	40921	94.45	6466	4010	2456	163.27	2.03
53707	26455	27252	97.08	5554	2791	2763	101.01	2.00
232240	**112860**	**119380**	**94.54**	**15089**	**7864**	**7225**	**108.84**	**2.30**

1-1b 各地区户数、

地区	户数			合计			
	合计	家庭户	集体户	合计	男	女	性别比(女=100)
全省	**1997925**	**1838621**	**159304**	**4787311**	**2360236**	**2427075**	**97.25**
长春市	**752200**	**662055**	**90145**	**1896416**	**940779**	**955637**	**98.45**
南关区							
宽城区	28905	24664	4241	78425	38547	39878	96.66
朝阳区	4087	3838	249	9665	4854	4811	100.89
二道区	734	680	54	1469	758	711	106.61
绿园区							
双阳区	1832	1711	121	4357	2262	2095	107.97
九台区	2465	2368	97	5997	2940	3057	96.17
农安县	80241	76206	4035	196832	95611	101221	94.46
长春经济技术开发区	176259	158225	18034	429387	212067	217320	97.58
长春净月高新技术产业开发区	75405	57241	18164	208866	96251	112615	85.47
长春高新技术产业开发区	175281	144929	30352	453298	227988	225310	101.19
长春汽车经济技术开发区	132001	121297	10704	317978	163993	153985	106.50
长春莲花山生态旅游度假区	2344	1959	385	5858	3054	2804	108.92
榆树市	20682	19865	817	51146	25883	25263	102.45
德惠市	4326	3988	338	11076	5566	5510	101.02
公主岭市	47638	45084	2554	122062	61005	61057	99.91
吉林市	**200907**	**187187**	**13720**	**447852**	**218135**	**229717**	**94.96**
昌邑区	5233	4547	686	11454	5472	5982	91.47
龙潭区	6681	6239	442	13378	6826	6552	104.18
船营区	2393	2313	80	5653	2807	2846	98.63
丰满区	763	736	27	1625	814	811	100.37
永吉县	42949	41218	1731	93845	45576	48269	94.42
吉林经济开发区	18423	15053	3370	43308	22283	21025	105.98
吉林高新技术产业开发区	56552	51170	5382	137672	63657	74015	86.01
吉林中国新加坡食品区	2101	2035	66	4882	2406	2476	97.17
蛟河市	17404	17030	374	37255	18745	18510	101.27
桦甸市	16656	16364	292	30828	15524	15304	101.44
舒兰市	12333	11843	490	27214	13499	13715	98.43
磐石市	19419	18639	780	40738	20526	20212	101.55
四平市	**138993**	**131748**	**7245**	**334269**	**164877**	**169392**	**97.33**
铁西区							
铁东区	2023	1910	113	4377	2145	2232	96.10
梨树县	80732	76479	4253	193144	95883	97261	98.58
伊通满族自治县	45171	42901	2270	110229	53475	56754	94.22
双辽市	11067	10458	609	26519	13374	13145	101.74
辽源市	**72410**	**69427**	**2983**	**168785**	**82194**	**86591**	**94.92**
龙山区	354	324	30	833	437	396	110.35
西安区							
东丰县	47806	45817	1989	112665	54825	57840	94.79
东辽县	24250	23286	964	55287	26932	28355	94.98

人口数和性别比(镇)

单位：户、人

人口数								平均家庭户规模（人/户）
家庭户				集体户				
小计	男	女	性别比（女=100）	小计	男	女	性别比（女=100）	
4211092	**2069196**	**2141896**	**96.61**	**576219**	**291040**	**285179**	**102.06**	**2.29**
1570631	**774792**	**795839**	**97.36**	**325785**	**165987**	**159798**	**103.87**	**2.37**
61785	31093	30692	101.31	16640	7454	9186	81.15	2.51
8751	4356	4395	99.11	914	498	416	119.71	2.28
1277	662	615	107.64	192	96	96	100.00	1.88
3935	2037	1898	107.32	422	225	197	114.21	2.30
5656	2770	2886	95.98	341	170	171	99.42	2.39
181937	88198	93739	94.09	14895	7413	7482	99.08	2.39
363697	178237	185460	96.11	65690	33830	31860	106.18	2.30
141766	68339	73427	93.07	67100	27912	39188	71.23	2.48
348899	172366	176533	97.64	104399	55622	48777	114.03	2.41
281173	140798	140375	100.30	36805	23195	13610	170.43	2.32
4314	2179	2135	102.06	1544	875	669	130.79	2.20
47677	24025	23652	101.58	3469	1858	1611	115.33	2.40
9998	5114	4884	104.71	1078	452	626	72.20	2.51
109766	54618	55148	99.04	12296	6387	5909	108.09	2.43
401556	**196158**	**205398**	**95.50**	**46296**	**21977**	**24319**	**90.37**	**2.15**
8719	4348	4371	99.47	2735	1124	1611	69.77	1.92
12321	6134	6187	99.14	1057	692	365	189.59	1.97
5431	2695	2736	98.50	222	112	110	101.82	2.35
1537	769	768	100.13	88	45	43	104.65	2.09
88308	42689	45619	93.58	5537	2887	2650	108.94	2.14
31845	15839	16006	98.96	11463	6444	5019	128.39	2.12
119079	56808	62271	91.23	18593	6849	11744	58.32	2.33
4585	2217	2368	93.62	297	189	108	175.00	2.25
35978	17910	18068	99.13	1277	835	442	188.91	2.11
29673	14907	14766	100.95	1155	617	538	114.68	1.81
25737	12730	13007	97.87	1477	769	708	108.62	2.17
38343	19112	19231	99.38	2395	1414	981	144.14	2.06
307144	**150588**	**156556**	**96.19**	**27125**	**14289**	**12836**	**111.32**	**2.33**
3992	1963	2029	96.75	385	182	203	89.66	2.09
176145	86937	89208	97.45	16999	8946	8053	111.09	2.30
102979	49806	53173	93.67	7250	3669	3581	102.46	2.40
24028	11882	12146	97.83	2491	1492	999	149.35	2.30
158164	**76713**	**81451**	**94.18**	**10621**	**5481**	**5140**	**106.63**	**2.28**
679	355	324	109.57	154	82	72	113.89	2.10
105732	51244	54488	94.05	6933	3581	3352	106.83	2.31
51753	25114	26639	94.28	3534	1818	1716	105.94	2.22

1－1b 续表

地区	户数				合计		
	合计	家庭户	集体户	合计	男	女	性别比(女=100)
通化市	**143883**	**138217**	**5666**	**334378**	**164201**	**170177**	**96.49**
东昌区	2310	2183	127	5627	2783	2844	97.86
二道江区	8143	7886	257	15350	7718	7632	101.13
通化县	33030	32116	914	77528	37659	39869	94.46
辉南县	53424	51136	2288	123574	60681	62893	96.48
柳河县	43011	41073	1938	102743	50526	52217	96.76
集安市	3965	3823	142	9556	4834	4722	102.37
白山市	**143113**	**134926**	**8187**	**324162**	**161180**	**162982**	**98.89**
浑江区	3906	3509	397	10123	4793	5330	89.92
江源区	15516	14421	1095	31443	16118	15325	105.17
抚松县	74466	70162	4304	169081	84019	85062	98.77
靖宇县	28092	26582	1510	66218	32768	33450	97.96
长白朝鲜族自治县	18175	17391	784	40959	20210	20749	97.40
临江市	2958	2861	97	6338	3272	3066	106.72
松原市	**191589**	**180323**	**11266**	**489217**	**239255**	**249962**	**95.72**
宁江区	10025	9269	756	27416	13427	13989	95.98
前郭尔罗斯蒙古族自治县	53799	51111	2688	140169	67438	72731	92.72
长岭县	50741	48712	2029	125129	61682	63447	97.22
乾安县	36661	34402	2259	93731	45744	47987	95.33
吉林松原经济开发区	27455	24453	3002	70980	34927	36053	96.88
扶余市	12908	12376	532	31792	16037	15755	101.79
白城市	**162828**	**150453**	**12375**	**392005**	**189367**	**202638**	**93.45**
洮北区	11200	10642	558	24720	12521	12199	102.64
镇赉县	44362	42478	1884	105997	51970	54027	96.19
通榆县	46259	43977	2282	113347	54944	58403	94.08
吉林白城经济开发区	40363	33585	6778	103493	47557	55936	85.02
洮南市	4907	4743	164	10767	5426	5341	101.59
大安市	15737	15028	709	33681	16949	16732	101.30
延边朝鲜族自治州	**146371**	**141271**	**5100**	**295457**	**147011**	**148446**	**99.03**
延吉市	9053	8466	587	19701	9958	9743	102.21
图们市	6198	5915	283	11635	5862	5773	101.54
敦化市	24500	23646	854	46927	23581	23346	101.01
珲春市	5070	4905	165	10713	5515	5198	106.10
龙井市	6080	5943	137	10935	5527	5408	102.20
和龙市	11335	10831	504	21158	10907	10251	106.40
汪清县	55428	53648	1780	114193	56081	58112	96.51
安图县	28707	27917	790	60195	29580	30615	96.62
长白山管委会	**25745**	**24310**	**1435**	**60961**	**30937**	**30024**	**103.04**
长白山保护开发区池北区	18539	17582	957	44454	22599	21855	103.40
长白山保护开发区池西区	6331	5933	398	14660	7379	7281	101.35
长白山保护开发区池南区	875	795	80	1847	959	888	108.00
梅河口市	**19886**	**18704**	**1182**	**43809**	**22300**	**21509**	**103.68**

单位：户、人

人口数								平均家庭户规模（人/户）
家庭户				集体户				
小计	男	女	性别比（女=100）	小计	男	女	性别比（女=100）	
313567	**153371**	**160196**	**95.74**	**20811**	**10830**	**9981**	**108.51**	**2.27**
5129	2512	2617	95.99	498	271	227	119.38	2.35
14634	7338	7296	100.58	716	380	336	113.10	1.86
73748	35643	38105	93.54	3780	2016	1764	114.29	2.30
114921	56227	58694	95.80	8653	4454	4199	106.07	2.25
96043	47076	48967	96.14	6700	3450	3250	106.15	2.34
9092	4575	4517	101.28	464	259	205	126.34	2.38
294663	**146173**	**148490**	**98.44**	**29499**	**15007**	**14492**	**103.55**	**2.18**
7642	3952	3690	107.10	2481	841	1640	51.28	2.18
27603	14121	13482	104.74	3840	1997	1843	108.36	1.91
154633	76428	78205	97.73	14448	7591	6857	110.70	2.20
60802	30037	30765	97.63	5416	2731	2685	101.71	2.29
37955	18562	19393	95.71	3004	1648	1356	121.53	2.18
6028	3073	2955	103.99	310	199	111	179.28	2.11
448050	**218262**	**229788**	**94.98**	**41167**	**20993**	**20174**	**104.06**	**2.48**
24621	11999	12622	95.06	2795	1428	1367	104.46	2.66
131010	62917	68093	92.40	9159	4521	4638	97.48	2.56
117266	57586	59680	96.49	7863	4096	3767	108.73	2.41
85487	41439	44048	94.08	8244	4305	3939	109.29	2.48
59832	29282	30550	95.85	11148	5645	5503	102.58	2.45
29834	15039	14795	101.65	1958	998	960	103.96	2.41
344340	**167662**	**176678**	**94.90**	**47665**	**21705**	**25960**	**83.61**	**2.29**
22824	11539	11285	102.25	1896	982	914	107.44	2.14
98583	47728	50855	93.85	7414	4242	3172	133.73	2.32
103556	50030	53526	93.47	9791	4914	4877	100.76	2.35
78195	37667	40528	92.94	25298	9890	15408	64.19	2.33
10229	5144	5085	101.16	538	282	256	110.16	2.16
30953	15554	15399	101.01	2728	1395	1333	104.65	2.06
278404	**137756**	**140648**	**97.94**	**17053**	**9255**	**7798**	**118.68**	**1.97**
17663	8736	8927	97.86	2038	1222	816	149.75	2.09
10674	5371	5303	101.28	961	491	470	104.47	1.80
44253	22173	22080	100.42	2674	1408	1266	111.22	1.87
10114	5200	4914	105.82	599	315	284	110.92	2.06
10439	5266	5173	101.80	496	261	235	111.06	1.76
19442	9997	9445	105.84	1716	910	806	112.90	1.80
108508	53203	55305	96.20	5685	2878	2807	102.53	2.02
57311	27810	29501	94.27	2884	1770	1114	158.89	2.05
54363	**27284**	**27079**	**100.76**	**6598**	**3653**	**2945**	**124.04**	**2.24**
39978	20018	19960	100.29	4476	2581	1895	136.20	2.27
12813	6446	6367	101.24	1847	933	914	102.08	2.16
1572	820	752	109.04	275	139	136	102.21	1.98
40210	**20437**	**19773**	**103.36**	**3599**	**1863**	**1736**	**107.32**	**2.15**

1-1c 各地区户数、

地区	户数						
				合计			
	合计	家庭户	集体户	合计	男	女	性别比(女=100)
全　省	**3581973**	**3499221**	**82752**	**8994439**	**4629137**	**4365302**	**106.04**
长春市	**1174647**	**1133860**	**40787**	**3087837**	**1589013**	**1498824**	**106.02**
南关区							
宽城区	66449	57569	8880	179418	94616	84802	111.57
朝阳区	11417	11354	63	27342	14141	13201	107.12
二道区							
绿园区	6207	5945	262	16523	8837	7686	114.98
双阳区	69882	68950	932	176331	91182	85149	107.09
九台区	151012	145462	5550	389394	200160	189234	105.77
农安县	219806	217076	2730	567151	293034	274117	106.90
长春经济技术开发区							
长春净月高新技术产业开发区	73431	56138	17293	199874	97607	102267	95.44
长春高新技术产业开发区	1826	1538	288	7309	5677	1632	347.86
长春汽车经济技术开发区							
长春莲花山生态旅游度假区	12739	12675	64	31655	15950	15705	101.56
榆树市	219642	217920	1722	582754	298981	283773	105.36
德惠市	160858	159155	1703	432488	223338	209150	106.78
公主岭市	181378	180078	1300	477598	245490	232108	105.77
吉林市	**553334**	**541756**	**11578**	**1322287**	**682950**	**639337**	**106.82**
昌邑区	45459	44475	984	108902	55166	53736	102.66
龙潭区	42384	41855	529	97189	50192	46997	106.80
船营区	30647	29937	710	73534	37531	36003	104.24
丰满区	29805	26654	3151	71461	34509	36952	93.39
永吉县	62309	60316	1993	149624	79988	69636	114.87
吉林经济开发区	4295	4290	5	10712	5426	5286	102.65
吉林高新技术产业开发区	9823	8728	1095	24775	12944	11831	109.41
吉林中国新加坡食品区	13643	13626	17	32282	16157	16125	100.20
蛟河市	69953	69317	636	160612	83266	77346	107.65
桦甸市	64975	64451	524	156498	81511	74987	108.70
舒兰市	95341	94324	1017	230052	119353	110699	107.82
磐石市	84700	83783	917	206646	106907	99739	107.19
四平市	**337563**	**328150**	**9413**	**878934**	**445415**	**433519**	**102.74**
铁西区	31992	24620	7372	82006	35770	46236	77.36
铁东区	25593	25167	426	60241	31085	29156	106.62
梨树县	129609	129007	602	344001	177147	166854	106.17
伊通满族自治县	86175	85519	656	221644	114906	106738	107.65
双辽市	64194	63837	357	171042	86507	84535	102.33
辽源市	**163497**	**160164**	**3333**	**421655**	**217429**	**204226**	**106.46**
龙山区	16291	14275	2016	40246	20149	20097	100.26
西安区	6655	6420	235	15874	8341	7533	110.73

人口数和性别比(乡村)

单位：户、人

人口数								平均家庭户规模(人/户)
家庭户				集体户				
小计	男	女	性别比(女=100)	小计	男	女	性别比(女=100)	
8677736	**4461808**	**4215928**	**105.83**	**316703**	**167329**	**149374**	**112.02**	**2.48**
2925291	**1502276**	**1423015**	**105.57**	**162546**	**86737**	**75809**	**114.42**	**2.58**
145091	74566	70525	105.73	34327	20050	14277	140.44	2.52
27049	13909	13140	105.85	293	232	61	380.33	2.38
15738	8196	7542	108.67	785	641	144	445.14	2.65
173174	89199	83975	106.22	3157	1983	1174	168.91	2.51
368523	189947	178576	106.37	20871	10213	10658	95.82	2.53
555056	286543	268513	106.71	12095	6491	5604	115.83	2.56
132926	65721	67205	97.79	66948	31886	35062	90.94	2.37
3346	1728	1618	106.80	3963	3949	14	28207.14	2.18
31356	15786	15570	101.39	299	164	135	121.48	2.47
576045	295549	280496	105.37	6709	3432	3277	104.73	2.64
426439	220084	206355	106.65	6049	3254	2795	116.42	2.68
470548	241048	229500	105.03	7050	4442	2608	170.32	2.61
1282477	**660555**	**621922**	**106.21**	**39810**	**22395**	**17415**	**128.60**	**2.37**
105677	53443	52234	102.31	3225	1723	1502	114.71	2.38
95627	49353	46274	106.65	1562	839	723	116.04	2.28
71309	36227	35082	103.26	2225	1304	921	141.59	2.38
61160	31379	29781	105.37	10301	3130	7171	43.65	2.29
141326	73087	68239	107.10	8298	6901	1397	493.99	2.34
10685	5405	5280	102.37	27	21	6	350.00	2.49
21041	10510	10531	99.80	3734	2434	1300	187.23	2.41
32242	16124	16118	100.04	40	33	7	471.43	2.37
158992	82491	76501	107.83	1620	775	845	91.72	2.29
154502	80193	74309	107.92	1996	1318	678	194.40	2.40
227131	117651	109480	107.46	2921	1702	1219	139.62	2.41
202785	104692	98093	106.73	3861	2215	1646	134.57	2.42
846018	**433568**	**412450**	**105.12**	**32916**	**11847**	**21069**	**56.23**	**2.58**
56872	28320	28552	99.19	25134	7450	17684	42.13	2.31
58661	30172	28489	105.91	1580	913	667	136.88	2.33
341623	175920	165703	106.17	2378	1227	1151	106.60	2.65
219253	113569	105684	107.46	2391	1337	1054	126.85	2.56
169609	85587	84022	101.86	1433	920	513	179.34	2.66
410743	**211962**	**198781**	**106.63**	**10912**	**5467**	**5445**	**100.40**	**2.56**
34427	17648	16779	105.18	5819	2501	3318	75.38	2.41
15124	7902	7222	109.42	750	439	311	141.16	2.36

1-1c 续表

地区	户数						
				合计			
	合计	家庭户	集体户	合计	男	女	性别比（女=100）
东丰县	73818	73097	721	194637	100623	94014	107.03
东辽县	66733	66372	361	170898	88316	82582	106.94
通化市	**205251**	**203009**	**2242**	**508548**	**263516**	**245032**	**107.54**
东昌区	10479	10019	460	25193	12991	12202	106.47
二道江区	6353	6236	117	13321	6919	6402	108.08
通化县	41594	41252	342	97586	50732	46854	108.28
辉南县	45316	44896	420	113539	58076	55463	104.71
柳河县	65542	64878	664	171671	89495	82176	108.91
集安市	35967	35728	239	87238	45303	41935	108.03
白山市	**84357**	**82951**	**1406**	**196819**	**103569**	**93250**	**111.07**
浑江区	11426	11104	322	26943	14340	12603	113.78
江源区	12016	11686	330	28077	14830	13247	111.95
抚松县	19661	19398	263	48171	24953	23218	107.47
靖宇县	17686	17424	262	42260	22289	19971	111.61
长白朝鲜族自治县	8223	8148	75	17307	9274	8033	115.45
临江市	15345	15191	154	34061	17883	16178	110.54
松原市	**460886**	**454766**	**6120**	**1196633**	**613604**	**583029**	**105.24**
宁江区	52021	50465	1556	138595	70896	67699	104.72
前郭尔罗斯蒙古族自治县	95735	94717	1018	246507	127131	119376	106.50
长岭县	126204	124674	1530	326491	166979	159512	104.68
乾安县	46497	45929	568	111811	57477	54334	105.78
吉林松原经济开发区	8535	8162	373	23086	11915	11171	106.66
扶余市	131894	130819	1075	350143	179206	170937	104.84
白城市	**305354**	**302278**	**3076**	**706746**	**362089**	**344657**	**105.06**
洮北区	39150	38528	622	92387	47801	44586	107.21
镇赉县	47752	47313	439	111390	57008	54382	104.83
通榆县	72848	72217	631	168242	86033	82209	104.65
吉林白城经济开发区	3664	3481	183	9370	4858	4512	107.67
洮南市	82424	81734	690	191269	97734	93535	104.49
大安市	59516	59005	511	134088	68655	65433	104.92
延边朝鲜族自治州	**211208**	**207837**	**3371**	**456597**	**238091**	**218506**	**108.96**
延吉市	25850	25067	783	55524	28209	27315	103.27
图们市	6711	6653	58	14225	7349	6876	106.88
敦化市	66301	65378	923	150557	78077	72480	107.72
珲春市	22778	21721	1057	49599	25755	23844	108.01
龙井市	16070	15998	72	32314	16873	15441	109.27
和龙市	17364	17324	40	36668	19470	17198	113.21
汪清县	26507	26462	45	53718	28520	25198	113.18
安图县	29627	29234	393	63992	33838	30154	112.22
长白山管委会	**91**	**91**		**185**	**98**	**87**	**112.64**
梅河口市	**85785**	**84359**	**1426**	**218198**	**113363**	**104835**	**108.13**

单位：户、人

人口数								平均家庭户规模（人/户）
家庭户				集体户				
小计	男	女	性别比（女=100）	小计	男	女	性别比（女=100）	
191295	98732	92563	106.66	3342	1891	1451	130.32	2.62
169897	87680	82217	106.64	1001	636	365	174.25	2.56
499295	**258258**	**241037**	**107.14**	**9253**	**5258**	**3995**	**131.61**	**2.46**
23272	11868	11404	104.07	1921	1123	798	140.73	2.32
12875	6665	6210	107.33	446	254	192	132.29	2.06
96255	49913	46342	107.71	1331	819	512	159.96	2.33
112140	57307	54833	104.51	1399	769	630	122.06	2.50
168474	87814	80660	108.87	3197	1681	1516	110.88	2.60
86279	44691	41588	107.46	959	612	347	176.37	2.41
191376	**100105**	**91271**	**109.68**	**5443**	**3464**	**1979**	**175.04**	**2.31**
25574	13500	12074	111.81	1369	840	529	158.79	2.30
26958	14155	12803	110.56	1119	675	444	152.03	2.31
47172	24433	22739	107.45	999	520	479	108.56	2.43
41277	21629	19648	110.08	983	660	323	204.33	2.37
16839	8853	7986	110.86	468	421	47	895.74	2.07
33556	17535	16021	109.45	505	348	157	221.66	2.21
1170089	**598709**	**571380**	**104.78**	**26544**	**14895**	**11649**	**127.87**	**2.57**
131854	66639	65215	102.18	6741	4257	2484	171.38	2.61
242351	124667	117684	105.93	4156	2464	1692	145.63	2.56
319443	163463	155980	104.80	7048	3516	3532	99.55	2.56
109674	56310	53364	105.52	2137	1167	970	120.31	2.39
21557	11086	10471	105.87	1529	829	700	118.43	2.64
345210	176544	168666	104.67	4933	2662	2271	117.22	2.64
694951	**355231**	**339720**	**104.57**	**11795**	**6858**	**4937**	**138.91**	**2.30**
89765	46077	43688	105.47	2622	1724	898	191.98	2.33
109479	55967	53512	104.59	1911	1041	870	119.66	2.31
166122	84846	81276	104.39	2120	1187	933	127.22	2.30
8732	4519	4213	107.26	638	339	299	113.38	2.51
188832	96303	92529	104.08	2437	1431	1006	142.25	2.31
132021	67519	64502	104.68	2067	1136	931	122.02	2.24
444833	**231515**	**213318**	**108.53**	**11764**	**6576**	**5188**	**126.75**	**2.14**
52482	26641	25841	103.10	3042	1568	1474	106.38	2.09
13967	7173	6794	105.58	258	176	82	214.63	2.10
147414	76134	71280	106.81	3143	1943	1200	161.92	2.25
46540	24389	22151	110.10	3059	1366	1693	80.69	2.14
31978	16675	15303	108.97	336	198	138	143.48	2.00
36498	19349	17149	112.83	170	121	49	246.94	2.11
53549	28389	25160	112.83	169	131	38	344.74	2.02
62405	32765	29640	110.54	1587	1073	514	208.75	2.13
185	**98**	**87**	**112.64**					**2.03**
212478	**109531**	**102947**	**106.40**	**5720**	**3832**	**1888**	**202.97**	**2.52**

1-2 各地区分性别、

地 区	人口数			居住本乡、镇、街道，户口在本乡、镇、街道		
	合计	男	女	小计	男	女
全 省	**24073453**	**12018319**	**12055134**	**13265835**	**6756383**	**6509452**
长春市	**9066906**	**4538382**	**4528524**	**4503227**	**2293605**	**2209622**
南关区	657682	319554	338128	256815	124314	132501
宽城区	856177	430095	426082	316967	160856	156111
朝阳区	614021	306504	307517	267846	130444	137402
二道区	522453	255942	266511	171567	83543	88024
绿园区	714919	355599	359320	239241	118816	120425
双阳区	335723	168752	166971	199275	102692	96583
九台区	613836	310055	303781	394246	204886	189360
农安县	763983	388645	375338	537242	280024	257218
长春经济技术开发区	429387	212067	217320	122399	60656	61743
长春净月高新技术产业开发区	408740	193858	214882	121896	60563	61333
长春高新技术产业开发区	460607	233665	226942	166627	85297	81330
长春汽车经济技术开发区	317978	163993	153985	120159	60011	60148
长春莲花山生态旅游度假区	37513	19004	18509	24847	12691	12156
榆树市	836098	422713	413385	585687	302824	282863
德惠市	635476	322457	313019	423178	219654	203524
公主岭市	862313	435479	426834	555235	286334	268901
吉林市	**3623713**	**1803823**	**1819890**	**2106442**	**1068998**	**1037444**
昌邑区	581852	283783	298069	297510	147333	150177
龙潭区	371607	186809	184798	195904	98751	97153
船营区	464893	229830	235063	220122	109691	110431
丰满区	259374	125950	133424	121516	60679	60837
永吉县	243469	125564	117905	171000	88347	82653
吉林经济开发区	55692	28533	27159	28902	14416	14486
吉林高新技术产业开发区	162447	76601	85846	79807	38864	40943
吉林中国新加坡食品区	37164	18563	18601	26929	13580	13349
蛟河市	328925	165292	163633	212038	109391	102647
桦甸市	341308	171822	169486	240233	123032	117201
舒兰市	406744	204714	202030	272032	140690	131342
磐石市	370238	186362	183876	240449	124224	116225
四平市	**1814733**	**904701**	**910032**	**1166708**	**597737**	**568971**
铁西区	314307	148202	166105	115499	56542	58957
铁东区	313650	157285	156365	140676	72550	68126
梨树县	537145	273030	264115	432053	223369	208684
伊通满族自治县	331873	168381	163492	245055	127782	117273
双辽市	317758	157803	159955	233425	117494	115931
辽源市	**996903**	**498860**	**498043**	**607010**	**310143**	**296867**
龙山区	327079	159837	167242	143870	70795	73075
西安区	136337	68327	68010	59488	30235	29253
东丰县	307302	155448	151854	214959	111016	103943
东辽县	226185	115248	110937	188693	98097	90596

户口登记状况的人口

单位：人

居住本乡、镇、街道，户口在外乡、镇、街道，离开户口登记地半年以上			居住本乡、镇、街道，户口待定			原住本乡、镇、街道，现在港澳台或国外工作学习		
小计	男	女	小计	男	女	小计	男	女
10350683	**5033163**	**5317520**	**30954**	**16131**	**14823**	**425981**	**212642**	**213339**
4524431	**2225482**	**2298949**	**13301**	**6729**	**6572**	**25947**	**12566**	**13381**
396519	193214	203305	1784	899	885	2564	1127	1437
536681	268074	268607	1624	787	837	905	378	527
342366	174327	168039	629	376	253	3180	1357	1823
349448	171785	177663	860	339	521	578	275	303
472941	235529	237412	1075	534	541	1662	720	942
132782	64209	68573	350	176	174	3316	1675	1641
215283	102960	112323	413	198	215	3894	2011	1883
224072	107210	116862	1730	867	863	939	544	395
305671	150790	154881	550	269	281	767	352	415
284950	132258	152692	958	585	373	936	452	484
292630	147698	144932	687	361	326	663	309	354
196026	103151	92875	686	363	323	1107	468	639
12464	6220	6244	13	5	8	189	88	101
247175	118226	128949	749	340	409	2487	1323	1164
210748	101952	108796	366	196	170	1184	655	529
304675	147879	156796	827	434	393	1576	832	744
1434024	**693400**	**740624**	**4368**	**2345**	**2023**	**78879**	**39080**	**39799**
274143	131669	142474	566	285	281	9633	4496	5137
164873	82746	82127	608	447	161	10222	4865	5357
238661	117366	121295	402	206	196	5708	2567	3141
135243	64095	71148	290	145	145	2325	1031	1294
62488	32020	30468	206	93	113	9775	5104	4671
25506	13504	12002	33	21	12	1251	592	659
81151	37014	44137	214	125	89	1275	598	677
7471	3549	3922	26	15	11	2738	1419	1319
104800	49789	55011	375	190	185	11712	5922	5790
98328	47370	50958	617	294	323	2130	1126	1004
123179	58068	65111	779	390	389	10754	5566	5188
118181	56210	61971	252	134	118	11356	5794	5562
643190	**304423**	**338767**	**2198**	**1052**	**1146**	**2637**	**1489**	**1148**
197861	91196	106665	816	409	407	131	55	76
172376	84432	87944	469	232	237	129	71	58
104130	49138	54992	322	154	168	640	369	271
85067	39659	45408	290	122	168	1461	818	643
83756	39998	43758	301	135	166	276	176	100
383689	**185147**	**198542**	**1037**	**494**	**543**	**5167**	**3076**	**2091**
182275	88592	93683	545	263	282	389	187	202
76702	38012	38690	90	46	44	57	34	23
88357	41969	46388	189	79	110	3797	2384	1413
36355	16574	19781	213	106	107	924	471	453

1-2 续表

地区	人口数			居住本乡、镇、街道，户口在本乡、镇、街道		
	合计	男	女	小计	男	女
通化市	**1302778**	**649529**	**653249**	**807417**	**411512**	**395905**
东昌区	355346	172138	183208	174755	85809	88946
二道江区	91571	45266	46305	62103	31062	31041
通化县	175114	88391	86723	123492	63739	59753
辉南县	237113	118757	118356	152635	78070	74565
柳河县	274414	140021	134393	187875	98111	89764
集安市	169220	84956	84264	106557	54721	51836
白山市	**951866**	**475119**	**476747**	**550125**	**278359**	**271766**
浑江区	307982	151338	156644	121505	60895	60610
江源区	138272	69737	68535	81989	41784	40205
抚松县	217252	108972	108280	157429	79406	78023
靖宇县	108478	55057	53421	74581	38221	36360
长白朝鲜族自治县	58266	29484	28782	40954	20575	20379
临江市	121616	60531	61085	73667	37478	36189
松原市	**2252994**	**1128600**	**1124394**	**1324214**	**680320**	**643894**
宁江区	619364	304463	314901	221237	111506	109731
前郭尔罗斯蒙古族自治县	407385	204560	202825	268193	138813	129380
长岭县	451620	228661	222959	345963	178295	167668
乾安县	205542	103221	102321	133515	68426	65089
吉林松原经济开发区	94066	46842	47224	16403	8332	8071
扶余市	475017	240853	234164	338903	174948	163955
白城市	**1551378**	**770277**	**781101**	**946551**	**482535**	**464016**
洮北区	356054	176363	179691	179581	91050	88531
镇赉县	217387	108978	108409	155892	79450	76442
通榆县	281589	140977	140612	190720	97170	93550
吉林白城经济开发区	118222	55148	63074	39299	19467	19832
洮南市	307215	153596	153619	208205	106699	101506
大安市	270911	135215	135696	172854	88699	84155
延边朝鲜族自治州	**1941700**	**961606**	**980094**	**924529**	**464355**	**460174**
延吉市	686136	331434	354702	259122	125880	133242
图们市	85248	42139	43109	42424	21123	21301
敦化市	392486	196287	196199	249940	126857	123083
珲春市	239359	119044	120315	104225	52396	51829
龙井市	129286	65060	64226	51557	26571	24986
和龙市	117087	59623	57464	54418	27788	26630
汪清县	167911	84601	83310	92670	47422	45248
安图县	124187	63418	60769	70173	36318	33855
长白山管委会	**61146**	**31035**	**30111**	**41398**	**20927**	**20471**
长白山保护开发区池北区	44639	22697	21942	30936	15575	15361
长白山保护开发区池西区	14660	7379	7281	9191	4702	4489
长白山保护开发区池南区	1847	959	888	1271	650	621
梅河口市	**509336**	**256387**	**252949**	**288214**	**147892**	**140322**

单位：人

居住本乡、镇、街道，户口在外乡、镇、街道，离开户口登记地半年以上			居住本乡、镇、街道，户口待定			原住本乡、镇、街道，现在港澳台或国外工作学习		
小计	男	女	小计	男	女	小计	男	女
467947	**223671**	**244276**	**1179**	**630**	**549**	**26235**	**13716**	**12519**
179512	85802	93710	295	173	122	784	354	430
28835	13878	14957	97	45	52	536	281	255
46760	22099	24661	159	66	93	4703	2487	2216
76842	36819	40023	212	101	111	7424	3767	3657
76750	36764	39986	155	78	77	9634	5068	4566
59248	28309	30939	261	167	94	3154	1759	1395
396204	**193560**	**202644**	**1887**	**1265**	**622**	**3650**	**1935**	**1715**
185279	89757	95522	640	410	230	558	276	282
55969	27774	28195	142	71	71	172	108	64
59010	29078	29932	480	302	178	333	186	147
33583	16644	16939	160	104	56	154	88	66
15065	7628	7437	242	222	20	2005	1059	946
47298	22679	24619	223	156	67	428	218	210
924618	**446099**	**478519**	**2238**	**1109**	**1129**	**1924**	**1072**	**852**
397240	192531	204709	683	332	351	204	94	110
138362	65310	73052	319	155	164	511	282	229
104765	49914	54851	519	247	272	373	205	168
71851	34713	37138	91	39	52	85	43	42
77454	38380	39074	201	125	76	8	5	3
134946	65251	69695	425	211	214	743	443	300
602103	**286362**	**315741**	**1609**	**770**	**839**	**1115**	**610**	**505**
175766	84986	90780	447	198	249	260	129	131
61278	29417	31861	129	66	63	88	45	43
90313	43509	46804	408	209	199	148	89	59
78618	35518	43100	270	141	129	35	22	13
98422	46585	51837	216	96	120	372	216	156
97706	46347	51359	139	60	79	212	109	103
754459	**367939**	**386520**	**2269**	**1251**	**1018**	**260443**	**128061**	**132382**
329495	159519	169976	918	501	417	96601	45534	51067
25408	12633	12775	67	42	25	17349	8341	9008
134213	65334	68879	415	202	213	7918	3894	4024
109335	53538	55797	404	256	148	25395	12854	12541
35263	17367	17896	91	49	42	42375	21073	21302
36631	18221	18410	52	25	27	25986	13589	12397
51288	24885	26403	143	79	64	23810	12215	11595
32826	16442	16384	179	97	82	21009	10561	10448
19247	**9787**	**9460**	**205**	**168**	**37**	**296**	**153**	**143**
13263	6848	6415	167	135	32	273	139	134
5432	2649	2783	27	22	5	10	6	4
552	290	262	11	11		13	8	5
200771	**97293**	**103478**	**663**	**318**	**345**	**19688**	**10884**	**8804**

1-2a 各地区分性别、

地区	人口数			居住本乡、镇、街道，户口在本乡、镇、街道		
	合计	男	女	小计	男	女
全省	**10291703**	**5028946**	**5262757**	**3868137**	**1900344**	**1967793**
长春市	**4082653**	**2008590**	**2074063**	**1376830**	**677436**	**699394**
南关区	657682	319554	338128	256815	124314	132501
宽城区	598334	296932	301402	184041	92191	91850
朝阳区	577014	287509	289505	239390	115915	123475
二道区	520984	255184	265800	170345	82908	87437
绿园区	698396	346762	351634	228792	113373	115419
双阳区	155035	75308	79727	56130	27650	28480
九台区	218445	106955	111490	81862	40936	40926
农安县						
长春经济技术开发区						
长春净月高新技术产业开发区						
长春高新技术产业开发区						
长春汽车经济技术开发区						
长春莲花山生态旅游度假区						
榆树市	202198	97849	104349	48146	23622	24524
德惠市	191912	93553	98359	48890	24191	24699
公主岭市	262653	128984	133669	62419	32336	30083
吉林市	**1853574**	**902738**	**950836**	**810007**	**397175**	**412832**
昌邑区	461496	223145	238351	224279	109410	114869
龙潭区	261040	129791	131249	112788	55318	57470
船营区	385706	189492	196214	172794	85115	87679
丰满区	186288	90627	95661	74551	36581	37970
永吉县						
吉林经济开发区	1672	824	848	1268	630	638
吉林高新技术产业开发区						
吉林中国新加坡食品区						
蛟河市	131058	63281	67777	50521	24642	25879
桦甸市	153982	74787	79195	72692	35710	36982
舒兰市	149478	71862	77616	57269	28328	28941
磐石市	122854	58929	63925	43845	21441	22404
四平市	**601530**	**294409**	**307121**	**229690**	**114167**	**115523**
铁西区	232301	112432	119869	85259	41336	43923
铁东区	249032	124055	124977	86513	44532	41981
梨树县						
伊通满族自治县						
双辽市	120197	57922	62275	57918	28299	29619
辽源市	**406463**	**199237**	**207226**	**162939**	**80028**	**82911**
龙山区	286000	139251	146749	115461	56205	59256
西安区	120463	59986	60477	47478	23823	23655

户口登记状况的人口(城市)

单位：人

居住本乡、镇、街道，户口在外乡、镇、街道，离开户口登记地半年以上			居住本乡、镇、街道，户口待定			原住本乡、镇、街道，现在港澳台或国外工作学习		
小计	男	女	小计	男	女	小计	男	女
6258092	**3050432**	**3207660**	**15035**	**7876**	**7159**	**150439**	**70294**	**80145**
2690346	**1323993**	**1366353**	**6520**	**3278**	**3242**	**8957**	**3883**	**5074**
396519	193214	203305	1784	899	885	2564	1127	1437
412384	203874	208510	1139	563	576	770	304	466
333894	169901	163993	605	364	241	3125	1329	1796
349212	171667	177545	851	336	515	576	273	303
466904	232153	234751	1061	526	535	1639	710	929
98632	47519	51113	163	85	78	110	54	56
136381	65918	70463	128	67	61	74	34	40
153772	74092	79680	261	125	136	19	10	9
142920	69307	73613	85	47	38	17	8	9
199728	96348	103380	443	266	177	63	34	29
1028017	**498511**	**529506**	**2327**	**1304**	**1023**	**13223**	**5748**	**7475**
232741	111734	121007	488	254	234	3988	1747	2241
145510	73149	72361	493	390	103	2249	934	1315
209055	102755	106300	288	144	144	3569	1478	2091
110229	53406	56823	255	127	128	1253	513	740
395	191	204	1	1		8	2	6
79341	38069	41272	144	67	77	1052	503	549
80618	38742	41876	497	246	251	175	89	86
91780	43306	48474	75	34	41	354	194	160
78348	37159	41189	86	41	45	575	288	287
370395	**179509**	**190886**	**1293**	**660**	**633**	**152**	**73**	**79**
146234	70683	75551	719	378	341	89	35	54
162052	79288	82764	423	211	212	44	24	20
62109	29538	32571	151	71	80	19	14	5
242662	**118793**	**123869**	**566**	**277**	**289**	**296**	**139**	**157**
169788	82687	87101	485	236	249	266	123	143
72874	36106	36768	81	41	40	30	16	14

1-2a 续表

地区	人口数			居住本乡、镇、街道，户口在本乡、镇、街道		
	合计	男	女	小计	男	女
东丰县						
东辽县						
通化市	**459852**	**221812**	**238040**	**221796**	**108487**	**113309**
东昌区	324526	156364	168162	155013	75661	79352
二道江区	62900	30629	32271	39343	19371	19972
通化县						
辉南县						
柳河县						
集安市	72426	34819	37607	27440	13455	13985
白山市	**430885**	**210370**	**220515**	**174348**	**86031**	**88317**
浑江区	270916	132205	138711	97010	47855	49155
江源区	78752	38789	39963	37772	18703	19069
抚松县						
靖宇县						
长白朝鲜族自治县						
临江市	81217	39376	41841	39566	19473	20093
松原市	**567144**	**275741**	**291403**	**140428**	**68853**	**71575**
宁江区	453353	220140	233213	120999	59102	61897
前郭尔罗斯蒙古族自治县	20709	9991	10718	5220	2574	2646
长岭县						
乾安县						
吉林松原经济开发区						
扶余市	93082	45610	47472	14209	7177	7032
白城市	**452627**	**218821**	**233806**	**166352**	**81546**	**84806**
洮北区	238947	116041	122906	81817	39851	41966
镇赉县						
通榆县						
吉林白城经济开发区	5359	2733	2626	3255	1697	1558
洮南市	105179	50436	54743	42761	20922	21839
大安市	103142	49611	53531	38519	19076	19443
延边朝鲜族自治州	**1189646**	**576504**	**613142**	**494454**	**241818**	**252636**
延吉市	610911	293267	317644	227993	110040	117953
图们市	59388	28928	30460	30299	14893	15406
敦化市	195002	94629	100373	96926	47356	49570
珲春市	179047	87774	91273	77714	38449	39265
龙井市	86037	42660	43377	34696	17748	16948
和龙市	59261	29246	30015	26826	13332	13494
汪清县						
安图县						
长白山管委会						
梅河口市	**247329**	**120724**	**126605**	**91293**	**44803**	**46490**

单位：人

居住本乡、镇、街道，户口在外乡、镇、街道，离开户口登记地半年以上			居住本乡、镇、街道，户口待定			原住本乡、镇、街道，现在港澳台或国外工作学习		
小计	男	女	小计	男	女	小计	男	女
236429	**112503**	**123926**	**457**	**251**	**206**	**1170**	**571**	**599**
168578	80263	88315	232	120	112	703	320	383
23267	11099	12168	70	36	34	220	123	97
44584	21141	23443	155	95	60	247	128	119
255129	**123507**	**131622**	**848**	**538**	**310**	**560**	**294**	**266**
172971	83796	89175	616	395	221	319	159	160
40799	19983	20816	97	50	47	84	53	31
41359	19728	21631	135	93	42	157	82	75
425923	**206495**	**219428**	**649**	**327**	**322**	**144**	**66**	**78**
331687	160713	170974	540	268	272	127	57	70
15465	7405	8060	23	11	12	1	1	
78771	38377	40394	86	48	38	16	8	8
285561	**136955**	**148606**	**542**	**239**	**303**	**172**	**81**	**91**
156638	75965	80673	375	168	207	117	57	60
2099	1034	1065	3	1	2	2	1	1
62280	29455	32825	108	45	63	30	14	16
64544	30501	34043	56	25	31	23	9	14
568361	**274651**	**293710**	**1492**	**840**	**652**	**125339**	**59195**	**66144**
302949	145762	157187	860	463	397	79109	37002	42107
21114	10371	10743	60	40	20	7915	3624	4291
95382	46028	49354	201	111	90	2493	1134	1359
91454	44481	46973	260	170	90	9619	4674	4945
30040	14611	15429	67	36	31	21234	10265	10969
27422	13398	14024	44	20	24	4969	2496	2473
155269	**75515**	**79754**	**341**	**162**	**179**	**426**	**244**	**182**

1—2b 各地区分性别、

地区	人口数			居住本乡、镇、街道，户口在本乡、镇、街道		
	合计	男	女	小计	男	女
全 省	**4787311**	**2360236**	**2427075**	**2262534**	**1131534**	**1131000**
长春市	**1896416**	**940779**	**955637**	**689222**	**344187**	**345035**
南关区						
宽城区	78425	38547	39878	27605	14147	13458
朝阳区	9665	4854	4811	5991	2975	3016
二道区	1469	758	711	1222	635	587
绿园区						
双阳区	4357	2262	2095	3156	1665	1491
九台区	5997	2940	3057	4685	2325	2360
农安县	196832	95611	101221	61277	30516	30761
长春经济技术开发区	429387	212067	217320	122399	60656	61743
长春净月高新技术产业开发区	208866	96251	112615	62617	30398	32219
长春高新技术产业开发区	453298	227988	225310	160165	80091	80074
长春汽车经济技术开发区	317978	163993	153985	120159	60011	60148
长春莲花山生态旅游度假区	5858	3054	2804	3371	1729	1642
榆树市	51146	25883	25263	39960	20442	19518
德惠市	11076	5566	5510	8863	4575	4288
公主岭市	122062	61005	61057	67752	34022	33730
吉林市	**447852**	**218135**	**229717**	**271097**	**134567**	**136530**
昌邑区	11454	5472	5982	6695	3371	3324
龙潭区	13378	6826	6552	10026	5063	4963
船营区	5653	2807	2846	4162	2112	2050
丰满区	1625	814	811	1386	705	681
永吉县	93845	45576	48269	54398	26588	27810
吉林经济开发区	43308	22283	21025	19532	9678	9854
吉林高新技术产业开发区	137672	63657	74015	64335	31124	33211
吉林中国新加坡食品区	4882	2406	2476	3455	1718	1737
蛟河市	37255	18745	18510	30367	15330	15037
桦甸市	30828	15524	15304	26337	13379	12958
舒兰市	27214	13499	13715	20208	10238	9970
磐石市	40738	20526	20212	30196	15261	14935
四平市	**334269**	**164877**	**169392**	**189401**	**95282**	**94119**
铁西区						
铁东区	4377	2145	2232	3106	1555	1551
梨树县	193144	95883	97261	116379	58774	57605
伊通满族自治县	110229	53475	56754	48805	24415	24390
双辽市	26519	13374	13145	21111	10538	10573
辽源市	**168785**	**82194**	**86591**	**88016**	**43863**	**44153**
龙山区	833	437	396	462	234	228
西安区						
东丰县	112665	54825	57840	52945	26379	26566
东辽县	55287	26932	28355	34609	17250	17359

户口登记状况的人口(镇)

单位：人

居住本乡、镇、街道，户口在外乡、镇、街道，离开户口登记地半年以上			居住本乡、镇、街道，户口待定			原住本乡、镇、街道，现在港澳台或国外工作学习		
小计	男	女	小计	男	女	小计	男	女
2462484	**1197278**	**1265206**	**7141**	**3861**	**3280**	**55152**	**27563**	**27589**
1200687	**593453**	**607234**	**3394**	**1722**	**1672**	**3113**	**1417**	**1696**
50495	24245	26250	308	142	166	17	13	4
3644	1864	1780	4	2	2	26	13	13
236	118	118	9	3	6	2	2	
1189	594	595	5	1	4	7	2	5
1304	612	692	8	3	5			
134909	64767	70142	600	302	298	46	26	20
305671	150790	154881	550	269	281	767	352	415
145536	65501	80035	346	175	171	367	177	190
291796	147233	144563	682	358	324	655	306	349
196026	103151	92875	686	363	323	1107	468	639
2484	1324	1160	1	1		2		2
11070	5386	5684	50	23	27	66	32	34
2168	964	1204	33	19	14	12	8	4
54159	26904	27255	112	61	51	39	18	21
171323	**80788**	**90535**	**423**	**235**	**188**	**5009**	**2545**	**2464**
4745	2093	2652	5	3	2	9	5	4
3285	1725	1560	7	5	2	60	33	27
1472	687	785	3	2	1	16	6	10
234	109	125				5		5
37687	18036	19651	52	24	28	1708	928	780
23607	12530	11077	22	14	8	147	61	86
72553	32151	40402	196	112	84	588	270	318
1222	580	642	3	2	1	202	106	96
6640	3277	3363	77	46	31	171	92	79
4435	2114	2321	15	8	7	41	23	18
5517	2533	2984	21	5	16	1468	723	745
9926	4953	4973	22	14	8	594	298	296
144340	**69322**	**75018**	**328**	**156**	**172**	**200**	**117**	**83**
1268	587	681	2	2		1	1	
76557	36997	39560	146	72	74	62	40	22
61153	28932	32221	167	75	92	104	53	51
5362	2806	2556	13	7	6	33	23	10
80218	**38032**	**42186**	**144**	**67**	**77**	**407**	**232**	**175**
371	203	168						
59311	28216	31095	51	24	27	358	206	152
20536	9613	10923	93	43	50	49	26	23

1－2b　续表

地　　区	人　口　数			居住本乡、镇、街道，户口在本乡、镇、街道		
	合计	男	女	小计	男	女
通化市	**334378**	**164201**	**170177**	**173182**	**87017**	**86165**
东昌区	5627	2783	2844	3158	1600	1558
二道江区	15350	7718	7632	12616	6355	6261
通化县	77528	37659	39869	44356	22156	22200
辉南县	123574	60681	62893	55835	28007	27828
柳河县	102743	50526	52217	49501	24996	24505
集安市	9556	4834	4722	7716	3903	3813
白山市	**324162**	**161180**	**162982**	**221991**	**110835**	**111156**
浑江区	10123	4793	5330	5427	2853	2574
江源区	31443	16118	15325	23263	11885	11378
抚松县	169081	84019	85062	117229	58384	58845
靖宇县	66218	32768	33450	42432	21114	21318
长白朝鲜族自治县	40959	20210	20749	28302	13843	14459
临江市	6338	3272	3066	5338	2756	2582
松原市	**489217**	**239255**	**249962**	**197138**	**99040**	**98098**
宁江区	27416	13427	13989	7361	3748	3613
前郭尔罗斯蒙古族自治县	140169	67438	72731	50636	25424	25212
长岭县	125129	61682	63447	69059	34637	34422
乾安县	93731	45744	47987	41957	20911	21046
吉林松原经济开发区	70980	34927	36053	5297	2673	2624
扶余市	31792	16037	15755	22828	11647	11181
白城市	**392005**	**189367**	**202638**	**196055**	**97619**	**98436**
洮北区	24720	12521	12199	18070	9252	8818
镇赉县	105997	51970	54027	64499	32123	32376
通榆县	113347	54944	58403	52433	25774	26659
吉林白城经济开发区	103493	47557	55936	29141	14147	14994
洮南市	10767	5426	5341	8691	4467	4224
大安市	33681	16949	16732	23221	11856	11365
延边朝鲜族自治州	**295457**	**147011**	**148446**	**162014**	**81191**	**80823**
延吉市	19701	9958	9743	11647	5907	5740
图们市	11635	5862	5773	6451	3269	3182
敦化市	46927	23581	23346	38586	19394	19192
珲春市	10713	5515	5198	6201	3220	2981
龙井市	10935	5527	5408	4641	2348	2293
和龙市	21158	10907	10251	12767	6520	6247
汪清县	114193	56081	58112	57009	28351	28658
安图县	60195	29580	30615	24712	12182	12530
长白山管委会	**60961**	**30937**	**30024**	**41304**	**20880**	**20424**
长白山保护开发区池北区	44454	22599	21855	30842	15528	15314
长白山保护开发区池西区	14660	7379	7281	9191	4702	4489
长白山保护开发区池南区	1847	959	888	1271	650	621
梅河口市	**43809**	**22300**	**21509**	**33114**	**17053**	**16061**

单位：人

居住本乡、镇、街道，户口在外乡、镇、街道，离开户口登记地半年以上			居住本乡、镇、街道，户口待定			原住本乡、镇、街道，现在港澳台或国外工作学习		
小计	男	女	小计	男	女	小计	男	女
158768	**75900**	**82868**	**288**	**140**	**148**	**2140**	**1144**	**996**
2461	1178	1283	2	2		6	3	3
2641	1313	1328	14	5	9	79	45	34
32493	15156	17337	78	29	49	601	318	283
66868	32222	34646	116	61	55	755	391	364
52686	25235	27451	70	40	30	486	255	231
1619	796	823	8	3	5	213	132	81
100144	**49159**	**50985**	**756**	**531**	**225**	**1271**	**655**	**616**
4535	1861	2674	4	3	1	157	76	81
8118	4199	3919	22	10	12	40	24	16
51196	25249	25947	416	258	158	240	128	112
23628	11554	12074	114	75	39	44	25	19
11726	5830	5896	153	142	11	778	395	383
941	466	475	47	43	4	12	7	5
291299	**139798**	**151501**	**653**	**349**	**304**	**127**	**68**	**59**
20035	9669	10366	16	7	9	4	3	1
89364	41922	47442	118	67	51	51	25	26
55775	26901	28874	262	124	138	33	20	13
51713	24808	26905	45	19	26	16	6	10
65494	32135	33359	185	117	68	4	2	2
8918	4363	4555	27	15	12	19	12	7
195131	**91326**	**103805**	**637**	**325**	**312**	**182**	**97**	**85**
6604	3250	3354	15	4	11	31	15	16
41415	19806	21609	63	33	30	20	8	12
60601	29008	31593	278	145	133	35	17	18
74073	33265	40808	252	129	123	27	16	11
2055	946	1109	9	5	4	12	8	4
10383	5051	5332	20	9	11	57	33	24
92378	**45427**	**46951**	**267**	**147**	**120**	**40798**	**20246**	**20552**
5330	2747	2583	8	3	5	2716	1301	1415
2028	1029	999	2		2	3154	1564	1590
7851	3944	3907	35	12	23	455	231	224
2689	1369	1320	5	2	3	1818	924	894
1306	682	624	4	3	1	4984	2494	2490
3574	1868	1706	1	1		4816	2518	2298
44790	21604	23186	111	65	46	12283	6061	6222
24810	12184	12626	101	61	40	10572	5153	5419
19156	**9736**	**9420**	**205**	**168**	**37**	**296**	**153**	**143**
13172	6797	6375	167	135	32	273	139	134
5432	2649	2783	27	22	5	10	6	4
552	290	262	11	11		13	8	5
9040	**4337**	**4703**	**46**	**21**	**25**	**1609**	**889**	**720**

1-2c 各地区分性别、

地区	人口数			居住本乡、镇、街道，户口在本乡、镇、街道		
	合计	男	女	小计	男	女
全　省	**8994439**	**4629137**	**4365302**	**7135164**	**3724505**	**3410659**
长春市	**3087837**	**1589013**	**1498824**	**2437175**	**1271982**	**1165193**
南关区						
宽城区	179418	94616	84802	105321	54518	50803
朝阳区	27342	14141	13201	22465	11554	10911
二道区						
绿园区	16523	8837	7686	10449	5443	5006
双阳区	176331	91182	85149	139989	73377	66612
九台区	389394	200160	189234	307699	161625	146074
农安县	567151	293034	274117	475965	249508	226457
长春经济技术开发区						
长春净月高新技术产业开发区	199874	97607	102267	59279	30165	29114
长春高新技术产业开发区	7309	5677	1632	6462	5206	1256
长春汽车经济技术开发区						
长春莲花山生态旅游度假区	31655	15950	15705	21476	10962	10514
榆树市	582754	298981	283773	497581	258760	238821
德惠市	432488	223338	209150	365425	190888	174537
公主岭市	477598	245490	232108	425064	219976	205088
吉林市	**1322287**	**682950**	**639337**	**1025338**	**537256**	**488082**
昌邑区	108902	55166	53736	66536	34552	31984
龙潭区	97189	50192	46997	73090	38370	34720
船营区	73534	37531	36003	43166	22464	20702
丰满区	71461	34509	36952	45579	23393	22186
永吉县	149624	79988	69636	116602	61759	54843
吉林经济开发区	10712	5426	5286	8102	4108	3994
吉林高新技术产业开发区	24775	12944	11831	15472	7740	7732
吉林中国新加坡食品区	32282	16157	16125	23474	11862	11612
蛟河市	160612	83266	77346	131150	69419	61731
桦甸市	156498	81511	74987	141204	73943	67261
舒兰市	230052	119353	110699	194555	102124	92431
磐石市	206646	106907	99739	166408	87522	78886
四平市	**878934**	**445415**	**433519**	**747617**	**388288**	**359329**
铁西区	82006	35770	46236	30240	15206	15034
铁东区	60241	31085	29156	51057	26463	24594
梨树县	344001	177147	166854	315674	164595	151079
伊通满族自治县	221644	114906	106738	196250	103367	92883
双辽市	171042	86507	84535	154396	78657	75739
辽源市	**421655**	**217429**	**204226**	**356055**	**186252**	**169803**
龙山区	40246	20149	20097	27947	14356	13591
西安区	15874	8341	7533	12010	6412	5598

户口登记状况的人口(乡村)

单位：人

居住本乡、镇、街道，户口在外乡、镇、街道，离开户口登记地半年以上			居住本乡、镇、街道，户口待定			原住本乡、镇、街道，现在港澳台或国外工作学习		
小计	男	女	小计	男	女	小计	男	女
1630107	**785453**	**844654**	**8778**	**4394**	**4384**	**220390**	**114785**	**105605**
633398	**308036**	**325362**	**3387**	**1729**	**1658**	**13877**	**7266**	**6611**
73802	39955	33847	177	82	95	118	61	57
4828	2562	2266	20	10	10	29	15	14
6037	3376	2661	14	8	6	23	10	13
32961	16096	16865	182	90	92	3199	1619	1580
77598	36430	41168	277	128	149	3820	1977	1843
89163	42443	46720	1130	565	565	893	518	375
139414	66757	72657	612	410	202	569	275	294
834	465	369	5	3	2	8	3	5
9980	4896	5084	12	4	8	187	88	99
82333	38748	43585	438	192	246	2402	1281	1121
65660	31681	33979	248	130	118	1155	639	516
50788	24627	26161	272	107	165	1474	780	694
234684	**114101**	**120583**	**1618**	**806**	**812**	**60647**	**30787**	**29860**
36657	17842	18815	73	28	45	5636	2744	2892
16078	7872	8206	108	52	56	7913	3898	4015
28134	13924	14210	111	60	51	2123	1083	1040
24780	10580	14200	35	18	17	1067	518	549
24801	13984	10817	154	69	85	8067	4176	3891
1504	783	721	10	6	4	1096	529	567
8598	4863	3735	18	13	5	687	328	359
6249	2969	3280	23	13	10	2536	1313	1223
18819	8443	10376	154	77	77	10489	5327	5162
13275	6514	6761	105	40	65	1914	1014	900
25882	12229	13653	683	351	332	8932	4649	4283
29907	14098	15809	144	79	65	10187	5208	4979
128455	**55592**	**72863**	**577**	**236**	**341**	**2285**	**1299**	**986**
51627	20513	31114	97	31	66	42	20	22
9056	4557	4499	44	19	25	84	46	38
27573	12141	15432	176	82	94	578	329	249
23914	10727	13187	123	47	76	1357	765	592
16285	7654	8631	137	57	80	224	139	85
60809	**28322**	**32487**	**327**	**150**	**177**	**4464**	**2705**	**1759**
12116	5702	6414	60	27	33	123	64	59
3828	1906	1922	9	5	4	27	18	9

1-2c 续表

地区	人口数			居住本乡、镇、街道，户口在本乡、镇、街道		
	合计	男	女	小计	男	女
东丰县	194637	100623	94014	162014	84637	77377
东辽县	170898	88316	82582	154084	80847	73237
通化市	**508548**	**263516**	**245032**	**412439**	**216008**	**196431**
东昌区	25193	12991	12202	16584	8548	8036
二道江区	13321	6919	6402	10144	5336	4808
通化县	97586	50732	46854	79136	41583	37553
辉南县	113539	58076	55463	96800	50063	46737
柳河县	171671	89495	82176	138374	73115	65259
集安市	87238	45303	41935	71401	37363	34038
白山市	**196819**	**103569**	**93250**	**153786**	**81493**	**72293**
浑江区	26943	14340	12603	19068	10187	8881
江源区	28077	14830	13247	20954	11196	9758
抚松县	48171	24953	23218	40200	21022	19178
靖宇县	42260	22289	19971	32149	17107	15042
长白朝鲜族自治县	17307	9274	8033	12652	6732	5920
临江市	34061	17883	16178	28763	15249	13514
松原市	**1196633**	**613604**	**583029**	**986648**	**512427**	**474221**
宁江区	138595	70896	67699	92877	48656	44221
前郭尔罗斯蒙古族自治县	246507	127131	119376	212337	110815	101522
长岭县	326491	166979	159512	276904	143658	133246
乾安县	111811	57477	54334	91558	47515	44043
吉林松原经济开发区	23086	11915	11171	11106	5659	5447
扶余市	350143	179206	170937	301866	156124	145742
白城市	**706746**	**362089**	**344657**	**584144**	**303370**	**280774**
洮北区	92387	47801	44586	79694	41947	37747
镇赉县	111390	57008	54382	91393	47327	44066
通榆县	168242	86033	82209	138287	71396	66891
吉林白城经济开发区	9370	4858	4512	6903	3623	3280
洮南市	191269	97734	93535	156753	81310	75443
大安市	134088	68655	65433	111114	57767	53347
延边朝鲜族自治州	**456597**	**238091**	**218506**	**268061**	**141346**	**126715**
延吉市	55524	28209	27315	19482	9933	9549
图们市	14225	7349	6876	5674	2961	2713
敦化市	150557	78077	72480	114428	60107	54321
珲春市	49599	25755	23844	20310	10727	9583
龙井市	32314	16873	15441	12220	6475	5745
和龙市	36668	19470	17198	14825	7936	6889
汪清县	53718	28520	25198	35661	19071	16590
安图县	63992	33838	30154	45461	24136	21325
长白山管委会	**185**	**98**	**87**	**94**	**47**	**47**
梅河口市	**218198**	**113363**	**104835**	**163807**	**86036**	**77771**

单位：人

居住本乡、镇、街道，户口在外乡、镇、街道，离开户口登记地半年以上			居住本乡、镇、街道，户口待定			原住本乡、镇、街道，现在港澳台或国外工作学习		
小计	男	女	小计	男	女	小计	男	女
29046	13753	15293	138	55	83	3439	2178	1261
15819	6961	8858	120	63	57	875	445	430
72750	**35268**	**37482**	**434**	**239**	**195**	**22925**	**12001**	**10924**
8473	4361	4112	61	51	10	75	31	44
2927	1466	1461	13	4	9	237	113	124
14267	6943	7324	81	37	44	4102	2169	1933
9974	4597	5377	96	40	56	6669	3376	3293
24064	11529	12535	85	38	47	9148	4813	4335
13045	6372	6673	98	69	29	2694	1499	1195
40931	**20894**	**20037**	**283**	**196**	**87**	**1819**	**986**	**833**
7773	4100	3673	20	12	8	82	41	41
7052	3592	3460	23	11	12	48	31	17
7814	3829	3985	64	44	20	93	58	35
9955	5090	4865	46	29	17	110	63	47
3339	1798	1541	89	80	9	1227	664	563
4998	2485	2513	41	20	21	259	129	130
207396	**99806**	**107590**	**936**	**433**	**503**	**1653**	**938**	**715**
45518	22149	23369	127	57	70	73	34	39
33533	15983	17550	178	77	101	459	256	203
48990	23013	25977	257	123	134	340	185	155
20138	9905	10233	46	20	26	69	37	32
11960	6245	5715	16	8	8	4	3	1
47257	22511	24746	312	148	164	708	423	285
121411	**58081**	**63330**	**430**	**206**	**224**	**761**	**432**	**329**
12524	5771	6753	57	26	31	112	57	55
19863	9611	10252	66	33	33	68	37	31
29712	14501	15211	130	64	66	113	72	41
2446	1219	1227	15	11	4	6	5	1
34087	16184	17903	99	46	53	330	194	136
22779	10795	11984	63	26	37	132	67	65
93720	**47861**	**45859**	**510**	**264**	**246**	**94306**	**48620**	**45686**
21216	11010	10206	50	35	15	14776	7231	7545
2266	1233	1033	5	2	3	6280	3153	3127
30980	15362	15618	179	79	100	4970	2529	2441
15192	7688	7504	139	84	55	13958	7256	6702
3917	2074	1843	20	10	10	16157	8314	7843
5635	2955	2680	7	4	3	16201	8575	7626
6498	3281	3217	32	14	18	11527	6154	5373
8016	4258	3758	78	36	42	10437	5408	5029
91	**51**	**40**						
36462	**17441**	**19021**	**276**	**135**	**141**	**17653**	**9751**	**7902**

1-3 各地区分性别的户口登记地在外乡镇街道的人口状况

单位：人

地区	户口登记地					
	合计			本县(市、区)		
	合计	男	女	小计	男	女
全省	**10350683**	**5033163**	**5317520**	**4471973**	**2145764**	**2326209**
长春市	**4524431**	**2225482**	**2298949**	**1362039**	**658651**	**703388**
南关区	396519	193214	203305	60109	28985	31124
宽城区	536681	268074	268607	94889	46706	48183
朝阳区	342366	174327	168039	70147	34141	36006
二道区	349448	171785	177663	72009	35362	36647
绿园区	472941	235529	237412	69722	34060	35662
双阳区	132782	64209	68573	57603	27769	29834
九台区	215283	102960	112323	138428	66427	72001
农安县	224072	107210	116862	155508	74579	80929
长春经济技术开发区	305671	150790	154881	16124	7875	8249
长春净月高新技术产业开发区	284950	132258	152692	36422	17594	18828
长春高新技术产业开发区	292630	147698	144932	16705	8097	8608
长春汽车经济技术开发区	196026	103151	92875	26591	13270	13321
长春莲花山生态旅游度假区	12464	6220	6244	2656	1268	1388
榆树市	247175	118226	128949	193995	93297	100698
德惠市	210748	101952	108796	154328	74526	79802
公主岭市	304675	147879	156796	196803	94695	102108
吉林市	**1434024**	**693400**	**740624**	**683991**	**326626**	**357365**
昌邑区	274143	131669	142474	96157	45923	50234
龙潭区	164873	82746	82127	79630	38565	41065
船营区	238661	117366	121295	83242	39929	43313
丰满区	135243	64095	71148	32366	15094	17272
永吉县	62488	32020	30468	31987	15449	16538
吉林经济开发区	25506	13504	12002	3241	1565	1676
吉林高新技术产业开发区	81151	37014	44137	13930	6523	7407
吉林中国新加坡食品区	7471	3549	3922	3303	1562	1741
蛟河市	104800	49789	55011	82242	39053	43189
桦甸市	98328	47370	50958	78405	37675	40730
舒兰市	123179	58068	65111	90685	42704	47981
磐石市	118181	56210	61971	88803	42584	46219
四平市	**643190**	**304423**	**338767**	**347229**	**165986**	**181243**
铁西区	197861	91196	106665	77836	37393	40443
铁东区	172376	84432	87944	94051	46010	48041
梨树县	104130	49138	54992	63399	29779	33620
伊通满族自治县	85067	39659	45408	56128	26194	29934
双辽市	83756	39998	43758	55815	26610	29205
辽源市	**383689**	**185147**	**198542**	**202733**	**97126**	**105607**
龙山区	182275	88592	93683	88101	42351	45750
西安区	76702	38012	38690	35393	17586	17807
东丰县	88357	41969	46388	62123	29428	32695
东辽县	36355	16574	19781	17116	7761	9355

1-3 续表 1

单位：人

地区	户口登记地					
	合计			本县(市、区)		
	合计	男	女	小计	男	女
通化市	**467947**	**223671**	**244276**	**283362**	**135090**	**148272**
东昌区	179512	85802	93710	87144	41874	45270
二道江区	28835	13878	14957	14351	6844	7507
通化县	46760	22099	24661	28906	13533	15373
辉南县	76842	36819	40023	54393	25988	28405
柳河县	76750	36764	39986	55421	26512	28909
集安市	59248	28309	30939	43147	20339	22808
白山市	**396204**	**193560**	**202644**	**242085**	**117281**	**124804**
浑江区	185279	89757	95522	119579	57876	61703
江源区	55969	27774	28195	30880	15107	15773
抚松县	59010	29078	29932	29634	14334	15300
靖宇县	33583	16644	16939	19030	9324	9706
长白朝鲜族自治县	15065	7628	7437	8223	4014	4209
临江市	47298	22679	24619	34739	16626	18113
松原市	**924618**	**446099**	**478519**	**466112**	**221964**	**244148**
宁江区	397240	192531	204709	173553	83466	90087
前郭尔罗斯蒙古族自治县	138362	65310	73052	83168	38748	44420
长岭县	104765	49914	54851	68516	32431	36085
乾安县	71851	34713	37138	46015	21711	24304
吉林松原经济开发区	77454	38380	39074	4191	2075	2116
扶余市	134946	65251	69695	90669	43533	47136
白城市	**602103**	**286362**	**315741**	**369084**	**174960**	**194124**
洮北区	175766	84986	90780	109403	52200	57203
镇赉县	61278	29417	31861	35773	16949	18824
通榆县	90313	43509	46804	61390	28925	32465
吉林白城经济开发区	78618	35518	43100	20893	10019	10874
洮南市	98422	46585	51837	72728	34186	38542
大安市	97706	46347	51359	68897	32681	36216
延边朝鲜族自治州	**754459**	**367939**	**386520**	**365295**	**175782**	**189513**
延吉市	329495	159519	169976	118748	56889	61859
图们市	25408	12633	12775	10664	5124	5540
敦化市	134213	65334	68879	97132	46707	50425
珲春市	109335	53538	55797	51783	24845	26938
龙井市	35263	17367	17896	14320	6964	7356
和龙市	36631	18221	18410	18131	8874	9257
汪清县	51288	24885	26403	34297	16622	17675
安图县	32826	16442	16384	20220	9757	10463
长白山管委会	**19247**	**9787**	**9460**	**6767**	**3285**	**3482**
长白山保护开发区池北区	13263	6848	6415	3257	1603	1654
长白山保护开发区池西区	5432	2649	2783	3389	1625	1764
长白山保护开发区池南区	552	290	262	121	57	64
梅河口市	**200771**	**97293**	**103478**	**143276**	**69013**	**74263**

1-3 续表 2

单位：人

地 区	户口登记地					
	本省其他县(市、区)			省 外		
	小计	男	女	小计	男	女
全 省	**4877239**	**2374099**	**2503140**	**1001471**	**513300**	**488171**
长春市	**2606819**	**1276374**	**1330445**	**555573**	**290457**	**265116**
南关区	265236	126037	139199	71174	38192	32982
宽城区	376723	186316	190407	65069	35052	30017
朝阳区	201179	98558	102621	71040	41628	29412
二道区	234993	114230	120763	42446	22193	20253
绿园区	348748	171778	176970	54471	29691	24780
双阳区	53989	26213	27776	21190	10227	10963
九台区	63362	30150	33212	13493	6383	7110
农安县	61106	29089	32017	7458	3542	3916
长春经济技术开发区	251039	123320	127719	38508	19595	18913
长春净月高新技术产业开发区	187325	88218	99107	61203	26446	34757
长春高新技术产业开发区	219372	109823	109549	56553	29778	26775
长春汽车经济技术开发区	148373	77657	70716	21062	12224	8838
长春莲花山生态旅游度假区	8711	4332	4379	1097	620	477
榆树市	43793	20961	22832	9387	3968	5419
德惠市	48932	23702	25230	7488	3724	3764
公主岭市	93938	45990	47948	13934	7194	6740
吉林市	**644191**	**310955**	**333236**	**105842**	**55819**	**50023**
昌邑区	157589	75310	82279	20397	10436	9961
龙潭区	72487	36957	35530	12756	7224	5532
船营区	133071	64299	68772	22348	13138	9210
丰满区	91018	43086	47932	11859	5915	5944
永吉县	25958	13819	12139	4543	2752	1791
吉林经济开发区	16634	8665	7969	5631	3274	2357
吉林高新技术产业开发区	58281	26663	31618	8940	3828	5112
吉林中国新加坡食品区	3838	1822	2016	330	165	165
蛟河市	17499	8137	9362	5059	2599	2460
桦甸市	16450	7929	8521	3473	1766	1707
舒兰市	27338	13077	14261	5156	2287	2869
磐石市	24028	11191	12837	5350	2435	2915
四平市	**236846**	**111810**	**125036**	**59115**	**26627**	**32488**
铁西区	93097	42180	50917	26928	11623	15305
铁东区	63563	31147	32416	14762	7275	7487
梨树县	34704	16749	17955	6027	2610	3417
伊通满族自治县	25509	11906	13603	3430	1559	1871
双辽市	19973	9828	10145	7968	3560	4408
辽源市	**158960**	**77575**	**81385**	**21996**	**10446**	**11550**
龙山区	85070	41830	43240	9104	4411	4693
西安区	38107	18870	19237	3202	1556	1646
东丰县	20604	9813	10791	5630	2728	2902
东辽县	15179	7062	8117	4060	1751	2309

1-3　续表 3

单位：人

地　区	户口登记地					
	本省其他县(市、区)			省　外		
	小计	男	女	小计	男	女
通化市	**150101**	**71859**	**78242**	**34484**	**16722**	**17762**
东昌区	77142	36561	40581	15226	7367	7859
二道江区	12034	5738	6296	2450	1296	1154
通化县	12650	5934	6716	5204	2632	2572
辉南县	19220	9375	9845	3229	1456	1773
柳河县	16954	8277	8677	4375	1975	2400
集安市	12101	5974	6127	4000	1996	2004
白山市	**130201**	**63831**	**66370**	**23918**	**12448**	**11470**
浑江区	56894	27395	29499	8806	4486	4320
江源区	21439	10727	10712	3650	1940	1710
抚松县	24548	12197	12351	4828	2547	2281
靖宇县	11944	5956	5988	2609	1364	1245
长白朝鲜族自治县	5137	2628	2509	1705	986	719
临江市	10239	4928	5311	2320	1125	1195
松原市	**421658**	**205838**	**215820**	**36848**	**18297**	**18551**
宁江区	209563	101899	107664	14124	7166	6958
前郭尔罗斯蒙古族自治县	50331	24156	26175	4863	2406	2457
长岭县	31391	15236	16155	4858	2247	2611
乾安县	23335	11704	11631	2501	1298	1203
吉林松原经济开发区	69357	34310	35047	3906	1995	1911
扶余市	37681	18533	19148	6596	3185	3411
白城市	**191723**	**92194**	**99529**	**41296**	**19208**	**22088**
洮北区	53406	26315	27091	12957	6471	6486
镇赉县	19790	9866	9924	5715	2602	3113
通榆县	24920	12565	12355	4003	2019	1984
吉林白城经济开发区	48944	21735	27209	8781	3764	5017
洮南市	20114	9950	10164	5580	2449	3131
大安市	24549	11763	12786	4260	1903	2357
延边朝鲜族自治州	**280498**	**135984**	**144514**	**108666**	**56173**	**52493**
延吉市	154058	73525	80533	56689	29105	27584
图们市	11291	5667	5624	3453	1842	1611
敦化市	27866	13670	14196	9215	4957	4258
珲春市	34030	16791	17239	23522	11902	11620
龙井市	16354	8030	8324	4589	2373	2216
和龙市	15363	7661	7702	3137	1686	1451
汪清县	12330	6033	6297	4661	2230	2431
安图县	9206	4607	4599	3400	2078	1322
长白山管委会	**10019**	**5129**	**4890**	**2461**	**1373**	**1088**
长白山保护开发区池北区	7994	4104	3890	2012	1141	871
长白山保护开发区池西区	1667	833	834	376	191	185
长白山保护开发区池南区	358	192	166	73	41	32
梅河口市	**46223**	**22550**	**23673**	**11272**	**5730**	**5542**

1-3a 各地区分性别的户口登记地在外乡镇街道的人口状况(城市)

单位：人

地区	户口登记地					
	合计			本县(市、区)		
	合计	男	女	小计	男	女
全省	**6258092**	**3050432**	**3207660**	**2903253**	**1398610**	**1504643**
长春市	**2690346**	**1323993**	**1366353**	**915323**	**444581**	**470742**
南关区	396519	193214	203305	60109	28985	31124
宽城区	412384	203874	208510	82618	40666	41952
朝阳区	333894	169901	163993	68904	33540	35364
二道区	349212	171667	177545	71997	35359	36638
绿园区	466904	232153	234751	69122	33747	35375
双阳区	98632	47519	51113	45636	22121	23515
九台区	136381	65918	70463	107962	52348	55614
农安县						
长春经济技术开发区						
长春净月高新技术产业开发区						
长春高新技术产业开发区						
长春汽车经济技术开发区						
长春莲花山生态旅游度假区						
榆树市	153772	74092	79680	137962	66812	71150
德惠市	142920	69307	73613	118211	57207	61004
公主岭市	199728	96348	103380	152802	73796	79006
吉林市	**1028017**	**498511**	**529506**	**534745**	**255718**	**279027**
昌邑区	232741	111734	121007	84035	40168	43867
龙潭区	145510	73149	72361	70221	34022	36199
船营区	209055	102755	106300	73624	35147	38477
丰满区	110229	53406	56823	26674	12682	13992
永吉县						
吉林经济开发区	395	191	204	2	1	1
吉林高新技术产业开发区						
吉林中国新加坡食品区						
蛟河市	79341	38069	41272	67904	32656	35248
桦甸市	80618	38742	41876	70359	33814	36545
舒兰市	91780	43306	48474	75896	35743	40153
磐石市	78348	37159	41189	66030	31485	34545
四平市	**370395**	**179509**	**190886**	**205008**	**98921**	**106087**
铁西区	146234	70683	75551	64974	31120	33854
铁东区	162052	79288	82764	91046	44550	46496
梨树县						
伊通满族自治县						
双辽市	62109	29538	32571	48988	23251	25737
辽源市	**242662**	**118793**	**123869**	**118761**	**57545**	**61216**
龙山区	169788	82687	87101	84387	40460	43927
西安区	72874	36106	36768	34374	17085	17289

1-3a　续表 1　　　　单位：人

地　区	户口登记地					
	合　计			本县(市、区)		
	合计	男	女	小计	男	女
东丰县						
东辽县						
通化市	**236429**	**112503**	**123926**	**131587**	**62666**	**68921**
东昌区	168578	80263	88315	82756	39712	43044
二道江区	23267	11099	12168	12160	5763	6397
通化县						
辉南县						
柳河县						
集安市	44584	21141	23443	36671	17191	19480
白山市	**255129**	**123507**	**131622**	**173016**	**83443**	**89573**
浑江区	172971	83796	89175	114313	55158	59155
江源区	40799	19983	20816	26700	13018	13682
抚松县						
靖宇县						
长白朝鲜族自治县						
临江市	41359	19728	21631	32003	15267	16736
松原市	**425923**	**206495**	**219428**	**224644**	**108573**	**116071**
宁江区	331687	160713	170974	152649	73582	79067
前郭尔罗斯蒙古族自治县	15465	7405	8060	9926	4720	5206
长岭县						
乾安县						
吉林松原经济开发区						
扶余市	78771	38377	40394	62069	30271	31798
白城市	**285561**	**136955**	**148606**	**207547**	**98813**	**108734**
洮北区	156638	75965	80673	103394	49626	53768
镇赉县						
通榆县						
吉林白城经济开发区	2099	1034	1065	1073	513	560
洮南市	62280	29455	32825	51662	24303	27359
大安市	64544	30501	34043	51418	24371	27047
延边朝鲜族自治州	**568361**	**274651**	**293710**	**272107**	**130198**	**141909**
延吉市	302949	145762	157187	110438	52708	57730
图们市	21114	10371	10743	9981	4766	5215
敦化市	95382	46028	49354	75564	36258	39306
珲春市	91454	44481	46973	46370	22039	24331
龙井市	30040	14611	15429	13437	6529	6908
和龙市	27422	13398	14024	16317	7898	8419
汪清县						
安图县						
长白山管委会						
梅河口市	**155269**	**75515**	**79754**	**120515**	**58152**	**62363**

1-3a 续表 2

单位：人

地 区	户口登记地					
	本省其他县(市、区)			省 外		
	小计	男	女	小计	男	女
全 省	**2776522**	**1347701**	**1428821**	**578317**	**304121**	**274196**
长春市	**1455980**	**707663**	**748317**	**319043**	**171749**	**147294**
南关区	265236	126037	139199	71174	38192	32982
宽城区	284616	139452	145164	45150	23756	21394
朝阳区	195049	95385	99664	69941	40976	28965
二道区	234804	114137	120667	42411	22171	20240
绿园区	344243	169284	174959	53539	29122	24417
双阳区	34247	16472	17775	18749	8926	9823
九台区	24415	11646	12769	4004	1924	2080
农安县						
长春经济技术开发区						
长春净月高新技术产业开发区						
长春高新技术产业开发区						
长春汽车经济技术开发区						
长春莲花山生态旅游度假区						
榆树市	12002	5637	6365	3808	1643	2165
德惠市	20869	10198	10671	3840	1902	1938
公主岭市	40499	19415	21084	6427	3137	3290
吉林市	**428428**	**207607**	**220821**	**64844**	**35186**	**29658**
昌邑区	132249	63029	69220	16457	8537	7920
龙潭区	64515	33028	31487	10774	6099	4675
船营区	115358	55754	59604	20073	11854	8219
丰满区	75995	36645	39350	7560	4079	3481
永吉县						
吉林经济开发区	337	160	177	56	30	26
吉林高新技术产业开发区						
吉林中国新加坡食品区						
蛟河市	8698	4075	4623	2739	1338	1401
桦甸市	8462	4104	4358	1797	824	973
舒兰市	13134	6329	6805	2750	1234	1516
磐石市	9680	4483	5197	2638	1191	1447
四平市	**132048**	**64184**	**67864**	**33339**	**16404**	**16935**
铁西区	65417	31648	33769	15843	7915	7928
铁东区	58135	28378	29757	12871	6360	6511
梨树县						
伊通满族自治县						
双辽市	8496	4158	4338	4625	2129	2496
辽源市	**112665**	**55781**	**56884**	**11236**	**5467**	**5769**
龙山区	77111	38180	38931	8290	4047	4243
西安区	35554	17601	17953	2946	1420	1526

1–3a　续表 3

单位：人

地　　区	户口登记地					
	本省其他县(市、区)			省　　外		
	小计	男	女	小计	男	女
东丰县						
东辽县						
通化市	**86852**	**41127**	**45725**	**17990**	**8710**	**9280**
东昌区	71650	33782	37868	14172	6769	7403
二道江区	9301	4389	4912	1806	947	859
通化县						
辉南县						
柳河县						
集安市	5901	2956	2945	2012	994	1018
白山市	**70943**	**34480**	**36463**	**11170**	**5584**	**5586**
浑江区	51024	24758	26266	7634	3880	3754
江源区	12174	6026	6148	1925	939	986
抚松县						
靖宇县						
长白朝鲜族自治县						
临江市	7745	3696	4049	1611	765	846
松原市	**186847**	**90785**	**96062**	**14432**	**7137**	**7295**
宁江区	167719	81436	86283	11319	5695	5624
前郭尔罗斯蒙古族自治县	5069	2465	2604	470	220	250
长岭县						
乾安县						
吉林松原经济开发区						
扶余市	14059	6884	7175	2643	1222	1421
白城市	**62756**	**30718**	**32038**	**15258**	**7424**	**7834**
洮北区	42751	21074	21677	10493	5265	5228
镇赉县						
通榆县						
吉林白城经济开发区	861	431	430	165	90	75
洮南市	8479	4187	4292	2139	965	1174
大安市	10665	5026	5639	2461	1104	1357
延边朝鲜族自治州	**212520**	**101792**	**110728**	**83734**	**42661**	**41073**
延吉市	141021	66783	74238	51490	26271	25219
图们市	8402	4176	4226	2731	1429	1302
敦化市	14432	7003	7429	5386	2767	2619
珲春市	26573	13089	13484	18511	9353	9158
龙井市	12923	6243	6680	3680	1839	1841
和龙市	9169	4498	4671	1936	1002	934
汪清县						
安图县						
长白山管委会						
梅河口市	**27483**	**13564**	**13919**	**7271**	**3799**	**3472**

1-3b 各地区分性别的户口登记地在外乡镇街道的人口状况(镇)

单位：人

地　　区	户口登记地					
	合　　计			本县(市、区)		
	合计	男	女	小计	男	女
全　省	**2462484**	**1197278**	**1265206**	**959789**	**460607**	**499182**
长春市	**1200687**	**593453**	**607234**	**230387**	**112161**	**118226**
南关区						
宽城区	50495	24245	26250	5757	2787	2970
朝阳区	3644	1864	1780	503	242	261
二道区	236	118	118	12	3	9
绿园区						
双阳区	1189	594	595	386	188	198
九台区	1304	612	692	518	251	267
农安县	134909	64767	70142	107593	51972	55621
长春经济技术开发区	305671	150790	154881	16124	7875	8249
长春净月高新技术产业开发区	145536	65501	80035	19124	9170	9954
长春高新技术产业开发区	291796	147233	144563	16670	8080	8590
长春汽车经济技术开发区	196026	103151	92875	26591	13270	13321
长春莲花山生态旅游度假区	2484	1324	1160	439	222	217
榆树市	11070	5386	5684	7480	3688	3792
德惠市	2168	964	1204	857	374	483
公主岭市	54159	26904	27255	28333	14039	14294
吉林市	**171323**	**80788**	**90535**	**56463**	**27085**	**29378**
昌邑区	4745	2093	2652	1314	650	664
龙潭区	3285	1725	1560	1504	741	763
船营区	1472	687	785	785	369	416
丰满区	234	109	125	96	41	55
永吉县	37687	18036	19651	23026	11119	11907
吉林经济开发区	23607	12530	11077	3054	1475	1579
吉林高新技术产业开发区	72553	32151	40402	13165	6132	7033
吉林中国新加坡食品区	1222	580	642	509	238	271
蛟河市	6640	3277	3363	2870	1336	1534
桦甸市	4435	2114	2321	2165	1046	1119
舒兰市	5517	2533	2984	2740	1256	1484
磐石市	9926	4953	4973	5235	2682	2553
四平市	**144340**	**69322**	**75018**	**107726**	**51816**	**55910**
铁西区						
铁东区	1268	587	681	538	246	292
梨树县	76557	36997	39560	55726	26962	28764
伊通满族自治县	61153	28932	32221	48670	23078	25592
双辽市	5362	2806	2556	2792	1530	1262
辽源市	**80218**	**38032**	**42186**	**61518**	**29131**	**32387**
龙山区	371	203	168	199	105	94
西安区						
东丰县	59311	28216	31095	47635	22625	25010
东辽县	20536	9613	10923	13684	6401	7283

1-3b　续表 1

单位：人

地　区	户口登记地					
	合　计			本县(市、区)		
	合计	男	女	小计	男	女
通化市	**158768**	**75900**	**82868**	**119010**	**56690**	**62320**
东昌区	2461	1178	1283	1018	480	538
二道江区	2641	1313	1328	659	325	334
通化县	32493	15156	17337	22907	10607	12300
辉南县	66868	32222	34646	51667	24812	26855
柳河县	52686	25235	27451	41948	20069	21879
集安市	1619	796	823	811	397	414
白山市	**100144**	**49159**	**50985**	**53399**	**26024**	**27375**
浑江区	4535	1861	2674	1513	789	724
江源区	8118	4199	3919	1936	983	953
抚松县	51196	25249	25947	27486	13332	14154
靖宇县	23628	11554	12074	14870	7240	7630
长白朝鲜族自治县	11726	5830	5896	7265	3525	3740
临江市	941	466	475	329	155	174
松原市	**291299**	**139798**	**151501**	**160248**	**75931**	**84317**
宁江区	20035	9669	10366	9003	4283	4720
前郭尔罗斯蒙古族自治县	89364	41922	47442	60646	28238	32408
长岭县	55775	26901	28874	42531	20515	22016
乾安县	51713	24808	26905	39247	18567	20680
吉林松原经济开发区	65494	32135	33359	3195	1575	1620
扶余市	8918	4363	4555	5626	2753	2873
白城市	**195131**	**91326**	**103805**	**103417**	**49071**	**54346**
洮北区	6604	3250	3354	2217	1052	1165
镇赉县	41415	19806	21609	26691	12650	14041
通榆县	60601	29008	31593	48445	22908	25537
吉林白城经济开发区	74073	33265	40808	18850	9021	9829
洮南市	2055	946	1109	966	443	523
大安市	10383	5051	5332	6248	2997	3251
延边朝鲜族自治州	**92378**	**45427**	**46951**	**56659**	**27402**	**29257**
延吉市	5330	2747	2583	747	368	379
图们市	2028	1029	999	399	199	200
敦化市	7851	3944	3907	3598	1806	1792
珲春市	2689	1369	1320	764	392	372
龙井市	1306	682	624	234	115	119
和龙市	3574	1868	1706	546	282	264
汪清县	44790	21604	23186	32320	15586	16734
安图县	24810	12184	12626	18051	8654	9397
长白山管委会	**19156**	**9736**	**9420**	**6751**	**3274**	**3477**
长白山保护开发区池北区	13172	6797	6375	3241	1592	1649
长白山保护开发区池西区	5432	2649	2783	3389	1625	1764
长白山保护开发区池南区	552	290	262	121	57	64
梅河口市	**9040**	**4337**	**4703**	**4211**	**2022**	**2189**

1-3b 续表 2

单位：人

地 区	户口登记地					
	本省其他县(市、区)			省 外		
	小计	男	女	小计	男	女
全 省	**1261894**	**617344**	**644550**	**240801**	**119327**	**121474**
长春市	**812512**	**402116**	**410396**	**157788**	**79176**	**78612**
南关区						
宽城区	39869	19206	20663	4869	2252	2617
朝阳区	2688	1356	1332	453	266	187
二道区	189	93	96	35	22	13
绿园区						
双阳区	717	354	363	86	52	34
九台区	713	326	387	73	35	38
农安县	23866	11196	12670	3450	1599	1851
长春经济技术开发区	251039	123320	127719	38508	19595	18913
长春净月高新技术产业开发区	98008	45146	52862	28404	11185	17219
长春高新技术产业开发区	218678	109447	109231	56448	29706	26742
长春汽车经济技术开发区	148373	77657	70716	21062	12224	8838
长春莲花山生态旅游度假区	1846	982	864	199	120	79
榆树市	2978	1423	1555	612	275	337
德惠市	1108	487	621	203	103	100
公主岭市	22440	11123	11317	3386	1742	1644
吉林市	**95044**	**44126**	**50918**	**19816**	**9577**	**10239**
昌邑区	2291	1024	1267	1140	419	721
龙潭区	1472	785	687	309	199	110
船营区	608	280	328	79	38	41
丰满区	120	61	59	18	7	11
永吉县	12749	5964	6785	1912	953	959
吉林经济开发区	15346	8034	7312	5207	3021	2186
吉林高新技术产业开发区	51023	22556	28467	8365	3463	4902
吉林中国新加坡食品区	660	313	347	53	29	24
蛟河市	2806	1336	1470	964	605	359
桦甸市	1841	851	990	429	217	212
舒兰市	2230	1035	1195	547	242	305
磐石市	3898	1887	2011	793	384	409
四平市	**30682**	**14796**	**15886**	**5932**	**2710**	**3222**
铁西区						
铁东区	512	240	272	218	101	117
梨树县	17672	8586	9086	3159	1449	1710
伊通满族自治县	10722	5054	5668	1761	800	961
双辽市	1776	916	860	794	360	434
辽源市	**14658**	**7039**	**7619**	**4042**	**1862**	**2180**
龙山区	157	91	66	15	7	8
西安区						
东丰县	9269	4462	4807	2407	1129	1278
东辽县	5232	2486	2746	1620	726	894

1-3b　续表 3　　　　单位：人

地　　区	户口登记地					
	本省其他县(市、区)			省　　外		
	小计	男	女	小计	男	女
通化市	**31667**	**15370**	**16297**	**8091**	**3840**	**4251**
东昌区	1209	580	629	234	118	116
二道江区	1613	790	823	369	198	171
通化县	6992	3257	3735	2594	1292	1302
辉南县	12913	6342	6571	2288	1068	1220
柳河县	8379	4130	4249	2359	1036	1323
集安市	561	271	290	247	128	119
白山市	**38563**	**18852**	**19711**	**8182**	**4283**	**3899**
浑江区	2530	883	1647	492	189	303
江源区	5131	2610	2521	1051	606	445
抚松县	19853	9877	9976	3857	2040	1817
靖宇县	7160	3508	3652	1598	806	792
长白朝鲜族自治县	3397	1724	1673	1064	581	483
临江市	492	250	242	120	61	59
松原市	**121571**	**59173**	**62398**	**9480**	**4694**	**4786**
宁江区	10496	5104	5392	536	282	254
前郭尔罗斯蒙古族自治县	26242	12465	13777	2476	1219	1257
长岭县	11332	5501	5831	1912	885	1027
乾安县	11276	5630	5646	1190	611	579
吉林松原经济开发区	59460	29128	30332	2839	1432	1407
扶余市	2765	1345	1420	527	265	262
白城市	**76130**	**35319**	**40811**	**15584**	**6936**	**8648**
洮北区	3436	1731	1705	951	467	484
镇赉县	11031	5469	5562	3693	1687	2006
通榆县	10316	5169	5147	1840	931	909
吉林白城经济开发区	46895	20733	26162	8328	3511	4817
洮南市	810	378	432	279	125	154
大安市	3642	1839	1803	493	215	278
延边朝鲜族自治州	**26994**	**13482**	**13512**	**8725**	**4543**	**4182**
延吉市	3798	1995	1803	785	384	401
图们市	1346	684	662	283	146	137
敦化市	3432	1696	1736	821	442	379
珲春市	1385	706	679	540	271	269
龙井市	855	444	411	217	123	94
和龙市	2464	1265	1199	564	321	243
汪清县	8806	4257	4549	3664	1761	1903
安图县	4908	2435	2473	1851	1095	756
长白山管委会	**9954**	**5094**	**4860**	**2451**	**1368**	**1083**
长白山保护开发区池北区	7929	4069	3860	2002	1136	866
长白山保护开发区池西区	1667	833	834	376	191	185
长白山保护开发区池南区	358	192	166	73	41	32
梅河口市	**4119**	**1977**	**2142**	**710**	**338**	**372**

1-3c 各地区分性别的户口登记地在外乡镇街道的人口状况(乡村)

单位：人

地　区	户口登记地					
	合　计			本县(市、区)		
	合计	男	女	小计	男	女
全　省	**1630107**	**785453**	**844654**	**608931**	**286547**	**322384**
长春市	**633398**	**308036**	**325362**	**216329**	**101909**	**114420**
南关区						
宽城区	73802	39955	33847	6514	3253	3261
朝阳区	4828	2562	2266	740	359	381
二道区						
绿园区	6037	3376	2661	600	313	287
双阳区	32961	16096	16865	11581	5460	6121
九台区	77598	36430	41168	29948	13828	16120
农安县	89163	42443	46720	47915	22607	25308
长春经济技术开发区						
长春净月高新技术产业开发区	139414	66757	72657	17298	8424	8874
长春高新技术产业开发区	834	465	369	35	17	18
长春汽车经济技术开发区						
长春莲花山生态旅游度假区	9980	4896	5084	2217	1046	1171
榆树市	82333	38748	43585	48553	22797	25756
德惠市	65660	31681	33979	35260	16945	18315
公主岭市	50788	24627	26161	15668	6860	8808
吉林市	**234684**	**114101**	**120583**	**92783**	**43823**	**48960**
昌邑区	36657	17842	18815	10808	5105	5703
龙潭区	16078	7872	8206	7905	3802	4103
船营区	28134	13924	14210	8833	4413	4420
丰满区	24780	10580	14200	5596	2371	3225
永吉县	24801	13984	10817	8961	4330	4631
吉林经济开发区	1504	783	721	185	89	96
吉林高新技术产业开发区	8598	4863	3735	765	391	374
吉林中国新加坡食品区	6249	2969	3280	2794	1324	1470
蛟河市	18819	8443	10376	11468	5061	6407
桦甸市	13275	6514	6761	5881	2815	3066
舒兰市	25882	12229	13653	12049	5705	6344
磐石市	29907	14098	15809	17538	8417	9121
四平市	**128455**	**55592**	**72863**	**34495**	**15249**	**19246**
铁西区	51627	20513	31114	12862	6273	6589
铁东区	9056	4557	4499	2467	1214	1253
梨树县	27573	12141	15432	7673	2817	4856
伊通满族自治县	23914	10727	13187	7458	3116	4342
双辽市	16285	7654	8631	4035	1829	2206
辽源市	**60809**	**28322**	**32487**	**22454**	**10450**	**12004**
龙山区	12116	5702	6414	3515	1786	1729
西安区	3828	1906	1922	1019	501	518

1-3c 续表 1

单位：人

地区	户口登记地					
	合计			本县(市、区)		
	合计	男	女	小计	男	女
东丰县	29046	13753	15293	14488	6803	7685
东辽县	15819	6961	8858	3432	1360	2072
通化市	**72750**	**35268**	**37482**	**32765**	**15734**	**17031**
东昌区	8473	4361	4112	3370	1682	1688
二道江区	2927	1466	1461	1532	756	776
通化县	14267	6943	7324	5999	2926	3073
辉南县	9974	4597	5377	2726	1176	1550
柳河县	24064	11529	12535	13473	6443	7030
集安市	13045	6372	6673	5665	2751	2914
白山市	**40931**	**20894**	**20037**	**15670**	**7814**	**7856**
浑江区	7773	4100	3673	3753	1929	1824
江源区	7052	3592	3460	2244	1106	1138
抚松县	7814	3829	3985	2148	1002	1146
靖宇县	9955	5090	4865	4160	2084	2076
长白朝鲜族自治县	3339	1798	1541	958	489	469
临江市	4998	2485	2513	2407	1204	1203
松原市	**207396**	**99806**	**107590**	**81220**	**37460**	**43760**
宁江区	45518	22149	23369	11901	5601	6300
前郭尔罗斯蒙古族自治县	33533	15983	17550	12596	5790	6806
长岭县	48990	23013	25977	25985	11916	14069
乾安县	20138	9905	10233	6768	3144	3624
吉林松原经济开发区	11960	6245	5715	996	500	496
扶余市	47257	22511	24746	22974	10509	12465
白城市	**121411**	**58081**	**63330**	**58120**	**27076**	**31044**
洮北区	12524	5771	6753	3792	1522	2270
镇赉县	19863	9611	10252	9082	4299	4783
通榆县	29712	14501	15211	12945	6017	6928
吉林白城经济开发区	2446	1219	1227	970	485	485
洮南市	34087	16184	17903	20100	9440	10660
大安市	22779	10795	11984	11231	5313	5918
延边朝鲜族自治州	**93720**	**47861**	**45859**	**36529**	**18182**	**18347**
延吉市	21216	11010	10206	7563	3813	3750
图们市	2266	1233	1033	284	159	125
敦化市	30980	15362	15618	17970	8643	9327
珲春市	15192	7688	7504	4649	2414	2235
龙井市	3917	2074	1843	649	320	329
和龙市	5635	2955	2680	1268	694	574
汪清县	6498	3281	3217	1977	1036	941
安图县	8016	4258	3758	2169	1103	1066
长白山管委会	**91**	**51**	**40**	**16**	**11**	**5**
梅河口市	**36462**	**17441**	**19021**	**18550**	**8839**	**9711**

1－3c 续表 2

单位：人

地区	户口登记地					
	本省其他县(市、区)			省外		
	小计	男	女	小计	男	女
全 省	**838823**	**409054**	**429769**	**182353**	**89852**	**92501**
长春市	**338327**	**166595**	**171732**	**78742**	**39532**	**39210**
南关区						
宽城区	52238	27658	24580	15050	9044	6006
朝阳区	3442	1817	1625	646	386	260
二道区						
绿园区	4505	2494	2011	932	569	363
双阳区	19025	9387	9638	2355	1249	1106
九台区	38234	18178	20056	9416	4424	4992
农安县	37240	17893	19347	4008	1943	2065
长春经济技术开发区						
长春净月高新技术产业开发区	89317	43072	46245	32799	15261	17538
长春高新技术产业开发区	694	376	318	105	72	33
长春汽车经济技术开发区						
长春莲花山生态旅游度假区	6865	3350	3515	898	500	398
榆树市	28813	13901	14912	4967	2050	2917
德惠市	26955	13017	13938	3445	1719	1726
公主岭市	30999	15452	15547	4121	2315	1806
吉林市	**120719**	**59222**	**61497**	**21182**	**11056**	**10126**
昌邑区	23049	11257	11792	2800	1480	1320
龙潭区	6500	3144	3356	1673	926	747
船营区	17105	8265	8840	2196	1246	950
丰满区	14903	6380	8523	4281	1829	2452
永吉县	13209	7855	5354	2631	1799	832
吉林经济开发区	951	471	480	368	223	145
吉林高新技术产业开发区	7258	4107	3151	575	365	210
吉林中国新加坡食品区	3178	1509	1669	277	136	141
蛟河市	5995	2726	3269	1356	656	700
桦甸市	6147	2974	3173	1247	725	522
舒兰市	11974	5713	6261	1859	811	1048
磐石市	10450	4821	5629	1919	860	1059
四平市	**74116**	**32830**	**41286**	**19844**	**7513**	**12331**
铁西区	27680	10532	17148	11085	3708	7377
铁东区	4916	2529	2387	1673	814	859
梨树县	17032	8163	8869	2868	1161	1707
伊通满族自治县	14787	6852	7935	1669	759	910
双辽市	9701	4754	4947	2549	1071	1478
辽源市	**31637**	**14755**	**16882**	**6718**	**3117**	**3601**
龙山区	7802	3559	4243	799	357	442
西安区	2553	1269	1284	256	136	120

1-3c　续表 3　　单位：人

地　　区	户口登记地					
	本省其他县(市、区)			省　　外		
	小计	男	女	小计	男	女
东丰县	11335	5351	5984	3223	1599	1624
东辽县	9947	4576	5371	2440	1025	1415
通化市	**31582**	**15362**	**16220**	**8403**	**4172**	**4231**
东昌区	4283	2199	2084	820	480	340
二道江区	1120	559	561	275	151	124
通化县	5658	2677	2981	2610	1340	1270
辉南县	6307	3033	3274	941	388	553
柳河县	8575	4147	4428	2016	939	1077
集安市	5639	2747	2892	1741	874	867
白山市	**20695**	**10499**	**10196**	**4566**	**2581**	**1985**
浑江区	3340	1754	1586	680	417	263
江源区	4134	2091	2043	674	395	279
抚松县	4695	2320	2375	971	507	464
靖宇县	4784	2448	2336	1011	558	453
长白朝鲜族自治县	1740	904	836	641	405	236
临江市	2002	982	1020	589	299	290
松原市	**113240**	**55880**	**57360**	**12936**	**6466**	**6470**
宁江区	31348	15359	15989	2269	1189	1080
前郭尔罗斯蒙古族自治县	19020	9226	9794	1917	967	950
长岭县	20059	9735	10324	2946	1362	1584
乾安县	12059	6074	5985	1311	687	624
吉林松原经济开发区	9897	5182	4715	1067	563	504
扶余市	20857	10304	10553	3426	1698	1728
白城市	**52837**	**26157**	**26680**	**10454**	**4848**	**5606**
洮北区	7219	3510	3709	1513	739	774
镇赉县	8759	4397	4362	2022	915	1107
通榆县	14604	7396	7208	2163	1088	1075
吉林白城经济开发区	1188	571	617	288	163	125
洮南市	10825	5385	5440	3162	1359	1803
大安市	10242	4898	5344	1306	584	722
延边朝鲜族自治州	**40984**	**20710**	**20274**	**16207**	**8969**	**7238**
延吉市	9239	4747	4492	4414	2450	1964
图们市	1543	807	736	439	267	172
敦化市	10002	4971	5031	3008	1748	1260
珲春市	6072	2996	3076	4471	2278	2193
龙井市	2576	1343	1233	692	411	281
和龙市	3730	1898	1832	637	363	274
汪清县	3524	1776	1748	997	469	528
安图县	4298	2172	2126	1549	983	566
长白山管委会	**65**	**35**	**30**	**10**	**5**	**5**
梅河口市	**14621**	**7009**	**7612**	**3291**	**1593**	**1698**

1-4 各地区分性别、民族的人口

单位：人

地区	合计			汉族		
	合计	男	女	小计	男	女
全省	**24073453**	**12018319**	**12055134**	**21985839**	**10982522**	**11003317**
长春市	**9066906**	**4538382**	**4528524**	**8666496**	**4341101**	**4325395**
南关区	657682	319554	338128	615179	299620	315559
宽城区	856177	430095	426082	822593	413607	408986
朝阳区	614021	306504	307517	579882	289593	290289
二道区	522453	255942	266511	494659	242725	251934
绿园区	714919	355599	359320	680516	338786	341730
双阳区	335723	168752	166971	305524	153499	152025
九台区	613836	310055	303781	573440	288705	284735
农安县	763983	388645	375338	756847	385293	371554
长春经济技术开发区	429387	212067	217320	407197	201269	205928
长春净月高新技术产业开发区	408740	193858	214882	378705	179883	198822
长春高新技术产业开发区	460607	233665	226942	430984	219086	211898
长春汽车经济技术开发区	317978	163993	153985	302003	155853	146150
长春莲花山生态旅游度假区	37513	19004	18509	35687	18087	17600
榆树市	836098	422713	413385	821129	414925	406204
德惠市	635476	322457	313019	628405	318995	309410
公主岭市	862313	435479	426834	833746	421175	412571
吉林市	**3623713**	**1803823**	**1819890**	**3289805**	**1635823**	**1653982**
昌邑区	581852	283783	298069	518177	252168	266009
龙潭区	371607	186809	184798	318557	159330	159227
船营区	464893	229830	235063	415307	205175	210132
丰满区	259374	125950	133424	235486	114453	121033
永吉县	243469	125564	117905	215116	110920	104196
吉林经济开发区	55692	28533	27159	48408	24788	23620
吉林高新技术产业开发区	162447	76601	85846	147890	69698	78192
吉林中国新加坡食品区	37164	18563	18601	30877	15358	15519
蛟河市	328925	165292	163633	305045	153550	151495
桦甸市	341308	171822	169486	331048	166567	164481
舒兰市	406744	204714	202030	381354	191648	189706
磐石市	370238	186362	183876	342540	172168	170372
四平市	**1814733**	**904701**	**910032**	**1632366**	**813003**	**819363**
铁西区	314307	148202	166105	297897	140868	157029
铁东区	313650	157285	156365	287299	143920	143379
梨树县	537145	273030	264115	528331	268715	259616
伊通满族自治县	331873	168381	163492	212021	106608	105413
双辽市	317758	157803	159955	306818	152892	153926
辽源市	**996903**	**498860**	**498043**	**917406**	**457885**	**459521**
龙山区	327079	159837	167242	306519	149780	156739
西安区	136337	68327	68010	130307	65271	65036
东丰县	307302	155448	151854	275362	138676	136686
东辽县	226185	115248	110937	205218	104158	101060

1-4　续表 1　　单位：人

地　　区	合　　计			汉　　族		
	合计	男	女	小计	男	女
通化市	**1302778**	**649529**	**653249**	**1175274**	**584944**	**590330**
东昌区	355346	172138	183208	329825	159925	169900
二道江区	91571	45266	46305	85927	42440	43487
通化县	175114	88391	86723	146171	73830	72341
辉南县	237113	118757	118356	217974	108877	109097
柳河县	274414	140021	134393	246565	125322	121243
集安市	169220	84956	84264	148812	74550	74262
白山市	**951866**	**475119**	**476747**	**909332**	**453775**	**455557**
浑江区	307982	151338	156644	294037	144311	149726
江源区	138272	69737	68535	134459	67821	66638
抚松县	217252	108972	108280	210616	105638	104978
靖宇县	108478	55057	53421	102800	52144	50656
长白朝鲜族自治县	58266	29484	28782	49381	25114	24267
临江市	121616	60531	61085	118039	58747	59292
松原市	**2252994**	**1128600**	**1124394**	**2154684**	**1079942**	**1074742**
宁江区	619364	304463	314901	583179	286792	296387
前郭尔罗斯蒙古族自治县	407385	204560	202825	369088	185251	183837
长岭县	451620	228661	222959	445734	225901	219833
乾安县	205542	103221	102321	201567	101302	100265
吉林松原经济开发区	94066	46842	47224	86332	43054	43278
扶余市	475017	240853	234164	468784	237642	231142
白城市	**1551378**	**770277**	**781101**	**1452720**	**721983**	**730737**
洮北区	356054	176363	179691	338596	167729	170867
镇赉县	217387	108978	108409	201272	101200	100072
通榆县	281589	140977	140612	252930	126754	126176
吉林白城经济开发区	118222	55148	63074	110210	51643	58567
洮南市	307215	153596	153619	285434	142665	142769
大安市	270911	135215	135696	264278	131992	132286
延边朝鲜族自治州	**1941700**	**961606**	**980094**	**1277372**	**637708**	**639664**
延吉市	686136	331434	354702	375506	184418	191088
图们市	85248	42139	43109	45778	22849	22929
敦化市	392486	196287	196199	365704	182900	182804
珲春市	239359	119044	120315	155458	77584	77874
龙井市	129286	65060	64226	49382	25429	23953
和龙市	117087	59623	57464	67771	34173	33598
汪清县	167911	84601	83310	123293	61791	61502
安图县	124187	63418	60769	94480	48564	45916
长白山管委会	**61146**	**31035**	**30111**	**57772**	**29296**	**28476**
长白山保护开发区池北区	44639	22697	21942	41739	21201	20538
长白山保护开发区池西区	14660	7379	7281	14298	7202	7096
长白山保护开发区池南区	1847	959	888	1735	893	842
梅河口市	**509336**	**256387**	**252949**	**452612**	**227062**	**225550**

1-4 续表 2

单位：人

地 区	蒙古族			回 族			藏 族		
	小计	男	女	小计	男	女	小计	男	女
全 省	**169449**	**81081**	**88368**	**104595**	**51410**	**53185**	**2121**	**896**	**1225**
长春市	**34114**	**16069**	**18045**	**43517**	**21340**	**22177**	**1305**	**566**	**739**
南关区	4176	1836	2340	6415	3050	3365	265	105	160
宽城区	3654	1804	1850	2973	1516	1457	255	107	148
朝阳区	3565	1770	1795	3758	1840	1918	170	84	86
二道区	2490	1183	1307	4030	1966	2064	24	9	15
绿园区	3914	1880	2034	4496	2173	2323	54	20	34
双阳区	977	435	542	3702	1818	1884	19	10	9
九台区	927	403	524	5387	2770	2617	22	11	11
农安县	1092	463	629	454	238	216	5	2	3
长春经济技术开发区	2153	1041	1112	2089	1029	1060	24	8	16
长春净月高新技术产业开发区	3235	1500	1735	2308	1026	1282	265	114	151
长春高新技术产业开发区	3476	1661	1815	2339	1143	1196	150	67	83
长春汽车经济技术开发区	1625	846	779	1975	955	1020	16	11	5
长春莲花山生态旅游度假区	81	41	40	54	21	33	1	1	
榆树市	518	218	300	1186	603	583	10	5	5
德惠市	551	257	294	1167	616	551	8	4	4
公主岭市	1680	731	949	1184	576	608	17	8	9
吉林市	**9207**	**4484**	**4723**	**26731**	**13039**	**13692**	**203**	**110**	**93**
昌邑区	1828	901	927	5057	2369	2688	29	15	14
龙潭区	934	490	444	2405	1181	1224	25	17	8
船营区	1796	897	899	11513	5660	5853	32	19	13
丰满区	1318	654	664	1473	666	807	34	15	19
永吉县	443	220	223	469	240	229	27	19	8
吉林经济开发区	287	160	127	195	108	87	16	9	7
吉林高新技术产业开发区	843	367	476	1017	483	534	17	6	11
吉林中国新加坡食品区	42	19	23	1209	621	588	2	2	
蛟河市	389	190	199	757	381	376	4	2	2
桦甸市	381	173	208	767	392	375	6	3	3
舒兰市	363	172	191	1112	553	559	8	2	6
磐石市	583	241	342	757	385	372	3	1	2
四平市	**10828**	**4562**	**6266**	**6742**	**3385**	**3357**	**92**	**34**	**58**
铁西区	1539	641	898	944	435	509	35	11	24
铁东区	1103	536	567	1198	620	578	30	10	20
梨树县	961	367	594	164	81	83	5	1	4
伊通满族自治县	580	244	336	3503	1775	1728	15	10	5
双辽市	6645	2774	3871	933	474	459	7	2	5
辽源市	**2131**	**1042**	**1089**	**2509**	**1240**	**1269**	**66**	**22**	**44**
龙山区	751	355	396	1466	714	752	31	9	22
西安区	271	142	129	425	209	216	10	1	9
东丰县	684	332	352	528	276	252	10	6	4
东辽县	425	213	212	90	41	49	15	6	9

1-4 续表 3

单位：人

地区	蒙古族			回族			藏族		
	小计	男	女	小计	男	女	小计	男	女
通化市	**2418**	**1114**	**1304**	**5027**	**2526**	**2501**	**148**	**34**	**114**
东昌区	958	448	510	2396	1169	1227	109	13	96
二道江区	240	115	125	540	262	278	4	3	1
通化县	272	128	144	103	49	54	12	8	4
辉南县	361	162	199	714	376	338	3	1	2
柳河县	320	135	185	568	307	261	13	6	7
集安市	267	126	141	706	363	343	7	3	4
白山市	**1594**	**830**	**764**	**3441**	**1736**	**1705**	**74**	**28**	**46**
浑江区	662	348	314	1324	660	664	56	23	33
江源区	219	106	113	553	301	252	4		4
抚松县	283	155	128	642	315	327	5	1	4
靖宇县	198	105	93	162	76	86	3		3
长白朝鲜族自治县	126	59	67	48	26	22	3	2	1
临江市	106	57	49	712	358	354	3	2	1
松原市	**49206**	**24142**	**25064**	**6438**	**3137**	**3301**	**57**	**21**	**36**
宁江区	12832	6023	6809	4655	2242	2413	40	15	25
前郭尔罗斯蒙古族自治县	29282	14860	14422	565	279	286	7	3	4
长岭县	1643	638	1005	158	86	72	8	2	6
乾安县	968	441	527	162	92	70	2	1	1
吉林松原经济开发区	3619	1745	1874	478	240	238			
扶余市	862	435	427	420	198	222			
白城市	**54492**	**26278**	**28214**	**3264**	**1635**	**1629**	**105**	**41**	**64**
洮北区	7106	3341	3765	1044	513	531	8	5	3
镇赉县	11738	5609	6129	140	63	77	8	3	5
通榆县	20836	10311	10525	464	242	222	14	7	7
吉林白城经济开发区	2755	1211	1544	382	177	205	65	20	45
洮南市	9847	4752	5095	574	309	265	8	4	4
大安市	2210	1054	1156	660	331	329	2	2	
延边朝鲜族自治州	**4532**	**2133**	**2399**	**5530**	**2696**	**2834**	**58**	**31**	**27**
延吉市	1718	784	934	1765	844	921	28	14	14
图们市	138	75	63	195	96	99	1	1	
敦化市	741	350	391	2216	1092	1124	8	2	6
珲春市	1037	499	538	660	322	338	13	6	7
龙井市	230	110	120	179	94	85			
和龙市	178	83	95	232	122	110	3	3	
汪清县	295	135	160	137	58	79	5	5	
安图县	195	97	98	146	68	78			
长白山管委会	**178**	**98**	**80**	**205**	**101**	**104**	**3**	**3**	
长白山保护开发区池北区	162	91	71	174	85	89	3	3	
长白山保护开发区池西区	14	5	9	28	15	13			
长白山保护开发区池南区	2	2		3	1	2			
梅河口市	**749**	**329**	**420**	**1191**	**575**	**616**	**10**	**6**	**4**

1-4 续表 4

单位：人

地 区	维吾尔族			苗 族			彝 族		
	小计	男	女	小计	男	女	小计	男	女
全 省	**3733**	**1529**	**2204**	**5788**	**2831**	**2957**	**2072**	**1006**	**1066**
长春市	**2857**	**1158**	**1699**	**2668**	**1339**	**1329**	**1012**	**514**	**498**
南关区	631	173	458	349	155	194	144	79	65
宽城区	189	76	113	205	98	107	108	61	47
朝阳区	425	192	233	370	230	140	129	75	54
二道区	129	53	76	167	71	96	56	23	33
绿园区	51	31	20	180	108	72	47	27	20
双阳区	12	7	5	96	53	43	33	20	13
九台区	88	33	55	136	67	69	56	20	36
农安县	6	2	4	90	43	47	14	8	6
长春经济技术开发区	89	31	58	104	44	60	40	16	24
长春净月高新技术产业开发区	557	224	333	366	183	183	177	79	98
长春高新技术产业开发区	634	309	325	262	125	137	112	63	49
长春汽车经济技术开发区	12	9	3	78	43	35	15	11	4
长春莲花山生态旅游度假区				19	9	10	4	1	3
榆树市	5	3	2	82	36	46	29	6	23
德惠市	18	10	8	49	22	27	12	8	4
公主岭市	11	5	6	115	52	63	36	17	19
吉林市	**414**	**186**	**228**	**635**	**311**	**324**	**252**	**118**	**134**
昌邑区	55	33	22	62	36	26	25	13	12
龙潭区	35	29	6	79	41	38	32	13	19
船营区	26	11	15	130	72	58	40	22	18
丰满区	51	15	36	46	27	19	22	12	10
永吉县	15	12	3	29	21	8	31	16	15
吉林经济开发区	74	33	41	43	28	15	23	12	11
吉林高新技术产业开发区	144	46	98	72	30	42	36	13	23
吉林中国新加坡食品区	1	1		3	1	2			
蛟河市	5	1	4	67	19	48	19	8	11
桦甸市	4	3	1	27	12	15	10	5	5
舒兰市	2	1	1	44	15	29	6	2	4
磐石市	2	1	1	33	9	24	8	2	6
四平市	**164**	**42**	**122**	**366**	**170**	**196**	**116**	**41**	**75**
铁西区	134	30	104	164	63	101	43	12	31
铁东区	20	6	14	66	43	23	28	12	16
梨树县	7	4	3	58	23	35	17	9	8
伊通满族自治县	1	1		56	31	25	19	4	15
双辽市	2	1	1	22	10	12	9	4	5
辽源市	**48**	**16**	**32**	**310**	**144**	**166**	**45**	**22**	**23**
龙山区	37	11	26	153	77	76	15	5	10
西安区	4	2	2	55	25	30	8	4	4
东丰县	6	3	3	60	29	31	12	6	6
东辽县	1		1	42	13	29	10	7	3

1-4　续表 5　　　　单位：人

地　区	维吾尔族			苗　族			彝　族		
	小计	男	女	小计	男	女	小计	男	女
通化市	**20**	**13**	**7**	**281**	**137**	**144**	**114**	**45**	**69**
东昌区	8	5	3	143	73	70	37	15	22
二道江区	1		1	9	7	2	4		4
通化县	1	1		32	13	19	27	13	14
辉南县	6	4	2	11	5	6	13	5	8
柳河县	3	3		49	19	30	23	10	13
集安市	1		1	37	20	17	10	2	8
白山市	**21**	**8**	**13**	**350**	**173**	**177**	**68**	**31**	**37**
浑江区	11	3	8	104	48	56	21	10	11
江源区	2	1	1	70	33	37	8	6	2
抚松县	6	3	3	62	34	28	10	4	6
靖宇县				52	31	21	10	5	5
长白朝鲜族自治县	2	1	1	36	18	18	7	1	6
临江市				26	9	17	12	5	7
松原市	**65**	**32**	**33**	**406**	**196**	**210**	**172**	**75**	**97**
宁江区	26	15	11	166	79	87	30	14	16
前郭尔罗斯蒙古族自治县	27	12	15	52	26	26	12	4	8
长岭县	1	1		32	17	15	8	4	4
乾安县	1	1		70	33	37	11	5	6
吉林松原经济开发区	3	1	2	36	15	21	3	1	2
扶余市	7	2	5	50	26	24	108	47	61
白城市	**29**	**13**	**16**	**374**	**168**	**206**	**106**	**53**	**53**
洮北区	7	5	2	76	43	33	9	7	2
镇赉县	3	2	1	56	23	33	4	2	2
通榆县				88	44	44	19	9	10
吉林白城经济开发区	11	2	9	119	40	79	50	23	27
洮南市				18	9	9	15	7	8
大安市	8	4	4	17	9	8	9	5	4
延边朝鲜族自治州	**108**	**57**	**51**	**349**	**172**	**177**	**168**	**97**	**71**
延吉市	72	38	34	114	58	56	55	25	30
图们市	8	2	6	30	19	11	1		1
敦化市	8	3	5	50	25	25	24	10	14
珲春市	8	6	2	66	20	46	21	10	11
龙井市	3	1	2	7	5	2	6	6	
和龙市	7	5	2	21	15	6	3	2	1
汪清县	2	2		25	12	13	1	1	
安图县				36	18	18	57	43	14
长白山管委会	**1**		**1**	**11**	**7**	**4**	**5**	**4**	**1**
长白山保护开发区池北区	1		1	5	5		3	3	
长白山保护开发区池西区				6	2	4	2	1	1
长白山保护开发区池南区									
梅河口市	**6**	**4**	**2**	**38**	**14**	**24**	**14**	**6**	**8**

1-4 续表 6 单位：人

地区	壮族			布依族			朝鲜族		
	小计	男	女	小计	男	女	小计	男	女
全 省	**3518**	**1486**	**2032**	**2553**	**1207**	**1346**	**940165**	**456614**	**483551**
长春市	**1861**	**797**	**1064**	**1212**	**592**	**620**	**93304**	**44522**	**48782**
南关区	213	97	116	150	86	64	8781	4075	4706
宽城区	151	61	90	109	48	61	9820	4701	5119
朝阳区	343	181	162	139	75	64	7921	3725	4196
二道区	109	40	69	73	23	50	6594	3095	3499
绿园区	102	40	62	69	46	23	7981	3833	4148
双阳区	79	32	47	53	27	26	6083	2974	3109
九台区	82	22	60	86	47	39	7616	3809	3807
农安县	29	13	16	40	21	19	3266	1503	1763
长春经济技术开发区	65	30	35	52	29	23	5559	2654	2905
长春净月高新技术产业开发区	327	118	209	161	66	95	5861	2772	3089
长春高新技术产业开发区	272	117	155	112	39	73	6077	2960	3117
长春汽车经济技术开发区	29	17	12	27	10	17	3837	1775	2062
长春莲花山生态旅游度假区	5	2	3	8	4	4	681	341	340
榆树市	12	6	6	58	29	29	4661	2194	2467
德惠市	14	5	9	18	9	9	3113	1466	1647
公主岭市	29	16	13	57	33	24	5453	2645	2808
吉林市	**522**	**246**	**276**	**255**	**138**	**117**	**113038**	**55032**	**58006**
昌邑区	99	49	50	33	11	22	18103	8671	9432
龙潭区	53	28	25	36	24	12	12924	6387	6537
船营区	93	68	25	48	34	14	8623	4277	4346
丰满区	37	14	23	26	16	10	5109	2400	2709
永吉县	18	10	8	13	9	4	11928	5798	6130
吉林经济开发区	29	16	13	33	19	14	1663	807	856
吉林高新技术产业开发区	89	26	63	34	13	21	3061	1494	1567
吉林中国新加坡食品区	1	1					2238	1083	1155
蛟河市	32	10	22	5	2	3	15807	7583	8224
桦甸市	17	7	10	7	1	6	5335	2638	2697
舒兰市	26	11	15	12	6	6	12612	6174	6438
磐石市	28	6	22	8	3	5	15635	7720	7915
四平市	**197**	**83**	**114**	**191**	**76**	**115**	**12222**	**5841**	**6381**
铁西区	90	33	57	90	35	55	3414	1600	1814
铁东区	41	22	19	34	14	20	2694	1307	1387
梨树县	28	9	19	38	18	20	2444	1151	1293
伊通满族自治县	29	17	12	13	5	8	2247	1115	1132
双辽市	9	2	7	16	4	12	1423	668	755
辽源市	**74**	**30**	**44**	**138**	**65**	**73**	**9388**	**4544**	**4844**
龙山区	28	13	15	72	32	40	3847	1848	1999
西安区	8	5	3	28	12	16	1501	718	783
东丰县	13	7	6	25	15	10	2469	1235	1234
东辽县	25	5	20	13	6	7	1571	743	828

1-4　续表 7　　　　　　　　　　　　单位：人

地　区	壮　族			布依族			朝鲜族		
	小计	男	女	小计	男	女	小计	男	女
通化市	**172**	**58**	**114**	**112**	**41**	**71**	**50443**	**25169**	**25274**
东昌区	93	34	59	61	20	41	6521	3055	3466
二道江区	6	3	3	7	2	5	1339	644	695
通化县	18	6	12	7	3	4	8634	4271	4363
辉南县	21	7	14	4	2	2	10366	5227	5139
柳河县	21	4	17	17	7	10	13568	6903	6665
集安市	13	4	9	16	7	9	10015	5069	4946
白山市	**72**	**27**	**45**	**144**	**66**	**78**	**18527**	**8958**	**9569**
浑江区	20	5	15	60	31	29	4678	2241	2437
江源区	14	6	8	31	11	20	1260	578	682
抚松县	23	9	14	21	9	12	2237	1062	1175
靖宇县	12	6	6	12	8	4	1085	523	562
长白朝鲜族自治县	3	1	2	16	5	11	7985	3928	4057
临江市				4	2	2	1282	626	656
松原市	**150**	**60**	**90**	**206**	**92**	**114**	**13712**	**6481**	**7231**
宁江区	55	26	29	73	35	38	4688	2225	2463
前郭尔罗斯蒙古族自治县	40	11	29	25	9	16	2316	1097	1219
长岭县	25	7	18	22	10	12	1892	912	980
乾安县	16	10	6	29	15	14	1357	615	742
吉林松原经济开发区	5	2	3	20	6	14	1219	584	635
扶余市	9	4	5	37	17	20	2240	1048	1192
白城市	**202**	**74**	**128**	**156**	**72**	**84**	**8931**	**4160**	**4771**
洮北区	30	14	16	27	12	15	2215	1075	1140
镇赉县	8	2	6	30	15	15	1131	535	596
通榆县	55	23	32	31	18	13	1676	750	926
吉林白城经济开发区	84	26	58	54	19	35	1001	459	542
洮南市	14	4	10	9	4	5	1310	612	698
大安市	11	5	6	5	4	1	1598	729	869
延边朝鲜族自治州	**219**	**87**	**132**	**121**	**54**	**67**	**597426**	**290313**	**307113**
延吉市	76	28	48	43	18	25	292263	138135	154128
图们市	1		1	9	4	5	37724	18396	19328
敦化市	30	12	18	10	3	7	14698	7236	7462
珲春市	51	17	34	26	11	15	62976	31021	31955
龙井市	9	6	3	8	4	4	78133	38655	39478
和龙市	6	4	2	8	3	5	47719	24623	23096
汪清县	36	17	19	11	5	6	37970	19318	18652
安图县	10	3	7	6	6		25943	12929	13014
长白山管委会	**2**	**1**	**1**	**2**	**1**	**1**	**1607**	**808**	**799**
长白山保护开发区池北区							1418	714	704
长白山保护开发区池西区	1		1	2	1	1	109	48	61
长白山保护开发区池南区	1	1					80	46	34
梅河口市	**47**	**23**	**24**	**16**	**10**	**6**	**21567**	**10786**	**10781**

1-4 续表 8　　单位：人

地　区	满　族			侗　族			瑶　族		
	小计	男	女	小计	男	女	小计	男	女
全　省	**831418**	**427470**	**403948**	**2817**	**1354**	**1463**	**649**	**283**	**366**
长春市	**208017**	**105369**	**102648**	**1268**	**645**	**623**	**368**	**156**	**212**
南关区	19843	9547	10296	145	77	68	31	11	20
宽城区	15284	7608	7676	127	66	61	21	10	11
朝阳区	15830	7910	7920	153	95	58	73	45	28
二道区	13404	6455	6949	91	49	42	23	7	16
绿园区	16758	8287	8471	77	38	39	20	5	15
双阳区	18808	9722	9086	36	17	19	13	9	4
九台区	25572	13998	11574	72	30	42	20	7	13
农安县	1925	952	973	46	26	20	3	1	2
长春经济技术开发区	11532	5703	5829	64	29	35	19	6	13
长春净月高新技术产业开发区	15272	7240	8032	137	62	75	62	21	41
长春高新技术产业开发区	14936	7501	7435	126	59	67	56	23	33
长春汽车经济技术开发区	8058	4306	3752	34	16	18	4	1	3
长春莲花山生态旅游度假区	942	481	461	14	7	7			
榆树市	8206	4587	3619	53	31	22	5	3	2
德惠市	1999	1011	988	21	7	14	1		1
公主岭市	19648	10061	9587	72	36	36	17	7	10
吉林市	**179907**	**92996**	**86911**	**227**	**106**	**121**	**94**	**53**	**41**
昌邑区	37902	19296	18606	25	9	16	18	9	9
龙潭区	36274	19120	17154	21	12	9	7	3	4
船营区	26763	13297	13466	53	31	22	25	17	8
丰满区	15425	7523	7902	35	11	24	10	8	2
永吉县	15247	8232	7015	3	2	1			
吉林经济开发区	4743	2458	2285	26	12	14	4	2	2
吉林高新技术产业开发区	8935	4297	4638	21	11	10	17	9	8
吉林中国新加坡食品区	2782	1475	1307						
蛟河市	6622	3475	3147	16	5	11	4	2	2
桦甸市	3614	1980	1634	4	1	3			
舒兰市	11074	6071	5003	15	8	7	4	2	2
磐石市	10526	5772	4754	8	4	4	5	1	4
四平市	**150146**	**76892**	**73254**	**246**	**107**	**139**	**40**	**19**	**21**
铁西区	9392	4247	5145	118	48	70	12	6	6
铁东区	20867	10664	10203	43	22	21	5	2	3
梨树县	4928	2570	2358	41	20	21	4	2	2
伊通满族自治县	113202	58491	54711	31	13	18	18	9	9
双辽市	1757	920	837	13	4	9	1		1
辽源市	**64083**	**33520**	**30563**	**161**	**76**	**85**	**23**	**11**	**12**
龙山区	13845	6851	6994	79	37	42	9	5	4
西安区	3608	1879	1729	31	14	17	1	1	
东丰县	27970	14788	13182	25	12	13	10	3	7
东辽县	18660	10002	8658	26	13	13	3	2	1

1-4　续表 9

单位：人

地　区	满　族			侗　族			瑶　族		
	小计	男	女	小计	男	女	小计	男	女
通化市	**67807**	**35067**	**32740**	**140**	**63**	**77**	**30**	**11**	**19**
东昌区	14821	7223	7598	82	37	45	12	3	9
二道江区	3445	1761	1684	6	3	3			
通化县	19718	10029	9689	10	2	8	3	1	2
辉南县	7520	4044	3476	3	2	1	2		2
柳河县	13061	7240	5821	17	9	8	9	3	6
集安市	9242	4770	4472	22	10	12	4	4	
白山市	**17418**	**9146**	**8272**	**165**	**74**	**91**	**19**	**9**	**10**
浑江区	6760	3544	3216	55	28	27	4	1	3
江源区	1553	828	725	33	17	16	2	2	
抚松县	3147	1677	1470	38	15	23	2		2
靖宇县	3993	2097	1896	21	4	17	5	2	3
长白朝鲜族自治县	596	301	295	11	6	5	5	4	1
临江市	1369	699	670	7	4	3	1		1
松原市	**25812**	**13403**	**12409**	**253**	**122**	**131**	**21**	**5**	**16**
宁江区	12749	6596	6153	116	53	63	6	3	3
前郭尔罗斯蒙古族自治县	5514	2781	2733	45	20	25	6	1	5
长岭县	1973	1021	952	16	7	9	1		1
乾安县	1199	629	570	35	17	18	1		1
吉林松原经济开发区	2203	1127	1076	18	10	8	4	1	3
扶余市	2174	1249	925	23	15	8	3		3
白城市	**29795**	**15269**	**14526**	**180**	**77**	**103**	**29**	**9**	**20**
洮北区	6656	3495	3161	42	18	24	5	3	2
镇赉县	2813	1429	1384	37	21	16	5	2	3
通榆县	5285	2733	2552	47	20	27	3		3
吉林白城经济开发区	3169	1403	1766	44	15	29	10	1	9
洮南市	9877	5184	4693	2		2	3	1	2
大安市	1995	1025	970	8	3	5	3	2	1
延边朝鲜族自治州	**54292**	**27648**	**26644**	**140**	**69**	**71**	**15**	**5**	**10**
延吉市	13933	6816	7117	48	25	23	7	2	5
图们市	1317	678	639	12	5	7			
敦化市	8749	4556	4193	18	11	7			
珲春市	18819	9447	9372	23	13	10	6	3	3
龙井市	1287	730	557	6	1	5	1		1
和龙市	1084	559	525	12	7	5	1		1
汪清县	6085	3239	2846	14	5	9			
安图县	3018	1623	1395	7	2	5			
长白山管委会	**1322**	**699**	**623**	**4**	**3**	**1**			
长白山保护开发区池北区	1111	584	527						
长白山保护开发区池西区	188	101	87	3	2	1			
长白山保护开发区池南区	23	14	9	1	1				
梅河口市	**32819**	**17461**	**15358**	**33**	**12**	**21**	**10**	**5**	**5**

1-4 续表 10

单位：人

地区	白族			土家族			哈尼族		
	小计	男	女	小计	男	女	小计	男	女
全省	**901**	**422**	**479**	**4232**	**2132**	**2100**	**215**	**63**	**152**
长春市	**435**	**195**	**240**	**2317**	**1192**	**1125**	**57**	**19**	**38**
南关区	69	27	42	339	185	154	6		6
宽城区	37	23	14	164	90	74	9	3	6
朝阳区	65	39	26	355	221	134	11	5	6
二道区	39	12	27	129	52	77	2		2
绿园区	23	12	11	142	67	75	2		2
双阳区	18	11	7	77	39	38	2		2
九台区	16	4	12	86	42	44	4	1	3
农安县	12	6	6	36	23	13			
长春经济技术开发区	16	6	10	90	45	45			
长春净月高新技术产业开发区	54	23	31	394	176	218	9	4	5
长春高新技术产业开发区	50	15	35	336	166	170	8	5	3
长春汽车经济技术开发区	6	4	2	51	25	26			
长春莲花山生态旅游度假区	1		1	1	1				
榆树市	8	5	3	38	18	20	2		2
德惠市	8	2	6	22	12	10	1		1
公主岭市	13	6	7	57	30	27	1	1	
吉林市	**136**	**71**	**65**	**586**	**319**	**267**	**38**	**12**	**26**
昌邑区	25	11	14	73	38	35			
龙潭区	13	8	5	55	30	25	3	1	2
船营区	32	19	13	139	82	57	7	5	2
丰满区	14	11	3	86	38	48			
永吉县	4	2	2	35	17	18	4	2	2
吉林经济开发区	7	5	2	36	23	13	1	1	
吉林高新技术产业开发区	14	6	8	71	29	42	2	1	1
吉林中国新加坡食品区	2		2						
蛟河市	8	2	6	35	29	6	16	2	14
桦甸市	6	3	3	15	11	4	3		3
舒兰市	6	2	4	14	9	5	2		2
磐石市	5	2	3	27	13	14			
四平市	**62**	**33**	**29**	**231**	**101**	**130**	**8**	**5**	**3**
铁西区	11	4	7	118	47	71	1		1
铁东区	20	9	11	50	25	25	6	4	2
梨树县	14	9	5	22	12	10			
伊通满族自治县	7	5	2	29	10	19	1	1	
双辽市	10	6	4	12	7	5			
辽源市	**25**	**19**	**6**	**117**	**55**	**62**	**10**	**4**	**6**
龙山区	11	9	2	56	26	30	8	3	5
西安区	5	4	1	18	12	6	1		1
东丰县	5	3	2	24	8	16			
东辽县	4	3	1	19	9	10	1	1	

1-4　续表 11　　单位：人

地　区	白　族			土家族			哈尼族		
	小计	男	女	小计	男	女	小计	男	女
通化市	**33**	**14**	**19**	**171**	**71**	**100**	**17**	**4**	**13**
东昌区	13	5	8	90	33	57	3	2	1
二道江区	1		1	7	5	2			
通化县	4	2	2	26	12	14	7	1	6
辉南县	5	5		12	6	6	1		1
柳河县	6	1	5	23	10	13	5	1	4
集安市	4	1	3	13	5	8	1		1
白山市	**47**	**20**	**27**	**122**	**60**	**62**	**6**	**1**	**5**
浑江区	11	3	8	41	22	19	3		3
江源区	3	1	2	21	12	9			
抚松县	7	3	4	24	12	12	2	1	1
靖宇县	19	11	8	15	7	8	1		1
长白朝鲜族自治县	6	2	4	10	2	8			
临江市	1		1	11	5	6			
松原市	**39**	**23**	**16**	**220**	**115**	**105**	**10**	**3**	**7**
宁江区	18	11	7	102	51	51	1		1
前郭尔罗斯蒙古族自治县	4	1	3	28	12	16	3	1	2
长岭县	1	1		22	13	9			
乾安县	2		2	30	18	12			
吉林松原经济开发区	1	1		22	13	9	2	1	1
扶余市	13	9	4	16	8	8	4	1	3
白城市	**48**	**16**	**32**	**184**	**85**	**99**	**6**	**2**	**4**
洮北区	16	5	11	25	13	12	1		1
镇赉县	1		1	15	9	6			
通榆县	7	3	4	30	14	16	1	1	
吉林白城经济开发区	19	7	12	85	39	46			
洮南市	4	1	3	11	5	6	4	1	3
大安市	1		1	18	5	13			
延边朝鲜族自治州	**58**	**23**	**35**	**248**	**118**	**130**	**55**	**10**	**45**
延吉市	14	5	9	132	64	68	11	3	8
图们市				8	3	5			
敦化市	17	8	9	21	9	12	8	1	7
珲春市	5	1	4	56	24	32	3	1	2
龙井市	1		1	8	6	2			
和龙市	1	1		10	6	4			
汪清县	2	1	1	6	3	3	1		1
安图县	18	7	11	7	3	4	32	5	27
长白山管委会	**1**	**1**		**3**	**1**	**2**			
长白山保护开发区池北区	1	1							
长白山保护开发区池西区				2		2			
长白山保护开发区池南区				1	1				
梅河口市	**17**	**7**	**10**	**33**	**15**	**18**	**8**	**3**	**5**

1-4 续表 12　　　　单位：人

地　区	哈萨克族			傣　族			黎　族		
	小计	男	女	小计	男	女	小计	男	女
全　省	**903**	**341**	**562**	**391**	**105**	**286**	**1145**	**445**	**700**
长春市	**715**	**266**	**449**	**80**	**23**	**57**	**553**	**221**	**332**
南关区	152	54	98	8	2	6	44	18	26
宽城区	41	13	28	11	3	8	41	16	25
朝阳区	105	38	67	6	2	4	44	24	20
二道区	47	9	38	8	3	5	26	9	17
绿园区	10	7	3	4	2	2	19	12	7
双阳区				4		4	64	21	43
九台区	73	20	53	5	1	4	20	10	10
农安县				1	1		17	7	10
长春经济技术开发区	5	3	2	5	2	3	39	10	29
长春净月高新技术产业开发区	189	71	118	8	1	7	113	40	73
长春高新技术产业开发区	81	42	39	12	3	9	78	34	44
长春汽车经济技术开发区	8	8		4	2	2	11	4	7
长春莲花山生态旅游度假区									
榆树市	2		2				24	12	12
德惠市	1		1	1	1		4	2	2
公主岭市	1	1		3		3	9	2	7
吉林市	**159**	**62**	**97**	**59**	**13**	**46**	**108**	**45**	**63**
昌邑区	21	13	8	9	2	7	16	6	10
龙潭区	2	1	1	4	1	3	13	8	5
船营区				4	1	3	20	10	10
丰满区	28	6	22	2		2	13	5	8
永吉县	2	1	1	14	3	11	6	3	3
吉林经济开发区	54	25	29	3	1	2	4	2	2
吉林高新技术产业开发区	48	14	34	3	1	2	10	2	8
吉林中国新加坡食品区							3	1	2
蛟河市	2		2	12	4	8	16	5	11
桦甸市				1		1	2	1	1
舒兰市	2	2		4		4	3	1	2
磐石市				3		3	2	1	1
四平市	**11**	**4**	**7**	**3**		**3**	**80**	**27**	**53**
铁西区	11	4	7	3		3	37	10	27
铁东区							14	6	8
梨树县							12	5	7
伊通满族自治县							13	5	8
双辽市							4	1	3
辽源市	**3**	**2**	**1**	**8**	**3**	**5**	**43**	**13**	**30**
龙山区	3	2	1	2		2	17	4	13
西安区									
东丰县				5	2	3	14	6	8
东辽县				1	1		12	3	9

1-4　续表 13

单位：人

地　　区	哈萨克族			傣　　族			黎　　族		
	小计	男	女	小计	男	女	小计	男	女
通化市	**7**	**3**	**4**	**49**	**18**	**31**	**57**	**21**	**36**
东昌区				10	3	7	21	8	13
二道江区				2	1	1	1		1
通化县				7	1	6	4	1	3
辉南县	7	3	4	14	10	4	6	1	5
柳河县				11	3	8	16	8	8
集安市				5		5	9	3	6
白山市	**4**	**1**	**3**	**32**	**5**	**27**	**27**	**11**	**16**
浑江区	1		1	2	1	1	7	2	5
江源区	1		1	1		1	1		1
抚松县	2	1	1	24	2	22	4	1	3
靖宇县				4	1	3	6	4	2
长白朝鲜族自治县				1	1				
临江市							9	4	5
松原市	**1**		**1**	**12**	**3**	**9**	**98**	**40**	**58**
宁江区	1		1	2	1	1	49	15	34
前郭尔罗斯蒙古族自治县				2		2	20	8	12
长岭县				4	1	3	12	7	5
乾安县				2		2	4	3	1
吉林松原经济开发区							5	4	1
扶余市				2	1	1	8	3	5
白城市	**1**	**1**		**7**	**2**	**5**	**106**	**42**	**64**
洮北区				1		1	22	9	13
镇赉县				3	1	2	15	6	9
通榆县				3	1	2	21	9	12
吉林白城经济开发区							23	8	15
洮南市							20	8	12
大安市	1	1					5	2	3
延边朝鲜族自治州	**2**	**2**		**121**	**30**	**91**	**49**	**15**	**34**
延吉市				24	8	16	24	6	18
图们市							1		1
敦化市				19	6	13	5	5	
珲春市				14	6	8	10	2	8
龙井市				2	2		1		1
和龙市	1	1					4	1	3
汪清县							3		3
安图县	1	1		62	8	54	1	1	
长白山管委会				**9**	**4**	**5**	**1**	**1**	
长白山保护开发区池北区				7	3	4	1	1	
长白山保护开发区池西区				2	1	1			
长白山保护开发区池南区									
梅河口市				**11**	**4**	**7**	**23**	**9**	**14**

1-4 续表 14 单位：人

地　　区	傈僳族			佤　族			畲　族		
	小计	男	女	小计	男	女	小计	男	女
全　省	**234**	**85**	**149**	**123**	**36**	**87**	**261**	**146**	**115**
长春市	**61**	**28**	**33**	**29**	**13**	**16**	**191**	**102**	**89**
南关区	4	2	2	6	3	3	17	7	10
宽城区	5	1	4				12	9	3
朝阳区	4	2	2	2	1	1	25	14	11
二道区	1	1		4	1	3	16	8	8
绿园区	6	2	4				13	9	4
双阳区	1		1				17	13	4
九台区	6	3	3	2	1	1	1	1	
农安县	3	1	2				2	1	1
长春经济技术开发区	3	1	2	2	1	1	17	7	10
长春净月高新技术产业开发区	7	5	2	3	1	2	37	20	17
长春高新技术产业开发区	12	5	7	4	4		23	9	14
长春汽车经济技术开发区	4	3	1				1	1	
长春莲花山生态旅游度假区									
榆树市	2	1	1	3	1	2	1		1
德惠市	2	1	1	1		1			
公主岭市	1		1	2		2	9	3	6
吉林市	**32**	**15**	**17**	**10**		**10**	**32**	**19**	**13**
昌邑区	1	1		1		1	2	1	1
龙潭区	2	1	1				5	4	1
船营区	2	1	1				9	7	2
丰满区	1		1	2		2	2	1	1
永吉县				1		1	1		1
吉林经济开发区							1	1	
吉林高新技术产业开发区	3	3					5	1	4
吉林中国新加坡食品区									
蛟河市	4	3	1				1	1	
桦甸市	5	3	2	1		1	3	1	2
舒兰市	14	3	11	5		5	2	1	1
磐石市							1	1	
四平市	**7**	**2**	**5**	**11**	**5**	**6**	**4**	**1**	**3**
铁西区	3		3	1		1	3	1	2
铁东区	2	1	1	3	2	1	1		1
梨树县	2	1	1	2	1	1			
伊通满族自治县				5	2	3			
双辽市									
辽源市	**6**		**6**	**5**	**1**	**4**	**1**	**1**	
龙山区	1		1						
西安区							1	1	
东丰县	4		4	2		2			
东辽县	1		1	3	1	2			

1-4　续表 15

单位：人

地　　区	傈僳族			佤　族			畲　族		
	小计	男	女	小计	男	女	小计	男	女
通化市	**39**	**6**	**33**	**12**	**1**	**11**	**3**	**3**	
东昌区	3	1	2	2	1	1	2	2	
二道江区									
通化县	9		9	6		6	1	1	
辉南县	11	1	10	1		1			
柳河县	16	4	12	3		3			
集安市									
白山市	**8**		**8**	**13**	**3**	**10**	**4**	**1**	**3**
浑江区							1		1
江源区									
抚松县	7		7	5	1	4	1		1
靖宇县	1		1				2	1	1
长白朝鲜族自治县				3	1	2			
临江市				5	1	4			
松原市	**23**	**11**	**12**	**7**	**4**	**3**	**2**	**2**	
宁江区	3		3						
前郭尔罗斯蒙古族自治县	4	1	3	7	4	3			
长岭县	5	2	3						
乾安县	4	3	1						
吉林松原经济开发区	2	1	1				1	1	
扶余市	5	4	1				1	1	
白城市	**20**	**8**	**12**	**6**	**1**	**5**	**7**	**3**	**4**
洮北区	6	2	4	1		1	1		1
镇赉县	1		1	1		1	1	1	
通榆县	2		2				3	1	2
吉林白城经济开发区				1		1	2	1	1
洮南市				2		2			
大安市	11	6	5	1	1				
延边朝鲜族自治州	**21**	**9**	**12**	**26**	**6**	**20**	**16**	**13**	**3**
延吉市	4	1	3	2	1	1	4	3	1
图们市							1	1	
敦化市	2	2		8	3	5	3	3	
珲春市	4	3	1				1	1	
龙井市	4	1	3						
和龙市							4	3	1
汪清县				2		2	2	2	
安图县	7	2	5	14	2	12	1		1
长白山管委会									
长白山保护开发区池北区									
长白山保护开发区池西区									
长白山保护开发区池南区									
梅河口市	**17**	**6**	**11**	**4**	**2**	**2**	**1**	**1**	

1-4 续表 16

单位：人

地 区	高山族			拉祜族			水 族		
	小计	男	女	小计	男	女	小计	男	女
全 省	**94**	**51**	**43**	**49**	**15**	**34**	**484**	**232**	**252**
长春市	**19**	**9**	**10**	**14**	**5**	**9**	**212**	**103**	**109**
南关区	4	3	1				22	11	11
宽城区	3		3				14	9	5
朝阳区	3	2	1				17	11	6
二道区	1		1	1		1	14	6	8
绿园区	1	1		2	1	1	18	11	7
双阳区	1	1					7	2	5
九台区	1		1	4	1	3	19	7	12
农安县	1	1					13	6	7
长春经济技术开发区							14	7	7
长春净月高新技术产业开发区	1	1		2	1	1	23	8	15
长春高新技术产业开发区	3		3	2	1	1	16	4	12
长春汽车经济技术开发区							1		1
长春莲花山生态旅游度假区							3	2	1
榆树市				1		1	9	8	1
德惠市				1		1	4	3	1
公主岭市				1	1		18	8	10
吉林市	**51**	**25**	**26**	**6**	**3**	**3**	**32**	**19**	**13**
昌邑区	4		4	1		1	4	2	2
龙潭区	3	2	1				5	4	1
船营区	17	11	6				4	2	2
丰满区	6	4	2				5	3	2
永吉县	8	2	6				1	1	
吉林经济开发区							2	1	1
吉林高新技术产业开发区	11	5	6	1	1		3	2	1
吉林中国新加坡食品区							1		1
蛟河市				3	2	1	3	1	2
桦甸市	2	1	1	1		1			
舒兰市							3	3	
磐石市							1		1
四平市	**9**	**6**	**3**				**33**	**15**	**18**
铁西区							18	9	9
铁东区	2	2					5	3	2
梨树县							6	1	5
伊通满族自治县	7	4	3				3	1	2
双辽市							1	1	
辽源市				**1**	**1**		**35**	**17**	**18**
龙山区							17	7	10
西安区							7	3	4
东丰县				1	1		8	6	2
东辽县							3	1	2

1-4　续表 17　　　　单位：人

地　区	高山族			拉祜族			水　族		
	小计	男	女	小计	男	女	小计	男	女
通化市	**4**	**3**	**1**	**5**	**3**	**2**	**22**	**13**	**9**
东昌区				1	1		8	3	5
二道江区							3	2	1
通化县				2		2	1		1
辉南县									
柳河县	1	1		2	2		3	2	1
集安市	3	2	1				7	6	1
白山市	**1**	**1**		**5**		**5**	**29**	**11**	**18**
浑江区	1	1		1		1	9	3	6
江源区							4	1	3
抚松县							4	2	2
靖宇县				1		1	8	3	5
长白朝鲜族自治县				3		3	3	1	2
临江市							1	1	
松原市	**2**	**1**	**1**				**54**	**24**	**30**
宁江区	1		1				20	8	12
前郭尔罗斯蒙古族自治县							12	6	6
长岭县							2		2
乾安县	1	1					7	3	4
吉林松原经济开发区							6	3	3
扶余市							7	4	3
白城市	**8**	**6**	**2**	**7**	**2**	**5**	**34**	**14**	**20**
洮北区	2	1	1				5	1	4
镇赉县							7	3	4
通榆县	5	4	1				6	4	2
吉林白城经济开发区	1	1		3	1	2	13	5	8
洮南市							2		2
大安市				4	1	3	1	1	
延边朝鲜族自治州				**7**	**1**	**6**	**29**	**14**	**15**
延吉市							10	7	3
图们市							4	1	3
敦化市				6	1	5	3	1	2
珲春市							4	1	3
龙井市				1		1			
和龙市							4	3	1
汪清县							2		2
安图县							2	1	1
长白山管委会				**2**		**2**	**1**		**1**
长白山保护开发区池北区				2		2			
长白山保护开发区池西区									
长白山保护开发区池南区							1		1
梅河口市				**2**		**2**	**3**	**2**	**1**

1–4 续表 18

单位：人

地 区	东乡族			纳西族			景颇族		
	小计	男	女	小计	男	女	小计	男	女
全 省	**380**	**208**	**172**	**54**	**24**	**30**	**477**	**106**	**371**
长春市	**275**	**153**	**122**	**33**	**16**	**17**	**16**	**3**	**13**
南关区	65	40	25	4	2	2	5		5
宽城区	19	11	8	3	1	2	2		2
朝阳区	63	32	31	7	5	2	3	2	1
二道区	21	12	9	2	1	1	1		1
绿园区	34	17	17						
双阳区	1	1							
九台区	15	10	5				1		1
农安县	1		1	3	2	1			
长春经济技术开发区	14	5	9						
长春净月高新技术产业开发区	7	5	2	8	1	7	4	1	3
长春高新技术产业开发区	13	8	5	5	3	2			
长春汽车经济技术开发区	7	4	3						
长春莲花山生态旅游度假区									
榆树市	2		2						
德惠市									
公主岭市	13	8	5	1	1				
吉林市	**14**	**9**	**5**	**6**	**1**	**5**	**58**	**20**	**38**
昌邑区	3	2	1	4	1	3			
龙潭区							4	3	1
船营区									
丰满区							1	1	
永吉县							2	1	1
吉林经济开发区	3	2	1				3		3
吉林高新技术产业开发区				2		2			
吉林中国新加坡食品区									
蛟河市	1	1					24	6	18
桦甸市							11	3	8
舒兰市	4	2	2				11	6	5
磐石市	3	2	1				2		2
四平市	**8**	**3**	**5**	**1**		**1**			
铁西区	4	1	3	1		1			
铁东区									
梨树县									
伊通满族自治县	4	2	2						
双辽市									
辽源市	**4**	**2**	**2**				**6**	**2**	**4**
龙山区	4	2	2						
西安区									
东丰县							6	2	4
东辽县									

1-4　续表 19　　　　单位：人

地　区	东乡族			纳西族			景颇族		
	小计	男	女	小计	男	女	小计	男	女
通化市	**11**	**7**	**4**				**93**	**18**	**75**
东昌区	8	5	3				8	5	3
二道江区									
通化县	1	1					13	5	8
辉南县							22	3	19
柳河县	2	1	1				48	4	44
集安市							2	1	1
白山市	**10**	**5**	**5**	**2**	**1**	**1**	**67**	**15**	**52**
浑江区				2	1	1	3		3
江源区							5	1	4
抚松县	5	3	2				35	9	26
靖宇县							22	5	17
长白朝鲜族自治县	5	2	3				1		1
临江市							1		1
松原市	**30**	**15**	**15**	**9**	**6**	**3**	**3**		**3**
宁江区	18	9	9				2		2
前郭尔罗斯蒙古族自治县	9	5	4	9	6	3			
长岭县									
乾安县	3	1	2						
吉林松原经济开发区									
扶余市							1		1
白城市	**4**	**2**	**2**	**1**		**1**	**3**	**1**	**2**
洮北区	4	2	2				1		1
镇赉县									
通榆县				1		1			
吉林白城经济开发区							1	1	
洮南市									
大安市							1		1
延边朝鲜族自治州	**20**	**10**	**10**	**1**		**1**	**214**	**42**	**172**
延吉市	20	10	10				18	3	15
图们市									
敦化市							56	9	47
珲春市				1		1	7	2	5
龙井市							8	4	4
和龙市							2		2
汪清县							5	2	3
安图县							118	22	96
长白山管委会							**8**	**3**	**5**
长白山保护开发区池北区							3	2	1
长白山保护开发区池西区							5	1	4
长白山保护开发区池南区									
梅河口市	**4**	**2**	**2**	**1**		**1**	**9**	**2**	**7**

1-4 续表 20

单位：人

地 区	柯尔克孜族			土 族			达斡尔族		
	小计	男	女	小计	男	女	小计	男	女
全 省	**82**	**27**	**55**	**151**	**72**	**79**	**1207**	**501**	**706**
长春市	**68**	**21**	**47**	**104**	**47**	**57**	**590**	**241**	**349**
南关区	19	2	17	21	6	15	88	35	53
宽城区	8	3	5	1	1		61	18	43
朝阳区	9	2	7	24	18	6	71	33	38
二道区	3	1	2	3	1	2	52	22	30
绿园区	1		1	3	1	2	57	27	30
双阳区				10	5	5	17	3	14
九台区	1	1		1		1	12	5	7
农安县							8	3	5
长春经济技术开发区	2		2	1		1	31	15	16
长春净月高新技术产业开发区	17	9	8	27	12	15	46	19	27
长春高新技术产业开发区	5	2	3	12	3	9	74	33	41
长春汽车经济技术开发区	3	1	2	1		1	29	17	12
长春莲花山生态旅游度假区							1		1
榆树市							13	4	9
德惠市							11	3	8
公主岭市							19	4	15
吉林市	**5**	**2**	**3**	**25**	**19**	**6**	**144**	**62**	**82**
昌邑区	2	1	1				37	18	19
龙潭区				2		2	11	4	7
船营区				9	9		34	15	19
丰满区				2	1	1	11	3	8
永吉县				5	4	1	6	3	3
吉林经济开发区	3	1	2	2	2		6	2	4
吉林高新技术产业开发区				5	3	2	18	8	10
吉林中国新加坡食品区							1	1	
蛟河市							6	2	4
桦甸市							3	1	2
舒兰市							5	4	1
磐石市							6	1	5
四平市	**3**	**2**	**1**	**4**	**1**	**3**	**72**	**32**	**40**
铁西区	3	2	1	3	1	2	19	11	8
铁东区				1		1	15	7	8
梨树县							4	2	2
伊通满族自治县							6	2	4
双辽市							28	10	18
辽源市	**1**		**1**				**32**	**12**	**20**
龙山区	1		1				15	5	10
西安区							5	3	2
东丰县							9	3	6
东辽县							3	1	2

1-4 续表 21 单位：人

地区	柯尔克孜族			土族			达斡尔族		
	小计	男	女	小计	男	女	小计	男	女
通化市	**2**		**2**	**6**	**1**	**5**	**37**	**13**	**24**
东昌区				3	1	2	10	5	5
二道江区	2		2	1		1	3	1	2
通化县							5	1	4
辉南县				1		1	8	3	5
柳河县				1		1	11	3	8
集安市									
白山市	**2**	**1**	**1**	**3**	**1**	**2**	**20**	**9**	**11**
浑江区	1	1		2		2	6	1	5
江源区	1		1	1	1		1		1
抚松县							2	1	1
靖宇县							4	2	2
长白朝鲜族自治县							6	4	2
临江市							1	1	
松原市	**1**	**1**					**54**	**20**	**34**
宁江区							23	8	15
前郭尔罗斯蒙古族自治县	1	1					14	6	8
长岭县							10	6	4
乾安县							3		3
吉林松原经济开发区									
扶余市							4		4
白城市							**126**	**57**	**69**
洮北区							37	19	18
镇赉县							27	13	14
通榆县							7	1	6
吉林白城经济开发区							20	8	12
洮南市							23	10	13
大安市							12	6	6
延边朝鲜族自治州				**8**	**3**	**5**	**116**	**51**	**65**
延吉市				4	1	3	52	24	28
图们市							5	2	3
敦化市							9	3	6
珲春市							40	18	22
龙井市							2	2	
和龙市				3	2	1	1	1	
汪清县				1		1	4	1	3
安图县							3		3
长白山管委会							**2**		**2**
长白山保护开发区池北区							2		2
长白山保护开发区池西区									
长白山保护开发区池南区									
梅河口市				**1**		**1**	**14**	**4**	**10**

1-4 续表 22 单位：人

地区	仫佬族			羌族			布朗族		
	小计	男	女	小计	男	女	小计	男	女
全 省	**118**	**59**	**59**	**71**	**36**	**35**	**21**	**5**	**16**
长春市	**75**	**37**	**38**	**38**	**21**	**17**	**5**	**2**	**3**
南关区	6	1	5	4	2	2	1		1
宽城区	10	5	5	2	1	1			
朝阳区	17	8	9	16	13	3	3	2	1
二道区	3	1	2	1	1				
绿园区	3	1	2	2		2			
双阳区	2	2							
九台区	2	1	1	1		1			
农安县									
长春经济技术开发区	4	3	1	1	1				
长春净月高新技术产业开发区	10	7	3	7		7	1		1
长春高新技术产业开发区	13	6	7	3	2	1			
长春汽车经济技术开发区	4	2	2	1	1				
长春莲花山生态旅游度假区									
榆树市									
德惠市									
公主岭市	1		1						
吉林市	**9**	**7**	**2**	**22**	**10**	**12**	**3**	**2**	**1**
昌邑区	1	1		11	3	8	2	1	1
龙潭区	3	2	1	2		2	1	1	
船营区	1		1	6	4	2			
丰满区				1	1				
永吉县	1	1							
吉林经济开发区	1	1		1	1				
吉林高新技术产业开发区	2	2							
吉林中国新加坡食品区									
蛟河市									
桦甸市				1	1				
舒兰市									
磐石市									
四平市	**9**	**2**	**7**	**2**		**2**	**1**		**1**
铁西区	6	2	4				1		1
铁东区	3		3						
梨树县				2		2			
伊通满族自治县									
双辽市									
辽源市	**3**	**2**	**1**						
龙山区									
西安区	1	1							
东丰县									
东辽县	2	1	1						

1-4　续表 23　　　　单位：人

地　　区	仫佬族			羌　　族			布朗族		
	小计	男	女	小计	男	女	小计	男	女
通化市	**1**		**1**	**2**	**2**		**2**		**2**
东昌区	1		1						
二道江区				1	1				
通化县									
辉南县									
柳河县				1	1		2		2
集安市									
白山市	**2**		**2**				**2**		**2**
浑江区	1		1						
江源区	1		1						
抚松县							2		2
靖宇县									
长白朝鲜族自治县									
临江市									
松原市	**5**	**3**	**2**	**2**	**1**	**1**			
宁江区	4	2	2						
前郭尔罗斯蒙古族自治县				1	1				
长岭县				1		1			
乾安县									
吉林松原经济开发区	1	1							
扶余市									
白城市	**8**	**4**	**4**	**2**	**1**	**1**			
洮北区	1	1							
镇赉县				1	1				
通榆县									
吉林白城经济开发区	7	3	4	1		1			
洮南市									
大安市									
延边朝鲜族自治州	**5**	**4**	**1**	**2**	**1**	**1**	**8**	**1**	**7**
延吉市	1	1					3	1	2
图们市									
敦化市	2	2					3		3
珲春市	2	1	1	2	1	1	2		2
龙井市									
和龙市									
汪清县									
安图县									
长白山管委会									
长白山保护开发区池北区									
长白山保护开发区池西区									
长白山保护开发区池南区									
梅河口市	**1**		**1**	**1**		**1**			

1-4 续表 24 单位：人

地 区	撒拉族			毛南族			仡佬族		
	小计	男	女	小计	男	女	小计	男	女
全 省	**242**	**134**	**108**	**67**	**25**	**42**	**469**	**251**	**218**
长春市	**232**	**128**	**104**	**33**	**13**	**20**	**255**	**138**	**117**
南关区	66	41	25	4		4	29	16	13
宽城区	18	11	7				21	11	10
朝阳区	48	24	24	1	1		32	21	11
二道区	26	11	15	1		1	24	8	16
绿园区	6	3	3				7	6	1
双阳区	5	4	1	4		4	8	4	4
九台区							23	7	16
农安县				1		1	9	5	4
长春经济技术开发区	18	11	7	1	1		18	7	11
长春净月高新技术产业开发区	23	12	11	4	3	1	36	22	14
长春高新技术产业开发区	11	6	5	12	3	9	29	20	9
长春汽车经济技术开发区	1	1					1	1	
长春莲花山生态旅游度假区	2	1	1	1	1		3		3
榆树市							8	5	3
德惠市	8	3	5	1	1		4	3	1
公主岭市				3	3		3	2	1
吉林市	**1**	**1**		**4**	**3**	**1**	**62**	**36**	**26**
昌邑区				1		1	7	4	3
龙潭区							14	11	3
船营区				2	2		16	10	6
丰满区							9	5	4
永吉县	1	1		1	1		4	4	
吉林经济开发区							3	1	2
吉林高新技术产业开发区							5		5
吉林中国新加坡食品区									
蛟河市									
桦甸市									
舒兰市							3		3
磐石市							1	1	
四平市	**1**	**1**		**3**	**1**	**2**	**34**	**17**	**17**
铁西区	1	1		1	1		22	10	12
铁东区				1		1	6	2	4
梨树县				1		1	5	4	1
伊通满族自治县									
双辽市							1	1	
辽源市				**5**	**2**	**3**	**13**	**4**	**9**
龙山区				2		2	8	3	5
西安区				2	2		3		3
东丰县				1		1	2	1	1
东辽县									

1-4　续表 25　　　　单位：人

地　区	撒拉族			毛南族			仡佬族		
	小计	男	女	小计	男	女	小计	男	女
通化市				**1**	**1**		**14**	**7**	**7**
东昌区				1	1		7	2	5
二道江区									
通化县							4	3	1
辉南县									
柳河县							3	2	1
集安市									
白山市	**1**	**1**		**6**		**6**	**21**	**13**	**8**
浑江区	1	1		3		3	8	3	5
江源区				1		1	3	3	
抚松县									
靖宇县				2		2	7	6	1
长白朝鲜族自治县							1	1	
临江市							2		2
松原市				**7**	**2**	**5**	**21**	**15**	**6**
宁江区							7	6	1
前郭尔罗斯蒙古族自治县				1		1	1	1	
长岭县				1		1			
乾安县				2	1	1	5	4	1
吉林松原经济开发区				1		1	4		4
扶余市				2	1	1	4	4	
白城市	**5**	**3**	**2**				**29**	**12**	**17**
洮北区	4	2	2				4	3	1
镇赉县							1		1
通榆县							2		2
吉林白城经济开发区	1	1					19	6	13
洮南市									
大安市							3	3	
延边朝鲜族自治州	**2**		**2**	**7**	**3**	**4**	**19**	**8**	**11**
延吉市	1		1	2	2		6	2	4
图们市							3	1	2
敦化市	1		1	1		1	2	2	
珲春市							5	2	3
龙井市				1		1			
和龙市				3	1	2	2	1	1
汪清县									
安图县							1		1
长白山管委会							**1**	**1**	
长白山保护开发区池北区							1	1	
长白山保护开发区池西区									
长白山保护开发区池南区									
梅河口市				**1**		**1**			

1-4 续表 26

单位：人

地　区	锡伯族			阿昌族			普米族		
	小计	男	女	小计	男	女	小计	男	女
全　省	**4238**	**2110**	**2128**	**20**	**3**	**17**	**9**	**4**	**5**
长春市	**1540**	**768**	**772**	**4**	**1**	**3**	**2**	**2**	
南关区	239	126	113	2	1	1	1	1	
宽城区	122	54	68						
朝阳区	197	98	99						
二道区	117	61	56						
绿园区	209	105	104						
双阳区	26	12	14						
九台区	14	7	7						
农安县	19	7	12						
长春经济技术开发区	82	35	47						
长春净月高新技术产业开发区	173	78	95	1		1	1	1	
长春高新技术产业开发区	177	98	79	1		1			
长春汽车经济技术开发区	93	47	46						
长春莲花山生态旅游度假区	2	2							
榆树市	9	4	5						
德惠市	10	5	5						
公主岭市	51	29	22						
吉林市	**562**	**278**	**284**	**2**		**2**			
昌邑区	160	71	89						
龙潭区	58	37	21						
船营区	98	51	47						
丰满区	83	39	44						
永吉县	18	13	5	1		1			
吉林经济开发区	3	2	1						
吉林高新技术产业开发区	36	10	26						
吉林中国新加坡食品区									
蛟河市	14	5	9	1		1			
桦甸市	23	10	13						
舒兰市	24	13	11						
磐石市	45	27	18						
四平市	**264**	**122**	**142**				**2**	**1**	**1**
铁西区	94	41	53						
铁东区	66	30	36						
梨树县	23	13	10						
伊通满族自治县	44	19	25						
双辽市	37	19	18				2	1	1
辽源市	**103**	**50**	**53**	**2**		**2**			
龙山区	50	24	26	1		1			
西安区	18	10	8	1		1			
东丰县	17	9	8						
东辽县	18	7	11						

1-4　续表 27　　　　　　　　　　　　　　　　　　　　　　　　　　　　　　单位：人

地　区	锡伯族			阿昌族			普米族		
	小计	男	女	小计	男	女	小计	男	女
通化市	**126**	**68**	**58**	**3**		**3**			
东昌区	53	24	29						
二道江区	17	12	5						
通化县	13	9	4	1		1			
辉南县	21	11	10						
柳河县	10	5	5	1		1			
集安市	12	7	5	1		1			
白山市	**125**	**64**	**61**	**3**		**3**			
浑江区	52	27	25						
江源区	5	4	1	3		3			
抚松县	21	9	12						
靖宇县	23	11	12						
长白朝鲜族自治县	5	4	1						
临江市	19	9	10						
松原市	**1065**	**535**	**530**						
宁江区	436	202	234						
前郭尔罗斯蒙古族自治县	265	142	123						
长岭县	40	23	17						
乾安县	43	17	26						
吉林松原经济开发区	64	23	41						
扶余市	217	128	89						
白城市	**241**	**118**	**123**				**2**		**2**
洮北区	71	36	35						
镇赉县	34	21	13				2		2
通榆县	22	12	10						
吉林白城经济开发区	45	15	30						
洮南市	26	12	14						
大安市	43	22	21						
延边朝鲜族自治州	**152**	**77**	**75**	**6**	**2**	**4**	**1**		**1**
延吉市	69	33	36	1		1	1		1
图们市	3	1	2						
敦化市	51	26	25	1	1				
珲春市	15	8	7	1		1			
龙井市	4	3	1						
和龙市	2	2							
汪清县	3	2	1						
安图县	5	2	3	3	1	2			
长白山管委会	**4**	**2**	**2**						
长白山保护开发区池北区	4	2	2						
长白山保护开发区池西区									
长白山保护开发区池南区									
梅河口市	**56**	**28**	**28**				**2**	**1**	**1**

1－4 续表 28　　单位：人

地区	塔吉克族			怒族			乌孜别克族		
	小计	男	女	小计	男	女	小计	男	女
全省	**18**	**10**	**8**	**13**	**3**	**10**	**6**	**2**	**4**
长春市	**11**	**6**	**5**	**5**		**5**	**3**		**3**
南关区				1		1	1		1
宽城区	2	2							
朝阳区	1	1					1		1
二道区	1		1	1		1			
绿园区	2	2		3		3			
双阳区									
九台区									
农安县									
长春经济技术开发区									
长春净月高新技术产业开发区	2		2						
长春高新技术产业开发区	3	1	2				1		1
长春汽车经济技术开发区									
长春莲花山生态旅游度假区									
榆树市									
德惠市									
公主岭市									
吉林市				**2**	**1**	**1**	**1**	**1**	
昌邑区				2	1	1			
龙潭区									
船营区									
丰满区									
永吉县									
吉林经济开发区									
吉林高新技术产业开发区							1	1	
吉林中国新加坡食品区									
蛟河市									
桦甸市									
舒兰市									
磐石市									
四平市	**4**	**1**	**3**	**1**	**1**		**1**		**1**
铁西区	3	1	2				1		1
铁东区	1		1						
梨树县				1	1				
伊通满族自治县									
双辽市									
辽源市									
龙山区									
西安区									
东丰县									
东辽县									

1-4　续表 29　　单位：人

地　区	塔吉克族			怒　族			乌孜别克族		
	小计	男	女	小计	男	女	小计	男	女
通化市				**3**	**1**	**2**			
东昌区									
二道江区									
通化县									
辉南县									
柳河县				3	1	2			
集安市									
白山市									
浑江区									
江源区									
抚松县									
靖宇县									
长白朝鲜族自治县									
临江市									
松原市	**2**	**2**							
宁江区	2	2							
前郭尔罗斯蒙古族自治县									
长岭县									
乾安县									
吉林松原经济开发区									
扶余市									
白城市							**1**	**1**	
洮北区									
镇赉县									
通榆县							1	1	
吉林白城经济开发区									
洮南市									
大安市									
延边朝鲜族自治州	**1**	**1**		**2**		**2**			
延吉市	1	1							
图们市									
敦化市									
珲春市				2		2			
龙井市									
和龙市									
汪清县									
安图县									
长白山管委会									
长白山保护开发区池北区									
长白山保护开发区池西区									
长白山保护开发区池南区									
梅河口市									

1-4 续表 30

单位：人

地区	俄罗斯族			鄂温克族			德昂族		
	小计	男	女	小计	男	女	小计	男	女
全省	**104**	**45**	**59**	**230**	**97**	**133**	**12**	**8**	**4**
长春市	**55**	**21**	**34**	**145**	**60**	**85**			
南关区	12	3	9	18	10	8			
宽城区	2	1	1	11	7	4			
朝阳区	12	5	7	27	11	16			
二道区	7	2	5	7	1	6			
绿园区	9	5	4	15	6	9			
双阳区				1	1				
九台区									
农安县	1		1	2	1	1			
长春经济技术开发区				2	1	1			
长春净月高新技术产业开发区	3		3	14	5	9			
长春高新技术产业开发区	9	5	4	13	5	8			
长春汽车经济技术开发区				12	4	8			
长春莲花山生态旅游度假区									
榆树市				2		2			
德惠市				8	3	5			
公主岭市				13	5	8			
吉林市	**4**	**3**	**1**	**15**	**5**	**10**			
昌邑区				1		1			
龙潭区				2	1	1			
船营区	2	1	1	5		5			
丰满区				1	1				
永吉县									
吉林经济开发区				2	2				
吉林高新技术产业开发区	2	2		1		1			
吉林中国新加坡食品区									
蛟河市									
桦甸市				1		1			
舒兰市				2	1	1			
磐石市									
四平市	**27**	**15**	**12**	**13**	**4**	**9**			
铁西区	19	9	10	9	3	6			
铁东区	7	5	2	1		1			
梨树县	1	1		3	1	2			
伊通满族自治县									
双辽市									
辽源市	**2**	**2**		**8**	**4**	**4**			
龙山区				3	2	1			
西安区				1	1				
东丰县	2	2		4	1	3			
东辽县									

1-4　续表 31　　　　　　　　　　　　　　　　　　　　　　　　单位：人

地　　区	俄罗斯族			鄂温克族			德 昂 族		
	小计	男	女	小计	男	女	小计	男	女
通化市	**4**	**1**	**3**	**3**	**1**	**2**			
东昌区	2	1	1						
二道江区									
通化县	2		2						
辉南县				2	1	1			
柳河县				1		1			
集安市									
白山市				**4**	**3**	**1**			
浑江区				4	3	1			
江源区									
抚松县									
靖宇县									
长白朝鲜族自治县									
临江市									
松原市	**4**	**2**	**2**	**12**	**4**	**8**			
宁江区	2	1	1	8	3	5			
前郭尔罗斯蒙古族自治县	2	1	1						
长岭县									
乾安县									
吉林松原经济开发区				2	1	1			
扶余市				2		2			
白城市	**4**	**1**	**3**	**15**	**10**	**5**	**1**		**1**
洮北区	3	1	2	5	2	3			
镇赉县	1		1	8	6	2			
通榆县							1		1
吉林白城经济开发区				1	1				
洮南市				1	1				
大安市									
延边朝鲜族自治州	**4**		**4**	**12**	**4**	**8**	**11**	**8**	**3**
延吉市	3		3	9	3	6	2	1	1
图们市									
敦化市				1	1		2		2
珲春市	1		1	1		1			
龙井市									
和龙市									
汪清县									
安图县				1		1	7	7	
长白山管委会									
长白山保护开发区池北区									
长白山保护开发区池西区									
长白山保护开发区池南区									
梅河口市				**3**	**2**	**1**			

1-4 续表 32

单位：人

地区	保安族			裕固族			京族		
	小计	男	女	小计	男	女	小计	男	女
全　省	**12**	**6**	**6**	**7**	**6**	**1**	**23**	**10**	**13**
长春市	**3**	**1**	**2**	**6**	**5**	**1**	**9**	**4**	**5**
南关区				6	5	1	2		2
宽城区	1		1						
朝阳区	1	1					1	1	
二道区									
绿园区									
双阳区									
九台区									
农安县							2	1	1
长春经济技术开发区							1	1	
长春净月高新技术产业开发区	1		1						
长春高新技术产业开发区							3	1	2
长春汽车经济技术开发区									
长春莲花山生态旅游度假区									
榆树市									
德惠市									
公主岭市									
吉林市				**1**	**1**		**5**	**2**	**3**
昌邑区							2		2
龙潭区							3	2	1
船营区									
丰满区									
永吉县									
吉林经济开发区									
吉林高新技术产业开发区				1	1				
吉林中国新加坡食品区									
蛟河市									
桦甸市									
舒兰市									
磐石市									
四平市							**1**		**1**
铁西区									
铁东区									
梨树县							1		1
伊通满族自治县									
双辽市									
辽源市									
龙山区									
西安区									
东丰县									
东辽县									

1-4　续表 33　　　　单位：人

地　　区	保安族			裕固族			京　族		
	小计	男	女	小计	男	女	小计	男	女
通化市									
东昌区									
二道江区									
通化县									
辉南县									
柳河县									
集安市									
白山市							**4**	**2**	**2**
浑江区									
江源区									
抚松县							3	1	2
靖宇县							1	1	
长白朝鲜族自治县									
临江市									
松原市	**6**	**3**	**3**				**1**	**1**	
宁江区	4	2	2						
前郭尔罗斯蒙古族自治县	1		1				1	1	
长岭县									
乾安县									
吉林松原经济开发区	1	1							
扶余市									
白城市	**1**	**1**							
洮北区									
镇赉县									
通榆县									
吉林白城经济开发区	1	1							
洮南市									
大安市									
延边朝鲜族自治州	**2**	**1**	**1**				**3**	**1**	**2**
延吉市									
图们市									
敦化市									
珲春市	2	1	1						
龙井市									
和龙市									
汪清县							2	1	1
安图县							1		1
长白山管委会									
长白山保护开发区池北区									
长白山保护开发区池西区									
长白山保护开发区池南区									
梅河口市									

1−4 续表 34　　单位：人

地　区	塔塔尔族			独龙族			鄂伦春族		
	小计	男	女	小计	男	女	小计	男	女
全　省	**7**	**2**	**5**	**4**	**1**	**3**	**161**	**72**	**89**
长春市	**1**		**1**	**1**	**1**		**64**	**28**	**36**
南关区							8	6	2
宽城区							7	5	2
朝阳区							9	4	5
二道区							3		3
绿园区							8	3	5
双阳区							5		5
九台区							1	1	
农安县							5	3	2
长春经济技术开发区							3	1	2
长春净月高新技术产业开发区				1	1		4	1	3
长春高新技术产业开发区	1		1				6	2	4
长春汽车经济技术开发区							4	2	2
长春莲花山生态旅游度假区									
榆树市									
德惠市							1		1
公主岭市									
吉林市	**2**	**1**	**1**	**1**		**1**	**17**	**10**	**7**
昌邑区	2	1	1				2	1	1
龙潭区							2	2	
船营区							4	2	2
丰满区							2	1	1
永吉县									
吉林经济开发区							2	1	1
吉林高新技术产业开发区							1	1	
吉林中国新加坡食品区									
蛟河市									
桦甸市							2	1	1
舒兰市									
磐石市				1		1	2	1	1
四平市	**1**		**1**				**18**	**7**	**11**
铁西区	1		1				3	1	2
铁东区							3	3	
梨树县							8	3	5
伊通满族自治县							2		2
双辽市							2		2
辽源市							**12**	**5**	**7**
龙山区							1		1
西安区							1		1
东丰县									
东辽县							10	5	5

1-4 续表 35　　单位：人

地 区	塔塔尔族			独龙族			鄂伦春族		
	小计	男	女	小计	男	女	小计	男	女
通化市							**9**	**3**	**6**
东昌区							2	1	1
二道江区							3	2	1
通化县									
辉南县									
柳河县									
集安市							4		4
白山市							**1**		**1**
浑江区									
江源区									
抚松县							1		1
靖宇县									
长白朝鲜族自治县									
临江市									
松原市	**2**	**1**	**1**				**14**	**6**	**8**
宁江区							5	3	2
前郭尔罗斯蒙古族自治县	1	1					2		2
长岭县							2	1	1
乾安县							3	2	1
吉林松原经济开发区							2		2
扶余市	1		1						
白城市	**1**		**1**				**22**	**9**	**13**
洮北区									
镇赉县	1		1				10	4	6
通榆县							3	2	1
吉林白城经济开发区							1		1
洮南市							6	3	3
大安市							2		2
延边朝鲜族自治州				**2**		**2**	**4**	**4**	
延吉市							2	2	
图们市									
敦化市				2		2			
珲春市							2	2	
龙井市									
和龙市									
汪清县									
安图县									
长白山管委会									
长白山保护开发区池北区									
长白山保护开发区池西区									
长白山保护开发区池南区									
梅河口市									

1-4 续表 36 单位：人

地　区	赫哲族			门巴族			珞巴族		
	小计	男	女	小计	男	女	小计	男	女
全　省	**266**	**121**	**145**	**26**	**8**	**18**	**3**	**2**	**1**
长春市	**120**	**53**	**67**	**16**	**4**	**12**	**3**	**2**	**1**
南关区	26	15	11	3		3	1		1
宽城区	9	3	6	1		1			
朝阳区	22	9	13	1		1			
二道区	9	6	3						
绿园区	23	8	15						
双阳区	1		1						
九台区	1	1							
农安县	1		1	1		1			
长春经济技术开发区	5	3	2				1	1	
长春净月高新技术产业开发区	10	5	5				1	1	
长春高新技术产业开发区	11	2	9	2	1	1			
长春汽车经济技术开发区	2	1	1						
长春莲花山生态旅游度假区									
榆树市									
德惠市									
公主岭市				8	3	5			
吉林市	**114**	**52**	**62**						
昌邑区	39	21	18						
龙潭区	4	2	2						
船营区	11	4	7						
丰满区	26	14	12						
永吉县	12	4	8						
吉林经济开发区	2	1	1						
吉林高新技术产业开发区	9	4	5						
吉林中国新加坡食品区									
蛟河市	5	1	4						
桦甸市	3	1	2						
舒兰市	1		1						
磐石市	2		2						
四平市	**6**	**3**	**3**	**7**	**4**	**3**			
铁西区	2	1	1						
铁东区									
梨树县	1	1							
伊通满族自治县	3	1	2	7	4	3			
双辽市									
辽源市	**3**	**1**	**2**	**1**		**1**			
龙山区	1	1		1		1			
西安区	2		2						
东丰县									
东辽县									

1-4　续表 37　　　　　　　　　　　　　　　　　　　单位：人

地　区	赫哲族			门巴族			珞巴族		
	小计	男	女	小计	男	女	小计	男	女
通化市	**6**	**3**	**3**	**1**		**1**			
东昌区	4	2	2	1		1			
二道江区									
通化县									
辉南县									
柳河县									
集安市	2	1	1						
白山市	**2**		**2**	**1**		**1**			
浑江区	1		1	1		1			
江源区	1		1						
抚松县									
靖宇县									
长白朝鲜族自治县									
临江市									
松原市	**3**	**1**	**2**						
宁江区	2	1	1						
前郭尔罗斯蒙古族自治县									
长岭县									
乾安县									
吉林松原经济开发区	1		1						
扶余市									
白城市	**7**	**5**	**2**						
洮北区	1	1							
镇赉县	1	1							
通榆县									
吉林白城经济开发区	3	2	1						
洮南市	1	1							
大安市	1		1						
延边朝鲜族自治州	**5**	**3**	**2**						
延吉市	4	3	1						
图们市									
敦化市									
珲春市									
龙井市									
和龙市	1		1						
汪清县									
安图县									
长白山管委会									
长白山保护开发区池北区									
长白山保护开发区池西区									
长白山保护开发区池南区									
梅河口市									

1–4　续表 38　　单位：人

地区	基诺族			未定族称人口			入籍		
	小计	男	女	小计	男	女	小计	男	女
全省	**29**	**19**	**10**	**1114**	**552**	**562**	**63**	**28**	**35**
长春市	**8**	**4**	**4**	**479**	**245**	**234**	**25**	**13**	**12**
南关区				56	19	37	1		1
宽城区				50	31	19	1		1
朝阳区	5	3	2	54	35	19	1	1	
二道区				32	14	18	2		2
绿园区				29	15	14	3	2	1
双阳区	2	1	1	13	7	6	2	2	
九台区				20	7	13	3	2	1
农安县				28	12	16			
长春经济技术开发区	1		1	22	10	12	2	1	1
长春净月高新技术产业开发区				64	34	30	2	2	
长春高新技术产业开发区				40	23	17	2		2
长春汽车经济技术开发区				19	10	9	2	2	
长春莲花山生态旅游度假区				3	2	1			
榆树市				19	9	10	1		1
德惠市				11	7	4	1	1	
公主岭市				19	10	9	2		2
吉林市	**1**		**1**	**88**	**48**	**40**	**6**	**4**	**2**
昌邑区				6	3	3			
龙潭区				13	8	5	1	1	
船营区				22	14	8			
丰满区				6	1	5	1	1	
永吉县				3	2	1			
吉林经济开发区				9	6	3			
吉林高新技术产业开发区	1		1	14	10	4	2	1	1
吉林中国新加坡食品区				1		1	1		1
蛟河市				2		2			
桦甸市				5	3	2			
舒兰市				6	1	5	1	1	
磐石市				1		1			
四平市	**3**	**2**	**1**	**71**	**28**	**43**	**1**		**1**
铁西区	1	1		35	12	23			
铁东区				15	8	7			
梨树县				10	5	5	1		1
伊通满族自治县				7	2	5			
双辽市	2	1	1	4	1	3			
辽源市	**16**	**12**	**4**	**53**	**29**	**24**	**3**		**3**
龙山区				22	12	10	3		3
西安区				14	7	7			
东丰县	16	12	4	8	4	4			
东辽县				9	6	3			

1-4　续表 39　　　　单位：人

地　　区	基诺族			未定族称人口			入　　籍		
	小计	男	女	小计	男	女	小计	男	女
通化市				**47**	**20**	**27**	**2**	**1**	**1**
东昌区				25	11	14	2	1	1
二道江区				2	2				
通化县									
辉南县				4	1	3			
柳河县				11	4	7			
集安市				5	2	3			
白山市				**65**	**27**	**38**	**2**	**2**	
浑江区				27	15	12	1	1	
江源区				10	3	7	1	1	
抚松县				11	4	7			
靖宇县				9	4	5			
长白朝鲜族自治县				3		3			
临江市				5	1	4			
松原市				**97**	**46**	**51**	**6**	**2**	**4**
宁江区				35	18	17	4	2	2
前郭尔罗斯蒙古族自治县				16	8	8	2		2
长岭县				7	1	6			
乾安县				15	7	8			
吉林松原经济开发区				11	6	5			
扶余市				13	6	7			
白城市	**1**	**1**		**86**	**37**	**49**	**1**		**1**
洮北区				22	5	17			
镇赉县				12	6	6			
通榆县				26	13	13			
吉林白城经济开发区	1	1		19	8	11	1		1
洮南市				4	3	1			
大安市				3	2	1			
延边朝鲜族自治州				**115**	**65**	**50**	**16**	**6**	**10**
延吉市				73	39	34	11	5	6
图们市				9	5	4			
敦化市				7	4	3			
珲春市				14	10	4	1	1	
龙井市				2	1	1	1		1
和龙市				3	2	1	1		1
汪清县				2	1	1	2		2
安图县				5	3	2			
长白山管委会				**2**	**1**	**1**			
长白山保护开发区池北区				2	1	1			
长白山保护开发区池西区									
长白山保护开发区池南区									
梅河口市				**11**	**6**	**5**	**1**		**1**

1-4a 各地区分性别、民族的人口(城市)

单位：人

地　区	合　计			汉　族		
	合计	男	女	小计	男	女
全　省	**10291703**	**5028946**	**5262757**	**9311734**	**4557753**	**4753981**
长春市	**4082653**	**2008590**	**2074063**	**3880067**	**1910584**	**1969483**
南关区	657682	319554	338128	615179	299620	315559
宽城区	598334	296932	301402	572689	284458	288231
朝阳区	577014	287509	289505	545141	271618	273523
二道区	520984	255184	265800	493271	242010	251261
绿园区	698396	346762	351634	664364	330149	334215
双阳区	155035	75308	79727	141548	68844	72704
九台区	218445	106955	111490	208222	101845	106377
农安县						
长春经济技术开发区						
长春净月高新技术产业开发区						
长春高新技术产业开发区						
长春汽车经济技术开发区						
长春莲花山生态旅游度假区						
榆树市	202198	97849	104349	199295	96492	102803
德惠市	191912	93553	98359	189254	92254	97000
公主岭市	262653	128984	133669	251104	123294	127810
吉林市	**1853574**	**902738**	**950836**	**1703962**	**829621**	**874341**
昌邑区	461496	223145	238351	419408	202870	216538
龙潭区	261040	129791	131249	238645	118435	120210
船营区	385706	189492	196214	345554	169707	175847
丰满区	186288	90627	95661	168506	82155	86351
永吉县						
吉林经济开发区	1672	824	848	1518	742	776
吉林高新技术产业开发区						
吉林中国新加坡食品区						
蛟河市	131058	63281	67777	122956	59416	63540
桦甸市	153982	74787	79195	149048	72363	76685
舒兰市	149478	71862	77616	144201	69318	74883
磐石市	122854	58929	63925	114126	54615	59511
四平市	**601530**	**294409**	**307121**	**570584**	**279517**	**291067**
铁西区	232301	112432	119869	219943	106580	113363
铁东区	249032	124055	124977	235345	117282	118063
梨树县						
伊通满族自治县						
双辽市	120197	57922	62275	115296	55655	59641
辽源市	**406463**	**199237**	**207226**	**383330**	**187881**	**195449**
龙山区	286000	139251	146749	267875	130397	137478
西安区	120463	59986	60477	115455	57484	57971

1-4a　续表 1

单位：人

地　区	合　计			汉　族		
	合计	男	女	小计	男	女
东丰县						
东辽县						
通化市	**459852**	**221812**	**238040**	**422765**	**204046**	**218719**
东昌区	324526	156364	168162	300831	145097	155734
二道江区	62900	30629	32271	58784	28604	30180
通化县						
辉南县						
柳河县						
集安市	72426	34819	37607	63150	30345	32805
白山市	**430885**	**210370**	**220515**	**413422**	**201654**	**211768**
浑江区	270916	132205	138711	258555	126003	132552
江源区	78752	38789	39963	76325	37596	38729
抚松县						
靖宇县						
长白朝鲜族自治县						
临江市	81217	39376	41841	78542	38055	40487
松原市	**567144**	**275741**	**291403**	**534462**	**260168**	**274294**
宁江区	453353	220140	233213	424669	206483	218186
前郭尔罗斯蒙古族自治县	20709	9991	10718	17921	8652	9269
长岭县						
乾安县						
吉林松原经济开发区						
扶余市	93082	45610	47472	91872	45033	46839
白城市	**452627**	**218821**	**233806**	**429247**	**207501**	**221746**
洮北区	238947	116041	122906	226721	110061	116660
镇赉县						
通榆县						
吉林白城经济开发区	5359	2733	2626	5181	2645	2536
洮南市	105179	50436	54743	97132	46557	50575
大安市	103142	49611	53531	100213	48238	51975
延边朝鲜族自治州	**1189646**	**576504**	**613142**	**749228**	**367194**	**382034**
延吉市	610911	293267	317644	335615	163702	171913
图们市	59388	28928	30460	33392	16518	16874
敦化市	195002	94629	100373	180787	87676	93111
珲春市	179047	87774	91273	123465	61172	62293
龙井市	86037	42660	43377	35468	18145	17323
和龙市	59261	29246	30015	40501	19981	20520
汪清县						
安图县						
长白山管委会						
梅河口市	**247329**	**120724**	**126605**	**224667**	**109587**	**115080**

1-4a 续表 2

单位：人

地 区	蒙古族			回 族			藏 族		
	小计	男	女	小计	男	女	小计	男	女
全 省	**56931**	**26840**	**30091**	**65964**	**32070**	**33894**	**952**	**394**	**558**
长春市	**18855**	**8910**	**9945**	**24977**	**12152**	**12825**	**551**	**238**	**313**
南关区	4176	1836	2340	6415	3050	3365	265	105	160
宽城区	2707	1312	1395	2513	1275	1238	9	5	4
朝阳区	3497	1740	1757	3718	1818	1900	169	83	86
二道区	2484	1180	1304	4025	1963	2062	24	9	15
绿园区	3858	1853	2005	4469	2158	2311	54	20	34
双阳区	710	318	392	1118	515	603	13	8	5
九台区	341	168	173	1158	584	574	1		1
农安县									
长春经济技术开发区									
长春净月高新技术产业开发区									
长春高新技术产业开发区									
长春汽车经济技术开发区									
长春莲花山生态旅游度假区									
榆树市	177	73	104	243	122	121	4	2	2
德惠市	220	100	120	625	330	295	2		2
公主岭市	685	330	355	693	337	356	10	6	4
吉林市	**5393**	**2653**	**2740**	**20002**	**9658**	**10344**	**111**	**61**	**50**
昌邑区	1392	673	719	4461	2080	2381	18	9	9
龙潭区	755	399	356	2142	1046	1096	24	16	8
船营区	1616	812	804	9831	4811	5020	32	19	13
丰满区	853	417	436	1340	623	717	29	13	16
永吉县									
吉林经济开发区	2	1	1	1	1				
吉林高新技术产业开发区									
吉林中国新加坡食品区									
蛟河市	203	101	102	614	309	305	2	1	1
桦甸市	209	93	116	609	305	304	2	1	1
舒兰市	134	58	76	612	295	317	2	1	1
磐石市	229	99	130	392	188	204	2	1	1
四平市	**4589**	**2053**	**2536**	**2667**	**1346**	**1321**	**35**	**11**	**24**
铁西区	1045	474	571	734	356	378	7	3	4
铁东区	1007	492	515	1080	550	530	27	8	19
梨树县									
伊通满族自治县									
双辽市	2537	1087	1450	853	440	413	1		1
辽源市	**901**	**451**	**450**	**1789**	**868**	**921**	**25**	**8**	**17**
龙山区	653	320	333	1374	666	708	16	7	9
西安区	248	131	117	415	202	213	9	1	8

1–4a　续表 3　　　　单位：人

地　区	蒙古族			回　族			藏　族		
	小计	男	女	小计	男	女	小计	男	女
东丰县									
东辽县									
通化市	**1244**	**582**	**662**	**3455**	**1695**	**1760**	**116**	**17**	**99**
东昌区	909	423	486	2315	1127	1188	108	12	96
二道江区	197	97	100	482	231	251	3	2	1
通化县									
辉南县									
柳河县									
集安市	138	62	76	658	337	321	5	3	2
白山市	**832**	**440**	**392**	**2284**	**1144**	**1140**	**13**	**7**	**6**
浑江区	616	329	287	1273	630	643	11	7	4
江源区	128	64	64	353	187	166	2		2
抚松县									
靖宇县									
长白朝鲜族自治县									
临江市	88	47	41	658	327	331			
松原市	**12984**	**6064**	**6920**	**3827**	**1802**	**2025**	**38**	**15**	**23**
宁江区	10890	5069	5821	3641	1718	1923	37	14	23
前郭尔罗斯蒙古族自治县	1947	929	1018	78	39	39	1	1	
长岭县									
乾安县									
吉林松原经济开发区									
扶余市	147	66	81	108	45	63			
白城市	**8542**	**4021**	**4521**	**1878**	**941**	**937**	**12**	**9**	**3**
洮北区	4689	2200	2489	996	489	507	4	3	1
镇赉县									
通榆县									
吉林白城经济开发区	67	37	30	4	2	2			
洮南市	3007	1443	1564	350	183	167	6	4	2
大安市	779	341	438	528	267	261	2	2	
延边朝鲜族自治州	**3178**	**1487**	**1691**	**4227**	**2060**	**2167**	**44**	**23**	**21**
延吉市	1597	723	874	1686	807	879	27	14	13
图们市	99	55	44	178	90	88	1	1	
敦化市	376	184	192	1454	705	749	4	2	2
珲春市	828	395	433	559	273	286	12	6	6
龙井市	161	77	84	143	77	66			
和龙市	117	53	64	207	108	99			
汪清县									
安图县									
长白山管委会									
梅河口市	**413**	**179**	**234**	**858**	**404**	**454**	**7**	**5**	**2**

1-4a 续表 4

单位：人

地　区	维吾尔族			苗　族			彝　族		
	小计	男	女	小计	男	女	小计	男	女
全　省	**1655**	**670**	**985**	**2478**	**1283**	**1195**	**846**	**419**	**427**
长春市	**1354**	**508**	**846**	**1253**	**663**	**590**	**479**	**253**	**226**
南关区	631	173	458	349	155	194	144	79	65
宽城区	97	47	50	136	69	67	56	30	26
朝阳区	423	191	232	346	218	128	125	71	54
二道区	129	53	76	167	71	96	56	23	33
绿园区	51	31	20	172	105	67	43	24	19
双阳区	8	4	4	51	29	22	24	15	9
九台区	4	1	3	11	5	6	4	2	2
农安县									
长春经济技术开发区									
长春净月高新技术产业开发区									
长春高新技术产业开发区									
长春汽车经济技术开发区									
长春莲花山生态旅游度假区									
榆树市	4	3	1	3	1	2	11	3	8
德惠市	1	1		4	3	1			
公主岭市	6	4	2	14	7	7	16	6	10
吉林市	**102**	**62**	**40**	**267**	**156**	**111**	**95**	**44**	**51**
昌邑区	32	20	12	34	24	10	13	7	6
龙潭区	32	26	6	66	38	28	24	10	14
船营区	22	10	12	111	63	48	36	21	15
丰满区	12	4	8	20	16	4	7	2	5
永吉县									
吉林经济开发区									
吉林高新技术产业开发区									
吉林中国新加坡食品区									
蛟河市	3	1	2	8	4	4	6	3	3
桦甸市				11	6	5	2		2
舒兰市				9	2	7	4		4
磐石市	1	1		8	3	5	3	1	2
四平市	**28**	**9**	**19**	**161**	**81**	**80**	**52**	**23**	**29**
铁西区	8	2	6	115	49	66	21	10	11
铁东区	19	6	13	42	32	10	25	10	15
梨树县									
伊通满族自治县									
双辽市	1	1		4		4	6	3	3
辽源市	**15**	**8**	**7**	**173**	**82**	**91**	**19**	**8**	**11**
龙山区	11	6	5	127	62	65	12	5	7
西安区	4	2	2	46	20	26	7	3	4

1-4a 续表 5

单位：人

地 区	维吾尔族			苗 族			彝 族		
	小计	男	女	小计	男	女	小计	男	女
东丰县									
东辽县									
通化市	**9**	**5**	**4**	**149**	**77**	**72**	**31**	**10**	**21**
东昌区	8	5	3	133	70	63	27	10	17
二道江区	1		1	5	3	2	4		4
通化县									
辉南县									
柳河县									
集安市				11	4	7			
白山市	**11**	**4**	**7**	**136**	**57**	**79**	**25**	**14**	**11**
浑江区	9	3	6	89	39	50	16	10	6
江源区	2	1	1	41	16	25	1	1	
抚松县									
靖宇县									
长白朝鲜族自治县									
临江市				6	2	4	8	3	5
松原市	**25**	**14**	**11**	**124**	**55**	**69**	**43**	**19**	**24**
宁江区	21	12	9	116	52	64	20	10	10
前郭尔罗斯蒙古族自治县				1	1				
长岭县									
乾安县									
吉林松原经济开发区									
扶余市	4	2	2	7	2	5	23	9	14
白城市	**7**	**4**	**3**	**36**	**17**	**19**	**13**	**7**	**6**
洮北区	6	4	2	29	16	13	3	1	2
镇赉县									
通榆县									
吉林白城经济开发区				2	1	1			
洮南市				1		1	7	4	3
大安市	1		1	4		4	3	2	1
延边朝鲜族自治州	**100**	**53**	**47**	**169**	**91**	**78**	**83**	**38**	**45**
延吉市	69	36	33	102	51	51	53	23	30
图们市	7	2	5	15	11	4	1		1
敦化市	6	3	3	15	9	6	14	7	7
珲春市	8	6	2	27	14	13	10	4	6
龙井市	3	1	2	3	2	1	3	3	
和龙市	7	5	2	7	4	3	2	1	1
汪清县									
安图县									
长白山管委会									
梅河口市	**4**	**3**	**1**	**10**	**4**	**6**	**6**	**3**	**3**

1−4a 续表 6

单位：人

地　　区	壮　　族			布依族			朝鲜族		
	小计	男	女	小计	男	女	小计	男	女
全　省	**1685**	**776**	**909**	**1075**	**535**	**540**	**523860**	**248589**	**275271**
长春市	**939**	**433**	**506**	**537**	**277**	**260**	**45392**	**21439**	**23953**
南关区	213	97	116	150	86	64	8781	4075	4706
宽城区	81	34	47	62	22	40	7408	3455	3953
朝阳区	341	180	161	133	71	62	7657	3596	4061
二道区	109	40	69	73	23	50	6579	3086	3493
绿园区	99	39	60	68	46	22	7852	3771	4081
双阳区	65	28	37	28	13	15	1618	786	832
九台区	6	2	4	6	4	2	1978	979	999
农安县									
长春经济技术开发区									
长春净月高新技术产业开发区									
长春高新技术产业开发区									
长春汽车经济技术开发区									
长春莲花山生态旅游度假区									
榆树市	7	3	4	8	5	3	707	318	389
德惠市	4	2	2	3	2	1	1026	476	550
公主岭市	14	8	6	6	5	1	1786	897	889
吉林市	**258**	**142**	**116**	**116**	**75**	**41**	**38772**	**18606**	**20166**
昌邑区	58	26	32	20	9	11	11464	5406	6058
龙潭区	44	23	21	33	22	11	4310	2160	2150
船营区	89	65	24	42	31	11	6136	3027	3109
丰满区	26	11	15	13	10	3	3839	1813	2026
永吉县									
吉林经济开发区							8	4	4
吉林高新技术产业开发区									
吉林中国新加坡食品区									
蛟河市	15	4	11	1		1	4521	2135	2386
桦甸市	11	6	5	3	1	2	2092	998	1094
舒兰市	8	4	4	2	2		2324	1110	1214
磐石市	7	3	4	2		2	4078	1953	2125
四平市	**70**	**34**	**36**	**79**	**34**	**45**	**5484**	**2640**	**2844**
铁西区	32	16	16	54	25	29	2678	1285	1393
铁东区	34	17	17	18	6	12	2267	1107	1160
梨树县									
伊通满族自治县									
双辽市	4	1	3	7	3	4	539	248	291
辽源市	**34**	**17**	**17**	**92**	**39**	**53**	**4792**	**2287**	**2505**
龙山区	27	13	14	65	28	37	3455	1651	1804
西安区	7	4	3	27	11	16	1337	636	701

1-4a　续表 7　　　　单位：人

地　区	壮　族			布 依 族			朝 鲜 族		
	小计	男	女	小计	男	女	小计	男	女
东丰县									
东辽县									
通化市	**106**	**38**	**68**	**58**	**19**	**39**	**11680**	**5557**	**6123**
东昌区	93	34	59	54	18	36	6128	2887	3241
二道江区	4	2	2	2		2	838	403	435
通化县									
辉南县									
柳河县									
集安市	9	2	7	2	1	1	4714	2267	2447
白山市	**33**	**11**	**22**	**64**	**30**	**34**	**5566**	**2644**	**2922**
浑江区	20	5	15	48	26	22	4043	1927	2116
江源区	13	6	7	15	3	12	732	334	398
抚松县									
靖宇县									
长白朝鲜族自治县									
临江市				1	1		791	383	408
松原市	**48**	**21**	**27**	**51**	**24**	**27**	**4101**	**1943**	**2158**
宁江区	45	20	25	49	24	25	3573	1689	1884
前郭尔罗斯蒙古族自治县	2	1	1				135	65	70
长岭县									
乾安县									
吉林松原经济开发区									
扶余市	1		1	2		2	393	189	204
白城市	**44**	**17**	**27**	**20**	**9**	**11**	**2686**	**1283**	**1403**
洮北区	26	12	14	13	6	7	1555	759	796
镇赉县									
通榆县									
吉林白城经济开发区	3		3	4	2	2	48	21	27
洮南市	10	2	8	2		2	525	247	278
大安市	5	3	2	1	1		558	256	302
延边朝鲜族自治州	**126**	**51**	**75**	**53**	**25**	**28**	**398299**	**188735**	**209564**
延吉市	72	27	45	35	15	20	258152	121352	136800
图们市	1		1	3	2	1	24670	11728	12942
敦化市	6	4	2	4	1	3	7556	3663	3893
珲春市	34	11	23	7	5	2	40991	19467	21524
龙井市	8	6	2	3	2	1	49218	23784	25434
和龙市	5	3	2	1		1	17712	8741	8971
汪清县									
安图县									
长白山管委会									
梅河口市	**27**	**12**	**15**	**5**	**3**	**2**	**7088**	**3455**	**3633**

1-4a 续表 8 单位：人

地区	满族			侗族			瑶族		
	小计	男	女	小计	男	女	小计	男	女
全省	**314020**	**154575**	**159445**	**1181**	**591**	**590**	**293**	**144**	**149**
长春市	**102795**	**50471**	**52324**	**564**	**307**	**257**	**188**	**89**	**99**
南关区	19843	9547	10296	145	77	68	31	11	20
宽城区	12068	5985	6083	79	40	39	11	4	7
朝阳区	14005	7109	6896	146	91	55	73	45	28
二道区	13349	6427	6922	91	49	42	23	7	16
绿园区	16628	8207	8421	73	36	37	20	5	15
双阳区	9621	4640	4981	9	5	4	11	9	2
九台区	6642	3330	3312	10	5	5	7	4	3
农安县									
长春经济技术开发区									
长春净月高新技术产业开发区									
长春高新技术产业开发区									
长春汽车经济技术开发区									
长春莲花山生态旅游度假区									
榆树市	1699	818	881	2		2	3	1	2
德惠市	742	375	367	1		1	1		1
公主岭市	8198	4033	4165	8	4	4	8	3	5
吉林市	**83056**	**40907**	**42149**	**108**	**53**	**55**	**46**	**27**	**19**
昌邑区	24235	11856	12379	10	3	7	10	5	5
龙潭区	14746	7482	7264	18	10	8	4	1	3
船营区	21756	10648	11108	46	28	18	25	17	8
丰满区	11436	5461	5975	17	7	10	6	4	2
永吉县									
吉林经济开发区	143	76	67						
吉林高新技术产业开发区									
吉林中国新加坡食品区									
蛟河市	2661	1283	1378	11	4	7	1		1
桦甸市	1966	1002	964	2		2			
舒兰市	2151	1059	1092	4	1	3			
磐石市	3962	2040	1922						
四平市	**17204**	**8388**	**8816**	**93**	**38**	**55**	**6**	**5**	**1**
铁西区	7370	3496	3874	65	24	41	3	3	
铁东区	8939	4435	4504	28	14	14	3	2	1
梨树县									
伊通满族自治县									
双辽市	895	457	438						
辽源市	**14918**	**7409**	**7509**	**104**	**48**	**56**	**8**	**4**	**4**
龙山区	12111	5971	6140	77	37	40	7	3	4
西安区	2807	1438	1369	27	11	16	1	1	

1−4a　续表 9　　　　单位：人

地　　区	满　　族			侗　　族			瑶　　族		
	小计	男	女	小计	男	女	小计	男	女
东丰县									
东辽县									
通化市	**19824**	**9596**	**10228**	**84**	**37**	**47**	**15**	**6**	**9**
东昌区	13576	6543	7033	75	34	41	12	3	9
二道江区	2541	1265	1276	4	2	2			
通化县									
辉南县									
柳河县									
集安市	3707	1788	1919	5	1	4	3	3	
白山市	**8195**	**4225**	**3970**	**67**	**35**	**32**	**3**	**1**	**2**
浑江区	6021	3128	2893	50	25	25	3	1	2
江源区	1089	555	534	17	10	7			
抚松县									
靖宇县									
长白朝鲜族自治县									
临江市	1085	542	543						
松原市	**10711**	**5283**	**5428**	**72**	**34**	**38**	**7**	**3**	**4**
宁江区	9619	4740	4879	71	34	37	6	3	3
前郭尔罗斯蒙古族自治县	601	295	306	1		1			
长岭县									
乾安县									
吉林松原经济开发区									
扶余市	491	248	243				1		1
白城市	**9835**	**4876**	**4959**	**21**	**8**	**13**	**7**	**4**	**3**
洮北区	4694	2394	2300	21	8	13	4	2	2
镇赉县									
通榆县									
吉林白城经济开发区	48	23	25						
洮南市	4099	1978	2121				1	1	
大安市	994	481	513				2	1	1
延边朝鲜族自治州	**33343**	**16388**	**16955**	**59**	**30**	**29**	**11**	**3**	**8**
延吉市	12985	6283	6702	39	20	19	7	2	5
图们市	993	508	485	6	3	3			
敦化市	4696	2339	2357	2		2			
珲春市	12982	6365	6617	9	5	4	2	1	1
龙井市	1005	553	452	2	1	1	1		1
和龙市	682	340	342	1	1		1		1
汪清县									
安图县									
长白山管委会									
梅河口市	**14139**	**7032**	**7107**	**9**	**1**	**8**	**2**	**2**	

1-4a 续表 10

单位：人

地 区	白 族			土 家 族			哈 尼 族		
	小计	男	女	小计	男	女	小计	男	女
全 省	**446**	**223**	**223**	**2035**	**1043**	**992**	**72**	**23**	**49**
长春市	**238**	**113**	**125**	**1138**	**607**	**531**	**27**	**7**	**20**
南关区	69	27	42	339	185	154	6		6
宽城区	20	12	8	91	45	46	5	2	3
朝阳区	61	38	23	351	219	132	11	5	6
二道区	39	12	27	129	52	77	2		2
绿园区	23	12	11	141	66	75	2		2
双阳区	14	9	5	53	25	28			
九台区	2		2	13	7	6			
农安县									
长春经济技术开发区									
长春净月高新技术产业开发区									
长春高新技术产业开发区									
长春汽车经济技术开发区									
长春莲花山生态旅游度假区									
榆树市	3	1	2	6	1	5	1		1
德惠市	3	1	2	1		1			
公主岭市	4	1	3	14	7	7			
吉林市	**82**	**48**	**34**	**297**	**162**	**135**	**14**	**6**	**8**
昌邑区	16	8	8	58	30	28			
龙潭区	11	8	3	48	27	21	2	1	1
船营区	32	19	13	125	72	53	7	5	2
丰满区	11	9	2	48	23	25			
永吉县									
吉林经济开发区									
吉林高新技术产业开发区									
吉林中国新加坡食品区									
蛟河市	5	2	3	7	4	3	4		4
桦甸市	5	2	3	1	1				
舒兰市	1		1	3	2	1	1		1
磐石市	1		1	7	3	4			
四平市	**26**	**14**	**12**	**93**	**44**	**49**	**6**	**4**	**2**
铁西区	4	2	2	46	21	25			
铁东区	17	8	9	41	20	21	6	4	2
梨树县									
伊通满族自治县									
双辽市	5	4	1	6	3	3			
辽源市	**14**	**11**	**3**	**70**	**36**	**34**	**3**	**1**	**2**
龙山区	9	7	2	52	24	28	3	1	2
西安区	5	4	1	18	12	6			

1-4a 续表 11 单位：人

地　区	白　族			土家族			哈尼族		
	小计	男	女	小计	男	女	小计	男	女
东丰县									
东辽县									
通化市	**12**	**4**	**8**	**90**	**31**	**59**	**1**		**1**
东昌区	11	4	7	86	29	57			
二道江区	1		1	4	2	2			
通化县									
辉南县									
柳河县									
集安市							1		1
白山市	**12**	**3**	**9**	**54**	**28**	**26**	**3**		**3**
浑江区	11	3	8	34	19	15	3		3
江源区	1		1	12	6	6			
抚松县									
靖宇县									
长白朝鲜族自治县									
临江市				8	3	5			
松原市	**21**	**14**	**7**	**83**	**41**	**42**	**1**		**1**
宁江区	15	9	6	81	41	40			
前郭尔罗斯蒙古族自治县				1		1			
长岭县									
乾安县									
吉林松原经济开发区									
扶余市	6	5	1	1		1	1		1
白城市	**14**	**4**	**10**	**27**	**10**	**17**	**2**	**1**	**1**
洮北区	13	4	9	14	6	8			
镇赉县									
通榆县									
吉林白城经济开发区									
洮南市				6	3	3	2	1	1
大安市	1		1	7	1	6			
延边朝鲜族自治州	**16**	**7**	**9**	**176**	**82**	**94**	**11**	**2**	**9**
延吉市	12	4	8	124	58	66	6	1	5
图们市				6	2	4			
敦化市	4	3	1	11	5	6	2		2
珲春市				28	12	16	3	1	2
龙井市				4	3	1			
和龙市				3	2	1			
汪清县									
安图县									
长白山管委会									
梅河口市	**11**	**5**	**6**	**7**	**2**	**5**	**4**	**2**	**2**

1-4a 续表 12 单位：人

地区	哈萨克族			傣族			黎族		
	小计	男	女	小计	男	女	小计	男	女
全 省	**355**	**125**	**230**	**125**	**38**	**87**	**473**	**190**	**283**
长春市	**334**	**115**	**219**	**36**	**10**	**26**	**218**	**92**	**126**
南关区	152	54	98	8	2	6	44	18	26
宽城区	19	7	12	6	2	4	20	6	14
朝阳区	105	38	67	6	2	4	44	24	20
二道区	47	9	38	8	3	5	26	9	17
绿园区	10	7	3	3	1	2	19	12	7
双阳区				3		3	51	16	35
九台区				2		2	4	2	2
农安县									
长春经济技术开发区									
长春净月高新技术产业开发区									
长春高新技术产业开发区									
长春汽车经济技术开发区									
长春莲花山生态旅游度假区									
榆树市							7	3	4
德惠市	1		1				1	1	
公主岭市							2	1	1
吉林市	**16**	**9**	**7**	**23**	**7**	**16**	**55**	**28**	**27**
昌邑区	8	6	2	9	2	7	8	2	6
龙潭区	2	1	1	3	1	2	11	8	3
船营区				3	1	2	16	10	6
丰满区	2		2	1		1	12	5	7
永吉县									
吉林经济开发区									
吉林高新技术产业开发区									
吉林中国新加坡食品区									
蛟河市	2		2	7	3	4	6	2	4
桦甸市							2	1	1
舒兰市	2	2							
磐石市									
四平市				**1**		**1**	**21**	**9**	**12**
铁西区				1		1	5	3	2
铁东区							13	5	8
梨树县									
伊通满族自治县									
双辽市							3	1	2
辽源市	**1**		**1**	**2**		**2**	**15**	**3**	**12**
龙山区	1		1	2		2	15	3	12
西安区									

1-4a 续表 13

单位：人

地区	哈萨克族			傣族			黎族		
	小计	男	女	小计	男	女	小计	男	女
东丰县									
东辽县									
通化市				**17**	**4**	**13**	**25**	**8**	**17**
东昌区				10	3	7	21	8	13
二道江区				2	1	1			
通化县									
辉南县									
柳河县									
集安市				5		5	4		4
白山市	**2**		**2**	**2**	**1**	**1**	**14**	**5**	**9**
浑江区	1		1	2	1	1	7	2	5
江源区	1		1				1		1
抚松县									
靖宇县									
长白朝鲜族自治县									
临江市							6	3	3
松原市	**1**		**1**	**3**	**2**	**1**	**50**	**16**	**34**
宁江区	1		1	2	1	1	46	15	31
前郭尔罗斯蒙古族自治县							4	1	3
长岭县									
乾安县									
吉林松原经济开发区									
扶余市				1	1				
白城市	**1**	**1**		**1**		**1**	**31**	**14**	**17**
洮北区				1		1	21	9	12
镇赉县									
通榆县									
吉林白城经济开发区									
洮南市							6	4	2
大安市	1	1					4	1	3
延边朝鲜族自治州				**38**	**14**	**24**	**33**	**10**	**23**
延吉市				24	8	16	24	6	18
图们市									
敦化市				1		1	3	3	
珲春市				13	6	7	3	1	2
龙井市									
和龙市							3		3
汪清县									
安图县									
长白山管委会									
梅河口市				**2**		**2**	**11**	**5**	**6**

1-4a 续表 14

单位：人

地 区	傈僳族			佤 族			畲 族		
	小计	男	女	小计	男	女	小计	男	女
全 省	**60**	**25**	**35**	**30**	**8**	**22**	**127**	**76**	**51**
长春市	**18**	**7**	**11**	**14**	**5**	**9**	**99**	**55**	**44**
南关区	4	2	2	6	3	3	17	7	10
宽城区	1		1				5	3	2
朝阳区	4	2	2	2	1	1	25	14	11
二道区	1	1		4	1	3	16	8	8
绿园区	6	2	4				13	9	4
双阳区	1		1				16	12	4
九台区									
农安县									
长春经济技术开发区									
长春净月高新技术产业开发区									
长春高新技术产业开发区									
长春汽车经济技术开发区									
长春莲花山生态旅游度假区									
榆树市				1		1	1		1
德惠市									
公主岭市	1		1	1		1	6	2	4
吉林市	**10**	**6**	**4**	**8**		**8**	**15**	**11**	**4**
昌邑区				1		1	2	1	1
龙潭区	1	1					4	3	1
船营区	2	1	1				8	6	2
丰满区	1		1	2		2	1	1	
永吉县									
吉林经济开发区									
吉林高新技术产业开发区									
吉林中国新加坡食品区									
蛟河市	2	2							
桦甸市	3	2	1	1		1			
舒兰市	1		1	4		4			
磐石市									
四平市	**3**	**1**	**2**	**1**	**1**		**1**		**1**
铁西区	1		1						
铁东区	2	1	1	1	1		1		1
梨树县									
伊通满族自治县									
双辽市									
辽源市									
龙山区									
西安区									

1-4a　续表 15　　　　单位：人

地　区	傈僳族			佤　族			畲　族		
	小计	男	女	小计	男	女	小计	男	女
东丰县									
东辽县									
通化市	**3**	**1**	**2**	**2**	**1**	**1**	**1**	**1**	
东昌区	3	1	2	2	1	1	1	1	
二道江区									
通化县									
辉南县									
柳河县									
集安市									
白山市				**1**		**1**	**1**		**1**
浑江区							1		1
江源区									
抚松县									
靖宇县									
长白朝鲜族自治县									
临江市				1		1			
松原市	**3**	**1**	**2**						
宁江区	2		2						
前郭尔罗斯蒙古族自治县									
长岭县									
乾安县									
吉林松原经济开发区									
扶余市	1	1							
白城市	**7**	**4**	**3**	**2**		**2**			
洮北区	5	2	3	1		1			
镇赉县									
通榆县									
吉林白城经济开发区									
洮南市				1		1			
大安市	2	2							
延边朝鲜族自治州	**10**	**4**	**6**	**2**	**1**	**1**	**10**	**9**	**1**
延吉市	4	1	3	2	1	1	4	3	1
图们市							1	1	
敦化市	1	1					3	3	
珲春市	1	1							
龙井市	4	1	3						
和龙市							2	2	
汪清县									
安图县									
长白山管委会									
梅河口市	**6**	**1**	**5**						

1-4a 续表 16 单位：人

地区	高山族			拉祜族			水族		
	小计	男	女	小计	男	女	小计	男	女
全省	**49**	**28**	**21**	**13**	**4**	**9**	**176**	**88**	**88**
长春市	**12**	**7**	**5**	**5**	**2**	**3**	**88**	**48**	**40**
南关区	4	3	1				22	11	11
宽城区	2		2				11	7	4
朝阳区	3	2	1				16	11	5
二道区	1		1	1		1	14	6	8
绿园区	1	1		2	1	1	18	11	7
双阳区	1	1					1	1	
九台区				1	1		3		3
农安县									
长春经济技术开发区									
长春净月高新技术产业开发区									
长春高新技术产业开发区									
长春汽车经济技术开发区									
长春莲花山生态旅游度假区									
榆树市							1	1	
德惠市				1		1			
公主岭市							2		2
吉林市	**28**	**15**	**13**	**1**		**1**	**11**	**7**	**4**
昌邑区	4		4	1		1	1	1	
龙潭区	3	2	1				4	4	
船营区	15	9	6				3	2	1
丰满区	6	4	2				2		2
永吉县									
吉林经济开发区									
吉林高新技术产业开发区									
吉林中国新加坡食品区									
蛟河市							1		1
桦甸市									
舒兰市									
磐石市									
四平市	**2**	**2**					**12**	**6**	**6**
铁西区							10	5	5
铁东区	2	2					2	1	1
梨树县									
伊通满族自治县									
双辽市									
辽源市							**23**	**10**	**13**
龙山区							16	7	9
西安区							7	3	4

1-4a 续表 17 单位：人

地区	高山族			拉祜族			水族		
	小计	男	女	小计	男	女	小计	男	女
东丰县									
东辽县									
通化市	**2**	**1**	**1**	**1**	**1**		**8**	**3**	**5**
东昌区				1	1		8	3	5
二道江区									
通化县									
辉南县									
柳河县									
集安市	2	1	1						
白山市	**1**	**1**					**9**	**3**	**6**
浑江区	1	1					6	2	4
江源区							3	1	2
抚松县									
靖宇县									
长白朝鲜族自治县									
临江市									
松原市	**1**		**1**				**12**	**3**	**9**
宁江区	1		1				12	3	9
前郭尔罗斯蒙古族自治县									
长岭县									
乾安县									
吉林松原经济开发区									
扶余市									
白城市	**3**	**2**	**1**	**4**	**1**	**3**	**1**		**1**
洮北区	2	1	1				1		1
镇赉县									
通榆县									
吉林白城经济开发区	1	1							
洮南市									
大安市				4	1	3			
延边朝鲜族自治州				**1**		**1**	**12**	**8**	**4**
延吉市							9	6	3
图们市							1	1	
敦化市				1		1			
珲春市							2	1	1
龙井市									
和龙市									
汪清县									
安图县									
长白山管委会									
梅河口市				**1**		**1**			

1-4a 续表 18

单位：人

地　区	东乡族			纳西族			景颇族		
	小计	男	女	小计	男	女	小计	男	女
全　省	**301**	**164**	**137**	**17**	**10**	**7**	**68**	**15**	**53**
长春市	**224**	**125**	**99**	**14**	**8**	**6**	**11**	**2**	**9**
南关区	65	40	25	4	2	2	5		5
宽城区	19	11	8	1		1	2		2
朝阳区	60	31	29	7	5	2	3	2	1
二道区	21	12	9	2	1	1	1		1
绿园区	34	17	17						
双阳区									
九台区	11	7	4						
农安县									
长春经济技术开发区									
长春净月高新技术产业开发区									
长春高新技术产业开发区									
长春汽车经济技术开发区									
长春莲花山生态旅游度假区									
榆树市	2		2						
德惠市									
公主岭市	12	7	5						
吉林市	**10**	**6**	**4**	**1**	**1**		**8**	**5**	**3**
昌邑区	2	1	1	1	1				
龙潭区							3	2	1
船营区									
丰满区							1	1	
永吉县									
吉林经济开发区									
吉林高新技术产业开发区									
吉林中国新加坡食品区									
蛟河市	1	1					2		2
桦甸市									
舒兰市	4	2	2				2	2	
磐石市	3	2	1						
四平市	**3**	**1**	**2**						
铁西区	3	1	2						
铁东区									
梨树县									
伊通满族自治县									
双辽市									
辽源市	**4**	**2**	**2**						
龙山区	4	2	2						
西安区									

1-4a　续表 19　　　　单位：人

地　区	东乡族			纳西族			景颇族		
	小计	男	女	小计	男	女	小计	男	女
东丰县									
东辽县									
通化市	**8**	**5**	**3**				**3**	**1**	**2**
东昌区	8	5	3				3	1	2
二道江区									
通化县									
辉南县									
柳河县									
集安市									
白山市				**2**	**1**	**1**	**3**		**3**
浑江区				2	1	1	1		1
江源区							1		1
抚松县									
靖宇县									
长白朝鲜族自治县									
临江市							1		1
松原市	**24**	**11**	**13**				**2**		**2**
宁江区	18	9	9				2		2
前郭尔罗斯蒙古族自治县	6	2	4						
长岭县									
乾安县									
吉林松原经济开发区									
扶余市									
白城市	**4**	**2**	**2**				**1**		**1**
洮北区	4	2	2				1		1
镇赉县									
通榆县									
吉林白城经济开发区									
洮南市									
大安市									
延边朝鲜族自治州	**20**	**10**	**10**				**38**	**7**	**31**
延吉市	20	10	10				12	2	10
图们市									
敦化市							18	3	15
珲春市							3	1	2
龙井市							3	1	2
和龙市							2		2
汪清县									
安图县									
长白山管委会									
梅河口市	**4**	**2**	**2**				**2**		**2**

1－4a 续表 20 单位：人

地 区	柯尔克孜族			土 族			达斡尔族		
	小计	男	女	小计	男	女	小计	男	女
全 省	**38**	**7**	**31**	**86**	**44**	**42**	**699**	**296**	**403**
长春市	**33**	**6**	**27**	**61**	**31**	**30**	**350**	**139**	**211**
南关区	19	2	17	21	6	15	88	35	53
宽城区	1	1					40	14	26
朝阳区	9	2	7	24	18	6	71	33	38
二道区	3	1	2	3	1	2	52	22	30
绿园区	1		1	3	1	2	56	26	30
双阳区				10	5	5	15	2	13
九台区							7	3	4
农安县									
长春经济技术开发区									
长春净月高新技术产业开发区									
长春高新技术产业开发区									
长春汽车经济技术开发区									
长春莲花山生态旅游度假区									
榆树市							6		6
德惠市							4	1	3
公主岭市							11	3	8
吉林市	**2**	**1**	**1**	**11**	**9**	**2**	**92**	**39**	**53**
昌邑区	2	1	1				32	15	17
龙潭区				2		2	11	4	7
船营区				9	9		31	14	17
丰满区							9	2	7
永吉县									
吉林经济开发区									
吉林高新技术产业开发区									
吉林中国新加坡食品区									
蛟河市							3	1	2
桦甸市									
舒兰市							2	2	
磐石市							4	1	3
四平市				**2**		**2**	**49**	**25**	**24**
铁西区				1		1	13	9	4
铁东区				1		1	15	7	8
梨树县									
伊通满族自治县									
双辽市							21	9	12
辽源市							**18**	**7**	**11**
龙山区							13	4	9
西安区							5	3	2

1-4a 续表 21 单位：人

地区	柯尔克孜族			土族			达斡尔族		
	小计	男	女	小计	男	女	小计	男	女
东丰县									
东辽县									
通化市	**2**		**2**	**2**		**2**	**13**	**6**	**7**
东昌区				1		1	10	5	5
二道江区	2		2	1		1	3	1	2
通化县									
辉南县									
柳河县									
集安市									
白山市	**1**		**1**	**3**	**1**	**2**	**6**	**1**	**5**
浑江区				2		2	5		5
江源区	1		1	1	1				
抚松县									
靖宇县									
长白朝鲜族自治县									
临江市							1	1	
松原市							**19**	**6**	**13**
宁江区							17	5	12
前郭尔罗斯蒙古族自治县							2	1	1
长岭县									
乾安县									
吉林松原经济开发区									
扶余市									
白城市							**51**	**27**	**24**
洮北区							33	18	15
镇赉县									
通榆县									
吉林白城经济开发区									
洮南市							10	4	6
大安市							8	5	3
延边朝鲜族自治州				**7**	**3**	**4**	**93**	**44**	**49**
延吉市				4	1	3	49	24	25
图们市							5	2	3
敦化市							5	2	3
珲春市							33	15	18
龙井市							1	1	
和龙市				3	2	1			
汪清县									
安图县									
长白山管委会									
梅河口市							**8**	**2**	**6**

1-4a 续表 22

单位：人

地区	仫佬族			羌族			布朗族		
	小计	男	女	小计	男	女	小计	男	女
全省	**58**	**25**	**33**	**45**	**25**	**20**	**11**	**4**	**7**
长春市	**37**	**16**	**21**	**24**	**16**	**8**	**4**	**2**	**2**
南关区	6	1	5	4	2	2	1		1
宽城区	6	3	3	1		1			
朝阳区	17	8	9	16	13	3	3	2	1
二道区	3	1	2	1	1				
绿园区	3	1	2	2		2			
双阳区	2	2							
九台区									
农安县									
长春经济技术开发区									
长春净月高新技术产业开发区									
长春高新技术产业开发区									
长春汽车经济技术开发区									
长春莲花山生态旅游度假区									
榆树市									
德惠市									
公主岭市									
吉林市	**4**	**2**	**2**	**19**	**8**	**11**	**2**	**1**	**1**
昌邑区				10	3	7	2	1	1
龙潭区	3	2	1	2		2			
船营区	1		1	6	4	2			
丰满区				1	1				
永吉县									
吉林经济开发区									
吉林高新技术产业开发区									
吉林中国新加坡食品区									
蛟河市									
桦甸市									
舒兰市									
磐石市									
四平市	**9**	**2**	**7**						
铁西区	6	2	4						
铁东区	3		3						
梨树县									
伊通满族自治县									
双辽市									
辽源市	**1**	**1**							
龙山区									
西安区	1	1							

1-4a 续表 23　　单位：人

地区	仫佬族			羌族			布朗族		
	小计	男	女	小计	男	女	小计	男	女
东丰县									
东辽县									
通化市	**1**		**1**						
东昌区	1		1						
二道江区									
通化县									
辉南县									
柳河县									
集安市									
白山市									
浑江区									
江源区									
抚松县									
靖宇县									
长白朝鲜族自治县									
临江市									
松原市	**3**	**2**	**1**						
宁江区	3	2	1						
前郭尔罗斯蒙古族自治县									
长岭县									
乾安县									
吉林松原经济开发区									
扶余市									
白城市									
洮北区									
镇赉县									
通榆县									
吉林白城经济开发区									
洮南市									
大安市									
延边朝鲜族自治州	**3**	**2**	**1**	**1**	**1**		**5**	**1**	**4**
延吉市	1	1					3	1	2
图们市									
敦化市	1	1							
珲春市	1		1	1	1		2		2
龙井市									
和龙市									
汪清县									
安图县									
长白山管委会									
梅河口市				**1**		**1**			

1-4a 续表 24 单位：人

地区	撒拉族			毛南族			仡佬族		
	小计	男	女	小计	男	女	小计	男	女
全　省	**167**	**89**	**78**	**27**	**9**	**18**	**197**	**108**	**89**
长春市	**160**	**86**	**74**	**10**	**1**	**9**	**108**	**60**	**48**
南关区	66	41	25	4		4	29	16	13
宽城区	12	8	4				9	5	4
朝阳区	45	22	23	1	1		29	20	9
二道区	26	11	15	1		1	24	8	16
绿园区	2		2				6	5	1
双阳区	4	3	1	4		4	5	3	2
九台区							3	1	2
农安县									
长春经济技术开发区									
长春净月高新技术产业开发区									
长春高新技术产业开发区									
长春汽车经济技术开发区									
长春莲花山生态旅游度假区									
榆树市									
德惠市	5	1	4				2	1	1
公主岭市							1	1	
吉林市				**3**	**2**	**1**	**34**	**24**	**10**
昌邑区				1		1	5	3	2
龙潭区							13	11	2
船营区				2	2		16	10	6
丰满区									
永吉县									
吉林经济开发区									
吉林高新技术产业开发区									
吉林中国新加坡食品区									
蛟河市									
桦甸市									
舒兰市									
磐石市									
四平市				**2**	**1**	**1**	**15**	**6**	**9**
铁西区				1	1		9	4	5
铁东区				1		1	6	2	4
梨树县									
伊通满族自治县									
双辽市									
辽源市				**3**	**1**	**2**	**9**	**3**	**6**
龙山区				2		2	6	3	3
西安区				1	1		3		3

1-4a　续表 25　　单位：人

地　区	撒拉族			毛南族			仡佬族		
	小计	男	女	小计	男	女	小计	男	女
东丰县									
东辽县									
通化市				**1**	**1**		**6**	**1**	**5**
东昌区				1	1		6	1	5
二道江区									
通化县									
辉南县									
柳河县									
集安市									
白山市	**1**	**1**		**4**		**4**	**10**	**5**	**5**
浑江区	1	1		3		3	7	3	4
江源区				1		1	2	2	
抚松县									
靖宇县									
长白朝鲜族自治县									
临江市							1		1
松原市							**3**	**3**	
宁江区							3	3	
前郭尔罗斯蒙古族自治县									
长岭县									
乾安县									
吉林松原经济开发区									
扶余市									
白城市	**4**	**2**	**2**				**2**	**2**	
洮北区	4	2	2				2	2	
镇赉县									
通榆县									
吉林白城经济开发区									
洮南市									
大安市									
延边朝鲜族自治州	**2**		**2**	**4**	**3**	**1**	**10**	**4**	**6**
延吉市	1		1	2	2		6	2	4
图们市							2	1	1
敦化市	1		1				1	1	
珲春市									
龙井市				1		1			
和龙市				1	1		1		1
汪清县									
安图县									
长白山管委会									
梅河口市									

1-4a 续表 26

单位：人

地区	锡伯族			阿昌族			普米族		
	小计	男	女	小计	男	女	小计	男	女
全省	**2363**	**1168**	**1195**	**5**	**1**	**4**	**4**	**2**	**2**
长春市	**936**	**473**	**463**	**2**	**1**	**1**	**1**	**1**	
南关区	239	126	113	2	1	1	1	1	
宽城区	97	42	55						
朝阳区	195	96	99						
二道区	117	61	56						
绿园区	208	105	103						
双阳区	23	10	13						
九台区	8	5	3						
农安县									
长春经济技术开发区									
长春净月高新技术产业开发区									
长春高新技术产业开发区									
长春汽车经济技术开发区									
长春莲花山生态旅游度假区									
榆树市	3	1	2						
德惠市	7	4	3						
公主岭市	39	23	16						
吉林市	**428**	**218**	**210**						
昌邑区	151	67	84						
龙潭区	58	37	21						
船营区	96	50	46						
丰满区	69	35	34						
永吉县									
吉林经济开发区									
吉林高新技术产业开发区									
吉林中国新加坡食品区									
蛟河市	10	4	6						
桦甸市	12	5	7						
舒兰市	3	1	2						
磐石市	29	19	10						
四平市	**161**	**78**	**83**				**2**	**1**	**1**
铁西区	79	39	40						
铁东区	66	30	36						
梨树县									
伊通满族自治县									
双辽市	16	9	7				2	1	1
辽源市	**60**	**32**	**28**	**2**		**2**			
龙山区	42	22	20	1		1			
西安区	18	10	8	1		1			

1-4a 续表 27　　　　单位：人

地区	锡伯族			阿昌族			普米族		
	小计	男	女	小计	男	女	小计	男	女
东丰县									
东辽县									
通化市	**75**	**39**	**36**						
东昌区	51	23	28						
二道江区	17	12	5						
通化县									
辉南县									
柳河县									
集安市	7	4	3						
白山市	**71**	**36**	**35**						
浑江区	49	24	25						
江源区	4	4							
抚松县									
靖宇县									
长白朝鲜族自治县									
临江市	18	8	10						
松原市	**379**	**175**	**204**						
宁江区	348	162	186						
前郭尔罗斯蒙古族自治县	9	4	5						
长岭县									
乾安县									
吉林松原经济开发区									
扶余市	22	9	13						
白城市	**103**	**46**	**57**						
洮北区	68	34	34						
镇赉县									
通榆县									
吉林白城经济开发区									
洮南市	13	4	9						
大安市	22	8	14						
延边朝鲜族自治州	**115**	**56**	**59**	**1**		**1**	**1**		**1**
延吉市	65	30	35	1		1	1		1
图们市	2	1	1						
敦化市	29	14	15						
珲春市	13	6	7						
龙井市	4	3	1						
和龙市	2	2							
汪清县									
安图县									
长白山管委会									
梅河口市	**35**	**15**	**20**						

1-4a 续表 28

单位：人

地区	塔吉克族			怒族			乌孜别克族		
	小计	男	女	小计	男	女	小计	男	女
全省	**8**	**5**	**3**	**9**	**1**	**8**	**2**		**2**
长春市	**4**	**3**	**1**	**5**		**5**	**2**		**2**
南关区				1		1	1		1
宽城区									
朝阳区	1	1					1		1
二道区	1		1	1		1			
绿园区	2	2		3		3			
双阳区									
九台区									
农安县									
长春经济技术开发区									
长春净月高新技术产业开发区									
长春高新技术产业开发区									
长春汽车经济技术开发区									
长春莲花山生态旅游度假区									
榆树市									
德惠市									
公主岭市									
吉林市				**2**	**1**	**1**			
昌邑区				2	1	1			
龙潭区									
船营区									
丰满区									
永吉县									
吉林经济开发区									
吉林高新技术产业开发区									
吉林中国新加坡食品区									
蛟河市									
桦甸市									
舒兰市									
磐石市									
四平市	**2**		**2**						
铁西区	1		1						
铁东区	1		1						
梨树县									
伊通满族自治县									
双辽市									
辽源市									
龙山区									
西安区									

1-4a　续表 29　　　　单位：人

地　区	塔吉克族			怒　族			乌孜别克族		
	小计	男	女	小计	男	女	小计	男	女
东丰县									
东辽县									
通化市									
东昌区									
二道江区									
通化县									
辉南县									
柳河县									
集安市									
白山市									
浑江区									
江源区									
抚松县									
靖宇县									
长白朝鲜族自治县									
临江市									
松原市	**2**	**2**							
宁江区	2	2							
前郭尔罗斯蒙古族自治县									
长岭县									
乾安县									
吉林松原经济开发区									
扶余市									
白城市									
洮北区									
镇赉县									
通榆县									
吉林白城经济开发区									
洮南市									
大安市									
延边朝鲜族自治州				**2**		**2**			
延吉市									
图们市									
敦化市									
珲春市				2		2			
龙井市									
和龙市									
汪清县									
安图县									
长白山管委会									
梅河口市									

1-4a 续表 30 单位：人

地 区	俄罗斯族			鄂温克族			德 昂 族		
	小计	男	女	小计	男	女	小计	男	女
全 省	**75**	**32**	**43**	**128**	**55**	**73**	**2**	**1**	**1**
长春市	**42**	**16**	**26**	**83**	**38**	**45**			
南关区	12	3	9	18	10	8			
宽城区	2	1	1	7	5	2			
朝阳区	12	5	7	27	11	16			
二道区	7	2	5	7	1	6			
绿园区	9	5	4	15	6	9			
双阳区				1	1				
九台区									
农安县									
长春经济技术开发区									
长春净月高新技术产业开发区									
长春高新技术产业开发区									
长春汽车经济技术开发区									
长春莲花山生态旅游度假区									
榆树市									
德惠市				3	1	2			
公主岭市				5	3	2			
吉林市	**2**	**1**	**1**	**12**	**3**	**9**			
昌邑区				1		1			
龙潭区				2	1	1			
船营区	2	1	1	5		5			
丰满区				1	1				
永吉县									
吉林经济开发区									
吉林高新技术产业开发区									
吉林中国新加坡食品区									
蛟河市									
桦甸市				1		1			
舒兰市				2	1	1			
磐石市									
四平市	**21**	**12**	**9**	**6**	**2**	**4**			
铁西区	14	7	7	5	2	3			
铁东区	7	5	2	1		1			
梨树县									
伊通满族自治县									
双辽市									
辽源市				**4**	**3**	**1**			
龙山区				3	2	1			
西安区				1	1				

1-4a 续表 31

单位：人

地 区	俄罗斯族			鄂温克族			德 昂 族		
	小计	男	女	小计	男	女	小计	男	女
东丰县									
东辽县									
通化市	**2**	**1**	**1**						
东昌区	2	1	1						
二道江区									
通化县									
辉南县									
柳河县									
集安市									
白山市				**4**	**3**	**1**			
浑江区				4	3	1			
江源区									
抚松县									
靖宇县									
长白朝鲜族自治县									
临江市									
松原市	**2**	**1**	**1**	**5**	**2**	**3**			
宁江区	2	1	1	5	2	3			
前郭尔罗斯蒙古族自治县									
长岭县									
乾安县									
吉林松原经济开发区									
扶余市									
白城市	**2**	**1**	**1**	**4**	**1**	**3**			
洮北区	2	1	1	4	1	3			
镇赉县									
通榆县									
吉林白城经济开发区									
洮南市									
大安市									
延边朝鲜族自治州	**4**		**4**	**10**	**3**	**7**	**2**	**1**	**1**
延吉市	3		3	9	3	6	2	1	1
图们市									
敦化市									
珲春市	1		1	1		1			
龙井市									
和龙市									
汪清县									
安图县									
长白山管委会									
梅河口市									

1−4a 续表 32

单位：人

地区	保安族			裕固族			京族		
	小计	男	女	小计	男	女	小计	男	女
全省	**7**	**4**	**3**	**6**	**5**	**1**	**3**	**1**	**2**
长春市	**1**	**1**		**6**	**5**	**1**	**3**	**1**	**2**
南关区				6	5	1	2		2
宽城区									
朝阳区	1	1					1	1	
二道区									
绿园区									
双阳区									
九台区									
农安县									
长春经济技术开发区									
长春净月高新技术产业开发区									
长春高新技术产业开发区									
长春汽车经济技术开发区									
长春莲花山生态旅游度假区									
榆树市									
德惠市									
公主岭市									
吉林市									
昌邑区									
龙潭区									
船营区									
丰满区									
永吉县									
吉林经济开发区									
吉林高新技术产业开发区									
吉林中国新加坡食品区									
蛟河市									
桦甸市									
舒兰市									
磐石市									
四平市									
铁西区									
铁东区									
梨树县									
伊通满族自治县									
双辽市									
辽源市									
龙山区									
西安区									

1-4a　续表 33　　　　单位：人

地　区	保安族			裕固族			京　族		
	小计	男	女	小计	男	女	小计	男	女
东丰县									
东辽县									
通化市									
东昌区									
二道江区									
通化县									
辉南县									
柳河县									
集安市									
白山市									
浑江区									
江源区									
抚松县									
靖宇县									
长白朝鲜族自治县									
临江市									
松原市	**4**	**2**	**2**						
宁江区	4	2	2						
前郭尔罗斯蒙古族自治县									
长岭县									
乾安县									
吉林松原经济开发区									
扶余市									
白城市									
洮北区									
镇赉县									
通榆县									
吉林白城经济开发区									
洮南市									
大安市									
延边朝鲜族自治州	**2**	**1**	**1**						
延吉市									
图们市									
敦化市									
珲春市	2	1	1						
龙井市									
和龙市									
汪清县									
安图县									
长白山管委会									
梅河口市									

1-4a 续表 34

单位：人

地　区	塔塔尔族			独龙族			鄂伦春族		
	小计	男	女	小计	男	女	小计	男	女
全　省	**2**		**2**				**64**	**33**	**31**
长春市							**32**	**15**	**17**
南关区							8	6	2
宽城区							2	2	
朝阳区							9	4	5
二道区							3		3
绿园区							8	3	5
双阳区							2		2
九台区									
农安县									
长春经济技术开发区									
长春净月高新技术产业开发区									
长春高新技术产业开发区									
长春汽车经济技术开发区									
长春莲花山生态旅游度假区									
榆树市									
德惠市									
公主岭市									
吉林市	**1**		**1**				**10**	**6**	**4**
昌邑区	1		1				2	1	1
龙潭区							2	2	
船营区							4	2	2
丰满区							2	1	1
永吉县									
吉林经济开发区									
吉林高新技术产业开发区									
吉林中国新加坡食品区									
蛟河市									
桦甸市									
舒兰市									
磐石市									
四平市							**5**	**4**	**1**
铁西区							2	1	1
铁东区							3	3	
梨树县									
伊通满族自治县									
双辽市									
辽源市									
龙山区									
西安区									

1-4a 续表 35

单位：人

地区	塔塔尔族			独龙族			鄂伦春族		
	小计	男	女	小计	男	女	小计	男	女
东丰县									
东辽县									
通化市							**8**	**3**	**5**
东昌区							2	1	1
二道江区							3	2	1
通化县									
辉南县									
柳河县									
集安市							3		3
白山市									
浑江区									
江源区									
抚松县									
靖宇县									
长白朝鲜族自治县									
临江市									
松原市	**1**		**1**				**4**	**2**	**2**
宁江区							4	2	2
前郭尔罗斯蒙古族自治县									
长岭县									
乾安县									
吉林松原经济开发区									
扶余市	1		1						
白城市							**3**	**1**	**2**
洮北区									
镇赉县									
通榆县									
吉林白城经济开发区									
洮南市							1	1	
大安市							2		2
延边朝鲜族自治州							**2**	**2**	
延吉市							2	2	
图们市									
敦化市									
珲春市									
龙井市									
和龙市									
汪清县									
安图县									
长白山管委会									
梅河口市									

1-4a 续表 36

单位：人

地区	赫哲族			门巴族			珞巴族		
	小计	男	女	小计	男	女	小计	男	女
全 省	**154**	**73**	**81**	**5**		**5**	**1**		**1**
长春市	**89**	**41**	**48**	**4**		**4**	**1**		**1**
南关区	26	15	11	3		3	1		1
宽城区	9	3	6						
朝阳区	21	9	12	1		1			
二道区	9	6	3						
绿园区	23	8	15						
双阳区	1		1						
九台区									
农安县									
长春经济技术开发区									
长春净月高新技术产业开发区									
长春高新技术产业开发区									
长春汽车经济技术开发区									
长春莲花山生态旅游度假区									
榆树市									
德惠市									
公主岭市									
吉林市	**47**	**22**	**25**						
昌邑区	17	10	7						
龙潭区									
船营区	11	4	7						
丰满区	13	7	6						
永吉县									
吉林经济开发区									
吉林高新技术产业开发区									
吉林中国新加坡食品区									
蛟河市	5	1	4						
桦甸市									
舒兰市	1		1						
磐石市									
四平市	**1**	**1**							
铁西区	1	1							
铁东区									
梨树县									
伊通满族自治县									
双辽市									
辽源市	**1**	**1**							
龙山区	1	1							
西安区									

1-4a　续表 37　　　　单位：人

地　区	赫哲族			门巴族			珞巴族		
	小计	男	女	小计	男	女	小计	男	女
东丰县									
东辽县									
通化市	**6**	**3**	**3**	**1**		**1**			
东昌区	4	2	2	1		1			
二道江区									
通化县									
辉南县									
柳河县									
集安市	2	1	1						
白山市	**2**		**2**						
浑江区	1		1						
江源区	1		1						
抚松县									
靖宇县									
长白朝鲜族自治县									
临江市									
松原市	**1**	**1**							
宁江区	1	1							
前郭尔罗斯蒙古族自治县									
长岭县									
乾安县									
吉林松原经济开发区									
扶余市									
白城市	**2**	**1**	**1**						
洮北区	1	1							
镇赉县									
通榆县									
吉林白城经济开发区									
洮南市									
大安市	1		1						
延边朝鲜族自治州	**5**	**3**	**2**						
延吉市	4	3	1						
图们市									
敦化市									
珲春市									
龙井市									
和龙市	1		1						
汪清县									
安图县									
长白山管委会									
梅河口市									

1-4a 续表 38 单位：人

地　区	基诺族			未定族称人口			入　籍		
	小计	男	女	小计	男	女	小计	男	女
全　省	**6**	**4**	**2**	**479**	**241**	**238**	**31**	**14**	**17**
长春市	**5**	**3**	**2**	**213**	**103**	**110**	**10**	**5**	**5**
南关区				56	19	37	1		1
宽城区				29	17	12	1		1
朝阳区	5	3	2	52	33	19	1	1	
二道区				32	14	18	2		2
绿园区				29	15	14	3	2	1
双阳区				2	2		2	2	
九台区				1		1			
农安县									
长春经济技术开发区									
长春净月高新技术产业开发区									
长春高新技术产业开发区									
长春汽车经济技术开发区									
长春莲花山生态旅游度假区									
榆树市				4	1	3			
德惠市				1		1			
公主岭市				7	2	5			
吉林市				**37**	**24**	**13**	**1**	**1**	
昌邑区				4	3	1			
龙潭区				11	7	4	1	1	
船营区				16	12	4			
丰满区				2	1	1			
永吉县									
吉林经济开发区									
吉林高新技术产业开发区									
吉林中国新加坡食品区									
蛟河市				1		1			
桦甸市				2	1	1			
舒兰市				1		1			
磐石市									
四平市	**1**	**1**		**33**	**15**	**18**			
铁西区	1	1		23	10	13			
铁东区				9	5	4			
梨树县									
伊通满族自治县									
双辽市				1		1			
辽源市				**30**	**16**	**14**	**3**		**3**
龙山区				17	9	8	3		3
西安区				13	7	6			

1-4a 续表 39

单位：人

地区	基诺族			未定族称人口			入籍		
	小计	男	女	小计	男	女	小计	男	女
东丰县									
东辽县									
通化市				**25**	**12**	**13**	**1**		**1**
东昌区				23	10	13	1		1
二道江区				2	2				
通化县									
辉南县									
柳河县									
集安市									
白山市				**27**	**14**	**13**	**1**	**1**	
浑江区				20	11	9	1	1	
江源区				5	2	3			
抚松县									
靖宇县									
长白朝鲜族自治县									
临江市				2	1	1			
松原市				**24**	**10**	**14**	**3**	**2**	**1**
宁江区				24	10	14	3	2	1
前郭尔罗斯蒙古族自治县									
长岭县									
乾安县									
吉林松原经济开发区									
扶余市									
白城市				**10**	**4**	**6**			
洮北区				9	3	6			
镇赉县									
通榆县									
吉林白城经济开发区				1	1				
洮南市									
大安市									
延边朝鲜族自治州				**79**	**43**	**36**	**11**	**5**	**6**
延吉市				69	38	31	9	4	5
图们市				5	2	3			
敦化市				1		1			
珲春市				3	3		1	1	
龙井市				1		1	1		1
和龙市									
汪清县									
安图县									
长白山管委会									
梅河口市				**1**		**1**	**1**		**1**

1-4b 各地区分性别、民族的人口(镇)

单位：人

地区	合计			汉族		
	合计	男	女	小计	男	女
全　省	**4787311**	**2360236**	**2427075**	**4387958**	**2165376**	**2222582**
长春市	**1896416**	**940779**	**955637**	**1801071**	**894748**	**906323**
南关区						
宽城区	78425	38547	39878	76131	37546	38585
朝阳区	9665	4854	4811	9033	4551	4482
二道区	1469	758	711	1388	715	673
绿园区						
双阳区	4357	2262	2095	4051	2113	1938
九台区	5997	2940	3057	5488	2670	2818
农安县	196832	95611	101221	194426	94456	99970
长春经济技术开发区	429387	212067	217320	407197	201269	205928
长春净月高新技术产业开发区	208866	96251	112615	192975	89241	103734
长春高新技术产业开发区	453298	227988	225310	424094	213791	210303
长春汽车经济技术开发区	317978	163993	153985	302003	155853	146150
长春莲花山生态旅游度假区	5858	3054	2804	5536	2893	2643
榆树市	51146	25883	25263	49798	25156	24642
德惠市	11076	5566	5510	10820	5423	5397
公主岭市	122062	61005	61057	118131	59071	59060
吉林市	**447852**	**218135**	**229717**	**406381**	**197830**	**208551**
昌邑区	11454	5472	5982	10250	4894	5356
龙潭区	13378	6826	6552	10691	5473	5218
船营区	5653	2807	2846	5066	2504	2562
丰满区	1625	814	811	1534	766	768
永吉县	93845	45576	48269	82716	40196	42520
吉林经济开发区	43308	22283	21025	38591	19840	18751
吉林高新技术产业开发区	137672	63657	74015	125249	57916	67333
吉林中国新加坡食品区	4882	2406	2476	3747	1820	1927
蛟河市	37255	18745	18510	35968	18068	17900
桦甸市	30828	15524	15304	30033	15092	14941
舒兰市	27214	13499	13715	24024	11898	12126
磐石市	40738	20526	20212	38512	19363	19149
四平市	**334269**	**164877**	**169392**	**282275**	**139658**	**142617**
铁西区						
铁东区	4377	2145	2232	3727	1848	1879
梨树县	193144	95883	97261	189508	94160	95348
伊通满族自治县	110229	53475	56754	63298	30623	32675
双辽市	26519	13374	13145	25742	13027	12715
辽源市	**168785**	**82194**	**86591**	**152448**	**74260**	**78188**
龙山区	833	437	396	814	425	389
西安区						
东丰县	112665	54825	57840	101763	49513	52250
东辽县	55287	26932	28355	49871	24322	25549

1-4b 续表 1

单位：人

地区	合计			汉族		
	合计	男	女	小计	男	女
通化市	**334378**	**164201**	**170177**	**300711**	**147428**	**153283**
东昌区	5627	2783	2844	5274	2589	2685
二道江区	15350	7718	7632	14698	7374	7324
通化县	77528	37659	39869	63994	31157	32837
辉南县	123574	60681	62893	115395	56536	58859
柳河县	102743	50526	52217	93294	45720	47574
集安市	9556	4834	4722	8056	4052	4004
白山市	**324162**	**161180**	**162982**	**306570**	**152501**	**154069**
浑江区	10123	4793	5330	9458	4472	4986
江源区	31443	16118	15325	30677	15716	14961
抚松县	169081	84019	85062	163609	81275	82334
靖宇县	66218	32768	33450	62289	30791	31498
长白朝鲜族自治县	40959	20210	20749	34286	17017	17269
临江市	6338	3272	3066	6251	3230	3021
松原市	**489217**	**239255**	**249962**	**461069**	**225650**	**235419**
宁江区	27416	13427	13989	26551	12991	13560
前郭尔罗斯蒙古族自治县	140169	67438	72731	123049	59102	63947
长岭县	125129	61682	63447	123113	60760	62353
乾安县	93731	45744	47987	91842	44844	46998
吉林松原经济开发区	70980	34927	36053	65042	32080	32962
扶余市	31792	16037	15755	31472	15873	15599
白城市	**392005**	**189367**	**202638**	**363472**	**176164**	**187308**
洮北区	24720	12521	12199	23507	11928	11579
镇赉县	105997	51970	54027	98533	48464	50069
通榆县	113347	54944	58403	102375	49786	52589
吉林白城经济开发区	103493	47557	55936	95929	44260	51669
洮南市	10767	5426	5341	10209	5148	5061
大安市	33681	16949	16732	32919	16578	16341
延边朝鲜族自治州	**295457**	**147011**	**148446**	**216089**	**107439**	**108650**
延吉市	19701	9958	9743	11141	5748	5393
图们市	11635	5862	5773	6694	3362	3332
敦化市	46927	23581	23346	44711	22459	22252
珲春市	10713	5515	5198	7638	3939	3699
龙井市	10935	5527	5408	4140	2117	2023
和龙市	21158	10907	10251	13192	6714	6478
汪清县	114193	56081	58112	85408	41806	43602
安图县	60195	29580	30615	43165	21294	21871
长白山管委会	**60961**	**30937**	**30024**	**57596**	**29203**	**28393**
长白山保护开发区池北区	44454	22599	21855	41563	21108	20455
长白山保护开发区池西区	14660	7379	7281	14298	7202	7096
长白山保护开发区池南区	1847	959	888	1735	893	842
梅河口市	**43809**	**22300**	**21509**	**40276**	**20495**	**19781**

1-4b 续表 2 单位：人

地　区	蒙古族			回　族			藏　族		
	小计	男	女	小计	男	女	小计	男	女
全　省	**47447**	**22255**	**25192**	**17878**	**8800**	**9078**	**842**	**350**	**492**
长春市	**10099**	**4809**	**5290**	**8792**	**4217**	**4575**	**629**	**264**	**365**
南关区									
宽城区	277	129	148	151	63	88	231	94	137
朝阳区	20	10	10	9	5	4	1	1	
二道区	6	3	3	5	3	2			
绿园区									
双阳区	7	3	4	10	5	5			
九台区	4	2	2	49	22	27			
农安县	400	190	210	257	136	121	3	2	1
长春经济技术开发区	2153	1041	1112	2089	1029	1060	24	8	16
长春净月高新技术产业开发区	1801	783	1018	1235	527	708	198	77	121
长春高新技术产业开发区	3444	1636	1808	2312	1119	1193	150	67	83
长春汽车经济技术开发区	1625	846	779	1975	955	1020	16	11	5
长春莲花山生态旅游度假区	17	11	6	11	3	8	1	1	
榆树市	26	12	14	222	109	113	2	2	
德惠市	15	5	10	132	80	52			
公主岭市	304	138	166	335	161	174	3	1	2
吉林市	**1486**	**675**	**811**	**2309**	**1153**	**1156**	**40**	**19**	**21**
昌邑区	42	14	28	40	20	20	4	3	1
龙潭区	29	16	13	140	73	67			
船营区	6	3	3	8	3	5			
丰满区									
永吉县	232	94	138	192	98	94	3	2	1
吉林经济开发区	255	143	112	182	102	80	15	8	7
吉林高新技术产业开发区	737	311	426	912	421	491	14	5	9
吉林中国新加坡食品区	3	1	2	479	246	233			
蛟河市	51	27	24	32	16	16			
桦甸市	35	19	16	16	8	8			
舒兰市	43	21	22	154	84	70	4	1	3
磐石市	53	26	27	154	82	72			
四平市	**1192**	**491**	**701**	**1515**	**761**	**754**	**14**	**11**	**3**
铁西区									
铁东区	8	2	6	9	5	4	1	1	
梨树县	453	192	261	75	41	34	3	1	2
伊通满族自治县	243	106	137	1414	705	709	10	9	1
双辽市	488	191	297	17	10	7			
辽源市	**388**	**182**	**206**	**450**	**236**	**214**	**8**	**5**	**3**
龙山区	3	2	1				1	1	
西安区									
东丰县	268	125	143	406	215	191	3	2	1
东辽县	117	55	62	44	21	23	4	2	2

1-4b　续表 3　　　　单位：人

地　区	蒙古族			回　族			藏　族		
	小计	男	女	小计	男	女	小计	男	女
通化市	**533**	**228**	**305**	**1103**	**577**	**526**	**12**	**7**	**5**
东昌区	9	2	7	9	5	4			
二道江区	22	7	15	50	27	23			
通化县	120	57	63	54	27	27	3	3	
辉南县	218	95	123	587	304	283	3	1	2
柳河县	153	62	91	398	212	186	6	3	3
集安市	11	5	6	5	2	3			
白山市	**559**	**288**	**271**	**955**	**485**	**470**	**53**	**16**	**37**
浑江区	23	7	16	17	10	7	44	15	29
江源区	58	28	30	156	88	68	1		1
抚松县	235	135	100	622	303	319	4		4
靖宇县	149	79	70	113	57	56	2		2
长白朝鲜族自治县	92	37	55	41	24	17	2	1	1
临江市	2	2		6	3	3			
松原市	**16680**	**7991**	**8689**	**1063**	**537**	**526**	**2**	**1**	**1**
宁江区	157	75	82	66	33	33	1	1	
前郭尔罗斯蒙古族自治县	12773	6249	6524	379	187	192			
长岭县	611	226	385	52	27	25	1		1
乾安县	453	186	267	116	64	52			
吉林松原经济开发区	2642	1235	1407	418	209	209			
扶余市	44	20	24	32	17	15			
白城市	**15742**	**7216**	**8526**	**818**	**412**	**406**	**75**	**22**	**53**
洮北区	532	241	291	10	7	3			
镇赉县	4873	2254	2619	93	44	49	4	1	3
通榆县	7281	3382	3899	324	174	150	6	1	5
吉林白城经济开发区	2584	1129	1455	371	172	199	65	20	45
洮南市	239	105	134	4	3	1			
大安市	233	105	128	16	12	4			
延边朝鲜族自治州	**542**	**257**	**285**	**594**	**280**	**314**	**5**	**2**	**3**
延吉市	45	25	20	17	9	8	1		1
图们市	19	10	9	8	2	6			
敦化市	84	36	48	287	141	146	2		2
珲春市	26	15	11	21	8	13			
龙井市	11	5	6	15	7	8			
和龙市	31	16	15	15	10	5			
汪清县	196	83	113	122	51	71	2	2	
安图县	130	67	63	109	52	57			
长白山管委会	**178**	**98**	**80**	**203**	**99**	**104**	**3**	**3**	
长白山保护开发区池北区	162	91	71	172	83	89	3	3	
长白山保护开发区池西区	14	5	9	28	15	13			
长白山保护开发区池南区	2	2		3	1	2			
梅河口市	**48**	**20**	**28**	**76**	**43**	**33**	**1**		**1**

1-4b 续表 4　　单位：人

地　　区	维吾尔族			苗　　族			彝　　族		
	小计	男	女	小计	男	女	小计	男	女
全　省	**1429**	**586**	**843**	**1280**	**588**	**692**	**571**	**289**	**282**
长春市	**1143**	**478**	**665**	**657**	**304**	**353**	**281**	**134**	**147**
南关区									
宽城区	28	5	23	15	6	9	15	7	8
朝阳区	1	1		3	2	1			
二道区									
绿园区									
双阳区							1		1
九台区									
农安县				9	3	6	2	1	1
长春经济技术开发区	89	31	58	104	44	60	40	16	24
长春净月高新技术产业开发区	381	130	251	173	77	96	90	33	57
长春高新技术产业开发区	627	302	325	257	120	137	111	62	49
长春汽车经济技术开发区	12	9	3	78	43	35	15	11	4
长春莲花山生态旅游度假区				4	2	2			
榆树市				3		3			
德惠市	1		1	1	1				
公主岭市	4		4	10	6	4	7	4	3
吉林市	**231**	**87**	**144**	**147**	**69**	**78**	**87**	**39**	**48**
昌邑区	13	8	5	14	4	10	6	3	3
龙潭区							1	1	
船营区									
丰满区									
永吉县	1		1	5	3	2	16	6	10
吉林经济开发区	71	32	39	41	26	15	23	12	11
吉林高新技术产业开发区	144	46	98	66	27	39	33	12	21
吉林中国新加坡食品区				2	1	1			
蛟河市				8	5	3	8	5	3
桦甸市	1	1		3	1	2			
舒兰市				4	2	2			
磐石市	1		1	4		4			
四平市	**4**	**1**	**3**	**35**	**17**	**18**	**14**	**6**	**8**
铁西区									
铁东区				1	1				
梨树县	4	1	3	14	5	9	8	4	4
伊通满族自治县				17	9	8	5	1	4
双辽市				3	2	1	1	1	
辽源市				**22**	**9**	**13**	**10**	**7**	**3**
龙山区				1	1				
西安区									
东丰县				14	7	7	5	3	2
东辽县				7	1	6	5	4	1

1-4b　续表 5　　　　　　　　　　　　　　　　　　单位：人

地　　区	维吾尔族			苗　　族			彝　　族		
	小计	男	女	小计	男	女	小计	男	女
通化市	**6**	**4**	**2**	**38**	**18**	**20**	**22**	**11**	**11**
东昌区				2	1	1	1	1	
二道江区				2	2				
通化县				3	1	2	5	3	2
辉南县	5	3	2	7	3	4	11	5	6
柳河县	1	1		18	7	11	5	2	3
集安市				6	4	2			
白山市	**8**	**3**	**5**	**95**	**54**	**41**	**25**	**10**	**15**
浑江区	2		2	3	2	1	5		5
江源区				13	8	5	6	5	1
抚松县	6	3	3	31	17	14	2	1	1
靖宇县				27	16	11	9	4	5
长白朝鲜族自治县				19	10	9	3		3
临江市				2	1	1			
松原市	**18**	**7**	**11**	**63**	**27**	**36**	**21**	**10**	**11**
宁江区				7	3	4	1	1	
前郭尔罗斯蒙古族自治县	15	6	9	8	5	3	8	3	5
长岭县	1	1		4	1	3	4	3	1
乾安县				15	8	7	4	1	3
吉林松原经济开发区	2		2	26	9	17	3	1	2
扶余市				3	1	2	1	1	
白城市	**13**	**3**	**10**	**162**	**60**	**102**	**61**	**29**	**32**
洮北区				4	2	2	2	2	
镇赉县	2	1	1	22	10	12	2		2
通榆县				21	10	11	5	4	1
吉林白城经济开发区	11	2	9	115	38	77	49	22	27
洮南市									
大安市							3	1	2
延边朝鲜族自治州	**5**	**3**	**2**	**46**	**22**	**24**	**46**	**40**	**6**
延吉市	1	1		1	1		1	1	
图们市	1		1	7	2	5			
敦化市	1		1	6	1	5	1		1
珲春市				1	1		1	1	
龙井市				2	2				
和龙市				2	1	1	1	1	
汪清县	2	2		17	7	10	1	1	
安图县				10	7	3	41	36	5
长白山管委会	**1**		**1**	**11**	**7**	**4**	**4**	**3**	**1**
长白山保护开发区池北区	1		1	5	5		2	2	
长白山保护开发区池西区				6	2	4	2	1	1
长白山保护开发区池南区									
梅河口市				**4**	**1**	**3**			

1-4b 续表 6

单位：人

地　区	壮　族			布依族			朝鲜族		
	小计	男	女	小计	男	女	小计	男	女
全　省	**1037**	**398**	**639**	**528**	**207**	**321**	**133885**	**65593**	**68292**
长春市	**578**	**226**	**352**	**289**	**119**	**170**	**21192**	**10017**	**11175**
南关区									
宽城区	16	2	14	11	5	6	643	301	342
朝阳区	1		1				49	18	31
二道区							15	9	6
绿园区									
双阳区	2	2					28	12	16
九台区							110	57	53
农安县	6	4	2				906	422	484
长春经济技术开发区	65	30	35	52	29	23	5559	2654	2905
长春净月高新技术产业开发区	177	52	125	78	32	46	3176	1502	1674
长春高新技术产业开发区	268	113	155	111	38	73	5915	2815	3100
长春汽车经济技术开发区	29	17	12	27	10	17	3837	1775	2062
长春莲花山生态旅游度假区	2	1	1	2		2	115	59	56
榆树市	1		1	2	2		247	109	138
德惠市				1		1	48	25	23
公主岭市	11	5	6	5	3	2	544	259	285
吉林市	**159**	**61**	**98**	**78**	**34**	**44**	**11009**	**5356**	**5653**
昌邑区	20	9	11	6		6	155	78	77
龙潭区	4	2	2				136	64	72
船营区							100	49	51
丰满区							11	6	5
永吉县	6	3	3	1	1		4389	2101	2288
吉林经济开发区	29	16	13	33	19	14	549	264	285
吉林高新技术产业开发区	89	26	63	30	12	18	2322	1123	1199
吉林中国新加坡食品区							140	61	79
蛟河市	1	1		2		2	415	213	202
桦甸市				1		1	228	109	119
舒兰市	8	4	4	2		2	1572	776	796
磐石市	2		2	3	2	1	992	512	480
四平市	**25**	**13**	**12**	**13**	**3**	**10**	**1802**	**880**	**922**
铁西区									
铁东区				1		1	36	16	20
梨树县	11	6	5	11	3	8	981	469	512
伊通满族自治县	14	7	7	1		1	673	337	336
双辽市							112	58	54
辽源市	**14**	**4**	**10**	**2**		**2**	**1220**	**591**	**629**
龙山区							10	5	5
西安区									
东丰县	8	4	4	2		2	880	427	453
东辽县	6		6				330	159	171

1-4b　续表 7　　　　单位：人

地　区	壮　族			布依族			朝鲜族		
	小计	男	女	小计	男	女	小计	男	女
通化市	**34**	**11**	**23**	**8**	**3**	**5**	**10862**	**5373**	**5489**
东昌区				2	1	1	90	48	42
二道江区	2	1	1	2	1	1	167	81	86
通化县	10	3	7	1		1	3714	1767	1947
辉南县	7	2	5				3118	1596	1522
柳河县	12	3	9	3	1	2	3270	1608	1662
集安市	3	2	1				503	273	230
白山市	**30**	**12**	**18**	**36**	**13**	**23**	**9092**	**4350**	**4742**
浑江区				4	2	2	365	183	182
江源区	1		1	6	1	5	271	126	145
抚松县	17	7	10	12	5	7	1773	842	931
靖宇县	10	5	5	4	2	2	699	341	358
长白朝鲜族自治县	2		2	10	3	7	5957	2846	3111
临江市							27	12	15
松原市	**35**	**12**	**23**	**29**	**9**	**20**	**3166**	**1502**	**1664**
宁江区	1	1		5	2	3	158	68	90
前郭尔罗斯蒙古族自治县	19	5	14	3		3	775	359	416
长岭县	5	2	3				557	276	281
乾安县	3	1	2	5	2	3	594	282	312
吉林松原经济开发区	5	2	3	16	5	11	939	455	484
扶余市	2	1	1				143	62	81
白城市	**109**	**36**	**73**	**59**	**21**	**38**	**2452**	**1143**	**1309**
洮北区							153	78	75
镇赉县	5	2	3	8	5	3	519	242	277
通榆县	21	9	12	2		2	642	289	353
吉林白城经济开发区	80	25	55	49	16	33	881	409	472
洮南市							32	19	13
大安市	3		3				225	106	119
延边朝鲜族自治州	**47**	**20**	**27**	**10**	**3**	**7**	**70128**	**34891**	**35237**
延吉市	2		2	2		2	8298	4060	4238
图们市				4	2	2	4702	2386	2316
敦化市				2		2	981	474	507
珲春市							2621	1344	1277
龙井市	1		1	1		1	6707	3358	3349
和龙市	1	1					7722	4052	3670
汪清县	36	17	19				24263	12035	12228
安图县	7	2	5	1	1		14834	7182	7652
长白山管委会	**2**	**1**	**1**	**2**	**1**	**1**	**1602**	**807**	**795**
长白山保护开发区池北区							1413	713	700
长白山保护开发区池西区	1		1	2	1	1	109	48	61
长白山保护开发区池南区	1	1					80	46	34
梅河口市	**4**	**2**	**2**	**2**	**1**	**1**	**1360**	**683**	**677**

1-4b 续表 8 单位：人

地区	满族			侗族			瑶族		
	小计	男	女	小计	男	女	小计	男	女
全省	**188949**	**93383**	**95566**	**573**	**260**	**313**	**192**	**75**	**117**
长春市	**48613**	**24122**	**24491**	**317**	**149**	**168**	**115**	**45**	**70**
南关区									
宽城区	817	360	457	9	3	6	2	1	1
朝阳区	544	265	279	1	1				
二道区	55	28	27						
绿园区									
双阳区	252	125	127						
九台区	342	187	155	2	1	1			
农安县	771	372	399	10	6	4			
长春经济技术开发区	11532	5703	5829	64	29	35	19	6	13
长春净月高新技术产业开发区	7745	3496	4249	62	28	34	33	14	19
长春高新技术产业开发区	14779	7352	7427	124	57	67	55	22	33
长春汽车经济技术开发区	8058	4306	3752	34	16	18	4	1	3
长春莲花山生态旅游度假区	166	80	86	3	3				
榆树市	839	487	352	2	2				
德惠市	51	29	22	1		1			
公主岭市	2662	1332	1330	5	3	2	2	1	1
吉林市	**25281**	**12507**	**12774**	**53**	**23**	**30**	**30**	**15**	**15**
昌邑区	855	417	438	6	1	5	6	2	4
龙潭区	2374	1195	1179				1	1	
船营区	472	248	224	1		1			
丰满区	76	40	36						
永吉县	6227	3049	3178	1		1			
吉林经济开发区	3357	1733	1624	21	10	11	4	2	2
吉林高新技术产业开发区	7784	3637	4147	20	11	9	17	9	8
吉林中国新加坡食品区	510	277	233						
蛟河市	741	385	356						
桦甸市	494	282	212	1	1				
舒兰市	1397	712	685						
磐石市	994	532	462	3		3	2	1	1
四平市	**47225**	**22972**	**24253**	**19**	**7**	**12**	**6**	**2**	**4**
铁西区									
铁东区	591	270	321	1	1				
梨树县	2007	969	1038	10	4	6	2	1	1
伊通满族自治县	44482	21651	22831	4	1	3	4	1	3
双辽市	145	82	63	4	1	3			
辽源市	**14152**	**6869**	**7283**	**5**	**2**	**3**	**3**	**1**	**2**
龙山区	4	3	1						
西安区									
东丰县	9275	4511	4764	4	2	2	3	1	2
东辽县	4873	2355	2518	1		1			

1-4b 续表 9

单位：人

地 区	满 族			侗 族			瑶 族		
	小计	男	女	小计	男	女	小计	男	女
通化市	**20887**	**10482**	**10405**	**6**	**3**	**3**	**9**	**3**	**6**
东昌区	237	135	102	2	1	1			
二道江区	405	223	182						
通化县	9584	4629	4955	1		1	1	1	
辉南县	4172	2113	2059	2	1	1	1		1
柳河县	5520	2888	2632	1	1		7	2	5
集安市	969	494	475						
白山市	**6464**	**3337**	**3127**	**55**	**22**	**33**	**9**	**5**	**4**
浑江区	189	97	92	2		2			
江源区	231	135	96	10	4	6	2	2	
抚松县	2644	1388	1256	27	11	16			
靖宇县	2840	1442	1398	7	1	6	4	1	3
长白朝鲜族自治县	514	253	261	6	4	2	3	2	1
临江市	46	22	24	3	2	1			
松原市	**6630**	**3299**	**3331**	**32**	**17**	**15**	**8**	**2**	**6**
宁江区	418	226	192	6	4	2			
前郭尔罗斯蒙古族自治县	2973	1444	1529	3	1	2	3	1	2
长岭县	726	355	371	2	1	1			
乾安县	655	335	320	8	4	4	1		1
吉林松原经济开发区	1766	879	887	13	7	6	4	1	3
扶余市	92	60	32						
白城市	**8578**	**4070**	**4508**	**61**	**23**	**38**	**12**	**2**	**10**
洮北区	498	257	241	5	4	1			
镇赉县	1856	909	947	7	4	3	2	1	1
通榆县	2620	1266	1354	6	2	4	1		1
吉林白城经济开发区	3052	1346	1706	42	13	29	9	1	8
洮南市	274	147	127						
大安市	278	145	133	1		1			
延边朝鲜族自治州	**7781**	**3979**	**3802**	**16**	**10**	**6**			
延吉市	181	108	73	2	2				
图们市	187	93	94	3	1	2			
敦化市	816	452	364	1	1				
珲春市	398	201	197	1	1				
龙井市	58	38	20						
和龙市	186	106	80	3	3				
汪清县	4122	2066	2056	3	1	2			
安图县	1833	915	918	3	1	2			
长白山管委会	**1321**	**698**	**623**	**4**	**3**	**1**			
长白山保护开发区池北区	1110	583	527						
长白山保护开发区池西区	188	101	87	3	2	1			
长白山保护开发区池南区	23	14	9	1	1				
梅河口市	**2017**	**1048**	**969**	**5**	**1**	**4**			

1-4b 续表 10

单位：人

地　　区	白　族			土家族			哈尼族		
	小计	男	女	小计	男	女	小计	男	女
全　省	**235**	**100**	**135**	**1139**	**528**	**611**	**42**	**18**	**24**
长春市	**119**	**42**	**77**	**718**	**320**	**398**	**14**	**8**	**6**
南关区									
宽城区	5	2	3	16	4	12	1		1
朝阳区	2		2						
二道区									
绿园区									
双阳区									
九台区				1	1				
农安县	2	1	1	6	3	3			
长春经济技术开发区	16	6	10	90	45	45			
长春净月高新技术产业开发区	36	13	23	207	71	136	4	2	2
长春高新技术产业开发区	50	15	35	332	162	170	8	5	3
长春汽车经济技术开发区	6	4	2	51	25	26			
长春莲花山生态旅游度假区									
榆树市	1	1		1	1				
德惠市									
公主岭市	1		1	14	8	6	1	1	
吉林市	**28**	**13**	**15**	**155**	**86**	**69**	**3**	**2**	**1**
昌邑区	4	2	2	7	2	5			
龙潭区	1		1						
船营区									
丰满区									
永吉县				13	4	9			
吉林经济开发区	7	5	2	32	20	12	1	1	
吉林高新技术产业开发区	13	5	8	69	28	41	2	1	1
吉林中国新加坡食品区									
蛟河市	2		2	21	21				
桦甸市	1	1		7	7				
舒兰市									
磐石市				6	4	2			
四平市	**7**	**6**	**1**	**26**	**10**	**16**			
铁西区									
铁东区	1		1	1	1				
梨树县	4	4		5	2	3			
伊通满族自治县	2	2		20	7	13			
双辽市									
辽源市	**3**	**2**	**1**	**9**	**3**	**6**	**1**	**1**	
龙山区									
西安区									
东丰县	1	1		7	1	6			
东辽县	2	1	1	2	2		1	1	

1-4b　续表 11　　　　　　　　　　　　　　　　　　　　　　　　　　　　　　　　　单位：人

地　　区	白　　族			土家族			哈尼族		
	小计	男	女	小计	男	女	小计	男	女
通化市	**6**	**3**	**3**	**17**	**6**	**11**	**5**		**5**
东昌区									
二道江区				1	1				
通化县	1		1	6	2	4	2		2
辉南县	2	2		3	1	2	1		1
柳河县	3	1	2	7	2	5	2		2
集安市									
白山市	**23**	**12**	**11**	**38**	**19**	**19**	**1**		**1**
浑江区				2	1	1			
江源区	1	1		4	1	3			
抚松县	7	3	4	17	9	8			
靖宇县	11	6	5	11	7	4	1		1
长白朝鲜族自治县	3	2	1	4	1	3			
临江市	1		1						
松原市	**3**	**2**	**1**	**56**	**29**	**27**	**5**	**2**	**3**
宁江区	1	1		5	2	3			
前郭尔罗斯蒙古族自治县				10	5	5	3	1	2
长岭县				15	8	7			
乾安县	1		1	8	4	4			
吉林松原经济开发区	1	1		18	10	8	2	1	1
扶余市									
白城市	**24**	**8**	**16**	**97**	**43**	**54**	**1**	**1**	
洮北区				1		1			
镇赉县	1		1	3	1	2			
通榆县	4	1	3	6	3	3	1	1	
吉林白城经济开发区	19	7	12	84	38	46			
洮南市				2	1	1			
大安市				1		1			
延边朝鲜族自治州	**19**	**9**	**10**	**14**	**8**	**6**	**11**	**4**	**7**
延吉市	1	1		1		1			
图们市				2	1	1			
敦化市	1		1				3	1	2
珲春市	1	1		4	3	1			
龙井市									
和龙市									
汪清县	1	1		3	2	1	1		1
安图县	15	6	9	4	2	2	7	3	4
长白山管委会	**1**	**1**		**3**	**1**	**2**			
长白山保护开发区池北区	1	1							
长白山保护开发区池西区				2		2			
长白山保护开发区池南区				1	1				
梅河口市	**2**	**2**		**6**	**3**	**3**	**1**		**1**

1-4b 续表 12

单位：人

地　区	哈萨克族			傣　族			黎　族		
	小计	男	女	小计	男	女	小计	男	女
全　省	**362**	**136**	**226**	**95**	**27**	**68**	**334**	**119**	**215**
长春市	**242**	**88**	**154**	**30**	**8**	**22**	**214**	**70**	**144**
南关区									
宽城区	12	1	11	4	1	3	1		1
朝阳区									
二道区									
绿园区									
双阳区							2	1	1
九台区									
农安县							5	3	2
长春经济技术开发区	5	3	2	5	2	3	39	10	29
长春净月高新技术产业开发区	136	34	102	5		5	76	17	59
长春高新技术产业开发区	81	42	39	12	3	9	78	34	44
长春汽车经济技术开发区	8	8		4	2	2	11	4	7
长春莲花山生态旅游度假区									
榆树市							1	1	
德惠市							1		1
公主岭市									
吉林市	**115**	**46**	**69**	**14**	**3**	**11**	**22**	**8**	**14**
昌邑区	13	7	6				2	1	1
龙潭区									
船营区									
丰满区									
永吉县	1		1	6	2	4	1	1	
吉林经济开发区	53	25	28				4	2	2
吉林高新技术产业开发区	48	14	34	3	1	2	10	2	8
吉林中国新加坡食品区							1		1
蛟河市				1		1	3	2	1
桦甸市									
舒兰市				1		1	1		1
磐石市				3		3			
四平市							**10**	**6**	**4**
铁西区									
铁东区									
梨树县							4	3	1
伊通满族自治县							5	3	2
双辽市							1		1
辽源市							**6**	**2**	**4**
龙山区									
西安区									
东丰县							4	2	2
东辽县							2		2

1−4b　续表 13　　　　单位：人

地　区	哈萨克族			傣　族			黎　族		
	小计	男	女	小计	男	女	小计	男	女
通化市	**3**	**1**	**2**	**11**	**6**	**5**	**10**	**4**	**6**
东昌区									
二道江区									
通化县							1		1
辉南县	3	1	2	8	5	3	5	1	4
柳河县				3	1	2	3	2	1
集安市							1	1	
白山市	**2**	**1**	**1**	**14**	**2**	**12**	**6**	**2**	**4**
浑江区									
江源区									
抚松县	2	1	1	13	2	11	4	1	3
靖宇县				1		1	2	1	1
长白朝鲜族自治县									
临江市									
松原市				**6**		**6**	**22**	**13**	**9**
宁江区							1		1
前郭尔罗斯蒙古族自治县				2		2	7	3	4
长岭县				2		2	4	3	1
乾安县				2		2	3	2	1
吉林松原经济开发区							5	4	1
扶余市							2	1	1
白城市							**37**	**12**	**25**
洮北区							1		1
镇赉县							9	3	6
通榆县							2	1	1
吉林白城经济开发区							22	8	14
洮南市							3		3
大安市									
延边朝鲜族自治州				**11**	**4**	**7**	**4**		**4**
延吉市									
图们市							1		1
敦化市				6	3	3			
珲春市									
龙井市									
和龙市									
汪清县							3		3
安图县				5	1	4			
长白山管委会				**9**	**4**	**5**	**1**	**1**	
长白山保护开发区池北区				7	3	4	1	1	
长白山保护开发区池西区				2	1	1			
长白山保护开发区池南区									
梅河口市							**2**	**1**	**1**

1-4b 续表 14

单位：人

地区	傈僳族			佤族			畲族		
	小计	男	女	小计	男	女	小计	男	女
全省	**48**	**15**	**33**	**24**	**7**	**17**	**80**	**41**	**39**
长春市	**17**	**6**	**11**	**4**	**1**	**3**	**60**	**30**	**30**
南关区									
宽城区							2	1	1
朝阳区									
二道区									
绿园区									
双阳区									
九台区									
农安县	2	1	1				1		1
长春经济技术开发区	3	1	2	2	1	1	17	7	10
长春净月高新技术产业开发区	1		1	2		2	16	12	4
长春高新技术产业开发区	7	1	6				23	9	14
长春汽车经济技术开发区	4	3	1				1	1	
长春莲花山生态旅游度假区									
榆树市									
德惠市									
公主岭市									
吉林市	**4**	**3**	**1**				**12**	**6**	**6**
昌邑区									
龙潭区							1	1	
船营区									
丰满区									
永吉县							1		1
吉林经济开发区							1	1	
吉林高新技术产业开发区	3	3					5	1	4
吉林中国新加坡食品区									
蛟河市							1	1	
桦甸市									
舒兰市	1		1				2	1	1
磐石市							1	1	
四平市	**2**	**1**	**1**	**6**	**2**	**4**			
铁西区									
铁东区									
梨树县	2	1	1	1		1			
伊通满族自治县				5	2	3			
双辽市									
辽源市	**1**		**1**						
龙山区									
西安区									
东丰县	1		1						
东辽县									

1-4b　续表 15　　　　　　　　　　　　　　　　　　　　　　　　　　　　单位：人

地　区	傈僳族			佤　族			畲　族		
	小计	男	女	小计	男	女	小计	男	女
通化市	**7**	**1**	**6**	**1**		**1**			
东昌区									
二道江区									
通化县	5		5	1		1			
辉南县									
柳河县	2	1	1						
集安市									
白山市	**7**		**7**	**3**	**1**	**2**	**1**		**1**
浑江区									
江源区									
抚松县	6		6	3	1	2	1		1
靖宇县	1		1						
长白朝鲜族自治县									
临江市									
松原市	**7**	**4**	**3**				**1**	**1**	
宁江区									
前郭尔罗斯蒙古族自治县	3		3						
长岭县									
乾安县	3	3							
吉林松原经济开发区	1	1							
扶余市							1	1	
白城市				**3**	**1**	**2**	**2**	**1**	**1**
洮北区									
镇赉县				1		1			
通榆县									
吉林白城经济开发区				1		1	2	1	1
洮南市									
大安市				1	1				
延边朝鲜族自治州	**1**		**1**	**7**	**2**	**5**	**4**	**3**	**1**
延吉市									
图们市									
敦化市				1		1			
珲春市									
龙井市									
和龙市							2	1	1
汪清县							2	2	
安图县	1		1	6	2	4			
长白山管委会									
长白山保护开发区池北区									
长白山保护开发区池西区									
长白山保护开发区池南区									
梅河口市	**2**		**2**						

1-4b 续表 16

单位：人

地区	高山族			拉祜族			水族		
	小计	男	女	小计	男	女	小计	男	女
全省	**33**	**15**	**18**	**11**	**5**	**6**	**98**	**39**	**59**
长春市	**5**	**2**	**3**	**4**	**2**	**2**	**46**	**16**	**30**
南关区									
宽城区							1		1
朝阳区									
二道区									
绿园区									
双阳区									
九台区									
农安县	1	1					2	1	1
长春经济技术开发区							14	7	7
长春净月高新技术产业开发区	1	1		2	1	1	10	3	7
长春高新技术产业开发区	3		3	2	1	1	15	3	12
长春汽车经济技术开发区							1		1
长春莲花山生态旅游度假区									
榆树市							1	1	
德惠市									
公主岭市							2	1	1
吉林市	**21**	**8**	**13**	**2**	**2**		**6**	**4**	**2**
昌邑区							1	1	
龙潭区									
船营区									
丰满区									
永吉县	8	2	6						
吉林经济开发区							2	1	1
吉林高新技术产业开发区	11	5	6	1	1		3	2	1
吉林中国新加坡食品区									
蛟河市				1	1				
桦甸市	2	1	1						
舒兰市									
磐石市									
四平市	**3**	**1**	**2**				**2**		**2**
铁西区									
铁东区									
梨树县							2		2
伊通满族自治县	3	1	2						
双辽市									
辽源市							**2**	**1**	**1**
龙山区									
西安区									
东丰县									
东辽县							2	1	1

1-4b　续表 17

单位：人

地　　区	高山族			拉祜族			水　族		
	小计	男	女	小计	男	女	小计	男	女
通化市	**1**	**1**					**3**	**2**	**1**
东昌区									
二道江区							1	1	
通化县							1		1
辉南县									
柳河县	1	1							
集安市							1	1	
白山市							**6**	**1**	**5**
浑江区									
江源区							1		1
抚松县							1		1
靖宇县							3	1	2
长白朝鲜族自治县							1		1
临江市									
松原市							**11**	**7**	**4**
宁江区							2	2	
前郭尔罗斯蒙古族自治县							1	1	
长岭县									
乾安县							2	1	1
吉林松原经济开发区							6	3	3
扶余市									
白城市	**3**	**3**		**3**	**1**	**2**	**14**	**6**	**8**
洮北区									
镇赉县							1		1
通榆县	3	3					1	1	
吉林白城经济开发区				3	1	2	12	5	7
洮南市									
大安市									
延边朝鲜族自治州							**7**	**2**	**5**
延吉市									
图们市							3		3
敦化市									
珲春市									
龙井市									
和龙市							1	1	
汪清县							1		1
安图县							2	1	1
长白山管委会				**2**		**2**	**1**		**1**
长白山保护开发区池北区				2		2			
长白山保护开发区池西区									
长白山保护开发区池南区							1		1
梅河口市									

1-4b 续表 18 单位：人

地区	东乡族			纳西族			景颇族		
	小计	男	女	小计	男	女	小计	男	女
全 省	**65**	**36**	**29**	**18**	**7**	**11**	**83**	**15**	**68**
长春市	**39**	**21**	**18**	**16**	**7**	**9**	**3**	**1**	**2**
南关区									
宽城区				2	1	1			
朝阳区									
二道区									
绿园区									
双阳区									
九台区									
农安县				3	2	1			
长春经济技术开发区	14	5	9						
长春净月高新技术产业开发区	4	3	1	6	1	5	3	1	2
长春高新技术产业开发区	13	8	5	5	3	2			
长春汽车经济技术开发区	7	4	3						
长春莲花山生态旅游度假区									
榆树市									
德惠市									
公主岭市	1	1							
吉林市	**3**	**2**	**1**	**2**		**2**	**4**		**4**
昌邑区									
龙潭区									
船营区									
丰满区									
永吉县									
吉林经济开发区	3	2	1				2		2
吉林高新技术产业开发区				2		2			
吉林中国新加坡食品区									
蛟河市									
桦甸市							2		2
舒兰市									
磐石市									
四平市	**4**	**2**	**2**						
铁西区									
铁东区									
梨树县									
伊通满族自治县	4	2	2						
双辽市									
辽源市									
龙山区									
西安区									
东丰县									
东辽县									

1-4b 续表 19

单位：人

地　区	东乡族			纳西族			景颇族		
	小计	男	女	小计	男	女	小计	男	女
通化市	**3**	**2**	**1**				**20**	**1**	**19**
东昌区									
二道江区									
通化县	1	1					2		2
辉南县							4		4
柳河县	2	1	1				14	1	13
集安市									
白山市	**10**	**5**	**5**				**19**	**2**	**17**
浑江区									
江源区									
抚松县	5	3	2				14	2	12
靖宇县							4		4
长白朝鲜族自治县	5	2	3				1		1
临江市									
松原市	**6**	**4**	**2**						
宁江区									
前郭尔罗斯蒙古族自治县	3	3							
长岭县									
乾安县	3	1	2						
吉林松原经济开发区									
扶余市									
白城市							**1**	**1**	
洮北区									
镇赉县									
通榆县									
吉林白城经济开发区							1	1	
洮南市									
大安市									
延边朝鲜族自治州							**27**	**7**	**20**
延吉市							3		3
图们市									
敦化市							6	1	5
珲春市									
龙井市									
和龙市									
汪清县							1		1
安图县							17	6	11
长白山管委会							**8**	**3**	**5**
长白山保护开发区池北区							3	2	1
长白山保护开发区池西区							5	1	4
长白山保护开发区池南区									
梅河口市							**1**		**1**

1-4b 续表 20 单位：人

地区	柯尔克孜族			土族			达斡尔族		
	小计	男	女	小计	男	女	小计	男	女
全省	**30**	**13**	**17**	**38**	**15**	**23**	**311**	**139**	**172**
长春市	**25**	**10**	**15**	**28**	**9**	**19**	**163**	**75**	**88**
南关区									
宽城区	1		1				4	1	3
朝阳区									
二道区									
绿园区									
双阳区									
九台区									
农安县							1	1	
长春经济技术开发区	2		2	1		1	31	15	16
长春净月高新技术产业开发区	14	7	7	14	6	8	23	8	15
长春高新技术产业开发区	5	2	3	12	3	9	74	33	41
长春汽车经济技术开发区	3	1	2	1		1	29	17	12
长春莲花山生态旅游度假区									
榆树市									
德惠市									
公主岭市							1		1
吉林市	**3**	**1**	**2**	**8**	**6**	**2**	**26**	**13**	**13**
昌邑区							1	1	
龙潭区									
船营区									
丰满区									
永吉县				1	1		2	2	
吉林经济开发区	3	1	2	2	2		6	2	4
吉林高新技术产业开发区				5	3	2	16	8	8
吉林中国新加坡食品区									
蛟河市									
桦甸市									
舒兰市									
磐石市							1		1
四平市							**5**	**3**	**2**
铁西区									
铁东区									
梨树县							3	2	1
伊通满族自治县							1	1	
双辽市							1		1
辽源市							**8**	**2**	**6**
龙山区									
西安区									
东丰县							6	2	4
东辽县							2		2

1-4b 续表 21

单位：人

地区	柯尔克孜族			土族			达斡尔族		
	小计	男	女	小计	男	女	小计	男	女
通化市				**2**		**2**	**15**	**5**	**10**
东昌区									
二道江区									
通化县							4	1	3
辉南县				1		1	5	2	3
柳河县				1		1	6	2	4
集安市									
白山市	**1**	**1**					**12**	**7**	**5**
浑江区	1	1							
江源区									
抚松县							2	1	1
靖宇县							4	2	2
长白朝鲜族自治县							6	4	2
临江市									
松原市	**1**	**1**					**22**	**10**	**12**
宁江区							3	2	1
前郭尔罗斯蒙古族自治县	1	1					12	5	7
长岭县							5	3	2
乾安县							2		2
吉林松原经济开发区									
扶余市									
白城市							**49**	**21**	**28**
洮北区							3	1	2
镇赉县							20	10	10
通榆县							6	1	5
吉林白城经济开发区							19	8	11
洮南市							1	1	
大安市									
延边朝鲜族自治州							**7**	**3**	**4**
延吉市									
图们市									
敦化市							2	1	1
珲春市									
龙井市									
和龙市							1	1	
汪清县							4	1	3
安图县									
长白山管委会							**2**		**2**
长白山保护开发区池北区							2		2
长白山保护开发区池西区									
长白山保护开发区池南区									
梅河口市							**2**		**2**

1-4b 续表 22

单位：人

地区	仫佬族			羌族			布朗族		
	小计	男	女	小计	男	女	小计	男	女
全省	**40**	**23**	**17**	**16**	**7**	**9**	**3**		**3**
长春市	**27**	**15**	**12**	**11**	**4**	**7**	**1**		**1**
南关区									
宽城区									
朝阳区									
二道区									
绿园区									
双阳区									
九台区									
农安县									
长春经济技术开发区	4	3	1	1	1				
长春净月高新技术产业开发区	7	5	2	6		6	1		1
长春高新技术产业开发区	12	5	7	3	2	1			
长春汽车经济技术开发区	4	2	2	1	1				
长春莲花山生态旅游度假区									
榆树市									
德惠市									
公主岭市									
吉林市	**4**	**4**		**2**	**2**				
昌邑区	1	1							
龙潭区									
船营区									
丰满区									
永吉县									
吉林经济开发区	1	1		1	1				
吉林高新技术产业开发区	2	2							
吉林中国新加坡食品区									
蛟河市									
桦甸市				1	1				
舒兰市									
磐石市									
四平市									
铁西区									
铁东区									
梨树县									
伊通满族自治县									
双辽市									
辽源市	**1**	**1**							
龙山区									
西安区									
东丰县									
东辽县	1	1							

1-4b　续表 23

单位：人

地　区	仫佬族			羌　族			布朗族		
	小计	男	女	小计	男	女	小计	男	女
通化市							**2**		**2**
东昌区									
二道江区									
通化县									
辉南县									
柳河县							2		2
集安市									
白山市	**1**		**1**						
浑江区	1		1						
江源区									
抚松县									
靖宇县									
长白朝鲜族自治县									
临江市									
松原市				**2**	**1**	**1**			
宁江区									
前郭尔罗斯蒙古族自治县				1	1				
长岭县				1		1			
乾安县									
吉林松原经济开发区									
扶余市									
白城市	**7**	**3**	**4**	**1**		**1**			
洮北区									
镇赉县									
通榆县									
吉林白城经济开发区	7	3	4	1		1			
洮南市									
大安市									
延边朝鲜族自治州									
延吉市									
图们市									
敦化市									
珲春市									
龙井市									
和龙市									
汪清县									
安图县									
长白山管委会									
长白山保护开发区池北区									
长白山保护开发区池西区									
长白山保护开发区池南区									
梅河口市									

1-4b 续表 24

单位：人

地　区	撒拉族			毛南族			仡佬族		
	小计	男	女	小计	男	女	小计	男	女
全　省	**43**	**24**	**19**	**22**	**8**	**14**	**119**	**58**	**61**
长春市	**42**	**23**	**19**	**18**	**8**	**10**	**74**	**41**	**33**
南关区									
宽城区	5	2	3				5	2	3
朝阳区							1		1
二道区									
绿园区									
双阳区									
九台区									
农安县							3	2	1
长春经济技术开发区	18	11	7	1	1		18	7	11
长春净月高新技术产业开发区	4	1	3	3	2	1	17	9	8
长春高新技术产业开发区	11	6	5	12	3	9	29	20	9
长春汽车经济技术开发区	1	1					1	1	
长春莲花山生态旅游度假区									
榆树市									
德惠市	3	2	1						
公主岭市				2	2				
吉林市							**11**	**3**	**8**
昌邑区							1		1
龙潭区									
船营区									
丰满区									
永吉县							2	2	
吉林经济开发区							3	1	2
吉林高新技术产业开发区							5		5
吉林中国新加坡食品区									
蛟河市									
桦甸市									
舒兰市									
磐石市									
四平市				**1**		**1**	**1**		**1**
铁西区									
铁东区									
梨树县				1		1	1		1
伊通满族自治县									
双辽市									
辽源市									
龙山区									
西安区									
东丰县									
东辽县									

1-4b 续表 25

单位：人

地 区	撒拉族			毛南族			仡佬族		
	小计	男	女	小计	男	女	小计	男	女
通化市							**2**	**1**	**1**
东昌区									
二道江区									
通化县							2	1	1
辉南县									
柳河县									
集安市									
白山市				**1**		**1**	**6**	**4**	**2**
浑江区							1		1
江源区							1	1	
抚松县									
靖宇县				1		1	4	3	1
长白朝鲜族自治县									
临江市									
松原市				**1**		**1**	**1**		**1**
宁江区									
前郭尔罗斯蒙古族自治县									
长岭县									
乾安县									
吉林松原经济开发区				1		1	1		1
扶余市									
白城市	**1**	**1**					**21**	**7**	**14**
洮北区							1		1
镇赉县									
通榆县									
吉林白城经济开发区	1	1					19	6	13
洮南市									
大安市							1	1	
延边朝鲜族自治州				**1**		**1**	**2**	**1**	**1**
延吉市									
图们市							1		1
敦化市									
珲春市							1	1	
龙井市									
和龙市				1		1			
汪清县									
安图县									
长白山管委会							**1**	**1**	
长白山保护开发区池北区							1	1	
长白山保护开发区池西区									
长白山保护开发区池南区									
梅河口市									

1-4b 续表 26

单位：人

地 区	锡伯族			阿昌族			普米族		
	小计	男	女	小计	男	女	小计	男	女
全 省	**978**	**464**	**514**	**3**		**3**	**1**		**1**
长春市	**470**	**230**	**240**	**1**		**1**			
南关区									
宽城区	9	5	4						
朝阳区									
二道区									
绿园区									
双阳区									
九台区	1		1						
农安县	10	3	7						
长春经济技术开发区	82	35	47						
长春净月高新技术产业开发区	91	38	53						
长春高新技术产业开发区	174	96	78	1		1			
长春汽车经济技术开发区	93	47	46						
长春莲花山生态旅游度假区	1	1							
榆树市									
德惠市									
公主岭市	9	5	4						
吉林市	**53**	**20**	**33**	**1**		**1**			
昌邑区									
龙潭区									
船营区									
丰满区									
永吉县	10	6	4	1		1			
吉林经济开发区	3	2	1						
吉林高新技术产业开发区	33	9	24						
吉林中国新加坡食品区									
蛟河市									
桦甸市									
舒兰市	1		1						
磐石市	6	3	3						
四平市	**43**	**17**	**26**						
铁西区									
铁东区									
梨树县	19	10	9						
伊通满族自治县	19	5	14						
双辽市	5	2	3						
辽源市	**17**	**8**	**9**						
龙山区									
西安区									
东丰县	6	3	3						
东辽县	11	5	6						

1-4b　续表 27　　　　　　　　　　单位：人

地　区	锡伯族			阿昌族			普米族		
	小计	男	女	小计	男	女	小计	男	女
通化市	**30**	**18**	**12**	**1**		**1**			
东昌区									
二道江区									
通化县	10	6	4	1		1			
辉南县	12	8	4						
柳河县	8	4	4						
集安市									
白山市	**40**	**19**	**21**						
浑江区	3	3							
江源区									
抚松县	17	7	10						
靖宇县	16	5	11						
长白朝鲜族自治县	4	4							
临江市									
松原市	**230**	**106**	**124**						
宁江区	33	15	18						
前郭尔罗斯蒙古族自治县	110	54	56						
长岭县	23	15	8						
乾安县	6	3	3						
吉林松原经济开发区	58	19	39						
扶余市									
白城市	**73**	**33**	**40**				**1**		**1**
洮北区	1	1							
镇赉县	22	13	9				1		1
通榆县	11	6	5						
吉林白城经济开发区	39	13	26						
洮南市									
大安市									
延边朝鲜族自治州	**18**	**11**	**7**						
延吉市	1		1						
图们市									
敦化市	14	9	5						
珲春市									
龙井市									
和龙市									
汪清县	2	2							
安图县	1		1						
长白山管委会	**4**	**2**	**2**						
长白山保护开发区池北区	4	2	2						
长白山保护开发区池西区									
长白山保护开发区池南区									
梅河口市									

1-4b 续表 28

单位：人

地区	塔吉克族			怒族			乌孜别克族		
	小计	男	女	小计	男	女	小计	男	女
全省	**4**	**2**	**2**				**2**	**1**	**1**
长春市	**3**	**1**	**2**				**1**		**1**
南关区									
宽城区									
朝阳区									
二道区									
绿园区									
双阳区									
九台区									
农安县									
长春经济技术开发区									
长春净月高新技术产业开发区									
长春高新技术产业开发区	3	1	2				1		1
长春汽车经济技术开发区									
长春莲花山生态旅游度假区									
榆树市									
德惠市									
公主岭市									
吉林市							**1**	**1**	
昌邑区									
龙潭区									
船营区									
丰满区									
永吉县									
吉林经济开发区									
吉林高新技术产业开发区							1	1	
吉林中国新加坡食品区									
蛟河市									
桦甸市									
舒兰市									
磐石市									
四平市									
铁西区									
铁东区									
梨树县									
伊通满族自治县									
双辽市									
辽源市									
龙山区									
西安区									
东丰县									
东辽县									

1-4b 续表 29

单位：人

地区	塔吉克族			怒族			乌孜别克族		
	小计	男	女	小计	男	女	小计	男	女
通化市									
东昌区									
二道江区									
通化县									
辉南县									
柳河县									
集安市									
白山市									
浑江区									
江源区									
抚松县									
靖宇县									
长白朝鲜族自治县									
临江市									
松原市									
宁江区									
前郭尔罗斯蒙古族自治县									
长岭县									
乾安县									
吉林松原经济开发区									
扶余市									
白城市									
洮北区									
镇赉县									
通榆县									
吉林白城经济开发区									
洮南市									
大安市									
延边朝鲜族自治州	**1**	**1**							
延吉市	1	1							
图们市									
敦化市									
珲春市									
龙井市									
和龙市									
汪清县									
安图县									
长白山管委会									
长白山保护开发区池北区									
长白山保护开发区池西区									
长白山保护开发区池南区									
梅河口市									

1-4b 续表 30

单位：人

地 区	俄罗斯族			鄂温克族			德 昂 族		
	小计	男	女	小计	男	女	小计	男	女
全 省	**19**	**11**	**8**	**61**	**24**	**37**	**2**	**1**	**1**
长春市	**10**	**5**	**5**	**42**	**14**	**28**			
南关区									
宽城区				2		2			
朝阳区									
二道区									
绿园区									
双阳区									
九台区									
农安县									
长春经济技术开发区				2	1	1			
长春净月高新技术产业开发区	1		1	6	2	4			
长春高新技术产业开发区	9	5	4	13	5	8			
长春汽车经济技术开发区				12	4	8			
长春莲花山生态旅游度假区									
榆树市									
德惠市				1		1			
公主岭市				6	2	4			
吉林市	**2**	**2**		**3**	**2**	**1**			
昌邑区									
龙潭区									
船营区									
丰满区									
永吉县									
吉林经济开发区				2	2				
吉林高新技术产业开发区	2	2		1		1			
吉林中国新加坡食品区									
蛟河市									
桦甸市									
舒兰市									
磐石市									
四平市	**1**	**1**		**3**	**1**	**2**			
铁西区									
铁东区									
梨树县	1	1		3	1	2			
伊通满族自治县									
双辽市									
辽源市	**2**	**2**		**3**	**1**	**2**			
龙山区									
西安区									
东丰县	2	2		3	1	2			
东辽县									

1-4b 续表 31

单位：人

地区	俄罗斯族			鄂温克族			德昂族		
	小计	男	女	小计	男	女	小计	男	女
通化市	**1**		**1**	**2**	**1**	**1**			
东昌区									
二道江区									
通化县	1		1						
辉南县				2	1	1			
柳河县									
集安市									
白山市									
浑江区									
江源区									
抚松县									
靖宇县									
长白朝鲜族自治县									
临江市									
松原市	**2**	**1**	**1**	**2**	**1**	**1**			
宁江区									
前郭尔罗斯蒙古族自治县	2	1	1						
长岭县									
乾安县									
吉林松原经济开发区				2	1	1			
扶余市									
白城市	**1**		**1**	**5**	**4**	**1**	**1**		**1**
洮北区									
镇赉县	1		1	4	3	1			
通榆县							1		1
吉林白城经济开发区				1	1				
洮南市									
大安市									
延边朝鲜族自治州				**1**		**1**	**1**	**1**	
延吉市									
图们市									
敦化市									
珲春市									
龙井市									
和龙市									
汪清县									
安图县				1		1	1	1	
长白山管委会									
长白山保护开发区池北区									
长白山保护开发区池西区									
长白山保护开发区池南区									
梅河口市									

1-4b 续表 32

单位：人

地　区	保安族			裕固族			京　族		
	小计	男	女	小计	男	女	小计	男	女
全　省	**5**	**2**	**3**	**1**	**1**		**8**	**5**	**3**
长春市	**2**		**2**				**5**	**3**	**2**
南关区									
宽城区	1		1						
朝阳区									
二道区									
绿园区									
双阳区									
九台区									
农安县							1	1	
长春经济技术开发区							1	1	
长春净月高新技术产业开发区	1		1						
长春高新技术产业开发区							3	1	2
长春汽车经济技术开发区									
长春莲花山生态旅游度假区									
榆树市									
德惠市									
公主岭市									
吉林市				**1**	**1**				
昌邑区									
龙潭区									
船营区									
丰满区									
永吉县									
吉林经济开发区									
吉林高新技术产业开发区				1	1				
吉林中国新加坡食品区									
蛟河市									
桦甸市									
舒兰市									
磐石市									
四平市									
铁西区									
铁东区									
梨树县									
伊通满族自治县									
双辽市									
辽源市									
龙山区									
西安区									
东丰县									
东辽县									

1-4b　续表 33　　　　单位：人

地　　区	保安族			裕固族			京　　族		
	小计	男	女	小计	男	女	小计	男	女
通化市									
东昌区									
二道江区									
通化县									
辉南县									
柳河县									
集安市									
白山市							**1**	**1**	
浑江区									
江源区									
抚松县									
靖宇县							1	1	
长白朝鲜族自治县									
临江市									
松原市	**2**	**1**	**1**						
宁江区									
前郭尔罗斯蒙古族自治县	1		1						
长岭县									
乾安县									
吉林松原经济开发区	1	1							
扶余市									
白城市	**1**	**1**							
洮北区									
镇赉县									
通榆县									
吉林白城经济开发区	1	1							
洮南市									
大安市									
延边朝鲜族自治州							**2**	**1**	**1**
延吉市									
图们市									
敦化市									
珲春市									
龙井市									
和龙市									
汪清县							1	1	
安图县							1		1
长白山管委会									
长白山保护开发区池北区									
长白山保护开发区池西区									
长白山保护开发区池南区									
梅河口市									

1-4b 续表 34 单位：人

地区	塔塔尔族			独龙族			鄂伦春族		
	小计	男	女	小计	男	女	小计	男	女
全省	**3**	**1**	**2**				**52**	**18**	**34**
长春市	**1**		**1**				**21**	**6**	**15**
南关区									
宽城区							1		1
朝阳区									
二道区									
绿园区									
双阳区							3		3
九台区									
农安县									
长春经济技术开发区							3	1	2
长春净月高新技术产业开发区							4	1	3
长春高新技术产业开发区	1		1				6	2	4
长春汽车经济技术开发区							4	2	2
长春莲花山生态旅游度假区									
榆树市									
德惠市									
公主岭市									
吉林市	**1**	**1**					**2**	**1**	**1**
昌邑区	1	1							
龙潭区									
船营区									
丰满区									
永吉县									
吉林经济开发区							2	1	1
吉林高新技术产业开发区									
吉林中国新加坡食品区									
蛟河市									
桦甸市									
舒兰市									
磐石市									
四平市							**8**	**3**	**5**
铁西区									
铁东区									
梨树县							8	3	5
伊通满族自治县									
双辽市									
辽源市							**2**	**1**	**1**
龙山区									
西安区									
东丰县									
东辽县							2	1	1

1-4b　续表 35　　　　单位：人

地区	塔塔尔族			独龙族			鄂伦春族		
	小计	男	女	小计	男	女	小计	男	女
通化市							**1**		**1**
东昌区									
二道江区									
通化县									
辉南县									
柳河县									
集安市							1		1
白山市							**1**		**1**
浑江区									
江源区									
抚松县							1		1
靖宇县									
长白朝鲜族自治县									
临江市									
松原市							**4**	**1**	**3**
宁江区									
前郭尔罗斯蒙古族自治县									
长岭县							2	1	1
乾安县									
吉林松原经济开发区							2		2
扶余市									
白城市	**1**		**1**				**13**	**6**	**7**
洮北区									
镇赉县	1		1				6	2	4
通榆县							3	2	1
吉林白城经济开发区							1		1
洮南市							3	2	1
大安市									
延边朝鲜族自治州									
延吉市									
图们市									
敦化市									
珲春市									
龙井市									
和龙市									
汪清县									
安图县									
长白山管委会									
长白山保护开发区池北区									
长白山保护开发区池西区									
长白山保护开发区池南区									
梅河口市									

1-4b 续表 36

单位：人

地 区	赫哲族			门巴族			珞巴族		
	小计	男	女	小计	男	女	小计	男	女
全 省	**57**	**21**	**36**	**5**	**1**	**4**	**2**	**2**	
长春市	**24**	**8**	**16**	**4**	**1**	**3**	**2**	**2**	
南关区									
宽城区				1		1			
朝阳区									
二道区									
绿园区									
双阳区									
九台区									
农安县				1		1			
长春经济技术开发区	5	3	2				1	1	
长春净月高新技术产业开发区	6	2	4				1	1	
长春高新技术产业开发区	11	2	9	2	1	1			
长春汽车经济技术开发区	2	1	1						
长春莲花山生态旅游度假区									
榆树市									
德惠市									
公主岭市									
吉林市	**27**	**10**	**17**						
昌邑区	6	3	3						
龙潭区									
船营区									
丰满区	4	2	2						
永吉县	9	2	7						
吉林经济开发区	2	1	1						
吉林高新技术产业开发区	3	1	2						
吉林中国新加坡食品区									
蛟河市									
桦甸市	3	1	2						
舒兰市									
磐石市									
四平市	**3**	**1**	**2**						
铁西区									
铁东区									
梨树县									
伊通满族自治县	3	1	2						
双辽市									
辽源市									
龙山区									
西安区									
东丰县									
东辽县									

1-4b　续表 37　　　　单位：人

地　区	赫哲族			门巴族			珞巴族		
	小计	男	女	小计	男	女	小计	男	女
通化市									
东昌区									
二道江区									
通化县									
辉南县									
柳河县									
集安市									
白山市				**1**		**1**			
浑江区				1		1			
江源区									
抚松县									
靖宇县									
长白朝鲜族自治县									
临江市									
松原市									
宁江区									
前郭尔罗斯蒙古族自治县									
长岭县									
乾安县									
吉林松原经济开发区									
扶余市									
白城市	**3**	**2**	**1**						
洮北区									
镇赉县									
通榆县									
吉林白城经济开发区	3	2	1						
洮南市									
大安市									
延边朝鲜族自治州									
延吉市									
图们市									
敦化市									
珲春市									
龙井市									
和龙市									
汪清县									
安图县									
长白山管委会									
长白山保护开发区池北区									
长白山保护开发区池西区									
长白山保护开发区池南区									
梅河口市									

1-4b 续表 38

单位：人

地区	基诺族			未定族称人口			入籍		
	小计	男	女	小计	男	女	小计	男	女
全省	**6**	**4**	**2**	**228**	**116**	**112**	**16**	**7**	**9**
长春市	**1**		**1**	**126**	**66**	**60**	**7**	**4**	**3**
南关区									
宽城区				6	5	1			
朝阳区									
二道区									
绿园区									
双阳区				1	1				
九台区									
农安县				4		4			
长春经济技术开发区	1		1	22	10	12	2	1	1
长春净月高新技术产业开发区				33	17	16	1	1	
长春高新技术产业开发区				38	21	17	2		2
长春汽车经济技术开发区				19	10	9	2	2	
长春莲花山生态旅游度假区									
榆树市									
德惠市				1	1				
公主岭市				2	1	1			
吉林市				**23**	**16**	**7**	**2**	**1**	**1**
昌邑区									
龙潭区									
船营区									
丰满区									
永吉县				1	1				
吉林经济开发区				7	5	2			
吉林高新技术产业开发区				14	10	4	2	1	1
吉林中国新加坡食品区									
蛟河市									
桦甸市									
舒兰市									
磐石市				1		1			
四平市				**4**	**1**	**3**	**1**		**1**
铁西区									
铁东区									
梨树县				2		2	1		1
伊通满族自治县				2	1	1			
双辽市									
辽源市	**4**	**3**	**1**	**4**	**1**	**3**			
龙山区									
西安区									
东丰县	4	3	1						
东辽县				4	1	3			

1-4b　续表 39　　　　　　　　　　　　　　　　　　　　单位：人

地　区	基诺族			未定族称人口			入　籍		
	小计	男	女	小计	男	女	小计	男	女
通化市				**4**	**1**	**3**			
东昌区				1		1			
二道江区									
通化县									
辉南县				2	1	1			
柳河县				1		1			
集安市									
白山市				**16**	**6**	**10**	**1**	**1**	
浑江区				2		2			
江源区				3	1	2	1	1	
抚松县				6	2	4			
靖宇县				5	3	2			
长白朝鲜族自治县									
临江市									
松原市				**16**	**7**	**9**	**1**		**1**
宁江区									
前郭尔罗斯蒙古族自治县				4	1	3	1		1
长岭县				1		1			
乾安县				5	3	2			
吉林松原经济开发区				6	3	3			
扶余市									
白城市	**1**	**1**		**26**	**10**	**16**	**1**		**1**
洮北区				2		2			
镇赉县				1	1				
通榆县				5	2	3			
吉林白城经济开发区	1	1		18	7	11	1		1
洮南市									
大安市									
延边朝鲜族自治州				**7**	**7**		**3**	**1**	**2**
延吉市							2	1	1
图们市				3	3				
敦化市				2	2				
珲春市									
龙井市									
和龙市									
汪清县				1	1		1		1
安图县				1	1				
长白山管委会				**2**	**1**	**1**			
长白山保护开发区池北区				2	1	1			
长白山保护开发区池西区									
长白山保护开发区池南区									
梅河口市									

1-4c 各地区分性别、民族的人口(乡村)

单位：人

地　区	合　计			汉　族		
	合计	男	女	小计	男	女
全　省	**8994439**	**4629137**	**4365302**	**8286147**	**4259393**	**4026754**
长春市	**3087837**	**1589013**	**1498824**	**2985358**	**1535769**	**1449589**
南关区						
宽城区	179418	94616	84802	173773	91603	82170
朝阳区	27342	14141	13201	25708	13424	12284
二道区						
绿园区	16523	8837	7686	16152	8637	7515
双阳区	176331	91182	85149	159925	82542	77383
九台区	389394	200160	189234	359730	184190	175540
农安县	567151	293034	274117	562421	290837	271584
长春经济技术开发区						
长春净月高新技术产业开发区	199874	97607	102267	185730	90642	95088
长春高新技术产业开发区	7309	5677	1632	6890	5295	1595
长春汽车经济技术开发区						
长春莲花山生态旅游度假区	31655	15950	15705	30151	15194	14957
榆树市	582754	298981	283773	572036	293277	278759
德惠市	432488	223338	209150	428331	221318	207013
公主岭市	477598	245490	232108	464511	238810	225701
吉林市	**1322287**	**682950**	**639337**	**1179462**	**608372**	**571090**
昌邑区	108902	55166	53736	88519	44404	44115
龙潭区	97189	50192	46997	69221	35422	33799
船营区	73534	37531	36003	64687	32964	31723
丰满区	71461	34509	36952	65446	31532	33914
永吉县	149624	79988	69636	132400	70724	61676
吉林经济开发区	10712	5426	5286	8299	4206	4093
吉林高新技术产业开发区	24775	12944	11831	22641	11782	10859
吉林中国新加坡食品区	32282	16157	16125	27130	13538	13592
蛟河市	160612	83266	77346	146121	76066	70055
桦甸市	156498	81511	74987	151967	79112	72855
舒兰市	230052	119353	110699	213129	110432	102697
磐石市	206646	106907	99739	189902	98190	91712
四平市	**878934**	**445415**	**433519**	**779507**	**393828**	**385679**
铁西区	82006	35770	46236	77954	34288	43666
铁东区	60241	31085	29156	48227	24790	23437
梨树县	344001	177147	166854	338823	174555	164268
伊通满族自治县	221644	114906	106738	148723	75985	72738
双辽市	171042	86507	84535	165780	84210	81570
辽源市	**421655**	**217429**	**204226**	**381628**	**195744**	**185884**
龙山区	40246	20149	20097	37830	18958	18872
西安区	15874	8341	7533	14852	7787	7065

1-4c 续表 1 单位：人

地区	合计			汉族		
	合计	男	女	小计	男	女
东丰县	194637	100623	94014	173599	89163	84436
东辽县	170898	88316	82582	155347	79836	75511
通化市	**508548**	**263516**	**245032**	**451798**	**233470**	**218328**
东昌区	25193	12991	12202	23720	12239	11481
二道江区	13321	6919	6402	12445	6462	5983
通化县	97586	50732	46854	82177	42673	39504
辉南县	113539	58076	55463	102579	52341	50238
柳河县	171671	89495	82176	153271	79602	73669
集安市	87238	45303	41935	77606	40153	37453
白山市	**196819**	**103569**	**93250**	**189340**	**99620**	**89720**
浑江区	26943	14340	12603	26024	13836	12188
江源区	28077	14830	13247	27457	14509	12948
抚松县	48171	24953	23218	47007	24363	22644
靖宇县	42260	22289	19971	40511	21353	19158
长白朝鲜族自治县	17307	9274	8033	15095	8097	6998
临江市	34061	17883	16178	33246	17462	15784
松原市	**1196633**	**613604**	**583029**	**1159153**	**594124**	**565029**
宁江区	138595	70896	67699	131959	67318	64641
前郭尔罗斯蒙古族自治县	246507	127131	119376	228118	117497	110621
长岭县	326491	166979	159512	322621	165141	157480
乾安县	111811	57477	54334	109725	56458	53267
吉林松原经济开发区	23086	11915	11171	21290	10974	10316
扶余市	350143	179206	170937	345440	176736	168704
白城市	**706746**	**362089**	**344657**	**660001**	**338318**	**321683**
洮北区	92387	47801	44586	88368	45740	42628
镇赉县	111390	57008	54382	102739	52736	50003
通榆县	168242	86033	82209	150555	76968	73587
吉林白城经济开发区	9370	4858	4512	9100	4738	4362
洮南市	191269	97734	93535	178093	90960	87133
大安市	134088	68655	65433	131146	67176	63970
延边朝鲜族自治州	**456597**	**238091**	**218506**	**312055**	**163075**	**148980**
延吉市	55524	28209	27315	28750	14968	13782
图们市	14225	7349	6876	5692	2969	2723
敦化市	150557	78077	72480	140206	72765	67441
珲春市	49599	25755	23844	24355	12473	11882
龙井市	32314	16873	15441	9774	5167	4607
和龙市	36668	19470	17198	14078	7478	6600
汪清县	53718	28520	25198	37885	19985	17900
安图县	63992	33838	30154	51315	27270	24045
长白山管委会	**185**	**98**	**87**	**176**	**93**	**83**
梅河口市	**218198**	**113363**	**104835**	**187669**	**96980**	**90689**

1-4c 续表 2

单位：人

地　区	蒙古族			回族			藏族		
	小计	男	女	小计	男	女	小计	男	女
全　省	**65071**	**31986**	**33085**	**20753**	**10540**	**10213**	**327**	**152**	**175**
长春市	**5160**	**2350**	**2810**	**9748**	**4971**	**4777**	**125**	**64**	**61**
南关区									
宽城区	670	363	307	309	178	131	15	8	7
朝阳区	48	20	28	31	17	14			
二道区									
绿园区	56	27	29	27	15	12			
双阳区	260	114	146	2574	1298	1276	6	2	4
九台区	582	233	349	4180	2164	2016	21	11	10
农安县	692	273	419	197	102	95	2		2
长春经济技术开发区									
长春净月高新技术产业开发区	1434	717	717	1073	499	574	67	37	30
长春高新技术产业开发区	32	25	7	27	24	3			
长春汽车经济技术开发区									
长春莲花山生态旅游度假区	64	30	34	43	18	25			
榆树市	315	133	182	721	372	349	4	1	3
德惠市	316	152	164	410	206	204	6	4	2
公主岭市	691	263	428	156	78	78	4	1	3
吉林市	**2328**	**1156**	**1172**	**4420**	**2228**	**2192**	**52**	**30**	**22**
昌邑区	394	214	180	556	269	287	7	3	4
龙潭区	150	75	75	123	62	61	1	1	
船营区	174	82	92	1674	846	828			
丰满区	465	237	228	133	43	90	5	2	3
永吉县	211	126	85	277	142	135	24	17	7
吉林经济开发区	30	16	14	12	5	7	1	1	
吉林高新技术产业开发区	106	56	50	105	62	43	3	1	2
吉林中国新加坡食品区	39	18	21	730	375	355	2	2	
蛟河市	135	62	73	111	56	55	2	1	1
桦甸市	137	61	76	142	79	63	4	2	2
舒兰市	186	93	93	346	174	172	2		2
磐石市	301	116	185	211	115	96	1		1
四平市	**5047**	**2018**	**3029**	**2560**	**1278**	**1282**	**43**	**12**	**31**
铁西区	494	167	327	210	79	131	28	8	20
铁东区	88	42	46	109	65	44	2	1	1
梨树县	508	175	333	89	40	49	2		2
伊通满族自治县	337	138	199	2089	1070	1019	5	1	4
双辽市	3620	1496	2124	63	24	39	6	2	4
辽源市	**842**	**409**	**433**	**270**	**136**	**134**	**33**	**9**	**24**
龙山区	95	33	62	92	48	44	14	1	13
西安区	23	11	12	10	7	3	1		1

1-4c　续表 3

单位：人

地　区	蒙古族			回族			藏族		
	小计	男	女	小计	男	女	小计	男	女
东丰县	416	207	209	122	61	61	7	4	3
东辽县	308	158	150	46	20	26	11	4	7
通化市	**641**	**304**	**337**	**469**	**254**	**215**	**20**	**10**	**10**
东昌区	40	23	17	72	37	35	1	1	
二道江区	21	11	10	8	4	4	1	1	
通化县	152	71	81	49	22	27	9	5	4
辉南县	143	67	76	127	72	55			
柳河县	167	73	94	170	95	75	7	3	4
集安市	118	59	59	43	24	19	2		2
白山市	**203**	**102**	**101**	**202**	**107**	**95**	**8**	**5**	**3**
浑江区	23	12	11	34	20	14	1	1	
江源区	33	14	19	44	26	18	1		1
抚松县	48	20	28	20	12	8	1	1	
靖宇县	49	26	23	49	19	30	1		1
长白朝鲜族自治县	34	22	12	7	2	5	1	1	
临江市	16	8	8	48	28	20	3	2	1
松原市	**19542**	**10087**	**9455**	**1548**	**798**	**750**	**17**	**5**	**12**
宁江区	1785	879	906	948	491	457	2		2
前郭尔罗斯蒙古族自治县	14562	7682	6880	108	53	55	6	2	4
长岭县	1032	412	620	106	59	47	7	2	5
乾安县	515	255	260	46	28	18	2	1	1
吉林松原经济开发区	977	510	467	60	31	29			
扶余市	671	349	322	280	136	144			
白城市	**30208**	**15041**	**15167**	**568**	**282**	**286**	**18**	**10**	**8**
洮北区	1885	900	985	38	17	21	4	2	2
镇赉县	6865	3355	3510	47	19	28	4	2	2
通榆县	13555	6929	6626	140	68	72	8	6	2
吉林白城经济开发区	104	45	59	7	3	4			
洮南市	6601	3204	3397	220	123	97	2		2
大安市	1198	608	590	116	52	64			
延边朝鲜族自治州	**812**	**389**	**423**	**709**	**356**	**353**	**9**	**6**	**3**
延吉市	76	36	40	62	28	34			
图们市	20	10	10	9	4	5			
敦化市	281	130	151	475	246	229	2		2
珲春市	183	89	94	80	41	39	1		1
龙井市	58	28	30	21	10	11			
和龙市	30	14	16	10	4	6	3	3	
汪清县	99	52	47	15	7	8	3	3	
安图县	65	30	35	37	16	21			
长白山管委会				**2**	**2**				
梅河口市	**288**	**130**	**158**	**257**	**128**	**129**	**2**	**1**	**1**

1-4c 续表 4

单位：人

地　区	维吾尔族			苗　族			彝　族		
	小计	男	女	小计	男	女	小计	男	女
全　省	**649**	**273**	**376**	**2030**	**960**	**1070**	**655**	**298**	**357**
长春市	**360**	**172**	**188**	**758**	**372**	**386**	**252**	**127**	**125**
南关区									
宽城区	64	24	40	54	23	31	37	24	13
朝阳区	1		1	21	10	11	4	4	
二道区									
绿园区				8	3	5	4	3	1
双阳区	4	3	1	45	24	21	8	5	3
九台区	84	32	52	125	62	63	52	18	34
农安县	6	2	4	81	40	41	12	7	5
长春经济技术开发区									
长春净月高新技术产业开发区	176	94	82	193	106	87	87	46	41
长春高新技术产业开发区	7	7		5	5		1	1	
长春汽车经济技术开发区									
长春莲花山生态旅游度假区				15	7	8	4	1	3
榆树市	1		1	76	35	41	18	3	15
德惠市	16	9	7	44	18	26	12	8	4
公主岭市	1	1		91	39	52	13	7	6
吉林市	**81**	**37**	**44**	**221**	**86**	**135**	**70**	**35**	**35**
昌邑区	10	5	5	14	8	6	6	3	3
龙潭区	3	3		13	3	10	7	2	5
船营区	4	1	3	19	9	10	4	1	3
丰满区	39	11	28	26	11	15	15	10	5
永吉县	14	12	2	24	18	6	15	10	5
吉林经济开发区	3	1	2	2	2				
吉林高新技术产业开发区				6	3	3	3	1	2
吉林中国新加坡食品区	1	1		1		1			
蛟河市	2		2	51	10	41	5		5
桦甸市	3	2	1	13	5	8	8	5	3
舒兰市	2	1	1	31	11	20	2	2	
磐石市				21	6	15	5	1	4
四平市	**132**	**32**	**100**	**170**	**72**	**98**	**50**	**12**	**38**
铁西区	126	28	98	49	14	35	22	2	20
铁东区	1		1	23	10	13	3	2	1
梨树县	3	3		44	18	26	9	5	4
伊通满族自治县	1	1		39	22	17	14	3	11
双辽市	1		1	15	8	7	2		2
辽源市	**33**	**8**	**25**	**115**	**53**	**62**	**16**	**7**	**9**
龙山区	26	5	21	25	14	11	3		3
西安区				9	5	4	1	1	

1-4c　续表 5　　　　单位：人

地　区	维吾尔族			苗　族			彝　族		
	小计	男	女	小计	男	女	小计	男	女
东丰县	6	3	3	46	22	24	7	3	4
东辽县	1		1	35	12	23	5	3	2
通化市	**5**	**4**	**1**	**94**	**42**	**52**	**61**	**24**	**37**
东昌区				8	2	6	9	4	5
二道江区				2	2				
通化县	1	1		29	12	17	22	10	12
辉南县	1	1		4	2	2	2		2
柳河县	2	2		31	12	19	18	8	10
集安市	1		1	20	12	8	10	2	8
白山市	**2**	**1**	**1**	**119**	**62**	**57**	**18**	**7**	**11**
浑江区				12	7	5			
江源区				16	9	7	1		1
抚松县				31	17	14	8	3	5
靖宇县				25	15	10	1	1	
长白朝鲜族自治县	2	1	1	17	8	9	4	1	3
临江市				18	6	12	4	2	2
松原市	**22**	**11**	**11**	**219**	**114**	**105**	**108**	**46**	**62**
宁江区	5	3	2	43	24	19	9	3	6
前郭尔罗斯蒙古族自治县	12	6	6	43	20	23	4	1	3
长岭县				28	16	12	4	1	3
乾安县	1	1		55	25	30	7	4	3
吉林松原经济开发区	1	1		10	6	4			
扶余市	3		3	40	23	17	84	37	47
白城市	**9**	**6**	**3**	**176**	**91**	**85**	**32**	**17**	**15**
洮北区	1	1		43	25	18	4	4	
镇赉县	1	1		34	13	21	2	2	
通榆县				67	34	33	14	5	9
吉林白城经济开发区				2	1	1	1	1	
洮南市				17	9	8	8	3	5
大安市	7	4	3	13	9	4	3	2	1
延边朝鲜族自治州	**3**	**1**	**2**	**134**	**59**	**75**	**39**	**19**	**20**
延吉市	2	1	1	11	6	5	1	1	
图们市				8	6	2			
敦化市	1		1	29	15	14	9	3	6
珲春市				38	5	33	10	5	5
龙井市				2	1	1	3	3	
和龙市				12	10	2			
汪清县				8	5	3			
安图县				26	11	15	16	7	9
长白山管委会							**1**	**1**	
梅河口市	**2**	**1**	**1**	**24**	**9**	**15**	**8**	**3**	**5**

1-4c 续表 6

单位：人

地区	壮族			布依族			朝鲜族		
	小计	男	女	小计	男	女	小计	男	女
全省	**796**	**312**	**484**	**950**	**465**	**485**	**282420**	**142432**	**139988**
长春市	**344**	**138**	**206**	**386**	**196**	**190**	**26720**	**13066**	**13654**
南关区									
宽城区	54	25	29	36	21	15	1769	945	824
朝阳区	1	1		6	4	2	215	111	104
二道区									
绿园区	3	1	2	1		1	129	62	67
双阳区	12	2	10	25	14	11	4437	2176	2261
九台区	76	20	56	80	43	37	5528	2773	2755
农安县	23	9	14	40	21	19	2360	1081	1279
长春经济技术开发区									
长春净月高新技术产业开发区	150	66	84	83	34	49	2685	1270	1415
长春高新技术产业开发区	4	4		1	1		162	145	17
长春汽车经济技术开发区									
长春莲花山生态旅游度假区	3	1	2	6	4	2	566	282	284
榆树市	4	3	1	48	22	26	3707	1767	1940
德惠市	10	3	7	14	7	7	2039	965	1074
公主岭市	4	3	1	46	25	21	3123	1489	1634
吉林市	**105**	**43**	**62**	**61**	**29**	**32**	**63257**	**31070**	**32187**
昌邑区	21	14	7	7	2	5	6484	3187	3297
龙潭区	5	3	2	3	2	1	8478	4163	4315
船营区	4	3	1	6	3	3	2387	1201	1186
丰满区	11	3	8	13	6	7	1259	581	678
永吉县	12	7	5	12	8	4	7539	3697	3842
吉林经济开发区							1106	539	567
吉林高新技术产业开发区				4	1	3	739	371	368
吉林中国新加坡食品区	1	1					2098	1022	1076
蛟河市	16	5	11	2	2		10871	5235	5636
桦甸市	6	1	5	3		3	3015	1531	1484
舒兰市	10	3	7	8	4	4	8716	4288	4428
磐石市	19	3	16	3	1	2	10565	5255	5310
四平市	**102**	**36**	**66**	**99**	**39**	**60**	**4936**	**2321**	**2615**
铁西区	58	17	41	36	10	26	736	315	421
铁东区	7	5	2	15	8	7	391	184	207
梨树县	17	3	14	27	15	12	1463	682	781
伊通满族自治县	15	10	5	12	5	7	1574	778	796
双辽市	5	1	4	9	1	8	772	362	410
辽源市	**26**	**9**	**17**	**44**	**26**	**18**	**3376**	**1666**	**1710**
龙山区	1		1	7	4	3	382	192	190
西安区	1	1		1	1		164	82	82

1-4c　续表 7　　　　单位：人

地　区	壮族			布依族			朝鲜族		
	小计	男	女	小计	男	女	小计	男	女
东丰县	5	3	2	23	15	8	1589	808	781
东辽县	19	5	14	13	6	7	1241	584	657
通化市	**32**	**9**	**23**	**46**	**19**	**27**	**27901**	**14239**	**13662**
东昌区				5	1	4	303	120	183
二道江区				3	1	2	334	160	174
通化县	8	3	5	6	3	3	4920	2504	2416
辉南县	14	5	9	4	2	2	7248	3631	3617
柳河县	9	1	8	14	6	8	10298	5295	5003
集安市	1		1	14	6	8	4798	2529	2269
白山市	**9**	**4**	**5**	**44**	**23**	**21**	**3869**	**1964**	**1905**
浑江区				8	3	5	270	131	139
江源区				10	7	3	257	118	139
抚松县	6	2	4	9	4	5	464	220	244
靖宇县	2	1	1	8	6	2	386	182	204
长白朝鲜族自治县	1	1		6	2	4	2028	1082	946
临江市				3	1	2	464	231	233
松原市	**67**	**27**	**40**	**126**	**59**	**67**	**6445**	**3036**	**3409**
宁江区	9	5	4	19	9	10	957	468	489
前郭尔罗斯蒙古族自治县	19	5	14	22	9	13	1406	673	733
长岭县	20	5	15	22	10	12	1335	636	699
乾安县	13	9	4	24	13	11	763	333	430
吉林松原经济开发区				4	1	3	280	129	151
扶余市	6	3	3	35	17	18	1704	797	907
白城市	**49**	**21**	**28**	**77**	**42**	**35**	**3793**	**1734**	**2059**
洮北区	4	2	2	14	6	8	507	238	269
镇赉县	3		3	22	10	12	612	293	319
通榆县	34	14	20	29	18	11	1034	461	573
吉林白城经济开发区	1	1		1	1		72	29	43
洮南市	4	2	2	7	4	3	753	346	407
大安市	3	2	1	4	3	1	815	367	448
延边朝鲜族自治州	**46**	**16**	**30**	**58**	**26**	**32**	**128999**	**66687**	**62312**
延吉市	2	1	1	6	3	3	25813	12723	13090
图们市				2		2	8352	4282	4070
敦化市	24	8	16	4	2	2	6161	3099	3062
珲春市	17	6	11	19	6	13	19364	10210	9154
龙井市				4	2	2	22208	11513	10695
和龙市				7	3	4	22285	11830	10455
汪清县				11	5	6	13707	7283	6424
安图县	3	1	2	5	5		11109	5747	5362
长白山管委会							**5**	**1**	**4**
梅河口市	**16**	**9**	**7**	**9**	**6**	**3**	**13119**	**6648**	**6471**

1-4c 续表 8

单位：人

地区	满族			侗族			瑶族		
	小计	男	女	小计	男	女	小计	男	女
全省	**328449**	**179512**	**148937**	**1063**	**503**	**560**	**164**	**64**	**100**
长春市	**56609**	**30776**	**25833**	**387**	**189**	**198**	**65**	**22**	**43**
南关区									
宽城区	2399	1263	1136	39	23	16	8	5	3
朝阳区	1281	536	745	6	3	3			
二道区									
绿园区	130	80	50	4	2	2			
双阳区	8935	4957	3978	27	12	15	2		2
九台区	18588	10481	8107	60	24	36	13	3	10
农安县	1154	580	574	36	20	16	3	1	2
长春经济技术开发区									
长春净月高新技术产业开发区	7527	3744	3783	75	34	41	29	7	22
长春高新技术产业开发区	157	149	8	2	2		1	1	
长春汽车经济技术开发区									
长春莲花山生态旅游度假区	776	401	375	11	4	7			
榆树市	5668	3282	2386	49	29	20	2	2	
德惠市	1206	607	599	19	7	12			
公主岭市	8788	4696	4092	59	29	30	7	3	4
吉林市	**71570**	**39582**	**31988**	**66**	**30**	**36**	**18**	**11**	**7**
昌邑区	12812	7023	5789	9	5	4	2	2	
龙潭区	19154	10443	8711	3	2	1	2	1	1
船营区	4535	2401	2134	6	3	3			
丰满区	3913	2022	1891	18	4	14	4	4	
永吉县	9020	5183	3837	2	2				
吉林经济开发区	1243	649	594	5	2	3			
吉林高新技术产业开发区	1151	660	491	1		1			
吉林中国新加坡食品区	2272	1198	1074						
蛟河市	3220	1807	1413	5	1	4	3	2	1
桦甸市	1154	696	458	1		1			
舒兰市	7526	4300	3226	11	7	4	4	2	2
磐石市	5570	3200	2370	5	4	1	3		3
四平市	**85717**	**45532**	**40185**	**134**	**62**	**72**	**28**	**12**	**16**
铁西区	2022	751	1271	53	24	29	9	3	6
铁东区	11337	5959	5378	14	7	7	2		2
梨树县	2921	1601	1320	31	16	15	2	1	1
伊通满族自治县	68720	36840	31880	27	12	15	14	8	6
双辽市	717	381	336	9	3	6	1		1
辽源市	**35013**	**19242**	**15771**	**52**	**26**	**26**	**12**	**6**	**6**
龙山区	1730	877	853	2		2	2	2	
西安区	801	441	360	4	3	1			

1-4c 续表 9

单位：人

地区	满族			侗族			瑶族		
	小计	男	女	小计	男	女	小计	男	女
东丰县	18695	10277	8418	21	10	11	7	2	5
东辽县	13787	7647	6140	25	13	12	3	2	1
通化市	**27096**	**14989**	**12107**	**50**	**23**	**27**	**6**	**2**	**4**
东昌区	1008	545	463	5	2	3			
二道江区	499	273	226	2	1	1			
通化县	10134	5400	4734	9	2	7	2		2
辉南县	3348	1931	1417	1	1		1		1
柳河县	7541	4352	3189	16	8	8	2	1	1
集安市	4566	2488	2078	17	9	8	1	1	
白山市	**2759**	**1584**	**1175**	**43**	**17**	**26**	**7**	**3**	**4**
浑江区	550	319	231	3	3		1		1
江源区	233	138	95	6	3	3			
抚松县	503	289	214	11	4	7	2		2
靖宇县	1153	655	498	14	3	11	1	1	
长白朝鲜族自治县	82	48	34	5	2	3	2	2	
临江市	238	135	103	4	2	2	1		1
松原市	**8471**	**4821**	**3650**	**149**	**71**	**78**	**6**		**6**
宁江区	2712	1630	1082	39	15	24			
前郭尔罗斯蒙古族自治县	1940	1042	898	41	19	22	3		3
长岭县	1247	666	581	14	6	8	1		1
乾安县	544	294	250	27	13	14			
吉林松原经济开发区	437	248	189	5	3	2			
扶余市	1591	941	650	23	15	8	2		2
白城市	**11382**	**6323**	**5059**	**98**	**46**	**52**	**10**	**3**	**7**
洮北区	1464	844	620	16	6	10	1	1	
镇赉县	957	520	437	30	17	13	3	1	2
通榆县	2665	1467	1198	41	18	23	2		2
吉林白城经济开发区	69	34	35	2	2		1		1
洮南市	5504	3059	2445	2		2	2		2
大安市	723	399	324	7	3	4	1	1	
延边朝鲜族自治州	**13168**	**7281**	**5887**	**65**	**29**	**36**	**4**	**2**	**2**
延吉市	767	425	342	7	3	4			
图们市	137	77	60	3	1	2			
敦化市	3237	1765	1472	15	10	5			
珲春市	5439	2881	2558	13	7	6	4	2	2
龙井市	224	139	85	4		4			
和龙市	216	113	103	8	3	5			
汪清县	1963	1173	790	11	4	7			
安图县	1185	708	477	4	1	3			
长白山管委会	**1**	**1**							
梅河口市	**16663**	**9381**	**7282**	**19**	**10**	**9**	**8**	**3**	**5**

1-4c 续表 10

单位：人

地区	白族			土家族			哈尼族		
	小计	男	女	小计	男	女	小计	男	女
全 省	**220**	**99**	**121**	**1058**	**561**	**497**	**101**	**22**	**79**
长春市	**78**	**40**	**38**	**461**	**265**	**196**	**16**	**4**	**12**
南关区									
宽城区	12	9	3	57	41	16	3	1	2
朝阳区	2	1	1	4	2	2			
二道区									
绿园区				1	1				
双阳区	4	2	2	24	14	10	2		2
九台区	14	4	10	72	34	38	4	1	3
农安县	10	5	5	30	20	10			
长春经济技术开发区									
长春净月高新技术产业开发区	18	10	8	187	105	82	5	2	3
长春高新技术产业开发区				4	4				
长春汽车经济技术开发区									
长春莲花山生态旅游度假区	1		1	1	1				
榆树市	4	3	1	31	16	15	1		1
德惠市	5	1	4	21	12	9	1		1
公主岭市	8	5	3	29	15	14			
吉林市	**26**	**10**	**16**	**134**	**71**	**63**	**21**	**4**	**17**
昌邑区	5	1	4	8	6	2			
龙潭区	1		1	7	3	4	1		1
船营区				14	10	4			
丰满区	3	2	1	38	15	23			
永吉县	4	2	2	22	13	9	4	2	2
吉林经济开发区				4	3	1			
吉林高新技术产业开发区	1	1		2	1	1			
吉林中国新加坡食品区	2		2						
蛟河市	1		1	7	4	3	12	2	10
桦甸市				7	3	4	3		3
舒兰市	5	2	3	11	7	4	1		1
磐石市	4	2	2	14	6	8			
四平市	**29**	**13**	**16**	**112**	**47**	**65**	**2**	**1**	**1**
铁西区	7	2	5	72	26	46	1		1
铁东区	2	1	1	8	4	4			
梨树县	10	5	5	17	10	7			
伊通满族自治县	5	3	2	9	3	6	1	1	
双辽市	5	2	3	6	4	2			
辽源市	**8**	**6**	**2**	**38**	**16**	**22**	**6**	**2**	**4**
龙山区	2	2		4	2	2	5	2	3
西安区							1		1

1-4c 续表 11

单位：人

地 区	白 族			土家族			哈尼族		
	小计	男	女	小计	男	女	小计	男	女
东丰县	4	2	2	17	7	10			
东辽县	2	2		17	7	10			
通化市	**15**	**7**	**8**	**64**	**34**	**30**	**11**	**4**	**7**
东昌区	2	1	1	4	4		3	2	1
二道江区				2	2				
通化县	3	2	1	20	10	10	5	1	4
辉南县	3	3		9	5	4			
柳河县	3		3	16	8	8	3	1	2
集安市	4	1	3	13	5	8			
白山市	**12**	**5**	**7**	**30**	**13**	**17**	**2**	**1**	**1**
浑江区				5	2	3			
江源区	1		1	5	5				
抚松县				7	3	4	2	1	1
靖宇县	8	5	3	4		4			
长白朝鲜族自治县	3		3	6	1	5			
临江市				3	2	1			
松原市	**15**	**7**	**8**	**81**	**45**	**36**	**4**	**1**	**3**
宁江区	2	1	1	16	8	8	1		1
前郭尔罗斯蒙古族自治县	4	1	3	17	7	10			
长岭县	1	1		7	5	2			
乾安县	1		1	22	14	8			
吉林松原经济开发区				4	3	1			
扶余市	7	4	3	15	8	7	3	1	2
白城市	**10**	**4**	**6**	**60**	**32**	**28**	**3**		**3**
洮北区	3	1	2	10	7	3	1		1
镇赉县				12	8	4			
通榆县	3	2	1	24	11	13			
吉林白城经济开发区				1	1				
洮南市	4	1	3	3	1	2	2		2
大安市				10	4	6			
延边朝鲜族自治州	**23**	**7**	**16**	**58**	**28**	**30**	**33**	**4**	**29**
延吉市	1		1	7	6	1	5	2	3
图们市									
敦化市	12	5	7	10	4	6	3		3
珲春市	4		4	24	9	15			
龙井市	1		1	4	3	1			
和龙市	1	1		7	4	3			
汪清县	1		1	3	1	2			
安图县	3	1	2	3	1	2	25	2	23
长白山管委会									
梅河口市	**4**		**4**	**20**	**10**	**10**	**3**	**1**	**2**

1-4c 续表 12

单位：人

地　区	哈萨克族			傣　族			黎　族		
	小计	男	女	小计	男	女	小计	男	女
全　省	**186**	**80**	**106**	**171**	**40**	**131**	**338**	**136**	**202**
长春市	**139**	**63**	**76**	**14**	**5**	**9**	**121**	**59**	**62**
南关区									
宽城区	10	5	5	1		1	20	10	10
朝阳区									
二道区									
绿园区				1	1				
双阳区				1		1	11	4	7
九台区	73	20	53	3	1	2	16	8	8
农安县				1	1		12	4	8
长春经济技术开发区									
长春净月高新技术产业开发区	53	37	16	3	1	2	37	23	14
长春高新技术产业开发区									
长春汽车经济技术开发区									
长春莲花山生态旅游度假区									
榆树市	2		2				16	8	8
德惠市				1	1		2	1	1
公主岭市	1	1		3		3	7	1	6
吉林市	**28**	**7**	**21**	**22**	**3**	**19**	**31**	**9**	**22**
昌邑区							6	3	3
龙潭区				1		1	2		2
船营区				1		1	4		4
丰满区	26	6	20	1		1	1		1
永吉县	1	1		8	1	7	5	2	3
吉林经济开发区	1		1	3	1	2			
吉林高新技术产业开发区									
吉林中国新加坡食品区							2	1	1
蛟河市				4	1	3	7	1	6
桦甸市				1		1			
舒兰市				3		3	2	1	1
磐石市							2	1	1
四平市	**11**	**4**	**7**	**2**		**2**	**49**	**12**	**37**
铁西区	11	4	7	2		2	32	7	25
铁东区							1	1	
梨树县							8	2	6
伊通满族自治县							8	2	6
双辽市									
辽源市	**2**	**2**		**6**	**3**	**3**	**22**	**8**	**14**
龙山区	2	2					2	1	1
西安区									

1–4c　续表 13　　　　单位：人

地　区	哈萨克族			傣　族			黎　族		
	小计	男	女	小计	男	女	小计	男	女
东丰县				5	2	3	10	4	6
东辽县				1	1		10	3	7
通化市	**4**	**2**	**2**	**21**	**8**	**13**	**22**	**9**	**13**
东昌区									
二道江区							1		1
通化县				7	1	6	3	1	2
辉南县	4	2	2	6	5	1	1		1
柳河县				8	2	6	13	6	7
集安市							4	2	2
白山市				**16**	**2**	**14**	**7**	**4**	**3**
浑江区									
江源区				1		1			
抚松县				11		11			
靖宇县				3	1	2	4	3	1
长白朝鲜族自治县				1	1				
临江市							3	1	2
松原市				**3**	**1**	**2**	**26**	**11**	**15**
宁江区							2		2
前郭尔罗斯蒙古族自治县							9	4	5
长岭县				2	1	1	8	4	4
乾安县							1	1	
吉林松原经济开发区									
扶余市				1		1	6	2	4
白城市				**6**	**2**	**4**	**38**	**16**	**22**
洮北区									
镇赉县				3	1	2	6	3	3
通榆县				3	1	2	19	8	11
吉林白城经济开发区							1		1
洮南市							11	4	7
大安市							1	1	
延边朝鲜族自治州	**2**	**2**		**72**	**12**	**60**	**12**	**5**	**7**
延吉市									
图们市									
敦化市				12	3	9	2	2	
珲春市				1		1	7	1	6
龙井市				2	2		1		1
和龙市	1	1					1	1	
汪清县									
安图县	1	1		57	7	50	1	1	
长白山管委会									
梅河口市				**9**	**4**	**5**	**10**	**3**	**7**

1-4c 续表 14 单位：人

地区	傈僳族			佤族			畲族		
	小计	男	女	小计	男	女	小计	男	女
全省	**126**	**45**	**81**	**69**	**21**	**48**	**54**	**29**	**25**
长春市	**26**	**15**	**11**	**11**	**7**	**4**	**32**	**17**	**15**
南关区									
宽城区	4	1	3				5	5	
朝阳区									
二道区									
绿园区									
双阳区							1	1	
九台区	6	3	3	2	1	1	1	1	
农安县	1		1				1	1	
长春经济技术开发区									
长春净月高新技术产业开发区	6	5	1	1	1		21	8	13
长春高新技术产业开发区	5	4	1	4	4				
长春汽车经济技术开发区									
长春莲花山生态旅游度假区									
榆树市	2	1	1	2	1	1			
德惠市	2	1	1	1		1			
公主岭市				1		1	3	1	2
吉林市	**18**	**6**	**12**	**2**		**2**	**5**	**2**	**3**
昌邑区	1	1							
龙潭区	1		1						
船营区							1	1	
丰满区							1		1
永吉县				1		1			
吉林经济开发区									
吉林高新技术产业开发区									
吉林中国新加坡食品区									
蛟河市	2	1	1						
桦甸市	2	1	1				3	1	2
舒兰市	12	3	9	1		1			
磐石市									
四平市	**2**		**2**	**4**	**2**	**2**	**3**	**1**	**2**
铁西区	2		2	1		1	3	1	2
铁东区				2	1	1			
梨树县				1	1				
伊通满族自治县									
双辽市									
辽源市	**5**		**5**	**5**	**1**	**4**	**1**	**1**	
龙山区	1		1						
西安区							1	1	

1-4c 续表 15

单位：人

地区	傈僳族			佤族			畲族		
	小计	男	女	小计	男	女	小计	男	女
东丰县	3		3	2		2			
东辽县	1		1	3	1	2			
通化市	**29**	**4**	**25**	**9**		**9**	**2**	**2**	
东昌区							1	1	
二道江区									
通化县	4		4	5		5	1	1	
辉南县	11	1	10	1		1			
柳河县	14	3	11	3		3			
集安市									
白山市	**1**		**1**	**9**	**2**	**7**	**2**	**1**	**1**
浑江区									
江源区									
抚松县	1		1	2		2			
靖宇县							2	1	1
长白朝鲜族自治县				3	1	2			
临江市				4	1	3			
松原市	**13**	**6**	**7**	**7**	**4**	**3**	**1**	**1**	
宁江区	1		1						
前郭尔罗斯蒙古族自治县	1	1		7	4	3			
长岭县	5	2	3						
乾安县	1		1						
吉林松原经济开发区	1		1				1	1	
扶余市	4	3	1						
白城市	**13**	**4**	**9**	**1**		**1**	**5**	**2**	**3**
洮北区	1		1				1		1
镇赉县	1		1				1	1	
通榆县	2		2				3	1	2
吉林白城经济开发区									
洮南市				1		1			
大安市	9	4	5						
延边朝鲜族自治州	**10**	**5**	**5**	**17**	**3**	**14**	**2**	**1**	**1**
延吉市									
图们市									
敦化市	1	1		7	3	4			
珲春市	3	2	1				1	1	
龙井市									
和龙市									
汪清县				2		2			
安图县	6	2	4	8		8	1		1
长白山管委会									
梅河口市	**9**	**5**	**4**	**4**	**2**	**2**	**1**	**1**	

1-4c 续表 16 单位：人

地区	高山族			拉祜族			水族		
	小计	男	女	小计	男	女	小计	男	女
全省	**12**	**8**	**4**	**25**	**6**	**19**	**210**	**105**	**105**
长春市	**2**		**2**	**5**	**1**	**4**	**78**	**39**	**39**
南关区									
宽城区	1		1				2	2	
朝阳区							1		1
二道区									
绿园区									
双阳区							6	1	5
九台区	1		1	3		3	16	7	9
农安县							11	5	6
长春经济技术开发区									
长春净月高新技术产业开发区							13	5	8
长春高新技术产业开发区							1	1	
长春汽车经济技术开发区									
长春莲花山生态旅游度假区							3	2	1
榆树市				1		1	7	6	1
德惠市							4	3	1
公主岭市				1	1		14	7	7
吉林市	**2**	**2**		**3**	**1**	**2**	**15**	**8**	**7**
昌邑区							2		2
龙潭区							1		1
船营区	2	2					1		1
丰满区							3	3	
永吉县							1	1	
吉林经济开发区									
吉林高新技术产业开发区									
吉林中国新加坡食品区							1		1
蛟河市				2	1	1	2	1	1
桦甸市				1		1			
舒兰市							3	3	
磐石市							1		1
四平市	**4**	**3**	**1**				**19**	**9**	**10**
铁西区							8	4	4
铁东区							3	2	1
梨树县							4	1	3
伊通满族自治县	4	3	1				3	1	2
双辽市							1	1	
辽源市				**1**	**1**		**10**	**6**	**4**
龙山区							1		1
西安区									

1-4c　续表 17　　　　单位：人

地　区	高山族			拉祜族			水　族		
	小计	男	女	小计	男	女	小计	男	女
东丰县				1	1		8	6	2
东辽县							1		1
通化市	**1**	**1**		**4**	**2**	**2**	**11**	**8**	**3**
东昌区									
二道江区							2	1	1
通化县				2		2			
辉南县									
柳河县				2	2		3	2	1
集安市	1	1					6	5	1
白山市				**5**		**5**	**14**	**7**	**7**
浑江区				1		1	3	1	2
江源区									
抚松县							3	2	1
靖宇县				1		1	5	2	3
长白朝鲜族自治县				3		3	2	1	1
临江市							1	1	
松原市	**1**	**1**					**31**	**14**	**17**
宁江区							6	3	3
前郭尔罗斯蒙古族自治县							11	5	6
长岭县							2		2
乾安县	1	1					5	2	3
吉林松原经济开发区									
扶余市							7	4	3
白城市	**2**	**1**	**1**				**19**	**8**	**11**
洮北区							4	1	3
镇赉县							6	3	3
通榆县	2	1	1				5	3	2
吉林白城经济开发区							1		1
洮南市							2		2
大安市							1	1	
延边朝鲜族自治州				**6**	**1**	**5**	**10**	**4**	**6**
延吉市							1	1	
图们市									
敦化市				5	1	4	3	1	2
珲春市							2		2
龙井市				1		1			
和龙市							3	2	1
汪清县							1		1
安图县									
长白山管委会									
梅河口市				**1**		**1**	**3**	**2**	**1**

1-4c 续表 18

单位：人

地区	东乡族			纳西族			景颇族		
	小计	男	女	小计	男	女	小计	男	女
全 省	**14**	**8**	**6**	**19**	**7**	**12**	**326**	**76**	**250**
长春市	**12**	**7**	**5**	**3**	**1**	**2**	**2**		**2**
南关区									
宽城区									
朝阳区	3	1	2						
二道区									
绿园区									
双阳区	1	1							
九台区	4	3	1				1		1
农安县	1		1						
长春经济技术开发区									
长春净月高新技术产业开发区	3	2	1	2		2	1		1
长春高新技术产业开发区									
长春汽车经济技术开发区									
长春莲花山生态旅游度假区									
榆树市									
德惠市									
公主岭市				1	1				
吉林市	**1**	**1**		**3**		**3**	**46**	**15**	**31**
昌邑区	1	1		3		3			
龙潭区							1	1	
船营区									
丰满区									
永吉县							2	1	1
吉林经济开发区							1		1
吉林高新技术产业开发区									
吉林中国新加坡食品区									
蛟河市							22	6	16
桦甸市							9	3	6
舒兰市							9	4	5
磐石市							2		2
四平市	**1**		**1**	**1**		**1**			
铁西区	1		1	1		1			
铁东区									
梨树县									
伊通满族自治县									
双辽市									
辽源市							**6**	**2**	**4**
龙山区									
西安区									

1-4c　续表 19　　　　单位：人

地　区	东乡族			纳西族			景颇族		
	小计	男	女	小计	男	女	小计	男	女
东丰县							6	2	4
东辽县									
通化市							**70**	**16**	**54**
东昌区							5	4	1
二道江区									
通化县							11	5	6
辉南县							18	3	15
柳河县							34	3	31
集安市							2	1	1
白山市							**45**	**13**	**32**
浑江区							2		2
江源区							4	1	3
抚松县							21	7	14
靖宇县							18	5	13
长白朝鲜族自治县									
临江市									
松原市				**9**	**6**	**3**	**1**		**1**
宁江区									
前郭尔罗斯蒙古族自治县				9	6	3			
长岭县									
乾安县									
吉林松原经济开发区									
扶余市							1		1
白城市				**1**		**1**	**1**		**1**
洮北区									
镇赉县									
通榆县				1		1			
吉林白城经济开发区									
洮南市									
大安市							1		1
延边朝鲜族自治州				**1**		**1**	**149**	**28**	**121**
延吉市							3	1	2
图们市									
敦化市							32	5	27
珲春市				1		1	4	1	3
龙井市							5	3	2
和龙市									
汪清县							4	2	2
安图县							101	16	85
长白山管委会									
梅河口市				**1**		**1**	**6**	**2**	**4**

1-4c 续表 20

单位：人

地区	柯尔克孜族			土族			达斡尔族		
	小计	男	女	小计	男	女	小计	男	女
全省	**14**	**7**	**7**	**27**	**13**	**14**	**197**	**66**	**131**
长春市	**10**	**5**	**5**	**15**	**7**	**8**	**77**	**27**	**50**
南关区									
宽城区	6	2	4	1	1		17	3	14
朝阳区									
二道区									
绿园区							1	1	
双阳区							2	1	1
九台区	1	1		1		1	5	2	3
农安县							7	2	5
长春经济技术开发区									
长春净月高新技术产业开发区	3	2	1	13	6	7	23	11	12
长春高新技术产业开发区									
长春汽车经济技术开发区									
长春莲花山生态旅游度假区							1		1
榆树市							7	4	3
德惠市							7	2	5
公主岭市							7	1	6
吉林市				**6**	**4**	**2**	**26**	**10**	**16**
昌邑区							4	2	2
龙潭区									
船营区							3	1	2
丰满区				2	1	1	2	1	1
永吉县				4	3	1	4	1	3
吉林经济开发区									
吉林高新技术产业开发区							2		2
吉林中国新加坡食品区							1	1	
蛟河市							3	1	2
桦甸市							3	1	2
舒兰市							3	2	1
磐石市							1		1
四平市	**3**	**2**	**1**	**2**	**1**	**1**	**18**	**4**	**14**
铁西区	3	2	1	2	1	1	6	2	4
铁东区									
梨树县							1		1
伊通满族自治县							5	1	4
双辽市							6	1	5
辽源市	**1**		**1**				**6**	**3**	**3**
龙山区	1		1				2	1	1
西安区									

1-4c　续表 21

单位：人

地　区	柯尔克孜族			土　族			达斡尔族		
	小计	男	女	小计	男	女	小计	男	女
东丰县							3	1	2
东辽县							1	1	
通化市				**2**	**1**	**1**	**9**	**2**	**7**
东昌区				2	1	1			
二道江区									
通化县							1		1
辉南县							3	1	2
柳河县							5	1	4
集安市									
白山市							**2**	**1**	**1**
浑江区							1	1	
江源区							1		1
抚松县									
靖宇县									
长白朝鲜族自治县									
临江市									
松原市							**13**	**4**	**9**
宁江区							3	1	2
前郭尔罗斯蒙古族自治县									
长岭县							5	3	2
乾安县							1		1
吉林松原经济开发区									
扶余市							4		4
白城市							**26**	**9**	**17**
洮北区							1		1
镇赉县							7	3	4
通榆县							1		1
吉林白城经济开发区							1		1
洮南市							12	5	7
大安市							4	1	3
延边朝鲜族自治州				**1**		**1**	**16**	**4**	**12**
延吉市							3		3
图们市									
敦化市							2		2
珲春市							7	3	4
龙井市							1	1	
和龙市									
汪清县				1		1			
安图县							3		3
长白山管委会									
梅河口市				**1**		**1**	**4**	**2**	**2**

1-4c　续表 22　　　　单位：人

地　区	仫佬族			羌　族			布朗族		
	小计	男	女	小计	男	女	小计	男	女
全　省	**20**	**11**	**9**	**10**	**4**	**6**	**7**	**1**	**6**
长春市	**11**	**6**	**5**	**3**	**1**	**2**			
南关区									
宽城区	4	2	2	1	1				
朝阳区									
二道区									
绿园区									
双阳区									
九台区	2	1	1	1		1			
农安县									
长春经济技术开发区									
长春净月高新技术产业开发区	3	2	1	1		1			
长春高新技术产业开发区	1	1							
长春汽车经济技术开发区									
长春莲花山生态旅游度假区									
榆树市									
德惠市									
公主岭市	1		1						
吉林市	**1**	**1**		**1**		**1**	**1**	**1**	
昌邑区				1		1			
龙潭区							1	1	
船营区									
丰满区									
永吉县	1	1							
吉林经济开发区									
吉林高新技术产业开发区									
吉林中国新加坡食品区									
蛟河市									
桦甸市									
舒兰市									
磐石市									
四平市				**2**		**2**	**1**		**1**
铁西区							1		1
铁东区									
梨树县				2		2			
伊通满族自治县									
双辽市									
辽源市	**1**		**1**						
龙山区									
西安区									

1-4c　续表 23　　　　单位：人

地　区	仫佬族			羌　族			布朗族		
	小计	男	女	小计	男	女	小计	男	女
东丰县									
东辽县	1		1						
通化市				**2**	**2**				
东昌区									
二道江区				1	1				
通化县									
辉南县									
柳河县				1	1				
集安市									
白山市	**1**		**1**				**2**		**2**
浑江区									
江源区	1		1						
抚松县							2		2
靖宇县									
长白朝鲜族自治县									
临江市									
松原市	**2**	**1**	**1**						
宁江区	1		1						
前郭尔罗斯蒙古族自治县									
长岭县									
乾安县									
吉林松原经济开发区	1	1							
扶余市									
白城市	**1**	**1**		**1**	**1**				
洮北区	1	1							
镇赉县				1	1				
通榆县									
吉林白城经济开发区									
洮南市									
大安市									
延边朝鲜族自治州	**2**	**2**		**1**		**1**	**3**		**3**
延吉市									
图们市									
敦化市	1	1					3		3
珲春市	1	1		1		1			
龙井市									
和龙市									
汪清县									
安图县									
长白山管委会									
梅河口市	**1**		**1**						

1–4c　续表 24　　　　单位：人

地　区	撒拉族			毛南族			仡佬族		
	小计	男	女	小计	男	女	小计	男	女
全　省	**32**	**21**	**11**	**18**	**8**	**10**	**153**	**85**	**68**
长春市	**30**	**19**	**11**	**5**	**4**	**1**	**73**	**37**	**36**
南关区									
宽城区	1	1					7	4	3
朝阳区	3	2	1				2	1	1
二道区									
绿园区	4	3	1				1	1	
双阳区	1	1					3	1	2
九台区							20	6	14
农安县				1		1	6	3	3
长春经济技术开发区									
长春净月高新技术产业开发区	19	11	8	1	1		19	13	6
长春高新技术产业开发区									
长春汽车经济技术开发区									
长春莲花山生态旅游度假区	2	1	1	1	1		3		3
榆树市							8	5	3
德惠市				1	1		2	2	
公主岭市				1	1		2	1	1
吉林市	**1**	**1**		**1**	**1**		**17**	**9**	**8**
昌邑区							1	1	
龙潭区							1		1
船营区									
丰满区							9	5	4
永吉县	1	1		1	1		2	2	
吉林经济开发区									
吉林高新技术产业开发区									
吉林中国新加坡食品区									
蛟河市									
桦甸市									
舒兰市							3		3
磐石市							1	1	
四平市	**1**	**1**					**18**	**11**	**7**
铁西区	1	1					13	6	7
铁东区									
梨树县							4	4	
伊通满族自治县									
双辽市							1	1	
辽源市				**2**	**1**	**1**	**4**	**1**	**3**
龙山区							2		2
西安区				1	1				

1-4c　续表 25　　　　单位：人

地　区	撒拉族			毛南族			仡佬族		
	小计	男	女	小计	男	女	小计	男	女
东丰县				1		1	2	1	1
东辽县									
通化市							**6**	**5**	**1**
东昌区							1	1	
二道江区									
通化县							2	2	
辉南县									
柳河县							3	2	1
集安市									
白山市				**1**		**1**	**5**	**4**	**1**
浑江区									
江源区									
抚松县									
靖宇县				1		1	3	3	
长白朝鲜族自治县							1	1	
临江市							1		1
松原市				**6**	**2**	**4**	**17**	**12**	**5**
宁江区							4	3	1
前郭尔罗斯蒙古族自治县				1		1	1	1	
长岭县				1		1			
乾安县				2	1	1	5	4	1
吉林松原经济开发区							3		3
扶余市				2	1	1	4	4	
白城市							**6**	**3**	**3**
洮北区							1	1	
镇赉县							1		1
通榆县							2		2
吉林白城经济开发区									
洮南市									
大安市							2	2	
延边朝鲜族自治州				**2**		**2**	**7**	**3**	**4**
延吉市									
图们市									
敦化市				1		1	1	1	
珲春市							4	1	3
龙井市									
和龙市				1		1	1	1	
汪清县									
安图县							1		1
长白山管委会									
梅河口市				**1**		**1**			

1-4c 续表 26

单位：人

地区	锡伯族			阿昌族			普米族		
	小计	男	女	小计	男	女	小计	男	女
全省	**897**	**478**	**419**	**12**	**2**	**10**	**4**	**2**	**2**
长春市	**134**	**65**	**69**	**1**		**1**	**1**	**1**	
南关区									
宽城区	16	7	9						
朝阳区	2	2							
二道区									
绿园区	1		1						
双阳区	3	2	1						
九台区	5	2	3						
农安县	9	4	5						
长春经济技术开发区									
长春净月高新技术产业开发区	82	40	42	1		1	1	1	
长春高新技术产业开发区	3	2	1						
长春汽车经济技术开发区									
长春莲花山生态旅游度假区	1	1							
榆树市	6	3	3						
德惠市	3	1	2						
公主岭市	3	1	2						
吉林市	**81**	**40**	**41**	**1**		**1**			
昌邑区	9	4	5						
龙潭区									
船营区	2	1	1						
丰满区	14	4	10						
永吉县	8	7	1						
吉林经济开发区									
吉林高新技术产业开发区	3	1	2						
吉林中国新加坡食品区									
蛟河市	4	1	3	1		1			
桦甸市	11	5	6						
舒兰市	20	12	8						
磐石市	10	5	5						
四平市	**60**	**27**	**33**						
铁西区	15	2	13						
铁东区									
梨树县	4	3	1						
伊通满族自治县	25	14	11						
双辽市	16	8	8						
辽源市	**26**	**10**	**16**						
龙山区	8	2	6						
西安区									

1-4c　续表 27　　　　单位：人

地　区	锡伯族			阿昌族			普米族		
	小计	男	女	小计	男	女	小计	男	女
东丰县	11	6	5						
东辽县	7	2	5						
通化市	**21**	**11**	**10**	**2**		**2**			
东昌区	2	1	1						
二道江区									
通化县	3	3							
辉南县	9	3	6						
柳河县	2	1	1	1		1			
集安市	5	3	2	1		1			
白山市	**14**	**9**	**5**	**3**		**3**			
浑江区									
江源区	1		1	3		3			
抚松县	4	2	2						
靖宇县	7	6	1						
长白朝鲜族自治县	1		1						
临江市	1	1							
松原市	**456**	**254**	**202**						
宁江区	55	25	30						
前郭尔罗斯蒙古族自治县	146	84	62						
长岭县	17	8	9						
乾安县	37	14	23						
吉林松原经济开发区	6	4	2						
扶余市	195	119	76						
白城市	**65**	**39**	**26**				**1**		**1**
洮北区	2	1	1						
镇赉县	12	8	4				1		1
通榆县	11	6	5						
吉林白城经济开发区	6	2	4						
洮南市	13	8	5						
大安市	21	14	7						
延边朝鲜族自治州	**19**	**10**	**9**	**5**	**2**	**3**			
延吉市	3	3							
图们市	1		1						
敦化市	8	3	5	1	1				
珲春市	2	2		1		1			
龙井市									
和龙市									
汪清县	1		1						
安图县	4	2	2	3	1	2			
长白山管委会									
梅河口市	**21**	**13**	**8**				**2**	**1**	**1**

1－4c 续表 28

单位：人

地区	塔吉克族			怒族			乌孜别克族		
	小计	男	女	小计	男	女	小计	男	女
全省	**6**	**3**	**3**	**4**	**2**	**2**	**2**	**1**	**1**
长春市	**4**	**2**	**2**						
南关区									
宽城区	2	2							
朝阳区									
二道区									
绿园区									
双阳区									
九台区									
农安县									
长春经济技术开发区									
长春净月高新技术产业开发区	2		2						
长春高新技术产业开发区									
长春汽车经济技术开发区									
长春莲花山生态旅游度假区									
榆树市									
德惠市									
公主岭市									
吉林市									
昌邑区									
龙潭区									
船营区									
丰满区									
永吉县									
吉林经济开发区									
吉林高新技术产业开发区									
吉林中国新加坡食品区									
蛟河市									
桦甸市									
舒兰市									
磐石市									
四平市	**2**	**1**	**1**	**1**	**1**		**1**		**1**
铁西区	2	1	1				1		1
铁东区									
梨树县				1	1				
伊通满族自治县									
双辽市									
辽源市									
龙山区									
西安区									

1-4c 续表 29

单位：人

地 区	塔吉克族			怒 族			乌孜别克族		
	小计	男	女	小计	男	女	小计	男	女
东丰县									
东辽县									
通化市				**3**	**1**	**2**			
东昌区									
二道江区									
通化县									
辉南县									
柳河县				3	1	2			
集安市									
白山市									
浑江区									
江源区									
抚松县									
靖宇县									
长白朝鲜族自治县									
临江市									
松原市									
宁江区									
前郭尔罗斯蒙古族自治县									
长岭县									
乾安县									
吉林松原经济开发区									
扶余市									
白城市							**1**	**1**	
洮北区									
镇赉县									
通榆县							1	1	
吉林白城经济开发区									
洮南市									
大安市									
延边朝鲜族自治州									
延吉市									
图们市									
敦化市									
珲春市									
龙井市									
和龙市									
汪清县									
安图县									
长白山管委会									
梅河口市									

1-4c 续表 30

单位：人

地区	俄罗斯族			鄂温克族			德昂族		
	小计	男	女	小计	男	女	小计	男	女
全省	**10**	**2**	**8**	**41**	**18**	**23**	**8**	**6**	**2**
长春市	**3**		**3**	**20**	**8**	**12**			
南关区									
宽城区				2	2				
朝阳区									
二道区									
绿园区									
双阳区									
九台区									
农安县	1		1	2	1	1			
长春经济技术开发区									
长春净月高新技术产业开发区	2		2	8	3	5			
长春高新技术产业开发区									
长春汽车经济技术开发区									
长春莲花山生态旅游度假区									
榆树市				2		2			
德惠市				4	2	2			
公主岭市				2		2			
吉林市									
昌邑区									
龙潭区									
船营区									
丰满区									
永吉县									
吉林经济开发区									
吉林高新技术产业开发区									
吉林中国新加坡食品区									
蛟河市									
桦甸市									
舒兰市									
磐石市									
四平市	**5**	**2**	**3**	**4**	**1**	**3**			
铁西区	5	2	3	4	1	3			
铁东区									
梨树县									
伊通满族自治县									
双辽市									
辽源市				**1**		**1**			
龙山区									
西安区									

1-4c　续表 31　　　　单位：人

地　区	俄罗斯族			鄂温克族			德 昂 族		
	小计	男	女	小计	男	女	小计	男	女
东丰县				1		1			
东辽县									
通化市	**1**		**1**	**1**		**1**			
东昌区									
二道江区									
通化县	1		1						
辉南县									
柳河县				1		1			
集安市									
白山市									
浑江区									
江源区									
抚松县									
靖宇县									
长白朝鲜族自治县									
临江市									
松原市				**5**	**1**	**4**			
宁江区				3	1	2			
前郭尔罗斯蒙古族自治县									
长岭县									
乾安县									
吉林松原经济开发区									
扶余市				2		2			
白城市	**1**		**1**	**6**	**5**	**1**			
洮北区	1		1	1	1				
镇赉县				4	3	1			
通榆县									
吉林白城经济开发区									
洮南市				1	1				
大安市									
延边朝鲜族自治州				**1**	**1**		**8**	**6**	**2**
延吉市									
图们市									
敦化市				1	1		2		2
珲春市									
龙井市									
和龙市									
汪清县									
安图县							6	6	
长白山管委会									
梅河口市				**3**	**2**	**1**			

1-4c 续表 32

单位：人

地　区	保安族			裕固族			京　族		
	小计	男	女	小计	男	女	小计	男	女
全　省							**12**	**4**	**8**
长春市							**1**		**1**
南关区									
宽城区									
朝阳区									
二道区									
绿园区									
双阳区									
九台区									
农安县							1		1
长春经济技术开发区									
长春净月高新技术产业开发区									
长春高新技术产业开发区									
长春汽车经济技术开发区									
长春莲花山生态旅游度假区									
榆树市									
德惠市									
公主岭市									
吉林市							**5**	**2**	**3**
昌邑区							2		2
龙潭区							3	2	1
船营区									
丰满区									
永吉县									
吉林经济开发区									
吉林高新技术产业开发区									
吉林中国新加坡食品区									
蛟河市									
桦甸市									
舒兰市									
磐石市									
四平市							**1**		**1**
铁西区									
铁东区									
梨树县							1		1
伊通满族自治县									
双辽市									
辽源市									
龙山区									
西安区									

1-4c 续表 33

单位：人

地 区	保安族			裕固族			京 族		
	小计	男	女	小计	男	女	小计	男	女
东丰县									
东辽县									
通化市									
东昌区									
二道江区									
通化县									
辉南县									
柳河县									
集安市									
白山市							**3**	**1**	**2**
浑江区									
江源区									
抚松县							3	1	2
靖宇县									
长白朝鲜族自治县									
临江市									
松原市							**1**	**1**	
宁江区									
前郭尔罗斯蒙古族自治县							1	1	
长岭县									
乾安县									
吉林松原经济开发区									
扶余市									
白城市									
洮北区									
镇赉县									
通榆县									
吉林白城经济开发区									
洮南市									
大安市									
延边朝鲜族自治州							**1**		**1**
延吉市									
图们市									
敦化市									
珲春市									
龙井市									
和龙市									
汪清县							1		1
安图县									
长白山管委会									
梅河口市									

1-4c 续表 34　　　　　　　　　　　　　　　　　　　　　　　单位：人

地　区	塔塔尔族			独 龙 族			鄂伦春族		
	小计	男	女	小计	男	女	小计	男	女
全　省	**2**	**1**	**1**	**4**	**1**	**3**	**45**	**21**	**24**
长春市				**1**	**1**		**11**	**7**	**4**
南关区									
宽城区							4	3	1
朝阳区									
二道区									
绿园区									
双阳区									
九台区							1	1	
农安县							5	3	2
长春经济技术开发区									
长春净月高新技术产业开发区				1	1				
长春高新技术产业开发区									
长春汽车经济技术开发区									
长春莲花山生态旅游度假区									
榆树市									
德惠市							1		1
公主岭市									
吉林市				**1**		**1**	**5**	**3**	**2**
昌邑区									
龙潭区									
船营区									
丰满区									
永吉县									
吉林经济开发区									
吉林高新技术产业开发区							1	1	
吉林中国新加坡食品区									
蛟河市									
桦甸市							2	1	1
舒兰市									
磐石市				1		1	2	1	1
四平市	**1**		**1**				**5**		**5**
铁西区	1		1				1		1
铁东区									
梨树县									
伊通满族自治县							2		2
双辽市							2		2
辽源市							**10**	**4**	**6**
龙山区							1		1
西安区							1		1

1-4c　续表 35　　　　单位：人

地　区	塔塔尔族			独龙族			鄂伦春族		
	小计	男	女	小计	男	女	小计	男	女
东丰县									
东辽县							8	4	4
通化市									
东昌区									
二道江区									
通化县									
辉南县									
柳河县									
集安市									
白山市									
浑江区									
江源区									
抚松县									
靖宇县									
长白朝鲜族自治县									
临江市									
松原市	**1**	**1**					**6**	**3**	**3**
宁江区							1	1	
前郭尔罗斯蒙古族自治县	1	1					2		2
长岭县									
乾安县							3	2	1
吉林松原经济开发区									
扶余市									
白城市							**6**	**2**	**4**
洮北区									
镇赉县							4	2	2
通榆县									
吉林白城经济开发区									
洮南市							2		2
大安市									
延边朝鲜族自治州				**2**		**2**	**2**	**2**	
延吉市									
图们市									
敦化市				2		2			
珲春市							2	2	
龙井市									
和龙市									
汪清县									
安图县									
长白山管委会									
梅河口市									

1-4c 续表 36

单位：人

地区	赫哲族			门巴族			珞巴族		
	小计	男	女	小计	男	女	小计	男	女
全省	**55**	**27**	**28**	**16**	**7**	**9**			
长春市	**7**	**4**	**3**	**8**	**3**	**5**			
南关区									
宽城区									
朝阳区	1		1						
二道区									
绿园区									
双阳区									
九台区	1	1							
农安县	1		1						
长春经济技术开发区									
长春净月高新技术产业开发区	4	3	1						
长春高新技术产业开发区									
长春汽车经济技术开发区									
长春莲花山生态旅游度假区									
榆树市									
德惠市									
公主岭市				8	3	5			
吉林市	**40**	**20**	**20**						
昌邑区	16	8	8						
龙潭区	4	2	2						
船营区									
丰满区	9	5	4						
永吉县	3	2	1						
吉林经济开发区									
吉林高新技术产业开发区	6	3	3						
吉林中国新加坡食品区									
蛟河市									
桦甸市									
舒兰市									
磐石市	2		2						
四平市	**2**	**1**	**1**	**7**	**4**	**3**			
铁西区	1		1						
铁东区									
梨树县	1	1							
伊通满族自治县				7	4	3			
双辽市									
辽源市	**2**		**2**	**1**		**1**			
龙山区				1		1			
西安区	2		2						

1-4c　续表 37

单位：人

地　　区	赫哲族			门巴族			珞巴族		
	小计	男	女	小计	男	女	小计	男	女
东丰县									
东辽县									
通化市									
东昌区									
二道江区									
通化县									
辉南县									
柳河县									
集安市									
白山市									
浑江区									
江源区									
抚松县									
靖宇县									
长白朝鲜族自治县									
临江市									
松原市	**2**		**2**						
宁江区	1		1						
前郭尔罗斯蒙古族自治县									
长岭县									
乾安县									
吉林松原经济开发区	1		1						
扶余市									
白城市	**2**	**2**							
洮北区									
镇赉县	1	1							
通榆县									
吉林白城经济开发区									
洮南市	1	1							
大安市									
延边朝鲜族自治州									
延吉市									
图们市									
敦化市									
珲春市									
龙井市									
和龙市									
汪清县									
安图县									
长白山管委会									
梅河口市									

1-4c 续表 38

单位：人

地区	基诺族			未定族称人口			入籍		
	小计	男	女	小计	男	女	小计	男	女
全省	**17**	**11**	**6**	**407**	**195**	**212**	**16**	**7**	**9**
长春市	**2**	**1**	**1**	**140**	**76**	**64**	**8**	**4**	**4**
南关区									
宽城区				15	9	6			
朝阳区				2	2				
二道区									
绿园区									
双阳区	2	1	1	10	4	6			
九台区				19	7	12	3	2	1
农安县				24	12	12			
长春经济技术开发区									
长春净月高新技术产业开发区				31	17	14	1	1	
长春高新技术产业开发区				2	2				
长春汽车经济技术开发区									
长春莲花山生态旅游度假区				3	2	1			
榆树市				15	8	7	1		1
德惠市				9	6	3	1	1	
公主岭市				10	7	3	2		2
吉林市	**1**		**1**	**28**	**8**	**20**	**3**	**2**	**1**
昌邑区				2		2			
龙潭区				2	1	1			
船营区				6	2	4			
丰满区				4		4	1	1	
永吉县				2	1	1			
吉林经济开发区				2	1	1			
吉林高新技术产业开发区	1		1						
吉林中国新加坡食品区				1		1	1		1
蛟河市				1		1			
桦甸市				3	2	1			
舒兰市				5	1	4	1	1	
磐石市									
四平市	**2**	**1**	**1**	**34**	**12**	**22**			
铁西区				12	2	10			
铁东区				6	3	3			
梨树县				8	5	3			
伊通满族自治县				5	1	4			
双辽市	2	1	1	3	1	2			
辽源市	**12**	**9**	**3**	**19**	**12**	**7**			
龙山区				5	3	2			
西安区				1		1			

1-4c 续表 39 单位：人

地 区	基诺族			未定族称人口			入 籍		
	小计	男	女	小计	男	女	小计	男	女
东丰县	12	9	3	8	4	4			
东辽县				5	5				
通化市				**18**	**7**	**11**	**1**	**1**	
东昌区				1	1		1	1	
二道江区									
通化县									
辉南县				2		2			
柳河县				10	4	6			
集安市				5	2	3			
白山市				**22**	**7**	**15**			
浑江区				5	4	1			
江源区				2		2			
抚松县				5	2	3			
靖宇县				4	1	3			
长白朝鲜族自治县				3		3			
临江市				3		3			
松原市				**57**	**29**	**28**	**2**		**2**
宁江区				11	8	3	1		1
前郭尔罗斯蒙古族自治县				12	7	5	1		1
长岭县				6	1	5			
乾安县				10	4	6			
吉林松原经济开发区				5	3	2			
扶余市				13	6	7			
白城市				**50**	**23**	**27**			
洮北区				11	2	9			
镇赉县				11	5	6			
通榆县				21	11	10			
吉林白城经济开发区									
洮南市				4	3	1			
大安市				3	2	1			
延边朝鲜族自治州				**29**	**15**	**14**	**2**		**2**
延吉市				4	1	3			
图们市				1		1			
敦化市				4	2	2			
珲春市				11	7	4			
龙井市				1	1				
和龙市				3	2	1	1		1
汪清县				1		1	1		1
安图县				4	2	2			
长白山管委会									
梅河口市				**10**	**6**	**4**			

1-5 各地区分年龄、性别的人口

单位：人

地区	合计			0岁		
	合计	男	女	小计	男	女
全省	**24073453**	**12018319**	**12055134**	**116439**	**60272**	**56167**
长春市	**9066906**	**4538382**	**4528524**	**49959**	**25859**	**24100**
南关区	657682	319554	338128	4337	2266	2071
宽城区	856177	430095	426082	5830	3080	2750
朝阳区	614021	306504	307517	2670	1388	1282
二道区	522453	255942	266511	3219	1655	1564
绿园区	714919	355599	359320	4633	2338	2295
双阳区	335723	168752	166971	1250	647	603
九台区	613836	310055	303781	2331	1212	1119
农安县	763983	388645	375338	2888	1500	1388
长春经济技术开发区	429387	212067	217320	3821	1935	1886
长春净月高新技术产业开发区	408740	193858	214882	2736	1427	1309
长春高新技术产业开发区	460607	233665	226942	4214	2189	2025
长春汽车经济技术开发区	317978	163993	153985	2656	1375	1281
长春莲花山生态旅游度假区	37513	19004	18509	151	85	66
榆树市	836098	422713	413385	3059	1570	1489
德惠市	635476	322457	313019	2439	1263	1176
公主岭市	862313	435479	426834	3725	1929	1796
吉林市	**3623713**	**1803823**	**1819890**	**15469**	**7978**	**7491**
昌邑区	581852	283783	298069	3082	1598	1484
龙潭区	371607	186809	184798	1174	594	580
船营区	464893	229830	235063	2128	1078	1050
丰满区	259374	125950	133424	1507	770	737
永吉县	243469	125564	117905	847	460	387
吉林经济开发区	55692	28533	27159	166	80	86
吉林高新技术产业开发区	162447	76601	85846	996	543	453
吉林中国新加坡食品区	37164	18563	18601	172	92	80
蛟河市	328925	165292	163633	1226	613	613
桦甸市	341308	171822	169486	1277	665	612
舒兰市	406744	204714	202030	1362	705	657
磐石市	370238	186362	183876	1532	780	752
四平市	**1814733**	**904701**	**910032**	**7179**	**3731**	**3448**
铁西区	314307	148202	166105	1502	798	704
铁东区	313650	157285	156365	1152	610	542
梨树县	537145	273030	264115	2004	1034	970
伊通满族自治县	331873	168381	163492	1224	631	593
双辽市	317758	157803	159955	1297	658	639
辽源市	**996903**	**498860**	**498043**	**4193**	**2178**	**2015**
龙山区	327079	159837	167242	1663	852	811
西安区	136337	68327	68010	493	266	227
东丰县	307302	155448	151854	1251	663	588
东辽县	226185	115248	110937	786	397	389

1-5　续表 1　　　　单位：人

地　区	合　计			0岁		
	合计	男	女	小计	男	女
通化市	**1302778**	**649529**	**653249**	**6267**	**3266**	**3001**
东昌区	355346	172138	183208	2024	1054	970
二道江区	91571	45266	46305	226	118	108
通化县	175114	88391	86723	832	415	417
辉南县	237113	118757	118356	934	491	443
柳河县	274414	140021	134393	1442	776	666
集安市	169220	84956	84264	809	412	397
白山市	**951866**	**475119**	**476747**	**4676**	**2434**	**2242**
浑江区	307982	151338	156644	1633	865	768
江源区	138272	69737	68535	471	247	224
抚松县	217252	108972	108280	1122	579	543
靖宇县	108478	55057	53421	667	333	334
长白朝鲜族自治县	58266	29484	28782	242	118	124
临江市	121616	60531	61085	541	292	249
松原市	**2252994**	**1128600**	**1124394**	**10258**	**5333**	**4925**
宁江区	619364	304463	314901	2907	1489	1418
前郭尔罗斯蒙古族自治县	407385	204560	202825	1825	927	898
长岭县	451620	228661	222959	2101	1103	998
乾安县	205542	103221	102321	838	454	384
吉林松原经济开发区	94066	46842	47224	751	393	358
扶余市	475017	240853	234164	1836	967	869
白城市	**1551378**	**770277**	**781101**	**6672**	**3370**	**3302**
洮北区	356054	176363	179691	1506	751	755
镇赉县	217387	108978	108409	916	435	481
通榆县	281589	140977	140612	1298	646	652
吉林白城经济开发区	118222	55148	63074	715	348	367
洮南市	307215	153596	153619	1277	679	598
大安市	270911	135215	135696	960	511	449
延边朝鲜族自治州	**1941700**	**961606**	**980094**	**8962**	**4678**	**4284**
延吉市	686136	331434	354702	3801	1985	1816
图们市	85248	42139	43109	221	105	116
敦化市	392486	196287	196199	1862	972	890
珲春市	239359	119044	120315	1183	631	552
龙井市	129286	65060	64226	329	178	151
和龙市	117087	59623	57464	388	201	187
汪清县	167911	84601	83310	679	346	333
安图县	124187	63418	60769	499	260	239
长白山管委会	**61146**	**31035**	**30111**	**427**	**226**	**201**
长白山保护开发区池北区	44639	22697	21942	332	176	156
长白山保护开发区池西区	14660	7379	7281	89	46	43
长白山保护开发区池南区	1847	959	888	6	4	2
梅河口市	**509336**	**256387**	**252949**	**2377**	**1219**	**1158**

1-5 续表 2

单位：人

地 区	1-4岁			5-9岁			10-14岁		
	小计	男	女	小计	男	女	小计	男	女
全 省	**652700**	**336270**	**316430**	**960287**	**498408**	**461879**	**1089297**	**567346**	**521951**
长春市	**268559**	**138337**	**130222**	**376680**	**196089**	**180591**	**405759**	**212214**	**193545**
南关区	22659	11730	10929	24690	12730	11960	21383	11212	10171
宽城区	30338	15595	14743	37533	19584	17949	33291	17293	15998
朝阳区	14916	7721	7195	23117	12118	10999	20975	10912	10063
二道区	18467	9653	8814	22969	12176	10793	20074	10512	9562
绿园区	25290	12968	12322	30251	15598	14653	28070	14794	13276
双阳区	6858	3539	3319	11246	5663	5583	15391	7949	7442
九台区	12582	6407	6175	22931	11844	11087	31001	16054	14947
农安县	15630	8020	7610	30244	15724	14520	44259	23245	21014
长春经济技术开发区	19478	10038	9440	18743	9720	9023	14751	7651	7100
长春净月高新技术产业开发区	13432	6768	6664	15019	7877	7142	12744	6692	6052
长春高新技术产业开发区	23653	12319	11334	26915	14046	12869	14861	7782	7079
长春汽车经济技术开发区	13509	6985	6524	13407	6941	6466	10871	5610	5261
长春莲花山生态旅游度假区	686	350	336	1425	750	675	1682	854	828
榆树市	16415	8494	7921	32242	16946	15296	48614	25826	22788
德惠市	14115	7213	6902	26942	14076	12866	34438	18116	16322
公主岭市	20531	10537	9994	39006	20296	18710	53354	27712	25642
吉林市	**91358**	**47124**	**44234**	**137657**	**71238**	**66419**	**151699**	**78559**	**73140**
昌邑区	17531	9077	8454	22301	11447	10854	20810	10789	10021
龙潭区	7219	3646	3573	12138	6264	5874	13459	6942	6517
船营区	12924	6663	6261	18052	9452	8600	17493	9165	8328
丰满区	7892	4078	3814	8397	4323	4074	7582	4005	3577
永吉县	5041	2562	2479	8536	4413	4123	10324	5368	4956
吉林经济开发区	1025	475	550	1477	756	721	1630	824	806
吉林高新技术产业开发区	5705	2954	2751	7427	3930	3497	5659	2797	2862
吉林中国新加坡食品区	1069	559	510	1745	910	835	1827	880	947
蛟河市	7775	4032	3743	12312	6276	6036	15133	7770	7363
桦甸市	8436	4383	4053	14154	7218	6936	17778	9222	8556
舒兰市	8145	4238	3907	15223	7916	7307	21161	11035	10126
磐石市	8596	4457	4139	15895	8333	7562	18843	9762	9081
四平市	**41174**	**21175**	**19999**	**72054**	**37506**	**34548**	**94361**	**49696**	**44665**
铁西区	8540	4439	4101	11531	6022	5509	12242	6381	5861
铁东区	6688	3461	3227	10727	5607	5120	12770	6835	5935
梨树县	11378	5801	5577	22790	11898	10892	33864	17998	15866
伊通满族自治县	6754	3485	3269	12689	6576	6113	17638	9185	8453
双辽市	7814	3989	3825	14317	7403	6914	17847	9297	8550
辽源市	**24166**	**12430**	**11736**	**37726**	**19436**	**18290**	**40636**	**20946**	**19690**
龙山区	9580	4906	4674	13386	6997	6389	12320	6426	5894
西安区	2832	1451	1381	3621	1853	1768	3713	1892	1821
东丰县	7342	3797	3545	12522	6401	6121	14106	7280	6826
东辽县	4412	2276	2136	8197	4185	4012	10497	5348	5149

1-5 续表 3

单位：人

地 区	1-4岁			5-9岁			10-14岁		
	小计	男	女	小计	男	女	小计	男	女
通化市	**35845**	**18510**	**17335**	**49427**	**25648**	**23779**	**54874**	**28183**	**26691**
东昌区	11267	5846	5421	13174	6793	6381	11897	6074	5823
二道江区	1549	755	794	2534	1307	1227	3157	1609	1548
通化县	5074	2635	2439	6759	3511	3248	7346	3739	3607
辉南县	5439	2863	2576	9009	4718	4291	12419	6387	6032
柳河县	7985	4137	3848	12186	6310	5876	13840	7147	6693
集安市	4531	2274	2257	5765	3009	2756	6215	3227	2988
白山市	**26364**	**13558**	**12806**	**35787**	**18356**	**17431**	**37607**	**19339**	**18268**
浑江区	8834	4551	4283	12050	6131	5919	11568	6001	5567
江源区	2676	1359	1317	3845	1984	1861	4533	2353	2180
抚松县	6722	3461	3261	8916	4590	4326	9523	4898	4625
靖宇县	3580	1828	1752	4902	2524	2378	5353	2724	2629
长白朝鲜族自治县	1482	801	681	1871	960	911	2149	1094	1055
临江市	3070	1558	1512	4203	2167	2036	4481	2269	2212
松原市	**56500**	**29297**	**27203**	**96839**	**50647**	**46192**	**133563**	**70162**	**63401**
宁江区	16892	8791	8101	26164	13734	12430	32903	17341	15562
前郭尔罗斯蒙古族自治县	9809	5026	4783	18253	9440	8813	25132	13046	12086
长岭县	10687	5563	5124	21590	11234	10356	32086	16716	15370
乾安县	4607	2338	2269	7664	3938	3726	10614	5409	5205
吉林松原经济开发区	4048	2172	1876	4213	2236	1977	3914	2090	1824
扶余市	10457	5407	5050	18955	10065	8890	28914	15560	13354
白城市	**36972**	**18984**	**17988**	**57510**	**29565**	**27945**	**70499**	**36364**	**34135**
洮北区	8394	4317	4077	13038	6725	6313	15954	8254	7700
镇赉县	4976	2553	2423	7786	3955	3831	10494	5366	5128
通榆县	7434	3824	3610	12342	6296	6046	13406	6884	6522
吉林白城经济开发区	3865	1982	1883	4059	2160	1899	4174	2172	2002
洮南市	7177	3663	3514	12339	6347	5992	15348	7968	7380
大安市	5126	2645	2481	7946	4082	3864	11123	5720	5403
延边朝鲜族自治州	**55235**	**28337**	**26898**	**73125**	**37715**	**35410**	**75520**	**39088**	**36432**
延吉市	22364	11506	10858	29298	15134	14164	27911	14584	13327
图们市	1613	837	776	2129	1143	986	2324	1248	1076
敦化市	11177	5666	5511	14564	7512	7052	17344	8875	8469
珲春市	7868	4058	3810	10308	5355	4953	9634	4871	4763
龙井市	2497	1278	1219	3420	1741	1679	3377	1751	1626
和龙市	2408	1265	1143	3350	1681	1669	3560	1854	1706
汪清县	4085	2087	1998	5420	2791	2629	6013	3115	2898
安图县	3223	1640	1583	4636	2358	2278	5357	2790	2567
长白山管委会	**2310**	**1150**	**1160**	**2364**	**1220**	**1144**	**2090**	**1096**	**994**
长白山保护开发区池北区	1754	875	879	1778	902	876	1460	774	686
长白山保护开发区池西区	519	250	269	542	290	252	579	295	284
长白山保护开发区池南区	37	25	12	44	28	16	51	27	24
梅河口市	**14217**	**7368**	**6849**	**21118**	**10988**	**10130**	**22689**	**11699**	**10990**

1-5 续表 4

单位：人

地区	15-19岁			20-24岁			25-29岁		
	小计	男	女	小计	男	女	小计	男	女
全省	**1056911**	**546207**	**510704**	**1017679**	**512979**	**504700**	**1259773**	**640509**	**619264**
长春市	**466047**	**241894**	**224153**	**520696**	**263107**	**257589**	**562778**	**286404**	**276374**
南关区	29412	14617	14795	49422	23824	25598	50551	24297	26254
宽城区	46722	24057	22665	48622	25788	22834	63439	31947	31492
朝阳区	38126	21920	16206	66842	37271	29571	41795	20757	21038
二道区	23044	11111	11933	30316	13477	16839	38468	19076	19392
绿园区	23162	12852	10310	33433	17287	16146	50352	25697	24655
双阳区	28347	13474	14873	22955	11653	11302	13521	6901	6620
九台区	29154	14601	14553	25052	12057	12995	29245	15430	13815
农安县	31159	16361	14798	19755	10352	9403	34098	18100	15998
长春经济技术开发区	23474	11801	11673	27491	13288	14203	37422	18671	18751
长春净月高新技术产业开发区	49500	21429	28071	62845	26348	36497	24096	11681	12415
长春高新技术产业开发区	35261	19235	16026	46269	23867	22402	37785	19006	18779
长春汽车经济技术开发区	13317	9376	3941	16237	10544	5693	28573	15797	12776
长春莲花山生态旅游度假区	1116	610	506	1221	656	565	1626	834	792
榆树市	34099	18522	15577	27325	14376	12949	36700	19213	17487
德惠市	25985	13835	12150	21578	11446	10132	34231	18245	15986
公主岭市	34169	18093	16076	21333	10873	10460	40876	20752	20124
吉林市	**144680**	**77309**	**67371**	**132900**	**69371**	**63529**	**168484**	**84783**	**83701**
昌邑区	14028	7164	6864	18689	9212	9477	33068	16308	16760
龙潭区	16971	10033	6938	16805	9900	6905	15454	8020	7434
船营区	17426	9821	7605	22327	12951	9376	24245	12095	12150
丰满区	12453	5891	6562	13271	5783	7488	14825	7310	7515
永吉县	11654	7378	4276	8151	5262	2889	9070	4644	4426
吉林经济开发区	4641	2614	2027	6012	3264	2748	2648	1520	1128
吉林高新技术产业开发区	12427	5527	6900	10697	3973	6724	8486	4142	4344
吉林中国新加坡食品区	596	334	262	824	429	395	1591	742	849
蛟河市	11529	6107	5422	7659	3906	3753	13052	6706	6346
桦甸市	14393	7472	6921	8865	4543	4322	14949	7673	7276
舒兰市	15818	8248	7570	10782	5638	5144	15373	7790	7583
磐石市	12744	6720	6024	8818	4510	4308	15723	7833	7890
四平市	**82159**	**40970**	**41189**	**71715**	**33968**	**37747**	**81391**	**41496**	**39895**
铁西区	18032	6694	11338	21710	7844	13866	16921	8297	8624
铁东区	15075	7867	7208	12322	6313	6009	16311	8485	7826
梨树县	20952	11758	9194	15969	8561	7408	19528	10078	9450
伊通满族自治县	14408	7613	6795	10378	5461	4917	13722	7114	6608
双辽市	13692	7038	6654	11336	5789	5547	14909	7522	7387
辽源市	**39417**	**20063**	**19354**	**29819**	**15231**	**14588**	**48293**	**24605**	**23688**
龙山区	13502	6599	6903	11261	5599	5662	18626	9152	9474
西安区	3318	1780	1538	4019	2116	1903	7254	3802	3452
东丰县	13145	6797	6348	8707	4452	4255	13978	7210	6768
东辽县	9452	4887	4565	5832	3064	2768	8435	4441	3994

1-5　续表 5

单位：人

地　区	15-19岁			20-24岁			25-29岁		
	小计	男	女	小计	男	女	小计	男	女
通化市	**48878**	**24550**	**24328**	**39101**	**19211**	**19890**	**58424**	**29615**	**28809**
东昌区	12868	5729	7139	14164	6278	7886	19270	9448	9822
二道江区	3521	1801	1720	2298	1204	1094	2965	1603	1362
通化县	6190	3252	2938	4146	2082	2064	6988	3574	3414
辉南县	10519	5477	5042	6615	3389	3226	9113	4609	4504
柳河县	10221	5402	4819	7444	3911	3533	13290	6914	6376
集安市	5559	2889	2670	4434	2347	2087	6798	3467	3331
白山市	**30717**	**15754**	**14963**	**24288**	**12479**	**11809**	**40502**	**20862**	**19640**
浑江区	10223	5038	5185	8773	4367	4406	14469	7416	7053
江源区	3439	1832	1607	3050	1628	1422	4993	2610	2383
抚松县	8053	4252	3801	5501	2857	2644	9532	5002	4530
靖宇县	3645	1884	1761	2633	1358	1275	4380	2199	2181
长白朝鲜族自治县	1700	882	818	1410	784	626	2301	1227	1074
临江市	3657	1866	1791	2921	1485	1436	4827	2408	2419
松原市	**97816**	**51703**	**46113**	**66419**	**33901**	**32518**	**107767**	**54979**	**52788**
宁江区	27859	14346	13513	20478	10094	10384	31739	15709	16030
前郭尔罗斯蒙古族自治县	18584	9807	8777	10333	5291	5042	16717	8428	8289
长岭县	17887	9344	8543	10948	5558	5390	21566	11136	10430
乾安县	7623	3995	3628	5501	2808	2693	7926	4033	3893
吉林松原经济开发区	2407	1325	1082	3298	1620	1678	6912	3403	3509
扶余市	23456	12886	10570	15861	8530	7331	22907	12270	10637
白城市	**64371**	**31803**	**32568**	**53004**	**25868**	**27136**	**66052**	**33510**	**32542**
洮北区	13159	7021	6138	11482	5892	5590	16081	8246	7835
镇赉县	7362	3932	3430	6769	3521	3248	8931	4626	4305
通榆县	11612	6036	5576	9302	4785	4517	12512	6383	6129
吉林白城经济开发区	12099	4356	7743	9520	3575	5945	6679	3285	3394
洮南市	11053	5672	5381	8628	4322	4306	11954	5968	5986
大安市	9086	4786	4300	7303	3773	3530	9895	5002	4893
延边朝鲜族自治州	**61756**	**31274**	**30482**	**60387**	**29910**	**30477**	**95201**	**48594**	**46607**
延吉市	25239	12253	12986	28674	13355	15319	38234	19001	19233
图们市	1570	815	755	1919	1040	879	3446	1849	1597
敦化市	13208	6900	6308	10309	5371	4938	18845	9689	9156
珲春市	7458	3708	3750	7050	3501	3549	12344	6216	6128
龙井市	3381	1765	1616	3086	1585	1501	5351	2889	2462
和龙市	2425	1318	1107	2628	1384	1244	4907	2594	2313
汪清县	4418	2355	2063	3878	2092	1786	6883	3523	3360
安图县	4057	2160	1897	2843	1582	1261	5191	2833	2358
长白山管委会	**1864**	**970**	**894**	**1854**	**1003**	**851**	**3934**	**2015**	**1919**
长白山保护开发区池北区	1201	636	565	1405	768	637	3074	1585	1489
长白山保护开发区池西区	620	313	307	382	197	185	782	385	397
长白山保护开发区池南区	43	21	22	67	38	29	78	45	33
梅河口市	**19206**	**9917**	**9289**	**17496**	**8930**	**8566**	**26947**	**13646**	**13301**

1－5 续表 6 单位：人

地 区	30－34岁			35－39岁			40－44岁		
	小计	男	女	小计	男	女	小计	男	女
全 省	**1984461**	**1007169**	**977292**	**1637765**	**834784**	**802981**	**1812578**	**920927**	**891651**
长春市	**861893**	**439181**	**422712**	**659948**	**337615**	**322333**	**660193**	**336272**	**323921**
南关区	67968	33623	34345	52377	26159	26218	47850	23700	24150
宽城区	100435	51088	49347	70324	36824	33500	62643	32300	30343
朝阳区	49068	24225	24843	46094	22350	23744	46294	22457	23837
二道区	59753	29759	29994	47242	23846	23396	43321	22098	21223
绿园区	77217	39102	38115	61209	30979	30230	58316	29433	28883
双阳区	23288	12017	11271	18435	9614	8821	24685	12683	12002
九台区	44363	23060	21303	32932	17000	15932	45729	23584	22145
农安县	58822	30676	28146	47169	24537	22632	55344	28299	27045
长春经济技术开发区	55068	27493	27575	37534	19266	18268	30869	15841	15028
长春净月高新技术产业开发区	34314	17050	17264	27524	13615	13909	25436	12849	12587
长春高新技术产业开发区	60316	30761	29555	42088	21496	20592	30629	16112	14517
长春汽车经济技术开发区	40858	21601	19257	25828	13326	12502	21739	10953	10786
长春莲花山生态旅游度假区	2350	1192	1158	1760	930	830	2595	1285	1310
榆树市	59012	30245	28767	46729	23909	22820	63659	32584	31075
德惠市	51967	27314	24653	41119	21353	19766	46820	23893	22927
公主岭市	77094	39975	37119	61584	32411	29173	54264	28201	26063
吉林市	**265788**	**132844**	**132944**	**234415**	**118022**	**116393**	**280299**	**140669**	**139630**
昌邑区	50269	24643	25626	43316	21650	21666	45583	22898	22685
龙潭区	24243	12374	11869	22120	11232	10888	27020	13642	13378
船营区	36995	18207	18788	32809	16177	16632	38081	18868	19213
丰满区	20426	10159	10267	15311	7651	7660	18060	8812	9248
永吉县	16710	8603	8107	12907	6628	6279	18698	9631	9067
吉林经济开发区	3579	1894	1685	2761	1426	1335	3471	1828	1643
吉林高新技术产业开发区	13883	6566	7317	12059	5798	6261	12078	5828	6250
吉林中国新加坡食品区	3162	1546	1616	2245	1166	1079	2884	1440	1444
蛟河市	21212	10708	10504	21295	10940	10355	25305	12748	12557
桦甸市	24959	12866	12093	22874	11693	11181	26896	13401	13495
舒兰市	23971	12091	11880	21532	10856	10676	33152	16824	16328
磐石市	26379	13187	13192	25186	12805	12381	29071	14749	14322
四平市	**129590**	**66252**	**63338**	**108574**	**55744**	**52830**	**129852**	**65992**	**63860**
铁西区	27285	13474	13811	21826	10797	11029	22345	11138	11207
铁东区	24434	12717	11717	20515	10692	9823	23872	11925	11947
梨树县	38996	20314	18682	29200	15420	13780	34267	17780	16487
伊通满族自治县	19257	9798	9459	18078	9124	8954	25948	13306	12642
双辽市	19618	9949	9669	18955	9711	9244	23420	11843	11577
辽源市	**69353**	**35255**	**34098**	**58127**	**29693**	**28434**	**77191**	**39254**	**37937**
龙山区	28156	14053	14103	22431	11198	11233	26619	13110	13509
西安区	10018	5376	4642	7432	4070	3362	9094	4751	4343
东丰县	19463	9806	9657	17354	8831	8523	24128	12431	11697
东辽县	11716	6020	5696	10910	5594	5316	17350	8962	8388

1-5 续表 7

单位：人

地区	30-34岁			35-39岁			40-44岁		
	小计	男	女	小计	男	女	小计	男	女
通化市	**88783**	**44511**	**44272**	**79073**	**39687**	**39386**	**105296**	**53887**	**51409**
东昌区	28816	14202	14614	24238	12151	12087	27796	14110	13686
二道江区	4495	2338	2157	4577	2207	2370	8354	4216	4138
通化县	11501	5800	5701	9166	4539	4627	14321	7332	6989
辉南县	13540	6695	6845	14623	7279	7344	19625	9906	9719
柳河县	20866	10687	10179	17559	9093	8466	21445	11288	10157
集安市	9565	4789	4776	8910	4418	4492	13755	7035	6720
白山市	**65143**	**33121**	**32022**	**56061**	**28654**	**27407**	**71167**	**36082**	**35085**
浑江区	23141	11406	11735	20017	9965	10052	24831	12491	12340
江源区	7540	4043	3497	6143	3310	2833	8315	4295	4020
抚松县	14892	7661	7231	12979	6684	6295	15495	7768	7727
靖宇县	8810	4570	4240	7777	4009	3768	8939	4623	4316
长白朝鲜族自治县	3254	1661	1593	3036	1573	1463	5017	2601	2416
临江市	7506	3780	3726	6109	3113	2996	8570	4304	4266
松原市	**191856**	**97806**	**94050**	**158028**	**81444**	**76584**	**178948**	**90338**	**88610**
宁江区	55680	27446	28234	49109	24656	24453	55867	27745	28122
前郭尔罗斯蒙古族自治县	35042	17888	17154	29933	15474	14459	33139	16780	16359
长岭县	40681	21159	19522	29328	15428	13900	32621	16671	15950
乾安县	16360	8374	7986	14589	7581	7008	16477	8515	7962
吉林松原经济开发区	11708	5971	5737	7347	3767	3580	7312	3662	3650
扶余市	32385	16968	15417	27722	14538	13184	33532	16965	16567
白城市	**111042**	**56076**	**54966**	**103172**	**52444**	**50728**	**122101**	**62257**	**59844**
洮北区	26623	13371	13252	25582	12951	12631	27257	13739	13518
镇赉县	14793	7399	7394	14822	7557	7265	17016	8820	8196
通榆县	20301	10423	9878	17780	8976	8804	23982	12321	11661
吉林白城经济开发区	10277	5119	5158	8288	4104	4184	7854	3958	3896
洮南市	22844	11724	11120	19769	10249	9520	24582	12596	11986
大安市	16204	8040	8164	16931	8607	8324	21410	10823	10587
延边朝鲜族自治州	**155130**	**78854**	**76276**	**142010**	**71635**	**70375**	**141845**	**72293**	**69552**
延吉市	63719	31735	31984	56433	27659	28774	52024	25777	26247
图们市	5602	2889	2713	5402	2782	2620	5385	2808	2577
敦化市	27104	13958	13146	25761	13024	12737	28368	14314	14054
珲春市	21427	10698	10729	18623	9383	9240	17705	9014	8691
龙井市	9364	4966	4398	8958	4749	4209	8997	4876	4121
和龙市	8283	4385	3898	7405	3929	3476	7967	4269	3698
汪清县	11168	5771	5397	11003	5631	5372	12315	6466	5849
安图县	8463	4452	4011	8425	4478	3947	9084	4769	4315
长白山管委会	**5290**	**2763**	**2527**	**3835**	**2053**	**1782**	**4216**	**2228**	**1988**
长白山保护开发区池北区	4064	2127	1937	2978	1596	1382	3147	1672	1475
长白山保护开发区池西区	1100	563	537	762	404	358	959	489	470
长白山保护开发区池南区	126	73	53	95	53	42	110	67	43
梅河口市	**40593**	**20506**	**20087**	**34522**	**17793**	**16729**	**41470**	**21655**	**19815**

1-5 续表 8 单位：人

地区	45-49岁			50-54岁			55-59岁		
	小计	男	女	小计	男	女	小计	男	女
全省	**2198875**	**1105529**	**1093346**	**2490028**	**1250768**	**1239260**	**2245495**	**1115110**	**1130385**
长春市	**770169**	**387466**	**382703**	**827913**	**413115**	**414798**	**746302**	**369002**	**377300**
南关区	50742	25050	25692	51093	24619	26474	51947	25116	26831
宽城区	67402	33742	33660	70585	34744	35841	66583	32795	33788
朝阳区	48050	23851	24199	45667	22215	23452	44504	21960	22544
二道区	41350	20696	20654	40723	19964	20759	38999	19001	19998
绿园区	61066	30432	30634	61642	30209	31433	57664	28283	29381
双阳区	30171	15438	14733	34875	17657	17218	28588	14380	14208
九台区	61790	31712	30078	68265	35036	33229	58278	29644	28634
农安县	73794	37370	36424	83952	42632	41320	76591	38602	37989
长春经济技术开发区	30502	15053	15449	30939	15042	15897	29441	14155	15286
长春净月高新技术产业开发区	25973	13002	12971	26682	13281	13401	25755	12607	13148
长春高新技术产业开发区	26660	13757	12903	27131	13586	13545	26049	12520	13529
长春汽车经济技术开发区	22632	11268	11364	24051	11500	12551	22734	10855	11879
长春莲花山生态旅游度假区	3975	1982	1993	4650	2361	2289	3892	1995	1897
榆树市	91069	46095	44974	94864	48333	46531	76375	38004	38371
德惠市	63011	31741	31270	66853	33692	33161	57185	28576	28609
公主岭市	71982	36277	35705	95941	48244	47697	81717	40509	41208
吉林市	**331372**	**165273**	**166099**	**390301**	**195779**	**194522**	**364201**	**181607**	**182594**
昌邑区	48854	24041	24813	56519	27533	28986	57788	28157	29631
龙潭区	32306	16116	16190	40670	20330	20340	39961	20108	19853
船营区	41084	20224	20860	43604	21386	22218	43221	20865	22356
丰满区	23094	11205	11889	27193	13358	13835	25906	12794	13112
永吉县	23246	11744	11502	28605	14560	14045	25368	12870	12498
吉林经济开发区	4398	2203	2195	5661	2914	2747	5399	2765	2634
吉林高新技术产业开发区	13211	6339	6872	13783	6702	7081	13636	6564	7072
吉林中国新加坡食品区	3377	1706	1671	4378	2202	2176	3788	1893	1895
蛟河市	31744	16095	15649	38694	19813	18881	34798	17735	17063
桦甸市	34705	17541	17164	40037	20464	19573	33161	16846	16315
舒兰市	40128	20194	19934	49520	25321	24199	43970	22319	21651
磐石市	35225	17865	17360	41637	21196	20441	37205	18691	18514
四平市	**171975**	**86695**	**85280**	**205206**	**102932**	**102274**	**175196**	**86852**	**88344**
铁西区	27048	13224	13824	29635	14417	15218	27574	13504	14070
铁东区	30174	15180	14994	33387	16815	16572	29825	15014	14811
梨树县	51178	26350	24828	65659	32858	32801	53330	26100	27230
伊通满族自治县	32126	16339	15787	39542	20319	19223	32483	16502	15981
双辽市	31449	15602	15847	36983	18523	18460	31984	15732	16252
辽源市	**93581**	**47273**	**46308**	**116411**	**59163**	**57248**	**104709**	**52544**	**52165**
龙山区	29348	14509	14839	34249	16932	17317	31154	15418	15736
西安区	11620	5824	5796	16745	8489	8256	16682	8379	8303
东丰县	30206	15365	14841	36656	18788	17868	31450	15865	15585
东辽县	22407	11575	10832	28761	14954	13807	25423	12882	12541

1-5　续表 9　　　　单位：人

地　区	45-49岁			50-54岁			55-59岁		
	小计	男	女	小计	男	女	小计	男	女
通化市	**125248**	**63611**	**61637**	**142790**	**72143**	**70647**	**131310**	**65437**	**65873**
东昌区	32283	15862	16421	35924	17673	18251	35125	17136	17989
二道江区	9963	5089	4874	11481	5917	5564	9803	4958	4845
通化县	17093	8770	8323	20530	10531	9999	18229	9261	8968
辉南县	23352	11897	11455	25934	13130	12804	23612	11733	11879
柳河县	25292	13054	12238	28947	14811	14136	26295	13207	13088
集安市	17265	8939	8326	19974	10081	9893	18246	9142	9104
白山市	**98608**	**49876**	**48732**	**117816**	**60063**	**57753**	**102044**	**51813**	**50231**
浑江区	31919	15957	15962	34884	17533	17351	31076	15445	15631
江源区	14073	7162	6911	19641	10141	9500	18265	9494	8771
抚松县	23214	11747	11467	28279	14439	13840	21615	11063	10552
靖宇县	10826	5548	5278	12204	6345	5859	10210	5167	5043
长白朝鲜族自治县	6233	3251	2982	7459	3781	3678	6627	3379	3248
临江市	12343	6211	6132	15349	7824	7525	14251	7265	6986
松原市	**221758**	**110585**	**111173**	**239173**	**119880**	**119293**	**209568**	**102570**	**106998**
宁江区	62383	30646	31737	60059	29771	30288	51233	24935	26298
前郭尔罗斯蒙古族自治县	39124	19410	19714	43927	22080	21847	39137	19176	19961
长岭县	44805	22834	21971	49803	24934	24869	42244	20817	21427
乾安县	21369	10706	10663	23278	11779	11499	21178	10264	10914
吉林松原经济开发区	8746	4193	4553	9478	4654	4824	7957	3897	4060
扶余市	45331	22796	22535	52628	26662	25966	47819	23481	24338
白城市	**159174**	**79811**	**79363**	**177556**	**89237**	**88319**	**157259**	**77729**	**79530**
洮北区	35413	17495	17918	39793	19792	20001	35590	17555	18035
镇赉县	23446	12049	11397	25780	13114	12666	22496	11076	11420
通榆县	29596	15038	14558	32173	16193	15980	27765	13831	13934
吉林白城经济开发区	9644	4611	5033	10219	4996	5223	9510	4678	4832
洮南市	31418	15798	15620	36312	18167	18145	31296	15395	15901
大安市	29657	14820	14837	33279	16975	16304	30602	15194	15408
延边朝鲜族自治州	**176347**	**89295**	**87052**	**211939**	**107551**	**104388**	**200090**	**100094**	**99996**
延吉市	58699	28820	29879	64921	31652	33269	62042	29982	32060
图们市	7824	3920	3904	9890	4974	4916	10471	5329	5142
敦化市	37478	18824	18654	46466	23624	22842	41695	20995	20700
珲春市	22566	11590	10976	26146	13427	12719	24089	12166	11923
龙井市	11049	5933	5116	14349	7565	6784	15220	7760	7460
和龙市	10782	5764	5018	14647	7760	6887	14152	7376	6776
汪清县	16530	8576	7954	21344	11110	10234	19067	9714	9353
安图县	11419	5868	5551	14176	7439	6737	13354	6772	6582
长白山管委会	**6243**	**3197**	**3046**	**8040**	**4258**	**3782**	**6063**	**3059**	**3004**
长白山保护开发区池北区	4593	2320	2273	5854	3100	2754	4514	2275	2239
长白山保护开发区池西区	1471	779	692	1907	1014	893	1317	673	644
长白山保护开发区池南区	179	98	81	279	144	135	232	111	121
梅河口市	**44400**	**22447**	**21953**	**52883**	**26647**	**26236**	**48753**	**24403**	**24350**

1-5 续表 10

单位：人

地区	60-64岁			65-69岁			70-74岁		
	小计	男	女	小计	男	女	小计	男	女
全 省	**1793941**	**878744**	**915197**	**1624571**	**777856**	**846715**	**983490**	**457389**	**526101**
长春市	**607124**	**295138**	**311986**	**554794**	**263552**	**291242**	**332709**	**155154**	**177555**
南关区	44674	21281	23393	37655	17462	20193	20287	9109	11178
宽城区	52803	25637	27166	44091	20829	23262	24459	11249	13210
朝阳区	38667	18514	20153	34374	16069	18305	19495	8776	10719
二道区	32058	15253	16805	27099	12514	14585	14809	6525	8284
绿园区	47295	22614	24681	40968	19030	21938	23108	10526	12582
双阳区	23504	11863	11641	22742	10982	11760	14963	7270	7693
九台区	46635	23431	23204	44169	21263	22906	29055	13617	15438
农安县	60204	29968	30236	56681	27736	28945	33474	16266	17208
长春经济技术开发区	24241	11309	12932	21177	9999	11178	10771	4849	5922
长春净月高新技术产业开发区	20915	10016	10899	18774	8971	9803	10116	4672	5444
长春高新技术产业开发区	21019	9795	11224	17718	8333	9385	8772	4000	4772
长春汽车经济技术开发区	19037	8876	10161	17036	7773	9263	10613	4760	5853
长春莲花山生态旅游度假区	3091	1592	1499	3064	1520	1544	1930	937	993
榆树市	63244	30687	32557	62771	30079	32692	41815	19924	21891
德惠市	46152	22933	23219	44002	20927	23075	28728	13485	15243
公主岭市	63585	31369	32216	62473	30065	32408	40314	19189	21125
吉林市	**294167**	**145866**	**148301**	**261654**	**125884**	**135770**	**162220**	**75727**	**86493**
昌邑区	49559	23974	25585	42362	19940	22422	24543	11239	13304
龙潭区	32969	16335	16634	27350	12945	14405	17730	8156	9574
船营区	37169	17952	19217	32503	15199	17304	19793	9041	10752
丰满区	20574	10133	10441	17630	8511	9119	10716	4922	5794
永吉县	20461	10476	9985	18803	9176	9627	12441	5910	6531
吉林经济开发区	4163	2083	2080	3438	1640	1798	2133	960	1173
吉林高新技术产业开发区	10468	5002	5466	8959	4144	4815	5622	2519	3103
吉林中国新加坡食品区	2943	1456	1487	2975	1452	1523	1942	950	992
蛟河市	28069	14290	13779	24757	12175	12582	15176	7060	8116
桦甸市	25200	12624	12576	22878	11264	11614	13673	6487	7186
舒兰市	33432	16887	16545	31305	15380	15925	20176	9634	10542
磐石市	29160	14654	14506	28694	14058	14636	18275	8849	9426
四平市	**137909**	**67456**	**70453**	**135956**	**65029**	**70927**	**83878**	**39313**	**44565**
铁西区	21366	10249	11117	19340	9008	10332	11634	5089	6545
铁东区	23981	11818	12163	22381	10595	11786	13397	6098	7299
梨树县	41365	20394	20971	43437	20991	22446	27405	13127	14278
伊通满族自治县	27709	13713	13996	27570	13463	14107	17513	8609	8904
双辽市	23488	11282	12206	23228	10972	12256	13929	6390	7539
辽源市	**82400**	**40391**	**42009**	**77253**	**37404**	**39849**	**43997**	**20642**	**23355**
龙山区	24046	11468	12578	21984	10139	11845	12421	5572	6849
西安区	13090	6275	6815	11247	5381	5866	5936	2748	3188
东丰县	24890	12459	12431	24076	11938	12138	14344	6853	7491
东辽县	20374	10189	10185	19946	9946	10000	11296	5469	5827

1-5　续表 11　　　　单位：人

地　区	60—64岁			65—69岁			70—74岁		
	小计	男	女	小计	男	女	小计	男	女
通化市	**109116**	**54118**	**54998**	**101389**	**49613**	**51776**	**60450**	**28469**	**31981**
东昌区	28372	13721	14651	24681	11792	12889	13580	6055	7525
二道江区	7607	3631	3976	7599	3549	4050	4994	2287	2707
通化县	15000	7584	7416	14577	7253	7324	8960	4316	4644
辉南县	19991	9849	10142	19286	9414	9872	11811	5649	6162
柳河县	22612	11482	11130	21079	10699	10380	12240	5913	6327
集安市	15534	7851	7683	14167	6906	7261	8865	4249	4616
白山市	**73336**	**36424**	**36912**	**65371**	**31771**	**33600**	**41125**	**18711**	**22414**
浑江区	23064	11087	11977	20992	9970	11022	12917	5900	7017
江源区	12489	6307	6182	10441	5181	5260	6610	2961	3649
抚松县	14396	7246	7150	13360	6516	6844	8842	3804	5038
靖宇县	7588	3815	3773	7105	3548	3557	4375	2081	2294
长白朝鲜族自治县	4974	2489	2485	4195	2050	2145	2724	1292	1432
临江市	10825	5480	5345	9278	4506	4772	5657	2673	2984
松原市	**162135**	**78789**	**83346**	**146967**	**69818**	**77149**	**87308**	**41229**	**46079**
宁江区	38802	18296	20506	38557	17373	21184	25114	11674	13440
前郭尔罗斯蒙古族自治县	30774	15163	15611	25467	12484	12983	14765	7062	7703
长岭县	31468	15571	15897	28987	14156	14831	16893	8039	8854
乾安县	16917	8396	8521	14547	7011	7536	7706	3745	3961
吉林松原经济开发区	5772	2850	2922	4625	2162	2463	2586	1161	1425
扶余市	38402	18513	19889	34784	16632	18152	20244	9548	10696
白城市	**120369**	**58822**	**61547**	**107241**	**51167**	**56074**	**66187**	**30478**	**35709**
洮北区	28442	13798	14644	24675	11717	12958	15275	6898	8377
镇赉县	16427	7980	8447	15782	7507	8275	9797	4528	5269
通榆县	20707	10193	10514	18362	8778	9584	11072	5057	6015
吉林白城经济开发区	7064	3427	3637	6078	2762	3316	3604	1623	1981
洮南市	24054	11915	12139	21666	10404	11262	13769	6407	7362
大安市	23675	11509	12166	20678	9999	10679	12670	5965	6705
延边朝鲜族自治州	**162355**	**79569**	**82786**	**133072**	**63604**	**69468**	**82026**	**36556**	**45470**
延吉市	51103	24228	26875	42290	19585	22705	25785	11272	14513
图们市	9435	4587	4848	7443	3533	3910	4636	2015	2621
敦化市	32187	16136	16051	26889	13123	13766	16246	7472	8774
珲春市	18592	9108	9484	14697	6997	7700	9200	4133	5067
龙井市	13495	6652	6843	11114	5296	5818	7143	3104	4039
和龙市	11755	6005	5750	9096	4457	4639	5522	2408	3114
汪清县	14878	7409	7469	12091	5900	6191	7891	3475	4416
安图县	10910	5444	5466	9452	4713	4739	5603	2677	2926
长白山管委会	**3970**	**2054**	**1916**	**3131**	**1499**	**1632**	**1862**	**794**	**1068**
长白山保护开发区池北区	2804	1454	1350	2094	986	1108	1268	529	739
长白山保护开发区池西区	995	509	486	904	445	459	520	234	286
长白山保护开发区池南区	171	91	80	133	68	65	74	31	43
梅河口市	**41060**	**20117**	**20943**	**37743**	**18515**	**19228**	**21728**	**10316**	**11412**

1-5 续表 12

单位：人

地 区	75-79岁			80-84岁			85-89岁		
	小计	男	女	小计	男	女	小计	男	女
全 省	**544694**	**243880**	**300814**	**354808**	**157719**	**197089**	**167536**	**71360**	**96176**
长春市	**184161**	**84050**	**100111**	**121182**	**54872**	**66310**	**59758**	**25918**	**33840**
南关区	12564	5256	7308	9783	3970	5813	5493	2287	3206
宽城区	14065	6280	7785	9443	4069	5374	4821	2039	2782
朝阳区	13714	5706	8008	10847	4494	6353	5882	2473	3409
二道区	9088	3840	5248	6291	2634	3657	3410	1416	1994
绿园区	13948	6010	7938	10085	4301	5784	4821	2130	2691
双阳区	7435	3565	3870	4253	2079	2174	2155	912	1243
九台区	15107	7089	8018	8972	4334	4638	4177	1799	2378
农安县	19167	9307	9860	12874	6327	6547	5458	2544	2914
长春经济技术开发区	6093	2688	3405	4141	1764	2377	2183	969	1214
长春净月高新技术产业开发区	5827	2541	3286	3866	1678	2188	2029	843	1186
长春高新技术产业开发区	4941	2135	2806	3472	1494	1978	1769	770	999
长春汽车经济技术开发区	6378	2774	3604	4927	2060	2867	2497	1166	1331
长春莲花山生态旅游度假区	1062	511	551	650	301	349	296	138	158
榆树市	19443	9409	10034	11152	5364	5788	5064	2127	2937
德惠市	15261	7390	7871	8605	4266	4339	3963	1765	2198
公主岭市	20068	9549	10519	11821	5737	6084	5740	2540	3200
吉林市	**93009**	**40843**	**52166**	**62064**	**27046**	**35018**	**28910**	**12352**	**16558**
昌邑区	14957	6376	8581	10702	4434	6268	5455	2243	3212
龙潭区	10566	4445	6121	8473	3486	4987	3677	1663	2014
船营区	11575	5102	6473	7936	3288	4648	3836	1567	2269
丰满区	6735	2909	3826	4703	2048	2655	2222	907	1315
永吉县	6159	2863	3296	3928	1865	2063	1690	773	917
吉林经济开发区	1340	542	798	1086	433	653	494	247	247
吉林高新技术产业开发区	3557	1580	1977	2259	1005	1254	1038	469	569
吉林中国新加坡食品区	903	445	458	441	243	198	204	88	116
蛟河市	9210	4030	5180	5516	2443	3073	2918	1223	1695
桦甸市	8233	3625	4608	5252	2344	2908	2316	967	1349
舒兰市	10736	4748	5988	6747	3106	3641	2892	1255	1637
磐石市	9038	4178	4860	5021	2351	2670	2168	950	1218
四平市	**41341**	**19544**	**21797**	**25826**	**11847**	**13979**	**12736**	**5569**	**7167**
铁西区	6869	2972	3897	4900	2139	2761	2557	1074	1483
铁东区	7496	3359	4137	5103	2139	2964	2523	1082	1441
梨树县	12842	6405	6437	7566	3744	3822	3660	1649	2011
伊通满族自治县	7548	3717	3831	4178	2014	2164	2073	951	1122
双辽市	6586	3091	3495	4079	1811	2268	1923	813	1110
辽源市	**23761**	**10622**	**13139**	**15094**	**7006**	**8088**	**7137**	**3151**	**3986**
龙山区	7640	3184	4456	5034	2206	2828	2333	968	1365
西安区	3872	1523	2349	3094	1342	1752	1484	641	843
东丰县	7017	3329	3688	3989	1998	1991	1822	833	989
东辽县	5232	2586	2646	2977	1460	1517	1498	709	789

1-5 续表 13 单位：人

地区	75-79岁			80-84岁			85-89岁		
	小计	男	女	小计	男	女	小计	男	女
通化市	**32809**	**14400**	**18409**	**20055**	**8891**	**11164**	**9103**	**3818**	**5285**
东昌区	9069	3684	5385	6231	2594	3637	3026	1251	1775
二道江区	3050	1177	1873	2126	944	1182	835	371	464
通化县	4448	2048	2400	2388	1098	1290	1057	433	624
辉南县	5791	2717	3074	3409	1645	1764	1462	632	830
柳河县	5835	2673	3162	3447	1536	1911	1569	641	928
集安市	4616	2101	2515	2454	1074	1380	1154	490	664
白山市	**28721**	**11970**	**16751**	**19442**	**8242**	**11200**	**8831**	**3737**	**5094**
浑江区	8210	3341	4869	5682	2408	3274	2479	983	1496
江源区	5217	2071	3146	3804	1564	2240	1821	776	1045
抚松县	7130	2941	4189	4641	2034	2607	2037	953	1084
靖宇县	2665	1262	1403	1643	726	917	775	353	422
长白朝鲜族自治县	1696	764	932	1174	490	684	512	205	307
临江市	3803	1591	2212	2498	1020	1478	1207	467	740
松原市	**42023**	**19458**	**22565**	**27754**	**12788**	**14966**	**12161**	**5295**	**6866**
宁江区	11458	5096	6362	7219	3233	3986	3165	1344	1821
前郭尔罗斯蒙古族自治县	7430	3472	3958	4928	2296	2632	2071	902	1169
长岭县	8587	4130	4457	5730	2663	3067	2482	1123	1359
乾安县	3832	1781	2051	2636	1250	1386	1197	544	653
吉林松原经济开发区	1323	566	757	911	394	517	440	183	257
扶余市	9393	4413	4980	6330	2952	3378	2806	1199	1607
白城市	**35244**	**16239**	**19005**	**22189**	**10200**	**11989**	**9939**	**4291**	**5648**
洮北区	8530	3785	4745	5555	2471	3084	2504	1069	1435
镇赉县	4880	2343	2537	2878	1337	1541	1396	599	797
通榆县	5807	2639	3168	3569	1574	1995	1654	723	931
吉林白城经济开发区	2057	877	1180	1448	671	777	697	284	413
洮南市	7055	3264	3791	4103	1926	2177	1771	778	993
大安市	6915	3331	3584	4636	2221	2415	1917	838	1079
延边朝鲜族自治州	**51309**	**21216**	**30093**	**33472**	**13262**	**20210**	**15222**	**5572**	**9650**
延吉市	15925	6432	9493	10701	4096	6605	4801	1632	3169
图们市	2713	1125	1588	1872	679	1193	953	304	649
敦化市	11040	4777	6263	7106	2992	4114	3393	1435	1958
珲春市	5298	2218	3080	3223	1299	1924	1368	478	890
龙井市	4062	1598	2464	2554	924	1630	1079	325	754
和龙市	3654	1433	2221	2555	991	1564	1123	380	743
汪清县	5086	2096	2990	3191	1301	1890	1405	591	814
安图县	3531	1537	1994	2270	980	1290	1100	427	673
长白山管委会	**1629**	**610**	**1019**	**1165**	**473**	**692**	**552**	**233**	**319**
长白山保护开发区池北区	1069	400	669	758	317	441	362	151	211
长白山保护开发区池西区	504	192	312	371	147	224	168	77	91
长白山保护开发区池南区	56	18	38	36	9	27	22	5	17
梅河口市	**10687**	**4928**	**5759**	**6565**	**3092**	**3473**	**3187**	**1424**	**1763**

1-5 续表 14

单位：人

地 区	90-94岁			95-99岁			100岁及以上		
	小计	男	女	小计	男	女	小计	男	女
全 省	**61727**	**26451**	**35276**	**17835**	**7517**	**10318**	**2563**	**1125**	**1438**
长春市	**22766**	**9901**	**12865**	**6537**	**2801**	**3736**	**979**	**441**	**538**
南关区	2106	959	1147	597	243	354	92	44	48
宽城区	1989	828	1161	643	271	372	116	56	60
朝阳区	2283	1047	1236	549	241	308	92	39	53
二道区	1292	552	740	401	156	245	60	28	32
绿园区	1835	761	1074	477	226	251	77	29	48
双阳区	784	357	427	236	93	143	41	16	25
九台区	1575	664	911	427	186	241	66	31	35
农安县	1869	837	1032	475	212	263	76	30	46
长春经济技术开发区	873	365	508	322	146	176	53	24	29
长春净月高新技术产业开发区	849	370	479	262	112	150	46	29	17
长春高新技术产业开发区	762	310	452	282	134	148	41	18	23
长春汽车经济技术开发区	812	349	463	244	95	149	22	9	13
长春莲花山生态旅游度假区	139	58	81	121	47	74	31	16	15
榆树市	1910	805	1105	499	188	311	38	13	25
德惠市	1585	700	885	436	203	233	61	25	36
公主岭市	2103	939	1164	566	248	318	67	34	33
吉林市	**9988**	**4265**	**5723**	**2824**	**1178**	**1646**	**254**	**106**	**148**
昌邑区	1917	839	1078	476	204	272	43	17	26
龙潭区	1031	462	569	249	108	141	22	8	14
船营区	1305	566	739	359	153	206	28	10	18
丰满区	680	290	390	175	84	91	22	7	15
永吉县	615	271	344	206	101	105	9	6	3
吉林经济开发区	136	55	81	32	10	22	2		2
吉林高新技术产业开发区	363	159	204	110	51	59	24	9	15
吉林中国新加坡食品区	76	23	53	18	5	13	4	2	2
蛟河市	1064	429	635	443	173	270	38	20	18
桦甸市	943	402	541	304	111	193	25	11	14
舒兰市	1040	422	618	265	101	164	14	6	8
磐石市	818	347	471	187	77	110	23	10	13
四平市	**4935**	**2163**	**2772**	**1475**	**646**	**829**	**251**	**125**	**126**
铁西区	1029	464	565	359	151	208	62	27	35
铁东区	1044	448	596	383	176	207	90	49	41
梨树县	1359	582	777	344	162	182	52	26	26
伊通满族自治县	803	366	437	205	85	120	27	10	17
双辽市	700	303	397	184	72	112	20	13	7
辽源市	**2647**	**1150**	**1497**	**845**	**357**	**488**	**147**	**66**	**81**
龙山区	930	396	534	341	128	213	55	25	30
西安区	549	258	291	182	90	92	42	20	22
东丰县	642	265	377	185	77	108	29	10	19
东辽县	526	231	295	137	62	75	21	11	10

1-5 续表 15

单位：人

地区	90-94岁			95-99岁			100岁及以上		
	小计	男	女	小计	男	女	小计	男	女
通化市	**3468**	**1506**	**1962**	**954**	**406**	**548**	**118**	**49**	**69**
东昌区	1126	496	630	364	164	200	51	25	26
二道江区	354	147	207	73	30	43	10	8	2
通化县	412	185	227	85	31	54	12	2	10
辉南县	493	218	275	124	53	71	12	6	6
柳河县	611	252	359	185	82	103	24	6	18
集安市	472	208	264	123	46	77	9	2	7
白山市	**3250**	**1466**	**1784**	**863**	**352**	**511**	**147**	**55**	**92**
浑江区	889	350	539	275	112	163	56	21	35
江源区	707	333	374	173	74	99	26	12	14
抚松县	763	387	376	202	75	127	38	15	23
靖宇县	303	124	179	92	36	56	6		6
长白朝鲜族自治县	161	60	101	40	19	21	9	3	6
临江市	427	212	215	81	36	45	12	4	8
松原市	**4543**	**1904**	**2639**	**1415**	**595**	**820**	**195**	**79**	**116**
宁江区	1297	535	762	422	182	240	57	27	30
前郭尔罗斯蒙古族自治县	733	297	436	226	96	130	36	15	21
长岭县	838	360	478	241	106	135	47	16	31
乾安县	473	214	259	185	70	115	25	16	9
吉林松原经济开发区	222	97	125	87	45	42	9	1	8
扶余市	980	401	579	254	96	158	21	4	17
白城市	**3621**	**1561**	**2060**	**1037**	**432**	**605**	**167**	**69**	**98**
洮北区	911	403	508	247	97	150	43	16	27
镇赉县	486	205	281	126	61	65	28	15	13
通榆县	636	260	376	234	95	139	45	22	23
吉林白城经济开发区	268	119	149	96	37	59	7	4	3
洮南市	622	277	345	155	69	86	23	8	15
大安市	698	297	401	179	73	106	21	4	17
延边朝鲜族自治州	**5037**	**1861**	**3176**	**1434**	**554**	**880**	**226**	**94**	**132**
延吉市	1609	541	1068	466	168	298	97	37	60
图们市	306	116	190	88	38	50	6	3	3
敦化市	1088	479	609	307	129	178	49	20	29
珲春市	427	124	303	131	57	74	22	12	10
龙井市	351	97	254	99	24	75	11	4	7
和龙市	364	121	243	102	45	57	14	3	11
汪清县	435	203	232	116	40	76	15	9	6
安图县	457	180	277	125	53	72	12	6	6
长白山管委会	**201**	**84**	**117**	**75**	**35**	**40**	**31**	**15**	**16**
长白山保护开发区池北区	98	42	56	31	11	20	1	1	
长白山保护开发区池西区	99	41	58	41	23	18	29	13	16
长白山保护开发区池南区	4	1	3	3	1	2	1	1	
梅河口市	**1271**	**590**	**681**	**376**	**161**	**215**	**48**	**26**	**22**

1-5a 各地区分年龄、性别的人口(城市)

单位：人

地 区	合 计			0岁		
	合计	男	女	小计	男	女
全 省	**10291703**	**5028946**	**5262757**	**54782**	**28373**	**26409**
长春市	**4082653**	**2008590**	**2074063**	**23597**	**12207**	**11390**
南关区	657682	319554	338128	4337	2266	2071
宽城区	598334	296932	301402	4371	2335	2036
朝阳区	577014	287509	289505	2496	1297	1199
二道区	520984	255184	265800	3213	1651	1562
绿园区	698396	346762	351634	4576	2312	2264
双阳区	155035	75308	79727	709	367	342
九台区	218445	106955	111490	948	491	457
农安县						
长春经济技术开发区						
长春净月高新技术产业开发区						
长春高新技术产业开发区						
长春汽车经济技术开发区						
长春莲花山生态旅游度假区						
榆树市	202198	97849	104349	901	441	460
德惠市	191912	93553	98359	778	390	388
公主岭市	262653	128984	133669	1268	657	611
吉林市	**1853574**	**902738**	**950836**	**8979**	**4577**	**4402**
昌邑区	461496	223145	238351	2520	1297	1223
龙潭区	261040	129791	131249	862	434	428
船营区	385706	189492	196214	1690	848	842
丰满区	186288	90627	95661	1275	637	638
永吉县						
吉林经济开发区	1672	824	848	4	4	
吉林高新技术产业开发区						
吉林中国新加坡食品区						
蛟河市	131058	63281	67777	654	336	318
桦甸市	153982	74787	79195	709	370	339
舒兰市	149478	71862	77616	583	303	280
磐石市	122854	58929	63925	682	348	334
四平市	**601530**	**294409**	**307121**	**2760**	**1460**	**1300**
铁西区	232301	112432	119869	1207	639	568
铁东区	249032	124055	124977	990	515	475
梨树县						
伊通满族自治县						
双辽市	120197	57922	62275	563	306	257
辽源市	**406463**	**199237**	**207226**	**2005**	**1033**	**972**
龙山区	286000	139251	146749	1554	788	766
西安区	120463	59986	60477	451	245	206

1–5a　续表 1

单位：人

地　区	合计			0岁		
	合计	男	女	小计	男	女
东丰县						
东辽县						
通化市	**459852**	**221812**	**238040**	**2531**	**1312**	**1219**
东昌区	324526	156364	168162	1900	985	915
二道江区	62900	30629	32271	158	81	77
通化县						
辉南县						
柳河县						
集安市	72426	34819	37607	473	246	227
白山市	**430885**	**210370**	**220515**	**2281**	**1220**	**1061**
浑江区	270916	132205	138711	1534	816	718
江源区	78752	38789	39963	322	176	146
抚松县						
靖宇县						
长白朝鲜族自治县						
临江市	81217	39376	41841	425	228	197
松原市	**567144**	**275741**	**291403**	**2878**	**1460**	**1418**
宁江区	453353	220140	233213	2239	1142	1097
前郭尔罗斯蒙古族自治县	20709	9991	10718	143	69	74
长岭县						
乾安县						
吉林松原经济开发区						
扶余市	93082	45610	47472	496	249	247
白城市	**452627**	**218821**	**233806**	**2110**	**1109**	**1001**
洮北区	238947	116041	122906	1120	582	538
镇赉县						
通榆县						
吉林白城经济开发区	5359	2733	2626	19	10	9
洮南市	105179	50436	54743	542	294	248
大安市	103142	49611	53531	429	223	206
延边朝鲜族自治州	**1189646**	**576504**	**613142**	**6360**	**3344**	**3016**
延吉市	610911	293267	317644	3501	1832	1669
图们市	59388	28928	30460	176	85	91
敦化市	195002	94629	100373	1117	598	519
珲春市	179047	87774	91273	1034	547	487
龙井市	86037	42660	43377	253	139	114
和龙市	59261	29246	30015	279	143	136
汪清县						
安图县						
长白山管委会						
梅河口市	**247329**	**120724**	**126605**	**1281**	**651**	**630**

1-5a 续表 2

单位：人

地区	1-4岁			5-9岁			10-14岁		
	小计	男	女	小计	男	女	小计	男	女
全 省	**314497**	**162141**	**152356**	**424516**	**220604**	**203912**	**421679**	**219817**	**201862**
长春市	**131384**	**67821**	**63563**	**173563**	**90530**	**83033**	**165724**	**86545**	**79179**
南关区	22659	11730	10929	24690	12730	11960	21383	11212	10171
宽城区	23490	12106	11384	27282	14227	13055	21641	11272	10369
朝阳区	14125	7309	6816	21704	11393	10311	19159	9979	9180
二道区	18444	9643	8801	22906	12142	10764	19997	10477	9520
绿园区	24883	12747	12136	29688	15304	14384	27265	14340	12925
双阳区	3795	1905	1890	5727	2924	2803	7076	3635	3441
九台区	5758	2944	2814	9048	4669	4379	10839	5604	5235
农安县									
长春经济技术开发区									
长春净月高新技术产业开发区									
长春高新技术产业开发区									
长春汽车经济技术开发区									
长春莲花山生态旅游度假区									
榆树市	5369	2815	2554	10010	5364	4646	12181	6448	5733
德惠市	5403	2747	2656	10227	5302	4925	10919	5763	5156
公主岭市	7458	3875	3583	12281	6475	5806	15264	7815	7449
吉林市	**53888**	**27794**	**26094**	**74537**	**38481**	**36056**	**72769**	**37926**	**34843**
昌邑区	14410	7447	6963	18107	9270	8837	15908	8305	7603
龙潭区	5594	2828	2766	8910	4630	4280	9161	4771	4390
船营区	10664	5475	5189	15046	7858	7188	14220	7487	6733
丰满区	6592	3398	3194	6552	3358	3194	5335	2855	2480
永吉县									
吉林经济开发区	41	22	19	46	19	27	36	19	17
吉林高新技术产业开发区									
吉林中国新加坡食品区									
蛟河市	4015	2105	1910	5608	2828	2780	5985	3069	2916
桦甸市	4931	2529	2402	7439	3844	3595	7834	4032	3802
舒兰市	3718	1973	1745	6104	3176	2928	7520	3850	3670
磐石市	3923	2017	1906	6725	3498	3227	6770	3538	3232
四平市	**15776**	**8196**	**7580**	**23142**	**12106**	**11036**	**25566**	**13458**	**12108**
铁西区	6869	3575	3294	9485	4957	4528	9646	5024	4622
铁东区	5718	2969	2749	8980	4707	4273	10386	5555	4831
梨树县									
伊通满族自治县									
双辽市	3189	1652	1537	4677	2442	2235	5534	2879	2655
辽源市	**11418**	**5843**	**5575**	**15579**	**8125**	**7454**	**14197**	**7376**	**6821**
龙山区	8867	4536	4331	12325	6446	5879	10982	5748	5234
西安区	2551	1307	1244	3254	1679	1575	3215	1628	1587

1–5a　续表 3　　　　单位：人

地　　区	1–4岁			5–9岁			10–14岁		
	小计	男	女	小计	男	女	小计	男	女
东丰县									
东辽县									
通化市	**14280**	**7337**	**6943**	**17105**	**8885**	**8220**	**16260**	**8318**	**7942**
东昌区	10622	5523	5099	12290	6373	5917	11019	5632	5387
二道江区	1160	567	593	1975	1011	964	2473	1259	1214
通化县									
辉南县									
柳河县									
集安市	2498	1247	1251	2840	1501	1339	2768	1427	1341
白山市	**12653**	**6450**	**6203**	**16847**	**8587**	**8260**	**15988**	**8245**	**7743**
浑江区	8363	4277	4086	11107	5658	5449	10417	5425	4992
江源区	1835	926	909	2544	1288	1256	2511	1281	1230
抚松县									
靖宇县									
长白朝鲜族自治县									
临江市	2455	1247	1208	3196	1641	1555	3060	1539	1521
松原市	**17388**	**9004**	**8384**	**25612**	**13506**	**12106**	**30761**	**16309**	**14452**
宁江区	13428	6989	6439	19940	10466	9474	23535	12419	11116
前郭尔罗斯蒙古族自治县	789	391	398	1076	553	523	1085	575	510
长岭县									
乾安县									
吉林松原经济开发区									
扶余市	3171	1624	1547	4596	2487	2109	6141	3315	2826
白城市	**11541**	**5889**	**5652**	**17130**	**8857**	**8273**	**20393**	**10529**	**9864**
洮北区	6071	3125	2946	9370	4839	4531	10865	5584	5281
镇赉县									
通榆县									
吉林白城经济开发区	84	38	46	143	75	68	151	82	69
洮南市	2991	1497	1494	4202	2151	2051	4940	2540	2400
大安市	2395	1229	1166	3415	1792	1623	4437	2323	2114
延边朝鲜族自治州	**38481**	**19815**	**18666**	**50321**	**25999**	**24322**	**49079**	**25440**	**23639**
延吉市	20546	10581	9965	26987	13911	13076	25522	13315	12207
图们市	1225	646	579	1680	901	779	1895	1025	870
敦化市	6731	3410	3321	7768	3986	3782	8021	4128	3893
珲春市	6581	3418	3163	8961	4665	4296	8385	4262	4123
龙井市	1837	936	901	2786	1434	1352	2795	1456	1339
和龙市	1561	824	737	2139	1102	1037	2461	1254	1207
汪清县									
安图县									
长白山管委会									
梅河口市	**7688**	**3992**	**3696**	**10680**	**5528**	**5152**	**10942**	**5671**	**5271**

1-5a 续表 4

单位：人

地　区	15-19岁			20-24岁			25-29岁		
	小计	男	女	小计	男	女	小计	男	女
全　省	**467766**	**240128**	**227638**	**472232**	**236724**	**235508**	**622041**	**305894**	**316147**
长春市	**210314**	**107931**	**102383**	**251570**	**126256**	**125314**	**285322**	**140412**	**144910**
南关区	29412	14617	14795	49422	23824	25598	50551	24297	26254
宽城区	17884	9075	8809	28050	13795	14255	47917	23831	24086
朝阳区	36977	21280	15697	65654	36610	29044	40198	19905	20293
二道区	22990	11084	11906	30266	13451	16815	38399	19041	19358
绿园区	22550	12445	10105	32728	16820	15908	49391	25134	24257
双阳区	23338	10630	12708	17660	8719	8941	7254	3489	3765
九台区	11388	5774	5614	6599	3167	3432	12880	6269	6611
农安县									
长春经济技术开发区									
长春净月高新技术产业开发区									
长春高新技术产业开发区									
长春汽车经济技术开发区									
长春莲花山生态旅游度假区									
榆树市	14172	7237	6935	7209	3383	3826	11650	5501	6149
德惠市	12891	6328	6563	6289	2967	3322	11954	5740	6214
公主岭市	18712	9461	9251	7693	3520	4173	15128	7205	7923
吉林市	**78575**	**42550**	**36025**	**69432**	**37496**	**31936**	**98821**	**48089**	**50732**
昌邑区	10657	5492	5165	13968	6931	7037	26865	13149	13716
龙潭区	14666	8746	5920	13990	8291	5699	11904	6020	5884
船营区	15682	8865	6817	20044	11752	8292	19759	9796	9963
丰满区	6877	4134	2743	6773	3513	3260	11930	5732	6198
永吉县									
吉林经济开发区	41	21	20	57	31	26	81	36	45
吉林高新技术产业开发区									
吉林中国新加坡食品区									
蛟河市	5933	3153	2780	3207	1473	1734	6759	3244	3515
桦甸市	8842	4351	4491	4519	2216	2303	8066	3879	4187
舒兰市	9693	4725	4968	3655	1738	1917	6827	3201	3626
磐石市	6184	3063	3121	3219	1551	1668	6630	3032	3598
四平市	**28002**	**13908**	**14094**	**23365**	**11482**	**11883**	**34157**	**17017**	**17140**
铁西区	8084	3920	4164	8658	4190	4468	13323	6493	6830
铁东区	13387	6889	6498	10315	5185	5130	13980	7201	6779
梨树县									
伊通满族自治县									
双辽市	6531	3099	3432	4392	2107	2285	6854	3323	3531
辽源市	**12428**	**6554**	**5874**	**12738**	**6420**	**6318**	**23954**	**11903**	**12051**
龙山区	9487	4981	4506	9104	4530	4574	17226	8403	8823
西安区	2941	1573	1368	3634	1890	1744	6728	3500	3228

1-5a 续表 5

单位：人

地区	15-19岁			20-24岁			25-29岁		
	小计	男	女	小计	男	女	小计	男	女
东丰县									
东辽县									
通化市	**18676**	**8659**	**10017**	**16981**	**7657**	**9324**	**23817**	**11624**	**12193**
东昌区	12133	5300	6833	13258	5773	7485	17963	8720	9243
二道江区	3019	1537	1482	1728	879	849	2187	1161	1026
通化县									
辉南县									
柳河县									
集安市	3524	1822	1702	1995	1005	990	3667	1743	1924
白山市	**13600**	**7134**	**6466**	**11484**	**5793**	**5691**	**20501**	**10263**	**10238**
浑江区	8375	4423	3952	7631	3856	3775	13524	6837	6687
江源区	2476	1322	1154	1809	958	851	3235	1619	1616
抚松县									
靖宇县									
长白朝鲜族自治县									
临江市	2749	1389	1360	2044	979	1065	3742	1807	1935
松原市	**30624**	**15745**	**14879**	**19526**	**9304**	**10222**	**31726**	**15259**	**16467**
宁江区	20114	10171	9943	15626	7510	8116	24299	11718	12581
前郭尔罗斯蒙古族自治县	659	348	311	616	298	318	1308	644	664
长岭县									
乾安县									
吉林松原经济开发区									
扶余市	9851	5226	4625	3284	1496	1788	6119	2897	3222
白城市	**20366**	**10246**	**10120**	**14542**	**7052**	**7490**	**22409**	**11008**	**11401**
洮北区	10012	5214	4798	8142	4032	4110	12213	6078	6135
镇赉县									
通榆县									
吉林白城经济开发区	140	78	62	132	62	70	211	118	93
洮南市	5565	2604	2961	3217	1472	1745	5448	2624	2824
大安市	4649	2350	2299	3051	1486	1565	4537	2188	2349
延边朝鲜族自治州	**42478**	**21042**	**21436**	**42985**	**20511**	**22474**	**65521**	**32698**	**32823**
延吉市	22872	10835	12037	26571	12233	14338	35299	17496	17803
图们市	1274	653	621	1443	768	675	2566	1358	1208
敦化市	8435	4374	4061	6018	3015	3003	10844	5365	5479
珲春市	5411	2826	2585	4955	2456	2499	10172	4982	5190
龙井市	2923	1531	1392	2492	1249	1243	3861	2070	1791
和龙市	1563	823	740	1506	790	716	2779	1427	1352
汪清县									
安图县									
长白山管委会									
梅河口市	**12703**	**6359**	**6344**	**9609**	**4753**	**4856**	**15813**	**7621**	**8192**

1-5a 续表 6 单位：人

地区	30-34岁			35-39岁			40-44岁		
	小计	男	女	小计	男	女	小计	男	女
全 省	**955555**	**471708**	**483847**	**802732**	**399019**	**403713**	**834250**	**413470**	**420780**
长春市	**426103**	**211894**	**214209**	**337836**	**169590**	**168246**	**325869**	**163130**	**162739**
南关区	67968	33623	34345	52377	26159	26218	47850	23700	24150
宽城区	76992	38848	38144	54240	28271	25969	46231	23812	22419
朝阳区	46665	22967	23698	44070	21264	22806	43756	21118	22638
二道区	59665	29706	29959	47148	23796	23352	43217	22045	21172
绿园区	75996	38431	37565	60271	30469	29802	57245	28862	28383
双阳区	12798	6272	6526	9881	5032	4849	11962	5985	5977
九台区	19396	9502	9894	14602	7254	7348	18280	9102	9178
农安县									
长春经济技术开发区									
长春净月高新技术产业开发区									
长春高新技术产业开发区									
长春汽车经济技术开发区									
长春莲花山生态旅游度假区									
榆树市	19776	9405	10371	15233	7402	7831	18505	9040	9465
德惠市	20206	9935	10271	17408	8555	8853	18226	9089	9137
公主岭市	26641	13205	13436	22606	11388	11218	20597	10377	10220
吉林市	**152291**	**73864**	**78427**	**135787**	**66467**	**69320**	**150319**	**73249**	**77070**
昌邑区	40941	19929	21012	36219	17939	18280	35969	17847	18122
龙潭区	18555	9265	9290	17143	8595	8548	19289	9552	9737
船营区	30639	14940	15699	28174	13758	14416	32110	15735	16375
丰满区	16907	8291	8616	12392	6104	6288	13784	6600	7184
永吉县									
吉林经济开发区	124	66	58	92	45	47	112	61	51
吉林高新技术产业开发区									
吉林中国新加坡食品区									
蛟河市	10378	4927	5451	9712	4688	5024	10952	5225	5727
桦甸市	13379	6529	6850	11896	5809	6087	13734	6539	7195
舒兰市	10370	4813	5557	9139	4312	4827	13043	6231	6812
磐石市	10998	5104	5894	11020	5217	5803	11326	5459	5867
四平市	**52042**	**26006**	**26036**	**44698**	**22438**	**22260**	**48329**	**23919**	**24410**
铁西区	21843	10657	11186	17893	8755	9138	18044	8974	9070
铁东区	21259	10970	10289	18225	9471	8754	20196	10060	10136
梨树县									
伊通满族自治县									
双辽市	8940	4379	4561	8580	4212	4368	10089	4885	5204
辽源市	**35601**	**17978**	**17623**	**27822**	**14127**	**13695**	**32533**	**16201**	**16332**
龙山区	26270	12995	13275	20988	10402	10586	24357	11948	12409
西安区	9331	4983	4348	6834	3725	3109	8176	4253	3923

1-5a 续表 7

单位：人

地 区	30-34岁			35-39岁			40-44岁		
	小计	男	女	小计	男	女	小计	男	女
东丰县									
东辽县									
通化市	**35714**	**17440**	**18274**	**31530**	**15526**	**16004**	**38913**	**19468**	**19445**
东昌区	27158	13325	13833	22816	11413	11403	25635	12949	12686
二道江区	3417	1730	1687	3621	1711	1910	6793	3355	3438
通化县									
辉南县									
柳河县									
集安市	5139	2385	2754	5093	2402	2691	6485	3164	3321
白山市	**32553**	**15996**	**16557**	**27394**	**13644**	**13750**	**33979**	**16903**	**17076**
浑江区	21623	10551	11072	18559	9160	9399	22752	11346	11406
江源区	5131	2644	2487	4050	2093	1957	5098	2583	2515
抚松县									
靖宇县									
长白朝鲜族自治县									
临江市	5799	2801	2998	4785	2391	2394	6129	2974	3155
松原市	**54873**	**26411**	**28462**	**47331**	**23427**	**23904**	**52494**	**25663**	**26831**
宁江区	42879	20633	22246	37604	18608	18996	42531	20786	21745
前郭尔罗斯蒙古族自治县	2584	1239	1345	1840	917	923	1724	867	857
长岭县									
乾安县									
吉林松原经济开发区									
扶余市	9410	4539	4871	7887	3902	3985	8239	4010	4229
白城市	**36803**	**17868**	**18935**	**35807**	**17569**	**18238**	**37921**	**18560**	**19361**
洮北区	19846	9701	10145	19430	9558	9872	19511	9673	9838
镇赉县									
通榆县									
吉林白城经济开发区	278	151	127	290	167	123	332	178	154
洮南市	9162	4447	4715	8189	4038	4151	8969	4336	4633
大安市	7517	3569	3948	7898	3806	4092	9109	4373	4736
延边朝鲜族自治州	**106785**	**53254**	**53531**	**94697**	**46466**	**48231**	**91357**	**45053**	**46304**
延吉市	58047	28800	29247	51227	24947	26280	47041	23150	23891
图们市	3965	1989	1976	3853	1926	1927	3889	1939	1950
敦化市	16132	8144	7988	14279	6886	7393	15800	7555	8245
珲春市	17617	8605	9012	15177	7487	7690	14230	7054	7176
龙井市	6595	3451	3144	6128	3199	2929	6191	3257	2934
和龙市	4429	2265	2164	4033	2021	2012	4206	2098	2108
汪清县									
安图县									
长白山管委会									
梅河口市	**22790**	**10997**	**11793**	**19830**	**9765**	**10065**	**22536**	**11324**	**11212**

1-5a 续表 8　　单位：人

地区	45-49岁			50-54岁			55-59岁		
	小计	男	女	小计	男	女	小计	男	女
全　省	**909403**	**446499**	**462904**	**944290**	**461826**	**482464**	**881576**	**430316**	**451260**
长春市	**339312**	**167514**	**171798**	**331128**	**161411**	**169717**	**307809**	**150531**	**157278**
南关区	50742	25050	25692	51093	24619	26474	51947	25116	26831
宽城区	47534	23645	23889	48159	23412	24747	47182	22992	24190
朝阳区	44637	22112	22525	41320	20029	21291	40444	19859	20585
二道区	41208	20628	20580	40554	19874	20680	38870	18936	19934
绿园区	59456	29632	29824	59746	29237	30509	55950	27396	28554
双阳区	12435	6146	6289	11584	5679	5905	8545	4264	4281
九台区	21826	10734	11092	21903	10891	11012	18871	9396	9475
农安县									
长春经济技术开发区									
长春净月高新技术产业开发区									
长春高新技术产业开发区									
长春汽车经济技术开发区									
长春莲花山生态旅游度假区									
榆树市	21001	9978	11023	18143	8747	9396	13525	6599	6926
德惠市	18953	9071	9882	15268	7375	7893	12273	5973	6300
公主岭市	21520	10518	11002	23358	11548	11810	20202	10000	10202
吉林市	**160625**	**77953**	**82672**	**176473**	**85686**	**90787**	**175548**	**85226**	**90322**
昌邑区	37895	18385	19510	43311	20744	22567	45601	22087	23514
龙潭区	21433	10456	10977	25887	12634	13253	26562	13123	13439
船营区	33303	16304	16999	34309	16621	17688	35122	16774	18348
丰满区	16782	7917	8865	19071	9209	9862	18122	8680	9442
永吉县									
吉林经济开发区	150	72	78	220	108	112	209	100	109
吉林高新技术产业开发区									
吉林中国新加坡食品区									
蛟河市	11711	5733	5978	12278	6042	6236	12356	6072	6284
桦甸市	14814	7220	7594	15190	7502	7688	12919	6392	6527
舒兰市	13663	6536	7127	16011	7847	8164	14942	7425	7517
磐石市	10874	5330	5544	10196	4979	5217	9715	4573	5142
四平市	**56680**	**27915**	**28765**	**58786**	**28899**	**29887**	**54202**	**26712**	**27490**
铁西区	21201	10247	10954	22458	10873	11585	21130	10326	10804
铁东区	23749	11919	11830	24442	12245	12197	22144	11052	11092
梨树县									
伊通满族自治县									
双辽市	11730	5749	5981	11886	5781	6105	10928	5334	5594
辽源市	**35934**	**17682**	**18252**	**43922**	**21732**	**22190**	**41330**	**20455**	**20875**
龙山区	25879	12691	13188	29403	14400	15003	26718	13163	13555
西安区	10055	4991	5064	14519	7332	7187	14612	7292	7320

1-5a　续表 9　　　　单位：人

地　区	45-49岁			50-54岁			55-59岁		
	小计	男	女	小计	男	女	小计	男	女
东丰县									
东辽县									
通化市	**43792**	**21480**	**22312**	**47171**	**23142**	**24029**	**44156**	**21473**	**22683**
东昌区	29241	14285	14956	32183	15709	16474	31596	15337	16259
二道江区	7351	3697	3654	7577	3823	3754	5751	2885	2866
通化县									
辉南县									
柳河县									
集安市	7200	3498	3702	7411	3610	3801	6809	3251	3558
白山市	**43837**	**21650**	**22187**	**49689**	**24734**	**24955**	**44729**	**22042**	**22687**
浑江区	28131	13895	14236	29916	14893	15023	26174	12802	13372
江源区	7796	3863	3933	10487	5238	5249	9614	4863	4751
抚松县									
靖宇县									
长白朝鲜族自治县									
临江市	7910	3892	4018	9286	4603	4683	8941	4377	4564
松原市	**56600**	**27603**	**28997**	**50642**	**24800**	**25842**	**41867**	**20158**	**21709**
宁江区	46901	22913	23988	41812	20529	21283	34377	16624	17753
前郭尔罗斯蒙古族自治县	1964	913	1051	1769	848	921	1603	741	862
长岭县									
乾安县									
吉林松原经济开发区									
扶余市	7735	3777	3958	7061	3423	3638	5887	2793	3094
白城市	**43942**	**21381**	**22561**	**44977**	**21871**	**23106**	**41392**	**19989**	**21403**
洮北区	22499	10894	11605	23510	11469	12041	21958	10631	11327
镇赉县									
通榆县									
吉林白城经济开发区	548	284	264	760	393	367	660	330	330
洮南市	9909	4859	5050	10256	4889	5367	8952	4281	4671
大安市	10986	5344	5642	10451	5120	5331	9822	4747	5075
延边朝鲜族自治州	**107399**	**52918**	**54481**	**118910**	**58589**	**60321**	**110437**	**53944**	**56493**
延吉市	52502	25595	26907	56568	27316	29252	53472	25615	27857
图们市	5646	2759	2887	6655	3294	3361	6687	3329	3358
敦化市	18745	9039	9706	20872	10273	10599	18554	9073	9481
珲春市	17253	8695	8558	18553	9346	9207	16191	8063	8128
龙井市	7440	3882	3558	9071	4681	4390	9249	4652	4597
和龙市	5813	2948	2865	7191	3679	3512	6284	3212	3072
汪清县									
安图县									
长白山管委会									
梅河口市	**21282**	**10403**	**10879**	**22592**	**10962**	**11630**	**20106**	**9786**	**10320**

1-5a 续表 10 单位：人

地　区	60-64岁			65-69岁			70-74岁		
	小计	男	女	小计	男	女	小计	男	女
全　省	**709824**	**338918**	**370906**	**615459**	**284142**	**331317**	**366804**	**162949**	**203855**
长春市	**253042**	**120968**	**132074**	**218951**	**101058**	**117893**	**126140**	**56322**	**69818**
南关区	44674	21281	23393	37655	17462	20193	20287	9109	11178
宽城区	38709	18603	20106	30229	14055	16174	16417	7408	9009
朝阳区	35400	16839	18561	31125	14479	16646	17774	7934	9840
二道区	31921	15188	16733	26974	12451	14523	14744	6488	8256
绿园区	46016	21958	24058	39745	18436	21309	22399	10152	12247
双阳区	6670	3235	3435	6213	2823	3390	4392	1957	2435
九台区	14152	6910	7242	13218	6082	7136	8244	3557	4687
农安县									
长春经济技术开发区									
长春净月高新技术产业开发区									
长春高新技术产业开发区									
长春汽车经济技术开发区									
长春莲花山生态旅游度假区									
榆树市	10208	4716	5492	10084	4451	5633	7124	3153	3971
德惠市	9751	4724	5027	8982	4064	4918	5738	2518	3220
公主岭市	15541	7514	8027	14726	6755	7971	9021	4046	4975
吉林市	**144410**	**69555**	**74855**	**123024**	**57305**	**65719**	**73681**	**33057**	**40624**
昌邑区	39801	19056	20745	32760	15317	17443	18726	8463	10263
龙潭区	21529	10448	11081	17183	7894	9289	10940	4892	6048
船营区	30898	14785	16113	26433	12236	14197	16045	7209	8836
丰满区	14105	6822	7283	12018	5710	6308	7290	3244	4046
永吉县									
吉林经济开发区	164	82	82	149	77	72	76	34	42
吉林高新技术产业开发区									
吉林中国新加坡食品区									
蛟河市	10448	5142	5306	8343	3918	4425	5103	2296	2807
桦甸市	9540	4534	5006	8878	4157	4721	4999	2254	2745
舒兰市	10268	5093	5175	9559	4490	5069	5892	2568	3324
磐石市	7657	3593	4064	7701	3506	4195	4610	2097	2513
四平市	**42259**	**20184**	**22075**	**38496**	**17715**	**20781**	**23031**	**10096**	**12935**
铁西区	16596	7897	8699	14656	6784	7872	8825	3815	5010
铁东区	17458	8464	8994	15635	7298	8337	9312	4136	5176
梨树县									
伊通满族自治县									
双辽市	8205	3823	4382	8205	3633	4572	4894	2145	2749
辽源市	**31562**	**14945**	**16617**	**27702**	**12757**	**14945**	**15141**	**6725**	**8416**
龙山区	20074	9475	10599	18188	8244	9944	10204	4493	5711
西安区	11488	5470	6018	9514	4513	5001	4937	2232	2705

1-5a 续表 11

单位：人

地 区	60-64岁			65-69岁			70-74岁		
	小计	男	女	小计	男	女	小计	男	女
东丰县									
东辽县									
通化市	**34946**	**16732**	**18214**	**30777**	**14510**	**16267**	**17788**	**7841**	**9947**
东昌区	25180	12114	13066	21620	10311	11309	11828	5188	6640
二道江区	4140	1899	2241	4542	2054	2488	3042	1364	1678
通化县									
辉南县									
柳河县									
集安市	5626	2719	2907	4615	2145	2470	2918	1289	1629
白山市	**32775**	**15738**	**17037**	**28853**	**13567**	**15286**	**17629**	**7866**	**9763**
浑江区	19329	9122	10207	17635	8259	9376	10832	4827	6005
江源区	6658	3264	3394	5504	2611	2893	3482	1525	1957
抚松县									
靖宇县									
长白朝鲜族自治县									
临江市	6788	3352	3436	5714	2697	3017	3315	1514	1801
松原市	**31156**	**14360**	**16796**	**31868**	**13942**	**17926**	**21762**	**9972**	**11790**
宁江区	25505	11758	13747	26929	11751	15178	18635	8617	10018
前郭尔罗斯蒙古族自治县	1194	558	636	981	441	540	648	283	365
长岭县									
乾安县									
吉林松原经济开发区									
扶余市	4457	2044	2413	3958	1750	2208	2479	1072	1407
白城市	**33380**	**15844**	**17536**	**28946**	**13207**	**15739**	**18488**	**8112**	**10376**
洮北区	17689	8404	9285	15465	7126	8339	9207	4002	5205
镇赉县									
通榆县									
吉林白城经济开发区	547	273	274	499	237	262	292	135	157
洮南市	7313	3496	3817	6210	2793	3417	4592	2032	2560
大安市	7831	3671	4160	6772	3051	3721	4397	1943	2454
延边朝鲜族自治州	**89040**	**42421**	**46619**	**72323**	**33307**	**39016**	**44810**	**19203**	**25607**
延吉市	43697	20547	23150	36462	16630	19832	21854	9486	12368
图们市	6203	2980	3223	5009	2361	2648	3159	1362	1797
敦化市	14120	6766	7354	10863	5033	5830	6889	2991	3898
珲春市	12005	5747	6258	9412	4368	5044	5925	2498	3427
龙井市	8097	3905	4192	6708	3110	3598	4521	1870	2651
和龙市	4918	2476	2442	3869	1805	2064	2462	996	1466
汪清县									
安图县									
长白山管委会									
梅河口市	**17254**	**8171**	**9083**	**14519**	**6774**	**7745**	**8334**	**3755**	**4579**

1-5a 续表 12

单位：人

地　区	75-79岁			80-84岁			85-89岁		
	小计	男	女	小计	男	女	小计	男	女
全　省	**227022**	**95023**	**131999**	**157456**	**65440**	**92016**	**75664**	**31082**	**44582**
长春市	**78467**	**33443**	**45024**	**54741**	**23157**	**31584**	**28162**	**11855**	**16307**
南关区	12564	5256	7308	9783	3970	5813	5493	2287	3206
宽城区	9723	4185	5538	6617	2718	3899	3795	1559	2236
朝阳区	12736	5243	7493	10428	4286	6142	5664	2381	3283
二道区	9048	3814	5234	6268	2623	3645	3408	1414	1994
绿园区	13574	5832	7742	9871	4186	5685	4744	2090	2654
双阳区	2332	1007	1325	1675	799	876	700	301	399
九台区	5276	2295	2981	3095	1389	1706	1453	608	845
农安县									
长春经济技术开发区									
长春净月高新技术产业开发区									
长春高新技术产业开发区									
长春汽车经济技术开发区									
长春莲花山生态旅游度假区									
榆树市	4078	1812	2266	1910	890	1020	787	324	463
德惠市	3538	1604	1934	2024	912	1112	725	321	404
公主岭市	5598	2395	3203	3070	1384	1686	1393	570	823
吉林市	**46819**	**19630**	**27189**	**34491**	**14060**	**20431**	**16289**	**6801**	**9488**
昌邑区	12179	5095	7084	9148	3663	5485	4599	1891	2708
龙潭区	7218	2910	4308	6561	2617	3944	2791	1295	1496
船营区	9842	4284	5558	6949	2786	4163	3378	1362	2016
丰满区	4757	2002	2755	3510	1506	2004	1600	642	958
永吉县									
吉林经济开发区	36	11	25	22	9	13	7	4	3
吉林高新技术产业开发区									
吉林中国新加坡食品区									
蛟河市	3227	1324	1903	2191	854	1337	1330	517	813
桦甸市	3058	1295	1763	1968	813	1155	845	341	504
舒兰市	4082	1646	2436	2760	1210	1550	1156	505	651
磐石市	2420	1063	1357	1382	602	780	583	244	339
四平市	**13589**	**5904**	**7685**	**9487**	**3947**	**5540**	**4758**	**1962**	**2796**
铁西区	5377	2320	3057	3878	1654	2224	2070	857	1213
铁东区	5591	2418	3173	4166	1691	2475	2028	841	1187
梨树县									
伊通满族自治县									
双辽市	2621	1166	1455	1443	602	841	660	264	396
辽源市	**10143**	**4045**	**6098**	**7258**	**3130**	**4128**	**3459**	**1439**	**2020**
龙山区	6766	2768	3998	4416	1929	2487	2116	868	1248
西安区	3377	1277	2100	2842	1201	1641	1343	571	772

1-5a　续表 13　　　　单位：人

地　区	75-79岁			80-84岁			85-89岁		
	小计	男	女	小计	男	女	小计	男	女
东丰县									
东辽县									
通化市	**11875**	**4681**	**7194**	**8078**	**3415**	**4663**	**3712**	**1533**	**2179**
东昌区	8226	3283	4943	5738	2398	3340	2808	1151	1657
二道江区	1905	690	1215	1355	614	741	467	205	262
通化县									
辉南县									
柳河县									
集安市	1744	708	1036	985	403	582	437	177	260
白山市	**11862**	**4725**	**7137**	**8629**	**3502**	**5127**	**3952**	**1570**	**2382**
浑江区	6892	2739	4153	5013	2090	2923	2188	859	1329
江源区	2695	1079	1616	2068	821	1247	1008	416	592
抚松县									
靖宇县									
长白朝鲜族自治县									
临江市	2275	907	1368	1548	591	957	756	295	461
松原市	**10236**	**4499**	**5737**	**5941**	**2678**	**3263**	**2700**	**1149**	**1551**
宁江区	8507	3740	4767	5088	2299	2789	2378	1026	1352
前郭尔罗斯蒙古族自治县	381	159	222	222	103	119	87	30	57
长岭县									
乾安县									
吉林松原经济开发区									
扶余市	1348	600	748	631	276	355	235	93	142
白城市	**11085**	**4800**	**6285**	**7222**	**3136**	**4086**	**2941**	**1235**	**1706**
洮北区	5793	2461	3332	3910	1651	2259	1647	694	953
镇赉县									
通榆县									
吉林白城经济开发区	114	49	65	100	52	48	22	6	16
洮南市	2475	1086	1389	1379	618	761	613	262	351
大安市	2703	1204	1499	1833	815	1018	659	273	386
延边朝鲜族自治州	**28380**	**11269**	**17111**	**18820**	**7142**	**11678**	**8372**	**2969**	**5403**
延吉市	13738	5478	8260	9285	3526	5759	4072	1392	2680
图们市	1840	757	1083	1306	475	831	688	230	458
敦化市	4823	1926	2897	3065	1224	1841	1433	618	815
珲春市	3621	1459	2162	2292	869	1423	964	332	632
龙井市	2605	999	1606	1577	561	1016	650	199	451
和龙市	1753	650	1103	1295	487	808	565	198	367
汪清县									
安图县									
长白山管委会									
梅河口市	**4566**	**2027**	**2539**	**2789**	**1273**	**1516**	**1319**	**569**	**750**

1-5a 续表 14

单位：人

地区	90-94岁			95-99岁			100岁及以上		
	小计	男	女	小计	男	女	小计	男	女
全 省	**26564**	**11574**	**14990**	**6651**	**2883**	**3768**	**940**	**416**	**524**
长春市	**10558**	**4676**	**5882**	**2658**	**1157**	**1501**	**403**	**182**	**221**
南关区	2106	959	1147	597	243	354	92	44	48
宽城区	1474	613	861	351	147	204	46	23	23
朝阳区	2149	990	1159	458	206	252	75	29	46
二道区	1288	549	739	396	155	241	60	28	32
绿园区	1783	740	1043	448	212	236	71	27	44
双阳区	225	115	110	53	21	32	11	3	8
九台区	514	240	274	133	65	68	22	12	10
农安县									
长春经济技术开发区									
长春净月高新技术产业开发区									
长春高新技术产业开发区									
长春汽车经济技术开发区									
长春莲花山生态旅游度假区									
榆树市	281	124	157	45	17	28	6	2	4
德惠市	281	134	147	68	35	33	10	6	4
公主岭市	457	212	245	109	56	53	10	8	2
吉林市	**5296**	**2329**	**2967**	**1398**	**591**	**807**	**122**	**52**	**70**
昌邑区	1533	675	858	347	150	197	32	13	19
龙潭区	709	327	382	137	56	81	16	7	9
船营区	1105	489	616	272	120	152	22	8	14
丰满区	476	208	268	127	61	66	13	4	9
永吉县									
吉林经济开发区	2	1	1	3	2	1			
吉林高新技术产业开发区									
吉林中国新加坡食品区									
蛟河市	563	221	342	279	103	176	26	11	15
桦甸市	320	140	180	100	39	61	2	2	
舒兰市	390	175	215	99	42	57	4	3	1
磐石市	198	93	105	34	18	16	7	4	3
四平市	**1756**	**788**	**968**	**536**	**237**	**299**	**113**	**60**	**53**
铁西区	801	369	432	223	91	132	34	15	19
铁东区	735	309	426	261	118	143	75	42	33
梨树县									
伊通满族自治县									
双辽市	220	110	110	52	28	24	4	3	1
辽源市	**1366**	**603**	**763**	**336**	**152**	**184**	**35**	**12**	**23**
龙山区	849	356	493	208	81	127	19	6	13
西安区	517	247	270	128	71	57	16	6	10

1-5a 续表 15 单位：人

地区	90-94岁			95-99岁			100岁及以上		
	小计	男	女	小计	男	女	小计	男	女
东丰县									
东辽县									
通化市	**1355**	**600**	**755**	**348**	**154**	**194**	**47**	**25**	**22**
东昌区	994	447	547	279	127	152	39	21	18
二道江区	196	85	111	39	19	20	4	3	1
通化县									
辉南县									
柳河县									
集安市	165	68	97	30	8	22	4	1	3
白山市	**1345**	**610**	**735**	**267**	**113**	**154**	**38**	**18**	**20**
浑江区	728	296	432	163	60	103	30	14	16
江源区	352	175	177	71	41	30	6	3	3
抚松县									
靖宇县									
长白朝鲜族自治县									
临江市	265	139	126	33	12	21	2	1	1
松原市	**926**	**390**	**536**	**200**	**90**	**110**	**33**	**12**	**21**
宁江区	812	347	465	186	83	103	28	11	17
前郭尔罗斯蒙古族自治县	28	10	18	7	4	3	1		1
长岭县									
乾安县									
吉林松原经济开发区									
扶余市	86	33	53	7	3	4	4	1	3
白城市	**983**	**452**	**531**	**208**	**94**	**114**	**41**	**13**	**28**
洮北区	557	267	290	109	48	61	23	8	15
镇赉县									
通榆县									
吉林白城经济开发区	19	5	14	15	8	7	3	2	1
洮南市	201	92	109	46	24	22	8	1	7
大安市	206	88	118	38	14	24	7	2	5
延边朝鲜族自治州	**2458**	**868**	**1590**	**544**	**219**	**325**	**89**	**33**	**56**
延吉市	1282	443	839	305	117	188	61	22	39
图们市	186	71	115	43	20	23			
敦化市	402	189	213	77	30	47	14	6	8
珲春市	254	66	188	48	26	22	6	3	3
龙井市	205	60	145	49	17	32	4	2	2
和龙市	129	39	90	22	9	13	4		4
汪清县									
安图县									
长白山管委会									
梅河口市	**521**	**258**	**263**	**156**	**76**	**80**	**19**	**9**	**10**

1-5b 各地区分年龄、性别的人口(镇)

单位：人

地　区	合　计			0岁		
	合计	男	女	小计	男	女
全　省	**4787311**	**2360236**	**2427075**	**28677**	**14741**	**13936**
长春市	**1896416**	**940779**	**955637**	**14671**	**7551**	**7120**
南关区						
宽城区	78425	38547	39878	512	255	257
朝阳区	9665	4854	4811	46	25	21
二道区	1469	758	711	6	4	2
绿园区						
双阳区	4357	2262	2095	24	12	12
九台区	5997	2940	3057	34	20	14
农安县	196832	95611	101221	981	503	478
长春经济技术开发区	429387	212067	217320	3821	1935	1886
长春净月高新技术产业开发区	208866	96251	112615	1442	740	702
长春高新技术产业开发区	453298	227988	225310	4198	2177	2021
长春汽车经济技术开发区	317978	163993	153985	2656	1375	1281
长春莲花山生态旅游度假区	5858	3054	2804	23	15	8
榆树市	51146	25883	25263	152	70	82
德惠市	11076	5566	5510	38	22	16
公主岭市	122062	61005	61057	738	398	340
吉林市	**447852**	**218135**	**229717**	**1989**	**1049**	**940**
昌邑区	11454	5472	5982	24	10	14
龙潭区	13378	6826	6552	34	18	16
船营区	5653	2807	2846	23	12	11
丰满区	1625	814	811	7	3	4
永吉县	93845	45576	48269	381	219	162
吉林经济开发区	43308	22283	21025	112	53	59
吉林高新技术产业开发区	137672	63657	74015	923	499	424
吉林中国新加坡食品区	4882	2406	2476	31	16	15
蛟河市	37255	18745	18510	144	66	78
桦甸市	30828	15524	15304	93	46	47
舒兰市	27214	13499	13715	85	37	48
磐石市	40738	20526	20212	132	70	62
四平市	**334269**	**164877**	**169392**	**1456**	**728**	**728**
铁西区						
铁东区	4377	2145	2232	16	13	3
梨树县	193144	95883	97261	753	378	375
伊通满族自治县	110229	53475	56754	574	287	287
双辽市	26519	13374	13145	113	50	63
辽源市	**168785**	**82194**	**86591**	**741**	**400**	**341**
龙山区	833	437	396			
西安区						
东丰县	112665	54825	57840	544	290	254
东辽县	55287	26932	28355	197	110	87

1-5b　续表 1

单位：人

地　区	合计			0岁		
	合计	男	女	小计	男	女
通化市	**334378**	**164201**	**170177**	**1671**	**871**	**800**
东昌区	5627	2783	2844	35	19	16
二道江区	15350	7718	7632	32	20	12
通化县	77528	37659	39869	442	209	233
辉南县	123574	60681	62893	554	296	258
柳河县	102743	50526	52217	572	311	261
集安市	9556	4834	4722	36	16	20
白山市	**324162**	**161180**	**162982**	**1718**	**886**	**832**
浑江区	10123	4793	5330	14	6	8
江源区	31443	16118	15325	87	47	40
抚松县	169081	84019	85062	912	471	441
靖宇县	66218	32768	33450	479	246	233
长白朝鲜族自治县	40959	20210	20749	209	105	104
临江市	6338	3272	3066	17	11	6
松原市	**489217**	**239255**	**249962**	**2712**	**1387**	**1325**
宁江区	27416	13427	13989	119	60	59
前郭尔罗斯蒙古族自治县	140169	67438	72731	740	374	366
长岭县	125129	61682	63447	643	320	323
乾安县	93731	45744	47987	433	225	208
吉林松原经济开发区	70980	34927	36053	679	355	324
扶余市	31792	16037	15755	98	53	45
白城市	**392005**	**189367**	**202638**	**2061**	**998**	**1063**
洮北区	24720	12521	12199	77	33	44
镇赉县	105997	51970	54027	545	261	284
通榆县	113347	54944	58403	596	296	300
吉林白城经济开发区	103493	47557	55936	668	320	348
洮南市	10767	5426	5341	46	22	24
大安市	33681	16949	16732	129	66	63
延边朝鲜族自治州	**295457**	**147011**	**148446**	**1075**	**565**	**510**
延吉市	19701	9958	9743	57	28	29
图们市	11635	5862	5773	12	6	6
敦化市	46927	23581	23346	125	63	62
珲春市	10713	5515	5198	19	9	10
龙井市	10935	5527	5408	5	3	2
和龙市	21158	10907	10251	23	11	12
汪清县	114193	56081	58112	534	279	255
安图县	60195	29580	30615	300	166	134
长白山管委会	**60961**	**30937**	**30024**	**427**	**226**	**201**
长白山保护开发区池北区	44454	22599	21855	332	176	156
长白山保护开发区池西区	14660	7379	7281	89	46	43
长白山保护开发区池南区	1847	959	888	6	4	2
梅河口市	**43809**	**22300**	**21509**	**156**	**80**	**76**

1-5b 续表 2

单位：人

地区	1-4岁			5-9岁			10-14岁		
	小计	男	女	小计	男	女	小计	男	女
全　省	**161499**	**83172**	**78327**	**217196**	**112576**	**104620**	**216380**	**111469**	**104911**
长春市	**78641**	**40457**	**38184**	**93473**	**48617**	**44856**	**78425**	**40760**	**37665**
南关区									
宽城区	2721	1382	1339	4524	2378	2146	4217	2190	2027
朝阳区	226	126	100	436	230	206	545	265	280
二道区	23	10	13	63	34	29	77	35	42
绿园区									
双阳区	74	36	38	165	81	84	195	106	89
九台区	192	98	94	437	224	213	537	254	283
农安县	5617	2874	2743	9715	5056	4659	13027	6823	6204
长春经济技术开发区	19478	10038	9440	18743	9720	9023	14751	7651	7100
长春净月高新技术产业开发区	7614	3827	3787	8987	4719	4268	7178	3809	3369
长春高新技术产业开发区	23596	12292	11304	26834	14003	12831	14732	7714	7018
长春汽车经济技术开发区	13509	6985	6524	13407	6941	6466	10871	5610	5261
长春莲花山生态旅游度假区	96	43	53	199	103	96	282	134	148
榆树市	929	458	471	2276	1178	1098	3126	1607	1519
德惠市	204	112	92	456	223	233	635	331	304
公主岭市	4362	2176	2186	7231	3727	3504	8252	4231	4021
吉林市	**12168**	**6287**	**5881**	**19263**	**10079**	**9184**	**19128**	**9574**	**9554**
昌邑区	153	89	64	343	182	161	424	201	223
龙潭区	202	100	102	483	246	237	621	312	309
船营区	178	91	87	396	200	196	432	205	227
丰满区	50	26	24	68	37	31	63	30	33
永吉县	2454	1256	1198	3995	2116	1879	4320	2191	2129
吉林经济开发区	754	350	404	1141	594	547	1255	627	628
吉林高新技术产业开发区	5182	2681	2501	6611	3505	3106	4652	2264	2388
吉林中国新加坡食品区	164	83	81	253	133	120	242	109	133
蛟河市	954	513	441	1766	908	858	2017	1023	994
桦甸市	598	316	282	1127	541	586	1336	670	666
舒兰市	652	349	303	1281	691	590	1690	882	808
磐石市	827	433	394	1799	926	873	2076	1060	1016
四平市	**8795**	**4478**	**4317**	**15612**	**8053**	**7559**	**19376**	**10094**	**9282**
铁西区									
铁东区	73	33	40	151	67	84	203	100	103
梨树县	4912	2514	2398	8878	4586	4292	11560	6018	5542
伊通满族自治县	3152	1596	1556	5256	2711	2545	6085	3181	2904
双辽市	658	335	323	1327	689	638	1528	795	733
辽源市	**4637**	**2418**	**2219**	**7694**	**3920**	**3774**	**8094**	**4134**	**3960**
龙山区	10	6	4	22	14	8	22	15	7
西安区									
东丰县	3382	1766	1616	5260	2674	2586	5182	2678	2504
东辽县	1245	646	599	2412	1232	1180	2890	1441	1449

1-5b 续表 3

单位：人

地区	1-4岁			5-9岁			10-14岁		
	小计	男	女	小计	男	女	小计	男	女
通化市	**10022**	**5182**	**4840**	**14821**	**7695**	**7126**	**16145**	**8267**	**7878**
东昌区	181	100	81	265	127	138	253	126	127
二道江区	183	95	88	285	148	137	356	177	179
通化县	2927	1477	1450	3860	1980	1880	3643	1843	1800
辉南县	3106	1638	1468	4602	2394	2208	5915	3083	2832
柳河县	3365	1751	1614	5378	2817	2561	5566	2842	2724
集安市	260	121	139	431	229	202	412	196	216
白山市	**9953**	**5199**	**4754**	**12886**	**6621**	**6265**	**13388**	**6843**	**6545**
浑江区	107	66	41	239	117	122	273	140	133
江源区	466	245	221	617	324	293	974	509	465
抚松县	5417	2798	2619	7036	3638	3398	7003	3591	3412
靖宇县	2596	1358	1238	3247	1658	1589	3264	1655	1609
长白朝鲜族自治县	1233	668	565	1591	806	785	1649	839	810
临江市	134	64	70	156	78	78	225	109	116
松原市	**15414**	**8017**	**7397**	**24536**	**12791**	**11745**	**30352**	**15657**	**14695**
宁江区	834	425	409	1380	728	652	1776	941	835
前郭尔罗斯蒙古族自治县	4138	2114	2024	7361	3821	3540	9030	4568	4462
长岭县	3408	1789	1619	6377	3282	3095	8839	4628	4211
乾安县	2661	1339	1322	4288	2220	2068	5561	2824	2737
吉林松原经济开发区	3551	1907	1644	3400	1813	1587	2811	1490	1321
扶余市	822	443	379	1730	927	803	2335	1206	1129
白城市	**11668**	**5991**	**5677**	**15508**	**7922**	**7586**	**17446**	**8893**	**8553**
洮北区	526	263	263	741	367	374	853	427	426
镇赉县	2963	1511	1452	4258	2147	2111	5496	2784	2712
通榆县	3587	1852	1735	5378	2726	2652	5458	2797	2661
吉林白城经济开发区	3621	1860	1761	3582	1895	1687	3627	1876	1751
洮南市	257	135	122	457	229	228	525	268	257
大安市	714	370	344	1092	558	534	1487	741	746
延边朝鲜族自治州	**6949**	**3508**	**3441**	**9385**	**4796**	**4589**	**10093**	**5240**	**4853**
延吉市	421	220	201	674	354	320	761	406	355
图们市	136	68	68	181	96	85	198	118	80
敦化市	954	462	492	1337	692	645	1591	811	780
珲春市	168	82	86	248	118	130	259	115	144
龙井市	127	69	58	108	56	52	126	66	60
和龙市	249	134	115	405	201	204	422	226	196
汪清县	3045	1542	1503	4048	2091	1957	4395	2283	2112
安图县	1849	931	918	2384	1188	1196	2341	1215	1126
长白山管委会	**2309**	**1150**	**1159**	**2363**	**1219**	**1144**	**2086**	**1093**	**993**
长白山保护开发区池北区	1753	875	878	1777	901	876	1456	771	685
长白山保护开发区池西区	519	250	269	542	290	252	579	295	284
长白山保护开发区池南区	37	25	12	44	28	16	51	27	24
梅河口市	**943**	**485**	**458**	**1655**	**863**	**792**	**1847**	**914**	**933**

1−5b 续表 4 单位：人

地 区	15−19岁			20−24岁			25−29岁		
	小计	男	女	小计	男	女	小计	男	女
全 省	**264335**	**132882**	**131453**	**235377**	**114037**	**121340**	**282949**	**140950**	**141999**
长春市	**122458**	**63044**	**59414**	**136912**	**67388**	**69524**	**142471**	**71772**	**70699**
南关区									
宽城区	7589	2997	4592	4101	1749	2352	5718	2914	2804
朝阳区	268	149	119	319	165	154	426	212	214
二道区	54	27	27	50	26	24	69	35	34
绿园区									
双阳区	102	56	46	138	79	59	160	81	79
九台区	120	57	63	174	89	85	365	171	194
农安县	11156	5701	5455	5446	2553	2893	10540	4946	5594
长春经济技术开发区	23474	11801	11673	27491	13288	14203	37422	18671	18751
长春净月高新技术产业开发区	23781	9611	14170	31867	12680	19187	11222	5144	6078
长春高新技术产业开发区	35083	19107	15976	45940	23593	22347	37304	18570	18734
长春汽车经济技术开发区	13317	9376	3941	16237	10544	5693	28573	15797	12776
长春莲花山生态旅游度假区	198	124	74	205	109	96	266	141	125
榆树市	2337	1399	938	1387	699	688	1922	980	942
德惠市	260	137	123	392	206	186	622	333	289
公主岭市	4719	2502	2217	3165	1608	1557	7862	3777	4085
吉林市	**21940**	**10085**	**11855**	**23083**	**10292**	**12791**	**20474**	**10159**	**10315**
昌邑区	1043	415	628	1481	583	898	379	196	183
龙潭区	410	221	189	387	244	143	498	260	238
船营区	119	66	53	117	62	55	316	129	187
丰满区	31	19	12	43	21	22	71	34	37
永吉县	5378	2753	2625	2452	1229	1223	4052	1939	2113
吉林经济开发区	4347	2454	1893	5641	3060	2581	2160	1242	918
吉林高新技术产业开发区	8630	3093	5537	9952	3562	6390	7515	3622	3893
吉林中国新加坡食品区	98	56	42	135	65	70	249	114	135
蛟河市	499	255	244	816	434	382	1590	810	780
桦甸市	483	247	236	700	359	341	1191	624	567
舒兰市	441	255	186	577	279	298	994	464	530
磐石市	461	251	210	782	394	388	1459	725	734
四平市	**20517**	**10962**	**9555**	**10613**	**5237**	**5376**	**16077**	**7661**	**8416**
铁西区									
铁东区	91	50	41	95	45	50	168	86	82
梨树县	11176	6139	5037	6199	3121	3078	8315	4030	4285
伊通满族自治县	7505	3718	3787	3496	1649	1847	6364	2922	3442
双辽市	1745	1055	690	823	422	401	1230	623	607
辽源市	**10602**	**5198**	**5404**	**4708**	**2236**	**2472**	**8585**	**4167**	**4418**
龙山区	19	9	10	24	12	12	27	16	11
西安区									
东丰县	5962	2947	3015	3335	1570	1765	5972	2887	3085
东辽县	4621	2242	2379	1349	654	695	2586	1264	1322

1-5b 续表 5

单位：人

地区	15-19岁			20-24岁			25-29岁		
	小计	男	女	小计	男	女	小计	男	女
通化市	**15892**	**8129**	**7763**	**9236**	**4619**	**4617**	**15810**	**7662**	**8148**
东昌区	160	99	61	200	103	97	300	143	157
二道江区	238	123	115	294	164	130	455	253	202
通化县	4222	2171	2051	1962	934	1028	3819	1805	2014
辉南县	7202	3640	3562	3646	1817	1829	5588	2763	2825
柳河县	3898	2007	1891	2920	1484	1436	5299	2518	2781
集安市	172	89	83	214	117	97	349	180	169
白山市	**12586**	**6227**	**6359**	**8431**	**4230**	**4201**	**14445**	**7393**	**7052**
浑江区	1317	335	982	601	174	427	244	145	99
江源区	451	243	208	683	384	299	1036	564	472
抚松县	6527	3430	3097	4380	2238	2142	8025	4140	3885
靖宇县	2739	1414	1325	1671	821	850	3178	1532	1646
长白朝鲜族自治县	1448	750	698	949	514	435	1770	910	860
临江市	104	55	49	147	99	48	192	102	90
松原市	**24995**	**12787**	**12208**	**13956**	**6653**	**7303**	**27216**	**12895**	**14321**
宁江区	1629	908	721	806	394	412	1552	730	822
前郭尔罗斯蒙古族自治县	8993	4370	4623	3490	1655	1835	6819	3179	3640
长岭县	6082	3226	2856	3402	1598	1804	6927	3278	3649
乾安县	5192	2589	2603	2761	1320	1441	4356	2055	2301
吉林松原经济开发区	1662	911	751	2678	1265	1413	5944	2872	3072
扶余市	1437	783	654	819	421	398	1618	781	837
白城市	**23772**	**10254**	**13518**	**18489**	**8058**	**10431**	**19899**	**9897**	**10002**
洮北区	524	307	217	652	379	273	851	465	386
镇赉县	3710	1925	1785	3699	1874	1825	5418	2773	2645
通榆县	6605	3245	3360	3878	1877	2001	5832	2851	2981
吉林白城经济开发区	11683	4119	7564	9082	3347	5735	6109	2955	3154
洮南市	183	110	73	275	130	145	359	175	184
大安市	1067	548	519	903	451	452	1330	678	652
延边朝鲜族自治州	**8819**	**4747**	**4072**	**6926**	**3703**	**3223**	**12446**	**6504**	**5942**
延吉市	1317	851	466	744	410	334	643	331	312
图们市	134	72	62	222	120	102	381	216	165
敦化市	995	522	473	1027	553	474	1598	867	731
珲春市	153	84	69	197	116	81	350	205	145
龙井市	82	35	47	160	90	70	374	206	168
和龙市	268	156	112	416	211	205	751	420	331
汪清县	3402	1764	1638	2590	1377	1213	5435	2719	2716
安图县	2468	1263	1205	1570	826	744	2914	1540	1374
长白山管委会	**1860**	**969**	**891**	**1853**	**1003**	**850**	**3926**	**2010**	**1916**
长白山保护开发区池北区	1197	635	562	1404	768	636	3066	1580	1486
长白山保护开发区池西区	620	313	307	382	197	185	782	385	397
长白山保护开发区池南区	43	21	22	67	38	29	78	45	33
梅河口市	**894**	**480**	**414**	**1170**	**618**	**552**	**1600**	**830**	**770**

1-5b 续表 6

单位：人

地 区	30-34岁			35-39岁			40-44岁		
	小计	男	女	小计	男	女	小计	男	女
全 省	**461226**	**229712**	**231514**	**362475**	**182102**	**180373**	**368999**	**186004**	**182995**
长春市	**225207**	**113358**	**111849**	**160400**	**81361**	**79039**	**135701**	**69009**	**66692**
南关区									
宽城区	10034	5099	4935	6369	3408	2961	5629	2917	2712
朝阳区	724	352	372	683	370	313	730	380	350
二道区	88	53	35	94	50	44	104	53	51
绿园区									
双阳区	248	119	129	223	124	99	333	181	152
九台区	798	363	435	489	265	224	486	241	245
农安县	19966	9572	10394	16611	8105	8506	17462	8505	8957
长春经济技术开发区	55068	27493	27575	37534	19266	18268	30869	15841	15028
长春净月高新技术产业开发区	17448	8311	9137	15509	7423	8086	14021	6946	7075
长春高新技术产业开发区	59512	30036	29476	41425	20893	20532	29880	15480	14400
长春汽车经济技术开发区	40858	21601	19257	25828	13326	12502	21739	10953	10786
长春莲花山生态旅游度假区	377	194	183	291	164	127	451	224	227
榆树市	3882	1964	1918	3082	1574	1508	4291	2235	2056
德惠市	980	505	475	719	372	347	783	382	401
公主岭市	15224	7696	7528	11543	6021	5522	8923	4671	4252
吉林市	**34415**	**16601**	**17814**	**29740**	**14747**	**14993**	**34028**	**17158**	**16870**
昌邑区	551	255	296	562	289	273	876	459	417
龙潭区	834	441	393	653	334	319	1044	576	468
船营区	499	241	258	465	236	229	544	289	255
丰满区	130	68	62	76	43	33	90	49	41
永吉县	7607	3694	3913	5962	2916	3046	8021	3910	4111
吉林经济开发区	2855	1504	1351	2144	1113	1031	2588	1380	1208
吉林高新技术产业开发区	12395	5822	6573	10763	5150	5613	10283	4936	5347
吉林中国新加坡食品区	425	194	231	337	167	170	349	180	169
蛟河市	2641	1295	1346	2576	1359	1217	2719	1451	1268
桦甸市	1878	952	926	1764	928	836	2165	1115	1050
舒兰市	1893	840	1053	1685	828	857	2221	1137	1084
磐石市	2707	1295	1412	2753	1384	1369	3128	1676	1452
四平市	**27847**	**13711**	**14136**	**23073**	**11561**	**11512**	**26698**	**13291**	**13407**
铁西区									
铁东区	304	159	145	196	100	96	325	143	182
梨树县	16776	8329	8447	12949	6658	6291	13838	6965	6873
伊通满族自治县	9053	4352	4701	8320	3963	4357	10674	5225	5449
双辽市	1714	871	843	1608	840	768	1861	958	903
辽源市	**12838**	**6107**	**6731**	**11993**	**5707**	**6286**	**15519**	**7631**	**7888**
龙山区	38	22	16	20	10	10	47	26	21
西安区									
东丰县	9005	4237	4768	8095	3907	4188	10132	5003	5129
东辽县	3795	1848	1947	3878	1790	2088	5340	2602	2738

1-5b　续表 7　　　　单位：人

地　区	30-34岁			35-39岁			40-44岁		
	小计	男	女	小计	男	女	小计	男	女
通化市	**25251**	**12235**	**13016**	**22488**	**10882**	**11606**	**29628**	**14785**	**14843**
东昌区	456	227	229	402	194	208	499	259	240
二道江区	569	328	241	534	280	254	809	435	374
通化县	6650	3151	3499	5135	2420	2715	7341	3544	3797
辉南县	8029	3896	4133	8423	4084	4339	11378	5613	5765
柳河县	9030	4375	4655	7524	3667	3857	8836	4516	4320
集安市	517	258	259	470	237	233	765	418	347
白山市	**23062**	**11701**	**11361**	**19745**	**10045**	**9700**	**24572**	**12280**	**12292**
浑江区	363	202	161	367	190	177	494	266	228
江源区	1286	733	553	1104	630	474	1684	865	819
抚松县	12303	6242	6061	10351	5248	5103	12224	6028	6196
靖宇县	6245	3099	3146	5319	2663	2656	5904	2960	2944
长白朝鲜族自治县	2609	1282	1327	2387	1190	1197	3895	1961	1934
临江市	256	143	113	217	124	93	371	200	171
松原市	**52601**	**25709**	**26892**	**42027**	**20950**	**21077**	**44121**	**21820**	**22301**
宁江区	2933	1444	1489	2502	1251	1251	2516	1257	1259
前郭尔罗斯蒙古族自治县	14359	6867	7492	12984	6310	6674	13964	6799	7165
长岭县	13112	6379	6733	9957	5020	4937	10642	5244	5398
乾安县	9115	4421	4694	8484	4170	4314	8949	4520	4429
吉林松原经济开发区	10173	5115	5058	5929	3022	2907	5556	2756	2800
扶余市	2909	1483	1426	2171	1177	994	2494	1244	1250
白城市	**32086**	**15796**	**16290**	**28263**	**13984**	**14279**	**31092**	**15697**	**15395**
洮北区	1452	747	705	1245	677	568	1673	843	830
镇赉县	8673	4286	4387	8248	4098	4150	8802	4465	4337
通榆县	9430	4575	4855	8474	4097	4377	10083	5027	5056
吉林白城经济开发区	9485	4681	4804	7400	3611	3789	6927	3469	3458
洮南市	738	379	359	710	371	339	854	470	384
大安市	2308	1128	1180	2186	1130	1056	2753	1423	1330
延边朝鲜族自治州	**19759**	**10217**	**9542**	**18311**	**9393**	**8918**	**20334**	**10438**	**9896**
延吉市	1268	628	640	1290	664	626	1277	645	632
图们市	619	356	263	607	337	270	571	323	248
敦化市	2385	1252	1133	2279	1203	1076	2639	1385	1254
珲春市	646	350	296	512	279	233	616	335	281
龙井市	646	356	290	600	326	274	652	349	303
和龙市	1143	662	481	1022	586	436	1190	662	528
汪清县	8278	4203	4075	7693	3801	3892	8672	4400	4272
安图县	4774	2410	2364	4308	2197	2111	4717	2339	2378
长白山管委会	**5288**	**2763**	**2525**	**3826**	**2050**	**1776**	**4209**	**2224**	**1985**
长白山保护开发区池北区	4062	2127	1935	2969	1593	1376	3140	1668	1472
长白山保护开发区池西区	1100	563	537	762	404	358	959	489	470
长白山保护开发区池南区	126	73	53	95	53	42	110	67	43
梅河口市	**2872**	**1514**	**1358**	**2609**	**1422**	**1187**	**3097**	**1671**	**1426**

1-5b 续表 8

单位：人

地区	45-49岁			50-54岁			55-59岁		
	小计	男	女	小计	男	女	小计	男	女
全省	**409943**	**203708**	**206235**	**443750**	**220455**	**223295**	**394610**	**194476**	**200134**
长春市	**134631**	**66882**	**67749**	**137185**	**66956**	**70229**	**127041**	**61357**	**65684**
南关区									
宽城区	5462	2755	2707	5826	2924	2902	5001	2486	2515
朝阳区	906	424	482	1103	551	552	922	463	459
二道区	142	68	74	169	90	79	129	65	64
绿园区									
双阳区	425	220	205	619	325	294	460	248	212
九台区	561	273	288	521	262	259	379	202	177
农安县	18560	8952	9608	16815	8094	8721	14871	7391	7480
长春经济技术开发区	30502	15053	15449	30939	15042	15897	29441	14155	15286
长春净月高新技术产业开发区	13049	6430	6619	12532	6050	6482	12508	5940	6568
长春高新技术产业开发区	25834	13106	12728	26172	12835	13337	25312	11963	13349
长春汽车经济技术开发区	22632	11268	11364	24051	11500	12551	22734	10855	11879
长春莲花山生态旅游度假区	631	338	293	789	413	376	591	313	278
榆树市	5430	2818	2612	5591	2857	2734	4662	2345	2317
德惠市	1124	545	579	1224	633	591	1030	538	492
公主岭市	9373	4632	4741	10834	5380	5454	9001	4393	4608
吉林市	**40287**	**19954**	**20333**	**46279**	**23161**	**23118**	**42206**	**21145**	**21061**
昌邑区	939	491	448	1077	570	507	922	486	436
龙潭区	1176	634	542	1613	815	798	1442	746	696
船营区	569	272	297	577	311	266	367	190	177
丰满区	158	79	79	193	98	95	188	90	98
永吉县	8844	4212	4632	9526	4610	4916	8381	4082	4299
吉林经济开发区	3255	1628	1627	4052	2094	1958	3889	1992	1897
吉林高新技术产业开发区	11164	5307	5857	11257	5424	5833	11260	5391	5869
吉林中国新加坡食品区	395	198	197	516	264	252	407	195	212
蛟河市	3750	1956	1794	4771	2452	2319	3986	2062	1924
桦甸市	3434	1741	1693	4504	2351	2153	3609	1902	1707
舒兰市	2579	1312	1267	3264	1659	1605	2984	1535	1449
磐石市	4024	2124	1900	4929	2513	2416	4771	2474	2297
四平市	**31327**	**15503**	**15824**	**35199**	**17317**	**17882**	**28095**	**13778**	**14317**
铁西区									
铁东区	479	253	226	582	291	291	495	257	238
梨树县	18334	9093	9241	20923	10287	10636	16622	8118	8504
伊通满族自治县	9960	4897	5063	10669	5147	5522	8322	4129	4193
双辽市	2554	1260	1294	3025	1592	1433	2656	1274	1382
辽源市	**15778**	**7788**	**7990**	**16934**	**8439**	**8495**	**14696**	**7279**	**7417**
龙山区	91	48	43	111	57	54	100	56	44
西安区									
东丰县	10431	5094	5337	11048	5495	5553	9814	4836	4978
东辽县	5256	2646	2610	5775	2887	2888	4782	2387	2395

1-5b　续表 9　　单位：人

地　区	45-49岁			50-54岁			55-59岁		
	小计	男	女	小计	男	女	小计	男	女
通化市	**31930**	**15970**	**15960**	**33485**	**16558**	**16927**	**30631**	**15164**	**15467**
东昌区	615	306	309	535	278	257	391	185	206
二道江区	1348	713	635	2065	1105	960	2321	1179	1142
通化县	7434	3694	3740	7715	3804	3911	6616	3267	3349
辉南县	12226	6099	6127	12606	6230	6376	11388	5650	5738
柳河县	9379	4676	4703	9417	4561	4856	8844	4337	4507
集安市	928	482	446	1147	580	567	1071	546	525
白山市	**33751**	**17023**	**16728**	**41210**	**21014**	**20196**	**33823**	**17332**	**16491**
浑江区	942	509	433	1294	694	600	1227	669	558
江源区	3316	1739	1577	5111	2730	2381	4850	2635	2215
抚松县	17921	8954	8967	22079	11197	10882	17021	8673	8348
靖宇县	6382	3186	3196	6847	3463	3384	5674	2805	2869
长白朝鲜族自治县	4450	2261	2189	4948	2433	2515	4228	2100	2128
临江市	740	374	366	931	497	434	823	450	373
松原市	**46983**	**22860**	**24123**	**44618**	**21968**	**22650**	**36949**	**17852**	**19097**
宁江区	2405	1171	1234	2311	1118	1193	2063	962	1101
前郭尔罗斯蒙古族自治县	13260	6427	6833	12083	5875	6208	9810	4705	5105
长岭县	12298	6050	6248	11829	5901	5928	9597	4686	4911
乾安县	9652	4658	4994	8609	4309	4300	7221	3502	3719
吉林松原经济开发区	6395	3047	3348	6499	3132	3367	5320	2538	2782
扶余市	2973	1507	1466	3287	1633	1654	2938	1459	1479
白城市	**37836**	**18636**	**19200**	**39368**	**19570**	**19798**	**35435**	**17406**	**18029**
洮北区	2871	1432	1439	3539	1835	1704	3061	1591	1470
镇赉县	10954	5490	5464	10907	5395	5512	9659	4691	4968
通榆县	10938	5371	5567	11136	5513	5623	10032	4832	5200
吉林白城经济开发区	8150	3848	4302	8242	3975	4267	7748	3800	3948
洮南市	1170	583	587	1401	712	689	1159	570	589
大安市	3753	1912	1841	4143	2140	2003	3776	1922	1854
延边朝鲜族自治州	**27633**	**14076**	**13557**	**36501**	**18738**	**17763**	**34641**	**17496**	**17145**
延吉市	1601	824	777	1947	1005	942	1961	1002	959
图们市	982	527	455	1486	750	736	1763	920	843
敦化市	4358	2214	2144	6605	3428	3177	6283	3209	3074
珲春市	1035	566	469	1590	856	734	1621	837	784
龙井市	908	535	373	1344	712	632	1680	861	819
和龙市	1821	1024	797	2881	1545	1336	3057	1592	1465
汪清县	11159	5557	5602	14095	7140	6955	12266	6114	6152
安图县	5769	2829	2940	6553	3302	3251	6010	2961	3049
长白山管委会	**6214**	**3181**	**3033**	**8003**	**4238**	**3765**	**6032**	**3039**	**2993**
长白山保护开发区池北区	4564	2304	2260	5817	3080	2737	4483	2255	2228
长白山保护开发区池西区	1471	779	692	1907	1014	893	1317	673	644
长白山保护开发区池南区	179	98	81	279	144	135	232	111	121
梅河口市	**3573**	**1835**	**1738**	**4968**	**2496**	**2472**	**5061**	**2628**	**2433**

1-5b 续表 10

单位：人

地　区	60-64岁			65-69岁			70-74岁		
	小计	男	女	小计	男	女	小计	男	女
全　省	**303518**	**146202**	**157316**	**268119**	**125805**	**142314**	**162455**	**72662**	**89793**
长春市	**102221**	**47967**	**54254**	**91332**	**42647**	**48685**	**50778**	**23046**	**27732**
南关区									
宽城区	3445	1681	1764	3354	1620	1734	1742	790	952
朝阳区	783	399	384	705	345	360	396	193	203
二道区	137	65	72	125	63	62	65	37	28
绿园区									
双阳区	377	188	189	369	194	175	221	105	116
九台区	297	141	156	218	102	116	155	69	86
农安县	11180	5208	5972	10383	4772	5611	6323	2877	3446
长春经济技术开发区	24241	11309	12932	21177	9999	11178	10771	4849	5922
长春净月高新技术产业开发区	10556	4977	5579	9622	4481	5141	5087	2349	2738
长春高新技术产业开发区	20516	9482	11034	17352	8115	9237	8557	3875	4682
长春汽车经济技术开发区	19037	8876	10161	17036	7773	9263	10613	4760	5853
长春莲花山生态旅游度假区	416	227	189	437	221	216	264	121	143
榆树市	3685	1742	1943	3629	1728	1901	2384	1105	1279
德惠市	837	392	445	739	335	404	485	238	247
公主岭市	6714	3280	3434	6186	2899	3287	3715	1678	2037
吉林市	**31938**	**15733**	**16205**	**28009**	**13129**	**14880**	**18328**	**8190**	**10138**
昌邑区	727	358	369	720	342	378	531	225	306
龙潭区	1193	603	590	1116	525	591	825	377	448
船营区	312	146	166	333	166	167	223	108	115
丰满区	150	72	78	131	58	73	93	47	46
永吉县	6902	3419	3483	6351	2929	3422	4028	1772	2256
吉林经济开发区	2858	1424	1434	2273	1074	1199	1501	662	839
吉林高新技术产业开发区	8723	4144	4579	7443	3409	4034	4625	2060	2565
吉林中国新加坡食品区	398	203	195	395	193	202	267	131	136
蛟河市	2798	1405	1393	2392	1143	1249	1497	625	872
桦甸市	2433	1205	1228	1932	952	980	1304	597	707
舒兰市	2245	1113	1132	1879	883	996	1262	582	680
磐石市	3199	1641	1558	3044	1455	1589	2172	1004	1168
四平市	**21590**	**10423**	**11167**	**20364**	**9505**	**10859**	**14231**	**6407**	**7824**
铁西区									
铁东区	369	186	183	320	151	169	231	94	137
梨树县	12640	6102	6538	12303	5769	6534	8607	3898	4709
伊通满族自治县	6679	3258	3421	6021	2740	3281	4403	1984	2419
双辽市	1902	877	1025	1720	845	875	990	431	559
辽源市	**11740**	**5647**	**6093**	**10920**	**5121**	**5799**	**6576**	**2983**	**3593**
龙山区	81	43	38	97	46	51	45	24	21
西安区									
东丰县	8069	3860	4209	7504	3516	3988	4456	2044	2412
东辽县	3590	1744	1846	3319	1559	1760	2075	915	1160

1–5b　续表 11　　　　单位：人

地　区	60–64岁			65–69岁			70–74岁		
	小计	男	女	小计	男	女	小计	男	女
通化市	**24788**	**12021**	**12767**	**23336**	**11094**	**12242**	**14278**	**6503**	**7775**
东昌区	407	204	203	376	162	214	270	123	147
二道江区	1860	922	938	1499	715	784	973	436	537
通化县	4967	2356	2611	5051	2396	2655	2875	1324	1551
辉南县	9119	4416	4703	8640	4050	4590	5519	2467	3052
柳河县	7536	3668	3868	6909	3355	3554	4094	1877	2217
集安市	899	455	444	861	416	445	547	276	271
白山市	**22217**	**11122**	**11095**	**19251**	**9331**	**9920**	**11941**	**5171**	**6770**
浑江区	891	464	427	692	345	347	433	215	218
江源区	2921	1495	1426	2222	1145	1077	1328	550	778
抚松县	10708	5361	5347	9567	4644	4923	6157	2584	3573
靖宇县	3955	1941	2014	3709	1788	1921	2018	902	1116
长白朝鲜族自治县	3143	1544	1599	2555	1168	1387	1657	758	899
临江市	599	317	282	506	241	265	348	162	186
松原市	**27318**	**12954**	**14364**	**24569**	**11226**	**13343**	**14600**	**6522**	**8078**
宁江区	1534	703	831	1409	643	766	789	331	458
前郭尔罗斯蒙古族自治县	7695	3553	4142	6954	3109	3845	4001	1732	2269
长岭县	6932	3296	3636	6356	2981	3375	4107	1888	2219
乾安县	5433	2625	2808	5013	2260	2753	2938	1341	1597
吉林松原经济开发区	3688	1757	1931	2959	1346	1613	1704	750	954
扶余市	2036	1020	1016	1878	887	991	1061	480	581
白城市	**25929**	**12485**	**13444**	**22497**	**10324**	**12173**	**14108**	**6236**	**7872**
洮北区	2229	1121	1108	1886	918	968	1177	514	663
镇赉县	6932	3266	3666	6721	3042	3679	4405	1909	2496
通榆县	7470	3593	3877	6111	2764	3347	3735	1625	2110
吉林白城经济开发区	5617	2702	2915	4763	2125	2638	2921	1299	1622
洮南市	915	458	457	759	377	382	488	225	263
大安市	2766	1345	1421	2257	1098	1159	1382	664	718
延边朝鲜族自治州	**27315**	**13562**	**13753**	**20800**	**9948**	**10852**	**13575**	**5805**	**7770**
延吉市	1699	836	863	1389	679	710	1111	472	639
图们市	1569	791	778	1142	524	618	664	288	376
敦化市	4942	2534	2408	3354	1646	1708	2122	935	1187
珲春市	1137	577	560	903	444	459	526	245	281
龙井市	1444	731	713	1111	512	599	694	309	385
和龙市	2535	1299	1236	1907	978	929	1133	465	668
汪清县	9167	4464	4703	7222	3386	3836	5000	2072	2928
安图县	4822	2330	2492	3772	1779	1993	2325	1019	1306
长白山管委会	**3960**	**2050**	**1910**	**3113**	**1489**	**1624**	**1858**	**792**	**1066**
长白山保护开发区池北区	2794	1450	1344	2076	976	1100	1264	527	737
长白山保护开发区池西区	995	509	486	904	445	459	520	234	286
长白山保护开发区池南区	171	91	80	133	68	65	74	31	43
梅河口市	**4502**	**2238**	**2264**	**3928**	**1991**	**1937**	**2182**	**1007**	**1175**

1-5b 续表 12 单位：人

地 区	75-79岁			80-84岁			85-89岁		
	小计	男	女	小计	男	女	小计	男	女
全 省	**97854**	**42196**	**55658**	**65027**	**28288**	**36739**	**29216**	**12818**	**16398**
长春市	**29673**	**13145**	**16528**	**20397**	**8896**	**11501**	**9730**	**4386**	**5344**
南关区									
宽城区	1058	471	587	685	336	349	257	119	138
朝阳区	245	113	132	92	48	44	60	23	37
二道区	40	26	14	23	11	12	2	2	
绿园区									
双阳区	106	55	51	70	34	36	33	14	19
九台区	115	51	64	72	36	36	31	14	17
农安县	3947	1764	2183	2833	1270	1563	979	451	528
长春经济技术开发区	6093	2688	3405	4141	1764	2377	2183	969	1214
长春净月高新技术产业开发区	3012	1311	1701	1950	848	1102	990	432	558
长春高新技术产业开发区	4847	2087	2760	3409	1460	1949	1743	755	988
长春汽车经济技术开发区	6378	2774	3604	4927	2060	2867	2497	1166	1331
长春莲花山生态旅游度假区	134	74	60	96	50	46	56	20	36
榆树市	1232	591	641	679	316	363	320	158	162
德惠市	298	145	153	141	68	73	67	31	36
公主岭市	2168	995	1173	1279	595	684	512	232	280
吉林市	**11641**	**4982**	**6659**	**7837**	**3507**	**4330**	**3479**	**1581**	**1898**
昌邑区	369	160	209	217	105	112	82	40	42
龙潭区	446	196	250	265	118	147	88	40	48
船营区	98	44	54	48	22	26	26	15	11
丰满区	45	21	24	23	12	11	9	3	6
永吉县	2404	1051	1353	1691	778	913	727	323	404
吉林经济开发区	1058	423	635	905	349	556	397	207	190
吉林高新技术产业开发区	3077	1355	1722	1971	872	1099	882	400	482
吉林中国新加坡食品区	137	60	77	44	26	18	29	16	13
蛟河市	1138	441	697	709	318	391	340	152	188
桦甸市	999	395	604	735	351	384	302	137	165
舒兰市	707	304	403	464	218	246	226	97	129
磐石市	1163	532	631	765	338	427	371	151	220
四平市	**6880**	**3225**	**3655**	**3947**	**1807**	**2140**	**1790**	**786**	**1004**
铁西区									
铁东区	143	52	91	66	35	31	46	19	27
梨树县	4317	2040	2277	2469	1150	1319	1111	490	621
伊通满族自治县	1920	910	1010	1058	476	582	487	213	274
双辽市	500	223	277	354	146	208	146	64	82
辽源市	**3536**	**1569**	**1967**	**1909**	**874**	**1035**	**884**	**396**	**488**
龙山区	31	11	20	27	13	14	10	4	6
西安区									
东丰县	2403	1078	1325	1256	571	685	559	258	301
东辽县	1102	480	622	626	290	336	315	134	181

1-5b 续表 13 单位：人

地区	75-79岁			80-84岁			85-89岁		
	小计	男	女	小计	男	女	小计	男	女
通化市	**7663**	**3316**	**4347**	**4458**	**2004**	**2454**	**1972**	**863**	**1109**
东昌区	147	68	79	65	28	37	43	21	22
二道江区	629	237	392	534	227	307	251	115	136
通化县	1530	685	845	823	376	447	359	151	208
辉南县	2988	1324	1664	1699	787	912	676	312	364
柳河县	2124	892	1232	1217	527	690	568	228	340
集安市	245	110	135	120	59	61	75	36	39
白山市	**9965**	**3917**	**6048**	**7002**	**2930**	**4072**	**2966**	**1318**	**1648**
浑江区	310	114	196	170	80	90	82	37	45
江源区	1509	509	1000	1073	449	624	501	220	281
抚松县	5368	2085	3283	3819	1609	2210	1588	742	846
靖宇县	1452	637	815	982	414	568	408	167	241
长白朝鲜族自治县	1050	454	596	787	311	476	307	118	189
临江市	276	118	158	171	67	104	80	34	46
松原市	**7994**	**3561**	**4433**	**5225**	**2344**	**2881**	**2124**	**922**	**1202**
宁江区	405	180	225	269	119	150	118	38	80
前郭尔罗斯蒙古族自治县	2406	1063	1343	1379	609	770	508	224	284
长岭县	2280	1038	1242	1484	683	801	614	288	326
乾安县	1388	622	766	1106	495	611	443	195	248
吉林松原经济开发区	922	392	530	629	269	360	290	110	180
扶余市	593	266	327	358	169	189	151	67	84
白城市	**7734**	**3399**	**4335**	**5570**	**2435**	**3135**	**2242**	**959**	**1283**
洮北区	651	286	365	439	200	239	185	85	100
镇赉县	2238	1021	1217	1555	684	871	606	260	346
通榆县	2129	895	1234	1611	637	974	570	255	315
吉林白城经济开发区	1758	740	1018	1208	550	658	635	258	377
洮南市	252	110	142	149	76	73	43	15	28
大安市	706	347	359	608	288	320	203	86	117
延边朝鲜族自治州	**9829**	**3914**	**5915**	**6660**	**2631**	**4029**	**3094**	**1187**	**1907**
延吉市	651	275	376	452	180	272	253	88	165
图们市	375	152	223	327	102	225	179	58	121
敦化市	1984	812	1172	1346	558	788	705	304	401
珲春市	357	139	218	232	106	126	106	40	66
龙井市	415	174	241	284	90	194	124	34	90
和龙市	859	328	531	634	246	388	319	106	213
汪清县	3603	1412	2191	2327	930	1397	950	398	552
安图县	1585	622	963	1058	419	639	458	159	299
长白山管委会	**1627**	**608**	**1019**	**1156**	**470**	**686**	**548**	**231**	**317**
长白山保护开发区池北区	1067	398	669	749	314	435	358	149	209
长白山保护开发区池西区	504	192	312	371	147	224	168	77	91
长白山保护开发区池南区	56	18	38	36	9	27	22	5	17
梅河口市	**1312**	**560**	**752**	**866**	**390**	**476**	**387**	**189**	**198**

1-5b 续表 14

单位：人

地区	90-94岁			95-99岁			100岁及以上		
	小计	男	女	小计	男	女	小计	男	女
全 省	**10366**	**4590**	**5776**	**2944**	**1234**	**1710**	**396**	**157**	**239**
长春市	**3711**	**1580**	**2131**	**1198**	**530**	**668**	**160**	**70**	**90**
南关区									
宽城区	110	45	65	56	24	32	15	7	8
朝阳区	35	14	21	12	4	8	3	3	
二道区	4	3	1	5	1	4			
绿园区									
双阳区	12	2	10	3	2	1			
九台区	8	2	6	6	4	2	2	2	
农安县	348	163	185	61	29	32	11	2	9
长春经济技术开发区	873	365	508	322	146	176	53	24	29
长春净月高新技术产业开发区	372	167	205	108	50	58	11	6	5
长春高新技术产业开发区	746	301	445	269	129	140	37	15	22
长春汽车经济技术开发区	812	349	463	244	95	149	22	9	13
长春莲花山生态旅游度假区	39	18	21	15	7	8	2	1	1
榆树市	118	46	72	32	13	19			
德惠市	34	16	18	7	2	5	1		1
公主岭市	200	89	111	58	24	34	3	1	2
吉林市	**1218**	**548**	**670**	**365**	**159**	**206**	**37**	**15**	**22**
昌邑区	29	15	14	4	1	3	1		1
龙潭区	28	11	17	18	9	9	2		2
船营区	7	1	6	4	1	3			
丰满区	5	3	2	1	1				
永吉县	261	126	135	106	50	56	2	1	1
吉林经济开发区	103	47	56	18	6	12	2		2
吉林高新技术产业开发区	281	125	156	66	29	37	17	7	10
吉林中国新加坡食品区	11	3	8						
蛟河市	116	60	56	34	15	19	2	2	
桦甸市	165	68	97	68	23	45	8	4	4
舒兰市	72	29	43	13	5	8			
磐石市	140	60	80	33	19	14	3	1	2
四平市	**608**	**278**	**330**	**163**	**70**	**93**	**11**	**2**	**9**
铁西区									
铁东区	13	7	6	10	4	6	1		1
梨树县	358	152	206	100	45	55	4	1	3
伊通满族自治县	187	100	87	39	17	22	5		5
双辽市	50	19	31	14	4	10	1	1	
辽源市	**310**	**145**	**165**	**84**	**33**	**51**	**7**	**2**	**5**
龙山区	5	2	3	4	2	2	2	1	1
西安区									
东丰县	206	95	111	47	19	28	3		3
东辽县	99	48	51	33	12	21	2	1	1

1-5b 续表 15

单位：人

地区	90-94岁			95-99岁			100岁及以上		
	小计	男	女	小计	男	女	小计	男	女
通化市	**679**	**305**	**374**	**168**	**66**	**102**	**26**	**10**	**16**
东昌区	17	8	9	9	3	6	1		1
二道江区	89	33	56	20	8	12	6	5	1
通化县	126	63	63	28	9	19	3		3
辉南县	218	100	118	46	20	26	6	2	4
柳河县	200	89	111	57	25	32	10	3	7
集安市	29	12	17	8	1	7			
白山市	**1004**	**506**	**498**	**209**	**79**	**130**	**37**	**12**	**25**
浑江区	36	14	22	23	10	13	4	1	3
江源区	182	90	92	32	8	24	10	4	6
抚松县	551	300	251	104	39	65	20	7	13
靖宇县	121	47	74	27	12	15	1		1
长白朝鲜族自治县	77	32	45	15	6	9	2		2
临江市	37	23	14	8	4	4			
松原市	**718**	**310**	**408**	**173**	**65**	**108**	**16**	**5**	**11**
宁江区	46	18	28	19	6	13	1		1
前郭尔罗斯蒙古族自治县	152	67	85	39	15	24	4	2	2
长岭县	190	85	105	46	19	27	7	3	4
乾安县	100	44	56	25	10	15	3		3
吉林松原经济开发区	168	73	95	22	7	15	1		1
扶余市	62	23	39	22	8	14			
白城市	**766**	**328**	**438**	**212**	**89**	**123**	**24**	**10**	**14**
洮北区	68	25	43	17	5	12	3	1	2
镇赉县	165	66	99	37	21	16	6	1	5
通榆县	208	83	125	78	28	50	8	5	3
吉林白城经济开发区	210	103	107	54	23	31	3	1	2
洮南市	22	8	14	2	1	1	3	2	1
大安市	93	43	50	24	11	13	1		1
延边朝鲜族自治州	**1002**	**431**	**571**	**266**	**97**	**169**	**44**	**15**	**29**
延吉市	113	38	75	53	16	37	19	6	13
图们市	65	28	37	19	9	10	3	1	2
敦化市	225	106	119	66	24	42	7	1	6
珲春市	28	9	19	6	1	5	4	2	2
龙井市	39	11	28	10	2	8	2		2
和龙市	92	42	50	27	11	16	4	2	2
汪清县	262	131	131	47	15	32	3	3	
安图县	178	66	112	38	19	19	2		2
长白山管委会	**199**	**84**	**115**	**74**	**34**	**40**	**30**	**14**	**16**
长白山保护开发区池北区	96	42	54	30	10	20			
长白山保护开发区池西区	99	41	58	41	23	18	29	13	16
长白山保护开发区池南区	4	1	3	3	1	2	1	1	
梅河口市	**151**	**75**	**76**	**32**	**12**	**20**	**4**	**2**	**2**

1－5c　各地区分年龄、性别的人口(乡村)

单位：人

地　区	合　计			0岁		
	合计	男	女	小计	男	女
全　省	**8994439**	**4629137**	**4365302**	**32980**	**17158**	**15822**
长春市	**3087837**	**1589013**	**1498824**	**11691**	**6101**	**5590**
南关区						
宽城区	179418	94616	84802	947	490	457
朝阳区	27342	14141	13201	128	66	62
二道区						
绿园区	16523	8837	7686	57	26	31
双阳区	176331	91182	85149	517	268	249
九台区	389394	200160	189234	1349	701	648
农安县	567151	293034	274117	1907	997	910
长春经济技术开发区						
长春净月高新技术产业开发区	199874	97607	102267	1294	687	607
长春高新技术产业开发区	7309	5677	1632	16	12	4
长春汽车经济技术开发区						
长春莲花山生态旅游度假区	31655	15950	15705	128	70	58
榆树市	582754	298981	283773	2006	1059	947
德惠市	432488	223338	209150	1623	851	772
公主岭市	477598	245490	232108	1719	874	845
吉林市	**1322287**	**682950**	**639337**	**4501**	**2352**	**2149**
昌邑区	108902	55166	53736	538	291	247
龙潭区	97189	50192	46997	278	142	136
船营区	73534	37531	36003	415	218	197
丰满区	71461	34509	36952	225	130	95
永吉县	149624	79988	69636	466	241	225
吉林经济开发区	10712	5426	5286	50	23	27
吉林高新技术产业开发区	24775	12944	11831	73	44	29
吉林中国新加坡食品区	32282	16157	16125	141	76	65
蛟河市	160612	83266	77346	428	211	217
桦甸市	156498	81511	74987	475	249	226
舒兰市	230052	119353	110699	694	365	329
磐石市	206646	106907	99739	718	362	356
四平市	**878934**	**445415**	**433519**	**2963**	**1543**	**1420**
铁西区	82006	35770	46236	295	159	136
铁东区	60241	31085	29156	146	82	64
梨树县	344001	177147	166854	1251	656	595
伊通满族自治县	221644	114906	106738	650	344	306
双辽市	171042	86507	84535	621	302	319
辽源市	**421655**	**217429**	**204226**	**1447**	**745**	**702**
龙山区	40246	20149	20097	109	64	45
西安区	15874	8341	7533	42	21	21

1-5c 续表 1

单位：人

地区	合计			0岁		
	合计	男	女	小计	男	女
东丰县	194637	100623	94014	707	373	334
东辽县	170898	88316	82582	589	287	302
通化市	**508548**	**263516**	**245032**	**2065**	**1083**	**982**
东昌区	25193	12991	12202	89	50	39
二道江区	13321	6919	6402	36	17	19
通化县	97586	50732	46854	390	206	184
辉南县	113539	58076	55463	380	195	185
柳河县	171671	89495	82176	870	465	405
集安市	87238	45303	41935	300	150	150
白山市	**196819**	**103569**	**93250**	**677**	**328**	**349**
浑江区	26943	14340	12603	85	43	42
江源区	28077	14830	13247	62	24	38
抚松县	48171	24953	23218	210	108	102
靖宇县	42260	22289	19971	188	87	101
长白朝鲜族自治县	17307	9274	8033	33	13	20
临江市	34061	17883	16178	99	53	46
松原市	**1196633**	**613604**	**583029**	**4668**	**2486**	**2182**
宁江区	138595	70896	67699	549	287	262
前郭尔罗斯蒙古族自治县	246507	127131	119376	942	484	458
长岭县	326491	166979	159512	1458	783	675
乾安县	111811	57477	54334	405	229	176
吉林松原经济开发区	23086	11915	11171	72	38	34
扶余市	350143	179206	170937	1242	665	577
白城市	**706746**	**362089**	**344657**	**2501**	**1263**	**1238**
洮北区	92387	47801	44586	309	136	173
镇赉县	111390	57008	54382	371	174	197
通榆县	168242	86033	82209	702	350	352
吉林白城经济开发区	9370	4858	4512	28	18	10
洮南市	191269	97734	93535	689	363	326
大安市	134088	68655	65433	402	222	180
延边朝鲜族自治州	**456597**	**238091**	**218506**	**1527**	**769**	**758**
延吉市	55524	28209	27315	243	125	118
图们市	14225	7349	6876	33	14	19
敦化市	150557	78077	72480	620	311	309
珲春市	49599	25755	23844	130	75	55
龙井市	32314	16873	15441	71	36	35
和龙市	36668	19470	17198	86	47	39
汪清县	53718	28520	25198	145	67	78
安图县	63992	33838	30154	199	94	105
长白山管委会	**185**	**98**	**87**			
梅河口市	**218198**	**113363**	**104835**	**940**	**488**	**452**

1-5c 续表 2

单位：人

地　区	1-4岁			5-9岁			10-14岁		
	小计	男	女	小计	男	女	小计	男	女
全　省	**176704**	**90957**	**85747**	**318575**	**165228**	**153347**	**451238**	**236060**	**215178**
长春市	**58534**	**30059**	**28475**	**109644**	**56942**	**52702**	**161610**	**84909**	**76701**
南关区									
宽城区	4127	2107	2020	5727	2979	2748	7433	3831	3602
朝阳区	565	286	279	977	495	482	1271	668	603
二道区									
绿园区	407	221	186	563	294	269	805	454	351
双阳区	2989	1598	1391	5354	2658	2696	8120	4208	3912
九台区	6632	3365	3267	13446	6951	6495	19625	10196	9429
农安县	10013	5146	4867	20529	10668	9861	31232	16422	14810
长春经济技术开发区									
长春净月高新技术产业开发区	5818	2941	2877	6032	3158	2874	5566	2883	2683
长春高新技术产业开发区	57	27	30	81	43	38	129	68	61
长春汽车经济技术开发区									
长春莲花山生态旅游度假区	590	307	283	1226	647	579	1400	720	680
榆树市	10117	5221	4896	19956	10404	9552	33307	17771	15536
德惠市	8508	4354	4154	16259	8551	7708	22884	12022	10862
公主岭市	8711	4486	4225	19494	10094	9400	29838	15666	14172
吉林市	**25302**	**13043**	**12259**	**43857**	**22678**	**21179**	**59802**	**31059**	**28743**
昌邑区	2968	1541	1427	3851	1995	1856	4478	2283	2195
龙潭区	1423	718	705	2745	1388	1357	3677	1859	1818
船营区	2082	1097	985	2610	1394	1216	2841	1473	1368
丰满区	1250	654	596	1777	928	849	2184	1120	1064
永吉县	2587	1306	1281	4541	2297	2244	6004	3177	2827
吉林经济开发区	230	103	127	290	143	147	339	178	161
吉林高新技术产业开发区	523	273	250	816	425	391	1007	533	474
吉林中国新加坡食品区	905	476	429	1492	777	715	1585	771	814
蛟河市	2806	1414	1392	4938	2540	2398	7131	3678	3453
桦甸市	2907	1538	1369	5588	2833	2755	8608	4520	4088
舒兰市	3775	1916	1859	7838	4049	3789	11951	6303	5648
磐石市	3846	2007	1839	7371	3909	3462	9997	5164	4833
四平市	**16603**	**8501**	**8102**	**33300**	**17347**	**15953**	**49419**	**26144**	**23275**
铁西区	1671	864	807	2046	1065	981	2596	1357	1239
铁东区	897	459	438	1596	833	763	2181	1180	1001
梨树县	6466	3287	3179	13912	7312	6600	22304	11980	10324
伊通满族自治县	3602	1889	1713	7433	3865	3568	11553	6004	5549
双辽市	3967	2002	1965	8313	4272	4041	10785	5623	5162
辽源市	**8111**	**4169**	**3942**	**14453**	**7391**	**7062**	**18345**	**9436**	**8909**
龙山区	703	364	339	1039	537	502	1316	663	653
西安区	281	144	137	367	174	193	498	264	234

1-5c　续表 3　　　　单位：人

地　区	1-4岁			5-9岁			10-14岁		
	小计	男	女	小计	男	女	小计	男	女
东丰县	3960	2031	1929	7262	3727	3535	8924	4602	4322
东辽县	3167	1630	1537	5785	2953	2832	7607	3907	3700
通化市	**11543**	**5991**	**5552**	**17501**	**9068**	**8433**	**22469**	**11598**	**10871**
东昌区	464	223	241	619	293	326	625	316	309
二道江区	206	93	113	274	148	126	328	173	155
通化县	2147	1158	989	2899	1531	1368	3703	1896	1807
辉南县	2333	1225	1108	4407	2324	2083	6504	3304	3200
柳河县	4620	2386	2234	6808	3493	3315	8274	4305	3969
集安市	1773	906	867	2494	1279	1215	3035	1604	1431
白山市	**3758**	**1909**	**1849**	**6054**	**3148**	**2906**	**8231**	**4251**	**3980**
浑江区	364	208	156	704	356	348	878	436	442
江源区	375	188	187	684	372	312	1048	563	485
抚松县	1305	663	642	1880	952	928	2520	1307	1213
靖宇县	984	470	514	1655	866	789	2089	1069	1020
长白朝鲜族自治县	249	133	116	280	154	126	500	255	245
临江市	481	247	234	851	448	403	1196	621	575
松原市	**23698**	**12276**	**11422**	**46691**	**24350**	**22341**	**72450**	**38196**	**34254**
宁江区	2630	1377	1253	4844	2540	2304	7592	3981	3611
前郭尔罗斯蒙古族自治县	4882	2521	2361	9816	5066	4750	15017	7903	7114
长岭县	7279	3774	3505	15213	7952	7261	23247	12088	11159
乾安县	1946	999	947	3376	1718	1658	5053	2585	2468
吉林松原经济开发区	497	265	232	813	423	390	1103	600	503
扶余市	6464	3340	3124	12629	6651	5978	20438	11039	9399
白城市	**13763**	**7104**	**6659**	**24872**	**12786**	**12086**	**32660**	**16942**	**15718**
洮北区	1797	929	868	2927	1519	1408	4236	2243	1993
镇赉县	2013	1042	971	3528	1808	1720	4998	2582	2416
通榆县	3847	1972	1875	6964	3570	3394	7948	4087	3861
吉林白城经济开发区	160	84	76	334	190	144	396	214	182
洮南市	3929	2031	1898	7680	3967	3713	9883	5160	4723
大安市	2017	1046	971	3439	1732	1707	5199	2656	2543
延边朝鲜族自治州	**9805**	**5014**	**4791**	**13419**	**6920**	**6499**	**16348**	**8408**	**7940**
延吉市	1397	705	692	1637	869	768	1628	863	765
图们市	252	123	129	268	146	122	231	105	126
敦化市	3492	1794	1698	5459	2834	2625	7732	3936	3796
珲春市	1119	558	561	1099	572	527	990	494	496
龙井市	533	273	260	526	251	275	456	229	227
和龙市	598	307	291	806	378	428	677	374	303
汪清县	1040	545	495	1372	700	672	1618	832	786
安图县	1374	709	665	2252	1170	1082	3016	1575	1441
长白山管委会	**1**		**1**	**1**	**1**		**4**	**3**	**1**
梅河口市	**5586**	**2891**	**2695**	**8783**	**4597**	**4186**	**9900**	**5114**	**4786**

1-5c 续表 4

单位：人

地 区	15-19岁			20-24岁			25-29岁		
	小计	男	女	小计	男	女	小计	男	女
全 省	**324810**	**173197**	**151613**	**310070**	**162218**	**147852**	**354783**	**193665**	**161118**
长春市	**133275**	**70919**	**62356**	**132214**	**69463**	**62751**	**134985**	**74220**	**60765**
南关区									
宽城区	21249	11985	9264	16471	10244	6227	9804	5202	4602
朝阳区	881	491	390	869	496	373	1171	640	531
二道区									
绿园区	612	407	205	705	467	238	961	563	398
双阳区	4907	2788	2119	5157	2855	2302	6107	3331	2776
九台区	17646	8770	8876	18279	8801	9478	16000	8990	7010
农安县	20003	10660	9343	14309	7799	6510	23558	13154	10404
长春经济技术开发区									
长春净月高新技术产业开发区	25719	11818	13901	30978	13668	17310	12874	6537	6337
长春高新技术产业开发区	178	128	50	329	274	55	481	436	45
长春汽车经济技术开发区									
长春莲花山生态旅游度假区	918	486	432	1016	547	469	1360	693	667
榆树市	17590	9886	7704	18729	10294	8435	23128	12732	10396
德惠市	12834	7370	5464	14897	8273	6624	21655	12172	9483
公主岭市	10738	6130	4608	10475	5745	4730	17886	9770	8116
吉林市	**44165**	**24674**	**19491**	**40385**	**21583**	**18802**	**49189**	**26535**	**22654**
昌邑区	2328	1257	1071	3240	1698	1542	5824	2963	2861
龙潭区	1895	1066	829	2428	1365	1063	3052	1740	1312
船营区	1625	890	735	2166	1137	1029	4170	2170	2000
丰满区	5545	1738	3807	6455	2249	4206	2824	1544	1280
永吉县	6276	4625	1651	5699	4033	1666	5018	2705	2313
吉林经济开发区	253	139	114	314	173	141	407	242	165
吉林高新技术产业开发区	3797	2434	1363	745	411	334	971	520	451
吉林中国新加坡食品区	498	278	220	689	364	325	1342	628	714
蛟河市	5097	2699	2398	3636	1999	1637	4703	2652	2051
桦甸市	5068	2874	2194	3646	1968	1678	5692	3170	2522
舒兰市	5684	3268	2416	6550	3621	2929	7552	4125	3427
磐石市	6099	3406	2693	4817	2565	2252	7634	4076	3558
四平市	**33640**	**16100**	**17540**	**37737**	**17249**	**20488**	**31157**	**16818**	**14339**
铁西区	9948	2774	7174	13052	3654	9398	3598	1804	1794
铁东区	1597	928	669	1912	1083	829	2163	1198	965
梨树县	9776	5619	4157	9770	5440	4330	11213	6048	5165
伊通满族自治县	6903	3895	3008	6882	3812	3070	7358	4192	3166
双辽市	5416	2884	2532	6121	3260	2861	6825	3576	3249
辽源市	**16387**	**8311**	**8076**	**12373**	**6575**	**5798**	**15754**	**8535**	**7219**
龙山区	3996	1609	2387	2133	1057	1076	1373	733	640
西安区	377	207	170	385	226	159	526	302	224

1-5c　续表 5　　　　单位：人

地　区	15-19岁			20-24岁			25-29岁		
	小计	男	女	小计	男	女	小计	男	女
东丰县	7183	3850	3333	5372	2882	2490	8006	4323	3683
东辽县	4831	2645	2186	4483	2410	2073	5849	3177	2672
通化市	**14310**	**7762**	**6548**	**12884**	**6935**	**5949**	**18797**	**10329**	**8468**
东昌区	575	330	245	706	402	304	1007	585	422
二道江区	264	141	123	276	161	115	323	189	134
通化县	1968	1081	887	2184	1148	1036	3169	1769	1400
辉南县	3317	1837	1480	2969	1572	1397	3525	1846	1679
柳河县	6323	3395	2928	4524	2427	2097	7991	4396	3595
集安市	1863	978	885	2225	1225	1000	2782	1544	1238
白山市	**4531**	**2393**	**2138**	**4373**	**2456**	**1917**	**5556**	**3206**	**2350**
浑江区	531	280	251	541	337	204	701	434	267
江源区	512	267	245	558	286	272	722	427	295
抚松县	1526	822	704	1121	619	502	1507	862	645
靖宇县	906	470	436	962	537	425	1202	667	535
长白朝鲜族自治县	252	132	120	461	270	191	531	317	214
临江市	804	422	382	730	407	323	893	499	394
松原市	**42197**	**23171**	**19026**	**32937**	**17944**	**14993**	**48825**	**26825**	**22000**
宁江区	6116	3267	2849	4046	2190	1856	5888	3261	2627
前郭尔罗斯蒙古族自治县	8932	5089	3843	6227	3338	2889	8590	4605	3985
长岭县	11805	6118	5687	7546	3960	3586	14639	7858	6781
乾安县	2431	1406	1025	2740	1488	1252	3570	1978	1592
吉林松原经济开发区	745	414	331	620	355	265	968	531	437
扶余市	12168	6877	5291	11758	6613	5145	15170	8592	6578
白城市	**20233**	**11303**	**8930**	**19973**	**10758**	**9215**	**23744**	**12605**	**11139**
洮北区	2623	1500	1123	2688	1481	1207	3017	1703	1314
镇赉县	3652	2007	1645	3070	1647	1423	3513	1853	1660
通榆县	5007	2791	2216	5424	2908	2516	6680	3532	3148
吉林白城经济开发区	276	159	117	306	166	140	359	212	147
洮南市	5305	2958	2347	5136	2720	2416	6147	3169	2978
大安市	3370	1888	1482	3349	1836	1513	4028	2136	1892
延边朝鲜族自治州	**10459**	**5485**	**4974**	**10476**	**5696**	**4780**	**17234**	**9392**	**7842**
延吉市	1050	567	483	1359	712	647	2292	1174	1118
图们市	162	90	72	254	152	102	499	275	224
敦化市	3778	2004	1774	3264	1803	1461	6403	3457	2946
珲春市	1894	798	1096	1898	929	969	1822	1029	793
龙井市	376	199	177	434	246	188	1116	613	503
和龙市	594	339	255	706	383	323	1377	747	630
汪清县	1016	591	425	1288	715	573	1448	804	644
安图县	1589	897	692	1273	756	517	2277	1293	984
长白山管委会	**4**	**1**	**3**	**1**		**1**	**8**	**5**	**3**
梅河口市	**5609**	**3078**	**2531**	**6717**	**3559**	**3158**	**9534**	**5195**	**4339**

1-5c 续表 6

单位：人

地　区	30-34岁			35-39岁			40-44岁		
	小计	男	女	小计	男	女	小计	男	女
全　省	**567680**	**305749**	**261931**	**472558**	**253663**	**218895**	**609329**	**321453**	**287876**
长春市	**210583**	**113929**	**96654**	**161712**	**86664**	**75048**	**198623**	**104133**	**94490**
南关区									
宽城区	13409	7141	6268	9715	5145	4570	10783	5571	5212
朝阳区	1679	906	773	1341	716	625	1808	959	849
二道区									
绿园区	1221	671	550	938	510	428	1071	571	500
双阳区	10242	5626	4616	8331	4458	3873	12390	6517	5873
九台区	24169	13195	10974	17841	9481	8360	26963	14241	12722
农安县	38856	21104	17752	30558	16432	14126	37882	19794	18088
长春经济技术开发区									
长春净月高新技术产业开发区	16866	8739	8127	12015	6192	5823	11415	5903	5512
长春高新技术产业开发区	804	725	79	663	603	60	749	632	117
长春汽车经济技术开发区									
长春莲花山生态旅游度假区	1973	998	975	1469	766	703	2144	1061	1083
榆树市	35354	18876	16478	28414	14933	13481	40863	21309	19554
德惠市	30781	16874	13907	22992	12426	10566	27811	14422	13389
公主岭市	35229	19074	16155	27435	15002	12433	24744	13153	11591
吉林市	**79082**	**42379**	**36703**	**68888**	**36808**	**32080**	**95952**	**50262**	**45690**
昌邑区	8777	4459	4318	6535	3422	3113	8738	4592	4146
龙潭区	4854	2668	2186	4324	2303	2021	6687	3514	3173
船营区	5857	3026	2831	4170	2183	1987	5427	2844	2583
丰满区	3389	1800	1589	2843	1504	1339	4186	2163	2023
永吉县	9103	4909	4194	6945	3712	3233	10677	5721	4956
吉林经济开发区	600	324	276	525	268	257	771	387	384
吉林高新技术产业开发区	1488	744	744	1296	648	648	1795	892	903
吉林中国新加坡食品区	2737	1352	1385	1908	999	909	2535	1260	1275
蛟河市	8193	4486	3707	9007	4893	4114	11634	6072	5562
桦甸市	9702	5385	4317	9214	4956	4258	10997	5747	5250
舒兰市	11708	6438	5270	10708	5716	4992	17888	9456	8432
磐石市	12674	6788	5886	11413	6204	5209	14617	7614	7003
四平市	**49701**	**26535**	**23166**	**40803**	**21745**	**19058**	**54825**	**28782**	**26043**
铁西区	5442	2817	2625	3933	2042	1891	4301	2164	2137
铁东区	2871	1588	1283	2094	1121	973	3351	1722	1629
梨树县	22220	11985	10235	16251	8762	7489	20429	10815	9614
伊通满族自治县	10204	5446	4758	9758	5161	4597	15274	8081	7193
双辽市	8964	4699	4265	8767	4659	4108	11470	6000	5470
辽源市	**20914**	**11170**	**9744**	**18312**	**9859**	**8453**	**29139**	**15422**	**13717**
龙山区	1848	1036	812	1423	786	637	2215	1136	1079
西安区	687	393	294	598	345	253	918	498	420

1-5c 续表 7

单位：人

地　区	30-34岁			35-39岁			40-44岁		
	小计	男	女	小计	男	女	小计	男	女
东丰县	10458	5569	4889	9259	4924	4335	13996	7428	6568
东辽县	7921	4172	3749	7032	3804	3228	12010	6360	5650
通化市	**27818**	**14836**	**12982**	**25055**	**13279**	**11776**	**36755**	**19634**	**17121**
东昌区	1202	650	552	1020	544	476	1662	902	760
二道江区	509	280	229	422	216	206	752	426	326
通化县	4851	2649	2202	4031	2119	1912	6980	3788	3192
辉南县	5511	2799	2712	6200	3195	3005	8247	4293	3954
柳河县	11836	6312	5524	10035	5426	4609	12609	6772	5837
集安市	3909	2146	1763	3347	1779	1568	6505	3453	3052
白山市	**9528**	**5424**	**4104**	**8922**	**4965**	**3957**	**12616**	**6899**	**5717**
浑江区	1155	653	502	1091	615	476	1585	879	706
江源区	1123	666	457	989	587	402	1533	847	686
抚松县	2589	1419	1170	2628	1436	1192	3271	1740	1531
靖宇县	2565	1471	1094	2458	1346	1112	3035	1663	1372
长白朝鲜族自治县	645	379	266	649	383	266	1122	640	482
临江市	1451	836	615	1107	598	509	2070	1130	940
松原市	**84382**	**45686**	**38696**	**68670**	**37067**	**31603**	**82333**	**42855**	**39478**
宁江区	9868	5369	4499	9003	4797	4206	10820	5702	5118
前郭尔罗斯蒙古族自治县	18099	9782	8317	15109	8247	6862	17451	9114	8337
长岭县	27569	14780	12789	19371	10408	8963	21979	11427	10552
乾安县	7245	3953	3292	6105	3411	2694	7528	3995	3533
吉林松原经济开发区	1535	856	679	1418	745	673	1756	906	850
扶余市	20066	10946	9120	17664	9459	8205	22799	11711	11088
白城市	**42153**	**22412**	**19741**	**39102**	**20891**	**18211**	**53088**	**28000**	**25088**
洮北区	5325	2923	2402	4907	2716	2191	6073	3223	2850
镇赉县	6120	3113	3007	6574	3459	3115	8214	4355	3859
通榆县	10871	5848	5023	9306	4879	4427	13899	7294	6605
吉林白城经济开发区	514	287	227	598	326	272	595	311	284
洮南市	12944	6898	6046	10870	5840	5030	14759	7790	6969
大安市	6379	3343	3036	6847	3671	3176	9548	5027	4521
延边朝鲜族自治州	**28586**	**15383**	**13203**	**29002**	**15776**	**13226**	**30154**	**16802**	**13352**
延吉市	4404	2307	2097	3916	2048	1868	3706	1982	1724
图们市	1018	544	474	942	519	423	925	546	379
敦化市	8587	4562	4025	9203	4935	4268	9929	5374	4555
珲春市	3164	1743	1421	2934	1617	1317	2859	1625	1234
龙井市	2123	1159	964	2230	1224	1006	2154	1270	884
和龙市	2711	1458	1253	2350	1322	1028	2571	1509	1062
汪清县	2890	1568	1322	3310	1830	1480	3643	2066	1577
安图县	3689	2042	1647	4117	2281	1836	4367	2430	1937
长白山管委会	**2**		**2**	**9**	**3**	**6**	**7**	**4**	**3**
梅河口市	**14931**	**7995**	**6936**	**12083**	**6606**	**5477**	**15837**	**8660**	**7177**

1-5c 续表 8

单位：人

地区	45-49岁			50-54岁			55-59岁		
	小计	男	女	小计	男	女	小计	男	女
全省	**879529**	**455322**	**424207**	**1101988**	**568487**	**533501**	**969309**	**490318**	**478991**
长春市	**296226**	**153070**	**143156**	**359600**	**184748**	**174852**	**311452**	**157114**	**154338**
南关区									
宽城区	14406	7342	7064	16600	8408	8192	14400	7317	7083
朝阳区	2507	1315	1192	3244	1635	1609	3138	1638	1500
二道区									
绿园区	1610	800	810	1896	972	924	1714	887	827
双阳区	17311	9072	8239	22672	11653	11019	19583	9868	9715
九台区	39403	20705	18698	45841	23883	21958	39028	20046	18982
农安县	55234	28418	26816	67137	34538	32599	61720	31211	30509
长春经济技术开发区									
长春净月高新技术产业开发区	12924	6572	6352	14150	7231	6919	13247	6667	6580
长春高新技术产业开发区	826	651	175	959	751	208	737	557	180
长春汽车经济技术开发区									
长春莲花山生态旅游度假区	3344	1644	1700	3861	1948	1913	3301	1682	1619
榆树市	64638	33299	31339	71130	36729	34401	58188	29060	29128
德惠市	42934	22125	20809	50361	25684	24677	43882	22065	21817
公主岭市	41089	21127	19962	61749	31316	30433	52514	26116	26398
吉林市	**130460**	**67366**	**63094**	**167549**	**86932**	**80617**	**146447**	**75236**	**71211**
昌邑区	10020	5165	4855	12131	6219	5912	11265	5584	5681
龙潭区	9697	5026	4671	13170	6881	6289	11957	6239	5718
船营区	7212	3648	3564	8718	4454	4264	7732	3901	3831
丰满区	6154	3209	2945	7929	4051	3878	7596	4024	3572
永吉县	14402	7532	6870	19079	9950	9129	16987	8788	8199
吉林经济开发区	993	503	490	1389	712	677	1301	673	628
吉林高新技术产业开发区	2047	1032	1015	2526	1278	1248	2376	1173	1203
吉林中国新加坡食品区	2982	1508	1474	3862	1938	1924	3381	1698	1683
蛟河市	16283	8406	7877	21645	11319	10326	18456	9601	8855
桦甸市	16457	8580	7877	20343	10611	9732	16633	8552	8081
舒兰市	23886	12346	11540	30245	15815	14430	26044	13359	12685
磐石市	20327	10411	9916	26512	13704	12808	22719	11644	11075
四平市	**83968**	**43277**	**40691**	**111221**	**56716**	**54505**	**92899**	**46362**	**46537**
铁西区	5847	2977	2870	7177	3544	3633	6444	3178	3266
铁东区	5946	3008	2938	8363	4279	4084	7186	3705	3481
梨树县	32844	17257	15587	44736	22571	22165	36708	17982	18726
伊通满族自治县	22166	11442	10724	28873	15172	13701	24161	12373	11788
双辽市	17165	8593	8572	22072	11150	10922	18400	9124	9276
辽源市	**41869**	**21803**	**20066**	**55555**	**28992**	**26563**	**48683**	**24810**	**23873**
龙山区	3378	1770	1608	4735	2475	2260	4336	2199	2137
西安区	1565	833	732	2226	1157	1069	2070	1087	983

1-5c　续表 9　　单位：人

地　区	45-49岁			50-54岁			55-59岁		
	小计	男	女	小计	男	女	小计	男	女
东丰县	19775	10271	9504	25608	13293	12315	21636	11029	10607
东辽县	17151	8929	8222	22986	12067	10919	20641	10495	10146
通化市	**49526**	**26161**	**23365**	**62134**	**32443**	**29691**	**56523**	**28800**	**27723**
东昌区	2427	1271	1156	3206	1686	1520	3138	1614	1524
二道江区	1264	679	585	1839	989	850	1731	894	837
通化县	9659	5076	4583	12815	6727	6088	11613	5994	5619
辉南县	11126	5798	5328	13328	6900	6428	12224	6083	6141
柳河县	15913	8378	7535	19530	10250	9280	17451	8870	8581
集安市	9137	4959	4178	11416	5891	5525	10366	5345	5021
白山市	**21020**	**11203**	**9817**	**26917**	**14315**	**12602**	**23492**	**12439**	**11053**
浑江区	2846	1553	1293	3674	1946	1728	3675	1974	1701
江源区	2961	1560	1401	4043	2173	1870	3801	1996	1805
抚松县	5293	2793	2500	6200	3242	2958	4594	2390	2204
靖宇县	4444	2362	2082	5357	2882	2475	4536	2362	2174
长白朝鲜族自治县	1783	990	793	2511	1348	1163	2399	1279	1120
临江市	3693	1945	1748	5132	2724	2408	4487	2438	2049
松原市	**118175**	**60122**	**58053**	**143913**	**73112**	**70801**	**130752**	**64560**	**66192**
宁江区	13077	6562	6515	15936	8124	7812	14793	7349	7444
前郭尔罗斯蒙古族自治县	23900	12070	11830	30075	15357	14718	27724	13730	13994
长岭县	32507	16784	15723	37974	19033	18941	32647	16131	16516
乾安县	11717	6048	5669	14669	7470	7199	13957	6762	7195
吉林松原经济开发区	2351	1146	1205	2979	1522	1457	2637	1359	1278
扶余市	34623	17512	17111	42280	21606	20674	38994	19229	19765
白城市	**77396**	**39794**	**37602**	**93211**	**47796**	**45415**	**80432**	**40334**	**40098**
洮北区	10043	5169	4874	12744	6488	6256	10571	5333	5238
镇赉县	12492	6559	5933	14873	7719	7154	12837	6385	6452
通榆县	18658	9667	8991	21037	10680	10357	17733	8999	8734
吉林白城经济开发区	946	479	467	1217	628	589	1102	548	554
洮南市	20339	10356	9983	24655	12566	12089	21185	10544	10641
大安市	14918	7564	7354	18685	9715	8970	17004	8525	8479
延边朝鲜族自治州	**41315**	**22301**	**19014**	**56528**	**30224**	**26304**	**55012**	**28654**	**26358**
延吉市	4596	2401	2195	6406	3331	3075	6609	3365	3244
图们市	1196	634	562	1749	930	819	2021	1080	941
敦化市	14375	7571	6804	18989	9923	9066	16858	8713	8145
珲春市	4278	2329	1949	6003	3225	2778	6277	3266	3011
龙井市	2701	1516	1185	3934	2172	1762	4291	2247	2044
和龙市	3148	1792	1356	4575	2536	2039	4811	2572	2239
汪清县	5371	3019	2352	7249	3970	3279	6801	3600	3201
安图县	5650	3039	2611	7623	4137	3486	7344	3811	3533
长白山管委会	**29**	**16**	**13**	**37**	**20**	**17**	**31**	**20**	**11**
梅河口市	**19545**	**10209**	**9336**	**25323**	**13189**	**12134**	**23586**	**11989**	**11597**

1-5c 续表 10

单位：人

地区	60-64岁			65-69岁			70-74岁		
	小计	男	女	小计	男	女	小计	男	女
全省	**780599**	**393624**	**386975**	**740993**	**367909**	**373084**	**454231**	**221778**	**232453**
长春市	**251861**	**126203**	**125658**	**244511**	**119847**	**124664**	**155791**	**75786**	**80005**
南关区									
宽城区	10649	5353	5296	10508	5154	5354	6300	3051	3249
朝阳区	2484	1276	1208	2544	1245	1299	1325	649	676
二道区									
绿园区	1279	656	623	1223	594	629	709	374	335
双阳区	16457	8440	8017	16160	7965	8195	10350	5208	5142
九台区	32186	16380	15806	30733	15079	15654	20656	9991	10665
农安县	49024	24760	24264	46298	22964	23334	27151	13389	13762
长春经济技术开发区									
长春净月高新技术产业开发区	10359	5039	5320	9152	4490	4662	5029	2323	2706
长春高新技术产业开发区	503	313	190	366	218	148	215	125	90
长春汽车经济技术开发区									
长春莲花山生态旅游度假区	2675	1365	1310	2627	1299	1328	1666	816	850
榆树市	49351	24229	25122	49058	23900	25158	32307	15666	16641
德惠市	35564	17817	17747	34281	16528	17753	22505	10729	11776
公主岭市	41330	20575	20755	41561	20411	21150	27578	13465	14113
吉林市	**117819**	**60578**	**57241**	**110621**	**55450**	**55171**	**70211**	**34480**	**35731**
昌邑区	9031	4560	4471	8882	4281	4601	5286	2551	2735
龙潭区	10247	5284	4963	9051	4526	4525	5965	2887	3078
船营区	5959	3021	2938	5737	2797	2940	3525	1724	1801
丰满区	6319	3239	3080	5481	2743	2738	3333	1631	1702
永吉县	13559	7057	6502	12452	6247	6205	8413	4138	4275
吉林经济开发区	1141	577	564	1016	489	527	556	264	292
吉林高新技术产业开发区	1745	858	887	1516	735	781	997	459	538
吉林中国新加坡食品区	2545	1253	1292	2580	1259	1321	1675	819	856
蛟河市	14823	7743	7080	14022	7114	6908	8576	4139	4437
桦甸市	13227	6885	6342	12068	6155	5913	7370	3636	3734
舒兰市	20919	10681	10238	19867	10007	9860	13022	6484	6538
磐石市	18304	9420	8884	17949	9097	8852	11493	5748	5745
四平市	**74060**	**36849**	**37211**	**77096**	**37809**	**39287**	**46616**	**22810**	**23806**
铁西区	4770	2352	2418	4684	2224	2460	2809	1274	1535
铁东区	6154	3168	2986	6426	3146	3280	3854	1868	1986
梨树县	28725	14292	14433	31134	15222	15912	18798	9229	9569
伊通满族自治县	21030	10455	10575	21549	10723	10826	13110	6625	6485
双辽市	13381	6582	6799	13303	6494	6809	8045	3814	4231
辽源市	**39098**	**19799**	**19299**	**38631**	**19526**	**19105**	**22280**	**10934**	**11346**
龙山区	3891	1950	1941	3699	1849	1850	2172	1055	1117
西安区	1602	805	797	1733	868	865	999	516	483

1-5c 续表 11

单位：人

地 区	60-64岁			65-69岁			70-74岁		
	小计	男	女	小计	男	女	小计	男	女
东丰县	16821	8599	8222	16572	8422	8150	9888	4809	5079
东辽县	16784	8445	8339	16627	8387	8240	9221	4554	4667
通化市	**49382**	**25365**	**24017**	**47276**	**24009**	**23267**	**28384**	**14125**	**14259**
东昌区	2785	1403	1382	2685	1319	1366	1482	744	738
二道江区	1607	810	797	1558	780	778	979	487	492
通化县	10033	5228	4805	9526	4857	4669	6085	2992	3093
辉南县	10872	5433	5439	10646	5364	5282	6292	3182	3110
柳河县	15076	7814	7262	14170	7344	6826	8146	4036	4110
集安市	9009	4677	4332	8691	4345	4346	5400	2684	2716
白山市	**18344**	**9564**	**8780**	**17267**	**8873**	**8394**	**11555**	**5674**	**5881**
浑江区	2844	1501	1343	2665	1366	1299	1652	858	794
江源区	2910	1548	1362	2715	1425	1290	1800	886	914
抚松县	3688	1885	1803	3793	1872	1921	2685	1220	1465
靖宇县	3633	1874	1759	3396	1760	1636	2357	1179	1178
长白朝鲜族自治县	1831	945	886	1640	882	758	1067	534	533
临江市	3438	1811	1627	3058	1568	1490	1994	997	997
松原市	**103661**	**51475**	**52186**	**90530**	**44650**	**45880**	**50946**	**24735**	**26211**
宁江区	11763	5835	5928	10219	4979	5240	5690	2726	2964
前郭尔罗斯蒙古族自治县	21885	11052	10833	17532	8934	8598	10116	5047	5069
长岭县	24536	12275	12261	22631	11175	11456	12786	6151	6635
乾安县	11484	5771	5713	9534	4751	4783	4768	2404	2364
吉林松原经济开发区	2084	1093	991	1666	816	850	882	411	471
扶余市	31909	15449	16460	28948	13995	14953	16704	7996	8708
白城市	**61060**	**30493**	**30567**	**55798**	**27636**	**28162**	**33591**	**16130**	**17461**
洮北区	8524	4273	4251	7324	3673	3651	4891	2382	2509
镇赉县	9495	4714	4781	9061	4465	4596	5392	2619	2773
通榆县	13237	6600	6637	12251	6014	6237	7337	3432	3905
吉林白城经济开发区	900	452	448	816	400	416	391	189	202
洮南市	15826	7961	7865	14697	7234	7463	8689	4150	4539
大安市	13078	6493	6585	11649	5850	5799	6891	3358	3533
延边朝鲜族自治州	**46000**	**23586**	**22414**	**39949**	**20349**	**19600**	**23641**	**11548**	**12093**
延吉市	5707	2845	2862	4439	2276	2163	2820	1314	1506
图们市	1663	816	847	1292	648	644	813	365	448
敦化市	13125	6836	6289	12672	6444	6228	7235	3546	3689
珲春市	5450	2784	2666	4382	2185	2197	2749	1390	1359
龙井市	3954	2016	1938	3295	1674	1621	1928	925	1003
和龙市	4302	2230	2072	3320	1674	1646	1927	947	980
汪清县	5711	2945	2766	4869	2514	2355	2891	1403	1488
安图县	6088	3114	2974	5680	2934	2746	3278	1658	1620
长白山管委会	**10**	**4**	**6**	**18**	**10**	**8**	**4**	**2**	**2**
梅河口市	**19304**	**9708**	**9596**	**19296**	**9750**	**9546**	**11212**	**5554**	**5658**

1-5c 续表 12

单位：人

地　区	75-79岁			80-84岁			85-89岁		
	小计	男	女	小计	男	女	小计	男	女
全　省	**219818**	**106661**	**113157**	**132325**	**63991**	**68334**	**62656**	**27460**	**35196**
长春市	**76021**	**37462**	**38559**	**46044**	**22819**	**23225**	**21866**	**9677**	**12189**
南关区									
宽城区	3284	1624	1660	2141	1015	1126	769	361	408
朝阳区	733	350	383	327	160	167	158	69	89
二道区									
绿园区	374	178	196	214	115	99	77	40	37
双阳区	4997	2503	2494	2508	1246	1262	1422	597	825
九台区	9716	4743	4973	5805	2909	2896	2693	1177	1516
农安县	15220	7543	7677	10041	5057	4984	4479	2093	2386
长春经济技术开发区									
长春净月高新技术产业开发区	2815	1230	1585	1916	830	1086	1039	411	628
长春高新技术产业开发区	94	48	46	63	34	29	26	15	11
长春汽车经济技术开发区									
长春莲花山生态旅游度假区	928	437	491	554	251	303	240	118	122
榆树市	14133	7006	7127	8563	4158	4405	3957	1645	2312
德惠市	11425	5641	5784	6440	3286	3154	3171	1413	1758
公主岭市	12302	6159	6143	7472	3758	3714	3835	1738	2097
吉林市	**34549**	**16231**	**18318**	**19736**	**9479**	**10257**	**9142**	**3970**	**5172**
昌邑区	2409	1121	1288	1337	666	671	774	312	462
龙潭区	2902	1339	1563	1647	751	896	798	328	470
船营区	1635	774	861	939	480	459	432	190	242
丰满区	1933	886	1047	1170	530	640	613	262	351
永吉县	3755	1812	1943	2237	1087	1150	963	450	513
吉林经济开发区	246	108	138	159	75	84	90	36	54
吉林高新技术产业开发区	480	225	255	288	133	155	156	69	87
吉林中国新加坡食品区	766	385	381	397	217	180	175	72	103
蛟河市	4845	2265	2580	2616	1271	1345	1248	554	694
桦甸市	4176	1935	2241	2549	1180	1369	1169	489	680
舒兰市	5947	2798	3149	3523	1678	1845	1510	653	857
磐石市	5455	2583	2872	2874	1411	1463	1214	555	659
四平市	**20872**	**10415**	**10457**	**12392**	**6093**	**6299**	**6188**	**2821**	**3367**
铁西区	1492	652	840	1022	485	537	487	217	270
铁东区	1762	889	873	871	413	458	449	222	227
梨树县	8525	4365	4160	5097	2594	2503	2549	1159	1390
伊通满族自治县	5628	2807	2821	3120	1538	1582	1586	738	848
双辽市	3465	1702	1763	2282	1063	1219	1117	485	632
辽源市	**10082**	**5008**	**5074**	**5927**	**3002**	**2925**	**2794**	**1316**	**1478**
龙山区	843	405	438	591	264	327	207	96	111
西安区	495	246	249	252	141	111	141	70	71

1-5c 续表 13

单位：人

地区	75-79岁			80-84岁			85-89岁		
	小计	男	女	小计	男	女	小计	男	女
东丰县	4614	2251	2363	2733	1427	1306	1263	575	688
东辽县	4130	2106	2024	2351	1170	1181	1183	575	608
通化市	**13271**	**6403**	**6868**	**7519**	**3472**	**4047**	**3419**	**1422**	**1997**
东昌区	696	333	363	428	168	260	175	79	96
二道江区	516	250	266	237	103	134	117	51	66
通化县	2918	1363	1555	1565	722	843	698	282	416
辉南县	2803	1393	1410	1710	858	852	786	320	466
柳河县	3711	1781	1930	2230	1009	1221	1001	413	588
集安市	2627	1283	1344	1349	612	737	642	277	365
白山市	**6894**	**3328**	**3566**	**3811**	**1810**	**2001**	**1913**	**849**	**1064**
浑江区	1008	488	520	499	238	261	209	87	122
江源区	1013	483	530	663	294	369	312	140	172
抚松县	1762	856	906	822	425	397	449	211	238
靖宇县	1213	625	588	661	312	349	367	186	181
长白朝鲜族自治县	646	310	336	387	179	208	205	87	118
临江市	1252	566	686	779	362	417	371	138	233
松原市	**23793**	**11398**	**12395**	**16588**	**7766**	**8822**	**7337**	**3224**	**4113**
宁江区	2546	1176	1370	1862	815	1047	669	280	389
前郭尔罗斯蒙古族自治县	4643	2250	2393	3327	1584	1743	1476	648	828
长岭县	6307	3092	3215	4246	1980	2266	1868	835	1033
乾安县	2444	1159	1285	1530	755	775	754	349	405
吉林松原经济开发区	401	174	227	282	125	157	150	73	77
扶余市	7452	3547	3905	5341	2507	2834	2420	1039	1381
白城市	**16425**	**8040**	**8385**	**9397**	**4629**	**4768**	**4756**	**2097**	**2659**
洮北区	2086	1038	1048	1206	620	586	672	290	382
镇赉县	2642	1322	1320	1323	653	670	790	339	451
通榆县	3678	1744	1934	1958	937	1021	1084	468	616
吉林白城经济开发区	185	88	97	140	69	71	40	20	20
洮南市	4328	2068	2260	2575	1232	1343	1115	501	614
大安市	3506	1780	1726	2195	1118	1077	1055	479	576
延边朝鲜族自治州	**13100**	**6033**	**7067**	**7992**	**3489**	**4503**	**3756**	**1416**	**2340**
延吉市	1536	679	857	964	390	574	476	152	324
图们市	498	216	282	239	102	137	86	16	70
敦化市	4233	2039	2194	2695	1210	1485	1255	513	742
珲春市	1320	620	700	699	324	375	298	106	192
龙井市	1042	425	617	693	273	420	305	92	213
和龙市	1042	455	587	626	258	368	239	76	163
汪清县	1483	684	799	864	371	493	455	193	262
安图县	1946	915	1031	1212	561	651	642	268	374
长白山管委会	**2**	**2**		**9**	**3**	**6**	**4**	**2**	**2**
梅河口市	**4809**	**2341**	**2468**	**2910**	**1429**	**1481**	**1481**	**666**	**815**

1-5c 续表 14

单位：人

地区	90-94岁			95-99岁			100岁及以上		
	小计	男	女	小计	男	女	小计	男	女
全 省	**24797**	**10287**	**14510**	**8240**	**3400**	**4840**	**1227**	**552**	**675**
长春市	**8497**	**3645**	**4852**	**2681**	**1114**	**1567**	**416**	**189**	**227**
南关区									
宽城区	405	170	235	236	100	136	55	26	29
朝阳区	99	43	56	79	31	48	14	7	7
二道区									
绿园区	52	21	31	29	14	15	6	2	4
双阳区	547	240	307	180	70	110	30	13	17
九台区	1053	422	631	288	117	171	42	17	25
农安县	1521	674	847	414	183	231	65	28	37
长春经济技术开发区									
长春净月高新技术产业开发区	477	203	274	154	62	92	35	23	12
长春高新技术产业开发区	16	9	7	13	5	8	4	3	1
长春汽车经济技术开发区									
长春莲花山生态旅游度假区	100	40	60	106	40	66	29	15	14
榆树市	1511	635	876	422	158	264	32	11	21
德惠市	1270	550	720	361	166	195	50	19	31
公主岭市	1446	638	808	399	168	231	54	25	29
吉林市	**3474**	**1388**	**2086**	**1061**	**428**	**633**	**95**	**39**	**56**
昌邑区	355	149	206	125	53	72	10	4	6
龙潭区	294	124	170	94	43	51	4	1	3
船营区	193	76	117	83	32	51	6	2	4
丰满区	199	79	120	47	22	25	9	3	6
永吉县	354	145	209	100	51	49	7	5	2
吉林经济开发区	31	7	24	11	2	9			
吉林高新技术产业开发区	82	34	48	44	22	22	7	2	5
吉林中国新加坡食品区	65	20	45	18	5	13	4	2	2
蛟河市	385	148	237	130	55	75	10	7	3
桦甸市	458	194	264	136	49	87	15	5	10
舒兰市	578	218	360	153	54	99	10	3	7
磐石市	480	194	286	120	40	80	13	5	8
四平市	**2571**	**1097**	**1474**	**776**	**339**	**437**	**127**	**63**	**64**
铁西区	228	95	133	136	60	76	28	12	16
铁东区	296	132	164	112	54	58	14	7	7
梨树县	1001	430	571	244	117	127	48	25	23
伊通满族自治县	616	266	350	166	68	98	22	10	12
双辽市	430	174	256	118	40	78	15	9	6
辽源市	**971**	**402**	**569**	**425**	**172**	**253**	**105**	**52**	**53**
龙山区	76	38	38	129	45	84	34	18	16
西安区	32	11	21	54	19	35	26	14	12

1-5c　续表 15　　　　　　　　　　　　　　　　　　　　　单位：人

地　区	90-94岁			95-99岁			100岁及以上		
	小计	男	女	小计	男	女	小计	男	女
东丰县	436	170	266	138	58	80	26	10	16
东辽县	427	183	244	104	50	54	19	10	9
通化市	**1434**	**601**	**833**	**438**	**186**	**252**	**45**	**14**	**31**
东昌区	115	41	74	76	34	42	11	4	7
二道江区	69	29	40	14	3	11			
通化县	286	122	164	57	22	35	9	2	7
辉南县	275	118	157	78	33	45	6	4	2
柳河县	411	163	248	128	57	71	14	3	11
集安市	278	128	150	85	37	48	5	1	4
白山市	**901**	**350**	**551**	**387**	**160**	**227**	**72**	**25**	**47**
浑江区	125	40	85	89	42	47	22	6	16
江源区	173	68	105	70	25	45	10	5	5
抚松县	212	87	125	98	36	62	18	8	10
靖宇县	182	77	105	65	24	41	5		5
长白朝鲜族自治县	84	28	56	25	13	12	7	3	4
临江市	125	50	75	40	20	20	10	3	7
松原市	**2899**	**1204**	**1695**	**1042**	**440**	**602**	**146**	**62**	**84**
宁江区	439	170	269	217	93	124	28	16	12
前郭尔罗斯蒙古族自治县	553	220	333	180	77	103	31	13	18
长岭县	648	275	373	195	87	108	40	13	27
乾安县	373	170	203	160	60	100	22	16	6
吉林松原经济开发区	54	24	30	65	38	27	8	1	7
扶余市	832	345	487	225	85	140	17	3	14
白城市	**1872**	**781**	**1091**	**617**	**249**	**368**	**102**	**46**	**56**
洮北区	286	111	175	121	44	77	17	7	10
镇赉县	321	139	182	89	40	49	22	14	8
通榆县	428	177	251	156	67	89	37	17	20
吉林白城经济开发区	39	11	28	27	6	21	1	1	
洮南市	399	177	222	107	44	63	12	5	7
大安市	399	166	233	117	48	69	13	2	11
延边朝鲜族自治州	**1577**	**562**	**1015**	**624**	**238**	**386**	**93**	**46**	**47**
延吉市	214	60	154	108	35	73	17	9	8
图们市	55	17	38	26	9	17	3	2	1
敦化市	461	184	277	164	75	89	28	13	15
珲春市	145	49	96	77	30	47	12	7	5
龙井市	107	26	81	40	5	35	5	2	3
和龙市	143	40	103	53	25	28	6	1	5
汪清县	173	72	101	69	25	44	12	6	6
安图县	279	114	165	87	34	53	10	6	4
长白山管委会	**2**		**2**	**1**	**1**		**1**	**1**	
梅河口市	**599**	**257**	**342**	**188**	**73**	**115**	**25**	**15**	**10**

1-6 各地区分性别、受教育程度的3岁及以上人口

单位：人

地区	3岁及以上人口			未上过学		
	合计	男	女	小计	男	女
全省	**23662578**	**11806463**	**11856115**	**452548**	**161207**	**291341**
长春市	**8893475**	**4449026**	**4444449**	**133951**	**49780**	**84171**
南关区	642330	311705	330625	5856	1987	3869
宽城区	836468	419875	416593	9677	4082	5595
朝阳区	604774	301655	303119	6127	2383	3744
二道区	510864	249881	260983	6015	2458	3557
绿园区	698704	347337	351367	7631	2911	4720
双阳区	331334	166475	164859	7007	2253	4754
九台区	605915	305995	299920	10310	3756	6554
农安县	754124	383603	370521	15920	5682	10238
长春经济技术开发区	416141	205247	210894	4840	2144	2696
长春净月高新技术产业开发区	399434	189155	210279	3243	1317	1926
长春高新技术产业开发区	445296	225692	219604	5171	2393	2778
长春汽车经济技术开发区	308871	159359	149512	3474	1384	2090
长春莲花山生态旅游度假区	37029	18753	18276	931	311	620
榆树市	825849	417432	408417	21293	6921	14372
德惠市	626789	317973	308816	10749	4036	6713
公主岭市	849553	428889	420664	15707	5762	9945
吉林市	**3567702**	**1774815**	**1792887**	**76624**	**27024**	**49600**
昌邑区	570833	278077	292756	7168	2766	4402
龙潭区	367238	184637	182601	5505	2021	3484
船营区	456972	225782	231190	6280	2590	3690
丰满区	254110	123234	130876	4421	1603	2818
永吉县	240437	123973	116464	5551	2025	3526
吉林经济开发区	55065	28232	26833	665	249	416
吉林高新技术产业开发区	158874	74718	84156	2144	930	1214
吉林中国新加坡食品区	36533	18233	18300	923	373	550
蛟河市	324390	162982	161408	11175	3621	7554
桦甸市	336424	169267	167157	12269	4135	8134
舒兰市	401871	202098	199773	10490	3460	7030
磐石市	364955	183582	181373	10033	3251	6782
四平市	**1789308**	**891652**	**897656**	**43800**	**15525**	**28275**
铁西区	308830	145335	163495	3926	1553	2373
铁东区	309469	155139	154330	5222	2051	3171
梨树县	530205	269486	260719	17539	5877	11662
伊通满族自治县	327684	166224	161460	9988	3575	6413
双辽市	313120	155468	157652	7125	2469	4656
辽源市	**982068**	**491274**	**490794**	**18060**	**6766**	**11294**
龙山区	321115	156810	164305	3792	1535	2257
西安区	134572	67414	67158	1954	757	1197
东丰县	302859	153132	149727	6828	2576	4252
东辽县	223522	113918	109604	5486	1898	3588

1-6　续表 1　　　　单位：人

地　区	3岁及以上人口			未上过学		
	合计	男	女	小计	男	女
通化市	**1280360**	**637996**	**642364**	**27649**	**9767**	**17882**
东昌区	348107	168445	179662	4292	1720	2572
二道江区	90636	44820	45816	2104	659	1445
通化县	172032	86818	85214	5806	1883	3923
辉南县	233920	117051	116869	6490	2259	4231
柳河县	269418	137402	132016	5485	2097	3388
集安市	166247	83460	82787	3472	1149	2323
白山市	**935429**	**466662**	**468767**	**33271**	**10045**	**23226**
浑江区	302383	148454	153929	7265	2313	4952
江源区	136675	68949	67726	4817	1440	3377
抚松县	213118	106848	106270	9610	2809	6801
靖宇县	106181	53871	52310	4545	1401	3144
长白朝鲜族自治县	57384	29013	28371	2128	663	1465
临江市	119688	59527	60161	4906	1419	3487
松原市	**2217710**	**1110281**	**1107429**	**49456**	**17252**	**32204**
宁江区	608844	298999	309845	8314	3168	5146
前郭尔罗斯蒙古族自治县	401246	201426	199820	11997	4109	7888
长岭县	444928	225158	219770	10022	3371	6651
乾安县	202684	101730	100954	3818	1386	2432
吉林松原经济开发区	91411	45430	45981	1793	664	1129
扶余市	468597	237538	231059	13512	4554	8958
白城市	**1528421**	**758461**	**769960**	**29562**	**10846**	**18716**
洮北区	350795	173631	177164	5432	1998	3434
镇赉县	214325	107425	106900	3346	1289	2057
通榆县	277113	138674	138439	6005	2247	3758
吉林白城经济开发区	115676	53889	61787	1544	584	960
洮南市	302848	151322	151526	7821	2822	4999
大安市	267664	133520	134144	5414	1906	3508
延边朝鲜族自治州	**1907878**	**944162**	**963716**	**31114**	**10873**	**20241**
延吉市	672231	324238	347993	8000	3155	4845
图们市	84310	41646	42664	944	320	624
敦化市	385605	192824	192781	6681	2529	4152
珲春市	234625	116538	118087	3752	1303	2449
龙井市	127864	64319	63545	1559	535	1024
和龙市	115612	58857	56755	2274	639	1635
汪清县	165389	83314	82075	3875	1182	2693
安图县	122242	62426	59816	4029	1210	2819
长白山管委会	**59640**	**30270**	**29370**	**1915**	**567**	**1348**
长白山保护开发区池北区	43498	22123	21375	1053	350	703
长白山保护开发区池西区	14318	7203	7115	784	202	582
长白山保护开发区池南区	1824	944	880	78	15	63
梅河口市	**500587**	**251864**	**248723**	**7146**	**2762**	**4384**

1-6 续表 2

单位：人

地区	学前教育			小学		
	小计	男	女	小计	男	女
全 省	**491573**	**252719**	**238854**	**5372822**	**2518160**	**2854662**
长春市	**197937**	**102308**	**95629**	**1851321**	**875945**	**975376**
南关区	15601	8269	7332	67496	30842	36654
宽城区	21436	11009	10427	138454	66159	72295
朝阳区	10691	5537	5154	66838	30930	35908
二道区	13200	6859	6341	64792	30431	34361
绿园区	17695	9066	8629	94171	43432	50739
双阳区	5715	2918	2797	83942	39499	44443
九台区	10420	5306	5114	169881	80281	89600
农安县	13023	6705	6318	266379	128019	138360
长春经济技术开发区	12023	6232	5791	47339	21980	25359
长春净月高新技术产业开发区	9657	4982	4675	44009	20966	23043
长春高新技术产业开发区	16023	8359	7664	54899	26957	27942
长春汽车经济技术开发区	8858	4625	4233	38311	17506	20805
长春莲花山生态旅游度假区	614	327	287	12623	5969	6654
榆树市	13905	7199	6706	313942	147713	166229
德惠市	11832	6089	5743	199601	95789	103812
公主岭市	17244	8826	8418	188644	89472	99172
吉林市	**68513**	**34908**	**33605**	**808594**	**378705**	**429889**
昌邑区	12195	6268	5927	81389	36452	44937
龙潭区	5518	2800	2718	68799	31482	37317
船营区	9167	4730	4437	66280	30605	35675
丰满区	4939	2540	2399	39646	18748	20898
永吉县	4302	2186	2116	68095	32158	35937
吉林经济开发区	731	350	381	8836	3890	4946
吉林高新技术产业开发区	3816	1948	1868	19310	8879	10431
吉林中国新加坡食品区	1031	536	495	9505	4418	5087
蛟河市	6297	3211	3086	98928	47587	51341
桦甸市	6384	3143	3241	102552	48666	53886
舒兰市	6597	3336	3261	128336	60418	67918
磐石市	7536	3860	3676	116918	55402	61516
四平市	**31661**	**16088**	**15573**	**452343**	**214186**	**238157**
铁西区	5905	3019	2886	39911	18415	21496
铁东区	4819	2464	2355	60406	29279	31127
梨树县	8776	4406	4370	175522	83509	92013
伊通满族自治县	5776	2906	2870	109801	52678	57123
双辽市	6385	3293	3092	66703	30305	36398
辽源市	**18943**	**9761**	**9182**	**244012**	**114824**	**129188**
龙山区	7588	3952	3636	48090	22246	25844
西安区	2187	1064	1123	21642	9962	11680
东丰县	5320	2716	2604	96640	45609	51031
东辽县	3848	2029	1819	77640	37007	40633

1-6　续表 3　　　　单位：人

地　区	学前教育			小　学		
	小计	男	女	小计	男	女
通化市	**25813**	**13355**	**12458**	**323963**	**150699**	**173264**
东昌区	7501	3943	3558	50294	22260	28034
二道江区	1163	577	586	16641	7364	9277
通化县	3641	1871	1770	53054	24434	28620
辉南县	4349	2253	2096	69952	33122	36830
柳河县	5813	3019	2794	89986	43345	46641
集安市	3346	1692	1654	44036	20174	23862
白山市	**19403**	**9904**	**9499**	**180212**	**82875**	**97337**
浑江区	6506	3357	3149	47058	21148	25910
江源区	2019	1059	960	28926	13331	15595
抚松县	4818	2486	2332	43254	19967	23287
靖宇县	2498	1252	1246	25639	12108	13531
长白朝鲜族自治县	1217	617	600	11451	5152	6299
临江市	2345	1133	1212	23884	11169	12715
松原市	**44404**	**22923**	**21481**	**688017**	**322400**	**365617**
宁江区	13283	6929	6354	126202	58002	68200
前郭尔罗斯蒙古族自治县	7489	3815	3674	139184	65719	73465
长岭县	8859	4527	4332	155580	72777	82803
乾安县	3500	1745	1755	55655	25233	30422
吉林松原经济开发区	2780	1487	1293	21162	10076	11086
扶余市	8493	4420	4073	190234	90593	99641
白城市	**29954**	**15337**	**14617**	**401036**	**184191**	**216845**
洮北区	6929	3566	3363	69880	32247	37633
镇赉县	4039	2049	1990	58387	26221	32166
通榆县	6107	3095	3012	89410	41604	47806
吉林白城经济开发区	2720	1423	1297	15963	7424	8539
洮南市	6078	3105	2973	94475	44019	50456
大安市	4081	2099	1982	72921	32676	40245
延边朝鲜族自治州	**41957**	**21419**	**20538**	**297679**	**135431**	**162248**
延吉市	16898	8608	8290	77346	34971	42375
图们市	1282	658	624	10313	4473	5840
敦化市	7983	4073	3910	76199	34931	41268
珲春市	5990	3110	2880	38363	17501	20862
龙井市	2247	1121	1126	16469	7527	8942
和龙市	1962	1008	954	19580	8737	10843
汪清县	3156	1615	1541	29700	13424	16276
安图县	2439	1226	1213	29709	13867	15842
长白山管委会	**1561**	**796**	**765**	**10557**	**4848**	**5709**
长白山保护开发区池北区	1192	601	591	6993	3152	3841
长白山保护开发区池西区	347	180	167	3204	1536	1668
长白山保护开发区池南区	22	15	7	360	160	200
梅河口市	**11427**	**5920**	**5507**	**115088**	**54056**	**61032**

1-6 续表 4

单位：人

地 区	初 中			高 中			大学专科		
	小计	男	女	小计	男	女	小计	男	女
全 省	**9204361**	**4746766**	**4457595**	**4111787**	**2114922**	**1996865**	**1813601**	**936634**	**876967**
长春市	**3241349**	**1675750**	**1565599**	**1454502**	**743530**	**710972**	**799208**	**409716**	**389492**
南关区	163638	81022	82616	129343	62729	66614	86177	41097	45080
宽城区	316810	161499	155311	165112	83315	81797	95228	47618	47610
朝阳区	141140	69770	71370	124679	60601	64078	79862	39540	40322
二道区	160843	80737	80106	121365	60724	60641	61368	30568	30800
绿园区	223308	112954	110354	154681	77758	76923	95711	49072	46639
双阳区	142965	75732	67233	36704	19654	17050	18109	9301	8808
九台区	287647	151844	135803	74750	39795	34955	26333	13528	12805
农安县	327935	174748	153187	80292	42932	37360	29053	15191	13862
长春经济技术开发区	126848	63418	63430	79852	41078	38774	56062	27725	28337
长春净月高新技术产业开发区	87451	44851	42600	52379	25855	26524	41968	20998	20970
长春高新技术产业开发区	97556	50582	46974	64415	32683	31732	68158	36292	31866
长春汽车经济技术开发区	97368	48002	49366	67127	34503	32624	51273	31314	19959
长春莲花山生态旅游度假区	17045	8989	8056	3529	1990	1539	1161	597	564
榆树市	333876	178871	155005	87383	47785	39598	30653	16514	14139
德惠市	302625	158871	143754	63172	33636	29536	21768	11390	10378
公主岭市	414294	213860	200434	149719	78492	71227	36324	18971	17353
吉林市	**1354916**	**693560**	**661356**	**685712**	**349133**	**336579**	**273530**	**143731**	**129799**
昌邑区	193947	95544	98403	152802	75551	77251	62625	31895	30730
龙潭区	147665	74631	73034	86768	44716	42052	25274	13894	11380
船营区	153310	75807	77503	112563	55285	57278	46535	23432	23103
丰满区	78080	39452	38628	52664	25080	27584	30200	15667	14533
永吉县	108830	57170	51660	31604	16817	14787	15677	10508	5169
吉林经济开发区	22834	11653	11181	9716	5310	4406	4547	2804	1743
吉林高新技术产业开发区	40267	19665	20602	34918	16728	18190	20696	9549	11147
吉林中国新加坡食品区	20356	10359	9997	2964	1661	1303	1102	576	526
蛟河市	133287	69879	63408	45934	24263	21671	17101	8937	8164
桦甸市	130679	68836	61843	52370	28009	24361	17537	9297	8240
舒兰市	177153	92911	84242	52872	28306	24566	14556	7871	6685
磐石市	148508	77653	70855	50537	27407	23130	17680	9301	8379
四平市	**750401**	**389509**	**360892**	**287134**	**148171**	**138963**	**117336**	**60633**	**56703**
铁西区	97312	47926	49386	70721	34328	36393	37234	18265	18969
铁东区	125646	63960	61686	66966	34112	32854	28710	14753	13957
梨树县	242446	129288	113158	52597	28741	23856	20933	11461	9472
伊通满族自治县	132738	70802	61936	43999	23303	20696	13563	7216	6347
双辽市	152259	77533	74726	52851	27687	25164	16896	8938	7958
辽源市	**450432**	**232044**	**218388**	**143131**	**73956**	**69175**	**57730**	**29303**	**28427**
龙山区	133041	65176	67865	67494	33825	33669	32667	15984	16683
西安区	75969	38482	37487	21042	11094	9948	6616	3463	3153
东丰县	132246	69826	62420	38067	20173	17894	12584	6743	5841
东辽县	109176	58560	50616	16528	8864	7664	5863	3113	2750

1-6　续表 5　　　　单位：人

地　区	初　中			高　中			大学专科		
	小计	男	女	小计	男	女	小计	男	女
通化市	**496891**	**258028**	**238863**	**230185**	**119187**	**110998**	**89244**	**46133**	**43111**
东昌区	109888	54546	55342	94082	46751	47331	37356	18930	18426
二道江区	33671	17038	16633	23864	12465	11399	7340	3804	3536
通化县	69988	37829	32159	21995	12074	9921	9020	4649	4371
辉南县	99575	51618	47957	31743	16749	14994	11830	6202	5628
柳河县	115666	61183	54483	31504	16955	14549	12654	6742	5912
集安市	68103	35814	32289	26997	14193	12804	11044	5806	5238
白山市	**354446**	**184061**	**170385**	**201616**	**105382**	**96234**	**79796**	**41808**	**37988**
浑江区	103598	52505	51093	75472	38238	37234	32518	16240	16278
江源区	60754	31778	28976	26117	14027	12090	8786	4748	4038
抚松县	83057	43616	39441	42553	22545	20008	16298	8827	7471
靖宇县	41370	21956	19414	18015	9782	8233	8086	4356	3730
长白朝鲜族自治县	19145	10042	9103	13457	7110	6347	5183	2964	2219
临江市	46522	24164	22358	26002	13680	12322	8925	4673	4252
松原市	**910286**	**473501**	**436785**	**297415**	**158509**	**138906**	**121561**	**63258**	**58303**
宁江区	234504	115003	119501	123335	64510	58825	49063	24517	24546
前郭尔罗斯蒙古族自治县	163149	86482	76667	45337	24170	21167	18895	9943	8952
长岭县	198393	105899	92494	43508	23632	19876	17329	9403	7926
乾安县	94390	49123	45267	27333	14810	12523	11121	5999	5122
吉林松原经济开发区	33152	16696	16456	15586	8130	7456	8618	4296	4322
扶余市	186698	100298	86400	42316	23257	19059	16535	9100	7435
白城市	**651915**	**335601**	**316314**	**243368**	**127631**	**115737**	**90244**	**46000**	**44244**
洮北区	149652	75037	74615	74926	38403	36523	23620	12419	11201
镇赉县	100096	51995	48101	26748	14535	12213	12206	6626	5580
通榆县	121486	63176	58310	34472	18511	15961	10364	5571	4793
吉林白城经济开发区	34414	16900	17514	23513	11555	11958	16848	7035	9813
洮南市	134926	70683	64243	34865	18499	16366	13748	7140	6608
大安市	111341	57810	53531	48844	26128	22716	13458	7209	6249
延边朝鲜族自治州	**761946**	**385007**	**376939**	**460259**	**232572**	**227687**	**145512**	**75745**	**69767**
延吉市	222877	107436	115441	190490	93333	97157	61774	31204	30570
图们市	32955	16231	16724	26259	13200	13059	6400	3525	2875
敦化市	162707	83522	79185	83969	43235	40734	26565	13875	12690
珲春市	99486	50391	49095	51530	26327	25203	17426	9022	8404
龙井市	60379	30585	29794	32128	16539	15589	8548	4547	4001
和龙市	56535	29939	26596	22321	11644	10677	6600	3639	2961
汪清县	75496	39325	36171	33798	17671	16127	10511	5701	4810
安图县	51511	27578	23933	19764	10623	9141	7688	4232	3456
长白山管委会	**22649**	**11878**	**10771**	**12184**	**6435**	**5749**	**5504**	**3034**	**2470**
长白山保护开发区池北区	15735	8186	7549	9526	5000	4526	4469	2492	1977
长白山保护开发区池西区	5988	3200	2788	2454	1308	1146	910	467	443
长白山保护开发区池南区	926	492	434	204	127	77	125	75	50
梅河口市	**209130**	**107827**	**101303**	**96281**	**50416**	**45865**	**33936**	**17273**	**16663**

1-6 续表 6 单位：人

地 区	大学本科			硕士研究生			博士研究生		
	小计	男	女	小计	男	女	小计	男	女
全 省	**2025967**	**988951**	**1037016**	**165758**	**74468**	**91290**	**24161**	**12636**	**11525**
长春市	**1078528**	**528819**	**549709**	**117086**	**52862**	**64224**	**19593**	**10316**	**9277**
南关区	143004	71107	71897	25378	11489	13889	5837	3163	2674
宽城区	85779	44444	41335	3667	1577	2090	305	172	133
朝阳区	148175	79706	68469	22842	10853	11989	4420	2335	2085
二道区	77595	35619	41976	5155	2223	2932	531	262	269
绿园区	94644	47046	47598	9545	4418	5127	1318	680	638
双阳区	36254	16890	19364	600	210	390	38	18	20
九台区	25931	11216	14715	592	248	344	51	21	30
农安县	20737	10001	10736	721	300	421	64	25	39
长春经济技术开发区	81018	38770	42248	7321	3452	3869	838	448	390
长春净月高新技术产业开发区	140437	61543	78894	17997	7507	10490	2293	1136	1157
长春高新技术产业开发区	119172	59342	59830	16442	7237	9205	3460	1847	1613
长春汽车经济技术开发区	37786	19655	18131	4456	2269	2187	218	101	117
长春莲花山生态旅游度假区	1047	531	516	76	38	38	3	1	2
榆树市	24019	12080	11939	713	321	392	65	28	37
德惠市	16582	7956	8626	422	183	239	38	23	15
公主岭市	26348	12913	13435	1159	537	622	114	56	58
吉林市	**281016**	**138982**	**142034**	**17198**	**7921**	**9277**	**1599**	**851**	**748**
昌邑区	57292	28097	29195	3142	1379	1763	273	125	148
龙潭区	26528	14536	11992	1080	504	576	101	53	48
船营区	57469	30545	26924	4905	2509	2396	463	279	184
丰满区	40140	18396	21744	3661	1568	2093	359	180	179
永吉县	6125	2989	3136	234	110	124	19	10	9
吉林经济开发区	7598	3912	3686	119	54	65	19	10	9
吉林高新技术产业开发区	34866	15716	19150	2611	1164	1447	246	139	107
吉林中国新加坡食品区	639	305	334	11	4	7	2	1	1
蛟河市	11300	5324	5976	337	144	193	31	16	15
桦甸市	14217	6994	7223	379	176	203	37	11	26
舒兰市	11524	5645	5879	322	140	182	21	11	10
磐石市	13318	6523	6795	397	169	228	28	16	12
四平市	**100823**	**45045**	**55778**	**5293**	**2240**	**3053**	**517**	**255**	**262**
铁西区	50153	20255	29898	3303	1389	1914	365	185	180
铁东区	16813	8134	8679	828	362	466	59	24	35
梨树县	11924	6000	5924	422	183	239	46	21	25
伊通满族自治县	11414	5574	5840	380	157	223	25	13	12
双辽市	10519	5082	5437	360	149	211	22	12	10
辽源市	**48076**	**23837**	**24239**	**1588**	**740**	**848**	**96**	**43**	**53**
龙山区	27392	13602	13790	996	473	523	55	17	38
西安区	4994	2504	2490	159	81	78	9	7	2
东丰县	10891	5353	5538	268	126	142	15	10	5
东辽县	4799	2378	2421	165	60	105	17	9	8

1-6　续表 7

单位：人

地　区	大学本科			硕士研究生			博士研究生		
	小计	男	女	小计	男	女	小计	男	女
通化市	**82840**	**39129**	**43711**	**3492**	**1554**	**1938**	**283**	**144**	**139**
东昌区	42374	19253	23121	2152	953	1199	168	89	79
二道江区	5601	2802	2799	227	100	127	25	11	14
通化县	8229	3955	4274	269	108	161	30	15	15
辉南县	9669	4704	4965	297	136	161	15	8	7
柳河县	8025	3921	4104	258	126	132	27	14	13
集安市	8942	4494	4448	289	131	158	18	7	11
白山市	**64379**	**31556**	**32823**	**2186**	**977**	**1209**	**120**	**54**	**66**
浑江区	28818	14106	14712	1104	526	578	44	21	23
江源区	5102	2503	2599	140	56	84	14	7	7
抚松县	13069	6397	6672	429	188	241	30	13	17
靖宇县	5847	2952	2895	170	56	114	11	8	3
长白朝鲜族自治县	4662	2404	2258	131	57	74	10	4	6
临江市	6881	3194	3687	212	94	118	11	1	10
松原市	**102658**	**50651**	**52007**	**3671**	**1667**	**2004**	**242**	**120**	**122**
宁江区	51997	25848	26149	2032	960	1072	114	62	52
前郭尔罗斯蒙古族自治县	14671	6976	7695	487	198	289	37	14	23
长岭县	10895	5388	5507	306	144	162	36	17	19
乾安县	6706	3357	3349	147	69	78	14	8	6
吉林松原经济开发区	7903	3882	4021	400	188	212	17	11	6
扶余市	10486	5200	5286	299	108	191	24	8	16
白城市	**78988**	**37318**	**41670**	**3148**	**1444**	**1704**	**206**	**93**	**113**
洮北区	19413	9515	9898	880	420	460	63	26	37
镇赉县	9200	4583	4617	294	123	171	9	4	5
通榆县	8984	4333	4651	267	127	140	18	10	8
吉林白城经济开发区	19685	8487	11198	932	453	479	57	28	29
洮南市	10540	4913	5627	364	126	238	31	15	16
大安市	11166	5487	5679	411	195	216	28	10	18
延边朝鲜族自治州	**156963**	**77804**	**79159**	**11008**	**4576**	**6432**	**1440**	**735**	**705**
延吉市	85330	41505	43825	8318	3403	4915	1198	623	575
图们市	5953	3154	2799	177	75	102	27	10	17
敦化市	20734	10317	10417	709	319	390	58	23	35
珲春市	17238	8526	8712	785	331	454	55	27	28
龙井市	6253	3339	2914	250	110	140	31	16	15
和龙市	6141	3170	2971	173	67	106	26	14	12
汪清县	8483	4225	4258	340	156	184	30	15	15
安图县	6831	3568	3263	256	115	141	15	7	8
长白山管委会	**5006**	**2584**	**2422**	**261**	**127**	**134**	**3**	**1**	**2**
长白山保护开发区池北区	4288	2222	2066	239	119	120	3	1	2
长白山保护开发区池西区	612	305	307	19	5	14			
长白山保护开发区池南区	106	57	49	3	3				
梅河口市	**26690**	**13226**	**13464**	**827**	**360**	**467**	**62**	**24**	**38**

1-6a 各地区分性别、受教育程度的3岁及以上人口(城市)

单位：人

地区	3岁及以上人口			未上过学		
	合计	男	女	小计	男	女
全省	**10093960**	**4927003**	**5166957**	**116258**	**43837**	**72421**
长春市	**3999011**	**1965399**	**2033612**	**39479**	**15362**	**24117**
南关区	642330	311705	330625	5856	1987	3869
宽城区	583153	288990	294163	6018	2596	3422
朝阳区	568324	282956	285368	5057	2034	3023
二道区	509411	249132	260279	5988	2450	3538
绿园区	682409	338617	343792	7323	2806	4517
双阳区	152535	74021	78514	983	292	691
九台区	214837	105117	109720	2000	781	1219
农安县						
长春经济技术开发区						
长春净月高新技术产业开发区						
长春高新技术产业开发区						
长春汽车经济技术开发区						
长春莲花山生态旅游度假区						
榆树市	199032	96227	102805	2104	735	1369
德惠市	188879	92021	96858	1639	681	958
公主岭市	258101	126613	131488	2511	1000	1511
吉林市	**1820412**	**885672**	**934740**	**24074**	**8731**	**15343**
昌邑区	452457	218463	233994	5074	1900	3174
龙潭区	257708	128143	129565	3258	1215	2043
船营区	379276	186238	193038	4421	1763	2658
丰满区	181781	88314	93467	2561	934	1627
永吉县						
吉林经济开发区	1646	809	837	37	14	23
吉林高新技术产业开发区						
吉林中国新加坡食品区						
蛟河市	128626	62023	66603	2438	791	1647
桦甸市	151177	73339	77838	3483	1156	2327
舒兰市	147267	70663	76604	1740	568	1172
磐石市	120474	57680	62794	1062	390	672
四平市	**591518**	**289229**	**302289**	**7648**	**3030**	**4618**
铁西区	227933	110155	117778	2860	1106	1754
铁东区	245418	122194	123224	3435	1385	2050
梨树县						
伊通满族自治县						
双辽市	118167	56880	61287	1353	539	814
辽源市	**399252**	**195575**	**203677**	**4529**	**1816**	**2713**
龙山区	280397	136416	143981	2831	1170	1661
西安区	118855	59159	59696	1698	646	1052

1-6a　续表 1

单位：人

地　区	3岁及以上人口			未上过学		
	合计	男	女	小计	男	女
东丰县						
东辽县						
通化市	**450651**	**217137**	**233514**	**5380**	**2044**	**3336**
东昌区	317690	152874	164816	3543	1458	2085
二道江区	62213	30298	31915	972	304	668
通化县						
辉南县						
柳河县						
集安市	70748	33965	36783	865	282	583
白山市	**422979**	**206326**	**216653**	**9280**	**2856**	**6424**
浑江区	265634	129499	136135	5450	1726	3724
江源区	77651	38243	39408	1954	593	1361
抚松县						
靖宇县						
长白朝鲜族自治县						
临江市	79694	38584	41110	1876	537	1339
松原市	**556331**	**270163**	**286168**	**5495**	**2119**	**3376**
宁江区	445058	215828	229230	4394	1701	2693
前郭尔罗斯蒙古族自治县	20197	9733	10464	303	90	213
长岭县						
乾安县						
吉林松原经济开发区						
扶余市	91076	44602	46474	798	328	470
白城市	**445332**	**215027**	**230305**	**5423**	**1981**	**3442**
洮北区	235095	114011	121084	2739	1027	1712
镇赉县						
通榆县						
吉林白城经济开发区	5293	2701	2592	131	45	86
洮南市	103327	49502	53825	1529	566	963
大安市	101617	48813	52804	1024	343	681
延边朝鲜族自治州	**1165977**	**564253**	**601724**	**13146**	**5085**	**8061**
延吉市	598101	286631	311470	6669	2726	3943
图们市	58680	28548	30132	455	141	314
敦化市	190856	92560	98296	1759	805	954
珲春市	175029	85646	89383	2458	862	1596
龙井市	85017	42122	42895	794	266	528
和龙市	58294	28746	29548	1011	285	726
汪清县						
安图县						
长白山管委会						
梅河口市	**242497**	**118222**	**124275**	**1804**	**813**	**991**

1-6a 续表 2

单位：人

地区	学前教育			小学		
	小计	男	女	小计	男	女
全省	**231371**	**119285**	**112086**	**1313922**	**590308**	**723614**
长春市	**95322**	**49304**	**46018**	**509558**	**234107**	**275451**
南关区	15601	8269	7332	67496	30842	36654
宽城区	16078	8235	7843	73858	34310	39548
朝阳区	10059	5215	4844	54932	25321	29611
二道区	13176	6846	6330	64293	30171	34122
绿园区	17390	8899	8491	90199	41515	48684
双阳区	3030	1494	1536	19010	8470	10540
九台区	4433	2262	2171	35646	15987	19659
农安县						
长春经济技术开发区						
长春净月高新技术产业开发区						
长春高新技术产业开发区						
长春汽车经济技术开发区						
长春莲花山生态旅游度假区						
榆树市	4532	2400	2132	40409	17780	22629
德惠市	4866	2521	2345	30341	13824	16517
公主岭市	6157	3163	2994	33374	15887	17487
吉林市	**38810**	**19828**	**18982**	**237154**	**104121**	**133033**
昌邑区	10035	5131	4904	51316	22453	28863
龙潭区	4195	2150	2045	32646	14295	18351
船营区	7670	3949	3721	43782	19808	23974
丰满区	3953	2018	1935	19318	8653	10665
永吉县						
吉林经济开发区	31	14	17	464	206	258
吉林高新技术产业开发区						
吉林中国新加坡食品区						
蛟河市	3121	1593	1528	19596	8490	11106
桦甸市	3332	1662	1670	25056	10981	14075
舒兰市	3048	1573	1475	25847	10937	14910
磐石市	3425	1738	1687	19129	8298	10831
四平市	**11207**	**5775**	**5432**	**74253**	**34441**	**39812**
铁西区	4813	2459	2354	28001	12796	15205
铁东区	4043	2070	1973	33396	16018	17378
梨树县						
伊通满族自治县						
双辽市	2351	1246	1105	12856	5627	7229
辽源市	**8900**	**4570**	**4330**	**49672**	**22281**	**27391**
龙山区	6953	3620	3333	34195	15369	18826
西安区	1947	950	997	15477	6912	8565

1-6a　续表 3

单位：人

地　区	学前教育			小　学		
	小计	男	女	小计	男	女
东丰县						
东辽县						
通化市	**9689**	**5045**	**4644**	**60038**	**25885**	**34153**
东昌区	7087	3739	3348	40725	17766	22959
二道江区	866	432	434	8867	3729	5138
通化县						
辉南县						
柳河县						
集安市	1736	874	862	10446	4390	6056
白山市	**9359**	**4799**	**4560**	**58673**	**25615**	**33058**
浑江区	6113	3167	2946	35423	15549	19874
江源区	1339	704	635	12423	5364	7059
抚松县						
靖宇县						
长白朝鲜族自治县						
临江市	1907	928	979	10827	4702	6125
松原市	**13570**	**7081**	**6489**	**91606**	**40508**	**51098**
宁江区	10418	5433	4985	69094	30411	38683
前郭尔罗斯蒙古族自治县	606	310	296	3313	1427	1886
长岭县						
乾安县						
吉林松原经济开发区						
扶余市	2546	1338	1208	19199	8670	10529
白城市	**9343**	**4800**	**4543**	**66574**	**29223**	**37351**
洮北区	4918	2517	2401	33682	15167	18515
镇赉县						
通榆县						
吉林白城经济开发区	54	32	22	1227	559	668
洮南市	2348	1194	1154	17740	7782	9958
大安市	2023	1057	966	13925	5715	8210
延边朝鲜族自治州	**29199**	**14982**	**14217**	**135480**	**60115**	**75365**
延吉市	15424	7850	7574	64389	28983	35406
图们市	1025	534	491	6048	2534	3514
敦化市	4622	2379	2243	22086	9390	12696
珲春市	5095	2663	2432	25427	11373	14054
龙井市	1804	903	901	9298	4280	5018
和龙市	1229	653	576	8232	3555	4677
汪清县						
安图县						
长白山管委会						
梅河口市	**5972**	**3101**	**2871**	**30914**	**14012**	**16902**

1-6a 续表 4

单位：人

地区	初中			高中			大学专科		
	小计	男	女	小计	男	女	小计	男	女
全省	**3457142**	**1686051**	**1771091**	**2528875**	**1264097**	**1264778**	**1097458**	**557348**	**540110**
长春市	**1289789**	**638784**	**651005**	**896222**	**446289**	**449933**	**474370**	**238229**	**236141**
南关区	163638	81022	82616	129343	62729	66614	86177	41097	45080
宽城区	208673	104341	104332	139311	70095	69216	73129	37570	35559
朝阳区	123038	59947	63091	121562	58870	62692	78921	39032	39889
二道区	160102	80360	79742	121261	60663	60598	61338	30550	30788
绿园区	214498	108191	106307	152856	76631	76225	95052	48637	46415
双阳区	55343	27440	27903	25384	13146	12238	14492	7375	7117
九台区	100741	49549	51192	45239	22965	22274	14717	7847	6870
农安县									
长春经济技术开发区									
长春净月高新技术产业开发区									
长春高新技术产业开发区									
长春汽车经济技术开发区									
长春莲花山生态旅游度假区									
榆树市	78656	37857	40799	42938	22083	20855	15642	8145	7497
德惠市	92559	45001	47558	35844	18218	17626	12618	6538	6080
公主岭市	92541	45076	47465	82484	40889	41595	22284	11438	10846
吉林市	**623973**	**300555**	**323418**	**491712**	**244959**	**246753**	**193154**	**99783**	**93371**
昌邑区	140194	67166	73028	136058	66817	69241	55638	28379	27259
龙潭区	91225	44120	47105	77180	39387	37793	22863	12539	10324
船营区	118541	57296	61245	103090	50331	52759	42279	21313	20966
丰满区	47520	23046	24474	44725	21455	23270	28190	14652	13538
永吉县									
吉林经济开发区	882	460	422	131	70	61	55	28	27
吉林高新技术产业开发区									
吉林中国新加坡食品区									
蛟河市	53285	25851	27434	30285	15492	14793	11652	5960	5692
桦甸市	58832	28784	30048	36405	18615	17790	12663	6580	6083
舒兰市	64591	30933	33658	35574	18287	17287	9156	4867	4289
磐石市	48903	22899	26004	28264	14505	13759	10658	5465	5193
四平市	**213481**	**104281**	**109200**	**156739**	**77960**	**78779**	**71492**	**36120**	**35372**
铁西区	70302	34022	36280	58374	28436	29938	32324	15891	16433
铁东区	98041	49136	48905	62605	31613	30992	27052	13898	13154
梨树县									
伊通满族自治县									
双辽市	45138	21123	24015	35760	17911	17849	12116	6331	5785
辽源市	**184613**	**90496**	**94117**	**84707**	**42818**	**41889**	**34447**	**17562**	**16885**
龙山区	116070	56090	59980	64683	32298	32385	28193	14287	13906
西安区	68543	34406	34137	20024	10520	9504	6254	3275	2979

1-6a 续表 5

单位：人

地区	初中			高中			大学专科		
	小计	男	女	小计	男	女	小计	男	女
东丰县									
东辽县									
通化市	**139981**	**68191**	**71790**	**128079**	**63813**	**64266**	**51206**	**26094**	**25112**
东昌区	96367	47226	49141	90352	44696	45656	36182	18313	17869
二道江区	20724	10025	10699	18973	9810	9163	6495	3355	3140
通化县									
辉南县									
柳河县									
集安市	22890	10940	11950	18754	9307	9447	8529	4426	4103
白山市	**150115**	**74332**	**75783**	**111423**	**56591**	**54832**	**44267**	**22814**	**21453**
浑江区	87516	43313	44203	71652	35987	35665	30086	15383	14703
江源区	33604	16846	16758	17798	9319	8479	6470	3430	3040
抚松县									
靖宇县									
长白朝鲜族自治县									
临江市	28995	14173	14822	21973	11285	10688	7711	4001	3710
松原市	**205261**	**97799**	**107462**	**129272**	**67306**	**61966**	**52547**	**26418**	**26129**
宁江区	162014	76774	85240	105706	55072	50634	43214	21501	21713
前郭尔罗斯蒙古族自治县	7005	3343	3662	4166	2142	2024	2360	1233	1127
长岭县									
乾安县									
吉林松原经济开发区									
扶余市	36242	17682	18560	19400	10092	9308	6973	3684	3289
白城市	**170246**	**81486**	**88760**	**119623**	**60341**	**59282**	**38529**	**20104**	**18425**
洮北区	89433	42731	46702	64581	32411	32170	21093	11073	10020
镇赉县									
通榆县									
吉林白城经济开发区	2931	1546	1385	700	396	304	144	80	64
洮南市	43239	20989	22250	21970	10948	11022	8568	4359	4209
大安市	34643	16220	18423	32372	16586	15786	8724	4592	4132
延边朝鲜族自治州	**395213**	**189664**	**205549**	**341063**	**168762**	**172301**	**110505**	**56550**	**53955**
延吉市	184964	87830	97134	177151	86328	90823	57573	28865	28708
图们市	18579	8702	9877	21375	10625	10750	5662	3108	2554
敦化市	67348	32292	35056	59499	29739	29760	19159	9816	9343
珲春市	66965	32663	34302	43287	21915	21372	15436	8024	7412
龙井市	34493	16832	17661	25048	12668	12380	7678	4030	3648
和龙市	22864	11345	11519	14703	7487	7216	4997	2707	2290
汪清县									
安图县									
长白山管委会									
梅河口市	**84470**	**40463**	**44007**	**70035**	**35258**	**34777**	**26941**	**13674**	**13267**

1-6a 续表 6　　单位：人

地区	大学本科			硕士研究生			博士研究生		
	小计	男	女	小计	男	女	小计	男	女
全　省	**1228873**	**610329**	**618544**	**104160**	**47377**	**56783**	**15901**	**8371**	**7530**
长春市	**613121**	**305250**	**307871**	**68613**	**31410**	**37203**	**12537**	**6664**	**5873**
南关区	143004	71107	71897	25378	11489	13889	5837	3163	2674
宽城区	62356	30202	32154	3450	1486	1964	280	155	125
朝阳区	147542	79376	68166	22798	10829	11969	4415	2332	2083
二道区	77568	35608	41960	5154	2222	2932	531	262	269
绿园区	94253	46851	47402	9523	4409	5114	1315	678	637
双阳区	33766	15616	18150	505	177	328	22	11	11
九台区	11651	5557	6094	380	158	222	30	11	19
农安县									
长春经济技术开发区									
长春净月高新技术产业开发区									
长春高新技术产业开发区									
长春汽车经济技术开发区									
长春莲花山生态旅游度假区									
榆树市	14367	7058	7309	358	161	197	26	8	18
德惠市	10762	5132	5630	233	95	138	17	11	6
公主岭市	17852	8743	9109	834	384	450	64	33	31
吉林市	**197394**	**100952**	**96442**	**12933**	**6104**	**6829**	**1208**	**639**	**569**
昌邑区	50966	25219	25747	2920	1281	1639	256	117	139
龙潭区	25223	13910	11313	1023	477	546	95	50	45
船营区	54274	29057	25217	4773	2452	2321	446	269	177
丰满区	31855	15889	15966	3311	1493	1818	348	174	174
永吉县									
吉林经济开发区	41	16	25	3		3	2	1	1
吉林高新技术产业开发区									
吉林中国新加坡食品区									
蛟河市	8040	3757	4283	200	85	115	9	4	5
桦甸市	11105	5418	5687	276	134	142	25	9	16
舒兰市	7116	3413	3703	184	80	104	11	5	6
磐石市	8774	4273	4501	243	102	141	16	10	6
四平市	**53030**	**26004**	**27026**	**3394**	**1495**	**1899**	**274**	**123**	**151**
铁西区	28732	14310	14422	2318	1037	1281	209	98	111
铁东区	16006	7714	8292	785	338	447	55	22	33
梨树县									
伊通满族自治县									
双辽市	8292	3980	4312	291	120	171	10	3	7
辽源市	**31209**	**15471**	**15738**	**1115**	**540**	**575**	**60**	**21**	**39**
龙山区	26452	13100	13352	967	467	500	53	15	38
西安区	4757	2371	2386	148	73	75	7	6	1

1-6a　续表 7　　　　单位：人

地　区	大学本科			硕士研究生			博士研究生		
	小计	男	女	小计	男	女	小计	男	女
东丰县									
东辽县									
通化市	**53543**	**24836**	**28707**	**2542**	**1130**	**1412**	**193**	**99**	**94**
东昌区	41166	18654	22512	2104	934	1170	164	88	76
二道江区	5090	2546	2544	208	90	118	18	7	11
通化县									
辉南县									
柳河县									
集安市	7287	3636	3651	230	106	124	11	4	7
白山市	**38439**	**18649**	**19790**	**1368**	**647**	**721**	**55**	**23**	**32**
浑江区	28262	13830	14432	1090	523	567	42	21	21
江源区	3954	1942	2012	102	43	59	7	2	5
抚松县									
靖宇县									
长白朝鲜族自治县									
临江市	6223	2877	3346	176	81	95	6		6
松原市	**56288**	**27859**	**28429**	**2181**	**1014**	**1167**	**111**	**59**	**52**
宁江区	48191	23963	24228	1926	915	1011	101	58	43
前郭尔罗斯蒙古族自治县	2346	1144	1202	97	44	53	1		1
长岭县									
乾安县									
吉林松原经济开发区									
扶余市	5751	2752	2999	158	55	103	9	1	8
白城市	**34096**	**16414**	**17682**	**1406**	**642**	**764**	**92**	**36**	**56**
洮北区	17800	8685	9115	796	380	416	53	20	33
镇赉县									
通榆县									
吉林白城经济开发区	99	39	60	6	3	3	1	1	
洮南市	7653	3563	4090	263	94	169	17	7	10
大安市	8544	4127	4417	341	165	176	21	8	13
延边朝鲜族自治州	**130106**	**64304**	**65802**	**9937**	**4102**	**5835**	**1328**	**689**	**639**
延吉市	82639	40122	42517	8123	3315	4808	1169	612	557
图们市	5349	2825	2524	163	70	93	24	9	15
敦化市	15809	7876	7933	535	246	289	39	17	22
珲春市	15560	7804	7756	753	318	435	48	24	24
龙井市	5656	3032	2624	222	98	124	24	13	11
和龙市	5093	2645	2448	141	55	86	24	14	10
汪清县									
安图县									
长白山管委会									
梅河口市	**21647**	**10590**	**11057**	**671**	**293**	**378**	**43**	**18**	**25**

1-6b 各地区分性别、受教育程度的3岁及以上人口(镇)

单位：人

地区	3岁及以上人口			未上过学		
	合计	男	女	小计	男	女
全省	**4685220**	**2307674**	**2377546**	**74621**	**26797**	**47824**
长春市	**1844870**	**914345**	**930525**	**21554**	**8888**	**12666**
南关区						
宽城区	76743	37726	39017	1099	468	631
朝阳区	9517	4768	4749	158	52	106
二道区	1453	749	704	27	8	19
绿园区						
双阳区	4302	2236	2066	138	45	93
九台区	5879	2869	3010	48	22	26
农安县	193339	93847	99492	2254	787	1467
长春经济技术开发区	416141	205247	210894	4840	2144	2696
长春净月高新技术产业开发区	203806	93718	110088	1498	644	854
长春高新技术产业开发区	438031	220039	217992	4984	2256	2728
长春汽车经济技术开发区	308871	159359	149512	3474	1384	2090
长春莲花山生态旅游度假区	5794	3019	2775	116	48	68
榆树市	50602	25615	24987	1050	329	721
德惠市	10956	5498	5458	182	65	117
公主岭市	119436	59655	59781	1686	636	1050
吉林市	**440622**	**214323**	**226299**	**8010**	**2910**	**5100**
昌邑区	11369	5428	5941	90	37	53
龙潭区	13267	6772	6495	172	65	107
船营区	5557	2757	2800	49	17	32
丰满区	1601	801	800	27	10	17
永吉县	92411	44809	47602	1224	423	801
吉林经济开发区	42879	22075	20804	440	163	277
吉林高新技术产业开发区	134397	61923	72474	1621	722	899
吉林中国新加坡食品区	4777	2353	2424	172	89	83
蛟河市	36756	18488	18268	1162	338	824
桦甸市	30492	15358	15134	1255	430	825
舒兰市	26867	13308	13559	629	215	414
磐石市	40249	20251	19998	1169	401	768
四平市	**328988**	**162164**	**166824**	**5740**	**1988**	**3752**
铁西区						
铁东区	4331	2121	2210	75	27	48
梨树县	190275	94403	95872	3427	1186	2241
伊通满族自治县	108250	52460	55790	1648	569	1079
双辽市	26132	13180	12952	590	206	384
辽源市	**166078**	**80785**	**85293**	**2464**	**960**	**1504**
龙山区	831	436	395	39	15	24
西安区						
东丰县	110666	53774	56892	1780	716	1064
东辽县	54581	26575	28006	645	229	416

1-6b　续表 1　　　　单位：人

地　　区	3岁及以上人口			未上过学		
	合计	男	女	小计	男	女
通化市	**328331**	**161067**	**167264**	**6228**	**2314**	**3914**
东昌区	5528	2730	2798	140	51	89
二道江区	15235	7660	7575	610	175	435
通化县	75789	36803	38986	1564	583	981
辉南县	121676	59664	62012	2224	795	1429
柳河县	100703	49443	51260	1526	648	878
集安市	9400	4767	4633	164	62	102
白山市	**317933**	**157943**	**159990**	**10897**	**3108**	**7789**
浑江区	10063	4757	5306	310	105	205
江源区	31142	15962	15180	1178	315	863
抚松县	165714	82293	83421	6298	1765	4533
靖宇县	64533	31884	32649	1861	570	1291
长白朝鲜族自治县	40234	19823	20411	903	283	620
临江市	6247	3224	3023	347	70	277
松原市	**479644**	**234271**	**245373**	**7179**	**2505**	**4674**
宁江区	26949	13186	13763	305	89	216
前郭尔罗斯蒙古族自治县	137591	66120	71471	2280	712	1568
长岭县	122998	60570	62428	1783	622	1161
乾安县	92154	44944	47210	1088	435	653
吉林松原经济开发区	68578	33646	34932	1184	454	730
扶余市	31374	15805	15569	539	193	346
白城市	**384727**	**185692**	**199035**	**4991**	**1807**	**3184**
洮北区	24406	12366	12040	519	173	346
镇赉县	104132	51012	53120	1147	415	732
通榆县	111234	53856	57378	1261	451	810
吉林白城经济开发区	101106	46388	54718	1180	452	728
洮南市	10612	5349	5263	252	101	151
大安市	33237	16721	16516	632	215	417
延边朝鲜族自治州	**291329**	**144903**	**146426**	**4899**	**1455**	**3444**
延吉市	19502	9857	9645	190	63	127
图们市	11561	5824	5737	154	44	110
敦化市	46386	23311	23075	906	306	600
珲春市	10612	5463	5149	172	53	119
龙井市	10868	5488	5380	175	54	121
和龙市	21026	10841	10185	565	143	422
汪清县	112301	55119	57182	1934	547	1387
安图县	59073	29000	30073	803	245	558
长白山管委会	**59456**	**30172**	**29284**	**1907**	**567**	**1340**
长白山保护开发区池北区	43314	22025	21289	1045	350	695
长白山保护开发区池西区	14318	7203	7115	784	202	582
长白山保护开发区池南区	1824	944	880	78	15	63
梅河口市	**43242**	**22009**	**21233**	**752**	**295**	**457**

1－6b 续表 2

单位：人

地区	学前教育			小学		
	小计	男	女	小计	男	女
全省	**117244**	**60203**	**57041**	**784157**	**354119**	**430038**
长春市	**54174**	**28055**	**26119**	**260691**	**121846**	**138845**
南关区						
宽城区	2166	1148	1018	16942	8334	8608
朝阳区	186	92	94	2391	1100	1291
二道区	24	13	11	499	260	239
绿园区						
双阳区	65	31	34	1169	553	616
九台区	138	60	78	1375	638	737
农安县	4416	2266	2150	38956	17721	21235
长春经济技术开发区	12023	6232	5791	47339	21980	25359
长春净月高新技术产业开发区	5669	2927	2742	19489	9218	10271
长春高新技术产业开发区	16002	8347	7655	52814	25358	27456
长春汽车经济技术开发区	8858	4625	4233	38311	17506	20805
长春莲花山生态旅游度假区	90	45	45	1857	896	961
榆树市	854	425	429	15657	7098	8559
德惠市	170	85	85	3434	1623	1811
公主岭市	3513	1759	1754	20458	9561	10897
吉林市	**9225**	**4695**	**4530**	**77729**	**34490**	**43239**
昌邑区	144	81	63	1693	702	991
龙潭区	172	85	87	3063	1344	1719
船营区	172	90	82	1763	824	939
丰满区	43	21	22	380	171	209
永吉县	2010	1054	956	16686	7264	9422
吉林经济开发区	537	257	280	5224	2207	3017
吉林高新技术产业开发区	3459	1765	1694	13970	6341	7629
吉林中国新加坡食品区	135	70	65	1022	456	566
蛟河市	873	440	433	9408	4354	5054
桦甸市	485	240	245	7921	3607	4314
舒兰市	503	262	241	7022	3075	3947
磐石市	692	330	362	9577	4145	5432
四平市	**6889**	**3403**	**3486**	**63016**	**28523**	**34493**
铁西区						
铁东区	51	27	24	961	383	578
梨树县	3622	1811	1811	38011	17353	20658
伊通满族自治县	2635	1290	1345	19398	8742	10656
双辽市	581	275	306	4646	2045	2601
辽源市	**3435**	**1794**	**1641**	**29813**	**12989**	**16824**
龙山区	8	4	4	204	108	96
西安区						
东丰县	2262	1162	1100	19616	8507	11109
东辽县	1165	628	537	9993	4374	5619

1-6b 续表 3

单位：人

地区	学前教育			小学		
	小计	男	女	小计	男	女
通化市	**7258**	**3721**	**3537**	**66681**	**29873**	**36808**
东昌区	118	63	55	1307	582	725
二道江区	137	71	66	3212	1382	1830
通化县	2088	1050	1038	15052	6562	8490
辉南县	2377	1223	1154	22216	10036	12180
柳河县	2309	1195	1114	22131	10074	12057
集安市	229	119	110	2763	1237	1526
白山市	**7245**	**3730**	**3515**	**54738**	**24569**	**30169**
浑江区	117	56	61	2079	956	1123
江源区	327	168	159	6377	2858	3519
抚松县	3905	2036	1869	27288	12355	14933
靖宇县	1791	904	887	11182	5041	6141
长白朝鲜族自治县	1029	529	500	6285	2636	3649
临江市	76	37	39	1527	723	804
松原市	**11876**	**6074**	**5802**	**100067**	**44460**	**55607**
宁江区	751	399	352	5794	2548	3246
前郭尔罗斯蒙古族自治县	3204	1616	1588	29568	12944	16624
长岭县	2825	1409	1416	26679	11947	14732
乾安县	2053	1028	1025	15213	6510	8703
吉林松原经济开发区	2357	1263	1094	12590	5778	6812
扶余市	686	359	327	10223	4733	5490
白城市	**9296**	**4770**	**4526**	**67439**	**29241**	**38198**
洮北区	431	222	209	5433	2427	3006
镇赉县	2360	1188	1172	18448	7607	10841
通榆县	3221	1653	1568	20241	8710	11531
吉林白城经济开发区	2504	1309	1195	11263	5109	6154
洮南市	209	108	101	3167	1456	1711
大安市	571	290	281	8887	3932	4955
延边朝鲜族自治州	**5475**	**2754**	**2721**	**42699**	**18269**	**24430**
延吉市	400	212	188	2445	1091	1354
图们市	90	44	46	1688	719	969
敦化市	757	358	399	7855	3419	4436
珲春市	124	63	61	2197	971	1226
龙井市	68	36	32	1256	502	754
和龙市	251	123	128	3341	1400	1941
汪清县	2414	1232	1182	15446	6566	8880
安图县	1371	686	685	8471	3601	4870
长白山管委会	**1561**	**796**	**765**	**10514**	**4824**	**5690**
长白山保护开发区池北区	1192	601	591	6950	3128	3822
长白山保护开发区池西区	347	180	167	3204	1536	1668
长白山保护开发区池南区	22	15	7	360	160	200
梅河口市	**810**	**411**	**399**	**10770**	**5035**	**5735**

1-6b 续表 4

单位：人

地　　区	初　　中			高　　中			大学专科		
	小计	男	女	小计	男	女	小计	男	女
全　省	**1754607**	**878738**	**875869**	**895596**	**461551**	**434045**	**461622**	**241768**	**219854**
长春市	**575144**	**288426**	**286718**	**323493**	**164875**	**158618**	**230134**	**121866**	**108268**
南关区									
宽城区	34824	18026	16798	11103	5391	5712	8368	3296	5072
朝阳区	5004	2582	2422	1127	617	510	392	206	186
二道区	741	377	364	104	61	43	30	18	12
绿园区									
双阳区	2289	1237	1052	409	237	172	132	75	57
九台区	3296	1628	1668	557	294	263	240	125	115
农安县	81785	40112	41673	38526	19507	19019	15092	7718	7374
长春经济技术开发区	126848	63418	63430	79852	41078	38774	56062	27725	28337
长春净月高新技术产业开发区	36805	18111	18694	29587	14227	15360	22176	10752	11424
长春高新技术产业开发区	94051	47880	46171	63509	31955	31554	67919	36108	31811
长春汽车经济技术开发区	97368	48002	49366	67127	34503	32624	51273	31314	19959
长春莲花山生态旅游度假区	2727	1484	1243	655	363	292	192	105	87
榆树市	23936	12583	11353	6012	3474	2538	1790	1029	761
德惠市	5944	3052	2892	702	407	295	299	152	147
公主岭市	59526	29934	29592	24223	12761	11462	6169	3243	2926
吉林市	**166749**	**83233**	**83516**	**85431**	**43971**	**41460**	**38920**	**19774**	**19146**
昌邑区	5425	2769	2656	1399	769	630	887	417	470
龙潭区	6870	3563	3307	2032	1100	932	720	503	217
船营区	2812	1436	1376	465	238	227	206	112	94
丰满区	852	438	414	207	119	88	63	27	36
永吉县	41825	20404	21421	20949	10731	10218	5919	3112	2807
吉林经济开发区	16319	8224	8095	8579	4698	3881	4270	2658	1612
吉林高新技术产业开发区	28983	13418	15565	29921	14131	15790	19596	8951	10645
吉林中国新加坡食品区	2756	1381	1375	455	254	201	145	61	84
蛟河市	16850	8804	8046	5407	2953	2454	1957	1062	895
桦甸市	13068	6769	6299	4961	2787	2174	1819	1031	788
舒兰市	13007	6614	6393	3922	2194	1728	1003	571	432
磐石市	17982	9413	8569	7134	3997	3137	2335	1269	1066
四平市	**142426**	**71006**	**71420**	**67534**	**34954**	**32580**	**24765**	**13224**	**11541**
铁西区									
铁东区	2181	1092	1089	695	400	295	235	130	105
梨树县	87916	44071	43845	34071	17839	16232	14166	7653	6513
伊通满族自治县	38692	18948	19744	27905	13929	13976	9167	4779	4388
双辽市	13637	6895	6742	4863	2786	2077	1197	662	535
辽源市	**75229**	**36917**	**38312**	**34339**	**17553**	**16786**	**10886**	**5725**	**5161**
龙山区	496	273	223	54	22	32	22	12	10
西安区									
东丰县	46537	22673	23864	25118	12850	12268	8104	4289	3815
东辽县	28196	13971	14225	9167	4681	4486	2760	1424	1336

1-6b 续表 5

单位：人

地 区	初 中			高 中			大学专科		
	小计	男	女	小计	男	女	小计	男	女
通化市	**137099**	**68176**	**68923**	**64360**	**33427**	**30933**	**25152**	**13136**	**12016**
东昌区	2387	1205	1182	1011	544	467	343	181	162
二道江区	6946	3735	3211	3440	1843	1597	536	285	251
通化县	28968	14364	14604	14923	7760	7163	6518	3320	3198
辉南县	51197	25349	25848	25716	13211	12505	9462	4926	4536
柳河县	42911	21039	21872	18394	9549	8845	7925	4241	3684
集安市	4690	2484	2206	876	520	356	368	183	185
白山市	**119906**	**61716**	**58190**	**72002**	**37720**	**34282**	**29802**	**15599**	**14203**
浑江区	4185	2323	1862	1368	750	618	1812	478	1334
江源区	15044	8084	6960	5881	3268	2613	1586	908	678
抚松县	62207	31926	30281	38656	20189	18467	14807	7926	6881
靖宇县	23788	11961	11827	13808	7183	6625	6791	3579	3212
长白朝鲜族自治县	11702	5784	5918	11404	5804	5600	4526	2545	1981
临江市	2980	1638	1342	885	526	359	280	163	117
松原市	**204921**	**101666**	**103255**	**86693**	**44923**	**41770**	**38647**	**20067**	**18580**
宁江区	12652	6318	6334	4458	2372	2086	1795	902	893
前郭尔罗斯蒙古族自治县	55486	27345	28141	26569	13441	13128	10971	5635	5336
长岭县	56591	28282	28309	20193	10592	9601	8882	4774	4108
乾安县	41454	20181	21273	19394	10092	9302	7846	4168	3678
吉林松原经济开发区	23330	11501	11829	13248	6822	6426	7997	3965	4032
扶余市	15408	8039	7369	2831	1604	1227	1156	623	533
白城市	**157412**	**77945**	**79467**	**74840**	**38727**	**36113**	**34786**	**16666**	**18120**
洮北区	12810	6669	6141	3882	2177	1705	709	374	335
镇赉县	47046	23255	23791	19028	10098	8930	8870	4821	4049
通榆县	49184	23893	25291	24038	12421	11617	6716	3579	3137
吉林白城经济开发区	27155	13045	14110	22067	10764	11303	16522	6857	9665
洮南市	5636	2976	2660	692	390	302	467	221	246
大安市	15581	8107	7474	5133	2877	2256	1502	814	688
延边朝鲜族自治州	**130946**	**66237**	**64709**	**68008**	**35306**	**32702**	**21803**	**12029**	**9774**
延吉市	9907	4917	4990	4045	2100	1945	1921	1161	760
图们市	5465	2801	2664	3246	1710	1536	460	260	200
敦化市	24990	12895	12095	8279	4405	3874	2179	1223	956
珲春市	6135	3284	2851	1592	879	713	235	129	106
龙井市	5417	2789	2628	3370	1787	1583	386	217	169
和龙市	11420	6227	5193	3868	2091	1777	940	545	395
汪清县	45939	22787	23152	28862	14751	14111	9577	5178	4399
安图县	21673	10537	11136	14746	7583	7163	6105	3316	2789
长白山管委会	**22556**	**11822**	**10734**	**12159**	**6425**	**5734**	**5495**	**3027**	**2468**
长白山保护开发区池北区	15642	8130	7512	9501	4990	4511	4460	2485	1975
长白山保护开发区池西区	5988	3200	2788	2454	1308	1146	910	467	443
长白山保护开发区池南区	926	492	434	204	127	77	125	75	50
梅河口市	**22219**	**11594**	**10625**	**6737**	**3670**	**3067**	**1232**	**655**	**577**

1-6b 续表 6

单位：人

地区	大学本科			硕士研究生			博士研究生		
	小计	男	女	小计	男	女	小计	男	女
全　省	**543328**	**260034**	**283294**	**47432**	**21068**	**26364**	**6613**	**3396**	**3217**
长春市	**334426**	**159903**	**174523**	**39257**	**17406**	**21851**	**5997**	**3080**	**2917**
南关区									
宽城区	2180	1032	1148	56	26	30	5	5	
朝阳区	241	109	132	17	9	8	1	1	
二道区	27	11	16	1	1				
绿园区									
双阳区	95	56	39	5	2	3			
九台区	222	102	120	3		3			
农安县	11913	5587	6326	378	143	235	19	6	13
长春经济技术开发区	81018	38770	42248	7321	3452	3869	838	448	390
长春净月高新技术产业开发区	76669	32935	43734	10473	4242	6231	1440	662	778
长春高新技术产业开发区	118903	59101	59802	16390	7187	9203	3459	1847	1612
长春汽车经济技术开发区	37786	19655	18131	4456	2269	2187	218	101	117
长春莲花山生态旅游度假区	148	73	75	9	5	4			
榆树市	1259	653	606	42	22	20	2	2	
德惠市	221	113	108	4	1	3			
公主岭市	3744	1706	2038	102	47	55	15	8	7
吉林市	**51355**	**23801**	**27554**	**2924**	**1293**	**1631**	**279**	**156**	**123**
昌邑区	1725	650	1075	5	3	2	1		1
龙潭区	227	107	120	10	4	6	1	1	
船营区	84	39	45	6	1	5			
丰满区	28	15	13	1		1			
永吉县	3689	1778	1911	100	37	63	9	6	3
吉林经济开发区	7385	3810	3575	109	50	59	16	8	8
吉林高新技术产业开发区	34034	15315	18719	2571	1144	1427	242	136	106
吉林中国新加坡食品区	91	42	49	1		1			
蛟河市	1056	515	541	38	19	19	5	3	2
桦甸市	959	483	476	21	11	10	3		3
舒兰市	754	368	386	26	8	18	1	1	
磐石市	1323	679	644	36	16	20	1	1	
四平市	**18024**	**8811**	**9213**	**553**	**238**	**315**	**41**	**17**	**24**
铁西区									
铁东区	128	61	67	5	1	4			
梨树县	8750	4353	4397	286	125	161	26	12	14
伊通满族自治县	8546	4095	4451	246	103	143	13	5	8
双辽市	600	302	298	16	9	7	2		2
辽源市	**9663**	**4729**	**4934**	**235**	**109**	**126**	**14**	**9**	**5**
龙山区	7	2	5	1		1			
西安区									
东丰县	7080	3489	3591	161	83	78	8	5	3
东辽县	2576	1238	1338	73	26	47	6	4	2

1-6b　续表 7　　　　　　　　　　　　　　　　　　　　　　　　单位：人

地　　区	大学本科			硕士研究生			博士研究生		
	小计	男	女	小计	男	女	小计	男	女
通化市	**20881**	**10117**	**10764**	**625**	**281**	**344**	**47**	**22**	**25**
东昌区	214	101	113	7	2	5	1	1	
二道江区	341	163	178	10	5	5	3	1	2
通化县	6453	3071	3382	205	86	119	18	7	11
辉南县	8239	4012	4227	235	108	127	10	4	6
柳河县	5333	2611	2722	159	77	82	15	9	6
集安市	301	159	142	9	3	6			
白山市	**22626**	**11200**	**11426**	**670**	**278**	**392**	**47**	**23**	**24**
浑江区	186	88	98	4	1	3	2		2
江源区	720	350	370	25	8	17	4	3	1
抚松县	12146	5918	6228	382	167	215	25	11	14
靖宇县	5162	2590	2572	144	51	93	6	5	1
长白朝鲜族自治县	4265	2188	2077	111	50	61	9	4	5
临江市	147	66	81	4	1	3	1		1
松原市	**29288**	**14143**	**15145**	**913**	**404**	**509**	**60**	**29**	**31**
宁江区	1153	540	613	38	17	21	3	1	2
前郭尔罗斯蒙古族自治县	9219	4310	4909	277	111	166	17	6	11
长岭县	5898	2875	3023	134	62	72	13	7	6
乾安县	5015	2491	2524	83	36	47	8	3	5
吉林松原经济开发区	7478	3676	3802	377	176	201	17	11	6
扶余市	525	251	274	4	2	2	2	1	1
白城市	**34530**	**15858**	**18672**	**1359**	**639**	**720**	**74**	**39**	**35**
洮北区	597	311	286	23	12	11	2	1	1
镇赉县	7025	3540	3485	203	85	118	5	3	2
通榆县	6371	3060	3311	192	82	110	10	7	3
吉林白城经济开发区	19439	8377	11062	920	448	472	56	27	29
洮南市	183	93	90	5	3	2	1	1	
大安市	915	477	438	16	9	7			
延边朝鲜族自治州	**16831**	**8550**	**8281**	**621**	**284**	**337**	**47**	**19**	**28**
延吉市	574	305	269	16	7	9	4	1	3
图们市	448	242	206	9	4	5	1		1
敦化市	1370	681	689	45	22	23	5	2	3
珲春市	150	83	67	6	1	5	1		1
龙井市	187	101	86	7	2	5	2		2
和龙市	623	305	318	17	7	10	1		1
汪清县	7796	3899	3897	307	145	162	26	14	12
安图县	5683	2934	2749	214	96	118	7	2	5
长白山管委会	**5000**	**2583**	**2417**	**261**	**127**	**134**	**3**	**1**	**2**
长白山保护开发区池北区	4282	2221	2061	239	119	120	3	1	2
长白山保护开发区池西区	612	305	307	19	5	14			
长白山保护开发区池南区	106	57	49	3	3				
梅河口市	**704**	**339**	**365**	**14**	**9**	**5**	**4**	**1**	**3**

1-6c 各地区分性别、受教育程度的3岁及以上人口(乡村)

单位：人

地区	3岁及以上人口			未上过学		
	合计	男	女	小计	男	女
全省	**8883398**	**4571786**	**4311612**	**261669**	**90573**	**171096**
长春市	**3049594**	**1569282**	**1480312**	**72918**	**25530**	**47388**
南关区						
宽城区	176572	93159	83413	2560	1018	1542
朝阳区	26933	13931	13002	912	297	615
二道区						
绿园区	16295	8720	7575	308	105	203
双阳区	174497	90218	84279	5886	1916	3970
九台区	385199	198009	187190	8262	2953	5309
农安县	560785	289756	271029	13666	4895	8771
长春经济技术开发区						
长春净月高新技术产业开发区	195628	95437	100191	1745	673	1072
长春高新技术产业开发区	7265	5653	1612	187	137	50
长春汽车经济技术开发区						
长春莲花山生态旅游度假区	31235	15734	15501	815	263	552
榆树市	576215	295590	280625	18139	5857	12282
德惠市	426954	220454	206500	8928	3290	5638
公主岭市	472016	242621	229395	11510	4126	7384
吉林市	**1306668**	**674820**	**631848**	**44540**	**15383**	**29157**
昌邑区	107007	54186	52821	2004	829	1175
龙潭区	96263	49722	46541	2075	741	1334
船营区	72139	36787	35352	1810	810	1000
丰满区	70728	34119	36609	1833	659	1174
永吉县	148026	79164	68862	4327	1602	2725
吉林经济开发区	10540	5348	5192	188	72	116
吉林高新技术产业开发区	24477	12795	11682	523	208	315
吉林中国新加坡食品区	31756	15880	15876	751	284	467
蛟河市	159008	82471	76537	7575	2492	5083
桦甸市	154755	80570	74185	7531	2549	4982
舒兰市	227737	118127	109610	8121	2677	5444
磐石市	204232	105651	98581	7802	2460	5342
四平市	**868802**	**440259**	**428543**	**30412**	**10507**	**19905**
铁西区	80897	35180	45717	1066	447	619
铁东区	59720	30824	28896	1712	639	1073
梨树县	339930	175083	164847	14112	4691	9421
伊通满族自治县	219434	113764	105670	8340	3006	5334
双辽市	168821	85408	83413	5182	1724	3458
辽源市	**416738**	**214914**	**201824**	**11067**	**3990**	**7077**
龙山区	39887	19958	19929	922	350	572
西安区	15717	8255	7462	256	111	145

1-6c　续表 1　　　　单位：人

地　区	3岁及以上人口			未上过学		
	合计	男	女	小计	男	女
东丰县	192193	99358	92835	5048	1860	3188
东辽县	168941	87343	81598	4841	1669	3172
通化市	**501378**	**259792**	**241586**	**16041**	**5409**	**10632**
东昌区	24889	12841	12048	609	211	398
二道江区	13188	6862	6326	522	180	342
通化县	96243	50015	46228	4242	1300	2942
辉南县	112244	57387	54857	4266	1464	2802
柳河县	168715	87959	80756	3959	1449	2510
集安市	86099	44728	41371	2443	805	1638
白山市	**194517**	**102393**	**92124**	**13094**	**4081**	**9013**
浑江区	26686	14198	12488	1505	482	1023
江源区	27882	14744	13138	1685	532	1153
抚松县	47404	24555	22849	3312	1044	2268
靖宇县	41648	21987	19661	2684	831	1853
长白朝鲜族自治县	17150	9190	7960	1225	380	845
临江市	33747	17719	16028	2683	812	1871
松原市	**1181735**	**605847**	**575888**	**36782**	**12628**	**24154**
宁江区	136837	69985	66852	3615	1378	2237
前郭尔罗斯蒙古族自治县	243458	125573	117885	9414	3307	6107
长岭县	321930	164588	157342	8239	2749	5490
乾安县	110530	56786	53744	2730	951	1779
吉林松原经济开发区	22833	11784	11049	609	210	399
扶余市	346147	177131	169016	12175	4033	8142
白城市	**698362**	**357742**	**340620**	**19148**	**7058**	**12090**
洮北区	91294	47254	44040	2174	798	1376
镇赉县	110193	56413	53780	2199	874	1325
通榆县	165879	84818	81061	4744	1796	2948
吉林白城经济开发区	9277	4800	4477	233	87	146
洮南市	188909	96471	92438	6040	2155	3885
大安市	132810	67986	64824	3758	1348	2410
延边朝鲜族自治州	**450572**	**235006**	**215566**	**13069**	**4333**	**8736**
延吉市	54628	27750	26878	1141	366	775
图们市	14069	7274	6795	335	135	200
敦化市	148363	76953	71410	4016	1418	2598
珲春市	48984	25429	23555	1122	388	734
龙井市	31979	16709	15270	590	215	375
和龙市	36292	19270	17022	698	211	487
汪清县	53088	28195	24893	1941	635	1306
安图县	63169	33426	29743	3226	965	2261
长白山管委会	**184**	**98**	**86**	**8**		**8**
梅河口市	**214848**	**111633**	**103215**	**4590**	**1654**	**2936**

1-6c 续表 2 单位：人

地 区	学前教育			小 学		
	小计	男	女	小计	男	女
全 省	**142958**	**73231**	**69727**	**3274743**	**1573733**	**1701010**
长春市	**48441**	**24949**	**23492**	**1081072**	**519992**	**561080**
南关区						
宽城区	3192	1626	1566	47654	23515	24139
朝阳区	446	230	216	9515	4509	5006
二道区						
绿园区	305	167	138	3972	1917	2055
双阳区	2620	1393	1227	63763	30476	33287
九台区	5849	2984	2865	132860	63656	69204
农安县	8607	4439	4168	227423	110298	117125
长春经济技术开发区						
长春净月高新技术产业开发区	3988	2055	1933	24520	11748	12772
长春高新技术产业开发区	21	12	9	2085	1599	486
长春汽车经济技术开发区						
长春莲花山生态旅游度假区	524	282	242	10766	5073	5693
榆树市	8519	4374	4145	257876	122835	135041
德惠市	6796	3483	3313	165826	80342	85484
公主岭市	7574	3904	3670	134812	64024	70788
吉林市	**20478**	**10385**	**10093**	**493711**	**240094**	**253617**
昌邑区	2016	1056	960	28380	13297	15083
龙潭区	1151	565	586	33090	15843	17247
船营区	1325	691	634	20735	9973	10762
丰满区	943	501	442	19948	9924	10024
永吉县	2292	1132	1160	51409	24894	26515
吉林经济开发区	163	79	84	3148	1477	1671
吉林高新技术产业开发区	357	183	174	5340	2538	2802
吉林中国新加坡食品区	896	466	430	8483	3962	4521
蛟河市	2303	1178	1125	69924	34743	35181
桦甸市	2567	1241	1326	69575	34078	35497
舒兰市	3046	1501	1545	95467	46406	49061
磐石市	3419	1792	1627	88212	42959	45253
四平市	**13565**	**6910**	**6655**	**315074**	**151222**	**163852**
铁西区	1092	560	532	11910	5619	6291
铁东区	725	367	358	26049	12878	13171
梨树县	5154	2595	2559	137511	66156	71355
伊通满族自治县	3141	1616	1525	90403	43936	46467
双辽市	3453	1772	1681	49201	22633	26568
辽源市	**6608**	**3397**	**3211**	**164527**	**79554**	**84973**
龙山区	627	328	299	13691	6769	6922
西安区	240	114	126	6165	3050	3115

1-6c　续表 3

单位：人

地　区	学前教育			小　学		
	小计	男	女	小计	男	女
东丰县	3058	1554	1504	77024	37102	39922
东辽县	2683	1401	1282	67647	32633	35014
通化市	**8866**	**4589**	**4277**	**197244**	**94941**	**102303**
东昌区	296	141	155	8262	3912	4350
二道江区	160	74	86	4562	2253	2309
通化县	1553	821	732	38002	17872	20130
辉南县	1972	1030	942	47736	23086	24650
柳河县	3504	1824	1680	67855	33271	34584
集安市	1381	699	682	30827	14547	16280
白山市	**2799**	**1375**	**1424**	**66801**	**32691**	**34110**
浑江区	276	134	142	9556	4643	4913
江源区	353	187	166	10126	5109	5017
抚松县	913	450	463	15966	7612	8354
靖宇县	707	348	359	14457	7067	7390
长白朝鲜族自治县	188	88	100	5166	2516	2650
临江市	362	168	194	11530	5744	5786
松原市	**18958**	**9768**	**9190**	**496344**	**237432**	**258912**
宁江区	2114	1097	1017	51314	25043	26271
前郭尔罗斯蒙古族自治县	3679	1889	1790	106303	51348	54955
长岭县	6034	3118	2916	128901	60830	68071
乾安县	1447	717	730	40442	18723	21719
吉林松原经济开发区	423	224	199	8572	4298	4274
扶余市	5261	2723	2538	160812	77190	83622
白城市	**11315**	**5767**	**5548**	**267023**	**125727**	**141296**
洮北区	1580	827	753	30765	14653	16112
镇赉县	1679	861	818	39939	18614	21325
通榆县	2886	1442	1444	69169	32894	36275
吉林白城经济开发区	162	82	80	3473	1756	1717
洮南市	3521	1803	1718	73568	34781	38787
大安市	1487	752	735	50109	23029	27080
延边朝鲜族自治州	**7283**	**3683**	**3600**	**119500**	**57047**	**62453**
延吉市	1074	546	528	10512	4897	5615
图们市	167	80	87	2577	1220	1357
敦化市	2604	1336	1268	46258	22122	24136
珲春市	771	384	387	10739	5157	5582
龙井市	375	182	193	5915	2745	3170
和龙市	482	232	250	8007	3782	4225
汪清县	742	383	359	14254	6858	7396
安图县	1068	540	528	21238	10266	10972
长白山管委会				**43**	**24**	**19**
梅河口市	**4645**	**2408**	**2237**	**73404**	**35009**	**38395**

1-6c 续表 4

单位：人

地区	初中			高中			大学专科		
	小计	男	女	小计	男	女	小计	男	女
全省	**3992612**	**2181977**	**1810635**	**687316**	**389274**	**298042**	**254521**	**137518**	**117003**
长春市	**1376416**	**748540**	**627876**	**234787**	**132366**	**102421**	**94704**	**49621**	**45083**
南关区									
宽城区	73313	39132	34181	14698	7829	6869	13731	6752	6979
朝阳区	13098	7241	5857	1990	1114	876	549	302	247
二道区									
绿园区	8810	4763	4047	1825	1127	698	659	435	224
双阳区	85333	47055	38278	10911	6271	4640	3485	1851	1634
九台区	183610	100667	82943	28954	16536	12418	11376	5556	5820
农安县	246150	134636	111514	41766	23425	18341	13961	7473	6488
长春经济技术开发区									
长春净月高新技术产业开发区	50646	26740	23906	22792	11628	11164	19792	10246	9546
长春高新技术产业开发区	3505	2702	803	906	728	178	239	184	55
长春汽车经济技术开发区									
长春莲花山生态旅游度假区	14318	7505	6813	2874	1627	1247	969	492	477
榆树市	231284	128431	102853	38433	22228	16205	13221	7340	5881
德惠市	204122	110818	93304	26626	15011	11615	8851	4700	4151
公主岭市	262227	138850	123377	43012	24842	18170	7871	4290	3581
吉林市	**564194**	**309772**	**254422**	**108569**	**60203**	**48366**	**41456**	**24174**	**17282**
昌邑区	48328	25609	22719	15345	7965	7380	6100	3099	3001
龙潭区	49570	26948	22622	7556	4229	3327	1691	852	839
船营区	31957	17075	14882	9008	4716	4292	4050	2007	2043
丰满区	29708	15968	13740	7732	3506	4226	1947	988	959
永吉县	67005	36766	30239	10655	6086	4569	9758	7396	2362
吉林经济开发区	5633	2969	2664	1006	542	464	222	118	104
吉林高新技术产业开发区	11284	6247	5037	4997	2597	2400	1100	598	502
吉林中国新加坡食品区	17600	8978	8622	2509	1407	1102	957	515	442
蛟河市	63152	35224	27928	10242	5818	4424	3492	1915	1577
桦甸市	58779	33283	25496	11004	6607	4397	3055	1686	1369
舒兰市	99555	55364	44191	13376	7825	5551	4397	2433	1964
磐石市	81623	45341	36282	15139	8905	6234	4687	2567	2120
四平市	**394494**	**214222**	**180272**	**62861**	**35257**	**27604**	**21079**	**11289**	**9790**
铁西区	27010	13904	13106	12347	5892	6455	4910	2374	2536
铁东区	25424	13732	11692	3666	2099	1567	1423	725	698
梨树县	154530	85217	69313	18526	10902	7624	6767	3808	2959
伊通满族自治县	94046	51854	42192	16094	9374	6720	4396	2437	1959
双辽市	93484	49515	43969	12228	6990	5238	3583	1945	1638
辽源市	**190590**	**104631**	**85959**	**24085**	**13585**	**10500**	**12397**	**6016**	**6381**
龙山区	16475	8813	7662	2757	1505	1252	4452	1685	2767
西安区	7426	4076	3350	1018	574	444	362	188	174

1-6c　续表 5

单位：人

地　　区	初　　中			高　　中			大学专科		
	小计	男	女	小计	男	女	小计	男	女
东丰县	85709	47153	38556	12949	7323	5626	4480	2454	2026
东辽县	80980	44589	36391	7361	4183	3178	3103	1689	1414
通化市	**219811**	**121661**	**98150**	**37746**	**21947**	**15799**	**12886**	**6903**	**5983**
东昌区	11134	6115	5019	2719	1511	1208	831	436	395
二道江区	6001	3278	2723	1451	812	639	309	164	145
通化县	41020	23465	17555	7072	4314	2758	2502	1329	1173
辉南县	48378	26269	22109	6027	3538	2489	2368	1276	1092
柳河县	72755	40144	32611	13110	7406	5704	4729	2501	2228
集安市	40523	22390	18133	7367	4366	3001	2147	1197	950
白山市	**84425**	**48013**	**36412**	**18191**	**11071**	**7120**	**5727**	**3395**	**2332**
浑江区	11897	6869	5028	2452	1501	951	620	379	241
江源区	12106	6848	5258	2438	1440	998	730	410	320
抚松县	20850	11690	9160	3897	2356	1541	1491	901	590
靖宇县	17582	9995	7587	4207	2599	1608	1295	777	518
长白朝鲜族自治县	7443	4258	3185	2053	1306	747	657	419	238
临江市	14547	8353	6194	3144	1869	1275	934	509	425
松原市	**500104**	**274036**	**226068**	**81450**	**46280**	**35170**	**30367**	**16773**	**13594**
宁江区	59838	31911	27927	13171	7066	6105	4054	2114	1940
前郭尔罗斯蒙古族自治县	100658	55794	44864	14602	8587	6015	5564	3075	2489
长岭县	141802	77617	64185	23315	13040	10275	8447	4629	3818
乾安县	52936	28942	23994	7939	4718	3221	3275	1831	1444
吉林松原经济开发区	9822	5195	4627	2338	1308	1030	621	331	290
扶余市	135048	74577	60471	20085	11561	8524	8406	4793	3613
白城市	**324257**	**176170**	**148087**	**48905**	**28563**	**20342**	**16929**	**9230**	**7699**
洮北区	47409	25637	21772	6463	3815	2648	1818	972	846
镇赉县	53050	28740	24310	7720	4437	3283	3336	1805	1531
通榆县	72302	39283	33019	10434	6090	4344	3648	1992	1656
吉林白城经济开发区	4328	2309	2019	746	395	351	182	98	84
洮南市	86051	46718	39333	12203	7161	5042	4713	2560	2153
大安市	61117	33483	27634	11339	6665	4674	3232	1803	1429
延边朝鲜族自治州	**235787**	**129106**	**106681**	**51188**	**28504**	**22684**	**13204**	**7166**	**6038**
延吉市	28006	14689	13317	9294	4905	4389	2280	1178	1102
图们市	8911	4728	4183	1638	865	773	278	157	121
敦化市	70369	38335	32034	16191	9091	7100	5227	2836	2391
珲春市	26386	14444	11942	6651	3533	3118	1755	869	886
龙井市	20469	10964	9505	3710	2084	1626	484	300	184
和龙市	22251	12367	9884	3750	2066	1684	663	387	276
汪清县	29557	16538	13019	4936	2920	2016	934	523	411
安图县	29838	17041	12797	5018	3040	1978	1583	916	667
长白山管委会	**93**	**56**	**37**	**25**	**10**	**15**	**9**	**7**	**2**
梅河口市	**102441**	**55770**	**46671**	**19509**	**11488**	**8021**	**5763**	**2944**	**2819**

1-6c 续表 6

单位：人

地　　区	大学本科			硕士研究生			博士研究生		
	小计	男	女	小计	男	女	小计	男	女
全　省	**253766**	**118588**	**135178**	**14166**	**6023**	**8143**	**1647**	**869**	**778**
长春市	**130981**	**63666**	**67315**	**9216**	**4046**	**5170**	**1059**	**572**	**487**
南关区									
宽城区	21243	13210	8033	161	65	96	20	12	8
朝阳区	392	221	171	27	15	12	4	2	2
二道区									
绿园区	391	195	196	22	9	13	3	2	1
双阳区	2393	1218	1175	90	31	59	16	7	9
九台区	14058	5557	8501	209	90	119	21	10	11
农安县	8824	4414	4410	343	157	186	45	19	26
长春经济技术开发区									
长春净月高新技术产业开发区	63768	28608	35160	7524	3265	4259	853	474	379
长春高新技术产业开发区	269	241	28	52	50	2	1		1
长春汽车经济技术开发区									
长春莲花山生态旅游度假区	899	458	441	67	33	34	3	1	2
榆树市	8393	4369	4024	313	138	175	37	18	19
德惠市	5599	2711	2888	185	87	98	21	12	9
公主岭市	4752	2464	2288	223	106	117	35	15	20
吉林市	**32267**	**14229**	**18038**	**1341**	**524**	**817**	**112**	**56**	**56**
昌邑区	4601	2228	2373	217	95	122	16	8	8
龙潭区	1078	519	559	47	23	24	5	2	3
船营区	3111	1449	1662	126	56	70	17	10	7
丰满区	8257	2492	5765	349	75	274	11	6	5
永吉县	2436	1211	1225	134	73	61	10	4	6
吉林经济开发区	172	86	86	7	4	3	1	1	
吉林高新技术产业开发区	832	401	431	40	20	20	4	3	1
吉林中国新加坡食品区	548	263	285	10	4	6	2	1	1
蛟河市	2204	1052	1152	99	40	59	17	9	8
桦甸市	2153	1093	1060	82	31	51	9	2	7
舒兰市	3654	1864	1790	112	52	60	9	5	4
磐石市	3221	1571	1650	118	51	67	11	5	6
四平市	**29769**	**10230**	**19539**	**1346**	**507**	**839**	**202**	**115**	**87**
铁西区	21421	5945	15476	985	352	633	156	87	69
铁东区	679	359	320	38	23	15	4	2	2
梨树县	3174	1647	1527	136	58	78	20	9	11
伊通满族自治县	2868	1479	1389	134	54	80	12	8	4
双辽市	1627	800	827	53	20	33	10	9	1
辽源市	**7204**	**3637**	**3567**	**238**	**91**	**147**	**22**	**13**	**9**
龙山区	933	500	433	28	6	22	2	2	
西安区	237	133	104	11	8	3	2	1	1

1-6c　续表 7　　　　单位：人

地　区	大学本科			硕士研究生			博士研究生		
	小计	男	女	小计	男	女	小计	男	女
东丰县	3811	1864	1947	107	43	64	7	5	2
东辽县	2223	1140	1083	92	34	58	11	5	6
通化市	**8416**	**4176**	**4240**	**325**	**143**	**182**	**43**	**23**	**20**
东昌区	994	498	496	41	17	24	3		3
二道江区	170	93	77	9	5	4	4	3	1
通化县	1776	884	892	64	22	42	12	8	4
辉南县	1430	692	738	62	28	34	5	4	1
柳河县	2692	1310	1382	99	49	50	12	5	7
集安市	1354	699	655	50	22	28	7	3	4
白山市	**3314**	**1707**	**1607**	**148**	**52**	**96**	**18**	**8**	**10**
浑江区	370	188	182	10	2	8			
江源区	428	211	217	13	5	8	3	2	1
抚松县	923	479	444	47	21	26	5	2	3
靖宇县	685	362	323	26	5	21	5	3	2
长白朝鲜族自治县	397	216	181	20	7	13	1		1
临江市	511	251	260	32	12	20	4	1	3
松原市	**17082**	**8649**	**8433**	**577**	**249**	**328**	**71**	**32**	**39**
宁江区	2653	1345	1308	68	28	40	10	3	7
前郭尔罗斯蒙古族自治县	3106	1522	1584	113	43	70	19	8	11
长岭县	4997	2513	2484	172	82	90	23	10	13
乾安县	1691	866	825	64	33	31	6	5	1
吉林松原经济开发区	425	206	219	23	12	11			
扶余市	4210	2197	2013	137	51	86	13	6	7
白城市	**10362**	**5046**	**5316**	**383**	**163**	**220**	**40**	**18**	**22**
洮北区	1016	519	497	61	28	33	8	5	3
镇赉县	2175	1043	1132	91	38	53	4	1	3
通榆县	2613	1273	1340	75	45	30	8	3	5
吉林白城经济开发区	147	71	76	6	2	4			
洮南市	2704	1257	1447	96	29	67	13	7	6
大安市	1707	883	824	54	21	33	7	2	5
延边朝鲜族自治州	**10026**	**4950**	**5076**	**450**	**190**	**260**	**65**	**27**	**38**
延吉市	2117	1078	1039	179	81	98	25	10	15
图们市	156	87	69	5	1	4	2	1	1
敦化市	3555	1760	1795	129	51	78	14	4	10
珲春市	1528	639	889	26	12	14	6	3	3
龙井市	410	206	204	21	10	11	5	3	2
和龙市	425	220	205	15	5	10	1		1
汪清县	687	326	361	33	11	22	4	1	3
安图县	1148	634	514	42	19	23	8	5	3
长白山管委会	**6**	**1**	**5**						
梅河口市	**4339**	**2297**	**2042**	**142**	**58**	**84**	**15**	**5**	**10**

1-7 各地区分性别的15岁及以上文盲人口

单位：人、%

地区	15岁及以上人口			文盲人口			文盲人口占15岁及以上人口比重		
	合计	男	女	合计	男	女	合计	男	女
全 省	**21254730**	**10556023**	**10698707**	**320865**	**95838**	**225027**	**1.51**	**0.91**	**2.10**
长春市	**7965949**	**3965883**	**4000066**	**91047**	**27821**	**63226**	**1.14**	**0.70**	**1.58**
南关区	584613	281616	302997	3554	877	2677	0.61	0.31	0.88
宽城区	749185	374543	374642	4566	1472	3094	0.61	0.39	0.83
朝阳区	552343	274365	277978	3197	969	2228	0.58	0.35	0.80
二道区	457724	221946	235778	2609	728	1881	0.57	0.33	0.80
绿园区	626675	309901	316774	4060	1100	2960	0.65	0.35	0.93
双阳区	300978	150954	150024	6627	2000	4627	2.20	1.32	3.08
九台区	544991	274538	270453	7798	2497	5301	1.43	0.91	1.96
农安县	670962	340156	330806	12561	3898	8663	1.87	1.15	2.62
长春经济技术开发区	372594	182723	189871	1725	555	1170	0.46	0.30	0.62
长春净月高新技术产业开发区	364809	171094	193715	1718	559	1159	0.47	0.33	0.60
长春高新技术产业开发区	390964	197329	193635	1843	633	1210	0.47	0.32	0.62
长春汽车经济技术开发区	277535	143082	134453	1514	368	1146	0.55	0.26	0.85
长春莲花山生态旅游度假区	33569	16965	16604	895	289	606	2.67	1.70	3.65
榆树市	735768	369877	365891	17975	5321	12654	2.44	1.44	3.46
德惠市	557542	281789	275753	8620	2839	5781	1.55	1.01	2.10
公主岭市	745697	375005	370692	11785	3716	8069	1.58	0.99	2.18
吉林市	**3227530**	**1598924**	**1628606**	**55329**	**16742**	**38587**	**1.71**	**1.05**	**2.37**
昌邑区	518128	250872	267256	3436	949	2487	0.66	0.38	0.93
龙潭区	337617	169363	168254	3829	1191	2638	1.13	0.70	1.57
船营区	414296	203472	210824	3453	1211	2242	0.83	0.60	1.06
丰满区	233996	112774	121222	3010	896	2114	1.29	0.79	1.74
永吉县	218721	112761	105960	4660	1582	3078	2.13	1.40	2.90
吉林经济开发区	51394	26398	24996	364	106	258	0.71	0.40	1.03
吉林高新技术产业开发区	142660	66377	76283	769	200	569	0.54	0.30	0.75
吉林中国新加坡食品区	32351	16122	16229	652	225	427	2.02	1.40	2.63
蛟河市	292479	146601	145878	9160	2683	6477	3.13	1.83	4.44
桦甸市	299663	150334	149329	9529	2856	6673	3.18	1.90	4.47
舒兰市	360853	180820	180033	8788	2670	6118	2.44	1.48	3.40
磐石市	325372	163030	162342	7679	2173	5506	2.36	1.33	3.39
四平市	**1599965**	**792593**	**807372**	**34985**	**10817**	**24168**	**2.19**	**1.36**	**2.99**
铁西区	280492	130562	149930	2189	676	1513	0.78	0.52	1.01
铁东区	282313	140772	141541	3477	1178	2299	1.23	0.84	1.62
梨树县	467109	236299	230810	14194	4233	9961	3.04	1.79	4.32
伊通满族自治县	293568	148504	145064	8529	2755	5774	2.91	1.86	3.98
双辽市	276483	136456	140027	6596	1975	4621	2.39	1.45	3.30
辽源市	**890182**	**443870**	**446312**	**12096**	**3806**	**8290**	**1.36**	**0.86**	**1.86**
龙山区	290130	140656	149474	1824	529	1295	0.63	0.38	0.87
西安区	125678	62865	62813	1182	373	809	0.94	0.59	1.29
东丰县	272081	137307	134774	4607	1469	3138	1.69	1.07	2.33
东辽县	202293	103042	99251	4483	1435	3048	2.22	1.39	3.07

1-7　续表　　　　　　　　　　　　　　　　单位：人、%

地　区	15岁及以上人口			文盲人口			文盲人口占15岁及以上人口比重		
	合计	男	女	合计	男	女	合计	男	女
通化市	**1156365**	**573922**	**582443**	**17595**	**5029**	**12566**	**1.52**	**0.88**	**2.16**
东昌区	316984	152371	164613	1247	359	888	0.39	0.24	0.54
二道江区	84105	41477	42628	1680	433	1247	2.00	1.04	2.93
通化县	155103	78091	77012	4461	1204	3257	2.88	1.54	4.23
辉南县	209312	104298	105014	4954	1471	3483	2.37	1.41	3.32
柳河县	238961	121651	117310	2731	829	1902	1.14	0.68	1.62
集安市	151900	76034	75866	2522	733	1789	1.66	0.96	2.36
白山市	**847432**	**421432**	**426000**	**25196**	**6518**	**18678**	**2.97**	**1.55**	**4.38**
浑江区	273897	133790	140107	4994	1237	3757	1.82	0.92	2.68
江源区	126747	63794	62953	3560	911	2649	2.81	1.43	4.21
抚松县	190969	95444	95525	7448	1895	5553	3.90	1.99	5.81
靖宇县	93976	47648	46328	3633	992	2641	3.87	2.08	5.70
长白朝鲜族自治县	52522	26511	26011	1802	509	1293	3.43	1.92	4.97
临江市	109321	54245	55076	3759	974	2785	3.44	1.80	5.06
松原市	**1955834**	**973161**	**982673**	**37537**	**11154**	**26383**	**1.92**	**1.15**	**2.68**
宁江区	540498	263108	277390	5958	1831	4127	1.10	0.70	1.49
前郭尔罗斯蒙古族自治县	352366	176121	176245	9888	3015	6873	2.81	1.71	3.90
长岭县	385156	194045	191111	7205	1994	5211	1.87	1.03	2.73
乾安县	181819	91082	90737	2998	905	2093	1.65	0.99	2.31
吉林松原经济开发区	81140	39951	41189	1179	353	826	1.45	0.88	2.01
扶余市	414855	208854	206001	10309	3056	7253	2.48	1.46	3.52
白城市	**1379725**	**681994**	**697731**	**22148**	**7003**	**15145**	**1.61**	**1.03**	**2.17**
洮北区	317162	156316	160846	3942	1236	2706	1.24	0.79	1.68
镇赉县	193215	96669	96546	2382	794	1588	1.23	0.82	1.64
通榆县	247109	123327	123782	4391	1352	3039	1.78	1.10	2.46
吉林白城经济开发区	105409	48486	56923	934	264	670	0.89	0.54	1.18
洮南市	271074	134939	136135	6269	2047	4222	2.31	1.52	3.10
大安市	245756	122257	123499	4230	1310	2920	1.72	1.07	2.36
延边朝鲜族自治州	**1728858**	**851788**	**877070**	**19615**	**5369**	**14246**	**1.13**	**0.63**	**1.62**
延吉市	602762	288225	314537	4372	1296	3076	0.73	0.45	0.98
图们市	78961	38806	40155	766	237	529	0.97	0.61	1.32
敦化市	347539	173262	174277	3256	971	2285	0.94	0.56	1.31
珲春市	210366	104129	106237	2186	580	1606	1.04	0.56	1.51
龙井市	119663	60112	59551	1282	341	941	1.07	0.57	1.58
和龙市	107381	54622	52759	1567	335	1232	1.46	0.61	2.34
汪清县	151714	76262	75452	3125	843	2282	2.06	1.11	3.02
安图县	110472	56370	54102	3061	766	2295	2.77	1.36	4.24
长白山管委会	**53955**	**27343**	**26612**	**1177**	**267**	**910**	**2.18**	**0.98**	**3.42**
长白山保护开发区池北区	39315	19970	19345	545	134	411	1.39	0.67	2.12
长白山保护开发区池西区	12931	6498	6433	572	127	445	4.42	1.95	6.92
长白山保护开发区池南区	1709	875	834	60	6	54	3.51	0.69	6.47
梅河口市	**448935**	**225113**	**223822**	**4140**	**1312**	**2828**	**0.92**	**0.58**	**1.26**

1-7a 各地区分性别的15岁及以上文盲人口(城市)

单位：人、%

地区	15岁及以上人口			文盲人口			文盲人口占15岁及以上人口比重		
	合计	男	女	合计	男	女	合计	男	女
全省	**9076229**	**4398011**	**4678218**	**59750**	**15885**	**43865**	**0.66**	**0.36**	**0.94**
长春市	**3588385**	**1751487**	**1836898**	**19217**	**5205**	**14012**	**0.54**	**0.30**	**0.76**
南关区	584613	281616	302997	3554	877	2677	0.61	0.31	0.88
宽城区	521550	256992	264558	1970	554	1416	0.38	0.22	0.54
朝阳区	519530	257531	261999	2183	658	1525	0.42	0.26	0.58
二道区	456424	221271	235153	2586	721	1865	0.57	0.33	0.79
绿园区	611984	302059	309925	3750	999	2751	0.61	0.33	0.89
双阳区	137728	66477	71251	886	230	656	0.64	0.35	0.92
九台区	191852	93247	98605	955	256	699	0.50	0.27	0.71
农安县									
长春经济技术开发区									
长春净月高新技术产业开发区									
长春高新技术产业开发区									
长春汽车经济技术开发区									
长春莲花山生态旅游度假区									
榆树市	173737	82781	90956	1303	319	984	0.75	0.39	1.08
德惠市	164585	79351	85234	739	201	538	0.45	0.25	0.63
公主岭市	226382	110162	116220	1291	390	901	0.57	0.35	0.78
吉林市	**1643401**	**793960**	**849441**	**12939**	**3337**	**9602**	**0.79**	**0.42**	**1.13**
昌邑区	410551	196826	213725	2172	516	1656	0.53	0.26	0.77
龙潭区	236513	117128	119385	1961	581	1380	0.83	0.50	1.16
船营区	344086	167824	176262	2050	577	1473	0.60	0.34	0.84
丰满区	166534	80379	86155	1383	350	1033	0.83	0.44	1.20
永吉县									
吉林经济开发区	1545	760	785	30	13	17	1.94	1.71	2.17
吉林高新技术产业开发区									
吉林中国新加坡食品区									
蛟河市	114796	54943	59853	1667	428	1239	1.45	0.78	2.07
桦甸市	133069	64012	69057	1998	457	1541	1.50	0.71	2.23
舒兰市	131553	62560	68993	1192	321	871	0.91	0.51	1.26
磐石市	104754	49528	55226	486	94	392	0.46	0.19	0.71
四平市	**534286**	**259189**	**275097**	**4411**	**1350**	**3061**	**0.83**	**0.52**	**1.11**
铁西区	205094	98237	106857	1429	393	1036	0.70	0.40	0.97
铁东区	222958	110309	112649	2086	717	1369	0.94	0.65	1.22
梨树县									
伊通满族自治县									
双辽市	106234	50643	55591	896	240	656	0.84	0.47	1.18
辽源市	**363264**	**176860**	**186404**	**2161**	**612**	**1549**	**0.59**	**0.35**	**0.83**
龙山区	252272	121733	130539	1112	294	818	0.44	0.24	0.63
西安区	110992	55127	55865	1049	318	731	0.95	0.58	1.31

1-7a　续表　　　　单位：人、%

地　区	15岁及以上人口			文盲人口			文盲人口占15岁及以上人口比重		
	合计	男	女	合计	男	女	合计	男	女
东丰县									
东辽县									
通化市	**409676**	**195960**	**213716**	**1956**	**483**	**1473**	**0.48**	**0.25**	**0.69**
东昌区	288695	137851	150844	785	216	569	0.27	0.16	0.38
二道江区	57134	27711	29423	711	167	544	1.24	0.60	1.85
通化县									
辉南县									
柳河县									
集安市	63847	30398	33449	460	100	360	0.72	0.33	1.08
白山市	**383116**	**185868**	**197248**	**5938**	**1364**	**4574**	**1.55**	**0.73**	**2.32**
浑江区	239495	116029	123466	3458	787	2671	1.44	0.68	2.16
江源区	71540	35118	36422	1311	317	994	1.83	0.90	2.73
抚松县									
靖宇县									
长白朝鲜族自治县									
临江市	72081	34721	37360	1169	260	909	1.62	0.75	2.43
松原市	**490505**	**235462**	**255043**	**2931**	**750**	**2181**	**0.60**	**0.32**	**0.86**
宁江区	394211	189124	205087	2381	608	1773	0.60	0.32	0.86
前郭尔罗斯蒙古族自治县	17616	8403	9213	199	49	150	1.13	0.58	1.63
长岭县									
乾安县									
吉林松原经济开发区									
扶余市	78678	37935	40743	351	93	258	0.45	0.25	0.63
白城市	**401453**	**192437**	**209016**	**3470**	**996**	**2474**	**0.86**	**0.52**	**1.18**
洮北区	211521	101911	109610	1622	454	1168	0.77	0.45	1.07
镇赉县									
通榆县									
吉林白城经济开发区	4962	2528	2434	86	25	61	1.73	0.99	2.51
洮南市	92504	43954	48550	1081	344	737	1.17	0.78	1.52
大安市	92466	44044	48422	681	173	508	0.74	0.39	1.05
延边朝鲜族自治州	**1045405**	**501906**	**543499**	**6333**	**1673**	**4660**	**0.61**	**0.33**	**0.86**
延吉市	534355	253628	280727	3242	975	2267	0.61	0.38	0.81
图们市	54412	26271	28141	289	57	232	0.53	0.22	0.82
敦化市	171365	82507	88858	284	73	211	0.17	0.09	0.24
珲春市	154086	74882	79204	1253	305	948	0.81	0.41	1.20
龙井市	78366	38695	39671	616	144	472	0.79	0.37	1.19
和龙市	52821	25923	26898	649	119	530	1.23	0.46	1.97
汪清县									
安图县									
长白山管委会									
梅河口市	**216738**	**104882**	**111856**	**394**	**115**	**279**	**0.18**	**0.11**	**0.25**

1-7b 各地区分性别的15岁及以上文盲人口(镇)

单位：人、%

地区	15岁及以上人口			文盲人口			文盲人口占15岁及以上人口比重		
	合计	男	女	合计	男	女	合计	男	女
全省	**4163559**	**2038278**	**2125281**	**44275**	**11681**	**32594**	**1.06**	**0.57**	**1.53**
长春市	**1631206**	**803394**	**827812**	**9775**	**2779**	**6996**	**0.60**	**0.35**	**0.85**
南关区									
宽城区	66451	32342	34109	585	193	392	0.88	0.60	1.15
朝阳区	8412	4208	4204	122	31	91	1.45	0.74	2.16
二道区	1300	675	625	23	7	16	1.77	1.04	2.56
绿园区									
双阳区	3899	2027	1872	102	29	73	2.62	1.43	3.90
九台区	4797	2344	2453	11	1	10	0.23	0.04	0.41
农安县	167492	80355	87137	1393	334	1059	0.83	0.42	1.22
长春经济技术开发区	372594	182723	189871	1725	555	1170	0.46	0.30	0.62
长春净月高新技术产业开发区	183645	83156	100489	555	169	386	0.30	0.20	0.38
长春高新技术产业开发区	383938	191802	192136	1699	527	1172	0.44	0.27	0.61
长春汽车经济技术开发区	277535	143082	134453	1514	368	1146	0.55	0.26	0.85
长春莲花山生态旅游度假区	5258	2759	2499	81	30	51	1.54	1.09	2.04
榆树市	44663	22570	22093	890	246	644	1.99	1.09	2.91
德惠市	9743	4878	4865	132	39	93	1.35	0.80	1.91
公主岭市	101479	50473	51006	943	250	693	0.93	0.50	1.36
吉林市	**395304**	**191146**	**204158**	**5068**	**1459**	**3609**	**1.28**	**0.76**	**1.77**
昌邑区	10510	4990	5520	39	10	29	0.37	0.20	0.53
龙潭区	12038	6150	5888	116	29	87	0.96	0.47	1.48
船营区	4624	2299	2325	30	10	20	0.65	0.43	0.86
丰满区	1437	718	719	21	6	15	1.46	0.84	2.09
永吉县	82695	39794	42901	756	205	551	0.91	0.52	1.28
吉林经济开发区	40046	20659	19387	193	46	147	0.48	0.22	0.76
吉林高新技术产业开发区	120304	54708	65596	393	86	307	0.33	0.16	0.47
吉林中国新加坡食品区	4192	2065	2127	179	88	91	4.27	4.26	4.28
蛟河市	32374	16235	16139	949	230	719	2.93	1.42	4.46
桦甸市	27674	13951	13723	1021	318	703	3.69	2.28	5.12
舒兰市	23506	11540	11966	464	150	314	1.97	1.30	2.62
磐石市	35904	18037	17867	907	281	626	2.53	1.56	3.50
四平市	**289030**	**141524**	**147506**	**3840**	**1031**	**2809**	**1.33**	**0.73**	**1.90**
铁西区									
铁东区	3934	1932	2002	53	16	37	1.35	0.83	1.85
梨树县	167041	82387	84654	2283	614	1669	1.37	0.75	1.97
伊通满族自治县	95162	45700	49462	1138	313	825	1.20	0.68	1.67
双辽市	22893	11505	11388	366	88	278	1.60	0.76	2.44
辽源市	**147619**	**71322**	**76297**	**1212**	**326**	**886**	**0.82**	**0.46**	**1.16**
龙山区	779	402	377	32	9	23	4.11	2.24	6.10
西安区									
东丰县	98297	47417	50880	759	185	574	0.77	0.39	1.13
东辽县	48543	23503	25040	421	132	289	0.87	0.56	1.15

1-7b 续表

单位：人、%

地 区	15岁及以上人口			文盲人口			文盲人口占15岁及以上人口比重		
	合计	男	女	合计	男	女	合计	男	女
通化市	**291719**	**142186**	**149533**	**3399**	**863**	**2536**	**1.17**	**0.61**	**1.70**
东昌区	4893	2411	2482	23	2	21	0.47	0.08	0.85
二道江区	14494	7278	7216	538	137	401	3.71	1.88	5.56
通化县	66656	32150	34506	908	227	681	1.36	0.71	1.97
辉南县	109397	53270	56127	1389	345	1044	1.27	0.65	1.86
柳河县	87862	42805	45057	435	117	318	0.50	0.27	0.71
集安市	8417	4272	4145	106	35	71	1.26	0.82	1.71
白山市	**286217**	**141631**	**144586**	**8211**	**1975**	**6236**	**2.87**	**1.39**	**4.31**
浑江区	9490	4464	5026	270	81	189	2.85	1.81	3.76
江源区	29299	14993	14306	868	205	663	2.96	1.37	4.63
抚松县	148713	73521	75192	4775	1143	3632	3.21	1.55	4.83
靖宇县	56632	27851	28781	1296	306	990	2.29	1.10	3.44
长白朝鲜族自治县	36277	17792	18485	698	183	515	1.92	1.03	2.79
临江市	5806	3010	2796	304	57	247	5.24	1.89	8.83
松原市	**416203**	**201403**	**214800**	**4359**	**1070**	**3289**	**1.05**	**0.53**	**1.53**
宁江区	23307	11273	12034	249	59	190	1.07	0.52	1.58
前郭尔罗斯蒙古族自治县	118900	56561	62339	1532	339	1193	1.29	0.60	1.91
长岭县	105862	51663	54199	1052	267	785	0.99	0.52	1.45
乾安县	80788	39136	41652	602	161	441	0.75	0.41	1.06
吉林松原经济开发区	60539	29362	31177	624	162	462	1.03	0.55	1.48
扶余市	26807	13408	13399	300	82	218	1.12	0.61	1.63
白城市	**345322**	**165563**	**179759**	**3239**	**895**	**2344**	**0.94**	**0.54**	**1.30**
洮北区	22523	11431	11092	372	114	258	1.65	1.00	2.33
镇赉县	92735	45267	47468	747	213	534	0.81	0.47	1.12
通榆县	98328	47273	51055	835	206	629	0.85	0.44	1.23
吉林白城经济开发区	91995	41606	50389	671	179	492	0.73	0.43	0.98
洮南市	9482	4772	4710	196	67	129	2.07	1.40	2.74
大安市	30259	15214	15045	418	116	302	1.38	0.76	2.01
延边朝鲜族自治州	**267955**	**132902**	**135053**	**3560**	**858**	**2702**	**1.33**	**0.65**	**2.00**
延吉市	17788	8950	8838	169	48	121	0.95	0.54	1.37
图们市	11108	5574	5534	170	60	110	1.53	1.08	1.99
敦化市	42920	21553	21367	584	169	415	1.36	0.78	1.94
珲春市	10019	5191	4828	100	26	74	1.00	0.50	1.53
龙井市	10569	5333	5236	148	40	108	1.40	0.75	2.06
和龙市	20059	10335	9724	439	95	344	2.19	0.92	3.54
汪清县	102171	49886	52285	1473	336	1137	1.44	0.67	2.17
安图县	53321	26080	27241	477	84	393	0.89	0.32	1.44
长白山管委会	**53776**	**27249**	**26527**	**1170**	**267**	**903**	**2.18**	**0.98**	**3.40**
长白山保护开发区池北区	39136	19876	19260	538	134	404	1.37	0.67	2.10
长白山保护开发区池西区	12931	6498	6433	572	127	445	4.42	1.95	6.92
长白山保护开发区池南区	1709	875	834	60	6	54	3.51	0.69	6.47
梅河口市	**39208**	**19958**	**19250**	**442**	**158**	**284**	**1.13**	**0.79**	**1.48**

1-7c 各地区分性别的15岁及以上文盲人口(乡村)

单位：人、%

地区	15岁及以上人口			文盲人口			文盲人口占15岁及以上人口比重		
	合计	男	女	合计	男	女	合计	男	女
全省	**8014942**	**4119734**	**3895208**	**216840**	**68272**	**148568**	**2.71**	**1.66**	**3.81**
长春市	**2746358**	**1411002**	**1335356**	**62055**	**19837**	**42218**	**2.26**	**1.41**	**3.16**
南关区									
宽城区	161184	85209	75975	2011	725	1286	1.25	0.85	1.69
朝阳区	24401	12626	11775	892	280	612	3.66	2.22	5.20
二道区									
绿园区	14691	7842	6849	310	101	209	2.11	1.29	3.05
双阳区	159351	82450	76901	5639	1741	3898	3.54	2.11	5.07
九台区	348342	178947	169395	6832	2240	4592	1.96	1.25	2.71
农安县	503470	259801	243669	11168	3564	7604	2.22	1.37	3.12
长春经济技术开发区									
长春净月高新技术产业开发区	181164	87938	93226	1163	390	773	0.64	0.44	0.83
长春高新技术产业开发区	7026	5527	1499	144	106	38	2.05	1.92	2.54
长春汽车经济技术开发区									
长春莲花山生态旅游度假区	28311	14206	14105	814	259	555	2.88	1.82	3.93
榆树市	517368	264526	252842	15782	4756	11026	3.05	1.80	4.36
德惠市	383214	197560	185654	7749	2599	5150	2.02	1.32	2.77
公主岭市	417836	214370	203466	9551	3076	6475	2.29	1.43	3.18
吉林市	**1188825**	**613818**	**575007**	**37322**	**11946**	**25376**	**3.14**	**1.95**	**4.41**
昌邑区	97067	49056	48011	1225	423	802	1.26	0.86	1.67
龙潭区	89066	46085	42981	1752	581	1171	1.97	1.26	2.72
船营区	65586	33349	32237	1373	624	749	2.09	1.87	2.32
丰满区	66025	31677	34348	1606	540	1066	2.43	1.70	3.10
永吉县	136026	72967	63059	3904	1377	2527	2.87	1.89	4.01
吉林经济开发区	9803	4979	4824	141	47	94	1.44	0.94	1.95
吉林高新技术产业开发区	22356	11669	10687	376	114	262	1.68	0.98	2.45
吉林中国新加坡食品区	28159	14057	14102	473	137	336	1.68	0.97	2.38
蛟河市	145309	75423	69886	6544	2025	4519	4.50	2.68	6.47
桦甸市	138920	72371	66549	6510	2081	4429	4.69	2.88	6.66
舒兰市	205794	106720	99074	7132	2199	4933	3.47	2.06	4.98
磐石市	184714	95465	89249	6286	1798	4488	3.40	1.88	5.03
四平市	**776649**	**391880**	**384769**	**26734**	**8436**	**18298**	**3.44**	**2.15**	**4.76**
铁西区	75398	32325	43073	760	283	477	1.01	0.88	1.11
铁东区	55421	28531	26890	1338	445	893	2.41	1.56	3.32
梨树县	300068	153912	146156	11911	3619	8292	3.97	2.35	5.67
伊通满族自治县	198406	102804	95602	7391	2442	4949	3.73	2.38	5.18
双辽市	147356	74308	73048	5334	1647	3687	3.62	2.22	5.05
辽源市	**379299**	**195688**	**183611**	**8723**	**2868**	**5855**	**2.30**	**1.47**	**3.19**
龙山区	37079	18521	18558	680	226	454	1.83	1.22	2.45
西安区	14686	7738	6948	133	55	78	0.91	0.71	1.12

1-7c　续表

单位：人、%

地　区	15岁及以上人口			文盲人口			文盲人口占15岁及以上人口比重		
	合计	男	女	合计	男	女	合计	男	女
东丰县	173784	89890	83894	3848	1284	2564	2.21	1.43	3.06
东辽县	153750	79539	74211	4062	1303	2759	2.64	1.64	3.72
通化市	**454970**	**235776**	**219194**	**12240**	**3683**	**8557**	**2.69**	**1.56**	**3.90**
东昌区	23396	12109	11287	439	141	298	1.88	1.16	2.64
二道江区	12477	6488	5989	431	129	302	3.45	1.99	5.04
通化县	88447	45941	42506	3553	977	2576	4.02	2.13	6.06
辉南县	99915	51028	48887	3565	1126	2439	3.57	2.21	4.99
柳河县	151099	78846	72253	2296	712	1584	1.52	0.90	2.19
集安市	79636	41364	38272	1956	598	1358	2.46	1.45	3.55
白山市	**178099**	**93933**	**84166**	**11047**	**3179**	**7868**	**6.20**	**3.38**	**9.35**
浑江区	24912	13297	11615	1266	369	897	5.08	2.78	7.72
江源区	25908	13683	12225	1381	389	992	5.33	2.84	8.11
抚松县	42256	21923	20333	2673	752	1921	6.33	3.43	9.45
靖宇县	37344	19797	17547	2337	686	1651	6.26	3.47	9.41
长白朝鲜族自治县	16245	8719	7526	1104	326	778	6.80	3.74	10.34
临江市	31434	16514	14920	2286	657	1629	7.27	3.98	10.92
松原市	**1049126**	**536296**	**512830**	**30247**	**9334**	**20913**	**2.88**	**1.74**	**4.08**
宁江区	122980	62711	60269	3328	1164	2164	2.71	1.86	3.59
前郭尔罗斯蒙古族自治县	215850	111157	104693	8157	2627	5530	3.78	2.36	5.28
长岭县	279294	142382	136912	6153	1727	4426	2.20	1.21	3.23
乾安县	101031	51946	49085	2396	744	1652	2.37	1.43	3.37
吉林松原经济开发区	20601	10589	10012	555	191	364	2.69	1.80	3.64
扶余市	309370	157511	151859	9658	2881	6777	3.12	1.83	4.46
白城市	**632950**	**323994**	**308956**	**15439**	**5112**	**10327**	**2.44**	**1.58**	**3.34**
洮北区	83118	42974	40144	1948	668	1280	2.34	1.55	3.19
镇赉县	100480	51402	49078	1635	581	1054	1.63	1.13	2.15
通榆县	148781	76054	72727	3556	1146	2410	2.39	1.51	3.31
吉林白城经济开发区	8452	4352	4100	177	60	117	2.09	1.38	2.85
洮南市	169088	86213	82875	4992	1636	3356	2.95	1.90	4.05
大安市	123031	62999	60032	3131	1021	2110	2.54	1.62	3.51
延边朝鲜族自治州	**415498**	**216980**	**198518**	**9722**	**2838**	**6884**	**2.34**	**1.31**	**3.47**
延吉市	50619	25647	24972	961	273	688	1.90	1.06	2.76
图们市	13441	6961	6480	307	120	187	2.28	1.72	2.89
敦化市	133254	69202	64052	2388	729	1659	1.79	1.05	2.59
珲春市	46261	24056	22205	833	249	584	1.80	1.04	2.63
龙井市	30728	16084	14644	518	157	361	1.69	0.98	2.47
和龙市	34501	18364	16137	479	121	358	1.39	0.66	2.22
汪清县	49543	26376	23167	1652	507	1145	3.33	1.92	4.94
安图县	57151	30290	26861	2584	682	1902	4.52	2.25	7.08
长白山管委会	**179**	**94**	**85**	**7**		**7**	**3.91**		**8.24**
梅河口市	**192989**	**100273**	**92716**	**3304**	**1039**	**2265**	**1.71**	**1.04**	**2.44**

1-8 各地区家庭户规模

单位：户、%

地 区	家庭户户数	一人户		二人户		三人户	
		户数	比重	户数	比重	户数	比重
全 省	**9426822**	**2313775**	**24.54**	**3496744**	**37.09**	**2292234**	**24.32**
长春市	**3330525**	**796831**	**23.93**	**1157170**	**34.74**	**855871**	**25.70**
南关区	245117	70265	28.67	86864	35.44	61059	24.91
宽城区	315144	82897	26.30	104136	33.04	83799	26.59
朝阳区	219858	69047	31.41	73179	33.28	52243	23.76
二道区	202385	65250	32.24	62967	31.11	51542	25.47
绿园区	272457	63846	23.43	95519	35.06	76031	27.91
双阳区	116134	22144	19.07	43809	37.72	29840	25.69
九台区	237598	54006	22.73	86843	36.55	56682	23.86
农安县	293282	57331	19.55	109986	37.50	71565	24.40
长春经济技术开发区	158225	43268	27.35	52184	32.98	43445	27.46
长春净月高新技术产业开发区	113379	26341	23.23	39112	34.50	30391	26.80
长春高新技术产业开发区	146467	36907	25.20	44933	30.68	42876	29.27
长春汽车经济技术开发区	121297	31855	26.26	41414	34.14	32712	26.97
长春莲花山生态旅游度假区	14634	3302	22.56	5544	37.88	2897	19.80
榆树市	313305	61176	19.53	108387	34.59	77917	24.87
德惠市	237356	45267	19.07	81860	34.49	62525	26.34
公主岭市	323887	63929	19.74	120433	37.18	80347	24.81
吉林市	**1516884**	**408684**	**26.94**	**580088**	**38.24**	**348603**	**22.98**
昌邑区	248784	69819	28.06	92820	37.31	60498	24.32
龙潭区	158586	45987	29.00	61768	38.95	35693	22.51
船营区	191136	51663	27.03	71059	37.18	46941	24.56
丰满区	104492	26314	25.18	41397	39.62	24897	23.83
永吉县	101534	26852	26.45	39722	39.12	22442	22.10
吉林经济开发区	20016	5454	27.25	8139	40.66	4269	21.33
吉林高新技术产业开发区	59898	14064	23.48	22077	36.86	16195	27.04
吉林中国新加坡食品区	15661	3919	25.02	5905	37.71	3422	21.85
蛟河市	145178	40069	27.60	57407	39.54	31223	21.51
桦甸市	148657	44883	30.19	53519	36.00	31120	20.93
舒兰市	170330	44643	26.21	65617	38.52	35857	21.05
磐石市	152612	35017	22.95	60658	39.75	36046	23.62
四平市	**700554**	**160553**	**22.92**	**264272**	**37.72**	**167000**	**23.84**
铁西区	114617	29090	25.38	44823	39.11	29016	25.32
铁东区	130215	40627	31.20	47313	36.33	29993	23.03
梨树县	205486	42009	20.44	77381	37.66	46787	22.77
伊通满族自治县	128420	24777	19.29	49096	38.23	31683	24.67
双辽市	121816	24050	19.74	45659	37.48	29521	24.23
辽源市	**396879**	**96908**	**24.42**	**153053**	**38.56**	**93454**	**23.55**
龙山区	128862	34169	26.52	49005	38.03	32753	25.42
西安区	59445	20509	34.50	23310	39.21	11754	19.77
东丰县	118914	23470	19.74	45866	38.57	28742	24.17
东辽县	89658	18760	20.92	34872	38.89	20205	22.54

1-8　续表 1　　　　单位：户、%

地　　区	家庭户	一人户		二人户		三人户	
	户　数	户数	比重	户数	比重	户数	比重
通化市	**524562**	**123609**	**23.56**	**204059**	**38.90**	**125570**	**23.94**
东昌区	138492	32541	23.50	54914	39.65	36279	26.20
二道江区	41615	12242	29.42	17168	41.25	9239	22.20
通化县	73368	16914	23.05	29924	40.79	16950	23.10
辉南县	96032	23398	24.36	36470	37.98	21483	22.37
柳河县	105951	23902	22.56	37046	34.97	25080	23.67
集安市	69104	14612	21.14	28537	41.30	16539	23.93
白山市	**394772**	**95135**	**24.10**	**167323**	**42.38**	**90854**	**23.01**
浑江区	123257	27574	22.37	51049	41.42	31843	25.83
江源区	58718	15599	26.57	26625	45.34	11610	19.77
抚松县	89560	22029	24.60	37291	41.64	19431	21.70
靖宇县	44006	9959	22.63	17729	40.29	10608	24.11
长白朝鲜族自治县	25539	6742	26.40	11097	43.45	5466	21.40
临江市	53692	13232	24.64	23532	43.83	11896	22.16
松原市	**840420**	**154288**	**18.36**	**310520**	**36.95**	**222514**	**26.48**
宁江区	224912	39040	17.36	82926	36.87	66265	29.46
前郭尔罗斯蒙古族自治县	153718	26810	17.44	57505	37.41	40612	26.42
长岭县	173386	34610	19.96	63684	36.73	42642	24.59
乾安县	80331	14194	17.67	33536	41.75	20963	26.10
吉林松原经济开发区	32615	6464	19.82	11539	35.38	9172	28.12
扶余市	175458	33170	18.90	61330	34.95	42860	24.43
白城市	**635434**	**139147**	**21.90**	**271937**	**42.80**	**150953**	**23.76**
洮北区	144274	31985	22.17	60476	41.92	35838	24.84
镇赉县	89791	18368	20.46	39087	43.53	21490	23.93
通榆县	116194	25561	22.00	48354	41.61	26902	23.15
吉林白城经济开发区	39231	7963	20.30	16126	41.11	10808	27.55
洮南市	129745	29178	22.49	54950	42.35	30286	23.34
大安市	116199	26092	22.45	52944	45.56	25629	22.06
延边朝鲜族自治州	**858472**	**277855**	**32.37**	**309410**	**36.04**	**184546**	**21.50**
延吉市	290999	95501	32.82	95260	32.74	67650	23.25
图们市	38773	13580	35.02	14572	37.58	7353	18.96
敦化市	174753	49812	28.50	69502	39.77	38262	21.89
珲春市	100539	27604	27.46	36439	36.24	24614	24.48
龙井市	61137	23877	39.05	21157	34.61	10860	17.76
和龙市	55010	20800	37.81	19827	36.04	9716	17.66
汪清县	80110	27470	34.29	31212	38.96	15311	19.11
安图县	57151	19211	33.61	21441	37.52	10780	18.86
长白山管委会	**24401**	**6423**	**26.32**	**9406**	**38.55**	**5882**	**24.11**
长白山保护开发区池北区	17673	4403	24.91	6758	38.24	4520	25.58
长白山保护开发区池西区	5933	1746	29.43	2302	38.80	1241	20.92
长白山保护开发区池南区	795	274	34.47	346	43.52	121	15.22
梅河口市	**203919**	**54342**	**26.65**	**69506**	**34.09**	**46987**	**23.04**

1-8 续表 2

单位：户、%

地区	四人户		五人户		六人户	
	户数	比重	户数	比重	户数	比重
全 省	**866072**	**9.19**	**329271**	**3.49**	**103878**	**1.10**
长春市	**331058**	**9.94**	**137486**	**4.13**	**41962**	**1.26**
南关区	17816	7.27	7172	2.93	1612	0.66
宽城区	29216	9.27	11557	3.67	2852	0.90
朝阳区	16969	7.72	6390	2.91	1651	0.75
二道区	15208	7.51	5916	2.92	1282	0.63
绿园区	23483	8.62	10487	3.85	2579	0.95
双阳区	13305	11.46	5051	4.35	1597	1.38
九台区	25871	10.89	9875	4.16	3416	1.44
农安县	34894	11.90	13361	4.56	4904	1.67
长春经济技术开发区	12480	7.89	5530	3.50	1167	0.74
长春净月高新技术产业开发区	10910	9.62	4944	4.36	1406	1.24
长春高新技术产业开发区	13990	9.55	6073	4.15	1477	1.01
长春汽车经济技术开发区	9750	8.04	4354	3.59	1050	0.87
长春莲花山生态旅游度假区	2170	14.83	480	3.28	200	1.37
榆树市	39439	12.59	18250	5.82	6448	2.06
德惠市	29070	12.25	12583	5.30	4653	1.96
公主岭市	36487	11.27	15463	4.77	5668	1.75
吉林市	**119578**	**7.88**	**43846**	**2.89**	**13124**	**0.87**
昌邑区	17198	6.91	6677	2.68	1466	0.59
龙潭区	10245	6.46	3713	2.34	955	0.60
船营区	14459	7.56	5522	2.89	1276	0.67
丰满区	8049	7.70	2858	2.74	779	0.75
永吉县	8152	8.03	3132	3.08	994	0.98
吉林经济开发区	1421	7.10	558	2.79	136	0.68
吉林高新技术产业开发区	5086	8.49	1968	3.29	440	0.73
吉林中国新加坡食品区	1572	10.04	585	3.74	202	1.29
蛟河市	11333	7.81	3547	2.44	1252	0.86
桦甸市	12842	8.64	4139	2.78	1701	1.14
舒兰市	15672	9.20	6093	3.58	2039	1.20
磐石市	13549	8.88	5054	3.31	1884	1.23
四平市	**67807**	**9.68**	**28743**	**4.10**	**9835**	**1.40**
铁西区	8449	7.37	2602	2.27	541	0.47
铁东区	9041	6.94	2476	1.90	606	0.47
梨树县	22726	11.06	11223	5.46	4239	2.06
伊通满族自治县	13556	10.56	6541	5.09	2232	1.74
双辽市	14035	11.52	5901	4.84	2217	1.82
辽源市	**33838**	**8.53**	**13592**	**3.42**	**4979**	**1.25**
龙山区	9520	7.39	2586	2.01	681	0.53
西安区	2956	4.97	729	1.23	158	0.27
东丰县	12112	10.19	5891	4.95	2333	1.96
东辽县	9250	10.32	4386	4.89	1807	2.02

1-8　续表 3　　　　单位：户、%

地　　区	四人户		五人户		六人户	
	户数	比重	户数	比重	户数	比重
通化市	**46926**	**8.95**	**17076**	**3.26**	**5849**	**1.12**
东昌区	10602	7.66	3271	2.36	769	0.56
二道江区	2242	5.39	578	1.39	127	0.31
通化县	6645	9.06	2039	2.78	723	0.99
辉南县	9497	9.89	3420	3.56	1352	1.41
柳河县	11940	11.27	5249	4.95	2127	2.01
集安市	6000	8.68	2519	3.65	751	1.09
白山市	**31208**	**7.91**	**7575**	**1.92**	**2208**	**0.56**
浑江区	9492	7.70	2519	2.04	671	0.54
江源区	3683	6.27	922	1.57	219	0.37
抚松县	8208	9.16	1780	1.99	655	0.73
靖宇县	4181	9.50	1141	2.59	325	0.74
长白朝鲜族自治县	1835	7.19	305	1.19	75	0.29
临江市	3809	7.09	908	1.69	263	0.49
松原市	**98106**	**11.67**	**38411**	**4.57**	**13394**	**1.59**
宁江区	24173	10.75	9440	4.20	2646	1.18
前郭尔罗斯蒙古族自治县	18586	12.09	7114	4.63	2530	1.65
长岭县	20659	11.92	7819	4.51	3037	1.75
乾安县	8259	10.28	2490	3.10	741	0.92
吉林松原经济开发区	3519	10.79	1414	4.34	409	1.25
扶余市	22910	13.06	10134	5.78	4031	2.30
白城市	**51940**	**8.17**	**16341**	**2.57**	**4410**	**0.69**
洮北区	11031	7.65	3846	2.67	930	0.64
镇赉县	7973	8.88	2179	2.43	622	0.69
通榆县	11475	9.88	2831	2.44	921	0.79
吉林白城经济开发区	2953	7.53	1083	2.76	254	0.65
洮南市	10095	7.78	4044	3.12	1018	0.78
大安市	8413	7.24	2358	2.03	665	0.57
延边朝鲜族自治州	**63410**	**7.39**	**16811**	**1.96**	**4908**	**0.57**
延吉市	23354	8.03	6649	2.28	1923	0.66
图们市	2337	6.03	700	1.81	162	0.42
敦化市	12812	7.33	3176	1.82	985	0.56
珲春市	8564	8.52	2368	2.36	719	0.72
龙井市	3698	6.05	1107	1.81	314	0.51
和龙市	3605	6.55	831	1.51	179	0.33
汪清县	4782	5.97	990	1.24	279	0.35
安图县	4258	7.45	990	1.73	347	0.61
长白山管委会	**2028**	**8.31**	**493**	**2.02**	**135**	**0.55**
长白山保护开发区池北区	1467	8.30	394	2.23	103	0.58
长白山保护开发区池西区	519	8.75	92	1.55	28	0.47
长白山保护开发区池南区	42	5.28	7	0.88	4	0.50
梅河口市	**20173**	**9.89**	**8897**	**4.36**	**3074**	**1.51**

1-8 续表 4

单位：户、%

地　区	七人户		八人户		九人户		十人及以上户	
	户数	比重	户数	比重	户数	比重	户数	比重
全　省	**18584**	**0.20**	**4171**	**0.04**	**1137**	**0.01**	**956**	**0.01**
长春市	**7432**	**0.22**	**1734**	**0.05**	**504**	**0.02**	**477**	**0.01**
南关区	206	0.08	64	0.03	22	0.01	37	0.02
宽城区	473	0.15	130	0.04	48	0.02	36	0.01
朝阳区	240	0.11	54	0.02	32	0.01	53	0.02
二道区	145	0.07	54	0.03	12	0.01	9	
绿园区	374	0.14	89	0.03	32	0.01	17	0.01
双阳区	296	0.25	68	0.06	15	0.01	9	0.01
九台区	686	0.29	154	0.06	40	0.02	25	0.01
农安县	929	0.32	220	0.08	53	0.02	39	0.01
长春经济技术开发区	109	0.07	25	0.02	6		11	0.01
长春净月高新技术产业开发区	184	0.16	43	0.04	22	0.02	26	0.02
长春高新技术产业开发区	136	0.09	45	0.03	12	0.01	18	0.01
长春汽车经济技术开发区	111	0.09	22	0.02	8	0.01	21	0.02
长春莲花山生态旅游度假区	34	0.23	4	0.03	1	0.01	2	0.01
榆树市	1241	0.40	269	0.09	78	0.02	100	0.03
德惠市	1088	0.46	220	0.09	61	0.03	29	0.01
公主岭市	1180	0.36	273	0.08	62	0.02	45	0.01
吉林市	**2246**	**0.15**	**484**	**0.03**	**126**	**0.01**	**105**	**0.01**
昌邑区	222	0.09	48	0.02	11		25	0.01
龙潭区	173	0.11	35	0.02	12	0.01	5	
船营区	166	0.09	36	0.02	10	0.01	4	
丰满区	143	0.14	34	0.03	11	0.01	10	0.01
永吉县	184	0.18	40	0.04	8	0.01	8	0.01
吉林经济开发区	29	0.14	9	0.04	1			
吉林高新技术产业开发区	56	0.09	10	0.02			2	
吉林中国新加坡食品区	46	0.29	7	0.04	2	0.01	1	0.01
蛟河市	258	0.18	54	0.04	22	0.02	13	0.01
桦甸市	337	0.23	77	0.05	18	0.01	21	0.01
舒兰市	323	0.19	59	0.03	15	0.01	12	0.01
磐石市	309	0.20	75	0.05	16	0.01	4	
四平市	**1862**	**0.27**	**380**	**0.05**	**70**	**0.01**	**32**	
铁西区	70	0.06	19	0.02	4		3	
铁东区	125	0.10	25	0.02	4		5	
梨树县	877	0.43	189	0.09	39	0.02	16	0.01
伊通满族自治县	422	0.33	92	0.07	15	0.01	6	
双辽市	368	0.30	55	0.05	8	0.01	2	
辽源市	**815**	**0.21**	**172**	**0.04**	**38**	**0.01**	**30**	**0.01**
龙山区	106	0.08	27	0.02	8	0.01	7	0.01
西安区	26	0.04	2				1	
东丰县	384	0.32	83	0.07	17	0.01	16	0.01
东辽县	299	0.33	60	0.07	13	0.01	6	0.01

1-8　续表 5　　　　单位：户、%

地　　区	七人户		八人户		九人户		十人及以上户	
	户数	比重	户数	比重	户数	比重	户数	比重
通化市	**1054**	**0.20**	**288**	**0.05**	**80**	**0.02**	**51**	**0.01**
东昌区	77	0.06	20	0.01	11	0.01	8	0.01
二道江区	14	0.03	5	0.01				
通化县	134	0.18	25	0.03	8	0.01	6	0.01
辉南县	289	0.30	83	0.09	23	0.02	17	0.02
柳河县	432	0.41	129	0.12	30	0.03	16	0.02
集安市	108	0.16	26	0.04	8	0.01	4	0.01
白山市	**356**	**0.09**	**74**	**0.02**	**25**	**0.01**	**14**	
浑江区	85	0.07	14	0.01	6		4	
江源区	48	0.08	9	0.02	2		1	
抚松县	123	0.14	26	0.03	9	0.01	8	0.01
靖宇县	49	0.11	11	0.02	2		1	
长白朝鲜族自治县	11	0.04	4	0.02	4	0.02		
临江市	40	0.07	10	0.02	2			
松原市	**2531**	**0.30**	**510**	**0.06**	**100**	**0.01**	**46**	**0.01**
宁江区	358	0.16	53	0.02	5		6	
前郭尔罗斯蒙古族自治县	456	0.30	87	0.06	11	0.01	7	
长岭县	710	0.41	174	0.10	40	0.02	11	0.01
乾安县	116	0.14	27	0.03	4		1	
吉林松原经济开发区	70	0.21	20	0.06	4	0.01	4	0.01
扶余市	821	0.47	149	0.08	36	0.02	17	0.01
白城市	**555**	**0.09**	**93**	**0.01**	**34**	**0.01**	**24**	
洮北区	128	0.09	24	0.02	6		10	0.01
镇赉县	54	0.06	12	0.01	5	0.01	1	
通榆县	118	0.10	16	0.01	11	0.01	5	
吉林白城经济开发区	34	0.09	6	0.02	4	0.01		
洮南市	138	0.11	26	0.02	5		5	
大安市	83	0.07	9	0.01	3		3	
延边朝鲜族自治州	**1024**	**0.12**	**258**	**0.03**	**108**	**0.01**	**142**	**0.02**
延吉市	414	0.14	135	0.05	55	0.02	58	0.02
图们市	53	0.14	10	0.03			6	0.02
敦化市	159	0.09	23	0.01	13	0.01	9	0.01
珲春市	177	0.18	31	0.03	17	0.02	6	0.01
龙井市	70	0.11	26	0.04	10	0.02	18	0.03
和龙市	39	0.07	9	0.02	2		2	
汪清县	55	0.07	7	0.01	3		1	
安图县	57	0.10	17	0.03	8	0.01	42	0.07
长白山管委会	**22**	**0.09**	**7**	**0.03**	**1**		**4**	**0.02**
长白山保护开发区池北区	18	0.10	6	0.03	1	0.01	3	0.02
长白山保护开发区池西区	4	0.07	1	0.02				
长白山保护开发区池南区							1	0.13
梅河口市	**687**	**0.34**	**171**	**0.08**	**51**	**0.03**	**31**	**0.02**

1-8a 各地区家庭户规模(城市)

单位：户、%

地区	家庭户户数	一人户		二人户		三人户	
		户数	比重	户数	比重	户数	比重
全省	**4088980**	**1094495**	**26.77**	**1487409**	**36.38**	**1056014**	**25.83**
长春市	**1534610**	**410369**	**26.74**	**526194**	**34.29**	**411067**	**26.79**
南关区	245117	70265	28.67	86864	35.44	61059	24.91
宽城区	232911	64800	27.82	76704	32.93	63234	27.15
朝阳区	204666	65209	31.86	67397	32.93	49207	24.04
二道区	201705	64929	32.19	62755	31.11	51458	25.51
绿园区	266512	62845	23.58	93343	35.02	74612	28.00
双阳区	45473	8067	17.74	16368	35.99	14428	31.73
九台区	89768	22637	25.22	33885	37.75	23178	25.82
农安县							
长春经济技术开发区							
长春净月高新技术产业开发区							
长春高新技术产业开发区							
长春汽车经济技术开发区							
长春莲花山生态旅游度假区							
榆树市	75520	14914	19.75	26082	34.54	22302	29.53
德惠市	74213	15467	20.84	26382	35.55	23180	31.23
公主岭市	98725	21236	21.51	36414	36.88	28409	28.78
吉林市	**787941**	**219997**	**27.92**	**299290**	**37.98**	**191635**	**24.32**
昌邑区	199762	57171	28.62	74954	37.52	48867	24.46
龙潭区	110492	32972	29.84	42352	38.33	26052	23.58
船营区	158886	43927	27.65	59032	37.15	39394	24.79
丰满区	77102	19236	24.95	30514	39.58	19188	24.89
永吉县							
吉林经济开发区	673	118	17.53	309	45.91	165	24.52
吉林高新技术产业开发区							
吉林中国新加坡食品区							
蛟河市	58831	16965	28.84	22697	38.58	13770	23.41
桦甸市	67842	20399	30.07	24589	36.24	16075	23.69
舒兰市	64163	18264	28.47	25496	39.74	14109	21.99
磐石市	50190	10945	21.81	19347	38.55	14015	27.92
四平市	**240656**	**66683**	**27.71**	**90534**	**37.62**	**60895**	**25.30**
铁西区	89997	22948	25.50	35460	39.40	23187	25.76
铁东区	103138	34091	33.05	36057	34.96	24745	23.99
梨树县							
伊通满族自治县							
双辽市	47521	9644	20.29	19017	40.02	12963	27.28
辽源市	**167288**	**49678**	**29.70**	**64005**	**38.26**	**40437**	**24.17**
龙山区	114263	30695	26.86	43321	37.91	29868	26.14
西安区	53025	18983	35.80	20684	39.01	10569	19.93

1-8a　续表 1

单位：户、%

地　区	家庭户	一人户		二人户		三人户	
	户　数	户数	比重	户数	比重	户数	比重
东丰县							
东辽县							
通化市	**183336**	**43428**	**23.69**	**73050**	**39.84**	**48432**	**26.42**
东昌区	126290	29863	23.65	49704	39.36	33630	26.63
二道江区	27493	7099	25.82	11297	41.09	7060	25.68
通化县							
辉南县							
柳河县							
集安市	29553	6466	21.88	12049	40.77	7742	26.20
白山市	**176895**	**40882**	**23.11**	**74693**	**42.22**	**44745**	**25.29**
浑江区	108644	24249	22.32	44410	40.88	29048	26.74
江源区	32611	7888	24.19	15013	46.04	7206	22.10
抚松县							
靖宇县							
长白朝鲜族自治县							
临江市	35640	8745	24.54	15270	42.85	8491	23.82
松原市	**205331**	**35992**	**17.53**	**75041**	**36.55**	**63337**	**30.85**
宁江区	165178	28673	17.36	61756	37.39	50961	30.85
前郭尔罗斯蒙古族自治县	7890	1472	18.66	2890	36.63	2380	30.16
长岭县							
乾安县							
吉林松原经济开发区							
扶余市	32263	5847	18.12	10395	32.22	9996	30.98
白城市	**182703**	**39564**	**21.65**	**75716**	**41.44**	**49280**	**26.97**
洮北区	95104	20782	21.85	38682	40.67	26015	27.35
镇赉县							
通榆县							
吉林白城经济开发区	2165	525	24.25	1020	47.11	380	17.55
洮南市	43268	9636	22.27	17483	40.41	11765	27.19
大安市	42166	8621	20.45	18531	43.95	11120	26.37
延边朝鲜族自治州	**509364**	**159283**	**31.27**	**176059**	**34.56**	**120658**	**23.69**
延吉市	257466	83566	32.46	83493	32.43	61357	23.83
图们市	26205	8576	32.73	9936	37.92	5524	21.08
敦化市	85729	23511	27.42	33301	38.84	21257	24.80
珲春市	73913	19286	26.09	25839	34.96	19732	26.70
龙井市	39196	14749	37.63	13480	34.39	7467	19.05
和龙市	26855	9595	35.73	10010	37.27	5321	19.81
汪清县							
安图县							
长白山管委会							
梅河口市	**100856**	**28619**	**28.38**	**32827**	**32.55**	**25528**	**25.31**

1-8a 续表 2

单位：户、%

地区	四人户		五人户		六人户	
	户数	比重	户数	比重	户数	比重
全 省	**315411**	**7.71**	**106057**	**2.59**	**24893**	**0.61**
长春市	**125035**	**8.15**	**48628**	**3.17**	**11267**	**0.73**
南关区	17816	7.27	7172	2.93	1612	0.66
宽城区	18348	7.88	7938	3.41	1637	0.70
朝阳区	15215	7.43	5883	2.87	1440	0.70
二道区	15166	7.52	5902	2.93	1275	0.63
绿园区	22643	8.50	10153	3.81	2434	0.91
双阳区	4620	10.16	1525	3.35	397	0.87
九台区	7346	8.18	2152	2.40	499	0.56
农安县						
长春经济技术开发区						
长春净月高新技术产业开发区						
长春高新技术产业开发区						
长春汽车经济技术开发区						
长春莲花山生态旅游度假区						
榆树市	7948	10.52	3231	4.28	886	1.17
德惠市	6731	9.07	1991	2.68	409	0.55
公主岭市	9202	9.32	2681	2.72	678	0.69
吉林市	**55146**	**7.00**	**17405**	**2.21**	**3794**	**0.48**
昌邑区	13021	6.52	4667	2.34	911	0.46
龙潭区	6475	5.86	2121	1.92	433	0.39
船营区	11426	7.19	4119	2.59	875	0.55
丰满区	5615	7.28	1986	2.58	458	0.59
永吉县						
吉林经济开发区	59	8.77	16	2.38	6	0.89
吉林高新技术产业开发区						
吉林中国新加坡食品区						
蛟河市	4217	7.17	930	1.58	200	0.34
桦甸市	5374	7.92	1076	1.59	267	0.39
舒兰市	4547	7.09	1351	2.11	353	0.55
磐石市	4412	8.79	1139	2.27	291	0.58
四平市	**16568**	**6.88**	**4812**	**2.00**	**996**	**0.41**
铁西区	6179	6.87	1847	2.05	340	0.38
铁东区	6249	6.06	1591	1.54	317	0.31
梨树县						
伊通满族自治县						
双辽市	4140	8.71	1374	2.89	339	0.71
辽源市	**10098**	**6.04**	**2482**	**1.48**	**512**	**0.31**
龙山区	7892	6.91	1986	1.74	435	0.38
西安区	2206	4.16	496	0.94	77	0.15

1-8a　续表 3

单位：户、%

地　区	四人户		五人户		六人户	
	户数	比重	户数	比重	户数	比重
东丰县						
东辽县						
通化市	**13425**	**7.32**	**4000**	**2.18**	**877**	**0.48**
东昌区	9434	7.47	2912	2.31	662	0.52
二道江区	1594	5.80	371	1.35	65	0.24
通化县						
辉南县						
柳河县						
集安市	2397	8.11	717	2.43	150	0.51
白山市	**12613**	**7.13**	**3121**	**1.76**	**748**	**0.42**
浑江区	8197	7.54	2144	1.97	535	0.49
江源区	1957	6.00	444	1.36	90	0.28
抚松县						
靖宇县						
长白朝鲜族自治县						
临江市	2459	6.90	533	1.50	123	0.35
松原市	**20726**	**10.09**	**7914**	**3.85**	**2048**	**1.00**
宁江区	15904	9.63	6181	3.74	1526	0.92
前郭尔罗斯蒙古族自治县	769	9.75	299	3.79	65	0.82
长岭县						
乾安县						
吉林松原经济开发区						
扶余市	4053	12.56	1434	4.44	457	1.42
白城市	**12992**	**7.11**	**4147**	**2.27**	**890**	**0.49**
洮北区	6892	7.25	2191	2.30	473	0.50
镇赉县						
通榆县						
吉林白城经济开发区	154	7.11	65	3.00	12	0.55
洮南市	3223	7.45	936	2.16	207	0.48
大安市	2723	6.46	955	2.26	198	0.47
延边朝鲜族自治州	**39328**	**7.72**	**10273**	**2.02**	**2860**	**0.56**
延吉市	20946	8.14	5846	2.27	1702	0.66
图们市	1572	6.00	460	1.76	97	0.37
敦化市	6119	7.14	1216	1.42	264	0.31
珲春市	6573	8.89	1783	2.41	543	0.73
龙井市	2520	6.43	702	1.79	196	0.50
和龙市	1598	5.95	266	0.99	58	0.22
汪清县						
安图县						
长白山管委会						
梅河口市	**9480**	**9.40**	**3275**	**3.25**	**901**	**0.89**

1-8a 续表 4

单位：户、%

地区	七人户		八人户		九人户		十人及以上户	
	户数	比重	户数	比重	户数	比重	户数	比重
全省	**3375**	**0.08**	**748**	**0.02**	**269**	**0.01**	**309**	**0.01**
长春市	**1422**	**0.09**	**351**	**0.02**	**125**	**0.01**	**152**	**0.01**
南关区	206	0.08	64	0.03	22	0.01	37	0.02
宽城区	177	0.08	44	0.02	14	0.01	15	0.01
朝阳区	192	0.09	43	0.02	30	0.01	50	0.02
二道区	145	0.07	54	0.03	12	0.01	9	
绿园区	354	0.13	82	0.03	30	0.01	16	0.01
双阳区	48	0.11	16	0.04	2		2	
九台区	59	0.07	5	0.01	3		4	
农安县								
长春经济技术开发区								
长春净月高新技术产业开发区								
长春高新技术产业开发区								
长春汽车经济技术开发区								
长春莲花山生态旅游度假区								
榆树市	115	0.15	29	0.04	8	0.01	5	0.01
德惠市	45	0.06	6	0.01	1		1	
公主岭市	81	0.08	8	0.01	3		13	0.01
吉林市	**508**	**0.06**	**96**	**0.01**	**30**		**40**	**0.01**
昌邑区	128	0.06	19	0.01	7		17	0.01
龙潭区	66	0.06	12	0.01	5		4	
船营区	86	0.05	21	0.01	4		2	
丰满区	79	0.10	17	0.02	5	0.01	4	0.01
永吉县								
吉林经济开发区								
吉林高新技术产业开发区								
吉林中国新加坡食品区								
蛟河市	37	0.06	7	0.01	6	0.01	2	
桦甸市	42	0.06	13	0.02			7	0.01
舒兰市	35	0.05	3		1		4	0.01
磐石市	35	0.07	4	0.01	2			
四平市	**138**	**0.06**	**23**	**0.01**	**4**		**3**	
铁西区	30	0.03	5	0.01	1			
铁东区	71	0.07	13	0.01	2		2	
梨树县								
伊通满族自治县								
双辽市	37	0.08	5	0.01	1		1	
辽源市	**62**	**0.04**	**11**	**0.01**	**2**		**1**	
龙山区	53	0.05	10	0.01	2		1	
西安区	9	0.02	1					

1-8a　续表 5　　　　单位：户、%

地　　区	七人户		八人户		九人户		十人及以上户	
	户数	比重	户数	比重	户数	比重	户数	比重
东丰县								
东辽县								
通化市	**89**	**0.05**	**18**	**0.01**	**9**		**8**	
东昌区	61	0.05	15	0.01	5		4	
二道江区	6	0.02	1					
通化县								
辉南县								
柳河县								
集安市	22	0.07	2	0.01	4	0.01	4	0.01
白山市	**79**	**0.04**	**9**	**0.01**	**3**		**2**	
浑江区	50	0.05	6	0.01	3		2	
江源区	12	0.04	1					
抚松县								
靖宇县								
长白朝鲜族自治县								
临江市	17	0.05	2	0.01				
松原市	**231**	**0.11**	**36**	**0.02**	**2**		**4**	
宁江区	150	0.09	24	0.01	1		2	
前郭尔罗斯蒙古族自治县	14	0.18	1	0.01				
长岭县								
乾安县								
吉林松原经济开发区								
扶余市	67	0.21	11	0.03	1		2	0.01
白城市	**83**	**0.05**	**18**	**0.01**	**2**		**11**	**0.01**
洮北区	53	0.06	11	0.01	1		4	
镇赉县								
通榆县								
吉林白城经济开发区	6	0.28	2	0.09	1	0.05		
洮南市	11	0.03	3	0.01			4	0.01
大安市	13	0.03	2				3	0.01
延边朝鲜族自治州	**589**	**0.12**	**156**	**0.03**	**77**	**0.02**	**81**	**0.02**
延吉市	344	0.13	115	0.04	46	0.02	51	0.02
图们市	32	0.12	5	0.02			3	0.01
敦化市	44	0.05	5	0.01	8	0.01	4	
珲春市	123	0.17	17	0.02	12	0.02	5	0.01
龙井市	42	0.11	13	0.03	10	0.03	17	0.04
和龙市	4	0.01	1		1		1	
汪清县								
安图县								
长白山管委会								
梅河口市	**174**	**0.17**	**30**	**0.03**	**15**	**0.01**	**7**	**0.01**

1-8b 各地区家庭户规模(镇)

单位：户、%

地　　区	家庭户	一人户		二人户		三人户	
	户　数	户数	比重	户数	比重	户数	比重
全　省	**1838621**	**467315**	**25.42**	**682806**	**37.14**	**466106**	**25.35**
长春市	**662055**	**162878**	**24.60**	**222754**	**33.65**	**184894**	**27.93**
南关区							
宽城区	24664	5154	20.90	8011	32.48	7453	30.22
朝阳区	3838	998	26.00	1523	39.68	785	20.45
二道区	680	321	47.21	212	31.18	84	12.35
绿园区							
双阳区	1711	429	25.07	703	41.09	334	19.52
九台区	2368	615	25.97	738	31.17	627	26.48
农安县	76206	16533	21.70	27717	36.37	21788	28.59
长春经济技术开发区	158225	43268	27.35	52184	32.98	43445	27.46
长春净月高新技术产业开发区	57241	12151	21.23	19477	34.03	16424	28.69
长春高新技术产业开发区	144929	36409	25.12	44352	30.60	42641	29.42
长春汽车经济技术开发区	121297	31855	26.26	41414	34.14	32712	26.97
长春莲花山生态旅游度假区	1959	563	28.74	790	40.33	379	19.35
榆树市	19865	4765	23.99	7296	36.73	4597	23.14
德惠市	3988	884	22.17	1452	36.41	900	22.57
公主岭市	45084	8933	19.81	16885	37.45	12725	28.23
吉林市	**187187**	**56073**	**29.96**	**72252**	**38.60**	**40942**	**21.87**
昌邑区	4547	1794	39.45	1717	37.76	735	16.16
龙潭区	6239	2287	36.66	2458	39.40	1014	16.25
船营区	2313	583	25.21	797	34.46	601	25.98
丰满区	736	202	27.45	330	44.84	148	20.11
永吉县	41218	12350	29.96	15744	38.20	9295	22.55
吉林经济开发区	15053	4390	29.16	6252	41.53	3152	20.94
吉林高新技术产业开发区	51170	12068	23.58	18821	36.78	14147	27.65
吉林中国新加坡食品区	2035	632	31.06	690	33.91	419	20.59
蛟河市	17030	5199	30.53	6865	40.31	3348	19.66
桦甸市	16364	7567	46.24	5650	34.53	2161	13.21
舒兰市	11843	3331	28.13	4864	41.07	2379	20.09
磐石市	18639	5670	30.42	8064	43.26	3543	19.01
四平市	**131748**	**30369**	**23.05**	**51247**	**38.90**	**32795**	**24.89**
铁西区							
铁东区	1910	514	26.91	900	47.12	352	18.43
梨树县	76479	18504	24.19	30033	39.27	17987	23.52
伊通满族自治县	42901	8602	20.05	16292	37.98	12272	28.61
双辽市	10458	2749	26.29	4022	38.46	2184	20.88
辽源市	**69427**	**16601**	**23.91**	**27410**	**39.48**	**17596**	**25.34**
龙山区	324	104	32.10	124	38.27	70	21.60
西安区							
东丰县	45817	10233	22.33	18421	40.21	11853	25.87
东辽县	23286	6264	26.90	8865	38.07	5673	24.36

1-8b　续表 1　　　　单位：户、%

地　区	家庭户	一人户		二人户		三人户	
	户　数	户数	比重	户数	比重	户数	比重
通化市	**138217**	**35294**	**25.54**	**53329**	**38.58**	**33082**	**23.93**
东昌区	2183	434	19.88	891	40.82	590	27.03
二道江区	7886	3127	39.65	3238	41.06	1162	14.73
通化县	32116	7694	23.96	12425	38.69	8120	25.28
辉南县	51136	13190	25.79	20107	39.32	12080	23.62
柳河县	41073	10024	24.41	15088	36.73	10273	25.01
集安市	3823	825	21.58	1580	41.33	857	22.42
白山市	**134926**	**34995**	**25.94**	**57078**	**42.30**	**29759**	**22.06**
浑江区	3509	841	23.97	1684	47.99	664	18.92
江源区	14421	4976	34.51	6579	45.62	2184	15.14
抚松县	70162	17936	25.56	29466	42.00	15479	22.06
靖宇县	26582	6158	23.17	10503	39.51	6871	25.85
长白朝鲜族自治县	17391	4326	24.87	7464	42.92	4087	23.50
临江市	2861	758	26.49	1382	48.30	474	16.57
松原市	**180323**	**33605**	**18.64**	**65260**	**36.19**	**53897**	**29.89**
宁江区	9269	1278	13.79	3160	34.09	3132	33.79
前郭尔罗斯蒙古族自治县	51111	7934	15.52	18341	35.88	16420	32.13
长岭县	48712	10730	22.03	17880	36.71	12942	26.57
乾安县	34402	5484	15.94	13171	38.29	11094	32.25
吉林松原经济开发区	24453	5022	20.54	8508	34.79	7462	30.52
扶余市	12376	3157	25.51	4200	33.94	2847	23.00
白城市	**150453**	**33045**	**21.96**	**62609**	**41.61**	**38829**	**25.81**
洮北区	10642	2717	25.53	5068	47.62	1879	17.66
镇赉县	42478	8687	20.45	17657	41.57	11507	27.09
通榆县	43977	9153	20.81	17477	39.74	11912	27.09
吉林白城经济开发区	33585	6819	20.30	13628	40.58	9687	28.84
洮南市	4743	1261	26.59	2121	44.72	908	19.14
大安市	15028	4408	29.33	6658	44.30	2936	19.54
延边朝鲜族自治州	**141271**	**51944**	**36.77**	**54470**	**38.56**	**25116**	**17.78**
延吉市	8466	2987	35.28	2990	35.32	1592	18.80
图们市	5915	2611	44.14	2277	38.50	726	12.27
敦化市	23646	9199	38.90	9878	41.77	3349	14.16
珲春市	4905	1520	30.99	2109	43.00	890	18.14
龙井市	5943	2853	48.01	2108	35.47	684	11.51
和龙市	10831	4846	44.74	4031	37.22	1432	13.22
汪清县	53648	18208	33.94	20809	38.79	10884	20.29
安图县	27917	9720	34.82	10268	36.78	5559	19.91
长白山管委会	**24310**	**6390**	**26.29**	**9372**	**38.55**	**5867**	**24.13**
长白山保护开发区池北区	17582	4370	24.85	6724	38.24	4505	25.62
长白山保护开发区池西区	5933	1746	29.43	2302	38.80	1241	20.92
长白山保护开发区池南区	795	274	34.47	346	43.52	121	15.22
梅河口市	**18704**	**6121**	**32.73**	**7025**	**37.56**	**3329**	**17.80**

1-8b 续表 2

单位：户、%

地区	四人户		五人户		六人户	
	户数	比重	户数	比重	户数	比重
全 省	**153415**	**8.34**	**52092**	**2.83**	**14129**	**0.77**
长春市	**59545**	**8.99**	**24498**	**3.70**	**6365**	**0.96**
南关区						
宽城区	2623	10.63	997	4.04	329	1.33
朝阳区	378	9.85	106	2.76	35	0.91
二道区	42	6.18	14	2.06	7	1.03
绿园区						
双阳区	159	9.29	61	3.57	20	1.17
九台区	295	12.46	60	2.53	28	1.18
农安县	7199	9.45	2201	2.89	632	0.83
长春经济技术开发区	12480	7.89	5530	3.50	1167	0.74
长春净月高新技术产业开发区	5682	9.93	2613	4.56	763	1.33
长春高新技术产业开发区	13830	9.54	6021	4.15	1471	1.01
长春汽车经济技术开发区	9750	8.04	4354	3.59	1050	0.87
长春莲花山生态旅游度假区	148	7.55	51	2.60	24	1.23
榆树市	1984	9.99	846	4.26	309	1.56
德惠市	419	10.51	211	5.29	86	2.16
公主岭市	4556	10.11	1433	3.18	444	0.98
吉林市	**12791**	**6.83**	**4005**	**2.14**	**961**	**0.51**
昌邑区	234	5.15	56	1.23	9	0.20
龙潭区	357	5.72	96	1.54	23	0.37
船营区	235	10.16	75	3.24	18	0.78
丰满区	49	6.66	7	0.95		
永吉县	2813	6.82	801	1.94	184	0.45
吉林经济开发区	880	5.85	307	2.04	65	0.43
吉林高新技术产业开发区	4165	8.14	1589	3.11	342	0.67
吉林中国新加坡食品区	195	9.58	66	3.24	26	1.28
蛟河市	1217	7.15	296	1.74	88	0.52
桦甸市	707	4.32	208	1.27	53	0.32
舒兰市	914	7.72	262	2.21	79	0.67
磐石市	1025	5.50	242	1.30	74	0.40
四平市	**12444**	**9.45**	**3565**	**2.71**	**1102**	**0.84**
铁西区						
铁东区	109	5.71	27	1.41	6	0.31
梨树县	7163	9.37	2017	2.64	627	0.82
伊通满族自治县	4186	9.76	1142	2.66	347	0.81
双辽市	986	9.43	379	3.62	122	1.17
辽源市	**5765**	**8.30**	**1539**	**2.22**	**444**	**0.64**
龙山区	17	5.25	7	2.16	1	0.31
西安区						
东丰县	3883	8.48	1067	2.33	313	0.68
东辽县	1865	8.01	465	2.00	130	0.56

1-8b　续表 3　　　　单位：户、%

地　　区	四人户		五人户		六人户	
	户数	比重	户数	比重	户数	比重
通化市	**11806**	**8.54**	**3418**	**2.47**	**1060**	**0.77**
东昌区	207	9.48	51	2.34	10	0.46
二道江区	269	3.41	73	0.93	16	0.20
通化县	2878	8.96	732	2.28	223	0.69
辉南县	4098	8.01	1202	2.35	372	0.73
柳河县	4002	9.74	1220	2.97	380	0.93
集安市	352	9.21	140	3.66	59	1.54
白山市	**10173**	**7.54**	**2169**	**1.61**	**622**	**0.46**
浑江区	203	5.79	84	2.39	25	0.71
江源区	528	3.66	122	0.85	29	0.20
抚松县	5641	8.04	1194	1.70	363	0.52
靖宇县	2404	9.04	493	1.85	135	0.51
长白朝鲜族自治县	1220	7.02	226	1.30	54	0.31
临江市	177	6.19	50	1.75	16	0.56
松原市	**18519**	**10.27**	**6677**	**3.70**	**1921**	**1.07**
宁江区	1067	11.51	464	5.01	146	1.58
前郭尔罗斯蒙古族自治县	5700	11.15	2065	4.04	568	1.11
长岭县	4835	9.93	1606	3.30	532	1.09
乾安县	3283	9.54	1044	3.03	266	0.77
吉林松原经济开发区	2206	9.02	984	4.02	238	0.97
扶余市	1428	11.54	514	4.15	171	1.38
白城市	**11453**	**7.61**	**3519**	**2.34**	**875**	**0.58**
洮北区	673	6.32	223	2.10	65	0.61
镇赉县	3371	7.94	1000	2.35	225	0.53
通榆县	3905	8.88	1162	2.64	328	0.75
吉林白城经济开发区	2409	7.17	847	2.52	178	0.53
洮南市	313	6.60	102	2.15	30	0.63
大安市	782	5.20	185	1.23	49	0.33
延边朝鲜族自治州	**7462**	**5.28**	**1665**	**1.18**	**459**	**0.32**
延吉市	657	7.76	177	2.09	40	0.47
图们市	216	3.65	62	1.05	15	0.25
敦化市	941	3.98	205	0.87	62	0.26
珲春市	269	5.48	86	1.75	20	0.41
龙井市	210	3.53	63	1.06	17	0.29
和龙市	409	3.78	84	0.78	23	0.21
汪清县	2944	5.49	612	1.14	156	0.29
安图县	1816	6.50	376	1.35	126	0.45
长白山管委会	**2022**	**8.32**	**490**	**2.02**	**135**	**0.56**
长白山保护开发区池北区	1461	8.31	391	2.22	103	0.59
长白山保护开发区池西区	519	8.75	92	1.55	28	0.47
长白山保护开发区池南区	42	5.28	7	0.88	4	0.50
梅河口市	**1435**	**7.67**	**547**	**2.92**	**185**	**0.99**

1-8b 续表 4

单位：户、%

地　区	七人户		八人户		九人户		十人及以上户	
	户数	比重	户数	比重	户数	比重	户数	比重
全　省	**1976**	**0.11**	**502**	**0.03**	**126**	**0.01**	**154**	**0.01**
长春市	**768**	**0.12**	**208**	**0.03**	**60**	**0.01**	**85**	**0.01**
南关区								
宽城区	63	0.26	18	0.07	6	0.02	10	0.04
朝阳区	9	0.23	2	0.05			2	0.05
二道区								
绿园区								
双阳区	4	0.23			1	0.06		
九台区	4	0.17	1	0.04				
农安县	95	0.12	34	0.04	3		4	0.01
长春经济技术开发区	109	0.07	25	0.02	6		11	0.01
长春净月高新技术产业开发区	88	0.15	22	0.04	10	0.02	11	0.02
长春高新技术产业开发区	133	0.09	42	0.03	12	0.01	18	0.01
长春汽车经济技术开发区	111	0.09	22	0.02	8	0.01	21	0.02
长春莲花山生态旅游度假区	2	0.10			1	0.05	1	0.05
榆树市	43	0.22	19	0.10	4	0.02	2	0.01
德惠市	28	0.70	6	0.15	1	0.03	1	0.03
公主岭市	79	0.18	17	0.04	8	0.02	4	0.01
吉林市	**128**	**0.07**	**24**	**0.01**	**7**		**4**	
昌邑区	1	0.02			1	0.02		
龙潭区	2	0.03	2	0.03				
船营区	4	0.17						
丰满区								
永吉县	25	0.06	5	0.01	1			
吉林经济开发区	6	0.04	1	0.01				
吉林高新技术产业开发区	33	0.06	5	0.01				
吉林中国新加坡食品区	6	0.29	1	0.05				
蛟河市	12	0.07	1	0.01	3	0.02	1	0.01
桦甸市	11	0.07	4	0.02	2	0.01	1	0.01
舒兰市	13	0.11					1	0.01
磐石市	15	0.08	5	0.03			1	0.01
四平市	**175**	**0.13**	**33**	**0.03**	**10**	**0.01**	**8**	**0.01**
铁西区								
铁东区	1	0.05	1	0.05				
梨树县	108	0.14	24	0.03	9	0.01	7	0.01
伊通满族自治县	50	0.12	8	0.02	1		1	
双辽市	16	0.15						
辽源市	**51**	**0.07**	**17**	**0.02**	**3**		**1**	
龙山区			1	0.31				
西安区								
东丰县	33	0.07	11	0.02	2		1	
东辽县	18	0.08	5	0.02	1			

1-8b 续表 5

单位：户、%

地区	七人户		八人户		九人户		十人及以上户	
	户数	比重	户数	比重	户数	比重	户数	比重
通化市	**166**	**0.12**	**44**	**0.03**	**9**	**0.01**	**9**	**0.01**
东昌区								
二道江区			1	0.01				
通化县	32	0.10	7	0.02	2	0.01	3	0.01
辉南县	67	0.13	14	0.03	2		4	0.01
柳河县	60	0.15	20	0.05	4	0.01	2	
集安市	7	0.18	2	0.05	1	0.03		
白山市	**90**	**0.07**	**32**	**0.02**	**5**		**3**	
浑江区	5	0.14	3	0.09				
江源区	3	0.02						
抚松县	60	0.09	18	0.03	3		2	
靖宇县	12	0.05	5	0.02			1	
长白朝鲜族自治县	8	0.05	4	0.02	2	0.01		
临江市	2	0.07	2	0.07				
松原市	**344**	**0.19**	**83**	**0.05**	**9**		**8**	
宁江区	18	0.19	2	0.02			2	0.02
前郭尔罗斯蒙古族自治县	68	0.13	14	0.03			1	
长岭县	132	0.27	44	0.09	8	0.02	3	0.01
乾安县	49	0.14	11	0.03				
吉林松原经济开发区	29	0.12	3	0.01	1			
扶余市	48	0.39	9	0.07			2	0.02
白城市	**98**	**0.07**	**13**	**0.01**	**5**		**7**	
洮北区	15	0.14					2	0.02
镇赉县	24	0.06	4	0.01	3	0.01		
通榆县	30	0.07	5	0.01	1		4	0.01
吉林白城经济开发区	16	0.05	1					
洮南市	6	0.13	1	0.02			1	0.02
大安市	7	0.05	2	0.01	1	0.01		
延边朝鲜族自治州	**93**	**0.07**	**27**	**0.02**	**11**	**0.01**	**24**	**0.02**
延吉市	18	0.21	4	0.05	1	0.01		
图们市	4	0.07	3	0.05			1	0.02
敦化市	10	0.04	1				1	
珲春市	9	0.18	1	0.02	1	0.02		
龙井市	6	0.10	1	0.02			1	0.02
和龙市	4	0.04	2	0.02				
汪清县	27	0.05	4	0.01	3	0.01	1	
安图县	15	0.05	11	0.04	6	0.02	20	0.07
长白山管委会	**22**	**0.09**	**7**	**0.03**	**1**		**4**	**0.02**
长白山保护开发区池北区	18	0.10	6	0.03	1	0.01	3	0.02
长白山保护开发区池西区	4	0.07	1	0.02				
长白山保护开发区池南区							1	0.13
梅河口市	**41**	**0.22**	**14**	**0.07**	**6**	**0.03**	**1**	**0.01**

1−8c 各地区家庭户规模(乡村)

单位：户、%

地　区	家庭户	一人户		二人户		三人户	
	户　数	户数	比重	户数	比重	户数	比重
全　省	**3499221**	**751965**	**21.49**	**1326529**	**37.91**	**770114**	**22.01**
长春市	**1133860**	**223584**	**19.72**	**408222**	**36.00**	**259910**	**22.92**
南关区							
宽城区	57569	12943	22.48	19421	33.74	13112	22.78
朝阳区	11354	2840	25.01	4259	37.51	2251	19.83
二道区							
绿园区	5945	1001	16.84	2176	36.60	1419	23.87
双阳区	68950	13648	19.79	26738	38.78	15078	21.87
九台区	145462	30754	21.14	52220	35.90	32877	22.60
农安县	217076	40798	18.79	82269	37.90	49777	22.93
长春经济技术开发区							
长春净月高新技术产业开发区	56138	14190	25.28	19635	34.98	13967	24.88
长春高新技术产业开发区	1538	498	32.38	581	37.78	235	15.28
长春汽车经济技术开发区							
长春莲花山生态旅游度假区	12675	2739	21.61	4754	37.51	2518	19.87
榆树市	217920	41497	19.04	75009	34.42	51018	23.41
德惠市	159155	28916	18.17	54026	33.95	38445	24.16
公主岭市	180078	33760	18.75	67134	37.28	39213	21.78
吉林市	**541756**	**132614**	**24.48**	**208546**	**38.49**	**116026**	**21.42**
昌邑区	44475	10854	24.40	16149	36.31	10896	24.50
龙潭区	41855	10728	25.63	16958	40.52	8627	20.61
船营区	29937	7153	23.89	11230	37.51	6946	23.20
丰满区	26654	6876	25.80	10553	39.59	5561	20.86
永吉县	60316	14502	24.04	23978	39.75	13147	21.80
吉林经济开发区	4290	946	22.05	1578	36.78	952	22.19
吉林高新技术产业开发区	8728	1996	22.87	3256	37.31	2048	23.46
吉林中国新加坡食品区	13626	3287	24.12	5215	38.27	3003	22.04
蛟河市	69317	17905	25.83	27845	40.17	14105	20.35
桦甸市	64451	16917	26.25	23280	36.12	12884	19.99
舒兰市	94324	23048	24.43	35257	37.38	19369	20.53
磐石市	83783	18402	21.96	33247	39.68	18488	22.07
四平市	**328150**	**63501**	**19.35**	**122491**	**37.33**	**73310**	**22.34**
铁西区	24620	6142	24.95	9363	38.03	5829	23.68
铁东区	25167	6022	23.93	10356	41.15	4896	19.45
梨树县	129007	23505	18.22	47348	36.70	28800	22.32
伊通满族自治县	85519	16175	18.91	32804	38.36	19411	22.70
双辽市	63837	11657	18.26	22620	35.43	14374	22.52
辽源市	**160164**	**30629**	**19.12**	**61638**	**38.48**	**35421**	**22.12**
龙山区	14275	3370	23.61	5560	38.95	2815	19.72
西安区	6420	1526	23.77	2626	40.90	1185	18.46

1-8c 续表 1

单位：户、%

地区	家庭户	一人户		二人户		三人户	
	户数	户数	比重	户数	比重	户数	比重
东丰县	73097	13237	18.11	27445	37.55	16889	23.10
东辽县	66372	12496	18.83	26007	39.18	14532	21.89
通化市	**203009**	**44887**	**22.11**	**77680**	**38.26**	**44056**	**21.70**
东昌区	10019	2244	22.40	4319	43.11	2059	20.55
二道江区	6236	2016	32.33	2633	42.22	1017	16.31
通化县	41252	9220	22.35	17499	42.42	8830	21.41
辉南县	44896	10208	22.74	16363	36.45	9403	20.94
柳河县	64878	13878	21.39	21958	33.85	14807	22.82
集安市	35728	7321	20.49	14908	41.73	7940	22.22
白山市	**82951**	**19258**	**23.22**	**35552**	**42.86**	**16350**	**19.71**
浑江区	11104	2484	22.37	4955	44.62	2131	19.19
江源区	11686	2735	23.40	5033	43.07	2220	19.00
抚松县	19398	4093	21.10	7825	40.34	3952	20.37
靖宇县	17424	3801	21.81	7226	41.47	3737	21.45
长白朝鲜族自治县	8148	2416	29.65	3633	44.59	1379	16.92
临江市	15191	3729	24.55	6880	45.29	2931	19.29
松原市	**454766**	**84691**	**18.62**	**170219**	**37.43**	**105280**	**23.15**
宁江区	50465	9089	18.01	18010	35.69	12172	24.12
前郭尔罗斯蒙古族自治县	94717	17404	18.37	36274	38.30	21812	23.03
长岭县	124674	23880	19.15	45804	36.74	29700	23.82
乾安县	45929	8710	18.96	20365	44.34	9869	21.49
吉林松原经济开发区	8162	1442	17.67	3031	37.14	1710	20.95
扶余市	130819	24166	18.47	46735	35.72	30017	22.95
白城市	**302278**	**66538**	**22.01**	**133612**	**44.20**	**62844**	**20.79**
洮北区	38528	8486	22.03	16726	43.41	7944	20.62
镇赉县	47313	9681	20.46	21430	45.29	9983	21.10
通榆县	72217	16408	22.72	30877	42.76	14990	20.76
吉林白城经济开发区	3481	619	17.78	1478	42.46	741	21.29
洮南市	81734	18281	22.37	35346	43.25	17613	21.55
大安市	59005	13063	22.14	27755	47.04	11573	19.61
延边朝鲜族自治州	**207837**	**66628**	**32.06**	**78881**	**37.95**	**38772**	**18.66**
延吉市	25067	8948	35.70	8777	35.01	4701	18.75
图们市	6653	2393	35.97	2359	35.46	1103	16.58
敦化市	65378	17102	26.16	26323	40.26	13656	20.89
珲春市	21721	6798	31.30	8491	39.09	3992	18.38
龙井市	15998	6275	39.22	5569	34.81	2709	16.93
和龙市	17324	6359	36.71	5786	33.40	2963	17.10
汪清县	26462	9262	35.00	10403	39.31	4427	16.73
安图县	29234	9491	32.47	11173	38.22	5221	17.86
长白山管委会	**91**	**33**	**36.26**	**34**	**37.36**	**15**	**16.48**
梅河口市	**84359**	**19602**	**23.24**	**29654**	**35.15**	**18130**	**21.49**

1-8c 续表 2

单位：户、%

地区	四人户		五人户		六人户	
	户数	比重	户数	比重	户数	比重
全省	**397246**	**11.35**	**171122**	**4.89**	**64856**	**1.85**
长春市	**146478**	**12.92**	**64360**	**5.68**	**24330**	**2.15**
南关区						
宽城区	8245	14.32	2622	4.55	886	1.54
朝阳区	1376	12.12	401	3.53	176	1.55
二道区						
绿园区	840	14.13	334	5.62	145	2.44
双阳区	8526	12.37	3465	5.03	1180	1.71
九台区	18230	12.53	7663	5.27	2889	1.99
农安县	27695	12.76	11160	5.14	4272	1.97
长春经济技术开发区						
长春净月高新技术产业开发区	5228	9.31	2331	4.15	643	1.15
长春高新技术产业开发区	160	10.40	52	3.38	6	0.39
长春汽车经济技术开发区						
长春莲花山生态旅游度假区	2022	15.95	429	3.38	176	1.39
榆树市	29507	13.54	14173	6.50	5253	2.41
德惠市	21920	13.77	10381	6.52	4158	2.61
公主岭市	22729	12.62	11349	6.30	4546	2.52
吉林市	**51641**	**9.53**	**22436**	**4.14**	**8369**	**1.54**
昌邑区	3943	8.87	1954	4.39	546	1.23
龙潭区	3413	8.15	1496	3.57	499	1.19
船营区	2798	9.35	1328	4.44	383	1.28
丰满区	2385	8.95	865	3.25	321	1.20
永吉县	5339	8.85	2331	3.86	810	1.34
吉林经济开发区	482	11.24	235	5.48	65	1.52
吉林高新技术产业开发区	921	10.55	379	4.34	98	1.12
吉林中国新加坡食品区	1377	10.11	519	3.81	176	1.29
蛟河市	5899	8.51	2321	3.35	964	1.39
桦甸市	6761	10.49	2855	4.43	1381	2.14
舒兰市	10211	10.83	4480	4.75	1607	1.70
磐石市	8112	9.68	3673	4.38	1519	1.81
四平市	**38795**	**11.82**	**20366**	**6.21**	**7737**	**2.36**
铁西区	2270	9.22	755	3.07	201	0.82
铁东区	2683	10.66	858	3.41	283	1.12
梨树县	15563	12.06	9206	7.14	3612	2.80
伊通满族自治县	9370	10.96	5399	6.31	1885	2.20
双辽市	8909	13.96	4148	6.50	1756	2.75
辽源市	**17975**	**11.22**	**9571**	**5.98**	**4023**	**2.51**
龙山区	1611	11.29	593	4.15	245	1.72
西安区	750	11.68	233	3.63	81	1.26

1-8c　续表 3　　　　单位：户、%

地　区	四人户		五人户		六人户	
	户数	比重	户数	比重	户数	比重
东丰县	8229	11.26	4824	6.60	2020	2.76
东辽县	7385	11.13	3921	5.91	1677	2.53
通化市	**21695**	**10.69**	**9658**	**4.76**	**3912**	**1.93**
东昌区	961	9.59	308	3.07	97	0.97
二道江区	379	6.08	134	2.15	46	0.74
通化县	3767	9.13	1307	3.17	500	1.21
辉南县	5399	12.03	2218	4.94	980	2.18
柳河县	7938	12.24	4029	6.21	1747	2.69
集安市	3251	9.10	1662	4.65	542	1.52
白山市	**8422**	**10.15**	**2285**	**2.75**	**838**	**1.01**
浑江区	1092	9.83	291	2.62	111	1.00
江源区	1198	10.25	356	3.05	100	0.86
抚松县	2567	13.23	586	3.02	292	1.51
靖宇县	1777	10.20	648	3.72	190	1.09
长白朝鲜族自治县	615	7.55	79	0.97	21	0.26
临江市	1173	7.72	325	2.14	124	0.82
松原市	**58861**	**12.94**	**23820**	**5.24**	**9425**	**2.07**
宁江区	7202	14.27	2795	5.54	974	1.93
前郭尔罗斯蒙古族自治县	12117	12.79	4750	5.01	1897	2.00
长岭县	15824	12.69	6213	4.98	2505	2.01
乾安县	4976	10.83	1446	3.15	475	1.03
吉林松原经济开发区	1313	16.09	430	5.27	171	2.10
扶余市	17429	13.32	8186	6.26	3403	2.60
白城市	**27495**	**9.10**	**8675**	**2.87**	**2645**	**0.88**
洮北区	3466	9.00	1432	3.72	392	1.02
镇赉县	4602	9.73	1179	2.49	397	0.84
通榆县	7570	10.48	1669	2.31	593	0.82
吉林白城经济开发区	390	11.20	171	4.91	64	1.84
洮南市	6559	8.02	3006	3.68	781	0.96
大安市	4908	8.32	1218	2.06	418	0.71
延边朝鲜族自治州	**16620**	**8.00**	**4873**	**2.34**	**1589**	**0.76**
延吉市	1751	6.99	626	2.50	181	0.72
图们市	549	8.25	178	2.68	50	0.75
敦化市	5752	8.80	1755	2.68	659	1.01
珲春市	1722	7.93	499	2.30	156	0.72
龙井市	968	6.05	342	2.14	101	0.63
和龙市	1598	9.22	481	2.78	98	0.57
汪清县	1838	6.95	378	1.43	123	0.46
安图县	2442	8.35	614	2.10	221	0.76
长白山管委会	**6**	**6.59**	**3**	**3.30**		
梅河口市	**9258**	**10.97**	**5075**	**6.02**	**1988**	**2.36**

1-8c 续表 4

单位：户、%

地区	七人户		八人户		九人户		十人及以上户	
	户数	比重	户数	比重	户数	比重	户数	比重
全　省	**13233**	**0.38**	**2921**	**0.08**	**742**	**0.02**	**493**	**0.01**
长春市	**5242**	**0.46**	**1175**	**0.10**	**319**	**0.03**	**240**	**0.02**
南关区								
宽城区	233	0.40	68	0.12	28	0.05	11	0.02
朝阳区	39	0.34	9	0.08	2	0.02	1	0.01
二道区								
绿园区	20	0.34	7	0.12	2	0.03	1	0.02
双阳区	244	0.35	52	0.08	12	0.02	7	0.01
九台区	623	0.43	148	0.10	37	0.03	21	0.01
农安县	834	0.38	186	0.09	50	0.02	35	0.02
长春经济技术开发区								
长春净月高新技术产业开发区	96	0.17	21	0.04	12	0.02	15	0.03
长春高新技术产业开发区	3	0.20	3	0.20				
长春汽车经济技术开发区								
长春莲花山生态旅游度假区	32	0.25	4	0.03			1	0.01
榆树市	1083	0.50	221	0.10	66	0.03	93	0.04
德惠市	1015	0.64	208	0.13	59	0.04	27	0.02
公主岭市	1020	0.57	248	0.14	51	0.03	28	0.02
吉林市	**1610**	**0.30**	**364**	**0.07**	**89**	**0.02**	**61**	**0.01**
昌邑区	93	0.21	29	0.07	3	0.01	8	0.02
龙潭区	105	0.25	21	0.05	7	0.02	1	
船营区	76	0.25	15	0.05	6	0.02	2	0.01
丰满区	64	0.24	17	0.06	6	0.02	6	0.02
永吉县	159	0.26	35	0.06	7	0.01	8	0.01
吉林经济开发区	23	0.54	8	0.19	1	0.02		
吉林高新技术产业开发区	23	0.26	5	0.06			2	0.02
吉林中国新加坡食品区	40	0.29	6	0.04	2	0.01	1	0.01
蛟河市	209	0.30	46	0.07	13	0.02	10	0.01
桦甸市	284	0.44	60	0.09	16	0.02	13	0.02
舒兰市	275	0.29	56	0.06	14	0.01	7	0.01
磐石市	259	0.31	66	0.08	14	0.02	3	
四平市	**1549**	**0.47**	**324**	**0.10**	**56**	**0.02**	**21**	**0.01**
铁西区	40	0.16	14	0.06	3	0.01	3	0.01
铁东区	53	0.21	11	0.04	2	0.01	3	0.01
梨树县	769	0.60	165	0.13	30	0.02	9	0.01
伊通满族自治县	372	0.43	84	0.10	14	0.02	5	0.01
双辽市	315	0.49	50	0.08	7	0.01	1	
辽源市	**702**	**0.44**	**144**	**0.09**	**33**	**0.02**	**28**	**0.02**
龙山区	53	0.37	16	0.11	6	0.04	6	0.04
西安区	17	0.26	1	0.02			1	0.02

1-8c　续表 5

单位：户、%

地　区	七人户		八人户		九人户		十人及以上户	
	户数	比重	户数	比重	户数	比重	户数	比重
东丰县	351	0.48	72	0.10	15	0.02	15	0.02
东辽县	281	0.42	55	0.08	12	0.02	6	0.01
通化市	**799**	**0.39**	**226**	**0.11**	**62**	**0.03**	**34**	**0.02**
东昌区	16	0.16	5	0.05	6	0.06	4	0.04
二道江区	8	0.13	3	0.05				
通化县	102	0.25	18	0.04	6	0.01	3	0.01
辉南县	222	0.49	69	0.15	21	0.05	13	0.03
柳河县	372	0.57	109	0.17	26	0.04	14	0.02
集安市	79	0.22	22	0.06	3	0.01		
白山市	**187**	**0.23**	**33**	**0.04**	**17**	**0.02**	**9**	**0.01**
浑江区	30	0.27	5	0.05	3	0.03	2	0.02
江源区	33	0.28	8	0.07	2	0.02	1	0.01
抚松县	63	0.32	8	0.04	6	0.03	6	0.03
靖宇县	37	0.21	6	0.03	2	0.01		
长白朝鲜族自治县	3	0.04			2	0.02		
临江市	21	0.14	6	0.04	2	0.01		
松原市	**1956**	**0.43**	**391**	**0.09**	**89**	**0.02**	**34**	**0.01**
宁江区	190	0.38	27	0.05	4	0.01	2	
前郭尔罗斯蒙古族自治县	374	0.39	72	0.08	11	0.01	6	0.01
长岭县	578	0.46	130	0.10	32	0.03	8	0.01
乾安县	67	0.15	16	0.03	4	0.01	1	
吉林松原经济开发区	41	0.50	17	0.21	3	0.04	4	0.05
扶余市	706	0.54	129	0.10	35	0.03	13	0.01
白城市	**374**	**0.12**	**62**	**0.02**	**27**	**0.01**	**6**	
洮北区	60	0.16	13	0.03	5	0.01	4	0.01
镇赉县	30	0.06	8	0.02	2		1	
通榆县	88	0.12	11	0.02	10	0.01	1	
吉林白城经济开发区	12	0.34	3	0.09	3	0.09		
洮南市	121	0.15	22	0.03	5	0.01		
大安市	63	0.11	5	0.01	2			
延边朝鲜族自治州	**342**	**0.16**	**75**	**0.04**	**20**	**0.01**	**37**	**0.02**
延吉市	52	0.21	16	0.06	8	0.03	7	0.03
图们市	17	0.26	2	0.03			2	0.03
敦化市	105	0.16	17	0.03	5	0.01	4	0.01
珲春市	45	0.21	13	0.06	4	0.02	1	
龙井市	22	0.14	12	0.08				
和龙市	31	0.18	6	0.03	1	0.01	1	0.01
汪清县	28	0.11	3	0.01				
安图县	42	0.14	6	0.02	2	0.01	22	0.08
长白山管委会								
梅河口市	**472**	**0.56**	**127**	**0.15**	**30**	**0.04**	**23**	**0.03**

1-9 各地区家庭户类别

单位：户、%

地　区	家庭户	一代户		二代户	
	户　数	户数	比重	户数	比重
全　省	**9426822**	**5289361**	**56.11**	**3281969**	**34.82**
长春市	**3330525**	**1787280**	**53.66**	**1196449**	**35.92**
南关区	245117	140740	57.42	85057	34.70
宽城区	315144	170707	54.17	115839	36.76
朝阳区	219858	129322	58.82	73617	33.48
二道区	202385	114910	56.78	71878	35.52
绿园区	272457	143055	52.51	103018	37.81
双阳区	116134	62951	54.21	40932	35.25
九台区	237598	129600	54.55	81554	34.32
农安县	293282	155280	52.95	104298	35.56
长春经济技术开发区	158225	86864	54.90	57920	36.61
长春净月高新技术产业开发区	113379	59709	52.66	42148	37.17
长春高新技术产业开发区	146467	72800	49.70	58896	40.21
长春汽车经济技术开发区	121297	66661	54.96	43464	35.83
长春莲花山生态旅游度假区	14634	9428	64.43	3948	26.98
榆树市	313305	156837	50.06	110579	35.29
德惠市	237356	117180	49.37	88536	37.30
公主岭市	323887	171236	52.87	114765	35.43
吉林市	**1516884**	**889277**	**58.63**	**504141**	**33.24**
昌邑区	248784	145490	58.48	84290	33.88
龙潭区	158586	95916	60.48	51261	32.32
船营区	191136	108067	56.54	67174	35.14
丰满区	104492	61948	59.28	34245	32.77
永吉县	101534	60631	59.71	32065	31.58
吉林经济开发区	20016	12348	61.69	6112	30.54
吉林高新技术产业开发区	59898	32097	53.59	22511	37.58
吉林中国新加坡食品区	15661	8989	57.40	5096	32.54
蛟河市	145178	87835	60.50	47215	32.52
桦甸市	148657	89101	59.94	48590	32.69
舒兰市	170330	99683	58.52	53999	31.70
磐石市	152612	87172	57.12	51583	33.80
四平市	**700554**	**390988**	**55.81**	**237754**	**33.94**
铁西区	114617	66281	57.83	40689	35.50
铁东区	130215	79595	61.13	42671	32.77
梨树县	205486	111160	54.10	68086	33.13
伊通满族自治县	128420	69149	53.85	44019	34.28
双辽市	121816	64803	53.20	42289	34.72
辽源市	**396879**	**226909**	**57.17**	**133144**	**33.55**
龙山区	128862	73647	57.15	46817	36.33
西安区	59445	39188	65.92	17434	29.33
东丰县	118914	63760	53.62	40753	34.27
东辽县	89658	50314	56.12	28140	31.39

1-9　续表 1　　　　单位：户、%

地　区	家庭户	一代户		二代户	
	户　数	户数	比重	户数	比重
通化市	**524562**	**295075**	**56.25**	**183157**	**34.92**
东昌区	138492	77488	55.95	51073	36.88
二道江区	41615	26001	62.48	13456	32.33
通化县	73368	42834	58.38	24768	33.76
辉南县	96032	54497	56.75	32247	33.58
柳河县	105951	54727	51.65	38178	36.03
集安市	69104	39528	57.20	23435	33.91
白山市	**394772**	**239020**	**60.55**	**133693**	**33.87**
浑江区	123257	70120	56.89	45156	36.64
江源区	58718	38736	65.97	17167	29.24
抚松县	89560	54540	60.90	30199	33.72
靖宇县	44006	25458	57.85	15895	36.12
长白朝鲜族自治县	25539	16643	65.17	7952	31.14
临江市	53692	33523	62.44	17324	32.27
松原市	**840420**	**427376**	**50.85**	**316314**	**37.64**
宁江区	224912	109504	48.69	91741	40.79
前郭尔罗斯蒙古族自治县	153718	77664	50.52	58270	37.91
长岭县	173386	90564	52.23	63467	36.60
乾安县	80331	45300	56.39	28571	35.57
吉林松原经济开发区	32615	16617	50.95	12521	38.39
扶余市	175458	87727	50.00	61744	35.19
白城市	**635434**	**383236**	**60.31**	**209505**	**32.97**
洮北区	144274	84505	58.57	49283	34.16
镇赉县	89791	54312	60.49	29342	32.68
通榆县	116194	70559	60.73	38488	33.12
吉林白城经济开发区	39231	21657	55.20	14600	37.22
洮南市	129745	77857	60.01	42733	32.94
大安市	116199	74346	63.98	35059	30.17
延边朝鲜族自治州	**858472**	**524968**	**61.15**	**287691**	**33.51**
延吉市	290999	166409	57.19	106612	36.64
图们市	38773	25403	65.52	11502	29.66
敦化市	174753	108448	62.06	57512	32.91
珲春市	100539	57000	56.69	36877	36.68
龙井市	61137	40066	65.53	18126	29.65
和龙市	55010	36871	67.03	16007	29.10
汪清县	80110	53587	66.89	23543	29.39
安图县	57151	37184	65.06	17512	30.64
长白山管委会	**24401**	**14332**	**58.74**	**8680**	**35.57**
长白山保护开发区池北区	17673	10074	57.00	6535	36.98
长白山保护开发区池西区	5933	3681	62.04	1958	33.00
长白山保护开发区池南区	795	577	72.58	187	23.52
梅河口市	**203919**	**110900**	**54.38**	**71441**	**35.03**

1-9 续表 2

单位：户、%

地　区	三代户		四代户		五代及以上户	
	户数	比重	户数	比重	户数	比重
全　省	**832788**	**8.83**	**22690**	**0.24**	**14**	
长春市	**336779**	**10.11**	**10011**	**0.30**	**6**	
南关区	18945	7.73	374	0.15	1	
宽城区	28019	8.89	579	0.18		
朝阳区	16703	7.60	216	0.10		
二道区	15404	7.61	193	0.10		
绿园区	25821	9.48	563	0.21		
双阳区	11834	10.19	417	0.36		
九台区	25563	10.76	881	0.37		
农安县	32486	11.08	1217	0.41	1	
长春经济技术开发区	13276	8.39	165	0.10		
长春净月高新技术产业开发区	11344	10.01	178	0.16		
长春高新技术产业开发区	14582	9.96	189	0.13		
长春汽车经济技术开发区	10959	9.03	213	0.18		
长春莲花山生态旅游度假区	1221	8.34	37	0.25		
榆树市	43885	14.01	2003	0.64	1	
德惠市	30300	12.77	1339	0.56	1	
公主岭市	36437	11.25	1447	0.45	2	
吉林市	**121050**	**7.98**	**2414**	**0.16**	**2**	
昌邑区	18732	7.53	272	0.11		
龙潭区	11201	7.06	208	0.13		
船营区	15654	8.19	241	0.13		
丰满区	8131	7.78	168	0.16		
永吉县	8643	8.51	194	0.19	1	
吉林经济开发区	1517	7.58	39	0.19		
吉林高新技术产业开发区	5225	8.72	65	0.11		
吉林中国新加坡食品区	1542	9.85	34	0.22		
蛟河市	9961	6.86	167	0.12		
桦甸市	10720	7.21	246	0.17		
舒兰市	16198	9.51	450	0.26		
磐石市	13526	8.86	330	0.22	1	
四平市	**69565**	**9.93**	**2247**	**0.32**		
铁西区	7518	6.56	129	0.11		
铁东区	7829	6.01	120	0.09		
梨树县	25185	12.26	1055	0.51		
伊通满族自治县	14773	11.50	479	0.37		
双辽市	14260	11.71	464	0.38		
辽源市	**35794**	**9.02**	**1031**	**0.26**	**1**	
龙山区	8299	6.44	99	0.08		
西安区	2779	4.67	44	0.07		
东丰县	13926	11.71	475	0.40		
东辽县	10790	12.03	413	0.46	1	

1-9　续表 3

单位：户、%

地　　区	三代户		四代户		五代及以上户	
	户数	比重	户数	比重	户数	比重
通化市	**45372**	**8.65**	**957**	**0.18**	**1**	
东昌区	9824	7.09	107	0.08		
二道江区	2118	5.09	40	0.10		
通化县	5626	7.67	140	0.19		
辉南县	9057	9.43	231	0.24		
柳河县	12726	12.01	320	0.30		
集安市	6021	8.71	119	0.17	1	
白山市	**21518**	**5.45**	**541**	**0.14**		
浑江区	7788	6.32	193	0.16		
江源区	2745	4.67	70	0.12		
抚松县	4688	5.23	133	0.15		
靖宇县	2576	5.85	77	0.17		
长白朝鲜族自治县	932	3.65	12	0.05		
临江市	2789	5.19	56	0.10		
松原市	**93499**	**11.13**	**3228**	**0.38**	**3**	
宁江区	23153	10.29	514	0.23		
前郭尔罗斯蒙古族自治县	17262	11.23	522	0.34		
长岭县	18610	10.73	745	0.43		
乾安县	6261	7.79	199	0.25		
吉林松原经济开发区	3378	10.36	99	0.30		
扶余市	24835	14.15	1149	0.65	3	
白城市	**41598**	**6.55**	**1095**	**0.17**		
洮北区	10275	7.12	211	0.15		
镇赉县	5987	6.67	150	0.17		
通榆县	6949	5.98	198	0.17		
吉林白城经济开发区	2913	7.43	61	0.16		
洮南市	8938	6.89	217	0.17		
大安市	6536	5.62	258	0.22		
延边朝鲜族自治州	**45273**	**5.27**	**540**	**0.06**		
延吉市	17770	6.11	208	0.07		
图们市	1852	4.78	16	0.04		
敦化市	8685	4.97	108	0.06		
珲春市	6575	6.54	87	0.09		
龙井市	2914	4.77	31	0.05		
和龙市	2118	3.85	14	0.03		
汪清县	2949	3.68	31	0.04		
安图县	2410	4.22	45	0.08		
长白山管委会	**1358**	**5.57**	**31**	**0.13**		
长白山保护开发区池北区	1041	5.89	23	0.13		
长白山保护开发区池西区	287	4.84	7	0.12		
长白山保护开发区池南区	30	3.77	1	0.13		
梅河口市	**20982**	**10.29**	**595**	**0.29**	**1**	

1-9a 各地区家庭户类别(城市)

单位：户、%

地　　区	家庭户	一代户		二代户	
	户　数	户数	比重	户数	比重
全　省	**4088980**	**2280829**	**55.78**	**1511790**	**36.97**
长春市	**1534610**	**834571**	**54.38**	**573731**	**37.39**
南关区	245117	140740	57.42	85057	34.70
宽城区	232911	126000	54.10	86802	37.27
朝阳区	204666	119841	58.55	69175	33.80
二道区	201705	114425	56.73	71720	35.56
绿园区	266512	139721	52.43	101171	37.96
双阳区	45473	21622	47.55	20031	44.05
九台区	89768	49721	55.39	33907	37.77
农安县					
长春经济技术开发区					
长春净月高新技术产业开发区					
长春高新技术产业开发区					
长春汽车经济技术开发区					
长春莲花山生态旅游度假区					
榆树市	75520	35495	47.00	32234	42.68
德惠市	74213	36522	49.21	32795	44.19
公主岭市	98725	50484	51.14	40839	41.37
吉林市	**787941**	**456304**	**57.91**	**278218**	**35.31**
昌邑区	199762	117143	58.64	68316	34.20
龙潭区	110492	65954	59.69	37556	33.99
船营区	158886	89860	56.56	56577	35.61
丰满区	77102	44634	57.89	26522	34.40
永吉县					
吉林经济开发区	673	377	56.02	238	35.36
吉林高新技术产业开发区					
吉林中国新加坡食品区					
蛟河市	58831	34803	59.16	21022	35.73
桦甸市	67842	39281	57.90	25463	37.53
舒兰市	64163	37996	59.22	22012	34.31
磐石市	50190	26256	52.31	20512	40.87
四平市	**240656**	**139294**	**57.88**	**86357**	**35.88**
铁西区	89997	51514	57.24	32792	36.44
铁东区	103138	62251	60.36	35405	34.33
梨树县					
伊通满族自治县					
双辽市	47521	25529	53.72	18160	38.21
辽源市	**167288**	**99627**	**59.55**	**58628**	**35.05**
龙山区	114263	64654	56.58	42805	37.46
西安区	53025	34973	65.96	15823	29.84

1-9a 续表 1

单位：户、%

地区	家庭户	一代户		二代户	
	户数	户数	比重	户数	比重
东丰县					
东辽县					
通化市	**183336**	**102135**	**55.71**	**68649**	**37.44**
东昌区	126290	69983	55.41	47310	37.46
二道江区	27493	15965	58.07	10071	36.63
通化县					
辉南县					
柳河县					
集安市	29553	16187	54.77	11268	38.13
白山市	**176895**	**102354**	**57.86**	**64252**	**36.32**
浑江区	108644	60544	55.73	41194	37.92
江源区	32611	20422	62.62	10586	32.46
抚松县					
靖宇县					
长白朝鲜族自治县					
临江市	35640	21388	60.01	12472	34.99
松原市	**205331**	**97181**	**47.33**	**88351**	**43.03**
宁江区	165178	79536	48.15	70096	42.44
前郭尔罗斯蒙古族自治县	7890	3817	48.38	3318	42.05
长岭县					
乾安县					
吉林松原经济开发区					
扶余市	32263	13828	42.86	14937	46.30
白城市	**182703**	**101731**	**55.68**	**68269**	**37.37**
洮北区	95104	52639	55.35	35628	37.46
镇赉县					
通榆县					
吉林白城经济开发区	2165	1424	65.77	573	26.47
洮南市	43268	23638	54.63	16747	38.71
大安市	42166	24030	56.99	15321	36.33
延边朝鲜族自治州	**509364**	**293968**	**57.71**	**186509**	**36.62**
延吉市	257466	145415	56.48	96058	37.31
图们市	26205	16586	63.29	8317	31.74
敦化市	85729	50152	58.50	31821	37.12
珲春市	73913	39494	53.43	29387	39.76
龙井市	39196	24963	63.69	12290	31.36
和龙市	26855	17358	64.64	8636	32.16
汪清县					
安图县					
长白山管委会					
梅河口市	**100856**	**53664**	**53.21**	**38826**	**38.50**

1-9a 续表 2

单位：户、%

地区	三代户		四代户		五代及以上户	
	户数	比重	户数	比重	户数	比重
全省	**291785**	**7.14**	**4574**	**0.11**	**2**	
长春市	**124157**	**8.09**	**2150**	**0.14**	**1**	
南关区	18945	7.73	374	0.15	1	
宽城区	19816	8.51	293	0.13		
朝阳区	15475	7.56	175	0.09		
二道区	15368	7.62	192	0.10		
绿园区	25079	9.41	541	0.20		
双阳区	3710	8.16	110	0.24		
九台区	6038	6.73	102	0.11		
农安县						
长春经济技术开发区						
长春净月高新技术产业开发区						
长春高新技术产业开发区						
长春汽车经济技术开发区						
长春莲花山生态旅游度假区						
榆树市	7610	10.08	181	0.24		
德惠市	4843	6.53	53	0.07		
公主岭市	7273	7.37	129	0.13		
吉林市	**52729**	**6.69**	**690**	**0.09**		
昌邑区	14138	7.08	165	0.08		
龙潭区	6896	6.24	86	0.08		
船营区	12280	7.73	169	0.11		
丰满区	5850	7.59	96	0.12		
永吉县						
吉林经济开发区	58	8.62				
吉林高新技术产业开发区						
吉林中国新加坡食品区						
蛟河市	2973	5.05	33	0.06		
桦甸市	3056	4.50	42	0.06		
舒兰市	4106	6.40	49	0.08		
磐石市	3372	6.72	50	0.10		
四平市	**14792**	**6.15**	**213**	**0.09**		
铁西区	5596	6.22	95	0.11		
铁东区	5418	5.25	64	0.06		
梨树县						
伊通满族自治县						
双辽市	3778	7.95	54	0.11		
辽源市	**8942**	**5.35**	**91**	**0.05**		
龙山区	6734	5.89	70	0.06		
西安区	2208	4.16	21	0.04		

1-9a　续表 3

单位：户、%

地　区	三代户		四代户		五代及以上户	
	户数	比重	户数	比重	户数	比重
东丰县						
东辽县						
通化市	**12411**	**6.77**	**140**	**0.08**	**1**	
东昌区	8905	7.05	92	0.07		
二道江区	1434	5.22	23	0.08		
通化县						
辉南县						
柳河县						
集安市	2072	7.01	25	0.08	1	
白山市	**10056**	**5.68**	**233**	**0.13**		
浑江区	6740	6.20	166	0.15		
江源区	1561	4.79	42	0.13		
抚松县						
靖宇县						
长白朝鲜族自治县						
临江市	1755	4.92	25	0.07		
松原市	**19455**	**9.47**	**344**	**0.17**		
宁江区	15288	9.26	258	0.16		
前郭尔罗斯蒙古族自治县	738	9.35	17	0.22		
长岭县						
乾安县						
吉林松原经济开发区						
扶余市	3429	10.63	69	0.21		
白城市	**12448**	**6.81**	**255**	**0.14**		
洮北区	6734	7.08	103	0.11		
镇赉县						
通榆县						
吉林白城经济开发区	163	7.53	5	0.23		
洮南市	2844	6.57	39	0.09		
大安市	2707	6.42	108	0.26		
延边朝鲜族自治州	**28562**	**5.61**	**325**	**0.06**		
延吉市	15814	6.14	179	0.07		
图们市	1294	4.94	8	0.03		
敦化市	3714	4.33	42	0.05		
珲春市	4963	6.71	69	0.09		
龙井市	1924	4.91	19	0.05		
和龙市	853	3.18	8	0.03		
汪清县						
安图县						
长白山管委会						
梅河口市	**8233**	**8.16**	**133**	**0.13**		

1-9b 各地区家庭户类别(镇)

单位：户、%

地区	家庭户户数	一代户户数	一代户比重	二代户户数	二代户比重
全省	**1838621**	**1023358**	**55.66**	**677671**	**36.86**
长春市	**662055**	**345279**	**52.15**	**255811**	**38.64**
南关区					
宽城区	24664	11575	46.93	10653	43.19
朝阳区	3838	2309	60.16	1240	32.31
二道区	680	485	71.32	158	23.24
绿园区					
双阳区	1711	1057	61.78	498	29.11
九台区	2368	1148	48.48	1025	43.29
农安县	76206	37937	49.78	32432	42.56
长春经济技术开发区	158225	86864	54.90	57920	36.61
长春净月高新技术产业开发区	57241	28304	49.45	22777	39.79
长春高新技术产业开发区	144929	71703	49.47	58546	40.40
长春汽车经济技术开发区	121297	66661	54.96	43464	35.83
长春莲花山生态旅游度假区	1959	1219	62.23	596	30.42
榆树市	19865	10779	54.26	6805	34.26
德惠市	3988	2063	51.73	1382	34.65
公主岭市	45084	23175	51.40	18315	40.62
吉林市	**187187**	**114237**	**61.03**	**61197**	**32.69**
昌邑区	4547	3327	73.17	1072	23.58
龙潭区	6239	4274	68.50	1661	26.62
船营区	2313	1211	52.36	907	39.21
丰满区	736	485	65.90	225	30.57
永吉县	41218	24605	59.69	14034	34.05
吉林经济开发区	15053	9546	63.42	4577	30.41
吉林高新技术产业开发区	51170	27137	53.03	19620	38.34
吉林中国新加坡食品区	2035	1194	58.67	646	31.74
蛟河市	17030	10781	63.31	5393	31.67
桦甸市	16364	12153	74.27	3660	22.37
舒兰市	11843	7192	60.73	3851	32.52
磐石市	18639	12332	66.16	5551	29.78
四平市	**131748**	**72339**	**54.91**	**49892**	**37.87**
铁西区					
铁东区	1910	1255	65.71	575	30.10
梨树县	76479	43162	56.44	27934	36.53
伊通满族自治县	42901	21750	50.70	17983	41.92
双辽市	10458	6172	59.02	3400	32.51
辽源市	**69427**	**38457**	**55.39**	**26538**	**38.22**
龙山区	324	212	65.43	91	28.09
西安区					
东丰县	45817	25060	54.70	17713	38.66
东辽县	23286	13185	56.62	8734	37.51

1-9b 续表 1

单位：户、%

地 区	家庭户	一代户		二代户	
	户 数	户数	比重	户数	比重
通化市	**138217**	**77479**	**56.06**	**50915**	**36.84**
东昌区	2183	1149	52.63	888	40.68
二道江区	7886	5727	72.62	1864	23.64
通化县	32116	17460	54.37	12549	39.07
辉南县	51136	29222	57.15	18300	35.79
柳河县	41073	21747	52.95	16063	39.11
集安市	3823	2174	56.87	1251	32.72
白山市	**134926**	**82840**	**61.40**	**45800**	**33.94**
浑江区	3509	2314	65.94	969	27.61
江源区	14421	10527	73.00	3490	24.20
抚松县	70162	42582	60.69	24176	34.46
靖宇县	26582	14806	55.70	10377	39.04
长白朝鲜族自治县	17391	10635	61.15	6062	34.86
临江市	2861	1976	69.07	726	25.38
松原市	**180323**	**85750**	**47.55**	**77850**	**43.17**
宁江区	9269	3833	41.35	4280	46.18
前郭尔罗斯蒙古族自治县	51111	22163	43.36	23816	46.60
长岭县	48712	25007	51.34	19647	40.33
乾安县	34402	16125	46.87	15558	45.22
吉林松原经济开发区	24453	11929	48.78	10108	41.34
扶余市	12376	6693	54.08	4441	35.88
白城市	**150453**	**85798**	**57.03**	**54601**	**36.29**
洮北区	10642	7356	69.12	2695	25.32
镇赉县	42478	23504	55.33	15934	37.51
通榆县	43977	23420	53.26	17384	39.53
吉林白城经济开发区	33585	18232	54.29	12971	38.62
洮南市	4743	3089	65.13	1390	29.31
大安市	15028	10197	67.85	4227	28.13
延边朝鲜族自治州	**141271**	**95247**	**67.42**	**40937**	**28.98**
延吉市	8466	5197	61.39	2792	32.98
图们市	5915	4395	74.30	1336	22.59
敦化市	23646	17365	73.44	5599	23.68
珲春市	4905	3310	67.48	1347	27.46
龙井市	5943	4421	74.39	1346	22.65
和龙市	10831	8047	74.30	2475	22.85
汪清县	53648	34772	64.82	16943	31.58
安图县	27917	17740	63.55	9099	32.59
长白山管委会	**24310**	**14253**	**58.63**	**8670**	**35.66**
长白山保护开发区池北区	17582	9995	56.85	6525	37.11
长白山保护开发区池西区	5933	3681	62.04	1958	33.00
长白山保护开发区池南区	795	577	72.58	187	23.52
梅河口市	**18704**	**11679**	**62.44**	**5460**	**29.19**

1-9b 续表 2　　　　单位：户、%

地　区	三代户		四代户		五代及以上户	
	户数	比重	户数	比重	户数	比重
全　省	**134952**	**7.34**	**2638**	**0.14**	**2**	
长春市	**59905**	**9.05**	**1059**	**0.16**	**1**	
南关区						
宽城区	2384	9.67	52	0.21		
朝阳区	279	7.27	10	0.26		
二道区	36	5.29	1	0.15		
绿园区						
双阳区	150	8.77	6	0.35		
九台区	194	8.19	1	0.04		
农安县	5704	7.48	132	0.17	1	
长春经济技术开发区	13276	8.39	165	0.10		
长春净月高新技术产业开发区	6066	10.60	94	0.16		
长春高新技术产业开发区	14494	10.00	186	0.13		
长春汽车经济技术开发区	10959	9.03	213	0.18		
长春莲花山生态旅游度假区	142	7.25	2	0.10		
榆树市	2191	11.03	90	0.45		
德惠市	512	12.84	31	0.78		
公主岭市	3518	7.80	76	0.17		
吉林市	**11572**	**6.18**	**180**	**0.10**	**1**	
昌邑区	146	3.21	2	0.04		
龙潭区	299	4.79	5	0.08		
船营区	189	8.17	6	0.26		
丰满区	26	3.53				
永吉县	2544	6.17	35	0.08		
吉林经济开发区	916	6.09	14	0.09		
吉林高新技术产业开发区	4361	8.52	52	0.10		
吉林中国新加坡食品区	191	9.39	4	0.20		
蛟河市	846	4.97	10	0.06		
桦甸市	542	3.31	9	0.05		
舒兰市	772	6.52	28	0.24		
磐石市	740	3.97	15	0.08	1	0.01
四平市	**9293**	**7.05**	**224**	**0.17**		
铁西区						
铁东区	78	4.08	2	0.10		
梨树县	5255	6.87	128	0.17		
伊通满族自治县	3098	7.22	70	0.16		
双辽市	862	8.24	24	0.23		
辽源市	**4335**	**6.24**	**97**	**0.14**		
龙山区	21	6.48				
西安区						
东丰县	2985	6.52	59	0.13		
东辽县	1329	5.71	38	0.16		

1-9b 续表 3

单位：户、%

地区	三代户		四代户		五代及以上户	
	户数	比重	户数	比重	户数	比重
通化市	**9643**	**6.98**	**180**	**0.13**		
东昌区	146	6.69				
二道江区	289	3.66	6	0.08		
通化县	2069	6.44	38	0.12		
辉南县	3529	6.90	85	0.17		
柳河县	3218	7.83	45	0.11		
集安市	392	10.25	6	0.16		
白山市	**6131**	**4.54**	**155**	**0.11**		
浑江区	223	6.36	3	0.09		
江源区	392	2.72	12	0.08		
抚松县	3311	4.72	93	0.13		
靖宇县	1368	5.15	31	0.12		
长白朝鲜族自治县	686	3.94	8	0.05		
临江市	151	5.28	8	0.28		
松原市	**16322**	**9.05**	**401**	**0.22**		
宁江区	1125	12.14	31	0.33		
前郭尔罗斯蒙古族自治县	5035	9.85	97	0.19		
长岭县	3940	8.09	118	0.24		
乾安县	2666	7.75	53	0.15		
吉林松原经济开发区	2362	9.66	54	0.22		
扶余市	1194	9.65	48	0.39		
白城市	**9831**	**6.53**	**223**	**0.15**		
洮北区	567	5.33	24	0.23		
镇赉县	2969	6.99	71	0.17		
通榆县	3100	7.05	73	0.17		
吉林白城经济开发区	2344	6.98	38	0.11		
洮南市	257	5.42	7	0.15		
大安市	594	3.95	10	0.07		
延边朝鲜族自治州	**5036**	**3.56**	**51**	**0.04**		
延吉市	474	5.60	3	0.04		
图们市	184	3.11				
敦化市	677	2.86	5	0.02		
珲春市	246	5.02	2	0.04		
龙井市	175	2.94	1	0.02		
和龙市	308	2.84	1	0.01		
汪清县	1914	3.57	19	0.04		
安图县	1058	3.79	20	0.07		
长白山管委会	**1356**	**5.58**	**31**	**0.13**		
长白山保护开发区池北区	1039	5.91	23	0.13		
长白山保护开发区池西区	287	4.84	7	0.12		
长白山保护开发区池南区	30	3.77	1	0.13		
梅河口市	**1528**	**8.17**	**37**	**0.20**		

1-9c 各地区家庭户类别(乡村)

单位：户、%

地　　区	家庭户	一代户		二代户	
	户　数	户数	比重	户数	比重
全　省	**3499221**	**1985174**	**56.73**	**1092508**	**31.22**
长春市	**1133860**	**607430**	**53.57**	**366907**	**32.36**
南关区					
宽城区	57569	33132	57.55	18384	31.93
朝阳区	11354	7172	63.17	3202	28.20
二道区					
绿园区	5945	3334	56.08	1847	31.07
双阳区	68950	40272	58.41	20403	29.59
九台区	145462	78731	54.12	46622	32.05
农安县	217076	117343	54.06	71866	33.11
长春经济技术开发区					
长春净月高新技术产业开发区	56138	31405	55.94	19371	34.51
长春高新技术产业开发区	1538	1097	71.33	350	22.76
长春汽车经济技术开发区					
长春莲花山生态旅游度假区	12675	8209	64.77	3352	26.45
榆树市	217920	110563	50.74	71540	32.83
德惠市	159155	78595	49.38	54359	34.15
公主岭市	180078	97577	54.19	55611	30.88
吉林市	**541756**	**318736**	**58.83**	**164726**	**30.41**
昌邑区	44475	25020	56.26	14902	33.51
龙潭区	41855	25688	61.37	12044	28.78
船营区	29937	16996	56.77	9690	32.37
丰满区	26654	16829	63.14	7498	28.13
永吉县	60316	36026	59.73	18031	29.89
吉林经济开发区	4290	2425	56.53	1297	30.23
吉林高新技术产业开发区	8728	4960	56.83	2891	33.12
吉林中国新加坡食品区	13626	7795	57.21	4450	32.66
蛟河市	69317	42251	60.95	20800	30.01
桦甸市	64451	37667	58.44	19467	30.20
舒兰市	94324	54495	57.77	28136	29.83
磐石市	83783	48584	57.99	25520	30.46
四平市	**328150**	**179355**	**54.66**	**101505**	**30.93**
铁西区	24620	14767	59.98	7897	32.08
铁东区	25167	16089	63.93	6691	26.59
梨树县	129007	67998	52.71	40152	31.12
伊通满族自治县	85519	47399	55.43	26036	30.44
双辽市	63837	33102	51.85	20729	32.47
辽源市	**160164**	**88825**	**55.46**	**47978**	**29.96**
龙山区	14275	8781	61.51	3921	27.47
西安区	6420	4215	65.65	1611	25.09

1-9c　续表 1　　　　单位：户、%

地　　区	家庭户	一代户		二代户	
	户　数	户数	比重	户数	比重
东丰县	73097	38700	52.94	23040	31.52
东辽县	66372	37129	55.94	19406	29.24
通化市	**203009**	**115461**	**56.87**	**63593**	**31.33**
东昌区	10019	6356	63.44	2875	28.70
二道江区	6236	4309	69.10	1521	24.39
通化县	41252	25374	61.51	12219	29.62
辉南县	44896	25275	56.30	13947	31.07
柳河县	64878	32980	50.83	22115	34.09
集安市	35728	21167	59.24	10916	30.55
白山市	**82951**	**53826**	**64.89**	**23641**	**28.50**
浑江区	11104	7262	65.40	2993	26.95
江源区	11686	7787	66.64	3091	26.45
抚松县	19398	11958	61.65	6023	31.05
靖宇县	17424	10652	61.13	5518	31.67
长白朝鲜族自治县	8148	6008	73.74	1890	23.20
临江市	15191	10159	66.88	4126	27.16
松原市	**454766**	**244445**	**53.75**	**150113**	**33.01**
宁江区	50465	26135	51.79	17365	34.41
前郭尔罗斯蒙古族自治县	94717	51684	54.57	31136	32.87
长岭县	124674	65557	52.58	43820	35.15
乾安县	45929	29175	63.52	13013	28.33
吉林松原经济开发区	8162	4688	57.44	2413	29.56
扶余市	130819	67206	51.37	42366	32.39
白城市	**302278**	**195707**	**64.74**	**86635**	**28.66**
洮北区	38528	24510	63.62	10960	28.45
镇赉县	47313	30808	65.12	13408	28.34
通榆县	72217	47139	65.27	21104	29.22
吉林白城经济开发区	3481	2001	57.48	1056	30.34
洮南市	81734	51130	62.56	24596	30.09
大安市	59005	40119	67.99	15511	26.29
延边朝鲜族自治州	**207837**	**135753**	**65.32**	**60245**	**28.99**
延吉市	25067	15797	63.02	7762	30.97
图们市	6653	4422	66.47	1849	27.79
敦化市	65378	40931	62.61	20092	30.73
珲春市	21721	14196	65.36	6143	28.28
龙井市	15998	10682	66.77	4490	28.07
和龙市	17324	11466	66.19	4896	28.26
汪清县	26462	18815	71.10	6600	24.94
安图县	29234	19444	66.51	8413	28.78
长白山管委会	**91**	**79**	**86.81**	**10**	**10.99**
梅河口市	**84359**	**45557**	**54.00**	**27155**	**32.19**

1-9c 续表 2

单位：户、%

地　区	三代户		四代户		五代及以上户	
	户数	比重	户数	比重	户数	比重
全　省	**406051**	**11.60**	**15478**	**0.44**	**10**	
长春市	**152717**	**13.47**	**6802**	**0.60**	**4**	
南关区						
宽城区	5819	10.11	234	0.41		
朝阳区	949	8.36	31	0.27		
二道区						
绿园区	742	12.48	22	0.37		
双阳区	7974	11.56	301	0.44		
九台区	19331	13.29	778	0.53		
农安县	26782	12.34	1085	0.50		
长春经济技术开发区						
长春净月高新技术产业开发区	5278	9.40	84	0.15		
长春高新技术产业开发区	88	5.72	3	0.20		
长春汽车经济技术开发区						
长春莲花山生态旅游度假区	1079	8.51	35	0.28		
榆树市	34084	15.64	1732	0.79	1	
德惠市	24945	15.67	1255	0.79	1	
公主岭市	25646	14.24	1242	0.69	2	
吉林市	**56749**	**10.48**	**1544**	**0.28**	**1**	
昌邑区	4448	10.00	105	0.24		
龙潭区	4006	9.57	117	0.28		
船营区	3185	10.64	66	0.22		
丰满区	2255	8.46	72	0.27		
永吉县	6099	10.11	159	0.26	1	
吉林经济开发区	543	12.66	25	0.58		
吉林高新技术产业开发区	864	9.90	13	0.15		
吉林中国新加坡食品区	1351	9.91	30	0.22		
蛟河市	6142	8.86	124	0.18		
桦甸市	7122	11.05	195	0.30		
舒兰市	11320	12.00	373	0.40		
磐石市	9414	11.24	265	0.32		
四平市	**45480**	**13.86**	**1810**	**0.55**		
铁西区	1922	7.81	34	0.14		
铁东区	2333	9.27	54	0.21		
梨树县	19930	15.45	927	0.72		
伊通满族自治县	11675	13.65	409	0.48		
双辽市	9620	15.07	386	0.60		
辽源市	**22517**	**14.06**	**843**	**0.53**	**1**	
龙山区	1544	10.82	29	0.20		
西安区	571	8.89	23	0.36		

1-9c　续表 3

单位：户、%

地　　区	三代户		四代户		五代及以上户	
	户数	比重	户数	比重	户数	比重
东丰县	10941	14.97	416	0.57		
东辽县	9461	14.25	375	0.56	1	
通化市	**23318**	**11.49**	**637**	**0.31**		
东昌区	773	7.72	15	0.15		
二道江区	395	6.33	11	0.18		
通化县	3557	8.62	102	0.25		
辉南县	5528	12.31	146	0.33		
柳河县	9508	14.66	275	0.42		
集安市	3557	9.96	88	0.25		
白山市	**5331**	**6.43**	**153**	**0.18**		
浑江区	825	7.43	24	0.22		
江源区	792	6.78	16	0.14		
抚松县	1377	7.10	40	0.21		
靖宇县	1208	6.93	46	0.26		
长白朝鲜族自治县	246	3.02	4	0.05		
临江市	883	5.81	23	0.15		
松原市	**57722**	**12.69**	**2483**	**0.55**	**3**	
宁江区	6740	13.36	225	0.45		
前郭尔罗斯蒙古族自治县	11489	12.13	408	0.43		
长岭县	14670	11.77	627	0.50		
乾安县	3595	7.83	146	0.32		
吉林松原经济开发区	1016	12.45	45	0.55		
扶余市	20212	15.45	1032	0.79	3	
白城市	**19319**	**6.39**	**617**	**0.20**		
洮北区	2974	7.72	84	0.22		
镇赉县	3018	6.38	79	0.17		
通榆县	3849	5.33	125	0.17		
吉林白城经济开发区	406	11.66	18	0.52		
洮南市	5837	7.14	171	0.21		
大安市	3235	5.48	140	0.24		
延边朝鲜族自治州	**11675**	**5.62**	**164**	**0.08**		
延吉市	1482	5.91	26	0.10		
图们市	374	5.62	8	0.12		
敦化市	4294	6.57	61	0.09		
珲春市	1366	6.29	16	0.07		
龙井市	815	5.09	11	0.07		
和龙市	957	5.52	5	0.03		
汪清县	1035	3.91	12	0.05		
安图县	1352	4.62	25	0.09		
长白山管委会	**2**	**2.20**				
梅河口市	**11221**	**13.30**	**425**	**0.50**	**1**	

1-10 各地区分性别、月份的出生人口
(2019.11.1-2020.10.31)

单位：人

地 区	出生人口			2019年11月		
	合计	男	女	小计	男	女
全 省	**116554**	**60343**	**56211**	**11570**	**5978**	**5592**
长春市	**49989**	**25878**	**24111**	**4960**	**2584**	**2376**
南关区	4342	2269	2073	475	263	212
宽城区	5834	3081	2753	543	301	242
朝阳区	2671	1389	1282	286	148	138
二道区	3220	1656	1564	326	167	159
绿园区	4636	2341	2295	495	254	241
双阳区	1252	648	604	106	63	43
九台区	2334	1214	1120	191	96	95
农安县	2892	1502	1390	280	144	136
长春经济技术开发区	3822	1936	1886	374	200	174
长春净月高新技术产业开发区	2736	1427	1309	265	124	141
长春高新技术产业开发区	4214	2189	2025	417	219	198
长春汽车经济技术开发区	2656	1375	1281	267	129	138
长春莲花山生态旅游度假区	151	85	66	15	7	8
榆树市	3062	1573	1489	319	169	150
德惠市	2440	1263	1177	242	117	125
公主岭市	3727	1930	1797	359	183	176
吉林市	**15493**	**7988**	**7505**	**1596**	**801**	**795**
昌邑区	3083	1599	1484	321	162	159
龙潭区	1177	594	583	110	47	63
船营区	2130	1079	1051	246	113	133
丰满区	1509	772	737	150	74	76
永吉县	848	461	387	87	51	36
吉林经济开发区	167	81	86	18	5	13
吉林高新技术产业开发区	996	543	453	107	61	46
吉林中国新加坡食品区	173	93	80	15	6	9
蛟河市	1229	614	615	114	63	51
桦甸市	1281	667	614	136	75	61
舒兰市	1362	705	657	146	69	77
磐石市	1538	780	758	146	75	71
四平市	**7188**	**3737**	**3451**	**678**	**351**	**327**
铁西区	1503	799	704	141	76	65
铁东区	1152	610	542	101	59	42
梨树县	2007	1036	971	186	82	104
伊通满族自治县	1225	631	594	123	63	60
双辽市	1301	661	640	127	71	56
辽源市	**4198**	**2182**	**2016**	**396**	**204**	**192**
龙山区	1664	853	811	152	80	72
西安区	493	266	227	49	28	21
东丰县	1252	664	588	117	56	61
东辽县	789	399	390	78	40	38

1-10　续表 1　　　　单位：人

地　　区	出生人口			2019年11月		
	合计	男	女	小计	男	女
通化市	**6275**	**3272**	**3003**	**612**	**308**	**304**
东昌区	2026	1056	970	214	108	106
二道江区	226	118	108	23	9	14
通化县	832	415	417	75	39	36
辉南县	938	493	445	88	48	40
柳河县	1442	776	666	132	68	64
集安市	811	414	397	80	36	44
白山市	**4685**	**2436**	**2249**	**497**	**250**	**247**
浑江区	1635	866	769	149	77	72
江源区	475	248	227	64	32	32
抚松县	1122	579	543	123	63	60
靖宇县	667	333	334	71	34	37
长白朝鲜族自治县	242	118	124	25	12	13
临江市	544	292	252	65	32	33
松原市	**10263**	**5337**	**4926**	**975**	**503**	**472**
宁江区	2907	1489	1418	290	153	137
前郭尔罗斯蒙古族自治县	1827	929	898	162	84	78
长岭县	2102	1103	999	201	103	98
乾安县	840	456	384	72	41	31
吉林松原经济开发区	751	393	358	86	36	50
扶余市	1836	967	869	164	86	78
白城市	**6680**	**3376**	**3304**	**626**	**333**	**293**
洮北区	1508	752	756	143	72	71
镇赉县	916	435	481	108	53	55
通榆县	1299	647	652	99	52	47
吉林白城经济开发区	716	349	367	78	43	35
洮南市	1279	681	598	118	63	55
大安市	962	512	450	80	50	30
延边朝鲜族自治州	**8975**	**4688**	**4287**	**933**	**493**	**440**
延吉市	3808	1991	1817	374	194	180
图们市	221	105	116	28	13	15
敦化市	1863	973	890	190	111	79
珲春市	1184	632	552	140	79	61
龙井市	329	178	151	38	17	21
和龙市	388	201	187	51	22	29
汪清县	680	346	334	67	36	31
安图县	502	262	240	45	21	24
长白山管委会	**427**	**226**	**201**	**50**	**28**	**22**
长白山保护开发区池北区	332	176	156	40	23	17
长白山保护开发区池西区	89	46	43	9	4	5
长白山保护开发区池南区	6	4	2	1	1	
梅河口市	**2381**	**1223**	**1158**	**247**	**123**	**124**

1-10 续表 2

单位：人

地 区	2019年12月			2020年1月		
	小计	男	女	小计	男	女
全 省	**10965**	**5732**	**5233**	**10939**	**5660**	**5279**
长春市	**4763**	**2491**	**2272**	**4615**	**2374**	**2241**
南关区	428	215	213	400	213	187
宽城区	550	294	256	566	285	281
朝阳区	244	128	116	207	102	105
二道区	330	183	147	300	164	136
绿园区	430	218	212	395	200	195
双阳区	119	56	63	117	60	57
九台区	210	113	97	218	114	104
农安县	268	140	128	270	130	140
长春经济技术开发区	401	217	184	370	182	188
长春净月高新技术产业开发区	270	154	116	256	140	116
长春高新技术产业开发区	412	218	194	412	203	209
长春汽车经济技术开发区	248	121	127	251	123	128
长春莲花山生态旅游度假区	12	3	9	17	13	4
榆树市	267	138	129	291	148	143
德惠市	199	105	94	208	111	97
公主岭市	375	188	187	337	186	151
吉林市	**1444**	**745**	**699**	**1492**	**783**	**709**
昌邑区	292	149	143	293	168	125
龙潭区	106	53	53	96	44	52
船营区	191	96	95	211	115	96
丰满区	135	77	58	122	57	65
永吉县	64	34	30	86	52	34
吉林经济开发区	15	8	7	14	6	8
吉林高新技术产业开发区	110	61	49	103	50	53
吉林中国新加坡食品区	16	7	9	23	13	10
蛟河市	125	61	64	122	57	65
桦甸市	136	73	63	109	64	45
舒兰市	134	69	65	154	76	78
磐石市	120	57	63	159	81	78
四平市	**652**	**352**	**300**	**683**	**349**	**334**
铁西区	148	85	63	138	76	62
铁东区	102	50	52	126	59	67
梨树县	212	116	96	185	97	88
伊通满族自治县	89	52	37	109	49	60
双辽市	101	49	52	125	68	57
辽源市	**416**	**225**	**191**	**383**	**201**	**182**
龙山区	169	89	80	153	81	72
西安区	50	28	22	42	18	24
东丰县	124	72	52	134	71	63
东辽县	73	36	37	54	31	23

1-10　续表 3

单位：人

地　　区	2019年12月			2020年1月		
	小计	男	女	小计	男	女
通化市	**561**	**286**	**275**	**618**	**329**	**289**
东昌区	183	95	88	198	113	85
二道江区	22	14	8	23	12	11
通化县	78	32	46	83	37	46
辉南县	78	40	38	85	43	42
柳河县	126	69	57	137	76	61
集安市	74	36	38	92	48	44
白山市	**446**	**247**	**199**	**426**	**228**	**198**
浑江区	172	100	72	169	97	72
江源区	53	26	27	38	17	21
抚松县	109	58	51	92	48	44
靖宇县	56	31	25	58	32	26
长白朝鲜族自治县	17	10	7	25	16	9
临江市	39	22	17	44	18	26
松原市	**928**	**494**	**434**	**974**	**517**	**457**
宁江区	289	147	142	289	163	126
前郭尔罗斯蒙古族自治县	159	78	81	173	82	91
长岭县	178	95	83	198	99	99
乾安县	73	44	29	81	43	38
吉林松原经济开发区	71	38	33	53	24	29
扶余市	158	92	66	180	106	74
白城市	**630**	**314**	**316**	**618**	**305**	**313**
洮北区	157	67	90	139	74	65
镇赉县	88	47	41	93	36	57
通榆县	123	64	59	130	68	62
吉林白城经济开发区	65	33	32	67	33	34
洮南市	121	71	50	107	57	50
大安市	76	32	44	82	37	45
延边朝鲜族自治州	**847**	**432**	**415**	**880**	**443**	**437**
延吉市	334	177	157	368	184	184
图们市	17	9	8	29	16	13
敦化市	186	91	95	189	88	101
珲春市	123	70	53	106	48	58
龙井市	28	13	15	30	17	13
和龙市	39	17	22	37	23	14
汪清县	72	30	42	73	44	29
安图县	48	25	23	48	23	25
长白山管委会	**38**	**22**	**16**	**40**	**23**	**17**
长白山保护开发区池北区	26	15	11	32	18	14
长白山保护开发区池西区	11	6	5	8	5	3
长白山保护开发区池南区	1	1				
梅河口市	**240**	**124**	**116**	**210**	**108**	**102**

1−10 续表 4

单位：人

地区	2020年2月			2020年3月			2020年4月		
	小计	男	女	小计	男	女	小计	男	女
全 省	**10271**	**5347**	**4924**	**10855**	**5570**	**5285**	**9779**	**5072**	**4707**
长春市	**4398**	**2283**	**2115**	**4684**	**2394**	**2290**	**4171**	**2155**	**2016**
南关区	415	231	184	409	205	204	383	190	193
宽城区	503	270	233	528	270	258	500	257	243
朝阳区	240	122	118	257	132	125	246	138	108
二道区	294	149	145	298	161	137	247	123	124
绿园区	390	204	186	453	223	230	405	195	210
双阳区	103	62	41	144	65	79	112	61	51
九台区	195	104	91	232	117	115	188	103	85
农安县	254	135	119	258	127	131	228	123	105
长春经济技术开发区	370	182	188	349	164	185	293	137	156
长春净月高新技术产业开发区	244	114	130	260	143	117	223	111	112
长春高新技术产业开发区	373	182	191	386	214	172	360	188	172
长春汽车经济技术开发区	228	121	107	234	127	107	218	128	90
长春莲花山生态旅游度假区	14	7	7	16	11	5	14	7	7
榆树市	250	121	129	300	145	155	234	115	119
德惠市	190	96	94	230	122	108	202	108	94
公主岭市	335	183	152	330	168	162	318	171	147
吉林市	**1344**	**722**	**622**	**1432**	**737**	**695**	**1237**	**620**	**617**
昌邑区	243	127	116	252	136	116	264	141	123
龙潭区	109	58	51	124	62	62	107	59	48
船营区	176	85	91	199	99	100	138	69	69
丰满区	133	74	59	149	79	70	126	59	67
永吉县	80	55	25	89	43	46	68	33	35
吉林经济开发区	10	6	4	19	10	9	15	7	8
吉林高新技术产业开发区	75	45	30	100	57	43	67	36	31
吉林中国新加坡食品区	12	5	7	10	5	5	13	9	4
蛟河市	102	53	49	100	49	51	90	49	41
桦甸市	127	73	54	122	52	70	127	61	66
舒兰市	120	58	62	119	67	52	112	53	59
磐石市	157	83	74	149	78	71	110	44	66
四平市	**656**	**344**	**312**	**651**	**325**	**326**	**594**	**301**	**293**
铁西区	125	68	57	170	87	83	129	63	66
铁东区	93	51	42	99	49	50	95	54	41
梨树县	194	99	95	164	81	83	186	102	84
伊通满族自治县	113	60	53	97	45	52	85	36	49
双辽市	131	66	65	121	63	58	99	46	53
辽源市	**368**	**191**	**177**	**379**	**211**	**168**	**351**	**186**	**165**
龙山区	134	72	62	161	82	79	125	70	55
西安区	53	25	28	45	30	15	43	22	21
东丰县	107	54	53	106	62	44	115	61	54
东辽县	74	40	34	67	37	30	68	33	35

1-10　续表 5　　　　单位：人

地　区	2020年2月			2020年3月			2020年4月		
	小计	男	女	小计	男	女	小计	男	女
通化市	**553**	**305**	**248**	**585**	**293**	**292**	**548**	**297**	**251**
东昌区	176	101	75	197	95	102	166	89	77
二道江区	22	14	8	19	8	11	21	14	7
通化县	55	23	32	95	45	50	68	34	34
辉南县	89	51	38	71	38	33	93	54	39
柳河县	128	69	59	134	74	60	123	65	58
集安市	83	47	36	69	33	36	77	41	36
白山市	**396**	**197**	**199**	**461**	**231**	**230**	**399**	**206**	**193**
浑江区	148	72	76	152	77	75	138	72	66
江源区	41	21	20	48	26	22	50	21	29
抚松县	88	46	42	112	60	52	88	43	45
靖宇县	42	19	23	72	30	42	60	33	27
长白朝鲜族自治县	23	8	15	27	10	17	21	10	11
临江市	54	31	23	50	28	22	42	27	15
松原市	**908**	**441**	**467**	**921**	**476**	**445**	**865**	**454**	**411**
宁江区	252	111	141	261	144	117	236	113	123
前郭尔罗斯蒙古族自治县	153	84	69	142	71	71	160	91	69
长岭县	178	87	91	203	97	106	177	97	80
乾安县	69	29	40	84	50	34	64	37	27
吉林松原经济开发区	72	40	32	66	36	30	55	26	29
扶余市	184	90	94	165	78	87	173	90	83
白城市	**609**	**313**	**296**	**616**	**313**	**303**	**588**	**300**	**288**
洮北区	137	67	70	119	74	45	127	67	60
镇赉县	81	44	37	86	38	48	72	34	38
通榆县	105	47	58	133	66	67	122	62	60
吉林白城经济开发区	62	36	26	72	35	37	69	35	34
洮南市	130	69	61	107	46	61	103	50	53
大安市	94	50	44	99	54	45	95	52	43
延边朝鲜族自治州	**773**	**411**	**362**	**865**	**457**	**408**	**790**	**440**	**350**
延吉市	310	163	147	383	209	174	354	200	154
图们市	24	7	17	24	11	13	22	11	11
敦化市	154	86	68	186	92	94	148	90	58
珲春市	126	68	58	95	52	43	93	43	50
龙井市	38	22	16	26	16	10	45	28	17
和龙市	26	14	12	33	22	11	28	13	15
汪清县	45	26	19	66	28	38	54	32	22
安图县	50	25	25	52	27	25	46	23	23
长白山管委会	**43**	**20**	**23**	**38**	**21**	**17**	**39**	**17**	**22**
长白山保护开发区池北区	30	14	16	32	17	15	26	12	14
长白山保护开发区池西区	13	6	7	6	4	2	12	4	8
长白山保护开发区池南区							1	1	
梅河口市	**223**	**120**	**103**	**223**	**112**	**111**	**197**	**96**	**101**

1-10 续表 6

单位：人

地区	2020年5月			2020年6月			2020年7月		
	小计	男	女	小计	男	女	小计	男	女
全 省	**9564**	**4966**	**4598**	**9706**	**5022**	**4684**	**9397**	**4883**	**4514**
长春市	**4135**	**2176**	**1959**	**4252**	**2185**	**2067**	**4086**	**2110**	**1976**
南关区	342	188	154	375	189	186	315	168	147
宽城区	509	253	256	464	242	222	460	268	192
朝阳区	188	106	82	246	115	131	233	136	97
二道区	242	134	108	283	138	145	280	122	158
绿园区	352	175	177	371	182	189	397	197	200
双阳区	90	37	53	113	67	46	104	57	47
九台区	186	101	85	191	93	98	210	104	106
农安县	276	150	126	249	136	113	237	123	114
长春经济技术开发区	320	160	160	295	165	130	312	160	152
长春净月高新技术产业开发区	220	116	104	245	133	112	224	113	111
长春高新技术产业开发区	362	195	167	380	198	182	310	173	137
长春汽车经济技术开发区	233	124	109	215	105	110	221	108	113
长春莲花山生态旅游度假区	8	5	3	8	5	3	13	10	3
榆树市	264	144	120	256	133	123	249	120	129
德惠市	257	135	122	225	122	103	192	90	102
公主岭市	286	153	133	336	162	174	329	161	168
吉林市	**1212**	**600**	**612**	**1202**	**630**	**572**	**1357**	**690**	**667**
昌邑区	241	113	128	236	113	123	286	142	144
龙潭区	101	46	55	77	43	34	98	55	43
船营区	164	86	78	163	95	68	185	91	94
丰满区	105	59	46	130	63	67	126	59	67
永吉县	64	30	34	68	33	35	73	36	37
吉林经济开发区	14	3	11	10	6	4	11	10	1
吉林高新技术产业开发区	76	44	32	87	47	40	84	37	47
吉林中国新加坡食品区	19	13	6	14	4	10	8	5	3
蛟河市	101	43	58	96	50	46	111	58	53
桦甸市	97	53	44	96	52	44	115	53	62
舒兰市	98	52	46	109	61	48	127	71	56
磐石市	132	58	74	116	63	53	133	73	60
四平市	**589**	**304**	**285**	**608**	**336**	**272**	**585**	**319**	**266**
铁西区	124	70	54	107	56	51	120	58	62
铁东区	98	44	54	114	65	49	102	60	42
梨树县	160	78	82	175	100	75	144	83	61
伊通满族自治县	94	54	40	112	60	52	112	61	51
双辽市	113	58	55	100	55	45	107	57	50
辽源市	**380**	**194**	**186**	**353**	**178**	**175**	**310**	**154**	**156**
龙山区	157	76	81	149	75	74	145	65	80
西安区	45	24	21	45	25	20	28	12	16
东丰县	113	58	55	102	53	49	71	43	28
东辽县	65	36	29	57	25	32	66	34	32

1-10 续表 7

单位：人

地 区	2020年5月			2020年6月			2020年7月		
	小计	男	女	小计	男	女	小计	男	女
通化市	**527**	**289**	**238**	**508**	**255**	**253**	**473**	**264**	**209**
东昌区	160	83	77	166	82	84	154	79	75
二道江区	16	7	9	19	10	9	13	5	8
通化县	79	46	33	58	35	23	66	41	25
辉南县	70	40	30	86	40	46	66	35	31
柳河县	131	73	58	126	64	62	117	70	47
集安市	71	40	31	53	24	29	57	34	23
白山市	**376**	**199**	**177**	**380**	**199**	**181**	**363**	**176**	**187**
浑江区	132	75	57	127	62	65	127	67	60
江源区	42	24	18	40	28	12	25	12	13
抚松县	88	51	37	90	52	38	85	40	45
靖宇县	46	22	24	72	30	42	61	33	28
长白朝鲜族自治县	24	10	14	10	6	4	24	9	15
临江市	44	17	27	41	21	20	41	15	26
松原市	**855**	**445**	**410**	**852**	**466**	**386**	**805**	**407**	**398**
宁江区	237	127	110	207	102	105	238	128	110
前郭尔罗斯蒙古族自治县	142	68	74	182	101	81	118	61	57
长岭县	172	87	85	185	107	78	177	83	94
乾安县	82	41	41	68	35	33	59	29	30
吉林松原经济开发区	58	30	28	67	39	28	72	40	32
扶余市	164	92	72	143	82	61	141	66	75
白城市	**553**	**273**	**280**	**581**	**291**	**290**	**499**	**270**	**229**
洮北区	129	62	67	140	72	68	110	56	54
镇赉县	80	46	34	61	28	33	54	27	27
通榆县	104	54	50	109	52	57	104	57	47
吉林白城经济开发区	62	23	39	57	27	30	50	25	25
洮南市	93	48	45	128	67	61	103	58	45
大安市	85	40	45	86	45	41	78	47	31
延边朝鲜族自治州	**711**	**377**	**334**	**744**	**358**	**386**	**695**	**371**	**324**
延吉市	307	164	143	293	132	161	335	179	156
图们市	13	8	5	13	4	9	14	8	6
敦化市	145	71	74	160	73	87	136	67	69
珲春市	95	47	48	102	58	44	78	43	35
龙井市	23	13	10	28	12	16	24	10	14
和龙市	35	20	15	40	21	19	33	24	9
汪清县	53	27	26	65	37	28	45	27	18
安图县	40	27	13	43	21	22	30	13	17
长白山管委会	**31**	**14**	**17**	**31**	**20**	**11**	**37**	**21**	**16**
长白山保护开发区池北区	27	12	15	23	13	10	34	20	14
长白山保护开发区池西区	3	2	1	8	7	1	3	1	2
长白山保护开发区池南区	1		1						
梅河口市	**195**	**95**	**100**	**195**	**104**	**91**	**187**	**101**	**86**

1-10 续表 8 单位：人

地区	2020年8月			2020年9月			2020年10月		
	小计	男	女	小计	男	女	小计	男	女
全省	**8983**	**4643**	**4340**	**8077**	**4161**	**3916**	**6448**	**3309**	**3139**
长春市	**3909**	**2024**	**1885**	**3422**	**1773**	**1649**	**2594**	**1329**	**1265**
南关区	323	158	165	273	147	126	204	102	102
宽城区	481	250	231	411	220	191	319	171	148
朝阳区	205	100	105	189	97	92	130	65	65
二道区	255	137	118	214	105	109	151	73	78
绿园区	376	192	184	326	168	158	246	133	113
双阳区	90	45	45	80	43	37	74	32	42
九台区	207	106	101	169	94	75	137	69	68
农安县	224	114	110	214	114	100	134	66	68
长春经济技术开发区	291	151	140	249	117	132	198	101	97
长春净月高新技术产业开发区	205	99	106	200	108	92	124	72	52
长春高新技术产业开发区	311	164	147	292	145	147	199	90	109
长春汽车经济技术开发区	190	105	85	211	107	104	140	77	63
长春莲花山生态旅游度假区	14	6	8	8	5	3	12	6	6
榆树市	245	134	111	205	108	97	182	98	84
德惠市	208	103	105	157	84	73	130	70	60
公主岭市	284	160	124	224	111	113	214	104	110
吉林市	**1200**	**631**	**569**	**1059**	**549**	**510**	**918**	**480**	**438**
昌邑区	251	137	114	215	112	103	189	99	90
龙潭区	87	43	44	83	46	37	79	38	41
船营区	173	86	87	162	83	79	122	61	61
丰满区	142	78	64	91	43	48	100	50	50
永吉县	51	29	22	65	36	29	53	29	24
吉林经济开发区	17	8	9	8	3	5	16	9	7
吉林高新技术产业开发区	81	45	36	67	39	28	39	21	18
吉林中国新加坡食品区	14	7	7	13	9	4	16	10	6
蛟河市	94	47	47	94	44	50	80	40	40
桦甸市	89	43	46	67	34	33	60	34	26
舒兰市	85	44	41	88	48	40	70	37	33
磐石市	116	64	52	106	52	54	94	52	42
四平市	**563**	**295**	**268**	**535**	**269**	**266**	**394**	**192**	**202**
铁西区	118	65	53	110	58	52	73	37	36
铁东区	79	44	35	82	44	38	61	31	30
梨树县	146	73	73	138	71	67	117	54	63
伊通满族自治县	102	53	49	107	57	50	82	41	41
双辽市	118	60	58	98	39	59	61	29	32
辽源市	**341**	**171**	**170**	**291**	**153**	**138**	**230**	**114**	**116**
龙山区	115	57	58	118	65	53	86	41	45
西安区	42	24	18	31	18	13	20	12	8
东丰县	103	57	46	86	43	43	74	34	40
东辽县	81	33	48	56	27	29	50	27	23

1-10 续表 9　　单位：人

地区	2020年8月			2020年9月			2020年10月		
	小计	男	女	小计	男	女	小计	男	女
通化市	**495**	**261**	**234**	**451**	**222**	**229**	**344**	**163**	**181**
东昌区	172	91	81	145	76	69	95	44	51
二道江区	20	12	8	18	7	11	10	6	4
通化县	63	30	33	57	28	29	55	25	30
辉南县	74	38	36	68	37	31	70	29	41
柳河县	111	61	50	99	46	53	78	41	37
集安市	55	29	26	64	28	36	36	18	18
白山市	**332**	**182**	**150**	**321**	**167**	**154**	**288**	**154**	**134**
浑江区	113	61	52	101	56	45	107	50	57
江源区	25	13	12	30	15	15	19	13	6
抚松县	101	50	51	85	43	42	61	25	36
靖宇县	40	24	16	53	22	31	36	23	13
长白朝鲜族自治县	15	7	8	14	7	7	17	13	4
临江市	38	27	11	38	24	14	48	30	18
松原市	**801**	**411**	**390**	**725**	**385**	**340**	**654**	**338**	**316**
宁江区	203	107	96	206	96	110	199	98	101
前郭尔罗斯蒙古族自治县	155	76	79	132	64	68	149	69	80
长岭县	161	87	74	151	96	55	121	65	56
乾安县	70	35	35	68	42	26	50	30	20
吉林松原经济开发区	54	29	25	55	29	26	42	26	16
扶余市	158	77	81	113	58	55	93	50	43
白城市	**461**	**219**	**242**	**477**	**222**	**255**	**422**	**223**	**199**
洮北区	105	52	53	122	51	71	80	38	42
镇赉县	57	23	34	67	23	44	69	36	33
通榆县	95	40	55	95	46	49	80	39	41
吉林白城经济开发区	44	20	24	49	18	31	41	21	20
洮南市	99	51	48	70	40	30	100	61	39
大安市	61	33	28	74	44	30	52	28	24
延边朝鲜族自治州	**673**	**346**	**327**	**604**	**318**	**286**	**460**	**242**	**218**
延吉市	295	151	144	277	144	133	178	94	84
图们市	13	7	6	12	6	6	12	5	7
敦化市	138	79	59	128	67	61	103	58	45
珲春市	92	48	44	71	43	28	63	33	30
龙井市	23	14	9	12	8	4	14	8	6
和龙市	28	8	20	19	6	13	19	11	8
汪清县	50	19	31	51	23	28	39	17	22
安图县	34	20	14	34	21	13	32	16	16
长白山管委会	**35**	**17**	**18**	**21**	**14**	**7**	**24**	**9**	**15**
长白山保护开发区池北区	27	13	14	19	13	6	16	6	10
长白山保护开发区池西区	8	4	4	2	1	1	6	2	4
长白山保护开发区池南区							2	1	1
梅河口市	**173**	**86**	**87**	**171**	**89**	**82**	**120**	**65**	**55**

1-10a 各地区分性别、月份的出生人口
(2019.11.1-2020.10.31)(城市)

单位：人

地　区	出生人口			2019年11月		
	合计	男	女	小计	男	女
全　省	**54828**	**28398**	**26430**	**5635**	**2934**	**2701**
长春市	**23610**	**12215**	**11395**	**2471**	**1302**	**1169**
南关区	4342	2269	2073	475	263	212
宽城区	4373	2335	2038	412	224	188
朝阳区	2497	1298	1199	277	145	132
二道区	3214	1652	1562	326	167	159
绿园区	4579	2315	2264	489	253	236
双阳区	709	367	342	64	39	25
九台区	948	491	457	84	40	44
农安县						
长春经济技术开发区						
长春净月高新技术产业开发区						
长春高新技术产业开发区						
长春汽车经济技术开发区						
长春莲花山生态旅游度假区						
榆树市	901	441	460	114	56	58
德惠市	779	390	389	90	40	50
公主岭市	1268	657	611	140	75	65
吉林市	**8992**	**4581**	**4411**	**932**	**454**	**478**
昌邑区	2521	1298	1223	270	136	134
龙潭区	865	434	431	93	40	53
船营区	1692	849	843	185	87	98
丰满区	1276	638	638	126	59	67
永吉县						
吉林经济开发区	4	4				
吉林高新技术产业开发区						
吉林中国新加坡食品区						
蛟河市	657	337	320	61	36	25
桦甸市	709	370	339	77	34	43
舒兰市	583	303	280	57	26	31
磐石市	685	348	337	63	36	27
四平市	**2762**	**1462**	**1300**	**256**	**141**	**115**
铁西区	1208	640	568	103	54	49
铁东区	990	515	475	90	52	38
梨树县						
伊通满族自治县						
双辽市	564	307	257	63	35	28
辽源市	**2006**	**1034**	**972**	**182**	**99**	**83**
龙山区	1555	789	766	139	73	66
西安区	451	245	206	43	26	17

1-10a　续表 1

单位：人

地　　区	出生人口			2019年11月		
	合计	男	女	小计	男	女
东丰县						
东辽县						
通化市	**2532**	**1313**	**1219**	**260**	**130**	**130**
东昌区	1901	986	915	198	99	99
二道江区	158	81	77	15	7	8
通化县						
辉南县						
柳河县						
集安市	473	246	227	47	24	23
白山市	**2288**	**1222**	**1066**	**243**	**125**	**118**
浑江区	1536	817	719	145	74	71
江源区	326	177	149	44	23	21
抚松县						
靖宇县						
长白朝鲜族自治县						
临江市	426	228	198	54	28	26
松原市	**2878**	**1460**	**1418**	**303**	**152**	**151**
宁江区	2239	1142	1097	234	121	113
前郭尔罗斯蒙古族自治县	143	69	74	11	2	9
长岭县						
乾安县						
吉林松原经济开发区						
扶余市	496	249	247	58	29	29
白城市	**2113**	**1110**	**1003**	**191**	**111**	**80**
洮北区	1122	583	539	100	55	45
镇赉县						
通榆县						
吉林白城经济开发区	19	10	9	3	2	1
洮南市	542	294	248	44	28	16
大安市	430	223	207	44	26	18
延边朝鲜族自治州	**6366**	**3350**	**3016**	**674**	**355**	**319**
延吉市	3507	1838	1669	340	176	164
图们市	176	85	91	19	10	9
敦化市	1117	598	519	122	70	52
珲春市	1034	547	487	124	69	55
龙井市	253	139	114	30	13	17
和龙市	279	143	136	39	17	22
汪清县						
安图县						
长白山管委会						
梅河口市	**1281**	**651**	**630**	**123**	**65**	**58**

1-10a 续表 2

单位：人

地区	2019年12月			2020年1月		
	小计	男	女	小计	男	女
全省	**5277**	**2769**	**2508**	**5162**	**2703**	**2459**
长春市	**2275**	**1184**	**1091**	**2156**	**1117**	**1039**
南关区	428	215	213	400	213	187
宽城区	410	226	184	421	222	199
朝阳区	230	120	110	194	95	99
二道区	330	183	147	300	164	136
绿园区	427	217	210	390	196	194
双阳区	69	31	38	72	31	41
九台区	98	50	48	81	42	39
农安县						
长春经济技术开发区						
长春净月高新技术产业开发区						
长春高新技术产业开发区						
长春汽车经济技术开发区						
长春莲花山生态旅游度假区						
榆树市	76	35	41	94	41	53
德惠市	74	39	35	79	39	40
公主岭市	133	68	65	125	74	51
吉林市	**863**	**450**	**413**	**859**	**446**	**413**
昌邑区	234	121	113	230	125	105
龙潭区	87	44	43	76	38	38
船营区	161	84	77	164	87	77
丰满区	113	63	50	96	43	53
永吉县						
吉林经济开发区	1	1				
吉林高新技术产业开发区						
吉林中国新加坡食品区						
蛟河市	74	38	36	72	36	36
桦甸市	71	39	32	69	41	28
舒兰市	52	25	27	80	39	41
磐石市	70	35	35	72	37	35
四平市	**252**	**138**	**114**	**284**	**148**	**136**
铁西区	121	72	49	109	59	50
铁东区	89	43	46	110	52	58
梨树县						
伊通满族自治县						
双辽市	42	23	19	65	37	28
辽源市	**205**	**109**	**96**	**187**	**96**	**91**
龙山区	162	86	76	149	78	71
西安区	43	23	20	38	18	20

1-10a　续表 3　　　　单位：人

地　区	2019年12月			2020年1月		
	小计	男	女	小计	男	女
东丰县						
东辽县						
通化市	**240**	**125**	**115**	**254**	**141**	**113**
东昌区	172	91	81	185	106	79
二道江区	15	8	7	15	9	6
通化县						
辉南县						
柳河县						
集安市	53	26	27	54	26	28
白山市	**233**	**136**	**97**	**226**	**123**	**103**
浑江区	164	96	68	162	94	68
江源区	36	21	15	29	12	17
抚松县						
靖宇县						
长白朝鲜族自治县						
临江市	33	19	14	35	17	18
松原市	**292**	**150**	**142**	**279**	**158**	**121**
宁江区	222	110	112	216	124	92
前郭尔罗斯蒙古族自治县	9	5	4	14	7	7
长岭县						
乾安县						
吉林松原经济开发区						
扶余市	61	35	26	49	27	22
白城市	**207**	**106**	**101**	**183**	**106**	**77**
洮北区	114	53	61	103	60	43
镇赉县						
通榆县						
吉林白城经济开发区	2		2	2	1	1
洮南市	53	33	20	39	26	13
大安市	38	20	18	39	19	20
延边朝鲜族自治州	**571**	**304**	**267**	**615**	**307**	**308**
延吉市	313	168	145	336	166	170
图们市	13	7	6	22	12	10
敦化市	101	53	48	118	59	59
珲春市	101	56	45	92	42	50
龙井市	21	11	10	25	14	11
和龙市	22	9	13	22	14	8
汪清县						
安图县						
长白山管委会						
梅河口市	**139**	**67**	**72**	**119**	**61**	**58**

1-10a 续表 4

单位：人

地区	2020年2月			2020年3月			2020年4月		
	小计	男	女	小计	男	女	小计	男	女
全　省	**4888**	**2563**	**2325**	**5113**	**2639**	**2474**	**4597**	**2377**	**2220**
长春市	**2107**	**1125**	**982**	**2222**	**1121**	**1101**	**2022**	**1031**	**991**
南关区	415	231	184	409	205	204	383	190	193
宽城区	375	202	173	403	208	195	394	199	195
朝阳区	224	115	109	240	123	117	227	126	101
二道区	294	149	145	296	160	136	247	123	124
绿园区	388	203	185	451	222	229	401	192	209
双阳区	58	37	21	75	39	36	61	34	27
九台区	90	50	40	94	52	42	71	39	32
农安县									
长春经济技术开发区									
长春净月高新技术产业开发区									
长春高新技术产业开发区									
长春汽车经济技术开发区									
长春莲花山生态旅游度假区									
榆树市	79	41	38	87	38	49	64	33	31
德惠市	64	32	32	69	32	37	70	36	34
公主岭市	120	65	55	98	42	56	104	59	45
吉林市	**784**	**408**	**376**	**797**	**406**	**391**	**728**	**366**	**362**
昌邑区	197	104	93	192	102	90	218	115	103
龙潭区	82	41	41	97	49	48	73	42	31
船营区	139	64	75	156	76	80	107	53	54
丰满区	111	64	47	133	71	62	102	45	57
永吉县									
吉林经济开发区							1	1	
吉林高新技术产业开发区									
吉林中国新加坡食品区									
蛟河市	64	33	31	55	26	29	50	30	20
桦甸市	75	43	32	65	27	38	74	39	35
舒兰市	53	25	28	36	21	15	48	20	28
磐石市	63	34	29	63	34	29	55	21	34
四平市	**239**	**122**	**117**	**271**	**142**	**129**	**223**	**113**	**110**
铁西区	94	46	48	140	73	67	109	52	57
铁东区	80	43	37	86	41	45	76	39	37
梨树县									
伊通满族自治县									
双辽市	65	33	32	45	28	17	38	22	16
辽源市	**177**	**91**	**86**	**193**	**102**	**91**	**155**	**85**	**70**
龙山区	126	67	59	151	73	78	115	64	51
西安区	51	24	27	42	29	13	40	21	19

1-10a　续表 5　　　　单位：人

地　区	2020年2月			2020年3月			2020年4月		
	小计	男	女	小计	男	女	小计	男	女
东丰县									
东辽县									
通化市	**229**	**133**	**96**	**227**	**106**	**121**	**215**	**119**	**96**
东昌区	165	95	70	184	85	99	156	84	72
二道江区	16	12	4	14	7	7	14	9	5
通化县									
辉南县									
柳河县									
集安市	48	26	22	29	14	15	45	26	19
白山市	**210**	**106**	**104**	**217**	**109**	**108**	**190**	**97**	**93**
浑江区	142	70	72	141	69	72	127	67	60
江源区	27	15	12	34	18	16	31	11	20
抚松县									
靖宇县									
长白朝鲜族自治县									
临江市	41	21	20	42	22	20	32	19	13
松原市	**264**	**115**	**149**	**272**	**149**	**123**	**212**	**101**	**111**
宁江区	193	85	108	211	118	93	160	75	85
前郭尔罗斯蒙古族自治县	12	6	6	15	7	8	15	10	5
长岭县									
乾安县									
吉林松原经济开发区									
扶余市	59	24	35	46	24	22	37	16	21
白城市	**191**	**99**	**92**	**183**	**99**	**84**	**182**	**100**	**82**
洮北区	104	55	49	92	58	34	94	50	44
镇赉县									
通榆县									
吉林白城经济开发区				4	2	2	2	2	
洮南市	54	27	27	40	16	24	47	25	22
大安市	33	17	16	47	23	24	39	23	16
延边朝鲜族自治州	**561**	**296**	**265**	**602**	**336**	**266**	**560**	**316**	**244**
延吉市	278	147	131	349	192	157	331	187	144
图们市	21	6	15	21	10	11	18	8	10
敦化市	105	59	46	105	57	48	86	53	33
珲春市	107	55	52	83	48	35	78	39	39
龙井市	31	19	12	22	13	9	26	19	7
和龙市	19	10	9	22	16	6	21	10	11
汪清县									
安图县									
长白山管委会									
梅河口市	**126**	**68**	**58**	**129**	**69**	**60**	**110**	**49**	**61**

1-10a 续表 6

单位：人

地　　区	2020年5月			2020年6月			2020年7月		
	小计	男	女	小计	男	女	小计	男	女
全　省	**4384**	**2247**	**2137**	**4438**	**2273**	**2165**	**4463**	**2272**	**2191**
长春市	**1846**	**956**	**890**	**1971**	**990**	**981**	**1936**	**990**	**946**
南关区	342	188	154	375	189	186	315	168	147
宽城区	369	178	191	344	184	160	348	203	145
朝阳区	179	103	76	227	108	119	213	120	93
二道区	241	133	108	283	138	145	279	121	158
绿园区	348	174	174	359	177	182	395	195	200
双阳区	48	20	28	60	33	27	67	35	32
九台区	66	37	29	89	43	46	89	38	51
农安县									
长春经济技术开发区									
长春净月高新技术产业开发区									
长春高新技术产业开发区									
长春汽车经济技术开发区									
长春莲花山生态旅游度假区									
榆树市	66	32	34	69	34	35	70	35	35
德惠市	84	38	46	68	42	26	60	30	30
公主岭市	103	53	50	97	42	55	100	45	55
吉林市	**701**	**343**	**358**	**669**	**367**	**302**	**794**	**392**	**402**
昌邑区	205	98	107	187	93	94	234	107	127
龙潭区	72	33	39	48	26	22	77	43	34
船营区	129	68	61	129	74	55	147	67	80
丰满区	90	48	42	108	51	57	108	47	61
永吉县									
吉林经济开发区	1	1							
吉林高新技术产业开发区									
吉林中国新加坡食品区									
蛟河市	44	17	27	46	26	20	53	29	24
桦甸市	53	30	23	58	36	22	62	31	31
舒兰市	36	20	16	48	33	15	60	37	23
磐石市	71	28	43	45	28	17	53	31	22
四平市	**233**	**119**	**114**	**229**	**131**	**98**	**215**	**116**	**99**
铁西区	103	59	44	88	46	42	95	47	48
铁东区	77	31	46	102	59	43	85	49	36
梨树县									
伊通满族自治县									
双辽市	53	29	24	39	26	13	35	20	15
辽源市	**188**	**92**	**96**	**180**	**94**	**86**	**165**	**72**	**93**
龙山区	145	69	76	140	71	69	138	61	77
西安区	43	23	20	40	23	17	27	11	16

1-10a　续表 7

单位：人

地　区	2020年5月			2020年6月			2020年7月		
	小计	男	女	小计	男	女	小计	男	女
东丰县									
东辽县									
通化市	**210**	**107**	**103**	**199**	**93**	**106**	**190**	**102**	**88**
东昌区	152	79	73	154	73	81	144	75	69
二道江区	12	4	8	15	6	9	9	4	5
通化县									
辉南县									
柳河县									
集安市	46	24	22	30	14	16	37	23	14
白山市	**178**	**101**	**77**	**175**	**93**	**82**	**171**	**83**	**88**
浑江区	118	68	50	116	57	59	121	65	56
江源区	29	21	8	29	20	9	18	8	10
抚松县									
靖宇县									
长白朝鲜族自治县									
临江市	31	12	19	30	16	14	32	10	22
松原市	**230**	**124**	**106**	**203**	**107**	**96**	**229**	**117**	**112**
宁江区	194	106	88	149	73	76	180	97	83
前郭尔罗斯蒙古族自治县	7	2	5	14	8	6	13	6	7
长岭县									
乾安县									
吉林松原经济开发区									
扶余市	29	16	13	40	26	14	36	14	22
白城市	**172**	**84**	**88**	**197**	**106**	**91**	**165**	**85**	**80**
洮北区	99	48	51	109	60	49	78	42	36
镇赉县									
通榆县									
吉林白城经济开发区	2		2	1		1	1	1	
洮南市	39	20	19	43	26	17	55	28	27
大安市	32	16	16	44	20	24	31	14	17
延边朝鲜族自治州	**518**	**266**	**252**	**509**	**239**	**270**	**505**	**267**	**238**
延吉市	282	151	131	263	118	145	312	168	144
图们市	9	5	4	11	4	7	10	6	4
敦化市	96	45	51	93	42	51	69	32	37
珲春市	86	40	46	91	52	39	69	37	32
龙井市	17	9	8	23	9	14	19	7	12
和龙市	28	16	12	28	14	14	26	17	9
汪清县									
安图县									
长白山管委会									
梅河口市	**108**	**55**	**53**	**106**	**53**	**53**	**93**	**48**	**45**

1-10a 续表 8

单位：人

地 区	2020年8月			2020年9月			2020年10月		
	小计	男	女	小计	男	女	小计	男	女
全 省	**4248**	**2208**	**2040**	**3745**	**1926**	**1819**	**2878**	**1487**	**1391**
长春市	**1852**	**952**	**900**	**1590**	**840**	**750**	**1162**	**607**	**555**
南关区	323	158	165	273	147	126	204	102	102
宽城区	344	188	156	321	177	144	232	124	108
朝阳区	192	94	98	175	87	88	119	62	57
二道区	253	136	117	214	105	109	151	73	78
绿园区	369	188	181	320	166	154	242	132	110
双阳区	59	27	32	44	24	20	32	17	15
九台区	82	43	39	60	33	27	44	24	20
农安县									
长春经济技术开发区									
长春净月高新技术产业开发区									
长春高新技术产业开发区									
长春汽车经济技术开发区									
长春莲花山生态旅游度假区									
榆树市	77	41	36	66	34	32	39	21	18
德惠市	53	21	32	36	24	12	32	17	15
公主岭市	100	56	44	81	43	38	67	35	32
吉林市	**735**	**379**	**356**	**593**	**284**	**309**	**537**	**286**	**251**
昌邑区	207	116	91	182	93	89	165	88	77
龙潭区	56	28	28	49	22	27	55	28	27
船营区	147	73	74	132	66	66	96	50	46
丰满区	129	72	57	77	34	43	83	41	42
永吉县									
吉林经济开发区	1	1							
吉林高新技术产业开发区									
吉林中国新加坡食品区									
蛟河市	51	24	27	51	24	27	36	18	18
桦甸市	57	24	33	25	11	14	23	15	8
舒兰市	38	15	23	38	21	17	37	21	16
磐石市	49	26	23	39	13	26	42	25	17
四平市	**224**	**124**	**100**	**202**	**101**	**101**	**134**	**67**	**67**
铁西区	103	57	46	84	46	38	59	29	30
铁东区	72	39	33	73	41	32	50	26	24
梨树县									
伊通满族自治县									
双辽市	49	28	21	45	14	31	25	12	13
辽源市	**145**	**74**	**71**	**133**	**73**	**60**	**96**	**47**	**49**
龙山区	106	53	53	105	57	48	79	37	42
西安区	39	21	18	28	16	12	17	10	7

1-10a　续表 9　　　　单位：人

地　区	2020年8月			2020年9月			2020年10月		
	小计	男	女	小计	男	女	小计	男	女
东丰县									
东辽县									
通化市	**208**	**111**	**97**	**177**	**87**	**90**	**123**	**59**	**64**
东昌区	168	90	78	136	69	67	87	40	47
二道江区	13	6	7	10	3	7	10	6	4
通化县									
辉南县									
柳河县									
集安市	27	15	12	31	15	16	26	13	13
白山市	**152**	**87**	**65**	**146**	**85**	**61**	**147**	**77**	**70**
浑江区	105	57	48	95	53	42	100	47	53
江源区	16	8	8	22	13	9	11	7	4
抚松县									
靖宇县									
长白朝鲜族自治县									
临江市	31	22	9	29	19	10	36	23	13
松原市	**210**	**108**	**102**	**201**	**94**	**107**	**183**	**85**	**98**
宁江区	163	87	76	164	75	89	153	71	82
前郭尔罗斯蒙古族自治县	14	8	6	8	4	4	11	4	7
长岭县									
乾安县									
吉林松原经济开发区									
扶余市	33	13	20	29	15	14	19	10	9
白城市	**158**	**85**	**73**	**162**	**74**	**88**	**122**	**55**	**67**
洮北区	77	42	35	97	38	59	55	22	33
镇赉县									
通榆县									
吉林白城经济开发区				1	1		1	1	
洮南市	53	27	26	28	14	14	47	24	23
大安市	28	16	12	36	21	15	19	8	11
延边朝鲜族自治州	**490**	**254**	**236**	**444**	**237**	**207**	**317**	**173**	**144**
延吉市	276	141	135	262	137	125	165	87	78
图们市	12	7	5	11	5	6	9	5	4
敦化市	80	48	32	82	44	38	60	36	24
珲春市	81	41	40	65	38	27	57	30	27
龙井市	17	12	5	10	7	3	12	6	6
和龙市	24	5	19	14	6	8	14	9	5
汪清县									
安图县									
长白山管委会									
梅河口市	**74**	**34**	**40**	**97**	**51**	**46**	**57**	**31**	**26**

1-10b 各地区分性别、月份的出生人口
(2019.11.1-2020.10.31)(镇)

单位：人

地区	出生人口			2019年11月		
	合计	男	女	小计	男	女
全省	**28688**	**14750**	**13938**	**2855**	**1441**	**1414**
长春市	**14673**	**7553**	**7120**	**1449**	**736**	**713**
南关区						
宽城区	512	255	257	45	27	18
朝阳区	46	25	21	3	1	2
二道区	6	4	2			
绿园区						
双阳区	24	12	12			
九台区	34	20	14	3	1	2
农安县	981	503	478	105	51	54
长春经济技术开发区	3822	1936	1886	374	200	174
长春净月高新技术产业开发区	1442	740	702	148	66	82
长春高新技术产业开发区	4198	2177	2021	412	215	197
长春汽车经济技术开发区	2656	1375	1281	267	129	138
长春莲花山生态旅游度假区	23	15	8	2	2	
榆树市	153	71	82	10	4	6
德惠市	38	22	16	4	1	3
公主岭市	738	398	340	76	39	37
吉林市	**1990**	**1050**	**940**	**210**	**106**	**104**
昌邑区	24	10	14	1		1
龙潭区	34	18	16	5	1	4
船营区	23	12	11	4	1	3
丰满区	7	3	4			
永吉县	381	219	162	39	23	16
吉林经济开发区	113	54	59	10	2	8
吉林高新技术产业开发区	923	499	424	103	58	45
吉林中国新加坡食品区	31	16	15	3		3
蛟河市	144	66	78	17	8	9
桦甸市	93	46	47	6	4	2
舒兰市	85	37	48	14	5	9
磐石市	132	70	62	8	4	4
四平市	**1457**	**729**	**728**	**138**	**66**	**72**
铁西区						
铁东区	16	13	3	2	2	
梨树县	754	379	375	67	31	36
伊通满族自治县	574	287	287	58	28	30
双辽市	113	50	63	11	5	6
辽源市	**741**	**400**	**341**	**76**	**39**	**37**
龙山区						
西安区						
东丰县	544	290	254	51	23	28
东辽县	197	110	87	25	16	9

1-10b　续表 1　　　　单位：人

地　区	出生人口			2019年11月		
	合计	男	女	小计	男	女
通化市	**1675**	**874**	**801**	**161**	**81**	**80**
东昌区	35	19	16	4	2	2
二道江区	32	20	12	3	1	2
通化县	442	209	233	34	14	20
辉南县	557	298	259	56	33	23
柳河县	572	311	261	59	30	29
集安市	37	17	20	5	1	4
白山市	**1719**	**886**	**833**	**179**	**89**	**90**
浑江区	14	6	8	1	1	
江源区	87	47	40	11	4	7
抚松县	912	471	441	100	49	51
靖宇县	479	246	233	48	25	23
长白朝鲜族自治县	209	105	104	18	9	9
临江市	18	11	7	1	1	
松原市	**2713**	**1388**	**1325**	**254**	**119**	**135**
宁江区	119	60	59	9	5	4
前郭尔罗斯蒙古族自治县	740	374	366	75	38	37
长岭县	643	320	323	47	24	23
乾安县	434	226	208	37	17	20
吉林松原经济开发区	679	355	324	79	32	47
扶余市	98	53	45	7	3	4
白城市	**2062**	**999**	**1063**	**202**	**101**	**101**
洮北区	77	33	44	6	2	4
镇赉县	545	261	284	62	33	29
通榆县	596	296	300	52	23	29
吉林白城经济开发区	669	321	348	72	40	32
洮南市	46	22	24	2		2
大安市	129	66	63	8	3	5
延边朝鲜族自治州	**1075**	**565**	**510**	**114**	**65**	**49**
延吉市	57	28	29	11	6	5
图们市	12	6	6	3		3
敦化市	125	63	62	12	9	3
珲春市	19	9	10	1	1	
龙井市	5	3	2	1		1
和龙市	23	11	12	4	2	2
汪清县	534	279	255	55	34	21
安图县	300	166	134	27	13	14
长白山管委会	**427**	**226**	**201**	**50**	**28**	**22**
长白山保护开发区池北区	332	176	156	40	23	17
长白山保护开发区池西区	89	46	43	9	4	5
长白山保护开发区池南区	6	4	2	1	1	
梅河口市	**156**	**80**	**76**	**22**	**11**	**11**

1-10b 续表 2

单位：人

地区	2019年12月			2020年1月		
	小计	男	女	小计	男	女
全省	**2847**	**1491**	**1356**	**2774**	**1376**	**1398**
长春市	**1474**	**777**	**697**	**1433**	**707**	**726**
南关区						
宽城区	48	27	21	55	22	33
朝阳区	7	3	4	3	1	2
二道区						
绿园区						
双阳区	2	2		1	1	
九台区	4	2	2	4	2	2
农安县	88	47	41	109	51	58
长春经济技术开发区	401	217	184	370	182	188
长春净月高新技术产业开发区	150	84	66	142	80	62
长春高新技术产业开发区	409	217	192	411	202	209
长春汽车经济技术开发区	248	121	127	251	123	128
长春莲花山生态旅游度假区	4	2	2	1	1	
榆树市	19	10	9	8	2	6
德惠市	2	1	1	2	1	1
公主岭市	92	44	48	76	39	37
吉林市	**202**	**111**	**91**	**198**	**100**	**98**
昌邑区	2	1	1	4	3	1
龙潭区	4	3	1	1	1	
船营区	3	2	1			
丰满区	1	1		1		1
永吉县	30	16	14	39	25	14
吉林经济开发区	13	6	7	8	3	5
吉林高新技术产业开发区	105	59	46	95	44	51
吉林中国新加坡食品区	1	1		3	2	1
蛟河市	13	8	5	15	7	8
桦甸市	16	10	6	6	4	2
舒兰市	5	2	3	9	3	6
磐石市	9	2	7	17	8	9
四平市	**146**	**75**	**71**	**145**	**67**	**78**
铁西区						
铁东区						
梨树县	87	47	40	75	40	35
伊通满族自治县	44	22	22	57	24	33
双辽市	15	6	9	13	3	10
辽源市	**73**	**47**	**26**	**83**	**44**	**39**
龙山区						
西安区						
东丰县	53	34	19	65	33	32
东辽县	20	13	7	18	11	7

1-10b　续表 3

单位：人

地　区	2019年12月			2020年1月		
	小计	男	女	小计	男	女
通化市	**155**	**75**	**80**	**150**	**73**	**77**
东昌区	2	1	1	4	2	2
二道江区	4	4		6	1	5
通化县	48	20	28	39	15	24
辉南县	45	20	25	47	24	23
柳河县	54	29	25	51	30	21
集安市	2	1	1	3	1	2
白山市	**162**	**86**	**76**	**154**	**80**	**74**
浑江区	2		2			
江源区	11	3	8	5	4	1
抚松县	93	51	42	76	37	39
靖宇县	37	21	16	46	24	22
长白朝鲜族自治县	17	10	7	23	15	8
临江市	2	1	1	4		4
松原市	**260**	**141**	**119**	**262**	**133**	**129**
宁江区	14	7	7	12	7	5
前郭尔罗斯蒙古族自治县	66	34	32	69	37	32
长岭县	63	29	34	76	38	38
乾安县	42	28	14	47	21	26
吉林松原经济开发区	67	37	30	47	22	25
扶余市	8	6	2	11	8	3
白城市	**199**	**97**	**102**	**195**	**82**	**113**
洮北区	10	3	7	7	3	4
镇赉县	47	23	24	60	22	38
通榆县	62	32	30	49	23	26
吉林白城经济开发区	62	32	30	62	30	32
洮南市	5	3	2	8	1	7
大安市	13	4	9	9	3	6
延边朝鲜族自治州	**120**	**51**	**69**	**109**	**64**	**45**
延吉市	2		2	4	2	2
图们市	2	1	1	2	2	
敦化市	18	8	10	7	3	4
珲春市	3	2	1	1		1
龙井市				1	1	
和龙市	5	3	2	2	1	1
汪清县	58	20	38	61	38	23
安图县	32	17	15	31	17	14
长白山管委会	**38**	**22**	**16**	**40**	**23**	**17**
长白山保护开发区池北区	26	15	11	32	18	14
长白山保护开发区池西区	11	6	5	8	5	3
长白山保护开发区池南区	1	1				
梅河口市	**18**	**9**	**9**	**5**	**3**	**2**

1-10b 续表 4

单位：人

地　区	2020年2月			2020年3月			2020年4月		
	小计	男	女	小计	男	女	小计	男	女
全　省	**2548**	**1325**	**1223**	**2619**	**1357**	**1262**	**2319**	**1193**	**1126**
长春市	**1301**	**661**	**640**	**1307**	**675**	**632**	**1183**	**616**	**567**
南关区									
宽城区	45	25	20	41	20	21	36	16	20
朝阳区	5	3	2	4	3	1	7	4	3
二道区				2	1	1			
绿园区									
双阳区				7	2	5	3	2	1
九台区	4	2	2	2	2		3	2	1
农安县	82	42	40	79	32	47	73	46	27
长春经济技术开发区	370	182	188	349	164	185	293	137	156
长春净月高新技术产业开发区	122	60	62	129	64	65	119	57	62
长春高新技术产业开发区	373	182	191	385	213	172	359	188	171
长春汽车经济技术开发区	228	121	107	234	127	107	218	128	90
长春莲花山生态旅游度假区	2	2					4	3	1
榆树市	9	3	6	11	9	2	11	4	7
德惠市	2	2		1		1	3	1	2
公主岭市	59	37	22	63	38	25	54	28	26
吉林市	**153**	**94**	**59**	**208**	**117**	**91**	**145**	**71**	**74**
昌邑区				3	1	2	5	2	3
龙潭区	3	2	1	2		2	3	1	2
船营区	1		1	2	1	1	2		2
丰满区									
永吉县	34	24	10	41	22	19	22	10	12
吉林经济开发区	7	3	4	15	7	8	6	4	2
吉林高新技术产业开发区	73	45	28	93	54	39	62	32	30
吉林中国新加坡食品区	1		1	3	2	1	3	2	1
蛟河市	10	3	7	14	8	6	13	7	6
桦甸市	6	5	1	7	2	5	9	3	6
舒兰市	8	4	4	9	7	2	9	4	5
磐石市	10	8	2	19	13	6	11	6	5
四平市	**160**	**85**	**75**	**119**	**50**	**69**	**100**	**48**	**52**
铁西区									
铁东区	3	2	1				3	3	
梨树县	94	47	47	64	28	36	55	28	27
伊通满族自治县	50	31	19	48	19	29	39	17	22
双辽市	13	5	8	7	3	4	3		3
辽源市	**60**	**30**	**30**	**67**	**37**	**30**	**65**	**36**	**29**
龙山区									
西安区									
东丰县	42	17	25	45	27	18	47	28	19
东辽县	18	13	5	22	10	12	18	8	10

1–10b　续表 5

单位：人

地　区	2020年2月			2020年3月			2020年4月		
	小计	男	女	小计	男	女	小计	男	女
通化市	**146**	**76**	**70**	**162**	**89**	**73**	**157**	**82**	**75**
东昌区	5	3	2	3	2	1	4	2	2
二道江区	1		1	2	1	1	3	3	
通化县	29	14	15	53	27	26	39	19	20
辉南县	59	30	29	43	22	21	56	32	24
柳河县	49	27	22	57	35	22	51	25	26
集安市	3	2	1	4	2	2	4	1	3
白山市	**132**	**65**	**67**	**168**	**85**	**83**	**151**	**79**	**72**
浑江区	1		1	1		1	3	2	1
江源区	7	4	3	10	7	3	12	9	3
抚松县	68	36	32	89	48	41	72	34	38
靖宇县	34	17	17	43	20	23	45	24	21
长白朝鲜族自治县	20	6	14	24	9	15	19	10	9
临江市	2	2		1	1				
松原市	**245**	**123**	**122**	**238**	**126**	**112**	**202**	**104**	**98**
宁江区	8	2	6	9	5	4	9	6	3
前郭尔罗斯蒙古族自治县	61	32	29	46	26	20	64	33	31
长岭县	59	28	31	71	34	37	51	29	22
乾安县	39	17	22	38	23	15	25	14	11
吉林松原经济开发区	63	37	26	62	34	28	46	19	27
扶余市	15	7	8	12	4	8	7	3	4
白城市	**192**	**108**	**84**	**210**	**102**	**108**	**184**	**86**	**98**
洮北区	9	5	4	6	4	2	4	2	2
镇赉县	46	30	16	59	26	33	43	19	24
通榆县	56	25	31	59	32	27	60	29	31
吉林白城经济开发区	59	34	25	65	31	34	64	31	33
洮南市	5	3	2	7		7	2	2	
大安市	17	11	6	14	9	5	11	3	8
延边朝鲜族自治州	**96**	**50**	**46**	**93**	**51**	**42**	**80**	**46**	**34**
延吉市	13	9	4	3		3	4	3	1
图们市	1		1	2	1	1			
敦化市	17	8	9	10	7	3	10	6	4
珲春市	2		2	2		2	4	1	3
龙井市									
和龙市	1	1					2		2
汪清县	33	19	14	45	23	22	41	25	16
安图县	29	13	16	31	20	11	19	11	8
长白山管委会	**43**	**20**	**23**	**38**	**21**	**17**	**39**	**17**	**22**
长白山保护开发区池北区	30	14	16	32	17	15	26	12	14
长白山保护开发区池西区	13	6	7	6	4	2	12	4	8
长白山保护开发区池南区							1	1	
梅河口市	**20**	**13**	**7**	**9**	**4**	**5**	**13**	**8**	**5**

1-10b 续表 6

单位：人

地区	2020年5月			2020年6月			2020年7月		
	小计	男	女	小计	男	女	小计	男	女
全 省	**2384**	**1255**	**1129**	**2379**	**1254**	**1125**	**2269**	**1189**	**1080**
长春市	**1251**	**660**	**591**	**1225**	**638**	**587**	**1167**	**618**	**549**
南关区									
宽城区	46	18	28	36	19	17	41	23	18
朝阳区	2	1	1	4	3	1	4	4	
二道区	1	1					1	1	
绿园区									
双阳区	3	1	2	2	1	1	1	1	
九台区	3	2	1				3	2	1
农安县	95	54	41	74	37	37	86	52	34
长春经济技术开发区	320	160	160	295	165	130	312	160	152
长春净月高新技术产业开发区	108	60	48	133	70	63	113	55	58
长春高新技术产业开发区	358	191	167	380	198	182	310	173	137
长春汽车经济技术开发区	233	124	109	215	105	110	221	108	113
长春莲花山生态旅游度假区	2	1	1	1		1	1	1	
榆树市	16	10	6	13	7	6	15	5	10
德惠市	6	4	2	5	4	1	4	1	3
公主岭市	58	33	25	67	29	38	55	32	23
吉林市	**167**	**91**	**76**	**146**	**76**	**70**	**157**	**78**	**79**
昌邑区	3	2	1				3	1	2
龙潭区	3	2	1	3	2	1	1	1	
船营区	2	1	1	1	1		4	4	
丰满区	1	1		2		2	1	1	
永吉县	36	20	16	25	14	11	27	15	12
吉林经济开发区	10	2	8	6	3	3	8	7	1
吉林高新技术产业开发区	73	42	31	75	42	33	74	33	41
吉林中国新加坡食品区	5	4	1	2	1	1	2	1	1
蛟河市	11	5	6	11	4	7	12	5	7
桦甸市	8	5	3	7	3	4	8	3	5
舒兰市	6	2	4	7	3	4	7	3	4
磐石市	9	5	4	7	3	4	10	4	6
四平市	**118**	**67**	**51**	**122**	**65**	**57**	**133**	**72**	**61**
铁西区									
铁东区	3	3		1	1		1		1
梨树县	68	33	35	60	37	23	51	27	24
伊通满族自治县	40	27	13	51	24	27	70	38	32
双辽市	7	4	3	10	3	7	11	7	4
辽源市	**58**	**31**	**27**	**60**	**28**	**32**	**46**	**26**	**20**
龙山区									
西安区									
东丰县	48	25	23	47	23	24	35	20	15
东辽县	10	6	4	13	5	8	11	6	5

1-10b 续表 7　　　　单位：人

地区	2020年5月			2020年6月			2020年7月		
	小计	男	女	小计	男	女	小计	男	女
通化市	**138**	**78**	**60**	**134**	**79**	**55**	**137**	**75**	**62**
东昌区	1		1	4	3	1	2	1	1
二道江区	3	2	1	3	3		1		1
通化县	46	26	20	25	18	7	39	21	18
辉南县	43	27	16	50	26	24	43	21	22
柳河县	43	21	22	50	28	22	49	30	19
集安市	2	2		2	1	1	3	2	1
白山市	**140**	**73**	**67**	**146**	**79**	**67**	**148**	**71**	**77**
浑江区	2		2	1	1				
江源区	9	3	6	8	5	3	5	2	3
抚松县	70	41	29	75	43	32	73	36	37
靖宇县	39	20	19	53	25	28	47	23	24
长白朝鲜族自治县	20	9	11	8	5	3	20	8	12
临江市				1		1	3	2	1
松原市	**210**	**106**	**104**	**253**	**138**	**115**	**212**	**104**	**108**
宁江区	4	3	1	10	6	4	16	6	10
前郭尔罗斯蒙古族自治县	57	28	29	77	41	36	44	22	22
长岭县	44	19	25	65	35	30	50	20	30
乾安县	42	21	21	36	19	17	30	14	16
吉林松原经济开发区	52	28	24	60	34	26	65	36	29
扶余市	11	7	4	5	3	2	7	6	1
白城市	**172**	**84**	**88**	**155**	**79**	**76**	**147**	**76**	**71**
洮北区	10	4	6	5	1	4	7	4	3
镇赉县	47	24	23	34	19	15	37	17	20
通榆县	39	22	17	49	26	23	44	25	19
吉林白城经济开发区	59	23	36	55	26	29	46	21	25
洮南市	3	2	1	4	2	2	2	2	
大安市	14	9	5	8	5	3	11	7	4
延边朝鲜族自治州	**89**	**49**	**40**	**93**	**44**	**49**	**71**	**39**	**32**
延吉市	4	2	2	8	2	6	3	2	1
图们市	1	1							
敦化市	10	5	5	14	4	10	8	3	5
珲春市	1	1							
龙井市	1	1					1	1	
和龙市	2	1	1	2		2	2	2	
汪清县	44	22	22	48	29	19	34	20	14
安图县	26	16	10	21	9	12	23	11	12
长白山管委会	**31**	**14**	**17**	**31**	**20**	**11**	**37**	**21**	**16**
长白山保护开发区池北区	27	12	15	23	13	10	34	20	14
长白山保护开发区池西区	3	2	1	8	7	1	3	1	2
长白山保护开发区池南区	1		1						
梅河口市	**10**	**2**	**8**	**14**	**8**	**6**	**14**	**9**	**5**

1-10b 续表 8

单位：人

地 区	2020年8月			2020年9月			2020年10月		
	小计	男	女	小计	男	女	小计	男	女
全 省	**2143**	**1097**	**1046**	**2036**	**1024**	**1012**	**1515**	**748**	**767**
长春市	**1100**	**572**	**528**	**1040**	**518**	**522**	**743**	**375**	**368**
南关区									
宽城区	52	23	29	34	15	19	33	20	13
朝阳区	3	1	2	4	1	3			
二道区	2	1	1						
绿园区									
双阳区	1		1	2	1	1	2	1	1
九台区	2	1	1	4	2	2	2	2	
农安县	70	34	36	75	38	37	45	19	26
长春经济技术开发区	291	151	140	249	117	132	198	101	97
长春净月高新技术产业开发区	102	44	58	106	59	47	70	41	29
长春高新技术产业开发区	311	164	147	291	144	147	199	90	109
长春汽车经济技术开发区	190	105	85	211	107	104	140	77	63
长春莲花山生态旅游度假区	4	2	2	2	1	1			
榆树市	12	5	7	17	10	7	12	2	10
德惠市	5	4	1	2	2		2	1	1
公主岭市	55	37	18	43	21	22	40	21	19
吉林市	**152**	**80**	**72**	**146**	**74**	**72**	**106**	**52**	**54**
昌邑区				2		2	1		1
龙潭区	5	3	2	4	2	2			
船营区	2	1	1	1		1	1	1	
丰满区							1		1
永吉县	24	14	10	33	16	17	31	20	11
吉林经济开发区	14	7	7	6	3	3	10	7	3
吉林高新技术产业开发区	76	40	36	60	34	26	34	16	18
吉林中国新加坡食品区	4	2	2	2	1	1	2		2
蛟河市	10	6	4	9	4	5	9	1	8
桦甸市	6	3	3	8	2	6	6	2	4
舒兰市	3	2	1	5	2	3	3		3
磐石市	8	2	6	16	10	6	8	5	3
四平市	**112**	**55**	**57**	**97**	**50**	**47**	**67**	**29**	**38**
铁西区									
铁东区				2	1	1	1	1	
梨树县	58	30	28	38	17	21	37	14	23
伊通满族自治县	43	19	24	50	27	23	24	11	13
双辽市	11	6	5	7	5	2	5	3	2
辽源市	**60**	**35**	**25**	**55**	**31**	**24**	**38**	**16**	**22**
龙山区									
西安区									
东丰县	42	24	18	41	23	18	28	13	15
东辽县	18	11	7	14	8	6	10	3	7

1-10b　续表 9　　单位：人

地　　区	2020年8月			2020年9月			2020年10月		
	小计	男	女	小计	男	女	小计	男	女
通化市	**130**	**68**	**62**	**117**	**59**	**58**	**88**	**39**	**49**
东昌区	2		2	2	2		2	1	1
二道江区	3	3		3	2	1			
通化县	31	11	20	33	12	21	26	12	14
辉南县	39	24	15	41	24	17	35	15	20
柳河县	49	27	22	36	18	18	24	11	13
集安市	6	3	3	2	1	1	1		1
白山市	**123**	**66**	**57**	**121**	**63**	**58**	**95**	**50**	**45**
浑江区	1	1					2	1	1
江源区	3	1	2	2	1	1	4	4	
抚松县	80	43	37	67	35	32	49	18	31
靖宇县	25	13	12	38	19	19	24	15	9
长白朝鲜族自治县	12	6	6	13	7	6	15	11	4
临江市	2	2		1	1		1	1	
松原市	**213**	**104**	**109**	**207**	**115**	**92**	**157**	**75**	**82**
宁江区	11	4	7	9	5	4	8	4	4
前郭尔罗斯蒙古族自治县	69	34	35	55	28	27	57	21	36
长岭县	41	20	21	50	31	19	26	13	13
乾安县	38	18	20	39	24	15	21	10	11
吉林松原经济开发区	49	26	23	49	26	23	40	24	16
扶余市	5	2	3	5	1	4	5	3	2
白城市	**134**	**62**	**72**	**144**	**57**	**87**	**128**	**65**	**63**
洮北区	7	2	5	3	1	2	3	2	1
镇赉县	33	16	17	43	14	29	34	18	16
通榆县	42	20	22	42	19	23	42	20	22
吉林白城经济开发区	41	18	23	47	17	30	37	18	19
洮南市	5	4	1	1	1		2	2	
大安市	6	2	4	8	5	3	10	5	5
延边朝鲜族自治州	**78**	**36**	**42**	**73**	**36**	**37**	**59**	**34**	**25**
延吉市	2		2	2	1	1	1	1	
图们市				1	1				
敦化市	10	3	7	3	2	1	6	5	1
珲春市	3	2	1	1	1		1	1	
龙井市	1		1						
和龙市				2		2	1	1	
汪清县	39	15	24	43	18	25	33	16	17
安图县	23	16	7	21	13	8	17	10	7
长白山管委会	**35**	**17**	**18**	**21**	**14**	**7**	**24**	**9**	**15**
长白山保护开发区池北区	27	13	14	19	13	6	16	6	10
长白山保护开发区池西区	8	4	4	2	1	1	6	2	4
长白山保护开发区池南区							2	1	1
梅河口市	**6**	**2**	**4**	**15**	**7**	**8**	**10**	**4**	**6**

1—10c 各地区分性别、月份的出生人口 (2019.11.1—2020.10.31)(乡村)

单位：人

地　区	出生人口			2019年11月		
	合计	男	女	小计	男	女
全　省	**33038**	**17195**	**15843**	**3080**	**1603**	**1477**
长春市	**11706**	**6110**	**5596**	**1040**	**546**	**494**
南关区						
宽城区	949	491	458	86	50	36
朝阳区	128	66	62	6	2	4
二道区						
绿园区	57	26	31	6	1	5
双阳区	519	269	250	42	24	18
九台区	1352	703	649	104	55	49
农安县	1911	999	912	175	93	82
长春经济技术开发区						
长春净月高新技术产业开发区	1294	687	607	117	58	59
长春高新技术产业开发区	16	12	4	5	4	1
长春汽车经济技术开发区						
长春莲花山生态旅游度假区	128	70	58	13	5	8
榆树市	2008	1061	947	195	109	86
德惠市	1623	851	772	148	76	72
公主岭市	1721	875	846	143	69	74
吉林市	**4511**	**2357**	**2154**	**454**	**241**	**213**
昌邑区	538	291	247	50	26	24
龙潭区	278	142	136	12	6	6
船营区	415	218	197	57	25	32
丰满区	226	131	95	24	15	9
永吉县	467	242	225	48	28	20
吉林经济开发区	50	23	27	8	3	5
吉林高新技术产业开发区	73	44	29	4	3	1
吉林中国新加坡食品区	142	77	65	12	6	6
蛟河市	428	211	217	36	19	17
桦甸市	479	251	228	53	37	16
舒兰市	694	365	329	75	38	37
磐石市	721	362	359	75	35	40
四平市	**2969**	**1546**	**1423**	**284**	**144**	**140**
铁西区	295	159	136	38	22	16
铁东区	146	82	64	9	5	4
梨树县	1253	657	596	119	51	68
伊通满族自治县	651	344	307	65	35	30
双辽市	624	304	320	53	31	22
辽源市	**1451**	**748**	**703**	**138**	**66**	**72**
龙山区	109	64	45	13	7	6
西安区	42	21	21	6	2	4

1-10c 续表 1

单位：人

地　区	出生人口			2019年11月		
	合计	男	女	小计	男	女
东丰县	708	374	334	66	33	33
东辽县	592	289	303	53	24	29
通化市	**2068**	**1085**	**983**	**191**	**97**	**94**
东昌区	90	51	39	12	7	5
二道江区	36	17	19	5	1	4
通化县	390	206	184	41	25	16
辉南县	381	195	186	32	15	17
柳河县	870	465	405	73	38	35
集安市	301	151	150	28	11	17
白山市	**678**	**328**	**350**	**75**	**36**	**39**
浑江区	85	43	42	3	2	1
江源区	62	24	38	9	5	4
抚松县	210	108	102	23	14	9
靖宇县	188	87	101	23	9	14
长白朝鲜族自治县	33	13	20	7	3	4
临江市	100	53	47	10	3	7
松原市	**4672**	**2489**	**2183**	**418**	**232**	**186**
宁江区	549	287	262	47	27	20
前郭尔罗斯蒙古族自治县	944	486	458	76	44	32
长岭县	1459	783	676	154	79	75
乾安县	406	230	176	35	24	11
吉林松原经济开发区	72	38	34	7	4	3
扶余市	1242	665	577	99	54	45
白城市	**2505**	**1267**	**1238**	**233**	**121**	**112**
洮北区	309	136	173	37	15	22
镇赉县	371	174	197	46	20	26
通榆县	703	351	352	47	29	18
吉林白城经济开发区	28	18	10	3	1	2
洮南市	691	365	326	72	35	37
大安市	403	223	180	28	21	7
延边朝鲜族自治州	**1534**	**773**	**761**	**145**	**73**	**72**
延吉市	244	125	119	23	12	11
图们市	33	14	19	6	3	3
敦化市	621	312	309	56	32	24
珲春市	131	76	55	15	9	6
龙井市	71	36	35	7	4	3
和龙市	86	47	39	8	3	5
汪清县	146	67	79	12	2	10
安图县	202	96	106	18	8	10
长白山管委会						
梅河口市	**944**	**492**	**452**	**102**	**47**	**55**

1－10c 续表 2

单位：人

地　区	2019年12月			2020年1月		
	小计	男	女	小计	男	女
全　省	**2841**	**1472**	**1369**	**3003**	**1581**	**1422**
长春市	**1014**	**530**	**484**	**1026**	**550**	**476**
南关区						
宽城区	92	41	51	90	41	49
朝阳区	7	5	2	10	6	4
二道区						
绿园区	3	1	2	5	4	1
双阳区	48	23	25	44	28	16
九台区	108	61	47	133	70	63
农安县	180	93	87	161	79	82
长春经济技术开发区						
长春净月高新技术产业开发区	120	70	50	114	60	54
长春高新技术产业开发区	3	1	2	1	1	
长春汽车经济技术开发区						
长春莲花山生态旅游度假区	8	1	7	16	12	4
榆树市	172	93	79	189	105	84
德惠市	123	65	58	127	71	56
公主岭市	150	76	74	136	73	63
吉林市	**379**	**184**	**195**	**435**	**237**	**198**
昌邑区	56	27	29	59	40	19
龙潭区	15	6	9	19	5	14
船营区	27	10	17	47	28	19
丰满区	21	13	8	25	14	11
永吉县	34	18	16	47	27	20
吉林经济开发区	1	1		6	3	3
吉林高新技术产业开发区	5	2	3	8	6	2
吉林中国新加坡食品区	15	6	9	20	11	9
蛟河市	38	15	23	35	14	21
桦甸市	49	24	25	34	19	15
舒兰市	77	42	35	65	34	31
磐石市	41	20	21	70	36	34
四平市	**254**	**139**	**115**	**254**	**134**	**120**
铁西区	27	13	14	29	17	12
铁东区	13	7	6	16	7	9
梨树县	125	69	56	110	57	53
伊通满族自治县	45	30	15	52	25	27
双辽市	44	20	24	47	28	19
辽源市	**138**	**69**	**69**	**113**	**61**	**52**
龙山区	7	3	4	4	3	1
西安区	7	5	2	4		4

1-10c　续表 3

单位：人

地　区	2019年12月			2020年1月		
	小计	男	女	小计	男	女
东丰县	71	38	33	69	38	31
东辽县	53	23	30	36	20	16
通化市	**166**	**86**	**80**	**214**	**115**	**99**
东昌区	9	3	6	9	5	4
二道江区	3	2	1	2	2	
通化县	30	12	18	44	22	22
辉南县	33	20	13	38	19	19
柳河县	72	40	32	86	46	40
集安市	19	9	10	35	21	14
白山市	**51**	**25**	**26**	**46**	**25**	**21**
浑江区	6	4	2	7	3	4
江源区	6	2	4	4	1	3
抚松县	16	7	9	16	11	5
靖宇县	19	10	9	12	8	4
长白朝鲜族自治县				2	1	1
临江市	4	2	2	5	1	4
松原市	**376**	**203**	**173**	**433**	**226**	**207**
宁江区	53	30	23	61	32	29
前郭尔罗斯蒙古族自治县	84	39	45	90	38	52
长岭县	115	66	49	122	61	61
乾安县	31	16	15	34	22	12
吉林松原经济开发区	4	1	3	6	2	4
扶余市	89	51	38	120	71	49
白城市	**224**	**111**	**113**	**240**	**117**	**123**
洮北区	33	11	22	29	11	18
镇赉县	41	24	17	33	14	19
通榆县	61	32	29	81	45	36
吉林白城经济开发区	1	1		3	2	1
洮南市	63	35	28	60	30	30
大安市	25	8	17	34	15	19
延边朝鲜族自治州	**156**	**77**	**79**	**156**	**72**	**84**
延吉市	19	9	10	28	16	12
图们市	2	1	1	5	2	3
敦化市	67	30	37	64	26	38
珲春市	19	12	7	13	6	7
龙井市	7	2	5	4	2	2
和龙市	12	5	7	13	8	5
汪清县	14	10	4	12	6	6
安图县	16	8	8	17	6	11
长白山管委会						
梅河口市	**83**	**48**	**35**	**86**	**44**	**42**

1-10c 续表 4

单位：人

地 区	2020年2月			2020年3月			2020年4月		
	小计	男	女	小计	男	女	小计	男	女
全 省	**2835**	**1459**	**1376**	**3123**	**1574**	**1549**	**2863**	**1502**	**1361**
长春市	**990**	**497**	**493**	**1155**	**598**	**557**	**966**	**508**	**458**
南关区									
宽城区	83	43	40	84	42	42	70	42	28
朝阳区	11	4	7	13	6	7	12	8	4
二道区									
绿园区	2	1	1	2	1	1	4	3	1
双阳区	45	25	20	62	24	38	48	25	23
九台区	101	52	49	136	63	73	114	62	52
农安县	172	93	79	179	95	84	155	77	78
长春经济技术开发区									
长春净月高新技术产业开发区	122	54	68	131	79	52	104	54	50
长春高新技术产业开发区				1	1		1		1
长春汽车经济技术开发区									
长春莲花山生态旅游度假区	12	5	7	16	11	5	10	4	6
榆树市	162	77	85	202	98	104	159	78	81
德惠市	124	62	62	160	90	70	129	71	58
公主岭市	156	81	75	169	88	81	160	84	76
吉林市	**407**	**220**	**187**	**427**	**214**	**213**	**364**	**183**	**181**
昌邑区	46	23	23	57	33	24	41	24	17
龙潭区	24	15	9	25	13	12	31	16	15
船营区	36	21	15	41	22	19	29	16	13
丰满区	22	10	12	16	8	8	24	14	10
永吉县	46	31	15	48	21	27	46	23	23
吉林经济开发区	3	3		4	3	1	8	2	6
吉林高新技术产业开发区	2		2	7	3	4	5	4	1
吉林中国新加坡食品区	11	5	6	7	3	4	10	7	3
蛟河市	28	17	11	31	15	16	27	12	15
桦甸市	46	25	21	50	23	27	44	19	25
舒兰市	59	29	30	74	39	35	55	29	26
磐石市	84	41	43	67	31	36	44	17	27
四平市	**257**	**137**	**120**	**261**	**133**	**128**	**271**	**140**	**131**
铁西区	31	22	9	30	14	16	20	11	9
铁东区	10	6	4	13	8	5	16	12	4
梨树县	100	52	48	100	53	47	131	74	57
伊通满族自治县	63	29	34	49	26	23	46	19	27
双辽市	53	28	25	69	32	37	58	24	34
辽源市	**131**	**70**	**61**	**119**	**72**	**47**	**131**	**65**	**66**
龙山区	8	5	3	10	9	1	10	6	4
西安区	2	1	1	3	1	2	3	1	2

1-10c 续表 5 单位：人

地 区	2020年2月			2020年3月			2020年4月		
	小计	男	女	小计	男	女	小计	男	女
东丰县	65	37	28	61	35	26	68	33	35
东辽县	56	27	29	45	27	18	50	25	25
通化市	**178**	**96**	**82**	**196**	**98**	**98**	**176**	**96**	**80**
东昌区	6	3	3	10	8	2	6	3	3
二道江区	5	2	3	3		3	4	2	2
通化县	26	9	17	42	18	24	29	15	14
辉南县	30	21	9	28	16	12	37	22	15
柳河县	79	42	37	77	39	38	72	40	32
集安市	32	19	13	36	17	19	28	14	14
白山市	**54**	**26**	**28**	**76**	**37**	**39**	**58**	**30**	**28**
浑江区	5	2	3	10	8	2	8	3	5
江源区	7	2	5	4	1	3	7	1	6
抚松县	20	10	10	23	12	11	16	9	7
靖宇县	8	2	6	29	10	19	15	9	6
长白朝鲜族自治县	3	2	1	3	1	2	2		2
临江市	11	8	3	7	5	2	10	8	2
松原市	**399**	**203**	**196**	**411**	**201**	**210**	**451**	**249**	**202**
宁江区	51	24	27	41	21	20	67	32	35
前郭尔罗斯蒙古族自治县	80	46	34	81	38	43	81	48	33
长岭县	119	59	60	132	63	69	126	68	58
乾安县	30	12	18	46	27	19	39	23	16
吉林松原经济开发区	9	3	6	4	2	2	9	7	2
扶余市	110	59	51	107	50	57	129	71	58
白城市	**226**	**106**	**120**	**223**	**112**	**111**	**222**	**114**	**108**
洮北区	24	7	17	21	12	9	29	15	14
镇赉县	35	14	21	27	12	15	29	15	14
通榆县	49	22	27	74	34	40	62	33	29
吉林白城经济开发区	3	2	1	3	2	1	3	2	1
洮南市	71	39	32	60	30	30	54	23	31
大安市	44	22	22	38	22	16	45	26	19
延边朝鲜族自治州	**116**	**65**	**51**	**170**	**70**	**100**	**150**	**78**	**72**
延吉市	19	7	12	31	17	14	19	10	9
图们市	2	1	1	1		1	4	3	1
敦化市	32	19	13	71	28	43	52	31	21
珲春市	17	13	4	10	4	6	11	3	8
龙井市	7	3	4	4	3	1	19	9	10
和龙市	6	3	3	11	6	5	5	3	2
汪清县	12	7	5	21	5	16	13	7	6
安图县	21	12	9	21	7	14	27	12	15
长白山管委会									
梅河口市	**77**	**39**	**38**	**85**	**39**	**46**	**74**	**39**	**35**

1-10c 续表 6

单位：人

地 区	2020年5月			2020年6月			2020年7月		
	小计	男	女	小计	男	女	小计	男	女
全 省	**2796**	**1464**	**1332**	**2889**	**1495**	**1394**	**2665**	**1422**	**1243**
长春市	**1038**	**560**	**478**	**1056**	**557**	**499**	**983**	**502**	**481**
南关区									
宽城区	94	57	37	84	39	45	71	42	29
朝阳区	7	2	5	15	4	11	16	12	4
二道区									
绿园区	4	1	3	12	5	7	2	2	
双阳区	39	16	23	51	33	18	36	21	15
九台区	117	62	55	102	50	52	118	64	54
农安县	181	96	85	175	99	76	151	71	80
长春经济技术开发区									
长春净月高新技术产业开发区	112	56	56	112	63	49	111	58	53
长春高新技术产业开发区	4	4							
长春汽车经济技术开发区									
长春莲花山生态旅游度假区	6	4	2	7	5	2	12	9	3
榆树市	182	102	80	174	92	82	164	80	84
德惠市	167	93	74	152	76	76	128	59	69
公主岭市	125	67	58	172	91	81	174	84	90
吉林市	**344**	**166**	**178**	**387**	**187**	**200**	**406**	**220**	**186**
昌邑区	33	13	20	49	20	29	49	34	15
龙潭区	26	11	15	26	15	11	20	11	9
船营区	33	17	16	33	20	13	34	20	14
丰满区	14	10	4	20	12	8	17	11	6
永吉县	28	10	18	43	19	24	46	21	25
吉林经济开发区	3		3	4	3	1	3	3	
吉林高新技术产业开发区	3	2	1	12	5	7	10	4	6
吉林中国新加坡食品区	14	9	5	12	3	9	6	4	2
蛟河市	46	21	25	39	20	19	46	24	22
桦甸市	36	18	18	31	13	18	45	19	26
舒兰市	56	30	26	54	25	29	60	31	29
磐石市	52	25	27	64	32	32	70	38	32
四平市	**238**	**118**	**120**	**257**	**140**	**117**	**237**	**131**	**106**
铁西区	21	11	10	19	10	9	25	11	14
铁东区	18	10	8	11	5	6	16	11	5
梨树县	92	45	47	115	63	52	93	56	37
伊通满族自治县	54	27	27	61	36	25	42	23	19
双辽市	53	25	28	51	26	25	61	30	31
辽源市	**134**	**71**	**63**	**113**	**56**	**57**	**99**	**56**	**43**
龙山区	12	7	5	9	4	5	7	4	3
西安区	2	1	1	5	2	3	1	1	

1-10c　续表 7　　　　单位：人

地　区	2020年5月			2020年6月			2020年7月		
	小计	男	女	小计	男	女	小计	男	女
东丰县	65	33	32	55	30	25	36	23	13
东辽县	55	30	25	44	20	24	55	28	27
通化市	**179**	**104**	**75**	**175**	**83**	**92**	**146**	**87**	**59**
东昌区	7	4	3	8	6	2	8	3	5
二道江区	1	1		1	1		3	1	2
通化县	33	20	13	33	17	16	27	20	7
辉南县	27	13	14	36	14	22	23	14	9
柳河县	88	52	36	76	36	40	68	40	28
集安市	23	14	9	21	9	12	17	9	8
白山市	**58**	**25**	**33**	**59**	**27**	**32**	**44**	**22**	**22**
浑江区	12	7	5	10	4	6	6	2	4
江源区	4		4	3	3		2	2	
抚松县	18	10	8	15	9	6	12	4	8
靖宇县	7	2	5	19	5	14	14	10	4
长白朝鲜族自治县	4	1	3	2	1	1	4	1	3
临江市	13	5	8	10	5	5	6	3	3
松原市	**415**	**215**	**200**	**396**	**221**	**175**	**364**	**186**	**178**
宁江区	39	18	21	48	23	25	42	25	17
前郭尔罗斯蒙古族自治县	78	38	40	91	52	39	61	33	28
长岭县	128	68	60	120	72	48	127	63	64
乾安县	40	20	20	32	16	16	29	15	14
吉林松原经济开发区	6	2	4	7	5	2	7	4	3
扶余市	124	69	55	98	53	45	98	46	52
白城市	**209**	**105**	**104**	**229**	**106**	**123**	**187**	**109**	**78**
洮北区	20	10	10	26	11	15	25	10	15
镇赉县	33	22	11	27	9	18	17	10	7
通榆县	65	32	33	60	26	34	60	32	28
吉林白城经济开发区	1		1	1	1		3	3	
洮南市	51	26	25	81	39	42	46	28	18
大安市	39	15	24	34	20	14	36	26	10
延边朝鲜族自治州	**104**	**62**	**42**	**142**	**75**	**67**	**119**	**65**	**54**
延吉市	21	11	10	22	12	10	20	9	11
图们市	3	2	1	2		2	4	2	2
敦化市	39	21	18	53	27	26	59	32	27
珲春市	8	6	2	11	6	5	9	6	3
龙井市	5	3	2	5	3	2	4	2	2
和龙市	5	3	2	10	7	3	5	5	
汪清县	9	5	4	17	8	9	11	7	4
安图县	14	11	3	22	12	10	7	2	5
长白山管委会									
梅河口市	**77**	**38**	**39**	**75**	**43**	**32**	**80**	**44**	**36**

1-10c 续表 8

单位：人

地区	2020年8月			2020年9月			2020年10月		
	小计	男	女	小计	男	女	小计	男	女
全省	**2592**	**1338**	**1254**	**2296**	**1211**	**1085**	**2055**	**1074**	**981**
长春市	**957**	**500**	**457**	**792**	**415**	**377**	**689**	**347**	**342**
南关区									
宽城区	85	39	46	56	28	28	54	27	27
朝阳区	10	5	5	10	9	1	11	3	8
二道区									
绿园区	7	4	3	6	2	4	4	1	3
双阳区	30	18	12	34	18	16	40	14	26
九台区	123	62	61	105	59	46	91	43	48
农安县	154	80	74	139	76	63	89	47	42
长春经济技术开发区									
长春净月高新技术产业开发区	103	55	48	94	49	45	54	31	23
长春高新技术产业开发区				1	1				
长春汽车经济技术开发区									
长春莲花山生态旅游度假区	10	4	6	6	4	2	12	6	6
榆树市	156	88	68	122	64	58	131	75	56
德惠市	150	78	72	119	58	61	96	52	44
公主岭市	129	67	62	100	47	53	107	48	59
吉林市	**313**	**172**	**141**	**320**	**191**	**129**	**275**	**142**	**133**
昌邑区	44	21	23	31	19	12	23	11	12
龙潭区	26	12	14	30	22	8	24	10	14
船营区	24	12	12	29	17	12	25	10	15
丰满区	13	6	7	14	9	5	16	9	7
永吉县	27	15	12	32	20	12	22	9	13
吉林经济开发区	2		2	2		2	6	2	4
吉林高新技术产业开发区	5	5		7	5	2	5	5	
吉林中国新加坡食品区	10	5	5	11	8	3	14	10	4
蛟河市	33	17	16	34	16	18	35	21	14
桦甸市	26	16	10	34	21	13	31	17	14
舒兰市	44	27	17	45	25	20	30	16	14
磐石市	59	36	23	51	29	22	44	22	22
四平市	**227**	**116**	**111**	**236**	**118**	**118**	**193**	**96**	**97**
铁西区	15	8	7	26	12	14	14	8	6
铁东区	7	5	2	7	2	5	10	4	6
梨树县	88	43	45	100	54	46	80	40	40
伊通满族自治县	59	34	25	57	30	27	58	30	28
双辽市	58	26	32	46	20	26	31	14	17
辽源市	**136**	**62**	**74**	**103**	**49**	**54**	**96**	**51**	**45**
龙山区	9	4	5	13	8	5	7	4	3
西安区	3	3		3	2	1	3	2	1

1-10c　续表 9　　　　单位：人

地　　区	2020年8月			2020年9月			2020年10月		
	小计	男	女	小计	男	女	小计	男	女
东丰县	61	33	28	45	20	25	46	21	25
东辽县	63	22	41	42	19	23	40	24	16
通化市	**157**	**82**	**75**	**157**	**76**	**81**	**133**	**65**	**68**
东昌区	2	1	1	7	5	2	6	3	3
二道江区	4	3	1	5	2	3			
通化县	32	19	13	24	16	8	29	13	16
辉南县	35	14	21	27	13	14	35	14	21
柳河县	62	34	28	63	28	35	54	30	24
集安市	22	11	11	31	12	19	9	5	4
白山市	**57**	**29**	**28**	**54**	**19**	**35**	**46**	**27**	**19**
浑江区	7	3	4	6	3	3	5	2	3
江源区	6	4	2	6	1	5	4	2	2
抚松县	21	7	14	18	8	10	12	7	5
靖宇县	15	11	4	15	3	12	12	8	4
长白朝鲜族自治县	3	1	2	1		1	2	2	
临江市	5	3	2	8	4	4	11	6	5
松原市	**378**	**199**	**179**	**317**	**176**	**141**	**314**	**178**	**136**
宁江区	29	16	13	33	16	17	38	23	15
前郭尔罗斯蒙古族自治县	72	34	38	69	32	37	81	44	37
长岭县	120	67	53	101	65	36	95	52	43
乾安县	32	17	15	29	18	11	29	20	9
吉林松原经济开发区	5	3	2	6	3	3	2	2	
扶余市	120	62	58	79	42	37	69	37	32
白城市	**169**	**72**	**97**	**171**	**91**	**80**	**172**	**103**	**69**
洮北区	21	8	13	22	12	10	22	14	8
镇赉县	24	7	17	24	9	15	35	18	17
通榆县	53	20	33	53	27	26	38	19	19
吉林白城经济开发区	3	2	1	1		1	3	2	1
洮南市	41	20	21	41	25	16	51	35	16
大安市	27	15	12	30	18	12	23	15	8
延边朝鲜族自治州	**105**	**56**	**49**	**87**	**45**	**42**	**84**	**35**	**49**
延吉市	17	10	7	13	6	7	12	6	6
图们市	1		1				3		3
敦化市	48	28	20	43	21	22	37	17	20
珲春市	8	5	3	5	4	1	5	2	3
龙井市	5	2	3	2	1	1	2	2	
和龙市	4	3	1	3		3	4	1	3
汪清县	11	4	7	8	5	3	6	1	5
安图县	11	4	7	13	8	5	15	6	9
长白山管委会									
梅河口市	**93**	**50**	**43**	**59**	**31**	**28**	**53**	**30**	**23**

1-11 各地区分性别、月份的死亡人口
(2019.11.1-2020.10.31)

单位：人

地区	死亡人口			2019年11月		
	合计	男	女	小计	男	女
全 省	**148130**	**88187**	**59943**	**9456**	**5697**	**3759**
长春市	**45503**	**26811**	**18692**	**2917**	**1757**	**1160**
南关区	2975	1757	1218	210	125	85
宽城区	3373	1951	1422	248	143	105
朝阳区	3007	1734	1273	183	112	71
二道区	1374	867	507	85	55	30
绿园区	2828	1646	1182	169	99	70
双阳区	1938	1194	744	113	72	41
九台区	4781	2852	1929	312	187	125
农安县	5659	3298	2361	358	199	159
长春经济技术开发区	841	494	347	45	29	16
长春净月高新技术产业开发区	919	552	367	64	42	22
长春高新技术产业开发区	706	414	292	44	25	19
长春汽车经济技术开发区	1229	730	499	71	36	35
长春莲花山生态旅游度假区	363	223	140	25	15	10
榆树市	6754	3913	2841	452	280	172
德惠市	3513	2049	1464	212	137	75
公主岭市	5243	3137	2106	326	201	125
吉林市	**24760**	**14794**	**9966**	**1550**	**940**	**610**
昌邑区	2745	1616	1129	185	121	64
龙潭区	3143	1808	1335	195	113	82
船营区	2864	1753	1111	154	108	46
丰满区	1297	796	501	75	36	39
永吉县	2281	1369	912	166	111	55
吉林经济开发区	401	251	150	23	11	12
吉林高新技术产业开发区	549	320	229	31	19	12
吉林中国新加坡食品区	230	140	90	19	14	5
蛟河市	2637	1588	1049	140	81	59
桦甸市	2146	1308	838	129	74	55
舒兰市	3655	2150	1505	242	132	110
磐石市	2812	1695	1117	191	120	71
四平市	**11164**	**6663**	**4501**	**713**	**432**	**281**
铁西区	967	574	393	59	39	20
铁东区	1044	635	409	66	44	22
梨树县	4232	2472	1760	268	154	114
伊通满族自治县	2880	1732	1148	185	109	76
双辽市	2041	1250	791	135	86	49
辽源市	**7548**	**4548**	**3000**	**546**	**335**	**211**
龙山区	1621	961	660	127	78	49
西安区	1086	672	414	74	49	25
东丰县	2360	1422	938	165	99	66
东辽县	2481	1493	988	180	109	71

1-11 续表 1

单位：人

地 区	死亡人口			2019年11月		
	合计	男	女	小计	男	女
通化市	**8836**	**5254**	**3582**	**550**	**333**	**217**
东昌区	1161	685	476	51	36	15
二道江区	596	340	256	23	10	13
通化县	1410	858	552	97	66	31
辉南县	2172	1307	865	139	82	57
柳河县	2027	1206	821	146	81	65
集安市	1470	858	612	94	58	36
白山市	**7054**	**4312**	**2742**	**424**	**264**	**160**
浑江区	2020	1268	752	116	70	46
江源区	1208	716	492	78	50	28
抚松县	1480	936	544	94	63	31
靖宇县	699	423	276	37	24	13
长白朝鲜族自治县	451	274	177	26	18	8
临江市	1196	695	501	73	39	34
松原市	**13246**	**7849**	**5397**	**803**	**469**	**334**
宁江区	2403	1425	978	128	71	57
前郭尔罗斯蒙古族自治县	3261	1955	1306	221	135	86
长岭县	2533	1506	1027	156	96	60
乾安县	1037	628	409	45	23	22
吉林松原经济开发区	215	143	72	18	12	6
扶余市	3797	2192	1605	235	132	103
白城市	**10359**	**6231**	**4128**	**575**	**345**	**230**
洮北区	2143	1347	796	128	87	41
镇赉县	1431	835	596	84	46	38
通榆县	1918	1140	778	93	60	33
吉林白城经济开发区	300	182	118	15	5	10
洮南市	2674	1609	1065	162	94	68
大安市	1893	1118	775	93	53	40
延边朝鲜族自治州	**16079**	**9599**	**6480**	**1139**	**676**	**463**
延吉市	5128	2982	2146	395	238	157
图们市	935	570	365	82	61	21
敦化市	3000	1832	1168	198	121	77
珲春市	1651	1011	640	98	51	47
龙井市	1438	846	592	84	46	38
和龙市	1128	666	462	96	53	43
汪清县	1671	1004	667	99	53	46
安图县	1128	688	440	87	53	34
长白山管委会	**385**	**218**	**167**	**29**	**19**	**10**
长白山保护开发区池北区	274	155	119	21	13	8
长白山保护开发区池西区	94	51	43	7	5	2
长白山保护开发区池南区	17	12	5	1	1	
梅河口市	**3196**	**1908**	**1288**	**210**	**127**	**83**

1-11 续表 2

单位：人

地区	2019年12月			2020年1月		
	小计	男	女	小计	男	女
全 省	**9936**	**5955**	**3981**	**10438**	**6201**	**4237**
长春市	**3211**	**1906**	**1305**	**3178**	**1905**	**1273**
南关区	218	125	93	227	136	91
宽城区	287	161	126	268	149	119
朝阳区	245	138	107	228	126	102
二道区	104	64	40	132	91	41
绿园区	208	132	76	232	144	88
双阳区	130	84	46	117	66	51
九台区	319	191	128	315	194	121
农安县	409	247	162	368	222	146
长春经济技术开发区	53	29	24	71	45	26
长春净月高新技术产业开发区	70	53	17	52	25	27
长春高新技术产业开发区	54	32	22	49	32	17
长春汽车经济技术开发区	102	59	43	89	60	29
长春莲花山生态旅游度假区	22	16	6	25	14	11
榆树市	480	285	195	454	263	191
德惠市	187	101	86	215	127	88
公主岭市	323	189	134	336	211	125
吉林市	**1540**	**897**	**643**	**1766**	**1069**	**697**
昌邑区	176	100	76	190	114	76
龙潭区	207	116	91	264	148	116
船营区	179	104	75	187	112	75
丰满区	79	51	28	100	67	33
永吉县	146	81	65	153	101	52
吉林经济开发区	28	24	4	16	7	9
吉林高新技术产业开发区	31	20	11	50	30	20
吉林中国新加坡食品区	17	12	5	14	10	4
蛟河市	123	72	51	193	120	73
桦甸市	123	64	59	161	95	66
舒兰市	242	149	93	253	153	100
磐石市	189	104	85	185	112	73
四平市	**727**	**445**	**282**	**806**	**478**	**328**
铁西区	54	34	20	78	41	37
铁东区	65	46	19	68	43	25
梨树县	311	184	127	292	166	126
伊通满族自治县	174	107	67	215	129	86
双辽市	123	74	49	153	99	54
辽源市	**552**	**330**	**222**	**590**	**335**	**255**
龙山区	109	60	49	127	69	58
西安区	89	55	34	78	39	39
东丰县	167	102	65	174	102	72
东辽县	187	113	74	211	125	86

1-11 续表 3

单位：人

地 区	2019年12月			2020年1月		
	小计	男	女	小计	男	女
通化市	**543**	**330**	**213**	**664**	**399**	**265**
东昌区	46	32	14	78	44	34
二道江区	25	14	11	43	27	16
通化县	90	51	39	99	61	38
辉南县	137	77	60	185	117	68
柳河县	131	82	49	162	92	70
集安市	114	74	40	97	58	39
白山市	**456**	**279**	**177**	**496**	**303**	**193**
浑江区	144	89	55	135	90	45
江源区	68	43	25	92	62	30
抚松县	90	57	33	95	63	32
靖宇县	42	24	18	49	25	24
长白朝鲜族自治县	29	17	12	32	19	13
临江市	83	49	34	93	44	49
松原市	**885**	**552**	**333**	**798**	**464**	**334**
宁江区	160	97	63	159	100	59
前郭尔罗斯蒙古族自治县	235	156	79	206	118	88
长岭县	174	107	67	139	84	55
乾安县	48	32	16	67	36	31
吉林松原经济开发区	10	5	5	19	14	5
扶余市	258	155	103	208	112	96
白城市	**651**	**393**	**258**	**668**	**387**	**281**
洮北区	150	104	46	136	81	55
镇赉县	77	42	35	84	47	37
通榆县	106	63	43	129	72	57
吉林白城经济开发区	21	17	4	15	7	8
洮南市	168	96	72	177	106	71
大安市	129	71	58	127	74	53
延边朝鲜族自治州	**1119**	**686**	**433**	**1185**	**701**	**484**
延吉市	412	262	150	392	222	170
图们市	51	30	21	77	43	34
敦化市	182	120	62	190	111	79
珲春市	101	69	32	131	85	46
龙井市	75	45	30	116	77	39
和龙市	79	40	39	98	61	37
汪清县	117	61	56	101	58	43
安图县	102	59	43	80	44	36
长白山管委会	**16**	**9**	**7**	**32**	**15**	**17**
长白山保护开发区池北区	13	7	6	25	9	16
长白山保护开发区池西区	3	2	1	6	5	1
长白山保护开发区池南区				1	1	
梅河口市	**236**	**128**	**108**	**255**	**145**	**110**

1-11 续表 4

单位：人

地 区	2020年2月			2020年3月			2020年4月		
	小计	男	女	小计	男	女	小计	男	女
全 省	**11559**	**6758**	**4801**	**12555**	**7443**	**5112**	**12499**	**7403**	**5096**
长春市	**3727**	**2102**	**1625**	**3909**	**2281**	**1628**	**3746**	**2177**	**1569**
南关区	234	124	110	227	122	105	260	165	95
宽城区	264	152	112	260	148	112	270	161	109
朝阳区	248	136	112	264	159	105	248	144	104
二道区	104	63	41	110	66	44	103	65	38
绿园区	230	142	88	239	133	106	214	127	87
双阳区	187	111	76	143	86	57	167	93	74
九台区	387	226	161	435	251	184	386	243	143
农安县	474	257	217	521	306	215	497	290	207
长春经济技术开发区	51	25	26	79	49	30	67	39	28
长春净月高新技术产业开发区	73	42	31	88	52	36	90	50	40
长春高新技术产业开发区	49	26	23	68	39	29	46	24	22
长春汽车经济技术开发区	99	60	39	94	66	28	88	43	45
长春莲花山生态旅游度假区	32	19	13	41	29	12	30	18	12
榆树市	595	312	283	589	335	254	551	285	266
德惠市	283	162	121	310	174	136	306	180	126
公主岭市	417	245	172	441	266	175	423	250	173
吉林市	**1880**	**1126**	**754**	**2020**	**1172**	**848**	**1991**	**1184**	**807**
昌邑区	186	101	85	217	121	96	209	126	83
龙潭区	260	154	106	262	141	121	258	158	100
船营区	209	141	68	222	125	97	204	127	77
丰满区	78	48	30	88	55	33	102	61	41
永吉县	182	108	74	210	118	92	199	121	78
吉林经济开发区	31	22	9	29	20	9	33	20	13
吉林高新技术产业开发区	48	26	22	55	28	27	49	30	19
吉林中国新加坡食品区	11	6	5	14	11	3	21	14	7
蛟河市	194	114	80	195	106	89	229	137	92
桦甸市	148	96	52	187	117	70	187	112	75
舒兰市	294	165	129	302	184	118	296	169	127
磐石市	239	145	94	239	146	93	204	109	95
四平市	**905**	**521**	**384**	**1017**	**590**	**427**	**995**	**597**	**398**
铁西区	64	33	31	88	56	32	75	40	35
铁东区	77	48	29	75	47	28	110	57	53
梨树县	339	193	146	402	218	184	357	224	133
伊通满族自治县	254	152	102	257	147	110	258	154	104
双辽市	171	95	76	195	122	73	195	122	73
辽源市	**620**	**373**	**247**	**638**	**387**	**251**	**648**	**379**	**269**
龙山区	119	73	46	127	74	53	132	80	52
西安区	86	51	35	98	66	32	101	52	49
东丰县	209	135	74	207	124	83	208	121	87
东辽县	206	114	92	206	123	83	207	126	81

1-11　续表 5　　单位：人

地　区	2020年2月			2020年3月			2020年4月		
	小计	男	女	小计	男	女	小计	男	女
通化市	**638**	**370**	**268**	**764**	**453**	**311**	**784**	**467**	**317**
东昌区	54	26	28	89	61	28	104	58	46
二道江区	32	22	10	49	19	30	61	35	26
通化县	113	72	41	118	65	53	139	79	60
辉南县	174	95	79	189	115	74	187	122	65
柳河县	158	99	59	165	101	64	151	86	65
集安市	107	56	51	154	92	62	142	87	55
白山市	**528**	**324**	**204**	**560**	**353**	**207**	**614**	**393**	**221**
浑江区	147	99	48	168	112	56	200	129	71
江源区	99	49	50	98	59	39	108	69	39
抚松县	118	74	44	120	82	38	119	81	38
靖宇县	51	32	19	60	35	25	50	31	19
长白朝鲜族自治县	30	20	10	34	24	10	38	20	18
临江市	83	50	33	80	41	39	99	63	36
松原市	**1046**	**589**	**457**	**1168**	**694**	**474**	**1164**	**675**	**489**
宁江区	175	94	81	212	126	86	212	121	91
前郭尔罗斯蒙古族自治县	252	147	105	281	167	114	261	157	104
长岭县	211	124	87	209	134	75	229	138	91
乾安县	94	52	42	90	56	34	87	52	35
吉林松原经济开发区	16	10	6	21	15	6	16	9	7
扶余市	298	162	136	355	196	159	359	198	161
白城市	**754**	**464**	**290**	**858**	**536**	**322**	**950**	**572**	**378**
洮北区	145	90	55	163	111	52	185	116	69
镇赉县	110	78	32	131	74	57	140	82	58
通榆县	148	85	63	167	100	67	171	101	70
吉林白城经济开发区	23	17	6	21	13	8	35	24	11
洮南市	175	102	73	238	151	87	258	157	101
大安市	153	92	61	138	87	51	161	92	69
延边朝鲜族自治州	**1182**	**723**	**459**	**1328**	**792**	**536**	**1320**	**794**	**526**
延吉市	393	214	179	429	246	183	433	246	187
图们市	79	53	26	72	45	27	68	49	19
敦化市	210	139	71	290	171	119	240	141	99
珲春市	107	70	37	125	85	40	133	83	50
龙井市	115	73	42	110	62	48	110	62	48
和龙市	84	52	32	90	54	36	115	74	41
汪清县	103	65	38	121	74	47	128	80	48
安图县	91	57	34	91	55	36	93	59	34
长白山管委会	**29**	**17**	**12**	**38**	**22**	**16**	**32**	**18**	**14**
长白山保护开发区池北区	17	10	7	30	18	12	25	15	10
长白山保护开发区池西区	12	7	5	7	3	4	5	1	4
长白山保护开发区池南区				1	1		2	2	
梅河口市	**250**	**149**	**101**	**255**	**163**	**92**	**255**	**147**	**108**

1-11 续表 6　　　　单位：人

地　区	2020年5月			2020年6月			2020年7月		
	小计	男	女	小计	男	女	小计	男	女
全　省	**13302**	**7992**	**5310**	**12315**	**7341**	**4974**	**12744**	**7586**	**5158**
长春市	**4065**	**2389**	**1676**	**3757**	**2202**	**1555**	**3893**	**2279**	**1614**
南关区	261	162	99	243	130	113	262	162	100
宽城区	316	189	127	278	170	108	301	166	135
朝阳区	275	151	124	237	135	102	264	163	101
二道区	111	67	44	125	83	42	135	90	45
绿园区	248	145	103	231	135	96	264	134	130
双阳区	171	108	63	152	93	59	150	98	52
九台区	411	228	183	410	244	166	410	239	171
农安县	496	297	199	458	272	186	458	270	188
长春经济技术开发区	84	53	31	77	38	39	76	47	29
长春净月高新技术产业开发区	90	50	40	67	40	27	69	50	19
长春高新技术产业开发区	63	39	24	66	38	28	54	25	29
长春汽车经济技术开发区	113	68	45	101	57	44	104	62	42
长春莲花山生态旅游度假区	34	26	8	29	13	16	25	17	8
榆树市	605	350	255	555	328	227	557	322	235
德惠市	324	187	137	288	159	129	314	179	135
公主岭市	463	269	194	440	267	173	450	255	195
吉林市	**2286**	**1404**	**882**	**2090**	**1235**	**855**	**2111**	**1279**	**832**
昌邑区	262	154	108	230	130	100	239	148	91
龙潭区	267	166	101	247	149	98	280	156	124
船营区	298	193	105	238	144	94	263	158	105
丰满区	116	75	41	127	80	47	116	70	46
永吉县	177	100	77	173	105	68	201	121	80
吉林经济开发区	38	22	16	36	22	14	34	20	14
吉林高新技术产业开发区	48	35	13	48	25	23	43	27	16
吉林中国新加坡食品区	14	5	9	14	4	10	15	10	5
蛟河市	254	165	89	243	141	102	211	141	70
桦甸市	195	112	83	182	105	77	186	120	66
舒兰市	352	214	138	326	189	137	296	179	117
磐石市	265	163	102	226	141	85	227	129	98
四平市	**948**	**582**	**366**	**850**	**514**	**336**	**948**	**551**	**397**
铁西区	80	49	31	76	46	30	86	48	38
铁东区	89	56	33	85	49	36	89	48	41
梨树县	361	228	133	318	188	130	347	197	150
伊通满族自治县	242	146	96	235	148	87	243	146	97
双辽市	176	103	73	136	83	53	183	112	71
辽源市	**673**	**400**	**273**	**626**	**379**	**247**	**576**	**359**	**217**
龙山区	150	79	71	162	97	65	124	72	52
西安区	92	64	28	93	63	30	73	46	27
东丰县	202	114	88	188	110	78	182	115	67
东辽县	229	143	86	183	109	74	197	126	71

1-11 续表 7

单位：人

地　　区	2020年5月			2020年6月			2020年7月		
	小计	男	女	小计	男	女	小计	男	女
通化市	**819**	**499**	**320**	**728**	**430**	**298**	**756**	**449**	**307**
东昌区	113	70	43	90	48	42	121	60	61
二道江区	61	32	29	47	31	16	45	27	18
通化县	131	83	48	113	65	48	129	79	50
辉南县	206	124	82	175	103	72	188	125	63
柳河县	179	107	72	176	110	66	172	102	70
集安市	129	83	46	127	73	54	101	56	45
白山市	**620**	**389**	**231**	**542**	**343**	**199**	**641**	**387**	**254**
浑江区	166	106	60	149	98	51	201	121	80
江源区	102	61	41	97	56	41	112	60	52
抚松县	142	87	55	126	84	42	122	73	49
靖宇县	73	49	24	55	37	18	51	38	13
长白朝鲜族自治县	41	24	17	28	15	13	40	26	14
临江市	96	62	34	87	53	34	115	69	46
松原市	**1280**	**761**	**519**	**1116**	**683**	**433**	**1152**	**686**	**466**
宁江区	244	147	97	187	124	63	201	114	87
前郭尔罗斯蒙古族自治县	315	191	124	258	159	99	296	173	123
长岭县	239	140	99	216	135	81	232	137	95
乾安县	95	53	42	96	52	44	92	61	31
吉林松原经济开发区	25	17	8	15	11	4	17	13	4
扶余市	362	213	149	344	202	142	314	188	126
白城市	**842**	**484**	**358**	**908**	**546**	**362**	**983**	**607**	**376**
洮北区	195	114	81	198	123	75	172	106	66
镇赉县	108	60	48	111	54	57	144	90	54
通榆县	153	93	60	169	107	62	191	112	79
吉林白城经济开发区	24	10	14	24	15	9	34	22	12
洮南市	219	128	91	226	133	93	260	169	91
大安市	143	79	64	180	114	66	182	108	74
延边朝鲜族自治州	**1435**	**881**	**554**	**1423**	**842**	**581**	**1391**	**816**	**575**
延吉市	439	272	167	453	262	191	474	281	193
图们市	92	61	31	91	56	35	59	28	31
敦化市	274	157	117	248	152	96	248	162	86
珲春市	140	88	52	151	81	70	147	84	63
龙井市	134	84	50	121	70	51	111	59	52
和龙市	112	68	44	97	52	45	102	62	40
汪清县	153	99	54	164	107	57	163	90	73
安图县	91	52	39	98	62	36	87	50	37
长白山管委会	**41**	**23**	**18**	**30**	**20**	**10**	**25**	**10**	**15**
长白山保护开发区池北区	29	16	13	20	15	5	17	8	9
长白山保护开发区池西区	9	5	4	10	5	5	6	1	5
长白山保护开发区池南区	3	2	1				2	1	1
梅河口市	**293**	**180**	**113**	**245**	**147**	**98**	**268**	**163**	**105**

1-11 续表 8 单位：人

地区	2020年8月			2020年9月			2020年10月		
	小计	男	女	小计	男	女	小计	男	女
全 省	**13317**	**8042**	**5275**	**13566**	**8086**	**5480**	**16443**	**9683**	**6760**
长春市	**4079**	**2484**	**1595**	**4001**	**2404**	**1597**	**5020**	**2925**	**2095**
南关区	265	173	92	283	172	111	285	161	124
宽城区	315	192	123	240	140	100	326	180	146
朝阳区	281	172	109	231	126	105	303	172	131
二道区	125	84	41	120	71	49	120	68	52
绿园区	251	151	100	231	136	95	311	168	143
双阳区	172	117	55	192	115	77	244	151	93
九台区	394	236	158	407	252	155	595	361	234
农安县	520	309	211	490	287	203	610	342	268
长春经济技术开发区	70	41	29	64	40	24	104	59	45
长春净月高新技术产业开发区	95	55	40	75	46	29	86	47	39
长春高新技术产业开发区	62	38	24	75	46	29	76	50	26
长春汽车经济技术开发区	114	59	55	119	75	44	135	85	50
长春莲花山生态旅游度假区	27	15	12	36	21	15	37	20	17
榆树市	612	378	234	565	345	220	739	430	309
德惠市	304	179	125	337	206	131	433	258	175
公主岭市	472	285	187	536	326	210	616	373	243
吉林市	**2313**	**1364**	**949**	**2413**	**1435**	**978**	**2800**	**1689**	**1111**
昌邑区	268	156	112	270	165	105	313	180	133
龙潭区	295	175	120	284	153	131	324	179	145
船营区	289	169	120	301	181	120	320	191	129
丰满区	143	87	56	120	74	46	153	92	61
永吉县	188	108	80	217	125	92	269	170	99
吉林经济开发区	44	24	20	41	26	15	48	33	15
吉林高新技术产业开发区	52	25	27	41	25	16	53	30	23
吉林中国新加坡食品区	19	9	10	32	19	13	40	26	14
蛟河市	246	138	108	291	172	119	318	201	117
桦甸市	204	130	74	215	128	87	229	155	74
舒兰市	346	194	152	315	186	129	391	236	155
磐石市	219	149	70	286	181	105	342	196	146
四平市	**995**	**632**	**363**	**1012**	**601**	**411**	**1248**	**720**	**528**
铁西区	102	62	40	114	74	40	91	52	39
铁东区	92	61	31	97	57	40	131	79	52
梨树县	360	222	138	379	217	162	498	281	217
伊通满族自治县	268	169	99	232	138	94	317	187	130
双辽市	173	118	55	190	115	75	211	121	90
辽源市	**626**	**376**	**250**	**604**	**366**	**238**	**849**	**529**	**320**
龙山区	145	88	57	132	89	43	167	102	65
西安区	89	61	28	98	51	47	115	75	40
东丰县	190	113	77	197	116	81	271	171	100
东辽县	202	114	88	177	110	67	296	181	115

1-11　续表 9　　　　单位：人

地　区	2020年8月			2020年9月			2020年10月		
	小计	男	女	小计	男	女	小计	男	女
通化市	**791**	**491**	**300**	**815**	**487**	**328**	**984**	**546**	**438**
东昌区	117	74	43	133	82	51	165	94	71
二道江区	57	36	21	67	39	28	86	48	38
通化县	112	74	38	124	82	42	145	81	64
辉南县	191	124	67	198	115	83	203	108	95
柳河县	182	105	77	182	112	70	223	129	94
集安市	132	78	54	111	57	54	162	86	76
白山市	**641**	**373**	**268**	**675**	**401**	**274**	**857**	**503**	**354**
浑江区	191	118	73	190	105	85	213	131	82
江源区	103	66	37	118	66	52	133	75	58
抚松县	120	65	55	138	89	49	196	118	78
靖宇县	79	39	40	54	30	24	98	59	39
长白朝鲜族自治县	37	21	16	52	32	20	64	38	26
临江市	111	64	47	123	79	44	153	82	71
松原市	**1134**	**693**	**441**	**1187**	**701**	**486**	**1513**	**882**	**631**
宁江区	218	128	90	219	133	86	288	170	118
前郭尔罗斯蒙古族自治县	282	165	117	280	161	119	374	226	148
长岭县	215	136	79	240	132	108	273	143	130
乾安县	92	62	30	99	61	38	132	88	44
吉林松原经济开发区	12	9	3	16	11	5	30	17	13
扶余市	315	193	122	333	203	130	416	238	178
白城市	**1003**	**613**	**390**	**989**	**580**	**409**	**1178**	**704**	**474**
洮北区	202	131	71	201	120	81	268	164	104
镇赉县	141	88	53	150	84	66	151	90	61
通榆县	214	125	89	183	103	80	194	119	75
吉林白城经济开发区	21	12	9	20	13	7	47	27	20
洮南市	246	149	97	256	158	98	289	166	123
大安市	179	108	71	179	102	77	229	138	91
延边朝鲜族自治州	**1384**	**807**	**577**	**1531**	**909**	**622**	**1642**	**972**	**670**
延吉市	457	252	205	452	250	202	399	237	162
图们市	75	38	37	89	59	30	100	47	53
敦化市	254	153	101	319	189	130	347	216	131
珲春市	145	93	52	158	103	55	215	119	96
龙井市	138	84	54	152	89	63	172	95	77
和龙市	82	43	39	89	51	38	84	56	28
汪清县	148	93	55	187	112	75	187	112	75
安图县	85	51	34	85	56	29	138	90	48
长白山管委会	**35**	**20**	**15**	**38**	**23**	**15**	**40**	**22**	**18**
长白山保护开发区池北区	25	15	10	28	16	12	24	13	11
长白山保护开发区池西区	8	5	3	7	4	3	14	8	6
长白山保护开发区池南区	2		2	3	3		2	1	1
梅河口市	**316**	**189**	**127**	**301**	**179**	**122**	**312**	**191**	**121**

1-11a 各地区分性别、月份的死亡人口
(2019.11.1-2020.10.31)(城市)

单位：人

地　区	死亡人口			2019年11月		
	合计	男	女	小计	男	女
全　省	**46987**	**28020**	**18967**	**3000**	**1834**	**1166**
长春市	**15379**	**9058**	**6321**	**971**	**581**	**390**
南关区	2975	1757	1218	210	125	85
宽城区	2516	1445	1071	195	110	85
朝阳区	2621	1519	1102	162	100	62
二道区	1348	846	502	85	55	30
绿园区	2697	1567	1130	162	94	68
双阳区	413	258	155	15	9	6
九台区	1064	632	432	51	29	22
农安县						
长春经济技术开发区						
长春净月高新技术产业开发区						
长春高新技术产业开发区						
长春汽车经济技术开发区						
长春莲花山生态旅游度假区						
榆树市	574	337	237	34	23	11
德惠市	577	339	238	23	15	8
公主岭市	594	358	236	34	21	13
吉林市	**10075**	**5991**	**4084**	**615**	**378**	**237**
昌邑区	2084	1213	871	155	98	57
龙潭区	1963	1126	837	128	74	54
船营区	2338	1419	919	131	91	40
丰满区	762	459	303	45	21	24
永吉县						
吉林经济开发区	16	10	6			
吉林高新技术产业开发区						
吉林中国新加坡食品区						
蛟河市	923	528	395	34	20	14
桦甸市	731	466	265	40	26	14
舒兰市	717	432	285	36	20	16
磐石市	541	338	203	46	28	18
四平市	**1702**	**1079**	**623**	**110**	**78**	**32**
铁西区	740	445	295	50	34	16
铁东区	551	360	191	40	29	11
梨树县						
伊通满族自治县						
双辽市	411	274	137	20	15	5
辽源市	**2169**	**1306**	**863**	**161**	**96**	**65**
龙山区	1241	735	506	98	57	41
西安区	921	567	354	63	39	24

1-11a　续表 1　　　　单位：人

地　区	死亡人口			2019年11月		
	合计	男	女	小计	男	女
东丰县	7	4	3			
东辽县						
通化市	**1704**	**1005**	**699**	**80**	**54**	**26**
东昌区	1035	602	433	44	30	14
二道江区	296	176	120	12	5	7
通化县	8	5	3	2	2	
辉南县						
柳河县						
集安市	365	222	143	22	17	5
白山市	**2786**	**1698**	**1088**	**170**	**104**	**66**
浑江区	1513	947	566	88	55	33
江源区	547	326	221	40	26	14
抚松县						
靖宇县						
长白朝鲜族自治县						
临江市	726	425	301	42	23	19
松原市	**1734**	**1011**	**723**	**98**	**58**	**40**
宁江区	1389	803	586	74	39	35
前郭尔罗斯蒙古族自治县	54	29	25	2	2	
长岭县						
乾安县						
吉林松原经济开发区	41	21	20	5	3	2
扶余市	250	158	92	17	14	3
白城市	**2270**	**1408**	**862**	**133**	**81**	**52**
洮北区	1162	724	438	67	44	23
镇赉县						
通榆县						
吉林白城经济开发区	33	25	8	1		1
洮南市	649	404	245	40	26	14
大安市	426	255	171	25	11	14
延边朝鲜族自治州	**8472**	**5030**	**3442**	**623**	**379**	**244**
延吉市	4547	2643	1904	356	217	139
图们市	520	322	198	44	32	12
敦化市	1201	728	473	85	49	36
珲春市	944	583	361	50	28	22
龙井市	822	493	329	53	30	23
和龙市	438	261	177	35	23	12
汪清县						
安图县						
长白山管委会						
梅河口市	**696**	**434**	**262**	**39**	**25**	**14**

1-11a 续表 2

单位：人

地　区	2019年12月			2020年1月		
	小计	男	女	小计	男	女
全　省	**3152**	**1921**	**1231**	**3455**	**2061**	**1394**
长春市	**1115**	**665**	**450**	**1174**	**686**	**488**
南关区	218	125	93	227	136	91
宽城区	212	122	90	213	118	95
朝阳区	211	124	87	202	109	93
二道区	104	64	40	110	72	38
绿园区	197	126	71	224	137	87
双阳区	33	19	14	28	12	16
九台区	53	37	16	78	49	29
农安县						
长春经济技术开发区						
长春净月高新技术产业开发区						
长春高新技术产业开发区						
长春汽车经济技术开发区						
长春莲花山生态旅游度假区						
榆树市	27	14	13	32	19	13
德惠市	28	15	13	32	16	16
公主岭市	32	19	13	28	18	10
吉林市	**615**	**366**	**249**	**735**	**438**	**297**
昌邑区	144	80	64	145	80	65
龙潭区	121	68	53	180	105	75
船营区	151	88	63	159	94	65
丰满区	46	29	17	61	41	20
永吉县						
吉林经济开发区	1	1		1		1
吉林高新技术产业开发区						
吉林中国新加坡食品区						
蛟河市	35	19	16	79	42	37
桦甸市	37	22	15	33	22	11
舒兰市	50	38	12	37	26	11
磐石市	30	21	9	40	28	12
四平市	**83**	**53**	**30**	**120**	**78**	**42**
铁西区	37	20	17	61	36	25
铁东区	31	25	6	38	26	12
梨树县						
伊通满族自治县						
双辽市	15	8	7	21	16	5
辽源市	**162**	**95**	**67**	**160**	**89**	**71**
龙山区	86	47	39	92	55	37
西安区	76	48	28	66	33	33

1-11a 续表 3

单位：人

地区	2019年12月			2020年1月		
	小计	男	女	小计	男	女
东丰县				2	1	1
东辽县						
通化市	**68**	**47**	**21**	**118**	**72**	**46**
东昌区	35	24	11	70	39	31
二道江区	12	8	4	18	14	4
通化县						
辉南县						
柳河县						
集安市	21	15	6	30	19	11
白山市	**199**	**121**	**78**	**203**	**131**	**72**
浑江区	110	71	39	105	70	35
江源区	30	14	16	44	32	12
抚松县						
靖宇县						
长白朝鲜族自治县						
临江市	59	36	23	54	29	25
松原市	**116**	**73**	**43**	**96**	**57**	**39**
宁江区	95	63	32	84	52	32
前郭尔罗斯蒙古族自治县	1	1		3	1	2
长岭县						
乾安县						
吉林松原经济开发区	2		2	2	2	
扶余市	18	9	9	7	2	5
白城市	**146**	**95**	**51**	**132**	**78**	**54**
洮北区	84	58	26	69	40	29
镇赉县						
通榆县						
吉林白城经济开发区	2	2		3	1	2
洮南市	33	17	16	32	22	10
大安市	27	18	9	28	15	13
延边朝鲜族自治州	**607**	**385**	**222**	**659**	**400**	**259**
延吉市	371	237	134	351	204	147
图们市	27	19	8	40	24	16
敦化市	79	50	29	83	51	32
珲春市	58	39	19	79	50	29
龙井市	33	20	13	57	37	20
和龙市	39	20	19	49	34	15
汪清县						
安图县						
长白山管委会						
梅河口市	**41**	**21**	**20**	**58**	**32**	**26**

1-11a 续表 4

单位：人

地　　区	2020年2月			2020年3月			2020年4月		
	小计	男	女	小计	男	女	小计	男	女
全　省	**3473**	**2037**	**1436**	**3843**	**2253**	**1590**	**3889**	**2324**	**1565**
长春市	**1206**	**685**	**521**	**1267**	**734**	**533**	**1258**	**751**	**507**
南关区	234	124	110	227	122	105	260	165	95
宽城区	181	104	77	200	115	85	210	125	85
朝阳区	223	121	102	216	138	78	217	127	90
二道区	104	63	41	110	66	44	102	65	37
绿园区	216	131	85	228	128	100	203	120	83
双阳区	43	28	15	29	19	10	31	14	17
九台区	86	51	35	102	63	39	79	51	28
农安县									
长春经济技术开发区									
长春净月高新技术产业开发区									
长春高新技术产业开发区									
长春汽车经济技术开发区									
长春莲花山生态旅游度假区									
榆树市	38	17	21	49	25	24	56	27	29
德惠市	38	18	20	54	29	25	55	32	23
公主岭市	43	28	15	52	29	23	45	25	20
吉林市	**741**	**454**	**287**	**811**	**451**	**360**	**770**	**463**	**307**
昌邑区	141	75	66	162	87	75	157	98	59
龙潭区	169	105	64	168	88	80	165	102	63
船营区	171	114	57	188	103	85	161	101	60
丰满区	48	31	17	54	33	21	56	31	25
永吉县									
吉林经济开发区	2	1	1	4	3	1			
吉林高新技术产业开发区									
吉林中国新加坡食品区									
蛟河市	75	43	32	81	43	38	87	48	39
桦甸市	49	34	15	69	37	32	63	40	23
舒兰市	41	24	17	42	27	15	47	24	23
磐石市	45	27	18	43	30	13	34	19	15
四平市	**127**	**77**	**50**	**140**	**89**	**51**	**155**	**91**	**64**
铁西区	48	28	20	70	46	24	57	29	28
铁东区	45	30	15	35	21	14	49	28	21
梨树县									
伊通满族自治县									
双辽市	34	19	15	35	22	13	49	34	15
辽源市	**154**	**91**	**63**	**175**	**104**	**71**	**178**	**96**	**82**
龙山区	81	49	32	92	48	44	89	53	36
西安区	72	42	30	82	55	27	88	43	45

1-11a　续表 5　　　　单位：人

地　区	2020年2月			2020年3月			2020年4月		
	小计	男	女	小计	男	女	小计	男	女
东丰县	1		1	1	1		1		1
东辽县									
通化市	**88**	**41**	**47**	**136**	**81**	**55**	**146**	**92**	**54**
东昌区	51	23	28	81	54	27	91	50	41
二道江区	19	13	6	20	4	16	24	15	9
通化县									
辉南县									
柳河县									
集安市	18	5	13	35	23	12	31	27	4
白山市	**194**	**120**	**74**	**227**	**139**	**88**	**264**	**170**	**94**
浑江区	96	65	31	122	80	42	146	94	52
江源区	43	22	21	49	29	20	50	34	16
抚松县									
靖宇县									
长白朝鲜族自治县									
临江市	55	33	22	56	30	26	68	42	26
松原市	**127**	**65**	**62**	**160**	**99**	**61**	**154**	**78**	**76**
宁江区	100	48	52	126	80	46	120	62	58
前郭尔罗斯蒙古族自治县	4	2	2	7	4	3	5	3	2
长岭县									
乾安县									
吉林松原经济开发区	4	2	2	7	3	4	2		2
扶余市	19	13	6	20	12	8	27	13	14
白城市	**151**	**89**	**62**	**184**	**115**	**69**	**205**	**130**	**75**
洮北区	72	48	24	85	55	30	100	64	36
镇赉县									
通榆县									
吉林白城经济开发区	2	1	1	2	2		5	5	
洮南市	43	19	24	67	38	29	61	39	22
大安市	34	21	13	30	20	10	39	22	17
延边朝鲜族自治州	**630**	**381**	**249**	**695**	**412**	**283**	**700**	**412**	**288**
延吉市	351	193	158	378	213	165	376	216	160
图们市	35	23	12	38	26	12	39	28	11
敦化市	88	63	25	121	72	49	91	45	46
珲春市	59	38	21	70	52	18	82	56	26
龙井市	68	47	21	63	32	31	64	38	26
和龙市	29	17	12	25	17	8	48	29	19
汪清县									
安图县									
长白山管委会									
梅河口市	**55**	**34**	**21**	**48**	**29**	**19**	**59**	**41**	**18**

1-11a 续表 6

单位：人

地区	2020年5月			2020年6月			2020年7月		
	小计	男	女	小计	男	女	小计	男	女
全　省	**4343**	**2665**	**1678**	**3946**	**2379**	**1567**	**4141**	**2441**	**1700**
长春市	**1414**	**832**	**582**	**1286**	**766**	**520**	**1378**	**805**	**573**
南关区	261	162	99	243	130	113	262	162	100
宽城区	246	144	102	203	119	84	225	126	99
朝阳区	239	136	103	203	114	89	235	143	92
二道区	111	67	44	124	82	42	135	90	45
绿园区	240	141	99	224	133	91	252	127	125
双阳区	37	26	11	29	24	5	33	22	11
九台区	101	45	56	93	59	34	96	49	47
农安县									
长春经济技术开发区									
长春净月高新技术产业开发区									
长春高新技术产业开发区									
长春汽车经济技术开发区									
长春莲花山生态旅游度假区									
榆树市	57	37	20	52	30	22	40	23	17
德惠市	59	38	21	54	33	21	53	35	18
公主岭市	63	36	27	61	42	19	47	28	19
吉林市	**971**	**613**	**358**	**838**	**493**	**345**	**883**	**535**	**348**
昌邑区	177	108	69	169	96	73	179	112	67
龙潭区	168	104	64	139	85	54	182	102	80
船营区	235	151	84	190	112	78	205	124	81
丰满区	81	52	29	75	47	28	67	40	27
永吉县									
吉林经济开发区	1	1							
吉林高新技术产业开发区									
吉林中国新加坡食品区									
蛟河市	80	50	30	86	47	39	69	48	21
桦甸市	86	56	30	73	37	36	62	40	22
舒兰市	88	55	33	60	39	21	84	50	34
磐石市	55	36	19	46	30	16	35	19	16
四平市	**150**	**98**	**52**	**139**	**85**	**54**	**156**	**91**	**65**
铁西区	60	37	23	63	37	26	67	37	30
铁东区	56	37	19	40	24	16	51	27	24
梨树县									
伊通满族自治县									
双辽市	34	24	10	36	24	12	38	27	11
辽源市	**204**	**123**	**81**	**206**	**131**	**75**	**159**	**95**	**64**
龙山区	126	68	58	122	76	46	98	57	41
西安区	76	53	23	84	55	29	61	38	23

1-11a　续表 7　　　　　　　　　　　　　　　　　　　　　　　　　　单位：人

地　　区	2020年5月			2020年6月			2020年7月		
	小计	男	女	小计	男	女	小计	男	女
东丰县	2	2							
东辽县									
通化市	**165**	**97**	**68**	**134**	**78**	**56**	**168**	**85**	**83**
东昌区	98	59	39	79	44	35	112	55	57
二道江区	32	15	17	21	15	6	26	18	8
通化县				1		1	2	2	
辉南县									
柳河县									
集安市	35	23	12	33	19	14	28	10	18
白山市	**228**	**145**	**83**	**194**	**122**	**72**	**269**	**162**	**107**
浑江区	135	88	47	108	71	37	150	86	64
江源区	43	23	20	44	29	15	48	31	17
抚松县									
靖宇县									
长白朝鲜族自治县									
临江市	50	34	16	42	22	20	71	45	26
松原市	**190**	**116**	**74**	**127**	**82**	**45**	**127**	**67**	**60**
宁江区	157	97	60	106	70	36	99	52	47
前郭尔罗斯蒙古族自治县	8	4	4	5	2	3	6	2	4
长岭县									
乾安县									
吉林松原经济开发区	4	2	2	3		3	5	5	
扶余市	21	13	8	13	10	3	17	8	9
白城市	**200**	**126**	**74**	**211**	**144**	**67**	**210**	**127**	**83**
洮北区	106	66	40	109	71	38	104	66	38
镇赉县									
通榆县									
吉林白城经济开发区	1		1	4	3	1	4	4	
洮南市	56	38	18	61	41	20	65	38	27
大安市	37	22	15	37	29	8	37	19	18
延边朝鲜族自治州	**738**	**463**	**275**	**752**	**437**	**315**	**737**	**437**	**300**
延吉市	375	234	141	408	239	169	413	242	171
图们市	56	38	18	59	38	21	33	15	18
敦化市	101	62	39	93	58	35	104	69	35
珲春市	71	46	25	84	42	42	91	53	38
龙井市	85	55	30	78	44	34	58	34	24
和龙市	50	28	22	30	16	14	38	24	14
汪清县									
安图县									
长白山管委会									
梅河口市	**83**	**52**	**31**	**59**	**41**	**18**	**54**	**37**	**17**

1-11a 续表 8

单位：人

地区	2020年8月			2020年9月			2020年10月		
	小计	男	女	小计	男	女	小计	男	女
全省	**4415**	**2670**	**1745**	**4469**	**2652**	**1817**	**4861**	**2783**	**2078**
长春市	**1427**	**888**	**539**	**1311**	**780**	**531**	**1572**	**885**	**687**
南关区	265	173	92	283	172	111	285	161	124
宽城区	237	139	98	172	104	68	222	119	103
朝阳区	251	153	98	197	106	91	265	148	117
二道区	124	84	40	120	71	49	119	67	52
绿园区	234	143	91	223	131	92	294	156	138
双阳区	37	27	10	42	24	18	56	34	22
九台区	96	55	41	103	63	40	126	81	45
农安县									
长春经济技术开发区									
长春净月高新技术产业开发区									
长春高新技术产业开发区									
长春汽车经济技术开发区									
长春莲花山生态旅游度假区									
榆树市	75	53	22	43	28	15	71	41	30
德惠市	49	27	22	61	40	21	71	41	30
公主岭市	59	34	25	67	41	26	63	37	26
吉林市	**1023**	**582**	**441**	**1018**	**602**	**416**	**1055**	**616**	**439**
昌邑区	205	116	89	214	132	82	236	131	105
龙潭区	176	102	74	182	97	85	185	94	91
船营区	253	148	105	245	148	97	249	145	104
丰满区	77	43	34	64	37	27	88	54	34
永吉县									
吉林经济开发区	3	3		1		1	3	1	2
吉林高新技术产业开发区									
吉林中国新加坡食品区									
蛟河市	105	51	54	100	57	43	92	60	32
桦甸市	68	46	22	77	51	26	74	55	19
舒兰市	91	50	41	78	42	36	63	37	26
磐石市	45	23	22	57	38	19	65	39	26
四平市	**166**	**117**	**49**	**185**	**122**	**63**	**171**	**100**	**71**
铁西区	79	52	27	86	57	29	62	32	30
铁东区	49	36	13	51	32	19	66	45	21
梨树县									
伊通满族自治县									
双辽市	38	29	9	48	33	15	43	23	20
辽源市	**187**	**117**	**70**	**194**	**119**	**75**	**229**	**150**	**79**
龙山区	115	67	48	110	74	36	132	84	48
西安区	72	50	22	84	45	39	97	66	31

1-11a　续表 9　　　　单位：人

地　区	2020年8月			2020年9月			2020年10月		
	小计	男	女	小计	男	女	小计	男	女
东丰县									
东辽县									
通化市	**159**	**98**	**61**	**196**	**120**	**76**	**246**	**140**	**106**
东昌区	106	67	39	119	72	47	149	85	64
二道江区	29	19	10	42	28	14	41	22	19
通化县	1		1				2	1	1
辉南县									
柳河县									
集安市	23	12	11	35	20	15	54	32	22
白山市	**252**	**152**	**100**	**281**	**163**	**118**	**305**	**169**	**136**
浑江区	147	91	56	146	81	65	160	95	65
江源区	40	22	18	53	29	24	63	35	28
抚松县									
靖宇县									
长白朝鲜族自治县									
临江市	65	39	26	82	53	29	82	39	43
松原市	**166**	**104**	**62**	**187**	**113**	**74**	**186**	**99**	**87**
宁江区	125	71	54	147	89	58	156	80	76
前郭尔罗斯蒙古族自治县	3	2	1	8	4	4	2	2	
长岭县									
乾安县									
吉林松原经济开发区	2	1	1	2	1	1	3	2	1
扶余市	36	30	6	30	19	11	25	15	10
白城市	**215**	**134**	**81**	**211**	**126**	**85**	**272**	**163**	**109**
洮北区	108	65	43	111	58	53	147	89	58
镇赉县									
通榆县									
吉林白城经济开发区	1		1	4	3	1	4	4	
洮南市	66	48	18	53	39	14	72	39	33
大安市	40	21	19	43	26	17	49	31	18
延边朝鲜族自治州	**746**	**427**	**319**	**818**	**467**	**351**	**767**	**430**	**337**
延吉市	405	222	183	407	218	189	356	208	148
图们市	39	19	20	49	31	18	61	29	32
敦化市	100	62	38	129	79	50	127	68	59
珲春市	84	51	33	99	61	38	117	67	50
龙井市	87	60	27	95	55	40	81	41	40
和龙市	31	13	18	39	23	16	25	17	8
汪清县									
安图县									
长白山管委会									
梅河口市	**74**	**51**	**23**	**68**	**40**	**28**	**58**	**31**	**27**

1-11b 各地区分性别、月份的死亡人口
(2019.11.1-2020.10.31)(镇)

单位：人

地　区	死亡人口			2019年11月		
	合计	男	女	小计	男	女
全　省	**24937**	**14827**	**10110**	**1519**	**906**	**613**
长春市	**5516**	**3288**	**2228**	**324**	**191**	**133**
南关区						
宽城区	78	41	37	3	2	1
朝阳区	45	30	15	1	1	
二道区	26	21	5			
绿园区						
双阳区	44	28	16	5	3	2
九台区	33	19	14	1	1	
农安县	799	477	322	41	19	22
长春经济技术开发区	841	494	347	45	29	16
长春净月高新技术产业开发区	697	417	280	51	35	16
长春高新技术产业开发区	666	398	268	41	24	17
长春汽车经济技术开发区	1229	730	499	71	36	35
长春莲花山生态旅游度假区	47	26	21	3	1	2
榆树市	381	241	140	25	18	7
德惠市	109	69	40	8	7	1
公主岭市	521	297	224	29	15	14
吉林市	**3448**	**2040**	**1408**	**215**	**123**	**92**
昌邑区	47	23	24	4	2	2
龙潭区	316	173	143	16	11	5
船营区	23	15	8	3	3	
丰满区	3	1	2			
永吉县	756	462	294	50	31	19
吉林经济开发区	286	182	104	17	7	10
吉林高新技术产业开发区	425	248	177	28	17	11
吉林中国新加坡食品区	45	23	22	2	2	
蛟河市	338	197	141	20	12	8
桦甸市	366	217	149	22	11	11
舒兰市	361	211	150	20	10	10
磐石市	482	288	194	33	17	16
四平市	**1789**	**1075**	**714**	**111**	**66**	**45**
铁西区						
铁东区	49	26	23	1		1
梨树县	1054	624	430	69	39	30
伊通满族自治县	529	330	199	25	18	7
双辽市	157	95	62	16	9	7
辽源市	**995**	**589**	**406**	**70**	**51**	**19**
龙山区	98	61	37	9	8	1
西安区						
东丰县	542	316	226	37	28	9
东辽县	355	212	143	24	15	9

1-11b 续表 1

单位：人

地区	死亡人口			2019年11月		
	合计	男	女	小计	男	女
通化市	**2444**	**1467**	**977**	**152**	**89**	**63**
东昌区	20	16	4	3	3	
二道江区	222	119	103	8	4	4
通化县	410	251	159	18	11	7
辉南县	1128	688	440	78	49	29
柳河县	500	293	207	33	15	18
集安市	164	100	64	12	7	5
白山市	**2377**	**1458**	**919**	**143**	**92**	**51**
浑江区	226	144	82	11	4	7
江源区	430	249	181	21	14	7
抚松县	1058	665	393	72	49	23
靖宇县	340	209	131	20	12	8
长白朝鲜族自治县	206	127	79	9	6	3
临江市	117	64	53	10	7	3
松原市	**2231**	**1344**	**887**	**127**	**78**	**49**
宁江区	151	94	57	6	3	3
前郭尔罗斯蒙古族自治县	812	497	315	51	34	17
长岭县	549	325	224	30	20	10
乾安县	345	214	131	12	5	7
吉林松原经济开发区	74	55	19	4	3	1
扶余市	300	159	141	24	13	11
白城市	**2109**	**1231**	**878**	**112**	**63**	**49**
洮北区	274	172	102	11	9	2
镇赉县	483	275	208	30	19	11
通榆县	684	406	278	37	21	16
吉林白城经济开发区	250	146	104	14	5	9
洮南市	135	73	62	9	4	5
大安市	283	159	124	11	5	6
延边朝鲜族自治州	**3017**	**1754**	**1263**	**198**	**107**	**91**
延吉市	227	121	106	13	6	7
图们市	229	134	95	18	13	5
敦化市	468	282	186	30	19	11
珲春市	175	95	80	19	6	13
龙井市	185	108	77	8	3	5
和龙市	265	146	119	23	13	10
汪清县	928	541	387	48	24	24
安图县	540	327	213	39	23	16
长白山管委会	**385**	**218**	**167**	**29**	**19**	**10**
长白山保护开发区池北区	274	155	119	21	13	8
长白山保护开发区池西区	94	51	43	7	5	2
长白山保护开发区池南区	17	12	5	1	1	
梅河口市	**626**	**363**	**263**	**38**	**27**	**11**

1-11b 续表 2

单位：人

地区	2019年12月			2020年1月		
	小计	男	女	小计	男	女
全 省	**1720**	**1031**	**689**	**1791**	**1079**	**712**
长春市	**402**	**241**	**161**	**399**	**256**	**143**
南关区						
宽城区	7	3	4	3	2	1
朝阳区	2	1	1	3	1	2
二道区				22	19	3
绿园区						
双阳区	4	3	1	1	1	
九台区	4	3	1	5	3	2
农安县	58	33	25	50	33	17
长春经济技术开发区	53	29	24	71	45	26
长春净月高新技术产业开发区	59	44	15	38	16	22
长春高新技术产业开发区	48	29	19	47	32	15
长春汽车经济技术开发区	102	59	43	89	60	29
长春莲花山生态旅游度假区	3	1	2	4	2	2
榆树市	28	16	12	25	18	7
德惠市	3	1	2	7	5	2
公主岭市	31	19	12	34	19	15
吉林市	**233**	**137**	**96**	**252**	**155**	**97**
昌邑区	7	4	3	3	1	2
龙潭区	27	15	12	21	11	10
船营区	1		1	1	1	
丰满区				1	1	
永吉县	44	26	18	50	35	15
吉林经济开发区	17	14	3	12	5	7
吉林高新技术产业开发区	28	18	10	42	24	18
吉林中国新加坡食品区	5	2	3	3	2	1
蛟河市	16	9	7	28	20	8
桦甸市	18	11	7	23	9	14
舒兰市	27	14	13	24	16	8
磐石市	43	24	19	44	30	14
四平市	**110**	**73**	**37**	**113**	**68**	**45**
铁西区						
铁东区	2	2		5	2	3
梨树县	71	46	25	70	41	29
伊通满族自治县	31	20	11	30	20	10
双辽市	6	5	1	8	5	3
辽源市	**61**	**38**	**23**	**76**	**40**	**36**
龙山区	5	4	1	13	5	8
西安区						
东丰县	32	20	12	37	19	18
东辽县	24	14	10	26	16	10

1–11b　续表 3　　　　单位：人

地　区	2019年12月			2020年1月		
	小计	男	女	小计	男	女
通化市	**171**	**97**	**74**	**218**	**134**	**84**
东昌区	1	1				
二道江区	8	3	5	18	10	8
通化县	27	11	16	34	20	14
辉南县	86	50	36	110	70	40
柳河县	29	20	9	43	24	19
集安市	20	12	8	13	10	3
白山市	**151**	**98**	**53**	**146**	**92**	**54**
浑江区	18	10	8	6	5	1
江源区	29	21	8	27	15	12
抚松县	65	45	20	66	46	20
靖宇县	20	11	9	23	15	8
长白朝鲜族自治县	12	6	6	11	7	4
临江市	7	5	2	13	4	9
松原市	**142**	**88**	**54**	**138**	**83**	**55**
宁江区	6	3	3	16	10	6
前郭尔罗斯蒙古族自治县	56	39	17	40	25	15
长岭县	37	22	15	38	23	15
乾安县	13	9	4	24	13	11
吉林松原经济开发区	3	2	1	5	5	
扶余市	27	13	14	15	7	8
白城市	**147**	**99**	**48**	**159**	**92**	**67**
洮北区	22	18	4	17	11	6
镇赉县	35	18	17	28	18	10
通榆县	47	34	13	56	30	26
吉林白城经济开发区	18	14	4	12	6	6
洮南市	8	4	4	13	6	7
大安市	17	11	6	33	21	12
延边朝鲜族自治州	**225**	**119**	**106**	**211**	**116**	**95**
延吉市	19	12	7	19	9	10
图们市	13	5	8	23	13	10
敦化市	23	15	8	29	16	13
珲春市	11	5	6	10	6	4
龙井市	16	9	7	10	8	2
和龙市	16	7	9	15	9	6
汪清县	70	33	37	61	35	26
安图县	57	33	24	44	20	24
长白山管委会	**16**	**9**	**7**	**32**	**15**	**17**
长白山保护开发区池北区	13	7	6	25	9	16
长白山保护开发区池西区	3	2	1	6	5	1
长白山保护开发区池南区				1	1	
梅河口市	**62**	**32**	**30**	**47**	**28**	**19**

1-11b 续表 4

单位：人

地 区	2020年2月			2020年3月			2020年4月		
	小计	男	女	小计	男	女	小计	男	女
全 省	**1943**	**1159**	**784**	**2083**	**1255**	**828**	**2102**	**1234**	**868**
长春市	**442**	**259**	**183**	**465**	**290**	**175**	**458**	**253**	**205**
南关区									
宽城区	8	2	6	9	4	5	5	2	3
朝阳区	6	4	2	6	4	2	4	3	1
二道区							1		1
绿园区									
双阳区	8	6	2	1		1	4	1	3
九台区	3	1	2	3	2	1	4	2	2
农安县	62	39	23	69	42	27	73	45	28
长春经济技术开发区	51	25	26	79	49	30	67	39	28
长春净月高新技术产业开发区	58	34	24	66	41	25	74	41	33
长春高新技术产业开发区	45	24	21	65	37	28	42	23	19
长春汽车经济技术开发区	99	60	39	94	66	28	88	43	45
长春莲花山生态旅游度假区	5	2	3	4	2	2	4	3	1
榆树市	41	25	16	23	14	9	37	24	13
德惠市	11	7	4	6	6		12	6	6
公主岭市	45	30	15	40	23	17	43	21	22
吉林市	**270**	**164**	**106**	**289**	**163**	**126**	**287**	**165**	**122**
昌邑区	2	1	1	6	3	3	3	2	1
龙潭区	20	8	12	20	11	9	24	14	10
船营区	4	4		2	1	1	2	2	
丰满区							1		1
永吉县	64	40	24	59	32	27	60	36	24
吉林经济开发区	22	17	5	18	14	4	24	16	8
吉林高新技术产业开发区	33	18	15	42	22	20	33	21	12
吉林中国新加坡食品区	3	1	2	2	1	1	6	5	1
蛟河市	24	12	12	27	15	12	23	14	9
桦甸市	25	18	7	33	20	13	41	21	20
舒兰市	36	22	14	37	21	16	33	17	16
磐石市	37	23	14	43	23	20	37	17	20
四平市	**152**	**89**	**63**	**158**	**90**	**68**	**145**	**91**	**54**
铁西区									
铁东区	4	3	1	2	1	1	7	4	3
梨树县	90	50	40	93	50	43	73	45	28
伊通满族自治县	47	29	18	49	30	19	53	35	18
双辽市	11	7	4	14	9	5	12	7	5
辽源市	**85**	**55**	**30**	**82**	**50**	**32**	**76**	**50**	**26**
龙山区	8	5	3	5	5		9	7	2
西安区									
东丰县	44	29	15	53	31	22	43	26	17
东辽县	33	21	12	24	14	10	24	17	7

1-11b 续表 5

单位：人

地 区	2020年2月			2020年3月			2020年4月		
	小计	男	女	小计	男	女	小计	男	女
通化市	**191**	**118**	**73**	**212**	**130**	**82**	**201**	**130**	**71**
东昌区				3	3		1		1
二道江区	11	8	3	22	12	10	28	14	14
通化县	34	24	10	37	22	15	34	24	10
辉南县	96	53	43	84	52	32	81	57	24
柳河县	37	26	11	42	27	15	43	26	17
集安市	13	7	6	24	14	10	14	9	5
白山市	**176**	**97**	**79**	**183**	**115**	**68**	**193**	**125**	**68**
浑江区	16	10	6	20	14	6	21	13	8
江源区	42	17	25	37	19	18	41	27	14
抚松县	77	47	30	80	52	28	90	61	29
靖宇县	20	12	8	28	17	11	18	11	7
长白朝鲜族自治县	15	8	7	16	13	3	16	7	9
临江市	6	3	3	2		2	7	6	1
松原市	**177**	**108**	**69**	**173**	**101**	**72**	**212**	**123**	**89**
宁江区	10	6	4	15	5	10	18	12	6
前郭尔罗斯蒙古族自治县	63	39	24	57	31	26	68	37	31
长岭县	45	26	19	35	25	10	60	33	27
乾安县	35	24	11	27	18	9	35	22	13
吉林松原经济开发区	6	4	2	7	7		5	4	1
扶余市	18	9	9	32	15	17	26	15	11
白城市	**158**	**92**	**66**	**180**	**114**	**66**	**206**	**118**	**88**
洮北区	21	12	9	25	17	8	27	12	15
镇赉县	36	21	15	37	25	12	46	27	19
通榆县	57	33	24	64	38	26	59	33	26
吉林白城经济开发区	19	15	4	16	9	7	29	18	11
洮南市	3	2	1	10	8	2	16	9	7
大安市	22	9	13	28	17	11	29	19	10
延边朝鲜族自治州	**203**	**126**	**77**	**250**	**146**	**104**	**244**	**142**	**102**
延吉市	14	6	8	19	10	9	20	8	12
图们市	24	16	8	17	8	9	17	12	5
敦化市	31	20	11	46	30	16	34	19	15
珲春市	6	4	2	14	9	5	7	2	5
龙井市	15	12	3	12	8	4	14	7	7
和龙市	24	14	10	30	15	15	30	18	12
汪清县	47	27	20	69	42	27	73	45	28
安图县	42	27	15	43	24	19	49	31	18
长白山管委会	**29**	**17**	**12**	**38**	**22**	**16**	**32**	**18**	**14**
长白山保护开发区池北区	17	10	7	30	18	12	25	15	10
长白山保护开发区池西区	12	7	5	7	3	4	5	1	4
长白山保护开发区池南区				1	1		2	2	
梅河口市	**60**	**34**	**26**	**53**	**34**	**19**	**48**	**19**	**29**

1-11b 续表 6 单位：人

地 区	2020年5月			2020年6月			2020年7月		
	小计	男	女	小计	男	女	小计	男	女
全 省	**2181**	**1303**	**878**	**2098**	**1237**	**861**	**2167**	**1299**	**868**
长春市	**495**	**290**	**205**	**439**	**254**	**185**	**470**	**279**	**191**
南关区									
宽城区	6	3	3	7	5	2	9	5	4
朝阳区	5	2	3	6	5	1	7	5	2
二道区				1	1				
绿园区									
双阳区	6	4	2	2	2		1	1	
九台区	5	2	3	3	3				
农安县	65	36	29	53	34	19	78	51	27
长春经济技术开发区	84	53	31	77	38	39	76	47	29
长春净月高新技术产业开发区	63	33	30	52	33	19	47	34	13
长春高新技术产业开发区	59	37	22	66	38	28	51	24	27
长春汽车经济技术开发区	113	68	45	101	57	44	104	62	42
长春莲花山生态旅游度假区	6	6		4	2	2	2		2
榆树市	29	17	12	27	14	13	31	18	13
德惠市	4	3	1	8	6	2	13	5	8
公主岭市	50	26	24	32	16	16	51	27	24
吉林市	**281**	**170**	**111**	**307**	**175**	**132**	**300**	**185**	**115**
昌邑区	4	1	3	3	1	2	3	2	1
龙潭区	26	18	8	27	12	15	31	16	15
船营区	1		1	4	1	3			
丰满区									
永吉县	51	29	22	61	35	26	76	45	31
吉林经济开发区	27	16	11	26	15	11	29	18	11
吉林高新技术产业开发区	41	29	12	41	22	19	32	21	11
吉林中国新加坡食品区	3	1	2	5		5	2	2	
蛟河市	27	17	10	39	22	17	28	20	8
桦甸市	30	21	9	32	18	14	29	20	9
舒兰市	32	16	16	35	26	9	30	18	12
磐石市	39	22	17	34	23	11	40	23	17
四平市	**147**	**90**	**57**	**139**	**87**	**52**	**166**	**95**	**71**
铁西区									
铁东区	2		2	5	3	2	2	1	1
梨树县	85	51	34	76	47	29	96	55	41
伊通满族自治县	46	31	15	47	31	16	49	29	20
双辽市	14	8	6	11	6	5	19	10	9
辽源市	**77**	**35**	**42**	**95**	**51**	**44**	**88**	**61**	**27**
龙山区	5	2	3	10	6	4	9	5	4
西安区									
东丰县	44	22	22	49	26	23	40	29	11
东辽县	28	11	17	36	19	17	39	27	12

1-11b　续表 7　　　　单位：人

地　区	2020年5月			2020年6月			2020年7月		
	小计	男	女	小计	男	女	小计	男	女
通化市	**227**	**146**	**81**	**205**	**120**	**85**	**183**	**114**	**69**
东昌区	2	1	1	1		1	2	2	
二道江区	24	13	11	17	10	7	15	7	8
通化县	37	27	10	34	19	15	39	22	17
辉南县	112	71	41	93	54	39	84	57	27
柳河县	43	27	16	48	29	19	32	19	13
集安市	9	7	2	12	8	4	11	7	4
白山市	**220**	**147**	**73**	**208**	**130**	**78**	**215**	**134**	**81**
浑江区	13	9	4	23	17	6	29	21	8
江源区	41	29	12	36	17	19	38	17	21
抚松县	95	60	35	93	61	32	94	57	37
靖宇县	39	27	12	27	20	7	27	20	7
长白朝鲜族自治县	18	13	5	16	8	8	17	12	5
临江市	14	9	5	13	7	6	10	7	3
松原市	**207**	**131**	**76**	**191**	**122**	**69**	**193**	**113**	**80**
宁江区	14	7	7	11	9	2	12	8	4
前郭尔罗斯蒙古族自治县	79	54	25	80	52	28	74	45	29
长岭县	41	27	14	53	33	20	46	23	23
乾安县	29	18	11	26	9	17	25	14	11
吉林松原经济开发区	10	7	3	3	3		4	3	1
扶余市	34	18	16	18	16	2	32	20	12
白城市	**149**	**77**	**72**	**167**	**91**	**76**	**208**	**120**	**88**
洮北区	24	13	11	26	15	11	16	8	8
镇赉县	40	22	18	32	15	17	58	36	22
通榆县	40	22	18	46	29	17	71	37	34
吉林白城经济开发区	22	10	12	20	12	8	29	18	11
洮南市	7	3	4	13	6	7	11	6	5
大安市	16	7	9	30	14	16	23	15	8
延边朝鲜族自治州	**281**	**158**	**123**	**259**	**155**	**104**	**274**	**157**	**117**
延吉市	29	15	14	18	9	9	26	17	9
图们市	22	13	9	18	9	9	19	9	10
敦化市	49	24	25	43	28	15	38	25	13
珲春市	18	11	7	21	14	7	17	6	11
龙井市	16	6	10	9	7	2	17	9	8
和龙市	22	13	9	20	9	11	29	17	12
汪清县	87	55	32	87	55	32	89	50	39
安图县	38	21	17	43	24	19	39	24	15
长白山管委会	**41**	**23**	**18**	**30**	**20**	**10**	**25**	**10**	**15**
长白山保护开发区池北区	29	16	13	20	15	5	17	8	9
长白山保护开发区池西区	9	5	4	10	5	5	6	1	5
长白山保护开发区池南区	3	2	1				2	1	1
梅河口市	**56**	**36**	**20**	**58**	**32**	**26**	**45**	**31**	**14**

1-11b 续表 8

单位：人

地区	2020年8月			2020年9月			2020年10月		
	小计	男	女	小计	男	女	小计	男	女
全 省	**2258**	**1315**	**943**	**2265**	**1348**	**917**	**2810**	**1661**	**1149**
长春市	**525**	**306**	**219**	**518**	**320**	**198**	**579**	**349**	**230**
南关区									
宽城区	4	2	2	3		3	14	11	3
朝阳区	2	1	1	2	2		1	1	
二道区	1		1				1	1	
绿园区									
双阳区	2	2		5	2	3	5	3	2
九台区				1		1	4	2	2
农安县	100	60	40	83	45	38	67	40	27
长春经济技术开发区	70	41	29	64	40	24	104	59	45
长春净月高新技术产业开发区	76	43	33	52	30	22	61	33	28
长春高新技术产业开发区	57	36	21	72	45	27	73	49	24
长春汽车经济技术开发区	114	59	55	119	75	44	135	85	50
长春莲花山生态旅游度假区	5	2	3	6	5	1	1		1
榆树市	37	26	11	40	30	10	38	21	17
德惠市	9	6	3	12	8	4	16	9	7
公主岭市	48	28	20	59	38	21	59	35	24
吉林市	**288**	**173**	**115**	**346**	**201**	**145**	**380**	**229**	**151**
昌邑区	1	1		1		1	10	5	5
龙潭区	35	20	15	33	17	16	36	20	16
船营区				1	1		4	2	2
丰满区							1		1
永吉县	63	38	25	90	58	32	88	57	31
吉林经济开发区	30	14	16	33	23	10	31	23	8
吉林高新技术产业开发区	36	16	20	29	19	10	40	21	19
吉林中国新加坡食品区	6	2	4	5	2	3	3	3	
蛟河市	21	13	8	43	18	25	42	25	17
桦甸市	35	24	11	32	16	16	46	28	18
舒兰市	23	14	9	23	14	9	41	23	18
磐石市	38	31	7	56	33	23	38	22	16
四平市	**162**	**99**	**63**	**167**	**98**	**69**	**219**	**129**	**90**
铁西区									
铁东区	4	2	2	7	5	2	8	3	5
梨树县	95	59	36	108	62	46	128	79	49
伊通满族自治县	46	26	20	42	24	18	64	37	27
双辽市	17	12	5	10	7	3	19	10	9
辽源市	**84**	**41**	**43**	**75**	**42**	**33**	**126**	**75**	**51**
龙山区	11	7	4	2	2		12	5	7
西安区									
东丰县	48	25	23	48	24	24	67	37	30
东辽县	25	9	16	25	16	9	47	33	14

1-11b 续表 9 单位：人

地区	2020年8月			2020年9月			2020年10月		
	小计	男	女	小计	男	女	小计	男	女
通化市	**222**	**134**	**88**	**205**	**121**	**84**	**257**	**134**	**123**
东昌区	1		1	2	2		4	4	
二道江区	24	14	10	18	8	10	29	16	13
通化县	35	23	12	32	24	8	49	24	25
辉南县	92	60	32	108	65	43	104	50	54
柳河县	54	29	25	37	17	20	59	34	25
集安市	16	8	8	8	5	3	12	6	6
白山市	**225**	**125**	**100**	**214**	**133**	**81**	**303**	**170**	**133**
浑江区	17	9	8	21	12	9	31	20	11
江源区	42	31	11	36	19	17	40	23	17
抚松县	92	46	46	101	69	32	133	72	61
靖宇县	46	23	23	21	12	9	51	29	22
长白朝鲜族自治县	18	11	7	27	17	10	31	19	12
临江市	10	5	5	8	4	4	17	7	10
松原市	**185**	**109**	**76**	**211**	**121**	**90**	**275**	**167**	**108**
宁江区	12	8	4	13	8	5	18	15	3
前郭尔罗斯蒙古族自治县	79	45	34	67	36	31	98	60	38
长岭县	50	29	21	61	33	28	53	31	22
乾安县	22	14	8	41	26	15	56	42	14
吉林松原经济开发区	5	4	1	7	5	2	15	8	7
扶余市	17	9	8	22	13	9	35	11	24
白城市	**230**	**135**	**95**	**176**	**98**	**78**	**217**	**132**	**85**
洮北区	30	19	11	18	13	5	37	25	12
镇赉县	45	23	22	47	20	27	49	31	18
通榆县	98	60	38	56	36	20	53	33	20
吉林白城经济开发区	18	11	7	13	8	5	40	20	20
洮南市	15	10	5	15	7	8	15	8	7
大安市	24	12	12	27	14	13	23	15	8
延边朝鲜族自治州	**244**	**141**	**103**	**268**	**167**	**101**	**360**	**220**	**140**
延吉市	11	3	8	18	13	5	21	13	8
图们市	20	12	8	20	15	5	18	9	9
敦化市	39	24	15	45	24	21	61	38	23
珲春市	10	7	3	17	13	4	25	12	13
龙井市	17	8	9	18	11	7	33	20	13
和龙市	17	9	8	18	9	9	21	13	8
汪清县	92	53	39	97	58	39	108	64	44
安图县	38	25	13	35	24	11	73	51	22
长白山管委会	**35**	**20**	**15**	**38**	**23**	**15**	**40**	**22**	**18**
长白山保护开发区池北区	25	15	10	28	16	12	24	13	11
长白山保护开发区池西区	8	5	3	7	4	3	14	8	6
长白山保护开发区池南区	2		2	3	3		2	1	1
梅河口市	**58**	**32**	**26**	**47**	**24**	**23**	**54**	**34**	**20**

1-11c　各地区分性别、月份的死亡人口
(2019.11.1-2020.10.31)(乡村)

单位：人

地　区	死亡人口			2019年11月		
	合计	男	女	小计	男	女
全　省	**76206**	**45340**	**30866**	**4937**	**2957**	**1980**
长春市	**24608**	**14465**	**10143**	**1622**	**985**	**637**
南关区						
宽城区	779	465	314	50	31	19
朝阳区	341	185	156	20	11	9
二道区						
绿园区	131	79	52	7	5	2
双阳区	1481	908	573	93	60	33
九台区	3684	2201	1483	260	157	103
农安县	4860	2821	2039	317	180	137
长春经济技术开发区						
长春净月高新技术产业开发区	222	135	87	13	7	6
长春高新技术产业开发区	40	16	24	3	1	2
长春汽车经济技术开发区						
长春莲花山生态旅游度假区	316	197	119	22	14	8
榆树市	5799	3335	2464	393	239	154
德惠市	2827	1641	1186	181	115	66
公主岭市	4128	2482	1646	263	165	98
吉林市	**11237**	**6763**	**4474**	**720**	**439**	**281**
昌邑区	614	380	234	26	21	5
龙潭区	864	509	355	51	28	23
船营区	503	319	184	20	14	6
丰满区	532	336	196	30	15	15
永吉县	1525	907	618	116	80	36
吉林经济开发区	99	59	40	6	4	2
吉林高新技术产业开发区	124	72	52	3	2	1
吉林中国新加坡食品区	185	117	68	17	12	5
蛟河市	1376	863	513	86	49	37
桦甸市	1049	625	424	67	37	30
舒兰市	2577	1507	1070	186	102	84
磐石市	1789	1069	720	112	75	37
四平市	**7673**	**4509**	**3164**	**492**	**288**	**204**
铁西区	227	129	98	9	5	4
铁东区	444	249	195	25	15	10
梨树县	3178	1848	1330	199	115	84
伊通满族自治县	2351	1402	949	160	91	69
双辽市	1473	881	592	99	62	37
辽源市	**4384**	**2653**	**1731**	**315**	**188**	**127**
龙山区	282	165	117	20	13	7
西安区	165	105	60	11	10	1

1-11c　续表 1　　　　单位：人

地　　区	死亡人口			2019年11月		
	合计	男	女	小计	男	女
东丰县	1811	1102	709	128	71	57
东辽县	2126	1281	845	156	94	62
通化市	**4688**	**2782**	**1906**	**318**	**190**	**128**
东昌区	106	67	39	4	3	1
二道江区	78	45	33	3	1	2
通化县	992	602	390	77	53	24
辉南县	1044	619	425	61	33	28
柳河县	1527	913	614	113	66	47
集安市	941	536	405	60	34	26
白山市	**1891**	**1156**	**735**	**111**	**68**	**43**
浑江区	281	177	104	17	11	6
江源区	231	141	90	17	10	7
抚松县	422	271	151	22	14	8
靖宇县	359	214	145	17	12	5
长白朝鲜族自治县	245	147	98	17	12	5
临江市	353	206	147	21	9	12
松原市	**9281**	**5494**	**3787**	**578**	**333**	**245**
宁江区	863	528	335	48	29	19
前郭尔罗斯蒙古族自治县	2395	1429	966	168	99	69
长岭县	1984	1181	803	126	76	50
乾安县	692	414	278	33	18	15
吉林松原经济开发区	100	67	33	9	6	3
扶余市	3247	1875	1372	194	105	89
白城市	**5980**	**3592**	**2388**	**330**	**201**	**129**
洮北区	707	451	256	50	34	16
镇赉县	948	560	388	54	27	27
通榆县	1234	734	500	56	39	17
吉林白城经济开发区	17	11	6			
洮南市	1890	1132	758	113	64	49
大安市	1184	704	480	57	37	20
延边朝鲜族自治州	**4590**	**2815**	**1775**	**318**	**190**	**128**
延吉市	354	218	136	26	15	11
图们市	186	114	72	20	16	4
敦化市	1331	822	509	83	53	30
珲春市	532	333	199	29	17	12
龙井市	431	245	186	23	13	10
和龙市	425	259	166	38	17	21
汪清县	743	463	280	51	29	22
安图县	588	361	227	48	30	18
长白山管委会						
梅河口市	**1874**	**1111**	**763**	**133**	**75**	**58**

1-11c 续表 2

单位：人

地区	2019年12月			2020年1月		
	小计	男	女	小计	男	女
全省	**5064**	**3003**	**2061**	**5192**	**3061**	**2131**
长春市	**1694**	**1000**	**694**	**1605**	**963**	**642**
南关区						
宽城区	68	36	32	52	29	23
朝阳区	32	13	19	23	16	7
二道区						
绿园区	11	6	5	8	7	1
双阳区	93	62	31	88	53	35
九台区	262	151	111	232	142	90
农安县	351	214	137	318	189	129
长春经济技术开发区						
长春净月高新技术产业开发区	11	9	2	14	9	5
长春高新技术产业开发区	6	3	3	2		2
长春汽车经济技术开发区						
长春莲花山生态旅游度假区	19	15	4	21	12	9
榆树市	425	255	170	397	226	171
德惠市	156	85	71	176	106	70
公主岭市	260	151	109	274	174	100
吉林市	**692**	**394**	**298**	**779**	**476**	**303**
昌邑区	25	16	9	42	33	9
龙潭区	59	33	26	63	32	31
船营区	27	16	11	27	17	10
丰满区	33	22	11	38	25	13
永吉县	102	55	47	103	66	37
吉林经济开发区	10	9	1	3	2	1
吉林高新技术产业开发区	3	2	1	8	6	2
吉林中国新加坡食品区	12	10	2	11	8	3
蛟河市	72	44	28	86	58	28
桦甸市	68	31	37	105	64	41
舒兰市	165	97	68	192	111	81
磐石市	116	59	57	101	54	47
四平市	**534**	**319**	**215**	**573**	**332**	**241**
铁西区	17	14	3	17	5	12
铁东区	32	19	13	25	15	10
梨树县	240	138	102	222	125	97
伊通满族自治县	143	87	56	185	109	76
双辽市	102	61	41	124	78	46
辽源市	**329**	**197**	**132**	**354**	**206**	**148**
龙山区	18	9	9	22	9	13
西安区	13	7	6	12	6	6

1-11c　续表 3

单位：人

地　区	2019年12月			2020年1月		
	小计	男	女	小计	男	女
东丰县	135	82	53	135	82	53
东辽县	163	99	64	185	109	76
通化市	**304**	**186**	**118**	**328**	**193**	**135**
东昌区	10	7	3	8	5	3
二道江区	5	3	2	7	3	4
通化县	63	40	23	65	41	24
辉南县	51	27	24	75	47	28
柳河县	102	62	40	119	68	51
集安市	73	47	26	54	29	25
白山市	**106**	**60**	**46**	**147**	**80**	**67**
浑江区	16	8	8	24	15	9
江源区	9	8	1	21	15	6
抚松县	25	12	13	29	17	12
靖宇县	22	13	9	26	10	16
长白朝鲜族自治县	17	11	6	21	12	9
临江市	17	8	9	26	11	15
松原市	**627**	**391**	**236**	**564**	**324**	**240**
宁江区	59	31	28	59	38	21
前郭尔罗斯蒙古族自治县	178	116	62	163	92	71
长岭县	137	85	52	101	61	40
乾安县	35	23	12	43	23	20
吉林松原经济开发区	5	3	2	12	7	5
扶余市	213	133	80	186	103	83
白城市	**358**	**199**	**159**	**377**	**217**	**160**
洮北区	44	28	16	50	30	20
镇赉县	42	24	18	56	29	27
通榆县	59	29	30	73	42	31
吉林白城经济开发区	1	1				
洮南市	127	75	52	132	78	54
大安市	85	42	43	66	38	28
延边朝鲜族自治州	**287**	**182**	**105**	**315**	**185**	**130**
延吉市	22	13	9	22	9	13
图们市	11	6	5	14	6	8
敦化市	80	55	25	78	44	34
珲春市	32	25	7	42	29	13
龙井市	26	16	10	49	32	17
和龙市	24	13	11	34	18	16
汪清县	47	28	19	40	23	17
安图县	45	26	19	36	24	12
长白山管委会						
梅河口市	**133**	**75**	**58**	**150**	**85**	**65**

1-11c 续表 4 单位：人

地 区	2020年2月			2020年3月			2020年4月		
	小计	男	女	小计	男	女	小计	男	女
全 省	**6143**	**3562**	**2581**	**6629**	**3935**	**2694**	**6508**	**3845**	**2663**
长春市	**2079**	**1158**	**921**	**2177**	**1257**	**920**	**2030**	**1173**	**857**
南关区									
宽城区	75	46	29	51	29	22	55	34	21
朝阳区	19	11	8	42	17	25	27	14	13
二道区									
绿园区	14	11	3	11	5	6	11	7	4
双阳区	136	77	59	113	67	46	132	78	54
九台区	298	174	124	330	186	144	303	190	113
农安县	412	218	194	452	264	188	424	245	179
长春经济技术开发区									
长春净月高新技术产业开发区	15	8	7	22	11	11	16	9	7
长春高新技术产业开发区	4	2	2	3	2	1	4	1	3
长春汽车经济技术开发区									
长春莲花山生态旅游度假区	27	17	10	37	27	10	26	15	11
榆树市	516	270	246	517	296	221	458	234	224
德惠市	234	137	97	250	139	111	239	142	97
公主岭市	329	187	142	349	214	135	335	204	131
吉林市	**869**	**508**	**361**	**920**	**558**	**362**	**934**	**556**	**378**
昌邑区	43	25	18	49	31	18	49	26	23
龙潭区	71	41	30	74	42	32	69	42	27
船营区	34	23	11	32	21	11	41	24	17
丰满区	30	17	13	34	22	12	45	30	15
永吉县	118	68	50	151	86	65	139	85	54
吉林经济开发区	7	4	3	7	3	4	9	4	5
吉林高新技术产业开发区	15	8	7	13	6	7	16	9	7
吉林中国新加坡食品区	8	5	3	12	10	2	15	9	6
蛟河市	95	59	36	87	48	39	119	75	44
桦甸市	74	44	30	85	60	25	83	51	32
舒兰市	217	119	98	223	136	87	216	128	88
磐石市	157	95	62	153	93	60	133	73	60
四平市	**626**	**355**	**271**	**719**	**411**	**308**	**695**	**415**	**280**
铁西区	16	5	11	18	10	8	18	11	7
铁东区	28	15	13	38	25	13	54	25	29
梨树县	249	143	106	309	168	141	284	179	105
伊通满族自治县	207	123	84	208	117	91	205	119	86
双辽市	126	69	57	146	91	55	134	81	53
辽源市	**381**	**227**	**154**	**381**	**233**	**148**	**394**	**233**	**161**
龙山区	30	19	11	30	21	9	34	20	14
西安区	14	9	5	16	11	5	13	9	4

1-11c 续表 5

单位：人

地 区	2020年2月			2020年3月			2020年4月		
	小计	男	女	小计	男	女	小计	男	女
东丰县	164	106	58	153	92	61	164	95	69
东辽县	173	93	80	182	109	73	183	109	74
通化市	**359**	**211**	**148**	**416**	**242**	**174**	**437**	**245**	**192**
东昌区	3	3		5	4	1	12	8	4
二道江区	2	1	1	7	3	4	9	6	3
通化县	79	48	31	81	43	38	105	55	50
辉南县	78	42	36	105	63	42	106	65	41
柳河县	121	73	48	123	74	49	108	60	48
集安市	76	44	32	95	55	40	97	51	46
白山市	**158**	**107**	**51**	**150**	**99**	**51**	**157**	**98**	**59**
浑江区	35	24	11	26	18	8	33	22	11
江源区	14	10	4	12	11	1	17	8	9
抚松县	41	27	14	40	30	10	29	20	9
靖宇县	31	20	11	32	18	14	32	20	12
长白朝鲜族自治县	15	12	3	18	11	7	22	13	9
临江市	22	14	8	22	11	11	24	15	9
松原市	**742**	**416**	**326**	**835**	**494**	**341**	**798**	**474**	**324**
宁江区	65	40	25	71	41	30	74	47	27
前郭尔罗斯蒙古族自治县	185	106	79	217	132	85	188	117	71
长岭县	166	98	68	174	109	65	169	105	64
乾安县	59	28	31	63	38	25	52	30	22
吉林松原经济开发区	6	4	2	7	5	2	9	5	4
扶余市	261	140	121	303	169	134	306	170	136
白城市	**445**	**283**	**162**	**494**	**307**	**187**	**539**	**324**	**215**
洮北区	52	30	22	53	39	14	58	40	18
镇赉县	74	57	17	94	49	45	94	55	39
通榆县	91	52	39	103	62	41	112	68	44
吉林白城经济开发区	2	1	1	3	2	1	1	1	
洮南市	129	81	48	161	105	56	181	109	72
大安市	97	62	35	80	50	30	93	51	42
延边朝鲜族自治州	**349**	**216**	**133**	**383**	**234**	**149**	**376**	**240**	**136**
延吉市	28	15	13	32	23	9	37	22	15
图们市	20	14	6	17	11	6	12	9	3
敦化市	91	56	35	123	69	54	115	77	38
珲春市	42	28	14	41	24	17	44	25	19
龙井市	32	14	18	35	22	13	32	17	15
和龙市	31	21	10	35	22	13	37	27	10
汪清县	56	38	18	52	32	20	55	35	20
安图县	49	30	19	48	31	17	44	28	16
长白山管委会									
梅河口市	**135**	**81**	**54**	**154**	**100**	**54**	**148**	**87**	**61**

1-11c 续表 6

单位：人

地区	2020年5月			2020年6月			2020年7月		
	小计	男	女	小计	男	女	小计	男	女
全 省	**6778**	**4024**	**2754**	**6271**	**3725**	**2546**	**6436**	**3846**	**2590**
长春市	**2156**	**1267**	**889**	**2032**	**1182**	**850**	**2045**	**1195**	**850**
南关区									
宽城区	64	42	22	68	46	22	67	35	32
朝阳区	31	13	18	28	16	12	22	15	7
二道区									
绿园区	8	4	4	7	2	5	12	7	5
双阳区	128	78	50	121	67	54	116	75	41
九台区	305	181	124	314	182	132	314	190	124
农安县	431	261	170	405	238	167	380	219	161
长春经济技术开发区									
长春净月高新技术产业开发区	27	17	10	15	7	8	22	16	6
长春高新技术产业开发区	4	2	2				3	1	2
长春汽车经济技术开发区									
长春莲花山生态旅游度假区	28	20	8	25	11	14	23	17	6
榆树市	519	296	223	476	284	192	486	281	205
德惠市	261	146	115	226	120	106	248	139	109
公主岭市	350	207	143	347	209	138	352	200	152
吉林市	**1034**	**621**	**413**	**945**	**567**	**378**	**928**	**559**	**369**
昌邑区	81	45	36	58	33	25	57	34	23
龙潭区	73	44	29	81	52	29	67	38	29
船营区	62	42	20	44	31	13	58	34	24
丰满区	35	23	12	52	33	19	49	30	19
永吉县	126	71	55	112	70	42	125	76	49
吉林经济开发区	10	5	5	10	7	3	5	2	3
吉林高新技术产业开发区	7	6	1	7	3	4	11	6	5
吉林中国新加坡食品区	11	4	7	9	4	5	13	8	5
蛟河市	147	98	49	118	72	46	114	73	41
桦甸市	79	35	44	77	50	27	95	60	35
舒兰市	232	143	89	231	124	107	182	111	71
磐石市	171	105	66	146	88	58	152	87	65
四平市	**651**	**394**	**257**	**572**	**342**	**230**	**626**	**365**	**261**
铁西区	20	12	8	13	9	4	19	11	8
铁东区	31	19	12	40	22	18	36	20	16
梨树县	276	177	99	242	141	101	251	142	109
伊通满族自治县	196	115	81	188	117	71	194	117	77
双辽市	128	71	57	89	53	36	126	75	51
辽源市	**392**	**242**	**150**	**325**	**197**	**128**	**329**	**203**	**126**
龙山区	19	9	10	30	15	15	17	10	7
西安区	16	11	5	9	8	1	12	8	4

1-11c 续表 7

单位：人

地 区	2020年5月			2020年6月			2020年7月		
	小计	男	女	小计	男	女	小计	男	女
东丰县	156	90	66	139	84	55	142	86	56
东辽县	201	132	69	147	90	57	158	99	59
通化市	**427**	**256**	**171**	**389**	**232**	**157**	**405**	**250**	**155**
东昌区	13	10	3	10	4	6	7	3	4
二道江区	5	4	1	9	6	3	4	2	2
通化县	94	56	38	78	46	32	88	55	33
辉南县	94	53	41	82	49	33	104	68	36
柳河县	136	80	56	128	81	47	140	83	57
集安市	85	53	32	82	46	36	62	39	23
白山市	**172**	**97**	**75**	**140**	**91**	**49**	**157**	**91**	**66**
浑江区	18	9	9	18	10	8	22	14	8
江源区	18	9	9	17	10	7	26	12	14
抚松县	47	27	20	33	23	10	28	16	12
靖宇县	34	22	12	28	17	11	24	18	6
长白朝鲜族自治县	23	11	12	12	7	5	23	14	9
临江市	32	19	13	32	24	8	34	17	17
松原市	**883**	**514**	**369**	**798**	**479**	**319**	**832**	**506**	**326**
宁江区	73	43	30	70	45	25	90	54	36
前郭尔罗斯蒙古族自治县	228	133	95	173	105	68	216	126	90
长岭县	198	113	85	163	102	61	186	114	72
乾安县	66	35	31	70	43	27	67	47	20
吉林松原经济开发区	11	8	3	9	8	1	8	5	3
扶余市	307	182	125	313	176	137	265	160	105
白城市	**493**	**281**	**212**	**530**	**311**	**219**	**565**	**360**	**205**
洮北区	65	35	30	63	37	26	52	32	20
镇赉县	68	38	30	79	39	40	86	54	32
通榆县	113	71	42	123	78	45	120	75	45
吉林白城经济开发区	1		1				1		1
洮南市	156	87	69	152	86	66	184	125	59
大安市	90	50	40	113	71	42	122	74	48
延边朝鲜族自治州	**416**	**260**	**156**	**412**	**250**	**162**	**380**	**222**	**158**
延吉市	35	23	12	27	14	13	35	22	13
图们市	14	10	4	14	9	5	7	4	3
敦化市	124	71	53	112	66	46	106	68	38
珲春市	51	31	20	46	25	21	39	25	14
龙井市	33	23	10	34	19	15	36	16	20
和龙市	40	27	13	47	27	20	35	21	14
汪清县	66	44	22	77	52	25	74	40	34
安图县	53	31	22	55	38	17	48	26	22
长白山管委会									
梅河口市	**154**	**92**	**62**	**128**	**74**	**54**	**169**	**95**	**74**

1-11c 续表 8

单位：人

地区	2020年8月			2020年9月			2020年10月		
	小计	男	女	小计	男	女	小计	男	女
全 省	**6644**	**4057**	**2587**	**6832**	**4086**	**2746**	**8772**	**5239**	**3533**
长春市	**2127**	**1290**	**837**	**2172**	**1304**	**868**	**2869**	**1691**	**1178**
南关区									
宽城区	74	51	23	65	36	29	90	50	40
朝阳区	28	18	10	32	18	14	37	23	14
二道区									
绿园区	17	8	9	8	5	3	17	12	5
双阳区	133	88	45	145	89	56	183	114	69
九台区	298	181	117	303	189	114	465	278	187
农安县	420	249	171	407	242	165	543	302	241
长春经济技术开发区									
长春净月高新技术产业开发区	19	12	7	23	16	7	25	14	11
长春高新技术产业开发区	5	2	3	3	1	2	3	1	2
长春汽车经济技术开发区									
长春莲花山生态旅游度假区	22	13	9	30	16	14	36	20	16
榆树市	500	299	201	482	287	195	630	368	262
德惠市	246	146	100	264	158	106	346	208	138
公主岭市	365	223	142	410	247	163	494	301	193
吉林市	**1002**	**609**	**393**	**1049**	**632**	**417**	**1365**	**844**	**521**
昌邑区	62	39	23	55	33	22	67	44	23
龙潭区	84	53	31	69	39	30	103	65	38
船营区	36	21	15	55	32	23	67	44	23
丰满区	66	44	22	56	37	19	64	38	26
永吉县	125	70	55	127	67	60	181	113	68
吉林经济开发区	11	7	4	7	3	4	14	9	5
吉林高新技术产业开发区	16	9	7	12	6	6	13	9	4
吉林中国新加坡食品区	13	7	6	27	17	10	37	23	14
蛟河市	120	74	46	148	97	51	184	116	68
桦甸市	101	60	41	106	61	45	109	72	37
舒兰市	232	130	102	214	130	84	287	176	111
磐石市	136	95	41	173	110	63	239	135	104
四平市	**667**	**416**	**251**	**660**	**381**	**279**	**858**	**491**	**367**
铁西区	23	10	13	28	17	11	29	20	9
铁东区	39	23	16	39	20	19	57	31	26
梨树县	265	163	102	271	155	116	370	202	168
伊通满族自治县	222	143	79	190	114	76	253	150	103
双辽市	118	77	41	132	75	57	149	88	61
辽源市	**355**	**218**	**137**	**335**	**205**	**130**	**494**	**304**	**190**
龙山区	19	14	5	20	13	7	23	13	10
西安区	17	11	6	14	6	8	18	9	9

1-11c 续表 9 单位：人

地 区	2020年8月			2020年9月			2020年10月		
	小计	男	女	小计	男	女	小计	男	女
东丰县	142	88	54	149	92	57	204	134	70
东辽县	177	105	72	152	94	58	249	148	101
通化市	**410**	**259**	**151**	**414**	**246**	**168**	**481**	**272**	**209**
东昌区	10	7	3	12	8	4	12	5	7
二道江区	4	3	1	7	3	4	16	10	6
通化县	76	51	25	92	58	34	94	56	38
辉南县	99	64	35	90	50	40	99	58	41
柳河县	128	76	52	145	95	50	164	95	69
集安市	93	58	35	68	32	36	96	48	48
白山市	**164**	**96**	**68**	**180**	**105**	**75**	**249**	**164**	**85**
浑江区	27	18	9	23	12	11	22	16	6
江源区	21	13	8	29	18	11	30	17	13
抚松县	28	19	9	37	20	17	63	46	17
靖宇县	33	16	17	33	18	15	47	30	17
长白朝鲜族自治县	19	10	9	25	15	10	33	19	14
临江市	36	20	16	33	22	11	54	36	18
松原市	**783**	**480**	**303**	**789**	**467**	**322**	**1052**	**616**	**436**
宁江区	81	49	32	59	36	23	114	75	39
前郭尔罗斯蒙古族自治县	200	118	82	205	121	84	274	164	110
长岭县	165	107	58	179	99	80	220	112	108
乾安县	70	48	22	58	35	23	76	46	30
吉林松原经济开发区	5	4	1	7	5	2	12	7	5
扶余市	262	154	108	281	171	110	356	212	144
白城市	**558**	**344**	**214**	**602**	**356**	**246**	**689**	**409**	**280**
洮北区	64	47	17	72	49	23	84	50	34
镇赉县	96	65	31	103	64	39	102	59	43
通榆县	116	65	51	127	67	60	141	86	55
吉林白城经济开发区	2	1	1	3	2	1	3	3	
洮南市	165	91	74	188	112	76	202	119	83
大安市	115	75	40	109	62	47	157	92	65
延边朝鲜族自治州	**394**	**239**	**155**	**445**	**275**	**170**	**515**	**322**	**193**
延吉市	41	27	14	27	19	8	22	16	6
图们市	16	7	9	20	13	7	21	9	12
敦化市	115	67	48	145	86	59	159	110	49
珲春市	51	35	16	42	29	13	73	40	33
龙井市	34	16	18	39	23	16	58	34	24
和龙市	34	21	13	32	19	13	38	26	12
汪清县	56	40	16	90	54	36	79	48	31
安图县	47	26	21	50	32	18	65	39	26
长白山管委会									
梅河口市	**184**	**106**	**78**	**186**	**115**	**71**	**200**	**126**	**74**

1-12　各地区家庭户的住房间数和面积

地　　区	家庭户户　数(户)	家庭户人　数(人)	平均每户住房建筑面积(平方米/户)	平均每户住房间数(间/户)	人均住房建筑面积(平方米/人)	人　均住房间数(间/人)
全　省	**8724943**	**20787478**	**80.63**	**2.22**	**33.84**	**0.93**
长春市	**3143558**	**7646963**	**84.52**	**2.30**	**34.75**	**0.94**
南关区	235234	528540	86.50	2.21	38.50	0.98
宽城区	298816	705117	78.80	2.13	33.39	0.90
朝阳区	209417	466554	81.29	2.18	36.49	0.98
二道区	193524	431784	77.74	2.04	34.84	0.92
绿园区	266551	637796	80.79	2.08	33.76	0.87
双阳区	106098	267548	84.59	2.27	33.55	0.90
九台区	216786	536536	84.10	2.43	33.98	0.98
农安县	272818	691077	84.06	2.62	33.18	1.03
长春经济技术开发区	153373	356253	86.62	2.14	37.29	0.92
长春净月高新技术产业开发区	108681	266475	111.90	2.52	45.64	1.03
长春高新技术产业开发区	143579	347374	98.29	2.30	40.63	0.95
长春汽车经济技术开发区	115804	273421	79.96	2.17	33.87	0.92
长春莲花山生态旅游度假区	12349	29096	89.50	2.18	37.99	0.92
榆树市	285802	760429	80.19	2.34	30.14	0.88
德惠市	221008	579514	86.97	2.32	33.17	0.89
公主岭市	303718	769449	85.62	2.57	33.80	1.01
吉林市	**1381619**	**3186675**	**76.42**	**2.11**	**33.13**	**0.91**
昌邑区	238247	532016	75.82	2.02	33.95	0.90
龙潭区	149645	328425	70.04	1.99	31.91	0.91
船营区	182959	416433	77.21	2.01	33.92	0.88
丰满区	94879	217447	89.86	2.25	39.21	0.98
永吉县	87980	206861	75.35	2.30	32.05	0.98
吉林经济开发区	18621	41455	75.28	2.16	33.81	0.97
吉林高新技术产业开发区	57225	135776	95.49	2.22	40.24	0.93
吉林中国新加坡食品区	13263	32246	77.20	2.18	31.75	0.90
蛟河市	128665	295819	74.44	2.16	32.38	0.94
桦甸市	122852	292575	75.19	2.24	31.57	0.94
舒兰市	149283	355774	71.58	2.06	30.04	0.86
磐石市	138000	331848	75.08	2.10	31.22	0.87
四平市	**649676**	**1585235**	**80.91**	**2.33**	**33.16**	**0.95**
铁西区	111083	249646	85.34	2.24	37.97	1.00
铁东区	117949	261059	69.65	1.99	31.47	0.90
梨树县	188448	483101	83.71	2.50	32.65	0.98
伊通满族自治县	120015	304118	79.58	2.36	31.41	0.93
双辽市	112181	287311	85.06	2.43	33.21	0.95
辽源市	**377155**	**884870**	**74.31**	**2.24**	**31.67**	**0.96**
龙山区	125682	280673	74.62	2.07	33.41	0.93
西安区	57269	115283	61.40	1.94	30.50	0.97
东丰县	111895	281774	79.38	2.42	31.52	0.96
东辽县	82309	207140	75.93	2.47	30.17	0.98

注：本表数据为居住在普通住宅的家庭户。

1-12 续表

地 区	家庭户户 数(户)	家庭户人 数(人)	平均每户住房建筑面积(平方米/户)	平均每户住房间数(间/户)	人均住房建筑面积(平方米/人)	人 均住房间数(间/人)
通化市	**488870**	**1162320**	**78.58**	**2.23**	**33.05**	**0.94**
东昌区	136043	311084	81.58	2.21	35.67	0.96
二道江区	39072	83621	67.62	2.03	31.60	0.95
通化县	66165	157483	78.21	2.38	32.86	1.00
辉南县	88259	212263	79.30	2.12	32.97	0.88
柳河县	94557	242909	80.19	2.31	31.21	0.90
集安市	64774	154960	75.97	2.24	31.75	0.94
白山市	**377727**	**848444**	**72.51**	**2.14**	**32.28**	**0.95**
浑江区	120792	275611	77.10	2.16	33.79	0.95
江源区	56198	119461	65.40	2.22	30.77	1.04
抚松县	83585	190796	72.39	2.09	31.71	0.92
靖宇县	41614	97007	74.73	2.19	32.06	0.94
长白朝鲜族自治县	23743	51227	72.59	2.09	33.65	0.97
临江市	51795	114342	67.87	2.09	30.75	0.95
松原市	**785677**	**2011595**	**85.16**	**2.37**	**33.26**	**0.92**
宁江区	216712	548768	83.23	2.17	32.87	0.86
前郭尔罗斯蒙古族自治县	143811	370214	85.14	2.23	33.07	0.87
长岭县	156977	404040	88.89	2.84	34.53	1.10
乾安县	75212	182002	83.24	2.40	34.40	0.99
吉林松原经济开发区	31413	77973	92.01	2.19	37.07	0.88
扶余市	161552	428598	83.69	2.32	31.55	0.87
白城市	**588671**	**1361920**	**80.35**	**2.12**	**34.73**	**0.92**
洮北区	138017	318274	79.54	2.06	34.49	0.89
镇赉县	83141	194238	77.49	2.06	33.17	0.88
通榆县	103540	241689	79.36	2.15	34.00	0.92
吉林白城经济开发区	38317	89854	89.34	2.21	38.10	0.94
洮南市	118520	276818	81.44	2.18	34.87	0.93
大安市	107136	241047	80.17	2.14	35.63	0.95
延边朝鲜族自治州	**726619**	**1598844**	**76.32**	**1.97**	**34.68**	**0.89**
延吉市	248548	556480	83.62	1.88	37.35	0.84
图们市	34242	71050	71.65	1.90	34.53	0.92
敦化市	160657	354238	69.73	2.18	31.63	0.99
珲春市	92538	212088	82.02	2.01	35.79	0.88
龙井市	42017	89324	72.32	1.73	34.02	0.81
和龙市	39906	82727	67.56	1.82	32.59	0.88
汪清县	64564	136135	69.84	1.89	33.12	0.90
安图县	44147	96802	72.06	2.07	32.86	0.94
长白山管委会	**22738**	**52190**	**71.89**	**2.01**	**31.32**	**0.88**
长白山保护开发区池北区	16786	38775	72.38	2.00	31.33	0.87
长白山保护开发区池西区	5249	11977	70.71	2.04	30.99	0.89
长白山保护开发区池南区	703	1438	69.11	2.07	33.78	1.01
梅河口市	**182633**	**448422**	**79.61**	**2.16**	**32.42**	**0.88**

1-12a 各地区家庭户的住房间数和面积(城市)

地区	家庭户户数(户)	家庭户人数(人)	平均每户住房建筑面积(平方米/户)	平均每户住房间数(间/户)	人均住房建筑面积(平方米/人)	人均住房间数(间/人)
全省	**3888579**	**8901799**	**78.58**	**2.03**	**34.33**	**0.89**
长春市	**1478342**	**3433907**	**79.94**	**2.08**	**34.42**	**0.90**
南关区	235234	528540	86.50	2.21	38.50	0.98
宽城区	225907	522332	74.40	2.01	32.18	0.87
朝阳区	195923	434995	80.03	2.15	36.05	0.97
二道区	192910	430608	77.66	2.04	34.79	0.91
绿园区	261416	624212	80.40	2.07	33.67	0.87
双阳区	43727	110357	82.41	2.06	32.65	0.82
九台区	84743	196597	78.03	2.01	33.64	0.87
农安县						
长春经济技术开发区						
长春净月高新技术产业开发区						
长春高新技术产业开发区						
长春汽车经济技术开发区						
长春莲花山生态旅游度假区						
榆树市	72223	183993	81.84	1.98	32.12	0.78
德惠市	70654	172406	78.73	2.08	32.27	0.85
公主岭市	95605	229867	80.11	2.11	33.32	0.88
吉林市	**743075**	**1663171**	**76.26**	**1.96**	**34.07**	**0.88**
昌邑区	194170	427830	75.71	1.94	34.36	0.88
龙潭区	107277	231058	67.98	1.81	31.56	0.84
船营区	153187	344821	76.96	1.99	34.19	0.88
丰满区	70463	160594	93.58	2.19	41.06	0.96
永吉县						
吉林经济开发区	633	1502	89.36	2.40	37.66	1.01
吉林高新技术产业开发区						
吉林中国新加坡食品区						
蛟河市	53167	118900	74.99	1.98	33.53	0.89
桦甸市	57833	133210	76.36	2.05	33.15	0.89
舒兰市	58190	131206	71.32	1.95	31.63	0.87
磐石市	48155	114050	76.37	1.88	32.25	0.79
四平市	**228102**	**511955**	**77.21**	**2.06**	**34.40**	**0.92**
铁西区	88520	197196	85.40	2.19	38.34	0.98
铁东区	93881	205022	67.34	1.90	30.83	0.87
梨树县						
伊通满族自治县						
双辽市	45701	109737	81.61	2.14	33.99	0.89
辽源市	**163792**	**350859**	**69.93**	**1.97**	**32.64**	**0.92**
龙山区	112343	248888	74.36	2.00	33.56	0.90
西安区	51449	101971	60.25	1.90	30.40	0.96

注：本表数据为居住在普通住宅的家庭户。

1-12a　续表

地　　区	家庭户户　数(户)	家庭户人　数(人)	平均每户住房建筑面积(平方米/户)	平均每户住房间数(间/户)	人均住房建筑面积(平方米/人)	人　　均住房间数(间/人)
东丰县						
东辽县						
通化市	**179320**	**408996**	**79.40**	**2.14**	**34.81**	**0.94**
东昌区	124734	284707	81.72	2.18	35.80	0.95
二道江区	26145	57736	68.19	1.91	30.88	0.86
通化县						
辉南县						
柳河县						
集安市	28441	66553	79.51	2.18	33.98	0.93
白山市	**173903**	**390621**	**74.13**	**2.09**	**33.00**	**0.93**
浑江区	107212	244702	77.58	2.11	33.99	0.92
江源区	31863	68957	67.63	2.07	31.25	0.95
抚松县						
靖宇县						
长白朝鲜族自治县						
临江市	34828	76962	69.47	2.06	31.44	0.93
松原市	**200559**	**504641**	**83.78**	**2.08**	**33.30**	**0.83**
宁江区	161375	403722	83.82	2.09	33.50	0.83
前郭尔罗斯蒙古族自治县	7613	18940	87.50	2.07	35.17	0.83
长岭县						
乾安县						
吉林松原经济开发区						
扶余市	31571	81979	82.72	2.04	31.86	0.78
白城市	**173811**	**403522**	**78.43**	**1.95**	**33.78**	**0.84**
洮北区	92474	213844	75.59	2.01	32.69	0.87
镇赉县						
通榆县						
吉林白城经济开发区	1937	4407	98.42	2.61	43.26	1.15
洮南市	39601	92880	80.17	1.92	34.18	0.82
大安市	39799	92391	82.34	1.84	35.47	0.79
延边朝鲜族自治州	**455559**	**1014110**	**80.20**	**1.92**	**36.03**	**0.86**
延吉市	224293	503268	84.50	1.88	37.66	0.84
图们市	25087	52895	75.42	1.89	35.77	0.90
敦化市	83150	182737	69.72	2.01	31.73	0.91
珲春市	71017	165241	83.97	1.99	36.09	0.86
龙井市	28707	61704	77.44	1.82	36.03	0.84
和龙市	23305	48265	73.25	1.80	35.37	0.87
汪清县						
安图县						
长白山管委会						
梅河口市	**92116**	**220017**	**82.13**	**2.13**	**34.39**	**0.89**

1-12b 各地区家庭户的住房间数和面积(镇)

地　区	家庭户户　数(户)	家庭户人　数(人)	平均每户住房建筑面积(平方米/户)	平均每户住房间数(间/户)	人均住房建筑面积(平方米/人)	人　均住房间数(间/人)
全　省	**1708557**	**4006195**	**82.08**	**2.15**	**35.00**	**0.92**
长春市	**636443**	**1529524**	**89.80**	**2.22**	**37.37**	**0.93**
南关区						
宽城区	22980	58716	84.53	2.17	33.08	0.85
朝阳区	3508	8134	95.89	2.06	41.36	0.89
二道区	614	1176	103.88	3.32	54.24	1.73
绿园区						
双阳区	1464	3530	104.04	2.79	43.15	1.16
九台区	2146	5380	78.38	1.98	31.27	0.79
农安县	72698	176283	81.24	2.08	33.50	0.86
长春经济技术开发区	153373	356253	86.62	2.14	37.29	0.92
长春净月高新技术产业开发区	56024	139856	119.34	2.57	47.81	1.03
长春高新技术产业开发区	142193	344471	98.36	2.29	40.60	0.95
长春汽车经济技术开发区	115804	273421	79.96	2.17	33.87	0.92
长春莲花山生态旅游度假区	1821	4063	96.05	2.32	43.05	1.04
榆树市	17501	44142	81.60	2.31	32.35	0.92
德惠市	3557	9339	88.82	2.61	33.83	1.00
公主岭市	42760	104760	80.63	2.21	32.91	0.90
吉林市	**165807**	**370654**	**79.17**	**2.09**	**35.42**	**0.94**
昌邑区	3884	7721	70.28	2.14	35.35	1.08
龙潭区	5348	11149	66.66	2.16	31.98	1.03
船营区	1961	4786	80.25	2.05	32.88	0.84
丰满区	726	1523	69.19	1.79	32.98	0.85
永吉县	35875	80793	75.51	2.08	33.53	0.92
吉林经济开发区	14397	30856	69.06	1.98	32.22	0.92
吉林高新技术产业开发区	49653	117249	98.40	2.21	41.67	0.93
吉林中国新加坡食品区	1592	3906	81.58	2.27	33.25	0.92
蛟河市	14821	32789	67.46	2.08	30.49	0.94
桦甸市	11589	23328	64.26	2.08	31.92	1.03
舒兰市	10154	22799	73.03	2.03	32.53	0.90
磐石市	15807	33755	68.64	1.92	32.14	0.90
四平市	**122356**	**291782**	**81.06**	**2.24**	**33.99**	**0.94**
铁西区						
铁东区	1731	3719	78.53	2.20	36.55	1.02
梨树县	70454	166260	81.19	2.33	34.40	0.99
伊通满族自治县	41447	100341	79.04	2.04	32.65	0.84
双辽市	8724	21462	90.13	2.41	36.64	0.98
辽源市	**65141**	**151095**	**74.15**	**2.13**	**31.97**	**0.92**
龙山区	320	673	68.09	2.13	32.37	1.01
西安区						
东丰县	44049	102122	75.21	2.16	32.44	0.93
东辽县	20772	48300	72.00	2.08	30.97	0.90

注：本表数据为居住在普通住宅的家庭户。

1-12b 续表

地　区	家庭户户　数（户）	家庭户人　数（人）	平均每户住房建筑面积（平方米/户）	平均每户住房间数（间/户）	人均住房建筑面积（平方米/人）	人　均住房间数（间/人）
通化市	**128407**	**299779**	**78.42**	**2.12**	**33.59**	**0.91**
东昌区	2082	4949	67.67	1.99	28.47	0.84
二道江区	7192	13839	62.76	2.01	32.62	1.04
通化县	29279	69854	82.91	2.28	34.75	0.96
辉南县	48389	110977	77.04	1.99	33.59	0.87
柳河县	37932	91516	80.64	2.19	33.42	0.91
集安市	3533	8644	74.20	2.13	30.33	0.87
白山市	**128564**	**284640**	**70.88**	**2.08**	**32.01**	**0.94**
浑江区	3381	7440	66.94	2.27	30.42	1.03
江源区	13818	26595	57.76	2.09	30.01	1.08
抚松县	66423	148989	71.20	2.06	31.74	0.92
靖宇县	25632	59113	75.90	2.12	32.91	0.92
长白朝鲜族自治县	16547	36623	75.45	2.06	34.09	0.93
临江市	2763	5880	59.49	2.10	27.96	0.98
松原市	**170111**	**431075**	**82.70**	**2.14**	**32.64**	**0.85**
宁江区	9067	24266	77.11	2.03	28.81	0.76
前郭尔罗斯蒙古族自治县	49504	127945	79.96	2.05	30.94	0.79
长岭县	43508	108962	84.39	2.32	33.70	0.93
乾安县	33348	83636	80.23	2.11	31.99	0.84
吉林松原经济开发区	24208	59320	91.78	2.10	37.45	0.86
扶余市	10476	26946	80.43	2.18	31.27	0.85
白城市	**139378**	**325476**	**82.27**	**2.09**	**35.23**	**0.90**
洮北区	9996	21921	85.08	2.25	38.80	1.03
镇赉县	39840	94404	79.86	2.06	33.70	0.87
通榆县	39363	95241	82.07	2.09	33.92	0.87
吉林白城经济开发区	33068	77165	85.79	2.08	36.76	0.89
洮南市	4328	9496	80.15	2.25	36.53	1.02
大安市	12783	27249	79.86	2.05	37.46	0.96
延边朝鲜族自治州	**113262**	**233397**	**67.96**	**1.90**	**32.98**	**0.92**
延吉市	5846	12967	70.67	1.86	31.86	0.84
图们市	4731	8675	55.07	1.87	30.03	1.02
敦化市	20299	39342	61.42	2.09	31.69	1.08
珲春市	4268	8990	66.27	2.07	31.46	0.98
龙井市	3701	6839	53.76	1.43	29.09	0.77
和龙市	7226	13805	56.23	1.86	29.43	0.97
汪清县	45545	96183	72.20	1.84	34.19	0.87
安图县	21646	46596	73.90	1.94	34.33	0.90
长白山管委会	**22682**	**52093**	**71.95**	**2.01**	**31.33**	**0.88**
长白山保护开发区池北区	16730	38678	72.46	2.00	31.34	0.87
长白山保护开发区池西区	5249	11977	70.71	2.04	30.99	0.89
长白山保护开发区池南区	703	1438	69.11	2.07	33.78	1.01
梅河口市	**16406**	**36680**	**70.54**	**2.20**	**31.55**	**0.98**

1-12c 各地区家庭户的住房间数和面积(乡村)

地区	家庭户户数(户)	家庭户人数(人)	平均每户住房建筑面积(平方米/户)	平均每户住房间数(间/户)	人均住房建筑面积(平方米/人)	人均住房间数(间/人)
全省	**3127807**	**7879484**	**82.39**	**2.49**	**32.71**	**0.99**
长春市	**1028773**	**2683532**	**87.84**	**2.64**	**33.68**	**1.01**
南关区						
宽城区	49929	124069	96.07	2.68	38.66	1.08
朝阳区	9986	23425	100.80	2.85	42.97	1.21
二道区						
绿园区	5135	13584	100.69	2.60	38.06	0.98
双阳区	60907	153661	85.69	2.40	33.97	0.95
九台区	129897	334559	88.15	2.71	34.23	1.05
农安县	200120	514794	85.08	2.82	33.07	1.10
长春经济技术开发区						
长春净月高新技术产业开发区	52657	126619	103.97	2.47	43.24	1.03
长春高新技术产业开发区	1386	2903	90.91	2.63	43.40	1.26
长春汽车经济技术开发区						
长春莲花山生态旅游度假区	10528	25033	88.37	2.15	37.16	0.90
榆树市	196078	532294	79.46	2.47	29.27	0.91
德惠市	146797	397769	90.89	2.43	33.54	0.90
公主岭市	165353	434822	90.10	2.92	34.26	1.11
吉林市	**472737**	**1152850**	**75.71**	**2.33**	**31.04**	**0.96**
昌邑区	40193	96465	76.91	2.39	32.04	0.99
龙潭区	37020	86218	76.48	2.50	32.84	1.07
船营区	27811	66826	78.39	2.13	32.63	0.89
丰满区	23690	55330	79.44	2.44	34.01	1.04
永吉县	52105	126068	75.24	2.46	31.10	1.02
吉林经济开发区	3591	9097	97.75	2.87	38.59	1.13
吉林高新技术产业开发区	7572	18527	76.37	2.29	31.21	0.94
吉林中国新加坡食品区	11671	28340	76.60	2.17	31.54	0.89
蛟河市	60677	144130	75.67	2.34	31.86	0.99
桦甸市	53430	136037	76.29	2.49	29.96	0.98
舒兰市	80939	201769	71.60	2.13	28.72	0.86
磐石市	74038	184043	75.61	2.29	30.42	0.92
四平市	**299218**	**781498**	**83.66**	**2.57**	**32.03**	**0.98**
铁西区	22563	52450	85.07	2.47	36.60	1.06
铁东区	22337	52318	78.66	2.37	33.58	1.01
梨树县	117994	316841	85.21	2.61	31.73	0.97
伊通满族自治县	78568	203777	79.87	2.52	30.80	0.97
双辽市	57756	156112	87.03	2.66	32.20	0.99
辽源市	**148222**	**382916**	**79.23**	**2.59**	**30.67**	**1.00**
龙山区	13019	31112	77.06	2.70	32.24	1.13
西安区	5820	13312	71.57	2.30	31.29	1.01

注：本表数据为居住在普通住宅的家庭户。

1-12c　续表

地　区	家庭户户　数(户)	家庭户人　数(人)	平均每户住房建筑面积(平方米/户)	平均每户住房间数(间/户)	人均住房建筑面积(平方米/人)	人　均住房间数(间/人)
东丰县	67846	179652	82.08	2.58	31.00	0.98
东辽县	61537	158840	77.26	2.60	29.93	1.01
通化市	**181143**	**453545**	**77.89**	**2.38**	**31.11**	**0.95**
东昌区	9227	21428	82.82	2.63	35.66	1.13
二道江区	5735	12046	71.13	2.61	33.87	1.24
通化县	36886	87629	74.49	2.46	31.35	1.04
辉南县	39870	101286	82.03	2.26	32.29	0.89
柳河县	56625	151393	79.89	2.38	29.88	0.89
集安市	32800	79763	73.09	2.31	30.06	0.95
白山市	**75260**	**173183**	**71.54**	**2.37**	**31.09**	**1.03**
浑江区	10199	23469	75.41	2.68	32.77	1.17
江源区	10517	23909	68.68	2.87	30.21	1.26
抚松县	17162	41807	76.99	2.21	31.61	0.91
靖宇县	15982	37894	72.86	2.30	30.73	0.97
长白朝鲜族自治县	7196	14604	66.02	2.16	32.53	1.06
临江市	14204	31500	65.59	2.16	29.57	0.97
松原市	**415007**	**1075879**	**86.83**	**2.60**	**33.49**	**1.00**
宁江区	46270	120780	82.39	2.48	31.56	0.95
前郭尔罗斯蒙古族自治县	86694	223329	87.89	2.35	34.12	0.91
长岭县	113469	295078	90.61	3.04	34.84	1.17
乾安县	41864	98366	85.64	2.64	36.45	1.12
吉林松原经济开发区	7205	18653	92.82	2.50	35.85	0.96
扶余市	119505	319673	84.24	2.40	31.49	0.90
白城市	**275482**	**632922**	**80.59**	**2.25**	**35.08**	**0.98**
洮北区	35547	82509	88.26	2.15	38.02	0.93
镇赉县	43301	99834	75.30	2.07	32.66	0.90
通榆县	64177	146448	77.69	2.19	34.05	0.96
吉林白城经济开发区	3312	8282	119.51	3.23	47.79	1.29
洮南市	74591	174442	82.18	2.32	35.14	0.99
大安市	54554	121407	78.66	2.38	35.34	1.07
延边朝鲜族自治州	**157798**	**351337**	**71.12**	**2.16**	**31.94**	**0.97**
延吉市	18409	40245	76.98	1.89	35.21	0.86
图们市	4424	9480	68.02	2.00	31.74	0.93
敦化市	57208	132159	72.70	2.46	31.47	1.06
珲春市	17253	37857	77.90	2.06	35.50	0.94
龙井市	9609	20781	64.18	1.59	29.67	0.74
和龙市	9375	20657	62.17	1.85	28.21	0.84
汪清县	19019	39952	64.17	2.02	30.55	0.96
安图县	22501	50206	70.28	2.19	31.50	0.98
长白山管委会	**56**	**97**	**47.84**	**2.07**	**27.62**	**1.20**
梅河口市	**74111**	**191725**	**78.49**	**2.20**	**30.34**	**0.85**

第一部分　全部数据资料

第二卷　民族

2–1 全省各民族人口及比重

单位：人、%

民 族	人口数	男	女	各民族人口占总人口的比重
总 计	**24073453**	**12018319**	**12055134**	**100.00**
汉 族	21985839	10982522	11003317	91.33
蒙古族	169449	81081	88368	0.70
回 族	104595	51410	53185	0.43
藏 族	2121	896	1225	0.01
维吾尔族	3733	1529	2204	0.02
苗 族	5788	2831	2957	0.02
彝 族	2072	1006	1066	0.01
壮 族	3518	1486	2032	0.01
布依族	2553	1207	1346	0.01
朝鲜族	940165	456614	483551	3.91
满 族	831418	427470	403948	3.45
侗 族	2817	1354	1463	0.01
瑶 族	649	283	366	
白 族	901	422	479	
土家族	4232	2132	2100	0.02
哈尼族	215	63	152	
哈萨克族	903	341	562	
傣 族	391	105	286	
黎 族	1145	445	700	
傈僳族	234	85	149	
佤 族	123	36	87	
畲 族	261	146	115	
高山族	94	51	43	
拉祜族	49	15	34	
水 族	484	232	252	
东乡族	380	208	172	
纳西族	54	24	30	
景颇族	477	106	371	
柯尔克孜族	82	27	55	
土 族	151	72	79	
达斡尔族	1207	501	706	0.01
仫佬族	118	59	59	
羌 族	71	36	35	
布朗族	21	5	16	
撒拉族	242	134	108	
毛南族	67	25	42	
仡佬族	469	251	218	
锡伯族	4238	2110	2128	0.02
阿昌族	20	3	17	
普米族	9	4	5	
塔吉克族	18	10	8	
怒 族	13	3	10	
乌孜别克族	6	2	4	
俄罗斯族	104	45	59	
鄂温克族	230	97	133	
德昂族	12	8	4	
保安族	12	6	6	
裕固族	7	6	1	
京 族	23	10	13	
塔塔尔族	7	2	5	
独龙族	4	1	3	
鄂伦春族	161	72	89	
赫哲族	266	121	145	
门巴族	26	8	18	
珞巴族	3	2	1	
基诺族	29	19	10	
未定族称人口	1114	552	562	
入 籍	63	28	35	

2-1a 全省各民族人口及比重(城市)

单位：人、%

民　族	人口数	男	女	各民族人口占总人口的比重
总　计	**10291703**	**5028946**	**5262757**	**100.00**
汉　族	9311734	4557753	4753981	90.48
蒙古族	56931	26840	30091	0.55
回　族	65964	32070	33894	0.64
藏　族	952	394	558	0.01
维吾尔族	1655	670	985	0.02
苗　族	2478	1283	1195	0.02
彝　族	846	419	427	0.01
壮　族	1685	776	909	0.02
布依族	1075	535	540	0.01
朝鲜族	523860	248589	275271	5.09
满　族	314020	154575	159445	3.05
侗　族	1181	591	590	0.01
瑶　族	293	144	149	
白　族	446	223	223	
土家族	2035	1043	992	0.02
哈尼族	72	23	49	
哈萨克族	355	125	230	
傣　族	125	38	87	
黎　族	473	190	283	
傈僳族	60	25	35	
佤　族	30	8	22	
畲　族	127	76	51	
高山族	49	28	21	
拉祜族	13	4	9	
水　族	176	88	88	
东乡族	301	164	137	
纳西族	17	10	7	
景颇族	68	15	53	
柯尔克孜族	38	7	31	
土　族	86	44	42	
达斡尔族	699	296	403	0.01
仫佬族	58	25	33	
羌　族	45	25	20	
布朗族	11	4	7	
撒拉族	167	89	78	
毛南族	27	9	18	
仡佬族	197	108	89	
锡伯族	2363	1168	1195	0.02
阿昌族	5	1	4	
普米族	4	2	2	
塔吉克族	8	5	3	
怒　族	9	1	8	
乌孜别克族	2		2	
俄罗斯族	75	32	43	
鄂温克族	128	55	73	
德昂族	2	1	1	
保安族	7	4	3	
裕固族	6	5	1	
京　族	3	1	2	
塔塔尔族	2		2	
独龙族				
鄂伦春族	64	33	31	
赫哲族	154	73	81	
门巴族	5		5	
珞巴族	1		1	
基诺族	6	4	2	
未定族称人口	479	241	238	
入　籍	31	14	17	

2−1b　全省各民族人口及比重(镇)

单位：人、%

民　族	人口数	男	女	各民族人口占总人口的比重
总　计	**4787311**	**2360236**	**2427075**	**100.00**
汉　族	4387958	2165376	2222582	91.66
蒙古族	47447	22255	25192	0.99
回　族	17878	8800	9078	0.37
藏　族	842	350	492	0.02
维吾尔族	1429	586	843	0.03
苗　族	1280	588	692	0.03
彝　族	571	289	282	0.01
壮　族	1037	398	639	0.02
布依族	528	207	321	0.01
朝鲜族	133885	65593	68292	2.80
满　族	188949	93383	95566	3.95
侗　族	573	260	313	0.01
瑶　族	192	75	117	
白　族	235	100	135	
土家族	1139	528	611	0.02
哈尼族	42	18	24	
哈萨克族	362	136	226	0.01
傣　族	95	27	68	
黎　族	334	119	215	0.01
傈僳族	48	15	33	
佤　族	24	7	17	
畲　族	80	41	39	
高山族	33	15	18	
拉祜族	11	5	6	
水　族	98	39	59	
东乡族	65	36	29	
纳西族	18	7	11	
景颇族	83	15	68	
柯尔克孜族	30	13	17	
土　族	38	15	23	
达斡尔族	311	139	172	0.01
仫佬族	40	23	17	
羌　族	16	7	9	
布朗族	3		3	
撒拉族	43	24	19	
毛南族	22	8	14	
仡佬族	119	58	61	
锡伯族	978	464	514	0.02
阿昌族	3		3	
普米族	1		1	
塔吉克族	4	2	2	
怒　族				
乌孜别克族	2	1	1	
俄罗斯族	19	11	8	
鄂温克族	61	24	37	
德昂族	2	1	1	
保安族	5	2	3	
裕固族	1	1		
京　族	8	5	3	
塔塔尔族	3	1	2	
独龙族				
鄂伦春族	52	18	34	
赫哲族	57	21	36	
门巴族	5	1	4	
珞巴族	2	2		
基诺族	6	4	2	
未定族称人口	228	116	112	
入　籍	16	7	9	

2-1c 全省各民族人口及比重(乡村)

单位：人、%

民　族	人口数	男	女	各民族人口占总人口的比重
总　计	**8994439**	**4629137**	**4365302**	**100.00**
汉　族	8286147	4259393	4026754	92.13
蒙古族	65071	31986	33085	0.72
回　族	20753	10540	10213	0.23
藏　族	327	152	175	
维吾尔族	649	273	376	0.01
苗　族	2030	960	1070	0.02
彝　族	655	298	357	0.01
壮　族	796	312	484	0.01
布依族	950	465	485	0.01
朝鲜族	282420	142432	139988	3.14
满　族	328449	179512	148937	3.65
侗　族	1063	503	560	0.01
瑶　族	164	64	100	
白　族	220	99	121	
土家族	1058	561	497	0.01
哈尼族	101	22	79	
哈萨克族	186	80	106	
傣　族	171	40	131	
黎　族	338	136	202	
傈僳族	126	45	81	
佤　族	69	21	48	
畲　族	54	29	25	
高山族	12	8	4	
拉祜族	25	6	19	
水　族	210	105	105	
东乡族	14	8	6	
纳西族	19	7	12	
景颇族	326	76	250	
柯尔克孜族	14	7	7	
土　族	27	13	14	
达斡尔族	197	66	131	
仫佬族	20	11	9	
羌　族	10	4	6	
布朗族	7	1	6	
撒拉族	32	21	11	
毛南族	18	8	10	
仡佬族	153	85	68	
锡伯族	897	478	419	0.01
阿昌族	12	2	10	
普米族	4	2	2	
塔吉克族	6	3	3	
怒　族	4	2	2	
乌孜别克族	2	1	1	
俄罗斯族	10	2	8	
鄂温克族	41	18	23	
德昂族	8	6	2	
保安族				
裕固族				
京　族	12	4	8	
塔塔尔族	2	1	1	
独龙族	4	1	3	
鄂伦春族	45	21	24	
赫哲族	55	27	28	
门巴族	16	7	9	
珞巴族				
基诺族	17	11	6	
未定族称人口	407	195	212	
入　籍	16	7	9	

2-2　全省各民族分年龄、性别的人口

单位：人

年龄组	合计			汉族		
	合计	男	女	小计	男	女
总　计	**24073453**	**12018319**	**12055134**	**21985839**	**10982522**	**11003317**
0–4岁	769139	396542	372597	671772	346591	325181
5–9岁	960287	498408	461879	852091	443274	408817
10–14岁	1089297	567346	521951	987454	515225	472229
15–19岁	1056911	546207	510704	969679	502487	467192
20–24岁	1017679	512979	504700	931326	471028	460298
25–29岁	1259773	640509	619264	1151991	586414	565577
30–34岁	1984461	1007169	977292	1799729	913703	886026
35–39岁	1637765	834784	802981	1484020	757576	726444
40–44岁	1812578	920927	891651	1672995	849528	823467
45–49岁	2198875	1105529	1093346	2040121	1024485	1015636
50–54岁	2490028	1250768	1239260	2297750	1154028	1143722
55–59岁	2245495	1115110	1130385	2048595	1018016	1030579
60–64岁	1793941	878744	915197	1624709	795951	828758
65–69岁	1624571	777856	846715	1491273	712505	778768
70–74岁	983490	457389	526101	905365	420638	484727
75–79岁	544694	243880	300814	501079	225328	275751
80–84岁	354808	157719	197089	325054	145905	179149
85–89岁	167536	71360	96176	154262	66581	87681
90–94岁	61727	26451	35276	57493	25036	32457
95–99岁	17835	7517	10318	16674	7154	9520
100岁及以上	2563	1125	1438	2407	1069	1338

2–2　续表 1

单位：人

年龄组	蒙古族			回族			藏族		
	小计	男	女	小计	男	女	小计	男	女
总　计	**169449**	**81081**	**88368**	**104595**	**51410**	**53185**	**2121**	**896**	**1225**
0–4岁	11506	5872	5634	4710	2441	2269	34	20	14
5–9岁	12820	6476	6344	5334	2747	2587	44	21	23
10–14岁	12596	6392	6204	4866	2427	2439	41	18	23
15–19岁	10928	5483	5445	4564	2280	2284	601	237	364
20–24岁	10323	4869	5454	5275	2625	2650	935	381	554
25–29岁	11343	5253	6090	5531	2795	2736	107	55	52
30–34岁	17564	8217	9347	8752	4390	4362	69	33	36
35–39岁	15210	6932	8278	7227	3689	3538	53	23	30
40–44岁	11402	5392	6010	7125	3658	3467	36	19	17
45–49岁	12074	5763	6311	8394	4181	4213	42	20	22
50–54岁	12626	5972	6654	9225	4547	4678	48	19	29
55–59岁	10795	5057	5738	8713	4272	4441	38	17	21
60–64岁	8208	3868	4340	7499	3526	3973	24	8	16
65–69岁	6101	2890	3211	7213	3407	3806	22	9	13
70–74岁	2999	1360	1639	4709	2133	2576	9	6	3
75–79岁	1418	608	810	2650	1129	1521	7	4	3
80–84岁	1004	439	565	1637	691	946	8	4	4
85–89岁	402	172	230	800	336	464	3	2	1
90–94岁	102	50	52	291	107	184			
95–99岁	24	13	11	71	27	44			
100岁及以上	4	3	1	9	2	7			

2-2 续表 2

单位：人

年龄组	维吾尔族			苗族			彝族		
	小计	男	女	小计	男	女	小计	男	女
总　计	**3733**	**1529**	**2204**	**5788**	**2831**	**2957**	**2072**	**1006**	**1066**
0–4岁	42	16	26	307	149	158	122	68	54
5–9岁	70	40	30	238	121	117	128	65	63
10–14岁	54	23	31	269	139	130	71	30	41
15–19岁	804	264	540	594	281	313	240	111	129
20–24岁	2254	921	1333	1320	661	659	657	325	332
25–29岁	197	95	102	402	195	207	161	74	87
30–34岁	97	42	55	421	205	216	155	64	91
35–39岁	63	37	26	404	182	222	148	67	81
40–44岁	44	29	15	394	170	224	111	44	67
45–49岁	37	24	13	375	180	195	98	60	38
50–54岁	35	21	14	333	145	188	67	38	29
55–59岁	23	13	10	219	106	113	39	21	18
60–64岁	8	2	6	102	59	43	23	12	11
65–69岁	2	2		105	59	46	18	10	8
70–74岁	2		2	97	67	30	9	7	2
75–79岁	1		1	68	42	26	14	4	10
80–84岁				68	35	33	5	3	2
85–89岁				40	20	20	5	2	3
90–94岁				20	10	10			
95–99岁				9	4	5	1	1	
100岁及以上				3	1	2			

2-2 续表 3

单位：人

年龄组	壮族			布依族			朝鲜族		
	小计	男	女	小计	男	女	小计	男	女
总　计	**3518**	**1486**	**2032**	**2553**	**1207**	**1346**	**940165**	**456614**	**483551**
0–4岁	198	101	97	100	47	53	27234	13945	13289
5–9岁	198	94	104	101	65	36	30264	15434	14830
10–14岁	138	75	63	138	60	78	28051	14454	13597
15–19岁	546	214	332	268	135	133	21831	11129	10702
20–24岁	1194	511	683	624	291	333	22671	11686	10985
25–29岁	187	68	119	161	90	71	39292	20287	19005
30–34岁	264	96	168	171	86	85	74942	38785	36157
35–39岁	224	71	153	153	65	88	69332	35582	33750
40–44岁	141	51	90	141	51	90	62454	32071	30383
45–49岁	98	47	51	202	88	114	76780	39070	37710
50–54岁	102	52	50	155	59	96	94755	47189	47566
55–59岁	91	38	53	93	42	51	108642	52972	55670
60–64岁	72	37	35	48	23	25	97874	46613	51261
65–69岁	19	8	11	43	23	20	75902	34994	40908
70–74岁	20	14	6	41	22	19	48010	20626	27384
75–79岁	8	3	5	38	23	15	29123	11132	17991
80–84岁	7	1	6	31	15	16	20577	7175	13402
85–89岁	10	4	6	24	16	8	8897	2617	6280
90–94岁	1	1		11	4	7	2656	641	2015
95–99岁				6	2	4	773	182	591
100岁及以上				4		4	105	30	75

2-2　续表 4　　　　　　　　　　　　　　　　　　　　单位：人

年龄组	满　　族			侗　　族			瑶　　族		
	小计	男	女	小计	男	女	小计	男	女
总　计	**831418**	**427470**	**403948**	**2817**	**1354**	**1463**	**649**	**283**	**366**
0–4岁	51729	26582	25147	169	92	77	40	17	23
5–9岁	57623	29360	28263	147	73	74	36	19	17
10–14岁	54354	27876	26478	163	73	90	25	13	12
15–19岁	44516	22514	22002	253	119	134	94	40	54
20–24岁	36318	17480	18838	487	245	242	211	91	120
25–29岁	48920	24549	24371	212	87	125	26	12	14
30–34岁	80440	40797	39643	226	104	122	52	14	38
35–39岁	59274	29874	29400	188	89	99	41	10	31
40–44岁	56488	29382	27106	171	91	80	20	10	10
45–49岁	59495	31088	28407	200	86	114	25	13	12
50–54岁	73863	38218	35645	193	90	103	14	5	9
55–59岁	67438	34135	33303	109	54	55	25	13	12
60–64岁	54791	28346	26445	70	35	35	14	8	6
65–69岁	43464	23740	19724	49	27	22	11	8	3
70–74岁	21916	12346	9570	65	33	32	7	4	3
75–79岁	10117	5517	4600	49	26	23	3	2	1
80–84岁	6265	3379	2886	38	19	19	1	1	
85–89岁	3005	1555	1450	15	8	7	3	2	1
90–94岁	1111	585	526	8	2	6	1	1	
95–99岁	262	127	135	4	1	3			
100岁及以上	29	20	9	1		1			

2-2　续表 5　　　　　　　　　　　　　　　　　　　　单位：人

年龄组	白　　族			土 家 族			哈 尼 族		
	小计	男	女	小计	男	女	小计	男	女
总　计	**901**	**422**	**479**	**4232**	**2132**	**2100**	**215**	**63**	**152**
0–4岁	29	18	11	235	129	106	20	7	13
5–9岁	28	15	13	241	133	108	20	13	7
10–14岁	36	18	18	216	117	99	10	4	6
15–19岁	87	41	46	646	322	324	30	9	21
20–24岁	225	97	128	1289	635	654	27	12	15
25–29岁	54	25	29	259	116	143	10	3	7
30–34岁	57	24	33	298	122	176	28	2	26
35–39岁	65	30	35	218	113	105	28	3	25
40–44岁	50	30	20	171	82	89	14	2	12
45–49岁	53	25	28	199	106	93	9		9
50–54岁	66	26	40	161	83	78	10	2	8
55–59岁	40	21	19	98	57	41	4	3	1
60–64岁	47	25	22	52	35	17	1	1	
65–69岁	17	9	8	49	27	22	4	2	2
70–74岁	18	9	9	32	14	18			
75–79岁	12	4	8	22	14	8			
80–84岁	7	1	6	20	10	10			
85–89岁	8	4	4	15	12	3			
90–94岁	2		2	9	4	5			
95–99岁				2	1	1			
100岁及以上									

2-2 续表 6

单位：人

年龄组	哈萨克族			傣　族			黎　族		
	小计	男	女	小计	男	女	小计	男	女
总　计	**903**	**341**	**562**	**391**	**105**	**286**	**1145**	**445**	**700**
0-4岁	8	3	5	29	20	9	75	33	42
5-9岁	3	2	1	46	26	20	54	26	28
10-14岁	6	5	1	34	10	24	59	34	25
15-19岁	114	38	76	28	9	19	148	44	104
20-24岁	675	257	418	41	11	30	337	141	196
25-29岁	70	24	46	21	6	15	69	30	39
30-34岁	8	3	5	58	6	52	77	26	51
35-39岁	5	2	3	66	4	62	58	25	33
40-44岁	5	2	3	34	5	29	59	19	40
45-49岁	1		1	14	3	11	63	16	47
50-54岁	3	2	1	9	1	8	41	16	25
55-59岁	3	3		3	1	2	36	15	21
60-64岁	1		1	4	2	2	21	4	17
65-69岁	1		1	2		2	14	6	8
70-74岁				1	1		16	7	9
75-79岁				1		1	8		8
80-84岁							3	1	2
85-89岁							5	1	4
90-94岁									
95-99岁							2	1	1
100岁及以上									

2-2 续表 7

单位：人

年龄组	傈僳族			佤　族			畲　族		
	小计	男	女	小计	男	女	小计	男	女
总　计	**234**	**85**	**149**	**123**	**36**	**87**	**261**	**146**	**115**
0-4岁	13	7	6	6	1	5	12	9	3
5-9岁	12	7	5	18	12	6	21	14	7
10-14岁	48	21	27	16	8	8	9	6	3
15-19岁	32	12	20	7		7	60	29	31
20-24岁	32	14	18	10	3	7	74	46	28
25-29岁	14	4	10	9	3	6	7	4	3
30-34岁	11	1	10	15	2	13	21	7	14
35-39岁	31	3	28	18	3	15	15	7	8
40-44岁	11	2	9	12	2	10	10	6	4
45-49岁	3	1	2	6	1	5	8	3	5
50-54岁	8	4	4	3		3	7	5	2
55-59岁	3	1	2	2	1	1	7	3	4
60-64岁	4	2	2	1		1	6	3	3
65-69岁	5	3	2				3	3	
70-74岁	3	2	1						
75-79岁	3	1	2						
80-84岁	1		1						
85-89岁							1	1	
90-94岁									
95-99岁									
100岁及以上									

2-2 续表 8

单位：人

年龄组	高山族			拉祜族			水族		
	小计	男	女	小计	男	女	小计	男	女
总　计	**94**	**51**	**43**	**49**	**15**	**34**	**484**	**232**	**252**
0–4岁	10	5	5	6	3	3	22	13	9
5–9岁	3	3		4	1	3	16	7	9
10–14岁	4	2	2	4	2	2	28	20	8
15–19岁	4	2	2	4	1	3	28	10	18
20–24岁	5	3	2	5	3	2	68	34	34
25–29岁	7	3	4	3		3	33	14	19
30–34岁	11	4	7	5		5	32	16	16
35–39岁	6	2	4	6	1	5	47	22	25
40–44岁	10	4	6	5	1	4	39	11	28
45–49岁	4	2	2	4	1	3	40	16	24
50–54岁	8	7	1	1		1	38	14	24
55–59岁	8	5	3				24	15	9
60–64岁	4	1	3	1	1		10	5	5
65–69岁	4	4					5	2	3
70–74岁	2	1	1	1	1		17	13	4
75–79岁	2	2					10	4	6
80 84岁							11	6	5
85–89岁							5	4	1
90–94岁	1	1					7	3	4
95–99岁	1		1				4	3	1
100岁及以上									

2-2 续表 9

单位：人

年龄组	东乡族			纳西族			景颇族		
	小计	男	女	小计	男	女	小计	男	女
总　计	**380**	**208**	**172**	**54**	**24**	**30**	**477**	**106**	**371**
0–4岁	29	14	15	3	1	2	30	16	14
5–9岁	43	23	20	5	2	3	50	26	24
10–14岁	22	13	9	3	2	1	67	30	37
15–19岁	31	15	16	7	4	3	37	21	16
20–24岁	65	38	27	21	6	15	12	4	8
25–29岁	47	25	22	3	1	2	18	1	17
30–34岁	50	27	23	2	1	1	62	2	60
35–39岁	37	22	15	2		2	104	1	103
40–44岁	18	10	8	1	1		69	2	67
45–49岁	16	9	7	1	1		14		14
50–54岁	12	8	4	4	3	1	9		9
55–59岁	3		3	1	1		2	1	1
60–64岁	2	1	1				1	1	
65–69岁	1		1				1		1
70–74岁							1	1	
75–79岁	1	1		1	1				
80–84岁	2	1	1						
85–89岁	1	1							
90–94岁									
95–99岁									
100岁及以上									

2-2 续表 10

单位：人

年龄组	柯尔克孜族			土族			达斡尔族		
	小计	男	女	小计	男	女	小计	男	女
总计	**82**	**27**	**55**	**151**	**72**	**79**	**1207**	**501**	**706**
0-4岁	1	1		5	2	3	116	49	67
5-9岁	1		1	3	2	1	116	46	70
10-14岁	2	1	1	3	1	2	74	34	40
15-19岁	15	3	12	32	18	14	82	31	51
20-24岁	48	16	32	86	44	42	114	46	68
25-29岁	3	1	2	7	2	5	113	47	66
30-34岁	1		1	6	2	4	147	52	95
35-39岁				5		5	127	57	70
40-44岁	3	2	1	1		1	77	31	46
45-49岁	3	1	2	1		1	61	26	35
50-54岁	1	1					59	23	36
55-59岁	1		1	2	1	1	37	19	18
60-64岁	2	1	1				38	22	16
65-69岁							27	11	16
70-74岁							8	3	5
75-79岁							2	1	1
80-84岁							7	3	4
85-89岁	1		1				1		1
90-94岁							1		1
95-99岁									
100岁及以上									

2-2 续表 11

单位：人

年龄组	仫佬族			羌族			布朗族		
	小计	男	女	小计	男	女	小计	男	女
总计	**118**	**59**	**59**	**71**	**36**	**35**	**21**	**5**	**16**
0-4岁	7	6	1	4	1	3	2	1	1
5-9岁	6	3	3	4	2	2	1		1
10-14岁	3	1	2	3	1	2	2	1	1
15-19岁	24	10	14	6	2	4	2		2
20-24岁	48	25	23	10	7	3	8	2	6
25-29岁	5	4	1	7	4	3	2	1	1
30-34岁	7	4	3	9	3	6			
35-39岁	7	2	5	3	2	1			
40-44岁	4	1	3	4	1	3	2		2
45-49岁	1	1		2	1	1	1		1
50-54岁	1	1		3	2	1			
55-59岁	4	1	3	5	3	2			
60-64岁	1		1	5	5				
65-69岁				3		3	1		1
70-74岁				2	1	1			
75-79岁									
80-84岁									
85-89岁									
90-94岁				1	1				
95-99岁									
100岁及以上									

2-2　续表 12　　　　　　　　　　　　　　　　　　　　　　　　单位：人

年龄组	撒拉族			毛南族			仡佬族		
	小计	男	女	小计	男	女	小计	男	女
总　计	**242**	**134**	**108**	**67**	**25**	**42**	**469**	**251**	**218**
0−4岁	14	7	7	2	1	1	16	8	8
5−9岁	21	12	9	2	1	1	15	8	7
10−14岁	17	8	9	1	1		14	7	7
15−19岁	31	18	13	8	5	3	71	38	33
20−24岁	38	22	16	19	4	15	195	101	94
25−29岁	20	11	9	5	2	3	23	13	10
30−34岁	39	19	20	7	1	6	27	16	11
35−39岁	17	13	4	3		3	23	14	9
40−44岁	16	7	9	4	2	2	20	9	11
45−49岁	11	5	6	2	2		19	14	5
50−54岁	11	9	2	8	3	5	16	6	10
55−59岁	5	2	3	1		1	13	6	7
60−64岁	1	1		2	2		4	2	2
65−69岁							3	2	1
70−74岁				1	1		4	3	1
75−79岁							4	3	1
80−84岁	1		1				2	1	1
85−89岁				1		1			
90−94岁									
95−99岁									
100岁及以上				1		1			

2-2　续表 13　　　　　　　　　　　　　　　　　　　　　　　　单位：人

年龄组	锡伯族			阿昌族			普米族		
	小计	男	女	小计	男	女	小计	男	女
总　计	**4238**	**2110**	**2128**	**20**	**3**	**17**	**9**	**4**	**5**
0−4岁	307	157	150	2	1	1	1		1
5−9岁	316	163	153	1		1	1	1	
10−14岁	299	145	154	3	1	2			
15−19岁	259	135	124	2		2	2	1	1
20−24岁	294	126	168	4		4			
25−29岁	270	132	138				1		1
30−34岁	411	204	207	2		2	1	1	
35−39岁	376	192	184	2		2	2	1	1
40−44岁	308	148	160	1		1			
45−49岁	262	126	136	1		1			
50−54岁	269	129	140						
55−59岁	280	151	129				1		1
60−64岁	225	104	121						
65−69岁	155	77	78						
70−74岁	90	53	37	2	1	1			
75−79岁	42	24	18						
80−84岁	46	24	22						
85−89岁	21	16	5						
90−94岁	7	3	4						
95−99岁	1	1							
100岁及以上									

2-2 续表 14 单位：人

年龄组	塔吉克族			怒 族			乌孜别克族		
	小计	男	女	小计	男	女	小计	男	女
总 计	**18**	**10**	**8**	**13**	**3**	**10**	**6**	**2**	**4**
0-4岁				1	1				
5-9岁	1		1	2		2			
10-14岁	1	1		1		1			
15-19岁	1		1	4	1	3	2		2
20-24岁	14	8	6	3	1	2	2		2
25-29岁	1	1		2		2			
30-34岁									
35-39岁									
40-44岁									
45-49岁							1	1	
50-54岁									
55-59岁									
60-64岁									
65-69岁							1	1	
70-74岁									
75-79岁									
80-84岁									
85-89岁									
90-94岁									
95-99岁									
100岁及以上									

2-2 续表 15 单位：人

年龄组	俄罗斯族			鄂温克族			德 昂 族		
	小计	男	女	小计	男	女	小计	男	女
总 计	**104**	**45**	**59**	**230**	**97**	**133**	**12**	**8**	**4**
0-4岁	11	7	4	22	9	13	1	1	
5-9岁	7	2	5	24	12	12			
10-14岁	3		3	10	8	2	1		1
15-19岁	9	3	6	18	8	10	1	1	
20-24岁	15	5	10	25	13	12	2	2	
25-29岁	11	3	8	24	7	17	1		1
30-34岁	13	8	5	33	13	20	1		1
35-39岁	5	3	2	27	9	18	2	2	
40-44岁	4	4		16	6	10			
45-49岁	5	2	3	6	1	5	1		1
50-54岁	5	1	4	6	2	4	1	1	
55-59岁	5	1	4	7	4	3	1	1	
60-64岁	3	2	1	7	3	4			
65-69岁	6	4	2	4	1	3			
70-74岁				1	1				
75-79岁	1		1						
80-84岁									
85-89岁	1		1						
90-94岁									
95-99岁									
100岁及以上									

2-2 续表 16

单位：人

年龄组	保安族			裕固族			京族		
	小计	男	女	小计	男	女	小计	男	女
总 计	**12**	**6**	**6**	**7**	**6**	**1**	**23**	**10**	**13**
0–4岁	1		1	1	1		6	4	2
5–9岁	1		1				7	3	4
10–14岁									
15–19岁	4		4	2	2				
20–24岁	1	1		1	1		2	1	1
25–29岁	1	1					2		2
30–34岁	2	2		1		1	2	1	1
35–39岁				1	1				
40–44岁				1	1				
45–49岁	1	1							
50–54岁							1		1
55–59岁							1		1
60–64岁									
65–69岁									
70–74岁							2	1	1
75–79岁	1	1							
80–84岁									
85–89岁									
90–94岁									
95–99岁									
100岁及以上									

2-2 续表 17

单位：人

年龄组	塔塔尔族			独龙族			鄂伦春族		
	小计	男	女	小计	男	女	小计	男	女
总 计	**7**	**2**	**5**	**4**	**1**	**3**	**161**	**72**	**89**
0–4岁				1		1	13	9	4
5–9岁							19	12	7
10–14岁							10	3	7
15–19岁							15	6	9
20–24岁	3	1	2				16	5	11
25–29岁	1	1					17	7	10
30–34岁	1		1				12	7	5
35–39岁				1		1	15	7	8
40–44岁				1		1	6	3	3
45–49岁							11	2	9
50–54岁							12	6	6
55–59岁	1		1				7	2	5
60–64岁	1		1				3	2	1
65–69岁				1	1		3	1	2
70–74岁							1		1
75–79岁									
80–84岁									
85–89岁							1		1
90–94岁									
95–99岁									
100岁及以上									

2-2 续表 18 单位：人

年龄组	赫哲族			门巴族			珞巴族		
	小计	男	女	小计	男	女	小计	男	女
总 计	**266**	**121**	**145**	**26**	**8**	**18**	**3**	**2**	**1**
0-4岁	28	13	15	2		2			
5-9岁	20	8	12	2	1	1			
10-14岁	24	14	10	3	2	1			
15-19岁	12	6	6	2		2			
20-24岁	15	8	7	7	1	6	2	1	1
25-29岁	20	8	12	4		4			
30-34岁	28	12	16	1	1				
35-39岁	29	10	19						
40-44岁	16	5	11	1	1				
45-49岁	19	11	8	2	1	1			
50-54岁	13	5	8						
55-59岁	10	4	6	1	1		1	1	
60-64岁	12	6	6						
65-69岁	10	5	5						
70-74岁	6	4	2	1		1			
75-79岁									
80-84岁	2	1	1						
85-89岁	1	1							
90-94岁	1		1						
95-99岁									
100岁及以上									

2-2 续表 19 单位：人

年龄组	基诺族			未定族称人口			入 籍		
	小计	男	女	小计	男	女	小计	男	女
总 计	**29**	**19**	**10**	**1114**	**552**	**562**	**63**	**28**	**35**
0-4岁	3	1	2	81	41	40	1	1	
5-9岁	2	2		54	30	24	3	1	2
10-14岁	3	3		37	17	20	1		1
15-19岁	4	3	1	116	63	53	6	2	4
20-24岁	1	1		216	114	102	9	5	4
25-29岁				77	30	47	2	1	1
30-34岁	4	2	2	80	40	40	9	2	7
35-39岁	3		3	71	34	37	3	2	1
40-44岁	3	2	1	57	28	29	3	1	2
45-49岁	1	1		85	42	43	3	2	1
50-54岁	1	1		72	23	49	3	1	2
55-59岁	1	1		54	26	28	3	3	
60-64岁	2	2		36	22	14	2	1	1
65-69岁				22	11	11	7	4	3
70-74岁	1		1	26	14	12	5	2	3
75-79岁				9	6	3			
80-84岁				10	4	6	1		1
85-89岁				7	5	2	1		1
90-94岁				3	2	1	1		1
95-99岁				1		1			
100岁及以上									

2-2a 全省各民族分年龄、性别的人口(城市)

单位：人

年龄组	合计			汉族		
	合计	男	女	小计	男	女
总 计	**10291703**	**5028946**	**5262757**	**9311734**	**4557753**	**4753981**
0-4岁	369279	190514	178765	320016	165257	154759
5-9岁	424516	220604	203912	371376	193605	177771
10-14岁	421679	219817	201862	375362	196167	179195
15-19岁	467766	240128	227638	426948	219808	207140
20-24岁	472232	236724	235508	430193	216241	213952
25-29岁	622041	305894	316147	567122	279191	287931
30-34岁	955555	471708	483847	862830	426073	436757
35-39岁	802732	399019	403713	725496	361518	363978
40-44岁	834250	413470	420780	768195	381200	386995
45-49岁	909403	446499	462904	836004	410515	425489
50-54岁	944290	461826	482464	862956	422633	440323
55-59岁	881576	430316	451260	796948	389926	407022
60-64岁	709824	338918	370906	636642	304469	332173
65-69岁	615459	284142	331317	555214	256239	298975
70-74岁	366804	162949	203855	330068	146866	183202
75-79岁	227022	95023	131999	204328	85902	118426
80-84岁	157456	65440	92016	141657	59450	82207
85-89岁	75664	31082	44582	68751	28666	40085
90-94岁	26564	11574	14990	24524	10887	13637
95-99岁	6651	2883	3768	6231	2748	3483
100岁及以上	940	416	524	873	392	481

2-2a 续表 1

单位：人

年龄组	蒙古族			回族			藏族		
	小计	男	女	小计	男	女	小计	男	女
总 计	**56931**	**26840**	**30091**	**65964**	**32070**	**33894**	**952**	**394**	**558**
0-4岁	4556	2368	2188	2950	1528	1422	16	10	6
5-9岁	4521	2278	2243	3332	1695	1637	27	11	16
10-14岁	3626	1829	1797	2862	1435	1427	19	7	12
15-19岁	3763	1875	1888	2592	1280	1312	196	71	125
20-24岁	4430	2121	2309	3068	1560	1508	446	168	278
25-29岁	5060	2277	2783	3552	1758	1794	73	43	30
30-34岁	6992	3199	3793	5721	2869	2852	41	21	20
35-39岁	5701	2525	3176	4777	2398	2379	34	17	17
40-44岁	3734	1726	2008	4647	2367	2280	20	11	9
45-49岁	3643	1723	1920	5343	2652	2691	26	10	16
50-54岁	3284	1506	1778	5573	2716	2857	11	4	7
55-59岁	2749	1245	1504	5444	2621	2823	17	8	9
60-64岁	1954	891	1063	4764	2183	2581	9	3	6
65-69岁	1449	624	825	4610	2128	2482	8	4	4
70-74岁	695	310	385	3041	1350	1691	4	2	2
75-79岁	359	146	213	1798	746	1052	1	1	
80-84岁	264	125	139	1148	475	673	3	2	1
85-89岁	119	54	65	525	224	301	1	1	
90-94岁	25	13	12	176	69	107			
95-99岁	6	4	2	36	15	21			
100岁及以上	1	1		5	1	4			

2-2a 续表 2

单位：人

年龄组	维吾尔族			苗族			彝族		
	小计	男	女	小计	男	女	小计	男	女
总 计	**1655**	**670**	**985**	**2478**	**1283**	**1195**	**846**	**419**	**427**
0-4岁	23	11	12	147	80	67	54	29	25
5-9岁	50	31	19	102	54	48	47	26	21
10-14岁	31	13	18	129	64	65	23	11	12
15-19岁	411	101	310	266	146	120	103	51	52
20-24岁	816	348	468	606	329	277	256	128	128
25-29岁	114	53	61	180	90	90	73	36	37
30-34岁	70	27	43	199	96	103	65	31	34
35-39岁	47	29	18	197	91	106	62	30	32
40-44岁	28	18	10	151	69	82	45	15	30
45-49岁	25	16	9	136	78	58	45	23	22
50-54岁	19	11	8	122	53	69	23	14	9
55-59岁	15	9	6	84	41	43	19	11	8
60-64岁	5	2	3	36	20	16	12	5	7
65-69岁	1	1		37	23	14	9	5	4
70-74岁				34	21	13	4	3	1
75-79岁				21	12	9	3		3
80-84岁				15	6	9	2	1	1
85-89岁				8	6	2	1		1
90-94岁				7	4	3			
95-99岁				1		1			
100岁及以上									

2-2a 续表 3

单位：人

年龄组	壮族			布依族			朝鲜族		
	小计	男	女	小计	男	女	小计	男	女
总 计	**1685**	**776**	**909**	**1075**	**535**	**540**	**523860**	**248589**	**275271**
0-4岁	107	53	54	48	25	23	16081	8238	7843
5-9岁	92	43	49	43	29	14	19610	10006	9604
10-14岁	68	46	22	55	23	32	19291	9921	9370
15-19岁	221	94	127	100	63	37	14735	7428	7307
20-24岁	522	256	266	280	146	134	14154	7163	6991
25-29岁	102	39	63	90	48	42	22262	11308	10954
30-34岁	148	57	91	74	41	33	40628	20531	20097
35-39岁	116	39	77	79	35	44	37998	18744	19254
40-44岁	82	28	54	61	19	42	33881	16497	17384
45-49岁	59	31	28	78	36	42	43079	21160	21919
50-54岁	59	33	26	64	23	41	49742	24000	25742
55-59岁	47	24	23	32	13	19	56041	26752	29289
60-64岁	30	17	13	20	8	12	50503	23568	26935
65-69岁	9	4	5	16	8	8	41722	18754	22968
70-74岁	7	5	2	10	5	5	27351	11474	15877
75-79岁	3	2	1	7	3	4	17575	6700	10875
80-84岁	3	1	2	8	4	4	12268	4297	7971
85-89岁	9	3	6	6	5	1	5167	1570	3597
90-94岁	1	1		1		1	1423	386	1037
95-99岁				2	1	1	300	77	223
100岁及以上				1		1	49	15	34

2-2a 续表 4

单位：人

年龄组	满族			侗族			瑶族		
	小计	男	女	小计	男	女	小计	男	女
总 计	**314020**	**154575**	**159445**	**1181**	**591**	**590**	**293**	**144**	**149**
0–4岁	24563	12568	11995	82	40	42	11	5	6
5–9岁	24633	12468	12165	74	39	35	17	11	6
10–14岁	19637	10019	9618	75	36	39	10	6	4
15–19岁	17392	8707	8685	103	57	46	33	15	18
20–24岁	15295	7188	8107	206	122	84	98	49	49
25–29岁	22647	10719	11928	97	38	59	17	8	9
30–34岁	37829	18347	19482	108	49	59	26	5	21
35–39岁	27421	13220	14201	87	40	47	23	7	16
40–44岁	22822	11247	11575	71	41	30	12	7	5
45–49岁	20450	10020	10430	83	34	49	12	6	6
50–54岁	21932	10604	11328	65	27	38	7	4	3
55–59岁	19798	9480	10318	34	14	20	13	9	4
60–64岁	15584	7613	7971	24	12	12	4	3	1
65–69岁	12199	6256	5943	10	7	3	4	3	1
70–74岁	5454	2839	2615	23	14	9	2	2	
75–79岁	2847	1463	1384	21	13	8	1	1	
80–84岁	2012	1043	969	15	8	7			
85–89岁	1037	527	510	1		1	2	2	
90–94岁	385	205	180	2		2	1	1	
95–99岁	72	35	37						
100岁及以上	11	7	4						

2-2a 续表 5

单位：人

年龄组	白族			土家族			哈尼族		
	小计	男	女	小计	男	女	小计	男	女
总 计	**446**	**223**	**223**	**2035**	**1043**	**992**	**72**	**23**	**49**
0–4岁	18	11	7	127	70	57	8	3	5
5–9岁	13	6	7	120	66	54	4	2	2
10–14岁	19	10	9	108	51	57	1		1
15–19岁	48	23	25	280	153	127	14	2	12
20–24岁	114	60	54	611	316	295	14	7	7
25–29岁	28	11	17	127	59	68	2	1	1
30–34岁	28	14	14	165	66	99	9		9
35–39岁	24	12	12	113	60	53	9	2	7
40–44岁	25	16	9	78	36	42	3	2	1
45–49岁	21	14	7	89	46	43	1		1
50–54岁	33	13	20	76	38	38	3		3
55–59岁	23	11	12	54	29	25	2	2	
60–64岁	20	10	10	26	19	7	1	1	
65–69岁	9	5	4	18	9	9	1	1	
70–74岁	8	4	4	13	6	7			
75–79岁	5	2	3	10	7	3			
80–84岁	5		5	7	3	4			
85–89岁	4	1	3	9	7	2			
90–94岁	1		1	4	2	2			
95–99岁									
100岁及以上									

2-2a　续表 6　　　　单位：人

年龄组	哈萨克族			傣　族			黎　族		
	小计	男	女	小计	男	女	小计	男	女
总　计	**355**	**125**	**230**	**125**	**38**	**87**	**473**	**190**	**283**
0-4岁	3	2	1	12	7	5	36	11	25
5-9岁	2	1	1	11	9	2	26	13	13
10-14岁	1		1	7	3	4	28	18	10
15-19岁	78	26	52	8	4	4	59	18	41
20-24岁	240	84	156	20	5	15	118	58	60
25-29岁	16	5	11	9	3	6	37	19	18
30-34岁	4	2	2	22	2	20	35	12	23
35-39岁	4	2	2	17	1	16	29	12	17
40-44岁	3	1	2	9	3	6	26	6	20
45-49岁				2		2	26	7	19
50-54岁	2	1	1	1		1	19	8	11
55-59岁	1	1		2		2	14	4	10
60-64岁				2	1	1	8		8
65-69岁	1		1	2		2	4	2	2
70-74岁							4	2	2
75-79岁				1		1	3		3
80-84岁									
85-89岁							1		1
90-94岁									
95-99岁									
100岁及以上									

2-2a　续表 7　　　　单位：人

年龄组	傈 僳 族			佤　族			畲　族		
	小计	男	女	小计	男	女	小计	男	女
总　计	**60**	**25**	**35**	**30**	**8**	**22**	**127**	**76**	**51**
0-4岁	2	1	1	3		3	6	4	2
5-9岁	3	2	1	3	3		13	7	6
10-14岁	12	8	4	2	1	1	3	2	1
15-19岁	17	4	13	1		1	23	14	9
20-24岁	11	5	6	5	2	3	34	26	8
25-29岁	4	1	3	3	1	2	4	2	2
30-34岁	2		2	3		3	15	5	10
35-39岁	3	1	2	5	1	4	8	3	5
40-44岁	2	1	1	2		2	6	3	3
45-49岁				2		2	1	1	
50-54岁				1		1	3	2	1
55-59岁							5	2	3
60-64岁							2	1	1
65-69岁	1		1				3	3	
70-74岁	2	1	1						
75-79岁	1	1							
80-84岁									
85-89岁							1	1	
90-94岁									
95-99岁									
100岁及以上									

2-2a　续表 8　　　　单位：人

年龄组	高山族			拉祜族			水族		
	小计	男	女	小计	男	女	小计	男	女
总　计	**49**	**28**	**21**	**13**	**4**	**9**	**176**	**88**	**88**
0–4岁	5	2	3	1	1		11	4	7
5–9岁	3	3		1		1	9	5	4
10–14岁							7	4	3
15–19岁	3	1	2	1	1		13	5	8
20–24岁	1	1		1	1		25	16	9
25–29岁	4	2	2	2		2	10	4	6
30–34岁	6	3	3	1		1	10	6	4
35–39岁	4	1	3	3		3	19	11	8
40–44岁	6	2	4	1		1	18	5	13
45–49岁	2	2		1	1		12	5	7
50–54岁	4	3	1	1		1	14	5	9
55–59岁	3	2	1				10	6	4
60–64岁	2		2				2	1	1
65–69岁	3	3					1	1	
70–74岁	1	1					3	3	
75–79岁	1	1					2	2	
80–84岁							4	1	3
85–89岁							2	1	1
90–94岁	1	1					2	1	1
95–99岁							2	2	
100岁及以上									

2-2a　续表 9　　　　单位：人

年龄组	东乡族			纳西族			景颇族		
	小计	男	女	小计	男	女	小计	男	女
总　计	**301**	**164**	**137**	**17**	**10**	**7**	**68**	**15**	**53**
0–4岁	24	11	13				2	1	1
5–9岁	38	22	16	1	1		6	2	4
10–14岁	17	10	7				6	1	5
15–19岁	20	10	10	2	2		8	5	3
20–24岁	48	29	19	9	5	4	5	2	3
25–29岁	37	18	19	3	1	2	7	1	6
30–34岁	41	22	19				10	1	9
35–39岁	28	18	10	1		1	10	1	9
40–44岁	16	8	8				9	1	8
45–49岁	15	8	7				3		3
50–54岁	11	7	4	1	1		2		2
55–59岁	3		3						
60–64岁									
65–69岁	1		1						
70–74岁									
75–79岁	1	1							
80–84岁	1		1						
85–89岁									
90–94岁									
95–99岁									
100岁及以上									

2-2a 续表 10 单位：人

年龄组	柯尔克孜族			土 族			达斡尔族		
	小计	男	女	小计	男	女	小计	男	女
总 计	**38**	**7**	**31**	**86**	**44**	**42**	**699**	**296**	**403**
0-4岁				4	2	2	75	28	47
5-9岁	1		1	3	2	1	72	24	48
10-14岁				2	1	1	43	23	20
15-19岁	10	1	9	16	9	7	32	12	20
20-24岁	21	4	17	48	28	20	60	24	36
25-29岁	1		1	3		3	72	29	43
30-34岁				5	1	4	88	35	53
35-39岁				2		2	86	38	48
40-44岁	3	2	1	1		1	44	20	24
45-49岁	1		1	1		1	30	17	13
50-54岁							27	9	18
55-59岁	1		1	1	1		18	10	8
60-64岁							24	16	8
65-69岁							18	7	11
70-74岁							3		3
75-79岁							2	1	1
80-84岁							4	3	1
85-89岁									
90-94岁							1		1
95-99岁									
100岁及以上									

2-2a 续表 11 单位：人

年龄组	仫佬族			羌 族			布朗族		
	小计	男	女	小计	男	女	小计	男	女
总 计	**58**	**25**	**33**	**45**	**25**	**20**	**11**	**4**	**7**
0-4岁	3	2	1	2		2	1	1	
5-9岁	4	2	2	2	2				
10-14岁	3	1	2	3	1	2	1	1	
15-19岁	5	1	4	4	2	2	2		2
20-24岁	26	12	14	6	4	2	5	2	3
25-29岁	2	1	1	5	4	1	1		1
30-34岁	6	3	3	5	2	3			
35-39岁	3	1	2	1		1			
40-44岁	2	1	1	2	1	1			
45-49岁	1	1		1		1	1		1
50-54岁				2	1	1			
55-59岁	2		2	4	3	1			
60-64岁	1		1	3	3				
65-69岁				2		2			
70-74岁				2	1	1			
75-79岁									
80-84岁									
85-89岁									
90-94岁				1	1				
95-99岁									
100岁及以上									

2–2a　续表 12　　　　单位：人

年龄组	撒拉族			毛南族			仡佬族		
	小计	男	女	小计	男	女	小计	男	女
总　计	**167**	**89**	**78**	**27**	**9**	**18**	**197**	**108**	**89**
0–4岁	10	5	5				6	2	4
5–9岁	13	6	7	2	1	1	4	2	2
10–14岁	16	7	9	1	1		7	2	5
15–19岁	17	9	8	3	2	1	30	17	13
20–24岁	25	13	12	9	2	7	87	52	35
25–29岁	13	8	5	2	1	1	10	5	5
30–34岁	28	13	15	3		3	12	7	5
35–39岁	13	11	2	2		2	9	5	4
40–44岁	12	6	6	1	1		8	3	5
45–49岁	6	2	4				8	6	2
50–54岁	9	7	2	4	1	3	6	1	5
55–59岁	4	2	2				3	1	2
60–64岁							3	2	1
65–69岁							1	1	
70–74岁							2	2	
75–79岁									
80　84岁	1		1				1		1
85–89岁									
90–94岁									
95–99岁									
100岁及以上									

2–2a　续表 13　　　　单位：人

年龄组	锡伯族			阿昌族			普米族		
	小计	男	女	小计	男	女	小计	男	女
总　计	**2363**	**1168**	**1195**	**5**	**1**	**4**	**4**	**2**	**2**
0–4岁	186	93	93						
5–9岁	174	93	81				1	1	
10–14岁	157	71	86						
15–19岁	125	72	53				1		1
20–24岁	172	80	92	2		2			
25–29岁	166	79	87						
30–34岁	235	120	115	1		1	1	1	
35–39岁	216	108	108				1		1
40–44岁	168	80	88						
45–49岁	137	55	82	1		1			
50–54岁	158	79	79						
55–59岁	146	70	76						
60–64岁	112	54	58						
65–69岁	81	38	43						
70–74岁	54	28	26	1	1				
75–79岁	26	16	10						
80–84岁	30	18	12						
85–89岁	14	11	3						
90–94岁	5	2	3						
95–99岁	1	1							
100岁及以上									

2-2a 续表 14

单位：人

年龄组	塔吉克族			怒 族			乌孜别克族		
	小计	男	女	小计	男	女	小计	男	女
总 计	**8**	**5**	**3**	**9**	**1**	**8**	**2**		**2**
0-4岁				1	1				
5-9岁	1		1	1		1			
10-14岁	1	1							
15-19岁	1		1	3		3	2		2
20-24岁	4	3	1	2		2			
25-29岁	1	1		2		2			
30-34岁									
35-39岁									
40-44岁									
45-49岁									
50-54岁									
55-59岁									
60-64岁									
65-69岁									
70-74岁									
75-79岁									
80-84岁									
85-89岁									
90-94岁									
95-99岁									
100岁及以上									

2-2a 续表 15

单位：人

年龄组	俄罗斯族			鄂温克族			德 昂 族		
	小计	男	女	小计	男	女	小计	男	女
总 计	**75**	**32**	**43**	**128**	**55**	**73**	**2**	**1**	**1**
0-4岁	6	5	1	6	2	4	1	1	
5-9岁	4	1	3	12	8	4			
10-14岁	3		3	8	6	2			
15-19岁	7	3	4	11	5	6			
20-24岁	12	4	8	15	7	8			
25-29岁	8	2	6	13	5	8	1		1
30-34岁	7	4	3	17	8	9			
35-39岁	4	2	2	20	6	14			
40-44岁	4	4		10	2	8			
45-49岁	3	1	2	2		2			
50-54岁	4	1	3	4	1	3			
55-59岁	5	1	4	4	2	2			
60-64岁	1		1	3	2	1			
65-69岁	6	4	2	3	1	2			
70-74岁									
75-79岁	1		1						
80-84岁									
85-89岁									
90-94岁									
95-99岁									
100岁及以上									

2-2a 续表 16

单位：人

年龄组	保安族			裕固族			京族		
	小计	男	女	小计	男	女	小计	男	女
总 计	**7**	**4**	**3**	**6**	**5**	**1**	**3**	**1**	**2**
0–4岁	1		1	1	1				
5–9岁									
10–14岁									
15–19岁	2		2	1	1				
20–24岁	1	1		1	1		2	1	1
25–29岁							1		1
30–34岁	2	2		1		1			
35–39岁				1	1				
40–44岁				1	1				
45–49岁	1	1							
50–54岁									
55–59岁									
60–64岁									
65–69岁									
70–74岁									
75–79岁									
80–84岁									
85–89岁									
90–94岁									
95–99岁									
100岁及以上									

2-2a 续表 17

单位：人

年龄组	塔塔尔族			独龙族			鄂伦春族		
	小计	男	女	小计	男	女	小计	男	女
总 计	**2**		**2**				**64**	**33**	**31**
0–4岁							8	6	2
5–9岁							7	5	2
10–14岁							3	2	1
15–19岁							5	1	4
20–24岁							6	2	4
25–29岁							9	4	5
30–34岁	1		1				6	4	2
35–39岁							7	3	4
40–44岁							4	2	2
45–49岁							1		1
50–54岁							5	3	2
55–59岁							2	1	1
60–64岁	1		1				1		1
65–69岁									
70–74岁									
75–79岁									
80–84岁									
85–89岁									
90–94岁									
95–99岁									
100岁及以上									

2-2a 续表 18

单位：人

年龄组	赫哲族			门巴族			珞巴族		
	小计	男	女	小计	男	女	小计	男	女
总　计	**154**	**73**	**81**	**5**		**5**	**1**		**1**
0-4岁	18	9	9						
5-9岁	13	6	7						
10-14岁	15	9	6						
15-19岁	6	2	4						
20-24岁	7	3	4	4		4	1		1
25-29岁	14	6	8	1		1			
30-34岁	18	8	10						
35-39岁	16	8	8						
40-44岁	14	5	9						
45-49岁	8	4	4						
50-54岁	6	2	4						
55-59岁	2	1	1						
60-64岁	7	4	3						
65-69岁	3	3							
70-74岁	3	1	2						
75-79岁									
80-84岁	2	1	1						
85-89岁	1	1							
90-94岁	1		1						
95-99岁									
100岁及以上									

2-2a 续表 19

单位：人

年龄组	基诺族			未定族称人口			入　籍		
	小计	男	女	小计	男	女	小计	男	女
总　计	**6**	**4**	**2**	**479**	**241**	**238**	**31**	**14**	**17**
0-4岁	1		1	36	15	21	1	1	
5-9岁	1	1		22	12	10	2		2
10-14岁				16	6	10	1		1
15-19岁	1	1		41	25	16	3	1	2
20-24岁	1	1		83	42	41	6	2	4
25-29岁				34	13	21			
30-34岁	1	1		34	20	14	2		2
35-39岁	1		1	33	17	16	2	1	1
40-44岁				22	12	10	1	1	
45-49岁				41	22	19	2	2	
50-54岁				37	15	22			
55-59岁				24	12	12	2	2	
60-64岁				17	9	8	1	1	
65-69岁				11	7	4	2	1	1
70-74岁				12	6	6	3	2	1
75-79岁				5	3	2			
80-84岁				5	2	3	1		1
85-89岁				4	2	2	1		1
90-94岁				2	1	1	1		1
95-99岁									
100岁及以上									

2–2b　全省各民族分年龄、性别的人口(镇)

单位：人

年龄组	合　计			汉　族		
	合计	男	女	小计	男	女
总　计	**4787311**	**2360236**	**2427075**	**4387958**	**2165376**	**2222582**
0–4岁	190176	97913	92263	167024	86020	81004
5–9岁	217196	112576	104620	192752	100037	92715
10–14岁	216380	111469	104911	195301	100731	94570
15–19岁	264335	132882	131453	241230	121719	119511
20–24岁	235377	114037	121340	214888	104670	110218
25–29岁	282949	140950	141999	260403	129867	130536
30–34岁	461226	229712	231514	422343	210363	211980
35–39岁	362475	182102	180373	332043	167181	164862
40–44岁	368999	186004	182995	342147	172371	169776
45–49岁	409943	203708	206235	382174	189826	192348
50–54岁	443750	220455	223295	411451	204731	206720
55–59岁	394610	194476	200134	361965	178640	183325
60–64岁	303518	146202	157316	275591	132858	142733
65–69岁	268119	125805	142314	246809	115648	131161
70–74岁	162455	72662	89793	150401	67125	83276
75–79岁	97854	42196	55658	91116	39390	51726
80–84岁	65027	28288	36739	60374	26509	33865
85–89岁	29216	12818	16398	27123	12038	15085
90–94岁	10366	4590	5776	9728	4349	5379
95–99岁	2944	1234	1710	2734	1157	1577
100岁及以上	396	157	239	361	146	215

2–2b　续表 1

单位：人

年龄组	蒙古族			回　族			藏　族		
	小计	男	女	小计	男	女	小计	男	女
总　计	**47447**	**22255**	**25192**	**17878**	**8800**	**9078**	**842**	**350**	**492**
0–4岁	3825	1936	1889	1026	532	494	7	5	2
5–9岁	3893	1950	1943	1024	537	487	5	1	4
10–14岁	3625	1833	1792	828	420	408	10	7	3
15–19岁	3953	1929	2024	999	475	524	347	142	205
20–24岁	3081	1380	1701	1148	530	618	380	153	227
25–29岁	3321	1522	1799	987	510	477	20	7	13
30–34岁	5420	2492	2928	1614	809	805	13	7	6
35–39岁	4438	2029	2409	1342	680	662	9	2	7
40–44岁	3110	1453	1657	1160	599	561	11	5	6
45–49岁	3017	1360	1657	1287	648	639	6	4	2
50–54岁	2845	1292	1553	1486	725	761	9	5	4
55–59岁	2327	1045	1282	1364	672	692	3	2	1
60–64岁	1863	805	1058	1099	520	579	8	3	5
65–69岁	1410	657	753	1032	488	544	6	2	4
70–74岁	624	274	350	663	306	357	3	3	
75–79岁	339	140	199	414	175	239	3	1	2
80–84岁	243	105	138	244	104	140	1		1
85–89岁	81	37	44	115	56	59	1	1	
90–94岁	27	13	14	29	8	21			
95–99岁	5	3	2	15	5	10			
100岁及以上				2	1	1			

2-2b 续表 2

单位：人

年龄组	维吾尔族			苗族			彝族		
	小计	男	女	小计	男	女	小计	男	女
总　计	**1429**	**586**	**843**	**1280**	**588**	**692**	**571**	**289**	**282**
0-4岁	6		6	51	25	26	22	13	9
5-9岁	11	4	7	45	22	23	30	16	14
10-14岁	16	8	8	48	26	22	16	9	7
15-19岁	328	137	191	172	64	108	75	31	44
20-24岁	969	386	583	397	181	216	242	119	123
25-29岁	53	28	25	98	48	50	45	23	22
30-34岁	16	7	9	80	34	46	36	14	22
35-39岁	3	2	1	68	29	39	34	17	17
40-44岁	6	5	1	84	36	48	16	9	7
45-49岁	7	4	3	67	34	33	21	17	4
50-54岁	5	2	3	53	24	29	18	12	6
55-59岁	5	3	2	41	22	19	4	2	2
60-64岁	1		1	16	9	7	6	3	3
65-69岁				17	11	6	1	1	
70-74岁	2		2	11	5	6	1	1	
75-79岁	1		1	10	7	3	3	1	2
80-84岁				11	5	6			
85-89岁				9	4	5			
90-94岁									
95-99岁				1	1		1	1	
100岁及以上				1	1				

2-2b 续表 3

单位：人

年龄组	壮族			布依族			朝鲜族		
	小计	男	女	小计	男	女	小计	男	女
总　计	**1037**	**398**	**639**	**528**	**207**	**321**	**133885**	**65593**	**68292**
0-4岁	56	31	25	18	7	11	3851	2002	1849
5-9岁	54	25	29	15	7	8	4157	2146	2011
10-14岁	34	14	20	25	8	17	3797	1937	1860
15-19岁	202	67	135	84	34	50	3029	1554	1475
20-24岁	432	158	274	180	70	110	3097	1647	1450
25-29岁	38	10	28	22	14	8	5289	2783	2506
30-34岁	56	21	35	41	17	24	10236	5431	4805
35-39岁	58	22	36	28	11	17	9327	4850	4477
40-44岁	30	11	19	14	2	12	8672	4645	4027
45-49岁	13	7	6	31	9	22	10860	5644	5216
50-54岁	17	8	9	22	5	17	13624	6766	6858
55-59岁	15	6	9	13	4	9	16234	7972	8262
60-64岁	19	11	8	4	1	3	14474	6957	7517
65-69岁	3	1	2	4	4		11001	5024	5977
70-74岁	7	5	2	8	6	2	7141	3064	4077
75-79岁	1	1		7	3	4	4180	1577	2603
80-84岁	2		2	6	2	4	3020	1024	1996
85-89岁				1	1		1351	418	933
90-94岁				4	2	2	379	103	276
95-99岁							139	43	96
100岁及以上				1		1	27	6	21

2-2b 续表 4 单位：人

年龄组	满族			侗族			瑶族		
	小计	男	女	小计	男	女	小计	男	女
总计	**188949**	**93383**	**95566**	**573**	**260**	**313**	**192**	**75**	**117**
0-4岁	13958	7171	6787	36	23	13	16	8	8
5-9岁	14885	7670	7215	35	14	21	10	3	7
10-14岁	12408	6341	6067	29	14	15	5	2	3
15-19岁	13181	6434	6747	85	35	50	36	15	21
20-24岁	9006	4111	4895	139	56	83	75	28	47
25-29岁	12319	5988	6331	34	14	20	4	2	2
30-34岁	20950	10361	10589	35	14	21	13	5	8
35-39岁	14766	7136	7630	28	15	13	10	2	8
40-44岁	13490	6759	6731	31	15	16	4	2	2
45-49岁	12240	6042	6198	21	16	5	3	1	2
50-54岁	14017	6789	7228	38	17	21	4	1	3
55-59岁	12499	6031	6468	19	7	12	4	1	3
60-64岁	10316	4972	5344	8	4	4	1	1	
65-69岁	7759	3927	3832	7	4	3	4	2	2
70-74岁	3546	1851	1695	8	1	7	2	1	1
75-79岁	1754	885	869	5	4	1	1	1	
80-84岁	1100	529	571	6	3	3			
85-89岁	514	249	265	6	3	3			
90-94岁	192	111	81	2	1	1			
95-99岁	45	23	22	1		1			
100岁及以上	4	3	1						

2-2b 续表 5 单位：人

年龄组	白族			土家族			哈尼族		
	小计	男	女	小计	男	女	小计	男	女
总计	**235**	**100**	**135**	**1139**	**528**	**611**	**42**	**18**	**24**
0-4岁	4	2	2	49	21	28	2		2
5-9岁	7	2	5	61	30	31	4	4	
10-14岁	4	2	2	42	23	19	3	2	1
15-19岁	25	11	14	228	92	136	5	3	2
20-24岁	73	21	52	404	175	229	6	4	2
25-29岁	16	8	8	75	34	41	4	2	2
30-34岁	12	3	9	71	35	36	3		3
35-39岁	20	9	11	54	27	27	6		6
40-44岁	9	6	3	39	22	17	4		4
45-49岁	18	7	11	39	22	17	1		1
50-54岁	15	8	7	33	18	15	3	2	1
55-59岁	5	3	2	12	9	3	1	1	
60-64岁	15	12	3	6	4	2			
65-69岁	2	1	1	10	7	3			
70-74岁	4	2	2	6	3	3			
75-79岁	3	1	2	2	1	1			
80-84岁	1		1	2	1	1			
85-89岁	2	2		3	3				
90-94岁				3	1	2			
95-99岁									
100岁及以上									

2-2b 续表 6

单位：人

年龄组	哈萨克族			傣 族			黎 族		
	小计	男	女	小计	男	女	小计	男	女
总 计	**362**	**136**	**226**	**95**	**27**	**68**	**334**	**119**	**215**
0-4岁	2	1	1	6	4	2	20	12	8
5-9岁	1	1		15	8	7	11	5	6
10-14岁	5	5		8	2	6	17	8	9
15-19岁	31	8	23	9	1	8	61	16	45
20-24岁	279	108	171	12	3	9	130	42	88
25-29岁	36	11	25	7	2	5	11	4	7
30-34岁	4	1	3	13	1	12	20	6	14
35-39岁	1		1	13	2	11	10	4	6
40-44岁	1		1	5	1	4	18	8	10
45-49岁				4	2	2	9	2	7
50-54岁	1	1		2		2	9	4	5
55-59岁							7	3	4
60-64岁	1		1				3	1	2
65-69岁							4	3	1
70-74岁				1	1		1		1
75-79岁									
80-84岁							1		1
85-89岁							1	1	
90-94岁									
95-99岁							1		1
100岁及以上									

2-2b 续表 7

单位：人

年龄组	傈 僳 族			佤 族			畲 族		
	小计	男	女	小计	男	女	小计	男	女
总 计	**48**	**15**	**33**	**24**	**7**	**17**	**80**	**41**	**39**
0-4岁	4	2	2	1	1		3	3	
5-9岁	2	1	1	5	5		4	3	1
10-14岁	9	2	7	2		2	4	3	1
15-19岁	3	3		4		4	21	6	15
20-24岁	7	3	4	2		2	26	15	11
25-29岁	2	1	1	1		1	3	2	1
30-34岁	4	1	3	3		3	4	1	3
35-39岁	8	1	7	4		4	5	3	2
40-44岁	5		5				3	2	1
45-49岁							4	1	3
50-54岁	2		2				2	2	
55-59岁				1	1				
60-64岁				1		1	1		1
65-69岁	2	1	1						
70-74岁									
75-79岁									
80-84岁									
85-89岁									
90-94岁									
95-99岁									
100岁及以上									

2-2b　续表 8　　　　单位：人

年龄组	高山族			拉祜族			水族		
	小计	男	女	小计	男	女	小计	男	女
总　计	**33**	**15**	**18**	**11**	**5**	**6**	**98**	**39**	**59**
0–4岁	5	3	2	2		2	4	2	2
5–9岁							2		2
10–14岁	4	2	2				10	8	2
15–19岁	1	1		1		1	9	3	6
20–24岁	2	1	1	3	2	1	20	6	14
25–29岁	2	1	1				7	3	4
30–34岁	4	1	3	1		1	4	1	3
35–39岁	2	1	1	1	1		9	3	6
40–44岁	3	1	2	1		1	7	1	6
45–49岁	2		2				7	2	5
50–54岁	2	2					9	5	4
55–59岁	2	1	1				2	1	1
60–64岁	2	1	1	1	1		3	2	1
65–69岁							1		1
70–74岁	1		1	1	1		1		1
75–79岁							1		1
80 84岁							1	1	
85–89岁									
90–94岁									
95–99岁	1		1				1	1	
100岁及以上									

2-2b　续表 9　　　　单位：人

年龄组	东乡族			纳西族			景颇族		
	小计	男	女	小计	男	女	小计	男	女
总　计	**65**	**36**	**29**	**18**	**7**	**11**	**83**	**15**	**68**
0–4岁	3	2	1	2	1	1	6	2	4
5–9岁	5	1	4	1		1	5	3	2
10–14岁	5	3	2				14	5	9
15–19岁	10	4	6	3	2	1	10	4	6
20–24岁	11	7	4	9	1	8	5	1	4
25–29岁	8	6	2				2		2
30–34岁	9	5	4	1	1		12		12
35–39岁	9	4	5				17		17
40–44岁	2	2		1	1		12		12
45–49岁	1	1							
50–54岁				1	1				
55–59岁									
60–64岁	2	1	1						
65–69岁									
70–74岁									
75–79岁									
80–84岁									
85–89岁									
90–94岁									
95–99岁									
100岁及以上									

2-2b 续表 10

单位：人

年龄组	柯尔克孜族			土　族			达斡尔族		
	小计	男	女	小计	男	女	小计	男	女
总　计	**30**	**13**	**17**	**38**	**15**	**23**	**311**	**139**	**172**
0-4岁							26	14	12
5-9岁							30	17	13
10-14岁	1		1	1		1	17	5	12
15-19岁	3	1	2	8	5	3	30	9	21
20-24岁	19	9	10	23	9	14	32	15	17
25-29岁	1		1	3	1	2	24	12	12
30-34岁							37	11	26
35-39岁				2		2	30	14	16
40-44岁							19	7	12
45-49岁	2	1	1				16	7	9
50-54岁	1	1					18	10	8
55-59岁				1		1	9	7	2
60-64岁	2	1	1				11	5	6
65-69岁							6	4	2
70-74岁							2	2	
75-79岁									
80-84岁							3		3
85-89岁	1		1				1		1
90-94岁									
95-99岁									
100岁及以上									

2-2b 续表 11

单位：人

年龄组	仫佬族			羌　族			布朗族		
	小计	男	女	小计	男	女	小计	男	女
总　计	**40**	**23**	**17**	**16**	**7**	**9**	**3**		**3**
0-4岁	2	2		2	1	1	1		1
5-9岁				1		1			
10-14岁									
15-19岁	13	7	6	1		1			
20-24岁	16	8	8	3	3		2		2
25-29岁	3	3		2		2			
30-34岁	1	1		2		2			
35-39岁	3		3	2	2				
40-44岁				1		1			
45-49岁									
50-54岁	1	1							
55-59岁	1	1		1		1			
60-64岁				1	1				
65-69岁									
70-74岁									
75-79岁									
80-84岁									
85-89岁									
90-94岁									
95-99岁									
100岁及以上									

2-2b 续表 12

单位：人

年龄组	撒拉族			毛南族			仡佬族		
	小计	男	女	小计	男	女	小计	男	女
总 计	**43**	**24**	**19**	**22**	**8**	**14**	**119**	**58**	**61**
0-4岁	2	1	1	1	1		8	4	4
5-9岁	5	4	1				4	3	1
10-14岁							3	2	1
15-19岁	7	4	3	4	3	1	13	5	8
20-24岁	6	3	3	6		6	62	29	33
25-29岁	7	3	4	1		1	2		2
30-34岁	7	4	3	2		2	5	2	3
35-39岁	3	1	2	1		1	5	3	2
40-44岁	2	1	1	2	1	1	3	1	2
45-49岁	1	1		1	1		2	2	
50-54岁	1	1		2	1	1	5	2	3
55-59岁	1		1	1		1	3	2	1
60-64岁	1	1		1	1		1		1
65-69岁									
70-74岁									
75-79岁							2	2	
80-84岁							1	1	
85-89岁									
90-94岁									
95-99岁									
100岁及以上									

2-2b 续表 13

单位：人

年龄组	锡伯族			阿昌族			普米族		
	小计	男	女	小计	男	女	小计	男	女
总 计	**978**	**464**	**514**	**3**		**3**	**1**		**1**
0-4岁	81	39	42						
5-9岁	81	40	41						
10-14岁	68	34	34						
15-19岁	67	33	34	1		1			
20-24岁	75	30	45						
25-29岁	65	28	37						
30-34岁	108	48	60	1		1			
35-39岁	87	40	47						
40-44岁	73	31	42						
45-49岁	61	34	27						
50-54岁	40	15	25						
55-59岁	54	33	21				1		1
60-64岁	47	18	29						
65-69岁	30	17	13						
70-74岁	16	10	6	1		1			
75-79岁	10	6	4						
80-84岁	9	3	6						
85-89岁	5	4	1						
90-94岁	1	1							
95-99岁									
100岁及以上									

2－2b 续表 14

单位：人

年龄组	塔吉克族			怒 族			乌孜别克族		
	小计	男	女	小计	男	女	小计	男	女
总 计	**4**	**2**	**2**				**2**	**1**	**1**
0－4岁									
5－9岁									
10－14岁									
15－19岁									
20－24岁	4	2	2				1		1
25－29岁									
30－34岁									
35－39岁									
40－44岁									
45－49岁									
50－54岁									
55－59岁									
60－64岁									
65－69岁							1	1	
70－74岁									
75－79岁									
80－84岁									
85－89岁									
90－94岁									
95－99岁									
100岁及以上									

2－2b 续表 15

单位：人

年龄组	俄罗斯族			鄂温克族			德 昂 族		
	小计	男	女	小计	男	女	小计	男	女
总 计	**19**	**11**	**8**	**61**	**24**	**37**	**2**	**1**	**1**
0－4岁	3	1	2	11	6	5			
5－9岁	2	1	1	8	2	6			
10－14岁				1	1				
15－19岁				4	1	3			
20－24岁	3	1	2	5	3	2			
25－29岁	3	1	2	7	1	6			
30－34岁	3	3		10	3	7			
35－39岁	1	1		3	1	2	1	1	
40－44岁				3	2	1			
45－49岁	2	1	1	3	1	2	1		1
50－54岁				2	1	1			
55－59岁				2	1	1			
60－64岁	2	2		1	1				
65－69岁				1		1			
70－74岁									
75－79岁									
80－84岁									
85－89岁									
90－94岁									
95－99岁									
100岁及以上									

2-2b　续表 16　　单位：人

年龄组	保安族			裕固族			京族		
	小计	男	女	小计	男	女	小计	男	女
总　计	**5**	**2**	**3**	**1**	**1**		**8**	**5**	**3**
0–4岁							2	1	1
5–9岁	1		1				3	3	
10–14岁									
15–19岁	2		2	1	1				
20–24岁									
25–29岁	1	1							
30–34岁							1	1	
35–39岁									
40–44岁									
45–49岁									
50–54岁									
55–59岁							1		1
60–64岁									
65–69岁									
70–74岁							1		1
75–79岁	1	1							
80–84岁									
85–89岁									
90–94岁									
95–99岁									
100岁及以上									

2-2b　续表 17　　单位：人

年龄组	塔塔尔族			独龙族			鄂伦春族		
	小计	男	女	小计	男	女	小计	男	女
总　计	**3**	**1**	**2**				**52**	**18**	**34**
0–4岁							3	2	1
5–9岁							7	5	2
10–14岁							4		4
15–19岁							3	1	2
20–24岁	2	1	1				8	1	7
25–29岁							4	3	1
30–34岁							5	2	3
35–39岁							3	1	2
40–44岁									
45–49岁							7	2	5
50–54岁							1		1
55–59岁	1		1				3		3
60–64岁							1	1	
65–69岁							1		1
70–74岁							1		1
75–79岁									
80–84岁									
85–89岁							1		1
90–94岁									
95–99岁									
100岁及以上									

2-2b 续表 18　　单位：人

年龄组	赫哲族			门巴族			珞巴族		
	小计	男	女	小计	男	女	小计	男	女
总　计	**57**	**21**	**36**	**5**	**1**	**4**	**2**	**2**	
0-4岁	8	3	5						
5-9岁	5	1	4						
10-14岁	7	5	2						
15-19岁	1	1		1		1			
20-24岁	4	3	1	3	1	2	1	1	
25-29岁	4		4	1		1			
30-34岁	8	3	5						
35-39岁	9	1	8						
40-44岁									
45-49岁	2	1	1						
50-54岁	3	2	1						
55-59岁	3	1	2				1	1	
60-64岁	1		1						
65-69岁	2		2						
70-74岁									
75-79岁									
80-84岁									
85-89岁									
90-94岁									
95-99岁									
100岁及以上									

2-2b 续表 19　　单位：人

年龄组	基诺族			未定族称人口			入籍		
	小计	男	女	小计	男	女	小计	男	女
总　计	**6**	**4**	**2**	**228**	**116**	**112**	**16**	**7**	**9**
0-4岁				17	9	8			
5-9岁				9	4	5	1	1	
10-14岁	1	1		8	6	2			
15-19岁	2	2		31	19	12	1		1
20-24岁				78	39	39	1	1	
25-29岁				13	6	7	1	1	
30-34岁	1		1	13	2	11	4	1	3
35-39岁	1		1	10	5	5	1	1	
40-44岁	1	1		9	4	5	1		1
45-49岁				13	8	5			
50-54岁				6	1	5	2		2
55-59岁				4	4				
60-64岁				7	5	2	1		1
65-69岁				3		3	3	2	1
70-74岁				2	1	1			
75-79岁				1		1			
80-84岁				2	1	1			
85-89岁				1	1				
90-94岁				1	1				
95-99岁									
100岁及以上									

2–2c 全省各民族分年龄、性别的人口(乡村)

单位：人

年龄组	合计			汉族		
	合计	男	女	小计	男	女
总 计	**8994439**	**4629137**	**4365302**	**8286147**	**4259393**	**4026754**
0–4岁	209684	108115	101569	184732	95314	89418
5–9岁	318575	165228	153347	287963	149632	138331
10–14岁	451238	236060	215178	416791	218327	198464
15–19岁	324810	173197	151613	301501	160960	140541
20–24岁	310070	162218	147852	286245	150117	136128
25–29岁	354783	193665	161118	324466	177356	147110
30–34岁	567680	305749	261931	514556	277267	237289
35–39岁	472558	253663	218895	426481	228877	197604
40–44岁	609329	321453	287876	562653	295957	266696
45–49岁	879529	455322	424207	821943	424144	397799
50–54岁	1101988	568487	533501	1023343	526664	496679
55–59岁	969309	490318	478991	889682	449450	440232
60–64岁	780599	393624	386975	712476	358624	353852
65–69岁	740993	367909	373084	689250	340618	348632
70–74岁	454231	221778	232453	424896	206647	218249
75–79岁	219818	106661	113157	205635	100036	105599
80–84岁	132325	63991	68334	123023	59946	63077
85–89岁	62656	27460	35196	58388	25877	32511
90–94岁	24797	10287	14510	23241	9800	13441
95–99岁	8240	3400	4840	7709	3249	4460
100岁及以上	1227	552	675	1173	531	642

2–2c 续表 1

单位：人

年龄组	蒙古族			回族			藏族		
	小计	男	女	小计	男	女	小计	男	女
总 计	**65071**	**31986**	**33085**	**20753**	**10540**	**10213**	**327**	**152**	**175**
0–4岁	3125	1568	1557	734	381	353	11	5	6
5–9岁	4406	2248	2158	978	515	463	12	9	3
10–14岁	5345	2730	2615	1176	572	604	12	4	8
15–19岁	3212	1679	1533	973	525	448	58	24	34
20–24岁	2812	1368	1444	1059	535	524	109	60	49
25–29岁	2962	1454	1508	992	527	465	14	5	9
30–34岁	5152	2526	2626	1417	712	705	15	5	10
35–39岁	5071	2378	2693	1108	611	497	10	4	6
40–44岁	4558	2213	2345	1318	692	626	5	3	2
45–49岁	5414	2680	2734	1764	881	883	10	6	4
50–54岁	6497	3174	3323	2166	1106	1060	28	10	18
55–59岁	5719	2767	2952	1905	979	926	18	7	11
60–64岁	4391	2172	2219	1636	823	813	7	2	5
65–69岁	3242	1609	1633	1571	791	780	8	3	5
70–74岁	1680	776	904	1005	477	528	2	1	1
75–79岁	720	322	398	438	208	230	3	2	1
80–84岁	497	209	288	245	112	133	4	2	2
85–89岁	202	81	121	160	56	104	1		1
90–94岁	50	24	26	86	30	56			
95–99岁	13	6	7	20	7	13			
100岁及以上	3	2	1	2		2			

2-2c 续表 2

单位：人

年龄组	维吾尔族			苗族			彝族		
	小计	男	女	小计	男	女	小计	男	女
总　计	**649**	**273**	**376**	**2030**	**960**	**1070**	**655**	**298**	**357**
0-4岁	13	5	8	109	44	65	46	26	20
5-9岁	9	5	4	91	45	46	51	23	28
10-14岁	7	2	5	92	49	43	32	10	22
15-19岁	65	26	39	156	71	85	62	29	33
20-24岁	469	187	282	317	151	166	159	78	81
25-29岁	30	14	16	124	57	67	43	15	28
30-34岁	11	8	3	142	75	67	54	19	35
35-39岁	13	6	7	139	62	77	52	20	32
40-44岁	10	6	4	159	65	94	50	20	30
45-49岁	5	4	1	172	68	104	32	20	12
50-54岁	11	8	3	158	68	90	26	12	14
55-59岁	3	1	2	94	43	51	16	8	8
60-64岁	2		2	50	30	20	5	4	1
65-69岁	1	1		51	25	26	8	4	4
70-74岁				52	41	11	4	3	1
75-79岁				37	23	14	8	3	5
80-84岁				42	24	18	3	2	1
85-89岁				23	10	13	4	2	2
90-94岁				13	6	7			
95-99岁				7	3	4			
100岁及以上				2		2			

2-2c 续表 3

单位：人

年龄组	壮族			布依族			朝鲜族		
	小计	男	女	小计	男	女	小计	男	女
总　计	**796**	**312**	**484**	**950**	**465**	**485**	**282420**	**142432**	**139988**
0-4岁	35	17	18	34	15	19	7302	3705	3597
5-9岁	52	26	26	43	29	14	6497	3282	3215
10-14岁	36	15	21	58	29	29	4963	2596	2367
15-19岁	123	53	70	84	38	46	4067	2147	1920
20-24岁	240	97	143	164	75	89	5420	2876	2544
25-29岁	47	19	28	49	28	21	11741	6196	5545
30-34岁	60	18	42	56	28	28	24078	12823	11255
35-39岁	50	10	40	46	19	27	22007	11988	10019
40-44岁	29	12	17	66	30	36	19901	10929	8972
45-49岁	26	9	17	93	43	50	22841	12266	10575
50-54岁	26	11	15	69	31	38	31389	16423	14966
55-59岁	29	8	21	48	25	23	36367	18248	18119
60-64岁	23	9	14	24	14	10	32897	16088	16809
65-69岁	7	3	4	23	11	12	23179	11216	11963
70-74岁	6	4	2	23	11	12	13518	6088	7430
75-79岁	4		4	24	17	7	7368	2855	4513
80-84岁	2		2	17	9	8	5289	1854	3435
85-89岁	1	1		17	10	7	2379	629	1750
90-94岁				6	2	4	854	152	702
95-99岁				4	1	3	334	62	272
100岁及以上				2		2	29	9	20

2–2c　续表 4　　　　单位：人

年龄组	满族			侗族			瑶族		
	小计	男	女	小计	男	女	小计	男	女
总　计	**328449**	**179512**	**148937**	**1063**	**503**	**560**	**164**	**64**	**100**
0–4岁	13208	6843	6365	51	29	22	13	4	9
5–9岁	18105	9222	8883	38	20	18	9	5	4
10–14岁	22309	11516	10793	59	23	36	10	5	5
15–19岁	13943	7373	6570	65	27	38	25	10	15
20–24岁	12017	6181	5836	142	67	75	38	14	24
25–29岁	13954	7842	6112	81	35	46	5	2	3
30–34岁	21661	12089	9572	83	41	42	13	4	9
35–39岁	17087	9518	7569	73	34	39	8	1	7
40–44岁	20176	11376	8800	69	35	34	4	1	3
45–49岁	26805	15026	11779	96	36	60	10	6	4
50–54岁	37914	20825	17089	90	46	44	3		3
55–59岁	35141	18624	16517	56	33	23	8	3	5
60–64岁	28891	15761	13130	38	19	19	9	4	5
65–69岁	23506	13557	9949	32	16	16	3	3	
70–74岁	12916	7656	5260	34	18	16	3	1	2
75–79岁	5516	3169	2347	23	9	14	1		1
80–84岁	3153	1807	1346	17	8	9	1	1	
85–89岁	1454	779	675	8	5	3	1		1
90–94岁	534	269	265	4	1	3			
95–99岁	145	69	76	3	1	2			
100岁及以上	14	10	4	1		1			

2–2c　续表 5　　　　单位：人

年龄组	白族			土家族			哈尼族		
	小计	男	女	小计	男	女	小计	男	女
总　计	**220**	**99**	**121**	**1058**	**561**	**497**	**101**	**22**	**79**
0–4岁	7	5	2	59	38	21	10	4	6
5–9岁	8	7	1	60	37	23	12	7	5
10–14岁	13	6	7	66	43	23	6	2	4
15–19岁	14	7	7	138	77	61	11	4	7
20–24岁	38	16	22	274	144	130	7	1	6
25–29岁	10	6	4	57	23	34	4		4
30–34岁	17	7	10	62	21	41	16	2	14
35–39岁	21	9	12	51	26	25	13	1	12
40–44岁	16	8	8	54	24	30	7		7
45–49岁	14	4	10	71	38	33	7		7
50–54岁	18	5	13	52	27	25	4		4
55–59岁	12	7	5	32	19	13	1		1
60–64岁	12	3	9	20	12	8			
65–69岁	6	3	3	21	11	10	3	1	2
70–74岁	6	3	3	13	5	8			
75–79岁	4	1	3	10	6	4			
80–84岁	1	1		11	6	5			
85–89岁	2	1	1	3	2	1			
90–94岁	1		1	2	1	1			
95–99岁				2	1	1			
100岁及以上									

2-2c　续表 6

单位：人

年龄组	哈萨克族			傣　族			黎　族		
	小计	男	女	小计	男	女	小计	男	女
总　计	**186**	**80**	**106**	**171**	**40**	**131**	**338**	**136**	**202**
0-4岁	3		3	11	9	2	19	10	9
5-9岁				20	9	11	17	8	9
10-14岁				19	5	14	14	8	6
15-19岁	5	4	1	11	4	7	28	10	18
20-24岁	156	65	91	9	3	6	89	41	48
25-29岁	18	8	10	5	1	4	21	7	14
30-34岁				23	3	20	22	8	14
35-39岁				36	1	35	19	9	10
40-44岁	1	1		20	1	19	15	5	10
45-49岁	1		1	8	1	7	28	7	21
50-54岁				6	1	5	13	4	9
55-59岁	2	2		1	1		15	8	7
60-64岁				2	1	1	10	3	7
65-69岁							6	1	5
70-74岁							11	5	6
75-79岁							5		5
80-84岁							2	1	1
85-89岁							3		3
90-94岁									
95-99岁							1	1	
100岁及以上									

2-2c　续表 7

单位：人

年龄组	傈 僳 族			佤　族			畲　族		
	小计	男	女	小计	男	女	小计	男	女
总　计	**126**	**45**	**81**	**69**	**21**	**48**	**54**	**29**	**25**
0-4岁	7	4	3	2		2	3	2	1
5-9岁	7	4	3	10	4	6	4	4	
10-14岁	27	11	16	12	7	5	2	1	1
15-19岁	12	5	7	2		2	16	9	7
20-24岁	14	6	8	3	1	2	14	5	9
25-29岁	8	2	6	5	2	3			
30-34岁	5		5	9	2	7	2	1	1
35-39岁	20	1	19	9	2	7	2	1	1
40-44岁	4	1	3	10	2	8	1	1	
45-49岁	3	1	2	4	1	3	3	1	2
50-54岁	6	4	2	2		2	2	1	1
55-59岁	3	1	2	1		1	2	1	1
60-64岁	4	2	2				3	2	1
65-69岁	2	2							
70-74岁	1	1							
75-79岁	2		2						
80-84岁	1		1						
85-89岁									
90-94岁									
95-99岁									
100岁及以上									

2–2c　续表 8　　单位：人

年龄组	高山族			拉祜族			水族		
	小计	男	女	小计	男	女	小计	男	女
总　计	**12**	**8**	**4**	**25**	**6**	**19**	**210**	**105**	**105**
0–4岁				3	2	1	7	7	
5–9岁				3	1	2	5	2	3
10–14岁				4	2	2	11	8	3
15–19岁				2		2	6	2	4
20–24岁	2	1	1	1		1	23	12	11
25–29岁	1		1	1		1	16	7	9
30–34岁	1		1	3		3	18	9	9
35–39岁				2		2	19	8	11
40–44岁	1	1		3	1	2	14	5	9
45–49岁				3		3	21	9	12
50–54岁	2	2					15	4	11
55–59岁	3	2	1				12	8	4
60–64岁							5	2	3
65–69岁	1	1					3	1	2
70–74岁							13	10	3
75–79岁	1	1					7	2	5
80–84岁							6	4	2
85–89岁							3	3	
90–94岁							5	2	3
95–99岁							1		1
100岁及以上									

2–2c　续表 9　　单位：人

年龄组	东乡族			纳西族			景颇族		
	小计	男	女	小计	男	女	小计	男	女
总　计	**14**	**8**	**6**	**19**	**7**	**12**	**326**	**76**	**250**
0–4岁	2	1	1	1		1	22	13	9
5–9岁				3	1	2	39	21	18
10–14岁				3	2	1	47	24	23
15–19岁	1	1		2		2	19	12	7
20–24岁	6	2	4	3		3	2	1	1
25–29岁	2	1	1				9		9
30–34岁				1		1	40	1	39
35–39岁				1		1	77		77
40–44岁							48	1	47
45–49岁				1	1		11		11
50–54岁	1	1		2	1	1	7		7
55–59岁				1	1		2	1	1
60–64岁							1	1	
65–69岁							1		1
70–74岁							1	1	
75–79岁				1	1				
80–84岁	1	1							
85–89岁	1	1							
90–94岁									
95–99岁									
100岁及以上									

2-2c 续表 10

单位：人

年龄组	柯尔克孜族			土　族			达斡尔族		
	小计	男	女	小计	男	女	小计	男	女
总　计	**14**	**7**	**7**	**27**	**13**	**14**	**197**	**66**	**131**
0-4岁	1	1		1		1	15	7	8
5-9岁							14	5	9
10-14岁	1	1					14	6	8
15-19岁	2	1	1	8	4	4	20	10	10
20-24岁	8	3	5	15	7	8	22	7	15
25-29岁	1	1		1	1		17	6	11
30-34岁	1		1	1	1		22	6	16
35-39岁				1		1	11	5	6
40-44岁							14	4	10
45-49岁							15	2	13
50-54岁							14	4	10
55-59岁							10	2	8
60-64岁							3	1	2
65-69岁							3		3
70-74岁							3	1	2
75-79岁									
80-84岁									
85-89岁									
90-94岁									
95-99岁									
100岁及以上									

2-2c 续表 11

单位：人

年龄组	仫 佬 族			羌　族			布 朗 族		
	小计	男	女	小计	男	女	小计	男	女
总　计	**20**	**11**	**9**	**10**	**4**	**6**	**7**	**1**	**6**
0-4岁	2	2							
5-9岁	2	1	1	1		1	1		1
10-14岁							1		1
15-19岁	6	2	4	1		1			
20-24岁	6	5	1	1		1	1		1
25-29岁							1	1	
30-34岁				2	1	1			
35-39岁	1	1							
40-44岁	2		2	1		1	2		2
45-49岁				1	1				
50-54岁				1	1				
55-59岁	1		1						
60-64岁				1	1				
65-69岁				1		1	1		1
70-74岁									
75-79岁									
80-84岁									
85-89岁									
90-94岁									
95-99岁									
100岁及以上									

2–2c　续表 12　　　　单位：人

年龄组	撒拉族			毛南族			仡佬族		
	小计	男	女	小计	男	女	小计	男	女
总　计	**32**	**21**	**11**	**18**	**8**	**10**	**153**	**85**	**68**
0–4岁	2	1	1	1		1	2	2	
5–9岁	3	2	1				7	3	4
10–14岁	1	1					4	3	1
15–19岁	7	5	2	1		1	28	16	12
20–24岁	7	6	1	4	2	2	46	20	26
25–29岁				2	1	1	11	8	3
30–34岁	4	2	2	2	1	1	10	7	3
35–39岁	1	1					9	6	3
40–44岁	2		2	1		1	9	5	4
45–49岁	4	2	2	1	1		9	6	3
50–54岁	1	1		2	1	1	5	3	2
55–59岁							7	3	4
60–64岁				1	1				
65–69岁							2	1	1
70–74岁				1	1		2	1	1
75–79岁							2	1	1
80–84岁									
85–89岁				1		1			
90–94岁									
95–99岁									
100岁及以上				1		1			

2–2c　续表 13　　　　单位：人

年龄组	锡伯族			阿昌族			普米族		
	小计	男	女	小计	男	女	小计	男	女
总　计	**897**	**478**	**419**	**12**	**2**	**10**	**4**	**2**	**2**
0–4岁	40	25	15	2	1	1	1		1
5–9岁	61	30	31	1		1			
10–14岁	74	40	34	3	1	2			
15–19岁	67	30	37	1		1	1	1	
20–24岁	47	16	31	2		2			
25–29岁	39	25	14				1		1
30–34岁	68	36	32						
35–39岁	73	44	29	2		2	1	1	
40–44岁	67	37	30	1		1			
45–49岁	64	37	27						
50–54岁	71	35	36						
55–59岁	80	48	32						
60–64岁	66	32	34						
65–69岁	44	22	22						
70–74岁	20	15	5						
75–79岁	6	2	4						
80–84岁	7	3	4						
85–89岁	2	1	1						
90–94岁	1		1						
95–99岁									
100岁及以上									

2-2c 续表 14

单位：人

年龄组	塔吉克族			怒 族			乌孜别克族		
	小计	男	女	小计	男	女	小计	男	女
总 计	**6**	**3**	**3**	**4**	**2**	**2**	**2**	**1**	**1**
0-4岁									
5-9岁				1		1			
10-14岁				1		1			
15-19岁				1	1				
20-24岁	6	3	3	1	1		1		1
25-29岁									
30-34岁									
35-39岁									
40-44岁									
45-49岁							1	1	
50-54岁									
55-59岁									
60-64岁									
65-69岁									
70-74岁									
75-79岁									
80-84岁									
85-89岁									
90-94岁									
95-99岁									
100岁及以上									

2-2c 续表 15

单位：人

年龄组	俄罗斯族			鄂温克族			德 昂 族		
	小计	男	女	小计	男	女	小计	男	女
总 计	**10**	**2**	**8**	**41**	**18**	**23**	**8**	**6**	**2**
0-4岁	2	1	1	5	1	4			
5-9岁	1		1	4	2	2			
10-14岁				1	1		1		1
15-19岁	2		2	3	2	1	1	1	
20-24岁				5	3	2	2	2	
25-29岁				4	1	3			
30-34岁	3	1	2	6	2	4	1		1
35-39岁				4	2	2	1	1	
40-44岁				3	2	1			
45-49岁				1		1			
50-54岁	1		1				1	1	
55-59岁				1	1		1	1	
60-64岁				3		3			
65-69岁									
70-74岁				1	1				
75-79岁									
80-84岁									
85-89岁	1		1						
90-94岁									
95-99岁									
100岁及以上									

2-2c　续表 16　　　　单位：人

年龄组	保安族			裕固族			京族		
	小计	男	女	小计	男	女	小计	男	女
总　计							**12**	**4**	**8**
0–4岁							4	3	1
5–9岁							4		4
10–14岁									
15–19岁									
20–24岁									
25–29岁							1		1
30–34岁							1		1
35–39岁									
40–44岁									
45–49岁									
50–54岁							1		1
55–59岁									
60–64岁									
65–69岁									
70–74岁							1	1	
75–79岁									
80–84岁									
85–89岁									
90–94岁									
95–99岁									
100岁及以上									

2-2c　续表 17　　　　单位：人

年龄组	塔塔尔族			独龙族			鄂伦春族		
	小计	男	女	小计	男	女	小计	男	女
总　计	**2**	**1**	**1**	**4**	**1**	**3**	**45**	**21**	**24**
0–4岁				1		1	2	1	1
5–9岁							5	2	3
10 14岁							3	1	2
15–19岁							7	4	3
20–24岁	1		1				2	2	
25–29岁	1	1					4		4
30–34岁							1	1	
35–39岁				1		1	5	3	2
40–44岁				1		1	2	1	1
45–49岁							3		3
50–54岁							6	3	3
55–59岁							2	1	1
60–64岁							1	1	
65–69岁				1	1		2	1	1
70–74岁									
75–79岁									
80–84岁									
85–89岁									
90–94岁									
95–99岁									
100岁及以上									

2-2c 续表 18

单位：人

年龄组	赫哲族			门巴族			珞巴族		
	小计	男	女	小计	男	女	小计	男	女
总　计	**55**	**27**	**28**	**16**	**7**	**9**			
0-4岁	2	1	1	2		2			
5-9岁	2	1	1	2	1	1			
10-14岁	2		2	3	2	1			
15-19岁	5	3	2	1		1			
20-24岁	4	2	2						
25-29岁	2	2		2		2			
30-34岁	2	1	1	1	1				
35-39岁	4	1	3						
40-44岁	2		2	1	1				
45-49岁	9	6	3	2	1	1			
50-54岁	4	1	3						
55-59岁	5	2	3	1	1				
60-64岁	4	2	2						
65-69岁	5	2	3						
70-74岁	3	3		1		1			
75-79岁									
80-84岁									
85-89岁									
90-94岁									
95-99岁									
100岁及以上									

2-2c 续表 19

单位：人

年龄组	基诺族			未定族称人口			入籍		
	小计	男	女	小计	男	女	小计	男	女
总　计	**17**	**11**	**6**	**407**	**195**	**212**	**16**	**7**	**9**
0-4岁	2	1	1	28	17	11			
5-9岁	1	1		23	14	9			
10-14岁	2	2		13	5	8			
15-19岁	1		1	44	19	25	2	1	1
20-24岁				55	33	22	2	2	
25-29岁				30	11	19	1		1
30-34岁	2	1	1	33	18	15	3	1	2
35-39岁	1		1	28	12	16			
40-44岁	2	1	1	26	12	14	1		1
45-49岁	1	1		31	12	19	1		1
50-54岁	1	1		29	7	22	1	1	
55-59岁	1	1		26	10	16	1	1	
60-64岁	2	2		12	8	4			
65-69岁				8	4	4	2	1	1
70-74岁	1		1	12	7	5	2		2
75-79岁				3	3				
80-84岁				3	1	2			
85-89岁				2	2				
90-94岁									
95-99岁				1		1			
100岁及以上									

2–3　全省各民族分性别、受教育程度的3岁及以上人口

单位：人

民　族	3岁及以上人口			未上过学		
	合计	男	女	小计	男	女
总　计	**23662578**	**11806463**	**11856115**	**452548**	**161207**	**291341**
汉　族	21627354	10797537	10829817	423071	148918	274153
蒙古族	163180	77869	85311	3062	1273	1789
回　族	102075	50106	51969	1539	646	893
藏　族	2102	887	1215	14	6	8
维吾尔族	3715	1521	2194	10	5	5
苗　族	5600	2740	2860	260	87	173
彝　族	2001	966	1035	52	23	29
壮　族	3397	1425	1972	22	9	13
布依族	2503	1184	1319	132	45	87
朝鲜族	925953	449276	476677	10129	3884	6245
满　族	803279	413065	390214	13731	6097	7634
侗　族	2713	1300	1413	82	29	53
瑶　族	628	276	352	8	2	6
白　族	882	413	469	12	5	7
土家族	4104	2061	2043	58	27	31
哈尼族	206	60	146	17	3	14
哈萨克族	897	339	558	1		1
傣　族	378	94	284	7	3	4
黎　族	1105	432	673	22	10	12
傈僳族	224	80	144	7	1	6
佤　族	120	35	85	6		6
畲　族	257	143	114	4	1	3
高山族	90	49	41	2		2
拉祜族	46	14	32	2	1	1
水　族	472	226	246	33	14	19
东乡族	363	203	160	33	11	22
纳西族	52	24	28	1	1	
景颇族	463	99	364	16	4	12
柯尔克孜族	81	26	55			
土　族	149	72	77	1		1
达斡尔族	1140	476	664	13	8	5
仫佬族	114	56	58	1	1	
羌　族	69	36	33	3	1	2
布朗族	19	4	15			
撒拉族	237	133	104	25	8	17
毛南族	66	25	41	2		2
仡佬族	464	249	215	8	5	3
锡伯族	4067	2020	2047	63	31	32
阿昌族	19	3	16			
普米族	9	4	5			
塔吉克族	18	10	8			
怒　族	12	2	10			
乌孜别克族	6	2	4			
俄罗斯族	102	45	57	3	1	2
鄂温克族	216	92	124	2	1	1
德昂族	11	7	4			
保安族	11	6	5			
裕固族	7	6	1			
京　族	19	8	11	2	1	1
塔塔尔族	7	2	5			
独龙族	4	1	3			
鄂伦春族	153	67	86	1	1	
赫哲族	246	110	136	4	1	3
门巴族	26	8	18			
珞巴族	3	2	1			
基诺族	28	18	10	2	1	1
未定族称人口	1054	522	532	82	41	41
入　籍	62	27	35	3	1	2

2-3 续表 1 　　　　单位：人

民　族	学前教育			小　学		
	小计	男	女	小计	男	女
总　计	**491573**	**252719**	**238854**	**5372822**	**2518160**	**2854662**
汉　族	430548	221654	208894	5010473	2347483	2662990
蒙古族	7145	3608	3537	38128	17710	20418
回　族	2890	1501	1389	16853	7852	9001
藏　族	26	17	9	112	49	63
维吾尔族	43	19	24	144	81	63
苗　族	152	77	75	1118	503	615
彝　族	72	37	35	429	210	219
壮　族	116	68	48	350	149	201
布依族	66	32	34	550	250	300
朝鲜族	18189	9154	9035	115524	48022	67502
满　族	31526	16140	15386	185288	94114	91174
侗　族	98	51	47	585	267	318
瑶　族	22	12	10	73	35	38
白　族	12	8	4	142	57	85
土家族	145	81	64	559	299	260
哈尼族	10	3	7	57	17	40
哈萨克族	2	2		4	2	2
傣　族	28	15	13	110	27	83
黎　族	36	18	18	156	67	89
傈僳族	6	4	2	83	24	59
佤　族	5	2	3	53	17	36
畲　族	9	8	1	36	23	13
高山族	7	5	2	6	4	2
拉祜族	3	1	2	15	3	12
水　族	9	7	2	181	77	104
东乡族	25	15	10	156	96	60
纳西族	2	2		9	5	4
景颇族	21	11	10	206	31	175
柯尔克孜族				2	1	1
土　族	2	2		6	2	4
达斡尔族	70	27	43	179	71	108
仫佬族	4	3	1	13	5	8
羌　族	2	2		10	4	6
布朗族				4		4
撒拉族	16	9	7	85	52	33
毛南族	1	1		20	11	9
仡佬族	13	8	5	58	28	30
锡伯族	180	85	95	670	332	338
阿昌族	1	1		5	1	4
普米族	1		1	2	1	1
塔吉克族	1		1			
怒　族	1		1	3		3
乌孜别克族				1	1	
俄罗斯族	8	6	2	10	3	7
鄂温克族	11	4	7	36	22	14
德昂族				4	4	
保安族				2		2
裕固族	1	1				
京　族	4	2	2	6	3	3
塔塔尔族						
独龙族	1		1	1		1
鄂伦春族	7	5	2	37	19	18
赫哲族	8	2	6	45	23	22
门巴族	2		2	6	1	5
珞巴族						
基诺族	1		1	6	4	2
未定族称人口	25	9	16	198	93	105
入　籍				13	5	8

2-3　续表 2

单位：人

民　族	初　中			高　中			大学专科		
	小计	男	女	小计	男	女	小计	男	女
总　计	**9204361**	**4746766**	**4457595**	**4111787**	**2114922**	**1996865**	**1813601**	**936634**	**876967**
汉　族	8434432	4355219	4079213	3690987	1903406	1787581	1656331	855924	800407
蒙古族	54739	26689	28050	23080	11472	11608	13708	6786	6922
回　族	34107	17150	16957	22910	11461	11449	9771	4898	4873
藏　族	194	81	113	307	144	163	518	208	310
维吾尔族	234	147	87	775	290	485	344	125	219
苗　族	1351	693	658	619	323	296	456	237	219
彝　族	400	210	190	159	84	75	192	100	92
壮　族	562	224	338	361	173	188	372	146	226
布依族	583	308	275	262	125	137	219	110	109
朝鲜族	386327	189075	197252	244185	121413	122772	63765	33353	30412
满　族	286818	154830	131988	125473	64752	60721	66026	33820	32206
侗　族	695	336	359	380	192	188	235	122	113
瑶　族	102	44	58	52	22	30	64	36	28
白　族	191	91	100	132	68	64	83	40	43
土家族	721	376	345	446	217	229	334	163	171
哈尼族	48	9	39	21	5	16	11	4	7
哈萨克族	21	16	5	50	8	42	59	29	30
傣　族	122	19	103	39	10	29	17	3	14
黎　族	238	96	142	111	42	69	85	34	51
傈僳族	69	32	37	18	5	13	13	5	8
佤　族	35	10	25	7	4	3	2	1	1
畲　族	39	18	21	32	19	13	12	9	3
高山族	26	15	11	23	14	9	14	4	10
拉祜族	11	1	10	5	3	2	5	1	4
水　族	109	55	54	54	32	22	19	9	10
东乡族	99	55	44	23	11	12	2	2	
纳西族	6	1	5	1	1		8	5	3
景颇族	172	35	137	32	12	20	12	4	8
柯尔克孜族	7	2	5	13	1	12	9	4	5
土　族	6	1	5	6		6	10	7	3
达斡尔族	274	108	166	164	78	86	142	60	82
仫佬族	7	3	4	9	4	5	22	11	11
羌　族	12	8	4	10	5	5	7	5	2
布朗族	9	2	7	1		1			
撒拉族	59	34	25	17	10	7	4	2	2
毛南族	10	1	9	4	2	2	5	3	2
仡佬族	77	49	28	39	19	20	50	21	29
锡伯族	960	491	469	702	351	351	476	253	223
阿昌族	8	1	7	1		1			
普米族	1	1		1		1			
塔吉克族	1	1					4	4	
怒　族	2	1	1	4	1	3	1		1
乌孜别克族				1		1	1	1	
俄罗斯族	18	7	11	14	7	7	8	8	
鄂温克族	49	17	32	33	14	19	28	10	18
德昂族	6	3	3	1		1			
保安族	2	2		3	2	1	1		1
裕固族				2	2				
京　族	2		2	1		1			
塔塔尔族							1		1
独龙族	2	1	1						
鄂伦春族	33	15	18	26	9	17	15	5	10
赫哲族	66	34	32	28	10	18	31	13	18
门巴族	6	6		2		2	4		4
珞巴族									
基诺族	11	8	3	3	1	2	1	1	
未定族称人口	264	130	134	151	94	57	98	43	55
入　籍	18	5	13	7	4	3	6	5	1

2-3 续表 3 单位：人

民族	大学本科			硕士研究生			博士研究生		
	小计	男	女	小计	男	女	小计	男	女
总　计	**2025967**	**988951**	**1037016**	**165758**	**74468**	**91290**	**24161**	**12636**	**11525**
汉　族	1813230	887052	926178	147164	66726	80438	21118	11155	9963
蒙古族	20896	9366	11530	2076	814	1262	346	151	195
回　族	12689	6042	6647	1136	473	663	180	83	97
藏　族	894	372	522	31	7	24	6	3	3
维吾尔族	2107	831	1276	47	18	29	11	5	6
苗　族	1540	762	778	89	46	43	15	12	3
彝　族	664	293	371	30	9	21	3		3
壮　族	1529	612	917	72	38	34	13	6	7
布依族	663	307	356	25	6	19	3	1	2
朝鲜族	80110	40900	39210	6364	2780	3584	1360	695	665
满　族	85145	39459	45686	8241	3364	4877	1031	489	542
侗　族	601	293	308	34	9	25	3	1	2
瑶　族	290	117	173	15	6	9	2	2	
白　族	286	134	152	23	10	13	1		1
土家族	1688	834	854	134	54	80	19	10	9
哈尼族	37	16	21	4	2	2	1	1	
哈萨克族	751	278	473	9	4	5			
傣　族	47	15	32	8	2	6			
黎　族	445	160	285	12	5	7			
傈僳族	26	8	18	2	1	1			
佤　族	12	1	11						
畲　族	115	60	55	10	5	5			
高山族	9	5	4	2	1	1	1	1	
拉祜族	5	4	1						
水　族	64	30	34	2	2		1		1
东乡族	22	12	10	3	1	2			
纳西族	22	8	14	3	1	2			
景颇族	4	2	2						
柯尔克孜族	48	17	31	2	1	1			
土　族	113	57	56	5	3	2			
达斡尔族	245	104	141	47	19	28	6	1	5
仫佬族	55	26	29	1	1		2	2	
羌　族	18	8	10	7	3	4			
布朗族	4	2	2	1		1			
撒拉族	30	17	13	1	1				
毛南族	22	5	17	2	2				
仡佬族	212	117	95	4	1	3	3	1	2
锡伯族	877	423	454	115	43	72	24	11	13
阿昌族	4		4						
普米族	2	1	1	1		1	1	1	
塔吉克族	12	5	7						
怒　族	1		1						
乌孜别克族	3		3						
俄罗斯族	40	13	27	1		1			
鄂温克族	44	22	22	10	2	8	3		3
德昂族									
保安族	3	2	1						
裕固族	2	2		2	1	1			
京　族	3	2	1	1		1			
塔塔尔族	6	2	4						
独龙族									
鄂伦春族	29	10	19	3	2	1	2	1	1
赫哲族	52	24	28	11	3	8	1		1
门巴族	6	1	5						
珞巴族	3	2	1						
基诺族	3	2	1	1	1				
未定族称人口	225	107	118	7	1	6	4	4	
入　籍	14	7	7				1		1

2–3a　全省各民族分性别、受教育程度的3岁及以上人口(城市)

单位：人

民　族	3岁及以上人口			未上过学		
	合计	男	女	小计	男	女
总　计	**10093960**	**4927003**	**5166957**	**116258**	**43837**	**72421**
汉　族	9140607	4469433	4671174	105945	39341	66604
蒙古族	54423	25537	28886	738	344	394
回　族	64387	31257	33130	776	335	441
藏　族	943	389	554	6	2	4
维吾尔族	1644	664	980	4	4	
苗　族	2385	1235	1150	77	32	45
彝　族	820	407	413	24	9	15
壮　族	1620	744	876	7	3	4
布依族	1054	526	528	50	20	30
朝鲜族	515453	244235	271218	4613	1900	2713
满　族	300528	147718	152810	3800	1763	2037
侗　族	1133	573	560	34	14	20
瑶　族	287	142	145	2	1	1
白　族	435	218	217	5	1	4
土家族	1955	996	959	20	10	10
哈尼族	68	21	47	2		2
哈萨克族	353	124	229			
傣　族	122	36	86	3	2	1
黎　族	454	187	267	7	3	4
傈僳族	58	24	34			
佤　族	28	8	20	1		1
畲　族	125	74	51	2		2
高山族	47	27	20			
拉祜族	13	4	9			
水　族	170	87	83	10	3	7
东乡族	286	159	127	25	6	19
纳西族	17	10	7			
景颇族	67	15	52	2		2
柯尔克孜族	38	7	31			
土　族	85	44	41	1		1
达斡尔族	658	283	375	7	5	2
仫佬族	56	24	32			
羌　族	44	25	19	1		1
布朗族	10	3	7			
撒拉族	163	89	74	18	4	14
毛南族	27	9	18			
仡佬族	194	107	87	1	1	
锡伯族	2262	1116	1146	38	16	22
阿昌族	5	1	4			
普米族	4	2	2			
塔吉克族	8	5	3			
怒　族	8		8			
乌孜别克族	2		2			
俄罗斯族	75	32	43	2	1	1
鄂温克族	125	54	71	1		1
德昂族	1		1			
保安族	6	4	2			
裕固族	6	5	1			
京　族	3	1	2			
塔塔尔族	2		2			
独龙族						
鄂伦春族	59	29	30			
赫哲族	141	66	75	1		1
门巴族	5		5			
珞巴族	1		1			
基诺族	6	4	2	2	1	1
未定族称人口	454	230	224	32	16	16
入　籍	30	13	17	1		1

2-3a 续表 1　　单位：人

民族	学前教育			小学		
	小计	男	女	小计	男	女
总　计	**231371**	**119285**	**112086**	**1313922**	**590308**	**723614**
汉　族	200583	103535	97048	1202173	540413	661760
蒙古族	2740	1416	1324	8041	3791	4250
回　族	1819	958	861	7760	3505	4255
藏　族	16	9	7	41	19	22
维吾尔族	32	14	18	91	57	34
苗　族	66	35	31	412	191	221
彝　族	41	23	18	147	79	68
壮　族	63	38	25	150	71	79
布依族	34	19	15	201	89	112
朝鲜族	11065	5559	5506	49116	19994	29122
满　族	14512	7471	7041	44276	21348	22928
侗　族	50	29	21	219	100	119
瑶　族	7	6	1	24	13	11
白　族	7	5	2	51	23	28
土家族	57	29	28	247	127	120
哈尼族	3	1	2	13	3	10
哈萨克族	1	1		3	2	1
傣　族	11	7	4	17	8	9
黎　族	18	8	10	58	29	29
傈僳族				16	9	7
佤　族	1		1	10	4	6
畲　族	4	4		20	11	9
高山族	5	3	2	1	1	
拉祜族	1	1		3		3
水　族	7	5	2	67	31	36
东乡族	21	12	9	123	77	46
纳西族				1	1	
景颇族	3	1	2	16	3	13
柯尔克孜族				1		1
土　族	2	2		4	2	2
达斡尔族	46	15	31	101	41	60
仫佬族	3	2	1	6	2	4
羌　族	1	1		6	3	3
布朗族						
撒拉族	11	6	5	63	42	21
毛南族				7	3	4
仡佬族	6	3	3	23	9	14
锡伯族	102	52	50	272	128	144
阿昌族				1	1	
普米族				1	1	
塔吉克族	1		1			
怒　族	1		1	2		2
乌孜别克族						
俄罗斯族	5	4	1	5	2	3
鄂温克族	5	2	3	19	13	6
德昂族						
保安族				1		1
裕固族	1	1				
京　族						
塔塔尔族						
独龙族						
鄂伦春族	4	3	1	9	6	3
赫哲族	5	2	3	26	17	9
门巴族						
珞巴族						
基诺族						
未定族称人口	11	3	8	74	38	36
入　籍				4	1	3

2–3a 续表 2

单位：人

民 族	初 中			高 中			大学专科		
	小计	男	女	小计	男	女	小计	男	女
总 计	**3457142**	**1686051**	**1771091**	**2528875**	**1264097**	**1264778**	**1097458**	**557348**	**540110**
汉 族	3168957	1550280	1618677	2268378	1136825	1131553	998686	507148	491538
蒙古族	14121	6512	7609	10353	4920	5433	6558	3185	3373
回 族	20198	9815	10383	17319	8600	8719	7049	3504	3545
藏 族	78	37	41	73	43	30	220	69	151
维吾尔族	152	95	57	273	57	216	170	69	101
苗 族	547	279	268	283	153	130	190	101	89
彝 族	137	65	72	88	50	38	57	24	33
壮 族	283	131	152	208	103	105	155	63	92
布依族	249	128	121	126	59	67	100	53	47
朝鲜族	164590	74617	89973	167214	81255	85959	47752	24815	22937
满 族	85869	43175	42694	63047	31315	31732	35509	17812	17697
侗 族	281	138	143	167	86	81	104	60	44
瑶 族	48	25	23	28	12	16	34	22	12
白 族	90	40	50	74	39	35	39	22	17
土家族	307	163	144	255	110	145	161	80	81
哈尼族	13	3	10	9	3	6	5	1	4
哈萨克族	6	4	2	29	5	24	48	22	26
傣 族	32	6	26	18	3	15	11		11
黎 族	96	36	60	64	28	36	39	14	25
傈僳族	13	6	7	11	2	9	5	1	4
佤 族	9	1	8	3	2	1	1	1	
畲 族	21	8	13	19	12	7	6	4	2
高山族	6	4	2	19	10	9	8	3	5
拉祜族	3		3	2	1	1	3	1	2
水 族	37	19	18	18	9	9	8	5	3
东乡族	85	49	36	20	9	11	1	1	
纳西族	1		1	1	1		1	1	
景颇族	28	6	22	7	2	5	8	2	6
柯尔克孜族	2		2	8		8	5	3	2
土 族	5	1	4	4		4	4	4	
达斡尔族	140	58	82	107	54	53	78	32	46
仫佬族	3	1	2	7	2	5	10	4	6
羌 族	5	4	1	10	5	5	6	4	2
布朗族	5	1	4	1		1			
撒拉族	40	19	21	8	6	2	1		1
毛南族	3		3	3	1	2	1	1	
仡佬族	28	15	13	18	9	9	16	8	8
锡伯族	457	220	237	443	222	221	309	161	148
阿昌族	2		2	1		1			
普米族				1		1			
塔吉克族	1	1					3	3	
怒 族				3		3	1		1
乌孜别克族				1		1			
俄罗斯族	15	5	10	11	6	5	6	6	
鄂温克族	23	8	15	26	13	13	17	4	13
德昂族				1		1			
保安族	1	1		3	2	1			
裕固族				2	2				
京 族									
塔塔尔族									
独龙族									
鄂伦春族	8	5	3	15	5	10	5	2	3
赫哲族	21	11	10	20	6	14	22	11	11
门巴族							1		1
珞巴族									
基诺族									
未定族称人口	119	57	62	69	46	23	41	19	22
入 籍	7	2	5	7	4	3	4	3	1

2–3a 续表 3

单位：人

民族	大学本科			硕士研究生			博士研究生		
	小计	男	女	小计	男	女	小计	男	女
总 计	**1228873**	**610329**	**618544**	**104160**	**47377**	**56783**	**15901**	**8371**	**7530**
汉 族	1091067	542758	548309	91153	41854	49299	13665	7279	6386
蒙古族	10431	4786	5645	1215	489	726	226	94	132
回 族	8587	4164	4423	742	310	432	137	66	71
藏 族	488	203	285	17	5	12	4	2	2
维吾尔族	881	353	528	34	13	21	7	2	5
苗 族	743	407	336	56	28	28	11	9	2
彝 族	306	150	156	18	7	11	2		2
壮 族	703	307	396	47	27	20	4	1	3
布依族	278	154	124	15	3	12	1	1	
朝鲜族	64511	33103	31408	5411	2379	3032	1181	613	568
满 族	47742	22416	25326	5156	2138	3018	617	280	337
侗 族	254	141	113	21	4	17	3	1	2
瑶 族	133	60	73	11	3	8			
白 族	158	82	76	10	6	4	1		1
土家族	817	433	384	81	39	42	10	5	5
哈尼族	20	8	12	3	2	1			
哈萨克族	262	88	174	4	2	2			
傣 族	26	9	17	4	1	3			
黎 族	164	65	99	8	4	4			
傈僳族	12	5	7	1	1				
佤 族	3		3						
畲 族	48	33	15	5	2	3			
高山族	6	5	1	1		1	1	1	
拉祜族	1	1							
水 族	21	13	8	2	2				
东乡族	10	5	5	1		1			
纳西族	12	7	5	1		1			
景颇族	3	1	2						
柯尔克孜族	21	4	17	1		1			
土 族	62	33	29	3	2	1			
达斡尔族	146	64	82	30	13	17	3	1	2
仫佬族	24	10	14	1	1		2	2	
羌 族	11	6	5	4	2	2			
布朗族	4	2	2						
撒拉族	22	12	10						
毛南族	11	2	9	2	2				
仡佬族	98	61	37	1		1	3	1	2
锡伯族	551	280	271	77	30	47	13	7	6
阿昌族	1		1						
普米族	1		1				1	1	
塔吉克族	3	1	2						
怒 族	1		1						
乌孜别克族	1		1						
俄罗斯族	31	8	23						
鄂温克族	26	12	14	6	2	4	2		2
德昂族									
保安族	1	1							
裕固族	1	1		2	1	1			
京 族	2	1	1	1		1			
塔塔尔族	2		2						
独龙族									
鄂伦春族	14	5	9	2	2		2	1	1
赫哲族	40	18	22	6	1	5			
门巴族	4		4						
珞巴族	1		1						
基诺族	3	2	1	1	1				
未定族称人口	98	46	52	6	1	5	4	4	
入 籍	6	3	3				1		1

2–3b 全省各民族分性别、受教育程度的3岁及以上人口(镇)

单位：人

民 族	3岁及以上人口			未上过学		
	合计	男	女	小计	男	女
总 计	**4685220**	**2307674**	**2377546**	**74621**	**26797**	**47824**
汉 族	4298358	2119248	2179110	69505	24663	44842
蒙古族	45360	21184	24176	675	288	387
回 族	17327	8512	8815	260	100	160
藏 族	841	350	491	3	2	1
维吾尔族	1426	586	840			
苗 族	1249	572	677	51	20	31
彝 族	559	281	278	7	5	2
壮 族	1002	381	621	5	2	3
布依族	515	202	313	22	6	16
朝鲜族	131887	64549	67338	1383	507	876
满 族	181373	89487	91886	2616	1158	1458
侗 族	548	244	304	15	3	12
瑶 族	185	73	112	1	1	
白 族	232	99	133	2	1	1
土家族	1120	520	600	11	6	5
哈尼族	42	18	24	1		1
哈萨克族	360	135	225			
傣 族	92	24	68	2		2
黎 族	322	112	210	3	1	2
傈僳族	44	13	31	3		3
佤 族	23	6	17			
畲 族	79	40	39	2	1	1
高山族	31	14	17	2		2
拉祜族	10	5	5			
水 族	95	37	58	7	3	4
东乡族	64	36	28	6	3	3
纳西族	17	7	10			
景颇族	79	14	65	1		1
柯尔克孜族	30	13	17			
土 族	38	15	23			
达斡尔族	295	132	163	5	3	2
仫佬族	39	22	17	1	1	
羌 族	15	7	8	1	1	
布朗族	2		2			
撒拉族	43	24	19	4	3	1
毛南族	22	8	14			
仡佬族	118	58	60	3	2	1
锡伯族	932	442	490	10	9	1
阿昌族	3		3			
普米族	1		1			
塔吉克族	4	2	2			
怒 族						
乌孜别克族	2	1	1			
俄罗斯族	18	11	7			
鄂温克族	55	21	34	1	1	
德昂族	2	1	1			
保安族	5	2	3			
裕固族	1	1				
京 族	7	5	2	1	1	
塔塔尔族	3	1	2			
独龙族						
鄂伦春族	50	17	33	1	1	
赫哲族	51	18	33			
门巴族	5	1	4			
珞巴族	2	2				
基诺族	6	4	2			
未定族称人口	215	110	105	10	5	5
入 籍	16	7	9	1		1

2-3b 续表 1

单位：人

民 族	学前教育			小 学		
	小计	男	女	小计	男	女
总 计	**117244**	**60203**	**57041**	**784157**	**354119**	**430038**
汉 族	103001	52974	50027	725949	327553	398396
蒙古族	2350	1168	1182	8019	3677	4342
回 族	613	317	296	2437	1180	1257
藏 族	6	5	1	20	11	9
维吾尔族	6	2	4	22	5	17
苗 族	30	15	15	176	82	94
彝 族	12	5	7	63	31	32
壮 族	33	21	12	68	29	39
布依族	9	3	6	77	32	45
朝鲜族	2526	1290	1236	16095	6415	9680
满 族	8456	4301	4155	30521	14778	15743
侗 族	17	9	8	95	45	50
瑶 族	10	5	5	16	6	10
白 族	2	1	1	26	12	14
土家族	44	20	24	114	59	55
哈尼族	2	1	1	7	5	2
哈萨克族	1	1		1		1
傣 族	7	4	3	26	6	20
黎 族	9	4	5	27	13	14
傈僳族	1	1		15	3	12
佤 族	1	1		9	4	5
畲 族	3	2	1	8	6	2
高山族	2	2		3	2	1
拉祜族	1		1	1		1
水 族				26	8	18
东乡族	4	3	1	29	17	12
纳西族	1	1		1		1
景颇族	4	2	2	32	5	27
柯尔克孜族				1	1	
土 族				2		2
达斡尔族	15	9	6	40	20	20
仫佬族				2	1	1
羌 族	1	1		1		1
布朗族						
撒拉族	5	3	2	12	5	7
毛南族	1	1		7	4	3
仡佬族	7	5	2	14	8	6
锡伯族	46	18	28	119	60	59
阿昌族				1		1
普米族				1		1
塔吉克族						
怒 族						
乌孜别克族						
俄罗斯族	2	1	1	3	1	2
鄂温克族	5	2	3	9	4	5
德昂族				1	1	
保安族				1		1
裕固族						
京 族	1	1		2	2	
塔塔尔族						
独龙族						
鄂伦春族	2	1	1	12	5	7
赫哲族	2		2	8	3	5
门巴族						
珞巴族						
基诺族				1		1
未定族称人口	6	3	3	33	18	15
入 籍				4	2	2

2-3b 续表 2

单位：人

民族	初中			高中			大学专科		
	小计	男	女	小计	男	女	小计	男	女
总计	**1754607**	**878738**	**875869**	**895596**	**461551**	**434045**	**461622**	**241768**	**219854**
汉族	1621288	812910	808378	812170	419270	392900	424638	222666	201972
蒙古族	13250	6207	7043	7993	3942	4051	4816	2367	2449
回族	5150	2607	2543	3636	1813	1823	1908	972	936
藏族	39	13	26	217	96	121	233	103	130
维吾尔族	39	26	13	482	224	258	124	35	89
苗族	232	119	113	117	60	57	130	57	73
彝族	136	86	50	31	20	11	94	50	44
壮族	111	41	70	83	35	48	143	51	92
布依族	88	37	51	36	13	23	57	25	32
朝鲜族	57818	28378	29440	34489	17713	16776	9169	4969	4200
满族	55577	27921	27656	35759	18088	17671	19757	10221	9536
侗族	107	51	56	56	31	25	65	26	39
瑶族	17	5	12	14	4	10	18	8	10
白族	38	21	17	33	18	15	32	11	21
土家族	149	75	74	87	50	37	107	54	53
哈尼族	15	3	12	4	2	2	2		2
哈萨克族	10	8	2	20	2	18	8	4	4
傣族	27	5	22	10	3	7	3	1	2
黎族	45	18	27	27	10	17	27	11	16
傈僳族	13	4	9	2	1	1	3	2	1
佤族	4		4	3	1	2	1		1
畲族	7	4	3	10	6	4	5	4	1
高山族	13	5	8	4	4		3		3
拉祜族				2	2		2		2
水族	21	9	12	11	7	4	7	2	5
东乡族	13	5	8	3	2	1			
纳西族							7	4	3
景颇族	28	2	26	11	4	7	2		2
柯尔克孜族	2		2	5	1	4	3	1	2
土族				1		1	2		2
达斡尔族	60	30	30	41	16	25	45	22	23
仫佬族	3	2	1	2	2		8	4	4
羌族	4	1	3				1	1	
布朗族	1		1						
撒拉族	11	9	2	5	2	3	2	1	1
毛南族	2		2				2	1	1
仡佬族	11	7	4	8	3	5	18	5	13
锡伯族	185	87	98	175	86	89	121	64	57
阿昌族	1		1						
普米族									
塔吉克族							1	1	
怒族									
乌孜别克族							1	1	
俄罗斯族	1	1		2	1	1	2	2	
鄂温克族	13	4	9	5		5	9	4	5
德昂族	1		1						
保安族	1	1					1		1
裕固族									
京族	1		1	1		1			
塔塔尔族							1		1
独龙族									
鄂伦春族	11	2	9	6	4	2	5	1	4
赫哲族	17	7	10	4	1	3	8	2	6
门巴族				1		1	2		2
珞巴族									
基诺族	3	2	1	1	1		1	1	
未定族称人口	39	23	16	29	13	16	26	12	14
入籍	5	2	3				2	2	

2-3b 续表 3

单位：人

民 族	大学本科			硕士研究生			博士研究生		
	小计	男	女	小计	男	女	小计	男	女
总 计	**543328**	**260034**	**283294**	**47432**	**21068**	**26364**	**6613**	**3396**	**3217**
汉 族	492604	236720	255884	43194	19375	23819	6009	3117	2892
蒙古族	7474	3238	4236	683	256	427	100	41	59
回 族	2977	1381	1596	310	127	183	36	15	21
藏 族	310	118	192	11	1	10	2	1	1
维吾尔族	741	288	453	9	4	5	3	2	1
苗 族	483	201	282	26	15	11	4	3	1
彝 族	207	82	125	8	2	6	1		1
壮 族	537	191	346	16	8	8	6	3	3
布依族	216	83	133	9	3	6	1		1
朝鲜族	9618	4945	4673	675	282	393	114	50	64
满 族	26032	11922	14110	2339	943	1396	316	155	161
侗 族	185	77	108	8	2	6			
瑶 族	104	39	65	3	3		2	2	
白 族	87	32	55	12	3	9			
土家族	554	239	315	46	13	33	8	4	4
哈尼族	9	6	3	1		1	1	1	
哈萨克族	316	118	198	4	2	2			
傣 族	13	4	9	4	1	3			
黎 族	180	54	126	4	1	3			
傈僳族	6	2	4	1		1			
佤 族	5		5						
畲 族	42	15	27	2	2				
高山族	3		3	1	1				
拉祜族	4	3	1						
水 族	23	8	15						
东乡族	7	5	2	2	1	1			
纳西族	6	1	5	2	1	1			
景颇族	1	1							
柯尔克孜族	18	9	9	1	1				
土 族	32	15	17	1		1			
达斡尔族	71	27	44	15	5	10	3		3
仫佬族	23	12	11						
羌 族	4	2	2	3	1	2			
布朗族				1		1			
撒拉族	4	1	3						
毛南族	10	2	8						
仡佬族	54	27	27	3	1	2			
锡伯族	241	104	137	29	12	17	6	2	4
阿昌族	1		1						
普米族									
塔吉克族	3	1	2						
怒 族									
乌孜别克族	1		1						
俄罗斯族	7	5	2	1		1			
鄂温克族	11	6	5	2		2			
德昂族									
保安族	2	1	1						
裕固族	1	1							
京 族	1	1							
塔塔尔族	2	1	1						
独龙族									
鄂伦春族	12	3	9	1		1			
赫哲族	6	3	3	5	2	3	1		1
门巴族	2	1	1						
珞巴族	2	2							
基诺族									
未定族称人口	72	36	36						
入 籍	4	1	3						

2–3c 全省各民族分性别、受教育程度的3岁及以上人口(乡村)

单位：人

民 族	3岁及以上人口			未上过学		
	合计	男	女	小计	男	女
总 计	**8883398**	**4571786**	**4311612**	**261669**	**90573**	**171096**
汉 族	8188389	4208856	3979533	247621	84914	162707
蒙古族	63397	31148	32249	1649	641	1008
回 族	20361	10337	10024	503	211	292
藏 族	318	148	170	5	2	3
维吾尔族	645	271	374	6	1	5
苗 族	1966	933	1033	132	35	97
彝 族	622	278	344	21	9	12
壮 族	775	300	475	10	4	6
布依族	934	456	478	60	19	41
朝鲜族	278613	140492	138121	4133	1477	2656
满 族	321378	175860	145518	7315	3176	4139
侗 族	1032	483	549	33	12	21
瑶 族	156	61	95	5		5
白 族	215	96	119	5	3	2
土家族	1029	545	484	27	11	16
哈尼族	96	21	75	14	3	11
哈萨克族	184	80	104	1		1
傣 族	164	34	130	2	1	1
黎 族	329	133	196	12	6	6
傈僳族	122	43	79	4	1	3
佤 族	69	21	48	5		5
畲 族	53	29	24			
高山族	12	8	4			
拉祜族	23	5	18	2	1	1
水 族	207	102	105	16	8	8
东乡族	13	8	5	2	2	
纳西族	18	7	11	1	1	
景颇族	317	70	247	13	4	9
柯尔克孜族	13	6	7			
土 族	26	13	13			
达斡尔族	187	61	126	1		1
仫佬族	19	10	9			
羌 族	10	4	6	1		1
布朗族	7	1	6			
撒拉族	31	20	11	3	1	2
毛南族	17	8	9	2		2
仡佬族	152	84	68	4	2	2
锡伯族	873	462	411	15	6	9
阿昌族	11	2	9			
普米族	4	2	2			
塔吉克族	6	3	3			
怒 族	4	2	2			
乌孜别克族	2	1	1			
俄罗斯族	9	2	7	1		1
鄂温克族	36	17	19			
德昂族	8	6	2			
保安族						
裕固族						
京 族	9	2	7	1		1
塔塔尔族	2	1	1			
独龙族	4	1	3			
鄂伦春族	44	21	23			
赫哲族	54	26	28	3	1	2
门巴族	16	7	9			
珞巴族						
基诺族	16	10	6			
未定族称人口	385	182	203	40	20	20
入 籍	16	7	9	1	1	

2—3c 续表 1　　单位：人

民　族	学前教育			小　学		
	小计	男	女	小计	男	女
总　计	**142958**	**73231**	**69727**	**3274743**	**1573733**	**1701010**
汉　族	126964	65145	61819	3082351	1479517	1602834
蒙古族	2055	1024	1031	22068	10242	11826
回　族	458	226	232	6656	3167	3489
藏　族	4	3	1	51	19	32
维吾尔族	5	3	2	31	19	12
苗　族	56	27	29	530	230	300
彝　族	19	9	10	219	100	119
壮　族	20	9	11	132	49	83
布依族	23	10	13	272	129	143
朝鲜族	4598	2305	2293	50313	21613	28700
满　族	8558	4368	4190	110491	57988	52503
侗　族	31	13	18	271	122	149
瑶　族	5	1	4	33	16	17
白　族	3	2	1	65	22	43
土家族	44	32	12	198	113	85
哈尼族	5	1	4	37	9	28
哈萨克族						
傣　族	10	4	6	67	13	54
黎　族	9	6	3	71	25	46
傈僳族	5	3	2	52	12	40
佤　族	3	1	2	34	9	25
畲　族	2	2		8	6	2
高山族				2	1	1
拉祜族	1		1	11	3	8
水　族	2	2		88	38	50
东乡族				4	2	2
纳西族	1	1		7	4	3
景颇族	14	8	6	158	23	135
柯尔克孜族						
土　族						
达斡尔族	9	3	6	38	10	28
仫佬族	1	1		5	2	3
羌　族				3	1	2
布朗族				4		4
撒拉族				10	5	5
毛南族				6	4	2
仡佬族				21	11	10
锡伯族	32	15	17	279	144	135
阿昌族	1	1		3		3
普米族	1		1			
塔吉克族						
怒　族				1		1
乌孜别克族				1	1	
俄罗斯族	1	1		2		2
鄂温克族	1		1	8	5	3
德昂族				3	3	
保安族						
裕固族						
京　族	3	1	2	4	1	3
塔塔尔族						
独龙族	1		1	1		1
鄂伦春族	1	1		16	8	8
赫哲族	1		1	11	3	8
门巴族	2		2	6	1	5
珞巴族						
基诺族	1		1	5	4	1
未定族称人口	8	3	5	91	37	54
入　籍				5	2	3

2–3c 续表 2

单位：人

民 族	初 中			高 中			大学专科		
	小计	男	女	小计	男	女	小计	男	女
总 计	**3992612**	**2181977**	**1810635**	**687316**	**389274**	**298042**	**254521**	**137518**	**117003**
汉 族	3644187	1992029	1652158	610439	347311	263128	233007	126110	106897
蒙古族	27368	13970	13398	4734	2610	2124	2334	1234	1100
回 族	8759	4728	4031	1955	1048	907	814	422	392
藏 族	77	31	46	17	5	12	65	36	29
维吾尔族	43	26	17	20	9	11	50	21	29
苗 族	572	295	277	219	110	109	136	79	57
彝 族	127	59	68	40	14	26	41	26	15
壮 族	168	52	116	70	35	35	74	32	42
布依族	246	143	103	100	53	47	62	32	30
朝鲜族	163919	86080	77839	42482	22445	20037	6844	3569	3275
满 族	145372	83734	61638	26667	15349	11318	10760	5787	4973
侗 族	307	147	160	157	75	82	66	36	30
瑶 族	37	14	23	10	6	4	12	6	6
白 族	63	30	33	25	11	14	12	7	5
土家族	265	138	127	104	57	47	66	29	37
哈尼族	20	3	17	8		8	4	3	1
哈萨克族	5	4	1	1	1		3	3	
傣 族	63	8	55	11	4	7	3	2	1
黎 族	97	42	55	20	4	16	19	9	10
傈僳族	43	22	21	5	2	3	5	2	3
佤 族	22	9	13	1	1				
畲 族	11	6	5	3	1	2	1	1	
高山族	7	6	1				3	1	2
拉祜族	8	1	7	1		1			
水 族	51	27	24	25	16	9	4	2	2
东乡族	1	1					1	1	
纳西族	5	1	4						
景颇族	116	27	89	14	6	8	2	2	
柯尔克孜族	3	2	1				1		1
土 族	1		1	1		1	4	3	1
达斡尔族	74	20	54	16	8	8	19	6	13
仫佬族	1		1				4	3	1
羌 族	3	3							
布朗族	3	1	2						
撒拉族	8	6	2	4	2	2	1	1	
毛南族	5	1	4	1	1		2	1	1
仡佬族	38	27	11	13	7	6	16	8	8
锡伯族	318	184	134	84	43	41	46	28	18
阿昌族	5	1	4						
普米族	1	1							
塔吉克族									
怒 族	2	1	1	1	1				
乌孜别克族									
俄罗斯族	2	1	1	1		1			
鄂温克族	13	5	8	2	1	1	2	2	
德昂族	5	3	2						
保安族									
裕固族									
京 族	1		1						
塔塔尔族									
独龙族	2	1	1						
鄂伦春族	14	8	6	5		5	5	2	3
赫哲族	28	16	12	4	3	1	1		1
门巴族	6	6		1		1	1		1
珞巴族									
基诺族	8	6	2	2		2			
未定族称人口	106	50	56	53	35	18	31	12	19
入 籍	6	1	5						

2-3c 续表 3

单位：人

民 族	大学本科			硕士研究生			博士研究生		
	小计	男	女	小计	男	女	小计	男	女
总 计	**253766**	**118588**	**135178**	**14166**	**6023**	**8143**	**1647**	**869**	**778**
汉 族	229559	107574	121985	12817	5497	7320	1444	759	685
蒙古族	2991	1342	1649	178	69	109	20	16	4
回 族	1125	497	628	84	36	48	7	2	5
藏 族	96	51	45	3	1	2			
维吾尔族	485	190	295	4	1	3	1	1	
苗 族	314	154	160	7	3	4			
彝 族	151	61	90	4		4			
壮 族	289	114	175	9	3	6	3	2	1
布依族	169	70	99	1		1	1		1
朝鲜族	5981	2852	3129	278	119	159	65	32	33
满 族	11371	5121	6250	746	283	463	98	54	44
侗 族	162	75	87	5	3	2			
瑶 族	53	18	35	1		1			
白 族	41	20	21	1	1				
土家族	317	162	155	7	2	5	1	1	
哈尼族	8	2	6						
哈萨克族	173	72	101	1		1			
傣 族	8	2	6						
黎 族	101	41	60						
傈僳族	8	1	7						
佤 族	4	1	3						
畲 族	25	12	13	3	1	2			
高山族									
拉祜族									
水 族	20	9	11				1		1
东乡族	5	2	3						
纳西族	4		4						
景颇族									
柯尔克孜族	9	4	5						
土 族	19	9	10	1	1				
达斡尔族	28	13	15	2	1	1			
仫佬族	8	4	4						
羌 族	3		3						
布朗族									
撒拉族	4	4		1	1				
毛南族	1	1							
仡佬族	60	29	31						
锡伯族	85	39	46	9	1	8	5	2	3
阿昌族	2		2						
普米族	1	1		1		1			
塔吉克族	6	3	3						
怒 族									
乌孜别克族	1		1						
俄罗斯族	2		2						
鄂温克族	7	4	3	2		2	1		1
德昂族									
保安族									
裕固族									
京 族									
塔塔尔族	2	1	1						
独龙族									
鄂伦春族	3	2	1						
赫哲族	6	3	3						
门巴族									
珞巴族									
基诺族									
未定族称人口	55	25	30	1		1			
入 籍	4	3	1						

2-4　全省各民族按户口登记地、性别分的户口登记地在外乡镇街道的人口

单位：人

民　族	户口登记地					
	合　计			省　内		
	合计	男	女	小计	男	女
总　计	**10350683**	**5033163**	**5317520**	**9349212**	**4519863**	**4829349**
汉　族	9531499	4642368	4889131	8630681	4176696	4453985
蒙古族	83589	38542	45047	60507	28072	32435
回　族	45684	22037	23647	40175	19291	20884
藏　族	1777	748	1029	176	85	91
维吾尔族	3233	1322	1911	222	93	129
苗　族	5109	2519	2590	395	193	202
彝　族	1715	849	866	167	66	101
壮　族	2687	1140	1547	545	255	290
布依族	2398	1141	1257	125	60	65
朝鲜族	309395	145950	163445	301628	142378	159250
满　族	347200	168879	178321	310584	150796	159788
侗　族	2582	1265	1317	158	58	100
瑶　族	497	217	280	123	56	67
白　族	663	303	360	188	91	97
土家族	3503	1764	1739	429	209	220
哈尼族	126	33	93	40	13	27
哈萨克族	824	312	512	32	18	14
傣　族	211	58	153	65	28	37
黎　族	821	314	507	245	98	147
傈僳族	126	52	74	55	24	31
佤　族	54	13	41	19	6	13
畲　族	218	121	97	37	19	18
高山族	54	29	25	46	23	23
拉祜族	23	8	15	6	3	3
水　族	464	222	242	8	3	5
东乡族	373	202	171	5	3	2
纳西族	36	14	22	4	3	1
景颇族	188	24	164	47	14	33
柯尔克孜族	66	22	44	11	4	7
土　族	133	64	69	8	2	6
达斡尔族	769	330	439	330	149	181
仫佬族	93	47	46	11	4	7
羌　族	54	27	27	17	7	10
布朗族	16	4	12	2	1	1
撒拉族	234	130	104	4	2	2
毛南族	64	25	39	3	1	2
仡佬族	446	242	204	13	5	8
锡伯族	2163	1049	1114	1644	813	831
阿昌族	13	1	12	7	1	6
普米族	7	3	4	1		1
塔吉克族	15	8	7	1	1	
怒　族	8	1	7	1		1
乌孜别克族	5	1	4	1	1	
俄罗斯族	68	33	35	36	20	16
鄂温克族	173	75	98	61	23	38
德昂族	12	8	4	1		1
保安族	8	4	4	3	2	1
裕固族	6	5	1	3	2	1
京　族	7	3	4	1	1	
塔塔尔族	5	2	3	2		2
独龙族	1		1	1		1
鄂伦春族	86	37	49	55	25	30
赫哲族	117	59	58	96	51	45
门巴族	11	1	10	1		1
珞巴族	2	1	1	1	1	
基诺族	9	6	3	5	4	1
未定族称人口	1002	505	497	162	78	84
入　籍	41	24	17	18	11	7

2-4 续表

单位：人

民族	户口登记地					
	省内			省外		
	其中市辖区内人户分离					
	小计	男	女	小计	男	女
总 计	**2399266**	**1153355**	**1245911**	**1001471**	**513300**	**488171**
汉 族	2260157	1086464	1173693	900818	465672	435146
蒙古族	9430	4388	5042	23082	10470	12612
回 族	18616	8947	9669	5509	2746	2763
藏 族	49	21	28	1601	663	938
维吾尔族	72	21	51	3011	1229	1782
苗 族	154	87	67	4714	2326	2388
彝 族	44	19	25	1548	783	765
壮 族	126	60	66	2142	885	1257
布依族	38	20	18	2273	1081	1192
朝鲜族	17026	8013	9013	7767	3572	4195
满 族	92188	44667	47521	36616	18083	18533
侗 族	60	23	37	2424	1207	1217
瑶 族	40	19	21	374	161	213
白 族	63	30	33	475	212	263
土家族	167	88	79	3074	1555	1519
哈尼族	7	2	5	86	20	66
哈萨克族	9	3	6	792	294	498
傣 族	9	3	6	146	30	116
黎 族	64	20	44	576	216	360
傈僳族	8	3	5	71	28	43
佤 族	1		1	35	7	28
畲 族	16	7	9	181	102	79
高山族	17	7	10	8	6	2
拉祜族				17	5	12
水 族	3	1	2	456	219	237
东乡族	2	1	1	368	199	169
纳西族	2	2		32	11	21
景颇族	4	1	3	141	10	131
柯尔克孜族	4	1	3	55	18	37
土 族	6	2	4	125	62	63
达斡尔族	98	44	54	439	181	258
仫佬族	3	1	2	82	43	39
羌 族	9	4	5	37	20	17
布朗族	1	1		14	3	11
撒拉族	2	1	1	230	128	102
毛南族				61	24	37
仡佬族	5		5	433	237	196
锡伯族	628	311	317	519	236	283
阿昌族				6		6
普米族				6	3	3
塔吉克族				14	7	7
怒 族				7	1	6
乌孜别克族				4		4
俄罗斯族	29	16	13	32	13	19
鄂温克族	21	5	16	112	52	60
德昂族				11	8	3
保安族				5	2	3
裕固族				3	3	
京 族				6	2	4
塔塔尔族	1		1	3	2	1
独龙族						
鄂伦春族	20	13	7	31	12	19
赫哲族	48	30	18	21	8	13
门巴族				10	1	9
珞巴族				1		1
基诺族				4	2	2
未定族称人口	17	8	9	840	427	413
入 籍	2	1	1	23	13	10

2–4a 全省各民族按户口登记地、性别分的户口登记地在外乡镇街道的人口(城市)

单位：人

民族	户口登记地					
	合计			省内		
	合计	男	女	小计	男	女
总计	**6258092**	**3050432**	**3207660**	**5679775**	**2746311**	**2933464**
汉族	5761317	2812819	2948498	5237753	2535355	2702398
蒙古族	41204	19291	21913	28785	13390	15395
回族	31145	15055	16090	27762	13318	14444
藏族	819	330	489	113	51	62
维吾尔族	1405	576	829	96	32	64
苗族	2192	1133	1059	215	112	103
彝族	727	361	366	92	35	57
壮族	1296	602	694	310	147	163
布依族	1013	501	512	59	32	27
朝鲜族	209093	98251	110842	203167	95542	107625
满族	199911	97682	102229	179038	87179	91859
侗族	1050	537	513	77	28	49
瑶族	233	112	121	80	37	43
白族	339	165	174	113	55	58
土家族	1643	837	806	244	118	126
哈尼族	53	12	41	19	5	14
哈萨克族	308	108	200	9	5	4
傣族	90	28	62	29	13	16
黎族	382	155	227	149	57	92
傈僳族	52	20	32	33	13	20
佤族	21	5	16	6	1	5
畲族	106	61	45	22	10	12
高山族	32	18	14	27	14	13
拉祜族	11	4	7	4	1	3
水族	167	82	85	3	1	2
东乡族	294	158	136	3	1	2
纳西族	16	9	7	2	2	
景颇族	56	12	44	21	7	14
柯尔克孜族	28	5	23	4		4
土族	74	37	37	5	1	4
达斡尔族	458	198	260	208	92	116
仫佬族	43	20	23	7	2	5
羌族	32	18	14	11	5	6
布朗族	10	3	7	1	1	
撒拉族	160	86	74	2	1	1
毛南族	25	9	16			
仡佬族	186	102	84	8	3	5
锡伯族	1335	648	687	1029	506	523
阿昌族	5	1	4	3	1	2
普米族	4	2	2			
塔吉克族	6	4	2	1	1	
怒族	7		7	1		1
乌孜别克族	2		2			
俄罗斯族	46	24	22	26	15	11
鄂温克族	106	47	59	39	16	23
德昂族	2	1	1			
保安族	3	2	1			
裕固族	5	4	1	3	2	1
京族	3	1	2			
塔塔尔族	2		2	2		2
独龙族						
鄂伦春族	45	21	24	28	15	13
赫哲族	76	43	33	65	38	27
门巴族	5		5	1		1
珞巴族	1		1			
基诺族	2	2				
未定族称人口	425	219	206	90	44	46
入籍	21	11	10	10	7	3

2-4a 续表 单位：人

民族	户口登记地					
	省内			省外		
	其中市辖区内人户分离					
	小计	男	女	小计	男	女
总计	**2186435**	**1051661**	**1134774**	**578317**	**304121**	**274196**
汉族	2060715	991193	1069522	523564	277464	246100
蒙古族	8774	4105	4669	12419	5901	6518
回族	17115	8218	8897	3383	1737	1646
藏族	47	21	26	706	279	427
维吾尔族	58	18	40	1309	544	765
苗族	132	74	58	1977	1021	956
彝族	36	17	19	635	326	309
壮族	115	53	62	986	455	531
布依族	27	14	13	954	469	485
朝鲜族	15930	7509	8421	5926	2709	3217
满族	82220	39831	42389	20873	10503	10370
侗族	47	18	29	973	509	464
瑶族	39	19	20	153	75	78
白族	56	29	27	226	110	116
土家族	148	79	69	1399	719	680
哈尼族	7	2	5	34	7	27
哈萨克族	5	3	2	299	103	196
傣族	8	3	5	61	15	46
黎族	64	20	44	233	98	135
傈僳族	8	3	5	19	7	12
佤族	1		1	15	4	11
畲族	15	6	9	84	51	33
高山族	16	7	9	5	4	1
拉祜族				7	3	4
水族	3	1	2	164	81	83
东乡族	1		1	291	157	134
纳西族	2	2		14	7	7
景颇族	3	1	2	35	5	30
柯尔克孜族	3		3	24	5	19
土族	4	1	3	69	36	33
达斡尔族	93	41	52	250	106	144
仫佬族	3	1	2	36	18	18
羌族	9	4	5	21	13	8
布朗族	1	1		9	2	7
撒拉族	2	1	1	158	85	73
毛南族				25	9	16
仡佬族	5		5	178	99	79
锡伯族	600	299	301	306	142	164
阿昌族				2		2
普米族				4	2	2
塔吉克族				5	3	2
怒族				6		6
乌孜别克族				2		2
俄罗斯族	26	15	11	20	9	11
鄂温克族	18	4	14	67	31	36
德昂族				2	1	1
保安族				3	2	1
裕固族				2	2	
京族				3	1	2
塔塔尔族	1		1			
独龙族						
鄂伦春族	18	12	6	17	6	11
赫哲族	47	29	18	11	5	6
门巴族				4		4
珞巴族				1		1
基诺族				2	2	
未定族称人口	11	6	5	335	175	160
入籍	2	1	1	11	4	7

2–4b 全省各民族按户口登记地、性别分的户口登记地在外乡镇街道的人口(镇)

单位：人

民族	户口登记地					
	合计			省内		
	合计	男	女	小计	男	女
总计	**2462484**	**1197278**	**1265206**	**2221683**	**1077951**	**1143732**
汉族	2269903	1105797	1164106	2053839	997622	1056217
蒙古族	28772	13189	15583	22879	10585	12294
回族	8804	4207	4597	7499	3611	3888
藏族	752	313	439	35	21	14
维吾尔族	1279	522	757	69	35	34
苗族	1139	521	618	93	35	58
彝族	487	250	237	47	23	24
壮族	861	320	541	170	75	95
布依族	500	201	299	34	14	20
朝鲜族	48257	22975	25282	47189	22487	24702
满族	97425	47086	50339	88768	42956	45812
侗族	521	244	277	35	11	24
瑶族	158	62	96	24	12	12
白族	186	76	110	43	22	21
土家族	957	444	513	111	51	60
哈尼族	33	12	21	11	5	6
哈萨克族	341	129	212	13	9	4
傣族	66	17	49	29	11	18
黎族	261	87	174	63	24	39
傈僳族	28	12	16	14	8	6
佤族	17	3	14	8	3	5
畲族	73	37	36	11	5	6
高山族	20	10	10	17	8	9
拉祜族	5	3	2	2	2	
水族	95	38	57	1	1	
东乡族	65	36	29	1	1	
纳西族	16	5	11	2	1	1
景颇族	53	9	44	23	6	17
柯尔克孜族	26	12	14	5	2	3
土族	34	15	19			
达斡尔族	195	90	105	87	38	49
仫佬族	36	19	17	4	2	2
羌族	15	6	9	6	2	4
布朗族	2		2			
撒拉族	42	23	19	2	1	1
毛南族	22	8	14	3	1	2
仡佬族	111	55	56	4	1	3
锡伯族	584	278	306	443	213	230
阿昌族	2		2	1		1
普米族	1		1	1		1
塔吉克族	4	2	2			
怒族						
乌孜别克族	2	1	1	1	1	
俄罗斯族	13	7	6	5	3	2
鄂温克族	36	13	23	14	4	10
德昂族	2	1	1	1		1
保安族	5	2	3	3	2	1
裕固族	1	1				
京族	2	1	1	1	1	
塔塔尔族	2	1	1			
独龙族						
鄂伦春族	23	8	15	16	6	10
赫哲族	27	12	15	22	10	12
门巴族	5	1	4			
珞巴族	1	1		1	1	
基诺族	6	4	2	5	4	1
未定族称人口	202	106	96	24	12	12
入籍	9	6	3	4	3	1

2-4b 续表

单位：人

民族	户口登记地					
	省内			省外		
	其中市辖区内人户分离					
	小计	男	女	小计	男	女
总计	**36602**	**17605**	**18997**	**240801**	**119327**	**121474**
汉族	34918	16817	18101	216064	108175	107889
蒙古族	159	65	94	5893	2604	3289
回族	146	69	77	1305	596	709
藏族				717	292	425
维吾尔族				1210	487	723
苗族	4	3	1	1046	486	560
彝族	1	1		440	227	213
壮族				691	245	446
布依族	5	2	3	466	187	279
朝鲜族	160	71	89	1068	488	580
满族	1186	567	619	8657	4130	4527
侗族	2	1	1	486	233	253
瑶族				134	50	84
白族	1		1	143	54	89
土家族	1		1	846	393	453
哈尼族				22	7	15
哈萨克族				328	120	208
傣族				37	6	31
黎族				198	63	135
傈僳族				14	4	10
佤族				9		9
畲族				62	32	30
高山族				3	2	1
拉祜族				3	1	2
水族				94	37	57
东乡族				64	35	29
纳西族				14	4	10
景颇族				30	3	27
柯尔克孜族				21	10	11
土族				34	15	19
达斡尔族	2	1	1	108	52	56
仫佬族				32	17	15
羌族				9	4	5
布朗族				2		2
撒拉族				40	22	18
毛南族				19	7	12
仡佬族				107	54	53
锡伯族	14	7	7	141	65	76
阿昌族				1		1
普米族						
塔吉克族				4	2	2
怒族						
乌孜别克族				1		1
俄罗斯族				8	4	4
鄂温克族	1		1	22	9	13
德昂族				1	1	
保安族				2		2
裕固族				1	1	
京族				1		1
塔塔尔族				2	1	1
独龙族						
鄂伦春族	1		1	7	2	5
赫哲族	1	1		5	2	3
门巴族				5	1	4
珞巴族						
基诺族				1		1
未定族称人口				178	94	84
入籍				5	3	2

2-4c　全省各民族按户口登记地、性别分的户口登记地在外乡镇街道的人口(乡村)

单位：人

民　族	户口登记地					
	合　计			省　内		
	合计	男	女	小计	男	女
总　计	**1630107**	**785453**	**844654**	**1447754**	**695601**	**752153**
汉　族	1500279	723752	776527	1339089	643719	695370
蒙古族	13613	6062	7551	8843	4097	4746
回　族	5735	2775	2960	4914	2362	2552
藏　族	206	105	101	28	13	15
维吾尔族	549	224	325	57	26	31
苗　族	1778	865	913	87	46	41
彝　族	501	238	263	28	8	20
壮　族	530	218	312	65	33	32
布依族	885	439	446	32	14	18
朝鲜族	52045	24724	27321	51272	24349	26923
满　族	49864	24111	25753	42778	20661	22117
侗　族	1011	484	527	46	19	27
瑶　族	106	43	63	19	7	12
白　族	138	62	76	32	14	18
土家族	903	483	420	74	40	34
哈尼族	40	9	31	10	3	7
哈萨克族	175	75	100	10	4	6
傣　族	55	13	42	7	4	3
黎　族	178	72	106	33	17	16
傈僳族	46	20	26	8	3	5
佤　族	16	5	11	5	2	3
畲　族	39	23	16	4	4	
高山族	2	1	1	2	1	1
拉祜族	7	1	6			
水　族	202	102	100	4	1	3
东乡族	14	8	6	1	1	
纳西族	4		4			
景颇族	79	3	76	3	1	2
柯尔克孜族	12	5	7	2	2	
土　族	25	12	13	3	1	2
达斡尔族	116	42	74	35	19	16
仫佬族	14	8	6			
羌　族	7	3	4			
布朗族	4	1	3	1		1
撒拉族	32	21	11			
毛南族	17	8	9			
仡佬族	149	85	64	1	1	
锡伯族	244	123	121	172	94	78
阿昌族	6		6	3		3
普米族	2	1	1			
塔吉克族	5	2	3			
怒　族	1	1				
乌孜别克族	1		1			
俄罗斯族	9	2	7	5	2	3
鄂温克族	31	15	16	8	3	5
德昂族	8	6	2			
保安族						
裕固族						
京　族	2	1	1			
塔塔尔族	1	1				
独龙族	1		1	1		1
鄂伦春族	18	8	10	11	4	7
赫哲族	14	4	10	9	3	6
门巴族	1		1			
珞巴族						
基诺族	1		1			
未定族称人口	375	180	195	48	22	26
入　籍	11	7	4	4	1	3

2-4c 续表

单位：人

民族	户口登记地					
	省内			省外		
	其中市辖区内人户分离					
	小计	男	女	小计	男	女
总计	**176229**	**84089**	**92140**	**182353**	**89852**	**92501**
汉族	164524	78454	86070	161190	80033	81157
蒙古族	497	218	279	4770	1965	2805
回族	1355	660	695	821	413	408
藏族	2		2	178	92	86
维吾尔族	14	3	11	492	198	294
苗族	18	10	8	1691	819	872
彝族	7	1	6	473	230	243
壮族	11	7	4	465	185	280
布依族	6	4	2	853	425	428
朝鲜族	936	433	503	773	375	398
满族	8782	4269	4513	7086	3450	3636
侗族	11	4	7	965	465	500
瑶族	1		1	87	36	51
白族	6	1	5	106	48	58
土家族	18	9	9	829	443	386
哈尼族				30	6	24
哈萨克族	4		4	165	71	94
傣族	1		1	48	9	39
黎族				145	55	90
傈僳族				38	17	21
佤族				11	3	8
畲族	1	1		35	19	16
高山族	1		1			
拉祜族				7	1	6
水族				198	101	97
东乡族	1	1		13	7	6
纳西族				4		4
景颇族	1		1	76	2	74
柯尔克孜族	1	1		10	3	7
土族	2	1	1	22	11	11
达斡尔族	3	2	1	81	23	58
仫佬族				14	8	6
羌族				7	3	4
布朗族				3	1	2
撒拉族				32	21	11
毛南族				17	8	9
仡佬族				148	84	64
锡伯族	14	5	9	72	29	43
阿昌族				3		3
普米族				2	1	1
塔吉克族				5	2	3
怒族				1	1	
乌孜别克族				1		1
俄罗斯族	3	1	2	4		4
鄂温克族	2	1	1	23	12	11
德昂族				8	6	2
保安族						
裕固族						
京族				2	1	1
塔塔尔族				1	1	
独龙族						
鄂伦春族	1	1		7	4	3
赫哲族				5	1	4
门巴族				1		1
珞巴族						
基诺族				1		1
未定族称人口	6	2	4	327	158	169
入籍				7	6	1

第一部分　全部数据资料

第三卷　年龄

3-1　全省分年龄、性别的人口

单位：人、%

年　龄	人　口　数			占总人口比重			性别比
	合计	男	女	合计	男	女	(女=100)
总　计	**24073453**	**12018319**	**12055134**	**100.00**	**49.92**	**50.08**	**99.69**
0-4岁	**769139**	**396542**	**372597**	**3.19**	**1.65**	**1.55**	**106.43**
0	116439	60272	56167	0.48	0.25	0.23	107.31
1	146716	75519	71197	0.61	0.31	0.30	106.07
2	147720	76065	71655	0.61	0.32	0.30	106.15
3	174101	89793	84308	0.72	0.37	0.35	106.51
4	184163	94893	89270	0.77	0.39	0.37	106.30
5-9岁	**960287**	**498408**	**461879**	**3.99**	**2.07**	**1.92**	**107.91**
5	154854	79871	74983	0.64	0.33	0.31	106.52
6	205365	106594	98771	0.85	0.44	0.41	107.92
7	193471	100150	93321	0.80	0.42	0.39	107.32
8	214322	111442	102880	0.89	0.46	0.43	108.32
9	192275	100351	91924	0.80	0.42	0.38	109.17
10-14岁	**1089297**	**567346**	**521951**	**4.52**	**2.36**	**2.17**	**108.70**
10	203903	105724	98179	0.85	0.44	0.41	107.68
11	211155	110109	101046	0.88	0.46	0.42	108.97
12	220704	114870	105834	0.92	0.48	0.44	108.54
13	229218	119775	109443	0.95	0.50	0.45	109.44
14	224317	116868	107449	0.93	0.49	0.45	108.77
15-19岁	**1056911**	**546207**	**510704**	**4.39**	**2.27**	**2.12**	**106.95**
15	227487	118527	108960	0.94	0.49	0.45	108.78
16	220445	115747	104698	0.92	0.48	0.43	110.55
17	179181	92699	86482	0.74	0.39	0.36	107.19
18	210661	108542	102119	0.88	0.45	0.42	106.29
19	219137	110692	108445	0.91	0.46	0.45	102.07
20-24岁	**1017679**	**512979**	**504700**	**4.23**	**2.13**	**2.10**	**101.64**
20	224174	112868	111306	0.93	0.47	0.46	101.40
21	196492	99179	97313	0.82	0.41	0.40	101.92
22	198433	100178	98255	0.82	0.42	0.41	101.96
23	193952	97923	96029	0.81	0.41	0.40	101.97
24	204628	102831	101797	0.85	0.43	0.42	101.02
25-29岁	**1259773**	**640509**	**619264**	**5.23**	**2.66**	**2.57**	**103.43**
25	219431	111247	108184	0.91	0.46	0.45	102.83
26	221825	112039	109786	0.92	0.47	0.46	102.05
27	254046	129843	124203	1.06	0.54	0.52	104.54
28	268870	136731	132139	1.12	0.57	0.55	103.48
29	295601	150649	144952	1.23	0.63	0.60	103.93

3-1 续表 1

单位：人、%

年 龄	人口数			占总人口比重			性别比
	合计	男	女	合计	男	女	(女=100)
30-34岁	**1984461**	**1007169**	**977292**	**8.24**	**4.18**	**4.06**	**103.06**
30	390289	198379	191910	1.62	0.82	0.80	103.37
31	401342	203213	198129	1.67	0.84	0.82	102.57
32	390584	198417	192167	1.62	0.82	0.80	103.25
33	425997	216418	209579	1.77	0.90	0.87	103.26
34	376249	190742	185507	1.56	0.79	0.77	102.82
35-39岁	**1637765**	**834784**	**802981**	**6.80**	**3.47**	**3.34**	**103.96**
35	328749	167620	161129	1.37	0.70	0.67	104.03
36	314416	160389	154027	1.31	0.67	0.64	104.13
37	312155	159300	152855	1.30	0.66	0.63	104.22
38	370244	188967	181277	1.54	0.78	0.75	104.24
39	312201	158508	153693	1.30	0.66	0.64	103.13
40-44岁	**1812578**	**920927**	**891651**	**7.53**	**3.83**	**3.70**	**103.28**
40	340379	172591	167788	1.41	0.72	0.70	102.86
41	413283	209642	203641	1.72	0.87	0.85	102.95
42	372570	190047	182523	1.55	0.79	0.76	104.12
43	331180	168534	162646	1.38	0.70	0.68	103.62
44	355166	180113	175053	1.48	0.75	0.73	102.89
45-49岁	**2198875**	**1105529**	**1093346**	**9.13**	**4.59**	**4.54**	**101.11**
45	348598	175314	173284	1.45	0.73	0.72	101.17
46	380479	190523	189956	1.58	0.79	0.79	100.30
47	454813	228406	226407	1.89	0.95	0.94	100.88
48	496153	250951	245202	2.06	1.04	1.02	102.34
49	518832	260335	258497	2.16	1.08	1.07	100.71
50-54岁	**2490028**	**1250768**	**1239260**	**10.34**	**5.20**	**5.15**	**100.93**
50	549063	276057	273006	2.28	1.15	1.13	101.12
51	502893	253130	249763	2.09	1.05	1.04	101.35
52	530674	266767	263907	2.20	1.11	1.10	101.08
53	437019	219263	217756	1.82	0.91	0.90	100.69
54	470379	235551	234828	1.95	0.98	0.98	100.31
55-59岁	**2245495**	**1115110**	**1130385**	**9.33**	**4.63**	**4.70**	**98.65**
55	488421	244089	244332	2.03	1.01	1.01	99.90
56	486084	243132	242952	2.02	1.01	1.01	100.07
57	554757	276701	278056	2.30	1.15	1.16	99.51
58	418115	206329	211786	1.74	0.86	0.88	97.42
59	298118	144859	153259	1.24	0.60	0.64	94.52
60-64岁	**1793941**	**878744**	**915197**	**7.45**	**3.65**	**3.80**	**96.02**
60	400712	198348	202364	1.66	0.82	0.84	98.02
61	312510	154175	158335	1.30	0.64	0.66	97.37
62	362657	178938	183719	1.51	0.74	0.76	97.40
63	372890	181231	191659	1.55	0.75	0.80	94.56
64	345172	166052	179120	1.43	0.69	0.74	92.70

3-1 续表 2

单位：人、%

年龄	人口数			占总人口比重			性别比
	合计	男	女	合计	男	女	(女=100)
65-69岁	**1624571**	**777856**	**846715**	**6.75**	**3.23**	**3.52**	**91.87**
65	370224	180437	189787	1.54	0.75	0.79	95.07
66	359936	173445	186491	1.50	0.72	0.77	93.00
67	314248	149401	164847	1.31	0.62	0.68	90.63
68	306153	145594	160559	1.27	0.60	0.67	90.68
69	274010	128979	145031	1.14	0.54	0.60	88.93
70-74岁	**983490**	**457389**	**526101**	**4.09**	**1.90**	**2.19**	**86.94**
70	261124	123244	137880	1.08	0.51	0.57	89.38
71	238449	112901	125548	0.99	0.47	0.52	89.93
72	178932	82890	96042	0.74	0.34	0.40	86.31
73	164712	75293	89419	0.68	0.31	0.37	84.20
74	140273	63061	77212	0.58	0.26	0.32	81.67
75-79岁	**544694**	**243880**	**300814**	**2.26**	**1.01**	**1.25**	**81.07**
75	120997	53733	67264	0.50	0.22	0.28	79.88
76	119553	53842	65711	0.50	0.22	0.27	81.94
77	105931	47662	58269	0.44	0.20	0.24	81.80
78	99339	44443	54896	0.41	0.18	0.23	80.96
79	98874	44200	54674	0.41	0.18	0.23	80.84
80-84岁	**354808**	**157719**	**197089**	**1.47**	**0.66**	**0.82**	**80.02**
80	88090	39304	48786	0.37	0.16	0.20	80.56
81	76504	34037	42467	0.32	0.14	0.18	80.15
82	75504	33673	41831	0.31	0.14	0.17	80.50
83	59807	26786	33021	0.25	0.11	0.14	81.12
84	54903	23919	30984	0.23	0.10	0.13	77.20
85-89岁	**167536**	**71360**	**96176**	**0.70**	**0.30**	**0.40**	**74.20**
85	46875	19672	27203	0.19	0.08	0.11	72.32
86	40298	16921	23377	0.17	0.07	0.10	72.38
87	34590	14822	19768	0.14	0.06	0.08	74.98
88	24852	10700	14152	0.10	0.04	0.06	75.61
89	20921	9245	11676	0.09	0.04	0.05	79.18
90-94岁	**61727**	**26451**	**35276**	**0.26**	**0.11**	**0.15**	**74.98**
90	20799	9118	11681	0.09	0.04	0.05	78.06
91	13658	5916	7742	0.06	0.02	0.03	76.41
92	11740	5012	6728	0.05	0.02	0.03	74.49
93	8693	3579	5114	0.04	0.01	0.02	69.98
94	6837	2826	4011	0.03	0.01	0.02	70.46
95-99岁	**17835**	**7517**	**10318**	**0.07**	**0.03**	**0.04**	**72.85**
95	5552	2396	3156	0.02	0.01	0.01	75.92
96	4041	1647	2394	0.02	0.01	0.01	68.80
97	3270	1347	1923	0.01	0.01	0.01	70.05
98	2810	1199	1611	0.01		0.01	74.43
99	2162	928	1234	0.01		0.01	75.20
100岁及以上	**2563**	**1125**	**1438**	**0.01**		**0.01**	**78.23**

3–1a 全省分年龄、性别的人口(城市)

单位：人、%

年龄	人口数			占总人口比重			性别比
	合计	男	女	合计	男	女	(女=100)
总计	**10291703**	**5028946**	**5262757**	**100.00**	**48.86**	**51.14**	**95.56**
0–4岁	**369279**	**190514**	**178765**	**3.59**	**1.85**	**1.74**	**106.57**
0	54782	28373	26409	0.53	0.28	0.26	107.44
1	71850	37096	34754	0.70	0.36	0.34	106.74
2	71111	36474	34637	0.69	0.35	0.34	105.30
3	83220	43086	40134	0.81	0.42	0.39	107.36
4	88316	45485	42831	0.86	0.44	0.42	106.20
5–9岁	**424516**	**220604**	**203912**	**4.12**	**2.14**	**1.98**	**108.19**
5	69712	35912	33800	0.68	0.35	0.33	106.25
6	95732	49867	45865	0.93	0.48	0.45	108.73
7	85976	44467	41509	0.84	0.43	0.40	107.13
8	93581	48655	44926	0.91	0.47	0.44	108.30
9	79515	41703	37812	0.77	0.41	0.37	110.29
10–14岁	**421679**	**219817**	**201862**	**4.10**	**2.14**	**1.96**	**108.89**
10	80087	41780	38307	0.78	0.41	0.37	109.07
11	81227	42387	38840	0.79	0.41	0.38	109.13
12	85347	44669	40678	0.83	0.43	0.40	109.81
13	90529	47306	43223	0.88	0.46	0.42	109.45
14	84489	43675	40814	0.82	0.42	0.40	107.01
15–19岁	**467766**	**240128**	**227638**	**4.55**	**2.33**	**2.21**	**105.49**
15	99712	50633	49079	0.97	0.49	0.48	103.17
16	105860	54320	51540	1.03	0.53	0.50	105.39
17	84664	42828	41836	0.82	0.42	0.41	102.37
18	86574	45307	41267	0.84	0.44	0.40	109.79
19	90956	47040	43916	0.88	0.46	0.43	107.11
20–24岁	**472232**	**236724**	**235508**	**4.59**	**2.30**	**2.29**	**100.52**
20	96172	49351	46821	0.93	0.48	0.45	105.40
21	87751	45298	42453	0.85	0.44	0.41	106.70
22	93454	46864	46590	0.91	0.46	0.45	100.59
23	94230	46244	47986	0.92	0.45	0.47	96.37
24	100625	48967	51658	0.98	0.48	0.50	94.79
25–29岁	**622041**	**305894**	**316147**	**6.04**	**2.97**	**3.07**	**96.76**
25	108943	53315	55628	1.06	0.52	0.54	95.84
26	112663	55085	57578	1.09	0.54	0.56	95.67
27	125920	62227	63693	1.22	0.60	0.62	97.70
28	132469	65390	67079	1.29	0.64	0.65	97.48
29	142046	69877	72169	1.38	0.68	0.70	96.82

3-1a　续表 1　　　　单位：人、%

年　龄	人　口　数			占总人口比重			性别比
	合计	男	女	合计	男	女	(女=100)
30–34岁	**955555**	**471708**	**483847**	**9.28**	**4.58**	**4.70**	**97.49**
30	185175	91099	94076	1.80	0.89	0.91	96.84
31	191930	94539	97391	1.86	0.92	0.95	97.07
32	189946	94025	95921	1.85	0.91	0.93	98.02
33	206082	102209	103873	2.00	0.99	1.01	98.40
34	182422	89836	92586	1.77	0.87	0.90	97.03
35–39岁	**802732**	**399019**	**403713**	**7.80**	**3.88**	**3.92**	**98.84**
35	159115	79294	79821	1.55	0.77	0.78	99.34
36	152235	75897	76338	1.48	0.74	0.74	99.42
37	155538	77461	78077	1.51	0.75	0.76	99.21
38	184204	91364	92840	1.79	0.89	0.90	98.41
39	151640	75003	76637	1.47	0.73	0.74	97.87
40–44岁	**834250**	**413470**	**420780**	**8.11**	**4.02**	**4.09**	**98.26**
40	161586	79998	81588	1.57	0.78	0.79	98.05
41	191807	94809	96998	1.86	0.92	0.94	97.74
42	173887	86580	87307	1.69	0.84	0.85	99.17
43	150121	74248	75873	1.46	0.72	0.74	97.86
44	156849	77835	79014	1.52	0.76	0.77	98.51
45–49岁	**909403**	**446499**	**462904**	**8.84**	**4.34**	**4.50**	**96.46**
45	151549	74512	77037	1.47	0.72	0.75	96.72
46	157733	77312	80421	1.53	0.75	0.78	96.13
47	188703	92470	96233	1.83	0.90	0.94	96.09
48	202478	100125	102353	1.97	0.97	0.99	97.82
49	208940	102080	106860	2.03	0.99	1.04	95.53
50–54岁	**944290**	**461826**	**482464**	**9.18**	**4.49**	**4.69**	**95.72**
50	215802	105466	110336	2.10	1.02	1.07	95.59
51	197602	97066	100536	1.92	0.94	0.98	96.55
52	203093	99426	103667	1.97	0.97	1.01	95.91
53	155131	75816	79315	1.51	0.74	0.77	95.59
54	172662	84052	88610	1.68	0.82	0.86	94.86
55–59岁	**881576**	**430316**	**451260**	**8.57**	**4.18**	**4.38**	**95.36**
55	188270	91861	96409	1.83	0.89	0.94	95.28
56	193002	94964	98038	1.88	0.92	0.95	96.86
57	222017	108445	113572	2.16	1.05	1.10	95.49
58	161913	79059	82854	1.57	0.77	0.81	95.42
59	116374	55987	60387	1.13	0.54	0.59	92.71
60–64岁	**709824**	**338918**	**370906**	**6.90**	**3.29**	**3.60**	**91.38**
60	156380	75764	80616	1.52	0.74	0.78	93.98
61	124847	60171	64676	1.21	0.58	0.63	93.03
62	145994	70321	75673	1.42	0.68	0.74	92.93
63	146314	68956	77358	1.42	0.67	0.75	89.14
64	136289	63706	72583	1.32	0.62	0.71	87.77

3-1a 续表 2

单位：人、%

年 龄	人口数 合计	人口数 男	人口数 女	占总人口比重 合计	占总人口比重 男	占总人口比重 女	性别比（女=100）
65-69岁	**615459**	**284142**	**331317**	**5.98**	**2.76**	**3.22**	**85.76**
65	142157	66904	75253	1.38	0.65	0.73	88.91
66	139409	64811	74598	1.35	0.63	0.72	86.88
67	118520	54258	64262	1.15	0.53	0.62	84.43
68	114402	52243	62159	1.11	0.51	0.60	84.05
69	100971	45926	55045	0.98	0.45	0.53	83.43
70-74岁	**366804**	**162949**	**203855**	**3.56**	**1.58**	**1.98**	**79.93**
70	97655	44509	53146	0.95	0.43	0.52	83.75
71	87780	39754	48026	0.85	0.39	0.47	82.78
72	65211	28459	36752	0.63	0.28	0.36	77.44
73	61456	26741	34715	0.60	0.26	0.34	77.03
74	54702	23486	31216	0.53	0.23	0.30	75.24
75-79岁	**227022**	**95023**	**131999**	**2.21**	**0.92**	**1.28**	**71.99**
75	47824	20076	27748	0.46	0.20	0.27	72.35
76	48242	20133	28109	0.47	0.20	0.27	71.62
77	44572	18737	25835	0.43	0.18	0.25	72.53
78	43404	18113	25291	0.42	0.18	0.25	71.62
79	42980	17964	25016	0.42	0.17	0.24	71.81
80-84岁	**157456**	**65440**	**92016**	**1.53**	**0.64**	**0.89**	**71.12**
80	38462	15996	22466	0.37	0.16	0.22	71.20
81	33824	14024	19800	0.33	0.14	0.19	70.83
82	33470	13872	19598	0.33	0.13	0.19	70.78
83	26727	11253	15474	0.26	0.11	0.15	72.72
84	24973	10295	14678	0.24	0.10	0.14	70.14
85-89岁	**75664**	**31082**	**44582**	**0.74**	**0.30**	**0.43**	**69.72**
85	21434	8410	13024	0.21	0.08	0.13	64.57
86	18190	7279	10911	0.18	0.07	0.11	66.71
87	15536	6526	9010	0.15	0.06	0.09	72.43
88	11226	4780	6446	0.11	0.05	0.06	74.15
89	9278	4087	5191	0.09	0.04	0.05	78.73
90-94岁	**26564**	**11574**	**14990**	**0.26**	**0.11**	**0.15**	**77.21**
90	9295	4121	5174	0.09	0.04	0.05	79.65
91	5954	2635	3319	0.06	0.03	0.03	79.39
92	4995	2115	2880	0.05	0.02	0.03	73.44
93	3571	1548	2023	0.03	0.02	0.02	76.52
94	2749	1155	1594	0.03	0.01	0.02	72.46
95-99岁	**6651**	**2883**	**3768**	**0.06**	**0.03**	**0.04**	**76.51**
95	2159	970	1189	0.02	0.01	0.01	81.58
96	1539	648	891	0.01	0.01	0.01	72.73
97	1187	472	715	0.01		0.01	66.01
98	994	428	566	0.01		0.01	75.62
99	772	365	407	0.01			89.68
100岁及以上	**940**	**416**	**524**	**0.01**		**0.01**	**79.39**

3-1b 全省分年龄、性别的人口(镇)

单位：人、%

年 龄	人口数			占总人口比重			性别比
	合计	男	女	合计	男	女	(女=100)
总 计	**4787311**	**2360236**	**2427075**	**100.00**	**49.30**	**50.70**	**97.25**
0-4岁	**190176**	**97913**	**92263**	**3.97**	**2.05**	**1.93**	**106.12**
0	28677	14741	13936	0.60	0.31	0.29	105.78
1	36849	18978	17871	0.77	0.40	0.37	106.19
2	36565	18843	17722	0.76	0.39	0.37	106.33
3	43036	22126	20910	0.90	0.46	0.44	105.82
4	45049	23225	21824	0.94	0.49	0.46	106.42
5-9岁	**217196**	**112576**	**104620**	**4.54**	**2.35**	**2.19**	**107.60**
5	36247	18600	17647	0.76	0.39	0.37	105.40
6	48966	25579	23387	1.02	0.53	0.49	109.37
7	43852	22617	21235	0.92	0.47	0.44	106.51
8	47363	24541	22822	0.99	0.51	0.48	107.53
9	40768	21239	19529	0.85	0.44	0.41	108.76
10-14岁	**216380**	**111469**	**104911**	**4.52**	**2.33**	**2.19**	**106.25**
10	41681	21500	20181	0.87	0.45	0.42	106.54
11	42010	21885	20125	0.88	0.46	0.42	108.75
12	43519	22195	21324	0.91	0.46	0.45	104.08
13	45316	23463	21853	0.95	0.49	0.46	107.37
14	43854	22426	21428	0.92	0.47	0.45	104.66
15-19岁	**264335**	**132882**	**131453**	**5.52**	**2.78**	**2.75**	**101.09**
15	52438	27178	25260	1.10	0.57	0.53	107.59
16	54304	28162	26142	1.13	0.59	0.55	107.73
17	43853	22421	21432	0.92	0.47	0.45	104.61
18	54468	26935	27533	1.14	0.56	0.58	97.83
19	59272	28186	31086	1.24	0.59	0.65	90.67
20-24岁	**235377**	**114037**	**121340**	**4.92**	**2.38**	**2.53**	**93.98**
20	59369	28071	31298	1.24	0.59	0.65	89.69
21	47514	22754	24760	0.99	0.48	0.52	91.90
22	43743	21344	22399	0.91	0.45	0.47	95.29
23	41528	20550	20978	0.87	0.43	0.44	97.96
24	43223	21318	21905	0.90	0.45	0.46	97.32
25-29岁	**282949**	**140950**	**141999**	**5.91**	**2.94**	**2.97**	**99.26**
25	46986	23407	23579	0.98	0.49	0.49	99.27
26	48613	24014	24599	1.02	0.50	0.51	97.62
27	56417	28268	28149	1.18	0.59	0.59	100.42
28	61742	30691	31051	1.29	0.64	0.65	98.84
29	69191	34570	34621	1.45	0.72	0.72	99.85

3—1b 续表 1

单位：人、%

年 龄	人 口 数			占总人口比重			性别比
	合计	男	女	合计	男	女	(女=100)
30—34岁	**461226**	**229712**	**231514**	**9.63**	**4.80**	**4.84**	**99.22**
30	91921	45947	45974	1.92	0.96	0.96	99.94
31	94426	46775	47651	1.97	0.98	1.00	98.16
32	91496	45642	45854	1.91	0.95	0.96	99.54
33	98477	49001	49476	2.06	1.02	1.03	99.04
34	84906	42347	42559	1.77	0.88	0.89	99.50
35—39岁	**362475**	**182102**	**180373**	**7.57**	**3.80**	**3.77**	**100.96**
35	73137	36761	36376	1.53	0.77	0.76	101.06
36	70371	35144	35227	1.47	0.73	0.74	99.76
37	70118	35162	34956	1.46	0.73	0.73	100.59
38	82084	41536	40548	1.71	0.87	0.85	102.44
39	66765	33499	33266	1.39	0.70	0.69	100.70
40—44岁	**368999**	**186004**	**182995**	**7.71**	**3.89**	**3.82**	**101.64**
40	71318	35590	35728	1.49	0.74	0.75	99.61
41	85448	42947	42501	1.78	0.90	0.89	101.05
42	75747	38352	37395	1.58	0.80	0.78	102.56
43	66145	33558	32587	1.38	0.70	0.68	102.98
44	70341	35557	34784	1.47	0.74	0.73	102.22
45—49岁	**409943**	**203708**	**206235**	**8.56**	**4.26**	**4.31**	**98.77**
45	67974	33956	34018	1.42	0.71	0.71	99.82
46	73171	36311	36860	1.53	0.76	0.77	98.51
47	84089	41716	42373	1.76	0.87	0.89	98.45
48	90883	45343	45540	1.90	0.95	0.95	99.57
49	93826	46382	47444	1.96	0.97	0.99	97.76
50—54岁	**443750**	**220455**	**223295**	**9.27**	**4.60**	**4.66**	**98.73**
50	99105	49003	50102	2.07	1.02	1.05	97.81
51	90080	44985	45095	1.88	0.94	0.94	99.76
52	95225	47361	47864	1.99	0.99	1.00	98.95
53	76675	38363	38312	1.60	0.80	0.80	100.13
54	82665	40743	41922	1.73	0.85	0.88	97.19
55—59岁	**394610**	**194476**	**200134**	**8.24**	**4.06**	**4.18**	**97.17**
55	87694	43485	44209	1.83	0.91	0.92	98.36
56	86595	42979	43616	1.81	0.90	0.91	98.54
57	96826	48017	48809	2.02	1.00	1.02	98.38
58	72957	35682	37275	1.52	0.75	0.78	95.73
59	50538	24313	26225	1.06	0.51	0.55	92.71
60—64岁	**303518**	**146202**	**157316**	**6.34**	**3.05**	**3.29**	**92.94**
60	66863	32658	34205	1.40	0.68	0.71	95.48
61	53188	25965	27223	1.11	0.54	0.57	95.38
62	61327	29838	31489	1.28	0.62	0.66	94.76
63	63330	30009	33321	1.32	0.63	0.70	90.06
64	58810	27732	31078	1.23	0.58	0.65	89.23

3-1b　续表 2　　单位：人、%

年　龄	人　口　数			占总人口比重			性别比
	合计	男	女	合计	男	女	(女=100)
65–69岁	**268119**	**125805**	**142314**	**5.60**	**2.63**	**2.97**	**88.40**
65	61174	29189	31985	1.28	0.61	0.67	91.26
66	59246	28133	31113	1.24	0.59	0.65	90.42
67	52111	24292	27819	1.09	0.51	0.58	87.32
68	50578	23636	26942	1.06	0.49	0.56	87.73
69	45010	20555	24455	0.94	0.43	0.51	84.05
70–74岁	**162455**	**72662**	**89793**	**3.39**	**1.52**	**1.88**	**80.92**
70	43050	19721	23329	0.90	0.41	0.49	84.53
71	38961	17656	21305	0.81	0.37	0.45	82.87
72	29149	13038	16111	0.61	0.27	0.34	80.93
73	27185	11860	15325	0.57	0.25	0.32	77.39
74	24110	10387	13723	0.50	0.22	0.29	75.69
75–79岁	**97854**	**42196**	**55658**	**2.04**	**0.88**	**1.16**	**75.81**
75	21284	9075	12209	0.44	0.19	0.26	74.33
76	20980	8987	11993	0.44	0.19	0.25	74.94
77	19246	8297	10949	0.40	0.17	0.23	75.78
78	18192	7936	10256	0.38	0.17	0.21	77.38
79	18152	7901	10251	0.38	0.17	0.21	77.08
80–84岁	**65027**	**28288**	**36739**	**1.36**	**0.59**	**0.77**	**77.00**
80	16244	7075	9169	0.34	0.15	0.19	77.16
81	13928	6107	7821	0.29	0.13	0.16	78.08
82	13751	6003	7748	0.29	0.13	0.16	77.48
83	11107	4849	6258	0.23	0.10	0.13	77.48
84	9997	4254	5743	0.21	0.09	0.12	74.07
85–89岁	**29216**	**12818**	**16398**	**0.61**	**0.27**	**0.34**	**78.17**
85	8296	3626	4670	0.17	0.08	0.10	77.64
86	7051	2986	4065	0.15	0.06	0.08	73.46
87	5932	2610	3322	0.12	0.05	0.07	78.57
88	4331	1932	2399	0.09	0.04	0.05	80.53
89	3606	1664	1942	0.08	0.03	0.04	85.68
90–94岁	**10366**	**4590**	**5776**	**0.22**	**0.10**	**0.12**	**79.47**
90	3543	1649	1894	0.07	0.03	0.04	87.06
91	2326	1016	1310	0.05	0.02	0.03	77.56
92	1969	878	1091	0.04	0.02	0.02	80.48
93	1391	567	824	0.03	0.01	0.02	68.81
94	1137	480	657	0.02	0.01	0.01	73.06
95–99岁	**2944**	**1234**	**1710**	**0.06**	**0.03**	**0.04**	**72.16**
95	895	374	521	0.02	0.01	0.01	71.79
96	669	294	375	0.01	0.01	0.01	78.40
97	553	226	327	0.01		0.01	69.11
98	461	204	257	0.01		0.01	79.38
99	366	136	230	0.01			59.13
100岁及以上	**396**	**157**	**239**	**0.01**			**65.69**

3–1c 全省分年龄、性别的人口(乡村)

单位：人、%

年 龄	人口数			占总人口比重			性别比
	合计	男	女	合计	男	女	(女=100)
总 计	**8994439**	**4629137**	**4365302**	**100.00**	**51.47**	**48.53**	**106.04**
0–4岁	**209684**	**108115**	**101569**	**2.33**	**1.20**	**1.13**	**106.44**
0	32980	17158	15822	0.37	0.19	0.18	108.44
1	38017	19445	18572	0.42	0.22	0.21	104.70
2	40044	20748	19296	0.45	0.23	0.21	107.52
3	47845	24581	23264	0.53	0.27	0.26	105.66
4	50798	26183	24615	0.56	0.29	0.27	106.37
5–9岁	**318575**	**165228**	**153347**	**3.54**	**1.84**	**1.70**	**107.75**
5	48895	25359	23536	0.54	0.28	0.26	107.75
6	60667	31148	29519	0.67	0.35	0.33	105.52
7	63643	33066	30577	0.71	0.37	0.34	108.14
8	73378	38246	35132	0.82	0.43	0.39	108.86
9	71992	37409	34583	0.80	0.42	0.38	108.17
10–14岁	**451238**	**236060**	**215178**	**5.02**	**2.62**	**2.39**	**109.70**
10	82135	42444	39691	0.91	0.47	0.44	106.94
11	87918	45837	42081	0.98	0.51	0.47	108.93
12	91838	48006	43832	1.02	0.53	0.49	109.52
13	93373	49006	44367	1.04	0.54	0.49	110.46
14	95974	50767	45207	1.07	0.56	0.50	112.30
15–19岁	**324810**	**173197**	**151613**	**3.61**	**1.93**	**1.69**	**114.24**
15	75337	40716	34621	0.84	0.45	0.38	117.60
16	60281	33265	27016	0.67	0.37	0.30	123.13
17	50664	27450	23214	0.56	0.31	0.26	118.25
18	69619	36300	33319	0.77	0.40	0.37	108.95
19	68909	35466	33443	0.77	0.39	0.37	106.05
20–24岁	**310070**	**162218**	**147852**	**3.45**	**1.80**	**1.64**	**109.72**
20	68633	35446	33187	0.76	0.39	0.37	106.81
21	61227	31127	30100	0.68	0.35	0.33	103.41
22	61236	31970	29266	0.68	0.36	0.33	109.24
23	58194	31129	27065	0.65	0.35	0.30	115.02
24	60780	32546	28234	0.68	0.36	0.31	115.27
25–29岁	**354783**	**193665**	**161118**	**3.94**	**2.15**	**1.79**	**120.20**
25	63502	34525	28977	0.71	0.38	0.32	119.15
26	60549	32940	27609	0.67	0.37	0.31	119.31
27	71709	39348	32361	0.80	0.44	0.36	121.59
28	74659	40650	34009	0.83	0.45	0.38	119.53
29	84364	46202	38162	0.94	0.51	0.42	121.07

3-1c 续表 1

单位：人、%

年 龄	人 口 数			占总人口比重			性别比
	合计	男	女	合计	男	女	(女=100)
30–34岁	**567680**	**305749**	**261931**	**6.31**	**3.40**	**2.91**	**116.73**
30	113193	61333	51860	1.26	0.68	0.58	118.27
31	114986	61899	53087	1.28	0.69	0.59	116.60
32	109142	58750	50392	1.21	0.65	0.56	116.59
33	121438	65208	56230	1.35	0.72	0.63	115.97
34	108921	58559	50362	1.21	0.65	0.56	116.28
35–39岁	**472558**	**253663**	**218895**	**5.25**	**2.82**	**2.43**	**115.88**
35	96497	51565	44932	1.07	0.57	0.50	114.76
36	91810	49348	42462	1.02	0.55	0.47	116.22
37	86499	46677	39822	0.96	0.52	0.44	117.21
38	103956	56067	47889	1.16	0.62	0.53	117.08
39	93796	50006	43790	1.04	0.56	0.49	114.20
40–44岁	**609329**	**321453**	**287876**	**6.77**	**3.57**	**3.20**	**111.66**
40	107475	57003	50472	1.19	0.63	0.56	112.94
41	136028	71886	64142	1.51	0.80	0.71	112.07
42	122936	65115	57821	1.37	0.72	0.64	112.61
43	114914	60728	54186	1.28	0.68	0.60	112.07
44	127976	66721	61255	1.42	0.74	0.68	108.92
45–49岁	**879529**	**455322**	**424207**	**9.78**	**5.06**	**4.72**	**107.33**
45	129075	66846	62229	1.44	0.74	0.69	107.42
46	149575	76900	72675	1.66	0.85	0.81	105.81
47	182021	94220	87801	2.02	1.05	0.98	107.31
48	202792	105483	97309	2.25	1.17	1.08	108.40
49	216066	111873	104193	2.40	1.24	1.16	107.37
50–54岁	**1101988**	**568487**	**533501**	**12.25**	**6.32**	**5.93**	**106.56**
50	234156	121588	112568	2.60	1.35	1.25	108.01
51	215211	111079	104132	2.39	1.23	1.16	106.67
52	232356	119980	112376	2.58	1.33	1.25	106.77
53	205213	105084	100129	2.28	1.17	1.11	104.95
54	215052	110756	104296	2.39	1.23	1.16	106.19
55–59岁	**969309**	**490318**	**478991**	**10.78**	**5.45**	**5.33**	**102.36**
55	212457	108743	103714	2.36	1.21	1.15	104.85
56	206487	105189	101298	2.30	1.17	1.13	103.84
57	235914	120239	115675	2.62	1.34	1.29	103.95
58	183245	91588	91657	2.04	1.02	1.02	99.92
59	131206	64559	66647	1.46	0.72	0.74	96.87
60–64岁	**780599**	**393624**	**386975**	**8.68**	**4.38**	**4.30**	**101.72**
60	177469	89926	87543	1.97	1.00	0.97	102.72
61	134475	68039	66436	1.50	0.76	0.74	102.41
62	155336	78779	76557	1.73	0.88	0.85	102.90
63	163246	82266	80980	1.81	0.91	0.90	101.59
64	150073	74614	75459	1.67	0.83	0.84	98.88

3-1c 续表 2

单位：人、%

年 龄	人口数			占总人口比重			性别比
	合计	男	女	合计	男	女	(女=100)
65-69岁	**740993**	**367909**	**373084**	**8.24**	**4.09**	**4.15**	**98.61**
65	166893	84344	82549	1.86	0.94	0.92	102.17
66	161281	80501	80780	1.79	0.90	0.90	99.65
67	143617	70851	72766	1.60	0.79	0.81	97.37
68	141173	69715	71458	1.57	0.78	0.79	97.56
69	128029	62498	65531	1.42	0.69	0.73	95.37
70-74岁	**454231**	**221778**	**232453**	**5.05**	**2.47**	**2.58**	**95.41**
70	120419	59014	61405	1.34	0.66	0.68	96.11
71	111708	55491	56217	1.24	0.62	0.63	98.71
72	84572	41393	43179	0.94	0.46	0.48	95.86
73	76071	36692	39379	0.85	0.41	0.44	93.18
74	61461	29188	32273	0.68	0.32	0.36	90.44
75-79岁	**219818**	**106661**	**113157**	**2.44**	**1.19**	**1.26**	**94.26**
75	51889	24582	27307	0.58	0.27	0.30	90.02
76	50331	24722	25609	0.56	0.27	0.28	96.54
77	42113	20628	21485	0.47	0.23	0.24	96.01
78	37743	18394	19349	0.42	0.20	0.22	95.06
79	37742	18335	19407	0.42	0.20	0.22	94.48
80-84岁	**132325**	**63991**	**68334**	**1.47**	**0.71**	**0.76**	**93.64**
80	33384	16233	17151	0.37	0.18	0.19	94.65
81	28752	13906	14846	0.32	0.15	0.17	93.67
82	28283	13798	14485	0.31	0.15	0.16	95.26
83	21973	10684	11289	0.24	0.12	0.13	94.64
84	19933	9370	10563	0.22	0.10	0.12	88.71
85-89岁	**62656**	**27460**	**35196**	**0.70**	**0.31**	**0.39**	**78.02**
85	17145	7636	9509	0.19	0.08	0.11	80.30
86	15057	6656	8401	0.17	0.07	0.09	79.23
87	13122	5686	7436	0.15	0.06	0.08	76.47
88	9295	3988	5307	0.10	0.04	0.06	75.15
89	8037	3494	4543	0.09	0.04	0.05	76.91
90-94岁	**24797**	**10287**	**14510**	**0.28**	**0.11**	**0.16**	**70.90**
90	7961	3348	4613	0.09	0.04	0.05	72.58
91	5378	2265	3113	0.06	0.03	0.03	72.76
92	4776	2019	2757	0.05	0.02	0.03	73.23
93	3731	1464	2267	0.04	0.02	0.03	64.58
94	2951	1191	1760	0.03	0.01	0.02	67.67
95-99岁	**8240**	**3400**	**4840**	**0.09**	**0.04**	**0.05**	**70.25**
95	2498	1052	1446	0.03	0.01	0.02	72.75
96	1833	705	1128	0.02	0.01	0.01	62.50
97	1530	649	881	0.02	0.01	0.01	73.67
98	1355	567	788	0.02	0.01	0.01	71.95
99	1024	427	597	0.01		0.01	71.52
100岁及以上	**1227**	**552**	**675**	**0.01**	**0.01**	**0.01**	**81.78**

3-2　各地区人口年龄构成(一)

单位：人、%

地　区	人口数				比重			
	合计	0-14岁	15-64岁	65岁及以上	合计	0-14岁	15-64岁	65岁及以上
全　省	**24073453**	**2818723**	**17497506**	**3757224**	**100.00**	**11.71**	**72.68**	**15.61**
长春市	**9066906**	**1100957**	**6683063**	**1282886**	**100.00**	**12.14**	**73.71**	**14.15**
南关区	657682	73069	496036	88577	100.00	11.11	75.42	13.47
宽城区	856177	106992	649558	99627	100.00	12.50	75.87	11.64
朝阳区	614021	61678	465107	87236	100.00	10.04	75.75	14.21
二道区	522453	64729	395274	62450	100.00	12.39	75.66	11.95
绿园区	714919	88244	531356	95319	100.00	12.34	74.32	13.33
双阳区	335723	34745	248369	52609	100.00	10.35	73.98	15.67
九台区	613836	68845	441443	103548	100.00	11.22	71.92	16.87
农安县	763983	93021	540888	130074	100.00	12.18	70.80	17.03
长春经济技术开发区	429387	56793	326981	45613	100.00	13.23	76.15	10.62
长春净月高新技术产业开发区	408740	43931	323040	41769	100.00	10.75	79.03	10.22
长春高新技术产业开发区	460607	69643	353207	37757	100.00	15.12	76.68	8.20
长春汽车经济技术开发区	317978	40443	235006	42529	100.00	12.72	73.91	13.37
长春莲花山生态旅游度假区	37513	3944	26276	7293	100.00	10.51	70.05	19.44
榆树市	836098	100330	593076	142692	100.00	12.00	70.93	17.07
德惠市	635476	77934	454901	102641	100.00	12.26	71.58	16.15
公主岭市	862313	116616	602545	143152	100.00	13.52	69.88	16.60
吉林市	**3623713**	**396183**	**2606607**	**620923**	**100.00**	**10.93**	**71.93**	**17.13**
昌邑区	581852	63724	417673	100455	100.00	10.95	71.78	17.26
龙潭区	371607	33990	268519	69098	100.00	9.15	72.26	18.59
船营区	464893	50597	336961	77335	100.00	10.88	72.48	16.64
丰满区	259374	25378	191113	42883	100.00	9.78	73.68	16.53
永吉县	243469	24748	174870	43851	100.00	10.16	71.82	18.01
吉林经济开发区	55692	4298	42733	8661	100.00	7.72	76.73	15.55
吉林高新技术产业开发区	162447	19787	120728	21932	100.00	12.18	74.32	13.50
吉林中国新加坡食品区	37164	4813	25788	6563	100.00	12.95	69.39	17.66
蛟河市	328925	36446	233357	59122	100.00	11.08	70.95	17.97
桦甸市	341308	41645	246039	53624	100.00	12.20	72.09	15.71
舒兰市	406744	45891	287678	73175	100.00	11.28	70.73	17.99
磐石市	370238	44866	261148	64224	100.00	12.12	70.54	17.35
四平市	**1814733**	**214768**	**1293567**	**306398**	**100.00**	**11.83**	**71.28**	**16.88**
铁西区	314307	33815	233742	46750	100.00	10.76	74.37	14.87
铁东区	313650	31337	229896	52417	100.00	9.99	73.30	16.71
梨树县	537145	70036	370444	96665	100.00	13.04	68.97	18.00
伊通满族自治县	331873	38305	233651	59917	100.00	11.54	70.40	18.05
双辽市	317758	41275	225834	50649	100.00	12.99	71.07	15.94
辽源市	**996903**	**106721**	**719301**	**170881**	**100.00**	**10.71**	**72.15**	**17.14**
龙山区	327079	36949	239392	50738	100.00	11.30	73.19	15.51
西安区	136337	10659	99272	26406	100.00	7.82	72.81	19.37
东丰县	307302	35221	219977	52104	100.00	11.46	71.58	16.96
东辽县	226185	23892	160660	41633	100.00	10.56	71.03	18.41

3-2 续表

单位：人、%

地区	人口数				比重			
	合计	0-14岁	15-64岁	65岁及以上	合计	0-14岁	15-64岁	65岁及以上
通化市	**1302778**	**146413**	**928019**	**228346**	**100.00**	**11.24**	**71.23**	**17.53**
东昌区	355346	38362	258856	58128	100.00	10.80	72.85	16.36
二道江区	91571	7466	65064	19041	100.00	8.15	71.05	20.79
通化县	175114	20011	123164	31939	100.00	11.43	70.33	18.24
辉南县	237113	27801	166924	42388	100.00	11.72	70.40	17.88
柳河县	274414	35453	193971	44990	100.00	12.92	70.69	16.39
集安市	169220	17320	120040	31860	100.00	10.24	70.94	18.83
白山市	**951866**	**104434**	**679682**	**167750**	**100.00**	**10.97**	**71.41**	**17.62**
浑江区	307982	34085	222397	51500	100.00	11.07	72.21	16.72
江源区	138272	11525	97948	28799	100.00	8.34	70.84	20.83
抚松县	217252	26283	153956	37013	100.00	12.10	70.87	17.04
靖宇县	108478	14502	77012	16964	100.00	13.37	70.99	15.64
长白朝鲜族自治县	58266	5744	42011	10511	100.00	9.86	72.10	18.04
临江市	121616	12295	86358	22963	100.00	10.11	71.01	18.88
松原市	**2252994**	**297160**	**1633468**	**322366**	**100.00**	**13.19**	**72.50**	**14.31**
宁江区	619364	78866	453209	87289	100.00	12.73	73.17	14.09
前郭尔罗斯蒙古族自治县	407385	55019	296710	55656	100.00	13.51	72.83	13.66
长岭县	451620	66464	321351	63805	100.00	14.72	71.16	14.13
乾安县	205542	23723	151218	30601	100.00	11.54	73.57	14.89
吉林松原经济开发区	94066	12926	70937	10203	100.00	13.74	75.41	10.85
扶余市	475017	60162	340043	74812	100.00	12.67	71.59	15.75
白城市	**1551378**	**171653**	**1134100**	**245625**	**100.00**	**11.06**	**73.10**	**15.83**
洮北区	356054	38892	259422	57740	100.00	10.92	72.86	16.22
镇赉县	217387	24172	157842	35373	100.00	11.12	72.61	16.27
通榆县	281589	34480	205730	41379	100.00	12.24	73.06	14.69
吉林白城经济开发区	118222	12813	91154	14255	100.00	10.84	77.10	12.06
洮南市	307215	36141	221910	49164	100.00	11.76	72.23	16.00
大安市	270911	25155	198042	47714	100.00	9.29	73.10	17.61
延边朝鲜族自治州	**1941700**	**212842**	**1407060**	**321798**	**100.00**	**10.96**	**72.47**	**16.57**
延吉市	686136	83374	501088	101674	100.00	12.15	73.03	14.82
图们市	85248	6287	60944	18017	100.00	7.37	71.49	21.13
敦化市	392486	44947	281421	66118	100.00	11.45	71.70	16.85
珲春市	239359	28993	176000	34366	100.00	12.11	73.53	14.36
龙井市	129286	9623	93250	26413	100.00	7.44	72.13	20.43
和龙市	117087	9706	84951	22430	100.00	8.29	72.55	19.16
汪清县	167911	16197	121484	30230	100.00	9.65	72.35	18.00
安图县	124187	13715	87922	22550	100.00	11.04	70.80	18.16
长白山管委会	**61146**	**7191**	**45309**	**8646**	**100.00**	**11.76**	**74.10**	**14.14**
长白山保护开发区池北区	44639	5324	33634	5681	100.00	11.93	75.35	12.72
长白山保护开发区池西区	14660	1729	10295	2636	100.00	11.79	70.23	17.98
长白山保护开发区池南区	1847	138	1380	329	100.00	7.47	74.72	17.81
梅河口市	**509336**	**60401**	**367330**	**81605**	**100.00**	**11.86**	**72.12**	**16.02**

3-2a 各地区人口年龄构成(一)(城市)

单位：人、%

地 区	人口数				比重			
	合计	0-14岁	15-64岁	65岁及以上	合计	0-14岁	15-64岁	65岁及以上
全 省	**10291703**	**1215474**	**7599669**	**1476560**	**100.00**	**11.81**	**73.84**	**14.35**
长春市	**4082653**	**494268**	**3068305**	**520080**	**100.00**	**12.11**	**75.15**	**12.74**
南关区	657682	73069	496036	88577	100.00	11.11	75.42	13.47
宽城区	598334	76784	452898	68652	100.00	12.83	75.69	11.47
朝阳区	577014	57484	439121	80409	100.00	9.96	76.10	13.94
二道区	520984	64560	394238	62186	100.00	12.39	75.67	11.94
绿园区	698396	86412	519349	92635	100.00	12.37	74.36	13.26
双阳区	155035	17307	122127	15601	100.00	11.16	78.77	10.06
九台区	218445	26593	159897	31955	100.00	12.17	73.20	14.63
农安县								
长春经济技术开发区								
长春净月高新技术产业开发区								
长春高新技术产业开发区								
长春汽车经济技术开发区								
长春莲花山生态旅游度假区								
榆树市	202198	28461	149422	24315	100.00	14.08	73.90	12.03
德惠市	191912	27327	143219	21366	100.00	14.24	74.63	11.13
公主岭市	262653	36271	191998	34384	100.00	13.81	73.10	13.09
吉林市	**1853574**	**210173**	**1342281**	**301120**	**100.00**	**11.34**	**72.42**	**16.25**
昌邑区	461496	50945	331227	79324	100.00	11.04	71.77	17.19
龙潭区	261040	24527	190958	45555	100.00	9.40	73.15	17.45
船营区	385706	41620	280040	64046	100.00	10.79	72.60	16.60
丰满区	186288	19754	136743	29791	100.00	10.60	73.40	15.99
永吉县								
吉林经济开发区	1672	127	1250	295	100.00	7.60	74.76	17.64
吉林高新技术产业开发区								
吉林中国新加坡食品区								
蛟河市	131058	16262	93734	21062	100.00	12.41	71.52	16.07
桦甸市	153982	20913	112899	20170	100.00	13.58	73.32	13.10
舒兰市	149478	17925	107611	23942	100.00	11.99	71.99	16.02
磐石市	122854	18100	87819	16935	100.00	14.73	71.48	13.78
四平市	**601530**	**67244**	**442520**	**91766**	**100.00**	**11.18**	**73.57**	**15.26**
铁西区	232301	27207	169230	35864	100.00	11.71	72.85	15.44
铁东区	249032	26074	185155	37803	100.00	10.47	74.35	15.18
梨树县								
伊通满族自治县								
双辽市	120197	13963	88135	18099	100.00	11.62	73.33	15.06
辽源市	**406463**	**43199**	**297824**	**65440**	**100.00**	**10.63**	**73.27**	**16.10**
龙山区	286000	33728	209506	42766	100.00	11.79	73.25	14.95
西安区	120463	9471	88318	22674	100.00	7.86	73.32	18.82

3-2a 续表

单位：人、%

地 区	人口数				比重			
	合计	0-14岁	15-64岁	65岁及以上	合计	0-14岁	15-64岁	65岁及以上
东丰县								
东辽县								
通化市	**459852**	**50176**	**335696**	**73980**	**100.00**	**10.91**	**73.00**	**16.09**
东昌区	324526	35831	237163	51532	100.00	11.04	73.08	15.88
二道江区	62900	5766	45584	11550	100.00	9.17	72.47	18.36
通化县								
辉南县								
柳河县								
集安市	72426	8579	52949	10898	100.00	11.85	73.11	15.05
白山市	**430885**	**47769**	**310541**	**72575**	**100.00**	**11.09**	**72.07**	**16.84**
浑江区	270916	31421	196014	43481	100.00	11.60	72.35	16.05
江源区	78752	7212	56354	15186	100.00	9.16	71.56	19.28
抚松县								
靖宇县								
长白朝鲜族自治县								
临江市	81217	9136	58173	13908	100.00	11.25	71.63	17.12
松原市	**567144**	**76639**	**416839**	**73666**	**100.00**	**13.51**	**73.50**	**12.99**
宁江区	453353	59142	331648	62563	100.00	13.05	73.15	13.80
前郭尔罗斯蒙古族自治县	20709	3093	15261	2355	100.00	14.94	73.69	11.37
长岭县								
乾安县								
吉林松原经济开发区								
扶余市	93082	14404	69930	8748	100.00	15.47	75.13	9.40
白城市	**452627**	**51174**	**331539**	**69914**	**100.00**	**11.31**	**73.25**	**15.45**
洮北区	238947	27426	174810	36711	100.00	11.48	73.16	15.36
镇赉县								
通榆县								
吉林白城经济开发区	5359	397	3898	1064	100.00	7.41	72.74	19.85
洮南市	105179	12675	76980	15524	100.00	12.05	73.19	14.76
大安市	103142	10676	75851	16615	100.00	10.35	73.54	16.11
延边朝鲜族自治州	**1189646**	**144241**	**869609**	**175796**	**100.00**	**12.12**	**73.10**	**14.78**
延吉市	610911	76556	447296	87059	100.00	12.53	73.22	14.25
图们市	59388	4976	42181	12231	100.00	8.38	71.03	20.60
敦化市	195002	23637	143799	27566	100.00	12.12	73.74	14.14
珲春市	179047	24961	131564	22522	100.00	13.94	73.48	12.58
龙井市	86037	7671	62047	16319	100.00	8.92	72.12	18.97
和龙市	59261	6440	42722	10099	100.00	10.87	72.09	17.04
汪清县								
安图县								
长白山管委会								
梅河口市	**247329**	**30591**	**184515**	**32223**	**100.00**	**12.37**	**74.60**	**13.03**

3-2b　各地区人口年龄构成(一)(镇)

单位：人、%

地　区	人　口　数				比　　重			
	合计	0-14岁	15-64岁	65岁及以上	合计	0-14岁	15-64岁	65岁及以上
全　省	**4787311**	**623752**	**3527182**	**636377**	**100.00**	**13.03**	**73.68**	**13.29**
长春市	**1896416**	**265210**	**1424227**	**206979**	**100.00**	**13.98**	**75.10**	**10.91**
南关区								
宽城区	78425	11974	59174	7277	100.00	15.27	75.45	9.28
朝阳区	9665	1253	6864	1548	100.00	12.96	71.02	16.02
二道区	1469	169	1036	264	100.00	11.50	70.52	17.97
绿园区								
双阳区	4357	458	3085	814	100.00	10.51	70.81	18.68
九台区	5997	1200	4190	607	100.00	20.01	69.87	10.12
农安县	196832	29340	142607	24885	100.00	14.91	72.45	12.64
长春经济技术开发区	429387	56793	326981	45613	100.00	13.23	76.15	10.62
长春净月高新技术产业开发区	208866	25221	162493	21152	100.00	12.08	77.80	10.13
长春高新技术产业开发区	453298	69360	346978	36960	100.00	15.30	76.55	8.15
长春汽车经济技术开发区	317978	40443	235006	42529	100.00	12.72	73.91	13.37
长春莲花山生态旅游度假区	5858	600	4215	1043	100.00	10.24	71.95	17.80
榆树市	51146	6483	36269	8394	100.00	12.68	70.91	16.41
德惠市	11076	1333	7971	1772	100.00	12.04	71.97	16.00
公主岭市	122062	20583	87358	14121	100.00	16.86	71.57	11.57
吉林市	**447852**	**52548**	**324390**	**70914**	**100.00**	**11.73**	**72.43**	**15.83**
昌邑区	11454	944	8557	1953	100.00	8.24	74.71	17.05
龙潭区	13378	1340	9250	2788	100.00	10.02	69.14	20.84
船营区	5653	1029	3885	739	100.00	18.20	68.72	13.07
丰满区	1625	188	1130	307	100.00	11.57	69.54	18.89
永吉县	93845	11150	67125	15570	100.00	11.88	71.53	16.59
吉林经济开发区	43308	3262	33789	6257	100.00	7.53	78.02	14.45
吉林高新技术产业开发区	137672	17368	101942	18362	100.00	12.62	74.05	13.34
吉林中国新加坡食品区	4882	690	3309	883	100.00	14.13	67.78	18.09
蛟河市	37255	4881	26146	6228	100.00	13.10	70.18	16.72
桦甸市	30828	3154	22161	5513	100.00	10.23	71.89	17.88
舒兰市	27214	3708	18883	4623	100.00	13.63	69.39	16.99
磐石市	40738	4834	28213	7691	100.00	11.87	69.25	18.88
四平市	**334269**	**45239**	**241036**	**47994**	**100.00**	**13.53**	**72.11**	**14.36**
铁西区								
铁东区	4377	443	3104	830	100.00	10.12	70.92	18.96
梨树县	193144	26103	137772	29269	100.00	13.51	71.33	15.15
伊通满族自治县	110229	15067	81042	14120	100.00	13.67	73.52	12.81
双辽市	26519	3626	19118	3775	100.00	13.67	72.09	14.24
辽源市	**168785**	**21166**	**123393**	**24226**	**100.00**	**12.54**	**73.11**	**14.35**
龙山区	833	54	558	221	100.00	6.48	66.99	26.53
西安区								
东丰县	112665	14368	81863	16434	100.00	12.75	72.66	14.59
东辽县	55287	6744	40972	7571	100.00	12.20	74.11	13.69

3-2b 续表

单位：人、%

地　区	人口数				比重			
	合计	0-14岁	15-64岁	65岁及以上	合计	0-14岁	15-64岁	65岁及以上
通化市	**334378**	**42659**	**239139**	**52580**	**100.00**	**12.76**	**71.52**	**15.72**
东昌区	5627	734	3965	928	100.00	13.04	70.46	16.49
二道江区	15350	856	10493	4001	100.00	5.58	68.36	26.07
通化县	77528	10872	55861	10795	100.00	14.02	72.05	13.92
辉南县	123574	14177	89605	19792	100.00	11.47	72.51	16.02
柳河县	102743	14881	72683	15179	100.00	14.48	70.74	14.77
集安市	9556	1139	6532	1885	100.00	11.92	68.35	19.73
白山市	**324162**	**37945**	**233842**	**52375**	**100.00**	**11.71**	**72.14**	**16.16**
浑江区	10123	633	7740	1750	100.00	6.25	76.46	17.29
江源区	31443	2144	22442	6857	100.00	6.82	71.37	21.81
抚松县	169081	20368	121539	27174	100.00	12.05	71.88	16.07
靖宇县	66218	9586	47914	8718	100.00	14.48	72.36	13.17
长白朝鲜族自治县	40959	4682	29827	6450	100.00	11.43	72.82	15.75
临江市	6338	532	4380	1426	100.00	8.39	69.11	22.50
松原市	**489217**	**73014**	**360784**	**55419**	**100.00**	**14.92**	**73.75**	**11.33**
宁江区	27416	4109	20251	3056	100.00	14.99	73.87	11.15
前郭尔罗斯蒙古族自治县	140169	21269	103457	15443	100.00	15.17	73.81	11.02
长岭县	125129	19267	90778	15084	100.00	15.40	72.55	12.05
乾安县	93731	12943	69772	11016	100.00	13.81	74.44	11.75
吉林松原经济开发区	70980	10441	53844	6695	100.00	14.71	75.86	9.43
扶余市	31792	4985	22682	4125	100.00	15.68	71.34	12.97
白城市	**392005**	**46683**	**292169**	**53153**	**100.00**	**11.91**	**74.53**	**13.56**
洮北区	24720	2197	18097	4426	100.00	8.89	73.21	17.90
镇赉县	105997	13262	77002	15733	100.00	12.51	72.65	14.84
通榆县	113347	15019	83878	14450	100.00	13.25	74.00	12.75
吉林白城经济开发区	103493	11498	80443	11552	100.00	11.11	77.73	11.16
洮南市	10767	1285	7764	1718	100.00	11.93	72.11	15.96
大安市	33681	3422	24985	5274	100.00	10.16	74.18	15.66
延边朝鲜族自治州	**295457**	**27502**	**212685**	**55270**	**100.00**	**9.31**	**71.99**	**18.71**
延吉市	19701	1913	13747	4041	100.00	9.71	69.78	20.51
图们市	11635	527	8334	2774	100.00	4.53	71.63	23.84
敦化市	46927	4007	33111	9809	100.00	8.54	70.56	20.90
珲春市	10713	694	7857	2162	100.00	6.48	73.34	20.18
龙井市	10935	366	7890	2679	100.00	3.35	72.15	24.50
和龙市	21158	1099	15084	4975	100.00	5.19	71.29	23.51
汪清县	114193	12022	82757	19414	100.00	10.53	72.47	17.00
安图县	60195	6874	43905	9416	100.00	11.42	72.94	15.64
长白山管委会	**60961**	**7185**	**45171**	**8605**	**100.00**	**11.79**	**74.10**	**14.12**
长白山保护开发区池北区	44454	5318	33496	5640	100.00	11.96	75.35	12.69
长白山保护开发区池西区	14660	1729	10295	2636	100.00	11.79	70.23	17.98
长白山保护开发区池南区	1847	138	1380	329	100.00	7.47	74.72	17.81
梅河口市	**43809**	**4601**	**30346**	**8862**	**100.00**	**10.50**	**69.27**	**20.23**

3-2c　各地区人口年龄构成(一)(乡村)

单位：人、%

地　区	人口数				比重			
	合计	0-14岁	15-64岁	65岁及以上	合计	0-14岁	15-64岁	65岁及以上
全　省	**8994439**	**979497**	**6370655**	**1644287**	**100.00**	**10.89**	**70.83**	**18.28**
长春市	**3087837**	**341479**	**2190531**	**555827**	**100.00**	**11.06**	**70.94**	**18.00**
南关区								
宽城区	179418	18234	137486	23698	100.00	10.16	76.63	13.21
朝阳区	27342	2941	19122	5279	100.00	10.76	69.94	19.31
二道区								
绿园区	16523	1832	12007	2684	100.00	11.09	72.67	16.24
双阳区	176331	16980	123157	36194	100.00	9.63	69.84	20.53
九台区	389394	41052	277356	70986	100.00	10.54	71.23	18.23
农安县	567151	63681	398281	105189	100.00	11.23	70.22	18.55
长春经济技术开发区								
长春净月高新技术产业开发区	199874	18710	160547	20617	100.00	9.36	80.32	10.31
长春高新技术产业开发区	7309	283	6229	797	100.00	3.87	85.22	10.90
长春汽车经济技术开发区								
长春莲花山生态旅游度假区	31655	3344	22061	6250	100.00	10.56	69.69	19.74
榆树市	582754	65386	407385	109983	100.00	11.22	69.91	18.87
德惠市	432488	49274	303711	79503	100.00	11.39	70.22	18.38
公主岭市	477598	59762	323189	94647	100.00	12.51	67.67	19.82
吉林市	**1322287**	**133462**	**939936**	**248889**	**100.00**	**10.09**	**71.08**	**18.82**
昌邑区	108902	11835	77889	19178	100.00	10.87	71.52	17.61
龙潭区	97189	8123	68311	20755	100.00	8.36	70.29	21.36
船营区	73534	7948	53036	12550	100.00	10.81	72.12	17.07
丰满区	71461	5436	53240	12785	100.00	7.61	74.50	17.89
永吉县	149624	13598	107745	28281	100.00	9.09	72.01	18.90
吉林经济开发区	10712	909	7694	2109	100.00	8.49	71.83	19.69
吉林高新技术产业开发区	24775	2419	18786	3570	100.00	9.76	75.83	14.41
吉林中国新加坡食品区	32282	4123	22479	5680	100.00	12.77	69.63	17.59
蛟河市	160612	15303	113477	31832	100.00	9.53	70.65	19.82
桦甸市	156498	17578	110979	27941	100.00	11.23	70.91	17.85
舒兰市	230052	24258	161184	44610	100.00	10.54	70.06	19.39
磐石市	206646	21932	145116	39598	100.00	10.61	70.22	19.16
四平市	**878934**	**102285**	**610011**	**166638**	**100.00**	**11.64**	**69.40**	**18.96**
铁西区	82006	6608	64512	10886	100.00	8.06	78.67	13.27
铁东区	60241	4820	41637	13784	100.00	8.00	69.12	22.88
梨树县	344001	43933	232672	67396	100.00	12.77	67.64	19.59
伊通满族自治县	221644	23238	152609	45797	100.00	10.48	68.85	20.66
双辽市	171042	23686	118581	28775	100.00	13.85	69.33	16.82
辽源市	**421655**	**42356**	**298084**	**81215**	**100.00**	**10.05**	**70.69**	**19.26**
龙山区	40246	3167	29328	7751	100.00	7.87	72.87	19.26
西安区	15874	1188	10954	3732	100.00	7.48	69.01	23.51

3-2c 续表 单位：人、%

地区	人口数				比重			
	合计	0-14岁	15-64岁	65岁及以上	合计	0-14岁	15-64岁	65岁及以上
东丰县	194637	20853	138114	35670	100.00	10.71	70.96	18.33
东辽县	170898	17148	119688	34062	100.00	10.03	70.03	19.93
通化市	**508548**	**53578**	**353184**	**101786**	**100.00**	**10.54**	**69.45**	**20.02**
东昌区	25193	1797	17728	5668	100.00	7.13	70.37	22.50
二道江区	13321	844	8987	3490	100.00	6.34	67.46	26.20
通化县	97586	9139	67303	21144	100.00	9.37	68.97	21.67
辉南县	113539	13624	77319	22596	100.00	12.00	68.10	19.90
柳河县	171671	20572	121288	29811	100.00	11.98	70.65	17.37
集安市	87238	7602	60559	19077	100.00	8.71	69.42	21.87
白山市	**196819**	**18720**	**135299**	**42800**	**100.00**	**9.51**	**68.74**	**21.75**
浑江区	26943	2031	18643	6269	100.00	7.54	69.19	23.27
江源区	28077	2169	19152	6756	100.00	7.73	68.21	24.06
抚松县	48171	5915	32417	9839	100.00	12.28	67.30	20.43
靖宇县	42260	4916	29098	8246	100.00	11.63	68.85	19.51
长白朝鲜族自治县	17307	1062	12184	4061	100.00	6.14	70.40	23.46
临江市	34061	2627	23805	7629	100.00	7.71	69.89	22.40
松原市	**1196633**	**147507**	**855845**	**193281**	**100.00**	**12.33**	**71.52**	**16.15**
宁江区	138595	15615	101310	21670	100.00	11.27	73.10	15.64
前郭尔罗斯蒙古族自治县	246507	30657	177992	37858	100.00	12.44	72.21	15.36
长岭县	326491	47197	230573	48721	100.00	14.46	70.62	14.92
乾安县	111811	10780	81446	19585	100.00	9.64	72.84	17.52
吉林松原经济开发区	23086	2485	17093	3508	100.00	10.76	74.04	15.20
扶余市	350143	40773	247431	61939	100.00	11.64	70.67	17.69
白城市	**706746**	**73796**	**510392**	**122558**	**100.00**	**10.44**	**72.22**	**17.34**
洮北区	92387	9269	66515	16603	100.00	10.03	72.00	17.97
镇赉县	111390	10910	80840	19640	100.00	9.79	72.57	17.63
通榆县	168242	19461	121852	26929	100.00	11.57	72.43	16.01
吉林白城经济开发区	9370	918	6813	1639	100.00	9.80	72.71	17.49
洮南市	191269	22181	137166	31922	100.00	11.60	71.71	16.69
大安市	134088	11057	97206	25825	100.00	8.25	72.49	19.26
延边朝鲜族自治州	**456597**	**41099**	**324766**	**90732**	**100.00**	**9.00**	**71.13**	**19.87**
延吉市	55524	4905	40045	10574	100.00	8.83	72.12	19.04
图们市	14225	784	10429	3012	100.00	5.51	73.31	21.17
敦化市	150557	17303	104511	28743	100.00	11.49	69.42	19.09
珲春市	49599	3338	36579	9682	100.00	6.73	73.75	19.52
龙井市	32314	1586	23313	7415	100.00	4.91	72.15	22.95
和龙市	36668	2167	27145	7356	100.00	5.91	74.03	20.06
汪清县	53718	4175	38727	10816	100.00	7.77	72.09	20.13
安图县	63992	6841	44017	13134	100.00	10.69	68.79	20.52
长白山管委会	**185**	**6**	**138**	**41**	**100.00**	**3.24**	**74.59**	**22.16**
梅河口市	**218198**	**25209**	**152469**	**40520**	**100.00**	**11.55**	**69.88**	**18.57**

3-3 各地区人口年龄构成(二)

单位：人、%

地 区	人口数				比重			
	合计	0-15岁	16-59岁	60岁及以上	合计	0-15岁	16-59岁	60岁及以上
全 省	**24073453**	**3046210**	**15476078**	**5551165**	**100.00**	**12.65**	**64.29**	**23.06**
长春市	**9066906**	**1186052**	**5990844**	**1890010**	**100.00**	**13.08**	**66.07**	**20.85**
南关区	657682	76958	447473	133251	100.00	11.70	68.04	20.26
宽城区	856177	114975	588772	152430	100.00	13.43	68.77	17.80
朝阳区	614021	66174	421944	125903	100.00	10.78	68.72	20.50
二道区	522453	68277	359668	94508	100.00	13.07	68.84	18.09
绿园区	714919	93822	478483	142614	100.00	13.12	66.93	19.95
双阳区	335723	39209	220401	76113	100.00	11.68	65.65	22.67
九台区	613836	75703	387950	150183	100.00	12.33	63.20	24.47
农安县	763983	102592	471113	190278	100.00	13.43	61.67	24.91
长春经济技术开发区	429387	60627	298906	69854	100.00	14.12	69.61	16.27
长春净月高新技术产业开发区	408740	46529	299527	62684	100.00	11.38	73.28	15.34
长春高新技术产业开发区	460607	72589	329242	58776	100.00	15.76	71.48	12.76
长春汽车经济技术开发区	317978	42460	213952	61566	100.00	13.35	67.29	19.36
长春莲花山生态旅游度假区	37513	4218	22911	10384	100.00	11.24	61.07	27.68
榆树市	836098	109519	520643	205936	100.00	13.10	62.27	24.63
德惠市	635476	84957	401726	148793	100.00	13.37	63.22	23.41
公主岭市	862313	127443	528133	206737	100.00	14.78	61.25	23.97
吉林市	**3623713**	**427082**	**2281541**	**915090**	**100.00**	**11.79**	**62.96**	**25.25**
昌邑区	581852	67054	364784	150014	100.00	11.52	62.69	25.78
龙潭区	371607	36519	233021	102067	100.00	9.83	62.71	27.47
船营区	464893	53853	296536	114504	100.00	11.58	63.79	24.63
丰满区	259374	27245	168672	63457	100.00	10.50	65.03	24.47
永吉县	243469	26923	152234	64312	100.00	11.06	62.53	26.41
吉林经济开发区	55692	4653	38215	12824	100.00	8.35	68.62	23.03
吉林高新技术产业开发区	162447	21870	108177	32400	100.00	13.46	66.59	19.94
吉林中国新加坡食品区	37164	4969	22689	9506	100.00	13.37	61.05	25.58
蛟河市	328925	39913	201821	87191	100.00	12.13	61.36	26.51
桦甸市	341308	45429	217055	78824	100.00	13.31	63.60	23.09
舒兰市	406744	50282	249855	106607	100.00	12.36	61.43	26.21
磐石市	370238	48372	228482	93384	100.00	13.07	61.71	25.22
四平市	**1814733**	**234561**	**1135865**	**444307**	**100.00**	**12.93**	**62.59**	**24.48**
铁西区	314307	36771	209420	68116	100.00	11.70	66.63	21.67
铁东区	313650	34026	203226	76398	100.00	10.85	64.79	24.36
梨树县	537145	76299	322816	138030	100.00	14.20	60.10	25.70
伊通满族自治县	331873	42399	201848	87626	100.00	12.78	60.82	26.40
双辽市	317758	45066	198555	74137	100.00	14.18	62.49	23.33
辽源市	**996903**	**116253**	**627369**	**253281**	**100.00**	**11.66**	**62.93**	**25.41**
龙山区	327079	39656	212639	74784	100.00	12.12	65.01	22.86
西安区	136337	11432	85409	39496	100.00	8.39	62.65	28.97
东丰县	307302	38649	191659	76994	100.00	12.58	62.37	25.05
东辽县	226185	26516	137662	62007	100.00	11.72	60.86	27.41

3-3 续表

单位：人、%

地区	人口数				比重			
	合计	0-15岁	16-59岁	60岁及以上	合计	0-15岁	16-59岁	60岁及以上
通化市	**1302778**	**158044**	**807272**	**337462**	**100.00**	**12.13**	**61.97**	**25.90**
东昌区	355346	40586	228260	86500	100.00	11.42	64.24	24.34
二道江区	91571	8350	56573	26648	100.00	9.12	61.78	29.10
通化县	175114	21594	106581	46939	100.00	12.33	60.86	26.80
辉南县	237113	30578	144156	62379	100.00	12.90	60.80	26.31
柳河县	274414	38286	168526	67602	100.00	13.95	61.41	24.64
集安市	169220	18650	103176	47394	100.00	11.02	60.97	28.01
白山市	**951866**	**112613**	**598167**	**241086**	**100.00**	**11.83**	**62.84**	**25.33**
浑江区	307982	36488	196930	74564	100.00	11.85	63.94	24.21
江源区	138272	12426	84558	41288	100.00	8.99	61.15	29.86
抚松县	217252	28648	137195	51409	100.00	13.19	63.15	23.66
靖宇县	108478	15565	68361	24552	100.00	14.35	63.02	22.63
长白朝鲜族自治县	58266	6200	36581	15485	100.00	10.64	62.78	26.58
临江市	121616	13286	74542	33788	100.00	10.92	61.29	27.78
松原市	**2252994**	**324554**	**1443939**	**484501**	**100.00**	**14.41**	**64.09**	**21.50**
宁江区	619364	86033	407240	126091	100.00	13.89	65.75	20.36
前郭尔罗斯蒙古族自治县	407385	60417	260538	86430	100.00	14.83	63.95	21.22
长岭县	451620	71897	284450	95273	100.00	15.92	62.98	21.10
乾安县	205542	25791	132233	47518	100.00	12.55	64.33	23.12
吉林松原经济开发区	94066	13604	64487	15975	100.00	14.46	68.56	16.98
扶余市	475017	66812	294991	113214	100.00	14.07	62.10	23.83
白城市	**1551378**	**187331**	**998053**	**365994**	**100.00**	**12.08**	**64.33**	**23.59**
洮北区	356054	42436	227436	86182	100.00	11.92	63.88	24.20
镇赉县	217387	26281	139306	51800	100.00	12.09	64.08	23.83
通榆县	281589	37596	181907	62086	100.00	13.35	64.60	22.05
吉林白城经济开发区	118222	14176	82727	21319	100.00	11.99	69.98	18.03
洮南市	307215	39268	194729	73218	100.00	12.78	63.39	23.83
大安市	270911	27574	171948	71389	100.00	10.18	63.47	26.35
延边朝鲜族自治州	**1941700**	**227070**	**1230477**	**484153**	**100.00**	**11.69**	**63.37**	**24.93**
延吉市	686136	88430	444929	152777	100.00	12.89	64.85	22.27
图们市	85248	6692	51104	27452	100.00	7.85	59.95	32.20
敦化市	392486	48738	245443	98305	100.00	12.42	62.54	25.05
珲春市	239359	30603	155798	52958	100.00	12.79	65.09	22.12
龙井市	129286	10124	79254	39908	100.00	7.83	61.30	30.87
和龙市	117087	10276	72626	34185	100.00	8.78	62.03	29.20
汪清县	167911	17396	105407	45108	100.00	10.36	62.78	26.86
安图县	124187	14811	75916	33460	100.00	11.93	61.13	26.94
长白山管委会	**61146**	**7717**	**40813**	**12616**	**100.00**	**12.62**	**66.75**	**20.63**
长白山保护开发区池北区	44639	5654	30500	8485	100.00	12.67	68.33	19.00
长白山保护开发区池西区	14660	1912	9117	3631	100.00	13.04	62.19	24.77
长白山保护开发区池南区	1847	151	1196	500	100.00	8.18	64.75	27.07
梅河口市	**509336**	**64933**	**321738**	**122665**	**100.00**	**12.75**	**63.17**	**24.08**

3-3a　各地区人口年龄构成(二)(城市)

单位：人、%

地　区	人口数				比重			
	合计	0-15岁	16-59岁	60岁及以上	合计	0-15岁	16-59岁	60岁及以上
全　省	**10291703**	**1315186**	**6790133**	**2186384**	**100.00**	**12.78**	**65.98**	**21.24**
长春市	**4082653**	**534418**	**2775113**	**773122**	**100.00**	**13.09**	**67.97**	**18.94**
南关区	657682	76958	447473	133251	100.00	11.70	68.04	20.26
宽城区	598334	80682	410291	107361	100.00	13.48	68.57	17.94
朝阳区	577014	61662	399543	115809	100.00	10.69	69.24	20.07
二道区	520984	68096	358781	94107	100.00	13.07	68.87	18.06
绿园区	698396	91843	467902	138651	100.00	13.15	67.00	19.85
双阳区	155035	20563	112201	22271	100.00	13.26	72.37	14.37
九台区	218445	29650	142688	46107	100.00	13.57	65.32	21.11
农安县								
长春经济技术开发区								
长春净月高新技术产业开发区								
长春高新技术产业开发区								
长春汽车经济技术开发区								
长春莲花山生态旅游度假区								
榆树市	202198	31951	135724	34523	100.00	15.80	67.12	17.07
德惠市	191912	30742	130053	31117	100.00	16.02	67.77	16.21
公主岭市	262653	42271	170457	49925	100.00	16.09	64.90	19.01
吉林市	**1853574**	**227051**	**1180993**	**445530**	**100.00**	**12.25**	**63.71**	**24.04**
昌邑区	461496	53664	288707	119125	100.00	11.63	62.56	25.81
龙潭区	261040	26474	167482	67084	100.00	10.14	64.16	25.70
船营区	385706	44399	246363	94944	100.00	11.51	63.87	24.62
丰满区	186288	20777	121615	43896	100.00	11.15	65.28	23.56
永吉县								
吉林经济开发区	1672	131	1082	459	100.00	7.83	64.71	27.45
吉林高新技术产业开发区								
吉林中国新加坡食品区								
蛟河市	131058	18150	81398	31510	100.00	13.85	62.11	24.04
桦甸市	153982	23081	101191	29710	100.00	14.99	65.72	19.29
舒兰市	149478	20596	94672	34210	100.00	13.78	63.34	22.89
磐石市	122854	19779	78483	24592	100.00	16.10	63.88	20.02
四平市	**601530**	**73560**	**393945**	**134025**	**100.00**	**12.23**	**65.49**	**22.28**
铁西区	232301	29476	150365	52460	100.00	12.69	64.73	22.58
铁东区	249032	28406	165365	55261	100.00	11.41	66.40	22.19
梨树县								
伊通满族自治县								
双辽市	120197	15678	78215	26304	100.00	13.04	65.07	21.88
辽源市	**406463**	**46180**	**263281**	**97002**	**100.00**	**11.36**	**64.77**	**23.86**
龙山区	286000	36067	187093	62840	100.00	12.61	65.42	21.97
西安区	120463	10113	76188	34162	100.00	8.40	63.25	28.36

3-3a 续表

单位：人、%

地区	人口数				比重			
	合计	0-15岁	16-59岁	60岁及以上	合计	0-15岁	16-59岁	60岁及以上
东丰县								
东辽县								
通化市	**459852**	**53762**	**297164**	**108926**	**100.00**	**11.69**	**64.62**	**23.69**
东昌区	324526	37900	209914	76712	100.00	11.68	64.68	23.64
二道江区	62900	6530	40680	15690	100.00	10.38	64.67	24.94
通化县								
辉南县								
柳河县								
集安市	72426	9332	46570	16524	100.00	12.88	64.30	22.82
白山市	**430885**	**51381**	**274154**	**105350**	**100.00**	**11.92**	**63.63**	**24.45**
浑江区	270916	33624	174482	62810	100.00	12.41	64.40	23.18
江源区	78752	7832	49076	21844	100.00	9.95	62.32	27.74
抚松县								
靖宇县								
长白朝鲜族自治县								
临江市	81217	9925	50596	20696	100.00	12.22	62.30	25.48
松原市	**567144**	**84961**	**377361**	**104822**	**100.00**	**14.98**	**66.54**	**18.48**
宁江区	453353	64210	301075	88068	100.00	14.16	66.41	19.43
前郭尔罗斯蒙古族自治县	20709	3282	13878	3549	100.00	15.85	67.01	17.14
长岭县								
乾安县								
吉林松原经济开发区								
扶余市	93082	17469	62408	13205	100.00	18.77	67.05	14.19
白城市	**452627**	**56510**	**292823**	**103294**	**100.00**	**12.48**	**64.69**	**22.82**
洮北区	238947	30157	154390	54400	100.00	12.62	64.61	22.77
镇赉县								
通榆县								
吉林白城经济开发区	5359	430	3318	1611	100.00	8.02	61.91	30.06
洮南市	105179	14162	68180	22837	100.00	13.46	64.82	21.71
大安市	103142	11761	66935	24446	100.00	11.40	64.90	23.70
延边朝鲜族自治州	**1189646**	**153765**	**771045**	**264836**	**100.00**	**12.93**	**64.81**	**22.26**
延吉市	610911	81265	398890	130756	100.00	13.30	65.29	21.40
图们市	59388	5320	35634	18434	100.00	8.96	60.00	31.04
敦化市	195002	25916	127400	41686	100.00	13.29	65.33	21.38
珲春市	179047	26367	118153	34527	100.00	14.73	65.99	19.28
龙井市	86037	8095	53526	24416	100.00	9.41	62.21	28.38
和龙市	59261	6802	37442	15017	100.00	11.48	63.18	25.34
汪清县								
安图县								
长白山管委会								
梅河口市	**247329**	**33598**	**164254**	**49477**	**100.00**	**13.58**	**66.41**	**20.00**

3-3b　各地区人口年龄构成(二)(镇)

单位：人、%

地　区	人口数				比重			
	合计	0-15岁	16-59岁	60岁及以上	合计	0-15岁	16-59岁	60岁及以上
全　省	**4787311**	**676190**	**3171226**	**939895**	**100.00**	**14.12**	**66.24**	**19.63**
长春市	**1896416**	**283460**	**1303756**	**309200**	**100.00**	**14.95**	**68.75**	**16.30**
南关区								
宽城区	78425	13186	54517	10722	100.00	16.81	69.51	13.67
朝阳区	9665	1333	6001	2331	100.00	13.79	62.09	24.12
二道区	1469	181	887	401	100.00	12.32	60.38	27.30
绿园区								
双阳区	4357	485	2681	1191	100.00	11.13	61.53	27.34
九台区	5997	1239	3854	904	100.00	20.66	64.27	15.07
农安县	196832	33037	127730	36065	100.00	16.78	64.89	18.32
长春经济技术开发区	429387	60627	298906	69854	100.00	14.12	69.61	16.27
长春净月高新技术产业开发区	208866	26958	150200	31708	100.00	12.91	71.91	15.18
长春高新技术产业开发区	453298	72289	323533	57476	100.00	15.95	71.37	12.68
长春汽车经济技术开发区	317978	42460	213952	61566	100.00	13.35	67.29	19.36
长春莲花山生态旅游度假区	5858	653	3746	1459	100.00	11.15	63.95	24.91
榆树市	51146	7389	31678	12079	100.00	14.45	61.94	23.62
德惠市	11076	1409	7058	2609	100.00	12.72	63.72	23.56
公主岭市	122062	22214	79013	20835	100.00	18.20	64.73	17.07
吉林市	**447852**	**55987**	**289013**	**102852**	**100.00**	**12.50**	**64.53**	**22.97**
昌邑区	11454	996	7778	2680	100.00	8.70	67.91	23.40
龙潭区	13378	1475	7922	3981	100.00	11.03	59.22	29.76
船营区	5653	1080	3522	1051	100.00	19.10	62.30	18.59
丰满区	1625	197	971	457	100.00	12.12	59.75	28.12
永吉县	93845	12499	58874	22472	100.00	13.32	62.74	23.95
吉林经济开发区	43308	3560	30633	9115	100.00	8.22	70.73	21.05
吉林高新技术产业开发区	137672	18386	92201	27085	100.00	13.35	66.97	19.67
吉林中国新加坡食品区	4882	708	2893	1281	100.00	14.50	59.26	26.24
蛟河市	37255	5029	23200	9026	100.00	13.50	62.27	24.23
桦甸市	30828	3285	19597	7946	100.00	10.66	63.57	25.78
舒兰市	27214	3834	16512	6868	100.00	14.09	60.67	25.24
磐石市	40738	4938	24910	10890	100.00	12.12	61.15	26.73
四平市	**334269**	**51590**	**213095**	**69584**	**100.00**	**15.43**	**63.75**	**20.82**
铁西区								
铁东区	4377	457	2721	1199	100.00	10.44	62.17	27.39
梨树县	193144	29797	121438	41909	100.00	15.43	62.87	21.70
伊通满族自治县	110229	17054	72376	20799	100.00	15.47	65.66	18.87
双辽市	26519	4282	16560	5677	100.00	16.15	62.45	21.41
辽源市	**168785**	**23726**	**109093**	**35966**	**100.00**	**14.06**	**64.63**	**21.31**
龙山区	833	58	473	302	100.00	6.96	56.78	36.25
西安区								
东丰县	112665	15846	72316	24503	100.00	14.06	64.19	21.75
东辽县	55287	7822	36304	11161	100.00	14.15	65.66	20.19

3－3b 续表

单位：人、%

地 区	人口数				比重			
	合计	0－15岁	16－59岁	60岁及以上	合计	0－15岁	16－59岁	60岁及以上
通化市	**334378**	**46670**	**210340**	**77368**	**100.00**	**13.96**	**62.90**	**23.14**
东昌区	5627	772	3520	1335	100.00	13.72	62.56	23.72
二道江区	15350	907	8582	5861	100.00	5.91	55.91	38.18
通化县	77528	11853	49913	15762	100.00	15.29	64.38	20.33
辉南县	123574	16057	78606	28911	100.00	12.99	63.61	23.40
柳河县	102743	15890	64138	22715	100.00	15.47	62.43	22.11
集安市	9556	1191	5581	2784	100.00	12.46	58.40	29.13
白山市	**324162**	**41173**	**208397**	**74592**	**100.00**	**12.70**	**64.29**	**23.01**
浑江区	10123	680	6802	2641	100.00	6.72	67.19	26.09
江源区	31443	2262	19403	9778	100.00	7.19	61.71	31.10
抚松县	169081	22265	108934	37882	100.00	13.17	64.43	22.40
靖宇县	66218	10342	43203	12673	100.00	15.62	65.24	19.14
长白朝鲜族自治县	40959	5065	26301	9593	100.00	12.37	64.21	23.42
临江市	6338	559	3754	2025	100.00	8.82	59.23	31.95
松原市	**489217**	**80206**	**326274**	**82737**	**100.00**	**16.39**	**66.69**	**16.91**
宁江区	27416	4643	18183	4590	100.00	16.94	66.32	16.74
前郭尔罗斯蒙古族自治县	140169	23803	93228	23138	100.00	16.98	66.51	16.51
长岭县	125129	21102	82011	22016	100.00	16.86	65.54	17.59
乾安县	93731	14405	62877	16449	100.00	15.37	67.08	17.55
吉林松原经济开发区	70980	10895	49702	10383	100.00	15.35	70.02	14.63
扶余市	31792	5358	20273	6161	100.00	16.85	63.77	19.38
白城市	**392005**	**51312**	**261611**	**79082**	**100.00**	**13.09**	**66.74**	**20.17**
洮北区	24720	2329	15736	6655	100.00	9.42	63.66	26.92
镇赉县	105997	14350	68982	22665	100.00	13.54	65.08	21.38
通榆县	113347	16791	74636	21920	100.00	14.81	65.85	19.34
吉林白城经济开发区	103493	12765	73559	17169	100.00	12.33	71.08	16.59
洮南市	10767	1330	6804	2633	100.00	12.35	63.19	24.45
大安市	33681	3747	21894	8040	100.00	11.12	65.00	23.87
延边朝鲜族自治州	**295457**	**29549**	**183323**	**82585**	**100.00**	**10.00**	**62.05**	**27.95**
延吉市	19701	2002	11959	5740	100.00	10.16	60.70	29.14
图们市	11635	554	6738	4343	100.00	4.76	57.91	37.33
敦化市	46927	4277	27899	14751	100.00	9.11	59.45	31.43
珲春市	10713	730	6684	3299	100.00	6.81	62.39	30.79
龙井市	10935	385	6427	4123	100.00	3.52	58.77	37.70
和龙市	21158	1164	12484	7510	100.00	5.50	59.00	35.49
汪清县	114193	12926	72686	28581	100.00	11.32	63.65	25.03
安图县	60195	7511	38446	14238	100.00	12.48	63.87	23.65
长白山管委会	**60961**	**7710**	**40686**	**12565**	**100.00**	**12.65**	**66.74**	**20.61**
长白山保护开发区池北区	44454	5647	30373	8434	100.00	12.70	68.33	18.97
长白山保护开发区池西区	14660	1912	9117	3631	100.00	13.04	62.19	24.77
长白山保护开发区池南区	1847	151	1196	500	100.00	8.18	64.75	27.07
梅河口市	**43809**	**4807**	**25638**	**13364**	**100.00**	**10.97**	**58.52**	**30.51**

3-3c　各地区人口年龄构成(二)(乡村)

单位：人、%

地　区	人口数				比重			
	合计	0-15岁	16-59岁	60岁及以上	合计	0-15岁	16-59岁	60岁及以上
全　省	**8994439**	**1054834**	**5514719**	**2424886**	**100.00**	**11.73**	**61.31**	**26.96**
长春市	**3087837**	**368174**	**1911975**	**807688**	**100.00**	**11.92**	**61.92**	**26.16**
南关区								
宽城区	179418	21107	123964	34347	100.00	11.76	69.09	19.14
朝阳区	27342	3179	16400	7763	100.00	11.63	59.98	28.39
二道区								
绿园区	16523	1979	10581	3963	100.00	11.98	64.04	23.98
双阳区	176331	18161	105519	52651	100.00	10.30	59.84	29.86
九台区	389394	44814	241408	103172	100.00	11.51	62.00	26.50
农安县	567151	69555	343383	154213	100.00	12.26	60.55	27.19
长春经济技术开发区								
长春净月高新技术产业开发区	199874	19571	149327	30976	100.00	9.79	74.71	15.50
长春高新技术产业开发区	7309	300	5709	1300	100.00	4.10	78.11	17.79
长春汽车经济技术开发区								
长春莲花山生态旅游度假区	31655	3565	19165	8925	100.00	11.26	60.54	28.19
榆树市	582754	70179	353241	159334	100.00	12.04	60.62	27.34
德惠市	432488	52806	264615	115067	100.00	12.21	61.18	26.61
公主岭市	477598	62958	278663	135977	100.00	13.18	58.35	28.47
吉林市	**1322287**	**144044**	**811535**	**366708**	**100.00**	**10.89**	**61.37**	**27.73**
昌邑区	108902	12394	68299	28209	100.00	11.38	62.72	25.90
龙潭区	97189	8570	57617	31002	100.00	8.82	59.28	31.90
船营区	73534	8374	46651	18509	100.00	11.39	63.44	25.17
丰满区	71461	6271	46086	19104	100.00	8.78	64.49	26.73
永吉县	149624	14424	93360	41840	100.00	9.64	62.40	27.96
吉林经济开发区	10712	962	6500	3250	100.00	8.98	60.68	30.34
吉林高新技术产业开发区	24775	3484	15976	5315	100.00	14.06	64.48	21.45
吉林中国新加坡食品区	32282	4261	19796	8225	100.00	13.20	61.32	25.48
蛟河市	160612	16734	97223	46655	100.00	10.42	60.53	29.05
桦甸市	156498	19063	96267	41168	100.00	12.18	61.51	26.31
舒兰市	230052	25852	138671	65529	100.00	11.24	60.28	28.48
磐石市	206646	23655	125089	57902	100.00	11.45	60.53	28.02
四平市	**878934**	**109411**	**528825**	**240698**	**100.00**	**12.45**	**60.17**	**27.39**
铁西区	82006	7295	59055	15656	100.00	8.90	72.01	19.09
铁东区	60241	5163	35140	19938	100.00	8.57	58.33	33.10
梨树县	344001	46502	201378	96121	100.00	13.52	58.54	27.94
伊通满族自治县	221644	25345	129472	66827	100.00	11.44	58.41	30.15
双辽市	171042	25106	103780	42156	100.00	14.68	60.68	24.65
辽源市	**421655**	**46347**	**254995**	**120313**	**100.00**	**10.99**	**60.47**	**28.53**
龙山区	40246	3531	25073	11642	100.00	8.77	62.30	28.93
西安区	15874	1319	9221	5334	100.00	8.31	58.09	33.60

3-3c 续表

单位：人、%

地 区	人口数				比重			
	合计	0-15岁	16-59岁	60岁及以上	合计	0-15岁	16-59岁	60岁及以上
东丰县	194637	22803	119343	52491	100.00	11.72	61.32	26.97
东辽县	170898	18694	101358	50846	100.00	10.94	59.31	29.75
通化市	**508548**	**57612**	**299768**	**151168**	**100.00**	**11.33**	**58.95**	**29.72**
东昌区	25193	1914	14826	8453	100.00	7.60	58.85	33.55
二道江区	13321	913	7311	5097	100.00	6.85	54.88	38.26
通化县	97586	9741	56668	31177	100.00	9.98	58.07	31.95
辉南县	113539	14521	65550	33468	100.00	12.79	57.73	29.48
柳河县	171671	22396	104388	44887	100.00	13.05	60.81	26.15
集安市	87238	8127	51025	28086	100.00	9.32	58.49	32.19
白山市	**196819**	**20059**	**115616**	**61144**	**100.00**	**10.19**	**58.74**	**31.07**
浑江区	26943	2184	15646	9113	100.00	8.11	58.07	33.82
江源区	28077	2332	16079	9666	100.00	8.31	57.27	34.43
抚松县	48171	6383	28261	13527	100.00	13.25	58.67	28.08
靖宇县	42260	5223	25158	11879	100.00	12.36	59.53	28.11
长白朝鲜族自治县	17307	1135	10280	5892	100.00	6.56	59.40	34.04
临江市	34061	2802	20192	11067	100.00	8.23	59.28	32.49
松原市	**1196633**	**159387**	**740304**	**296942**	**100.00**	**13.32**	**61.87**	**24.81**
宁江区	138595	17180	87982	33433	100.00	12.40	63.48	24.12
前郭尔罗斯蒙古族自治县	246507	33332	153432	59743	100.00	13.52	62.24	24.24
长岭县	326491	50795	202439	73257	100.00	15.56	62.00	22.44
乾安县	111811	11386	69356	31069	100.00	10.18	62.03	27.79
吉林松原经济开发区	23086	2709	14785	5592	100.00	11.73	64.04	24.22
扶余市	350143	43985	212310	93848	100.00	12.56	60.64	26.80
白城市	**706746**	**79509**	**443619**	**183618**	**100.00**	**11.25**	**62.77**	**25.98**
洮北区	92387	9950	57310	25127	100.00	10.77	62.03	27.20
镇赉县	111390	11931	70324	29135	100.00	10.71	63.13	26.16
通榆县	168242	20805	107271	40166	100.00	12.37	63.76	23.87
吉林白城经济开发区	9370	981	5850	2539	100.00	10.47	62.43	27.10
洮南市	191269	23776	119745	47748	100.00	12.43	62.61	24.96
大安市	134088	12066	83119	38903	100.00	9.00	61.99	29.01
延边朝鲜族自治州	**456597**	**43756**	**276109**	**136732**	**100.00**	**9.58**	**60.47**	**29.95**
延吉市	55524	5163	34080	16281	100.00	9.30	61.38	29.32
图们市	14225	818	8732	4675	100.00	5.75	61.38	32.86
敦化市	150557	18545	90144	41868	100.00	12.32	59.87	27.81
珲春市	49599	3506	30961	15132	100.00	7.07	62.42	30.51
龙井市	32314	1644	19301	11369	100.00	5.09	59.73	35.18
和龙市	36668	2310	22700	11658	100.00	6.30	61.91	31.79
汪清县	53718	4470	32721	16527	100.00	8.32	60.91	30.77
安图县	63992	7300	37470	19222	100.00	11.41	58.55	30.04
长白山管委会	**185**	**7**	**127**	**51**	**100.00**	**3.78**	**68.65**	**27.57**
梅河口市	**218198**	**26528**	**131846**	**59824**	**100.00**	**12.16**	**60.42**	**27.42**

第一部分　全部数据资料

第四卷　教育

4-1　全省分年龄、性别、受教育程度的3岁及以上人口

单位：人

年　龄	3岁及以上人口			未上过学		
	合计	男	女	小计	男	女
总　计	**23662578**	**11806463**	**11856115**	**452548**	**161207**	**291341**
3	174101	89793	84308	57223	29985	27238
4	184163	94893	89270	31526	16334	15192
5-9岁	**960287**	**498408**	**461879**	**20073**	**10595**	**9478**
5	154854	79871	74983	12302	6431	5871
6	205365	106594	98771	5011	2658	2353
7	193471	100150	93321	1278	685	593
8	214322	111442	102880	838	447	391
9	192275	100351	91924	644	374	270
10-14岁	**1089297**	**567346**	**521951**	**4300**	**2406**	**1894**
10	203903	105724	98179	742	401	341
11	211155	110109	101046	807	460	347
12	220704	114870	105834	894	495	399
13	229218	119775	109443	946	515	431
14	224317	116868	107449	911	535	376
15-19岁	**1056911**	**546207**	**510704**	**3037**	**1865**	**1172**
15	227487	118527	108960	690	444	246
16	220445	115747	104698	638	399	239
17	179181	92699	86482	550	330	220
18	210661	108542	102119	608	361	247
19	219137	110692	108445	551	331	220
20-24岁	**1017679**	**512979**	**504700**	**3016**	**1807**	**1209**
20	224174	112868	111306	616	352	264
21	196492	99179	97313	582	347	235
22	198433	100178	98255	590	350	240
23	193952	97923	96029	561	355	206
24	204628	102831	101797	667	403	264
25-29岁	**1259773**	**640509**	**619264**	**3571**	**2086**	**1485**
25	219431	111247	108184	639	382	257
26	221825	112039	109786	632	373	259
27	254046	129843	124203	724	423	301
28	268870	136731	132139	720	411	309
29	295601	150649	144952	856	497	359
30-34岁	**1984461**	**1007169**	**977292**	**5371**	**3080**	**2291**
30	390289	198379	191910	1039	593	446
31	401342	203213	198129	1119	641	478
32	390584	198417	192167	1011	566	445
33	425997	216418	209579	1164	676	488
34	376249	190742	185507	1038	604	434
35-39岁	**1637765**	**834784**	**802981**	**4721**	**2574**	**2147**
35	328749	167620	161129	922	518	404
36	314416	160389	154027	855	471	384
37	312155	159300	152855	974	518	456
38	370244	188967	181277	1064	590	474
39	312201	158508	153693	906	477	429
40-44岁	**1812578**	**920927**	**891651**	**6282**	**3227**	**3055**
40	340379	172591	167788	1032	540	492
41	413283	209642	203641	1310	691	619
42	372570	190047	182523	1299	675	624
43	331180	168534	162646	1220	610	610
44	355166	180113	175053	1421	711	710

4-1 续表 1

单位：人

年 龄	3岁及以上人口			未上过学		
	合计	男	女	小计	男	女
45-49岁	**2198875**	**1105529**	**1093346**	**10826**	**5068**	**5758**
45	348598	175314	173284	1496	701	795
46	380479	190523	189956	1795	853	942
47	454813	228406	226407	2186	1065	1121
48	496153	250951	245202	2564	1215	1349
49	518832	260335	258497	2785	1234	1551
50-54岁	**2490028**	**1250768**	**1239260**	**17252**	**7513**	**9739**
50	549063	276057	273006	3158	1420	1738
51	502893	253130	249763	3151	1426	1725
52	530674	266767	263907	3611	1608	2003
53	437019	219263	217756	3429	1438	1991
54	470379	235551	234828	3903	1621	2282
55-59岁	**2245495**	**1115110**	**1130385**	**20122**	**7199**	**12923**
55	488421	244089	244332	3885	1536	2349
56	486084	243132	242952	3946	1502	2444
57	554757	276701	278056	4614	1720	2894
58	418115	206329	211786	4113	1373	2740
59	298118	144859	153259	3564	1068	2496
60-64岁	**1793941**	**878744**	**915197**	**34017**	**9913**	**24104**
60	400712	198348	202364	5429	1664	3765
61	312510	154175	158335	5124	1541	3583
62	362657	178938	183719	7100	2088	5012
63	372890	181231	191659	8097	2334	5763
64	345172	166052	179120	8267	2286	5981
65-69岁	**1624571**	**777856**	**846715**	**51390**	**13259**	**38131**
65	370224	180437	189787	9511	2596	6915
66	359936	173445	186491	9998	2605	7393
67	314248	149401	164847	10182	2664	7518
68	306153	145594	160559	11006	2738	8268
69	274010	128979	145031	10693	2656	8037
70-74岁	**983490**	**457389**	**526101**	**47223**	**11917**	**35306**
70	261124	123244	137880	10296	2634	7662
71	238449	112901	125548	10730	2805	7925
72	178932	82890	96042	9054	2334	6720
73	164712	75293	89419	8926	2209	6717
74	140273	63061	77212	8217	1935	6282
75-79岁	**544694**	**243880**	**300814**	**39801**	**9056**	**30745**
75	120997	53733	67264	7957	1730	6227
76	119553	53842	65711	8463	2003	6460
77	105931	47662	58269	7526	1669	5857
78	99339	44443	54896	7581	1752	5829
79	98874	44200	54674	8274	1902	6372
80-84岁	**354808**	**157719**	**197089**	**42577**	**10563**	**32014**
80	88090	39304	48786	8537	2069	6468
81	76504	34037	42467	8803	2162	6641
82	75504	33673	41831	9296	2329	6967
83	59807	26786	33021	8018	2069	5949
84	54903	23919	30984	7923	1934	5989
85岁及以上	**249661**	**106453**	**143208**	**50220**	**12760**	**37460**

4-1　续表 2　　单位：人

年　龄	学前教育			小　学		
	小计	男	女	小计	男	女
总　计	**491573**	**252719**	**238854**	**5372822**	**2518160**	**2854662**
3	116878	59808	57070			
4	152637	78559	74078			
5-9岁	**204654**	**106417**	**98237**	**717321**	**371651**	**345670**
5	123601	63720	59881	18951	9720	9231
6	65750	34713	31037	131105	67392	63713
7	9582	4987	4595	178720	92412	86308
8	3671	1893	1778	204507	106253	98254
9	2050	1104	946	184038	95874	88164
10-14岁	**7016**	**3570**	**3446**	**519105**	**271536**	**247569**
10	1704	855	849	192525	99818	92707
11	1369	713	656	188109	98215	89894
12	1169	604	565	89885	47837	42048
13	1254	655	599	34178	18092	16086
14	1520	743	777	14408	7574	6834
15-19岁	**2409**	**1254**	**1155**	**27169**	**14987**	**12182**
15	1119	593	526	6478	3481	2997
16	729	365	364	5651	3111	2540
17	230	106	124	4918	2683	2235
18	187	113	74	5203	2886	2317
19	144	77	67	4919	2826	2093
20-24岁	**517**	**267**	**250**	**27891**	**15763**	**12128**
20	127	68	59	4918	2809	2109
21	91	38	53	4439	2545	1894
22	83	39	44	5232	2922	2310
23	90	47	43	6046	3452	2594
24	126	75	51	7256	4035	3221
25-29岁	**386**	**181**	**205**	**61428**	**34684**	**26744**
25	120	58	62	8611	4909	3702
26	95	44	51	9212	5212	4000
27	51	26	25	12287	6998	5289
28	55	26	29	14278	8056	6222
29	65	27	38	17040	9509	7531
30-34岁	**327**	**142**	**185**	**134334**	**72642**	**61692**
30	63	27	36	24430	13474	10956
31	82	36	46	26316	14371	11945
32	74	32	42	26551	14282	12269
33	61	25	36	30515	16378	14137
34	47	22	25	26522	14137	12385
35-39岁	**224**	**109**	**115**	**111226**	**57898**	**53328**
35	54	28	26	22897	12169	10728
36	45	19	26	21244	11090	10154
37	30	17	13	20026	10474	9552
38	58	21	37	24219	12517	11702
39	37	24	13	22840	11648	11192
40-44岁	**212**	**114**	**98**	**180639**	**90524**	**90115**
40	40	20	20	28000	14128	13872
41	49	27	22	38609	19488	19121
42	40	21	19	35593	18005	17588
43	36	21	15	35562	17889	17673
44	47	25	22	42875	21014	21861

4-1 续表 3

单位：人

年 龄	学前教育			小 学		
	小计	男	女	小计	男	女
45-49岁	**339**	**172**	**167**	**344838**	**166724**	**178114**
45	54	26	28	45922	22198	23724
46	63	25	38	55835	27036	28799
47	62	33	29	70424	34104	36320
48	83	45	38	81887	39876	42011
49	77	43	34	90770	43510	47260
50-54岁	**525**	**246**	**279**	**544494**	**258042**	**286452**
50	99	41	58	104121	49475	54646
51	82	34	48	104053	50163	53890
52	115	64	51	116333	55291	61042
53	106	47	59	105555	49493	56062
54	123	60	63	114432	53620	60812
55-59岁	**638**	**259**	**379**	**536710**	**241782**	**294928**
55	141	56	85	114405	53047	61358
56	122	42	80	111637	51216	60421
57	155	63	92	128654	58679	69975
58	120	60	60	104030	45655	58375
59	100	38	62	77984	33185	44799
60-64岁	**772**	**284**	**488**	**538350**	**235072**	**303278**
60	147	56	91	109411	47948	61463
61	107	44	63	88791	39027	49764
62	162	53	109	108302	47740	60562
63	183	62	121	118616	51931	66685
64	173	69	104	113230	48426	64804
65-69岁	**1062**	**386**	**676**	**626037**	**270485**	**355552**
65	209	80	129	131401	57455	73946
66	188	75	113	132858	57716	75142
67	222	81	141	123320	53414	69906
68	254	88	166	123530	53381	70149
69	189	62	127	114928	48519	66409
70-74岁	**927**	**317**	**610**	**450452**	**188858**	**261594**
70	207	73	134	111813	46980	64833
71	212	78	134	108772	46472	62300
72	183	52	131	85215	35931	49284
73	171	63	108	78981	32877	46104
74	154	51	103	65671	26598	39073
75-79岁	**683**	**216**	**467**	**250861**	**102508**	**148353**
75	152	51	101	56116	22759	33357
76	149	50	99	55367	22798	32569
77	118	33	85	47922	19663	28259
78	127	48	79	44910	18208	26702
79	137	34	103	46546	19080	27466
80-84岁	**670**	**192**	**478**	**176238**	**72648**	**103590**
80	141	37	104	42527	17369	25158
81	151	49	102	38296	15914	22382
82	151	38	113	38181	15826	22355
83	113	33	80	29807	12396	17411
84	114	35	79	27427	11143	16284
85岁及以上	**697**	**226**	**471**	**125729**	**52356**	**73373**

4-1　续表 4

单位：人

年　龄	初　中			高　中			大学专科		
	小计	男	女	小计	男	女	小计	男	女
总　计	**9204361**	**4746766**	**4457595**	**4111787**	**2114922**	**1996865**	**1813601**	**936634**	**876967**
3									
4									
5–9岁	**18191**	**9713**	**8478**	**48**	**32**	**16**			
5									
6	3499	1831	1668						
7	3891	2066	1825						
8	5279	2830	2449	27	19	8			
9	5522	2986	2536	21	13	8			
10–14岁	**529196**	**275560**	**253636**	**29237**	**14085**	**15152**	**363**	**156**	**207**
10	8870	4615	4255	36	24	12	10	4	6
11	20795	10689	10106	54	26	28	11	2	9
12	128619	65870	62749	116	55	61	13	5	8
13	187808	97838	89970	4980	2654	2326	31	11	20
14	183104	96548	86556	24051	11326	12725	298	134	164
15–19岁	**199605**	**114481**	**85124**	**506614**	**263183**	**243431**	**129346**	**67231**	**62115**
15	81324	45157	36167	132564	66236	66328	4715	2312	2403
16	42910	24369	18541	161804	83089	78715	7415	3787	3628
17	26104	15240	10864	120282	62054	58228	13641	7006	6635
18	24632	14802	9830	59364	33300	26064	47344	24894	22450
19	24635	14913	9722	32600	18504	14096	56231	29232	26999
20–24岁	**199736**	**112579**	**87157**	**150349**	**83777**	**66572**	**211972**	**107285**	**104687**
20	28640	17054	11586	29468	16723	12745	49369	25644	23725
21	30496	17587	12909	25580	14269	11311	37626	19454	18172
22	39171	22093	17078	29638	16547	13091	40817	20523	20294
23	45744	25356	20388	31608	17438	14170	41397	20676	20721
24	55685	30489	25196	34055	18800	15255	42763	20988	21775
25–29岁	**418863**	**224291**	**194572**	**223195**	**120737**	**102458**	**231431**	**116177**	**115254**
25	63834	34908	28926	38043	20804	17239	44629	22347	22282
26	67465	36239	31226	39436	21597	17839	43110	21521	21589
27	83862	45179	38683	45456	24664	20792	46953	23511	23442
28	92925	49357	43568	47785	25778	22007	47398	23828	23570
29	110777	58608	52169	52475	27894	24581	49341	24970	24371
30–34岁	**839170**	**435414**	**403756**	**352041**	**181667**	**170374**	**281122**	**140789**	**140333**
30	156374	82423	73951	68384	35401	32983	61689	30793	30896
31	165860	86013	79847	71379	36862	34517	59604	29899	29705
32	162309	84346	77963	70252	36421	33831	55961	28125	27836
33	186017	96124	89893	75936	39112	36824	56420	28305	28115
34	168610	86508	82102	66090	33871	32219	47448	23667	23781
35–39岁	**768895**	**397472**	**371423**	**300920**	**153040**	**147880**	**190188**	**94328**	**95860**
35	152845	78818	74027	56569	29052	27517	38896	19517	19379
36	148930	76704	72226	54113	27729	26384	36615	18307	18308
37	145513	75570	69943	56804	28856	27948	36781	18132	18649
38	173084	89754	83330	71437	36273	35164	43035	21331	21704
39	148523	76626	71897	61997	31130	30867	34861	17041	17820
40–44岁	**894490**	**460464**	**434026**	**364437**	**184902**	**179535**	**180847**	**90082**	**90765**
40	163545	84286	79259	68970	34610	34360	36636	18166	18470
41	203556	104563	98993	84883	43094	41789	41753	20624	21129
42	182099	94127	87972	76410	38915	37495	38698	19361	19337
43	165829	85537	80292	66006	33576	32430	31683	15860	15823
44	179461	91951	87510	68168	34707	33461	32077	16071	16006

4-1 续表 5

单位：人

年 龄	初 中			高 中			大学专科		
	小计	男	女	小计	男	女	小计	男	女
45-49岁	**1127665**	**569347**	**558318**	**399482**	**201830**	**197652**	**162023**	**82537**	**79486**
45	176151	89250	86901	65810	33402	32408	29683	14860	14823
46	194448	97434	97014	69016	34765	34251	29968	15338	14630
47	233617	117425	116192	82953	41931	41022	33656	17293	16363
48	255742	129485	126257	89087	45530	43557	34555	17586	16969
49	267707	135753	131954	92616	46202	46414	34161	17460	16701
50-54岁	**1262363**	**643830**	**618533**	**427114**	**214338**	**212776**	**129191**	**67126**	**62065**
50	284180	144303	139877	96288	48552	47736	33162	17110	16052
51	256468	130099	126369	88175	44526	43649	27564	14216	13348
52	268597	137142	131455	91375	45739	45636	27395	14208	13187
53	221324	113456	107868	70632	35446	35186	19687	10354	9333
54	231794	118830	112964	80644	40075	40569	21383	11238	10145
55-59岁	**992670**	**508374**	**484296**	**502883**	**248473**	**254410**	**109068**	**59089**	**49979**
55	231895	119205	112690	95452	46927	48525	23223	12295	10928
56	219681	112864	106817	106107	52510	53597	24791	13227	11564
57	242342	124573	117769	129745	63556	66189	28067	15241	12826
58	177532	90577	86955	98504	49011	49493	19771	10991	8780
59	121220	61155	60065	73075	36469	36606	13216	7335	5881
60-64岁	**685997**	**351777**	**334220**	**428761**	**218497**	**210264**	**66777**	**38600**	**28177**
60	160403	83010	77393	100322	50650	49672	15461	9012	6449
61	120441	62035	58406	79530	40558	38972	11557	6618	4939
62	137076	70722	66354	89138	45831	43307	13372	7755	5617
63	140250	71373	68877	84906	43141	41765	13328	7718	5610
64	127827	64637	63190	74865	38317	36548	13059	7497	5562
65-69岁	**629414**	**319714**	**309700**	**226623**	**120285**	**106338**	**58769**	**34266**	**24503**
65	134868	68957	65911	72217	37963	34254	13793	8201	5592
66	135776	68537	67239	58513	31139	27374	14597	8387	6210
67	123878	62008	61870	39058	20904	18154	11698	6715	4983
68	124714	63622	61092	31452	16789	14663	10195	5849	4346
69	110178	56590	53588	25383	13490	11893	8486	5114	3372
70-74岁	**342008**	**174141**	**167867**	**95580**	**52231**	**43349**	**30769**	**19144**	**11625**
70	102404	52699	49705	23873	13051	10822	8243	5093	3150
71	84658	43919	40739	22737	12436	10301	7437	4618	2819
72	58167	29447	28720	17853	9737	8116	5617	3519	2098
73	51842	25804	26038	17039	9389	7650	5140	3242	1898
74	44937	22272	22665	14078	7618	6460	4332	2672	1660
75-79岁	**163877**	**81729**	**82148**	**58006**	**30840**	**27166**	**17409**	**10269**	**7140**
75	38253	18740	19513	12055	6457	5598	3675	2168	1507
76	36696	18474	18222	12160	6406	5754	3747	2188	1559
77	32137	16112	16025	11796	6175	5621	3600	2120	1480
78	29201	14577	14624	11494	6047	5447	3328	1999	1329
79	27590	13826	13764	10501	5755	4746	3059	1794	1265
80-84岁	**83941**	**42716**	**41225**	**30702**	**17500**	**13202**	**10056**	**6546**	**3510**
80	23338	11833	11505	8365	4606	3759	2605	1657	948
81	18102	9199	8903	6613	3749	2864	2177	1349	828
82	17294	8876	8418	6260	3609	2651	2084	1386	698
83	13268	6804	6464	5075	2964	2111	1685	1132	553
84	11939	6004	5935	4389	2572	1817	1505	1022	483
85岁及以上	**48280**	**25164**	**23116**	**15795**	**9505**	**6290**	**4270**	**3009**	**1261**

4-1　续表 6　　单位：人

年　龄	大学本科			硕士研究生			博士研究生		
	小计	男	女	小计	男	女	小计	男	女
总　计	**2025967**	**988951**	**1037016**	**165758**	**74468**	**91290**	**24161**	**12636**	**11525**
3									
4									
5–9岁									
5									
6									
7									
8									
9									
10–14岁	**79**	**32**	**47**	**1**	**1**				
10	16	7	9						
11	10	4	6						
12	8	4	4						
13	21	10	11						
14	24	7	17	1	1				
15–19岁	**188615**	**83133**	**105482**	**85**	**49**	**36**	**31**	**24**	**7**
15	596	303	293				1	1	
16	1291	620	671				7	7	
17	13443	5273	8170	11	5	6	2	2	
18	73298	32173	41125	19	9	10	6	4	2
19	99987	44764	55223	55	35	20	15	10	5
20–24岁	**392632**	**179500**	**213132**	**30626**	**11576**	**19050**	**940**	**425**	**515**
20	110859	50140	60719	165	71	94	12	7	5
21	96232	44345	51887	1416	580	836	30	14	16
22	75969	35106	40863	6838	2559	4279	95	39	56
23	57498	26490	31008	10797	4025	6772	211	84	127
24	52074	23419	28655	11410	4341	7069	592	281	311
25–29岁	**280703**	**126402**	**154301**	**34324**	**13206**	**21118**	**5872**	**2745**	**3127**
25	52752	23493	29259	9771	3851	5920	1032	495	537
26	53289	23644	29645	7296	2847	4449	1290	562	728
27	57091	25960	31131	6243	2415	3828	1379	667	712
28	58893	26612	32281	5636	2114	3522	1180	549	631
29	58678	26693	31985	5378	1979	3399	991	472	519
30–34岁	**333352**	**157311**	**176041**	**34021**	**13742**	**20279**	**4723**	**2382**	**2341**
30	70385	32483	37902	6801	2625	4176	1124	560	564
31	68894	32108	36786	7104	2788	4316	984	495	489
32	66646	31433	35213	6845	2761	4084	935	451	484
33	67915	32424	35491	7103	2926	4177	866	448	418
34	59512	28863	30649	6168	2642	3526	814	428	386
35–39岁	**230552**	**114910**	**115642**	**26756**	**12234**	**14522**	**4283**	**2219**	**2064**
35	50494	24779	25715	5344	2345	2999	728	394	334
36	46585	23274	23311	5240	2394	2846	789	401	388
37	45810	22900	22910	5366	2396	2970	851	437	414
38	50202	25132	25070	6119	2831	3288	1026	518	508
39	37461	18825	18636	4687	2268	2419	889	469	420
40–44岁	**166984**	**81855**	**85129**	**15421**	**8013**	**7408**	**3266**	**1746**	**1520**
40	37093	18305	18788	4159	2066	2093	904	470	434
41	38528	18770	19758	3827	1981	1846	768	404	364
42	34625	16964	17661	3130	1626	1504	676	353	323
43	28143	13590	14553	2254	1195	1059	447	256	191
44	28595	14226	14369	2051	1145	906	471	263	208

4-1 续表 7 单位：人

年 龄	大学本科			硕士研究生			博士研究生		
	小计	男	女	小计	男	女	小计	男	女
45—49岁	**141879**	**73115**	**68764**	**9803**	**5637**	**4166**	**2020**	**1099**	**921**
45	27204	13609	13595	1893	1064	829	385	204	181
46	27081	13782	13299	1866	1084	782	407	206	201
47	29426	15148	14278	2075	1162	913	414	245	169
48	29734	15760	13974	2064	1213	851	437	241	196
49	28434	14816	13618	1905	1114	791	377	203	174
50—54岁	**101115**	**54705**	**46410**	**6731**	**4211**	**2520**	**1243**	**757**	**486**
50	25988	13911	12077	1741	1050	691	326	195	131
51	21687	11600	10087	1480	932	548	233	134	99
52	21490	11637	9853	1491	920	571	267	158	109
53	15142	8286	6856	958	625	333	186	118	68
54	16808	9271	7537	1061	684	377	231	152	79
55—59岁	**77424**	**45773**	**31651**	**4841**	**3388**	**1453**	**1139**	**773**	**366**
55	17980	10093	7887	1180	770	410	260	160	100
56	18306	10740	7566	1214	852	362	280	179	101
57	19638	11795	7843	1229	858	371	313	216	97
58	13100	7950	5150	763	576	187	182	136	46
59	8400	5195	3205	455	332	123	104	82	22
60—64岁	**37314**	**23098**	**14216**	**1613**	**1239**	**374**	**340**	**264**	**76**
60	9035	5621	3414	422	321	101	82	66	16
61	6625	4094	2531	287	222	65	48	36	12
62	7137	4456	2681	306	247	59	64	46	18
63	7141	4390	2751	302	227	75	67	55	12
64	7376	4537	2839	296	222	74	79	61	18
65—69岁	**30229**	**18682**	**11547**	**910**	**676**	**234**	**137**	**103**	**34**
65	7882	4930	2952	287	210	77	56	45	11
66	7719	4782	2937	258	184	74	29	20	9
67	5711	3476	2235	156	120	36	23	19	4
68	4865	3022	1843	123	97	26	14	8	6
69	4052	2472	1580	86	65	21	15	11	4
70—74岁	**16206**	**10532**	**5674**	**279**	**223**	**56**	**46**	**26**	**20**
70	4179	2630	1549	93	74	19	16	10	6
71	3825	2516	1309	67	51	16	11	6	5
72	2781	1818	963	55	47	8	7	5	2
73	2578	1683	895	30	23	7	5	3	2
74	2843	1885	958	34	28	6	7	2	5
75—79岁	**13868**	**9116**	**4752**	**148**	**119**	**29**	**41**	**27**	**14**
75	2745	1792	953	31	25	6	13	11	2
76	2927	1888	1039	36	29	7	8	6	2
77	2796	1864	932	27	23	4	9	3	6
78	2661	1781	880	30	26	4	7	5	2
79	2739	1791	948	24	16	8	4	2	2
80—84岁	**10469**	**7445**	**3024**	**112**	**88**	**24**	**43**	**21**	**22**
80	2543	1710	833	25	19	6	9	4	5
81	2333	1596	737	22	15	7	7	4	3
82	2200	1580	620	29	25	4	9	4	5
83	1812	1370	442	20	15	5	9	3	6
84	1581	1189	392	16	14	2	9	6	3
85岁及以上	**4546**	**3342**	**1204**	**87**	**66**	**21**	**37**	**25**	**12**

4-1a 全省分年龄、性别、受教育程度的3岁及以上人口(城市)

单位：人

年龄	3岁及以上人口			未上过学		
	合计	男	女	小计	男	女
总计	**10093960**	**4927003**	**5166957**	**116258**	**43837**	**72421**
3	83220	43086	40134	25116	13195	11921
4	88316	45485	42831	14733	7588	7145
5-9岁	**424516**	**220604**	**203912**	**8807**	**4591**	**4216**
5	69712	35912	33800	5632	2925	2707
6	95732	49867	45865	2232	1168	1064
7	85976	44467	41509	484	246	238
8	93581	48655	44926	265	142	123
9	79515	41703	37812	194	110	84
10-14岁	**421679**	**219817**	**201862**	**1343**	**740**	**603**
10	80087	41780	38307	231	129	102
11	81227	42387	38840	271	155	116
12	85347	44669	40678	277	141	136
13	90529	47306	43223	288	155	133
14	84489	43675	40814	276	160	116
15-19岁	**467766**	**240128**	**227638**	**787**	**487**	**300**
15	99712	50633	49079	181	115	66
16	105860	54320	51540	172	108	64
17	84664	42828	41836	123	68	55
18	86574	45307	41267	163	95	68
19	90956	47040	43916	148	101	47
20-24岁	**472232**	**236724**	**235508**	**826**	**477**	**349**
20	96172	49351	46821	178	103	75
21	87751	45298	42453	173	99	74
22	93454	46864	46590	146	86	60
23	94230	46244	47986	150	90	60
24	100625	48967	51658	179	99	80
25-29岁	**622041**	**305894**	**316147**	**887**	**519**	**368**
25	108943	53315	55628	158	89	69
26	112663	55085	57578	161	94	67
27	125920	62227	63693	178	114	64
28	132469	65390	67079	199	111	88
29	142046	69877	72169	191	111	80
30-34岁	**955555**	**471708**	**483847**	**1111**	**639**	**472**
30	185175	91099	94076	198	113	85
31	191930	94539	97391	237	132	105
32	189946	94025	95921	191	111	80
33	206082	102209	103873	264	159	105
34	182422	89836	92586	221	124	97
35-39岁	**802732**	**399019**	**403713**	**1039**	**604**	**435**
35	159115	79294	79821	197	116	81
36	152235	75897	76338	194	115	79
37	155538	77461	78077	233	134	99
38	184204	91364	92840	240	145	95
39	151640	75003	76637	175	94	81
40-44岁	**834250**	**413470**	**420780**	**1234**	**664**	**570**
40	161586	79998	81588	209	106	103
41	191807	94809	96998	269	141	128
42	173887	86580	87307	266	146	120
43	150121	74248	75873	212	114	98
44	156849	77835	79014	278	157	121

4-1a 续表 1

单位：人

年龄	3岁及以上人口			未上过学		
	合计	男	女	小计	男	女
45-49岁	**909403**	**446499**	**462904**	**1852**	**942**	**910**
45	151549	74512	77037	248	135	113
46	157733	77312	80421	313	159	154
47	188703	92470	96233	405	214	191
48	202478	100125	102353	428	217	211
49	208940	102080	106860	458	217	241
50-54岁	**944290**	**461826**	**482464**	**2783**	**1341**	**1442**
50	215802	105466	110336	533	250	283
51	197602	97066	100536	545	276	269
52	203093	99426	103667	596	296	300
53	155131	75816	79315	546	237	309
54	172662	84052	88610	563	282	281
55-59岁	**881576**	**430316**	**451260**	**3101**	**1224**	**1877**
55	188270	91861	96409	614	264	350
56	193002	94964	98038	640	274	366
57	222017	108445	113572	691	281	410
58	161913	79059	82854	589	216	373
59	116374	55987	60387	567	189	378
60-64岁	**709824**	**338918**	**370906**	**5221**	**1443**	**3778**
60	156380	75764	80616	851	288	563
61	124847	60171	64676	801	227	574
62	145994	70321	75673	1106	273	833
63	146314	68956	77358	1236	323	913
64	136289	63706	72583	1227	332	895
65-69岁	**615459**	**284142**	**331317**	**7044**	**1605**	**5439**
65	142157	66904	75253	1282	325	957
66	139409	64811	74598	1416	343	1073
67	118520	54258	64262	1404	306	1098
68	114402	52243	62159	1530	337	1193
69	100971	45926	55045	1412	294	1118
70-74岁	**366804**	**162949**	**203855**	**6526**	**1376**	**5150**
70	97655	44509	53146	1374	287	1087
71	87780	39754	48026	1440	310	1130
72	65211	28459	36752	1263	283	980
73	61456	26741	34715	1242	269	973
74	54702	23486	31216	1207	227	980
75-79岁	**227022**	**95023**	**131999**	**7340**	**1260**	**6080**
75	47824	20076	27748	1301	197	1104
76	48242	20133	28109	1466	274	1192
77	44572	18737	25835	1391	231	1160
78	43404	18113	25291	1482	253	1229
79	42980	17964	25016	1700	305	1395
80-84岁	**157456**	**65440**	**92016**	**10827**	**1927**	**8900**
80	38462	15996	22466	1885	321	1564
81	33824	14024	19800	2161	397	1764
82	33470	13872	19598	2397	431	1966
83	26727	11253	15474	2105	381	1724
84	24973	10295	14678	2279	397	1882
85岁及以上	**109819**	**45955**	**63864**	**15681**	**3215**	**12466**

4-1a 续表 2

单位：人

年龄	学前教育			小学		
	小计	男	女	小计	男	女
总计	**231371**	**119285**	**112086**	**1313922**	**590308**	**723614**
3	58104	29891	28213			
4	73583	37897	35686			
5-9岁	**93747**	**48700**	**45047**	**313685**	**162835**	**150850**
5	56951	29327	27624	7129	3660	3469
6	30429	16037	14392	61439	31783	29656
7	3945	2048	1897	79788	41222	38566
8	1576	832	744	89314	46382	42932
9	846	456	390	76015	39788	36227
10-14岁	**2886**	**1473**	**1413**	**194706**	**101870**	**92836**
10	702	361	341	75390	39330	36060
11	523	275	248	71680	37420	34260
12	450	236	214	31908	16934	14974
13	534	290	244	11422	5968	5454
14	677	311	366	4306	2218	2088
15-19岁	**1163**	**617**	**546**	**9357**	**5041**	**4316**
15	554	291	263	1998	1064	934
16	380	199	181	2089	1123	966
17	95	46	49	1885	978	907
18	71	50	21	1803	986	817
19	63	31	32	1582	890	692
20-24岁	**224**	**114**	**110**	**7195**	**4036**	**3159**
20	56	31	25	1448	805	643
21	30	13	17	1152	665	487
22	33	14	19	1322	738	584
23	45	21	24	1498	855	643
24	60	35	25	1775	973	802
25-29岁	**160**	**67**	**93**	**15515**	**8593**	**6922**
25	53	24	29	2220	1254	966
26	43	16	27	2343	1296	1047
27	19	12	7	3118	1756	1362
28	19	6	13	3583	2016	1567
29	26	9	17	4251	2271	1980
30-34岁	**134**	**53**	**81**	**33562**	**17670**	**15892**
30	34	15	19	5975	3202	2773
31	32	11	21	6548	3445	3103
32	32	11	21	6748	3583	3165
33	20	10	10	7638	4019	3619
34	16	6	10	6653	3421	3232
35-39岁	**83**	**40**	**43**	**25933**	**13343**	**12590**
35	23	11	12	5704	3056	2648
36	21	8	13	5043	2551	2492
37	12	7	5	4736	2441	2295
38	19	9	10	5524	2848	2676
39	8	5	3	4926	2447	2479
40-44岁	**73**	**35**	**38**	**35474**	**17441**	**18033**
40	16	7	9	5863	2861	3002
41	16	9	7	7763	3788	3975
42	14	9	5	7124	3545	3579
43	11	5	6	6812	3376	3436
44	16	5	11	7912	3871	4041

4－1a 续表 3

单位：人

年 龄	学前教育			小 学		
	小计	男	女	小计	男	女
45－49岁	**66**	**34**	**32**	**54931**	**25888**	**29043**
45	11	6	5	8214	4010	4204
46	14	6	8	9168	4349	4819
47	13	8	5	11233	5262	5971
48	15	7	8	12643	5940	6703
49	13	7	6	13673	6327	7346
50－54岁	**90**	**44**	**46**	**80971**	**37221**	**43750**
50	20	10	10	15871	7301	8570
51	17	6	11	16149	7533	8616
52	16	10	6	17557	8150	9407
53	20	11	9	14850	6757	8093
54	17	7	10	16544	7480	9064
55－59岁	**126**	**56**	**70**	**76652**	**33331**	**43321**
55	30	9	21	16702	7641	9061
56	21	7	14	16146	7186	8960
57	29	11	18	18275	8009	10266
58	25	16	9	14598	6053	8545
59	21	13	8	10931	4442	6489
60－64岁	**115**	**44**	**71**	**81715**	**32249**	**49466**
60	24	9	15	15619	6437	9182
61	16	4	12	13692	5628	8064
62	22	10	12	16724	6680	10044
63	28	8	20	18102	7060	11042
64	25	13	12	17578	6444	11134
65－69岁	**124**	**43**	**81**	**103489**	**37171**	**66318**
65	31	9	22	20474	7652	12822
66	19	10	9	21615	7885	13730
67	27	9	18	20470	7440	13030
68	28	7	21	20688	7311	13377
69	19	8	11	20242	6883	13359
70－74岁	**149**	**41**	**108**	**95286**	**32142**	**63144**
70	42	14	28	21079	7243	13836
71	29	8	21	22259	7796	14463
72	25	7	18	18284	6105	12179
73	28	4	24	17793	5925	11868
74	25	8	17	15871	5073	10798
75－79岁	**141**	**35**	**106**	**71135**	**22539**	**48596**
75	23	6	17	14185	4625	9560
76	39	10	29	14712	4593	10119
77	26	7	19	13594	4314	9280
78	21	7	14	13791	4322	9469
79	32	5	27	14853	4685	10168
80－84岁	**177**	**40**	**137**	**63766**	**20573**	**43193**
80	34	8	26	14209	4457	9752
81	45	11	34	13777	4459	9318
82	33	4	29	13946	4486	9460
83	30	8	22	11172	3694	7478
84	35	9	26	10662	3477	7185
85岁及以上	**226**	**61**	**165**	**50550**	**18365**	**32185**

4-1a　续表 4

单位：人

年　龄	初　中			高　中			大学专科		
	小计	男	女	小计	男	女	小计	男	女
总　计	**3457142**	**1686051**	**1771091**	**2528875**	**1264097**	**1264778**	**1097458**	**557348**	**540110**
3									
4									
5-9岁	**8248**	**4457**	**3791**	**29**	**21**	**8**			
5									
6	1632	879	753						
7	1759	951	808						
8	2410	1287	1123	16	12	4			
9	2447	1340	1107	13	9	4			
10-14岁	**208148**	**108730**	**99418**	**14323**	**6893**	**7430**	**223**	**91**	**132**
10	3720	1936	1784	23	17	6	9	3	6
11	8699	4512	4187	36	20	16	11	2	9
12	52635	27320	25315	64	32	32	6	3	3
13	75682	39488	36194	2571	1391	1180	18	7	11
14	67412	35474	31938	11629	5433	6196	179	76	103
15-19岁	**68838**	**37873**	**30965**	**257222**	**131503**	**125719**	**49039**	**24975**	**24064**
15	29607	15883	13724	65004	32181	32823	2036	941	1095
16	15777	8572	7205	83356	42284	41072	3432	1698	1734
17	8665	4841	3824	63320	31995	31325	4969	2503	2466
18	7467	4322	3145	29599	16419	13180	16314	8413	7901
19	7322	4255	3067	15943	8624	7319	22288	11420	10868
20-24岁	**65303**	**35443**	**29860**	**77157**	**41944**	**35213**	**104566**	**51590**	**52976**
20	8749	4989	3760	14639	7945	6694	21324	10660	10664
21	9817	5462	4355	12846	7015	5831	17641	8896	8745
22	12869	7050	5819	15179	8293	6886	20583	10130	10453
23	15114	8036	7078	16380	8891	7489	21795	10632	11163
24	18754	9906	8848	18113	9800	8313	23223	11272	11951
25-29岁	**148366**	**77356**	**71010**	**125882**	**67022**	**58860**	**133311**	**65746**	**67565**
25	22085	11702	10383	20748	11082	9666	24848	12278	12570
26	24621	12861	11760	22163	12011	10152	24906	12243	12663
27	29588	15558	14030	25856	13807	12049	27205	13350	13855
28	32965	17142	15823	27319	14588	12731	27736	13747	13989
29	39107	20093	19014	29796	15534	14262	28616	14128	14488
30-34岁	**299393**	**151390**	**148003**	**211527**	**107840**	**103687**	**175428**	**86430**	**88998**
30	54963	28334	26629	39345	20105	19240	36490	17862	18628
31	58599	29746	28853	42212	21653	20559	36294	17772	18522
32	58129	29403	28726	42424	21721	20703	35457	17621	17836
33	66883	33677	33206	46788	23830	22958	36241	17981	18260
34	60819	30230	30589	40758	20531	20227	30946	15194	15752
35-39岁	**282758**	**141578**	**141180**	**190924**	**95639**	**95285**	**127959**	**62720**	**65239**
35	55363	27759	27604	35086	17835	17251	25739	12789	12950
36	53895	26956	26939	33857	17164	16693	24470	12090	12380
37	54698	27572	27126	36212	18065	18147	24992	12183	12809
38	64581	32255	32326	46029	22945	23084	29229	14274	14955
39	54221	27036	27185	39740	19630	20110	23529	11384	12145
40-44岁	**318489**	**158321**	**160168**	**234204**	**116534**	**117670**	**119589**	**58756**	**60833**
40	58630	29292	29338	43853	21585	22268	24536	12036	12500
41	72617	35994	36623	54476	27177	27299	27677	13579	14098
42	65324	32698	32626	49486	24704	24782	25797	12748	13049
43	58989	29307	29682	42520	21164	21356	20708	10085	10623
44	62929	31030	31899	43869	21904	21965	20871	10308	10563

4-1a 续表 5

单位：人

年龄	初中			高中			大学专科		
	小计	男	女	小计	男	女	小计	男	女
45-49岁	**382398**	**183480**	**198918**	**258465**	**128266**	**130199**	**106235**	**53216**	**53019**
45	61117	29641	31476	42659	21214	21445	19287	9466	9821
46	65010	31107	33903	44140	21787	22353	19322	9780	9542
47	79242	37860	41382	53699	26653	27046	22133	11155	10978
48	86183	41418	44765	57985	29110	28875	22833	11428	11405
49	90846	43454	47392	59982	29502	30480	22660	11387	11273
50-54岁	**431161**	**207657**	**223504**	**272114**	**132695**	**139419**	**83123**	**42509**	**40614**
50	96571	46019	50552	61858	30506	31352	21786	11093	10693
51	89961	43396	46565	56857	28029	28828	18012	9161	8851
52	93317	44993	48324	58151	28314	29837	17669	9035	8634
53	72544	35247	37297	44004	21252	22752	12306	6295	6011
54	78768	38002	40766	51244	24594	26650	13350	6925	6425
55-59岁	**349009**	**169333**	**179676**	**327141**	**156243**	**170898**	**69244**	**36518**	**32726**
55	80980	39359	41621	62366	29709	32657	14529	7481	7048
56	77215	37765	39450	69865	33573	36292	15742	8193	7549
57	85861	41853	44008	84974	40184	44790	17855	9469	8386
58	61476	29803	31673	63053	30310	32743	12655	6814	5841
59	43477	20553	22924	46883	22467	24416	8463	4561	3902
60-64岁	**273444**	**127902**	**145542**	**277679**	**135099**	**142580**	**44632**	**25308**	**19324**
60	59088	28164	30924	64067	30938	33129	10235	5859	4376
61	46865	22241	24624	51167	24884	26283	7601	4266	3335
62	55968	26343	29625	58057	28582	29475	8868	5102	3766
63	57443	26455	30988	55335	26821	28514	8960	5074	3886
64	54080	24699	29381	49053	23874	25179	8968	5007	3961
65-69岁	**293227**	**133444**	**159783**	**148719**	**74951**	**73768**	**40554**	**23112**	**17442**
65	58019	26399	31620	47264	23459	23805	9317	5402	3915
66	62236	28024	34212	38417	19391	19026	10041	5650	4391
67	58703	26294	32409	25658	13112	12546	8093	4557	3536
68	60620	27782	32838	20725	10550	10175	7159	3998	3161
69	53649	24945	28704	16655	8439	8216	5944	3505	2439
70-74岁	**168250**	**76020**	**92230**	**63179**	**32633**	**30546**	**21476**	**12976**	**8500**
70	50702	23436	27266	15632	8099	7533	5769	3481	2288
71	41085	18943	22142	14963	7744	7219	5175	3112	2063
72	27854	12294	15560	11797	6015	5782	3922	2387	1535
73	25586	11214	14372	11344	5934	5410	3576	2171	1405
74	23023	10133	12890	9443	4841	4602	3034	1825	1209
75-79岁	**86839**	**38087**	**48752**	**38929**	**19307**	**19622**	**12168**	**6924**	**5244**
75	19618	8436	11182	8056	4004	4052	2601	1490	1111
76	18969	8283	10686	8155	4034	4121	2655	1492	1163
77	16993	7467	9526	7965	3889	4076	2492	1417	1075
78	15993	7042	8951	7796	3807	3989	2313	1335	978
79	15266	6859	8407	6957	3573	3384	2107	1190	917
80-84岁	**46757**	**21460**	**25297**	**20924**	**11294**	**9630**	**6940**	**4408**	**2532**
80	12954	5881	7073	5689	2945	2744	1739	1086	653
81	9967	4562	5405	4504	2408	2096	1538	920	618
82	9692	4456	5236	4262	2334	1928	1452	939	513
83	7420	3451	3969	3447	1915	1532	1166	759	407
84	6724	3110	3614	3022	1692	1330	1045	704	341
85岁及以上	**26514**	**13520**	**12994**	**10457**	**6213**	**4244**	**2971**	**2069**	**902**

4-1a　续表 6　　　　　　　　　　单位：人

年　龄	大学本科			硕士研究生			博士研究生		
	小计	男	女	小计	男	女	小计	男	女
总　计	**1228873**	**610329**	**618544**	**104160**	**47377**	**56783**	**15901**	**8371**	**7530**
3									
4									
5–9岁									
5									
6									
7									
8									
9									
10–14岁	**50**	**20**	**30**						
10	12	4	8						
11	7	3	4						
12	7	3	4						
13	14	7	7						
14	10	3	7						
15–19岁	**81292**	**39586**	**41706**	**51**	**34**	**17**	**17**	**12**	**5**
15	331	157	174				1	1	
16	653	335	318				1	1	
17	5600	2393	3207	5	2	3	2	2	
18	31140	15012	16128	12	6	6	5	4	1
19	43568	21689	21879	34	26	8	8	4	4
20–24岁	**198495**	**95609**	**102886**	**17884**	**7224**	**10660**	**582**	**287**	**295**
20	49695	24790	24905	79	25	54	4	3	1
21	45379	22853	22526	699	288	411	14	7	7
22	39473	19038	20435	3793	1493	2300	56	22	34
23	32712	15085	17627	6405	2578	3827	131	56	75
24	31236	13843	17393	6908	2840	4068	377	199	178
25–29岁	**172685**	**76567**	**96118**	**21528**	**8259**	**13269**	**3707**	**1765**	**1942**
25	32092	14095	17997	6091	2457	3634	648	334	314
26	32956	14355	18601	4649	1835	2814	821	374	447
27	35154	15726	19428	3925	1478	2447	877	426	451
28	36377	16151	20226	3533	1305	2228	738	324	414
29	36106	16240	19866	3330	1184	2146	623	307	316
30–34岁	**210601**	**97934**	**112667**	**20734**	**8179**	**12555**	**3065**	**1573**	**1492**
30	43254	19514	23740	4184	1585	2599	732	369	363
31	43010	19769	23241	4342	1679	2663	656	332	324
32	42215	19640	22575	4130	1623	2507	620	312	308
33	43395	20531	22864	4314	1715	2599	539	287	252
34	38727	18480	20247	3764	1577	2187	518	273	245
35–39岁	**154174**	**75984**	**78190**	**16983**	**7644**	**9339**	**2879**	**1467**	**1412**
35	33181	16014	17167	3346	1452	1894	476	262	214
36	30895	15278	15617	3327	1473	1854	533	262	271
37	30731	15306	15425	3350	1467	1883	574	286	288
38	33943	16754	17189	3957	1798	2159	682	336	346
39	25424	12632	12792	3003	1454	1549	614	321	293
40–44岁	**112729**	**55226**	**57503**	**10214**	**5306**	**4908**	**2244**	**1187**	**1057**
40	25216	12456	12760	2670	1350	1320	593	305	288
41	25923	12545	13378	2545	1315	1230	521	261	260
42	23298	11410	11888	2105	1068	1037	473	252	221
43	19064	9227	9837	1493	791	702	312	179	133
44	19228	9588	9640	1401	782	619	345	190	155

4-1a 续表 7　　单位：人

年龄	大学本科			硕士研究生			博士研究生		
	小计	男	女	小计	男	女	小计	男	女
45—49岁	**97101**	**49879**	**47222**	**6921**	**4025**	**2896**	**1434**	**769**	**665**
45	18369	9137	9232	1371	767	604	273	136	137
46	18186	9217	8969	1297	764	533	283	143	140
47	20198	10316	9882	1477	829	648	303	173	130
48	20652	10976	9676	1440	866	574	299	163	136
49	19696	10233	9463	1336	799	537	276	154	122
50—54岁	**68618**	**36972**	**31646**	**4581**	**2881**	**1700**	**849**	**506**	**343**
50	17708	9417	8291	1227	738	489	228	132	96
51	14886	7937	6949	1015	638	377	160	90	70
52	14589	7890	6699	1019	635	384	179	103	76
53	10111	5528	4583	626	407	219	124	82	42
54	11324	6200	5124	694	463	231	158	99	59
55—59岁	**52366**	**30861**	**21505**	**3203**	**2247**	**956**	**734**	**503**	**231**
55	12085	6765	5320	801	531	270	163	102	61
56	12395	7296	5099	800	555	245	178	115	63
57	13332	7938	5394	796	559	237	204	141	63
58	8888	5372	3516	511	386	125	118	89	29
59	5666	3490	2176	295	216	79	71	56	15
60—64岁	**25771**	**15902**	**9869**	**1031**	**800**	**231**	**216**	**171**	**45**
60	6160	3808	2352	283	217	66	53	44	9
61	4504	2766	1738	172	136	36	29	19	10
62	5015	3138	1877	196	163	33	38	30	8
63	4980	3038	1942	191	143	48	39	34	5
64	5112	3152	1960	189	141	48	57	44	13
65—69岁	**21604**	**13301**	**8303**	**614**	**450**	**164**	**84**	**65**	**19**
65	5535	3478	2057	200	151	49	35	29	6
66	5476	3380	2096	168	114	54	21	14	7
67	4048	2450	1598	105	80	25	12	10	2
68	3555	2184	1371	89	68	21	8	6	2
69	2990	1809	1181	52	37	15	8	6	2
70—74岁	**11734**	**7603**	**4131**	**175**	**141**	**34**	**29**	**17**	**12**
70	2993	1898	1095	54	45	9	10	6	4
71	2774	1802	972	47	35	12	8	4	4
72	2025	1332	693	35	31	4	6	5	1
73	1865	1207	658	19	15	4	3	2	1
74	2077	1364	713	20	15	5	2		2
75—79岁	**10338**	**6766**	**3572**	**104**	**84**	**20**	**28**	**21**	**7**
75	2012	1295	717	20	16	4	8	7	1
76	2216	1421	795	24	21	3	6	5	1
77	2086	1394	692	18	15	3	7	3	4
78	1979	1322	657	25	21	4	4	4	
79	2045	1334	711	17	11	6	3	2	1
80—84岁	**7969**	**5665**	**2304**	**78**	**58**	**20**	**18**	**15**	**3**
80	1930	1282	648	18	13	5	4	3	1
81	1812	1255	557	17	10	7	3	2	1
82	1665	1202	463	19	16	3	4	4	
83	1370	1033	337	14	10	4	3	2	1
84	1192	893	299	10	9	1	4	4	
85岁及以上	**3346**	**2454**	**892**	**59**	**45**	**14**	**15**	**13**	**2**

4-1b 全省分年龄、性别、受教育程度的3岁及以上人口(镇)

单位：人

年龄	3岁及以上人口			未上过学		
	合计	男	女	小计	男	女
总计	**4685220**	**2307674**	**2377546**	**74621**	**26797**	**47824**
3	43036	22126	20910	13673	7152	6521
4	45049	23225	21824	7660	4021	3639
5-9岁	**217196**	**112576**	**104620**	**4417**	**2312**	**2105**
5	36247	18600	17647	2852	1475	1377
6	48966	25579	23387	1052	547	505
7	43852	22617	21235	231	128	103
8	47363	24541	22822	158	89	69
9	40768	21239	19529	124	73	51
10-14岁	**216380**	**111469**	**104911**	**797**	**436**	**361**
10	41681	21500	20181	156	83	73
11	42010	21885	20125	147	84	63
12	43519	22195	21324	180	105	75
13	45316	23463	21853	173	91	82
14	43854	22426	21428	141	73	68
15-19岁	**264335**	**132882**	**131453**	**441**	**259**	**182**
15	52438	27178	25260	96	61	35
16	54304	28162	26142	92	49	43
17	43853	22421	21432	98	55	43
18	54468	26935	27533	88	52	36
19	59272	28186	31086	67	42	25
20-24岁	**235377**	**114037**	**121340**	**510**	**296**	**214**
20	59369	28071	31298	110	61	49
21	47514	22754	24760	113	66	47
22	43743	21344	22399	107	56	51
23	41528	20550	20978	89	59	30
24	43223	21318	21905	91	54	37
25-29岁	**282949**	**140950**	**141999**	**528**	**294**	**234**
25	46986	23407	23579	107	66	41
26	48613	24014	24599	92	49	43
27	56417	28268	28149	100	57	43
28	61742	30691	31051	100	52	48
29	69191	34570	34621	129	70	59
30-34岁	**461226**	**229712**	**231514**	**730**	**396**	**334**
30	91921	45947	45974	150	78	72
31	94426	46775	47651	148	80	68
32	91496	45642	45854	146	79	67
33	98477	49001	49476	157	82	75
34	84906	42347	42559	129	77	52
35-39岁	**362475**	**182102**	**180373**	**637**	**347**	**290**
35	73137	36761	36376	119	67	52
36	70371	35144	35227	108	63	45
37	70118	35162	34956	147	79	68
38	82084	41536	40548	140	74	66
39	66765	33499	33266	123	64	59
40-44岁	**368999**	**186004**	**182995**	**739**	**397**	**342**
40	71318	35590	35728	132	69	63
41	85448	42947	42501	155	87	68
42	75747	38352	37395	145	83	62
43	66145	33558	32587	146	71	75
44	70341	35557	34784	161	87	74

4-1b 续表 1　　单位：人

年　龄	3岁及以上人口			未上过学		
	合计	男	女	小计	男	女
45-49岁	**409943**	**203708**	**206235**	**1184**	**550**	**634**
45	67974	33956	34018	170	88	82
46	73171	36311	36860	191	94	97
47	84089	41716	42373	246	109	137
48	90883	45343	45540	288	128	160
49	93826	46382	47444	289	131	158
50-54岁	**443750**	**220455**	**223295**	**1871**	**848**	**1023**
50	99105	49003	50102	321	140	181
51	90080	44985	45095	344	163	181
52	95225	47361	47864	421	190	231
53	76675	38363	38312	352	164	188
54	82665	40743	41922	433	191	242
55-59岁	**394610**	**194476**	**200134**	**2250**	**810**	**1440**
55	87694	43485	44209	446	183	263
56	86595	42979	43616	447	160	287
57	96826	48017	48809	507	200	307
58	72957	35682	37275	478	166	312
59	50538	24313	26225	372	101	271
60-64岁	**303518**	**146202**	**157316**	**4237**	**1079**	**3158**
60	66863	32658	34205	641	162	479
61	53188	25965	27223	632	186	446
62	61327	29838	31489	884	238	646
63	63330	30009	33321	1058	265	793
64	58810	27732	31078	1022	228	794
65-69岁	**268119**	**125805**	**142314**	**6507**	**1392**	**5115**
65	61174	29189	31985	1170	261	909
66	59246	28133	31113	1253	277	976
67	52111	24292	27819	1264	256	1008
68	50578	23636	26942	1409	302	1107
69	45010	20555	24455	1411	296	1115
70-74岁	**162455**	**72662**	**89793**	**6164**	**1297**	**4867**
70	43050	19721	23329	1264	252	1012
71	38961	17656	21305	1348	304	1044
72	29149	13038	16111	1188	275	913
73	27185	11860	15325	1154	223	931
74	24110	10387	13723	1210	243	967
75-79岁	**97854**	**42196**	**55658**	**6356**	**1163**	**5193**
75	21284	9075	12209	1113	199	914
76	20980	8987	11993	1291	226	1065
77	19246	8297	10949	1237	220	1017
78	18192	7936	10256	1287	262	1025
79	18152	7901	10251	1428	256	1172
80-84岁	**65027**	**28288**	**36739**	**7421**	**1642**	**5779**
80	16244	7075	9169	1427	297	1130
81	13928	6107	7821	1540	352	1188
82	13751	6003	7748	1674	370	1304
83	11107	4849	6258	1404	332	1072
84	9997	4254	5743	1376	291	1085
85岁及以上	**42922**	**18799**	**24123**	**8499**	**2106**	**6393**

4-1b　续表 2　　　　单位：人

年　龄	学前教育			小　学		
	小计	男	女	小计	男	女
总　计	**117244**	**60203**	**57041**	**784157**	**354119**	**430038**
3	29363	14974	14389			
4	37389	19204	18185			
5–9岁	**47464**	**24649**	**22815**	**161396**	**83532**	**77864**
5	29404	15066	14338	3991	2059	1932
6	15173	8094	7079	31963	16557	15406
7	1836	946	890	40931	21102	19829
8	693	351	342	45381	23490	21891
9	358	192	166	39130	20324	18806
10–14岁	**1374**	**677**	**697**	**101232**	**52450**	**48782**
10	323	163	160	39418	20295	19123
11	271	146	125	37396	19496	17900
12	228	103	125	16398	8514	7884
13	248	117	131	5759	3003	2756
14	304	148	156	2261	1142	1119
15–19岁	**536**	**272**	**264**	**4351**	**2331**	**2020**
15	255	136	119	1003	513	490
16	173	82	91	959	504	455
17	49	25	24	820	436	384
18	35	17	18	829	449	380
19	24	12	12	740	429	311
20–24岁	**103**	**58**	**45**	**3930**	**2100**	**1830**
20	20	12	8	732	397	335
21	20	8	12	626	339	287
22	16	9	7	708	368	340
23	18	10	8	846	455	391
24	29	19	10	1018	541	477
25–29岁	**77**	**32**	**45**	**9903**	**5266**	**4637**
25	23	9	14	1268	701	567
26	18	8	10	1496	787	709
27	9	5	4	1923	1031	892
28	13	6	7	2355	1238	1117
29	14	4	10	2861	1509	1352
30–34岁	**88**	**32**	**56**	**22852**	**11576**	**11276**
30	9	2	7	4205	2241	1964
31	26	11	15	4531	2330	2201
32	23	11	12	4521	2226	2295
33	16	5	11	5215	2621	2594
34	14	3	11	4380	2158	2222
35–39岁	**38**	**12**	**26**	**16913**	**8349**	**8564**
35	8	2	6	3556	1733	1823
36	6	3	3	3302	1653	1649
37	6	2	4	3103	1554	1549
38	9		9	3620	1782	1838
39	9	5	4	3332	1627	1705
40–44岁	**33**	**20**	**13**	**23407**	**11260**	**12147**
40	7	4	3	3934	1858	2076
41	8	5	3	5262	2546	2716
42	6	3	3	4569	2254	2315
43	8	5	3	4401	2111	2290
44	4	3	1	5241	2491	2750

4-1b 续表 3

单位：人

年 龄	学前教育			小 学		
	小计	男	女	小计	男	女
45-49岁	**40**	**18**	**22**	**37454**	**17407**	**20047**
45	8	4	4	5423	2551	2872
46	9	3	6	6352	2963	3389
47	9	3	6	7495	3484	4011
48	9	4	5	8643	4038	4605
49	5	4	1	9541	4371	5170
50-54岁	**48**	**20**	**28**	**57103**	**25873**	**31230**
50	15	3	12	10895	4863	6032
51	5	4	1	11150	5165	5985
52	8	5	3	12467	5569	6898
53	7	2	5	10883	5050	5833
54	13	6	7	11708	5226	6482
55-59岁	**55**	**19**	**36**	**55548**	**23940**	**31608**
55	11	4	7	12120	5453	6667
56	9		9	11747	5072	6675
57	20	9	11	13105	5784	7321
58	10	3	7	10633	4448	6185
59	5	3	2	7943	3183	4760
60-64岁	**62**	**25**	**37**	**60178**	**23898**	**36280**
60	12	6	6	11332	4613	6719
61	8	5	3	9781	3979	5802
62	6	3	3	12239	5003	7236
63	18	6	12	13567	5311	8256
64	18	5	13	13259	4992	8267
65-69岁	**112**	**43**	**69**	**76516**	**29222**	**47294**
65	27	8	19	15465	5962	9503
66	18	6	12	15757	6073	9684
67	22	9	13	15132	5821	9311
68	27	10	17	15622	5989	9633
69	18	10	8	14540	5377	9163
70-74岁	**113**	**44**	**69**	**61810**	**22329**	**39481**
70	21	10	11	14663	5375	9288
71	24	8	16	14569	5307	9262
72	26	9	17	11733	4292	7441
73	27	13	14	11084	3979	7105
74	15	4	11	9761	3376	6385
75-79岁	**119**	**36**	**83**	**40448**	**14327**	**26121**
75	24	4	20	8702	2991	5711
76	23	13	10	8610	3008	5602
77	22	5	17	7743	2686	5057
78	19	9	10	7614	2760	4854
79	31	5	26	7779	2882	4897
80-84岁	**113**	**30**	**83**	**30478**	**11589**	**18889**
80	25	9	16	7325	2702	4623
81	24	5	19	6528	2547	3981
82	24	4	20	6612	2551	4061
83	17	5	12	5334	2031	3303
84	23	7	16	4679	1758	2921
85岁及以上	**117**	**38**	**79**	**20638**	**8670**	**11968**

4-1b　续表 4　　　　单位：人

年　龄	初　中			高　中			大学专科		
	小计	男	女	小计	男	女	小计	男	女
总　计	**1754607**	**878738**	**875869**	**895596**	**461551**	**434045**	**461622**	**241768**	**219854**
3									
4									
5-9岁	**3906**	**2075**	**1831**	**13**	**8**	**5**			
5									
6	778	381	397						
7	854	441	413						
8	1123	606	517	8	5	3			
9	1151	647	504	5	3	2			
10-14岁	**105740**	**54411**	**51329**	**7150**	**3450**	**3700**	**68**	**37**	**31**
10	1775	953	822	7	5	2			
11	4189	2157	2032	6	1	5			
12	26685	13458	13227	24	14	10	4	1	3
13	38015	19619	18396	1108	629	479	7	2	5
14	35076	18224	16852	6005	2801	3204	57	34	23
15-19岁	**33584**	**18778**	**14806**	**131347**	**68982**	**62365**	**38760**	**20160**	**18600**
15	14521	7984	6537	35601	17952	17649	838	465	373
16	7462	4010	3452	44164	22703	21461	1138	674	464
17	4261	2362	1899	31306	16391	14915	3658	1857	1801
18	3705	2202	1503	13654	7901	5753	15415	8049	7366
19	3635	2220	1415	6622	4035	2587	17711	9115	8596
20-24岁	**32961**	**18068**	**14893**	**30451**	**17364**	**13087**	**51284**	**26898**	**24386**
20	4292	2567	1725	5710	3445	2265	13899	7281	6618
21	4824	2727	2097	4976	2844	2132	8968	4880	4088
22	6383	3486	2897	5981	3381	2600	9119	4803	4316
23	7803	4179	3624	6612	3675	2937	9391	4924	4467
24	9659	5109	4550	7172	4019	3153	9907	5010	4897
25-29岁	**80263**	**40761**	**39502**	**49767**	**27009**	**22758**	**59775**	**30808**	**28967**
25	11422	6012	5410	8036	4452	3584	10791	5538	5253
26	12515	6430	6085	8600	4683	3917	10522	5354	5168
27	15896	8059	7837	10062	5469	4593	11912	6108	5804
28	18269	9130	9139	10831	5847	4984	12710	6527	6183
29	22161	11130	11031	12238	6558	5680	13840	7281	6559
30-34岁	**175537**	**87823**	**87714**	**80056**	**41288**	**38768**	**74705**	**38096**	**36609**
30	31897	16089	15808	15998	8299	7699	17310	8858	8452
31	34457	17224	17233	16627	8481	8146	16378	8435	7943
32	34293	17253	17040	16096	8371	7725	14657	7466	7191
33	39404	19635	19769	16934	8698	8236	14629	7429	7200
34	35486	17622	17864	14401	7439	6962	11731	5908	5823
35-39岁	**162632**	**81643**	**80989**	**64731**	**32927**	**31804**	**45340**	**22631**	**22709**
35	32205	16170	16035	12116	6282	5834	9365	4711	4654
36	31727	15670	16057	11838	6013	5825	8743	4390	4353
37	31300	15761	15539	12283	6255	6028	8798	4365	4433
38	36979	18715	18264	15366	7798	7568	10253	5167	5086
39	30421	15327	15094	13128	6579	6549	8181	3998	4183
40-44岁	**174748**	**88670**	**86078**	**77241**	**39624**	**37617**	**43918**	**21917**	**22001**
40	32783	16485	16298	14695	7458	7237	8578	4224	4354
41	40335	20445	19890	18073	9232	8841	10197	4968	5229
42	35575	18172	17403	15987	8202	7785	9243	4583	4660
43	31828	16219	15609	13982	7263	6719	7840	4058	3782
44	34227	17349	16878	14504	7469	7035	8060	4084	3976

4-1b 续表 5

单位：人

年 龄	初中			高中			大学专科		
	小计	男	女	小计	男	女	小计	男	女
45－49岁	**207352**	**102118**	**105234**	**84521**	**42798**	**41723**	**40594**	**20732**	**19862**
45	33403	16582	16821	13972	7166	6806	7505	3778	3727
46	36298	17814	18484	14905	7587	7318	7732	3903	3829
47	42395	20732	21663	17552	8901	8651	8362	4295	4067
48	46907	23095	23812	18550	9522	9028	8547	4396	4151
49	48349	23895	24454	19542	9622	9920	8448	4360	4088
50－54岁	**230893**	**114712**	**116181**	**92008**	**45978**	**46030**	**33694**	**17556**	**16138**
50	51716	25494	26222	20579	10278	10301	8346	4288	4058
51	46810	23284	23526	18788	9501	9287	7110	3643	3467
52	49514	24732	24782	19696	9851	9845	7129	3717	3412
53	40528	20225	20303	15318	7704	7614	5322	2890	2432
54	42325	20977	21348	17627	8644	8983	5787	3018	2769
55－59岁	**182520**	**90348**	**92172**	**104055**	**50720**	**53335**	**28739**	**15772**	**12967**
55	43581	21768	21813	20198	9823	10375	6277	3378	2899
56	40813	20432	20381	21953	10775	11178	6546	3535	3011
57	44131	21936	22195	26350	12777	13573	7290	3987	3303
58	32605	15933	16672	20492	9973	10519	5176	2948	2228
59	21390	10279	11111	15062	7372	7690	3450	1924	1526
60－64岁	**124558**	**60847**	**63711**	**88065**	**44468**	**43597**	**16554**	**9690**	**6864**
60	28102	13911	14191	20504	10187	10317	3820	2241	1579
61	21715	10649	11066	16253	8253	8000	2984	1743	1241
62	24684	12193	12491	18317	9318	8999	3379	1949	1430
63	26094	12538	13556	17510	8821	8689	3240	1892	1348
64	23963	11556	12407	15481	7889	7592	3131	1865	1266
65－69岁	**117628**	**57777**	**59851**	**46188**	**24579**	**21609**	**14019**	**8336**	**5683**
65	24486	11918	12568	14706	7782	6924	3374	2051	1323
66	25082	12299	12783	11770	6274	5496	3516	2055	1461
67	23517	11471	12046	8049	4293	3756	2766	1597	1169
68	23569	11730	11839	6480	3504	2976	2378	1413	965
69	20974	10359	10615	5183	2726	2457	1985	1220	765
70－74岁	**64595**	**31664**	**32931**	**19175**	**10489**	**8686**	**6998**	**4474**	**2524**
70	19317	9550	9767	4875	2697	2178	1921	1217	704
71	15987	7986	8001	4534	2425	2109	1683	1076	607
72	10839	5326	5513	3501	1917	1584	1248	813	435
73	9724	4577	5147	3462	1923	1539	1167	759	408
74	8728	4225	4503	2803	1527	1276	979	609	370
75－79岁	**32362**	**15916**	**16446**	**11668**	**6350**	**5318**	**3989**	**2470**	**1519**
75	7581	3645	3936	2447	1335	1112	802	481	321
76	7186	3540	3646	2441	1286	1155	846	524	322
77	6429	3193	3236	2370	1284	1086	861	531	330
78	5695	2813	2882	2245	1221	1024	766	492	274
79	5471	2725	2746	2165	1224	941	714	442	272
80－84岁	**16516**	**8392**	**8124**	**6136**	**3632**	**2504**	**2298**	**1538**	**760**
80	4635	2339	2296	1665	955	710	659	420	239
81	3614	1835	1779	1321	771	550	464	307	157
82	3282	1684	1598	1259	769	490	465	323	142
83	2577	1327	1250	1023	609	414	386	271	115
84	2408	1207	1201	868	528	340	324	217	107
85岁及以上	**8812**	**4735**	**4077**	**3024**	**1885**	**1139**	**887**	**653**	**234**

4-1b　续表 6　　单位：人

年　龄	大学本科			硕士研究生			博士研究生		
	小计	男	女	小计	男	女	小计	男	女
总　计	**543328**	**260034**	**283294**	**47432**	**21068**	**26364**	**6613**	**3396**	**3217**
3									
4									
5–9岁									
5									
6									
7									
8									
9									
10–14岁	**18**	**7**	**11**	**1**	**1**				
10	2	1	1						
11	1	1							
12									
13	6	2	4						
14	9	3	6	1	1				
15–19岁	**55285**	**22084**	**33201**	**23**	**9**	**14**	**8**	**7**	**1**
15	124	67	57						
16	312	136	176				4	4	
17	3656	1292	2364	5	3	2			
18	20737	8264	12473	4	1	3	1		1
19	30456	12325	18131	14	5	9	3	3	
20–24岁	**107605**	**46371**	**61234**	**8285**	**2793**	**5492**	**248**	**89**	**159**
20	34538	14264	20274	65	42	23	3	2	1
21	27497	11657	15840	483	230	253	7	3	4
22	19497	8561	10936	1916	674	1242	16	6	10
23	13903	6325	7578	2815	908	1907	51	15	36
24	12170	5564	6606	3006	939	2067	171	63	108
25–29岁	**71946**	**32607**	**39339**	**8967**	**3406**	**5561**	**1723**	**767**	**956**
25	12575	5622	6953	2447	877	1570	317	130	187
26	13166	5880	7286	1818	673	1145	386	150	236
27	14504	6699	7805	1626	658	968	385	182	203
28	15571	7115	8456	1543	598	945	350	178	172
29	16130	7291	8839	1533	600	933	285	127	158
30–34岁	**94962**	**45283**	**49679**	**10951**	**4556**	**6395**	**1345**	**662**	**683**
30	19992	9409	10583	2054	818	1236	306	153	153
31	19780	9200	10580	2227	887	1340	252	127	125
32	19262	9197	10065	2232	925	1307	266	114	152
33	19488	9369	10119	2365	1027	1338	269	135	134
34	16440	8108	8332	2073	899	1174	252	133	119
35–39岁	**62476**	**31573**	**30903**	**8542**	**4002**	**4540**	**1166**	**618**	**548**
35	13813	6915	6898	1754	777	977	201	104	97
36	12794	6446	6348	1646	793	853	207	113	94
37	12490	6222	6268	1769	808	961	222	116	106
38	13508	6918	6590	1909	919	990	300	163	137
39	9871	5072	4799	1464	705	759	236	122	114
40–44岁	**43638**	**21332**	**22306**	**4435**	**2319**	**2116**	**840**	**465**	**375**
40	9649	4727	4922	1288	632	656	252	133	119
41	10123	4975	5148	1097	570	527	198	119	79
42	9181	4495	4686	859	469	390	182	91	91
43	7183	3427	3756	649	338	311	108	66	42
44	7502	3708	3794	542	310	232	100	56	44

4-1b 续表 7

单位：人

年 龄	大学本科			硕士研究生			博士研究生		
	小计	男	女	小计	男	女	小计	男	女
45-49岁	**35955**	**18483**	**17472**	**2367**	**1336**	**1031**	**476**	**266**	**210**
45	6986	3502	3484	417	232	185	90	53	37
46	7121	3634	3487	461	260	201	102	53	49
47	7443	3850	3593	493	282	211	94	60	34
48	7307	3800	3507	524	299	225	108	61	47
49	7098	3697	3401	472	263	209	82	39	43
50-54岁	**26054**	**14152**	**11902**	**1766**	**1118**	**648**	**313**	**198**	**115**
50	6732	3623	3109	424	266	158	77	48	29
51	5439	2948	2491	377	244	133	57	33	24
52	5539	3017	2522	382	234	148	69	46	23
53	3940	2114	1826	275	186	89	50	28	22
54	4404	2450	1954	308	188	120	60	43	17
55-59岁	**19880**	**11786**	**8094**	**1267**	**883**	**384**	**296**	**198**	**98**
55	4707	2650	2057	291	188	103	63	38	25
56	4674	2726	1948	327	231	96	79	48	31
57	5003	3037	1966	337	231	106	83	56	27
58	3325	2029	1296	190	145	45	48	37	11
59	2171	1344	827	122	88	34	23	19	4
60-64岁	**9325**	**5780**	**3545**	**447**	**342**	**105**	**92**	**73**	**19**
60	2325	1442	883	106	80	26	21	16	5
61	1710	1069	641	93	69	24	12	12	
62	1716	1058	658	84	65	19	18	11	7
63	1737	1093	644	83	65	18	23	18	5
64	1837	1118	719	81	63	18	18	16	2
65-69岁	**6886**	**4255**	**2631**	**228**	**178**	**50**	**35**	**23**	**12**
65	1857	1145	712	72	50	22	17	12	5
66	1779	1091	688	67	55	12	4	3	1
67	1314	808	506	41	32	9	6	5	1
68	1064	667	397	25	21	4	4		4
69	872	544	328	23	20	3	4	3	1
70-74岁	**3517**	**2301**	**1216**	**70**	**57**	**13**	**13**	**7**	**6**
70	957	596	361	27	20	7	5	4	1
71	801	536	265	14	13	1	1	1	
72	602	398	204	11	8	3	1		1
73	557	378	179	8	7	1	2	1	1
74	600	393	207	10	9	1	4	1	3
75-79岁	**2869**	**1904**	**965**	**32**	**25**	**7**	**11**	**5**	**6**
75	602	410	192	9	7	2	4	3	1
76	573	385	188	8	4	4	2	1	1
77	577	373	204	5	5		2		2
78	559	373	186	5	5		2	1	1
79	558	363	195	5	4	1	1		1
80-84岁	**2011**	**1434**	**577**	**29**	**25**	**4**	**25**	**6**	**19**
80	497	347	150	6	5	1	5	1	4
81	428	283	145	5	5		4	2	2
82	422	295	127	8	7	1	5		5
83	355	269	86	5	4	1	6	1	5
84	309	240	69	5	4	1	5	2	3
85岁及以上	**901**	**682**	**219**	**22**	**18**	**4**	**22**	**12**	**10**

4-1c 全省分年龄、性别、受教育程度的3岁及以上人口(乡村)

单位：人

年龄	3岁及以上人口			未上过学		
	合计	男	女	小计	男	女
总计	**8883398**	**4571786**	**4311612**	**261669**	**90573**	**171096**
3	47845	24581	23264	18434	9638	8796
4	50798	26183	24615	9133	4725	4408
5-9岁	**318575**	**165228**	**153347**	**6849**	**3692**	**3157**
5	48895	25359	23536	3818	2031	1787
6	60667	31148	29519	1727	943	784
7	63643	33066	30577	563	311	252
8	73378	38246	35132	415	216	199
9	71992	37409	34583	326	191	135
10-14岁	**451238**	**236060**	**215178**	**2160**	**1230**	**930**
10	82135	42444	39691	355	189	166
11	87918	45837	42081	389	221	168
12	91838	48006	43832	437	249	188
13	93373	49006	44367	485	269	216
14	95974	50767	45207	494	302	192
15-19岁	**324810**	**173197**	**151613**	**1809**	**1119**	**690**
15	75337	40716	34621	413	268	145
16	60281	33265	27016	374	242	132
17	50664	27450	23214	329	207	122
18	69619	36300	33319	357	214	143
19	68909	35466	33443	336	188	148
20-24岁	**310070**	**162218**	**147852**	**1680**	**1034**	**646**
20	68633	35446	33187	328	188	140
21	61227	31127	30100	296	182	114
22	61236	31970	29266	337	208	129
23	58194	31129	27065	322	206	116
24	60780	32546	28234	397	250	147
25-29岁	**354783**	**193665**	**161118**	**2156**	**1273**	**883**
25	63502	34525	28977	374	227	147
26	60549	32940	27609	379	230	149
27	71709	39348	32361	446	252	194
28	74659	40650	34009	421	248	173
29	84364	46202	38162	536	316	220
30-34岁	**567680**	**305749**	**261931**	**3530**	**2045**	**1485**
30	113193	61333	51860	691	402	289
31	114986	61899	53087	734	429	305
32	109142	58750	50392	674	376	298
33	121438	65208	56230	743	435	308
34	108921	58559	50362	688	403	285
35-39岁	**472558**	**253663**	**218895**	**3045**	**1623**	**1422**
35	96497	51565	44932	606	335	271
36	91810	49348	42462	553	293	260
37	86499	46677	39822	594	305	289
38	103956	56067	47889	684	371	313
39	93796	50006	43790	608	319	289
40-44岁	**609329**	**321453**	**287876**	**4309**	**2166**	**2143**
40	107475	57003	50472	691	365	326
41	136028	71886	64142	886	463	423
42	122936	65115	57821	888	446	442
43	114914	60728	54186	862	425	437
44	127976	66721	61255	982	467	515

4-1c 续表 1

单位：人

年 龄	3岁及以上人口			未上过学		
	合计	男	女	小计	男	女
45-49岁	**879529**	**455322**	**424207**	**7790**	**3576**	**4214**
45	129075	66846	62229	1078	478	600
46	149575	76900	72675	1291	600	691
47	182021	94220	87801	1535	742	793
48	202792	105483	97309	1848	870	978
49	216066	111873	104193	2038	886	1152
50-54岁	**1101988**	**568487**	**533501**	**12598**	**5324**	**7274**
50	234156	121588	112568	2304	1030	1274
51	215211	111079	104132	2262	987	1275
52	232356	119980	112376	2594	1122	1472
53	205213	105084	100129	2531	1037	1494
54	215052	110756	104296	2907	1148	1759
55-59岁	**969309**	**490318**	**478991**	**14771**	**5165**	**9606**
55	212457	108743	103714	2825	1089	1736
56	206487	105189	101298	2859	1068	1791
57	235914	120239	115675	3416	1239	2177
58	183245	91588	91657	3046	991	2055
59	131206	64559	66647	2625	778	1847
60-64岁	**780599**	**393624**	**386975**	**24559**	**7391**	**17168**
60	177469	89926	87543	3937	1214	2723
61	134475	68039	66436	3691	1128	2563
62	155336	78779	76557	5110	1577	3533
63	163246	82266	80980	5803	1746	4057
64	150073	74614	75459	6018	1726	4292
65-69岁	**740993**	**367909**	**373084**	**37839**	**10262**	**27577**
65	166893	84344	82549	7059	2010	5049
66	161281	80501	80780	7329	1985	5344
67	143617	70851	72766	7514	2102	5412
68	141173	69715	71458	8067	2099	5968
69	128029	62498	65531	7870	2066	5804
70-74岁	**454231**	**221778**	**232453**	**34533**	**9244**	**25289**
70	120419	59014	61405	7658	2095	5563
71	111708	55491	56217	7942	2191	5751
72	84572	41393	43179	6603	1776	4827
73	76071	36692	39379	6530	1717	4813
74	61461	29188	32273	5800	1465	4335
75-79岁	**219818**	**106661**	**113157**	**26105**	**6633**	**19472**
75	51889	24582	27307	5543	1334	4209
76	50331	24722	25609	5706	1503	4203
77	42113	20628	21485	4898	1218	3680
78	37743	18394	19349	4812	1237	3575
79	37742	18335	19407	5146	1341	3805
80-84岁	**132325**	**63991**	**68334**	**24329**	**6994**	**17335**
80	33384	16233	17151	5225	1451	3774
81	28752	13906	14846	5102	1413	3689
82	28283	13798	14485	5225	1528	3697
83	21973	10684	11289	4509	1356	3153
84	19933	9370	10563	4268	1246	3022
85岁及以上	**96920**	**41699**	**55221**	**26040**	**7439**	**18601**

4-1c 续表 2

单位：人

年 龄	学前教育			小 学		
	小计	男	女	小计	男	女
总 计	**142958**	**73231**	**69727**	**3274743**	**1573733**	**1701010**
3	29411	14943	14468			
4	41665	21458	20207			
5–9岁	**63443**	**33068**	**30375**	**242240**	**125284**	**116956**
5	37246	19327	17919	7831	4001	3830
6	20148	10582	9566	37703	19052	18651
7	3801	1993	1808	58001	30088	27913
8	1402	710	692	69812	36381	33431
9	846	456	390	68893	35762	33131
10–14岁	**2756**	**1420**	**1336**	**223167**	**117216**	**105951**
10	679	331	348	77717	40193	37524
11	575	292	283	79033	41299	37734
12	491	265	226	41579	22389	19190
13	472	248	224	16997	9121	7876
14	539	284	255	7841	4214	3627
15–19岁	**710**	**365**	**345**	**13461**	**7615**	**5846**
15	310	166	144	3477	1904	1573
16	176	84	92	2603	1484	1119
17	86	35	51	2213	1269	944
18	81	46	35	2571	1451	1120
19	57	34	23	2597	1507	1090
20–24岁	**190**	**95**	**95**	**16766**	**9627**	**7139**
20	51	25	26	2738	1607	1131
21	41	17	24	2661	1541	1120
22	34	16	18	3202	1816	1386
23	27	16	11	3702	2142	1560
24	37	21	16	4463	2521	1942
25–29岁	**149**	**82**	**67**	**36010**	**20825**	**15185**
25	44	25	19	5123	2954	2169
26	34	20	14	5373	3129	2244
27	23	9	14	7246	4211	3035
28	23	14	9	8340	4802	3538
29	25	14	11	9928	5729	4199
30–34岁	**105**	**57**	**48**	**77920**	**43396**	**34524**
30	20	10	10	14250	8031	6219
31	24	14	10	15237	8596	6641
32	19	10	9	15282	8473	6809
33	25	10	15	17662	9738	7924
34	17	13	4	15489	8558	6931
35–39岁	**103**	**57**	**46**	**68380**	**36206**	**32174**
35	23	15	8	13637	7380	6257
36	18	8	10	12899	6886	6013
37	12	8	4	12187	6479	5708
38	30	12	18	15075	7887	7188
39	20	14	6	14582	7574	7008
40–44岁	**106**	**59**	**47**	**121758**	**61823**	**59935**
40	17	9	8	18203	9409	8794
41	25	13	12	25584	13154	12430
42	20	9	11	23900	12206	11694
43	17	11	6	24349	12402	11947
44	27	17	10	29722	14652	15070

4-1c 续表 3

单位：人

年龄	学前教育			小学		
	小计	男	女	小计	男	女
45-49岁	**233**	**120**	**113**	**252453**	**123429**	**129024**
45	35	16	19	32285	15637	16648
46	40	16	24	40315	19724	20591
47	40	22	18	51696	25358	26338
48	59	34	25	60601	29898	30703
49	59	32	27	67556	32812	34744
50-54岁	**387**	**182**	**205**	**406420**	**194948**	**211472**
50	64	28	36	77355	37311	40044
51	60	24	36	76754	37465	39289
52	91	49	42	86309	41572	44737
53	79	34	45	79822	37686	42136
54	93	47	46	86180	40914	45266
55-59岁	**457**	**184**	**273**	**404510**	**184511**	**219999**
55	100	43	57	85583	39953	45630
56	92	35	57	83744	38958	44786
57	106	43	63	97274	44886	52388
58	85	41	44	78799	35154	43645
59	74	22	52	59110	25560	33550
60-64岁	**595**	**215**	**380**	**396457**	**178925**	**217532**
60	111	41	70	82460	36898	45562
61	83	35	48	65318	29420	35898
62	134	40	94	79339	36057	43282
63	137	48	89	86947	39560	47387
64	130	51	79	82393	36990	45403
65-69岁	**826**	**300**	**526**	**446032**	**204092**	**241940**
65	151	63	88	95462	43841	51621
66	151	59	92	95486	43758	51728
67	173	63	110	87718	40153	47565
68	199	71	128	87220	40081	47139
69	152	44	108	80146	36259	43887
70-74岁	**665**	**232**	**433**	**293356**	**134387**	**158969**
70	144	49	95	76071	34362	41709
71	159	62	97	71944	33369	38575
72	132	36	96	55198	25534	29664
73	116	46	70	50104	22973	27131
74	114	39	75	40039	18149	21890
75-79岁	**423**	**145**	**278**	**139278**	**65642**	**73636**
75	105	41	64	33229	15143	18086
76	87	27	60	32045	15197	16848
77	70	21	49	26585	12663	13922
78	87	32	55	23505	11126	12379
79	74	24	50	23914	11513	12401
80-84岁	**380**	**122**	**258**	**81994**	**40486**	**41508**
80	82	20	62	20993	10210	10783
81	82	33	49	17991	8908	9083
82	94	30	64	17623	8789	8834
83	66	20	46	13301	6671	6630
84	56	19	37	12086	5908	6178
85岁及以上	**354**	**127**	**227**	**54541**	**25321**	**29220**

4-1c　续表 4

单位：人

年　龄	初　中			高　中			大学专科		
	小计	男	女	小计	男	女	小计	男	女
总　计	**3992612**	**2181977**	**1810635**	**687316**	**389274**	**298042**	**254521**	**137518**	**117003**
3									
4									
5–9岁	**6037**	**3181**	**2856**	**6**	**3**	**3**			
5									
6	1089	571	518						
7	1278	674	604						
8	1746	937	809	3	2	1			
9	1924	999	925	3	1	2			
10–14岁	**215308**	**112419**	**102889**	**7764**	**3742**	**4022**	**72**	**28**	**44**
10	3375	1726	1649	6	2	4	1	1	
11	7907	4020	3887	12	5	7			
12	49299	25092	24207	28	9	19	3	1	2
13	74111	38731	35380	1301	634	667	6	2	4
14	80616	42850	37766	6417	3092	3325	62	24	38
15–19岁	**97183**	**57830**	**39353**	**118045**	**62698**	**55347**	**41547**	**22096**	**19451**
15	37196	21290	15906	31959	16103	15856	1841	906	935
16	19671	11787	7884	34284	18102	16182	2845	1415	1430
17	13178	8037	5141	25656	13668	11988	5014	2646	2368
18	13460	8278	5182	16111	8980	7131	15615	8432	7183
19	13678	8438	5240	10035	5845	4190	16232	8697	7535
20–24岁	**101472**	**59068**	**42404**	**42741**	**24469**	**18272**	**56122**	**28797**	**27325**
20	15599	9498	6101	9119	5333	3786	14146	7703	6443
21	15855	9398	6457	7758	4410	3348	11017	5678	5339
22	19919	11557	8362	8478	4873	3605	11115	5590	5525
23	22827	13141	9686	8616	4872	3744	10211	5120	5091
24	27272	15474	11798	8770	4981	3789	9633	4706	4927
25–29岁	**190234**	**106174**	**84060**	**47546**	**26706**	**20840**	**38345**	**19623**	**18722**
25	30327	17194	13133	9259	5270	3989	8990	4531	4459
26	30329	16948	13381	8673	4903	3770	7682	3924	3758
27	38378	21562	16816	9538	5388	4150	7836	4053	3783
28	41691	23085	18606	9635	5343	4292	6952	3554	3398
29	49509	27385	22124	10441	5802	4639	6885	3561	3324
30–34岁	**364240**	**196201**	**168039**	**60458**	**32539**	**27919**	**30989**	**16263**	**14726**
30	69514	38000	31514	13041	6997	6044	7889	4073	3816
31	72804	39043	33761	12540	6728	5812	6932	3692	3240
32	69887	37690	32197	11732	6329	5403	5847	3038	2809
33	79730	42812	36918	12214	6584	5630	5550	2895	2655
34	72305	38656	33649	10931	5901	5030	4771	2565	2206
35–39岁	**323505**	**174251**	**149254**	**45265**	**24474**	**20791**	**16889**	**8977**	**7912**
35	65277	34889	30388	9367	4935	4432	3792	2017	1775
36	63308	34078	29230	8418	4552	3866	3402	1827	1575
37	59515	32237	27278	8309	4536	3773	2991	1584	1407
38	71524	38784	32740	10042	5530	4512	3553	1890	1663
39	63881	34263	29618	9129	4921	4208	3151	1659	1492
40–44岁	**401253**	**213473**	**187780**	**52992**	**28744**	**24248**	**17340**	**9409**	**7931**
40	72132	38509	33623	10422	5567	4855	3522	1906	1616
41	90604	48124	42480	12334	6685	5649	3879	2077	1802
42	81200	43257	37943	10937	6009	4928	3658	2030	1628
43	75012	40011	35001	9504	5149	4355	3135	1717	1418
44	82305	43572	38733	9795	5334	4461	3146	1679	1467

4-1c 续表 5

单位：人

年 龄	初 中			高 中			大学专科		
	小计	男	女	小计	男	女	小计	男	女
45-49岁	**537915**	**283749**	**254166**	**56496**	**30766**	**25730**	**15194**	**8589**	**6605**
45	81631	43027	38604	9179	5022	4157	2891	1616	1275
46	93140	48513	44627	9971	5391	4580	2914	1655	1259
47	111980	58833	53147	11702	6377	5325	3161	1843	1318
48	122652	64972	57680	12552	6898	5654	3175	1762	1413
49	128512	68404	60108	13092	7078	6014	3053	1713	1340
50-54岁	**600309**	**321461**	**278848**	**62992**	**35665**	**27327**	**12374**	**7061**	**5313**
50	135893	72790	63103	13851	7768	6083	3030	1729	1301
51	119697	63419	56278	12530	6996	5534	2442	1412	1030
52	125766	67417	58349	13528	7574	5954	2597	1456	1141
53	108252	57984	50268	11310	6490	4820	2059	1169	890
54	110701	59851	50850	11773	6837	4936	2246	1295	951
55-59岁	**461141**	**248693**	**212448**	**71687**	**41510**	**30177**	**11085**	**6799**	**4286**
55	107334	58078	49256	12888	7395	5493	2417	1436	981
56	101653	54667	46986	14289	8162	6127	2503	1499	1004
57	112350	60784	51566	18421	10595	7826	2922	1785	1137
58	83451	44841	38610	14959	8728	6231	1940	1229	711
59	56353	30323	26030	11130	6630	4500	1303	850	453
60-64岁	**287995**	**163028**	**124967**	**63017**	**38930**	**24087**	**5591**	**3602**	**1989**
60	73213	40935	32278	15751	9525	6226	1406	912	494
61	51861	29145	22716	12110	7421	4689	972	609	363
62	56424	32186	24238	12764	7931	4833	1125	704	421
63	56713	32380	24333	12061	7499	4562	1128	752	376
64	49784	28382	21402	10331	6554	3777	960	625	335
65-69岁	**218559**	**128493**	**90066**	**31716**	**20755**	**10961**	**4196**	**2818**	**1378**
65	52363	30640	21723	10247	6722	3525	1102	748	354
66	48458	28214	20244	8326	5474	2852	1040	682	358
67	41658	24243	17415	5351	3499	1852	839	561	278
68	40525	24110	16415	4247	2735	1512	658	438	220
69	35555	21286	14269	3545	2325	1220	557	389	168
70-74岁	**109163**	**66457**	**42706**	**13226**	**9109**	**4117**	**2295**	**1694**	**601**
70	32385	19713	12672	3366	2255	1111	553	395	158
71	27586	16990	10596	3240	2267	973	579	430	149
72	19474	11827	7647	2555	1805	750	447	319	128
73	16532	10013	6519	2233	1532	701	397	312	85
74	13186	7914	5272	1832	1250	582	319	238	81
75-79岁	**44676**	**27726**	**16950**	**7409**	**5183**	**2226**	**1252**	**875**	**377**
75	11054	6659	4395	1552	1118	434	272	197	75
76	10541	6651	3890	1564	1086	478	246	172	74
77	8715	5452	3263	1461	1002	459	247	172	75
78	7513	4722	2791	1453	1019	434	249	172	77
79	6853	4242	2611	1379	958	421	238	162	76
80-84岁	**20668**	**12864**	**7804**	**3642**	**2574**	**1068**	**818**	**600**	**218**
80	5749	3613	2136	1011	706	305	207	151	56
81	4521	2802	1719	788	570	218	175	122	53
82	4320	2736	1584	739	506	233	167	124	43
83	3271	2026	1245	605	440	165	133	102	31
84	2807	1687	1120	499	352	147	136	101	35
85岁及以上	**12954**	**6909**	**6045**	**2314**	**1407**	**907**	**412**	**287**	**125**

4-1c 续表 6

单位：人

年 龄	大学本科			硕士研究生			博士研究生		
	小计	男	女	小计	男	女	小计	男	女
总 计	**253766**	**118588**	**135178**	**14166**	**6023**	**8143**	**1647**	**869**	**778**
3									
4									
5—9岁									
5									
6									
7									
8									
9									
10—14岁	**11**	**5**	**6**						
10	2	2							
11	2		2						
12	1	1							
13	1	1							
14	5	1	4						
15—19岁	**52038**	**21463**	**30575**	**11**	**6**	**5**	**6**	**5**	**1**
15	141	79	62						
16	326	149	177				2	2	
17	4187	1588	2599	1		1			
18	21421	8897	12524	3	2	1			
19	25963	10750	15213	7	4	3	4	3	1
20—24岁	**86532**	**37520**	**49012**	**4457**	**1559**	**2898**	**110**	**49**	**61**
20	26626	11086	15540	21	4	17	5	2	3
21	23356	9835	13521	234	62	172	9	4	5
22	16999	7507	9492	1129	392	737	23	11	12
23	10883	5080	5803	1577	539	1038	29	13	16
24	8668	4012	4656	1496	562	934	44	19	25
25—29岁	**36072**	**17228**	**18844**	**3829**	**1541**	**2288**	**442**	**213**	**229**
25	8085	3776	4309	1233	517	716	67	31	36
26	7167	3409	3758	829	339	490	83	38	45
27	7433	3535	3898	692	279	413	117	59	58
28	6945	3346	3599	560	211	349	92	47	45
29	6442	3162	3280	515	195	320	83	38	45
30—34岁	**27789**	**14094**	**13695**	**2336**	**1007**	**1329**	**313**	**147**	**166**
30	7139	3560	3579	563	222	341	86	38	48
31	6104	3139	2965	535	222	313	76	36	40
32	5169	2596	2573	483	213	270	49	25	24
33	5032	2524	2508	424	184	240	58	26	32
34	4345	2275	2070	331	166	165	44	22	22
35—39岁	**13902**	**7353**	**6549**	**1231**	**588**	**643**	**238**	**134**	**104**
35	3500	1850	1650	244	116	128	51	28	23
36	2896	1550	1346	267	128	139	49	26	23
37	2589	1372	1217	247	121	126	55	35	20
38	2751	1460	1291	253	114	139	44	19	25
39	2166	1121	1045	220	109	111	39	26	13
40—44岁	**10617**	**5297**	**5320**	**772**	**388**	**384**	**182**	**94**	**88**
40	2228	1122	1106	201	84	117	59	32	27
41	2482	1250	1232	185	96	89	49	24	25
42	2146	1059	1087	166	89	77	21	10	11
43	1896	936	960	112	66	46	27	11	16
44	1865	930	935	108	53	55	26	17	9

4-1c　续表 7

单位：人

年　龄	大学本科			硕士研究生			博士研究生		
	小计	男	女	小计	男	女	小计	男	女
45-49岁	**8823**	**4753**	**4070**	**515**	**276**	**239**	**110**	**64**	**46**
45	1849	970	879	105	65	40	22	15	7
46	1774	931	843	108	60	48	22	10	12
47	1785	982	803	105	51	54	17	12	5
48	1775	984	791	100	48	52	30	17	13
49	1640	886	754	97	52	45	19	10	9
50-54岁	**6443**	**3581**	**2862**	**384**	**212**	**172**	**81**	**53**	**28**
50	1548	871	677	90	46	44	21	15	6
51	1362	715	647	88	50	38	16	11	5
52	1362	730	632	90	51	39	19	9	10
53	1091	644	447	57	32	25	12	8	4
54	1080	621	459	59	33	26	13	10	3
55-59岁	**5178**	**3126**	**2052**	**371**	**258**	**113**	**109**	**72**	**37**
55	1188	678	510	88	51	37	34	20	14
56	1237	718	519	87	66	21	23	16	7
57	1303	820	483	96	68	28	26	19	7
58	887	549	338	62	45	17	16	10	6
59	563	361	202	38	28	10	10	7	3
60-64岁	**2218**	**1416**	**802**	**135**	**97**	**38**	**32**	**20**	**12**
60	550	371	179	33	24	9	8	6	2
61	411	259	152	22	17	5	7	5	2
62	406	260	146	26	19	7	8	5	3
63	424	259	165	28	19	9	5	3	2
64	427	267	160	26	18	8	4	1	3
65-69岁	**1739**	**1126**	**613**	**68**	**48**	**20**	**18**	**15**	**3**
65	490	307	183	15	9	6	4	4	
66	464	311	153	23	15	8	4	3	1
67	349	218	131	10	8	2	5	4	1
68	246	171	75	9	8	1	2	2	
69	190	119	71	11	8	3	3	2	1
70-74岁	**955**	**628**	**327**	**34**	**25**	**9**	**4**	**2**	**2**
70	229	136	93	12	9	3	1		1
71	250	178	72	6	3	3	2	1	1
72	154	88	66	9	8	1			
73	156	98	58	3	1	2			
74	166	128	38	4	4		1	1	
75-79岁	**661**	**446**	**215**	**12**	**10**	**2**	**2**	**1**	**1**
75	131	87	44	2	2		1	1	
76	138	82	56	4	4				
77	133	97	36	4	3	1			
78	123	86	37				1		1
79	136	94	42	2	1	1			
80-84岁	**489**	**346**	**143**	**5**	**5**				
80	116	81	35	1	1				
81	93	58	35						
82	113	83	30	2	2				
83	87	68	19	1	1				
84	80	56	24	1	1				
85岁及以上	**299**	**206**	**93**	**6**	**3**	**3**			

4–2　各地区分性别、受教育程度的15岁及以上人口

单位：人

地　区	15岁及以上人口			未上过学		
	合计	男	女	小计	男	女
全　省	**21254730**	**10556023**	**10698707**	**339426**	**101887**	**237539**
长春市	**7965949**	**3965883**	**4000066**	**93535**	**28713**	**64822**
南关区	584613	281616	302997	3838	956	2882
宽城区	749185	374543	374642	4803	1518	3285
朝阳区	552343	274365	277978	3449	1040	2409
二道区	457724	221946	235778	2923	808	2115
绿园区	626675	309901	316774	4219	1136	3083
双阳区	300978	150954	150024	6320	1897	4423
九台区	544991	274538	270453	8109	2619	5490
农安县	670962	340156	330806	13123	4211	8912
长春经济技术开发区	372594	182723	189871	1622	497	1125
长春净月高新技术产业开发区	364809	171094	193715	1852	607	1245
长春高新技术产业开发区	390964	197329	193635	2112	765	1347
长春汽车经济技术开发区	277535	143082	134453	1647	403	1244
长春莲花山生态旅游度假区	33569	16965	16604	837	258	579
榆树市	735768	369877	365891	18614	5521	13093
德惠市	557542	281789	275753	8084	2655	5429
公主岭市	745697	375005	370692	11983	3822	8161
吉林市	**3227530**	**1598924**	**1628606**	**59279**	**17852**	**41427**
昌邑区	518128	250872	267256	3984	1097	2887
龙潭区	337617	169363	168254	3988	1230	2758
船营区	414296	203472	210824	3663	1198	2465
丰满区	233996	112774	121222	3055	895	2160
永吉县	218721	112761	105960	4789	1625	3164
吉林经济开发区	51394	26398	24996	414	120	294
吉林高新技术产业开发区	142660	66377	76283	867	240	627
吉林中国新加坡食品区	32351	16122	16229	719	259	460
蛟河市	292479	146601	145878	9769	2848	6921
桦甸市	299663	150334	149329	10201	3042	7159
舒兰市	360853	180820	180033	9071	2749	6322
磐石市	325372	163030	162342	8759	2549	6210
四平市	**1599965**	**792593**	**807372**	**35107**	**10911**	**24196**
铁西区	280492	130562	149930	2498	789	1709
铁东区	282313	140772	141541	3802	1265	2537
梨树县	467109	236299	230810	14873	4468	10405
伊通满族自治县	293568	148504	145064	8829	2926	5903
双辽市	276483	136456	140027	5105	1463	3642
辽源市	**890182**	**443870**	**446312**	**13270**	**4215**	**9055**
龙山区	290130	140656	149474	2151	655	1496
西安区	125678	62865	62813	1442	478	964
东丰县	272081	137307	134774	4969	1594	3375
东辽县	202293	103042	99251	4708	1488	3220

4-2 续表 1

单位：人

地区	15岁及以上人口			未上过学		
	合计	男	女	小计	男	女
通化市	**1156365**	**573922**	**582443**	**20212**	**5824**	**14388**
东昌区	316984	152371	164613	2092	555	1537
二道江区	84105	41477	42628	1734	453	1281
通化县	155103	78091	77012	4658	1264	3394
辉南县	209312	104298	105014	5216	1577	3639
柳河县	238961	121651	117310	3702	1164	2538
集安市	151900	76034	75866	2810	811	1999
白山市	**847432**	**421432**	**426000**	**27859**	**7263**	**20596**
浑江区	273897	133790	140107	5332	1324	4008
江源区	126747	63794	62953	4144	1092	3052
抚松县	190969	95444	95525	8341	2152	6189
靖宇县	93976	47648	46328	3858	1049	2809
长白朝鲜族自治县	52522	26511	26011	1890	531	1359
临江市	109321	54245	55076	4294	1115	3179
松原市	**1955834**	**973161**	**982673**	**39320**	**11840**	**27480**
宁江区	540498	263108	277390	5754	1792	3962
前郭尔罗斯蒙古族自治县	352366	176121	176245	9990	3051	6939
长岭县	385156	194045	191111	7893	2230	5663
乾安县	181819	91082	90737	2882	911	1971
吉林松原经济开发区	81140	39951	41189	1228	351	877
扶余市	414855	208854	206001	11573	3505	8068
白城市	**1379725**	**681994**	**697731**	**22811**	**7342**	**15469**
洮北区	317162	156316	160846	4049	1288	2761
镇赉县	193215	96669	96546	2491	835	1656
通榆县	247109	123327	123782	4393	1410	2983
吉林白城经济开发区	105409	48486	56923	985	290	695
洮南市	271074	134939	136135	6471	2137	4334
大安市	245756	122257	123499	4422	1382	3040
延边朝鲜族自治州	**1728858**	**851788**	**877070**	**21792**	**6048**	**15744**
延吉市	602762	288225	314537	4651	1417	3234
图们市	78961	38806	40155	698	193	505
敦化市	347539	173262	174277	4361	1306	3055
珲春市	210366	104129	106237	2445	647	1798
龙井市	119663	60112	59551	1122	317	805
和龙市	107381	54622	52759	1844	416	1428
汪清县	151714	76262	75452	3212	845	2367
安图县	110472	56370	54102	3459	907	2552
长白山管委会	**53955**	**27343**	**26612**	**1540**	**385**	**1155**
长白山保护开发区池北区	39315	19970	19345	778	212	566
长白山保护开发区池西区	12931	6498	6433	698	165	533
长白山保护开发区池南区	1709	875	834	64	8	56
梅河口市	**448935**	**225113**	**223822**	**4701**	**1494**	**3207**

4-2　续表 2　　　　单位：人

地　区	学前教育			小　学		
	小计	男	女	小计	男	女
全　省	**10388**	**4365**	**6023**	**4136396**	**1874973**	**2261423**
长春市	**3504**	**1554**	**1950**	**1374836**	**627750**	**747086**
南关区	162	81	81	39092	16224	22868
宽城区	393	182	211	94823	43418	51405
朝阳区	184	91	93	38978	16332	22646
二道区	193	84	109	38452	16522	21930
绿园区	157	58	99	58256	24863	33393
双阳区	128	54	74	68231	31464	36767
九台区	287	124	163	137244	63345	73899
农安县	403	163	240	221995	104872	117123
长春经济技术开发区	163	88	75	26616	11279	15337
长春净月高新技术产业开发区	118	62	56	27047	12076	14971
长春高新技术产业开发区	129	60	69	27670	12796	14874
长春汽车经济技术开发区	72	32	40	23291	9756	13535
长春莲花山生态旅游度假区	10	6	4	10733	5013	5720
榆树市	494	209	285	265906	122316	143590
德惠市	257	123	134	162895	76647	86248
公主岭市	354	137	217	133607	60827	72780
吉林市	**1920**	**817**	**1103**	**632349**	**287319**	**345030**
昌邑区	187	82	105	54941	22876	32065
龙潭区	127	45	82	53092	23380	29712
船营区	138	69	69	44793	19262	25531
丰满区	89	35	54	30018	13715	16303
永吉县	128	56	72	56513	26119	30394
吉林经济开发区	27	8	19	6950	2930	4020
吉林高新技术产业开发区	64	24	40	11060	4595	6465
吉林中国新加坡食品区	247	133	114	7252	3271	3981
蛟河市	240	100	140	82816	39389	43427
桦甸市	286	109	177	83329	38717	44612
舒兰市	231	91	140	105856	48678	57178
磐石市	156	65	91	95729	44387	51342
四平市	**883**	**355**	**528**	**353379**	**162227**	**191152**
铁西区	122	49	73	26010	11116	14894
铁东区	132	58	74	46823	22087	24736
梨树县	354	146	208	141163	65398	75765
伊通满族自治县	177	76	101	91966	43349	48617
双辽市	98	26	72	47417	20277	27140
辽源市	**357**	**164**	**193**	**196775**	**90500**	**106275**
龙山区	123	62	61	32892	14388	18504
西安区	88	32	56	17297	7736	9561
东丰县	84	39	45	80084	37070	43014
东辽县	62	31	31	66502	31306	35196

4-2 续表 3 单位：人

地区	学前教育			小学		
	小计	男	女	小计	男	女
通化市	**475**	**182**	**293**	**261699**	**118530**	**143169**
东昌区	31	12	19	35105	14449	20656
二道江区	58	26	32	13499	5743	7756
通化县	43	15	28	44768	20170	24598
辉南县	109	47	62	57625	26659	30966
柳河县	121	48	73	73766	35015	38751
集安市	113	34	79	36936	16494	20442
白山市	**451**	**163**	**288**	**137031**	**60576**	**76455**
浑江区	140	48	92	33126	13966	19160
江源区	73	27	46	23994	10776	13218
抚松县	91	35	56	32547	14458	18089
靖宇县	32	13	19	19564	8976	10588
长白朝鲜族自治县	52	18	34	9077	3921	5156
临江市	63	22	41	18723	8479	10244
松原市	**1046**	**422**	**624**	**549896**	**249908**	**299988**
宁江区	202	94	108	90814	39360	51454
前郭尔罗斯蒙古族自治县	157	60	97	113010	52116	60894
长岭县	163	60	103	123575	56020	67555
乾安县	71	23	48	44525	19574	24951
吉林松原经济开发区	47	19	28	16277	7461	8816
扶余市	406	166	240	161695	75377	86318
白城市	**701**	**276**	**425**	**325204**	**145160**	**180044**
洮北区	124	47	77	52817	23389	29428
镇赉县	61	28	33	47795	20862	26933
通榆县	125	44	81	73571	33512	40059
吉林白城经济开发区	30	10	20	11311	4945	6366
洮南市	237	96	141	77957	35477	42480
大安市	124	51	73	61753	26975	34778
延边朝鲜族自治州	**816**	**336**	**480**	**208784**	**89257**	**119527**
延吉市	217	107	110	42954	17061	25893
图们市	13	7	6	7702	3032	4670
敦化市	263	101	162	57273	25107	32166
珲春市	73	29	44	26285	11297	14988
龙井市	38	16	22	12482	5436	7046
和龙市	74	28	46	15548	6696	8852
汪清县	80	27	53	22800	9854	12946
安图县	58	21	37	23740	10774	12966
长白山管委会	**14**	**7**	**7**	**7853**	**3440**	**4413**
长白山保护开发区池北区	10	6	4	4990	2113	2877
长白山保护开发区池西区	3	1	2	2559	1203	1356
长白山保护开发区池南区	1		1	304	124	180
梅河口市	**221**	**89**	**132**	**88590**	**40306**	**48284**

4-2 续表 4 单位：人

地区	初中			高中			大学专科		
	小计	男	女	小计	男	女	小计	男	女
全省	**8656974**	**4461493**	**4195481**	**4082502**	**2100805**	**1981697**	**1813238**	**936478**	**876760**
长春市	**3036277**	**1568063**	**1468214**	**1443591**	**738192**	**705399**	**799045**	**409632**	**389413**
南关区	152206	74973	77233	128933	62532	66401	86170	41095	45075
宽城区	299929	152679	147250	164304	82952	81352	95185	47603	47582
朝阳区	130331	64162	66169	124109	60311	63798	79859	39537	40322
二道区	150653	75401	75252	120881	60475	60406	61347	30554	30793
绿园区	208831	105236	103595	154004	77395	76609	95706	49070	46636
双阳区	135043	71673	63370	36277	19457	16820	18092	9292	8800
九台区	272347	143948	128399	74097	39489	34608	26333	13528	12805
农安县	305626	162979	142647	79246	42417	36829	29048	15189	13859
长春经济技术开发区	119524	59623	59901	79431	40841	38590	56061	27725	28336
长春净月高新技术产业开发区	81071	41483	39588	52052	25700	26352	41946	20981	20965
长春高新技术产业开发区	89784	46510	43274	64076	32497	31579	68125	36276	31849
长春汽车经济技术开发区	91899	45182	46717	66894	34371	32523	51273	31314	19959
长春莲花山生态旅游度假区	16186	8538	7648	3516	1983	1533	1161	597	564
榆树市	309464	165834	143630	85844	47057	38787	30651	16512	14139
德惠市	285175	149600	135575	62322	33212	29110	21768	11390	10378
公主岭市	388208	200242	187966	147605	77503	70102	36320	18969	17351
吉林市	**1278491**	**654061**	**624430**	**682178**	**347408**	**334770**	**273505**	**143717**	**129788**
昌邑区	183416	90057	93359	152275	75268	77007	62622	31895	30727
龙潭区	141015	71170	69845	86413	44552	41861	25273	13893	11380
船营区	144201	71111	73090	112129	55067	57062	46535	23432	23103
丰满区	74084	37343	36741	52407	24986	27421	30183	15656	14527
永吉县	103778	54604	49174	31458	16740	14718	15677	10508	5169
吉林经济开发区	22031	11264	10767	9689	5296	4393	4547	2804	1743
吉林高新技术产业开发区	37592	18354	19238	34661	16597	18064	20694	9548	11146
吉林中国新加坡食品区	19430	9919	9511	2949	1654	1295	1102	576	526
蛟河市	125343	65769	59574	45543	24074	21469	17100	8937	8163
桦甸市	121616	64147	57469	52061	27841	24220	17537	9297	8240
舒兰市	166722	87497	79225	52551	28139	24412	14555	7870	6685
磐石市	139263	72826	66437	50042	27194	22848	17680	9301	8379
四平市	**703123**	**364508**	**338615**	**283619**	**146453**	**137166**	**117227**	**60599**	**56628**
铁西区	90735	44475	46260	70173	34064	36109	37137	18240	18897
铁东区	118776	60277	58499	66381	33820	32561	28701	14745	13956
梨树县	226128	120563	105565	51266	28059	23207	20933	11461	9472
伊通满族自治县	123765	66136	57629	43449	23057	20392	13563	7216	6347
双辽市	143719	73057	70662	52350	27453	24897	16893	8937	7956
辽源市	**430012**	**221499**	**208513**	**142294**	**73575**	**68719**	**57717**	**29300**	**28417**
龙山区	126771	61836	64935	67093	33641	33452	32657	15982	16675
西安区	74105	37514	36591	20968	11050	9918	6616	3463	3153
东丰县	125287	66277	59010	37903	20098	17805	12582	6742	5840
东辽县	103849	55872	47977	16330	8786	7544	5862	3113	2749

4-2 续表 5

单位：人

地区	初中			高中			大学专科		
	小计	男	女	小计	男	女	小计	男	女
通化市	**468955**	**243708**	**225247**	**229170**	**118721**	**110449**	**89240**	**46131**	**43109**
东昌区	103726	51418	52308	93981	46712	47269	37355	18930	18425
二道江区	31832	16098	15734	23789	12440	11349	7340	3804	3536
通化县	66236	35902	30334	21850	12013	9837	9020	4649	4371
辉南县	93142	48373	44769	31411	16593	14818	11828	6201	5627
柳河县	109153	57791	51362	31255	16830	14425	12654	6742	5912
集安市	64866	34126	30740	26884	14133	12751	11043	5805	5238
白山市	**335089**	**174136**	**160953**	**200533**	**104904**	**95629**	**79789**	**41806**	**37983**
浑江区	97699	49474	48225	75122	38085	37037	32514	16240	16274
江源区	58489	30609	27880	26006	13976	12030	8785	4748	4037
抚松县	77916	40969	36947	42249	22406	19843	16298	8827	7471
靖宇县	38547	20524	18023	17864	9717	8147	8084	4354	3730
长白朝鲜族自治县	18104	9521	8583	13413	7091	6322	5183	2964	2219
临江市	44334	23039	21295	25879	13629	12250	8925	4673	4252
松原市	**844284**	**438812**	**405472**	**293173**	**156489**	**136684**	**121549**	**63254**	**58295**
宁江区	218281	106511	111770	122249	63966	58283	49057	24516	24541
前郭尔罗斯蒙古族自治县	150259	79825	70434	44860	23938	20922	18895	9943	8952
长岭县	182505	97615	84890	42459	23169	19290	17325	9402	7923
乾安县	89354	46482	42872	27000	14660	12340	11120	5998	5122
吉林松原经济开发区	31170	15664	15506	15480	8079	7401	8618	4296	4322
扶余市	172715	92715	80000	41125	22677	18448	16534	9099	7435
白城市	**616638**	**317465**	**299173**	**241796**	**126900**	**114896**	**90236**	**45996**	**44240**
洮北区	141611	70982	70629	74585	38230	36355	23620	12419	11201
镇赉县	94695	49197	45498	26465	14411	12054	12205	6626	5579
通榆县	115183	59936	55247	34206	18384	15822	10362	5571	4791
吉林白城经济开发区	32189	15742	16447	23375	11497	11878	16847	7034	9813
洮南市	127216	66703	60513	34512	18334	16178	13746	7138	6608
大安市	105744	54905	50839	48653	26044	22609	13456	7208	6248
延边朝鲜族自治州	**724136**	**365620**	**358516**	**458429**	**231675**	**226754**	**145494**	**75738**	**69756**
延吉市	208594	99957	108637	189742	92954	96788	61760	31198	30562
图们市	31814	15650	16164	26177	13160	13017	6400	3525	2875
敦化市	154007	79165	74842	83571	43049	40522	26563	13875	12688
珲春市	94747	48032	46715	51313	26219	25094	17425	9021	8404
龙井市	58885	29831	29054	32054	16500	15554	8548	4547	4001
和龙市	54739	28990	25749	22236	11602	10634	6600	3639	2961
汪清县	72577	37821	34756	33683	17619	16064	10510	5701	4809
安图县	48773	26174	22599	19653	10572	9081	7688	4232	3456
长白山管委会	**21638**	**11354**	**10284**	**12136**	**6411**	**5725**	**5504**	**3034**	**2470**
长白山保护开发区池北区	15036	7816	7220	9502	4989	4513	4469	2492	1977
长白山保护开发区池西区	5698	3055	2643	2432	1297	1135	910	467	443
长白山保护开发区池南区	904	483	421	202	125	77	125	75	50
梅河口市	**198331**	**102267**	**96064**	**95583**	**50077**	**45506**	**33932**	**17271**	**16661**

4-2　续表 6　　　　单位：人

地　区	大学本科			硕士研究生			博士研究生		
	小计	男	女	小计	男	女	小计	男	女
全　省	**2025888**	**988919**	**1036969**	**165757**	**74467**	**91290**	**24161**	**12636**	**11525**
长春市	**1078483**	**528802**	**549681**	**117085**	**52861**	**64224**	**19593**	**10316**	**9277**
南关区	142997	71103	71894	25378	11489	13889	5837	3163	2674
宽城区	85776	44442	41334	3667	1577	2090	305	172	133
朝阳区	148171	79704	68467	22842	10853	11989	4420	2335	2085
二道区	77589	35617	41972	5155	2223	2932	531	262	269
绿园区	94639	47045	47594	9545	4418	5127	1318	680	638
双阳区	36249	16889	19360	600	210	390	38	18	20
九台区	25931	11216	14715	592	248	344	51	21	30
农安县	20737	10001	10736	720	299	421	64	25	39
长春经济技术开发区	81018	38770	42248	7321	3452	3869	838	448	390
长春净月高新技术产业开发区	140433	61542	78891	17997	7507	10490	2293	1136	1157
长春高新技术产业开发区	119166	59341	59825	16442	7237	9205	3460	1847	1613
长春汽车经济技术开发区	37785	19654	18131	4456	2269	2187	218	101	117
长春莲花山生态旅游度假区	1047	531	516	76	38	38	3	1	2
榆树市	24017	12079	11938	713	321	392	65	28	37
德惠市	16581	7956	8625	422	183	239	38	23	15
公主岭市	26347	12912	13435	1159	537	622	114	56	58
吉林市	**281011**	**138978**	**142033**	**17198**	**7921**	**9277**	**1599**	**851**	**748**
昌邑区	57288	28093	29195	3142	1379	1763	273	125	148
龙潭区	26528	14536	11992	1080	504	576	101	53	48
船营区	57469	30545	26924	4905	2509	2396	463	279	184
丰满区	40140	18396	21744	3661	1568	2093	359	180	179
永吉县	6125	2989	3136	234	110	124	19	10	9
吉林经济开发区	7598	3912	3686	119	54	65	19	10	9
吉林高新技术产业开发区	34865	15716	19149	2611	1164	1447	246	139	107
吉林中国新加坡食品区	639	305	334	11	4	7	2	1	1
蛟河市	11300	5324	5976	337	144	193	31	16	15
桦甸市	14217	6994	7223	379	176	203	37	11	26
舒兰市	11524	5645	5879	322	140	182	21	11	10
磐石市	13318	6523	6795	397	169	228	28	16	12
四平市	**100817**	**45045**	**55772**	**5293**	**2240**	**3053**	**517**	**255**	**262**
铁西区	50149	20255	29894	3303	1389	1914	365	185	180
铁东区	16811	8134	8677	828	362	466	59	24	35
梨树县	11924	6000	5924	422	183	239	46	21	25
伊通满族自治县	11414	5574	5840	380	157	223	25	13	12
双辽市	10519	5082	5437	360	149	211	22	12	10
辽源市	**48073**	**23834**	**24239**	**1588**	**740**	**848**	**96**	**43**	**53**
龙山区	27392	13602	13790	996	473	523	55	17	38
西安区	4994	2504	2490	159	81	78	9	7	2
东丰县	10889	5351	5538	268	126	142	15	10	5
东辽县	4798	2377	2421	165	60	105	17	9	8

4－2 续表 7

单位：人

地区	大学本科			硕士研究生			博士研究生		
	小计	男	女	小计	男	女	小计	男	女
通化市	**82839**	**39128**	**43711**	**3492**	**1554**	**1938**	**283**	**144**	**139**
东昌区	42374	19253	23121	2152	953	1199	168	89	79
二道江区	5601	2802	2799	227	100	127	25	11	14
通化县	8229	3955	4274	269	108	161	30	15	15
辉南县	9669	4704	4965	297	136	161	15	8	7
柳河县	8025	3921	4104	258	126	132	27	14	13
集安市	8941	4493	4448	289	131	158	18	7	11
白山市	**64374**	**31553**	**32821**	**2186**	**977**	**1209**	**120**	**54**	**66**
浑江区	28816	14106	14710	1104	526	578	44	21	23
江源区	5102	2503	2599	140	56	84	14	7	7
抚松县	13068	6396	6672	429	188	241	30	13	17
靖宇县	5846	2951	2895	170	56	114	11	8	3
长白朝鲜族自治县	4662	2404	2258	131	57	74	10	4	6
临江市	6880	3193	3687	212	94	118	11	1	10
松原市	**102653**	**50649**	**52004**	**3671**	**1667**	**2004**	**242**	**120**	**122**
宁江区	51995	25847	26148	2032	960	1072	114	62	52
前郭尔罗斯蒙古族自治县	14671	6976	7695	487	198	289	37	14	23
长岭县	10894	5388	5506	306	144	162	36	17	19
乾安县	6706	3357	3349	147	69	78	14	8	6
吉林松原经济开发区	7903	3882	4021	400	188	212	17	11	6
扶余市	10484	5199	5285	299	108	191	24	8	16
白城市	**78985**	**37318**	**41667**	**3148**	**1444**	**1704**	**206**	**93**	**113**
洮北区	19413	9515	9898	880	420	460	63	26	37
镇赉县	9200	4583	4617	294	123	171	9	4	5
通榆县	8984	4333	4651	267	127	140	18	10	8
吉林白城经济开发区	19683	8487	11196	932	453	479	57	28	29
洮南市	10540	4913	5627	364	126	238	31	15	16
大安市	11165	5487	5678	411	195	216	28	10	18
延边朝鲜族自治州	**156959**	**77803**	**79156**	**11008**	**4576**	**6432**	**1440**	**735**	**705**
延吉市	85328	41505	43823	8318	3403	4915	1198	623	575
图们市	5953	3154	2799	177	75	102	27	10	17
敦化市	20734	10317	10417	709	319	390	58	23	35
珲春市	17238	8526	8712	785	331	454	55	27	28
龙井市	6253	3339	2914	250	110	140	31	16	15
和龙市	6141	3170	2971	173	67	106	26	14	12
汪清县	8482	4224	4258	340	156	184	30	15	15
安图县	6830	3568	3262	256	115	141	15	7	8
长白山管委会	**5006**	**2584**	**2422**	**261**	**127**	**134**	**3**	**1**	**2**
长白山保护开发区池北区	4288	2222	2066	239	119	120	3	1	2
长白山保护开发区池西区	612	305	307	19	5	14			
长白山保护开发区池南区	106	57	49	3	3				
梅河口市	**26688**	**13225**	**13463**	**827**	**360**	**467**	**62**	**24**	**38**

4−2a　各地区分性别、受教育程度的15岁及以上人口(城市)

单位：人

地　区	15岁及以上人口			未上过学		
	合计	男	女	小计	男	女
全　省	**9076229**	**4398011**	**4678218**	**66259**	**17723**	**48536**
长春市	**3588385**	**1751487**	**1836898**	**20987**	**5731**	**15256**
南关区	584613	281616	302997	3838	956	2882
宽城区	521550	256992	264558	2375	686	1689
朝阳区	519530	257531	261999	2489	744	1745
二道区	456424	221271	235153	2901	802	2099
绿园区	611984	302059	309925	3951	1052	2899
双阳区	137728	66477	71251	766	179	587
九台区	191852	93247	98605	1114	321	793
农安县						
长春经济技术开发区						
长春净月高新技术产业开发区						
长春高新技术产业开发区						
长春汽车经济技术开发区						
长春莲花山生态旅游度假区						
榆树市	173737	82781	90956	1368	335	1033
德惠市	164585	79351	85234	729	221	508
公主岭市	226382	110162	116220	1456	435	1021
吉林市	**1643401**	**793960**	**849441**	**14346**	**3640**	**10706**
昌邑区	410551	196826	213725	2544	590	1954
龙潭区	236513	117128	119385	2078	611	1467
船营区	344086	167824	176262	2291	629	1662
丰满区	166534	80379	86155	1462	361	1101
永吉县						
吉林经济开发区	1545	760	785	33	12	21
吉林高新技术产业开发区						
吉林中国新加坡食品区						
蛟河市	114796	54943	59853	1864	472	1392
桦甸市	133069	64012	69057	2182	486	1696
舒兰市	131553	62560	68993	1344	367	977
磐石市	104754	49528	55226	548	112	436
四平市	**534286**	**259189**	**275097**	**4593**	**1384**	**3209**
铁西区	205094	98237	106857	1733	501	1232
铁东区	222958	110309	112649	2239	722	1517
梨树县						
伊通满族自治县						
双辽市	106234	50643	55591	621	161	460
辽源市	**363264**	**176860**	**186404**	**2607**	**783**	**1824**
龙山区	252272	121733	130539	1370	389	981
西安区	110992	55127	55865	1237	394	843

4-2a 续表 1

单位：人

地区	15岁及以上人口			未上过学		
	合计	男	女	小计	男	女
东丰县						
东辽县						
通化市	**409676**	**195960**	**213716**	**2764**	**662**	**2102**
东昌区	288695	137851	150844	1518	391	1127
二道江区	57134	27711	29423	694	158	536
通化县						
辉南县						
柳河县						
集安市	63847	30398	33449	552	113	439
白山市	**383116**	**185868**	**197248**	**6567**	**1495**	**5072**
浑江区	239495	116029	123466	3654	820	2834
江源区	71540	35118	36422	1498	362	1136
抚松县						
靖宇县						
长白朝鲜族自治县						
临江市	72081	34721	37360	1415	313	1102
松原市	**490505**	**235462**	**255043**	**3049**	**816**	**2233**
宁江区	394211	189124	205087	2425	648	1777
前郭尔罗斯蒙古族自治县	17616	8403	9213	216	52	164
长岭县						
乾安县						
吉林松原经济开发区						
扶余市	78678	37935	40743	408	116	292
白城市	**401453**	**192437**	**209016**	**3722**	**1100**	**2622**
洮北区	211521	101911	109610	1759	524	1235
镇赉县						
通榆县						
吉林白城经济开发区	4962	2528	2434	94	29	65
洮南市	92504	43954	48550	1143	360	783
大安市	92466	44044	48422	726	187	539
延边朝鲜族自治州	**1045405**	**501906**	**543499**	**7072**	**1937**	**5135**
延吉市	534355	253628	280727	3571	1109	2462
图们市	54412	26271	28141	298	59	239
敦化市	171365	82507	88858	450	114	336
珲春市	154086	74882	79204	1466	362	1104
龙井市	78366	38695	39671	539	145	394
和龙市	52821	25923	26898	748	148	600
汪清县						
安图县						
长白山管委会						
梅河口市	**216738**	**104882**	**111856**	**552**	**175**	**377**

4-2a 续表 2

单位：人

地 区	学前教育			小 学		
	小计	男	女	小计	男	女
全 省	**3051**	**1324**	**1727**	**805531**	**325603**	**479928**
长春市	**1195**	**550**	**645**	**302350**	**126026**	**176324**
南关区	162	81	81	39092	16224	22868
宽城区	216	101	115	43223	18359	24864
朝阳区	169	83	86	29038	11741	17297
二道区	193	84	109	38026	16301	21725
绿园区	155	57	98	55118	23396	31722
双阳区	32	14	18	11255	4477	6778
九台区	73	37	36	23547	9683	13864
农安县						
长春经济技术开发区						
长春净月高新技术产业开发区						
长春高新技术产业开发区						
长春汽车经济技术开发区						
长春莲花山生态旅游度假区						
榆树市	59	37	22	27303	10791	16512
德惠市	54	24	30	17968	7387	10581
公主岭市	82	32	50	17780	7667	10113
吉林市	**536**	**224**	**312**	**147837**	**57772**	**90065**
昌邑区	134	62	72	30402	11699	18703
龙潭区	95	31	64	21544	8527	13017
船营区	94	44	50	26158	10481	15677
丰满区	54	20	34	12105	4897	7208
永吉县						
吉林经济开发区	1		1	409	177	232
吉林高新技术产业开发区						
吉林中国新加坡食品区						
蛟河市	38	12	26	12822	5057	7765
桦甸市	53	27	26	15919	6266	9653
舒兰市	35	13	22	17454	6610	10844
磐石市	32	15	17	11024	4058	6966
四平市	**209**	**89**	**120**	**46160**	**19633**	**26527**
铁西区	75	31	44	16729	6878	9851
铁东区	100	50	50	22458	10212	12246
梨树县						
伊通满族自治县						
双辽市	34	8	26	6973	2543	4430
辽源市	**152**	**66**	**86**	**32081**	**13189**	**18892**
龙山区	94	48	46	20422	8251	12171
西安区	58	18	40	11659	4938	6721

4-2a 续表 3

单位：人

地区	学前教育			小学		
	小计	男	女	小计	男	女
东丰县						
东辽县						
通化市	**98**	**40**	**58**	**40160**	**15607**	**24553**
东昌区	24	10	14	26602	10455	16147
二道江区	45	20	25	6420	2479	3941
通化县						
辉南县						
柳河县						
集安市	29	10	19	7138	2673	4465
白山市	**163**	**58**	**105**	**39350**	**15666**	**23684**
浑江区	96	35	61	22783	9026	13757
江源区	39	13	26	9410	3839	5571
抚松县						
靖宇县						
长白朝鲜族自治县						
临江市	28	10	18	7157	2801	4356
松原市	**165**	**73**	**92**	**58669**	**23074**	**35595**
宁江区	125	57	68	43105	16705	26400
前郭尔罗斯蒙古族自治县	9	4	5	2100	796	1304
长岭县						
乾安县						
吉林松原经济开发区						
扶余市	31	12	19	13464	5573	7891
白城市	**121**	**49**	**72**	**44892**	**18040**	**26852**
洮北区	81	32	49	21812	9032	12780
镇赉县						
通榆县						
吉林白城经济开发区	1	1		1071	479	592
洮南市	19	7	12	12581	5138	7443
大安市	20	9	11	9428	3391	6037
延边朝鲜族自治州	**349**	**152**	**197**	**75939**	**29216**	**46723**
延吉市	172	82	90	32885	12634	20251
图们市	6	5	1	3955	1384	2571
敦化市	83	32	51	12659	4540	8119
珲春市	49	20	29	14911	5953	8958
龙井市	25	11	14	5952	2511	3441
和龙市	14	2	12	5577	2194	3383
汪清县						
安图县						
长白山管委会						
梅河口市	**63**	**23**	**40**	**18093**	**7380**	**10713**

4-2a 续表 4

单位：人

地 区	初 中			高 中			大学专科		
	小计	男	女	小计	男	女	小计	男	女
全 省	**3240746**	**1572864**	**1667882**	**2514523**	**1257183**	**1257340**	**1097235**	**557257**	**539978**
长春市	**1204845**	**594128**	**610717**	**890458**	**443546**	**446912**	**474311**	**238196**	**236115**
南关区	152206	74973	77233	128933	62532	66401	86170	41095	45075
宽城区	197719	98575	99144	138807	69862	68945	73126	37568	35558
朝阳区	113156	54809	58347	121009	58590	62419	78918	39029	39889
二道区	149963	75044	74919	120777	60414	60363	61317	30536	30781
绿园区	200419	100691	99728	152208	76291	75917	95047	48635	46412
双阳区	51859	25641	26218	25053	12997	12056	14475	7366	7109
九台区	95467	46828	48639	44873	22805	22068	14717	7847	6870
农安县									
长春经济技术开发区									
长春净月高新技术产业开发区									
长春高新技术产业开发区									
长春汽车经济技术开发区									
长春莲花山生态旅游度假区									
榆树市	72368	34492	37876	42248	21755	20493	15642	8145	7497
德惠市	86786	41925	44861	35418	18018	17400	12618	6538	6080
公主岭市	84902	41150	43752	81132	40282	40850	22281	11437	10844
吉林市	**586469**	**280959**	**305510**	**489550**	**243904**	**245646**	**193132**	**99770**	**93362**
昌邑区	132089	62910	69179	135608	66573	69035	55636	28379	27257
龙潭区	86710	41735	44975	76883	39249	37634	22862	12538	10324
船营区	111068	53438	57630	102703	50141	52562	42279	21313	20966
丰满区	44653	21519	23134	44573	21385	23188	28173	14641	13532
永吉县									
吉林经济开发区	870	456	414	131	70	61	55	28	27
吉林高新技术产业开发区									
吉林中国新加坡食品区									
蛟河市	50112	24211	25901	30060	15385	14675	11651	5960	5691
桦甸市	54604	26569	28035	36242	18523	17719	12663	6580	6083
舒兰市	60895	29030	31865	35359	18176	17183	9155	4866	4289
磐石市	45468	21091	24377	27991	14402	13589	10658	5465	5193
四平市	**199774**	**97032**	**102742**	**155474**	**77342**	**78132**	**71384**	**36087**	**35297**
铁西区	65121	31294	33827	57954	28222	29732	32227	15866	16361
铁东区	92224	46020	46204	62050	31341	30709	27043	13890	13153
梨树县									
伊通满族自治县									
双辽市	42429	19718	22711	35470	17779	17691	12114	6331	5783
辽源市	**177327**	**86624**	**90703**	**84266**	**42604**	**41662**	**34447**	**17562**	**16885**
龙山区	110414	53054	57360	64307	32122	32185	28193	14287	13906
西安区	66913	33570	33343	19959	10482	9477	6254	3275	2979

4-2a 续表 5 单位：人

地区	初中			高中			大学专科		
	小计	男	女	小计	男	女	小计	男	女
东丰县									
东辽县									
通化市	**131337**	**63781**	**67556**	**127835**	**63712**	**64123**	**51204**	**26093**	**25111**
东昌区	90680	44346	46334	90256	44660	45596	36181	18313	17868
二道江区	19259	9267	9992	18905	9789	9116	6495	3355	3140
通化县									
辉南县									
柳河县									
集安市	21398	10168	11230	18674	9263	9411	8528	4425	4103
白山市	**141998**	**70145**	**71853**	**110917**	**56372**	**54545**	**44262**	**22814**	**21448**
浑江区	82168	40548	41620	71320	35843	35477	30082	15383	14699
江源区	32338	16201	16137	17723	9286	8437	6469	3430	3039
抚松县									
靖宇县									
长白朝鲜族自治县									
临江市	27492	13396	14096	21874	11243	10631	7711	4001	3710
松原市	**189746**	**89602**	**100144**	**127755**	**66548**	**61207**	**52542**	**26417**	**26125**
宁江区	150245	70624	79621	104884	54654	50230	43209	21500	21709
前郭尔罗斯蒙古族自治县	6350	3005	3345	4137	2125	2012	2360	1233	1127
长岭县									
乾安县									
吉林松原经济开发区									
扶余市	33151	15973	17178	18734	9769	8965	6973	3684	3289
白城市	**159566**	**75989**	**83577**	**119032**	**60064**	**58968**	**38527**	**20103**	**18424**
洮北区	83846	39910	43936	64281	32255	32026	21093	11073	10020
镇赉县									
通榆县									
吉林白城经济开发区	2850	1502	1348	696	394	302	144	80	64
洮南市	40466	19546	20920	21794	10880	10914	8568	4359	4209
大安市	32404	15031	17373	32261	16535	15726	8722	4591	4131
延边朝鲜族自治州	**370489**	**176884**	**193605**	**339699**	**168079**	**171620**	**110488**	**56543**	**53945**
延吉市	171790	80924	90866	176449	85971	90478	57559	28859	28700
图们市	17651	8221	9430	21304	10590	10714	5662	3108	2554
敦化市	63407	30263	33144	59226	29603	29623	19157	9816	9341
珲春市	62773	30558	32215	43091	21820	21271	15435	8023	7412
龙井市	33283	16218	17065	24987	12637	12350	7678	4030	3648
和龙市	21585	10700	10885	14642	7458	7184	4997	2707	2290
汪清县									
安图县									
长白山管委会									
梅河口市	**79195**	**37720**	**41475**	**69537**	**35012**	**34525**	**26938**	**13672**	**13266**

4-2a　续表 6　　　　　　　　　　　　　　　　　　　　　　　　　　单位：人

地　区	大学本科			硕士研究生			博士研究生		
	小计	男	女	小计	男	女	小计	男	女
全　省	**1228823**	**610309**	**618514**	**104160**	**47377**	**56783**	**15901**	**8371**	**7530**
长春市	**613089**	**305236**	**307853**	**68613**	**31410**	**37203**	**12537**	**6664**	**5873**
南关区	142997	71103	71894	25378	11489	13889	5837	3163	2674
宽城区	62354	30200	32154	3450	1486	1964	280	155	125
朝阳区	147538	79374	68164	22798	10829	11969	4415	2332	2083
二道区	77562	35606	41956	5154	2222	2932	531	262	269
绿园区	94248	46850	47398	9523	4409	5114	1315	678	637
双阳区	33761	15615	18146	505	177	328	22	11	11
九台区	11651	5557	6094	380	158	222	30	11	19
农安县									
长春经济技术开发区									
长春净月高新技术产业开发区									
长春高新技术产业开发区									
长春汽车经济技术开发区									
长春莲花山生态旅游度假区									
榆树市	14365	7057	7308	358	161	197	26	8	18
德惠市	10762	5132	5630	233	95	138	17	11	6
公主岭市	17851	8742	9109	834	384	450	64	33	31
吉林市	**197390**	**100948**	**96442**	**12933**	**6104**	**6829**	**1208**	**639**	**569**
昌邑区	50962	25215	25747	2920	1281	1639	256	117	139
龙潭区	25223	13910	11313	1023	477	546	95	50	45
船营区	54274	29057	25217	4773	2452	2321	446	269	177
丰满区	31855	15889	15966	3311	1493	1818	348	174	174
永吉县									
吉林经济开发区	41	16	25	3		3	2	1	1
吉林高新技术产业开发区									
吉林中国新加坡食品区									
蛟河市	8040	3757	4283	200	85	115	9	4	5
桦甸市	11105	5418	5687	276	134	142	25	9	16
舒兰市	7116	3413	3703	184	80	104	11	5	6
磐石市	8774	4273	4501	243	102	141	16	10	6
四平市	**53024**	**26004**	**27020**	**3394**	**1495**	**1899**	**274**	**123**	**151**
铁西区	28728	14310	14418	2318	1037	1281	209	98	111
铁东区	16004	7714	8290	785	338	447	55	22	33
梨树县									
伊通满族自治县									
双辽市	8292	3980	4312	291	120	171	10	3	7
辽源市	**31209**	**15471**	**15738**	**1115**	**540**	**575**	**60**	**21**	**39**
龙山区	26452	13100	13352	967	467	500	53	15	38
西安区	4757	2371	2386	148	73	75	7	6	1

4-2a 续表 7

单位：人

地区	大学本科			硕士研究生			博士研究生		
	小计	男	女	小计	男	女	小计	男	女
东丰县									
东辽县									
通化市	**53543**	**24836**	**28707**	**2542**	**1130**	**1412**	**193**	**99**	**94**
东昌区	41166	18654	22512	2104	934	1170	164	88	76
二道江区	5090	2546	2544	208	90	118	18	7	11
通化县									
辉南县									
柳河县									
集安市	7287	3636	3651	230	106	124	11	4	7
白山市	**38436**	**18648**	**19788**	**1368**	**647**	**721**	**55**	**23**	**32**
浑江区	28260	13830	14430	1090	523	567	42	21	21
江源区	3954	1942	2012	102	43	59	7	2	5
抚松县									
靖宇县									
长白朝鲜族自治县									
临江市	6222	2876	3346	176	81	95	6		6
松原市	**56287**	**27859**	**28428**	**2181**	**1014**	**1167**	**111**	**59**	**52**
宁江区	48191	23963	24228	1926	915	1011	101	58	43
前郭尔罗斯蒙古族自治县	2346	1144	1202	97	44	53	1		1
长岭县									
乾安县									
吉林松原经济开发区									
扶余市	5750	2752	2998	158	55	103	9	1	8
白城市	**34095**	**16414**	**17681**	**1406**	**642**	**764**	**92**	**36**	**56**
洮北区	17800	8685	9115	796	380	416	53	20	33
镇赉县									
通榆县									
吉林白城经济开发区	99	39	60	6	3	3	1	1	
洮南市	7653	3563	4090	263	94	169	17	7	10
大安市	8543	4127	4416	341	165	176	21	8	13
延边朝鲜族自治州	**130104**	**64304**	**65800**	**9937**	**4102**	**5835**	**1328**	**689**	**639**
延吉市	82637	40122	42515	8123	3315	4808	1169	612	557
图们市	5349	2825	2524	163	70	93	24	9	15
敦化市	15809	7876	7933	535	246	289	39	17	22
珲春市	15560	7804	7756	753	318	435	48	24	24
龙井市	5656	3032	2624	222	98	124	24	13	11
和龙市	5093	2645	2448	141	55	86	24	14	10
汪清县									
安图县									
长白山管委会									
梅河口市	**21646**	**10589**	**11057**	**671**	**293**	**378**	**43**	**18**	**25**

4-2b 各地区分性别、受教育程度的15岁及以上人口(镇)

单位：人

地 区	15岁及以上人口			未上过学		
	合计	男	女	小计	男	女
全 省	**4163559**	**2038278**	**2125281**	**48074**	**12876**	**35198**
长春市	**1631206**	**803394**	**827812**	**10263**	**2971**	**7292**
南关区						
宽城区	66451	32342	34109	603	197	406
朝阳区	8412	4208	4204	135	39	96
二道区	1300	675	625	22	6	16
绿园区						
双阳区	3899	2027	1872	124	38	86
九台区	4797	2344	2453	14	3	11
农安县	167492	80355	87137	1434	354	1080
长春经济技术开发区	372594	182723	189871	1622	497	1125
长春净月高新技术产业开发区	183645	83156	100489	623	205	418
长春高新技术产业开发区	383938	191802	192136	1942	638	1304
长春汽车经济技术开发区	277535	143082	134453	1647	403	1244
长春莲花山生态旅游度假区	5258	2759	2499	100	39	61
榆树市	44663	22570	22093	893	252	641
德惠市	9743	4878	4865	142	40	102
公主岭市	101479	50473	51006	962	260	702
吉林市	**395304**	**191146**	**204158**	**5547**	**1609**	**3938**
昌邑区	10510	4990	5520	55	18	37
龙潭区	12038	6150	5888	114	31	83
船营区	4624	2299	2325	35	9	26
丰满区	1437	718	719	20	6	14
永吉县	82695	39794	42901	862	242	620
吉林经济开发区	40046	20659	19387	231	56	175
吉林高新技术产业开发区	120304	54708	65596	501	131	370
吉林中国新加坡食品区	4192	2065	2127	158	81	77
蛟河市	32374	16235	16139	972	234	738
桦甸市	27674	13951	13723	1113	352	761
舒兰市	23506	11540	11966	480	143	337
磐石市	35904	18037	17867	1006	306	700
四平市	**289030**	**141524**	**147506**	**4039**	**1105**	**2934**
铁西区						
铁东区	3934	1932	2002	60	19	41
梨树县	167041	82387	84654	2368	638	1730
伊通满族自治县	95162	45700	49462	1233	352	881
双辽市	22893	11505	11388	378	96	282
辽源市	**147619**	**71322**	**76297**	**1309**	**354**	**955**
龙山区	779	402	377	31	9	22
西安区						
东丰县	98297	47417	50880	786	199	587
东辽县	48543	23503	25040	492	146	346

4-2b 续表 1　　　　单位：人

地区	15岁及以上人口			未上过学		
	合计	男	女	小计	男	女
通化市	**291719**	**142186**	**149533**	**3825**	**1035**	**2790**
东昌区	4893	2411	2482	81	16	65
二道江区	14494	7278	7216	558	143	415
通化县	66656	32150	34506	911	234	677
辉南县	109397	53270	56127	1498	396	1102
柳河县	87862	42805	45057	652	202	450
集安市	8417	4272	4145	125	44	81
白山市	**286217**	**141631**	**144586**	**9164**	**2199**	**6965**
浑江区	9490	4464	5026	286	91	195
江源区	29299	14993	14306	1065	256	809
抚松县	148713	73521	75192	5361	1285	4076
靖宇县	56632	27851	28781	1406	326	1080
长白朝鲜族自治县	36277	17792	18485	721	180	541
临江市	5806	3010	2796	325	61	264
松原市	**416203**	**201403**	**214800**	**4677**	**1172**	**3505**
宁江区	23307	11273	12034	239	54	185
前郭尔罗斯蒙古族自治县	118900	56561	62339	1588	351	1237
长岭县	105862	51663	54199	1218	308	910
乾安县	80788	39136	41652	540	161	379
吉林松原经济开发区	60539	29362	31177	696	184	512
扶余市	26807	13408	13399	396	114	282
白城市	**345322**	**165563**	**179759**	**3333**	**947**	**2386**
洮北区	22523	11431	11092	421	126	295
镇赉县	92735	45267	47468	779	233	546
通榆县	98328	47273	51055	752	191	561
吉林白城经济开发区	91995	41606	50389	681	188	493
洮南市	9482	4772	4710	203	71	132
大安市	30259	15214	15045	497	138	359
延边朝鲜族自治州	**267955**	**132902**	**135053**	**3821**	**905**	**2916**
延吉市	17788	8950	8838	116	28	88
图们市	11108	5574	5534	130	33	97
敦化市	42920	21553	21367	697	202	495
珲春市	10019	5191	4828	133	35	98
龙井市	10569	5333	5236	135	32	103
和龙市	20059	10335	9724	524	120	404
汪清县	102171	49886	52285	1520	342	1178
安图县	53321	26080	27241	566	113	453
长白山管委会	**53776**	**27249**	**26527**	**1532**	**385**	**1147**
长白山保护开发区池北区	39136	19876	19260	770	212	558
长白山保护开发区池西区	12931	6498	6433	698	165	533
长白山保护开发区池南区	1709	875	834	64	8	56
梅河口市	**39208**	**19958**	**19250**	**564**	**194**	**370**

4-2b 续表 2

单位：人

地区	学前教育			小学		
	小计	男	女	小计	男	女
全 省	**1654**	**699**	**955**	**521529**	**218137**	**303392**
长春市	**562**	**261**	**301**	**154163**	**66565**	**87598**
南关区						
宽城区	29	12	17	11501	5492	6009
朝阳区	3	1	2	1774	772	1002
二道区				426	221	205
绿园区						
双阳区				953	438	515
九台区				775	337	438
农安县	51	16	35	25893	10880	15013
长春经济技术开发区	163	88	75	26616	11279	15337
长春净月高新技术产业开发区	65	30	35	9547	4005	5542
长春高新技术产业开发区	129	60	69	25723	11268	14455
长春汽车经济技术开发区	72	32	40	23291	9756	13535
长春莲花山生态旅游度假区	2	2		1555	757	798
榆树市	29	13	16	12322	5367	6955
德惠市	2		2	2739	1279	1460
公主岭市	17	7	10	11048	4714	6334
吉林市	**195**	**75**	**120**	**53880**	**22211**	**31669**
昌邑区	6	2	4	1253	480	773
龙潭区	2		2	2365	994	1371
船营区				1246	570	676
丰满区				299	129	170
永吉县	31	13	18	11601	4624	6977
吉林经济开发区	22	7	15	3777	1467	2310
吉林高新技术产业开发区	57	23	34	6765	2596	4169
吉林中国新加坡食品区	3		3	715	310	405
蛟河市	47	20	27	7126	3176	3950
桦甸市	14	5	9	6396	2858	3538
舒兰市	8	4	4	5202	2113	3089
磐石市	5	1	4	7135	2894	4241
四平市	**132**	**51**	**81**	**42324**	**17741**	**24583**
铁西区						
铁东区	2	2		707	269	438
梨树县	65	24	41	25808	11017	14791
伊通满族自治县	60	24	36	12805	5279	7526
双辽市	5	1	4	3004	1176	1828
辽源市	**44**	**18**	**26**	**20273**	**8096**	**12177**
龙山区				178	91	87
西安区						
东丰县	26	12	14	13086	5144	7942
东辽县	18	6	12	7009	2861	4148

4-2b 续表 3 单位：人

地区	学前教育			小学		
	小计	男	女	小计	男	女
通化市	**117**	**60**	**57**	**48408**	**20441**	**27967**
东昌区				989	432	557
二道江区	7	2	5	2864	1200	1664
通化县	20	8	12	10556	4266	6290
辉南县	48	29	19	16411	6991	9420
柳河县	41	20	21	15335	6572	8763
集安市	1	1		2253	980	1273
白山市	**139**	**53**	**86**	**39386**	**16648**	**22738**
浑江区	16	3	13	1777	803	974
江源区	25	10	15	5434	2352	3082
抚松县	51	21	30	19114	8137	10977
靖宇县	18	8	10	7396	3098	4298
长白朝鲜族自治县	29	11	18	4364	1646	2718
临江市				1301	612	689
松原市	**124**	**45**	**79**	**67376**	**27438**	**39938**
宁江区	5	3	2	3962	1597	2365
前郭尔罗斯蒙古族自治县	29	10	19	19856	7920	11936
长岭县	17	7	10	17777	7287	10490
乾安县	24	6	18	9402	3541	5861
吉林松原经济开发区	34	12	22	8844	3782	5062
扶余市	15	7	8	7535	3311	4224
白城市	**137**	**53**	**84**	**48258**	**19446**	**28812**
洮北区	9	4	5	4472	1950	2522
镇赉县	9	3	6	12859	4797	8062
通榆县	53	20	33	13842	5446	8396
吉林白城经济开发区	27	8	19	7203	2951	4252
洮南市	16	8	8	2526	1137	1389
大安市	23	10	13	7356	3165	4191
延边朝鲜族自治州	**173**	**67**	**106**	**31029**	**12202**	**18827**
延吉市	13	7	6	1602	640	962
图们市	1	1		1456	584	872
敦化市	74	26	48	6189	2531	3658
珲春市	4	3	1	1875	827	1048
龙井市	2		2	1139	443	696
和龙市	17	7	10	2861	1154	1707
汪清县	56	19	37	10300	3884	6416
安图县	6	4	2	5607	2139	3468
长白山管委会	**14**	**7**	**7**	**7812**	**3418**	**4394**
长白山保护开发区池北区	10	6	4	4949	2091	2858
长白山保护开发区池西区	3	1	2	2559	1203	1356
长白山保护开发区池南区	1		1	304	124	180
梅河口市	**17**	**9**	**8**	**8620**	**3931**	**4689**

4—2b　续表 4　　　　单位：人

地　区	初　中			高　中			大学专科		
	小计	男	女	小计	男	女	小计	男	女
全　省	**1644961**	**822252**	**822709**	**888433**	**458093**	**430340**	**461554**	**241731**	**219823**
长春市	**535363**	**267712**	**267651**	**321110**	**163668**	**157442**	**230075**	**121832**	**108243**
南关区									
宽城区	32745	16948	15797	10964	5334	5630	8368	3296	5072
朝阳区	4727	2457	2270	1122	614	508	392	206	186
二道区	690	357	333	104	61	43	30	18	12
绿园区									
双阳区	2182	1181	1001	408	237	171	132	75	57
九台区	2990	1485	1505	553	292	261	240	125	115
农安县	74712	36399	38313	38005	19254	18751	15088	7717	7371
长春经济技术开发区	119524	59623	59901	79431	40841	38590	56061	27725	28336
长春净月高新技术产业开发区	33300	16211	17089	29375	14132	15243	22155	10735	11420
长春高新技术产业开发区	86342	43841	42501	63170	31769	31401	67886	36092	31794
长春汽车经济技术开发区	91899	45182	46717	66894	34371	32523	51273	31314	19959
长春莲花山生态旅游度假区	2598	1415	1183	654	363	291	192	105	87
榆树市	22471	11836	10635	5855	3396	2459	1790	1029	761
德惠市	5641	2888	2753	695	405	290	299	152	147
公主岭市	55542	27889	27653	23880	12599	11281	6169	3243	2926
吉林市	**157142**	**78458**	**78684**	**85064**	**43769**	**41295**	**38919**	**19774**	**19145**
昌邑区	5181	2653	2528	1397	767	630	887	417	470
龙潭区	6579	3420	3159	2020	1090	930	720	503	217
船营区	2585	1331	1254	462	237	225	206	112	94
丰满区	819	422	397	207	119	88	63	27	36
永吉县	39615	19293	20322	20869	10689	10180	5919	3112	2807
吉林经济开发区	15684	7919	7765	8552	4684	3868	4270	2658	1612
吉林高新技术产业开发区	26790	12374	14416	29750	14038	15712	19595	8951	10644
吉林中国新加坡食品区	2628	1319	1309	451	252	199	145	61	84
蛟河市	15784	8262	7522	5389	2944	2445	1957	1062	895
桦甸市	12412	6437	5975	4937	2774	2163	1819	1031	788
舒兰市	12121	6144	5977	3911	2188	1723	1003	571	432
磐石市	16944	8884	8060	7119	3987	3132	2335	1269	1066
四平市	**132938**	**66020**	**66918**	**66214**	**34317**	**31897**	**24765**	**13224**	**11541**
铁西区									
铁东区	2102	1050	1052	695	400	295	235	130	105
梨树县	82412	41178	41234	33160	17387	15773	14166	7653	6513
伊通满族自治县	35523	17275	18248	27569	13788	13781	9167	4779	4388
双辽市	12901	6517	6384	4790	2742	2048	1197	662	535
辽源市	**71073**	**34830**	**36243**	**34122**	**17452**	**16670**	**10886**	**5725**	**5161**
龙山区	487	266	221	53	22	31	22	12	10
西安区									
东丰县	44022	21393	22629	25024	12803	12221	8104	4289	3815
东辽县	26564	13171	13393	9045	4627	4418	2760	1424	1336

4-2b 续表 5 单位：人

地区	初中			高中			大学专科		
	小计	男	女	小计	男	女	小计	男	女
通化市	**128767**	**63874**	**64893**	**63898**	**33220**	**30678**	**25151**	**13136**	**12015**
东昌区	2248	1134	1114	1010	544	466	343	181	162
二道江区	6737	3637	3100	3438	1842	1596	536	285	251
通化县	27161	13444	13717	14814	7714	7100	6518	3320	3198
辉南县	48013	23701	24312	25482	13103	12379	9461	4926	4535
柳河县	40123	19575	20548	18279	9498	8781	7925	4241	3684
集安市	4485	2383	2102	875	519	356	368	183	185
白山市	**112831**	**58109**	**54722**	**71556**	**37526**	**34030**	**29800**	**15597**	**14203**
浑江区	4042	2251	1791	1365	749	616	1812	478	1334
江源区	14574	7846	6728	5866	3260	2606	1586	908	678
抚松县	58443	29988	28455	38385	20069	18316	14807	7926	6881
靖宇县	22021	11065	10956	13691	7132	6559	6789	3577	3212
长白朝鲜族自治县	10885	5377	5508	11367	5791	5576	4526	2545	1981
临江市	2866	1582	1284	882	525	357	280	163	117
松原市	**189558**	**93702**	**95856**	**85562**	**44404**	**41158**	**38646**	**20067**	**18579**
宁江区	11756	5835	5921	4358	2325	2033	1794	902	892
前郭尔罗斯蒙古族自治县	50617	24890	25727	26326	13328	12998	10971	5635	5336
长岭县	52144	25938	26206	19779	10405	9374	8882	4774	4108
乾安县	38729	18752	19977	19141	9978	9163	7846	4168	3678
吉林松原经济开发区	21910	10761	11149	13186	6795	6391	7997	3965	4032
扶余市	14402	7526	6876	2772	1573	1199	1156	623	533
白城市	**148548**	**73433**	**75115**	**74303**	**38483**	**35820**	**34782**	**16665**	**18117**
洮北区	12423	6484	5939	3867	2169	1698	709	374	335
镇赉县	44142	21768	22374	18844	10017	8827	8869	4821	4048
通榆县	46534	22558	23976	23860	12330	11530	6714	3579	3135
吉林白城经济开发区	25212	12040	13172	21938	10711	11227	16521	6856	9665
洮南市	5395	2851	2544	686	387	299	467	221	246
大安市	14842	7732	7110	5108	2869	2239	1502	814	688
延边朝鲜族自治州	**125856**	**63653**	**62203**	**67776**	**35194**	**32582**	**21803**	**12029**	**9774**
延吉市	9512	4709	4803	4030	2092	1938	1921	1161	760
图们市	5361	2743	2618	3242	1707	1535	460	260	200
敦化市	24113	12475	11638	8248	4391	3857	2179	1223	956
珲春市	6024	3235	2789	1591	878	713	235	129	106
龙井市	5348	2756	2592	3363	1782	1581	386	217	169
和龙市	11213	6108	5105	3863	2089	1774	940	545	395
汪清县	43825	21697	22128	28765	14709	14056	9577	5178	4399
安图县	20460	9930	10530	14674	7546	7128	6105	3316	2789
长白山管委会	**21548**	**11300**	**10248**	**12111**	**6401**	**5710**	**5495**	**3027**	**2468**
长白山保护开发区池北区	14946	7762	7184	9477	4979	4498	4460	2485	1975
长白山保护开发区池西区	5698	3055	2643	2432	1297	1135	910	467	443
长白山保护开发区池南区	904	483	421	202	125	77	125	75	50
梅河口市	**21337**	**11161**	**10176**	**6717**	**3659**	**3058**	**1232**	**655**	**577**

4-2b 续表 6 单位：人

地区	大学本科			硕士研究生			博士研究生		
	小计	男	女	小计	男	女	小计	男	女
全 省	**543310**	**260027**	**283283**	**47431**	**21067**	**26364**	**6613**	**3396**	**3217**
长春市	**334417**	**159900**	**174517**	**39256**	**17405**	**21851**	**5997**	**3080**	**2917**
南关区									
宽城区	2180	1032	1148	56	26	30	5	5	
朝阳区	241	109	132	17	9	8	1	1	
二道区	27	11	16	1	1				
绿园区									
双阳区	95	56	39	5	2	3			
九台区	222	102	120	3		3			
农安县	11913	5587	6326	377	142	235	19	6	13
长春经济技术开发区	81018	38770	42248	7321	3452	3869	838	448	390
长春净月高新技术产业开发区	76667	32934	43733	10473	4242	6231	1440	662	778
长春高新技术产业开发区	118897	59100	59797	16390	7187	9203	3459	1847	1612
长春汽车经济技术开发区	37785	19654	18131	4456	2269	2187	218	101	117
长春莲花山生态旅游度假区	148	73	75	9	5	4			
榆树市	1259	653	606	42	22	20	2	2	
德惠市	221	113	108	4	1	3			
公主岭市	3744	1706	2038	102	47	55	15	8	7
吉林市	**51354**	**23801**	**27553**	**2924**	**1293**	**1631**	**279**	**156**	**123**
昌邑区	1725	650	1075	5	3	2	1		1
龙潭区	227	107	120	10	4	6	1	1	
船营区	84	39	45	6	1	5			
丰满区	28	15	13	1		1			
永吉县	3689	1778	1911	100	37	63	9	6	3
吉林经济开发区	7385	3810	3575	109	50	59	16	8	8
吉林高新技术产业开发区	34033	15315	18718	2571	1144	1427	242	136	106
吉林中国新加坡食品区	91	42	49	1		1			
蛟河市	1056	515	541	38	19	19	5	3	2
桦甸市	959	483	476	21	11	10	3		3
舒兰市	754	368	386	26	8	18	1	1	
磐石市	1323	679	644	36	16	20	1	1	
四平市	**18024**	**8811**	**9213**	**553**	**238**	**315**	**41**	**17**	**24**
铁西区									
铁东区	128	61	67	5	1	4			
梨树县	8750	4353	4397	286	125	161	26	12	14
伊通满族自治县	8546	4095	4451	246	103	143	13	5	8
双辽市	600	302	298	16	9	7	2		2
辽源市	**9663**	**4729**	**4934**	**235**	**109**	**126**	**14**	**9**	**5**
龙山区	7	2	5	1		1			
西安区									
东丰县	7080	3489	3591	161	83	78	8	5	3
东辽县	2576	1238	1338	73	26	47	6	4	2

4-2b 续表 7

单位：人

地区	大学本科			硕士研究生			博士研究生		
	小计	男	女	小计	男	女	小计	男	女
通化市	**20881**	**10117**	**10764**	**625**	**281**	**344**	**47**	**22**	**25**
东昌区	214	101	113	7	2	5	1	1	
二道江区	341	163	178	10	5	5	3	1	2
通化县	6453	3071	3382	205	86	119	18	7	11
辉南县	8239	4012	4227	235	108	127	10	4	6
柳河县	5333	2611	2722	159	77	82	15	9	6
集安市	301	159	142	9	3	6			
白山市	**22624**	**11198**	**11426**	**670**	**278**	**392**	**47**	**23**	**24**
浑江区	186	88	98	4	1	3	2		2
江源区	720	350	370	25	8	17	4	3	1
抚松县	12145	5917	6228	382	167	215	25	11	14
靖宇县	5161	2589	2572	144	51	93	6	5	1
长白朝鲜族自治县	4265	2188	2077	111	50	61	9	4	5
临江市	147	66	81	4	1	3	1		1
松原市	**29287**	**14142**	**15145**	**913**	**404**	**509**	**60**	**29**	**31**
宁江区	1152	539	613	38	17	21	3	1	2
前郭尔罗斯蒙古族自治县	9219	4310	4909	277	111	166	17	6	11
长岭县	5898	2875	3023	134	62	72	13	7	6
乾安县	5015	2491	2524	83	36	47	8	3	5
吉林松原经济开发区	7478	3676	3802	377	176	201	17	11	6
扶余市	525	251	274	4	2	2	2	1	1
白城市	**34528**	**15858**	**18670**	**1359**	**639**	**720**	**74**	**39**	**35**
洮北区	597	311	286	23	12	11	2	1	1
镇赉县	7025	3540	3485	203	85	118	5	3	2
通榆县	6371	3060	3311	192	82	110	10	7	3
吉林白城经济开发区	19437	8377	11060	920	448	472	56	27	29
洮南市	183	93	90	5	3	2	1	1	
大安市	915	477	438	16	9	7			
延边朝鲜族自治州	**16829**	**8549**	**8280**	**621**	**284**	**337**	**47**	**19**	**28**
延吉市	574	305	269	16	7	9	4	1	3
图们市	448	242	206	9	4	5	1		1
敦化市	1370	681	689	45	22	23	5	2	3
珲春市	150	83	67	6	1	5	1		1
龙井市	187	101	86	7	2	5	2		2
和龙市	623	305	318	17	7	10	1		1
汪清县	7795	3898	3897	307	145	162	26	14	12
安图县	5682	2934	2748	214	96	118	7	2	5
长白山管委会	**5000**	**2583**	**2417**	**261**	**127**	**134**	**3**	**1**	**2**
长白山保护开发区池北区	4282	2221	2061	239	119	120	3	1	2
长白山保护开发区池西区	612	305	307	19	5	14			
长白山保护开发区池南区	106	57	49	3	3				
梅河口市	**703**	**339**	**364**	**14**	**9**	**5**	**4**	**1**	**3**

4–2c　各地区分性别、受教育程度的15岁及以上人口(乡村)

单位：人

地　区	15岁及以上人口			未上过学		
	合计	男	女	小计	男	女
全　省	**8014942**	**4119734**	**3895208**	**225093**	**71288**	**153805**
长春市	**2746358**	**1411002**	**1335356**	**62285**	**20011**	**42274**
南关区						
宽城区	161184	85209	75975	1825	635	1190
朝阳区	24401	12626	11775	825	257	568
二道区						
绿园区	14691	7842	6849	268	84	184
双阳区	159351	82450	76901	5430	1680	3750
九台区	348342	178947	169395	6981	2295	4686
农安县	503470	259801	243669	11689	3857	7832
长春经济技术开发区						
长春净月高新技术产业开发区	181164	87938	93226	1229	402	827
长春高新技术产业开发区	7026	5527	1499	170	127	43
长春汽车经济技术开发区						
长春莲花山生态旅游度假区	28311	14206	14105	737	219	518
榆树市	517368	264526	252842	16353	4934	11419
德惠市	383214	197560	185654	7213	2394	4819
公主岭市	417836	214370	203466	9565	3127	6438
吉林市	**1188825**	**613818**	**575007**	**39386**	**12603**	**26783**
昌邑区	97067	49056	48011	1385	489	896
龙潭区	89066	46085	42981	1796	588	1208
船营区	65586	33349	32237	1337	560	777
丰满区	66025	31677	34348	1573	528	1045
永吉县	136026	72967	63059	3927	1383	2544
吉林经济开发区	9803	4979	4824	150	52	98
吉林高新技术产业开发区	22356	11669	10687	366	109	257
吉林中国新加坡食品区	28159	14057	14102	561	178	383
蛟河市	145309	75423	69886	6933	2142	4791
桦甸市	138920	72371	66549	6906	2204	4702
舒兰市	205794	106720	99074	7247	2239	5008
磐石市	184714	95465	89249	7205	2131	5074
四平市	**776649**	**391880**	**384769**	**26475**	**8422**	**18053**
铁西区	75398	32325	43073	765	288	477
铁东区	55421	28531	26890	1503	524	979
梨树县	300068	153912	146156	12505	3830	8675
伊通满族自治县	198406	102804	95602	7596	2574	5022
双辽市	147356	74308	73048	4106	1206	2900
辽源市	**379299**	**195688**	**183611**	**9354**	**3078**	**6276**
龙山区	37079	18521	18558	750	257	493
西安区	14686	7738	6948	205	84	121

4-2c 续表 1

单位：人

地区	15岁及以上人口			未上过学		
	合计	男	女	小计	男	女
东丰县	173784	89890	83894	4183	1395	2788
东辽县	153750	79539	74211	4216	1342	2874
通化市	**454970**	**235776**	**219194**	**13623**	**4127**	**9496**
东昌区	23396	12109	11287	493	148	345
二道江区	12477	6488	5989	482	152	330
通化县	88447	45941	42506	3747	1030	2717
辉南县	99915	51028	48887	3718	1181	2537
柳河县	151099	78846	72253	3050	962	2088
集安市	79636	41364	38272	2133	654	1479
白山市	**178099**	**93933**	**84166**	**12128**	**3569**	**8559**
浑江区	24912	13297	11615	1392	413	979
江源区	25908	13683	12225	1581	474	1107
抚松县	42256	21923	20333	2980	867	2113
靖宇县	37344	19797	17547	2452	723	1729
长白朝鲜族自治县	16245	8719	7526	1169	351	818
临江市	31434	16514	14920	2554	741	1813
松原市	**1049126**	**536296**	**512830**	**31594**	**9852**	**21742**
宁江区	122980	62711	60269	3090	1090	2000
前郭尔罗斯蒙古族自治县	215850	111157	104693	8186	2648	5538
长岭县	279294	142382	136912	6675	1922	4753
乾安县	101031	51946	49085	2342	750	1592
吉林松原经济开发区	20601	10589	10012	532	167	365
扶余市	309370	157511	151859	10769	3275	7494
白城市	**632950**	**323994**	**308956**	**15756**	**5295**	**10461**
洮北区	83118	42974	40144	1869	638	1231
镇赉县	100480	51402	49078	1712	602	1110
通榆县	148781	76054	72727	3641	1219	2422
吉林白城经济开发区	8452	4352	4100	210	73	137
洮南市	169088	86213	82875	5125	1706	3419
大安市	123031	62999	60032	3199	1057	2142
延边朝鲜族自治州	**415498**	**216980**	**198518**	**10899**	**3206**	**7693**
延吉市	50619	25647	24972	964	280	684
图们市	13441	6961	6480	270	101	169
敦化市	133254	69202	64052	3214	990	2224
珲春市	46261	24056	22205	846	250	596
龙井市	30728	16084	14644	448	140	308
和龙市	34501	18364	16137	572	148	424
汪清县	49543	26376	23167	1692	503	1189
安图县	57151	30290	26861	2893	794	2099
长白山管委会	**179**	**94**	**85**	**8**		**8**
梅河口市	**192989**	**100273**	**92716**	**3585**	**1125**	**2460**

4-2c 续表 2

单位：人

地区	学前教育			小学		
	小计	男	女	小计	男	女
全省	**5683**	**2342**	**3341**	**2809336**	**1331233**	**1478103**
长春市	**1747**	**743**	**1004**	**918323**	**435159**	**483164**
南关区						
宽城区	148	69	79	40099	19567	20532
朝阳区	12	7	5	8166	3819	4347
二道区						
绿园区	2	1	1	3138	1467	1671
双阳区	96	40	56	56023	26549	29474
九台区	214	87	127	112922	53325	59597
农安县	352	147	205	196102	93992	102110
长春经济技术开发区						
长春净月高新技术产业开发区	53	32	21	17500	8071	9429
长春高新技术产业开发区				1947	1528	419
长春汽车经济技术开发区						
长春莲花山生态旅游度假区	8	4	4	9178	4256	4922
榆树市	406	159	247	226281	106158	120123
德惠市	201	99	102	142188	67981	74207
公主岭市	255	98	157	104779	48446	56333
吉林市	**1189**	**518**	**671**	**430632**	**207336**	**223296**
昌邑区	47	18	29	23286	10697	12589
龙潭区	30	14	16	29183	13859	15324
船营区	44	25	19	17389	8211	9178
丰满区	35	15	20	17614	8689	8925
永吉县	97	43	54	44912	21495	23417
吉林经济开发区	4	1	3	2764	1286	1478
吉林高新技术产业开发区	7	1	6	4295	1999	2296
吉林中国新加坡食品区	244	133	111	6537	2961	3576
蛟河市	155	68	87	62868	31156	31712
桦甸市	219	77	142	61014	29593	31421
舒兰市	188	74	114	83200	39955	43245
磐石市	119	49	70	77570	37435	40135
四平市	**542**	**215**	**327**	**264895**	**124853**	**140042**
铁西区	47	18	29	9281	4238	5043
铁东区	30	6	24	23658	11606	12052
梨树县	289	122	167	115355	54381	60974
伊通满族自治县	117	52	65	79161	38070	41091
双辽市	59	17	42	37440	16558	20882
辽源市	**161**	**80**	**81**	**144421**	**69215**	**75206**
龙山区	29	14	15	12292	6046	6246
西安区	30	14	16	5638	2798	2840

4-2c 续表 3

单位：人

地　区	学前教育			小　学		
	小计	男	女	小计	男	女
东丰县	58	27	31	66998	31926	35072
东辽县	44	25	19	59493	28445	31048
通化市	**260**	**82**	**178**	**173131**	**82482**	**90649**
东昌区	7	2	5	7514	3562	3952
二道江区	6	4	2	4215	2064	2151
通化县	23	7	16	34212	15904	18308
辉南县	61	18	43	41214	19668	21546
柳河县	80	28	52	58431	28443	29988
集安市	83	23	60	27545	12841	14704
白山市	**149**	**52**	**97**	**58295**	**28262**	**30033**
浑江区	28	10	18	8566	4137	4429
江源区	9	4	5	9150	4585	4565
抚松县	40	14	26	13433	6321	7112
靖宇县	14	5	9	12168	5878	6290
长白朝鲜族自治县	23	7	16	4713	2275	2438
临江市	35	12	23	10265	5066	5199
松原市	**757**	**304**	**453**	**423851**	**199396**	**224455**
宁江区	72	34	38	43747	21058	22689
前郭尔罗斯蒙古族自治县	119	46	73	91054	43400	47654
长岭县	146	53	93	105798	48733	57065
乾安县	47	17	30	35123	16033	19090
吉林松原经济开发区	13	7	6	7433	3679	3754
扶余市	360	147	213	140696	66493	74203
白城市	**443**	**174**	**269**	**232054**	**107674**	**124380**
洮北区	34	11	23	26533	12407	14126
镇赉县	52	25	27	34936	16065	18871
通榆县	72	24	48	59729	28066	31663
吉林白城经济开发区	2	1	1	3037	1515	1522
洮南市	202	81	121	62850	29202	33648
大安市	81	32	49	44969	20419	24550
延边朝鲜族自治州	**294**	**117**	**177**	**101816**	**47839**	**53977**
延吉市	32	18	14	8467	3787	4680
图们市	6	1	5	2291	1064	1227
敦化市	106	43	63	38425	18036	20389
珲春市	20	6	14	9499	4517	4982
龙井市	11	5	6	5391	2482	2909
和龙市	43	19	24	7110	3348	3762
汪清县	24	8	16	12500	5970	6530
安图县	52	17	35	18133	8635	9498
长白山管委会				**41**	**22**	**19**
梅河口市	**141**	**57**	**84**	**61877**	**28995**	**32882**

4-2c　续表 4　　　　　　　　　　　　　　　　　　　　　　　　　　　　　　单位：人

地区	初中			高中			大学专科		
	小计	男	女	小计	男	女	小计	男	女
全　省	**3771267**	**2066377**	**1704890**	**679546**	**385529**	**294017**	**254449**	**137490**	**116959**
长春市	**1296069**	**706223**	**589846**	**232023**	**130978**	**101045**	**94659**	**49604**	**45055**
南关区									
宽城区	69465	37156	32309	14533	7756	6777	13691	6739	6952
朝阳区	12448	6896	5552	1978	1107	871	549	302	247
二道区									
绿园区	8412	4545	3867	1796	1104	692	659	435	224
双阳区	81002	44851	36151	10816	6223	4593	3485	1851	1634
九台区	173890	95635	78255	28671	16392	12279	11376	5556	5820
农安县	230914	126580	104334	41241	23163	18078	13960	7472	6488
长春经济技术开发区									
长春净月高新技术产业开发区	47771	25272	22499	22677	11568	11109	19791	10246	9545
长春高新技术产业开发区	3442	2669	773	906	728	178	239	184	55
长春汽车经济技术开发区									
长春莲花山生态旅游度假区	13588	7123	6465	2862	1620	1242	969	492	477
榆树市	214625	119506	95119	37741	21906	15835	13219	7338	5881
德惠市	192748	104787	87961	26209	14789	11420	8851	4700	4151
公主岭市	247764	131203	116561	42593	24622	17971	7870	4289	3581
吉林市	**534880**	**294644**	**240236**	**107564**	**59735**	**47829**	**41454**	**24173**	**17281**
昌邑区	46146	24494	21652	15270	7928	7342	6099	3099	3000
龙潭区	47726	26015	21711	7510	4213	3297	1691	852	839
船营区	30548	16342	14206	8964	4689	4275	4050	2007	2043
丰满区	28612	15402	13210	7627	3482	4145	1947	988	959
永吉县	64163	35311	28852	10589	6051	4538	9758	7396	2362
吉林经济开发区	5477	2889	2588	1006	542	464	222	118	104
吉林高新技术产业开发区	10802	5980	4822	4911	2559	2352	1099	597	502
吉林中国新加坡食品区	16802	8600	8202	2498	1402	1096	957	515	442
蛟河市	59447	33296	26151	10094	5745	4349	3492	1915	1577
桦甸市	54600	31141	23459	10882	6544	4338	3055	1686	1369
舒兰市	93706	52323	41383	13281	7775	5506	4397	2433	1964
磐石市	76851	42851	34000	14932	8805	6127	4687	2567	2120
四平市	**370411**	**201456**	**168955**	**61931**	**34794**	**27137**	**21078**	**11288**	**9790**
铁西区	25614	13181	12433	12219	5842	6377	4910	2374	2536
铁东区	24450	13207	11243	3636	2079	1557	1423	725	698
梨树县	143716	79385	64331	18106	10672	7434	6767	3808	2959
伊通满族自治县	88242	48861	39381	15880	9269	6611	4396	2437	1959
双辽市	88389	46822	41567	12090	6932	5158	3582	1944	1638
辽源市	**181612**	**100045**	**81567**	**23906**	**13519**	**10387**	**12384**	**6013**	**6371**
龙山区	15870	8516	7354	2733	1497	1236	4442	1683	2759
西安区	7192	3944	3248	1009	568	441	362	188	174

4－2c 续表 5

单位：人

地区	初中			高中			大学专科		
	小计	男	女	小计	男	女	小计	男	女
东丰县	81265	44884	36381	12879	7295	5584	4478	2453	2025
东辽县	77285	42701	34584	7285	4159	3126	3102	1689	1413
通化市	**208851**	**116053**	**92798**	**37437**	**21789**	**15648**	**12885**	**6902**	**5983**
东昌区	10798	5938	4860	2715	1508	1207	831	436	395
二道江区	5836	3194	2642	1446	809	637	309	164	145
通化县	39075	22458	16617	7036	4299	2737	2502	1329	1173
辉南县	45129	24672	20457	5929	3490	2439	2367	1275	1092
柳河县	69030	38216	30814	12976	7332	5644	4729	2501	2228
集安市	38983	21575	17408	7335	4351	2984	2147	1197	950
白山市	**80260**	**45882**	**34378**	**18060**	**11006**	**7054**	**5727**	**3395**	**2332**
浑江区	11489	6675	4814	2437	1493	944	620	379	241
江源区	11577	6562	5015	2417	1430	987	730	410	320
抚松县	19473	10981	8492	3864	2337	1527	1491	901	590
靖宇县	16526	9459	7067	4173	2585	1588	1295	777	518
长白朝鲜族自治县	7219	4144	3075	2046	1300	746	657	419	238
临江市	13976	8061	5915	3123	1861	1262	934	509	425
松原市	**464980**	**255508**	**209472**	**79856**	**45537**	**34319**	**30361**	**16770**	**13591**
宁江区	56280	30052	26228	13007	6987	6020	4054	2114	1940
前郭尔罗斯蒙古族自治县	93292	51930	41362	14397	8485	5912	5564	3075	2489
长岭县	130361	71677	58684	22680	12764	9916	8443	4628	3815
乾安县	50625	27730	22895	7859	4682	3177	3274	1830	1444
吉林松原经济开发区	9260	4903	4357	2294	1284	1010	621	331	290
扶余市	125162	69216	55946	19619	11335	8284	8405	4792	3613
白城市	**308524**	**168043**	**140481**	**48461**	**28353**	**20108**	**16927**	**9228**	**7699**
洮北区	45342	24588	20754	6437	3806	2631	1818	972	846
镇赉县	50553	27429	23124	7621	4394	3227	3336	1805	1531
通榆县	68649	37378	31271	10346	6054	4292	3648	1992	1656
吉林白城经济开发区	4127	2200	1927	741	392	349	182	98	84
洮南市	81355	44306	37049	12032	7067	4965	4711	2558	2153
大安市	58498	32142	26356	11284	6640	4644	3232	1803	1429
延边朝鲜族自治州	**227791**	**125083**	**102708**	**50954**	**28402**	**22552**	**13203**	**7166**	**6037**
延吉市	27292	14324	12968	9263	4891	4372	2280	1178	1102
图们市	8802	4686	4116	1631	863	768	278	157	121
敦化市	66487	36427	30060	16097	9055	7042	5227	2836	2391
珲春市	25950	14239	11711	6631	3521	3110	1755	869	886
龙井市	20254	10857	9397	3704	2081	1623	484	300	184
和龙市	21941	12182	9759	3731	2055	1676	663	387	276
汪清县	28752	16124	12628	4918	2910	2008	933	523	410
安图县	28313	16244	12069	4979	3026	1953	1583	916	667
长白山管委会	**90**	**54**	**36**	**25**	**10**	**15**	**9**	**7**	**2**
梅河口市	**97799**	**53386**	**44413**	**19329**	**11406**	**7923**	**5762**	**2944**	**2818**

4-2c　续表 6　　　　单位：人

地　区	大学本科			硕士研究生			博士研究生		
	小计	男	女	小计	男	女	小计	男	女
全　省	**253755**	**118583**	**135172**	**14166**	**6023**	**8143**	**1647**	**869**	**778**
长春市	**130977**	**63666**	**67311**	**9216**	**4046**	**5170**	**1059**	**572**	**487**
南关区									
宽城区	21242	13210	8032	161	65	96	20	12	8
朝阳区	392	221	171	27	15	12	4	2	2
二道区									
绿园区	391	195	196	22	9	13	3	2	1
双阳区	2393	1218	1175	90	31	59	16	7	9
九台区	14058	5557	8501	209	90	119	21	10	11
农安县	8824	4414	4410	343	157	186	45	19	26
长春经济技术开发区									
长春净月高新技术产业开发区	63766	28608	35158	7524	3265	4259	853	474	379
长春高新技术产业开发区	269	241	28	52	50	2	1		1
长春汽车经济技术开发区									
长春莲花山生态旅游度假区	899	458	441	67	33	34	3	1	2
榆树市	8393	4369	4024	313	138	175	37	18	19
德惠市	5598	2711	2887	185	87	98	21	12	9
公主岭市	4752	2464	2288	223	106	117	35	15	20
吉林市	**32267**	**14229**	**18038**	**1341**	**524**	**817**	**112**	**56**	**56**
昌邑区	4601	2228	2373	217	95	122	16	8	8
龙潭区	1078	519	559	47	23	24	5	2	3
船营区	3111	1449	1662	126	56	70	17	10	7
丰满区	8257	2492	5765	349	75	274	11	6	5
永吉县	2436	1211	1225	134	73	61	10	4	6
吉林经济开发区	172	86	86	7	4	3	1	1	
吉林高新技术产业开发区	832	401	431	40	20	20	4	3	1
吉林中国新加坡食品区	548	263	285	10	4	6	2	1	1
蛟河市	2204	1052	1152	99	40	59	17	9	8
桦甸市	2153	1093	1060	82	31	51	9	2	7
舒兰市	3654	1864	1790	112	52	60	9	5	4
磐石市	3221	1571	1650	118	51	67	11	5	6
四平市	**29769**	**10230**	**19539**	**1346**	**507**	**839**	**202**	**115**	**87**
铁西区	21421	5945	15476	985	352	633	156	87	69
铁东区	679	359	320	38	23	15	4	2	2
梨树县	3174	1647	1527	136	58	78	20	9	11
伊通满族自治县	2868	1479	1389	134	54	80	12	8	4
双辽市	1627	800	827	53	20	33	10	9	1
辽源市	**7201**	**3634**	**3567**	**238**	**91**	**147**	**22**	**13**	**9**
龙山区	933	500	433	28	6	22	2	2	
西安区	237	133	104	11	8	3	2	1	1

4-2c 续表 7 单位：人

地区	大学本科			硕士研究生			博士研究生		
	小计	男	女	小计	男	女	小计	男	女
东丰县	3809	1862	1947	107	43	64	7	5	2
东辽县	2222	1139	1083	92	34	58	11	5	6
通化市	**8415**	**4175**	**4240**	**325**	**143**	**182**	**43**	**23**	**20**
东昌区	994	498	496	41	17	24	3		3
二道江区	170	93	77	9	5	4	4	3	1
通化县	1776	884	892	64	22	42	12	8	4
辉南县	1430	692	738	62	28	34	5	4	1
柳河县	2692	1310	1382	99	49	50	12	5	7
集安市	1353	698	655	50	22	28	7	3	4
白山市	**3314**	**1707**	**1607**	**148**	**52**	**96**	**18**	**8**	**10**
浑江区	370	188	182	10	2	8			
江源区	428	211	217	13	5	8	3	2	1
抚松县	923	479	444	47	21	26	5	2	3
靖宇县	685	362	323	26	5	21	5	3	2
长白朝鲜族自治县	397	216	181	20	7	13	1		1
临江市	511	251	260	32	12	20	4	1	3
松原市	**17079**	**8648**	**8431**	**577**	**249**	**328**	**71**	**32**	**39**
宁江区	2652	1345	1307	68	28	40	10	3	7
前郭尔罗斯蒙古族自治县	3106	1522	1584	113	43	70	19	8	11
长岭县	4996	2513	2483	172	82	90	23	10	13
乾安县	1691	866	825	64	33	31	6	5	1
吉林松原经济开发区	425	206	219	23	12	11			
扶余市	4209	2196	2013	137	51	86	13	6	7
白城市	**10362**	**5046**	**5316**	**383**	**163**	**220**	**40**	**18**	**22**
洮北区	1016	519	497	61	28	33	8	5	3
镇赉县	2175	1043	1132	91	38	53	4	1	3
通榆县	2613	1273	1340	75	45	30	8	3	5
吉林白城经济开发区	147	71	76	6	2	4			
洮南市	2704	1257	1447	96	29	67	13	7	6
大安市	1707	883	824	54	21	33	7	2	5
延边朝鲜族自治州	**10026**	**4950**	**5076**	**450**	**190**	**260**	**65**	**27**	**38**
延吉市	2117	1078	1039	179	81	98	25	10	15
图们市	156	87	69	5	1	4	2	1	1
敦化市	3555	1760	1795	129	51	78	14	4	10
珲春市	1528	639	889	26	12	14	6	3	3
龙井市	410	206	204	21	10	11	5	3	2
和龙市	425	220	205	15	5	10	1		1
汪清县	687	326	361	33	11	22	4	1	3
安图县	1148	634	514	42	19	23	8	5	3
长白山管委会	**6**	**1**	**5**						
梅河口市	**4339**	**2297**	**2042**	**142**	**58**	**84**	**15**	**5**	**10**

4-3　各地区分性别、受教育程度的16-59岁人口

单位：人

地　区	16-59岁人口			未上过学		
	合计	男	女	小计	男	女
全　省	**15476078**	**7815455**	**7660623**	**73508**	**33975**	**39533**
长春市	**5990844**	**3028897**	**2961947**	**21606**	**9941**	**11665**
南关区	447473	219020	228453	829	348	481
宽城区	588772	299143	289629	1280	606	674
朝阳区	421944	214708	207236	868	412	456
二道区	359668	177177	182491	597	263	334
绿园区	478483	241252	237231	964	416	548
双阳区	220401	111379	109022	1345	569	776
九台区	387950	198550	189400	1851	915	936
农安县	471113	241896	229217	2960	1392	1568
长春经济技术开发区	298906	148302	150604	360	173	187
长春净月高新技术产业开发区	299527	140481	159046	412	211	201
长春高新技术产业开发区	329242	168662	160580	617	352	265
长春汽车经济技术开发区	213952	114104	99848	341	137	204
长春莲花山生态旅游度假区	22911	11705	11206	190	83	107
榆树市	520643	266355	254288	4224	1796	2428
德惠市	401726	206465	195261	1797	874	923
公主岭市	528133	269698	258435	2971	1394	1577
吉林市	**2281541**	**1149757**	**1131784**	**11435**	**5379**	**6056**
昌邑区	364784	179952	184832	748	380	368
龙潭区	233021	120386	112635	917	506	411
船营区	296536	148919	147617	831	474	357
丰满区	168672	82182	86490	546	279	267
永吉县	152234	80207	72027	914	461	453
吉林经济开发区	38215	20242	17973	64	32	32
吉林高新技术产业开发区	108177	50281	57896	158	84	74
吉林中国新加坡食品区	22689	11371	11318	142	65	77
蛟河市	201821	102931	98890	1624	722	902
桦甸市	217055	110545	106510	1724	782	942
舒兰市	249855	127011	122844	1828	753	1075
磐石市	228482	115730	112752	1939	841	1098
四平市	**1135865**	**570602**	**565263**	**8196**	**3708**	**4488**
铁西区	209420	98015	111405	499	278	221
铁东区	203226	103604	99622	892	482	410
梨树县	322816	165784	157032	3544	1524	2020
伊通满族自治县	201848	103451	98397	1985	865	1120
双辽市	198555	99748	98807	1276	559	717
辽源市	**627369**	**318203**	**309166**	**2958**	**1446**	**1512**
龙山区	212639	105203	107436	432	215	217
西安区	85409	44184	41225	242	149	93
东丰县	191659	97775	93884	1205	556	649
东辽县	137662	71041	66621	1079	526	553

4-3 续表 1

单位：人

地　　区	16-59岁人口			未上过学		
	合计	男	女	小计	男	女
通化市	**807272**	**406721**	**400551**	**3448**	**1630**	**1818**
东昌区	228260	111440	116820	225	118	107
二道江区	56573	28905	27668	222	122	100
通化县	106581	54354	52227	835	387	448
辉南县	144156	72680	71476	915	406	509
柳河县	168526	86887	81639	767	357	410
集安市	103176	52455	50721	484	240	244
白山市	**598167**	**304629**	**293538**	**3652**	**1736**	**1916**
浑江区	196930	98409	98521	784	416	368
江源区	84558	44062	40496	574	309	265
抚松县	137195	70281	66914	877	389	488
靖宇县	68361	35206	33155	617	273	344
长白朝鲜族自治县	36581	18909	17672	260	110	150
临江市	74542	37762	36780	540	239	301
松原市	**1443939**	**728784**	**715155**	**10222**	**4348**	**5874**
宁江区	407240	201577	205663	1454	666	788
前郭尔罗斯蒙古族自治县	260538	131509	129029	2585	1095	1490
长岭县	284450	145093	139357	2175	857	1318
乾安县	132233	67013	65220	875	417	458
吉林松原经济开发区	64487	32150	32337	300	122	178
扶余市	294991	151442	143549	2833	1191	1642
白城市	**998053**	**500710**	**497343**	**6751**	**3257**	**3494**
洮北区	227436	114208	113228	1190	601	589
镇赉县	139306	70981	68325	696	362	334
通榆县	181907	92407	89500	1400	654	746
吉林白城经济开发区	82727	38079	44648	236	124	112
洮南市	194729	98293	96436	1921	919	1002
大安市	171948	86742	85206	1308	597	711
延边朝鲜族自治州	**1230477**	**622256**	**608221**	**4031**	**1928**	**2103**
延吉市	444929	217742	227187	1253	653	600
图们市	51104	26210	24894	131	75	56
敦化市	245443	124764	120679	702	354	348
珲春市	155798	78888	76910	501	236	265
龙井市	79254	41833	37421	291	152	139
和龙市	72626	38449	34177	198	84	114
汪清县	105407	54586	50821	495	215	280
安图县	75916	39784	36132	460	159	301
长白山管委会	**40813**	**21286**	**19527**	**185**	**89**	**96**
长白山保护开发区池北区	30500	15912	14588	113	61	52
长白山保护开发区池西区	9117	4730	4387	66	26	40
长白山保护开发区池南区	1196	644	552	6	2	4
梅河口市	**321738**	**163610**	**158128**	**1024**	**513**	**511**

4-3　续表 2

单位：人

地　　区	学前教育			小　　学		
	小计	男	女	小计	男	女
全　省	**4458**	**2151**	**2307**	**1962251**	**949565**	**1012686**
长春市	**1752**	**881**	**871**	**665604**	**325286**	**340318**
南关区	106	61	45	17892	8749	9143
宽城区	224	111	113	48669	24604	24065
朝阳区	94	47	47	16725	8069	8656
二道区	102	50	52	16992	8323	8669
绿园区	89	41	48	27549	13378	14171
双阳区	45	22	23	31377	15168	16209
九台区	113	56	57	61273	30171	31102
农安县	200	90	110	114120	55989	58131
长春经济技术开发区	93	47	46	11740	5675	6065
长春净月高新技术产业开发区	72	38	34	12241	6252	5989
长春高新技术产业开发区	76	36	40	14189	7502	6687
长春汽车经济技术开发区	33	17	16	10336	4901	5435
长春莲花山生态旅游度假区	4	4		4997	2450	2547
榆树市	206	112	94	142054	67419	74635
德惠市	156	85	71	77902	38651	39251
公主岭市	139	64	75	57548	27985	29563
吉林市	**778**	**372**	**406**	**296940**	**144559**	**152381**
昌邑区	89	40	49	20991	10116	10875
龙潭区	54	25	29	21023	10684	10339
船营区	74	40	34	19169	9646	9523
丰满区	33	14	19	12974	6771	6203
永吉县	50	24	26	25323	12371	12952
吉林经济开发区	11	5	6	2470	1236	1234
吉林高新技术产业开发区	30	11	19	4322	2059	2263
吉林中国新加坡食品区	135	74	61	3427	1636	1791
蛟河市	70	32	38	42028	20803	21225
桦甸市	98	38	60	45314	21581	23733
舒兰市	63	36	27	50536	24142	26394
磐石市	71	33	38	49363	23514	25849
四平市	**344**	**156**	**188**	**162785**	**78581**	**84204**
铁西区	57	24	33	10848	5450	5398
铁东区	58	33	25	21069	11094	9975
梨树县	113	55	58	66442	31354	35088
伊通满族自治县	81	33	48	44879	21840	23039
双辽市	35	11	24	19547	8843	10704
辽源市	**161**	**81**	**80**	**85657**	**41624**	**44033**
龙山区	58	33	25	13406	6685	6721
西安区	31	13	18	6100	3147	2953
东丰县	42	20	22	36797	17635	19162
东辽县	30	15	15	29354	14157	15197

4–3 续表 3 单位：人

地　区	学前教育			小　学		
	小计	男	女	小计	男	女
通化市	**165**	**78**	**87**	**117082**	**57168**	**59914**
东昌区	12	7	5	12552	6281	6271
二道江区	20	15	5	4423	2254	2169
通化县	17	6	11	20781	9777	11004
辉南县	43	21	22	27520	13325	14195
柳河县	44	15	29	36964	18443	18521
集安市	29	14	15	14842	7088	7754
白山市	**131**	**69**	**62**	**52108**	**24934**	**27174**
浑江区	39	18	21	11904	5815	6089
江源区	22	11	11	7816	3987	3829
抚松县	29	17	12	12560	5791	6769
靖宇县	11	7	4	9403	4375	5028
长白朝鲜族自治县	14	6	8	3113	1428	1685
临江市	16	10	6	7312	3538	3774
松原市	**442**	**198**	**244**	**298572**	**141270**	**157302**
宁江区	87	45	42	44832	21440	23392
前郭尔罗斯蒙古族自治县	72	31	41	62803	29295	33508
长岭县	58	20	38	70004	32785	37219
乾安县	28	11	17	21237	9839	11398
吉林松原经济开发区	24	9	15	9677	4727	4950
扶余市	173	82	91	90019	43184	46835
白城市	**268**	**117**	**151**	**163049**	**77136**	**85913**
洮北区	49	23	26	23639	11597	12042
镇赉县	29	14	15	23147	10773	12374
通榆县	55	23	32	40637	19444	21193
吉林白城经济开发区	16	5	11	4996	2461	2535
洮南市	63	23	40	40433	19208	21225
大安市	56	29	27	30197	13653	16544
延边朝鲜族自治州	**329**	**155**	**174**	**80169**	**39488**	**40681**
延吉市	118	64	54	17795	8561	9234
图们市	5	3	2	2430	1295	1135
敦化市	67	30	37	20386	9920	10466
珲春市	46	20	26	11857	5856	6001
龙井市	19	9	10	4619	2622	1997
和龙市	24	10	14	5531	2881	2650
汪清县	22	11	11	7332	3570	3762
安图县	28	8	20	10219	4783	5436
长白山管委会	**5**	**3**	**2**	**3163**	**1536**	**1627**
长白山保护开发区池北区	2	2		2053	982	1071
长白山保护开发区池西区	3	1	2	1030	515	515
长白山保护开发区池南区				80	39	41
梅河口市	**83**	**41**	**42**	**37122**	**17983**	**19139**

4-3　续表 4

单位：人

地区	初中			高中			大学专科		
	小计	男	女	小计	男	女	小计	男	女
全　省	**6622133**	**3421095**	**3201038**	**3094471**	**1585711**	**1508760**	**1620473**	**822332**	**798141**
长春市	**2330706**	**1211744**	**1118962**	**1100746**	**563719**	**537027**	**717175**	**363718**	**353457**
南关区	103747	53285	50462	90272	44342	45930	73130	34211	38919
宽城区	230153	118689	111464	132666	66804	65862	88795	43974	44821
朝阳区	87864	45190	42674	87716	43414	44302	66574	32666	33908
二道区	107563	55366	52197	96718	48625	48093	57150	28174	28976
绿园区	151861	78664	73197	114681	58114	56567	85148	43165	41983
双阳区	107406	56199	51207	27217	14361	12856	16637	8298	8339
九台区	216794	113861	102933	57729	30373	27356	24373	12219	12154
农安县	246310	129484	116826	60258	31577	28681	26551	13601	12950
长春经济技术开发区	88803	45339	43464	62053	32119	29934	50871	24848	26023
长春净月高新技术产业开发区	58755	30840	27915	37927	19120	18807	35769	17673	18096
长春高新技术产业开发区	67919	36198	31721	49213	25474	23739	63035	33571	29464
长春汽车经济技术开发区	64573	32711	31862	51421	26846	24575	47326	29079	18247
长春莲花山生态旅游度假区	12849	6608	6241	2733	1497	1236	1076	537	539
榆树市	254532	134105	120427	67839	36477	31362	27930	14700	13230
德惠市	234904	122192	112712	50702	26759	23943	19912	10200	9712
公主岭市	296673	153013	143660	111601	57817	53784	32898	16802	16096
吉林市	**946621**	**484865**	**461756**	**502748**	**254228**	**248520**	**241807**	**124740**	**117067**
昌邑区	121588	60891	60697	109844	54141	55703	55206	27610	27596
龙潭区	98283	50019	48264	63688	32663	31025	22759	12332	10427
船营区	97383	49126	48257	80707	39437	41270	40045	19732	20313
丰满区	51906	26526	25380	36669	17520	19149	25764	13118	12646
永吉县	81334	42193	39141	23798	12394	11404	14747	9882	4865
吉林经济开发区	16391	8427	7964	7454	4083	3371	4222	2580	1642
吉林高新技术产业开发区	25862	12912	12950	24815	11907	12908	17815	7909	9906
吉林中国新加坡食品区	15098	7585	7513	2246	1218	1028	1010	498	512
蛟河市	97741	50765	46976	33798	17603	16195	15367	7854	7513
桦甸市	98795	51423	47372	41237	21755	19482	15805	8172	7633
舒兰市	131833	68193	63640	41059	21485	19574	13044	6881	6163
磐石市	110407	56805	53602	37433	20022	17411	16023	8172	7851
四平市	**542872**	**280303**	**262569**	**215486**	**110659**	**104827**	**104996**	**53267**	**51729**
铁西区	64027	31941	32086	51631	25195	26436	31634	15285	16349
铁东区	86039	44225	41814	51324	26091	25233	26845	13608	13237
梨树县	182813	95844	86969	39401	21265	18136	18845	10066	8779
伊通满族自治县	98782	51913	46869	32629	17117	15512	12189	6315	5874
双辽市	111211	56380	54831	40501	20991	19510	15483	7993	7490
辽源市	**327450**	**168762**	**158688**	**111556**	**57268**	**54288**	**52218**	**25966**	**26252**
龙山区	89281	44374	44907	52860	26476	26384	29636	14262	15374
西安区	51692	26666	25026	16461	8702	7759	5963	3082	2881
东丰县	102174	53209	48965	29574	15417	14157	11206	5810	5396
东辽县	84303	44513	39790	12661	6673	5988	5413	2812	2601

4–3 续表 5

单位：人

地区	初中			高中			大学专科		
	小计	男	女	小计	男	女	小计	男	女
通化市	**354789**	**182909**	**171880**	**170374**	**87152**	**83222**	**78436**	**39376**	**39060**
东昌区	71105	35806	35299	69106	34107	34999	32533	16058	16475
二道江区	21924	11116	10808	17741	9268	8473	6581	3344	3237
通化县	52307	27574	24733	16353	8743	7610	7974	3942	4032
辉南县	72193	36830	35363	23320	12122	11198	10566	5397	5169
柳河县	87514	45804	41710	23914	12613	11301	11336	5829	5507
集安市	49746	25779	23967	19940	10299	9641	9446	4806	4640
白山市	**258315**	**133727**	**124588**	**150578**	**78118**	**72460**	**70322**	**35934**	**34388**
浑江区	71519	36551	34968	56622	28639	27983	28119	13649	14470
江源区	43696	22797	20899	19575	10403	9172	7845	4149	3696
抚松县	63463	32953	30510	32477	17080	15397	14800	7846	6954
靖宇县	32102	16867	15235	13207	7050	6157	7260	3810	3450
长白朝鲜族自治县	13756	7139	6617	10411	5441	4970	4470	2497	1973
临江市	33779	17420	16359	18286	9505	8781	7828	3983	3845
松原市	**690008**	**355195**	**334813**	**231164**	**121835**	**109329**	**111182**	**56450**	**54732**
宁江区	167256	81830	85426	97935	51073	46862	44069	21407	22662
前郭尔罗斯蒙古族自治县	127851	66808	61043	35134	18495	16639	17420	8964	8456
长岭县	153250	80648	72602	32156	17126	15030	15936	8398	7538
乾安县	71623	36658	34965	21624	11452	10172	10227	5369	4858
吉林松原经济开发区	25741	12878	12863	12668	6583	6085	8027	3930	4097
扶余市	144287	76373	67914	31647	17106	14541	15503	8382	7121
白城市	**485752**	**249100**	**236652**	**182356**	**94532**	**87824**	**81287**	**40332**	**40955**
洮北区	106898	53742	53156	55830	28463	27367	20749	10689	10060
镇赉县	75136	38755	36381	20016	10729	9287	11131	5897	5234
通榆县	94391	48771	45620	27011	14306	12705	9465	4958	4507
吉林白城经济开发区	24175	12000	12175	17857	8762	9095	15588	6315	9273
洮南市	104401	54154	50247	25043	12990	12053	12383	6267	6116
大安市	80751	41678	39073	36599	19282	17317	11971	6206	5765
延边朝鲜族自治州	**517150**	**267699**	**249451**	**344336**	**173845**	**170491**	**127271**	**64440**	**62831**
延吉市	142680	71641	71039	142534	70161	72373	53479	26314	27165
图们市	19842	10236	9606	17988	9087	8901	5230	2757	2473
敦化市	115215	59311	55904	64914	33091	31823	23711	12116	11595
珲春市	71673	36863	34810	39143	19973	19170	15493	7789	7704
龙井市	37988	20350	17638	22998	11908	11090	7387	3769	3618
和龙市	38295	20752	17543	16781	8648	8133	5835	3114	2721
汪清县	54305	28493	25812	25532	13304	12228	9294	4909	4385
安图县	37152	20053	17099	14446	7673	6773	6842	3672	3170
长白山管委会	**17629**	**9225**	**8404**	**9551**	**5022**	**4529**	**5122**	**2783**	**2339**
长白山保护开发区池北区	12249	6386	5863	7494	3931	3563	4159	2284	1875
长白山保护开发区池西区	4653	2461	2192	1897	995	902	849	430	419
长白山保护开发区池南区	727	378	349	160	96	64	114	69	45
梅河口市	**150841**	**77566**	**73275**	**75576**	**39333**	**36243**	**30657**	**15326**	**15331**

4-3 续表 6 单位：人

地 区	大学本科			硕士研究生			博士研究生		
	小计	男	女	小计	男	女	小计	男	女
全 省	**1912660**	**916401**	**996259**	**162608**	**72056**	**90552**	**23516**	**12169**	**11347**
长春市	**1019346**	**492483**	**526863**	**114844**	**51181**	**63663**	**19065**	**9944**	**9121**
南关区	130948	63882	67066	24853	11085	13768	5696	3057	2639
宽城区	83059	42646	40413	3627	1542	2085	299	167	132
朝阳区	135438	72145	63293	22336	10495	11841	4329	2270	2059
二道区	74925	33939	40986	5099	2182	2917	522	255	267
绿园区	87586	42581	45005	9338	4255	5083	1267	638	629
双阳区	35746	16541	19205	591	204	387	37	17	20
九台区	25186	10693	14493	580	241	339	51	21	30
农安县	19936	9443	10493	714	295	419	64	25	39
长春经济技术开发区	76973	36307	40666	7188	3357	3831	825	437	388
长春净月高新技术产业开发区	134507	58029	76478	17640	7243	10397	2204	1075	1129
长春高新技术产业开发区	114693	56728	57965	16161	7023	9138	3339	1778	1561
长春汽车经济技术开发区	35295	18085	17210	4410	2228	2182	217	100	117
长春莲花山生态旅游度假区	986	488	498	73	37	36	3	1	2
榆树市	23086	11401	11685	707	317	390	65	28	37
德惠市	15900	7503	8397	419	181	238	34	20	14
公主岭市	25082	12072	13010	1108	496	612	113	55	58
吉林市	**262752**	**127124**	**135628**	**16898**	**7674**	**9224**	**1562**	**816**	**746**
昌邑区	52961	25315	27646	3091	1339	1752	266	120	146
龙潭区	25124	13607	11517	1073	498	575	100	52	48
船营区	53054	27755	25299	4820	2440	2380	453	269	184
丰满区	36851	16281	20570	3580	1503	2077	349	170	179
永吉县	5819	2765	3054	231	108	123	18	9	9
吉林经济开发区	7468	3818	3650	117	52	65	18	9	9
吉林高新技术产业开发区	32375	14149	18226	2558	1115	1443	242	135	107
吉林中国新加坡食品区	619	291	328	10	3	7	2	1	1
蛟河市	10828	4995	5833	334	141	193	31	16	15
桦甸市	13673	6612	7061	373	172	201	36	10	26
舒兰市	11152	5372	5780	320	139	181	20	10	10
磐石市	12828	6164	6664	391	164	227	27	15	12
四平市	**95511**	**41540**	**53971**	**5171**	**2142**	**3029**	**504**	**246**	**258**
铁西区	47145	18337	28808	3223	1327	1896	356	178	178
铁东区	16124	7697	8427	817	351	466	58	23	35
梨树县	11200	5479	5721	414	176	238	44	21	23
伊通满族自治县	10911	5208	5703	368	148	220	24	12	12
双辽市	10131	4819	5312	349	140	209	22	12	10
辽源市	**45725**	**22306**	**23419**	**1553**	**710**	**843**	**91**	**40**	**51**
龙山区	25945	12694	13251	968	448	520	53	16	37
西安区	4759	2342	2417	154	77	77	7	6	1
东丰县	10380	4993	5387	267	126	141	14	9	5
东辽县	4641	2277	2364	164	59	105	17	9	8

4-3 续表 7 单位：人

地区	大学本科			硕士研究生			博士研究生		
	小计	男	女	小计	男	女	小计	男	女
通化市	**79262**	**36755**	**42507**	**3436**	**1511**	**1925**	**280**	**142**	**138**
东昌区	40445	18049	22396	2116	927	1189	166	87	79
二道江区	5411	2676	2735	226	99	127	25	11	14
通化县	8021	3807	4214	263	103	160	30	15	15
辉南县	9289	4436	4853	295	135	160	15	8	7
柳河县	7707	3690	4017	253	122	131	27	14	13
集安市	8389	4097	4292	283	125	158	17	7	10
白山市	**60818**	**29135**	**31683**	**2127**	**925**	**1202**	**116**	**51**	**65**
浑江区	26836	12807	14029	1066	495	571	41	19	22
江源区	4878	2345	2533	138	54	84	14	7	7
抚松县	12540	6014	6526	420	179	241	29	12	17
靖宇县	5580	2760	2820	170	56	114	11	8	3
长白朝鲜族自治县	4421	2232	2189	126	52	74	10	4	6
临江市	6563	2977	3586	207	89	118	11	1	10
松原市	**98503**	**47752**	**50751**	**3611**	**1621**	**1990**	**235**	**115**	**120**
宁江区	49496	24121	25375	2001	936	1065	110	59	51
前郭尔罗斯蒙古族自治县	14155	6614	7541	481	193	288	37	14	23
长岭县	10533	5101	5432	303	141	162	35	17	18
乾安县	6461	3192	3269	144	67	77	14	8	6
吉林松原经济开发区	7644	3711	3933	389	179	210	17	11	6
扶余市	10214	5013	5201	293	105	188	22	6	16
白城市	**75322**	**34769**	**40553**	**3065**	**1376**	**1689**	**203**	**91**	**112**
洮北区	18159	8665	9494	860	403	457	62	25	37
镇赉县	8855	4329	4526	287	118	169	9	4	5
通榆县	8670	4120	4550	260	121	139	18	10	8
吉林白城经济开发区	18890	7949	10941	912	435	477	57	28	29
洮南市	10096	4595	5501	358	122	236	31	15	16
大安市	10652	5111	5541	388	177	211	26	9	17
延边朝鲜族自治州	**144966**	**69562**	**75404**	**10829**	**4439**	**6390**	**1396**	**700**	**696**
延吉市	77732	36459	41273	8180	3299	4881	1158	590	568
图们市	5280	2676	2604	172	72	100	26	9	17
敦化市	19689	9607	10082	701	312	389	58	23	35
珲春市	16261	7806	8455	771	319	452	53	26	27
龙井市	5673	2899	2774	248	108	140	31	16	15
和龙市	5767	2882	2885	169	64	105	26	14	12
汪清县	8064	3918	4146	333	151	182	30	15	15
安图县	6500	3315	3185	255	114	141	14	7	7
长白山管委会	**4896**	**2501**	**2395**	**259**	**126**	**133**	**3**	**1**	**2**
长白山保护开发区池北区	4189	2146	2043	238	119	119	3	1	2
长白山保护开发区池西区	601	298	303	18	4	14			
长白山保护开发区池南区	106	57	49	3	3				
梅河口市	**25559**	**12474**	**13085**	**815**	**351**	**464**	**61**	**23**	**38**

4—3a 各地区分性别、受教育程度的16—59岁人口(城市)

单位：人

地区	16—59岁人口			未上过学		
	合计	男	女	小计	男	女
全省	**6790133**	**3354951**	**3435182**	**13439**	**6782**	**6657**
长春市	**2775113**	**1378099**	**1397014**	**4688**	**2175**	**2513**
南关区	447473	219020	228453	829	348	481
宽城区	410291	205646	204645	580	282	298
朝阳区	399543	203016	196527	661	324	337
二道区	358781	176718	182063	593	262	331
绿园区	467902	235487	232415	899	390	509
双阳区	112201	54486	57715	144	65	79
九台区	142688	70605	72083	239	119	120
农安县						
长春经济技术开发区						
长春净月高新技术产业开发区						
长春高新技术产业开发区						
长春汽车经济技术开发区						
长春莲花山生态旅游度假区						
榆树市	135724	65477	70247	251	118	133
德惠市	130053	63399	66654	136	72	64
公主岭市	170457	84245	86212	356	195	161
吉林市	**1180993**	**582050**	**598943**	**2572**	**1341**	**1231**
昌邑区	288707	141166	147541	474	237	237
龙潭区	167482	85622	81860	552	311	241
船营区	246363	123120	123243	465	274	191
丰满区	121615	59634	61981	277	144	133
永吉县						
吉林经济开发区	1082	538	544	10	3	7
吉林高新技术产业开发区						
吉林中国新加坡食品区						
蛟河市	81398	39564	41834	156	88	68
桦甸市	101191	49375	51816	275	129	146
舒兰市	94672	45542	49130	248	111	137
磐石市	78483	37489	40994	115	44	71
四平市	**393945**	**195248**	**198697**	**1066**	**586**	**480**
铁西区	150365	73385	76980	355	193	162
铁东区	165365	83792	81573	554	313	241
梨树县						
伊通满族自治县						
双辽市	78215	38071	40144	157	80	77
辽源市	**263281**	**131512**	**131769**	**467**	**255**	**212**
龙山区	187093	92310	94783	274	133	141
西安区	76188	39202	36986	193	122	71

4-3a 续表 1

单位：人

地区	16-59岁人口			未上过学		
	合计	男	女	小计	男	女
东丰县						
东辽县						
通化市	**297164**	**144673**	**152491**	**355**	**193**	**162**
东昌区	209914	101749	108165	150	82	68
二道江区	40680	20409	20271	104	63	41
通化县						
辉南县						
柳河县						
集安市	46570	22515	24055	101	48	53
白山市	**274154**	**136354**	**137800**	**822**	**455**	**367**
浑江区	174482	86660	87822	509	293	216
江源区	49076	24874	24202	184	94	90
抚松县						
靖宇县						
长白朝鲜族自治县						
临江市	50596	24820	25776	129	68	61
松原市	**377361**	**183912**	**193449**	**658**	**292**	**366**
宁江区	301075	146831	154244	534	234	300
前郭尔罗斯蒙古族自治县	13878	6709	7169	38	19	19
长岭县						
乾安县						
吉林松原经济开发区						
扶余市	62408	30372	32036	86	39	47
白城市	**292823**	**142895**	**149928**	**1004**	**541**	**463**
洮北区	154390	75866	78524	440	235	205
镇赉县						
通榆县						
吉林白城经济开发区	3318	1741	1577	22	13	9
洮南市	68180	32853	35327	366	206	160
大安市	66935	32435	34500	176	87	89
延边朝鲜族自治州	**771045**	**379713**	**391332**	**1671**	**879**	**792**
延吉市	398890	193681	205209	1024	562	462
图们市	35634	17855	17779	43	24	19
敦化市	127400	62559	64841	102	52	50
珲春市	118153	58811	59342	285	131	154
龙井市	53526	27747	25779	161	84	77
和龙市	37442	19060	18382	56	26	30
汪清县						
安图县						
长白山管委会						
梅河口市	**164254**	**80495**	**83759**	**136**	**65**	**71**

4-3a　续表 2　　　　　　　　　　　　　　　　　　　　　　　　　　　　　　单位：人

地　区	学前教育			小　学		
	小计	男	女	小计	男	女
全　省	**1565**	**769**	**796**	**337592**	**161500**	**176092**
长春市	**677**	**342**	**335**	**138673**	**66671**	**72002**
南关区	106	61	45	17892	8749	9143
宽城区	119	57	62	20438	10085	10353
朝阳区	86	42	44	12195	5871	6324
二道区	102	50	52	16811	8227	8584
绿园区	88	40	48	26175	12700	13475
双阳区	16	7	9	4973	2310	2663
九台区	45	26	19	9740	4603	5137
农安县						
长春经济技术开发区						
长春净月高新技术产业开发区						
长春高新技术产业开发区						
长春汽车经济技术开发区						
长春莲花山生态旅游度假区						
榆树市	37	25	12	14560	6339	8221
德惠市	31	14	17	7974	3653	4321
公主岭市	47	20	27	7915	4134	3781
吉林市	**278**	**128**	**150**	**56876**	**26424**	**30452**
昌邑区	67	31	36	10493	4945	5548
龙潭区	39	15	24	7880	3869	4011
船营区	56	30	26	10125	5052	5073
丰满区	27	11	16	4776	2400	2376
永吉县						
吉林经济开发区	1		1	170	88	82
吉林高新技术产业开发区						
吉林中国新加坡食品区						
蛟河市	20	6	14	4550	2005	2545
桦甸市	31	16	15	7550	3302	4248
舒兰市	18	10	8	6438	2700	3738
磐石市	19	9	10	4894	2063	2831
四平市	**97**	**48**	**49**	**19063**	**9963**	**9100**
铁西区	34	15	19	6863	3418	3445
铁东区	51	30	21	10011	5536	4475
梨树县						
伊通满族自治县						
双辽市	12	3	9	2189	1009	1180
辽源市	**73**	**39**	**34**	**11506**	**5608**	**5898**
龙山区	50	29	21	7680	3659	4021
西安区	23	10	13	3826	1949	1877

4-3a 续表 3 单位：人

地区	学前教育			小学		
	小计	男	女	小计	男	女
东丰县						
东辽县						
通化市	**33**	**20**	**13**	**13746**	**6625**	**7121**
东昌区	8	5	3	9021	4443	4578
二道江区	13	10	3	2011	964	1047
通化县						
辉南县						
柳河县						
集安市	12	5	7	2714	1218	1496
白山市	**53**	**26**	**27**	**11991**	**5863**	**6128**
浑江区	30	14	16	7457	3629	3828
江源区	16	8	8	2432	1233	1199
抚松县						
靖宇县						
长白朝鲜族自治县						
临江市	7	4	3	2102	1001	1101
松原市	**79**	**38**	**41**	**28380**	**12726**	**15654**
宁江区	56	27	29	19158	8570	10588
前郭尔罗斯蒙古族自治县	4	2	2	1047	440	607
长岭县						
乾安县						
吉林松原经济开发区						
扶余市	19	9	10	8175	3716	4459
白城市	**53**	**25**	**28**	**19310**	**9170**	**10140**
洮北区	34	15	19	9248	4555	4693
镇赉县						
通榆县						
吉林白城经济开发区				415	210	205
洮南市	12	6	6	5823	2760	3063
大安市	7	4	3	3824	1645	2179
延边朝鲜族自治州	**192**	**91**	**101**	**30584**	**14894**	**15690**
延吉市	97	50	47	14060	6684	7376
图们市	4	3	1	1212	603	609
敦化市	37	17	20	3412	1650	1762
珲春市	31	15	16	7443	3536	3907
龙井市	15	6	9	2446	1421	1025
和龙市	8		8	2011	1000	1011
汪清县						
安图县						
长白山管委会						
梅河口市	**30**	**12**	**18**	**7463**	**3556**	**3907**

4-3a 续表 4

单位：人

地 区	初 中			高 中			大学专科		
	小计	男	女	小计	男	女	小计	男	女
全 省	**2316108**	**1146548**	**1169560**	**1889632**	**945505**	**944127**	**966458**	**481519**	**484939**
长春市	**884448**	**445952**	**438496**	**673879**	**337463**	**336416**	**420343**	**208200**	**212143**
南关区	103747	53285	50462	90272	44342	45930	73130	34211	38919
宽城区	145802	74260	71542	111607	56117	55490	68220	34702	33518
朝阳区	74164	37888	36276	85291	42113	43178	65708	32215	33493
二道区	107005	55083	51922	96632	48576	48056	57120	28156	28964
绿园区	145180	75092	70088	113258	57243	56015	84515	42746	41769
双阳区	41468	20538	20930	18510	9535	8975	13244	6537	6707
九台区	73075	36045	37030	34787	17556	17231	13294	6923	6371
农安县									
长春经济技术开发区									
长春净月高新技术产业开发区									
长春高新技术产业开发区									
长春汽车经济技术开发区									
长春莲花山生态旅游度假区									
榆树市	59118	28067	31051	33772	17163	16609	13906	7035	6871
德惠市	71114	34316	36798	28955	14694	14261	11363	5764	5599
公主岭市	63775	31378	32397	60795	30124	30671	19843	9911	9932
吉林市	**399754**	**194114**	**205640**	**356377**	**176765**	**179612**	**168366**	**85191**	**83175**
昌邑区	82249	40212	42037	96816	47457	49359	48655	24359	24296
龙潭区	57020	28020	29000	56551	28821	27730	20477	11059	9418
船营区	71224	35358	35866	73292	35624	37668	36085	17791	18294
丰满区	29468	14577	14891	30911	14869	16042	23959	12222	11737
永吉县									
吉林经济开发区	694	349	345	107	54	53	54	27	27
吉林高新技术产业开发区									
吉林中国新加坡食品区									
蛟河市	36318	17506	18812	22110	11174	10936	10351	5185	5166
桦甸市	42667	20583	22084	28476	14422	14054	11270	5704	5566
舒兰市	45407	21442	23965	27452	13804	13648	8058	4167	3891
磐石市	34707	16067	18640	20662	10540	10122	9457	4677	4780
四平市	**139760**	**69263**	**70497**	**117419**	**58514**	**58905**	**63518**	**31636**	**31882**
铁西区	45040	22105	22935	42269	20748	21521	27197	13181	14016
铁东区	65331	33248	32083	47931	24182	23749	25316	12842	12474
梨树县									
伊通满族自治县									
双辽市	29389	13910	15479	27219	13584	13635	11005	5613	5392
辽源市	**123214**	**61561**	**61653**	**66385**	**33574**	**32811**	**30930**	**15522**	**15408**
龙山区	77041	37895	39146	50713	25312	25401	25310	12619	12691
西安区	46173	23666	22507	15672	8262	7410	5620	2903	2717

4-3a 续表 5

单位：人

地区	初中			高中			大学专科		
	小计	男	女	小计	男	女	小计	男	女
东丰县									
东辽县									
通化市	**90145**	**44335**	**45810**	**94722**	**47049**	**47673**	**44483**	**22066**	**22417**
东昌区	61465	30626	30839	66323	32630	33693	31443	15495	15948
二道江区	13059	6319	6740	14474	7544	6930	5862	2972	2890
通化县									
辉南县									
柳河县									
集安市	15621	7390	8231	13925	6875	7050	7178	3599	3579
白山市	**102944**	**51202**	**51742**	**82714**	**41921**	**40793**	**38243**	**19212**	**19031**
浑江区	59441	29721	29720	53874	27086	26788	25781	12861	12920
江源区	23451	11750	11701	13356	6958	6398	5743	2964	2779
抚松县									
靖宇县									
长白朝鲜族自治县									
临江市	20052	9731	10321	15484	7877	7607	6719	3387	3332
松原市	**144141**	**68318**	**75823**	**101119**	**52464**	**48655**	**47075**	**22989**	**24086**
宁江区	111190	52554	58636	83757	43557	40200	38582	18626	19956
前郭尔罗斯蒙古族自治县	5056	2385	2671	3279	1675	1604	2107	1070	1037
长岭县									
乾安县									
吉林松原经济开发区									
扶余市	27895	13379	14516	14083	7232	6851	6386	3293	3093
白城市	**117455**	**56372**	**61083**	**87868**	**44051**	**43817**	**33611**	**17093**	**16518**
洮北区	61054	29383	31671	47820	23971	23849	18370	9456	8914
镇赉县									
通榆县									
吉林白城经济开发区	2100	1111	989	545	294	251	131	71	60
洮南市	31295	15149	16146	15604	7642	7962	7524	3699	3825
大安市	23006	10729	12277	23899	12144	11755	7586	3867	3719
延边朝鲜族自治州	**257470**	**128127**	**129343**	**254771**	**126422**	**128349**	**95776**	**47575**	**48201**
延吉市	117455	58345	59110	132256	64816	67440	49579	24165	25414
图们市	10350	5082	5268	14527	7282	7245	4589	2404	2185
敦化市	45151	21871	23280	46203	22918	23285	16961	8493	8468
珲春市	48290	23996	24294	33060	16803	16257	13616	6873	6743
龙井市	21103	11074	10029	17812	9090	8722	6636	3345	3291
和龙市	15121	7759	7362	10913	5513	5400	4395	2295	2100
汪清县									
安图县									
长白山管委会									
梅河口市	**56777**	**27304**	**29473**	**54378**	**27282**	**27096**	**24113**	**12035**	**12078**

4-3a 续表 6

单位：人

地 区	大学本科			硕士研究生			博士研究生		
	小计	男	女	小计	男	女	小计	男	女
全 省	**1147730**	**558461**	**589269**	**102099**	**45799**	**56300**	**15510**	**8068**	**7442**
长春市	**572944**	**280492**	**292452**	**67228**	**30370**	**36858**	**12233**	**6434**	**5799**
南关区	130948	63882	67066	24853	11085	13768	5696	3057	2639
宽城区	59839	28540	31299	3412	1453	1959	274	150	124
朝阳区	134822	71825	62997	22292	10471	11821	4324	2267	2057
二道区	74898	33928	40970	5098	2181	2917	522	255	267
绿园区	87207	42394	44813	9316	4246	5070	1264	636	628
双阳区	33326	15312	18014	499	172	327	21	10	11
九台区	11105	5168	5937	373	154	219	30	11	19
农安县									
长春经济技术开发区									
长春净月高新技术产业开发区									
长春高新技术产业开发区									
长春汽车经济技术开发区									
长春莲花山生态旅游度假区									
榆树市	13698	6563	7135	356	159	197	26	8	18
德惠市	10236	4784	5452	231	94	137	13	8	5
公主岭市	16865	8096	8769	798	355	443	63	32	31
吉林市	**182884**	**91553**	**91331**	**12706**	**5921**	**6785**	**1180**	**613**	**567**
昌邑区	46833	22571	24262	2871	1242	1629	249	112	137
龙潭区	23853	13007	10846	1016	471	545	94	49	45
船营区	49986	26343	23643	4692	2387	2305	438	261	177
丰满区	28626	13817	14809	3233	1430	1803	338	164	174
永吉县									
吉林经济开发区	41	16	25	3		3	2	1	1
吉林高新技术产业开发区									
吉林中国新加坡食品区									
蛟河市	7686	3513	4173	198	83	115	9	4	5
桦甸市	10628	5081	5547	270	130	140	24	8	16
舒兰市	6857	3224	3633	184	80	104	10	4	6
磐石市	8374	3981	4393	239	98	141	16	10	6
四平市	**49440**	**23691**	**25749**	**3310**	**1426**	**1884**	**272**	**121**	**151**
铁西区	26146	12642	13504	2254	987	1267	207	96	111
铁东区	15341	7291	8050	775	328	447	55	22	33
梨树县									
伊通满族自治县									
双辽市	7953	3758	4195	281	111	170	10	3	7
辽源市	**29565**	**14421**	**15144**	**1083**	**512**	**571**	**58**	**20**	**38**
龙山区	25034	12206	12828	940	443	497	51	14	37
西安区	4531	2215	2316	143	69	74	7	6	1

4-3a 续表 7

单位：人

地区	大学本科			硕士研究生			博士研究生		
	小计	男	女	小计	男	女	小计	男	女
东丰县									
东辽县									
通化市	**50990**	**23190**	**27800**	**2500**	**1098**	**1402**	**190**	**97**	**93**
东昌区	39273	17473	21800	2069	909	1160	162	86	76
二道江区	4932	2441	2491	207	89	118	18	7	11
通化县									
辉南县									
柳河县									
集安市	6785	3276	3509	224	100	124	10	4	6
白山市	**36009**	**17042**	**18967**	**1326**	**612**	**714**	**52**	**21**	**31**
浑江区	26299	12545	13754	1052	492	560	39	19	20
江源区	3786	1823	1963	101	42	59	7	2	5
抚松县									
靖宇县									
长白朝鲜族自治县									
临江市	5924	2674	3250	173	78	95	6		6
松原市	**53653**	**26040**	**27613**	**2149**	**989**	**1160**	**107**	**56**	**51**
宁江区	45803	22315	23488	1898	893	1005	97	55	42
前郭尔罗斯蒙古族自治县	2250	1075	1175	96	43	53	1		1
长岭县									
乾安县									
吉林松原经济开发区									
扶余市	5600	2650	2950	155	53	102	9	1	8
白城市	**32069**	**15001**	**17068**	**1364**	**608**	**756**	**89**	**34**	**55**
洮北区	16593	7867	8726	779	365	414	52	19	33
镇赉县									
通榆县									
吉林白城经济开发区	98	38	60	6	3	3	1	1	
洮南市	7280	3293	3987	259	91	168	17	7	10
大安市	8098	3803	4295	320	149	171	19	7	12
延边朝鲜族自治州	**119521**	**57092**	**62429**	**9773**	**3978**	**5795**	**1287**	**655**	**632**
延吉市	75300	35264	40036	7990	3216	4774	1129	579	550
图们市	4727	2381	2346	158	67	91	24	9	15
敦化市	14967	7301	7666	528	240	288	39	17	22
珲春市	14642	7128	7514	739	306	433	47	23	24
龙井市	5109	2618	2491	220	96	124	24	13	11
和龙市	4776	2400	2376	138	53	85	24	14	10
汪清县									
安图县									
长白山管委会									
梅河口市	**20655**	**9939**	**10716**	**660**	**285**	**375**	**42**	**17**	**25**

4–3b　各地区分性别、受教育程度的16–59岁人口(镇)

单位：人

地　区	16–59岁人口			未上过学		
	合计	男	女	小计	男	女
全　省	**3171226**	**1577148**	**1594078**	**8794**	**4136**	**4658**
长春市	**1303756**	**651131**	**652625**	**2305**	**1065**	**1240**
南关区						
宽城区	54517	26687	27830	174	77	97
朝阳区	6001	3027	2974	25	10	15
二道区	887	459	428	4	1	3
绿园区						
双阳区	2681	1417	1264	23	13	10
九台区	3854	1916	1938	3	2	1
农安县	127730	61942	65788	256	113	143
长春经济技术开发区	298906	148302	150604	360	173	187
长春净月高新技术产业开发区	150200	67606	82594	144	71	73
长春高新技术产业开发区	323533	163913	159620	522	262	260
长春汽车经济技术开发区	213952	114104	99848	341	137	204
长春莲花山生态旅游度假区	3746	1984	1762	20	10	10
榆树市	31678	16321	15357	198	92	106
德惠市	7058	3618	3440	30	15	15
公主岭市	79013	39835	39178	205	89	116
吉林市	**289013**	**141597**	**147416**	**924**	**465**	**459**
昌邑区	7778	3713	4065	15	10	5
龙潭区	7922	4203	3719	17	6	11
船营区	3522	1770	1752	6	3	3
丰满区	971	495	476	4	3	1
永吉县	58874	28688	30186	127	60	67
吉林经济开发区	30633	16313	14320	33	19	14
吉林高新技术产业开发区	92201	41826	50375	87	48	39
吉林中国新加坡食品区	2893	1425	1468	27	9	18
蛟河市	23200	12001	11199	117	52	65
桦甸市	19597	10152	9445	153	76	77
舒兰市	16512	8236	8276	73	37	36
磐石市	24910	12775	12135	265	142	123
四平市	**213095**	**105657**	**107438**	**901**	**414**	**487**
铁西区						
铁东区	2721	1377	1344	14	8	6
梨树县	121438	60739	60699	535	245	290
伊通满族自治县	72376	35043	37333	264	122	142
双辽市	16560	8498	8062	88	39	49
辽源市	**109093**	**53316**	**55777**	**299**	**143**	**156**
龙山区	473	254	219	1	1	
西安区						
东丰县	72316	35245	37071	201	93	108
东辽县	36304	17817	18487	97	49	48

4-3b 续表 1

单位：人

地区	16-59岁人口			未上过学		
	合计	男	女	小计	男	女
通化市	**210340**	**103986**	**106354**	**616**	**306**	**310**
东昌区	3520	1773	1747	8	4	4
二道江区	8582	4552	4030	56	28	28
通化县	49913	24313	25600	166	81	85
辉南县	78606	38838	39768	213	98	115
柳河县	64138	31626	32512	150	84	66
集安市	5581	2884	2697	23	11	12
白山市	**208397**	**105645**	**102752**	**1012**	**483**	**529**
浑江区	6802	3157	3645	52	27	25
江源区	19403	10462	8941	121	65	56
抚松县	108934	55197	53737	519	248	271
靖宇县	43203	21592	21611	201	94	107
长白朝鲜族自治县	26301	13209	13092	85	39	46
临江市	3754	2028	1726	34	10	24
松原市	**326274**	**159899**	**166375**	**1080**	**447**	**633**
宁江区	18183	8932	9251	69	26	43
前郭尔罗斯蒙古族自治县	93228	44985	48243	321	130	191
长岭县	82011	40434	41577	258	109	149
乾安县	62877	30830	32047	166	84	82
吉林松原经济开发区	49702	24430	25272	171	68	103
扶余市	20273	10288	9985	95	30	65
白城市	**261611**	**127083**	**134528**	**848**	**417**	**431**
洮北区	15736	8207	7529	93	49	44
镇赉县	68982	34453	34529	195	115	80
通榆县	74636	36547	38089	201	82	119
吉林白城经济开发区	73559	33254	40305	169	87	82
洮南市	6804	3472	3332	65	32	33
大安市	21894	11150	10744	125	52	73
延边朝鲜族自治州	**183323**	**94241**	**89082**	**500**	**238**	**262**
延吉市	11959	6313	5646	14	6	8
图们市	6738	3605	3133	23	11	12
敦化市	27899	14484	13415	69	41	28
珲春市	6684	3608	3076	25	10	15
龙井市	6427	3462	2965	28	16	12
和龙市	12484	6815	5669	39	20	19
汪清县	72686	36598	36088	223	108	115
安图县	38446	19356	19090	79	26	53
长白山管委会	**40686**	**21217**	**19469**	**184**	**89**	**95**
长白山保护开发区池北区	30373	15843	14530	112	61	51
长白山保护开发区池西区	9117	4730	4387	66	26	40
长白山保护开发区池南区	1196	644	552	6	2	4
梅河口市	**25638**	**13376**	**12262**	**125**	**69**	**56**

4-3b 续表 2 单位：人

地 区	学前教育			小 学		
	小计	男	女	小计	男	女
全 省	**763**	**347**	**416**	**230458**	**107589**	**122869**
长春市	**322**	**147**	**175**	**74598**	**35868**	**38730**
南关区						
宽城区	22	10	12	7227	3669	3558
朝阳区	3	1	2	718	347	371
二道区				181	96	85
绿园区						
双阳区				381	180	201
九台区				397	191	206
农安县	30	10	20	13458	6251	7207
长春经济技术开发区	93	47	46	11740	5675	6065
长春净月高新技术产业开发区	43	18	25	4149	2005	2144
长春高新技术产业开发区	76	36	40	12713	6226	6487
长春汽车经济技术开发区	33	17	16	10336	4901	5435
长春莲花山生态旅游度假区	1	1		766	400	366
榆树市	9	5	4	6086	2851	3235
德惠市	2		2	1231	620	611
公主岭市	10	2	8	5215	2456	2759
吉林市	**77**	**31**	**46**	**22019**	**10188**	**11831**
昌邑区	2	1	1	503	235	268
龙潭区	1		1	862	424	438
船营区				704	346	358
丰满区				143	68	75
永吉县	12	5	7	4441	2009	2432
吉林经济开发区	10	5	5	1285	619	666
吉林高新技术产业开发区	30	11	19	2430	1132	1298
吉林中国新加坡食品区	1		1	333	152	181
蛟河市	10	5	5	3546	1740	1806
桦甸市	3		3	2860	1357	1503
舒兰市	6	4	2	2058	874	1184
磐石市	2		2	2854	1232	1622
四平市	**53**	**22**	**31**	**18949**	**8609**	**10340**
铁西区						
铁东区	2	2		275	123	152
梨树县	20	8	12	10932	5057	5875
伊通满族自治县	29	12	17	6724	2992	3732
双辽市	2		2	1018	437	581
辽源市	**26**	**10**	**16**	**7782**	**3458**	**4324**
龙山区				33	17	16
西安区						
东丰县	16	6	10	4946	2209	2737
东辽县	10	4	6	2803	1232	1571

4-3b 续表 3

单位：人

地区	学前教育			小学		
	小计	男	女	小计	男	女
通化市	**52**	**25**	**27**	**21197**	**10070**	**11127**
东昌区				458	235	223
二道江区	2	1	1	858	441	417
通化县	11	4	7	4596	2052	2544
辉南县	21	14	7	7173	3424	3749
柳河县	18	6	12	7344	3551	3793
集安市				768	367	401
白山市	**44**	**26**	**18**	**13988**	**6557**	**7431**
浑江区	6	2	4	620	297	323
江源区	3	3		1579	820	759
抚松县	19	13	6	6515	3016	3499
靖宇县	5	3	2	3372	1546	1826
长白朝鲜族自治县	11	5	6	1400	628	772
临江市				502	250	252
松原市	**68**	**28**	**40**	**34881**	**15479**	**19402**
宁江区	3	2	1	2039	906	1133
前郭尔罗斯蒙古族自治县	16	8	8	10379	4481	5898
长岭县	9	4	5	9105	4023	5082
乾安县	12	4	8	3875	1679	2196
吉林松原经济开发区	19	6	13	5273	2450	2823
扶余市	9	4	5	4210	1940	2270
白城市	**69**	**29**	**40**	**21509**	**9805**	**11704**
洮北区	5	4	1	1712	814	898
镇赉县	6	2	4	5422	2396	3026
通榆县	28	12	16	6525	2955	3570
吉林白城经济开发区	15	4	11	3102	1476	1626
洮南市	4	1	3	1061	521	540
大安市	11	6	5	3687	1643	2044
延边朝鲜族自治州	**36**	**19**	**17**	**9190**	**4434**	**4756**
延吉市	4	2	2	428	209	219
图们市				395	224	171
敦化市	9	5	4	1822	864	958
珲春市	2	1	1	733	384	349
龙井市				269	153	116
和龙市	2	2		729	388	341
汪清县	16	7	9	2705	1243	1462
安图县	3	2	1	2109	969	1140
长白山管委会	**5**	**3**	**2**	**3142**	**1525**	**1617**
长白山保护开发区池北区	2	2		2032	971	1061
长白山保护开发区池西区	3	1	2	1030	515	515
长白山保护开发区池南区				80	39	41
梅河口市	**11**	**7**	**4**	**3203**	**1596**	**1607**

4-3b 续表 4

单位：人

地 区	初 中			高 中			大学专科		
	小计	男	女	小计	男	女	小计	男	女
全 省	**1265969**	**634937**	**631032**	**678576**	**348738**	**329838**	**415971**	**214105**	**201866**
长春市	**408259**	**207264**	**200995**	**246016**	**126382**	**119634**	**209074**	**110103**	**98971**
南关区									
宽城区	27819	14451	13368	8947	4313	4634	8155	3156	4999
朝阳区	3769	1911	1858	880	466	414	358	180	178
二道区	558	283	275	86	49	37	30	18	12
绿园区									
双阳区	1731	917	814	327	184	143	121	67	54
九台区	2560	1276	1284	454	237	217	221	112	109
农安县	60203	29201	31002	28578	14331	14247	13427	6687	6740
长春经济技术开发区	88803	45339	43464	62053	32119	29934	50871	24848	26023
长春净月高新技术产业开发区	22563	11376	11187	20844	10286	10558	18016	8496	9520
长春高新技术产业开发区	65036	33856	31180	48433	24824	23609	62815	33405	29410
长春汽车经济技术开发区	64573	32711	31862	51421	26846	24575	47326	29079	18247
长春莲花山生态旅游度假区	2102	1116	986	523	284	239	184	98	86
榆树市	18230	9433	8797	4331	2420	1911	1564	872	692
德惠市	4762	2421	2341	542	316	226	269	133	136
公主岭市	45550	22973	22577	18597	9707	8890	5717	2952	2765
吉林市	**117203**	**58528**	**58675**	**63046**	**32246**	**30800**	**34260**	**16908**	**17352**
昌邑区	3761	1940	1821	970	522	448	838	386	452
龙潭区	4750	2467	2283	1378	720	658	684	481	203
船营区	2175	1113	1062	372	181	191	177	89	88
丰满区	594	302	292	142	82	60	59	25	34
永吉县	29813	14403	15410	15690	7912	7778	5226	2648	2578
吉林经济开发区	11420	5852	5568	6555	3606	2949	3953	2441	1512
吉林高新技术产业开发区	17407	8259	9148	21102	10004	11098	16795	7367	9428
吉林中国新加坡食品区	1978	992	986	329	179	150	135	53	82
蛟河市	12747	6638	6109	3994	2151	1843	1744	919	825
桦甸市	10030	5156	4874	3959	2193	1766	1643	899	744
舒兰市	9666	4805	4861	3066	1671	1395	892	491	401
磐石市	12862	6601	6261	5489	3025	2464	2114	1109	1005
四平市	**104004**	**51413**	**52591**	**49911**	**25655**	**24256**	**21762**	**11270**	**10492**
铁西区									
铁东区	1570	782	788	532	300	232	202	105	97
梨树县	63891	31752	32139	25194	13105	12089	12441	6529	5912
伊通满族自治县	28469	13789	14680	20500	10198	10302	8026	4051	3975
双辽市	10074	5090	4984	3685	2052	1633	1093	585	508
辽源市	**55337**	**26910**	**28427**	**26668**	**13442**	**13226**	**9581**	**4869**	**4712**
龙山区	359	200	159	50	22	28	22	12	10
西安区									
东丰县	33869	16299	17570	19386	9757	9629	7048	3592	3456
东辽县	21109	10411	10698	7232	3663	3569	2511	1265	1246

4-3b 续表 5 单位：人

地区	初中			高中			大学专科		
	小计	男	女	小计	男	女	小计	男	女
通化市	**97947**	**48200**	**49747**	**47842**	**24511**	**23331**	**21954**	**11042**	**10912**
东昌区	1770	885	885	768	397	371	303	153	150
二道江区	4597	2514	2083	2299	1186	1113	439	228	211
通化县	21414	10426	10988	11514	5927	5587	5713	2788	2925
辉南县	35837	17583	18254	18915	9632	9283	8321	4216	4105
柳河县	30796	14957	15839	13710	7007	6703	6858	3503	3355
集安市	3533	1835	1698	636	362	274	320	154	166
白山市	**89525**	**45775**	**43750**	**54708**	**28385**	**26323**	**26811**	**13670**	**13141**
浑江区	3119	1738	1381	1047	555	492	1773	454	1319
江源区	11099	5998	5101	4442	2419	2023	1447	822	625
抚松县	46895	23846	23049	29547	15338	14209	13396	7013	6383
靖宇县	18247	9091	9156	10239	5276	4963	6067	3111	2956
长白朝鲜族自治县	7947	3893	4054	8836	4448	4388	3871	2124	1747
临江市	2218	1209	1009	597	349	248	257	146	111
松原市	**157439**	**77251**	**80188**	**68252**	**35023**	**33229**	**35371**	**17863**	**17508**
宁江区	9833	4859	4974	3411	1797	1614	1655	803	852
前郭尔罗斯蒙古族自治县	42590	20744	21846	20781	10449	10332	9992	4995	4997
长岭县	43456	21431	22025	15311	7918	7393	8053	4187	3866
乾安县	31191	14991	16200	15575	7989	7586	7155	3691	3464
吉林松原经济开发区	18265	8977	9288	10917	5617	5300	7440	3622	3818
扶余市	12104	6249	5855	2257	1253	1004	1076	565	511
白城市	**115665**	**57192**	**58473**	**57260**	**29390**	**27870**	**31728**	**14718**	**17010**
洮北区	9667	5060	4607	3014	1648	1366	647	324	323
镇赉县	34235	16851	17384	14226	7476	6750	7969	4213	3756
通榆县	36849	17840	19009	18690	9573	9117	6028	3117	2911
吉林白城经济开发区	18676	9077	9599	16699	8149	8550	15290	6159	9131
洮南市	4499	2319	2180	553	303	250	438	202	236
大安市	11739	6045	5694	4078	2241	1837	1356	703	653
延边朝鲜族自治州	**87853**	**45274**	**42579**	**50028**	**25830**	**24198**	**19203**	**10316**	**8887**
延吉市	6085	3144	2941	3046	1566	1480	1848	1115	733
图们市	3342	1801	1541	2186	1145	1041	378	207	171
敦化市	16965	8844	8121	5850	3087	2763	1870	1012	858
珲春市	4320	2350	1970	1239	669	570	215	115	100
龙井市	3194	1743	1451	2438	1295	1143	315	163	152
和龙市	7441	4143	3298	2861	1520	1341	807	456	351
汪清县	31899	15994	15905	21716	11077	10639	8408	4413	3995
安图县	14607	7255	7352	10692	5471	5221	5362	2835	2527
长白山管委会	**17551**	**9178**	**8373**	**9538**	**5018**	**4520**	**5114**	**2777**	**2337**
长白山保护开发区池北区	12171	6339	5832	7481	3927	3554	4151	2278	1873
长白山保护开发区池西区	4653	2461	2192	1897	995	902	849	430	419
长白山保护开发区池南区	727	378	349	160	96	64	114	69	45
梅河口市	**15186**	**7952**	**7234**	**5307**	**2856**	**2451**	**1113**	**569**	**544**

4-3b 续表 6

单位：人

地 区	大学本科			硕士研究生			博士研究生		
	小计	男	女	小计	男	女	小计	男	女
全 省	**517677**	**243604**	**274073**	**46603**	**20422**	**26181**	**6415**	**3270**	**3145**
长春市	**318785**	**150441**	**168344**	**38587**	**16899**	**21688**	**5810**	**2962**	**2848**
南关区									
宽城区	2113	981	1132	55	25	30	5	5	
朝阳区	230	102	128	17	9	8	1	1	
二道区	27	11	16	1	1				
绿园区									
双阳区	93	54	39	5	2	3			
九台区	216	98	118	3		3			
农安县	11386	5205	6181	373	138	235	19	6	13
长春经济技术开发区	76973	36307	40666	7188	3357	3831	825	437	388
长春净月高新技术产业开发区	72797	30652	42145	10256	4077	6179	1388	625	763
长春高新技术产业开发区	114472	56534	57938	16128	6992	9136	3338	1778	1560
长春汽车经济技术开发区	35295	18085	17210	4410	2228	2182	217	100	117
长春莲花山生态旅游度假区	141	70	71	9	5	4			
榆树市	1216	624	592	42	22	20	2	2	
德惠市	218	112	106	4	1	3			
公主岭市	3608	1606	2002	96	42	54	15	8	7
吉林市	**48342**	**21839**	**26503**	**2868**	**1241**	**1627**	**274**	**151**	**123**
昌邑区	1683	616	1067	5	3	2	1		1
龙潭区	219	100	119	10	4	6	1	1	
船营区	82	37	45	6	1	5			
丰满区	28	15	13	1		1			
永吉县	3456	1608	1848	100	37	63	9	6	3
吉林经济开发区	7255	3716	3539	107	48	59	15	7	8
吉林高新技术产业开发区	31594	13778	17816	2518	1095	1423	238	132	106
吉林中国新加坡食品区	89	40	49	1		1			
蛟河市	1000	475	525	37	18	19	5	3	2
桦甸市	925	460	465	21	11	10	3		3
舒兰市	724	345	379	26	8	18	1	1	
磐石市	1287	649	638	36	16	20	1	1	
四平市	**16937**	**8031**	**8906**	**540**	**227**	**313**	**38**	**16**	**22**
铁西区									
铁东区	121	56	65	5	1	4			
梨树县	8121	3911	4210	280	120	160	24	12	12
伊通满族自治县	8113	3778	4335	239	97	142	12	4	8
双辽市	582	286	296	16	9	7	2		2
辽源市	**9153**	**4367**	**4786**	**233**	**108**	**125**	**14**	**9**	**5**
龙山区	7	2	5	1		1			
西安区									
东丰县	6682	3201	3481	160	83	77	8	5	3
东辽县	2464	1164	1300	72	25	47	6	4	2

4-3b 续表 7

单位：人

地区	大学本科			硕士研究生			博士研究生		
	小计	男	女	小计	男	女	小计	男	女
通化市	**20071**	**9538**	**10533**	**614**	**272**	**342**	**47**	**22**	**25**
东昌区	205	96	109	7	2	5	1	1	
二道江区	318	148	170	10	5	5	3	1	2
通化县	6281	2947	3334	200	81	119	18	7	11
辉南县	7883	3760	4123	233	107	126	10	4	6
柳河县	5092	2435	2657	155	74	81	15	9	6
集安市	292	152	140	9	3	6			
白山市	**21609**	**10465**	**11144**	**654**	**262**	**392**	**46**	**22**	**24**
浑江区	179	83	96	4	1	3	2		2
江源区	684	325	359	24	7	17	4	3	1
抚松县	11646	5555	6091	373	158	215	24	10	14
靖宇县	4922	2415	2507	144	51	93	6	5	1
长白朝鲜族自治县	4036	2023	2013	106	45	61	9	4	5
临江市	142	64	78	3		3	1		1
松原市	**28230**	**13391**	**14839**	**894**	**389**	**505**	**59**	**28**	**31**
宁江区	1132	521	611	38	17	21	3	1	2
前郭尔罗斯蒙古族自治县	8859	4064	4795	273	108	165	17	6	11
长岭县	5674	2695	2979	132	60	72	13	7	6
乾安县	4814	2354	2460	81	35	46	8	3	5
吉林松原经济开发区	7234	3512	3722	366	167	199	17	11	6
扶余市	517	245	272	4	2	2	1		1
白城市	**33129**	**14880**	**18249**	**1329**	**613**	**716**	**74**	**39**	**35**
洮北区	573	295	278	23	12	11	2	1	1
镇赉县	6725	3315	3410	199	82	117	5	3	2
通榆县	6118	2883	3235	187	78	109	10	7	3
吉林白城经济开发区	18652	7845	10807	900	430	470	56	27	29
洮南市	178	90	88	5	3	2	1	1	
大安市	883	452	431	15	8	7			
延边朝鲜族自治州	**15855**	**7834**	**8021**	**612**	**277**	**335**	**46**	**19**	**27**
延吉市	514	263	251	16	7	9	4	1	3
图们市	404	213	191	9	4	5	1		1
敦化市	1265	608	657	44	21	23	5	2	3
珲春市	144	78	66	6	1	5			
龙井市	174	90	84	7	2	5	2		2
和龙市	587	279	308	17	7	10	1		1
汪清县	7393	3602	3791	300	140	160	26	14	12
安图县	5374	2701	2673	213	95	118	7	2	5
长白山管委会	**4890**	**2500**	**2390**	**259**	**126**	**133**	**3**	**1**	**2**
长白山保护开发区池北区	4183	2145	2038	238	119	119	3	1	2
长白山保护开发区池西区	601	298	303	18	4	14			
长白山保护开发区池南区	106	57	49	3	3				
梅河口市	**676**	**318**	**358**	**13**	**8**	**5**	**4**	**1**	**3**

4-3c　各地区分性别、受教育程度的16-59岁人口(乡村)

单位：人

地　区	16-59岁人口			未上过学		
	合计	男	女	小计	男	女
全　省	**5514719**	**2883356**	**2631363**	**51275**	**23057**	**28218**
长春市	**1911975**	**999667**	**912308**	**14613**	**6701**	**7912**
南关区						
宽城区	123964	66810	57154	526	247	279
朝阳区	16400	8665	7735	182	78	104
二道区						
绿园区	10581	5765	4816	65	26	39
双阳区	105519	55476	50043	1178	491	687
九台区	241408	126029	115379	1609	794	815
农安县	343383	179954	163429	2704	1279	1425
长春经济技术开发区						
长春净月高新技术产业开发区	149327	72875	76452	268	140	128
长春高新技术产业开发区	5709	4749	960	95	90	5
长春汽车经济技术开发区						
长春莲花山生态旅游度假区	19165	9721	9444	170	73	97
榆树市	353241	184557	168684	3775	1586	2189
德惠市	264615	139448	125167	1631	787	844
公主岭市	278663	145618	133045	2410	1110	1300
吉林市	**811535**	**426110**	**385425**	**7939**	**3573**	**4366**
昌邑区	68299	35073	33226	259	133	126
龙潭区	57617	30561	27056	348	189	159
船营区	46651	24029	22622	360	197	163
丰满区	46086	22053	24033	265	132	133
永吉县	93360	51519	41841	787	401	386
吉林经济开发区	6500	3391	3109	21	10	11
吉林高新技术产业开发区	15976	8455	7521	71	36	35
吉林中国新加坡食品区	19796	9946	9850	115	56	59
蛟河市	97223	51366	45857	1351	582	769
桦甸市	96267	51018	45249	1296	577	719
舒兰市	138671	73233	65438	1507	605	902
磐石市	125089	65466	59623	1559	655	904
四平市	**528825**	**269697**	**259128**	**6229**	**2708**	**3521**
铁西区	59055	24630	34425	144	85	59
铁东区	35140	18435	16705	324	161	163
梨树县	201378	105045	96333	3009	1279	1730
伊通满族自治县	129472	68408	61064	1721	743	978
双辽市	103780	53179	50601	1031	440	591
辽源市	**254995**	**133375**	**121620**	**2192**	**1048**	**1144**
龙山区	25073	12639	12434	157	81	76
西安区	9221	4982	4239	49	27	22

4-3c 续表 1

单位：人

地区	16-59岁人口			未上过学		
	合计	男	女	小计	男	女
东丰县	119343	62530	56813	1004	463	541
东辽县	101358	53224	48134	982	477	505
通化市	**299768**	**158062**	**141706**	**2477**	**1131**	**1346**
东昌区	14826	7918	6908	67	32	35
二道江区	7311	3944	3367	62	31	31
通化县	56668	30041	26627	669	306	363
辉南县	65550	33842	31708	702	308	394
柳河县	104388	55261	49127	617	273	344
集安市	51025	27056	23969	360	181	179
白山市	**115616**	**62630**	**52986**	**1818**	**798**	**1020**
浑江区	15646	8592	7054	223	96	127
江源区	16079	8726	7353	269	150	119
抚松县	28261	15084	13177	358	141	217
靖宇县	25158	13614	11544	416	179	237
长白朝鲜族自治县	10280	5700	4580	175	71	104
临江市	20192	10914	9278	377	161	216
松原市	**740304**	**384973**	**355331**	**8484**	**3609**	**4875**
宁江区	87982	45814	42168	851	406	445
前郭尔罗斯蒙古族自治县	153432	79815	73617	2226	946	1280
长岭县	202439	104659	97780	1917	748	1169
乾安县	69356	36183	33173	709	333	376
吉林松原经济开发区	14785	7720	7065	129	54	75
扶余市	212310	110782	101528	2652	1122	1530
白城市	**443619**	**230732**	**212887**	**4899**	**2299**	**2600**
洮北区	57310	30135	27175	657	317	340
镇赉县	70324	36528	33796	501	247	254
通榆县	107271	55860	51411	1199	572	627
吉林白城经济开发区	5850	3084	2766	45	24	21
洮南市	119745	61968	57777	1490	681	809
大安市	83119	43157	39962	1007	458	549
延边朝鲜族自治州	**276109**	**148302**	**127807**	**1860**	**811**	**1049**
延吉市	34080	17748	16332	215	85	130
图们市	8732	4750	3982	65	40	25
敦化市	90144	47721	42423	531	261	270
珲春市	30961	16469	14492	191	95	96
龙井市	19301	10624	8677	102	52	50
和龙市	22700	12574	10126	103	38	65
汪清县	32721	17988	14733	272	107	165
安图县	37470	20428	17042	381	133	248
长白山管委会	**127**	**69**	**58**	**1**		**1**
梅河口市	**131846**	**69739**	**62107**	**763**	**379**	**384**

4-3c 续表 2

单位：人

地区	学前教育			小学		
	小计	男	女	小计	男	女
全省	**2130**	**1035**	**1095**	**1394201**	**680476**	**713725**
长春市	**753**	**392**	**361**	**452333**	**222747**	**229586**
南关区						
宽城区	83	44	39	21004	10850	10154
朝阳区	5	4	1	3812	1851	1961
二道区						
绿园区	1	1		1374	678	696
双阳区	29	15	14	26023	12678	13345
九台区	68	30	38	51136	25377	25759
农安县	170	80	90	100662	49738	50924
长春经济技术开发区						
长春净月高新技术产业开发区	29	20	9	8092	4247	3845
长春高新技术产业开发区				1476	1276	200
长春汽车经济技术开发区						
长春莲花山生态旅游度假区	3	3		4231	2050	2181
榆树市	160	82	78	121408	58229	63179
德惠市	123	71	52	68697	34378	34319
公主岭市	82	42	40	44418	21395	23023
吉林市	**423**	**213**	**210**	**218045**	**107947**	**110098**
昌邑区	20	8	12	9995	4936	5059
龙潭区	14	10	4	12281	6391	5890
船营区	18	10	8	8340	4248	4092
丰满区	6	3	3	8055	4303	3752
永吉县	38	19	19	20882	10362	10520
吉林经济开发区				1015	529	486
吉林高新技术产业开发区				1892	927	965
吉林中国新加坡食品区	134	74	60	3094	1484	1610
蛟河市	40	21	19	33932	17058	16874
桦甸市	64	22	42	34904	16922	17982
舒兰市	39	22	17	42040	20568	21472
磐石市	50	24	26	41615	20219	21396
四平市	**194**	**86**	**108**	**124773**	**60009**	**64764**
铁西区	23	9	14	3985	2032	1953
铁东区	5	1	4	10783	5435	5348
梨树县	93	47	46	55510	26297	29213
伊通满族自治县	52	21	31	38155	18848	19307
双辽市	21	8	13	16340	7397	8943
辽源市	**62**	**32**	**30**	**66369**	**32558**	**33811**
龙山区	8	4	4	5693	3009	2684
西安区	8	3	5	2274	1198	1076

4－3c 续表 3

单位：人

地　区	学前教育			小　学		
	小计	男	女	小计	男	女
东丰县	26	14	12	31851	15426	16425
东辽县	20	11	9	26551	12925	13626
通化市	**80**	**33**	**47**	**82139**	**40473**	**41666**
东昌区	4	2	2	3073	1603	1470
二道江区	5	4	1	1554	849	705
通化县	6	2	4	16185	7725	8460
辉南县	22	7	15	20347	9901	10446
柳河县	26	9	17	29620	14892	14728
集安市	17	9	8	11360	5503	5857
白山市	**34**	**17**	**17**	**26129**	**12514**	**13615**
浑江区	3	2	1	3827	1889	1938
江源区	3		3	3805	1934	1871
抚松县	10	4	6	6045	2775	3270
靖宇县	6	4	2	6031	2829	3202
长白朝鲜族自治县	3	1	2	1713	800	913
临江市	9	6	3	4708	2287	2421
松原市	**295**	**132**	**163**	**235311**	**113065**	**122246**
宁江区	28	16	12	23635	11964	11671
前郭尔罗斯蒙古族自治县	52	21	31	51377	24374	27003
长岭县	49	16	33	60899	28762	32137
乾安县	16	7	9	17362	8160	9202
吉林松原经济开发区	5	3	2	4404	2277	2127
扶余市	145	69	76	77634	37528	40106
白城市	**146**	**63**	**83**	**122230**	**58161**	**64069**
洮北区	10	4	6	12679	6228	6451
镇赉县	23	12	11	17725	8377	9348
通榆县	27	11	16	34112	16489	17623
吉林白城经济开发区	1	1		1479	775	704
洮南市	47	16	31	33549	15927	17622
大安市	38	19	19	22686	10365	12321
延边朝鲜族自治州	**101**	**45**	**56**	**40395**	**20160**	**20235**
延吉市	17	12	5	3307	1668	1639
图们市	1		1	823	468	355
敦化市	21	8	13	15152	7406	7746
珲春市	13	4	9	3681	1936	1745
龙井市	4	3	1	1904	1048	856
和龙市	14	8	6	2791	1493	1298
汪清县	6	4	2	4627	2327	2300
安图县	25	6	19	8110	3814	4296
长白山管委会				**21**	**11**	**10**
梅河口市	**42**	**22**	**20**	**26456**	**12831**	**13625**

4–3c 续表 4

单位：人

地 区	初 中			高 中			大学专科		
	小计	男	女	小计	男	女	小计	男	女
全 省	**3040056**	**1639610**	**1400446**	**526263**	**291468**	**234795**	**238044**	**126708**	**111336**
长春市	**1037999**	**558528**	**479471**	**180851**	**99874**	**80977**	**87758**	**45415**	**42343**
南关区									
宽城区	56532	29978	26554	12112	6374	5738	12420	6116	6304
朝阳区	9931	5391	4540	1545	835	710	508	271	237
二道区									
绿园区	6681	3572	3109	1423	871	552	633	419	214
双阳区	64207	34744	29463	8380	4642	3738	3272	1694	1578
九台区	141159	76540	64619	22488	12580	9908	10858	5184	5674
农安县	186107	100283	85824	31680	17246	14434	13124	6914	6210
长春经济技术开发区									
长春净月高新技术产业开发区	36192	19464	16728	17083	8834	8249	17753	9177	8576
长春高新技术产业开发区	2883	2342	541	780	650	130	220	166	54
长春汽车经济技术开发区									
长春莲花山生态旅游度假区	10747	5492	5255	2210	1213	997	892	439	453
榆树市	177184	96605	80579	29736	16894	12842	12460	6793	5667
德惠市	159028	85455	73573	21205	11749	9456	8280	4303	3977
公主岭市	187348	98662	88686	32209	17986	14223	7338	3939	3399
吉林市	**429664**	**232223**	**197441**	**83325**	**45217**	**38108**	**39181**	**22641**	**16540**
昌邑区	35578	18739	16839	12058	6162	5896	5713	2865	2848
龙潭区	36513	19532	16981	5759	3122	2637	1598	792	806
船营区	23984	12655	11329	7043	3632	3411	3783	1852	1931
丰满区	21844	11647	10197	5616	2569	3047	1746	871	875
永吉县	51521	27790	23731	8108	4482	3626	9521	7234	2287
吉林经济开发区	4277	2226	2051	792	423	369	215	112	103
吉林高新技术产业开发区	8455	4653	3802	3713	1903	1810	1020	542	478
吉林中国新加坡食品区	13120	6593	6527	1917	1039	878	875	445	430
蛟河市	48676	26621	22055	7694	4278	3416	3272	1750	1522
桦甸市	46098	25684	20414	8802	5140	3662	2892	1569	1323
舒兰市	76760	41946	34814	10541	6010	4531	4094	2223	1871
磐石市	62838	34137	28701	11282	6457	4825	4452	2386	2066
四平市	**299108**	**159627**	**139481**	**48156**	**26490**	**21666**	**19716**	**10361**	**9355**
铁西区	18987	9836	9151	9362	4447	4915	4437	2104	2333
铁东区	19138	10195	8943	2861	1609	1252	1327	661	666
梨树县	118922	64092	54830	14207	8160	6047	6404	3537	2867
伊通满族自治县	70313	38124	32189	12129	6919	5210	4163	2264	1899
双辽市	71748	37380	34368	9597	5355	4242	3385	1795	1590
辽源市	**148899**	**80291**	**68608**	**18503**	**10252**	**8251**	**11707**	**5575**	**6132**
龙山区	11881	6279	5602	2097	1142	955	4304	1631	2673
西安区	5519	3000	2519	789	440	349	343	179	164

4-3c 续表 5 单位：人

地区	初中			高中			大学专科		
	小计	男	女	小计	男	女	小计	男	女
东丰县	68305	36910	31395	10188	5660	4528	4158	2218	1940
东辽县	63194	34102	29092	5429	3010	2419	2902	1547	1355
通化市	**166697**	**90374**	**76323**	**27810**	**15592**	**12218**	**11999**	**6268**	**5731**
东昌区	7870	4295	3575	2015	1080	935	787	410	377
二道江区	4268	2283	1985	968	538	430	280	144	136
通化县	30893	17148	13745	4839	2816	2023	2261	1154	1107
辉南县	36356	19247	17109	4405	2490	1915	2245	1181	1064
柳河县	56718	30847	25871	10204	5606	4598	4478	2326	2152
集安市	30592	16554	14038	5379	3062	2317	1948	1053	895
白山市	**65846**	**36750**	**29096**	**13156**	**7812**	**5344**	**5268**	**3052**	**2216**
浑江区	8959	5092	3867	1701	998	703	565	334	231
江源区	9146	5049	4097	1777	1026	751	655	363	292
抚松县	16568	9107	7461	2930	1742	1188	1404	833	571
靖宇县	13855	7776	6079	2968	1774	1194	1193	699	494
长白朝鲜族自治县	5809	3246	2563	1575	993	582	599	373	226
临江市	11509	6480	5029	2205	1279	926	852	450	402
松原市	**388428**	**209626**	**178802**	**61793**	**34348**	**27445**	**28736**	**15598**	**13138**
宁江区	46233	24417	21816	10767	5719	5048	3832	1978	1854
前郭尔罗斯蒙古族自治县	80205	43679	36526	11074	6371	4703	5321	2899	2422
长岭县	109794	59217	50577	16845	9208	7637	7883	4211	3672
乾安县	40432	21667	18765	6049	3463	2586	3072	1678	1394
吉林松原经济开发区	7476	3901	3575	1751	966	785	587	308	279
扶余市	104288	56745	47543	15307	8621	6686	8041	4524	3517
白城市	**252632**	**135536**	**117096**	**37228**	**21091**	**16137**	**15948**	**8521**	**7427**
洮北区	36177	19299	16878	4996	2844	2152	1732	909	823
镇赉县	40901	21904	18997	5790	3253	2537	3162	1684	1478
通榆县	57542	30931	26611	8321	4733	3588	3437	1841	1596
吉林白城经济开发区	3399	1812	1587	613	319	294	167	85	82
洮南市	68607	36686	31921	8886	5045	3841	4421	2366	2055
大安市	46006	24904	21102	8622	4897	3725	3029	1636	1393
延边朝鲜族自治州	**171827**	**94298**	**77529**	**39537**	**21593**	**17944**	**12292**	**6549**	**5743**
延吉市	19140	10152	8988	7232	3779	3453	2052	1034	1018
图们市	6150	3353	2797	1275	660	615	263	146	117
敦化市	53099	28596	24503	12861	7086	5775	4880	2611	2269
珲春市	19063	10517	8546	4844	2501	2343	1662	801	861
龙井市	13691	7533	6158	2748	1523	1225	436	261	175
和龙市	15733	8850	6883	3007	1615	1392	633	363	270
汪清县	22406	12499	9907	3816	2227	1589	886	496	390
安图县	22545	12798	9747	3754	2202	1552	1480	837	643
长白山管委会	**78**	**47**	**31**	**13**	**4**	**9**	**8**	**6**	**2**
梅河口市	**78878**	**42310**	**36568**	**15891**	**9195**	**6696**	**5431**	**2722**	**2709**

4-3c　续表 6

单位：人

地　区	大学本科			硕士研究生			博士研究生		
	小计	男	女	小计	男	女	小计	男	女
全　省	**247253**	**114336**	**132917**	**13906**	**5835**	**8071**	**1591**	**831**	**760**
长春市	**127617**	**61550**	**66067**	**9029**	**3912**	**5117**	**1022**	**548**	**474**
南关区									
宽城区	21107	13125	7982	160	64	96	20	12	8
朝阳区	386	218	168	27	15	12	4	2	2
二道区									
绿园区	379	187	192	22	9	13	3	2	1
双阳区	2327	1175	1152	87	30	57	16	7	9
九台区	13865	5427	8438	204	87	117	21	10	11
农安县	8550	4238	4312	341	157	184	45	19	26
长春经济技术开发区									
长春净月高新技术产业开发区	61710	27377	34333	7384	3166	4218	816	450	366
长春高新技术产业开发区	221	194	27	33	31	2	1		1
长春汽车经济技术开发区									
长春莲花山生态旅游度假区	845	418	427	64	32	32	3	1	2
榆树市	8172	4214	3958	309	136	173	37	18	19
德惠市	5446	2607	2839	184	86	98	21	12	9
公主岭市	4609	2370	2239	214	99	115	35	15	20
吉林市	**31526**	**13732**	**17794**	**1324**	**512**	**812**	**108**	**52**	**56**
昌邑区	4445	2128	2317	215	94	121	16	8	8
龙潭区	1052	500	552	47	23	24	5	2	3
船营区	2986	1375	1611	122	52	70	15	8	7
丰满区	8197	2449	5748	346	73	273	11	6	5
永吉县	2363	1157	1206	131	71	60	9	3	6
吉林经济开发区	172	86	86	7	4	3	1	1	
吉林高新技术产业开发区	781	371	410	40	20	20	4	3	1
吉林中国新加坡食品区	530	251	279	9	3	6	2	1	1
蛟河市	2142	1007	1135	99	40	59	17	9	8
桦甸市	2120	1071	1049	82	31	51	9	2	7
舒兰市	3571	1803	1768	110	51	59	9	5	4
磐石市	3167	1534	1633	116	50	66	10	4	6
四平市	**29134**	**9818**	**19316**	**1321**	**489**	**832**	**194**	**109**	**85**
铁西区	20999	5695	15304	969	340	629	149	82	67
铁东区	662	350	312	37	22	15	3	1	2
梨树县	3079	1568	1511	134	56	78	20	9	11
伊通满族自治县	2798	1430	1368	129	51	78	12	8	4
双辽市	1596	775	821	52	20	32	10	9	1
辽源市	**7007**	**3518**	**3489**	**237**	**90**	**147**	**19**	**11**	**8**
龙山区	904	486	418	27	5	22	2	2	
西安区	228	127	101	11	8	3			

4-3c 续表 7

单位：人

地　区	大学本科			硕士研究生			博士研究生		
	小计	男	女	小计	男	女	小计	男	女
东丰县	3698	1792	1906	107	43	64	6	4	2
东辽县	2177	1113	1064	92	34	58	11	5	6
通化市	**8201**	**4027**	**4174**	**322**	**141**	**181**	**43**	**23**	**20**
东昌区	967	480	487	40	16	24	3		3
二道江区	161	87	74	9	5	4	4	3	1
通化县	1740	860	880	63	22	41	12	8	4
辉南县	1406	676	730	62	28	34	5	4	1
柳河县	2615	1255	1360	98	48	50	12	5	7
集安市	1312	669	643	50	22	28	7	3	4
白山市	**3200**	**1628**	**1572**	**147**	**51**	**96**	**18**	**8**	**10**
浑江区	358	179	179	10	2	8			
江源区	408	197	211	13	5	8	3	2	1
抚松县	894	459	435	47	21	26	5	2	3
靖宇县	658	345	313	26	5	21	5	3	2
长白朝鲜族自治县	385	209	176	20	7	13	1		1
临江市	497	239	258	31	11	20	4	1	3
松原市	**16620**	**8321**	**8299**	**568**	**243**	**325**	**69**	**31**	**38**
宁江区	2561	1285	1276	65	26	39	10	3	7
前郭尔罗斯蒙古族自治县	3046	1475	1571	112	42	70	19	8	11
长岭县	4859	2406	2453	171	81	90	22	10	12
乾安县	1647	838	809	63	32	31	6	5	1
吉林松原经济开发区	410	199	211	23	12	11			
扶余市	4097	2118	1979	134	50	84	12	5	7
白城市	**10124**	**4888**	**5236**	**372**	**155**	**217**	**40**	**18**	**22**
洮北区	993	503	490	58	26	32	8	5	3
镇赉县	2130	1014	1116	88	36	52	4	1	3
通榆县	2552	1237	1315	73	43	30	8	3	5
吉林白城经济开发区	140	66	74	6	2	4			
洮南市	2638	1212	1426	94	28	66	13	7	6
大安市	1671	856	815	53	20	33	7	2	5
延边朝鲜族自治州	**9590**	**4636**	**4954**	**444**	**184**	**260**	**63**	**26**	**37**
延吉市	1918	932	986	174	76	98	25	10	15
图们市	149	82	67	5	1	4	1		1
敦化市	3457	1698	1759	129	51	78	14	4	10
珲春市	1475	600	875	26	12	14	6	3	3
龙井市	390	191	199	21	10	11	5	3	2
和龙市	404	203	201	14	4	10	1		1
汪清县	671	316	355	33	11	22	4	1	3
安图县	1126	614	512	42	19	23	7	5	2
长白山管委会	**6**	**1**	**5**						
梅河口市	**4228**	**2217**	**2011**	**142**	**58**	**84**	**15**	**5**	**10**

4-4　各地区分性别、受教育程度的25岁及以上人口

单位：人

地　区	25岁及以上人口			未上过学		
	合计	男	女	小计	男	女
全　省	**19180140**	**9496837**	**9683303**	**333373**	**98215**	**235158**
长春市	**6979206**	**3460882**	**3518324**	**91608**	**27542**	**64066**
南关区	505779	243175	262604	3780	923	2857
宽城区	653841	324698	329143	4648	1437	3211
朝阳区	447375	215174	232201	3328	960	2368
二道区	404364	197358	207006	2854	772	2082
绿园区	570080	279762	290318	4127	1087	3040
双阳区	249676	125827	123849	6239	1844	4395
九台区	490785	247880	242905	7912	2503	5409
农安县	620048	313443	306605	12877	4066	8811
长春经济技术开发区	321629	157634	163995	1570	467	1103
长春净月高新技术产业开发区	252464	123317	129147	1810	580	1230
长春高新技术产业开发区	309434	154227	155207	2055	722	1333
长春汽车经济技术开发区	247981	123162	124819	1617	386	1231
长春莲花山生态旅游度假区	31232	15699	15533	823	249	574
榆树市	674344	336979	337365	18326	5335	12991
德惠市	509979	256508	253471	7927	2552	5375
公主岭市	690195	346039	344156	11715	3659	8056
吉林市	**2949950**	**1452244**	**1497706**	**58504**	**17380**	**41124**
昌邑区	485411	234496	250915	3900	1049	2851
龙潭区	303841	149430	154411	3897	1166	2731
船营区	374543	180700	193843	3601	1160	2441
丰满区	208272	101100	107172	3006	864	2142
永吉县	198916	100121	98795	4734	1592	3142
吉林经济开发区	40741	20520	20221	407	117	290
吉林高新技术产业开发区	119536	56877	62659	853	236	617
吉林中国新加坡食品区	30931	15359	15572	709	252	457
蛟河市	273291	136588	136703	9682	2796	6886
桦甸市	276405	138319	138086	10111	2990	7121
舒兰市	334253	166934	167319	8944	2663	6281
磐石市	303810	151800	152010	8660	2495	6165
四平市	**1446091**	**717655**	**728436**	**34477**	**10531**	**23946**
铁西区	240750	116024	124726	2444	754	1690
铁东区	254916	126592	128324	3694	1198	2496
梨树县	430188	215980	214208	14641	4319	10322
伊通满族自治县	268782	135430	133352	8714	2864	5850
双辽市	251455	123629	127826	4984	1396	3588
辽源市	**820946**	**408576**	**412370**	**12992**	**4041**	**8951**
龙山区	265367	128458	136909	2088	616	1472
西安区	118341	58969	59372	1414	456	958
东丰县	250229	126058	124171	4858	1534	3324
东辽县	187009	95091	91918	4632	1435	3197

4-4 续表 1

单位：人

地区	25岁及以上人口			未上过学		
	合计	男	女	小计	男	女
通化市	**1068386**	**530161**	**538225**	**19897**	**5646**	**14251**
东昌区	289952	140364	149588	2066	543	1523
二道江区	78286	38472	39814	1705	435	1270
通化县	144767	72757	72010	4600	1230	3370
辉南县	192178	95432	96746	5137	1536	3601
柳河县	221296	112338	108958	3626	1121	2505
集安市	141907	70798	71109	2763	781	1982
白山市	**792427**	**393199**	**399228**	**27541**	**7062**	**20479**
浑江区	254901	124385	130516	5218	1247	3971
江源区	120258	60334	59924	4091	1059	3032
抚松县	177415	88335	89080	8271	2110	6161
靖宇县	87698	44406	43292	3826	1029	2797
长白朝鲜族自治县	49412	24845	24567	1877	522	1355
临江市	102743	50894	51849	4258	1095	3163
松原市	**1791599**	**887557**	**904042**	**38562**	**11375**	**27187**
宁江区	492161	238668	253493	5591	1701	3890
前郭尔罗斯蒙古族自治县	323449	161023	162426	9838	2953	6885
长岭县	356321	179143	177178	7748	2147	5601
乾安县	168695	84279	84416	2809	864	1945
吉林松原经济开发区	75435	37006	38429	1199	334	865
扶余市	375538	187438	188100	11377	3376	8001
白城市	**1262350**	**624323**	**638027**	**22223**	**6977**	**15246**
洮北区	292521	143403	149118	3910	1204	2706
镇赉县	179084	89216	89868	2417	788	1629
通榆县	226195	112506	113689	4273	1335	2938
吉林白城经济开发区	83790	40555	43235	947	267	680
洮南市	251393	124945	126448	6341	2057	4284
大安市	229367	113698	115669	4335	1326	3009
延边朝鲜族自治州	**1606715**	**790604**	**816111**	**21471**	**5857**	**15614**
延吉市	548849	262617	286232	4550	1352	3198
图们市	75472	36951	38521	691	188	503
敦化市	324022	160991	163031	4284	1260	3024
珲春市	195858	96920	98938	2408	630	1778
龙井市	113196	56762	56434	1098	305	793
和龙市	102328	51920	50408	1826	404	1422
汪清县	143418	71815	71603	3186	827	2359
安图县	103572	52628	50944	3428	891	2537
长白山管委会	**50237**	**25370**	**24867**	**1521**	**375**	**1146**
长白山保护开发区池北区	36709	18566	18143	764	204	560
长白山保护开发区池西区	11929	5988	5941	693	163	530
长白山保护开发区池南区	1599	816	783	64	8	56
梅河口市	**412233**	**206266**	**205967**	**4577**	**1429**	**3148**

4-4　续表 2　　　　单位：人

地　区	学前教育			小　学		
	小计	男	女	小计	男	女
全　省	**7462**	**2844**	**4618**	**4081336**	**1844223**	**2237113**
长春市	**2212**	**852**	**1360**	**1353471**	**615546**	**737925**
南关区	89	34	55	38238	15727	22511
宽城区	231	87	144	92937	42329	50608
朝阳区	88	35	53	37934	15751	22183
二道区	111	44	67	37544	16031	21513
绿园区	89	30	59	57198	24241	32957
双阳区	100	38	62	67169	30873	36296
九台区	185	68	117	135626	62415	73211
农安县	318	121	197	219218	103326	115892
长春经济技术开发区	72	37	35	25940	10904	15036
长春净月高新技术产业开发区	53	25	28	26413	11688	14725
长春高新技术产业开发区	79	32	47	27018	12378	14640
长春汽车经济技术开发区	36	15	21	22689	9405	13284
长春莲花山生态旅游度假区	7	3	4	10593	4926	5667
榆树市	392	150	242	262461	120337	142124
德惠市	126	58	68	160567	75322	85245
公主岭市	236	75	161	131926	59893	72033
吉林市	**1503**	**604**	**899**	**625385**	**283508**	**341877**
昌邑区	119	44	75	53973	22354	31619
龙潭区	87	21	66	52463	23018	29445
船营区	93	40	53	44155	18903	25252
丰满区	63	23	40	29666	13516	16150
永吉县	98	43	55	56089	25911	30178
吉林经济开发区	18	5	13	6876	2892	3984
吉林高新技术产业开发区	39	13	26	10793	4441	6352
吉林中国新加坡食品区	244	132	112	7171	3221	3950
蛟河市	195	81	114	82259	39097	43162
桦甸市	249	88	161	82253	38145	44108
舒兰市	184	68	116	104865	48124	56741
磐石市	114	46	68	94822	43886	50936
四平市	**711**	**275**	**436**	**348570**	**159528**	**189042**
铁西区	91	35	56	25400	10760	14640
铁东区	97	40	57	45985	21584	24401
梨树县	328	128	200	139478	64468	75010
伊通满族自治县	126	54	72	90916	42759	48157
双辽市	69	18	51	46791	19957	26834
辽源市	**235**	**95**	**140**	**194336**	**89182**	**105154**
龙山区	73	33	40	32141	13982	18159
西安区	69	23	46	16959	7562	9397
东丰县	56	22	34	79326	36651	42675
东辽县	37	17	20	65910	30987	34923

4-4 续表 3 单位：人

地区	学前教育			小学		
	小计	男	女	小计	男	女
通化市	**349**	**113**	**236**	**258984**	**117077**	**141907**
东昌区	19	6	13	34522	14133	20389
二道江区	51	22	29	13409	5696	7713
通化县	30	9	21	44458	19999	24459
辉南县	62	17	45	56997	26332	30665
柳河县	92	36	56	72974	34588	38386
集安市	95	23	72	36624	16329	20295
白山市	**364**	**112**	**252**	**135707**	**59840**	**75867**
浑江区	111	32	79	32740	13739	19001
江源区	56	17	39	23773	10653	13120
抚松县	77	25	52	32236	14299	17937
靖宇县	27	9	18	19395	8889	10506
长白朝鲜族自治县	42	13	29	9001	3885	5116
临江市	51	16	35	18562	8375	10187
松原市	**815**	**305**	**510**	**542276**	**245734**	**296542**
宁江区	127	53	74	89167	38467	50700
前郭尔罗斯蒙古族自治县	124	45	79	111839	51484	60355
长岭县	129	42	87	122023	55191	66832
乾安县	52	16	36	44069	19330	24739
吉林松原经济开发区	36	14	22	16039	7328	8711
扶余市	347	135	212	159139	73934	85205
白城市	**536**	**207**	**329**	**321342**	**143067**	**178275**
洮北区	81	27	54	52158	22999	29159
镇赉县	47	21	26	47376	20634	26742
通榆县	73	22	51	72378	32894	39484
吉林白城经济开发区	21	7	14	11142	4851	6291
洮南市	216	91	125	77071	35002	42069
大安市	98	39	59	61217	26687	34530
延边朝鲜族自治州	**559**	**211**	**348**	**205901**	**87598**	**118303**
延吉市	134	60	74	42037	16546	25491
图们市	8	4	4	7606	2968	4638
敦化市	194	68	126	56672	24758	31914
珲春市	40	14	26	25902	11082	14820
龙井市	21	8	13	12254	5300	6954
和龙市	63	25	38	15383	6610	8773
汪清县	57	16	41	22560	9705	12855
安图县	42	16	26	23487	10629	12858
长白山管委会	**11**	**5**	**6**	**7769**	**3396**	**4373**
长白山保护开发区池北区	8	4	4	4938	2086	2852
长白山保护开发区池西区	2	1	1	2528	1187	1341
长白山保护开发区池南区	1		1	303	123	180
梅河口市	**167**	**65**	**102**	**87595**	**39747**	**47848**

4-4　续表 4　　　　单位：人

地　区	初　中			高　中			大学专科		
	小计	男	女	小计	男	女	小计	男	女
全　省	**8257633**	**4234433**	**4023200**	**3425539**	**1753845**	**1671694**	**1471920**	**761962**	**709958**
长春市	**2879398**	**1477457**	**1401941**	**1193659**	**604088**	**589571**	**630262**	**321533**	**308729**
南关区	145012	70840	74172	113996	54678	59318	71468	34425	37043
宽城区	284326	143741	140585	142350	71619	70731	69765	35891	33874
朝阳区	122407	59564	62843	104619	50324	54295	66028	32096	33932
二道区	143530	71334	72196	108606	53819	54787	47830	23870	23960
绿园区	199789	99862	99927	134491	66286	68205	82165	42086	40079
双阳区	127734	67322	60412	25729	14132	11597	12382	6625	5757
九台区	257792	135596	122196	55899	29934	25965	18788	10215	8573
农安县	290287	154275	136012	57605	31314	26291	22997	12163	10834
长春经济技术开发区	113312	55982	57330	66196	32827	33369	45387	22989	22398
长春净月高新技术产业开发区	76694	38862	37832	42364	20195	22169	32289	15664	16625
长春高新技术产业开发区	84638	43252	41386	54717	26988	27729	50425	25357	25068
长春汽车经济技术开发区	87606	42501	45105	58367	29070	29297	39459	21910	17549
长春莲花山生态旅游度假区	15187	7971	7216	2882	1640	1242	881	465	416
榆树市	290938	155311	135627	60952	33903	27049	23195	12732	10463
德惠市	266998	139254	127744	44208	23838	20370	16922	9028	7894
公主岭市	373148	191790	181358	120678	63521	57157	30281	16017	14264
吉林市	**1228618**	**625666**	**602952**	**588228**	**298506**	**289722**	**225660**	**116000**	**109660**
昌邑区	176886	86467	90419	141046	69420	71626	56541	28866	27675
龙潭区	135990	68214	67776	76576	38989	37587	19196	10162	9034
船营区	139081	68231	70850	100134	48872	51262	41347	20583	20764
丰满区	71656	35952	35704	46141	22200	23941	24119	11880	12239
永吉县	100483	52764	47719	24915	13281	11634	7596	4052	3544
吉林经济开发区	21245	10808	10437	8289	4488	3801	2346	1352	994
吉林高新技术产业开发区	34734	16439	18295	29345	13803	15542	17281	8547	8734
吉林中国新加坡食品区	18873	9597	9276	2574	1456	1118	862	460	402
蛟河市	120311	62909	57402	37071	19588	17483	14499	7615	6884
桦甸市	116391	61185	55206	41454	22394	19060	14800	7928	6872
舒兰市	158940	83114	75826	40531	22026	18505	11919	6530	5389
磐石市	134028	69986	64042	40152	21989	18163	15154	8025	7129
四平市	**665814**	**343493**	**322321**	**231768**	**119240**	**112528**	**91615**	**48172**	**43443**
铁西区	86664	42245	44419	61916	30024	31892	31947	16097	15850
铁东区	113509	57294	56215	57863	29294	28569	19574	10211	9363
梨树县	214043	113610	100433	36585	19891	16694	15912	8836	7076
伊通满族自治县	116808	62097	54711	32927	17614	15313	10466	5643	4823
双辽市	134790	68247	66543	42477	22417	20060	13716	7385	6331
辽源市	**410235**	**210454**	**199781**	**116080**	**60130**	**55950**	**46147**	**24153**	**21994**
龙山区	121614	59010	62604	58827	29333	29494	26078	13263	12815
西安区	71472	36082	35390	18588	9732	8856	5620	2955	2665
东丰县	118348	62366	55982	28481	15340	13141	10384	5711	4673
东辽县	98801	52996	45805	10184	5725	4459	4065	2224	1841

4-4 续表 5 单位：人

地区	初中			高中			大学专科		
	小计	男	女	小计	男	女	小计	男	女
通化市	**448764**	**232493**	**216271**	**195473**	**101021**	**94452**	**77578**	**40389**	**37189**
东昌区	99581	49089	50492	86134	42603	43531	33850	17348	16502
二道江区	31035	15634	15401	20863	10919	9944	6545	3386	3159
通化县	63882	34584	29298	17179	9570	7609	7736	4000	3736
辉南县	87910	45590	42320	24853	13121	11732	9624	5097	4527
柳河县	103946	54883	49063	23962	12983	10979	10185	5468	4717
集安市	62410	32713	29697	22482	11825	10657	9638	5090	4548
白山市	**325266**	**168552**	**156714**	**175555**	**91583**	**83972**	**69852**	**37193**	**32659**
浑江区	94544	47655	46889	67159	33835	33324	28193	14568	13625
江源区	56901	29688	27213	23315	12522	10793	7709	4214	3495
抚松县	75757	39782	35975	35241	18641	16600	14363	7786	6577
靖宇县	37282	19812	17470	15007	8225	6782	7011	3804	3207
长白朝鲜族自治县	17596	9229	8367	11930	6274	5656	4779	2731	2048
临江市	43186	22386	20800	22903	12086	10817	7797	4090	3707
松原市	**801161**	**414626**	**386535**	**223223**	**119960**	**103263**	**98502**	**51935**	**46567**
宁江区	207710	100723	106987	101761	53234	48527	41771	21278	20493
前郭尔罗斯蒙古族自治县	142906	75621	67285	31514	17087	14427	15058	7954	7104
长岭县	174290	92989	81301	29897	16846	13051	13489	7514	5975
乾安县	86270	44762	41508	21391	11741	9650	8983	4943	4040
吉林松原经济开发区	29657	14836	14821	13521	7012	6509	7611	3808	3803
扶余市	160328	85695	74633	25139	14040	11099	11590	6438	5152
白城市	**587153**	**300862**	**286291**	**198502**	**104757**	**93745**	**70361**	**37674**	**32687**
洮北区	135009	67244	67765	64070	32689	31381	20222	10757	9465
镇赉县	90712	46905	43807	20813	11432	9381	9936	5502	4434
通榆县	108205	56119	52086	25906	14149	11757	8160	4483	3677
吉林白城经济开发区	30615	14878	15737	19018	9410	9608	9693	4928	4765
洮南市	121304	63379	57925	26962	14614	12348	11032	5819	5213
大安市	101308	52337	48971	41733	22463	19270	11318	6185	5133
延边朝鲜族自治州	**700992**	**352645**	**348347**	**411482**	**206625**	**204857**	**128631**	**67456**	**61175**
延吉市	200699	95581	105118	172006	83471	88535	54974	27911	27063
图们市	31010	15206	15804	24747	12377	12370	5938	3278	2660
敦化市	148882	76361	72521	72589	37190	35399	23679	12410	11269
珲春市	91813	46390	45423	45286	23114	22172	15293	8006	7287
龙井市	57461	29019	28442	30138	15473	14665	6426	3549	2877
和龙市	53357	28202	25155	20280	10543	9737	5913	3275	2638
汪清县	70583	36662	33921	29991	15609	14382	9559	5223	4336
安图县	47187	25224	21963	16445	8848	7597	6849	3804	3045
长白山管委会	**21034**	**11001**	**10033**	**10401**	**5469**	**4932**	**4948**	**2736**	**2212**
长白山保护开发区池北区	14610	7572	7038	8377	4351	4026	4065	2265	1800
长白山保护开发区池西区	5550	2966	2584	1858	1013	845	784	406	378
长白山保护开发区池南区	874	463	411	166	105	61	99	65	34
梅河口市	**189198**	**97184**	**92014**	**81168**	**42466**	**38702**	**28364**	**14721**	**13643**

4-4　续表 6　　单位：人

地　　区	大学本科			硕士研究生			博士研究生		
	小计	男	女	小计	男	女	小计	男	女
全　省	**1444641**	**726286**	**718355**	**135046**	**62842**	**72204**	**23190**	**12187**	**11003**
长春市	**715931**	**359854**	**356077**	**93848**	**44067**	**49781**	**18817**	**9943**	**8874**
南关区	107393	53977	53416	20129	9500	10629	5674	3071	2603
宽城区	55893	27937	27956	3404	1495	1909	287	162	125
朝阳区	91642	45993	45649	17143	8249	8894	4186	2202	1984
二道区	58704	29155	29549	4673	2076	2597	512	257	255
绿园区	82223	41400	40823	8727	4109	4618	1271	661	610
双阳区	9773	4789	4984	517	187	330	33	17	16
九台区	14067	6929	7138	475	205	270	41	15	26
农安县	16131	7922	8209	559	233	326	56	23	33
长春经济技术开发区	61495	30877	30618	6833	3110	3723	824	441	383
长春净月高新技术产业开发区	58021	29324	28697	12567	5853	6714	2253	1126	1127
长春高新技术产业开发区	74576	37763	36813	12641	5958	6683	3285	1777	1508
长春汽车经济技术开发区	33710	17569	16141	4290	2212	2078	207	94	113
长春莲花山生态旅游度假区	794	413	381	63	32	31	2		2
榆树市	17536	8960	8576	494	229	265	50	22	28
德惠市	12854	6284	6570	343	150	193	34	22	12
公主岭市	21119	10562	10557	990	469	521	102	53	49
吉林市	**206081**	**103110**	**102971**	**14424**	**6639**	**7785**	**1547**	**831**	**716**
昌邑区	49778	24880	24898	2898	1292	1606	270	124	146
龙潭区	14696	7422	7274	838	388	450	98	50	48
船营区	41985	20844	21141	3695	1793	1902	452	274	178
丰满区	30009	15023	14986	3266	1466	1800	346	176	170
永吉县	4794	2382	2412	188	86	102	19	10	9
吉林经济开发区	1446	807	639	96	42	54	18	9	9
吉林高新技术产业开发区	23842	12155	11687	2409	1107	1302	240	136	104
吉林中国新加坡食品区	488	236	252	8	4	4	2	1	1
蛟河市	9003	4375	4628	243	111	132	28	16	12
桦甸市	10833	5450	5383	280	128	152	34	11	23
舒兰市	8625	4296	4329	228	103	125	17	10	7
磐石市	10582	5240	5342	275	119	156	23	14	9
四平市	**68146**	**34169**	**33977**	**4508**	**2007**	**2501**	**482**	**240**	**242**
铁西区	29012	14635	14377	2931	1298	1633	345	176	169
铁东区	13458	6633	6825	682	317	365	54	21	33
梨树县	8845	4564	4281	314	143	171	42	21	21
伊通满族自治县	8512	4263	4249	290	124	166	23	12	11
双辽市	8319	4074	4245	291	125	166	18	10	8
辽源市	**39480**	**19836**	**19644**	**1353**	**645**	**708**	**88**	**40**	**48**
龙山区	23609	11777	11832	889	429	460	48	15	33
西安区	4073	2083	1990	137	69	68	9	7	2
东丰县	8547	4322	4225	215	103	112	14	9	5
东辽县	3251	1654	1597	112	44	68	17	9	8

4-4 续表 7 单位：人

地区	大学本科			硕士研究生			博士研究生		
	小计	男	女	小计	男	女	小计	男	女
通化市	**64051**	**31918**	**32133**	**3021**	**1365**	**1656**	**269**	**139**	**130**
东昌区	31672	15678	15994	1942	876	1066	166	88	78
二道江区	4478	2286	2192	175	83	92	25	11	14
通化县	6626	3257	3369	229	94	135	27	14	13
辉南县	7364	3630	3734	219	102	117	12	7	5
柳河县	6275	3151	3124	211	95	116	25	13	12
集安市	7636	3916	3720	245	115	130	14	6	8
白山市	**56140**	**27932**	**28208**	**1896**	**878**	**1018**	**106**	**47**	**59**
浑江区	25905	12800	13105	995	492	503	36	17	19
江源区	4289	2131	2158	113	44	69	11	6	5
抚松县	11082	5522	5560	361	159	202	27	11	16
靖宇县	4997	2580	2417	142	50	92	11	8	3
长白朝鲜族自治县	4068	2135	1933	109	52	57	10	4	6
临江市	5799	2764	3035	176	81	95	11	1	10
松原市	**83680**	**42027**	**41653**	**3162**	**1484**	**1678**	**218**	**111**	**107**
宁江区	44103	22268	21835	1829	885	944	102	59	43
前郭尔罗斯蒙古族自治县	11743	5697	6046	393	169	224	34	13	21
长岭县	8469	4279	4190	244	121	123	32	14	18
乾安县	4997	2565	2432	112	52	60	12	6	6
吉林松原经济开发区	6986	3486	3500	370	177	193	16	11	5
扶余市	7382	3732	3650	214	80	134	22	8	14
白城市	**59280**	**29407**	**29873**	**2755**	**1282**	**1473**	**198**	**90**	**108**
洮北区	16234	8089	8145	776	368	408	61	26	35
镇赉县	7522	3823	3699	252	107	145	9	4	5
通榆县	6966	3395	3571	216	99	117	18	10	8
吉林白城经济开发区	11401	5748	5653	897	439	458	56	27	29
洮南市	8170	3872	4298	269	97	172	28	14	14
大安市	8987	4480	4507	345	172	173	26	9	17
延边朝鲜族自治州	**127148**	**65442**	**61706**	**9125**	**4047**	**5078**	**1406**	**723**	**683**
延吉市	66514	34083	32431	6755	2995	3760	1180	618	562
图们市	5287	2849	2438	160	71	89	25	10	15
敦化市	17066	8645	8421	600	276	324	56	23	33
珲春市	14360	7359	7001	706	302	404	50	23	27
龙井市	5536	2993	2543	232	100	132	30	15	15
和龙市	5327	2785	2542	153	62	91	26	14	12
汪清县	7165	3619	3546	291	140	151	26	14	12
安图县	5893	3109	2784	228	101	127	13	6	7
长白山管委会	**4309**	**2271**	**2038**	**242**	**116**	**126**	**2**	**1**	**1**
长白山保护开发区池北区	3722	1974	1748	223	109	114	2	1	1
长白山保护开发区池西区	497	247	250	17	5	12			
长白山保护开发区池南区	90	50	40	2	2				
梅河口市	**20395**	**10320**	**10075**	**712**	**312**	**400**	**57**	**22**	**35**

4-4a　各地区分性别、受教育程度的25岁及以上人口(城市)

单位：人

地　区	25岁及以上人口			未上过学		
	合计	男	女	小计	男	女
全　省	**8136231**	**3921159**	**4215072**	**64646**	**16759**	**47887**
长春市	**3126501**	**1517300**	**1609201**	**20438**	**5411**	**15027**
南关区	505779	243175	262604	3780	923	2857
宽城区	475616	234122	241494	2307	650	1657
朝阳区	416899	199641	217258	2383	672	1711
二道区	403168	196736	206432	2834	767	2067
绿园区	556706	272794	283912	3863	1004	2859
双阳区	96730	47128	49602	752	168	584
九台区	173865	84306	89559	1078	304	774
农安县						
长春经济技术开发区						
长春净月高新技术产业开发区						
长春高新技术产业开发区						
长春汽车经济技术开发区						
长春莲花山生态旅游度假区						
榆树市	152356	72161	80195	1329	310	1019
德惠市	145405	70056	75349	711	211	500
公主岭市	199977	97181	102796	1401	402	999
吉林市	**1495394**	**713914**	**781480**	**14065**	**3475**	**10590**
昌邑区	385926	184403	201523	2491	558	1933
龙潭区	207857	100091	107766	2014	565	1449
船营区	308360	147207	161153	2254	605	1649
丰满区	152884	72732	80152	1431	343	1088
永吉县						
吉林经济开发区	1447	708	739	32	12	20
吉林高新技术产业开发区						
吉林中国新加坡食品区						
蛟河市	105656	50317	55339	1849	463	1386
桦甸市	119708	57445	62263	2155	476	1679
舒兰市	118205	56097	62108	1307	345	962
磐石市	95351	44914	50437	532	108	424
四平市	**482919**	**233799**	**249120**	**4460**	**1299**	**3161**
铁西区	188352	90127	98225	1695	477	1218
铁东区	199256	98235	101021	2168	677	1491
梨树县						
伊通满族自治县						
双辽市	95311	45437	49874	597	145	452
辽源市	**338098**	**163886**	**174212**	**2538**	**738**	**1800**
龙山区	233681	112222	121459	1324	361	963
西安区	104417	51664	52753	1214	377	837

4-4a 续表 1

单位：人

地区	25岁及以上人口			未上过学		
	合计	男	女	小计	男	女
东丰县						
东辽县						
通化市	**374019**	**179644**	**194375**	**2704**	**627**	**2077**
东昌区	263304	126778	136526	1497	381	1116
二道江区	52387	25295	27092	674	144	530
通化县						
辉南县						
柳河县						
集安市	58328	27571	30757	533	102	431
白山市	**358032**	**172941**	**185091**	**6429**	**1400**	**5029**
浑江区	223489	107750	115739	3560	755	2805
江源区	67255	32838	34417	1472	344	1128
抚松县						
靖宇县						
长白朝鲜族自治县						
临江市	67288	32353	34935	1397	301	1096
松原市	**440355**	**210413**	**229942**	**2964**	**769**	**2195**
宁江区	358471	171443	187028	2355	613	1742
前郭尔罗斯蒙古族自治县	16341	7757	8584	208	45	163
长岭县						
乾安县						
吉林松原经济开发区						
扶余市	65543	31213	34330	401	111	290
白城市	**366545**	**175139**	**191406**	**3614**	**1040**	**2574**
洮北区	193367	92665	100702	1704	492	1212
镇赉县						
通榆县						
吉林白城经济开发区	4690	2388	2302	93	29	64
洮南市	83722	39878	43844	1110	342	768
大安市	84766	40208	44558	707	177	530
延边朝鲜族自治州	**959942**	**460353**	**499589**	**6913**	**1841**	**5072**
延吉市	484912	230560	254352	3483	1055	2428
图们市	51695	24850	26845	293	55	238
敦化市	156912	75118	81794	430	103	327
珲春市	143720	69600	74120	1441	348	1093
龙井市	72951	35915	37036	523	136	387
和龙市	49752	24310	25442	743	144	599
汪清县						
安图县						
长白山管委会						
梅河口市	**194426**	**93770**	**100656**	**521**	**159**	**362**

4-4a　续表 2　　　　单位：人

地　区	学前教育			小　学		
	小计	男	女	小计	男	女
全　省	**1664**	**593**	**1071**	**788979**	**316526**	**472453**
长春市	**585**	**220**	**365**	**295636**	**122292**	**173344**
南关区	89	34	55	38238	15727	22511
宽城区	107	36	71	42141	17723	24418
朝阳区	77	29	48	28163	11254	16909
二道区	111	44	67	37121	15810	21311
绿园区	88	30	58	54110	22805	31305
双阳区	17	6	11	11011	4352	6659
九台区	21	8	13	23138	9471	13667
农安县						
长春经济技术开发区						
长春净月高新技术产业开发区						
长春高新技术产业开发区						
长春汽车经济技术开发区						
长春莲花山生态旅游度假区						
榆树市	27	16	11	26872	10582	16290
德惠市	17	8	9	17561	7173	10388
公主岭市	31	9	22	17281	7395	9886
吉林市	**290**	**92**	**198**	**145278**	**56419**	**88859**
昌邑区	82	31	51	29744	11351	18393
龙潭区	60	11	49	21172	8335	12837
船营区	56	21	35	25696	10219	15477
丰满区	33	11	22	11887	4776	7111
永吉县						
吉林经济开发区	1		1	406	175	231
吉林高新技术产业开发区						
吉林中国新加坡食品区						
蛟河市	12	3	9	12685	4989	7696
桦甸市	27	11	16	15636	6126	9510
舒兰市	10	2	8	17211	6484	10727
磐石市	9	2	7	10841	3964	6877
四平市	**136**	**56**	**80**	**45004**	**18968**	**26036**
铁西区	54	22	32	16272	6624	9648
铁东区	68	32	36	21913	9876	12037
梨树县						
伊通满族自治县						
双辽市	14	2	12	6819	2468	4351
辽源市	**87**	**29**	**58**	**31233**	**12750**	**18483**
龙山区	46	19	27	19872	7965	11907
西安区	41	10	31	11361	4785	6576

4－4a 续表 3

单位：人

地区	学前教育			小学		
	小计	男	女	小计	男	女
东丰县						
东辽县						
通化市	**73**	**25**	**48**	**39502**	**15256**	**24246**
东昌区	15	5	10	26101	10184	15917
二道江区	41	18	23	6376	2457	3919
通化县						
辉南县						
柳河县						
集安市	17	2	15	7025	2615	4410
白山市	**119**	**32**	**87**	**38797**	**15344**	**23453**
浑江区	73	22	51	22444	8832	13612
江源区	27	5	22	9286	3769	5517
抚松县						
靖宇县						
长白朝鲜族自治县						
临江市	19	5	14	7067	2743	4324
松原市	**82**	**29**	**53**	**57386**	**22410**	**34976**
宁江区	70	27	43	42235	16249	25986
前郭尔罗斯蒙古族自治县	6	2	4	2072	785	1287
长岭县						
乾安县						
吉林松原经济开发区						
扶余市	6		6	13079	5376	7703
白城市	**80**	**31**	**49**	**44212**	**17658**	**26554**
洮北区	51	18	33	21470	8833	12637
镇赉县						
通榆县						
吉林白城经济开发区	1	1		1063	475	588
洮南市	15	5	10	12343	5009	7334
大安市	13	7	6	9336	3341	5995
延边朝鲜族自治州	**180**	**67**	**113**	**74249**	**28278**	**45971**
延吉市	98	39	59	32066	12179	19887
图们市	4	3	1	3886	1342	2544
敦化市	36	13	23	12372	4384	7988
珲春市	26	8	18	14627	5802	8825
龙井市	9	3	6	5792	2412	3380
和龙市	7	1	6	5506	2159	3347
汪清县						
安图县						
长白山管委会						
梅河口市	**32**	**12**	**20**	**17682**	**7151**	**10531**

4-4a　续表 4　　　　单位：人

地　区	初　中			高　中			大学专科		
	小计	男	女	小计	男	女	小计	男	女
全　省	**3106605**	**1499548**	**1607057**	**2180144**	**1083736**	**1096408**	**943630**	**480692**	**462938**
长春市	**1148081**	**562612**	**585469**	**753025**	**372200**	**380825**	**396402**	**199564**	**196838**
南关区	145012	70840	74172	113996	54678	59318	71468	34425	37043
宽城区	188971	93690	95281	124439	62336	62103	62798	32346	30452
朝阳区	106230	50799	55431	102162	48972	53190	65369	31724	33645
二道区	142887	71005	71882	108532	53771	54761	47812	23858	23954
绿园区	191713	95544	96169	133207	65536	67671	81774	41842	39932
双阳区	49329	24172	25157	16877	8937	7940	10047	5344	4703
九台区	91460	44752	46708	35275	18037	17238	12762	6817	5945
农安县									
长春经济技术开发区									
长春净月高新技术产业开发区									
长春高新技术产业开发区									
长春汽车经济技术开发区									
长春莲花山生态旅游度假区									
榆树市	69083	32856	36227	29614	15360	14254	13601	7162	6439
德惠市	82065	39612	42453	24649	12755	11894	11052	5782	5270
公主岭市	81331	39342	41989	64274	31818	32456	19719	10264	9455
吉林市	**566383**	**270079**	**296304**	**430972**	**213739**	**217233**	**169366**	**86259**	**83107**
昌邑区	127671	60539	67132	126179	61677	64502	51100	26088	25012
龙潭区	83517	39874	43643	68584	34551	34033	17648	9281	8367
船营区	107335	51345	55990	91981	44663	47318	37778	18797	18981
丰满区	43305	20758	22547	41154	19570	21584	22756	11187	11569
永吉县									
吉林经济开发区	837	437	400	106	56	50	32	17	15
吉林高新技术产业开发区									
吉林中国新加坡食品区									
蛟河市	48506	23352	25154	24881	12637	12244	10660	5487	5173
桦甸市	52623	25495	27128	28786	14875	13911	11328	5929	5399
舒兰市	58787	28006	30781	26744	13990	12754	8205	4394	3811
磐石市	43802	20273	23529	22557	11720	10837	9859	5079	4780
四平市	**190971**	**92339**	**98632**	**136718**	**67768**	**68950**	**57054**	**29326**	**27728**
铁西区	62218	29737	32481	52374	25249	27125	27986	14107	13879
铁东区	88496	43975	44521	54497	27375	27122	18466	9628	8838
梨树县									
伊通满族自治县									
双辽市	40257	18627	21630	29847	15144	14703	10602	5591	5011
辽源市	**170559**	**82986**	**87573**	**74545**	**37472**	**37073**	**30950**	**15816**	**15134**
龙山区	105975	50659	55316	56767	28203	28564	25562	12982	12580
西安区	64584	32327	32257	17778	9269	8509	5388	2834	2554

4−4a 续表 5 单位：人

地区	初中			高中			大学专科		
	小计	男	女	小计	男	女	小计	男	女
东丰县									
东辽县									
通化市	**126501**	**61108**	**65393**	**114762**	**56931**	**57831**	**46660**	**23958**	**22702**
东昌区	87039	42333	44706	82929	40845	42084	32955	16884	16071
二道江区	18781	8981	9800	16314	8465	7849	5878	3028	2850
通化县									
辉南县									
柳河县									
集安市	20681	9794	10887	15519	7621	7898	7827	4046	3781
白山市	**137610**	**67629**	**69981**	**99213**	**50232**	**48981**	**40262**	**20844**	**19418**
浑江区	79426	38983	40443	63985	31930	32055	27454	14114	13340
江源区	31409	15631	15778	15716	8258	7458	5824	3105	2719
抚松县									
靖宇县									
长白朝鲜族自治县									
临江市	26775	13015	13760	19512	10044	9468	6984	3625	3359
松原市	**180758**	**84906**	**95852**	**103651**	**53890**	**49761**	**45560**	**23362**	**22198**
宁江区	143676	67181	76495	89683	46698	42985	37422	19002	18420
前郭尔罗斯蒙古族自治县	6053	2839	3214	3649	1872	1777	2139	1125	1014
长岭县									
乾安县									
吉林松原经济开发区									
扶余市	31029	14886	16143	10319	5320	4999	5999	3235	2764
白城市	**153124**	**72536**	**80588**	**101105**	**51109**	**49996**	**34215**	**18007**	**16208**
洮北区	80162	37908	42254	55322	27615	27707	18645	9866	8779
镇赉县									
通榆县									
吉林白城经济开发区	2747	1443	1304	611	348	263	99	59	40
洮南市	38951	18765	20186	17174	8774	8400	7567	3889	3678
大安市	31264	14420	16844	27998	14372	13626	7904	4193	3711
延边朝鲜族自治州	**357063**	**169537**	**187526**	**306604**	**150515**	**156089**	**99671**	**51486**	**48185**
延吉市	164914	77119	87795	160027	77208	82819	52369	26563	25806
图们市	17129	7938	9191	20125	9951	10174	5291	2912	2379
敦化市	61165	29111	32054	51424	25516	25908	17554	9013	8541
珲春市	60589	29369	31220	38333	19315	19018	14259	7433	6826
龙井市	32283	15634	16649	23390	11785	11605	5657	3091	2566
和龙市	20983	10366	10617	13305	6740	6565	4541	2474	2067
汪清县									
安图县									
长白山管委会									
梅河口市	**75555**	**35816**	**39739**	**59549**	**29880**	**29669**	**23490**	**12070**	**11420**

4-4a 续表 6

单位：人

地区	大学本科			硕士研究生			博士研究生		
	小计	男	女	小计	男	女	小计	男	女
全 省	**949036**	**475114**	**473922**	**86225**	**40119**	**46106**	**15302**	**8072**	**7230**
长春市	**444449**	**222420**	**222029**	**55840**	**26180**	**29660**	**12045**	**6401**	**5644**
南关区	107393	53977	53416	20129	9500	10629	5674	3071	2603
宽城区	51359	25778	25581	3224	1415	1809	270	148	122
朝阳区	91225	45763	45462	17109	8229	8880	4181	2199	1982
二道区	58687	29149	29538	4672	2075	2597	512	257	255
绿园区	81971	41270	40701	8710	4102	4608	1270	661	609
双阳区	8228	3975	4253	451	164	287	18	10	8
九台区	9782	4773	5009	324	137	187	25	7	18
农安县									
长春经济技术开发区									
长春净月高新技术产业开发区									
长春高新技术产业开发区									
长春汽车经济技术开发区									
长春莲花山生态旅游度假区									
榆树市	11535	5749	5786	276	121	155	19	5	14
德惠市	9129	4419	4710	204	85	119	17	11	6
公主岭市	15140	7567	7573	741	352	389	59	32	27
吉林市	**156978**	**78175**	**78803**	**10885**	**5048**	**5837**	**1177**	**628**	**549**
昌邑区	45704	22836	22868	2701	1207	1494	254	116	138
龙潭区	13963	7054	6909	806	372	434	93	48	45
船营区	39240	19549	19691	3583	1743	1840	437	265	172
丰满区	28876	14495	14381	3106	1421	1685	336	171	165
永吉县									
吉林经济开发区	29	10	19	2		2	2	1	1
吉林高新技术产业开发区									
吉林中国新加坡食品区									
蛟河市	6896	3309	3587	158	73	85	9	4	5
桦甸市	8921	4425	4496	209	99	110	23	9	14
舒兰市	5793	2814	2979	138	57	81	10	5	5
磐石市	7556	3683	3873	182	76	106	13	9	4
四平市	**45259**	**22533**	**22726**	**3061**	**1394**	**1667**	**256**	**116**	**140**
铁西区	25398	12832	12566	2158	985	1173	197	94	103
铁东区	12946	6352	6594	652	301	351	50	19	31
梨树县									
伊通满族自治县									
双辽市	6915	3349	3566	251	108	143	9	3	6
辽源市	**27132**	**13585**	**13547**	**999**	**489**	**510**	**55**	**21**	**34**
龙山区	23217	11592	11625	870	426	444	48	15	33
西安区	3915	1993	1922	129	63	66	7	6	1

4-4a 续表 7

单位：人

地　区	大学本科			硕士研究生			博士研究生		
	小计	男	女	小计	男	女	小计	男	女
东丰县									
东辽县									
通化市	**41362**	**20610**	**20752**	**2267**	**1032**	**1235**	**188**	**97**	**91**
东昌区	30707	15200	15507	1899	859	1040	162	87	75
二道江区	4144	2120	2024	161	75	86	18	7	11
通化县									
辉南县									
柳河县									
集安市	6511	3290	3221	207	98	109	8	3	5
白山市	**34340**	**16849**	**17491**	**1216**	**592**	**624**	**46**	**19**	**27**
浑江区	25528	12608	12920	984	489	495	35	17	18
江源区	3431	1690	1741	85	34	51	5	2	3
抚松县									
靖宇县									
长白朝鲜族自治县									
临江市	5381	2551	2830	147	69	78	6		6
松原市	**47903**	**24054**	**23849**	**1949**	**935**	**1014**	**102**	**58**	**44**
宁江区	41197	20769	20428	1741	847	894	92	57	35
前郭尔罗斯蒙古族自治县	2127	1045	1082	86	44	42	1		1
长岭县									
乾安县									
吉林松原经济开发区									
扶余市	4579	2240	2339	122	44	78	9	1	8
白城市	**28895**	**14161**	**14734**	**1214**	**563**	**651**	**86**	**34**	**52**
洮北区	15251	7576	7675	711	337	374	51	20	31
镇赉县									
通榆县									
吉林白城经济开发区	72	30	42	3	2	1	1	1	
洮南市	6347	3017	3330	200	71	129	15	6	9
大安市	7225	3538	3687	300	153	147	19	7	12
延边朝鲜族自治州	**105753**	**54322**	**51431**	**8204**	**3626**	**4578**	**1305**	**681**	**624**
延吉市	64229	32880	31349	6574	2910	3664	1152	607	545
图们市	4794	2574	2220	150	66	84	23	9	14
敦化市	13427	6742	6685	466	219	247	38	17	21
珲春市	13718	7013	6705	683	291	392	44	21	23
龙井市	5066	2752	2314	207	89	118	24	13	11
和龙市	4519	2361	2158	124	51	73	24	14	10
汪清县									
安图县									
长白山管委会									
梅河口市	**16965**	**8405**	**8560**	**590**	**260**	**330**	**42**	**17**	**25**

4-4b 各地区分性别、受教育程度的25岁及以上人口(镇)

单位：人

地 区	25岁及以上人口			未上过学		
	合计	男	女	小计	男	女
全 省	**3663847**	**1791359**	**1872488**	**47123**	**12321**	**34802**
长春市	**1371836**	**672962**	**698874**	**9995**	**2806**	**7189**
南关区						
宽城区	54761	27596	27165	588	190	398
朝阳区	7825	3894	3931	131	37	94
二道区	1196	622	574	20	5	15
绿园区						
双阳区	3659	1892	1767	121	36	85
九台区	4503	2198	2305	13	2	11
农安县	150890	72101	78789	1395	335	1060
长春经济技术开发区	321629	157634	163995	1570	467	1103
长春净月高新技术产业开发区	127997	60865	67132	608	195	413
长春高新技术产业开发区	302915	149102	153813	1887	597	1290
长春汽车经济技术开发区	247981	123162	124819	1617	386	1231
长春莲花山生态旅游度假区	4855	2526	2329	98	38	60
榆树市	40939	20472	20467	877	241	636
德惠市	9091	4535	4556	141	39	102
公主岭市	93595	46363	47232	929	238	691
吉林市	**350281**	**170769**	**179512**	**5458**	**1557**	**3901**
昌邑区	7986	3992	3994	49	16	33
龙潭区	11241	5685	5556	111	30	81
船营区	4388	2171	2217	34	9	25
丰满区	1363	678	685	20	6	14
永吉县	74865	35812	39053	850	235	615
吉林经济开发区	30058	15145	14913	228	54	174
吉林高新技术产业开发区	101722	48053	53669	491	128	363
吉林中国新加坡食品区	3959	1944	2015	158	81	77
蛟河市	31059	15546	15513	959	225	734
桦甸市	26491	13345	13146	1101	346	755
舒兰市	22488	11006	11482	472	136	336
磐石市	34661	17392	17269	985	291	694
四平市	**257900**	**125325**	**132575**	**3956**	**1059**	**2897**
铁西区						
铁东区	3748	1837	1911	60	19	41
梨树县	149666	73127	76539	2312	605	1707
伊通满族自治县	84161	40333	43828	1214	342	872
双辽市	20325	10028	10297	370	93	277
辽源市	**132309**	**63888**	**68421**	**1275**	**335**	**940**
龙山区	736	381	355	31	9	22
西安区						
东丰县	89000	42900	46100	761	188	573
东辽县	42573	20607	21966	483	138	345

4-4b 续表 1

单位：人

地区	25岁及以上人口			未上过学		
	合计	男	女	小计	男	女
通化市	**266591**	**129438**	**137153**	**3754**	**996**	**2758**
东昌区	4533	2209	2324	81	16	65
二道江区	13962	6991	6971	555	142	413
通化县	60472	29045	31427	893	224	669
辉南县	98549	47813	50736	1479	387	1092
柳河县	81044	39314	41730	625	185	440
集安市	8031	4066	3965	121	42	79
白山市	**265200**	**131174**	**134026**	**9074**	**2149**	**6925**
浑江区	7572	3955	3617	281	89	192
江源区	28165	14366	13799	1049	246	803
抚松县	137806	67853	69953	5315	1259	4056
靖宇县	52222	25616	26606	1393	319	1074
长白朝鲜族自治县	33880	16528	17352	714	176	538
临江市	5555	2856	2699	322	60	262
松原市	**377252**	**181963**	**195289**	**4562**	**1110**	**3452**
宁江区	20872	9971	10901	234	51	183
前郭尔罗斯蒙古族自治县	106417	50536	55881	1563	335	1228
长岭县	96378	46839	49539	1190	296	894
乾安县	72835	35227	37608	508	142	366
吉林松原经济开发区	56199	27186	29013	674	173	501
扶余市	24551	12204	12347	393	113	280
白城市	**303061**	**147251**	**155810**	**3213**	**871**	**2342**
洮北区	21347	10745	10602	405	116	289
镇赉县	85326	41468	43858	752	214	538
通榆县	87845	42151	45694	727	178	549
吉林白城经济开发区	71230	34140	37090	649	167	482
洮南市	9024	4532	4492	195	66	129
大安市	28289	14215	14074	485	130	355
延边朝鲜族自治州	**252210**	**124452**	**127758**	**3777**	**880**	**2897**
延吉市	15727	7689	8038	116	28	88
图们市	10752	5382	5370	129	33	96
敦化市	40898	20478	20420	688	196	492
珲春市	9669	4991	4678	131	35	96
龙井市	10327	5208	5119	133	31	102
和龙市	19375	9968	9407	519	117	402
汪清县	96179	46745	49434	1507	333	1174
安图县	49283	23991	25292	554	107	447
长白山管委会	**50063**	**25277**	**24786**	**1513**	**375**	**1138**
长白山保护开发区池北区	36535	18473	18062	756	204	552
长白山保护开发区池西区	11929	5988	5941	693	163	530
长白山保护开发区池南区	1599	816	783	64	8	56
梅河口市	**37144**	**18860**	**18284**	**546**	**183**	**363**

4-4b　续表 2　　　　单位：人

地　区	学前教育			小　学		
	小计	男	女	小计	男	女
全　省	**1015**	**369**	**646**	**513248**	**213706**	**299542**
长春市	**293**	**115**	**178**	**151052**	**64803**	**86249**
南关区						
宽城区	23	7	16	11311	5389	5922
朝阳区	3	1	2	1746	754	992
二道区				423	221	202
绿园区						
双阳区				944	434	510
九台区				764	329	435
农安县	25	6	19	25511	10685	14826
长春经济技术开发区	72	37	35	25940	10904	15036
长春净月高新技术产业开发区	25	8	17	9260	3838	5422
长春高新技术产业开发区	79	32	47	25163	10937	14226
长春汽车经济技术开发区	36	15	21	22689	9405	13284
长春莲花山生态旅游度假区	1	1		1531	744	787
榆树市	20	7	13	12195	5300	6895
德惠市	1		1	2707	1260	1447
公主岭市	8	1	7	10868	4603	6265
吉林市	**138**	**47**	**91**	**53198**	**21881**	**31317**
昌邑区	4	1	3	1227	469	758
龙潭区	1		1	2350	988	1362
船营区				1232	561	671
丰满区				297	128	169
永吉县	18	5	13	11438	4550	6888
吉林经济开发区	14	4	10	3732	1449	2283
吉林高新技术产业开发区	34	12	22	6545	2473	4072
吉林中国新加坡食品区	2		2	708	306	402
蛟河市	44	19	25	7088	3161	3927
桦甸市	13	4	9	6330	2824	3506
舒兰市	4	1	3	5169	2098	3071
磐石市	4	1	3	7082	2874	4208
四平市	**92**	**33**	**59**	**41550**	**17324**	**24226**
铁西区						
铁东区	2	2		691	262	429
梨树县	53	15	38	25376	10787	14589
伊通满族自治县	35	15	20	12515	5113	7402
双辽市	2	1	1	2968	1162	1806
辽源市	**19**	**3**	**16**	**19958**	**7933**	**12025**
龙山区				177	90	87
西安区						
东丰县	13	3	10	12888	5040	7848
东辽县	6		6	6893	2803	4090

4-4b 续表 3

单位：人

地区	学前教育			小学		
	小计	男	女	小计	男	女
通化市	**52**	**21**	**31**	**47724**	**20090**	**27634**
东昌区				975	425	550
二道江区	6	2	4	2844	1190	1654
通化县	8	2	6	10434	4198	6236
辉南县	14	5	9	16150	6855	9295
柳河县	23	11	12	15078	6444	8634
集安市	1	1		2243	978	1265
白山市	**112**	**36**	**76**	**38995**	**16439**	**22556**
浑江区	10		10	1772	801	971
江源区	23	9	14	5392	2328	3064
抚松县	42	14	28	18906	8031	10875
靖宇县	14	5	9	7308	3051	4257
长白朝鲜族自治县	23	8	15	4323	1622	2701
临江市				1294	606	688
松原市	**81**	**28**	**53**	**66363**	**26931**	**39432**
宁江区	4	2	2	3909	1574	2335
前郭尔罗斯蒙古族自治县	15	5	10	19573	7783	11790
长岭县	9	2	7	17540	7173	10367
乾安县	12	3	9	9251	3460	5791
吉林松原经济开发区	27	9	18	8678	3693	4985
扶余市	14	7	7	7412	3248	4164
白城市	**70**	**24**	**46**	**47502**	**19065**	**28437**
洮北区	4	1	3	4420	1922	2498
镇赉县	7	3	4	12726	4717	8009
通榆县	13	4	9	13517	5296	8221
吉林白城经济开发区	18	5	13	7074	2883	4191
洮南市	15	8	7	2500	1121	1379
大安市	13	3	10	7265	3126	4139
延边朝鲜族自治州	**139**	**53**	**86**	**30659**	**11992**	**18667**
延吉市	11	7	4	1584	628	956
图们市	1	1		1449	578	871
敦化市	66	23	43	6126	2494	3632
珲春市	3	3		1859	817	1042
龙井市	1		1	1120	433	687
和龙市	16	6	10	2835	1141	1694
汪清县	37	11	26	10177	3816	6361
安图县	4	2	2	5509	2085	3424
长白山管委会	**11**	**5**	**6**	**7728**	**3374**	**4354**
长白山保护开发区池北区	8	4	4	4897	2064	2833
长白山保护开发区池西区	2	1	1	2528	1187	1341
长白山保护开发区池南区	1		1	303	123	180
梅河口市	**8**	**4**	**4**	**8519**	**3874**	**4645**

4-4b 续表 4

单位：人

地区	初中			高中			大学专科		
	小计	男	女	小计	男	女	小计	男	女
全 省	**1578416**	**785406**	**793010**	**726635**	**371747**	**354888**	**371510**	**194673**	**176837**
长春市	**509697**	**252746**	**256951**	**263409**	**131013**	**132396**	**177924**	**91714**	**86210**
南关区									
宽城区	31063	16016	15047	7133	3658	3475	2873	1476	1397
朝阳区	4523	2346	2177	948	514	434	296	157	139
二道区	643	329	314	74	48	26	18	12	6
绿园区									
双阳区	2086	1126	960	341	201	140	94	49	45
九台区	2855	1425	1430	477	249	228	206	107	99
农安县	72051	35058	36993	28295	14298	13997	13332	6843	6489
长春经济技术开发区	113312	55982	57330	66196	32827	33369	45387	22989	22398
长春净月高新技术产业开发区	31376	15064	16312	22803	10462	12341	18882	9103	9779
长春高新技术产业开发区	81440	40789	40651	53918	26336	27582	50224	25191	25033
长春汽车经济技术开发区	87606	42501	45105	58367	29070	29297	39459	21910	17549
长春莲花山生态旅游度假区	2430	1310	1120	527	292	235	150	82	68
榆树市	21574	11334	10240	3903	2239	1664	1432	852	580
德惠市	5307	2709	2598	541	317	224	230	124	106
公主岭市	53431	26757	26674	19886	10502	9384	5341	2819	2522
吉林市	**152109**	**75747**	**76362**	**74291**	**38086**	**36205**	**31066**	**16168**	**14898**
昌邑区	4955	2534	2421	1300	717	583	277	147	130
龙潭区	6402	3322	3080	1687	907	780	534	357	177
船营区	2477	1271	1206	397	207	190	181	96	85
丰满区	792	409	383	185	104	81	47	19	28
永吉县	38388	18665	19723	16036	8196	7840	5030	2653	2377
吉林经济开发区	15118	7588	7530	7357	3996	3361	2185	1260	925
吉林高新技术产业开发区	25592	11742	13850	26810	12539	14271	16444	8099	8345
吉林中国新加坡食品区	2545	1276	1269	373	206	167	102	43	59
蛟河市	15379	8032	7347	5061	2760	2301	1701	926	775
桦甸市	12091	6260	5831	4599	2596	2003	1610	927	683
舒兰市	11734	5930	5804	3655	2047	1608	870	500	370
磐石市	16636	8718	7918	6831	3811	3020	2085	1141	944
四平市	**127226**	**62949**	**64277**	**48550**	**24920**	**23630**	**21300**	**11458**	**9842**
铁西区									
铁东区	2046	1015	1031	643	373	270	207	118	89
梨树县	79041	39350	39691	23467	12052	11415	12059	6582	5477
伊通满族自治县	33871	16385	17486	21175	10702	10473	8056	4216	3840
双辽市	12268	6199	6069	3265	1793	1472	978	542	436
辽源市	**68153**	**33324**	**34829**	**25027**	**13027**	**12000**	**9640**	**5154**	**4486**
龙山区	472	255	217	30	13	17	19	12	7
西安区									
东丰县	42071	20409	21662	19880	10264	9616	7269	3914	3355
东辽县	25610	12660	12950	5117	2750	2367	2352	1228	1124

4-4b 续表 5

单位：人

地区	初中			高中			大学专科		
	小计	男	女	小计	男	女	小计	男	女
通化市	**122919**	**60845**	**62074**	**52046**	**27081**	**24965**	**22320**	**11703**	**10617**
东昌区	2161	1084	1077	874	461	413	271	145	126
二道江区	6587	3557	3030	3278	1746	1532	444	236	208
通化县	26258	12951	13307	11214	5867	5347	5948	3046	2902
辉南县	45032	22201	22831	20685	10642	10043	8325	4352	3973
柳河县	38540	18757	19783	15230	7910	7320	7019	3759	3260
集安市	4341	2295	2046	765	455	310	313	165	148
白山市	**109968**	**56528**	**53440**	**61265**	**32058**	**29207**	**25493**	**13794**	**11699**
浑江区	3956	2196	1760	1145	649	496	274	159	115
江源区	14258	7669	6589	5515	3040	2475	1351	786	565
抚松县	57024	29226	27798	32321	16838	15483	13300	7109	6191
靖宇县	21363	10704	10659	11404	5952	5452	6084	3217	2867
长白朝鲜族自治县	10556	5189	5367	10082	5108	4974	4271	2402	1869
临江市	2811	1544	1267	798	471	327	213	121	92
松原市	**181988**	**89711**	**92277**	**64784**	**33902**	**30882**	**33852**	**17740**	**16112**
宁江区	11284	5576	5708	2918	1512	1406	1516	772	744
前郭尔罗斯蒙古族自治县	48802	23929	24873	18675	9684	8991	9734	5008	4726
长岭县	50108	24870	25238	14741	7781	6960	7672	4197	3475
乾安县	37312	18029	19283	14924	7868	7056	6815	3675	3140
吉林松原经济开发区	20821	10192	10629	11731	6012	5719	7205	3594	3611
扶余市	13661	7115	6546	1795	1045	750	910	494	416
白城市	**142014**	**69942**	**72072**	**59997**	**31412**	**28585**	**25120**	**13331**	**11789**
洮北区	12003	6218	5785	3552	1982	1570	547	297	250
镇赉县	42425	20822	21603	15504	8302	7202	7702	4244	3458
通榆县	44128	21373	22755	18222	9566	8656	5766	3098	2668
吉林白城经济开发区	24011	11400	12611	17816	8752	9064	9473	4803	4670
洮南市	5192	2735	2457	609	338	271	387	191	196
大安市	14255	7394	6861	4294	2472	1822	1245	698	547
延边朝鲜族自治州	**122750**	**61902**	**60848**	**60921**	**31526**	**29395**	**18880**	**10349**	**8531**
延吉市	9238	4554	4684	3710	1911	1799	586	301	285
图们市	5264	2685	2579	3122	1642	1480	418	238	180
敦化市	23581	12181	11400	7420	3928	3492	1933	1088	845
珲春市	5879	3146	2733	1485	822	663	196	106	90
龙井市	5267	2713	2554	3289	1742	1547	353	202	151
和龙市	10984	5974	5010	3649	1970	1679	856	498	358
汪清县	42698	21060	21638	25784	13118	12666	8918	4845	4073
安图县	19839	9589	10250	12462	6393	6069	5620	3071	2549
长白山管委会	**20947**	**10948**	**9999**	**10377**	**5459**	**4918**	**4939**	**2729**	**2210**
长白山保护开发区池北区	14523	7519	7004	8353	4341	4012	4056	2258	1798
长白山保护开发区池西区	5550	2966	2584	1858	1013	845	784	406	378
长白山保护开发区池南区	874	463	411	166	105	61	99	65	34
梅河口市	**20645**	**10764**	**9881**	**5968**	**3263**	**2705**	**976**	**533**	**443**

4-4b　续表 6　　单位：人

地　区	大学本科			硕士研究生			博士研究生		
	小计	男	女	小计	男	女	小计	男	女
全　省	**380420**	**191572**	**188848**	**39123**	**18265**	**20858**	**6357**	**3300**	**3057**
长春市	**221802**	**111821**	**109981**	**31888**	**14949**	**16939**	**5776**	**2995**	**2781**
南关区									
宽城区	1720	833	887	45	22	23	5	5	
朝阳区	164	77	87	13	7	6	1	1	
二道区	17	6	11	1	1				
绿园区									
双阳区	72	46	26	1		1			
九台区	188	86	102						
农安县	9959	4753	5206	303	117	186	19	6	13
长春经济技术开发区	61495	30877	30618	6833	3110	3723	824	441	383
长春净月高新技术产业开发区	35931	18023	17908	7691	3511	4180	1421	661	760
长春高新技术产业开发区	74330	37535	36795	12590	5908	6682	3284	1777	1507
长春汽车经济技术开发区	33710	17569	16141	4290	2212	2078	207	94	113
长春莲花山生态旅游度假区	112	56	56	6	3	3			
榆树市	912	481	431	24	16	8	2	2	
德惠市	160	85	75	4	1	3			
公主岭市	3032	1394	1638	87	41	46	13	8	5
吉林市	**31114**	**15932**	**15182**	**2637**	**1199**	**1438**	**270**	**152**	**118**
昌邑区	169	106	63	4	2	2	1		1
龙潭区	151	78	73	4	2	2	1	1	
船营区	63	26	37	4	1	3			
丰满区	21	12	9	1		1			
永吉县	3017	1474	1543	79	28	51	9	6	3
吉林经济开发区	1318	747	571	91	40	51	15	7	8
吉林高新技术产业开发区	23195	11834	11361	2375	1093	1282	236	133	103
吉林中国新加坡食品区	70	32	38	1		1			
蛟河市	798	408	390	25	12	13	4	3	1
桦甸市	730	381	349	15	7	8	2		2
舒兰市	564	285	279	19	8	11	1	1	
磐石市	1018	549	469	19	6	13	1	1	
四平市	**14740**	**7359**	**7381**	**448**	**206**	**242**	**38**	**17**	**21**
铁西区									
铁东区	97	48	49	2		2			
梨树县	7105	3615	3490	228	109	119	25	12	13
伊通满族自治县	7076	3465	3611	207	90	117	12	5	7
双辽市	462	231	231	11	7	4	1		1
辽源市	**8027**	**4010**	**4017**	**196**	**93**	**103**	**14**	**9**	**5**
龙山区	7	2	5						
西安区									
东丰县	5970	3006	2964	140	71	69	8	5	3
东辽县	2050	1002	1048	56	22	34	6	4	2

4-4b 续表 7

单位：人

地区	大学本科			硕士研究生			博士研究生		
	小计	男	女	小计	男	女	小计	男	女
通化市	**17215**	**8446**	**8769**	**521**	**236**	**285**	**40**	**20**	**20**
东昌区	164	76	88	6	1	5	1	1	
二道江区	236	112	124	9	5	4	3	1	2
通化县	5521	2676	2845	181	75	106	15	6	9
辉南县	6670	3278	3392	186	89	97	8	4	4
柳河县	4382	2176	2206	134	64	70	13	8	5
集安市	242	128	114	5	2	3			
白山市	**19674**	**9903**	**9771**	**575**	**245**	**330**	**44**	**22**	**22**
浑江区	130	60	70	3	1	2	1		1
江源区	557	279	278	16	6	10	4	3	1
抚松县	10542	5221	5321	333	145	188	23	10	13
靖宇县	4529	2318	2211	121	45	76	6	5	1
长白朝鲜族自治县	3803	1972	1831	99	47	52	9	4	5
临江市	113	53	60	3	1	2	1		1
松原市	**24767**	**12153**	**12614**	**800**	**361**	**439**	**55**	**27**	**28**
宁江区	972	469	503	33	15	18	2		2
前郭尔罗斯蒙古族自治县	7804	3689	4115	235	97	138	16	6	10
长岭县	4993	2462	2531	114	52	62	11	6	5
乾安县	3940	2018	1922	65	29	36	8	3	5
吉林松原经济开发区	6698	3336	3362	349	166	183	16	11	5
扶余市	360	179	181	4	2	2	2	1	1
白城市	**23808**	**11972**	**11836**	**1264**	**596**	**668**	**73**	**38**	**35**
洮北区	395	200	195	19	8	11	2	1	1
镇赉县	6025	3085	2940	180	78	102	5	3	2
通榆县	5304	2564	2740	158	65	93	10	7	3
吉林白城经济开发区	11244	5669	5575	890	435	455	55	26	29
洮南市	122	70	52	3	2	1	1	1	
大安市	718	384	334	14	8	6			
延边朝鲜族自治州	**14500**	**7475**	**7025**	**543**	**257**	**286**	**41**	**18**	**23**
延吉市	466	253	213	13	6	7	3	1	2
图们市	363	201	162	6	4	2			
敦化市	1046	549	497	33	17	16	5	2	3
珲春市	113	61	52	2	1	1	1		1
龙井市	157	86	71	5	1	4	2		2
和龙市	501	256	245	14	6	8	1		1
汪清县	6763	3415	3348	272	134	138	23	13	10
安图县	5091	2654	2437	198	88	110	6	2	4
长白山管委会	**4304**	**2270**	**2034**	**242**	**116**	**126**	**2**	**1**	**1**
长白山保护开发区池北区	3717	1973	1744	223	109	114	2	1	1
长白山保护开发区池西区	497	247	250	17	5	12			
长白山保护开发区池南区	90	50	40	2	2				
梅河口市	**469**	**231**	**238**	**9**	**7**	**2**	**4**	**1**	**3**

4-4c 各地区分性别、受教育程度的25岁及以上人口(乡村)

单位：人

地区	25岁及以上人口			未上过学		
	合计	男	女	小计	男	女
全省	**7380062**	**3784319**	**3595743**	**221604**	**69135**	**152469**
长春市	**2480869**	**1270620**	**1210249**	**61175**	**19325**	**41850**
南关区						
宽城区	123464	62980	60484	1753	597	1156
朝阳区	22651	11639	11012	814	251	563
二道区						
绿园区	13374	6968	6406	264	83	181
双阳区	149287	76807	72480	5366	1640	3726
九台区	312417	161376	151041	6821	2197	4624
农安县	469158	241342	227816	11482	3731	7751
长春经济技术开发区						
长春净月高新技术产业开发区	124467	62452	62015	1202	385	817
长春高新技术产业开发区	6519	5125	1394	168	125	43
长春汽车经济技术开发区						
长春莲花山生态旅游度假区	26377	13173	13204	725	211	514
榆树市	481049	244346	236703	16120	4784	11336
德惠市	355483	181917	173566	7075	2302	4773
公主岭市	396623	202495	194128	9385	3019	6366
吉林市	**1104275**	**567561**	**536714**	**38981**	**12348**	**26633**
昌邑区	91499	46101	45398	1360	475	885
龙潭区	84743	43654	41089	1772	571	1201
船营区	61795	31322	30473	1313	546	767
丰满区	54025	27690	26335	1555	515	1040
永吉县	124051	64309	59742	3884	1357	2527
吉林经济开发区	9236	4667	4569	147	51	96
吉林高新技术产业开发区	17814	8824	8990	362	108	254
吉林中国新加坡食品区	26972	13415	13557	551	171	380
蛟河市	136576	70725	65851	6874	2108	4766
桦甸市	130206	67529	62677	6855	2168	4687
舒兰市	193560	99831	93729	7165	2182	4983
磐石市	173798	89494	84304	7143	2096	5047
四平市	**705272**	**358531**	**346741**	**26061**	**8173**	**17888**
铁西区	52398	25897	26501	749	277	472
铁东区	51912	26520	25392	1466	502	964
梨树县	280522	142853	137669	12329	3714	8615
伊通满族自治县	184621	95097	89524	7500	2522	4978
双辽市	135819	68164	67655	4017	1158	2859
辽源市	**350539**	**180802**	**169737**	**9179**	**2968**	**6211**
龙山区	30950	15855	15095	733	246	487
西安区	13924	7305	6619	200	79	121

4-4c 续表 1

单位：人

地区	25岁及以上人口			未上过学		
	合计	男	女	小计	男	女
东丰县	161229	83158	78071	4097	1346	2751
东辽县	144436	74484	69952	4149	1297	2852
通化市	**427776**	**221079**	**206697**	**13439**	**4023**	**9416**
东昌区	22115	11377	10738	488	146	342
二道江区	11937	6186	5751	476	149	327
通化县	84295	43712	40583	3707	1006	2701
辉南县	93629	47619	46010	3658	1149	2509
柳河县	140252	73024	67228	3001	936	2065
集安市	75548	39161	36387	2109	637	1472
白山市	**169195**	**89084**	**80111**	**12038**	**3513**	**8525**
浑江区	23840	12680	11160	1377	403	974
江源区	24838	13130	11708	1570	469	1101
抚松县	39609	20482	19127	2956	851	2105
靖宇县	35476	18790	16686	2433	710	1723
长白朝鲜族自治县	15532	8317	7215	1163	346	817
临江市	29900	15685	14215	2539	734	1805
松原市	**973992**	**495181**	**478811**	**31036**	**9496**	**21540**
宁江区	112818	57254	55564	3002	1037	1965
前郭尔罗斯蒙古族自治县	200691	102730	97961	8067	2573	5494
长岭县	259943	132304	127639	6558	1851	4707
乾安县	95860	49052	46808	2301	722	1579
吉林松原经济开发区	19236	9820	9416	525	161	364
扶余市	285444	144021	141423	10583	3152	7431
白城市	**592744**	**301933**	**290811**	**15396**	**5066**	**10330**
洮北区	77807	39993	37814	1801	596	1205
镇赉县	93758	47748	46010	1665	574	1091
通榆县	138350	70355	67995	3546	1157	2389
吉林白城经济开发区	7870	4027	3843	205	71	134
洮南市	158647	80535	78112	5036	1649	3387
大安市	116312	59275	57037	3143	1019	2124
延边朝鲜族自治州	**394563**	**205799**	**188764**	**10781**	**3136**	**7645**
延吉市	48210	24368	23842	951	269	682
图们市	13025	6719	6306	269	100	169
敦化市	126212	65395	60817	3166	961	2205
珲春市	42469	22329	20140	836	247	589
龙井市	29918	15639	14279	442	138	304
和龙市	33201	17642	15559	564	143	421
汪清县	47239	25070	22169	1679	494	1185
安图县	54289	28637	25652	2874	784	2090
长白山管委会	**174**	**93**	**81**	**8**		**8**
梅河口市	**180663**	**93636**	**87027**	**3510**	**1087**	**2423**

4-4c　续表 2　　单位：人

地　区	学前教育			小　学		
	小计	男	女	小计	男	女
全　省	**4783**	**1882**	**2901**	**2779109**	**1313991**	**1465118**
长春市	**1334**	**517**	**817**	**906783**	**428451**	**478332**
南关区						
宽城区	101	44	57	39485	19217	20268
朝阳区	8	5	3	8025	3743	4282
二道区						
绿园区	1		1	3088	1436	1652
双阳区	83	32	51	55214	26087	29127
九台区	164	60	104	111724	52615	59109
农安县	293	115	178	193707	92641	101066
长春经济技术开发区						
长春净月高新技术产业开发区	28	17	11	17153	7850	9303
长春高新技术产业开发区				1855	1441	414
长春汽车经济技术开发区						
长春莲花山生态旅游度假区	6	2	4	9062	4182	4880
榆树市	345	127	218	223394	104455	118939
德惠市	108	50	58	140299	66889	73410
公主岭市	197	65	132	103777	47895	55882
吉林市	**1075**	**465**	**610**	**426909**	**205208**	**221701**
昌邑区	33	12	21	23002	10534	12468
龙潭区	26	10	16	28941	13695	15246
船营区	37	19	18	17227	8123	9104
丰满区	30	12	18	17482	8612	8870
永吉县	80	38	42	44651	21361	23290
吉林经济开发区	3	1	2	2738	1268	1470
吉林高新技术产业开发区	5	1	4	4248	1968	2280
吉林中国新加坡食品区	242	132	110	6463	2915	3548
蛟河市	139	59	80	62486	30947	31539
桦甸市	209	73	136	60287	29195	31092
舒兰市	170	65	105	82485	39542	42943
磐石市	101	43	58	76899	37048	39851
四平市	**483**	**186**	**297**	**262016**	**123236**	**138780**
铁西区	37	13	24	9128	4136	4992
铁东区	27	6	21	23381	11446	11935
梨树县	275	113	162	114102	53681	60421
伊通满族自治县	91	39	52	78401	37646	40755
双辽市	53	15	38	37004	16327	20677
辽源市	**129**	**63**	**66**	**143145**	**68499**	**74646**
龙山区	27	14	13	12092	5927	6165
西安区	28	13	15	5598	2777	2821

4-4c 续表 3

单位：人

地区	学前教育			小学		
	小计	男	女	小计	男	女
东丰县	43	19	24	66438	31611	34827
东辽县	31	17	14	59017	28184	30833
通化市	**224**	**67**	**157**	**171758**	**81731**	**90027**
东昌区	4	1	3	7446	3524	3922
二道江区	4	2	2	4189	2049	2140
通化县	22	7	15	34024	15801	18223
辉南县	48	12	36	40847	19477	21370
柳河县	69	25	44	57896	28144	29752
集安市	77	20	57	27356	12736	14620
白山市	**133**	**44**	**89**	**57915**	**28057**	**29858**
浑江区	28	10	18	8524	4106	4418
江源区	6	3	3	9095	4556	4539
抚松县	35	11	24	13330	6268	7062
靖宇县	13	4	9	12087	5838	6249
长白朝鲜族自治县	19	5	14	4678	2263	2415
临江市	32	11	21	10201	5026	5175
松原市	**652**	**248**	**404**	**418527**	**196393**	**222134**
宁江区	53	24	29	43023	20644	22379
前郭尔罗斯蒙古族自治县	103	38	65	90194	42916	47278
长岭县	120	40	80	104483	48018	56465
乾安县	40	13	27	34818	15870	18948
吉林松原经济开发区	9	5	4	7361	3635	3726
扶余市	327	128	199	138648	65310	73338
白城市	**386**	**152**	**234**	**229628**	**106344**	**123284**
洮北区	26	8	18	26268	12244	14024
镇赉县	40	18	22	34650	15917	18733
通榆县	60	18	42	58861	27598	31263
吉林白城经济开发区	2	1	1	3005	1493	1512
洮南市	186	78	108	62228	28872	33356
大安市	72	29	43	44616	20220	24396
延边朝鲜族自治州	**240**	**91**	**149**	**100993**	**47328**	**53665**
延吉市	25	14	11	8387	3739	4648
图们市	3		3	2271	1048	1223
敦化市	92	32	60	38174	17880	20294
珲春市	11	3	8	9416	4463	4953
龙井市	11	5	6	5342	2455	2887
和龙市	40	18	22	7042	3310	3732
汪清县	20	5	15	12383	5889	6494
安图县	38	14	24	17978	8544	9434
长白山管委会				**41**	**22**	**19**
梅河口市	**127**	**49**	**78**	**61394**	**28722**	**32672**

4-4c 续表 4

单位：人

地 区	初 中			高 中			大学专科		
	小计	男	女	小计	男	女	小计	男	女
全 省	**3572612**	**1949479**	**1623133**	**518760**	**298362**	**220398**	**156780**	**86597**	**70183**
长春市	**1221620**	**662099**	**559521**	**177225**	**100875**	**76350**	**55936**	**30255**	**25681**
南关区									
宽城区	64292	34035	30257	10778	5625	5153	4094	2069	2025
朝阳区	11654	6419	5235	1509	838	671	363	215	148
二道区									
绿园区	8076	4318	3758	1284	750	534	391	244	147
双阳区	76319	42024	34295	8511	4994	3517	2241	1232	1009
九台区	163477	89419	74058	20147	11648	8499	5820	3291	2529
农安县	218236	119217	99019	29310	17016	12294	9665	5320	4345
长春经济技术开发区									
长春净月高新技术产业开发区	45318	23798	21520	19561	9733	9828	13407	6561	6846
长春高新技术产业开发区	3198	2463	735	799	652	147	201	166	35
长春汽车经济技术开发区									
长春莲花山生态旅游度假区	12757	6661	6096	2355	1348	1007	731	383	348
榆树市	200281	111121	89160	27435	16304	11131	8162	4718	3444
德惠市	179626	96933	82693	19018	10766	8252	5640	3122	2518
公主岭市	238386	125691	112695	36518	21201	15317	5221	2934	2287
吉林市	**510126**	**279840**	**230286**	**82965**	**46681**	**36284**	**25228**	**13573**	**11655**
昌邑区	44260	23394	20866	13567	7026	6541	5164	2631	2533
龙潭区	46071	25018	21053	6305	3531	2774	1014	524	490
船营区	29269	15615	13654	7756	4002	3754	3388	1690	1698
丰满区	27559	14785	12774	4802	2526	2276	1316	674	642
永吉县	62095	34099	27996	8879	5085	3794	2566	1399	1167
吉林经济开发区	5290	2783	2507	826	436	390	129	75	54
吉林高新技术产业开发区	9142	4697	4445	2535	1264	1271	837	448	389
吉林中国新加坡食品区	16328	8321	8007	2201	1250	951	760	417	343
蛟河市	56426	31525	24901	7129	4191	2938	2138	1202	936
桦甸市	51677	29430	22247	8069	4923	3146	1862	1072	790
舒兰市	88419	49178	39241	10132	5989	4143	2844	1636	1208
磐石市	73590	40995	32595	10764	6458	4306	3210	1805	1405
四平市	**347617**	**188205**	**159412**	**46500**	**26552**	**19948**	**13261**	**7388**	**5873**
铁西区	24446	12508	11938	9542	4775	4767	3961	1990	1971
铁东区	22967	12304	10663	2723	1546	1177	901	465	436
梨树县	135002	74260	60742	13118	7839	5279	3853	2254	1599
伊通满族自治县	82937	45712	37225	11752	6912	4840	2410	1427	983
双辽市	82265	43421	38844	9365	5480	3885	2136	1252	884
辽源市	**171523**	**94144**	**77379**	**16508**	**9631**	**6877**	**5557**	**3183**	**2374**
龙山区	15167	8096	7071	2030	1117	913	497	269	228
西安区	6888	3755	3133	810	463	347	232	121	111

4-4c 续表 5

单位：人

地 区	初 中			高 中			大学专科		
	小计	男	女	小计	男	女	小计	男	女
东丰县	76277	41957	34320	8601	5076	3525	3115	1797	1318
东辽县	73191	40336	32855	5067	2975	2092	1713	996	717
通化市	**199344**	**110540**	**88804**	**28665**	**17009**	**11656**	**8598**	**4728**	**3870**
东昌区	10381	5672	4709	2331	1297	1034	624	319	305
二道江区	5667	3096	2571	1271	708	563	223	122	101
通化县	37624	21633	15991	5965	3703	2262	1788	954	834
辉南县	42878	23389	19489	4168	2479	1689	1299	745	554
柳河县	65406	36126	29280	8732	5073	3659	3166	1709	1457
集安市	37388	20624	16764	6198	3749	2449	1498	879	619
白山市	**77688**	**44395**	**33293**	**15077**	**9293**	**5784**	**4097**	**2555**	**1542**
浑江区	11162	6476	4686	2029	1256	773	465	295	170
江源区	11234	6388	4846	2084	1224	860	534	323	211
抚松县	18733	10556	8177	2920	1803	1117	1063	677	386
靖宇县	15919	9108	6811	3603	2273	1330	927	587	340
长白朝鲜族自治县	7040	4040	3000	1848	1166	682	508	329	179
临江市	13600	7827	5773	2593	1571	1022	600	344	256
松原市	**438415**	**240009**	**198406**	**54788**	**32168**	**22620**	**19090**	**10833**	**8257**
宁江区	52750	27966	24784	9160	5024	4136	2833	1504	1329
前郭尔罗斯蒙古族自治县	88051	48853	39198	9190	5531	3659	3185	1821	1364
长岭县	124182	68119	56063	15156	9065	6091	5817	3317	2500
乾安县	48958	26733	22225	6467	3873	2594	2168	1268	900
吉林松原经济开发区	8836	4644	4192	1790	1000	790	406	214	192
扶余市	115638	63694	51944	13025	7675	5350	4681	2709	1972
白城市	**292015**	**158384**	**133631**	**37400**	**22236**	**15164**	**11026**	**6336**	**4690**
洮北区	42844	23118	19726	5196	3092	2104	1030	594	436
镇赉县	48287	26083	22204	5309	3130	2179	2234	1258	976
通榆县	64077	34746	29331	7684	4583	3101	2394	1385	1009
吉林白城经济开发区	3857	2035	1822	591	310	281	121	66	55
洮南市	77161	41879	35282	9179	5502	3677	3078	1739	1339
大安市	55789	30523	25266	9441	5619	3822	2169	1294	875
延边朝鲜族自治州	**221179**	**121206**	**99973**	**43957**	**24584**	**19373**	**10080**	**5621**	**4459**
延吉市	26547	13908	12639	8269	4352	3917	2019	1047	972
图们市	8617	4583	4034	1500	784	716	229	128	101
敦化市	64136	35069	29067	13745	7746	5999	4192	2309	1883
珲春市	25345	13875	11470	5468	2977	2491	838	467	371
龙井市	19911	10672	9239	3459	1946	1513	416	256	160
和龙市	21390	11862	9528	3326	1833	1493	516	303	213
汪清县	27885	15602	12283	4207	2491	1716	641	378	263
安图县	27348	15635	11713	3983	2455	1528	1229	733	496
长白山管委会	**87**	**53**	**34**	**24**	**10**	**14**	**9**	**7**	**2**
梅河口市	**92998**	**50604**	**42394**	**15651**	**9323**	**6328**	**3898**	**2118**	**1780**

4-4c 续表 6 单位：人

地 区	大学本科			硕士研究生			博士研究生		
	小计	男	女	小计	男	女	小计	男	女
全 省	**115185**	**59600**	**55585**	**9698**	**4458**	**5240**	**1531**	**815**	**716**
长春市	**49680**	**25613**	**24067**	**6120**	**2938**	**3182**	**996**	**547**	**449**
南关区									
宽城区	2814	1326	1488	135	58	77	12	9	3
朝阳区	253	153	100	21	13	8	4	2	2
二道区									
绿园区	252	130	122	17	7	10	1		1
双阳区	1473	768	705	65	23	42	15	7	8
九台区	4097	2070	2027	151	68	83	16	8	8
农安县	6172	3169	3003	256	116	140	37	17	20
长春经济技术开发区									
长春净月高新技术产业开发区	22090	11301	10789	4876	2342	2534	832	465	367
长春高新技术产业开发区	246	228	18	51	50	1	1		1
长春汽车经济技术开发区									
长春莲花山生态旅游度假区	682	357	325	57	29	28	2		2
榆树市	5089	2730	2359	194	92	102	29	15	14
德惠市	3565	1780	1785	135	64	71	17	11	6
公主岭市	2947	1601	1346	162	76	86	30	13	17
吉林市	**17989**	**9003**	**8986**	**902**	**392**	**510**	**100**	**51**	**49**
昌邑区	3905	1938	1967	193	83	110	15	8	7
龙潭区	582	290	292	28	14	14	4	1	3
船营区	2682	1269	1413	108	49	59	15	9	6
丰满区	1112	516	596	159	45	114	10	5	5
永吉县	1777	908	869	109	58	51	10	4	6
吉林经济开发区	99	50	49	3	2	1	1	1	
吉林高新技术产业开发区	647	321	326	34	14	20	4	3	1
吉林中国新加坡食品区	418	204	214	7	4	3	2	1	1
蛟河市	1309	658	651	60	26	34	15	9	6
桦甸市	1182	644	538	56	22	34	9	2	7
舒兰市	2268	1197	1071	71	38	33	6	4	2
磐石市	2008	1008	1000	74	37	37	9	4	5
四平市	**8147**	**4277**	**3870**	**999**	**407**	**592**	**188**	**107**	**81**
铁西区	3614	1803	1811	773	313	460	148	82	66
铁东区	415	233	182	28	16	12	4	2	2
梨树县	1740	949	791	86	34	52	17	9	8
伊通满族自治县	1436	798	638	83	34	49	11	7	4
双辽市	942	494	448	29	10	19	8	7	1
辽源市	**4321**	**2241**	**2080**	**158**	**63**	**95**	**19**	**10**	**9**
龙山区	385	183	202	19	3	16			
西安区	158	90	68	8	6	2	2	1	1

4–4c 续表 7

单位：人

地　　区	大学本科			硕士研究生			博士研究生		
	小计	男	女	小计	男	女	小计	男	女
东丰县	2577	1316	1261	75	32	43	6	4	2
东辽县	1201	652	549	56	22	34	11	5	6
通化市	**5474**	**2862**	**2612**	**233**	**97**	**136**	**41**	**22**	**19**
东昌区	801	402	399	37	16	21	3		3
二道江区	98	54	44	5	3	2	4	3	1
通化县	1105	581	524	48	19	29	12	8	4
辉南县	694	352	342	33	13	20	4	3	1
柳河县	1893	975	918	77	31	46	12	5	7
集安市	883	498	385	33	15	18	6	3	3
白山市	**2126**	**1180**	**946**	**105**	**41**	**64**	**16**	**6**	**10**
浑江区	247	132	115	8	2	6			
江源区	301	162	139	12	4	8	2	1	1
抚松县	540	301	239	28	14	14	4	1	3
靖宇县	468	262	206	21	5	16	5	3	2
长白朝鲜族自治县	265	163	102	10	5	5	1		1
临江市	305	160	145	26	11	15	4	1	3
松原市	**11010**	**5820**	**5190**	**413**	**188**	**225**	**61**	**26**	**35**
宁江区	1934	1030	904	55	23	32	8	2	6
前郭尔罗斯蒙古族自治县	1812	963	849	72	28	44	17	7	10
长岭县	3476	1817	1659	130	69	61	21	8	13
乾安县	1057	547	510	47	23	24	4	3	1
吉林松原经济开发区	288	150	138	21	11	10			
扶余市	2443	1313	1130	88	34	54	11	6	5
白城市	**6577**	**3274**	**3303**	**277**	**123**	**154**	**39**	**18**	**21**
洮北区	588	313	275	46	23	23	8	5	3
镇赉县	1497	738	759	72	29	43	4	1	3
通榆县	1662	831	831	58	34	24	8	3	5
吉林白城经济开发区	85	49	36	4	2	2			
洮南市	1701	785	916	66	24	42	12	7	5
大安市	1044	558	486	31	11	20	7	2	5
延边朝鲜族自治州	**6895**	**3645**	**3250**	**378**	**164**	**214**	**60**	**24**	**36**
延吉市	1819	950	869	168	79	89	25	10	15
图们市	130	74	56	4	1	3	2	1	1
敦化市	2593	1354	1239	101	40	61	13	4	9
珲春市	529	285	244	21	10	11	5	2	3
龙井市	313	155	158	20	10	10	4	2	2
和龙市	307	168	139	15	5	10	1		1
汪清县	402	204	198	19	6	13	3	1	2
安图县	802	455	347	30	13	17	7	4	3
长白山管委会	**5**	**1**	**4**						
梅河口市	**2961**	**1684**	**1277**	**113**	**45**	**68**	**11**	**4**	**7**

4-5　全省分年龄、性别的15岁及以上文盲人口

单位：人、%

年　龄	15岁及以上人口			文盲人口			文盲人口占15岁及以上人口比重		
	合计	男	女	合计	男	女	合计	男	女
总　计	**21254730**	**10556023**	**10698707**	**320865**	**95838**	**225027**	**1.51**	**0.91**	**2.10**
15-19岁	**1056911**	**546207**	**510704**	**2948**	**1771**	**1177**	**0.28**	**0.32**	**0.23**
15	227487	118527	108960	725	442	283	0.32	0.37	0.26
16	220445	115747	104698	647	385	262	0.29	0.33	0.25
17	179181	92699	86482	499	294	205	0.28	0.32	0.24
18	210661	108542	102119	553	337	216	0.26	0.31	0.21
19	219137	110692	108445	524	313	211	0.24	0.28	0.19
20-24岁	**1017679**	**512979**	**504700**	**2671**	**1628**	**1043**	**0.26**	**0.32**	**0.21**
20	224174	112868	111306	554	315	239	0.25	0.28	0.21
21	196492	99179	97313	491	301	190	0.25	0.30	0.20
22	198433	100178	98255	511	318	193	0.26	0.32	0.20
23	193952	97923	96029	506	322	184	0.26	0.33	0.19
24	204628	102831	101797	609	372	237	0.30	0.36	0.23
25-29岁	**1259773**	**640509**	**619264**	**3160**	**1874**	**1286**	**0.25**	**0.29**	**0.21**
25	219431	111247	108184	592	343	249	0.27	0.31	0.23
26	221825	112039	109786	547	331	216	0.25	0.30	0.20
27	254046	129843	124203	638	387	251	0.25	0.30	0.20
28	268870	136731	132139	648	384	264	0.24	0.28	0.20
29	295601	150649	144952	735	429	306	0.25	0.28	0.21
30-34岁	**1984461**	**1007169**	**977292**	**4858**	**2797**	**2061**	**0.24**	**0.28**	**0.21**
30	390289	198379	191910	924	551	373	0.24	0.28	0.19
31	401342	203213	198129	1005	571	434	0.25	0.28	0.22
32	390584	198417	192167	938	520	418	0.24	0.26	0.22
33	425997	216418	209579	1058	615	443	0.25	0.28	0.21
34	376249	190742	185507	933	540	393	0.25	0.28	0.21
35-39岁	**1637765**	**834784**	**802981**	**4331**	**2380**	**1951**	**0.26**	**0.29**	**0.24**
35	328749	167620	161129	869	490	379	0.26	0.29	0.24
36	314416	160389	154027	777	424	353	0.25	0.26	0.23
37	312155	159300	152855	866	469	397	0.28	0.29	0.26
38	370244	188967	181277	971	552	419	0.26	0.29	0.23
39	312201	158508	153693	848	445	403	0.27	0.28	0.26
40-44岁	**1812578**	**920927**	**891651**	**5859**	**3013**	**2846**	**0.32**	**0.33**	**0.32**
40	340379	172591	167788	958	515	443	0.28	0.30	0.26
41	413283	209642	203641	1218	644	574	0.29	0.31	0.28
42	372570	190047	182523	1216	616	600	0.33	0.32	0.33
43	331180	168534	162646	1122	560	562	0.34	0.33	0.35
44	355166	180113	175053	1345	678	667	0.38	0.38	0.38

4-5 续表

单位：人、%

年 龄	15岁及以上人口			文盲人口			文盲人口占15岁及以上人口比重		
	合计	男	女	合计	男	女	合计	男	女
45-49岁	**2198875**	**1105529**	**1093346**	**10513**	**4880**	**5633**	**0.48**	**0.44**	**0.52**
45	348598	175314	173284	1420	658	762	0.41	0.38	0.44
46	380479	190523	189956	1787	832	955	0.47	0.44	0.50
47	454813	228406	226407	2085	998	1087	0.46	0.44	0.48
48	496153	250951	245202	2496	1202	1294	0.50	0.48	0.53
49	518832	260335	258497	2725	1190	1535	0.53	0.46	0.59
50-54岁	**2490028**	**1250768**	**1239260**	**17337**	**7453**	**9884**	**0.70**	**0.60**	**0.80**
50	549063	276057	273006	3153	1423	1730	0.57	0.52	0.63
51	502893	253130	249763	3117	1385	1732	0.62	0.55	0.69
52	530674	266767	263907	3644	1575	2069	0.69	0.59	0.78
53	437019	219263	217756	3439	1420	2019	0.79	0.65	0.93
54	470379	235551	234828	3984	1650	2334	0.85	0.70	0.99
55-59岁	**2245495**	**1115110**	**1130385**	**20348**	**7222**	**13126**	**0.91**	**0.65**	**1.16**
55	488421	244089	244332	3964	1584	2380	0.81	0.65	0.97
56	486084	243132	242952	3975	1484	2491	0.82	0.61	1.03
57	554757	276701	278056	4664	1722	2942	0.84	0.62	1.06
58	418115	206329	211786	4183	1383	2800	1.00	0.67	1.32
59	298118	144859	153259	3562	1049	2513	1.19	0.72	1.64
60-64岁	**1793941**	**878744**	**915197**	**33555**	**9658**	**23897**	**1.87**	**1.10**	**2.61**
60	400712	198348	202364	5379	1649	3730	1.34	0.83	1.84
61	312510	154175	158335	4988	1467	3521	1.60	0.95	2.22
62	362657	178938	183719	7039	2025	5014	1.94	1.13	2.73
63	372890	181231	191659	8077	2314	5763	2.17	1.28	3.01
64	345172	166052	179120	8072	2203	5869	2.34	1.33	3.28
65-69岁	**1624571**	**777856**	**846715**	**49819**	**12777**	**37042**	**3.07**	**1.64**	**4.37**
65	370224	180437	189787	9232	2512	6720	2.49	1.39	3.54
66	359936	173445	186491	9768	2549	7219	2.71	1.47	3.87
67	314248	149401	164847	9928	2557	7371	3.16	1.71	4.47
68	306153	145594	160559	10626	2632	7994	3.47	1.81	4.98
69	274010	128979	145031	10265	2527	7738	3.75	1.96	5.34
70-74岁	**983490**	**457389**	**526101**	**45004**	**11241**	**33763**	**4.58**	**2.46**	**6.42**
70	261124	123244	137880	9908	2513	7395	3.79	2.04	5.36
71	238449	112901	125548	10227	2618	7609	4.29	2.32	6.06
72	178932	82890	96042	8629	2220	6409	4.82	2.68	6.67
73	164712	75293	89419	8412	2061	6351	5.11	2.74	7.10
74	140273	63061	77212	7828	1829	5999	5.58	2.90	7.77
75-79岁	**544694**	**243880**	**300814**	**36826**	**8321**	**28505**	**6.76**	**3.41**	**9.48**
75	120997	53733	67264	7397	1621	5776	6.11	3.02	8.59
76	119553	53842	65711	7815	1798	6017	6.54	3.34	9.16
77	105931	47662	58269	6961	1572	5389	6.57	3.30	9.25
78	99339	44443	54896	7002	1592	5410	7.05	3.58	9.85
79	98874	44200	54674	7651	1738	5913	7.74	3.93	10.82
80-84岁	**354808**	**157719**	**197089**	**38828**	**9532**	**29296**	**10.94**	**6.04**	**14.86**
80	88090	39304	48786	7881	1897	5984	8.95	4.83	12.27
81	76504	34037	42467	8053	1979	6074	10.53	5.81	14.30
82	75504	33673	41831	8409	2120	6289	11.14	6.30	15.03
83	59807	26786	33021	7259	1800	5459	12.14	6.72	16.53
84	54903	23919	30984	7226	1736	5490	13.16	7.26	17.72
85岁及以上	**249661**	**106453**	**143208**	**44808**	**11291**	**33517**	**17.95**	**10.61**	**23.40**

4-5a 全省分年龄、性别的15岁及以上文盲人口(城市)

单位：人、%

年 龄	15岁及以上人口			文盲人口			文盲人口占15岁及以上人口比重		
	合计	男	女	合计	男	女	合计	男	女
总 计	**9076229**	**4398011**	**4678218**	**59750**	**15885**	**43865**	**0.66**	**0.36**	**0.94**
15-19岁	**467766**	**240128**	**227638**	**763**	**451**	**312**	**0.16**	**0.19**	**0.14**
15	99712	50633	49079	195	114	81	0.20	0.23	0.17
16	105860	54320	51540	180	103	77	0.17	0.19	0.15
17	84664	42828	41836	108	61	47	0.13	0.14	0.11
18	86574	45307	41267	142	85	57	0.16	0.19	0.14
19	90956	47040	43916	138	88	50	0.15	0.19	0.11
20-24岁	**472232**	**236724**	**235508**	**693**	**416**	**277**	**0.15**	**0.18**	**0.12**
20	96172	49351	46821	148	89	59	0.15	0.18	0.13
21	87751	45298	42453	144	89	55	0.16	0.20	0.13
22	93454	46864	46590	122	78	44	0.13	0.17	0.09
23	94230	46244	47986	125	76	49	0.13	0.16	0.10
24	100625	48967	51658	154	84	70	0.15	0.17	0.14
25-29岁	**622041**	**305894**	**316147**	**732**	**439**	**293**	**0.12**	**0.14**	**0.09**
25	108943	53315	55628	144	77	67	0.13	0.14	0.12
26	112663	55085	57578	123	74	49	0.11	0.13	0.09
27	125920	62227	63693	148	102	46	0.12	0.16	0.07
28	132469	65390	67079	162	93	69	0.12	0.14	0.10
29	142046	69877	72169	155	93	62	0.11	0.13	0.09
30-34岁	**955555**	**471708**	**483847**	**893**	**517**	**376**	**0.09**	**0.11**	**0.08**
30	185175	91099	94076	154	99	55	0.08	0.11	0.06
31	191930	94539	97391	198	106	92	0.10	0.11	0.09
32	189946	94025	95921	153	86	67	0.08	0.09	0.07
33	206082	102209	103873	209	125	84	0.10	0.12	0.08
34	182422	89836	92586	179	101	78	0.10	0.11	0.08
35-39岁	**802732**	**399019**	**403713**	**859**	**506**	**353**	**0.11**	**0.13**	**0.09**
35	159115	79294	79821	157	88	69	0.10	0.11	0.09
36	152235	75897	76338	162	97	65	0.11	0.13	0.09
37	155538	77461	78077	179	108	71	0.12	0.14	0.09
38	184204	91364	92840	204	131	73	0.11	0.14	0.08
39	151640	75003	76637	157	82	75	0.10	0.11	0.10
40-44岁	**834250**	**413470**	**420780**	**1051**	**570**	**481**	**0.13**	**0.14**	**0.11**
40	161586	79998	81588	176	91	85	0.11	0.11	0.10
41	191807	94809	96998	219	115	104	0.11	0.12	0.11
42	173887	86580	87307	226	117	109	0.13	0.14	0.12
43	150121	74248	75873	194	104	90	0.13	0.14	0.12
44	156849	77835	79014	236	143	93	0.15	0.18	0.12

4-5a 续表

单位：人、%

年龄	15岁及以上人口			文盲人口			文盲人口占15岁及以上人口比重		
	合计	男	女	合计	男	女	合计	男	女
45-49岁	**909403**	**446499**	**462904**	**1653**	**840**	**813**	**0.18**	**0.19**	**0.18**
45	151549	74512	77037	215	116	99	0.14	0.16	0.13
46	157733	77312	80421	307	151	156	0.19	0.20	0.19
47	188703	92470	96233	340	173	167	0.18	0.19	0.17
48	202478	100125	102353	381	204	177	0.19	0.20	0.17
49	208940	102080	106860	410	196	214	0.20	0.19	0.20
50-54岁	**944290**	**461826**	**482464**	**2598**	**1227**	**1371**	**0.28**	**0.27**	**0.28**
50	215802	105466	110336	478	224	254	0.22	0.21	0.23
51	197602	97066	100536	508	245	263	0.26	0.25	0.26
52	203093	99426	103667	565	275	290	0.28	0.28	0.28
53	155131	75816	79315	498	215	283	0.32	0.28	0.36
54	172662	84052	88610	549	268	281	0.32	0.32	0.32
55-59岁	**881576**	**430316**	**451260**	**2912**	**1143**	**1769**	**0.33**	**0.27**	**0.39**
55	188270	91861	96409	589	251	338	0.31	0.27	0.35
56	193002	94964	98038	608	251	357	0.32	0.26	0.36
57	222017	108445	113572	667	272	395	0.30	0.25	0.35
58	161913	79059	82854	530	194	336	0.33	0.25	0.41
59	116374	55987	60387	518	175	343	0.45	0.31	0.57
60-64岁	**709824**	**338918**	**370906**	**4946**	**1338**	**3608**	**0.70**	**0.39**	**0.97**
60	156380	75764	80616	785	247	538	0.50	0.33	0.67
61	124847	60171	64676	748	200	548	0.60	0.33	0.85
62	145994	70321	75673	1055	263	792	0.72	0.37	1.05
63	146314	68956	77358	1165	311	854	0.80	0.45	1.10
64	136289	63706	72583	1193	317	876	0.88	0.50	1.21
65-69岁	**615459**	**284142**	**331317**	**6580**	**1493**	**5087**	**1.07**	**0.53**	**1.54**
65	142157	66904	75253	1180	295	885	0.83	0.44	1.18
66	139409	64811	74598	1298	313	985	0.93	0.48	1.32
67	118520	54258	64262	1311	276	1035	1.11	0.51	1.61
68	114402	52243	62159	1430	334	1096	1.25	0.64	1.76
69	100971	45926	55045	1361	275	1086	1.35	0.60	1.97
70-74岁	**366804**	**162949**	**203855**	**6050**	**1291**	**4759**	**1.65**	**0.79**	**2.33**
70	97655	44509	53146	1293	283	1010	1.32	0.64	1.90
71	87780	39754	48026	1337	295	1042	1.52	0.74	2.17
72	65211	28459	36752	1167	259	908	1.79	0.91	2.47
73	61456	26741	34715	1136	236	900	1.85	0.88	2.59
74	54702	23486	31216	1117	218	899	2.04	0.93	2.88
75-79岁	**227022**	**95023**	**131999**	**6675**	**1161**	**5514**	**2.94**	**1.22**	**4.18**
75	47824	20076	27748	1168	192	976	2.44	0.96	3.52
76	48242	20133	28109	1349	243	1106	2.80	1.21	3.93
77	44572	18737	25835	1263	221	1042	2.83	1.18	4.03
78	43404	18113	25291	1345	237	1108	3.10	1.31	4.38
79	42980	17964	25016	1550	268	1282	3.61	1.49	5.12
80-84岁	**157456**	**65440**	**92016**	**9703**	**1713**	**7990**	**6.16**	**2.62**	**8.68**
80	38462	15996	22466	1729	297	1432	4.50	1.86	6.37
81	33824	14024	19800	1969	358	1611	5.82	2.55	8.14
82	33470	13872	19598	2120	383	1737	6.33	2.76	8.86
83	26727	11253	15474	1888	327	1561	7.06	2.91	10.09
84	24973	10295	14678	1997	348	1649	8.00	3.38	11.23
85岁及以上	**109819**	**45955**	**63864**	**13642**	**2780**	**10862**	**12.42**	**6.05**	**17.01**

4-5b　全省分年龄、性别的15岁及以上文盲人口(镇)

单位：人、%

年　龄	15岁及以上人口			文盲人口			文盲人口占15岁及以上人口比重		
	合计	男	女	合计	男	女	合计	男	女
总　计	**4163559**	**2038278**	**2125281**	**44275**	**11681**	**32594**	**1.06**	**0.57**	**1.53**
15-19岁	**264335**	**132882**	**131453**	**432**	**249**	**183**	**0.16**	**0.19**	**0.14**
15	52438	27178	25260	118	70	48	0.23	0.26	0.19
16	54304	28162	26142	97	53	44	0.18	0.19	0.17
17	43853	22421	21432	80	46	34	0.18	0.21	0.16
18	54468	26935	27533	71	41	30	0.13	0.15	0.11
19	59272	28186	31086	66	39	27	0.11	0.14	0.09
20-24岁	**235377**	**114037**	**121340**	**430**	**250**	**180**	**0.18**	**0.22**	**0.15**
20	59369	28071	31298	97	51	46	0.16	0.18	0.15
21	47514	22754	24760	87	50	37	0.18	0.22	0.15
22	43743	21344	22399	89	47	42	0.20	0.22	0.19
23	41528	20550	20978	75	50	25	0.18	0.24	0.12
24	43223	21318	21905	82	52	30	0.19	0.24	0.14
25-29岁	**282949**	**140950**	**141999**	**444**	**238**	**206**	**0.16**	**0.17**	**0.15**
25	46986	23407	23579	94	56	38	0.20	0.24	0.16
26	48613	24014	24599	74	38	36	0.15	0.16	0.15
27	56417	28268	28149	83	46	37	0.15	0.16	0.13
28	61742	30691	31051	87	43	44	0.14	0.14	0.14
29	69191	34570	34621	106	55	51	0.15	0.16	0.15
30-34岁	**461226**	**229712**	**231514**	**613**	**329**	**284**	**0.13**	**0.14**	**0.12**
30	91921	45947	45974	120	67	53	0.13	0.15	0.12
31	94426	46775	47651	129	66	63	0.14	0.14	0.13
32	91496	45642	45854	123	66	57	0.13	0.14	0.12
33	98477	49001	49476	135	70	65	0.14	0.14	0.13
34	84906	42347	42559	106	60	46	0.12	0.14	0.11
35-39岁	**362475**	**182102**	**180373**	**554**	**297**	**257**	**0.15**	**0.16**	**0.14**
35	73137	36761	36376	108	60	48	0.15	0.16	0.13
36	70371	35144	35227	98	56	42	0.14	0.16	0.12
37	70118	35162	34956	127	68	59	0.18	0.19	0.17
38	82084	41536	40548	117	59	58	0.14	0.14	0.14
39	66765	33499	33266	104	54	50	0.16	0.16	0.15
40-44岁	**368999**	**186004**	**182995**	**657**	**345**	**312**	**0.18**	**0.19**	**0.17**
40	71318	35590	35728	111	59	52	0.16	0.17	0.15
41	85448	42947	42501	146	75	71	0.17	0.17	0.17
42	75747	38352	37395	129	71	58	0.17	0.19	0.16
43	66145	33558	32587	121	62	59	0.18	0.18	0.18
44	70341	35557	34784	150	78	72	0.21	0.22	0.21

4-5b 续表

单位：人、%

年 龄	15岁及以上人口			文盲人口			文盲人口占15岁及以上人口比重		
	合计	男	女	合计	男	女	合计	男	女
45-49岁	**409943**	**203708**	**206235**	**1074**	**490**	**584**	**0.26**	**0.24**	**0.28**
45	67974	33956	34018	140	60	80	0.21	0.18	0.24
46	73171	36311	36860	172	82	90	0.24	0.23	0.24
47	84089	41716	42373	236	102	134	0.28	0.24	0.32
48	90883	45343	45540	255	124	131	0.28	0.27	0.29
49	93826	46382	47444	271	122	149	0.29	0.26	0.31
50-54岁	**443750**	**220455**	**223295**	**1791**	**796**	**995**	**0.40**	**0.36**	**0.45**
50	99105	49003	50102	306	137	169	0.31	0.28	0.34
51	90080	44985	45095	320	146	174	0.36	0.32	0.39
52	95225	47361	47864	411	177	234	0.43	0.37	0.49
53	76675	38363	38312	338	154	184	0.44	0.40	0.48
54	82665	40743	41922	416	182	234	0.50	0.45	0.56
55-59岁	**394610**	**194476**	**200134**	**2198**	**782**	**1416**	**0.56**	**0.40**	**0.71**
55	87694	43485	44209	439	193	246	0.50	0.44	0.56
56	86595	42979	43616	443	160	283	0.51	0.37	0.65
57	96826	48017	48809	506	191	315	0.52	0.40	0.65
58	72957	35682	37275	459	145	314	0.63	0.41	0.84
59	50538	24313	26225	351	93	258	0.69	0.38	0.98
60-64岁	**303518**	**146202**	**157316**	**4071**	**1004**	**3067**	**1.34**	**0.69**	**1.95**
60	66863	32658	34205	602	158	444	0.90	0.48	1.30
61	53188	25965	27223	604	170	434	1.14	0.65	1.59
62	61327	29838	31489	855	215	640	1.39	0.72	2.03
63	63330	30009	33321	1038	255	783	1.64	0.85	2.35
64	58810	27732	31078	972	206	766	1.65	0.74	2.46
65-69岁	**268119**	**125805**	**142314**	**6162**	**1322**	**4840**	**2.30**	**1.05**	**3.40**
65	61174	29189	31985	1115	247	868	1.82	0.85	2.71
66	59246	28133	31113	1181	262	919	1.99	0.93	2.95
67	52111	24292	27819	1219	247	972	2.34	1.02	3.49
68	50578	23636	26942	1317	280	1037	2.60	1.18	3.85
69	45010	20555	24455	1330	286	1044	2.95	1.39	4.27
70-74岁	**162455**	**72662**	**89793**	**5854**	**1257**	**4597**	**3.60**	**1.73**	**5.12**
70	43050	19721	23329	1221	256	965	2.84	1.30	4.14
71	38961	17656	21305	1282	287	995	3.29	1.63	4.67
72	29149	13038	16111	1138	271	867	3.90	2.08	5.38
73	27185	11860	15325	1063	212	851	3.91	1.79	5.55
74	24110	10387	13723	1150	231	919	4.77	2.22	6.70
75-79岁	**97854**	**42196**	**55658**	**5835**	**1063**	**4772**	**5.96**	**2.52**	**8.57**
75	21284	9075	12209	1044	178	866	4.91	1.96	7.09
76	20980	8987	11993	1183	207	976	5.64	2.30	8.14
77	19246	8297	10949	1130	213	917	5.87	2.57	8.38
78	18192	7936	10256	1184	236	948	6.51	2.97	9.24
79	18152	7901	10251	1294	229	1065	7.13	2.90	10.39
80-84岁	**65027**	**28288**	**36739**	**6659**	**1452**	**5207**	**10.24**	**5.13**	**14.17**
80	16244	7075	9169	1305	265	1040	8.03	3.75	11.34
81	13928	6107	7821	1395	321	1074	10.02	5.26	13.73
82	13751	6003	7748	1453	313	1140	10.57	5.21	14.71
83	11107	4849	6258	1259	290	969	11.34	5.98	15.48
84	9997	4254	5743	1247	263	984	12.47	6.18	17.13
85岁及以上	**42922**	**18799**	**24123**	**7501**	**1807**	**5694**	**17.48**	**9.61**	**23.60**

4–5c　全省分年龄、性别的15岁及以上文盲人口(乡村)

单位：人、%

年　龄	15岁及以上人口			文盲人口			文盲人口占15岁及以上人口比重		
	合计	男	女	合计	男	女	合计	男	女
总　计	**8014942**	**4119734**	**3895208**	**216840**	**68272**	**148568**	**2.71**	**1.66**	**3.81**
15–19岁	**324810**	**173197**	**151613**	**1753**	**1071**	**682**	**0.54**	**0.62**	**0.45**
15	75337	40716	34621	412	258	154	0.55	0.63	0.44
16	60281	33265	27016	370	229	141	0.61	0.69	0.52
17	50664	27450	23214	311	187	124	0.61	0.68	0.53
18	69619	36300	33319	340	211	129	0.49	0.58	0.39
19	68909	35466	33443	320	186	134	0.46	0.52	0.40
20–24岁	**310070**	**162218**	**147852**	**1548**	**962**	**586**	**0.50**	**0.59**	**0.40**
20	68633	35446	33187	309	175	134	0.45	0.49	0.40
21	61227	31127	30100	260	162	98	0.42	0.52	0.33
22	61236	31970	29266	300	193	107	0.49	0.60	0.37
23	58194	31129	27065	306	196	110	0.53	0.63	0.41
24	60780	32546	28234	373	236	137	0.61	0.73	0.49
25–29岁	**354783**	**193665**	**161118**	**1984**	**1197**	**787**	**0.56**	**0.62**	**0.49**
25	63502	34525	28977	354	210	144	0.56	0.61	0.50
26	60549	32940	27609	350	219	131	0.58	0.66	0.47
27	71709	39348	32361	407	239	168	0.57	0.61	0.52
28	74659	40650	34009	399	248	151	0.53	0.61	0.44
29	84364	46202	38162	474	281	193	0.56	0.61	0.51
30–34岁	**567680**	**305749**	**261931**	**3352**	**1951**	**1401**	**0.59**	**0.64**	**0.53**
30	113193	61333	51860	650	385	265	0.57	0.63	0.51
31	114986	61899	53087	678	399	279	0.59	0.64	0.53
32	109142	58750	50392	662	368	294	0.61	0.63	0.58
33	121438	65208	56230	714	420	294	0.59	0.64	0.52
34	108921	58559	50362	648	379	269	0.59	0.65	0.53
35–39岁	**472558**	**253663**	**218895**	**2918**	**1577**	**1341**	**0.62**	**0.62**	**0.61**
35	96497	51565	44932	604	342	262	0.63	0.66	0.58
36	91810	49348	42462	517	271	246	0.56	0.55	0.58
37	86499	46677	39822	560	293	267	0.65	0.63	0.67
38	103956	56067	47889	650	362	288	0.63	0.65	0.60
39	93796	50006	43790	587	309	278	0.63	0.62	0.63
40–44岁	**609329**	**321453**	**287876**	**4151**	**2098**	**2053**	**0.68**	**0.65**	**0.71**
40	107475	57003	50472	671	365	306	0.62	0.64	0.61
41	136028	71886	64142	853	454	399	0.63	0.63	0.62
42	122936	65115	57821	861	428	433	0.70	0.66	0.75
43	114914	60728	54186	807	394	413	0.70	0.65	0.76
44	127976	66721	61255	959	457	502	0.75	0.68	0.82

4-5c 续表

单位：人、%

年龄	15岁及以上人口			文盲人口			文盲人口占15岁及以上人口比重		
	合计	男	女	合计	男	女	合计	男	女
45-49岁	**879529**	**455322**	**424207**	**7786**	**3550**	**4236**	**0.89**	**0.78**	**1.00**
45	129075	66846	62229	1065	482	583	0.83	0.72	0.94
46	149575	76900	72675	1308	599	709	0.87	0.78	0.98
47	182021	94220	87801	1509	723	786	0.83	0.77	0.90
48	202792	105483	97309	1860	874	986	0.92	0.83	1.01
49	216066	111873	104193	2044	872	1172	0.95	0.78	1.12
50-54岁	**1101988**	**568487**	**533501**	**12948**	**5430**	**7518**	**1.17**	**0.96**	**1.41**
50	234156	121588	112568	2369	1062	1307	1.01	0.87	1.16
51	215211	111079	104132	2289	994	1295	1.06	0.89	1.24
52	232356	119980	112376	2668	1123	1545	1.15	0.94	1.37
53	205213	105084	100129	2603	1051	1552	1.27	1.00	1.55
54	215052	110756	104296	3019	1200	1819	1.40	1.08	1.74
55-59岁	**969309**	**490318**	**478991**	**15238**	**5297**	**9941**	**1.57**	**1.08**	**2.08**
55	212457	108743	103714	2936	1140	1796	1.38	1.05	1.73
56	206487	105189	101298	2924	1073	1851	1.42	1.02	1.83
57	235914	120239	115675	3491	1259	2232	1.48	1.05	1.93
58	183245	91588	91657	3194	1044	2150	1.74	1.14	2.35
59	131206	64559	66647	2693	781	1912	2.05	1.21	2.87
60-64岁	**780599**	**393624**	**386975**	**24538**	**7316**	**17222**	**3.14**	**1.86**	**4.45**
60	177469	89926	87543	3992	1244	2748	2.25	1.38	3.14
61	134475	68039	66436	3636	1097	2539	2.70	1.61	3.82
62	155336	78779	76557	5129	1547	3582	3.30	1.96	4.68
63	163246	82266	80980	5874	1748	4126	3.60	2.12	5.10
64	150073	74614	75459	5907	1680	4227	3.94	2.25	5.60
65-69岁	**740993**	**367909**	**373084**	**37077**	**9962**	**27115**	**5.00**	**2.71**	**7.27**
65	166893	84344	82549	6937	1970	4967	4.16	2.34	6.02
66	161281	80501	80780	7289	1974	5315	4.52	2.45	6.58
67	143617	70851	72766	7398	2034	5364	5.15	2.87	7.37
68	141173	69715	71458	7879	2018	5861	5.58	2.89	8.20
69	128029	62498	65531	7574	1966	5608	5.92	3.15	8.56
70-74岁	**454231**	**221778**	**232453**	**33100**	**8693**	**24407**	**7.29**	**3.92**	**10.50**
70	120419	59014	61405	7394	1974	5420	6.14	3.34	8.83
71	111708	55491	56217	7608	2036	5572	6.81	3.67	9.91
72	84572	41393	43179	6324	1690	4634	7.48	4.08	10.73
73	76071	36692	39379	6213	1613	4600	8.17	4.40	11.68
74	61461	29188	32273	5561	1380	4181	9.05	4.73	12.96
75-79岁	**219818**	**106661**	**113157**	**24316**	**6097**	**18219**	**11.06**	**5.72**	**16.10**
75	51889	24582	27307	5185	1251	3934	9.99	5.09	14.41
76	50331	24722	25609	5283	1348	3935	10.50	5.45	15.37
77	42113	20628	21485	4568	1138	3430	10.85	5.52	15.96
78	37743	18394	19349	4473	1119	3354	11.85	6.08	17.33
79	37742	18335	19407	4807	1241	3566	12.74	6.77	18.37
80-84岁	**132325**	**63991**	**68334**	**22466**	**6367**	**16099**	**16.98**	**9.95**	**23.56**
80	33384	16233	17151	4847	1335	3512	14.52	8.22	20.48
81	28752	13906	14846	4689	1300	3389	16.31	9.35	22.83
82	28283	13798	14485	4836	1424	3412	17.10	10.32	23.56
83	21973	10684	11289	4112	1183	2929	18.71	11.07	25.95
84	19933	9370	10563	3982	1125	2857	19.98	12.01	27.05
85岁及以上	**96920**	**41699**	**55221**	**23665**	**6704**	**16961**	**24.42**	**16.08**	**30.71**

第一部分　全部数据资料

第五卷　家庭

5-1 全省不同规模的家庭户类别

单位：户

家庭户规模	家庭户户数	一代户	二代户	三代户	四代户	五代及以上户
总计	**9426822**	**5289361**	**3281969**	**832788**	**22690**	**14**
一人户	2313775	2313775				
二人户	3496744	2800302	696442			
三人户	2292234	94510	2107013	90711		
四人户	866072	66022	440030	358206	1814	
五人户	329271	11702	32730	277188	7650	1
六人户	103878	1306	4473	89979	8119	1
七人户	18584	596	880	13120	3985	3
八人户	4171	366	221	2691	888	5
九人户	1137	209	94	654	177	3
十人及以上户	956	573	86	239	57	1

5-1a 全省不同规模的家庭户类别(城市)

单位：户

家庭户规模	家庭户户数	一代户	二代户	三代户	四代户	五代及以上户
总计	**4088980**	**2280829**	**1511790**	**291785**	**4574**	**2**
一人户	1094495	1094495				
二人户	1487409	1152442	334967			
三人户	1056014	24729	991897	39388		
四人户	315411	5895	171714	137115	687	
五人户	106057	1858	11253	91159	1786	1
六人户	24893	623	1552	21219	1499	
七人户	3375	281	296	2296	502	
八人户	748	158	73	448	69	
九人户	269	103	19	121	26	
十人及以上户	309	245	19	39	5	1

5-1b 全省不同规模的家庭户类别(镇)

单位：户

家庭户规模	家庭户户数	一代户	二代户	三代户	四代户	五代及以上户
总 计	**1838621**	**1023358**	**677671**	**134952**	**2638**	**2**
一人户	467315	467315				
二人户	682806	543978	138828			
三人户	466106	8722	441889	15495		
四人户	153415	2003	90789	60338	285	
五人户	52092	683	5373	45054	982	
六人户	14129	270	641	12287	930	1
七人户	1976	137	105	1387	347	
八人户	502	99	29	296	77	1
九人户	126	37	9	67	13	
十人及以上户	154	114	8	28	4	

5-1c 全省不同规模的家庭户类别(乡村)

单位：户

家庭户规模	家庭户户数	一代户	二代户	三代户	四代户	五代及以上户
总 计	**3499221**	**1985174**	**1092508**	**406051**	**15478**	**10**
一人户	751965	751965				
二人户	1326529	1103882	222647			
三人户	770114	61059	673227	35828		
四人户	397246	58124	177527	160753	842	
五人户	171122	9161	16104	140975	4882	
六人户	64856	413	2280	56473	5690	
七人户	13233	178	479	9437	3136	3
八人户	2921	109	119	1947	742	4
九人户	742	69	66	466	138	3
十人及以上户	493	214	59	172	48	

5–2 各地区分年龄、性别的一人户

单位：户

地区	合计			14岁及以下		
	合计	男	女	小计	男	女
全 省	**2313775**	**1177989**	**1135786**	**53574**	**28782**	**24792**
长春市	**796831**	**410477**	**386354**	**19267**	**10218**	**9049**
南关区	70265	32789	37476	1137	586	551
宽城区	82897	44071	38826	1754	941	813
朝阳区	69047	32562	36485	1542	840	702
二道区	65250	33142	32108	1025	528	497
绿园区	63846	32585	31261	697	361	336
双阳区	22144	11758	10386	455	235	220
九台区	54006	28266	25740	1388	743	645
农安县	57331	31074	26257	1766	944	822
长春经济技术开发区	43268	22381	20887	671	347	324
长春净月高新技术产业开发区	26341	13287	13054	725	380	345
长春高新技术产业开发区	36907	20142	16765	1559	803	756
长春汽车经济技术开发区	31855	17840	14015	541	279	262
长春莲花山生态旅游度假区	3302	1708	1594	119	57	62
榆树市	61176	31891	29285	2309	1212	1097
德惠市	45267	24029	21238	1364	735	629
公主岭市	63929	32952	30977	2215	1227	988
吉林市	**408684**	**205016**	**203668**	**7592**	**4030**	**3562**
昌邑区	69819	33603	36216	1161	573	588
龙潭区	45987	22930	23057	593	332	261
船营区	51663	24772	26891	735	420	315
丰满区	26314	12729	13585	340	185	155
永吉县	26852	14188	12664	531	295	236
吉林经济开发区	5454	2908	2546	69	28	41
吉林高新技术产业开发区	14064	6527	7537	410	215	195
吉林中国新加坡食品区	3919	2004	1915	106	52	54
蛟河市	40069	20887	19182	617	328	289
桦甸市	44883	22756	22127	1350	696	654
舒兰市	44643	23654	20989	1024	569	455
磐石市	35017	18058	16959	656	337	319
四平市	**160553**	**81085**	**79468**	**4764**	**2636**	**2128**
铁西区	29090	13527	15563	473	270	203
铁东区	40627	20357	20270	910	485	425
梨树县	42009	22293	19716	1616	902	714
伊通满族自治县	24777	13191	11586	589	319	270
双辽市	24050	11717	12333	1176	660	516
辽源市	**96908**	**49356**	**47552**	**1784**	**927**	**857**
龙山区	34169	16114	18055	714	389	325
西安区	20509	10572	9937	170	88	82
东丰县	23470	12417	11053	446	205	241
东辽县	18760	10253	8507	454	245	209

5-2 续表 1

单位：户

地　　区	合　　计			14岁及以下		
	合计	男	女	小计	男	女
通化市	**123609**	**62260**	**61349**	**2548**	**1369**	**1179**
东昌区	32541	15448	17093	376	198	178
二道江区	12242	5962	6280	135	73	62
通化县	16914	8845	8069	320	177	143
辉南县	23398	11750	11648	623	333	290
柳河县	23902	12754	11148	857	464	393
集安市	14612	7501	7111	237	124	113
白山市	**95135**	**47339**	**47796**	**1227**	**656**	**571**
浑江区	27574	13036	14538	215	122	93
江源区	15599	7920	7679	172	80	92
抚松县	22029	11052	10977	416	230	186
靖宇县	9959	5281	4678	221	119	102
长白朝鲜族自治县	6742	3398	3344	79	42	37
临江市	13232	6652	6580	124	63	61
松原市	**154288**	**79058**	**75230**	**5606**	**3102**	**2504**
宁江区	39040	17964	21076	847	460	387
前郭尔罗斯蒙古族自治县	26810	14375	12435	1046	572	474
长岭县	34610	18676	15934	1811	1042	769
乾安县	14194	7453	6741	477	258	219
吉林松原经济开发区	6464	3247	3217	126	60	66
扶余市	33170	17343	15827	1299	710	589
白城市	**139147**	**70643**	**68504**	**4303**	**2371**	**1932**
洮北区	31985	15659	16326	756	399	357
镇赉县	18368	9510	8858	498	266	232
通榆县	25561	13157	12404	1110	626	484
吉林白城经济开发区	7963	3739	4224	124	70	54
洮南市	29178	15123	14055	1224	698	526
大安市	26092	13455	12637	591	312	279
延边朝鲜族自治州	**277855**	**141271**	**136584**	**4369**	**2332**	**2037**
延吉市	95501	46620	48881	1502	802	700
图们市	13580	6955	6625	144	81	63
敦化市	49812	25273	24539	1113	574	539
珲春市	27604	14771	12833	358	199	159
龙井市	23877	12393	11484	220	123	97
和龙市	20800	11025	9775	260	134	126
汪清县	27470	14183	13287	379	198	181
安图县	19211	10051	9160	393	221	172
长白山管委会	**6423**	**3403**	**3020**	**119**	**60**	**59**
长白山保护开发区池北区	4403	2343	2060	51	27	24
长白山保护开发区池西区	1746	908	838	54	25	29
长白山保护开发区池南区	274	152	122	14	8	6
梅河口市	**54342**	**28081**	**26261**	**1995**	**1081**	**914**

5-2　续表 2　　单位：户

地　区	15-19岁			20-24岁		
	小计	男	女	小计	男	女
全　省	**45508**	**24938**	**20570**	**106413**	**59320**	**47093**
长春市	**16043**	**9090**	**6953**	**52423**	**28938**	**23485**
南关区	1176	596	580	5746	2782	2964
宽城区	1287	700	587	5395	3125	2270
朝阳区	1755	877	878	6658	3271	3387
二道区	830	421	409	4531	2341	2190
绿园区	969	539	430	4819	2716	2103
双阳区	412	244	168	832	519	313
九台区	1206	680	526	1912	1135	777
农安县	1217	679	538	1647	968	679
长春经济技术开发区	1593	952	641	5567	2996	2571
长春净月高新技术产业开发区	529	296	233	2129	1101	1028
长春高新技术产业开发区	601	360	241	4181	2451	1730
长春汽车经济技术开发区	721	554	167	2503	1757	746
长春莲花山生态旅游度假区	85	47	38	115	68	47
榆树市	1515	856	659	2382	1409	973
德惠市	1093	638	455	1940	1120	820
公主岭市	1054	651	403	2066	1179	887
吉林市	**7316**	**3785**	**3531**	**15910**	**8815**	**7095**
昌邑区	972	496	476	3157	1626	1531
龙潭区	1090	384	706	1727	1041	686
船营区	824	418	406	2563	1403	1160
丰满区	325	170	155	1108	620	488
永吉县	420	241	179	733	431	302
吉林经济开发区	67	35	32	230	160	70
吉林高新技术产业开发区	242	149	93	692	369	323
吉林中国新加坡食品区	46	27	19	103	61	42
蛟河市	763	421	342	1287	695	592
桦甸市	880	496	384	1483	833	650
舒兰市	983	561	422	1593	887	706
磐石市	704	387	317	1234	689	545
四平市	**3311**	**1854**	**1457**	**6408**	**3713**	**2695**
铁西区	432	213	219	1432	767	665
铁东区	677	389	288	1685	985	700
梨树县	1029	604	425	1346	822	524
伊通满族自治县	601	329	272	978	562	416
双辽市	572	319	253	967	577	390
辽源市	**2335**	**1187**	**1148**	**2718**	**1552**	**1166**
龙山区	512	273	239	1152	659	493
西安区	142	81	61	343	199	144
东丰县	543	291	252	767	433	334
东辽县	1138	542	596	456	261	195

5-2 续表 3

单位：户

地区	15-19岁			20-24岁		
	小计	男	女	小计	男	女
通化市	**2033**	**1108**	**925**	**3907**	**2098**	**1809**
东昌区	264	138	126	1162	598	564
二道江区	165	89	76	272	147	125
通化县	365	196	169	574	277	297
辉南县	555	295	260	750	427	323
柳河县	439	250	189	716	413	303
集安市	245	140	105	433	236	197
白山市	**1234**	**614**	**620**	**2367**	**1322**	**1045**
浑江区	257	124	133	730	415	315
江源区	153	68	85	244	140	104
抚松县	480	242	238	611	326	285
靖宇县	127	62	65	292	186	106
长白朝鲜族自治县	80	47	33	172	89	83
临江市	137	71	66	318	166	152
松原市	**4778**	**2649**	**2129**	**5963**	**3443**	**2520**
宁江区	913	534	379	1534	827	707
前郭尔罗斯蒙古族自治县	884	482	402	999	576	423
长岭县	994	557	437	1264	743	521
乾安县	467	227	240	448	262	186
吉林松原经济开发区	88	51	37	340	195	145
扶余市	1432	798	634	1378	840	538
白城市	**3223**	**1865**	**1358**	**5526**	**3317**	**2209**
洮北区	670	373	297	1376	809	567
镇赉县	466	278	188	831	534	297
通榆县	675	374	301	982	591	391
吉林白城经济开发区	128	76	52	455	267	188
洮南市	717	435	282	1058	614	444
大安市	567	329	238	824	502	322
延边朝鲜族自治州	**4137**	**2171**	**1966**	**8999**	**4874**	**4125**
延吉市	1524	806	718	4174	2230	1944
图们市	85	45	40	271	157	114
敦化市	926	495	431	1726	926	800
珲春市	358	203	155	909	492	417
龙井市	168	95	73	392	211	181
和龙市	202	112	90	367	201	166
汪清县	330	159	171	614	353	261
安图县	544	256	288	546	304	242
长白山管委会	**83**	**44**	**39**	**191**	**119**	**72**
长白山保护开发区池北区	39	19	20	137	88	49
长白山保护开发区池西区	39	23	16	49	30	19
长白山保护开发区池南区	5	2	3	5	1	4
梅河口市	**1015**	**571**	**444**	**2001**	**1129**	**872**

5-2　续表 4　　单位：户

地　区	25-29岁			30-34岁			35-39岁		
	小计	男	女	小计	男	女	小计	男	女
全　省	**169581**	**101344**	**68237**	**185977**	**112106**	**73871**	**132413**	**77231**	**55182**
长春市	**83411**	**49534**	**33877**	**85738**	**51004**	**34734**	**54800**	**30942**	**23858**
南关区	9811	5013	4798	9206	5058	4148	5243	2822	2421
宽城区	10021	6262	3759	11005	6707	4298	7035	4059	2976
朝阳区	7828	4035	3793	7192	3787	3405	5038	2750	2288
二道区	7723	4401	3322	8663	5078	3585	5943	3324	2619
绿园区	7762	4719	3043	7815	4761	3054	4864	2899	1965
双阳区	1033	648	385	1241	740	501	958	538	420
九台区	2785	1639	1146	3326	1938	1388	2343	1310	1033
农安县	2766	1647	1119	3694	2211	1483	2873	1732	1141
长春经济技术开发区	8158	4798	3360	6805	3994	2811	3467	1962	1505
长春净月高新技术产业开发区	3442	2014	1428	3628	2165	1463	2152	1148	1004
长春高新技术产业开发区	7129	4530	2599	6719	4364	2355	3312	1886	1426
长春汽车经济技术开发区	5324	3979	1345	4365	3039	1326	2282	1381	901
长春莲花山生态旅游度假区	132	71	61	159	102	57	106	66	40
榆树市	3121	1831	1290	3850	2167	1683	2912	1574	1338
德惠市	2949	1785	1164	3492	2047	1445	2589	1469	1120
公主岭市	3427	2162	1265	4578	2846	1732	3683	2022	1661
吉林市	**24391**	**14529**	**9862**	**27045**	**16435**	**10610**	**20767**	**12201**	**8566**
昌邑区	5517	3185	2332	5736	3435	2301	4149	2395	1754
龙潭区	2097	1312	785	2466	1627	839	2032	1258	774
船营区	3837	2223	1614	3903	2287	1616	2746	1575	1171
丰满区	2221	1348	873	2152	1268	884	1301	758	543
永吉县	1117	693	424	1506	950	556	1175	701	474
吉林经济开发区	325	235	90	383	280	103	241	156	85
吉林高新技术产业开发区	1291	783	508	1422	834	588	883	449	434
吉林中国新加坡食品区	155	97	58	247	136	111	204	109	95
蛟河市	1819	1090	729	2147	1400	747	1961	1244	717
桦甸市	2366	1407	959	2903	1731	1172	2417	1438	979
舒兰市	1970	1172	798	2233	1324	909	1801	1033	768
磐石市	1676	984	692	1947	1163	784	1857	1085	772
四平市	**8547**	**5168**	**3379**	**10181**	**5960**	**4221**	**7669**	**4397**	**3272**
铁西区	2097	1248	849	2638	1562	1076	1711	968	743
铁东区	2490	1602	888	2786	1671	1115	2142	1254	888
梨树县	1577	933	644	2347	1349	998	1795	1041	754
伊通满族自治县	1162	673	489	1219	702	517	1003	557	446
双辽市	1221	712	509	1191	676	515	1018	577	441
辽源市	**5112**	**3146**	**1966**	**5607**	**3468**	**2139**	**4142**	**2491**	**1651**
龙山区	2330	1393	937	2592	1573	1019	1808	1024	784
西安区	909	600	309	1194	798	396	900	585	315
东丰县	1161	722	439	1138	691	447	900	556	344
东辽县	712	431	281	683	406	277	534	326	208

5-2 续表 5

单位：户

地区	25-29岁			30-34岁			35-39岁		
	小计	男	女	小计	男	女	小计	男	女
通化市	**6658**	**3955**	**2703**	**7191**	**4425**	**2766**	**5526**	**3296**	**2230**
东昌区	2475	1436	1039	2650	1643	1007	1762	1081	681
二道江区	395	251	144	467	307	160	387	259	128
通化县	855	510	345	913	567	346	685	416	269
辉南县	1038	629	409	1061	620	441	1021	554	467
柳河县	1230	735	495	1426	859	567	1118	634	484
集安市	665	394	271	674	429	245	553	352	201
白山市	**4247**	**2651**	**1596**	**5258**	**3475**	**1783**	**3720**	**2393**	**1327**
浑江区	1460	914	546	1875	1227	648	1207	755	452
江源区	443	279	164	549	379	170	419	296	123
抚松县	1064	671	393	1234	799	435	891	579	312
靖宇县	491	306	185	728	502	226	545	337	208
长白朝鲜族自治县	255	166	89	283	186	97	249	175	74
临江市	534	315	219	589	382	207	409	251	158
松原市	**9290**	**5575**	**3715**	**11659**	**7018**	**4641**	**8942**	**5196**	**3746**
宁江区	2713	1596	1117	3130	1816	1314	2397	1290	1107
前郭尔罗斯蒙古族自治县	1387	864	523	1954	1255	699	1549	1001	548
长岭县	1950	1191	759	2606	1607	999	1992	1187	805
乾安县	550	329	221	859	565	294	780	496	284
吉林松原经济开发区	770	469	301	979	571	408	513	253	260
扶余市	1920	1126	794	2131	1204	927	1711	969	742
白城市	**6990**	**4367**	**2623**	**7935**	**4982**	**2953**	**6782**	**4249**	**2533**
洮北区	1808	1132	676	1972	1246	726	1635	976	659
镇赉县	881	556	325	907	596	311	840	541	299
通榆县	1220	763	457	1422	884	538	1229	777	452
吉林白城经济开发区	768	464	304	722	433	289	455	256	199
洮南市	1261	790	471	1657	1066	591	1448	953	495
大安市	1052	662	390	1255	757	498	1175	746	429
延边朝鲜族自治州	**16947**	**10038**	**6909**	**20553**	**12521**	**8032**	**16251**	**9880**	**6371**
延吉市	7658	4405	3253	9334	5582	3752	6532	3856	2676
图们市	556	328	228	741	453	288	686	443	243
敦化市	3038	1913	1125	2910	1823	1087	2428	1479	949
珲春市	1858	1127	731	2457	1527	930	1705	1057	648
龙井市	885	517	368	1394	824	570	1412	846	566
和龙市	783	450	333	1101	674	427	1026	639	387
汪清县	1161	715	446	1474	902	572	1410	882	528
安图县	1008	583	425	1142	736	406	1052	678	374
长白山管委会	**513**	**316**	**197**	**524**	**336**	**188**	**384**	**259**	**125**
长白山保护开发区池北区	417	256	161	367	239	128	276	189	87
长白山保护开发区池西区	82	50	32	125	73	52	85	53	32
长白山保护开发区池南区	14	10	4	32	24	8	23	17	6
梅河口市	**3475**	**2065**	**1410**	**4286**	**2482**	**1804**	**3430**	**1927**	**1503**

5-2　续表 6　　　　单位：户

地　区	40-44岁			45-49岁			50-54岁		
	小计	男	女	小计	男	女	小计	男	女
全　省	**155451**	**85245**	**70206**	**207610**	**110184**	**97426**	**258019**	**138713**	**119306**
长春市	**54179**	**28648**	**25531**	**66243**	**33999**	**32244**	**73860**	**38453**	**35407**
南关区	4365	2210	2155	5228	2425	2803	5371	2505	2866
宽城区	6217	3311	2906	6796	3531	3265	7193	3646	3547
朝阳区	4590	2337	2253	5327	2549	2778	5290	2500	2790
二道区	5201	2730	2471	5430	2714	2716	5825	2949	2876
绿园区	4394	2405	1989	5327	2731	2596	5595	2742	2853
双阳区	1428	778	650	2021	1074	947	2607	1469	1138
九台区	3727	1999	1728	5460	3065	2395	6468	3690	2778
农安县	3953	2201	1752	5294	2958	2336	6283	3600	2683
长春经济技术开发区	2652	1386	1266	2690	1264	1426	2577	1194	1383
长春净月高新技术产业开发区	1789	914	875	1938	918	1020	2125	1040	1085
长春高新技术产业开发区	2312	1185	1127	2150	1033	1117	2068	988	1080
长春汽车经济技术开发区	1873	1003	870	2118	1063	1055	2267	1085	1182
长春莲花山生态旅游度假区	213	109	104	301	167	134	404	219	185
榆树市	4440	2309	2131	6518	3455	3063	7343	4016	3327
德惠市	3290	1756	1534	4476	2346	2130	4916	2699	2217
公主岭市	3735	2015	1720	5169	2706	2463	7528	4111	3417
吉林市	**27357**	**14770**	**12587**	**37325**	**19488**	**17837**	**49389**	**26196**	**23193**
昌邑区	4565	2339	2226	5810	2848	2962	7628	3716	3912
龙潭区	2701	1507	1194	3959	2142	1817	5700	3026	2674
船营区	3250	1659	1591	4526	2190	2336	5585	2670	2915
丰满区	1559	801	758	2195	1054	1141	2997	1457	1540
永吉县	1957	1081	876	2727	1486	1241	3564	1985	1579
吉林经济开发区	360	220	140	448	248	200	652	368	284
吉林高新技术产业开发区	944	427	517	1334	585	749	1397	591	806
吉林中国新加坡食品区	341	173	168	370	195	175	517	267	250
蛟河市	2697	1593	1104	3799	2133	1666	5161	2987	2174
桦甸市	3260	1776	1484	4553	2392	2161	5745	3142	2603
舒兰市	3245	1833	1412	4357	2411	1946	6035	3507	2528
磐石市	2478	1361	1117	3247	1804	1443	4408	2480	1928
四平市	**9917**	**5349**	**4568**	**14338**	**7492**	**6846**	**19069**	**10118**	**8951**
铁西区	1920	962	958	2680	1232	1448	3143	1397	1746
铁东区	2534	1339	1195	3669	1863	1806	4701	2413	2288
梨树县	2381	1367	1014	3814	2166	1648	5377	3051	2326
伊通满族自治县	1608	892	716	2040	1135	905	3006	1746	1260
双辽市	1474	789	685	2135	1096	1039	2842	1511	1331
辽源市	**6375**	**3482**	**2893**	**8681**	**4722**	**3959**	**12916**	**7229**	**5687**
龙山区	2342	1149	1193	3138	1487	1651	4333	2126	2207
西安区	1180	695	485	1609	888	721	3043	1702	1341
东丰县	1654	939	715	2298	1322	976	3126	1870	1256
东辽县	1199	699	500	1636	1025	611	2414	1531	883

5-2 续表 7　　　　单位：户

地　区	40-44岁			45-49岁			50-54岁		
	小计	男	女	小计	男	女	小计	男	女
通化市	**8558**	**4817**	**3741**	**12117**	**6608**	**5509**	**15427**	**8468**	**6959**
东昌区	2126	1198	928	2961	1484	1477	3707	1850	1857
二道江区	767	460	307	1290	719	571	1780	945	835
通化县	1316	751	565	1664	961	703	2204	1287	917
辉南县	1691	903	788	2294	1223	1071	2929	1618	1311
柳河县	1616	925	691	2374	1377	997	2909	1700	1209
集安市	1042	580	462	1534	844	690	1898	1068	830
白山市	**5548**	**3264**	**2284**	**9619**	**5340**	**4279**	**13148**	**7369**	**5779**
浑江区	1699	944	755	2903	1467	1436	3701	1860	1841
江源区	669	391	278	1522	886	636	2390	1437	953
抚松县	1232	756	476	2202	1248	954	3103	1781	1322
靖宇县	728	414	314	975	539	436	1267	717	550
长白朝鲜族自治县	487	312	175	740	438	302	849	496	353
临江市	733	447	286	1277	762	515	1838	1078	760
松原市	**11542**	**6155**	**5387**	**14889**	**7715**	**7174**	**16981**	**8980**	**8001**
宁江区	3082	1447	1635	4043	1801	2242	4229	1940	2289
前郭尔罗斯蒙古族自治县	2081	1235	846	2506	1356	1150	2906	1627	1279
长岭县	2452	1371	1081	3382	1937	1445	3856	2156	1700
乾安县	1020	613	407	1348	726	622	1608	906	702
吉林松原经济开发区	581	239	342	718	331	387	682	311	371
扶余市	2326	1250	1076	2892	1564	1328	3700	2040	1660
白城市	**9484**	**5581**	**3903**	**12812**	**7039**	**5773**	**15667**	**8519**	**7148**
洮北区	1900	1071	829	2927	1546	1381	3698	1940	1758
镇赉县	1179	683	496	1796	1016	780	2067	1148	919
通榆县	1892	1176	716	2266	1329	937	2622	1480	1142
吉林白城经济开发区	506	248	258	730	296	434	880	406	474
洮南市	2057	1243	814	2534	1439	1095	3331	1838	1493
大安市	1950	1160	790	2559	1413	1146	3069	1707	1362
延边朝鲜族自治州	**17718**	**10562**	**7156**	**25999**	**14767**	**11232**	**34481**	**19470**	**15011**
延吉市	6140	3456	2684	8251	4226	4025	10494	5240	5254
图们市	723	446	277	1257	731	526	1687	998	689
敦化市	2878	1756	1122	4649	2610	2039	6478	3703	2775
珲春市	1856	1143	713	2936	1726	1210	3586	2133	1453
龙井市	1672	1021	651	2329	1438	891	3159	1957	1202
和龙市	1372	806	566	2053	1296	757	3080	1906	1174
汪清县	1859	1159	700	2837	1724	1113	3729	2223	1506
安图县	1218	775	443	1687	1016	671	2268	1310	958
长白山管委会	**391**	**252**	**139**	**631**	**368**	**263**	**870**	**526**	**344**
长白山保护开发区池北区	271	174	97	454	260	194	611	361	250
长白山保护开发区池西区	102	65	37	158	94	64	221	143	78
长白山保护开发区池南区	18	13	5	19	14	5	38	22	16
梅河口市	**4382**	**2365**	**2017**	**4956**	**2646**	**2310**	**6211**	**3385**	**2826**

5-2 续表 8

单位：户

地 区	55-59岁			60-64岁			65岁及以上		
	小计	男	女	小计	男	女	小计	男	女
全 省	**251750**	**132598**	**119152**	**200758**	**98317**	**102441**	**546721**	**209211**	**337510**
长春市	**72270**	**37014**	**35256**	**59514**	**28517**	**30997**	**159083**	**64120**	**94963**
南关区	6044	2771	3273	5231	2216	3015	11707	3805	7902
宽城区	7324	3719	3605	6084	2903	3181	12786	5167	7619
朝阳区	5713	2753	2960	5019	2286	2733	13095	4577	8518
二道区	5828	2852	2976	4558	2158	2400	9693	3646	6047
绿园区	5807	2847	2960	4835	2063	2772	10962	3802	7160
双阳区	2351	1326	1025	2038	1124	914	6768	3063	3705
九台区	6113	3417	2696	4952	2564	2388	14326	6086	8240
农安县	6202	3544	2658	5147	2806	2341	16489	7784	8705
长春经济技术开发区	2576	1118	1458	1941	790	1151	4571	1580	2991
长春净月高新技术产业开发区	2010	935	1075	1613	753	860	4261	1623	2638
长春高新技术产业开发区	1951	818	1133	1478	558	920	3447	1166	2281
长春汽车经济技术开发区	2250	1074	1176	1909	761	1148	5702	1865	3837
长春莲花山生态旅游度假区	343	187	156	306	175	131	1019	440	579
榆树市	6291	3457	2834	5252	2675	2577	15243	6930	8313
德惠市	4480	2467	2013	3606	1930	1676	11072	5037	6035
公主岭市	6987	3729	3258	5545	2755	2790	17942	7549	10393
吉林市	**49963**	**26262**	**23701**	**39134**	**19520**	**19614**	**102495**	**38985**	**63510**
昌邑区	8467	4078	4389	6880	3162	3718	15777	5750	10027
龙潭区	6353	3285	3068	5114	2499	2615	12155	4517	7638
船营区	6262	3021	3241	5267	2483	2784	12165	4423	7742
丰满区	3058	1500	1558	2506	1157	1349	6552	2411	4141
永吉县	3332	1841	1491	2531	1423	1108	7259	3061	4198
吉林经济开发区	737	419	318	527	264	263	1415	495	920
吉林高新技术产业开发区	1524	651	873	1062	447	615	2863	1027	1836
吉林中国新加坡食品区	459	255	204	346	192	154	1025	440	585
蛟河市	4877	2804	2073	3807	2057	1750	11134	4135	6999
桦甸市	5125	2797	2328	3704	1838	1866	11097	4210	6887
舒兰市	5643	3295	2348	4145	2299	1846	11614	4763	6851
磐石市	4126	2316	1810	3245	1699	1546	9439	3753	5686
四平市	**18048**	**9515**	**8533**	**14483**	**7030**	**7453**	**43818**	**17853**	**25965**
铁西区	3123	1422	1701	2523	1067	1456	6918	2419	4499
铁东区	4818	2537	2281	3818	1854	1964	10397	3965	6432
梨树县	4656	2568	2088	3583	1872	1711	12488	5618	6870
伊通满族自治县	2761	1652	1109	2386	1295	1091	7424	3329	4095
双辽市	2690	1336	1354	2173	942	1231	6591	2522	4069
辽源市	**12604**	**6843**	**5761**	**9676**	**4753**	**4923**	**24958**	**9556**	**15402**
龙山区	4165	2019	2146	3151	1373	1778	7932	2649	5283
西安区	3275	1755	1520	2426	1163	1263	5318	2018	3300
东丰县	2890	1680	1210	2200	1174	1026	6347	2534	3813
东辽县	2274	1389	885	1899	1043	856	5361	2355	3006

5-2 续表 9

单位：户

地　区	55-59岁			60-64岁			65岁及以上		
	小计	男	女	小计	男	女	小计	男	女
通化市	**14842**	**7897**	**6945**	**12086**	**5980**	**6106**	**32716**	**12239**	**20477**
东昌区	3966	1821	2145	3170	1365	1805	7922	2636	5286
二道江区	1676	906	770	1246	616	630	3662	1190	2472
通化县	1990	1151	839	1577	832	745	4451	1720	2731
辉南县	2740	1490	1250	2281	1131	1150	6415	2527	3888
柳河县	2723	1532	1191	2320	1269	1051	6174	2596	3578
集安市	1747	997	750	1492	767	725	4092	1570	2522
白山市	**12176**	**6622**	**5554**	**8521**	**4203**	**4318**	**28070**	**9430**	**18640**
浑江区	3626	1777	1849	2539	1119	1420	7362	2312	5050
江源区	2394	1408	986	1546	815	731	5098	1741	3357
抚松县	2486	1386	1100	1603	808	795	6707	2226	4481
靖宇县	1106	629	477	860	455	405	2619	1015	1604
长白朝鲜族自治县	817	445	372	641	330	311	2090	672	1418
临江市	1747	977	770	1332	676	656	4194	1464	2730
松原市	**15440**	**8074**	**7366**	**12688**	**6124**	**6564**	**36510**	**15027**	**21483**
宁江区	3819	1751	2068	2866	1166	1700	9467	3336	6131
前郭尔罗斯蒙古族自治县	2667	1473	1194	2338	1156	1182	6493	2778	3715
长岭县	3377	1865	1512	2616	1362	1254	8310	3658	4652
乾安县	1520	793	727	1406	712	694	3711	1566	2145
吉林松原经济开发区	521	275	246	393	206	187	753	286	467
扶余市	3536	1917	1619	3069	1522	1547	7776	3403	4373
白城市	**14761**	**7713**	**7048**	**12089**	**5742**	**6347**	**39575**	**14898**	**24677**
洮北区	3539	1747	1792	2965	1341	1624	8739	3079	5660
镇赉县	1980	1037	943	1564	774	790	5359	2081	3278
通榆县	2429	1320	1109	2089	1009	1080	7625	2828	4797
吉林白城经济开发区	836	406	430	639	285	354	1720	532	1188
洮南市	3044	1600	1444	2507	1234	1273	8340	3213	5127
大安市	2933	1603	1330	2325	1099	1226	7792	3165	4627
延边朝鲜族自治州	**35063**	**19078**	**15985**	**27414**	**13818**	**13596**	**65924**	**21760**	**44164**
延吉市	11158	5547	5611	9019	4246	4773	19715	6224	13491
图们市	1983	1149	834	1699	870	829	3748	1254	2494
敦化市	6085	3244	2841	4427	2189	2238	13154	4561	8593
珲春市	3477	1988	1489	2536	1316	1220	5568	1860	3708
龙井市	3460	1971	1489	2763	1478	1285	6023	1912	4111
和龙市	2957	1799	1158	2278	1280	998	5321	1728	3593
汪清县	3558	2027	1531	2800	1451	1349	7319	2390	4929
安图县	2385	1353	1032	1892	988	904	5076	1831	3245
长白山管委会	**703**	**398**	**305**	**493**	**246**	**247**	**1521**	**479**	**1042**
长白山保护开发区池北区	514	295	219	336	160	176	930	275	655
长白山保护开发区池西区	162	91	71	138	77	61	531	184	347
长白山保护开发区池南区	27	12	15	19	9	10	60	20	40
梅河口市	**5880**	**3182**	**2698**	**4660**	**2384**	**2276**	**12051**	**4864**	**7187**

5–2a　各地区分年龄、性别的一人户(城市)

单位：户

地　　区	合　　计			14岁及以下		
	合计	男	女	小计	男	女
全　省	**1094495**	**522673**	**571822**	**17372**	**9228**	**8144**
长春市	**410369**	**200643**	**209726**	**6784**	**3620**	**3164**
南关区	70265	32789	37476	1137	586	551
宽城区	64800	33903	30897	1155	623	532
朝阳区	65209	30500	34709	1370	751	619
二道区	64929	32971	31958	1004	519	485
绿园区	62845	31949	30896	672	348	324
双阳区	8067	3741	4326	90	50	40
九台区	22637	10800	11837	314	175	139
农安县						
长春经济技术开发区						
长春净月高新技术产业开发区						
长春高新技术产业开发区						
长春汽车经济技术开发区						
长春莲花山生态旅游度假区						
榆树市	14914	6623	8291	424	236	188
德惠市	15467	7354	8113	295	162	133
公主岭市	21236	10013	11223	323	170	153
吉林市	**219997**	**102999**	**116998**	**3174**	**1618**	**1556**
昌邑区	57171	26820	30351	852	411	441
龙潭区	32972	15698	17274	310	173	137
船营区	43927	20598	23329	575	325	250
丰满区	19236	8803	10433	193	103	90
永吉县						
吉林经济开发区	118	54	64	2	2	
吉林高新技术产业开发区						
吉林中国新加坡食品区						
蛟河市	16965	7908	9057	205	97	108
桦甸市	20399	9446	10953	633	299	334
舒兰市	18264	8806	9458	240	133	107
磐石市	10945	4866	6079	164	75	89
四平市	**66683**	**31486**	**35197**	**1252**	**670**	**582**
铁西区	22948	10483	12465	347	202	145
铁东区	34091	16798	17293	698	356	342
梨树县						
伊通满族自治县						
双辽市	9644	4205	5439	207	112	95
辽源市	**49678**	**23877**	**25801**	**774**	**418**	**356**
龙山区	30695	14220	16475	635	347	288
西安区	18983	9657	9326	139	71	68

5-2a 续表 1

单位：户

地区	合计			14岁及以下		
	合计	男	女	小计	男	女
东丰县						
东辽县						
通化市	**43428**	**20081**	**23347**	**495**	**256**	**239**
东昌区	29863	14023	15840	333	178	155
二道江区	7099	3243	3856	76	37	39
通化县						
辉南县						
柳河县						
集安市	6466	2815	3651	86	41	45
白山市	**40882**	**18649**	**22233**	**308**	**155**	**153**
浑江区	24249	11032	13217	169	92	77
江源区	7888	3603	4285	74	32	42
抚松县						
靖宇县						
长白朝鲜族自治县						
临江市	8745	4014	4731	65	31	34
松原市	**35992**	**16000**	**19992**	**600**	**332**	**268**
宁江区	28673	12545	16128	481	261	220
前郭尔罗斯蒙古族自治县	1472	673	799	28	15	13
长岭县						
乾安县						
吉林松原经济开发区						
扶余市	5847	2782	3065	91	56	35
白城市	**39564**	**17776**	**21788**	**574**	**313**	**261**
洮北区	20782	9459	11323	244	130	114
镇赉县						
通榆县						
吉林白城经济开发区	525	283	242	12	6	6
洮南市	9636	4280	5356	228	130	98
大安市	8621	3754	4867	90	47	43
延边朝鲜族自治州	**159283**	**77272**	**82011**	**2338**	**1264**	**1074**
延吉市	83566	40252	43314	1320	704	616
图们市	8576	4243	4333	102	59	43
敦化市	23511	10883	12628	376	199	177
珲春市	19286	9847	9439	271	156	115
龙井市	14749	7333	7416	162	93	69
和龙市	9595	4714	4881	107	53	54
汪清县						
安图县						
长白山管委会						
梅河口市	**28619**	**13890**	**14729**	**1073**	**582**	**491**

5-2a　续表 2　　　　单位：户

地　区	15-19岁			20-24岁		
	小计	男	女	小计	男	女
全　省	**18408**	**9666**	**8742**	**58053**	**31004**	**27049**
长春市	**7210**	**3832**	**3378**	**29833**	**15618**	**14215**
南关区	1176	596	580	5746	2782	2964
宽城区	872	468	404	4425	2494	1931
朝阳区	1673	828	845	6548	3199	3349
二道区	820	416	404	4527	2340	2187
绿园区	954	530	424	4763	2674	2089
双阳区	187	106	81	482	295	187
九台区	399	234	165	865	513	352
农安县						
长春经济技术开发区						
长春净月高新技术产业开发区						
长春高新技术产业开发区						
长春汽车经济技术开发区						
长春莲花山生态旅游度假区						
榆树市	376	210	166	718	400	318
德惠市	405	232	173	810	445	365
公主岭市	348	212	136	949	476	473
吉林市	**3982**	**1922**	**2060**	**10007**	**5440**	**4567**
昌邑区	750	378	372	2687	1348	1339
龙潭区	877	271	606	1385	851	534
船营区	724	360	364	2240	1217	1023
丰满区	188	98	90	895	499	396
永吉县						
吉林经济开发区	3	3		4	2	2
吉林高新技术产业开发区						
吉林中国新加坡食品区						
蛟河市	287	161	126	667	339	328
桦甸市	431	250	181	870	489	381
舒兰市	408	234	174	696	377	319
磐石市	314	167	147	563	318	245
四平市	**1073**	**571**	**502**	**2987**	**1697**	**1290**
铁西区	330	156	174	1073	589	484
铁东区	549	313	236	1501	873	628
梨树县						
伊通满族自治县						
双辽市	194	102	92	413	235	178
辽源市	**555**	**309**	**246**	**1361**	**774**	**587**
龙山区	434	240	194	1049	591	458
西安区	121	69	52	312	183	129

5-2a 续表 3 单位：户

地　区	15-19岁			20-24岁		
	小计	男	女	小计	男	女
东丰县						
东辽县						
通化市	**481**	**256**	**225**	**1528**	**787**	**741**
东昌区	232	119	113	1116	571	545
二道江区	125	67	58	185	102	83
通化县						
辉南县						
柳河县						
集安市	124	70	54	227	114	113
白山市	**388**	**196**	**192**	**1057**	**582**	**475**
浑江区	226	112	114	690	389	301
江源区	70	34	36	119	72	47
抚松县						
靖宇县						
长白朝鲜族自治县						
临江市	92	50	42	248	121	127
松原市	**776**	**444**	**332**	**1587**	**867**	**720**
宁江区	538	311	227	1179	636	543
前郭尔罗斯蒙古族自治县	38	19	19	86	41	45
长岭县						
乾安县						
吉林松原经济开发区						
扶余市	200	114	86	322	190	132
白城市	**815**	**454**	**361**	**1873**	**1069**	**804**
洮北区	372	206	166	1052	609	443
镇赉县						
通榆县						
吉林白城经济开发区	11	7	4	8	6	2
洮南市	246	133	113	471	249	222
大安市	186	108	78	342	205	137
延边朝鲜族自治州	**2554**	**1374**	**1180**	**6523**	**3469**	**3054**
延吉市	1395	736	659	3926	2072	1854
图们市	55	29	26	209	122	87
敦化市	548	301	247	1066	564	502
珲春市	301	168	133	775	419	356
龙井市	139	77	62	323	173	150
和龙市	116	63	53	224	119	105
汪清县						
安图县						
长白山管委会						
梅河口市	**574**	**308**	**266**	**1297**	**701**	**596**

5−2a　续表 4　　　　单位：户

地　区	25−29岁			30−34岁			35−39岁		
	小计	男	女	小计	男	女	小计	男	女
全　省	**96646**	**56054**	**40592**	**103110**	**60882**	**42228**	**71140**	**40333**	**30807**
长春市	**47268**	**26720**	**20548**	**48792**	**28128**	**20664**	**31802**	**17584**	**14218**
南关区	9811	5013	4798	9206	5058	4148	5243	2822	2421
宽城区	8201	5039	3162	9158	5585	3573	5823	3340	2483
朝阳区	7658	3926	3732	7001	3659	3342	4870	2640	2230
二道区	7708	4391	3317	8647	5064	3583	5919	3310	2609
绿园区	7688	4658	3030	7748	4713	3035	4817	2866	1951
双阳区	601	377	224	647	388	259	467	236	231
九台区	1509	877	632	1694	979	715	1163	642	521
农安县									
长春经济技术开发区									
长春净月高新技术产业开发区									
长春高新技术产业开发区									
长春汽车经济技术开发区									
长春莲花山生态旅游度假区									
榆树市	1152	665	487	1308	686	622	935	438	497
德惠市	1322	772	550	1500	843	657	1135	571	564
公主岭市	1618	1002	616	1883	1153	730	1430	719	711
吉林市	**16069**	**9395**	**6674**	**16369**	**9778**	**6591**	**12039**	**6938**	**5101**
昌邑区	4718	2704	2014	4810	2871	1939	3500	2004	1496
龙潭区	1686	1089	597	1915	1267	648	1575	988	587
船营区	3272	1875	1397	3288	1928	1360	2320	1347	973
丰满区	1915	1135	780	1838	1066	772	1074	618	456
永吉县									
吉林经济开发区	6	4	2	7	4	3	4	3	1
吉林高新技术产业开发区									
吉林中国新加坡食品区									
蛟河市	1083	631	452	1088	681	407	862	513	349
桦甸市	1495	866	629	1623	922	701	1263	703	560
舒兰市	1038	609	429	960	562	398	722	407	315
磐石市	856	482	374	840	477	363	719	355	364
四平市	**4657**	**2890**	**1767**	**5223**	**3091**	**2132**	**3841**	**2174**	**1667**
铁西区	1682	1009	673	2083	1239	844	1408	789	619
铁东区	2285	1480	805	2569	1538	1031	1953	1130	823
梨树县									
伊通满族自治县									
双辽市	690	401	289	571	314	257	480	255	225
辽源市	**3088**	**1904**	**1184**	**3597**	**2268**	**1329**	**2564**	**1517**	**1047**
龙山区	2218	1328	890	2465	1507	958	1703	960	743
西安区	870	576	294	1132	761	371	861	557	304

5－2a 续表 5

单位：户

地　　区	25－29岁			30－34岁			35－39岁		
	小计	男	女	小计	男	女	小计	男	女
东丰县									
东辽县									
通化市	**3113**	**1827**	**1286**	**3290**	**2056**	**1234**	**2290**	**1416**	**874**
东昌区	2365	1367	998	2555	1586	969	1675	1025	650
二道江区	289	191	98	325	219	106	278	184	94
通化县									
辉南县									
柳河县									
集安市	459	269	190	410	251	159	337	207	130
白山市	**2114**	**1306**	**808**	**2606**	**1713**	**893**	**1681**	**1044**	**637**
浑江区	1408	877	531	1773	1154	619	1124	696	428
江源区	268	167	101	359	254	105	236	158	78
抚松县									
靖宇县									
长白朝鲜族自治县									
临江市	438	262	176	474	305	169	321	190	131
松原市	**3035**	**1799**	**1236**	**3369**	**1918**	**1451**	**2411**	**1253**	**1158**
宁江区	2239	1307	932	2508	1424	1084	1847	967	880
前郭尔罗斯蒙古族自治县	143	101	42	184	110	74	91	55	36
长岭县									
乾安县									
吉林松原经济开发区									
扶余市	653	391	262	677	384	293	473	231	242
白城市	**2590**	**1596**	**994**	**2621**	**1580**	**1041**	**2085**	**1155**	**930**
洮北区	1434	895	539	1426	891	535	1142	623	519
镇赉县									
通榆县									
吉林白城经济开发区	19	12	7	24	13	11	20	14	6
洮南市	661	389	272	692	400	292	527	291	236
大安市	476	300	176	479	276	203	396	227	169
延边朝鲜族自治州	**12319**	**7218**	**5101**	**14410**	**8744**	**5666**	**10215**	**6059**	**4156**
延吉市	7206	4134	3072	8620	5157	3463	5860	3450	2410
图们市	432	248	184	520	324	196	434	275	159
敦化市	1870	1164	706	1725	1082	643	1312	744	568
珲春市	1634	991	643	1956	1203	753	1235	758	477
龙井市	682	396	286	980	586	394	867	524	343
和龙市	495	285	210	609	392	217	507	308	199
汪清县									
安图县									
长白山管委会									
梅河口市	**2393**	**1399**	**994**	**2833**	**1606**	**1227**	**2212**	**1193**	**1019**

5-2a　续表 6　　　　单位：户

地　区	40-44岁			45-49岁			50-54岁		
	小计	男	女	小计	男	女	小计	男	女
全　省	**75613**	**38559**	**37054**	**97650**	**46606**	**51044**	**115112**	**55320**	**59792**
长春市	**29685**	**15141**	**14544**	**34669**	**16596**	**18073**	**36061**	**17271**	**18790**
南关区	4365	2210	2155	5228	2425	2803	5371	2505	2866
宽城区	4858	2560	2298	5251	2666	2585	5489	2706	2783
朝阳区	4351	2191	2160	5030	2378	2652	4918	2301	2617
二道区	5180	2718	2462	5402	2699	2703	5780	2927	2853
绿园区	4334	2365	1969	5234	2673	2561	5495	2675	2820
双阳区	669	315	354	826	328	498	878	374	504
九台区	1714	853	861	2356	1155	1201	2530	1270	1260
农安县									
长春经济技术开发区									
长春净月高新技术产业开发区									
长春高新技术产业开发区									
长春汽车经济技术开发区									
长春莲花山生态旅游度假区									
榆树市	1374	586	788	1847	746	1101	1637	678	959
德惠市	1381	662	719	1668	703	965	1576	681	895
公主岭市	1459	681	778	1827	823	1004	2387	1154	1233
吉林市	**14327**	**7081**	**7246**	**19259**	**8981**	**10278**	**24740**	**11728**	**13012**
昌邑区	3635	1824	1811	4654	2196	2458	6095	2822	3273
龙潭区	1835	982	853	2710	1347	1363	3938	1945	1993
船营区	2707	1347	1360	3767	1786	1981	4597	2115	2482
丰满区	1168	545	623	1599	689	910	2191	974	1217
永吉县									
吉林经济开发区	9	3	6	7	3	4	9	6	3
吉林高新技术产业开发区									
吉林中国新加坡食品区									
蛟河市	1131	566	565	1537	696	841	1931	958	973
桦甸市	1649	788	861	2126	951	1175	2375	1130	1245
舒兰市	1305	639	666	1849	874	975	2463	1274	1189
磐石市	888	387	501	1010	439	571	1141	504	637
四平市	**4476**	**2226**	**2250**	**6195**	**2891**	**3304**	**7503**	**3510**	**3993**
铁西区	1571	780	791	2155	946	1209	2513	1083	1430
铁东区	2236	1144	1092	3114	1518	1596	3895	1920	1975
梨树县									
伊通满族自治县									
双辽市	669	302	367	926	427	499	1095	507	588
辽源市	**3279**	**1691**	**1588**	**4306**	**2078**	**2228**	**6668**	**3378**	**3290**
龙山区	2170	1049	1121	2838	1287	1551	3868	1833	2035
西安区	1109	642	467	1468	791	677	2800	1545	1255

5-2a 续表 7

单位：户

地　区	40-44岁			45-49岁			50-54岁		
	小计	男	女	小计	男	女	小计	男	女
东丰县									
东辽县									
通化市	**3017**	**1626**	**1391**	**4169**	**2010**	**2159**	**5100**	**2443**	**2657**
东昌区	1972	1101	871	2736	1346	1390	3373	1632	1741
二道江区	520	294	226	779	399	380	983	469	514
通化县									
辉南县									
柳河县									
集安市	525	231	294	654	265	389	744	342	402
白山市	**2421**	**1295**	**1126**	**4166**	**2029**	**2137**	**5534**	**2690**	**2844**
浑江区	1553	833	720	2589	1242	1347	3220	1515	1705
江源区	355	182	173	757	374	383	1132	575	557
抚松县									
靖宇县									
长白朝鲜族自治县									
临江市	513	280	233	820	413	407	1182	600	582
松原市	**3100**	**1381**	**1719**	**3866**	**1624**	**2242**	**3714**	**1557**	**2157**
宁江区	2368	1044	1324	3118	1316	1802	3054	1284	1770
前郭尔罗斯蒙古族自治县	135	60	75	152	61	91	136	54	82
长岭县									
乾安县									
吉林松原经济开发区									
扶余市	597	277	320	596	247	349	524	219	305
白城市	**2592**	**1215**	**1377**	**3788**	**1709**	**2079**	**4504**	**2026**	**2478**
洮北区	1247	613	634	1956	882	1074	2349	1104	1245
镇赉县									
通榆县									
吉林白城经济开发区	31	21	10	47	32	15	74	48	26
洮南市	687	300	387	849	392	457	1083	459	624
大安市	627	281	346	936	403	533	998	415	583
延边朝鲜族自治州	**10150**	**5643**	**4507**	**14512**	**7414**	**7098**	**18245**	**9283**	**8962**
延吉市	5395	2996	2399	7213	3598	3615	8890	4304	4586
图们市	421	250	171	777	414	363	982	551	431
敦化市	1395	718	677	2201	1026	1175	2876	1365	1511
珲春市	1332	773	559	1991	1060	931	2330	1250	1080
龙井市	1019	600	419	1391	796	595	1846	1067	779
和龙市	588	306	282	939	520	419	1321	746	575
汪清县									
安图县									
长白山管委会									
梅河口市	**2566**	**1260**	**1306**	**2720**	**1274**	**1446**	**3043**	**1434**	**1609**

5–2a 续表 8

单位：户

地区	55–59岁			60–64岁			65岁及以上		
	小计	男	女	小计	男	女	小计	男	女
全 省	**118108**	**56721**	**61387**	**93162**	**41538**	**51624**	**230121**	**76762**	**153359**
长春市	**36744**	**17605**	**19139**	**30271**	**13515**	**16756**	**71250**	**25013**	**46237**
南关区	6044	2771	3273	5231	2216	3015	11707	3805	7902
宽城区	5710	2802	2908	4792	2226	2566	9066	3394	5672
朝阳区	5289	2498	2791	4633	2089	2544	11868	4040	7828
二道区	5788	2830	2958	4529	2144	2385	9625	3613	6012
绿园区	5694	2767	2927	4751	2010	2741	10695	3670	7025
双阳区	739	347	392	573	270	303	1908	655	1253
九台区	2622	1280	1342	1948	886	1062	5523	1936	3587
农安县									
长春经济技术开发区									
长春净月高新技术产业开发区									
长春高新技术产业开发区									
长春汽车经济技术开发区									
长春莲花山生态旅游度假区									
榆树市	1239	556	683	1014	406	608	2890	1016	1874
德惠市	1361	656	705	1035	498	537	2979	1129	1850
公主岭市	2258	1098	1160	1765	770	995	4989	1755	3234
吉林市	**26923**	**12937**	**13986**	**21194**	**9598**	**11596**	**51914**	**17583**	**34331**
昌邑区	6958	3278	3680	5691	2516	3175	12821	4468	8353
龙潭区	4586	2249	2337	3652	1644	2008	8503	2892	5611
船营区	5378	2532	2846	4578	2099	2479	10481	3667	6814
丰满区	2187	958	1229	1738	730	1008	4250	1388	2862
永吉县									
吉林经济开发区	16	5	11	10	6	4	41	13	28
吉林高新技术产业开发区									
吉林中国新加坡食品区									
蛟河市	2091	1065	1026	1612	786	826	4471	1415	3056
桦甸市	2163	1066	1097	1504	649	855	4267	1333	2934
舒兰市	2387	1275	1112	1532	781	751	4664	1641	3023
磐石市	1157	509	648	877	387	490	2416	766	1650
四平市	**7609**	**3660**	**3949**	**5962**	**2578**	**3384**	**15905**	**5528**	**10377**
铁西区	2499	1109	1390	2000	809	1191	5287	1772	3515
铁东区	4046	2070	1976	3086	1451	1635	8159	3005	5154
梨树县									
伊通满族自治县									
双辽市	1064	481	583	876	318	558	2459	751	1708
辽源市	**6788**	**3378**	**3410**	**4988**	**2214**	**2774**	**11710**	**3948**	**7762**
龙山区	3714	1752	1962	2746	1151	1595	6855	2175	4680
西安区	3074	1626	1448	2242	1063	1179	4855	1773	3082

5-2a 续表 9

单位：户

地 区	55-59岁			60-64岁			65岁及以上		
	小计	男	女	小计	男	女	小计	男	女
东丰县									
东辽县									
通化市	**5178**	**2346**	**2832**	**4022**	**1692**	**2330**	**10745**	**3366**	**7379**
东昌区	3613	1612	2001	2843	1183	1660	7050	2303	4747
二道江区	858	417	441	583	259	324	2098	605	1493
通化县									
辉南县									
柳河县									
集安市	707	317	390	596	250	346	1597	458	1139
白山市	**5414**	**2582**	**2832**	**3750**	**1616**	**2134**	**11443**	**3441**	**8002**
浑江区	3117	1427	1690	2125	871	1254	6255	1824	4431
江源区	1145	601	544	752	351	401	2621	803	1818
抚松县									
靖宇县									
长白朝鲜族自治县									
临江市	1152	554	598	873	394	479	2567	814	1753
松原市	**3250**	**1404**	**1846**	**2360**	**870**	**1490**	**7924**	**2551**	**5373**
宁江区	2659	1124	1535	1881	674	1207	6801	2197	4604
前郭尔罗斯蒙古族自治县	133	53	80	99	33	66	247	71	176
长岭县									
乾安县									
吉林松原经济开发区									
扶余市	458	227	231	380	163	217	876	283	593
白城市	**4390**	**1977**	**2413**	**3485**	**1451**	**2034**	**10247**	**3231**	**7016**
洮北区	2354	1061	1293	1940	801	1139	5266	1644	3622
镇赉县									
通榆县									
吉林白城经济开发区	61	32	29	61	31	30	157	61	96
洮南市	1004	428	576	732	310	422	2456	799	1657
大安市	971	456	515	752	309	443	2368	727	1641
延边朝鲜族自治州	**18992**	**9493**	**9499**	**15012**	**7041**	**7971**	**34013**	**10270**	**23743**
延吉市	9440	4541	4899	7697	3513	4184	16604	5047	11557
图们市	1198	631	567	1078	549	529	2368	791	1577
敦化市	2810	1317	1493	1950	828	1122	5382	1575	3807
珲春市	2269	1215	1054	1607	787	820	3585	1067	2518
龙井市	2020	1088	932	1678	848	830	3642	1085	2557
和龙市	1255	701	554	1002	516	486	2432	705	1727
汪清县									
安图县									
长白山管委会									
梅河口市	**2820**	**1339**	**1481**	**2118**	**963**	**1155**	**4970**	**1831**	**3139**

5–2b　各地区分年龄、性别的一人户(镇)

单位：户

地　区	合　计			14岁及以下		
	合计	男	女	小计	男	女
全　省	**467315**	**234847**	**232468**	**9920**	**5215**	**4705**
长春市	**162878**	**85732**	**77146**	**4001**	**2034**	**1967**
南关区						
宽城区	5154	2794	2360	127	63	64
朝阳区	998	518	480	42	17	25
二道区	321	171	150	21	9	12
绿园区						
双阳区	429	276	153	8	3	5
九台区	615	295	320	15	6	9
农安县	16533	7642	8891	280	146	134
长春经济技术开发区	43268	22381	20887	671	347	324
长春净月高新技术产业开发区	12151	5941	6210	420	214	206
长春高新技术产业开发区	36409	19867	16542	1550	799	751
长春汽车经济技术开发区	31855	17840	14015	541	279	262
长春莲花山生态旅游度假区	563	294	269	18	9	9
榆树市	4765	2639	2126	121	50	71
德惠市	884	497	387	16	10	6
公主岭市	8933	4577	4356	171	82	89
吉林市	**56073**	**27723**	**28350**	**1039**	**557**	**482**
昌邑区	1794	929	865	62	33	29
龙潭区	2287	1173	1114	44	25	19
船营区	583	302	281	20	12	8
丰满区	202	101	101	8	3	5
永吉县	12350	5855	6495	182	101	81
吉林经济开发区	4390	2348	2042	30	15	15
吉林高新技术产业开发区	12068	5504	6564	344	175	169
吉林中国新加坡食品区	632	302	330	16	6	10
蛟河市	5199	2648	2551	67	35	32
桦甸市	7567	3942	3625	146	86	60
舒兰市	3331	1735	1596	55	36	19
磐石市	5670	2884	2786	65	30	35
四平市	**30369**	**14617**	**15752**	**780**	**430**	**350**
铁西区						
铁东区	514	251	263	8	3	5
梨树县	18504	9078	9426	484	262	222
伊通满族自治县	8602	3945	4657	121	70	51
双辽市	2749	1343	1406	167	95	72
辽源市	**16601**	**7868**	**8733**	**257**	**138**	**119**
龙山区	104	61	43			
西安区						
东丰县	10233	4784	5449	156	80	76
东辽县	6264	3023	3241	101	58	43

5-2b 续表 1

单位：户

地区	合计			14岁及以下		
	合计	男	女	小计	男	女
通化市	**35294**	**16965**	**18329**	**756**	**420**	**336**
东昌区	434	204	230	4	2	2
二道江区	3127	1601	1526	31	18	13
通化县	7694	3704	3990	161	90	71
辉南县	13190	6226	6964	206	101	105
柳河县	10024	4783	5241	338	199	139
集安市	825	447	378	16	10	6
白山市	**34995**	**17289**	**17706**	**498**	**261**	**237**
浑江区	841	488	353	14	7	7
江源区	4976	2688	2288	49	23	26
抚松县	17936	8732	9204	276	147	129
靖宇县	6158	3025	3133	112	61	51
长白朝鲜族自治县	4326	1955	2371	41	18	23
临江市	758	401	357	6	5	1
松原市	**33605**	**16178**	**17427**	**870**	**472**	**398**
宁江区	1278	578	700	39	22	17
前郭尔罗斯蒙古族自治县	7934	3699	4235	184	101	83
长岭县	10730	5298	5432	350	190	160
乾安县	5484	2515	2969	124	70	54
吉林松原经济开发区	5022	2411	2611	70	34	36
扶余市	3157	1677	1480	103	55	48
白城市	**33045**	**15940**	**17105**	**714**	**375**	**339**
洮北区	2717	1454	1263	87	49	38
镇赉县	8687	4059	4628	166	75	91
通榆县	9153	4317	4836	221	123	98
吉林白城经济开发区	6819	3094	3725	92	48	44
洮南市	1261	670	591	37	21	16
大安市	4408	2346	2062	111	59	52
延边朝鲜族自治州	**51944**	**25950**	**25994**	**735**	**383**	**352**
延吉市	2987	1483	1504	45	20	25
图们市	2611	1371	1240	20	9	11
敦化市	9199	4682	4517	182	93	89
珲春市	1520	882	638	18	9	9
龙井市	2853	1487	1366	15	8	7
和龙市	4846	2572	2274	48	23	25
汪清县	18208	8792	9416	230	123	107
安图县	9720	4681	5039	177	98	79
长白山管委会	**6390**	**3382**	**3008**	**118**	**60**	**58**
长白山保护开发区池北区	4370	2322	2048	50	27	23
长白山保护开发区池西区	1746	908	838	54	25	29
长白山保护开发区池南区	274	152	122	14	8	6
梅河口市	**6121**	**3203**	**2918**	**152**	**85**	**67**

5-2b　续表 2　　　　单位：户

地　区	15-19岁			20-24岁		
	小计	男	女	小计	男	女
全　省	**10933**	**6054**	**4879**	**25318**	**14623**	**10695**
长春市	**3845**	**2396**	**1449**	**14612**	**8552**	**6060**
南关区						
宽城区	96	49	47	304	193	111
朝阳区	11	8	3	34	23	11
二道区	10	5	5	4	1	3
绿园区						
双阳区	3		3	10	7	3
九台区	8	6	2	23	13	10
农安县	334	178	156	542	287	255
长春经济技术开发区	1593	952	641	5567	2996	2571
长春净月高新技术产业开发区	257	164	93	955	508	447
长春高新技术产业开发区	594	357	237	4166	2443	1723
长春汽车经济技术开发区	721	554	167	2503	1757	746
长春莲花山生态旅游度假区	23	14	9	24	13	11
榆树市	74	42	32	144	75	69
德惠市	13	6	7	38	25	13
公主岭市	108	61	47	298	211	87
吉林市	**753**	**433**	**320**	**1929**	**1111**	**818**
昌邑区	45	25	20	50	27	23
龙潭区	33	14	19	60	30	30
船营区	6	3	3	15	9	6
丰满区				7	4	3
永吉县	192	116	76	365	218	147
吉林经济开发区	48	25	23	205	144	61
吉林高新技术产业开发区	173	104	69	591	315	276
吉林中国新加坡食品区	12	9	3	28	18	10
蛟河市	49	26	23	137	89	48
桦甸市	81	42	39	201	105	96
舒兰市	52	31	21	105	54	51
磐石市	62	38	24	165	98	67
四平市	**670**	**375**	**295**	**1216**	**706**	**510**
铁西区						
铁东区	8	4	4	6	3	3
梨树县	364	212	152	641	394	247
伊通满族自治县	247	134	113	452	237	215
双辽市	51	25	26	117	72	45
辽源市	**1243**	**576**	**667**	**561**	**305**	**256**
龙山区	1		1	1		1
西安区						
东丰县	303	163	140	396	216	180
东辽县	939	413	526	164	89	75

5-2b 续表 3　　单位：户

地　区	15-19岁			20-24岁		
	小计	男	女	小计	男	女
通化市	**739**	**392**	**347**	**1257**	**694**	**563**
东昌区	3		3	9	4	5
二道江区	22	12	10	61	35	26
通化县	214	109	105	337	177	160
辉南县	309	163	146	483	270	213
柳河县	178	99	79	341	193	148
集安市	13	9	4	26	15	11
白山市	**533**	**274**	**259**	**932**	**522**	**410**
浑江区	7	4	3	12	9	3
江源区	51	22	29	88	48	40
抚松县	365	183	182	501	266	235
靖宇县	62	36	26	211	131	80
长白朝鲜族自治县	39	25	14	113	62	51
临江市	9	4	5	7	6	1
松原市	**1451**	**741**	**710**	**1528**	**814**	**714**
宁江区	46	32	14	67	31	36
前郭尔罗斯蒙古族自治县	290	142	148	340	181	159
长岭县	277	147	130	504	263	241
乾安县	294	121	173	220	114	106
吉林松原经济开发区	72	43	29	304	170	134
扶余市	472	256	216	93	55	38
白城市	**738**	**403**	**335**	**1659**	**979**	**680**
洮北区	46	22	24	92	60	32
镇赉县	199	117	82	528	320	208
通榆县	286	146	140	447	263	184
吉林白城经济开发区	104	62	42	431	249	182
洮南市	22	18	4	34	14	20
大安市	81	38	43	127	73	54
延边朝鲜族自治州	**791**	**366**	**425**	**1298**	**751**	**547**
延吉市	36	20	16	71	44	27
图们市	17	9	8	36	19	17
敦化市	100	51	49	216	131	85
珲春市	4	1	3	19	10	9
龙井市	5	2	3	25	11	14
和龙市	34	19	15	73	46	27
汪清县	224	107	117	479	286	193
安图县	371	157	214	379	204	175
长白山管委会	**81**	**44**	**37**	**191**	**119**	**72**
长白山保护开发区池北区	37	19	18	137	88	49
长白山保护开发区池西区	39	23	16	49	30	19
长白山保护开发区池南区	5	2	3	5	1	4
梅河口市	**89**	**54**	**35**	**135**	**70**	**65**

5-2b　续表 4　　　　单位：户

地　　区	25-29岁			30-34岁			35-39岁		
	小计	男	女	小计	男	女	小计	男	女
全　省	**42875**	**26770**	**16105**	**43421**	**26632**	**16789**	**28465**	**16220**	**12245**
长春市	**24931**	**15962**	**8969**	**23248**	**14537**	**8711**	**12926**	**7309**	**5617**
南关区									
宽城区	620	415	205	703	421	282	423	237	186
朝阳区	36	27	9	51	30	21	59	42	17
二道区	15	10	5	16	14	2	24	14	10
绿园区									
双阳区	5	5		15	8	7	14	12	2
九台区	42	22	20	73	29	44	46	26	20
农安县	1159	680	479	1451	784	667	1069	534	535
长春经济技术开发区	8158	4798	3360	6805	3994	2811	3467	1962	1505
长春净月高新技术产业开发区	1521	895	626	1723	1004	719	1122	596	526
长春高新技术产业开发区	7118	4524	2594	6701	4351	2350	3292	1872	1420
长春汽车经济技术开发区	5324	3979	1345	4365	3039	1326	2282	1381	901
长春莲花山生态旅游度假区	25	12	13	20	13	7	19	14	5
榆树市	208	119	89	302	197	105	268	167	101
德惠市	49	32	17	78	49	29	72	42	30
公主岭市	651	444	207	945	604	341	769	410	359
吉林市	**3182**	**1949**	**1233**	**3732**	**2295**	**1437**	**2859**	**1672**	**1187**
昌邑区	78	38	40	82	49	33	90	52	38
龙潭区	88	37	51	114	69	45	85	46	39
船营区	29	18	11	32	13	19	39	20	19
丰满区	11	10	1	18	9	9	7	5	2
永吉县	618	394	224	716	462	254	555	322	233
吉林经济开发区	281	208	73	337	252	85	195	128	67
吉林高新技术产业开发区	1191	726	465	1298	762	536	803	410	393
吉林中国新加坡食品区	26	15	11	47	27	20	43	23	20
蛟河市	229	134	95	262	166	96	248	169	79
桦甸市	299	184	115	400	247	153	330	218	112
舒兰市	129	71	58	171	87	84	168	87	81
磐石市	203	114	89	255	152	103	296	192	104
四平市	**1747**	**1010**	**737**	**2081**	**1164**	**917**	**1651**	**880**	**771**
铁西区									
铁东区	12	10	2	25	13	12	21	12	9
梨树县	899	531	368	1268	703	565	1003	550	453
伊通满族自治县	697	381	316	629	358	271	485	240	245
双辽市	139	88	51	159	90	69	142	78	64
辽源市	**1020**	**616**	**404**	**927**	**512**	**415**	**710**	**398**	**312**
龙山区	2	2		2	2		3	1	2
西安区									
东丰县	668	397	271	593	321	272	464	263	201
东辽县	350	217	133	332	189	143	243	134	109

5-2b 续表 5

单位：户

地区	25-29岁			30-34岁			35-39岁		
	小计	男	女	小计	男	女	小计	男	女
通化市	**2056**	**1220**	**836**	**2167**	**1277**	**890**	**1719**	**932**	**787**
东昌区	27	20	7	22	14	8	28	18	10
二道江区	76	43	33	86	51	35	74	54	20
通化县	564	334	230	585	352	233	384	216	168
辉南县	751	453	298	726	417	309	671	349	322
柳河县	615	358	257	720	426	294	534	280	254
集安市	23	12	11	28	17	11	28	15	13
白山市	**1715**	**1081**	**634**	**2029**	**1339**	**690**	**1453**	**922**	**531**
浑江区	15	10	5	21	17	4	27	19	8
江源区	125	82	43	135	96	39	108	82	26
抚松县	955	601	354	1089	700	389	755	476	279
靖宇县	407	255	152	552	369	183	390	225	165
长白朝鲜族自治县	192	122	70	216	147	69	162	112	50
临江市	21	11	10	16	10	6	11	8	3
松原市	**2776**	**1631**	**1145**	**3331**	**1954**	**1377**	**2203**	**1138**	**1065**
宁江区	103	61	42	95	57	38	85	43	42
前郭尔罗斯蒙古族自治县	625	378	247	693	428	265	492	254	238
长岭县	862	498	364	1015	575	440	691	368	323
乾安县	326	175	151	415	269	146	330	171	159
吉林松原经济开发区	718	436	282	894	515	379	437	202	235
扶余市	142	83	59	219	110	109	168	100	68
白城市	**2286**	**1399**	**887**	**2294**	**1330**	**964**	**1784**	**1008**	**776**
洮北区	126	78	48	171	101	70	112	71	41
镇赉县	586	369	217	509	317	192	442	248	194
通榆县	630	380	250	616	336	280	493	277	216
吉林白城经济开发区	732	442	290	674	402	272	409	220	189
洮南市	37	23	14	68	32	36	88	54	34
大安市	175	107	68	256	142	114	240	138	102
延边朝鲜族自治州	**2425**	**1450**	**975**	**2766**	**1682**	**1084**	**2485**	**1526**	**959**
延吉市	99	52	47	144	83	61	148	88	60
图们市	76	49	27	109	65	44	122	81	41
敦化市	373	238	135	396	240	156	332	201	131
珲春市	38	26	12	90	62	28	72	47	25
龙井市	65	39	26	120	66	54	174	100	74
和龙市	136	77	59	188	112	76	191	121	70
汪清县	952	580	372	1038	635	403	929	568	361
安图县	686	389	297	681	419	262	517	320	197
长白山管委会	**511**	**315**	**196**	**524**	**336**	**188**	**384**	**259**	**125**
长白山保护开发区池北区	415	255	160	367	239	128	276	189	87
长白山保护开发区池西区	82	50	32	125	73	52	85	53	32
长白山保护开发区池南区	14	10	4	32	24	8	23	17	6
梅河口市	**226**	**137**	**89**	**322**	**206**	**116**	**291**	**176**	**115**

5-2b 续表 6

单位：户

地区	40-44岁			45-49岁			50-54岁		
	小计	男	女	小计	男	女	小计	男	女
全 省	**33204**	**17285**	**15919**	**42240**	**21161**	**21079**	**50341**	**25913**	**24428**
长春市	**11142**	**5699**	**5443**	**11652**	**5503**	**6149**	**12086**	**5758**	**6328**
南关区									
宽城区	525	270	255	443	220	223	446	223	223
朝阳区	78	44	34	91	41	50	110	56	54
二道区	21	12	9	28	15	13	45	22	23
绿园区									
双阳区	24	16	8	44	28	16	65	40	25
九台区	73	33	40	71	34	37	71	29	42
农安县	1447	636	811	1754	731	1023	1806	797	1009
长春经济技术开发区	2652	1386	1266	2690	1264	1426	2577	1194	1383
长春净月高新技术产业开发区	859	427	432	920	407	513	946	428	518
长春高新技术产业开发区	2279	1165	1114	2107	1005	1102	1984	932	1052
长春汽车经济技术开发区	1873	1003	870	2118	1063	1055	2267	1085	1182
长春莲花山生态旅游度假区	43	24	19	45	24	21	77	36	41
榆树市	459	267	192	492	284	208	611	361	250
德惠市	87	44	43	83	42	41	88	62	26
公主岭市	722	372	350	766	345	421	993	493	500
吉林市	**4152**	**2200**	**1952**	**5722**	**2879**	**2843**	**7172**	**3729**	**3443**
昌邑区	156	84	72	172	93	79	234	134	100
龙潭区	190	103	87	237	147	90	296	176	120
船营区	65	35	30	77	37	40	83	49	34
丰满区	15	9	6	19	11	8	23	12	11
永吉县	961	452	509	1332	577	755	1572	743	829
吉林经济开发区	280	174	106	351	195	156	515	290	225
吉林高新技术产业开发区	818	361	457	1145	483	662	1163	464	699
吉林中国新加坡食品区	48	23	25	53	25	28	70	38	32
蛟河市	366	220	146	523	307	216	760	432	328
桦甸市	541	309	232	886	492	394	1202	678	524
舒兰市	309	176	133	348	175	173	463	274	189
磐石市	403	254	149	579	337	242	791	439	352
四平市	**2160**	**1047**	**1113**	**2990**	**1400**	**1590**	**3899**	**1962**	**1937**
铁西区									
铁东区	41	19	22	69	41	28	69	38	31
梨树县	1243	629	614	1892	913	979	2478	1264	1214
伊通满族自治县	690	306	384	773	320	453	1023	471	552
双辽市	186	93	93	256	126	130	329	189	140
辽源市	**1349**	**634**	**715**	**1567**	**763**	**804**	**1937**	**1011**	**926**
龙山区	4	3	1	6	4	2	15	12	3
西安区									
东丰县	838	392	446	1021	473	548	1271	659	612
东辽县	507	239	268	540	286	254	651	340	311

5-2b 续表 7

单位：户

地　区	40-44岁			45-49岁			50-54岁		
	小计	男	女	小计	男	女	小计	男	女
通化市	**2788**	**1406**	**1382**	**3686**	**1833**	**1853**	**4331**	**2204**	**2127**
东昌区	40	25	15	46	18	28	49	23	26
二道江区	149	91	58	287	172	115	481	294	187
通化县	699	351	348	800	396	404	945	465	480
辉南县	1095	533	562	1418	681	737	1626	817	809
柳河县	743	368	375	1021	501	520	1119	540	579
集安市	62	38	24	114	65	49	111	65	46
白山市	**2163**	**1256**	**907**	**3589**	**1944**	**1645**	**4948**	**2779**	**2169**
浑江区	37	25	12	93	66	27	120	89	31
江源区	201	131	70	500	328	172	863	574	289
抚松县	1022	598	424	1817	971	846	2591	1422	1169
靖宇县	512	264	248	627	293	334	739	354	385
长白朝鲜族自治县	337	200	137	484	244	240	532	269	263
临江市	54	38	16	68	42	26	103	71	32
松原市	**2933**	**1354**	**1579**	**3540**	**1621**	**1919**	**3564**	**1690**	**1874**
宁江区	97	44	53	121	47	74	150	69	81
前郭尔罗斯蒙古族自治县	728	356	372	851	370	481	826	391	435
长岭县	931	424	507	1180	581	599	1156	578	578
乾安县	439	205	234	588	263	325	608	279	329
吉林松原经济开发区	496	190	306	543	214	329	476	194	282
扶余市	242	135	107	257	146	111	348	179	169
白城市	**2583**	**1358**	**1225**	**3397**	**1696**	**1701**	**3713**	**1847**	**1866**
洮北区	190	123	67	260	171	89	327	201	126
镇赉县	610	294	316	909	434	475	959	447	512
通榆县	769	401	368	914	457	457	1004	485	519
吉林白城经济开发区	442	204	238	644	236	408	725	306	419
洮南市	117	71	46	124	75	49	162	92	70
大安市	455	265	190	546	323	223	536	316	220
延边朝鲜族自治州	**3134**	**1854**	**1280**	**4969**	**2866**	**2103**	**7066**	**3985**	**3081**
延吉市	174	101	73	232	131	101	373	201	172
图们市	132	81	51	239	148	91	357	219	138
敦化市	455	286	169	905	516	389	1407	844	563
珲春市	94	67	27	165	118	47	230	156	74
龙井市	188	115	73	278	187	91	397	237	160
和龙市	291	182	109	449	299	150	737	456	281
汪清县	1194	681	513	1810	986	824	2437	1317	1120
安图县	606	341	265	891	481	410	1128	555	573
长白山管委会	**391**	**252**	**139**	**623**	**362**	**261**	**864**	**521**	**343**
长白山保护开发区池北区	271	174	97	446	254	192	605	356	249
长白山保护开发区池西区	102	65	37	158	94	64	221	143	78
长白山保护开发区池南区	18	13	5	19	14	5	38	22	16
梅河口市	**409**	**225**	**184**	**505**	**294**	**211**	**761**	**427**	**334**

5-2b　续表 8

单位：户

地　区	55-59岁			60-64岁			65岁及以上		
	小计	男	女	小计	男	女	小计	男	女
全　省	**47371**	**24367**	**23004**	**34678**	**16331**	**18347**	**98549**	**34276**	**64273**
长春市	**11558**	**5419**	**6139**	**8957**	**3795**	**5162**	**23920**	**8768**	**15152**
南关区									
宽城区	399	209	190	278	140	138	790	354	436
朝阳区	125	74	51	106	50	56	255	106	149
二道区	40	22	18	29	14	15	68	33	35
绿园区									
双阳区	46	31	15	43	26	17	152	100	52
九台区	54	39	15	45	20	25	94	38	56
农安县	1669	842	827	1267	542	725	3755	1485	2270
长春经济技术开发区	2576	1118	1458	1941	790	1151	4571	1580	2991
长春净月高新技术产业开发区	954	390	564	754	331	423	1720	577	1143
长春高新技术产业开发区	1885	779	1106	1429	537	892	3304	1103	2201
长春汽车经济技术开发区	2250	1074	1176	1909	761	1148	5702	1865	3837
长春莲花山生态旅游度假区	72	39	33	53	32	21	144	64	80
榆树市	502	278	224	371	192	179	1213	607	606
德惠市	89	52	37	75	38	37	196	95	101
公主岭市	897	472	425	657	322	335	1956	761	1195
吉林市	**6884**	**3603**	**3281**	**4778**	**2373**	**2405**	**13871**	**4922**	**8949**
昌邑区	203	130	73	150	78	72	472	186	286
龙潭区	314	171	143	210	123	87	616	232	384
船营区	53	23	30	40	23	17	124	60	64
丰满区	15	8	7	16	8	8	63	22	41
永吉县	1512	728	784	1126	592	534	3219	1150	2069
吉林经济开发区	600	340	260	414	204	210	1134	373	761
吉林高新技术产业开发区	1290	528	762	862	356	506	2390	820	1570
吉林中国新加坡食品区	71	33	38	42	16	26	176	69	107
蛟河市	666	390	276	468	227	241	1424	453	971
桦甸市	983	556	427	588	316	272	1910	709	1201
舒兰市	420	261	159	314	160	154	797	323	474
磐石市	757	435	322	548	270	278	1546	525	1021
四平市	**3422**	**1755**	**1667**	**2380**	**1123**	**1257**	**7373**	**2765**	**4608**
铁西区									
铁东区	65	38	27	46	24	22	144	46	98
梨树县	2162	1110	1052	1464	703	761	4606	1807	2799
伊通满族自治县	881	453	428	651	305	346	1953	670	1283
双辽市	314	154	160	219	91	128	670	242	428
辽源市	**1878**	**983**	**895**	**1375**	**631**	**744**	**3777**	**1301**	**2476**
龙山区	14	11	3	16	7	9	40	19	21
西安区									
东丰县	1230	606	624	882	403	479	2411	811	1600
东辽县	634	366	268	477	221	256	1326	471	855

5-2b 续表 9

单位：户

地区	55-59岁			60-64岁			65岁及以上		
	小计	男	女	小计	男	女	小计	男	女
通化市	**4041**	**2088**	**1953**	**3087**	**1450**	**1637**	**8667**	**3049**	**5618**
东昌区	38	17	21	44	25	19	124	38	86
二道江区	509	297	212	372	187	185	979	347	632
通化县	830	423	407	548	237	311	1627	554	1073
辉南县	1471	760	711	1165	543	622	3269	1139	2130
柳河县	1102	538	564	869	408	461	2444	873	1571
集安市	91	53	38	89	50	39	224	98	126
白山市	**4331**	**2386**	**1945**	**2803**	**1409**	**1394**	**10001**	**3116**	**6885**
浑江区	140	94	46	99	59	40	256	89	167
江源区	828	520	308	489	283	206	1539	499	1040
抚松县	2077	1121	956	1272	612	660	5216	1635	3581
靖宇县	656	327	329	465	231	234	1425	479	946
长白朝鲜族自治县	521	246	275	409	184	225	1280	326	954
临江市	109	78	31	69	40	29	285	88	197
松原市	**2992**	**1486**	**1506**	**2158**	**987**	**1171**	**6259**	**2290**	**3969**
宁江区	112	53	59	78	27	51	285	92	193
前郭尔罗斯蒙古族自治县	675	321	354	530	214	316	1700	563	1137
长岭县	1011	519	492	639	312	327	2114	843	1271
乾安县	566	272	294	450	201	249	1124	375	749
吉林松原经济开发区	338	161	177	232	103	129	442	149	293
扶余市	290	160	130	229	130	99	594	268	326
白城市	**3614**	**1809**	**1805**	**2557**	**1179**	**1378**	**7706**	**2557**	**5149**
洮北区	331	200	131	234	123	111	741	255	486
镇赉县	985	465	520	660	295	365	2134	678	1456
通榆县	947	453	494	725	336	389	2101	660	1441
吉林白城经济开发区	694	322	372	489	206	283	1383	397	986
洮南市	152	85	67	117	56	61	303	129	174
大安市	505	284	221	332	163	169	1044	438	606
延边朝鲜族自治州	**7188**	**3998**	**3190**	**5388**	**2756**	**2632**	**13699**	**4333**	**9366**
延吉市	403	231	172	322	192	130	940	320	620
图们市	417	272	145	362	180	182	724	239	485
敦化市	1253	704	549	894	466	428	2686	912	1774
珲春市	273	172	101	160	86	74	357	128	229
龙井市	515	296	219	345	199	146	726	227	499
和龙市	728	449	279	534	299	235	1437	489	948
汪清县	2343	1236	1107	1804	868	936	4768	1405	3363
安图县	1256	638	618	967	466	501	2061	613	1448
长白山管委会	**698**	**393**	**305**	**491**	**245**	**246**	**1514**	**476**	**1038**
长白山保护开发区池北区	509	290	219	334	159	175	923	272	651
长白山保护开发区池西区	162	91	71	138	77	61	531	184	347
长白山保护开发区池南区	27	12	15	19	9	10	60	20	40
梅河口市	**765**	**447**	**318**	**704**	**383**	**321**	**1762**	**699**	**1063**

5-2c　各地区分年龄、性别的一人户(乡村)

单位：户

地　　区	合　　计			14岁及以下		
	合计	男	女	小计	男	女
全　省	**751965**	**420469**	**331496**	**26282**	**14339**	**11943**
长春市	**223584**	**124102**	**99482**	**8482**	**4564**	**3918**
南关区						
宽城区	12943	7374	5569	472	255	217
朝阳区	2840	1544	1296	130	72	58
二道区						
绿园区	1001	636	365	25	13	12
双阳区	13648	7741	5907	357	182	175
九台区	30754	17171	13583	1059	562	497
农安县	40798	23432	17366	1486	798	688
长春经济技术开发区						
长春净月高新技术产业开发区	14190	7346	6844	305	166	139
长春高新技术产业开发区	498	275	223	9	4	5
长春汽车经济技术开发区						
长春莲花山生态旅游度假区	2739	1414	1325	101	48	53
榆树市	41497	22629	18868	1764	926	838
德惠市	28916	16178	12738	1053	563	490
公主岭市	33760	18362	15398	1721	975	746
吉林市	**132614**	**74294**	**58320**	**3379**	**1855**	**1524**
昌邑区	10854	5854	5000	247	129	118
龙潭区	10728	6059	4669	239	134	105
船营区	7153	3872	3281	140	83	57
丰满区	6876	3825	3051	139	79	60
永吉县	14502	8333	6169	349	194	155
吉林经济开发区	946	506	440	37	11	26
吉林高新技术产业开发区	1996	1023	973	66	40	26
吉林中国新加坡食品区	3287	1702	1585	90	46	44
蛟河市	17905	10331	7574	345	196	149
桦甸市	16917	9368	7549	571	311	260
舒兰市	23048	13113	9935	729	400	329
磐石市	18402	10308	8094	427	232	195
四平市	**63501**	**34982**	**28519**	**2732**	**1536**	**1196**
铁西区	6142	3044	3098	126	68	58
铁东区	6022	3308	2714	204	126	78
梨树县	23505	13215	10290	1132	640	492
伊通满族自治县	16175	9246	6929	468	249	219
双辽市	11657	6169	5488	802	453	349
辽源市	**30629**	**17611**	**13018**	**753**	**371**	**382**
龙山区	3370	1833	1537	79	42	37
西安区	1526	915	611	31	17	14

5-2c 续表 1

单位：户

地区	合计			14岁及以下		
	合计	男	女	小计	男	女
东丰县	13237	7633	5604	290	125	165
东辽县	12496	7230	5266	353	187	166
通化市	**44887**	**25214**	**19673**	**1297**	**693**	**604**
东昌区	2244	1221	1023	39	18	21
二道江区	2016	1118	898	28	18	10
通化县	9220	5141	4079	159	87	72
辉南县	10208	5524	4684	417	232	185
柳河县	13878	7971	5907	519	265	254
集安市	7321	4239	3082	135	73	62
白山市	**19258**	**11401**	**7857**	**421**	**240**	**181**
浑江区	2484	1516	968	32	23	9
江源区	2735	1629	1106	49	25	24
抚松县	4093	2320	1773	140	83	57
靖宇县	3801	2256	1545	109	58	51
长白朝鲜族自治县	2416	1443	973	38	24	14
临江市	3729	2237	1492	53	27	26
松原市	**84691**	**46880**	**37811**	**4136**	**2298**	**1838**
宁江区	9089	4841	4248	327	177	150
前郭尔罗斯蒙古族自治县	17404	10003	7401	834	456	378
长岭县	23880	13378	10502	1461	852	609
乾安县	8710	4938	3772	353	188	165
吉林松原经济开发区	1442	836	606	56	26	30
扶余市	24166	12884	11282	1105	599	506
白城市	**66538**	**36927**	**29611**	**3015**	**1683**	**1332**
洮北区	8486	4746	3740	425	220	205
镇赉县	9681	5451	4230	332	191	141
通榆县	16408	8840	7568	889	503	386
吉林白城经济开发区	619	362	257	20	16	4
洮南市	18281	10173	8108	959	547	412
大安市	13063	7355	5708	390	206	184
延边朝鲜族自治州	**66628**	**38049**	**28579**	**1296**	**685**	**611**
延吉市	8948	4885	4063	137	78	59
图们市	2393	1341	1052	22	13	9
敦化市	17102	9708	7394	555	282	273
珲春市	6798	4042	2756	69	34	35
龙井市	6275	3573	2702	43	22	21
和龙市	6359	3739	2620	105	58	47
汪清县	9262	5391	3871	149	75	74
安图县	9491	5370	4121	216	123	93
长白山管委会	**33**	**21**	**12**	**1**		**1**
梅河口市	**19602**	**10988**	**8614**	**770**	**414**	**356**

5-2c　续表 2　　　　　　　　　　　　　　　　　　　　　　　　单位：户

地　区	15-19岁			20-24岁		
	小计	男	女	小计	男	女
全　省	**16167**	**9218**	**6949**	**23042**	**13693**	**9349**
长春市	**4988**	**2862**	**2126**	**7978**	**4768**	**3210**
南关区						
宽城区	319	183	136	666	438	228
朝阳区	71	41	30	76	49	27
二道区						
绿园区	15	9	6	56	42	14
双阳区	222	138	84	340	217	123
九台区	799	440	359	1024	609	415
农安县	883	501	382	1105	681	424
长春经济技术开发区						
长春净月高新技术产业开发区	272	132	140	1174	593	581
长春高新技术产业开发区	7	3	4	15	8	7
长春汽车经济技术开发区						
长春莲花山生态旅游度假区	62	33	29	91	55	36
榆树市	1065	604	461	1520	934	586
德惠市	675	400	275	1092	650	442
公主岭市	598	378	220	819	492	327
吉林市	**2581**	**1430**	**1151**	**3974**	**2264**	**1710**
昌邑区	177	93	84	420	251	169
龙潭区	180	99	81	282	160	122
船营区	94	55	39	308	177	131
丰满区	137	72	65	206	117	89
永吉县	228	125	103	368	213	155
吉林经济开发区	16	7	9	21	14	7
吉林高新技术产业开发区	69	45	24	101	54	47
吉林中国新加坡食品区	34	18	16	75	43	32
蛟河市	427	234	193	483	267	216
桦甸市	368	204	164	412	239	173
舒兰市	523	296	227	792	456	336
磐石市	328	182	146	506	273	233
四平市	**1568**	**908**	**660**	**2205**	**1310**	**895**
铁西区	102	57	45	359	178	181
铁东区	120	72	48	178	109	69
梨树县	665	392	273	705	428	277
伊通满族自治县	354	195	159	526	325	201
双辽市	327	192	135	437	270	167
辽源市	**537**	**302**	**235**	**796**	**473**	**323**
龙山区	77	33	44	102	68	34
西安区	21	12	9	31	16	15

5-2c 续表 3

单位：户

地区	15-19岁			20-24岁		
	小计	男	女	小计	男	女
东丰县	240	128	112	371	217	154
东辽县	199	129	70	292	172	120
通化市	**813**	**460**	**353**	**1122**	**617**	**505**
东昌区	29	19	10	37	23	14
二道江区	18	10	8	26	10	16
通化县	151	87	64	237	100	137
辉南县	246	132	114	267	157	110
柳河县	261	151	110	375	220	155
集安市	108	61	47	180	107	73
白山市	**313**	**144**	**169**	**378**	**218**	**160**
浑江区	24	8	16	28	17	11
江源区	32	12	20	37	20	17
抚松县	115	59	56	110	60	50
靖宇县	65	26	39	81	55	26
长白朝鲜族自治县	41	22	19	59	27	32
临江市	36	17	19	63	39	24
松原市	**2551**	**1464**	**1087**	**2848**	**1762**	**1086**
宁江区	329	191	138	288	160	128
前郭尔罗斯蒙古族自治县	556	321	235	573	354	219
长岭县	717	410	307	760	480	280
乾安县	173	106	67	228	148	80
吉林松原经济开发区	16	8	8	36	25	11
扶余市	760	428	332	963	595	368
白城市	**1670**	**1008**	**662**	**1994**	**1269**	**725**
洮北区	252	145	107	232	140	92
镇赉县	267	161	106	303	214	89
通榆县	389	228	161	535	328	207
吉林白城经济开发区	13	7	6	16	12	4
洮南市	449	284	165	553	351	202
大安市	300	183	117	355	224	131
延边朝鲜族自治州	**792**	**431**	**361**	**1178**	**654**	**524**
延吉市	93	50	43	177	114	63
图们市	13	7	6	26	16	10
敦化市	278	143	135	444	231	213
珲春市	53	34	19	115	63	52
龙井市	24	16	8	44	27	17
和龙市	52	30	22	70	36	34
汪清县	106	52	54	135	67	68
安图县	173	99	74	167	100	67
长白山管委会	**2**		**2**			
梅河口市	**352**	**209**	**143**	**569**	**358**	**211**

5-2c　续表 4　　单位：户

地　区	25-29岁			30-34岁			35-39岁		
	小计	男	女	小计	男	女	小计	男	女
全　省	**30060**	**18520**	**11540**	**39446**	**24592**	**14854**	**32808**	**20678**	**12130**
长春市	**11212**	**6852**	**4360**	**13698**	**8339**	**5359**	**10072**	**6049**	**4023**
南关区									
宽城区	1200	808	392	1144	701	443	789	482	307
朝阳区	134	82	52	140	98	42	109	68	41
二道区									
绿园区	74	61	13	67	48	19	47	33	14
双阳区	427	266	161	579	344	235	477	290	187
九台区	1234	740	494	1559	930	629	1134	642	492
农安县	1607	967	640	2243	1427	816	1804	1198	606
长春经济技术开发区									
长春净月高新技术产业开发区	1921	1119	802	1905	1161	744	1030	552	478
长春高新技术产业开发区	11	6	5	18	13	5	20	14	6
长春汽车经济技术开发区									
长春莲花山生态旅游度假区	107	59	48	139	89	50	87	52	35
榆树市	1761	1047	714	2240	1284	956	1709	969	740
德惠市	1578	981	597	1914	1155	759	1382	856	526
公主岭市	1158	716	442	1750	1089	661	1484	893	591
吉林市	**5140**	**3185**	**1955**	**6944**	**4362**	**2582**	**5869**	**3591**	**2278**
昌邑区	721	443	278	844	515	329	559	339	220
龙潭区	323	186	137	437	291	146	372	224	148
船营区	536	330	206	583	346	237	387	208	179
丰满区	295	203	92	296	193	103	220	135	85
永吉县	499	299	200	790	488	302	620	379	241
吉林经济开发区	38	23	15	39	24	15	42	25	17
吉林高新技术产业开发区	100	57	43	124	72	52	80	39	41
吉林中国新加坡食品区	129	82	47	200	109	91	161	86	75
蛟河市	507	325	182	797	553	244	851	562	289
桦甸市	572	357	215	880	562	318	824	517	307
舒兰市	803	492	311	1102	675	427	911	539	372
磐石市	617	388	229	852	534	318	842	538	304
四平市	**2143**	**1268**	**875**	**2877**	**1705**	**1172**	**2177**	**1343**	**834**
铁西区	415	239	176	555	323	232	303	179	124
铁东区	193	112	81	192	120	72	168	112	56
梨树县	678	402	276	1079	646	433	792	491	301
伊通满族自治县	465	292	173	590	344	246	518	317	201
双辽市	392	223	169	461	272	189	396	244	152
辽源市	**1004**	**626**	**378**	**1083**	**688**	**395**	**868**	**576**	**292**
龙山区	110	63	47	125	64	61	102	63	39
西安区	39	24	15	62	37	25	39	28	11

5-2c 续表 5

单位：户

地区	25-29岁			30-34岁			35-39岁		
	小计	男	女	小计	男	女	小计	男	女
东丰县	493	325	168	545	370	175	436	293	143
东辽县	362	214	148	351	217	134	291	192	99
通化市	**1489**	**908**	**581**	**1734**	**1092**	**642**	**1517**	**948**	**569**
东昌区	83	49	34	73	43	30	59	38	21
二道江区	30	17	13	56	37	19	35	21	14
通化县	291	176	115	328	215	113	301	200	101
辉南县	287	176	111	335	203	132	350	205	145
柳河县	615	377	238	706	433	273	584	354	230
集安市	183	113	70	236	161	75	188	130	58
白山市	**418**	**264**	**154**	**623**	**423**	**200**	**586**	**427**	**159**
浑江区	37	27	10	81	56	25	56	40	16
江源区	50	30	20	55	29	26	75	56	19
抚松县	109	70	39	145	99	46	136	103	33
靖宇县	84	51	33	176	133	43	155	112	43
长白朝鲜族自治县	63	44	19	67	39	28	87	63	24
临江市	75	42	33	99	67	32	77	53	24
松原市	**3479**	**2145**	**1334**	**4959**	**3146**	**1813**	**4328**	**2805**	**1523**
宁江区	371	228	143	527	335	192	465	280	185
前郭尔罗斯蒙古族自治县	619	385	234	1077	717	360	966	692	274
长岭县	1088	693	395	1591	1032	559	1301	819	482
乾安县	224	154	70	444	296	148	450	325	125
吉林松原经济开发区	52	33	19	85	56	29	76	51	25
扶余市	1125	652	473	1235	710	525	1070	638	432
白城市	**2114**	**1372**	**742**	**3020**	**2072**	**948**	**2913**	**2086**	**827**
洮北区	248	159	89	375	254	121	381	282	99
镇赉县	295	187	108	398	279	119	398	293	105
通榆县	590	383	207	806	548	258	736	500	236
吉林白城经济开发区	17	10	7	24	18	6	26	22	4
洮南市	563	378	185	897	634	263	833	608	225
大安市	401	255	146	520	339	181	539	381	158
延边朝鲜族自治州	**2203**	**1370**	**833**	**3377**	**2095**	**1282**	**3551**	**2295**	**1256**
延吉市	353	219	134	570	342	228	524	318	206
图们市	48	31	17	112	64	48	130	87	43
敦化市	795	511	284	789	501	288	784	534	250
珲春市	186	110	76	411	262	149	398	252	146
龙井市	138	82	56	294	172	122	371	222	149
和龙市	152	88	64	304	170	134	328	210	118
汪清县	209	135	74	436	267	169	481	314	167
安图县	322	194	128	461	317	144	535	358	177
长白山管委会	**2**	**1**	**1**						
梅河口市	**856**	**529**	**327**	**1131**	**670**	**461**	**927**	**558**	**369**

5-2c　续表 6　　　　单位：户

地　区	40-44岁			45-49岁			50-54岁		
	小计	男	女	小计	男	女	小计	男	女
全　省	**46634**	**29401**	**17233**	**67720**	**42417**	**25303**	**92566**	**57480**	**35086**
长春市	**13352**	**7808**	**5544**	**19922**	**11900**	**8022**	**25713**	**15424**	**10289**
南关区									
宽城区	834	481	353	1102	645	457	1258	717	541
朝阳区	161	102	59	206	130	76	262	143	119
二道区									
绿园区	60	40	20	93	58	35	100	67	33
双阳区	735	447	288	1151	718	433	1664	1055	609
九台区	1940	1113	827	3033	1876	1157	3867	2391	1476
农安县	2506	1565	941	3540	2227	1313	4477	2803	1674
长春经济技术开发区									
长春净月高新技术产业开发区	930	487	443	1018	511	507	1179	612	567
长春高新技术产业开发区	33	20	13	43	28	15	84	56	28
长春汽车经济技术开发区									
长春莲花山生态旅游度假区	170	85	85	256	143	113	327	183	144
榆树市	2607	1456	1151	4179	2425	1754	5095	2977	2118
德惠市	1822	1050	772	2725	1601	1124	3252	1956	1296
公主岭市	1554	962	592	2576	1538	1038	4148	2464	1684
吉林市	**8878**	**5489**	**3389**	**12344**	**7628**	**4716**	**17477**	**10739**	**6738**
昌邑区	774	431	343	984	559	425	1299	760	539
龙潭区	676	422	254	1012	648	364	1466	905	561
船营区	478	277	201	682	367	315	905	506	399
丰满区	376	247	129	577	354	223	783	471	312
永吉县	996	629	367	1395	909	486	1992	1242	750
吉林经济开发区	71	43	28	90	50	40	128	72	56
吉林高新技术产业开发区	126	66	60	189	102	87	234	127	107
吉林中国新加坡食品区	293	150	143	317	170	147	447	229	218
蛟河市	1200	807	393	1739	1130	609	2470	1597	873
桦甸市	1070	679	391	1541	949	592	2168	1334	834
舒兰市	1631	1018	613	2160	1362	798	3109	1959	1150
磐石市	1187	720	467	1658	1028	630	2476	1537	939
四平市	**3281**	**2076**	**1205**	**5153**	**3201**	**1952**	**7667**	**4646**	**3021**
铁西区	349	182	167	525	286	239	630	314	316
铁东区	257	176	81	486	304	182	737	455	282
梨树县	1138	738	400	1922	1253	669	2899	1787	1112
伊通满族自治县	918	586	332	1267	815	452	1983	1275	708
双辽市	619	394	225	953	543	410	1418	815	603
辽源市	**1747**	**1157**	**590**	**2808**	**1881**	**927**	**4311**	**2840**	**1471**
龙山区	168	97	71	294	196	98	450	281	169
西安区	71	53	18	141	97	44	243	157	86

5–2c 续表 7

单位：户

地　区	40–44岁			45–49岁			50–54岁		
	小计	男	女	小计	男	女	小计	男	女
东丰县	816	547	269	1277	849	428	1855	1211	644
东辽县	692	460	232	1096	739	357	1763	1191	572
通化市	**2753**	**1785**	**968**	**4262**	**2765**	**1497**	**5996**	**3821**	**2175**
东昌区	114	72	42	179	120	59	285	195	90
二道江区	98	75	23	224	148	76	316	182	134
通化县	617	400	217	864	565	299	1259	822	437
辉南县	596	370	226	876	542	334	1303	801	502
柳河县	873	557	316	1353	876	477	1790	1160	630
集安市	455	311	144	766	514	252	1043	661	382
白山市	**964**	**713**	**251**	**1864**	**1367**	**497**	**2666**	**1900**	**766**
浑江区	109	86	23	221	159	62	361	256	105
江源区	113	78	35	265	184	81	395	288	107
抚松县	210	158	52	385	277	108	512	359	153
靖宇县	216	150	66	348	246	102	528	363	165
长白朝鲜族自治县	150	112	38	256	194	62	317	227	90
临江市	166	129	37	389	307	82	553	407	146
松原市	**5509**	**3420**	**2089**	**7483**	**4470**	**3013**	**9703**	**5733**	**3970**
宁江区	617	359	258	804	438	366	1025	587	438
前郭尔罗斯蒙古族自治县	1218	819	399	1503	925	578	1944	1182	762
长岭县	1521	947	574	2202	1356	846	2700	1578	1122
乾安县	581	408	173	760	463	297	1000	627	373
吉林松原经济开发区	85	49	36	175	117	58	206	117	89
扶余市	1487	838	649	2039	1171	868	2828	1642	1186
白城市	**4309**	**3008**	**1301**	**5627**	**3634**	**1993**	**7450**	**4646**	**2804**
洮北区	463	335	128	711	493	218	1022	635	387
镇赉县	569	389	180	887	582	305	1108	701	407
通榆县	1123	775	348	1352	872	480	1618	995	623
吉林白城经济开发区	33	23	10	39	28	11	81	52	29
洮南市	1253	872	381	1561	972	589	2086	1287	799
大安市	868	614	254	1077	687	390	1535	976	559
延边朝鲜族自治州	**4434**	**3065**	**1369**	**6518**	**4487**	**2031**	**9170**	**6202**	**2968**
延吉市	571	359	212	806	497	309	1231	735	496
图们市	170	115	55	241	169	72	348	228	120
敦化市	1028	752	276	1543	1068	475	2195	1494	701
珲春市	430	303	127	780	548	232	1026	727	299
龙井市	465	306	159	660	455	205	916	653	263
和龙市	493	318	175	665	477	188	1022	704	318
汪清县	665	478	187	1027	738	289	1292	906	386
安图县	612	434	178	796	535	261	1140	755	385
长白山管委会				**8**	**6**	**2**	**6**	**5**	**1**
梅河口市	**1407**	**880**	**527**	**1731**	**1078**	**653**	**2407**	**1524**	**883**

5-2c 续表 8

单位：户

地区	55-59岁			60-64岁			65岁及以上		
	小计	男	女	小计	男	女	小计	男	女
全 省	**86271**	**51510**	**34761**	**72918**	**40448**	**32470**	**218051**	**98173**	**119878**
长春市	**23968**	**13990**	**9978**	**20286**	**11207**	**9079**	**63913**	**30339**	**33574**
南关区									
宽城区	1215	708	507	1014	537	477	2930	1419	1511
朝阳区	299	181	118	280	147	133	972	431	541
二道区									
绿园区	113	80	33	84	53	31	267	132	135
双阳区	1566	948	618	1422	828	594	4708	2308	2400
九台区	3437	2098	1339	2959	1658	1301	8709	4112	4597
农安县	4533	2702	1831	3880	2264	1616	12734	6299	6435
长春经济技术开发区									
长春净月高新技术产业开发区	1056	545	511	859	422	437	2541	1046	1495
长春高新技术产业开发区	66	39	27	49	21	28	143	63	80
长春汽车经济技术开发区									
长春莲花山生态旅游度假区	271	148	123	253	143	110	875	376	499
榆树市	4550	2623	1927	3867	2077	1790	11140	5307	5833
德惠市	3030	1759	1271	2496	1394	1102	7897	3813	4084
公主岭市	3832	2159	1673	3123	1663	1460	10997	5033	5964
吉林市	**16156**	**9722**	**6434**	**13162**	**7549**	**5613**	**36710**	**16480**	**20230**
昌邑区	1306	670	636	1039	568	471	2484	1096	1388
龙潭区	1453	865	588	1252	732	520	3036	1393	1643
船营区	831	466	365	649	361	288	1560	696	864
丰满区	856	534	322	752	419	333	2239	1001	1238
永吉县	1820	1113	707	1405	831	574	4040	1911	2129
吉林经济开发区	121	74	47	103	54	49	240	109	131
吉林高新技术产业开发区	234	123	111	200	91	109	473	207	266
吉林中国新加坡食品区	388	222	166	304	176	128	849	371	478
蛟河市	2120	1349	771	1727	1044	683	5239	2267	2972
桦甸市	1979	1175	804	1612	873	739	4920	2168	2752
舒兰市	2836	1759	1077	2299	1358	941	6153	2799	3354
磐石市	2212	1372	840	1820	1042	778	5477	2462	3015
四平市	**7017**	**4100**	**2917**	**6141**	**3329**	**2812**	**20540**	**9560**	**10980**
铁西区	624	313	311	523	258	265	1631	647	984
铁东区	707	429	278	686	379	307	2094	914	1180
梨树县	2494	1458	1036	2119	1169	950	7882	3811	4071
伊通满族自治县	1880	1199	681	1735	990	745	5471	2659	2812
双辽市	1312	701	611	1078	533	545	3462	1529	1933
辽源市	**3938**	**2482**	**1456**	**3313**	**1908**	**1405**	**9471**	**4307**	**5164**
龙山区	437	256	181	389	215	174	1037	455	582
西安区	201	129	72	184	100	84	463	245	218

5-2c 续表 9

单位：户

地区	55-59岁			60-64岁			65岁及以上		
	小计	男	女	小计	男	女	小计	男	女
东丰县	1660	1074	586	1318	771	547	3936	1723	2213
东辽县	1640	1023	617	1422	822	600	4035	1884	2151
通化市	**5623**	**3463**	**2160**	**4977**	**2838**	**2139**	**13304**	**5824**	**7480**
东昌区	315	192	123	283	157	126	748	295	453
二道江区	309	192	117	291	170	121	585	238	347
通化县	1160	728	432	1029	595	434	2824	1166	1658
辉南县	1269	730	539	1116	588	528	3146	1388	1758
柳河县	1621	994	627	1451	861	590	3730	1723	2007
集安市	949	627	322	807	467	340	2271	1014	1257
白山市	**2431**	**1654**	**777**	**1968**	**1178**	**790**	**6626**	**2873**	**3753**
浑江区	369	256	113	315	189	126	851	399	452
江源区	421	287	134	305	181	124	938	439	499
抚松县	409	265	144	331	196	135	1491	591	900
靖宇县	450	302	148	395	224	171	1194	536	658
长白朝鲜族自治县	296	199	97	232	146	86	810	346	464
临江市	486	345	141	390	242	148	1342	562	780
松原市	**9198**	**5184**	**4014**	**8170**	**4267**	**3903**	**22327**	**10186**	**12141**
宁江区	1048	574	474	907	465	442	2381	1047	1334
前郭尔罗斯蒙古族自治县	1859	1099	760	1709	909	800	4546	2144	2402
长岭县	2366	1346	1020	1977	1050	927	6196	2815	3381
乾安县	954	521	433	956	511	445	2587	1191	1396
吉林松原经济开发区	183	114	69	161	103	58	311	137	174
扶余市	2788	1530	1258	2460	1229	1231	6306	2852	3454
白城市	**6757**	**3927**	**2830**	**6047**	**3112**	**2935**	**21622**	**9110**	**12512**
洮北区	854	486	368	791	417	374	2732	1180	1552
镇赉县	995	572	423	904	479	425	3225	1403	1822
通榆县	1482	867	615	1364	673	691	5524	2168	3356
吉林白城经济开发区	81	52	29	89	48	41	180	74	106
洮南市	1888	1087	801	1658	868	790	5581	2285	3296
大安市	1457	863	594	1241	627	614	4380	2000	2380
延边朝鲜族自治州	**8883**	**5587**	**3296**	**7014**	**4021**	**2993**	**18212**	**7157**	**11055**
延吉市	1315	775	540	1000	541	459	2171	857	1314
图们市	368	246	122	259	141	118	656	224	432
敦化市	2022	1223	799	1583	895	688	5086	2074	3012
珲春市	935	601	334	769	443	326	1626	665	961
龙井市	925	587	338	740	431	309	1655	600	1055
和龙市	974	649	325	742	465	277	1452	534	918
汪清县	1215	791	424	996	583	413	2551	985	1566
安图县	1129	715	414	925	522	403	3015	1218	1797
长白山管委会	**5**	**5**		**2**	**1**	**1**	**7**	**3**	**4**
梅河口市	**2295**	**1396**	**899**	**1838**	**1038**	**800**	**5319**	**2334**	**2985**

5-3　各地区家庭户中民族混合户户数

单位：户、%

地　区	家庭户户　数	单一民族户		二个民族户		三个民族户		四个及以上民族户	
		户数	占家庭户比重	户数	占家庭户比重	户数	占家庭户比重	户数	占家庭户比重
全　省	**9426822**	**8935454**	**94.79**	**486459**	**5.16**	**4837**	**0.05**	**72**	
长春市	**3330525**	**3210201**	**96.39**	**118797**	**3.57**	**1506**	**0.05**	**21**	
南关区	245117	233600	95.30	11469	4.68	48	0.02		
宽城区	315144	305752	97.02	9230	2.93	159	0.05	3	
朝阳区	219858	211197	96.06	8580	3.90	81	0.04		
二道区	202385	195134	96.42	7197	3.56	53	0.03	1	
绿园区	272457	261476	95.97	10917	4.01	64	0.02		
双阳区	116134	106054	91.32	9948	8.57	132	0.11		
九台区	237598	225071	94.73	12378	5.21	146	0.06	3	
农安县	293282	289636	98.76	3467	1.18	179	0.06		
长春经济技术开发区	158225	151782	95.93	6426	4.06	17	0.01		
长春净月高新技术产业开发区	113379	106431	93.87	6899	6.08	48	0.04	1	
长春高新技术产业开发区	146467	138843	94.79	7570	5.17	54	0.04		
长春汽车经济技术开发区	121297	116463	96.01	4815	3.97	19	0.02		
长春莲花山生态旅游度假区	14634	13680	93.48	915	6.25	38	0.26	1	0.01
榆树市	313305	307104	98.02	6042	1.93	155	0.05	4	
德惠市	237356	234588	98.83	2643	1.11	123	0.05	2	
公主岭市	323887	313390	96.76	10301	3.18	190	0.06	6	
吉林市	**1516884**	**1421037**	**93.68**	**95250**	**6.28**	**590**	**0.04**	**7**	
昌邑区	248784	229473	92.24	19211	7.72	100	0.04		
龙潭区	158586	143272	90.34	15249	9.62	64	0.04	1	
船营区	191136	176018	92.09	15038	7.87	78	0.04	2	
丰满区	104492	95415	91.31	9021	8.63	55	0.05	1	
永吉县	101534	93585	92.17	7890	7.77	59	0.06		
吉林经济开发区	20016	17919	89.52	2084	10.41	13	0.06		
吉林高新技术产业开发区	59898	55058	91.92	4816	8.04	23	0.04	1	
吉林中国新加坡食品区	15661	14184	90.57	1464	9.35	12	0.08	1	0.01
蛟河市	145178	140500	96.78	4643	3.20	35	0.02		
桦甸市	148657	145928	98.16	2698	1.81	31	0.02		
舒兰市	170330	164138	96.36	6120	3.59	71	0.04	1	
磐石市	152612	145547	95.37	7016	4.60	49	0.03		
四平市	**700554**	**647704**	**92.46**	**52418**	**7.48**	**426**	**0.06**	**6**	
铁西区	114617	109894	95.88	4693	4.09	28	0.02	2	
铁东区	130215	121744	93.49	8423	6.47	47	0.04	1	
梨树县	205486	201439	98.03	3928	1.91	118	0.06	1	
伊通满族自治县	128420	97306	75.77	30980	24.12	132	0.10	2	
双辽市	121816	117321	96.31	4394	3.61	101	0.08		
辽源市	**396879**	**364514**	**91.85**	**32155**	**8.10**	**205**	**0.05**	**5**	
龙山区	128862	121892	94.59	6937	5.38	32	0.02	1	
西安区	59445	57540	96.80	1891	3.18	13	0.02	1	
东丰县	118914	105099	88.38	13730	11.55	85	0.07		
东辽县	89658	79983	89.21	9597	10.70	75	0.08	3	

5-3 续表

单位：户、%

地区	家庭户户数	单一民族户 户数	单一民族户 占家庭户比重	二个民族户 户数	二个民族户 占家庭户比重	三个民族户 户数	三个民族户 占家庭户比重	四个及以上民族户 户数	四个及以上民族户 占家庭户比重
通化市	**524562**	**486838**	**92.81**	**37440**	**7.14**	**279**	**0.05**	**5**	
东昌区	138492	130160	93.98	8305	6.00	27	0.02		
二道江区	41615	39524	94.98	2078	4.99	12	0.03	1	
通化县	73368	63911	87.11	9382	12.79	74	0.10	1	
辉南县	96032	91287	95.06	4695	4.89	49	0.05	1	
柳河县	105951	98738	93.19	7140	6.74	72	0.07	1	
集安市	69104	63218	91.48	5840	8.45	45	0.07	1	
白山市	**394772**	**381444**	**96.62**	**13189**	**3.34**	**137**	**0.03**	**2**	
浑江区	123257	118600	96.22	4638	3.76	19	0.02		
江源区	58718	57535	97.99	1167	1.99	15	0.03	1	
抚松县	89560	87121	97.28	2403	2.68	36	0.04		
靖宇县	44006	41348	93.96	2618	5.95	39	0.09	1	
长白朝鲜族自治县	25539	24407	95.57	1113	4.36	19	0.07		
临江市	53692	52433	97.66	1250	2.33	9	0.02		
松原市	**840420**	**803479**	**95.60**	**36310**	**4.32**	**615**	**0.07**	**16**	
宁江区	224912	211812	94.18	12976	5.77	123	0.05	1	
前郭尔罗斯蒙古族自治县	153718	140520	91.41	13016	8.47	178	0.12	4	
长岭县	173386	170351	98.25	2940	1.70	93	0.05	2	
乾安县	80331	78484	97.70	1772	2.21	71	0.09	4	
吉林松原经济开发区	32615	29711	91.10	2871	8.80	33	0.10		
扶余市	175458	172601	98.37	2735	1.56	117	0.07	5	
白城市	**635434**	**595482**	**93.71**	**39429**	**6.21**	**514**	**0.08**	**9**	
洮北区	144274	136913	94.90	7285	5.05	76	0.05		
镇赉县	89791	83688	93.20	6018	6.70	81	0.09	4	
通榆县	116194	104965	90.34	11065	9.52	163	0.14	1	
吉林白城经济开发区	39231	36776	93.74	2439	6.22	16	0.04		
洮南市	129745	119788	92.33	9833	7.58	121	0.09	3	
大安市	116199	113352	97.55	2789	2.40	57	0.05	1	
延边朝鲜族自治州	**858472**	**814308**	**94.86**	**43717**	**5.09**	**446**	**0.05**	**1**	
延吉市	290999	276386	94.98	14493	4.98	120	0.04		
图们市	38773	37264	96.11	1490	3.84	19	0.05		
敦化市	174753	167912	96.09	6782	3.88	59	0.03		
珲春市	100539	89942	89.46	10472	10.42	125	0.12		
龙井市	61137	59489	97.30	1630	2.67	18	0.03		
和龙市	55010	53496	97.25	1492	2.71	21	0.04	1	
汪清县	80110	75524	94.28	4547	5.68	39	0.05		
安图县	57151	54295	95.00	2811	4.92	45	0.08		
长白山管委会	**24401**	**23382**	**95.82**	**1014**	**4.16**	**5**	**0.02**		
长白山保护开发区池北区	17673	16799	95.05	869	4.92	5	0.03		
长白山保护开发区池西区	5933	5808	97.89	125	2.11				
长白山保护开发区池南区	795	775	97.48	20	2.52				
梅河口市	**203919**	**187065**	**91.73**	**16740**	**8.21**	**114**	**0.06**		

5-3a 各地区家庭户中民族混合户户数(城市)

单位：户、%

地 区	家庭户户 数	单一民族户		二个民族户		三个民族户		四个及以上民族户	
		户数	占家庭户比重	户数	占家庭户比重	户数	占家庭户比重	户数	占家庭户比重
全 省	**4088980**	**3894957**	**95.25**	**193123**	**4.72**	**898**	**0.02**	**2**	
长春市	**1534610**	**1477763**	**96.30**	**56594**	**3.69**	**252**	**0.02**	**1**	
南关区	245117	233600	95.30	11469	4.68	48	0.02		
宽城区	232911	225860	96.97	7034	3.02	17	0.01		
朝阳区	204666	197176	96.34	7436	3.63	54	0.03		
二道区	201705	194473	96.41	7178	3.56	53	0.03	1	
绿园区	266512	255725	95.95	10734	4.03	53	0.02		
双阳区	45473	41249	90.71	4213	9.26	11	0.02		
九台区	89768	86386	96.23	3376	3.76	6	0.01		
农安县									
长春经济技术开发区									
长春净月高新技术产业开发区									
长春高新技术产业开发区									
长春汽车经济技术开发区									
长春莲花山生态旅游度假区									
榆树市	75520	74592	98.77	925	1.22	3			
德惠市	74213	73765	99.40	448	0.60				
公主岭市	98725	94937	96.16	3781	3.83	7	0.01		
吉林市	**787941**	**740700**	**94.00**	**47043**	**5.97**	**197**	**0.03**	**1**	
昌邑区	199762	186264	93.24	13440	6.73	58	0.03		
龙潭区	110492	102957	93.18	7502	6.79	32	0.03	1	
船营区	158886	146656	92.30	12177	7.66	53	0.03		
丰满区	77102	70337	91.23	6741	8.74	24	0.03		
永吉县									
吉林经济开发区	673	601	89.30	72	10.70				
吉林高新技术产业开发区									
吉林中国新加坡食品区									
蛟河市	58831	56888	96.70	1933	3.29	10	0.02		
桦甸市	67842	66478	97.99	1362	2.01	2			
舒兰市	64163	62942	98.10	1214	1.89	7	0.01		
磐石市	50190	47577	94.79	2602	5.18	11	0.02		
四平市	**240656**	**231183**	**96.06**	**9455**	**3.93**	**18**	**0.01**		
铁西区	89997	86132	95.71	3857	4.29	8	0.01		
铁东区	103138	99129	96.11	4001	3.88	8	0.01		
梨树县									
伊通满族自治县									
双辽市	47521	45922	96.64	1597	3.36	2			
辽源市	**167288**	**159910**	**95.59**	**7360**	**4.40**	**18**	**0.01**		
龙山区	114263	108244	94.73	6004	5.25	15	0.01		
西安区	53025	51666	97.44	1356	2.56	3	0.01		

5-3a 续表

单位：户、%

地区	家庭户户数	单一民族户		二个民族户		三个民族户		四个及以上民族户	
		户数	占家庭户比重	户数	占家庭户比重	户数	占家庭户比重	户数	占家庭户比重
东丰县									
东辽县									
通化市	**183336**	**171663**	**93.63**	**11639**	**6.35**	**34**	**0.02**		
东昌区	126290	118742	94.02	7528	5.96	20	0.02		
二道江区	27493	25964	94.44	1523	5.54	6	0.02		
通化县									
辉南县									
柳河县									
集安市	29553	26957	91.22	2588	8.76	8	0.03		
白山市	**176895**	**171175**	**96.77**	**5707**	**3.23**	**13**	**0.01**		
浑江区	108644	104540	96.22	4092	3.77	12	0.01		
江源区	32611	31901	97.82	709	2.17	1			
抚松县									
靖宇县									
长白朝鲜族自治县									
临江市	35640	34734	97.46	906	2.54				
松原市	**205331**	**193974**	**94.47**	**11290**	**5.50**	**67**	**0.03**		
宁江区	165178	155167	93.94	9956	6.03	55	0.03		
前郭尔罗斯蒙古族自治县	7890	6841	86.70	1037	13.14	12	0.15		
长岭县									
乾安县									
吉林松原经济开发区									
扶余市	32263	31966	99.08	297	0.92				
白城市	**182703**	**173394**	**94.90**	**9265**	**5.07**	**44**	**0.02**		
洮北区	95104	90342	94.99	4733	4.98	29	0.03		
镇赉县									
通榆县									
吉林白城经济开发区	2165	2108	97.37	56	2.59	1	0.05		
洮南市	43268	39794	91.97	3460	8.00	14	0.03		
大安市	42166	41150	97.59	1016	2.41				
延边朝鲜族自治州	**509364**	**481407**	**94.51**	**27735**	**5.45**	**222**	**0.04**		
延吉市	257466	243909	94.73	13445	5.22	112	0.04		
图们市	26205	25095	95.76	1101	4.20	9	0.03		
敦化市	85729	82185	95.87	3529	4.12	15	0.02		
珲春市	73913	66093	89.42	7742	10.47	78	0.11		
龙井市	39196	38037	97.04	1153	2.94	6	0.02		
和龙市	26855	26088	97.14	765	2.85	2	0.01		
汪清县									
安图县									
长白山管委会									
梅河口市	**100856**	**93788**	**92.99**	**7035**	**6.98**	**33**	**0.03**		

5-3b 各地区家庭户中民族混合户户数(镇)

单位：户、%

地　　区	家庭户户　数	单一民族户		二个民族户		三个民族户		四个及以上民族户	
		户数	占家庭户比重	户数	占家庭户比重	户数	占家庭户比重	户数	占家庭户比重
全　省	**1838621**	**1736362**	**94.44**	**101853**	**5.54**	**404**	**0.02**	**2**	
长春市	**662055**	**636675**	**96.17**	**25267**	**3.82**	**111**	**0.02**	**2**	
南关区									
宽城区	24664	24404	98.95	256	1.04	3	0.01	1	
朝阳区	3838	3610	94.06	228	5.94				
二道区	680	661	97.21	19	2.79				
绿园区									
双阳区	1711	1592	93.05	118	6.90	1	0.06		
九台区	2368	2251	95.06	117	4.94				
农安县	76206	75636	99.25	568	0.75	2			
长春经济技术开发区	158225	151782	95.93	6426	4.06	17	0.01		
长春净月高新技术产业开发区	57241	53724	93.86	3499	6.11	18	0.03		
长春高新技术产业开发区	144929	137355	94.77	7526	5.19	48	0.03		
长春汽车经济技术开发区	121297	116463	96.01	4815	3.97	19	0.02		
长春莲花山生态旅游度假区	1959	1873	95.61	85	4.34	1	0.05		
榆树市	19865	19456	97.94	409	2.06				
德惠市	3988	3959	99.27	29	0.73				
公主岭市	45084	43909	97.39	1172	2.60	2		1	
吉林市	**187187**	**174544**	**93.25**	**12602**	**6.73**	**41**	**0.02**		
昌邑区	4547	4163	91.55	384	8.45				
龙潭区	6239	5423	86.92	815	13.06	1	0.02		
船营区	2313	2074	89.67	239	10.33				
丰满区	736	699	94.97	37	5.03				
永吉县	41218	37892	91.93	3311	8.03	15	0.04		
吉林经济开发区	15053	13661	90.75	1388	9.22	4	0.03		
吉林高新技术产业开发区	51170	46959	91.77	4197	8.20	14	0.03		
吉林中国新加坡食品区	2035	1790	87.96	245	12.04				
蛟河市	17030	16582	97.37	446	2.62	2	0.01		
桦甸市	16364	16104	98.41	258	1.58	2	0.01		
舒兰市	11843	11151	94.16	691	5.83	1	0.01		
磐石市	18639	18046	96.82	591	3.17	2	0.01		
四平市	**131748**	**117714**	**89.35**	**14005**	**10.63**	**29**	**0.02**		
铁西区									
铁东区	1910	1686	88.27	224	11.73				
梨树县	76479	75336	98.51	1140	1.49	3			
伊通满族自治县	42901	30529	71.16	12347	28.78	25	0.06		
双辽市	10458	10163	97.18	294	2.81	1	0.01		
辽源市	**69427**	**62847**	**90.52**	**6568**	**9.46**	**12**	**0.02**		
龙山区	324	324	100.00						
西安区									
东丰县	45817	41407	90.37	4401	9.61	9	0.02		
东辽县	23286	21116	90.68	2167	9.31	3	0.01		

5-3b 续表

单位：户、%

地　区	家庭户户　数	单一民族户		二个民族户		三个民族户		四个及以上民族户	
		户数	占家庭户比重	户数	占家庭户比重	户数	占家庭户比重	户数	占家庭户比重
通化市	**138217**	**127661**	**92.36**	**10525**	**7.61**	**31**	**0.02**		
东昌区	2183	2039	93.40	144	6.60				
二道江区	7886	7652	97.03	233	2.95	1	0.01		
通化县	32116	27798	86.55	4307	13.41	11	0.03		
辉南县	51136	48669	95.18	2456	4.80	11	0.02		
柳河县	41073	38148	92.88	2918	7.10	7	0.02		
集安市	3823	3355	87.76	467	12.22	1	0.03		
白山市	**134926**	**130304**	**96.57**	**4602**	**3.41**	**20**	**0.01**		
浑江区	3509	3398	96.84	110	3.13	1	0.03		
江源区	14421	14286	99.06	134	0.93	1	0.01		
抚松县	70162	68372	97.45	1786	2.55	4	0.01		
靖宇县	26582	24858	93.51	1715	6.45	9	0.03		
长白朝鲜族自治县	17391	16561	95.23	825	4.74	5	0.03		
临江市	2861	2829	98.88	32	1.12				
松原市	**180323**	**170617**	**94.62**	**9650**	**5.35**	**56**	**0.03**		
宁江区	9269	8939	96.44	330	3.56				
前郭尔罗斯蒙古族自治县	51111	45113	88.26	5956	11.65	42	0.08		
长岭县	48712	48018	98.58	694	1.42				
乾安县	34402	33868	98.45	532	1.55	2	0.01		
吉林松原经济开发区	24453	22358	91.43	2083	8.52	12	0.05		
扶余市	12376	12321	99.56	55	0.44				
白城市	**150453**	**139910**	**92.99**	**10488**	**6.97**	**55**	**0.04**		
洮北区	10642	10128	95.17	513	4.82	1	0.01		
镇赉县	42478	39419	92.80	3047	7.17	12	0.03		
通榆县	43977	39756	90.40	4194	9.54	27	0.06		
吉林白城经济开发区	33585	31307	93.22	2266	6.75	12	0.04		
洮南市	4743	4505	94.98	236	4.98	2	0.04		
大安市	15028	14795	98.45	232	1.54	1	0.01		
延边朝鲜族自治州	**141271**	**135114**	**95.64**	**6118**	**4.33**	**39**	**0.03**		
延吉市	8466	8248	97.42	217	2.56	1	0.01		
图们市	5915	5737	96.99	177	2.99	1	0.02		
敦化市	23646	23073	97.58	569	2.41	4	0.02		
珲春市	4905	4646	94.72	257	5.24	2	0.04		
龙井市	5943	5841	98.28	102	1.72				
和龙市	10831	10626	98.11	205	1.89				
汪清县	53648	50593	94.31	3042	5.67	13	0.02		
安图县	27917	26350	94.39	1549	5.55	18	0.06		
长白山管委会	**24310**	**23296**	**95.83**	**1009**	**4.15**	**5**	**0.02**		
长白山保护开发区池北区	17582	16713	95.06	864	4.91	5	0.03		
长白山保护开发区池西区	5933	5808	97.89	125	2.11				
长白山保护开发区池南区	795	775	97.48	20	2.52				
梅河口市	**18704**	**17680**	**94.53**	**1019**	**5.45**	**5**	**0.03**		

5–3c 各地区家庭户中民族混合户户数(乡村)

单位：户、%

地　区	家庭户户　数	单一民族户		二个民族户		三个民族户		四个及以上民族户	
		户数	占家庭户比重	户数	占家庭户比重	户数	占家庭户比重	户数	占家庭户比重
全　省	**3499221**	**3304135**	**94.42**	**191483**	**5.47**	**3535**	**0.10**	**68**	
长春市	**1133860**	**1095763**	**96.64**	**36936**	**3.26**	**1143**	**0.10**	**18**	
南关区									
宽城区	57569	55488	96.39	1940	3.37	139	0.24	2	
朝阳区	11354	10411	91.69	916	8.07	27	0.24		
二道区									
绿园区	5945	5751	96.74	183	3.08	11	0.19		
双阳区	68950	63213	91.68	5617	8.15	120	0.17		
九台区	145462	136434	93.79	8885	6.11	140	0.10	3	
农安县	217076	214000	98.58	2899	1.34	177	0.08		
长春经济技术开发区									
长春净月高新技术产业开发区	56138	52707	93.89	3400	6.06	30	0.05	1	
长春高新技术产业开发区	1538	1488	96.75	44	2.86	6	0.39		
长春汽车经济技术开发区									
长春莲花山生态旅游度假区	12675	11807	93.15	830	6.55	37	0.29	1	0.01
榆树市	217920	213056	97.77	4708	2.16	152	0.07	4	
德惠市	159155	156864	98.56	2166	1.36	123	0.08	2	
公主岭市	180078	174544	96.93	5348	2.97	181	0.10	5	
吉林市	**541756**	**505793**	**93.36**	**35605**	**6.57**	**352**	**0.06**	**6**	
昌邑区	44475	39046	87.79	5387	12.11	42	0.09		
龙潭区	41855	34892	83.36	6932	16.56	31	0.07		
船营区	29937	27288	91.15	2622	8.76	25	0.08	2	0.01
丰满区	26654	24379	91.46	2243	8.42	31	0.12	1	
永吉县	60316	55693	92.34	4579	7.59	44	0.07		
吉林经济开发区	4290	3657	85.24	624	14.55	9	0.21		
吉林高新技术产业开发区	8728	8099	92.79	619	7.09	9	0.10	1	0.01
吉林中国新加坡食品区	13626	12394	90.96	1219	8.95	12	0.09	1	0.01
蛟河市	69317	67030	96.70	2264	3.27	23	0.03		
桦甸市	64451	63346	98.29	1078	1.67	27	0.04		
舒兰市	94324	90045	95.46	4215	4.47	63	0.07	1	
磐石市	83783	79924	95.39	3823	4.56	36	0.04		
四平市	**328150**	**298807**	**91.06**	**28958**	**8.82**	**379**	**0.12**	**6**	
铁西区	24620	23762	96.52	836	3.40	20	0.08	2	0.01
铁东区	25167	20929	83.16	4198	16.68	39	0.15	1	
梨树县	129007	126103	97.75	2788	2.16	115	0.09	1	
伊通满族自治县	85519	66777	78.08	18633	21.79	107	0.13	2	
双辽市	63837	61236	95.93	2503	3.92	98	0.15		
辽源市	**160164**	**141757**	**88.51**	**18227**	**11.38**	**175**	**0.11**	**5**	
龙山区	14275	13324	93.34	933	6.54	17	0.12	1	0.01
西安区	6420	5874	91.50	535	8.33	10	0.16	1	0.02

5-3c 续表

单位：户、%

地区	家庭户户数	单一民族户		二个民族户		三个民族户		四个及以上民族户	
		户数	占家庭户比重	户数	占家庭户比重	户数	占家庭户比重	户数	占家庭户比重
东丰县	73097	63692	87.13	9329	12.76	76	0.10		
东辽县	66372	58867	88.69	7430	11.19	72	0.11	3	
通化市	**203009**	**187514**	**92.37**	**15276**	**7.52**	**214**	**0.11**	**5**	
东昌区	10019	9379	93.61	633	6.32	7	0.07		
二道江区	6236	5908	94.74	322	5.16	5	0.08	1	0.02
通化县	41252	36113	87.54	5075	12.30	63	0.15	1	
辉南县	44896	42618	94.93	2239	4.99	38	0.08	1	
柳河县	64878	60590	93.39	4222	6.51	65	0.10	1	
集安市	35728	32906	92.10	2785	7.80	36	0.10	1	
白山市	**82951**	**79965**	**96.40**	**2880**	**3.47**	**104**	**0.13**	**2**	
浑江区	11104	10662	96.02	436	3.93	6	0.05		
江源区	11686	11348	97.11	324	2.77	13	0.11	1	0.01
抚松县	19398	18749	96.65	617	3.18	32	0.16		
靖宇县	17424	16490	94.64	903	5.18	30	0.17	1	0.01
长白朝鲜族自治县	8148	7846	96.29	288	3.53	14	0.17		
临江市	15191	14870	97.89	312	2.05	9	0.06		
松原市	**454766**	**438888**	**96.51**	**15370**	**3.38**	**492**	**0.11**	**16**	
宁江区	50465	47706	94.53	2690	5.33	68	0.13	1	
前郭尔罗斯蒙古族自治县	94717	88566	93.51	6023	6.36	124	0.13	4	
长岭县	124674	122333	98.12	2246	1.80	93	0.07	2	
乾安县	45929	44616	97.14	1240	2.70	69	0.15	4	0.01
吉林松原经济开发区	8162	7353	90.09	788	9.65	21	0.26		
扶余市	130819	128314	98.09	2383	1.82	117	0.09	5	
白城市	**302278**	**282178**	**93.35**	**19676**	**6.51**	**415**	**0.14**	**9**	
洮北区	38528	36443	94.59	2039	5.29	46	0.12		
镇赉县	47313	44269	93.57	2971	6.28	69	0.15	4	0.01
通榆县	72217	65209	90.30	6871	9.51	136	0.19	1	
吉林白城经济开发区	3481	3361	96.55	117	3.36	3	0.09		
洮南市	81734	75489	92.36	6137	7.51	105	0.13	3	
大安市	59005	57407	97.29	1541	2.61	56	0.09	1	
延边朝鲜族自治州	**207837**	**197787**	**95.16**	**9864**	**4.75**	**185**	**0.09**	**1**	
延吉市	25067	24229	96.66	831	3.32	7	0.03		
图们市	6653	6432	96.68	212	3.19	9	0.14		
敦化市	65378	62654	95.83	2684	4.11	40	0.06		
珲春市	21721	19203	88.41	2473	11.39	45	0.21		
龙井市	15998	15611	97.58	375	2.34	12	0.08		
和龙市	17324	16782	96.87	522	3.01	19	0.11	1	0.01
汪清县	26462	24931	94.21	1505	5.69	26	0.10		
安图县	29234	27945	95.59	1262	4.32	27	0.09		
长白山管委会	**91**	**86**	**94.51**	**5**	**5.49**				
梅河口市	**84359**	**75597**	**89.61**	**8686**	**10.30**	**76**	**0.09**		

5−4 各地区有60岁及以上人口的家庭户户数

单位：户

地区	合计	有一个60岁及以上人口的户				有二个60岁及以上人口的户				有三个60岁及以上人口的户
		小计	独自居住	只与未成年人口共同居住	其他	小计	只有一对60岁及以上夫妇居住	只有一对60岁及以上夫妇与未成年人口共同居住	其他	
全省	**3534665**	**1859288**	**747479**	**19440**	**1092369**	**1641156**	**1034717**	**36402**	**570037**	**34221**
长春市	**1173534**	**603374**	**218597**	**5995**	**378782**	**557237**	**327469**	**12332**	**217436**	**12923**
南关区	79121	41150	16938	354	23858	37006	23366	635	13005	965
宽城区	93386	51266	18870	447	31949	41172	24024	838	16310	948
朝阳区	76185	41159	18114	409	22636	34081	20166	717	13198	945
二道区	56318	31874	14251	294	17329	24040	14530	503	9007	404
绿园区	86401	43942	15797	322	27823	41520	25660	711	15149	939
双阳区	48319	24807	8806	162	15839	22997	14054	400	8543	515
九台区	98565	52518	19278	567	32673	44998	26380	976	17642	1049
农安县	123038	61565	21636	642	39287	60018	35639	1337	23042	1455
长春经济技术开发区	39505	19138	6512	168	12458	19966	12797	338	6831	401
长春净月高新技术产业开发区	35652	17019	5874	156	10989	18223	11071	362	6790	410
长春高新技术产业开发区	32293	15810	4925	202	10683	16168	9466	359	6343	315
长春汽车经济技术开发区	36943	18918	7611	170	11137	17642	11173	350	6119	383
长春莲花山生态旅游度假区	6729	3587	1325	30	2232	3014	1948	59	1007	128
榆树市	134313	68733	20495	874	47364	64055	32433	1914	29708	1525
德惠市	95500	47436	14678	501	32257	46857	25008	1143	20706	1207
公主岭市	131266	64452	23487	697	40268	65480	39754	1690	24036	1334
吉林市	**603606**	**328740**	**141629**	**3420**	**183691**	**269289**	**173711**	**5903**	**89675**	**5577**
昌邑区	96593	51809	22657	463	28689	43727	28114	866	14747	1057
龙潭区	67837	37835	17269	351	20215	29404	19416	608	9380	598
船营区	74523	40567	17432	381	22754	33157	21055	661	11441	799
丰满区	41100	21432	9058	125	12249	19161	12803	298	6060	507
永吉县	42999	23426	9790	231	13405	19171	12108	407	6656	402
吉林经济开发区	8286	4460	1942	53	2465	3732	2518	78	1136	94
吉林高新技术产业开发区	20319	10099	3925	79	6095	10012	6505	194	3313	208
吉林中国新加坡食品区	6401	3470	1371	53	2046	2893	1692	69	1132	38
蛟河市	59074	33076	14941	384	17751	25521	17005	565	7951	477
桦甸市	53673	30824	14801	295	15728	22501	14982	471	7048	348
舒兰市	71111	38990	15759	562	22669	31522	19366	942	11214	599
磐石市	61690	32752	12684	443	19625	28488	18147	744	9597	450
四平市	**281060**	**142875**	**58301**	**1602**	**82972**	**135626**	**86528**	**3223**	**45875**	**2559**
铁西区	39616	19886	9441	188	10257	19383	13925	353	5105	347
铁东区	48069	26458	14215	271	11972	21225	15094	419	5712	386
梨树县	88780	43766	16071	551	27144	44225	26565	1207	16453	789
伊通满族自治县	56328	27832	9810	272	17750	27922	16551	610	10761	574
双辽市	48267	24933	8764	320	15849	22871	14393	634	7844	463
辽源市	**159539**	**83802**	**34634**	**787**	**48381**	**74404**	**47330**	**1575**	**25499**	**1333**
龙山区	44480	23467	11083	250	12134	20652	14529	428	5695	361
西安区	24608	14174	7744	107	6323	10253	7505	180	2568	181
东丰县	49512	24912	8547	217	16148	24144	14087	507	9550	456
东辽县	40939	21249	7260	213	13776	19355	11209	460	7686	335

5-4 续表

单位：户

地　　区	合　　计	有一个60岁及以上人口的户				有二个60岁及以上人口的户				有三个60岁及以上人口的户
		小计	独自居住	只与未成年人口共同居住	其他	小计	只有一对60岁及以上夫妇居住	只有一对60岁及以上夫妇与未成年人口共同居住	其他	
通化市	**215499**	**111174**	**44802**	**1102**	**65270**	**102301**	**65505**	**2263**	**34533**	**2024**
东昌区	52206	26579	11092	198	15289	25103	17349	392	7362	524
二道江区	17485	9578	4908	70	4600	7783	5728	154	1901	124
通化县	30571	15598	6028	151	9419	14698	9722	350	4626	275
辉南县	40524	20983	8696	283	12004	19131	11841	513	6777	410
柳河县	44137	23149	8494	269	14386	20615	11506	548	8561	373
集安市	30576	15287	5584	131	9572	14971	9359	306	5306	318
白山市	**152833**	**81472**	**36591**	**695**	**44186**	**70060**	**51371**	**1403**	**17286**	**1301**
浑江区	45903	24036	9901	174	13961	21451	15479	399	5573	416
江源区	25945	14158	6644	142	7372	11512	8558	243	2711	275
抚松县	32862	17737	8310	129	9298	14908	11071	280	3557	217
靖宇县	15733	8280	3479	77	4724	7332	5199	170	1963	121
长白朝鲜族自治县	10058	5379	2731	52	2596	4605	3473	80	1052	74
临江市	22332	11882	5526	121	6235	10252	7591	231	2430	198
松原市	**306405**	**155831**	**49198**	**1985**	**104648**	**147651**	**89811**	**3835**	**54005**	**2923**
宁江区	75366	37265	12333	412	24520	37400	24216	782	12402	701
前郭尔罗斯蒙古族自治县	56211	29073	8831	357	19885	26638	16166	661	9811	500
长岭县	62129	31916	10926	455	20535	29722	18137	934	10651	491
乾安县	29776	14708	5117	160	9431	14746	10071	307	4368	322
吉林松原经济开发区	8585	4432	1146	28	3258	4061	2472	66	1523	92
扶余市	74338	38437	10845	573	27019	35084	18749	1085	15250	817
白城市	**232301**	**118280**	**51664**	**1166**	**65450**	**112082**	**82566**	**2245**	**27271**	**1939**
洮北区	53724	27637	11704	263	15670	25575	18592	498	6485	512
镇赉县	33061	16662	6923	191	9548	16104	11670	391	4043	295
通榆县	40164	20873	9714	205	10954	18957	14110	358	4489	334
吉林白城经济开发区	12263	6020	2359	58	3603	6131	4471	113	1547	112
洮南市	47642	24449	10847	233	13369	22895	16708	506	5681	298
大安市	45447	22639	10117	216	12306	22420	17015	379	5026	388
延边朝鲜族自治州	**322996**	**188122**	**93338**	**2157**	**92627**	**132062**	**86856**	**2695**	**42511**	**2812**
延吉市	100964	60319	28734	806	30779	39636	23846	906	14884	1009
图们市	18072	10576	5447	97	5032	7288	4568	142	2578	208
敦化市	65014	35321	17581	376	17364	29253	21409	612	7232	440
珲春市	34772	19772	8104	286	11382	14638	8983	341	5314	362
龙井市	27749	17030	8786	160	8084	10468	6276	177	4015	251
和龙市	23087	14103	7599	132	6372	8823	5724	131	2968	161
汪清县	30823	18043	10119	169	7755	12620	9177	225	3218	160
安图县	22515	12958	6968	131	5859	9336	6873	161	2302	221
长白山管委会	**7789**	**4444**	**2014**	**33**	**2397**	**3273**	**2367**	**47**	**859**	**72**
长白山保护开发区池北区	5309	3040	1266	19	1755	2216	1539	28	649	53
长白山保护开发区池西区	2176	1229	669	13	547	933	727	18	188	14
长白山保护开发区池南区	304	175	79	1	95	124	101	1	22	5
梅河口市	**79103**	**41174**	**16711**	**498**	**23965**	**37171**	**21203**	**881**	**15087**	**758**

5-4a　各地区有60岁及以上人口的家庭户户数(城市)

单位：户

地　区	合　计	有一个60岁及以上人口的户				有二个60岁及以上人口的户				有三个60岁及以上人口的户
		小计	独自居住	只与未成年人口共同居住	其他	小计	只有一对60岁及以上夫妇居住	只有一对60岁及以上夫妇与未成年人口共同居住	其他	
全　省	**1358282**	**728201**	**323283**	**7810**	**397108**	**617152**	**414079**	**12714**	**190359**	**12929**
长春市	**467269**	**248142**	**101521**	**2356**	**144265**	**214452**	**135270**	**4228**	**74954**	**4675**
南关区	79121	41150	16938	354	23858	37006	23366	635	13005	965
宽城区	64555	35912	13858	321	21733	28058	16691	569	10798	585
朝阳区	69543	37648	16501	390	20757	31027	18083	663	12281	868
二道区	56073	31735	14154	290	17291	23934	14444	503	8987	404
绿园区	83794	42612	15446	316	26850	40283	24943	686	14654	899
双阳区	13009	6459	2481	53	3925	6423	4442	126	1855	127
九台区	29589	16113	7471	180	8462	13216	9543	249	3424	260
农安县										
长春经济技术开发区										
长春净月高新技术产业开发区										
长春高新技术产业开发区										
长春汽车经济技术开发区										
长春莲花山生态旅游度假区										
榆树市	21796	11230	3904	150	7176	10403	6594	256	3553	163
德惠市	19205	9753	4014	117	5622	9313	6601	203	2509	139
公主岭市	30584	15530	6754	185	8591	14789	10563	338	3888	265
吉林市	**289710**	**157327**	**73108**	**1673**	**82546**	**129511**	**88511**	**2817**	**38183**	**2872**
昌邑区	76304	40803	18512	357	21934	34649	22941	660	11048	852
龙潭区	44523	25184	12155	217	12812	18943	13045	415	5483	396
船营区	61635	33579	15059	309	18211	27383	17742	548	9093	673
丰满区	28089	14338	5988	88	8262	13392	9140	213	4039	359
永吉县										
吉林经济开发区	294	151	51	2	98	139	94	2	43	4
吉林高新技术产业开发区										
吉林中国新加坡食品区										
蛟河市	20966	11816	6083	177	5556	8965	6533	247	2185	185
桦甸市	19710	10934	5771	138	5025	8652	6504	201	1947	124
舒兰市	22536	12642	6196	214	6232	9722	7072	299	2351	172
磐石市	15653	7880	3293	171	4416	7666	5440	232	1994	107
四平市	**81031**	**42831**	**21867**	**445**	**20519**	**37522**	**27687**	**731**	**9104**	**678**
铁西区	30139	15091	7287	150	7654	14780	10893	276	3611	268
铁东区	34475	19660	11245	200	8215	14564	10795	305	3464	251
梨树县										
伊通满族自治县										
双辽市	16417	8080	3335	95	4650	8178	5999	150	2029	159
辽源市	**58141**	**31989**	**16698**	**304**	**14987**	**25776**	**18941**	**507**	**6328**	**376**
龙山区	36952	19617	9601	215	9801	17077	12402	360	4315	258
西安区	21189	12372	7097	89	5186	8699	6539	147	2013	118

5-4a 续表 单位：户

地区	合计	有一个60岁及以上人口的户				有二个60岁及以上人口的户				有三个60岁及以上人口的户
		小计	独自居住	只与未成年人口共同居住	其他	小计	只有一对60岁及以上夫妇居住	只有一对60岁及以上夫妇与未成年人口共同居住	其他	
东丰县										
东辽县										
通化市	**66772**	**34384**	**14767**	**282**	**19335**	**31780**	**22345**	**574**	**8861**	**608**
东昌区	46179	23646	9893	175	13578	22086	15372	356	6358	447
二道江区	10132	5432	2681	41	2710	4631	3464	91	1076	69
通化县										
辉南县										
柳河县										
集安市	10461	5306	2193	66	3047	5063	3509	127	1427	92
白山市	**65322**	**34257**	**15193**	**333**	**18731**	**30501**	**22691**	**633**	**7177**	**564**
浑江区	38407	20043	8380	155	11508	18042	13197	337	4508	322
江源区	13383	7112	3373	87	3652	6144	4750	130	1264	127
抚松县										
靖宇县										
长白朝鲜族自治县										
临江市	13532	7102	3440	91	3571	6315	4744	166	1405	115
松原市	**61494**	**29843**	**10284**	**385**	**19174**	**31150**	**21153**	**655**	**9342**	**501**
宁江区	51055	24408	8682	289	15437	26240	18014	516	7710	407
前郭尔罗斯蒙古族自治县	2164	1086	346	12	728	1050	703	14	333	28
长岭县										
乾安县										
吉林松原经济开发区										
扶余市	8275	4349	1256	84	3009	3860	2436	125	1299	66
白城市	**63207**	**31608**	**13732**	**360**	**17516**	**30973**	**23158**	**586**	**7229**	**626**
洮北区	33107	16945	7206	173	9566	15814	11678	297	3839	348
镇赉县										
通榆县										
吉林白城经济开发区	964	480	218		262	477	364	4	109	7
洮南市	14179	7009	3188	100	3721	7058	5280	157	1621	112
大安市	14957	7174	3120	87	3967	7624	5836	128	1660	159
延边朝鲜族自治州	**173882**	**101339**	**49025**	**1441**	**50873**	**70840**	**45518**	**1666**	**23656**	**1703**
延吉市	86155	51273	24301	721	26251	34023	20572	803	12648	859
图们市	11819	6687	3446	74	3167	4992	3173	111	1708	140
敦化市	27195	14634	7332	176	7126	12351	9263	259	2829	210
珲春市	22329	12741	5192	247	7302	9335	5758	262	3315	253
龙井市	16711	10128	5320	131	4677	6406	3985	144	2277	177
和龙市	9673	5876	3434	92	2350	3733	2767	87	879	64
汪清县										
安图县										
长白山管委会										
梅河口市	**31454**	**16481**	**7088**	**231**	**9162**	**14647**	**8805**	**317**	**5525**	**326**

5-4b　各地区有60岁及以上人口的家庭户户数(镇)

单位：户

地　　区	合　　计	有一个60岁及以上人口的户				有二个60岁及以上人口的户				有三个60岁及以上人口的户
		小计	独自居住	只与未成年人口共同居住	其他	小计	只有一对60岁及以上夫妇居住	只有一对60岁及以上夫妇与未成年人口共同居住	其他	
全　省	**578090**	**302395**	**133227**	**3846**	**165322**	**270778**	**185384**	**6250**	**79144**	**4917**
长春市	**179967**	**89953**	**32877**	**1066**	**56010**	**88238**	**55506**	**1931**	**30801**	**1776**
南关区										
宽城区	6018	3199	1068	45	2086	2762	1624	77	1061	57
朝阳区	1425	728	361	8	359	684	516	13	155	13
二道区	245	139	97	4	38	106	86		20	
绿园区										
双阳区	742	401	195	7	199	332	221	10	101	9
九台区	579	332	139	11	182	245	150	8	87	2
农安县	22516	11819	5022	193	6604	10489	7158	265	3066	208
长春经济技术开发区	39505	19138	6512	168	12458	19966	12797	338	6831	401
长春净月高新技术产业开发区	17694	8113	2474	93	5546	9379	5636	175	3568	202
长春高新技术产业开发区	31586	15426	4733	199	10494	15849	9248	357	6244	311
长春汽车经济技术开发区	36943	18918	7611	170	11137	17642	11173	350	6119	383
长春莲花山生态旅游度假区	754	402	197	2	203	337	248	3	86	15
榆树市	7734	4072	1584	54	2434	3579	1970	141	1468	83
德惠市	1606	799	271	13	515	788	412	22	354	19
公主岭市	12620	6467	2613	99	3755	6080	4267	172	1641	73
吉林市	**67057**	**36849**	**18649**	**549**	**17651**	**29661**	**21044**	**727**	**7890**	**547**
昌邑区	1749	1008	622	17	369	723	543	18	162	18
龙潭区	2653	1488	826	23	639	1154	852	27	275	11
船营区	674	357	164	12	181	314	220	10	84	3
丰满区	289	146	79	1	66	139	120		19	4
永吉县	15011	8367	4345	116	3906	6524	4676	157	1691	120
吉林经济开发区	5821	3181	1548	43	1590	2583	1903	55	625	57
吉林高新技术产业开发区	16764	8175	3252	70	4853	8411	5547	156	2708	178
吉林中国新加坡食品区	788	419	218	2	199	365	227	13	125	4
蛟河市	6197	3591	1892	77	1622	2567	1871	74	622	39
桦甸市	5613	3671	2498	35	1138	1918	1468	57	393	24
舒兰市	4463	2503	1111	82	1310	1916	1295	87	534	44
磐石市	7035	3943	2094	71	1778	3047	2322	73	652	45
四平市	**43165**	**21719**	**9753**	**296**	**11670**	**21123**	**15135**	**438**	**5550**	**323**
铁西区										
铁东区	740	385	190	11	184	351	274	4	73	4
梨树县	25953	12991	6070	170	6751	12780	9224	254	3302	182
伊通满族自治县	12821	6404	2604	84	3716	6302	4487	132	1683	115
双辽市	3651	1939	889	31	1019	1690	1150	48	492	22
辽源市	**22474**	**11394**	**5152**	**147**	**6095**	**10904**	**7824**	**257**	**2823**	**176**
龙山区	160	98	56	1	41	60	48	1	11	2
西安区										
东丰县	15122	7449	3293	94	4062	7546	5399	176	1971	127
东辽县	7192	3847	1803	52	1992	3298	2377	80	841	47

5-4b 续表

单位：户

地区	合计	有一个60岁及以上人口的户				有二个60岁及以上人口的户				有三个60岁及以上人口的户
		小计	独自居住	只与未成年人口共同居住	其他	小计	只有一对60岁及以上夫妇居住	只有一对60岁及以上夫妇与未成年人口共同居住	其他	
通化市	**49193**	**25379**	**11754**	**364**	**13261**	**23415**	**16142**	**604**	**6669**	**399**
东昌区	771	365	168	8	189	398	295	5	98	8
二道江区	4003	2351	1351	19	981	1622	1186	37	399	30
通化县	10128	5100	2175	86	2839	4958	3445	157	1356	70
辉南县	18373	9460	4434	134	4892	8757	6135	193	2429	156
柳河县	14166	7261	3313	109	3839	6798	4538	187	2073	107
集安市	1752	842	313	8	521	882	543	25	314	28
白山市	**47182**	**25907**	**12804**	**229**	**12874**	**20969**	**15929**	**425**	**4615**	**306**
浑江区	1603	862	355	3	504	722	523	14	185	19
江源区	6238	3669	2028	32	1609	2521	1967	51	503	48
抚松县	23970	13189	6488	108	6593	10643	8119	200	2324	138
靖宇县	7932	4212	1890	45	2277	3673	2690	98	885	47
长白朝鲜族自治县	6093	3232	1689	38	1505	2820	2170	52	598	41
临江市	1346	743	354	3	386	590	460	10	120	13
松原市	**49380**	**25233**	**8417**	**411**	**16405**	**23749**	**15534**	**647**	**7568**	**398**
宁江区	2701	1412	363	14	1035	1268	739	34	495	21
前郭尔罗斯蒙古族自治县	14345	7307	2230	138	4939	6928	4466	202	2260	110
长岭县	13655	7030	2753	134	4143	6523	4380	204	1939	102
乾安县	9609	4730	1574	72	3084	4790	3293	106	1391	89
吉林松原经济开发区	5155	2611	674	17	1920	2512	1606	44	862	32
扶余市	3915	2143	823	36	1284	1728	1050	57	621	44
白城市	**47741**	**23836**	**10263**	**353**	**13220**	**23484**	**17403**	**617**	**5464**	**421**
洮北区	4055	1996	975	14	1007	2032	1544	47	441	27
镇赉县	13872	6838	2794	131	3913	6918	5046	223	1649	116
通榆县	13374	6743	2826	105	3812	6485	4693	184	1608	146
吉林白城经济开发区	9733	4763	1872	47	2844	4879	3603	91	1185	91
洮南市	1681	884	420	9	455	789	596	25	168	8
大安市	5026	2612	1376	47	1189	2381	1921	47	413	33
延边朝鲜族自治州	**55759**	**33107**	**19087**	**352**	**13668**	**22208**	**16124**	**449**	**5635**	**444**
延吉市	3967	2449	1262	34	1153	1463	841	40	582	55
图们市	2970	1883	1086	13	784	1055	728	15	312	32
敦化市	9839	5622	3580	57	1985	4162	3304	97	761	55
珲春市	2137	1205	517	8	680	911	585	24	302	21
龙井市	2907	1872	1071	10	791	1010	652	8	350	25
和龙市	5155	3244	1971	21	1252	1880	1337	17	526	31
汪清县	19252	11304	6572	133	4599	7854	5799	173	1882	94
安图县	9532	5528	3028	76	2424	3873	2878	75	920	131
长白山管委会	**7753**	**4422**	**2005**	**33**	**2384**	**3260**	**2361**	**47**	**852**	**71**
长白山保护开发区池北区	5273	3018	1257	19	1742	2203	1533	28	642	52
长白山保护开发区池西区	2176	1229	669	13	547	933	727	18	188	14
长白山保护开发区池南区	304	175	79	1	95	124	101	1	22	5
梅河口市	**8419**	**4596**	**2466**	**46**	**2084**	**3767**	**2382**	**108**	**1277**	**56**

5-4c　各地区有60岁及以上人口的家庭户户数(乡村)

单位：户

地　区	合　计	有一个60岁及以上人口的户				有二个60岁及以上人口的户				有三个60岁及以上人口的户
		小计	独自居住	只与未成年人口共同居住	其他	小计	只有一对60岁及以上夫妇居住	只有一对60岁及以上夫妇与未成年人口共同居住	其他	
全　省	**1598293**	**828692**	**290969**	**7784**	**529939**	**753226**	**435254**	**17438**	**300534**	**16375**
长春市	**526298**	**265279**	**84199**	**2573**	**178507**	**254547**	**136693**	**6173**	**111681**	**6472**
南关区										
宽城区	22813	12155	3944	81	8130	10352	5709	192	4451	306
朝阳区	5217	2783	1252	11	1520	2370	1567	41	762	64
二道区										
绿园区	2607	1330	351	6	973	1237	717	25	495	40
双阳区	34568	17947	6130	102	11715	16242	9391	264	6587	379
九台区	68397	36073	11668	376	24029	31537	16687	719	14131	787
农安县	100522	49746	16614	449	32683	49529	28481	1072	19976	1247
长春经济技术开发区										
长春净月高新技术产业开发区	17958	8906	3400	63	5443	8844	5435	187	3222	208
长春高新技术产业开发区	707	384	192	3	189	319	218	2	99	4
长春汽车经济技术开发区										
长春莲花山生态旅游度假区	5975	3185	1128	28	2029	2677	1700	56	921	113
榆树市	104783	53431	15007	670	37754	50073	23869	1517	24687	1279
德惠市	74689	36884	10393	371	26120	36756	17995	918	17843	1049
公主岭市	88062	42455	14120	413	27922	44611	24924	1180	18507	996
吉林市	**246839**	**134564**	**49872**	**1198**	**83494**	**110117**	**64156**	**2359**	**43602**	**2158**
昌邑区	18540	9998	3523	89	6386	8355	4630	188	3537	187
龙潭区	20661	11163	4288	111	6764	9307	5519	166	3622	191
船营区	12214	6631	2209	60	4362	5460	3093	103	2264	123
丰满区	12722	6948	2991	36	3921	5630	3543	85	2002	144
永吉县	27988	15059	5445	115	9499	12647	7432	250	4965	282
吉林经济开发区	2171	1128	343	8	777	1010	521	21	468	33
吉林高新技术产业开发区	3555	1924	673	9	1242	1601	958	38	605	30
吉林中国新加坡食品区	5613	3051	1153	51	1847	2528	1465	56	1007	34
蛟河市	31911	17669	6966	130	10573	13989	8601	244	5144	253
桦甸市	28350	16219	6532	122	9565	11931	7010	213	4708	200
舒兰市	44112	23845	8452	266	15127	19884	10999	556	8329	383
磐石市	39002	20929	7297	201	13431	17775	10385	439	6951	298
四平市	**156864**	**78325**	**26681**	**861**	**50783**	**76981**	**43706**	**2054**	**31221**	**1558**
铁西区	9477	4795	2154	38	2603	4603	3032	77	1494	79
铁东区	12854	6413	2780	60	3573	6310	4025	110	2175	131
梨树县	62827	30775	10001	381	20393	31445	17341	953	13151	607
伊通满族自治县	43507	21428	7206	188	14034	21620	12064	478	9078	459
双辽市	28199	14914	4540	194	10180	13003	7244	436	5323	282
辽源市	**78924**	**40419**	**12784**	**336**	**27299**	**37724**	**20565**	**811**	**16348**	**781**
龙山区	7368	3752	1426	34	2292	3515	2079	67	1369	101
西安区	3419	1802	647	18	1137	1554	966	33	555	63

5-4c 续表

单位：户

地区	合计	有一个60岁及以上人口的户				有二个60岁及以上人口的户				有三个60岁及以上人口的户
		小计	独自居住	只与未成年人口共同居住	其他	小计	只有一对60岁及以上夫妇居住	只有一对60岁及以上夫妇与未成年人口共同居住	其他	
东丰县	34390	17463	5254	123	12086	16598	8688	331	7579	329
东辽县	33747	17402	5457	161	11784	16057	8832	380	6845	288
通化市	**99534**	**51411**	**18281**	**456**	**32674**	**47106**	**27018**	**1085**	**19003**	**1017**
东昌区	5256	2568	1031	15	1522	2619	1682	31	906	69
二道江区	3350	1795	876	10	909	1530	1078	26	426	25
通化县	20443	10498	3853	65	6580	9740	6277	193	3270	205
辉南县	22151	11523	4262	149	7112	10374	5706	320	4348	254
柳河县	29971	15888	5181	160	10547	13817	6968	361	6488	266
集安市	18363	9139	3078	57	6004	9026	5307	154	3565	198
白山市	**40329**	**21308**	**8594**	**133**	**12581**	**18590**	**12751**	**345**	**5494**	**431**
浑江区	5893	3131	1166	16	1949	2687	1759	48	880	75
江源区	6324	3377	1243	23	2111	2847	1841	62	944	100
抚松县	8892	4548	1822	21	2705	4265	2952	80	1233	79
靖宇县	7801	4068	1589	32	2447	3659	2509	72	1078	74
长白朝鲜族自治县	3965	2147	1042	14	1091	1785	1303	28	454	33
临江市	7454	4037	1732	27	2278	3347	2387	55	905	70
松原市	**195531**	**100755**	**30497**	**1189**	**69069**	**92752**	**53124**	**2533**	**37095**	**2024**
宁江区	21610	11445	3288	109	8048	9892	5463	232	4197	273
前郭尔罗斯蒙古族自治县	39702	20680	6255	207	14218	18660	10997	445	7218	362
长岭县	48474	24886	8173	321	16392	23199	13757	730	8712	389
乾安县	20167	9978	3543	88	6347	9956	6778	201	2977	233
吉林松原经济开发区	3430	1821	472	11	1338	1549	866	22	661	60
扶余市	62148	31945	8766	453	22726	29496	15263	903	13330	707
白城市	**121353**	**62836**	**27669**	**453**	**34714**	**57625**	**42005**	**1042**	**14578**	**892**
洮北区	16562	8696	3523	76	5097	7729	5370	154	2205	137
镇赉县	19189	9824	4129	60	5635	9186	6624	168	2394	179
通榆县	26790	14130	6888	100	7142	12472	9417	174	2881	188
吉林白城经济开发区	1566	777	269	11	497	775	504	18	253	14
洮南市	31782	16556	7239	124	9193	15048	10832	324	3892	178
大安市	25464	12853	5621	82	7150	12415	9258	204	2953	196
延边朝鲜族自治州	**93355**	**53676**	**25226**	**364**	**28086**	**39014**	**25214**	**580**	**13220**	**665**
延吉市	10842	6597	3171	51	3375	4150	2433	63	1654	95
图们市	3283	2006	915	10	1081	1241	667	16	558	36
敦化市	27980	15065	6669	143	8253	12740	8842	256	3642	175
珲春市	10306	5826	2395	31	3400	4392	2640	55	1697	88
龙井市	8131	5030	2395	19	2616	3052	1639	25	1388	49
和龙市	8259	4983	2194	19	2770	3210	1620	27	1563	66
汪清县	11571	6739	3547	36	3156	4766	3378	52	1336	66
安图县	12983	7430	3940	55	3435	5463	3995	86	1382	90
长白山管委会	**36**	**22**	**9**		**13**	**13**	**6**		**7**	**1**
梅河口市	**39230**	**20097**	**7157**	**221**	**12719**	**18757**	**10016**	**456**	**8285**	**376**

5-5 各地区有65岁及以上人口的家庭户户数

单位：户

地区	合计	有一个65岁及以上人口的户				有二个65岁及以上人口的户				有三个65岁及以上人口的户
		小计	独自居住	只与未成年人口共同居住	其他	小计	只有一对65岁及以上夫妇居住	只有一对65岁及以上夫妇与未成年人口共同居住	其他	
全省	**2531072**	**1534081**	**546721**	**10505**	**976855**	**986347**	**630588**	**14450**	**341309**	**10644**
长春市	**842178**	**500247**	**159083**	**3233**	**337931**	**337821**	**202316**	**4960**	**130545**	**4110**
南关区	54918	32319	11707	194	20418	22317	14465	259	7593	282
宽城区	64009	39866	12786	222	26858	23845	14345	334	9166	298
朝阳区	55435	33453	13095	241	20117	21705	13208	359	8138	277
二道区	38490	24221	9693	174	14354	14137	8792	228	5117	132
绿园区	60416	34910	10962	156	23792	25239	16092	313	8834	267
双阳区	35543	21382	6768	91	14523	13991	8619	150	5222	170
九台区	72145	44479	14326	320	29833	27360	16097	369	10894	306
农安县	89898	53162	16489	332	36341	36262	21713	513	14036	474
长春经济技术开发区	26954	15182	4571	87	10524	11666	7756	139	3771	106
长春净月高新技术产业开发区	24980	13985	4261	84	9640	10844	6824	162	3858	151
长春高新技术产业开发区	21605	12203	3447	101	8655	9297	5739	168	3390	105
长春汽车经济技术开发区	26712	15404	5702	89	9613	11193	7465	157	3571	115
长春莲花山生态旅游度假区	5090	3193	1019	18	2156	1866	1194	24	648	31
榆树市	99102	59683	15243	484	43956	38882	19616	705	18561	537
德惠市	70277	41064	11072	264	29728	28826	15401	441	12984	387
公主岭市	96604	55741	17942	376	37423	40391	24990	639	14762	472
吉林市	**432439**	**268218**	**102495**	**1819**	**163904**	**162501**	**105345**	**2446**	**54710**	**1720**
昌邑区	68203	41499	15777	267	25455	26388	16919	391	9078	316
龙潭区	48214	30385	12155	186	18044	17665	11821	257	5587	164
船营区	52989	32549	12165	199	20185	20189	12851	265	7073	251
丰满区	29304	17493	6552	66	10875	11657	7808	119	3730	154
永吉县	31147	19498	7259	120	12119	11519	7275	155	4089	130
吉林经济开发区	5936	3675	1415	21	2239	2232	1549	37	646	29
吉林高新技术产业开发区	14495	8299	2863	44	5392	6134	3997	73	2064	62
吉林中国新加坡食品区	4671	2896	1025	29	1842	1761	1075	32	654	14
蛟河市	42537	27147	11134	207	15806	15236	10139	244	4853	154
桦甸市	38633	25291	11097	159	14035	13229	8923	177	4129	113
舒兰市	51545	32194	11614	278	20302	19160	11813	378	6969	191
磐石市	44765	27292	9439	243	17610	17331	11175	318	5838	142
四平市	**205788**	**121912**	**43818**	**894**	**77200**	**83023**	**53747**	**1225**	**28051**	**853**
铁西区	28375	16203	6918	94	9191	12045	8851	143	3051	127
铁东区	34611	21387	10397	154	10836	13104	9488	176	3440	120
梨树县	66391	38612	12488	315	25809	27508	16750	472	10286	271
伊通满族自治县	41322	24409	7424	161	16824	16704	9899	216	6589	209
双辽市	35089	21301	6591	170	14540	13662	8759	218	4685	126
辽源市	**113866**	**69323**	**24958**	**405**	**43960**	**44101**	**28195**	**584**	**15322**	**442**
龙山区	31477	18804	7932	128	10744	12556	8947	186	3423	117
西安区	17160	11082	5318	60	5704	6028	4509	66	1453	50
东丰县	35759	21181	6347	114	14720	14415	8348	171	5896	163
东辽县	29470	18256	5361	103	12792	11102	6391	161	4550	112

5–5 续表

单位：户

地区	合计	有一个65岁及以上人口的户				有二个65岁及以上人口的户				有三个65岁及以上人口的户
		小计	独自居住	只与未成年人口共同居住	其他	小计	只有一对65岁及以上夫妇居住	只有一对65岁及以上夫妇与未成年人口共同居住	其他	
通化市	**154678**	**92827**	**32716**	**588**	**59523**	**61200**	**39319**	**879**	**21002**	**651**
东昌区	36839	21613	7922	103	13588	15072	10357	163	4552	154
二道江区	13143	8101	3662	36	4403	5002	3706	72	1224	40
通化县	22114	13261	4451	85	8725	8755	5852	134	2769	98
辉南县	29307	17741	6415	139	11187	11433	7177	193	4063	133
柳河县	31298	19131	6174	150	12807	12056	6801	191	5064	111
集安市	21977	12980	4092	75	8813	8882	5426	126	3330	115
白山市	**112549**	**68949**	**28070**	**391**	**40488**	**43209**	**31805**	**566**	**10838**	**391**
浑江区	33437	20136	7362	96	12678	13180	9501	150	3529	121
江源区	19208	12032	5098	79	6855	7100	5261	88	1751	76
抚松县	24988	15283	6707	79	8497	9630	7220	122	2288	75
靖宇县	11489	7002	2619	45	4338	4444	3183	71	1190	43
长白朝鲜族自治县	7325	4609	2090	31	2488	2695	2063	34	598	21
临江市	16102	9887	4194	61	5632	6160	4577	101	1482	55
松原市	**217114**	**130297**	**36510**	**978**	**92809**	**86004**	**53465**	**1311**	**31228**	**813**
宁江区	54970	31362	9467	198	21697	23380	15668	312	7400	228
前郭尔罗斯蒙古族自治县	38821	23977	6493	179	17305	14723	9136	233	5354	121
长岭县	44545	27081	8310	224	18547	17326	10830	312	6184	138
乾安县	20531	12262	3711	71	8480	8193	5645	80	2468	76
吉林松原经济开发区	5671	3418	753	15	2650	2232	1393	17	822	21
扶余市	52576	32197	7776	291	24130	20150	10793	357	9000	229
白城市	**166130**	**99766**	**39575**	**571**	**59620**	**65826**	**49092**	**809**	**15925**	**538**
洮北区	38062	22853	8739	138	13976	15062	11094	185	3783	147
镇赉县	24099	14400	5359	100	8941	9615	6989	170	2456	84
通榆县	28646	17613	7625	91	9897	10935	8307	130	2498	98
吉林白城经济开发区	8560	4855	1720	28	3107	3667	2762	43	862	38
洮南市	34195	20600	8340	110	12150	13518	9898	162	3458	77
大安市	32568	19445	7792	104	11549	13029	10042	119	2868	94
延边朝鲜族自治州	**224632**	**145151**	**65924**	**1328**	**77899**	**78609**	**53020**	**1307**	**24282**	**872**
延吉市	69617	45323	19715	512	25096	23985	14774	499	8712	309
图们市	12407	8092	3748	62	4282	4255	2719	74	1462	60
敦化市	46414	28896	13154	221	15521	17383	12855	246	4282	135
珲春市	23615	15080	5568	176	9336	8442	5291	148	3003	93
龙井市	19175	12814	6023	103	6688	6275	3898	98	2279	86
和龙市	15819	10638	5321	82	5235	5133	3500	65	1568	48
汪清县	21626	14019	7319	104	6596	7568	5730	101	1737	39
安图县	15959	10289	5076	68	5145	5568	4253	76	1239	102
长白山管委会	**5616**	**3622**	**1521**	**15**	**2086**	**1971**	**1439**	**21**	**511**	**23**
长白山保护开发区池北区	3766	2437	930	9	1498	1316	920	11	385	13
长白山保护开发区池西区	1642	1050	531	6	513	586	464	9	113	6
长白山保护开发区池南区	208	135	60		75	69	55	1	13	4
梅河口市	**56082**	**33769**	**12051**	**283**	**21435**	**22082**	**12845**	**342**	**8895**	**231**

5–5a　各地区有65岁及以上人口的家庭户户数(城市)

单位：户

地　区	合　计	有一个65岁及以上人口的户				有二个65岁及以上人口的户				有三个65岁及以上人口的户
		小计	独自居住	只与未成年人口共同居住	其他	小计	只有一对65岁及以上夫妇居住	只有一对65岁及以上夫妇与未成年人口共同居住	其他	
全　省	**959603**	**578715**	**230121**	**4195**	**344399**	**377024**	**257760**	**5490**	**113774**	**3864**
长春市	**328082**	**195972**	**71250**	**1251**	**123471**	**130714**	**84849**	**1827**	**44038**	**1396**
南关区	54918	32319	11707	194	20418	22317	14465	259	7593	282
宽城区	42903	26914	9066	158	17690	15809	9779	235	5795	180
朝阳区	50620	30464	11868	233	18363	19897	11962	338	7597	259
二道区	38321	24111	9625	172	14314	14078	8742	228	5108	132
绿园区	58496	33719	10695	151	22873	24525	15670	305	8550	252
双阳区	9566	5393	1908	26	3459	4129	2923	51	1155	44
九台区	21469	13201	5523	93	7585	8203	5983	97	2123	65
农安县										
长春经济技术开发区										
长春净月高新技术产业开发区										
长春高新技术产业开发区										
长春汽车经济技术开发区										
长春莲花山生态旅游度假区										
榆树市	15881	9163	2890	69	6204	6664	4343	102	2219	54
德惠市	13845	7935	2979	63	4893	5867	4215	80	1572	43
公主岭市	22063	12753	4989	92	7672	9225	6767	132	2326	85
吉林市	**205474**	**125606**	**51914**	**860**	**72832**	**79028**	**54346**	**1212**	**23470**	**840**
昌邑区	53528	32375	12821	205	19349	20919	13852	306	6761	234
龙潭区	31535	19898	8503	107	11288	11542	8040	179	3323	95
船营区	43775	26854	10481	159	16214	16711	10894	223	5594	210
丰满区	19967	11489	4250	43	7196	8377	5710	90	2577	101
永吉县										
吉林经济开发区	204	132	41		91	69	51	1	17	3
吉林高新技术产业开发区										
吉林中国新加坡食品区										
蛟河市	14833	9443	4471	83	4889	5331	3912	117	1302	59
桦甸市	14008	8827	4267	69	4491	5136	3908	78	1150	45
舒兰市	16387	10149	4664	96	5389	6180	4550	119	1511	58
磐石市	11237	6439	2416	98	3925	4763	3429	99	1235	35
四平市	**57900**	**34418**	**15905**	**231**	**18282**	**23279**	**17511**	**302**	**5466**	**203**
铁西区	21438	12145	5287	75	6783	9206	6949	114	2143	87
铁东区	24634	15528	8159	114	7255	9028	6826	136	2066	78
梨树县										
伊通满族自治县										
双辽市	11828	6745	2459	42	4244	5045	3736	52	1257	38
辽源市	**40699**	**25032**	**11710**	**157**	**13165**	**15555**	**11663**	**211**	**3681**	**112**
龙山区	26091	15512	6855	111	8546	10499	7740	162	2597	80
西安区	14608	9520	4855	46	4619	5056	3923	49	1084	32

5-5a 续表

单位：户

地区	合计	有一个65岁及以上人口的户				有二个65岁及以上人口的户				有三个65岁及以上人口的户
		小计	独自居住	只与未成年人口共同居住	其他	小计	只有一对65岁及以上夫妇居住	只有一对65岁及以上夫妇与未成年人口共同居住	其他	
东丰县										
东辽县										
通化市	**47702**	**28142**	**10745**	**153**	**17244**	**19369**	**13620**	**241**	**5508**	**191**
东昌区	32485	19067	7050	95	11922	13288	9214	148	3926	130
二道江区	7833	4699	2098	21	2580	3109	2350	42	717	25
通化县										
辉南县										
柳河县										
集安市	7384	4376	1597	37	2742	2972	2056	51	865	36
白山市	**47440**	**28517**	**11443**	**174**	**16900**	**18767**	**14012**	**255**	**4500**	**156**
浑江区	27987	16730	6255	84	10391	11167	8190	127	2850	90
江源区	9857	6016	2621	45	3350	3809	2941	53	815	32
抚松县										
靖宇县										
长白朝鲜族自治县										
临江市	9596	5771	2567	45	3159	3791	2881	75	835	34
松原市	**45191**	**24893**	**7924**	**173**	**16796**	**20134**	**14238**	**263**	**5633**	**164**
宁江区	38003	20662	6801	138	13723	17209	12275	206	4728	132
前郭尔罗斯蒙古族自治县	1503	863	247	4	612	631	438	5	188	9
长岭县										
乾安县										
吉林松原经济开发区										
扶余市	5685	3368	876	31	2461	2294	1525	52	717	23
白城市	**45141**	**26114**	**10247**	**160**	**15707**	**18865**	**14346**	**202**	**4317**	**162**
洮北区	23392	13753	5266	83	8404	9541	7174	109	2258	98
镇赉县										
通榆县										
吉林白城经济开发区	665	390	157		233	274	210		64	1
洮南市	10267	5856	2456	42	3358	4382	3323	54	1005	29
大安市	10817	6115	2368	35	3712	4668	3639	39	990	34
延边朝鲜族自治州	**120230**	**77100**	**34013**	**909**	**42178**	**42608**	**27849**	**847**	**13912**	**522**
延吉市	59367	38410	16604	460	21346	20686	12765	450	7471	271
图们市	8198	5194	2368	50	2776	2958	1890	60	1008	46
敦化市	19031	11601	5382	98	6121	7365	5610	96	1659	65
珲春市	15191	9710	3585	156	5969	5417	3379	109	1929	64
龙井市	11662	7667	3642	87	3938	3933	2498	86	1349	62
和龙市	6781	4518	2432	58	2028	2249	1707	46	496	14
汪清县										
安图县										
长白山管委会										
梅河口市	**21744**	**12921**	**4970**	**127**	**7824**	**8705**	**5326**	**130**	**3249**	**118**

5-5b　各地区有65岁及以上人口的家庭户户数(镇)

单位：户

地　区	合　计	有一个65岁及以上人口的户				有二个65岁及以上人口的户				有三个65岁及以上人口的户
		小计	独自居住	只与未成年人口共同居住	其他	小计	只有一对65岁及以上夫妇居住	只有一对65岁及以上夫妇与未成年人口共同居住	其他	
全　省	**411670**	**245709**	**98549**	**1992**	**145168**	**164406**	**115392**	**2546**	**46468**	**1555**
长春市	**126189**	**72403**	**23920**	**537**	**47946**	**53212**	**34809**	**819**	**17584**	**574**
南关区										
宽城区	4263	2588	790	24	1774	1657	1003	33	621	18
朝阳区	1005	608	255	4	349	394	309	6	79	3
二道区	169	110	68	2	40	59	50		9	
绿园区										
双阳区	544	349	152	4	193	191	133	3	55	4
九台区	401	257	94	5	158	144	89	5	50	
农安县	16347	9731	3755	92	5884	6540	4577	109	1854	76
长春经济技术开发区	26954	15182	4571	87	10524	11666	7756	139	3771	106
长春净月高新技术产业开发区	12298	6537	1720	50	4767	5682	3528	83	2071	79
长春高新技术产业开发区	21099	11874	3304	99	8471	9122	5616	166	3340	103
长春汽车经济技术开发区	26712	15404	5702	89	9613	11193	7465	157	3571	115
长春莲花山生态旅游度假区	571	353	144	2	207	213	153	1	59	5
榆树市	5698	3501	1213	29	2259	2164	1201	48	915	33
德惠市	1166	694	196	5	493	466	246	5	215	6
公主岭市	8962	5215	1956	45	3214	3721	2683	64	974	26
吉林市	**48571**	**29963**	**13871**	**279**	**15813**	**18454**	**13263**	**288**	**4903**	**154**
昌邑区	1329	838	472	11	355	485	369	10	106	6
龙潭区	1958	1234	616	11	607	723	537	10	176	1
船营区	509	319	124	6	189	189	136	5	48	1
丰满区	204	116	63	1	52	87	75		12	1
永吉县	10925	6770	3219	58	3493	4123	3007	69	1047	32
吉林经济开发区	4194	2566	1134	18	1414	1612	1210	27	375	16
吉林高新技术产业开发区	11957	6716	2390	40	4286	5191	3436	57	1698	50
吉林中国新加坡食品区	573	355	176	2	177	217	134	7	76	1
蛟河市	4513	2893	1424	37	1432	1610	1189	29	392	10
桦甸市	4092	2934	1910	16	1008	1152	896	14	242	6
舒兰市	3176	2032	797	43	1192	1128	767	33	328	16
磐石市	5141	3190	1546	36	1608	1937	1507	27	403	14
四平市	**31604**	**18266**	**7373**	**155**	**10738**	**13220**	**9653**	**175**	**3392**	**118**
铁西区										
铁东区	535	317	144	7	166	217	165	3	49	1
梨树县	19198	10954	4606	88	6260	8181	6015	98	2068	63
伊通满族自治县	9261	5338	1953	46	3339	3875	2811	58	1006	48
双辽市	2610	1657	670	14	973	947	662	16	269	6
辽源市	**15958**	**9294**	**3777**	**69**	**5448**	**6599**	**4803**	**96**	**1700**	**65**
龙山区	115	77	40		37	36	30		6	2
西安区										
东丰县	10786	6164	2411	47	3706	4574	3319	69	1186	48
东辽县	5057	3053	1326	22	1705	1989	1454	27	508	15

5-5b 续表

单位：户

地　区	合　计	有一个65岁及以上人口的户				有二个65岁及以上人口的户				有三个65岁及以上人口的户
		小计	独自居住	只与未成年人口共同居住	其他	小计	只有一对65岁及以上夫妇居住	只有一对65岁及以上夫妇与未成年人口共同居住	其他	
通化市	**35303**	**20977**	**8667**	**187**	**12123**	**14196**	**9929**	**255**	**4012**	**130**
东昌区	559	298	124	4	170	258	194	1	63	3
二道江区	2888	1908	979	12	917	974	726	16	232	6
通化县	7313	4290	1627	48	2615	2996	2149	67	780	27
辉南县	13278	7869	3269	58	4542	5362	3782	83	1497	47
柳河县	10012	5904	2444	61	3399	4072	2757	74	1241	36
集安市	1253	708	224	4	480	534	321	14	199	11
白山市	**34937**	**21756**	**10001**	**140**	**11615**	**13081**	**10020**	**174**	**2887**	**100**
浑江区	1132	726	256	3	467	398	277	6	115	8
江源区	4625	3067	1539	23	1505	1548	1203	14	331	10
抚松县	18111	11187	5216	67	5904	6877	5313	87	1477	47
靖宇县	5700	3451	1425	22	2004	2228	1648	42	538	21
长白朝鲜族自治县	4354	2676	1280	24	1372	1665	1295	21	349	13
临江市	1015	649	285	1	363	365	284	4	77	1
松原市	**34758**	**20575**	**6259**	**211**	**14105**	**14076**	**9494**	**222**	**4360**	**107**
宁江区	1878	1136	285	8	843	734	435	13	286	8
前郭尔罗斯蒙古族自治县	10083	5961	1700	66	4195	4095	2757	83	1255	27
长岭县	9917	5906	2114	73	3719	3980	2737	68	1175	31
乾安县	6732	3860	1124	33	2703	2851	1992	24	835	21
吉林松原经济开发区	3385	1969	442	8	1519	1409	949	14	446	7
扶余市	2763	1743	594	23	1126	1007	624	20	363	13
白城市	**33852**	**19663**	**7706**	**169**	**11788**	**14062**	**10619**	**241**	**3202**	**127**
洮北区	2870	1688	741	11	936	1173	888	19	266	9
镇赉县	10164	5831	2134	68	3629	4299	3212	94	993	34
通榆县	9328	5479	2101	41	3337	3809	2802	67	940	40
吉林白城经济开发区	6818	3810	1383	25	2402	2978	2266	38	674	30
洮南市	1157	701	303	5	393	454	339	10	105	2
大安市	3515	2154	1044	19	1091	1349	1112	13	224	12
延边朝鲜族自治州	**39020**	**25522**	**13699**	**202**	**11621**	**13357**	**9936**	**212**	**3209**	**141**
延吉市	2916	1938	940	22	976	961	563	26	372	17
图们市	1970	1364	724	6	634	598	427	9	162	8
敦化市	6957	4514	2686	32	1796	2430	1950	42	438	13
珲春市	1457	925	357	5	563	526	337	12	177	6
龙井市	1957	1369	726	5	638	580	389	2	189	8
和龙市	3562	2456	1437	11	1008	1100	815	8	277	6
汪清县	13618	8754	4768	84	3902	4842	3667	75	1100	22
安图县	6583	4202	2061	37	2104	2320	1788	38	494	61
长白山管委会	**5586**	**3602**	**1514**	**15**	**2073**	**1962**	**1436**	**21**	**505**	**22**
长白山保护开发区池北区	3736	2417	923	9	1485	1307	917	11	379	12
长白山保护开发区池西区	1642	1050	531	6	513	586	464	9	113	6
长白山保护开发区池南区	208	135	60		75	69	55	1	13	4
梅河口市	**5892**	**3688**	**1762**	**28**	**1898**	**2187**	**1430**	**43**	**714**	**17**

5–5c　各地区有65岁及以上人口的家庭户户数(乡村)

单位：户

地　区	合　计	有一个65岁及以上人口的户				有二个65岁及以上人口的户				有三个65岁及以上人口的户
		小计	独自居住	只与未成年人口共同居住	其他	小计	只有一对65岁及以上夫妇居住	只有一对65岁及以上夫妇与未成年人口共同居住	其他	
全　省	**1159799**	**709657**	**218051**	**4318**	**487288**	**444917**	**257436**	**6414**	**181067**	**5225**
长春市	**387907**	**231872**	**63913**	**1445**	**166514**	**153895**	**82658**	**2314**	**68923**	**2140**
南关区										
宽城区	16843	10364	2930	40	7394	6379	3563	66	2750	100
朝阳区	3810	2381	972	4	1405	1414	937	15	462	15
二道区										
绿园区	1920	1191	267	5	919	714	422	8	284	15
双阳区	25433	15640	4708	61	10871	9671	5563	96	4012	122
九台区	50275	31021	8709	222	22090	19013	10025	267	8721	241
农安县	73551	43431	12734	240	30457	29722	17136	404	12182	398
长春经济技术开发区										
长春净月高新技术产业开发区	12682	7448	2541	34	4873	5162	3296	79	1787	72
长春高新技术产业开发区	506	329	143	2	184	175	123	2	50	2
长春汽车经济技术开发区										
长春莲花山生态旅游度假区	4519	2840	875	16	1949	1653	1041	23	589	26
榆树市	77523	47019	11140	386	35493	30054	14072	555	15427	450
德惠市	55266	32435	7897	196	24342	22493	10940	356	11197	338
公主岭市	65579	37773	10997	239	26537	27445	15540	443	11462	361
吉林市	**178394**	**112649**	**36710**	**680**	**75259**	**65019**	**37736**	**946**	**26337**	**726**
昌邑区	13346	8286	2484	51	5751	4984	2698	75	2211	76
龙潭区	14721	9253	3036	68	6149	5400	3244	68	2088	68
船营区	8705	5376	1560	34	3782	3289	1821	37	1431	40
丰满区	9133	5888	2239	22	3627	3193	2023	29	1141	52
永吉县	20222	12728	4040	62	8626	7396	4268	86	3042	98
吉林经济开发区	1538	977	240	3	734	551	288	9	254	10
吉林高新技术产业开发区	2538	1583	473	4	1106	943	561	16	366	12
吉林中国新加坡食品区	4098	2541	849	27	1665	1544	941	25	578	13
蛟河市	23191	14811	5239	87	9485	8295	5038	98	3159	85
桦甸市	20533	13530	4920	74	8536	6941	4119	85	2737	62
舒兰市	31982	20013	6153	139	13721	11852	6496	226	5130	117
磐石市	28387	17663	5477	109	12077	10631	6239	192	4200	93
四平市	**116284**	**69228**	**20540**	**508**	**48180**	**46524**	**26583**	**748**	**19193**	**532**
铁西区	6937	4058	1631	19	2408	2839	1902	29	908	40
铁东区	9442	5542	2094	33	3415	3859	2497	37	1325	41
梨树县	47193	27658	7882	227	19549	19327	10735	374	8218	208
伊通满族自治县	32061	19071	5471	115	13485	12829	7088	158	5583	161
双辽市	20651	12899	3462	114	9323	7670	4361	150	3159	82
辽源市	**57209**	**34997**	**9471**	**179**	**25347**	**21947**	**11729**	**277**	**9941**	**265**
龙山区	5271	3215	1037	17	2161	2021	1177	24	820	35
西安区	2552	1562	463	14	1085	972	586	17	369	18

5-5c 续表 单位：户

地区	合计	有一个65岁及以上人口的户				有二个65岁及以上人口的户				有三个65岁及以上人口的户
		小计	独自居住	只与未成年人口共同居住	其他	小计	只有一对65岁及以上夫妇居住	只有一对65岁及以上夫妇与未成年人口共同居住	其他	
东丰县	24973	15017	3936	67	11014	9841	5029	102	4710	115
东辽县	24413	15203	4035	81	11087	9113	4937	134	4042	97
通化市	**71673**	**43708**	**13304**	**248**	**30156**	**27635**	**15770**	**383**	**11482**	**330**
东昌区	3795	2248	748	4	1496	1526	949	14	563	21
二道江区	2422	1494	585	3	906	919	630	14	275	9
通化县	14801	8971	2824	37	6110	5759	3703	67	1989	71
辉南县	16029	9872	3146	81	6645	6071	3395	110	2566	86
柳河县	21286	13227	3730	89	9408	7984	4044	117	3823	75
集安市	13340	7896	2271	34	5591	5376	3049	61	2266	68
白山市	**30172**	**18676**	**6626**	**77**	**11973**	**11361**	**7773**	**137**	**3451**	**135**
浑江区	4318	2680	851	9	1820	1615	1034	17	564	23
江源区	4726	2949	938	11	2000	1743	1117	21	605	34
抚松县	6877	4096	1491	12	2593	2753	1907	35	811	28
靖宇县	5789	3551	1194	23	2334	2216	1535	29	652	22
长白朝鲜族自治县	2971	1933	810	7	1116	1030	768	13	249	8
临江市	5491	3467	1342	15	2110	2004	1412	22	570	20
松原市	**137165**	**84829**	**22327**	**594**	**61908**	**51794**	**29733**	**826**	**21235**	**542**
宁江区	15089	9564	2381	52	7131	5437	2958	93	2386	88
前郭尔罗斯蒙古族自治县	27235	17153	4546	109	12498	9997	5941	145	3911	85
长岭县	34628	21175	6196	151	14828	13346	8093	244	5009	107
乾安县	13799	8402	2587	38	5777	5342	3653	56	1633	55
吉林松原经济开发区	2286	1449	311	7	1131	823	444	3	376	14
扶余市	44128	27086	6306	237	20543	16849	8644	285	7920	193
白城市	**87137**	**53989**	**21622**	**242**	**32125**	**32899**	**24127**	**366**	**8406**	**249**
洮北区	11800	7412	2732	44	4636	4348	3032	57	1259	40
镇赉县	13935	8569	3225	32	5312	5316	3777	76	1463	50
通榆县	19318	12134	5524	50	6560	7126	5505	63	1558	58
吉林白城经济开发区	1077	655	180	3	472	415	286	5	124	7
洮南市	22771	14043	5581	63	8399	8682	6236	98	2348	46
大安市	18236	11176	4380	50	6746	7012	5291	67	1654	48
延边朝鲜族自治州	**65382**	**42529**	**18212**	**217**	**24100**	**22644**	**15235**	**248**	**7161**	**209**
延吉市	7334	4975	2171	30	2774	2338	1446	23	869	21
图们市	2239	1534	656	6	872	699	402	5	292	6
敦化市	20426	12781	5086	91	7604	7588	5295	108	2185	57
珲春市	6967	4445	1626	15	2804	2499	1575	27	897	23
龙井市	5556	3778	1655	11	2112	1762	1011	10	741	16
和龙市	5476	3664	1452	13	2199	1784	978	11	795	28
汪清县	8008	5265	2551	20	2694	2726	2063	26	637	17
安图县	9376	6087	3015	31	3041	3248	2465	38	745	41
长白山管委会	**30**	**20**	**7**		**13**	**9**	**3**		**6**	**1**
梅河口市	**28446**	**17160**	**5319**	**128**	**11713**	**11190**	**6089**	**169**	**4932**	**96**

5-6　各地区有80岁及以上人口的家庭户户数

单位：户

地　区	合　计	有一个80岁及以上人口的户				有二个80岁及以上人口的户				有三个80岁及以上人口的户
		小计	独自居住	只与未成年人口共同居住	其他	小计	只有一对80岁及以上夫妇居住	只有一对80岁及以上夫妇与未成年人口共同居住	其他	
全　省	**481933**	**429016**	**121670**	**672**	**306674**	**52687**	**31593**	**96**	**20998**	**230**
长春市	**160863**	**141249**	**34536**	**229**	**106484**	**19539**	**10947**	**46**	**8546**	**75**
南关区	12353	10439	3085	17	7337	1909	1198	7	704	5
宽城区	11943	10564	2529	21	8014	1375	761	2	612	4
朝阳区	14133	11820	3721	27	8072	2310	1336	9	965	3
二道区	7265	6377	2153	9	4215	887	526	1	360	1
绿园区	12242	10416	2584	11	7821	1825	1069	4	752	1
双阳区	5934	5380	1239	5	4136	554	334		220	
九台区	13296	12068	2861	20	9187	1218	656	2	560	10
农安县	17825	15811	3729	20	12062	2004	1069	3	932	10
长春经济技术开发区	4509	3799	917	4	2878	710	448	1	261	
长春净月高新技术产业开发区	4443	3756	970	3	2783	685	384		301	2
长春高新技术产业开发区	3571	3020	681	10	2329	550	320	2	228	1
长春汽车经济技术开发区	5997	5001	1543	5	3453	996	650	3	343	
长春莲花山生态旅游度假区	1054	968	185	2	781	85	36		49	1
榆树市	16567	15208	2696	26	12486	1334	546	3	785	25
德惠市	12474	11176	2154	25	8997	1290	577	7	706	8
公主岭市	17257	15446	3489	24	11933	1807	1037	2	768	4
吉林市	**87955**	**78229**	**24884**	**94**	**53251**	**9694**	**5909**	**17**	**3768**	**32**
昌邑区	14995	13132	3940	20	9172	1856	1080	3	773	7
龙潭区	11283	9920	3160	13	6747	1357	854	2	501	6
船营区	10989	9653	2838	8	6807	1333	755	3	575	3
丰满区	6512	5637	1710	3	3924	870	530	1	339	5
永吉县	5742	5216	1625	10	3581	526	330		196	
吉林经济开发区	1416	1221	372	1	848	195	129	1	65	
吉林高新技术产业开发区	2946	2511	671	2	1838	435	250		185	
吉林中国新加坡食品区	664	612	158	1	453	52	22		30	
蛟河市	8779	7947	3166	14	4767	828	568	4	256	4
桦甸市	7782	7052	2832	8	4212	725	469	1	255	5
舒兰市	9646	8771	2609	6	6156	874	527	2	345	1
磐石市	7201	6557	1803	8	4746	643	395		248	1
四平市	**36637**	**32849**	**9480**	**78**	**23291**	**3778**	**2304**	**6**	**1468**	**10**
铁西区	5823	4952	1731	8	3213	871	615		256	
铁东区	7010	6301	2822	28	3451	704	483	1	220	5
梨树县	11363	10231	2459	20	7752	1130	629	3	498	2
伊通满族自治县	6416	5878	1267	12	4599	536	277		259	2
双辽市	6025	5487	1201	10	4276	537	300	2	235	1
辽源市	**20010**	**18144**	**5010**	**32**	**13102**	**1853**	**1153**		**700**	**13**
龙山区	5681	5029	1568	5	3456	648	433		215	4
西安区	3824	3413	1300	7	2106	410	293		117	1
东丰县	5848	5365	1139	6	4220	477	259		218	6
东辽县	4657	4337	1003	14	3320	318	168		150	2

5-6 续表

单位：户

地区	合计	有一个80岁及以上人口的户				有二个80岁及以上人口的户				有三个80岁及以上人口的户
		小计	独自居住	只与未成年人口共同居住	其他	小计	只有一对80岁及以上夫妇居住	只有一对80岁及以上夫妇与未成年人口共同居住	其他	
通化市	**27580**	**24850**	**6674**	**40**	**18136**	**2721**	**1617**	**4**	**1100**	**9**
东昌区	7626	6601	1837	9	4755	1022	605	2	415	3
二道江区	2842	2545	908	6	1631	297	211		86	
通化县	3473	3179	782	5	2392	293	185		108	1
辉南县	4756	4330	1200	10	3120	424	245	1	178	2
柳河县	5146	4767	1184	5	3578	378	194	1	183	1
集安市	3737	3428	763	5	2660	307	177		130	2
白山市	**25631**	**22715**	**7191**	**24**	**15500**	**2913**	**2044**	**8**	**861**	**3**
浑江区	6812	6012	1640	2	4370	800	539	1	260	
江源区	5072	4451	1431	7	3013	619	444	5	170	2
抚松县	6167	5448	1938	9	3501	718	529	2	187	1
靖宇县	2299	2057	538	2	1517	242	151		91	
长白朝鲜族自治县	1569	1417	522	2	893	152	115		37	
临江市	3712	3330	1122	2	2206	382	266		116	
松原市	**37431**	**33974**	**6512**	**59**	**27403**	**3449**	**1770**	**4**	**1675**	**8**
宁江区	8373	7419	1539	9	5871	951	543		408	3
前郭尔罗斯蒙古族自治县	7006	6403	1160	12	5231	601	308		293	2
长岭县	8250	7524	1791	14	5719	726	392	1	333	
乾安县	3604	3288	633	3	2652	315	161		154	1
吉林松原经济开发区	843	777	94	2	681	66	27		39	
扶余市	9355	8563	1295	19	7249	790	339	3	448	2
白城市	**29927**	**27078**	**8469**	**25**	**18584**	**2845**	**1959**	**4**	**882**	**4**
洮北区	7108	6356	1911	5	4440	750	529	1	220	2
镇赉县	4001	3647	1015	4	2628	354	227		127	
通榆县	5127	4714	1655	2	3057	412	289	1	122	1
吉林白城经济开发区	1568	1357	353	2	1002	211	147		64	
洮南市	5931	5432	1801	5	3626	498	326	1	171	1
大安市	6192	5572	1734	7	3831	620	441	1	178	
延边朝鲜族自治州	**44616**	**39843**	**15798**	**67**	**23978**	**4701**	**3166**	**4**	**1531**	**72**
延吉市	13152	11602	4288	28	7286	1530	912	1	617	20
图们市	2473	2213	930	1	1282	258	157	1	100	2
敦化市	10407	9337	3706	17	5614	1066	817	1	248	4
珲春市	4015	3588	1035	3	2550	422	243	1	178	5
龙井市	3517	3193	1382	6	1805	315	209		106	9
和龙市	3337	3020	1400	5	1615	317	235		82	
汪清县	4454	3988	1791	5	2192	466	352		114	
安图县	3261	2902	1266	2	1634	327	241		86	32
长白山管委会	**1465**	**1302**	**459**	**1**	**842**	**163**	**112**		**51**	
长白山保护开发区池北区	987	875	277		598	112	72		40	
长白山保护开发区池西区	434	388	172	1	215	46	36		10	
长白山保护开发区池南区	44	39	10		29	5	4		1	
梅河口市	**9818**	**8783**	**2657**	**23**	**6103**	**1031**	**612**	**3**	**416**	**4**

5-6a　各地区有80岁及以上人口的家庭户户数(城市)

单位：户

地　区	合　计	有一个80岁及以上人口的户				有二个80岁及以上人口的户				有三个80岁及以上人口的户
		小计	独自居住	只与未成年人口共同居住	其他	小计	只有一对80岁及以上夫妇居住	只有一对80岁及以上夫妇与未成年人口共同居住	其他	
全　省	**198495**	**172306**	**56509**	**265**	**115532**	**26091**	**16631**	**42**	**9418**	**98**
长春市	**67747**	**58051**	**17203**	**93**	**40755**	**9670**	**5899**	**23**	**3748**	**26**
南关区	12353	10439	3085	17	7337	1909	1198	7	704	5
宽城区	8046	7042	1892	16	5134	1002	613	1	388	2
朝阳区	13372	11123	3486	26	7611	2246	1298	9	939	3
二道区	7245	6357	2140	8	4209	887	526	1	360	1
绿园区	11895	10097	2546	11	7540	1797	1051	4	742	1
双阳区	1723	1487	419		1068	236	165		71	
九台区	4334	3837	1383	6	2448	494	339		155	3
农安县										
长春经济技术开发区										
长春净月高新技术产业开发区										
长春高新技术产业开发区										
长春汽车经济技术开发区										
长春莲花山生态旅游度假区										
榆树市	2481	2181	530	1	1650	296	168		128	4
德惠市	2355	2043	663	4	1376	308	191	1	116	4
公主岭市	3943	3445	1059	4	2382	495	350		145	3
吉林市	**47373**	**41256**	**14322**	**41**	**26893**	**6094**	**3820**	**7**	**2267**	**23**
昌邑区	12544	10874	3465	17	7392	1665	974	2	689	5
龙潭区	8539	7382	2562	6	4814	1151	759	1	391	6
船营区	9487	8280	2593	5	5682	1204	701	1	502	3
丰满区	4678	3941	1141	2	2798	733	442	1	290	4
永吉县										
吉林经济开发区	25	24	4		20	1	1			
吉林高新技术产业开发区										
吉林中国新加坡食品区										
蛟河市	3711	3311	1577	3	1731	398	289	2	107	2
桦甸市	2769	2464	1125	3	1336	302	205		97	3
舒兰市	3775	3350	1375	1	1974	425	305		120	
磐石市	1845	1630	480	4	1146	215	144		71	
四平市	**11848**	**10321**	**4243**	**32**	**6046**	**1525**	**1082**	**1**	**442**	**2**
铁西区	4470	3765	1332	7	2426	705	510		195	
铁东区	5430	4852	2428	24	2400	576	414		162	2
梨树县										
伊通满族自治县										
双辽市	1948	1704	483	1	1220	244	158	1	85	
辽源市	**8258**	**7284**	**2651**	**9**	**4624**	**970**	**688**		**282**	**4**
龙山区	4852	4261	1411	4	2846	588	411		177	3
西安区	3406	3023	1240	5	1778	382	277		105	1

5—6a 续表

单位：户

地区	合计	有一个80岁及以上人口的户				有二个80岁及以上人口的户				有三个80岁及以上人口的户
		小计	独自居住	只与未成年人口共同居住	其他	小计	只有一对80岁及以上夫妇居住	只有一对80岁及以上夫妇与未成年人口共同居住	其他	
东丰县										
东辽县										
通化市	**10018**	**8723**	**2567**	**15**	**6141**	**1290**	**807**	**2**	**481**	**5**
东昌区	6912	5960	1685	8	4267	949	571	2	376	3
二道江区	1711	1520	525	4	991	191	140		51	
通化县										
辉南县										
柳河县										
集安市	1395	1243	357	3	883	150	96		54	2
白山市	**10680**	**9350**	**2933**	**6**	**6411**	**1329**	**936**	**4**	**389**	**1**
浑江区	5804	5091	1435	2	3654	713	484	1	228	
江源区	2628	2283	783	3	1497	344	257	3	84	1
抚松县										
靖宇县										
长白朝鲜族自治县										
临江市	2248	1976	715	1	1260	272	195		77	
松原市	**6510**	**5672**	**1295**	**8**	**4369**	**837**	**522**		**315**	**1**
宁江区	5410	4710	1115	6	3589	700	451		249	
前郭尔罗斯蒙古族自治县	287	254	51	1	202	33	13		20	
长岭县										
乾安县										
吉林松原经济开发区										
扶余市	813	708	129	1	578	104	58		46	1
白城市	**8718**	**7618**	**2388**	**5**	**5225**	**1099**	**766**	**1**	**332**	**1**
洮北区	4568	3985	1210	3	2772	582	416		166	1
镇赉县										
通榆县										
吉林白城经济开发区	94	87	25		62	7	3		4	
洮南市	1879	1626	589	1	1036	253	172		81	
大安市	2177	1920	564	1	1355	257	175	1	81	
延边朝鲜族自治州	**23327**	**20594**	**7727**	**47**	**12820**	**2700**	**1749**	**2**	**949**	**33**
延吉市	11155	9805	3546	26	6233	1331	792		539	19
图们市	1638	1451	585	1	865	187	114	1	72	
敦化市	4330	3812	1534	9	2269	515	401		114	3
珲春市	2659	2354	685	2	1667	303	184	1	118	2
龙井市	2083	1869	765	6	1098	205	134		71	9
和龙市	1462	1303	612	3	688	159	124		35	
汪清县										
安图县										
长白山管委会										
梅河口市	**4016**	**3437**	**1180**	**9**	**2248**	**577**	**362**	**2**	**213**	**2**

5-6b 各地区有80岁及以上人口的家庭户户数(镇)

单位：户

地区	合计	有一个80岁及以上人口的户				有二个80岁及以上人口的户				有三个80岁及以上人口的户
		小计	独自居住	只与未成年人口共同居住	其他	小计	只有一对80岁及以上夫妇居住	只有一对80岁及以上夫妇与未成年人口共同居住	其他	
全省	**79966**	**69851**	**23844**	**95**	**45912**	**10065**	**6711**	**14**	**3340**	**50**
长春市	**22921**	**19439**	**5267**	**25**	**14147**	**3470**	**2137**	**7**	**1326**	**12**
南关区										
宽城区	629	553	135		418	75	33	1	41	1
朝阳区	141	128	46		82	13	12		1	
二道区	20	20	13	1	6					
绿园区										
双阳区	88	82	22		60	6	4		2	
九台区	91	78	26	1	51	13	7		6	
农安县	3211	2774	900	1	1873	432	276		156	5
长春经济技术开发区	4509	3799	917	4	2878	710	448	1	261	
长春净月高新技术产业开发区	2041	1662	314	2	1346	378	216		162	1
长春高新技术产业开发区	3465	2928	649	9	2270	536	312	2	222	1
长春汽车经济技术开发区	5997	5001	1543	5	3453	996	650	3	343	
长春莲花山生态旅游度假区	108	96	27		69	11	6		5	1
榆树市	931	848	265	1	582	81	34		47	2
德惠市	184	165	32		133	18	7		11	1
公主岭市	1506	1305	378	1	926	201	132		69	
吉林市	**10604**	**9264**	**3679**	**14**	**5571**	**1338**	**916**	**1**	**421**	**2**
昌邑区	263	237	94		143	26	19		7	
龙潭区	332	299	136	1	162	33	25		8	
船营区	59	50	18		32	9	5		4	
丰满区	30	28	15		13	2	1		1	
永吉县	2419	2138	872	6	1260	281	201		80	
吉林经济开发区	1116	938	338		600	178	124	1	53	
吉林高新技术产业开发区	2440	2042	556	2	1484	398	230		168	
吉林中国新加坡食品区	59	57	19	1	37	2	1		1	
蛟河市	1058	940	417	2	521	118	89		29	
桦甸市	1112	993	633	1	359	118	100		18	1
舒兰市	622	558	178	1	379	64	37		27	
磐石市	1094	984	403		581	109	84		25	1
四平市	**5282**	**4646**	**1523**	**6**	**3117**	**633**	**421**		**212**	**3**
铁西区										
铁东区	103	95	34	1	60	8	7		1	
梨树县	3270	2842	959	3	1880	427	296		131	1
伊通满族自治县	1453	1288	377	1	910	163	101		62	2
双辽市	456	421	153	1	267	35	17		18	
辽源市	**2591**	**2307**	**774**	**7**	**1526**	**283**	**195**		**88**	**1**
龙山区	15	14	2		12	1	1			
西安区										
东丰县	1696	1498	466	4	1028	197	130		67	1
东辽县	880	795	306	3	486	85	64		21	

中国人口普查
CHINA POPULATION CENSUS

2020

吉林省人口普查年鉴

（中册）

JILIN POPULATION CENSUS YEARBOOK 2020

（BOOK 2）

吉林省第七次全国人口普查领导小组办公室
吉　林　省　统　计　局　编

Compiled by
Office of the Leading Group of Jilin Province for the Seventh National Population Census
Jilin Provincial Bureau of Statistics

中国统计出版社
China Statistics Press

图书在版编目（CIP）数据

吉林省人口普查年鉴. 2020. 中册 / 吉林省第七次全国人口普查领导小组办公室，吉林省统计局编. -- 北京：中国统计出版社，2022.10
ISBN 978-7-5037-9961-7

Ⅰ. ①吉… Ⅱ. ①吉… ②吉… Ⅲ. ①人口普查－统计资料－吉林－2020－年鉴 Ⅳ. ①C924.253.4-54

中国版本图书馆 CIP 数据核字(2022)第 167296 号

吉林省人口普查年鉴-2020（中册）
Jilin Population Census Yearbook 2020 (Book 2)

作　　者/吉林省第七次全国人口普查领导小组办公室　吉林省统计局
责任编辑/郭　栋
执行编辑/吕仁睿
封面设计/李雪燕
出版发行/中国统计出版社有限公司
通信地址/北京市丰台区西三环南路甲 6 号　邮政编码/100073
发行电话/邮购（010）63376909　书店（010）68783171
网　　址/http://www.zgtjcbs.com/
印　　刷/河北鑫兆源印刷有限公司
经　　销/新华书店
开　　本/880mm×1230mm　1/16
字　　数/975 千字
印　　张/41
版　　别/2022 年 10 月第 1 版
版　　次/2022 年 10 月第 1 次印刷
定　　价/990.00 元（全三册附光盘）

目　录

中　册

第一部分　全部数据资料（续）

第八卷 住房

第二部分　长表数据资料

第一卷　概要

第二卷 民族

第三卷 教育

第四卷 就业

第一部分　全部数据资料

第六卷　死亡

6-1　各地区分年龄、性别的死亡人口
(2019.11.1-2020.10.31)

单位：人

地　区	死亡人口			0岁		
	合计	男	女	小计	男	女
全　省	**148130**	**88187**	**59943**	**142**	**89**	**53**
长春市	**45503**	**26811**	**18692**	**40**	**27**	**13**
南关区	2975	1757	1218	6	4	2
宽城区	3373	1951	1422	5	2	3
朝阳区	3007	1734	1273	1	1	
二道区	1374	867	507	1	1	
绿园区	2828	1646	1182	3	3	
双阳区	1938	1194	744	3	2	1
九台区	4781	2852	1929	5	3	2
农安县	5659	3298	2361	5	3	2
长春经济技术开发区	841	494	347	1	1	
长春净月高新技术产业开发区	919	552	367			
长春高新技术产业开发区	706	414	292			
长春汽车经济技术开发区	1229	730	499			
长春莲花山生态旅游度假区	363	223	140			
榆树市	6754	3913	2841	6	5	1
德惠市	3513	2049	1464	2	1	1
公主岭市	5243	3137	2106	2	1	1
吉林市	**24760**	**14794**	**9966**	**26**	**11**	**15**
昌邑区	2745	1616	1129	1	1	
龙潭区	3143	1808	1335	3		3
船营区	2864	1753	1111	2	1	1
丰满区	1297	796	501	2	2	
永吉县	2281	1369	912	1	1	
吉林经济开发区	401	251	150	1	1	
吉林高新技术产业开发区	549	320	229	1	1	
吉林中国新加坡食品区	230	140	90	1	1	
蛟河市	2637	1588	1049	3	1	2
桦甸市	2146	1308	838	5	2	3
舒兰市	3655	2150	1505			
磐石市	2812	1695	1117	6		6
四平市	**11164**	**6663**	**4501**	**11**	**6**	**5**
铁西区	967	574	393	1	1	
铁东区	1044	635	409			
梨树县	4232	2472	1760	3	2	1
伊通满族自治县	2880	1732	1148	2		2
双辽市	2041	1250	791	5	3	2
辽源市	**7548**	**4548**	**3000**	**6**	**5**	**1**
龙山区	1621	961	660	1	1	
西安区	1086	672	414			
东丰县	2360	1422	938	2	2	
东辽县	2481	1493	988	3	2	1

6-1 续表 1

单位：人

地区	死亡人口			0岁		
	合计	男	女	小计	男	女
通化市	**8836**	**5254**	**3582**	**9**	**7**	**2**
东昌区	1161	685	476	2	2	
二道江区	596	340	256			
通化县	1410	858	552			
辉南县	2172	1307	865	4	2	2
柳河县	2027	1206	821	1	1	
集安市	1470	858	612	2	2	
白山市	**7054**	**4312**	**2742**	**10**	**3**	**7**
浑江区	2020	1268	752	3	2	1
江源区	1208	716	492	4	1	3
抚松县	1480	936	544			
靖宇县	699	423	276			
长白朝鲜族自治县	451	274	177			
临江市	1196	695	501	3		3
松原市	**13246**	**7849**	**5397**	**8**	**5**	**3**
宁江区	2403	1425	978	1		1
前郭尔罗斯蒙古族自治县	3261	1955	1306	2	2	
长岭县	2533	1506	1027	1		1
乾安县	1037	628	409	3	3	
吉林松原经济开发区	215	143	72			
扶余市	3797	2192	1605	1		1
白城市	**10359**	**6231**	**4128**	**12**	**8**	**4**
洮北区	2143	1347	796	4	1	3
镇赉县	1431	835	596			
通榆县	1918	1140	778	2	2	
吉林白城经济开发区	300	182	118	1	1	
洮南市	2674	1609	1065	2	2	
大安市	1893	1118	775	3	2	1
延边朝鲜族自治州	**16079**	**9599**	**6480**	**14**	**11**	**3**
延吉市	5128	2982	2146	7	6	1
图们市	935	570	365			
敦化市	3000	1832	1168	1	1	
珲春市	1651	1011	640	1	1	
龙井市	1438	846	592			
和龙市	1128	666	462	1	1	
汪清县	1671	1004	667	1		1
安图县	1128	688	440	3	2	1
长白山管委会	**385**	**218**	**167**			
长白山保护开发区池北区	274	155	119			
长白山保护开发区池西区	94	51	43			
长白山保护开发区池南区	17	12	5			
梅河口市	**3196**	**1908**	**1288**	**6**	**6**	

6-1　续表 2　　　　单位：人

地　区	1-4岁			5-9岁			10-14岁		
	小计	男	女	小计	男	女	小计	男	女
全　省	**103**	**59**	**44**	**93**	**50**	**43**	**170**	**97**	**73**
长春市	**26**	**16**	**10**	**31**	**20**	**11**	**57**	**31**	**26**
南关区	1		1	1	1		4	1	3
宽城区				1		1	3	3	
朝阳区	1		1	1	1				
二道区							1		1
绿园区	2	1	1	2	1	1	3	2	1
双阳区	3	3		1	1		1	1	
九台区	4	1	3	4	2	2	8	6	2
农安县	1		1	3	1	2	7	3	4
长春经济技术开发区	1	1					2		2
长春净月高新技术产业开发区	2	2		1	1		1		1
长春高新技术产业开发区	2	1	1						
长春汽车经济技术开发区							1	1	
长春莲花山生态旅游度假区									
榆树市	3	2	1	11	10	1	12	8	4
德惠市	2	2		2	1	1	2	1	1
公主岭市	4	3	1	4	1	3	12	5	7
吉林市	**8**	**5**	**3**	**14**	**5**	**9**	**23**	**12**	**11**
昌邑区				3	1	2	3	1	2
龙潭区				2	1	1	3	2	1
船营区	3	1	2	2		2			
丰满区							1		1
永吉县	1	1		2		2	4	4	
吉林经济开发区							1	1	
吉林高新技术产业开发区									
吉林中国新加坡食品区									
蛟河市	1	1		2		2	1		1
桦甸市	2	1	1	2	2		1		1
舒兰市							2	1	1
磐石市	1	1		1	1		7	3	4
四平市	**15**	**13**	**2**	**4**	**1**	**3**	**13**	**6**	**7**
铁西区	1	1					1		1
铁东区									
梨树县	6	4	2	3	1	2	6	2	4
伊通满族自治县	3	3					3	2	1
双辽市	5	5		1		1	3	2	1
辽源市	**5**	**2**	**3**	**3**	**1**	**2**	**10**	**4**	**6**
龙山区	2	1	1				1	1	
西安区				1		1			
东丰县	2	1	1	2	1	1	7	2	5
东辽县	1		1				2	1	1

6-1 续表 3

单位：人

地 区	1-4岁			5-9岁			10-14岁		
	小计	男	女	小计	男	女	小计	男	女
通化市	**5**	**1**	**4**	**7**	**2**	**5**	**12**	**8**	**4**
东昌区	1		1	1		1	1		1
二道江区	1	1							
通化县	2		2	2		2	1	1	
辉南县	1		1	2	2		7	4	3
柳河县				1		1	2	2	
集安市				1		1	1	1	
白山市	**5**	**3**	**2**	**7**	**3**	**4**	**1**	**1**	
浑江区	2	1	1	1		1	1	1	
江源区				1		1			
抚松县	2	1	1	2	1	1			
靖宇县				1		1			
长白朝鲜族自治县				1	1				
临江市	1	1		1	1				
松原市	**13**	**8**	**5**	**13**	**7**	**6**	**19**	**13**	**6**
宁江区	2		2	2		2	5	5	
前郭尔罗斯蒙古族自治县	6	4	2	4	3	1			
长岭县	4	3	1	2	2		4	2	2
乾安县				1		1	3	2	1
吉林松原经济开发区				1	1				
扶余市	1	1		3	1	2	7	4	3
白城市	**7**	**3**	**4**	**6**	**4**	**2**	**10**	**7**	**3**
洮北区	1		1	1		1	1		1
镇赉县	1	1		1	1				
通榆县				1	1		4	3	1
吉林白城经济开发区	1		1				1		1
洮南市	3	2	1	2	1	1	3	3	
大安市	1		1	1	1		1	1	
延边朝鲜族自治州	**13**	**4**	**9**	**5**	**4**	**1**	**18**	**11**	**7**
延吉市	4	3	1	2	2		4	3	1
图们市									
敦化市	4		4	1	1		7	5	2
珲春市	2	1	1	1	1		2	1	1
龙井市									
和龙市							3		3
汪清县	1		1	1		1	1	1	
安图县	2		2				1	1	
长白山管委会				**1**	**1**				
长白山保护开发区池北区				1	1				
长白山保护开发区池西区									
长白山保护开发区池南区									
梅河口市	**6**	**4**	**2**	**2**	**2**		**7**	**4**	**3**

6-1　续表 4　　　　单位：人

地　区	15–19岁			20–24岁			25–29岁		
	小计	男	女	小计	男	女	小计	男	女
全　省	**205**	**138**	**67**	**267**	**180**	**87**	**509**	**367**	**142**
长春市	**61**	**42**	**19**	**78**	**56**	**22**	**164**	**126**	**38**
南关区	2	1	1	3	2	1	5	3	2
宽城区	2	2		3	3		14	10	4
朝阳区	2	1	1	3	3		6	5	1
二道区				1	1		4	3	1
绿园区	3	3		2	2		7	6	1
双阳区	4	2	2	3	1	2	10	9	1
九台区	11	6	5	6	5	1	17	11	6
农安县	9	6	3	15	11	4	20	16	4
长春经济技术开发区	1	1		1	1		2	1	1
长春净月高新技术产业开发区	2	2		1	1		6	4	2
长春高新技术产业开发区	1	1		2	1	1	3	2	1
长春汽车经济技术开发区				2		2			
长春莲花山生态旅游度假区							1		1
榆树市	10	8	2	20	13	7	28	23	5
德惠市	8	5	3	8	7	1	23	18	5
公主岭市	6	4	2	8	5	3	18	15	3
吉林市	**28**	**13**	**15**	**41**	**30**	**11**	**75**	**57**	**18**
昌邑区	3	1	2	5	2	3	9	7	2
龙潭区	5	2	3	3	2	1	5	5	
船营区	2	2		4	4		5	3	2
丰满区							3	2	1
永吉县				4	3	1	4	2	2
吉林经济开发区				2	2				
吉林高新技术产业开发区				2	2		1	1	
吉林中国新加坡食品区									
蛟河市	3		3	1	1		14	9	5
桦甸市	3	2	1	5	5		11	7	4
舒兰市	7	3	4	6	2	4	14	13	1
磐石市	5	3	2	9	7	2	9	8	1
四平市	**25**	**17**	**8**	**36**	**23**	**13**	**39**	**25**	**14**
铁西区	1	1		2	1	1			
铁东区	1	1		5	2	3	2	2	
梨树县	10	6	4	12	7	5	16	12	4
伊通满族自治县	8	6	2	11	8	3	13	8	5
双辽市	5	3	2	6	5	1	8	3	5
辽源市	**7**	**5**	**2**	**13**	**10**	**3**	**31**	**21**	**10**
龙山区	1	1		2	1	1	3	2	1
西安区				2	2				
东丰县	5	3	2	6	4	2	14	10	4
东辽县	1	1		3	3		14	9	5

6-1 续表 5

单位：人

地区	15-19岁			20-24岁			25-29岁		
	小计	男	女	小计	男	女	小计	男	女
通化市	**13**	**9**	**4**	**9**	**7**	**2**	**28**	**20**	**8**
东昌区							2	2	
二道江区							1	1	
通化县	7	6	1				3	3	
辉南县	1	1		3	3		8	5	3
柳河县	4	1	3	3	3		11	7	4
集安市	1	1		3	1	2	3	2	1
白山市	**6**	**6**		**8**	**6**	**2**	**15**	**9**	**6**
浑江区	2	2					5	3	2
江源区	1	1		1	1		2	1	1
抚松县	2	2		3	3		2	1	1
靖宇县				1	1		1		1
长白朝鲜族自治县				1		1	1		1
临江市	1	1		2	1	1	4	4	
松原市	**27**	**19**	**8**	**36**	**21**	**15**	**64**	**45**	**19**
宁江区	5	4	1	9	5	4	12	9	3
前郭尔罗斯蒙古族自治县	5	3	2	5	2	3	15	10	5
长岭县	8	5	3	9	5	4	14	9	5
乾安县				1	1		3	3	
吉林松原经济开发区							1		1
扶余市	9	7	2	12	8	4	19	14	5
白城市	**22**	**14**	**8**	**11**	**8**	**3**	**38**	**28**	**10**
洮北区	3	1	2	2		2	9	8	1
镇赉县	6	6		2	1	1	3	3	
通榆县	3	2	1	2	2		8	6	2
吉林白城经济开发区	2	1	1				4	1	3
洮南市	5	4	1	2	2		6	4	2
大安市	3		3	3	3		8	6	2
延边朝鲜族自治州	**11**	**10**	**1**	**24**	**13**	**11**	**40**	**24**	**16**
延吉市	4	4		8	3	5	11	5	6
图们市	1	1					2	2	
敦化市	2	2		7	3	4	10	9	1
珲春市	1		1	1	1		3	1	2
龙井市				3	2	1	1		1
和龙市				2	2		1		1
汪清县	3	3		1		1	7	3	4
安图县				2	2		5	4	1
长白山管委会				**3**	**1**	**2**	**4**	**3**	**1**
长白山保护开发区池北区				2	1	1	2	1	1
长白山保护开发区池西区				1		1	2	2	
长白山保护开发区池南区									
梅河口市	**5**	**3**	**2**	**8**	**5**	**3**	**11**	**9**	**2**

6-1　续表 6　　　　单位：人

地　区	30-34岁			35-39岁			40-44岁		
	小计	男	女	小计	男	女	小计	男	女
全　省	**957**	**662**	**295**	**1274**	**944**	**330**	**2219**	**1657**	**562**
长春市	**324**	**211**	**113**	**365**	**266**	**99**	**641**	**466**	**175**
南关区	16	8	8	29	20	9	38	21	17
宽城区	18	11	7	28	22	6	49	27	22
朝阳区	14	7	7	18	13	5	32	23	9
二道区	9	5	4	11	6	5	11	9	2
绿园区	11	7	4	21	11	10	42	29	13
双阳区	15	12	3	9	7	2	24	19	5
九台区	33	21	12	38	33	5	71	52	19
农安县	48	35	13	54	37	17	86	65	21
长春经济技术开发区	8	4	4	7	4	3	11	8	3
长春净月高新技术产业开发区	6	3	3	7	6	1	11	8	3
长春高新技术产业开发区	11	4	7	8	5	3	12	11	1
长春汽车经济技术开发区	7	6	1	8	4	4	9	3	6
长春莲花山生态旅游度假区	4	4		2	2		3	2	1
榆树市	48	33	15	39	30	9	120	97	23
德惠市	30	23	7	30	18	12	55	44	11
公主岭市	46	28	18	56	48	8	67	48	19
吉林市	**119**	**89**	**30**	**213**	**150**	**63**	**352**	**270**	**82**
昌邑区	5	4	1	19	12	7	43	36	7
龙潭区	10	5	5	32	21	11	36	25	11
船营区	11	9	2	19	15	4	29	20	9
丰满区	3	3		12	9	3	23	17	6
永吉县	24	14	10	26	24	2	29	21	8
吉林经济开发区	4	3	1	2		2	6	6	
吉林高新技术产业开发区	2	2		6	3	3	8	5	3
吉林中国新加坡食品区	1	1		1	1		5	4	1
蛟河市	11	10	1	19	9	10	35	27	8
桦甸市	18	15	3	21	17	4	32	26	6
舒兰市	17	14	3	27	20	7	61	48	13
磐石市	13	9	4	29	19	10	45	35	10
四平市	**74**	**66**	**8**	**78**	**63**	**15**	**184**	**138**	**46**
铁西区	5	4	1	8	4	4	25	17	8
铁东区	7	4	3	10	8	2	13	9	4
梨树县	28	24	4	32	27	5	64	45	19
伊通满族自治县	20	20		14	12	2	53	46	7
双辽市	14	14		14	12	2	29	21	8
辽源市	**53**	**37**	**16**	**56**	**42**	**14**	**126**	**86**	**40**
龙山区	10	8	2	8	4	4	22	16	6
西安区	12	9	3	4	4		13	8	5
东丰县	19	12	7	19	15	4	35	25	10
东辽县	12	8	4	25	19	6	56	37	19

6—1 续表 7

单位：人

地 区	30—34岁			35—39岁			40—44岁		
	小计	男	女	小计	男	女	小计	男	女
通化市	**54**	**36**	**18**	**71**	**50**	**21**	**158**	**117**	**41**
东昌区	4	2	2	5	3	2	13	8	5
二道江区	3	3		4	2	2	5	3	2
通化县	9	6	3	9	7	2	27	22	5
辉南县	18	12	6	24	18	6	42	32	10
柳河县	12	6	6	16	10	6	52	38	14
集安市	8	7	1	13	10	3	19	14	5
白山市	**41**	**26**	**15**	**62**	**46**	**16**	**125**	**102**	**23**
浑江区	13	6	7	19	17	2	47	38	9
江源区	6	4	2	4	3	1	13	12	1
抚松县	7	6	1	21	14	7	23	18	5
靖宇县	6	4	2	6	4	2	11	7	4
长白朝鲜族自治县				5	2	3	9	7	2
临江市	9	6	3	7	6	1	22	20	2
松原市	**125**	**88**	**37**	**151**	**108**	**43**	**235**	**172**	**63**
宁江区	20	15	5	23	16	7	50	38	12
前郭尔罗斯蒙古族自治县	38	22	16	42	28	14	68	53	15
长岭县	25	19	6	32	23	9	39	27	12
乾安县	10	8	2	18	16	2	16	12	4
吉林松原经济开发区	3	3		1		1	3	2	1
扶余市	29	21	8	35	25	10	59	40	19
白城市	**60**	**43**	**17**	**122**	**97**	**25**	**165**	**123**	**42**
洮北区	7	5	2	25	21	4	30	22	8
镇赉县	8	6	2	14	11	3	27	24	3
通榆县	17	10	7	20	12	8	39	27	12
吉林白城经济开发区	2	1	1	4	4		3	2	1
洮南市	21	17	4	41	34	7	41	32	9
大安市	5	4	1	18	15	3	25	16	9
延边朝鲜族自治州	**82**	**54**	**28**	**132**	**103**	**29**	**190**	**150**	**40**
延吉市	22	13	9	41	26	15	62	45	17
图们市	3	3		7	5	2	12	11	1
敦化市	16	11	5	27	22	5	33	25	8
珲春市	13	9	4	11	9	2	22	16	6
龙井市	7	4	3	13	12	1	13	11	2
和龙市	3	2	1	10	9	1	11	10	1
汪清县	5	4	1	13	12	1	19	18	1
安图县	13	8	5	10	8	2	18	14	4
长白山管委会	**6**	**4**	**2**	**1**	**1**		**6**	**5**	**1**
长白山保护开发区池北区	6	4	2	1	1		4	3	1
长白山保护开发区池西区							2	2	
长白山保护开发区池南区									
梅河口市	**19**	**8**	**11**	**23**	**18**	**5**	**37**	**28**	**9**

6-1 续表 8

单位：人

地区	45-49岁			50-54岁			55-59岁		
	小计	男	女	小计	男	女	小计	男	女
全省	**4721**	**3489**	**1232**	**8159**	**5880**	**2279**	**11214**	**7949**	**3265**
长春市	**1399**	**1019**	**380**	**2256**	**1575**	**681**	**3178**	**2171**	**1007**
南关区	63	51	12	77	61	16	208	150	58
宽城区	114	84	30	146	103	43	262	172	90
朝阳区	74	52	22	109	71	38	160	118	42
二道区	21	17	4	55	39	16	94	72	22
绿园区	79	60	19	145	100	45	170	125	45
双阳区	62	42	20	96	66	30	125	85	40
九台区	174	135	39	253	174	79	368	247	121
农安县	189	132	57	307	210	97	445	285	160
长春经济技术开发区	23	15	8	36	23	13	61	43	18
长春净月高新技术产业开发区	24	17	7	35	23	12	68	46	22
长春高新技术产业开发区	19	12	7	35	22	13	46	32	14
长春汽车经济技术开发区	22	14	8	56	44	12	57	38	19
长春莲花山生态旅游度假区	15	10	5	17	13	4	26	22	4
榆树市	259	188	71	395	271	124	479	313	166
德惠市	116	84	32	202	141	61	232	149	83
公主岭市	145	106	39	292	214	78	377	274	103
吉林市	**758**	**564**	**194**	**1361**	**1005**	**356**	**1899**	**1340**	**559**
昌邑区	73	53	20	118	90	28	222	168	54
龙潭区	73	53	20	159	115	44	216	159	57
船营区	82	62	20	131	97	34	199	151	48
丰满区	35	29	6	73	46	27	103	69	34
永吉县	73	52	21	137	98	39	189	120	69
吉林经济开发区	12	11	1	15	10	5	36	24	12
吉林高新技术产业开发区	14	9	5	33	24	9	41	26	15
吉林中国新加坡食品区	11	9	2	17	9	8	16	10	6
蛟河市	91	62	29	154	114	40	188	130	58
桦甸市	74	53	21	145	108	37	190	134	56
舒兰市	129	106	23	228	173	55	278	192	86
磐石市	91	65	26	151	121	30	221	157	64
四平市	**357**	**256**	**101**	**646**	**460**	**186**	**887**	**643**	**244**
铁西区	27	23	4	32	22	10	72	46	26
铁东区	33	19	14	58	40	18	87	69	18
梨树县	139	96	43	237	164	73	325	239	86
伊通满族自治县	87	60	27	176	128	48	221	150	71
双辽市	71	58	13	143	106	37	182	139	43
辽源市	**262**	**205**	**57**	**452**	**339**	**113**	**596**	**436**	**160**
龙山区	47	35	12	94	70	24	118	81	37
西安区	37	32	5	69	60	9	96	74	22
东丰县	91	72	19	139	108	31	173	129	44
东辽县	87	66	21	150	101	49	209	152	57

6-1 续表 9

单位：人

地区	45-49岁			50-54岁			55-59岁		
	小计	男	女	小计	男	女	小计	男	女
通化市	**290**	**217**	**73**	**471**	**333**	**138**	**682**	**475**	**207**
东昌区	35	24	11	41	30	11	96	75	21
二道江区	15	13	2	29	23	6	39	28	11
通化县	58	37	21	75	53	22	96	60	36
辉南县	70	50	20	128	88	40	182	135	47
柳河县	60	49	11	115	78	37	159	108	51
集安市	52	44	8	83	61	22	110	69	41
白山市	**249**	**191**	**58**	**405**	**299**	**106**	**499**	**369**	**130**
浑江区	67	53	14	137	103	34	165	131	34
江源区	44	34	10	62	44	18	98	71	27
抚松县	53	38	15	90	63	27	84	58	26
靖宇县	28	19	9	35	32	3	45	32	13
长白朝鲜族自治县	13	9	4	26	21	5	22	18	4
临江市	44	38	6	55	36	19	85	59	26
松原市	**500**	**369**	**131**	**896**	**622**	**274**	**1206**	**836**	**370**
宁江区	94	70	24	151	101	50	236	164	72
前郭尔罗斯蒙古族自治县	127	94	33	252	168	84	301	210	91
长岭县	104	83	21	187	127	60	233	166	67
乾安县	39	29	10	79	53	26	85	52	33
吉林松原经济开发区	9	7	2	20	19	1	20	17	3
扶余市	127	86	41	207	154	53	331	227	104
白城市	**370**	**281**	**89**	**644**	**470**	**174**	**831**	**577**	**254**
洮北区	68	48	20	140	111	29	159	112	47
镇赉县	59	43	16	101	72	29	120	83	37
通榆县	70	54	16	106	82	24	151	104	47
吉林白城经济开发区	11	7	4	13	10	3	29	19	10
洮南市	114	91	23	174	128	46	222	150	72
大安市	48	38	10	110	67	43	150	109	41
延边朝鲜族自治州	**423**	**309**	**114**	**822**	**623**	**199**	**1178**	**916**	**262**
延吉市	130	88	42	212	157	55	300	236	64
图们市	31	24	7	43	32	11	73	64	9
敦化市	80	61	19	184	140	44	236	185	51
珲春市	39	28	11	102	81	21	144	110	34
龙井市	22	14	8	63	46	17	124	97	27
和龙市	27	22	5	72	55	17	80	58	22
汪清县	60	46	14	77	58	19	130	94	36
安图县	34	26	8	69	54	15	91	72	19
长白山管委会	**14**	**11**	**3**	**25**	**17**	**8**	**27**	**21**	**6**
长白山保护开发区池北区	8	7	1	22	14	8	24	18	6
长白山保护开发区池西区	5	3	2	1	1		1	1	
长白山保护开发区池南区	1	1		2	2		2	2	
梅河口市	**99**	**67**	**32**	**181**	**137**	**44**	**231**	**165**	**66**

6-1　续表 10　　单位：人

地　　区	60-64岁			65-69岁			70-74岁		
	小计	男	女	小计	男	女	小计	男	女
全　省	**14926**	**10069**	**4857**	**21241**	**13186**	**8055**	**20649**	**11886**	**8763**
长春市	**4393**	**2940**	**1453**	**6535**	**3963**	**2572**	**6222**	**3591**	**2631**
南关区	294	231	63	362	224	138	290	174	116
宽城区	327	220	107	474	289	185	401	245	156
朝阳区	227	158	69	365	247	118	306	177	129
二道区	154	111	43	195	130	65	175	109	66
绿园区	254	179	75	356	218	138	334	207	127
双阳区	213	141	72	320	199	121	330	198	132
九台区	492	317	175	687	420	267	703	386	317
农安县	539	360	179	761	438	323	713	384	329
长春经济技术开发区	85	57	28	138	89	49	105	68	37
长春净月高新技术产业开发区	88	60	28	142	94	48	129	85	44
长春高新技术产业开发区	79	46	33	119	74	45	106	68	38
长春汽车经济技术开发区	94	57	37	137	87	50	154	101	53
长春莲花山生态旅游度假区	35	22	13	56	35	21	54	32	22
榆树市	719	455	264	1100	645	455	1073	606	467
德惠市	329	231	98	520	292	228	539	298	241
公主岭市	464	295	169	803	482	321	810	453	357
吉林市	**2426**	**1657**	**769**	**3383**	**2136**	**1247**	**3458**	**2029**	**1429**
昌邑区	260	175	85	335	210	125	337	208	129
龙潭区	335	234	101	372	223	149	408	230	178
船营区	293	207	86	361	237	124	398	251	147
丰满区	115	87	28	158	116	42	168	96	72
永吉县	245	163	82	336	203	133	358	214	144
吉林经济开发区	41	30	11	52	41	11	40	22	18
吉林高新技术产业开发区	45	30	15	60	38	22	70	41	29
吉林中国新加坡食品区	21	14	7	35	22	13	42	22	20
蛟河市	235	168	67	404	243	161	353	214	139
桦甸市	201	133	68	328	216	112	282	157	125
舒兰市	374	242	132	527	329	198	558	316	242
磐石市	261	174	87	415	258	157	444	258	186
四平市	**1207**	**783**	**424**	**1759**	**1060**	**699**	**1677**	**927**	**750**
铁西区	87	57	30	135	84	51	112	66	46
铁东区	119	79	40	158	103	55	148	85	63
梨树县	419	268	151	636	384	252	657	349	308
伊通满族自治县	322	209	113	518	300	218	439	243	196
双辽市	260	170	90	312	189	123	321	184	137
辽源市	**812**	**547**	**265**	**1206**	**750**	**456**	**1051**	**567**	**484**
龙山区	176	127	49	229	140	89	218	124	94
西安区	120	82	38	142	92	50	120	72	48
东丰县	240	166	74	404	249	155	332	171	161
东辽县	276	172	104	431	269	162	381	200	181

6-1 续表 11

单位：人

地区	60-64岁			65-69岁			70-74岁		
	小计	男	女	小计	男	女	小计	男	女
通化市	**926**	**654**	**272**	**1336**	**846**	**490**	**1296**	**754**	**542**
东昌区	125	95	30	161	106	55	131	71	60
二道江区	60	43	17	82	49	33	73	41	32
通化县	143	106	37	206	146	60	228	144	84
辉南县	210	138	72	335	216	119	314	180	134
柳河县	232	164	68	344	210	134	313	177	136
集安市	156	108	48	208	119	89	237	141	96
白山市	**650**	**445**	**205**	**852**	**572**	**280**	**849**	**502**	**347**
浑江区	186	125	61	265	173	92	260	166	94
江源区	105	74	31	133	97	36	132	82	50
抚松县	120	79	41	154	110	44	163	89	74
靖宇县	74	47	27	107	72	35	103	62	41
长白朝鲜族自治县	49	35	14	60	38	22	58	31	27
临江市	116	85	31	133	82	51	133	72	61
松原市	**1425**	**899**	**526**	**2129**	**1222**	**907**	**1922**	**1084**	**838**
宁江区	220	142	78	379	232	147	375	209	166
前郭尔罗斯蒙古族自治县	315	207	108	494	296	198	475	261	214
长岭县	298	183	115	412	217	195	326	190	136
乾安县	124	74	50	190	111	79	127	78	49
吉林松原经济开发区	25	17	8	43	26	17	27	17	10
扶余市	443	276	167	611	340	271	592	329	263
白城市	**1114**	**745**	**369**	**1496**	**935**	**561**	**1540**	**830**	**710**
洮北区	214	153	61	322	222	100	291	176	115
镇赉县	156	97	59	206	118	88	220	112	108
通榆县	229	157	72	280	189	91	273	147	126
吉林白城经济开发区	41	25	16	41	31	10	44	24	20
洮南市	287	202	85	362	208	154	427	221	206
大安市	187	111	76	285	167	118	285	150	135
延边朝鲜族自治州	**1568**	**1140**	**428**	**2029**	**1377**	**652**	**2127**	**1302**	**825**
延吉市	464	336	128	638	439	199	711	435	276
图们市	88	67	21	119	85	34	120	88	32
敦化市	299	211	88	372	258	114	373	210	163
珲春市	181	133	48	207	136	71	234	155	79
龙井市	157	116	41	188	120	68	193	129	64
和龙市	90	65	25	180	111	69	136	79	57
汪清县	166	125	41	187	134	53	211	113	98
安图县	123	87	36	138	94	44	149	93	56
长白山管委会	**26**	**18**	**8**	**34**	**20**	**14**	**38**	**20**	**18**
长白山保护开发区池北区	17	13	4	19	11	8	26	15	11
长白山保护开发区池西区	7	4	3	12	7	5	11	5	6
长白山保护开发区池南区	2	1	1	3	2	1	1		1
梅河口市	**379**	**241**	**138**	**482**	**305**	**177**	**469**	**280**	**189**

6-1 续表 12

单位：人

地区	75-79岁			80-84岁			85-89岁		
	小计	男	女	小计	男	女	小计	男	女
全 省	**19594**	**10666**	**8928**	**20133**	**10518**	**9615**	**13386**	**6536**	**6850**
长春市	**6058**	**3309**	**2749**	**6422**	**3387**	**3035**	**4372**	**2191**	**2181**
南关区	362	211	151	490	250	240	423	201	222
宽城区	441	253	188	498	253	245	376	165	211
朝阳区	392	188	204	540	276	264	406	207	199
二道区	192	112	80	211	115	96	144	85	59
绿园区	379	201	178	470	229	241	342	163	179
双阳区	280	162	118	223	132	91	135	70	65
九台区	646	365	281	633	342	291	375	198	177
农安县	807	449	358	861	468	393	493	269	224
长春经济技术开发区	99	51	48	109	58	51	88	43	45
长春净月高新技术产业开发区	133	78	55	121	58	63	89	42	47
长春高新技术产业开发区	80	44	36	97	50	47	56	28	28
长春汽车经济技术开发区	179	102	77	246	138	108	157	81	76
长春莲花山生态旅游度假区	55	25	30	49	28	21	26	14	12
榆树市	853	438	415	767	381	386	489	229	260
德惠市	478	244	234	428	224	204	310	162	148
公主岭市	682	386	296	679	385	294	463	234	229
吉林市	**3364**	**1824**	**1540**	**3504**	**1790**	**1714**	**2332**	**1171**	**1161**
昌邑区	370	189	181	409	209	200	332	152	180
龙潭区	401	207	194	583	271	312	326	167	159
船营区	405	234	171	404	215	189	296	141	155
丰满区	209	125	84	171	84	87	146	78	68
永吉县	268	150	118	263	133	130	195	114	81
吉林经济开发区	47	27	20	65	30	35	52	28	24
吉林高新技术产业开发区	89	47	42	90	43	47	68	35	33
吉林中国新加坡食品区	24	15	9	24	15	9	16	9	7
蛟河市	370	217	153	380	209	171	224	115	109
桦甸市	266	143	123	294	161	133	168	75	93
舒兰市	511	250	261	468	241	227	295	145	150
磐石市	404	220	184	353	179	174	214	112	102
四平市	**1399**	**761**	**638**	**1282**	**705**	**577**	**932**	**453**	**479**
铁西区	140	77	63	138	76	62	107	58	49
铁东区	122	64	58	134	77	57	92	48	44
梨树县	571	302	269	488	262	226	370	181	189
伊通满族自治县	318	181	137	335	195	140	214	98	116
双辽市	248	137	111	187	95	92	149	68	81
辽源市	**941**	**478**	**463**	**948**	**535**	**413**	**601**	**316**	**285**
龙山区	210	113	97	227	110	117	155	86	69
西安区	138	74	64	185	91	94	90	43	47
东丰县	318	150	168	267	164	103	171	85	86
东辽县	275	141	134	269	170	99	185	102	83

6-1 续表 13

单位：人

地　区	75-79岁			80-84岁			85-89岁		
	小计	男	女	小计	男	女	小计	男	女
通化市	**1150**	**613**	**537**	**1141**	**571**	**570**	**723**	**314**	**409**
东昌区	150	82	68	188	94	94	141	60	81
二道江区	101	44	57	100	52	48	52	20	32
通化县	179	100	79	156	75	81	117	58	59
辉南县	274	155	119	301	148	153	157	75	82
柳河县	228	116	112	237	123	114	139	59	80
集安市	218	116	102	159	79	80	117	42	75
白山市	**1000**	**524**	**476**	**1099**	**608**	**491**	**709**	**369**	**340**
浑江区	273	144	129	281	158	123	182	95	87
江源区	168	73	95	212	102	110	137	75	62
抚松县	249	152	97	257	163	94	157	82	75
靖宇县	96	40	56	85	46	39	50	32	18
长白朝鲜族自治县	62	37	25	63	36	27	50	24	26
临江市	152	78	74	201	103	98	133	61	72
松原市	**1519**	**841**	**678**	**1575**	**839**	**736**	**922**	**427**	**495**
宁江区	268	141	127	296	157	139	175	81	94
前郭尔罗斯蒙古族自治县	379	197	182	391	215	176	237	122	115
长岭县	302	180	122	293	146	147	157	77	80
乾安县	111	66	45	109	66	43	79	34	45
吉林松原经济开发区	24	12	12	18	12	6	9	5	4
扶余市	435	245	190	468	243	225	265	108	157
白城市	**1373**	**779**	**594**	**1272**	**663**	**609**	**795**	**409**	**386**
洮北区	292	160	132	290	165	125	184	98	86
镇赉县	167	95	72	144	74	70	131	59	72
通榆县	281	156	125	216	92	124	110	51	59
吉林白城经济开发区	33	19	14	40	20	20	22	13	9
洮南市	339	189	150	323	169	154	190	105	85
大安市	261	160	101	259	143	116	158	83	75
延边朝鲜族自治州	**2314**	**1286**	**1028**	**2461**	**1205**	**1256**	**1688**	**725**	**963**
延吉市	786	449	337	818	392	426	580	238	342
图们市	114	59	55	163	72	91	106	40	66
敦化市	412	224	188	439	241	198	314	134	180
珲春市	239	133	106	237	100	137	144	77	67
龙井市	219	122	97	193	94	99	161	59	102
和龙市	140	78	62	190	98	92	115	51	64
汪清县	254	139	115	281	134	147	158	80	78
安图县	150	82	68	140	74	66	110	46	64
长白山管委会	**59**	**28**	**31**	**67**	**32**	**35**	**52**	**28**	**24**
长白山保护开发区池北区	44	20	24	47	18	29	33	20	13
长白山保护开发区池西区	13	6	7	17	12	5	19	8	11
长白山保护开发区池南区	2	2		3	2	1			
梅河口市	**417**	**223**	**194**	**362**	**183**	**179**	**260**	**133**	**127**

6-1　续表 14　　　　单位：人

地　区	90–94岁			95–99岁			100岁及以上		
	小计	男	女	小计	男	女	小计	男	女
全　省	**6364**	**2960**	**3404**	**1534**	**688**	**846**	**270**	**117**	**153**
长春市	**2232**	**1086**	**1146**	**555**	**275**	**280**	**94**	**43**	**51**
南关区	227	107	120	64	34	30	10	2	8
宽城区	168	70	98	38	14	24	5	3	2
朝阳区	268	142	126	70	38	32	12	6	6
二道区	76	43	33	15	7	8	4	2	2
绿园区	168	81	87	27	16	11	8	2	6
双阳区	62	30	32	12	6	6	7	6	1
九台区	204	107	97	42	18	24	7	3	4
农安县	237	101	136	53	22	31	6	3	3
长春经济技术开发区	55	20	35	6	5	1	2	1	1
长春净月高新技术产业开发区	38	15	23	13	7	6	2		2
长春高新技术产业开发区	23	10	13	5	3	2	2		2
长春汽车经济技术开发区	72	40	32	24	12	12	4	2	2
长春莲花山生态旅游度假区	15	9	6	4	4		1	1	
榆树市	255	130	125	60	26	34	8	2	6
德惠市	144	74	70	44	25	19	9	5	4
公主岭市	220	107	113	78	38	40	7	5	2
吉林市	**1073**	**506**	**567**	**266**	**121**	**145**	**37**	**9**	**28**
昌邑区	159	81	78	33	15	18	6	1	5
龙潭区	132	72	60	31	12	19	8	2	6
船营区	181	87	94	28	15	13	9	1	8
丰满区	56	26	30	17	7	10	2		2
永吉县	98	40	58	21	10	11	3	2	1
吉林经济开发区	20	13	7	5	2	3			
吉林高新技术产业开发区	15	11	4	4	2	2			
吉林中国新加坡食品区	12	6	6	4	2	2			
蛟河市	111	40	71	34	17	17	3	1	2
桦甸市	66	33	33	30	18	12	2		2
舒兰市	110	38	72	39	15	24	4	2	2
磐石市	113	59	54	20	6	14			
四平市	**420**	**197**	**223**	**106**	**57**	**49**	**13**	**3**	**10**
铁西区	55	30	25	18	6	12			
铁东区	40	17	23	10	8	2	5		5
梨树县	164	74	90	39	20	19	7	3	4
伊通满族自治县	98	48	50	24	15	9	1		1
双辽市	63	28	35	15	8	7			
辽源市	**292**	**137**	**155**	**65**	**19**	**46**	**12**	**6**	**6**
龙山区	78	36	42	17	3	14	2	1	1
西安区	49	26	23	6	2	4	2	1	1
东丰县	85	40	45	23	9	14	6	4	2
东辽县	80	35	45	19	5	14	2		2

6–1 续表 15 单位：人

地区	90–94岁			95–99岁			100岁及以上		
	小计	男	女	小计	男	女	小计	男	女
通化市	**368**	**178**	**190**	**79**	**37**	**42**	**8**	**5**	**3**
东昌区	54	26	28	9	4	5	1	1	
二道江区	21	9	12	8	6	2	2	2	
通化县	68	26	42	22	8	14	2		2
辉南县	81	39	42	8	3	5	2	1	1
柳河县	78	44	34	19	9	10	1	1	
集安市	66	34	32	13	7	6			
白山市	**359**	**178**	**181**	**89**	**42**	**47**	**14**	**8**	**6**
浑江区	88	38	50	20	10	10	3	2	1
江源区	67	33	34	13	5	8	5	3	2
抚松县	68	43	25	20	11	9	3	2	1
靖宇县	39	18	21	11	7	4			
长白朝鲜族自治县	24	13	11	6	1	5	1	1	
临江市	73	33	40	19	8	11	2		2
松原市	**365**	**175**	**190**	**75**	**37**	**38**	**21**	**12**	**9**
宁江区	64	28	36	10	5	5	6	3	3
前郭尔罗斯蒙古族自治县	77	45	32	21	10	11	7	3	4
长岭县	63	30	33	15	8	7	5	4	1
乾安县	32	16	16	7	4	3			
吉林松原经济开发区	8	3	5	2	1	1	1	1	
扶余市	121	53	68	20	9	11	2	1	1
白城市	**354**	**162**	**192**	**85**	**32**	**53**	**32**	**13**	**19**
洮北区	77	33	44	18	10	8	5	1	4
镇赉县	54	24	30	11	5	6			
通榆县	64	28	36	20	4	16	22	11	11
吉林白城经济开发区	6	4	2	2		2			
洮南市	87	42	45	21	3	18	2		2
大安市	66	31	35	13	10	3	3	1	2
延边朝鲜族自治州	**743**	**273**	**470**	**172**	**51**	**121**	**25**	**8**	**17**
延吉市	263	87	176	55	12	43	6	3	3
图们市	42	16	26	11	1	10			
敦化市	130	69	61	40	15	25	13	5	8
珲春市	59	18	41	7		7	1		1
龙井市	66	17	49	14	3	11	1		1
和龙市	57	20	37	10	5	5			
汪清县	74	30	44	17	10	7	4		4
安图县	52	16	36	18	5	13			
长白山管委会	**15**	**6**	**9**	**4**	**2**	**2**	**3**		**3**
长白山保护开发区池北区	13	6	7	4	2	2	1		1
长白山保护开发区池西区	2		2				1		1
长白山保护开发区池南区							1		1
梅河口市	**143**	**62**	**81**	**38**	**15**	**23**	**11**	**10**	**1**

6-1a　各地区分年龄、性别的死亡人口
(2019.11.1-2020.10.31)(城市)

单位：人

地　区	死亡人口			0岁		
	合计	男	女	小计	男	女
全　省	**46987**	**28020**	**18967**	**52**	**29**	**23**
长春市	**15379**	**9058**	**6321**	**15**	**9**	**6**
南关区	2975	1757	1218	6	4	2
宽城区	2516	1445	1071	2		2
朝阳区	2621	1519	1102	1	1	
二道区	1348	846	502	1	1	
绿园区	2697	1567	1130	3	3	
双阳区	413	258	155			
九台区	1064	632	432	1		1
农安县						
长春经济技术开发区						
长春净月高新技术产业开发区						
长春高新技术产业开发区						
长春汽车经济技术开发区						
长春莲花山生态旅游度假区						
榆树市	574	337	237			
德惠市	577	339	238	1		1
公主岭市	594	358	236			
吉林市	**10075**	**5991**	**4084**	**13**	**4**	**9**
昌邑区	2084	1213	871	1	1	
龙潭区	1963	1126	837	3		3
船营区	2338	1419	919	2	1	1
丰满区	762	459	303	1	1	
永吉县						
吉林经济开发区	16	10	6			
吉林高新技术产业开发区						
吉林中国新加坡食品区						
蛟河市	923	528	395	3	1	2
桦甸市	731	466	265			
舒兰市	717	432	285			
磐石市	541	338	203	3		3
四平市	**1702**	**1079**	**623**	**2**	**2**	
铁西区	740	445	295	1	1	
铁东区	551	360	191			
梨树县						
伊通满族自治县						
双辽市	411	274	137	1	1	
辽源市	**2169**	**1306**	**863**	**1**	**1**	
龙山区	1241	735	506	1	1	
西安区	921	567	354			

6-1a　续表 1　　单位：人

地　区	死亡人口			0岁		
	合计	男	女	小计	男	女
东丰县	7	4	3			
东辽县						
通化市	**1704**	**1005**	**699**	**1**	**1**	
东昌区	1035	602	433	1	1	
二道江区	296	176	120			
通化县	8	5	3			
辉南县						
柳河县						
集安市	365	222	143			
白山市	**2786**	**1698**	**1088**	**7**	**2**	**5**
浑江区	1513	947	566	2	1	1
江源区	547	326	221	4	1	3
抚松县						
靖宇县						
长白朝鲜族自治县						
临江市	726	425	301	1		1
松原市	**1734**	**1011**	**723**			
宁江区	1389	803	586			
前郭尔罗斯蒙古族自治县	54	29	25			
长岭县						
乾安县						
吉林松原经济开发区	41	21	20			
扶余市	250	158	92			
白城市	**2270**	**1408**	**862**	**4**	**1**	**3**
洮北区	1162	724	438	3	1	2
镇赉县						
通榆县						
吉林白城经济开发区	33	25	8			
洮南市	649	404	245			
大安市	426	255	171	1		1
延边朝鲜族自治州	**8472**	**5030**	**3442**	**7**	**7**	
延吉市	4547	2643	1904	6	6	
图们市	520	322	198			
敦化市	1201	728	473			
珲春市	944	583	361			
龙井市	822	493	329			
和龙市	438	261	177	1	1	
汪清县						
安图县						
长白山管委会						
梅河口市	**696**	**434**	**262**	**2**	**2**	

6–1a　续表 2　　　　　　　　　　　　　　　　　　　　　　单位：人

地　区	1–4岁			5–9岁			10–14岁		
	小计	男	女	小计	男	女	小计	男	女
全　省	**26**	**11**	**15**	**25**	**12**	**13**	**29**	**16**	**13**
长春市	**7**	**3**	**4**	**10**	**6**	**4**	**12**	**6**	**6**
南关区	1		1	1	1		4	1	3
宽城区				1		1	1	1	
朝阳区	1		1	1	1				
二道区							1		1
绿园区	2	1	1	2	1	1	3	2	1
双阳区	1	1							
九台区	1		1	2		2			
农安县									
长春经济技术开发区									
长春净月高新技术产业开发区									
长春高新技术产业开发区									
长春汽车经济技术开发区									
长春莲花山生态旅游度假区									
榆树市				3	3		2	2	
德惠市	1	1							
公主岭市							1		1
吉林市	**2**	**1**	**1**	**7**	**2**	**5**	**2**		**2**
昌邑区				2		2			
龙潭区				1	1		1		1
船营区	2	1	1	2		2			
丰满区							1		1
永吉县									
吉林经济开发区									
吉林高新技术产业开发区									
吉林中国新加坡食品区									
蛟河市				1		1			
桦甸市				1	1				
舒兰市									
磐石市									
四平市	**1**	**1**							
铁西区	1	1							
铁东区									
梨树县									
伊通满族自治县									
双辽市									
辽源市	**1**		**1**	**1**		**1**			
龙山区	1		1						
西安区				1		1			

6–1a 续表 3

单位：人

地区	1–4岁			5–9岁			10–14岁		
	小计	男	女	小计	男	女	小计	男	女
东丰县									
东辽县									
通化市	**2**	**1**	**1**	**1**		**1**	**2**	**1**	**1**
东昌区	1		1	1		1	1		1
二道江区	1	1							
通化县									
辉南县									
柳河县									
集安市							1	1	
白山市	**2**	**1**	**1**	**1**		**1**			
浑江区	2	1	1						
江源区				1		1			
抚松县									
靖宇县									
长白朝鲜族自治县									
临江市									
松原市	**1**		**1**	**1**		**1**	**2**	**2**	
宁江区	1		1	1		1	2	2	
前郭尔罗斯蒙古族自治县									
长岭县									
乾安县									
吉林松原经济开发区									
扶余市									
白城市	**2**		**2**				**2**	**2**	
洮北区	1		1						
镇赉县									
通榆县									
吉林白城经济开发区	1		1						
洮南市							1	1	
大安市							1	1	
延边朝鲜族自治州	**7**	**4**	**3**	**3**	**3**		**8**	**4**	**4**
延吉市	4	3	1	2	2		4	3	1
图们市									
敦化市	1		1				2	1	1
珲春市	2	1	1	1	1				
龙井市									
和龙市							2		2
汪清县									
安图县									
长白山管委会									
梅河口市	**1**		**1**	**1**	**1**		**1**	**1**	

6-1a　续表 4　　　　单位：人

地　区	15-19岁			20-24岁			25-29岁		
	小计	男	女	小计	男	女	小计	男	女
全　省	**42**	**26**	**16**	**52**	**34**	**18**	**121**	**91**	**30**
长春市	**12**	**7**	**5**	**15**	**12**	**3**	**41**	**32**	**9**
南关区	2	1	1	3	2	1	5	3	2
宽城区				3	3		8	6	2
朝阳区	1		1	3	3		3	3	
二道区				1	1		4	3	1
绿园区	3	3		2	2		7	6	1
双阳区	4	2	2	1		1	2	2	
九台区	2	1	1				1	1	
农安县									
长春经济技术开发区									
长春净月高新技术产业开发区									
长春高新技术产业开发区									
长春汽车经济技术开发区									
长春莲花山生态旅游度假区									
榆树市				2	1	1	2	2	
德惠市							4	2	2
公主岭市							5	4	1
吉林市	**12**	**5**	**7**	**9**	**8**	**1**	**31**	**24**	**7**
昌邑区	2	1	1	3	2	1	7	5	2
龙潭区	4	1	3	2	2		5	5	
船营区	1	1		2	2		4	3	1
丰满区							1	1	
永吉县									
吉林经济开发区									
吉林高新技术产业开发区									
吉林中国新加坡食品区									
蛟河市	2		2				6	4	2
桦甸市	1	1		1	1		5	3	2
舒兰市	2	1	1				3	3	
磐石市				1	1				
四平市	**4**	**3**	**1**	**2**	**1**	**1**	**1**	**1**	
铁西区	1	1		1		1			
铁东区	1	1		1	1		1	1	
梨树县									
伊通满族自治县									
双辽市	2	1	1						
辽源市				**3**	**3**		**2**	**1**	**1**
龙山区				1	1		2	1	1
西安区				2	2				

6−1a 续表 5 单位：人

地　区	15−19岁			20−24岁			25−29岁		
	小计	男	女	小计	男	女	小计	男	女
东丰县									
东辽县									
通化市				**1**	**1**		**5**	**4**	**1**
东昌区							2	2	
二道江区							1	1	
通化县									
辉南县									
柳河县									
集安市				1	1		2	1	1
白山市	**4**	**4**					**6**	**4**	**2**
浑江区	2	2					4	2	2
江源区	1	1							
抚松县									
靖宇县									
长白朝鲜族自治县									
临江市	1	1					2	2	
松原市	**2**	**1**	**1**	**8**	**3**	**5**	**9**	**7**	**2**
宁江区				7	3	4	7	6	1
前郭尔罗斯蒙古族自治县	1		1	1		1			
长岭县									
乾安县									
吉林松原经济开发区									
扶余市	1	1					2	1	1
白城市	**2**		**2**	**2**	**1**	**1**	**8**	**7**	**1**
洮北区	2		2	1		1	5	5	
镇赉县									
通榆县									
吉林白城经济开发区							1	1	
洮南市				1	1		1	1	
大安市							1		1
延边朝鲜族自治州	**5**	**5**		**11**	**5**	**6**	**17**	**10**	**7**
延吉市	4	4		8	3	5	9	5	4
图们市	1	1					1	1	
敦化市				1	1		4	3	1
珲春市							2	1	1
龙井市				1		1	1		1
和龙市				1	1				
汪清县									
安图县									
长白山管委会									
梅河口市	**1**	**1**		**1**		**1**	**1**	**1**	

6-1a 续表 6 单位：人

地 区	30-34岁			35-39岁			40-44岁		
	小计	男	女	小计	男	女	小计	男	女
全 省	**230**	**156**	**74**	**376**	**267**	**109**	**606**	**449**	**157**
长春市	**86**	**50**	**36**	**117**	**80**	**37**	**194**	**130**	**64**
南关区	16	8	8	29	20	9	38	21	17
宽城区	12	6	6	15	11	4	31	17	14
朝阳区	12	6	6	16	11	5	28	20	8
二道区	9	5	4	11	6	5	11	9	2
绿园区	11	7	4	21	11	10	37	28	9
双阳区	2	2		1	1		7	6	1
九台区	8	5	3	7	6	1	11	7	4
农安县									
长春经济技术开发区									
长春净月高新技术产业开发区									
长春高新技术产业开发区									
长春汽车经济技术开发区									
长春莲花山生态旅游度假区									
榆树市	6	5	1	4	4		15	11	4
德惠市	6	2	4	6	4	2	11	7	4
公主岭市	4	4		7	6	1	5	4	1
吉林市	**30**	**25**	**5**	**81**	**55**	**26**	**113**	**86**	**27**
昌邑区	5	4	1	15	9	6	28	21	7
龙潭区	6	4	2	20	12	8	18	14	4
船营区	9	7	2	16	12	4	17	11	6
丰满区				7	5	2	11	8	3
永吉县									
吉林经济开发区									
吉林高新技术产业开发区									
吉林中国新加坡食品区									
蛟河市	2	2		4	1	3	11	8	3
桦甸市	6	6		9	7	2	15	13	2
舒兰市				6	6		6	5	1
磐石市	2	2		4	3	1	7	6	1
四平市	**14**	**10**	**4**	**15**	**11**	**4**	**30**	**23**	**7**
铁西区	5	4	1	5	2	3	18	13	5
铁东区	6	3	3	6	5	1	4	3	1
梨树县									
伊通满族自治县									
双辽市	3	3		4	4		8	7	1
辽源市	**18**	**15**	**3**	**12**	**8**	**4**	**26**	**16**	**10**
龙山区	8	7	1	8	4	4	16	10	6
西安区	10	8	2	4	4		10	6	4

6-1a 续表 7

单位：人

地区	30-34岁			35-39岁			40-44岁		
	小计	男	女	小计	男	女	小计	男	女
东丰县									
东辽县									
通化市	**7**	**5**	**2**	**10**	**6**	**4**	**16**	**11**	**5**
东昌区	3	2	1	5	3	2	10	6	4
二道江区	1	1		2	1	1	3	3	
通化县									
辉南县									
柳河县									
集安市	3	2	1	3	2	1	3	2	1
白山市	**15**	**9**	**6**	**21**	**18**	**3**	**54**	**48**	**6**
浑江区	11	5	6	12	11	1	37	32	5
江源区	2	2		4	3	1	5	5	
抚松县									
靖宇县									
长白朝鲜族自治县									
临江市	2	2		5	4	1	12	11	1
松原市	**7**	**6**	**1**	**21**	**14**	**7**	**36**	**28**	**8**
宁江区	7	6	1	15	10	5	27	20	7
前郭尔罗斯蒙古族自治县				1		1	4	3	1
长岭县									
乾安县									
吉林松原经济开发区				1		1			
扶余市				4	4		5	5	
白城市	**12**	**9**	**3**	**25**	**21**	**4**	**29**	**24**	**5**
洮北区	3	1	2	10	7	3	17	14	3
镇赉县									
通榆县									
吉林白城经济开发区	1	1		2	2				
洮南市	7	6	1	11	10	1	8	7	1
大安市	1	1		2	2		4	3	1
延边朝鲜族自治州	**38**	**26**	**12**	**69**	**50**	**19**	**104**	**80**	**24**
延吉市	20	12	8	38	24	14	59	42	17
图们市	2	2		3	3		4	4	
敦化市	5	5		12	8	4	13	12	1
珲春市	7	4	3	6	5	1	16	12	4
龙井市	4	3	1	7	7		8	6	2
和龙市				3	3		4	4	
汪清县									
安图县									
长白山管委会									
梅河口市	**3**	**1**	**2**	**5**	**4**	**1**	**4**	**3**	**1**

6-1a　续表 8　　　　单位：人

地　区	45-49岁			50-54岁			55-59岁		
	小计	男	女	小计	男	女	小计	男	女
全　省	**1323**	**991**	**332**	**2143**	**1562**	**581**	**3438**	**2556**	**882**
长春市	**426**	**317**	**109**	**622**	**445**	**177**	**1037**	**748**	**289**
南关区	63	51	12	77	61	16	208	150	58
宽城区	88	64	24	100	73	27	209	138	71
朝阳区	61	40	21	85	57	28	132	100	32
二道区	20	16	4	53	37	16	94	72	22
绿园区	76	57	19	138	98	40	158	115	43
双阳区	12	8	4	20	14	6	21	15	6
九台区	32	27	5	61	43	18	97	70	27
农安县									
长春经济技术开发区									
长春净月高新技术产业开发区									
长春高新技术产业开发区									
长春汽车经济技术开发区									
长春莲花山生态旅游度假区									
榆树市	27	17	10	26	19	7	33	22	11
德惠市	21	17	4	33	21	12	47	36	11
公主岭市	26	20	6	29	22	7	38	30	8
吉林市	**252**	**189**	**63**	**453**	**328**	**125**	**749**	**559**	**190**
昌邑区	48	33	15	81	61	20	170	129	41
龙潭区	38	29	9	75	51	24	136	100	36
船营区	60	46	14	96	73	23	153	122	31
丰满区	18	17	1	30	18	12	59	39	20
永吉县									
吉林经济开发区	2	2		1	1		1	1	
吉林高新技术产业开发区									
吉林中国新加坡食品区									
蛟河市	30	20	10	47	33	14	66	45	21
桦甸市	18	12	6	58	42	16	71	52	19
舒兰市	26	22	4	45	33	12	50	37	13
磐石市	12	8	4	20	16	4	43	34	9
四平市	**47**	**36**	**11**	**69**	**47**	**22**	**140**	**108**	**32**
铁西区	17	15	2	22	16	6	54	34	20
铁东区	19	12	7	23	15	8	54	48	6
梨树县									
伊通满族自治县									
双辽市	11	9	2	24	16	8	32	26	6
辽源市	**67**	**54**	**13**	**120**	**97**	**23**	**169**	**124**	**45**
龙山区	38	30	8	63	48	15	93	66	27
西安区	28	23	5	56	49	7	76	58	18

6-1a 续表 9

单位：人

地区	45-49岁			50-54岁			55-59岁		
	小计	男	女	小计	男	女	小计	男	女
东丰县	1	1		1		1			
东辽县									
通化市	**53**	**41**	**12**	**69**	**52**	**17**	**137**	**108**	**29**
东昌区	27	18	9	37	27	10	85	68	17
二道江区	7	6	1	18	13	5	22	14	8
通化县				1	1		1	1	
辉南县									
柳河县									
集安市	19	17	2	13	11	2	29	25	4
白山市	**102**	**86**	**16**	**169**	**120**	**49**	**225**	**172**	**53**
浑江区	53	42	11	101	75	26	125	95	30
江源区	19	17	2	31	21	10	46	35	11
抚松县									
靖宇县									
长白朝鲜族自治县									
临江市	30	27	3	37	24	13	54	42	12
松原市	**68**	**50**	**18**	**97**	**62**	**35**	**151**	**98**	**53**
宁江区	59	44	15	81	51	30	122	78	44
前郭尔罗斯蒙古族自治县	1	1		2	2		5	2	3
长岭县									
乾安县									
吉林松原经济开发区				3	3		4	2	2
扶余市	8	5	3	11	6	5	20	16	4
白城市	**77**	**56**	**21**	**116**	**92**	**24**	**177**	**124**	**53**
洮北区	37	28	9	70	55	15	84	62	22
镇赉县									
通榆县									
吉林白城经济开发区	3	2	1	3	3		3	1	2
洮南市	31	22	9	30	24	6	62	40	22
大安市	6	4	2	13	10	3	28	21	7
延边朝鲜族自治州	**207**	**143**	**64**	**390**	**289**	**101**	**608**	**481**	**127**
延吉市	117	79	38	186	136	50	263	208	55
图们市	16	12	4	19	13	6	47	41	6
敦化市	30	21	9	66	48	18	100	82	18
珲春市	20	16	4	50	39	11	90	67	23
龙井市	13	8	5	38	28	10	74	60	14
和龙市	11	7	4	31	25	6	34	23	11
汪清县									
安图县									
长白山管委会									
梅河口市	**24**	**19**	**5**	**38**	**30**	**8**	**45**	**34**	**11**

6-1a　续表 10

单位：人

地　区	60-64岁			65-69岁			70-74岁		
	小计	男	女	小计	男	女	小计	男	女
全　省	**4508**	**3228**	**1280**	**6063**	**3928**	**2135**	**5833**	**3504**	**2329**
长春市	**1453**	**1028**	**425**	**2010**	**1274**	**736**	**1780**	**1073**	**707**
南关区	294	231	63	362	224	138	290	174	116
宽城区	236	160	76	325	210	115	293	184	109
朝阳区	191	137	54	296	206	90	249	153	96
二道区	150	108	42	189	125	64	170	106	64
绿园区	246	174	72	333	202	131	317	197	120
双阳区	48	33	15	75	46	29	63	38	25
九台区	115	70	45	151	89	62	124	66	58
农安县									
长春经济技术开发区									
长春净月高新技术产业开发区									
长春高新技术产业开发区									
长春汽车经济技术开发区									
长春莲花山生态旅游度假区									
榆树市	57	33	24	91	57	34	92	51	41
德惠市	63	49	14	87	43	44	86	53	33
公主岭市	53	33	20	101	72	29	96	51	45
吉林市	**950**	**672**	**278**	**1202**	**778**	**424**	**1231**	**751**	**480**
昌邑区	195	137	58	219	140	79	227	139	88
龙潭区	188	141	47	201	129	72	196	108	88
船营区	243	171	72	286	191	95	306	197	109
丰满区	51	38	13	81	59	22	100	58	42
永吉县									
吉林经济开发区	3	2	1				3	1	2
吉林高新技术产业开发区									
吉林中国新加坡食品区									
蛟河市	82	58	24	134	80	54	127	78	49
桦甸市	67	44	23	125	75	50	86	59	27
舒兰市	71	49	22	88	56	32	101	61	40
磐石市	50	32	18	68	48	20	85	50	35
四平市	**200**	**138**	**62**	**236**	**159**	**77**	**213**	**132**	**81**
铁西区	67	43	24	97	63	34	79	46	33
铁东区	61	43	18	82	57	25	70	44	26
梨树县									
伊通满族自治县									
双辽市	72	52	20	57	39	18	64	42	22
辽源市	**222**	**160**	**62**	**292**	**187**	**105**	**263**	**152**	**111**
龙山区	121	89	32	177	112	65	161	92	69
西安区	100	70	30	115	75	40	100	59	41

6-1a 续表 11

单位：人

地　区	60-64岁			65-69岁			70-74岁		
	小计	男	女	小计	男	女	小计	男	女
东丰县	1	1					2	1	1
东辽县									
通化市	**172**	**131**	**41**	**241**	**156**	**85**	**190**	**101**	**89**
东昌区	114	87	27	146	95	51	112	60	52
二道江区	25	18	7	41	28	13	34	19	15
通化县	1	1		1	1		1	1	
辉南县									
柳河县									
集安市	32	25	7	53	32	21	43	21	22
白山市	**242**	**174**	**68**	**337**	**219**	**118**	**339**	**204**	**135**
浑江区	127	88	39	198	128	70	187	120	67
江源区	39	30	9	51	36	15	67	42	25
抚松县									
靖宇县									
长白朝鲜族自治县									
临江市	76	56	20	88	55	33	85	42	43
松原市	**152**	**108**	**44**	**284**	**168**	**116**	**298**	**163**	**135**
宁江区	101	69	32	221	135	86	244	127	117
前郭尔罗斯蒙古族自治县	6	5	1	12	6	6	7	2	5
长岭县									
乾安县									
吉林松原经济开发区	5	3	2	9	5	4	3	1	2
扶余市	40	31	9	42	22	20	44	33	11
白城市	**228**	**166**	**62**	**323**	**215**	**108**	**331**	**188**	**143**
洮北区	117	86	31	170	119	51	155	95	60
镇赉县									
通榆县									
吉林白城经济开发区	5	4	1	3	3		7	5	2
洮南市	67	53	14	88	51	37	102	54	48
大安市	39	23	16	62	42	20	67	34	33
延边朝鲜族自治州	**817**	**601**	**216**	**1051**	**716**	**335**	**1102**	**686**	**416**
延吉市	418	304	114	563	389	174	614	370	244
图们市	50	40	10	75	53	22	63	45	18
敦化市	113	82	31	139	98	41	128	75	53
珲春市	101	71	30	110	71	39	135	91	44
龙井市	99	78	21	100	68	32	113	77	36
和龙市	36	26	10	64	37	27	49	28	21
汪清县									
安图县									
长白山管委会									
梅河口市	**72**	**50**	**22**	**87**	**56**	**31**	**86**	**54**	**32**

6-1a　续表 12　　　　单位：人

地　区	75-79岁			80-84岁			85-89岁		
	小计	男	女	小计	男	女	小计	男	女
全　省	**6351**	**3492**	**2859**	**7408**	**3710**	**3698**	**5171**	**2494**	**2677**
长春市	**2015**	**1102**	**913**	**2456**	**1218**	**1238**	**1834**	**911**	**923**
南关区	362	211	151	490	250	240	423	201	222
宽城区	326	185	141	388	180	208	308	135	173
朝阳区	345	163	182	497	254	243	381	193	188
二道区	190	110	80	209	114	95	144	85	59
绿园区	364	193	171	438	210	228	338	162	176
双阳区	58	33	25	44	26	18	34	22	12
九台区	141	88	53	164	82	82	87	49	38
农安县									
长春经济技术开发区									
长春净月高新技术产业开发区									
长春高新技术产业开发区									
长春汽车经济技术开发区									
长春莲花山生态旅游度假区									
榆树市	80	45	35	71	31	40	36	21	15
德惠市	81	37	44	57	25	32	43	24	19
公主岭市	68	37	31	98	46	52	40	19	21
吉林市	**1403**	**765**	**638**	**1683**	**831**	**852**	**1156**	**570**	**586**
昌邑区	292	146	146	342	172	170	285	129	156
龙潭区	249	120	129	445	207	238	251	129	122
船营区	337	188	149	349	179	170	262	125	137
丰满区	122	80	42	119	57	62	102	52	50
永吉县									
吉林经济开发区				2	1	1	2	1	1
吉林高新技术产业开发区									
吉林中国新加坡食品区									
蛟河市	113	62	51	143	68	75	89	44	45
桦甸市	90	56	34	98	52	46	55	26	29
舒兰市	108	50	58	114	62	52	56	33	23
磐石市	92	63	29	71	33	38	54	31	23
四平市	**215**	**129**	**86**	**234**	**133**	**101**	**168**	**90**	**78**
铁西区	110	65	45	113	61	52	87	46	41
铁东区	61	35	26	78	47	31	52	32	20
梨树县									
伊通满族自治县									
双辽市	44	29	15	43	25	18	29	12	17
辽源市	**289**	**148**	**141**	**361**	**178**	**183**	**199**	**107**	**92**
龙山区	169	86	83	189	91	98	118	67	51
西安区	120	62	58	171	86	85	81	40	41

6−1a 续表 13

单位：人

地　区	75−79岁			80−84岁			85−89岁		
	小计	男	女	小计	男	女	小计	男	女
东丰县				1	1				
东辽县									
通化市	**239**	**123**	**116**	**275**	**141**	**134**	**190**	**76**	**114**
东昌区	131	69	62	168	85	83	130	51	79
二道江区	49	19	30	54	30	24	20	11	9
通化县	2		2				1		1
辉南县									
柳河县									
集安市	57	35	22	53	26	27	39	14	25
白山市	**372**	**189**	**183**	**422**	**225**	**197**	**290**	**146**	**144**
浑江区	215	112	103	216	123	93	142	75	67
江源区	76	34	42	96	46	50	64	35	29
抚松县									
靖宇县									
长白朝鲜族自治县									
临江市	81	43	38	110	56	54	84	36	48
松原市	**188**	**102**	**86**	**217**	**117**	**100**	**133**	**58**	**75**
宁江区	150	81	69	182	98	84	116	52	64
前郭尔罗斯蒙古族自治县	5	2	3	6	5	1	3	1	2
长岭县									
乾安县									
吉林松原经济开发区	3	1	2	8	5	3	1		1
扶余市	30	18	12	21	9	12	13	5	8
白城市	**315**	**182**	**133**	**302**	**167**	**135**	**206**	**108**	**98**
洮北区	158	81	77	165	94	71	102	54	48
镇赉县									
通榆县									
吉林白城经济开发区	2	2		1		1	1	1	
洮南市	74	48	26	82	45	37	59	30	29
大安市	81	51	30	54	28	26	44	23	21
延边朝鲜族自治州	**1217**	**695**	**522**	**1364**	**649**	**715**	**932**	**396**	**536**
延吉市	688	393	295	740	353	387	518	219	299
图们市	65	37	28	84	36	48	59	21	38
敦化市	150	86	64	203	100	103	150	64	86
珲春市	131	75	56	149	67	82	86	49	37
龙井市	123	67	56	114	53	61	85	27	58
和龙市	60	37	23	74	40	34	34	16	18
汪清县									
安图县									
长白山管委会									
梅河口市	**98**	**57**	**41**	**94**	**51**	**43**	**63**	**32**	**31**

6-1a　续表 14　　　　单位：人

地　区	90-94岁			95-99岁			100岁及以上		
	小计	男	女	小计	男	女	小计	男	女
全　省	**2500**	**1172**	**1328**	**582**	**251**	**331**	**108**	**41**	**67**
长春市	**965**	**478**	**487**	**229**	**112**	**117**	**43**	**17**	**26**
南关区	227	107	120	64	34	30	10	2	8
宽城区	135	59	76	30	10	20	5	3	2
朝阳区	244	131	113	64	35	29	10	5	5
二道区	73	40	33	14	6	8	4	2	2
绿园区	164	78	86	26	15	11	8	2	6
双阳区	15	7	8	3		3	2	2	
九台区	49	26	23	9	2	7	1		1
农安县									
长春经济技术开发区									
长春净月高新技术产业开发区									
长春高新技术产业开发区									
长春汽车经济技术开发区									
长春莲花山生态旅游度假区									
榆树市	20	10	10	6	3	3	1		1
德惠市	22	13	9	7	5	2	1		1
公主岭市	16	7	9	6	2	4	1	1	
吉林市	**548**	**277**	**271**	**124**	**57**	**67**	**24**	**4**	**20**
昌邑区	128	69	59	28	14	14	6	1	5
龙潭区	96	64	32	22	8	14	6	1	5
船营区	160	75	85	25	14	11	6		6
丰满区	43	19	24	15	7	8	1		1
永吉县									
吉林经济开发区	2	1	1						
吉林高新技术产业开发区									
吉林中国新加坡食品区									
蛟河市	54	18	36	7	5	2	2	1	1
桦甸市	17	12	5	7	4	3	1		1
舒兰市	26	9	17	13	4	9	2	1	1
磐石市	22	10	12	7	1	6			
四平市	**83**	**42**	**41**	**25**	**13**	**12**	**3**		**3**
铁西区	47	28	19	15	6	9			
铁东区	22	7	15	7	6	1	3		3
梨树县									
伊通满族自治县									
双辽市	14	7	7	3	1	2			
辽源市	**104**	**51**	**53**	**15**	**3**	**12**	**4**	**1**	**3**
龙山区	62	28	34	11	1	10	2	1	1
西安区	42	23	19	4	2	2	1		1

6-1a 续表 15 单位：人

地 区	90-94岁			95-99岁			100岁及以上		
	小计	男	女	小计	男	女	小计	男	女
东丰县							1		1
东辽县									
通化市	**77**	**36**	**41**	**14**	**8**	**6**	**2**	**2**	
东昌区	53	25	28	7	2	5	1	1	
二道江区	12	6	6	5	4	1	1	1	
通化县									
辉南县									
柳河县									
集安市	12	5	7	2	2				
白山市	**143**	**64**	**79**	**30**	**11**	**19**	**5**	**2**	**3**
浑江区	64	28	36	13	6	7	2	1	1
江源区	30	15	15	9	2	7	2	1	1
抚松县									
靖宇县									
长白朝鲜族自治县									
临江市	49	21	28	8	3	5	1		1
松原市	**46**	**20**	**26**	**10**	**3**	**7**	**3**	**1**	**2**
宁江区	36	17	19	7	3	4	3	1	2
前郭尔罗斯蒙古族自治县									
长岭县									
乾安县									
吉林松原经济开发区	4	1	3						
扶余市	6	2	4	3		3			
白城市	**77**	**31**	**46**	**28**	**13**	**15**	**4**	**1**	**3**
洮北区	45	13	32	13	8	5	4	1	3
镇赉县									
通榆县									
吉林白城经济开发区									
洮南市	14	10	4	11	1	10			
大安市	18	8	10	4	4				
延边朝鲜族自治州	**412**	**151**	**261**	**92**	**24**	**68**	**11**	**5**	**6**
延吉市	231	73	158	50	12	38	5	3	2
图们市	25	13	12	6		6			
敦化市	57	32	25	22	8	14	5	2	3
珲春市	36	13	23	2		2			
龙井市	33	9	24	8	2	6	1		1
和龙市	30	11	19	4	2	2			
汪清县									
安图县									
长白山管委会									
梅河口市	**45**	**22**	**23**	**15**	**7**	**8**	**9**	**8**	**1**

6-1b　各地区分年龄、性别的死亡人口
(2019.11.1-2020.10.31)(镇)

单位：人

地　区	死亡人口			0岁		
	合计	男	女	小计	男	女
全　省	**24937**	**14827**	**10110**	**16**	**13**	**3**
长春市	**5516**	**3288**	**2228**	**3**	**3**	
南关区						
宽城区	78	41	37	1	1	
朝阳区	45	30	15			
二道区	26	21	5			
绿园区						
双阳区	44	28	16			
九台区	33	19	14			
农安县	799	477	322			
长春经济技术开发区	841	494	347	1	1	
长春净月高新技术产业开发区	697	417	280			
长春高新技术产业开发区	666	398	268			
长春汽车经济技术开发区	1229	730	499			
长春莲花山生态旅游度假区	47	26	21			
榆树市	381	241	140	1	1	
德惠市	109	69	40			
公主岭市	521	297	224			
吉林市	**3448**	**2040**	**1408**	**2**	**2**	
昌邑区	47	23	24			
龙潭区	316	173	143			
船营区	23	15	8			
丰满区	3	1	2			
永吉县	756	462	294			
吉林经济开发区	286	182	104	1	1	
吉林高新技术产业开发区	425	248	177	1	1	
吉林中国新加坡食品区	45	23	22			
蛟河市	338	197	141			
桦甸市	366	217	149			
舒兰市	361	211	150			
磐石市	482	288	194			
四平市	**1789**	**1075**	**714**	**1**	**1**	
铁西区						
铁东区	49	26	23			
梨树县	1054	624	430	1	1	
伊通满族自治县	529	330	199			
双辽市	157	95	62			
辽源市	**995**	**589**	**406**			
龙山区	98	61	37			
西安区						
东丰县	542	316	226			
东辽县	355	212	143			

6-1b 续表 1

单位：人

地 区	死亡人口			0岁		
	合计	男	女	小计	男	女
通化市	**2444**	**1467**	**977**	**5**	**4**	**1**
东昌区	20	16	4			
二道江区	222	119	103			
通化县	410	251	159			
辉南县	1128	688	440	3	2	1
柳河县	500	293	207	1	1	
集安市	164	100	64	1	1	
白山市	**2377**	**1458**	**919**	**2**	**1**	**1**
浑江区	226	144	82	1	1	
江源区	430	249	181			
抚松县	1058	665	393			
靖宇县	340	209	131			
长白朝鲜族自治县	206	127	79			
临江市	117	64	53	1		1
松原市	**2231**	**1344**	**887**	**2**	**1**	**1**
宁江区	151	94	57	1		1
前郭尔罗斯蒙古族自治县	812	497	315			
长岭县	549	325	224			
乾安县	345	214	131	1	1	
吉林松原经济开发区	74	55	19			
扶余市	300	159	141			
白城市	**2109**	**1231**	**878**	**1**	**1**	
洮北区	274	172	102			
镇赉县	483	275	208			
通榆县	684	406	278			
吉林白城经济开发区	250	146	104	1	1	
洮南市	135	73	62			
大安市	283	159	124			
延边朝鲜族自治州	**3017**	**1754**	**1263**			
延吉市	227	121	106			
图们市	229	134	95			
敦化市	468	282	186			
珲春市	175	95	80			
龙井市	185	108	77			
和龙市	265	146	119			
汪清县	928	541	387			
安图县	540	327	213			
长白山管委会	**385**	**218**	**167**			
长白山保护开发区池北区	274	155	119			
长白山保护开发区池西区	94	51	43			
长白山保护开发区池南区	17	12	5			
梅河口市	**626**	**363**	**263**			

6-1b　续表 2　　　　单位：人

地　区	1-4岁			5-9岁			10-14岁		
	小计	男	女	小计	男	女	小计	男	女
全　省	**13**	**9**	**4**	**15**	**4**	**11**	**32**	**16**	**16**
长春市	**4**	**3**	**1**	**2**	**1**	**1**	**5**	**1**	**4**
南关区									
宽城区									
朝阳区									
二道区									
绿园区									
双阳区									
九台区									
农安县				1		1	1		1
长春经济技术开发区	1	1					2		2
长春净月高新技术产业开发区	1	1		1	1				
长春高新技术产业开发区	2	1	1						
长春汽车经济技术开发区							1	1	
长春莲花山生态旅游度假区									
榆树市									
德惠市									
公主岭市							1		1
吉林市	**1**	**1**					**4**	**2**	**2**
昌邑区									
龙潭区							1	1	
船营区									
丰满区									
永吉县							1	1	
吉林经济开发区									
吉林高新技术产业开发区									
吉林中国新加坡食品区									
蛟河市							1		1
桦甸市	1	1					1		1
舒兰市									
磐石市									
四平市	**4**	**3**	**1**	**2**		**2**	**2**		**2**
铁西区									
铁东区									
梨树县	2	1	1	2		2	2		2
伊通满族自治县	2	2							
双辽市									
辽源市	**1**		**1**				**4**	**1**	**3**
龙山区							1	1	
西安区									
东丰县							3		3
东辽县	1		1						

6—1b 续表 3

单位：人

地区	1—4岁			5—9岁			10—14岁		
	小计	男	女	小计	男	女	小计	男	女
通化市				**3**		**3**	**6**	**5**	**1**
东昌区									
二道江区									
通化县				2		2			
辉南县							5	4	1
柳河县				1		1	1	1	
集安市									
白山市				**3**	**1**	**2**			
浑江区				1		1			
江源区									
抚松县				2	1	1			
靖宇县									
长白朝鲜族自治县									
临江市									
松原市	**2**	**2**		**1**		**1**	**2**	**1**	**1**
宁江区							1	1	
前郭尔罗斯蒙古族自治县	2	2							
长岭县									
乾安县				1		1	1		1
吉林松原经济开发区									
扶余市									
白城市				**2**	**1**	**1**	**4**	**2**	**2**
洮北区				1		1	1		1
镇赉县				1	1				
通榆县							2	2	
吉林白城经济开发区							1		1
洮南市									
大安市									
延边朝鲜族自治州	**1**		**1**	**1**		**1**	**4**	**3**	**1**
延吉市									
图们市									
敦化市	1		1				1	1	
珲春市							1	1	
龙井市									
和龙市							1		1
汪清县				1		1	1	1	
安图县									
长白山管委会				**1**	**1**				
长白山保护开发区池北区				1	1				
长白山保护开发区池西区									
长白山保护开发区池南区									
梅河口市							**1**	**1**	

6-1b　续表 4　　　　单位：人

地　区	15-19岁			20-24岁			25-29岁		
	小计	男	女	小计	男	女	小计	男	女
全　省	**23**	**15**	**8**	**53**	**33**	**20**	**82**	**55**	**27**
长春市	**4**	**3**	**1**	**12**	**7**	**5**	**15**	**11**	**4**
南关区									
宽城区							1	1	
朝阳区							2	2	
二道区									
绿园区									
双阳区									
九台区									
农安县				5	4	1	1	1	
长春经济技术开发区	1	1		1	1		2	1	1
长春净月高新技术产业开发区	1	1		1	1		4	2	2
长春高新技术产业开发区	1	1		2	1	1	3	2	1
长春汽车经济技术开发区				2		2			
长春莲花山生态旅游度假区									
榆树市				1		1	1	1	
德惠市									
公主岭市	1		1				1	1	
吉林市	**3**		**3**	**9**	**6**	**3**	**4**	**3**	**1**
昌邑区									
龙潭区									
船营区									
丰满区									
永吉县							1	1	
吉林经济开发区				2	2				
吉林高新技术产业开发区				2	2				
吉林中国新加坡食品区									
蛟河市	1		1				1	1	
桦甸市				2	2		1		1
舒兰市				2		2			
磐石市	2		2	1		1	1	1	
四平市	**1**	**1**		**6**	**4**	**2**	**8**	**5**	**3**
铁西区									
铁东区									
梨树县				3	1	2	4	3	1
伊通满族自治县	1	1		1	1		4	2	2
双辽市				2	2				
辽源市				**2**	**1**	**1**	**5**	**3**	**2**
龙山区									
西安区									
东丰县				2	1	1	3	2	1
东辽县							2	1	1

6-1b 续表 5 单位：人

地区	15-19岁			20-24岁			25-29岁		
	小计	男	女	小计	男	女	小计	男	女
通化市	**3**	**2**	**1**	**1**	**1**		**7**	**5**	**2**
东昌区									
二道江区									
通化县	1	1					2	2	
辉南县	1	1					3	3	
柳河县	1		1	1	1		2		2
集安市									
白山市	**1**	**1**		**5**	**4**	**1**	**6**	**3**	**3**
浑江区									
江源区							2	1	1
抚松县	1	1		3	3		2	1	1
靖宇县				1	1		1		1
长白朝鲜族自治县									
临江市				1		1	1	1	
松原市	**1**	**1**		**6**	**3**	**3**	**12**	**8**	**4**
宁江区				1	1		1	1	
前郭尔罗斯蒙古族自治县							6	5	1
长岭县				3		3	3	2	1
乾安县				1	1				
吉林松原经济开发区							1		1
扶余市	1	1		1	1		1		1
白城市	**7**	**5**	**2**	**3**	**2**	**1**	**14**	**10**	**4**
洮北区				1		1	2	2	
镇赉县	4	4		1	1		2	2	
通榆县				1	1		4	4	
吉林白城经济开发区	2	1	1				3		3
洮南市							1		1
大安市	1		1				2	2	
延边朝鲜族自治州	**2**	**2**		**4**	**3**	**1**	**4**	**1**	**3**
延吉市									
图们市									
敦化市				1	1		1	1	
珲春市				1	1		1		1
龙井市									
和龙市									
汪清县	2	2		1		1	2		2
安图县				1	1				
长白山管委会				**3**	**1**	**2**	**4**	**3**	**1**
长白山保护开发区池北区				2	1	1	2	1	1
长白山保护开发区池西区				1		1	2	2	
长白山保护开发区池南区									
梅河口市	**1**		**1**	**2**	**1**	**1**	**3**	**3**	

6-1b　续表 6　　　　　　　　　　　　　　　　　　　　　　　　　　　　单位：人

地　区	30–34岁			35–39岁			40–44岁		
	小计	男	女	小计	男	女	小计	男	女
全　省	**182**	**121**	**61**	**236**	**171**	**65**	**397**	**300**	**97**
长春市	**56**	**35**	**21**	**47**	**32**	**15**	**86**	**62**	**24**
南关区									
宽城区	1	1					2	1	1
朝阳区							2	2	
二道区									
绿园区									
双阳区	1		1						
九台区	1	1		1	1				
农安县	9	6	3	10	6	4	16	13	3
长春经济技术开发区	8	4	4	7	4	3	11	8	3
长春净月高新技术产业开发区	6	3	3	5	4	1	8	5	3
长春高新技术产业开发区	11	4	7	8	5	3	12	11	1
长春汽车经济技术开发区	7	6	1	8	4	4	9	3	6
长春莲花山生态旅游度假区	2	2							
榆树市	4	3	1	3	3		12	11	1
德惠市	1	1					2		2
公主岭市	5	4	1	5	5		12	8	4
吉林市	**25**	**16**	**9**	**37**	**26**	**11**	**59**	**39**	**20**
昌邑区							2	2	
龙潭区	2	1	1	2	2		6	1	5
船营区				1	1		1	1	
丰满区									
永吉县	9	5	4	13	13		13	9	4
吉林经济开发区	4	3	1	2		2	4	4	
吉林高新技术产业开发区	1	1		5	2	3	8	5	3
吉林中国新加坡食品区									
蛟河市				3	1	2	3	1	2
桦甸市	1		1	4	4		5	3	2
舒兰市	4	3	1	4	2	2	7	4	3
磐石市	4	3	1	3	1	2	10	9	1
四平市	**7**	**6**	**1**	**12**	**10**	**2**	**35**	**28**	**7**
铁西区									
铁东区				1		1	2	2	
梨树县	4	3	1	7	7		21	16	5
伊通满族自治县	2	2		4	3	1	9	8	1
双辽市	1	1					3	2	1
辽源市	**5**	**3**	**2**	**18**	**13**	**5**	**12**	**11**	**1**
龙山区							3	3	
西安区									
东丰县	4	3	1	8	5	3	3	3	
东辽县	1		1	10	8	2	6	5	1

6-1b 续表 7

单位：人

地区	30-34岁			35-39岁			40-44岁		
	小计	男	女	小计	男	女	小计	男	女
通化市	**17**	**12**	**5**	**19**	**14**	**5**	**42**	**35**	**7**
东昌区									
二道江区	1	1		2	1	1	1		1
通化县	1	1		4	2	2	8	7	1
辉南县	8	6	2	10	9	1	21	20	1
柳河县	6	3	3	2	1	1	11	7	4
集安市	1	1		1	1		1	1	
白山市	**17**	**13**	**4**	**22**	**15**	**7**	**41**	**28**	**13**
浑江区	2	1	1	2	2		5	3	2
江源区	3	2	1				8	7	1
抚松县	4	4		14	10	4	14	9	5
靖宇县	4	3	1	3	2	1	6	3	3
长白朝鲜族自治县				3	1	2	5	4	1
临江市	4	3	1				3	2	1
松原市	**21**	**16**	**5**	**25**	**18**	**7**	**40**	**29**	**11**
宁江区	1		1	1		1	4	3	1
前郭尔罗斯蒙古族自治县	8	5	3	8	7	1	17	12	5
长岭县	4	4		8	6	2	8	6	2
乾安县				6	5	1	5	4	1
吉林松原经济开发区	3	3					2	1	1
扶余市	5	4	1	2		2	4	3	1
白城市	**10**	**7**	**3**	**23**	**19**	**4**	**37**	**28**	**9**
洮北区	1	1		1	1		5	3	2
镇赉县	1	1		5	4	1	12	10	2
通榆县	3	3		10	8	2	13	11	2
吉林白城经济开发区	1		1	2	2		3	2	1
洮南市	3	2	1	2	2		3	1	2
大安市	1		1	3	2	1	1	1	
延边朝鲜族自治州	**17**	**9**	**8**	**26**	**20**	**6**	**31**	**29**	**2**
延吉市	2	1	1	1		1			
图们市	1	1		3	1	2	5	5	
敦化市	1		1	3	3		3	3	
珲春市	1	1							
龙井市	1		1	3	2	1	1	1	
和龙市	2	1	1	2	1	1	4	4	
汪清县	4	3	1	7	7		11	11	
安图县	5	2	3	7	6	1	7	5	2
长白山管委会	**6**	**4**	**2**	**1**	**1**		**6**	**5**	**1**
长白山保护开发区池北区	6	4	2	1	1		4	3	1
长白山保护开发区池西区							2	2	
长白山保护开发区池南区									
梅河口市	**1**		**1**	**6**	**3**	**3**	**8**	**6**	**2**

6-1b　续表 8　　　　　　　　　　　　　　　　　　　　　　单位：人

地　　区	45-49岁			50-54岁			55-59岁		
	小计	男	女	小计	男	女	小计	男	女
全　省	**806**	**575**	**231**	**1357**	**991**	**366**	**1944**	**1391**	**553**
长春市	**143**	**100**	**43**	**243**	**174**	**69**	**392**	**278**	**114**
南关区									
宽城区	1	1		6	4	2	4	3	1
朝阳区				4	4		5	4	1
二道区	1	1		2	2				
绿园区									
双阳区	1		1				3	2	1
九台区	1	1		1	1		3	2	1
农安县	24	17	7	37	26	11	72	53	19
长春经济技术开发区	23	15	8	36	23	13	61	43	18
长春净月高新技术产业开发区	20	13	7	20	14	6	48	33	15
长春高新技术产业开发区	18	12	6	35	22	13	43	31	12
长春汽车经济技术开发区	22	14	8	56	44	12	57	38	19
长春莲花山生态旅游度假区	3	2	1	1		1	1		1
榆树市	14	14		17	14	3	34	24	10
德惠市	1	1		5	4	1	8	5	3
公主岭市	14	9	5	23	16	7	53	40	13
吉林市	**118**	**87**	**31**	**190**	**145**	**45**	**275**	**186**	**89**
昌邑区	1		1	2	1	1	3	3	
龙潭区	15	9	6	12	9	3	21	17	4
船营区	1	1		2	2		4	1	3
丰满区				1		1	1	1	
永吉县	24	17	7	44	37	7	55	33	22
吉林经济开发区	7	7		6	3	3	25	17	8
吉林高新技术产业开发区	9	5	4	27	19	8	30	19	11
吉林中国新加坡食品区	3	3		4	4		1		1
蛟河市	11	6	5	24	20	4	31	21	10
桦甸市	16	11	5	22	20	2	41	29	12
舒兰市	16	15	1	24	17	7	27	18	9
磐石市	15	13	2	22	13	9	36	27	9
四平市	**65**	**48**	**17**	**96**	**73**	**23**	**148**	**101**	**47**
铁西区									
铁东区	3	2	1	3	3		6	3	3
梨树县	41	29	12	57	42	15	85	61	24
伊通满族自治县	12	9	3	29	23	6	42	26	16
双辽市	9	8	1	7	5	2	15	11	4
辽源市	**40**	**27**	**13**	**63**	**44**	**19**	**86**	**62**	**24**
龙山区	2	1	1	10	6	4	5	3	2
西安区									
东丰县	25	19	6	30	25	5	40	27	13
东辽县	13	7	6	23	13	10	41	32	9

6-1b 续表 9

单位：人

地区	45-49岁			50-54岁			55-59岁		
	小计	男	女	小计	男	女	小计	男	女
通化市	**74**	**51**	**23**	**137**	**93**	**44**	**185**	**137**	**48**
东昌区	2	1	1				4	3	1
二道江区	6	6		8	7	1	11	9	2
通化县	16	7	9	19	11	8	26	17	9
辉南县	35	25	10	66	42	24	97	74	23
柳河县	10	8	2	33	25	8	35	25	10
集安市	5	4	1	11	8	3	12	9	3
白山市	**79**	**54**	**25**	**144**	**109**	**35**	**161**	**120**	**41**
浑江区	8	6	2	18	15	3	16	14	2
江源区	17	12	5	24	20	4	38	26	12
抚松县	31	21	10	65	44	21	67	48	19
靖宇县	12	7	5	19	17	2	24	19	5
长白朝鲜族自治县	7	5	2	11	9	2	8	7	1
临江市	4	3	1	7	4	3	8	6	2
松原市	**95**	**67**	**28**	**154**	**106**	**48**	**207**	**148**	**59**
宁江区	4	2	2	9	6	3	18	15	3
前郭尔罗斯蒙古族自治县	38	30	8	62	44	18	61	46	15
长岭县	25	17	8	37	27	10	60	43	17
乾安县	12	9	3	27	15	12	26	15	11
吉林松原经济开发区	2	2		6	5	1	9	8	1
扶余市	14	7	7	13	9	4	33	21	12
白城市	**66**	**48**	**18**	**114**	**79**	**35**	**172**	**125**	**47**
洮北区	7	3	4	22	19	3	26	18	8
镇赉县	17	13	4	32	21	11	46	31	15
通榆县	23	18	5	28	18	10	43	35	8
吉林白城经济开发区	5	2	3	10	7	3	23	16	7
洮南市	3	3		7	5	2	9	6	3
大安市	11	9	2	15	9	6	25	19	6
延边朝鲜族自治州	**96**	**73**	**23**	**159**	**124**	**35**	**238**	**172**	**66**
延吉市	6	5	1	12	8	4	8	3	5
图们市	7	6	1	11	10	1	17	15	2
敦化市	10	7	3	30	23	7	36	26	10
珲春市	3	3		10	8	2	18	16	2
龙井市	4	3	1	7	4	3	15	11	4
和龙市	6	5	1	14	10	4	23	15	8
汪清县	37	26	11	40	34	6	74	54	20
安图县	23	18	5	35	27	8	47	32	15
长白山管委会	**14**	**11**	**3**	**25**	**17**	**8**	**27**	**21**	**6**
长白山保护开发区池北区	8	7	1	22	14	8	24	18	6
长白山保护开发区池西区	5	3	2	1	1		1	1	
长白山保护开发区池南区	1	1		2	2		2	2	
梅河口市	**16**	**9**	**7**	**32**	**27**	**5**	**53**	**41**	**12**

6-1b　续表 10　　　　单位：人

地　区	60-64岁			65-69岁			70-74岁		
	小计	男	女	小计	男	女	小计	男	女
全　省	**2446**	**1662**	**784**	**3527**	**2242**	**1285**	**3296**	**1875**	**1421**
长春市	**522**	**343**	**179**	**802**	**496**	**306**	**715**	**441**	**274**
南关区									
宽城区	7	3	4	14	7	7	12	6	6
朝阳区	2	2		4	1	3	6	4	2
二道区	4	3	1	6	5	1	5	3	2
绿园区									
双阳区	5	4	1	8	5	3	7	5	2
九台区	2	2		4		4	3	1	2
农安县	72	50	22	97	55	42	81	44	37
长春经济技术开发区	85	57	28	138	89	49	105	68	37
长春净月高新技术产业开发区	68	44	24	108	74	34	92	62	30
长春高新技术产业开发区	75	44	31	111	72	39	97	64	33
长春汽车经济技术开发区	94	57	37	137	87	50	154	101	53
长春莲花山生态旅游度假区	5	4	1	12	7	5	6	3	3
榆树市	53	38	15	68	41	27	56	33	23
德惠市	9	6	3	21	16	5	20	10	10
公主岭市	41	29	12	74	37	37	71	37	34
吉林市	**349**	**246**	**103**	**469**	**287**	**182**	**483**	**268**	**215**
昌邑区	6	4	2	7	3	4	6	4	2
龙潭区	37	20	17	55	29	26	60	37	23
船营区	1	1					4	4	
丰满区									
永吉县	77	54	23	103	64	39	115	69	46
吉林经济开发区	23	19	4	37	30	7	30	17	13
吉林高新技术产业开发区	33	21	12	42	25	17	52	30	22
吉林中国新加坡食品区	6	4	2	10	5	5	8	2	6
蛟河市	38	28	10	50	26	24	41	21	20
桦甸市	44	30	14	49	30	19	36	13	23
舒兰市	40	32	8	49	28	21	59	29	30
磐石市	44	33	11	67	47	20	72	42	30
四平市	**181**	**123**	**58**	**293**	**183**	**110**	**265**	**152**	**113**
铁西区									
铁东区	5	3	2	4	1	3	7	6	1
梨树县	112	72	40	149	101	48	154	82	72
伊通满族自治县	51	39	12	113	62	51	84	53	31
双辽市	13	9	4	27	19	8	20	11	9
辽源市	**115**	**80**	**35**	**181**	**115**	**66**	**145**	**74**	**71**
龙山区	16	11	5	16	10	6	14	10	4
西安区									
东丰县	61	45	16	101	64	37	72	32	40
东辽县	38	24	14	64	41	23	59	32	27

6-1b 续表 11

单位：人

地　区	60-64岁			65-69岁			70-74岁		
	小计	男	女	小计	男	女	小计	男	女
通化市	**217**	**153**	**64**	**363**	**241**	**122**	**385**	**218**	**167**
东昌区	3	3		3	3		2	2	
二道江区	23	15	8	28	15	13	28	17	11
通化县	41	32	9	60	45	15	69	38	31
辉南县	93	62	31	159	107	52	174	99	75
柳河县	45	31	14	91	58	33	78	41	37
集安市	12	10	2	22	13	9	34	21	13
白山市	**210**	**140**	**70**	**267**	**189**	**78**	**259**	**150**	**109**
浑江区	25	17	8	28	19	9	28	20	8
江源区	37	25	12	45	34	11	31	17	14
抚松县	80	52	28	105	77	28	107	59	48
靖宇县	35	25	10	50	37	13	50	27	23
长白朝鲜族自治县	26	18	8	28	19	9	30	19	11
临江市	7	3	4	11	3	8	13	8	5
松原市	**237**	**148**	**89**	**367**	**229**	**138**	**291**	**161**	**130**
宁江区	14	10	4	30	18	12	18	12	6
前郭尔罗斯蒙古族自治县	62	46	16	116	74	42	116	57	59
长岭县	70	34	36	99	56	43	59	39	20
乾安县	38	25	13	60	40	20	46	30	16
吉林松原经济开发区	8	7	1	14	10	4	10	6	4
扶余市	45	26	19	48	31	17	42	17	25
白城市	**229**	**155**	**74**	**286**	**173**	**113**	**275**	**136**	**139**
洮北区	23	17	6	48	31	17	33	19	14
镇赉县	50	32	18	54	34	20	78	36	42
通榆县	75	58	17	93	61	32	75	37	38
吉林白城经济开发区	34	20	14	35	25	10	35	19	16
洮南市	16	10	6	17	7	10	19	7	12
大安市	31	18	13	39	15	24	35	18	17
延边朝鲜族自治州	**286**	**208**	**78**	**368**	**249**	**119**	**359**	**211**	**148**
延吉市	17	10	7	30	20	10	38	23	15
图们市	21	13	8	25	19	6	31	22	9
敦化市	50	34	16	54	37	17	55	28	27
珲春市	19	16	3	23	16	7	18	9	9
龙井市	20	18	2	25	13	12	27	19	8
和龙市	14	9	5	40	23	17	29	22	7
汪清县	90	66	24	97	70	27	95	48	47
安图县	55	42	13	74	51	23	66	40	26
长白山管委会	**26**	**18**	**8**	**34**	**20**	**14**	**38**	**20**	**18**
长白山保护开发区池北区	17	13	4	19	11	8	26	15	11
长白山保护开发区池西区	7	4	3	12	7	5	11	5	6
长白山保护开发区池南区	2	1	1	3	2	1	1		1
梅河口市	**74**	**48**	**26**	**97**	**60**	**37**	**81**	**44**	**37**

6-1b　续表 12　　　　单位：人

地　区	75-79岁			80-84岁			85-89岁		
	小计	男	女	小计	男	女	小计	男	女
全　省	**3379**	**1796**	**1583**	**3450**	**1766**	**1684**	**2317**	**1131**	**1186**
长春市	**742**	**399**	**343**	**813**	**453**	**360**	**554**	**270**	**284**
南关区									
宽城区	14	6	8	6	4	2	4		4
朝阳区	4	3	1	4	2	2	4	3	1
二道区	2	2		2	1	1			
绿园区									
双阳区	4	2	2	10	6	4	2	1	1
九台区	5	2	3	3	3		3	1	2
农安县	115	57	58	130	79	51	86	46	40
长春经济技术开发区	99	51	48	109	58	51	88	43	45
长春净月高新技术产业开发区	105	64	41	96	45	51	73	34	39
长春高新技术产业开发区	76	44	32	92	47	45	53	26	27
长春汽车经济技术开发区	179	102	77	246	138	108	157	81	76
长春莲花山生态旅游度假区	8	2	6	5	3	2	2	1	1
榆树市	43	21	22	43	26	17	18	4	14
德惠市	18	12	6	10	7	3	3	1	2
公主岭市	70	31	39	57	34	23	61	29	32
吉林市	**468**	**251**	**217**	**463**	**222**	**241**	**321**	**166**	**155**
昌邑区	5	2	3	7	2	5	4	1	3
龙潭区	46	24	22	25	10	15	22	8	14
船营区	1	1		1	1		4		4
丰满区							1		1
永吉县	100	53	47	88	45	43	70	44	26
吉林经济开发区	35	18	17	51	25	26	43	25	18
吉林高新技术产业开发区	74	42	32	81	37	44	50	31	19
吉林中国新加坡食品区	3	1	2	6	3	3	4	1	3
蛟河市	48	27	21	38	24	14	26	11	15
桦甸市	42	20	22	54	29	25	31	17	14
舒兰市	45	25	20	37	17	20	30	13	17
磐石市	69	38	31	75	29	46	36	15	21
四平市	**236**	**125**	**111**	**213**	**121**	**92**	**130**	**57**	**73**
铁西区									
铁东区	9	4	5	5	1	4	3	1	2
梨树县	149	79	70	125	71	54	78	34	44
伊通满族自治县	53	32	21	63	39	24	39	17	22
双辽市	25	10	15	20	10	10	10	5	5
辽源市	**106**	**54**	**52**	**99**	**57**	**42**	**71**	**29**	**42**
龙山区	9	7	2	9	6	3	9	3	6
西安区									
东丰县	63	28	35	63	33	30	37	16	21
东辽县	34	19	15	27	18	9	25	10	15

6-1b 续表 13

单位：人

地　　区	75-79岁			80-84岁			85-89岁		
	小计	男	女	小计	男	女	小计	男	女
通化市	**331**	**191**	**140**	**330**	**154**	**176**	**203**	**93**	**110**
东昌区	2	1	1	4	3	1			
二道江区	41	17	24	37	20	17	25	7	18
通化县	48	35	13	51	22	29	38	21	17
辉南县	167	101	66	159	68	91	85	44	41
柳河县	47	24	23	64	33	31	44	18	26
集安市	26	13	13	15	8	7	11	3	8
白山市	**337**	**171**	**166**	**393**	**217**	**176**	**266**	**150**	**116**
浑江区	27	15	12	27	14	13	22	10	12
江源区	63	23	40	80	37	43	56	32	24
抚松县	176	103	73	194	119	75	120	68	52
靖宇县	39	12	27	39	20	19	30	21	9
长白朝鲜族自治县	22	11	11	32	17	15	23	11	12
临江市	10	7	3	21	10	11	15	8	7
松原市	**283**	**150**	**133**	**244**	**131**	**113**	**154**	**80**	**74**
宁江区	20	10	10	17	8	9	7	5	2
前郭尔罗斯蒙古族自治县	114	54	60	106	58	48	66	41	25
长岭县	63	37	26	54	28	26	36	16	20
乾安县	38	24	14	43	25	18	23	11	12
吉林松原经济开发区	12	8	4	2	2		2	1	1
扶余市	36	17	19	22	10	12	20	6	14
白城市	**292**	**165**	**127**	**284**	**133**	**151**	**176**	**81**	**95**
洮北区	40	23	17	30	16	14	23	12	11
镇赉县	55	29	26	54	25	29	49	20	29
通榆县	105	60	45	102	40	62	54	22	32
吉林白城经济开发区	29	16	13	37	19	18	21	12	9
洮南市	22	11	11	20	11	9	8	5	3
大安市	41	26	15	41	22	19	21	10	11
延边朝鲜族自治州	**448**	**223**	**225**	**461**	**206**	**255**	**331**	**145**	**186**
延吉市	43	21	22	30	15	15	21	6	15
图们市	19	10	9	48	20	28	29	10	19
敦化市	78	43	35	63	35	28	54	23	31
珲春市	33	13	20	21	3	18	18	7	11
龙井市	25	10	15	18	8	10	25	13	12
和龙市	28	11	17	48	17	31	39	20	19
汪清县	153	76	77	162	75	87	91	42	49
安图县	69	39	30	71	33	38	54	24	30
长白山管委会	**59**	**28**	**31**	**67**	**32**	**35**	**52**	**28**	**24**
长白山保护开发区池北区	44	20	24	47	18	29	33	20	13
长白山保护开发区池西区	13	6	7	17	12	5	19	8	11
长白山保护开发区池南区	2	2		3	2	1			
梅河口市	**77**	**39**	**38**	**83**	**40**	**43**	**59**	**32**	**27**

6-1b　续表 14　　　　　　　　　　　　　　　　　　　　　　　　单位：人

地　　区	90-94岁			95-99岁			100岁及以上		
	小计	男	女	小计	男	女	小计	男	女
全　省	**1046**	**503**	**543**	**255**	**125**	**130**	**65**	**33**	**32**
长春市	**273**	**131**	**142**	**67**	**39**	**28**	**16**	**6**	**10**
南关区									
宽城区	5	3	2						
朝阳区	7	3	4				1		1
二道区	3	3		1	1				
绿园区									
双阳区	3	3							
九台区	5	4	1	1		1			
农安县	35	16	19	5	3	2	2	1	1
长春经济技术开发区	55	20	35	6	5	1	2	1	1
长春净月高新技术产业开发区	26	9	17	12	7	5	2		2
长春高新技术产业开发区	20	8	12	5	3	2	2		2
长春汽车经济技术开发区	72	40	32	24	12	12	4	2	2
长春莲花山生态旅游度假区	2	2							
榆树市	10	5	5	3	2	1			
德惠市	7	4	3	2	1	1	2	1	1
公主岭市	23	11	12	8	5	3	1	1	
吉林市	**129**	**64**	**65**	**36**	**21**	**15**	**3**	**2**	**1**
昌邑区	4	1	3						
龙潭区	9	3	6	3	2	1			
船营区	3	2	1						
丰满区									
永吉县	34	12	22	6	3	3	3	2	1
吉林经济开发区	13	9	4	3	2	1			
吉林高新技术产业开发区	8	7	1	2	1	1			
吉林中国新加坡食品区									
蛟河市	14	5	9	8	5	3			
桦甸市	10	4	6	6	4	2			
舒兰市	12	6	6	5	2	3			
磐石市	22	15	7	3	2	1			
四平市	**67**	**27**	**40**	**16**	**7**	**9**	**1**		**1**
铁西区									
铁东区	1		1						
梨树县	48	18	30	9	3	6	1		1
伊通满族自治县	15	7	8	5	4	1			
双辽市	3	2	1	2		2			
辽源市	**32**	**13**	**19**	**7**	**1**	**6**	**3**	**1**	**2**
龙山区	2		2	2		2			
西安区									
东丰县	22	11	11	3	1	2	2	1	1
东辽县	8	2	6	2		2	1		1

6-1b 续表 15

单位：人

地 区	90-94岁			95-99岁			100岁及以上		
	小计	男	女	小计	男	女	小计	男	女
通化市	**98**	**48**	**50**	**16**	**8**	**8**	**2**	**2**	
东昌区									
二道江区	7	1	6	3	2	1	1	1	
通化县	19	8	11	5	2	3			
辉南县	39	20	19	2		2	1	1	
柳河县	23	13	10	4	3	1			
集安市	10	6	4	2	1	1			
白山市	**124**	**70**	**54**	**34**	**18**	**16**	**6**	**4**	**2**
浑江区	12	5	7	4	2	2			
江源区	21	10	11	3	2	1	2	1	1
抚松县	55	34	21	15	9	6	3	2	1
靖宇县	21	11	10	6	4	2			
长白朝鲜族自治县	8	5	3	2		2	1	1	
临江市	7	5	2	4	1	3			
松原市	**63**	**31**	**32**	**18**	**10**	**8**	**6**	**4**	**2**
宁江区	3	1	2	1	1				
前郭尔罗斯蒙古族自治县	19	11	8	9	4	5	2	1	1
长岭县	14	7	7	3	1	2	3	2	1
乾安县	13	6	7	4	3	1			
吉林松原经济开发区	2	1	1				1	1	
扶余市	12	5	7	1	1				
白城市	**79**	**44**	**35**	**17**	**6**	**11**	**18**	**11**	**7**
洮北区	8	6	2	2	1	1			
镇赉县	18	9	9	4	2	2			
通榆县	29	16	13	7	2	5	17	10	7
吉林白城经济开发区	6	4	2	2		2			
洮南市	5	3	2						
大安市	13	6	7	2	1	1	1	1	
延边朝鲜族自治州	**141**	**61**	**80**	**34**	**13**	**21**	**6**	**2**	**4**
延吉市	15	9	6	3		3	1		1
图们市	10	2	8	2		2			
敦化市	22	12	10	3	3		2	2	
珲春市	6	1	5	2		2			
龙井市	11	5	6	3	1	2			
和龙市	10	5	5	5	3	2			
汪清县	48	22	26	9	4	5	3		3
安图县	19	5	14	7	2	5			
长白山管委会	**15**	**6**	**9**	**4**	**2**	**2**	**3**		**3**
长白山保护开发区池北区	13	6	7	4	2	2	1		1
长白山保护开发区池西区	2		2				1		1
长白山保护开发区池南区							1		1
梅河口市	**25**	**8**	**17**	**6**		**6**	**1**	**1**	

6-1c　各地区分年龄、性别的死亡人口
(2019.11.1—2020.10.31)(乡村)

单位：人

地　区	死亡人口			0岁		
	合计	男	女	小计	男	女
全　省	**76206**	**45340**	**30866**	**74**	**47**	**27**
长春市	**24608**	**14465**	**10143**	**22**	**15**	**7**
南关区						
宽城区	779	465	314	2	1	1
朝阳区	341	185	156			
二道区						
绿园区	131	79	52			
双阳区	1481	908	573	3	2	1
九台区	3684	2201	1483	4	3	1
农安县	4860	2821	2039	5	3	2
长春经济技术开发区						
长春净月高新技术产业开发区	222	135	87			
长春高新技术产业开发区	40	16	24			
长春汽车经济技术开发区						
长春莲花山生态旅游度假区	316	197	119			
榆树市	5799	3335	2464	5	4	1
德惠市	2827	1641	1186	1	1	
公主岭市	4128	2482	1646	2	1	1
吉林市	**11237**	**6763**	**4474**	**11**	**5**	**6**
昌邑区	614	380	234			
龙潭区	864	509	355			
船营区	503	319	184			
丰满区	532	336	196	1	1	
永吉县	1525	907	618	1	1	
吉林经济开发区	99	59	40			
吉林高新技术产业开发区	124	72	52			
吉林中国新加坡食品区	185	117	68	1	1	
蛟河市	1376	863	513			
桦甸市	1049	625	424	5	2	3
舒兰市	2577	1507	1070			
磐石市	1789	1069	720	3		3
四平市	**7673**	**4509**	**3164**	**8**	**3**	**5**
铁西区	227	129	98			
铁东区	444	249	195			
梨树县	3178	1848	1330	2	1	1
伊通满族自治县	2351	1402	949	2		2
双辽市	1473	881	592	4	2	2
辽源市	**4384**	**2653**	**1731**	**5**	**4**	**1**
龙山区	282	165	117			
西安区	165	105	60			

6-1c 续表 1

单位：人

地　区	死亡人口			0岁		
	合计	男	女	小计	男	女
东丰县	1811	1102	709	2	2	
东辽县	2126	1281	845	3	2	1
通化市	**4688**	**2782**	**1906**	**3**	**2**	**1**
东昌区	106	67	39	1	1	
二道江区	78	45	33			
通化县	992	602	390			
辉南县	1044	619	425	1		1
柳河县	1527	913	614			
集安市	941	536	405	1	1	
白山市	**1891**	**1156**	**735**	**1**		**1**
浑江区	281	177	104			
江源区	231	141	90			
抚松县	422	271	151			
靖宇县	359	214	145			
长白朝鲜族自治县	245	147	98			
临江市	353	206	147	1		1
松原市	**9281**	**5494**	**3787**	**6**	**4**	**2**
宁江区	863	528	335			
前郭尔罗斯蒙古族自治县	2395	1429	966	2	2	
长岭县	1984	1181	803	1		1
乾安县	692	414	278	2	2	
吉林松原经济开发区	100	67	33			
扶余市	3247	1875	1372	1		1
白城市	**5980**	**3592**	**2388**	**7**	**6**	**1**
洮北区	707	451	256	1		1
镇赉县	948	560	388			
通榆县	1234	734	500	2	2	
吉林白城经济开发区	17	11	6			
洮南市	1890	1132	758	2	2	
大安市	1184	704	480	2	2	
延边朝鲜族自治州	**4590**	**2815**	**1775**	**7**	**4**	**3**
延吉市	354	218	136	1		1
图们市	186	114	72			
敦化市	1331	822	509	1	1	
珲春市	532	333	199	1	1	
龙井市	431	245	186			
和龙市	425	259	166			
汪清县	743	463	280	1		1
安图县	588	361	227	3	2	1
长白山管委会						
梅河口市	**1874**	**1111**	**763**	**4**	**4**	

6−1c　续表 2　　　　单位：人

地　　区	1−4岁			5−9岁			10−14岁		
	小计	男	女	小计	男	女	小计	男	女
全　省	**64**	**39**	**25**	**53**	**34**	**19**	**109**	**65**	**44**
长春市	**15**	**10**	**5**	**19**	**13**	**6**	**40**	**24**	**16**
南关区									
宽城区							2	2	
朝阳区									
二道区									
绿园区									
双阳区	2	2		1	1		1	1	
九台区	3	1	2	2	2		8	6	2
农安县	1		1	2	1	1	6	3	3
长春经济技术开发区									
长春净月高新技术产业开发区	1	1					1		1
长春高新技术产业开发区									
长春汽车经济技术开发区									
长春莲花山生态旅游度假区									
榆树市	3	2	1	8	7	1	10	6	4
德惠市	1	1		2	1	1	2	1	1
公主岭市	4	3	1	4	1	3	10	5	5
吉林市	**5**	**3**	**2**	**7**	**3**	**4**	**17**	**10**	**7**
昌邑区				1	1		3	1	2
龙潭区				1		1	1	1	
船营区	1		1						
丰满区									
永吉县	1	1		2		2	3	3	
吉林经济开发区							1	1	
吉林高新技术产业开发区									
吉林中国新加坡食品区									
蛟河市	1	1		1		1			
桦甸市	1		1	1	1				
舒兰市							2	1	1
磐石市	1	1		1	1		7	3	4
四平市	**10**	**9**	**1**	**2**	**1**	**1**	**11**	**6**	**5**
铁西区							1		1
铁东区									
梨树县	4	3	1	1	1		4	2	2
伊通满族自治县	1	1					3	2	1
双辽市	5	5		1		1	3	2	1
辽源市	**3**	**2**	**1**	**2**	**1**	**1**	**6**	**3**	**3**
龙山区	1	1							
西安区									

6-1c 续表 3

单位：人

地区	1-4岁			5-9岁			10-14岁		
	小计	男	女	小计	男	女	小计	男	女
东丰县	2	1	1	2	1	1	4	2	2
东辽县							2	1	1
通化市	**3**		**3**	**3**	**2**	**1**	**4**	**2**	**2**
东昌区									
二道江区									
通化县	2		2				1	1	
辉南县	1		1	2	2		2		2
柳河县							1	1	
集安市				1		1			
白山市	**3**	**2**	**1**	**3**	**2**	**1**	**1**	**1**	
浑江区							1	1	
江源区									
抚松县	2	1	1						
靖宇县				1		1			
长白朝鲜族自治县				1	1				
临江市	1	1		1	1				
松原市	**10**	**6**	**4**	**11**	**7**	**4**	**15**	**10**	**5**
宁江区	1		1	1		1	2	2	
前郭尔罗斯蒙古族自治县	4	2	2	4	3	1			
长岭县	4	3	1	2	2		4	2	2
乾安县							2	2	
吉林松原经济开发区				1	1				
扶余市	1	1		3	1	2	7	4	3
白城市	**5**	**3**	**2**	**4**	**3**	**1**	**4**	**3**	**1**
洮北区									
镇赉县	1	1							
通榆县				1	1		2	1	1
吉林白城经济开发区									
洮南市	3	2	1	2	1	1	2	2	
大安市	1		1	1	1				
延边朝鲜族自治州	**5**		**5**	**1**	**1**		**6**	**4**	**2**
延吉市									
图们市									
敦化市	2		2	1	1		4	3	1
珲春市							1		1
龙井市									
和龙市									
汪清县	1		1						
安图县	2		2				1	1	
长白山管委会									
梅河口市	**5**	**4**	**1**	**1**	**1**		**5**	**2**	**3**

6-1c　续表 4　　　　单位：人

地　区	15-19岁			20-24岁			25-29岁		
	小计	男	女	小计	男	女	小计	男	女
全　省	**140**	**97**	**43**	**162**	**113**	**49**	**306**	**221**	**85**
长春市	**45**	**32**	**13**	**51**	**37**	**14**	**108**	**83**	**25**
南关区									
宽城区	2	2					5	3	2
朝阳区	1	1					1		1
二道区									
绿园区									
双阳区				2	1	1	8	7	1
九台区	9	5	4	6	5	1	16	10	6
农安县	9	6	3	10	7	3	19	15	4
长春经济技术开发区									
长春净月高新技术产业开发区	1	1					2	2	
长春高新技术产业开发区									
长春汽车经济技术开发区									
长春莲花山生态旅游度假区							1		1
榆树市	10	8	2	17	12	5	25	20	5
德惠市	8	5	3	8	7	1	19	16	3
公主岭市	5	4	1	8	5	3	12	10	2
吉林市	**13**	**8**	**5**	**23**	**16**	**7**	**40**	**30**	**10**
昌邑区	1		1	2		2	2	2	
龙潭区	1	1		1		1			
船营区	1	1		2	2		1		1
丰满区							2	1	1
永吉县				4	3	1	3	1	2
吉林经济开发区									
吉林高新技术产业开发区							1	1	
吉林中国新加坡食品区									
蛟河市				1	1		7	4	3
桦甸市	2	1	1	2	2		5	4	1
舒兰市	5	2	3	4	2	2	11	10	1
磐石市	3	3		7	6	1	8	7	1
四平市	**20**	**13**	**7**	**28**	**18**	**10**	**30**	**19**	**11**
铁西区				1	1				
铁东区				4	1	3	1	1	
梨树县	10	6	4	9	6	3	12	9	3
伊通满族自治县	7	5	2	10	7	3	9	6	3
双辽市	3	2	1	4	3	1	8	3	5
辽源市	**7**	**5**	**2**	**8**	**6**	**2**	**24**	**17**	**7**
龙山区	1	1		1		1	1	1	
西安区									

6-1c 续表 5

单位：人

地区	15-19岁			20-24岁			25-29岁		
	小计	男	女	小计	男	女	小计	男	女
东丰县	5	3	2	4	3	1	11	8	3
东辽县	1	1		3	3		12	8	4
通化市	**10**	**7**	**3**	**7**	**5**	**2**	**16**	**11**	**5**
东昌区									
二道江区									
通化县	6	5	1				1	1	
辉南县				3	3		5	2	3
柳河县	3	1	2	2	2		9	7	2
集安市	1	1		2		2	1	1	
白山市	**1**	**1**		**3**	**2**	**1**	**3**	**2**	**1**
浑江区							1	1	
江源区				1	1				
抚松县	1	1							
靖宇县									
长白朝鲜族自治县				1		1	1		1
临江市				1	1		1	1	
松原市	**24**	**17**	**7**	**22**	**15**	**7**	**43**	**30**	**13**
宁江区	5	4	1	1	1		4	2	2
前郭尔罗斯蒙古族自治县	4	3	1	4	2	2	9	5	4
长岭县	8	5	3	6	5	1	11	7	4
乾安县							3	3	
吉林松原经济开发区									
扶余市	7	5	2	11	7	4	16	13	3
白城市	**13**	**9**	**4**	**6**	**5**	**1**	**16**	**11**	**5**
洮北区	1	1					2	1	1
镇赉县	2	2		1		1	1	1	
通榆县	3	2	1	1	1		4	2	2
吉林白城经济开发区									
洮南市	5	4	1	1	1		4	3	1
大安市	2		2	3	3		5	4	1
延边朝鲜族自治州	**4**	**3**	**1**	**9**	**5**	**4**	**19**	**13**	**6**
延吉市							2		2
图们市							1	1	
敦化市	2	2		5	1	4	5	5	
珲春市	1		1						
龙井市				2	2				
和龙市				1	1		1		1
汪清县	1	1					5	3	2
安图县				1	1		5	4	1
长白山管委会									
梅河口市	**3**	**2**	**1**	**5**	**4**	**1**	**7**	**5**	**2**

6-1c　续表 6　　　　单位：人

地　区	30-34岁			35-39岁			40-44岁		
	小计	男	女	小计	男	女	小计	男	女
全　省	**545**	**385**	**160**	**662**	**506**	**156**	**1216**	**908**	**308**
长春市	**182**	**126**	**56**	**201**	**154**	**47**	**361**	**274**	**87**
南关区									
宽城区	5	4	1	13	11	2	16	9	7
朝阳区	2	1	1	2	2		2	1	1
二道区									
绿园区							5	1	4
双阳区	12	10	2	8	6	2	17	13	4
九台区	24	15	9	30	26	4	60	45	15
农安县	39	29	10	44	31	13	70	52	18
长春经济技术开发区									
长春净月高新技术产业开发区				2	2		3	3	
长春高新技术产业开发区									
长春汽车经济技术开发区									
长春莲花山生态旅游度假区	2	2		2	2		3	2	1
榆树市	38	25	13	32	23	9	93	75	18
德惠市	23	20	3	24	14	10	42	37	5
公主岭市	37	20	17	44	37	7	50	36	14
吉林市	**64**	**48**	**16**	**95**	**69**	**26**	**180**	**145**	**35**
昌邑区				4	3	1	13	13	
龙潭区	2		2	10	7	3	12	10	2
船营区	2	2		2	2		11	8	3
丰满区	3	3		5	4	1	12	9	3
永吉县	15	9	6	13	11	2	16	12	4
吉林经济开发区							2	2	
吉林高新技术产业开发区	1	1		1	1				
吉林中国新加坡食品区	1	1		1	1		5	4	1
蛟河市	9	8	1	12	7	5	21	18	3
桦甸市	11	9	2	8	6	2	12	10	2
舒兰市	13	11	2	17	12	5	48	39	9
磐石市	7	4	3	22	15	7	28	20	8
四平市	**53**	**50**	**3**	**51**	**42**	**9**	**119**	**87**	**32**
铁西区				3	2	1	7	4	3
铁东区	1	1		3	3		7	4	3
梨树县	24	21	3	25	20	5	43	29	14
伊通满族自治县	18	18		10	9	1	44	38	6
双辽市	10	10		10	8	2	18	12	6
辽源市	**30**	**19**	**11**	**26**	**21**	**5**	**88**	**59**	**29**
龙山区	2	1	1				3	3	
西安区	2	1	1				3	2	1

6-1c 续表 7 单位：人

地区	30-34岁			35-39岁			40-44岁		
	小计	男	女	小计	男	女	小计	男	女
东丰县	15	9	6	11	10	1	32	22	10
东辽县	11	8	3	15	11	4	50	32	18
通化市	**30**	**19**	**11**	**42**	**30**	**12**	**100**	**71**	**29**
东昌区	1		1				3	2	1
二道江区	1	1					1		1
通化县	8	5	3	5	5		19	15	4
辉南县	10	6	4	14	9	5	21	12	9
柳河县	6	3	3	14	9	5	41	31	10
集安市	4	4		9	7	2	15	11	4
白山市	**9**	**4**	**5**	**19**	**13**	**6**	**30**	**26**	**4**
浑江区				5	4	1	5	3	2
江源区	1		1						
抚松县	3	2	1	7	4	3	9	9	
靖宇县	2	1	1	3	2	1	5	4	1
长白朝鲜族自治县				2	1	1	4	3	1
临江市	3	1	2	2	2		7	7	
松原市	**97**	**66**	**31**	**105**	**76**	**29**	**159**	**115**	**44**
宁江区	12	9	3	7	6	1	19	15	4
前郭尔罗斯蒙古族自治县	30	17	13	33	21	12	47	38	9
长岭县	21	15	6	24	17	7	31	21	10
乾安县	10	8	2	12	11	1	11	8	3
吉林松原经济开发区							1	1	
扶余市	24	17	7	29	21	8	50	32	18
白城市	**38**	**27**	**11**	**74**	**57**	**17**	**99**	**71**	**28**
洮北区	3	3		14	13	1	8	5	3
镇赉县	7	5	2	9	7	2	15	14	1
通榆县	14	7	7	10	4	6	26	16	10
吉林白城经济开发区									
洮南市	11	9	2	28	22	6	30	24	6
大安市	3	3		13	11	2	20	12	8
延边朝鲜族自治州	**27**	**19**	**8**	**37**	**33**	**4**	**55**	**41**	**14**
延吉市				2	2		3	3	
图们市				1	1		3	2	1
敦化市	10	6	4	12	11	1	17	10	7
珲春市	5	4	1	5	4	1	6	4	2
龙井市	2	1	1	3	3		4	4	
和龙市	1	1		5	5		3	2	1
汪清县	1	1		6	5	1	8	7	1
安图县	8	6	2	3	2	1	11	9	2
长白山管委会									
梅河口市	**15**	**7**	**8**	**12**	**11**	**1**	**25**	**19**	**6**

6-1c　续表 8　　单位：人

地　区	45-49岁			50-54岁			55-59岁		
	小计	男	女	小计	男	女	小计	男	女
全　省	**2592**	**1923**	**669**	**4659**	**3327**	**1332**	**5832**	**4002**	**1830**
长春市	**830**	**602**	**228**	**1391**	**956**	**435**	**1749**	**1145**	**604**
南关区									
宽城区	25	19	6	40	26	14	49	31	18
朝阳区	13	12	1	20	10	10	23	14	9
二道区									
绿园区	3	3		7	2	5	12	10	2
双阳区	49	34	15	76	52	24	101	68	33
九台区	141	107	34	191	130	61	268	175	93
农安县	165	115	50	270	184	86	373	232	141
长春经济技术开发区									
长春净月高新技术产业开发区	4	4		15	9	6	20	13	7
长春高新技术产业开发区	1		1				3	1	2
长春汽车经济技术开发区									
长春莲花山生态旅游度假区	12	8	4	16	13	3	25	22	3
榆树市	218	157	61	352	238	114	412	267	145
德惠市	94	66	28	164	116	48	177	108	69
公主岭市	105	77	28	240	176	64	286	204	82
吉林市	**388**	**288**	**100**	**718**	**532**	**186**	**875**	**595**	**280**
昌邑区	24	20	4	35	28	7	49	36	13
龙潭区	20	15	5	72	55	17	59	42	17
船营区	21	15	6	33	22	11	42	28	14
丰满区	17	12	5	42	28	14	43	29	14
永吉县	49	35	14	93	61	32	134	87	47
吉林经济开发区	3	2	1	8	6	2	10	6	4
吉林高新技术产业开发区	5	4	1	6	5	1	11	7	4
吉林中国新加坡食品区	8	6	2	13	5	8	15	10	5
蛟河市	50	36	14	83	61	22	91	64	27
桦甸市	40	30	10	65	46	19	78	53	25
舒兰市	87	69	18	159	123	36	201	137	64
磐石市	64	44	20	109	92	17	142	96	46
四平市	**245**	**172**	**73**	**481**	**340**	**141**	**599**	**434**	**165**
铁西区	10	8	2	10	6	4	18	12	6
铁东区	11	5	6	32	22	10	27	18	9
梨树县	98	67	31	180	122	58	240	178	62
伊通满族自治县	75	51	24	147	105	42	179	124	55
双辽市	51	41	10	112	85	27	135	102	33
辽源市	**155**	**124**	**31**	**269**	**198**	**71**	**341**	**250**	**91**
龙山区	7	4	3	21	16	5	20	12	8
西安区	9	9		13	11	2	20	16	4

6-1c 续表 9 单位：人

地 区	45-49岁			50-54岁			55-59岁		
	小计	男	女	小计	男	女	小计	男	女
东丰县	65	52	13	108	83	25	133	102	31
东辽县	74	59	15	127	88	39	168	120	48
通化市	**163**	**125**	**38**	**265**	**188**	**77**	**360**	**230**	**130**
东昌区	6	5	1	4	3	1	7	4	3
二道江区	2	1	1	3	3		6	5	1
通化县	42	30	12	55	41	14	69	42	27
辉南县	35	25	10	62	46	16	85	61	24
柳河县	50	41	9	82	53	29	124	83	41
集安市	28	23	5	59	42	17	69	35	34
白山市	**68**	**51**	**17**	**92**	**70**	**22**	**113**	**77**	**36**
浑江区	6	5	1	18	13	5	24	22	2
江源区	8	5	3	7	3	4	14	10	4
抚松县	22	17	5	25	19	6	17	10	7
靖宇县	16	12	4	16	15	1	21	13	8
长白朝鲜族自治县	6	4	2	15	12	3	14	11	3
临江市	10	8	2	11	8	3	23	11	12
松原市	**337**	**252**	**85**	**645**	**454**	**191**	**848**	**590**	**258**
宁江区	31	24	7	61	44	17	96	71	25
前郭尔罗斯蒙古族自治县	88	63	25	188	122	66	235	162	73
长岭县	79	66	13	150	100	50	173	123	50
乾安县	27	20	7	52	38	14	59	37	22
吉林松原经济开发区	7	5	2	11	11		7	7	
扶余市	105	74	31	183	139	44	278	190	88
白城市	**227**	**177**	**50**	**414**	**299**	**115**	**482**	**328**	**154**
洮北区	24	17	7	48	37	11	49	32	17
镇赉县	42	30	12	69	51	18	74	52	22
通榆县	47	36	11	78	64	14	108	69	39
吉林白城经济开发区	3	3					3	2	1
洮南市	80	66	14	137	99	38	151	104	47
大安市	31	25	6	82	48	34	97	69	28
延边朝鲜族自治州	**120**	**93**	**27**	**273**	**210**	**63**	**332**	**263**	**69**
延吉市	7	4	3	14	13	1	29	25	4
图们市	8	6	2	13	9	4	9	8	1
敦化市	40	33	7	88	69	19	100	77	23
珲春市	16	9	7	42	34	8	36	27	9
龙井市	5	3	2	18	14	4	35	26	9
和龙市	10	10		27	20	7	23	20	3
汪清县	23	20	3	37	24	13	56	40	16
安图县	11	8	3	34	27	7	44	40	4
长白山管委会									
梅河口市	**59**	**39**	**20**	**111**	**80**	**31**	**133**	**90**	**43**

6-1c　续表 10　　　　单位：人

地　区	60-64岁			65-69岁			70-74岁		
	小计	男	女	小计	男	女	小计	男	女
全　省	**7972**	**5179**	**2793**	**11651**	**7016**	**4635**	**11520**	**6507**	**5013**
长春市	**2418**	**1569**	**849**	**3723**	**2193**	**1530**	**3727**	**2077**	**1650**
南关区									
宽城区	84	57	27	135	72	63	96	55	41
朝阳区	34	19	15	65	40	25	51	20	31
二道区									
绿园区	8	5	3	23	16	7	17	10	7
双阳区	160	104	56	237	148	89	260	155	105
九台区	375	245	130	532	331	201	576	319	257
农安县	467	310	157	664	383	281	632	340	292
长春经济技术开发区									
长春净月高新技术产业开发区	20	16	4	34	20	14	37	23	14
长春高新技术产业开发区	4	2	2	8	2	6	9	4	5
长春汽车经济技术开发区									
长春莲花山生态旅游度假区	30	18	12	44	28	16	48	29	19
榆树市	609	384	225	941	547	394	925	522	403
德惠市	257	176	81	412	233	179	433	235	198
公主岭市	370	233	137	628	373	255	643	365	278
吉林市	**1127**	**739**	**388**	**1712**	**1071**	**641**	**1744**	**1010**	**734**
昌邑区	59	34	25	109	67	42	104	65	39
龙潭区	110	73	37	116	65	51	152	85	67
船营区	49	35	14	75	46	29	88	50	38
丰满区	64	49	15	77	57	20	68	38	30
永吉县	168	109	59	233	139	94	243	145	98
吉林经济开发区	15	9	6	15	11	4	7	4	3
吉林高新技术产业开发区	12	9	3	18	13	5	18	11	7
吉林中国新加坡食品区	15	10	5	25	17	8	34	20	14
蛟河市	115	82	33	220	137	83	185	115	70
桦甸市	90	59	31	154	111	43	160	85	75
舒兰市	263	161	102	390	245	145	398	226	172
磐石市	167	109	58	280	163	117	287	166	121
四平市	**826**	**522**	**304**	**1230**	**718**	**512**	**1199**	**643**	**556**
铁西区	20	14	6	38	21	17	33	20	13
铁东区	53	33	20	72	45	27	71	35	36
梨树县	307	196	111	487	283	204	503	267	236
伊通满族自治县	271	170	101	405	238	167	355	190	165
双辽市	175	109	66	228	131	97	237	131	106
辽源市	**475**	**307**	**168**	**733**	**448**	**285**	**643**	**341**	**302**
龙山区	39	27	12	36	18	18	43	22	21
西安区	20	12	8	27	17	10	20	13	7

6-1c 续表 11

单位：人

地区	60-64岁			65-69岁			70-74岁		
	小计	男	女	小计	男	女	小计	男	女
东丰县	178	120	58	303	185	118	258	138	120
东辽县	238	148	90	367	228	139	322	168	154
通化市	**537**	**370**	**167**	**732**	**449**	**283**	**721**	**435**	**286**
东昌区	8	5	3	12	8	4	17	9	8
二道江区	12	10	2	13	6	7	11	5	6
通化县	101	73	28	145	100	45	158	105	53
辉南县	117	76	41	176	109	67	140	81	59
柳河县	187	133	54	253	152	101	235	136	99
集安市	112	73	39	133	74	59	160	99	61
白山市	**198**	**131**	**67**	**248**	**164**	**84**	**251**	**148**	**103**
浑江区	34	20	14	39	26	13	45	26	19
江源区	29	19	10	37	27	10	34	23	11
抚松县	40	27	13	49	33	16	56	30	26
靖宇县	39	22	17	57	35	22	53	35	18
长白朝鲜族自治县	23	17	6	32	19	13	28	12	16
临江市	33	26	7	34	24	10	35	22	13
松原市	**1036**	**643**	**393**	**1478**	**825**	**653**	**1333**	**760**	**573**
宁江区	105	63	42	128	79	49	113	70	43
前郭尔罗斯蒙古族自治县	247	156	91	366	216	150	352	202	150
长岭县	228	149	79	313	161	152	267	151	116
乾安县	86	49	37	130	71	59	81	48	33
吉林松原经济开发区	12	7	5	20	11	9	14	10	4
扶余市	358	219	139	521	287	234	506	279	227
白城市	**657**	**424**	**233**	**887**	**547**	**340**	**934**	**506**	**428**
洮北区	74	50	24	104	72	32	103	62	41
镇赉县	106	65	41	152	84	68	142	76	66
通榆县	154	99	55	187	128	59	198	110	88
吉林白城经济开发区	2	1	1	3	3		2		2
洮南市	204	139	65	257	150	107	306	160	146
大安市	117	70	47	184	110	74	183	98	85
延边朝鲜族自治州	**465**	**331**	**134**	**610**	**412**	**198**	**666**	**405**	**261**
延吉市	29	22	7	45	30	15	59	42	17
图们市	17	14	3	19	13	6	26	21	5
敦化市	136	95	41	179	123	56	190	107	83
珲春市	61	46	15	74	49	25	81	55	26
龙井市	38	20	18	63	39	24	53	33	20
和龙市	40	30	10	76	51	25	58	29	29
汪清县	76	59	17	90	64	26	116	65	51
安图县	68	45	23	64	43	21	83	53	30
长白山管委会									
梅河口市	**233**	**143**	**90**	**298**	**189**	**109**	**302**	**182**	**120**

6-1c　续表 12　　　　单位：人

地　区	75-79岁			80-84岁			85-89岁		
	小计	男	女	小计	男	女	小计	男	女
全　省	**9864**	**5378**	**4486**	**9275**	**5042**	**4233**	**5898**	**2911**	**2987**
长春市	**3301**	**1808**	**1493**	**3153**	**1716**	**1437**	**1984**	**1010**	**974**
南关区									
宽城区	101	62	39	104	69	35	64	30	34
朝阳区	43	22	21	39	20	19	21	11	10
二道区									
绿园区	15	8	7	32	19	13	4	1	3
双阳区	218	127	91	169	100	69	99	47	52
九台区	500	275	225	466	257	209	285	148	137
农安县	692	392	300	731	389	342	407	223	184
长春经济技术开发区									
长春净月高新技术产业开发区	28	14	14	25	13	12	16	8	8
长春高新技术产业开发区	4		4	5	3	2	3	2	1
长春汽车经济技术开发区									
长春莲花山生态旅游度假区	47	23	24	44	25	19	24	13	11
榆树市	730	372	358	653	324	329	435	204	231
德惠市	379	195	184	361	192	169	264	137	127
公主岭市	544	318	226	524	305	219	362	186	176
吉林市	**1493**	**808**	**685**	**1358**	**737**	**621**	**855**	**435**	**420**
昌邑区	73	41	32	60	35	25	43	22	21
龙潭区	106	63	43	113	54	59	53	30	23
船营区	67	45	22	54	35	19	30	16	14
丰满区	87	45	42	52	27	25	43	26	17
永吉县	168	97	71	175	88	87	125	70	55
吉林经济开发区	12	9	3	12	4	8	7	2	5
吉林高新技术产业开发区	15	5	10	9	6	3	18	4	14
吉林中国新加坡食品区	21	14	7	18	12	6	12	8	4
蛟河市	209	128	81	199	117	82	109	60	49
桦甸市	134	67	67	142	80	62	82	32	50
舒兰市	358	175	183	317	162	155	209	99	110
磐石市	243	119	124	207	117	90	124	66	58
四平市	**948**	**507**	**441**	**835**	**451**	**384**	**634**	**306**	**328**
铁西区	30	12	18	25	15	10	20	12	8
铁东区	52	25	27	51	29	22	37	15	22
梨树县	422	223	199	363	191	172	292	147	145
伊通满族自治县	265	149	116	272	156	116	175	81	94
双辽市	179	98	81	124	60	64	110	51	59
辽源市	**546**	**276**	**270**	**488**	**300**	**188**	**331**	**180**	**151**
龙山区	32	20	12	29	13	16	28	16	12
西安区	18	12	6	14	5	9	9	3	6

6-1c 续表 13 单位：人

地区	75-79岁			80-84岁			85-89岁		
	小计	男	女	小计	男	女	小计	男	女
东丰县	255	122	133	203	130	73	134	69	65
东辽县	241	122	119	242	152	90	160	92	68
通化市	**580**	**299**	**281**	**536**	**276**	**260**	**330**	**145**	**185**
东昌区	17	12	5	16	6	10	11	9	2
二道江区	11	8	3	9	2	7	7	2	5
通化县	129	65	64	105	53	52	78	37	41
辉南县	107	54	53	142	80	62	72	31	41
柳河县	181	92	89	173	90	83	95	41	54
集安市	135	68	67	91	45	46	67	25	42
白山市	**291**	**164**	**127**	**284**	**166**	**118**	**153**	**73**	**80**
浑江区	31	17	14	38	21	17	18	10	8
江源区	29	16	13	36	19	17	17	8	9
抚松县	73	49	24	63	44	19	37	14	23
靖宇县	57	28	29	46	26	20	20	11	9
长白朝鲜族自治县	40	26	14	31	19	12	27	13	14
临江市	61	28	33	70	37	33	34	17	17
松原市	**1048**	**589**	**459**	**1114**	**591**	**523**	**635**	**289**	**346**
宁江区	98	50	48	97	51	46	52	24	28
前郭尔罗斯蒙古族自治县	260	141	119	279	152	127	168	80	88
长岭县	239	143	96	239	118	121	121	61	60
乾安县	73	42	31	66	41	25	56	23	33
吉林松原经济开发区	9	3	6	8	5	3	6	4	2
扶余市	369	210	159	425	224	201	232	97	135
白城市	**766**	**432**	**334**	**686**	**363**	**323**	**413**	**220**	**193**
洮北区	94	56	38	95	55	40	59	32	27
镇赉县	112	66	46	90	49	41	82	39	43
通榆县	176	96	80	114	52	62	56	29	27
吉林白城经济开发区	2	1	1	2	1	1			
洮南市	243	130	113	221	113	108	123	70	53
大安市	139	83	56	164	93	71	93	50	43
延边朝鲜族自治州	**649**	**368**	**281**	**636**	**350**	**286**	**425**	**184**	**241**
延吉市	55	35	20	48	24	24	41	13	28
图们市	30	12	18	31	16	15	18	9	9
敦化市	184	95	89	173	106	67	110	47	63
珲春市	75	45	30	67	30	37	40	21	19
龙井市	71	45	26	61	33	28	51	19	32
和龙市	52	30	22	68	41	27	42	15	27
汪清县	101	63	38	119	59	60	67	38	29
安图县	81	43	38	69	41	28	56	22	34
长白山管委会									
梅河口市	**242**	**127**	**115**	**185**	**92**	**93**	**138**	**69**	**69**

6-1c　续表 14　　　　单位：人

地　区	90-94岁			95-99岁			100岁及以上		
	小计	男	女	小计	男	女	小计	男	女
全　省	**2818**	**1285**	**1533**	**697**	**312**	**385**	**97**	**43**	**54**
长春市	**994**	**477**	**517**	**259**	**124**	**135**	**35**	**20**	**15**
南关区									
宽城区	28	8	20	8	4	4			
朝阳区	17	8	9	6	3	3	1	1	
二道区									
绿园区	4	3	1	1	1				
双阳区	44	20	24	9	6	3	5	4	1
九台区	150	77	73	32	16	16	6	3	3
农安县	202	85	117	48	19	29	4	2	2
长春经济技术开发区									
长春净月高新技术产业开发区	12	6	6	1		1			
长春高新技术产业开发区	3	2	1						
长春汽车经济技术开发区									
长春莲花山生态旅游度假区	13	7	6	4	4		1	1	
榆树市	225	115	110	51	21	30	7	2	5
德惠市	115	57	58	35	19	16	6	4	2
公主岭市	181	89	92	64	31	33	5	3	2
吉林市	**396**	**165**	**231**	**106**	**43**	**63**	**10**	**3**	**7**
昌邑区	27	11	16	5	1	4			
龙潭区	27	5	22	6	2	4	2	1	1
船营区	18	10	8	3	1	2	3	1	2
丰满区	13	7	6	2		2	1		1
永吉县	64	28	36	15	7	8			
吉林经济开发区	5	3	2	2		2			
吉林高新技术产业开发区	7	4	3	2	1	1			
吉林中国新加坡食品区	12	6	6	4	2	2			
蛟河市	43	17	26	19	7	12	1		1
桦甸市	39	17	22	17	10	7	1		1
舒兰市	72	23	49	21	9	12	2	1	1
磐石市	69	34	35	10	3	7			
四平市	**270**	**128**	**142**	**65**	**37**	**28**	**9**	**3**	**6**
铁西区	8	2	6	3		3			
铁东区	17	10	7	3	2	1	2		2
梨树县	116	56	60	30	17	13	6	3	3
伊通满族自治县	83	41	42	19	11	8	1		1
双辽市	46	19	27	10	7	3			
辽源市	**156**	**73**	**83**	**43**	**15**	**28**	**5**	**4**	**1**
龙山区	14	8	6	4	2	2			
西安区	7	3	4	2		2	1	1	

6-1c 续表 15 单位：人

地 区	90-94岁			95-99岁			100岁及以上		
	小计	男	女	小计	男	女	小计	男	女
东丰县	63	29	34	20	8	12	3	3	
东辽县	72	33	39	17	5	12	1		1
通化市	**193**	**94**	**99**	**49**	**21**	**28**	**4**	**1**	**3**
东昌区	1	1		2	2				
二道江区	2	2							
通化县	49	18	31	17	6	11	2		2
辉南县	42	19	23	6	3	3	1		1
柳河县	55	31	24	15	6	9	1	1	
集安市	44	23	21	9	4	5			
白山市	**92**	**44**	**48**	**25**	**13**	**12**	**3**	**2**	**1**
浑江区	12	5	7	3	2	1	1	1	
江源区	16	8	8	1	1		1	1	
抚松县	13	9	4	5	2	3			
靖宇县	18	7	11	5	3	2			
长白朝鲜族自治县	16	8	8	4	1	3			
临江市	17	7	10	7	4	3	1		1
松原市	**256**	**124**	**132**	**47**	**24**	**23**	**12**	**7**	**5**
宁江区	25	10	15	2	1	1	3	2	1
前郭尔罗斯蒙古族自治县	58	34	24	12	6	6	5	2	3
长岭县	49	23	26	12	7	5	2	2	
乾安县	19	10	9	3	1	2			
吉林松原经济开发区	2	1	1	2	1	1			
扶余市	103	46	57	16	8	8	2	1	1
白城市	**198**	**87**	**111**	**40**	**13**	**27**	**10**	**1**	**9**
洮北区	24	14	10	3	1	2	1		1
镇赉县	36	15	21	7	3	4			
通榆县	35	12	23	13	2	11	5	1	4
吉林白城经济开发区									
洮南市	68	29	39	10	2	8	2		2
大安市	35	17	18	7	5	2	2		2
延边朝鲜族自治州	**190**	**61**	**129**	**46**	**14**	**32**	**8**	**1**	**7**
延吉市	17	5	12	2		2			
图们市	7	1	6	3	1	2			
敦化市	51	25	26	15	4	11	6	1	5
珲春市	17	4	13	3		3	1		1
龙井市	22	3	19	3		3			
和龙市	17	4	13	1		1			
汪清县	26	8	18	8	6	2	1		1
安图县	33	11	22	11	3	8			
长白山管委会									
梅河口市	**73**	**32**	**41**	**17**	**8**	**9**	**1**	**1**	

6-2 各地区分性别、受教育程度的3岁及以上死亡人口
(2019.11.1—2020.10.31)

单位：人

地 区	3岁及以上死亡人口			未上过学		
	合计	男	女	小计	男	女
全 省	**147921**	**88060**	**59861**	**16087**	**5861**	**10226**
长春市	**45442**	**26771**	**18671**	**4339**	**1590**	**2749**
南关区	2969	1753	1216	89	17	72
宽城区	3368	1949	1419	159	57	102
朝阳区	3005	1733	1272	131	42	89
二道区	1373	866	507	80	33	47
绿园区	2823	1642	1181	108	22	86
双阳区	1933	1190	743	277	106	171
九台区	4773	2848	1925	524	184	340
农安县	5653	3295	2358	751	321	430
长春经济技术开发区	839	492	347	44	16	28
长春净月高新技术产业开发区	917	550	367	60	19	41
长春高新技术产业开发区	704	413	291	26	6	20
长春汽车经济技术开发区	1229	730	499	47	9	38
长春莲花山生态旅游度假区	363	223	140	55	21	34
榆树市	6746	3907	2839	1018	342	676
德惠市	3510	2047	1463	403	160	243
公主岭市	5237	3133	2104	567	235	332
吉林市	**24729**	**14779**	**9950**	**2759**	**957**	**1802**
昌邑区	2744	1615	1129	165	55	110
龙潭区	3140	1808	1332	197	44	153
船营区	2861	1751	1110	124	35	89
丰满区	1295	794	501	113	38	75
永吉县	2279	1367	912	286	112	174
吉林经济开发区	400	250	150	28	8	20
吉林高新技术产业开发区	548	319	229	40	14	26
吉林中国新加坡食品区	229	139	90	22	6	16
蛟河市	2633	1586	1047	446	162	284
桦甸市	2140	1306	834	333	118	215
舒兰市	3655	2150	1505	565	203	362
磐石市	2805	1694	1111	440	162	278
四平市	**11142**	**6647**	**4495**	**1633**	**629**	**1004**
铁西区	966	573	393	59	18	41
铁东区	1044	635	409	121	50	71
梨树县	4225	2467	1758	807	300	507
伊通满族自治县	2875	1729	1146	457	182	275
双辽市	2032	1243	789	189	79	110
辽源市	**7540**	**4543**	**2997**	**671**	**245**	**426**
龙山区	1619	960	659	93	35	58
西安区	1086	672	414	56	17	39
东丰县	2358	1420	938	239	85	154
东辽县	2477	1491	986	283	108	175

6-2 续表 1

单位：人

地　区	3岁及以上死亡人口			未上过学		
	合计	男	女	小计	男	女
通化市	**8823**	**5247**	**3576**	**1123**	**372**	**751**
东昌区	1158	683	475	76	26	50
二道江区	596	340	256	61	16	45
通化县	1408	858	550	256	78	178
辉南县	2167	1305	862	332	118	214
柳河县	2026	1205	821	233	82	151
集安市	1468	856	612	165	52	113
白山市	**7041**	**4308**	**2733**	**1172**	**430**	**742**
浑江区	2016	1266	750	236	85	151
江源区	1204	715	489	180	61	119
抚松县	1479	936	543	295	120	175
靖宇县	699	423	276	132	48	84
长白朝鲜族自治县	451	274	177	92	38	54
临江市	1192	694	498	237	78	159
松原市	**13231**	**7840**	**5391**	**1853**	**726**	**1127**
宁江区	2401	1425	976	208	90	118
前郭尔罗斯蒙古族自治县	3257	1952	1305	602	239	363
长岭县	2529	1504	1025	303	109	194
乾安县	1034	625	409	99	41	58
吉林松原经济开发区	215	143	72	25	14	11
扶余市	3795	2191	1604	616	233	383
白城市	**10344**	**6222**	**4122**	**1131**	**434**	**697**
洮北区	2139	1346	793	155	61	94
镇赉县	1430	834	596	135	53	82
通榆县	1916	1138	778	209	66	143
吉林白城经济开发区	299	181	118	25	7	18
洮南市	2671	1607	1064	383	153	230
大安市	1889	1116	773	224	94	130
延边朝鲜族自治州	**16058**	**9586**	**6472**	**1063**	**354**	**709**
延吉市	5118	2974	2144	183	53	130
图们市	935	570	365	33	6	27
敦化市	2997	1831	1166	262	92	170
珲春市	1650	1010	640	111	46	65
龙井市	1438	846	592	66	17	49
和龙市	1127	665	462	70	19	51
汪清县	1670	1004	666	167	62	105
安图县	1123	686	437	171	59	112
长白山管委会	**385**	**218**	**167**	**67**	**19**	**48**
长白山保护开发区池北区	274	155	119	33	9	24
长白山保护开发区池西区	94	51	43	31	9	22
长白山保护开发区池南区	17	12	5	3	1	2
梅河口市	**3186**	**1899**	**1287**	**276**	**105**	**171**

6-2　续表 2　　　　单位：人

地　区	学前教育			小　学		
	小计	男	女	小计	男	女
全　省	**198**	**93**	**105**	**71548**	**39583**	**31965**
长春市	**49**	**26**	**23**	**22394**	**12234**	**10160**
南关区	2	1	1	758	321	437
宽城区	2	2		1389	691	698
朝阳区				848	387	461
二道区	1		1	494	274	220
绿园区	1	1		946	441	505
双阳区	3	3		1066	640	426
九台区	4	2	2	2828	1629	1199
农安县	5	2	3	3641	2023	1618
长春经济技术开发区				272	130	142
长春净月高新技术产业开发区	2		2	364	185	179
长春高新技术产业开发区				259	137	122
长春汽车经济技术开发区				315	148	167
长春莲花山生态旅游度假区	1		1	221	132	89
榆树市	20	13	7	4383	2533	1850
德惠市	5	1	4	2170	1219	951
公主岭市	3	1	2	2440	1344	1096
吉林市	**42**	**17**	**25**	**11610**	**6401**	**5209**
昌邑区	6	2	4	1011	478	533
龙潭区	2		2	1295	663	632
船营区	1		1	992	493	499
丰满区				509	268	241
永吉县	4	2	2	1293	736	557
吉林经济开发区				160	87	73
吉林高新技术产业开发区				159	74	85
吉林中国新加坡食品区	4	3	1	121	75	46
蛟河市	6	1	5	1402	841	561
桦甸市	9	5	4	1129	687	442
舒兰市	10	4	6	2067	1153	914
磐石市				1472	846	626
四平市	**13**	**6**	**7**	**5698**	**3229**	**2469**
铁西区	1		1	309	149	160
铁东区	2	1	1	493	268	225
梨树县	4	2	2	2320	1347	973
伊通满族自治县	3	1	2	1620	951	669
双辽市	3	2	1	956	514	442
辽源市	**7**	**3**	**4**	**4132**	**2312**	**1820**
龙山区	1	1		580	285	295
西安区	4	1	3	479	256	223
东丰县	2	1	1	1534	881	653
东辽县				1539	890	649

6-2 续表 3

单位：人

地 区	学前教育			小 学		
	小计	男	女	小计	男	女
通化市	**12**	**5**	**7**	**4529**	**2553**	**1976**
东昌区	2	1	1	424	207	217
二道江区	2		2	241	113	128
通化县				714	439	275
辉南县	1		1	1110	661	449
柳河县	4	3	1	1214	687	527
集安市	3	1	2	826	446	380
白山市	**16**	**7**	**9**	**2899**	**1683**	**1216**
浑江区	6	2	4	725	412	313
江源区	2	1	1	576	317	259
抚松县	5	2	3	647	408	239
靖宇县				311	188	123
长白朝鲜族自治县				191	111	80
临江市	3	2	1	449	247	202
松原市	**21**	**9**	**12**	**7557**	**4359**	**3198**
宁江区				1099	575	524
前郭尔罗斯蒙古族自治县	9	6	3	1900	1150	750
长岭县	6	2	4	1443	823	620
乾安县				588	329	259
吉林松原经济开发区				122	78	44
扶余市	6	1	5	2405	1404	1001
白城市	**16**	**7**	**9**	**5457**	**3059**	**2398**
洮北区	3	1	2	905	495	410
镇赉县	2	1	1	807	429	378
通榆县				1126	648	478
吉林白城经济开发区				116	64	52
洮南市	10	4	6	1495	850	645
大安市	1	1		1008	573	435
延边朝鲜族自治州	**19**	**10**	**9**	**5388**	**2718**	**2670**
延吉市	6	5	1	1185	505	680
图们市				279	122	157
敦化市	8	2	6	1436	790	646
珲春市				654	325	329
龙井市				355	170	185
和龙市	2	1	1	338	169	169
汪清县	2	1	1	723	391	332
安图县	1	1		418	246	172
长白山管委会	**1**	**1**		**151**	**75**	**76**
长白山保护开发区池北区	1	1		108	49	59
长白山保护开发区池西区				36	21	15
长白山保护开发区池南区				7	5	2
梅河口市	**2**	**2**		**1733**	**960**	**773**

6-2 续表 4

单位：人

地区	初中			高中			大学专科		
	小计	男	女	小计	男	女	小计	男	女
全省	**43628**	**30284**	**13344**	**11949**	**8777**	**3172**	**2657**	**2005**	**652**
长春市	**13147**	**8938**	**4209**	**3627**	**2588**	**1039**	**985**	**705**	**280**
南关区	1139	704	435	570	404	166	183	139	44
宽城区	1342	859	483	376	263	113	68	53	15
朝阳区	1022	615	407	580	387	193	190	120	70
二道区	549	373	176	193	143	50	33	24	9
绿园区	1050	657	393	471	341	130	128	92	36
双阳区	475	354	121	76	62	14	23	15	8
九台区	1228	896	332	140	103	37	33	23	10
农安县	1073	807	266	139	107	32	35	27	8
长春经济技术开发区	336	208	128	113	85	28	44	31	13
长春净月高新技术产业开发区	266	179	87	119	90	29	52	35	17
长春高新技术产业开发区	242	149	93	92	60	32	34	22	12
长春汽车经济技术开发区	536	357	179	212	127	85	69	47	22
长春莲花山生态旅游度假区	74	59	15	9	8	1	3	3	
榆树市	1155	884	271	127	100	27	31	24	7
德惠市	806	564	242	87	68	19	20	19	1
公主岭市	1854	1273	581	323	240	83	39	31	8
吉林市	**7170**	**5057**	**2113**	**2397**	**1772**	**625**	**441**	**334**	**107**
昌邑区	928	615	313	499	363	136	80	60	20
龙潭区	1108	705	403	443	321	122	52	40	12
船营区	1103	757	346	474	337	137	93	66	27
丰满区	379	276	103	200	143	57	52	39	13
永吉县	590	443	147	82	57	25	19	13	6
吉林经济开发区	163	115	48	42	34	8	7	6	1
吉林高新技术产业开发区	182	115	67	95	61	34	23	19	4
吉林中国新加坡食品区	77	51	26	5	4	1			
蛟河市	616	459	157	130	98	32	28	22	6
桦甸市	499	350	149	130	114	16	25	20	5
舒兰市	841	646	195	136	118	18	32	23	9
磐石市	684	525	159	161	122	39	30	26	4
四平市	**3071**	**2232**	**839**	**564**	**425**	**139**	**121**	**94**	**27**
铁西区	403	265	138	139	98	41	36	28	8
铁东区	342	245	97	71	59	12	10	8	2
梨树县	929	697	232	121	90	31	35	24	11
伊通满族自治县	660	499	161	115	82	33	15	11	4
双辽市	737	526	211	118	96	22	25	23	2
辽源市	**2260**	**1625**	**635**	**347**	**260**	**87**	**88**	**69**	**19**
龙山区	692	449	243	180	131	49	46	35	11
西安区	480	351	129	62	44	18	3	3	
东丰县	477	366	111	73	60	13	28	23	5
东辽县	611	459	152	32	25	7	11	8	3

6-2 续表 5

单位：人

地　区	初　中			高　中			大学专科		
	小计	男	女	小计	男	女	小计	男	女
通化市	**2372**	**1713**	**659**	**611**	**462**	**149**	**122**	**98**	**24**
东昌区	406	272	134	204	141	63	30	22	8
二道江区	199	136	63	75	58	17	11	11	
通化县	338	262	76	72	57	15	19	14	5
辉南县	605	426	179	101	86	15	13	10	3
柳河县	486	365	121	66	48	18	15	15	
集安市	338	252	86	93	72	21	34	26	8
白山市	**2012**	**1470**	**542**	**709**	**535**	**174**	**174**	**137**	**37**
浑江区	657	476	181	286	208	78	70	54	16
江源区	355	263	92	74	60	14	11	8	3
抚松县	355	271	84	134	100	34	35	29	6
靖宇县	181	134	47	53	37	16	20	15	5
长白朝鲜族自治县	107	76	31	45	37	8	14	10	4
临江市	357	250	107	117	93	24	24	21	3
松原市	**3022**	**2169**	**853**	**570**	**423**	**147**	**145**	**109**	**36**
宁江区	754	513	241	245	172	73	61	48	13
前郭尔罗斯蒙古族自治县	604	450	154	106	87	19	27	17	10
长岭县	664	482	182	65	50	15	37	29	8
乾安县	281	199	82	54	45	9	10	9	1
吉林松原经济开发区	48	37	11	17	13	4	1		1
扶余市	671	488	183	83	56	27	9	6	3
白城市	**2847**	**2029**	**818**	**695**	**528**	**167**	**138**	**117**	**21**
洮北区	752	542	210	253	192	61	53	43	10
镇赉县	390	272	118	69	55	14	21	19	2
通榆县	465	334	131	90	66	24	21	20	1
吉林白城经济开发区	92	65	27	45	28	17	11	9	2
洮南市	648	489	159	108	89	19	16	12	4
大安市	500	327	173	130	98	32	16	14	2
延边朝鲜族自治州	**6654**	**4295**	**2359**	**2207**	**1626**	**581**	**412**	**315**	**97**
延吉市	2341	1376	965	1001	712	289	197	153	44
图们市	426	293	133	160	119	41	28	21	7
敦化市	957	683	274	266	210	56	52	38	14
珲春市	634	442	192	202	157	45	27	21	6
龙井市	726	441	285	223	163	60	39	29	10
和龙市	562	364	198	117	86	31	25	18	7
汪清县	594	414	180	151	108	43	18	14	4
安图县	414	282	132	87	71	16	26	21	5
长白山管委会	**107**	**80**	**27**	**53**	**39**	**14**	**5**	**3**	**2**
长白山保护开发区池北区	77	55	22	49	37	12	5	3	2
长白山保护开发区池西区	23	19	4	4	2	2			
长白山保护开发区池南区	7	6	1						
梅河口市	**966**	**676**	**290**	**169**	**119**	**50**	**26**	**24**	**2**

6-2　续表 6　　　　单位：人

地　　区	大学本科			硕士研究生			博士研究生		
	小计	男	女	小计	男	女	小计	男	女
全　省	**1786**	**1397**	**389**	**56**	**49**	**7**	**12**	**11**	**1**
长春市	**856**	**651**	**205**	**35**	**30**	**5**	**10**	**9**	**1**
南关区	212	155	57	10	7	3	6	5	1
宽城区	32	24	8						
朝阳区	224	173	51	9	8	1	1	1	
二道区	22	18	4	1	1				
绿园区	113	82	31	5	5		1	1	
双阳区	13	10	3						
九台区	16	11	5						
农安县	9	8	1						
长春经济技术开发区	30	22	8						
长春净月高新技术产业开发区	52	41	11	2	1	1			
长春高新技术产业开发区	45	33	12	5	5		1	1	
长春汽车经济技术开发区	50	42	8						
长春莲花山生态旅游度假区									
榆树市	11	10	1	1	1				
德惠市	17	14	3	1	1		1	1	
公主岭市	10	8	2	1	1				
吉林市	**304**	**235**	**69**	**6**	**6**				
昌邑区	55	42	13						
龙潭区	42	34	8	1	1				
船营区	72	61	11	2	2				
丰满区	42	30	12						
永吉县	5	4	1						
吉林经济开发区									
吉林高新技术产业开发区	47	34	13	2	2				
吉林中国新加坡食品区									
蛟河市	5	3	2						
桦甸市	15	12	3						
舒兰市	4	3	1						
磐石市	17	12	5	1	1				
四平市	**40**	**30**	**10**	**2**	**2**				
铁西区	18	14	4	1	1				
铁东区	5	4	1						
梨树县	9	7	2						
伊通满族自治县	4	2	2	1	1				
双辽市	4	3	1						
辽源市	**35**	**29**	**6**						
龙山区	27	24	3						
西安区	2		2						
东丰县	5	4	1						
东辽县	1	1							

6−2 续表 7

单位：人

地 区	大学本科			硕士研究生			博士研究生		
	小计	男	女	小计	男	女	小计	男	女
通化市	**50**	**40**	**10**	**2**	**2**		**2**	**2**	
东昌区	14	12	2	1	1		1	1	
二道江区	7	6	1						
通化县	9	8	1						
辉南县	5	4	1						
柳河县	7	4	3	1	1				
集安市	8	6	2				1	1	
白山市	**59**	**46**	**13**						
浑江区	36	29	7						
江源区	6	5	1						
抚松县	8	6	2						
靖宇县	2	1	1						
长白朝鲜族自治县	2	2							
临江市	5	3	2						
松原市	**62**	**44**	**18**	**1**	**1**				
宁江区	34	27	7						
前郭尔罗斯蒙古族自治县	9	3	6						
长岭县	11	9	2						
乾安县	2	2							
吉林松原经济开发区	2	1	1						
扶余市	4	2	2	1	1				
白城市	**57**	**45**	**12**	**3**	**3**				
洮北区	17	11	6	1	1				
镇赉县	5	4	1	1	1				
通榆县	5	4	1						
吉林白城经济开发区	10	8	2						
洮南市	10	9	1	1	1				
大安市	10	9	1						
延边朝鲜族自治州	**308**	**263**	**45**	**7**	**5**	**2**			
延吉市	200	167	33	5	3	2			
图们市	9	9							
敦化市	15	15		1	1				
珲春市	22	19	3						
龙井市	29	26	3						
和龙市	13	8	5						
汪清县	14	13	1	1	1				
安图县	6	6							
长白山管委会	**1**	**1**							
长白山保护开发区池北区	1	1							
长白山保护开发区池西区									
长白山保护开发区池南区									
梅河口市	**14**	**13**	**1**						

6-2a　各地区分性别、受教育程度的3岁及以上死亡人口 (2019.11.1—2020.10.31)(城市)

单位：人

地　区	3岁及以上死亡人口			未上过学		
	合计	男	女	小计	男	女
全　省	**46922**	**27986**	**18936**	**2276**	**658**	**1618**
长春市	**15359**	**9047**	**6312**	**621**	**168**	**453**
南关区	2969	1753	1216	89	17	72
宽城区	2514	1445	1069	77	21	56
朝阳区	2619	1518	1101	71	26	45
二道区	1347	845	502	73	28	45
绿园区	2692	1563	1129	93	17	76
双阳区	413	258	155	20	5	15
九台区	1062	632	430	73	19	54
农安县						
长春经济技术开发区						
长春净月高新技术产业开发区						
长春高新技术产业开发区						
长春汽车经济技术开发区						
长春莲花山生态旅游度假区						
榆树市	574	337	237	51	14	37
德惠市	575	338	237	47	15	32
公主岭市	594	358	236	27	6	21
吉林市	**10061**	**5986**	**4075**	**559**	**149**	**410**
昌邑区	2083	1212	871	102	28	74
龙潭区	1960	1126	834	107	26	81
船营区	2335	1417	918	85	19	66
丰满区	761	458	303	41	9	32
永吉县						
吉林经济开发区	16	10	6	2		2
吉林高新技术产业开发区						
吉林中国新加坡食品区						
蛟河市	920	527	393	83	26	57
桦甸市	731	466	265	61	26	35
舒兰市	717	432	285	48	11	37
磐石市	538	338	200	30	4	26
四平市	**1700**	**1077**	**623**	**89**	**32**	**57**
铁西区	739	444	295	28	8	20
铁东区	551	360	191	50	20	30
梨树县						
伊通满族自治县						
双辽市	410	273	137	11	4	7
辽源市	**2167**	**1305**	**862**	**91**	**30**	**61**
龙山区	1239	734	505	47	17	30
西安区	921	567	354	44	13	31

6-2a 续表 1

单位：人

地　区	3岁及以上死亡人口			未上过学		
	合计	男	女	小计	男	女
东丰县	7	4	3			
东辽县						
通化市	**1702**	**1004**	**698**	**97**	**27**	**70**
东昌区	1033	601	432	60	17	43
二道江区	296	176	120	12	5	7
通化县	8	5	3	2		2
辉南县						
柳河县						
集安市	365	222	143	23	5	18
白山市	**2778**	**1696**	**1082**	**298**	**82**	**216**
浑江区	1510	946	564	142	43	99
江源区	543	325	218	68	17	51
抚松县						
靖宇县						
长白朝鲜族自治县						
临江市	725	425	300	88	22	66
松原市	**1734**	**1011**	**723**	**110**	**47**	**63**
宁江区	1389	803	586	64	18	46
前郭尔罗斯蒙古族自治县	54	29	25	3	2	1
长岭县						
乾安县						
吉林松原经济开发区	41	21	20	8	3	5
扶余市	250	158	92	35	24	11
白城市	**2266**	**1407**	**859**	**105**	**34**	**71**
洮北区	1159	723	436	46	15	31
镇赉县						
通榆县						
吉林白城经济开发区	33	25	8	2	1	1
洮南市	649	404	245	44	16	28
大安市	425	255	170	13	2	11
延边朝鲜族自治州	**8461**	**5021**	**3440**	**288**	**81**	**207**
延吉市	4538	2635	1903	140	40	100
图们市	520	322	198	7	1	6
敦化市	1200	728	472	32	7	25
珲春市	944	583	361	68	24	44
龙井市	822	493	329	18	4	14
和龙市	437	260	177	23	5	18
汪清县						
安图县						
长白山管委会						
梅河口市	**694**	**432**	**262**	**18**	**8**	**10**

6-2a 续表 2

单位：人

地区	学前教育			小学		
	小计	男	女	小计	男	女
全 省	**38**	**16**	**22**	**14539**	**6794**	**7745**
长春市	**10**	**7**	**3**	**4841**	**2278**	**2563**
南关区	2	1	1	758	321	437
宽城区	2	2		847	384	463
朝阳区				613	258	355
二道区	1		1	477	260	217
绿园区	1	1		875	397	478
双阳区	1	1		152	71	81
九台区				455	251	204
农安县						
长春经济技术开发区						
长春净月高新技术产业开发区						
长春高新技术产业开发区						
长春汽车经济技术开发区						
长春莲花山生态旅游度假区						
榆树市	2	2		279	146	133
德惠市	1		1	236	122	114
公主岭市				149	68	81
吉林市	**8**	**1**	**7**	**3233**	**1480**	**1753**
昌邑区	3		3	614	256	358
龙潭区	1		1	596	266	330
船营区	1		1	665	295	370
丰满区				204	83	121
永吉县						
吉林经济开发区				8	5	3
吉林高新技术产业开发区						
吉林中国新加坡食品区						
蛟河市				413	200	213
桦甸市	1		1	260	154	106
舒兰市	2	1	1	301	139	162
磐石市				172	82	90
四平市	**1**		**1**	**529**	**266**	**263**
铁西区	1		1	203	91	112
铁东区				193	105	88
梨树县						
伊通满族自治县						
双辽市				133	70	63
辽源市	**2**		**2**	**723**	**339**	**384**
龙山区				352	151	201
西安区	2		2	366	185	181

6-2a 续表 3

单位：人

地　区	学前教育			小　学		
	小计	男	女	小计	男	女
东丰县				5	3	2
东辽县						
通化市	**2**	**1**	**1**	**609**	**277**	**332**
东昌区	2	1	1	350	163	187
二道江区				115	46	69
通化县				4	3	1
辉南县						
柳河县						
集安市				140	65	75
白山市	**6**	**1**	**5**	**966**	**518**	**448**
浑江区	3		3	456	246	210
江源区	2	1	1	255	143	112
抚松县						
靖宇县						
长白朝鲜族自治县						
临江市	1		1	255	129	126
松原市				**580**	**260**	**320**
宁江区				436	186	250
前郭尔罗斯蒙古族自治县				16	7	9
长岭县						
乾安县						
吉林松原经济开发区				21	11	10
扶余市				107	56	51
白城市	**3**	**1**	**2**	**782**	**386**	**396**
洮北区	2	1	1	368	182	186
镇赉县						
通榆县						
吉林白城经济开发区				14	8	6
洮南市	1		1	249	120	129
大安市				151	76	75
延边朝鲜族自治州	**6**	**5**	**1**	**2066**	**881**	**1185**
延吉市	6	5	1	961	390	571
图们市				121	45	76
敦化市				438	190	248
珲春市				299	146	153
龙井市				145	64	81
和龙市				102	46	56
汪清县						
安图县						
长白山管委会						
梅河口市				**210**	**109**	**101**

6-2a 续表 4

单位：人

地区	初中			高中			大学专科		
	小计	男	女	小计	男	女	小计	男	女
全省	**18765**	**12188**	**6577**	**8110**	**5874**	**2236**	**1788**	**1346**	**442**
长春市	**6015**	**3821**	**2194**	**2504**	**1768**	**736**	**691**	**494**	**197**
南关区	1139	704	435	570	404	166	183	139	44
宽城区	1135	712	423	357	253	104	64	49	15
朝阳区	939	552	387	574	382	192	190	120	70
二道区	548	372	176	192	142	50	33	24	9
绿园区	1009	630	379	467	338	129	128	92	36
双阳区	157	119	38	51	39	12	22	15	7
九台区	412	277	135	83	57	26	25	18	7
农安县									
长春经济技术开发区									
长春净月高新技术产业开发区									
长春高新技术产业开发区									
长春汽车经济技术开发区									
长春莲花山生态旅游度假区									
榆树市	181	128	53	40	31	9	15	10	5
德惠市	235	156	79	36	28	8	11	11	
公主岭市	260	171	89	134	94	40	20	16	4
吉林市	**3751**	**2492**	**1259**	**1916**	**1407**	**509**	**355**	**266**	**89**
昌邑区	749	477	272	483	352	131	77	57	20
龙潭区	753	461	292	412	300	112	50	39	11
船营区	958	648	310	460	326	134	92	66	26
丰满区	244	172	72	183	128	55	48	36	12
永吉县									
吉林经济开发区	6	5	1						
吉林高新技术产业开发区									
吉林中国新加坡食品区									
蛟河市	303	212	91	94	68	26	22	18	4
桦甸市	286	182	104	94	82	12	18	13	5
舒兰市	251	187	64	88	74	14	25	18	7
磐石市	201	148	53	102	77	25	23	19	4
四平市	**730**	**504**	**226**	**265**	**204**	**61**	**61**	**51**	**10**
铁西区	320	210	110	134	94	40	35	27	8
铁东区	231	171	60	64	53	11	8	7	1
梨树县									
伊通满族自治县									
双辽市	179	123	56	67	57	10	18	17	1
辽源市	**1051**	**713**	**338**	**228**	**166**	**62**	**43**	**33**	**10**
龙山区	603	388	215	170	124	46	40	30	10
西安区	446	324	122	58	42	16	3	3	

6–2a 续表 5

单位：人

地区	初中			高中			大学专科		
	小计	男	女	小计	男	女	小计	男	女
东丰县	2	1	1						
东辽县									
通化市	**598**	**409**	**189**	**302**	**217**	**85**	**66**	**50**	**16**
东昌区	378	249	129	198	136	62	30	22	8
二道江区	108	75	33	48	38	10	8	8	
通化县	2	2							
辉南县									
柳河县									
集安市	110	83	27	56	43	13	28	20	8
白山市	**947**	**666**	**281**	**418**	**315**	**103**	**99**	**79**	**20**
浑江区	535	377	158	269	197	72	69	54	15
江源区	157	115	42	47	39	8	9	6	3
抚松县									
靖宇县									
长白朝鲜族自治县									
临江市	255	174	81	102	79	23	21	19	2
松原市	**680**	**444**	**236**	**263**	**182**	**81**	**64**	**49**	**15**
宁江区	573	370	203	226	157	69	58	45	13
前郭尔罗斯蒙古族自治县	18	11	7	11	7	4	3	2	1
长岭县									
乾安县									
吉林松原经济开发区	11	6	5	1	1				
扶余市	78	57	21	25	17	8	3	2	1
白城市	**896**	**624**	**272**	**385**	**285**	**100**	**63**	**52**	**11**
洮北区	459	312	147	219	162	57	48	39	9
镇赉县									
通榆县									
吉林白城经济开发区	17	16	1						
洮南市	264	196	68	76	60	16	7	5	2
大安市	156	100	56	90	63	27	8	8	
延边朝鲜族自治州	**3770**	**2301**	**1469**	**1721**	**1258**	**463**	**328**	**255**	**73**
延吉市	2065	1193	872	970	688	282	193	151	42
图们市	234	155	79	127	96	31	23	17	6
敦化市	473	324	149	208	166	42	35	27	8
珲春市	372	255	117	159	120	39	26	20	6
龙井市	415	240	175	180	133	47	36	27	9
和龙市	211	134	77	77	55	22	15	13	2
汪清县									
安图县									
长白山管委会									
梅河口市	**327**	**214**	**113**	**108**	**72**	**36**	**18**	**17**	**1**

6-2a　续表 6

单位：人

地　区	大学本科			硕士研究生			博士研究生		
	小计	男	女	小计	男	女	小计	男	女
全　省	**1355**	**1066**	**289**	**41**	**35**	**6**	**10**	**9**	**1**
长春市	**642**	**481**	**161**	**27**	**23**	**4**	**8**	**7**	**1**
南关区	212	155	57	10	7	3	6	5	1
宽城区	32	24	8						
朝阳区	222	171	51	9	8	1	1	1	
二道区	22	18	4	1	1				
绿园区	113	82	31	5	5		1	1	
双阳区	10	8	2						
九台区	14	10	4						
农安县									
长春经济技术开发区									
长春净月高新技术产业开发区									
长春高新技术产业开发区									
长春汽车经济技术开发区									
长春莲花山生态旅游度假区									
榆树市	5	5		1	1				
德惠市	9	6	3						
公主岭市	3	2	1	1	1				
吉林市	**235**	**187**	**48**	**4**	**4**				
昌邑区	55	42	13						
龙潭区	40	33	7	1	1				
船营区	72	61	11	2	2				
丰满区	41	30	11						
永吉县									
吉林经济开发区									
吉林高新技术产业开发区									
吉林中国新加坡食品区									
蛟河市	5	3	2						
桦甸市	11	9	2						
舒兰市	2	2							
磐石市	9	7	2	1	1				
四平市	**24**	**19**	**5**	**1**	**1**				
铁西区	17	13	4	1	1				
铁东区	5	4	1						
梨树县									
伊通满族自治县									
双辽市	2	2							
辽源市	**29**	**24**	**5**						
龙山区	27	24	3						
西安区	2		2						

6-2a　续表 7　　　　　　　　　　　　　　　　　　　　　　　　　　单位：人

地　　区	大学本科			硕士研究生			博士研究生		
	小计	男	女	小计	男	女	小计	男	女
东丰县									
东辽县									
通化市	**25**	**20**	**5**	**1**	**1**		**2**	**2**	
东昌区	13	11	2	1	1		1	1	
二道江区	5	4	1						
通化县									
辉南县									
柳河县									
集安市	7	5	2				1	1	
白山市	**44**	**35**	**9**						
浑江区	36	29	7						
江源区	5	4	1						
抚松县									
靖宇县									
长白朝鲜族自治县									
临江市	3	2	1						
松原市	**37**	**29**	**8**						
宁江区	32	27	5						
前郭尔罗斯蒙古族自治县	3		3						
长岭县									
乾安县									
吉林松原经济开发区									
扶余市	2	2							
白城市	**30**	**23**	**7**	**2**	**2**				
洮北区	16	11	5	1	1				
镇赉县									
通榆县									
吉林白城经济开发区									
洮南市	7	6	1	1	1				
大安市	7	6	1						
延边朝鲜族自治州	**276**	**236**	**40**	**6**	**4**	**2**			
延吉市	198	165	33	5	3	2			
图们市	8	8							
敦化市	13	13		1	1				
珲春市	20	18	2						
龙井市	28	25	3						
和龙市	9	7	2						
汪清县									
安图县									
长白山管委会									
梅河口市	**13**	**12**	**1**						

6-2b　各地区分性别、受教育程度的3岁及以上死亡人口 (2019.11.1-2020.10.31)(镇)

单位：人

地　区	3岁及以上死亡人口			未上过学		
	合计	男	女	小计	男	女
全　省	**24912**	**14808**	**10104**	**2358**	**798**	**1560**
长春市	**5509**	**3282**	**2227**	**346**	**111**	**235**
南关区						
宽城区	77	40	37	6	3	3
朝阳区	45	30	15	4	1	3
二道区	26	21	5	7	5	2
绿园区						
双阳区	44	28	16	5	2	3
九台区	33	19	14	1		1
农安县	799	477	322	81	30	51
长春经济技术开发区	839	492	347	44	16	28
长春净月高新技术产业开发区	696	416	280	36	8	28
长春高新技术产业开发区	664	397	267	20	2	18
长春汽车经济技术开发区	1229	730	499	47	9	38
长春莲花山生态旅游度假区	47	26	21	2		2
榆树市	380	240	140	39	17	22
德惠市	109	69	40	12	5	7
公主岭市	521	297	224	42	13	29
吉林市	**3446**	**2038**	**1408**	**342**	**105**	**237**
昌邑区	47	23	24	3	1	2
龙潭区	316	173	143	16	4	12
船营区	23	15	8	2		2
丰满区	3	1	2	1		1
永吉县	756	462	294	50	16	34
吉林经济开发区	285	181	104	10	4	6
吉林高新技术产业开发区	424	247	177	21	6	15
吉林中国新加坡食品区	45	23	22	3	1	2
蛟河市	338	197	141	63	16	47
桦甸市	366	217	149	73	26	47
舒兰市	361	211	150	39	8	31
磐石市	482	288	194	61	23	38
四平市	**1784**	**1071**	**713**	**207**	**80**	**127**
铁西区						
铁东区	49	26	23	8	6	2
梨树县	1051	622	429	140	50	90
伊通满族自治县	527	328	199	46	18	28
双辽市	157	95	62	13	6	7
辽源市	**994**	**589**	**405**	**73**	**22**	**51**
龙山区	98	61	37	15	7	8
西安区						
东丰县	542	316	226	36	9	27
东辽县	354	212	142	22	6	16

6-2b 续表 1 单位：人

地区	3岁及以上死亡人口			未上过学		
	合计	男	女	小计	男	女
通化市	**2439**	**1463**	**976**	**260**	**77**	**183**
东昌区	20	16	4	3	2	1
二道江区	222	119	103	41	8	33
通化县	410	251	159	45	12	33
辉南县	1125	686	439	125	41	84
柳河县	499	292	207	31	9	22
集安市	163	99	64	15	5	10
白山市	**2375**	**1457**	**918**	**378**	**147**	**231**
浑江区	225	143	82	50	26	24
江源区	430	249	181	51	19	32
抚松县	1058	665	393	180	68	112
靖宇县	340	209	131	49	19	30
长白朝鲜族自治县	206	127	79	25	9	16
临江市	116	64	52	23	6	17
松原市	**2229**	**1343**	**886**	**244**	**78**	**166**
宁江区	150	94	56	23	14	9
前郭尔罗斯蒙古族自治县	812	497	315	128	46	82
长岭县	549	325	224	34	4	30
乾安县	344	213	131	24	6	18
吉林松原经济开发区	74	55	19	3	3	
扶余市	300	159	141	32	5	27
白城市	**2108**	**1230**	**878**	**174**	**65**	**109**
洮北区	274	172	102	23	12	11
镇赉县	483	275	208	27	4	23
通榆县	684	406	278	57	21	36
吉林白城经济开发区	249	145	104	22	6	16
洮南市	135	73	62	11	5	6
大安市	283	159	124	34	17	17
延边朝鲜族自治州	**3017**	**1754**	**1263**	**224**	**82**	**142**
延吉市	227	121	106	10	2	8
图们市	229	134	95	10	1	9
敦化市	468	282	186	51	24	27
珲春市	175	95	80	11	4	7
龙井市	185	108	77	9	3	6
和龙市	265	146	119	15	4	11
汪清县	928	541	387	72	27	45
安图县	540	327	213	46	17	29
长白山管委会	**385**	**218**	**167**	**67**	**19**	**48**
长白山保护开发区池北区	274	155	119	33	9	24
长白山保护开发区池西区	94	51	43	31	9	22
长白山保护开发区池南区	17	12	5	3	1	2
梅河口市	**626**	**363**	**263**	**43**	**12**	**31**

6-2b 续表 2　　单位：人

地　区	学前教育			小　学		
	小计	男	女	小计	男	女
全　省	**18**	**7**	**11**	**10611**	**5622**	**4989**
长春市	**1**		**1**	**2175**	**1137**	**1038**
南关区						
宽城区				50	25	25
朝阳区				28	19	9
二道区				17	14	3
绿园区						
双阳区				27	16	11
九台区				24	11	13
农安县				426	239	187
长春经济技术开发区				272	130	142
长春净月高新技术产业开发区	1		1	238	114	124
长春高新技术产业开发区				233	130	103
长春汽车经济技术开发区				315	148	167
长春莲花山生态旅游度假区				34	18	16
榆树市				231	132	99
德惠市				69	46	23
公主岭市				211	95	116
吉林市	**1**	**1**		**1560**	**820**	**740**
昌邑区				33	16	17
龙潭区				181	96	85
船营区				12	7	5
丰满区						
永吉县				347	181	166
吉林经济开发区				102	53	49
吉林高新技术产业开发区				94	35	59
吉林中国新加坡食品区				21	7	14
蛟河市				160	93	67
桦甸市	1	1		207	125	82
舒兰市				205	112	93
磐石市				198	95	103
四平市	**1**		**1**	**782**	**430**	**352**
铁西区						
铁东区				24	8	16
梨树县	1		1	457	251	206
伊通满族自治县				223	130	93
双辽市				78	41	37
辽源市				**477**	**239**	**238**
龙山区				51	28	23
西安区						
东丰县				243	112	131
东辽县				183	99	84

6-2b 续表 3 单位：人

地　区	学前教育			小　学		
	小计	男	女	小计	男	女
通化市	**3**		**3**	**1111**	**613**	**498**
东昌区				7	6	1
二道江区	2		2	82	45	37
通化县				177	99	78
辉南县	1		1	518	298	220
柳河县				226	107	119
集安市				101	58	43
白山市	**3**	**1**	**2**	**1007**	**577**	**430**
浑江区				112	64	48
江源区				204	99	105
抚松县	3	1	2	441	270	171
靖宇县				127	76	51
长白朝鲜族自治县				79	43	36
临江市				44	25	19
松原市	**3**	**2**	**1**	**1088**	**624**	**464**
宁江区				73	44	29
前郭尔罗斯蒙古族自治县	2	2		395	240	155
长岭县	1		1	230	120	110
乾安县				165	96	69
吉林松原经济开发区				35	25	10
扶余市				190	99	91
白城市	**2**		**2**	**881**	**437**	**444**
洮北区	1		1	114	59	55
镇赉县				197	84	113
通榆县				279	147	132
吉林白城经济开发区				89	47	42
洮南市	1		1	64	26	38
大安市				138	74	64
延边朝鲜族自治州	**3**	**2**	**1**	**1081**	**517**	**564**
延吉市				65	28	37
图们市				86	37	49
敦化市	2	1	1	222	113	109
珲春市				88	39	49
龙井市				70	33	37
和龙市				87	43	44
汪清县	1	1		339	160	179
安图县				124	64	60
长白山管委会	**1**	**1**		**151**	**75**	**76**
长白山保护开发区池北区	1	1		108	49	59
长白山保护开发区池西区				36	21	15
长白山保护开发区池南区				7	5	2
梅河口市				**298**	**153**	**145**

6–2b　续表 4　　　　单位：人

地　区	初　中			高　中			大学专科		
	小计	男	女	小计	男	女	小计	男	女
全　省	**8607**	**5942**	**2665**	**2342**	**1715**	**627**	**607**	**440**	**167**
长春市	**1918**	**1282**	**636**	**651**	**447**	**204**	**223**	**151**	**72**
南关区									
宽城区	18	10	8	3	2	1			
朝阳区	11	8	3	1	1				
二道区	1	1		1	1				
绿园区									
双阳区	8	6	2	4	4				
九台区	8	8							
农安县	222	156	66	50	38	12	15	10	5
长春经济技术开发区	336	208	128	113	85	28	44	31	13
长春净月高新技术产业开发区	206	136	70	111	83	28	51	34	17
长春高新技术产业开发区	235	145	90	91	59	32	34	22	12
长春汽车经济技术开发区	536	357	179	212	127	85	69	47	22
长春莲花山生态旅游度假区	11	8	3						
榆树市	93	79	14	12	8	4	4	3	1
德惠市	23	15	8	3	1	2	1	1	
公主岭市	210	145	65	50	38	12	5	3	2
吉林市	**1154**	**829**	**325**	**269**	**194**	**75**	**59**	**44**	**15**
昌邑区	11	6	5						
龙潭区	109	67	42	8	5	3	1		1
船营区	8	8					1		1
丰满区	2	1	1						
永吉县	281	210	71	58	41	17	17	11	6
吉林经济开发区	126	86	40	40	32	8	7	6	1
吉林高新技术产业开发区	147	95	52	90	56	34	23	19	4
吉林中国新加坡食品区	20	14	6	1	1				
蛟河市	99	76	23	14	11	3	2	1	1
桦甸市	73	55	18	11	9	2	1	1	
舒兰市	96	73	23	16	15	1	3	2	1
磐石市	182	138	44	31	24	7	4	4	
四平市	**614**	**439**	**175**	**145**	**100**	**45**	**24**	**13**	**11**
铁西区									
铁东区	14	9	5	3	3				
梨树县	358	260	98	72	47	25	17	9	8
伊通满族自治县	185	129	56	63	44	19	6	4	2
双辽市	57	41	16	7	6	1	1		1
辽源市	**352**	**256**	**96**	**66**	**54**	**12**	**22**	**15**	**7**
龙山区	30	24	6	2	2				
西安区									
东丰县	190	136	54	53	44	9	17	13	4
东辽县	132	96	36	11	8	3	5	2	3

6-2b 续表 5

单位：人

地　区	初　中			高　中			大学专科		
	小计	男	女	小计	男	女	小计	男	女
通化市	**803**	**567**	**236**	**204**	**160**	**44**	**41**	**34**	**7**
东昌区	5	4	1	4	3	1			
二道江区	70	45	25	23	17	6	3	3	
通化县	127	94	33	43	33	10	14	10	4
辉南县	381	264	117	86	73	13	10	7	3
柳河县	182	131	51	42	30	12	11	11	
集安市	38	29	9	6	4	2	3	3	
白山市	**670**	**486**	**184**	**243**	**187**	**56**	**61**	**49**	**12**
浑江区	51	44	7	12	9	3			
江源区	147	109	38	26	20	6	1	1	
抚松县	272	201	71	124	93	31	30	26	4
靖宇县	105	72	33	40	29	11	17	12	5
长白朝鲜族自治县	52	33	19	36	31	5	12	9	3
临江市	43	27	16	5	5		1	1	
松原市	**676**	**475**	**201**	**153**	**121**	**32**	**49**	**34**	**15**
宁江区	40	27	13	11	8	3	1	1	
前郭尔罗斯蒙古族自治县	208	150	58	54	44	10	20	12	8
长岭县	227	156	71	32	26	6	19	15	4
乾安县	111	74	37	36	30	6	7	6	1
吉林松原经济开发区	20	17	3	13	9	4	1		1
扶余市	70	51	19	7	4	3	1		1
白城市	**770**	**513**	**257**	**205**	**151**	**54**	**51**	**44**	**7**
洮北区	121	87	34	13	13		1	1	
镇赉县	182	123	59	54	44	10	17	15	2
通榆县	250	166	84	76	52	24	17	16	1
吉林白城经济开发区	72	47	25	45	28	17	11	9	2
洮南市	55	39	16	1	1		2	1	1
大安市	90	51	39	16	13	3	3	2	1
延边朝鲜族自治州	**1295**	**845**	**450**	**320**	**238**	**82**	**69**	**50**	**19**
延吉市	131	75	56	17	13	4	2	1	1
图们市	99	72	27	28	19	9	5	4	1
敦化市	154	114	40	27	22	5	12	8	4
珲春市	61	40	21	13	11	2	1	1	
龙井市	86	60	26	19	12	7	1		1
和龙市	134	83	51	20	13	7	6	3	3
汪清县	364	239	125	121	88	33	17	13	4
安图县	266	162	104	75	60	15	25	20	5
长白山管委会	**107**	**80**	**27**	**53**	**39**	**14**	**5**	**3**	**2**
长白山保护开发区池北区	77	55	22	49	37	12	5	3	2
长白山保护开发区池西区	23	19	4	4	2	2			
长白山保护开发区池南区	7	6	1						
梅河口市	**248**	**170**	**78**	**33**	**24**	**9**	**3**	**3**	

6-2b　续表 6　　　　单位：人

地　　区	大学本科			硕士研究生			博士研究生		
	小计	男	女	小计	男	女	小计	男	女
全　省	**355**	**271**	**84**	**13**	**12**	**1**	**1**	**1**	
长春市	**187**	**147**	**40**	**7**	**6**	**1**	**1**	**1**	
南关区									
宽城区									
朝阳区	1	1							
二道区									
绿园区									
双阳区									
九台区									
农安县	5	4	1						
长春经济技术开发区	30	22	8						
长春净月高新技术产业开发区	51	40	11	2	1	1			
长春高新技术产业开发区	45	33	12	5	5		1	1	
长春汽车经济技术开发区	50	42	8						
长春莲花山生态旅游度假区									
榆树市	1	1							
德惠市	1	1							
公主岭市	3	3							
吉林市	**59**	**43**	**16**	**2**	**2**				
昌邑区									
龙潭区	1	1							
船营区									
丰满区									
永吉县	3	3							
吉林经济开发区									
吉林高新技术产业开发区	47	34	13	2	2				
吉林中国新加坡食品区									
蛟河市									
桦甸市									
舒兰市	2	1	1						
磐石市	6	4	2						
四平市	**10**	**8**	**2**	**1**	**1**				
铁西区									
铁东区									
梨树县	6	5	1						
伊通满族自治县	3	2	1	1	1				
双辽市	1	1							
辽源市	**4**	**3**	**1**						
龙山区									
西安区									
东丰县	3	2	1						
东辽县	1	1							

6-2b 续表 7

单位：人

地　　区	大学本科			硕士研究生			博士研究生		
	小计	男	女	小计	男	女	小计	男	女
通化市	**16**	**11**	**5**	**1**	**1**				
东昌区	1	1							
二道江区	1	1							
通化县	4	3	1						
辉南县	4	3	1						
柳河县	6	3	3	1	1				
集安市									
白山市	**13**	**10**	**3**						
浑江区									
江源区	1	1							
抚松县	8	6	2						
靖宇县	2	1	1						
长白朝鲜族自治县	2	2							
临江市									
松原市	**16**	**9**	**7**						
宁江区	2		2						
前郭尔罗斯蒙古族自治县	5	3	2						
长岭县	6	4	2						
乾安县	1	1							
吉林松原经济开发区	2	1	1						
扶余市									
白城市	**24**	**19**	**5**	**1**	**1**				
洮北区	1		1						
镇赉县	5	4	1	1	1				
通榆县	5	4	1						
吉林白城经济开发区	10	8	2						
洮南市	1	1							
大安市	2	2							
延边朝鲜族自治州	**24**	**19**	**5**	**1**	**1**				
延吉市	2	2							
图们市	1	1							
敦化市									
珲春市	1		1						
龙井市									
和龙市	3		3						
汪清县	13	12	1	1	1				
安图县	4	4							
长白山管委会	**1**	**1**							
长白山保护开发区池北区	1	1							
长白山保护开发区池西区									
长白山保护开发区池南区									
梅河口市	**1**	**1**							

6-2c　各地区分性别、受教育程度的3岁及以上死亡人口(2019.11.1-2020.10.31)(乡村)

单位：人

地　区	3岁及以上死亡人口			未上过学		
	合计	男	女	小计	男	女
全　省	**76087**	**45266**	**30821**	**11453**	**4405**	**7048**
长春市	**24574**	**14442**	**10132**	**3372**	**1311**	**2061**
南关区						
宽城区	777	464	313	76	33	43
朝阳区	341	185	156	56	15	41
二道区						
绿园区	131	79	52	15	5	10
双阳区	1476	904	572	252	99	153
九台区	3678	2197	1481	450	165	285
农安县	4854	2818	2036	670	291	379
长春经济技术开发区						
长春净月高新技术产业开发区	221	134	87	24	11	13
长春高新技术产业开发区	40	16	24	6	4	2
长春汽车经济技术开发区						
长春莲花山生态旅游度假区	316	197	119	53	21	32
榆树市	5792	3330	2462	928	311	617
德惠市	2826	1640	1186	344	140	204
公主岭市	4122	2478	1644	498	216	282
吉林市	**11222**	**6755**	**4467**	**1858**	**703**	**1155**
昌邑区	614	380	234	60	26	34
龙潭区	864	509	355	74	14	60
船营区	503	319	184	37	16	21
丰满区	531	335	196	71	29	42
永吉县	1523	905	618	236	96	140
吉林经济开发区	99	59	40	16	4	12
吉林高新技术产业开发区	124	72	52	19	8	11
吉林中国新加坡食品区	184	116	68	19	5	14
蛟河市	1375	862	513	300	120	180
桦甸市	1043	623	420	199	66	133
舒兰市	2577	1507	1070	478	184	294
磐石市	1785	1068	717	349	135	214
四平市	**7658**	**4499**	**3159**	**1337**	**517**	**820**
铁西区	227	129	98	31	10	21
铁东区	444	249	195	63	24	39
梨树县	3174	1845	1329	667	250	417
伊通满族自治县	2348	1401	947	411	164	247
双辽市	1465	875	590	165	69	96
辽源市	**4379**	**2649**	**1730**	**507**	**193**	**314**
龙山区	282	165	117	31	11	20
西安区	165	105	60	12	4	8

6-2c 续表 1

单位：人

地区	3岁及以上死亡人口			未上过学		
	合计	男	女	小计	男	女
东丰县	1809	1100	709	203	76	127
东辽县	2123	1279	844	261	102	159
通化市	**4682**	**2780**	**1902**	**766**	**268**	**498**
东昌区	105	66	39	13	7	6
二道江区	78	45	33	8	3	5
通化县	990	602	388	209	66	143
辉南县	1042	619	423	207	77	130
柳河县	1527	913	614	202	73	129
集安市	940	535	405	127	42	85
白山市	**1888**	**1155**	**733**	**496**	**201**	**295**
浑江区	281	177	104	44	16	28
江源区	231	141	90	61	25	36
抚松县	421	271	150	115	52	63
靖宇县	359	214	145	83	29	54
长白朝鲜族自治县	245	147	98	67	29	38
临江市	351	205	146	126	50	76
松原市	**9268**	**5486**	**3782**	**1499**	**601**	**898**
宁江区	862	528	334	121	58	63
前郭尔罗斯蒙古族自治县	2391	1426	965	471	191	280
长岭县	1980	1179	801	269	105	164
乾安县	690	412	278	75	35	40
吉林松原经济开发区	100	67	33	14	8	6
扶余市	3245	1874	1371	549	204	345
白城市	**5970**	**3585**	**2385**	**852**	**335**	**517**
洮北区	706	451	255	86	34	52
镇赉县	947	559	388	108	49	59
通榆县	1232	732	500	152	45	107
吉林白城经济开发区	17	11	6	1		1
洮南市	1887	1130	757	328	132	196
大安市	1181	702	479	177	75	102
延边朝鲜族自治州	**4580**	**2811**	**1769**	**551**	**191**	**360**
延吉市	353	218	135	33	11	22
图们市	186	114	72	16	4	12
敦化市	1329	821	508	179	61	118
珲春市	531	332	199	32	18	14
龙井市	431	245	186	39	10	29
和龙市	425	259	166	32	10	22
汪清县	742	463	279	95	35	60
安图县	583	359	224	125	42	83
长白山管委会						
梅河口市	**1866**	**1104**	**762**	**215**	**85**	**130**

6-2c 续表 2

单位：人

地区	学前教育			小学		
	小计	男	女	小计	男	女
全省	**142**	**70**	**72**	**46398**	**27167**	**19231**
长春市	**38**	**19**	**19**	**15378**	**8819**	**6559**
南关区						
宽城区				492	282	210
朝阳区				207	110	97
二道区						
绿园区				71	44	27
双阳区	2	2		887	553	334
九台区	4	2	2	2349	1367	982
农安县	5	2	3	3215	1784	1431
长春经济技术开发区						
长春净月高新技术产业开发区	1		1	126	71	55
长春高新技术产业开发区				26	7	19
长春汽车经济技术开发区						
长春莲花山生态旅游度假区	1		1	187	114	73
榆树市	18	11	7	3873	2255	1618
德惠市	4	1	3	1865	1051	814
公主岭市	3	1	2	2080	1181	899
吉林市	**33**	**15**	**18**	**6817**	**4101**	**2716**
昌邑区	3	2	1	364	206	158
龙潭区	1		1	518	301	217
船营区				315	191	124
丰满区				305	185	120
永吉县	4	2	2	946	555	391
吉林经济开发区				50	29	21
吉林高新技术产业开发区				65	39	26
吉林中国新加坡食品区	4	3	1	100	68	32
蛟河市	6	1	5	829	548	281
桦甸市	7	4	3	662	408	254
舒兰市	8	3	5	1561	902	659
磐石市				1102	669	433
四平市	**11**	**6**	**5**	**4387**	**2533**	**1854**
铁西区				106	58	48
铁东区	2	1	1	276	155	121
梨树县	3	2	1	1863	1096	767
伊通满族自治县	3	1	2	1397	821	576
双辽市	3	2	1	745	403	342
辽源市	**5**	**3**	**2**	**2932**	**1734**	**1198**
龙山区	1	1		177	106	71
西安区	2	1	1	113	71	42

6-2c 续表 3

单位：人

地区	学前教育			小学		
	小计	男	女	小计	男	女
东丰县	2	1	1	1286	766	520
东辽县				1356	791	565
通化市	**7**	**4**	**3**	**2809**	**1663**	**1146**
东昌区				67	38	29
二道江区				44	22	22
通化县				533	337	196
辉南县				592	363	229
柳河县	4	3	1	988	580	408
集安市	3	1	2	585	323	262
白山市	**7**	**5**	**2**	**926**	**588**	**338**
浑江区	3	2	1	157	102	55
江源区				117	75	42
抚松县	2	1	1	206	138	68
靖宇县				184	112	72
长白朝鲜族自治县				112	68	44
临江市	2	2		150	93	57
松原市	**18**	**7**	**11**	**5889**	**3475**	**2414**
宁江区				590	345	245
前郭尔罗斯蒙古族自治县	7	4	3	1489	903	586
长岭县	5	2	3	1213	703	510
乾安县				423	233	190
吉林松原经济开发区				66	42	24
扶余市	6	1	5	2108	1249	859
白城市	**11**	**6**	**5**	**3794**	**2236**	**1558**
洮北区				423	254	169
镇赉县	2	1	1	610	345	265
通榆县				847	501	346
吉林白城经济开发区				13	9	4
洮南市	8	4	4	1182	704	478
大安市	1	1		719	423	296
延边朝鲜族自治州	**10**	**3**	**7**	**2241**	**1320**	**921**
延吉市				159	87	72
图们市				72	40	32
敦化市	6	1	5	776	487	289
珲春市				267	140	127
龙井市				140	73	67
和龙市	2	1	1	149	80	69
汪清县	1		1	384	231	153
安图县	1	1		294	182	112
长白山管委会						
梅河口市	**2**	**2**		**1225**	**698**	**527**

6-2c 续表 4

单位：人

地区	初中			高中			大学专科		
	小计	男	女	小计	男	女	小计	男	女
全省	**16256**	**12154**	**4102**	**1497**	**1188**	**309**	**262**	**219**	**43**
长春市	**5214**	**3835**	**1379**	**472**	**373**	**99**	**71**	**60**	**11**
南关区									
宽城区	189	137	52	16	8	8	4	4	
朝阳区	72	55	17	5	4	1			
二道区									
绿园区	41	27	14	4	3	1			
双阳区	310	229	81	21	19	2	1		1
九台区	808	611	197	57	46	11	8	5	3
农安县	851	651	200	89	69	20	20	17	3
长春经济技术开发区									
长春净月高新技术产业开发区	60	43	17	8	7	1	1	1	
长春高新技术产业开发区	7	4	3	1	1				
长春汽车经济技术开发区									
长春莲花山生态旅游度假区	63	51	12	9	8	1	3	3	
榆树市	881	677	204	75	61	14	12	11	1
德惠市	548	393	155	48	39	9	8	7	1
公主岭市	1384	957	427	139	108	31	14	12	2
吉林市	**2265**	**1736**	**529**	**212**	**171**	**41**	**27**	**24**	**3**
昌邑区	168	132	36	16	11	5	3	3	
龙潭区	246	177	69	23	16	7	1	1	
船营区	137	101	36	14	11	3			
丰满区	133	103	30	17	15	2	4	3	1
永吉县	309	233	76	24	16	8	2	2	
吉林经济开发区	31	24	7	2	2				
吉林高新技术产业开发区	35	20	15	5	5				
吉林中国新加坡食品区	57	37	20	4	3	1			
蛟河市	214	171	43	22	19	3	4	3	1
桦甸市	140	113	27	25	23	2	6	6	
舒兰市	494	386	108	32	29	3	4	3	1
磐石市	301	239	62	28	21	7	3	3	
四平市	**1727**	**1289**	**438**	**154**	**121**	**33**	**36**	**30**	**6**
铁西区	83	55	28	5	4	1	1	1	
铁东区	97	65	32	4	3	1	2	1	1
梨树县	571	437	134	49	43	6	18	15	3
伊通满族自治县	475	370	105	52	38	14	9	7	2
双辽市	501	362	139	44	33	11	6	6	
辽源市	**857**	**656**	**201**	**53**	**40**	**13**	**23**	**21**	**2**
龙山区	59	37	22	8	5	3	6	5	1
西安区	34	27	7	4	2	2			

6-2c 续表 5 单位：人

地 区	初 中			高 中			大学专科		
	小计	男	女	小计	男	女	小计	男	女
东丰县	285	229	56	20	16	4	11	10	1
东辽县	479	363	116	21	17	4	6	6	
通化市	**971**	**737**	**234**	**105**	**85**	**20**	**15**	**14**	**1**
东昌区	23	19	4	2	2				
二道江区	21	16	5	4	3	1			
通化县	209	166	43	29	24	5	5	4	1
辉南县	224	162	62	15	13	2	3	3	
柳河县	304	234	70	24	18	6	4	4	
集安市	190	140	50	31	25	6	3	3	
白山市	**395**	**318**	**77**	**48**	**33**	**15**	**14**	**9**	**5**
浑江区	71	55	16	5	2	3	1		1
江源区	51	39	12	1	1		1	1	
抚松县	83	70	13	10	7	3	5	3	2
靖宇县	76	62	14	13	8	5	3	3	
长白朝鲜族自治县	55	43	12	9	6	3	2	1	1
临江市	59	49	10	10	9	1	2	1	1
松原市	**1666**	**1250**	**416**	**154**	**120**	**34**	**32**	**26**	**6**
宁江区	141	116	25	8	7	1	2	2	
前郭尔罗斯蒙古族自治县	378	289	89	41	36	5	4	3	1
长岭县	437	326	111	33	24	9	18	14	4
乾安县	170	125	45	18	15	3	3	3	
吉林松原经济开发区	17	14	3	3	3				
扶余市	523	380	143	51	35	16	5	4	1
白城市	**1181**	**892**	**289**	**105**	**92**	**13**	**24**	**21**	**3**
洮北区	172	143	29	21	17	4	4	3	1
镇赉县	208	149	59	15	11	4	4	4	
通榆县	215	168	47	14	14		4	4	
吉林白城经济开发区	3	2	1						
洮南市	329	254	75	31	28	3	7	6	1
大安市	254	176	78	24	22	2	5	4	1
延边朝鲜族自治州	**1589**	**1149**	**440**	**166**	**130**	**36**	**15**	**10**	**5**
延吉市	145	108	37	14	11	3	2	1	1
图们市	93	66	27	5	4	1			
敦化市	330	245	85	31	22	9	5	3	2
珲春市	201	147	54	30	26	4			
龙井市	225	141	84	24	18	6	2	2	
和龙市	217	147	70	20	18	2	4	2	2
汪清县	230	175	55	30	20	10	1	1	
安图县	148	120	28	12	11	1	1	1	
长白山管委会									
梅河口市	**391**	**292**	**99**	**28**	**23**	**5**	**5**	**4**	**1**

6-2c　续表 6

单位：人

地　区	大学本科			硕士研究生			博士研究生		
	小计	男	女	小计	男	女	小计	男	女
全　省	**76**	**60**	**16**	**2**	**2**		**1**	**1**	
长春市	**27**	**23**	**4**	**1**	**1**		**1**	**1**	
南关区									
宽城区									
朝阳区	1	1							
二道区									
绿园区									
双阳区	3	2	1						
九台区	2	1	1						
农安县	4	4							
长春经济技术开发区									
长春净月高新技术产业开发区	1	1							
长春高新技术产业开发区									
长春汽车经济技术开发区									
长春莲花山生态旅游度假区									
榆树市	5	4	1						
德惠市	7	7		1	1		1	1	
公主岭市	4	3	1						
吉林市	**10**	**5**	**5**						
昌邑区									
龙潭区	1		1						
船营区									
丰满区	1		1						
永吉县	2	1	1						
吉林经济开发区									
吉林高新技术产业开发区									
吉林中国新加坡食品区									
蛟河市									
桦甸市	4	3	1						
舒兰市									
磐石市	2	1	1						
四平市	**6**	**3**	**3**						
铁西区	1	1							
铁东区									
梨树县	3	2	1						
伊通满族自治县	1		1						
双辽市	1		1						
辽源市	**2**	**2**							
龙山区									
西安区									

6-2c 续表 7

单位：人

地　区	大学本科			硕士研究生			博士研究生		
	小计	男	女	小计	男	女	小计	男	女
东丰县	2	2							
东辽县									
通化市	**9**	**9**							
东昌区									
二道江区	1	1							
通化县	5	5							
辉南县	1	1							
柳河县	1	1							
集安市	1	1							
白山市	**2**	**1**	**1**						
浑江区									
江源区									
抚松县									
靖宇县									
长白朝鲜族自治县									
临江市	2	1	1						
松原市	**9**	**6**	**3**	**1**	**1**				
宁江区									
前郭尔罗斯蒙古族自治县	1		1						
长岭县	5	5							
乾安县	1	1							
吉林松原经济开发区									
扶余市	2		2	1	1				
白城市	**3**	**3**							
洮北区									
镇赉县									
通榆县									
吉林白城经济开发区									
洮南市	2	2							
大安市	1	1							
延边朝鲜族自治州	**8**	**8**							
延吉市									
图们市									
敦化市	2	2							
珲春市	1	1							
龙井市	1	1							
和龙市	1	1							
汪清县	1	1							
安图县	2	2							
长白山管委会									
梅河口市									

6-3 各地区分性别、婚姻状况的15岁及以上死亡人口
(2019.11.1-2020.10.31)

单位：人

地区	15岁及以上死亡人口			未婚		
	合计	男	女	小计	男	女
全省	**147622**	**87892**	**59730**	**5007**	**4432**	**575**
长春市	**45349**	**26717**	**18632**	**1321**	**1155**	**166**
南关区	2963	1751	1212	80	63	17
宽城区	3364	1946	1418	99	81	18
朝阳区	3004	1732	1272	67	49	18
二道区	1372	866	506	22	16	6
绿园区	2818	1639	1179	57	42	15
双阳区	1930	1187	743	52	46	6
九台区	4760	2840	1920	176	163	13
农安县	5643	3291	2352	207	189	18
长春经济技术开发区	837	492	345	11	9	2
长春净月高新技术产业开发区	915	549	366	27	22	5
长春高新技术产业开发区	704	413	291	14	10	4
长春汽车经济技术开发区	1228	729	499	15	8	7
长春莲花山生态旅游度假区	363	223	140	18	17	1
榆树市	6722	3888	2834	210	194	16
德惠市	3505	2044	1461	109	99	10
公主岭市	5221	3127	2094	157	147	10
吉林市	**24689**	**14761**	**9928**	**874**	**782**	**92**
昌邑区	2738	1613	1125	93	77	16
龙潭区	3135	1805	1330	83	73	10
船营区	2857	1751	1106	72	60	12
丰满区	1294	794	500	27	25	2
永吉县	2273	1363	910	105	99	6
吉林经济开发区	399	249	150	13	12	1
吉林高新技术产业开发区	548	319	229	13	10	3
吉林中国新加坡食品区	229	139	90	7	7	
蛟河市	2630	1586	1044	118	101	17
桦甸市	2136	1303	833	97	92	5
舒兰市	3653	2149	1504	145	133	12
磐石市	2797	1690	1107	101	93	8
四平市	**11121**	**6637**	**4484**	**398**	**348**	**50**
铁西区	964	572	392	19	12	7
铁东区	1044	635	409	41	33	8
梨树县	4214	2463	1751	147	131	16
伊通满族自治县	2872	1727	1145	118	104	14
双辽市	2027	1240	787	73	68	5
辽源市	**7524**	**4536**	**2988**	**311**	**289**	**22**
龙山区	1617	958	659	36	30	6
西安区	1085	672	413	44	41	3
东丰县	2347	1416	931	117	108	9
东辽县	2475	1490	985	114	110	4

6-3 续表 1

单位：人

地　　区	15岁及以上死亡人口			未　婚		
	合计	男	女	小计	男	女
通化市	**8803**	**5236**	**3567**	**352**	**322**	**30**
东昌区	1156	683	473	19	16	3
二道江区	595	339	256	21	18	3
通化县	1405	857	548	66	62	4
辉南县	2158	1299	859	89	82	7
柳河县	2023	1203	820	91	82	9
集安市	1466	855	611	66	62	4
白山市	**7031**	**4302**	**2729**	**253**	**228**	**25**
浑江区	2013	1264	749	63	53	10
江源区	1203	715	488	43	41	2
抚松县	1476	934	542	44	40	4
靖宇县	698	423	275	31	28	3
长白朝鲜族自治县	450	273	177	23	22	1
临江市	1191	693	498	49	44	5
松原市	**13193**	**7816**	**5377**	**432**	**373**	**59**
宁江区	2393	1420	973	67	54	13
前郭尔罗斯蒙古族自治县	3249	1946	1303	101	89	12
长岭县	2522	1499	1023	92	77	15
乾安县	1030	623	407	23	22	1
吉林松原经济开发区	214	142	72	5	4	1
扶余市	3785	2186	1599	144	127	17
白城市	**10324**	**6209**	**4115**	**362**	**337**	**25**
洮北区	2136	1346	790	60	52	8
镇赉县	1429	833	596	53	52	1
通榆县	1911	1134	777	77	71	6
吉林白城经济开发区	297	181	116	13	11	2
洮南市	2664	1601	1063	107	103	4
大安市	1887	1114	773	52	48	4
延边朝鲜族自治州	**16029**	**9569**	**6460**	**576**	**489**	**87**
延吉市	5111	2968	2143	139	102	37
图们市	935	570	365	39	35	4
敦化市	2987	1825	1162	115	103	12
珲春市	1645	1007	638	52	45	7
龙井市	1438	846	592	53	44	9
和龙市	1124	665	459	44	38	6
汪清县	1667	1003	664	72	64	8
安图县	1122	685	437	62	58	4
长白山管委会	**384**	**217**	**167**	**17**	**14**	**3**
长白山保护开发区池北区	273	154	119	11	9	2
长白山保护开发区池西区	94	51	43	4	3	1
长白山保护开发区池南区	17	12	5	2	2	
梅河口市	**3175**	**1892**	**1283**	**111**	**95**	**16**

6–3 续表 2

单位：人

地 区	有配偶			离 婚			丧 偶		
	小计	男	女	小计	男	女	小计	男	女
全 省	**84239**	**56834**	**27405**	**5836**	**4730**	**1106**	**52540**	**21896**	**30644**
长春市	**26423**	**17343**	**9080**	**1416**	**1098**	**318**	**16189**	**7121**	**9068**
南关区	1594	1125	469	137	105	32	1152	458	694
宽城区	1768	1178	590	213	141	72	1284	546	738
朝阳区	1683	1146	537	98	72	26	1156	465	691
二道区	857	628	229	41	31	10	452	191	261
绿园区	1586	1065	521	143	108	35	1032	424	608
双阳区	1185	786	399	67	55	12	626	300	326
九台区	2744	1808	936	134	114	20	1706	755	951
农安县	3304	2049	1255	111	91	20	2021	962	1059
长春经济技术开发区	547	373	174	20	10	10	259	100	159
长春净月高新技术产业开发区	560	387	173	24	20	4	304	120	184
长春高新技术产业开发区	468	310	158	18	15	3	204	78	126
长春汽车经济技术开发区	788	531	257	25	17	8	400	173	227
长春莲花山生态旅游度假区	207	134	73	10	8	2	128	64	64
榆树市	3925	2488	1437	157	132	25	2430	1074	1356
德惠市	2122	1336	786	71	53	18	1203	556	647
公主岭市	3085	1999	1086	147	126	21	1832	855	977
吉林市	**13882**	**9550**	**4332**	**1164**	**950**	**214**	**8769**	**3479**	**5290**
昌邑区	1542	1082	460	123	98	25	980	356	624
龙潭区	1731	1175	556	197	151	46	1124	406	718
船营区	1678	1211	467	148	114	34	959	366	593
丰满区	787	556	231	70	54	16	410	159	251
永吉县	1252	811	441	105	93	12	811	360	451
吉林经济开发区	213	157	56	21	18	3	152	62	90
吉林高新技术产业开发区	354	241	113	13	9	4	168	59	109
吉林中国新加坡食品区	129	84	45	13	11	2	80	37	43
蛟河市	1399	991	408	122	103	19	991	391	600
桦甸市	1181	802	379	92	75	17	766	334	432
舒兰市	2053	1370	683	146	127	19	1309	519	790
磐石市	1563	1070	493	114	97	17	1019	430	589
四平市	**6501**	**4324**	**2177**	**333**	**277**	**56**	**3889**	**1688**	**2201**
铁西区	555	380	175	43	30	13	347	150	197
铁东区	613	435	178	43	34	9	347	133	214
梨树县	2466	1581	885	108	95	13	1493	656	837
伊通满族自治县	1644	1082	562	94	78	16	1016	463	553
双辽市	1223	846	377	45	40	5	686	286	400
辽源市	**4136**	**2807**	**1329**	**345**	**287**	**58**	**2732**	**1153**	**1579**
龙山区	960	670	290	67	46	21	554	212	342
西安区	555	392	163	79	66	13	407	173	234
东丰县	1323	874	449	75	66	9	832	368	464
东辽县	1298	871	427	124	109	15	939	400	539

6-3 续表 3 单位：人

地 区	有配偶			离 婚			丧 偶		
	小计	男	女	小计	男	女	小计	男	女
通化市	**4940**	**3336**	**1604**	**385**	**327**	**58**	**3126**	**1251**	**1875**
东昌区	733	500	233	44	36	8	360	131	229
二道江区	342	229	113	29	24	5	203	68	135
通化县	797	550	247	74	67	7	468	178	290
辉南县	1078	755	323	92	70	22	899	392	507
柳河县	1140	753	387	88	75	13	704	293	411
集安市	850	549	301	58	55	3	492	189	303
白山市	**3946**	**2815**	**1131**	**391**	**311**	**80**	**2441**	**948**	**1493**
浑江区	1160	846	314	150	116	34	640	249	391
江源区	631	456	175	66	50	16	463	168	295
抚松县	882	624	258	61	48	13	489	222	267
靖宇县	388	276	112	32	24	8	247	95	152
长白朝鲜族自治县	273	182	91	17	14	3	137	55	82
临江市	612	431	181	65	59	6	465	159	306
松原市	**8041**	**5279**	**2762**	**292**	**244**	**48**	**4428**	**1920**	**2508**
宁江区	1542	1034	508	61	48	13	723	284	439
前郭尔罗斯蒙古族自治县	1958	1284	674	81	66	15	1109	507	602
长岭县	1547	1014	533	56	49	7	827	359	468
乾安县	628	416	212	22	19	3	357	166	191
吉林松原经济开发区	148	108	40	1		1	60	30	30
扶余市	2218	1423	795	71	62	9	1352	574	778
白城市	**5965**	**4017**	**1948**	**326**	**267**	**59**	**3671**	**1588**	**2083**
洮北区	1326	936	390	70	60	10	680	298	382
镇赉县	788	516	272	36	28	8	552	237	315
通榆县	1058	720	338	75	58	17	701	285	416
吉林白城经济开发区	197	127	70	3	3		84	40	44
洮南市	1547	1038	509	79	66	13	931	394	537
大安市	1049	680	369	63	52	11	723	334	389
延边朝鲜族自治州	**8462**	**6036**	**2426**	**1030**	**844**	**186**	**5961**	**2200**	**3761**
延吉市	2601	1841	760	344	263	81	2027	762	1265
图们市	474	358	116	67	58	9	355	119	236
敦化市	1692	1197	495	154	134	20	1026	391	635
珲春市	889	656	233	123	101	22	581	205	376
龙井市	738	520	218	119	103	16	528	179	349
和龙市	611	435	176	56	46	10	413	146	267
汪清县	818	575	243	111	92	19	666	272	394
安图县	639	454	185	56	47	9	365	126	239
长白山管委会	**202**	**142**	**60**	**12**	**11**	**1**	**153**	**50**	**103**
长白山保护开发区池北区	149	103	46	9	8	1	104	34	70
长白山保护开发区池西区	45	34	11	1	1		44	13	31
长白山保护开发区池南区	8	5	3	2	2		5	3	2
梅河口市	**1741**	**1185**	**556**	**142**	**114**	**28**	**1181**	**498**	**683**

6–3a　各地区分性别、婚姻状况的15岁及以上死亡人口(2019.11.1–2020.10.31)(城市)

单位：人

地　区	15岁及以上死亡人口			未　婚		
	合计	男	女	小计	男	女
全　省	**46855**	**27952**	**18903**	**1107**	**860**	**247**
长春市	**15335**	**9034**	**6301**	**338**	**254**	**84**
南关区	2963	1751	1212	80	63	17
宽城区	2512	1444	1068	64	49	15
朝阳区	2618	1517	1101	56	40	16
二道区	1346	845	501	22	16	6
绿园区	2687	1560	1127	56	41	15
双阳区	412	257	155	8	4	4
九台区	1060	632	428	24	20	4
农安县						
长春经济技术开发区						
长春净月高新技术产业开发区						
长春高新技术产业开发区						
长春汽车经济技术开发区						
长春莲花山生态旅游度假区						
榆树市	569	332	237	9	8	1
德惠市	575	338	237	12	8	4
公主岭市	593	358	235	7	5	2
吉林市	**10051**	**5984**	**4067**	**242**	**193**	**49**
昌邑区	2081	1212	869	58	45	13
龙潭区	1958	1125	833	44	36	8
船营区	2332	1417	915	50	39	11
丰满区	760	458	302	7	5	2
永吉县						
吉林经济开发区	16	10	6			
吉林高新技术产业开发区						
吉林中国新加坡食品区						
蛟河市	919	527	392	44	31	13
桦甸市	730	465	265	25	24	1
舒兰市	717	432	285	9	8	1
磐石市	538	338	200	5	5	
四平市	**1699**	**1076**	**623**	**52**	**39**	**13**
铁西区	738	443	295	16	9	7
铁东区	551	360	191	21	17	4
梨树县						
伊通满族自治县						
双辽市	410	273	137	15	13	2
辽源市	**2166**	**1305**	**861**	**47**	**41**	**6**
龙山区	1239	734	505	20	17	3
西安区	920	567	353	27	24	3

6-3a 续表 1

单位：人

地区	15岁及以上死亡人口			未婚		
	合计	男	女	小计	男	女
东丰县	7	4	3			
东辽县						
通化市	**1698**	**1002**	**696**	**37**	**32**	**5**
东昌区	1031	601	430	15	12	3
二道江区	295	175	120	8	7	1
通化县	8	5	3			
辉南县						
柳河县						
集安市	364	221	143	14	13	1
白山市	**2776**	**1695**	**1081**	**70**	**59**	**11**
浑江区	1509	945	564	39	30	9
江源区	542	325	217	11	10	1
抚松县						
靖宇县						
长白朝鲜族自治县						
临江市	725	425	300	20	19	1
松原市	**1730**	**1009**	**721**	**54**	**38**	**16**
宁江区	1385	801	584	24	15	9
前郭尔罗斯蒙古族自治县	54	29	25	2		2
长岭县						
乾安县						
吉林松原经济开发区	41	21	20			
扶余市	250	158	92	28	23	5
白城市	**2262**	**1405**	**857**	**47**	**38**	**9**
洮北区	1158	723	435	24	18	6
镇赉县						
通榆县						
吉林白城经济开发区	32	25	7	4	3	1
洮南市	648	403	245	14	13	1
大安市	424	254	170	5	4	1
延边朝鲜族自治州	**8447**	**5012**	**3435**	**208**	**158**	**50**
延吉市	4531	2629	1902	118	83	35
图们市	520	322	198	11	11	
敦化市	1198	727	471	26	19	7
珲春市	941	581	360	19	16	3
龙井市	822	493	329	19	16	3
和龙市	435	260	175	15	13	2
汪清县						
安图县						
长白山管委会						
梅河口市	**691**	**430**	**261**	**12**	**8**	**4**

6-3a　续表 2　　　　单位：人

地　区	有配偶			离　婚			丧　偶		
	小计	男	女	小计	男	女	小计	男	女
全　省	**27064**	**19080**	**7984**	**2380**	**1805**	**575**	**16304**	**6207**	**10097**
长春市	**8823**	**6072**	**2751**	**685**	**497**	**188**	**5489**	**2211**	**3278**
南关区	1594	1125	469	137	105	32	1152	458	694
宽城区	1265	868	397	185	118	67	998	409	589
朝阳区	1468	1009	459	88	64	24	1006	404	602
二道区	842	615	227	40	30	10	442	184	258
绿园区	1503	1013	490	141	107	34	987	399	588
双阳区	281	197	84	18	12	6	105	44	61
九台区	694	465	229	28	25	3	314	122	192
农安县									
长春经济技术开发区									
长春净月高新技术产业开发区									
长春高新技术产业开发区									
长春汽车经济技术开发区									
长春莲花山生态旅游度假区									
榆树市	392	254	138	8	6	2	160	64	96
德惠市	382	251	131	19	11	8	162	68	94
公主岭市	402	275	127	21	19	2	163	59	104
吉林市	**5802**	**4123**	**1679**	**541**	**412**	**129**	**3466**	**1256**	**2210**
昌邑区	1189	847	342	94	71	23	740	249	491
龙潭区	1067	733	334	144	107	37	703	249	454
船营区	1380	1009	371	124	93	31	778	276	502
丰满区	474	340	134	35	25	10	244	88	156
永吉县									
吉林经济开发区	10	7	3	2	2		4	1	3
吉林高新技术产业开发区									
吉林中国新加坡食品区									
蛟河市	465	327	138	48	38	10	362	131	231
桦甸市	435	297	138	42	31	11	228	113	115
舒兰市	454	320	134	30	27	3	224	77	147
磐石市	328	243	85	22	18	4	183	72	111
四平市	**1034**	**755**	**279**	**63**	**44**	**19**	**550**	**238**	**312**
铁西区	420	294	126	35	23	12	267	117	150
铁东区	340	259	81	24	17	7	166	67	99
梨树县									
伊通满族自治县									
双辽市	274	202	72	4	4		117	54	63
辽源市	**1218**	**865**	**353**	**126**	**96**	**30**	**775**	**303**	**472**
龙山区	751	532	219	56	38	18	412	147	265
西安区	464	331	133	70	58	12	359	154	205

6-3a 续表 3

单位：人

地区	有配偶			离婚			丧偶		
	小计	男	女	小计	男	女	小计	男	女
东丰县	3	2	1				4	2	2
东辽县									
通化市	**1039**	**712**	**327**	**73**	**62**	**11**	**549**	**196**	**353**
东昌区	647	441	206	44	36	8	325	112	213
二道江区	180	121	59	14	11	3	93	36	57
通化县	1	1		1	1		6	3	3
辉南县									
柳河县									
集安市	211	149	62	14	14		125	45	80
白山市	**1554**	**1139**	**415**	**196**	**152**	**44**	**956**	**345**	**611**
浑江区	895	659	236	117	86	31	458	170	288
江源区	283	212	71	32	24	8	216	79	137
抚松县									
靖宇县									
长白朝鲜族自治县									
临江市	376	268	108	47	42	5	282	96	186
松原市	**1163**	**782**	**381**	**30**	**21**	**9**	**483**	**168**	**315**
宁江区	942	630	312	25	18	7	394	138	256
前郭尔罗斯蒙古族自治县	40	26	14	1		1	11	3	8
长岭县									
乾安县									
吉林松原经济开发区	25	16	9				16	5	11
扶余市	156	110	46	4	3	1	62	22	40
白城市	**1446**	**1022**	**424**	**90**	**76**	**14**	**679**	**269**	**410**
洮北区	753	540	213	46	38	8	335	127	208
镇赉县									
通榆县									
吉林白城经济开发区	20	16	4	2	2		6	4	2
洮南市	420	295	125	21	18	3	193	77	116
大安市	253	171	82	21	18	3	145	61	84
延边朝鲜族自治州	**4558**	**3297**	**1261**	**559**	**435**	**124**	**3122**	**1122**	**2000**
延吉市	2319	1649	670	315	236	79	1779	661	1118
图们市	289	218	71	38	30	8	182	63	119
敦化市	708	526	182	58	48	10	406	134	272
珲春市	556	409	147	58	47	11	308	109	199
龙井市	454	328	126	68	57	11	281	92	189
和龙市	232	167	65	22	17	5	166	63	103
汪清县									
安图县									
长白山管委会									
梅河口市	**427**	**313**	**114**	**17**	**10**	**7**	**235**	**99**	**136**

6-3b　各地区分性别、婚姻状况的15岁及以上死亡人口 (2019.11.1-2020.10.31)(镇)

单位：人

地　区	15岁及以上死亡人口			未　婚		
	合计	男	女	小计	男	女
全　省	**24861**	**14785**	**10076**	**747**	**641**	**106**
长春市	**5502**	**3280**	**2222**	**142**	**112**	**30**
南关区						
宽城区	77	40	37	3	3	
朝阳区	45	30	15	4	4	
二道区	26	21	5			
绿园区						
双阳区	44	28	16	3	3	
九台区	33	19	14	3	3	
农安县	797	477	320	28	22	6
长春经济技术开发区	837	492	345	11	9	2
长春净月高新技术产业开发区	695	415	280	18	13	5
长春高新技术产业开发区	664	397	267	13	9	4
长春汽车经济技术开发区	1228	729	499	15	8	7
长春莲花山生态旅游度假区	47	26	21	2	1	1
榆树市	380	240	140	16	14	2
德惠市	109	69	40	2	1	1
公主岭市	520	297	223	24	22	2
吉林市	**3441**	**2035**	**1406**	**98**	**82**	**16**
昌邑区	47	23	24	3	3	
龙潭区	315	172	143	10	9	1
船营区	23	15	8			
丰满区	3	1	2			
永吉县	755	461	294	18	17	1
吉林经济开发区	285	181	104	9	8	1
吉林高新技术产业开发区	424	247	177	8	5	3
吉林中国新加坡食品区	45	23	22	1	1	
蛟河市	337	197	140	8	6	2
桦甸市	364	216	148	15	14	1
舒兰市	361	211	150	14	12	2
磐石市	482	288	194	12	7	5
四平市	**1780**	**1071**	**709**	**62**	**53**	**9**
铁西区						
铁东区	49	26	23	3	3	
梨树县	1047	622	425	35	29	6
伊通满族自治县	527	328	199	16	13	3
双辽市	157	95	62	8	8	
辽源市	**990**	**588**	**402**	**34**	**32**	**2**
龙山区	97	60	37	6	6	
西安区						
东丰县	539	316	223	17	15	2
东辽县	354	212	142	11	11	

6-3b 续表 1

单位：人

地区	15岁及以上死亡人口			未婚		
	合计	男	女	小计	男	女
通化市	**2430**	**1458**	**972**	**68**	**62**	**6**
东昌区	20	16	4			
二道江区	222	119	103	8	6	2
通化县	408	251	157	14	13	1
辉南县	1120	682	438	29	29	
柳河县	497	291	206	14	11	3
集安市	163	99	64	3	3	
白山市	**2372**	**1456**	**916**	**69**	**63**	**6**
浑江区	224	143	81	11	10	1
江源区	430	249	181	16	16	
抚松县	1056	664	392	22	20	2
靖宇县	340	209	131	11	9	2
长白朝鲜族自治县	206	127	79	4	4	
临江市	116	64	52	5	4	1
松原市	**2224**	**1340**	**884**	**68**	**60**	**8**
宁江区	149	93	56	12	11	1
前郭尔罗斯蒙古族自治县	810	495	315	24	23	1
长岭县	549	325	224	18	13	5
乾安县	342	213	129	4	4	
吉林松原经济开发区	74	55	19	1	1	
扶余市	300	159	141	9	8	1
白城市	**2102**	**1227**	**875**	**55**	**50**	**5**
洮北区	272	172	100	7	7	
镇赉县	482	274	208	14	14	
通榆县	682	404	278	16	13	3
吉林白城经济开发区	248	145	103	8	7	1
洮南市	135	73	62	5	5	
大安市	283	159	124	5	4	1
延边朝鲜族自治州	**3011**	**1751**	**1260**	**112**	**94**	**18**
延吉市	227	121	106	3	3	
图们市	229	134	95	14	11	3
敦化市	466	281	185	19	18	1
珲春市	174	94	80	2	1	1
龙井市	185	108	77	8	5	3
和龙市	264	146	118	11	8	3
汪清县	926	540	386	34	29	5
安图县	540	327	213	21	19	2
长白山管委会	**384**	**217**	**167**	**17**	**14**	**3**
长白山保护开发区池北区	273	154	119	11	9	2
长白山保护开发区池西区	94	51	43	4	3	1
长白山保护开发区池南区	17	12	5	2	2	
梅河口市	**625**	**362**	**263**	**22**	**19**	**3**

6-3b　续表 2　　单位：人

地　　区	有配偶			离　婚			丧　偶		
	小计	男	女	小计	男	女	小计	男	女
全　省	**14467**	**9839**	**4628**	**1000**	**790**	**210**	**8647**	**3515**	**5132**
长春市	**3519**	**2354**	**1165**	**123**	**85**	**38**	**1718**	**729**	**989**
南关区									
宽城区	49	27	22	1	1		24	9	15
朝阳区	22	17	5				19	9	10
二道区	15	13	2	1	1		10	7	3
绿园区									
双阳区	24	14	10	2	2		15	9	6
九台区	12	8	4	1	1		17	7	10
农安县	534	346	188	19	11	8	216	98	118
长春经济技术开发区	547	373	174	20	10	10	259	100	159
长春净月高新技术产业开发区	441	310	131	15	11	4	221	81	140
长春高新技术产业开发区	446	302	144	16	14	2	189	72	117
长春汽车经济技术开发区	788	531	257	25	17	8	400	173	227
长春莲花山生态旅游度假区	30	14	16	2	1	1	13	10	3
榆树市	238	167	71	6	5	1	120	54	66
德惠市	68	42	26	3	2	1	36	24	12
公主岭市	305	190	115	12	9	3	179	76	103
吉林市	**1938**	**1329**	**609**	**149**	**122**	**27**	**1256**	**502**	**754**
昌邑区	23	11	12	2	1	1	19	8	11
龙潭区	174	112	62	13	10	3	118	41	77
船营区	13	10	3	1	1		9	4	5
丰满区	3	1	2						
永吉县	430	301	129	37	31	6	270	112	158
吉林经济开发区	151	112	39	13	11	2	112	50	62
吉林高新技术产业开发区	285	193	92	6	3	3	125	46	79
吉林中国新加坡食品区	28	17	11	1	1		15	4	11
蛟河市	182	131	51	20	16	4	127	44	83
桦甸市	197	138	59	14	12	2	138	52	86
舒兰市	195	123	72	20	17	3	132	59	73
磐石市	257	180	77	22	19	3	191	82	109
四平市	**1061**	**706**	**355**	**57**	**49**	**8**	**600**	**263**	**337**
铁西区									
铁东区	27	18	9	1	1		18	4	14
梨树县	619	398	221	31	28	3	362	167	195
伊通满族自治县	325	226	99	21	16	5	165	73	92
双辽市	90	64	26	4	4		55	19	36
辽源市	**612**	**415**	**197**	**42**	**32**	**10**	**302**	**109**	**193**
龙山区	55	39	16	4	3	1	32	12	20
西安区									
东丰县	352	238	114	17	10	7	153	53	100
东辽县	205	138	67	21	19	2	117	44	73

6-3b 续表 3 单位：人

地区	有配偶			离婚			丧偶		
	小计	男	女	小计	男	女	小计	男	女
通化市	**1291**	**893**	**398**	**110**	**87**	**23**	**961**	**416**	**545**
东昌区	17	14	3				3	2	1
二道江区	119	80	39	10	9	1	85	24	61
通化县	257	179	78	17	14	3	120	45	75
辉南县	517	366	151	51	36	15	523	251	272
柳河县	291	191	100	24	20	4	168	69	99
集安市	90	63	27	8	8		62	25	37
白山市	**1359**	**955**	**404**	**122**	**97**	**25**	**822**	**341**	**481**
浑江区	102	74	28	20	18	2	91	41	50
江源区	228	159	69	26	21	5	160	53	107
抚松县	624	438	186	47	36	11	363	170	193
靖宇县	200	145	55	15	12	3	114	43	71
长白朝鲜族自治县	138	95	43	9	6	3	55	22	33
临江市	67	44	23	5	4	1	39	12	27
松原市	**1422**	**946**	**476**	**59**	**46**	**13**	**675**	**288**	**387**
宁江区	91	63	28	5	3	2	41	16	25
前郭尔罗斯蒙古族自治县	509	343	166	28	23	5	249	106	143
长岭县	365	238	127	16	13	3	150	61	89
乾安县	214	154	60	5	2	3	119	53	66
吉林松原经济开发区	63	47	16				10	7	3
扶余市	180	101	79	5	5		106	45	61
白城市	**1236**	**824**	**412**	**73**	**57**	**16**	**738**	**296**	**442**
洮北区	173	121	52	7	6	1	85	38	47
镇赉县	292	187	105	18	13	5	158	60	98
通榆县	379	271	108	39	31	8	248	89	159
吉林白城经济开发区	166	105	61				74	33	41
洮南市	65	41	24	2	1	1	63	26	37
大安市	161	99	62	7	6	1	110	50	60
延边朝鲜族自治州	**1549**	**1085**	**464**	**204**	**168**	**36**	**1146**	**404**	**742**
延吉市	118	69	49	11	9	2	95	40	55
图们市	91	71	20	17	16	1	107	36	71
敦化市	259	184	75	28	22	6	160	57	103
珲春市	80	60	20	15	14	1	77	19	58
龙井市	85	55	30	24	21	3	68	27	41
和龙市	150	102	48	12	11	1	91	25	66
汪清县	435	305	130	65	51	14	392	155	237
安图县	331	239	92	32	24	8	156	45	111
长白山管委会	**202**	**142**	**60**	**12**	**11**	**1**	**153**	**50**	**103**
长白山保护开发区池北区	149	103	46	9	8	1	104	34	70
长白山保护开发区池西区	45	34	11	1	1		44	13	31
长白山保护开发区池南区	8	5	3	2	2		5	3	2
梅河口市	**278**	**190**	**88**	**49**	**36**	**13**	**276**	**117**	**159**

6-3c 各地区分性别、婚姻状况的15岁及以上死亡人口 (2019.11.1-2020.10.31)(乡村)

单位：人

地区	15岁及以上死亡人口			未婚		
	合计	男	女	小计	男	女
全省	**75906**	**45155**	**30751**	**3153**	**2931**	**222**
长春市	**24512**	**14403**	**10109**	**841**	**789**	**52**
南关区						
宽城区	775	462	313	32	29	3
朝阳区	341	185	156	7	5	2
二道区						
绿园区	131	79	52	1	1	
双阳区	1474	902	572	41	39	2
九台区	3667	2189	1478	149	140	9
农安县	4846	2814	2032	179	167	12
长春经济技术开发区						
长春净月高新技术产业开发区	220	134	86	9	9	
长春高新技术产业开发区	40	16	24	1	1	
长春汽车经济技术开发区						
长春莲花山生态旅游度假区	316	197	119	16	16	
榆树市	5773	3316	2457	185	172	13
德惠市	2821	1637	1184	95	90	5
公主岭市	4108	2472	1636	126	120	6
吉林市	**11197**	**6742**	**4455**	**534**	**507**	**27**
昌邑区	610	378	232	32	29	3
龙潭区	862	508	354	29	28	1
船营区	502	319	183	22	21	1
丰满区	531	335	196	20	20	
永吉县	1518	902	616	87	82	5
吉林经济开发区	98	58	40	4	4	
吉林高新技术产业开发区	124	72	52	5	5	
吉林中国新加坡食品区	184	116	68	6	6	
蛟河市	1374	862	512	66	64	2
桦甸市	1042	622	420	57	54	3
舒兰市	2575	1506	1069	122	113	9
磐石市	1777	1064	713	84	81	3
四平市	**7642**	**4490**	**3152**	**284**	**256**	**28**
铁西区	226	129	97	3	3	
铁东区	444	249	195	17	13	4
梨树县	3167	1841	1326	112	102	10
伊通满族自治县	2345	1399	946	102	91	11
双辽市	1460	872	588	50	47	3
辽源市	**4368**	**2643**	**1725**	**230**	**216**	**14**
龙山区	281	164	117	10	7	3
西安区	165	105	60	17	17	

6-3c 续表 1

单位：人

地 区	15岁及以上死亡人口			未 婚		
	合计	男	女	小计	男	女
东丰县	1801	1096	705	100	93	7
东辽县	2121	1278	843	103	99	4
通化市	**4675**	**2776**	**1899**	**247**	**228**	**19**
东昌区	105	66	39	4	4	
二道江区	78	45	33	5	5	
通化县	989	601	388	52	49	3
辉南县	1038	617	421	60	53	7
柳河县	1526	912	614	77	71	6
集安市	939	535	404	49	46	3
白山市	**1883**	**1151**	**732**	**114**	**106**	**8**
浑江区	280	176	104	13	13	
江源区	231	141	90	16	15	1
抚松县	420	270	150	22	20	2
靖宇县	358	214	144	20	19	1
长白朝鲜族自治县	244	146	98	19	18	1
临江市	350	204	146	24	21	3
松原市	**9239**	**5467**	**3772**	**310**	**275**	**35**
宁江区	859	526	333	31	28	3
前郭尔罗斯蒙古族自治县	2385	1422	963	75	66	9
长岭县	1973	1174	799	74	64	10
乾安县	688	410	278	19	18	1
吉林松原经济开发区	99	66	33	4	3	1
扶余市	3235	1869	1366	107	96	11
白城市	**5960**	**3577**	**2383**	**260**	**249**	**11**
洮北区	706	451	255	29	27	2
镇赉县	947	559	388	39	38	1
通榆县	1229	730	499	61	58	3
吉林白城经济开发区	17	11	6	1	1	
洮南市	1881	1125	756	88	85	3
大安市	1180	701	479	42	40	2
延边朝鲜族自治州	**4571**	**2806**	**1765**	**256**	**237**	**19**
延吉市	353	218	135	18	16	2
图们市	186	114	72	14	13	1
敦化市	1323	817	506	70	66	4
珲春市	530	332	198	31	28	3
龙井市	431	245	186	26	23	3
和龙市	425	259	166	18	17	1
汪清县	741	463	278	38	35	3
安图县	582	358	224	41	39	2
长白山管委会						
梅河口市	**1859**	**1100**	**759**	**77**	**68**	**9**

6–3c　续表 2　　　　单位：人

地　区	有配偶			离　婚			丧　偶		
	小计	男	女	小计	男	女	小计	男	女
全　省	**42708**	**27915**	**14793**	**2456**	**2135**	**321**	**27589**	**12174**	**15415**
长春市	**14081**	**8917**	**5164**	**608**	**516**	**92**	**8982**	**4181**	**4801**
南关区									
宽城区	454	283	171	27	22	5	262	128	134
朝阳区	193	120	73	10	8	2	131	52	79
二道区									
绿园区	83	52	31	2	1	1	45	25	20
双阳区	880	575	305	47	41	6	506	247	259
九台区	2038	1335	703	105	88	17	1375	626	749
农安县	2770	1703	1067	92	80	12	1805	864	941
长春经济技术开发区									
长春净月高新技术产业开发区	119	77	42	9	9		83	39	44
长春高新技术产业开发区	22	8	14	2	1	1	15	6	9
长春汽车经济技术开发区									
长春莲花山生态旅游度假区	177	120	57	8	7	1	115	54	61
榆树市	3295	2067	1228	143	121	22	2150	956	1194
德惠市	1672	1043	629	49	40	9	1005	464	541
公主岭市	2378	1534	844	114	98	16	1490	720	770
吉林市	**6142**	**4098**	**2044**	**474**	**416**	**58**	**4047**	**1721**	**2326**
昌邑区	330	224	106	27	26	1	221	99	122
龙潭区	490	330	160	40	34	6	303	116	187
船营区	285	192	93	23	20	3	172	86	86
丰满区	310	215	95	35	29	6	166	71	95
永吉县	822	510	312	68	62	6	541	248	293
吉林经济开发区	52	38	14	6	5	1	36	11	25
吉林高新技术产业开发区	69	48	21	7	6	1	43	13	30
吉林中国新加坡食品区	101	67	34	12	10	2	65	33	32
蛟河市	752	533	219	54	49	5	502	216	286
桦甸市	549	367	182	36	32	4	400	169	231
舒兰市	1404	927	477	96	83	13	953	383	570
磐石市	978	647	331	70	60	10	645	276	369
四平市	**4406**	**2863**	**1543**	**213**	**184**	**29**	**2739**	**1187**	**1552**
铁西区	135	86	49	8	7	1	80	33	47
铁东区	246	158	88	18	16	2	163	62	101
梨树县	1847	1183	664	77	67	10	1131	489	642
伊通满族自治县	1319	856	463	73	62	11	851	390	461
双辽市	859	580	279	37	32	5	514	213	301
辽源市	**2306**	**1527**	**779**	**177**	**159**	**18**	**1655**	**741**	**914**
龙山区	154	99	55	7	5	2	110	53	57
西安区	91	61	30	9	8	1	48	19	29

6-3c 续表 3 单位：人

地　区	有配偶			离　婚			丧　偶		
	小计	男	女	小计	男	女	小计	男	女
东丰县	968	634	334	58	56	2	675	313	362
东辽县	1093	733	360	103	90	13	822	356	466
通化市	**2610**	**1731**	**879**	**202**	**178**	**24**	**1616**	**639**	**977**
东昌区	69	45	24				32	17	15
二道江区	43	28	15	5	4	1	25	8	17
通化县	539	370	169	56	52	4	342	130	212
辉南县	561	389	172	41	34	7	376	141	235
柳河县	849	562	287	64	55	9	536	224	312
集安市	549	337	212	36	33	3	305	119	186
白山市	**1033**	**721**	**312**	**73**	**62**	**11**	**663**	**262**	**401**
浑江区	163	113	50	13	12	1	91	38	53
江源区	120	85	35	8	5	3	87	36	51
抚松县	258	186	72	14	12	2	126	52	74
靖宇县	188	131	57	17	12	5	133	52	81
长白朝鲜族自治县	135	87	48	8	8		82	33	49
临江市	169	119	50	13	13		144	51	93
松原市	**5456**	**3551**	**1905**	**203**	**177**	**26**	**3270**	**1464**	**1806**
宁江区	509	341	168	31	27	4	288	130	158
前郭尔罗斯蒙古族自治县	1409	915	494	52	43	9	849	398	451
长岭县	1182	776	406	40	36	4	677	298	379
乾安县	414	262	152	17	17		238	113	125
吉林松原经济开发区	60	45	15	1		1	34	18	16
扶余市	1882	1212	670	62	54	8	1184	507	677
白城市	**3283**	**2171**	**1112**	**163**	**134**	**29**	**2254**	**1023**	**1231**
洮北区	400	275	125	17	16	1	260	133	127
镇赉县	496	329	167	18	15	3	394	177	217
通榆县	679	449	230	36	27	9	453	196	257
吉林白城经济开发区	11	6	5	1	1		4	3	1
洮南市	1062	702	360	56	47	9	675	291	384
大安市	635	410	225	35	28	7	468	223	245
延边朝鲜族自治州	**2355**	**1654**	**701**	**267**	**241**	**26**	**1693**	**674**	**1019**
延吉市	164	123	41	18	18		153	61	92
图们市	94	69	25	12	12		66	20	46
敦化市	725	487	238	68	64	4	460	200	260
珲春市	253	187	66	50	40	10	196	77	119
龙井市	199	137	62	27	25	2	179	60	119
和龙市	229	166	63	22	18	4	156	58	98
汪清县	383	270	113	46	41	5	274	117	157
安图县	308	215	93	24	23	1	209	81	128
长白山管委会									
梅河口市	**1036**	**682**	**354**	**76**	**68**	**8**	**670**	**282**	**388**

6-4　全省分年龄、性别的死亡人口状况
(2019.11.1-2020.10.31)

单位：人、‰

年　龄	平均人口			死亡人口			死亡率		
	合计	男	女	合计	男	女	合计	男	女
总　计	**24102965**	**12040065**	**12062900**	**148130**	**88187**	**59943**	**6.15**	**7.32**	**4.97**
0-4岁	**783432**	**403886**	**379546**	**245**	**148**	**97**	**0.31**	**0.37**	**0.26**
0	138039	71229	66810	142	89	53	1.03	1.25	0.79
1	144286	74517	69769	41	25	16	0.28	0.34	0.23
2	158733	81526	77207	26	13	13	0.16	0.16	0.17
3	192980	99455	93525	11	6	5	0.06	0.06	0.05
4	149394	77159	72235	25	15	10	0.17	0.19	0.14
5-9岁	**991266**	**514533**	**476733**	**93**	**50**	**43**	**0.09**	**0.10**	**0.09**
5	196385	101714	94671	20	12	8	0.10	0.12	0.08
6	190679	98744	91935	27	15	12	0.14	0.15	0.13
7	211159	109676	101483	17	4	13	0.08	0.04	0.13
8	199723	103853	95870	14	11	3	0.07	0.11	0.03
9	193320	100546	92774	15	8	7	0.08	0.08	0.08
10-14岁	**1100507**	**573455**	**527052**	**170**	**97**	**73**	**0.15**	**0.17**	**0.14**
10	211063	109898	101165	25	12	13	0.12	0.11	0.13
11	209350	109024	100326	29	19	10	0.14	0.17	0.10
12	233303	121681	111622	24	10	14	0.10	0.08	0.13
13	222112	115933	106179	44	23	21	0.20	0.20	0.20
14	224679	116919	107760	48	33	15	0.21	0.28	0.14
15-19岁	**1059235**	**545832**	**513403**	**205**	**138**	**67**	**0.19**	**0.25**	**0.13**
15	234615	122944	111671	46	33	13	0.20	0.27	0.12
16	182335	95100	87235	35	25	10	0.19	0.26	0.11
17	207333	107139	100194	37	22	15	0.18	0.21	0.15
18	209196	106606	102590	45	30	15	0.22	0.28	0.15
19	225756	114043	111713	42	28	14	0.19	0.25	0.13
20-24岁	**1013860**	**511433**	**502427**	**267**	**180**	**87**	**0.26**	**0.35**	**0.17**
20	209809	105552	104257	43	31	12	0.20	0.29	0.12
21	200208	101052	99156	35	25	10	0.17	0.25	0.10
22	190207	95863	94344	57	38	19	0.30	0.40	0.20
23	199333	100574	98759	66	41	25	0.33	0.41	0.25
24	214303	108392	105911	66	45	21	0.31	0.42	0.20
25-29岁	**1333644**	**678068**	**655576**	**509**	**367**	**142**	**0.38**	**0.54**	**0.22**
25	218013	110048	107965	72	55	17	0.33	0.50	0.16
26	232062	117990	114072	88	62	26	0.38	0.53	0.23
27	261922	133768	128154	95	69	26	0.36	0.52	0.20
28	277070	140805	136265	109	71	38	0.39	0.50	0.28
29	344577	175457	169120	145	110	35	0.42	0.63	0.21

6-4 续表 1

单位：人、‰

年 龄	平均人口			死亡人口			死亡率		
	合计	男	女	合计	男	女	合计	男	女
30-34岁	**1965484**	**997703**	**967781**	**957**	**662**	**295**	**0.49**	**0.66**	**0.30**
30	403647	204413	199234	187	121	66	0.46	0.59	0.33
31	390957	198468	192489	176	118	58	0.45	0.59	0.30
32	421788	214481	207307	170	115	55	0.40	0.54	0.27
33	394460	200173	194287	243	178	65	0.62	0.89	0.33
34	354632	180168	174464	181	130	51	0.51	0.72	0.29
35-39岁	**1623841**	**827676**	**796165**	**1274**	**944**	**330**	**0.78**	**1.14**	**0.41**
35	322133	164668	157465	200	141	59	0.62	0.86	0.37
36	308768	156886	151882	216	156	60	0.70	0.99	0.40
37	332107	170465	161642	290	216	74	0.87	1.27	0.46
38	362230	184139	178091	278	214	64	0.77	1.16	0.36
39	298603	151518	147085	290	217	73	0.97	1.43	0.50
40-44岁	**1832340**	**930602**	**901738**	**2219**	**1657**	**562**	**1.21**	**1.78**	**0.62**
40	396415	201264	195151	414	311	103	1.04	1.55	0.53
41	398799	202732	196067	452	351	101	1.13	1.73	0.52
42	345024	175877	169147	407	305	102	1.18	1.73	0.60
43	340397	172967	167430	453	331	122	1.33	1.91	0.73
44	351705	177762	173943	493	359	134	1.40	2.02	0.77
45-49岁	**2299271**	**1156530**	**1142741**	**4721**	**3489**	**1232**	**2.05**	**3.02**	**1.08**
45	355535	178537	176998	544	396	148	1.53	2.22	0.84
46	413589	207296	206293	764	540	224	1.85	2.60	1.09
47	483954	244197	239757	1014	767	247	2.10	3.14	1.03
48	509375	256852	252523	1077	786	291	2.11	3.06	1.15
49	536818	269648	267170	1322	1000	322	2.46	3.71	1.21
50-54岁	**2457701**	**1234747**	**1222954**	**8159**	**5880**	**2279**	**3.32**	**4.76**	**1.86**
50	516027	260114	255913	1476	1066	410	2.86	4.10	1.60
51	540704	271944	268760	1554	1119	435	2.87	4.11	1.62
52	471260	236946	234314	1592	1155	437	3.38	4.87	1.87
53	446618	223372	223246	1626	1173	453	3.64	5.25	2.03
54	483092	242371	240721	1911	1367	544	3.96	5.64	2.26
55-59岁	**2225444**	**1105625**	**1119819**	**11214**	**7949**	**3265**	**5.04**	**7.19**	**2.92**
55	490856	245628	245228	2096	1535	561	4.27	6.25	2.29
56	516506	258193	258313	2413	1732	681	4.67	6.71	2.64
57	546333	272716	273617	2749	1908	841	5.03	7.00	3.07
58	300751	146320	154431	1831	1311	520	6.09	8.96	3.37
59	370998	182768	188230	2125	1463	662	5.73	8.00	3.52
60-64岁	**1776070**	**870234**	**905836**	**14926**	**10069**	**4857**	**8.40**	**11.57**	**5.36**
60	350032	173612	176420	2447	1722	725	6.99	9.92	4.11
61	338536	167032	171504	2602	1751	851	7.69	10.48	4.96
62	377013	185303	191710	3138	2130	1008	8.32	11.49	5.26
63	360879	174537	186342	3266	2186	1080	9.05	12.52	5.80
64	349610	169750	179860	3473	2280	1193	9.93	13.43	6.63

6-4　续表 2　　　　单位：人、‰

年　龄	平均人口			死亡人口			死亡率		
	合计	男	女	合计	男	女	合计	男	女
65－69岁	**1594223**	**762588**	**831635**	**21241**	**13186**	**8055**	**13.32**	**17.29**	**9.69**
65	374045	182043	192002	4054	2603	1451	10.84	14.30	7.56
66	344958	165440	179518	4175	2628	1547	12.10	15.88	8.62
67	319325	152118	167207	4236	2610	1626	13.27	17.16	9.72
68	284084	134733	149351	4293	2635	1658	15.11	19.56	11.10
69	271811	128254	143557	4483	2710	1773	16.49	21.13	12.35
70－74岁	**927246**	**430141**	**497105**	**20649**	**11886**	**8763**	**22.27**	**27.63**	**17.63**
70	269487	128384	141103	4792	2812	1980	17.78	21.90	14.03
71	193914	90531	103383	4214	2514	1700	21.73	27.77	16.44
72	174463	80625	93838	4033	2312	1721	23.12	28.68	18.34
73	158466	72090	86376	3926	2248	1678	24.78	31.18	19.43
74	130916	58511	72405	3684	2000	1684	28.14	34.18	23.26
75－79岁	**536767**	**241519**	**295248**	**19594**	**10666**	**8928**	**36.50**	**44.16**	**30.24**
75	120318	53786	66532	3673	1987	1686	30.53	36.94	25.34
76	114123	51598	62525	3770	2054	1716	33.03	39.81	27.45
77	104794	47386	57408	3774	2032	1742	36.01	42.88	30.34
78	103810	46681	57129	4044	2206	1838	38.96	47.26	32.17
79	93722	42068	51654	4333	2387	1946	46.23	56.74	37.67
80－84岁	**344335**	**153173**	**191162**	**20133**	**10518**	**9615**	**58.47**	**68.67**	**50.30**
80	84715	37777	46938	4141	2167	1974	48.88	57.36	42.06
81	80772	36323	44449	4301	2279	2022	53.25	62.74	45.49
82	67331	30209	37122	4106	2181	1925	60.98	72.20	51.86
83	58471	26049	32422	3862	2033	1829	66.05	78.05	56.41
84	53046	22815	30231	3723	1858	1865	70.18	81.44	61.69
85－89岁	**162749**	**69953**	**92796**	**13386**	**6536**	**6850**	**82.25**	**93.43**	**73.82**
85	46015	19369	26646	3380	1683	1697	73.45	86.89	63.69
86	40088	17088	23000	3135	1518	1617	78.20	88.83	70.30
87	29908	12902	17006	2632	1315	1317	88.00	101.92	77.44
88	24055	10632	13423	2187	1042	1145	90.92	98.01	85.30
89	22683	9962	12721	2052	978	1074	90.46	98.17	84.43
90－94岁	**56913**	**24506**	**32407**	**6364**	**2960**	**3404**	**111.82**	**120.79**	**105.04**
90	17873	7929	9944	1926	912	1014	107.76	115.02	101.97
91	13127	5630	7497	1489	717	772	113.43	127.35	102.97
92	11224	4740	6484	1229	540	689	109.50	113.92	106.26
93	8116	3399	4717	935	430	505	115.20	126.51	107.06
94	6573	2808	3765	785	361	424	119.43	128.56	112.62
95－99岁	**16453**	**6882**	**9571**	**1534**	**688**	**846**	**93.24**	**99.97**	**88.39**
95	5084	2129	2955	523	228	295	102.87	107.09	99.83
96	3978	1613	2365	379	165	214	95.27	102.29	90.49
97	3133	1286	1847	306	151	155	97.67	117.42	83.92
98	2598	1148	1450	190	81	109	73.13	70.56	75.17
99	1660	706	954	136	63	73	81.93	89.24	76.52
100岁及以上	**2184**	**979**	**1205**	**270**	**117**	**153**	**123.63**	**119.51**	**126.97**

6-4a 全省分年龄、性别的死亡人口状况 (2019.11.1-2020.10.31)(城市)

单位：人、‰

年 龄	平均人口			死亡人口			死亡率		
	合计	男	女	合计	男	女	合计	男	女
总 计	**10293722**	**5032123**	**5261599**	**46987**	**28020**	**18967**	**4.56**	**5.57**	**3.60**
0-4岁	**375225**	**193614**	**181611**	**78**	**40**	**38**	**0.21**	**0.21**	**0.21**
0	67236	34917	32319	52	29	23	0.77	0.83	0.71
1	69525	35761	33764	4	1	3	0.06	0.03	0.09
2	76378	39265	37113	9	4	5	0.12	0.10	0.13
3	93378	48233	45145	4	2	2	0.04	0.04	0.04
4	68708	35438	33270	9	4	5	0.13	0.11	0.15
5-9岁	**433713**	**225564**	**208149**	**25**	**12**	**13**	**0.06**	**0.05**	**0.06**
5	90526	46975	43551	7	4	3	0.08	0.09	0.07
6	87029	45035	41994	9	5	4	0.10	0.11	0.10
7	92761	48328	44433	5	1	4	0.05	0.02	0.09
8	85378	44472	40906	3	2	1	0.04	0.04	0.02
9	78019	40754	37265	1		1	0.01		0.03
10-14岁	**429334**	**223193**	**206141**	**29**	**16**	**13**	**0.07**	**0.07**	**0.06**
10	81663	42639	39024	5	3	2	0.06	0.07	0.05
11	80725	42141	38584	4	3	1	0.05	0.07	0.03
12	92144	48169	43975	3	1	2	0.03	0.02	0.05
13	84214	43957	40257	11	5	6	0.13	0.11	0.15
14	90588	46287	44301	6	4	2	0.07	0.09	0.05
15-19岁	**468760**	**240962**	**227798**	**42**	**26**	**16**	**0.09**	**0.11**	**0.07**
15	108709	55532	53177	7	6	1	0.06	0.11	0.02
16	87676	44489	43187	5	5		0.06	0.11	
17	91485	47243	44242	5	1	4	0.05	0.02	0.09
18	85077	44322	40755	14	9	5	0.16	0.20	0.12
19	95813	49376	46437	11	5	6	0.11	0.10	0.13
20-24岁	**477636**	**238196**	**239440**	**52**	**34**	**18**	**0.11**	**0.14**	**0.08**
20	91523	47188	44335	14	9	5	0.15	0.19	0.11
21	91553	46498	45055	5	2	3	0.05	0.04	0.07
22	91890	45571	46319	6	4	2	0.07	0.09	0.04
23	96975	47390	49585	13	8	5	0.13	0.17	0.10
24	105695	51549	54146	14	11	3	0.13	0.21	0.06
25-29岁	**655538**	**322622**	**332916**	**121**	**91**	**30**	**0.18**	**0.28**	**0.09**
25	109976	53765	56211	16	12	4	0.15	0.22	0.07
26	117023	57592	59431	19	15	4	0.16	0.26	0.07
27	129772	64193	65579	22	17	5	0.17	0.26	0.08
28	134329	66147	68182	26	17	9	0.19	0.26	0.13
29	164438	80925	83513	38	30	8	0.23	0.37	0.10

6-4a 续表 1

单位：人、‰

年 龄	平均人口			死亡人口			死亡率		
	合计	男	女	合计	男	女	合计	男	女
30-34岁	**947593**	**468179**	**479414**	**230**	**156**	**74**	**0.24**	**0.33**	**0.15**
30	191583	94100	97483	42	28	14	0.22	0.30	0.14
31	189246	93433	95813	48	38	10	0.25	0.41	0.10
32	203606	101219	102387	37	25	12	0.18	0.25	0.12
33	191764	94561	97203	65	44	21	0.34	0.47	0.22
34	171394	84866	86528	38	21	17	0.22	0.25	0.20
35-39岁	**795042**	**395062**	**399980**	**376**	**267**	**109**	**0.47**	**0.68**	**0.27**
35	155078	77538	77540	53	39	14	0.34	0.50	0.18
36	151826	75326	76500	58	35	23	0.38	0.46	0.30
37	167050	83526	83524	93	60	33	0.56	0.72	0.40
38	177889	87814	90075	85	63	22	0.48	0.72	0.24
39	143199	70858	72341	87	70	17	0.61	0.99	0.23
40-44岁	**837516**	**414923**	**422593**	**606**	**449**	**157**	**0.72**	**1.08**	**0.37**
40	184622	91392	93230	116	82	34	0.63	0.90	0.36
41	187741	93141	94600	137	110	27	0.73	1.18	0.29
42	157942	78334	79608	105	72	33	0.66	0.92	0.41
43	152115	75504	76611	126	98	28	0.83	1.30	0.37
44	155096	76552	78544	122	87	35	0.79	1.14	0.45
45-49岁	**942288**	**462562**	**479726**	**1323**	**991**	**332**	**1.40**	**2.14**	**0.69**
45	151226	74360	76866	159	121	38	1.05	1.63	0.49
46	171357	84051	87306	208	152	56	1.21	1.81	0.64
47	198932	97964	100968	286	220	66	1.44	2.25	0.65
48	205941	101093	104848	296	217	79	1.44	2.15	0.75
49	214832	105094	109738	374	281	93	1.74	2.67	0.85
50-54岁	**926988**	**453415**	**473573**	**2143**	**1562**	**581**	**2.31**	**3.44**	**1.23**
50	200243	98270	101973	375	273	102	1.87	2.78	1.00
51	211663	103691	107972	424	306	118	2.00	2.95	1.09
52	174280	85454	88826	381	283	98	2.19	3.31	1.10
53	160050	77956	82094	432	320	112	2.70	4.10	1.36
54	180752	88044	92708	531	380	151	2.94	4.32	1.63
55-59岁	**871976**	**426053**	**445923**	**3438**	**2556**	**882**	**3.94**	**6.00**	**1.98**
55	190258	93481	96777	645	485	160	3.39	5.19	1.65
56	207652	101827	105825	724	535	189	3.49	5.25	1.79
57	214296	105028	109268	872	641	231	4.07	6.10	2.11
58	116003	56226	59777	527	396	131	4.54	7.04	2.19
59	143767	69491	74276	670	499	171	4.66	7.18	2.30
60-64岁	**703147**	**335367**	**367780**	**4508**	**3228**	**1280**	**6.41**	**9.63**	**3.48**
60	139546	67750	71796	724	533	191	5.19	7.87	2.66
61	136263	65701	70562	788	560	228	5.78	8.52	3.23
62	148674	70956	77718	944	664	280	6.35	9.36	3.60
63	142075	66754	75321	1005	733	272	7.07	10.98	3.61
64	136589	64206	72383	1047	738	309	7.67	11.49	4.27

6-4a 续表 2

单位：人、‰

年龄	平均人口			死亡人口			死亡率		
	合计	男	女	合计	男	女	合计	男	女
65-69岁	**600483**	**276948**	**323535**	**6063**	**3928**	**2135**	**10.10**	**14.18**	**6.60**
65	143964	67536	76428	1186	786	400	8.24	11.64	5.23
66	131246	60738	70508	1204	791	413	9.17	13.02	5.86
67	119534	54657	64877	1259	823	436	10.53	15.06	6.72
68	105583	48298	57285	1181	768	413	11.19	15.90	7.21
69	100156	45719	54437	1233	760	473	12.31	16.62	8.69
70-74岁	**346631**	**153367**	**193264**	**5833**	**3504**	**2329**	**16.83**	**22.85**	**12.05**
70	100866	46228	54638	1377	863	514	13.65	18.67	9.41
71	70456	31220	39236	1167	704	463	16.56	22.55	11.80
72	63774	27837	35937	1094	647	447	17.15	23.24	12.44
73	60605	26285	34320	1126	665	461	18.58	25.30	13.43
74	50930	21797	29133	1069	625	444	20.99	28.67	15.24
75-79岁	**225172**	**94613**	**130559**	**6351**	**3492**	**2859**	**28.21**	**36.91**	**21.90**
75	47944	20006	27938	1123	613	510	23.42	30.64	18.25
76	46680	19640	27040	1122	643	479	24.04	32.74	17.71
77	45109	19050	26059	1280	685	595	28.38	35.96	22.83
78	44864	18892	25972	1339	730	609	29.85	38.64	23.45
79	40575	17025	23550	1487	821	666	36.65	48.22	28.28
80-84岁	**152744**	**63496**	**89248**	**7408**	**3710**	**3698**	**48.50**	**58.43**	**41.44**
80	37122	15407	21715	1466	727	739	39.49	47.19	34.03
81	35435	14839	20596	1522	811	711	42.95	54.65	34.52
82	29857	12532	17325	1471	750	721	49.27	59.85	41.62
83	26296	10994	15302	1501	739	762	57.08	67.22	49.80
84	24034	9724	14310	1448	683	765	60.25	70.24	53.46
85-89岁	**72943**	**30453**	**42490**	**5171**	**2494**	**2677**	**70.89**	**81.90**	**63.00**
85	20829	8270	12559	1266	582	684	60.78	70.37	54.46
86	17881	7314	10567	1177	558	619	65.82	76.29	58.58
87	13546	5775	7771	994	504	490	73.38	87.27	63.05
88	10582	4648	5934	893	443	450	84.39	95.31	75.83
89	10105	4446	5659	841	407	434	83.23	91.54	76.69
90-94岁	**24073**	**10569**	**13504**	**2500**	**1172**	**1328**	**103.85**	**110.89**	**98.34**
90	7845	3526	4319	759	357	402	96.75	101.25	93.08
91	5632	2452	3180	591	282	309	104.94	115.01	97.17
92	4740	2006	2734	459	206	253	96.84	102.69	92.54
93	3237	1446	1791	369	173	196	113.99	119.64	109.44
94	2619	1139	1480	322	154	168	122.95	135.21	113.51
95-99岁	**6123**	**2604**	**3519**	**582**	**251**	**331**	**95.05**	**96.39**	**94.06**
95	1991	846	1145	199	81	118	99.95	95.74	103.06
96	1463	600	863	133	56	77	90.91	93.33	89.22
97	1126	462	664	127	61	66	112.79	132.03	99.40
98	933	416	517	75	32	43	80.39	76.92	83.17
99	610	280	330	48	21	27	78.69	75.00	81.82
100岁及以上	**797**	**361**	**436**	**108**	**41**	**67**	**135.51**	**113.57**	**153.67**

6-4b　全省分年龄、性别的死亡人口状况 (2019.11.1-2020.10.31)(镇)

单位：人、‰

年　龄	平均人口			死亡人口			死亡率		
	合计	男	女	合计	男	女	合计	男	女
总　计	**4788364**	**2361832**	**2426532**	**24937**	**14827**	**10110**	**5.21**	**6.28**	**4.17**
0-4岁	**192893**	**99216**	**93677**	**29**	**22**	**7**	**0.15**	**0.22**	**0.07**
0	34546	17686	16860	16	13	3	0.46	0.74	0.18
1	36057	18689	17368	6	3	3	0.17	0.16	0.17
2	39107	20077	19030	3	3		0.08	0.15	
3	47548	24384	23164	1		1	0.02		0.04
4	35635	18380	17255	3	3		0.08	0.16	
5-9岁	**221719**	**115044**	**106675**	**15**	**4**	**11**	**0.07**	**0.03**	**0.10**
5	46864	24312	22552	3	1	2	0.06	0.04	0.09
6	44297	23051	21246	2		2	0.05		0.09
7	47329	24411	22918	3		3	0.06		0.13
8	43156	22332	20824	1	1		0.02	0.04	
9	40073	20938	19135	6	2	4	0.15	0.10	0.21
10-14岁	**220532**	**113594**	**106938**	**32**	**16**	**16**	**0.15**	**0.14**	**0.15**
10	42495	22030	20465	5	3	2	0.12	0.14	0.10
11	41479	21393	20086	3	1	2	0.07	0.05	0.10
12	46451	23857	22594	8	5	3	0.17	0.21	0.13
13	43122	22215	20907	5	1	4	0.12	0.05	0.19
14	46985	24099	22886	11	6	5	0.23	0.25	0.22
15-19岁	**269928**	**134603**	**135325**	**23**	**15**	**8**	**0.09**	**0.11**	**0.06**
15	56741	29578	27163	6	5	1	0.11	0.17	0.04
16	44823	23110	21713	6	4	2	0.13	0.17	0.09
17	52010	26189	25821	2	2		0.04	0.08	
18	55502	26779	28723	4	1	3	0.07	0.04	0.10
19	60852	28947	31905	5	3	2	0.08	0.10	0.06
20-24岁	**228503**	**111286**	**117217**	**53**	**33**	**20**	**0.23**	**0.30**	**0.17**
20	53488	25267	28221	7	5	2	0.13	0.20	0.07
21	46272	22458	23814	5	5		0.11	0.22	
22	40924	19986	20938	14	10	4	0.34	0.50	0.19
23	42297	20980	21317	9	4	5	0.21	0.19	0.23
24	45522	22595	22927	18	9	9	0.40	0.40	0.39
25-29岁	**302863**	**150875**	**151988**	**82**	**55**	**27**	**0.27**	**0.36**	**0.18**
25	47364	23481	23883	17	14	3	0.36	0.60	0.13
26	51194	25469	25725	11	5	6	0.21	0.20	0.23
27	58991	29562	29429	18	11	7	0.31	0.37	0.24
28	64015	31689	32326	16	11	5	0.25	0.35	0.15
29	81299	40674	40625	20	14	6	0.25	0.34	0.15

6-4b 续表 1

单位：人、‰

年 龄	平均人口			死亡人口			死亡率		
	合计	男	女	合计	男	女	合计	男	女
30-34岁	**454740**	**226564**	**228176**	**182**	**121**	**61**	**0.40**	**0.53**	**0.27**
30	94960	47116	47844	33	21	12	0.35	0.45	0.25
31	92026	45912	46114	36	24	12	0.39	0.52	0.26
32	98493	48976	49517	35	19	16	0.36	0.39	0.32
33	89771	44850	44921	38	26	12	0.42	0.58	0.27
34	79490	39710	39780	40	31	9	0.50	0.78	0.23
35-39岁	**357443**	**179538**	**177905**	**236**	**171**	**65**	**0.66**	**0.95**	**0.37**
35	71602	35952	35650	31	21	10	0.43	0.58	0.28
36	69268	34474	34794	42	32	10	0.61	0.93	0.29
37	74743	37976	36767	50	40	10	0.67	1.05	0.27
38	78537	39475	39062	54	40	14	0.69	1.01	0.36
39	63293	31661	31632	59	38	21	0.93	1.20	0.66
40-44岁	**370905**	**187086**	**183819**	**397**	**300**	**97**	**1.07**	**1.60**	**0.53**
40	82537	41325	41212	70	56	14	0.85	1.36	0.34
41	81889	41355	40534	80	63	17	0.98	1.52	0.42
42	69376	35251	34125	77	58	19	1.11	1.65	0.56
43	68042	34291	33751	79	60	19	1.16	1.75	0.56
44	69061	34864	34197	91	63	28	1.32	1.81	0.82
45-49岁	**425706**	**211374**	**214332**	**806**	**575**	**231**	**1.89**	**2.72**	**1.08**
45	69117	34434	34683	94	60	34	1.36	1.74	0.98
46	77921	38453	39468	138	98	40	1.77	2.55	1.01
47	89082	44507	44575	192	132	60	2.16	2.97	1.35
48	92404	45971	46433	180	122	58	1.95	2.65	1.25
49	97182	48009	49173	202	163	39	2.08	3.40	0.79
50-54岁	**437507**	**217590**	**219917**	**1357**	**991**	**366**	**3.10**	**4.55**	**1.66**
50	92562	46012	46550	226	176	50	2.44	3.83	1.07
51	97230	48470	48760	265	191	74	2.73	3.94	1.52
52	83587	41714	41873	281	202	79	3.36	4.84	1.89
53	78391	38829	39562	257	187	70	3.28	4.82	1.77
54	85737	42565	43172	328	235	93	3.83	5.52	2.15
55-59岁	**387815**	**191171**	**196644**	**1944**	**1391**	**553**	**5.01**	**7.28**	**2.81**
55	87892	43683	44209	373	271	102	4.24	6.20	2.31
56	90663	45042	45621	410	291	119	4.52	6.46	2.61
57	95045	47004	48041	517	369	148	5.44	7.85	3.08
58	52372	25312	27060	299	217	82	5.71	8.57	3.03
59	61843	30130	31713	345	243	102	5.58	8.07	3.22
60-64岁	**300443**	**144574**	**155869**	**2446**	**1662**	**784**	**8.14**	**11.50**	**5.03**
60	59292	29092	30200	412	304	108	6.95	10.45	3.58
61	57352	27969	29383	392	275	117	6.83	9.83	3.98
62	63644	30628	33016	520	356	164	8.17	11.62	4.97
63	61700	29091	32609	535	356	179	8.67	12.24	5.49
64	58455	27794	30661	587	371	216	10.04	13.35	7.04

6-4b 续表 2

单位：人、‰

年龄	平均人口			死亡人口			死亡率		
	合计	男	女	合计	男	女	合计	男	女
65–69岁	**262978**	**123228**	**139750**	**3527**	**2242**	**1285**	**13.41**	**18.19**	**9.19**
65	61979	29772	32207	699	463	236	11.28	15.55	7.33
66	56711	26677	30034	699	448	251	12.33	16.79	8.36
67	52903	24756	28147	663	415	248	12.53	16.76	8.81
68	46814	21677	25137	731	465	266	15.61	21.45	10.58
69	44571	20346	24225	735	451	284	16.49	22.17	11.72
70–74岁	**154033**	**68669**	**85364**	**3296**	**1875**	**1421**	**21.40**	**27.30**	**16.65**
70	44494	20511	23983	760	464	296	17.08	22.62	12.34
71	31526	14150	17376	670	388	282	21.25	27.42	16.23
72	28495	12589	15906	626	357	269	21.97	28.36	16.91
73	26669	11573	15096	616	359	257	23.10	31.02	17.02
74	22849	9846	13003	624	307	317	27.31	31.18	24.38
75–79岁	**96860**	**42051**	**54809**	**3379**	**1796**	**1583**	**34.89**	**42.71**	**28.88**
75	21166	9069	12097	596	319	277	28.16	35.17	22.90
76	20272	8686	11586	659	350	309	32.51	40.29	26.67
77	19080	8430	10650	649	342	307	34.01	40.57	28.83
78	18981	8187	10794	708	375	333	37.30	45.80	30.85
79	17361	7679	9682	767	410	357	44.18	53.39	36.87
80–84岁	**62679**	**27444**	**35235**	**3450**	**1766**	**1684**	**55.04**	**64.35**	**47.79**
80	15344	6695	8649	732	375	357	47.71	56.01	41.28
81	14754	6506	8248	736	367	369	49.88	56.41	44.74
82	12359	5436	6923	741	386	355	59.96	71.01	51.28
83	10789	4688	6101	621	325	296	57.56	69.33	48.52
84	9433	4119	5314	620	313	307	65.73	75.99	57.77
85–89岁	**28298**	**12483**	**15815**	**2317**	**1131**	**1186**	**81.88**	**90.60**	**74.99**
85	8089	3462	4627	614	337	277	75.91	97.34	59.87
86	6969	3029	3940	519	229	290	74.47	75.60	73.60
87	5105	2244	2861	457	235	222	89.52	104.72	77.60
88	4237	1923	2314	370	150	220	87.33	78.00	95.07
89	3898	1825	2073	357	180	177	91.59	98.63	85.38
90–94岁	**9443**	**4160**	**5283**	**1046**	**503**	**543**	**110.77**	**120.91**	**102.78**
90	2971	1360	1611	342	171	171	115.11	125.74	106.15
91	2258	1004	1254	242	122	120	107.17	121.51	95.69
92	1823	786	1037	217	96	121	119.03	122.14	116.68
93	1301	548	753	131	59	72	100.69	107.66	95.62
94	1090	462	628	114	55	59	104.59	119.05	93.95
95–99岁	**2730**	**1144**	**1586**	**255**	**125**	**130**	**93.41**	**109.27**	**81.97**
95	835	369	466	89	47	42	106.59	127.37	90.13
96	680	267	413	78	40	38	114.71	149.81	92.01
97	493	206	287	34	16	18	68.97	77.67	62.72
98	430	184	246	27	11	16	62.79	59.78	65.04
99	292	118	174	27	11	16	92.47	93.22	91.95
100岁及以上	**346**	**138**	**208**	**65**	**33**	**32**	**187.86**	**239.13**	**153.85**

6-4c 全省分年龄、性别的死亡人口状况
(2019.11.1-2020.10.31)(乡村)

单位：人、‰

年 龄	平均人口			死亡人口			死亡率		
	合计	男	女	合计	男	女	合计	男	女
总 计	**9020879**	**4646110**	**4374769**	**76206**	**45340**	**30866**	**8.45**	**9.76**	**7.06**
0-4岁	**215314**	**111056**	**104258**	**138**	**86**	**52**	**0.64**	**0.77**	**0.50**
0	36257	18626	17631	74	47	27	2.04	2.52	1.53
1	38704	20067	18637	31	21	10	0.80	1.05	0.54
2	43248	22184	21064	14	6	8	0.32	0.27	0.38
3	52054	26838	25216	6	4	2	0.12	0.15	0.08
4	45051	23341	21710	13	8	5	0.29	0.34	0.23
5-9岁	**335834**	**173925**	**161909**	**53**	**34**	**19**	**0.16**	**0.20**	**0.12**
5	58995	30427	28568	10	7	3	0.17	0.23	0.11
6	59353	30658	28695	16	10	6	0.27	0.33	0.21
7	71069	36937	34132	9	3	6	0.13	0.08	0.18
8	71189	37049	34140	10	8	2	0.14	0.22	0.06
9	75228	38854	36374	8	6	2	0.11	0.15	0.05
10-14岁	**450641**	**236668**	**213973**	**109**	**65**	**44**	**0.24**	**0.27**	**0.21**
10	86905	45229	41676	15	6	9	0.17	0.13	0.22
11	87146	45490	41656	22	15	7	0.25	0.33	0.17
12	94708	49655	45053	13	4	9	0.14	0.08	0.20
13	94776	49761	45015	28	17	11	0.30	0.34	0.24
14	87106	46533	40573	31	23	8	0.36	0.49	0.20
15-19岁	**320547**	**170267**	**150280**	**140**	**97**	**43**	**0.44**	**0.57**	**0.29**
15	69165	37834	31331	33	22	11	0.48	0.58	0.35
16	49836	27501	22335	24	16	8	0.48	0.58	0.36
17	63838	33707	30131	30	19	11	0.47	0.56	0.37
18	68617	35505	33112	27	20	7	0.39	0.56	0.21
19	69091	35720	33371	26	20	6	0.38	0.56	0.18
20-24岁	**307721**	**161951**	**145770**	**162**	**113**	**49**	**0.53**	**0.70**	**0.34**
20	64798	33097	31701	22	17	5	0.34	0.51	0.16
21	62383	32096	30287	25	18	7	0.40	0.56	0.23
22	57393	30306	27087	37	24	13	0.64	0.79	0.48
23	60061	32204	27857	44	29	15	0.73	0.90	0.54
24	63086	34248	28838	34	25	9	0.54	0.73	0.31
25-29岁	**375243**	**204571**	**170672**	**306**	**221**	**85**	**0.82**	**1.08**	**0.50**
25	60673	32802	27871	39	29	10	0.64	0.88	0.36
26	63845	34929	28916	58	42	16	0.91	1.20	0.55
27	73159	40013	33146	55	41	14	0.75	1.02	0.42
28	78726	42969	35757	67	43	24	0.85	1.00	0.67
29	98840	53858	44982	87	66	21	0.88	1.23	0.47

6–4c　续表 1　　　　　　　　　　　　　　　　　　　　　单位：人、‰

年　龄	平均人口			死亡人口			死亡率		
	合计	男	女	合计	男	女	合计	男	女
30–34岁	**563151**	**302960**	**260191**	**545**	**385**	**160**	**0.97**	**1.27**	**0.61**
30	117104	63197	53907	112	72	40	0.96	1.14	0.74
31	109685	59123	50562	92	56	36	0.84	0.95	0.71
32	119689	64286	55403	98	71	27	0.82	1.10	0.49
33	112925	60762	52163	140	108	32	1.24	1.78	0.61
34	103748	55592	48156	103	78	25	0.99	1.40	0.52
35–39岁	**471356**	**253076**	**218280**	**662**	**506**	**156**	**1.40**	**2.00**	**0.71**
35	95453	51178	44275	116	81	35	1.22	1.58	0.79
36	87674	47086	40588	116	89	27	1.32	1.89	0.67
37	90314	48963	41351	147	116	31	1.63	2.37	0.75
38	105804	56850	48954	139	111	28	1.31	1.95	0.57
39	92111	48999	43112	144	109	35	1.56	2.22	0.81
40–44岁	**623919**	**328593**	**295326**	**1216**	**908**	**308**	**1.95**	**2.76**	**1.04**
40	129256	68547	60709	228	173	55	1.76	2.52	0.91
41	129169	68236	60933	235	178	57	1.82	2.61	0.94
42	117706	62292	55414	225	175	50	1.91	2.81	0.90
43	120240	63172	57068	248	173	75	2.06	2.74	1.31
44	127548	66346	61202	280	209	71	2.20	3.15	1.16
45–49岁	**931277**	**482594**	**448683**	**2592**	**1923**	**669**	**2.78**	**3.98**	**1.49**
45	135192	69743	65449	291	215	76	2.15	3.08	1.16
46	164311	84792	79519	418	290	128	2.54	3.42	1.61
47	195940	101726	94214	536	415	121	2.74	4.08	1.28
48	211030	109788	101242	601	447	154	2.85	4.07	1.52
49	224804	116545	108259	746	556	190	3.32	4.77	1.76
50–54岁	**1093206**	**563742**	**529464**	**4659**	**3327**	**1332**	**4.26**	**5.90**	**2.52**
50	223222	115832	107390	875	617	258	3.92	5.33	2.40
51	231811	119783	112028	865	622	243	3.73	5.19	2.17
52	213393	109778	103615	930	670	260	4.36	6.10	2.51
53	208177	106587	101590	937	666	271	4.50	6.25	2.67
54	216603	111762	104841	1052	752	300	4.86	6.73	2.86
55–59岁	**965653**	**488401**	**477252**	**5832**	**4002**	**1830**	**6.04**	**8.19**	**3.83**
55	212706	108464	104242	1078	779	299	5.07	7.18	2.87
56	218191	111324	106867	1279	906	373	5.86	8.14	3.49
57	236992	120684	116308	1360	898	462	5.74	7.44	3.97
58	132376	64782	67594	1005	698	307	7.59	10.77	4.54
59	165388	83147	82241	1110	721	389	6.71	8.67	4.73
60–64岁	**772480**	**390293**	**382187**	**7972**	**5179**	**2793**	**10.32**	**13.27**	**7.31**
60	151194	76770	74424	1311	885	426	8.67	11.53	5.72
61	144921	73362	71559	1422	916	506	9.81	12.49	7.07
62	164695	83719	80976	1674	1110	564	10.16	13.26	6.97
63	157104	78692	78412	1726	1097	629	10.99	13.94	8.02
64	154566	77750	76816	1839	1171	668	11.90	15.06	8.70

6-4c 续表 2

单位：人、‰

年 龄	平均人口			死亡人口			死亡率		
	合计	男	女	合计	男	女	合计	男	女
65-69岁	**730762**	**362412**	**368350**	**11651**	**7016**	**4635**	**15.94**	**19.36**	**12.58**
65	168102	84735	83367	2169	1354	815	12.90	15.98	9.78
66	157001	78025	78976	2272	1389	883	14.47	17.80	11.18
67	146888	72705	74183	2314	1372	942	15.75	18.87	12.70
68	131687	64758	66929	2381	1402	979	18.08	21.65	14.63
69	127084	62189	64895	2515	1499	1016	19.79	24.10	15.66
70-74岁	**426582**	**208105**	**218477**	**11520**	**6507**	**5013**	**27.01**	**31.27**	**22.95**
70	124127	61645	62482	2655	1485	1170	21.39	24.09	18.73
71	91932	45161	46771	2377	1422	955	25.86	31.49	20.42
72	82194	40199	41995	2313	1308	1005	28.14	32.54	23.93
73	71192	34232	36960	2184	1224	960	30.68	35.76	25.97
74	57137	26868	30269	1991	1068	923	34.85	39.75	30.49
75-79岁	**214735**	**104855**	**109880**	**9864**	**5378**	**4486**	**45.94**	**51.29**	**40.83**
75	51208	24711	26497	1954	1055	899	38.16	42.69	33.93
76	47171	23272	23899	1989	1061	928	42.17	45.59	38.83
77	40605	19906	20699	1845	1005	840	45.44	50.49	40.58
78	39965	19602	20363	1997	1101	896	49.97	56.17	44.00
79	35786	17364	18422	2079	1156	923	58.10	66.57	50.10
80-84岁	**128912**	**62233**	**66679**	**9275**	**5042**	**4233**	**71.95**	**81.02**	**63.48**
80	32249	15675	16574	1943	1065	878	60.25	67.94	52.97
81	30583	14978	15605	2043	1101	942	66.80	73.51	60.37
82	25115	12241	12874	1894	1045	849	75.41	85.37	65.95
83	21386	10367	11019	1740	969	771	81.36	93.47	69.97
84	19579	8972	10607	1655	862	793	84.53	96.08	74.76
85-89岁	**61508**	**27017**	**34491**	**5898**	**2911**	**2987**	**95.89**	**107.75**	**86.60**
85	17097	7637	9460	1500	764	736	87.73	100.04	77.80
86	15238	6745	8493	1439	731	708	94.43	108.38	83.36
87	11257	4883	6374	1181	576	605	104.91	117.96	94.92
88	9236	4061	5175	924	449	475	100.04	110.56	91.79
89	8680	3691	4989	854	391	463	98.39	105.93	92.80
90-94岁	**23397**	**9777**	**13620**	**2818**	**1285**	**1533**	**120.44**	**131.43**	**112.56**
90	7057	3043	4014	825	384	441	116.91	126.19	109.87
91	5237	2174	3063	656	313	343	125.26	143.97	111.98
92	4661	1948	2713	553	238	315	118.64	122.18	116.11
93	3578	1405	2173	435	198	237	121.58	140.93	109.07
94	2864	1207	1657	349	152	197	121.86	125.93	118.89
95-99岁	**7600**	**3134**	**4466**	**697**	**312**	**385**	**91.71**	**99.55**	**86.21**
95	2258	914	1344	235	100	135	104.07	109.41	100.45
96	1835	746	1089	168	69	99	91.55	92.49	90.91
97	1514	618	896	145	74	71	95.77	119.74	79.24
98	1235	548	687	88	38	50	71.26	69.34	72.78
99	758	308	450	61	31	30	80.47	100.65	66.67
100岁及以上	**1041**	**480**	**561**	**97**	**43**	**54**	**93.18**	**89.58**	**96.26**

第一部分　全部数据资料

第七卷　户口登记状况

7-1 全省按现住地、户口登记地、

现住地	户口					
	合计			省内		
	合计	男	女	小计	男	女
全省	**10350683**	**5033163**	**5317520**	**9349212**	**4519863**	**4829349**
长春市	**4524431**	**2225482**	**2298949**	**3968858**	**1935025**	**2033833**
南关区	396519	193214	203305	325345	155022	170323
宽城区	536681	268074	268607	471612	233022	238590
朝阳区	342366	174327	168039	271326	132699	138627
二道区	349448	171785	177663	307002	149592	157410
绿园区	472941	235529	237412	418470	205838	212632
双阳区	132782	64209	68573	111592	53982	57610
九台区	215283	102960	112323	201790	96577	105213
农安县	224072	107210	116862	216614	103668	112946
长春经济技术开发区	305671	150790	154881	267163	131195	135968
长春净月高新技术产业开发区	284950	132258	152692	223747	105812	117935
长春高新技术产业开发区	292630	147698	144932	236077	117920	118157
长春汽车经济技术开发区	196026	103151	92875	174964	90927	84037
长春莲花山生态旅游度假区	12464	6220	6244	11367	5600	5767
榆树市	247175	118226	128949	237788	114258	123530
德惠市	210748	101952	108796	203260	98228	105032
公主岭市	304675	147879	156796	290741	140685	150056
吉林市	**1434024**	**693400**	**740624**	**1328182**	**637581**	**690601**
昌邑区	274143	131669	142474	253746	121233	132513
龙潭区	164873	82746	82127	152117	75522	76595
船营区	238661	117366	121295	216313	104228	112085
丰满区	135243	64095	71148	123384	58180	65204
永吉县	62488	32020	30468	57945	29268	28677
吉林经济开发区	25506	13504	12002	19875	10230	9645
吉林高新技术产业开发区	81151	37014	44137	72211	33186	39025
吉林中国新加坡食品区	7471	3549	3922	7141	3384	3757
蛟河市	104800	49789	55011	99741	47190	52551
桦甸市	98328	47370	50958	94855	45604	49251
舒兰市	123179	58068	65111	118023	55781	62242
磐石市	118181	56210	61971	112831	53775	59056
四平市	**643190**	**304423**	**338767**	**584075**	**277796**	**306279**
铁西区	197861	91196	106665	170933	79573	91360
铁东区	172376	84432	87944	157614	77157	80457
梨树县	104130	49138	54992	98103	46528	51575
伊通满族自治县	85067	39659	45408	81637	38100	43537
双辽市	83756	39998	43758	75788	36438	39350
辽源市	**383689**	**185147**	**198542**	**361693**	**174701**	**186992**
龙山区	182275	88592	93683	173171	84181	88990
西安区	76702	38012	38690	73500	36456	37044
东丰县	88357	41969	46388	82727	39241	43486
东辽县	36355	16574	19781	32295	14823	17472

性别分的户口登记地在外乡镇街道的人口

单位：人

登记地								
市辖区内人户分离			省内流动人口			省外		
小计	男	女	小计	男	女	小计	男	女
2399266	**1153355**	**1245911**	**6949946**	**3366508**	**3583438**	**1001471**	**513300**	**488171**
1014990	**489082**	**525908**	**2953868**	**1445943**	**1507925**	**555573**	**290457**	**265116**
156880	74565	82315	168465	80457	88008	71174	38192	32982
185365	90285	95080	286247	142737	143510	65069	35052	30017
120653	58135	62518	150673	74564	76109	71040	41628	29412
146758	71447	75311	160244	78145	82099	42446	22193	20253
181296	87261	94035	237174	118577	118597	54471	29691	24780
69350	33361	35989	42242	20621	21621	21190	10227	10963
149878	71768	78110	51912	24809	27103	13493	6383	7110
			216614	103668	112946	7458	3542	3916
			267163	131195	135968	38508	19595	18913
			223747	105812	117935	61203	26446	34757
			236077	117920	118157	56553	29778	26775
			174964	90927	84037	21062	12224	8838
4810	2260	2550	6557	3340	3217	1097	620	477
			237788	114258	123530	9387	3968	5419
			203260	98228	105032	7488	3724	3764
			290741	140685	150056	13934	7194	6740
471854	**224287**	**247567**	**856328**	**413294**	**443034**	**105842**	**55819**	**50023**
159614	75756	83858	94132	45477	48655	20397	10436	9961
99392	47974	51418	52725	27548	25177	12756	7224	5532
136085	64608	71477	80228	39620	40608	22348	13138	9210
76763	35949	40814	46621	22231	24390	11859	5915	5944
			57945	29268	28677	4543	2752	1791
			19875	10230	9645	5631	3274	2357
			72211	33186	39025	8940	3828	5112
			7141	3384	3757	330	165	165
			99741	47190	52551	5059	2599	2460
			94855	45604	49251	3473	1766	1707
			118023	55781	62242	5156	2287	2869
			112831	53775	59056	5350	2435	2915
199794	**96670**	**103124**	**384281**	**181126**	**203155**	**59115**	**26627**	**32488**
94128	45077	49051	76805	34496	42309	26928	11623	15305
105666	51593	54073	51948	25564	26384	14762	7275	7487
			98103	46528	51575	6027	2610	3417
			81637	38100	43537	3430	1559	1871
			75788	36438	39350	7968	3560	4408
148785	**72091**	**76694**	**212908**	**102610**	**110298**	**21996**	**10446**	**11550**
102617	49318	53299	70554	34863	35691	9104	4411	4693
46168	22773	23395	27332	13683	13649	3202	1556	1646
			82727	39241	43486	5630	2728	2902
			32295	14823	17472	4060	1751	2309

7-1 续表

现住地	户口					
	合计			省内		
	合计	男	女	小计	男	女
通化市	**467947**	**223671**	**244276**	**433463**	**206949**	**226514**
东昌区	179512	85802	93710	164286	78435	85851
二道江区	28835	13878	14957	26385	12582	13803
通化县	46760	22099	24661	41556	19467	22089
辉南县	76842	36819	40023	73613	35363	38250
柳河县	76750	36764	39986	72375	34789	37586
集安市	59248	28309	30939	55248	26313	28935
白山市	**396204**	**193560**	**202644**	**372286**	**181112**	**191174**
浑江区	185279	89757	95522	176473	85271	91202
江源区	55969	27774	28195	52319	25834	26485
抚松县	59010	29078	29932	54182	26531	27651
靖宇县	33583	16644	16939	30974	15280	15694
长白朝鲜族自治县	15065	7628	7437	13360	6642	6718
临江市	47298	22679	24619	44978	21554	23424
松原市	**924618**	**446099**	**478519**	**887770**	**427802**	**459968**
宁江区	397240	192531	204709	383116	185365	197751
前郭尔罗斯蒙古族自治县	138362	65310	73052	133499	62904	70595
长岭县	104765	49914	54851	99907	47667	52240
乾安县	71851	34713	37138	69350	33415	35935
吉林松原经济开发区	77454	38380	39074	73548	36385	37163
扶余市	134946	65251	69695	128350	62066	66284
白城市	**602103**	**286362**	**315741**	**560807**	**267154**	**293653**
洮北区	175766	84986	90780	162809	78515	84294
镇赉县	61278	29417	31861	55563	26815	28748
通榆县	90313	43509	46804	86310	41490	44820
吉林白城经济开发区	78618	35518	43100	69837	31754	38083
洮南市	98422	46585	51837	92842	44136	48706
大安市	97706	46347	51359	93446	44444	49002
延边朝鲜族自治州	**754459**	**367939**	**386520**	**645793**	**311766**	**334027**
延吉市	329495	159519	169976	272806	130414	142392
图们市	25408	12633	12775	21955	10791	11164
敦化市	134213	65334	68879	124998	60377	64621
珲春市	109335	53538	55797	85813	41636	44177
龙井市	35263	17367	17896	30674	14994	15680
和龙市	36631	18221	18410	33494	16535	16959
汪清县	51288	24885	26403	46627	22655	23972
安图县	32826	16442	16384	29426	14364	15062
长白山管委会	**19247**	**9787**	**9460**	**16786**	**8414**	**8372**
长白山保护开发区池北区	13263	6848	6415	11251	5707	5544
长白山保护开发区池西区	5432	2649	2783	5056	2458	2598
长白山保护开发区池南区	552	290	262	479	249	230
梅河口市	**200771**	**97293**	**103478**	**189499**	**91563**	**97936**

单位：人

登记地	市辖区内人户分离			省内流动人口			省外		
	小计	男	女	小计	男	女	小计	男	女
	111398	**53426**	**57972**	**322065**	**153523**	**168542**	**34484**	**16722**	**17762**
	94627	45483	49144	69659	32952	36707	15226	7367	7859
	16771	7943	8828	9614	4639	4975	2450	1296	1154
				41556	19467	22089	5204	2632	2572
				73613	35363	38250	3229	1456	1773
				72375	34789	37586	4375	1975	2400
				55248	26313	28935	4000	1996	2004
	169489	**82133**	**87356**	**202797**	**98979**	**103818**	**23918**	**12448**	**11470**
	134278	64900	69378	42195	20371	21824	8806	4486	4320
	35211	17233	17978	17108	8601	8507	3650	1940	1710
				54182	26531	27651	4828	2547	2281
				30974	15280	15694	2609	1364	1245
				13360	6642	6718	1705	986	719
				44978	21554	23424	2320	1125	1195
	173553	**83466**	**90087**	**714217**	**344336**	**369881**	**36848**	**18297**	**18551**
	173553	83466	90087	209563	101899	107664	14124	7166	6958
				133499	62904	70595	4863	2406	2457
				99907	47667	52240	4858	2247	2611
				69350	33415	35935	2501	1298	1203
				73548	36385	37163	3906	1995	1911
				128350	62066	66284	6596	3185	3411
	109403	**52200**	**57203**	**451404**	**214954**	**236450**	**41296**	**19208**	**22088**
	109403	52200	57203	53406	26315	27091	12957	6471	6486
				55563	26815	28748	5715	2602	3113
				86310	41490	44820	4003	2019	1984
				69837	31754	38083	8781	3764	5017
				92842	44136	48706	5580	2449	3131
				93446	44444	49002	4260	1903	2357
				645793	**311766**	**334027**	**108666**	**56173**	**52493**
				272806	130414	142392	56689	29105	27584
				21955	10791	11164	3453	1842	1611
				124998	60377	64621	9215	4957	4258
				85813	41636	44177	23522	11902	11620
				30674	14994	15680	4589	2373	2216
				33494	16535	16959	3137	1686	1451
				46627	22655	23972	4661	2230	2431
				29426	14364	15062	3400	2078	1322
				16786	**8414**	**8372**	**2461**	**1373**	**1088**
				11251	5707	5544	2012	1141	871
				5056	2458	2598	376	191	185
				479	249	230	73	41	32
				189499	**91563**	**97936**	**11272**	**5730**	**5542**

7-1a 全省按现住地、户口登记地、

现住地	户口					
	合计			省内		
	合计	男	女	小计	男	女
全省	**6258092**	**3050432**	**3207660**	**5679775**	**2746311**	**2933464**
长春市	**2690346**	**1323993**	**1366353**	**2371303**	**1152244**	**1219059**
南关区	396519	193214	203305	325345	155022	170323
宽城区	412384	203874	208510	367234	180118	187116
朝阳区	333894	169901	163993	263953	128925	135028
二道区	349212	171667	177545	306801	149496	157305
绿园区	466904	232153	234751	413365	203031	210334
双阳区	98632	47519	51113	79883	38593	41290
九台区	136381	65918	70463	132377	63994	68383
农安县						
长春经济技术开发区						
长春净月高新技术产业开发区						
长春高新技术产业开发区						
长春汽车经济技术开发区						
长春莲花山生态旅游度假区						
榆树市	153772	74092	79680	149964	72449	77515
德惠市	142920	69307	73613	139080	67405	71675
公主岭市	199728	96348	103380	193301	93211	100090
吉林市	**1028017**	**498511**	**529506**	**963173**	**463325**	**499848**
昌邑区	232741	111734	121007	216284	103197	113087
龙潭区	145510	73149	72361	134736	67050	67686
船营区	209055	102755	106300	188982	90901	98081
丰满区	110229	53406	56823	102669	49327	53342
永吉县						
吉林经济开发区	395	191	204	339	161	178
吉林高新技术产业开发区						
吉林中国新加坡食品区						
蛟河市	79341	38069	41272	76602	36731	39871
桦甸市	80618	38742	41876	78821	37918	40903
舒兰市	91780	43306	48474	89030	42072	46958
磐石市	78348	37159	41189	75710	35968	39742
四平市	**370395**	**179509**	**190886**	**337056**	**163105**	**173951**
铁西区	146234	70683	75551	130391	62768	67623
铁东区	162052	79288	82764	149181	72928	76253
梨树县						
伊通满族自治县						
双辽市	62109	29538	32571	57484	27409	30075
辽源市	**242662**	**118793**	**123869**	**231426**	**113326**	**118100**
龙山区	169788	82687	87101	161498	78640	82858
西安区	72874	36106	36768	69928	34686	35242

性别分的户口登记地在外乡镇街道的人口(城市)

单位：人

登记地	市辖区内人户分离			省内流动人口			省外		
	小计	男	女	小计	男	女	小计	男	女
	2186435	**1051661**	**1134774**	**3493340**	**1694650**	**1798690**	**578317**	**304121**	**274196**
	928234	**447834**	**480400**	**1443069**	**704410**	**738659**	**319043**	**171749**	**147294**
	156880	74565	82315	168465	80457	88008	71174	38192	32982
	159976	77817	82159	207258	102301	104957	45150	23756	21394
	118303	56959	61344	145650	71966	73684	69941	40976	28965
	146728	71436	75292	160073	78060	82013	42411	22171	20240
	179836	86499	93337	233529	116532	116997	53539	29122	24417
	53422	25834	27588	26461	12759	13702	18749	8926	9823
	113089	54724	58365	19288	9270	10018	4004	1924	2080
				149964	72449	77515	3808	1643	2165
				139080	67405	71675	3840	1902	1938
				193301	93211	100090	6427	3137	3290
	416138	**197810**	**218328**	**547035**	**265515**	**281520**	**64844**	**35186**	**29658**
	139647	66236	73411	76637	36961	39676	16457	8537	7920
	88744	42846	45898	45992	24204	21788	10774	6099	4675
	119893	56694	63199	69089	34207	34882	20073	11854	8219
	67854	32034	35820	34815	17293	17522	7560	4079	3481
				339	161	178	56	30	26
				76602	36731	39871	2739	1338	1401
				78821	37918	40903	1797	824	973
				89030	42072	46958	2750	1234	1516
				75710	35968	39742	2638	1191	1447
	180361	**87236**	**93125**	**156695**	**75869**	**80826**	**33339**	**16404**	**16935**
	77893	37208	40685	52498	25560	26938	15843	7915	7928
	102468	50028	52440	46713	22900	23813	12871	6360	6511
				57484	27409	30075	4625	2129	2496
	143565	**69456**	**74109**	**87861**	**43870**	**43991**	**11236**	**5467**	**5769**
	98607	47286	51321	62891	31354	31537	8290	4047	4243
	44958	22170	22788	24970	12516	12454	2946	1420	1526

7-1a 续表

现住地	户口 合计			省内		
	合计	男	女	小计	男	女
东丰县						
东辽县						
通化市	**236429**	**112503**	**123926**	**218439**	**103793**	**114646**
东昌区	168578	80263	88315	154406	73494	80912
二道江区	23267	11099	12168	21461	10152	11309
通化县						
辉南县						
柳河县						
集安市	44584	21141	23443	42572	20147	22425
白山市	**255129**	**123507**	**131622**	**243959**	**117923**	**126036**
浑江区	172971	83796	89175	165337	79916	85421
江源区	40799	19983	20816	38874	19044	19830
抚松县						
靖宇县						
长白朝鲜族自治县						
临江市	41359	19728	21631	39748	18963	20785
松原市	**425923**	**206495**	**219428**	**411491**	**199358**	**212133**
宁江区	331687	160713	170974	320368	155018	165350
前郭尔罗斯蒙古族自治县	15465	7405	8060	14995	7185	7810
长岭县						
乾安县						
吉林松原经济开发区						
扶余市	78771	38377	40394	76128	37155	38973
白城市	**285561**	**136955**	**148606**	**270303**	**129531**	**140772**
洮北区	156638	75965	80673	146145	70700	75445
镇赉县						
通榆县						
吉林白城经济开发区	2099	1034	1065	1934	944	990
洮南市	62280	29455	32825	60141	28490	31651
大安市	64544	30501	34043	62083	29397	32686
延边朝鲜族自治州	**568361**	**274651**	**293710**	**484627**	**231990**	**252637**
延吉市	302949	145762	157187	251459	119491	131968
图们市	21114	10371	10743	18383	8942	9441
敦化市	95382	46028	49354	89996	43261	46735
珲春市	91454	44481	46973	72943	35128	37815
龙井市	30040	14611	15429	26360	12772	13588
和龙市	27422	13398	14024	25486	12396	13090
汪清县						
安图县						
长白山管委会						
梅河口市	**155269**	**75515**	**79754**	**147998**	**71716**	**76282**

单位：人

登记地								
市辖区内人户分离			省内流动人口			省外		
小计	男	女	小计	男	女	小计	男	女
104318	**49935**	**54383**	**114121**	**53858**	**60263**	**17990**	**8710**	**9280**
90075	43249	46826	64331	30245	34086	14172	6769	7403
14243	6686	7557	7218	3466	3752	1806	947	859
			42572	20147	22425	2012	994	1018
157776	**76182**	**81594**	**86183**	**41741**	**44442**	**11170**	**5584**	**5586**
128347	61839	66508	36990	18077	18913	7634	3880	3754
29429	14343	15086	9445	4701	4744	1925	939	986
			39748	18963	20785	1611	765	846
152649	**73582**	**79067**	**258842**	**125776**	**133066**	**14432**	**7137**	**7295**
152649	73582	79067	167719	81436	86283	11319	5695	5624
			14995	7185	7810	470	220	250
			76128	37155	38973	2643	1222	1421
103394	**49626**	**53768**	**166909**	**79905**	**87004**	**15258**	**7424**	**7834**
103394	49626	53768	42751	21074	21677	10493	5265	5228
			1934	944	990	165	90	75
			60141	28490	31651	2139	965	1174
			62083	29397	32686	2461	1104	1357
			484627	**231990**	**252637**	**83734**	**42661**	**41073**
			251459	119491	131968	51490	26271	25219
			18383	8942	9441	2731	1429	1302
			89996	43261	46735	5386	2767	2619
			72943	35128	37815	18511	9353	9158
			26360	12772	13588	3680	1839	1841
			25486	12396	13090	1936	1002	934
			147998	**71716**	**76282**	**7271**	**3799**	**3472**

7-1b 全省按现住地、户口登记地、

现住地	户口					
	合计			省内		
	合计	男	女	小计	男	女
全省	**2462484**	**1197278**	**1265206**	**2221683**	**1077951**	**1143732**
长春市	**1200687**	**593453**	**607234**	**1042899**	**514277**	**528622**
南关区						
宽城区	50495	24245	26250	45626	21993	23633
朝阳区	3644	1864	1780	3191	1598	1593
二道区	236	118	118	201	96	105
绿园区						
双阳区	1189	594	595	1103	542	561
九台区	1304	612	692	1231	577	654
农安县	134909	64767	70142	131459	63168	68291
长春经济技术开发区	305671	150790	154881	267163	131195	135968
长春净月高新技术产业开发区	145536	65501	80035	117132	54316	62816
长春高新技术产业开发区	291796	147233	144563	235348	117527	117821
长春汽车经济技术开发区	196026	103151	92875	174964	90927	84037
长春莲花山生态旅游度假区	2484	1324	1160	2285	1204	1081
榆树市	11070	5386	5684	10458	5111	5347
德惠市	2168	964	1204	1965	861	1104
公主岭市	54159	26904	27255	50773	25162	25611
吉林市	**171323**	**80788**	**90535**	**151507**	**71211**	**80296**
昌邑区	4745	2093	2652	3605	1674	1931
龙潭区	3285	1725	1560	2976	1526	1450
船营区	1472	687	785	1393	649	744
丰满区	234	109	125	216	102	114
永吉县	37687	18036	19651	35775	17083	18692
吉林经济开发区	23607	12530	11077	18400	9509	8891
吉林高新技术产业开发区	72553	32151	40402	64188	28688	35500
吉林中国新加坡食品区	1222	580	642	1169	551	618
蛟河市	6640	3277	3363	5676	2672	3004
桦甸市	4435	2114	2321	4006	1897	2109
舒兰市	5517	2533	2984	4970	2291	2679
磐石市	9926	4953	4973	9133	4569	4564
四平市	**144340**	**69322**	**75018**	**138408**	**66612**	**71796**
铁西区						
铁东区	1268	587	681	1050	486	564
梨树县	76557	36997	39560	73398	35548	37850
伊通满族自治县	61153	28932	32221	59392	28132	31260
双辽市	5362	2806	2556	4568	2446	2122
辽源市	**80218**	**38032**	**42186**	**76176**	**36170**	**40006**
龙山区	371	203	168	356	196	160
西安区						
东丰县	59311	28216	31095	56904	27087	29817
东辽县	20536	9613	10923	18916	8887	10029

性别分的户口登记地在外乡镇街道的人口(镇)

单位：人

登记地	市辖区内人户分离			省内流动人口			省外		
	小计	男	女	小计	男	女	小计	男	女
	36602	**17605**	**18997**	**2185081**	**1060346**	**1124735**	**240801**	**119327**	**121474**
	13650	**6483**	**7167**	**1029249**	**507794**	**521455**	**157788**	**79176**	**78612**
	10591	4974	5617	35035	17019	18016	4869	2252	2617
	1060	535	525	2131	1063	1068	453	266	187
	30	11	19	171	85	86	35	22	13
	547	268	279	556	274	282	86	52	34
	573	273	300	658	304	354	73	35	38
				131459	63168	68291	3450	1599	1851
				267163	131195	135968	38508	19595	18913
				117132	54316	62816	28404	11185	17219
				235348	117527	117821	56448	29706	26742
				174964	90927	84037	21062	12224	8838
	849	422	427	1436	782	654	199	120	79
				10458	5111	5347	612	275	337
				1965	861	1104	203	103	100
				50773	25162	25611	3386	1742	1644
	4335	**2098**	**2237**	**147172**	**69113**	**78059**	**19816**	**9577**	**10239**
	1643	805	838	1962	869	1093	1140	419	721
	1691	834	857	1285	692	593	309	199	110
	887	410	477	506	239	267	79	38	41
	114	49	65	102	53	49	18	7	11
				35775	17083	18692	1912	953	959
				18400	9509	8891	5207	3021	2186
				64188	28688	35500	8365	3463	4902
				1169	551	618	53	29	24
				5676	2672	3004	964	605	359
				4006	1897	2109	429	217	212
				4970	2291	2679	547	242	305
				9133	4569	4564	793	384	409
	589	**268**	**321**	**137819**	**66344**	**71475**	**5932**	**2710**	**3222**
	589	268	321	461	218	243	218	101	117
				73398	35548	37850	3159	1449	1710
				59392	28132	31260	1761	800	961
				4568	2446	2122	794	360	434
	220	**119**	**101**	**75956**	**36051**	**39905**	**4042**	**1862**	**2180**
	220	119	101	136	77	59	15	7	8
				56904	27087	29817	2407	1129	1278
				18916	8887	10029	1620	726	894

7-1b 续表

现住地	户口					
	合计			省内		
	合计	男	女	小计	男	女
通化市	**158768**	**75900**	**82868**	**150677**	**72060**	**78617**
东昌区	2461	1178	1283	2227	1060	1167
二道江区	2641	1313	1328	2272	1115	1157
通化县	32493	15156	17337	29899	13864	16035
辉南县	66868	32222	34646	64580	31154	33426
柳河县	52686	25235	27451	50327	24199	26128
集安市	1619	796	823	1372	668	704
白山市	**100144**	**49159**	**50985**	**91962**	**44876**	**47086**
浑江区	4535	1861	2674	4043	1672	2371
江源区	8118	4199	3919	7067	3593	3474
抚松县	51196	25249	25947	47339	23209	24130
靖宇县	23628	11554	12074	22030	10748	11282
长白朝鲜族自治县	11726	5830	5896	10662	5249	5413
临江市	941	466	475	821	405	416
松原市	**291299**	**139798**	**151501**	**281819**	**135104**	**146715**
宁江区	20035	9669	10366	19499	9387	10112
前郭尔罗斯蒙古族自治县	89364	41922	47442	86888	40703	46185
长岭县	55775	26901	28874	53863	26016	27847
乾安县	51713	24808	26905	50523	24197	26326
吉林松原经济开发区	65494	32135	33359	62655	30703	31952
扶余市	8918	4363	4555	8391	4098	4293
白城市	**195131**	**91326**	**103805**	**179547**	**84390**	**95157**
洮北区	6604	3250	3354	5653	2783	2870
镇赉县	41415	19806	21609	37722	18119	19603
通榆县	60601	29008	31593	58761	28077	30684
吉林白城经济开发区	74073	33265	40808	65745	29754	35991
洮南市	2055	946	1109	1776	821	955
大安市	10383	5051	5332	9890	4836	5054
延边朝鲜族自治州	**92378**	**45427**	**46951**	**83653**	**40884**	**42769**
延吉市	5330	2747	2583	4545	2363	2182
图们市	2028	1029	999	1745	883	862
敦化市	7851	3944	3907	7030	3502	3528
珲春市	2689	1369	1320	2149	1098	1051
龙井市	1306	682	624	1089	559	530
和龙市	3574	1868	1706	3010	1547	1463
汪清县	44790	21604	23186	41126	19843	21283
安图县	24810	12184	12626	22959	11089	11870
长白山管委会	**19156**	**9736**	**9420**	**16705**	**8368**	**8337**
长白山保护开发区池北区	13172	6797	6375	11170	5661	5509
长白山保护开发区池西区	5432	2649	2783	5056	2458	2598
长白山保护开发区池南区	552	290	262	479	249	230
梅河口市	**9040**	**4337**	**4703**	**8330**	**3999**	**4331**

单位：人

登记地	市辖区内人户分离			省内流动人口			省外		
	小计	男	女	小计	男	女	小计	男	女
	1931	**928**	**1003**	**148746**	**71132**	**77614**	**8091**	**3840**	**4251**
	1068	502	566	1159	558	601	234	118	116
	863	426	437	1409	689	720	369	198	171
				29899	13864	16035	2594	1292	1302
				64580	31154	33426	2288	1068	1220
				50327	24199	26128	2359	1036	1323
				1372	668	704	247	128	119
	4657	**2374**	**2283**	**87305**	**42502**	**44803**	**8182**	**4283**	**3899**
	1758	909	849	2285	763	1522	492	189	303
	2899	1465	1434	4168	2128	2040	1051	606	445
				47339	23209	24130	3857	2040	1817
				22030	10748	11282	1598	806	792
				10662	5249	5413	1064	581	483
				821	405	416	120	61	59
	9003	**4283**	**4720**	**272816**	**130821**	**141995**	**9480**	**4694**	**4786**
	9003	4283	4720	10496	5104	5392	536	282	254
				86888	40703	46185	2476	1219	1257
				53863	26016	27847	1912	885	1027
				50523	24197	26326	1190	611	579
				62655	30703	31952	2839	1432	1407
				8391	4098	4293	527	265	262
	2217	**1052**	**1165**	**177330**	**83338**	**93992**	**15584**	**6936**	**8648**
	2217	1052	1165	3436	1731	1705	951	467	484
				37722	18119	19603	3693	1687	2006
				58761	28077	30684	1840	931	909
				65745	29754	35991	8328	3511	4817
				1776	821	955	279	125	154
				9890	4836	5054	493	215	278
				83653	**40884**	**42769**	**8725**	**4543**	**4182**
				4545	2363	2182	785	384	401
				1745	883	862	283	146	137
				7030	3502	3528	821	442	379
				2149	1098	1051	540	271	269
				1089	559	530	217	123	94
				3010	1547	1463	564	321	243
				41126	19843	21283	3664	1761	1903
				22959	11089	11870	1851	1095	756
				16705	**8368**	**8337**	**2451**	**1368**	**1083**
				11170	5661	5509	2002	1136	866
				5056	2458	2598	376	191	185
				479	249	230	73	41	32
				8330	**3999**	**4331**	**710**	**338**	**372**

7—1c 全省按现住地、户口登记地、

现住地	合计			户口 省内		
	合计	男	女	小计	男	女
全 省	**1630107**	**785453**	**844654**	**1447754**	**695601**	**752153**
长春市	**633398**	**308036**	**325362**	**554656**	**268504**	**286152**
南关区						
宽城区	73802	39955	33847	58752	30911	27841
朝阳区	4828	2562	2266	4182	2176	2006
二道区						
绿园区	6037	3376	2661	5105	2807	2298
双阳区	32961	16096	16865	30606	14847	15759
九台区	77598	36430	41168	68182	32006	36176
农安县	89163	42443	46720	85155	40500	44655
长春经济技术开发区						
长春净月高新技术产业开发区	139414	66757	72657	106615	51496	55119
长春高新技术产业开发区	834	465	369	729	393	336
长春汽车经济技术开发区						
长春莲花山生态旅游度假区	9980	4896	5084	9082	4396	4686
榆树市	82333	38748	43585	77366	36698	40668
德惠市	65660	31681	33979	62215	29962	32253
公主岭市	50788	24627	26161	46667	22312	24355
吉林市	**234684**	**114101**	**120583**	**213502**	**103045**	**110457**
昌邑区	36657	17842	18815	33857	16362	17495
龙潭区	16078	7872	8206	14405	6946	7459
船营区	28134	13924	14210	25938	12678	13260
丰满区	24780	10580	14200	20499	8751	11748
永吉县	24801	13984	10817	22170	12185	9985
吉林经济开发区	1504	783	721	1136	560	576
吉林高新技术产业开发区	8598	4863	3735	8023	4498	3525
吉林中国新加坡食品区	6249	2969	3280	5972	2833	3139
蛟河市	18819	8443	10376	17463	7787	9676
桦甸市	13275	6514	6761	12028	5789	6239
舒兰市	25882	12229	13653	24023	11418	12605
磐石市	29907	14098	15809	27988	13238	14750
四平市	**128455**	**55592**	**72863**	**108611**	**48079**	**60532**
铁西区	51627	20513	31114	40542	16805	23737
铁东区	9056	4557	4499	7383	3743	3640
梨树县	27573	12141	15432	24705	10980	13725
伊通满族自治县	23914	10727	13187	22245	9968	12277
双辽市	16285	7654	8631	13736	6583	7153
辽源市	**60809**	**28322**	**32487**	**54091**	**25205**	**28886**
龙山区	12116	5702	6414	11317	5345	5972
西安区	3828	1906	1922	3572	1770	1802

性别分的户口登记地在外乡镇街道的人口(乡村)

单位：人

登记地								
市辖区内人户分离			省内流动人口			省外		
小计	男	女	小计	男	女	小计	男	女
176229	**84089**	**92140**	**1271525**	**611512**	**660013**	**182353**	**89852**	**92501**
73106	**34765**	**38341**	**481550**	**233739**	**247811**	**78742**	**39532**	**39210**
14798	7494	7304	43954	23417	20537	15050	9044	6006
1290	641	649	2892	1535	1357	646	386	260
1460	762	698	3645	2045	1600	932	569	363
15381	7259	8122	15225	7588	7637	2355	1249	1106
36216	16771	19445	31966	15235	16731	9416	4424	4992
			85155	40500	44655	4008	1943	2065
			106615	51496	55119	32799	15261	17538
			729	393	336	105	72	33
3961	1838	2123	5121	2558	2563	898	500	398
			77366	36698	40668	4967	2050	2917
			62215	29962	32253	3445	1719	1726
			46667	22312	24355	4121	2315	1806
51381	**24379**	**27002**	**162121**	**78666**	**83455**	**21182**	**11056**	**10126**
18324	8715	9609	15533	7647	7886	2800	1480	1320
8957	4294	4663	5448	2652	2796	1673	926	747
15305	7504	7801	10633	5174	5459	2196	1246	950
8795	3866	4929	11704	4885	6819	4281	1829	2452
			22170	12185	9985	2631	1799	832
			1136	560	576	368	223	145
			8023	4498	3525	575	365	210
			5972	2833	3139	277	136	141
			17463	7787	9676	1356	656	700
			12028	5789	6239	1247	725	522
			24023	11418	12605	1859	811	1048
			27988	13238	14750	1919	860	1059
18844	**9166**	**9678**	**89767**	**38913**	**50854**	**19844**	**7513**	**12331**
16235	7869	8366	24307	8936	15371	11085	3708	7377
2609	1297	1312	4774	2446	2328	1673	814	859
			24705	10980	13725	2868	1161	1707
			22245	9968	12277	1669	759	910
			13736	6583	7153	2549	1071	1478
5000	**2516**	**2484**	**49091**	**22689**	**26402**	**6718**	**3117**	**3601**
3790	1913	1877	7527	3432	4095	799	357	442
1210	603	607	2362	1167	1195	256	136	120

7-1c 续表

现住地	户口					
	合计			省内		
	合计	男	女	小计	男	女
东丰县	29046	13753	15293	25823	12154	13669
东辽县	15819	6961	8858	13379	5936	7443
通化市	**72750**	**35268**	**37482**	**64347**	**31096**	**33251**
东昌区	8473	4361	4112	7653	3881	3772
二道江区	2927	1466	1461	2652	1315	1337
通化县	14267	6943	7324	11657	5603	6054
辉南县	9974	4597	5377	9033	4209	4824
柳河县	24064	11529	12535	22048	10590	11458
集安市	13045	6372	6673	11304	5498	5806
白山市	**40931**	**20894**	**20037**	**36365**	**18313**	**18052**
浑江区	7773	4100	3673	7093	3683	3410
江源区	7052	3592	3460	6378	3197	3181
抚松县	7814	3829	3985	6843	3322	3521
靖宇县	9955	5090	4865	8944	4532	4412
长白朝鲜族自治县	3339	1798	1541	2698	1393	1305
临江市	4998	2485	2513	4409	2186	2223
松原市	**207396**	**99806**	**107590**	**194460**	**93340**	**101120**
宁江区	45518	22149	23369	43249	20960	22289
前郭尔罗斯蒙古族自治县	33533	15983	17550	31616	15016	16600
长岭县	48990	23013	25977	46044	21651	24393
乾安县	20138	9905	10233	18827	9218	9609
吉林松原经济开发区	11960	6245	5715	10893	5682	5211
扶余市	47257	22511	24746	43831	20813	23018
白城市	**121411**	**58081**	**63330**	**110957**	**53233**	**57724**
洮北区	12524	5771	6753	11011	5032	5979
镇赉县	19863	9611	10252	17841	8696	9145
通榆县	29712	14501	15211	27549	13413	14136
吉林白城经济开发区	2446	1219	1227	2158	1056	1102
洮南市	34087	16184	17903	30925	14825	16100
大安市	22779	10795	11984	21473	10211	11262
延边朝鲜族自治州	**93720**	**47861**	**45859**	**77513**	**38892**	**38621**
延吉市	21216	11010	10206	16802	8560	8242
图们市	2266	1233	1033	1827	966	861
敦化市	30980	15362	15618	27972	13614	14358
珲春市	15192	7688	7504	10721	5410	5311
龙井市	3917	2074	1843	3225	1663	1562
和龙市	5635	2955	2680	4998	2592	2406
汪清县	6498	3281	3217	5501	2812	2689
安图县	8016	4258	3758	6467	3275	3192
长白山管委会	**91**	**51**	**40**	**81**	**46**	**35**
梅河口市	**36462**	**17441**	**19021**	**33171**	**15848**	**17323**

单位：人

登记地								
						省　外		
市辖区内人户分离			省内流动人口					
小计	男	女	小计	男	女	小计	男	女
			25823	12154	13669	3223	1599	1624
			13379	5936	7443	2440	1025	1415
5149	**2563**	**2586**	**59198**	**28533**	**30665**	**8403**	**4172**	**4231**
3484	1732	1752	4169	2149	2020	820	480	340
1665	831	834	987	484	503	275	151	124
			11657	5603	6054	2610	1340	1270
			9033	4209	4824	941	388	553
			22048	10590	11458	2016	939	1077
			11304	5498	5806	1741	874	867
7056	**3577**	**3479**	**29309**	**14736**	**14573**	**4566**	**2581**	**1985**
4173	2152	2021	2920	1531	1389	680	417	263
2883	1425	1458	3495	1772	1723	674	395	279
			6843	3322	3521	971	507	464
			8944	4532	4412	1011	558	453
			2698	1393	1305	641	405	236
			4409	2186	2223	589	299	290
11901	**5601**	**6300**	**182559**	**87739**	**94820**	**12936**	**6466**	**6470**
11901	5601	6300	31348	15359	15989	2269	1189	1080
			31616	15016	16600	1917	967	950
			46044	21651	24393	2946	1362	1584
			18827	9218	9609	1311	687	624
			10893	5682	5211	1067	563	504
			43831	20813	23018	3426	1698	1728
3792	**1522**	**2270**	**107165**	**51711**	**55454**	**10454**	**4848**	**5606**
3792	1522	2270	7219	3510	3709	1513	739	774
			17841	8696	9145	2022	915	1107
			27549	13413	14136	2163	1088	1075
			2158	1056	1102	288	163	125
			30925	14825	16100	3162	1359	1803
			21473	10211	11262	1306	584	722
			77513	**38892**	**38621**	**16207**	**8969**	**7238**
			16802	8560	8242	4414	2450	1964
			1827	966	861	439	267	172
			27972	13614	14358	3008	1748	1260
			10721	5410	5311	4471	2278	2193
			3225	1663	1562	692	411	281
			4998	2592	2406	637	363	274
			5501	2812	2689	997	469	528
			6467	3275	3192	1549	983	566
			81	**46**	**35**	**10**	**5**	**5**
			33171	**15848**	**17323**	**3291**	**1593**	**1698**

7-2 全省按户口登记地、年龄、性别分的

年 龄	户口					
	合 计			省 内		
	合计	男	女	小计	男	女
总 计	**10350683**	**5033163**	**5317520**	**9349212**	**4519863**	**4829349**
0—4岁	**348022**	**179885**	**168137**	**322123**	**166320**	**155803**
0	46133	23942	22191	43571	22622	20949
1	68488	35304	33184	63426	32675	30751
2	68840	35518	33322	63354	32619	30735
3	80059	41447	38612	73713	38102	35611
4	84502	43674	40828	78059	40302	37757
5—9岁	**411158**	**214152**	**197006**	**380395**	**197935**	**182460**
5	67992	35181	32811	62641	32375	30266
6	88616	46203	42413	82145	42795	39350
7	82709	42964	39745	76609	39751	36858
8	91383	47629	43754	84673	44098	40575
9	80458	42175	38283	74327	38916	35411
10—14岁	**437824**	**228319**	**209505**	**407086**	**211876**	**195210**
10	83355	43506	39849	77206	40298	36908
11	85068	44546	40522	78686	41169	37517
12	87876	45902	41974	81547	42463	39084
13	91166	47694	43472	85131	44427	40704
14	90359	46671	43688	84516	43519	40997
15—19岁	**676118**	**337812**	**338306**	**575317**	**288645**	**286672**
15	126388	64346	62042	120868	61329	59539
16	139855	71770	68085	134193	68709	65484
17	112776	56672	56104	104856	52692	52164
18	135522	67314	68208	106780	53488	53292
19	161577	77710	83867	108620	52427	56193
20—24岁	**655973**	**316111**	**339862**	**467360**	**222475**	**244885**
20	165003	79161	85842	102971	49098	53873
21	135918	66068	69850	85395	40949	44446
22	121238	59260	61978	87980	42274	45706
23	113417	54489	58928	90563	42871	47692
24	120397	57133	63264	100451	47283	53168
25—29岁	**739341**	**355771**	**383570**	**653220**	**313170**	**340050**
25	129538	62013	67525	110857	52684	58173
26	131717	63032	68685	114875	54760	60115
27	149606	72174	77432	132817	63848	68969
28	157842	76162	81680	140999	67883	73116
29	170638	82390	88248	153672	73995	79677

户口登记地在外乡镇街道的人口

单位：人

登记地					
			省外		
其中市辖区内人户分离					
小计	男	女	小计	男	女
2399266	**1153355**	**1245911**	**1001471**	**513300**	**488171**
83664	**43056**	**40608**	**25899**	**13565**	**12334**
11228	5823	5405	2562	1320	1242
16480	8433	8047	5062	2629	2433
16378	8357	8021	5486	2899	2587
19160	9931	9229	6346	3345	3001
20418	10512	9906	6443	3372	3071
95303	**49567**	**45736**	**30763**	**16217**	**14546**
15209	7777	7432	5351	2806	2545
21140	11083	10057	6471	3408	3063
19181	9863	9318	6100	3213	2887
21398	11197	10201	6710	3531	3179
18375	9647	8728	6131	3259	2872
98167	**51113**	**47054**	**30738**	**16443**	**14295**
18257	9525	8732	6149	3208	2941
19143	10018	9125	6382	3377	3005
19577	10178	9399	6329	3439	2890
21362	11176	10186	6035	3267	2768
19828	10216	9612	5843	3152	2691
103512	**52519**	**50993**	**100801**	**49167**	**51634**
25612	12669	12943	5520	3017	2503
27878	13953	13925	5662	3061	2601
20443	10239	10204	7920	3980	3940
15550	8315	7235	28742	13826	14916
14029	7343	6686	52957	25283	27674
84761	**41256**	**43505**	**188613**	**93636**	**94977**
14868	7434	7434	62032	30063	31969
14293	7205	7088	50523	25119	25404
17250	8357	8893	33258	16986	16272
18145	8750	9395	22854	11618	11236
20205	9510	10695	19946	9850	10096
135583	**65008**	**70575**	**86121**	**42601**	**43520**
22662	10929	11733	18681	9329	9352
24259	11683	12576	16842	8272	8570
27438	13180	14258	16789	8326	8463
29476	14138	15338	16843	8279	8564
31748	15078	16670	16966	8395	8571

7-2 续表 1

年龄	合计			户口 省内		
	合计	男	女	小计	男	女
30-34岁	**1083473**	**524013**	**559460**	**980690**	**472699**	**507991**
30	223325	107586	115739	201450	96750	104700
31	224390	108318	116072	203214	97894	105320
32	212362	102507	109855	192493	92590	99903
33	227100	110421	116679	205597	99622	105975
34	196296	95181	101115	177936	85843	92093
35-39岁	**815785**	**398738**	**417047**	**741518**	**359718**	**381800**
35	168153	82468	85685	152883	74561	78322
36	158303	77454	80849	143694	69836	73858
37	155697	76291	79406	141484	68782	72702
38	182198	88837	93361	165807	80201	85606
39	151434	73688	77746	137650	66338	71312
40-44岁	**829681**	**407781**	**421900**	**765932**	**373104**	**392828**
40	162941	79293	83648	149623	72184	77439
41	192969	94120	98849	178832	86481	92351
42	170527	84163	86364	157841	77253	80588
43	147643	73041	74602	136473	66866	69607
44	155601	77164	78437	143163	70320	72843
45-49岁	**879255**	**431718**	**447537**	**808626**	**392716**	**415910**
45	149149	73726	75423	136451	66671	69780
46	157595	77397	80198	143826	69892	73934
47	181753	88720	93033	167382	80907	86475
48	193629	95660	97969	178697	87357	91340
49	197129	96215	100914	182270	87889	94381
50-54岁	**895044**	**439291**	**455753**	**825931**	**401315**	**424616**
50	204763	100230	104533	189222	91675	97547
51	185430	91168	94262	171570	83523	88047
52	191426	93819	97607	176545	85690	90855
53	151342	74365	76977	139362	67763	71599
54	162083	79709	82374	149232	72664	76568
55-59岁	**774651**	**377619**	**397032**	**720238**	**348983**	**371255**
55	169317	82822	86495	156689	75971	80718
56	170228	83640	86588	158231	77311	80920
57	192616	94180	98436	179202	87086	92116
58	142356	69155	73201	132405	63997	68408
59	100134	47822	52312	93711	44618	49093
60-64岁	**590947**	**282046**	**308901**	**551211**	**261981**	**289230**
60	132410	63934	68476	124108	59718	64390
61	103853	49879	53974	96802	46286	50516
62	120418	58182	62236	112241	54023	58218
63	121585	57355	64230	113047	53012	60035
64	112681	52696	59985	105013	48942	56071

单位：人

登记地					
其中市辖区内人户分离			省外		
小计	男	女	小计	男	女
221677	**105782**	**115895**	**102783**	**51314**	**51469**
42133	19964	22169	21875	10836	11039
44156	21123	23033	21176	10424	10752
44324	21156	23168	19869	9917	9952
48380	23224	25156	21503	10799	10704
42684	20315	22369	18360	9338	9022
191382	**91813**	**99569**	**74267**	**39020**	**35247**
37631	18137	19494	15270	7907	7363
35090	16763	18327	14609	7618	6991
37292	18010	19282	14213	7509	6704
44628	21457	23171	16391	8636	7755
36741	17446	19295	13784	7350	6434
213728	**101661**	**112067**	**63749**	**34677**	**29072**
40424	19245	21179	13318	7109	6209
49613	23459	26154	14137	7639	6498
45018	21424	23594	12686	6910	5776
38964	18530	20434	11170	6175	4995
39709	19003	20706	12438	6844	5594
231582	**110726**	**120856**	**70629**	**39002**	**31627**
38529	18357	20172	12698	7055	5643
39934	19156	20778	13769	7505	6264
48810	23131	25679	14371	7813	6558
51758	24957	26801	14932	8303	6629
52551	25125	27426	14859	8326	6533
232247	**111613**	**120634**	**69113**	**37976**	**31137**
54142	25979	28163	15541	8555	6986
49548	23805	25743	13860	7645	6215
50576	24247	26329	14881	8129	6752
37274	17981	19293	11980	6602	5378
40707	19601	21106	12851	7045	5806
211972	**102865**	**109107**	**54413**	**28636**	**25777**
44072	21463	22609	12628	6851	5777
46959	22941	24018	11997	6329	5668
54243	26327	27916	13414	7094	6320
38724	18886	19838	9951	5158	4793
27974	13248	14726	6423	3204	3219
163974	**78621**	**85353**	**39736**	**20065**	**19671**
36439	17648	18791	8302	4216	4086
28873	14022	14851	7051	3593	3458
33903	16416	17487	8177	4159	4018
33484	15822	17662	8538	4343	4195
31275	14713	16562	7668	3754	3914

7-2 续表 2

年 龄	户口					
	合 计			省 内		
	合计	男	女	小计	男	女
65-69岁	**508264**	**235192**	**273072**	**476957**	**219630**	**257327**
65	117425	55602	61823	109730	51742	57988
66	114873	53482	61391	107548	49818	57730
67	98089	45086	53003	92011	42070	49941
68	94312	43126	51186	88744	40346	48398
69	83565	37896	45669	78924	35654	43270
70-74岁	**301582**	**134900**	**166682**	**285664**	**127144**	**158520**
70	80175	36448	43727	75931	34380	41551
71	72334	32811	39523	68469	30965	37504
72	54483	24234	30249	51524	22723	28801
73	50665	22240	28425	48101	20980	27121
74	43925	19167	24758	41639	18096	23543
75-79岁	**175671**	**75226**	**100445**	**167630**	**71406**	**96224**
75	37784	16163	21621	35878	15255	20623
76	37904	16221	21683	36150	15379	20771
77	34193	14806	19387	32672	14069	18603
78	32867	14037	18830	31438	13359	18079
79	32923	13999	18924	31492	13344	18148
80-84岁	**122664**	**51766**	**70898**	**117789**	**49498**	**68291**
80	29496	12510	16986	28297	11966	16331
81	26082	11004	15078	25033	10501	14532
82	26176	11027	15149	25134	10547	14587
83	21067	9007	12060	20240	8611	11629
84	19843	8218	11625	19085	7873	11212
85-89岁	**64734**	**26123**	**38611**	**62373**	**25117**	**37256**
85	17406	6886	10520	16717	6609	10108
86	15319	6070	9249	14788	5830	8958
87	13392	5431	7961	12919	5243	7676
88	9936	4057	5879	9559	3899	5660
89	8681	3679	5002	8390	3536	4854
90-94岁	**28095**	**11418**	**16677**	**27157**	**11011**	**16146**
90	8692	3642	5050	8389	3506	4883
91	5988	2439	3549	5758	2340	3418
92	5541	2253	3288	5349	2171	3178
93	4346	1696	2650	4237	1651	2586
94	3528	1388	2140	3424	1343	2081
95-99岁	**10638**	**4486**	**6152**	**10332**	**4355**	**5977**
95	3079	1318	1761	2989	1281	1708
96	2337	968	1369	2265	941	1324
97	2027	826	1201	1983	808	1175
98	1790	761	1029	1733	728	1005
99	1405	613	792	1362	597	765
100岁及以上	**1763**	**796**	**967**	**1663**	**765**	**898**

单位：人

登记地					
其中市辖区内人户分离			省外		
小计	男	女	小计	男	女
140663	**65135**	**75528**	**31307**	**15562**	**15745**
32366	15372	16994	7695	3860	3835
32211	15044	17167	7325	3664	3661
27042	12385	14657	6078	3016	3062
26111	11856	14255	5568	2780	2788
22933	10478	12455	4641	2242	2399
83202	**37047**	**46155**	**15918**	**7756**	**8162**
22755	10266	12489	4244	2068	2176
19805	8984	10821	3865	1846	2019
14779	6551	8228	2959	1511	1448
13577	5840	7737	2564	1260	1304
12286	5406	6880	2286	1071	1215
50192	**21121**	**29071**	**8041**	**3820**	**4221**
10503	4391	6112	1906	908	998
10782	4529	6253	1754	842	912
9788	4205	5583	1521	737	784
9583	3997	5586	1429	678	751
9536	3999	5537	1431	655	776
34900	**14800**	**20100**	**4875**	**2268**	**2607**
8570	3612	4958	1199	544	655
7475	3127	4348	1049	503	546
7534	3228	4306	1042	480	562
5851	2539	3312	827	396	431
5470	2294	3176	758	345	413
16090	**6730**	**9360**	**2361**	**1006**	**1355**
4565	1878	2687	689	277	412
3919	1533	2386	531	240	291
3304	1410	1894	473	188	285
2387	1058	1329	377	158	219
1915	851	1064	291	143	148
5258	**2265**	**2993**	**938**	**407**	**531**
1849	818	1031	303	136	167
1179	502	677	230	99	131
996	421	575	192	82	110
712	302	410	109	45	64
522	222	300	104	45	59
1220	**572**	**648**	**306**	**131**	**175**
427	214	213	90	37	53
271	120	151	72	27	45
213	99	114	44	18	26
174	81	93	57	33	24
135	58	77	43	16	27
189	**85**	**104**	**100**	**31**	**69**

7-2a 全省按户口登记地、年龄、性别分的

年龄	户口					
	合计			省内		
	合计	男	女	小计	男	女
总计	**6258092**	**3050432**	**3207660**	**5679775**	**2746311**	**2933464**
0-4岁	**214124**	**110816**	**103308**	**198181**	**102419**	**95762**
0	28345	14695	13650	26798	13887	12911
1	42166	21833	20333	39085	20236	18849
2	42238	21787	20451	38891	20019	18872
3	49199	25533	23666	45267	23448	21819
4	52176	26968	25208	48140	24829	23311
5-9岁	**252291**	**131737**	**120554**	**232505**	**121235**	**111270**
5	41561	21450	20111	38133	19646	18487
6	54972	28780	26192	50798	26586	24212
7	51024	26515	24509	47133	24437	22696
8	55898	29265	26633	51521	26914	24607
9	48836	25727	23109	44920	23652	21268
10-14岁	**264579**	**138671**	**125908**	**244824**	**127992**	**116832**
10	50049	26189	23860	46098	24086	22012
11	50904	26717	24187	46832	24545	22287
12	53024	27986	25038	48931	25737	23194
13	55830	29360	26470	51951	27223	24728
14	54772	28419	26353	51012	26401	24611
15-19岁	**355373**	**180926**	**174447**	**307909**	**155484**	**152425**
15	72082	36404	35678	68546	34539	34007
16	79259	40429	38830	75665	38526	37139
17	63408	31769	31639	58811	29388	29423
18	64795	33721	31074	51793	26677	25116
19	75829	38603	37226	53094	26354	26740
20-24岁	**361855**	**178869**	**182986**	**269247**	**129018**	**140229**
20	79946	40359	39587	52709	25522	27187
21	69937	35703	34234	46555	22878	23677
22	68996	34450	34546	52216	25201	27015
23	68643	33013	35630	55605	26258	29347
24	74333	35344	38989	62162	29159	33003
25-29岁	**455801**	**220003**	**235798**	**402017**	**193174**	**208843**
25	80348	38417	41931	68598	32504	36094
26	82221	39312	42909	71654	34090	37564
27	92562	44905	47657	82103	39671	42432
28	96878	46986	49892	86416	41829	44587
29	103792	50383	53409	93246	45080	48166

户口登记地在外乡镇街道的人口(城市)

单位：人

登记地

其中市辖区内人户分离			省外		
小计	男	女	小计	男	女
2186435	**1051661**	**1134774**	**578317**	**304121**	**274196**
76936	**39564**	**37372**	**15943**	**8397**	**7546**
10345	5365	4980	1547	808	739
15165	7758	7407	3081	1597	1484
15030	7677	7353	3347	1768	1579
17601	9111	8490	3932	2085	1847
18795	9653	9142	4036	2139	1897
87143	**45327**	**41816**	**19786**	**10502**	**9284**
13916	7089	6827	3428	1804	1624
19424	10218	9206	4174	2194	1980
17528	9019	8509	3891	2078	1813
19557	10219	9338	4377	2351	2026
16718	8782	7936	3916	2075	1841
89139	**46497**	**42642**	**19755**	**10679**	**9076**
16619	8657	7962	3951	2103	1848
17329	9058	8271	4072	2172	1900
17798	9299	8499	4093	2249	1844
19525	10255	9270	3879	2137	1742
17868	9228	8640	3760	2018	1742
89949	**46174**	**43775**	**47464**	**25442**	**22022**
22209	11132	11077	3536	1865	1671
24289	12349	11940	3594	1903	1691
18122	9162	8960	4597	2381	2216
13273	7202	6071	13002	7044	5958
12056	6329	5727	22735	12249	10486
77113	**37515**	**39598**	**92608**	**49851**	**42757**
13117	6556	6561	27237	14837	12400
12814	6460	6354	23382	12825	10557
15821	7642	8179	16780	9249	7531
16737	8066	8671	13038	6755	6283
18624	8791	9833	12171	6185	5986
124325	**59939**	**64386**	**53784**	**26829**	**26955**
20835	10084	10751	11750	5913	5837
22265	10758	11507	10567	5222	5345
25203	12214	12989	10459	5234	5225
27030	13036	13994	10462	5157	5305
28992	13847	15145	10546	5303	5243

7-2a 续表 1

年龄	户口					
	合计			省内		
	合计	男	女	小计	男	女
30-34岁	**663810**	**322924**	**340886**	**600041**	**290746**	**309295**
30	135275	65497	69778	121892	58794	63098
31	136618	66432	70186	123490	59917	63573
32	130399	63223	67176	118019	56991	61028
33	140241	68727	71514	126861	61862	64999
34	121277	59045	62232	109779	53182	56597
35-39岁	**509894**	**250790**	**259104**	**462764**	**225746**	**237018**
35	103799	51327	52472	94240	46276	47964
36	97869	48166	49703	88596	43305	45291
37	97912	48319	49593	88847	43485	45362
38	115246	56446	58800	104764	50848	53916
39	95068	46532	48536	86317	41832	44485
40-44岁	**516210**	**254134**	**262076**	**475959**	**232021**	**243938**
40	101537	49767	51770	93089	45194	47895
41	119712	58578	61134	110719	53680	57039
42	106658	52598	54060	98580	48194	50386
43	91672	45253	46419	84651	41302	43349
44	96631	47938	48693	88920	43651	45269
45-49岁	**541976**	**265878**	**276098**	**498509**	**241746**	**256763**
45	92685	45773	46912	84779	41324	43455
46	96183	47262	48921	87581	42535	45046
47	112245	54614	57631	103367	49766	53601
48	119118	58871	60247	110049	53846	56203
49	121745	59358	62387	112733	54275	58458
50-54岁	**544853**	**266350**	**278503**	**503353**	**243680**	**259673**
50	126399	61798	64601	116948	56601	60347
51	113683	55742	57941	105302	51166	54136
52	116455	56804	59651	107437	51896	55541
53	89451	43646	45805	82343	39750	42593
54	98865	48360	50505	91323	44267	47056
55-59岁	**475635**	**230435**	**245200**	**443472**	**213631**	**229841**
55	104580	50889	53691	97004	46799	50205
56	104161	50912	53249	97113	47199	49914
57	117763	57110	60653	109918	53027	56891
58	87283	42182	45101	81364	39154	42210
59	61848	29342	32506	58073	27452	30621
60-64岁	**365210**	**173821**	**191389**	**341540**	**162018**	**179522**
60	82495	39699	42796	77565	37233	40332
61	63945	30745	33200	59778	28618	31160
62	74157	35681	38476	69301	33231	36070
63	74960	35230	39730	69865	32713	37152
64	69653	32466	37187	65031	30223	34808

单位：人

登记地					
其中市辖区内人户分离			省　　外		
小计	男	女	小计	男	女
202905	**97328**	**105577**	**63769**	**32178**	**31591**
38481	18341	20140	13383	6703	6680
40338	19418	20920	13128	6515	6613
40592	19438	21154	12380	6232	6148
44364	21447	22917	13380	6865	6515
39130	18684	20446	11498	5863	5635
176597	**85028**	**91569**	**47130**	**25044**	**22086**
34565	16744	17821	9559	5051	4508
32271	15428	16843	9273	4861	4412
34515	16729	17786	9065	4834	4231
41322	19950	21372	10482	5598	4884
33924	16177	17747	8751	4700	4051
195750	**93421**	**102329**	**40251**	**22113**	**18138**
37090	17716	19374	8448	4573	3875
45399	21574	23825	8993	4898	4095
41342	19698	21644	8078	4404	3674
35517	16917	18600	7021	3951	3070
36402	17516	18886	7711	4287	3424
211642	**101220**	**110422**	**43467**	**24132**	**19335**
35378	16847	18531	7906	4449	3457
36430	17505	18925	8602	4727	3875
44578	21103	23475	8878	4848	4030
47202	22763	24439	9069	5025	4044
48054	23002	25052	9012	5083	3929
211335	**101533**	**109802**	**41500**	**22670**	**18830**
49320	23657	25663	9451	5197	4254
45192	21743	23449	8381	4576	3805
46178	22150	24028	9018	4908	4110
33692	16236	17456	7108	3896	3212
36953	17747	19206	7542	4093	3449
193641	**93636**	**100005**	**32163**	**16804**	**15359**
40193	19514	20679	7576	4090	3486
42831	20838	21993	7048	3713	3335
49630	24015	25615	7845	4083	3762
35399	17202	18197	5919	3028	2891
25588	12067	13521	3775	1890	1885
149570	**71446**	**78124**	**23670**	**11803**	**11867**
33268	16002	17266	4930	2466	2464
26423	12827	13596	4167	2127	2040
30919	14928	15991	4856	2450	2406
30483	14322	16161	5095	2517	2578
28477	13367	15110	4622	2243	2379

7-2a 续表 2

年龄	户口					
	合计			省内		
	合计	男	女	小计	男	女
65-69岁	**312001**	**143386**	**168615**	**293379**	**134281**	**159098**
65	72767	34320	38447	68181	32037	36144
66	70729	32642	38087	66336	30468	35868
67	59961	27382	32579	56397	25671	30726
68	57487	26063	31424	54190	24426	29764
69	51057	22979	28078	48275	21679	26596
70-74岁	**185301**	**82116**	**103185**	**176011**	**77664**	**98347**
70	49528	22296	27232	47001	21061	25940
71	44233	20016	24217	41940	18928	23012
72	33176	14598	18578	31449	13743	17706
73	31052	13468	17584	29583	12772	16811
74	27312	11738	15574	26038	11160	14878
75-79岁	**110303**	**46528**	**63775**	**105670**	**44374**	**61296**
75	23628	9973	13655	22493	9439	13054
76	23946	10049	13897	22934	9579	13355
77	21571	9210	12361	20709	8802	11907
78	20641	8679	11962	19834	8304	11530
79	20517	8617	11900	19700	8250	11450
80-84岁	**74026**	**30840**	**43186**	**71331**	**29621**	**41710**
80	18129	7525	10604	17450	7243	10207
81	15912	6635	9277	15327	6358	8969
82	15809	6580	9229	15226	6321	8905
83	12394	5278	7116	11968	5067	6901
84	11782	4822	6960	11360	4632	6728
85-89岁	**36655**	**14674**	**21981**	**35444**	**14175**	**21269**
85	10069	3936	6133	9705	3797	5908
86	8818	3446	5372	8517	3315	5202
87	7549	3063	4486	7317	2977	4340
88	5505	2248	3257	5328	2171	3157
89	4714	1981	2733	4577	1915	2662
90-94岁	**13779**	**5646**	**8133**	**13339**	**5454**	**7885**
90	4611	1943	2668	4455	1872	2583
91	2986	1238	1748	2878	1190	1688
92	2709	1090	1619	2633	1061	1572
93	1987	802	1185	1936	779	1157
94	1486	573	913	1437	552	885
95-99岁	**3837**	**1632**	**2205**	**3730**	**1588**	**2142**
95	1234	542	692	1204	534	670
96	878	367	511	855	357	498
97	712	275	437	694	266	428
98	577	246	331	557	233	324
99	436	202	234	420	198	222
100岁及以上	**579**	**256**	**323**	**550**	**244**	**306**

单位：人

登记地					
其中市辖区内人户分离			省外		
小计	男	女	小计	男	女
127301	**58763**	**68538**	**18622**	**9105**	**9517**
29475	13968	15507	4586	2283	2303
29183	13621	15562	4393	2174	2219
24476	11199	13277	3564	1711	1853
23596	10647	12949	3297	1637	1660
20571	9328	11243	2782	1300	1482
74942	**33152**	**41790**	**9290**	**4452**	**4838**
20540	9202	11338	2527	1235	1292
17870	8106	9764	2293	1088	1205
13245	5813	7432	1727	855	872
12216	5191	7025	1469	696	773
11071	4840	6231	1274	578	696
45658	**19032**	**26626**	**4633**	**2154**	**2479**
9495	3931	5564	1135	534	601
9807	4079	5728	1012	470	542
8947	3809	5138	862	408	454
8709	3598	5111	807	375	432
8700	3615	5085	817	367	450
31982	**13412**	**18570**	**2695**	**1219**	**1476**
7853	3259	4594	679	282	397
6880	2856	4024	585	277	308
6871	2928	3943	583	259	324
5350	2290	3060	426	211	215
5028	2079	2949	422	190	232
14663	**6110**	**8553**	**1211**	**499**	**712**
4190	1713	2477	364	139	225
3558	1395	2163	301	131	170
3020	1277	1743	232	86	146
2162	953	1209	177	77	100
1733	772	961	137	66	71
4726	**2048**	**2678**	**440**	**192**	**248**
1672	740	932	156	71	85
1064	456	608	108	48	60
906	389	517	76	29	47
628	276	352	51	23	28
456	187	269	49	21	28
981	**457**	**524**	**107**	**44**	**63**
358	174	184	30	8	22
221	96	125	23	10	13
170	78	92	18	9	9
132	62	70	20	13	7
100	47	53	16	4	12
137	**59**	**78**	**29**	**12**	**17**

7-2b 全省按户口登记地、年龄、性别分的

年龄	户口					
	合计			省内		
	合计	男	女	小计	男	女
总计	**2462484**	**1197278**	**1265206**	**2221683**	**1077951**	**1143732**
0-4岁	**92591**	**47751**	**44840**	**86745**	**44716**	**42029**
0	12650	6549	6101	12015	6238	5777
1	18221	9354	8867	17090	8746	8344
2	18319	9484	8835	17080	8845	8235
3	21224	10981	10243	19802	10218	9584
4	22177	11383	10794	20758	10669	10089
5-9岁	**103152**	**53635**	**49517**	**96784**	**50323**	**46461**
5	17681	9157	8524	16562	8567	7995
6	22448	11705	10743	21082	10989	10093
7	20607	10705	9902	19315	10048	9267
8	22605	11660	10945	21260	10984	10276
9	19811	10408	9403	18565	9735	8830
10-14岁	**109356**	**56556**	**52800**	**103221**	**53309**	**49912**
10	20893	10838	10055	19654	10208	9446
11	21206	11118	10088	19914	10437	9477
12	21964	11238	10726	20751	10581	10170
13	22757	11851	10906	21542	11210	10332
14	22536	11511	11025	21360	10873	10487
15-19岁	**196877**	**96851**	**100026**	**164526**	**82384**	**82142**
15	34056	17595	16461	32875	16885	15990
16	38069	19743	18326	36842	19040	17802
17	31356	15794	15562	29306	14797	14509
18	42545	20360	22185	33111	16326	16785
19	50851	23359	27492	32392	15336	17056
20-24岁	**176285**	**83189**	**93096**	**117933**	**56311**	**61622**
20	50586	23193	27393	28845	13615	15230
21	37998	17764	20234	21696	10250	11446
22	30713	14766	15947	21150	10154	10996
23	27899	13552	14347	21986	10623	11363
24	29089	13914	15175	24256	11669	12587
25-29岁	**185547**	**90463**	**95084**	**165128**	**80332**	**84796**
25	31094	15122	15972	26764	12997	13767
26	31955	15436	16519	28016	13532	14484
27	37284	18222	19062	33234	16181	17053
28	40598	19824	20774	36550	17755	18795
29	44616	21859	22757	40564	19867	20697

户口登记地在外乡镇街道的人口(镇)

单位：人

其中市辖区内人户分离			省外		
小计	男	女	小计	男	女
36602	**17605**	**18997**	**240801**	**119327**	**121474**
1259	**647**	**612**	**5846**	**3035**	**2811**
157	79	78	635	311	324
225	117	108	1131	608	523
234	108	126	1239	639	600
297	163	134	1422	763	659
346	180	166	1419	714	705
1830	**962**	**868**	**6368**	**3312**	**3056**
302	162	140	1119	590	529
377	193	184	1366	716	650
367	195	172	1292	657	635
426	212	214	1345	676	669
358	200	158	1246	673	573
1905	**933**	**972**	**6135**	**3247**	**2888**
377	179	198	1239	630	609
385	203	182	1292	681	611
377	193	184	1213	657	556
374	167	207	1215	641	574
392	191	201	1176	638	538
2672	**1200**	**1472**	**32351**	**14467**	**17884**
668	314	354	1181	710	471
796	360	436	1227	703	524
482	214	268	2050	997	1053
441	181	260	9434	4034	5400
285	131	154	18459	8023	10436
1039	**497**	**542**	**58352**	**26878**	**31474**
229	107	122	21741	9578	12163
168	75	93	16302	7514	8788
176	88	88	9563	4612	4951
202	115	87	5913	2929	2984
264	112	152	4833	2245	2588
1933	**877**	**1056**	**20419**	**10131**	**10288**
300	139	161	4330	2125	2205
366	180	186	3939	1904	2035
377	168	209	4050	2041	2009
411	192	219	4048	2069	1979
479	198	281	4052	1992	2060

7-2b 续表 1

年龄	户口					
	合计			省内		
	合计	男	女	小计	男	女
30-34岁	**276261**	**134874**	**141387**	**252483**	**122942**	**129541**
30	58368	28593	29775	53075	25960	27115
31	58137	28252	29885	53212	25813	27399
32	54422	26613	27809	49861	24313	25548
33	57490	28050	29440	52531	25601	26930
34	47844	23366	24478	43804	21255	22549
35-39岁	**197314**	**96658**	**100656**	**181387**	**88179**	**93208**
35	40509	19920	20589	37217	18236	18981
36	38808	18918	19890	35660	17236	18424
37	38147	18649	19498	35019	16989	18030
38	44228	21786	22442	40734	19922	20812
39	35622	17385	18237	32757	15796	16961
40-44岁	**188883**	**93497**	**95386**	**176662**	**86712**	**89950**
40	37938	18428	19510	35296	16999	18297
41	44458	21854	22604	41823	20374	21449
42	38697	19286	19411	36290	17944	18346
43	32842	16453	16389	30771	15312	15459
44	34948	17476	17472	32482	16083	16399
45-49岁	**192262**	**94512**	**97750**	**178875**	**87017**	**91858**
45	33315	16516	16799	30887	15148	15739
46	35593	17508	18085	33033	16134	16899
47	39246	19258	19988	36552	17754	18798
48	41569	20547	21022	38692	18885	19807
49	42539	20683	21856	39711	19096	20615
50-54岁	**192750**	**94090**	**98660**	**179534**	**86772**	**92762**
50	44617	21674	22943	41632	20050	21582
51	39459	19448	20011	36823	17926	18897
52	41514	20298	21216	38742	18769	19973
53	32770	16047	16723	30513	14787	15726
54	34390	16623	17767	31824	15240	16584
55-59岁	**166328**	**80175**	**86153**	**155278**	**74537**	**80741**
55	36997	18069	18928	34499	16729	17770
56	36537	17673	18864	34064	16412	17652
57	40530	19567	20963	37828	18163	19665
58	30820	14796	16024	28784	13787	14997
59	21444	10070	11374	20103	9446	10657
60-64岁	**128082**	**60226**	**67856**	**119333**	**55904**	**63429**
60	27892	13263	14629	26118	12396	13722
61	22227	10518	11709	20637	9751	10886
62	26037	12331	13706	24180	11403	12777
63	26912	12519	14393	25036	11562	13474
64	25014	11595	13419	23362	10792	12570

单位：人

登记地					
其中市辖区内人户分离			省外		
小计	男	女	小计	男	女
3552	**1614**	**1938**	**23778**	**11932**	**11846**
658	312	346	5293	2633	2660
709	308	401	4925	2439	2486
704	319	385	4561	2300	2261
816	359	457	4959	2449	2510
665	316	349	4040	2111	1929
2819	**1385**	**1434**	**15927**	**8479**	**7448**
622	298	324	3292	1684	1608
550	276	274	3148	1682	1466
567	275	292	3128	1660	1468
582	297	285	3494	1864	1630
498	239	259	2865	1589	1276
3137	**1553**	**1584**	**12221**	**6785**	**5436**
619	313	306	2642	1429	1213
746	362	384	2635	1480	1155
630	320	310	2407	1342	1065
580	304	276	2071	1141	930
562	254	308	2466	1393	1073
3304	**1609**	**1695**	**13387**	**7495**	**5892**
525	246	279	2428	1368	1060
617	292	325	2560	1374	1186
688	350	338	2694	1504	1190
745	368	377	2877	1662	1215
729	353	376	2828	1587	1241
3404	**1644**	**1760**	**13216**	**7318**	**5898**
743	371	372	2985	1624	1361
721	361	360	2636	1522	1114
700	327	373	2772	1529	1243
630	292	338	2257	1260	997
610	293	317	2566	1383	1183
2923	**1490**	**1433**	**11050**	**5638**	**5412**
657	335	322	2498	1340	1158
678	370	308	2473	1261	1212
707	334	373	2702	1404	1298
499	258	241	2036	1009	1027
382	193	189	1341	624	717
2224	**1066**	**1158**	**8749**	**4322**	**4427**
488	241	247	1774	867	907
378	169	209	1590	767	823
452	214	238	1857	928	929
450	220	230	1876	957	919
456	222	234	1652	803	849

7-2b 续表 2

年 龄	户口					
	合 计			省 内		
	合计	男	女	小计	男	女
65-69岁	**110550**	**50864**	**59686**	**103822**	**47556**	**56266**
65	25634	11959	13675	23912	11123	12789
66	24715	11501	13214	23129	10719	12410
67	21151	9714	11437	19851	9043	10808
68	20611	9406	11205	19426	8827	10599
69	18439	8284	10155	17504	7844	9660
70-74岁	**64860**	**28975**	**35885**	**61597**	**27371**	**34226**
70	17279	7844	9435	16423	7450	8973
71	15774	7107	8667	14978	6713	8265
72	11697	5203	6494	11071	4869	6202
73	10854	4745	6109	10326	4475	5851
74	9256	4076	5180	8799	3864	4935
75-79岁	**37668**	**16333**	**21335**	**36158**	**15636**	**20522**
75	8255	3586	4669	7903	3423	4480
76	8089	3498	4591	7772	3350	4422
77	7320	3174	4146	7029	3041	3988
78	7000	3043	3957	6725	2914	3811
79	7004	3032	3972	6729	2908	3821
80-84岁	**25297**	**10886**	**14411**	**24387**	**10455**	**13932**
80	6282	2700	3582	6066	2597	3469
81	5362	2290	3072	5168	2194	2974
82	5286	2283	3003	5086	2190	2896
83	4428	1938	2490	4260	1863	2397
84	3939	1675	2264	3807	1611	2196
85-89岁	**11924**	**5060**	**6864**	**11524**	**4886**	**6638**
85	3321	1376	1945	3214	1333	1881
86	2857	1191	1666	2774	1157	1617
87	2502	1083	1419	2413	1046	1367
88	1769	751	1018	1700	717	983
89	1475	659	816	1423	633	790
90-94岁	**4642**	**1916**	**2726**	**4509**	**1862**	**2647**
90	1499	650	849	1467	636	831
91	1006	402	604	975	392	583
92	894	372	522	859	354	505
93	681	264	417	662	257	405
94	562	228	334	546	223	323
95-99岁	**1614**	**666**	**948**	**1569**	**647**	**922**
95	461	182	279	449	175	274
96	350	155	195	336	150	186
97	316	134	182	310	132	178
98	267	113	154	258	109	149
99	220	82	138	216	81	135
100岁及以上	**241**	**101**	**140**	**228**	**100**	**128**

单位：人

登记地					
其中市辖区内人户分离			省外		
小计	男	女	小计	男	女
2085	**1001**	**1084**	**6728**	**3308**	**3420**
497	236	261	1722	836	886
456	222	234	1586	782	804
374	174	200	1300	671	629
374	171	203	1185	579	606
384	198	186	935	440	495
1183	**521**	**662**	**3263**	**1604**	**1659**
326	138	188	856	394	462
278	125	153	796	394	402
223	109	114	626	334	292
183	75	108	528	270	258
173	74	99	457	212	245
691	**305**	**386**	**1510**	**697**	**813**
161	68	93	352	163	189
163	73	90	317	148	169
129	55	74	291	133	158
114	51	63	275	129	146
124	58	66	275	124	151
407	**201**	**206**	**910**	**431**	**479**
95	47	48	216	103	113
81	41	40	194	96	98
95	45	50	200	93	107
72	39	33	168	75	93
64	29	35	132	64	68
159	**70**	**89**	**400**	**174**	**226**
44	21	23	107	43	64
39	16	23	83	34	49
29	14	15	89	37	52
24	10	14	69	34	35
23	9	14	52	26	26
55	**19**	**36**	**133**	**54**	**79**
18	6	12	32	14	18
12	5	7	31	10	21
10	4	6	35	18	17
11	2	9	19	7	12
4	2	2	16	5	11
15	**8**	**7**	**45**	**19**	**26**
2	2		12	7	5
4	3	1	14	5	9
1		1	6	2	4
3	2	1	9	4	5
5	1	4	4	1	3
6	**3**	**3**	**13**	**1**	**12**

7-2c 全省按户口登记地、年龄、性别分的

年 龄	户口					
	合 计			省 内		
	合计	男	女	小计	男	女
总 计	**1630107**	**785453**	**844654**	**1447754**	**695601**	**752153**
0-4岁	**41307**	**21318**	**19989**	**37197**	**19185**	**18012**
0	5138	2698	2440	4758	2497	2261
1	8101	4117	3984	7251	3693	3558
2	8283	4247	4036	7383	3755	3628
3	9636	4933	4703	8644	4436	4208
4	10149	5323	4826	9161	4804	4357
5-9岁	**55715**	**28780**	**26935**	**51106**	**26377**	**24729**
5	8750	4574	4176	7946	4162	3784
6	11196	5718	5478	10265	5220	5045
7	11078	5744	5334	10161	5266	4895
8	12880	6704	6176	11892	6200	5692
9	11811	6040	5771	10842	5529	5313
10-14岁	**63889**	**33092**	**30797**	**59041**	**30575**	**28466**
10	12413	6479	5934	11454	6004	5450
11	12958	6711	6247	11940	6187	5753
12	12888	6678	6210	11865	6145	5720
13	12579	6483	6096	11638	5994	5644
14	13051	6741	6310	12144	6245	5899
15-19岁	**123868**	**60035**	**63833**	**102882**	**50777**	**52105**
15	20250	10347	9903	19447	9905	9542
16	22527	11598	10929	21686	11143	10543
17	18012	9109	8903	16739	8507	8232
18	28182	13233	14949	21876	10485	11391
19	34897	15748	19149	23134	10737	12397
20-24岁	**117833**	**54053**	**63780**	**80180**	**37146**	**43034**
20	34471	15609	18862	21417	9961	11456
21	27983	12601	15382	17144	7821	9323
22	21529	10044	11485	14614	6919	7695
23	16875	7924	8951	12972	5990	6982
24	16975	7875	9100	14033	6455	7578
25-29岁	**97993**	**45305**	**52688**	**86075**	**39664**	**46411**
25	18096	8474	9622	15495	7183	8312
26	17541	8284	9257	15205	7138	8067
27	19760	9047	10713	17480	7996	9484
28	20366	9352	11014	18033	8299	9734
29	22230	10148	12082	19862	9048	10814

户口登记地在外乡镇街道的人口(乡村)

单位：人

登记地					
其中市辖区内人户分离			省外		
小计	男	女	小计	男	女
176229	**84089**	**92140**	**182353**	**89852**	**92501**
5469	**2845**	**2624**	**4110**	**2133**	**1977**
726	379	347	380	201	179
1090	558	532	850	424	426
1114	572	542	900	492	408
1262	657	605	992	497	495
1277	679	598	988	519	469
6330	**3278**	**3052**	**4609**	**2403**	**2206**
991	526	465	804	412	392
1339	672	667	931	498	433
1286	649	637	917	478	439
1415	766	649	988	504	484
1299	665	634	969	511	458
7123	**3683**	**3440**	**4848**	**2517**	**2331**
1261	689	572	959	475	484
1429	757	672	1018	524	494
1402	686	716	1023	533	490
1463	754	709	941	489	452
1568	797	771	907	496	411
10891	**5145**	**5746**	**20986**	**9258**	**11728**
2735	1223	1512	803	442	361
2793	1244	1549	841	455	386
1839	863	976	1273	602	671
1836	932	904	6306	2748	3558
1688	883	805	11763	5011	6752
6609	**3244**	**3365**	**37653**	**16907**	**20746**
1522	771	751	13054	5648	7406
1311	670	641	10839	4780	6059
1253	627	626	6915	3125	3790
1206	569	637	3903	1934	1969
1317	607	710	2942	1420	1522
9325	**4192**	**5133**	**11918**	**5641**	**6277**
1527	706	821	2601	1291	1310
1628	745	883	2336	1146	1190
1858	798	1060	2280	1051	1229
2035	910	1125	2333	1053	1280
2277	1033	1244	2368	1100	1268

7-2c 续表 1

年龄	户口					
	合计			省内		
	合计	男	女	小计	男	女
30-34岁	**143402**	**66215**	**77187**	**128166**	**59011**	**69155**
30	29682	13496	16186	26483	11996	14487
31	29635	13634	16001	26512	12164	14348
32	27541	12671	14870	24613	11286	13327
33	29369	13644	15725	26205	12159	14046
34	27175	12770	14405	24353	11406	12947
35-39岁	**108577**	**51290**	**57287**	**97367**	**45793**	**51574**
35	23845	11221	12624	21426	10049	11377
36	21626	10370	11256	19438	9295	10143
37	19638	9323	10315	17618	8308	9310
38	22724	10605	12119	20309	9431	10878
39	20744	9771	10973	18576	8710	9866
40-44岁	**124588**	**60150**	**64438**	**113311**	**54371**	**58940**
40	23466	11098	12368	21238	9991	11247
41	28799	13688	15111	26290	12427	13863
42	25172	12279	12893	22971	11115	11856
43	23129	11335	11794	21051	10252	10799
44	24022	11750	12272	21761	10586	11175
45-49岁	**145017**	**71328**	**73689**	**131242**	**63953**	**67289**
45	23149	11437	11712	20785	10199	10586
46	25819	12627	13192	23212	11223	11989
47	30262	14848	15414	27463	13387	14076
48	32942	16242	16700	29956	14626	15330
49	32845	16174	16671	29826	14518	15308
50-54岁	**157441**	**78851**	**78590**	**143044**	**70863**	**72181**
50	33747	16758	16989	30642	15024	15618
51	32288	15978	16310	29445	14431	15014
52	33457	16717	16740	30366	15025	15341
53	29121	14672	14449	26506	13226	13280
54	28828	14726	14102	26085	13157	12928
55-59岁	**132688**	**67009**	**65679**	**121488**	**60815**	**60673**
55	27740	13864	13876	25186	12443	12743
56	29530	15055	14475	27054	13700	13354
57	34323	17503	16820	31456	15896	15560
58	24253	12177	12076	22257	11056	11201
59	16842	8410	8432	15535	7720	7815
60-64岁	**97655**	**47999**	**49656**	**90338**	**44059**	**46279**
60	22023	10972	11051	20425	10089	10336
61	17681	8616	9065	16387	7917	8470
62	20224	10170	10054	18760	9389	9371
63	19713	9606	10107	18146	8737	9409
64	18014	8635	9379	16620	7927	8693

单位：人

登记地					
其中市辖区内人户分离			省　　外		
小计	男	女	小计	男	女
15220	**6840**	**8380**	**15236**	**7204**	**8032**
2994	1311	1683	3199	1500	1699
3109	1397	1712	3123	1470	1653
3028	1399	1629	2928	1385	1543
3200	1418	1782	3164	1485	1679
2889	1315	1574	2822	1364	1458
11966	**5400**	**6566**	**11210**	**5497**	**5713**
2444	1095	1349	2419	1172	1247
2269	1059	1210	2188	1075	1113
2210	1006	1204	2020	1015	1005
2724	1210	1514	2415	1174	1241
2319	1030	1289	2168	1061	1107
14841	**6687**	**8154**	**11277**	**5779**	**5498**
2715	1216	1499	2228	1107	1121
3468	1523	1945	2509	1261	1248
3046	1406	1640	2201	1164	1037
2867	1309	1558	2078	1083	995
2745	1233	1512	2261	1164	1097
16636	**7897**	**8739**	**13775**	**7375**	**6400**
2626	1264	1362	2364	1238	1126
2887	1359	1528	2607	1404	1203
3544	1678	1866	2799	1461	1338
3811	1826	1985	2986	1616	1370
3768	1770	1998	3019	1656	1363
17508	**8436**	**9072**	**14397**	**7988**	**6409**
4079	1951	2128	3105	1734	1371
3635	1701	1934	2843	1547	1296
3698	1770	1928	3091	1692	1399
2952	1453	1499	2615	1446	1169
3144	1561	1583	2743	1569	1174
15408	**7739**	**7669**	**11200**	**6194**	**5006**
3222	1614	1608	2554	1421	1133
3450	1733	1717	2476	1355	1121
3906	1978	1928	2867	1607	1260
2826	1426	1400	1996	1121	875
2004	988	1016	1307	690	617
12180	**6109**	**6071**	**7317**	**3940**	**3377**
2683	1405	1278	1598	883	715
2072	1026	1046	1294	699	595
2532	1274	1258	1464	781	683
2551	1280	1271	1567	869	698
2342	1124	1218	1394	708	686

7-2c 续表 2

年 龄	户口					
	合 计			省 内		
	合计	男	女	小计	男	女
65-69岁	**85713**	**40942**	**44771**	**79756**	**37793**	**41963**
65	19024	9323	9701	17637	8582	9055
66	19429	9339	10090	18083	8631	9452
67	16977	7990	8987	15763	7356	8407
68	16214	7657	8557	15128	7093	8035
69	14069	6633	7436	13145	6131	7014
70-74岁	**51421**	**23809**	**27612**	**48056**	**22109**	**25947**
70	13368	6308	7060	12507	5869	6638
71	12327	5688	6639	11551	5324	6227
72	9610	4433	5177	9004	4111	4893
73	8759	4027	4732	8192	3733	4459
74	7357	3353	4004	6802	3072	3730
75-79岁	**27700**	**12365**	**15335**	**25802**	**11396**	**14406**
75	5901	2604	3297	5482	2393	3089
76	5869	2674	3195	5444	2450	2994
77	5302	2422	2880	4934	2226	2708
78	5226	2315	2911	4879	2141	2738
79	5402	2350	3052	5063	2186	2877
80-84岁	**23341**	**10040**	**13301**	**22071**	**9422**	**12649**
80	5085	2285	2800	4781	2126	2655
81	4808	2079	2729	4538	1949	2589
82	5081	2164	2917	4822	2036	2786
83	4245	1791	2454	4012	1681	2331
84	4122	1721	2401	3918	1630	2288
85-89岁	**16155**	**6389**	**9766**	**15405**	**6056**	**9349**
85	4016	1574	2442	3798	1479	2319
86	3644	1433	2211	3497	1358	2139
87	3341	1285	2056	3189	1220	1969
88	2662	1058	1604	2531	1011	1520
89	2492	1039	1453	2390	988	1402
90-94岁	**9674**	**3856**	**5818**	**9309**	**3695**	**5614**
90	2582	1049	1533	2467	998	1469
91	1996	799	1197	1905	758	1147
92	1938	791	1147	1857	756	1101
93	1678	630	1048	1639	615	1024
94	1480	587	893	1441	568	873
95-99岁	**5187**	**2188**	**2999**	**5033**	**2120**	**2913**
95	1384	594	790	1336	572	764
96	1109	446	663	1074	434	640
97	999	417	582	979	410	569
98	946	402	544	918	386	532
99	749	329	420	726	318	408
100岁及以上	**943**	**439**	**504**	**885**	**421**	**464**

单位：人

登记地					
其中市辖区内人户分离			省外		
小计	男	女	小计	男	女
11277	**5371**	**5906**	**5957**	**3149**	**2808**
2394	1168	1226	1387	741	646
2572	1201	1371	1346	708	638
2192	1012	1180	1214	634	580
2141	1038	1103	1086	564	522
1978	952	1026	924	502	422
7077	**3374**	**3703**	**3365**	**1700**	**1665**
1889	926	963	861	439	422
1657	753	904	776	364	412
1311	629	682	606	322	284
1178	574	604	567	294	273
1042	492	550	555	281	274
3843	**1784**	**2059**	**1898**	**969**	**929**
847	392	455	419	211	208
812	377	435	425	224	201
712	341	371	368	196	172
760	348	412	347	174	173
712	326	386	339	164	175
2511	**1187**	**1324**	**1270**	**618**	**652**
622	306	316	304	159	145
514	230	284	270	130	140
568	255	313	259	128	131
429	210	219	233	110	123
378	186	192	204	91	113
1268	**550**	**718**	**750**	**333**	**417**
331	144	187	218	95	123
322	122	200	147	75	72
255	119	136	152	65	87
201	95	106	131	47	84
159	70	89	102	51	51
477	**198**	**279**	**365**	**161**	**204**
159	72	87	115	51	64
103	41	62	91	41	50
80	28	52	81	35	46
73	24	49	39	15	24
62	33	29	39	19	20
224	**107**	**117**	**154**	**68**	**86**
67	38	29	48	22	26
46	21	25	35	12	23
42	21	21	20	7	13
39	17	22	28	16	12
30	10	20	23	11	12
46	**23**	**23**	**58**	**18**	**40**

7-3 全省按现住地、性别分的户口登记地在外省的人口

单位：人

现住地	户口登记地					
	合计			北京		
	合计	男	女	小计	男	女
全省	**1001471**	**513300**	**488171**	**9073**	**4900**	**4173**
长春市	555573	290457	265116	4722	2649	2073
吉林市	105842	55819	50023	1402	704	698
四平市	59115	26627	32488	386	206	180
辽源市	21996	10446	11550	332	175	157
通化市	34484	16722	17762	455	241	214
白山市	23918	12448	11470	262	141	121
松原市	36848	18297	18551	518	277	241
白城市	41296	19208	22088	334	160	174
延边朝鲜族自治州	108666	56173	52493	529	278	251
长白山管委会	2461	1373	1088	14	7	7
梅河口市	11272	5730	5542	119	62	57

7-3 续表 1

单位：人

现住地	户口登记地								
	天津			河北			山西		
	小计	男	女	小计	男	女	小计	男	女
全省	**10187**	**4968**	**5219**	**57264**	**28634**	**28630**	**15668**	**7579**	**8089**
长春市	6246	3086	3160	34533	17286	17247	11279	5558	5721
吉林市	1111	538	573	7936	4105	3831	1643	875	768
四平市	550	187	363	2622	1121	1501	542	168	374
辽源市	239	136	103	1438	749	689	193	74	119
通化市	500	217	283	2147	969	1178	419	176	243
白山市	225	105	120	1342	740	602	203	94	109
松原市	356	212	144	1610	818	792	221	98	123
白城市	296	137	159	1676	812	864	462	203	259
延边朝鲜族自治州	476	263	213	3091	1626	1465	611	292	319
长白山管委会	17	7	10	133	76	57	14	10	4
梅河口市	171	80	91	736	332	404	81	31	50

7-3 续表 2 单位：人

现住地	户口登记地								
	内蒙古			辽宁			黑龙江		
	小计	男	女	小计	男	女	小计	男	女
全 省	**85146**	**40485**	**44661**	**158270**	**78380**	**79890**	**243782**	**118696**	**125086**
长春市	43505	21495	22010	70626	35967	34659	133074	65585	67489
吉林市	6396	3151	3245	15960	8173	7787	21884	10536	11348
四平市	7139	2994	4145	24947	11409	13538	6299	2827	3472
辽源市	1175	537	638	7519	3285	4234	2738	1227	1511
通化市	1478	646	832	10928	5297	5631	4072	1862	2210
白山市	1122	549	573	4678	2400	2278	2928	1394	1534
松原市	4493	1989	2504	3938	1933	2005	12865	6064	6801
白城市	13637	6011	7626	4536	2214	2322	8945	4127	4818
延边朝鲜族自治州	5512	2789	2723	10354	5325	5029	48723	23983	24740
长白山管委会	196	104	92	461	249	212	598	295	303
梅河口市	493	220	273	4323	2128	2195	1656	796	860

7 3 续表 3 单位：人

现住地	户口登记地								
	上海			江苏			浙江		
	小计	男	女	小计	男	女	小计	男	女
全 省	**2705**	**1500**	**1205**	**33394**	**20236**	**13158**	**21587**	**11904**	**9683**
长春市	1572	934	638	21224	13121	8103	14156	7785	6371
吉林市	372	188	184	3574	2152	1422	2497	1417	1080
四平市	107	49	58	1356	710	646	829	419	410
辽源市	55	38	17	685	354	331	280	159	121
通化市	76	35	41	1108	631	477	744	404	340
白山市	45	20	25	825	478	347	470	269	201
松原市	43	17	26	1190	725	465	430	242	188
白城市	36	19	17	643	364	279	456	241	215
延边朝鲜族自治州	366	181	185	2341	1393	948	1512	845	667
长白山管委会	8	4	4	62	41	21	22	17	5
梅河口市	25	15	10	386	267	119	191	106	85

7-3 续表 4

单位：人

现住地	户口登记地								
	安徽			福建			江西		
	小计	男	女	小计	男	女	小计	男	女
全省	**32357**	**18661**	**13696**	**15105**	**8744**	**6361**	**9245**	**5163**	**4082**
长春市	21706	12854	8852	9914	5782	4132	6381	3667	2714
吉林市	3965	2236	1729	1885	1114	771	921	506	415
四平市	864	389	475	634	304	330	356	151	205
辽源市	264	141	123	214	116	98	97	55	42
通化市	706	368	338	419	252	167	371	160	211
白山市	567	303	264	220	127	93	94	49	45
松原市	705	391	314	325	206	119	206	119	87
白城市	769	394	375	294	164	130	184	102	82
延边朝鲜族自治州	2295	1282	1013	1007	573	434	560	321	239
长白山管委会	119	88	31	16	9	7	11	6	5
梅河口市	397	215	182	177	97	80	64	27	37

7-3 续表 5

单位：人

现住地	户口登记地								
	山东			河南			湖北		
	小计	男	女	小计	男	女	小计	男	女
全省	**67987**	**37283**	**30704**	**65303**	**36503**	**28800**	**17881**	**10052**	**7829**
长春市	33537	18324	15213	42170	23440	18730	8937	5050	3887
吉林市	8844	5030	3814	7974	4771	3203	1867	1092	775
四平市	1628	800	828	2559	1341	1218	365	147	218
辽源市	894	463	431	969	552	417	141	68	73
通化市	2896	1491	1405	1861	1020	841	310	147	163
白山市	4146	2269	1877	984	545	439	212	115	97
松原市	1449	869	580	1392	808	584	324	166	158
白城市	1327	707	620	1628	778	850	227	113	114
延边朝鲜族自治州	12215	6753	5462	5276	2970	2306	5331	3061	2270
长白山管委会	429	242	187	76	50	26	43	22	21
梅河口市	622	335	287	414	228	186	124	71	53

7–3　续表 6　　　　单位：人

现住地	户口登记地								
	湖南			广东			广西		
	小计	男	女	小计	男	女	小计	男	女
全　省	**9934**	**5162**	**4772**	**14185**	**7502**	**6683**	**7424**	**3349**	**4075**
长春市	6960	3672	3288	8276	4673	3603	4741	2245	2496
吉林市	1043	528	515	2136	1018	1118	1167	564	603
四平市	204	71	133	676	295	381	288	87	201
辽源市	88	45	43	421	208	213	82	34	48
通化市	209	71	138	707	343	364	302	94	208
白山市	130	62	68	438	224	214	95	38	57
松原市	158	64	94	367	177	190	114	43	71
白城市	208	95	113	308	164	144	314	111	203
延边朝鲜族自治州	576	270	306	660	311	349	274	112	162
长白山管委会	8	4	4	18	8	10	9	4	5
梅河口市	350	280	70	178	81	97	38	17	21

7–3　续表 7　　　　单位：人

现住地	户口登记地								
	海南			重庆			四川		
	小计	男	女	小计	男	女	小计	男	女
全　省	**5936**	**2675**	**3261**	**8021**	**4406**	**3615**	**20800**	**11422**	**9378**
长春市	4093	1943	2150	5032	2844	2188	12307	6804	5503
吉林市	642	287	355	1130	638	492	2430	1355	1075
四平市	327	94	233	328	146	182	829	390	439
辽源市	66	29	37	145	74	71	418	207	211
通化市	158	49	109	238	129	109	1014	565	449
白山市	88	31	57	145	76	69	828	488	340
松原市	96	49	47	174	98	76	572	291	281
白城市	139	60	79	210	94	116	453	182	271
延边朝鲜族自治州	296	117	179	549	273	276	1710	1010	700
长白山管委会	6	4	2	9	4	5	59	42	17
梅河口市	25	12	13	61	30	31	180	88	92

7-3 续表 8 单位：人

现住地	户口登记地								
	贵州			云南			西藏		
	小计	男	女	小计	男	女	小计	男	女
全省	**46499**	**23289**	**23210**	**5901**	**2569**	**3332**	**1547**	**641**	**906**
长春市	20817	10560	10257	3565	1735	1830	1028	449	579
吉林市	3514	1908	1606	758	349	409	118	64	54
四平市	3655	1721	1934	235	63	172	54	21	33
辽源市	3018	1495	1523	83	29	54	37	8	29
通化市	2245	1081	1164	231	63	168	118	24	94
白山市	3084	1548	1536	180	62	118	75	26	49
松原市	4424	2179	2245	84	21	63	30	13	17
白城市	3140	1488	1652	161	48	113	61	19	42
延边朝鲜族自治州	2333	1183	1150	553	177	376	21	13	8
长白山管委会	63	34	29	10	5	5	2	2	
梅河口市	206	92	114	41	17	24	3	2	1

7-3 续表 9 单位：人

现住地	户口登记地								
	陕西			甘肃			青海		
	小计	男	女	小计	男	女	小计	男	女
全省	**11265**	**6155**	**5110**	**10102**	**5468**	**4634**	**3569**	**1884**	**1685**
长春市	7469	4076	3393	6628	3712	2916	2415	1288	1127
吉林市	1260	731	529	1538	800	738	496	300	196
四平市	475	195	280	354	146	208	182	75	107
辽源市	155	82	73	102	43	59	59	29	30
通化市	368	200	168	233	112	121	46	25	21
白山市	258	157	101	132	71	61	65	34	31
松原市	325	190	135	226	141	85	40	17	23
白城市	191	101	90	418	183	235	71	31	40
延边朝鲜族自治州	638	349	289	401	221	180	176	79	97
长白山管委会	39	29	10	16	10	6			
梅河口市	87	45	42	54	29	25	19	6	13

7-3　续表 10

单位：人

现住地	户口登记地					
	宁　夏			新　疆		
	小计	男	女	小计	男	女
全　省	**2695**	**1388**	**1307**	**8639**	**3702**	**4937**
长春市	1966	1008	958	6694	2865	3829
吉林市	409	235	174	970	454	516
四平市	78	27	51	247	74	173
辽源市	17	10	7	72	24	48
通化市	26	7	19	99	43	56
白山市	24	10	14	53	23	30
松原市	30	13	17	143	67	76
白城市	62	45	17	110	41	69
延边朝鲜族自治州	72	27	45	208	96	112
长白山管委会				3		3
梅河口市	11	6	5	40	15	25

7-3a　全省按现住地、性别分的户口登记地在外省的人口(城市)

单位：人

现住地	户口登记地					
	合　计			北　京		
	合计	男	女	小计	男	女
全　省	**578317**	**304121**	**274196**	**5529**	**2945**	**2584**
长春市	319043	171749	147294	2631	1483	1148
吉林市	64844	35186	29658	1090	548	542
四平市	33339	16404	16935	245	132	113
辽源市	11236	5467	5769	189	91	98
通化市	17990	8710	9280	269	145	124
白山市	11170	5584	5586	158	75	83
松原市	14432	7137	7295	267	138	129
白城市	15258	7424	7834	164	73	91
延边朝鲜族自治州	83734	42661	41073	426	214	212
长白山管委会						
梅河口市	7271	3799	3472	90	46	44

7-3a 续表 1

单位：人

现住地	户口登记地								
	天津			河北			山西		
	小计	男	女	小计	男	女	小计	男	女
全省	**4704**	**2541**	**2163**	**31565**	**16263**	**15302**	**8016**	**4197**	**3819**
长春市	2519	1410	1109	19661	10234	9427	5850	3073	2777
吉林市	712	378	334	4693	2445	2248	851	526	325
四平市	151	66	85	1024	515	509	147	61	86
辽源市	139	80	59	657	299	358	103	38	65
通化市	284	108	176	946	446	500	236	114	122
白山市	136	62	74	727	402	325	121	52	69
松原市	166	104	62	589	291	298	69	26	43
白城市	97	53	44	628	330	298	113	54	59
延边朝鲜族自治州	396	224	172	2227	1123	1104	476	230	246
长白山管委会									
梅河口市	104	56	48	413	178	235	50	23	27

7-3a 续表 2

单位：人

现住地	户口登记地								
	内蒙古			辽宁			黑龙江		
	小计	男	女	小计	男	女	小计	男	女
全省	**46138**	**22730**	**23408**	**95078**	**47954**	**47124**	**154030**	**76005**	**78025**
长春市	25263	12775	12488	41661	21527	20134	79539	39560	39979
吉林市	3878	1992	1886	10435	5361	5074	15117	7415	7702
四平市	3822	1722	2100	17708	8501	9207	3460	1719	1741
辽源市	657	328	329	3355	1567	1788	1564	736	828
通化市	817	388	429	5147	2540	2607	2407	1160	1247
白山市	489	237	252	2515	1242	1273	1453	699	754
松原市	1205	537	668	1516	758	758	6065	2888	3177
白城市	5507	2543	2964	1852	933	919	4156	2007	2149
延边朝鲜族自治州	4170	2055	2115	8001	4011	3990	39124	19265	19859
长白山管委会									
梅河口市	330	153	177	2888	1514	1374	1145	556	589

7-3a　续表 3

单位：人

现住地	户口登记地								
	上　海			江　苏			浙　江		
	小计	男	女	小计	男	女	小计	男	女
全　省	**1562**	**858**	**704**	**18215**	**11303**	**6912**	**11347**	**6515**	**4832**
长春市	725	445	280	11703	7441	4262	7055	4076	2979
吉林市	295	148	147	2193	1328	865	1416	840	576
四平市	63	26	37	616	377	239	330	194	136
辽源市	41	25	16	240	127	113	152	85	67
通化市	54	26	28	474	268	206	437	231	206
白山市	28	14	14	332	176	156	254	141	113
松原市	21	8	13	359	217	142	180	95	85
白城市	19	9	10	199	128	71	174	98	76
延边朝鲜族自治州	298	145	153	1904	1118	786	1212	675	537
长白山管委会									
梅河口市	18	12	6	195	123	72	137	80	57

7-3a　续表 4

单位：人

现住地	户口登记地								
	安　徽			福　建			江　西		
	小计	男	女	小计	男	女	小计	男	女
全　省	**20414**	**12098**	**8316**	**9848**	**5816**	**4032**	**5288**	**3042**	**2246**
长春市	14152	8555	5597	6477	3890	2587	3551	2106	1445
吉林市	2513	1481	1032	1262	736	526	552	328	224
四平市	296	177	119	294	165	129	79	40	39
辽源市	155	86	69	155	85	70	76	45	31
通化市	461	246	215	260	148	112	317	142	175
白山市	341	184	157	122	67	55	61	30	31
松原市	256	147	109	176	115	61	102	57	45
白城市	209	108	101	125	71	54	70	42	28
延边朝鲜族自治州	1860	1025	835	848	472	376	428	230	198
长白山管委会									
梅河口市	171	89	82	129	67	62	52	22	30

7-3a 续表 5

单位：人

现住地	户口登记地								
	山东			河南			湖北		
	小计	男	女	小计	男	女	小计	男	女
全 省	**37408**	**20891**	**16517**	**39582**	**22710**	**16872**	**12259**	**7088**	**5171**
长春市	18821	10708	8113	26468	15142	11326	5173	3100	2073
吉林市	5119	2986	2133	4533	2884	1649	1311	758	553
四平市	734	404	330	1171	695	476	165	88	77
辽源市	452	233	219	437	246	191	85	43	42
通化市	1284	657	627	1105	568	537	193	91	102
白山市	1477	757	720	505	254	251	98	45	53
松原市	538	294	244	532	293	239	162	86	76
白城市	433	226	207	492	283	209	106	52	54
延边朝鲜族自治州	8149	4424	3725	4072	2201	1871	4890	2783	2107
长白山管委会									
梅河口市	401	202	199	267	144	123	76	42	34

7-3a 续表 6

单位：人

现住地	户口登记地								
	湖南			广东			广西		
	小计	男	女	小计	男	女	小计	男	女
全 省	**5666**	**3052**	**2614**	**8425**	**4566**	**3859**	**3420**	**1715**	**1705**
长春市	3844	2073	1771	4862	2885	1977	2302	1211	1091
吉林市	528	289	239	1476	705	771	463	266	197
四平市	65	29	36	346	159	187	74	33	41
辽源市	53	28	25	204	95	109	42	22	20
通化市	148	53	95	363	164	199	219	60	159
白山市	62	28	34	231	113	118	42	13	29
松原市	78	30	48	160	78	82	41	17	24
白城市	74	32	42	114	56	58	35	15	20
延边朝鲜族自治州	485	220	265	549	257	292	187	74	113
长白山管委会									
梅河口市	329	270	59	120	54	66	15	4	11

7-3a 续表 7

单位：人

现住地	户口登记地								
	海南			重庆			四川		
	小计	男	女	小计	男	女	小计	男	女
全省	**2711**	**1327**	**1384**	**4779**	**2672**	**2107**	**11208**	**6358**	**4850**
长春市	1682	895	787	3098	1808	1290	7287	4246	3041
吉林市	367	169	198	650	354	296	1269	732	537
四平市	94	42	52	128	78	50	329	173	156
辽源市	52	22	30	74	36	38	162	72	90
通化市	114	34	80	142	69	73	431	235	196
白山市	59	22	37	70	33	37	244	129	115
松原市	60	31	29	69	40	29	239	125	114
白城市	24	8	16	75	30	45	124	54	70
延边朝鲜族自治州	241	94	147	434	204	230	1011	535	476
长白山管委会									
梅河口市	18	10	8	39	20	19	112	57	55

7 3a 续表 8

单位：人

现住地	户口登记地								
	贵州			云南			西藏		
	小计	男	女	小计	男	女	小计	男	女
全省	**18592**	**9600**	**8992**	**2771**	**1297**	**1474**	**695**	**260**	**435**
长春市	8872	4648	4224	1857	944	913	418	162	256
吉林市	1360	855	505	327	175	152	65	36	29
四平市	1444	750	694	68	22	46	24	7	17
辽源市	1939	954	985	28	9	19	21	7	14
通化市	1283	589	694	87	30	57	105	16	89
白山市	1350	662	688	44	20	24	14	7	7
松原市	1141	534	607	31	5	26	25	10	15
白城市	235	106	129	26	10	16	1	1	
延边朝鲜族自治州	948	496	452	284	76	208	19	12	7
长白山管委会									
梅河口市	20	6	14	19	6	13	3	2	1

7-3a 续表 9

单位：人

现住地	户口登记地								
	陕西			甘肃			青海		
	小计	男	女	小计	男	女	小计	男	女
全省	**6015**	**3299**	**2716**	**5301**	**3087**	**2214**	**2211**	**1226**	**985**
长春市	4000	2224	1776	3729	2219	1510	1507	842	665
吉林市	755	454	301	768	456	312	297	189	108
四平市	165	87	78	125	64	61	81	38	43
辽源市	81	46	35	44	23	21	46	23	23
通化市	176	82	94	122	55	67	25	14	11
白山市	101	51	50	53	27	26	40	23	17
松原市	185	104	81	85	53	32	17	8	9
白城市	78	37	41	70	34	36	29	13	16
延边朝鲜族自治州	419	187	232	269	138	131	160	72	88
长白山管委会									
梅河口市	55	27	28	36	18	18	9	4	5

7-3a 续表 10

单位：人

现住地	户口登记地					
	宁夏			新疆		
	小计	男	女	小计	男	女
全省	**1492**	**857**	**635**	**4048**	**1849**	**2199**
长春市	1083	622	461	3253	1445	1808
吉林市	244	167	77	305	185	120
四平市	28	15	13	63	25	38
辽源市	11	7	4	22	9	13
通化市	20	5	15	64	26	38
白山市	14	4	10	29	15	14
松原市	13	8	5	85	40	45
白城市	8	6	2	21	12	9
延边朝鲜族自治州	65	21	44	182	80	102
长白山管委会						
梅河口市	6	2	4	24	12	12

7-3b　全省按现住地、性别分的户口登记地在外省的人口(镇)

单位：人

现住地	户口登记地					
	合计			北京		
	合计	男	女	小计	男	女
全省	**240801**	**119327**	**121474**	**2466**	**1358**	**1108**
长春市	157788	79176	78612	1692	947	745
吉林市	19816	9577	10239	187	92	95
四平市	5932	2710	3222	63	35	28
辽源市	4042	1862	2180	56	31	25
通化市	8091	3840	4251	115	56	59
白山市	8182	4283	3899	66	40	26
松原市	9480	4694	4786	125	66	59
白城市	15584	6936	8648	92	48	44
延边朝鲜族自治州	8725	4543	4182	53	34	19
长白山管委会	2451	1368	1083	14	7	7
梅河口市	710	338	372	3	2	1

7-3b　续表 1

单位：人

现住地	户口登记地								
	天津			河北			山西		
	小计	男	女	小计	男	女	小计	男	女
全省	**3185**	**1355**	**1830**	**15019**	**7240**	**7779**	**4900**	**2187**	**2713**
长春市	2465	1035	1430	10098	4859	5239	3791	1742	2049
吉林市	190	74	116	1453	711	742	433	175	258
四平市	55	25	30	379	187	192	51	19	32
辽源市	39	24	15	236	112	124	42	15	27
通化市	121	64	57	731	327	404	101	32	69
白山市	65	31	34	407	218	189	60	30	30
松原市	71	35	36	408	203	205	75	37	38
白城市	131	48	83	760	331	429	282	110	172
延边朝鲜族自治州	28	11	17	354	193	161	45	16	29
长白山管委会	17	7	10	133	76	57	14	10	4
梅河口市	3	1	2	60	23	37	6	1	5

7-3b 续表 2

单位：人

现住地	户口登记地								
	内蒙古			辽宁			黑龙江		
	小计	男	女	小计	男	女	小计	男	女
全省	**21934**	**10161**	**11773**	**34630**	**16994**	**17636**	**54551**	**26639**	**27912**
长春市	12327	5912	6415	20007	10104	9903	37795	18816	18979
吉林市	1325	573	752	2219	1051	1168	2777	1279	1498
四平市	972	391	581	1825	769	1056	1013	500	513
辽源市	206	81	125	1779	756	1023	510	229	281
通化市	338	126	212	2900	1334	1566	908	399	509
白山市	439	204	235	1469	758	711	1120	548	572
松原市	1601	731	870	1182	578	604	3263	1576	1687
白城市	4095	1821	2274	1637	801	836	2980	1357	1623
延边朝鲜族自治州	398	204	194	881	461	420	3485	1596	1889
长白山管委会	196	104	92	460	249	211	595	292	303
梅河口市	37	14	23	271	133	138	105	47	58

7-3b 续表 3

单位：人

现住地	户口登记地								
	上海			江苏			浙江		
	小计	男	女	小计	男	女	小计	男	女
全省	**959**	**547**	**412**	**8021**	**4732**	**3289**	**6171**	**3189**	**2982**
长春市	783	458	325	5767	3421	2346	4356	2229	2127
吉林市	55	28	27	534	327	207	676	329	347
四平市	16	9	7	165	80	85	111	59	52
辽源市	3	3		158	87	71	86	53	33
通化市	16	5	11	295	166	129	190	109	81
白山市	11	5	6	318	204	114	149	80	69
松原市	10	3	7	216	132	84	129	74	55
白城市	7	5	2	309	151	158	220	109	111
延边朝鲜族自治州	47	26	21	174	112	62	216	121	95
长白山管委会	8	4	4	62	41	21	22	17	5
梅河口市	3	1	2	23	11	12	16	9	7

7–3b 续表 4 单位：人

现住地	户口登记地								
	安徽			福建			江西		
	小计	男	女	小计	男	女	小计	男	女
全省	**7199**	**4065**	**3134**	**3107**	**1760**	**1347**	**2458**	**1321**	**1137**
长春市	5152	2970	2182	2210	1215	995	1916	1037	879
吉林市	602	310	292	371	234	137	221	114	107
四平市	120	64	56	40	26	14	23	13	10
辽源市	62	31	31	26	14	12	12	5	7
通化市	138	69	69	74	45	29	40	13	27
白山市	163	82	81	71	40	31	26	14	12
松原市	209	116	93	75	46	29	55	29	26
白城市	454	226	228	139	75	64	98	52	46
延边朝鲜族自治州	155	98	57	66	45	21	55	38	17
长白山管委会	119	88	31	16	9	7	11	6	5
梅河口市	25	11	14	19	11	8	1		1

7–3b 续表 5 单位：人

现住地	户口登记地								
	山东			河南			湖北		
	小计	男	女	小计	男	女	小计	男	女
全省	**17479**	**9024**	**8455**	**14774**	**7687**	**7087**	**3642**	**1926**	**1716**
长春市	10669	5335	5334	10140	5247	4893	2674	1417	1257
吉林市	1486	809	677	1848	1001	847	265	141	124
四平市	215	103	112	185	115	70	43	19	24
辽源市	172	87	85	205	109	96	25	6	19
通化市	709	367	342	349	205	144	76	37	39
白山市	1626	907	719	302	172	130	69	33	36
松原市	382	219	163	362	215	147	90	46	44
白城市	572	283	289	872	317	555	106	55	51
延边朝鲜族自治州	1177	645	532	412	244	168	247	149	98
长白山管委会	427	241	186	76	50	26	43	22	21
梅河口市	44	28	16	23	12	11	4	1	3

7-3b 续表 6 单位：人

现住地	户口登记地								
	湖南			广东			广西		
	小计	男	女	小计	男	女	小计	男	女
全 省	**2704**	**1335**	**1369**	**3761**	**1980**	**1781**	**2519**	**993**	**1526**
长春市	2093	1063	1030	2528	1377	1151	1525	632	893
吉林市	292	135	157	403	185	218	537	207	330
四平市	35	11	24	114	52	62	32	8	24
辽源市	22	10	12	97	57	40	9	1	8
通化市	37	8	29	186	94	92	45	16	29
白山市	50	22	28	143	67	76	39	18	21
松原市	40	15	25	77	37	40	42	14	28
白城市	108	51	57	126	78	48	251	84	167
延边朝鲜族自治州	18	15	3	59	22	37	27	8	19
长白山管委会	8	4	4	18	8	10	9	4	5
梅河口市	1	1		10	3	7	3	1	2

7-3b 续表 7 单位：人

现住地	户口登记地								
	海南			重庆			四川		
	小计	男	女	小计	男	女	小计	男	女
全 省	**2117**	**854**	**1263**	**1969**	**1020**	**949**	**5635**	**2955**	**2680**
长春市	1664	649	1015	1333	684	649	3334	1659	1675
吉林市	227	99	128	254	136	118	662	342	320
四平市	21	10	11	24	12	12	107	52	55
辽源市	1	1		29	19	10	88	47	41
通化市	29	11	18	57	34	23	245	140	105
白山市	18	6	12	59	32	27	425	267	158
松原市	26	13	13	48	25	23	114	57	57
白城市	109	52	57	97	44	53	262	99	163
延边朝鲜族自治州	15	9	6	52	27	25	320	239	81
长白山管委会	6	4	2	9	4	5	58	41	17
梅河口市	1		1	7	3	4	20	12	8

7-3b 续表 8

单位：人

现住地	户口登记地								
	贵州			云南			西藏		
	小计	男	女	小计	男	女	小计	男	女
全省	**9131**	**4328**	**4803**	**1567**	**631**	**936**	**707**	**304**	**403**
长春市	4721	2271	2450	928	402	526	533	237	296
吉林市	1014	491	523	277	114	163	32	15	17
四平市	191	91	100	12	5	7	6	5	1
辽源市	99	46	53	9	4	5	2	1	1
通化市	158	83	75	53	13	40	7	4	3
白山市	766	371	395	88	31	57	60	19	41
松原市	651	307	344	18	6	12	5	3	2
白城市	1190	483	707	112	33	79	58	17	41
延边朝鲜族自治州	262	142	120	60	18	42	2	1	1
长白山管委会	60	34	26	10	5	5	2	2	
梅河口市	19	9	10						

7-3b 续表 9

单位：人

现住地	户口登记地								
	陕西			甘肃			青海		
	小计	男	女	小计	男	女	小计	男	女
全省	**2772**	**1506**	**1266**	**2828**	**1306**	**1522**	**853**	**413**	**440**
长春市	2006	1101	905	1791	873	918	618	304	314
吉林市	274	135	139	450	170	280	127	59	68
四平市	52	23	29	43	17	26	9	7	2
辽源市	30	18	12	20	7	13	8	3	5
通化市	81	39	42	50	24	26	13	8	5
白山市	61	29	32	58	30	28	24	11	13
松原市	91	55	36	57	34	23	16	5	11
白城市	77	42	35	303	116	187	36	16	20
延边朝鲜族自治州	59	34	25	37	23	14	2		2
长白山管委会	39	29	10	16	10	6			
梅河口市	2	1	1	3	2	1			

7-3b 续表 10

单位：人

现住地	户口登记地					
	宁夏			新疆		
	小计	男	女	小计	男	女
全省	**745**	**341**	**404**	**2998**	**1176**	**1822**
长春市	574	273	301	2298	907	1391
吉林市	115	43	72	510	198	312
四平市	2		2	8	3	5
辽源市	3	1	2	8	4	4
通化市	5	2	3	24	10	14
白山市	10	6	4	20	8	12
松原市	9	3	6	33	14	19
白城市	24	11	13	77	21	56
延边朝鲜族自治州	3	2	1	16	10	6
长白山管委会				3		3
梅河口市				1	1	

7-3c 全省按现住地、性别分的户口登记地在外省的人口(乡村)

单位：人

现住地	户口登记地					
	合计			北京		
	合计	男	女	小计	男	女
全省	**182353**	**89852**	**92501**	**1078**	**597**	**481**
长春市	78742	39532	39210	399	219	180
吉林市	21182	11056	10126	125	64	61
四平市	19844	7513	12331	78	39	39
辽源市	6718	3117	3601	87	53	34
通化市	8403	4172	4231	71	40	31
白山市	4566	2581	1985	38	26	12
松原市	12936	6466	6470	126	73	53
白城市	10454	4848	5606	78	39	39
延边朝鲜族自治州	16207	8969	7238	50	30	20
长白山管委会	10	5	5			
梅河口市	3291	1593	1698	26	14	12

7-3c　续表 1

单位：人

现住地	户口登记地								
	天津			河北			山西		
	小计	男	女	小计	男	女	小计	男	女
全　省	**2298**	**1072**	**1226**	**10680**	**5131**	**5549**	**2752**	**1195**	**1557**
长春市	1262	641	621	4774	2193	2581	1638	743	895
吉林市	209	86	123	1790	949	841	359	174	185
四平市	344	96	248	1219	419	800	344	88	256
辽源市	61	32	29	545	338	207	48	21	27
通化市	95	45	50	470	196	274	82	30	52
白山市	24	12	12	208	120	88	22	12	10
松原市	119	73	46	613	324	289	77	35	42
白城市	68	36	32	288	151	137	67	39	28
延边朝鲜族自治州	52	28	24	510	310	200	90	46	44
长白山管委会									
梅河口市	64	23	41	263	131	132	25	7	18

7 3c　续表 2

单位：人

现住地	户口登记地								
	内蒙古			辽宁			黑龙江		
	小计	男	女	小计	男	女	小计	男	女
全　省	**17074**	**7594**	**9480**	**28562**	**13432**	**15130**	**35201**	**16052**	**19149**
长春市	5915	2808	3107	8958	4336	4622	15740	7209	8531
吉林市	1193	586	607	3306	1761	1545	3990	1842	2148
四平市	2345	881	1464	5414	2139	3275	1826	608	1218
辽源市	312	128	184	2385	962	1423	664	262	402
通化市	323	132	191	2881	1423	1458	757	303	454
白山市	194	108	86	694	400	294	355	147	208
松原市	1687	721	966	1240	597	643	3537	1600	1937
白城市	4035	1647	2388	1047	480	567	1809	763	1046
延边朝鲜族自治州	944	530	414	1472	853	619	6114	3122	2992
长白山管委会				1		1	3	3	
梅河口市	126	53	73	1164	481	683	406	193	213

7-3c 续表 3

单位：人

现住地	户口登记地								
	上海			江苏			浙江		
	小计	男	女	小计	男	女	小计	男	女
全省	**184**	**95**	**89**	**7158**	**4201**	**2957**	**4069**	**2200**	**1869**
长春市	64	31	33	3754	2259	1495	2745	1480	1265
吉林市	22	12	10	847	497	350	405	248	157
四平市	28	14	14	575	253	322	388	166	222
辽源市	11	10	1	287	140	147	42	21	21
通化市	6	4	2	339	197	142	117	64	53
白山市	6	1	5	175	98	77	67	48	19
松原市	12	6	6	615	376	239	121	73	48
白城市	10	5	5	135	85	50	62	34	28
延边朝鲜族自治州	21	10	11	263	163	100	84	49	35
长白山管委会									
梅河口市	4	2	2	168	133	35	38	17	21

7-3c 续表 4

单位：人

现住地	户口登记地								
	安徽			福建			江西		
	小计	男	女	小计	男	女	小计	男	女
全省	**4744**	**2498**	**2246**	**2150**	**1168**	**982**	**1499**	**800**	**699**
长春市	2402	1329	1073	1227	677	550	914	524	390
吉林市	850	445	405	252	144	108	148	64	84
四平市	448	148	300	300	113	187	254	98	156
辽源市	47	24	23	33	17	16	9	5	4
通化市	107	53	54	85	59	26	14	5	9
白山市	63	37	26	27	20	7	7	5	2
松原市	240	128	112	74	45	29	49	33	16
白城市	106	60	46	30	18	12	16	8	8
延边朝鲜族自治州	280	159	121	93	56	37	77	53	24
长白山管委会									
梅河口市	201	115	86	29	19	10	11	5	6

7-3c　续表 5

单位：人

现住地	户口登记地								
	山　东			河　南			湖　北		
	小计	男	女	小计	男	女	小计	男	女
全　省	**13100**	**7368**	**5732**	**10947**	**6106**	**4841**	**1980**	**1038**	**942**
长春市	4047	2281	1766	5562	3051	2511	1090	533	557
吉林市	2239	1235	1004	1593	886	707	291	193	98
四平市	679	293	386	1203	531	672	157	40	117
辽源市	270	143	127	327	197	130	31	19	12
通化市	903	467	436	407	247	160	41	19	22
白山市	1043	605	438	177	119	58	45	37	8
松原市	529	356	173	498	300	198	72	34	38
白城市	322	198	124	264	178	86	15	6	9
延边朝鲜族自治州	2889	1684	1205	792	525	267	194	129	65
长白山管委会	2	1	1						
梅河口市	177	105	72	124	72	52	44	28	16

7 3c　续表 6

单位：人

现住地	户口登记地								
	湖　南			广　东			广　西		
	小计	男	女	小计	男	女	小计	男	女
全　省	**1564**	**775**	**789**	**1999**	**956**	**1043**	**1485**	**641**	**844**
长春市	1023	536	487	886	411	475	914	402	512
吉林市	223	104	119	257	128	129	167	91	76
四平市	104	31	73	216	84	132	182	46	136
辽源市	13	7	6	120	56	64	31	11	20
通化市	24	10	14	158	85	73	38	18	20
白山市	18	12	6	64	44	20	14	7	7
松原市	40	19	21	130	62	68	31	12	19
白城市	26	12	14	68	30	38	28	12	16
延边朝鲜族自治州	73	35	38	52	32	20	60	30	30
长白山管委会									
梅河口市	20	9	11	48	24	24	20	12	8

7-3c 续表 7

单位：人

现住地	户口登记地								
	海南			重庆			四川		
	小计	男	女	小计	男	女	小计	男	女
全省	**1108**	**494**	**614**	**1273**	**714**	**559**	**3957**	**2109**	**1848**
长春市	747	399	348	601	352	249	1686	899	787
吉林市	48	19	29	226	148	78	499	281	218
四平市	212	42	170	176	56	120	393	165	228
辽源市	13	6	7	42	19	23	168	88	80
通化市	15	4	11	39	26	13	338	190	148
白山市	11	3	8	16	11	5	159	92	67
松原市	10	5	5	57	33	24	219	109	110
白城市	6		6	38	20	18	67	29	38
延边朝鲜族自治州	40	14	26	63	42	21	379	236	143
长白山管委会							1	1	
梅河口市	6	2	4	15	7	8	48	19	29

7-3c 续表 8

单位：人

现住地	户口登记地								
	贵州			云南			西藏		
	小计	男	女	小计	男	女	小计	男	女
全省	**18776**	**9361**	**9415**	**1563**	**641**	**922**	**145**	**77**	**68**
长春市	7224	3641	3583	780	389	391	77	50	27
吉林市	1140	562	578	154	60	94	21	13	8
四平市	2020	880	1140	155	36	119	24	9	15
辽源市	980	495	485	46	16	30	14		14
通化市	804	409	395	91	20	71	6	4	2
白山市	968	515	453	48	11	37	1		1
松原市	2632	1338	1294	35	10	25			
白城市	1715	899	816	23	5	18	2	1	1
延边朝鲜族自治州	1123	545	578	209	83	126			
长白山管委会	3		3						
梅河口市	167	77	90	22	11	11			

7-3c 续表 9

单位：人

现住地	户口登记地								
	陕西			甘肃			青海		
	小计	男	女	小计	男	女	小计	男	女
全省	**2478**	**1350**	**1128**	**1973**	**1075**	**898**	**505**	**245**	**260**
长春市	1463	751	712	1108	620	488	290	142	148
吉林市	231	142	89	320	174	146	72	52	20
四平市	258	85	173	186	65	121	92	30	62
辽源市	44	18	26	38	13	25	5	3	2
通化市	111	79	32	61	33	28	8	3	5
白山市	96	77	19	21	14	7	1		1
松原市	49	31	18	84	54	30	7	4	3
白城市	36	22	14	45	33	12	6	2	4
延边朝鲜族自治州	160	128	32	95	60	35	14	7	7
长白山管委会									
梅河口市	30	17	13	15	9	6	10	2	8

7-3c 续表 10

单位：人

现住地	户口登记地					
	宁夏			新疆		
	小计	男	女	小计	男	女
全省	**458**	**190**	**268**	**1593**	**677**	**916**
长春市	309	113	196	1143	513	630
吉林市	50	25	25	155	71	84
四平市	48	12	36	176	46	130
辽源市	3	2	1	42	11	31
通化市	1		1	11	7	4
白山市				4		4
松原市	8	2	6	25	13	12
白城市	30	28	2	12	8	4
延边朝鲜族自治州	4	4		10	6	4
长白山管委会						
梅河口市	5	4	1	15	2	13

7-4 全省按现住地、离开户口登记地时间分的户口登记地在外乡镇街道的人口

单位：人

现住地	离开户口登记地时间							
	合计							
	合计	半年以上，不满一年	一年以上，不满二年	二年以上，不满三年	三年以上，不满四年	四年以上，不满五年	五年以上，不满十年	十年以上
全省	**10350683**	**1061132**	**1159897**	**1270676**	**1210824**	**939646**	**2327424**	**2381084**
长春市	4524431	446292	532531	557894	557763	423037	987689	1019225
吉林市	1434024	168905	169820	192216	168998	130377	334868	268840
四平市	643190	65339	66926	73419	76128	58023	148645	154710
辽源市	383689	38631	45547	53665	46798	35644	89318	74086
通化市	467947	41906	45323	56111	51213	43628	113838	115928
白山市	396204	33708	34137	37812	34884	28539	95655	131469
松原市	924618	91402	92318	102183	97294	82895	224275	234251
白城市	602103	67816	69312	75801	70348	52276	124018	142532
延边朝鲜族自治州	754459	77997	79594	89629	81132	64452	166993	194662
长白山管委会	19247	2269	1621	1912	1731	1531	4132	6051
梅河口市	200771	26867	22768	30034	24535	19244	37993	39330

7-4 续表 1

单位：人

现住地	离开户口登记地时间							
	省内							
	小计	半年以上，不满一年	一年以上，不满二年	二年以上，不满三年	三年以上，不满四年	四年以上，不满五年	五年以上，不满十年	十年以上
全省	**9349212**	**937552**	**1011213**	**1135042**	**1083326**	**866658**	**2147683**	**2167738**
长春市	3968858	376297	438400	474398	478591	382752	895681	922739
吉林市	1328182	153640	153678	176876	155460	123116	316403	249009
四平市	584075	58230	59445	65984	68564	53531	137183	141138
辽源市	361693	35728	42694	50760	44425	33911	84846	69329
通化市	433463	37628	41177	52006	47944	41027	106636	107045
白山市	372286	30305	31577	35568	32897	27053	91176	123710
松原市	887770	87035	88099	98387	93817	80095	216521	223816
白城市	560807	63167	63401	70657	65826	49312	116560	131884
延边朝鲜族自治州	645793	68653	70067	79880	70898	56189	143046	157060
长白山管委会	16786	1797	1406	1754	1527	1373	3649	5280
梅河口市	189499	25072	21269	28772	23377	18299	35982	36728

7-4 续表 2

单位：人

现住地	离开户口登记地时间							
	省外							
	小计	半年以上，不满一年	一年以上，不满二年	二年以上，不满三年	三年以上，不满四年	四年以上，不满五年	五年以上，不满十年	十年以上
全　省	**1001471**	**123580**	**148684**	**135634**	**127498**	**72988**	**179741**	**213346**
长春市	555573	69995	94131	83496	79172	40285	92008	96486
吉林市	105842	15265	16142	15340	13538	7261	18465	19831
四平市	59115	7109	7481	7435	7564	4492	11462	13572
辽源市	21996	2903	2853	2905	2373	1733	4472	4757
通化市	34484	4278	4146	4105	3269	2601	7202	8883
白山市	23918	3403	2560	2244	1987	1486	4479	7759
松原市	36848	4367	4219	3796	3477	2800	7754	10435
白城市	41296	4649	5911	5144	4522	2964	7458	10648
延边朝鲜族自治州	108666	9344	9527	9749	10234	8263	23947	37602
长白山管委会	2461	472	215	158	204	158	483	771
梅河口市	11272	1795	1499	1262	1158	945	2011	2602

7-4a 全省按现住地、离开户口登记地时间分的户口登记地在外乡镇街道的人口(城市)

单位：人

现住地	离开户口登记地时间							
	合计							
	合计	半年以上，不满一年	一年以上，不满二年	二年以上，不满三年	三年以上，不满四年	四年以上，不满五年	五年以上，不满十年	十年以上
全　省	**6258092**	**604655**	**683303**	**767258**	**741279**	**594283**	**1466199**	**1401115**
长春市	2690346	243809	296330	317046	321226	258512	619663	633760
吉林市	1028017	118764	121866	139175	125084	99387	249633	174108
四平市	370395	35738	36674	41953	44887	35572	90411	85160
辽源市	242662	21435	29025	34175	32978	24704	58225	42120
通化市	236429	19239	22513	28037	26561	23341	58751	57987
白山市	255129	18350	21477	24426	22945	18538	65889	83504
松原市	425923	39781	44888	51168	48259	41388	107360	93079
白城市	285561	31330	32617	38445	36719	26614	58335	61501
延边朝鲜族自治州	568361	56768	60131	68579	62589	50133	127905	142256
长白山管委会								
梅河口市	155269	19441	17782	24254	20031	16094	30027	27640

7-4a 续表 1

单位：人

现住地	离开户口登记地时间							
	省内							
	小计	半年以上，不满一年	一年以上，不满二年	二年以上，不满三年	三年以上，不满四年	四年以上，不满五年	五年以上，不满十年	十年以上
全 省	**5679775**	**537585**	**606301**	**694215**	**670221**	**549533**	**1352148**	**1269772**
长春市	2371303	204498	248449	273609	279112	234915	561809	568911
吉林市	963173	109453	113130	130193	116648	94561	236930	162258
四平市	337056	31980	33399	38493	40960	32507	82520	77197
辽源市	231426	20178	27502	32570	31588	23712	55757	40119
通化市	218439	17492	19950	25495	24763	21877	54806	54056
白山市	243959	16919	20286	23288	21926	17781	63552	80207
松原市	411491	38362	43187	49458	46606	40043	104124	89711
白城市	270303	29801	30932	36727	34994	25293	55289	57267
延边朝鲜族自治州	484627	50481	52750	60953	54397	43469	108655	113922
长白山管委会								
梅河口市	147998	18421	16716	23429	19227	15375	28706	26124

7-4a 续表 2

单位：人

现住地	离开户口登记地时间							
	省外							
	小计	半年以上，不满一年	一年以上，不满二年	二年以上，不满三年	三年以上，不满四年	四年以上，不满五年	五年以上，不满十年	十年以上
全 省	**578317**	**67070**	**77002**	**73043**	**71058**	**44750**	**114051**	**131343**
长春市	319043	39311	47881	43437	42114	23597	57854	64849
吉林市	64844	9311	8736	8982	8436	4826	12703	11850
四平市	33339	3758	3275	3460	3927	3065	7891	7963
辽源市	11236	1257	1523	1605	1390	992	2468	2001
通化市	17990	1747	2563	2542	1798	1464	3945	3931
白山市	11170	1431	1191	1138	1019	757	2337	3297
松原市	14432	1419	1701	1710	1653	1345	3236	3368
白城市	15258	1529	1685	1718	1725	1321	3046	4234
延边朝鲜族自治州	83734	6287	7381	7626	8192	6664	19250	28334
长白山管委会								
梅河口市	7271	1020	1066	825	804	719	1321	1516

7-4b　全省按现住地、离开户口登记地时间分的户口登记地在外乡镇街道的人口(镇)

单位：人

现住地	离开户口登记地时间 合计：合计	半年以上，不满一年	一年以上，不满二年	二年以上，不满三年	三年以上，不满四年	四年以上，不满五年	五年以上，不满十年	十年以上
全　省	**2462484**	**264405**	**298338**	**320422**	**300935**	**225796**	**547503**	**505085**
长春市	1200687	129003	157296	165891	164295	116838	246616	220748
吉林市	171323	20303	22817	24668	20207	14325	36966	32037
四平市	144340	15466	15795	16201	15573	12896	35255	33154
辽源市	80218	8616	9836	11613	8062	6588	19910	15593
通化市	158768	14592	15562	21508	17494	15033	41699	32880
白山市	100144	11349	9589	9859	8630	7356	22700	30661
松原市	291299	27480	27751	30438	31124	26470	77495	70541
白城市	195131	23888	26647	25954	22378	16300	40062	39902
延边朝鲜族自治州	92378	10370	10660	11515	10548	7819	20955	20511
长白山管委会	19156	2264	1613	1903	1709	1527	4121	6019
梅河口市	9040	1074	772	872	915	644	1724	3039

7-4b　续表 1

单位：人

现住地	离开户口登记地时间 省内：小计	半年以上，不满一年	一年以上，不满二年	二年以上，不满三年	三年以上，不满四年	四年以上，不满五年	五年以上，不满十年	十年以上
全　省	**2221683**	**236333**	**256257**	**282531**	**266815**	**207471**	**507161**	**465115**
长春市	1042899	110994	127407	138709	139500	104222	221408	200659
吉林市	151507	17776	18493	20978	17227	13146	34487	29400
四平市	138408	14729	15170	15630	14938	12425	34002	31514
辽源市	76176	8150	9418	11131	7692	6234	18946	14605
通化市	150677	13607	14785	20654	16709	14407	39900	30615
白山市	91962	10297	8706	9092	7959	6866	21161	27881
松原市	281819	26449	26793	29582	30265	25761	75281	67688
白城市	179547	22186	23504	23481	20406	15332	37642	36996
延边朝鲜族自治州	83653	9373	9864	10737	9778	7097	19108	17696
长白山管委会	16705	1793	1399	1745	1507	1369	3638	5254
梅河口市	8330	979	718	792	834	612	1588	2807

7−4b 续表 2

单位：人

现住地	离开户口登记地时间							
	省外							
	小计	半年以上，不满一年	一年以上，不满二年	二年以上，不满三年	三年以上，不满四年	四年以上，不满五年	五年以上，不满十年	十年以上
全　省	**240801**	**28072**	**42081**	**37891**	**34120**	**18325**	**40342**	**39970**
长春市	157788	18009	29889	27182	24795	12616	25208	20089
吉林市	19816	2527	4324	3690	2980	1179	2479	2637
四平市	5932	737	625	571	635	471	1253	1640
辽源市	4042	466	418	482	370	354	964	988
通化市	8091	985	777	854	785	626	1799	2265
白山市	8182	1052	883	767	671	490	1539	2780
松原市	9480	1031	958	856	859	709	2214	2853
白城市	15584	1702	3143	2473	1972	968	2420	2906
延边朝鲜族自治州	8725	997	796	778	770	722	1847	2815
长白山管委会	2451	471	214	158	202	158	483	765
梅河口市	710	95	54	80	81	32	136	232

7−4c 全省按现住地、离开户口登记地时间分的户口登记地在外乡镇街道的人口(乡村)

单位：人

现住地	离开户口登记地时间							
	合计							
	合计	半年以上，不满一年	一年以上，不满二年	二年以上，不满三年	三年以上，不满四年	四年以上，不满五年	五年以上，不满十年	十年以上
全　省	**1630107**	**192072**	**178256**	**182996**	**168610**	**119567**	**313722**	**474884**
长春市	633398	73480	78905	74957	72242	47687	121410	164717
吉林市	234684	29838	25137	28373	23707	16665	48269	62695
四平市	128455	14135	14457	15265	15668	9555	22979	36396
辽源市	60809	8580	6686	7877	5758	4352	11183	16373
通化市	72750	8075	7248	6566	7158	5254	13388	25061
白山市	40931	4009	3071	3527	3309	2645	7066	17304
松原市	207396	24141	19679	20577	17911	15037	39420	70631
白城市	121411	12598	10048	11402	11251	9362	25621	41129
延边朝鲜族自治州	93720	10859	8803	9535	7995	6500	18133	31895
长白山管委会	91	5	8	9	22	4	11	32
梅河口市	36462	6352	4214	4908	3589	2506	6242	8651

7-4c 续表 1

单位：人

现住地	离开户口登记地时间							
	省内							
	小计	半年以上，不满一年	一年以上，不满二年	二年以上，不满三年	三年以上，不满四年	四年以上，不满五年	五年以上，不满十年	十年以上
全 省	**1447754**	**163634**	**148655**	**158296**	**146290**	**109654**	**288374**	**432851**
长春市	554656	60805	62544	62080	59979	43615	112464	153169
吉林市	213502	26411	22055	25705	21585	15409	44986	57351
四平市	108611	11521	10876	11861	12666	8599	20661	32427
辽源市	54091	7400	5774	7059	5145	3965	10143	14605
通化市	64347	6529	6442	5857	6472	4743	11930	22374
白山市	36365	3089	2585	3188	3012	2406	6463	15622
松原市	194460	22224	18119	19347	16946	14291	37116	66417
白城市	110957	11180	8965	10449	10426	8687	23629	37621
延边朝鲜族自治州	77513	8799	7453	8190	6723	5623	15283	25442
长白山管委会	81	4	7	9	20	4	11	26
梅河口市	33171	5672	3835	4551	3316	2312	5688	7797

7-4c 续表 2

单位：人

现住地	离开户口登记地时间							
	省外							
	小计	半年以上，不满一年	一年以上，不满二年	二年以上，不满三年	三年以上，不满四年	四年以上，不满五年	五年以上，不满十年	十年以上
全 省	**182353**	**28438**	**29601**	**24700**	**22320**	**9913**	**25348**	**42033**
长春市	78742	12675	16361	12877	12263	4072	8946	11548
吉林市	21182	3427	3082	2668	2122	1256	3283	5344
四平市	19844	2614	3581	3404	3002	956	2318	3969
辽源市	6718	1180	912	818	613	387	1040	1768
通化市	8403	1546	806	709	686	511	1458	2687
白山市	4566	920	486	339	297	239	603	1682
松原市	12936	1917	1560	1230	965	746	2304	4214
白城市	10454	1418	1083	953	825	675	1992	3508
延边朝鲜族自治州	16207	2060	1350	1345	1272	877	2850	6453
长白山管委会	10	1	1		2			6
梅河口市	3291	680	379	357	273	194	554	854

7-5 全省按户口登记地、性别、受教育程度分的户口登记地在外乡镇街道的人口

单位：人

受教育程度	合计			省内		
	合计	男	女	小计	男	女
总　计	**10167222**	**4938399**	**5228823**	**9178861**	**4431947**	**4746914**
未上过学	131821	49312	82509	119342	44740	74602
学前教育	221739	114637	107102	204542	105655	98887
小　学	1585343	718726	866617	1450266	653391	796875
初　中	3773383	1851374	1922009	3460273	1683656	1776617
高　中	2118797	1065095	1053702	1982685	992155	990530
大学专科	1005821	508454	497367	916985	461724	455261
大学本科	1218271	580520	637751	965829	455689	510140
硕士研究生	98296	43145	55151	69632	30267	39365
博士研究生	13751	7136	6615	9307	4670	4637

7-5 续表

单位：人

受教育程度	省内			省外		
	其中市辖区内人户分离					
	小计	男	女	小计	男	女
总　计	**2355180**	**1130742**	**1224438**	**988361**	**506452**	**481909**
未上过学	27171	10512	16659	12479	4572	7907
学前教育	51689	26695	24994	17197	8982	8215
小　学	293402	131529	161873	135077	65335	69742
初　中	796383	381439	414944	313110	167718	145392
高　中	587585	286768	300817	136112	72940	63172
大学专科	272796	135345	137451	88836	46730	42106
大学本科	296842	144827	152015	252442	124831	127611
硕士研究生	25277	11565	13712	28664	12878	15786
博士研究生	4035	2062	1973	4444	2466	1978

7–5a　全省按户口登记地、性别、受教育程度分的户口登记地在外乡镇街道的人口(城市)

单位：人

受教育程度	合计			省内		
	合计	男	女	小计	男	女
总　计	**6145343**	**2992117**	**3153226**	**5575001**	**2692169**	**2882832**
未上过学	71162	26855	44307	64633	24413	40220
学前教育	137257	71030	66227	126385	65325	61060
小　学	867583	393679	473904	791303	356567	434736
初　中	2220263	1090594	1129669	2031421	988401	1043020
高　中	1407837	700959	706878	1315673	651997	663676
大学专科	641344	319948	321396	588784	292511	296273
大学本科	729174	356809	372365	606958	290705	316253
硕士研究生	61685	27520	34165	43879	19250	24629
博士研究生	9038	4723	4315	5965	3000	2965

7–5a　续表

单位：人

受教育程度	省内 其中市辖区内人户分离			省外		
	小计	男	女	小计	男	女
总　计	**2145895**	**1030861**	**1115034**	**570342**	**299948**	**270394**
未上过学	23449	8981	14468	6529	2442	4087
学前教育	47439	24469	22970	10872	5705	5167
小　学	250556	111994	138562	76280	37112	39168
初　中	703983	337409	366574	188842	102193	86649
高　中	550655	268528	282127	92164	48962	43202
大学专科	256863	127355	129508	52560	27437	25123
大学本科	284218	138739	145479	122216	66104	56112
硕士研究生	24757	11351	13406	17806	8270	9536
博士研究生	3975	2035	1940	3073	1723	1350

7—5b 全省按户口登记地、性别、受教育程度分的户口登记地在外乡镇街道的人口(镇)

单位：人

受教育程度	合计			省内		
	合计	男	女	小计	男	女
总　计	**2413294**	**1171891**	**1241403**	**2175498**	**1054122**	**1121376**
未上过学	31012	11712	19300	28606	10839	17767
学前教育	57065	29363	27702	53373	27448	25925
小　学	369539	167340	202199	344240	155060	189180
初　中	866976	425774	441202	804856	392941	411915
高　中	463933	236196	227737	435499	220852	214647
大学专科	260262	133821	126441	235026	120483	114543
大学本科	332571	153722	178849	250884	116468	134416
硕士研究生	28015	11987	16028	20266	8685	11581
博士研究生	3921	1976	1945	2748	1346	1402

7—5b 续表

单位：人

受教育程度	省内			省外		
	其中市辖区内人户分离					
	小计	男	女	小计	男	女
总　计	**35986**	**17301**	**18685**	**237796**	**117769**	**120027**
未上过学	505	222	283	2406	873	1533
学前教育	937	491	446	3692	1915	1777
小　学	7087	3169	3918	25299	12280	13019
初　中	16674	8132	8542	62120	32833	29287
高　中	6748	3373	3375	28434	15344	13090
大学专科	2641	1244	1397	25236	13338	11898
大学本科	1352	650	702	81687	37254	44433
硕士研究生	39	18	21	7749	3302	4447
博士研究生	3	2	1	1173	630	543

7-5c 全省按户口登记地、性别、受教育程度分的户口登记地在外乡镇街道的人口(乡村)

单位：人

受教育程度	合计			省内		
	合计	男	女	小计	男	女
总　计	**1608585**	**774391**	**834194**	**1428362**	**685656**	**742706**
未上过学	29647	10745	18902	26103	9488	16615
学前教育	27417	14244	13173	24784	12882	11902
小　学	348221	157707	190514	314723	141764	172959
初　中	686144	335006	351138	623996	302314	321682
高　中	247027	127940	119087	231513	119306	112207
大学专科	104215	54685	49530	93175	48730	44445
大学本科	156526	69989	86537	107987	48516	59471
硕士研究生	8596	3638	4958	5487	2332	3155
博士研究生	792	437	355	594	324	270

7-5c 续表

单位：人

受教育程度	省内			省外		
	其中市辖区内人户分离					
	小计	男	女	小计	男	女
总　计	**173299**	**82580**	**90719**	**180223**	**88735**	**91488**
未上过学	3217	1309	1908	3544	1257	2287
学前教育	3313	1735	1578	2633	1362	1271
小　学	35759	16366	19393	33498	15943	17555
初　中	75726	35898	39828	62148	32692	29456
高　中	30182	14867	15315	15514	8634	6880
大学专科	13292	6746	6546	11040	5955	5085
大学本科	11272	5438	5834	48539	21473	27066
硕士研究生	481	196	285	3109	1306	1803
博士研究生	57	25	32	198	113	85

7-6 全省按现住地、受教育程度、性别分的户口登记地在本省其他乡镇街道的人口

单位：人

现住地	合计			未上过学		
	合计	男	女	小计	男	女
全 省	**9178861**	**4431947**	**4746914**	**119342**	**44740**	**74602**
长春市	**3894648**	**1896852**	**1997796**	**40377**	**15535**	**24842**
南关区	319438	151993	167445	2925	999	1926
宽城区	460980	227540	233440	4716	1961	2755
朝阳区	268238	131068	137170	2369	901	1468
二道区	300984	146388	154596	3271	1330	1941
绿园区	409888	201388	208500	4195	1587	2608
双阳区	109747	53051	56696	1120	360	760
九台区	198827	95114	103713	2035	753	1282
农安县	213374	102027	111347	2750	1005	1745
长春经济技术开发区	260103	127535	132568	2758	1180	1578
长春净月高新技术产业开发区	220045	103975	116070	1504	577	927
长春高新技术产业开发区	230877	115229	115648	2198	954	1244
长春汽车经济技术开发区	170520	88677	81843	1781	744	1037
长春莲花山生态旅游度假区	11232	5537	5695	200	61	139
榆树市	234425	112531	121894	3062	1024	2038
德惠市	200084	96625	103459	2164	888	1276
公主岭市	285886	138174	147712	3329	1211	2118
吉林市	**1303815**	**624876**	**678939**	**19107**	**7313**	**11794**
昌邑区	248329	118388	129941	2963	1196	1767
龙潭区	149983	74459	75524	2107	850	1257
船营区	212256	102120	110136	3013	1292	1721
丰满区	120905	56884	64021	1811	666	1145
永吉县	56944	28719	28225	757	295	462
吉林经济开发区	19630	10122	9508	206	99	107
吉林高新技术产业开发区	70958	32532	38426	772	325	447
吉林中国新加坡食品区	6984	3301	3683	141	59	82
蛟河市	97763	46182	51581	1776	635	1141
桦甸市	93209	44765	48444	2302	776	1526
舒兰市	116262	54832	61430	1626	527	1099
磐石市	110592	52572	58020	1633	593	1040
四平市	**575030**	**273084**	**301946**	**8400**	**3094**	**5306**
铁西区	168174	78134	90040	2171	871	1300
铁东区	155406	76030	79376	2106	835	1271
梨树县	96590	45738	50852	1729	576	1153
伊通满族自治县	80301	37406	42895	1360	449	911
双辽市	74559	35776	38783	1034	363	671
辽源市	**355540**	**171622**	**183918**	**4742**	**1876**	**2866**
龙山区	170093	82633	87460	1856	724	1132
西安区	72442	35926	36516	1013	396	617
东丰县	81087	38411	42676	1430	596	834
东辽县	31918	14652	17266	443	160	283

7-6　续表 1　　　　单位：人

现住地	合计			未上过学		
	合计	男	女	小计	男	女
通化市	**425040**	**202652**	**222388**	**6518**	**2492**	**4026**
东昌区	161067	76789	84278	1886	771	1115
二道江区	26063	12438	13625	503	162	341
通化县	40573	18992	21581	935	343	592
辉南县	72419	34717	37702	1206	425	781
柳河县	70845	34000	36845	1189	507	682
集安市	54073	25716	28357	799	284	515
白山市	**365557**	**177645**	**187912**	**8907**	**2885**	**6022**
浑江区	173346	83669	89677	3644	1189	2455
江源区	51644	25502	26142	1296	410	886
抚松县	53108	25983	27125	1525	503	1022
靖宇县	30235	14885	15350	940	305	635
长白朝鲜族自治县	13109	6514	6595	356	131	225
临江市	44115	21092	23023	1146	347	799
松原市	**872372**	**419742**	**452630**	**11801**	**4351**	**7450**
宁江区	376776	182040	194736	4105	1570	2535
前郭尔罗斯蒙古族自治县	131223	61727	69496	2418	812	1606
长岭县	98287	46816	51471	1466	518	948
乾安县	68275	32846	35429	939	357	582
吉林松原经济开发区	71527	35311	36216	1288	486	802
扶余市	126284	61002	65282	1585	608	977
白城市	**551620**	**262421**	**289199**	**7631**	**2809**	**4822**
洮北区	160238	77169	83069	2108	795	1313
镇赉县	54478	26262	28216	819	343	476
通榆县	84720	40676	44044	1093	392	701
吉林白城经济开发区	68603	31138	37465	806	292	514
洮南市	91421	43404	48017	1545	578	967
大安市	92160	43772	48388	1260	409	851
延边朝鲜族自治州	**633121**	**305230**	**327891**	**9642**	**3509**	**6133**
延吉市	267349	127611	139738	3883	1508	2375
图们市	21680	10637	11043	270	93	177
敦化市	122231	59006	63225	1587	659	928
珲春市	83972	40648	43324	1470	514	956
龙井市	30249	14774	15475	433	128	305
和龙市	32978	16277	16701	661	202	459
汪清县	45755	22176	23579	788	239	549
安图县	28907	14101	14806	550	166	384
长白山管委会	**16296**	**8162**	**8134**	**486**	**154**	**332**
长白山保护开发区池北区	10894	5523	5371	269	90	179
长白山保护开发区池西区	4930	2394	2536	202	58	144
长白山保护开发区池南区	472	245	227	15	6	9
梅河口市	**185822**	**89661**	**96161**	**1731**	**722**	**1009**

7-6 续表 2

单位：人

现住地	学前教育			小学		
	小计	男	女	小计	男	女
全　省	**204542**	**105655**	**98887**	**1450266**	**653391**	**796875**
长春市	**85593**	**44513**	**41080**	**556154**	**254630**	**301524**
南关区	6164	3303	2861	35595	16144	19451
宽城区	11554	6025	5529	63565	29639	33926
朝阳区	3555	1821	1734	28268	12913	15355
二道区	6908	3606	3302	38594	18135	20459
绿园区	9423	4797	4626	53436	24404	29032
双阳区	2465	1269	1196	18926	8521	10405
九台区	4070	2094	1976	35079	15982	19097
农安县	4694	2427	2267	44911	20254	24657
长春经济技术开发区	6357	3284	3073	29020	13327	15693
长春净月高新技术产业开发区	3787	1967	1820	23121	10792	12329
长春高新技术产业开发区	5129	2717	2412	25296	11695	13601
长春汽车经济技术开发区	4563	2387	2176	20808	9500	11308
长春莲花山生态旅游度假区	218	115	103	2833	1301	1532
榆树市	4982	2657	2325	55079	24331	30748
德惠市	4900	2542	2358	37593	17304	20289
公主岭市	6824	3502	3322	44030	20388	23642
吉林市	**29315**	**15088**	**14227**	**209672**	**93758**	**115914**
昌邑区	5765	3072	2693	33455	14922	18533
龙潭区	2684	1384	1300	24788	11342	13446
船营区	4702	2425	2277	29235	13326	15909
丰满区	2360	1198	1162	14901	6833	8068
永吉县	1455	766	689	11171	5026	6145
吉林经济开发区	290	136	154	2669	1192	1477
吉林高新技术产业开发区	1295	644	651	7662	3410	4252
吉林中国新加坡食品区	194	101	93	1653	730	923
蛟河市	2585	1323	1262	18538	8036	10502
桦甸市	2105	1047	1058	18657	8256	10401
舒兰市	2641	1373	1268	24479	10814	13665
磐石市	3239	1619	1620	22464	9871	12593
四平市	**10871**	**5564**	**5307**	**90192**	**40729**	**49463**
铁西区	3053	1583	1470	21273	9823	11450
铁东区	2599	1341	1258	22285	10377	11908
梨树县	1844	960	884	19494	8682	10812
伊通满族自治县	1863	898	965	16857	7291	9566
双辽市	1512	782	730	10283	4556	5727
辽源市	**7809**	**4038**	**3771**	**54582**	**24398**	**30184**
龙山区	4174	2178	1996	22904	10459	12445
西安区	1312	642	670	10580	4809	5771
东丰县	1702	884	818	14640	6441	8199
东辽县	621	334	287	6458	2689	3769

7-6　续表 3　　单位：人

现住地	学前教育			小学		
	小计	男	女	小计	男	女
通化市	**9435**	**4870**	**4565**	**73924**	**32443**	**41481**
东昌区	3410	1809	1601	22510	9912	12598
二道江区	416	202	214	4939	2183	2756
通化县	1172	596	576	9264	3943	5321
辉南县	1520	779	741	13518	6034	7484
柳河县	1585	813	772	14345	6392	7953
集安市	1332	671	661	9348	3979	5369
白山市	**7981**	**4058**	**3923**	**59087**	**26577**	**32510**
浑江区	3600	1846	1754	24811	11011	13800
江源区	893	475	418	9163	4108	5055
抚松县	1220	628	592	9553	4402	5151
靖宇县	829	406	423	6285	2919	3366
长白朝鲜族自治县	344	184	160	2531	1151	1380
临江市	1095	519	576	6744	2986	3758
松原市	**20501**	**10625**	**9876**	**180517**	**80900**	**99617**
宁江区	8374	4356	4018	67704	30318	37386
前郭尔罗斯蒙古族自治县	3067	1594	1473	30729	13400	17329
长岭县	2408	1206	1202	22927	10349	12578
乾安县	1434	714	720	13385	5927	7458
吉林松原经济开发区	2209	1192	1017	14716	6922	7794
扶余市	3009	1563	1446	31056	13984	17072
白城市	**12200**	**6288**	**5912**	**99470**	**43255**	**56215**
洮北区	3362	1726	1636	26173	11710	14463
镇赉县	1445	716	729	11907	5020	6887
通榆县	2226	1149	1077	16919	7261	9658
吉林白城经济开发区	1456	775	681	8425	3820	4605
洮南市	1897	990	907	19332	8446	10886
大安市	1814	932	882	16714	6998	9716
延边朝鲜族自治州	**15523**	**7878**	**7645**	**94772**	**42188**	**52584**
延吉市	6557	3341	3216	33817	15007	18810
图们市	446	226	220	3452	1552	1900
敦化市	3095	1549	1546	18782	8423	10359
珲春市	2321	1179	1142	14841	6711	8130
龙井市	707	363	344	5009	2219	2790
和龙市	681	343	338	6121	2725	3396
汪清县	1027	523	504	7600	3306	4294
安图县	689	354	335	5150	2245	2905
长白山管委会	**484**	**220**	**264**	**3080**	**1426**	**1654**
长白山保护开发区池北区	345	157	188	2125	1006	1119
长白山保护开发区池西区	132	57	75	874	393	481
长白山保护开发区池南区	7	6	1	81	27	54
梅河口市	**4830**	**2513**	**2317**	**28816**	**13087**	**15729**

7-6 续表 4

单位：人

现住地	初中			高中			大学专科		
	小计	男	女	小计	男	女	小计	男	女
全 省	**3460273**	**1683656**	**1776617**	**1982685**	**992155**	**990530**	**916985**	**461724**	**455261**
长春市	**1374492**	**677440**	**697052**	**805334**	**402520**	**402814**	**450633**	**227621**	**223012**
南关区	89103	43998	45105	62776	29965	32811	45023	20574	24449
宽城区	171494	86009	85485	98796	49198	49598	61162	29984	31178
朝阳区	71409	35358	36051	59188	28570	30618	37230	17828	19402
二道区	97200	48633	48567	70057	34601	35456	39028	19431	19597
绿园区	133959	67247	66712	92395	46208	46187	58037	29266	28771
双阳区	48232	23946	24286	18166	9302	8864	6854	3426	3428
九台区	92708	44770	47938	38214	19464	18750	12784	6441	6343
农安县	93335	44936	48399	42246	21072	21174	14063	7078	6985
长春经济技术开发区	81270	40512	40758	53511	27715	25796	37104	18045	19059
长春净月高新技术产业开发区	53564	26752	26812	34412	17026	17386	24653	12271	12382
长春高新技术产业开发区	59798	30285	29513	40269	20344	19925	40160	21749	18411
长春汽车经济技术开发区	55248	27391	27857	36705	19183	17522	30412	19020	11392
长春莲花山生态旅游度假区	5057	2527	2530	1715	923	792	573	291	282
榆树市	99320	47774	51546	45554	23293	22261	14231	7428	6803
德惠市	104075	50280	53795	33704	17020	16684	9582	4808	4774
公主岭市	118720	57022	61698	77626	38636	38990	19737	9981	9756
吉林市	**481779**	**231162**	**250617**	**297076**	**146208**	**150868**	**129357**	**66396**	**62961**
昌邑区	83864	40254	43610	64281	31004	33277	30162	14794	15368
龙潭区	58961	28743	30218	35063	17774	17289	12765	7136	5629
船营区	73591	35467	38124	52027	25056	26971	22261	10697	11564
丰满区	32438	15661	16777	27246	12463	14783	17599	9182	8417
永吉县	23488	11011	12477	11104	5614	5490	7036	5141	1895
吉林经济开发区	7361	3697	3664	3279	1830	1449	1987	1240	747
吉林高新技术产业开发区	18743	9194	9549	16286	7917	8369	9871	4201	5670
吉林中国新加坡食品区	3737	1757	1980	700	381	319	343	170	173
蛟河市	42138	19994	22144	20082	10095	9987	7425	3739	3686
桦甸市	38428	18811	19617	20048	10194	9854	6226	3140	3086
舒兰市	51031	23871	27160	24575	12310	12265	6453	3371	3082
磐石市	47999	22702	25297	22385	11570	10815	7229	3585	3644
四平市	**221390**	**105840**	**115550**	**132895**	**65983**	**66912**	**57470**	**28730**	**28740**
铁西区	53221	25972	27249	39043	18731	20312	20726	9943	10783
铁东区	61113	30059	31054	37623	18796	18827	18618	9378	9240
梨树县	44438	20609	23829	17561	9055	8506	6772	3555	3217
伊通满族自治县	32929	15306	17623	17787	8845	8942	4979	2525	2454
双辽市	29689	13894	15795	20881	10556	10325	6375	3329	3046
辽源市	**161854**	**78288**	**83566**	**73512**	**36905**	**36607**	**28716**	**14191**	**14525**
龙山区	71737	35017	36720	36356	18140	18216	18195	8773	9422
西安区	40432	20234	20198	11781	6129	5652	3937	2018	1919
东丰县	34586	16203	18383	18786	9352	9434	5177	2665	2512
东辽县	15099	6834	8265	6589	3284	3305	1407	735	672

7-6　续表 5

单位：人

现住地	初中			高中			大学专科		
	小计	男	女	小计	男	女	小计	男	女
通化市	**165085**	**79849**	**85236**	**95877**	**47839**	**48038**	**36701**	**18263**	**18438**
东昌区	53882	26552	27330	41121	20231	20890	17063	8377	8686
二道江区	10471	5114	5357	6383	3173	3210	1841	879	962
通化县	17125	8201	8924	7484	3818	3666	2405	1132	1273
辉南县	32116	15458	16658	14249	7193	7056	5225	2646	2579
柳河县	31850	15265	16585	13693	6932	6761	4798	2489	2309
集安市	19641	9259	10382	12947	6492	6455	5369	2740	2629
白山市	**139524**	**69032**	**70492**	**86352**	**43880**	**42472**	**34222**	**16993**	**17229**
浑江区	60754	30136	30618	43566	21617	21949	19487	9396	10091
江源区	23253	11667	11586	10829	5677	5152	3643	1892	1751
抚松县	20966	10290	10676	12266	6417	5849	3987	2020	1967
靖宇县	12989	6468	6521	5747	3039	2708	1986	1043	943
长白朝鲜族自治县	4927	2458	2469	3086	1616	1470	966	530	436
临江市	16635	8013	8622	10858	5514	5344	4153	2112	2041
松原市	**366741**	**176410**	**190331**	**169639**	**87116**	**82523**	**63811**	**31786**	**32025**
宁江区	153138	73653	79485	78060	40293	37767	31630	15438	16192
前郭尔罗斯蒙古族自治县	54965	26028	28937	24814	12543	12271	8535	4237	4298
长岭县	44672	21311	23361	18271	9127	9144	5135	2684	2451
乾安县	33229	15988	17241	12384	6390	5994	4129	2147	1982
吉林松原经济开发区	25636	12782	12854	13219	6857	6362	7394	3643	3751
扶余市	55101	26648	28453	22891	11906	10985	6988	3637	3351
白城市	**231589**	**111285**	**120304**	**120425**	**60832**	**59593**	**42447**	**20585**	**21862**
洮北区	66809	31955	34854	39549	19876	19673	12181	6276	5905
镇赉县	25650	12690	12960	9085	4733	4352	3284	1657	1627
通榆县	38880	18777	20103	17321	8828	8493	4377	2353	2024
吉林白城经济开发区	20916	10114	10802	14966	7205	7761	10981	4327	6654
洮南市	42246	20332	21914	16139	8154	7985	5503	2772	2731
大安市	37088	17417	19671	23365	12036	11329	6121	3200	2921
延边朝鲜族自治州	**241000**	**117356**	**123644**	**152344**	**76119**	**76225**	**54029**	**27350**	**26679**
延吉市	89640	43292	46348	68066	33536	34530	25517	12713	12804
图们市	8417	4105	4312	5712	2883	2829	1649	900	749
敦化市	50176	24204	25972	30893	15419	15474	9894	4979	4915
珲春市	34742	17078	17664	17744	8901	8843	6273	3141	3132
龙井市	12515	6138	6377	6641	3425	3216	2894	1447	1447
和龙市	14284	7235	7049	6780	3492	3288	2152	1173	979
汪清县	19631	9589	10042	10348	5300	5048	3286	1746	1540
安图县	11595	5715	5880	6160	3163	2997	2364	1251	1113
长白山管委会	**6043**	**3086**	**2957**	**3087**	**1610**	**1477**	**1434**	**786**	**648**
长白山保护开发区池北区	3793	1932	1861	2011	1064	947	1021	573	448
长白山保护开发区池西区	2059	1056	1003	1000	498	502	374	188	186
长白山保护开发区池南区	191	98	93	76	48	28	39	25	14
梅河口市	**70776**	**33908**	**36868**	**46144**	**23143**	**23001**	**18165**	**9023**	**9142**

7-6 续表 6

单位：人

现住地	大学本科			硕士研究生			博士研究生		
	小计	男	女	小计	男	女	小计	男	女
全 省	**965829**	**455689**	**510140**	**69632**	**30267**	**39365**	**9307**	**4670**	**4637**
长春市	**525457**	**249428**	**276029**	**48855**	**21289**	**27566**	**7753**	**3876**	**3877**
南关区	65588	31446	34142	10116	4466	5650	2148	1098	1050
宽城区	47642	23857	23785	1887	776	1111	164	91	73
朝阳区	57048	29424	27624	7628	3494	4134	1543	759	784
二道区	43010	19451	23559	2631	1069	1562	285	132	153
绿园区	53304	25555	27749	4599	2058	2541	540	266	274
双阳区	13732	6138	7594	240	82	158	12	7	5
九台区	13628	5481	8147	284	118	166	25	11	14
农安县	11036	5121	5915	325	128	197	14	6	8
长春经济技术开发区	45759	21514	24245	3869	1725	2144	455	233	222
长春净月高新技术产业开发区	69970	30750	39220	7922	3307	4615	1112	533	579
长春高新技术产业开发区	50437	24228	26209	6320	2607	3713	1270	650	620
长春汽车经济技术开发区	18941	9446	9495	1964	963	1001	98	43	55
长春莲花山生态旅游度假区	596	300	296	38	19	19	2		2
榆树市	11887	5879	6008	291	136	155	19	9	10
德惠市	7899	3709	4190	156	66	90	11	8	3
公主岭市	14980	7129	7851	585	275	310	55	30	25
吉林市	**129883**	**61537**	**68346**	**7058**	**3106**	**3952**	**568**	**308**	**260**
昌邑区	26487	12569	13918	1270	536	734	82	41	41
龙潭区	13241	7070	6171	348	144	204	26	16	10
船营区	25393	12835	12558	1880	932	948	154	90	64
丰满区	22421	9981	12440	1966	813	1153	163	87	76
永吉县	1875	844	1031	54	21	33	4	1	3
吉林经济开发区	3798	1907	1891	36	19	17	4	2	2
吉林高新技术产业开发区	15235	6377	8858	994	413	581	100	51	49
吉林中国新加坡食品区	211	101	110	5	2	3			
蛟河市	5093	2306	2787	124	53	71	2	1	1
桦甸市	5318	2480	2838	112	56	56	13	5	8
舒兰市	5323	2506	2817	125	54	71	9	6	3
磐石市	5488	2561	2927	144	63	81	11	8	3
四平市	**51098**	**22028**	**29070**	**2534**	**1027**	**1507**	**180**	**89**	**91**
铁西区	26966	10518	16448	1589	626	963	132	67	65
铁东区	10519	5012	5507	512	221	291	31	11	20
梨树县	4586	2224	2362	156	71	85	10	6	4
伊通满族自治县	4398	2041	2357	126	50	76	2	1	1
双辽市	4629	2233	2396	151	59	92	5	4	1
辽源市	**23577**	**11568**	**12009**	**709**	**342**	**367**	**39**	**16**	**23**
龙山区	14360	7102	7258	483	231	252	28	9	19
西安区	3285	1642	1643	99	55	44	3	1	2
东丰县	4660	2222	2438	100	43	57	6	5	1
东辽县	1272	602	670	27	13	14	2	1	1

7-6　续表 7　　单位：人

现 住 地	大学本科			硕士研究生			博士研究生		
	小计	男	女	小计	男	女	小计	男	女
通化市	**36079**	**16267**	**19812**	**1322**	**584**	**738**	**99**	**45**	**54**
东昌区	20252	8717	11535	875	386	489	68	34	34
二道江区	1447	695	752	56	28	28	7	2	5
通化县	2125	939	1186	60	18	42	3	2	1
辉南县	4471	2134	2337	110	47	63	4	1	3
柳河县	3280	1549	1731	94	49	45	11	4	7
集安市	4504	2233	2271	127	56	71	6	2	4
白山市	**28526**	**13769**	**14757**	**924**	**431**	**493**	**34**	**20**	**14**
浑江区	16848	8160	8688	616	304	312	20	10	10
江源区	2507	1245	1262	57	27	30	3	1	2
抚松县	3488	1678	1810	98	41	57	5	4	1
靖宇县	1406	688	718	50	14	36	3	3	
长白朝鲜族自治县	874	432	442	23	10	13	2	2	
临江市	3403	1566	1837	80	35	45	1		1
松原市	**57352**	**27640**	**29712**	**1920**	**871**	**1049**	**90**	**43**	**47**
宁江区	32589	15857	16732	1126	527	599	50	28	22
前郭尔罗斯蒙古族自治县	6492	3032	3460	192	79	113	11	2	9
长岭县	3330	1583	1747	74	37	37	4	1	3
乾安县	2713	1294	1419	58	28	30	4	1	3
吉林松原经济开发区	6725	3272	3453	326	148	178	14	9	5
扶余市	5503	2602	2901	144	52	92	7	2	5
白城市	**36440**	**16707**	**19733**	**1335**	**621**	**714**	**83**	**39**	**44**
洮北区	9641	4641	5000	385	178	207	30	12	18
镇赉县	2224	1078	1146	62	23	39	2	2	
通榆县	3792	1853	1939	105	58	47	7	5	2
吉林白城经济开发区	10574	4368	6206	456	226	230	23	11	12
洮南市	4601	2081	2520	145	46	99	13	5	8
大安市	5608	2686	2922	182	90	92	8	4	4
延边朝鲜族自治州	**60916**	**28839**	**32077**	**4460**	**1770**	**2690**	**435**	**221**	**214**
延吉市	36011	16692	19319	3467	1324	2143	391	198	193
图们市	1658	846	812	70	31	39	6	1	5
敦化市	7561	3660	3901	235	109	126	8	4	4
珲春市	6274	2995	3279	295	122	173	12	7	5
龙井市	1947	1004	943	97	46	51	6	4	2
和龙市	2221	1073	1148	70	29	41	8	5	3
汪清县	2942	1403	1539	130	68	62	3	2	1
安图县	2302	1166	1136	96	41	55	1		1
长白山管委会	**1582**	**831**	**751**	**100**	**49**	**51**			
长白山保护开发区池北区	1238	654	584	92	47	45			
长白山保护开发区池西区	282	143	139	7	1	6			
长白山保护开发区池南区	62	34	28	1	1				
梅河口市	**14919**	**7075**	**7844**	**415**	**177**	**238**	**26**	**13**	**13**

7－6a 全省按现住地、受教育程度、性别分的户口登记地在本省其他乡镇街道的人口(城市)

单位：人

现住地	合计			未上过学		
	合计	男	女	小计	男	女
全省	**5575001**	**2692169**	**2882832**	**64633**	**24413**	**40220**
长春市	**2327657**	**1129673**	**1197984**	**22380**	**8586**	**13794**
南关区	319438	151993	167445	2925	999	1926
宽城区	358609	175615	182994	3547	1498	2049
朝阳区	260931	127334	133597	2219	849	1370
二道区	300783	146292	154491	3269	1330	1939
绿园区	404847	198624	206223	4128	1560	2568
双阳区	78416	37854	40562	496	140	356
九台区	129997	62828	67169	1213	479	734
农安县						
长春经济技术开发区						
长春净月高新技术产业开发区						
长春高新技术产业开发区						
长春汽车经济技术开发区						
长春莲花山生态旅游度假区						
榆树市	147715	71303	76412	1590	547	1043
德惠市	136886	66309	70577	1184	507	677
公主岭市	190035	91521	98514	1809	677	1132
吉林市	**944627**	**453690**	**490937**	**12505**	**4731**	**7774**
昌邑区	211724	100796	110928	2374	941	1433
龙潭区	132738	66057	66681	1755	737	1018
船营区	185638	89185	96453	2243	893	1350
丰满区	100324	48108	52216	1381	514	867
永吉县						
吉林经济开发区	331	156	175	7	2	5
吉林高新技术产业开发区						
吉林中国新加坡食品区						
蛟河市	74934	35870	39064	1168	407	761
桦甸市	77309	37133	40176	1871	647	1224
舒兰市	87506	41244	46262	978	315	663
磐石市	74123	35141	38982	728	275	453
四平市	**331772**	**160383**	**171389**	**4341**	**1721**	**2620**
铁西区	128292	61704	66588	1712	691	1021
铁东区	147009	71814	75195	1957	775	1182
梨树县						
伊通满族自治县						
双辽市	56471	26865	29606	672	255	417
辽源市	**227391**	**111298**	**116093**	**2627**	**1032**	**1595**
龙山区	158483	77126	81357	1674	665	1009
西安区	68908	34172	34736	953	367	586

7-6a　续表 1

单位：人

现住地	合计			未上过学		
	合计	男	女	小计	男	女
东丰县						
东辽县						
通化市	**214084**	**101586**	**112498**	**2587**	**1006**	**1581**
东昌区	151312	71916	79396	1694	706	988
二道江区	21203	10033	11170	358	117	241
通化县						
辉南县						
柳河县						
集安市	41569	19637	21932	535	183	352
白山市	**239571**	**115670**	**123901**	**5051**	**1594**	**3457**
浑江区	162268	78342	83926	3262	1050	2212
江源区	38357	18795	19562	890	267	623
抚松县						
靖宇县						
长白朝鲜族自治县						
临江市	38946	18533	20413	899	277	622
松原市	**404161**	**195534**	**208627**	**4176**	**1609**	**2567**
宁江区	314972	152165	162807	3296	1275	2021
前郭尔罗斯蒙古族自治县	14637	7009	7628	214	62	152
长岭县						
乾安县						
吉林松原经济开发区						
扶余市	74552	36360	38192	666	272	394
白城市	**266096**	**127319**	**138777**	**3358**	**1187**	**2171**
洮北区	143856	69488	74368	1748	638	1110
镇赉县						
通榆县						
吉林白城经济开发区	1916	933	983	36	13	23
洮南市	59141	27965	31176	914	340	574
大安市	61183	28933	32250	660	196	464
延边朝鲜族自治州	**474518**	**226782**	**247736**	**6497**	**2442**	**4055**
延吉市	246362	116864	129498	3493	1384	2109
图们市	18120	8794	9326	196	64	132
敦化市	87811	42181	45630	889	378	511
珲春市	71261	34226	37035	1107	376	731
龙井市	25957	12562	13395	333	95	238
和龙市	25007	12155	12852	479	145	334
汪清县						
安图县						
长白山管委会						
梅河口市	**145124**	**70234**	**74890**	**1111**	**505**	**606**

7-6a 续表 2

单位：人

现住地	学前教育			小学		
	小计	男	女	小计	男	女
全省	**126385**	**65325**	**61060**	**791303**	**356567**	**434736**
长春市	**51517**	**26725**	**24792**	**313091**	**143477**	**169614**
南关区	6164	3303	2861	35595	16144	19451
宽城区	9027	4669	4358	45689	21125	24564
朝阳区	3383	1739	1644	26415	12070	14345
二道区	6903	3601	3302	38563	18121	20442
绿园区	9329	4740	4589	52527	23964	28563
双阳区	1827	928	899	11387	5168	6219
九台区	2950	1512	1438	21751	9866	11885
农安县						
长春经济技术开发区						
长春净月高新技术产业开发区						
长春高新技术产业开发区						
长春汽车经济技术开发区						
长春莲花山生态旅游度假区						
榆树市	3481	1843	1638	32151	14284	17867
德惠市	3759	1958	1801	23372	10777	12595
公主岭市	4694	2432	2262	25641	11958	13683
吉林市	**22302**	**11502**	**10800**	**139695**	**62393**	**77302**
昌邑区	4946	2634	2312	27340	12177	15163
龙潭区	2484	1283	1201	19822	9125	10697
船营区	4066	2081	1985	24321	10994	13327
丰满区	2149	1085	1064	11008	4926	6082
永吉县						
吉林经济开发区	5	2	3	77	27	50
吉林高新技术产业开发区						
吉林中国新加坡食品区						
蛟河市	2126	1093	1033	12484	5495	6989
桦甸市	1923	966	957	14377	6408	7969
舒兰市	2179	1139	1040	16742	7268	9474
磐石市	2424	1219	1205	13524	5973	7551
四平市	**6137**	**3184**	**2953**	**43618**	**20045**	**23573**
铁西区	2441	1264	1177	17016	7838	9178
铁东区	2538	1319	1219	20122	9354	10768
梨树县						
伊通满族自治县						
双辽市	1158	601	557	6480	2853	3627
辽源市	**5239**	**2696**	**2543**	**30793**	**13949**	**16844**
龙山区	3982	2082	1900	20962	9480	11482
西安区	1257	614	643	9831	4469	5362

7-6a 续表 3

单位：人

现住地	学前教育			小学		
	小计	男	女	小计	男	女
东丰县						
东辽县						
通化市	**4741**	**2494**	**2247**	**30377**	**13098**	**17279**
东昌区	3288	1758	1530	20310	8875	11435
二道江区	364	173	191	3664	1575	2089
通化县						
辉南县						
柳河县						
集安市	1089	563	526	6403	2648	3755
白山市	**5207**	**2639**	**2568**	**33845**	**14899**	**18946**
浑江区	3503	1796	1707	22274	9820	12454
江源区	652	339	313	6047	2632	3415
抚松县						
靖宇县						
长白朝鲜族自治县						
临江市	1052	504	548	5524	2447	3077
松原市	**9717**	**5059**	**4658**	**73309**	**32747**	**40562**
宁江区	7199	3744	3455	54000	24057	29943
前郭尔罗斯蒙古族自治县	427	212	215	2679	1163	1516
长岭县						
乾安县						
吉林松原经济开发区						
扶余市	2091	1103	988	16630	7527	9103
白城市	**5538**	**2855**	**2683**	**42815**	**18696**	**24119**
洮北区	3026	1551	1475	22199	10002	12197
镇赉县						
通榆县						
吉林白城经济开发区	8	4	4	392	170	222
洮南市	1283	668	615	11001	4749	6252
大安市	1221	632	589	9223	3775	5448
延边朝鲜族自治州	**12309**	**6266**	**6043**	**64002**	**28233**	**35769**
延吉市	6100	3095	3005	30121	13295	16826
图们市	410	207	203	2635	1129	1506
敦化市	2423	1230	1193	11338	4988	6350
珲春市	2098	1071	1027	11670	5206	6464
龙井市	700	358	342	3942	1742	2200
和龙市	578	305	273	4296	1873	2423
汪清县						
安图县						
长白山管委会						
梅河口市	**3678**	**1905**	**1773**	**19758**	**9030**	**10728**

7-6a 续表 4

单位：人

现住地	初中			高中			大学专科		
	小计	男	女	小计	男	女	小计	男	女
全　省	**2031421**	**988401**	**1043020**	**1315673**	**651997**	**663676**	**588784**	**292511**	**296273**
长春市	**812774**	**400579**	**412195**	**522761**	**257922**	**264839**	**270442**	**133189**	**137253**
南关区	89103	43998	45105	62776	29965	32811	45023	20574	24449
宽城区	132891	66081	66810	83904	41694	42210	45253	22756	22497
朝阳区	67639	33346	34293	58277	28080	30197	36979	17680	19299
二道区	97089	48588	48501	70021	34576	35445	39018	19425	19593
绿园区	131383	65907	65476	91512	45646	45866	57691	29019	28672
双阳区	32271	16118	16153	13939	7072	6867	5516	2724	2792
九台区	61525	29807	31718	27281	13583	13698	8317	4393	3924
农安县									
长春经济技术开发区									
长春净月高新技术产业开发区									
长春高新技术产业开发区									
长春汽车经济技术开发区									
长春莲花山生态旅游度假区									
榆树市	60005	29033	30972	30927	15763	15164	10177	5267	4910
德惠市	70167	34030	36137	24843	12460	12383	7194	3632	3562
公主岭市	70701	33671	37030	59281	29083	30198	15274	7719	7555
吉林市	**341679**	**163738**	**177941**	**230995**	**113240**	**117755**	**97093**	**48950**	**48143**
昌邑区	69383	33239	36144	56996	27380	29616	26294	12877	13417
龙潭区	50118	24362	25756	33155	16775	16380	12054	6669	5385
船营区	63224	30448	32776	46900	22481	24419	19603	9405	10198
丰满区	26134	12402	13732	23363	11044	12319	16842	8788	8054
永吉县									
吉林经济开发区	169	87	82	43	25	18	16	9	7
吉林高新技术产业开发区									
吉林中国新加坡食品区									
蛟河市	31708	15219	16489	16486	8367	8119	6454	3243	3211
桦甸市	30947	15121	15826	17730	8929	8801	5503	2756	2747
舒兰市	37548	17592	19956	20889	10419	10470	5070	2624	2446
磐石市	32448	15268	17180	15433	7820	7613	5257	2579	2678
四平市	**120691**	**58399**	**62292**	**85167**	**41913**	**43254**	**41254**	**20436**	**20818**
铁西区	42383	20537	21846	31616	15356	16260	17534	8403	9131
铁东区	57065	28014	29051	36363	18102	18261	18182	9153	9029
梨树县									
伊通满族自治县									
双辽市	21243	9848	11395	17188	8455	8733	5538	2880	2658
辽源市	**106223**	**52244**	**53979**	**46416**	**23348**	**23068**	**18551**	**9401**	**9150**
龙山区	67669	32943	34726	35157	17505	17652	14760	7452	7308
西安区	38554	19301	19253	11259	5843	5416	3791	1949	1842

7-6a　续表 5

单位：人

现住地	初中			高中			大学专科		
	小计	男	女	小计	男	女	小计	男	女
东丰县									
东辽县									
通化市	**71306**	**34566**	**36740**	**56022**	**27583**	**28439**	**22915**	**11295**	**11620**
东昌区	49508	24276	25232	39453	19373	20080	16478	8087	8391
二道江区	8121	3912	4209	5626	2794	2832	1670	796	874
通化县									
辉南县									
柳河县									
集安市	13677	6378	7299	10943	5416	5527	4767	2412	2355
白山市	**87299**	**42871**	**44428**	**60661**	**30286**	**30375**	**24835**	**12478**	**12357**
浑江区	56044	27573	28471	42052	20803	21249	17876	8943	8933
江源区	16981	8505	8476	8658	4477	4181	3036	1550	1486
抚松县									
靖宇县									
长白朝鲜族自治县									
临江市	14274	6793	7481	9951	5006	4945	3923	1985	1938
松原市	**159212**	**76629**	**82583**	**85735**	**44342**	**41393**	**34843**	**17190**	**17653**
宁江区	123628	59315	64313	67007	34641	32366	28377	13830	14547
前郭尔罗斯蒙古族自治县	5424	2601	2823	2845	1459	1386	1524	795	729
长岭县									
乾安县									
吉林松原经济开发区									
扶余市	30160	14713	15447	15883	8242	7641	4942	2565	2377
白城市	**107757**	**51511**	**56246**	**67520**	**33816**	**33704**	**20726**	**10649**	**10077**
洮北区	58501	28114	30387	37160	18634	18526	11618	5989	5629
镇赉县									
通榆县									
吉林白城经济开发区	1054	522	532	293	160	133	74	41	33
洮南市	25688	12380	13308	12125	5955	6170	4258	2147	2111
大安市	22514	10495	12019	17942	9067	8875	4776	2472	2304
延边朝鲜族自治州	**172055**	**82734**	**89321**	**120990**	**59879**	**61111**	**42526**	**21157**	**21369**
延吉市	81160	38867	42293	64063	31457	32606	23021	11320	11701
图们市	6735	3247	3488	5062	2545	2517	1480	798	682
敦化市	34258	16393	17865	24784	12260	12524	7812	3898	3914
珲春市	29182	14126	15056	15640	7788	7852	5678	2821	2857
龙井市	10351	4985	5366	5952	3040	2912	2751	1359	1392
和龙市	10369	5116	5253	5489	2789	2700	1784	961	823
汪清县									
安图县									
长白山管委会									
梅河口市	**52425**	**25130**	**27295**	**39406**	**19668**	**19738**	**15599**	**7766**	**7833**

7-6a 续表 6

单位：人

现住地	大学本科			硕士研究生			博士研究生		
	小计	男	女	小计	男	女	小计	男	女
全　省	**606958**	**290705**	**316253**	**43879**	**19250**	**24629**	**5965**	**3000**	**2965**
长春市	**301889**	**144454**	**157435**	**28038**	**12354**	**15684**	**4765**	**2387**	**2378**
南关区	65588	31446	34142	10116	4466	5650	2148	1098	1050
宽城区	36338	16971	19367	1807	737	1070	153	84	69
朝阳区	56852	29319	27533	7624	3492	4132	1543	759	784
二道区	43005	19451	23554	2630	1068	1562	285	132	153
绿园区	53142	25467	27675	4597	2057	2540	538	264	274
双阳区	12758	5627	7131	215	72	143	7	5	2
九台区	6717	3087	3630	223	92	131	20	9	11
农安县									
长春经济技术开发区									
长春净月高新技术产业开发区									
长春高新技术产业开发区									
长春汽车经济技术开发区									
长春莲花山生态旅游度假区									
榆树市	9153	4460	4693	216	100	116	15	6	9
德惠市	6241	2893	3348	116	45	71	10	7	3
公主岭市	12095	5733	6362	494	225	269	46	23	23
吉林市	**94427**	**46411**	**48016**	**5503**	**2494**	**3009**	**428**	**231**	**197**
昌邑区	23137	11010	12127	1177	500	677	77	38	39
龙潭区	12982	6948	6034	344	143	201	24	15	9
船营区	23334	11900	11434	1804	901	903	143	82	61
丰满区	17515	8491	9024	1773	773	1000	159	85	74
永吉县									
吉林经济开发区	14	4	10						
吉林高新技术产业开发区									
吉林中国新加坡食品区									
蛟河市	4407	2001	2406	100	45	55	1		1
桦甸市	4846	2252	2594	100	50	50	12	4	8
舒兰市	3994	1844	2150	101	41	60	5	2	3
磐石市	4198	1961	2237	104	41	63	7	5	2
四平市	**28703**	**13892**	**14811**	**1739**	**736**	**1003**	**122**	**57**	**65**
铁西区	14396	7096	7300	1104	474	630	90	45	45
铁东区	10255	4876	5379	498	211	287	29	10	19
梨树县									
伊通满族自治县									
双辽市	4052	1920	2132	137	51	86	3	2	1
辽源市	**16945**	**8338**	**8607**	**568**	**281**	**287**	**29**	**9**	**20**
龙山区	13779	6761	7018	473	230	243	27	8	19
西安区	3166	1577	1589	95	51	44	2	1	1

7-6a　续表 7

单位：人

现 住 地	大学本科			硕士研究生			博士研究生		
	小计	男	女	小计	男	女	小计	男	女
东丰县									
东辽县									
通化市	**25035**	**11050**	**13985**	**1022**	**457**	**565**	**79**	**37**	**42**
东昌区	19662	8429	11233	852	378	474	67	34	33
二道江区	1338	637	701	56	28	28	6	1	5
通化县									
辉南县									
柳河县									
集安市	4035	1984	2051	114	51	63	6	2	4
白山市	**21922**	**10537**	**11385**	**730**	**355**	**375**	**21**	**11**	**10**
浑江区	16627	8045	8582	611	302	309	19	10	9
江源区	2044	1003	1041	47	21	26	2	1	1
抚松县									
靖宇县									
长白朝鲜族自治县									
临江市	3251	1489	1762	72	32	40			
松原市	**35878**	**17367**	**18511**	**1238**	**563**	**675**	**53**	**28**	**25**
宁江区	30348	14774	15574	1069	501	568	48	28	20
前郭尔罗斯蒙古族自治县	1467	691	776	57	26	31			
长岭县									
乾安县									
吉林松原经济开发区									
扶余市	4063	1902	2161	112	36	76	5		5
白城市	**17691**	**8303**	**9388**	**651**	**285**	**366**	**40**	**17**	**23**
洮北区	9209	4380	4829	367	168	199	28	12	16
镇赉县									
通榆县									
吉林白城经济开发区	56	22	34	3	1	2			
洮南市	3749	1689	2060	116	35	81	7	2	5
大安市	4677	2212	2465	165	81	84	5	3	2
延边朝鲜族自治州	**51690**	**24284**	**27406**	**4044**	**1576**	**2468**	**405**	**211**	**194**
延吉市	34689	15988	18701	3343	1267	2076	372	191	181
图们市	1529	773	756	68	30	38	5	1	4
敦化市	6111	2940	3171	191	91	100	5	3	2
珲春市	5589	2712	2877	287	119	168	10	7	3
龙井市	1831	936	895	92	43	49	5	4	1
和龙市	1941	935	1006	63	26	37	8	5	3
汪清县									
安图县									
长白山管委会									
梅河口市	**12778**	**6069**	**6709**	**346**	**149**	**197**	**23**	**12**	**11**

7-6b 全省按现住地、受教育程度、性别分的户口登记地在本省其他乡镇街道的人口(镇)

单位：人

现住地	合计			未上过学		
	合计	男	女	小计	男	女
全　省	**2175498**	**1054122**	**1121376**	**28606**	**10839**	**17767**
长春市	**1019421**	**502268**	**517153**	**10370**	**4281**	**6089**
南关区						
宽城区	44652	21513	23139	563	245	318
朝阳区	3157	1576	1581	43	19	24
二道区	201	96	105	2		2
绿园区						
双阳区	1089	535	554	24	9	15
九台区	1213	567	646	21	10	11
农安县	128996	61927	67069	1371	487	884
长春经济技术开发区	260103	127535	132568	2758	1180	1578
长春净月高新技术产业开发区	115262	53389	61873	748	313	435
长春高新技术产业开发区	230158	114842	115316	2184	947	1237
长春汽车经济技术开发区	170520	88677	81843	1781	744	1037
长春莲花山生态旅游度假区	2260	1193	1067	32	12	20
榆树市	10350	5050	5300	121	37	84
德惠市	1945	850	1095	18	5	13
公主岭市	49515	24518	24997	704	273	431
吉林市	**148983**	**69877**	**79106**	**2078**	**839**	**1239**
昌邑区	3577	1659	1918	32	13	19
龙潭区	2949	1509	1440	26	10	16
船营区	1363	636	727	15	4	11
丰满区	215	101	114	3	1	2
永吉县	35096	16710	18386	401	156	245
吉林经济开发区	18186	9412	8774	170	85	85
吉林高新技术产业开发区	63027	28083	34944	675	281	394
吉林中国新加坡食品区	1134	534	600	26	13	13
蛟河市	5573	2619	2954	119	33	86
桦甸市	3966	1883	2083	105	33	72
舒兰市	4891	2248	2643	139	48	91
磐石市	9006	4483	4523	367	162	205
四平市	**135970**	**65350**	**70620**	**2069**	**709**	**1360**
铁西区						
铁东区	1044	483	561	12	4	8
梨树县	72122	34887	37235	1156	408	748
伊通满族自治县	58314	27577	30737	834	272	562
双辽市	4490	2403	2087	67	25	42
辽源市	**74833**	**35481**	**39352**	**1122**	**452**	**670**
龙山区	356	196	160	27	8	19
西安区						
东丰县	55754	26491	29263	931	391	540
东辽县	18723	8794	9929	164	53	111

7-6b 续表 1

单位：人

现住地	合计			未上过学		
	合计	男	女	小计	男	女
通化市	**147651**	**70513**	**77138**	**2525**	**972**	**1553**
东昌区	2199	1044	1155	41	15	26
二道江区	2241	1102	1139	66	21	45
通化县	29124	13502	15622	595	222	373
辉南县	63501	30565	32936	977	348	629
柳河县	49236	23640	25596	831	361	470
集安市	1350	660	690	15	5	10
白山市	**90020**	**43856**	**46164**	**2371**	**788**	**1583**
浑江区	4023	1659	2364	97	45	52
江源区	6950	3528	3422	172	57	115
抚松县	46414	22729	23685	1307	426	881
靖宇县	21379	10401	10978	527	166	361
长白朝鲜族自治县	10454	5142	5312	239	87	152
临江市	800	397	403	29	7	22
松原市	**275988**	**132048**	**143940**	**4000**	**1377**	**2623**
宁江区	19167	9227	9940	198	54	144
前郭尔罗斯蒙古族自治县	85217	39827	45390	1334	408	926
长岭县	52898	25514	27384	736	257	479
乾安县	49718	23778	25940	588	226	362
吉林松原经济开发区	60691	29658	31033	1028	385	643
扶余市	8297	4044	4253	116	47	69
白城市	**176076**	**82597**	**93479**	**2098**	**781**	**1317**
洮北区	5564	2735	2829	93	35	58
镇赉县	36862	17660	19202	462	182	280
通榆县	57653	27504	30149	654	239	415
吉林白城经济开发区	64538	29154	35384	735	268	467
洮南市	1737	799	938	38	14	24
大安市	9722	4745	4977	116	43	73
延边朝鲜族自治州	**82150**	**40087**	**42063**	**1371**	**443**	**928**
延吉市	4487	2336	2151	53	16	37
图们市	1737	880	857	33	9	24
敦化市	6917	3447	3470	167	82	85
珲春市	2121	1081	1040	47	22	25
龙井市	1081	554	527	23	5	18
和龙市	2985	1536	1449	63	20	43
汪清县	40323	19402	20921	651	190	461
安图县	22499	10851	11648	334	99	235
长白山管委会	**16215**	**8116**	**8099**	**485**	**154**	**331**
长白山保护开发区池北区	10813	5477	5336	268	90	178
长白山保护开发区池西区	4930	2394	2536	202	58	144
长白山保护开发区池南区	472	245	227	15	6	9
梅河口市	**8191**	**3929**	**4262**	**117**	**43**	**74**

7-6b 续表 2

单位：人

现住地	学前教育			小学		
	小计	男	女	小计	男	女
全省	**53373**	**27448**	**25925**	**344240**	**155060**	**189180**
长春市	**24706**	**12834**	**11872**	**134421**	**61919**	**72502**
南关区						
宽城区	1373	729	644	9049	4344	4705
朝阳区	76	36	40	738	331	407
二道区	5	5		31	14	17
绿园区						
双阳区	23	10	13	221	97	124
九台区	32	13	19	263	123	140
农安县	3124	1621	1503	25604	11628	13976
长春经济技术开发区	6357	3284	3073	29020	13327	15693
长春净月高新技术产业开发区	2140	1098	1042	11341	5236	6105
长春高新技术产业开发区	5128	2716	2412	25115	11606	13509
长春汽车经济技术开发区	4563	2387	2176	20808	9500	11308
长春莲花山生态旅游度假区	39	18	21	632	321	311
榆树市	226	112	114	2730	1239	1491
德惠市	29	13	16	345	141	204
公主岭市	1591	792	799	8524	4012	4512
吉林市	**3221**	**1628**	**1593**	**23159**	**10338**	**12821**
昌邑区	43	27	16	479	219	260
龙潭区	38	17	21	636	284	352
船营区	48	22	26	394	179	215
丰满区	7	3	4	48	19	29
永吉县	984	526	458	6675	2991	3684
吉林经济开发区	272	128	144	2332	1047	1285
吉林高新技术产业开发区	1226	606	620	6701	2955	3746
吉林中国新加坡食品区	32	18	14	286	115	171
蛟河市	173	91	82	1383	622	761
桦甸市	77	38	39	893	404	489
舒兰市	123	67	56	1226	532	694
磐石市	198	85	113	2106	971	1135
四平市	**3245**	**1621**	**1624**	**25172**	**11379**	**13793**
铁西区						
铁东区	8	4	4	253	102	151
梨树县	1680	877	803	13204	6056	7148
伊通满族自治县	1461	687	774	11034	4908	6126
双辽市	96	53	43	681	313	368
辽源市	**1609**	**841**	**768**	**12211**	**5299**	**6912**
龙山区	6	2	4	76	46	30
西安区						
东丰县	1220	630	590	9176	3990	5186
东辽县	383	209	174	2959	1263	1696

7-6b　续表 3

单位：人

现住地	学前教育			小　学		
	小计	男	女	小计	男	女
通化市	**3594**	**1826**	**1768**	**28195**	**12495**	**15700**
东昌区	33	17	16	495	221	274
二道江区	25	17	8	563	272	291
通化县	935	465	470	6059	2567	3492
辉南县	1346	689	657	10909	4891	6018
柳河县	1213	623	590	9885	4425	5460
集安市	42	15	27	284	119	165
白山市	**2238**	**1143**	**1095**	**16220**	**7482**	**8738**
浑江区	43	23	20	614	290	324
江源区	117	69	48	1454	695	759
抚松县	1051	536	515	8163	3773	4390
靖宇县	700	343	357	3955	1812	2143
长白朝鲜族自治县	321	171	150	1891	849	1042
临江市	6	1	5	143	63	80
松原市	**7537**	**3896**	**3641**	**56773**	**25200**	**31573**
宁江区	581	303	278	3755	1650	2105
前郭尔罗斯蒙古族自治县	2140	1110	1030	19046	8241	10805
长岭县	1365	696	669	11583	5256	6327
乾安县	1197	593	604	9008	3934	5074
吉林松原经济开发区	2037	1098	939	11079	5081	5998
扶余市	217	96	121	2302	1038	1264
白城市	**4627**	**2391**	**2236**	**29555**	**12755**	**16800**
洮北区	91	45	46	1361	612	749
镇赉县	1077	530	547	7982	3313	4669
通榆县	1784	926	858	10306	4385	5921
吉林白城经济开发区	1438	767	671	7419	3338	4081
洮南市	33	20	13	433	190	243
大安市	204	103	101	2054	917	1137
延边朝鲜族自治州	**1929**	**971**	**958**	**13671**	**5950**	**7721**
延吉市	126	63	63	641	292	349
图们市	23	12	11	378	191	187
敦化市	175	85	90	1420	664	756
珲春市	33	17	16	576	271	305
龙井市	2	2		214	91	123
和龙市	63	24	39	624	283	341
汪清县	898	456	442	6343	2719	3624
安图县	609	312	297	3475	1439	2036
长白山管委会	**484**	**220**	**264**	**3059**	**1412**	**1647**
长白山保护开发区池北区	345	157	188	2104	992	1112
长白山保护开发区池西区	132	57	75	874	393	481
长白山保护开发区池南区	7	6	1	81	27	54
梅河口市	**183**	**77**	**106**	**1804**	**831**	**973**

7-6b 续表 4

单位：人

现住地	初中			高中			大学专科		
	小计	男	女	小计	男	女	小计	男	女
全 省	**804856**	**392941**	**411915**	**435499**	**220852**	**214647**	**235026**	**120483**	**114543**
长春市	**329335**	**163436**	**165899**	**197026**	**100474**	**96552**	**139427**	**73907**	**65520**
南关区									
宽城区	18938	9755	9183	7461	3510	3951	5989	2319	3670
朝阳区	1689	857	832	406	228	178	121	69	52
二道区	111	45	66	36	25	11	10	6	4
绿园区									
双阳区	560	275	285	171	91	80	44	25	19
九台区	680	317	363	138	74	64	34	14	20
农安县	55339	26707	28632	26052	13072	12980	9624	4829	4795
长春经济技术开发区	81270	40512	40758	53511	27715	25796	37104	18045	19059
长春净月高新技术产业开发区	24766	12063	12703	19659	9588	10071	12850	6274	6576
长春高新技术产业开发区	59429	30086	29343	40162	20278	19884	40131	21734	18397
长春汽车经济技术开发区	55248	27391	27857	36705	19183	17522	30412	19020	11392
长春莲花山生态旅游度假区	1032	556	476	353	192	161	101	60	41
榆树市	4427	2104	2323	2182	1213	969	386	195	191
德惠市	1244	532	712	188	103	85	73	30	43
公主岭市	24602	12236	12366	10002	5202	4800	2548	1287	1261
吉林市	**52521**	**25103**	**27418**	**29631**	**14731**	**14900**	**15516**	**7309**	**8207**
昌邑区	1473	715	758	329	174	155	456	219	237
龙潭区	1323	628	695	538	274	264	338	274	64
船营区	691	335	356	134	63	71	51	19	32
丰满区	112	56	56	26	14	12	12	4	8
永吉县	15430	7304	8126	8488	4292	4196	1889	894	995
吉林经济开发区	6595	3306	3289	3078	1723	1355	1938	1213	725
吉林高新技术产业开发区	15301	7164	8137	13623	6378	7245	9468	3994	5474
吉林中国新加坡食品区	592	282	310	105	68	37	56	21	35
蛟河市	2632	1266	1366	698	336	362	326	159	167
桦甸市	1818	851	967	641	342	299	261	132	129
舒兰市	2453	1115	1338	610	317	293	189	105	84
磐石市	4101	2081	2020	1361	750	611	532	275	257
四平市	**56922**	**27147**	**29775**	**30312**	**15437**	**14875**	**10169**	**5277**	**4892**
铁西区									
铁东区	488	230	258	178	94	84	68	34	34
梨树县	32250	15344	16906	14036	7238	6798	5779	3045	2734
伊通满族自治县	22462	10715	11747	14477	7117	7360	4139	2098	2041
双辽市	1722	858	864	1621	988	633	183	100	83
辽源市	**32377**	**15310**	**17067**	**18465**	**9128**	**9337**	**4729**	**2415**	**2314**
龙山区	207	123	84	28	11	17	10	6	4
西安区									
东丰县	23629	11188	12441	13564	6724	6840	3835	1950	1885
东辽县	8541	3999	4542	4873	2393	2480	884	459	425

7-6b 续表 5

单位：人

现住地	初中			高中			大学专科		
	小计	男	女	小计	男	女	小计	男	女
通化市	**64858**	**31160**	**33698**	**29070**	**14676**	**14394**	**10531**	**5263**	**5268**
东昌区	960	459	501	422	219	203	145	69	76
二道江区	1036	527	509	398	193	205	85	41	44
通化县	11921	5620	6301	5922	2974	2948	1880	865	1015
辉南县	27957	13501	14456	13143	6633	6510	4847	2453	2394
柳河县	22348	10732	11616	8980	4537	4443	3495	1797	1698
集安市	636	321	315	205	120	85	79	38	41
白山市	**35599**	**17650**	**17949**	**20029**	**10416**	**9613**	**7872**	**3645**	**4227**
浑江区	1342	721	621	501	240	261	1350	302	1048
江源区	3372	1709	1663	1222	667	555	345	193	152
抚松县	17730	8724	9006	11172	5843	5329	3657	1835	1822
靖宇县	8998	4446	4552	4390	2257	2133	1632	826	806
长白朝鲜族自治县	3780	1859	1921	2592	1328	1264	827	451	376
临江市	377	191	186	152	81	71	61	38	23
松原市	**118079**	**57029**	**61050**	**52108**	**26318**	**25790**	**21021**	**10478**	**10543**
宁江区	9070	4388	4682	3455	1823	1632	1261	622	639
前郭尔罗斯蒙古族自治县	35555	17009	18546	16863	8215	8648	5902	2860	3042
长岭县	24656	11935	12721	9127	4648	4479	3263	1714	1549
乾安县	24064	11538	12526	9557	4853	4704	3206	1645	1561
吉林松原经济开发区	20847	10244	10603	11840	6088	5752	7054	3459	3595
扶余市	3887	1915	1972	1266	691	575	335	178	157
白城市	**70820**	**34251**	**36569**	**36160**	**18021**	**18139**	**16909**	**7406**	**9503**
洮北区	2793	1392	1401	897	468	429	160	86	74
镇赉县	17408	8541	8867	5937	3094	2843	2371	1203	1168
通榆县	26365	12652	13713	12777	6369	6408	2995	1591	1404
吉林白城经济开发区	18794	9092	9702	14391	6900	7491	10828	4242	6586
洮南市	906	416	490	192	97	95	83	36	47
大安市	4554	2158	2396	1966	1093	873	472	248	224
延边朝鲜族自治州	**34373**	**16876**	**17497**	**18110**	**9276**	**8834**	**7066**	**3826**	**3240**
延吉市	1664	826	838	638	319	319	1244	757	487
图们市	809	413	396	330	168	162	82	43	39
敦化市	3322	1653	1669	1254	679	575	335	171	164
珲春市	1070	544	526	310	178	132	56	31	25
龙井市	527	285	242	248	128	120	41	25	16
和龙市	1456	798	658	490	272	218	164	83	81
汪清县	16913	8193	8720	9526	4823	4703	3089	1637	1452
安图县	8612	4164	4448	5314	2709	2605	2055	1079	976
长白山管委会	**6005**	**3065**	**2940**	**3074**	**1603**	**1471**	**1429**	**783**	**646**
长白山保护开发区池北区	3755	1911	1844	1998	1057	941	1016	570	446
长白山保护开发区池西区	2059	1056	1003	1000	498	502	374	188	186
长白山保护开发区池南区	191	98	93	76	48	28	39	25	14
梅河口市	**3967**	**1914**	**2053**	**1514**	**772**	**742**	**357**	**174**	**183**

7-6b 续表 6 单位：人

现住地	大学本科			硕士研究生			博士研究生		
	小计	男	女	小计	男	女	小计	男	女
全　省	**250884**	**116468**	**134416**	**20266**	**8685**	**11581**	**2748**	**1346**	**1402**
长春市	**164548**	**76902**	**87646**	**17047**	**7273**	**9774**	**2541**	**1242**	**1299**
南关区									
宽城区	1250	594	656	26	14	12	3	3	
朝阳区	82	35	47	2	1	1			
二道区	5		5	1	1				
绿园区									
双阳区	46	28	18						
九台区	45	16	29						
农安县	7646	3495	4151	229	86	143	7	2	5
长春经济技术开发区	45759	21514	24245	3869	1725	2144	455	233	222
长春净月高新技术产业开发区	38477	16664	21813	4578	1847	2731	703	306	397
长春高新技术产业开发区	50419	24218	26201	6320	2607	3713	1270	650	620
长春汽车经济技术开发区	18941	9446	9495	1964	963	1001	98	43	55
长春莲花山生态旅游度假区	68	33	35	3	1	2			
榆树市	269	143	126	9	7	2			
德惠市	46	26	20	2		2			
公主岭市	1495	690	805	44	21	23	5	5	
吉林市	**21681**	**9433**	**12248**	**1070**	**442**	**628**	**106**	**54**	**52**
昌邑区	762	290	472	3	2	1			
龙潭区	48	22	26	2		2			
船营区	28	14	14	2		2			
丰满区	7	4	3						
永吉县	1207	541	666	21	6	15	1		1
吉林经济开发区	3761	1889	1872	36	19	17	4	2	2
吉林高新技术产业开发区	14949	6247	8702	985	408	577	99	50	49
吉林中国新加坡食品区	37	17	20						
蛟河市	231	109	122	11	3	8			
桦甸市	169	82	87	2	1	1			
舒兰市	147	62	85	3	1	2	1	1	
磐石市	335	156	179	5	2	3	1	1	
四平市	**7833**	**3670**	**4163**	**238**	**105**	**133**	**10**	**5**	**5**
铁西区									
铁东区	36	15	21	1		1			
梨树县	3876	1854	2022	132	60	72	9	5	4
伊通满族自治县	3804	1738	2066	102	42	60	1		1
双辽市	117	63	54	3	3				
辽源市	**4234**	**1997**	**2237**	**82**	**36**	**46**	**4**	**3**	**1**
龙山区	2		2						
西安区									
东丰县	3333	1588	1745	63	28	35	3	2	1
东辽县	899	409	490	19	8	11	1	1	

7-6b　续表 7　　　　单位：人

现 住 地	大学本科			硕士研究生			博士研究生		
	小计	男	女	小计	男	女	小计	男	女
通化市	**8638**	**4025**	**4613**	**228**	**93**	**135**	**12**	**3**	**9**
东昌区	99	43	56	4	1	3			
二道江区	68	31	37						
通化县	1759	775	984	52	14	38	1		1
辉南县	4212	2005	2207	106	44	62	4	1	3
柳河县	2412	1129	1283	65	34	31	7	2	5
集安市	88	42	46	1		1			
白山市	**5524**	**2660**	**2864**	**159**	**65**	**94**	**8**	**7**	**1**
浑江区	73	37	36	2	1	1	1		1
江源区	262	134	128	6	4	2			
抚松县	3242	1551	1691	88	37	51	4	4	
靖宇县	1136	538	598	40	12	28	1	1	
长白朝鲜族自治县	781	385	396	21	10	11	2	2	
临江市	30	15	15	2	1	1			
松原市	**15902**	**7506**	**8396**	**539**	**232**	**307**	**29**	**12**	**17**
宁江区	819	376	443	26	11	15	2		2
前郭尔罗斯蒙古族自治县	4246	1935	2311	123	47	76	8	2	6
长岭县	2126	990	1136	40	17	23	2	1	1
乾安县	2063	976	1087	32	13	19	3		3
吉林松原经济开发区	6475	3150	3325	317	144	173	14	9	5
扶余市	173	79	94	1		1			
白城市	**15302**	**6697**	**8605**	**574**	**278**	**296**	**31**	**17**	**14**
洮北区	166	96	70	2	1	1	1		1
镇赉县	1582	781	801	42	15	27	1	1	
通榆县	2695	1302	1393	71	35	36	6	5	1
吉林白城经济开发区	10458	4312	6146	452	224	228	23	11	12
洮南市	50	25	25	2	1	1			
大安市	351	181	170	5	2	3			
延边朝鲜族自治州	**5399**	**2635**	**2764**	**224**	**107**	**117**	**7**	**3**	**4**
延吉市	119	62	57	1	1		1		1
图们市	80	43	37	1	1		1		1
敦化市	237	110	127	6	2	4	1	1	
珲春市	27	17	10	1	1		1		1
龙井市	26	18	8						
和龙市	124	56	68	1		1			
汪清县	2772	1315	1457	128	67	61	3	2	1
安图县	2014	1014	1000	86	35	51			
长白山管委会	**1579**	**830**	**749**	**100**	**49**	**51**			
长白山保护开发区池北区	1235	653	582	92	47	45			
长白山保护开发区池西区	282	143	139	7	1	6			
长白山保护开发区池南区	62	34	28	1	1				
梅河口市	**244**	**113**	**131**	**5**	**5**				

7-6c 全省按现住地、受教育程度、性别分的户口登记地在本省其他乡镇街道的人口(乡村)

单位：人

现住地	合计			未上过学		
	合计	男	女	小计	男	女
全　省	**1428362**	**685656**	**742706**	**26103**	**9488**	**16615**
长春市	**547570**	**264911**	**282659**	**7627**	**2668**	**4959**
南关区						
宽城区	57719	30412	27307	606	218	388
朝阳区	4150	2158	1992	107	33	74
二道区						
绿园区	5041	2764	2277	67	27	40
双阳区	30242	14662	15580	600	211	389
九台区	67617	31719	35898	801	264	537
农安县	84378	40100	44278	1379	518	861
长春经济技术开发区						
长春净月高新技术产业开发区	104783	50586	54197	756	264	492
长春高新技术产业开发区	719	387	332	14	7	7
长春汽车经济技术开发区						
长春莲花山生态旅游度假区	8972	4344	4628	168	49	119
榆树市	76360	36178	40182	1351	440	911
德惠市	61253	29466	31787	962	376	586
公主岭市	46336	22135	24201	816	261	555
吉林市	**210205**	**101309**	**108896**	**4524**	**1743**	**2781**
昌邑区	33028	15933	17095	557	242	315
龙潭区	14296	6893	7403	326	103	223
船营区	25255	12299	12956	755	395	360
丰满区	20366	8675	11691	427	151	276
永吉县	21848	12009	9839	356	139	217
吉林经济开发区	1113	554	559	29	12	17
吉林高新技术产业开发区	7931	4449	3482	97	44	53
吉林中国新加坡食品区	5850	2767	3083	115	46	69
蛟河市	17256	7693	9563	489	195	294
桦甸市	11934	5749	6185	326	96	230
舒兰市	23865	11340	12525	509	164	345
磐石市	27463	12948	14515	538	156	382
四平市	**107288**	**47351**	**59937**	**1990**	**664**	**1326**
铁西区	39882	16430	23452	459	180	279
铁东区	7353	3733	3620	137	56	81
梨树县	24468	10851	13617	573	168	405
伊通满族自治县	21987	9829	12158	526	177	349
双辽市	13598	6508	7090	295	83	212
辽源市	**53316**	**24843**	**28473**	**993**	**392**	**601**
龙山区	11254	5311	5943	155	51	104
西安区	3534	1754	1780	60	29	31

7-6c　续表 1　　单位：人

现 住 地	合　计			未上过学		
	合计	男	女	小计	男	女
东丰县	25333	11920	13413	499	205	294
东辽县	13195	5858	7337	279	107	172
通化市	**63305**	**30553**	**32752**	**1406**	**514**	**892**
东昌区	7556	3829	3727	151	50	101
二道江区	2619	1303	1316	79	24	55
通化县	11449	5490	5959	340	121	219
辉南县	8918	4152	4766	229	77	152
柳河县	21609	10360	11249	358	146	212
集安市	11154	5419	5735	249	96	153
白山市	**35966**	**18119**	**17847**	**1485**	**503**	**982**
浑江区	7055	3668	3387	285	94	191
江源区	6337	3179	3158	234	86	148
抚松县	6694	3254	3440	218	77	141
靖宇县	8856	4484	4372	413	139	274
长白朝鲜族自治县	2655	1372	1283	117	44	73
临江市	4369	2162	2207	218	63	155
松原市	**192223**	**92160**	**100063**	**3625**	**1365**	**2260**
宁江区	42637	20648	21989	611	241	370
前郭尔罗斯蒙古族自治县	31369	14891	16478	870	342	528
长岭县	45389	21302	24087	730	261	469
乾安县	18557	9068	9489	351	131	220
吉林松原经济开发区	10836	5653	5183	260	101	159
扶余市	43435	20598	22837	803	289	514
白城市	**109448**	**52505**	**56943**	**2175**	**841**	**1334**
洮北区	10818	4946	5872	267	122	145
镇赉县	17616	8602	9014	357	161	196
通榆县	27067	13172	13895	439	153	286
吉林白城经济开发区	2149	1051	1098	35	11	24
洮南市	30543	14640	15903	593	224	369
大安市	21255	10094	11161	484	170	314
延边朝鲜族自治州	**76453**	**38361**	**38092**	**1774**	**624**	**1150**
延吉市	16500	8411	8089	337	108	229
图们市	1823	963	860	41	20	21
敦化市	27503	13378	14125	531	199	332
珲春市	10590	5341	5249	316	116	200
龙井市	3211	1658	1553	77	28	49
和龙市	4986	2586	2400	119	37	82
汪清县	5432	2774	2658	137	49	88
安图县	6408	3250	3158	216	67	149
长白山管委会	**81**	**46**	**35**	**1**		**1**
梅河口市	**32507**	**15498**	**17009**	**503**	**174**	**329**

7-6c 续表 2

单位：人

现住地	学前教育			小学		
	小计	男	女	小计	男	女
全　省	**24784**	**12882**	**11902**	**314723**	**141764**	**172959**
长春市	**9370**	**4954**	**4416**	**108642**	**49234**	**59408**
南关区						
宽城区	1154	627	527	8827	4170	4657
朝阳区	96	46	50	1115	512	603
二道区						
绿园区	94	57	37	909	440	469
双阳区	615	331	284	7318	3256	4062
九台区	1088	569	519	13065	5993	7072
农安县	1570	806	764	19307	8626	10681
长春经济技术开发区						
长春净月高新技术产业开发区	1647	869	778	11780	5556	6224
长春高新技术产业开发区	1	1		181	89	92
长春汽车经济技术开发区						
长春莲花山生态旅游度假区	179	97	82	2201	980	1221
榆树市	1275	702	573	20198	8808	11390
德惠市	1112	571	541	13876	6386	7490
公主岭市	539	278	261	9865	4418	5447
吉林市	**3792**	**1958**	**1834**	**46818**	**21027**	**25791**
昌邑区	776	411	365	5636	2526	3110
龙潭区	162	84	78	4330	1933	2397
船营区	588	322	266	4520	2153	2367
丰满区	204	110	94	3845	1888	1957
永吉县	471	240	231	4496	2035	2461
吉林经济开发区	13	6	7	260	118	142
吉林高新技术产业开发区	69	38	31	961	455	506
吉林中国新加坡食品区	162	83	79	1367	615	752
蛟河市	286	139	147	4671	1919	2752
桦甸市	105	43	62	3387	1444	1943
舒兰市	339	167	172	6511	3014	3497
磐石市	617	315	302	6834	2927	3907
四平市	**1489**	**759**	**730**	**21402**	**9305**	**12097**
铁西区	612	319	293	4257	1985	2272
铁东区	53	18	35	1910	921	989
梨树县	164	83	81	6290	2626	3664
伊通满族自治县	402	211	191	5823	2383	3440
双辽市	258	128	130	3122	1390	1732
辽源市	**961**	**501**	**460**	**11578**	**5150**	**6428**
龙山区	186	94	92	1866	933	933
西安区	55	28	27	749	340	409

7-6c 续表 3

单位：人

现住地	学前教育			小学		
	小计	男	女	小计	男	女
东丰县	482	254	228	5464	2451	3013
东辽县	238	125	113	3499	1426	2073
通化市	**1100**	**550**	**550**	**15352**	**6850**	**8502**
东昌区	89	34	55	1705	816	889
二道江区	27	12	15	712	336	376
通化县	237	131	106	3205	1376	1829
辉南县	174	90	84	2609	1143	1466
柳河县	372	190	182	4460	1967	2493
集安市	201	93	108	2661	1212	1449
白山市	**536**	**276**	**260**	**9022**	**4196**	**4826**
浑江区	54	27	27	1923	901	1022
江源区	124	67	57	1662	781	881
抚松县	169	92	77	1390	629	761
靖宇县	129	63	66	2330	1107	1223
长白朝鲜族自治县	23	13	10	640	302	338
临江市	37	14	23	1077	476	601
松原市	**3247**	**1670**	**1577**	**50435**	**22953**	**27482**
宁江区	594	309	285	9949	4611	5338
前郭尔罗斯蒙古族自治县	500	272	228	9004	3996	5008
长岭县	1043	510	533	11344	5093	6251
乾安县	237	121	116	4377	1993	2384
吉林松原经济开发区	172	94	78	3637	1841	1796
扶余市	701	364	337	12124	5419	6705
白城市	**2035**	**1042**	**993**	**27100**	**11804**	**15296**
洮北区	245	130	115	2613	1096	1517
镇赉县	368	186	182	3925	1707	2218
通榆县	442	223	219	6613	2876	3737
吉林白城经济开发区	10	4	6	614	312	302
洮南市	581	302	279	7898	3507	4391
大安市	389	197	192	5437	2306	3131
延边朝鲜族自治州	**1285**	**641**	**644**	**17099**	**8005**	**9094**
延吉市	331	183	148	3055	1420	1635
图们市	13	7	6	439	232	207
敦化市	497	234	263	6024	2771	3253
珲春市	190	91	99	2595	1234	1361
龙井市	5	3	2	853	386	467
和龙市	40	14	26	1201	569	632
汪清县	129	67	62	1257	587	670
安图县	80	42	38	1675	806	869
长白山管委会				**21**	**14**	**7**
梅河口市	**969**	**531**	**438**	**7254**	**3226**	**4028**

7-6c 续表 4

单位：人

现住地	初中			高中			大学专科		
	小计	男	女	小计	男	女	小计	男	女
全 省	**623996**	**302314**	**321682**	**231513**	**119306**	**112207**	**93175**	**48730**	**44445**
长春市	**232383**	**113425**	**118958**	**85547**	**44124**	**41423**	**40764**	**20525**	**20239**
南关区									
宽城区	19665	10173	9492	7431	3994	3437	9920	4909	5011
朝阳区	2081	1155	926	505	262	243	130	79	51
二道区									
绿园区	2576	1340	1236	883	562	321	346	247	99
双阳区	15401	7553	7848	4056	2139	1917	1294	677	617
九台区	30503	14646	15857	10795	5807	4988	4433	2034	2399
农安县	37996	18229	19767	16194	8000	8194	4439	2249	2190
长春经济技术开发区									
长春净月高新技术产业开发区	28798	14689	14109	14753	7438	7315	11803	5997	5806
长春高新技术产业开发区	369	199	170	107	66	41	29	15	14
长春汽车经济技术开发区									
长春莲花山生态旅游度假区	4025	1971	2054	1362	731	631	472	231	241
榆树市	34888	16637	18251	12445	6317	6128	3668	1966	1702
德惠市	32664	15718	16946	8673	4457	4216	2315	1146	1169
公主岭市	23417	11115	12302	8343	4351	3992	1915	975	940
吉林市	**87579**	**42321**	**45258**	**36450**	**18237**	**18213**	**16748**	**10137**	**6611**
昌邑区	13008	6300	6708	6956	3450	3506	3412	1698	1714
龙潭区	7520	3753	3767	1370	725	645	373	193	180
船营区	9676	4684	4992	4993	2512	2481	2607	1273	1334
丰满区	6192	3203	2989	3857	1405	2452	745	390	355
永吉县	8058	3707	4351	2616	1322	1294	5147	4247	900
吉林经济开发区	597	304	293	158	82	76	33	18	15
吉林高新技术产业开发区	3442	2030	1412	2663	1539	1124	403	207	196
吉林中国新加坡食品区	3145	1475	1670	595	313	282	287	149	138
蛟河市	7798	3509	4289	2898	1392	1506	645	337	308
桦甸市	5663	2839	2824	1677	923	754	462	252	210
舒兰市	11030	5164	5866	3076	1574	1502	1194	642	552
磐石市	11450	5353	6097	5591	3000	2591	1440	731	709
四平市	**43777**	**20294**	**23483**	**17416**	**8633**	**8783**	**6047**	**3017**	**3030**
铁西区	10838	5435	5403	7427	3375	4052	3192	1540	1652
铁东区	3560	1815	1745	1082	600	482	368	191	177
梨树县	12188	5265	6923	3525	1817	1708	993	510	483
伊通满族自治县	10467	4591	5876	3310	1728	1582	840	427	413
双辽市	6724	3188	3536	2072	1113	959	654	349	305
辽源市	**23254**	**10734**	**12520**	**8631**	**4429**	**4202**	**5436**	**2375**	**3061**
龙山区	3861	1951	1910	1171	624	547	3425	1315	2110
西安区	1878	933	945	522	286	236	146	69	77

7-6c　续表 5　　　　单位：人

现住地	初中			高中			大学专科		
	小计	男	女	小计	男	女	小计	男	女
东丰县	10957	5015	5942	5222	2628	2594	1342	715	627
东辽县	6558	2835	3723	1716	891	825	523	276	247
通化市	**28921**	**14123**	**14798**	**10785**	**5580**	**5205**	**3255**	**1705**	**1550**
东昌区	3414	1817	1597	1246	639	607	440	221	219
二道江区	1314	675	639	359	186	173	86	42	44
通化县	5204	2581	2623	1562	844	718	525	267	258
辉南县	4159	1957	2202	1106	560	546	378	193	185
柳河县	9502	4533	4969	4713	2395	2318	1303	692	611
集安市	5328	2560	2768	1799	956	843	523	290	233
白山市	**16626**	**8511**	**8115**	**5662**	**3178**	**2484**	**1515**	**870**	**645**
浑江区	3368	1842	1526	1013	574	439	261	151	110
江源区	2900	1453	1447	949	533	416	262	149	113
抚松县	3236	1566	1670	1094	574	520	330	185	145
靖宇县	3991	2022	1969	1357	782	575	354	217	137
长白朝鲜族自治县	1147	599	548	494	288	206	139	79	60
临江市	1984	1029	955	755	427	328	169	89	80
松原市	**89450**	**42752**	**46698**	**31796**	**16456**	**15340**	**7947**	**4118**	**3829**
宁江区	20440	9950	10490	7598	3829	3769	1992	986	1006
前郭尔罗斯蒙古族自治县	13986	6418	7568	5106	2869	2237	1109	582	527
长岭县	20016	9376	10640	9144	4479	4665	1872	970	902
乾安县	9165	4450	4715	2827	1537	1290	923	502	421
吉林松原经济开发区	4789	2538	2251	1379	769	610	340	184	156
扶余市	21054	10020	11034	5742	2973	2769	1711	894	817
白城市	**53012**	**25523**	**27489**	**16745**	**8995**	**7750**	**4812**	**2530**	**2282**
洮北区	5515	2449	3066	1492	774	718	403	201	202
镇赉县	8242	4149	4093	3148	1639	1509	913	454	459
通榆县	12515	6125	6390	4544	2459	2085	1382	762	620
吉林白城经济开发区	1068	500	568	282	145	137	79	44	35
洮南市	15652	7536	8116	3822	2102	1720	1162	589	573
大安市	10020	4764	5256	3457	1876	1581	873	480	393
延边朝鲜族自治州	**34572**	**17746**	**16826**	**13244**	**6964**	**6280**	**4437**	**2367**	**2070**
延吉市	6816	3599	3217	3365	1760	1605	1252	636	616
图们市	873	445	428	320	170	150	87	59	28
敦化市	12596	6158	6438	4855	2480	2375	1747	910	837
珲春市	4490	2408	2082	1794	935	859	539	289	250
龙井市	1637	868	769	441	257	184	102	63	39
和龙市	2459	1321	1138	801	431	370	204	129	75
汪清县	2718	1396	1322	822	477	345	197	109	88
安图县	2983	1551	1432	846	454	392	309	172	137
长白山管委会	**38**	**21**	**17**	**13**	**7**	**6**	**5**	**3**	**2**
梅河口市	**14384**	**6864**	**7520**	**5224**	**2703**	**2521**	**2209**	**1083**	**1126**

7-6c 续表 6

单位：人

现住地	大学本科			硕士研究生			博士研究生		
	小计	男	女	小计	男	女	小计	男	女
全　省	**107987**	**48516**	**59471**	**5487**	**2332**	**3155**	**594**	**324**	**270**
长春市	**59020**	**28072**	**30948**	**3770**	**1662**	**2108**	**447**	**247**	**200**
南关区									
宽城区	10054	6292	3762	54	25	29	8	4	4
朝阳区	114	70	44	2	1	1			
二道区									
绿园区	162	88	74	2	1	1	2	2	
双阳区	928	483	445	25	10	15	5	2	3
九台区	6866	2378	4488	61	26	35	5	2	3
农安县	3390	1626	1764	96	42	54	7	4	3
长春经济技术开发区									
长春净月高新技术产业开发区	31493	14086	17407	3344	1460	1884	409	227	182
长春高新技术产业开发区	18	10	8						
长春汽车经济技术开发区									
长春莲花山生态旅游度假区	528	267	261	35	18	17	2		2
榆树市	2465	1276	1189	66	29	37	4	3	1
德惠市	1612	790	822	38	21	17	1	1	
公主岭市	1390	706	684	47	29	18	4	2	2
吉林市	**13775**	**5693**	**8082**	**485**	**170**	**315**	**34**	**23**	**11**
昌邑区	2588	1269	1319	90	34	56	5	3	2
龙潭区	211	100	111	2	1	1	2	1	1
船营区	2031	921	1110	74	31	43	11	8	3
丰满区	4899	1486	3413	193	40	153	4	2	2
永吉县	668	303	365	33	15	18	3	1	2
吉林经济开发区	23	14	9						
吉林高新技术产业开发区	286	130	156	9	5	4	1	1	
吉林中国新加坡食品区	174	84	90	5	2	3			
蛟河市	455	196	259	13	5	8	1	1	
桦甸市	303	146	157	10	5	5	1	1	
舒兰市	1182	600	582	21	12	9	3	3	
磐石市	955	444	511	35	20	15	3	2	1
四平市	**14562**	**4466**	**10096**	**557**	**186**	**371**	**48**	**27**	**21**
铁西区	12570	3422	9148	485	152	333	42	22	20
铁东区	228	121	107	13	10	3	2	1	1
梨树县	710	370	340	24	11	13	1	1	
伊通满族自治县	594	303	291	24	8	16	1	1	
双辽市	460	250	210	11	5	6	2	2	
辽源市	**2398**	**1233**	**1165**	**59**	**25**	**34**	**6**	**4**	**2**
龙山区	579	341	238	10	1	9	1	1	
西安区	119	65	54	4	4		1		1

7-6c　续表 7　　　　单位：人

现 住 地	大学本科			硕士研究生			博士研究生		
	小计	男	女	小计	男	女	小计	男	女
东丰县	1327	634	693	37	15	22	3	3	
东辽县	373	193	180	8	5	3	1		1
通化市	**2406**	**1192**	**1214**	**72**	**34**	**38**	**8**	**5**	**3**
东昌区	491	245	246	19	7	12	1		1
二道江区	41	27	14				1	1	
通化县	366	164	202	8	4	4	2	2	
辉南县	259	129	130	4	3	1			
柳河县	868	420	448	29	15	14	4	2	2
集安市	381	207	174	12	5	7			
白山市	**1080**	**572**	**508**	**35**	**11**	**24**	**5**	**2**	**3**
浑江区	148	78	70	3	1	2			
江源区	201	108	93	4	2	2	1		1
抚松县	246	127	119	10	4	6	1		1
靖宇县	270	150	120	10	2	8	2	2	
长白朝鲜族自治县	93	47	46	2		2			
临江市	122	62	60	6	2	4	1		1
松原市	**5572**	**2767**	**2805**	**143**	**76**	**67**	**8**	**3**	**5**
宁江区	1422	707	715	31	15	16			
前郭尔罗斯蒙古族自治县	779	406	373	12	6	6	3		3
长岭县	1204	593	611	34	20	14	2		2
乾安县	650	318	332	26	15	11	1	1	
吉林松原经济开发区	250	122	128	9	4	5			
扶余市	1267	621	646	31	16	15	2	2	
白城市	**3447**	**1707**	**1740**	**110**	**58**	**52**	**12**	**5**	**7**
洮北区	266	165	101	16	9	7	1		1
镇赉县	642	297	345	20	8	12	1	1	
通榆县	1097	551	546	34	23	11	1		1
吉林白城经济开发区	60	34	26	1	1				
洮南市	802	367	435	27	10	17	6	3	3
大安市	580	293	287	12	7	5	3	1	2
延边朝鲜族自治州	**3827**	**1920**	**1907**	**192**	**87**	**105**	**23**	**7**	**16**
延吉市	1203	642	561	123	56	67	18	7	11
图们市	49	30	19	1		1			
敦化市	1213	610	603	38	16	22	2		2
珲春市	658	266	392	7	2	5	1		1
龙井市	90	50	40	5	3	2	1		1
和龙市	156	82	74	6	3	3			
汪清县	170	88	82	2	1	1			
安图县	288	152	136	10	6	4	1		1
长白山管委会	**3**	**1**	**2**						
梅河口市	**1897**	**893**	**1004**	**64**	**23**	**41**	**3**	**1**	**2**

7-7　全省按现住地、受教育程度、性别分的户口登记地在外省的人口

单位：人

现住地	合计			未上过学		
	合计	男	女	小计	男	女
全　省	**988361**	**506452**	**481909**	**12479**	**4572**	**7907**
长春市	549653	287327	262326	4864	1816	3048
吉林市	104321	55056	49265	1354	509	845
四平市	58259	26184	32075	886	329	557
辽源市	21590	10238	11352	411	185	226
通化市	33795	16362	17433	617	223	394
白山市	23383	12162	11221	649	232	417
松原市	36212	17976	18236	755	272	483
白城市	40586	18844	21742	730	277	453
延边朝鲜族自治州	107103	55339	51764	2028	663	1365
长白山管委会	2407	1346	1061	59	18	41
梅河口市	11052	5618	5434	126	48	78

7-7　续表 1

单位：人

现住地	学前教育			小　学		
	小计	男	女	小计	男	女
全　省	**17197**	**8982**	**8215**	**135077**	**65335**	**69742**
长春市	7726	4135	3591	55870	27296	28574
吉林市	1817	933	884	14287	7047	7240
四平市	1186	603	583	9667	4395	5272
辽源市	590	298	292	4005	1816	2189
通化市	853	448	405	6403	3132	3271
白山市	610	320	290	4836	2567	2269
松原市	809	410	399	7902	3715	4187
白城市	910	451	459	7817	3436	4381
延边朝鲜族自治州	2340	1209	1131	21981	10773	11208
长白山管委会	69	38	31	456	239	217
梅河口市	287	137	150	1853	919	934

7-7 续表 2

单位：人

现住地	初中			高中			大学专科		
	小计	男	女	小计	男	女	小计	男	女
全 省	**313110**	**167718**	**145392**	**136112**	**72940**	**63172**	**88836**	**46730**	**42106**
长春市	140369	78780	61589	67956	37650	30306	53322	28460	24862
吉林市	33248	17836	15412	15395	8045	7350	10421	5989	4432
四平市	23048	11023	12025	8563	4294	4269	4320	2062	2258
辽源市	9568	4426	5142	3537	1769	1768	1883	898	985
通化市	12798	6466	6332	5432	2730	2702	2781	1307	1474
白山市	9205	4871	4334	4017	2114	1903	2127	1040	1087
松原市	15604	7716	7888	5648	2898	2750	2799	1508	1291
白城市	16266	7812	8454	5514	2770	2744	3683	1677	2006
延边朝鲜族自治州	47400	25842	21558	17440	9301	8139	6294	3176	3118
长白山管委会	907	526	381	403	217	186	232	136	96
梅河口市	4697	2420	2277	2207	1152	1055	974	477	497

7-7 续表 3

单位：人

现住地	大学本科			硕士研究生			博士研究生		
	小计	男	女	小计	男	女	小计	男	女
全 省	**252442**	**124831**	**127611**	**28664**	**12878**	**15786**	**4444**	**2466**	**1978**
长春市	191047	96048	94999	24376	10868	13508	4123	2274	1849
吉林市	25836	13606	12230	1847	1014	833	116	77	39
四平市	10079	3275	6804	447	171	276	63	32	31
辽源市	1484	791	693	102	50	52	10	5	5
通化市	4687	1943	2744	198	98	100	26	15	11
白山市	1806	953	853	127	61	66	6	4	2
松原市	2509	1356	1153	173	91	82	13	10	3
白城市	5516	2345	3171	141	71	70	9	5	4
延边朝鲜族自治州	8342	3901	4441	1203	431	772	75	43	32
长白山管委会	264	161	103	17	11	6			
梅河口市	872	452	420	33	12	21	3	1	2

7-7a 全省按现住地、受教育程度、性别分的户口登记地在外省的人口(城市)

单位：人

现住地	合计			未上过学		
	合计	男	女	小计	男	女
全　省	**570342**	**299948**	**270394**	**6529**	**2442**	**4087**
长春市	315493	169871	145622	2873	1073	1800
吉林市	63809	34686	29123	763	291	472
四平市	32785	16113	16672	492	192	300
辽源市	10992	5345	5647	167	81	86
通化市	17645	8527	9118	248	98	150
白山市	10874	5424	5450	231	86	145
松原市	14175	7007	7168	199	72	127
白城市	14992	7283	7709	241	101	140
延边朝鲜族自治州	82445	41964	40481	1257	422	835
长白山管委会						
梅河口市	7132	3728	3404	58	26	32

7-7a 续表 1

单位：人

现住地	学前教育			小　学		
	小计	男	女	小计	男	女
全　省	**10872**	**5705**	**5167**	**76280**	**37112**	**39168**
长春市	4969	2664	2305	34664	17066	17598
吉林市	1218	617	601	8208	4018	4190
四平市	797	406	391	5672	2659	3013
辽源市	345	174	171	1627	768	859
通化市	401	211	190	2683	1332	1351
白山市	338	184	154	1802	924	878
松原市	367	191	176	2479	1151	1328
白城市	373	196	177	2696	1229	1467
延边朝鲜族自治州	1896	974	922	15454	7443	8011
长白山管委会						
梅河口市	168	88	80	995	522	473

7-7a　续表 2

单位：人

现住地	初中			高中			大学专科		
	小计	男	女	小计	男	女	小计	男	女
全　省	**188842**	**102193**	**86649**	**92164**	**48962**	**43202**	**52560**	**27437**	**25123**
长春市	88770	50115	38655	45625	25186	20439	31195	16617	14578
吉林市	20605	10887	9718	11368	5811	5557	6256	3433	2823
四平市	14117	7049	7068	6079	3081	2998	3136	1490	1646
辽源市	4672	2268	2404	2100	1011	1089	1045	499	546
通化市	5623	3039	2584	3137	1568	1569	1660	746	914
白山市	4188	2124	2064	2179	1066	1113	1048	513	535
松原市	5743	2825	2918	2634	1327	1307	1286	663	623
白城市	6474	3180	3294	2905	1379	1526	1183	627	556
延边朝鲜族自治州	35895	19204	16691	14411	7633	6778	5022	2504	2518
长白山管委会									
梅河口市	2755	1502	1253	1726	900	826	729	345	384

7-7a　续表 3

单位：人

现住地	大学本科			硕士研究生			博士研究生		
	小计	男	女	小计	男	女	小计	男	女
全　省	**122216**	**66104**	**56112**	**17806**	**8270**	**9536**	**3073**	**1723**	**1350**
长春市	90061	48874	41187	14510	6698	7812	2826	1578	1248
吉林市	13837	8711	5126	1456	852	604	98	66	32
四平市	2228	1118	1110	226	98	128	38	20	18
辽源市	959	508	451	71	34	37	6	2	4
通化市	3747	1462	2285	131	64	67	15	7	8
白山市	1021	503	518	64	22	42	3	2	1
松原市	1356	713	643	103	60	43	8	5	3
白城市	1052	538	514	61	29	32	7	4	3
延边朝鲜族自治州	7284	3343	3941	1156	403	753	70	38	32
长白山管委会									
梅河口市	671	334	337	28	10	18	2	1	1

7-7b 全省按现住地、受教育程度、性别分的户口登记地在外省的人口(镇)

单位：人

现住地	合计			未上过学		
	合计	男	女	小计	男	女
全　省	**237796**	**117769**	**120027**	**2406**	**873**	**1533**
长春市	156092	78281	77811	1139	417	722
吉林市	19644	9483	10161	153	61	92
四平市	5827	2655	3172	104	37	67
辽源市	3978	1833	2145	66	27	39
通化市	7911	3752	4159	152	56	96
白山市	8014	4197	3817	217	74	143
松原市	9293	4592	4701	170	67	103
白城市	15335	6820	8515	170	58	112
延边朝鲜族自治州	8611	4487	4124	162	50	112
长白山管委会	2398	1341	1057	58	18	40
梅河口市	693	328	365	15	8	7

7-7b 续表 1

单位：人

现住地	学前教育			小学		
	小计	男	女	小计	男	女
全　省	**3692**	**1915**	**1777**	**25299**	**12280**	**13019**
长春市	1960	1041	919	12154	5898	6256
吉林市	215	115	100	1848	921	927
四平市	153	78	75	983	441	542
辽源市	119	66	53	766	353	413
通化市	239	121	118	1495	741	754
白山市	199	100	99	1708	927	781
松原市	203	98	105	1754	809	945
白城市	319	149	170	2138	982	1156
延边朝鲜族自治州	189	97	92	1869	916	953
长白山管委会	69	38	31	450	234	216
梅河口市	27	12	15	134	58	76

7-7b　续表 2

单位：人

现住地	初中			高中			大学专科		
	小计	男	女	小计	男	女	小计	男	女
全　省	**62120**	**32833**	**29287**	**28434**	**15344**	**13090**	**25236**	**13338**	**11898**
长春市	32255	17895	14360	17413	9688	7725	17201	9465	7736
吉林市	4426	2371	2055	1793	965	828	2193	1208	985
四平市	2703	1192	1511	956	463	493	479	224	255
辽源市	1820	799	1021	697	340	357	267	124	143
通化市	3399	1592	1807	1355	636	719	619	285	334
白山市	3063	1627	1436	1270	680	590	880	403	477
松原市	4101	2043	2058	1507	761	746	835	435	400
白城市	4755	2264	2491	1672	889	783	2070	817	1253
延边朝鲜族自治州	4344	2361	1983	1253	648	605	433	229	204
长白山管委会	906	526	380	402	217	185	232	136	96
梅河口市	348	163	185	116	57	59	27	12	15

7-7b　续表 3

单位：人

现住地	大学本科			硕士研究生			博士研究生		
	小计	男	女	小计	男	女	小计	男	女
全　省	**81687**	**37254**	**44433**	**7749**	**3302**	**4447**	**1173**	**630**	**543**
长春市	65590	30221	35369	7246	3056	4190	1134	600	534
吉林市	8790	3741	5049	213	92	121	13	9	4
四平市	414	206	208	29	10	19	6	4	2
辽源市	229	117	112	13	6	7	1	1	
通化市	610	296	314	36	20	16	6	5	1
白山市	623	354	269	51	30	21	3	2	1
松原市	672	354	318	47	21	26	4	4	
白城市	4141	1620	2521	68	40	28	2	1	1
延边朝鲜族自治州	328	166	162	29	16	13	4	4	
长白山管委会	264	161	103	17	11	6			
梅河口市	26	18	8						

7-7c 全省按现住地、受教育程度、性别分的户口登记地在外省的人口(乡村)

单位：人

现住地	合计			未上过学		
	合计	男	女	小计	男	女
全　省	**180223**	**88735**	**91488**	**3544**	**1257**	**2287**
长春市	78068	39175	38893	852	326	526
吉林市	20868	10887	9981	438	157	281
四平市	19647	7416	12231	290	100	190
辽源市	6620	3060	3560	178	77	101
通化市	8239	4083	4156	217	69	148
白山市	4495	2541	1954	201	72	129
松原市	12744	6377	6367	386	133	253
白城市	10259	4741	5518	319	118	201
延边朝鲜族自治州	16047	8888	7159	609	191	418
长白山管委会	9	5	4	1		1
梅河口市	3227	1562	1665	53	14	39

7-7c　续表 1

单位：人

现住地	学前教育			小学		
	小计	男	女	小计	男	女
全　省	**2633**	**1362**	**1271**	**33498**	**15943**	**17555**
长春市	797	430	367	9052	4332	4720
吉林市	384	201	183	4231	2108	2123
四平市	236	119	117	3012	1295	1717
辽源市	126	58	68	1612	695	917
通化市	213	116	97	2225	1059	1166
白山市	73	36	37	1326	716	610
松原市	239	121	118	3669	1755	1914
白城市	218	106	112	2983	1225	1758
延边朝鲜族自治州	255	138	117	4658	2414	2244
长白山管委会				6	5	1
梅河口市	92	37	55	724	339	385

7−7c　续表 2

单位：人

现住地	初中			高中			大学专科		
	小计	男	女	小计	男	女	小计	男	女
全　省	**62148**	**32692**	**29456**	**15514**	**8634**	**6880**	**11040**	**5955**	**5085**
长春市	19344	10770	8574	4918	2776	2142	4926	2378	2548
吉林市	8217	4578	3639	2234	1269	965	1972	1348	624
四平市	6228	2782	3446	1528	750	778	705	348	357
辽源市	3076	1359	1717	740	418	322	571	275	296
通化市	3776	1835	1941	940	526	414	502	276	226
白山市	1954	1120	834	568	368	200	199	124	75
松原市	5760	2848	2912	1507	810	697	678	410	268
白城市	5037	2368	2669	937	502	435	430	233	197
延边朝鲜族自治州	7161	4277	2884	1776	1020	756	839	443	396
长白山管委会	1		1	1		1			
梅河口市	1594	755	839	365	195	170	218	120	98

7−7c　续表 3

单位：人

现住地	大学本科			硕士研究生			博士研究生		
	小计	男	女	小计	男	女	小计	男	女
全　省	**48539**	**21473**	**27066**	**3109**	**1306**	**1803**	**198**	**113**	**85**
长春市	35396	16953	18443	2620	1114	1506	163	96	67
吉林市	3209	1154	2055	178	70	108	5	2	3
四平市	7437	1951	5486	192	63	129	19	8	11
辽源市	296	166	130	18	10	8	3	2	1
通化市	330	185	145	31	14	17	5	3	2
白山市	162	96	66	12	9	3			
松原市	481	289	192	23	10	13	1	1	
白城市	323	187	136	12	2	10			
延边朝鲜族自治州	730	392	338	18	12	6	1	1	
长白山管委会									
梅河口市	175	100	75	5	2	3	1		1

7-8 全省分年龄、性别、迁移原因的户口登记地在外乡镇街道的人口

单位：人

年 龄	合 计			工作就业		
	合计	男	女	小计	男	女
总 计	**10350683**	**5033163**	**5317520**	**1791908**	**1018349**	**773559**
0-4岁	**348022**	**179885**	**168137**			
0	46133	23942	22191			
1	68488	35304	33184			
2	68840	35518	33322			
3	80059	41447	38612			
4	84502	43674	40828			
5-9岁	**411158**	**214152**	**197006**			
5	67992	35181	32811			
6	88616	46203	42413			
7	82709	42964	39745			
8	91383	47629	43754			
9	80458	42175	38283			
10-14岁	**437824**	**228319**	**209505**	**583**	**341**	**242**
10	83355	43506	39849	112	66	46
11	85068	44546	40522	85	56	29
12	87876	45902	41974	124	68	56
13	91166	47694	43472	128	81	47
14	90359	46671	43688	134	70	64
15-19岁	**676118**	**337812**	**338306**	**24931**	**14792**	**10139**
15	126388	64346	62042	1446	835	611
16	139855	71770	68085	2554	1626	928
17	112776	56672	56104	4322	2622	1700
18	135522	67314	68208	6713	4061	2652
19	161577	77710	83867	9896	5648	4248
20-24岁	**655973**	**316111**	**339862**	**136164**	**71306**	**64858**
20	165003	79161	85842	15411	8294	7117
21	135918	66068	69850	19018	10191	8827
22	121238	59260	61978	28008	14643	13365
23	113417	54489	58928	33963	17528	16435
24	120397	57133	63264	39764	20650	19114
25-29岁	**739341**	**355771**	**383570**	**248307**	**135798**	**112509**
25	129538	62013	67525	44082	23378	20704
26	131717	63032	68685	44847	24001	20846
27	149606	72174	77432	50581	27761	22820
28	157842	76162	81680	52682	29122	23560
29	170638	82390	88248	56115	31536	24579

7-8 续表 1

单位：人

年龄	合计			工作就业		
	合计	男	女	小计	男	女
30—34岁	**1083473**	**524013**	**559460**	**329059**	**187072**	**141987**
30	223325	107586	115739	71725	40620	31105
31	224390	108318	116072	70144	39591	30553
32	212362	102507	109855	64079	36328	27751
33	227100	110421	116679	67140	38563	28577
34	196296	95181	101115	55971	31970	24001
35—39岁	**815785**	**398738**	**417047**	**214897**	**123778**	**91119**
35	168153	82468	85685	46730	27002	19728
36	158303	77454	80849	43081	24787	18294
37	155697	76291	79406	40635	23507	17128
38	182198	88837	93361	46024	26500	19524
39	151434	73688	77746	38427	21982	16445
40—44岁	**829681**	**407781**	**421900**	**199874**	**113608**	**86266**
40	162941	79293	83648	40368	23058	17310
41	192969	94120	98849	46258	26135	20123
42	170527	84163	86364	40604	23056	17548
43	147643	73041	74602	35172	20003	15169
44	155601	77164	78437	37472	21356	16116
45—49岁	**879255**	**431718**	**447537**	**204094**	**115269**	**88825**
45	149149	73726	75423	35970	20459	15511
46	157595	77397	80198	37753	21044	16709
47	181753	88720	93033	42603	23815	18788
48	193629	95660	97969	43803	25052	18751
49	197129	96215	100914	43965	24899	19066
50—54岁	**895044**	**439291**	**455753**	**179511**	**104416**	**75095**
50	204763	100230	104533	44289	25243	19046
51	185430	91168	94262	37630	21743	15887
52	191426	93819	97607	38053	22239	15814
53	151342	74365	76977	29351	17269	12082
54	162083	79709	82374	30188	17922	12266
55—59岁	**774651**	**377619**	**397032**	**121415**	**72580**	**48835**
55	169317	82822	86495	29167	17265	11902
56	170228	83640	86588	27585	16462	11123
57	192616	94180	98436	29536	17885	11651
58	142356	69155	73201	21298	12785	8513
59	100134	47822	52312	13829	8183	5646
60—64岁	**590947**	**282046**	**308901**	**64176**	**38410**	**25766**
60	132410	63934	68476	16481	9843	6638
61	103853	49879	53974	11788	7127	4661
62	120418	58182	62236	12914	7804	5110
63	121585	57355	64230	12319	7354	4965
64	112681	52696	59985	10674	6282	4392
65岁及以上	**1213411**	**539907**	**673504**	**68897**	**40979**	**27918**

7-8 续表 2

单位：人

年龄	学习培训			随同离开/投亲靠友			拆迁/搬家		
	小计	男	女	小计	男	女	小计	男	女
总计	**929742**	**448667**	**481075**	**1087100**	**476328**	**610772**	**4146629**	**2087450**	**2059179**
0-4岁	**3087**	**1561**	**1526**	**174922**	**90468**	**84454**	**91300**	**47050**	**44250**
0	98	53	45	23458	12197	11261	10604	5460	5144
1	231	115	116	34356	17664	16692	17115	8808	8307
2	409	209	200	34895	18094	16801	17876	9118	8758
3	954	479	475	40148	20739	19409	21939	11451	10488
4	1395	705	690	42065	21774	20291	23766	12213	11553
5-9岁	**55588**	**29234**	**26354**	**171723**	**89497**	**82226**	**119093**	**62003**	**57090**
5	1562	781	781	32621	16820	15801	20109	10610	9499
6	11036	5824	5212	38152	19992	18160	25343	13152	12191
7	13020	6792	6228	33709	17534	16175	23974	12384	11590
8	15486	8082	7404	36110	18884	17226	26427	13736	12691
9	14484	7755	6729	31131	16267	14864	23240	12121	11119
10-14岁	**97446**	**50887**	**46559**	**152182**	**79201**	**72981**	**128726**	**67403**	**61323**
10	15477	8077	7400	31807	16555	15252	24284	12787	11497
11	16149	8530	7619	31599	16481	15118	25570	13321	12249
12	18896	9961	8935	30868	16002	14866	26025	13760	12265
13	20832	11009	9823	30566	15959	14607	27479	14376	13103
14	26092	13310	12782	27342	14204	13138	25368	13159	12209
15-19岁	**428595**	**206039**	**222556**	**79985**	**41714**	**38271**	**96049**	**51061**	**44988**
15	67432	34092	33340	23115	11748	11367	23359	12078	11281
16	81865	41359	40506	21232	11030	10202	23431	12255	11176
17	64823	31192	33631	15681	8262	7419	18782	9900	8882
18	94079	44227	49852	11165	6036	5129	15859	8780	7079
19	120396	55169	65227	8792	4638	4154	14618	8048	6570
20-24岁	**275316**	**127871**	**147445**	**47139**	**22641**	**24498**	**122780**	**62766**	**60014**
20	113958	51969	61989	8777	4555	4222	16907	9270	7637
21	78992	37121	41871	8124	3971	4153	18566	9590	8976
22	42839	20641	22198	10035	4721	5314	25323	12749	12574
23	23018	10784	12234	10042	4715	5327	28792	14522	14270
24	16509	7356	9153	10161	4679	5482	33192	16635	16557
25-29岁	**37812**	**17518**	**20294**	**48269**	**20845**	**27424**	**242212**	**125236**	**116976**
25	12200	5459	6741	10077	4558	5519	38513	19671	18842
26	8377	3835	4542	9516	4299	5217	41760	21170	20590
27	6826	3282	3544	9689	4208	5481	49307	25556	23751
28	5641	2615	3026	9395	3957	5438	53621	28015	25606
29	4768	2327	2441	9592	3823	5769	59011	30824	28187

7-8　续表 3　单位：人

年　龄	学习培训			随同离开/投亲靠友			拆迁/搬家		
	小计	男	女	小计	男	女	小计	男	女
30-34岁	**17038**	**8285**	**8753**	**52916**	**18965**	**33951**	**404051**	**209735**	**194316**
30	5052	2422	2630	11611	4376	7235	78796	40988	37808
31	4009	1983	2026	11433	4141	7292	81909	42658	39251
32	3117	1531	1586	10243	3659	6584	80089	41455	38634
33	2786	1356	1430	10691	3773	6918	86656	44936	41720
34	2074	993	1081	8938	3016	5922	76601	39698	36903
35-39岁	**6156**	**3099**	**3057**	**35604**	**12069**	**23535**	**330251**	**171402**	**158849**
35	1496	767	729	7564	2613	4951	66664	34885	31779
36	1283	639	644	7095	2421	4674	62849	32771	30078
37	1171	596	575	6752	2285	4467	63350	32844	30506
38	1239	611	628	7857	2650	5207	75000	38774	36226
39	967	486	481	6336	2100	4236	62388	32128	30260
40-44岁	**3776**	**1805**	**1971**	**35008**	**10924**	**24084**	**366298**	**187241**	**179057**
40	962	449	513	6722	2119	4603	68235	34837	33398
41	956	440	516	8041	2557	5484	83519	42591	40928
42	750	375	375	7235	2277	4958	75823	39118	36705
43	571	278	293	6286	1956	4330	67033	34180	32853
44	537	263	274	6724	2015	4709	71688	36515	35173
45-49岁	**1997**	**1003**	**994**	**39996**	**11729**	**28267**	**431700**	**216103**	**215597**
45	391	200	191	6434	1933	4501	70131	35296	34835
46	419	205	214	7052	2075	4977	75100	37747	37353
47	387	187	200	8114	2368	5746	89503	44583	44920
48	412	207	205	8929	2665	6264	97303	48806	48497
49	388	204	184	9467	2688	6779	99663	49671	49992
50-54岁	**1106**	**518**	**588**	**48133**	**14017**	**34116**	**460587**	**231927**	**228660**
50	323	163	160	10198	2889	7309	104120	52339	51781
51	235	101	134	9631	2820	6811	96140	48457	47683
52	228	100	128	10332	2981	7351	98903	49678	49225
53	168	80	88	8599	2567	6032	77657	39153	38504
54	152	74	78	9373	2760	6613	83767	42300	41467
55-59岁	**690**	**349**	**341**	**48254**	**14857**	**33397**	**410144**	**206653**	**203491**
55	191	84	107	9979	3009	6970	89145	45047	44098
56	151	82	69	10138	3096	7042	90694	45804	44890
57	163	82	81	12069	3778	8291	102562	51895	50667
58	113	58	55	9298	2856	6442	74668	37661	37007
59	72	43	29	6770	2118	4652	53075	26246	26829
60-64岁	**466**	**206**	**260**	**43658**	**14178**	**29480**	**313029**	**155511**	**157518**
60	115	62	53	9331	3035	6296	70121	35138	34983
61	76	36	40	7448	2395	5053	54932	27403	27529
62	88	33	55	8875	2953	5922	64050	32178	31872
63	111	49	62	9212	2948	6264	64306	31671	32635
64	76	26	50	8792	2847	5945	59620	29121	30499
65岁及以上	**669**	**292**	**377**	**109311**	**35223**	**74088**	**630409**	**293359**	**337050**

7-8 续表 4

单位：人

年龄	寄挂户口			婚姻嫁娶			照料孙子女		
	小计	男	女	小计	男	女	小计	男	女
总计	**497495**	**252284**	**245211**	**477618**	**93994**	**383624**	**157921**	**54660**	**103261**
0-4岁	**16172**	**8462**	**7710**						
0	1747	945	802						
1	3584	1903	1681						
2	3434	1824	1610						
3	3578	1802	1776						
4	3829	1988	1841						
5-9岁	**17379**	**8846**	**8533**						
5	3281	1631	1650						
6	3695	1870	1825						
7	3280	1689	1591						
8	3809	1947	1862						
9	3314	1709	1605						
10-14岁	**17770**	**9057**	**8713**	**36**	**19**	**17**			
10	3361	1701	1660	14	7	7			
11	3434	1772	1662	7	5	2			
12	3679	1846	1833	7	4	3			
13	3787	1948	1839	4	2	2			
14	3509	1790	1719	4	1	3			
15-19岁	**14224**	**7940**	**6284**	**1282**	**116**	**1166**	**7**	**5**	**2**
15	3146	1638	1508	67	35	32	3	3	
16	3059	1622	1437	56	17	39			
17	2833	1550	1283	134	16	118	1	1	
18	2543	1510	1033	364	20	344	1	1	
19	2643	1620	1023	661	28	633	2		2
20-24岁	**24500**	**13551**	**10949**	**18282**	**1618**	**16664**	**7**	**2**	**5**
20	3487	2107	1380	1239	52	1187			
21	3971	2236	1735	1899	113	1786			
22	5346	2909	2437	3140	231	2909	2	1	1
23	5751	3065	2686	4936	463	4473	3	1	2
24	5945	3234	2711	7068	759	6309	2		2
25-29岁	**32316**	**17972**	**14344**	**75730**	**12505**	**63225**	**42**	**13**	**29**
25	6495	3554	2941	9696	1316	8380	6	1	5
26	6558	3682	2876	11742	1749	9993	8	1	7
27	6573	3618	2955	15782	2590	13192	9	4	5
28	6434	3622	2812	17973	3171	14802	6	1	5
29	6256	3496	2760	20537	3679	16858	13	6	7

7-8　续表 5　　　　单位：人

年　龄	寄挂户口			婚姻嫁娶			照料孙子女		
	小计	男	女	小计	男	女	小计	男	女
30-34岁	**39177**	**21478**	**17699**	**123136**	**22771**	**100365**	**416**	**163**	**253**
30	7930	4349	3581	27290	4867	22423	54	15	39
31	7935	4356	3579	26308	4872	21436	77	31	46
32	7740	4233	3507	24194	4537	19657	79	36	43
33	8037	4428	3609	24934	4705	20229	108	47	61
34	7535	4112	3423	20410	3790	16620	98	34	64
35-39岁	**32782**	**17704**	**15078**	**72408**	**13906**	**58502**	**481**	**184**	**297**
35	6479	3537	2942	16638	3092	13546	68	23	45
36	6097	3363	2734	14643	2773	11870	93	36	57
37	6380	3391	2989	13718	2695	11023	94	32	62
38	7529	4055	3474	15463	3058	12405	124	52	72
39	6297	3358	2939	11946	2288	9658	102	41	61
40-44岁	**38143**	**20159**	**17984**	**54676**	**11060**	**43616**	**774**	**246**	**528**
40	6829	3596	3233	12088	2359	9729	107	39	68
41	8384	4531	3853	13602	2718	10884	172	61	111
42	7882	4155	3727	11176	2238	8938	158	51	107
43	7211	3748	3463	9017	1908	7109	135	42	93
44	7837	4129	3708	8793	1837	6956	202	53	149
45-49岁	**47976**	**24290**	**23686**	**40830**	**9233**	**31597**	**4791**	**1158**	**3633**
45	7964	4099	3865	7769	1684	6085	252	60	192
46	8388	4284	4104	7895	1747	6148	484	133	351
47	9785	4870	4915	8580	1988	6592	810	197	613
48	10705	5398	5307	8336	1911	6425	1270	294	976
49	11134	5639	5495	8250	1903	6347	1975	474	1501
50-54岁	**51628**	**26066**	**25562**	**33167**	**8220**	**24947**	**21481**	**5938**	**15543**
50	11566	5768	5798	8237	1945	6292	2908	755	2153
51	10747	5443	5304	6974	1717	5257	3527	950	2577
52	11070	5593	5477	6960	1735	5225	4655	1241	3414
53	8629	4386	4243	5446	1395	4051	4676	1319	3357
54	9616	4876	4740	5550	1428	4122	5715	1673	4042
55-59岁	**45874**	**23092**	**22782**	**22399**	**5702**	**16697**	**37695**	**11834**	**25861**
55	9973	4998	4975	5396	1350	4046	6939	2089	4850
56	10218	5275	4943	4982	1263	3719	7496	2299	5197
57	11512	5664	5848	5366	1374	3992	9591	2993	6598
58	8450	4284	4166	3901	1018	2883	7793	2512	5281
59	5721	2871	2850	2754	697	2057	5876	1941	3935
60-64岁	**32522**	**15895**	**16627**	**14964**	**3806**	**11158**	**41163**	**15159**	**26004**
60	7449	3667	3782	3574	916	2658	8480	2993	5487
61	5822	2873	2949	2646	663	1983	7157	2631	4526
62	6593	3275	3318	3006	801	2205	8416	3096	5320
63	6613	3205	3408	2951	755	2196	8865	3270	5595
64	6045	2875	3170	2787	671	2116	8245	3169	5076
65岁及以上	**87032**	**37772**	**49260**	**20708**	**5038**	**15670**	**51064**	**19958**	**31106**

7-8 续表 6

单位：人

年龄	为子女就学			养老/康养			其他		
	小计	男	女	小计	男	女	小计	男	女
总计	**323525**	**143517**	**180008**	**209447**	**93396**	**116051**	**729298**	**364518**	**364780**
0-4岁							**62541**	**32344**	**30197**
0							10226	5287	4939
1							13202	6814	6388
2							12226	6273	5953
3							13440	6976	6464
4							13447	6994	6453
5-9岁							**47375**	**24572**	**22803**
5							10419	5339	5080
6							10390	5365	5025
7							8726	4565	4161
8							9551	4980	4571
9							8289	4323	3966
10-14岁				**8**	**6**	**2**	**41073**	**21405**	**19668**
10				1		1	8299	4313	3986
11				1	1		8223	4380	3843
12				1	1		8276	4260	4016
13				3	2	1	8367	4317	4050
14				2	2		7908	4135	3773
15-19岁	**602**	**286**	**316**	**44**	**33**	**11**	**30399**	**15826**	**14573**
15	161	76	85	5	4	1	7654	3837	3817
16	189	80	109	4	1	3	7465	3780	3685
17	134	74	60	2	2		6064	3053	3011
18	78	39	39	17	12	5	4703	2628	2075
19	40	17	23	16	14	2	4513	2528	1985
20-24岁	**1589**	**432**	**1157**	**92**	**61**	**31**	**30104**	**15863**	**14241**
20	124	47	77	26	21	5	5074	2846	2228
21	163	44	119	15	10	5	5170	2792	2378
22	212	52	160	18	11	7	6315	3302	3013
23	395	96	299	10	7	3	6507	3308	3199
24	695	193	502	23	12	11	7038	3615	3423
25-29岁	**14920**	**5479**	**9441**	**123**	**71**	**52**	**39610**	**20334**	**19276**
25	1168	345	823	14	10	4	7287	3721	3566
26	1605	490	1115	23	11	12	7281	3794	3487
27	2724	956	1768	30	14	16	8085	4185	3900
28	3915	1482	2433	23	16	7	8152	4161	3991
29	5508	2206	3302	33	20	13	8805	4473	4332

7-8 续表 7

单位：人

年 龄	为子女就学			养老/康养			其 他		
	小计	男	女	小计	男	女	小计	男	女
30-34岁	**60762**	**26223**	**34539**	**236**	**152**	**84**	**56682**	**29169**	**27513**
30	9344	4001	5343	44	23	21	11479	5925	5554
31	11079	4696	6383	49	34	15	11447	5956	5491
32	11772	5047	6725	37	23	14	11012	5658	5354
33	14685	6414	8271	56	35	21	12007	6164	5843
34	13882	6065	7817	50	37	13	10737	5466	5271
35-39岁	**77325**	**33158**	**44167**	**251**	**162**	**89**	**45630**	**23276**	**22354**
35	13321	5805	7516	36	28	8	9157	4716	4441
36	14353	6194	8159	41	25	16	8768	4445	4323
37	14906	6438	8468	44	27	17	8647	4476	4171
38	18562	7814	10748	70	42	28	10330	5281	5049
39	16183	6907	9276	60	40	20	8728	4358	4370
40-44岁	**79339**	**36288**	**43051**	**442**	**282**	**160**	**51351**	**26168**	**25183**
40	18011	7910	10101	82	61	21	9537	4865	4672
41	20365	9144	11221	86	52	34	11586	5891	5695
42	16194	7448	8746	97	64	33	10608	5381	5227
43	12709	6013	6696	94	56	38	9415	4857	4558
44	12060	5773	6287	83	49	34	10205	5174	5031
45-49岁	**45245**	**21680**	**23565**	**1007**	**611**	**396**	**61619**	**30642**	**30977**
45	10019	4867	5152	127	78	49	10092	5050	5042
46	9510	4682	4828	173	109	64	10821	5371	5450
47	9294	4406	4888	183	115	68	12494	6191	6303
48	8752	4187	4565	265	156	109	13854	6984	6870
49	7670	3538	4132	259	153	106	14358	7046	7312
50-54岁	**21735**	**10187**	**11548**	**11160**	**5197**	**5963**	**66536**	**32805**	**33731**
50	6773	3137	3636	1379	683	696	14970	7308	7662
51	4811	2244	2567	2009	918	1091	13726	6775	6951
52	4382	2042	2340	2518	1183	1335	14325	7027	7298
53	3056	1436	1620	2363	1112	1251	11397	5648	5749
54	2713	1328	1385	2891	1301	1590	12118	6047	6071
55-59岁	**8869**	**4064**	**4805**	**20730**	**9657**	**11073**	**58581**	**28831**	**29750**
55	2326	1109	1217	3560	1681	1879	12641	6190	6451
56	2023	961	1062	4118	1967	2151	12823	6431	6392
57	2051	936	1115	5192	2389	2803	14574	7184	7390
58	1475	644	831	4352	1983	2369	11008	5354	5654
59	994	414	580	3508	1637	1871	7535	3672	3863
60-64岁	**5702**	**2459**	**3243**	**30690**	**14731**	**15959**	**44577**	**21691**	**22886**
60	1329	573	756	5525	2689	2836	10005	5018	4987
61	1022	453	569	5084	2436	2648	7878	3862	4016
62	1095	488	607	6315	3111	3204	9066	4443	4623
63	1198	502	696	6786	3263	3523	9224	4338	4886
64	1058	443	615	6980	3232	3748	8404	4030	4374
65岁及以上	**7437**	**3261**	**4176**	**144664**	**62433**	**82231**	**93220**	**41592**	**51628**

7-8a 全省分年龄、性别、迁移原因的户口登记地在外乡镇街道的人口(城市)

单位：人

年 龄	合 计			工作就业		
	合计	男	女	小计	男	女
总 计	**6258092**	**3050432**	**3207660**	**1132697**	**626825**	**505872**
0-4岁	**214124**	**110816**	**103308**			
0	28345	14695	13650			
1	42166	21833	20333			
2	42238	21787	20451			
3	49199	25533	23666			
4	52176	26968	25208			
5-9岁	**252291**	**131737**	**120554**			
5	41561	21450	20111			
6	54972	28780	26192			
7	51024	26515	24509			
8	55898	29265	26633			
9	48836	25727	23109			
10-14岁	**264579**	**138671**	**125908**	**404**	**232**	**172**
10	50049	26189	23860	79	45	34
11	50904	26717	24187	56	36	20
12	53024	27986	25038	93	49	44
13	55830	29360	26470	79	51	28
14	54772	28419	26353	97	51	46
15-19岁	**355373**	**180926**	**174447**	**15705**	**8646**	**7059**
15	72082	36404	35678	926	517	409
16	79259	40429	38830	1625	988	637
17	63408	31769	31639	2737	1542	1195
18	64795	33721	31074	4190	2338	1852
19	75829	38603	37226	6227	3261	2966
20-24岁	**361855**	**178869**	**182986**	**89051**	**44300**	**44751**
20	79946	40359	39587	9867	4866	5001
21	69937	35703	34234	12321	6177	6144
22	68996	34450	34546	18444	9190	9254
23	68643	33013	35630	22264	11028	11236
24	74333	35344	38989	26155	13039	13116
25-29岁	**455801**	**220003**	**235798**	**158533**	**84241**	**74292**
25	80348	38417	41931	28653	14668	13985
26	82221	39312	42909	28901	14977	13924
27	92562	44905	47657	32245	17201	15044
28	96878	46986	49892	33449	18022	15427
29	103792	50383	53409	35285	19373	15912

7-8a　续表 1

单位：人

年　龄	合　计			工作就业		
	合计	男	女	小计	男	女
30–34岁	**663810**	**322924**	**340886**	**209652**	**116708**	**92944**
30	135275	65497	69778	44986	24830	20156
31	136618	66432	70186	44430	24588	19842
32	130399	63223	67176	40947	22718	18229
33	140241	68727	71514	43061	24319	18742
34	121277	59045	62232	36228	20253	15975
35–39岁	**509894**	**250790**	**259104**	**140251**	**79392**	**60859**
35	103799	51327	52472	30335	17250	13085
36	97869	48166	49703	27762	15699	12063
37	97912	48319	49593	26628	15098	11530
38	115246	56446	58800	30311	17146	13165
39	95068	46532	48536	25215	14199	11016
40–44岁	**516210**	**254134**	**262076**	**128752**	**71872**	**56880**
40	101537	49767	51770	26474	14933	11541
41	119712	58578	61134	29995	16701	13294
42	106658	52598	54060	26179	14499	11680
43	91672	45253	46419	22428	12498	9930
44	96631	47938	48693	23676	13241	10435
45–49岁	**541976**	**265878**	**276098**	**128133**	**70838**	**57295**
45	92685	45773	46912	22817	12721	10096
46	96183	47262	48921	23570	12860	10710
47	112245	54614	57631	26841	14707	12134
48	119118	58871	60247	27420	15304	12116
49	121745	59358	62387	27485	15246	12239
50–54岁	**544853**	**266350**	**278503**	**109752**	**62060**	**47692**
50	126399	61798	64601	27364	15238	12126
51	113683	55742	57941	23220	13010	10210
52	116455	56804	59651	23228	13174	10054
53	89451	43646	45805	17765	10152	7613
54	98865	48360	50505	18175	10486	7689
55–59岁	**475635**	**230435**	**245200**	**73265**	**42508**	**30757**
55	104580	50889	53691	17692	10198	7494
56	104161	50912	53249	16618	9616	7002
57	117763	57110	60653	17885	10444	7441
58	87283	42182	45101	12827	7491	5336
59	61848	29342	32506	8243	4759	3484
60–64岁	**365210**	**173821**	**191389**	**38346**	**22371**	**15975**
60	82495	39699	42796	9836	5714	4122
61	63945	30745	33200	7150	4226	2924
62	74157	35681	38476	7824	4603	3221
63	74960	35230	39730	7305	4250	3055
64	69653	32466	37187	6231	3578	2653
65岁及以上	**736481**	**325078**	**411403**	**40853**	**23657**	**17196**

7-8a 续表 2

单位：人

年 龄	学习培训			随同离开/投亲靠友			拆迁/搬家		
	小计	男	女	小计	男	女	小计	男	女
总 计	**454368**	**227668**	**226700**	**695577**	**303549**	**392028**	**2672833**	**1338780**	**1334053**
0-4岁	**1816**	**922**	**894**	**108856**	**56435**	**52421**	**57207**	**29560**	**27647**
0	58	33	25	14402	7487	6915	6606	3418	3188
1	138	71	67	21370	11065	10305	10687	5502	5185
2	248	131	117	21602	11219	10383	11219	5742	5477
3	578	290	288	25089	13004	12085	13736	7183	6553
4	794	397	397	26393	13660	12733	14959	7715	7244
5-9岁	**31848**	**16865**	**14983**	**109407**	**57165**	**52242**	**74698**	**38889**	**35809**
5	904	451	453	20473	10578	9895	12507	6568	5939
6	6239	3342	2897	24567	12905	11662	15969	8320	7649
7	7529	3916	3613	21531	11230	10301	15168	7815	7353
8	8922	4718	4204	23038	12096	10942	16567	8591	7976
9	8254	4438	3816	19798	10356	9442	14487	7595	6892
10-14岁	**55598**	**29262**	**26336**	**96598**	**50700**	**45898**	**79787**	**41841**	**37946**
10	8628	4511	4117	19975	10367	9608	14891	7873	7018
11	9033	4841	4192	19897	10471	9426	15645	8083	7562
12	10850	5807	5043	19561	10290	9271	16008	8509	7499
13	12197	6477	5720	19628	10352	9276	17306	9103	8203
14	14890	7626	7264	17537	9220	8317	15937	8273	7664
15-19岁	**196194**	**96827**	**99367**	**54879**	**28559**	**26320**	**62528**	**33122**	**29406**
15	34376	17069	17307	15540	7895	7645	15102	7853	7249
16	41395	20557	20838	14647	7621	7026	15439	8089	7350
17	32370	15420	16950	10780	5704	5076	12305	6430	5875
18	38324	19168	19156	7728	4104	3624	10263	5654	4609
19	49729	24613	25116	6184	3235	2949	9419	5096	4323
20-24岁	**124687**	**62970**	**61717**	**32626**	**15684**	**16942**	**77640**	**39234**	**38406**
20	48049	23804	24245	6036	3098	2938	10843	5838	5005
21	34405	17931	16474	5764	2843	2921	11787	6011	5776
22	19883	10566	9317	6966	3288	3678	16092	7968	8124
23	12521	6071	6450	6933	3258	3675	17974	9031	8943
24	9829	4598	5231	6927	3197	3730	20944	10386	10558
25-29岁	**23973**	**11073**	**12900**	**32395**	**14041**	**18354**	**154155**	**79363**	**74792**
25	7743	3498	4245	6866	3087	3779	24380	12348	12032
26	5376	2487	2889	6517	2921	3596	26759	13478	13281
27	4359	2040	2319	6479	2872	3607	31597	16386	15211
28	3547	1605	1942	6261	2650	3611	34162	17772	16390
29	2948	1443	1505	6272	2511	3761	37257	19379	17878

7-8a　续表 3　　　　　　　　　　　　　　　　　　　　　　　　单位：人

年　龄	学习培训			随同离开/投亲靠友			拆迁/搬家		
	小计	男	女	小计	男	女	小计	男	女
30-34岁	**10576**	**5022**	**5554**	**34245**	**12161**	**22084**	**257698**	**133090**	**124608**
30	3086	1434	1652	7516	2829	4687	49756	25715	24041
31	2459	1207	1252	7242	2594	4648	52001	26982	25019
32	1930	939	991	6713	2386	4327	51017	26212	24805
33	1727	809	918	6921	2398	4523	55637	28795	26842
34	1374	633	741	5853	1954	3899	49287	25386	23901
35-39岁	**3952**	**1998**	**1954**	**23139**	**7698**	**15441**	**214646**	**111000**	**103646**
35	951	505	446	4911	1679	3232	42765	22344	20421
36	803	396	407	4567	1535	3032	40352	20876	19476
37	774	393	381	4445	1497	2948	41461	21511	19950
38	793	397	396	5131	1677	3454	49330	25351	23979
39	631	307	324	4085	1310	2775	40738	20918	19820
40-44岁	**2491**	**1175**	**1316**	**22600**	**6767**	**15833**	**237588**	**120276**	**117312**
40	652	305	347	4319	1330	2989	44160	22450	21710
41	627	274	353	5265	1602	3663	53946	27254	26692
42	485	242	243	4620	1407	3213	49383	25168	24215
43	378	176	202	4042	1194	2848	43418	21827	21591
44	349	178	171	4354	1234	3120	46681	23577	23104
45-49岁	**1331**	**657**	**674**	**25210**	**7045**	**18165**	**280811**	**139401**	**141410**
45	271	134	137	4056	1161	2895	45830	22836	22994
46	285	141	144	4438	1248	3190	48316	24117	24199
47	250	115	135	5136	1413	3723	58161	28641	29520
48	259	128	131	5626	1607	4019	63314	31610	31704
49	266	139	127	5954	1616	4338	65190	32197	32993
50-54岁	**730**	**339**	**391**	**29902**	**8359**	**21543**	**298987**	**149750**	**149237**
50	204	102	102	6396	1723	4673	68598	34289	34309
51	163	68	95	6016	1691	4325	62838	31556	31282
52	155	64	91	6477	1825	4652	64130	32000	32130
53	108	56	52	5253	1464	3789	48795	24477	24318
54	100	49	51	5760	1656	4104	54626	27428	27198
55-59岁	**442**	**224**	**218**	**30391**	**9091**	**21300**	**268361**	**134242**	**134119**
55	124	50	74	6227	1827	4400	58614	29363	29251
56	98	56	42	6437	1917	4520	59215	29729	29486
57	107	57	50	7582	2291	5291	66779	33515	33264
58	70	36	34	5865	1762	4103	48956	24587	24369
59	43	25	18	4280	1294	2986	34797	17048	17749
60-64岁	**301**	**143**	**158**	**27533**	**8726**	**18807**	**204998**	**101755**	**103243**
60	72	46	26	5921	1820	4101	46305	23188	23117
61	56	28	28	4658	1494	3164	35775	17837	17938
62	53	22	31	5615	1832	3783	41754	20973	20781
63	70	34	36	5819	1824	3995	42117	20704	21413
64	50	13	37	5520	1756	3764	39047	19053	19994
65岁及以上	**429**	**191**	**238**	**67796**	**21118**	**46678**	**403729**	**187257**	**216472**

7-8a 续表 4

单位：人

年 龄	寄挂户口			婚姻嫁娶			照料孙子女		
	小计	男	女	小计	男	女	小计	男	女
总 计	**236675**	**119864**	**116811**	**230383**	**51850**	**178533**	**100450**	**34651**	**65799**
0-4岁	**8928**	**4630**	**4298**						
0	1064	566	498						
1	2079	1098	981						
2	1928	1000	928						
3	1892	946	946						
4	1965	1020	945						
5-9岁	**8416**	**4251**	**4165**						
5	1634	780	854						
6	1909	956	953						
7	1599	829	770						
8	1797	913	884						
9	1477	773	704						
10-14岁	**8343**	**4255**	**4088**	**18**	**10**	**8**			
10	1547	815	732	9	4	5			
11	1595	813	782	5	4	1			
12	1694	847	847	2	1	1			
13	1766	898	868	2	1	1			
14	1741	882	859						
15-19岁	**7356**	**4063**	**3293**	**381**	**59**	**322**	**4**	**3**	**1**
15	1596	802	794	33	15	18	2	2	
16	1692	907	785	23	10	13			
17	1539	823	716	43	9	34			
18	1274	772	502	100	10	90	1	1	
19	1255	759	496	182	15	167	1		1
20-24岁	**11351**	**6206**	**5145**	**7965**	**930**	**7035**	**4**	**1**	**3**
20	1596	937	659	407	27	380			
21	1824	993	831	727	57	670			
22	2507	1346	1161	1308	126	1182	1		1
23	2683	1422	1261	2237	269	1968	3	1	2
24	2741	1508	1233	3286	451	2835			
25-29岁	**15729**	**8787**	**6942**	**39884**	**7747**	**32137**	**28**	**8**	**20**
25	3108	1675	1433	4695	790	3905	5	1	4
26	3359	1891	1468	6180	1068	5112	5		5
27	3288	1824	1464	8354	1619	6735	5	2	3
28	3090	1780	1310	9574	1996	7578	3		3
29	2884	1617	1267	11081	2274	8807	10	5	5

7-8a　续表 5　　　　单位：人

年　龄	寄挂户口			婚姻嫁娶			照料孙子女		
	小计	男	女	小计	男	女	小计	男	女
30—34岁	**18824**	**10366**	**8458**	**66487**	**14523**	**51964**	**229**	**88**	**141**
30	3797	2112	1685	14453	3035	11418	23	4	19
31	3784	2082	1702	14126	3076	11050	38	15	23
32	3718	2084	1634	13242	2908	10334	47	25	22
33	4016	2198	1818	13687	3060	10627	67	25	42
34	3509	1890	1619	10979	2444	8535	54	19	35
35—39岁	**15828**	**8490**	**7338**	**38774**	**8811**	**29963**	**280**	**108**	**172**
35	2918	1598	1320	8971	1956	7015	35	13	22
36	2877	1586	1291	7867	1749	6118	60	21	39
37	3135	1624	1511	7423	1723	5700	55	17	38
38	3808	2054	1754	8302	1970	6332	77	34	43
39	3090	1628	1462	6211	1413	4798	53	23	30
40—44岁	**18176**	**9640**	**8536**	**26129**	**6362**	**19767**	**501**	**158**	**343**
40	3230	1688	1542	6056	1429	4627	70	27	43
41	3809	2051	1758	6593	1583	5010	113	39	74
42	3921	2091	1830	5363	1288	4075	103	30	73
43	3365	1758	1607	4180	1097	3083	85	26	59
44	3851	2052	1799	3937	965	2972	130	36	94
45—49岁	**22801**	**11517**	**11284**	**17188**	**4407**	**12781**	**2868**	**692**	**2176**
45	3889	1971	1918	3425	866	2559	150	33	117
46	3856	1963	1893	3421	853	2568	295	80	215
47	4636	2306	2330	3610	941	2669	500	124	376
48	4983	2526	2457	3452	910	2542	747	176	571
49	5437	2751	2686	3280	837	2443	1176	279	897
50—54岁	**24319**	**12247**	**12072**	**12283**	**3258**	**9025**	**12973**	**3532**	**9441**
50	5685	2847	2838	3252	823	2429	1727	429	1298
51	5089	2584	2505	2622	703	1919	2156	588	1568
52	5103	2583	2520	2629	715	1914	2818	755	2063
53	3631	1830	1801	1900	514	1386	2852	767	2085
54	4811	2403	2408	1880	503	1377	3420	993	2427
55—59岁	**21703**	**10921**	**10782**	**7989**	**2204**	**5785**	**23350**	**7304**	**16046**
55	5002	2484	2518	1958	547	1411	4278	1260	3018
56	4741	2472	2269	1736	466	1270	4567	1419	3148
57	5250	2607	2643	1985	536	1449	5956	1846	4110
58	3910	1956	1954	1311	371	940	4884	1568	3316
59	2800	1402	1398	999	284	715	3665	1211	2454
60—64岁	**15305**	**7487**	**7818**	**5446**	**1506**	**3940**	**26287**	**9591**	**16696**
60	3806	1911	1895	1272	359	913	5364	1857	3507
61	2599	1301	1298	953	274	679	4538	1665	2873
62	2866	1414	1452	1152	316	836	5381	1946	3435
63	3107	1509	1598	1040	277	763	5663	2086	3577
64	2927	1352	1575	1029	280	749	5341	2037	3304
65岁及以上	**39596**	**17004**	**22592**	**7839**	**2033**	**5806**	**33926**	**13166**	**20760**

7–8a 续表 6

单位：人

年 龄	为子女就学			养老/康养			其 他		
	小计	男	女	小计	男	女	小计	男	女
总 计	**197364**	**88050**	**109314**	**126830**	**54951**	**71879**	**410915**	**204244**	**206671**
0–4岁							**37317**	**19269**	**18048**
0							6215	3191	3024
1							7892	4097	3795
2							7241	3695	3546
3							7904	4110	3794
4							8065	4176	3889
5–9岁							**27922**	**14567**	**13355**
5							6043	3073	2970
6							6288	3257	3031
7							5197	2725	2472
8							5574	2947	2627
9							4820	2565	2255
10–14岁				**5**	**4**	**1**	**23826**	**12367**	**11459**
10				1		1	4919	2574	2345
11							4673	2469	2204
12				1	1		4815	2482	2333
13				1	1		4851	2477	2374
14				2	2		4568	2365	2203
15–19岁	**438**	**206**	**232**	**30**	**24**	**6**	**17858**	**9417**	**8441**
15	118	59	59	3	2	1	4386	2190	2196
16	139	55	84	1	1		4298	2201	2097
17	94	51	43	1	1		3539	1789	1750
18	60	29	31	11	8	3	2844	1637	1207
19	27	12	15	14	12	2	2791	1600	1191
20–24岁	**953**	**282**	**671**	**62**	**41**	**21**	**17516**	**9221**	**8295**
20	79	30	49	18	16	2	3051	1743	1308
21	99	30	69	10	5	5	3000	1656	1344
22	133	37	96	9	5	4	3653	1924	1729
23	231	60	171	9	6	3	3788	1867	1921
24	411	125	286	16	9	7	4024	2031	1993
25–29岁	**8368**	**3134**	**5234**	**85**	**47**	**38**	**22651**	**11562**	**11089**
25	638	191	447	8	7	1	4252	2152	2100
26	919	279	640	16	8	8	4189	2203	1986
27	1530	542	988	22	9	13	4683	2410	2273
28	2203	850	1353	17	13	4	4572	2298	2274
29	3078	1272	1806	22	10	12	4955	2499	2456

7-8a　续表 7　　　　　　　　　　　　　　　　　　　　　　单位：人

年　龄	为子女就学			养老/康养			其　他		
	小计	男	女	小计	男	女	小计	男	女
30-34岁	**34139**	**14700**	**19439**	**162**	**101**	**61**	**31798**	**16165**	**15633**
30	5188	2227	2961	37	19	18	6433	3292	3141
31	6142	2575	3567	27	15	12	6369	3298	3071
32	6562	2801	3761	25	17	8	6198	3133	3065
33	8305	3666	4639	43	27	16	6777	3430	3347
34	7942	3431	4511	30	23	7	6021	3012	3009
35-39岁	**46354**	**19743**	**26611**	**170**	**108**	**62**	**26500**	**13442**	**13058**
35	7753	3376	4377	27	20	7	5133	2586	2547
36	8442	3672	4770	24	13	11	5115	2619	2496
37	8926	3838	5088	30	20	10	5035	2598	2437
38	11322	4670	6652	52	33	19	6120	3114	3006
39	9911	4187	5724	37	22	15	5097	2525	2572
40-44岁	**50778**	**23133**	**27645**	**281**	**180**	**101**	**28914**	**14571**	**14343**
40	11106	4827	6279	54	38	16	5416	2740	2676
41	12854	5738	7116	49	27	22	6461	3309	3152
42	10531	4798	5733	63	47	16	6010	3028	2982
43	8396	3991	4405	57	37	20	5323	2649	2674
44	7891	3779	4112	58	31	27	5704	2845	2859
45-49岁	**29192**	**14339**	**14853**	**641**	**373**	**268**	**33801**	**16609**	**17192**
45	6589	3246	3343	75	46	29	5583	2759	2824
46	6077	3071	3006	115	73	42	5810	2856	2954
47	6051	2901	3150	112	66	46	6948	3400	3548
48	5605	2772	2833	171	94	77	7541	3744	3797
49	4870	2349	2521	168	94	74	7919	3850	4069
50-54岁	**13428**	**6419**	**7009**	**6566**	**2946**	**3620**	**35913**	**17440**	**18473**
50	4240	2020	2220	776	377	399	8157	3950	4207
51	3022	1448	1574	1166	513	653	7391	3581	3810
52	2682	1279	1403	1479	666	813	7754	3743	4011
53	1842	870	972	1396	623	773	5909	2893	3016
54	1642	802	840	1749	767	982	6702	3273	3429
55-59岁	**5444**	**2502**	**2942**	**12298**	**5626**	**6672**	**32392**	**15813**	**16579**
55	1467	687	780	2098	967	1131	7120	3506	3614
56	1236	589	647	2494	1206	1288	7019	3442	3577
57	1224	574	650	3092	1398	1694	7903	3842	4061
58	894	393	501	2524	1097	1427	6042	2921	3121
59	623	259	364	2090	958	1132	4308	2102	2206
60-64岁	**3524**	**1519**	**2005**	**18525**	**8726**	**9799**	**24945**	**11997**	**12948**
60	813	353	460	3361	1595	1766	5745	2856	2889
61	649	281	368	3137	1495	1642	4430	2144	2286
62	675	308	367	3828	1853	1975	5009	2414	2595
63	737	301	436	4000	1879	2121	5102	2366	2736
64	650	276	374	4199	1904	2295	4659	2217	2442
65岁及以上	**4746**	**2073**	**2673**	**88005**	**36775**	**51230**	**49562**	**21804**	**27758**

7-8b 全省分年龄、性别、迁移原因的户口登记地在外乡镇街道的人口(镇)

单位：人

年 龄	合 计			工作就业		
	合计	男	女	小计	男	女
总 计	**2462484**	**1197278**	**1265206**	**442637**	**256526**	**186111**
0-4岁	**92591**	**47751**	**44840**			
0	12650	6549	6101			
1	18221	9354	8867			
2	18319	9484	8835			
3	21224	10981	10243			
4	22177	11383	10794			
5-9岁	**103152**	**53635**	**49517**			
5	17681	9157	8524			
6	22448	11705	10743			
7	20607	10705	9902			
8	22605	11660	10945			
9	19811	10408	9403			
10-14岁	**109356**	**56556**	**52800**	**119**	**67**	**52**
10	20893	10838	10055	26	19	7
11	21206	11118	10088	18	10	8
12	21964	11238	10726	23	13	10
13	22757	11851	10906	32	19	13
14	22536	11511	11025	20	6	14
15-19岁	**196877**	**96851**	**100026**	**6988**	**4678**	**2310**
15	34056	17595	16461	355	215	140
16	38069	19743	18326	665	443	222
17	31356	15794	15562	1219	849	370
18	42545	20360	22185	1933	1349	584
19	50851	23359	27492	2816	1822	994
20-24岁	**176285**	**83189**	**93096**	**35933**	**20323**	**15610**
20	50586	23193	27393	4211	2563	1648
21	37998	17764	20234	5061	2975	2086
22	30713	14766	15947	7308	4115	3193
23	27899	13552	14347	8952	4933	4019
24	29089	13914	15175	10401	5737	4664
25-29岁	**185547**	**90463**	**95084**	**69087**	**39288**	**29799**
25	31094	15122	15972	11867	6636	5231
26	31955	15436	16519	12216	6831	5385
27	37284	18222	19062	14130	8060	6070
28	40598	19824	20774	14809	8462	6347
29	44616	21859	22757	16065	9299	6766

7–8b　续表 1　　　　　　　　　　单位：人

年　龄	合　　计			工作就业		
	合计	男	女	小计	男	女
30–34岁	**276261**	**134874**	**141387**	**89872**	**52074**	**37798**
30	58368	28593	29775	20453	11912	8541
31	58137	28252	29885	19485	11201	8284
32	54422	26613	27809	17458	10118	7340
33	57490	28050	29440	17943	10437	7506
34	47844	23366	24478	14533	8406	6127
35–39岁	**197314**	**96658**	**100656**	**53617**	**31310**	**22307**
35	40509	19920	20589	11940	7014	4926
36	38808	18918	19890	11115	6405	4710
37	38147	18649	19498	10149	5972	4177
38	44228	21786	22442	11127	6544	4583
39	35622	17385	18237	9286	5375	3911
40–44岁	**188883**	**93497**	**95386**	**46998**	**26824**	**20174**
40	37938	18428	19510	9522	5424	4098
41	44458	21854	22604	10924	6170	4754
42	38697	19286	19411	9534	5500	4034
43	32842	16453	16389	8171	4675	3496
44	34948	17476	17472	8847	5055	3792
45–49岁	**192262**	**94512**	**97750**	**46971**	**26718**	**20253**
45	33315	16516	16799	8401	4770	3631
46	35593	17508	18085	8865	4987	3878
47	39246	19258	19988	9782	5475	4307
48	41569	20547	21022	9975	5818	4157
49	42539	20683	21856	9948	5668	4280
50–54岁	**192750**	**94090**	**98660**	**39888**	**23408**	**16480**
50	44617	21674	22943	10074	5710	4364
51	39459	19448	20011	8356	4948	3408
52	41514	20298	21216	8471	4985	3486
53	32770	16047	16723	6400	3826	2574
54	34390	16623	17767	6587	3939	2648
55–59岁	**166328**	**80175**	**86153**	**25854**	**15586**	**10268**
55	36997	18069	18928	6277	3761	2516
56	36537	17673	18864	5991	3611	2380
57	40530	19567	20963	6216	3792	2424
58	30820	14796	16024	4501	2716	1785
59	21444	10070	11374	2869	1706	1163
60–64岁	**128082**	**60226**	**67856**	**13347**	**7992**	**5355**
60	27892	13263	14629	3503	2072	1431
61	22227	10518	11709	2404	1456	948
62	26037	12331	13706	2619	1596	1023
63	26912	12519	14393	2580	1556	1024
64	25014	11595	13419	2241	1312	929
65岁及以上	**256796**	**114801**	**141995**	**13963**	**8258**	**5705**

7-8b 续表 2

单位：人

年龄	学习培训			随同离开/投亲靠友			拆迁/搬家		
	小计	男	女	小计	男	女	小计	男	女
总计	**294424**	**137549**	**156875**	**252228**	**109818**	**142410**	**905783**	**455110**	**450673**
0-4岁	**1005**	**505**	**500**	**47135**	**24289**	**22846**	**22897**	**11731**	**11166**
0	25	10	15	6581	3433	3148	2674	1350	1324
1	75	35	40	9261	4719	4542	4316	2230	2086
2	129	63	66	9447	4874	4573	4448	2266	2182
3	299	157	142	10698	5515	5183	5523	2885	2638
4	477	240	237	11148	5748	5400	5936	3000	2936
5-9岁	**16547**	**8633**	**7914**	**42471**	**22108**	**20363**	**28096**	**14590**	**13506**
5	528	270	258	8423	4313	4110	5034	2651	2383
6	3360	1744	1616	9469	4975	4494	6111	3161	2950
7	3867	2023	1844	8241	4275	3966	5578	2877	2701
8	4580	2343	2237	8737	4520	4217	6097	3160	2937
9	4212	2253	1959	7601	4025	3576	5276	2741	2535
10-14岁	**28405**	**14645**	**13760**	**36544**	**18799**	**17745**	**30420**	**15825**	**14595**
10	4616	2373	2243	7869	4121	3748	5739	2999	2740
11	4774	2478	2296	7648	4013	3635	6059	3157	2902
12	5493	2810	2683	7488	3760	3728	6156	3228	2928
13	6126	3221	2905	7194	3692	3502	6480	3369	3111
14	7396	3763	3633	6345	3213	3132	5986	3072	2914
15-19岁	**140531**	**66302**	**74229**	**16995**	**8896**	**8099**	**21162**	**11200**	**9962**
15	20278	10548	9730	5253	2694	2559	5332	2716	2616
16	24713	12776	11937	4603	2347	2256	5309	2766	2543
17	20337	9854	10483	3331	1714	1617	4155	2198	1957
18	33315	14954	18361	2216	1259	957	3396	1871	1525
19	41888	18170	23718	1592	882	710	2970	1649	1321
20-24岁	**88722**	**38417**	**50305**	**9408**	**4387**	**5021**	**25918**	**13246**	**12672**
20	39246	16819	22427	1690	906	784	3363	1876	1487
21	25392	11155	14237	1480	691	789	3722	1905	1817
22	13008	5779	7229	2008	899	1109	5262	2662	2600
23	6521	2871	3650	2077	943	1134	6346	3188	3158
24	4555	1793	2762	2153	948	1205	7225	3615	3610
25-29岁	**10360**	**4682**	**5678**	**10649**	**4286**	**6363**	**56122**	**28802**	**27320**
25	3142	1295	1847	2161	945	1216	8462	4318	4144
26	2218	957	1261	1992	861	1131	9298	4637	4661
27	1904	931	973	2179	863	1316	11165	5738	5427
28	1651	794	857	2083	817	1266	12820	6620	6200
29	1445	705	740	2234	800	1434	14377	7489	6888

7-8b　续表 3　　单位：人

年　龄	学习培训			随同离开/投亲靠友			拆迁/搬家		
	小计	男	女	小计	男	女	小计	男	女
30-34岁	**5110**	**2558**	**2552**	**12171**	**3894**	**8277**	**97490**	**50305**	**47185**
30	1567	783	784	2734	946	1788	19238	10029	9209
31	1243	613	630	2753	897	1856	20047	10342	9705
32	936	463	473	2297	713	1584	19580	10074	9506
33	821	421	400	2439	772	1667	20926	10707	10219
34	543	278	265	1948	566	1382	17699	9153	8546
35-39岁	**1665**	**828**	**837**	**7864**	**2367**	**5497**	**76857**	**39476**	**37381**
35	420	202	218	1715	517	1198	15314	7935	7379
36	369	186	183	1611	497	1114	14730	7640	7090
37	290	146	144	1453	412	1041	14993	7621	7372
38	333	157	176	1709	511	1198	17615	9087	8528
39	253	137	116	1376	430	946	14205	7193	7012
40-44岁	**942**	**458**	**484**	**7293**	**2029**	**5264**	**81543**	**41770**	**39773**
40	232	104	128	1446	399	1047	15469	7821	7648
41	241	123	118	1643	483	1160	18861	9650	9211
42	203	101	102	1547	433	1114	16872	8717	8155
43	137	71	66	1322	358	964	14565	7518	7047
44	129	59	70	1335	356	979	15776	8064	7712
45-49岁	**445**	**221**	**224**	**8139**	**2172**	**5967**	**92167**	**45998**	**46169**
45	87	47	40	1336	354	982	15336	7719	7617
46	91	42	49	1413	375	1038	16658	8277	8381
47	86	39	47	1635	456	1179	18853	9403	9450
48	103	57	46	1805	475	1330	20381	10138	10243
49	78	36	42	1950	512	1438	20939	10461	10478
50-54岁	**249**	**106**	**143**	**10334**	**2866**	**7468**	**95242**	**47757**	**47485**
50	73	34	39	2090	541	1549	21733	10879	10854
51	51	21	30	2091	593	1498	19611	9868	9743
52	46	20	26	2202	609	1593	20546	10341	10205
53	47	16	31	1905	550	1355	16395	8224	8171
54	32	15	17	2046	573	1473	16957	8445	8512
55-59岁	**175**	**86**	**89**	**10441**	**3100**	**7341**	**83882**	**42181**	**41701**
55	48	24	24	2154	615	1539	18686	9506	9180
56	37	18	19	2193	637	1556	18465	9309	9156
57	40	17	23	2630	819	1811	20499	10342	10157
58	31	15	16	1993	592	1401	15298	7637	7661
59	19	12	7	1471	437	1034	10934	5387	5547
60-64岁	**103**	**42**	**61**	**9466**	**3030**	**6436**	**64234**	**31538**	**32696**
60	21	12	9	2007	677	1330	14000	6905	7095
61	14	6	8	1579	471	1108	11143	5542	5601
62	23	7	16	1943	637	1306	13094	6458	6636
63	25	8	17	2004	638	1366	13398	6517	6881
64	20	9	11	1933	607	1326	12599	6116	6483
65岁及以上	**165**	**66**	**99**	**23318**	**7595**	**15723**	**129753**	**60691**	**69062**

7-8b 续表 4　　　　单位：人

年 龄	寄挂户口			婚姻嫁娶			照料孙子女		
	小计	男	女	小计	男	女	小计	男	女
总 计	**101747**	**51493**	**50254**	**101165**	**20258**	**80907**	**46572**	**16325**	**30247**
0-4岁	**3819**	**2015**	**1804**						
0	430	233	197						
1	823	449	374						
2	825	461	364						
3	862	438	424						
4	879	434	445						
5-9岁	**3580**	**1870**	**1710**						
5	818	430	388						
6	759	406	353						
7	676	345	331						
8	709	360	349						
9	618	329	289						
10-14岁	**3592**	**1827**	**1765**	**12**	**6**	**6**			
10	624	305	319	3	2	1			
11	633	345	288	1		1			
12	765	378	387	4	2	2			
13	793	413	380	1	1				
14	777	386	391	3	1	2			
15-19岁	**2962**	**1629**	**1333**	**235**	**29**	**206**	**2**	**1**	**1**
15	676	333	343	13	7	6	1	1	
16	635	323	312	11	4	7			
17	598	327	271	25	4	21			
18	535	323	212	69	8	61			
19	518	323	195	117	6	111	1		1
20-24岁	**5194**	**2880**	**2314**	**3946**	**458**	**3488**	**2**	**1**	**1**
20	723	448	275	223	12	211			
21	804	457	347	382	36	346			
22	1040	559	481	666	75	591	1	1	
23	1308	708	600	1111	118	993			
24	1319	708	611	1564	217	1347	1		1
25-29岁	**6540**	**3581**	**2959**	**18545**	**3363**	**15182**	**12**	**5**	**7**
25	1198	664	534	2314	364	1950	1		1
26	1224	672	552	2790	460	2330	3	1	2
27	1254	679	575	3906	706	3200	3	2	1
28	1430	785	645	4469	825	3644	2	1	1
29	1434	781	653	5066	1008	4058	3	1	2

7–8b　续表 5　　　　单位：人

年　龄	寄挂户口			婚姻嫁娶			照料孙子女		
	小计	男	女	小计	男	女	小计	男	女
30–34岁	**7924**	**4338**	**3586**	**29476**	**5803**	**23673**	**150**	**57**	**93**
30	1563	843	720	6816	1291	5525	26	9	17
31	1499	806	693	6487	1289	5198	29	10	19
32	1731	959	772	5734	1150	4584	28	10	18
33	1754	968	786	5755	1154	4601	31	17	14
34	1377	762	615	4684	919	3765	36	11	25
35–39岁	**6909**	**3681**	**3228**	**15627**	**3119**	**12508**	**159**	**60**	**99**
35	1112	588	524	3653	715	2938	23	7	16
36	1206	640	566	3248	647	2601	21	8	13
37	1532	797	735	2970	599	2371	34	14	20
38	1856	1010	846	3299	659	2640	39	14	25
39	1203	646	557	2457	499	1958	42	17	25
40–44岁	**7583**	**3964**	**3619**	**10590**	**2169**	**8421**	**200**	**69**	**131**
40	1332	689	643	2454	504	1950	25	9	16
41	1639	885	754	2678	543	2135	46	20	26
42	1559	810	749	2080	429	1651	40	14	26
43	1434	729	705	1695	354	1341	36	13	23
44	1619	851	768	1683	339	1344	53	13	40
45–49岁	**9747**	**4939**	**4808**	**7422**	**1697**	**5725**	**1477**	**358**	**1119**
45	1715	910	805	1484	319	1165	74	21	53
46	1870	955	915	1422	331	1091	131	39	92
47	1965	990	975	1544	375	1169	236	57	179
48	2046	1023	1023	1467	326	1141	402	91	311
49	2151	1061	1090	1505	346	1159	634	150	484
50–54岁	**10620**	**5383**	**5237**	**5692**	**1364**	**4328**	**6920**	**1978**	**4942**
50	2573	1298	1275	1415	315	1100	936	258	678
51	2118	1083	1035	1200	308	892	1108	292	816
52	2428	1245	1183	1189	286	903	1514	397	1117
53	1682	840	842	908	235	673	1471	461	1010
54	1819	917	902	980	220	760	1891	570	1321
55–59岁	**9881**	**4977**	**4904**	**3730**	**897**	**2833**	**11668**	**3674**	**7994**
55	2364	1212	1152	889	208	681	2163	666	1497
56	2208	1107	1101	843	201	642	2392	716	1676
57	2237	1099	1138	911	219	692	2954	930	2024
58	1949	1011	938	639	158	481	2388	769	1619
59	1123	548	575	448	111	337	1771	593	1178
60–64岁	**6881**	**3327**	**3554**	**2458**	**584**	**1874**	**12320**	**4661**	**7659**
60	1331	664	667	569	134	435	2551	942	1609
61	1221	570	651	443	105	338	2183	823	1360
62	1465	700	765	502	132	370	2526	956	1570
63	1535	739	796	494	121	373	2640	990	1650
64	1329	654	675	450	92	358	2420	950	1470
65岁及以上	**16515**	**7082**	**9433**	**3432**	**769**	**2663**	**13662**	**5461**	**8201**

7-8b 续表 6 单位：人

年龄	为子女就学			养老/康养			其他		
	小计	男	女	小计	男	女	小计	男	女
总计	**94659**	**41814**	**52845**	**51924**	**23374**	**28550**	**171345**	**85011**	**86334**
0–4岁							**17735**	**9211**	**8524**
0							2940	1523	1417
1							3746	1921	1825
2							3470	1820	1650
3							3842	1986	1856
4							3737	1961	1776
5–9岁							**12458**	**6434**	**6024**
5							2878	1493	1385
6							2749	1419	1330
7							2245	1185	1060
8							2482	1277	1205
9							2104	1060	1044
10–14岁				**1**		**1**	**10263**	**5387**	**4876**
10							2016	1019	997
11							2073	1115	958
12							2035	1047	988
13				1		1	2130	1136	994
14							2009	1070	939
15–19岁	**120**	**65**	**55**	**8**	**7**	**1**	**7874**	**4044**	**3830**
15	31	12	19	1	1		2116	1068	1048
16	36	19	17	1		1	2096	1065	1031
17	32	21	11				1659	827	832
18	12	9	3	4	4		1065	583	482
19	9	4	5	2	2		938	501	437
20–24岁	**454**	**96**	**358**	**18**	**11**	**7**	**6690**	**3370**	**3320**
20	34	14	20	5	3	2	1091	552	539
21	46	9	37	4	4		1107	532	575
22	54	11	43	6	3	3	1360	662	698
23	110	19	91				1474	772	702
24	210	43	167	3	1	2	1658	852	806
25–29岁	**4618**	**1645**	**2973**	**18**	**10**	**8**	**9596**	**4801**	**4795**
25	366	103	263	2	2		1581	795	786
26	485	150	335	2		2	1727	867	860
27	821	283	538	4	2	2	1918	958	960
28	1232	452	780	4	1	3	2098	1067	1031
29	1714	657	1057	6	5	1	2272	1114	1158

7-8b 续表 7

单位：人

年龄	为子女就学			养老/康养			其他		
	小计	男	女	小计	男	女	小计	男	女
30-34岁	**19499**	**8415**	**11084**	**46**	**29**	**17**	**14523**	**7401**	**7122**
30	3027	1300	1727	5	3	2	2939	1477	1462
31	3599	1544	2055	13	10	3	2982	1540	1442
32	3779	1644	2135	8	4	4	2871	1478	1393
33	4688	1985	2703	7	4	3	3126	1585	1541
34	4406	1942	2464	13	8	5	2605	1321	1284
35-39岁	**23664**	**10319**	**13345**	**46**	**27**	**19**	**10906**	**5471**	**5435**
35	4177	1834	2343	3	2	1	2152	1106	1046
36	4486	1932	2554	10	6	4	2012	957	1055
37	4542	1976	2566	9	5	4	2175	1107	1068
38	5663	2496	3167	11	4	7	2576	1304	1272
39	4796	2081	2715	13	10	3	1991	997	994
40-44岁	**21897**	**10151**	**11746**	**77**	**44**	**33**	**11760**	**6019**	**5741**
40	5283	2373	2910	10	7	3	2165	1098	1067
41	5741	2635	3106	17	11	6	2668	1334	1334
42	4351	2046	2305	20	10	10	2491	1226	1265
43	3319	1575	1744	17	7	10	2146	1153	993
44	3203	1522	1681	13	9	4	2290	1208	1082
45-49岁	**12043**	**5563**	**6480**	**187**	**104**	**83**	**13664**	**6742**	**6922**
45	2585	1233	1352	24	11	13	2273	1132	1141
46	2553	1219	1334	27	16	11	2563	1267	1296
47	2425	1129	1296	33	21	12	2687	1313	1374
48	2379	1088	1291	48	26	22	2963	1505	1458
49	2101	894	1207	55	30	25	3178	1525	1653
50-54岁	**6282**	**2852**	**3430**	**3007**	**1335**	**1672**	**14516**	**7041**	**7475**
50	1952	856	1096	369	164	205	3402	1619	1783
51	1344	604	740	573	250	323	3007	1481	1526
52	1280	573	707	710	327	383	3128	1515	1613
53	891	405	486	609	284	325	2462	1206	1256
54	815	414	401	746	310	436	2517	1220	1297
55-59岁	**2455**	**1120**	**1335**	**5671**	**2538**	**3133**	**12571**	**6016**	**6555**
55	632	309	323	976	438	538	2808	1330	1478
56	573	273	300	1089	467	622	2746	1334	1412
57	575	253	322	1421	634	787	3047	1462	1585
58	406	176	230	1231	577	654	2384	1145	1239
59	269	109	160	954	422	532	1586	745	841
60-64岁	**1614**	**699**	**915**	**8308**	**3896**	**4412**	**9351**	**4457**	**4894**
60	389	171	218	1466	684	782	2055	1002	1053
61	260	117	143	1337	627	710	1643	801	842
62	308	133	175	1668	811	857	1889	901	988
63	359	155	204	1927	904	1023	1950	891	1059
64	298	123	175	1910	870	1040	1814	862	952
65岁及以上	**2013**	**889**	**1124**	**34537**	**15373**	**19164**	**19438**	**8617**	**10821**

7-8c 全省分年龄、性别、迁移原因的户口登记地在外乡镇街道的人口(乡村)

单位：人

年 龄	合 计			工作就业		
	合计	男	女	小计	男	女
总 计	**1630107**	**785453**	**844654**	**216574**	**134998**	**81576**
0-4岁	**41307**	**21318**	**19989**			
0	5138	2698	2440			
1	8101	4117	3984			
2	8283	4247	4036			
3	9636	4933	4703			
4	10149	5323	4826			
5-9岁	**55715**	**28780**	**26935**			
5	8750	4574	4176			
6	11196	5718	5478			
7	11078	5744	5334			
8	12880	6704	6176			
9	11811	6040	5771			
10-14岁	**63889**	**33092**	**30797**	**60**	**42**	**18**
10	12413	6479	5934	7	2	5
11	12958	6711	6247	11	10	1
12	12888	6678	6210	8	6	2
13	12579	6483	6096	17	11	6
14	13051	6741	6310	17	13	4
15-19岁	**123868**	**60035**	**63833**	**2238**	**1468**	**770**
15	20250	10347	9903	165	103	62
16	22527	11598	10929	264	195	69
17	18012	9109	8903	366	231	135
18	28182	13233	14949	590	374	216
19	34897	15748	19149	853	565	288
20-24岁	**117833**	**54053**	**63780**	**11180**	**6683**	**4497**
20	34471	15609	18862	1333	865	468
21	27983	12601	15382	1636	1039	597
22	21529	10044	11485	2256	1338	918
23	16875	7924	8951	2747	1567	1180
24	16975	7875	9100	3208	1874	1334
25-29岁	**97993**	**45305**	**52688**	**20687**	**12269**	**8418**
25	18096	8474	9622	3562	2074	1488
26	17541	8284	9257	3730	2193	1537
27	19760	9047	10713	4206	2500	1706
28	20366	9352	11014	4424	2638	1786
29	22230	10148	12082	4765	2864	1901

7-8c　续表 1　　单位：人

年　龄	合　计			工作就业		
	合计	男	女	小计	男	女
30-34岁	**143402**	**66215**	**77187**	**29535**	**18290**	**11245**
30	29682	13496	16186	6286	3878	2408
31	29635	13634	16001	6229	3802	2427
32	27541	12671	14870	5674	3492	2182
33	29369	13644	15725	6136	3807	2329
34	27175	12770	14405	5210	3311	1899
35-39岁	**108577**	**51290**	**57287**	**21029**	**13076**	**7953**
35	23845	11221	12624	4455	2738	1717
36	21626	10370	11256	4204	2683	1521
37	19638	9323	10315	3858	2437	1421
38	22724	10605	12119	4586	2810	1776
39	20744	9771	10973	3926	2408	1518
40-44岁	**124588**	**60150**	**64438**	**24124**	**14912**	**9212**
40	23466	11098	12368	4372	2701	1671
41	28799	13688	15111	5339	3264	2075
42	25172	12279	12893	4891	3057	1834
43	23129	11335	11794	4573	2830	1743
44	24022	11750	12272	4949	3060	1889
45-49岁	**145017**	**71328**	**73689**	**28990**	**17713**	**11277**
45	23149	11437	11712	4752	2968	1784
46	25819	12627	13192	5318	3197	2121
47	30262	14848	15414	5980	3633	2347
48	32942	16242	16700	6408	3930	2478
49	32845	16174	16671	6532	3985	2547
50-54岁	**157441**	**78851**	**78590**	**29871**	**18948**	**10923**
50	33747	16758	16989	6851	4295	2556
51	32288	15978	16310	6054	3785	2269
52	33457	16717	16740	6354	4080	2274
53	29121	14672	14449	5186	3291	1895
54	28828	14726	14102	5426	3497	1929
55-59岁	**132688**	**67009**	**65679**	**22296**	**14486**	**7810**
55	27740	13864	13876	5198	3306	1892
56	29530	15055	14475	4976	3235	1741
57	34323	17503	16820	5435	3649	1786
58	24253	12177	12076	3970	2578	1392
59	16842	8410	8432	2717	1718	999
60-64岁	**97655**	**47999**	**49656**	**12483**	**8047**	**4436**
60	22023	10972	11051	3142	2057	1085
61	17681	8616	9065	2234	1445	789
62	20224	10170	10054	2471	1605	866
63	19713	9606	10107	2434	1548	886
64	18014	8635	9379	2202	1392	810
65岁及以上	**220134**	**100028**	**120106**	**14081**	**9064**	**5017**

7-8c 续表 2

单位：人

年 龄	学习培训			随同离开/投亲靠友			拆迁/搬家		
	小计	男	女	小计	男	女	小计	男	女
总 计	**180950**	**83450**	**97500**	**139295**	**62961**	**76334**	**568013**	**293560**	**274453**
0-4岁	**266**	**134**	**132**	**18931**	**9744**	**9187**	**11196**	**5759**	**5437**
0	15	10	5	2475	1277	1198	1324	692	632
1	18	9	9	3725	1880	1845	2112	1076	1036
2	32	15	17	3846	2001	1845	2209	1110	1099
3	77	32	45	4361	2220	2141	2680	1383	1297
4	124	68	56	4524	2366	2158	2871	1498	1373
5-9岁	**7193**	**3736**	**3457**	**19845**	**10224**	**9621**	**16299**	**8524**	**7775**
5	130	60	70	3725	1929	1796	2568	1391	1177
6	1437	738	699	4116	2112	2004	3263	1671	1592
7	1624	853	771	3937	2029	1908	3228	1692	1536
8	1984	1021	963	4335	2268	2067	3763	1985	1778
9	2018	1064	954	3732	1886	1846	3477	1785	1692
10-14岁	**13443**	**6980**	**6463**	**19040**	**9702**	**9338**	**18519**	**9737**	**8782**
10	2233	1193	1040	3963	2067	1896	3654	1915	1739
11	2342	1211	1131	4054	1997	2057	3866	2081	1785
12	2553	1344	1209	3819	1952	1867	3861	2023	1838
13	2509	1311	1198	3744	1915	1829	3693	1904	1789
14	3806	1921	1885	3460	1771	1689	3445	1814	1631
15-19岁	**91870**	**42910**	**48960**	**8111**	**4259**	**3852**	**12359**	**6739**	**5620**
15	12778	6475	6303	2322	1159	1163	2925	1509	1416
16	15757	8026	7731	1982	1062	920	2683	1400	1283
17	12116	5918	6198	1570	844	726	2322	1272	1050
18	22440	10105	12335	1221	673	548	2200	1255	945
19	28779	12386	16393	1016	521	495	2229	1303	926
20-24岁	**61907**	**26484**	**35423**	**5105**	**2570**	**2535**	**19222**	**10286**	**8936**
20	26663	11346	15317	1051	551	500	2701	1556	1145
21	19195	8035	11160	880	437	443	3057	1674	1383
22	9948	4296	5652	1061	534	527	3969	2119	1850
23	3976	1842	2134	1032	514	518	4472	2303	2169
24	2125	965	1160	1081	534	547	5023	2634	2389
25-29岁	**3479**	**1763**	**1716**	**5225**	**2518**	**2707**	**31935**	**17071**	**14864**
25	1315	666	649	1050	526	524	5671	3005	2666
26	783	391	392	1007	517	490	5703	3055	2648
27	563	311	252	1031	473	558	6545	3432	3113
28	443	216	227	1051	490	561	6639	3623	3016
29	375	179	196	1086	512	574	7377	3956	3421

7-8c 续表 3

单位：人

年 龄	学习培训			随同离开/投亲靠友			拆迁/搬家		
	小计	男	女	小计	男	女	小计	男	女
30-34岁	**1352**	**705**	**647**	**6500**	**2910**	**3590**	**48863**	**26340**	**22523**
30	399	205	194	1361	601	760	9802	5244	4558
31	307	163	144	1438	650	788	9861	5334	4527
32	251	129	122	1233	560	673	9492	5169	4323
33	238	126	112	1331	603	728	10093	5434	4659
34	157	82	75	1137	496	641	9615	5159	4456
35-39岁	**539**	**273**	**266**	**4601**	**2004**	**2597**	**38748**	**20926**	**17822**
35	125	60	65	938	417	521	8585	4606	3979
36	111	57	54	917	389	528	7767	4255	3512
37	107	57	50	854	376	478	6896	3712	3184
38	113	57	56	1017	462	555	8055	4336	3719
39	83	42	41	875	360	515	7445	4017	3428
40-44岁	**343**	**172**	**171**	**5115**	**2128**	**2987**	**47167**	**25195**	**21972**
40	78	40	38	957	390	567	8606	4566	4040
41	88	43	45	1133	472	661	10712	5687	5025
42	62	32	30	1068	437	631	9568	5233	4335
43	56	31	25	922	404	518	9050	4835	4215
44	59	26	33	1035	425	610	9231	4874	4357
45-49岁	**221**	**125**	**96**	**6647**	**2512**	**4135**	**58722**	**30704**	**28018**
45	33	19	14	1042	418	624	8965	4741	4224
46	43	22	21	1201	452	749	10126	5353	4773
47	51	33	18	1343	499	844	12489	6539	5950
48	50	22	28	1498	583	915	13608	7058	6550
49	44	29	15	1563	560	1003	13534	7013	6521
50-54岁	**127**	**73**	**54**	**7897**	**2792**	**5105**	**66358**	**34420**	**31938**
50	46	27	19	1712	625	1087	13789	7171	6618
51	21	12	9	1524	536	988	13691	7033	6658
52	27	16	11	1653	547	1106	14227	7337	6890
53	13	8	5	1441	553	888	12467	6452	6015
54	20	10	10	1567	531	1036	12184	6427	5757
55-59岁	**73**	**39**	**34**	**7422**	**2666**	**4756**	**57901**	**30230**	**27671**
55	19	10	9	1598	567	1031	11845	6178	5667
56	16	8	8	1508	542	966	13014	6766	6248
57	16	8	8	1857	668	1189	15284	8038	7246
58	12	7	5	1440	502	938	10414	5437	4977
59	10	6	4	1019	387	632	7344	3811	3533
60-64岁	**62**	**21**	**41**	**6659**	**2422**	**4237**	**43797**	**22218**	**21579**
60	22	4	18	1403	538	865	9816	5045	4771
61	6	2	4	1211	430	781	8014	4024	3990
62	12	4	8	1317	484	833	9202	4747	4455
63	16	7	9	1389	486	903	8791	4450	4341
64	6	4	2	1339	484	855	7974	3952	4022
65岁及以上	**75**	**35**	**40**	**18197**	**6510**	**11687**	**96927**	**45411**	**51516**

7-8c 续表 4

单位：人

年 龄	寄挂户口			婚姻嫁娶			照料孙子女		
	小计	男	女	小计	男	女	小计	男	女
总 计	**159073**	**80927**	**78146**	**146070**	**21886**	**124184**	**10899**	**3684**	**7215**
0-4岁	**3425**	**1817**	**1608**						
0	253	146	107						
1	682	356	326						
2	681	363	318						
3	824	418	406						
4	985	534	451						
5-9岁	**5383**	**2725**	**2658**						
5	829	421	408						
6	1027	508	519						
7	1005	515	490						
8	1303	674	629						
9	1219	607	612						
10-14岁	**5835**	**2975**	**2860**	**6**	**3**	**3**			
10	1190	581	609	2	1	1			
11	1206	614	592	1	1				
12	1220	621	599	1	1				
13	1228	637	591	1		1			
14	991	522	469	1		1			
15-19岁	**3906**	**2248**	**1658**	**666**	**28**	**638**	**1**	**1**	
15	874	503	371	21	13	8			
16	732	392	340	22	3	19			
17	696	400	296	66	3	63	1	1	
18	734	415	319	195	2	193			
19	870	538	332	362	7	355			
20-24岁	**7955**	**4465**	**3490**	**6371**	**230**	**6141**	**1**		**1**
20	1168	722	446	609	13	596			
21	1343	786	557	790	20	770			
22	1799	1004	795	1166	30	1136			
23	1760	935	825	1588	76	1512			
24	1885	1018	867	2218	91	2127	1		1
25-29岁	**10047**	**5604**	**4443**	**17301**	**1395**	**15906**	**2**		**2**
25	2189	1215	974	2687	162	2525			
26	1975	1119	856	2772	221	2551			
27	2031	1115	916	3522	265	3257	1		1
28	1914	1057	857	3930	350	3580	1		1
29	1938	1098	840	4390	397	3993			

7-8c 续表 5

单位：人

年 龄	寄挂户口			婚姻嫁娶			照料孙子女		
	小计	男	女	小计	男	女	小计	男	女
30-34岁	**12429**	**6774**	**5655**	**27173**	**2445**	**24728**	**37**	**18**	**19**
30	2570	1394	1176	6021	541	5480	5	2	3
31	2652	1468	1184	5695	507	5188	10	6	4
32	2291	1190	1101	5218	479	4739	4	1	3
33	2267	1262	1005	5492	491	5001	10	5	5
34	2649	1460	1189	4747	427	4320	8	4	4
35-39岁	**10045**	**5533**	**4512**	**18007**	**1976**	**16031**	**42**	**16**	**26**
35	2449	1351	1098	4014	421	3593	10	3	7
36	2014	1137	877	3528	377	3151	12	7	5
37	1713	970	743	3325	373	2952	5	1	4
38	1865	991	874	3862	429	3433	8	4	4
39	2004	1084	920	3278	376	2902	7	1	6
40-44岁	**12384**	**6555**	**5829**	**17957**	**2529**	**15428**	**73**	**19**	**54**
40	2267	1219	1048	3578	426	3152	12	3	9
41	2936	1595	1341	4331	592	3739	13	2	11
42	2402	1254	1148	3733	521	3212	15	7	8
43	2412	1261	1151	3142	457	2685	14	3	11
44	2367	1226	1141	3173	533	2640	19	4	15
45-49岁	**15428**	**7834**	**7594**	**16220**	**3129**	**13091**	**446**	**108**	**338**
45	2360	1218	1142	2860	499	2361	28	6	22
46	2662	1366	1296	3052	563	2489	58	14	44
47	3184	1574	1610	3426	672	2754	74	16	58
48	3676	1849	1827	3417	675	2742	121	27	94
49	3546	1827	1719	3465	720	2745	165	45	120
50-54岁	**16689**	**8436**	**8253**	**15192**	**3598**	**11594**	**1588**	**428**	**1160**
50	3308	1623	1685	3570	807	2763	245	68	177
51	3540	1776	1764	3152	706	2446	263	70	193
52	3539	1765	1774	3142	734	2408	323	89	234
53	3316	1716	1600	2638	646	1992	353	91	262
54	2986	1556	1430	2690	705	1985	404	110	294
55-59岁	**14290**	**7194**	**7096**	**10680**	**2601**	**8079**	**2677**	**856**	**1821**
55	2607	1302	1305	2549	595	1954	498	163	335
56	3269	1696	1573	2403	596	1807	537	164	373
57	4025	1958	2067	2470	619	1851	681	217	464
58	2591	1317	1274	1951	489	1462	521	175	346
59	1798	921	877	1307	302	1005	440	137	303
60-64岁	**10336**	**5081**	**5255**	**7060**	**1716**	**5344**	**2556**	**907**	**1649**
60	2312	1092	1220	1733	423	1310	565	194	371
61	2002	1002	1000	1250	284	966	436	143	293
62	2262	1161	1101	1352	353	999	509	194	315
63	1971	957	1014	1417	357	1060	562	194	368
64	1789	869	920	1308	299	1009	484	182	302
65岁及以上	**30921**	**13686**	**17235**	**9437**	**2236**	**7201**	**3476**	**1331**	**2145**

7-8c 续表 6

单位：人

年 龄	为子女就学			养老/康养			其 他		
	小计	男	女	小计	男	女	小计	男	女
总 计	**31502**	**13653**	**17849**	**30693**	**15071**	**15622**	**147038**	**75263**	**71775**
0-4岁							**7489**	**3864**	**3625**
0							1071	573	498
1							1564	796	768
2							1515	758	757
3							1694	880	814
4							1645	857	788
5-9岁							**6995**	**3571**	**3424**
5							1498	773	725
6							1353	689	664
7							1284	655	629
8							1495	756	739
9							1365	698	667
10-14岁				**2**	**2**		**6984**	**3651**	**3333**
10							1364	720	644
11				1	1		1477	796	681
12							1426	731	695
13				1	1		1386	704	682
14							1331	700	631
15-19岁	**44**	**15**	**29**	**6**	**2**	**4**	**4667**	**2365**	**2302**
15	12	5	7	1	1		1152	579	573
16	14	6	8	2		2	1071	514	557
17	8	2	6	1	1		866	437	429
18	6	1	5	2		2	794	408	386
19	4	1	3				784	427	357
20-24岁	**182**	**54**	**128**	**12**	**9**	**3**	**5898**	**3272**	**2626**
20	11	3	8	3	2	1	932	551	381
21	18	5	13	1	1		1063	604	459
22	25	4	21	3	3		1302	716	586
23	54	17	37	1	1		1245	669	576
24	74	25	49	4	2	2	1356	732	624
25-29岁	**1934**	**700**	**1234**	**20**	**14**	**6**	**7363**	**3971**	**3392**
25	164	51	113	4	1	3	1454	774	680
26	201	61	140	5	3	2	1365	724	641
27	373	131	242	4	3	1	1484	817	667
28	480	180	300	2	2		1482	796	686
29	716	277	439	5	5		1578	860	718

7-8c　续表 7

单位：人

年　龄	为子女就学			养老/康养			其　他		
	小计	男	女	小计	男	女	小计	男	女
30−34岁	**7124**	**3108**	**4016**	**28**	**22**	**6**	**10361**	**5603**	**4758**
30	1129	474	655	2	1	1	2107	1156	951
31	1338	577	761	9	9		2096	1118	978
32	1431	602	829	4	2	2	1943	1047	896
33	1692	763	929	6	4	2	2104	1149	955
34	1534	692	842	7	6	1	2111	1133	978
35−39岁	**7307**	**3096**	**4211**	**35**	**27**	**8**	**8224**	**4363**	**3861**
35	1391	595	796	6	6		1872	1024	848
36	1425	590	835	7	6	1	1641	869	772
37	1438	624	814	5	2	3	1437	771	666
38	1577	648	929	7	5	2	1634	863	771
39	1476	639	837	10	8	2	1640	836	804
40−44岁	**6664**	**3004**	**3660**	**84**	**58**	**26**	**10677**	**5578**	**5099**
40	1622	710	912	18	16	2	1956	1027	929
41	1770	771	999	20	14	6	2457	1248	1209
42	1312	604	708	14	7	7	2107	1127	980
43	994	447	547	20	12	8	1946	1055	891
44	966	472	494	12	9	3	2211	1121	1090
45−49岁	**4010**	**1778**	**2232**	**179**	**134**	**45**	**14154**	**7291**	**6863**
45	845	388	457	28	21	7	2236	1159	1077
46	880	392	488	31	20	11	2448	1248	1200
47	818	376	442	38	28	10	2859	1478	1381
48	768	327	441	46	36	10	3350	1735	1615
49	699	295	404	36	29	7	3261	1671	1590
50−54岁	**2025**	**916**	**1109**	**1587**	**916**	**671**	**16107**	**8324**	**7783**
50	581	261	320	234	142	92	3411	1739	1672
51	445	192	253	270	155	115	3328	1713	1615
52	420	190	230	329	190	139	3443	1769	1674
53	323	161	162	358	205	153	3026	1549	1477
54	256	112	144	396	224	172	2899	1554	1345
55−59岁	**970**	**442**	**528**	**2761**	**1493**	**1268**	**13618**	**7002**	**6616**
55	227	113	114	486	276	210	2713	1354	1359
56	214	99	115	535	294	241	3058	1655	1403
57	252	109	143	679	357	322	3624	1880	1744
58	175	75	100	597	309	288	2582	1288	1294
59	102	46	56	464	257	207	1641	825	816
60−64岁	**564**	**241**	**323**	**3857**	**2109**	**1748**	**10281**	**5237**	**5044**
60	127	49	78	698	410	288	2205	1160	1045
61	113	55	58	610	314	296	1805	917	888
62	112	47	65	819	447	372	2168	1128	1040
63	102	46	56	859	480	379	2172	1081	1091
64	110	44	66	871	458	413	1931	951	980
65岁及以上	**678**	**299**	**379**	**22122**	**10285**	**11837**	**24220**	**11171**	**13049**

7-9 全省按现住地、性别、迁移原因分的户口登记地在本省其他乡镇街道的人口

单位：人

现住地	合计			工作就业		
	合计	男	女	小计	男	女
全　省	**9349212**	**4519863**	**4829349**	**1490726**	**826252**	**664474**
长春市	3968858	1935025	2033833	826521	455262	371259
吉林市	1328182	637581	690601	165125	91395	73730
四平市	584075	277796	306279	55002	30282	24720
辽源市	361693	174701	186992	25148	13859	11289
通化市	433463	206949	226514	42592	23829	18763
白山市	372286	181112	191174	33411	20115	13296
松原市	887770	427802	459968	136559	76295	60264
白城市	560807	267154	293653	60908	33972	26936
延边朝鲜族自治州	645793	311766	334027	109021	61036	47985
长白山管委会	16786	8414	8372	4965	3128	1837
梅河口市	189499	91563	97936	31474	17079	14395

7-9 续表 1

单位：人

现住地	学习培训			随同离开/投亲靠友			拆迁/搬家		
	小计	男	女	小计	男	女	小计	男	女
全　省	**675133**	**326011**	**349122**	**981589**	**428706**	**552883**	**3994009**	**2008357**	**1985652**
长春市	344915	168745	176170	427743	188518	239225	1461772	737099	724673
吉林市	93871	48451	45420	146492	64459	82033	661487	329728	331759
四平市	41857	17484	24373	47229	20111	27118	278482	140017	138465
辽源市	14116	6574	7542	32347	13870	18477	198511	100484	98027
通化市	20089	8705	11384	43192	19355	23837	237008	118305	118703
白山市	13024	6111	6913	35687	15755	19932	195978	99006	96972
松原市	67667	34542	33125	101207	42157	59050	318748	162096	156652
白城市	39078	17232	21846	46766	19956	26810	249026	125039	123987
延边朝鲜族自治州	32430	14295	18135	69882	30839	39043	291842	145707	146135
长白山管委会	747	375	372	2835	1211	1624	4394	2281	2113
梅河口市	7339	3497	3842	28209	12475	15734	96761	48595	48166

7–9　续表 2　　单位：人

现住地	寄挂户口			婚姻嫁娶			照料孙子女		
	小计	男	女	小计	男	女	小计	男	女
全　省	**481959**	**244138**	**237821**	**414462**	**82027**	**332435**	**138239**	**47574**	**90665**
长春市	198730	100412	98318	154940	28203	126737	70725	24846	45879
吉林市	37049	18681	18368	66582	14557	52025	19841	6528	13313
四平市	40538	20652	19886	25762	4692	21070	4887	1622	3265
辽源市	30344	15334	15010	16434	3453	12981	2377	717	1660
通化市	23847	12125	11722	24295	5372	18923	4334	1406	2928
白山市	28585	14488	14097	23476	5537	17939	2769	896	1873
松原市	53411	27249	26162	40489	6525	33964	13552	4970	8582
白城市	32884	16745	16139	26947	5653	21294	8665	3089	5576
延边朝鲜族自治州	29753	14992	14761	26451	6372	20079	8931	2774	6157
长白山管委会	937	452	485	1270	219	1051	219	77	142
梅河口市	5881	3008	2873	7816	1444	6372	1939	649	1290

7 9　续表 3　　单位：人

现住地	为子女就学			养老/康养			其　他		
	小计	男	女	小计	男	女	小计	男	女
全　省	**315520**	**140205**	**175315**	**196622**	**87830**	**108792**	**660953**	**328763**	**332190**
长春市	111950	50957	60993	73414	32797	40617	298148	148186	149962
吉林市	44300	19132	25168	37012	17130	19882	56423	27520	28903
四平市	21361	9363	11998	10618	4788	5830	58339	28785	29554
辽源市	8156	3490	4666	5794	2646	3148	28466	14274	14192
通化市	11111	4888	6223	8239	3565	4674	18756	9399	9357
白山市	8161	3519	4642	5373	2617	2756	25822	13068	12754
松原市	65094	29519	35575	19628	8783	10845	71415	35666	35749
白城市	29742	12968	16774	13004	5621	7383	53787	26879	26908
延边朝鲜族自治州	12401	4973	7428	20304	8366	11938	44778	22412	22366
长白山管委会	222	98	124	270	107	163	927	466	461
梅河口市	3022	1298	1724	2966	1410	1556	4092	2108	1984

7-9a 全省按现住地、性别、迁移原因分的户口登记地在本省其他乡镇街道的人口(城市)

单位：人

现住地	合计			工作就业		
	合计	男	女	小计	男	女
全　省	**5679775**	**2746311**	**2933464**	**937103**	**505793**	**431310**
长春市	2371303	1152244	1219059	530639	283922	246717
吉林市	963173	463325	499848	116885	62887	53998
四平市	337056	163105	173951	27295	14717	12578
辽源市	231426	113326	118100	15343	8363	6980
通化市	218439	103793	114646	21777	12019	9758
白山市	243959	117923	126036	17001	9875	7126
松原市	411491	199358	212133	66157	36543	29614
白城市	270303	129531	140772	29207	15957	13250
延边朝鲜族自治州	484627	231990	252637	85505	46847	38658
长白山管委会						
梅河口市	147998	71716	76282	27294	14663	12631

7-9a 续表 1

单位：人

现住地	学习培训			随同离开/投亲靠友			拆迁/搬家		
	小计	男	女	小计	男	女	小计	男	女
全　省	**335947**	**164958**	**170989**	**627469**	**272797**	**354672**	**2576453**	**1289176**	**1287277**
长春市	169384	82615	86769	265967	117188	148779	886956	445282	441674
吉林市	55375	30442	24933	108303	47418	60885	511113	253657	257456
四平市	17109	7949	9160	26691	11292	15399	184544	92190	92354
辽源市	2395	1249	1146	19292	8375	10917	140996	71053	69943
通化市	9518	3406	6112	22733	10252	12481	122865	61031	61834
白山市	5450	2697	2753	25251	11063	14188	146178	73234	72944
松原市	29134	14969	14165	52878	21137	31741	153397	78083	75314
白城市	15533	7643	7890	26987	11162	15825	135164	67719	67445
延边朝鲜族自治州	25551	10860	14691	55867	24606	31261	219404	108941	110463
长白山管委会									
梅河口市	6498	3128	3370	23500	10304	13196	75836	37986	37850

7–9a　续表 2

单位：人

现住地	寄挂户口			婚姻嫁娶			照料孙子女		
	小计	男	女	小计	男	女	小计	男	女
全　省	**229528**	**116115**	**113413**	**200840**	**45558**	**155282**	**87734**	**30015**	**57719**
长春市	96966	48978	47988	77507	15516	61991	42638	14949	27689
吉林市	20280	10206	10074	39072	9646	29426	15499	5098	10401
四平市	19507	9876	9631	8475	2166	6309	3108	1061	2047
辽源市	19753	9968	9785	7810	2067	5743	1483	455	1028
通化市	12719	6467	6252	11460	3040	8420	2725	896	1829
白山市	13480	6782	6698	13803	3680	10123	1730	535	1195
松原市	17004	8633	8371	11833	2103	9730	6873	2553	4320
白城市	8553	4328	4225	9318	2280	7038	4377	1543	2834
延边朝鲜族自治州	18727	9534	9193	17178	4163	13015	7624	2370	5254
长白山管委会									
梅河口市	2539	1343	1196	4384	897	3487	1677	555	1122

7–9a　续表 3

单位：人

现住地	为子女就学			养老/康养			其　他		
	小计	男	女	小计	男	女	小计	男	女
全　省	**192077**	**85830**	**106247**	**118857**	**51505**	**67352**	**373767**	**184564**	**189203**
长春市	75467	34564	40903	43698	19131	24567	182081	90099	91982
吉林市	36146	15647	20499	26249	11887	14362	34251	16437	17814
四平市	11382	5019	6363	5271	2204	3067	33674	16631	17043
辽源市	2813	1300	1513	3334	1451	1883	18207	9045	9162
通化市	4385	1886	2499	3316	1326	1990	6941	3470	3471
白山市	4533	1946	2587	2960	1346	1614	13573	6765	6808
松原市	29086	13599	15487	10051	4385	5666	35078	17353	17725
白城市	16034	6917	9117	7074	3025	4049	18056	8957	9099
延边朝鲜族自治州	9577	3819	5758	15041	5919	9122	30153	14931	15222
长白山管委会									
梅河口市	2654	1133	1521	1863	831	1032	1753	876	877

7-9b 全省按现住地、性别、迁移原因分的户口登记地在本省其他乡镇街道的人口(镇)

单位：人

现住地	合计			工作就业		
	合计	男	女	小计	男	女
全省	**2221683**	**1077951**	**1143732**	**379598**	**215371**	**164227**
长春市	1042899	514277	528622	221633	126669	94964
吉林市	151507	71211	80296	21372	12577	8795
四平市	138408	66612	71796	21046	11561	9485
辽源市	76176	36170	40006	6600	3571	3029
通化市	150677	72060	78617	13561	7341	6220
白山市	91962	44876	47086	12071	7223	4848
松原市	281819	135104	146715	45102	24734	20368
白城市	179547	84390	95157	21738	11904	9834
延边朝鲜族自治州	83653	40884	42769	10512	6092	4420
长白山管委会	16705	8368	8337	4954	3119	1835
梅河口市	8330	3999	4331	1009	580	429

7-9b 续表 1

单位：人

现住地	学习培训			随同离开/投亲靠友			拆迁/搬家		
	小计	男	女	小计	男	女	小计	男	女
全省	**210493**	**100310**	**110183**	**230698**	**100297**	**130401**	**873399**	**438468**	**434931**
长春市	107743	53047	54696	113312	49971	63341	377601	190241	187360
吉林市	18297	7226	11071	16395	7005	9390	61610	30723	30887
四平市	12332	6452	5880	14179	5984	8195	50912	25722	25190
辽源市	6326	3001	3325	8751	3507	5244	36567	18559	18008
通化市	8575	4276	4299	14952	6563	8389	86380	42829	43551
白山市	7167	3187	3980	7419	3252	4167	36284	18469	17815
松原市	23750	12071	11679	33320	14246	19074	101071	50597	50474
白城市	20451	7990	12461	11499	4980	6519	70691	35140	35551
延边朝鲜族自治州	4970	2624	2346	7456	3325	4131	43600	21789	21811
长白山管委会	746	374	372	2834	1210	1624	4362	2262	2100
梅河口市	136	62	74	581	254	327	4321	2137	2184

7−9b　续表 2

单位：人

现住地	寄挂户口			婚姻嫁娶			照料孙子女		
	小计	男	女	小计	男	女	小计	男	女
全　省	**99250**	**50215**	**49035**	**87904**	**17766**	**70138**	**40814**	**14278**	**26536**
长春市	45850	23088	22762	35881	7246	28635	24514	8649	15865
吉林市	4567	2296	2271	7513	1420	6093	2351	785	1566
四平市	5476	2820	2656	6333	1083	5250	1381	437	944
辽源市	2779	1431	1348	2803	576	2227	651	190	461
通化市	3962	2044	1918	6042	1273	4769	1408	449	959
白山市	8988	4587	4401	5646	1299	4347	964	342	622
松原市	12469	6260	6209	11155	1969	9186	4924	1805	3119
白城市	9507	4861	4646	6899	1677	5222	3462	1249	2213
延边朝鲜族自治州	4044	2043	2001	3843	947	2896	877	267	610
长白山管委会	917	444	473	1267	219	1048	217	76	141
梅河口市	691	341	350	522	57	465	65	29	36

7−9b　续表 3

单位：人

现住地	为子女就学			养老/康养			其　他		
	小计	男	女	小计	男	女	小计	男	女
全　省	**92637**	**41002**	**51635**	**48821**	**21992**	**26829**	**158069**	**78252**	**79817**
长春市	24944	11278	13666	20952	9289	11663	70469	34799	35670
吉林市	4179	1824	2355	4202	2022	2180	11021	5333	5688
四平市	9421	4093	5328	3759	1785	1974	13569	6675	6894
辽源市	4719	1938	2781	1587	744	843	5393	2653	2740
通化市	6288	2821	3467	3452	1493	1959	6057	2971	3086
白山市	3545	1537	2008	1551	785	766	8327	4195	4132
松原市	26323	11807	14516	6303	2783	3520	17402	8832	8570
白城市	10802	4736	6066	4220	1836	2384	20278	10017	10261
延边朝鲜族自治州	2097	831	1266	2098	906	1192	4156	2060	2096
长白山管委会	222	98	124	266	105	161	920	461	459
梅河口市	97	39	58	431	244	187	477	256	221

7-9c 全省按现住地、性别、迁移原因分的户口登记地在本省其他乡镇街道的人口(乡村)

单位：人

现住地	合计			工作就业		
	合计	男	女	小计	男	女
全　省	**1447754**	**695601**	**752153**	**174025**	**105088**	**68937**
长春市	554656	268504	286152	74249	44671	29578
吉林市	213502	103045	110457	26868	15931	10937
四平市	108611	48079	60532	6661	4004	2657
辽源市	54091	25205	28886	3205	1925	1280
通化市	64347	31096	33251	7254	4469	2785
白山市	36365	18313	18052	4339	3017	1322
松原市	194460	93340	101120	25300	15018	10282
白城市	110957	53233	57724	9963	6111	3852
延边朝鲜族自治州	77513	38892	38621	13004	8097	4907
长白山管委会	81	46	35	11	9	2
梅河口市	33171	15848	17323	3171	1836	1335

7-9c 续表 1

单位：人

现住地	学习培训			随同离开/投亲靠友			拆迁/搬家		
	小计	男	女	小计	男	女	小计	男	女
全　省	**128693**	**60743**	**67950**	**123422**	**55612**	**67810**	**544157**	**280713**	**263444**
长春市	67788	33083	34705	48464	21359	27105	197215	101576	95639
吉林市	20199	10783	9416	21794	10036	11758	88764	45348	43416
四平市	12416	3083	9333	6359	2835	3524	43026	22105	20921
辽源市	5395	2324	3071	4304	1988	2316	20948	10872	10076
通化市	1996	1023	973	5507	2540	2967	27763	14445	13318
白山市	407	227	180	3017	1440	1577	13516	7303	6213
松原市	14783	7502	7281	15009	6774	8235	64280	33416	30864
白城市	3094	1599	1495	8280	3814	4466	43171	22180	20991
延边朝鲜族自治州	1909	811	1098	6559	2908	3651	28838	14977	13861
长白山管委会	1	1		1	1		32	19	13
梅河口市	705	307	398	4128	1917	2211	16604	8472	8132

7–9c 续表 2

单位：人

现住地	寄挂户口			婚姻嫁娶			照料孙子女		
	小计	男	女	小计	男	女	小计	男	女
全 省	**153181**	**77808**	**75373**	**125718**	**18703**	**107015**	**9691**	**3281**	**6410**
长春市	55914	28346	27568	41552	5441	36111	3573	1248	2325
吉林市	12202	6179	6023	19997	3491	16506	1991	645	1346
四平市	15555	7956	7599	10954	1443	9511	398	124	274
辽源市	7812	3935	3877	5821	810	5011	243	72	171
通化市	7166	3614	3552	6793	1059	5734	201	61	140
白山市	6117	3119	2998	4027	558	3469	75	19	56
松原市	23938	12356	11582	17501	2453	15048	1755	612	1143
白城市	14824	7556	7268	10730	1696	9034	826	297	529
延边朝鲜族自治州	6982	3415	3567	5430	1262	4168	430	137	293
长白山管委会	20	8	12	3		3	2	1	1
梅河口市	2651	1324	1327	2910	490	2420	197	65	132

7–9c 续表 3

单位：人

现住地	为子女就学			养老/康养			其 他		
	小计	男	女	小计	男	女	小计	男	女
全 省	**30806**	**13373**	**17433**	**28944**	**14333**	**14611**	**129117**	**65947**	**63170**
长春市	11539	5115	6424	8764	4377	4387	45598	23288	22310
吉林市	3975	1661	2314	6561	3221	3340	11151	5750	5401
四平市	558	251	307	1588	799	789	11096	5479	5617
辽源市	624	252	372	873	451	422	4866	2576	2290
通化市	438	181	257	1471	746	725	5758	2958	2800
白山市	83	36	47	862	486	376	3922	2108	1814
松原市	9685	4113	5572	3274	1615	1659	18935	9481	9454
白城市	2906	1315	1591	1710	760	950	15453	7905	7548
延边朝鲜族自治州	727	323	404	3165	1541	1624	10469	5421	5048
长白山管委会				4	2	2	7	5	2
梅河口市	271	126	145	672	335	337	1862	976	886

7-10 全省按现住地、性别、迁移原因分的户口登记地在外省的人口

单位：人

现住地	合计			工作就业		
	合计	男	女	小计	男	女
全　省	**1001471**	**513300**	**488171**	**301182**	**192097**	**109085**
长春市	555573	290457	265116	169435	107909	61526
吉林市	105842	55819	50023	29539	19323	10216
四平市	59115	26627	32488	12068	7496	4572
辽源市	21996	10446	11550	5107	3282	1825
通化市	34484	16722	17762	8981	5859	3122
白山市	23918	12448	11470	6837	4800	2037
松原市	36848	18297	18551	10782	6996	3786
白城市	41296	19208	22088	9060	5754	3306
延边朝鲜族自治州	108666	56173	52493	44220	27148	17072
长白山管委会	2461	1373	1088	1217	883	334
梅河口市	11272	5730	5542	3936	2647	1289

7-10 续表 1

单位：人

现住地	学习培训			随同离开/投亲靠友			拆迁/搬家		
	小计	男	女	小计	男	女	小计	男	女
全　省	**254609**	**122656**	**131953**	**105511**	**47622**	**57889**	**152620**	**79093**	**73527**
长春市	200343	98082	102261	49396	22370	27026	57510	30164	27346
吉林市	25120	13857	11263	11538	5267	6271	20166	10313	9853
四平市	9017	2619	6398	5873	2570	3303	15226	7782	7444
辽源市	606	262	344	2421	1053	1368	5504	2789	2715
通化市	3173	1129	2044	4551	2148	2403	8119	4200	3919
白山市	745	310	435	2843	1284	1559	5317	2792	2525
松原市	1167	602	565	4403	1892	2511	7784	4026	3758
白城市	5712	2152	3560	4312	1888	2424	9455	4804	4651
延边朝鲜族自治州	8410	3485	4925	17922	8139	9783	20415	10663	9752
长白山管委会	50	26	24	448	185	263	188	102	86
梅河口市	266	132	134	1804	826	978	2936	1458	1478

7-10　续表 2　　单位：人

现住地	寄挂户口			婚姻嫁娶			照料孙子女		
	小计	男	女	小计	男	女	小计	男	女
全　省	**15536**	**8146**	**7390**	**63156**	**11967**	**51189**	**19682**	**7086**	**12596**
长春市	5742	3029	2713	20322	4015	16307	12766	4638	8128
吉林市	1319	731	588	8842	1924	6918	1914	691	1223
四平市	1459	753	706	6539	1091	5448	722	239	483
辽源市	1176	625	551	3346	632	2714	209	68	141
通化市	1041	516	525	4563	852	3711	517	188	329
白山市	1059	559	500	3080	633	2447	315	104	211
松原市	1457	737	720	4232	708	3524	631	226	405
白城市	1014	540	474	4968	837	4131	685	256	429
延边朝鲜族自治州	1039	541	498	5606	1028	4578	1764	626	1138
长白山管委会	34	14	20	271	33	238	34	10	24
梅河口市	196	101	95	1387	214	1173	125	40	85

7-10　续表 3　　单位：人

现住地	为子女就学			养老/康养			其　他		
	小计	男	女	小计	男	女	小计	男	女
全　省	**8005**	**3312**	**4693**	**12825**	**5566**	**7259**	**68345**	**35755**	**32590**
长春市	3246	1382	1864	5742	2464	3278	31071	16404	14667
吉林市	793	303	490	1690	750	940	4921	2660	2261
四平市	991	411	580	825	350	475	6395	3316	3079
辽源市	157	61	96	260	118	142	3210	1556	1654
通化市	304	120	184	501	215	286	2734	1495	1239
白山市	153	50	103	269	113	156	3300	1803	1497
松原市	718	312	406	772	344	428	4902	2454	2448
白城市	902	375	527	804	361	443	4384	2241	2143
延边朝鲜族自治州	662	268	394	1804	777	1027	6824	3498	3326
长白山管委会	14	3	11	33	21	12	172	96	76
梅河口市	65	27	38	125	53	72	432	232	200

7-10a 全省按现住地、性别、迁移原因分的户口登记地在外省的人口(城市)

单位：人

现住地	合计			工作就业		
	合计	男	女	小计	男	女
全 省	**578317**	**304121**	**274196**	**195594**	**121032**	**74562**
长春市	319043	171749	147294	112643	70260	42383
吉林市	64844	35186	29658	19135	11879	7256
四平市	33339	16404	16935	7857	4779	3078
辽源市	11236	5467	5769	2504	1545	959
通化市	17990	8710	9280	4665	2976	1689
白山市	11170	5584	5586	2806	1863	943
松原市	14432	7137	7295	4394	2723	1671
白城市	15258	7424	7834	4248	2605	1643
延边朝鲜族自治州	83734	42661	41073	34498	20504	13994
长白山管委会						
梅河口市	7271	3799	3472	2844	1898	946

7-10a 续表 1

单位：人

现住地	学习培训			随同离开/投亲靠友			拆迁/搬家		
	小计	男	女	小计	男	女	小计	男	女
全 省	**118421**	**62710**	**55711**	**68108**	**30752**	**37356**	**96380**	**49604**	**46776**
长春市	93475	49183	44292	32026	14610	17416	34158	17844	16314
吉林市	12230	8308	3922	7628	3462	4166	14497	7320	7177
四平市	1312	628	684	3766	1624	2142	11559	5879	5680
辽源市	182	103	79	1222	520	702	3294	1678	1616
通化市	2734	896	1838	2357	1110	1247	4431	2306	2125
白山市	220	112	108	1418	642	776	2956	1511	1445
松原市	508	251	257	1903	759	1144	3228	1633	1595
白城市	521	234	287	2057	880	1177	4556	2295	2261
延边朝鲜族自治州	7089	2930	4159	14578	6616	7962	15684	8150	7534
长白山管委会									
梅河口市	150	65	85	1153	529	624	2017	988	1029

7-10a　续表 2

单位：人

现住地	寄挂户口			婚姻嫁娶			照料孙子女		
	小计	男	女	小计	男	女	小计	男	女
全　省	**7147**	**3749**	**3398**	**29543**	**6292**	**23251**	**12716**	**4636**	**8080**
长春市	3001	1594	1407	10634	2294	8340	7695	2822	4873
吉林市	664	371	293	4744	1092	3652	1448	522	926
四平市	702	366	336	2728	516	2212	538	182	356
辽源市	639	344	295	1375	353	1022	143	51	92
通化市	415	203	212	1702	425	1277	353	133	220
白山市	479	241	238	1420	299	1121	181	61	120
松原市	423	213	210	1087	213	874	374	147	227
白城市	187	92	95	1517	316	1201	330	129	201
延边朝鲜族自治州	559	291	268	3648	650	2998	1568	562	1006
长白山管委会									
梅河口市	78	34	44	688	134	554	86	27	59

7-10a　续表 3

单位：人

现住地	为子女就学			养老/康养			其　他		
	小计	男	女	小计	男	女	小计	男	女
全　省	**5287**	**2220**	**3067**	**7973**	**3446**	**4527**	**37148**	**19680**	**17468**
长春市	2175	934	1241	3452	1474	1978	19784	10734	9050
吉林市	643	248	395	1195	526	669	2660	1458	1202
四平市	791	334	457	575	243	332	3511	1853	1658
辽源市	43	16	27	133	59	74	1701	798	903
通化市	161	67	94	215	94	121	957	500	457
白山市	85	28	57	128	54	74	1477	773	704
松原市	393	177	216	394	170	224	1728	851	877
白城市	412	167	245	397	180	217	1033	526	507
延边朝鲜族自治州	539	228	311	1415	618	797	4156	2112	2044
长白山管委会									
梅河口市	45	21	24	69	28	41	141	75	66

7-10b 全省按现住地、性别、迁移原因分的户口登记地在外省的人口(镇)

单位：人

现住地	合计			工作就业		
	合计	男	女	小计	男	女
全 省	**240801**	**119327**	**121474**	**63039**	**41155**	**21884**
长春市	157788	79176	78612	41567	26903	14664
吉林市	19816	9577	10239	4142	2886	1256
四平市	5932	2710	3222	1634	1021	613
辽源市	4042	1862	2180	809	502	307
通化市	8091	3840	4251	2048	1278	770
白山市	8182	4283	3899	2643	1860	783
松原市	9480	4694	4786	2904	1875	1029
白城市	15584	6936	8648	2869	1786	1083
延边朝鲜族自治州	8725	4543	4182	3039	2053	986
长白山管委会	2451	1368	1083	1211	878	333
梅河口市	710	338	372	173	113	60

7-10b 续表 1

单位：人

现住地	学习培训			随同离开/投亲靠友			拆迁/搬家		
	小计	男	女	小计	男	女	小计	男	女
全 省	**83931**	**37239**	**46692**	**21530**	**9521**	**12009**	**32384**	**16642**	**15742**
长春市	68174	30801	37373	12501	5490	7011	16523	8634	7889
吉林市	9114	3852	5262	1424	665	759	2256	1149	1107
四平市	218	103	115	804	350	454	1015	510	505
辽源市	106	60	46	510	226	284	1250	613	637
通化市	258	136	122	1080	499	581	2262	1098	1164
白山市	470	165	305	962	416	546	1571	839	732
松原市	303	152	151	1250	562	688	2144	1107	1037
白城市	4956	1794	3162	1198	520	678	2774	1390	1384
延边朝鲜族自治州	273	147	126	1254	562	692	2186	1094	1092
长白山管委会	50	26	24	448	185	263	187	102	85
梅河口市	9	3	6	99	46	53	216	106	110

7-10b　续表 2

单位：人

现住地	寄挂户口			婚姻嫁娶			照料孙子女		
	小计	男	女	小计	男	女	小计	男	女
全　省	**2497**	**1278**	**1219**	**13261**	**2492**	**10769**	**5758**	**2047**	**3711**
长春市	1035	544	491	4566	930	3636	4544	1639	2905
吉林市	142	85	57	1222	219	1003	274	101	173
四平市	128	62	66	1063	160	903	77	21	56
辽源市	101	53	48	660	127	533	43	13	30
通化市	209	94	115	1181	214	967	105	35	70
白山市	277	143	134	1014	208	806	110	37	73
松原市	237	103	134	1133	199	934	192	62	130
白城市	215	116	99	1276	247	1029	278	97	181
延边朝鲜族自治州	103	57	46	757	133	624	89	29	60
长白山管委会	34	14	20	270	33	237	34	10	24
梅河口市	16	7	9	119	22	97	12	3	9

7 10b　续表 3

单位：人

现住地	为子女就学			养老/康养			其　他		
	小计	男	女	小计	男	女	小计	男	女
全　省	**2022**	**812**	**1210**	**3103**	**1382**	**1721**	**13276**	**6759**	**6517**
长春市	849	363	486	1767	778	989	6262	3094	3168
吉林市	87	34	53	238	108	130	917	478	439
四平市	122	44	78	108	45	63	763	394	369
辽源市	90	34	56	71	33	38	402	201	201
通化市	114	39	75	163	74	89	671	373	298
白山市	59	18	41	84	37	47	992	560	432
松原市	227	96	131	219	105	114	871	433	438
白城市	380	157	223	293	132	161	1345	697	648
延边朝鲜族自治州	76	23	53	118	44	74	830	401	429
长白山管委会	14	3	11	33	21	12	170	96	74
梅河口市	4	1	3	9	5	4	53	32	21

7-10c 全省按现住地、性别、迁移原因分的户口登记地在外省的人口(乡村)

单位：人

现住地	合计			工作就业		
	合计	男	女	小计	男	女
全　省	**182353**	**89852**	**92501**	**42549**	**29910**	**12639**
长春市	78742	39532	39210	15225	10746	4479
吉林市	21182	11056	10126	6262	4558	1704
四平市	19844	7513	12331	2577	1696	881
辽源市	6718	3117	3601	1794	1235	559
通化市	8403	4172	4231	2268	1605	663
白山市	4566	2581	1985	1388	1077	311
松原市	12936	6466	6470	3484	2398	1086
白城市	10454	4848	5606	1943	1363	580
延边朝鲜族自治州	16207	8969	7238	6683	4591	2092
长白山管委会	10	5	5	6	5	1
梅河口市	3291	1593	1698	919	636	283

7-10c　续表 1

单位：人

现住地	学习培训			随同离开/投亲靠友			拆迁/搬家		
	小计	男	女	小计	男	女	小计	男	女
全　省	**52257**	**22707**	**29550**	**15873**	**7349**	**8524**	**23856**	**12847**	**11009**
长春市	38694	18098	20596	4869	2270	2599	6829	3686	3143
吉林市	3776	1697	2079	2486	1140	1346	3413	1844	1569
四平市	7487	1888	5599	1303	596	707	2652	1393	1259
辽源市	318	99	219	689	307	382	960	498	462
通化市	181	97	84	1114	539	575	1426	796	630
白山市	55	33	22	463	226	237	790	442	348
松原市	356	199	157	1250	571	679	2412	1286	1126
白城市	235	124	111	1057	488	569	2125	1119	1006
延边朝鲜族自治州	1048	408	640	2090	961	1129	2545	1419	1126
长白山管委会							1		1
梅河口市	107	64	43	552	251	301	703	364	339

7-10c 续表 2

单位：人

现住地	寄挂户口			婚姻嫁娶			照料孙子女		
	小计	男	女	小计	男	女	小计	男	女
全　省	**5892**	**3119**	**2773**	**20352**	**3183**	**17169**	**1208**	**403**	**805**
长春市	1706	891	815	5122	791	4331	527	177	350
吉林市	513	275	238	2876	613	2263	192	68	124
四平市	629	325	304	2748	415	2333	107	36	71
辽源市	436	228	208	1311	152	1159	23	4	19
通化市	417	219	198	1680	213	1467	59	20	39
白山市	303	175	128	646	126	520	24	6	18
松原市	797	421	376	2012	296	1716	65	17	48
白城市	612	332	280	2175	274	1901	77	30	47
延边朝鲜族自治州	377	193	184	1201	245	956	107	35	72
长白山管委会				1		1			
梅河口市	102	60	42	580	58	522	27	10	17

7-10c 续表 3

单位：人

现住地	为子女就学			养老/康养			其　他		
	小计	男	女	小计	男	女	小计	男	女
全　省	**696**	**280**	**416**	**1749**	**738**	**1011**	**17921**	**9316**	**8605**
长春市	222	85	137	523	212	311	5025	2576	2449
吉林市	63	21	42	257	116	141	1344	724	620
四平市	78	33	45	142	62	80	2121	1069	1052
辽源市	24	11	13	56	26	30	1107	557	550
通化市	29	14	15	123	47	76	1106	622	484
白山市	9	4	5	57	22	35	831	470	361
松原市	98	39	59	159	69	90	2303	1170	1133
白城市	110	51	59	114	49	65	2006	1018	988
延边朝鲜族自治州	47	17	30	271	115	156	1838	985	853
长白山管委会							2		2
梅河口市	16	5	11	47	20	27	238	125	113

第一部分　全部数据资料

第八卷　住房

8-1 各地区按住房间数分的家庭户户数

单位：户

地 区	家庭户户 数	住房间数				
		一间	二间	三间	四间	五间
全 省	**8724943**	**1045328**	**5332503**	**1901213**	**363725**	**55478**
长春市	3143558	316356	1852273	768085	174219	22599
吉林市	1381619	187503	905711	255513	27464	3131
四平市	649676	72247	361643	164059	41909	7170
辽源市	377155	37553	229363	98161	8814	2152
通化市	488870	35694	335567	98377	15678	1962
白山市	377727	33414	276654	55040	9494	1776
松原市	785677	76134	429135	219402	47651	9525
白城市	588671	104020	345147	115039	18285	4032
延边朝鲜族自治州	726619	162353	453155	91909	15933	2005
长白山管委会	22738	2050	19045	1300	209	69
梅河口市	182633	18004	124810	34328	4069	1057

注：本表数据为居住在普通住宅的家庭户。

8-1 续表

单位：户

地 区	住房间数				
	六间	七间	八间	九间	十间及以上
全 省	**15674**	**3407**	**3114**	**897**	**3604**
长春市	5838	1318	1208	377	1285
吉林市	1443	160	261	43	390
四平市	1530	373	343	85	317
辽源市	724	109	96	27	156
通化市	956	163	217	56	200
白山市	802	150	175	35	187
松原市	2171	676	383	144	456
白城市	1135	323	233	89	368
延边朝鲜族自治州	809	99	151	31	174
长白山管委会	32	10	12		11
梅河口市	234	26	35	10	60

8-1a 各地区按住房间数分的家庭户户数(城市)

单位：户

地 区	家庭户户 数	住房间数				
		一间	二间	三间	四间	五间
全 省	**3888579**	**551925**	**2749687**	**528434**	**46271**	**7813**
长春市	1478342	193848	1015871	235604	27171	3840
吉林市	743075	126529	525849	85058	4410	758
四平市	228102	33728	154053	36250	3039	554
辽源市	163792	23532	124651	13795	1082	528
通化市	179320	9446	139482	27929	2069	184
白山市	173903	10567	140184	21504	1161	325
松原市	200559	21380	145478	31971	1320	249
白城市	173811	30071	125777	15960	1320	351
延边朝鲜族自治州	455559	97783	305825	47311	3862	468
长白山管委会						
梅河口市	92116	5041	72517	13052	837	556

注：本表数据为居住在普通住宅的家庭户。

8-1a 续表

单位：户

地 区	住房间数				
	六间	七间	八间	九间	十间及以上
全 省	**2163**	**599**	**505**	**181**	**1001**
长春市	941	282	239	103	443
吉林市	263	34	40	13	121
四平市	253	74	74	21	56
辽源市	140	29	4	1	30
通化市	107	17	44	8	34
白山市	77	24	15	3	43
松原市	74	11	14	4	58
白城市	112	89	28	10	93
延边朝鲜族自治州	131	31	34	18	96
长白山管委会					
梅河口市	65	8	13		27

8-1b 各地区按住房间数分的家庭户户数(镇)

单位：户

地区	家庭户户数	住房间数				
		一间	二间	三间	四间	五间
全省	**1708557**	**197704**	**1153384**	**295571**	**47823**	**9102**
长春市	636443	65736	402862	138782	23378	3866
吉林市	165807	15847	123055	24004	2325	356
四平市	122356	11908	79574	23689	5779	933
辽源市	65141	5678	47843	9830	1264	364
通化市	128407	11722	93745	20167	2163	317
白山市	128564	14657	95163	15128	2532	572
松原市	170111	22420	112534	27623	5346	1443
白城市	139378	18888	95875	20717	2663	780
延边朝鲜族自治州	113262	27098	73171	10755	1740	323
长白山管委会	22682	2040	19011	1290	207	69
梅河口市	16406	1710	10551	3586	426	79

注：本表数据为居住在普通住宅的家庭户。

8-1b 续表

单位：户

地区	住房间数				
	六间	七间	八间	九间	十间及以上
全省	**2716**	**584**	**677**	**190**	**806**
长春市	989	231	231	84	284
吉林市	119	17	25	4	55
四平市	252	54	72	19	76
辽源市	102	13	11	4	32
通化市	162	32	33	13	53
白山市	277	54	87	12	82
松原市	410	112	102	24	97
白城市	235	41	66	23	90
延边朝鲜族自治州	106	14	30	5	20
长白山管委会	32	10	12		11
梅河口市	32	6	8	2	6

8-1c 各地区按住房间数分的家庭户户数(乡村)

单位：户

地 区	家庭户户 数	住房间数				
		一间	二间	三间	四间	五间
全 省	**3127807**	**295699**	**1429432**	**1077208**	**269631**	**38563**
长春市	1028773	56772	433540	393699	123670	14893
吉林市	472737	45127	256807	146451	20729	2017
四平市	299218	26611	128016	104120	33091	5683
辽源市	148222	8343	56869	74536	6468	1260
通化市	181143	14526	102340	50281	11446	1461
白山市	75260	8190	41307	18408	5801	879
松原市	415007	32334	171123	159808	40985	7833
白城市	275482	55061	123495	78362	14302	2901
延边朝鲜族自治州	157798	37472	74159	33843	10331	1214
长白山管委会	56	10	34	10	2	
梅河口市	74111	11253	41742	17690	2806	422

注：本表数据为居住在普通住宅的家庭户。

8-1c 续表

单位：户

地 区	住房间数				
	六间	七间	八间	九间	十间及以上
全 省	**10795**	**2224**	**1932**	**526**	**1797**
长春市	3908	805	738	190	558
吉林市	1061	109	196	26	214
四平市	1025	245	197	45	185
辽源市	482	67	81	22	94
通化市	687	114	140	35	113
白山市	448	72	73	20	62
松原市	1687	553	267	116	301
白城市	788	193	139	56	185
延边朝鲜族自治州	572	54	87	8	58
长白山管委会					
梅河口市	137	12	14	8	27

8-2　各地区按人均住房建筑面积分的家庭户户数

单位：户

地　　区	家庭户户　数	人均住房建筑面积(平方米)			
		8及以下	9–12	13–16	17–19
全　省	**8724943**	**19351**	**134234**	**438362**	**436145**
长春市	3143558	7684	50036	152061	158065
吉林市	1381619	2552	22435	74128	77282
四平市	649676	935	8806	32048	31725
辽源市	377155	399	5497	22453	22596
通化市	488870	818	7133	25905	24502
白山市	377727	877	6449	21105	22192
松原市	785677	2836	12807	40546	36059
白城市	588671	1360	7465	25035	19336
延边朝鲜族自治州	726619	1418	10072	33075	32410
长白山管委会	22738	27	393	1241	1595
梅河口市	182633	445	3141	10765	10383

注：本表数据为居住在普通住宅的家庭户。

8-2　续表

单位：户

地　　区	人均住房建筑面积(平方米)					
	20–29	30–39	40–49	50–59	60–69	70及以上
全　省	**2249477**	**1843518**	**1382581**	**650043**	**518251**	**1052981**
长春市	785997	626895	499087	246573	189625	427535
吉林市	362989	303592	202848	102681	79914	153198
四平市	169238	143869	107706	45529	37053	72767
辽源市	105670	79391	58749	25963	19879	36558
通化市	128736	115207	69309	31404	30779	55077
白山市	108734	84893	44915	32368	24519	31675
松原市	200726	166453	142210	51200	42494	90346
白城市	151486	125664	118800	38963	35996	64566
延边朝鲜族自治州	181831	151408	111218	63564	46860	94763
长白山管委会	6777	4965	2489	1774	1452	2025
梅河口市	47293	41181	25250	10024	9680	24471

8-2a　各地区按人均住房建筑面积分的家庭户户数(城市)

单位：户

地　区	家庭户户　数	人均住房建筑面积(平方米)			
		8及以下	9-12	13-16	17-19
全　省	**3888579**	**7318**	**56979**	**185138**	**217134**
长春市	1478342	3970	25858	75386	85074
吉林市	743075	1344	11139	35984	43076
四平市	228102	188	2910	9854	12827
辽源市	163792	127	2209	8737	10691
通化市	179320	205	1995	8223	8535
白山市	173903	252	2386	8694	10705
松原市	200559	353	2936	9643	12902
白城市	173811	190	1820	7354	9151
延边朝鲜族自治州	455559	569	4585	17129	19576
长白山管委会					
梅河口市	92116	120	1141	4134	4597

注：本表数据为居住在普通住宅的家庭户。

8-2a　续表

单位：户

地　区	人均住房建筑面积(平方米)					
	20-29	30-39	40-49	50-59	60-69	70及以上
全　省	**1023548**	**788960**	**568703**	**342137**	**236990**	**461672**
长春市	385891	285376	209472	132126	88152	187037
吉林市	198449	149547	111825	67482	45409	78820
四平市	59670	49825	34384	18837	15128	24479
辽源市	45562	33748	20518	15659	11418	15123
通化市	47346	39688	25372	14040	13266	20650
白山市	50106	37715	20283	17066	11915	14781
松原市	54302	41766	32186	16673	7726	22072
白城市	48586	38818	27533	13604	9525	17230
延边朝鲜族自治州	109198	93207	74295	40136	28986	67878
长白山管委会						
梅河口市	24438	19270	12835	6514	5465	13602

8-2b　各地区按人均住房建筑面积分的家庭户户数(镇)

单位：户

地　区	家庭户户　数	人均住房建筑面积(平方米)			
		8及以下	9-12	13-16	17-19
全　省	**1708557**	**3741**	**24116**	**74096**	**81173**
长春市	636443	1279	8910	23972	28860
吉林市	165807	262	2114	7033	7979
四平市	122356	159	1274	4896	5460
辽源市	65141	78	987	3519	3815
通化市	128407	172	1493	5468	6207
白山市	128564	412	2385	7346	7402
松原市	170111	797	2786	8905	7961
白城市	139378	216	1530	5532	4925
延边朝鲜族自治州	113262	275	1842	5290	5814
长白山管委会	22682	27	392	1237	1582
梅河口市	16406	64	403	898	1168

注：本表数据为居住在普通住宅的家庭户。

8-2b　续表

单位：户

地　区	人均住房建筑面积(平方米)					
	20-29	30-39	40-49	50-59	60-69	70及以上
全　省	**452697**	**355491**	**266237**	**127426**	**98863**	**224717**
长春市	155113	123358	102698	49270	37946	105037
吉林市	41789	35889	23615	14277	10876	21973
四平市	33818	26998	20361	7252	6508	15630
辽源市	19020	14967	9339	3886	3438	6092
通化市	34300	31029	18201	8639	7670	15228
白山市	37822	28622	15058	10478	7947	11092
松原市	50205	34974	29206	9193	7577	18507
白城市	37135	29275	27556	8739	7614	16856
延边朝鲜族自治州	32756	21193	15721	13140	6683	10548
长白山管委会	6762	4957	2482	1769	1451	2023
梅河口市	3977	4229	2000	783	1153	1731

8-2c 各地区按人均住房建筑面积分的家庭户户数(乡村)

单位：户

地　区	家庭户户　数	人均住房建筑面积(平方米)			
		8及以下	9-12	13-16	17-19
全　省	**3127807**	**8292**	**53139**	**179128**	**137838**
长春市	1028773	2435	15268	52703	44131
吉林市	472737	946	9182	31111	26227
四平市	299218	588	4622	17298	13438
辽源市	148222	194	2301	10197	8090
通化市	181143	441	3645	12214	9760
白山市	75260	213	1678	5065	4085
松原市	415007	1686	7085	21998	15196
白城市	275482	954	4115	12149	5260
延边朝鲜族自治州	157798	574	3645	10656	7020
长白山管委会	56		1	4	13
梅河口市	74111	261	1597	5733	4618

注：本表数据为居住在普通住宅的家庭户。

8-2c 续表

单位：户

地　区	人均住房建筑面积(平方米)					
	20-29	30-39	40-49	50-59	60-69	70及以上
全　省	**773232**	**699067**	**547641**	**180480**	**182398**	**366592**
长春市	244993	218161	186917	65177	63527	135461
吉林市	122751	118156	67408	20922	23629	52405
四平市	75750	67046	52961	19440	15417	32658
辽源市	41088	30676	28892	6418	5023	15343
通化市	47090	44490	25736	8725	9843	19199
白山市	20806	18556	9574	4824	4657	5802
松原市	96219	89713	80818	25334	27191	49767
白城市	65765	57571	63711	16620	18857	30480
延边朝鲜族自治州	39877	37008	21202	10288	11191	16337
长白山管委会	15	8	7	5	1	2
梅河口市	18878	17682	10415	2727	3062	9138

8-3 各地区按家庭户类别和住房间数分的家庭户户数

单位：户

地 区	家庭户户数	一代户				
		一间	二间	三间	四间	五间及以上
全 省	**8724943**	**770696**	**2834167**	**907730**	**158924**	**36930**
长春市	3143558	239575	948079	350269	75259	14049
吉林市	1381619	140342	496138	127149	12233	2651
四平市	649676	53524	190260	80221	18146	4177
辽源市	377155	28234	128751	47224	3801	1572
通化市	488870	26741	184210	46294	6603	1644
白山市	377727	26069	163498	28699	4660	1625
松原市	785677	48007	204201	103089	19630	5728
白城市	588671	75811	193138	63023	8780	2960
延边朝鲜族自治州	726619	117285	252083	46887	8103	1786
长白山管委会	22738	1529	10529	624	97	71
梅河口市	182633	13579	63280	14251	1612	667

注：本表数据为居住在普通住宅的家庭户。

8-3 续表 1

单位：户

地 区	二代户				
	一间	二间	三间	四间	五间及以上
全 省	**248363**	**2049339**	**716384**	**131697**	**28315**
长春市	69638	730589	296918	63615	11536
吉林市	42681	335570	92958	9734	1790
四平市	16762	137633	59550	14809	3357
辽源市	8467	84049	34399	3027	1040
通化市	8052	125043	37927	5563	1163
白山市	6848	99144	21054	3250	1004
松原市	25483	178951	82067	17936	4667
白城市	25877	127572	40751	6583	2105
延边朝鲜族自治州	40203	174578	36779	5630	1100
长白山管委会	490	7370	532	78	46
梅河口市	3862	48840	13449	1472	507

8–3 续表 2　　单位：户

地　区	三代户				
	一间	二间	三间	四间	五间及以上
全　省	**25992**	**440609**	**267724**	**69656**	**15922**
长春市	7067	170190	116668	33553	6602
吉林市	4440	72901	34415	5300	944
四平市	1944	32943	23427	8546	2143
辽源市	848	16253	15947	1889	626
通化市	892	25923	13783	3372	712
白山市	484	13732	5120	1534	474
松原市	2606	44882	32886	9566	2765
白城市	2303	24002	10857	2789	1036
延边朝鲜族自治州	4820	26242	8096	2140	370
长白山管委会	31	1121	139	34	16
梅河口市	557	12420	6386	933	234

8–3 续表 3　　单位：户

地　区	四代户				
	一间	二间	三间	四间	五间及以上
全　省	**277**	**8384**	**9373**	**3442**	**1006**
长春市	76	3412	4230	1790	437
吉林市	40	1102	991	196	43
四平市	17	807	861	408	141
辽源市	4	310	590	97	26
通化市	9	391	373	139	35
白山市	13	280	167	50	22
松原市	38	1100	1359	518	195
白城市	29	435	408	133	79
延边朝鲜族自治州	45	252	147	60	13
长白山管委会		25	5		1
梅河口市	6	270	242	51	14

8-3　续表 4

单位：户

地　区	五代及以上户				
	一间	二间	三间	四间	五间及以上
全　省		**4**	**2**	**6**	**1**
长春市		3		2	1
吉林市				1	
四平市					
辽源市			1		
通化市				1	
白山市					
松原市		1	1	1	
白城市					
延边朝鲜族自治州					
长白山管委会					
梅河口市				1	

8-3a　各地区按家庭户类别和住房间数分的家庭户户数(城市)

单位：户

地　区	家庭户户　数	一代户				
		一间	二间	三间	四间	五间及以上
全　省	**3888579**	**406454**	**1448971**	**237700**	**20015**	**5909**
长春市	1478342	146993	522958	103923	11640	2616
吉林市	743075	93764	283110	39405	1832	604
四平市	228102	25581	83489	17129	1387	480
辽源市	163792	17404	71424	6698	572	429
通化市	179320	7141	77798	12749	895	181
白山市	173903	8116	80891	10231	530	283
松原市	200559	12784	66137	14018	492	182
白城市	173811	20231	65835	7606	633	347
延边朝鲜族自治州	455559	70326	160857	21039	1684	431
长白山管委会						
梅河口市	92116	4114	36472	4902	350	356

注：本表数据为居住在普通住宅的家庭户。

8−3a 续表 1

单位：户

地 区	二代户				
	一间	二间	三间	四间	五间及以上
全 省	**131913**	**1098199**	**223493**	**18696**	**4331**
长春市	42518	409739	99429	10915	2087
吉林市	29733	204621	35097	1830	433
四平市	7489	60913	15146	1197	372
辽源市	5561	46181	5850	410	247
通化市	2115	52982	11970	853	141
白山市	2276	51780	8953	460	150
松原市	7795	65376	13394	549	136
白城市	8881	50705	6329	468	239
延边朝鲜族自治州	24705	125577	21458	1653	267
长白山管委会					
梅河口市	840	30325	5867	361	259

8−3a 续表 2

单位：户

地 区	三代户				
	一间	二间	三间	四间	五间及以上
全 省	**13440**	**199858**	**65780**	**7343**	**1941**
长春市	4300	81981	31537	4473	1098
吉林市	3010	37672	10354	736	188
四平市	656	9541	3897	442	171
辽源市	564	6991	1221	97	52
通化市	188	8631	3150	316	69
白山市	170	7365	2253	166	52
松原市	796	13741	4455	270	91
白城市	943	9075	1959	213	94
延边朝鲜族自治州	2726	19218	4720	509	73
长白山管委会					
梅河口市	87	5643	2234	121	53

8-3a　续表 3　　　　单位：户

地　区	四代户				
	一间	二间	三间	四间	五间及以上
全　省	**118**	**2658**	**1461**	**216**	**81**
长春市	37	1192	715	143	47
吉林市	22	446	202	12	4
四平市	2	110	78	13	9
辽源市	3	55	26	3	4
通化市	2	71	60	4	3
白山市	5	148	67	5	2
松原市	5	224	104	9	1
白城市	16	162	66	6	3
延边朝鲜族自治州	26	173	94	16	7
长白山管委会					
梅河口市		77	49	5	1

8-3a　续表 4　　　　单位：户

地　区	五代及以上户				
	一间	二间	三间	四间	五间及以上
全　省		**1**		**1**	
长春市		1			
吉林市					
四平市					
辽源市					
通化市				1	
白山市					
松原市					
白城市					
延边朝鲜族自治州					
长白山管委会					
梅河口市					

8-3b 各地区按家庭户类别和住房间数分的家庭户户数(镇)

单位：户

地　　区	家庭户户　数	一代户				
		一间	二间	三间	四间	五间及以上
全　省	**1708557**	**146488**	**608079**	**136703**	**21320**	**6594**
长春市	636443	51501	200829	59641	9897	2457
吉林市	165807	11967	70693	12194	1098	307
四平市	122356	8522	40851	12075	2777	706
辽源市	65141	4323	25358	4612	598	247
通化市	128407	8635	50335	8986	909	292
白山市	128564	11379	56573	7959	1276	559
松原市	170111	13207	49359	12132	2178	996
白城市	139378	13688	51270	10494	1330	625
延边朝鲜族自治州	113262	20430	45864	6201	959	274
长白山管委会	22682	1519	10500	616	97	71
梅河口市	16406	1317	6447	1793	201	60

注：本表数据为居住在普通住宅的家庭户。

8-3b 续表 1

单位：户

地　　区	二代户				
	一间	二间	三间	四间	五间及以上
全　省	**46957**	**461881**	**121997**	**18479**	**5048**
长春市	13006	166812	60132	9540	2163
吉林市	3524	44422	9097	903	196
四平市	3122	33492	9002	2046	455
辽源市	1268	19800	3946	474	193
通化市	2780	37080	8687	791	196
白山市	3082	34365	5945	863	357
松原市	8469	52846	11559	2081	799
白城市	4810	37955	8010	948	421
延边朝鲜族自治州	6057	24455	3845	609	169
长白山管委会	490	7365	530	77	46
梅河口市	349	3289	1244	147	53

8-3b 续表 2

单位：户

地 区	三代户				
	一间	二间	三间	四间	五间及以上
全 省	**4215**	**82128**	**36016**	**7739**	**2318**
长春市	1216	34718	18630	3826	1025
吉林市	352	7833	2663	314	69
四平市	261	5146	2536	917	230
辽源市	87	2637	1237	184	83
通化市	303	6232	2438	449	115
白山市	191	4132	1190	379	161
松原市	735	10143	3817	1027	371
白城市	387	6542	2136	369	174
延边朝鲜族自治州	609	2822	698	167	55
长白山管委会	31	1121	139	33	16
梅河口市	43	802	532	74	19

8-3b 续表 3

单位：户

地 区	四代户				
	一间	二间	三间	四间	五间及以上
全 省	**44**	**1295**	**855**	**284**	**115**
长春市	13	502	379	115	40
吉林市	4	107	50	9	4
四平市	3	85	76	39	15
辽源市		48	35	8	3
通化市	4	98	56	14	7
白山市	5	93	34	14	7
松原市	9	186	115	60	22
白城市	3	108	77	16	15
延边朝鲜族自治州	2	30	11	5	
长白山管委会		25	5		1
梅河口市	1	13	17	4	1

8-3b 续表 4

单位：户

地　区	五代及以上户				
	一间	二间	三间	四间	五间及以上
全　省		**1**		**1**	
长春市		1			
吉林市				1	
四平市					
辽源市					
通化市					
白山市					
松原市					
白城市					
延边朝鲜族自治州					
长白山管委会					
梅河口市					

8-3c 各地区按家庭户类别和住房间数分的家庭户户数(乡村)

单位：户

地　区	家庭户 户　数	一代户				
		一间	二间	三间	四间	五间及以上
全　省	**3127807**	**217754**	**777117**	**533327**	**117589**	**24427**
长春市	1028773	41081	224292	186705	53722	8976
吉林市	472737	34611	142335	75550	9303	1740
四平市	299218	19421	65920	51017	13982	2991
辽源市	148222	6507	31969	35914	2631	896
通化市	181143	10965	56077	24559	4799	1171
白山市	75260	6574	26034	10509	2854	783
松原市	415007	22016	88705	76939	16960	4550
白城市	275482	41892	76033	44923	6817	1988
延边朝鲜族自治州	157798	26529	45362	19647	5460	1081
长白山管委会	56	10	29	8		
梅河口市	74111	8148	20361	7556	1061	251

注：本表数据为居住在普通住宅的家庭户。

8-3c　续表 1

单位：户

地　　区	二代户				
	一间	二间	三间	四间	五间及以上
全　省	**69493**	**489259**	**370894**	**94522**	**18936**
长春市	14114	154038	137357	43160	7286
吉林市	9424	86527	48764	7001	1161
四平市	6151	43228	35402	11566	2530
辽源市	1638	18068	24603	2143	600
通化市	3157	34981	17270	3919	826
白山市	1490	12999	6156	1927	497
松原市	9219	60729	57114	15306	3732
白城市	12186	38912	26412	5167	1445
延边朝鲜族自治州	9441	24546	11476	3368	664
长白山管委会		5	2	1	
梅河口市	2673	15226	6338	964	195

8-3c　续表 2

单位：户

地　　区	三代户				
	一间	二间	三间	四间	五间及以上
全　省	**8337**	**158623**	**165928**	**54574**	**11663**
长春市	1551	53491	66501	25254	4479
吉林市	1078	27396	21398	4250	687
四平市	1027	18256	16994	7187	1742
辽源市	197	6625	13489	1608	491
通化市	401	11060	8195	2607	528
白山市	123	2235	1677	989	261
松原市	1075	20998	24614	8269	2303
白城市	973	8385	6762	2207	768
延边朝鲜族自治州	1485	4202	2678	1464	242
长白山管委会				1	
梅河口市	427	5975	3620	738	162

8–3c 续表 3

单位：户

地 区	四代户				
	一间	二间	三间	四间	五间及以上
全 省	**115**	**4431**	**7057**	**2942**	**810**
长春市	26	1718	3136	1532	350
吉林市	14	549	739	175	35
四平市	12	612	707	356	117
辽源市	1	207	529	86	19
通化市	3	222	257	121	25
白山市	3	39	66	31	13
松原市	24	690	1140	449	172
白城市	10	165	265	111	61
延边朝鲜族自治州	17	49	42	39	6
长白山管委会					
梅河口市	5	180	176	42	12

8–3c 续表 4

单位：户

地 区	五代及以上户				
	一间	二间	三间	四间	五间及以上
全 省		**2**	**2**	**4**	**1**
长春市		1		2	1
吉林市					
四平市					
辽源市			1		
通化市					
白山市					
松原市		1	1	1	
白城市					
延边朝鲜族自治州					
长白山管委会					
梅河口市				1	

8-4 全省按户主的受教育程度分的家庭户住房状况

受教育程度	户 数 (户)	人 数 (人)	平均每户住房间数 (间/户)	人均住房建筑面积 (平方米/人)	人均住房间 数 (间/人)
总 计	**8282268**	**20066232**	**2.21**	**33.23**	**0.91**
未上过学	98142	192891	2.09	34.00	1.06
学前教育	3156	6599	2.19	35.04	1.05
小 学	1649202	4049855	2.32	31.15	0.95
初 中	3473424	8656190	2.22	31.14	0.89
高 中	1569853	3634610	2.08	34.21	0.90
大学专科	727233	1704305	2.16	37.75	0.92
大学本科	693165	1653003	2.27	41.09	0.95
硕士研究生	59336	146423	2.47	45.14	1.00
博士研究生	8757	22356	2.62	46.87	1.03

注：本表数据为居住在普通住宅的家庭户。

8-4a 全省按户主的受教育程度分的家庭户住房状况(城市)

受教育程度	户 数 (户)	人 数 (人)	平均每户住房间数 (间/户)	人均住房建筑面积 (平方米/人)	人均住房间 数 (间/人)
总 计	**3729908**	**8644833**	**2.03**	**33.88**	**0.88**
未上过学	20869	38748	1.85	34.37	1.00
学前教育	794	1460	1.96	39.25	1.06
小 学	295691	648347	1.92	31.21	0.88
初 中	1378372	3234450	1.95	30.62	0.83
高 中	1040310	2377070	2.01	33.85	0.88
大学专科	483082	1127206	2.12	37.33	0.91
大学本科	466999	1109188	2.24	40.51	0.94
硕士研究生	38025	93457	2.42	44.01	0.99
博士研究生	5766	14907	2.59	44.71	1.00

注：本表数据为居住在普通住宅的家庭户。

8-4b 全省按户主的受教育程度分的家庭户住房状况(镇)

受教育程度	户 数 (户)	人 数 (人)	平均每户住房间数 (间/户)	人均住房建筑面积 (平方米/人)	人均住房间 数 (间/人)
总 计	**1635389**	**3886660**	**2.14**	**34.44**	**0.90**
未上过学	16043	28651	1.97	36.27	1.10
学前教育	550	1007	2.03	39.70	1.11
小 学	199326	453502	2.10	31.87	0.92
初 中	680638	1655682	2.10	31.30	0.86
高 中	334547	778311	2.10	34.93	0.90
大学专科	192163	454452	2.20	38.43	0.93
大学本科	191342	462788	2.33	41.94	0.96
硕士研究生	18277	45995	2.56	46.45	1.02
博士研究生	2503	6272	2.68	50.21	1.07

注：本表数据为居住在普通住宅的家庭户。

8-4c 全省按户主的受教育程度分的家庭户住房状况(乡村)

受教育程度	户 数 (户)	人 数 (人)	平均每户住房间数 (间/户)	人均住房建筑面积 (平方米/人)	人均住房间 数 (间/人)
总 计	**2916971**	**7534739**	**2.49**	**31.85**	**0.96**
未上过学	61230	125492	2.20	33.36	1.08
学前教育	1812	4132	2.34	32.41	1.03
小 学	1154185	2948006	2.47	31.03	0.97
初 中	1414414	3766058	2.53	31.52	0.95
高 中	194996	479229	2.45	34.82	1.00
大学专科	51988	122647	2.36	39.02	1.00
大学本科	34824	81027	2.39	44.31	1.03
硕士研究生	3034	6971	2.51	51.61	1.09
博士研究生	488	1177	2.77	56.45	1.15

注：本表数据为居住在普通住宅的家庭户。

8-5　全省按户主受教育程度、人均住房建筑面积分的家庭户户数

单位：户

受教育程度	户　数	人均住房建筑面积(平方米)			
		8及以下	9-12	13-16	17-19
总　计	**8282268**	**19018**	**132501**	**432186**	**429280**
未上过学	98142	326	1963	5266	3798
学前教育	3156	7	68	169	102
小　学	1649202	5472	34844	107167	83487
初　中	3473424	9879	66380	214694	208762
高　中	1569853	2357	20072	69561	83275
大学专科	727233	565	5585	20868	28454
大学本科	693165	384	3334	13447	19953
硕士研究生	59336	25	224	868	1291
博士研究生	8757	3	31	146	158

注：本表数据为居住在普通住宅的家庭户。

8-5　续表

单位：户

受教育程度	人均住房建筑面积(平方米)				
	20-29	30-39	40-49	50-59	60及以上
总　计	**2201938**	**1786835**	**1320365**	**607405**	**1352740**
未上过学	21080	18150	15890	9309	22360
学前教育	687	600	450	263	810
小　学	425901	366796	270446	104535	250554
初　中	1020091	750037	514027	221922	467632
高　中	419148	339606	248838	128198	258798
大学专科	170203	153173	128320	65689	154376
大学本科	134737	145215	129126	70053	176916
硕士研究生	8856	11651	11483	6540	18398
博士研究生	1235	1607	1785	896	2896

8-5a 全省按户主受教育程度、人均住房建筑面积分的家庭户户数(城市)

单位：户

受教育程度	户 数	人均住房建筑面积(平方米)			
		8及以下	9-12	13-16	17-19
总 计	**3729908**	**7193**	**56244**	**182552**	**213837**
未上过学	20869	89	482	1137	1026
学前教育	794	2	17	34	26
小 学	295691	1320	7835	19802	18802
初 中	1378372	3799	28156	88486	98435
高 中	1040310	1371	13373	47599	59925
大学专科	483082	332	3800	14794	20271
大学本科	466999	260	2385	9928	14302
硕士研究生	38025	17	178	652	934
博士研究生	5766	3	18	120	116

注：本表数据为居住在普通住宅的家庭户。

8-5a 续表

单位：户

受教育程度	人均住房建筑面积(平方米)				
	20-29	30-39	40-49	50-59	60及以上
总 计	**1004159**	**767769**	**546432**	**320726**	**630996**
未上过学	4715	3439	2864	2736	4381
学前教育	149	125	103	84	254
小 学	81152	55153	38026	26558	47043
初 中	423862	278836	173561	101876	181361
高 中	282360	221199	157067	88952	168464
大学专科	113713	101431	81989	46176	100576
大学本科	91366	98963	84554	49387	115854
硕士研究生	5926	7537	7107	4385	11289
博士研究生	916	1086	1161	572	1774

8–5b 全省按户主受教育程度、人均住房建筑面积分的家庭户户数(镇)

单位：户

受教育程度	户 数	人均住房建筑面积(平方米)			
		8及以下	9–12	13–16	17–19
总 计	**1635389**	**3688**	**23876**	**73246**	**80159**
未上过学	16043	42	307	715	589
学前教育	550	2	12	17	28
小 学	199326	726	4336	12081	10668
初 中	680638	2090	12893	39418	41510
高 中	334547	566	4099	13176	15506
大学专科	192163	166	1370	4665	6643
大学本科	191342	89	814	2973	4865
硕士研究生	18277	7	33	177	313
博士研究生	2503		12	24	37

注：本表数据为居住在普通住宅的家庭户。

8–5b 续表

单位：户

受教育程度	人均住房建筑面积(平方米)				
	20–29	30–39	40–49	50–59	60及以上
总 计	**445154**	**346138**	**255458**	**119588**	**288082**
未上过学	3317	2839	2325	2111	3798
学前教育	86	81	78	64	182
小 学	52948	41688	28143	15160	33576
初 中	212639	144147	92447	41078	94416
高 中	90470	73453	54594	25547	57136
大学专科	45445	40471	35996	15657	41750
大学本科	37401	39376	37612	17785	50427
硕士研究生	2569	3629	3749	1904	5896
博士研究生	279	454	514	282	901

8-5c 全省按户主受教育程度、人均住房建筑面积分的家庭户户数(乡村)

单位：户

受教育程度	户　数	人均住房建筑面积(平方米)			
		8及以下	9-12	13-16	17-19
总　计	**2916971**	**8137**	**52381**	**176388**	**135284**
未上过学	61230	195	1174	3414	2183
学前教育	1812	3	39	118	48
小　学	1154185	3426	22673	75284	54017
初　中	1414414	3990	25331	86790	68817
高　中	194996	420	2600	8786	7844
大学专科	51988	67	415	1409	1540
大学本科	34824	35	135	546	786
硕士研究生	3034	1	13	39	44
博士研究生	488		1	2	5

注：本表数据为居住在普通住宅的家庭户。

8-5c 续表

单位：户

受教育程度	人均住房建筑面积(平方米)				
	20-29	30-39	40-49	50-59	60及以上
总　计	**752625**	**672928**	**518475**	**167091**	**433662**
未上过学	13048	11872	10701	4462	14181
学前教育	452	394	269	115	374
小　学	291801	269955	204277	62817	169935
初　中	383590	327054	248019	78968	191855
高　中	46318	44954	37177	13699	33198
大学专科	11045	11271	10335	3856	12050
大学本科	5970	6876	6960	2881	10635
硕士研究生	361	485	627	251	1213
博士研究生	40	67	110	42	221

第二部分 长表数据资料

第一卷 概要

1-1　各地区户数、

地　　区	户　　数			合　　计			
	合计	家庭户	集体户	合计	男	女	性别比(女=100)
全　省	**889249**	**872251**	**16998**	**2199788**	**1095345**	**1104443**	**99.18**
长春市	330559	318961	11598	846711	422629	424082	99.66
吉林市	137538	135501	2037	327938	162500	165438	98.22
四平市	65285	64456	829	164026	81397	82629	98.51
辽源市	38015	37810	205	91845	45910	45935	99.95
通化市	49769	49510	259	123270	61440	61830	99.37
白山市	38621	38370	251	88379	43913	44466	98.76
松原市	78015	77605	410	204380	102370	102010	100.35
白城市	59340	58883	457	139928	69201	70727	97.84
延边朝鲜族自治州	70655	69891	764	158690	78529	80161	97.96
长白山管委会	2428	2396	32	5693	2907	2786	104.34
梅河口市	19024	18868	156	48928	24549	24379	100.70

1-1a　各地区户数、

地　　区	户　　数			合　　计			
	合计	家庭户	集体户	合计	男	女	性别比(女=100)
全　省	**395437**	**388419**	**7018**	**939957**	**456993**	**482964**	**94.62**
长春市	155418	150474	4944	380419	186463	193956	96.14
吉林市	73317	72568	749	168006	81086	86920	93.29
四平市	22265	22060	205	51770	24962	26808	93.11
辽源市	16739	16699	40	37185	18123	19062	95.07
通化市	18446	18317	129	43557	20957	22600	92.73
白山市	17699	17628	71	40322	19541	20781	94.03
松原市	19898	19744	154	51539	25112	26427	95.02
白城市	17577	17480	97	41588	19888	21700	91.65
延边朝鲜族自治州	44031	43511	520	100230	48528	51702	93.86
长白山管委会							
梅河口市	10047	9938	109	25341	12333	13008	94.81

人口数和性别比

单位：户、人

人口数								平均家庭户规模（人/户）
家庭户				集体户				
小计	男	女	性别比（女=100）	小计	男	女	性别比（女=100）	
2121712	**1055201**	**1066511**	**98.94**	**78076**	**40144**	**37932**	**105.83**	**2.43**
794703	395590	399113	99.12	52008	27039	24969	108.29	2.49
319059	157758	161301	97.80	8879	4742	4137	114.62	2.35
160138	79852	80286	99.46	3888	1545	2343	65.94	2.48
90863	45431	45432	100.00	982	479	503	95.23	2.40
121562	60612	60950	99.45	1708	828	880	94.09	1.01
87155	43184	43971	98.21	1224	729	495	147.27	2.27
201853	100954	100899	100.05	2527	1416	1111	127.45	2.60
137264	68034	69230	98.27	2664	1167	1497	77.96	2.33
155438	76888	78550	97.88	3252	1641	1611	101.86	2.22
5520	2761	2759	100.07	173	146	27	540.74	2.30
48157	24137	24020	100.49	771	412	359	114.76	2.55

人口数和性别比(城市)

单位：户、人

人口数								平均家庭户规模（人/户）
家庭户				集体户				
小计	男	女	性别比（女=100）	小计	男	女	性别比（女=100）	
907497	**439781**	**467716**	**94.03**	**32460**	**17212**	**15248**	**112.88**	**2.34**
357552	174166	183386	94.97	22867	12297	10570	116.34	2.38
164834	79180	85654	92.44	3172	1906	1266	150.55	2.27
50861	24573	26288	93.48	909	389	520	74.81	2.31
37017	18039	18978	95.05	168	84	84	100.00	2.22
42745	20678	22067	93.71	812	279	533	52.35	1.02
39972	19333	20639	93.67	350	208	142	146.48	2.27
50693	24625	26068	94.46	846	487	359	135.65	2.57
40950	19545	21405	91.31	638	343	295	116.27	2.34
98097	47607	50490	94.29	2133	921	1212	75.99	2.25
24776	12035	12741	94.46	565	298	267	111.61	2.49

1-1b 各地区户数、

地区	户数			合计			
	合计	家庭户	集体户	合计	男	女	性别比(女=100)
全 省	**181750**	**176134**	**5616**	**449460**	**220708**	**228752**	**96.48**
长春市	70581	66525	4056	182377	89946	92431	97.31
吉林市	17543	16910	633	41632	20044	21588	92.85
四平市	12902	12775	127	32263	15863	16400	96.73
辽源市	6623	6579	44	15916	7714	8202	94.05
通化市	13273	13197	76	32401	15876	16525	96.07
白山市	13237	13101	136	30175	14945	15230	98.13
松原市	17497	17403	94	45352	22260	23092	96.40
白城市	14763	14438	325	35780	17289	18491	93.50
延边朝鲜族自治州	11271	11187	84	23996	11889	12107	98.20
长白山管委会	2416	2384	32	5671	2895	2776	104.29
梅河口市	1644	1635	9	3897	1987	1910	104.03

1-1c 各地区户数、

地区	户数			合计			
	合计	家庭户	集体户	合计	男	女	性别比(女=100)
全 省	**312062**	**307698**	**4364**	**810371**	**417644**	**392727**	**106.34**
长春市	104560	101962	2598	283915	146220	137695	106.19
吉林市	46678	46023	655	118300	61370	56930	107.80
四平市	30118	29621	497	79993	40572	39421	102.92
辽源市	14653	14532	121	38744	20073	18671	107.51
通化市	18050	17996	54	47312	24607	22705	108.38
白山市	7685	7641	44	17882	9427	8455	111.50
松原市	40620	40458	162	107489	54998	52491	104.78
白城市	27000	26965	35	62560	32024	30536	104.87
延边朝鲜族自治州	15353	15193	160	34464	18112	16352	110.76
长白山管委会	12	12		22	12	10	120.00
梅河口市	7333	7295	38	19690	10229	9461	108.12

人口数和性别比(镇)

单位：户、人

人口数								平均家庭户规模(人/户)
家庭户				集体户				
小计	男	女	性别比(女=100)	小计	男	女	性别比(女=100)	
424204	**208296**	**215908**	**96.47**	**25256**	**12412**	**12844**	**96.64**	**2.41**
165049	81357	83692	97.21	17328	8589	8739	98.28	2.48
38919	18884	20035	94.26	2713	1160	1553	74.69	2.30
31408	15320	16088	95.23	855	543	312	174.04	2.46
15571	7524	8047	93.50	345	190	155	122.58	2.37
31886	15586	16300	95.62	515	290	225	128.89	1.02
29551	14617	14934	97.88	624	328	296	110.81	2.26
44828	21994	22834	96.32	524	266	258	103.10	2.58
34068	16676	17392	95.88	1712	613	1099	55.78	2.36
23581	11631	11950	97.33	415	258	157	164.33	2.11
5498	2749	2749	100.00	173	146	27	540.74	2.31
3845	1958	1887	103.76	52	29	23	126.09	2.35

人口数和性别比(乡村)

单位：户、人

人口数								平均家庭户规模(人/户)
家庭户				集体户				
小计	男	女	性别比(女=100)	小计	男	女	性别比(女=100)	
790011	**407124**	**382887**	**106.33**	**20360**	**10520**	**9840**	**106.91**	**2.57**
272102	140067	132035	106.08	11813	6153	5660	108.71	2.67
115306	59694	55612	107.34	2994	1676	1318	127.16	2.51
77869	39959	37910	105.40	2124	613	1511	40.57	2.63
38275	19868	18407	107.94	469	205	264	77.65	2.63
46931	24348	22583	107.82	381	259	122	212.30	1.01
17632	9234	8398	109.95	250	193	57	338.60	2.31
106332	54335	51997	104.50	1157	663	494	134.21	2.63
62246	31813	30433	104.53	314	211	103	204.85	2.31
33760	17650	16110	109.56	704	462	242	190.91	2.22
22	12	10	120.00					1.83
19536	10144	9392	108.01	154	85	69	123.19	2.68

1-2 各地区分性别、

地　区	人　口　数			居住本乡、镇、街道，户口在本乡、镇、街道		
	合计	男	女	小计	男	女
全　省	**2199788**	**1095345**	**1104443**	**1308145**	**665505**	**642640**
长春市	846711	422629	424082	454759	231589	223170
吉林市	327938	162500	165438	201234	101949	99285
四平市	164026	81397	82629	113118	57765	55353
辽源市	91845	45910	45935	61378	31386	29992
通化市	123270	61440	61830	82654	42158	40496
白山市	88379	43913	44466	55407	27943	27464
松原市	204380	102370	102010	127859	65651	62208
白城市	139928	69201	70727	90555	46019	44536
延边朝鲜族自治州	158690	78529	80161	87728	43994	43734
长白山管委会	5693	2907	2786	3983	2018	1965
梅河口市	48928	24549	24379	29470	15033	14437

1-2a 各地区分性别、

地　区	人　口　数			居住本乡、镇、街道，户口在本乡、镇、街道		
	合计	男	女	小计	男	女
全　省	**939957**	**456993**	**482964**	**390664**	**191424**	**199240**
长春市	380419	186463	193956	144803	71318	73485
吉林市	168006	81086	86920	76607	37330	39277
四平市	51770	24962	26808	22042	10778	11264
辽源市	37185	18123	19062	17717	8676	9041
通化市	43557	20957	22600	23313	11411	11902
白山市	40322	19541	20781	18110	8891	9219
松原市	51539	25112	26427	14655	7235	7420
白城市	41588	19888	21700	16649	8065	8584
延边朝鲜族自治州	100230	48528	51702	46596	22733	23863
长白山管委会						
梅河口市	25341	12333	13008	10172	4987	5185

户口登记状况的人口

单位：人

居住本乡、镇、街道，户口在外乡、镇、街道，离开户口登记地半年以上			居住本乡、镇、街道，户口待定			原住本乡、镇、街道，现在港澳台或国外工作学习		
小计	男	女	小计	男	女	小计	男	女
878563	**423015**	**455548**	**1967**	**1034**	**933**	**11113**	**5791**	**5322**
390075	190084	199991	821	420	401	1056	536	520
124745	59510	65235	208	97	111	1751	944	807
50617	23476	27141	142	65	77	149	91	58
30120	14323	15797	77	30	47	270	171	99
39847	18851	20996	86	46	40	683	385	298
32664	15777	16887	167	115	52	141	78	63
76310	36618	39692	130	63	67	81	38	43
49209	23094	26115	110	61	49	54	27	27
64835	31503	33332	165	99	66	5962	2933	3029
1663	857	806	25	20	5	22	12	10
18478	8922	9556	36	18	18	944	576	368

户口登记状况的人口(城市)

单位：人

居住本乡、镇、街道，户口在外乡、镇、街道，离开户口登记地半年以上			居住本乡、镇、街道，户口待定			原住本乡、镇、街道，现在港澳台或国外工作学习		
小计	男	女	小计	男	女	小计	男	女
543078	**262507**	**280571**	**898**	**519**	**379**	**5317**	**2543**	**2774**
234715	114697	120018	351	193	158	550	255	295
90588	43367	47221	100	56	44	711	333	378
29629	14138	15491	86	41	45	13	5	8
19415	9420	9995	40	21	19	13	6	7
20126	9485	10641	31	19	12	87	42	45
22101	10565	11536	86	68	18	25	17	8
36830	17849	18981	41	21	20	13	7	6
24893	11798	13095	35	18	17	11	7	4
49672	23876	25796	110	73	37	3852	1846	2006
15109	7312	7797	18	9	9	42	25	17

1－2b 各地区分性别、

地区	人口数			居住本乡、镇、街道，户口在本乡、镇、街道		
	合计	男	女	小计	男	女
全省	**449460**	**220708**	**228752**	**228000**	**113741**	**114259**
长春市	182377	89946	92431	73166	36408	36758
吉林市	41632	20044	21588	26226	12955	13271
四平市	32263	15863	16400	18975	9511	9464
辽源市	15916	7714	8202	8756	4345	4411
通化市	32401	15876	16525	17707	8879	8828
白山市	30175	14945	15230	22192	11024	11168
松原市	45352	22260	23092	19617	9906	9711
白城市	35780	17289	18491	18848	9423	9425
延边朝鲜族自治州	23996	11889	12107	15330	7647	7683
长白山管委会	5671	2895	2776	3967	2010	1957
梅河口市	3897	1987	1910	3216	1633	1583

1－2c 各地区分性别、

地区	人口数			居住本乡、镇、街道，户口在本乡、镇、街道		
	合计	男	女	小计	男	女
全省	**810371**	**417644**	**392727**	**689481**	**360340**	**329141**
长春市	283915	146220	137695	236790	123863	112927
吉林市	118300	61370	56930	98401	51664	46737
四平市	79993	40572	39421	72101	37476	34625
辽源市	38744	20073	18671	34905	18365	16540
通化市	47312	24607	22705	41634	21868	19766
白山市	17882	9427	8455	15105	8028	7077
松原市	107489	54998	52491	93587	48510	45077
白城市	62560	32024	30536	55058	28531	26527
延边朝鲜族自治州	34464	18112	16352	25802	13614	12188
长白山管委会	22	12	10	16	8	8
梅河口市	19690	10229	9461	16082	8413	7669

户口登记状况的人口(镇)

单位：人

居住本乡、镇、街道，户口在外乡、镇、街道，离开户口登记地半年以上			居住本乡、镇、街道，户口待定			原住本乡、镇、街道，现在港澳台或国外工作学习		
小计	男	女	小计	男	女	小计	男	女
219658	**106033**	**113625**	**490**	**257**	**233**	**1312**	**677**	**635**
108805	53329	55476	239	120	119	167	89	78
15234	7009	8225	22	6	16	150	74	76
13259	6337	6922	17	7	10	12	8	4
7131	3358	3773	8	2	6	21	9	12
14576	6927	7649	23	11	12	95	59	36
7858	3849	4009	64	39	25	61	33	28
25696	12334	13362	32	18	14	7	2	5
16889	7842	9047	34	20	14	9	4	5
7943	3884	4059	20	11	9	703	347	356
1657	853	804	25	20	5	22	12	10
610	311	299	6	3	3	65	40	25

户口登记状况的人口(乡村)

单位：人

居住本乡、镇、街道，户口在外乡、镇、街道，离开户口登记地半年以上			居住本乡、镇、街道，户口待定			原住本乡、镇、街道，现在港澳台或国外工作学习		
小计	男	女	小计	男	女	小计	男	女
115827	**54475**	**61352**	**579**	**258**	**321**	**4484**	**2571**	**1913**
46555	22058	24497	231	107	124	339	192	147
18923	9134	9789	86	35	51	890	537	353
7729	3001	4728	39	17	22	124	78	46
3574	1545	2029	29	7	22	236	156	80
5145	2439	2706	32	16	16	501	284	217
2705	1363	1342	17	8	9	55	28	27
13784	6435	7349	57	24	33	61	29	32
7427	3454	3973	41	23	18	34	16	18
7220	3743	3477	35	15	20	1407	740	667
6	4	2						
2759	1299	1460	12	6	6	837	511	326

1-3 各地区分年龄、性别的人口

单位：人

地　区	合　计			0岁		
	合计	男	女	小计	男	女
全　省	**2199788**	**1095345**	**1104443**	**9862**	**5090**	**4772**
长春市	846711	422629	424082	4268	2178	2090
吉林市	327938	162500	165438	1349	699	650
四平市	164026	81397	82629	610	312	298
辽源市	91845	45910	45935	366	193	173
通化市	123270	61440	61830	552	301	251
白山市	88379	43913	44466	338	181	157
松原市	204380	102370	102010	851	445	406
白城市	139928	69201	70727	538	258	280
延边朝鲜族自治州	158690	78529	80161	736	389	347
长白山管委会	5693	2907	2786	42	21	21
梅河口市	48928	24549	24379	212	113	99

1-3　续表 1

单位：人

地　区	1-4岁			5-9岁			10-14岁		
	小计	男	女	小计	男	女	小计	男	女
全　省	**60013**	**30779**	**29234**	**90429**	**47357**	**43072**	**101909**	**53159**	**48750**
长春市	25188	12846	12342	36108	18899	17209	38506	20163	18343
吉林市	8477	4409	4068	12972	6796	6176	14177	7344	6833
四平市	3703	1873	1830	6534	3366	3168	8828	4700	4128
辽源市	2175	1112	1063	3567	1886	1681	3697	1923	1774
通化市	3411	1778	1633	4745	2467	2278	5339	2747	2592
白山市	2353	1151	1202	3464	1788	1676	3478	1795	1683
松原市	5134	2659	2475	9079	4845	4234	12304	6473	5831
白城市	3374	1791	1583	5360	2812	2548	6465	3296	3169
延边朝鲜族自治州	4647	2373	2274	6339	3324	3015	6709	3492	3217
长白山管委会	228	107	121	223	105	118	182	99	83
梅河口市	1323	680	643	2038	1069	969	2224	1127	1097

1-3 续表 2

单位：人

地区	15-19岁			20-24岁			25-29岁		
	小计	男	女	小计	男	女	小计	男	女
全 省	**100008**	**50730**	**49278**	**89092**	**43483**	**45609**	**111784**	**55798**	**55986**
长春市	45036	22883	22153	48600	23950	24650	52004	26102	25902
吉林市	12774	6536	6238	10470	5217	5253	14946	7389	7557
四平市	7830	3925	3905	6151	2713	3438	6776	3344	3432
辽源市	3646	1788	1858	2526	1252	1274	4426	2205	2221
通化市	5030	2558	2472	3500	1698	1802	5251	2618	2633
白山市	2998	1563	1435	2037	999	1038	3433	1741	1692
松原市	9469	4966	4503	5199	2561	2638	9112	4530	4582
白城市	5866	2829	3037	4279	2025	2254	5469	2690	2779
延边朝鲜族自治州	5232	2557	2675	4487	2182	2305	7321	3634	3687
长白山管委会	159	88	71	160	79	81	359	179	180
梅河口市	1968	1037	931	1683	807	876	2687	1366	1321

1-3 续表 3

单位：人

地区	30-34岁			35-39岁			40-44岁		
	小计	男	女	小计	男	女	小计	男	女
全 省	**183268**	**92331**	**90937**	**151769**	**76886**	**74883**	**166475**	**84353**	**82122**
长春市	82524	41768	40756	63521	32389	31132	62100	31588	30512
吉林市	23795	11752	12043	21393	10665	10728	25502	12693	12809
四平市	11657	5929	5728	9716	4965	4751	11660	5924	5736
辽源市	6600	3362	3238	5413	2767	2646	6943	3508	3435
通化市	8481	4209	4272	7671	3781	3890	9991	5125	4866
白山市	5855	2936	2919	5216	2642	2574	6704	3386	3318
松原市	17442	8888	8554	14415	7411	7004	16292	8237	8055
白城市	10172	5096	5076	9307	4676	4631	11140	5586	5554
延边朝鲜族自治州	12224	6116	6108	11332	5638	5694	11795	6033	5762
长白山管委会	505	271	234	370	207	163	421	233	188
梅河口市	4013	2004	2009	3415	1745	1670	3927	2040	1887

1-3 续表 4

单位：人

地 区	45-49岁			50-54岁			55-59岁		
	小计	男	女	小计	男	女	小计	男	女
全 省	**199156**	**100280**	**98876**	**224039**	**112578**	**111461**	**203515**	**100746**	**102769**
长春市	70624	35667	34957	74943	37337	37606	68458	33750	34708
吉林市	29600	14849	14751	35357	17691	17666	33072	16436	16636
四平市	15641	7842	7799	18509	9260	9249	16082	7961	8121
辽源市	8495	4245	4250	10808	5612	5196	9738	4877	4861
通化市	11755	5974	5781	13352	6724	6628	12395	6135	6260
白山市	9175	4612	4563	11036	5610	5426	9456	4807	4649
松原市	20129	10076	10053	21670	10884	10786	19021	9201	9820
白城市	14345	7250	7095	16095	8066	8029	14361	7027	7334
延边朝鲜族自治州	14491	7315	7176	16650	8547	8103	15630	7905	7725
长白山管委会	560	283	277	716	378	338	598	310	288
梅河口市	4341	2167	2174	4903	2469	2434	4704	2337	2367

1-3 续表 5

单位：人

地 区	60-64岁			65-69岁			70-74岁		
	小计	男	女	小计	男	女	小计	男	女
全 省	**165319**	**80902**	**84417**	**152228**	**73084**	**79144**	**92305**	**43241**	**49064**
长春市	56877	27623	29254	52595	25066	27529	31499	14797	16702
吉林市	27522	13579	13943	24589	11914	12675	14971	7010	7961
四平市	12574	6139	6435	12721	6042	6679	7896	3709	4187
辽源市	7643	3735	3908	7300	3536	3764	4275	2001	2274
通化市	10440	5230	5210	9675	4733	4942	5809	2749	3060
白山市	7024	3431	3593	6394	3132	3262	3903	1779	2124
松原市	14940	7195	7745	13785	6583	7202	8108	3890	4218
白城市	10991	5404	5587	9814	4674	5140	6150	2865	3285
延边朝鲜族自治州	13033	6462	6571	11459	5477	5982	7423	3343	4080
长白山管委会	323	165	158	315	156	159	191	87	104
梅河口市	3952	1939	2013	3581	1771	1810	2080	1011	1069

1-3　续表 6　　　　　　　　　　　　　　　　　　单位：人

地　区	75-79岁			80-84岁			85-89岁		
	小计	男	女	小计	男	女	小计	男	女
全　省	**49992**	**22645**	**27347**	**30627**	**13911**	**16716**	**13257**	**5890**	**7367**
长春市	17040	7819	9221	10477	4907	5570	4627	2114	2513
吉林市	8330	3734	4596	5388	2398	2990	2385	1030	1355
四平市	3597	1767	1830	2155	995	1160	990	444	546
辽源市	2273	1037	1236	1238	569	669	522	208	314
通化市	3086	1348	1738	1736	796	940	776	347	429
白山市	2755	1173	1582	1797	737	1060	704	316	388
松原市	3897	1859	2038	2303	1103	1200	950	454	496
白城市	3263	1496	1767	1926	893	1033	749	351	398
延边朝鲜族自治州	4644	1919	2725	2912	1192	1720	1248	489	759
长白山管委会	165	59	106	120	55	65	47	23	24
梅河口市	942	434	508	575	266	309	259	114	145

1-3　续表 7　　　　　　　　　　　　　　　　　　单位：人

地　区	90-94岁			95-99岁			100岁及以上		
	小计	男	女	小计	男	女	小计	男	女
全　省	**3999**	**1787**	**2212**	**663**	**280**	**383**	**79**	**35**	**44**
长春市	1451	665	786	239	106	133	26	12	14
吉林市	724	301	423	124	48	76	21	10	11
四平市	332	161	171	57	24	33	7	2	5
辽源市	166	82	84	24	10	14	4	2	2
通化市	218	95	123	54	26	28	3	1	2
白山市	221	123	98	34	10	24	4	1	3
松原市	252	95	157	28	15	13			
白城市	222	99	123	37	16	21	5	1	4
延边朝鲜族自治州	327	126	201	46	14	32	5	2	3
长白山管委会	6		6	2	1	1	1	1	
梅河口市	80	40	40	18	10	8	3	3	

1-3a 各地区分年龄、性别的人口(城市)

单位：人

地　区	合　计			0岁		
	合计	男	女	小计	男	女
全　省	**939957**	**456993**	**482964**	**4042**	**2059**	**1983**
长春市	380419	186463	193956	1788	885	903
吉林市	168006	81086	86920	683	356	327
四平市	51770	24962	26808	202	98	104
辽源市	37185	18123	19062	151	82	69
通化市	43557	20957	22600	194	109	85
白山市	40322	19541	20781	152	80	72
松原市	51539	25112	26427	200	87	113
白城市	41588	19888	21700	105	53	52
延边朝鲜族自治州	100230	48528	51702	474	259	215
长白山管委会						
梅河口市	25341	12333	13008	93	50	43

1-3a 续表 1

单位：人

地　区	1-4岁			5-9岁			10-14岁		
	小计	男	女	小计	男	女	小计	男	女
全　省	**28249**	**14531**	**13718**	**39676**	**20863**	**18813**	**39024**	**20399**	**18625**
长春市	12052	6224	5828	16405	8601	7804	15576	8159	7417
吉林市	4854	2499	2355	6956	3624	3332	6778	3600	3178
四平市	1284	686	598	2049	1055	994	2250	1203	1047
辽源市	1024	512	512	1455	794	661	1273	652	621
通化市	1358	702	656	1612	828	784	1603	830	773
白山市	1085	522	563	1627	850	777	1440	747	693
松原市	1532	807	725	2415	1341	1074	2751	1436	1315
白城市	1078	552	526	1635	854	781	1858	923	935
延边朝鲜族自治州	3285	1677	1608	4453	2354	2099	4393	2286	2107
长白山管委会									
梅河口市	697	350	347	1069	562	507	1102	563	539

1-3a　续表 2　　　　单位：人

地　区	15-19岁			20-24岁			25-29岁		
	小计	男	女	小计	男	女	小计	男	女
全　省	**42201**	**21295**	**20906**	**41642**	**20355**	**21287**	**56506**	**27180**	**29326**
长春市	19621	9999	9622	23467	11583	11884	26564	12859	13705
吉林市	6273	3213	3060	5114	2676	2438	8910	4233	4677
四平市	2423	1156	1267	1969	884	1085	2857	1357	1500
辽源市	1176	605	571	1093	551	542	2192	1048	1144
通化市	1749	815	934	1497	682	815	2152	1008	1144
白山市	1337	718	619	1019	503	516	1812	902	910
松原市	2809	1472	1337	1811	837	974	2925	1376	1549
白城市	1842	879	963	1232	590	642	2021	947	1074
延边朝鲜族自治州	3706	1783	1923	3382	1563	1819	5407	2633	2774
长白山管委会									
梅河口市	1265	655	610	1058	486	572	1666	817	849

1-3a　续表 3　　　　单位：人

地　区	30-34岁			35-39岁			40-44岁		
	小计	男	女	小计	男	女	小计	男	女
全　省	**89106**	**43468**	**45638**	**75127**	**36970**	**38157**	**77481**	**38149**	**39332**
长春市	40800	20093	20707	32676	16316	16360	30807	15371	15436
吉林市	13856	6647	7209	12625	6034	6591	13994	6737	7257
四平市	4618	2280	2338	3836	1868	1968	4248	2052	2196
辽源市	3478	1743	1735	2611	1329	1282	2878	1429	1449
通化市	3378	1617	1761	3113	1513	1600	3842	1902	1940
白山市	2978	1426	1552	2564	1277	1287	3186	1580	1606
松原市	5026	2401	2625	4461	2221	2240	4841	2363	2478
白城市	3551	1727	1824	3239	1557	1682	3536	1699	1837
延边朝鲜族自治州	8989	4372	4617	7921	3856	4065	7828	3854	3974
长白山管委会									
梅河口市	2432	1162	1270	2081	999	1082	2321	1162	1159

1-3a 续表 4 单位：人

地 区	45-49岁			50-54岁			55-59岁		
	小计	男	女	小计	男	女	小计	男	女
全 省	**82612**	**40447**	**42165**	**84474**	**41146**	**43328**	**79768**	**38831**	**40937**
长春市	31245	15394	15851	29734	14371	15363	28210	13683	14527
吉林市	14323	6936	7387	16067	7747	8320	16170	7874	8296
四平市	4929	2401	2528	5000	2412	2588	4793	2361	2432
辽源市	3247	1561	1686	4001	1998	2003	3880	1919	1961
通化市	4060	1985	2075	4454	2182	2272	4151	2013	2138
白山市	4103	1981	2122	4705	2340	2365	4167	2052	2115
松原市	5220	2574	2646	4538	2243	2295	3592	1677	1915
白城市	4164	2035	2129	4178	2016	2162	3757	1827	1930
延边朝鲜族自治州	9070	4479	4591	9519	4744	4775	8928	4400	4528
长白山管委会									
梅河口市	2251	1101	1150	2278	1093	1185	2120	1025	1095

1-3a 续表 5 单位：人

地 区	60-64岁			65-69岁			70-74岁		
	小计	男	女	小计	男	女	小计	男	女
全 省	**65561**	**31367**	**34194**	**57474**	**26577**	**30897**	**34264**	**15308**	**18956**
长春市	23918	11486	12432	20652	9573	11079	11918	5373	6545
吉林市	13809	6637	7172	11575	5390	6185	6807	3012	3795
四平市	3573	1701	1872	3336	1523	1813	2041	885	1156
辽源市	2896	1340	1556	2512	1158	1354	1469	634	835
通化市	3387	1643	1744	3038	1435	1603	1682	758	924
白山市	3192	1501	1691	2904	1367	1537	1651	731	920
松原市	2739	1244	1495	2973	1315	1658	2047	960	1087
白城市	2932	1404	1528	2710	1218	1492	1772	794	978
延边朝鲜族自治州	7371	3581	3790	6307	2895	3412	4040	1772	2268
长白山管委会									
梅河口市	1744	830	914	1467	703	764	837	389	448

1-3a 续表 6 单位：人

地区	75-79岁			80-84岁			85-89岁		
	小计	男	女	小计	男	女	小计	男	女
全省	**20744**	**8725**	**12019**	**13688**	**5782**	**7906**	**6119**	**2545**	**3574**
长春市	7278	3117	4161	4692	2065	2627	2166	921	1245
吉林市	4203	1801	2402	3077	1280	1797	1415	573	842
四平市	1151	513	638	745	318	427	337	143	194
辽源市	909	376	533	588	245	343	277	106	171
通化市	1130	428	702	710	307	403	334	149	185
白山市	1161	453	708	818	324	494	300	122	178
松原市	923	421	502	480	223	257	199	92	107
白城市	993	403	590	639	261	378	261	116	145
延边朝鲜族自治州	2569	1023	1546	1683	645	1038	711	272	439
长白山管委会									
梅河口市	427	190	237	256	114	142	119	51	68

1-3a 续表 7 单位：人

地区	90-94岁			95-99岁			100岁及以上		
	小计	男	女	小计	男	女	小计	男	女
全省	**1855**	**847**	**1008**	**304**	**125**	**179**	**40**	**24**	**16**
长春市	712	329	383	123	52	71	15	9	6
吉林市	427	180	247	76	29	47	14	8	6
四平市	115	59	56	13	7	6	1		1
辽源市	65	35	30	9	5	4	1	1	
通化市	89	41	48	23	9	14	1	1	
白山市	106	61	45	14	4	10	1		1
松原市	52	19	33	5	3	2			
白城市	72	27	45	10	5	5	3	1	2
延边朝鲜族自治州	171	73	98	21	5	16	2	2	
长白山管委会									
梅河口市	46	23	23	10	6	4	2	2	

1-3b 各地区分年龄、性别的人口(镇)

单位：人

地 区	合 计			0岁		
	合计	男	女	小计	男	女
全 省	**449460**	**220708**	**228752**	**2280**	**1153**	**1127**
长春市	182377	89946	92431	1188	602	586
吉林市	41632	20044	21588	171	91	80
四平市	32263	15863	16400	111	55	56
辽源市	15916	7714	8202	60	30	30
通化市	32401	15876	16525	129	72	57
白山市	30175	14945	15230	118	62	56
松原市	45352	22260	23092	181	92	89
白城市	35780	17289	18491	169	82	87
延边朝鲜族自治州	23996	11889	12107	95	34	61
长白山管委会	5671	2895	2776	42	21	21
梅河口市	3897	1987	1910	16	12	4

1-3b 续表 1

单位：人

地 区	1-4岁			5-9岁			10-14岁		
	小计	男	女	小计	男	女	小计	男	女
全 省	**15218**	**7753**	**7465**	**20804**	**10891**	**9913**	**20583**	**10602**	**9981**
长春市	7593	3808	3785	9180	4831	4349	7590	3975	3615
吉林市	1156	586	570	1825	976	849	1808	852	956
四平市	821	394	427	1493	758	735	1890	997	893
辽源市	416	226	190	734	379	355	712	363	349
通化市	916	494	422	1421	745	676	1520	763	757
白山市	923	461	462	1248	634	614	1269	648	621
松原市	1428	753	675	2291	1238	1053	2875	1514	1361
白城市	1046	580	466	1430	723	707	1632	823	809
延边朝鲜族自治州	596	295	301	802	418	384	931	482	449
长白山管委会	228	107	121	223	105	118	182	99	83
梅河口市	95	49	46	157	84	73	174	86	88

1-3b 续表 2

单位：人

地 区	15-19岁			20-24岁			25-29岁		
	小计	男	女	小计	男	女	小计	男	女
全 省	**25373**	**12709**	**12664**	**22848**	**10712**	**12136**	**26595**	**12851**	**13744**
长春市	11968	6045	5923	13840	6607	7233	13882	6847	7035
吉林市	2053	934	1119	2229	909	1320	1872	901	971
四平市	2017	1119	898	1041	497	544	1559	699	860
辽源市	983	457	526	437	194	243	877	412	465
通化市	1600	836	764	936	463	473	1519	729	790
白山市	1234	626	608	702	338	364	1214	597	617
松原市	2375	1219	1156	1246	596	650	2526	1128	1398
白城市	2157	970	1187	1688	710	978	1727	845	882
延边朝鲜族自治州	740	372	368	493	280	213	917	449	468
长白山管委会	159	88	71	159	78	81	359	179	180
梅河口市	87	43	44	77	40	37	143	65	78

1-3b 续表 3

单位：人

地 区	30-34岁			35-39岁			40-44岁		
	小计	男	女	小计	男	女	小计	男	女
全 省	**44671**	**22152**	**22519**	**34974**	**17544**	**17430**	**35386**	**17743**	**17643**
长春市	22550	11274	11276	16192	8239	7953	13386	6766	6620
吉林市	3225	1521	1704	2786	1376	1410	3281	1616	1665
四平市	2842	1403	1439	2180	1106	1074	2630	1316	1314
辽源市	1224	591	633	1053	498	555	1485	716	769
通化市	2482	1174	1308	2234	1051	1183	2876	1472	1404
白山市	2081	1060	1021	1890	950	940	2366	1168	1198
松原市	4978	2479	2499	3973	1957	2016	4178	2053	2125
白城市	3070	1490	1580	2598	1281	1317	2916	1460	1456
延边朝鲜族自治州	1467	762	705	1473	750	723	1607	817	790
长白山管委会	505	271	234	369	206	163	420	232	188
梅河口市	247	127	120	226	130	96	241	127	114

1-3b 续表 4

单位：人

地　区	45-49岁			50-54岁			55-59岁		
	小计	男	女	小计	男	女	小计	男	女
全　省	**38425**	**19132**	**19293**	**40635**	**20168**	**20467**	**35685**	**17567**	**18118**
长春市	12633	6296	6337	12490	6101	6389	11613	5545	6068
吉林市	3765	1901	1864	4229	2074	2155	3875	1938	1937
四平市	3054	1529	1525	3387	1674	1713	2626	1284	1342
辽源市	1492	731	761	1680	873	807	1334	654	680
通化市	3206	1576	1630	3220	1570	1650	2960	1480	1480
白山市	3152	1591	1561	3864	1940	1924	3108	1605	1503
松原市	4456	2193	2263	4046	1985	2061	3238	1602	1636
白城市	3511	1706	1805	3551	1778	1773	3208	1551	1657
延边朝鲜族自治州	2274	1158	1116	3027	1572	1455	2649	1344	1305
长白山管委会	555	281	274	714	377	337	593	307	286
梅河口市	327	170	157	427	224	203	481	257	224

1-3b 续表 5

单位：人

地　区	60-64岁			65-69岁			70-74岁		
	小计	男	女	小计	男	女	小计	男	女
全　省	**28013**	**13392**	**14621**	**25368**	**11885**	**13483**	**15094**	**6738**	**8356**
长春市	9577	4460	5117	8692	4085	4607	4720	2115	2605
吉林市	3000	1469	1531	2631	1210	1421	1676	767	909
四平市	1990	940	1050	2043	915	1128	1372	619	753
辽源市	1059	520	539	1123	517	606	616	284	332
通化市	2367	1141	1226	2272	1086	1186	1379	610	769
白山市	2102	1040	1062	1846	906	940	1149	515	634
松原市	2537	1160	1377	2370	1074	1296	1340	620	720
白城市	2457	1188	1269	1983	926	1057	1264	546	718
延边朝鲜族自治州	2165	1092	1073	1734	829	905	1193	492	701
长白山管委会	323	165	158	310	154	156	190	86	104
梅河口市	436	217	219	364	183	181	195	84	111

1-3b　续表 6　　　　单位：人

地　区	75-79岁			80-84岁			85-89岁		
	小计	男	女	小计	男	女	小计	男	女
全　省	**8889**	**3844**	**5045**	**5513**	**2456**	**3057**	**2338**	**1073**	**1265**
长春市	2595	1141	1454	1689	743	946	751	357	394
吉林市	1013	442	571	669	307	362	287	140	147
四平市	639	306	333	346	162	184	155	66	89
辽源市	367	155	212	161	72	89	71	27	44
通化市	721	315	406	402	194	208	189	85	104
白山市	942	375	567	632	254	378	247	121	126
松原市	683	303	380	420	199	221	162	76	86
白城市	729	333	396	426	195	231	162	74	88
延边朝鲜族自治州	931	370	561	582	246	336	242	93	149
长白山管委会	165	59	106	119	55	64	47	23	24
梅河口市	104	45	59	67	29	38	25	11	14

1-3b　续表 7　　　　单位：人

地　区	90-94岁			95-99岁			100岁及以上		
	小计	男	女	小计	男	女	小计	男	女
全　省	**667**	**302**	**365**	**87**	**39**	**48**	**14**	**2**	**12**
长春市	210	87	123	36	21	15	2	1	1
吉林市	71	31	40	7	3	4	3		3
四平市	56	22	34	9	2	7	2		2
辽源市	29	14	15	2	1	1	1		1
通化市	43	16	27	8	4	4	1		1
白山市	77	51	26	9	3	6	2		2
松原市	45	18	27	4	1	3			
白城市	53	27	26	3	1	2			
延边朝鲜族自治州	69	32	37	7	2	5	2		2
长白山管委会	6		6	2	1	1	1	1	
梅河口市	8	4	4						

1-3c　各地区分年龄、性别的人口(乡村)

单位：人

地　　区	合　　计			0岁		
	合计	男	女	小计	男	女
全　省	**810371**	**417644**	**392727**	**3540**	**1878**	**1662**
长春市	283915	146220	137695	1292	691	601
吉林市	118300	61370	56930	495	252	243
四平市	79993	40572	39421	297	159	138
辽源市	38744	20073	18671	155	81	74
通化市	47312	24607	22705	229	120	109
白山市	17882	9427	8455	68	39	29
松原市	107489	54998	52491	470	266	204
白城市	62560	32024	30536	264	123	141
延边朝鲜族自治州	34464	18112	16352	167	96	71
长白山管委会	22	12	10			
梅河口市	19690	10229	9461	103	51	52

1-3c　续表 1

单位：人

地　　区	1-4岁			5-9岁			10-14岁		
	小计	男	女	小计	男	女	小计	男	女
全　省	**16546**	**8495**	**8051**	**29949**	**15603**	**14346**	**42302**	**22158**	**20144**
长春市	5543	2814	2729	10523	5467	5056	15340	8029	7311
吉林市	2467	1324	1143	4191	2196	1995	5591	2892	2699
四平市	1598	793	805	2992	1553	1439	4688	2500	2188
辽源市	735	374	361	1378	713	665	1712	908	804
通化市	1137	582	555	1712	894	818	2216	1154	1062
白山市	345	168	177	589	304	285	769	400	369
松原市	2174	1099	1075	4373	2266	2107	6678	3523	3155
白城市	1250	659	591	2295	1235	1060	2975	1550	1425
延边朝鲜族自治州	766	401	365	1084	552	532	1385	724	661
长白山管委会									
梅河口市	531	281	250	812	423	389	948	478	470

1-3c　续表 2

单位：人

地　区	15-19岁			20-24岁			25-29岁		
	小计	男	女	小计	男	女	小计	男	女
全　省	**32434**	**16726**	**15708**	**24602**	**12416**	**12186**	**28683**	**15767**	**12916**
长春市	13447	6839	6608	11293	5760	5533	11558	6396	5162
吉林市	4448	2389	2059	3127	1632	1495	4164	2255	1909
四平市	3390	1650	1740	3141	1332	1809	2360	1288	1072
辽源市	1487	726	761	996	507	489	1357	745	612
通化市	1681	907	774	1067	553	514	1580	881	699
白山市	427	219	208	316	158	158	407	242	165
松原市	4285	2275	2010	2142	1128	1014	3661	2026	1635
白城市	1867	980	887	1359	725	634	1721	898	823
延边朝鲜族自治州	786	402	384	612	339	273	997	552	445
长白山管委会				1	1				
梅河口市	616	339	277	548	281	267	878	484	394

1-3c　续表 3

单位：人

地　区	30-34岁			35-39岁			40-44岁		
	小计	男	女	小计	男	女	小计	男	女
全　省	**49491**	**26711**	**22780**	**41668**	**22372**	**19296**	**53608**	**28461**	**25147**
长春市	19174	10401	8773	14653	7834	6819	17907	9451	8456
吉林市	6714	3584	3130	5982	3255	2727	8227	4340	3887
四平市	4197	2246	1951	3700	1991	1709	4782	2556	2226
辽源市	1898	1028	870	1749	940	809	2580	1363	1217
通化市	2621	1418	1203	2324	1217	1107	3273	1751	1522
白山市	796	450	346	762	415	347	1152	638	514
松原市	7438	4008	3430	5981	3233	2748	7273	3821	3452
白城市	3551	1879	1672	3470	1838	1632	4688	2427	2261
延边朝鲜族自治州	1768	982	786	1938	1032	906	2360	1362	998
长白山管委会				1	1		1	1	
梅河口市	1334	715	619	1108	616	492	1365	751	614

1-3c 续表 4

单位：人

地区	45-49岁			50-54岁			55-59岁		
	小计	男	女	小计	男	女	小计	男	女
全省	**78119**	**40701**	**37418**	**98930**	**51264**	**47666**	**88062**	**44348**	**43714**
长春市	26746	13977	12769	32719	16865	15854	28635	14522	14113
吉林市	11512	6012	5500	15061	7870	7191	13027	6624	6403
四平市	7658	3912	3746	10122	5174	4948	8663	4316	4347
辽源市	3756	1953	1803	5127	2741	2386	4524	2304	2220
通化市	4489	2413	2076	5678	2972	2706	5284	2642	2642
白山市	1920	1040	880	2467	1330	1137	2181	1150	1031
松原市	10453	5309	5144	13086	6656	6430	12191	5922	6269
白城市	6670	3509	3161	8366	4272	4094	7396	3649	3747
延边朝鲜族自治州	3147	1678	1469	4104	2231	1873	4053	2161	1892
长白山管委会	5	2	3	2	1	1	5	3	2
梅河口市	1763	896	867	2198	1152	1046	2103	1055	1048

1-3c 续表 5

单位：人

地区	60-64岁			65-69岁			70-74岁		
	小计	男	女	小计	男	女	小计	男	女
全省	**71745**	**36143**	**35602**	**69386**	**34622**	**34764**	**42947**	**21195**	**21752**
长春市	23382	11677	11705	23251	11408	11843	14861	7309	7552
吉林市	10713	5473	5240	10383	5314	5069	6488	3231	3257
四平市	7011	3498	3513	7342	3604	3738	4483	2205	2278
辽源市	3688	1875	1813	3665	1861	1804	2190	1083	1107
通化市	4686	2446	2240	4365	2212	2153	2748	1381	1367
白山市	1730	890	840	1644	859	785	1103	533	570
松原市	9664	4791	4873	8442	4194	4248	4721	2310	2411
白城市	5602	2812	2790	5121	2530	2591	3114	1525	1589
延边朝鲜族自治州	3497	1789	1708	3418	1753	1665	2190	1079	1111
长白山管委会				5	2	3	1	1	
梅河口市	1772	892	880	1750	885	865	1048	538	510

1-3c 续表 6

单位：人

地区	75-79岁			80-84岁			85-89岁		
	小计	男	女	小计	男	女	小计	男	女
全 省	**20359**	**10076**	**10283**	**11426**	**5673**	**5753**	**4800**	**2272**	**2528**
长春市	7167	3561	3606	4096	2099	1997	1710	836	874
吉林市	3114	1491	1623	1642	811	831	683	317	366
四平市	1807	948	859	1064	515	549	498	235	263
辽源市	997	506	491	489	252	237	174	75	99
通化市	1235	605	630	624	295	329	253	113	140
白山市	652	345	307	347	159	188	157	73	84
松原市	2291	1135	1156	1403	681	722	589	286	303
白城市	1541	760	781	861	437	424	326	161	165
延边朝鲜族自治州	1144	526	618	647	301	346	295	124	171
长白山管委会				1		1			
梅河口市	411	199	212	252	123	129	115	52	63

1-3c 续表 7

单位：人

地区	90-94岁			95-99岁			100岁及以上		
	小计	男	女	小计	男	女	小计	男	女
全 省	**1477**	**638**	**839**	**272**	**116**	**156**	**25**	**9**	**16**
长春市	529	249	280	80	33	47	9	2	7
吉林市	226	90	136	41	16	25	4	2	2
四平市	161	80	81	35	15	20	4	2	2
辽源市	72	33	39	13	4	9	2	1	1
通化市	86	38	48	23	13	10	1		1
白山市	38	11	27	11	3	8	1	1	
松原市	155	58	97	19	11	8			
白城市	97	45	52	24	10	14	2		2
延边朝鲜族自治州	87	21	66	18	7	11	1		1
长白山管委会									
梅河口市	26	13	13	8	4	4	1	1	

1-4 全省分年龄、性别的人口

单位：人、%

年 龄	人口数			占总人口比重			性别比
	合计	男	女	合计	男	女	(女=100)
总 计	**2199788**	**1095345**	**1104443**	**100.00**	**49.79**	**50.21**	**99.18**
0-4岁	**69875**	**35869**	**34006**	**3.18**	**1.63**	**1.55**	**105.48**
0	9862	5090	4772	0.45	0.23	0.22	106.66
1	13254	6715	6539	0.60	0.31	0.30	102.69
2	13667	7082	6585	0.62	0.32	0.30	107.55
3	16002	8177	7825	0.73	0.37	0.36	104.50
4	17090	8805	8285	0.78	0.40	0.38	106.28
5-9岁	**90429**	**47357**	**43072**	**4.11**	**2.15**	**1.96**	**109.95**
5	14416	7501	6915	0.66	0.34	0.31	108.47
6	19578	10335	9243	0.89	0.47	0.42	111.81
7	18204	9612	8592	0.83	0.44	0.39	111.87
8	20223	10380	9843	0.92	0.47	0.45	105.46
9	18008	9529	8479	0.82	0.43	0.39	112.38
10-14岁	**101909**	**53159**	**48750**	**4.63**	**2.42**	**2.22**	**109.04**
10	19013	9819	9194	0.86	0.45	0.42	106.80
11	19932	10420	9512	0.91	0.47	0.43	109.55
12	20696	10826	9870	0.94	0.49	0.45	109.69
13	21326	11198	10128	0.97	0.51	0.46	110.56
14	20942	10896	10046	0.95	0.50	0.46	108.46
15-19岁	**100008**	**50730**	**49278**	**4.55**	**2.31**	**2.24**	**102.95**
15	21889	11316	10573	1.00	0.51	0.48	107.03
16	22530	11560	10970	1.02	0.53	0.50	105.38
17	16737	8562	8175	0.76	0.39	0.37	104.73
18	17914	9153	8761	0.81	0.42	0.40	104.47
19	20938	10139	10799	0.95	0.46	0.49	93.89
20-24岁	**89092**	**43483**	**45609**	**4.05**	**1.98**	**2.07**	**95.34**
20	21306	10255	11051	0.97	0.47	0.50	92.80
21	17880	8743	9137	0.81	0.40	0.42	95.69
22	16523	8101	8422	0.75	0.37	0.38	96.19
23	16119	7888	8231	0.73	0.36	0.37	95.83
24	17264	8496	8768	0.78	0.39	0.40	96.90
25-29岁	**111784**	**55798**	**55986**	**5.08**	**2.54**	**2.55**	**99.66**
25	18956	9429	9527	0.86	0.43	0.43	98.97
26	19227	9533	9694	0.87	0.43	0.44	98.34
27	22632	11354	11278	1.03	0.52	0.51	100.67
28	24134	12045	12089	1.10	0.55	0.55	99.64
29	26835	13437	13398	1.22	0.61	0.61	100.29

1-4　续表 1　　　　单位：人、%

年　龄	人口数			占总人口比重			性别比
	合计	男	女	合计	男	女	(女=100)
30–34岁	**183268**	**92331**	**90937**	**8.33**	**4.20**	**4.13**	**101.53**
30	35791	18078	17713	1.63	0.82	0.81	102.06
31	37080	18626	18454	1.69	0.85	0.84	100.93
32	36031	18069	17962	1.64	0.82	0.82	100.60
33	39696	20121	19575	1.80	0.91	0.89	102.79
34	34670	17437	17233	1.58	0.79	0.78	101.18
35–39岁	**151769**	**76886**	**74883**	**6.90**	**3.50**	**3.40**	**102.67**
35	30412	15501	14911	1.38	0.70	0.68	103.96
36	29060	14683	14377	1.32	0.67	0.65	102.13
37	29052	14774	14278	1.32	0.67	0.65	103.47
38	34323	17351	16972	1.56	0.79	0.77	102.23
39	28922	14577	14345	1.31	0.66	0.65	101.62
40–44岁	**166475**	**84353**	**82122**	**7.57**	**3.83**	**3.73**	**102.72**
40	32023	16073	15950	1.46	0.73	0.73	100.77
41	37924	19272	18652	1.72	0.88	0.85	103.32
42	34149	17409	16740	1.55	0.79	0.76	104.00
43	30130	15248	14882	1.37	0.69	0.68	102.46
44	32249	16351	15898	1.47	0.74	0.72	102.85
45–49岁	**199156**	**100280**	**98876**	**9.05**	**4.56**	**4.49**	**101.42**
45	31622	15966	15656	1.44	0.73	0.71	101.98
46	34341	17068	17273	1.56	0.78	0.79	98.81
47	41452	20816	20636	1.88	0.95	0.94	100.87
48	44832	22852	21980	2.04	1.04	1.00	103.97
49	46909	23578	23331	2.13	1.07	1.06	101.06
50–54岁	**224039**	**112578**	**111461**	**10.18**	**5.12**	**5.07**	**101.00**
50	49764	25111	24653	2.26	1.14	1.12	101.86
51	45299	22856	22443	2.06	1.04	1.02	101.84
52	47454	23819	23635	2.16	1.08	1.07	100.78
53	39324	19589	19735	1.79	0.89	0.90	99.26
54	42198	21203	20995	1.92	0.96	0.95	100.99
55–59岁	**203515**	**100746**	**102769**	**9.25**	**4.58**	**4.67**	**98.03**
55	44197	22081	22116	2.01	1.00	1.01	99.84
56	44137	21940	22197	2.01	1.00	1.01	98.84
57	50046	24946	25100	2.28	1.13	1.14	99.39
58	38086	18574	19512	1.73	0.84	0.89	95.19
59	27049	13205	13844	1.23	0.60	0.63	95.38
60–64岁	**165319**	**80902**	**84417**	**7.52**	**3.68**	**3.84**	**95.84**
60	36581	18144	18437	1.66	0.82	0.84	98.41
61	28763	14213	14550	1.31	0.65	0.66	97.68
62	33661	16598	17063	1.53	0.75	0.78	97.27
63	34323	16622	17701	1.56	0.76	0.80	93.90
64	31991	15325	16666	1.45	0.70	0.76	91.95

1-4 续表 2

单位：人、%

年 龄	人口数			占总人口比重			性别比
	合计	男	女	合计	男	女	(女=100)
65-69岁	**152228**	**73084**	**79144**	**6.92**	**3.32**	**3.60**	**92.34**
65	34606	16832	17774	1.57	0.77	0.81	94.70
66	33724	16320	17404	1.53	0.74	0.79	93.77
67	29485	14040	15445	1.34	0.64	0.70	90.90
68	28733	13708	15025	1.31	0.62	0.68	91.23
69	25680	12184	13496	1.17	0.55	0.61	90.28
70-74岁	**92305**	**43241**	**49064**	**4.20**	**1.97**	**2.23**	**88.13**
70	24720	11675	13045	1.12	0.53	0.59	89.50
71	22359	10663	11696	1.02	0.48	0.53	91.17
72	16685	7810	8875	0.76	0.36	0.40	88.00
73	15437	7140	8297	0.70	0.32	0.38	86.06
74	13104	5953	7151	0.60	0.27	0.33	83.25
75-79岁	**49992**	**22645**	**27347**	**2.27**	**1.03**	**1.24**	**82.81**
75	11213	5028	6185	0.51	0.23	0.28	81.29
76	10976	4965	6011	0.50	0.23	0.27	82.60
77	9913	4501	5412	0.45	0.20	0.25	83.17
78	9143	4212	4931	0.42	0.19	0.22	85.42
79	8747	3939	4808	0.40	0.18	0.22	81.93
80-84岁	**30627**	**13911**	**16716**	**1.39**	**0.63**	**0.76**	**83.22**
80	7731	3529	4202	0.35	0.16	0.19	83.98
81	6805	3054	3751	0.31	0.14	0.17	81.42
82	6527	2999	3528	0.30	0.14	0.16	85.01
83	4963	2294	2669	0.23	0.10	0.12	85.95
84	4601	2035	2566	0.21	0.09	0.12	79.31
85-89岁	**13257**	**5890**	**7367**	**0.60**	**0.27**	**0.33**	**79.95**
85	3842	1678	2164	0.17	0.08	0.10	77.54
86	3229	1416	1813	0.15	0.06	0.08	78.10
87	2702	1229	1473	0.12	0.06	0.07	83.44
88	1920	846	1074	0.09	0.04	0.05	78.77
89	1564	721	843	0.07	0.03	0.04	85.53
90-94岁	**3999**	**1787**	**2212**	**0.18**	**0.08**	**0.10**	**80.79**
90	1505	669	836	0.07	0.03	0.04	80.02
91	938	406	532	0.04	0.02	0.02	76.32
92	727	331	396	0.03	0.02	0.02	83.59
93	472	220	252	0.02	0.01	0.01	87.30
94	357	161	196	0.02	0.01	0.01	82.14
95-99岁	**663**	**280**	**383**	**0.03**	**0.01**	**0.02**	**73.11**
95	245	113	132	0.01	0.01	0.01	85.61
96	178	66	112	0.01		0.01	58.93
97	114	49	65	0.01			75.38
98	71	30	41				73.17
99	55	22	33				66.67
100岁及以上	**79**	**35**	**44**				**79.55**

1−4a　全省分年龄、性别的人口(城市)

单位：人、%

年　龄	人　口　数			占总人口比重			性别比
	合计	男	女	合计	男	女	(女=100)
总　计	**939957**	**456993**	**482964**	**100.00**	**48.62**	**51.38**	**94.62**
0−4岁	**32291**	**16590**	**15701**	**3.44**	**1.76**	**1.67**	**105.66**
0	4042	2059	1983	0.43	0.22	0.21	103.83
1	6246	3175	3071	0.66	0.34	0.33	103.39
2	6366	3281	3085	0.68	0.35	0.33	106.35
3	7556	3912	3644	0.80	0.42	0.39	107.35
4	8081	4163	3918	0.86	0.44	0.42	106.25
5−9岁	**39676**	**20863**	**18813**	**4.22**	**2.22**	**2.00**	**110.90**
5	6314	3306	3008	0.67	0.35	0.32	109.91
6	9091	4824	4267	0.97	0.51	0.45	113.05
7	8082	4295	3787	0.86	0.46	0.40	113.41
8	8698	4469	4229	0.93	0.48	0.45	105.68
9	7491	3969	3522	0.80	0.42	0.37	112.69
10−14岁	**39024**	**20399**	**18625**	**4.15**	**2.17**	**1.98**	**109.52**
10	7354	3815	3539	0.78	0.41	0.38	107.80
11	7553	3990	3563	0.80	0.42	0.38	111.98
12	8066	4241	3825	0.86	0.45	0.41	110.88
13	8303	4388	3915	0.88	0.47	0.42	112.08
14	7748	3965	3783	0.82	0.42	0.40	104.81
15−19岁	**42201**	**21295**	**20906**	**4.49**	**2.27**	**2.22**	**101.86**
15	8933	4485	4448	0.95	0.48	0.47	100.83
16	10085	5128	4957	1.07	0.55	0.53	103.45
17	7650	3843	3807	0.81	0.41	0.41	100.95
18	7194	3695	3499	0.77	0.39	0.37	105.60
19	8339	4144	4195	0.89	0.44	0.45	98.78
20−24岁	**41642**	**20355**	**21287**	**4.43**	**2.17**	**2.26**	**95.62**
20	8852	4429	4423	0.94	0.47	0.47	100.14
21	7861	3983	3878	0.84	0.42	0.41	102.71
22	7931	3842	4089	0.84	0.41	0.44	93.96
23	8200	3894	4306	0.87	0.41	0.46	90.43
24	8798	4207	4591	0.94	0.45	0.49	91.64
25−29岁	**56506**	**27180**	**29326**	**6.01**	**2.89**	**3.12**	**92.68**
25	9789	4691	5098	1.04	0.50	0.54	92.02
26	9954	4776	5178	1.06	0.51	0.55	92.24
27	11443	5554	5889	1.22	0.59	0.63	94.31
28	12192	5830	6362	1.30	0.62	0.68	91.64
29	13128	6329	6799	1.40	0.67	0.72	93.09

1-4a 续表 1

单位：人、%

年 龄	人口数			占总人口比重			性别比
	合计	男	女	合计	男	女	(女=100)
30-34岁	**89106**	**43468**	**45638**	**9.48**	**4.62**	**4.86**	**95.25**
30	17079	8280	8799	1.82	0.88	0.94	94.10
31	17857	8729	9128	1.90	0.93	0.97	95.63
32	17611	8496	9115	1.87	0.90	0.97	93.21
33	19336	9531	9805	2.06	1.01	1.04	97.21
34	17223	8432	8791	1.83	0.90	0.94	95.92
35-39岁	**75127**	**36970**	**38157**	**7.99**	**3.93**	**4.06**	**96.89**
35	14777	7357	7420	1.57	0.78	0.79	99.15
36	14237	7021	7216	1.51	0.75	0.77	97.30
37	14583	7235	7348	1.55	0.77	0.78	98.46
38	17279	8407	8872	1.84	0.89	0.94	94.76
39	14251	6950	7301	1.52	0.74	0.78	95.19
40-44岁	**77481**	**38149**	**39332**	**8.24**	**4.06**	**4.18**	**96.99**
40	15471	7556	7915	1.65	0.80	0.84	95.46
41	17829	8824	9005	1.90	0.94	0.96	97.99
42	16002	7872	8130	1.70	0.84	0.86	96.83
43	13871	6784	7087	1.48	0.72	0.75	95.72
44	14308	7113	7195	1.52	0.76	0.77	98.86
45-49岁	**82612**	**40447**	**42165**	**8.79**	**4.30**	**4.49**	**95.93**
45	13781	6754	7027	1.47	0.72	0.75	96.11
46	14499	6968	7531	1.54	0.74	0.80	92.52
47	17294	8465	8829	1.84	0.90	0.94	95.88
48	18323	9129	9194	1.95	0.97	0.98	99.29
49	18715	9131	9584	1.99	0.97	1.02	95.27
50-54岁	**84474**	**41146**	**43328**	**8.99**	**4.38**	**4.61**	**94.96**
50	19492	9471	10021	2.07	1.01	1.07	94.51
51	17810	8750	9060	1.89	0.93	0.96	96.58
52	17951	8756	9195	1.91	0.93	0.98	95.23
53	13887	6694	7193	1.48	0.71	0.77	93.06
54	15334	7475	7859	1.63	0.80	0.84	95.11
55-59岁	**79768**	**38831**	**40937**	**8.49**	**4.13**	**4.36**	**94.86**
55	16994	8263	8731	1.81	0.88	0.93	94.64
56	17544	8632	8912	1.87	0.92	0.95	96.86
57	20018	9788	10230	2.13	1.04	1.09	95.68
58	14794	7114	7680	1.57	0.76	0.82	92.63
59	10418	5034	5384	1.11	0.54	0.57	93.50
60-64岁	**65561**	**31367**	**34194**	**6.97**	**3.34**	**3.64**	**91.73**
60	14131	6870	7261	1.50	0.73	0.77	94.62
61	11539	5610	5929	1.23	0.60	0.63	94.62
62	13739	6657	7082	1.46	0.71	0.75	94.00
63	13601	6368	7233	1.45	0.68	0.77	88.04
64	12551	5862	6689	1.34	0.62	0.71	87.64

1-4a　续表 2

单位：人、%

年　龄	人口数			占总人口比重			性别比
	合计	男	女	合计	男	女	(女=100)
65-69岁	**57474**	**26577**	**30897**	**6.11**	**2.83**	**3.29**	**86.02**
65	13126	6171	6955	1.40	0.66	0.74	88.73
66	13002	6042	6960	1.38	0.64	0.74	86.81
67	11137	5104	6033	1.18	0.54	0.64	84.60
68	10761	4947	5814	1.14	0.53	0.62	85.09
69	9448	4313	5135	1.01	0.46	0.55	83.99
70-74岁	**34264**	**15308**	**18956**	**3.65**	**1.63**	**2.02**	**80.76**
70	9218	4198	5020	0.98	0.45	0.53	83.63
71	8236	3772	4464	0.88	0.40	0.47	84.50
72	6134	2701	3433	0.65	0.29	0.37	78.68
73	5624	2465	3159	0.60	0.26	0.34	78.03
74	5052	2172	2880	0.54	0.23	0.31	75.42
75-79岁	**20744**	**8725**	**12019**	**2.21**	**0.93**	**1.28**	**72.59**
75	4399	1856	2543	0.47	0.20	0.27	72.98
76	4331	1802	2529	0.46	0.19	0.27	71.25
77	4111	1733	2378	0.44	0.18	0.25	72.88
78	4046	1753	2293	0.43	0.19	0.24	76.45
79	3857	1581	2276	0.41	0.17	0.24	69.46
80-84岁	**13688**	**5782**	**7906**	**1.46**	**0.62**	**0.84**	**73.13**
80	3333	1424	1909	0.35	0.15	0.20	74.59
81	3044	1266	1778	0.32	0.13	0.19	71.20
82	2954	1266	1688	0.31	0.13	0.18	75.00
83	2212	958	1254	0.24	0.10	0.13	76.40
84	2145	868	1277	0.23	0.09	0.14	67.97
85-89岁	**6119**	**2545**	**3574**	**0.65**	**0.27**	**0.38**	**71.21**
85	1758	691	1067	0.19	0.07	0.11	64.76
86	1475	580	895	0.16	0.06	0.10	64.80
87	1250	554	696	0.13	0.06	0.07	79.60
88	937	399	538	0.10	0.04	0.06	74.16
89	699	321	378	0.07	0.03	0.04	84.92
90-94岁	**1855**	**847**	**1008**	**0.20**	**0.09**	**0.11**	**84.03**
90	711	312	399	0.08	0.03	0.04	78.20
91	428	192	236	0.05	0.02	0.03	81.36
92	324	154	170	0.03	0.02	0.02	90.59
93	218	112	106	0.02	0.01	0.01	105.66
94	174	77	97	0.02	0.01	0.01	79.38
95-99岁	**304**	**125**	**179**	**0.03**	**0.01**	**0.02**	**69.83**
95	110	52	58	0.01	0.01	0.01	89.66
96	88	30	58	0.01		0.01	51.72
97	50	19	31	0.01			61.29
98	28	11	17				64.71
99	28	13	15				86.67
100岁及以上	**40**	**24**	**16**				**150.00**

1-4b 全省分年龄、性别的人口(镇)

单位：人、%

年 龄	人口数			占总人口比重			性别比
	合计	男	女	合计	男	女	(女=100)
总 计	**449460**	**220708**	**228752**	**100.00**	**49.11**	**50.89**	**96.48**
0-4岁	**17498**	**8906**	**8592**	**3.89**	**1.98**	**1.91**	**103.65**
0	2280	1153	1127	0.51	0.26	0.25	102.31
1	3385	1732	1653	0.75	0.39	0.37	104.78
2	3523	1799	1724	0.78	0.40	0.38	104.35
3	4013	2017	1996	0.89	0.45	0.44	101.05
4	4297	2205	2092	0.96	0.49	0.47	105.40
5-9岁	**20804**	**10891**	**9913**	**4.63**	**2.42**	**2.21**	**109.87**
5	3478	1817	1661	0.77	0.40	0.37	109.39
6	4781	2536	2245	1.06	0.56	0.50	112.96
7	4078	2138	1940	0.91	0.48	0.43	110.21
8	4578	2318	2260	1.02	0.52	0.50	102.57
9	3889	2082	1807	0.87	0.46	0.40	115.22
10-14岁	**20583**	**10602**	**9981**	**4.58**	**2.36**	**2.22**	**106.22**
10	3883	1988	1895	0.86	0.44	0.42	104.91
11	4063	2146	1917	0.90	0.48	0.43	111.95
12	4111	2092	2019	0.91	0.47	0.45	103.62
13	4344	2228	2116	0.97	0.50	0.47	105.29
14	4182	2148	2034	0.93	0.48	0.45	105.60
15-19岁	**25373**	**12709**	**12664**	**5.65**	**2.83**	**2.82**	**100.36**
15	4883	2589	2294	1.09	0.58	0.51	112.86
16	5479	2796	2683	1.22	0.62	0.60	104.21
17	4175	2171	2004	0.93	0.48	0.45	108.33
18	4684	2346	2338	1.04	0.52	0.52	100.34
19	6152	2807	3345	1.37	0.62	0.74	83.92
20-24岁	**22848**	**10712**	**12136**	**5.08**	**2.38**	**2.70**	**88.27**
20	6287	2806	3481	1.40	0.62	0.77	80.61
21	4864	2298	2566	1.08	0.51	0.57	89.56
22	3999	1888	2111	0.89	0.42	0.47	89.44
23	3732	1804	1928	0.83	0.40	0.43	93.57
24	3966	1916	2050	0.88	0.43	0.46	93.46
25-29岁	**26595**	**12851**	**13744**	**5.92**	**2.86**	**3.06**	**93.50**
25	4391	2120	2271	0.98	0.47	0.51	93.35
26	4538	2171	2367	1.01	0.48	0.53	91.72
27	5366	2598	2768	1.19	0.58	0.62	93.86
28	5769	2795	2974	1.28	0.62	0.66	93.98
29	6531	3167	3364	1.45	0.70	0.75	94.14

1-4b 续表 1

单位：人、%

年 龄	人口数			占总人口比重			性别比
	合计	男	女	合计	男	女	(女=100)
30-34岁	**44671**	**22152**	**22519**	**9.94**	**4.93**	**5.01**	**98.37**
30	8914	4487	4427	1.98	1.00	0.98	101.36
31	9141	4503	4638	2.03	1.00	1.03	97.09
32	8756	4339	4417	1.95	0.97	0.98	98.23
33	9708	4781	4927	2.16	1.06	1.10	97.04
34	8152	4042	4110	1.81	0.90	0.91	98.35
35-39岁	**34974**	**17544**	**17430**	**7.78**	**3.90**	**3.88**	**100.65**
35	7280	3650	3630	1.62	0.81	0.81	100.55
36	6717	3360	3357	1.49	0.75	0.75	100.09
37	6813	3376	3437	1.52	0.75	0.76	98.23
38	7703	3921	3782	1.71	0.87	0.84	103.68
39	6461	3237	3224	1.44	0.72	0.72	100.40
40-44岁	**35386**	**17743**	**17643**	**7.87**	**3.95**	**3.93**	**100.57**
40	6927	3400	3527	1.54	0.76	0.78	96.40
41	8220	4105	4115	1.83	0.91	0.92	99.76
42	7283	3713	3570	1.62	0.83	0.79	104.01
43	6316	3217	3099	1.41	0.72	0.69	103.81
44	6640	3308	3332	1.48	0.74	0.74	99.28
45-49岁	**38425**	**19132**	**19293**	**8.55**	**4.26**	**4.29**	**99.17**
45	6378	3233	3145	1.42	0.72	0.70	102.80
46	6777	3350	3427	1.51	0.75	0.76	97.75
47	7981	3948	4033	1.78	0.88	0.90	97.89
48	8574	4304	4270	1.91	0.96	0.95	100.80
49	8715	4297	4418	1.94	0.96	0.98	97.26
50-54岁	**40635**	**20168**	**20467**	**9.04**	**4.49**	**4.55**	**98.54**
50	9019	4573	4446	2.01	1.02	0.99	102.86
51	8336	4119	4217	1.85	0.92	0.94	97.68
52	8741	4339	4402	1.94	0.97	0.98	98.57
53	7025	3451	3574	1.56	0.77	0.80	96.56
54	7514	3686	3828	1.67	0.82	0.85	96.29
55-59岁	**35685**	**17567**	**18118**	**7.94**	**3.91**	**4.03**	**96.96**
55	7807	3901	3906	1.74	0.87	0.87	99.87
56	7867	3869	3998	1.75	0.86	0.89	96.77
57	8769	4385	4384	1.95	0.98	0.98	100.02
58	6665	3173	3492	1.48	0.71	0.78	90.86
59	4577	2239	2338	1.02	0.50	0.52	95.77
60-64岁	**28013**	**13392**	**14621**	**6.23**	**2.98**	**3.25**	**91.59**
60	6203	3025	3178	1.38	0.67	0.71	95.19
61	4808	2327	2481	1.07	0.52	0.55	93.79
62	5735	2781	2954	1.28	0.62	0.66	94.14
63	5847	2736	3111	1.30	0.61	0.69	87.95
64	5420	2523	2897	1.21	0.56	0.64	87.09

1-4b 续表 2

单位：人、%

年龄	人口数			占总人口比重			性别比
	合计	男	女	合计	男	女	(女=100)
65-69岁	**25368**	**11885**	**13483**	**5.64**	**2.64**	**3.00**	**88.15**
65	5857	2799	3058	1.30	0.62	0.68	91.53
66	5666	2672	2994	1.26	0.59	0.67	89.25
67	4925	2289	2636	1.10	0.51	0.59	86.84
68	4680	2168	2512	1.04	0.48	0.56	86.31
69	4240	1957	2283	0.94	0.44	0.51	85.72
70-74岁	**15094**	**6738**	**8356**	**3.36**	**1.50**	**1.86**	**80.64**
70	3995	1825	2170	0.89	0.41	0.48	84.10
71	3648	1623	2025	0.81	0.36	0.45	80.15
72	2630	1198	1432	0.59	0.27	0.32	83.66
73	2525	1106	1419	0.56	0.25	0.32	77.94
74	2296	986	1310	0.51	0.22	0.29	75.27
75-79岁	**8889**	**3844**	**5045**	**1.98**	**0.86**	**1.12**	**76.19**
75	1950	865	1085	0.43	0.19	0.24	79.72
76	1962	826	1136	0.44	0.18	0.25	72.71
77	1781	766	1015	0.40	0.17	0.23	75.47
78	1628	690	938	0.36	0.15	0.21	73.56
79	1568	697	871	0.35	0.16	0.19	80.02
80-84岁	**5513**	**2456**	**3057**	**1.23**	**0.55**	**0.68**	**80.34**
80	1388	630	758	0.31	0.14	0.17	83.11
81	1236	552	684	0.27	0.12	0.15	80.70
82	1139	502	637	0.25	0.11	0.14	78.81
83	929	418	511	0.21	0.09	0.11	81.80
84	821	354	467	0.18	0.08	0.10	75.80
85-89岁	**2338**	**1073**	**1265**	**0.52**	**0.24**	**0.28**	**84.82**
85	703	314	389	0.16	0.07	0.09	80.72
86	565	265	300	0.13	0.06	0.07	88.33
87	446	200	246	0.10	0.04	0.05	81.30
88	339	163	176	0.08	0.04	0.04	92.61
89	285	131	154	0.06	0.03	0.03	85.06
90-94岁	**667**	**302**	**365**	**0.15**	**0.07**	**0.08**	**82.74**
90	253	122	131	0.06	0.03	0.03	93.13
91	159	71	88	0.04	0.02	0.02	80.68
92	129	51	78	0.03	0.01	0.02	65.38
93	80	38	42	0.02	0.01	0.01	90.48
94	46	20	26	0.01		0.01	76.92
95-99岁	**87**	**39**	**48**	**0.02**	**0.01**	**0.01**	**81.25**
95	33	16	17	0.01			94.12
96	26	15	11	0.01			136.36
97	13	4	9				44.44
98	10	2	8				25.00
99	5	2	3				66.67
100岁及以上	**14**	**2**	**12**				**16.67**

1-4c　全省分年龄、性别的人口(乡村)

单位：人、%

年　龄	人　口　数			占总人口比重			性别比
	合计	男	女	合计	男	女	(女=100)
总　计	**810371**	**417644**	**392727**	**100.00**	**51.54**	**48.46**	**106.34**
0-4岁	**20086**	**10373**	**9713**	**2.48**	**1.28**	**1.20**	**106.80**
0	3540	1878	1662	0.44	0.23	0.21	113.00
1	3623	1808	1815	0.45	0.22	0.22	99.61
2	3778	2002	1776	0.47	0.25	0.22	112.73
3	4433	2248	2185	0.55	0.28	0.27	102.88
4	4712	2437	2275	0.58	0.30	0.28	107.12
5-9岁	**29949**	**15603**	**14346**	**3.70**	**1.93**	**1.77**	**108.76**
5	4624	2378	2246	0.57	0.29	0.28	105.88
6	5706	2975	2731	0.70	0.37	0.34	108.93
7	6044	3179	2865	0.75	0.39	0.35	110.96
8	6947	3593	3354	0.86	0.44	0.41	107.13
9	6628	3478	3150	0.82	0.43	0.39	110.41
10-14岁	**42302**	**22158**	**20144**	**5.22**	**2.73**	**2.49**	**110.00**
10	7776	4016	3760	0.96	0.50	0.46	106.81
11	8316	4284	4032	1.03	0.53	0.50	106.25
12	8519	4493	4026	1.05	0.55	0.50	111.60
13	8679	4582	4097	1.07	0.57	0.51	111.84
14	9012	4783	4229	1.11	0.59	0.52	113.10
15-19岁	**32434**	**16726**	**15708**	**4.00**	**2.06**	**1.94**	**106.48**
15	8073	4242	3831	1.00	0.52	0.47	110.73
16	6966	3636	3330	0.86	0.45	0.41	109.19
17	4912	2548	2364	0.61	0.31	0.29	107.78
18	6036	3112	2924	0.74	0.38	0.36	106.43
19	6447	3188	3259	0.80	0.39	0.40	97.82
20-24岁	**24602**	**12416**	**12186**	**3.04**	**1.53**	**1.50**	**101.89**
20	6167	3020	3147	0.76	0.37	0.39	95.96
21	5155	2462	2693	0.64	0.30	0.33	91.42
22	4593	2371	2222	0.57	0.29	0.27	106.71
23	4187	2190	1997	0.52	0.27	0.25	109.66
24	4500	2373	2127	0.56	0.29	0.26	111.57
25-29岁	**28683**	**15767**	**12916**	**3.54**	**1.95**	**1.59**	**122.07**
25	4776	2618	2158	0.59	0.32	0.27	121.32
26	4735	2586	2149	0.58	0.32	0.27	120.34
27	5823	3202	2621	0.72	0.40	0.32	122.17
28	6173	3420	2753	0.76	0.42	0.34	124.23
29	7176	3941	3235	0.89	0.49	0.40	121.82

1-4c 续表 1

单位：人、%

年 龄	人口数			占总人口比重			性别比
	合计	男	女	合计	男	女	(女=100)
30-34岁	**49491**	**26711**	**22780**	**6.11**	**3.30**	**2.81**	**117.26**
30	9798	5311	4487	1.21	0.66	0.55	118.36
31	10082	5394	4688	1.24	0.67	0.58	115.06
32	9664	5234	4430	1.19	0.65	0.55	118.15
33	10652	5809	4843	1.31	0.72	0.60	119.95
34	9295	4963	4332	1.15	0.61	0.53	114.57
35-39岁	**41668**	**22372**	**19296**	**5.14**	**2.76**	**2.38**	**115.94**
35	8355	4494	3861	1.03	0.55	0.48	116.39
36	8106	4302	3804	1.00	0.53	0.47	113.09
37	7656	4163	3493	0.94	0.51	0.43	119.18
38	9341	5023	4318	1.15	0.62	0.53	116.33
39	8210	4390	3820	1.01	0.54	0.47	114.92
40-44岁	**53608**	**28461**	**25147**	**6.62**	**3.51**	**3.10**	**113.18**
40	9625	5117	4508	1.19	0.63	0.56	113.51
41	11875	6343	5532	1.47	0.78	0.68	114.66
42	10864	5824	5040	1.34	0.72	0.62	115.56
43	9943	5247	4696	1.23	0.65	0.58	111.73
44	11301	5930	5371	1.39	0.73	0.66	110.41
45-49岁	**78119**	**40701**	**37418**	**9.64**	**5.02**	**4.62**	**108.77**
45	11463	5979	5484	1.41	0.74	0.68	109.03
46	13065	6750	6315	1.61	0.83	0.78	106.89
47	16177	8403	7774	2.00	1.04	0.96	108.09
48	17935	9419	8516	2.21	1.16	1.05	110.60
49	19479	10150	9329	2.40	1.25	1.15	108.80
50-54岁	**98930**	**51264**	**47666**	**12.21**	**6.33**	**5.88**	**107.55**
50	21253	11067	10186	2.62	1.37	1.26	108.65
51	19153	9987	9166	2.36	1.23	1.13	108.96
52	20762	10724	10038	2.56	1.32	1.24	106.83
53	18412	9444	8968	2.27	1.17	1.11	105.31
54	19350	10042	9308	2.39	1.24	1.15	107.89
55-59岁	**88062**	**44348**	**43714**	**10.87**	**5.47**	**5.39**	**101.45**
55	19396	9917	9479	2.39	1.22	1.17	104.62
56	18726	9439	9287	2.31	1.16	1.15	101.64
57	21259	10773	10486	2.62	1.33	1.29	102.74
58	16627	8287	8340	2.05	1.02	1.03	99.36
59	12054	5932	6122	1.49	0.73	0.76	96.90
60-64岁	**71745**	**36143**	**35602**	**8.85**	**4.46**	**4.39**	**101.52**
60	16247	8249	7998	2.00	1.02	0.99	103.14
61	12416	6276	6140	1.53	0.77	0.76	102.21
62	14187	7160	7027	1.75	0.88	0.87	101.89
63	14875	7518	7357	1.84	0.93	0.91	102.19
64	14020	6940	7080	1.73	0.86	0.87	98.02

1-4c　续表 2　　　　单位：人、%

年　龄	人　口　数			占总人口比重			性别比
	合计	男	女	合计	男	女	(女=100)
65-69岁	**69386**	**34622**	**34764**	**8.56**	**4.27**	**4.29**	**99.59**
65	15623	7862	7761	1.93	0.97	0.96	101.30
66	15056	7606	7450	1.86	0.94	0.92	102.09
67	13423	6647	6776	1.66	0.82	0.84	98.10
68	13292	6593	6699	1.64	0.81	0.83	98.42
69	11992	5914	6078	1.48	0.73	0.75	97.30
70-74岁	**42947**	**21195**	**21752**	**5.30**	**2.62**	**2.68**	**97.44**
70	11507	5652	5855	1.42	0.70	0.72	96.53
71	10475	5268	5207	1.29	0.65	0.64	101.17
72	7921	3911	4010	0.98	0.48	0.49	97.53
73	7288	3569	3719	0.90	0.44	0.46	95.97
74	5756	2795	2961	0.71	0.34	0.37	94.39
75-79岁	**20359**	**10076**	**10283**	**2.51**	**1.24**	**1.27**	**97.99**
75	4864	2307	2557	0.60	0.28	0.32	90.22
76	4683	2337	2346	0.58	0.29	0.29	99.62
77	4021	2002	2019	0.50	0.25	0.25	99.16
78	3469	1769	1700	0.43	0.22	0.21	104.06
79	3322	1661	1661	0.41	0.20	0.20	100.00
80-84岁	**11426**	**5673**	**5753**	**1.41**	**0.70**	**0.71**	**98.61**
80	3010	1475	1535	0.37	0.18	0.19	96.09
81	2525	1236	1289	0.31	0.15	0.16	95.89
82	2434	1231	1203	0.30	0.15	0.15	102.33
83	1822	918	904	0.22	0.11	0.11	101.55
84	1635	813	822	0.20	0.10	0.10	98.91
85-89岁	**4800**	**2272**	**2528**	**0.59**	**0.28**	**0.31**	**89.87**
85	1381	673	708	0.17	0.08	0.09	95.06
86	1189	571	618	0.15	0.07	0.08	92.39
87	1006	475	531	0.12	0.06	0.07	89.45
88	644	284	360	0.08	0.04	0.04	78.89
89	580	269	311	0.07	0.03	0.04	86.50
90-94岁	**1477**	**638**	**839**	**0.18**	**0.08**	**0.10**	**76.04**
90	541	235	306	0.07	0.03	0.04	76.80
91	351	143	208	0.04	0.02	0.03	68.75
92	274	126	148	0.03	0.02	0.02	85.14
93	174	70	104	0.02	0.01	0.01	67.31
94	137	64	73	0.02	0.01	0.01	87.67
95-99岁	**272**	**116**	**156**	**0.03**	**0.01**	**0.02**	**74.36**
95	102	45	57	0.01	0.01	0.01	78.95
96	64	21	43	0.01		0.01	48.84
97	51	26	25	0.01			104.00
98	33	17	16				106.25
99	22	7	15				46.67
100岁及以上	**25**	**9**	**16**				**56.25**

第二部分　长表数据资料

第二卷　民族

2-1 全省各民族分性别、行业的人口

单位：人

民族	人口数			农、林、牧、渔业			采矿业		
	合计	男	女	小计	男	女	小计	男	女
总计	**1009445**	**593576**	**415869**	**378457**	**218365**	**160092**	**9233**	**7686**	**1547**
汉族	944063	555499	388564	360069	207240	152829	8792	7323	1469
蒙古族	6720	3680	3040	2206	1242	964	83	65	18
回族	4152	2438	1714	591	352	239	56	47	9
藏族	30	16	14	2	2		1		1
维吾尔族	71	35	36						
苗族	56	30	26	9	2	7			
彝族	34	14	20	6	2	4	2	2	
壮族	57	23	34	12	2	10			
布依族	10	6	4	2	1	1			
朝鲜族	16465	9512	6953	1169	760	409	36	29	7
满族	37305	22076	15229	14291	8725	5566	249	209	40
侗族	9	7	2						
瑶族	15	7	8	3	2	1			
白族	16	9	7	4		4			
土家族	66	38	28	5	3	2	3	3	
哈尼族	4		4	3		3			
哈萨克族	3	1	2	1	1				
傣族	12	4	8	9	2	7			
黎族	31	15	16	9	5	4	1	1	
傈僳族	10	2	8	7	1	6			
佤族	4	1	3	2		2			
畲族	3	2	1						
高山族	3	1	2	1	1				
拉祜族	2		2						
水族									
东乡族	13	8	5						
纳西族	1	1							
景颇族	19	1	18	18		18			
柯尔克孜族	1		1						
土族	2		2						
达斡尔族	42	16	26	5	1	4			
仫佬族	2	2							
羌族	4	3	1	1		1			
布朗族									
撒拉族	1		1						
毛南族									
仡佬族	3	1	2						
锡伯族	188	111	77	27	19	8	10	7	3
阿昌族									
普米族									
塔吉克族									
怒族									
乌孜别克族									
俄罗斯族	1	1							
鄂温克族	6	3	3						
德昂族									
保安族									
裕固族									
京族									
塔塔尔族	1		1						
独龙族									
鄂伦春族	4	1	3	1		1			
赫哲族	8	6	2	1		1			
门巴族									
珞巴族	1	1							
基诺族	3	3		1	1				
未定族称人口	3	2	1	1	1				
入籍	1		1	1		1			

2–1 续表 1

单位：人

民族	制造业			电力、热力、燃气及水生产和供应业			建筑业		
	小计	男	女	小计	男	女	小计	男	女
总　计	**82999**	**58112**	**24887**	**13545**	**10498**	**3047**	**56790**	**49107**	**7683**
汉　族	77777	54428	23349	12640	9808	2832	52693	45493	7200
蒙古族	422	301	121	95	69	26	325	271	54
回　族	467	334	133	72	57	15	162	126	36
藏　族	2	1	1						
维吾尔族	52	27	25						
苗　族	3	2	1	1	1		5	4	1
彝　族	3	1	2	1	1		3	1	2
壮　族	7	3	4				4	4	
布依族	1		1				2	2	
朝鲜族	1411	1007	404	245	191	54	1627	1472	155
满　族	2820	1984	836	487	368	119	1943	1711	232
侗　族	2	2					1	1	
瑶　族	1		1				1	1	
白　族							1	1	
土家族	5	3	2				7	6	1
哈尼族									
哈萨克族									
傣　族	1	1							
黎　族	3	1	2				3	1	2
傈僳族	1		1	1	1				
佤　族	1		1				1	1	
畲　族							1	1	
高山族									
拉祜族									
水　族									
东乡族									
纳西族									
景颇族									
柯尔克孜族									
土　族									
达斡尔族	2	1	1	1		1			
仫佬族									
羌　族	1	1					1	1	
布朗族									
撒拉族									
毛南族									
仡佬族									
锡伯族	16	14	2	2	2		8	8	
阿昌族									
普米族									
塔吉克族									
怒　族									
乌孜别克族									
俄罗斯族									
鄂温克族									
德昂族									
保安族									
裕固族									
京　族									
塔塔尔族									
独龙族									
鄂伦春族							1	1	
赫哲族									
门巴族									
珞巴族									
基诺族							1	1	
未定族称人口	1	1							
入　籍									

2-1　续表 2

单位：人

民　族	批发和零售业			交通运输、仓储和邮政业			住宿和餐饮业		
	小计	男	女	小计	男	女	小计	男	女
总　计	**115902**	**54558**	**61344**	**52930**	**45411**	**7519**	**45496**	**22155**	**23341**
汉　族	108623	51137	57486	50017	42941	7076	40379	19841	20538
蒙古族	721	304	417	314	262	52	260	116	144
回　族	666	327	339	285	235	50	436	243	193
藏　族	4	2	2				1	1	
维吾尔族	4	2	2				7	4	3
苗　族	6	3	3	3	2	1	1		1
彝　族	2	1	1	4	2	2	2		2
壮　族	7	4	3	2	2		6	1	5
布依族							3	1	2
朝鲜族	1993	977	1016	530	451	79	2761	1127	1634
满　族	3828	1781	2047	1743	1492	251	1594	801	793
侗　族	1	1							
瑶　族				3	2	1	2		2
白　族	3	1	2	1	1		2	1	1
土家族	13	5	8	3	2	1	4	2	2
哈尼族							1		1
哈萨克族									
傣　族							1		1
黎　族	3	2	1	2	1	1	5	2	3
傈僳族	1		1						
佤　族									
畲　族							1	1	
高山族	1		1	1		1			
拉祜族							1		1
水　族									
东乡族							13	8	5
纳西族									
景颇族				1	1				
柯尔克孜族									
土　族									
达斡尔族	6	1	5	3	3		3	2	1
仫佬族									
羌　族									
布朗族									
撒拉族							1		1
毛南族									
仡佬族							1		1
锡伯族	17	10	7	15	11	4	10	4	6
阿昌族									
普米族									
塔吉克族									
怒　族									
乌孜别克族									
俄罗斯族									
鄂温克族	1		1	1	1				
德昂族									
保安族									
裕固族									
京　族									
塔塔尔族	1		1						
独龙族									
鄂伦春族							1		1
赫哲族	1		1	1	1				
门巴族									
珞巴族				1	1				
基诺族									
未定族称人口									
入　籍									

2-1 续表 3

单位：人

民族	信息传输、软件和信息技术服务业			金融业			房地产业		
	小计	男	女	小计	男	女	小计	男	女
总计	**12851**	**8039**	**4812**	**19064**	**8764**	**10300**	**16075**	**9627**	**6448**
汉族	11790	7368	4422	17440	8012	9428	15160	9077	6083
蒙古族	88	46	42	157	63	94	101	55	46
回族	81	53	28	117	64	53	83	56	27
藏族							1	1	
维吾尔族	2	1	1						
苗族	2	2		1	1		1		1
彝族	1	1		1	1				
壮族				3	2	1			
布依族									
朝鲜族	381	263	118	456	213	243	203	138	65
满族	495	299	196	872	404	468	520	298	222
侗族									
瑶族				1		1			
白族							1	1	
土家族	2	2		2	1	1			
哈尼族									
哈萨克族							1		1
傣族									
黎族									
傈僳族									
佤族									
畲族									
高山族									
拉祜族									
水族									
东乡族									
纳西族									
景颇族									
柯尔克孜族									
土族									
达斡尔族	2	1	1	1		1	2		2
仫佬族									
羌族									
布朗族									
撒拉族									
毛南族									
仡佬族									
锡伯族	4	2	2	13	3	10	2	1	1
阿昌族									
普米族									
塔吉克族									
怒族									
乌孜别克族									
俄罗斯族									
鄂温克族	3	1	2						
德昂族									
保安族									
裕固族									
京族									
塔塔尔族									
独龙族									
鄂伦春族									
赫哲族									
门巴族									
珞巴族									
基诺族									
未定族称人口									
入籍									

2-1 续表 4

单位：人

民 族	租赁和商务服务业			科学研究和技术服务业			水利、环境和公共设施管理业		
	小计	男	女	小计	男	女	小计	男	女
总 计	**14623**	**8999**	**5624**	**10949**	**7190**	**3759**	**8169**	**5566**	**2603**
汉 族	13493	8335	5158	10166	6691	3475	7724	5246	2478
蒙古族	119	68	51	96	58	38	45	27	18
回 族	70	42	28	59	37	22	55	41	14
藏 族							1	1	
维吾尔族									
苗 族	3	2	1	5	4	1			
彝 族	1	1							
壮 族	1	1		1	1				
布依族									
朝鲜族	363	217	146	196	120	76	71	54	17
满 族	558	326	232	411	266	145	273	197	76
侗 族	1	1							
瑶 族				2	2				
白 族				2	2				
土家族	1	1		4	2	2			
哈尼族									
哈萨克族									
傣 族									
黎 族	1		1						
傈僳族									
佤 族									
畲 族									
高山族									
拉祜族									
水 族									
东乡族									
纳西族									
景颇族									
柯尔克孜族									
土 族									
达斡尔族	2		2	2	2				
仫佬族	1	1							
羌 族									
布朗族									
撒拉族									
毛南族									
仡佬族	1	1							
锡伯族	7	3	4	2	2				
阿昌族									
普米族									
塔吉克族									
怒 族									
乌孜别克族									
俄罗斯族				1	1				
鄂温克族									
德昂族									
保安族									
裕固族									
京 族									
塔塔尔族									
独龙族									
鄂伦春族	1		1						
赫哲族				2	2				
门巴族									
珞巴族									
基诺族									
未定族称人口									
入 籍									

2–1 续表 5

单位：人

民族	居民服务、修理和其他服务业			教育			卫生和社会工作		
	小计	男	女	小计	男	女	小计	男	女
总计	**33213**	**16299**	**16914**	**50635**	**16830**	**33805**	**28700**	**9389**	**19311**
汉族	31030	15236	15794	46183	15466	30717	26162	8491	17671
蒙古族	234	118	116	567	155	412	241	85	156
回族	127	71	56	295	82	213	186	73	113
藏族				5	2	3			
维吾尔族				3	1	2	2		2
苗族	2		2	6	3	3	5	2	3
彝族				2		2	1		1
壮族	2		2	5	1	4	4		4
布依族				1	1				
朝鲜族	584	249	335	1374	481	893	953	387	566
满族	1223	620	603	2164	630	1534	1125	344	781
侗族	1	1					1		1
瑶族				1		1			
白族									
土家族	2	1	1	4		4	1		1
哈尼族									
哈萨克族				1		1			
傣族									
黎族	1		1	1		1			
傈僳族									
佤族									
畲族				1		1			
高山族									
拉祜族									
水族									
东乡族									
纳西族							1	1	
景颇族									
柯尔克孜族				1		1			
土族				1		1	1		1
达斡尔族	2	1	1	4	1	3	2	1	1
仫佬族							1	1	
羌族				1	1				
布朗族									
撒拉族									
毛南族									
仡佬族				1		1			
锡伯族	3		3	13	6	7	13	3	10
阿昌族									
普米族									
塔吉克族									
怒族									
乌孜别克族									
俄罗斯族									
鄂温克族	1	1							
德昂族									
保安族									
裕固族									
京族									
塔塔尔族									
独龙族									
鄂伦春族									
赫哲族	1	1					1	1	
门巴族									
珞巴族									
基诺族									
未定族称人口				1		1			
入籍									

2-1 续表 6 单位：人

民族	文化、体育和娱乐业			公共管理、社会保障和社会组织			国际组织		
	小计	男	女	小计	男	女	小计	男	女
总计	**7503**	**4041**	**3462**	**52307**	**32938**	**19369**	**4**	**2**	**2**
汉族	6748	3641	3107	47174	29723	17451	3	2	1
蒙古族	65	27	38	581	348	233			
回族	79	36	43	265	162	103			
藏族				13	6	7			
维吾尔族	1		1						
苗族				3	2	1			
彝族	5	1	4						
壮族				3	2	1			
布依族				1	1				
朝鲜族	334	190	144	1777	1186	591	1		1
满族	265	143	122	2444	1478	966			
侗族				2	1	1			
瑶族				1		1			
白族				2	2				
土家族				10	7	3			
哈尼族									
哈萨克族									
傣族				1	1				
黎族	1	1		1	1				
傈僳族									
佤族									
畲族									
高山族									
拉祜族				1		1			
水族									
东乡族									
纳西族									
景颇族									
柯尔克孜族									
土族									
达斡尔族	1		1	4	2	2			
仫佬族									
羌族									
布朗族									
撒拉族									
毛南族									
仡佬族									
锡伯族	3	1	2	23	15	8			
阿昌族									
普米族									
塔吉克族									
怒族									
乌孜别克族									
俄罗斯族									
鄂温克族									
德昂族									
保安族									
裕固族									
京族									
塔塔尔族									
独龙族									
鄂伦春族									
赫哲族	1	1							
门巴族									
珞巴族									
基诺族				1	1				
未定族称人口									
入籍									

2-2 全省各民族分性别、职业的人口

单位：人

民族	人口数			党的机关、国家机关、群众团体和社会组织、企事业单位负责人		
	合计	男	女	小计	男	女
总计	**1009445**	**593576**	**415869**	**15241**	**11089**	**4152**
汉族	944063	555499	388564	13897	10128	3769
蒙古族	6720	3680	3040	110	71	39
回族	4152	2438	1714	88	67	21
藏族	30	16	14			
维吾尔族	71	35	36			
苗族	56	30	26			
彝族	34	14	20	1	1	
壮族	57	23	34			
布依族	10	6	4	2	1	1
朝鲜族	16465	9512	6953	498	374	124
满族	37305	22076	15229	639	443	196
侗族	9	7	2			
瑶族	15	7	8			
白族	16	9	7			
土家族	66	38	28	1		1
哈尼族	4		4			
哈萨克族	3	1	2			
傣族	12	4	8	1	1	
黎族	31	15	16			
傈僳族	10	2	8			
佤族	4	1	3			
畲族	3	2	1			
高山族	3	1	2			
拉祜族	2		2			
水族						
东乡族	13	8	5			
纳西族	1	1				
景颇族	19	1	18			
柯尔克孜族	1		1			
土族	2		2			
达斡尔族	42	16	26			
仫佬族	2	2				
羌族	4	3	1			
布朗族						
撒拉族	1		1			
毛南族						
仡佬族	3	1	2			
锡伯族	188	111	77	3	3	
阿昌族						
普米族						
塔吉克族						
怒族						
乌孜别克族						
俄罗斯族	1	1				
鄂温克族	6	3	3			
德昂族						
保安族						
裕固族						
京族						
塔塔尔族	1		1			
独龙族						
鄂伦春族	4	1	3	1		1
赫哲族	8	6	2			
门巴族						
珞巴族	1	1				
基诺族	3	3				
未定族称人口	3	2	1			
入籍	1		1			

2-2 续表 1

单位：人

民　族	专业技术人员			办事人员和有关人员			社会生产服务和生活服务人员		
	小计	男	女	小计	男	女	小计	男	女
总　计	**110109**	**43993**	**66116**	**81782**	**50540**	**31242**	**306659**	**174689**	**131970**
汉　族	100695	40478	60217	74899	46290	28609	285106	162856	122250
蒙古族	1084	377	707	715	425	290	1958	1050	908
回　族	642	245	397	514	298	216	1812	1068	744
藏　族	5	2	3	12	7	5	7	4	3
维吾尔族	5	1	4				14	7	7
苗　族	13	6	7	10	6	4	16	10	6
彝　族	3		3	1	1		12	5	7
壮　族	9	2	7	7	5	2	25	11	14
布依族	1	1		3	1	2			
朝鲜族	3023	1177	1846	2064	1378	686	7100	3632	3468
满　族	4539	1664	2875	3493	2091	1402	10443	5964	4479
侗　族	2	2		3	1	2	4	4	
瑶　族	4	2	2	3	1	2	5	2	3
白　族	2	2		2	2		8	5	3
土家族	17	8	9	11	8	3	21	10	11
哈尼族							1		1
哈萨克族	1		1	1		1			
傣　族				1	1		1		1
黎　族	1		1	1	1		15	6	9
傈僳族				1	1		1		1
佤　族	1		1						
畲　族				1		1	1	1	
高山族	1		1	1		1			
拉祜族	1		1	1		1			
水　族									
东乡族							13	8	5
纳西族	1	1							
景颇族							1	1	
柯尔克孜族	1		1						
土　族	2		2						
达斡尔族	9	4	5	7	3	4	20	7	13
仫佬族	2	2							
羌　族	1	1							
布朗族									
撒拉族							1		1
毛南族									
仡佬族	1		1	1	1		1		1
锡伯族	39	17	22	27	17	10	62	30	32
阿昌族									
普米族									
塔吉克族									
怒　族									
乌孜别克族									
俄罗斯族							1	1	
鄂温克族	3	1	2				3	2	1
德昂族									
保安族									
裕固族									
京　族									
塔塔尔族							1		1
独龙族									
鄂伦春族							1		1
赫哲族				2	1	1	3	3	
门巴族									
珞巴族							1	1	
基诺族				1	1				
未定族称人口	1		1				1	1	
入　籍									

2-2 续表 2　　　　单位：人

民　族	农、林、牧、渔业生产及辅助人员			生产制造及有关人员			不便分类的其他从业人员		
	小计	男	女	小计	男	女	小计	男	女
总　计	**376067**	**216754**	**159313**	**118896**	**96110**	**22786**	**691**	**401**	**290**
汉　族	357768	205700	152068	111068	89677	21391	630	370	260
蒙古族	2192	1230	962	655	525	130	6	2	4
回　族	584	349	235	511	410	101	1	1	
藏　族	2	2		4	1	3			
维吾尔族				52	27	25			
苗　族	9	2	7	8	6	2			
彝　族	6	2	4	11	5	6			
壮　族	12	2	10	4	3	1			
布依族	2	1	1	2	2				
朝鲜族	1157	743	414	2615	2204	411	8	4	4
满　族	14235	8686	5549	3911	3205	706	45	23	22
侗　族									
瑶　族	2	1	1	1	1				
白　族	4		4						
土家族	5	3	2	11	9	2			
哈尼族	3		3						
哈萨克族	1	1							
傣　族	9	2	7						
黎　族	9	5	4	5	3	2			
傈僳族	7	1	6	1		1			
佤　族	2		2	1	1				
畲　族				1	1				
高山族	1	1							
拉祜族									
水　族									
东乡族									
纳西族									
景颇族	18		18						
柯尔克孜族									
土　族									
达斡尔族	5	1	4	1	1				
仫佬族									
羌　族	1		1	2	2				
布朗族									
撒拉族									
毛南族									
仡佬族									
锡伯族	28	20	8	28	23	5	1	1	
阿昌族									
普米族									
塔吉克族									
怒　族									
乌孜别克族									
俄罗斯族									
鄂温克族									
德昂族									
保安族									
裕固族									
京　族									
塔塔尔族									
独龙族									
鄂伦春族	1		1	1	1				
赫哲族	1		1	2	2				
门巴族									
珞巴族									
基诺族	1	1		1	1				
未定族称人口	1	1							
入　籍	1		1						

2-3 全省各民族分性别、主要生活来源的15岁及以上人口

单位：人

民　族	15岁及以上人口			劳动收入		
	合计	男	女	小计	男	女
总　计	**1937575**	**958960**	**978615**	**1033867**	**609914**	**423953**
汉　族	1803625	892724	910901	967302	571039	396263
蒙古族	12386	5669	6717	6952	3787	3165
回　族	9003	4460	4543	4265	2513	1752
藏　族	187	70	117	28	16	12
维吾尔族	332	137	195	69	34	35
苗　族	238	113	125	56	30	26
彝　族	110	40	70	34	13	21
壮　族	250	103	147	57	24	33
布依族	71	32	39	10	5	5
朝鲜族	45836	22007	23829	16625	9650	6975
满　族	64230	33053	31177	37988	22559	15429
侗　族	64	30	34	9	7	2
瑶　族	43	17	26	14	7	7
白　族	59	28	31	19	9	10
土家族	265	127	138	66	38	28
哈尼族	16	2	14	4		4
哈萨克族	76	27	49	3	1	2
傣　族	21	6	15	12	4	8
黎　族	76	24	52	31	15	16
傈僳族	19	4	15	10	2	8
佤　族	7	2	5	4	1	3
畲　族	17	8	9	3	2	1
高山族	3	1	2	3	1	2
拉祜族	2		2	2		2
水　族	6	3	3			
东乡族	17	9	8	13	8	5
纳西族	5	1	4	1	1	
景颇族	27	3	24	19	1	18
柯尔克孜族	7	1	6	1		1
土　族	16	4	12	2		2
达斡尔族	84	28	56	41	15	26
仫佬族	11	5	6	2	2	
羌　族	6	3	3	4	3	1
布朗族						
撒拉族	3		3	1		1
毛南族	2		2			
仡佬族	13	8	5	3	1	2
锡伯族	346	174	172	188	111	77
阿昌族	3		3			
普米族						
塔吉克族	3	2	1			
怒　族						
乌孜别克族						
俄罗斯族	5	3	2	1	1	
鄂温克族	20	6	14	6	3	3
德昂族						
保安族						
裕固族						
京　族						
塔塔尔族	2		2	1		1
独龙族	1	1				
鄂伦春族	9	1	8	4	1	3
赫哲族	16	8	8	7	5	2
门巴族	2		2			
珞巴族	1	1				
基诺族	4	4		3	3	
未定族称人口	23	9	14	3	2	1
入　籍	7	2	5	1		1

2-3 续表 1

单位：人

民 族	离退休金/养老金			最低生活保障金			失业保险金		
	小计	男	女	小计	男	女	小计	男	女
总 计	**297934**	**119810**	**178124**	**45251**	**24505**	**20746**	**553**	**352**	**201**
汉 族	275233	110294	164939	41953	22754	19199	517	332	185
蒙古族	925	348	577	282	130	152	4	2	2
回 族	2358	944	1414	168	91	77	5	3	2
藏 族	1		1						
维吾尔族	2		2						
苗 族	12	6	6	1		1			
彝 族	3	1	2	2		2			
壮 族	14	6	8						
布依族									
朝鲜族	12837	5335	7502	1693	863	830	13	6	7
满 族	6455	2831	3624	1143	662	481	14	9	5
侗 族	5	2	3						
瑶 族	3	2	1						
白 族	7	3	4						
土家族	8	6	2						
哈尼族									
哈萨克族									
傣 族									
黎 族				1		1			
傈僳族									
佤 族				1	1				
畲 族	1	1							
高山族									
拉祜族									
水 族									
东乡族									
纳西族									
景颇族									
柯尔克孜族									
土 族	1		1						
达斡尔族	9	4	5	2	2				
仫佬族	1		1						
羌 族									
布朗族									
撒拉族									
毛南族									
仡佬族									
锡伯族	53	25	28	4	2	2			
阿昌族									
普米族									
塔吉克族									
怒 族									
乌孜别克族									
俄罗斯族	2	1	1						
鄂温克族	1		1						
德昂族									
保安族									
裕固族									
京 族									
塔塔尔族									
独龙族									
鄂伦春族									
赫哲族	1		1						
门巴族									
珞巴族									
基诺族									
未定族称人口	1		1	1		1			
入 籍	1	1							

2-3 续表 2

单位：人

民族	财产性收入			家庭其他成员供养			其他		
	小计	男	女	小计	男	女	小计	男	女
总计	**41080**	**20772**	**20308**	**457785**	**153264**	**304521**	**61105**	**30343**	**30762**
汉族	37697	18881	18816	423111	140787	282324	57812	28637	29175
蒙古族	403	201	202	3543	1086	2457	277	115	162
回族	75	39	36	1940	768	1172	192	102	90
藏族				153	51	102	5	3	2
维吾尔族				254	101	153	7	2	5
苗族	3	1	2	161	73	88	5	3	2
彝族				70	26	44	1		1
壮族	1	1		175	72	103	3		3
布依族				59	26	33	2	1	1
朝鲜族	1842	1044	798	11971	4630	7341	855	479	376
满族	1046	600	446	15660	5401	10259	1924	991	933
侗族	1		1	49	21	28			
瑶族				26	8	18			
白族	2	1	1	30	14	16	1	1	
土家族				187	81	106	4	2	2
哈尼族				12	2	10			
哈萨克族				71	25	46	2	1	1
傣族	1		1	7	1	6	1	1	
黎族				44	9	35			
傈僳族				9	2	7			
佤族				1		1	1		1
畲族				13	5	8			
高山族									
拉祜族									
水族				6	3	3			
东乡族				4	1	3			
纳西族				4		4			
景颇族				8	2	6			
柯尔克孜族				6	1	5			
土族				13	4	9			
达斡尔族	2	1	1	29	6	23	1		1
仫佬族				8	3	5			
羌族				2		2			
布朗族									
撒拉族				1		1	1		1
毛南族				2		2			
仡佬族				10	7	3			
锡伯族	5	2	3	88	32	56	8	2	6
阿昌族				3		3			
普米族									
塔吉克族				3	2	1			
怒族									
乌孜别克族									
俄罗斯族				2	1	1			
鄂温克族				13	3	10			
德昂族									
保安族									
裕固族									
京族									
塔塔尔族				1		1			
独龙族				1	1				
鄂伦春族				5		5			
赫哲族				7	2	5	1	1	
门巴族				2		2			
珞巴族				1	1				
基诺族				1	1				
未定族称人口	2	1	1	14	4	10	2	2	
入籍				5	1	4			

2-4 全省各民族分性别、婚姻状况的15岁及以上人口

单位：人

民族	15岁及以上人口			未婚		
	合计	男	女	小计	男	女
总计	**1937575**	**958960**	**978615**	**291931**	**166749**	**125182**
汉族	1803625	892724	910901	267679	153205	114474
蒙古族	12386	5669	6717	2623	1353	1270
回族	9003	4460	4543	1608	923	685
藏族	187	70	117	165	61	104
维吾尔族	332	137	195	315	132	183
苗族	238	113	125	164	82	82
彝族	110	40	70	68	31	37
壮族	250	103	147	165	74	91
布依族	71	32	39	59	28	31
朝鲜族	45836	22007	23829	7328	4458	2870
满族	64230	33053	31177	11120	6138	4982
侗族	64	30	34	48	23	25
瑶族	43	17	26	28	9	19
白族	59	28	31	28	15	13
土家族	265	127	138	181	84	97
哈尼族	16	2	14	6	2	4
哈萨克族	76	27	49	71	25	46
傣族	21	6	15	5	2	3
黎族	76	24	52	41	10	31
傈僳族	19	4	15	7	1	6
佤族	7	2	5	1		1
畲族	17	8	9	11	4	7
高山族	3	1	2			
拉祜族	2		2			
水族	6	3	3	6	3	3
东乡族	17	9	8	6	5	1
纳西族	5	1	4	5	1	4
景颇族	27	3	24	3	2	1
柯尔克孜族	7	1	6	6	1	5
土族	16	4	12	13	4	9
达斡尔族	84	28	56	22	9	13
仫佬族	11	5	6	7	3	4
羌族	6	3	3	3	2	1
布朗族						
撒拉族	3		3	1		1
毛南族	2		2	2		2
仡佬族	13	8	5	10	7	3
锡伯族	346	174	172	81	37	44
阿昌族	3		3	2		2
普米族						
塔吉克族	3	2	1	3	2	1
怒族						
乌孜别克族						
俄罗斯族	5	3	2	2	1	1
鄂温克族	20	6	14	9	2	7
德昂族						
保安族						
裕固族						
京族						
塔塔尔族	2		2	1		1
独龙族	1	1				
鄂伦春族	9	1	8	4		4
赫哲族	16	8	8	5	3	2
门巴族	2		2	2		2
珞巴族	1	1				
基诺族	4	4		1	1	
未定族称人口	23	9	14	15	6	9
入籍	7	2	5	1		1

2-4　续表　　　　　　　　　　　　　　　　　　　　　　　　　　　　单位：人

民　族	有配偶			离　婚			丧　偶		
	小计	男	女	小计	男	女	小计	男	女
总　计	**1422648**	**710613**	**712035**	**87828**	**45115**	**42713**	**135168**	**36483**	**98685**
汉　族	1329708	663715	665993	80945	41535	39410	125293	34269	91024
蒙古族	8747	3971	4776	417	199	218	599	146	453
回　族	6255	3164	3091	499	241	258	641	132	509
藏　族	18	7	11	2		2	2	2	
维吾尔族	17	5	12						
苗　族	67	27	40	6	3	3	1	1	
彝　族	36	8	28	4	1	3	2		2
壮　族	78	28	50	5	1	4	2		2
布依族	12	4	8						
朝鲜族	29999	14940	15059	3157	1721	1436	5352	888	4464
满　族	47093	24471	22622	2767	1407	1360	3250	1037	2213
侗　族	15	7	8				1		1
瑶　族	14	7	7				1	1	
白　族	28	13	15	1		1	2		2
土家族	78	40	38	5	2	3	1	1	
哈尼族	10		10						
哈萨克族	5	2	3						
傣　族	16	4	12						
黎　族	34	14	20				1		1
傈僳族	11	2	9				1	1	
佤　族	6	2	4						
畲　族	5	3	2				1	1	
高山族	3	1	2						
拉祜族	1		1	1		1			
水　族									
东乡族	11	4	7						
纳西族									
景颇族	24	1	23						
柯尔克孜族	1		1						
土　族	3		3						
达斡尔族	57	19	38	3		3	2		2
仫佬族	3	2	1	1		1			
羌　族	2	1	1				1		1
布朗族									
撒拉族	2		2						
毛南族									
仡佬族	3	1	2						
锡伯族	242	131	111	12	5	7	11	1	10
阿昌族	1		1						
普米族									
塔吉克族									
怒　族									
乌孜别克族									
俄罗斯族	3	2	1						
鄂温克族	10	3	7				1	1	
德昂族									
保安族									
裕固族									
京　族									
塔塔尔族				1		1			
独龙族	1	1							
鄂伦春族	5	1	4						
赫哲族	10	4	6				1	1	
门巴族									
珞巴族	1	1							
基诺族	3	3							
未定族称人口	7	3	4	1		1			
入　籍	3	1	2	1		1	2	1	1

2-5 全省各民族分性别、初婚年龄的人口

单位：人

民族	合计			15岁以下		
	合计	男	女	小计	男	女
总　计	**1645644**	**792211**	**853433**	**2014**	**392**	**1622**
汉　族	1535946	739519	796427	1921	370	1551
蒙古族	9763	4316	5447	12	4	8
回　族	7395	3537	3858	8	1	7
藏　族	22	9	13			
维吾尔族	17	5	12			
苗　族	74	31	43			
彝　族	42	9	33			
壮　族	85	29	56			
布依族	12	4	8			
朝鲜族	38508	17549	20959	20	5	15
满　族	53110	26915	26195	50	11	39
侗　族	16	7	9			
瑶　族	15	8	7			
白　族	31	13	18			
土家族	84	43	41			
哈尼族	10		10			
哈萨克族	5	2	3			
傣　族	16	4	12			
黎　族	35	14	21			
傈僳族	12	3	9			
佤　族	6	2	4			
畲　族	6	4	2			
高山族	3	1	2			
拉祜族	2		2			
水　族						
东乡族	11	4	7			
纳西族						
景颇族	24	1	23			
柯尔克孜族	1		1			
土　族	3		3			
达斡尔族	62	19	43			
仫佬族	4	2	2			
羌　族	3	1	2	1		1
布朗族						
撒拉族	2		2			
毛南族						
仡佬族	3	1	2			
锡伯族	265	137	128	2	1	1
阿昌族	1		1			
普米族						
塔吉克族						
怒　族						
乌孜别克族						
俄罗斯族	3	2	1			
鄂温克族	11	4	7			
德昂族						
保安族						
裕固族						
京　族						
塔塔尔族	1		1			
独龙族	1	1				
鄂伦春族	5	1	4			
赫哲族	11	5	6			
门巴族						
珞巴族	1	1				
基诺族	3	3				
未定族称人口	8	3	5			
入　籍	6	2	4			

2–5　续表 1

单位：人

民　族	15岁			16岁		
	小计	男	女	小计	男	女
总　计	**10769**	**2233**	**8536**	**21268**	**4562**	**16706**
汉　族	10273	2124	8149	20321	4356	15965
蒙古族	57	4	53	87	9	78
回　族	30	4	26	64	14	50
藏　族						
维吾尔族						
苗　族	1		1	1		1
彝　族	1		1			
壮　族				2		2
布依族						
朝鲜族	127	22	105	202	29	173
满　族	277	78	199	584	153	431
侗　族						
瑶　族	1	1				
白　族				2		2
土家族						
哈尼族						
哈萨克族						
傣　族	1		1			
黎　族						
傈僳族				1		1
佤　族						
畲　族						
高山族						
拉祜族						
水　族						
东乡族						
纳西族						
景颇族						
柯尔克孜族						
土　族						
达斡尔族						
仫佬族						
羌　族						
布朗族						
撒拉族						
毛南族						
仡佬族						
锡伯族				2	1	1
阿昌族				1		1
普米族						
塔吉克族						
怒　族						
乌孜别克族						
俄罗斯族						
鄂温克族				1		1
德昂族						
保安族						
裕固族						
京　族						
塔塔尔族						
独龙族						
鄂伦春族						
赫哲族						
门巴族						
珞巴族						
基诺族						
未定族称人口						
入　籍	1		1			

2-5 续表 2　　　　单位：人

民族	17岁			18岁			19岁		
	小计	男	女	小计	男	女	小计	男	女
总计	**40533**	**10308**	**30225**	**70587**	**20986**	**49601**	**118383**	**40855**	**77528**
汉族	38738	9909	28829	67235	20104	47131	112465	39114	73351
蒙古族	199	38	161	367	95	272	651	185	466
回族	123	18	105	201	52	149	309	94	215
藏族	1	1		2		2	3	2	1
维吾尔族	2		2				2		2
苗族	2		2	2		2	1		1
彝族	1		1	1		1	4		4
壮族	1		1	2	1	1	4	1	3
布依族	1	1							
朝鲜族	364	37	327	665	82	583	1278	208	1070
满族	1091	302	789	2085	647	1438	3633	1247	2386
侗族									
瑶族	2	1	1				1		1
白族				2		2	4		4
土家族				1	1		3	3	
哈尼族							2		2
哈萨克族							1		1
傣族				3	1	2	1		1
黎族	2	1	1	2		2	2		2
傈僳族							1		1
佤族							1		1
畲族									
高山族									
拉祜族									
水族									
东乡族	1		1	3		3	1		1
纳西族									
景颇族				3		3	2		2
柯尔克孜族									
土族									
达斡尔族	1		1	4	1	3	2		2
仫佬族									
羌族									
布朗族									
撒拉族	1		1						
毛南族									
仡佬族									
锡伯族	2		2	6	1	5	10	1	9
阿昌族									
普米族									
塔吉克族									
怒族									
乌孜别克族									
俄罗斯族									
鄂温克族	1		1	2	1	1			
德昂族									
保安族									
裕固族									
京族									
塔塔尔族									
独龙族									
鄂伦春族							1		1
赫哲族							1		1
门巴族									
珞巴族									
基诺族									
未定族称人口				1		1			
入籍									

2-5　续表 3　　　　单位：人

民　族	20岁			21岁			22岁		
	小计	男	女	小计	男	女	小计	男	女
总　计	**166893**	**63717**	**103176**	**196965**	**90580**	**106385**	**211661**	**107838**	**103823**
汉　族	157950	60738	97212	185810	85924	99886	198656	101814	96842
蒙古族	969	316	653	1193	502	691	1281	630	651
回　族	524	165	359	668	250	418	842	394	448
藏　族	1		1	1		1	3	2	1
维吾尔族	2	2		2		2	1		1
苗　族	7	2	5	8	1	7	4		4
彝　族	3	1	2	1		1	5		5
壮　族	2		2	3		3	4	2	2
布依族	1	1							
朝鲜族	2037	370	1667	2645	642	2003	3724	1063	2661
满　族	5344	2107	3237	6584	3241	3343	7066	3896	3170
侗　族	2	1	1	1		1	1		1
瑶　族				3	1	2	1	1	
白　族	1		1	3	1	2	5	2	3
土家族	3	1	2	5	2	3	6	4	2
哈尼族	1		1	1		1	1		1
哈萨克族							1	1	
傣　族				1		1	2		2
黎　族	2	1	1	3	2	1	3	2	1
傈僳族	2	1	1				2	1	1
佤　族	1		1	2	1	1			
畲　族				1	1		2	2	
高山族				1		1			
拉祜族	1		1						
水　族									
东乡族	3	2	1				2	1	1
纳西族									
景颇族	4	1	3	1		1	2		2
柯尔克孜族							1		1
土　族									
达斡尔族	5	1	4	4	2	2	7	2	5
仫佬族	1		1						
羌　族									
布朗族									
撒拉族									
毛南族									
仡佬族									
锡伯族	21	7	14	20	8	12	37	20	17
阿昌族									
普米族									
塔吉克族									
怒　族									
乌孜别克族									
俄罗斯族	1		1						
鄂温克族				2	1	1	1		1
德昂族									
保安族									
裕固族									
京　族									
塔塔尔族				1		1			
独龙族									
鄂伦春族	1		1						
赫哲族	1		1				1	1	
门巴族									
珞巴族									
基诺族									
未定族称人口	2		2	1	1				
入　籍	1		1						

2-5 续表 4　　　　单位：人

民　族	23岁			24岁			25岁		
	小计	男	女	小计	男	女	小计	男	女
总　计	**180673**	**92481**	**88192**	**150939**	**80029**	**70910**	**124455**	**68890**	**55565**
汉　族	168402	86607	81795	139615	74271	65344	114377	63356	51021
蒙古族	1076	531	545	937	451	486	757	384	373
回　族	919	420	499	814	433	381	771	426	345
藏　族	2	1	1	3	1	2	3	1	2
维吾尔族				2		2			
苗　族	3	1	2	1		1	13	8	5
彝　族	3	1	2	3		3	7	3	4
壮　族	9	2	7	7	4	3	12	3	9
布依族	3		3	2		2			
朝鲜族	4306	1601	2705	4654	2150	2504	4361	2361	2000
满　族	5881	3282	2599	4844	2697	2147	4098	2323	1775
侗　族	3	1	2	2	1	1	2	1	1
瑶　族	1	1		1		1	1	1	
白　族	2	2					3	2	1
土家族	8	5	3	10	3	7	11	3	8
哈尼族	1		1	1		1	1		1
哈萨克族	1		1	2	1	1			
傣　族	1		1	1	1		2	1	1
黎　族	6	1	5	3	1	2	3	1	2
傈僳族	1	1		1		1	1		1
佤　族	1		1						
畲　族	1	1							
高山族	1	1					1		1
拉祜族	1		1						
水　族									
东乡族	1	1							
纳西族									
景颇族	1		1	1		1	1		1
柯尔克孜族									
土　族	1		1						
达斡尔族	6	2	4	5	2	3	4	2	2
仫佬族									
羌　族									
布朗族									
撒拉族									
毛南族									
仡佬族				1		1			
锡伯族	26	15	11	24	10	14	21	12	9
阿昌族									
普米族									
塔吉克族									
怒　族									
乌孜别克族									
俄罗斯族							1	1	
鄂温克族				1		1	1		1
德昂族									
保安族									
裕固族									
京　族									
塔塔尔族									
独龙族	1	1							
鄂伦春族							1		1
赫哲族	2	1	1				2	1	1
门巴族									
珞巴族				1	1				
基诺族	1	1		1	1				
未定族称人口	2	1	1						
入　籍				2	1	1			

2-5 续表 5

单位：人

民族	26岁			27岁			28岁		
	小计	男	女	小计	男	女	小计	男	女
总计	**91507**	**52656**	**38851**	**65589**	**38706**	**26883**	**45817**	**27715**	**18102**
汉族	83864	48157	35707	59736	35214	24522	41690	25178	16512
蒙古族	589	297	292	462	259	203	299	159	140
回族	542	313	229	451	264	187	286	172	114
藏族				2	1	1	1		1
维吾尔族	2	2		1		1	1		1
苗族	7	3	4	5	4	1	4	1	3
彝族	3	1	2				2	1	1
壮族	9	4	5	9	4	5	7	3	4
布依族	1		1	1	1				
朝鲜族	3303	2063	1240	2610	1614	996	1861	1187	674
满族	3127	1787	1340	2267	1320	947	1628	995	633
侗族	1		1	1	1		1	1	
瑶族	1		1	1	1		1	1	
白族	3	2	1	1		1	1		1
土家族	6	2	4	8	4	4	8	7	1
哈尼族									
哈萨克族									
傣族							1	1	
黎族	3	1	2	2	1	1	1		1
傈僳族	1		1				1		1
佤族									
畲族	1		1	1		1			
高山族									
拉祜族									
水族									
东乡族									
纳西族									
景颇族				1		1	1		1
柯尔克孜族									
土族	2		2						
达斡尔族	11	3	8	4	1	3	3	1	2
仫佬族	1	1		1		1			
羌族							1	1	
布朗族									
撒拉族	1		1						
毛南族									
仡佬族							1		1
锡伯族	27	18	9	21	15	6	16	6	10
阿昌族									
普米族									
塔吉克族									
怒族									
乌孜别克族									
俄罗斯族									
鄂温克族				1	1				
德昂族									
保安族									
裕固族									
京族									
塔塔尔族									
独龙族									
鄂伦春族				1	1		1		1
赫哲族	1	1		2		2	1	1	
门巴族									
珞巴族									
基诺族									
未定族称人口									
入籍	1	1							

2-5 续表 6

单位：人

民族	29岁			30岁			31岁		
	小计	男	女	小计	男	女	小计	男	女
总 计	**33204**	**20078**	**13126**	**24055**	**14829**	**9226**	**18048**	**11014**	**7034**
汉 族	30177	18256	11921	21878	13461	8417	16439	10003	6436
蒙古族	226	126	100	131	72	59	111	57	54
回 族	215	128	87	146	89	57	110	59	51
藏 族									
维吾尔族	1		1						
苗 族	5	4	1	2	2		1		1
彝 族	2	1	1	1	1				
壮 族	3		3	5	2	3	2	2	
布依族				2	1	1			
朝鲜族	1410	863	547	1094	719	375	785	515	270
满 族	1140	684	456	783	474	309	591	374	217
侗 族	1		1						
瑶 族									
白 族	1	1		1	1				
土家族	6	3	3	2		2			
哈尼族							1		1
哈萨克族									
傣 族				2		2			
黎 族	1	1							
傈僳族									
佤 族									
畲 族									
高山族									
拉祜族									
水 族									
东乡族									
纳西族									
景颇族	2		2				1		1
柯尔克孜族									
土 族									
达斡尔族	3	1	2	1	1		1		1
仫佬族									
羌 族									
布朗族									
撒拉族									
毛南族									
仡佬族	1	1							
锡伯族	8	7	1	6	5	1	5	3	2
阿昌族									
普米族									
塔吉克族									
怒 族									
乌孜别克族									
俄罗斯族				1	1				
鄂温克族							1	1	
德昂族									
保安族									
裕固族									
京 族									
塔塔尔族									
独龙族									
鄂伦春族									
赫哲族									
门巴族									
珞巴族									
基诺族	1	1							
未定族称人口	1	1							
入 籍									

2–5 续表 7

单位：人

民族	32岁			33岁			34岁		
	小计	男	女	小计	男	女	小计	男	女
总 计	**13725**	**8382**	**5343**	**10660**	**6580**	**4080**	**8448**	**5248**	**3200**
汉 族	12549	7660	4889	9741	5992	3749	7750	4780	2970
蒙古族	74	33	41	65	40	25	37	17	20
回 族	83	59	24	48	27	21	45	33	12
藏 族									
维吾尔族							1	1	
苗 族	2	2							
彝 族	2		2	1		1			
壮 族							1		1
布依族									
朝鲜族	597	376	221	468	301	167	370	250	120
满 族	412	248	164	335	219	116	237	163	74
侗 族									
瑶 族									
白 族							1	1	
土家族	3	2	1				1	1	
哈尼族	1		1						
哈萨克族									
傣 族							1		1
黎 族									
傈僳族									
佤 族									
畲 族									
高山族									
拉祜族									
水 族									
东乡族									
纳西族									
景颇族							1		1
柯尔克孜族									
土 族									
达斡尔族									
仫佬族									
羌 族									
布朗族									
撒拉族									
毛南族									
仡佬族									
锡伯族	2	2		2	1	1	3	2	1
阿昌族									
普米族									
塔吉克族									
怒 族									
乌孜别克族									
俄罗斯族									
鄂温克族									
德昂族									
保安族									
裕固族									
京 族									
塔塔尔族									
独龙族									
鄂伦春族									
赫哲族									
门巴族									
珞巴族									
基诺族									
未定族称人口									
入 籍									

2-5 续表 8 单位：人

民族	35岁			36岁			37岁		
	小计	男	女	小计	男	女	小计	男	女
总　计	**6498**	**4023**	**2475**	**5127**	**3109**	**2018**	**4247**	**2620**	**1627**
汉　族	5966	3683	2283	4700	2830	1870	3899	2393	1506
蒙古族	32	25	7	17	9	8	26	15	11
回　族	43	29	14	26	17	9	19	11	8
藏　族									
维吾尔族									
苗　族	3	2	1				1		1
彝　族	1		1						
壮　族	1		1						
布依族									
朝鲜族	279	186	93	218	141	77	188	129	59
满　族	171	97	74	158	107	51	113	72	41
侗　族									
瑶　族									
白　族				1	1				
土家族				1	1				
哈尼族									
哈萨克族									
傣　族									
黎　族				1	1				
傈僳族				1		1			
佤　族	1	1							
畲　族									
高山族									
拉祜族									
水　族									
东乡族									
纳西族									
景颇族				1		1			
柯尔克孜族									
土　族									
达斡尔族				1		1			
仫佬族									
羌　族									
布朗族									
撒拉族									
毛南族									
仡佬族									
锡伯族				2	2		1		1
阿昌族									
普米族									
塔吉克族									
怒　族									
乌孜别克族									
俄罗斯族									
鄂温克族									
德昂族									
保安族									
裕固族									
京　族									
塔塔尔族									
独龙族									
鄂伦春族									
赫哲族									
门巴族									
珞巴族									
基诺族									
未定族称人口									
入　籍	1		1						

2-5　续表 9　　　　　　　　　　　　　　　　　　　　　　　　　　　　　单位：人

民　族	38岁			39岁			40岁及以上		
	小计	男	女	小计	男	女	小计	男	女
总　计	**3402**	**2105**	**1297**	**2890**	**1804**	**1086**	**17287**	**10471**	**6816**
汉　族	3126	1928	1198	2642	1646	996	16026	9651	6375
蒙古族	18	10	8	17	10	7	73	38	35
回　族	15	10	5	15	9	6	78	46	32
藏　族									
维吾尔族									
苗　族							1	1	
彝　族							1		1
壮　族				1		1	1	1	
布依族							1		1
朝鲜族	149	97	52	120	79	41	673	459	214
满　族	91	60	31	94	59	35	426	272	154
侗　族							1	1	
瑶　族							1		1
白　族									
土家族				1	1		1		1
哈尼族									
哈萨克族									
傣　族									
黎　族							1	1	
傈僳族									
佤　族									
畲　族									
高山族									
拉祜族									
水　族									
东乡族									
纳西族									
景颇族	2		2						
柯尔克孜族									
土　族									
达斡尔族									
仫佬族							1	1	
羌　族							1		1
布朗族									
撒拉族									
毛南族									
仡佬族									
锡伯族	1		1						
阿昌族									
普米族									
塔吉克族									
怒　族									
乌孜别克族									
俄罗斯族									
鄂温克族									
德昂族									
保安族									
裕固族									
京　族									
塔塔尔族									
独龙族									
鄂伦春族									
赫哲族									
门巴族									
珞巴族									
基诺族									
未定族称人口							1		1
入　籍									

2-6 全省按民族、生育孩次分的育龄妇女人数
(2019.11.1-2020.10.31)

单位：人

民族	合计	生男孩的妇女人数	生女孩的妇女人数	一孩			二孩		
				小计	男	女	小计	男	女
总计	**11821**	**6028**	**5793**	**7697**	**3954**	**3743**	**3836**	**1921**	**1915**
汉族	10810	5527	5283	7039	3625	3414	3502	1759	1743
蒙古族	150	76	74	88	44	44	58	30	28
回族	67	27	40	42	20	22	23	6	17
藏族									
维吾尔族									
苗族	2		2	1		1	1		1
彝族	2	1	1	1	1		1		1
壮族	3	1	2	3	1	2			
布依族	1		1	1		1			
朝鲜族	204	104	100	150	81	69	49	22	27
满族	563	282	281	356	174	182	199	102	97
侗族	1		1	1		1			
瑶族									
白族	2		2	1		1	1		1
土家族	4	3	1	4	3	1			
哈尼族	2		2	2		2			
哈萨克族									
傣族									
黎族									
傈僳族									
佤族									
畲族									
高山族									
拉祜族									
水族									
东乡族	1		1	1		1			
纳西族									
景颇族	1	1					1	1	
柯尔克孜族									
土族									
达斡尔族	1	1		1	1				
仫佬族									
羌族									
布朗族									
撒拉族									
毛南族									
仡佬族									
锡伯族	7	5	2	6	4	2	1	1	
阿昌族									
普米族									
塔吉克族									
怒族									
乌孜别克族									
俄罗斯族									
鄂温克族									
德昂族									
保安族									
裕固族									
京族									
塔塔尔族									
独龙族									
鄂伦春族									
赫哲族									
门巴族									
珞巴族									
基诺族									
未定族称人口									
入籍									

2-6 续表

单位：人

民族	三孩			四孩			五孩及以上		
	小计	男	女	小计	男	女	小计	男	女
总计	**257**	**142**	**115**	**25**	**9**	**16**	**6**	**2**	**4**
汉族	241	134	107	22	7	15	6	2	4
蒙古族	4	2	2						
回族	1		1	1	1				
藏族									
维吾尔族									
苗族									
彝族									
壮族									
布依族									
朝鲜族	4	1	3	1		1			
满族	7	5	2	1	1				
侗族									
瑶族									
白族									
土家族									
哈尼族									
哈萨克族									
傣族									
黎族									
傈僳族									
佤族									
畲族									
高山族									
拉祜族									
水族									
东乡族									
纳西族									
景颇族									
柯尔克孜族									
土族									
达斡尔族									
仫佬族									
羌族									
布朗族									
撒拉族									
毛南族									
仡佬族									
锡伯族									
阿昌族									
普米族									
塔吉克族									
怒族									
乌孜别克族									
俄罗斯族									
鄂温克族									
德昂族									
保安族									
裕固族									
京族									
塔塔尔族									
独龙族									
鄂伦春族									
赫哲族									
门巴族									
珞巴族									
基诺族									
未定族称人口									
入籍									

2-7 全省各民族15-64岁妇女平均活产子女数和平均存活子女数

单位：人、%

民族	15-64岁妇女人数	活产子女总数			存活子女总数			存活子女数占活产子女数的百分比	妇女平均活产子女数	妇女平均存活子女数
		小计	男	女	小计	男	女			
总 计	**796338**	**866752**	**453454**	**413298**	**839872**	**437432**	**402440**	**96.90**	**1.09**	**1.05**
汉 族	741558	811241	424949	386292	786143	409980	376163	96.91	1.09	1.06
蒙古族	6093	6283	3231	3052	6111	3134	2977	97.26	1.03	1.00
回 族	3612	3617	1853	1764	3514	1791	1723	97.15	1.00	0.97
藏 族	116	13	9	4	13	9	4	100.00	0.11	0.11
维吾尔族	195	17	13	4	17	13	4	100.00	0.09	0.09
苗 族	123	58	26	32	57	26	31	98.28	0.47	0.46
彝 族	68	44	23	21	41	21	20	93.18	0.65	0.60
壮 族	143	61	33	28	59	32	27	96.72	0.43	0.41
布依族	38	9	7	2	9	7	2	100.00	0.24	0.24
朝鲜族	16190	15762	8086	7676	15205	7778	7427	96.47	0.97	0.94
满 族	27472	29199	15003	14196	28270	14428	13842	96.82	1.06	1.03
侗 族	31	7	2	5	7	2	5	100.00	0.23	0.23
瑶 族	25	10	4	6	10	4	6	100.00	0.40	0.40
白 族	28	17	9	8	16	8	8	94.12	0.61	0.57
土家族	138	46	27	19	46	27	19	100.00	0.33	0.33
哈尼族	14	16	7	9	16	7	9	100.00	1.14	1.14
哈萨克族	49	5	3	2	5	3	2	100.00	0.10	0.10
傣 族	15	19	6	13	18	6	12	94.74	1.27	1.20
黎 族	52	30	13	17	30	13	17	100.00	0.58	0.58
傈僳族	15	19	10	9	18	9	9	94.74	1.27	1.20
佤 族	5	8	3	5	8	3	5	100.00	1.60	1.60
畲 族	9	3	2	1	3	2	1	100.00	0.33	0.33
高山族	2	2	1	1	2	1	1	100.00	1.00	1.00
拉祜族	2	2	1	1	2	1	1	100.00	1.00	1.00
水 族	3									
东乡族	8	13	4	9	12	3	9	92.31	1.63	1.50
纳西族	4									
景颇族	24	35	16	19	34	15	19	97.14	1.46	1.42
柯尔克孜族	6	1		1	1		1	100.00	0.17	0.17
土 族	12	3	1	2	2	1	1	66.67	0.25	0.17
达斡尔族	54	38	21	17	35	20	15	92.11	0.70	0.65
仫佬族	6	2	1	1	2	1	1	100.00	0.33	0.33
羌 族	2	1	1		1	1		100.00	0.50	0.50
布朗族										
撒拉族	3	3		3	3		3	100.00	1.00	1.00
毛南族	2									
仡佬族	5	2	1	1	2	1	1	100.00	0.40	0.40
锡伯族	159	132	71	61	128	70	58	96.97	0.83	0.81
阿昌族	3	1		1	1		1	100.00	0.33	0.33
普米族										
塔吉克族	1									
怒 族										
乌孜别克族										
俄罗斯族	2	1		1	1		1	100.00	0.50	0.50
鄂温克族	14	9	4	5	9	4	5	100.00	0.64	0.64
德昂族										
保安族										
裕固族										
京 族										
塔塔尔族	2	1	1		1	1		100.00	0.50	0.50
独龙族										
鄂伦春族	8	8	4	4	6	2	4	75.00	1.00	0.75
赫哲族	7	5	3	2	5	3	2	100.00	0.71	0.71
门巴族	2									
珞巴族										
基诺族										
未定族称人口	14	6	4	2	6	4	2	100.00	0.43	0.43
入 籍	4	3	1	2	3	1	2	100.00	0.75	0.75

第二部分 长表数据资料

第三卷 教育

3-1 全省分学业完成情况、性别、受教育程度的3岁及以上人口

单位：人

学业完成情况	合计			小学		
	合计	男	女	小计	男	女
总 计	**2078019**	**1039378**	**1038641**	**487424**	**226503**	**260921**
在 校	298184	150725	147459	112402	58746	53656
毕 业	1658184	828717	829467	313105	140862	172243
肄 业	19102	9546	9556	8893	3806	5087
辍 学	87456	42865	44591	46797	20275	26522
其 他	15093	7525	7568	6227	2814	3413

3-1 续表 1

单位：人

学业完成情况	初中			高中			大学专科		
	小计	男	女	小计	男	女	小计	男	女
总 计	**810756**	**419458**	**391298**	**375115**	**192331**	**182784**	**177279**	**91503**	**85776**
在 校	60504	31804	28700	53873	27398	26475	17991	9117	8874
毕 业	698287	359050	339237	314891	161273	153618	158418	81929	76489
肄 业	8507	4747	3760	1299	758	541	223	127	96
辍 学	36668	20251	16417	3749	2198	1551	179	98	81
其 他	6790	3606	3184	1303	704	599	468	232	236

3-1 续表 2

单位：人

学业完成情况	大学本科			硕士研究生			博士研究生		
	小计	男	女	小计	男	女	小计	男	女
总 计	**206172**	**99759**	**106413**	**18540**	**8397**	**10143**	**2733**	**1427**	**1306**
在 校	47250	21138	26112	5195	2074	3121	969	448	521
毕 业	158418	78323	80095	13304	6303	7001	1761	977	784
肄 业	155	97	58	24	10	14	1	1	
辍 学	60	41	19	3	2	1			
其 他	289	160	129	14	8	6	2	1	1

3-1a 全省分学业完成情况、性别、受教育程度的3岁及以上人口(城市)

单位：人

学业完成情况	合计			小学		
	合计	男	女	小计	男	女
总 计	**892367**	**433979**	**458388**	**112499**	**49824**	**62675**
在 校	126364	64613	61751	46084	24182	21902
毕 业	751674	362841	388833	61466	23899	37567
肄 业	2901	1345	1556	946	306	640
辍 学	9029	4055	4974	3593	1276	2317
其 他	2399	1125	1274	410	161	249

3-1a 续表 1

单位：人

学业完成情况	初中			高中			大学专科		
	小计	男	女	小计	男	女	小计	男	女
总 计	**299599**	**144927**	**154672**	**232439**	**115641**	**116798**	**109563**	**55796**	**53767**
在 校	22813	11997	10816	25908	13062	12846	7495	3740	3755
毕 业	270141	129596	140545	204467	101488	102979	101673	51858	49815
肄 业	1282	668	614	463	258	205	116	58	58
辍 学	4385	2210	2175	969	522	447	58	30	28
其 他	978	456	522	632	311	321	221	110	111

3-1a 续表 2

单位：人

学业完成情况	大学本科			硕士研究生			博士研究生		
	小计	男	女	小计	男	女	小计	男	女
总 计	**124990**	**61543**	**63447**	**11530**	**5331**	**6199**	**1747**	**917**	**830**
在 校	20306	9983	10323	3138	1349	1789	620	300	320
毕 业	104435	51413	53022	8367	3971	4396	1125	616	509
肄 业	78	48	30	15	6	9	1	1	
辍 学	23	17	6	1		1			
其 他	148	82	66	9	5	4	1		1

3-1b　全省分学业完成情况、性别、受教育程度的3岁及以上人口(镇)

单位：人

学业完成情况	合　计			小　学		
	合计	男	女	小计	男	女
总　计	**422511**	**208018**	**214493**	**70350**	**31410**	**38940**
在　校	71666	35299	36367	24239	12608	11631
毕　业	338022	166613	171409	41091	16843	24248
肄　业	2045	986	1059	773	294	479
辍　学	8187	3847	4340	3497	1347	2150
其　他	2591	1273	1318	750	318	432

3-1b　续表 1

单位：人

学业完成情况	初　中			高　中			大学专科		
	小计	男	女	小计	男	女	小计	男	女
总　计	**156786**	**78319**	**78467**	**83901**	**43224**	**40677**	**46638**	**24300**	**22338**
在　校	12100	6248	5852	13749	7164	6585	5040	2567	2473
毕　业	138513	68846	69667	68894	35349	33545	41392	21618	19774
肄　业	898	478	420	286	155	131	38	26	12
辍　学	3996	2095	1901	652	377	275	31	22	9
其　他	1279	652	627	320	179	141	137	67	70

3-1b　续表 2

单位：人

学业完成情况	大学本科			硕士研究生			博士研究生		
	小计	男	女	小计	男	女	小计	男	女
总　计	**58453**	**27888**	**30565**	**5545**	**2435**	**3110**	**838**	**442**	**396**
在　校	14896	6149	8747	1349	439	910	293	124	169
毕　业	43402	21649	21753	4186	1991	2195	544	317	227
肄　业	44	30	14	6	3	3			
辍　学	11	6	5						
其　他	100	54	46	4	2	2	1	1	

3-1c 全省分学业完成情况、性别、受教育程度的3岁及以上人口(乡村)

单位：人

学业完成情况	合计			小学		
	合计	男	女	小计	男	女
总 计	**763141**	**397381**	**365760**	**304575**	**145269**	**159306**
在 校	100154	50813	49341	42079	21956	20123
毕 业	568488	299263	269225	210548	100120	110428
肄 业	14156	7215	6941	7174	3206	3968
辍 学	70240	34963	35277	39707	17652	22055
其 他	10103	5127	4976	5067	2335	2732

3-1c 续表 1

单位：人

学业完成情况	初中			高中			大学专科		
	小计	男	女	小计	男	女	小计	男	女
总 计	**354371**	**196212**	**158159**	**58775**	**33466**	**25309**	**21078**	**11407**	**9671**
在 校	25591	13559	12032	14216	7172	7044	5456	2810	2646
毕 业	289633	160608	129025	41530	24436	17094	15353	8453	6900
肄 业	6327	3601	2726	550	345	205	69	43	26
辍 学	28287	15946	12341	2128	1299	829	90	46	44
其 他	4533	2498	2035	351	214	137	110	55	55

3-1c 续表 2

单位：人

学业完成情况	大学本科			硕士研究生			博士研究生		
	小计	男	女	小计	男	女	小计	男	女
总 计	**22729**	**10328**	**12401**	**1465**	**631**	**834**	**148**	**68**	**80**
在 校	12048	5006	7042	708	286	422	56	24	32
毕 业	10581	5261	5320	751	341	410	92	44	48
肄 业	33	19	14	3	1	2			
辍 学	26	18	8	2	2				
其 他	41	24	17	1	1				

3–2　全省分年龄、性别、学业完成情况的3岁及以上各种受教育程度人口

单位：人

年　龄	合　计								
	合　计			在　校			毕　业		
	合计	男	女	小计	男	女	小计	男	女
总　计	**2078019**	**1039378**	**1038641**	**298184**	**150725**	**147459**	**1658184**	**828717**	**829467**
3									
4									
5–9岁	**69588**	**36373**	**33215**	**67654**	**35334**	**32320**	**1755**	**951**	**804**
5	1123	570	553	1062	546	516	49	20	29
6	13292	6940	6352	12971	6756	6215	295	173	122
7	17430	9197	8233	16971	8953	8018	415	221	194
8	19909	10223	9686	19342	9921	9421	516	278	238
9	17834	9443	8391	17308	9158	8150	480	259	221
10–14岁	**101232**	**52812**	**48420**	**96840**	**50434**	**46406**	**3884**	**2099**	**1785**
10	18862	9741	9121	18281	9430	8851	519	277	242
11	19797	10348	9449	19140	9989	9151	589	323	266
12	20586	10770	9816	19707	10306	9401	796	417	379
13	21203	11138	10065	20097	10529	9568	982	545	437
14	20784	10815	9969	19615	10180	9435	998	537	461
15–19岁	**99707**	**50554**	**49153**	**89604**	**44535**	**45069**	**8888**	**5282**	**3606**
15	21827	11278	10549	20973	10770	10203	664	388	276
16	22462	11525	10937	21142	10753	10389	1084	631	453
17	16675	8532	8143	15090	7577	7513	1366	824	542
18	17854	9117	8737	15164	7456	7708	2438	1495	943
19	20889	10102	10787	17235	7979	9256	3336	1944	1392
20–24岁	**88770**	**43271**	**45499**	**39057**	**18024**	**21033**	**47969**	**24239**	**23730**
20	21243	10208	11035	16170	7387	8783	4773	2656	2117
21	17825	8710	9115	11168	5162	6006	6400	3407	2993
22	16463	8065	8398	6122	2898	3224	10043	4990	5053
23	16051	7842	8209	3371	1594	1777	12264	6002	6262
24	17188	8446	8742	2226	983	1243	14489	7184	7305
25–29岁	**111434**	**55593**	**55841**	**3681**	**1703**	**1978**	**104233**	**51856**	**52377**
25	18889	9394	9495	1547	690	857	16782	8369	8413
26	19169	9495	9674	886	408	478	17724	8752	8972
27	22558	11309	11249	600	296	304	21244	10620	10624
28	24076	12010	12066	398	193	205	22893	11369	11524
29	26742	13385	13357	250	116	134	25590	12746	12844
30–34岁	**182761**	**92041**	**90720**	**721**	**371**	**350**	**175158**	**87780**	**87378**
30	35681	18022	17659	265	130	135	34109	17133	16976
31	36974	18562	18412	175	96	79	35389	17661	17728
32	35937	18014	17923	128	61	67	34463	17210	17253
33	39590	20062	19528	87	51	36	37953	19129	18824
34	34579	17381	17198	66	33	33	33244	16647	16597
35–39岁	**151352**	**76652**	**74700**	**229**	**116**	**113**	**145082**	**73180**	**71902**
35	30317	15442	14875	57	26	31	29005	14736	14269
36	28979	14640	14339	41	22	19	27765	13978	13787
37	28976	14735	14241	49	31	18	27808	14067	13741
38	34239	17300	16939	40	19	21	32912	16545	16367
39	28841	14535	14306	42	18	24	27592	13854	13738
40–44岁	**165894**	**84045**	**81849**	**140**	**72**	**68**	**158199**	**79896**	**78303**
40	31922	16022	15900	48	22	26	30555	15293	15262
41	37810	19216	18594	31	15	16	36103	18263	17840
42	34035	17341	16694	24	14	10	32487	16484	16003
43	30029	15199	14830	18	9	9	28616	14445	14171
44	32098	16267	15831	19	12	7	30438	15411	15027
45–49岁	**198150**	**99809**	**98341**	**74**	**33**	**41**	**185961**	**93428**	**92533**
45	31481	15915	15566	20	11	9	29783	15013	14770
46	34170	16991	17179	12	6	6	32124	15938	16186
47	41227	20698	20529	13	5	8	38732	19385	19347
48	44616	22744	21872	9	4	5	41825	21298	20527
49	46656	23461	23195	20	7	13	43497	21794	21703
50岁及以上	**909131**	**448228**	**460903**	**184**	**103**	**81**	**827055**	**410006**	**417049**

3-2 续表 1

单位：人

年 龄	合计								
	肄业			辍学			其他		
	小计	男	女	小计	男	女	小计	男	女
总 计	**19102**	**9546**	**9556**	**87456**	**42865**	**44591**	**15093**	**7525**	**7568**
3									
4									
5—9岁	**36**	**17**	**19**	**41**	**20**	**21**	**102**	**51**	**51**
5	1		1	1		1	10	4	6
6	4	1	3	4	3	1	18	7	11
7	10	7	3	10	4	6	24	12	12
8	10	3	7	15	6	9	26	15	11
9	11	6	5	11	7	4	24	13	11
10—14岁	**94**	**52**	**42**	**267**	**148**	**119**	**147**	**79**	**68**
10	17	10	7	14	6	8	31	18	13
11	9	3	6	28	12	16	31	21	10
12	16	9	7	43	25	18	24	13	11
13	23	14	9	72	39	33	29	11	18
14	29	16	13	110	66	44	32	16	16
15—19岁	**188**	**108**	**80**	**910**	**557**	**353**	**117**	**72**	**45**
15	28	16	12	146	92	54	16	12	4
16	29	19	10	189	112	77	18	10	8
17	35	18	17	171	102	69	13	11	2
18	44	25	19	184	126	58	24	15	9
19	52	30	22	220	125	95	46	24	22
20—24岁	**333**	**193**	**140**	**1117**	**672**	**445**	**294**	**143**	**151**
20	70	39	31	182	110	72	48	16	32
21	43	26	17	172	94	78	42	21	21
22	48	28	20	189	112	77	61	37	24
23	86	53	33	271	165	106	59	28	31
24	86	47	39	303	191	112	84	41	43
25—29岁	**570**	**329**	**241**	**2418**	**1411**	**1007**	**532**	**294**	**238**
25	80	45	35	368	229	139	112	61	51
26	90	63	27	386	220	166	83	52	31
27	116	63	53	495	280	215	103	50	53
28	146	80	66	542	316	226	97	52	45
29	138	78	60	627	366	261	137	79	58
30—34岁	**1133**	**636**	**497**	**4785**	**2735**	**2050**	**964**	**519**	**445**
30	225	130	95	887	522	365	195	107	88
31	222	131	91	988	564	424	200	110	90
32	220	123	97	934	519	415	192	101	91
33	267	149	118	1081	630	451	202	103	99
34	199	103	96	895	500	395	175	98	77
35—39岁	**921**	**514**	**407**	**4289**	**2408**	**1881**	**831**	**434**	**397**
35	189	109	80	893	482	411	173	89	84
36	181	93	88	846	475	371	146	72	74
37	185	112	73	787	452	335	147	73	74
38	197	114	83	882	505	377	208	117	91
39	169	86	83	881	494	387	157	83	74
40—44岁	**1166**	**655**	**511**	**5369**	**2887**	**2482**	**1020**	**535**	**485**
40	218	111	107	943	513	430	158	83	75
41	242	137	105	1204	678	526	230	123	107
42	227	130	97	1069	592	477	228	121	107
43	221	128	93	969	508	461	205	109	96
44	258	149	109	1184	596	588	199	99	100
45—49岁	**1930**	**1030**	**900**	**8687**	**4547**	**4140**	**1498**	**771**	**727**
45	255	143	112	1221	644	577	202	104	98
46	296	155	141	1469	759	710	269	133	136
47	399	202	197	1741	936	805	342	170	172
48	434	228	206	2022	1026	996	326	188	138
49	546	302	244	2234	1182	1052	359	176	183
50岁及以上	**12731**	**6012**	**6719**	**59573**	**27480**	**32093**	**9588**	**4627**	**4961**

3-2　续表 2　　　　　　　　　　　　　　　　　　　　　　　　　　　单位：人

年　龄	小学								
	合　计			在　校			毕　业		
	合计	男	女	小计	男	女	小计	男	女
总　计	**487424**	**226503**	**260921**	**112402**	**58746**	**53656**	**313105**	**140862**	**172243**
3									
4									
5—9岁	**68847**	**35963**	**32884**	**67018**	**34985**	**32033**	**1658**	**893**	**765**
5	1123	570	553	1062	546	516	49	20	29
6	13170	6873	6297	12875	6701	6174	271	163	108
7	17273	9099	8174	16832	8866	7966	401	211	190
8	19688	10100	9588	19153	9816	9337	486	260	226
9	17593	9321	8272	17096	9056	8040	451	239	212
10—14岁	**47030**	**24651**	**22379**	**45178**	**23652**	**21526**	**1616**	**862**	**754**
10	18452	9521	8931	17926	9248	8678	468	241	227
11	18509	9698	8811	17950	9395	8555	499	269	230
12	7201	3894	3307	6802	3670	3132	352	194	158
13	2024	1089	935	1806	976	830	179	93	86
14	844	449	395	694	363	331	118	65	53
15—19岁	**827**	**477**	**350**	**114**	**66**	**48**	**560**	**314**	**246**
15	149	87	62	40	25	15	85	46	39
16	156	91	65	22	13	9	106	60	46
17	141	82	59	23	13	10	89	53	36
18	164	91	73	16	8	8	117	60	57
19	217	126	91	13	7	6	163	95	68
20—24岁	**1586**	**881**	**705**	**22**	**9**	**13**	**1349**	**744**	**605**
20	231	121	110	8	4	4	178	92	86
21	237	132	105	8	1	7	199	116	83
22	288	152	136	4	3	1	249	130	119
23	383	223	160	1		1	331	189	142
24	447	253	194	1	1		392	217	175
25—29岁	**4868**	**2669**	**2199**	**10**	**5**	**5**	**4297**	**2318**	**1979**
25	570	317	253	3	1	2	484	267	217
26	667	370	297	3	3		587	315	272
27	996	569	427	2		2	891	505	386
28	1207	663	544				1052	571	481
29	1428	750	678	2	1	1	1283	660	623
30—34岁	**11770**	**6277**	**5493**	**6**	**4**	**2**	**10495**	**5564**	**4931**
30	2072	1136	936	3	3		1833	999	834
31	2295	1246	1049	1		1	2045	1108	937
32	2385	1262	1123	1		1	2126	1128	998
33	2729	1471	1258				2452	1302	1150
34	2289	1162	1127	1	1		2039	1027	1012
35—39岁	**9817**	**5029**	**4788**	**6**	**4**	**2**	**8626**	**4372**	**4254**
35	2032	1071	961	3	1	2	1783	948	835
36	1853	973	880	1	1		1662	864	798
37	1727	907	820	1	1		1515	783	732
38	2189	1076	1113				1931	934	997
39	2016	1002	1014	1	1		1735	843	892
40—44岁	**15855**	**7848**	**8007**	**3**	**3**		**13821**	**6794**	**7027**
40	2495	1243	1252	1	1		2188	1088	1100
41	3409	1724	1685	1	1		2973	1473	1500
42	3144	1569	1575				2709	1331	1378
43	3090	1530	1560				2699	1339	1360
44	3717	1782	1935	1	1		3252	1563	1689
45—49岁	**30867**	**14675**	**16192**	**3**		**3**	**26463**	**12524**	**13939**
45	4006	1970	2036				3470	1705	1765
46	4988	2320	2668	1		1	4296	1998	2298
47	6294	3003	3291				5391	2534	2857
48	7272	3491	3781	1		1	6201	2983	3218
49	8307	3891	4416	1		1	7105	3304	3801
50岁及以上	**295957**	**128033**	**167924**	**42**	**18**	**24**	**244220**	**106477**	**137743**

3-2 续表 3

单位：人

年 龄	小学								
	肄业			辍学			其他		
	小计	男	女	小计	男	女	小计	男	女
总 计	**8893**	**3806**	**5087**	**46797**	**20275**	**26522**	**6227**	**2814**	**3413**
3									
4									
5-9岁	**35**	**17**	**18**	**39**	**19**	**20**	**97**	**49**	**48**
5	1		1	1		1	10	4	6
6	4	1	3	4	3	1	16	5	11
7	10	7	3	8	3	5	22	12	10
8	9	3	6	15	6	9	25	15	10
9	11	6	5	11	7	4	24	13	11
10-14岁	**40**	**23**	**17**	**112**	**64**	**48**	**84**	**50**	**34**
10	17	10	7	12	5	7	29	17	12
11	8	3	5	23	11	12	29	20	9
12	7	6	1	26	16	10	14	8	6
13	6	3	3	25	14	11	8	3	5
14	2	1	1	26	18	8	4	2	2
15-19岁	**18**	**8**	**10**	**121**	**78**	**43**	**14**	**11**	**3**
15	2		2	17	11	6	5	5	
16	4	4		22	13	9	2	1	1
17	3		3	25	15	10	1	1	
18	5	2	3	24	19	5	2	2	
19	4	2	2	33	20	13	4	2	2
20-24岁	**28**	**16**	**12**	**164**	**100**	**64**	**23**	**12**	**11**
20	8	3	5	32	20	12	5	2	3
21	3	2	1	22	11	11	5	2	3
22	4	2	2	24	12	12	7	5	2
23	9	5	4	39	27	12	3	2	1
24	4	4		47	30	17	3	1	2
25-29岁	**76**	**43**	**33**	**426**	**270**	**156**	**59**	**33**	**26**
25	12	7	5	59	34	25	12	8	4
26	7	5	2	62	42	20	8	5	3
27	14	8	6	76	53	23	13	3	10
28	26	16	10	116	68	48	13	8	5
29	17	7	10	113	73	40	13	9	4
30-34岁	**161**	**97**	**64**	**959**	**526**	**433**	**149**	**86**	**63**
30	30	21	9	177	99	78	29	14	15
31	28	15	13	187	103	84	34	20	14
32	27	15	12	199	104	95	32	15	17
33	46	31	15	197	116	81	34	22	12
34	30	15	15	199	104	95	20	15	5
35-39岁	**158**	**76**	**82**	**918**	**526**	**392**	**109**	**51**	**58**
35	31	9	22	198	104	94	17	9	8
36	27	15	12	139	82	57	24	11	13
37	26	18	8	164	96	68	21	9	12
38	30	13	17	201	117	84	27	12	15
39	44	21	23	216	127	89	20	10	10
40-44岁	**255**	**135**	**120**	**1576**	**802**	**774**	**200**	**114**	**86**
40	38	17	21	248	126	122	20	11	9
41	54	26	28	335	195	140	46	29	17
42	57	29	28	333	177	156	45	32	13
43	51	31	20	295	139	156	45	21	24
44	55	32	23	365	165	200	44	21	23
45-49岁	**597**	**287**	**310**	**3387**	**1660**	**1727**	**417**	**204**	**213**
45	66	33	33	426	207	219	44	25	19
46	81	35	46	537	251	286	73	36	37
47	125	66	59	683	360	323	95	43	52
48	152	67	85	832	390	442	86	51	35
49	173	86	87	909	452	457	119	49	70
50岁及以上	**7525**	**3104**	**4421**	**39095**	**16230**	**22865**	**5075**	**2204**	**2871**

3-2　续表 4　　　　单位：人

年　龄	初　　中								
	合　　计			在　　校			毕　　业		
	合计	男	女	小计	男	女	小计	男	女
总　计	**810756**	**419458**	**391298**	**60504**	**31804**	**28700**	**698287**	**359050**	**339237**
3									
4									
5—9岁	**740**	**410**	**330**	**635**	**349**	**286**	**97**	**58**	**39**
5									
6	122	67	55	96	55	41	24	10	14
7	157	98	59	139	87	52	14	10	4
8	220	123	97	188	105	83	30	18	12
9	241	122	119	212	102	110	29	20	9
10—14岁	**51667**	**26974**	**24693**	**49236**	**25645**	**23591**	**2164**	**1191**	**973**
10	410	220	190	355	182	173	51	36	15
11	1286	649	637	1188	593	595	90	54	36
12	13383	6875	6508	12903	6635	6268	444	223	221
13	18914	9908	9006	18049	9423	8626	781	441	340
14	17674	9322	8352	16741	8812	7929	798	437	361
15—19岁	**15911**	**9065**	**6846**	**10468**	**5714**	**4754**	**4752**	**2927**	**1825**
15	6753	3790	2963	6132	3418	2714	488	289	199
16	3501	1909	1592	2592	1372	1220	758	449	309
17	1894	1086	808	951	498	453	826	517	309
18	1822	1140	682	477	258	219	1216	793	423
19	1941	1140	801	316	168	148	1464	879	585
20—24岁	**14685**	**8206**	**6479**	**49**	**31**	**18**	**13650**	**7580**	**6070**
20	1964	1153	811	21	14	7	1801	1060	741
21	2116	1224	892	8	6	2	1968	1135	833
22	2723	1548	1175	7	5	2	2540	1433	1107
23	3482	1849	1633	6	1	5	3229	1701	1528
24	4400	2432	1968	7	5	2	4112	2251	1861
25—29岁	**36342**	**19467**	**16875**	**23**	**9**	**14**	**34085**	**18165**	**15920**
25	5206	2819	2387	5	2	3	4874	2620	2254
26	5704	3063	2641	5	1	4	5346	2852	2494
27	7370	3954	3416	7	3	4	6903	3705	3198
28	8157	4314	3843	5	2	3	7668	4032	3636
29	9905	5317	4588	1	1		9294	4956	4338
30—34岁	**75873**	**39274**	**36599**	**20**	**14**	**6**	**71151**	**36592**	**34559**
30	14050	7435	6615	2	2		13171	6914	6257
31	15095	7814	7281	7	4	3	14113	7248	6865
32	14557	7464	7093	5	4	1	13639	6955	6684
33	16907	8754	8153	3	2	1	15837	8152	7685
34	15264	7807	7457	3	2	1	14391	7323	7068
35—39岁	**70084**	**35986**	**34098**	**9**	**5**	**4**	**65909**	**33675**	**32234**
35	13863	7129	6734				13001	6652	6349
36	13542	6936	6606	1		1	12680	6474	6206
37	13351	6907	6444	2	2		12580	6470	6110
38	15879	8182	7697	3	1	2	14990	7669	7321
39	13449	6832	6617	3	2	1	12658	6410	6248
40—44岁	**79266**	**40744**	**38522**	**10**	**8**	**2**	**74335**	**38033**	**36302**
40	14934	7683	7251	5	3	2	14034	7191	6843
41	17978	9205	8773	1	1		16871	8591	8280
42	16090	8356	7734				15139	7817	7322
43	14557	7432	7125	2	2		13652	6937	6715
44	15707	8068	7639	2	2		14639	7497	7142
45—49岁	**99831**	**50606**	**49225**	**9**	**5**	**4**	**92765**	**46765**	**46000**
45	15691	7976	7715	2	2		14657	7407	7250
46	17106	8568	8538	1	1		15898	7913	7985
47	20789	10458	10331	1	1		19342	9689	9653
48	22566	11582	10984				20999	10730	10269
49	23679	12022	11657	5	1	4	21869	11026	10843
50岁及以上	**366357**	**188726**	**177631**	**45**	**24**	**21**	**339379**	**174064**	**165315**

3–2 续表 5

单位：人

年 龄	初中								
	肄业			辍学			其他		
	小计	男	女	小计	男	女	小计	男	女
总 计	**8507**	**4747**	**3760**	**36668**	**20251**	**16417**	**6790**	**3606**	**3184**
3									
4									
5–9岁	**1**		**1**	**2**	**1**	**1**	**5**	**2**	**3**
5									
6							2	2	
7				2	1	1	2		2
8	1		1				1		1
9									
10–14岁	**53**	**29**	**24**	**153**	**82**	**71**	**61**	**27**	**34**
10				2	1	1	2	1	1
11	1		1	5	1	4	2	1	1
12	9	3	6	17	9	8	10	5	5
13	16	11	5	47	25	22	21	8	13
14	27	15	12	82	46	36	26	12	14
15–19岁	**81**	**51**	**30**	**563**	**339**	**224**	**47**	**34**	**13**
15	17	10	7	108	67	41	8	6	2
16	15	8	7	126	73	53	10	7	3
17	16	10	6	95	55	40	6	6	
18	14	12	2	107	71	36	8	6	2
19	19	11	8	127	73	54	15	9	6
20–24岁	**160**	**96**	**64**	**695**	**431**	**264**	**131**	**68**	**63**
20	20	13	7	99	58	41	23	8	15
21	27	16	11	98	57	41	15	10	5
22	23	16	7	128	79	49	25	15	10
23	44	25	19	175	107	68	28	15	13
24	46	26	20	195	130	65	40	20	20
25–29岁	**350**	**205**	**145**	**1624**	**942**	**682**	**260**	**146**	**114**
25	43	24	19	233	147	86	51	26	25
26	56	41	15	258	146	112	39	23	16
27	72	38	34	347	187	160	41	21	20
28	86	44	42	352	209	143	46	27	19
29	93	58	35	434	253	181	83	49	34
30–34岁	**772**	**429**	**343**	**3343**	**1926**	**1417**	**587**	**313**	**274**
30	152	86	66	614	367	247	111	66	45
31	155	96	59	704	405	299	116	61	55
32	147	79	68	640	358	282	126	68	58
33	175	95	80	770	447	323	122	58	64
34	143	73	70	615	349	266	112	60	52
35–39岁	**627**	**360**	**267**	**3000**	**1659**	**1341**	**539**	**287**	**252**
35	125	82	43	620	334	286	117	61	56
36	127	67	60	638	349	289	96	46	50
37	130	75	55	555	319	236	84	41	43
38	146	86	60	602	343	259	138	83	55
39	99	50	49	585	314	271	104	56	48
40–44岁	**782**	**443**	**339**	**3495**	**1924**	**1571**	**644**	**336**	**308**
40	153	79	74	630	352	278	112	58	54
41	155	91	64	807	448	359	144	74	70
42	148	88	60	664	377	287	139	74	65
43	149	83	66	629	342	287	125	68	57
44	177	102	75	765	405	360	124	62	62
45–49岁	**1196**	**662**	**534**	**4970**	**2707**	**2263**	**891**	**467**	**424**
45	165	96	69	748	412	336	119	59	60
46	188	105	83	869	475	394	150	74	76
47	251	125	126	986	535	451	209	108	101
48	252	143	109	1115	594	521	200	115	85
49	340	193	147	1252	691	561	213	111	102
50岁及以上	**4485**	**2472**	**2013**	**18823**	**10240**	**8583**	**3625**	**1926**	**1699**

3-2 续表 6

单位：人

年龄	高中								
	合计			在校			毕业		
	合计	男	女	小计	男	女	小计	男	女
总计	**375115**	**192331**	**182784**	**53873**	**27398**	**26475**	**314891**	**161273**	**153618**
3									
4									
5—9岁	**1**		**1**	**1**		**1**			
5									
6									
7									
8	1		1	1		1			
9									
10—14岁	**2514**	**1180**	**1334**	**2405**	**1130**	**1275**	**104**	**46**	**58**
10									
11	2	1	1	2	1	1			
12	2	1	1	2	1	1			
13	264	141	123	241	130	111	22	11	11
14	2246	1037	1209	2160	998	1162	82	35	47
15—19岁	**52567**	**26986**	**25581**	**49846**	**25400**	**24446**	**2401**	**1397**	**1004**
15	14481	7182	7299	14369	7114	7255	80	48	32
16	17992	9107	8885	17751	8975	8776	184	97	87
17	12443	6401	6042	12026	6161	5865	349	199	150
18	5191	2892	2299	4337	2386	1951	775	459	316
19	2460	1404	1056	1363	764	599	1013	594	419
20—24岁	**10471**	**5780**	**4691**	**1573**	**843**	**730**	**8544**	**4736**	**3808**
20	2133	1218	915	795	430	365	1258	742	516
21	1744	977	767	365	191	174	1318	753	565
22	1972	1086	886	200	105	95	1715	945	770
23	2091	1138	953	113	66	47	1905	1029	876
24	2531	1361	1170	100	51	49	2348	1267	1081
25—29岁	**17693**	**9417**	**8276**	**18**	**9**	**9**	**17171**	**9132**	**8039**
25	2958	1672	1286	7	4	3	2840	1603	1237
26	2946	1590	1356	2	2		2862	1545	1317
27	3606	1939	1667	2	1	1	3502	1877	1625
28	3887	2017	1870	1		1	3784	1963	1821
29	4296	2199	2097	6	2	4	4183	2144	2039
30—34岁	**29446**	**15171**	**14275**	**8**	**5**	**3**	**28755**	**14782**	**13973**
30	5768	2982	2786	3	2	1	5626	2903	2723
31	5882	3013	2869	1		1	5739	2936	2803
32	5849	3011	2838	2	1	1	5720	2935	2785
33	6494	3392	3102	1	1		6331	3301	3030
34	5453	2773	2680	1	1		5339	2707	2632
35—39岁	**25655**	**12948**	**12707**	**3**	**2**	**1**	**25130**	**12642**	**12488**
35	4765	2435	2330				4653	2371	2282
36	4621	2336	2285	1	1		4525	2280	2245
37	4770	2409	2361				4673	2353	2320
38	6116	3083	3033	1		1	6011	3022	2989
39	5383	2685	2698	1	1		5268	2616	2652
40—44岁	**32409**	**16451**	**15958**	**6**	**2**	**4**	**31905**	**16182**	**15723**
40	6176	3089	3087	2	1	1	6082	3041	3041
41	7558	3901	3657	3	1	2	7441	3835	3606
42	6688	3352	3336				6573	3295	3278
43	5905	3008	2897				5823	2960	2863
44	6082	3101	2981	1		1	5986	3051	2935
45—49岁	**35006**	**17737**	**17269**	**5**	**3**	**2**	**34472**	**17439**	**17033**
45	5692	2871	2821	2	1	1	5608	2826	2782
46	5937	2964	2973	1	1		5828	2904	2924
47	7278	3662	3616	2	1	1	7169	3605	3564
48	7993	4099	3894				7870	4029	3841
49	8106	4141	3965				7997	4075	3922
50岁及以上	**169353**	**86661**	**82692**	**8**	**4**	**4**	**166409**	**84917**	**81492**

3-2 续表 7

单位：人

年 龄	高中								
	肄业			辍学			其他		
	小计	男	女	小计	男	女	小计	男	女
总 计	**1299**	**758**	**541**	**3749**	**2198**	**1551**	**1303**	**704**	**599**
3									
4									
5-9岁									
5									
6									
7									
8									
9									
10-14岁	**1**		**1**	**2**	**2**		**2**	**2**	
10									
11									
12									
13	1		1						
14				2	2		2	2	
15-19岁	**76**	**41**	**35**	**209**	**129**	**80**	**35**	**19**	**16**
15	8	5	3	21	14	7	3	1	2
16	10	7	3	41	26	15	6	2	4
17	14	6	8	50	31	19	4	4	
18	19	7	12	49	34	15	11	6	5
19	25	16	9	48	24	24	11	6	5
20-24岁	**81**	**50**	**31**	**228**	**127**	**101**	**45**	**24**	**21**
20	30	16	14	44	28	16	6	2	4
21	7	5	2	46	25	21	8	3	5
22	13	8	5	34	19	15	10	9	1
23	16	11	5	50	29	21	7	3	4
24	15	10	5	54	26	28	14	7	7
25-29岁	**90**	**50**	**40**	**325**	**176**	**149**	**89**	**50**	**39**
25	17	9	8	69	43	26	25	13	12
26	16	9	7	55	27	28	11	7	4
27	18	11	7	65	37	28	19	13	6
28	21	13	8	64	32	32	17	9	8
29	18	8	10	72	37	35	17	8	9
30-34岁	**128**	**67**	**61**	**445**	**257**	**188**	**110**	**60**	**50**
30	25	12	13	91	53	38	23	12	11
31	26	11	15	90	50	40	26	16	10
32	31	20	11	81	47	34	15	8	7
33	31	16	15	106	62	44	25	12	13
34	15	8	7	77	45	32	21	12	9
35-39岁	**78**	**44**	**34**	**348**	**212**	**136**	**96**	**48**	**48**
35	22	12	10	74	43	31	16	9	7
36	17	7	10	66	42	24	12	6	6
37	16	11	5	60	33	27	21	12	9
38	9	7	2	73	43	30	22	11	11
39	14	7	7	75	51	24	25	10	15
40-44岁	**97**	**56**	**41**	**284**	**153**	**131**	**117**	**58**	**59**
40	16	7	9	60	32	28	16	8	8
41	27	18	9	60	34	26	27	13	14
42	16	9	7	69	37	32	30	11	19
43	17	11	6	43	25	18	22	12	10
44	21	11	10	52	25	27	22	14	8
45-49岁	**112**	**68**	**44**	**306**	**169**	**137**	**111**	**58**	**53**
45	21	12	9	44	24	20	17	8	9
46	22	13	9	56	31	25	30	15	15
47	17	8	9	65	36	29	25	12	13
48	24	15	9	72	40	32	27	15	12
49	28	20	8	69	38	31	12	8	4
50岁及以上	**636**	**382**	**254**	**1602**	**973**	**629**	**698**	**385**	**313**

3-2 续表 8

单位：人

年 龄	大学专科								
	合 计			在 校			毕 业		
	合计	男	女	小计	男	女	小计	男	女
总 计	**177279**	**91503**	**85776**	**17991**	**9117**	**8874**	**158418**	**81929**	**76489**
3									
4									
5-9岁									
5									
6									
7									
8									
9									
10-14岁	**21**	**7**	**14**	**21**	**7**	**14**			
10									
11									
12									
13	1		1	1		1			
14	20	7	13	20	7	13			
15-19岁	**11974**	**6130**	**5844**	**10961**	**5562**	**5399**	**975**	**549**	**426**
15	405	202	203	393	196	197	11	5	6
16	728	389	339	697	368	329	31	21	10
17	1110	534	576	1017	483	534	89	48	41
18	4012	2114	1898	3726	1954	1772	276	156	120
19	5719	2891	2828	5128	2561	2567	568	319	249
20-24岁	**19163**	**9489**	**9674**	**6345**	**3206**	**3139**	**12704**	**6236**	**6468**
20	4882	2428	2454	3627	1779	1848	1227	637	590
21	3561	1803	1758	1531	780	751	2012	1017	995
22	3434	1695	1739	684	371	313	2729	1314	1415
23	3556	1757	1799	339	194	145	3198	1556	1642
24	3730	1806	1924	164	82	82	3538	1712	1826
25-29岁	**21433**	**10677**	**10756**	**342**	**182**	**160**	**20968**	**10427**	**10541**
25	4035	1992	2043	119	64	55	3891	1911	1980
26	3933	1996	1937	73	38	35	3834	1940	1894
27	4304	2149	2155	64	38	26	4214	2100	2114
28	4460	2203	2257	51	24	27	4390	2170	2220
29	4701	2337	2364	35	18	17	4639	2306	2333
30-34岁	**27461**	**13743**	**13718**	**146**	**71**	**75**	**27189**	**13601**	**13588**
30	5920	2960	2960	40	18	22	5848	2928	2920
31	5832	2890	2942	38	21	17	5770	2853	2917
32	5451	2751	2700	32	13	19	5392	2723	2669
33	5588	2782	2806	21	12	9	5540	2753	2787
34	4670	2360	2310	15	7	8	4639	2344	2295
35-39岁	**18306**	**9117**	**9189**	**56**	**24**	**32**	**18169**	**9052**	**9117**
35	3716	1899	1817	14	5	9	3684	1885	1799
36	3488	1711	1777	8	3	5	3470	1704	1766
37	3579	1811	1768	10	7	3	3547	1792	1755
38	4042	1973	2069	12	5	7	4015	1961	2054
39	3481	1723	1758	12	4	8	3453	1710	1743
40-44岁	**18196**	**8991**	**9205**	**45**	**19**	**26**	**18087**	**8941**	**9146**
40	3730	1769	1961	18	7	11	3698	1754	1944
41	4170	2078	2092	9	3	6	4146	2067	2079
42	3921	1971	1950	9	5	4	3898	1963	1935
43	3137	1570	1567	5	1	4	3119	1560	1559
44	3238	1603	1635	4	3	1	3226	1597	1629
45-49岁	**16173**	**8315**	**7858**	**28**	**12**	**16**	**16069**	**8266**	**7803**
45	2924	1469	1455	10	5	5	2899	1457	1442
46	3026	1554	1472	6	3	3	3003	1542	1461
47	3416	1784	1632	3		3	3399	1777	1622
48	3440	1763	1677	2	2		3423	1752	1671
49	3367	1745	1622	7	2	5	3345	1738	1607
50岁及以上	**44552**	**25034**	**19518**	**47**	**34**	**13**	**44257**	**24857**	**19400**

3-2 续表 9

单位：人

年 龄	大学专科								
	肄 业			辍 学			其 他		
	小计	男	女	小计	男	女	小计	男	女
总 计	**223**	**127**	**96**	**179**	**98**	**81**	**468**	**232**	**236**
3									
4									
5-9岁									
5									
6									
7									
8									
9									
10-14岁									
10									
11									
12									
13									
14									
15-19岁	**8**	**5**	**3**	**15**	**9**	**6**	**15**	**5**	**10**
15	1	1							
16									
17	2	2		1	1		1		1
18	3	1	2	4	2	2	3	1	2
19	2	1	1	10	6	4	11	4	7
20-24岁	**30**	**13**	**17**	**24**	**10**	**14**	**60**	**24**	**36**
20	9	5	4	5	3	2	14	4	10
21	5	2	3	6	1	5	7	3	4
22	4	2	2	2	1	1	15	7	8
23	4	3	1	5	1	4	10	3	7
24	8	1	7	6	4	2	14	7	7
25-29岁	**30**	**15**	**15**	**26**	**16**	**10**	**67**	**37**	**30**
25	4	2	2	5	4	1	16	11	5
26	8	6	2	6	4	2	12	8	4
27	6	2	4	3	1	2	17	8	9
28	7	3	4	6	5	1	6	1	5
29	5	2	3	6	2	4	16	9	7
30-34岁	**38**	**25**	**13**	**25**	**15**	**10**	**63**	**31**	**32**
30	10	6	4	4	2	2	18	6	12
31	8	7	1	4	3	1	12	6	6
32	8	5	3	9	5	4	10	5	5
33	9	5	4	5	3	2	13	9	4
34	3	2	1	3	2	1	10	5	5
35-39岁	**21**	**12**	**9**	**19**	**9**	**10**	**41**	**20**	**21**
35	4	3	1	1	1		13	5	8
36	4	1	3	3	2	1	3	1	2
37	3	2	1	6	3	3	13	7	6
38	4	3	1	4	1	3	7	3	4
39	6	3	3	5	2	3	5	4	1
40-44岁	**15**	**10**	**5**	**9**	**4**	**5**	**40**	**17**	**23**
40	6	4	2	2	1	1	6	3	3
41	2	1	1	2	1	1	11	6	5
42	3	1	2	2		2	9	2	7
43	2	2		1	1		10	6	4
44	2	2		2	1	1	4		4
45-49岁	**17**	**9**	**8**	**17**	**6**	**11**	**42**	**22**	**20**
45	2	1	1	3	1	2	10	5	5
46	4	2	2	5	1	4	8	6	2
47	3	1	2	4	2	2	7	4	3
48	5	3	2	1	1		9	5	4
49	3	2	1	4	1	3	8	2	6
50岁及以上	**64**	**38**	**26**	**44**	**29**	**15**	**140**	**76**	**64**

3-2 续表 10

单位：人

年 龄	大学本科								
	合 计			在 校			毕 业		
	合计	男	女	小计	男	女	小计	男	女
总 计	**206172**	**99759**	**106413**	**47250**	**21138**	**26112**	**158418**	**78323**	**80095**
3									
4									
5—9岁									
5									
6									
7									
8									
9									
10—14岁									
10									
11									
12									
13									
14									
15—19岁	**18414**	**7892**	**10522**	**18201**	**7789**	**10412**	**200**	**95**	**105**
15	39	17	22	39	17	22			
16	85	29	56	80	25	55	5	4	1
17	1087	429	658	1073	422	651	13	7	6
18	6663	2879	3784	6606	2849	3757	54	27	27
19	10540	4538	6002	10403	4476	5927	128	57	71
20—24岁	**39344**	**17613**	**21731**	**27728**	**12697**	**15031**	**11548**	**4881**	**6667**
20	12005	5275	6730	11693	5147	6546	307	125	182
21	10013	4505	5508	9107	4116	4991	898	385	513
22	7324	3319	4005	4523	2158	2365	2792	1159	1633
23	5283	2439	2844	1705	912	793	3556	1512	2044
24	4719	2075	2644	700	364	336	3995	1700	2295
25—29岁	**26704**	**11624**	**15080**	**974**	**460**	**514**	**25640**	**11117**	**14523**
25	4893	2096	2797	431	195	236	4450	1895	2555
26	4989	2109	2880	226	106	120	4744	1992	2752
27	5463	2376	3087	154	78	76	5288	2288	3000
28	5642	2519	3123	95	44	51	5524	2463	3061
29	5717	2524	3193	68	37	31	5634	2479	3155
30—34岁	**33823**	**15736**	**18087**	**164**	**95**	**69**	**33567**	**15587**	**17980**
30	6954	3150	3804	58	33	25	6875	3102	3773
31	6974	3237	3737	39	24	15	6916	3201	3715
32	6824	3159	3665	25	10	15	6779	3136	3643
33	6950	3257	3693	23	15	8	6914	3237	3677
34	6121	2933	3188	19	13	6	6083	2911	3172
35—39岁	**23964**	**11915**	**12049**	**71**	**40**	**31**	**23812**	**11825**	**11987**
35	5262	2616	2646	17	8	9	5228	2600	2628
36	4810	2364	2446	15	9	6	4778	2344	2434
37	4845	2388	2457	13	9	4	4815	2369	2446
38	5182	2585	2597	14	9	5	5146	2562	2584
39	3865	1962	1903	12	5	7	3845	1950	1895
40—44岁	**18027**	**8874**	**9153**	**49**	**24**	**25**	**17939**	**8827**	**9112**
40	4012	1946	2066	14	5	9	3987	1933	2054
41	4144	2008	2136	8	4	4	4130	2002	2128
42	3751	1858	1893	10	6	4	3733	1847	1886
43	3038	1497	1541	9	5	4	3023	1488	1535
44	3082	1565	1517	8	4	4	3066	1557	1509
45—49岁	**14956**	**7726**	**7230**	**25**	**10**	**15**	**14881**	**7688**	**7193**
45	2909	1479	1430	4	1	3	2892	1470	1422
46	2859	1455	1404	2	1	1	2848	1452	1396
47	3174	1639	1535	7	3	4	3155	1628	1527
48	3050	1627	1423	6	2	4	3037	1622	1415
49	2964	1526	1438	6	3	3	2949	1516	1433
50岁及以上	**30940**	**18379**	**12561**	**38**	**23**	**15**	**30831**	**18303**	**12528**

3-2 续表 11 单位：人

年 龄	大学本科								
	肄 业			辍 学			其 他		
	小计	男	女	小计	男	女	小计	男	女
总 计	**155**	**97**	**58**	**60**	**41**	**19**	**289**	**160**	**129**
3									
4									
5-9岁									
5									
6									
7									
8									
9									
10-14岁									
10									
11									
12									
13									
14									
15-19岁	**5**	**3**	**2**	**2**	**2**		**6**	**3**	**3**
15									
16									
17							1		1
18	3	3							
19	2		2	2	2		5	3	2
20-24岁	**29**	**17**	**12**	**6**	**4**	**2**	**33**	**14**	**19**
20	3	2	1	2	1	1			
21	1	1					7	3	4
22	4		4	1	1		4	1	3
23	10	9	1	2	1	1	10	5	5
24	11	5	6	1	1		12	5	7
25-29岁	**21**	**15**	**6**	**16**	**7**	**9**	**53**	**25**	**28**
25	3	3		2	1	1	7	2	5
26	3	2	1	4	1	3	12	8	4
27	5	3	2	4	2	2	12	5	7
28	5	4	1	4	2	2	14	6	8
29	5	3	2	2	1	1	8	4	4
30-34岁	**29**	**17**	**12**	**13**	**11**	**2**	**50**	**26**	**24**
30	6	5	1	1	1		14	9	5
31	5	2	3	3	3		11	7	4
32	7	4	3	5	5		8	4	4
33	3	1	2	3	2	1	7	2	5
34	8	5	3	1		1	10	4	6
35-39岁	**31**	**20**	**11**	**4**	**2**	**2**	**46**	**28**	**18**
35	7	3	4				10	5	5
36	6	3	3				11	8	3
37	7	5	2	2	1	1	8	4	4
38	6	5	1	2	1	1	14	8	6
39	5	4	1				3	3	
40-44岁	**15**	**9**	**6**	**5**	**4**	**1**	**19**	**10**	**9**
40	4	3	1	3	2	1	4	3	1
41	4	1	3				2	1	1
42	2	2		1	1		5	2	3
43	2	1	1	1	1		3	2	1
44	3	2	1				5	2	3
45-49岁	**8**	**4**	**4**	**7**	**5**	**2**	**35**	**19**	**16**
45	1	1					12	7	5
46	1		1	2	1	1	6	1	5
47	3	2	1	3	3		6	3	3
48	1		1	2	1	1	4	2	2
49	2	1	1				7	6	1
50岁及以上	**17**	**12**	**5**	**7**	**6**	**1**	**47**	**35**	**12**

3-2　续表 12　　　　单位：人

年　龄	硕士研究生								
	合　计			在　校			毕　业		
	合计	男	女	小计	男	女	小计	男	女
总　计	**18540**	**8397**	**10143**	**5195**	**2074**	**3121**	**13304**	**6303**	**7001**
3									
4									
5-9岁									
5									
6									
7									
8									
9									
10-14岁									
10									
11									
12									
13									
14									
15-19岁	**14**	**4**	**10**	**14**	**4**	**10**			
15									
16									
17									
18	2	1	1	2	1	1			
19	12	3	9	12	3	9			
20-24岁	**3393**	**1250**	**2143**	**3217**	**1190**	**2027**	**169**	**58**	**111**
20	24	11	13	23	11	12	1		1
21	149	68	81	144	67	77	5	1	4
22	709	259	450	692	251	441	17	8	9
23	1229	424	805	1182	411	771	43	13	30
24	1282	488	794	1176	450	726	103	36	67
25-29岁	**3737**	**1450**	**2287**	**1742**	**776**	**966**	**1988**	**671**	**1317**
25	1100	451	649	861	378	483	237	72	165
26	804	314	490	458	208	250	344	105	239
27	675	251	424	241	108	133	433	143	290
28	576	222	354	128	61	67	446	160	286
29	582	212	370	54	21	33	528	191	337
30-34岁	**3855**	**1569**	**2286**	**163**	**73**	**90**	**3683**	**1493**	**2190**
30	776	291	485	72	30	42	702	261	441
31	783	305	478	37	18	19	745	287	458
32	773	319	454	26	13	13	746	305	441
33	825	352	473	15	9	6	806	342	464
34	698	302	396	13	3	10	684	298	386
35-39岁	**3072**	**1414**	**1658**	**38**	**18**	**20**	**3028**	**1394**	**1634**
35	599	245	354	11	6	5	588	239	349
36	593	277	316	9	5	4	584	272	312
37	614	270	344	10	4	6	601	265	336
38	727	351	376	5	3	2	720	348	372
39	539	271	268	3		3	535	270	265
40-44岁	**1739**	**917**	**822**	**13**	**10**	**3**	**1724**	**905**	**819**
40	480	239	241	3	3		476	235	241
41	445	241	204	6	3	3	439	238	201
42	358	187	171	2	2		355	184	171
43	240	131	109	1	1		239	130	109
44	216	119	97	1	1		215	118	97
45-49岁	**1092**	**634**	**458**	**4**	**3**	**1**	**1087**	**630**	**457**
45	213	123	90	2	2		211	121	90
46	213	114	99	1		1	211	113	98
47	230	128	102				230	128	102
48	242	157	85				242	157	85
49	194	112	82	1	1		193	111	82
50岁及以上	**1638**	**1159**	**479**	**4**		**4**	**1625**	**1152**	**473**

3-2 续表 13　　单位：人

年 龄	硕士研究生								
	肄 业			辍 学			其 他		
	小计	男	女	小计	男	女	小计	男	女
总 计	**24**	**10**	**14**	**3**	**2**	**1**	**14**	**8**	**6**
3									
4									
5-9岁									
5									
6									
7									
8									
9									
10-14岁									
10									
11									
12									
13									
14									
15-19岁									
15									
16									
17									
18									
19									
20-24岁	**5**	**1**	**4**				**2**	**1**	**1**
20									
21									
22									
23	3		3				1		1
24	2	1	1				1	1	
25-29岁	**2**		**2**	**1**		**1**	**4**	**3**	**1**
25	1		1				1	1	
26				1		1	1	1	
27							1		1
28	1		1				1	1	
29									
30-34岁	**5**	**1**	**4**				**4**	**2**	**2**
30	2		2						
31							1		1
32							1	1	
33	3	1	2				1		1
34							1	1	
35-39岁	**6**	**2**	**4**						
35									
36									
37	3	1	2						
38	2		2						
39	1	1							
40-44岁	**2**	**2**							
40	1	1							
41									
42	1	1							
43									
44									
45-49岁							**1**	**1**	
45									
46							1	1	
47									
48									
49									
50岁及以上	**4**	**4**		**2**	**2**		**3**	**1**	**2**

3–2　续表 14　　　　单位：人

年　龄	博士研究生								
	合　计			在　校			毕　业		
	合计	男	女	小计	男	女	小计	男	女
总　计	**2733**	**1427**	**1306**	**969**	**448**	**521**	**1761**	**977**	**784**
3									
4									
5–9岁									
5									
6									
7									
8									
9									
10–14岁									
10									
11									
12									
13									
14									
15–19岁									
15									
16									
17									
18									
19									
20–24岁	**128**	**52**	**76**	**123**	**48**	**75**	**5**	**4**	**1**
20	4	2	2	3	2	1	1		1
21	5	1	4	5	1	4			
22	13	6	7	12	5	7	1	1	
23	27	12	15	25	10	15	2	2	
24	79	31	48	78	30	48	1	1	
25–29岁	**657**	**289**	**368**	**572**	**262**	**310**	**84**	**26**	**58**
25	127	47	80	121	46	75	6	1	5
26	126	53	73	119	50	69	7	3	4
27	144	71	73	130	68	62	13	2	11
28	147	72	75	118	62	56	29	10	19
29	113	46	67	84	36	48	29	10	19
30–34岁	**533**	**271**	**262**	**214**	**109**	**105**	**318**	**161**	**157**
30	141	68	73	87	42	45	54	26	28
31	113	57	56	52	29	23	61	28	33
32	98	48	50	37	20	17	61	28	33
33	97	54	43	24	12	12	73	42	31
34	84	44	40	14	6	8	69	37	32
35–39岁	**454**	**243**	**211**	**46**	**23**	**23**	**408**	**220**	**188**
35	80	47	33	12	6	6	68	41	27
36	72	43	29	6	3	3	66	40	26
37	90	43	47	13	8	5	77	35	42
38	104	50	54	5	1	4	99	49	50
39	108	60	48	10	5	5	98	55	43
40–44岁	**402**	**220**	**182**	**14**	**6**	**8**	**388**	**214**	**174**
40	95	53	42	5	2	3	90	51	39
41	106	59	47	3	2	1	103	57	46
42	83	48	35	3	1	2	80	47	33
43	62	31	31	1		1	61	31	30
44	56	29	27	2	1	1	54	28	26
45–49岁	**225**	**116**	**109**				**224**	**116**	**108**
45	46	27	19				46	27	19
46	41	16	25				40	16	24
47	46	24	22				46	24	22
48	53	25	28				53	25	28
49	39	24	15				39	24	15
50岁及以上	**334**	**236**	**98**				**334**	**236**	**98**

3–2 续表 15

单位：人

年 龄	博士研究生								
	肄 业			辍 学			其 他		
	小计	男	女	小计	男	女	小计	男	女
总 计	**1**	**1**					**2**	**1**	**1**
3									
4									
5–9岁									
5									
6									
7									
8									
9									
10–14岁									
10									
11									
12									
13									
14									
15–19岁									
15									
16									
17									
18									
19									
20–24岁									
20									
21									
22									
23									
24									
25–29岁	**1**	**1**							
25									
26									
27	1	1							
28									
29									
30–34岁							**1**	**1**	
30									
31									
32									
33									
34							1	1	
35–39岁									
35									
36									
37									
38									
39									
40–44岁									
40									
41									
42									
43									
44									
45–49岁							**1**		**1**
45									
46							1		1
47									
48									
49									
50岁及以上									

3-2a 全省分年龄、性别、学业完成情况的3岁及以上各种受教育程度人口(城市)

单位：人

年龄	合计								
	合计			在校			毕业		
	合计	男	女	小计	男	女	小计	男	女
总计	**892367**	**433979**	**458388**	**126364**	**64613**	**61751**	**751674**	**362841**	**388833**
3									
4									
5-9岁	**30434**	**15982**	**14452**	**29613**	**15539**	**14074**	**781**	**422**	**359**
5	338	181	157	312	170	142	23	10	13
6	6306	3311	2995	6153	3216	2937	146	90	56
7	7800	4151	3649	7611	4047	3564	181	100	81
8	8572	4407	4165	8339	4291	4048	223	111	112
9	7418	3932	3486	7198	3815	3383	208	111	97
10-14岁	**38825**	**20299**	**18526**	**37243**	**19434**	**17809**	**1507**	**827**	**680**
10	7306	3785	3521	7076	3661	3415	217	119	98
11	7524	3974	3550	7285	3842	3443	227	126	101
12	8032	4226	3806	7690	4032	3658	328	185	143
13	8269	4373	3896	7853	4139	3714	397	226	171
14	7694	3941	3753	7339	3760	3579	338	171	167
15-19岁	**42131**	**21254**	**20877**	**38971**	**19477**	**19494**	**2949**	**1654**	**1295**
15	8914	4474	4440	8718	4362	4356	160	92	68
16	10067	5118	4949	9791	4955	4836	246	147	99
17	7643	3842	3801	7195	3596	3599	406	221	185
18	7183	3688	3495	6289	3168	3121	853	494	359
19	8324	4132	4192	6978	3396	3582	1284	700	584
20-24岁	**41556**	**20302**	**21254**	**17466**	**8674**	**8792**	**23729**	**11438**	**12291**
20	8836	4418	4418	6741	3333	3408	2041	1057	984
21	7848	3975	3873	4839	2435	2404	2959	1513	1446
22	7921	3837	4084	2814	1420	1394	5047	2386	2661
23	8182	3883	4299	1821	893	928	6263	2932	3331
24	8769	4189	4580	1251	593	658	7419	3550	3869
25-29岁	**56410**	**27132**	**29278**	**2281**	**1082**	**1199**	**53432**	**25659**	**27773**
25	9769	4681	5088	947	448	499	8709	4162	4547
26	9937	4767	5170	565	260	305	9258	4441	4817
27	11420	5541	5879	368	170	198	10910	5292	5618
28	12173	5822	6351	249	128	121	11760	5603	6157
29	13111	6321	6790	152	76	76	12795	6161	6634
30-34岁	**88991**	**43405**	**45586**	**449**	**232**	**217**	**87350**	**42540**	**44810**
30	17064	8274	8790	164	78	86	16698	8087	8611
31	17825	8712	9113	106	60	46	17474	8517	8957
32	17591	8483	9108	78	35	43	17280	8326	8954
33	19309	9516	9793	63	39	24	18959	9318	9641
34	17202	8420	8782	38	20	18	16939	8292	8647
35-39岁	**75037**	**36916**	**38121**	**140**	**70**	**70**	**73931**	**36334**	**37597**
35	14763	7348	7415	34	16	18	14515	7224	7291
36	14224	7013	7211	29	14	15	14027	6905	7122
37	14562	7227	7335	33	19	14	14336	7096	7240
38	17257	8393	8864	22	11	11	17032	8276	8756
39	14231	6935	7296	22	10	12	14021	6833	7188
40-44岁	**77371**	**38091**	**39280**	**71**	**36**	**35**	**76271**	**37530**	**38741**
40	15449	7545	7904	25	12	13	15232	7431	7801
41	17804	8816	8988	19	10	9	17567	8691	8876
42	15988	7863	8125	14	9	5	15769	7748	8021
43	13846	6773	7073	6	2	4	13631	6664	6967
44	14284	7094	7190	7	3	4	14072	6996	7076
45-49岁	**82415**	**40351**	**42064**	**42**	**20**	**22**	**81121**	**39695**	**41426**
45	13749	6741	7008	10	6	4	13554	6639	6915
46	14463	6950	7513	7	3	4	14222	6832	7390
47	17244	8437	8807	8	2	6	16970	8296	8674
48	18288	9111	9177	4	3	1	18008	8972	9036
49	18671	9112	9559	13	6	7	18367	8956	9411
50岁及以上	**359197**	**170247**	**188950**	**88**	**49**	**39**	**350603**	**166742**	**183861**

3-2a 续表 1

单位：人

年 龄	合计								
	肄业			辍学			其他		
	小计	男	女	小计	男	女	小计	男	女
总 计	**2901**	**1345**	**1556**	**9029**	**4055**	**4974**	**2399**	**1125**	**1274**
3									
4									
5-9岁	**8**	**4**	**4**	**7**	**2**	**5**	**25**	**15**	**10**
5				1		1	2	1	1
6	1	1		1		1	5	4	1
7	2	1	1	1		1	5	3	2
8				2	1	1	8	4	4
9	5	2	3	2	1	1	5	3	2
10-14岁	**16**	**4**	**12**	**24**	**15**	**9**	**35**	**19**	**16**
10	5	1	4	2	1	1	6	3	3
11	2		2	4	1	3	6	5	1
12	3		3	7	6	1	4	3	1
13	4	2	2	6	3	3	9	3	6
14	2	1	1	5	4	1	10	5	5
15-19岁	**43**	**27**	**16**	**145**	**82**	**63**	**23**	**14**	**9**
15	5	3	2	27	15	12	4	2	2
16	6	5	1	21	9	12	3	2	1
17	6	2	4	34	21	13	2	2	
18	13	9	4	23	13	10	5	4	1
19	13	8	5	40	24	16	9	4	5
20-24岁	**78**	**42**	**36**	**209**	**117**	**92**	**74**	**31**	**43**
20	16	7	9	26	17	9	12	4	8
21	10	5	5	33	19	14	7	3	4
22	9	7	2	37	19	18	14	5	9
23	23	16	7	63	37	26	12	5	7
24	20	7	13	50	25	25	29	14	15
25-29岁	**142**	**76**	**66**	**427**	**245**	**182**	**128**	**70**	**58**
25	19	10	9	66	45	21	28	16	12
26	21	16	5	61	30	31	32	20	12
27	23	9	14	96	58	38	23	12	11
28	44	23	21	100	60	40	20	8	12
29	35	18	17	104	52	52	25	14	11
30-34岁	**261**	**142**	**119**	**727**	**397**	**330**	**204**	**94**	**110**
30	49	21	28	113	68	45	40	20	20
31	53	29	24	151	84	67	41	22	19
32	57	33	24	142	73	69	34	16	18
33	57	32	25	186	110	76	44	17	27
34	45	27	18	135	62	73	45	19	26
35-39岁	**189**	**100**	**89**	**597**	**315**	**282**	**180**	**97**	**83**
35	45	23	22	135	66	69	34	19	15
36	33	17	16	112	63	49	23	14	9
37	43	28	15	109	64	45	41	20	21
38	34	18	16	126	65	61	43	23	20
39	34	14	20	115	57	58	39	21	18
40-44岁	**212**	**113**	**99**	**651**	**338**	**313**	**166**	**74**	**92**
40	35	17	18	132	72	60	25	13	12
41	50	23	27	128	73	55	40	19	21
42	35	24	11	135	71	64	35	11	24
43	47	27	20	129	63	66	33	17	16
44	45	22	23	127	59	68	33	14	19
45-49岁	**250**	**135**	**115**	**767**	**386**	**381**	**235**	**115**	**120**
45	25	14	11	117	60	57	43	22	21
46	42	18	24	145	77	68	47	20	27
47	58	35	23	150	79	71	58	25	33
48	63	32	31	172	78	94	41	26	15
49	62	36	26	183	92	91	46	22	24
50岁及以上	**1702**	**702**	**1000**	**5475**	**2158**	**3317**	**1329**	**596**	**733**

3-2a　续表 2　　　　单位：人

年　龄	小　学								
	合　计			在　校			毕　业		
	合计	男	女	小计	男	女	小计	男	女
总　计	**112499**	**49824**	**62675**	**46084**	**24182**	**21902**	**61466**	**23899**	**37567**
3									
4									
5-9岁	**30136**	**15823**	**14313**	**29356**	**15401**	**13955**	**741**	**401**	**340**
5	338	181	157	312	170	142	23	10	13
6	6261	3288	2973	6118	3196	2922	136	87	49
7	7734	4110	3624	7551	4010	3541	175	96	79
8	8490	4365	4125	8271	4255	4016	210	105	105
9	7313	3879	3434	7104	3770	3334	197	103	94
10-14岁	**17321**	**9111**	**8210**	**16688**	**8762**	**7926**	**598**	**333**	**265**
10	7152	3697	3455	6944	3589	3355	195	103	92
11	7007	3709	3298	6811	3602	3209	185	102	83
12	2415	1310	1105	2268	1219	1049	142	87	55
13	551	291	260	496	264	232	49	25	24
14	196	104	92	169	88	81	27	16	11
15-19岁	**110**	**60**	**50**	**26**	**14**	**12**	**66**	**35**	**31**
15	22	14	8	7	4	3	12	9	3
16	15	9	6	5	3	2	8	4	4
17	17	8	9	5	1	4	9	6	3
18	24	13	11	5	3	2	13	5	8
19	32	16	16	4	3	1	24	11	13
20-24岁	**292**	**151**	**141**	**6**	**3**	**3**	**265**	**134**	**131**
20	36	19	17	3	1	2	27	14	13
21	35	21	14	1		1	33	20	13
22	58	25	33	2	2		51	21	30
23	64	39	25				60	35	25
24	99	47	52				94	44	50
25-29岁	**1081**	**563**	**518**	**1**		**1**	**1033**	**530**	**503**
25	129	65	64	1		1	120	60	60
26	137	74	63				132	70	62
27	236	135	101				228	129	99
28	254	130	124				241	121	120
29	325	159	166				312	150	162
30-34岁	**2646**	**1335**	**1311**	**1**		**1**	**2515**	**1270**	**1245**
30	446	227	219				426	216	210
31	509	249	260	1		1	475	234	241
32	564	286	278				538	272	266
33	619	327	292				593	312	281
34	508	246	262				483	236	247
35-39岁	**2040**	**1039**	**1001**				**1933**	**980**	**953**
35	449	240	209				424	225	199
36	418	223	195				401	213	188
37	363	177	186				347	167	180
38	418	205	213				395	194	201
39	392	194	198				366	181	185
40-44岁	**2939**	**1409**	**1530**				**2770**	**1329**	**1441**
40	529	265	264				498	248	250
41	643	298	345				614	283	331
42	561	265	296				525	248	277
43	579	294	285				543	278	265
44	627	287	340				590	272	318
45-49岁	**4498**	**2030**	**2468**				**4219**	**1888**	**2331**
45	652	310	342				622	293	329
46	786	338	448				741	317	424
47	892	412	480				834	379	455
48	1026	468	558				953	433	520
49	1142	502	640				1069	466	603
50岁及以上	**51436**	**18303**	**33133**	**6**	**2**	**4**	**47326**	**16999**	**30327**

3－2a 续表 3 单位：人

年龄	小学								
	肄业			辍学			其他		
	小计	男	女	小计	男	女	小计	男	女
总计	**946**	**306**	**640**	**3593**	**1276**	**2317**	**410**	**161**	**249**
3									
4									
5－9岁	**8**	**4**	**4**	**7**	**2**	**5**	**24**	**15**	**9**
5				1		1	2	1	1
6	1	1		1		1	5	4	1
7	2	1	1	1		1	5	3	2
8				2	1	1	7	4	3
9	5	2	3	2	1	1	5	3	2
10－14岁	**9**	**1**	**8**	**12**	**7**	**5**	**14**	**8**	**6**
10	5	1	4	2	1	1	6	3	3
11	2		2	4	1	3	5	4	1
12	1		1	3	3		1	1	
13	1		1	3	2	1	2		2
14									
15－19岁	**6**	**2**	**4**	**10**	**7**	**3**	**2**	**2**	
15	1		1	1		1	1	1	
16	1	1		1	1				
17	2		2	1	1				
18	2	1	1	3	3		1	1	
19				4	2	2			
20－24岁	**3**	**2**	**1**	**15**	**10**	**5**	**3**	**2**	**1**
20	1		1	3	2	1	2	2	
21				1	1				
22				5	2	3			
23	2	2		2	2				
24				4	3	1	1		1
25－29岁	**7**	**4**	**3**	**30**	**22**	**8**	**10**	**7**	**3**
25	1		1	6	4	2	1	1	
26				3	2	1	2	2	
27				6	5	1	2	1	1
28	6	4	2	5	4	1	2	1	1
29				10	7	3	3	2	1
30－34岁	**21**	**11**	**10**	**91**	**43**	**48**	**18**	**11**	**7**
30	5	2	3	12	7	5	3	2	1
31	5	1	4	25	11	14	3	3	
32	5	4	1	16	7	9	5	3	2
33	5	3	2	16	10	6	5	2	3
34	1	1		22	8	14	2	1	1
35－39岁	**16**	**9**	**7**	**83**	**47**	**36**	**8**	**3**	**5**
35	3	2	1	21	12	9	1	1	
36	3	2	1	13	7	6	1	1	
37	1	1		13	8	5	2	1	1
38	4	1	3	17	10	7	2		2
39	5	3	2	19	10	9	2		2
40－44岁	**28**	**8**	**20**	**131**	**68**	**63**	**10**	**4**	**6**
40	4	1	3	26	16	10	1		1
41	7		7	21	14	7	1	1	
42	3	1	2	33	16	17			
43	9	5	4	22	10	12	5	1	4
44	5	1	4	29	12	17	3	2	1
45－49岁	**47**	**21**	**26**	**209**	**110**	**99**	**23**	**11**	**12**
45	1		1	27	15	12	2	2	
46	5	2	3	35	17	18	5	2	3
47	13	8	5	41	23	18	4	2	2
48	14	6	8	54	26	28	5	3	2
49	14	5	9	52	29	23	7	2	5
50岁及以上	**801**	**244**	**557**	**3005**	**960**	**2045**	**298**	**98**	**200**

3-2a　续表 4　　　　单位：人

年　龄	初中								
	合　计			在　校			毕　业		
	合计	男	女	小计	男	女	小计	男	女
总　计	**299599**	**144927**	**154672**	**22813**	**11997**	**10816**	**270141**	**129596**	**140545**
3									
4									
5-9岁	**297**	**159**	**138**	**256**	**138**	**118**	**40**	**21**	**19**
5									
6	45	23	22	35	20	15	10	3	7
7	66	41	25	60	37	23	6	4	2
8	81	42	39	67	36	31	13	6	7
9	105	53	52	94	45	49	11	8	3
10-14岁	**20333**	**10645**	**9688**	**19430**	**10151**	**9279**	**866**	**474**	**392**
10	154	88	66	132	72	60	22	16	6
11	516	264	252	473	239	234	42	24	18
12	5616	2915	2701	5421	2812	2609	186	98	88
13	7589	4007	3582	7240	3808	3432	337	193	144
14	6458	3371	3087	6164	3220	2944	279	143	136
15-19岁	**4400**	**2450**	**1950**	**3071**	**1674**	**1397**	**1228**	**720**	**508**
15	1966	1092	874	1833	1019	814	109	61	48
16	918	501	417	743	393	350	158	100	58
17	503	279	224	272	149	123	210	116	94
18	494	287	207	137	69	68	344	211	133
19	519	291	228	86	44	42	407	232	175
20-24岁	**4551**	**2424**	**2127**	**15**	**11**	**4**	**4382**	**2321**	**2061**
20	570	296	274	9	7	2	546	278	268
21	632	356	276	1	1		607	340	267
22	842	464	378				815	450	365
23	1068	534	534	2		2	1017	503	514
24	1439	774	665	3	3		1397	750	647
25-29岁	**12613**	**6470**	**6143**	**6**	**4**	**2**	**12231**	**6253**	**5978**
25	1742	895	847	1	1		1695	860	835
26	1992	1044	948	2	1	1	1932	1009	923
27	2591	1356	1235				2511	1312	1199
28	2893	1449	1444	2	1	1	2797	1398	1399
29	3395	1726	1669	1	1		3296	1674	1622
30-34岁	**26706**	**13378**	**13328**	**9**	**6**	**3**	**25985**	**12990**	**12995**
30	4827	2483	2344	1	1		4715	2422	2293
31	5254	2661	2593	4	2	2	5104	2579	2525
32	5069	2485	2584	2	1	1	4928	2412	2516
33	5999	3007	2992	1	1		5818	2903	2915
34	5557	2742	2815	1	1		5420	2674	2746
35-39岁	**25392**	**12461**	**12931**	**1**	**1**		**24812**	**12160**	**12652**
35	4945	2465	2480				4819	2402	2417
36	4855	2418	2437				4748	2360	2388
37	4905	2429	2476				4785	2360	2425
38	5830	2812	3018				5709	2750	2959
39	4857	2337	2520	1	1		4751	2288	2463
40-44岁	**27684**	**13588**	**14096**	**2**	**2**		**27035**	**13255**	**13780**
40	5278	2617	2661	1	1		5148	2553	2595
41	6331	3112	3219	1	1		6195	3040	3155
42	5636	2754	2882				5516	2683	2833
43	5126	2470	2656				4992	2403	2589
44	5313	2635	2678				5184	2576	2608
45-49岁	**33054**	**15714**	**17340**	**2**	**1**	**1**	**32303**	**15331**	**16972**
45	5280	2531	2749	1	1		5159	2471	2688
46	5681	2656	3025				5543	2583	2960
47	6965	3342	3623				6804	3257	3547
48	7313	3546	3767				7152	3466	3686
49	7815	3639	4176	1		1	7645	3554	4091
50岁及以上	**144569**	**67638**	**76931**	**21**	**9**	**12**	**141259**	**66071**	**75188**

3-2a 续表 5 单位：人

年龄	初中								
	肄业			辍学			其他		
	小计	男	女	小计	男	女	小计	男	女
总计	**1282**	**668**	**614**	**4385**	**2210**	**2175**	**978**	**456**	**522**
3									
4									
5-9岁							**1**		**1**
5									
6									
7									
8							1		1
9									
10-14岁	**6**	**3**	**3**	**12**	**8**	**4**	**19**	**9**	**10**
10									
11							1	1	
12	2		2	4	3	1	3	2	1
13	2	2		3	1	2	7	3	4
14	2	1	1	5	4	1	8	3	5
15-19岁	**13**	**9**	**4**	**83**	**44**	**39**	**5**	**3**	**2**
15	1		1	21	11	10	2	1	1
16	2	2		14	5	9	1	1	
17	1		1	19	13	6	1	1	
18	5	4	1	8	3	5			
19	4	3	1	21	12	9	1		1
20-24岁	**30**	**19**	**11**	**108**	**67**	**41**	**16**	**6**	**10**
20	3	2	1	9	8	1	3	1	2
21	5	4	1	17	11	6	2		2
22	4	3	1	20	11	9	3		3
23	12	8	4	35	22	13	2	1	1
24	6	2	4	27	15	12	6	4	2
25-29岁	**71**	**37**	**34**	**278**	**160**	**118**	**27**	**16**	**11**
25	10	7	3	35	26	9	1	1	
26	9	7	2	38	21	17	11	6	5
27	11	2	9	66	40	26	3	2	1
28	20	8	12	69	39	30	5	3	2
29	21	13	8	70	34	36	7	4	3
30-34岁	**141**	**81**	**60**	**501**	**276**	**225**	**70**	**25**	**45**
30	26	10	16	73	44	29	12	6	6
31	29	18	11	103	59	44	14	3	11
32	28	15	13	98	51	47	13	6	7
33	32	21	11	135	78	57	13	4	9
34	26	17	9	92	44	48	18	6	12
35-39岁	**101**	**53**	**48**	**404**	**206**	**198**	**74**	**41**	**33**
35	24	14	10	89	43	46	13	6	7
36	16	10	6	80	42	38	11	6	5
37	27	17	10	78	46	32	15	6	9
38	21	10	11	85	41	44	15	11	4
39	13	2	11	72	34	38	20	12	8
40-44岁	**130**	**73**	**57**	**451**	**228**	**223**	**66**	**30**	**36**
40	21	10	11	93	46	47	15	7	8
41	24	12	12	91	49	42	20	10	10
42	26	19	7	86	48	38	8	4	4
43	30	17	13	94	45	49	10	5	5
44	29	15	14	87	40	47	13	4	9
45-49岁	**154**	**82**	**72**	**477**	**234**	**243**	**118**	**66**	**52**
45	20	10	10	80	39	41	20	10	10
46	27	11	16	93	53	40	18	9	9
47	36	21	15	91	46	45	34	18	16
48	38	20	18	102	44	58	21	16	5
49	33	20	13	111	52	59	25	13	12
50岁及以上	**636**	**311**	**325**	**2071**	**987**	**1084**	**582**	**260**	**322**

3-2a　续表 6

单位：人

年　龄	高　中								
	合　计			在　校			毕　业		
	合计	男	女	小计	男	女	小计	男	女
总　计	**232439**	**115641**	**116798**	**25908**	**13062**	**12846**	**204467**	**101488**	**102979**
3									
4									
5-9岁	**1**		**1**	**1**		**1**			
5									
6									
7									
8	1		1	1		1			
9									
10-14岁	**1155**	**539**	**616**	**1109**	**517**	**592**	**43**	**20**	**23**
10									
11	1	1		1	1				
12	1	1		1	1				
13	128	75	53	116	67	49	11	8	3
14	1025	462	563	991	448	543	32	12	20
15-19岁	**25170**	**12755**	**12415**	**24011**	**12100**	**11911**	**1082**	**609**	**473**
15	6724	3279	3445	6683	3253	3430	32	19	13
16	8718	4394	4324	8641	4354	4287	66	34	32
17	6263	3163	3100	6102	3072	3030	143	81	62
18	2371	1300	1071	1999	1085	914	353	204	149
19	1094	619	475	586	336	250	488	271	217
20-24岁	**5497**	**3006**	**2491**	**765**	**434**	**331**	**4626**	**2519**	**2107**
20	1047	591	456	390	218	172	638	364	274
21	886	499	387	180	103	77	689	387	302
22	983	535	448	82	45	37	884	478	406
23	1166	638	528	64	42	22	1078	584	494
24	1415	743	672	49	26	23	1337	706	631
25-29岁	**10236**	**5417**	**4819**	**9**	**4**	**5**	**10050**	**5322**	**4728**
25	1603	874	729	3	1	2	1558	851	707
26	1735	946	789	1	1		1704	930	774
27	2092	1114	978	2	1	1	2060	1097	963
28	2250	1170	1080				2212	1148	1064
29	2556	1313	1243	3	1	2	2516	1296	1220
30-34岁	**18171**	**9209**	**8962**	**3**	**3**		**17933**	**9079**	**8854**
30	3423	1753	1670	1	1		3376	1724	1652
31	3504	1773	1731				3460	1748	1712
32	3636	1820	1816	1	1		3591	1797	1794
33	4087	2120	1967				4028	2089	1939
34	3521	1743	1778	1	1		3478	1721	1757
35-39岁	**16824**	**8322**	**8502**	**1**		**1**	**16626**	**8216**	**8410**
35	3004	1513	1491				2958	1493	1465
36	2960	1467	1493				2928	1448	1480
37	3174	1588	1586				3138	1565	1573
38	4102	2030	2072	1		1	4061	2009	2052
39	3584	1724	1860				3541	1701	1840
40-44岁	**21211**	**10498**	**10713**	**2**	**1**	**1**	**21045**	**10407**	**10638**
40	3993	1940	2053	1		1	3971	1925	2046
41	4928	2475	2453	1	1		4883	2450	2433
42	4426	2171	2255				4391	2158	2233
43	3868	1914	1954				3836	1894	1942
44	3996	1998	1998				3964	1980	1984
45-49岁	**23028**	**11392**	**11636**	**2**	**1**	**1**	**22867**	**11309**	**11558**
45	3711	1817	1894	2	1	1	3690	1805	1885
46	3893	1878	2015				3855	1859	1996
47	4802	2343	2459				4769	2330	2439
48	5302	2659	2643				5268	2643	2625
49	5320	2695	2625				5285	2672	2613
50岁及以上	**111146**	**54503**	**56643**	**5**	**2**	**3**	**110195**	**54007**	**56188**

3-2a 续表 7

单位：人

年 龄	高中								
	肄业			辍学			其他		
	小计	男	女	小计	男	女	小计	男	女
总 计	**463**	**258**	**205**	**969**	**522**	**447**	**632**	**311**	**321**
3									
4									
5-9岁									
5									
6									
7									
8									
9									
10-14岁	**1**		**1**				**2**	**2**	
10									
11									
12									
13	1		1						
14							2	2	
15-19岁	**19**	**13**	**6**	**48**	**27**	**21**	**10**	**6**	**4**
15	3	3		5	4	1	1		1
16	3	2	1	6	3	3	2	1	1
17	3	2	1	14	7	7	1	1	
18	4	2	2	12	7	5	3	2	1
19	6	4	2	11	6	5	3	2	1
20-24岁	**14**	**8**	**6**	**75**	**37**	**38**	**17**	**8**	**9**
20	5	2	3	11	6	5	3	1	2
21	1		1	13	7	6	3	2	1
22	3	3		11	6	5	3	3	
23	1	1		21	11	10	2		2
24	4	2	2	19	7	12	6	2	4
25-29岁	**32**	**15**	**17**	**108**	**56**	**52**	**37**	**20**	**17**
25	5	2	3	24	14	10	13	6	7
26	7	4	3	16	6	10	7	5	2
27	4	2	2	23	12	11	3	2	1
28	9	5	4	23	14	9	6	3	3
29	7	2	5	22	10	12	8	4	4
30-34岁	**62**	**31**	**31**	**118**	**68**	**50**	**55**	**28**	**27**
30	10	5	5	26	17	9	10	6	4
31	12	5	7	20	12	8	12	8	4
32	16	9	7	21	11	10	7	2	5
33	13	6	7	32	19	13	14	6	8
34	11	6	5	19	9	10	12	6	6
35-39岁	**42**	**21**	**21**	**99**	**56**	**43**	**56**	**29**	**27**
35	13	5	8	24	10	14	9	5	4
36	9	4	5	18	13	5	5	2	3
37	10	7	3	14	8	6	12	8	4
38	3	2	1	21	12	9	16	7	9
39	7	3	4	22	13	9	14	7	7
40-44岁	**42**	**26**	**16**	**64**	**39**	**25**	**58**	**25**	**33**
40	7	4	3	10	8	2	4	3	1
41	15	10	5	16	10	6	13	4	9
42	4	3	1	14	6	8	17	4	13
43	8	5	3	13	8	5	11	7	4
44	8	4	4	11	7	4	13	7	6
45-49岁	**35**	**24**	**11**	**70**	**36**	**34**	**54**	**22**	**32**
45	2	2		9	5	4	8	4	4
46	8	5	3	13	6	7	17	8	9
47	5	3	2	15	7	8	13	3	10
48	9	5	4	15	7	8	10	4	6
49	11	9	2	18	11	7	6	3	3
50岁及以上	**216**	**120**	**96**	**387**	**203**	**184**	**343**	**171**	**172**

3-2a 续表 8 单位：人

年 龄	大学专科								
	合 计			在 校			毕 业		
	合计	男	女	小计	男	女	小计	男	女
总 计	**109563**	**55796**	**53767**	**7495**	**3740**	**3755**	**101673**	**51858**	**49815**
3									
4									
5-9岁									
5									
6									
7									
8									
9									
10-14岁	**16**	**4**	**12**	**16**	**4**	**12**			
10									
11									
12									
13	1		1	1		1			
14	15	4	11	15	4	11			
15-19岁	**4840**	**2431**	**2409**	**4372**	**2183**	**2189**	**458**	**242**	**216**
15	181	79	102	174	76	98	7	3	4
16	378	203	175	366	196	170	12	7	5
17	405	194	211	365	177	188	40	17	23
18	1495	789	706	1379	726	653	114	61	53
19	2381	1166	1215	2088	1008	1080	285	154	131
20-24岁	**9978**	**4827**	**5151**	**2758**	**1372**	**1386**	**7176**	**3441**	**3735**
20	2180	1057	1123	1533	733	800	636	321	315
21	1768	863	905	661	330	331	1102	533	569
22	1850	881	969	313	163	150	1527	715	812
23	2045	974	1071	166	101	65	1872	870	1002
24	2135	1052	1083	85	45	40	2039	1002	1037
25-29岁	**12738**	**6300**	**6438**	**166**	**91**	**75**	**12520**	**6178**	**6342**
25	2368	1182	1186	58	36	22	2302	1140	1162
26	2319	1171	1148	37	19	18	2269	1144	1125
27	2528	1263	1265	30	13	17	2485	1242	1243
28	2716	1305	1411	24	15	9	2685	1286	1399
29	2807	1379	1428	17	8	9	2779	1366	1413
30-34岁	**17368**	**8571**	**8797**	**85**	**40**	**45**	**17218**	**8497**	**8721**
30	3545	1729	1816	21	9	12	3506	1714	1792
31	3697	1823	1874	22	13	9	3663	1802	1861
32	3450	1694	1756	16	4	12	3421	1682	1739
33	3586	1776	1810	17	11	6	3557	1758	1799
34	3090	1549	1541	9	3	6	3071	1541	1530
35-39岁	**12570**	**6237**	**6333**	**32**	**14**	**18**	**12491**	**6199**	**6292**
35	2501	1283	1218	9	3	6	2481	1273	1208
36	2351	1165	1186	5	2	3	2341	1161	1180
37	2476	1243	1233	7	4	3	2457	1233	1224
38	2825	1356	1469	6	3	3	2811	1349	1462
39	2417	1190	1227	5	2	3	2401	1183	1218
40-44岁	**12085**	**5898**	**6187**	**24**	**11**	**13**	**12032**	**5873**	**6159**
40	2526	1187	1339	11	5	6	2510	1178	1332
41	2764	1375	1389	4	2	2	2752	1368	1384
42	2621	1294	1327	8	4	4	2605	1289	1316
43	2050	990	1060				2044	987	1057
44	2124	1052	1072	1		1	2121	1051	1070
45-49岁	**10704**	**5416**	**5288**	**15**	**6**	**9**	**10656**	**5396**	**5260**
45	1947	957	990	2	1	1	1937	951	986
46	1973	1009	964	5	2	3	1963	1006	957
47	2256	1156	1100	2		2	2246	1152	1094
48	2339	1187	1152	1	1		2334	1183	1151
49	2189	1107	1082	5	2	3	2176	1104	1072
50岁及以上	**29264**	**16112**	**13152**	**27**	**19**	**8**	**29122**	**16032**	**13090**

3-2a 续表 9 单位：人

年龄	大学专科								
	肄业			辍学			其他		
	小计	男	女	小计	男	女	小计	男	女
总计	**116**	**58**	**58**	**58**	**30**	**28**	**221**	**110**	**111**
3									
4									
5-9岁									
5									
6									
7									
8									
9									
10-14岁									
10									
11									
12									
13									
14									
15-19岁	**3**	**2**	**1**	**2**	**2**		**5**	**2**	**3**
15									
16									
17									
18	1	1					1	1	
19	2	1	1	2	2		4	1	3
20-24岁	**14**	**4**	**10**	**9**	**2**	**7**	**21**	**8**	**13**
20	5	2	3	2	1	1	4		4
21	3		3	2		2			
22	2	1	1	1		1	7	2	5
23	1	1		4	1	3	2	1	1
24	3		3				8	5	3
25-29岁	**15**	**8**	**7**	**7**	**5**	**2**	**30**	**18**	**12**
25	1		1				7	6	1
26	3	3		2	1	1	8	4	4
27	5	2	3	1	1		7	5	2
28	3	2	1	2	2		2		2
29	3	1	2	2	1	1	6	3	3
30-34岁	**19**	**12**	**7**	**12**	**6**	**6**	**34**	**16**	**18**
30	6	3	3	2		2	10	3	7
31	4	3	1	2	1	1	6	4	2
32	4	4		5	2	3	4	2	2
33	3	1	2	2	2		7	4	3
34	2	1	1	1	1		7	3	4
35-39岁	**16**	**8**	**8**	**9**	**5**	**4**	**22**	**11**	**11**
35	2	1	1	1	1		8	5	3
36	3		3	1	1		1	1	
37	2	2		3	2	1	7	2	5
38	3	2	1	2	1	1	3	1	2
39	6	3	3	2		2	3	2	1
40-44岁	**5**	**3**	**2**	**2**	**1**	**1**	**22**	**10**	**12**
40	1	1		1	1		3	2	1
41	2	1	1				6	4	2
42	1		1	1		1	6	1	5
43							6	3	3
44	1	1					1		1
45-49岁	**8**	**4**	**4**	**8**	**4**	**4**	**17**	**6**	**11**
45	1	1		1	1		6	3	3
46	2		2	2		2	1	1	
47	2	1	1	2	2		4	1	3
48	1	1		1	1		2	1	1
49	2	1	1	2		2	4		4
50岁及以上	**36**	**17**	**19**	**9**	**5**	**4**	**70**	**39**	**31**

3-2a　续表 10　　　　　　　　　　　　　　　　　　　　单位：人

年　龄	大学本科								
	合　计			在　校			毕　业		
	合计	男	女	小计	男	女	小计	男	女
总　计	**124990**	**61543**	**63447**	**20306**	**9983**	**10323**	**104435**	**51413**	**53022**
3									
4									
5-9岁									
5									
6									
7									
8									
9									
10-14岁									
10									
11									
12									
13									
14									
15-19岁	**7608**	**3558**	**4050**	**7488**	**3506**	**3982**	**115**	**48**	**67**
15	21	10	11	21	10	11			
16	38	11	27	36	9	27	2	2	
17	455	198	257	451	197	254	4	1	3
18	2799	1299	1500	2769	1285	1484	29	13	16
19	4295	2040	2255	4211	2005	2206	80	32	48
20-24岁	**19189**	**9071**	**10118**	**11995**	**6070**	**5925**	**7164**	**2985**	**4179**
20	4988	2447	2541	4792	2366	2426	193	80	113
21	4445	2193	2252	3918	1958	1960	524	233	291
22	3792	1767	2025	2031	1050	981	1760	717	1043
23	3078	1424	1654	864	485	379	2204	931	1273
24	2886	1240	1646	390	211	179	2483	1024	1459
25-29岁	**16934**	**7248**	**9686**	**593**	**277**	**316**	**16304**	**6952**	**9352**
25	3154	1328	1826	266	119	147	2881	1206	1675
26	3141	1289	1852	129	60	69	3006	1225	1781
27	3450	1480	1970	95	47	48	3346	1429	1917
28	3593	1571	2022	61	24	37	3522	1542	1980
29	3596	1580	2016	42	27	15	3549	1550	1999
30-34岁	**21486**	**9833**	**11653**	**110**	**63**	**47**	**21331**	**9747**	**11584**
30	4262	1861	2401	34	20	14	4222	1837	2385
31	4340	1998	2342	26	16	10	4304	1975	2329
32	4357	1993	2364	21	8	13	4326	1980	2346
33	4482	2059	2423	17	11	6	4457	2045	2412
34	4045	1922	2123	12	8	4	4022	1910	2112
35-39岁	**16002**	**7833**	**8169**	**48**	**28**	**20**	**15920**	**7783**	**8137**
35	3473	1680	1793	10	5	5	3457	1672	1785
36	3211	1543	1668	12	6	6	3192	1532	1660
37	3212	1592	1620	9	6	3	3195	1582	1613
38	3534	1732	1802	10	7	3	3513	1717	1796
39	2572	1286	1286	7	4	3	2563	1280	1283
40-44岁	**12088**	**5963**	**6125**	**27**	**13**	**14**	**12042**	**5941**	**6101**
40	2756	1349	1407	6	2	4	2744	1344	1400
41	2792	1363	1429	7	3	4	2783	1360	1423
42	2467	1227	1240	4	3	1	2458	1221	1237
43	2031	1000	1031	5	2	3	2025	997	1028
44	2042	1024	1018	5	3	2	2032	1019	1013
45-49岁	**10190**	**5259**	**4931**	**20**	**9**	**11**	**10139**	**5234**	**4905**
45	1975	1019	956	3	1	2	1964	1014	950
46	1955	976	979	2	1	1	1946	974	972
47	2142	1085	1057	6	2	4	2130	1079	1051
48	2089	1115	974	3	2	1	2082	1111	971
49	2029	1064	965	6	3	3	2017	1056	961
50岁及以上	**21493**	**12778**	**8715**	**25**	**17**	**8**	**21420**	**12723**	**8697**

3-2a 续表 11 单位：人

年龄	大学本科								
	肄业			辍学			其他		
	小计	男	女	小计	男	女	小计	男	女
总计	**78**	**48**	**30**	**23**	**17**	**6**	**148**	**82**	**66**
3									
4									
5-9岁									
5									
6									
7									
8									
9									
10-14岁									
10									
11									
12									
13									
14									
15-19岁	**2**	**1**	**1**	**2**	**2**		**1**	**1**	
15									
16									
17									
18	1	1							
19	1		1	2	2		1	1	
20-24岁	**12**	**8**	**4**	**2**	**1**	**1**	**16**	**7**	**9**
20	2	1	1	1		1			
21	1	1					2	1	1
22							1		1
23	4	4		1	1		5	3	2
24	5	2	3				8	3	5
25-29岁	**14**	**11**	**3**	**3**	**2**	**1**	**20**	**6**	**14**
25	1	1		1	1		5	1	4
26	2	2		1		1	3	2	1
27	2	2					7	2	5
28	5	4	1	1	1		4		4
29	4	2	2				1	1	
30-34岁	**16**	**7**	**9**	**5**	**4**	**1**	**24**	**12**	**12**
30	1	1					5	3	2
31	3	2	1	1	1		6	4	2
32	4	1	3	2	2		4	2	2
33	3	1	2	1	1		4	1	3
34	5	2	3	1		1	5	2	3
35-39岁	**12**	**8**	**4**	**2**	**1**	**1**	**20**	**13**	**7**
35	3	1	2				3	2	1
36	2	1	1				5	4	1
37	2	1	1	1		1	5	3	2
38	3	3		1	1		7	4	3
39	2	2							
40-44岁	**6**	**2**	**4**	**3**	**2**	**1**	**10**	**5**	**5**
40	2	1	1	2	1	1	2	1	1
41	2		2						
42				1	1		4	2	2
43							1	1	
44	2	1	1				3	1	2
45-49岁	**6**	**4**	**2**	**3**	**2**	**1**	**22**	**10**	**12**
45	1	1					7	3	4
46				2	1	1	5		5
47	2	2		1	1		3	1	2
48	1		1				3	2	1
49	2	1	1				4	4	
50岁及以上	**10**	**7**	**3**	**3**	**3**		**35**	**28**	**7**

3–2a　续表 12　　　　单位：人

年　龄	硕士研究生								
	合　计			在　校			毕　业		
	合计	男	女	小计	男	女	小计	男	女
总　计	**11530**	**5331**	**6199**	**3138**	**1349**	**1789**	**8367**	**3971**	**4396**
3									
4									
5–9岁									
5									
6									
7									
8									
9									
10–14岁									
10									
11									
12									
13									
14									
15–19岁	**3**		**3**	**3**		**3**			
15									
16									
17									
18									
19	3		3	3		3			
20–24岁	**1966**	**784**	**1182**	**1847**	**748**	**1099**	**113**	**35**	**78**
20	14	7	7	13	7	6	1		1
21	79	42	37	75	42	33	4		4
22	384	159	225	375	155	220	9	4	5
23	744	267	477	710	260	450	30	7	23
24	745	309	436	674	284	390	69	24	45
25–29岁	**2390**	**944**	**1446**	**1142**	**530**	**612**	**1241**	**411**	**830**
25	691	306	385	540	260	280	149	45	104
26	531	202	329	317	140	177	212	61	151
27	436	154	282	162	71	91	273	83	190
28	372	148	224	86	45	41	284	102	182
29	360	134	226	37	14	23	323	120	203
30–34岁	**2284**	**918**	**1366**	**107**	**54**	**53**	**2172**	**862**	**1310**
30	463	178	285	49	23	26	413	155	258
31	456	174	282	24	12	12	432	162	270
32	451	175	276	18	10	8	432	164	268
33	479	198	281	10	8	2	467	190	277
34	435	193	242	6	1	5	428	191	237
35–39岁	**1916**	**865**	**1051**	**25**	**9**	**16**	**1889**	**855**	**1034**
35	343	138	205	7	3	4	336	135	201
36	378	168	210	6	3	3	372	165	207
37	374	168	206	6	2	4	367	166	201
38	481	227	254	3	1	2	478	226	252
39	340	164	176	3		3	336	163	173
40–44岁	**1123**	**606**	**517**	**7**	**5**	**2**	**1115**	**600**	**515**
40	309	152	157	2	2		307	150	157
41	285	165	120	4	2	2	281	163	118
42	225	122	103	1	1		223	120	103
43	154	84	70				154	84	70
44	150	83	67				150	83	67
45–49岁	**786**	**460**	**326**	**3**	**3**		**783**	**457**	**326**
45	153	90	63	2	2		151	88	63
46	149	82	67				149	82	67
47	157	82	75				157	82	75
48	177	117	60				177	117	60
49	150	89	61	1	1		149	88	61
50岁及以上	**1062**	**754**	**308**	**4**		**4**	**1054**	**751**	**303**

3-2a 续表 13 单位：人

年 龄	硕士研究生								
	肄 业			辍 学			其 他		
	小计	男	女	小计	男	女	小计	男	女
总 计	**15**	**6**	**9**	**1**		**1**	**9**	**5**	**4**
3									
4									
5–9岁									
5									
6									
7									
8									
9									
10–14岁									
10									
11									
12									
13									
14									
15–19岁									
15									
16									
17									
18									
19									
20–24岁	**5**	**1**	**4**				**1**		**1**
20									
21									
22									
23	3		3				1		1
24	2	1	1						
25–29岁	**2**		**2**	**1**		**1**	**4**	**3**	**1**
25	1		1				1	1	
26				1		1	1	1	
27							1		1
28	1		1				1	1	
29									
30–34岁	**2**		**2**				**3**	**2**	**1**
30	1		1						
31									
32							1	1	
33	1		1				1		1
34							1	1	
35–39岁	**2**	**1**	**1**						
35									
36									
37	1		1						
38									
39	1	1							
40–44岁	**1**	**1**							
40									
41									
42	1	1							
43									
44									
45–49岁									
45									
46									
47									
48									
49									
50岁及以上	**3**	**3**					**1**		**1**

3–2a　续表 14　　　　单位：人

年　龄	博士研究生								
	合　计			在　校			毕　业		
	合计	男	女	小计	男	女	小计	男	女
总　计	**1747**	**917**	**830**	**620**	**300**	**320**	**1125**	**616**	**509**
3									
4									
5–9岁									
5									
6									
7									
8									
9									
10–14岁									
10									
11									
12									
13									
14									
15–19岁									
15									
16									
17									
18									
19									
20–24岁	**83**	**39**	**44**	**80**	**36**	**44**	**3**	**3**	
20	1	1		1	1				
21	3	1	2	3	1	2			
22	12	6	6	11	5	6	1	1	
23	17	7	10	15	5	10	2	2	
24	50	24	26	50	24	26			
25–29岁	**418**	**190**	**228**	**364**	**176**	**188**	**53**	**13**	**40**
25	82	31	51	78	31	47	4		4
26	82	41	41	79	39	40	3	2	1
27	87	39	48	79	38	41	7		7
28	95	49	46	76	43	33	19	6	13
29	72	30	42	52	25	27	20	5	15
30–34岁	**330**	**161**	**169**	**134**	**66**	**68**	**196**	**95**	**101**
30	98	43	55	58	24	34	40	19	21
31	65	34	31	29	17	12	36	17	19
32	64	30	34	20	11	9	44	19	25
33	57	29	28	18	8	10	39	21	18
34	46	25	21	9	6	3	37	19	18
35–39岁	**293**	**159**	**134**	**33**	**18**	**15**	**260**	**141**	**119**
35	48	29	19	8	5	3	40	24	16
36	51	29	22	6	3	3	45	26	19
37	58	30	28	11	7	4	47	23	24
38	67	31	36	2		2	65	31	34
39	69	40	29	6	3	3	63	37	26
40–44岁	**241**	**129**	**112**	**9**	**4**	**5**	**232**	**125**	**107**
40	58	35	23	4	2	2	54	33	21
41	61	28	33	2	1	1	59	27	32
42	52	30	22	1	1		51	29	22
43	38	21	17	1		1	37	21	16
44	32	15	17	1		1	31	15	16
45–49岁	**155**	**80**	**75**				**154**	**80**	**74**
45	31	17	14				31	17	14
46	26	11	15				25	11	14
47	30	17	13				30	17	13
48	42	19	23				42	19	23
49	26	16	10				26	16	10
50岁及以上	**227**	**159**	**68**				**227**	**159**	**68**

3-2a 续表 15

单位：人

年 龄	博士研究生								
	肄 业			辍 学			其 他		
	小计	男	女	小计	男	女	小计	男	女
总 计	**1**	**1**					**1**		**1**
3									
4									
5-9岁									
5									
6									
7									
8									
9									
10-14岁									
10									
11									
12									
13									
14									
15-19岁									
15									
16									
17									
18									
19									
20-24岁									
20									
21									
22									
23									
24									
25-29岁	**1**	**1**							
25									
26									
27	1	1							
28									
29									
30-34岁									
30									
31									
32									
33									
34									
35-39岁									
35									
36									
37									
38									
39									
40-44岁									
40									
41									
42									
43									
44									
45-49岁							**1**		**1**
45									
46							1		1
47									
48									
49									
50岁及以上									

3-2b　全省分年龄、性别、学业完成情况的3岁及以上各种受教育程度人口(镇)

单位：人

年　龄	合计								
	合　计			在　校			毕　业		
	合计	男	女	小计	男	女	小计	男	女
总　计	**422511**	**208018**	**214493**	**71666**	**35299**	**36367**	**338022**	**166613**	**171409**
3									
4									
5-9岁	**15884**	**8262**	**7622**	**15410**	**8007**	**7403**	**435**	**236**	**199**
5	240	127	113	228	122	106	9	4	5
6	3288	1714	1574	3201	1671	1530	77	41	36
7	3969	2066	1903	3859	2010	1849	100	50	50
8	4522	2289	2233	4377	2208	2169	138	78	60
9	3865	2066	1799	3745	1996	1749	111	63	48
10-14岁	**20447**	**10545**	**9902**	**19565**	**10052**	**9513**	**809**	**449**	**360**
10	3851	1976	1875	3727	1909	1818	117	64	53
11	4032	2133	1899	3884	2045	1839	139	83	56
12	4086	2083	2003	3913	1998	1915	160	78	82
13	4317	2218	2099	4091	2090	2001	209	117	92
14	4161	2135	2026	3950	2010	1940	184	107	77
15-19岁	**25329**	**12687**	**12642**	**23591**	**11605**	**11986**	**1581**	**977**	**604**
15	4872	2584	2288	4778	2531	2247	80	41	39
16	5465	2790	2675	5263	2675	2588	178	97	81
17	4170	2168	2002	3916	2003	1913	225	146	79
18	4677	2344	2333	4184	2021	2163	455	301	154
19	6145	2801	3344	5450	2375	3075	643	392	251
20-24岁	**22792**	**10675**	**12117**	**11903**	**5107**	**6796**	**10623**	**5420**	**5203**
20	6276	2798	3478	5254	2200	3054	964	566	398
21	4853	2291	2562	3441	1529	1912	1368	739	629
22	3989	1881	2108	1723	757	966	2217	1097	1120
23	3718	1794	1924	853	377	476	2807	1383	1424
24	3956	1911	2045	632	244	388	3267	1635	1632
25-29岁	**26535**	**12817**	**13718**	**891**	**377**	**514**	**25125**	**12164**	**12961**
25	4380	2113	2267	382	146	236	3929	1926	2003
26	4531	2165	2366	214	96	118	4235	2019	2216
27	5354	2593	2761	145	74	71	5108	2472	2636
28	5758	2789	2969	89	38	51	5550	2693	2857
29	6512	3157	3355	61	23	38	6303	3054	3249
30-34岁	**44600**	**22115**	**22485**	**185**	**97**	**88**	**43383**	**21444**	**21939**
30	8900	4482	4418	66	39	27	8599	4303	4296
31	9128	4494	4634	47	23	24	8861	4354	4507
32	8745	4334	4411	34	17	17	8515	4202	4313
33	9688	4770	4918	16	9	7	9471	4658	4813
34	8139	4035	4104	22	9	13	7937	3927	4010
35-39岁	**34916**	**17511**	**17405**	**48**	**19**	**29**	**34013**	**17021**	**16992**
35	7262	3640	3622	13	4	9	7058	3527	3531
36	6708	3356	3352	5	3	2	6531	3267	3264
37	6801	3369	3432	7	4	3	6636	3277	3359
38	7691	3913	3778	12	5	7	7499	3805	3694
39	6454	3233	3221	11	3	8	6289	3145	3144
40-44岁	**35313**	**17710**	**17603**	**29**	**14**	**15**	**34406**	**17222**	**17184**
40	6914	3395	3519	9	2	7	6742	3295	3447
41	8205	4100	4105	3	2	1	7997	3989	4008
42	7268	3704	3564	4	2	2	7083	3605	3478
43	6307	3213	3094	6	3	3	6140	3124	3016
44	6619	3298	3321	7	5	2	6444	3209	3235
45-49岁	**38315**	**19081**	**19234**	**13**	**4**	**9**	**37148**	**18483**	**18665**
45	6363	3229	3134	3	1	2	6170	3133	3037
46	6760	3342	3418	2	1	1	6568	3236	3332
47	7963	3938	4025	4	2	2	7712	3807	3905
48	8545	4288	4257	2		2	8295	4163	4132
49	8684	4284	4400	2		2	8403	4144	4259
50岁及以上	**158380**	**76615**	**81765**	**31**	**17**	**14**	**150499**	**73197**	**77302**

3-2b 续表 1

单位：人

年 龄	合计								
	肄业			辍学			其他		
	小计	男	女	小计	男	女	小计	男	女
总 计	**2045**	**986**	**1059**	**8187**	**3847**	**4340**	**2591**	**1273**	**1318**
3									
4									
5-9岁	**11**	**5**	**6**	**5**	**4**	**1**	**23**	**10**	**13**
5	1		1				2	1	1
6	1		1				9	2	7
7	3	3		1	1		6	2	4
8	3		3	2	1	1	2	2	
9	3	2	1	2	2		4	3	1
10-14岁	**15**	**10**	**5**	**28**	**17**	**11**	**30**	**17**	**13**
10	1	1		1		1	5	2	3
11	2		2				7	5	2
12	3	1	2	4	2	2	6	4	2
13	5	5		7	4	3	5	2	3
14	4	3	1	16	11	5	7	4	3
15-19岁	**44**	**27**	**17**	**85**	**59**	**26**	**28**	**19**	**9**
15	2	2		9	7	2	3	3	
16	4	4		19	13	6	1	1	
17	6	3	3	21	14	7	2	2	
18	13	7	6	17	10	7	8	5	3
19	19	11	8	19	15	4	14	8	6
20-24岁	**84**	**48**	**36**	**121**	**70**	**51**	**61**	**30**	**31**
20	26	15	11	20	12	8	12	5	7
21	9	7	2	27	13	14	8	3	5
22	18	7	11	18	11	7	13	9	4
23	18	13	5	29	17	12	11	4	7
24	13	6	7	27	17	10	17	9	8
25-29岁	**78**	**40**	**38**	**311**	**163**	**148**	**130**	**73**	**57**
25	10	7	3	40	25	15	19	9	10
26	10	5	5	51	30	21	21	15	6
27	17	11	6	56	25	31	28	11	17
28	21	8	13	73	36	37	25	14	11
29	20	9	11	91	47	44	37	24	13
30-34岁	**137**	**83**	**54**	**692**	**382**	**310**	**203**	**109**	**94**
30	43	30	13	142	84	58	50	26	24
31	30	18	12	136	71	65	54	28	26
32	24	17	7	130	73	57	42	25	17
33	21	11	10	152	78	74	28	14	14
34	19	7	12	132	76	56	29	16	13
35-39岁	**114**	**62**	**52**	**585**	**329**	**256**	**156**	**80**	**76**
35	23	16	7	135	75	60	33	18	15
36	20	11	9	120	61	59	32	14	18
37	20	11	9	106	63	43	32	14	18
38	29	15	14	111	65	46	40	23	17
39	22	9	13	113	65	48	19	11	8
40-44岁	**132**	**75**	**57**	**560**	**301**	**259**	**186**	**98**	**88**
40	34	20	14	101	62	39	28	16	12
41	32	18	14	136	71	65	37	20	17
42	23	13	10	112	64	48	46	20	26
43	16	10	6	107	55	52	38	21	17
44	27	14	13	104	49	55	37	21	16
45-49岁	**189**	**95**	**94**	**751**	**385**	**366**	**214**	**114**	**100**
45	38	18	20	119	59	60	33	18	15
46	28	15	13	116	65	51	46	25	21
47	35	14	21	164	92	72	48	23	25
48	37	18	19	170	83	87	41	24	17
49	51	30	21	182	86	96	46	24	22
50岁及以上	**1241**	**541**	**700**	**5049**	**2137**	**2912**	**1560**	**723**	**837**

3-2b　续表 2　　　　单位：人

年　龄	小学								
	合　计			在　校			毕　业		
	合计	男	女	小计	男	女	小计	男	女
总　计	**70350**	**31410**	**38940**	**24239**	**12608**	**11631**	**41091**	**16843**	**24248**
3									
4									
5–9岁	**15718**	**8168**	**7550**	**15266**	**7926**	**7340**	**415**	**224**	**191**
5	240	127	113	228	122	106	9	4	5
6	3262	1696	1566	3180	1656	1524	73	39	34
7	3934	2044	1890	3827	1989	1838	98	49	49
8	4465	2256	2209	4327	2180	2147	131	73	58
9	3817	2045	1772	3704	1979	1725	104	59	45
10–14岁	**9306**	**4862**	**4444**	**8937**	**4663**	**4274**	**337**	**181**	**156**
10	3784	1942	1842	3667	1879	1788	110	60	50
11	3781	2002	1779	3654	1930	1724	118	67	51
12	1287	673	614	1227	645	582	53	24	29
13	326	178	148	286	156	130	37	19	18
14	128	67	61	103	53	50	19	11	8
15–19岁	**93**	**58**	**35**	**23**	**15**	**8**	**58**	**34**	**24**
15	16	12	4	8	5	3	6	5	1
16	16	8	8				11	4	7
17	19	13	6	8	5	3	10	8	2
18	14	9	5	3	2	1	8	5	3
19	28	16	12	4	3	1	23	12	11
20–24岁	**191**	**109**	**82**	**7**	**2**	**5**	**169**	**95**	**74**
20	24	11	13				21	8	13
21	27	13	14	4	1	3	20	11	9
22	33	19	14	2	1	1	29	16	13
23	53	33	20	1		1	47	28	19
24	54	33	21				52	32	20
25–29岁	**763**	**392**	**371**	**2**	**2**		**713**	**364**	**349**
25	78	40	38				74	37	37
26	106	55	51	2	2		93	47	46
27	151	77	74				143	72	71
28	206	107	99				193	100	93
29	222	113	109				210	108	102
30–34岁	**2049**	**1045**	**1004**				**1915**	**973**	**942**
30	377	204	173				343	184	159
31	410	230	180				385	221	164
32	412	199	213				390	187	203
33	472	234	238				444	218	226
34	378	178	200				353	163	190
35–39岁	**1494**	**727**	**767**	**1**		**1**	**1393**	**672**	**721**
35	352	187	165	1		1	321	169	152
36	284	143	141				267	132	135
37	242	117	125				224	108	116
38	329	148	181				309	138	171
39	287	132	155				272	125	147
40–44岁	**2055**	**951**	**1104**				**1917**	**877**	**1040**
40	345	149	196				325	137	188
41	462	223	239				425	202	223
42	405	199	206				377	180	197
43	397	182	215				369	172	197
44	446	198	248				421	186	235
45–49岁	**3340**	**1538**	**1802**				**3044**	**1395**	**1649**
45	479	245	234				446	230	216
46	537	248	289				489	221	268
47	695	316	379				626	275	351
48	798	362	436				728	335	393
49	831	367	464				755	334	421
50岁及以上	**35341**	**13560**	**21781**	**3**		**3**	**31130**	**12028**	**19102**

3-2b 续表 3

单位：人

年 龄	小学								
	肄业			辍学			其他		
	小计	男	女	小计	男	女	小计	男	女
总 计	**773**	**294**	**479**	**3497**	**1347**	**2150**	**750**	**318**	**432**
3									
4									
5-9岁	**11**	**5**	**6**	**5**	**4**	**1**	**21**	**9**	**12**
5	1		1				2	1	1
6	1		1				8	1	7
7	3	3		1	1		5	2	3
8	3		3	2	1	1	2	2	
9	3	2	1	2	2		4	3	1
10-14岁	**3**	**1**	**2**	**10**	**7**	**3**	**19**	**10**	**9**
10	1	1		1		1	5	2	3
11	2		2				7	5	2
12				3	2	1	4	2	2
13				2	2		1	1	
14				4	3	1	2		2
15-19岁	**2**	**2**		**9**	**6**	**3**	**1**	**1**	
15				1	1		1	1	
16	2	2		3	2	1			
17				1		1			
18				3	2	1			
19				1	1				
20-24岁	**3**	**3**		**11**	**8**	**3**	**1**	**1**	
20	1	1		2	2				
21				3	1	2			
22	1	1		1	1				
23	1	1		3	3		1	1	
24				2	1	1			
25-29岁	**8**	**3**	**5**	**33**	**20**	**13**	**7**	**3**	**4**
25	1	1		3	2	1			
26	1		1	9	6	3	1		1
27	2	1	1	4	4		2		2
28	2	1	1	8	4	4	3	2	1
29	2		2	9	4	5	1	1	
30-34岁	**15**	**12**	**3**	**101**	**52**	**49**	**18**	**8**	**10**
30	8	7	1	22	12	10	4	1	3
31	3	1	2	16	7	9	6	1	5
32	1	1		17	9	8	4	2	2
33	2	2		23	11	12	3	3	
34	1	1		23	13	10	1	1	
35-39岁	**14**	**7**	**7**	**70**	**39**	**31**	**16**	**9**	**7**
35	3	3		24	13	11	3	2	1
36	2		2	10	8	2	5	3	2
37	1		1	14	8	6	3	1	2
38	4	2	2	13	6	7	3	2	1
39	4	2	2	9	4	5	2	1	1
40-44岁	**16**	**9**	**7**	**99**	**52**	**47**	**23**	**13**	**10**
40	1		1	17	12	5	2		2
41	5	2	3	25	13	12	7	6	1
42	4	3	1	21	14	7	3	2	1
43	2	2		18	5	13	8	3	5
44	4	2	2	18	8	10	3	2	1
45-49岁	**50**	**24**	**26**	**224**	**107**	**117**	**22**	**12**	**10**
45	8	3	5	21	10	11	4	2	2
46	7	3	4	35	22	13	6	2	4
47	9	5	4	53	29	24	7	7	
48	11	4	7	58	22	36	1	1	
49	15	9	6	57	24	33	4		4
50岁及以上	**651**	**228**	**423**	**2935**	**1052**	**1883**	**622**	**252**	**370**

3–2b 续表 4

单位：人

年 龄	初中								
	合 计			在 校			毕 业		
	合计	男	女	小计	男	女	小计	男	女
总 计	**156786**	**78319**	**78467**	**12100**	**6248**	**5852**	**138513**	**68846**	**69667**
3									
4									
5–9岁	**166**	**94**	**72**	**144**	**81**	**63**	**20**	**12**	**8**
5									
6	26	18	8	21	15	6	4	2	2
7	35	22	13	32	21	11	2	1	1
8	57	33	24	50	28	22	7	5	2
9	48	21	27	41	17	24	7	4	3
10–14岁	**10521**	**5404**	**5117**	**10034**	**5126**	**4908**	**446**	**252**	**194**
10	67	34	33	60	30	30	7	4	3
11	251	131	120	230	115	115	21	16	5
12	2798	1410	1388	2685	1353	1332	107	54	53
13	3933	2011	1922	3750	1906	1844	169	97	72
14	3472	1818	1654	3309	1722	1587	142	81	61
15–19岁	**2645**	**1496**	**1149**	**1895**	**1028**	**867**	**692**	**429**	**263**
15	1167	658	509	1097	623	474	62	28	34
16	622	320	302	498	253	245	113	61	52
17	302	169	133	174	86	88	114	75	39
18	269	173	96	77	43	34	181	123	58
19	285	176	109	49	23	26	222	142	80
20–24岁	**2478**	**1364**	**1114**	**8**	**5**	**3**	**2366**	**1299**	**1067**
20	317	194	123	3	2	1	297	184	113
21	356	202	154	2	2		342	193	149
22	457	247	210	1		1	432	233	199
23	610	317	293	1		1	588	304	284
24	738	404	334	1	1		707	385	322
25–29岁	**7219**	**3590**	**3629**	**2**		**2**	**6918**	**3436**	**3482**
25	961	485	476				924	464	460
26	1095	539	556	1		1	1048	513	535
27	1450	725	725				1393	701	692
28	1647	807	840	1		1	1574	773	801
29	2066	1034	1032				1979	985	994
30–34岁	**16130**	**7960**	**8170**	**3**	**1**	**2**	**15455**	**7592**	**7863**
30	2881	1472	1409				2742	1389	1353
31	3188	1560	1628	2	1	1	3042	1481	1561
32	3080	1504	1576				2952	1432	1520
33	3683	1797	1886				3543	1728	1815
34	3298	1627	1671	1		1	3176	1562	1614
35–39岁	**15136**	**7524**	**7612**	**2**	**1**	**1**	**14534**	**7193**	**7341**
35	3045	1474	1571				2911	1396	1515
36	2874	1419	1455				2752	1359	1393
37	2939	1470	1469				2832	1412	1420
38	3430	1775	1655	1		1	3304	1702	1602
39	2848	1386	1462	1	1		2735	1324	1411
40–44岁	**15955**	**8066**	**7889**	**6**	**4**	**2**	**15324**	**7729**	**7595**
40	3047	1512	1535	2		2	2932	1445	1487
41	3676	1851	1825				3533	1776	1757
42	3279	1685	1594				3147	1621	1526
43	2863	1473	1390	2	2		2748	1407	1341
44	3090	1545	1545	2	2		2964	1480	1484
45–49岁	**18815**	**9241**	**9574**				**18082**	**8858**	**9224**
45	3049	1523	1526				2923	1459	1464
46	3271	1576	1695				3154	1516	1638
47	3823	1847	1976				3672	1775	1897
48	4322	2155	2167				4168	2066	2102
49	4350	2140	2210				4165	2042	2123
50岁及以上	**67721**	**33580**	**34141**	**6**	**2**	**4**	**64676**	**32046**	**32630**

3-2b 续表 5

单位：人

年龄	初中								
	肄业			辍学			其他		
	小计	男	女	小计	男	女	小计	男	女
总计	**898**	**478**	**420**	**3996**	**2095**	**1901**	**1279**	**652**	**627**
3									
4									
5-9岁							**2**	**1**	**1**
5									
6							1	1	
7							1		1
8									
9									
10-14岁	**12**	**9**	**3**	**18**	**10**	**8**	**11**	**7**	**4**
10									
11									
12	3	1	2	1		1	2	2	
13	5	5		5	2	3	4	1	3
14	4	3	1	12	8	4	5	4	1
15-19岁	**6**	**5**	**1**	**39**	**23**	**16**	**13**	**11**	**2**
15	1	1		5	4	1	2	2	
16	1	1		9	4	5	1	1	
17				12	6	6	2	2	
18	1	1		6	3	3	4	3	1
19	3	2	1	7	6	1	4	3	1
20-24岁	**20**	**12**	**8**	**64**	**37**	**27**	**20**	**11**	**9**
20	3	2	1	7	3	4	7	3	4
21	3	2	1	8	5	3	1		1
22	5	3	2	15	8	7	4	3	1
23	4	3	1	15	9	6	2	1	1
24	5	2	3	19	12	7	6	4	2
25-29岁	**42**	**21**	**21**	**209**	**103**	**106**	**48**	**30**	**18**
25	3	2	1	25	14	11	9	5	4
26	6	2	4	34	19	15	6	5	1
27	9	6	3	39	15	24	9	3	6
28	12	4	8	52	26	26	8	4	4
29	12	7	5	59	29	30	16	13	3
30-34岁	**85**	**47**	**38**	**469**	**257**	**212**	**118**	**63**	**55**
30	22	15	7	91	54	37	26	14	12
31	20	13	7	92	47	45	32	18	14
32	14	9	5	89	47	42	25	16	9
33	14	6	8	108	57	51	18	6	12
34	15	4	11	89	52	37	17	9	8
35-39岁	**71**	**40**	**31**	**438**	**244**	**194**	**91**	**46**	**45**
35	17	12	5	98	54	44	19	12	7
36	11	8	3	94	46	48	17	6	11
37	13	6	7	77	46	31	17	6	11
38	18	10	8	81	48	33	26	15	11
39	12	4	8	88	50	38	12	7	5
40-44岁	**89**	**49**	**40**	**408**	**215**	**193**	**128**	**69**	**59**
40	22	13	9	71	41	30	20	13	7
41	21	13	8	101	52	49	21	10	11
42	17	8	9	79	41	38	36	15	21
43	10	6	4	81	45	36	22	13	9
44	19	9	10	76	36	40	29	18	11
45-49岁	**111**	**57**	**54**	**482**	**255**	**227**	**140**	**71**	**69**
45	22	11	11	86	43	43	18	10	8
46	17	9	8	75	38	37	25	13	12
47	21	8	13	99	55	44	31	9	22
48	22	13	9	103	58	45	29	18	11
49	29	16	13	119	61	58	37	21	16
50岁及以上	**462**	**238**	**224**	**1869**	**951**	**918**	**708**	**343**	**365**

3-2b 续表 6

单位：人

年 龄	高中								
	合 计			在 校			毕 业		
	合计	男	女	小计	男	女	小计	男	女
总 计	**83901**	**43224**	**40677**	**13749**	**7164**	**6585**	**68894**	**35349**	**33545**
3									
4									
5-9岁									
5									
6									
7									
8									
9									
10-14岁	**615**	**276**	**339**	**589**	**260**	**329**	**26**	**16**	**10**
10									
11									
12	1		1	1		1			
13	58	29	29	55	28	27	3	1	2
14	556	247	309	533	232	301	23	15	8
15-19岁	**13422**	**7084**	**6338**	**12840**	**6726**	**6114**	**511**	**313**	**198**
15	3601	1853	1748	3586	1843	1743	12	8	4
16	4670	2365	2305	4623	2338	2285	39	19	20
17	3218	1709	1509	3135	1660	1475	72	41	31
18	1314	776	538	1126	656	470	166	109	57
19	619	381	238	370	229	141	222	136	86
20-24岁	**2299**	**1288**	**1011**	**311**	**174**	**137**	**1892**	**1058**	**834**
20	449	271	178	170	102	68	249	151	98
21	369	218	151	69	35	34	280	173	107
22	461	254	207	34	18	16	415	229	186
23	479	249	230	15	6	9	443	231	212
24	541	296	245	23	13	10	505	274	231
25-29岁	**4285**	**2245**	**2040**	**1**		**1**	**4176**	**2185**	**1991**
25	743	441	302				725	430	295
26	683	351	332				671	344	327
27	825	427	398				803	415	388
28	987	502	485	1		1	961	489	472
29	1047	524	523				1016	507	509
30-34岁	**7112**	**3722**	**3390**	**2**	**2**		**6940**	**3622**	**3318**
30	1454	768	686	1	1		1412	744	668
31	1474	774	700				1433	751	682
32	1425	746	679				1388	720	668
33	1547	793	754	1	1		1519	779	740
34	1212	641	571				1188	628	560
35-39岁	**5762**	**2965**	**2797**				**5654**	**2903**	**2751**
35	1154	610	544				1135	599	536
36	1067	532	535				1044	522	522
37	1080	554	526				1059	542	517
38	1312	666	646				1288	649	639
39	1149	603	546				1128	591	537
40-44岁	**7137**	**3678**	**3459**	**3**	**1**	**2**	**7044**	**3625**	**3419**
40	1370	698	672	1	1		1347	684	663
41	1690	880	810	1		1	1669	870	799
42	1422	720	702				1404	708	696
43	1319	697	622				1304	688	616
44	1336	683	653	1		1	1320	675	645
45-49岁	**7756**	**3949**	**3807**	**2**	**1**	**1**	**7661**	**3898**	**3763**
45	1287	671	616				1264	659	605
46	1330	684	646				1314	673	641
47	1610	803	807	2	1	1	1586	789	797
48	1726	888	838				1709	881	828
49	1803	903	900				1788	896	892
50岁及以上	**35513**	**18017**	**17496**	**1**		**1**	**34990**	**17729**	**17261**

3-2b 续表 7

单位：人

年 龄	高中								
	肄业			辍学			其他		
	小计	男	女	小计	男	女	小计	男	女
总 计	**286**	**155**	**131**	**652**	**377**	**275**	**320**	**179**	**141**
3									
4									
5-9岁									
5									
6									
7									
8									
9									
10-14岁									
10									
11									
12									
13									
14									
15-19岁	**30**	**15**	**15**	**33**	**26**	**7**	**8**	**4**	**4**
15				3	2	1			
16	1	1		7	7				
17	4	1	3	7	7				
18	10	4	6	8	5	3	4	2	2
19	15	9	6	8	5	3	4	2	2
20-24岁	**44**	**25**	**19**	**41**	**23**	**18**	**11**	**8**	**3**
20	20	11	9	9	6	3	1	1	
21	4	3	1	14	6	8	2	1	1
22	7	2	5	2	2		3	3	
23	9	6	3	10	5	5	2	1	1
24	4	3	1	6	4	2	3	2	1
25-29岁	**23**	**13**	**10**	**59**	**34**	**25**	**26**	**13**	**13**
25	5	3	2	9	7	2	4	1	3
26	2	2		6	3	3	4	2	2
27	5	3	2	11	5	6	6	4	2
28	6	3	3	13	6	7	6	4	2
29	5	2	3	20	13	7	6	2	4
30-34岁	**23**	**11**	**12**	**119**	**70**	**49**	**28**	**17**	**11**
30	7	2	5	28	17	11	6	4	2
31	5	3	2	27	16	11	9	4	5
32	7	5	2	23	16	7	7	5	2
33	3	1	2	21	10	11	3	2	1
34	1		1	20	11	9	3	2	1
35-39岁	**12**	**6**	**6**	**75**	**45**	**30**	**21**	**11**	**10**
35	2	1	1	13	8	5	4	2	2
36	3	1	2	16	7	9	4	2	2
37				15	9	6	6	3	3
38	4	3	1	16	11	5	4	3	1
39	3	1	2	15	10	5	3	1	2
40-44岁	**16**	**8**	**8**	**52**	**33**	**19**	**22**	**11**	**11**
40	5	2	3	13	9	4	4	2	2
41	5	2	3	10	6	4	5	2	3
42				12	9	3	6	3	3
43	3	2	1	7	4	3	5	3	2
44	3	2	1	10	5	5	2	1	1
45-49岁	**24**	**12**	**12**	**42**	**22**	**20**	**27**	**16**	**11**
45	8	4	4	11	6	5	4	2	2
46	3	2	1	6	5	1	7	4	3
47	4	1	3	12	8	4	6	4	2
48	3	1	2	7	2	5	7	4	3
49	6	4	2	6	1	5	3	2	1
50岁及以上	**114**	**65**	**49**	**231**	**124**	**107**	**177**	**99**	**78**

3-2b　续表 8　　　　单位：人

年　龄	大学专科								
	合　计			在　校			毕　业		
	合计	男	女	小计	男	女	小计	男	女
总　计	**46638**	**24300**	**22338**	**5040**	**2567**	**2473**	**41392**	**21618**	**19774**
3									
4									
5—9岁									
5									
6									
7									
8									
9									
10—14岁	**5**	**3**	**2**	**5**	**3**	**2**			
10									
11									
12									
13									
14	5	3	2	5	3	2			
15—19岁	**3384**	**1771**	**1613**	**3103**	**1588**	**1515**	**271**	**175**	**96**
15	78	55	23	77	54	23			
16	129	85	44	117	74	43	12	11	1
17	316	174	142	286	150	136	27	21	6
18	1128	599	529	1042	543	499	86	56	30
19	1733	858	875	1581	767	814	146	87	59
20—24岁	**5019**	**2552**	**2467**	**1783**	**894**	**889**	**3207**	**1648**	**1559**
20	1429	706	723	1095	517	578	327	187	140
21	951	514	437	433	236	197	511	274	237
22	814	410	404	152	84	68	657	323	334
23	842	452	390	64	37	27	773	414	359
24	983	470	513	39	20	19	939	450	489
25—29岁	**5868**	**2955**	**2913**	**76**	**45**	**31**	**5762**	**2894**	**2868**
25	1077	531	546	26	14	12	1044	513	531
26	1065	538	527	17	10	7	1044	524	520
27	1188	597	591	16	12	4	1165	583	582
28	1207	609	598	7	4	3	1198	605	593
29	1331	680	651	10	5	5	1311	669	642
30—34岁	**7701**	**3933**	**3768**	**33**	**18**	**15**	**7641**	**3896**	**3745**
30	1776	920	856	8	5	3	1757	908	849
31	1639	828	811	9	4	5	1626	821	805
32	1494	784	710	10	6	4	1479	775	704
33	1554	779	775	2		2	1547	774	773
34	1238	622	616	4	3	1	1232	618	614
35—39岁	**4464**	**2206**	**2258**	**12**	**4**	**8**	**4442**	**2197**	**2245**
35	940	475	465	2		2	936	475	461
36	893	433	460	2	1	1	890	432	458
37	861	434	427	1	1		857	430	427
38	936	461	475	3	1	2	930	459	471
39	834	403	431	4	1	3	829	401	428
40—44岁	**4602**	**2276**	**2326**	**7**	**2**	**5**	**4580**	**2266**	**2314**
40	918	432	486	3		3	910	429	481
41	1083	529	554	1	1		1079	526	553
42	969	510	459				967	509	458
43	810	413	397	2		2	805	411	394
44	822	392	430	1	1		819	391	428
45—49岁	**4135**	**2131**	**2004**	**7**	**2**	**5**	**4110**	**2120**	**1990**
45	723	378	345	3	1	2	716	376	340
46	815	406	409	1	1		807	400	407
47	883	459	424	1		1	880	458	422
48	829	417	412				825	416	409
49	885	471	414	2		2	882	470	412
50岁及以上	**11460**	**6473**	**4987**	**14**	**11**	**3**	**11379**	**6422**	**4957**

3-2b 续表 9

单位：人

年 龄	大学专科								
	肄 业			辍 学			其 他		
	小计	男	女	小计	男	女	小计	男	女
总 计	**38**	**26**	**12**	**31**	**22**	**9**	**137**	**67**	**70**
3									
4									
5-9岁									
5									
6									
7									
8									
9									
10-14岁									
10									
11									
12									
13									
14									
15-19岁	**3**	**3**		**4**	**4**		**3**	**1**	**2**
15	1	1							
16									
17	2	2		1	1				
18									
19				3	3		3	1	2
20-24岁	**8**	**4**	**4**	**5**	**2**	**3**	**16**	**4**	**12**
20	1		1	2	1	1	4	1	3
21	2	2		2	1	1	3	1	2
22	2	1	1				3	2	1
23	1	1		1		1	3		3
24	2		2				3		3
25-29岁	**3**	**1**	**2**	**5**	**4**	**1**	**22**	**11**	**11**
25				2	2		5	2	3
26	1	1		1	1		2	2	
27							7	2	5
28	1		1				1		1
29	1		1	2	1	1	7	5	2
30-34岁	**7**	**7**		**2**	**2**		**18**	**10**	**8**
30	3	3		1	1		7	3	4
31	1	1					3	2	1
32	1	1		1	1		3	1	2
33	2	2					3	3	
34							2	1	1
35-39岁				**1**	**1**		**9**	**4**	**5**
35							2		2
36							1		1
37							3	3	
38							3	1	2
39				1	1				
40-44岁	**5**	**4**	**1**				**10**	**4**	**6**
40	4	3	1				1		1
41							3	2	1
42	1	1					1		1
43							3	2	1
44							2		2
45-49岁	**4**	**2**	**2**	**1**		**1**	**13**	**7**	**6**
45				1		1	3	1	2
46	1	1					6	4	2
47	1		1				1	1	
48	1		1				3	1	2
49	1	1							
50岁及以上	**8**	**5**	**3**	**13**	**9**	**4**	**46**	**26**	**20**

3-2b 续表 10 单位：人

年 龄	大学本科								
	合 计			在 校			毕 业		
	合计	男	女	小计	男	女	小计	男	女
总 计	**58453**	**27888**	**30565**	**14896**	**6149**	**8747**	**43402**	**21649**	**21753**
3									
4									
5-9岁									
5									
6									
7									
8									
9									
10-14岁									
10									
11									
12									
13									
14									
15-19岁	**5774**	**2274**	**3500**	**5719**	**2244**	**3475**	**49**	**26**	**23**
15	10	6	4	10	6	4			
16	28	12	16	25	10	15	3	2	1
17	315	103	212	313	102	211	2	1	1
18	1950	786	1164	1934	776	1158	14	8	6
19	3471	1367	2104	3437	1350	2087	30	15	15
20-24岁	**11819**	**5058**	**6761**	**8846**	**3746**	**5100**	**2952**	**1303**	**1649**
20	4048	1613	2435	3977	1576	2401	70	36	34
21	3108	1328	1780	2891	1239	1652	215	88	127
22	2006	887	1119	1321	592	729	679	294	385
23	1415	643	772	462	239	223	947	401	546
24	1242	587	655	195	100	95	1041	484	557
25-29岁	**7240**	**3207**	**4033**	**256**	**116**	**140**	**6950**	**3071**	**3879**
25	1214	511	703	115	45	70	1096	464	632
26	1353	599	754	66	35	31	1278	557	721
27	1516	675	841	36	21	15	1473	650	823
28	1515	690	825	23	11	12	1485	675	810
29	1642	732	910	16	4	12	1618	725	893
30-34岁	**10112**	**4813**	**5299**	**40**	**27**	**13**	**10045**	**4769**	**5276**
30	2121	1003	1118	17	12	5	2094	984	1110
31	2111	977	1134	9	5	4	2097	968	1129
32	2033	963	1070	4	2	2	2025	959	1066
33	2100	1013	1087	4	3	1	2095	1010	1085
34	1747	857	890	6	5	1	1734	848	886
35-39岁	**6871**	**3523**	**3348**	**17**	**8**	**9**	**6821**	**3497**	**3324**
35	1514	788	726	5	2	3	1503	784	719
36	1372	714	658	2	2		1361	707	654
37	1434	692	742	3	2	1	1424	685	739
38	1432	735	697	4	2	2	1422	731	691
39	1119	594	525	3		3	1111	590	521
40-44岁	**4899**	**2385**	**2514**	**8**	**3**	**5**	**4882**	**2376**	**2506**
40	1055	506	549	3	1	2	1050	503	547
41	1115	524	591				1113	523	590
42	1053	517	536	2	1	1	1050	515	535
43	826	399	427	2	1	1	822	397	425
44	850	439	411	1		1	847	438	409
45-49岁	**3947**	**2038**	**1909**	**3**	**1**	**2**	**3931**	**2029**	**1902**
45	764	376	388				760	373	387
46	743	398	345				742	397	345
47	869	461	408	1	1		865	458	407
48	803	425	378	2		2	798	424	374
49	768	378	390				766	377	389
50岁及以上	**7791**	**4590**	**3201**	**7**	**4**	**3**	**7772**	**4578**	**3194**

3-2b 续表 11

单位：人

年 龄	大学本科								
	肄 业			辍 学			其 他		
	小计	男	女	小计	男	女	小计	男	女
总 计	**44**	**30**	**14**	**11**	**6**	**5**	**100**	**54**	**46**
3									
4									
5-9岁									
5									
6									
7									
8									
9									
10-14岁									
10									
11									
12									
13									
14									
15-19岁	**3**	**2**	**1**				**3**	**2**	**1**
15									
16									
17									
18	2	2							
19	1		1				3	2	1
20-24岁	**9**	**4**	**5**				**12**	**5**	**7**
20	1	1							
21							2	1	1
22	3		3				3	1	2
23	3	2	1				3	1	2
24	2	1	1				4	2	2
25-29岁	**2**	**2**		**5**	**2**	**3**	**27**	**16**	**11**
25	1	1		1		1	1	1	
26				1	1		8	6	2
27	1	1		2	1	1	4	2	2
28							7	4	3
29				1		1	7	3	4
30-34岁	**7**	**6**	**1**	**1**	**1**		**19**	**10**	**9**
30	3	3					7	4	3
31	1		1	1	1		3	3	
32	1	1					3	1	2
33							1		1
34	2	2					5	2	3
35-39岁	**13**	**8**	**5**	**1**		**1**	**19**	**10**	**9**
35	1		1				5	2	3
36	4	2	2				5	3	2
37	4	4					3	1	2
38	1		1	1		1	4	2	2
39	3	2	1				2	2	
40-44岁	**5**	**4**	**1**	**1**	**1**		**3**	**1**	**2**
40	1	1					1	1	
41	1	1					1		1
42	1	1							
43	1		1	1	1				
44	1	1					1		1
45-49岁				**2**	**1**	**1**	**11**	**7**	**4**
45							4	3	1
46							1	1	
47							3	2	1
48				2	1	1	1		1
49							2	1	1
50岁及以上	**5**	**4**	**1**	**1**	**1**		**6**	**3**	**3**

3-2b　续表 12　　　　单位：人

年　龄	硕士研究生								
	合　　计			在　　校			毕　　业		
	合计	男	女	小计	男	女	小计	男	女
总　计	**5545**	**2435**	**3110**	**1349**	**439**	**910**	**4186**	**1991**	**2195**
3									
4									
5–9岁									
5									
6									
7									
8									
9									
10–14岁									
10									
11									
12									
13									
14									
15–19岁	**11**	**4**	**7**	**11**	**4**	**7**			
15									
16									
17									
18	2	1	1	2	1	1			
19	9	3	6	9	3	6			
20–24岁	**951**	**293**	**658**	**913**	**275**	**638**	**37**	**17**	**20**
20	8	2	6	8	2	6			
21	41	16	25	41	16	25			
22	217	64	153	212	62	150	5	2	3
23	310	96	214	301	91	210	9	5	4
24	375	115	260	351	104	247	23	10	13
25–29岁	**955**	**343**	**612**	**372**	**141**	**231**	**583**	**202**	**381**
25	266	91	175	201	74	127	65	17	48
26	189	73	116	91	40	51	98	33	65
27	174	64	110	47	15	32	127	49	78
28	154	55	99	23	8	15	131	47	84
29	172	60	112	10	4	6	162	56	106
30–34岁	**1337**	**554**	**783**	**44**	**13**	**31**	**1292**	**541**	**751**
30	260	95	165	18	5	13	242	90	152
31	269	106	163	11	4	7	257	102	155
32	271	122	149	5	2	3	266	120	146
33	302	135	167	4	1	3	298	134	164
34	235	96	139	6	1	5	229	95	134
35–39岁	**1043**	**492**	**551**	**6**	**4**	**2**	**1033**	**487**	**546**
35	231	94	137	2	2		229	92	137
36	197	101	96	1		1	196	101	95
37	216	91	125	2	1	1	212	89	123
38	218	109	109	1	1		215	108	107
39	181	97	84				181	97	84
40–44岁	**526**	**273**	**253**	**2**	**2**		**523**	**270**	**253**
40	147	81	66				146	80	66
41	142	67	75				142	67	75
42	112	56	56	1	1		111	55	56
43	71	39	32				71	39	32
44	54	30	24	1	1		53	29	24
45–49岁	**261**	**150**	**111**	**1**		**1**	**259**	**149**	**110**
45	49	27	22				49	27	22
46	49	25	24	1		1	47	24	23
47	67	45	22				67	45	22
48	58	35	23				58	35	23
49	38	18	20				38	18	20
50岁及以上	**461**	**326**	**135**				**459**	**325**	**134**

3-2b 续表 13 单位：人

年 龄	硕士研究生								
	肄 业			辍 学			其 他		
	小计	男	女	小计	男	女	小计	男	女
总 计	**6**	**3**	**3**				**4**	**2**	**2**
3									
4									
5-9岁									
5									
6									
7									
8									
9									
10-14岁									
10									
11									
12									
13									
14									
15-19岁									
15									
16									
17									
18									
19									
20-24岁							**1**	**1**	
20									
21									
22									
23									
24							1	1	
25-29岁									
25									
26									
27									
28									
29									
30-34岁							**1**		**1**
30									
31							1		1
32									
33									
34									
35-39岁	**4**	**1**	**3**						
35									
36									
37	2	1	1						
38	2		2						
39									
40-44岁	**1**	**1**							
40	1	1							
41									
42									
43									
44									
45-49岁							**1**	**1**	
45									
46							1	1	
47									
48									
49									
50岁及以上	**1**	**1**					**1**		**1**

3-2b 续表 14

单位：人

年龄	博士研究生								
	合计			在校			毕业		
	合计	男	女	小计	男	女	小计	男	女
总计	**838**	**442**	**396**	**293**	**124**	**169**	**544**	**317**	**227**
3									
4									
5-9岁									
5									
6									
7									
8									
9									
10-14岁									
10									
11									
12									
13									
14									
15-19岁									
15									
16									
17									
18									
19									
20-24岁	**35**	**11**	**24**	**35**	**11**	**24**			
20	1	1		1	1				
21	1		1	1		1			
22	1		1	1		1			
23	9	4	5	9	4	5			
24	23	6	17	23	6	17			
25-29岁	**205**	**85**	**120**	**182**	**73**	**109**	**23**	**12**	**11**
25	41	14	27	40	13	27	1	1	
26	40	10	30	37	9	28	3	1	2
27	50	28	22	46	26	20	4	2	2
28	42	19	23	34	15	19	8	4	4
29	32	14	18	25	10	15	7	4	3
30-34岁	**159**	**88**	**71**	**63**	**36**	**27**	**95**	**51**	**44**
30	31	20	11	22	16	6	9	4	5
31	37	19	18	16	9	7	21	10	11
32	30	16	14	15	7	8	15	9	6
33	30	19	11	5	4	1	25	15	10
34	31	14	17	5		5	25	13	12
35-39岁	**146**	**74**	**72**	**10**	**2**	**8**	**136**	**72**	**64**
35	26	12	14	3		3	23	12	11
36	21	14	7				21	14	7
37	29	11	18	1		1	28	11	17
38	34	19	15	3	1	2	31	18	13
39	36	18	18	3	1	2	33	17	16
40-44岁	**139**	**81**	**58**	**3**	**2**	**1**	**136**	**79**	**57**
40	32	17	15				32	17	15
41	37	26	11	1	1		36	25	11
42	28	17	11	1		1	27	17	10
43	21	10	11				21	10	11
44	21	11	10	1	1		20	10	10
45-49岁	**61**	**34**	**27**				**61**	**34**	**27**
45	12	9	3				12	9	3
46	15	5	10				15	5	10
47	16	7	9				16	7	9
48	9	6	3				9	6	3
49	9	7	2				9	7	2
50岁及以上	**93**	**69**	**24**				**93**	**69**	**24**

3−2b 续表 15 单位：人

年 龄	博士研究生								
	肄 业			辍 学			其 他		
	小计	男	女	小计	男	女	小计	男	女
总 计							**1**	**1**	
3									
4									
5−9岁									
5									
6									
7									
8									
9									
10−14岁									
10									
11									
12									
13									
14									
15−19岁									
15									
16									
17									
18									
19									
20−24岁									
20									
21									
22									
23									
24									
25−29岁									
25									
26									
27									
28									
29									
30−34岁							**1**	**1**	
30									
31									
32									
33									
34							1	1	
35−39岁									
35									
36									
37									
38									
39									
40−44岁									
40									
41									
42									
43									
44									
45−49岁									
45									
46									
47									
48									
49									
50岁及以上									

3-2c 全省分年龄、性别、学业完成情况的3岁及以上各种受教育程度人口(乡村)

单位：人

年龄	合计								
	合计			在校			毕业		
	合计	男	女	小计	男	女	小计	男	女
总计	**763141**	**397381**	**365760**	**100154**	**50813**	**49341**	**568488**	**299263**	**269225**
3									
4									
5-9岁	**23270**	**12129**	**11141**	**22631**	**11788**	**10843**	**539**	**293**	**246**
5	545	262	283	522	254	268	17	6	11
6	3698	1915	1783	3617	1869	1748	72	42	30
7	5661	2980	2681	5501	2896	2605	134	71	63
8	6815	3527	3288	6626	3422	3204	155	89	66
9	6551	3445	3106	6365	3347	3018	161	85	76
10-14岁	**41960**	**21968**	**19992**	**40032**	**20948**	**19084**	**1568**	**823**	**745**
10	7705	3980	3725	7478	3860	3618	185	94	91
11	8241	4241	4000	7971	4102	3869	223	114	109
12	8468	4461	4007	8104	4276	3828	308	154	154
13	8617	4547	4070	8153	4300	3853	376	202	174
14	8929	4739	4190	8326	4410	3916	476	259	217
15-19岁	**32247**	**16613**	**15634**	**27042**	**13453**	**13589**	**4358**	**2651**	**1707**
15	8041	4220	3821	7477	3877	3600	424	255	169
16	6930	3617	3313	6088	3123	2965	660	387	273
17	4862	2522	2340	3979	1978	2001	735	457	278
18	5994	3085	2909	4691	2267	2424	1130	700	430
19	6420	3169	3251	4807	2208	2599	1409	852	557
20-24岁	**24422**	**12294**	**12128**	**9688**	**4243**	**5445**	**13617**	**7381**	**6236**
20	6131	2992	3139	4175	1854	2321	1768	1033	735
21	5124	2444	2680	2888	1198	1690	2073	1155	918
22	4553	2347	2206	1585	721	864	2779	1507	1272
23	4151	2165	1986	697	324	373	3194	1687	1507
24	4463	2346	2117	343	146	197	3803	1999	1804
25-29岁	**28489**	**15644**	**12845**	**509**	**244**	**265**	**25676**	**14033**	**11643**
25	4740	2600	2140	218	96	122	4144	2281	1863
26	4701	2563	2138	107	52	55	4231	2292	1939
27	5784	3175	2609	87	52	35	5226	2856	2370
28	6145	3399	2746	60	27	33	5583	3073	2510
29	7119	3907	3212	37	17	20	6492	3531	2961
30-34岁	**49170**	**26521**	**22649**	**87**	**42**	**45**	**44425**	**23796**	**20629**
30	9717	5266	4451	35	13	22	8812	4743	4069
31	10021	5356	4665	22	13	9	9054	4790	4264
32	9601	5197	4404	16	9	7	8668	4682	3986
33	10593	5776	4817	8	3	5	9523	5153	4370
34	9238	4926	4312	6	4	2	8368	4428	3940
35-39岁	**41399**	**22225**	**19174**	**41**	**27**	**14**	**37138**	**19825**	**17313**
35	8292	4454	3838	10	6	4	7432	3985	3447
36	8047	4271	3776	7	5	2	7207	3806	3401
37	7613	4139	3474	9	8	1	6836	3694	3142
38	9291	4994	4297	6	3	3	8381	4464	3917
39	8156	4367	3789	9	5	4	7282	3876	3406
40-44岁	**53210**	**28244**	**24966**	**40**	**22**	**18**	**47522**	**25144**	**22378**
40	9559	5082	4477	14	8	6	8581	4567	4014
41	11801	6300	5501	9	3	6	10539	5583	4956
42	10779	5774	5005	6	3	3	9635	5131	4504
43	9876	5213	4663	6	4	2	8845	4657	4188
44	11195	5875	5320	5	4	1	9922	5206	4716
45-49岁	**77420**	**40377**	**37043**	**19**	**9**	**10**	**67692**	**35250**	**32442**
45	11369	5945	5424	7	4	3	10059	5241	4818
46	12947	6699	6248	3	2	1	11334	5870	5464
47	16020	8323	7697	1	1		14050	7282	6768
48	17783	9345	8438	3	1	2	15522	8163	7359
49	19301	10065	9236	5	1	4	16727	8694	8033
50岁及以上	**391554**	**201366**	**190188**	**65**	**37**	**28**	**325953**	**170067**	**155886**

3-2c 续表 1

单位：人

年 龄	合计								
	肄业			辍学			其他		
	小计	男	女	小计	男	女	小计	男	女
总 计	**14156**	**7215**	**6941**	**70240**	**34963**	**35277**	**10103**	**5127**	**4976**
3									
4									
5-9岁	**17**	**8**	**9**	**29**	**14**	**15**	**54**	**26**	**28**
5							6	2	4
6	2		2	3	3		4	1	3
7	5	3	2	8	3	5	13	7	6
8	7	3	4	11	4	7	16	9	7
9	3	2	1	7	4	3	15	7	8
10-14岁	**63**	**38**	**25**	**215**	**116**	**99**	**82**	**43**	**39**
10	11	8	3	11	5	6	20	13	7
11	5	3	2	24	11	13	18	11	7
12	10	8	2	32	17	15	14	6	8
13	14	7	7	59	32	27	15	6	9
14	23	12	11	89	51	38	15	7	8
15-19岁	**101**	**54**	**47**	**680**	**416**	**264**	**66**	**39**	**27**
15	21	11	10	110	70	40	9	7	2
16	19	10	9	149	90	59	14	7	7
17	23	13	10	116	67	49	9	7	2
18	18	9	9	144	103	41	11	6	5
19	20	11	9	161	86	75	23	12	11
20-24岁	**171**	**103**	**68**	**787**	**485**	**302**	**159**	**82**	**77**
20	28	17	11	136	81	55	24	7	17
21	24	14	10	112	62	50	27	15	12
22	21	14	7	134	82	52	34	23	11
23	45	24	21	179	111	68	36	19	17
24	53	34	19	226	149	77	38	18	20
25-29岁	**350**	**213**	**137**	**1680**	**1003**	**677**	**274**	**151**	**123**
25	51	28	23	262	159	103	65	36	29
26	59	42	17	274	160	114	30	17	13
27	76	43	33	343	197	146	52	27	25
28	81	49	32	369	220	149	52	30	22
29	83	51	32	432	267	165	75	41	34
30-34岁	**735**	**411**	**324**	**3366**	**1956**	**1410**	**557**	**316**	**241**
30	133	79	54	632	370	262	105	61	44
31	139	84	55	701	409	292	105	60	45
32	139	73	66	662	373	289	116	60	56
33	189	106	83	743	442	301	130	72	58
34	135	69	66	628	362	266	101	63	38
35-39岁	**618**	**352**	**266**	**3107**	**1764**	**1343**	**495**	**257**	**238**
35	121	70	51	623	341	282	106	52	54
36	128	65	63	614	351	263	91	44	47
37	122	73	49	572	325	247	74	39	35
38	134	81	53	645	375	270	125	71	54
39	113	63	50	653	372	281	99	51	48
40-44岁	**822**	**467**	**355**	**4158**	**2248**	**1910**	**668**	**363**	**305**
40	149	74	75	710	379	331	105	54	51
41	160	96	64	940	534	406	153	84	69
42	169	93	76	822	457	365	147	90	57
43	158	91	67	733	390	343	134	71	63
44	186	113	73	953	488	465	129	64	65
45-49岁	**1491**	**800**	**691**	**7169**	**3776**	**3393**	**1049**	**542**	**507**
45	192	111	81	985	525	460	126	64	62
46	226	122	104	1208	617	591	176	88	88
47	306	153	153	1427	765	662	236	122	114
48	334	178	156	1680	865	815	244	138	106
49	433	236	197	1869	1004	865	267	130	137
50岁及以上	**9788**	**4769**	**5019**	**49049**	**23185**	**25864**	**6699**	**3308**	**3391**

3-2c 续表 2

单位：人

年 龄	小学								
	合计			在校			毕业		
	合计	男	女	小计	男	女	小计	男	女
总 计	**304575**	**145269**	**159306**	**42079**	**21956**	**20123**	**210548**	**100120**	**110428**
3									
4									
5–9岁	**22993**	**11972**	**11021**	**22396**	**11658**	**10738**	**502**	**268**	**234**
5	545	262	283	522	254	268	17	6	11
6	3647	1889	1758	3577	1849	1728	62	37	25
7	5605	2945	2660	5454	2867	2587	128	66	62
8	6733	3479	3254	6555	3381	3174	145	82	63
9	6463	3397	3066	6288	3307	2981	150	77	73
10–14岁	**20403**	**10678**	**9725**	**19553**	**10227**	**9326**	**681**	**348**	**333**
10	7516	3882	3634	7315	3780	3535	163	78	85
11	7721	3987	3734	7485	3863	3622	196	100	96
12	3499	1911	1588	3307	1806	1501	157	83	74
13	1147	620	527	1024	556	468	93	49	44
14	520	278	242	422	222	200	72	38	34
15–19岁	**624**	**359**	**265**	**65**	**37**	**28**	**436**	**245**	**191**
15	111	61	50	25	16	9	67	32	35
16	125	74	51	17	10	7	87	52	35
17	105	61	44	10	7	3	70	39	31
18	126	69	57	8	3	5	96	50	46
19	157	94	63	5	1	4	116	72	44
20–24岁	**1103**	**621**	**482**	**9**	**4**	**5**	**915**	**515**	**400**
20	171	91	80	5	3	2	130	70	60
21	175	98	77	3		3	146	85	61
22	197	108	89				169	93	76
23	266	151	115				224	126	98
24	294	173	121	1	1		246	141	105
25–29岁	**3024**	**1714**	**1310**	**7**	**3**	**4**	**2551**	**1424**	**1127**
25	363	212	151	2	1	1	290	170	120
26	424	241	183	1	1		362	198	164
27	609	357	252	2		2	520	304	216
28	747	426	321				618	350	268
29	881	478	403	2	1	1	761	402	359
30–34岁	**7075**	**3897**	**3178**	**5**	**4**	**1**	**6065**	**3321**	**2744**
30	1249	705	544	3	3		1064	599	465
31	1376	767	609				1185	653	532
32	1409	777	632	1		1	1198	669	529
33	1638	910	728				1415	772	643
34	1403	738	665	1	1		1203	628	575
35–39岁	**6283**	**3263**	**3020**	**5**	**4**	**1**	**5300**	**2720**	**2580**
35	1231	644	587	2	1	1	1038	554	484
36	1151	607	544	1	1		994	519	475
37	1122	613	509	1	1		944	508	436
38	1442	723	719				1227	602	625
39	1337	676	661	1	1		1097	537	560
40–44岁	**10861**	**5488**	**5373**	**3**	**3**		**9134**	**4588**	**4546**
40	1621	829	792	1	1		1365	703	662
41	2304	1203	1101	1	1		1934	988	946
42	2178	1105	1073				1807	903	904
43	2114	1054	1060				1787	889	898
44	2644	1297	1347	1	1		2241	1105	1136
45–49岁	**23029**	**11107**	**11922**	**3**		**3**	**19200**	**9241**	**9959**
45	2875	1415	1460				2402	1182	1220
46	3665	1734	1931	1		1	3066	1460	1606
47	4707	2275	2432				3931	1880	2051
48	5448	2661	2787	1		1	4520	2215	2305
49	6334	3022	3312	1		1	5281	2504	2777
50岁及以上	**209180**	**96170**	**113010**	**33**	**16**	**17**	**165764**	**77450**	**88314**

3-2c 续表 3

单位：人

年 龄	小学								
	肄业			辍学			其他		
	小计	男	女	小计	男	女	小计	男	女
总 计	**7174**	**3206**	**3968**	**39707**	**17652**	**22055**	**5067**	**2335**	**2732**
3									
4									
5-9岁	**16**	**8**	**8**	**27**	**13**	**14**	**52**	**25**	**27**
5							6	2	4
6	2		2	3	3		3		3
7	5	3	2	6	2	4	12	7	5
8	6	3	3	11	4	7	16	9	7
9	3	2	1	7	4	3	15	7	8
10-14岁	**28**	**21**	**7**	**90**	**50**	**40**	**51**	**32**	**19**
10	11	8	3	9	4	5	18	12	6
11	4	3	1	19	10	9	17	11	6
12	6	6		20	11	9	9	5	4
13	5	3	2	20	10	10	5	2	3
14	2	1	1	22	15	7	2	2	
15-19岁	**10**	**4**	**6**	**102**	**65**	**37**	**11**	**8**	**3**
15	1		1	15	10	5	3	3	
16	1	1		18	10	8	2	1	1
17	1		1	23	14	9	1	1	
18	3	1	2	18	14	4	1	1	
19	4	2	2	28	17	11	4	2	2
20-24岁	**22**	**11**	**11**	**138**	**82**	**56**	**19**	**9**	**10**
20	6	2	4	27	16	11	3		3
21	3	2	1	18	9	9	5	2	3
22	3	1	2	18	9	9	7	5	2
23	6	2	4	34	22	12	2	1	1
24	4	4		41	26	15	2	1	1
25-29岁	**61**	**36**	**25**	**363**	**228**	**135**	**42**	**23**	**19**
25	10	6	4	50	28	22	11	7	4
26	6	5	1	50	34	16	5	3	2
27	12	7	5	66	44	22	9	2	7
28	18	11	7	103	60	43	8	5	3
29	15	7	8	94	62	32	9	6	3
30-34岁	**125**	**74**	**51**	**767**	**431**	**336**	**113**	**67**	**46**
30	17	12	5	143	80	63	22	11	11
31	20	13	7	146	85	61	25	16	9
32	21	10	11	166	88	78	23	10	13
33	39	26	13	158	95	63	26	17	9
34	28	13	15	154	83	71	17	13	4
35-39岁	**128**	**60**	**68**	**765**	**440**	**325**	**85**	**39**	**46**
35	25	4	21	153	79	74	13	6	7
36	22	13	9	116	67	49	18	7	11
37	24	17	7	137	80	57	16	7	9
38	22	10	12	171	101	70	22	10	12
39	35	16	19	188	113	75	16	9	7
40-44岁	**211**	**118**	**93**	**1346**	**682**	**664**	**167**	**97**	**70**
40	33	16	17	205	98	107	17	11	6
41	42	24	18	289	168	121	38	22	16
42	50	25	25	279	147	132	42	30	12
43	40	24	16	255	124	131	32	17	15
44	46	29	17	318	145	173	38	17	21
45-49岁	**500**	**242**	**258**	**2954**	**1443**	**1511**	**372**	**181**	**191**
45	57	30	27	378	182	196	38	21	17
46	69	30	39	467	212	255	62	32	30
47	103	53	50	589	308	281	84	34	50
48	127	57	70	720	342	378	80	47	33
49	144	72	72	800	399	401	108	47	61
50岁及以上	**6073**	**2632**	**3441**	**33155**	**14218**	**18937**	**4155**	**1854**	**2301**

3-2c 续表 4

单位：人

年龄	初中								
	合计			在校			毕业		
	合计	男	女	小计	男	女	小计	男	女
总　计	**354371**	**196212**	**158159**	**25591**	**13559**	**12032**	**289633**	**160608**	**129025**
3									
4									
5-9岁	**277**	**157**	**120**	**235**	**130**	**105**	**37**	**25**	**12**
5									
6	51	26	25	40	20	20	10	5	5
7	56	35	21	47	29	18	6	5	1
8	82	48	34	71	41	30	10	7	3
9	88	48	40	77	40	37	11	8	3
10-14岁	**20813**	**10925**	**9888**	**19772**	**10368**	**9404**	**852**	**465**	**387**
10	189	98	91	163	80	83	22	16	6
11	519	254	265	485	239	246	27	14	13
12	4969	2550	2419	4797	2470	2327	151	71	80
13	7392	3890	3502	7059	3709	3350	275	151	124
14	7744	4133	3611	7268	3870	3398	377	213	164
15-19岁	**8866**	**5119**	**3747**	**5502**	**3012**	**2490**	**2832**	**1778**	**1054**
15	3620	2040	1580	3202	1776	1426	317	200	117
16	1961	1088	873	1351	726	625	487	288	199
17	1089	638	451	505	263	242	502	326	176
18	1059	680	379	263	146	117	691	459	232
19	1137	673	464	181	101	80	835	505	330
20-24岁	**7656**	**4418**	**3238**	**26**	**15**	**11**	**6902**	**3960**	**2942**
20	1077	663	414	9	5	4	958	598	360
21	1128	666	462	5	3	2	1019	602	417
22	1424	837	587	6	5	1	1293	750	543
23	1804	998	806	3	1	2	1624	894	730
24	2223	1254	969	3	1	2	2008	1116	892
25-29岁	**16510**	**9407**	**7103**	**15**	**5**	**10**	**14936**	**8476**	**6460**
25	2503	1439	1064	4	1	3	2255	1296	959
26	2617	1480	1137	2		2	2366	1330	1036
27	3329	1873	1456	7	3	4	2999	1692	1307
28	3617	2058	1559	2	1	1	3297	1861	1436
29	4444	2557	1887				4019	2297	1722
30-34岁	**33037**	**17936**	**15101**	**8**	**7**	**1**	**29711**	**16010**	**13701**
30	6342	3480	2862	1	1		5714	3103	2611
31	6653	3593	3060	1	1		5967	3188	2779
32	6408	3475	2933	3	3		5759	3111	2648
33	7225	3950	3275	2	1	1	6476	3521	2955
34	6409	3438	2971	1	1		5795	3087	2708
35-39岁	**29556**	**16001**	**13555**	**6**	**3**	**3**	**26563**	**14322**	**12241**
35	5873	3190	2683				5271	2854	2417
36	5813	3099	2714	1		1	5180	2755	2425
37	5507	3008	2499	2	2		4963	2698	2265
38	6619	3595	3024	2	1	1	5977	3217	2760
39	5744	3109	2635	1		1	5172	2798	2374
40-44岁	**35627**	**19090**	**16537**	**2**	**2**		**31976**	**17049**	**14927**
40	6609	3554	3055	2	2		5954	3193	2761
41	7971	4242	3729				7143	3775	3368
42	7175	3917	3258				6476	3513	2963
43	6568	3489	3079				5912	3127	2785
44	7304	3888	3416				6491	3441	3050
45-49岁	**47962**	**25651**	**22311**	**7**	**4**	**3**	**42380**	**22576**	**19804**
45	7362	3922	3440	1	1		6575	3477	3098
46	8154	4336	3818	1	1		7201	3814	3387
47	10001	5269	4732	1	1		8866	4657	4209
48	10931	5881	5050				9679	5198	4481
49	11514	6243	5271	4	1	3	10059	5430	4629
50岁及以上	**154067**	**87508**	**66559**	**18**	**13**	**5**	**133444**	**75947**	**57497**

3-2c 续表 5

单位：人

年 龄	初中								
	肄业			辍学			其他		
	小计	男	女	小计	男	女	小计	男	女
总 计	**6327**	**3601**	**2726**	**28287**	**15946**	**12341**	**4533**	**2498**	**2035**
3									
4									
5-9岁	**1**		**1**	**2**	**1**	**1**	**2**	**1**	**1**
5									
6							1	1	
7				2	1	1	1		1
8	1		1						
9									
10-14岁	**35**	**17**	**18**	**123**	**64**	**59**	**31**	**11**	**20**
10				2	1	1	2	1	1
11	1		1	5	1	4	1		1
12	4	2	2	12	6	6	5	1	4
13	9	4	5	39	22	17	10	4	6
14	21	11	10	65	34	31	13	5	8
15-19岁	**62**	**37**	**25**	**441**	**272**	**169**	**29**	**20**	**9**
15	15	9	6	82	52	30	4	3	1
16	12	5	7	103	64	39	8	5	3
17	15	10	5	64	36	28	3	3	
18	8	7	1	93	65	28	4	3	1
19	12	6	6	99	55	44	10	6	4
20-24岁	**110**	**65**	**45**	**523**	**327**	**196**	**95**	**51**	**44**
20	14	9	5	83	47	36	13	4	9
21	19	10	9	73	41	32	12	10	2
22	14	10	4	93	60	33	18	12	6
23	28	14	14	125	76	49	24	13	11
24	35	22	13	149	103	46	28	12	16
25-29岁	**237**	**147**	**90**	**1137**	**679**	**458**	**185**	**100**	**85**
25	30	15	15	173	107	66	41	20	21
26	41	32	9	186	106	80	22	12	10
27	52	30	22	242	132	110	29	16	13
28	54	32	22	231	144	87	33	20	13
29	60	38	22	305	190	115	60	32	28
30-34岁	**546**	**301**	**245**	**2373**	**1393**	**980**	**399**	**225**	**174**
30	104	61	43	450	269	181	73	46	27
31	106	65	41	509	299	210	70	40	30
32	105	55	50	453	260	193	88	46	42
33	129	68	61	527	312	215	91	48	43
34	102	52	50	434	253	181	77	45	32
35-39岁	**455**	**267**	**188**	**2158**	**1209**	**949**	**374**	**200**	**174**
35	84	56	28	433	237	196	85	43	42
36	100	49	51	464	261	203	68	34	34
37	90	52	38	400	227	173	52	29	23
38	107	66	41	436	254	182	97	57	40
39	74	44	30	425	230	195	72	37	35
40-44岁	**563**	**321**	**242**	**2636**	**1481**	**1155**	**450**	**237**	**213**
40	110	56	54	466	265	201	77	38	39
41	110	66	44	615	347	268	103	54	49
42	105	61	44	499	288	211	95	55	40
43	109	60	49	454	252	202	93	50	43
44	129	78	51	602	329	273	82	40	42
45-49岁	**931**	**523**	**408**	**4011**	**2218**	**1793**	**633**	**330**	**303**
45	123	75	48	582	330	252	81	39	42
46	144	85	59	701	384	317	107	52	55
47	194	96	98	796	434	362	144	81	63
48	192	110	82	910	492	418	150	81	69
49	278	157	121	1022	578	444	151	77	74
50岁及以上	**3387**	**1923**	**1464**	**14883**	**8302**	**6581**	**2335**	**1323**	**1012**

3-2c　续表 6　　　　单位：人

年　龄	高中								
	合　计			在　校			毕　业		
	合计	男	女	小计	男	女	小计	男	女
总　计	**58775**	**33466**	**25309**	**14216**	**7172**	**7044**	**41530**	**24436**	**17094**
3									
4									
5–9岁									
5									
6									
7									
8									
9									
10–14岁	**744**	**365**	**379**	**707**	**353**	**354**	**35**	**10**	**25**
10									
11	1		1	1		1			
12									
13	78	37	41	70	35	35	8	2	6
14	665	328	337	636	318	318	27	8	19
15–19岁	**13975**	**7147**	**6828**	**12995**	**6574**	**6421**	**808**	**475**	**333**
15	4156	2050	2106	4100	2018	2082	36	21	15
16	4604	2348	2256	4487	2283	2204	79	44	35
17	2962	1529	1433	2789	1429	1360	134	77	57
18	1506	816	690	1212	645	567	256	146	110
19	747	404	343	407	199	208	303	187	116
20–24岁	**2675**	**1486**	**1189**	**497**	**235**	**262**	**2026**	**1159**	**867**
20	637	356	281	235	110	125	371	227	144
21	489	260	229	116	53	63	349	193	156
22	528	297	231	84	42	42	416	238	178
23	446	251	195	34	18	16	384	214	170
24	575	322	253	28	12	16	506	287	219
25–29岁	**3172**	**1755**	**1417**	**8**	**5**	**3**	**2945**	**1625**	**1320**
25	612	357	255	4	3	1	557	322	235
26	528	293	235	1	1		487	271	216
27	689	398	291				639	365	274
28	650	345	305				611	326	285
29	693	362	331	3	1	2	651	341	310
30–34岁	**4163**	**2240**	**1923**	**3**		**3**	**3882**	**2081**	**1801**
30	891	461	430	1		1	838	435	403
31	904	466	438	1		1	846	437	409
32	788	445	343	1		1	741	418	323
33	860	479	381				784	433	351
34	720	389	331				673	358	315
35–39岁	**3069**	**1661**	**1408**	**2**	**2**		**2850**	**1523**	**1327**
35	607	312	295				560	279	281
36	594	337	257	1	1		553	310	243
37	516	267	249				476	246	230
38	702	387	315				662	364	298
39	650	358	292	1	1		599	324	275
40–44岁	**4061**	**2275**	**1786**	**1**		**1**	**3816**	**2150**	**1666**
40	813	451	362				764	432	332
41	940	546	394	1		1	889	515	374
42	840	461	379				778	429	349
43	718	397	321				683	378	305
44	750	420	330				702	396	306
45–49岁	**4222**	**2396**	**1826**	**1**	**1**		**3944**	**2232**	**1712**
45	694	383	311				654	362	292
46	714	402	312	1	1		659	372	287
47	866	516	350				814	486	328
48	965	552	413				893	505	388
49	983	543	440				924	507	417
50岁及以上	**22694**	**14141**	**8553**	**2**	**2**		**21224**	**13181**	**8043**

3-2c 续表 7

单位：人

年龄	高中								
	肄业			辍学			其他		
	小计	男	女	小计	男	女	小计	男	女
总计	**550**	**345**	**205**	**2128**	**1299**	**829**	**351**	**214**	**137**
3									
4									
5-9岁									
5									
6									
7									
8									
9									
10-14岁				**2**	**2**				
10									
11									
12									
13									
14				2	2				
15-19岁	**27**	**13**	**14**	**128**	**76**	**52**	**17**	**9**	**8**
15	5	2	3	13	8	5	2	1	1
16	6	4	2	28	16	12	4	1	3
17	7	3	4	29	17	12	3	3	
18	5	1	4	29	22	7	4	2	2
19	4	3	1	29	13	16	4	2	2
20-24岁	**23**	**17**	**6**	**112**	**67**	**45**	**17**	**8**	**9**
20	5	3	2	24	16	8	2		2
21	2	2		19	12	7	3		3
22	3	3		21	11	10	4	3	1
23	6	4	2	19	13	6	3	2	1
24	7	5	2	29	15	14	5	3	2
25-29岁	**35**	**22**	**13**	**158**	**86**	**72**	**26**	**17**	**9**
25	7	4	3	36	22	14	8	6	2
26	7	3	4	33	18	15			
27	9	6	3	31	20	11	10	7	3
28	6	5	1	28	12	16	5	2	3
29	6	4	2	30	14	16	3	2	1
30-34岁	**43**	**25**	**18**	**208**	**119**	**89**	**27**	**15**	**12**
30	8	5	3	37	19	18	7	2	5
31	9	3	6	43	22	21	5	4	1
32	8	6	2	37	20	17	1	1	
33	15	9	6	53	33	20	8	4	4
34	3	2	1	38	25	13	6	4	2
35-39岁	**24**	**17**	**7**	**174**	**111**	**63**	**19**	**8**	**11**
35	7	6	1	37	25	12	3	2	1
36	5	2	3	32	22	10	3	2	1
37	6	4	2	31	16	15	3	1	2
38	2	2		36	20	16	2	1	1
39	4	3	1	38	28	10	8	2	6
40-44岁	**39**	**22**	**17**	**168**	**81**	**87**	**37**	**22**	**15**
40	4	1	3	37	15	22	8	3	5
41	7	6	1	34	18	16	9	7	2
42	12	6	6	43	22	21	7	4	3
43	6	4	2	23	13	10	6	2	4
44	10	5	5	31	13	18	7	6	1
45-49岁	**53**	**32**	**21**	**194**	**111**	**83**	**30**	**20**	**10**
45	11	6	5	24	13	11	5	2	3
46	11	6	5	37	20	17	6	3	3
47	8	4	4	38	21	17	6	5	1
48	12	9	3	50	31	19	10	7	3
49	11	7	4	45	26	19	3	3	
50岁及以上	**306**	**197**	**109**	**984**	**646**	**338**	**178**	**115**	**63**

3–2c　续表 8　　　　　　单位：人

年　龄	大学专科								
	合　计			在　校			毕　业		
	合计	男	女	小计	男	女	小计	男	女
总　计	**21078**	**11407**	**9671**	**5456**	**2810**	**2646**	**15353**	**8453**	**6900**
3									
4									
5–9岁									
5									
6									
7									
8									
9									
10–14岁									
10									
11									
12									
13									
14									
15–19岁	**3750**	**1928**	**1822**	**3486**	**1791**	**1695**	**246**	**132**	**114**
15	146	68	78	142	66	76	4	2	2
16	221	101	120	214	98	116	7	3	4
17	389	166	223	366	156	210	22	10	12
18	1389	726	663	1305	685	620	76	39	37
19	1605	867	738	1459	786	673	137	78	59
20–24岁	**4166**	**2110**	**2056**	**1804**	**940**	**864**	**2321**	**1147**	**1174**
20	1273	665	608	999	529	470	264	129	135
21	842	426	416	437	214	223	399	210	189
22	770	404	366	219	124	95	545	276	269
23	669	331	338	109	56	53	553	272	281
24	612	284	328	40	17	23	560	260	300
25–29岁	**2827**	**1422**	**1405**	**100**	**46**	**54**	**2686**	**1355**	**1331**
25	590	279	311	35	14	21	545	258	287
26	549	287	262	19	9	10	521	272	249
27	588	289	299	18	13	5	564	275	289
28	537	289	248	20	5	15	507	279	228
29	563	278	285	8	5	3	549	271	278
30–34岁	**2392**	**1239**	**1153**	**28**	**13**	**15**	**2330**	**1208**	**1122**
30	599	311	288	11	4	7	585	306	279
31	496	239	257	7	4	3	481	230	251
32	507	273	234	6	3	3	492	266	226
33	448	227	221	2	1	1	436	221	215
34	342	189	153	2	1	1	336	185	151
35–39岁	**1272**	**674**	**598**	**12**	**6**	**6**	**1236**	**656**	**580**
35	275	141	134	3	2	1	267	137	130
36	244	113	131	1		1	239	111	128
37	242	134	108	2	2		233	129	104
38	281	156	125	3	1	2	274	153	121
39	230	130	100	3	1	2	223	126	97
40–44岁	**1509**	**817**	**692**	**14**	**6**	**8**	**1475**	**802**	**673**
40	286	150	136	4	2	2	278	147	131
41	323	174	149	4		4	315	173	142
42	331	167	164	1	1		326	165	161
43	277	167	110	3	1	2	270	162	108
44	292	159	133	2	2		286	155	131
45–49岁	**1334**	**768**	**566**	**6**	**4**	**2**	**1303**	**750**	**553**
45	254	134	120	5	3	2	246	130	116
46	238	139	99				233	136	97
47	277	169	108				273	167	106
48	272	159	113	1	1		264	153	111
49	293	167	126				287	164	123
50岁及以上	**3828**	**2449**	**1379**	**6**	**4**	**2**	**3756**	**2403**	**1353**

3-2c 续表 9　　　　单位：人

年 龄	大学专科								
	肄 业			辍 学			其 他		
	小计	男	女	小计	男	女	小计	男	女
总 计	**69**	**43**	**26**	**90**	**46**	**44**	**110**	**55**	**55**
3									
4									
5-9岁									
5									
6									
7									
8									
9									
10-14岁									
10									
11									
12									
13									
14									
15-19岁	**2**		**2**	**9**	**3**	**6**	**7**	**2**	**5**
15									
16									
17							1		1
18	2		2	4	2	2	2		2
19				5	1	4	4	2	2
20-24岁	**8**	**5**	**3**	**10**	**6**	**4**	**23**	**12**	**11**
20	3	3		1	1		6	3	3
21				2		2	4	2	2
22				1	1		5	3	2
23	2	1	1				5	2	3
24	3	1	2	6	4	2	3	2	1
25-29岁	**12**	**6**	**6**	**14**	**7**	**7**	**15**	**8**	**7**
25	3	2	1	3	2	1	4	3	1
26	4	2	2	3	2	1	2	2	
27	1		1	2		2	3	1	2
28	3	1	2	4	3	1	3	1	2
29	1	1		2		2	3	1	2
30-34岁	**12**	**6**	**6**	**11**	**7**	**4**	**11**	**5**	**6**
30	1		1	1	1		1		1
31	3	3		2	2		3		3
32	3		3	3	2	1	3	2	1
33	4	2	2	3	1	2	3	2	1
34	1	1		2	1	1	1	1	
35-39岁	**5**	**4**	**1**	**9**	**3**	**6**	**10**	**5**	**5**
35	2	2					3		3
36	1	1		2	1	1	1		1
37	1		1	3	1	2	3	2	1
38	1	1		2		2	1	1	
39				2	1	1	2	2	
40-44岁	**5**	**3**	**2**	**7**	**3**	**4**	**8**	**3**	**5**
40	1		1	1		1	2	1	1
41				2	1	1	2		2
42	1		1	1		1	2	1	1
43	2	2		1	1		1	1	
44	1	1		2	1	1	1		1
45-49岁	**5**	**3**	**2**	**8**	**2**	**6**	**12**	**9**	**3**
45	1		1	1		1	1	1	
46	1	1		3	1	2	1	1	
47				2		2	2	2	
48	3	2	1				4	3	1
49				2	1	1	4	2	2
50岁及以上	**20**	**16**	**4**	**22**	**15**	**7**	**24**	**11**	**13**

3-2c　续表 10　　　　单位：人

年　龄	大学本科								
	合　　计			在　　校			毕　　业		
	合计	男	女	小计	男	女	小计	男	女
总　计	**22729**	**10328**	**12401**	**12048**	**5006**	**7042**	**10581**	**5261**	**5320**
3									
4									
5–9岁									
5									
6									
7									
8									
9									
10–14岁									
10									
11									
12									
13									
14									
15–19岁	**5032**	**2060**	**2972**	**4994**	**2039**	**2955**	**36**	**21**	**15**
15	8	1	7	8	1	7			
16	19	6	13	19	6	13			
17	317	128	189	309	123	186	7	5	2
18	1914	794	1120	1903	788	1115	11	6	5
19	2774	1131	1643	2755	1121	1634	18	10	8
20–24岁	**8336**	**3484**	**4852**	**6887**	**2881**	**4006**	**1432**	**593**	**839**
20	2969	1215	1754	2924	1205	1719	44	9	35
21	2460	984	1476	2298	919	1379	159	64	95
22	1526	665	861	1171	516	655	353	148	205
23	790	372	418	379	188	191	405	180	225
24	591	248	343	115	53	62	471	192	279
25–29岁	**2530**	**1169**	**1361**	**125**	**67**	**58**	**2386**	**1094**	**1292**
25	525	257	268	50	31	19	473	225	248
26	495	221	274	31	11	20	460	210	250
27	497	221	276	23	10	13	469	209	260
28	534	258	276	11	9	2	517	246	271
29	479	212	267	10	6	4	467	204	263
30–34岁	**2225**	**1090**	**1135**	**14**	**5**	**9**	**2191**	**1071**	**1120**
30	571	286	285	7	1	6	559	281	278
31	523	262	261	4	3	1	515	258	257
32	434	203	231				428	197	231
33	368	185	183	2	1	1	362	182	180
34	329	154	175	1		1	327	153	174
35–39岁	**1091**	**559**	**532**	**6**	**4**	**2**	**1071**	**545**	**526**
35	275	148	127	2	1	1	268	144	124
36	227	107	120	1	1		225	105	120
37	199	104	95	1	1		196	102	94
38	216	118	98				211	114	97
39	174	82	92	2	1	1	171	80	91
40–44岁	**1040**	**526**	**514**	**14**	**8**	**6**	**1015**	**510**	**505**
40	201	91	110	5	2	3	193	86	107
41	237	121	116	1	1		234	119	115
42	231	114	117	4	2	2	225	111	114
43	181	98	83	2	2		176	94	82
44	190	102	88	2	1	1	187	100	87
45–49岁	**819**	**429**	**390**	**2**		**2**	**811**	**425**	**386**
45	170	84	86	1		1	168	83	85
46	161	81	80				160	81	79
47	163	93	70				160	91	69
48	158	87	71	1		1	157	87	70
49	167	84	83				166	83	83
50岁及以上	**1656**	**1011**	**645**	**6**	**2**	**4**	**1639**	**1002**	**637**

3-2c 续表 11

单位：人

年 龄	大学本科								
	肄 业			辍 学			其 他		
	小计	男	女	小计	男	女	小计	男	女
总 计	**33**	**19**	**14**	**26**	**18**	**8**	**41**	**24**	**17**
3									
4									
5-9岁									
5									
6									
7									
8									
9									
10-14岁									
10									
11									
12									
13									
14									
15-19岁							**2**		**2**
15									
16									
17							1		1
18									
19							1		1
20-24岁	**8**	**5**	**3**	**4**	**3**	**1**	**5**	**2**	**3**
20				1	1				
21							3	1	2
22	1		1	1	1				
23	3	3		1		1	2	1	1
24	4	2	2	1	1				
25-29岁	**5**	**2**	**3**	**8**	**3**	**5**	**6**	**3**	**3**
25	1	1					1		1
26	1		1	2		2	1		1
27	2		2	2	1	1	1	1	
28				3	1	2	3	2	1
29	1	1		1	1				
30-34岁	**6**	**4**	**2**	**7**	**6**	**1**	**7**	**4**	**3**
30	2	1	1	1	1		2	2	
31	1		1	1	1		2		2
32	2	2		3	3		1	1	
33				2	1	1	2	1	1
34	1	1							
35-39岁	**6**	**4**	**2**	**1**	**1**		**7**	**5**	**2**
35	3	2	1				2	1	1
36							1	1	
37	1		1	1	1				
38	2	2					3	2	1
39							1	1	
40-44岁	**4**	**3**	**1**	**1**	**1**		**6**	**4**	**2**
40	1	1		1	1		1	1	
41	1		1				1	1	
42	1	1					1		1
43	1	1					2	1	1
44							1	1	
45-49岁	**2**		**2**	**2**	**2**		**2**	**2**	
45							1	1	
46	1		1						
47	1		1	2	2				
48									
49							1	1	
50岁及以上	**2**	**1**	**1**	**3**	**2**	**1**	**6**	**4**	**2**

3-2c　续表 12　　　　单位：人

年　龄	硕士研究生								
	合　计			在　校			毕　业		
	合计	男	女	小计	男	女	小计	男	女
总　计	**1465**	**631**	**834**	**708**	**286**	**422**	**751**	**341**	**410**
3									
4									
5-9岁									
5									
6									
7									
8									
9									
10-14岁									
10									
11									
12									
13									
14									
15-19岁									
15									
16									
17									
18									
19									
20-24岁	**476**	**173**	**303**	**457**	**167**	**290**	**19**	**6**	**13**
20	2	2		2	2				
21	29	10	19	28	9	19	1	1	
22	108	36	72	105	34	71	3	2	1
23	175	61	114	171	60	111	4	1	3
24	162	64	98	151	62	89	11	2	9
25-29岁	**392**	**163**	**229**	**228**	**105**	**123**	**164**	**58**	**106**
25	143	54	89	120	44	76	23	10	13
26	84	39	45	50	28	22	34	11	23
27	65	33	32	32	22	10	33	11	22
28	50	19	31	19	8	11	31	11	20
29	50	18	32	7	3	4	43	15	28
30-34岁	**234**	**97**	**137**	**12**	**6**	**6**	**219**	**90**	**129**
30	53	18	35	5	2	3	47	16	31
31	58	25	33	2	2		56	23	33
32	51	22	29	3	1	2	48	21	27
33	44	19	25	1		1	41	18	23
34	28	13	15	1	1		27	12	15
35-39岁	**113**	**57**	**56**	**7**	**5**	**2**	**106**	**52**	**54**
35	25	13	12	2	1	1	23	12	11
36	18	8	10	2	2		16	6	10
37	24	11	13	2	1	1	22	10	12
38	28	15	13	1	1		27	14	13
39	18	10	8				18	10	8
40-44岁	**90**	**38**	**52**	**4**	**3**	**1**	**86**	**35**	**51**
40	24	6	18	1	1		23	5	18
41	18	9	9	2	1	1	16	8	8
42	21	9	12				21	9	12
43	15	8	7	1	1		14	7	7
44	12	6	6				12	6	6
45-49岁	**45**	**24**	**21**				**45**	**24**	**21**
45	11	6	5				11	6	5
46	15	7	8				15	7	8
47	6	1	5				6	1	5
48	7	5	2				7	5	2
49	6	5	1				6	5	1
50岁及以上	**115**	**79**	**36**				**112**	**76**	**36**

3-2c 续表 13

单位：人

年 龄	硕士研究生								
	肄 业			辍 学			其 他		
	小计	男	女	小计	男	女	小计	男	女
总 计	**3**	**1**	**2**	**2**	**2**		**1**	**1**	
3									
4									
5-9岁									
5									
6									
7									
8									
9									
10-14岁									
10									
11									
12									
13									
14									
15-19岁									
15									
16									
17									
18									
19									
20-24岁									
20									
21									
22									
23									
24									
25-29岁									
25									
26									
27									
28									
29									
30-34岁	**3**	**1**	**2**						
30	1		1						
31									
32									
33	2	1	1						
34									
35-39岁									
35									
36									
37									
38									
39									
40-44岁									
40									
41									
42									
43									
44									
45-49岁									
45									
46									
47									
48									
49									
50岁及以上				**2**	**2**		**1**	**1**	

3-2c 续表 14

单位：人

年 龄	博士研究生								
	合 计			在 校			毕 业		
	合计	男	女	小计	男	女	小计	男	女
总 计	**148**	**68**	**80**	**56**	**24**	**32**	**92**	**44**	**48**
3									
4									
5-9岁									
5									
6									
7									
8									
9									
10-14岁									
10									
11									
12									
13									
14									
15-19岁									
15									
16									
17									
18									
19									
20-24岁	**10**	**2**	**8**	**8**	**1**	**7**	**2**	**1**	**1**
20	2		2	1		1	1		1
21	1		1	1		1			
22									
23	1	1		1	1				
24	6	1	5	5		5	1	1	
25-29岁	**34**	**14**	**20**	**26**	**13**	**13**	**8**	**1**	**7**
25	4	2	2	3	2	1	1		1
26	4	2	2	3	2	1	1		1
27	7	4	3	5	4	1	2		2
28	10	4	6	8	4	4	2		2
29	9	2	7	7	1	6	2	1	1
30-34岁	**44**	**22**	**22**	**17**	**7**	**10**	**27**	**15**	**12**
30	12	5	7	7	2	5	5	3	2
31	11	4	7	7	3	4	4	1	3
32	4	2	2	2	2		2		2
33	10	6	4	1		1	9	6	3
34	7	5	2				7	5	2
35-39岁	**15**	**10**	**5**	**3**	**3**		**12**	**7**	**5**
35	6	6		1	1		5	5	
36									
37	3	2	1	1	1		2	1	1
38	3		3				3		3
39	3	2	1	1	1		2	1	1
40-44岁	**22**	**10**	**12**	**2**		**2**	**20**	**10**	**10**
40	5	1	4	1		1	4	1	3
41	8	5	3				8	5	3
42	3	1	2	1		1	2	1	1
43	3		3				3		3
44	3	3					3	3	
45-49岁	**9**	**2**	**7**				**9**	**2**	**7**
45	3	1	2				3	1	2
46									
47									
48	2		2				2		2
49	4	1	3				4	1	3
50岁及以上	**14**	**8**	**6**				**14**	**8**	**6**

3-2c 续表 15

单位：人

年 龄	博士研究生								
	肄 业			辍 学			其 他		
	小计	男	女	小计	男	女	小计	男	女
总 计									
3									
4									
5-9岁									
5									
6									
7									
8									
9									
10-14岁									
10									
11									
12									
13									
14									
15-19岁									
15									
16									
17									
18									
19									
20-24岁									
20									
21									
22									
23									
24									
25-29岁									
25									
26									
27									
28									
29									
30-34岁									
30									
31									
32									
33									
34									
35-39岁									
35									
36									
37									
38									
39									
40-44岁									
40									
41									
42									
43									
44									
45-49岁									
45									
46									
47									
48									
49									
50岁及以上									

第二部分 长表数据资料

第四卷 就业

4-1　各地区分性别、年龄的就业人口

单位：人

地区 性别	合计	16-19岁	20-24岁	25-29岁	30-34岁	35-39岁	40-44岁
全　省	**1008886**	**6099**	**33880**	**80862**	**139500**	**117478**	**129738**
长春市	383085	2845	16260	37185	62694	48731	47395
吉林市	151968	716	4156	11066	18461	17101	20561
四平市	72638	437	2280	4589	8281	7114	8634
辽源市	44595	242	1170	3067	4890	4140	5332
通化市	58054	294	1618	3912	6602	6160	8092
白山市	37513	130	949	2501	4545	4038	5340
松原市	99448	594	2689	6798	13393	11169	12813
白城市	62757	402	1874	3889	7519	6954	8429
延边朝鲜族自治州	69357	248	1824	5368	9375	8845	9379
长白山管委会	2609	3	105	276	395	301	352
梅河口市	26862	188	955	2211	3345	2925	3411
男	**593245**	**3871**	**18852**	**45933**	**80768**	**67316**	**72966**
长春市	225145	1832	9003	21272	36416	28105	26881
吉林市	89009	427	2347	6258	10545	9607	11329
四平市	42134	281	1247	2539	4808	4057	4831
辽源市	25678	146	693	1751	2823	2353	2913
通化市	34465	191	885	2212	3759	3438	4587
白山市	22603	86	520	1398	2577	2305	2971
松原市	59345	383	1497	3921	7971	6698	7412
白城市	37088	248	1069	2219	4372	4001	4702
延边朝鲜族自治州	40812	160	1028	2967	5368	4922	5217
长白山管委会	1672	3	58	156	245	190	209
梅河口市	15294	114	505	1240	1884	1640	1914
女	**415641**	**2228**	**15028**	**34929**	**58732**	**50162**	**56772**
长春市	157940	1013	7257	15913	26278	20626	20514
吉林市	62959	289	1809	4808	7916	7494	9232
四平市	30504	156	1033	2050	3473	3057	3803
辽源市	18917	96	477	1316	2067	1787	2419
通化市	23589	103	733	1700	2843	2722	3505
白山市	14910	44	429	1103	1968	1733	2369
松原市	40103	211	1192	2877	5422	4471	5401
白城市	25669	154	805	1670	3147	2953	3727
延边朝鲜族自治州	28545	88	796	2401	4007	3923	4162
长白山管委会	937		47	120	150	111	143
梅河口市	11568	74	450	971	1461	1285	1497

4−1 续表

单位：人

地区 性别	45−49岁	50−54岁	55−59岁	60−64岁	65−69岁	70−74岁	75岁及以上
全 省	**149658**	**144164**	**103847**	**50951**	**35074**	**13029**	**4606**
长春市	51637	47013	34208	16719	11935	4708	1755
吉林市	23221	23555	16777	8075	5534	2069	676
四平市	11229	11587	8429	4573	3599	1434	452
辽源市	6446	7222	5346	3140	2363	901	336
通化市	9206	8812	6657	3486	2228	750	237
白山市	6761	6376	4008	1433	957	341	134
松原市	15388	14767	10808	5710	3636	1201	482
白城市	10523	10138	7239	3185	1827	600	178
延边朝鲜族自治州	11103	10538	7181	2947	1765	582	202
长白山管委会	434	421	249	48	15	7	3
梅河口市	3710	3735	2945	1635	1215	436	151
男	**83992**	**88407**	**67261**	**30476**	**21745**	**8582**	**3076**
长春市	29230	28702	22273	9900	7319	3035	1177
吉林市	12890	14375	11007	4832	3514	1419	459
四平市	6225	6898	5194	2652	2164	936	302
辽源市	3474	4355	3223	1759	1383	584	221
通化市	5172	5535	4385	2176	1427	531	167
白山市	3809	4192	2890	907	630	222	96
松原市	8804	9052	6753	3513	2268	773	300
白城市	5929	6190	4636	2008	1195	403	116
延边朝鲜族自治州	6194	6630	4939	1754	1108	390	135
长白山管委会	249	305	202	38	11	5	1
梅河口市	2016	2173	1759	937	726	284	102
女	**65666**	**55757**	**36586**	**20475**	**13329**	**4447**	**1530**
长春市	22407	18311	11935	6819	4616	1673	578
吉林市	10331	9180	5770	3243	2020	650	217
四平市	5004	4689	3235	1921	1435	498	150
辽源市	2972	2867	2123	1381	980	317	115
通化市	4034	3277	2272	1310	801	219	70
白山市	2952	2184	1118	526	327	119	38
松原市	6584	5715	4055	2197	1368	428	182
白城市	4594	3948	2603	1177	632	197	62
延边朝鲜族自治州	4909	3908	2242	1193	657	192	67
长白山管委会	185	116	47	10	4	2	2
梅河口市	1694	1562	1186	698	489	152	49

4-1a 各地区分性别、年龄的就业人口(城市)

单位：人

地 区 性 别	合计	16-19岁	20-24岁	25-29岁	30-34岁	35-39岁	40-44岁
全 省	**389549**	**1869**	**16165**	**40802**	**68280**	**58015**	**60010**
长春市	162785	1043	8505	19191	31500	25286	23846
吉林市	66752	213	2201	6504	10566	9878	10961
四平市	19884	97	811	1922	3348	2789	3110
辽源市	13760	46	442	1459	2550	1941	2091
通化市	18282	57	586	1639	2726	2535	3128
白山市	15731	44	439	1318	2354	1995	2538
松原市	22902	84	790	2177	3880	3491	3772
白城市	16355	79	566	1404	2607	2328	2570
延边朝鲜族自治州	40738	135	1298	3837	6777	6022	6024
长白山管委会							
梅河口市	12360	71	527	1351	1972	1750	1970
男	**227268**	**1089**	**8374**	**22129**	**38328**	**32506**	**33046**
长春市	94835	609	4364	10490	17857	14354	13284
吉林市	38902	118	1187	3506	5873	5386	5919
四平市	11585	66	393	1032	1885	1534	1683
辽源市	8035	27	249	790	1417	1095	1129
通化市	10615	33	294	840	1472	1378	1701
白山市	9245	26	238	705	1262	1111	1384
松原市	13721	46	384	1186	2207	2056	2171
白城市	9691	37	302	768	1493	1334	1419
延边朝鲜族自治州	23670	84	702	2089	3785	3329	3278
长白山管委会							
梅河口市	6969	43	261	723	1077	929	1078
女	**162281**	**780**	**7791**	**18673**	**29952**	**25509**	**26964**
长春市	67950	434	4141	8701	13643	10932	10562
吉林市	27850	95	1014	2998	4693	4492	5042
四平市	8299	31	418	890	1463	1255	1427
辽源市	5725	19	193	669	1133	846	962
通化市	7667	24	292	799	1254	1157	1427
白山市	6486	18	201	613	1092	884	1154
松原市	9181	38	406	991	1673	1435	1601
白城市	6664	42	264	636	1114	994	1151
延边朝鲜族自治州	17068	51	596	1748	2992	2693	2746
长白山管委会							
梅河口市	5391	28	266	628	895	821	892

4-1a 续表

单位：人

地区 性别	45-49岁	50-54岁	55-59岁	60-64岁	65-69岁	70-74岁	75岁及以上
全 省	**60498**	**46050**	**28401**	**5736**	**2652**	**774**	**297**
长春市	22731	16521	10533	2226	992	293	118
吉林市	10605	8642	5438	1039	497	161	47
四平市	3430	2396	1534	231	135	58	23
辽源市	2148	1804	1014	170	71	12	12
通化市	3167	2504	1552	258	92	28	10
白山市	2970	2425	1331	196	80	32	9
松原市	4029	2690	1436	327	180	31	15
白城市	2853	2139	1292	293	163	44	17
延边朝鲜族自治州	6721	5439	3309	762	301	83	30
长白山管委会							
梅河口市	1844	1490	962	234	141	32	16
男	**33489**	**30407**	**21773**	**3764**	**1698**	**482**	**183**
长春市	12693	10806	7967	1481	666	186	78
吉林市	5814	5734	4264	666	305	98	32
四平市	1870	1640	1210	144	78	37	13
辽源市	1142	1224	800	105	44	7	6
通化市	1724	1694	1226	181	54	12	6
白山市	1603	1648	1050	137	59	19	3
松原市	2306	1865	1120	235	116	18	11
白城市	1609	1404	992	187	106	30	10
延边朝鲜族自治州	3716	3475	2476	481	188	53	14
长白山管委会							
梅河口市	1012	917	668	147	82	22	10
女	**27009**	**15643**	**6628**	**1972**	**954**	**292**	**114**
长春市	10038	5715	2566	745	326	107	40
吉林市	4791	2908	1174	373	192	63	15
四平市	1560	756	324	87	57	21	10
辽源市	1006	580	214	65	27	5	6
通化市	1443	810	326	77	38	16	4
白山市	1367	777	281	59	21	13	6
松原市	1723	825	316	92	64	13	4
白城市	1244	735	300	106	57	14	7
延边朝鲜族自治州	3005	1964	833	281	113	30	16
长白山管委会							
梅河口市	832	573	294	87	59	10	6

4–1b　各地区分性别、年龄的就业人口(镇)

单位：人

地区 性别	合计	16–19岁	20–24岁	25–29岁	30–34岁	35–39岁	40–44岁
全　省	**189831**	**1103**	**7383**	**19091**	**33760**	**26735**	**26911**
长春市	78013	679	4020	10068	17465	12606	10107
吉林市	16965	61	504	1321	2438	2172	2555
四平市	12726	47	447	1032	1873	1528	1864
辽源市	6318	27	175	556	805	735	1007
通化市	13924	56	433	1073	1840	1712	2260
白山市	12167	39	308	882	1562	1417	1857
松原市	20559	87	616	1811	3699	2921	3167
白城市	15011	72	507	1248	2330	1958	2244
延边朝鲜族自治州	9710	20	218	713	1153	1200	1296
长白山管委会	2599	3	105	276	395	300	351
梅河口市	1839	12	50	111	200	186	203
男	**113416**	**764**	**4174**	**10719**	**19540**	**15405**	**15243**
长春市	46296	500	2333	5785	10044	7281	5765
吉林市	10177	39	278	743	1371	1224	1430
四平市	7531	27	243	513	1124	899	1052
辽源市	3704	11	94	308	473	405	555
通化市	8227	38	238	589	1017	936	1293
白山市	7411	29	167	488	912	814	1010
松原市	12470	53	330	978	2237	1758	1840
白城市	8969	42	275	722	1327	1115	1269
延边朝鲜族自治州	5865	17	129	376	672	667	701
长白山管委会	1665	3	58	156	245	189	208
梅河口市	1101	5	29	61	118	117	120
女	**76415**	**339**	**3209**	**8372**	**14220**	**11330**	**11668**
长春市	31717	179	1687	4283	7421	5325	4342
吉林市	6788	22	226	578	1067	948	1125
四平市	5195	20	204	519	749	629	812
辽源市	2614	16	81	248	332	330	452
通化市	5697	18	195	484	823	776	967
白山市	4756	10	141	394	650	603	847
松原市	8089	34	286	833	1462	1163	1327
白城市	6042	30	232	526	1003	843	975
延边朝鲜族自治州	3845	3	89	337	481	533	595
长白山管委会	934		47	120	150	111	143
梅河口市	738	7	21	50	82	69	83

4-1b 续表

单位：人

地区 性别	45-49岁	50-54岁	55-59岁	60-64岁	65-69岁	70-74岁	75岁及以上
全省	**27757**	**23598**	**14935**	**4706**	**2704**	**808**	**340**
长春市	8952	7052	4680	1312	764	212	96
吉林市	2808	2565	1646	519	259	91	26
四平市	2056	1875	1151	402	298	111	42
辽源市	1007	998	539	250	155	40	24
通化市	2396	1944	1327	475	296	78	34
白山市	2267	2115	1198	294	152	51	25
松原市	3237	2442	1539	571	339	94	36
白城市	2597	2092	1344	377	177	48	17
延边朝鲜族自治州	1739	1808	1019	313	158	43	30
长白山管委会	430	420	247	48	14	7	3
梅河口市	268	287	245	145	92	33	7
男	**15873**	**15311**	**10823**	**3040**	**1780**	**531**	**213**
长春市	5147	4505	3369	855	518	135	59
吉林市	1624	1663	1213	336	171	69	16
四平市	1194	1174	776	249	185	69	26
辽源市	548	642	378	159	89	28	14
通化市	1338	1248	967	301	185	54	23
白山市	1307	1408	930	191	106	30	19
松原市	1908	1585	1088	382	223	64	24
白城市	1429	1394	974	249	127	35	11
延边朝鲜族自治州	979	1211	778	190	106	24	15
长白山管委会	247	304	200	38	11	5	1
梅河口市	152	177	150	90	59	18	5
女	**11884**	**8287**	**4112**	**1666**	**924**	**277**	**127**
长春市	3805	2547	1311	457	246	77	37
吉林市	1184	902	433	183	88	22	10
四平市	862	701	375	153	113	42	16
辽源市	459	356	161	91	66	12	10
通化市	1058	696	360	174	111	24	11
白山市	960	707	268	103	46	21	6
松原市	1329	857	451	189	116	30	12
白城市	1168	698	370	128	50	13	6
延边朝鲜族自治州	760	597	241	123	52	19	15
长白山管委会	183	116	47	10	3	2	2
梅河口市	116	110	95	55	33	15	2

4-1c　各地区分性别、年龄的就业人口(乡村)

单位：人

地　区 性　别	合计	16-19岁	20-24岁	25-29岁	30-34岁	35-39岁	40-44岁
全　省	**429506**	**3127**	**10332**	**20969**	**37460**	**32728**	**42817**
长春市	142287	1123	3735	7926	13729	10839	13442
吉林市	68251	442	1451	3241	5457	5051	7045
四平市	40028	293	1022	1635	3060	2797	3660
辽源市	24517	169	553	1052	1535	1464	2234
通化市	25848	181	599	1200	2036	1913	2704
白山市	9615	47	202	301	629	626	945
松原市	55987	423	1283	2810	5814	4757	5874
白城市	31391	251	801	1237	2582	2668	3615
延边朝鲜族自治州	18909	93	308	818	1445	1623	2059
长白山管委会	10					1	1
梅河口市	12663	105	378	749	1173	989	1238
男	**252561**	**2018**	**6304**	**13085**	**22900**	**19405**	**24677**
长春市	84014	723	2306	4997	8515	6470	7832
吉林市	39930	270	882	2009	3301	2997	3980
四平市	23018	188	611	994	1799	1624	2096
辽源市	13939	108	350	653	933	853	1229
通化市	15623	120	353	783	1270	1124	1593
白山市	5947	31	115	205	403	380	577
松原市	33154	284	783	1757	3527	2884	3401
白城市	18428	169	492	729	1552	1552	2014
延边朝鲜族自治州	11277	59	197	502	911	926	1238
长白山管委会	7					1	1
梅河口市	7224	66	215	456	689	594	716
女	**176945**	**1109**	**4028**	**7884**	**14560**	**13323**	**18140**
长春市	58273	400	1429	2929	5214	4369	5610
吉林市	28321	172	569	1232	2156	2054	3065
四平市	17010	105	411	641	1261	1173	1564
辽源市	10578	61	203	399	602	611	1005
通化市	10225	61	246	417	766	789	1111
白山市	3668	16	87	96	226	246	368
松原市	22833	139	500	1053	2287	1873	2473
白城市	12963	82	309	508	1030	1116	1601
延边朝鲜族自治州	7632	34	111	316	534	697	821
长白山管委会	3						
梅河口市	5439	39	163	293	484	395	522

4-1c 续表 单位：人

地 区 性 别	45—49岁	50—54岁	55—59岁	60—64岁	65—69岁	70—74岁	75岁及以 上
全 省	**61403**	**74516**	**60511**	**40509**	**29718**	**11447**	**3969**
长春市	19954	23440	18995	13181	10179	4203	1541
吉林市	9808	12348	9693	6517	4778	1817	603
四平市	5743	7316	5744	3940	3166	1265	387
辽源市	3291	4420	3793	2720	2137	849	300
通化市	3643	4364	3778	2753	1840	644	193
白山市	1524	1836	1479	943	725	258	100
松原市	8122	9635	7833	4812	3117	1076	431
白城市	5073	5907	4603	2515	1487	508	144
延边朝鲜族自治州	2643	3291	2853	1872	1306	456	142
长白山管委会	4	1	2		1		
梅河口市	1598	1958	1738	1256	982	371	128
男	**34630**	**42689**	**34665**	**23672**	**18267**	**7569**	**2680**
长春市	11390	13391	10937	7564	6135	2714	1040
吉林市	5452	6978	5530	3830	3038	1252	411
四平市	3161	4084	3208	2259	1901	830	263
辽源市	1784	2489	2045	1495	1250	549	201
通化市	2110	2593	2192	1694	1188	465	138
白山市	899	1136	910	579	465	173	74
松原市	4590	5602	4545	2896	1929	691	265
白城市	2891	3392	2670	1572	962	338	95
延边朝鲜族自治州	1499	1944	1685	1083	814	313	106
长白山管委会	2	1	2				
梅河口市	852	1079	941	700	585	244	87
女	**26773**	**31827**	**25846**	**16837**	**11451**	**3878**	**1289**
长春市	8564	10049	8058	5617	4044	1489	501
吉林市	4356	5370	4163	2687	1740	565	192
四平市	2582	3232	2536	1681	1265	435	124
辽源市	1507	1931	1748	1225	887	300	99
通化市	1533	1771	1586	1059	652	179	55
白山市	625	700	569	364	260	85	26
松原市	3532	4033	3288	1916	1188	385	166
白城市	2182	2515	1933	943	525	170	49
延边朝鲜族自治州	1144	1347	1168	789	492	143	36
长白山管委会	2				1		
梅河口市	746	879	797	556	397	127	41

4-2 各地区分性别、受教育程度的就业人口

单位：人

地区 性别	合计	未上过学	学前教育	小学	初中	高中	大学专科	大学本科	硕士 研究生	博士 研究生
全省	**1008886**	**5405**	**162**	**174956**	**424091**	**157503**	**108692**	**124273**	**12100**	**1704**
长春市	383085	1478	59	55957	148760	57447	47653	61764	8573	1394
吉林市	151968	1068	41	28958	61619	25347	16306	17248	1251	130
四平市	72638	684	14	14820	34627	10165	6310	5605	381	32
辽源市	44595	280	3	10118	21853	5021	3423	3769	121	7
通化市	58054	279	6	11561	24651	9514	5916	5835	277	15
白山市	37513	312	2	4231	14925	7731	5143	5018	146	5
松原市	99448	618	16	25189	46098	11973	7589	7688	266	11
白城市	62757	323	10	12619	30284	9069	5104	5129	211	8
延边朝鲜族自治州	69357	276	10	6604	27874	15640	8329	9759	766	99
长白山管委会	2609	7		178	974	575	453	399	23	
梅河口市	26862	80	1	4721	12426	5021	2466	2059	85	3
男	**593245**	**2141**	**81**	**96465**	**261765**	**100057**	**62179**	**63812**	**5803**	**942**
长春市	225145	568	29	31235	92558	36047	27474	32329	4129	776
吉林市	89009	422	24	15819	37713	16302	9297	8778	589	65
四平市	42134	293	10	7928	20941	6440	3596	2742	171	13
辽源市	25678	112		5346	13208	3139	1946	1859	64	4
通化市	34465	115	4	6562	15441	6028	3280	2880	145	10
白山市	22603	123	1	2399	9486	5149	2880	2492	71	2
松原市	59345	235	6	13979	28794	7918	4380	3900	129	4
白城市	37088	146	4	6915	18523	5897	2912	2589	97	5
延边朝鲜族自治州	40812	97	3	3671	17123	9710	4778	5006	362	62
长白山管委会	1672	4		119	653	384	275	227	10	
梅河口市	15294	26		2492	7325	3043	1361	1010	36	1
女	**415641**	**3264**	**81**	**78491**	**162326**	**57446**	**46513**	**60461**	**6297**	**762**
长春市	157940	910	30	24722	56202	21400	20179	29435	4444	618
吉林市	62959	646	17	13139	23906	9045	7009	8470	662	65
四平市	30504	391	4	6892	13686	3725	2714	2863	210	19
辽源市	18917	168	3	4772	8645	1882	1477	1910	57	3
通化市	23589	164	2	4999	9210	3486	2636	2955	132	5
白山市	14910	189	1	1832	5439	2582	2263	2526	75	3
松原市	40103	383	10	11210	17304	4055	3209	3788	137	7
白城市	25669	177	6	5704	11761	3172	2192	2540	114	3
延边朝鲜族自治州	28545	179	7	2933	10751	5930	3551	4753	404	37
长白山管委会	937	3		59	321	191	178	172	13	
梅河口市	11568	54	1	2229	5101	1978	1105	1049	49	2

4-2a 各地区分性别、受教育程度的就业人口(城市)

单位：人

地 区 性 别	合 计	未上过学	学前教育	小 学	初 中	高 中	大学专科	大学本科	硕 士 研究生	博 士 研究生
全 省	**389549**	**386**	**21**	**16055**	**121176**	**94030**	**68222**	**81005**	**7569**	**1085**
长春市	162785	142	11	6450	47934	34761	29705	38003	4920	859
吉林市	66752	81	5	2989	20480	17181	11933	13087	909	87
四平市	19884	12		587	6236	5253	3788	3716	277	15
辽源市	13760	17	1	405	5512	2893	2233	2600	94	5
通化市	18282	12		631	5025	5276	3446	3664	216	12
白山市	15731	18		501	5045	4111	2852	3098	104	2
松原市	22902	20	1	1468	7702	5417	3491	4608	190	5
白城市	16355	36	1	968	6151	4204	2412	2483	98	2
延边朝鲜族自治州	40738	46	2	1573	12791	11210	6341	7990	690	95
长白山管委会										
梅河口市	12360	2		483	4300	3724	2021	1756	71	3
男	**227268**	**173**	**11**	**9460**	**74926**	**58764**	**38492**	**41219**	**3632**	**591**
长春市	94835	62	7	3829	30200	21465	16774	19670	2360	468
吉林市	38902	36	2	1693	12392	10919	6761	6626	432	41
四平市	11585	6		371	3806	3306	2151	1810	128	7
辽源市	8035	11		235	3393	1792	1270	1282	50	2
通化市	10615	6		364	3123	3277	1911	1818	109	7
白山市	9245	5		307	3115	2658	1580	1529	50	1
松原市	13721	7	1	893	4842	3552	2004	2322	98	2
白城市	9691	19		568	3752	2719	1364	1219	48	2
延边朝鲜族自治州	23670	21	1	922	7836	6852	3569	4083	326	60
长白山管委会										
梅河口市	6969			278	2467	2224	1108	860	31	1
女	**162281**	**213**	**10**	**6595**	**46250**	**35266**	**29730**	**39786**	**3937**	**494**
长春市	67950	80	4	2621	17734	13296	12931	18333	2560	391
吉林市	27850	45	3	1296	8088	6262	5172	6461	477	46
四平市	8299	6		216	2430	1947	1637	1906	149	8
辽源市	5725	6	1	170	2119	1101	963	1318	44	3
通化市	7667	6		267	1902	1999	1535	1846	107	5
白山市	6486	13		194	1930	1453	1272	1569	54	1
松原市	9181	13		575	2860	1865	1487	2286	92	3
白城市	6664	17	1	400	2399	1485	1048	1264	50	
延边朝鲜族自治州	17068	25	1	651	4955	4358	2772	3907	364	35
长白山管委会										
梅河口市	5391	2		205	1833	1500	913	896	40	2

4-2b　各地区分性别、受教育程度的就业人口(镇)

单位：人

地　区 性　别	合　计	未上过学	学前教育	小　学	初　中	高　中	大学专科	大学本科	硕　士 研究生	博　士 研究生
全　省	**189831**	**361**	**16**	**13915**	**72688**	**34727**	**29034**	**34720**	**3842**	**528**
长春市	78013	98	7	3885	22999	13171	14162	20040	3178	473
吉林市	16965	32	1	1459	6899	3222	2343	2693	278	38
四平市	12726	42	2	1087	6113	2357	1655	1428	40	2
辽源市	6318	10	1	556	3035	1115	749	830	20	2
通化市	13924	33	1	1620	6296	2539	1702	1682	49	2
白山市	12167	52	2	845	4792	2697	1971	1767	39	2
松原市	20559	32	1	2190	9653	3553	2696	2367	64	3
白城市	15011	30		1185	6615	2971	1933	2174	98	5
延边朝鲜族自治州	9710	17	1	555	4319	2198	1275	1291	53	1
长白山管委会	2599	7		175	972	571	452	399	23	
梅河口市	1839	8		358	995	333	96	49		
男	**113416**	**161**	**6**	**8136**	**45658**	**22260**	**16870**	**18155**	**1860**	**310**
长春市	46296	43	3	2364	14612	8283	8423	10729	1560	279
吉林市	10177	11		856	4308	2144	1350	1364	122	22
四平市	7531	21	1	601	3786	1475	935	694	18	
辽源市	3704	5		291	1880	696	410	409	11	2
通化市	8227	15	1	930	3862	1636	935	818	28	2
白山市	7411	27	1	483	3074	1818	1104	885	19	
松原市	12470	12		1285	6094	2326	1532	1194	25	2
白城市	8969	14		687	4093	1898	1084	1146	44	3
延边朝鲜族自治州	5865	7		320	2684	1401	764	666	23	
长白山管委会	1665	4		117	652	381	274	227	10	
梅河口市	1101	2		202	613	202	59	23		
女	**76415**	**200**	**10**	**5779**	**27030**	**12467**	**12164**	**16565**	**1982**	**218**
长春市	31717	55	4	1521	8387	4888	5739	9311	1618	194
吉林市	6788	21	1	603	2591	1078	993	1329	156	16
四平市	5195	21	1	486	2327	882	720	734	22	2
辽源市	2614	5	1	265	1155	419	339	421	9	
通化市	5697	18		690	2434	903	767	864	21	
白山市	4756	25	1	362	1718	879	867	882	20	2
松原市	8089	20	1	905	3559	1227	1164	1173	39	1
白城市	6042	16		498	2522	1073	849	1028	54	2
延边朝鲜族自治州	3845	10	1	235	1635	797	511	625	30	1
长白山管委会	934	3		58	320	190	178	172	13	
梅河口市	738	6		156	382	131	37	26		

4-2c 各地区分性别、受教育程度的就业人口(乡村)

单位：人

地区 性别	合计	未上过学	学前教育	小学	初中	高中	大学专科	大学本科	硕士研究生	博士研究生
全省	**429506**	**4658**	**125**	**144986**	**230227**	**28746**	**11436**	**8548**	**689**	**91**
长春市	142287	1238	41	45622	77827	9515	3786	3721	475	62
吉林市	68251	955	35	24510	34240	4944	2030	1468	64	5
四平市	40028	630	12	13146	22278	2555	867	461	64	15
辽源市	24517	253	1	9157	13306	1013	441	339	7	
通化市	25848	234	5	9310	13330	1699	768	489	12	1
白山市	9615	242		2885	5088	923	320	153	3	1
松原市	55987	566	14	21531	28743	3003	1402	713	12	3
白城市	31391	257	9	10466	17518	1894	759	472	15	1
延边朝鲜族自治州	18909	213	7	4476	10764	2232	713	478	23	3
长白山管委会	10			3	2	4	1			
梅河口市	12663	70	1	3880	7131	964	349	254	14	
男	**252561**	**1807**	**64**	**78869**	**141181**	**19033**	**6817**	**4438**	**311**	**41**
长春市	84014	463	19	25042	47746	6299	2277	1930	209	29
吉林市	39930	375	22	13270	21013	3239	1186	788	35	2
四平市	23018	266	9	6956	13349	1659	510	238	25	6
辽源市	13939	96		4820	7935	651	266	168	3	
通化市	15623	94	3	5268	8456	1115	434	244	8	1
白山市	5947	91		1609	3297	673	196	78	2	1
松原市	33154	216	5	11801	17858	2040	844	384	6	
白城市	18428	113	4	5660	10678	1280	464	224	5	
延边朝鲜族自治州	11277	69	2	2429	6603	1457	445	257	13	2
长白山管委会	7			2	1	3	1			
梅河口市	7224	24		2012	4245	617	194	127	5	
女	**176945**	**2851**	**61**	**66117**	**89046**	**9713**	**4619**	**4110**	**378**	**50**
长春市	58273	775	22	20580	30081	3216	1509	1791	266	33
吉林市	28321	580	13	11240	13227	1705	844	680	29	3
四平市	17010	364	3	6190	8929	896	357	223	39	9
辽源市	10578	157	1	4337	5371	362	175	171	4	
通化市	10225	140	2	4042	4874	584	334	245	4	
白山市	3668	151		1276	1791	250	124	75	1	
松原市	22833	350	9	9730	10885	963	558	329	6	3
白城市	12963	144	5	4806	6840	614	295	248	10	1
延边朝鲜族自治州	7632	144	5	2047	4161	775	268	221	10	1
长白山管委会	3			1	1	1				
梅河口市	5439	46	1	1868	2886	347	155	127	9	

4-3 全省分年龄、性别、受教育程度的就业人口

单位：人

年龄组 性别	合计	未上过学	学前教育	小学	初中	高中	大学专科	大学本科	硕士 研究生	博士 研究生
总计	**1008886**	**5405**	**162**	**174956**	**424091**	**157503**	**108692**	**124273**	**12100**	**1704**
16-19岁	6099	6	5	281	2887	1844	858	217	1	
20-24岁	33880	22	6	901	9723	6067	9394	7611	150	6
25-29岁	80862	53	6	3160	25327	12695	16334	21434	1772	81
30-34岁	139500	111	11	8125	54878	21683	21741	29187	3446	318
35-39岁	117478	107	6	7056	52049	19228	14789	20939	2887	417
40-44岁	129738	180	13	11732	59596	24749	15136	16299	1645	388
45-49岁	149658	385	14	22746	72240	25617	13691	13711	1036	218
50-54岁	144164	622	18	33992	68871	20805	9936	9127	670	123
55-59岁	103847	720	21	30247	43963	17098	5953	5267	457	121
60-64岁	50951	1073	25	24295	19292	5376	530	308	25	27
65-69岁	35074	1179	20	21043	10730	1772	214	107	6	3
70-74岁	13029	569	8	8430	3519	385	76	39	2	1
75岁及以上	4606	378	9	2948	1016	184	40	27	3	1
男	**593245**	**2141**	**81**	**96465**	**261765**	**100057**	**62179**	**63812**	**5803**	**942**
16-19岁	3871	5	2	188	1975	1102	500	99		
20-24岁	18852	17	2	591	6334	3681	4874	3286	63	4
25-29岁	45933	35	2	2073	16397	7901	9113	9758	625	29
30-34岁	80768	71	5	5106	33849	13143	12392	14596	1445	161
35-39岁	67316	56	5	4109	31086	11225	8204	11052	1353	226
40-44岁	72966	95	7	6479	34659	14276	8093	8267	876	214
45-49岁	83992	168	7	11995	41660	14779	7463	7210	597	113
50-54岁	88407	253	14	18065	43398	14757	6119	5263	457	81
55-59岁	67261	253	5	15627	28649	13577	4777	3927	357	89
60-64岁	30476	350	14	12841	12754	3850	400	224	21	22
65-69岁	21745	419	12	12149	7606	1324	153	76	5	1
70-74岁	8582	246	4	5318	2621	296	62	33	1	1
75岁及以上	3076	173	2	1924	777	146	29	21	3	1
女	**415641**	**3264**	**81**	**78491**	**162326**	**57446**	**46513**	**60461**	**6297**	**762**
16-19岁	2228	1	3	93	912	742	358	118	1	
20-24岁	15028	5	4	310	3389	2386	4520	4325	87	2
25-29岁	34929	18	4	1087	8930	4794	7221	11676	1147	52
30-34岁	58732	40	6	3019	21029	8540	9349	14591	2001	157
35-39岁	50162	51	1	2947	20963	8003	6585	9887	1534	191
40-44岁	56772	85	6	5253	24937	10473	7043	8032	769	174
45-49岁	65666	217	7	10751	30580	10838	6228	6501	439	105
50-54岁	55757	369	4	15927	25473	6048	3817	3864	213	42
55-59岁	36586	467	16	14620	15314	3521	1176	1340	100	32
60-64岁	20475	723	11	11454	6538	1526	130	84	4	5
65-69岁	13329	760	8	8894	3124	448	61	31	1	2
70-74岁	4447	323	4	3112	898	89	14	6	1	
75岁及以上	1530	205	7	1024	239	38	11	6		

4-3a 全省分年龄、性别、受教育程度的就业人口(城市)

单位：人

年龄组 性别	合计	未上过学	学前教育	小学	初中	高中	大学专科	大学本科	硕士 研究生	博士 研究生
总计	**389549**	**386**	**21**	**16055**	**121176**	**94030**	**68222**	**81005**	**7569**	**1085**
16-19岁	1869		2	27	704	678	370	88		
20-24岁	16165	5	3	143	2866	3192	5288	4568	96	4
25-29岁	40802	8	2	621	8355	7311	9726	13636	1093	50
30-34岁	68280	18	2	1686	18664	13379	13755	18551	2032	193
35-39岁	58015	14		1356	18013	12499	10122	13956	1786	269
40-44岁	60010	23	2	1986	19716	16071	10002	10917	1060	233
45-49岁	60498	48	2	2805	21771	16652	8991	9332	748	149
50-54岁	46050	56	4	3082	17639	12516	6074	6154	437	88
55-59岁	28401	59	3	2084	9347	9494	3520	3516	297	81
60-64岁	5736	77		1129	2423	1642	237	198	15	15
65-69岁	2652	52	1	751	1235	457	99	52	3	2
70-74岁	774	20		283	334	88	29	19	1	
75岁及以上	297	6		102	109	51	9	18	1	1
男	**227268**	**173**	**11**	**9460**	**74926**	**58764**	**38492**	**41219**	**3632**	**591**
16-19岁	1089			16	454	383	193	43		
20-24岁	8374	3	1	84	1817	1885	2622	1922	37	3
25-29岁	22129	5	1	423	5392	4496	5353	6068	376	15
30-34岁	38328	9	2	1088	11516	7952	7720	9115	832	94
35-39岁	32506	8		842	10677	7182	5583	7245	823	146
40-44岁	33046	12	1	1119	11293	9075	5298	5546	576	126
45-49岁	33489	19	2	1524	12302	9404	4835	4892	434	77
50-54岁	30407	28	3	1798	11896	9038	3731	3554	303	56
55-59岁	21773	26	1	1248	6867	7829	2886	2625	233	58
60-64岁	3764	31		670	1606	1109	176	144	14	14
65-69岁	1698	24		438	809	320	67	36	3	1
70-74岁	482	6		155	225	58	23	15		
75岁及以上	183	2		55	72	33	5	14	1	1
女	**162281**	**213**	**10**	**6595**	**46250**	**35266**	**29730**	**39786**	**3937**	**494**
16-19岁	780		2	11	250	295	177	45		
20-24岁	7791	2	2	59	1049	1307	2666	2646	59	1
25-29岁	18673	3	1	198	2963	2815	4373	7568	717	35
30-34岁	29952	9		598	7148	5427	6035	9436	1200	99
35-39岁	25509	6		514	7336	5317	4539	6711	963	123
40-44岁	26964	11	1	867	8423	6996	4704	5371	484	107
45-49岁	27009	29		1281	9469	7248	4156	4440	314	72
50-54岁	15643	28	1	1284	5743	3478	2343	2600	134	32
55-59岁	6628	33	2	836	2480	1665	634	891	64	23
60-64岁	1972	46		459	817	533	61	54	1	1
65-69岁	954	28	1	313	426	137	32	16		1
70-74岁	292	14		128	109	30	6	4	1	
75岁及以上	114	4		47	37	18	4	4		

4-3b 全省分年龄、性别、受教育程度的就业人口(镇)

单位：人

年龄组 性别	合 计	未上过学	学前教育	小 学	初 中	高 中	大学专科	大学本科	硕 士 研究生	博 士 研究生
总 计	**189831**	**361**	**16**	**13915**	**72688**	**34727**	**29034**	**34720**	**3842**	**528**
16-19岁	1103	1	1	21	382	387	252	58	1	
20-24岁	7383	4		97	1558	1343	2370	1977	34	
25-29岁	19091	5	2	460	4691	3042	4518	5827	524	22
30-34岁	33760	15	5	1282	11028	5191	6178	8757	1206	98
35-39岁	26735	9	1	929	10628	4347	3639	6047	1000	135
40-44岁	26911	18	2	1305	11272	5392	3842	4443	502	135
45-49岁	27757	28		2085	12533	5630	3536	3641	244	60
50-54岁	23598	45	2	2584	10891	4613	2801	2435	193	34
55-59岁	14935	48	1	2009	6133	3532	1652	1402	126	32
60-64岁	4706	56		1391	2142	880	142	77	7	11
65-69岁	2704	77	2	1181	1040	291	72	38	3	
70-74岁	808	28		405	292	56	15	11		1
75岁及以上	340	27		166	98	23	17	7	2	
男	**113416**	**161**	**6**	**8136**	**45658**	**22260**	**16870**	**18155**	**1860**	**310**
16-19岁	764	1	1	16	278	258	185	25		
20-24岁	4174	3		67	1030	836	1314	904	20	
25-29岁	10719	3		302	2976	1910	2586	2737	193	12
30-34岁	19540	9	1	826	6799	3237	3594	4496	524	54
35-39岁	15405	6	1	564	6397	2578	2012	3296	479	72
40-44岁	15243	11		749	6677	3172	2057	2231	267	79
45-49岁	15873	13		1184	7351	3302	1928	1921	140	34
50-54岁	15311	22	1	1494	7292	3231	1718	1400	129	24
55-59岁	10823	16		1136	4374	2833	1291	1049	98	26
60-64岁	3040	18		748	1458	642	108	52	6	8
65-69岁	1780	36	2	703	751	207	52	27	2	
70-74岁	531	13		249	206	37	14	11		1
75岁及以上	213	10		98	69	17	11	6	2	
女	**76415**	**200**	**10**	**5779**	**27030**	**12467**	**12164**	**16565**	**1982**	**218**
16-19岁	339			5	104	129	67	33	1	
20-24岁	3209	1		30	528	507	1056	1073	14	
25-29岁	8372	2	2	158	1715	1132	1932	3090	331	10
30-34岁	14220	6	4	456	4229	1954	2584	4261	682	44
35-39岁	11330	3		365	4231	1769	1627	2751	521	63
40-44岁	11668	7	2	556	4595	2220	1785	2212	235	56
45-49岁	11884	15		901	5182	2328	1608	1720	104	26
50-54岁	8287	23	1	1090	3599	1382	1083	1035	64	10
55-59岁	4112	32	1	873	1759	699	361	353	28	6
60-64岁	1666	38		643	684	238	34	25	1	3
65-69岁	924	41		478	289	84	20	11	1	
70-74岁	277	15		156	86	19	1			
75岁及以上	127	17		68	29	6	6	1		

4-3c 全省分年龄、性别、受教育程度的就业人口(乡村)

单位：人

年龄组 性别	合计	未上过学	学前教育	小学	初中	高中	大学专科	大学本科	硕士研究生	博士研究生
总计	**429506**	**4658**	**125**	**144986**	**230227**	**28746**	**11436**	**8548**	**689**	**91**
16-19岁	3127	5	2	233	1801	779	236	71		
20-24岁	10332	13	3	661	5299	1532	1736	1066	20	2
25-29岁	20969	40	2	2079	12281	2342	2090	1971	155	9
30-34岁	37460	78	4	5157	25186	3113	1808	1879	208	27
35-39岁	32728	84	5	4771	23408	2382	1028	936	101	13
40-44岁	42817	139	9	8441	28608	3286	1292	939	83	20
45-49岁	61403	309	12	17856	37936	3335	1164	738	44	9
50-54岁	74516	521	12	28326	40341	3676	1061	538	40	1
55-59岁	60511	613	17	26154	28483	4072	781	349	34	8
60-64岁	40509	940	25	21775	14727	2854	151	33	3	1
65-69岁	29718	1050	17	19111	8455	1024	43	17		1
70-74岁	11447	521	8	7742	2893	241	32	9	1	
75岁及以上	3969	345	9	2680	809	110	14	2		
男	**252561**	**1807**	**64**	**78869**	**141181**	**19033**	**6817**	**4438**	**311**	**41**
16-19岁	2018	4	1	156	1243	461	122	31		
20-24岁	6304	11	1	440	3487	960	938	460	6	1
25-29岁	13085	27	1	1348	8029	1495	1174	953	56	2
30-34岁	22900	53	2	3192	15534	1954	1078	985	89	13
35-39岁	19405	42	4	2703	14012	1465	609	511	51	8
40-44岁	24677	72	6	4611	16689	2029	738	490	33	9
45-49岁	34630	136	5	9287	22007	2073	700	397	23	2
50-54岁	42689	203	10	14773	24210	2488	670	309	25	1
55-59岁	34665	211	4	13243	17408	2915	600	253	26	5
60-64岁	23672	301	14	11423	9690	2099	116	28	1	
65-69岁	18267	359	10	11008	6046	797	34	13		
70-74岁	7569	227	4	4914	2190	201	25	7	1	
75岁及以上	2680	161	2	1771	636	96	13	1		
女	**176945**	**2851**	**61**	**66117**	**89046**	**9713**	**4619**	**4110**	**378**	**50**
16-19岁	1109	1	1	77	558	318	114	40		
20-24岁	4028	2	2	221	1812	572	798	606	14	1
25-29岁	7884	13	1	731	4252	847	916	1018	99	7
30-34岁	14560	25	2	1965	9652	1159	730	894	119	14
35-39岁	13323	42	1	2068	9396	917	419	425	50	5
40-44岁	18140	67	3	3830	11919	1257	554	449	50	11
45-49岁	26773	173	7	8569	15929	1262	464	341	21	7
50-54岁	31827	318	2	13553	16131	1188	391	229	15	
55-59岁	25846	402	13	12911	11075	1157	181	96	8	3
60-64岁	16837	639	11	10352	5037	755	35	5	2	1
65-69岁	11451	691	7	8103	2409	227	9	4		1
70-74岁	3878	294	4	2828	703	40	7	2		
75岁及以上	1289	184	7	909	173	14	1	1		

4-4　各地区分性别、行业大类的就业人口

单位：人

地区 性别	合计	农、林、牧、渔业						采矿业	
		小计	农业	林业	畜牧业	渔业	农、林、牧、渔专业及辅助性活动	小计	煤炭开采和洗选业
全　省	**1008886**	**378244**	**358162**	**4798**	**12246**	**590**	**2448**	**9232**	**2535**
长春市	383085	120672	117281	369	2576	111	335	883	485
吉林市	151968	59531	56631	1065	1653	85	97	1228	274
四平市	72638	37353	35762	112	1357	17	105	119	13
辽源市	44595	22174	20827	55	437	16	839	381	335
通化市	58054	21127	20144	298	571	77	37	284	69
白山市	37513	9283	7528	1073	529	29	124	1329	717
松原市	99448	51224	48641	143	1899	99	442	3833	14
白城市	62757	29710	27009	180	2113	100	308	212	8
延边朝鲜族自治州	69357	16796	14366	1378	912	32	108	792	483
长白山管委会	2609	275	155	112	5		3	5	
梅河口市	26862	10099	9818	13	194	24	50	166	137
男	**593245**	**218232**	**204483**	**3748**	**7947**	**463**	**1591**	**7686**	**2309**
长春市	225145	69146	66857	241	1729	83	236	744	431
吉林市	89009	34165	32171	821	1031	69	73	1065	244
四平市	42134	21051	19975	89	889	13	85	99	13
辽源市	25678	12403	11602	42	288	14	457	357	320
通化市	34465	12536	11864	214	365	61	32	260	63
白山市	22603	5854	4499	879	358	24	94	1207	650
松原市	59345	29777	28048	113	1264	85	267	2935	14
白城市	37088	17335	15592	140	1302	71	230	165	5
延边朝鲜族自治州	40812	10196	8363	1108	616	23	86	703	447
长白山管委会	1672	209	111	91	4		3	4	
梅河口市	15294	5560	5401	10	101	20	28	147	122
女	**415641**	**160012**	**153679**	**1050**	**4299**	**127**	**857**	**1546**	**226**
长春市	157940	51526	50424	128	847	28	99	139	54
吉林市	62959	25366	24460	244	622	16	24	163	30
四平市	30504	16302	15787	23	468	4	20	20	
辽源市	18917	9771	9225	13	149	2	382	24	15
通化市	23589	8591	8280	84	206	16	5	24	6
白山市	14910	3429	3029	194	171	5	30	122	67
松原市	40103	21447	20593	30	635	14	175	898	
白城市	25669	12375	11417	40	811	29	78	47	3
延边朝鲜族自治州	28545	6600	6003	270	296	9	22	89	36
长白山管委会	937	66	44	21	1			1	
梅河口市	11568	4539	4417	3	93	4	22	19	15

4-4 续表 1 单位：人

地　区 性　别	采矿业						制造业		
	石油和天然气开采业	黑色金属矿采选业	有色金属矿采选业	非金属矿采选业	开采专业及辅助性活　动	其　他采矿业	小计	农副食品加工业	食　品制造业
全　省	**2887**	**650**	**1123**	**527**	**1483**	**27**	**82993**	**6045**	**3727**
长春市	170	6	10	99	98	15	40188	2240	1449
吉林市	41	74	661	164	12	2	13573	813	450
四平市	11	2	40	48	5		3650	377	184
辽源市	5	1	3	23	13	1	4289	244	145
通化市	4	99	58	43	8	3	5155	364	190
白山市	1	405	134	72			3007	234	204
松原市	2475	2	1	13	1328		3278	527	237
白城市	174	2		14	11	3	2580	371	364
延边朝鲜族自治州	3	43	216	42	3	2	4925	471	331
长白山管委会				5			165	7	8
梅河口市	3	16		4	5	1	2183	397	165
男	**2162**	**578**	**954**	**471**	**1189**	**23**	**58107**	**3902**	**1836**
长春市	129	4	6	85	76	13	28949	1501	670
吉林市	40	63	556	150	10	2	9978	492	232
四平市	7	1	36	37	5		2574	263	96
辽源市	4	1	1	20	10	1	2586	156	75
通化市	2	92	52	41	7	3	3307	224	93
白山市	1	365	122	69			1887	124	83
松原市	1840	2		12	1067		2342	386	115
白城市	134	2		14	9	1	1751	261	212
延边朝鲜族自治州	2	34	181	36	1	2	3251	278	171
长白山管委会				4			122	6	4
梅河口市	3	14		3	4	1	1360	211	85
女	**725**	**72**	**169**	**56**	**294**	**4**	**24886**	**2143**	**1891**
长春市	41	2	4	14	22	2	11239	739	779
吉林市	1	11	105	14	2		3595	321	218
四平市	4	1	4	11			1076	114	88
辽源市	1		2	3	3		1703	88	70
通化市	2	7	6	2	1		1848	140	97
白山市		40	12	3			1120	110	121
松原市	635		1	1	261		936	141	122
白城市	40				2	2	829	110	152
延边朝鲜族自治州	1	9	35	6	2		1674	193	160
长白山管委会				1			43	1	4
梅河口市		2		1	1		823	186	80

4-4　续表 2　　单位：人

地　区 性　别	制造业								
	酒、饮料和精制茶制造业	烟　草制品业	纺织业	纺织服装、服饰业	皮革、毛皮、羽毛及其制品和制鞋业	木材加工和木、竹、藤、棕、草制品业	家　具制造业	造纸和纸制品业	印刷和记录媒介复制业
全　省	**2388**	**464**	**581**	**3139**	**182**	**2635**	**1370**	**882**	**1121**
长春市	526	176	127	542	43	640	677	302	634
吉林市	342	1	75	131	31	329	182	148	124
四平市	289	46	94	58	8	94	41	70	51
辽源市	142	1	49	1717	10	57	22	27	64
通化市	184	8	17	71	12	98	79	44	66
白山市	354	2	8	53	13	346	30	98	18
松原市	64	2	35	77	13	293	101	23	40
白城市	58	2	130	86	21	126	45	20	31
延边朝鲜族自治州	122	226	27	342	19	588	149	100	51
长白山管委会	65					41	3		1
梅河口市	242		19	62	12	23	41	50	41
男	**1665**	**322**	**254**	**1064**	**97**	**1837**	**945**	**572**	**630**
长春市	354	126	59	138	18	448	446	171	361
吉林市	232	1	34	28	17	237	125	101	68
四平市	202	32	34	12	4	65	34	32	22
辽源市	107	1	28	668	7	41	18	19	40
通化市	116	5	9	16	8	73	56	32	38
白山市	232	1	4	15	6	233	21	77	10
松原市	48	1	15	22	5	214	72	15	19
白城市	34	1	53	24	12	90	28	11	16
延边朝鲜族自治州	92	154	10	122	12	391	106	78	31
长白山管委会	51					28	2		
梅河口市	197		8	19	8	17	37	36	25
女	**723**	**142**	**327**	**2075**	**85**	**798**	**425**	**310**	**491**
长春市	172	50	68	404	25	192	231	131	273
吉林市	110		41	103	14	92	57	47	56
四平市	87	14	60	46	4	29	7	38	29
辽源市	35		21	1049	3	16	4	8	24
通化市	68	3	8	55	4	25	23	12	28
白山市	122	1	4	38	7	113	9	21	8
松原市	16	1	20	55	8	79	29	8	21
白城市	24	1	77	62	9	36	17	9	15
延边朝鲜族自治州	30	72	17	220	7	197	43	22	20
长白山管委会	14					13	1		1
梅河口市	45		11	43	4	6	4	14	16

4-4 续表 3 单位：人

地区 性别	制造业								
	文教、工美、体育和娱乐用品制造业	石油、煤炭及其他燃料加工业	化学原料和化学制品制造业	医药制造业	化学纤维制造业	橡胶和塑料制品业	非金属矿物制品业	黑色金属冶炼和压延加工业	有色金属冶炼和压延加工业
全省	**511**	**940**	**3793**	**6558**	**997**	**1714**	**4468**	**2408**	**484**
长春市	183	170	637	1694	29	856	1438	129	63
吉林市	127	477	2236	521	953	268	1285	967	130
四平市	17	6	176	219	1	151	306	159	11
辽源市	18	21	77	191	4	92	99	296	197
通化市	24	62	189	1895	3	39	303	698	8
白山市	27	66	21	766	1	64	306	34	11
松原市	15	113	325	61	5	105	240	23	6
白城市	10	10	48	110		36	168	24	2
延边朝鲜族自治州	60	11	50	682	1	71	245	16	49
长白山管委会	3		4	13			4		
梅河口市	27	4	30	406		32	74	62	7
男	**260**	**759**	**2836**	**3247**	**711**	**1139**	**3593**	**2051**	**407**
长春市	88	134	425	805	19	576	1114	106	48
吉林市	50	378	1739	271	683	175	1079	861	103
四平市	10	5	117	101	1	98	248	130	11
辽源市	12	19	61	105	2	54	80	237	180
通化市	15	56	133	905	2	25	248	583	7
白山市	23	58	15	364		50	247	25	7
松原市	9	86	256	31	3	67	175	22	5
白城市	6	9	35	57		23	127	21	2
延边朝鲜族自治州	35	10	30	406	1	52	213	12	38
长白山管委会	3		3	8			4		
梅河口市	9	4	22	194		19	58	54	6
女	**251**	**181**	**957**	**3311**	**286**	**575**	**875**	**357**	**77**
长春市	95	36	212	889	10	280	324	23	15
吉林市	77	99	497	250	270	93	206	106	27
四平市	7	1	59	118		53	58	29	
辽源市	6	2	16	86	2	38	19	59	17
通化市	9	6	56	990	1	14	55	115	1
白山市	4	8	6	402	1	14	59	9	4
松原市	6	27	69	30	2	38	65	1	1
白城市	4	1	13	53		13	41	3	
延边朝鲜族自治州	25	1	20	276		19	32	4	11
长白山管委会			1	5					
梅河口市	18		8	212		13	16	8	1

4-4 续表 4

单位：人

地区 性别	制造业								
	金属制品业	通用设备制造业	专用设备制造业	汽车制造业	铁路、船舶、航空航天和其他运输设备制造业	电气机械和器材制造业	计算机、通信和其他电子设备制造业	仪器仪表制造业	其他制造业
全省	**4363**	**3762**	**1988**	**19672**	**3092**	**1466**	**1677**	**396**	**227**
长春市	1713	1885	930	17569	2817	848	708	281	119
吉林市	879	476	398	1083	104	180	386	54	18
四平市	325	409	87	149	14	76	62	15	32
辽源市	181	180	120	195	7	52	31	4	9
通化市	217	129	83	77	35	38	66	13	13
白山市	118	45	43	60	6	21	25	4	3
松原市	348	98	101	136	26	49	87	6	6
白城市	185	115	73	164	32	107	38	2	9
延边朝鲜族自治州	244	356	98	192	23	76	197	13	13
长白山管委会	5	3	3	1		2			1
梅河口市	148	66	52	46	28	17	77	4	4
男	**3605**	**3006**	**1406**	**15290**	**2536**	**1038**	**1060**	**286**	**151**
长春市	1376	1483	639	13622	2300	591	450	201	78
吉林市	714	384	286	859	89	129	234	42	12
四平市	272	341	65	128	12	59	44	10	20
辽源市	156	153	102	161	7	36	20	3	5
通化市	192	111	63	62	28	28	44	10	12
白山市	101	40	34	47	6	14	20	3	2
松原市	302	84	73	101	20	35	55	4	5
白城市	161	97	43	127	28	77	19	2	5
延边朝鲜族自治州	215	260	65	149	22	55	132	10	8
长白山管委会	4	2	2	1		2			1
梅河口市	112	51	34	33	24	12	42	1	3
女	**758**	**756**	**582**	**4382**	**556**	**428**	**617**	**110**	**76**
长春市	337	402	291	3947	517	257	258	80	41
吉林市	165	92	112	224	15	51	152	12	6
四平市	53	68	22	21	2	17	18	5	12
辽源市	25	27	18	34		16	11	1	4
通化市	25	18	20	15	7	10	22	3	1
白山市	17	5	9	13		7	5	1	1
松原市	46	14	28	35	6	14	32	2	1
白城市	24	18	30	37	4	30	19		4
延边朝鲜族自治州	29	96	33	43	1	21	65	3	5
长白山管委会	1	1	1						
梅河口市	36	15	18	13	4	5	35	3	1

4-4 续表 5

单位：人

地区 性别	制造业		电力、热力、燃气及水生产和供应业				建筑业		
	废弃资源综合利用业	金属制品、机械和设备修理业	小计	电力、热力生产和供应业	燃气生产和供应业	水的生产和供应业	小计	房屋建筑业	土木工程建筑业
全 省	**707**	**1236**	**13545**	**9897**	**1446**	**2202**	**56781**	**27665**	**6828**
长春市	392	371	4368	3023	607	738	23187	10662	3217
吉林市	54	351	2320	1722	223	375	8239	3593	999
四平市	68	55	843	635	78	130	2821	1430	331
辽源市	13	24	578	433	39	106	1757	945	178
通化市	50	80	977	699	117	161	3815	2237	300
白山市	1	25	865	670	43	152	2254	1004	333
松原市	29	87	1215	896	145	174	4355	2390	444
白城市	61	132	906	729	74	103	3392	1897	412
延边朝鲜族自治州	16	86	1133	847	82	204	5006	2514	442
长白山管委会	1		72	53	5	14	247	119	43
梅河口市	22	25	268	190	33	45	1708	874	129
男	**514**	**1088**	**10498**	**7878**	**1081**	**1539**	**49099**	**24437**	**5753**
长春市	282	320	3377	2373	468	536	19778	9452	2610
吉林市	37	286	1824	1374	166	284	7172	3198	861
四平市	54	52	655	522	56	77	2457	1233	283
辽源市	10	23	464	352	31	81	1602	865	156
通化市	35	78	696	524	74	98	3315	1947	269
白山市	1	24	635	510	32	93	1975	887	289
松原市	21	76	937	713	113	111	3856	2145	403
白城市	46	124	723	602	50	71	2871	1616	334
延边朝鲜族自治州	11	82	902	697	62	143	4306	2174	391
长白山管委会	1		66	51	5	10	218	107	41
梅河口市	16	23	219	160	24	35	1549	813	116
女	**193**	**148**	**3047**	**2019**	**365**	**663**	**7682**	**3228**	**1075**
长春市	110	51	991	650	139	202	3409	1210	607
吉林市	17	65	496	348	57	91	1067	395	138
四平市	14	3	188	113	22	53	364	197	48
辽源市	3	1	114	81	8	25	155	80	22
通化市	15	2	281	175	43	63	500	290	31
白山市		1	230	160	11	59	279	117	44
松原市	8	11	278	183	32	63	499	245	41
白城市	15	8	183	127	24	32	521	281	78
延边朝鲜族自治州	5	4	231	150	20	61	700	340	51
长白山管委会			6	2		4	29	12	2
梅河口市	6	2	49	30	9	10	159	61	13

4-4 续表 6

单位：人

地区 性别	建筑业		批发和零售业			交通运输、仓储和邮政业			
	建筑安装业	建筑装饰、装修和其他建筑业	小计	批发业	零售业	小计	铁路运输业	道路运输业	水上运输业
全省	**3410**	**18878**	**115873**	**23632**	**92241**	**52925**	**5431**	**34489**	**114**
长春市	1336	7972	50608	11648	38960	20666	1285	14442	29
吉林市	786	2861	17073	3144	13929	7586	1217	4713	31
四平市	185	875	6236	1154	5082	3786	558	2400	1
辽源市	70	564	3467	592	2875	1673	89	1185	7
通化市	135	1143	6301	1056	5245	3128	475	1898	11
白山市	100	817	4370	747	3623	2345	170	1585	4
松原市	252	1269	8369	1767	6602	4642	156	3040	8
白城市	156	927	6212	1440	4772	3181	615	1709	8
延边朝鲜族自治州	271	1779	9445	1514	7931	4073	473	2522	5
长白山管委会	6	79	257	21	236	146	10	105	1
梅河口市	113	592	3535	549	2986	1699	383	890	9
男	**3063**	**15846**	**54544**	**14587**	**39957**	**45406**	**4802**	**30445**	**94**
长春市	1176	6540	24399	6886	17513	17337	1050	12505	24
吉林市	694	2419	7747	1997	5750	6486	1078	4130	28
四平市	174	767	2835	727	2108	3348	523	2177	1
辽源市	67	514	1629	392	1237	1470	84	1064	6
通化市	124	975	2965	696	2269	2730	414	1701	8
白山市	93	706	2032	482	1550	2031	165	1409	3
松原市	236	1072	3994	1167	2827	4039	145	2734	5
白城市	140	781	2975	910	2065	2761	560	1547	6
延边朝鲜族自治州	252	1489	4345	983	3362	3575	431	2267	5
长白山管委会	5	65	127	15	112	128	9	93	1
梅河口市	102	518	1496	332	1164	1501	343	818	7
女	**347**	**3032**	**61329**	**9045**	**52284**	**7519**	**629**	**4044**	**20**
长春市	160	1432	26209	4762	21447	3329	235	1937	5
吉林市	92	442	9326	1147	8179	1100	139	583	3
四平市	11	108	3401	427	2974	438	35	223	
辽源市	3	50	1838	200	1638	203	5	121	1
通化市	11	168	3336	360	2976	398	61	197	3
白山市	7	111	2338	265	2073	314	5	176	1
松原市	16	197	4375	600	3775	603	11	306	3
白城市	16	146	3237	530	2707	420	55	162	2
延边朝鲜族自治州	19	290	5100	531	4569	498	42	255	
长白山管委会	1	14	130	6	124	18	1	12	
梅河口市	11	74	2039	217	1822	198	40	72	2

4-4 续表 7 单位：人

地区 性别	交通运输、仓储和邮政业					住宿和餐饮业		
	航空运输业	管道运输业	多式联运和运输代理业	装卸搬运和仓储业	邮政业	小计	住宿业	餐饮业
全 省	**812**	**28**	**416**	**5212**	**6423**	**45449**	**4280**	**41169**
长春市	529	12	255	1374	2740	16403	1722	14681
吉林市	60	5	23	729	808	6800	577	6223
四平市	9	1	13	381	423	2443	148	2295
辽源市	7		3	189	193	1509	98	1411
通化市	22	1	5	296	420	3031	211	2820
白山市	24			263	299	1969	327	1642
松原市	26	6	28	925	453	2970	271	2699
白城市	44	2	22	459	322	2325	213	2112
延边朝鲜族自治州	77		50	406	540	6008	402	5606
长白山管委会	4		1	11	14	318	164	154
梅河口市	10	1	16	179	211	1673	147	1526
男	**502**	**24**	**319**	**4443**	**4777**	**22127**	**1706**	**20421**
长春市	336	8	187	1184	2043	8370	693	7677
吉林市	30	5	16	620	579	3348	221	3127
四平市	4	1	11	314	317	1223	65	1158
辽源市	4		2	164	146	765	41	724
通化市	16	1	5	250	335	1462	77	1385
白山市	15			228	211	866	141	725
松原市	13	6	24	778	334	1399	104	1295
白城市	25	2	20	374	227	1052	78	974
延边朝鲜族自治州	51		40	374	407	2719	157	2562
长白山管委会	3		1	9	12	142	80	62
梅河口市	5	1	13	148	166	781	49	732
女	**310**	**4**	**97**	**769**	**1646**	**23322**	**2574**	**20748**
长春市	193	4	68	190	697	8033	1029	7004
吉林市	30		7	109	229	3452	356	3096
四平市	5		2	67	106	1220	83	1137
辽源市	3		1	25	47	744	57	687
通化市	6			46	85	1569	134	1435
白山市	9			35	88	1103	186	917
松原市	13		4	147	119	1571	167	1404
白城市	19		2	85	95	1273	135	1138
延边朝鲜族自治州	26		10	32	133	3289	245	3044
长白山管委会	1			2	2	176	84	92
梅河口市	5		3	31	45	892	98	794

4-4 续表 8 单位：人

地 区 性 别	信息传输、软件和信息技术服务业				金融业				
	小计	电信、广播电视和卫星传输服务	互联网和相关服务	软件和信息技术服务业	小计	货币金融服务	资本市场服务	保险业	其他金融业
全 省	**12850**	**5435**	**3418**	**3997**	**19064**	**11149**	**816**	**6331**	**768**
长春市	6851	2132	1789	2930	8381	4585	546	2748	502
吉林市	1522	710	383	429	2732	1659	96	903	74
四平市	567	337	153	77	1016	574	14	371	57
辽源市	391	240	108	43	751	501	13	231	6
通化市	544	358	110	76	1106	707	39	338	22
白山市	534	356	142	36	869	607	14	231	17
松原市	759	412	242	105	1422	793	27	571	31
白城市	458	260	134	64	882	543	11	305	23
延边朝鲜族自治州	977	502	278	197	1513	952	46	489	26
长白山管委会	19	9	9	1	50	29	2	17	2
梅河口市	228	119	70	39	342	199	8	127	8
男	**8038**	**3257**	**2096**	**2685**	**8764**	**5584**	**464**	**2309**	**407**
长春市	4284	1249	1071	1964	3889	2253	311	1062	263
吉林市	957	426	243	288	1234	840	50	306	38
四平市	339	188	100	51	451	291	6	126	28
辽源市	248	154	62	32	375	268	9	94	4
通化市	321	203	71	47	534	364	26	129	15
白山市	371	232	112	27	376	296	8	63	9
松原市	458	246	143	69	620	405	14	186	15
白城市	299	169	78	52	430	296	5	118	11
延边朝鲜族自治州	617	312	174	131	671	459	30	166	16
长白山管委会	11	6	4	1	18	10	1	6	1
梅河口市	133	72	38	23	166	102	4	53	7
女	**4812**	**2178**	**1322**	**1312**	**10300**	**5565**	**352**	**4022**	**361**
长春市	2567	883	718	966	4492	2332	235	1686	239
吉林市	565	284	140	141	1498	819	46	597	36
四平市	228	149	53	26	565	283	8	245	29
辽源市	143	86	46	11	376	233	4	137	2
通化市	223	155	39	29	572	343	13	209	7
白山市	163	124	30	9	493	311	6	168	8
松原市	301	166	99	36	802	388	13	385	16
白城市	159	91	56	12	452	247	6	187	12
延边朝鲜族自治州	360	190	104	66	842	493	16	323	10
长白山管委会	8	3	5		32	19	1	11	1
梅河口市	95	47	32	16	176	97	4	74	1

4-4 续表 9 单位：人

地 区 性 别	房地产业		租赁和商务服务业			科学研究和技术服务业			
	小计	房地产业	小计	租赁业	商 务 服务业	小计	研究和 试验发展	专业技术 服务业	科技推广 和应用 服务业
全 省	**16074**	**16074**	**14619**	**1509**	**13110**	**10949**	**2111**	**7280**	**1558**
长春市	8544	8544	6979	770	6209	6813	1719	4149	945
吉林市	2333	2333	2087	231	1856	1315	146	1023	146
四平市	698	698	600	44	556	443	34	320	89
辽源市	336	336	406	38	368	157	21	94	42
通化市	635	635	671	61	610	318	38	218	62
白山市	450	450	610	81	529	239	12	195	32
松原市	1174	1174	918	102	816	700	62	560	78
白城市	484	484	652	60	592	304	30	193	81
延边朝鲜族自治州	996	996	1324	100	1224	508	33	407	68
长白山管委会	52	52	87	7	80	38	6	31	1
梅河口市	372	372	285	15	270	114	10	90	14
男	**9626**	**9626**	**8999**	**1333**	**7666**	**7190**	**1293**	**4923**	**974**
长春市	5064	5064	4111	670	3441	4383	1056	2745	582
吉林市	1487	1487	1302	198	1104	860	94	670	96
四平市	406	406	382	42	340	308	19	232	57
辽源市	202	202	279	35	244	114	14	71	29
通化市	383	383	443	55	388	227	23	153	51
白山市	290	290	380	78	302	168	8	140	20
松原市	614	614	620	96	524	463	33	388	42
白城市	274	274	383	51	332	199	19	135	45
延边朝鲜族自治州	637	637	858	88	770	358	16	301	41
长白山管委会	32	32	56	7	49	29	5	23	1
梅河口市	237	237	185	13	172	81	6	65	10
女	**6448**	**6448**	**5620**	**176**	**5444**	**3759**	**818**	**2357**	**584**
长春市	3480	3480	2868	100	2768	2430	663	1404	363
吉林市	846	846	785	33	752	455	52	353	50
四平市	292	292	218	2	216	135	15	88	32
辽源市	134	134	127	3	124	43	7	23	13
通化市	252	252	228	6	222	91	15	65	11
白山市	160	160	230	3	227	71	4	55	12
松原市	560	560	298	6	292	237	29	172	36
白城市	210	210	269	9	260	105	11	58	36
延边朝鲜族自治州	359	359	466	12	454	150	17	106	27
长白山管委会	20	20	31		31	9	1	8	
梅河口市	135	135	100	2	98	33	4	25	4

4-4　续表 10　　　　单位：人

地区 性别	水利、环境和公共设施管理业					居民服务、修理和其他服务业			
	小计	水利管理业	生态保护和环境治理业	公共设施管理业	土地管理业	小计	居民服务业	机动车、电子产品和日用产品修理业	其他服务业
全　省	**8168**	**591**	**402**	**7090**	**85**	**33158**	**21087**	**8669**	**3402**
长春市	3205	268	164	2730	43	12684	7874	3273	1537
吉林市	1232	71	50	1095	16	4899	3261	1275	363
四平市	531	71	28	426	6	2255	1382	568	305
辽源市	251	25	9	216	1	1191	805	290	96
通化市	498	29	19	449	1	1899	1272	463	164
白山市	448	15	25	406	2	1238	823	320	95
松原市	432	25	27	376	4	2830	1679	857	294
白城市	531	52	29	443	7	2275	1302	674	299
延边朝鲜族自治州	746	23	30	688	5	2678	1838	684	156
长白山管委会	140		5	135		78	49	21	8
梅河口市	154	12	16	126		1131	802	244	85
男	**5565**	**425**	**307**	**4785**	**48**	**16261**	**7466**	**7191**	**1604**
长春市	2182	187	120	1850	25	6361	2943	2704	714
吉林市	843	52	38	745	8	2255	1047	1048	160
四平市	358	48	25	283	2	1176	539	483	154
辽源市	179	15	8	156		593	306	242	45
通化市	337	23	15	298	1	916	437	396	83
白山市	299	12	21	264	2	587	271	278	38
松原市	306	18	22	263	3	1408	576	695	137
白城市	369	41	23	301	4	1210	482	554	174
延边朝鲜族自治州	503	22	19	459	3	1221	578	581	62
长白山管委会	95		5	90		39	18	18	3
梅河口市	94	7	11	76		495	269	192	34
女	**2603**	**166**	**95**	**2305**	**37**	**16897**	**13621**	**1478**	**1798**
长春市	1023	81	44	880	18	6323	4931	569	823
吉林市	389	19	12	350	8	2644	2214	227	203
四平市	173	23	3	143	4	1079	843	85	151
辽源市	72	10	1	60	1	598	499	48	51
通化市	161	6	4	151		983	835	67	81
白山市	149	3	4	142		651	552	42	57
松原市	126	7	5	113	1	1422	1103	162	157
白城市	162	11	6	142	3	1065	820	120	125
延边朝鲜族自治州	243	1	11	229	2	1457	1260	103	94
长白山管委会	45			45		39	31	3	5
梅河口市	60	5	5	50		636	533	52	51

4-4 续表 11 单位：人

地区 性别	教育		卫生和社会工作			文化、体育和娱乐业				
	小计	教育	小计	卫生	社会工作	小计	新闻和出版业	广播、电视、电影和录音制作业	文化艺术业	体育
全　省	**50453**	**50453**	**28699**	**27341**	**1358**	**7499**	**818**	**1472**	**1600**	**1106**
长春市	22434	22434	11511	10954	557	3631	533	784	740	497
吉林市	7263	7263	4525	4295	230	1038	67	186	193	204
四平市	3136	3136	1960	1912	48	359	31	61	101	48
辽源市	1671	1671	1154	1103	51	196	24	38	36	27
通化市	2472	2472	1533	1479	54	363	20	78	73	70
白山市	2050	2050	1291	1219	72	268	8	55	70	54
松原市	3825	3825	2237	2154	83	413	32	75	105	59
白城市	2852	2852	1592	1532	60	296	19	52	90	30
延边朝鲜族自治州	3648	3648	2201	2025	176	765	78	122	154	87
长白山管委会	120	120	73	68	5	30	1	4	5	9
梅河口市	982	982	622	600	22	140	5	17	33	21
男	**16735**	**16735**	**9388**	**8876**	**512**	**4040**	**400**	**815**	**742**	**645**
长春市	7686	7686	3720	3509	211	1936	252	407	360	278
吉林市	2299	2299	1410	1328	82	569	41	110	80	124
四平市	1058	1058	664	644	20	211	16	38	57	30
辽源市	561	561	366	343	23	116	11	22	22	20
通化市	790	790	469	453	16	196	6	43	32	41
白山市	633	633	410	381	29	145	4	30	30	35
松原市	1283	1283	803	770	33	216	16	46	49	28
白城市	990	990	602	580	22	146	9	36	36	17
延边朝鲜族自治州	1114	1114	717	651	66	413	41	70	57	53
长白山管委会	32	32	25	23	2	18	1	3	2	6
梅河口市	289	289	202	194	8	74	3	10	17	13
女	**33718**	**33718**	**19311**	**18465**	**846**	**3459**	**418**	**657**	**858**	**461**
长春市	14748	14748	7791	7445	346	1695	281	377	380	219
吉林市	4964	4964	3115	2967	148	469	26	76	113	80
四平市	2078	2078	1296	1268	28	148	15	23	44	18
辽源市	1110	1110	788	760	28	80	13	16	14	7
通化市	1682	1682	1064	1026	38	167	14	35	41	29
白山市	1417	1417	881	838	43	123	4	25	40	19
松原市	2542	2542	1434	1384	50	197	16	29	56	31
白城市	1862	1862	990	952	38	150	10	16	54	13
延边朝鲜族自治州	2534	2534	1484	1374	110	352	37	52	97	34
长白山管委会	88	88	48	45	3	12		1	3	3
梅河口市	693	693	420	406	14	66	2	7	16	8

4-4 续表 12 单位：人

地区 性别	娱乐业	公共管理、社会保障和社会组织							国际组织	
		小计	中国共产党机关	国家机构	人民政协、民主党派	社会保障	群众团体、社会团体和其他成员组织	基层群众自治组织	小计	国际组织
全　省	**2503**	**52307**	**1762**	**43524**	**208**	**437**	**1084**	**5292**	**4**	**4**
长春市	1077	15076	515	12412	56	147	372	1574	1	1
吉林市	388	6672	161	5533	29	23	166	760		
四平市	118	3820	92	3278	7	36	62	345	2	2
辽源市	71	2263	103	1835	12	51	45	217		
通化市	122	4197	200	3530	17	24	77	349		
白山市	81	4094	176	3444	26	11	64	373		
松原市	142	4852	113	4168	18	14	70	469		
白城市	105	3913	109	3224	16	36	98	430		
延边朝鲜族自治州	324	5822	270	4692	26	75	121	638	1	1
长白山管委会	11	437	1	410			2	24		
梅河口市	64	1161	22	998	1	20	7	113		
男	**1438**	**32938**	**1208**	**28673**	**137**	**201**	**462**	**2257**	**2**	**2**
长春市	639	9428	376	8184	38	70	162	598	1	1
吉林市	214	4008	91	3586	17	9	64	241		
四平市	70	2538	64	2215	4	20	23	212	1	1
辽源市	41	1369	65	1164	9	20	16	95		
通化市	74	2578	133	2260	13	10	27	135		
白山市	46	2457	128	2140	17	7	27	138		
松原市	77	3275	82	2852	8	9	29	295		
白城市	48	2553	76	2158	10	19	47	243		
延边朝鲜族自治州	192	3706	177	3168	20	32	62	247		
长白山管委会	6	301	1	298				2		
梅河口市	31	725	15	648	1	5	5	51		
女	**1065**	**19369**	**554**	**14851**	**71**	**236**	**622**	**3035**	**2**	**2**
长春市	438	5648	139	4228	18	77	210	976		
吉林市	174	2664	70	1947	12	14	102	519		
四平市	48	1282	28	1063	3	16	39	133	1	1
辽源市	30	894	38	671	3	31	29	122		
通化市	48	1619	67	1270	4	14	50	214		
白山市	35	1637	48	1304	9	4	37	235		
松原市	65	1577	31	1316	10	5	41	174		
白城市	57	1360	33	1066	6	17	51	187		
延边朝鲜族自治州	132	2116	93	1524	6	43	59	391	1	1
长白山管委会	5	136		112			2	22		
梅河口市	33	436	7	350		15	2	62		

4-4a 各地区分性别、行业大类的就业人口(城市)

单位：人

地区 性别	合计	农、林、牧、渔业						采矿业	
		小计	农业	林业	畜牧业	渔业	农、林、牧、渔专业及辅助性活动	小计	煤炭开采和洗选业
全　省	**389549**	**18447**	**15627**	**1407**	**928**	**102**	**383**	**6100**	**1682**
长春市	162785	6485	5896	162	268	35	124	536	295
吉林市	66752	4422	3785	405	178	18	36	535	199
四平市	19884	641	492	41	71	2	35	48	4
辽源市	13760	386	307	19	31	2	27	329	302
通化市	18282	408	340	38	22	5	3	47	11
白山市	15731	629	257	301	60	4	7	837	433
松原市	22902	1656	1527	26	61	14	28	3137	8
白城市	16355	1441	1244	45	93	8	51	76	4
延边朝鲜族自治州	40738	1731	1190	361	119	8	53	481	364
长白山管委会									
梅河口市	12360	648	589	9	25	6	19	74	62
男	**227268**	**11426**	**9344**	**1046**	**683**	**87**	**266**	**4978**	**1526**
长春市	94835	3932	3528	106	189	27	82	448	262
吉林市	38902	2620	2167	284	126	18	25	458	178
四平市	11585	417	305	27	55	2	28	38	4
辽源市	8035	237	178	17	23	2	17	309	288
通化市	10615	266	218	26	15	4	3	42	9
白山市	9245	454	164	236	46	4	4	744	379
松原市	13721	1010	917	21	43	12	17	2369	8
白城市	9691	908	747	37	78	7	39	68	2
延边朝鲜族自治州	23670	1220	800	285	92	5	38	440	344
长白山管委会									
梅河口市	6969	362	320	7	16	6	13	62	52
女	**162281**	**7021**	**6283**	**361**	**245**	**15**	**117**	**1122**	**156**
长春市	67950	2553	2368	56	79	8	42	88	33
吉林市	27850	1802	1618	121	52		11	77	21
四平市	8299	224	187	14	16		7	10	
辽源市	5725	149	129	2	8		10	20	14
通化市	7667	142	122	12	7	1		5	2
白山市	6486	175	93	65	14		3	93	54
松原市	9181	646	610	5	18	2	11	768	
白城市	6664	533	497	8	15	1	12	8	2
延边朝鲜族自治州	17068	511	390	76	27	3	15	41	20
长白山管委会									
梅河口市	5391	286	269	2	9		6	12	10

4-4a　续表 1　　　　单位：人

地　区 性　别	采矿业						制造业		
	石油和天然气开采业	黑色金属矿采选业	有色金属矿采选业	非金属矿采选业	开采专业及辅助性活　动	其　他采矿业	小计	农副食品加工业	食　品制造业
全　省	**2256**	**400**	**392**	**179**	**1172**	**19**	**43767**	**2568**	**1903**
长春市	129	4	6	41	53	8	19911	1151	712
吉林市	18	27	231	48	10	2	8350	359	247
四平市	4	1	30	9			2070	156	99
辽源市	4		1	10	11	1	2658	60	65
通化市	1	14	5	10	3	3	2565	40	74
白山市		342	43	19			1162	82	83
松原市	2037	1		6	1085		996	118	62
白城市	57	2		6	5	2	1273	123	229
延边朝鲜族自治州	3	8	76	27	1	2	3490	275	220
长白山管委会									
梅河口市	3	1		3	4	1	1292	204	112
男	**1668**	**356**	**322**	**159**	**931**	**16**	**30837**	**1644**	**948**
长春市	97	3	3	35	42	6	14524	778	312
吉林市	17	24	183	46	8	2	6193	205	137
四平市	2		26	6			1436	111	48
辽源市	3			9	8	1	1574	43	38
通化市		13	5	10	2	3	1703	24	44
白山市		307	40	18			765	40	39
松原市	1492	1		6	862		714	84	30
白城市	52	2		6	5	1	856	87	134
延边朝鲜族自治州	2	5	65	21	1	2	2276	167	110
长白山管委会									
梅河口市	3	1		2	3	1	796	105	56
女	**588**	**44**	**70**	**20**	**241**	**3**	**12930**	**924**	**955**
长春市	32	1	3	6	11	2	5387	373	400
吉林市	1	3	48	2	2		2157	154	110
四平市	2	1	4	3			634	45	51
辽源市	1		1	1	3		1084	17	27
通化市	1	1			1		862	16	30
白山市		35	3	1			397	42	44
松原市	545				223		282	34	32
白城市	5					1	417	36	95
延边朝鲜族自治州	1	3	11	6			1214	108	110
长白山管委会									
梅河口市				1	1		496	99	56

4-4a 续表 2 单位：人

地区 性别	制造业								
	酒、饮料和精制茶制造业	烟草制品业	纺织业	纺织服装、服饰业	皮革、毛皮、羽毛及其制品和制鞋业	木材加工和木、竹、藤、棕、草制品业	家具制造业	造纸和纸制品业	印刷和记录媒介复制业
全省	**1135**	**336**	**332**	**2103**	**90**	**1159**	**690**	**469**	**722**
长春市	271	76	75	248	22	299	377	133	418
吉林市	170	1	43	90	16	169	105	99	77
四平市	157	38	72	27	2	31	13	40	32
辽源市	86	1	30	1322	7	16	5	15	30
通化市	68	8	5	21	3	33	17	18	37
白山市	64	1	2	40	9	166	22	67	12
松原市	14		5	28	3	62	33	8	17
白城市	41		70	38	15	27	19	11	20
延边朝鲜族自治州	70	211	20	259	6	343	69	59	44
长白山管委会									
梅河口市	194		10	30	7	13	30	19	35
男	**786**	**234**	**145**	**752**	**48**	**814**	**483**	**297**	**423**
长春市	177	55	34	72	9	208	259	69	243
吉林市	116	1	19	15	10	129	69	67	46
四平市	108	27	28	5	1	21	10	17	13
辽源市	64	1	21	535	6	12	5	10	19
通化市	43	5	2	4	2	23	12	11	25
白山市	37		1	12	4	114	15	53	7
松原市	12		2	10	1	49	22	8	8
白城市	21		26	11	8	24	10	7	11
延边朝鲜族自治州	49	145	8	81	3	225	54	45	29
长白山管委会									
梅河口市	159		4	7	4	9	27	10	22
女	**349**	**102**	**187**	**1351**	**42**	**345**	**207**	**172**	**299**
长春市	94	21	41	176	13	91	118	64	175
吉林市	54		24	75	6	40	36	32	31
四平市	49	11	44	22	1	10	3	23	19
辽源市	22		9	787	1	4		5	11
通化市	25	3	3	17	1	10	5	7	12
白山市	27	1	1	28	5	52	7	14	5
松原市	2		3	18	2	13	11		9
白城市	20		44	27	7	3	9	4	9
延边朝鲜族自治州	21	66	12	178	3	118	15	14	15
长白山管委会									
梅河口市	35		6	23	3	4	3	9	13

4–4a　续表 3

单位：人

地　区 性　别	制造业								
	文教、工美、体育和娱乐用品制造业	石油、煤炭及其他燃料加工业	化学原料和化学制品制造业	医　药制造业	化学纤维制造业	橡胶和塑　料制品业	非金属矿　物制品业	黑色金属冶炼和压延加工业	有色金属冶炼和压延加工业
全　省	**262**	**622**	**2564**	**3599**	**539**	**848**	**2204**	**1375**	**347**
长春市	101	49	324	943	20	403	694	60	36
吉林市	64	370	1788	335	511	155	654	528	55
四平市	12	5	130	166	1	58	180	76	9
辽源市	5	14	53	136	2	39	55	12	184
通化市	9	52	79	941	1	21	157	621	4
白山市	6	54	10	141		50	120	30	5
松原市	5	63	95	16	4	34	76	10	2
白城市	3	4	26	61		15	89	17	2
延边朝鲜族自治州	42	7	40	567		59	142	7	47
长白山管委会									
梅河口市	15	4	19	293		14	37	14	3
男	**126**	**509**	**1908**	**1806**	**388**	**587**	**1742**	**1178**	**294**
长春市	43	33	212	456	13	277	532	47	29
吉林市	30	301	1383	169	371	108	545	474	40
四平市	8	4	84	72	1	37	140	62	9
辽源市	4	12	42	82	1	26	41	11	168
通化市	7	48	53	447		12	117	519	4
白山市	4	47	7	59		41	99	22	3
松原市	4	50	69	10	2	22	54	10	1
白城市	1	4	19	31		10	67	16	2
延边朝鲜族自治州	23	6	23	337		44	121	4	36
长白山管委会									
梅河口市	2	4	16	143		10	26	13	2
女	**136**	**113**	**656**	**1793**	**151**	**261**	**462**	**197**	**53**
长春市	58	16	112	487	7	126	162	13	7
吉林市	34	69	405	166	140	47	109	54	15
四平市	4	1	46	94		21	40	14	
辽源市	1	2	11	54	1	13	14	1	16
通化市	2	4	26	494	1	9	40	102	
白山市	2	7	3	82		9	21	8	2
松原市	1	13	26	6	2	12	22		1
白城市	2		7	30		5	22	1	
延边朝鲜族自治州	19	1	17	230		15	21	3	11
长白山管委会									
梅河口市	13		3	150		4	11	1	1

4-4a 续表 4

单位：人

地 区 性 别	制造业								
	金 属 制品业	通用设备 制造业	专用设备 制造业	汽 车 制造业	铁路、船舶、 航空航天和 其他运输 设备制造业	电气机械 和器材 制造业	计算机、 通信和其 他电子设 备制造业	仪器仪表 制造业	其 他 制造业
全 省	**2292**	**2292**	**1167**	**8487**	**2494**	**854**	**885**	**205**	**130**
长春市	860	983	458	7301	2333	498	370	131	53
吉林市	607	316	272	656	88	124	232	38	15
四平市	160	328	60	66	9	37	27	8	24
辽源市	75	111	90	150	4	43	18	4	7
通化市	98	76	51	11	4	14	9	4	8
白山市	50	25	34	37	3	15	9	4	2
松原市	116	58	48	31	8	16	19	1	3
白城市	77	62	39	90	12	38	19	1	6
延边朝鲜族自治州	162	301	82	123	19	60	165	12	11
长白山管委会									
梅河口市	87	32	33	22	14	9	17	2	1
男	**1863**	**1854**	**854**	**6740**	**2073**	**616**	**575**	**152**	**88**
长春市	682	787	329	5790	1933	359	250	95	36
吉林市	480	263	200	531	74	92	141	30	10
四平市	136	270	48	59	8	29	17	6	16
辽源市	65	101	79	121	4	28	12	3	4
通化市	88	68	40	8	2	12	5	3	7
白山市	42	22	28	26	3	10	7	3	2
松原市	97	47	31	22	8	12	11	1	2
白城市	66	50	22	73	11	23	9	1	3
延边朝鲜族自治州	143	222	56	94	19	43	111	9	7
长白山管委会									
梅河口市	64	24	21	16	11	8	12	1	1
女	**429**	**438**	**313**	**1747**	**421**	**238**	**310**	**53**	**42**
长春市	178	196	129	1511	400	139	120	36	17
吉林市	127	53	72	125	14	32	91	8	5
四平市	24	58	12	7	1	8	10	2	8
辽源市	10	10	11	29		15	6	1	3
通化市	10	8	11	3	2	2	4	1	1
白山市	8	3	6	11		5	2	1	
松原市	19	11	17	9		4	8		1
白城市	11	12	17	17	1	15	10		3
延边朝鲜族自治州	19	79	26	29		17	54	3	4
长白山管委会									
梅河口市	23	8	12	6	3	1	5	1	

4–4a 续表 5

单位：人

地区 性别	制造业		电力、热力、燃气及水生产和供应业				建筑业		
	废弃资源综合利用业	金属制品、机械和设备修理业	小计	电力、热力生产和供应业	燃气生产和供应业	水的生产和供应业	小计	房屋建筑业	土木工程建筑业
全省	**394**	**700**	**8507**	**6168**	**925**	**1414**	**28852**	**11727**	**3562**
长春市	247	265	2636	1784	378	474	12267	4818	1693
吉林市	34	132	1644	1224	153	267	4935	1771	597
四平市	20	27	605	457	53	95	1301	544	208
辽源市	11	8	427	322	29	76	784	347	67
通化市	42	39	645	438	89	118	1235	532	137
白山市	1	18	505	406	28	71	1048	479	137
松原市	3	38	604	442	72	90	1592	726	174
白城市	21	98	425	340	38	47	1373	638	236
延边朝鲜族自治州	11	57	793	594	60	139	3376	1478	230
长白山管委会									
梅河口市	4	18	223	161	25	37	941	394	83
男	**282**	**628**	**6448**	**4796**	**679**	**973**	**24696**	**10289**	**2967**
长春市	178	227	2004	1369	291	344	10379	4246	1381
吉林市	22	115	1302	981	117	204	4226	1538	510
四平市	15	26	451	363	37	51	1118	457	170
辽源市	8	8	333	253	22	58	707	318	56
通化市	30	38	441	321	53	67	1060	455	118
白山市	1	17	365	304	20	41	894	412	115
松原市	2	33	424	316	54	54	1401	657	149
白城市	16	93	326	271	24	31	1190	569	194
延边朝鲜族自治州	7	55	622	484	43	95	2882	1277	199
长白山管委会									
梅河口市	3	16	180	134	18	28	839	360	75
女	**112**	**72**	**2059**	**1372**	**246**	**441**	**4156**	**1438**	**595**
长春市	69	38	632	415	87	130	1888	572	312
吉林市	12	17	342	243	36	63	709	233	87
四平市	5	1	154	94	16	44	183	87	38
辽源市	3		94	69	7	18	77	29	11
通化市	12	1	204	117	36	51	175	77	19
白山市		1	140	102	8	30	154	67	22
松原市	1	5	180	126	18	36	191	69	25
白城市	5	5	99	69	14	16	183	69	42
延边朝鲜族自治州	4	2	171	110	17	44	494	201	31
长白山管委会									
梅河口市	1	2	43	27	7	9	102	34	8

4-4a 续表 6

单位：人

地区 性别	建筑业		批发和零售业			交通运输、仓储和邮政业			
	建筑安装业	建筑装饰、装修和其他建筑业	小计	批发业	零售业	小计	铁路运输业	道路运输业	水上运输业
全　省	**2120**	**11443**	**71061**	**14036**	**57025**	**31379**	**4585**	**19676**	**63**
长春市	758	4998	32586	7569	25017	12588	1089	8576	12
吉林市	598	1969	11837	2075	9762	5185	1049	3114	18
四平市	106	443	3291	532	2759	2054	514	1097	1
辽源市	35	335	2011	317	1694	996	65	684	2
通化市	71	495	3125	536	2589	1615	394	892	7
白山市	49	383	2412	443	1969	1278	130	862	
松原市	131	561	3092	570	2522	1724	66	1253	7
白城市	86	413	2740	460	2280	1659	511	748	7
延边朝鲜族自治州	217	1451	7302	1153	6149	3037	409	1844	4
长白山管委会									
梅河口市	69	395	2665	381	2284	1243	358	606	5
男	**1893**	**9547**	**32724**	**8507**	**24217**	**26941**	**4045**	**17308**	**49**
长春市	669	4083	15408	4401	11007	10620	888	7447	9
吉林市	517	1661	5302	1325	3977	4410	930	2699	16
四平市	100	391	1448	347	1101	1813	484	977	1
辽源市	33	300	949	214	735	862	60	604	2
通化市	66	421	1432	346	1086	1393	343	790	4
白山市	46	321	1106	276	830	1115	125	770	
松原市	123	472	1369	356	1013	1507	61	1119	4
白城市	76	351	1232	276	956	1451	464	690	5
延边朝鲜族自治州	200	1206	3394	741	2653	2671	370	1657	4
长白山管委会									
梅河口市	63	341	1084	225	859	1099	320	555	4
女	**227**	**1896**	**38337**	**5529**	**32808**	**4438**	**540**	**2368**	**14**
长春市	89	915	17178	3168	14010	1968	201	1129	3
吉林市	81	308	6535	750	5785	775	119	415	2
四平市	6	52	1843	185	1658	241	30	120	
辽源市	2	35	1062	103	959	134	5	80	
通化市	5	74	1693	190	1503	222	51	102	3
白山市	3	62	1306	167	1139	163	5	92	
松原市	8	89	1723	214	1509	217	5	134	3
白城市	10	62	1508	184	1324	208	47	58	2
延边朝鲜族自治州	17	245	3908	412	3496	366	39	187	
长白山管委会									
梅河口市	6	54	1581	156	1425	144	38	51	1

4-4a 续表 7

单位：人

地区 性别	交通运输、仓储和邮政业					住宿和餐饮业		
	航空运输业	管道运输业	多式联运和运输代理业	装卸搬运和仓储业	邮政业	小计	住宿业	餐饮业
全省	**432**	**20**	**272**	**2487**	**3844**	**25917**	**2499**	**23418**
长春市	245	12	165	804	1685	9886	1144	8742
吉林市	44	1	17	389	553	4378	393	3985
四平市	4	1	10	196	231	1227	83	1144
辽源市	3		2	111	129	807	52	755
通化市	9	1	3	110	199	1140	105	1035
白山市	5			115	166	950	92	858
松原市	13	2	9	212	162	1107	103	1004
白城市	32	2	10	195	154	1039	110	929
延边朝鲜族自治州	72		44	254	410	4327	311	4016
长白山管委会								
梅河口市	5	1	12	101	155	1056	106	950
男	**266**	**16**	**202**	**2140**	**2915**	**12806**	**988**	**11818**
长春市	163	8	116	711	1278	5034	466	4568
吉林市	21	1	10	325	408	2185	142	2043
四平市	2	1	8	162	178	629	35	594
辽源市	1		2	93	100	439	22	417
通化市	3	1	3	93	156	573	43	530
白山市	4			100	116	409	39	370
松原市	6	2	8	183	124	541	38	503
白城市	17	2	9	157	107	460	43	417
延边朝鲜族自治州	47		36	233	324	2018	122	1896
长白山管委会								
梅河口市	2	1	10	83	124	518	38	480
女	**166**	**4**	**70**	**347**	**929**	**13111**	**1511**	**11600**
长春市	82	4	49	93	407	4852	678	4174
吉林市	23		7	64	145	2193	251	1942
四平市	2		2	34	53	598	48	550
辽源市	2			18	29	368	30	338
通化市	6			17	43	567	62	505
白山市	1			15	50	541	53	488
松原市	7		1	29	38	566	65	501
白城市	15		1	38	47	579	67	512
延边朝鲜族自治州	25		8	21	86	2309	189	2120
长白山管委会								
梅河口市	3		2	18	31	538	68	470

4-4a 续表 8

单位：人

地区 性别	信息传输、软件和信息技术服务业				金融业				
	小计	电信、广播电视和卫星传输服务	互联网和相关服务	软件和信息技术服务业	小计	货币金融服务	资本市场服务	保险业	其他金融业
全　省	**8340**	**3626**	**2303**	**2411**	**12834**	**7387**	**585**	**4347**	**515**
长春市	4288	1376	1241	1671	5473	2885	375	1885	328
吉林市	1172	560	298	314	2099	1273	76	696	54
四平市	386	233	102	51	682	384	12	248	38
辽源市	274	167	79	28	556	362	11	179	4
通化市	317	225	54	38	708	428	35	231	14
白山市	343	225	88	30	587	385	13	173	16
松原市	360	221	88	51	740	440	11	273	16
白城市	224	123	73	28	458	281	4	160	13
延边朝鲜族自治州	802	398	235	169	1253	777	42	408	26
长白山管委会									
梅河口市	174	98	45	31	278	172	6	94	6
男	**5221**	**2167**	**1415**	**1639**	**5852**	**3621**	**336**	**1622**	**273**
长春市	2713	820	756	1137	2530	1417	213	727	173
吉林市	724	333	178	213	946	638	41	238	29
四平市	223	125	64	34	305	194	6	88	17
辽源市	170	102	46	22	270	186	8	74	2
通化市	186	126	36	24	336	205	24	98	9
白山市	240	152	66	22	232	172	7	44	9
松原市	212	126	51	35	319	210	6	96	7
白城市	143	76	44	23	216	146	1	63	6
延边朝鲜族自治州	503	246	146	111	564	369	27	152	16
长白山管委会									
梅河口市	107	61	28	18	134	84	3	42	5
女	**3119**	**1459**	**888**	**772**	**6982**	**3766**	**249**	**2725**	**242**
长春市	1575	556	485	534	2943	1468	162	1158	155
吉林市	448	227	120	101	1153	635	35	458	25
四平市	163	108	38	17	377	190	6	160	21
辽源市	104	65	33	6	286	176	3	105	2
通化市	131	99	18	14	372	223	11	133	5
白山市	103	73	22	8	355	213	6	129	7
松原市	148	95	37	16	421	230	5	177	9
白城市	81	47	29	5	242	135	3	97	7
延边朝鲜族自治州	299	152	89	58	689	408	15	256	10
长白山管委会									
梅河口市	67	37	17	13	144	88	3	52	1

4-4a 续表 9

单位：人

地区 性别	房地产业		租赁和商务服务业			科学研究和技术服务业			
	小计	房地产业	小计	租赁业	商务服务业	小计	研究和试验发展	专业技术服务业	科技推广和应用服务业
全省	**10285**	**10285**	**8982**	**762**	**8220**	**6861**	**1197**	**4795**	**869**
长春市	5185	5185	4159	386	3773	3999	920	2573	506
吉林市	1700	1700	1562	144	1418	993	108	781	104
四平市	436	436	306	19	287	299	19	231	49
辽源市	229	229	277	16	261	105	18	71	16
通化市	351	351	398	26	372	204	31	148	25
白山市	299	299	312	33	279	173	4	147	22
松原市	646	646	444	34	410	456	52	366	38
白城市	250	250	293	29	264	137	12	92	33
延边朝鲜族自治州	875	875	1020	64	956	401	24	315	62
长白山管委会									
梅河口市	314	314	211	11	200	94	9	71	14
男	**6189**	**6189**	**5434**	**659**	**4775**	**4517**	**728**	**3236**	**553**
长春市	3105	3105	2436	332	2104	2584	566	1698	320
吉林市	1088	1088	956	119	837	660	69	523	68
四平市	247	247	188	19	169	210	10	168	32
辽源市	138	138	183	14	169	79	13	54	12
通化市	213	213	247	22	225	137	17	98	22
白山市	186	186	176	32	144	119	2	103	14
松原市	313	313	283	30	253	300	27	252	21
白城市	139	139	181	24	157	85	7	62	16
延边朝鲜族自治州	559	559	647	57	590	275	11	226	38
长白山管委会									
梅河口市	201	201	137	10	127	68	6	52	10
女	**4096**	**4096**	**3548**	**103**	**3445**	**2344**	**469**	**1559**	**316**
长春市	2080	2080	1723	54	1669	1415	354	875	186
吉林市	612	612	606	25	581	333	39	258	36
四平市	189	189	118		118	89	9	63	17
辽源市	91	91	94	2	92	26	5	17	4
通化市	138	138	151	4	147	67	14	50	3
白山市	113	113	136	1	135	54	2	44	8
松原市	333	333	161	4	157	156	25	114	17
白城市	111	111	112	5	107	52	5	30	17
延边朝鲜族自治州	316	316	373	7	366	126	13	89	24
长白山管委会									
梅河口市	113	113	74	1	73	26	3	19	4

4-4a 续表 10

单位：人

地区 性别	水利、环境和公共设施管理业					居民服务、修理和其他服务业			
	小计	水利管理业	生态保护和环境治理业	公共设施管理业	土地管理业	小计	居民服务业	机动车、电子产品和日用产品修理业	其他服务业
全省	**4495**	**294**	**224**	**3921**	**56**	**18871**	**12643**	**4409**	**1819**
长春市	1868	152	89	1599	28	7542	4949	1720	873
吉林市	827	34	39	742	12	3219	2191	802	226
四平市	273	30	11	230	2	1159	787	238	134
辽源市	132	12	7	113		606	422	131	53
通化市	174	6	15	153		811	546	187	78
白山市	186	11	7	166	2	739	510	175	54
松原市	177	12	16	147	2	1034	656	255	123
白城市	220	19	14	182	5	948	590	249	109
延边朝鲜族自治州	533	11	18	499	5	2047	1449	487	111
长白山管委会									
梅河口市	105	7	8	90		766	543	165	58
男	**2995**	**199**	**165**	**2600**	**31**	**8911**	**4440**	**3657**	**814**
长春市	1234	105	63	1050	16	3655	1848	1420	387
吉林市	574	22	30	517	5	1450	699	658	93
四平市	167	18	9	140		578	309	201	68
辽源市	99	7	6	86		274	139	110	25
通化市	118	4	11	103		401	198	161	42
白山市	122	8	5	107	2	347	173	154	20
松原市	115	8	11	95	1	476	212	213	51
白城市	153	14	12	123	4	489	227	197	65
延边朝鲜族自治州	350	10	13	324	3	913	460	411	42
长白山管委会									
梅河口市	63	3	5	55		328	175	132	21
女	**1500**	**95**	**59**	**1321**	**25**	**9960**	**8203**	**752**	**1005**
长春市	634	47	26	549	12	3887	3101	300	486
吉林市	253	12	9	225	7	1769	1492	144	133
四平市	106	12	2	90	2	581	478	37	66
辽源市	33	5	1	27		332	283	21	28
通化市	56	2	4	50		410	348	26	36
白山市	64	3	2	59		392	337	21	34
松原市	62	4	5	52	1	558	444	42	72
白城市	67	5	2	59	1	459	363	52	44
延边朝鲜族自治州	183	1	5	175	2	1134	989	76	69
长白山管委会									
梅河口市	42	4	3	35		438	368	33	37

4-4a 续表 11

单位：人

地区 性别	教育		卫生和社会工作			文化、体育和娱乐业				
	小计	教育	小计	卫生	社会工作	小计	新闻和出版业	广播、电视、电影和录音制作业	文化艺术业	体育
全　省	**29298**	**29298**	**18351**	**17498**	**853**	**5000**	**601**	**963**	**1040**	**703**
长春市	13440	13440	7657	7267	390	2370	357	475	464	337
吉林市	4952	4952	3345	3185	160	734	58	136	144	123
四平市	1542	1542	1123	1096	27	230	26	30	58	35
辽源市	884	884	733	709	24	130	16	32	22	17
通化市	1188	1188	819	795	24	223	19	54	50	33
白山市	1055	1055	765	728	37	166	8	44	38	27
松原市	1594	1594	989	965	24	224	22	38	57	32
白城市	1168	1168	745	709	36	140	14	20	45	10
延边朝鲜族自治州	2743	2743	1706	1589	117	672	76	117	134	74
长白山管委会										
梅河口市	732	732	469	455	14	111	5	17	28	15
男	**9121**	**9121**	**5612**	**5288**	**324**	**2635**	**286**	**540**	**469**	**395**
长春市	4495	4495	2309	2173	136	1234	164	247	225	181
吉林市	1478	1478	1016	954	62	387	34	85	55	70
四平市	432	432	340	332	8	138	12	20	35	22
辽源市	270	270	224	209	15	78	7	20	14	13
通化市	346	346	233	227	6	117	6	31	24	18
白山市	287	287	241	224	17	82	4	22	12	15
松原市	466	466	285	277	8	110	9	22	23	16
白城市	352	352	277	263	14	68	8	16	17	4
延边朝鲜族自治州	804	804	547	493	54	361	39	67	50	46
长白山管委会										
梅河口市	191	191	140	136	4	60	3	10	14	10
女	**20177**	**20177**	**12739**	**12210**	**529**	**2365**	**315**	**423**	**571**	**308**
长春市	8945	8945	5348	5094	254	1136	193	228	239	156
吉林市	3474	3474	2329	2231	98	347	24	51	89	53
四平市	1110	1110	783	764	19	92	14	10	23	13
辽源市	614	614	509	500	9	52	9	12	8	4
通化市	842	842	586	568	18	106	13	23	26	15
白山市	768	768	524	504	20	84	4	22	26	12
松原市	1128	1128	704	688	16	114	13	16	34	16
白城市	816	816	468	446	22	72	6	4	28	6
延边朝鲜族自治州	1939	1939	1159	1096	63	311	37	50	84	28
长白山管委会										
梅河口市	541	541	329	319	10	51	2	7	14	5

4-4a 续表 12

单位：人

地区 性别	娱乐业	公共管理、社会保障和社会组织 小计	中国共产党机关	国家机构	人民政协、民主党派	社会保障	群众团体、社会团体和其他成员组织	基层群众自治组织	国际组织 小计	国际组织
全　省	**1693**	**32199**	**1247**	**27374**	**146**	**296**	**674**	**2462**	**3**	**3**
长春市	737	9908	404	8286	37	108	250	823	1	1
吉林市	273	4863	133	4132	23	19	102	454		
四平市	81	2210	67	1909	6	29	41	158	1	1
辽源市	43	1436	74	1180	9	35	31	107		
通化市	67	2309	115	1986	14	7	48	139		
白山市	49	2285	107	1961	16	9	41	151		
松原市	75	2330	61	2100	9	5	38	117		
白城市	51	1746	60	1518	8	12	46	102		
延边朝鲜族自治州	271	4148	206	3451	23	55	73	340	1	1
长白山管委会										
梅河口市	46	964	20	851	1	17	4	71		
男	**945**	**19924**	**855**	**17853**	**91**	**135**	**299**	**691**	**1**	**1**
长春市	417	6190	299	5488	23	51	119	210	1	1
吉林市	143	2927	74	2692	12	9	41	99		
四平市	49	1407	44	1255	3	14	14	77		
辽源市	24	840	48	723	7	13	11	38		
通化市	38	1371	75	1247	10	4	14	21		
白山市	29	1361	78	1212	9	5	20	37		
松原市	40	1507	41	1386	4	4	15	57		
白城市	23	1097	39	995	4	6	21	32		
延边朝鲜族自治州	159	2624	143	2305	18	25	41	92		
长白山管委会										
梅河口市	23	600	14	550	1	4	3	28		
女	**748**	**12275**	**392**	**9521**	**55**	**161**	**375**	**1771**	**2**	**2**
长春市	320	3718	105	2798	14	57	131	613		
吉林市	130	1936	59	1440	11	10	61	355		
四平市	32	803	23	654	3	15	27	81	1	1
辽源市	19	596	26	457	2	22	20	69		
通化市	29	938	40	739	4	3	34	118		
白山市	20	924	29	749	7	4	21	114		
松原市	35	823	20	714	5	1	23	60		
白城市	28	649	21	523	4	6	25	70		
延边朝鲜族自治州	112	1524	63	1146	5	30	32	248	1	1
长白山管委会										
梅河口市	23	364	6	301		13	1	43		

4–4b 各地区分性别、行业大类的就业人口(镇)

单位：人

地区 性别	合计	农、林、牧、渔业						采矿业	
		小计	农业	林业	畜牧业	渔业	农、林、牧、渔专业及辅助性活动	小计	煤炭开采和洗选业
全　省	**189831**	**27527**	**23809**	**2014**	**1204**	**141**	**359**	**1676**	**430**
长春市	78013	5055	4784	49	145	12	65	108	34
吉林市	16965	2802	2251	412	96	14	29	313	6
四平市	12726	2845	2655	35	126	4	25	30	3
辽源市	6318	1302	1190	19	52	2	39	20	15
通化市	13924	2548	2308	124	88	9	19	97	41
白山市	12167	2107	1326	605	104	15	57	234	202
松原市	20559	4783	4471	66	183	30	33	530	1
白城市	15011	2956	2533	57	252	45	69	118	2
延边朝鲜族自治州	9710	2135	1444	542	127	6	16	164	69
长白山管委会	2599	267	155	105	5		2	5	
梅河口市	1839	727	692		26	4	5	57	57
男	**113416**	**17205**	**14352**	**1621**	**859**	**105**	**268**	**1393**	**398**
长春市	46296	3069	2888	29	106	6	40	81	25
吉林市	10177	1809	1365	340	69	11	24	265	3
四平市	7531	1668	1523	30	94	3	18	24	3
辽源市	3704	794	707	12	42	2	31	19	14
通化市	8227	1560	1392	88	59	6	15	92	39
白山市	7411	1488	858	501	72	13	44	221	191
松原市	12470	2940	2699	52	136	27	26	411	1
白城市	8969	1859	1557	45	175	31	51	82	2
延边朝鲜族自治州	5865	1409	866	438	87	4	14	141	67
长白山管委会	1665	203	111	86	4		2	4	
梅河口市	1101	406	386		15	2	3	53	53
女	**76415**	**10322**	**9457**	**393**	**345**	**36**	**91**	**283**	**32**
长春市	31717	1986	1896	20	39	6	25	27	9
吉林市	6788	993	886	72	27	3	5	48	3
四平市	5195	1177	1132	5	32	1	7	6	
辽源市	2614	508	483	7	10		8	1	1
通化市	5697	988	916	36	29	3	4	5	2
白山市	4756	619	468	104	32	2	13	13	11
松原市	8089	1843	1772	14	47	3	7	119	
白城市	6042	1097	976	12	77	14	18	36	
延边朝鲜族自治州	3845	726	578	104	40	2	2	23	2
长白山管委会	934	64	44	19	1			1	
梅河口市	738	321	306		11	2	2	4	4

4-4b 续表 1

单位：人

地区 性别	采矿业						制造业		
	石油和天然气开采业	黑色金属矿采选业	有色金属矿采选业	非金属矿采选业	开采专业及辅助性活动	其他采矿业	小计	农副食品加工业	食品制造业
全　省	**486**	**31**	**374**	**130**	**223**	**2**	**24752**	**1363**	**1025**
长春市	26	1	2	11	33	1	15257	416	433
吉林市	3	4	247	53			2703	150	84
四平市	4			20	3		734	106	48
辽源市	1	1		2	1		665	67	51
通化市	2	9	28	15	2		1433	152	58
白山市	1	6	16	9			1142	84	82
松原市	344		1	4	180		995	171	82
白城市	105			6	4	1	731	90	93
延边朝鲜族自治州		10	80	5			729	77	74
长白山管委会				5			165	7	8
梅河口市							198	43	12
男	**363**	**28**	**308**	**116**	**179**	**1**	**17370**	**903**	**492**
长春市	20	1	1	8	25	1	10948	284	210
吉林市	3	4	206	49			1918	105	32
四平市	3			15	3		529	69	24
辽源市	1	1		2	1		417	39	20
通化市	2	9	25	15	2		882	94	23
白山市	1	6	14	9			703	49	32
松原市	262			3	145		730	131	41
白城市	71			6	3		506	64	57
延边朝鲜族自治州		7	62	5			493	41	44
长白山管委会				4			122	6	4
梅河口市							122	21	5
女	**123**	**3**	**66**	**14**	**44**	**1**	**7382**	**460**	**533**
长春市	6		1	3	8		4309	132	223
吉林市			41	4			785	45	52
四平市	1			5			205	37	24
辽源市							248	28	31
通化市			3				551	58	35
白山市			2				439	35	50
松原市	82		1	1	35		265	40	41
白城市	34				1	1	225	26	36
延边朝鲜族自治州		3	18				236	36	30
长白山管委会				1			43	1	4
梅河口市							76	22	7

4-4b 续表 2

单位：人

地区 性别	制造业								
	酒、饮料和精制茶制造业	烟草制品业	纺织业	纺织服装、服饰业	皮革、毛皮、羽毛及其制品和制鞋业	木材加工和木、竹、藤、棕、草制品业	家具制造业	造纸和纸制品业	印刷和记录媒介复制业
全 省	**703**	**95**	**126**	**481**	**31**	**791**	**356**	**192**	**259**
长春市	101	90	28	192	9	162	156	91	154
吉林市	101		9	13	4	65	19	19	31
四平市	58		12	22	3	23	16	4	9
辽源市	33		11	117	2	17	4	4	14
通化市	51		11	21	5	15	47	19	17
白山市	221		3	10	2	163	6	7	6
松原市	14		11	33	4	60	38	1	16
白城市	9	2	39	29	1	66	5	4	8
延边朝鲜族自治州	36	3	2	41		176	62	29	3
长白山管委会	65					41	3		1
梅河口市	14			3	1	3		14	
男	**505**	**68**	**55**	**127**	**13**	**546**	**240**	**131**	**131**
长春市	68	65	12	44	3	111	99	53	83
吉林市	72		4	2	3	41	14	14	15
四平市	44		3	7		14	14	1	3
辽源市	25		5	35	1	14	4	3	9
通化市	34		6	4	2	12	32	16	8
白山市	152		2	3	1	109	5	5	3
松原市	10		5	8	2	47	28	1	6
白城市	6	1	17	6	1	46	4	1	3
延边朝鲜族自治州	33	2	1	17		122	38	25	1
长白山管委会	51					28	2		
梅河口市	10			1		2		12	
女	**198**	**27**	**71**	**354**	**18**	**245**	**116**	**61**	**128**
长春市	33	25	16	148	6	51	57	38	71
吉林市	29		5	11	1	24	5	5	16
四平市	14		9	15	3	9	2	3	6
辽源市	8		6	82	1	3		1	5
通化市	17		5	17	3	3	15	3	9
白山市	69		1	7	1	54	1	2	3
松原市	4		6	25	2	13	10		10
白城市	3	1	22	23		20	1	3	5
延边朝鲜族自治州	3	1	1	24		54	24	4	2
长白山管委会	14					13	1		1
梅河口市	4			2	1	1		2	

4-4b 续表 3

单位：人

地 区 性 别	制造业								
	文教、工美、体育和娱乐用品制造业	石油、煤炭及其他燃料加工业	化学原料和化学制品制造业	医 药制造业	化学纤维制造业	橡胶和塑 料制品业	非金属矿 物制品业	黑色金属冶炼和压延加工业	有色金属冶炼和压延加工业
全 省	**134**	**228**	**748**	**1789**	**341**	**488**	**1058**	**425**	**100**
长春市	42	92	175	571	7	277	365	47	22
吉林市	42	86	290	107	331	45	292	216	64
四平市	3	1	18	22		55	77	8	
辽源市	2	2	11	35		40	26	59	4
通化市	7	6	83	575	1	11	76	60	3
白山市	8	2	10	352		11	69	2	4
松原市	4	37	133	30	1	30	60	7	2
白城市	4		11	34		12	43	4	
延边朝鲜族自治州	13	2	5	32	1	3	35	2	
长白山管委会	3		4	13			4		
梅河口市	6		8	18		4	11	20	1
男	**65**	**174**	**562**	**846**	**228**	**315**	**859**	**361**	**77**
长春市	21	75	118	260	4	181	275	39	14
吉林市	11	60	220	54	221	23	240	188	53
四平市	1	1	14	14		39	64	8	
辽源市	2	2	9	15		23	24	46	3
通化市	3	6	61	270	1	9	72	49	2
白山市	8	2	8	171		8	56	1	2
松原市	2	26	112	15	1	20	48	7	2
白城市	3		9	17		8	35	3	
延边朝鲜族自治州	8	2	4	16	1	2	31	2	
长白山管委会	3		3	8			4		
梅河口市	3		4	6		2	10	18	1
女	**69**	**54**	**186**	**943**	**113**	**173**	**199**	**64**	**23**
长春市	21	17	57	311	3	96	90	8	8
吉林市	31	26	70	53	110	22	52	28	11
四平市	2		4	8		16	13		
辽源市			2	20		17	2	13	1
通化市	4		22	305		2	4	11	1
白山市			2	181		3	13	1	2
松原市	2	11	21	15		10	12		
白城市	1		2	17		4	8	1	
延边朝鲜族自治州	5		1	16		1	4		
长白山管委会			1	5					
梅河口市	3		4	12		2	1	2	

4-4b　续表 4　　　　　　　　　　　　　　　　　　　　　　　　　　单位：人

地　区 性　别	制造业								
	金　属 制品业	通用设备 制造业	专用设备 制造业	汽　车 制造业	铁路、船舶、 航空航天和 其他运输 设备制造业	电气机械 和器材 制造业	计算机、 通信和其 他电子设 备制造业	仪器仪表 制造业	其　他 制造业
全　省	**1041**	**981**	**493**	**9646**	**347**	**397**	**452**	**137**	**60**
长春市	470	702	327	9215	297	255	267	119	47
吉林市	70	63	64	228	4	27	88	7	
四平市	87	42	8	39	4	10	14	3	2
辽源市	62	46	17	25		3	5		1
通化市	69	29	12	22	15	16	17	4	4
白山市	51	12	7	10	2	4	11		1
松原市	117	19	29	23	9	9	25	2	2
白城市	65	36	16	55	10	57	7	1	1
延边朝鲜族自治州	37	24	5	26	1	10	13		1
长白山管委会	5	3	3	1		2			1
梅河口市	8	5	5	2	5	4	5	1	
男	**870**	**760**	**319**	**7404**	**258**	**274**	**279**	**96**	**38**
长春市	374	530	201	7073	214	172	154	81	29
吉林市	59	52	42	173	4	18	54	6	
四平市	72	37	5	34	3	7	12	3	1
辽源市	57	33	13	23		3	3		
通化市	61	23	10	15	14	9	14	3	4
白山市	44	12	5	9	2	3	9		
松原市	105	18	24	18	6	6	15	2	2
白城市	58	32	9	37	9	45	7	1	
延边朝鲜族自治州	31	17	4	20	1	8	7		1
长白山管委会	4	2	2	1		2			1
梅河口市	5	4	4	1	5	1	4		
女	**171**	**221**	**174**	**2242**	**89**	**123**	**173**	**41**	**22**
长春市	96	172	126	2142	83	83	113	38	18
吉林市	11	11	22	55		9	34	1	
四平市	15	5	3	5	1	3	2		1
辽源市	5	13	4	2			2		1
通化市	8	6	2	7	1	7	3	1	
白山市	7		2	1		1	2		1
松原市	12	1	5	5	3	3	10		
白城市	7	4	7	18	1	12			1
延边朝鲜族自治州	6	7	1	6		2	6		
长白山管委会	1	1	1						
梅河口市	3	1	1	1		3	1	1	

4-4b 续表 5

单位：人

地 区 性 别	制造业		电力、热力、燃气及水生产和供应业				建筑业		
	废弃资源综合利用业	金属制品、机械和设备修理业	小计	电力、热力生产和供应业	燃气生产和供应业	水的生产和供应业	小计	房屋建筑业	土木工程建筑业
全 省	**136**	**329**	**3511**	**2580**	**335**	**596**	**12672**	**5981**	**1889**
长春市	79	49	1241	888	158	195	5158	1929	1007
吉林市	6	178	430	329	35	66	1147	595	200
四平市	24	16	134	89	15	30	710	377	56
辽源市		7	107	79	5	23	414	236	52
通化市	1	26	216	166	16	34	1150	651	85
白山市		2	314	225	12	77	782	331	110
松原市	8	18	411	306	49	56	1202	658	143
白城市	9	20	363	291	24	48	1153	662	121
延边朝鲜族自治州	3	13	216	148	15	53	614	366	69
长白山管委会	1		72	53	5	14	247	119	43
梅河口市	5		7	6	1		95	57	3
男	**97**	**277**	**2736**	**2078**	**249**	**409**	**10824**	**5223**	**1558**
长春市	55	46	957	704	117	136	4225	1639	780
吉林市	3	135	313	246	21	46	1018	547	166
四平市	20	15	114	80	12	22	629	332	53
辽源市		6	91	70	4	17	377	209	48
通化市		25	161	125	12	24	997	572	78
白山市		2	228	171	9	48	703	304	98
松原市	6	16	335	262	38	35	1071	588	135
白城市	7	20	294	244	16	34	957	552	93
延边朝鲜族自治州	2	12	170	119	14	37	541	321	63
长白山管委会	1		66	51	5	10	218	107	41
梅河口市	3		7	6	1		88	52	3
女	**39**	**52**	**775**	**502**	**86**	**187**	**1848**	**758**	**331**
长春市	24	3	284	184	41	59	933	290	227
吉林市	3	43	117	83	14	20	129	48	34
四平市	4	1	20	9	3	8	81	45	3
辽源市		1	16	9	1	6	37	27	4
通化市	1	1	55	41	4	10	153	79	7
白山市			86	54	3	29	79	27	12
松原市	2	2	76	44	11	21	131	70	8
白城市	2		69	47	8	14	196	110	28
延边朝鲜族自治州	1	1	46	29	1	16	73	45	6
长白山管委会			6	2		4	29	12	2
梅河口市	2						7	5	

4-4b 续表 6

单位：人

地 区 性 别	建筑业		批发和零售业			交通运输、仓储和邮政业			
	建筑安装业	建筑装饰、装修和其他建筑业	小计	批发业	零售业	小计	铁路运输业	道路运输业	水上运输业
全 省	**681**	**4121**	**27748**	**5818**	**21930**	**12858**	**542**	**8863**	**20**
长春市	357	1865	12559	2893	9666	5122	131	3701	7
吉林市	69	283	2297	475	1822	949	88	616	4
四平市	38	239	1893	361	1532	1059	17	799	
辽源市	8	118	865	145	720	355	16	270	1
通化市	30	384	1915	307	1608	943	62	617	2
白山市	36	305	1479	202	1277	834	38	546	3
松原市	61	340	2941	586	2355	1696	51	1074	
白城市	45	325	2176	630	1546	1045	84	654	1
延边朝鲜族自治州	23	156	1120	147	973	588	43	400	
长白山管委会	6	79	257	21	236	146	10	105	1
梅河口市	8	27	246	51	195	121	2	81	1
男	**601**	**3442**	**13234**	**3593**	**9641**	**10811**	**491**	**7714**	**19**
长春市	300	1506	6206	1712	4494	4113	107	3070	6
吉林市	62	243	1023	283	740	791	80	536	4
四平市	36	208	857	216	641	930	16	737	
辽源市	8	112	394	98	296	318	16	252	1
通化市	27	320	895	211	684	831	55	554	2
白山市	34	267	670	134	536	718	38	479	3
松原市	58	290	1430	393	1037	1471	47	984	
白城市	41	271	1053	403	650	895	78	580	1
延边朝鲜族自治州	22	135	460	95	365	511	43	356	
长白山管委会	5	65	127	15	112	128	9	93	1
梅河口市	8	25	119	33	86	105	2	73	1
女	**80**	**679**	**14514**	**2225**	**12289**	**2047**	**51**	**1149**	**1**
长春市	57	359	6353	1181	5172	1009	24	631	1
吉林市	7	40	1274	192	1082	158	8	80	
四平市	2	31	1036	145	891	129	1	62	
辽源市		6	471	47	424	37		18	
通化市	3	64	1020	96	924	112	7	63	
白山市	2	38	809	68	741	116		67	
松原市	3	50	1511	193	1318	225	4	90	
白城市	4	54	1123	227	896	150	6	74	
延边朝鲜族自治州	1	21	660	52	608	77		44	
长白山管委会	1	14	130	6	124	18	1	12	
梅河口市		2	127	18	109	16		8	

4-4b 续表 7

单位：人

地区 性别	交通运输、仓储和邮政业					住宿和餐饮业		
	航空运输业	管道运输业	多式联运和运输代理业	装卸搬运和仓储业	邮政业	小计	住宿业	餐饮业
全　省	**290**	**4**	**101**	**1403**	**1635**	**11047**	**1259**	**9788**
长春市	228		77	275	703	4019	420	3599
吉林市	8		2	120	111	990	80	910
四平市	2		1	107	133	721	45	676
辽源市	2		1	33	32	351	24	327
通化市	10			101	151	1022	78	944
白山市	18			124	105	813	216	597
松原市	5	4	5	384	173	1017	104	913
白城市	10		9	167	120	848	84	764
延边朝鲜族自治州	3		3	67	72	847	40	807
长白山管委会	4		1	11	14	316	162	154
梅河口市			2	14	21	103	6	97
男	**182**	**4**	**79**	**1143**	**1179**	**5309**	**512**	**4797**
长春市	142		59	217	512	2088	164	1924
吉林市	4		2	98	67	483	34	449
四平市	1		1	81	94	341	18	323
辽源市	1			30	18	151	7	144
通化市	10			86	124	470	27	443
白山市	10			110	78	365	96	269
松原市	2	4	3	304	127	468	41	427
白城市	7		9	134	86	384	30	354
延边朝鲜族自治州	2		2	62	46	366	14	352
长白山管委会	3		1	9	12	141	79	62
梅河口市			2	12	15	52	2	50
女	**108**		**22**	**260**	**456**	**5738**	**747**	**4991**
长春市	86		18	58	191	1931	256	1675
吉林市	4			22	44	507	46	461
四平市	1			26	39	380	27	353
辽源市	1		1	3	14	200	17	183
通化市				15	27	552	51	501
白山市	8			14	27	448	120	328
松原市	3		2	80	46	549	63	486
白城市	3			33	34	464	54	410
延边朝鲜族自治州	1		1	5	26	481	26	455
长白山管委会	1			2	2	175	83	92
梅河口市				2	6	51	4	47

4-4b　续表 8　　　　　　　　　　　　　　　　　　　　　　　　　　单位：人

地区 性别	信息传输、软件和信息技术服务业				金融业				
	小计	电信、广播电视和卫星传输服务	互联网和相关服务	软件和信息技术服务业	小计	货币金融服务	资本市场服务	保险业	其他金融业
全　省	**3413**	**1419**	**749**	**1245**	**4784**	**2986**	**185**	**1406**	**207**
长春市	2096	620	402	1074	2345	1401	136	656	152
吉林市	189	95	31	63	399	262	18	105	14
四平市	128	74	40	14	246	147	2	83	14
辽源市	85	58	17	10	139	106	2	29	2
通化市	156	104	34	18	304	216	3	81	4
白山市	174	124	46	4	263	211	1	50	1
松原市	272	144	98	30	506	267	12	216	11
白城市	183	118	43	22	346	222	7	110	7
延边朝鲜族自治州	103	70	25	8	185	125	2	58	
长白山管委会	19	9	9	1	50	29	2	17	2
梅河口市	8	3	4	1	1			1	
男	**2150**	**843**	**466**	**841**	**2252**	**1549**	**100**	**492**	**111**
长春市	1301	342	237	722	1095	678	74	264	79
吉林市	123	57	24	42	176	134	8	27	7
四平市	88	50	28	10	105	76		21	8
辽源市	53	39	7	7	78	64	1	11	2
通化市	90	59	22	9	156	126	1	25	4
白山市	117	75	39	3	137	119	1	17	
松原市	175	87	67	21	223	145	8	65	5
白城市	118	78	22	18	185	130	4	46	5
延边朝鲜族自治州	71	49	15	7	79	67	2	10	
长白山管委会	11	6	4	1	18	10	1	6	1
梅河口市	3	1	1	1					
女	**1263**	**576**	**283**	**404**	**2532**	**1437**	**85**	**914**	**96**
长春市	795	278	165	352	1250	723	62	392	73
吉林市	66	38	7	21	223	128	10	78	7
四平市	40	24	12	4	141	71	2	62	6
辽源市	32	19	10	3	61	42	1	18	
通化市	66	45	12	9	148	90	2	56	
白山市	57	49	7	1	126	92		33	1
松原市	97	57	31	9	283	122	4	151	6
白城市	65	40	21	4	161	92	3	64	2
延边朝鲜族自治州	32	21	10	1	106	58		48	
长白山管委会	8	3	5		32	19	1	11	1
梅河口市	5	2	3		1			1	

4-4b 续表 9　　单位：人

地区 性别	房地产业		租赁和商务服务业			科学研究和技术服务业			
	小计	房地产业	小计	租赁业	商务服务业	小计	研究和试验发展	专业技术服务业	科技推广和应用服务业
全 省	**4148**	**4148**	**3889**	**441**	**3448**	**3260**	**777**	**1965**	**518**
长春市	2578	2578	2155	260	1895	2384	702	1329	353
吉林市	281	281	242	29	213	210	28	156	26
四平市	187	187	200	15	185	90	6	65	19
辽源市	73	73	59	10	49	37	2	14	21
通化市	195	195	157	21	136	75	3	43	29
白山市	131	131	247	33	214	51	4	38	9
松原市	383	383	284	35	249	165	6	137	22
白城市	182	182	233	14	219	130	15	79	36
延边朝鲜族自治州	73	73	213	17	196	75	4	69	2
长白山管委会	52	52	87	7	80	38	6	31	1
梅河口市	13	13	12		12	5	1	4	
男	**2398**	**2398**	**2343**	**391**	**1952**	**2128**	**485**	**1326**	**317**
长春市	1458	1458	1227	224	1003	1526	438	876	212
吉林市	168	168	140	23	117	130	18	94	18
四平市	110	110	125	13	112	65	4	50	11
辽源市	47	47	42	10	32	22		10	12
通化市	113	113	112	19	93	62	2	36	24
白山市	88	88	172	32	140	37	3	29	5
松原市	218	218	201	35	166	104	2	91	11
白城市	107	107	111	13	98	85	10	54	21
延边朝鲜族自治州	47	47	149	15	134	65	3	60	2
长白山管委会	32	32	56	7	49	29	5	23	1
梅河口市	10	10	8		8	3		3	
女	**1750**	**1750**	**1546**	**50**	**1496**	**1132**	**292**	**639**	**201**
长春市	1120	1120	928	36	892	858	264	453	141
吉林市	113	113	102	6	96	80	10	62	8
四平市	77	77	75	2	73	25	2	15	8
辽源市	26	26	17		17	15	2	4	9
通化市	82	82	45	2	43	13	1	7	5
白山市	43	43	75	1	74	14	1	9	4
松原市	165	165	83		83	61	4	46	11
白城市	75	75	122	1	121	45	5	25	15
延边朝鲜族自治州	26	26	64	2	62	10	1	9	
长白山管委会	20	20	31		31	9	1	8	
梅河口市	3	3	4		4	2	1	1	

4-4b　续表 10　　　　　　　　　　　　　　　　　　　　　　单位：人

地　区 性　别	水利、环境和公共设施管理业					居民服务、修理和其他服务业			
	小计	水　利 管理业	生态保护 和环境 治理业	公共设施 管理业	土　地 管理业	小计	居　民 服务业	机动车、 电子产品 和日用产 品修理业	其　他 服务业
全　省	**2142**	**180**	**111**	**1830**	**21**	**7990**	**4858**	**2381**	**751**
长春市	835	68	41	715	11	3115	1794	960	361
吉林市	140	9	4	125	2	673	442	180	51
四平市	148	30	13	103	2	677	384	195	98
辽源市	61	9	1	50	1	327	235	82	10
通化市	156	14	2	139	1	606	416	159	31
白山市	194	3	18	173		381	253	113	15
松原市	131	5	5	119	2	986	601	317	68
白城市	194	32	11	149	2	736	407	240	89
延边朝鲜族自治州	133	8	9	116		328	221	97	10
长白山管委会	140		5	135		78	49	21	8
梅河口市	10	2	2	6		83	56	17	10
男	**1486**	**134**	**89**	**1250**	**13**	**4044**	**1753**	**1943**	**348**
长春市	575	48	31	489	7	1620	669	780	171
吉林市	95	8	2	84	1	315	143	147	25
四平市	111	21	13	75	2	358	143	167	48
辽源市	41	5	1	35		179	108	65	6
通化市	108	11	2	94	1	291	150	129	12
白山市	128	3	16	109		174	75	94	5
松原市	97	3	5	87	2	486	215	244	27
白城市	131	26	7	98		392	144	204	44
延边朝鲜族自治州	97	8	5	84		155	67	85	3
长白山管委会	95		5	90		39	18	18	3
梅河口市	8	1	2	5		35	21	10	4
女	**656**	**46**	**22**	**580**	**8**	**3946**	**3105**	**438**	**403**
长春市	260	20	10	226	4	1495	1125	180	190
吉林市	45	1	2	41	1	358	299	33	26
四平市	37	9		28		319	241	28	50
辽源市	20	4		15	1	148	127	17	4
通化市	48	3		45		315	266	30	19
白山市	66		2	64		207	178	19	10
松原市	34	2		32		500	386	73	41
白城市	63	6	4	51	2	344	263	36	45
延边朝鲜族自治州	36		4	32		173	154	12	7
长白山管委会	45			45		39	31	3	5
梅河口市	2	1		1		48	35	7	6

4-4b 续表 11　　　　单位：人

地区 性别	教育		卫生和社会工作			文化、体育和娱乐业				
	小计	教育	小计	卫生	社会工作	小计	新闻和出版业	广播、电视、电影和录音制作业	文化艺术业	体育
全省	**14670**	**14670**	**6961**	**6707**	**254**	**1822**	**178**	**397**	**418**	**259**
长春市	6471	6471	2756	2654	102	1002	151	247	218	114
吉林市	1311	1311	585	567	18	184	6	34	28	42
四平市	1054	1054	573	562	11	79	3	19	30	10
辽源市	541	541	279	262	17	39	5	3	8	5
通化市	916	916	486	473	13	90	1	17	22	17
白山市	868	868	443	422	21	93		11	28	26
松原市	1458	1458	803	771	32	121	7	27	32	17
白城市	1238	1238	618	600	18	132	4	32	35	14
延边朝鲜族自治州	630	630	314	298	16	45		3	11	4
长白山管委会	120	120	73	68	5	30	1	4	5	9
梅河口市	63	63	31	30	1	7			1	1
男	**4897**	**4897**	**2322**	**2228**	**94**	**997**	**92**	**209**	**200**	**156**
长春市	2112	2112	876	832	44	550	75	126	109	67
吉林市	445	445	186	179	7	103	5	14	12	28
四平市	370	370	223	217	6	46	3	11	15	6
辽源市	187	187	91	86	5	21	2	1	4	4
通化市	296	296	148	145	3	45		8	7	9
白山市	291	291	141	135	6	57		8	15	19
松原市	480	480	296	284	12	66	5	16	19	6
白城市	455	455	220	214	6	63	1	20	14	8
延边朝鲜族自治州	200	200	102	100	2	22		2	2	2
长白山管委会	32	32	25	23	2	18	1	3	2	6
梅河口市	29	29	14	13	1	6			1	1
女	**9773**	**9773**	**4639**	**4479**	**160**	**825**	**86**	**188**	**218**	**103**
长春市	4359	4359	1880	1822	58	452	76	121	109	47
吉林市	866	866	399	388	11	81	1	20	16	14
四平市	684	684	350	345	5	33		8	15	4
辽源市	354	354	188	176	12	18	3	2	4	1
通化市	620	620	338	328	10	45	1	9	15	8
白山市	577	577	302	287	15	36		3	13	7
松原市	978	978	507	487	20	55	2	11	13	11
白城市	783	783	398	386	12	69	3	12	21	6
延边朝鲜族自治州	430	430	212	198	14	23		1	9	2
长白山管委会	88	88	48	45	3	12		1	3	3
梅河口市	34	34	17	17		1				

4-4b　续表 12　　　　单位：人

地　区 性　别	娱乐业	公共管理、社会保障和社会组织							国际组织	
		小计	中国共产党机关	国家机构	人民政协、民主党派	社会保障	群众团体、社会团体和其他成员组织	基层群众自治组织	小计	国际组织
全　省	**570**	**14961**	**432**	**12923**	**46**	**109**	**268**	**1183**		
长春市	272	3757	89	3173	11	29	89	366		
吉林市	74	1120	21	936	4	2	18	139		
四平市	17	1218	21	1114	1	4	11	67		
辽源市	18	599	24	510	2	12	8	43		
通化市	33	1459	74	1255	2	17	23	88		
白山市	28	1617	65	1405	10	1	21	115		
松原市	38	1875	46	1671	7	5	16	130		
白城市	47	1629	32	1435	6	19	37	100		
延边朝鲜族自治州	27	1198	59	970	3	19	43	104		
长白山管委会	11	437	1	410			2	24		
梅河口市	5	52		44		1		7		
男	**340**	**9517**	**295**	**8579**	**35**	**55**	**111**	**442**		
长春市	173	2269	60	2039	10	16	33	111		
吉林市	44	676	12	595	3		9	57		
四平市	11	838	18	769	1	4	4	42		
辽源市	10	382	14	340	1	6	3	18		
通化市	21	918	51	819	2	6	11	29		
白山市	15	973	47	877	8	1	7	33		
松原市	20	1268	36	1162	3	3	6	58		
白城市	20	1072	25	971	5	12	19	40		
延边朝鲜族自治州	16	787	31	680	2	7	19	48		
长白山管委会	6	301	1	298				2		
梅河口市	4	33		29				4		
女	**230**	**5444**	**137**	**4344**	**11**	**54**	**157**	**741**		
长春市	99	1488	29	1134	1	13	56	255		
吉林市	30	444	9	341	1	2	9	82		
四平市	6	380	3	345			7	25		
辽源市	8	217	10	170	1	6	5	25		
通化市	12	541	23	436		11	12	59		
白山市	13	644	18	528	2		14	82		
松原市	18	607	10	509	4	2	10	72		
白城市	27	557	7	464	1	7	18	60		
延边朝鲜族自治州	11	411	28	290	1	12	24	56		
长白山管委会	5	136		112			2	22		
梅河口市	1	19		15		1		3		

4-4c 各地区分性别、行业大类的就业人口(乡村)

单位：人

地区 性别	合计	农、林、牧、渔业						采矿业	
		小计	农业	林业	畜牧业	渔业	农、林、牧、渔专业及辅助性活动	小计	煤炭开采和洗选业
全　省	**429506**	**332270**	**318726**	**1377**	**10114**	**347**	**1706**	**1456**	**423**
长春市	142287	109132	106601	158	2163	64	146	239	156
吉林市	68251	52307	50595	248	1379	53	32	380	69
四平市	40028	33867	32615	36	1160	11	45	41	6
辽源市	24517	20486	19330	17	354	12	773	32	18
通化市	25848	18171	17496	136	461	63	15	140	17
白山市	9615	6547	5945	167	365	10	60	258	82
松原市	55987	44785	42643	51	1655	55	381	166	5
白城市	31391	25313	23232	78	1768	47	188	18	2
延边朝鲜族自治州	18909	12930	11732	475	666	18	39	147	50
长白山管委会	10	8		7			1		
梅河口市	12663	8724	8537	4	143	14	26	35	18
男	**252561**	**189601**	**180787**	**1081**	**6405**	**271**	**1057**	**1315**	**385**
长春市	84014	62145	60441	106	1434	50	114	215	144
吉林市	39930	29736	28639	197	836	40	24	342	63
四平市	23018	18966	18147	32	740	8	39	37	6
辽源市	13939	11372	10717	13	223	10	409	29	18
通化市	15623	10710	10254	100	291	51	14	126	15
白山市	5947	3912	3477	142	240	7	46	242	80
松原市	33154	25827	24432	40	1085	46	224	155	5
白城市	18428	14568	13288	58	1049	33	140	15	1
延边朝鲜族自治州	11277	7567	6697	385	437	14	34	122	36
长白山管委会	7	6		5			1		
梅河口市	7224	4792	4695	3	70	12	12	32	17
女	**176945**	**142669**	**137939**	**296**	**3709**	**76**	**649**	**141**	**38**
长春市	58273	46987	46160	52	729	14	32	24	12
吉林市	28321	22571	21956	51	543	13	8	38	6
四平市	17010	14901	14468	4	420	3	6	4	
辽源市	10578	9114	8613	4	131	2	364	3	
通化市	10225	7461	7242	36	170	12	1	14	2
白山市	3668	2635	2468	25	125	3	14	16	2
松原市	22833	18958	18211	11	570	9	157	11	
白城市	12963	10745	9944	20	719	14	48	3	1
延边朝鲜族自治州	7632	5363	5035	90	229	4	5	25	14
长白山管委会	3	2		2					
梅河口市	5439	3932	3842	1	73	2	14	3	1

4-4c　续表 1

单位：人

地　区 性　别	采矿业						制造业		
	石油和天然气开采业	黑色金属矿采选业	有色金属矿采选业	非金属矿采选业	开采专业及辅助性活动	其他采矿业	小计	农副食品加工业	食品制造业
全　省	**145**	**219**	**357**	**218**	**88**	**6**	**14474**	**2114**	**799**
长春市	15	1	2	47	12	6	5020	673	304
吉林市	20	43	183	63	2		2520	304	119
四平市	3	1	10	19	2		846	115	37
辽源市			2	11	1		966	117	29
通化市	1	76	25	18	3		1157	172	58
白山市		57	75	44			703	68	39
松原市	94	1		3	63		1287	238	93
白城市	12			2	2		576	158	42
延边朝鲜族自治州		25	60	10	2		706	119	37
长白山管委会									
梅河口市		15		1	1		693	150	41
男	**131**	**194**	**324**	**196**	**79**	**6**	**9900**	**1355**	**396**
长春市	12		2	42	9	6	3477	439	148
吉林市	20	35	167	55	2		1867	182	63
四平市	2	1	10	16	2		609	83	24
辽源市			1	9	1		595	74	17
通化市		70	22	16	3		722	106	26
白山市		52	68	42			419	35	12
松原市	86	1		3	60		898	171	44
白城市	11			2	1		389	110	21
延边朝鲜族自治州		22	54	10			482	70	17
长白山管委会									
梅河口市		13		1	1		442	85	24
女	**14**	**25**	**33**	**22**	**9**		**4574**	**759**	**403**
长春市	3	1		5	3		1543	234	156
吉林市		8	16	8			653	122	56
四平市	1			3			237	32	13
辽源市			1	2			371	43	12
通化市	1	6	3	2			435	66	32
白山市		5	7	2			284	33	27
松原市	8				3		389	67	49
白城市	1				1		187	48	21
延边朝鲜族自治州		3	6		2		224	49	20
长白山管委会									
梅河口市		2					251	65	17

4-4c 续表 2 单位：人

地 区 性 别	制造业								
	酒、饮料和精制茶制造业	烟 草制品业	纺织业	纺织服装、服饰业	皮革、毛皮、羽毛及其制品和制鞋业	木材加工和木、竹、藤、棕、草制品业	家 具制造业	造纸和纸制品业	印刷和记录媒介复制业
全 省	**550**	**33**	**123**	**555**	**61**	**685**	**324**	**221**	**140**
长春市	154	10	24	102	12	179	144	78	62
吉林市	71		23	28	11	95	58	30	16
四平市	74	8	10	9	3	40	12	26	10
辽源市	23		8	278	1	24	13	8	20
通化市	65		1	29	4	50	15	7	12
白山市	69	1	3	3	2	17	2	24	
松原市	36	2	19	16	6	171	30	14	7
白城市	8		21	19	5	33	21	5	3
延边朝鲜族自治州	16	12	5	42	13	69	18	12	4
长白山管委会									
梅河口市	34		9	29	4	7	11	17	6
男	**374**	**20**	**54**	**185**	**36**	**477**	**222**	**144**	**76**
长春市	109	6	13	22	6	129	88	49	35
吉林市	44		11	11	4	67	42	20	7
四平市	50	5	3		3	30	10	14	6
辽源市	18		2	98		15	9	6	12
通化市	39		1	8	4	38	12	5	5
白山市	43	1	1		1	10	1	19	
松原市	26	1	8	4	2	118	22	6	5
白城市	7		10	7	3	20	14	3	2
延边朝鲜族自治州	10	7	1	24	9	44	14	8	1
长白山管委会									
梅河口市	28		4	11	4	6	10	14	3
女	**176**	**13**	**69**	**370**	**25**	**208**	**102**	**77**	**64**
长春市	45	4	11	80	6	50	56	29	27
吉林市	27		12	17	7	28	16	10	9
四平市	24	3	7	9		10	2	12	4
辽源市	5		6	180	1	9	4	2	8
通化市	26			21		12	3	2	7
白山市	26		2	3	1	7	1	5	
松原市	10	1	11	12	4	53	8	8	2
白城市	1		11	12	2	13	7	2	1
延边朝鲜族自治州	6	5	4	18	4	25	4	4	3
长白山管委会									
梅河口市	6		5	18		1	1	3	3

4-4c 续表 3

单位：人

地区 性别	制造业								
	文教、工美、体育和娱乐用品制造业	石油、煤炭及其他燃料加工业	化学原料和化学制品制造业	医药制造业	化学纤维制造业	橡胶和塑料制品业	非金属矿物制品业	黑色金属冶炼和压延加工业	有色金属冶炼和压延加工业
全　省	**115**	**90**	**481**	**1170**	**117**	**378**	**1206**	**608**	**37**
长春市	40	29	138	180	2	176	379	22	5
吉林市	21	21	158	79	111	68	339	223	11
四平市	2		28	31		38	49	75	2
辽源市	11	5	13	20	2	13	18	225	9
通化市	8	4	27	379	1	7	70	17	1
白山市	13	10	1	273	1	3	117	2	2
松原市	6	13	97	15		41	104	6	2
白城市	3	6	11	15		9	36	3	
延边朝鲜族自治州	5	2	5	83		9	68	7	2
长白山管委会									
梅河口市	6		3	95		14	26	28	3
男	**69**	**76**	**366**	**595**	**95**	**237**	**992**	**512**	**36**
长春市	24	26	95	89	2	118	307	20	5
吉林市	9	17	136	48	91	44	294	199	10
四平市	1		19	15		22	44	60	2
辽源市	6	5	10	8	1	5	15	180	9
通化市	5	2	19	188	1	4	59	15	1
白山市	11	9		134		1	92	2	2
松原市	3	10	75	6		25	73	5	2
白城市	2	5	7	9		5	25	2	
延边朝鲜族自治州	4	2	3	53		6	61	6	2
长白山管委会									
梅河口市	4		2	45		7	22	23	3
女	**46**	**14**	**115**	**575**	**22**	**141**	**214**	**96**	**1**
长春市	16	3	43	91		58	72	2	
吉林市	12	4	22	31	20	24	45	24	1
四平市	1		9	16		16	5	15	
辽源市	5		3	12	1	8	3	45	
通化市	3	2	8	191		3	11	2	
白山市	2	1	1	139	1	2	25		
松原市	3	3	22	9		16	31	1	
白城市	1	1	4	6		4	11	1	
延边朝鲜族自治州	1		2	30		3	7	1	
长白山管委会									
梅河口市	2		1	50		7	4	5	

4-4c 续表 4

单位：人

地区 性别	制造业								
	金属制品业	通用设备制造业	专用设备制造业	汽车制造业	铁路、船舶、航空航天和其他运输设备制造业	电气机械和器材制造业	计算机、通信和其他电子设备制造业	仪器仪表制造业	其他制造业
全省	**1030**	**489**	**328**	**1539**	**251**	**215**	**340**	**54**	**37**
长春市	383	200	145	1053	187	95	71	31	19
吉林市	202	97	62	199	12	29	66	9	3
四平市	78	39	19	44	1	29	21	4	6
辽源市	44	23	13	20	3	6	8		1
通化市	50	24	20	44	16	8	40	5	1
白山市	17	8	2	13	1	2	5		
松原市	115	21	24	82	9	24	43	3	1
白城市	43	17	18	19	10	12	12		2
延边朝鲜族自治州	45	31	11	43	3	6	19	1	1
长白山管委会									
梅河口市	53	29	14	22	9	4	55	1	3
男	**872**	**392**	**233**	**1146**	**205**	**148**	**206**	**38**	**25**
长春市	320	166	109	759	153	60	46	25	13
吉林市	175	69	44	155	11	19	39	6	2
四平市	64	34	12	35	1	23	15	1	3
辽源市	34	19	10	17	3	5	5		1
通化市	43	20	13	39	12	7	25	4	1
白山市	15	6	1	12	1	1	4		
松原市	100	19	18	61	6	17	29	1	1
白城市	37	15	12	17	8	9	3		2
延边朝鲜族自治州	41	21	5	35	2	4	14	1	
长白山管委会									
梅河口市	43	23	9	16	8	3	26		2
女	**158**	**97**	**95**	**393**	**46**	**67**	**134**	**16**	**12**
长春市	63	34	36	294	34	35	25	6	6
吉林市	27	28	18	44	1	10	27	3	1
四平市	14	5	7	9		6	6	3	3
辽源市	10	4	3	3		1	3		
通化市	7	4	7	5	4	1	15	1	
白山市	2	2	1	1		1	1		
松原市	15	2	6	21	3	7	14	2	
白城市	6	2	6	2	2	3	9		
延边朝鲜族自治州	4	10	6	8	1	2	5		1
长白山管委会									
梅河口市	10	6	5	6	1	1	29	1	1

4-4c 续表 5

单位：人

地区 性别	制造业		电力、热力、燃气及水生产和供应业				建筑业		
	废弃资源综合利用业	金属制品、机械和设备修理业	小计	电力、热力生产和供应业	燃气生产和供应业	水的生产和供应业	小计	房屋建筑业	土木工程建筑业
全省	**177**	**207**	**1527**	**1149**	**186**	**192**	**15257**	**9957**	**1377**
长春市	66	57	491	351	71	69	5762	3915	517
吉林市	14	41	246	169	35	42	2157	1227	202
四平市	24	12	104	89	10	5	810	509	67
辽源市	2	9	44	32	5	7	559	362	59
通化市	7	15	116	95	12	9	1430	1054	78
白山市		5	46	39	3	4	424	194	86
松原市	18	31	200	148	24	28	1561	1006	127
白城市	31	14	118	98	12	8	866	597	55
延边朝鲜族自治州	2	16	124	105	7	12	1016	670	143
长白山管委会									
梅河口市	13	7	38	23	7	8	672	423	43
男	**135**	**183**	**1314**	**1004**	**153**	**157**	**13579**	**8925**	**1228**
长春市	49	47	416	300	60	56	5174	3567	449
吉林市	12	36	209	147	28	34	1928	1113	185
四平市	19	11	90	79	7	4	710	444	60
辽源市	2	9	40	29	5	6	518	338	52
通化市	5	15	94	78	9	7	1258	920	73
白山市		5	42	35	3	4	378	171	76
松原市	13	27	178	135	21	22	1384	900	119
白城市	23	11	103	87	10	6	724	495	47
延边朝鲜族自治州	2	15	110	94	5	11	883	576	129
长白山管委会									
梅河口市	10	7	32	20	5	7	622	401	38
女	**42**	**24**	**213**	**145**	**33**	**35**	**1678**	**1032**	**149**
长春市	17	10	75	51	11	13	588	348	68
吉林市	2	5	37	22	7	8	229	114	17
四平市	5	1	14	10	3	1	100	65	7
辽源市			4	3		1	41	24	7
通化市	2		22	17	3	2	172	134	5
白山市			4	4			46	23	10
松原市	5	4	22	13	3	6	177	106	8
白城市	8	3	15	11	2	2	142	102	8
延边朝鲜族自治州		1	14	11	2	1	133	94	14
长白山管委会									
梅河口市	3		6	3	2	1	50	22	5

4-4c 续表 6　　　　单位：人

地区 性别	建筑业		批发和零售业			交通运输、仓储和邮政业			
	建筑安装业	建筑装饰、装修和其他建筑业	小计	批发业	零售业	小计	铁路运输业	道路运输业	水上运输业
全省	**609**	**3314**	**17064**	**3778**	**13286**	**8688**	**304**	**5950**	**31**
长春市	221	1109	5463	1186	4277	2956	65	2165	10
吉林市	119	609	2939	594	2345	1452	80	983	9
四平市	41	193	1052	261	791	673	27	504	
辽源市	27	111	591	130	461	322	8	231	4
通化市	34	264	1261	213	1048	570	19	389	2
白山市	15	129	479	102	377	233	2	177	1
松原市	60	368	2336	611	1725	1222	39	713	1
白城市	25	189	1296	350	946	477	20	307	
延边朝鲜族自治州	31	172	1023	214	809	448	21	278	1
长白山管委会									
梅河口市	36	170	624	117	507	335	23	203	3
男	**569**	**2857**	**8586**	**2487**	**6099**	**7654**	**266**	**5423**	**26**
长春市	207	951	2785	773	2012	2604	55	1988	9
吉林市	115	515	1422	389	1033	1285	68	895	8
四平市	38	168	530	164	366	605	23	463	
辽源市	26	102	286	80	206	290	8	208	3
通化市	31	234	638	139	499	506	16	357	2
白山市	13	118	256	72	184	198	2	160	
松原市	55	310	1195	418	777	1061	37	631	1
白城市	23	159	690	231	459	415	18	277	
延边朝鲜族自治州	30	148	491	147	344	393	18	254	1
长白山管委会									
梅河口市	31	152	293	74	219	297	21	190	2
女	**40**	**457**	**8478**	**1291**	**7187**	**1034**	**38**	**527**	**5**
长春市	14	158	2678	413	2265	352	10	177	1
吉林市	4	94	1517	205	1312	167	12	88	1
四平市	3	25	522	97	425	68	4	41	
辽源市	1	9	305	50	255	32		23	1
通化市	3	30	623	74	549	64	3	32	
白山市	2	11	223	30	193	35		17	1
松原市	5	58	1141	193	948	161	2	82	
白城市	2	30	606	119	487	62	2	30	
延边朝鲜族自治州	1	24	532	67	465	55	3	24	
长白山管委会									
梅河口市	5	18	331	43	288	38	2	13	1

4-4c 续表 7 单位：人

地区 性别	交通运输、仓储和邮政业					住宿和餐饮业		
	航空运输业	管道运输业	多式联运和运输代理业	装卸搬运和仓储业	邮政业	小计	住宿业	餐饮业
全省	**90**	**4**	**43**	**1322**	**944**	**8485**	**522**	**7963**
长春市	56		13	295	352	2498	158	2340
吉林市	8	4	4	220	144	1432	104	1328
四平市	3		2	78	59	495	20	475
辽源市	2			45	32	351	22	329
通化市	3		2	85	70	869	28	841
白山市	1			24	28	206	19	187
松原市	8		14	329	118	846	64	782
白城市	2		3	97	48	438	19	419
延边朝鲜族自治州	2		3	85	58	834	51	783
长白山管委会						2	2	
梅河口市	5		2	64	35	514	35	479
男	**54**	**4**	**38**	**1160**	**683**	**4012**	**206**	**3806**
长春市	31		12	256	253	1248	63	1185
吉林市	5	4	4	197	104	680	45	635
四平市	1		2	71	45	253	12	241
辽源市	2			41	28	175	12	163
通化市	3		2	71	55	419	7	412
白山市	1			18	17	92	6	86
松原市	5		13	291	83	390	25	365
白城市	1		2	83	34	208	5	203
延边朝鲜族自治州	2		2	79	37	335	21	314
长白山管委会						1	1	
梅河口市	3		1	53	27	211	9	202
女	**36**		**5**	**162**	**261**	**4473**	**316**	**4157**
长春市	25		1	39	99	1250	95	1155
吉林市	3			23	40	752	59	693
四平市	2			7	14	242	8	234
辽源市				4	4	176	10	166
通化市				14	15	450	21	429
白山市				6	11	114	13	101
松原市	3		1	38	35	456	39	417
白城市	1		1	14	14	230	14	216
延边朝鲜族自治州			1	6	21	499	30	469
长白山管委会						1	1	
梅河口市	2		1	11	8	303	26	277

4-4c　续表 8　　　　　　　　　　　　　　　　　　　　　　　　　　　　单位：人

地　区 性　别	信息传输、软件和信息技术服务业				金融业				
	小计	电信、广播电视和卫星传输服务	互联网和相关服务	软件和信息技术服务业	小计	货币金融服务	资本市场服务	保险业	其他金融业
全　省	**1097**	**390**	**366**	**341**	**1446**	**776**	**46**	**578**	**46**
长春市	467	136	146	185	563	299	35	207	22
吉林市	161	55	54	52	234	124	2	102	6
四平市	53	30	11	12	88	43		40	5
辽源市	32	15	12	5	56	33		23	
通化市	71	29	22	20	94	63	1	26	4
白山市	17	7	8	2	19	11		8	
松原市	127	47	56	24	176	86	4	82	4
白城市	51	19	18	14	78	40		35	3
延边朝鲜族自治州	72	34	18	20	75	50	2	23	
长白山管委会									
梅河口市	46	18	21	7	63	27	2	32	2
男	**667**	**247**	**215**	**205**	**660**	**414**	**28**	**195**	**23**
长春市	270	87	78	105	264	158	24	71	11
吉林市	110	36	41	33	112	68	1	41	2
四平市	28	13	8	7	41	21		17	3
辽源市	25	13	9	3	27	18		9	
通化市	45	18	13	14	42	33	1	6	2
白山市	14	5	7	2	7	5		2	
松原市	71	33	25	13	78	50		25	3
白城市	38	15	12	11	29	20		9	
延边朝鲜族自治州	43	17	13	13	28	23	1	4	
长白山管委会									
梅河口市	23	10	9	4	32	18	1	11	2
女	**430**	**143**	**151**	**136**	**786**	**362**	**18**	**383**	**23**
长春市	197	49	68	80	299	141	11	136	11
吉林市	51	19	13	19	122	56	1	61	4
四平市	25	17	3	5	47	22		23	2
辽源市	7	2	3	2	29	15		14	
通化市	26	11	9	6	52	30		20	2
白山市	3	2	1		12	6		6	
松原市	56	14	31	11	98	36	4	57	1
白城市	13	4	6	3	49	20		26	3
延边朝鲜族自治州	29	17	5	7	47	27	1	19	
长白山管委会									
梅河口市	23	8	12	3	31	9	1	21	

4-4c　续表 9　　　　单位：人

地　区 性　别	房地产业		租赁和商务服务业			科学研究和技术服务业			
	小计	房地产业	小计	租赁业	商　务 服务业	小计	研究和 试验发展	专业技术 服务业	科技推广 和应用 服务业
全　省	**1641**	**1641**	**1748**	**306**	**1442**	**828**	**137**	**520**	**171**
长春市	781	781	665	124	541	430	97	247	86
吉林市	352	352	283	58	225	112	10	86	16
四平市	75	75	94	10	84	54	9	24	21
辽源市	34	34	70	12	58	15	1	9	5
通化市	89	89	116	14	102	39	4	27	8
白山市	20	20	51	15	36	15	4	10	1
松原市	145	145	190	33	157	79	4	57	18
白城市	52	52	126	17	109	37	3	22	12
延边朝鲜族自治州	48	48	91	19	72	32	5	23	4
长白山管委会									
梅河口市	45	45	62	4	58	15		15	
男	**1039**	**1039**	**1222**	**283**	**939**	**545**	**80**	**361**	**104**
长春市	501	501	448	114	334	273	52	171	50
吉林市	231	231	206	56	150	70	7	53	10
四平市	49	49	69	10	59	33	5	14	14
辽源市	17	17	54	11	43	13	1	7	5
通化市	57	57	84	14	70	28	4	19	5
白山市	16	16	32	14	18	12	3	8	1
松原市	83	83	136	31	105	59	4	45	10
白城市	28	28	91	14	77	29	2	19	8
延边朝鲜族自治州	31	31	62	16	46	18	2	15	1
长白山管委会									
梅河口市	26	26	40	3	37	10		10	
女	**602**	**602**	**526**	**23**	**503**	**283**	**57**	**159**	**67**
长春市	280	280	217	10	207	157	45	76	36
吉林市	121	121	77	2	75	42	3	33	6
四平市	26	26	25		25	21	4	10	7
辽源市	17	17	16	1	15	2		2	
通化市	32	32	32		32	11		8	3
白山市	4	4	19	1	18	3	1	2	
松原市	62	62	54	2	52	20		12	8
白城市	24	24	35	3	32	8	1	3	4
延边朝鲜族自治州	17	17	29	3	26	14	3	8	3
长白山管委会									
梅河口市	19	19	22	1	21	5		5	

4-4c 续表 10

单位：人

地区 性别	水利、环境和公共设施管理业					居民服务、修理和其他服务业			
	小计	水利管理业	生态保护和环境治理业	公共设施管理业	土地管理业	小计	居民服务业	机动车、电子产品和日用产品修理业	其他服务业
全省	**1531**	**117**	**67**	**1339**	**8**	**6297**	**3586**	**1879**	**832**
长春市	502	48	34	416	4	2027	1131	593	303
吉林市	265	28	7	228	2	1007	628	293	86
四平市	110	11	4	93	2	419	211	135	73
辽源市	58	4	1	53		258	148	77	33
通化市	168	9	2	157		482	310	117	55
白山市	68	1		67		118	60	32	26
松原市	124	8	6	110		810	422	285	103
白城市	117	1	4	112		591	305	185	101
延边朝鲜族自治州	80	4	3	73		303	168	100	35
长白山管委会									
梅河口市	39	3	6	30		282	203	62	17
男	**1084**	**92**	**53**	**935**	**4**	**3306**	**1273**	**1591**	**442**
长春市	373	34	26	311	2	1086	426	504	156
吉林市	174	22	6	144	2	490	205	243	42
四平市	80	9	3	68		240	87	115	38
辽源市	39	3	1	35		140	59	67	14
通化市	111	8	2	101		224	89	106	29
白山市	49	1		48		66	23	30	13
松原市	94	7	6	81		446	149	238	59
白城市	85	1	4	80		329	111	153	65
延边朝鲜族自治州	56	4	1	51		153	51	85	17
长白山管委会									
梅河口市	23	3	4	16		132	73	50	9
女	**447**	**25**	**14**	**404**	**4**	**2991**	**2313**	**288**	**390**
长春市	129	14	8	105	2	941	705	89	147
吉林市	91	6	1	84		517	423	50	44
四平市	30	2	1	25	2	179	124	20	35
辽源市	19	1		18		118	89	10	19
通化市	57	1		56		258	221	11	26
白山市	19			19		52	37	2	13
松原市	30	1		29		364	273	47	44
白城市	32			32		262	194	32	36
延边朝鲜族自治州	24		2	22		150	117	15	18
长白山管委会									
梅河口市	16		2	14		150	130	12	8

4-4c 续表 11

单位：人

地区 性别	教育		卫生和社会工作			文化、体育和娱乐业				
	小计	教育	小计	卫生	社会工作	小计	新闻和出版业	广播、电视、电影和录音制作业	文化艺术业	体育
全　省	**6485**	**6485**	**3387**	**3136**	**251**	**677**	**39**	**112**	**142**	**144**
长春市	2523	2523	1098	1033	65	259	25	62	58	46
吉林市	1000	1000	595	543	52	120	3	16	21	39
四平市	540	540	264	254	10	50	2	12	13	3
辽源市	246	246	142	132	10	27	3	3	6	5
通化市	368	368	228	211	17	50		7	1	20
白山市	127	127	83	69	14	9			4	1
松原市	773	773	445	418	27	68	3	10	16	10
白城市	446	446	229	223	6	24	1		10	6
延边朝鲜族自治州	275	275	181	138	43	48	2	2	9	9
长白山管委会										
梅河口市	187	187	122	115	7	22			4	5
男	**2717**	**2717**	**1454**	**1360**	**94**	**408**	**22**	**66**	**73**	**94**
长春市	1079	1079	535	504	31	152	13	34	26	30
吉林市	376	376	208	195	13	79	2	11	13	26
四平市	256	256	101	95	6	27	1	7	7	2
辽源市	104	104	51	48	3	17	2	1	4	3
通化市	148	148	88	81	7	34		4	1	14
白山市	55	55	28	22	6	6			3	1
松原市	337	337	222	209	13	40	2	8	7	6
白城市	183	183	105	103	2	15			5	5
延边朝鲜族自治州	110	110	68	58	10	30	2	1	5	5
长白山管委会										
梅河口市	69	69	48	45	3	8			2	2
女	**3768**	**3768**	**1933**	**1776**	**157**	**269**	**17**	**46**	**69**	**50**
长春市	1444	1444	563	529	34	107	12	28	32	16
吉林市	624	624	387	348	39	41	1	5	8	13
四平市	284	284	163	159	4	23	1	5	6	1
辽源市	142	142	91	84	7	10	1	2	2	2
通化市	220	220	140	130	10	16		3		6
白山市	72	72	55	47	8	3			1	
松原市	436	436	223	209	14	28	1	2	9	4
白城市	263	263	124	120	4	9	1		5	1
延边朝鲜族自治州	165	165	113	80	33	18		1	4	4
长白山管委会										
梅河口市	118	118	74	70	4	14			2	3

4-4c 续表 12

单位：人

地区 性别	娱乐业	公共管理、社会保障和社会组织							国际组织	
		小计	中国共产党机关	国家机构	人民政协、民主党派	社会保障	群众团体、社会团体和其他成员组织	基层群众自治组织	小计	国际组织
全 省	**240**	**5147**	**83**	**3227**	**16**	**32**	**142**	**1647**	**1**	**1**
长春市	68	1411	22	953	8	10	33	385		
吉林市	41	689	7	465	2	2	46	167		
四平市	20	392	4	255		3	10	120	1	1
辽源市	10	228	5	145	1	4	6	67		
通化市	22	429	11	289	1		6	122		
白山市	4	192	4	78		1	2	107		
松原市	29	647	6	397	2	4	16	222		
白城市	7	538	17	271	2	5	15	228		
延边朝鲜族自治州	26	476	5	271		1	5	194		
长白山管委会										
梅河口市	13	145	2	103		2	3	35		
男	**153**	**3497**	**58**	**2241**	**11**	**11**	**52**	**1124**	**1**	**1**
长春市	49	969	17	657	5	3	10	277		
吉林市	27	405	5	299	2		14	85		
四平市	10	293	2	191		2	5	93	1	1
辽源市	7	147	3	101	1	1	2	39		
通化市	15	289	7	194	1		2	85		
白山市	2	123	3	51		1		68		
松原市	17	500	5	304	1	2	8	180		
白城市	5	384	12	192	1	1	7	171		
延边朝鲜族自治州	17	295	3	183			2	107		
长白山管委会										
梅河口市	4	92	1	69		1	2	19		
女	**87**	**1650**	**25**	**986**	**5**	**21**	**90**	**523**		
长春市	19	442	5	296	3	7	23	108		
吉林市	14	284	2	166		2	32	82		
四平市	10	99	2	64		1	5	27		
辽源市	3	81	2	44		3	4	28		
通化市	7	140	4	95			4	37		
白山市	2	69	1	27			2	39		
松原市	12	147	1	93	1	2	8	42		
白城市	2	154	5	79	1	4	8	57		
延边朝鲜族自治州	9	181	2	88		1	3	87		
长白山管委会										
梅河口市	9	53	1	34		1	1	16		

4-5　全省分年龄、性别、行业大类的就业人口

单位：人

年龄组 性　别	合计	农、林、牧、渔业						采矿业	
		小计	农业	林业	畜牧业	渔业	农、林、牧、渔专业及辅助性活动	小计	煤炭开采和洗选业
总　计	**1008886**	**378244**	**358162**	**4798**	**12246**	**590**	**2448**	**9232**	**2535**
16-19岁	6099	1748	1693	3	42		10	4	1
20-24岁	33880	5564	5292	21	204	9	38	59	6
25-29岁	80862	13492	12776	142	458	23	93	391	70
30-34岁	139500	28274	26743	303	963	59	206	930	201
35-39岁	117478	26722	25234	296	981	54	157	883	191
40-44岁	129738	35772	33546	643	1259	90	234	1554	312
45-49岁	149658	54758	51325	1111	1838	93	391	2311	579
50-54岁	144164	69134	65045	1317	2181	128	463	1972	792
55-59岁	103847	57075	53993	765	1887	71	359	908	303
60-64岁	50951	40011	38463	95	1184	43	226	142	53
65-69岁	35074	30044	28954	62	833	16	179	63	20
70-74岁	13029	11620	11221	25	306	4	64	10	5
75岁及以上	4606	4030	3877	15	110		28	5	2
男	**593245**	**218232**	**204483**	**3748**	**7947**	**463**	**1591**	**7686**	**2309**
16-19岁	3871	1234	1186	3	35		10	3	1
20-24岁	18852	3536	3344	16	143	5	28	50	5
25-29岁	45933	8456	7913	110	341	20	72	302	55
30-34岁	80768	17095	15978	228	686	51	152	726	173
35-39岁	67316	15590	14566	206	668	43	107	717	164
40-44岁	72966	20304	18866	444	775	72	147	1225	274
45-49岁	83992	30237	27985	768	1155	70	259	1796	532
50-54岁	88407	38644	35749	1156	1344	101	294	1820	756
55-59岁	67261	31640	29481	689	1179	52	239	854	277
60-64岁	30476	22928	21930	62	778	34	124	129	50
65-69岁	21745	18251	17539	38	561	12	101	53	16
70-74岁	8582	7606	7331	18	215	3	39	9	4
75岁及以上	3076	2711	2615	10	67		19	2	2
女	**415641**	**160012**	**153679**	**1050**	**4299**	**127**	**857**	**1546**	**226**
16-19岁	2228	514	507		7			1	
20-24岁	15028	2028	1948	5	61	4	10	9	1
25-29岁	34929	5036	4863	32	117	3	21	89	15
30-34岁	58732	11179	10765	75	277	8	54	204	28
35-39岁	50162	11132	10668	90	313	11	50	166	27
40-44岁	56772	15468	14680	199	484	18	87	329	38
45-49岁	65666	24521	23340	343	683	23	132	515	47
50-54岁	55757	30490	29296	161	837	27	169	152	36
55-59岁	36586	25435	24512	76	708	19	120	54	26
60-64岁	20475	17083	16533	33	406	9	102	13	3
65-69岁	13329	11793	11415	24	272	4	78	10	4
70-74岁	4447	4014	3890	7	91	1	25	1	1
75岁及以上	1530	1319	1262	5	43		9	3	

4-5 续表 1

单位：人

年龄组 性别	采矿业						制造业		
	石油和天然气开采业	黑色金属矿采选业	有色金属矿采选业	非金属矿采选业	开采专业及辅助性活动	其他采矿业	小计	农副食品加工业	食品制造业
总计	**2887**	**650**	**1123**	**527**	**1483**	**27**	**82993**	**6045**	**3727**
16-19岁				3			649	12	40
20-24岁	14	6	8	8	15	2	3492	104	181
25-29岁	137	26	46	34	78		8459	314	390
30-34岁	290	63	120	59	191	6	15787	835	690
35-39岁	274	65	110	60	180	3	11860	814	574
40-44岁	564	131	183	77	282	5	12471	1012	611
45-49岁	898	158	258	83	332	3	12946	1114	596
50-54岁	475	131	229	97	243	5	9768	957	358
55-59岁	217	54	123	65	144	2	5500	533	196
60-64岁	11	11	27	27	12	1	1215	187	53
65-69岁	6	4	16	12	5		589	127	28
70-74岁	1		3	1			174	27	6
75岁及以上		1		1	1		83	9	4
男	**2162**	**578**	**954**	**471**	**1189**	**23**	**58107**	**3902**	**1836**
16-19岁				2			557	9	22
20-24岁	11	6	6	8	13	1	2678	71	92
25-29岁	93	23	39	33	59		6267	226	204
30-34岁	194	57	99	53	145	5	11312	551	356
35-39岁	214	55	91	52	139	2	7872	492	280
40-44岁	399	114	147	67	219	5	7852	600	252
45-49岁	597	140	210	74	241	2	8100	686	259
50-54岁	426	119	211	85	218	5	7410	641	188
55-59岁	211	50	113	62	139	2	4577	370	127
60-64岁	10	10	23	24	11	1	880	128	30
65-69岁	6	4	12	10	5		439	100	20
70-74岁	1		3	1			121	22	4
75岁及以上							42	6	2
女	**725**	**72**	**169**	**56**	**294**	**4**	**24886**	**2143**	**1891**
16-19岁				1			92	3	18
20-24岁	3		2		2	1	814	33	89
25-29岁	44	3	7	1	19		2192	88	186
30-34岁	96	6	21	6	46	1	4475	284	334
35-39岁	60	10	19	8	41	1	3988	322	294
40-44岁	165	17	36	10	63		4619	412	359
45-49岁	301	18	48	9	91	1	4846	428	337
50-54岁	49	12	18	12	25		2358	316	170
55-59岁	6	4	10	3	5		923	163	69
60-64岁	1	1	4	3	1		335	59	23
65-69岁			4	2			150	27	8
70-74岁							53	5	2
75岁及以上		1		1	1		41	3	2

4-5　续表 2　　　　　　　　　　　　　　　　　　　　单位：人

年龄组 性　别	制造业								
	酒、饮料和精制茶制造业	烟　草制品业	纺织业	纺织服装、服饰业	皮革、毛皮、羽毛及其制品和制鞋业	木材加工和木、竹、藤、棕、草制品业	家　具制造业	造纸和纸制品业	印刷和记录媒介复制业
总　计	**2388**	**464**	**581**	**3139**	**182**	**2635**	**1370**	**882**	**1121**
16–19岁	5		3	14	2	4	9	3	6
20–24岁	59	11	13	90	5	28	30	10	39
25–29岁	202	41	21	281	6	124	125	53	83
30–34岁	383	51	62	568	23	314	271	132	188
35–39岁	345	57	71	460	26	300	199	115	176
40–44岁	393	70	90	555	20	383	199	140	185
45–49岁	407	102	136	588	33	567	218	156	190
50–54岁	295	81	95	368	29	495	170	136	135
55–59岁	200	49	55	155	19	295	107	90	79
60–64岁	60	2	21	42	10	94	27	30	19
65–69岁	28		10	14	9	20	11	13	14
70–74岁	8		1	2		11	3	3	4
75岁及以上	3		3	2			1	1	3
男	**1665**	**322**	**254**	**1064**	**97**	**1837**	**945**	**572**	**630**
16–19岁	3		3	9	1	4	8	2	4
20–24岁	39	9	9	52	4	24	24	5	29
25–29岁	133	27	11	136	5	94	91	31	44
30–34岁	268	35	32	230	13	223	188	84	104
35–39岁	237	35	35	150	11	200	130	68	89
40–44岁	251	44	27	140	12	236	131	79	107
45–49岁	255	66	36	134	18	343	144	99	93
50–54岁	232	57	46	115	14	364	114	99	81
55–59岁	173	48	36	71	10	248	82	75	57
60–64岁	46	1	12	22	7	77	19	19	9
65–69岁	20		7	5	2	15	10	9	10
70–74岁	5					9	3	2	2
75岁及以上	3						1		1
女	**723**	**142**	**327**	**2075**	**85**	**798**	**425**	**310**	**491**
16–19岁	2			5	1		1	1	2
20–24岁	20	2	4	38	1	4	6	5	10
25–29岁	69	14	10	145	1	30	34	22	39
30–34岁	115	16	30	338	10	91	83	48	84
35–39岁	108	22	36	310	15	100	69	47	87
40–44岁	142	26	63	415	8	147	68	61	78
45–49岁	152	36	100	454	15	224	74	57	97
50–54岁	63	24	49	253	15	131	56	37	54
55–59岁	27	1	19	84	9	47	25	15	22
60–64岁	14	1	9	20	3	17	8	11	10
65–69岁	8		3	9	7	5	1	4	4
70–74岁	3		1	2		2		1	2
75岁及以上			3	2				1	2

4-5 续表 3

单位：人

年龄组 性别	制造业								
	文教、工美、体育和娱乐用品制造业	石油、煤炭及其他燃料加工业	化学原料和化学制品制造业	医药制造业	化学纤维制造业	橡胶和塑料制品业	非金属矿物制品业	黑色金属冶炼和压延加工业	有色金属冶炼和压延加工业
总计	**511**	**940**	**3793**	**6558**	**997**	**1714**	**4468**	**2408**	**484**
16-19岁	1		4	16	2	5	8	2	1
20-24岁	13	24	78	324	57	40	95	62	10
25-29岁	44	66	235	778	163	124	271	175	52
30-34岁	76	117	513	1213	206	290	638	377	97
35-39岁	103	122	534	996	129	250	600	343	68
40-44岁	85	160	619	1040	218	268	690	497	69
45-49岁	84	223	806	1033	124	302	818	445	92
50-54岁	54	162	601	671	87	236	744	348	69
55-59岁	32	56	328	359	10	140	405	129	21
60-64岁	13	5	48	71	1	33	122	15	2
65-69岁	4	4	20	33		18	50	12	2
70-74岁	2	1	6	16		4	20	3	
75岁及以上			1	8		4	7		1
男	**260**	**759**	**2836**	**3247**	**711**	**1139**	**3593**	**2051**	**407**
16-19岁			1	8	1	5	7	2	1
20-24岁	6	18	59	160	48	32	74	57	9
25-29岁	28	57	175	396	131	90	213	159	45
30-34岁	36	97	381	597	143	187	494	328	82
35-39岁	48	100	389	465	77	157	486	288	55
40-44岁	36	127	428	442	135	168	521	409	54
45-49岁	36	151	546	422	88	169	650	358	74
50-54岁	38	145	492	427	80	178	623	316	64
55-59岁	18	55	308	262	8	112	367	115	20
60-64岁	10	5	39	40		22	99	11	1
65-69岁	3	4	13	20		13	37	8	2
70-74岁	1		4	5		3	17		
75岁及以上			1	3		3	5		
女	**251**	**181**	**957**	**3311**	**286**	**575**	**875**	**357**	**77**
16-19岁	1		3	8	1		1		
20-24岁	7	6	19	164	9	8	21	5	1
25-29岁	16	9	60	382	32	34	58	16	7
30-34岁	40	20	132	616	63	103	144	49	15
35-39岁	55	22	145	531	52	93	114	55	13
40-44岁	49	33	191	598	83	100	169	88	15
45-49岁	48	72	260	611	36	133	168	87	18
50-54岁	16	17	109	244	7	58	121	32	5
55-59岁	14	1	20	97	2	28	38	14	1
60-64岁	3		9	31	1	11	23	4	1
65-69岁	1		7	13		5	13	4	
70-74岁	1	1	2	11		1	3	3	
75岁及以上				5		1	2		1

4-5 续表 4

单位：人

年龄组 性 别	制造业								
	金 属 制品业	通用设备 制造业	专用设备 制造业	汽 车 制造业	铁路、船舶、 航空航天和 其他运输 设备制造业	电气机械 和器材 制造业	计算机、 通信和其 他电子设 备制造业	仪器仪表 制造业	其 他 制造业
总 计	**4363**	**3762**	**1988**	**19672**	**3092**	**1466**	**1677**	**396**	**227**
16–19岁	29	26	9	372	22	16	18	10	3
20–24岁	121	150	109	1270	201	97	147	31	10
25–29岁	402	348	205	2841	431	195	282	37	20
30–34岁	921	777	429	4655	890	282	392	98	36
35–39岁	626	496	294	2997	360	196	286	61	45
40–44岁	711	506	277	2570	289	238	254	43	31
45–49岁	632	573	264	2357	325	191	156	51	37
50–54岁	501	479	226	1609	320	126	77	33	22
55–59岁	291	305	135	867	233	97	51	20	13
60–64岁	80	46	32	84	15	14	9	10	6
65–69岁	31	30	8	27	6	9	4	2	4
70–74岁	11	15		13		4			
75岁及以上	7	11		10		1	1		
男	**3605**	**3006**	**1406**	**15290**	**2536**	**1038**	**1060**	**286**	**151**
16–19岁	27	26	8	341	21	14	13	8	2
20–24岁	105	125	66	1106	180	66	105	25	6
25–29岁	343	284	147	2355	365	131	182	26	13
30–34岁	776	645	269	3669	746	198	255	71	22
35–39岁	512	369	190	2202	264	136	173	40	28
40–44岁	557	369	192	1789	198	156	149	30	24
45–49岁	499	419	201	1602	232	127	79	32	20
50–54岁	431	419	188	1341	287	103	53	26	16
55–59岁	250	280	112	784	228	83	41	18	12
60–64岁	64	35	27	64	11	11	6	8	4
65–69岁	27	20	6	24	4	9	3	2	4
70–74岁	10	11		10		3			
75岁及以上	4	4		3		1	1		
女	**758**	**756**	**582**	**4382**	**556**	**428**	**617**	**110**	**76**
16–19岁	2		1	31	1	2	5	2	1
20–24岁	16	25	43	164	21	31	42	6	4
25–29岁	59	64	58	486	66	64	100	11	7
30–34岁	145	132	160	986	144	84	137	27	14
35–39岁	114	127	104	795	96	60	113	21	17
40–44岁	154	137	85	781	91	82	105	13	7
45–49岁	133	154	63	755	93	64	77	19	17
50–54岁	70	60	38	268	33	23	24	7	6
55–59岁	41	25	23	83	5	14	10	2	1
60–64岁	16	11	5	20	4	3	3	2	2
65–69岁	4	10	2	3	2		1		
70–74岁	1	4		3		1			
75岁及以上	3	7		7					

4-5 续表 5

单位：人

年龄组 性别	制造业		电力、热力、燃气及水生产和供应业				建筑业		
	废弃资源综合利用业	金属制品、机械和设备修理业	小计	电力、热力生产和供应业	燃气生产和供应业	水的生产和供应业	小计	房屋建筑业	土木工程建筑业
总　计	**707**	**1236**	**13545**	**9897**	**1446**	**2202**	**56781**	**27665**	**6828**
16-19岁		7	14	10	4		181	109	17
20-24岁	12	71	326	265	32	29	1646	738	267
25-29岁	27	123	1131	839	147	145	4847	2261	676
30-34岁	72	191	1968	1348	268	352	9374	4309	1236
35-39岁	86	131	1757	1244	227	286	7476	3376	927
40-44岁	91	157	1980	1414	207	359	8221	3869	930
45-49岁	122	204	2631	1905	258	468	9163	4503	1017
50-54岁	117	167	2097	1602	176	319	8688	4468	951
55-59岁	84	146	1405	1102	107	196	5118	2703	589
60-64岁	39	25	166	123	12	31	1441	916	139
65-69岁	40	11	51	31	7	13	506	335	58
70-74岁	13	1	10	8		2	102	70	15
75岁及以上	4	2	9	6	1	2	18	8	6
男	**514**	**1088**	**10498**	**7878**	**1081**	**1539**	**49099**	**24437**	**5753**
16-19岁		7	12	9	3		164	100	16
20-24岁	11	62	248	208	20	20	1323	592	227
25-29岁	21	104	831	620	111	100	4091	1943	553
30-34岁	57	175	1447	1013	201	233	8080	3855	1005
35-39岁	60	106	1314	962	162	190	6422	2965	755
40-44岁	58	131	1433	1068	139	226	6972	3387	752
45-49岁	83	179	1872	1413	185	274	7752	3916	844
50-54岁	84	148	1790	1377	143	270	7740	4021	857
55-59岁	65	142	1348	1063	99	186	4706	2477	552
60-64岁	30	23	143	106	10	27	1299	818	124
65-69岁	32	10	43	27	7	9	444	295	50
70-74岁	9	1	9	7		2	91	60	15
75岁及以上	4		8	5	1	2	15	8	3
女	**193**	**148**	**3047**	**2019**	**365**	**663**	**7682**	**3228**	**1075**
16-19岁			2	1	1		17	9	1
20-24岁	1	9	78	57	12	9	323	146	40
25-29岁	6	19	300	219	36	45	756	318	123
30-34岁	15	16	521	335	67	119	1294	454	231
35-39岁	26	25	443	282	65	96	1054	411	172
40-44岁	33	26	547	346	68	133	1249	482	178
45-49岁	39	25	759	492	73	194	1411	587	173
50-54岁	33	19	307	225	33	49	948	447	94
55-59岁	19	4	57	39	8	10	412	226	37
60-64岁	9	2	23	17	2	4	142	98	15
65-69岁	8	1	8	4		4	62	40	8
70-74岁	4		1	1			11	10	
75岁及以上		2	1	1			3		3

4-5　续表 6　　　　单位：人

年龄组 性别	建筑业		批发和零售业			交通运输、仓储和邮政业			
	建筑安装业	建筑装饰、装修和其他建筑业	小计	批发业	零售业	小计	铁路运输业	道路运输业	水上运输业
总计	**3410**	**18878**	**115873**	**23632**	**92241**	**52925**	**5431**	**34489**	**114**
16-19岁	6	49	547	60	487	165	8	56	1
20-24岁	63	578	4461	697	3764	1507	158	727	10
25-29岁	319	1591	11637	1988	9649	4303	430	2408	8
30-34岁	546	3283	21694	3967	17727	8375	687	5474	16
35-39岁	470	2703	19226	3817	15409	8234	615	5831	20
40-44岁	575	2847	19275	3851	15424	8969	691	6448	19
45-49岁	581	3062	17447	3758	13689	9084	834	6252	12
50-54岁	484	2785	11683	2911	8772	7176	999	4569	15
55-59岁	303	1523	6199	1640	4559	4190	939	2230	12
60-64岁	44	342	2145	515	1630	610	50	340	1
65-69岁	16	97	1112	293	819	230	12	130	
70-74岁	2	15	326	101	225	60	6	20	
75岁及以上	1	3	121	34	87	22	2	4	
男	**3063**	**15846**	**54544**	**14587**	**39957**	**45406**	**4802**	**30445**	**94**
16-19岁	6	42	247	36	211	110	6	39	1
20-24岁	55	449	2046	418	1628	1145	139	561	8
25-29岁	275	1320	5405	1182	4223	3371	311	1993	4
30-34岁	487	2733	9789	2383	7406	6968	588	4725	14
35-39岁	428	2274	8383	2234	6149	7008	563	5125	18
40-44岁	506	2327	8285	2258	6027	7734	600	5742	15
45-49岁	510	2482	7756	2248	5508	7675	691	5442	9
50-54岁	451	2411	6482	1979	4503	6602	934	4245	14
55-59岁	285	1392	3923	1193	2730	3983	911	2129	10
60-64岁	43	314	1292	363	929	550	45	309	1
65-69岁	14	85	673	199	474	200	8	117	
70-74岁	2	14	198	74	124	47	4	16	
75岁及以上	1	3	65	20	45	13	2	2	
女	**347**	**3032**	**61329**	**9045**	**52284**	**7519**	**629**	**4044**	**20**
16-19岁		7	300	24	276	55	2	17	
20-24岁	8	129	2415	279	2136	362	19	166	2
25-29岁	44	271	6232	806	5426	932	119	415	4
30-34岁	59	550	11905	1584	10321	1407	99	749	2
35-39岁	42	429	10843	1583	9260	1226	52	706	2
40-44岁	69	520	10990	1593	9397	1235	91	706	4
45-49岁	71	580	9691	1510	8181	1409	143	810	3
50-54岁	33	374	5201	932	4269	574	65	324	1
55-59岁	18	131	2276	447	1829	207	28	101	2
60-64岁	1	28	853	152	701	60	5	31	
65-69岁	2	12	439	94	345	30	4	13	
70-74岁		1	128	27	101	13	2	4	
75岁及以上			56	14	42	9		2	

4-5 续表 7

单位：人

年龄组 性 别	交通运输、仓储和邮政业					住宿和餐饮业		
	航 空 运输业	管 道 运输业	多式联运 和运输 代理业	装卸搬运 和仓储业	邮政业	小计	住宿业	餐饮业
总 计	**812**	**28**	**416**	**5212**	**6423**	**45449**	**4280**	**41169**
16-19岁	8		5	18	69	797	65	732
20-24岁	85	1	25	88	413	2549	260	2289
25-29岁	187	4	39	229	998	4730	378	4352
30-34岁	149	2	73	463	1511	8425	588	7837
35-39岁	87	2	70	505	1104	6818	519	6299
40-44岁	93	6	67	744	901	7045	636	6409
45-49岁	106	7	69	1070	734	6626	699	5927
50-54岁	58	4	46	1071	414	4779	591	4188
55-59岁	30	2	19	736	222	2537	371	2166
60-64岁	6		3	175	35	804	120	684
65-69岁	2			74	12	270	36	234
70-74岁				29	5	52	11	41
75岁及以上	1			10	5	17	6	11
男	**502**	**24**	**319**	**4443**	**4777**	**22127**	**1706**	**20421**
16-19岁	4		4	15	41	524	36	488
20-24岁	50	1	16	72	298	1573	95	1478
25-29岁	99	4	24	183	753	2824	154	2670
30-34岁	90	2	46	403	1100	4644	245	4399
35-39岁	52	2	61	401	786	3430	203	3227
40-44岁	58	3	54	594	668	3155	201	2954
45-49岁	73	7	52	870	531	2506	208	2298
50-54岁	42	3	41	974	349	1811	250	1561
55-59岁	27	2	18	683	203	1142	222	920
60-64岁	5		3	156	31	356	61	295
65-69岁	2			63	10	125	19	106
70-74岁				23	4	26	7	19
75岁及以上				6	3	11	5	6
女	**310**	**4**	**97**	**769**	**1646**	**23322**	**2574**	**20748**
16-19岁	4		1	3	28	273	29	244
20-24岁	35		9	16	115	976	165	811
25-29岁	88		15	46	245	1906	224	1682
30-34岁	59		27	60	411	3781	343	3438
35-39岁	35		9	104	318	3388	316	3072
40-44岁	35	3	13	150	233	3890	435	3455
45-49岁	33		17	200	203	4120	491	3629
50-54岁	16	1	5	97	65	2968	341	2627
55-59岁	3		1	53	19	1395	149	1246
60-64岁	1			19	4	448	59	389
65-69岁				11	2	145	17	128
70-74岁				6	1	26	4	22
75岁及以上	1			4	2	6	1	5

4-5　续表 8　　　　　　　　　　　　　　　　　　　　　　　　　　单位：人

年龄组 性　别	信息传输、软件和信息技术服务业				金融业				
	小计	电信、广播电视和卫星传输服务	互联网和相关服务	软件和信息技术服务业	小计	货币金融服　务	资本市场服　务	保险业	其　他金融业
总　计	**12850**	**5435**	**3418**	**3997**	**19064**	**11149**	**816**	**6331**	**768**
16-19岁	104	15	63	26	23	5	2	14	2
20-24岁	1224	216	536	472	833	461	32	291	49
25-29岁	2471	665	888	918	2878	1694	131	924	129
30-34岁	3251	1216	913	1122	4379	2502	188	1476	213
35-39岁	2202	1019	475	708	2800	1295	183	1182	140
40-44岁	1553	887	257	409	2208	1045	90	987	86
45-49岁	1018	654	165	199	2660	1697	96	782	85
50-54岁	607	454	72	81	2068	1498	60	469	41
55-59岁	381	284	43	54	1107	884	31	173	19
60-64岁	23	18	2	3	71	43	2	23	3
65-69岁	10	3	3	4	29	19	1	8	1
70-74岁	2	1	1		3	3			
75岁及以上	4	3		1	5	3		2	
男	**8038**	**3257**	**2096**	**2685**	**8764**	**5584**	**464**	**2309**	**407**
16-19岁	49	7	26	16	8	1		7	
20-24岁	692	115	272	305	372	209	13	130	20
25-29岁	1486	356	562	568	1242	681	69	430	62
30-34岁	1969	628	571	770	1849	1049	99	577	124
35-39岁	1357	545	320	492	1178	616	106	391	65
40-44岁	978	534	160	284	877	488	53	291	45
45-49岁	670	431	101	138	1130	807	56	223	44
50-54岁	473	359	51	63	1111	881	37	166	27
55-59岁	336	261	31	44	929	804	29	79	17
60-64岁	16	14	1	1	44	32	2	8	2
65-69岁	6	3		3	18	11		6	1
70-74岁	2	1	1		3	3			
75岁及以上	4	3		1	3	2		1	
女	**4812**	**2178**	**1322**	**1312**	**10300**	**5565**	**352**	**4022**	**361**
16-19岁	55	8	37	10	15	4	2	7	2
20-24岁	532	101	264	167	461	252	19	161	29
25-29岁	985	309	326	350	1636	1013	62	494	67
30-34岁	1282	588	342	352	2530	1453	89	899	89
35-39岁	845	474	155	216	1622	679	77	791	75
40-44岁	575	353	97	125	1331	557	37	696	41
45-49岁	348	223	64	61	1530	890	40	559	41
50-54岁	134	95	21	18	957	617	23	303	14
55-59岁	45	23	12	10	178	80	2	94	2
60-64岁	7	4	1	2	27	11		15	1
65-69岁	4		3	1	11	8	1	2	
70-74岁									
75岁及以上					2	1		1	

4-5 续表 9

单位：人

年龄组 性别	房地产业		租赁和商务服务业			科学研究和技术服务业			
	小计	房地产业	小计	租赁业	商务服务业	小计	研究和试验发展	专业技术服务业	科技推广和应用服务业
总　计	**16074**	**16074**	**14619**	**1509**	**13110**	**10949**	**2111**	**7280**	**1558**
16-19岁	82	82	99	8	91	32	2	27	3
20-24岁	833	833	950	57	893	594	104	413	77
25-29岁	1968	1968	2122	230	1892	1619	291	1115	213
30-34岁	2959	2959	3011	346	2665	2287	423	1588	276
35-39岁	2179	2179	2314	234	2080	1769	386	1140	243
40-44岁	1836	1836	1921	228	1693	1346	284	850	212
45-49岁	1835	1835	1782	187	1595	1216	232	787	197
50-54岁	1767	1767	1304	128	1176	1128	189	762	177
55-59岁	1587	1587	790	61	729	821	178	505	138
60-64岁	654	654	184	16	168	79	12	54	13
65-69岁	304	304	97	10	87	47	8	33	6
70-74岁	62	62	33	3	30	7	1	3	3
75岁及以上	8	8	12	1	11	4	1	3	
男	**9626**	**9626**	**8999**	**1333**	**7666**	**7190**	**1293**	**4923**	**974**
16-19岁	63	63	66	8	58	23	1	19	3
20-24岁	506	506	464	51	413	386	58	285	43
25-29岁	1142	1142	1186	215	971	983	170	687	126
30-34岁	1609	1609	1741	307	1434	1421	248	1007	166
35-39岁	1214	1214	1337	199	1138	1172	254	768	150
40-44岁	938	938	1168	188	980	826	156	540	130
45-49岁	964	964	1109	158	951	755	131	516	108
50-54岁	1185	1185	982	120	862	804	112	574	118
55-59岁	1205	1205	681	58	623	711	146	452	113
60-64岁	491	491	150	16	134	56	9	38	9
65-69岁	251	251	79	9	70	43	7	31	5
70-74岁	52	52	26	3	23	7	1	3	3
75岁及以上	6	6	10	1	9	3		3	
女	**6448**	**6448**	**5620**	**176**	**5444**	**3759**	**818**	**2357**	**584**
16-19岁	19	19	33		33	9	1	8	
20-24岁	327	327	486	6	480	208	46	128	34
25-29岁	826	826	936	15	921	636	121	428	87
30-34岁	1350	1350	1270	39	1231	866	175	581	110
35-39岁	965	965	977	35	942	597	132	372	93
40-44岁	898	898	753	40	713	520	128	310	82
45-49岁	871	871	673	29	644	461	101	271	89
50-54岁	582	582	322	8	314	324	77	188	59
55-59岁	382	382	109	3	106	110	32	53	25
60-64岁	163	163	34		34	23	3	16	4
65-69岁	53	53	18	1	17	4	1	2	1
70-74岁	10	10	7		7				
75岁及以上	2	2	2		2	1	1		

4-5 续表 10

单位：人

年龄组 性别	水利、环境和公共设施管理业					居民服务、修理和其他服务业			
	小计	水利管理业	生态保护和环境治理业	公共设施管理业	土地管理业	小计	居民服务业	机动车、电子产品和日用产品修理业	其他服务业
总计	**8168**	**591**	**402**	**7090**	**85**	**33158**	**21087**	**8669**	**3402**
16-19岁						689	456	208	25
20-24岁	110	6	12	87	5	2210	1432	656	122
25-29岁	416	36	53	313	14	3673	2277	1184	212
30-34岁	693	47	55	573	18	5919	3672	1912	335
35-39岁	714	59	51	594	10	4576	2844	1414	318
40-44岁	964	102	51	799	12	4218	2693	1106	419
45-49岁	1351	141	74	1124	12	4297	2851	864	582
50-54岁	1395	99	50	1236	10	3674	2334	732	608
55-59岁	1385	70	44	1268	3	2236	1442	384	410
60-64岁	714	12	6	695	1	924	583	125	216
65-69岁	359	12	4	343		490	313	66	111
70-74岁	57	6	2	49		175	132	14	29
75岁及以上	10	1		9		77	58	4	15
男	**5565**	**425**	**307**	**4785**	**48**	**16261**	**7466**	**7191**	**1604**
16-19岁						418	199	205	14
20-24岁	67	3	9	52	3	1252	585	604	63
25-29岁	308	26	45	230	7	2080	929	1034	117
30-34岁	470	33	38	388	11	3176	1415	1574	187
35-39岁	469	41	39	384	5	2375	1066	1155	154
40-44岁	592	66	37	482	7	1912	854	878	180
45-49岁	785	92	49	635	9	1666	823	644	199
50-54岁	922	78	40	802	2	1537	714	593	230
55-59岁	1072	63	38	968	3	1056	514	326	216
60-64岁	541	9	6	525	1	438	196	108	134
65-69岁	286	9	4	273		240	108	53	79
70-74岁	45	4	2	39		75	42	13	20
75岁及以上	8	1		7		36	21	4	11
女	**2603**	**166**	**95**	**2305**	**37**	**16897**	**13621**	**1478**	**1798**
16-19岁						271	257	3	11
20-24岁	43	3	3	35	2	958	847	52	59
25-29岁	108	10	8	83	7	1593	1348	150	95
30-34岁	223	14	17	185	7	2743	2257	338	148
35-39岁	245	18	12	210	5	2201	1778	259	164
40-44岁	372	36	14	317	5	2306	1839	228	239
45-49岁	566	49	25	489	3	2631	2028	220	383
50-54岁	473	21	10	434	8	2137	1620	139	378
55-59岁	313	7	6	300		1180	928	58	194
60-64岁	173	3		170		486	387	17	82
65-69岁	73	3		70		250	205	13	32
70-74岁	12	2		10		100	90	1	9
75岁及以上	2			2		41	37		4

4-5 续表 11　　单位：人

年龄组 性　别	教育		卫生和社会工作			文化、体育和娱乐业				
	小计	教育	小计	卫生	社会工作	小计	新闻和出版业	广播、电视、电影和录音制作业	文化艺术业	体育
总　计	**50453**	**50453**	**28699**	**27341**	**1358**	**7499**	**818**	**1472**	**1600**	**1106**
16-19岁	609	609	151	150	1	162		10	15	22
20-24岁	3209	3209	2023	1997	26	724	37	129	99	147
25-29岁	6019	6019	4024	3958	66	1132	101	210	206	219
30-34岁	7460	7460	5225	5103	122	1398	113	327	260	235
35-39岁	6526	6526	3925	3791	134	1063	146	276	214	113
40-44岁	7672	7672	3693	3512	181	950	128	182	241	109
45-49岁	7018	7018	3873	3640	233	810	129	129	199	95
50-54岁	6233	6233	3031	2790	241	625	85	103	185	88
55-59岁	4768	4768	1897	1686	211	487	71	93	146	54
60-64岁	547	547	471	384	87	92	5	9	20	14
65-69岁	209	209	262	214	48	42	3	2	11	8
70-74岁	97	97	82	74	8	10		2	2	2
75岁及以上	86	86	42	42		4			2	
男	**16735**	**16735**	**9388**	**8876**	**512**	**4040**	**400**	**815**	**742**	**645**
16-19岁	231	231	28	28		99		5	2	13
20-24岁	697	697	409	402	7	387	6	70	44	81
25-29岁	1343	1343	812	785	27	622	36	101	91	130
30-34岁	1896	1896	1257	1207	50	749	44	176	117	144
35-39岁	1880	1880	1314	1256	58	544	68	150	96	61
40-44岁	2375	2375	1400	1334	66	447	61	96	89	59
45-49岁	2317	2317	1371	1305	66	402	72	66	89	48
50-54岁	2427	2427	1266	1181	85	348	54	67	86	52
55-59岁	2928	2928	1051	964	87	342	54	75	101	39
60-64岁	363	363	240	201	39	63	3	5	16	11
65-69岁	134	134	147	123	24	27	2	2	7	5
70-74岁	75	75	59	56	3	8		2	2	2
75岁及以上	69	69	34	34		2			2	
女	**33718**	**33718**	**19311**	**18465**	**846**	**3459**	**418**	**657**	**858**	**461**
16-19岁	378	378	123	122	1	63		5	13	9
20-24岁	2512	2512	1614	1595	19	337	31	59	55	66
25-29岁	4676	4676	3212	3173	39	510	65	109	115	89
30-34岁	5564	5564	3968	3896	72	649	69	151	143	91
35-39岁	4646	4646	2611	2535	76	519	78	126	118	52
40-44岁	5297	5297	2293	2178	115	503	67	86	152	50
45-49岁	4701	4701	2502	2335	167	408	57	63	110	47
50-54岁	3806	3806	1765	1609	156	277	31	36	99	36
55-59岁	1840	1840	846	722	124	145	17	18	45	15
60-64岁	184	184	231	183	48	29	2	4	4	3
65-69岁	75	75	115	91	24	15	1		4	3
70-74岁	22	22	23	18	5	2				
75岁及以上	17	17	8	8		2				

4-5　续表 12　　　　单位：人

年龄组 性　别	娱乐业	公共管理、社会保障和社会组织						国际组织	
		小计	中国共产党机关	国家机构	人民政协、民主党派	社会保障	群众团体、社会团体和其他成员组织	基层群众自治组织	小计	国际组织
总　计	**2503**	**52307**	**1762**	**43524**	**208**	**437**	**1084**	**5292**	**4**	**4**
16–19岁	115	43		35			3	5		
20–24岁	312	1566	24	1434	5	12	29	62		
25–29岁	396	5550	193	4921	1	77	93	265		
30–34岁	463	8090	395	6841	26	88	162	578	1	1
35–39岁	314	6433	265	5268	17	66	149	668	1	1
40–44岁	290	8090	291	6643	30	69	159	898		
45–49岁	258	8830	257	7202	30	57	167	1117	2	2
50–54岁	164	7035	190	6002	29	43	148	623		
55–59岁	123	5456	134	4604	62	22	119	515		
60–64岁	44	658	7	342	7	2	24	276		
65–69岁	18	360	5	151	1	1	20	182		
70–74岁	4	147		54			6	87		
75岁及以上	2	49	1	27			5	16		
男	**1438**	**32938**	**1208**	**28673**	**137**	**201**	**462**	**2257**	**2**	**2**
16–19岁	79	35		32				3		
20–24岁	186	1021	15	968	3	5	8	22		
25–29岁	264	3182	105	2942	1	24	27	83		
30–34岁	268	4569	250	4048	10	36	63	162	1	1
35–39岁	169	3740	190	3298	6	26	65	155		
40–44岁	142	4493	196	3931	17	34	64	251		
45–49岁	127	5128	182	4521	20	22	57	326	1	1
50–54岁	89	5053	145	4368	18	35	76	411		
55–59岁	73	4777	118	4108	55	16	83	397		
60–64岁	28	497	4	265	6	2	10	210		
65–69岁	11	286	3	125	1	1	8	148		
70–74岁	2	123		45			1	77		
75岁及以上		34		22				12		
女	**1065**	**19369**	**554**	**14851**	**71**	**236**	**622**	**3035**	**2**	**2**
16–19岁	36	8		3			3	2		
20–24岁	126	545	9	466	2	7	21	40		
25–29岁	132	2368	88	1979		53	66	182		
30–34岁	195	3521	145	2793	16	52	99	416		
35–39岁	145	2693	75	1970	11	40	84	513	1	1
40–44岁	148	3597	95	2712	13	35	95	647		
45–49岁	131	3702	75	2681	10	35	110	791	1	1
50–54岁	75	1982	45	1634	11	8	72	212		
55–59岁	50	679	16	496	7	6	36	118		
60–64岁	16	161	3	77	1		14	66		
65–69岁	7	74	2	26			12	34		
70–74岁	2	24		9			5	10		
75岁及以上	2	15	1	5			5	4		

4-5a 全省分年龄、性别、行业大类的就业人口(城市)

单位：人

年龄组 性　别	合计	农、林、牧、渔业						采矿业	
		小计	农业	林业	畜牧业	渔业	农、林、牧、渔专业及辅助性活动	小计	煤炭开采和洗选业
总　计	**389549**	**18447**	**15627**	**1407**	**928**	**102**	**383**	**6100**	**1682**
16-19岁	1869	23	22		1				
20-24岁	16165	256	225	6	19	1	5	30	4
25-29岁	40802	1090	940	56	68	5	21	270	50
30-34岁	68280	2465	2146	133	119	12	55	608	143
35-39岁	58015	2354	2039	134	123	13	45	608	137
40-44岁	60010	2559	2115	226	131	23	64	1098	227
45-49岁	60498	2729	2134	325	179	21	70	1587	377
50-54岁	46050	2662	2145	310	117	18	72	1266	522
55-59岁	28401	1928	1597	183	99	8	41	552	188
60-64岁	5736	1135	1067	21	40	1	6	47	22
65-69岁	2652	833	797	9	25		2	24	8
70-74岁	774	322	314	2	5		1	7	3
75岁及以上	297	91	86	2	2		1	3	1
男	**227268**	**11426**	**9344**	**1046**	**683**	**87**	**266**	**4978**	**1526**
16-19岁	1089	18	17		1				
20-24岁	8374	156	134	5	13		4	26	3
25-29岁	22129	718	599	43	57	4	15	204	38
30-34岁	38328	1574	1334	99	96	10	35	455	120
35-39岁	32506	1441	1227	81	93	12	28	485	118
40-44岁	33046	1590	1300	145	85	20	40	857	198
45-49岁	33489	1619	1221	213	124	17	44	1192	345
50-54岁	30407	1678	1248	272	85	15	58	1163	497
55-59岁	21773	1213	928	167	75	8	35	526	175
60-64岁	3764	669	620	14	30	1	4	41	22
65-69岁	1698	497	471	6	19		1	22	7
70-74岁	482	188	183		4		1	6	2
75岁及以上	183	65	62	1	1		1	1	1
女	**162281**	**7021**	**6283**	**361**	**245**	**15**	**117**	**1122**	**156**
16-19岁	780	5	5						
20-24岁	7791	100	91	1	6	1	1	4	1
25-29岁	18673	372	341	13	11	1	6	66	12
30-34岁	29952	891	812	34	23	2	20	153	23
35-39岁	25509	913	812	53	30	1	17	123	19
40-44岁	26964	969	815	81	46	3	24	241	29
45-49岁	27009	1110	913	112	55	4	26	395	32
50-54岁	15643	984	897	38	32	3	14	103	25
55-59岁	6628	715	669	16	24		6	26	13
60-64岁	1972	466	447	7	10		2	6	
65-69岁	954	336	326	3	6		1	2	1
70-74岁	292	134	131	2	1			1	1
75岁及以上	114	26	24	1	1			2	

4-5a　续表 1

单位：人

年龄组 性　别	采矿业						制造业		
	石油和天然气开采业	黑色金属矿采选业	有色金属矿采选业	非金属矿采选业	开采专业及辅助性活　动	其　他采矿业	小计	农副食品加工业	食　品制造业
总　计	**2256**	**400**	**392**	**179**	**1172**	**19**	**43767**	**2568**	**1903**
16-19岁							184	3	17
20-24岁	8	5	3	4	5	1	1551	43	91
25-29岁	107	16	25	14	58		4147	129	212
30-34岁	211	41	48	26	134	5	8043	410	362
35-39岁	202	44	51	19	152	3	6368	376	301
40-44岁	454	92	68	30	223	4	6989	500	332
45-49岁	722	103	82	34	268	1	7379	484	304
50-54岁	375	66	71	31	198	3	5354	361	170
55-59岁	167	26	32	16	121	2	2992	192	76
60-64岁	6	3	2	5	9		448	47	22
65-69岁	3	3	7		3		209	20	14
70-74岁	1		3				61	2	2
75岁及以上		1			1		42	1	
男	**1668**	**356**	**322**	**159**	**931**	**16**	**30837**	**1644**	**948**
16-19岁							157	2	11
20-24岁	7	5	2	4	5		1172	28	41
25-29岁	73	14	21	14	44		3033	92	114
30-34岁	140	36	35	23	97	4	5809	269	185
35-39岁	155	37	41	16	116	2	4253	225	149
40-44岁	317	82	55	27	174	4	4413	288	148
45-49岁	470	90	65	31	190	1	4657	305	134
50-54岁	333	62	65	26	177	3	4195	248	87
55-59岁	164	24	29	15	117	2	2607	138	55
60-64岁	5	3		3	8		331	32	12
65-69岁	3	3	6		3		153	14	10
70-74岁	1		3				38	2	2
75岁及以上							19	1	
女	**588**	**44**	**70**	**20**	**241**	**3**	**12930**	**924**	**955**
16-19岁							27	1	6
20-24岁	1		1			1	379	15	50
25-29岁	34	2	4		14		1114	37	98
30-34岁	71	5	13	3	37	1	2234	141	177
35-39岁	47	7	10	3	36	1	2115	151	152
40-44岁	137	10	13	3	49		2576	212	184
45-49岁	252	13	17	3	78		2722	179	170
50-54岁	42	4	6	5	21		1159	113	83
55-59岁	3	2	3	1	4		385	54	21
60-64岁	1		2	2	1		117	15	10
65-69岁			1				56	6	4
70-74岁							23		
75岁及以上		1			1		23		

4-5a 续表 2　　　　单位：人

年龄组 性　别	制造业								
	酒、饮料和精制茶制造业	烟　草制品业	纺织业	纺织服装、服饰业	皮革、毛皮、羽毛及其制品和制鞋业	木材加工和木、竹、藤、棕、草制品业	家　具制造业	造纸和纸制品业	印刷和记录媒介复制业
总　计	**1135**	**336**	**332**	**2103**	**90**	**1159**	**690**	**469**	**722**
16-19岁	3		1	8	1	1	4		4
20-24岁	29	7	3	53	3	8	11	8	24
25-29岁	88	23	13	197	3	52	72	34	53
30-34岁	183	37	32	391	9	144	139	64	116
35-39岁	183	41	38	295	12	137	103	64	106
40-44岁	191	56	52	367	13	176	103	82	122
45-49岁	202	83	84	413	21	276	109	78	124
50-54岁	156	58	55	256	9	216	81	66	95
55-59岁	76	29	33	90	9	113	52	52	56
60-64岁	13	2	16	23	4	27	11	13	13
65-69岁	7		2	10	6	6	5	4	7
70-74岁	2		1			3		3	1
75岁及以上	2		2					1	1
男	**786**	**234**	**145**	**752**	**48**	**814**	**483**	**297**	**423**
16-19岁	1		1	6		1	3		3
20-24岁	16	5	2	32	3	8	10	4	18
25-29岁	57	14	8	102	2	39	53	21	29
30-34岁	121	28	17	165	6	106	102	41	68
35-39岁	123	28	17	98	5	87	66	39	54
40-44岁	131	35	15	103	6	110	65	42	73
45-49岁	128	53	20	93	10	164	73	47	61
50-54岁	122	42	29	85	6	166	56	47	59
55-59岁	69	28	24	52	5	102	41	43	45
60-64岁	9	1	10	12	3	25	9	9	7
65-69岁	6		2	4	2	4	5	2	6
70-74岁	1					2		2	
75岁及以上	2								
女	**349**	**102**	**187**	**1351**	**42**	**345**	**207**	**172**	**299**
16-19岁	2			2	1		1		1
20-24岁	13	2	1	21			1	4	6
25-29岁	31	9	5	95	1	13	19	13	24
30-34岁	62	9	15	226	3	38	37	23	48
35-39岁	60	13	21	197	7	50	37	25	52
40-44岁	60	21	37	264	7	66	38	40	49
45-49岁	74	30	64	320	11	112	36	31	63
50-54岁	34	16	26	171	3	50	25	19	36
55-59岁	7	1	9	38	4	11	11	9	11
60-64岁	4	1	6	11	1	2	2	4	6
65-69岁	1			6	4	2		2	1
70-74岁	1		1			1		1	1
75岁及以上			2					1	1

4-5a 续表 3 单位：人

年龄组 性 别	制造业								
	文教、工美、体育和娱乐用品制造业	石油、煤炭及其他燃料加工业	化学原料和化学制品制造业	医 药制造业	化学纤维制造业	橡胶和塑 料制品业	非金属矿 物制品业	黑色金属冶炼和压延加工业	有色金属冶炼和压延加工业
总 计	**262**	**622**	**2564**	**3599**	**539**	**848**	**2204**	**1375**	**347**
16-19岁			2	4			3	1	1
20-24岁	8	13	47	174	13	14	47	25	8
25-29岁	23	37	157	460	79	65	120	70	39
30-34岁	42	65	342	684	103	126	355	218	78
35-39岁	51	83	381	597	76	120	314	201	53
40-44岁	42	111	436	593	148	135	334	305	52
45-49岁	50	159	537	567	69	153	432	275	61
50-54岁	27	112	394	313	45	129	370	205	41
55-59岁	15	37	227	183	6	82	175	66	11
60-64岁	4	3	24	11		13	29	6	1
65-69岁		1	14	6		9	17	2	1
70-74岁		1	2	5			5	1	
75岁及以上			1	2		2	3		1
男	**126**	**509**	**1908**	**1806**	**388**	**587**	**1742**	**1178**	**294**
16-19岁				3			2	1	1
20-24岁	5	12	34	86	12	13	37	23	7
25-29岁	12	33	120	235	60	49	93	63	34
30-34岁	19	56	256	339	77	86	271	193	70
35-39岁	23	70	288	273	45	77	247	169	42
40-44岁	16	87	293	249	98	86	241	247	42
45-49岁	19	110	348	229	51	88	336	226	48
50-54岁	21	101	325	227	40	99	315	186	37
55-59岁	8	36	213	147	5	73	162	63	11
60-64岁	3	3	19	11		8	23	5	1
65-69岁		1	10	5		7	10	2	1
70-74岁			1	2			3		
75岁及以上			1			1	2		
女	**136**	**113**	**656**	**1793**	**151**	**261**	**462**	**197**	**53**
16-19岁			2	1			1		
20-24岁	3	1	13	88	1	1	10	2	1
25-29岁	11	4	37	225	19	16	27	7	5
30-34岁	23	9	86	345	26	40	84	25	8
35-39岁	28	13	93	324	31	43	67	32	11
40-44岁	26	24	143	344	50	49	93	58	10
45-49岁	31	49	189	338	18	65	96	49	13
50-54岁	6	11	69	86	5	30	55	19	4
55-59岁	7	1	14	36	1	9	13	3	
60-64岁	1		5			5	6	1	
65-69岁			4	1		2	7		
70-74岁		1	1	3			2	1	
75岁及以上				2		1	1		1

4-5a 续表 4 单位：人

年龄组 性 别	制造业								
	金 属 制品业	通用设备 制造业	专用设备 制造业	汽 车 制造业	铁路、船舶、航空航天和其他运输设备制造业	电气机械和器材制造业	计算机、通信和其他电子设备制造业	仪器仪表 制造业	其 他 制造业
总 计	**2292**	**2292**	**1167**	**8487**	**2494**	**854**	**885**	**205**	**130**
16-19岁	13	9	4	70	18	8	3	2	2
20-24岁	72	68	48	443	142	54	49	12	3
25-29岁	184	180	104	1064	334	103	141	20	9
30-34岁	467	428	215	1720	749	155	188	47	25
35-39岁	338	292	177	1309	274	111	153	33	24
40-44岁	380	304	178	1278	222	134	160	22	18
45-49岁	348	407	187	1237	267	114	95	28	24
50-54岁	277	324	141	855	270	83	54	22	11
55-59岁	161	216	91	460	206	76	38	12	10
60-64岁	34	26	18	29	9	6	2	7	3
65-69岁	8	19	4	8	3	6	1		1
70-74岁	5	11		7		3			
75岁及以上	5	8		7		1	1		
男	**1863**	**1854**	**854**	**6740**	**2073**	**616**	**575**	**152**	**88**
16-19岁	12	9	3	65	17	7	3	2	2
20-24岁	57	58	26	396	125	37	36	10	2
25-29岁	150	141	76	890	288	68	101	15	5
30-34岁	387	363	141	1380	638	113	127	35	13
35-39岁	273	215	126	993	205	77	101	24	17
40-44岁	290	224	123	921	156	87	92	16	16
45-49岁	271	310	143	893	190	80	43	20	11
50-54岁	239	293	123	734	242	70	39	15	10
55-59岁	141	200	75	428	203	64	30	10	9
60-64岁	30	18	15	24	7	4	1	5	2
65-69岁	7	13	3	7	2	6	1		1
70-74岁	4	7		6		2			
75岁及以上	2	3		3		1	1		
女	**429**	**438**	**313**	**1747**	**421**	**238**	**310**	**53**	**42**
16-19岁	1		1	5	1	1			
20-24岁	15	10	22	47	17	17	13	2	1
25-29岁	34	39	28	174	46	35	40	5	4
30-34岁	80	65	74	340	111	42	61	12	12
35-39岁	65	77	51	316	69	34	52	9	7
40-44岁	90	80	55	357	66	47	68	6	2
45-49岁	77	97	44	344	77	34	52	8	13
50-54岁	38	31	18	121	28	13	15	7	1
55-59岁	20	16	16	32	3	12	8	2	1
60-64岁	4	8	3	5	2	2	1	2	1
65-69岁	1	6	1	1	1				
70-74岁	1	4		1		1			
75岁及以上	3	5		4					

4-5a　续表 5

单位：人

年龄组 性　别	制造业		电力、热力、燃气及水生产和供应业				建筑业		
	废弃资源综合利用业	金属制品、机械和设备修理业	小计	电力、热力生产和供应业	燃气生产和供应业	水的生产和供应业	小计	房屋建筑业	土木工程建筑业
总　计	**394**	**700**	**8507**	**6168**	**925**	**1414**	**28852**	**11727**	**3562**
16-19岁		2	5	3	2		49	19	3
20-24岁	6	25	183	142	22	19	767	279	132
25-29岁	16	66	723	535	93	95	2466	986	337
30-34岁	37	112	1199	816	167	216	4910	1958	649
35-39岁	47	78	1126	783	152	191	3989	1568	481
40-44岁	54	89	1307	908	139	260	4352	1736	518
45-49岁	70	121	1733	1252	169	312	4862	1955	570
50-54岁	59	99	1270	988	102	180	4309	1819	504
55-59岁	49	93	876	676	73	127	2462	1052	305
60-64岁	22	10	60	44	5	11	506	259	42
65-69岁	25	3	18	14	1	3	152	81	14
70-74岁	7		3	3			24	14	5
75岁及以上	2	2	4	4			4	1	2
男	**282**	**628**	**6448**	**4796**	**679**	**973**	**24696**	**10289**	**2967**
16-19岁		2	5	3	2		42	18	3
20-24岁	5	24	132	105	13	14	596	216	112
25-29岁	12	57	512	382	68	62	2046	836	269
30-34岁	29	108	863	594	122	147	4209	1733	527
35-39岁	35	62	823	595	104	124	3398	1361	393
40-44岁	37	76	918	666	91	161	3651	1496	415
45-49岁	46	107	1201	896	122	183	4022	1683	450
50-54岁	44	88	1075	844	84	147	3823	1650	451
55-59岁	35	92	842	652	67	123	2293	982	293
60-64岁	14	9	56	41	5	10	461	232	36
65-69岁	19	3	15	12	1	2	133	71	12
70-74岁	4		3	3			19	10	5
75岁及以上	2		3	3			3	1	1
女	**112**	**72**	**2059**	**1372**	**246**	**441**	**4156**	**1438**	**595**
16-19岁							7	1	
20-24岁	1	1	51	37	9	5	171	63	20
25-29岁	4	9	211	153	25	33	420	150	68
30-34岁	8	4	336	222	45	69	701	225	122
35-39岁	12	16	303	188	48	67	591	207	88
40-44岁	17	13	389	242	48	99	701	240	103
45-49岁	24	14	532	356	47	129	840	272	120
50-54岁	15	11	195	144	18	33	486	169	53
55-59岁	14	1	34	24	6	4	169	70	12
60-64岁	8	1	4	3		1	45	27	6
65-69岁	6		3	2		1	19	10	2
70-74岁	3						5	4	
75岁及以上		2	1	1			1		1

4–5a 续表 6

单位：人

年龄组 性别	建筑业		批发和零售业			交通运输、仓储和邮政业			
	建筑安装业	建筑装饰、装修和其他建筑业	小计	批发业	零售业	小计	铁路运输业	道路运输业	水上运输业
总计	**2120**	**11443**	**71061**	**14036**	**57025**	**31379**	**4585**	**19676**	**63**
16–19岁	2	25	284	30	254	70	3	19	1
20–24岁	28	328	2707	430	2277	799	109	388	5
25–29岁	191	952	7134	1170	5964	2498	336	1331	6
30–34岁	347	1956	13591	2495	11096	4805	586	2964	10
35–39岁	301	1639	12329	2378	9951	4950	533	3367	14
40–44岁	368	1730	12516	2435	10081	5309	587	3709	7
45–49岁	381	1956	10984	2244	8740	5534	723	3670	8
50–54岁	277	1709	6806	1615	5191	4397	837	2709	5
55–59岁	192	913	3293	856	2437	2634	819	1315	7
60–64岁	28	177	872	217	655	260	39	143	
65–69岁	5	52	397	110	287	94	8	50	
70–74岁		5	108	44	64	19	3	9	
75岁及以上		1	40	12	28	10	2	2	
男	**1893**	**9547**	**32724**	**8507**	**24217**	**26941**	**4045**	**17308**	**49**
16–19岁	2	19	131	22	109	43	3	10	1
20–24岁	25	243	1194	247	947	611	96	294	4
25–29岁	160	781	3255	687	2568	1924	235	1079	3
30–34岁	309	1640	6029	1469	4560	4017	504	2553	9
35–39岁	275	1369	5297	1378	3919	4210	487	2935	12
40–44岁	320	1420	5245	1385	3860	4563	508	3281	4
45–49岁	334	1555	4682	1297	3385	4638	588	3182	5
50–54岁	257	1465	3821	1117	2704	4054	783	2518	5
55–59岁	179	839	2202	642	1560	2543	795	1276	6
60–64岁	28	165	533	149	384	235	37	128	
65–69岁	4	46	246	71	175	80	4	44	
70–74岁		4	68	34	34	17	3	7	
75岁及以上		1	21	9	12	6	2	1	
女	**227**	**1896**	**38337**	**5529**	**32808**	**4438**	**540**	**2368**	**14**
16–19岁		6	153	8	145	27		9	
20–24岁	3	85	1513	183	1330	188	13	94	1
25–29岁	31	171	3879	483	3396	574	101	252	3
30–34岁	38	316	7562	1026	6536	788	82	411	1
35–39岁	26	270	7032	1000	6032	740	46	432	2
40–44岁	48	310	7271	1050	6221	746	79	428	3
45–49岁	47	401	6302	947	5355	896	135	488	3
50–54岁	20	244	2985	498	2487	343	54	191	
55–59岁	13	74	1091	214	877	91	24	39	1
60–64岁		12	339	68	271	25	2	15	
65–69岁	1	6	151	39	112	14	4	6	
70–74岁		1	40	10	30	2		2	
75岁及以上			19	3	16	4		1	

4-5a 续表 7

单位：人

年龄组 性 别	交通运输、仓储和邮政业					住宿和餐饮业		
	航 空 运输业	管 道 运输业	多式联运 和运输 代理业	装卸搬运 和仓储业	邮政业	小计	住宿业	餐饮业
总 计	**432**	**20**	**272**	**2487**	**3844**	**25917**	**2499**	**23418**
16-19岁	4		3	10	30	381	44	337
20-24岁	46	1	13	35	202	1368	147	1221
25-29岁	106	3	30	113	573	2652	182	2470
30-34岁	71	1	45	229	899	4855	356	4499
35-39岁	44	2	47	252	691	3989	294	3695
40-44岁	47	4	42	354	559	4165	400	3765
45-49岁	65	5	43	553	467	3888	429	3459
50-54岁	30	2	34	523	257	2656	339	2317
55-59岁	16	2	12	326	137	1425	224	1201
60-64岁	2		3	57	16	386	61	325
65-69岁	1			28	7	122	15	107
70-74岁				5	2	25	6	19
75岁及以上				2	4	5	2	3
男	**266**	**16**	**202**	**2140**	**2915**	**12806**	**988**	**11818**
16-19岁	1		2	9	17	244	21	223
20-24岁	29	1	9	30	148	848	54	794
25-29岁	58	3	18	92	436	1616	74	1542
30-34岁	42	1	26	204	678	2739	143	2596
35-39岁	26	2	41	199	508	2058	118	1940
40-44岁	29	1	32	286	422	1903	129	1774
45-49岁	42	5	31	449	336	1477	118	1359
50-54岁	22	1	29	480	216	1031	154	877
55-59岁	15	2	11	310	128	671	139	532
60-64岁	1		3	51	15	154	27	127
65-69岁	1			25	6	52	5	47
70-74岁				5	2	11	4	7
75岁及以上					3	2	2	
女	**166**	**4**	**70**	**347**	**929**	**13111**	**1511**	**11600**
16-19岁	3		1	1	13	137	23	114
20-24岁	17		4	5	54	520	93	427
25-29岁	48		12	21	137	1036	108	928
30-34岁	29		19	25	221	2116	213	1903
35-39岁	18		6	53	183	1931	176	1755
40-44岁	18	3	10	68	137	2262	271	1991
45-49岁	23		12	104	131	2411	311	2100
50-54岁	8	1	5	43	41	1625	185	1440
55-59岁	1		1	16	9	754	85	669
60-64岁	1			6	1	232	34	198
65-69岁				3	1	70	10	60
70-74岁						14	2	12
75岁及以上				2	1	3		3

4–5a 续表 8

单位：人

年龄组 性别	信息传输、软件和信息技术服务业				金融业				
	小计	电信、广播电视和卫星传输服务	互联网和相关服务	软件和信息技术服务业	小计	货币金融服务	资本市场服务	保险业	其他金融业
总　计	**8340**	**3626**	**2303**	**2411**	**12834**	**7387**	**585**	**4347**	**515**
16–19岁	63	8	37	18	12	2	1	8	1
20–24岁	769	124	359	286	551	294	25	200	32
25–29岁	1566	433	590	543	1889	1089	84	632	84
30–34岁	2058	824	605	629	2912	1627	143	1002	140
35–39岁	1428	680	333	415	1898	847	124	831	96
40–44岁	1077	616	178	283	1539	738	62	679	60
45–49岁	705	444	114	147	1853	1196	71	527	59
50–54岁	394	290	53	51	1411	995	50	336	30
55–59岁	256	191	29	36	711	564	24	112	11
60–64岁	14	12	1	1	37	23	1	12	1
65–69岁	6	1	3	2	17	10		6	1
70–74岁	2	1	1		1	1			
75岁及以上	2	2			3	1		2	
男	**5221**	**2167**	**1415**	**1639**	**5852**	**3621**	**336**	**1622**	**273**
16–19岁	32	5	16	11	6	1		5	
20–24岁	427	70	172	185	257	140	11	94	12
25–29岁	939	236	366	337	809	442	40	291	36
30–34岁	1253	435	383	435	1214	657	76	399	82
35–39岁	903	363	238	302	809	395	77	291	46
40–44岁	668	360	111	197	612	333	39	205	35
45–49岁	449	278	71	100	779	551	41	156	31
50–54岁	305	226	37	42	728	559	29	120	20
55–59岁	229	180	20	29	601	518	22	52	9
60–64岁	10	10			24	18	1	4	1
65–69岁	2	1		1	11	6		4	1
70–74岁	2	1	1		1	1			
75岁及以上	2	2			1			1	
女	**3119**	**1459**	**888**	**772**	**6982**	**3766**	**249**	**2725**	**242**
16–19岁	31	3	21	7	6	1	1	3	1
20–24岁	342	54	187	101	294	154	14	106	20
25–29岁	627	197	224	206	1080	647	44	341	48
30–34岁	805	389	222	194	1698	970	67	603	58
35–39岁	525	317	95	113	1089	452	47	540	50
40–44岁	409	256	67	86	927	405	23	474	25
45–49岁	256	166	43	47	1074	645	30	371	28
50–54岁	89	64	16	9	683	436	21	216	10
55–59岁	27	11	9	7	110	46	2	60	2
60–64岁	4	2	1	1	13	5		8	
65–69岁	4		3	1	6	4		2	
70–74岁									
75岁及以上					2	1		1	

4-5a　续表 9　　　　单位：人

年龄组 性　别	房地产业		租赁和商务服务业			科学研究和技术服务业			
	小计	房地产业	小计	租赁业	商　务 服务业	小计	研究和 试验发展	专业技术 服务业	科技推广 和应用 服务业
总　计	**10285**	**10285**	**8982**	**762**	**8220**	**6861**	**1197**	**4795**	**869**
16-19岁	41	41	55	6	49	15	1	13	1
20-24岁	485	485	572	28	544	328	45	239	44
25-29岁	1204	1204	1281	105	1176	982	156	704	122
30-34岁	1887	1887	1813	177	1636	1320	211	948	161
35-39岁	1442	1442	1469	135	1334	1105	214	765	126
40-44岁	1236	1236	1242	124	1118	881	179	576	126
45-49岁	1256	1256	1134	97	1037	865	155	590	120
50-54岁	1157	1157	837	56	781	741	120	539	82
55-59岁	1015	1015	452	26	426	558	107	372	79
60-64岁	373	373	85	5	80	44	7	32	5
65-69岁	160	160	28	2	26	17	2	13	2
70-74岁	24	24	9		9	3		2	1
75岁及以上	5	5	5	1	4	2		2	
男	**6189**	**6189**	**5434**	**659**	**4775**	**4517**	**728**	**3236**	**553**
16-19岁	31	31	37	6	31	12	1	10	1
20-24岁	304	304	277	23	254	214	24	163	27
25-29岁	711	711	685	95	590	584	89	420	75
30-34岁	1022	1022	1041	157	884	826	123	601	102
35-39岁	801	801	839	112	727	737	143	514	80
40-44岁	625	625	744	99	645	540	100	363	77
45-49岁	662	662	685	81	604	532	82	385	65
50-54岁	794	794	624	53	571	535	67	412	56
55-59岁	801	801	397	25	372	484	91	329	64
60-64岁	287	287	71	5	66	33	6	23	4
65-69岁	127	127	24	2	22	15	2	12	1
70-74岁	20	20	6		6	3		2	1
75岁及以上	4	4	4	1	3	2		2	
女	**4096**	**4096**	**3548**	**103**	**3445**	**2344**	**469**	**1559**	**316**
16-19岁	10	10	18		18	3		3	
20-24岁	181	181	295	5	290	114	21	76	17
25-29岁	493	493	596	10	586	398	67	284	47
30-34岁	865	865	772	20	752	494	88	347	59
35-39岁	641	641	630	23	607	368	71	251	46
40-44岁	611	611	498	25	473	341	79	213	49
45-49岁	594	594	449	16	433	333	73	205	55
50-54岁	363	363	213	3	210	206	53	127	26
55-59岁	214	214	55	1	54	74	16	43	15
60-64岁	86	86	14		14	11	1	9	1
65-69岁	33	33	4		4	2		1	1
70-74岁	4	4	3		3				
75岁及以上	1	1	1		1				

4-5a 续表 10 单位：人

年龄组 性 别	水利、环境和公共设施管理业					居民服务、修理和其他服务业			
	小计	水 利 管理业	生态保护 和环境 治理业	公共设施 管理业	土 地 管理业	小计	居 民 服务业	机动车、 电子产品 和日用产 品修理业	其 他 服务业
总 计	**4495**	**294**	**224**	**3921**	**56**	**18871**	**12643**	**4409**	**1819**
16-19岁						318	218	85	15
20-24岁	54	3	9	39	3	1183	811	291	81
25-29岁	252	20	28	191	13	2121	1396	615	110
30-34岁	377	19	33	314	11	3405	2233	982	190
35-39岁	440	34	34	367	5	2703	1775	743	185
40-44岁	576	60	28	483	5	2499	1686	570	243
45-49岁	803	73	44	676	10	2584	1784	476	324
50-54岁	792	42	21	722	7	2128	1413	380	335
55-59岁	748	35	24	688	1	1264	856	195	213
60-64岁	303	3	1	298	1	428	299	38	91
65-69岁	127	2	1	124		161	112	26	23
70-74岁	19	3	1	15		59	47	5	7
75岁及以上	4			4		18	13	3	2
男	**2995**	**199**	**165**	**2600**	**31**	**8911**	**4440**	**3657**	**814**
16-19岁						190	95	85	10
20-24岁	35	2	6	25	2	622	319	261	42
25-29岁	186	15	22	143	6	1171	580	542	49
30-34岁	259	14	23	213	9	1772	847	821	104
35-39岁	284	21	27	235	1	1369	669	609	91
40-44岁	348	39	21	286	2	1090	540	451	99
45-49岁	451	42	28	374	7	968	504	350	114
50-54岁	515	32	15	466	2	869	437	312	120
55-59岁	585	28	20	536	1	580	302	168	110
60-64岁	219	2	1	215	1	178	91	34	53
65-69岁	96	2	1	93		68	36	17	15
70-74岁	14	2	1	11		26	16	4	6
75岁及以上	3			3		8	4	3	1
女	**1500**	**95**	**59**	**1321**	**25**	**9960**	**8203**	**752**	**1005**
16-19岁						128	123		5
20-24岁	19	1	3	14	1	561	492	30	39
25-29岁	66	5	6	48	7	950	816	73	61
30-34岁	118	5	10	101	2	1633	1386	161	86
35-39岁	156	13	7	132	4	1334	1106	134	94
40-44岁	228	21	7	197	3	1409	1146	119	144
45-49岁	352	31	16	302	3	1616	1280	126	210
50-54岁	277	10	6	256	5	1259	976	68	215
55-59岁	163	7	4	152		684	554	27	103
60-64岁	84	1		83		250	208	4	38
65-69岁	31			31		93	76	9	8
70-74岁	5	1		4		33	31	1	1
75岁及以上	1			1		10	9		1

4-5a 续表 11

单位：人

年龄组 性 别	教育		卫生和社会工作			文化、体育和娱乐业				
	小计	教育	小计	卫生	社会工作	小计	新闻和出版业	广播、电视、电影和录音制作业	文 化 艺术业	体育
总 计	**29298**	**29298**	**18351**	**17498**	**853**	**5000**	**601**	**963**	**1040**	**703**
16-19岁	169	169	82	81	1	100		7	11	13
20-24岁	1889	1889	1265	1245	20	502	23	90	53	102
25-29岁	3631	3631	2628	2580	48	782	72	144	133	143
30-34岁	4511	4511	3536	3460	76	902	76	209	170	142
35-39岁	4191	4191	2656	2563	93	714	108	177	144	83
40-44岁	4599	4599	2324	2189	135	610	97	118	146	67
45-49岁	4167	4167	2404	2253	151	570	105	83	143	46
50-54岁	3424	3424	1866	1731	135	413	64	69	116	58
55-59岁	2412	2412	1151	1028	123	327	50	59	108	34
60-64岁	201	201	260	215	45	52	4	6	9	9
65-69岁	61	61	123	99	24	22	2	1	6	5
70-74岁	22	22	35	33	2	4			1	1
75岁及以上	21	21	21	21		2				
男	**9121**	**9121**	**5612**	**5288**	**324**	**2635**	**286**	**540**	**469**	**395**
16-19岁	56	56	13	13		57		5	1	9
20-24岁	393	393	257	252	5	262	3	48	22	51
25-29岁	835	835	512	491	21	420	23	70	53	83
30-34岁	1142	1142	835	808	27	468	27	110	78	82
35-39岁	1157	1157	848	803	45	368	47	101	63	45
40-44岁	1339	1339	823	771	52	273	47	62	53	34
45-49岁	1319	1319	774	732	42	278	61	42	60	22
50-54岁	1288	1288	727	678	49	228	37	47	52	35
55-59岁	1401	1401	611	557	54	229	38	49	74	24
60-64岁	131	131	118	100	18	36	2	5	7	7
65-69岁	33	33	56	46	10	13	1	1	5	2
70-74岁	14	14	21	20	1	3			1	1
75岁及以上	13	13	17	17						
女	**20177**	**20177**	**12739**	**12210**	**529**	**2365**	**315**	**423**	**571**	**308**
16-19岁	113	113	69	68	1	43		2	10	4
20-24岁	1496	1496	1008	993	15	240	20	42	31	51
25-29岁	2796	2796	2116	2089	27	362	49	74	80	60
30-34岁	3369	3369	2701	2652	49	434	49	99	92	60
35-39岁	3034	3034	1808	1760	48	346	61	76	81	38
40-44岁	3260	3260	1501	1418	83	337	50	56	93	33
45-49岁	2848	2848	1630	1521	109	292	44	41	83	24
50-54岁	2136	2136	1139	1053	86	185	27	22	64	23
55-59岁	1011	1011	540	471	69	98	12	10	34	10
60-64岁	70	70	142	115	27	16	2	1	2	2
65-69岁	28	28	67	53	14	9	1		1	3
70-74岁	8	8	14	13	1	1				
75岁及以上	8	8	4	4		2				

4-5a 续表 12　　　　单位：人

年龄组 性 别	娱乐业	公共管理、社会保障和社会组织							国际组织	
		小计	中国共产党机关	国家机构	人民政协、民主党派	社会保障	群众团体、社会团体和其他成员组织	基层群众自治组织	小计	国际组织
总　计	**1693**	**32199**	**1247**	**27374**	**146**	**296**	**674**	**2462**	**3**	**3**
16-19岁	69	18		16			1	1		
20-24岁	234	906	13	841	4	10	11	27		
25-29岁	290	3486	141	3101		49	58	137		
30-34岁	305	5083	273	4290	17	63	106	334		
35-39岁	202	4255	184	3491	13	48	109	410	1	1
40-44岁	182	5132	209	4256	21	45	99	502		
45-49岁	193	5459	188	4490	23	35	119	604	2	2
50-54岁	106	4167	131	3692	23	30	85	206		
55-59岁	76	3345	100	2946	42	15	72	170		
60-64岁	24	225	4	173	3	1	7	37		
65-69岁	8	81	3	50			5	23		
70-74岁	2	27		18				9		
75岁及以上	2	15	1	10			2	2		
男	**945**	**19924**	**855**	**17853**	**91**	**135**	**299**	**691**	**1**	**1**
16-19岁	42	15		14				1		
20-24岁	138	591	8	564	2	5	4	8		
25-29岁	191	1969	77	1822		18	18	34		
30-34岁	171	2801	169	2489	5	23	39	76		
35-39岁	112	2426	133	2150	4	20	48	71		
40-44岁	77	2844	145	2530	11	22	49	87		
45-49岁	93	3103	135	2793	16	14	42	103	1	1
50-54岁	57	2954	96	2657	13	23	42	123		
55-59岁	44	2958	88	2638	37	9	51	135		
60-64岁	15	177	2	135	3	1	5	31		
65-69岁	4	55	2	38			1	14		
70-74岁	1	22		15				7		
75岁及以上		9		8				1		
女	**748**	**12275**	**392**	**9521**	**55**	**161**	**375**	**1771**	**2**	**2**
16-19岁	27	3		2			1			
20-24岁	96	315	5	277	2	5	7	19		
25-29岁	99	1517	64	1279		31	40	103		
30-34岁	134	2282	104	1801	12	40	67	258		
35-39岁	90	1829	51	1341	9	28	61	339	1	1
40-44岁	105	2288	64	1726	10	23	50	415		
45-49岁	100	2356	53	1697	7	21	77	501	1	1
50-54岁	49	1213	35	1035	10	7	43	83		
55-59岁	32	387	12	308	5	6	21	35		
60-64岁	9	48	2	38			2	6		
65-69岁	4	26	1	12			4	9		
70-74岁	1	5		3				2		
75岁及以上	2	6	1	2			2	1		

4-5b 全省分年龄、性别、行业大类的就业人口(镇)

单位：人

年龄组 性别	合计	农、林、牧、渔业						采矿业	
		小计	农业	林业	畜牧业	渔业	农、林、牧、渔专业及辅助性活动	小计	煤炭开采和洗选业
总　计	**189831**	**27527**	**23809**	**2014**	**1204**	**141**	**359**	**1676**	**430**
16-19岁	1103	76	74		2				
20-24岁	7383	338	305	10	16	3	4	16	1
25-29岁	19091	1215	1077	54	65	7	12	67	10
30-34岁	33760	2820	2539	111	128	14	28	192	27
35-39岁	26735	2779	2467	121	144	14	33	155	29
40-44岁	26911	3295	2831	263	140	24	37	257	42
45-49岁	27757	4256	3469	483	192	22	90	403	98
50-54岁	23598	4844	3929	595	215	31	74	364	143
55-59岁	14935	3584	3041	338	131	18	56	178	58
60-64岁	4706	2119	1982	16	91	8	22	31	15
65-69岁	2704	1509	1444	9	54		2	12	6
70-74岁	808	494	467	7	19		1	1	1
75岁及以上	340	198	184	7	7				
男	**113416**	**17205**	**14352**	**1621**	**859**	**105**	**268**	**1393**	**398**
16-19岁	764	54	52		2				
20-24岁	4174	221	195	7	14	2	3	14	1
25-29岁	10719	759	657	39	48	6	9	51	9
30-34岁	19540	1794	1579	80	101	12	22	148	24
35-39岁	15405	1757	1523	92	110	10	22	125	22
40-44岁	15243	2068	1745	181	98	19	25	195	39
45-49岁	15873	2590	2037	340	136	13	64	307	91
50-54岁	15311	3060	2306	530	143	23	58	346	140
55-59岁	10823	2251	1779	323	87	14	48	167	53
60-64岁	3040	1258	1161	14	63	6	14	30	14
65-69岁	1780	939	893	5	39		2	9	4
70-74岁	531	325	306	5	13		1	1	1
75岁及以上	213	129	119	5	5				
女	**76415**	**10322**	**9457**	**393**	**345**	**36**	**91**	**283**	**32**
16-19岁	339	22	22						
20-24岁	3209	117	110	3	2	1	1	2	
25-29岁	8372	456	420	15	17	1	3	16	1
30-34岁	14220	1026	960	31	27	2	6	44	3
35-39岁	11330	1022	944	29	34	4	11	30	7
40-44岁	11668	1227	1086	82	42	5	12	62	3
45-49岁	11884	1666	1432	143	56	9	26	96	7
50-54岁	8287	1784	1623	65	72	8	16	18	3
55-59岁	4112	1333	1262	15	44	4	8	11	5
60-64岁	1666	861	821	2	28	2	8	1	1
65-69岁	924	570	551	4	15			3	2
70-74岁	277	169	161	2	6				
75岁及以上	127	69	65	2	2				

4–5b　续表 1　　　　单位：人

年龄组 性　别	采矿业						制造业		
	石油和天然气开采业	黑色金属矿采选业	有色金属矿采选业	非金属矿采选业	开采专业及辅助性活　动	其　他采矿业	小计	农副食品加工业	食　品制造业
总　计	**486**	**31**	**374**	**130**	**223**	**2**	**24752**	**1363**	**1025**
16–19岁							338	4	9
20–24岁	4		4	1	6		1215	31	51
25–29岁	21	1	9	7	19		2916	79	101
30–34岁	66	2	32	18	46	1	5408	195	186
35–39岁	54	1	36	18	17		3679	197	164
40–44岁	84	2	71	17	41		3480	217	172
45–49岁	140	7	97	17	43	1	3359	234	166
50–54岁	74	9	79	26	33		2507	217	103
55–59岁	40	7	42	17	14		1357	113	55
60–64岁	2	2	4	6	2		295	37	12
65–69岁	1			3	2		140	30	5
70–74岁							34	4	
75岁及以上							24	5	1
男	**363**	**28**	**308**	**116**	**179**	**1**	**17370**	**903**	**492**
16–19岁							294	2	4
20–24岁	2		4	1	6		972	19	26
25–29岁	14	1	6	6	15		2189	56	51
30–34岁	42	2	26	15	38	1	3894	133	95
35–39岁	43	1	30	17	12		2426	124	80
40–44岁	59	1	52	14	30		2174	133	67
45–49岁	93	6	73	14	30		2081	148	72
50–54岁	69	9	73	24	31		1875	150	55
55–59岁	38	6	40	17	13		1125	85	33
60–64岁	2	2	4	6	2		206	26	6
65–69岁	1			2	2		99	23	3
70–74岁							22	2	
75岁及以上							13	2	
女	**123**	**3**	**66**	**14**	**44**	**1**	**7382**	**460**	**533**
16–19岁							44	2	5
20–24岁	2						243	12	25
25–29岁	7		3	1	4		727	23	50
30–34岁	24		6	3	8		1514	62	91
35–39岁	11		6	1	5		1253	73	84
40–44岁	25	1	19	3	11		1306	84	105
45–49岁	47	1	24	3	13	1	1278	86	94
50–54岁	5		6	2	2		632	67	48
55–59岁	2	1	2		1		232	28	22
60–64岁							89	11	6
65–69岁				1			41	7	2
70–74岁							12	2	
75岁及以上							11	3	1

4-5b　续表 2　　　　单位：人

年龄组 性　别	制造业								
	酒、饮料和精制茶制造业	烟　草制品业	纺织业	纺织服装、服饰业	皮革、毛皮、羽毛及其制品和制鞋业	木材加工和木、竹、藤、棕、草制品业	家　具制造业	造纸和纸制品业	印刷和记录媒介复制业
总　计	**703**	**95**	**126**	**481**	**31**	**791**	**356**	**192**	**259**
16-19岁	2				1	2	2		1
20-24岁	12	3	4	9	2	10	4	1	12
25-29岁	83	13	1	31	2	30	27	10	18
30-34岁	122	10	9	74	4	100	70	27	46
35-39岁	106	13	14	78	5	92	54	28	49
40-44岁	120	11	21	91	1	116	53	27	41
45-49岁	118	12	33	84	6	157	62	36	41
50-54岁	58	16	23	62	8	164	41	37	27
55-59岁	58	17	14	32	2	90	32	22	16
60-64岁	15		2	13		22	4	4	3
65-69岁	6		4	3		5	4		3
70-74岁	2			2		3	2		
75岁及以上	1		1	2			1		2
男	**505**	**68**	**55**	**127**	**13**	**546**	**240**	**131**	**131**
16-19岁	2				1	2	2		
20-24岁	11	3	3	5	1	8	3	1	10
25-29岁	54	8	1	11	2	22	19	6	7
30-34岁	95	6	6	20	2	69	44	15	20
35-39岁	75	6	7	21	1	63	34	16	21
40-44岁	71	8	7	10	1	71	36	17	21
45-49岁	81	8	10	22	3	94	43	25	21
50-54岁	48	12	8	18	1	118	28	30	17
55-59岁	51	17	11	14	1	77	23	19	10
60-64岁	13		1	5		15	2	2	1
65-69岁	3		1	1		4	3		2
70-74岁						3	2		
75岁及以上	1						1		1
女	**198**	**27**	**71**	**354**	**18**	**245**	**116**	**61**	**128**
16-19岁									1
20-24岁	1		1	4	1	2	1		2
25-29岁	29	5		20		8	8	4	11
30-34岁	27	4	3	54	2	31	26	12	26
35-39岁	31	7	7	57	4	29	20	12	28
40-44岁	49	3	14	81		45	17	10	20
45-49岁	37	4	23	62	3	63	19	11	20
50-54岁	10	4	15	44	7	46	13	7	10
55-59岁	7		3	18	1	13	9	3	6
60-64岁	2		1	8		7	2	2	2
65-69岁	3		3	2		1	1		1
70-74岁	2			2					
75岁及以上			1	2					1

4-5b 续表 3 单位：人

年龄组 性 别	制造业 文教、工美、体育和娱乐用品制造业	石油、煤炭及其他燃料加工业	化学原料和化学制品制造业	医 药 制造业	化学纤维 制造业	橡胶和塑 料 制品业	非金属矿 物 制品业	黑色金属冶炼和压延加工业	有色金属冶炼和压延加工业
总 计	**134**	**228**	**748**	**1789**	**341**	**488**	**1058**	**425**	**100**
16-19岁	1			8	2	2	4		
20-24岁	1	4	10	72	33	14	23	20	2
25-29岁	12	17	44	182	57	29	77	38	7
30-34岁	18	44	101	344	72	109	153	57	17
35-39岁	32	29	86	267	41	82	146	60	10
40-44岁	25	41	115	301	53	72	175	74	7
45-49岁	21	47	189	284	45	84	161	86	24
50-54岁	10	34	124	196	36	55	172	63	26
55-59岁	8	12	64	93	2	29	100	21	6
60-64岁	3		9	28		6	34	2	1
65-69岁	3		3	9		3	9	4	
70-74岁			3	4		1	2		
75岁及以上				1		2	2		
男	**65**	**174**	**562**	**846**	**228**	**315**	**859**	**361**	**77**
16-19岁				3	1	2	4		
20-24岁		2	8	38	26	11	19	19	2
25-29岁	8	14	33	85	47	17	59	36	5
30-34岁	11	33	72	159	40	67	120	51	10
35-39岁	12	22	56	123	25	54	115	48	8
40-44岁	9	33	78	128	25	47	141	64	3
45-49岁	10	28	138	112	29	48	128	66	19
50-54岁	6	30	103	112	34	41	146	57	25
55-59岁	5	12	61	65	1	20	89	18	5
60-64岁	2		8	15		3	27	1	
65-69岁	2		2	4		2	7	1	
70-74岁			3	1		1	2		
75岁及以上				1		2	2		
女	**69**	**54**	**186**	**943**	**113**	**173**	**199**	**64**	**23**
16-19岁	1			5	1				
20-24岁	1	2	2	34	7	3	4	1	
25-29岁	4	3	11	97	10	12	18	2	2
30-34岁	7	11	29	185	32	42	33	6	7
35-39岁	20	7	30	144	16	28	31	12	2
40-44岁	16	8	37	173	28	25	34	10	4
45-49岁	11	19	51	172	16	36	33	20	5
50-54岁	4	4	21	84	2	14	26	6	1
55-59岁	3		3	28	1	9	11	3	1
60-64岁	1		1	13		3	7	1	1
65-69岁	1		1	5		1	2	3	
70-74岁				3					
75岁及以上									

4-5b　续表 4　　单位：人

年龄组 性　别	制造业								
	金　属 制品业	通用设备 制造业	专用设备 制造业	汽　车 制造业	铁路、船舶、航空航天和其他运输设备制造业	电气机械和器材制造业	计算机、通信和其他电子设备制造业	仪器仪表 制造业	其　他 制造业
总　计	**1041**	**981**	**493**	**9646**	**347**	**397**	**452**	**137**	**60**
16-19岁	7	8		265	1	5	5	8	
20-24岁	19	46	28	673	15	23	42	13	5
25-29岁	106	110	60	1523	64	66	75	8	7
30-34岁	247	238	152	2601	101	82	122	40	6
35-39岁	154	146	74	1458	61	58	92	25	16
40-44岁	175	139	55	1137	28	66	56	12	9
45-49岁	143	111	48	944	37	51	34	13	10
50-54岁	101	104	44	648	21	25	11	8	4
55-59岁	62	60	23	339	14	13	8	7	1
60-64岁	14	9	7	42	3	6	5	2	
65-69岁	10	8	2	9	2	2	2	1	2
70-74岁	2	2		4					
75岁及以上	1			3					
男	**870**	**760**	**319**	**7404**	**258**	**274**	**279**	**96**	**38**
16-19岁	7	8		239	1	5	4	6	
20-24岁	18	40	13	582	14	18	32	10	3
25-29岁	88	95	40	1254	46	43	41	5	5
30-34岁	210	194	92	2041	76	55	79	28	5
35-39岁	125	104	40	1059	42	41	52	14	9
40-44岁	145	99	38	771	17	42	31	8	4
45-49岁	116	68	37	596	26	30	21	7	8
50-54岁	90	84	32	520	19	21	6	8	1
55-59岁	50	54	20	302	13	12	7	7	1
60-64岁	10	8	6	30	2	5	4	2	
65-69岁	8	4	1	8	2	2	2	1	2
70-74岁	2	2		2					
75岁及以上	1								
女	**171**	**221**	**174**	**2242**	**89**	**123**	**173**	**41**	**22**
16-19岁				26			1	2	
20-24岁	1	6	15	91	1	5	10	3	2
25-29岁	18	15	20	269	18	23	34	3	2
30-34岁	37	44	60	560	25	27	43	12	1
35-39岁	29	42	34	399	19	17	40	11	7
40-44岁	30	40	17	366	11	24	25	4	5
45-49岁	27	43	11	348	11	21	13	6	2
50-54岁	11	20	12	128	2	4	5		3
55-59岁	12	6	3	37	1	1	1		
60-64岁	4	1	1	12	1	1	1		
65-69岁	2	4	1	1					
70-74岁				2					
75岁及以上				3					

4-5b 续表 5

单位：人

年龄组 性别	制造业		电力、热力、燃气及水生产和供应业				建筑业		
	废弃资源综合利用业	金属制品、机械和设备修理业	小计	电力、热力生产和供应业	燃气生产和供应业	水的生产和供应业	小计	房屋建筑业	土木工程建筑业
总计	**136**	**329**	**3511**	**2580**	**335**	**596**	**12672**	**5981**	**1889**
16-19岁		1	4	3	1		31	15	8
20-24岁	2	31	81	68	5	8	337	141	59
25-29岁	6	33	277	211	34	32	1075	464	191
30-34岁	21	40	565	385	71	109	2271	995	382
35-39岁	15	27	474	350	52	72	1800	749	299
40-44岁	20	50	496	369	51	76	1893	864	268
45-49岁	21	57	648	465	54	129	1978	1001	248
50-54岁	24	45	544	402	41	101	1870	968	246
55-59岁	10	34	360	284	21	55	1049	554	150
60-64岁	5	7	43	31	3	9	260	168	23
65-69岁	7	4	14	8	2	4	87	50	10
70-74岁	3		3	2		1	15	9	3
75岁及以上	2		2	2			6	3	2
男	**97**	**277**	**2736**	**2078**	**249**	**409**	**10824**	**5223**	**1558**
16-19岁		1	2	2			29	13	8
20-24岁	2	25	58	51	3	4	260	104	47
25-29岁	5	26	208	159	27	22	875	382	148
30-34岁	16	30	417	296	54	67	1906	872	304
35-39岁	9	20	355	270	37	48	1533	654	239
40-44岁	10	39	368	288	34	46	1572	752	209
45-49岁	15	52	468	358	38	72	1674	849	211
50-54岁	15	40	458	339	32	87	1676	879	220
55-59岁	9	33	350	278	20	52	970	510	139
60-64岁	5	7	36	27	2	7	235	153	22
65-69岁	7	4	12	7	2	3	75	44	7
70-74岁	2		2	1		1	14	8	3
75岁及以上	2		2	2			5	3	1
女	**39**	**52**	**775**	**502**	**86**	**187**	**1848**	**758**	**331**
16-19岁			2	1	1		2	2	
20-24岁		6	23	17	2	4	77	37	12
25-29岁	1	7	69	52	7	10	200	82	43
30-34岁	5	10	148	89	17	42	365	123	78
35-39岁	6	7	119	80	15	24	267	95	60
40-44岁	10	11	128	81	17	30	321	112	59
45-49岁	6	5	180	107	16	57	304	152	37
50-54岁	9	5	86	63	9	14	194	89	26
55-59岁	1	1	10	6	1	3	79	44	11
60-64岁			7	4	1	2	25	15	1
65-69岁			2	1		1	12	6	3
70-74岁	1		1	1			1	1	
75岁及以上							1		1

4-5b 续表 6

单位：人

年龄组 性别	建筑业		批发和零售业			交通运输、仓储和邮政业			
	建筑安装业	建筑装饰、装修和其他建筑业	小计	批发业	零售业	小计	铁路运输业	道路运输业	水上运输业
总 计	**681**	**4121**	**27748**	**5818**	**21930**	**12858**	**542**	**8863**	**20**
16-19岁	1	7	91	12	79	37	1	15	
20-24岁	20	117	960	149	811	382	20	197	3
25-29岁	63	357	2882	526	2356	1130	43	661	1
30-34岁	109	785	5454	1021	4433	2279	69	1584	1
35-39岁	94	658	4545	946	3599	2059	57	1535	3
40-44岁	107	654	4368	890	3478	2176	70	1617	5
45-49岁	119	610	4080	926	3154	2130	81	1536	2
50-54岁	102	554	2869	721	2148	1592	112	1085	5
55-59岁	52	293	1525	399	1126	856	79	512	
60-64岁	7	62	590	128	462	149	5	88	
65-69岁	6	21	275	65	210	47	3	28	
70-74岁	1	2	78	26	52	15	2	4	
75岁及以上		1	31	9	22	6		1	
男	**601**	**3442**	**13234**	**3593**	**9641**	**10811**	**491**	**7714**	**19**
16-19岁	1	7	46	8	38	30	1	14	
20-24岁	17	92	454	90	364	280	16	144	3
25-29岁	52	293	1343	313	1030	870	36	535	
30-34岁	94	636	2503	617	1886	1814	57	1320	1
35-39岁	82	558	1996	537	1459	1722	52	1336	3
40-44岁	94	517	1928	540	1388	1845	63	1425	5
45-49岁	105	509	1884	571	1313	1809	76	1341	2
50-54岁	96	481	1568	479	1089	1456	106	1004	5
55-59岁	48	273	935	281	654	800	77	484	
60-64岁	6	54	354	93	261	134	3	83	
65-69岁	5	19	167	45	122	41	3	25	
70-74岁	1	2	42	16	26	9	1	3	
75岁及以上		1	14	3	11	1			
女	**80**	**679**	**14514**	**2225**	**12289**	**2047**	**51**	**1149**	**1**
16-19岁			45	4	41	7		1	
20-24岁	3	25	506	59	447	102	4	53	
25-29岁	11	64	1539	213	1326	260	7	126	1
30-34岁	15	149	2951	404	2547	465	12	264	
35-39岁	12	100	2549	409	2140	337	5	199	
40-44岁	13	137	2440	350	2090	331	7	192	
45-49岁	14	101	2196	355	1841	321	5	195	
50-54岁	6	73	1301	242	1059	136	6	81	
55-59岁	4	20	590	118	472	56	2	28	
60-64岁	1	8	236	35	201	15	2	5	
65-69岁	1	2	108	20	88	6		3	
70-74岁			36	10	26	6	1	1	
75岁及以上			17	6	11	5		1	

4-5b 续表 7

单位：人

年龄组 性 别	交通运输、仓储和邮政业					住宿和餐饮业		
	航 空 运输业	管 道 运输业	多式联运 和运输 代理业	装卸搬运 和仓储业	邮政业	小计	住宿业	餐饮业
总 计	**290**	**4**	**101**	**1403**	**1635**	**11047**	**1259**	**9788**
16-19岁	2		1	3	15	149	12	137
20-24岁	22		8	21	111	555	71	484
25-29岁	61	1	8	69	286	1137	130	1007
30-34岁	70		22	129	404	2102	168	1934
35-39岁	36		18	138	272	1698	164	1534
40-44岁	34	1	18	211	220	1679	162	1517
45-49岁	35	1	15	292	168	1659	208	1451
50-54岁	19	1	6	268	96	1203	184	1019
55-59岁	10		5	201	49	614	107	507
60-64岁				48	8	167	34	133
65-69岁				13	3	61	13	48
70-74岁				7	2	15	4	11
75岁及以上	1			3	1	8	2	6
男	**182**	**4**	**79**	**1143**	**1179**	**5309**	**512**	**4797**
16-19岁	2		1	3	9	112	10	102
20-24岁	13		5	14	85	333	25	308
25-29岁	33	1	5	52	208	655	58	597
30-34岁	43		15	106	272	1122	70	1052
35-39岁	21		15	104	191	830	58	772
40-44岁	20	1	15	158	158	747	54	693
45-49岁	27	1	12	230	120	635	71	564
50-54岁	15	1	6	237	82	470	71	399
55-59岁	8		5	181	45	285	63	222
60-64岁				42	6	76	20	56
65-69岁				11	2	32	9	23
70-74岁				4	1	7	2	5
75岁及以上				1		5	1	4
女	**108**		**22**	**260**	**456**	**5738**	**747**	**4991**
16-19岁					6	37	2	35
20-24岁	9		3	7	26	222	46	176
25-29岁	28		3	17	78	482	72	410
30-34岁	27		7	23	132	980	98	882
35-39岁	15		3	34	81	868	106	762
40-44岁	14		3	53	62	932	108	824
45-49岁	8		3	62	48	1024	137	887
50-54岁	4			31	14	733	113	620
55-59岁	2			20	4	329	44	285
60-64岁				6	2	91	14	77
65-69岁				2	1	29	4	25
70-74岁				3	1	8	2	6
75岁及以上	1			2	1	3	1	2

4-5b 续表 8

单位：人

年龄组 性别	信息传输、软件和信息技术服务业				金融业				
	小计	电信、广播电视和卫星传输服务	互联网和相关服务	软件和信息技术服务业	小计	货币金融服务	资本市场服务	保险业	其他金融业
总　计	**3413**	**1419**	**749**	**1245**	**4784**	**2986**	**185**	**1406**	**207**
16-19岁	19	5	8	6	4	1		3	
20-24岁	287	59	109	119	191	118	6	56	11
25-29岁	643	174	185	284	718	449	38	194	37
30-34岁	930	311	228	391	1146	696	34	355	61
35-39岁	638	279	107	252	745	389	49	266	41
40-44岁	381	217	51	113	521	251	22	228	20
45-49岁	252	170	41	41	619	402	20	176	21
50-54岁	166	128	13	25	514	407	10	88	9
55-59岁	89	71	6	12	293	251	5	32	5
60-64岁	5	3	1	1	22	14		6	2
65-69岁	2	1		1	9	6	1	2	
70-74岁									
75岁及以上	1	1			2	2			
男	**2150**	**843**	**466**	**841**	**2252**	**1549**	**100**	**492**	**111**
16-19岁	9		5	4					
20-24岁	167	30	63	74	76	48	2	21	5
25-29岁	390	91	116	183	313	178	22	91	22
30-34岁	567	147	142	278	497	307	17	138	35
35-39岁	379	150	64	165	313	190	23	82	18
40-44岁	248	135	35	78	213	128	11	65	9
45-49岁	176	122	24	30	269	201	12	45	11
50-54岁	131	103	11	17	296	254	8	29	5
55-59岁	76	61	5	10	254	228	5	16	5
60-64岁	4	2	1	1	13	9		3	1
65-69岁	2	1		1	6	4		2	
70-74岁									
75岁及以上	1	1			2	2			
女	**1263**	**576**	**283**	**404**	**2532**	**1437**	**85**	**914**	**96**
16-19岁	10	5	3	2	4	1		3	
20-24岁	120	29	46	45	115	70	4	35	6
25-29岁	253	83	69	101	405	271	16	103	15
30-34岁	363	164	86	113	649	389	17	217	26
35-39岁	259	129	43	87	432	199	26	184	23
40-44岁	133	82	16	35	308	123	11	163	11
45-49岁	76	48	17	11	350	201	8	131	10
50-54岁	35	25	2	8	218	153	2	59	4
55-59岁	13	10	1	2	39	23		16	
60-64岁	1	1			9	5		3	1
65-69岁					3	2	1		
70-74岁									
75岁及以上									

4－5b 续表 9

单位：人

年龄组 性　别	房地产业		租赁和商务服务业			科学研究和技术服务业			
	小计	房地产业	小计	租赁业	商　务 服务业	小计	研究和 试验发展	专业技术 服务业	科技推广 和应用 服务业
总　计	**4148**	**4148**	**3889**	**441**	**3448**	**3260**	**777**	**1965**	**518**
16－19岁	23	23	16	1	15	5		4	1
20－24岁	220	220	227	20	207	193	45	127	21
25－29岁	533	533	565	78	487	478	109	301	68
30－34岁	810	810	876	106	770	788	184	517	87
35－39岁	565	565	660	63	597	579	157	324	98
40－44岁	446	446	494	60	434	381	97	215	69
45－49岁	444	444	465	57	408	288	66	164	58
50－54岁	421	421	293	36	257	294	55	176	63
55－59岁	380	380	210	13	197	217	61	110	46
60－64岁	180	180	42	3	39	22		17	5
65－69岁	100	100	31	4	27	14	2	10	2
70－74岁	24	24	6		6				
75岁及以上	2	2	4		4	1	1		
男	**2398**	**2398**	**2343**	**391**	**1952**	**2128**	**485**	**1326**	**317**
16－19岁	17	17	14	1	13	5		4	1
20－24岁	132	132	103	19	84	126	27	88	11
25－29岁	279	279	323	74	249	302	69	194	39
30－34岁	431	431	493	95	398	485	111	329	45
35－39岁	312	312	379	52	327	374	99	215	60
40－44岁	230	230	289	51	238	230	52	136	42
45－49岁	225	225	290	46	244	184	41	108	35
50－54岁	272	272	216	35	181	202	35	128	39
55－59岁	259	259	177	12	165	191	49	102	40
60－64岁	133	133	31	3	28	15		12	3
65－69岁	86	86	22	3	19	14	2	10	2
70－74岁	21	21	3		3				
75岁及以上	1	1	3		3				
女	**1750**	**1750**	**1546**	**50**	**1496**	**1132**	**292**	**639**	**201**
16－19岁	6	6	2		2				
20－24岁	88	88	124	1	123	67	18	39	10
25－29岁	254	254	242	4	238	176	40	107	29
30－34岁	379	379	383	11	372	303	73	188	42
35－39岁	253	253	281	11	270	205	58	109	38
40－44岁	216	216	205	9	196	151	45	79	27
45－49岁	219	219	175	11	164	104	25	56	23
50－54岁	149	149	77	1	76	92	20	48	24
55－59岁	121	121	33	1	32	26	12	8	6
60－64岁	47	47	11		11	7		5	2
65－69岁	14	14	9	1	8				
70－74岁	3	3	3		3				
75岁及以上	1	1	1		1	1	1		

4-5b　续表 10　　　　单位：人

年龄组 性　别	水利、环境和公共设施管理业					居民服务、修理和其他服务业			
	小计	水　利 管理业	生态保护 和环境 治理业	公共设施 管理业	土　地 管理业	小计	居　民 服务业	机动车、 电子产品 和日用产 品修理业	其　他 服务业
总　计	**2142**	**180**	**111**	**1830**	**21**	**7990**	**4858**	**2381**	**751**
16-19岁						115	71	41	3
20-24岁	42	3	3	35	1	493	303	168	22
25-29岁	118	12	16	89	1	895	530	311	54
30-34岁	243	23	20	195	5	1558	921	546	91
35-39岁	206	20	10	172	4	1234	725	427	82
40-44岁	268	28	15	221	4	1057	651	316	90
45-49岁	349	42	14	292	1	1003	648	219	136
50-54岁	352	34	20	295	3	835	515	196	124
55-59岁	320	15	11	292	2	480	303	97	80
60-64岁	161		1	160		182	103	36	43
65-69岁	72	2	1	69		97	57	22	18
70-74岁	10			10		29	21	2	6
75岁及以上	1	1				12	10		2
男	**1486**	**134**	**89**	**1250**	**13**	**4044**	**1753**	**1943**	**348**
16-19岁						76	33	41	2
20-24岁	25	1	3	20	1	301	135	154	12
25-29岁	81	8	15	57	1	505	200	268	37
30-34岁	158	15	14	127	2	844	354	440	50
35-39岁	134	16	6	109	3	659	276	348	35
40-44岁	170	18	11	138	3	489	206	246	37
45-49岁	215	32	11	171	1	404	203	164	37
50-54岁	243	27	17	199		359	162	153	44
55-59岁	262	15	10	235	2	244	119	79	46
60-64岁	131		1	130		92	34	30	28
65-69岁	59	1	1	57		55	21	18	16
70-74岁	7			7		10	5	2	3
75岁及以上	1	1				6	5		1
女	**656**	**46**	**22**	**580**	**8**	**3946**	**3105**	**438**	**403**
16-19岁						39	38		1
20-24岁	17	2		15		192	168	14	10
25-29岁	37	4	1	32		390	330	43	17
30-34岁	85	8	6	68	3	714	567	106	41
35-39岁	72	4	4	63	1	575	449	79	47
40-44岁	98	10	4	83	1	568	445	70	53
45-49岁	134	10	3	121		599	445	55	99
50-54岁	109	7	3	96	3	476	353	43	80
55-59岁	58		1	57		236	184	18	34
60-64岁	30			30		90	69	6	15
65-69岁	13	1		12		42	36	4	2
70-74岁	3			3		19	16		3
75岁及以上						6	5		1

4-5b 续表 11

单位：人

年龄组 性 别	教育		卫生和社会工作			文化、体育和娱乐业				
	小计	教育	小计	卫生	社会工作	小计	新闻和出版业	广播、电视、电影和录音制作业	文 化 艺术业	体育
总 计	**14670**	**14670**	**6961**	**6707**	**254**	**1822**	**178**	**397**	**418**	**259**
16-19岁	116	116	33	33		36		2	1	5
20-24岁	779	779	451	446	5	159	12	29	31	33
25-29岁	1676	1676	962	951	11	248	19	57	45	49
30-34岁	2231	2231	1309	1275	34	361	32	89	69	66
35-39岁	1893	1893	960	929	31	276	31	84	59	20
40-44岁	2277	2277	870	840	30	259	29	50	76	28
45-49岁	2130	2130	954	912	42	182	20	32	46	30
50-54岁	1928	1928	784	726	58	151	17	24	52	16
55-59岁	1386	1386	450	428	22	115	16	28	30	8
60-64岁	153	153	94	85	9	19	1	1	4	2
65-69岁	59	59	67	58	9	11	1	1	3	1
70-74岁	24	24	17	14	3	4			1	1
75岁及以上	18	18	10	10		1			1	
男	**4897**	**4897**	**2322**	**2228**	**94**	**997**	**92**	**209**	**200**	**156**
16-19岁	35	35	7	7		24				
20-24岁	156	156	103	101	2	92	3	15	18	23
25-29岁	329	329	209	205	4	144	6	26	26	34
30-34岁	554	554	309	292	17	197	16	49	27	43
35-39岁	582	582	325	316	9	135	18	42	25	9
40-44岁	753	753	326	316	10	128	13	25	28	16
45-49岁	722	722	335	321	14	91	9	15	24	15
50-54岁	749	749	339	319	20	80	13	15	22	7
55-59岁	845	845	265	257	8	82	12	21	23	5
60-64岁	100	100	49	44	5	12	1		3	2
65-69岁	39	39	35	31	4	8	1	1	2	1
70-74岁	19	19	13	12	1	3			1	1
75岁及以上	14	14	7	7		1			1	
女	**9773**	**9773**	**4639**	**4479**	**160**	**825**	**86**	**188**	**218**	**103**
16-19岁	81	81	26	26		12		2	1	5
20-24岁	623	623	348	345	3	67	9	14	13	10
25-29岁	1347	1347	753	746	7	104	13	31	19	15
30-34岁	1677	1677	1000	983	17	164	16	40	42	23
35-39岁	1311	1311	635	613	22	141	13	42	34	11
40-44岁	1524	1524	544	524	20	131	16	25	48	12
45-49岁	1408	1408	619	591	28	91	11	17	22	15
50-54岁	1179	1179	445	407	38	71	4	9	30	9
55-59岁	541	541	185	171	14	33	4	7	7	3
60-64岁	53	53	45	41	4	7		1	1	
65-69岁	20	20	32	27	5	3			1	
70-74岁	5	5	4	2	2	1				
75岁及以上	4	4	3	3						

4-5b　续表 12　　　　单位：人

年龄组 性　别	娱乐业	公共管理、社会保障和社会组织							国际组织	
		小计	中国共产党机关	国家机构	人民政协、民主党派	社会保障	群众团体、社会团体和其他成员组织	基层群众自治组织	小计	国际组织
总　计	**570**	**14961**	**432**	**12923**	**46**	**109**	**268**	**1183**		
16-19岁	28	10		10						
20-24岁	54	457	9	423			9	16		
25-29岁	78	1556	42	1380	1	24	25	84		
30-34岁	105	2417	106	2100	7	19	40	145		
35-39岁	82	1790	76	1510	4	15	29	156		
40-44岁	76	2313	70	1955	7	20	45	216		
45-49岁	54	2558	57	2212	3	15	34	237		
50-54岁	42	2067	44	1831	6	10	46	130		
55-59岁	33	1472	27	1289	15	4	29	108		
60-64岁	11	172	1	111	2	1	3	54		
65-69岁	5	97		68	1	1	5	22		
70-74岁	2	39		25			1	13		
75岁及以上		13		9			2	2		
男	**340**	**9517**	**295**	**8579**	**35**	**55**	**111**	**442**		
16-19岁	24	10		10						
20-24岁	33	301	6	287			2	6		
25-29岁	52	894	20	829	1	6	7	31		
30-34岁	62	1407	72	1271	4	10	16	34		
35-39岁	41	1069	55	969	2	5	8	30		
40-44岁	46	1270	45	1139	4	11	10	61		
45-49岁	28	1514	37	1398	2	7	12	58		
50-54岁	23	1515	36	1360	5	10	28	76		
55-59岁	21	1285	24	1143	14	4	23	77		
60-64岁	6	131		86	2	1	2	40		
65-69岁	3	80		59	1	1	2	17		
70-74岁	1	33		21			1	11		
75岁及以上		8		7				1		
女	**230**	**5444**	**137**	**4344**	**11**	**54**	**157**	**741**		
16-19岁	4									
20-24岁	21	156	3	136			7	10		
25-29岁	26	662	22	551		18	18	53		
30-34岁	43	1010	34	829	3	9	24	111		
35-39岁	41	721	21	541	2	10	21	126		
40-44岁	30	1043	25	816	3	9	35	155		
45-49岁	26	1044	20	814	1	8	22	179		
50-54岁	19	552	8	471	1		18	54		
55-59岁	12	187	3	146	1		6	31		
60-64岁	5	41	1	25			1	14		
65-69岁	2	17		9			3	5		
70-74岁	1	6		4				2		
75岁及以上		5		2			2	1		

4-5c 全省分年龄、性别、行业大类的就业人口(乡村)

单位：人

年龄组 性别	合计	农、林、牧、渔业						采矿业	
		小计	农业	林业	畜牧业	渔业	农、林、牧、渔专业及辅助性活动	小计	煤炭开采和洗选业
总　计	**429506**	**332270**	**318726**	**1377**	**10114**	**347**	**1706**	**1456**	**423**
16-19岁	3127	1649	1597	3	39		10	4	1
20-24岁	10332	4970	4762	5	169	5	29	13	1
25-29岁	20969	11187	10759	32	325	11	60	54	10
30-34岁	37460	22989	22058	59	716	33	123	130	31
35-39岁	32728	21589	20728	41	714	27	79	120	25
40-44岁	42817	29918	28600	154	988	43	133	199	43
45-49岁	61403	47773	45722	303	1467	50	231	321	104
50-54岁	74516	61628	58971	412	1849	79	317	342	127
55-59岁	60511	51563	49355	244	1657	45	262	178	57
60-64岁	40509	36757	35414	58	1053	34	198	64	16
65-69岁	29718	27702	26713	44	754	16	175	27	6
70-74岁	11447	10804	10440	16	282	4	62	2	1
75岁及以上	3969	3741	3607	6	101		27	2	1
男	**252561**	**189601**	**180787**	**1081**	**6405**	**271**	**1057**	**1315**	**385**
16-19岁	2018	1162	1117	3	32		10	3	1
20-24岁	6304	3159	3015	4	116	3	21	10	1
25-29岁	13085	6979	6657	28	236	10	48	47	8
30-34岁	22900	13727	13065	49	489	29	95	123	29
35-39岁	19405	12392	11816	33	465	21	57	107	24
40-44岁	24677	16646	15821	118	592	33	82	173	37
45-49岁	34630	26028	24727	215	895	40	151	297	96
50-54岁	42689	33906	32195	354	1116	63	178	311	119
55-59岁	34665	28176	26774	199	1017	30	156	161	49
60-64岁	23672	21001	20149	34	685	27	106	58	14
65-69岁	18267	16815	16175	27	503	12	98	22	5
70-74岁	7569	7093	6842	13	198	3	37	2	1
75岁及以上	2680	2517	2434	4	61		18	1	1
女	**176945**	**142669**	**137939**	**296**	**3709**	**76**	**649**	**141**	**38**
16-19岁	1109	487	480		7			1	
20-24岁	4028	1811	1747	1	53	2	8	3	
25-29岁	7884	4208	4102	4	89	1	12	7	2
30-34岁	14560	9262	8993	10	227	4	28	7	2
35-39岁	13323	9197	8912	8	249	6	22	13	1
40-44岁	18140	13272	12779	36	396	10	51	26	6
45-49岁	26773	21745	20995	88	572	10	80	24	8
50-54岁	31827	27722	26776	58	733	16	139	31	8
55-59岁	25846	23387	22581	45	640	15	106	17	8
60-64岁	16837	15756	15265	24	368	7	92	6	2
65-69岁	11451	10887	10538	17	251	4	77	5	1
70-74岁	3878	3711	3598	3	84	1	25		
75岁及以上	1289	1224	1173	2	40		9	1	

4-5c 续表 1

单位：人

年龄组 性别	采矿业						制造业		
	石油和天然气开采业	黑色金属矿采选业	有色金属矿采选业	非金属矿采选业	开采专业及辅助性活动	其他采矿业	小计	农副食品加工业	食品制造业
总计	**145**	**219**	**357**	**218**	**88**	**6**	**14474**	**2114**	**799**
16-19岁				3			127	5	14
20-24岁	2	1	1	3	4	1	726	30	39
25-29岁	9	9	12	13	1		1396	106	77
30-34岁	13	20	40	15	11		2336	230	142
35-39岁	18	20	23	23	11		1813	241	109
40-44岁	26	37	44	30	18	1	2002	295	107
45-49岁	36	48	79	32	21	1	2208	396	126
50-54岁	26	56	79	40	12	2	1907	379	85
55-59岁	10	21	49	32	9		1151	228	65
60-64岁	3	6	21	16	1	1	472	103	19
65-69岁	2	1	9	9			240	77	9
70-74岁				1			79	21	4
75岁及以上				1			17	3	3
男	**131**	**194**	**324**	**196**	**79**	**6**	**9900**	**1355**	**396**
16-19岁				2			106	5	7
20-24岁	2	1		3	2	1	534	24	25
25-29岁	6	8	12	13			1045	78	39
30-34岁	12	19	38	15	10		1609	149	76
35-39岁	16	17	20	19	11		1193	143	51
40-44岁	23	31	40	26	15	1	1265	179	37
45-49岁	34	44	72	29	21	1	1362	233	53
50-54岁	24	48	73	35	10	2	1340	243	46
55-59岁	9	20	44	30	9		845	147	39
60-64岁	3	5	19	15	1	1	343	70	12
65-69岁	2	1	6	8			187	63	7
70-74岁				1			61	18	2
75岁及以上							10	3	2
女	**14**	**25**	**33**	**22**	**9**		**4574**	**759**	**403**
16-19岁				1			21		7
20-24岁			1		2		192	6	14
25-29岁	3	1			1		351	28	38
30-34岁	1	1	2		1		727	81	66
35-39岁	2	3	3	4			620	98	58
40-44岁	3	6	4	4	3		737	116	70
45-49岁	2	4	7	3			846	163	73
50-54岁	2	8	6	5	2		567	136	39
55-59岁	1	1	5	2			306	81	26
60-64岁		1	2	1			129	33	7
65-69岁			3	1			53	14	2
70-74岁							18	3	2
75岁及以上				1			7		1

4-5c 续表 2

单位：人

年龄组 性 别	制造业								
	酒、饮料和精制茶制造业	烟 草制品业	纺织业	纺织服装、服饰业	皮革、毛皮、羽毛及其制品和制鞋业	木材加工和木、竹、藤、棕、草制品业	家 具制造业	造纸和纸制品业	印刷和记录媒介复制业
总 计	**550**	**33**	**123**	**555**	**61**	**685**	**324**	**221**	**140**
16—19岁			2	6		1	3	3	1
20—24岁	18	1	6	28		10	15	1	3
25—29岁	31	5	7	53	1	42	26	9	12
30—34岁	78	4	21	103	10	70	62	41	26
35—39岁	56	3	19	87	9	71	42	23	21
40—44岁	82	3	17	97	6	91	43	31	22
45—49岁	87	7	19	91	6	134	47	42	25
50—54岁	81	7	17	50	12	115	48	33	13
55—59岁	66	3	8	33	8	92	23	16	7
60—64岁	32		3	6	6	45	12	13	3
65—69岁	15		4	1	3	9	2	9	4
70—74岁	4					5	1		3
75岁及以上									
男	**374**	**20**	**54**	**185**	**36**	**477**	**222**	**144**	**76**
16—19岁			2	3		1	3	2	1
20—24岁	12	1	4	15		8	11		1
25—29岁	22	5	2	23	1	33	19	4	8
30—34岁	52	1	9	45	5	48	42	28	16
35—39岁	39	1	11	31	5	50	30	13	14
40—44岁	49	1	5	27	5	55	30	20	13
45—49岁	46	5	6	19	5	85	28	27	11
50—54岁	62	3	9	12	7	80	30	22	5
55—59岁	53	3	1	5	4	69	18	13	2
60—64岁	24		1	5	4	37	8	8	1
65—69岁	11		4			7	2	7	2
70—74岁	4					4	1		2
75岁及以上									
女	**176**	**13**	**69**	**370**	**25**	**208**	**102**	**77**	**64**
16—19岁				3				1	
20—24岁	6		2	13		2	4	1	2
25—29岁	9		5	30		9	7	5	4
30—34岁	26	3	12	58	5	22	20	13	10
35—39岁	17	2	8	56	4	21	12	10	7
40—44岁	33	2	12	70	1	36	13	11	9
45—49岁	41	2	13	72	1	49	19	15	14
50—54岁	19	4	8	38	5	35	18	11	8
55—59岁	13		7	28	4	23	5	3	5
60—64岁	8		2	1	2	8	4	5	2
65—69岁	4			1	3	2		2	2
70—74岁						1			1
75岁及以上									

4-5c 续表 3 单位：人

年龄组 性 别	制造业								
	文教、工美、体育和娱乐用品制造业	石油、煤炭及其他燃料加工业	化学原料和化学制品制造业	医 药制造业	化学纤维制造业	橡胶和塑 料制品业	非金属矿 物制品业	黑色金属冶炼和压延加工业	有色金属冶炼和压延加工业
总 计	**115**	**90**	**481**	**1170**	**117**	**378**	**1206**	**608**	**37**
16–19岁			2	4		3	1	1	
20–24岁	4	7	21	78	11	12	25	17	
25–29岁	9	12	34	136	27	30	74	67	6
30–34岁	16	8	70	185	31	55	130	102	2
35–39岁	20	10	67	132	12	48	140	82	5
40–44岁	18	8	68	146	17	61	181	118	10
45–49岁	13	17	80	182	10	65	225	84	7
50–54岁	17	16	83	162	6	52	202	80	2
55–59岁	9	7	37	83	2	29	130	42	4
60–64岁	6	2	15	32	1	14	59	7	
65–69岁	1	3	3	18		6	24	6	1
70–74岁	2		1	7		3	13	2	
75岁及以上				5			2		
男	**69**	**76**	**366**	**595**	**95**	**237**	**992**	**512**	**36**
16–19岁			1	2		3	1	1	
20–24岁	1	4	17	36	10	8	18	15	
25–29岁	8	10	22	76	24	24	61	60	6
30–34岁	6	8	53	99	26	34	103	84	2
35–39岁	13	8	45	69	7	26	124	71	5
40–44岁	11	7	57	65	12	35	139	98	9
45–49岁	7	13	60	81	8	33	186	66	7
50–54岁	11	14	64	88	6	38	162	73	2
55–59岁	5	7	34	50	2	19	116	34	4
60–64岁	5	2	12	14		11	49	5	
65–69岁	1	3	1	11		4	20	5	1
70–74岁	1			2		2	12		
75岁及以上				2			1		
女	**46**	**14**	**115**	**575**	**22**	**141**	**214**	**96**	**1**
16–19岁			1	2					
20–24岁	3	3	4	42	1	4	7	2	
25–29岁	1	2	12	60	3	6	13	7	
30–34岁	10		17	86	5	21	27	18	
35–39岁	7	2	22	63	5	22	16	11	
40–44岁	7	1	11	81	5	26	42	20	1
45–49岁	6	4	20	101	2	32	39	18	
50–54岁	6	2	19	74		14	40	7	
55–59岁	4		3	33		10	14	8	
60–64岁	1		3	18	1	3	10	2	
65–69岁			2	7		2	4	1	
70–74岁	1		1	5		1	1	2	
75岁及以上				3			1		

4-5c 续表 4 单位：人

年龄组 性别	制造业								
	金属制品业	通用设备制造业	专用设备制造业	汽车制造业	铁路、船舶、航空航天和其他运输设备制造业	电气机械和器材制造业	计算机、通信和其他电子设备制造业	仪器仪表制造业	其他制造业
总计	**1030**	**489**	**328**	**1539**	**251**	**215**	**340**	**54**	**37**
16-19岁	9	9	5	37	3	3	10		1
20-24岁	30	36	33	154	44	20	56	6	2
25-29岁	112	58	41	254	33	26	66	9	4
30-34岁	207	111	62	334	40	45	82	11	5
35-39岁	134	58	43	230	25	27	41	3	5
40-44岁	156	63	44	155	39	38	38	9	4
45-49岁	141	55	29	176	21	26	27	10	3
50-54岁	123	51	41	106	29	18	12	3	7
55-59岁	68	29	21	68	13	8	5	1	2
60-64岁	32	11	7	13	3	2	2	1	3
65-69岁	13	3	2	10	1	1	1	1	1
70-74岁	4	2		2		1			
75岁及以上	1	3							
男	**872**	**392**	**233**	**1146**	**205**	**148**	**206**	**38**	**25**
16-19岁	8	9	5	37	3	2	6		
20-24岁	30	27	27	128	41	11	37	5	1
25-29岁	105	48	31	211	31	20	40	6	3
30-34岁	179	88	36	248	32	30	49	8	4
35-39岁	114	50	24	150	17	18	20	2	2
40-44岁	122	46	31	97	25	27	26	6	4
45-49岁	112	41	21	113	16	17	15	5	1
50-54岁	102	42	33	87	26	12	8	3	5
55-59岁	59	26	17	54	12	7	4	1	2
60-64岁	24	9	6	10	2	2	1	1	2
65-69岁	12	3	2	9		1		1	1
70-74岁	4	2		2		1			
75岁及以上	1	1							
女	**158**	**97**	**95**	**393**	**46**	**67**	**134**	**16**	**12**
16-19岁	1					1	4		1
20-24岁		9	6	26	3	9	19	1	1
25-29岁	7	10	10	43	2	6	26	3	1
30-34岁	28	23	26	86	8	15	33	3	1
35-39岁	20	8	19	80	8	9	21	1	3
40-44岁	34	17	13	58	14	11	12	3	
45-49岁	29	14	8	63	5	9	12	5	2
50-54岁	21	9	8	19	3	6	4		2
55-59岁	9	3	4	14	1	1	1		
60-64岁	8	2	1	3	1		1		1
65-69岁	1			1	1		1		
70-74岁									
75岁及以上		2							

4-5c　续表 5　　　　单位：人

年龄组 性　别	制造业		电力、热力、燃气及水生产和供应业				建筑业		
	废弃资源综合利用业	金属制品、机械和设备修理业	小计	电力、热力生产和供应业	燃气生产和供应业	水的生产和供应业	小计	房屋建筑业	土木工程建筑业
总　计	**177**	**207**	**1527**	**1149**	**186**	**192**	**15257**	**9957**	**1377**
16-19岁		4	5	4	1		101	75	6
20-24岁	4	15	62	55	5	2	542	318	76
25-29岁	5	24	131	93	20	18	1306	811	148
30-34岁	14	39	204	147	30	27	2193	1356	205
35-39岁	24	26	157	111	23	23	1687	1059	147
40-44岁	17	18	177	137	17	23	1976	1269	144
45-49岁	31	26	250	188	35	27	2323	1547	199
50-54岁	34	23	283	212	33	38	2509	1681	201
55-59岁	25	19	169	142	13	14	1607	1097	134
60-64岁	12	8	63	48	4	11	675	489	74
65-69岁	8	4	19	9	4	6	267	204	34
70-74岁	3	1	4	3		1	63	47	7
75岁及以上			3		1	2	8	4	2
男	**135**	**183**	**1314**	**1004**	**153**	**157**	**13579**	**8925**	**1228**
16-19岁		4	5	4	1		93	69	5
20-24岁	4	13	58	52	4	2	467	272	68
25-29岁	4	21	111	79	16	16	1170	725	136
30-34岁	12	37	167	123	25	19	1965	1250	174
35-39岁	16	24	136	97	21	18	1491	950	123
40-44岁	11	16	147	114	14	19	1749	1139	128
45-49岁	22	20	203	159	25	19	2056	1384	183
50-54岁	25	20	257	194	27	36	2241	1492	186
55-59岁	21	17	156	133	12	11	1443	985	120
60-64岁	11	7	51	38	3	10	603	433	66
65-69岁	6	3	16	8	4	4	236	180	31
70-74岁	3	1	4	3		1	58	42	7
75岁及以上			3		1	2	7	4	1
女	**42**	**24**	**213**	**145**	**33**	**35**	**1678**	**1032**	**149**
16-19岁							8	6	1
20-24岁		2	4	3	1		75	46	8
25-29岁	1	3	20	14	4	2	136	86	12
30-34岁	2	2	37	24	5	8	228	106	31
35-39岁	8	2	21	14	2	5	196	109	24
40-44岁	6	2	30	23	3	4	227	130	16
45-49岁	9	6	47	29	10	8	267	163	16
50-54岁	9	3	26	18	6	2	268	189	15
55-59岁	4	2	13	9	1	3	164	112	14
60-64岁	1	1	12	10	1	1	72	56	8
65-69岁	2	1	3	1		2	31	24	3
70-74岁							5	5	
75岁及以上							1		1

4-5c 续表 6

单位：人

年龄组 性别	建筑业		批发和零售业			交通运输、仓储和邮政业			
	建筑安装业	建筑装饰、装修和其他建筑业	小计	批发业	零售业	小计	铁路运输业	道路运输业	水上运输业
总计	**609**	**3314**	**17064**	**3778**	**13286**	**8688**	**304**	**5950**	**31**
16-19岁	3	17	172	18	154	58	4	22	
20-24岁	15	133	794	118	676	326	29	142	2
25-29岁	65	282	1621	292	1329	675	51	416	1
30-34岁	90	542	2649	451	2198	1291	32	926	5
35-39岁	75	406	2352	493	1859	1225	25	929	3
40-44岁	100	463	2391	526	1865	1484	34	1122	7
45-49岁	81	496	2383	588	1795	1420	30	1046	2
50-54岁	105	522	2008	575	1433	1187	50	775	5
55-59岁	59	317	1381	385	996	700	41	403	5
60-64岁	9	103	683	170	513	201	6	109	1
65-69岁	5	24	440	118	322	89	1	52	
70-74岁	1	8	140	31	109	26	1	7	
75岁及以上	1	1	50	13	37	6		1	
男	**569**	**2857**	**8586**	**2487**	**6099**	**7654**	**266**	**5423**	**26**
16-19岁	3	16	70	6	64	37	2	15	
20-24岁	13	114	398	81	317	254	27	123	1
25-29岁	63	246	807	182	625	577	40	379	1
30-34岁	84	457	1257	297	960	1137	27	852	4
35-39岁	71	347	1090	319	771	1076	24	854	3
40-44岁	92	390	1112	333	779	1326	29	1036	6
45-49岁	71	418	1190	380	810	1228	27	919	2
50-54岁	98	465	1093	383	710	1092	45	723	4
55-59岁	58	280	786	270	516	640	39	369	4
60-64岁	9	95	405	121	284	181	5	98	1
65-69岁	5	20	260	83	177	79	1	48	
70-74岁	1	8	88	24	64	21		6	
75岁及以上	1	1	30	8	22	6		1	
女	**40**	**457**	**8478**	**1291**	**7187**	**1034**	**38**	**527**	**5**
16-19岁		1	102	12	90	21	2	7	
20-24岁	2	19	396	37	359	72	2	19	1
25-29岁	2	36	814	110	704	98	11	37	
30-34岁	6	85	1392	154	1238	154	5	74	1
35-39岁	4	59	1262	174	1088	149	1	75	
40-44岁	8	73	1279	193	1086	158	5	86	1
45-49岁	10	78	1193	208	985	192	3	127	
50-54岁	7	57	915	192	723	95	5	52	1
55-59岁	1	37	595	115	480	60	2	34	1
60-64岁		8	278	49	229	20	1	11	
65-69岁		4	180	35	145	10		4	
70-74岁			52	7	45	5	1	1	
75岁及以上			20	5	15				

4-5c　续表 7

单位：人

年龄组 性　别	交通运输、仓储和邮政业					住宿和餐饮业		
	航　空 运输业	管　道 运输业	多式联运 和运输 代理业	装卸搬运 和仓储业	邮政业	小计	住宿业	餐饮业
总　计	**90**	**4**	**43**	**1322**	**944**	**8485**	**522**	**7963**
16-19岁	2		1	5	24	267	9	258
20-24岁	17		4	32	100	626	42	584
25-29岁	20		1	47	139	941	66	875
30-34岁	8	1	6	105	208	1468	64	1404
35-39岁	7		5	115	141	1131	61	1070
40-44岁	12	1	7	179	122	1201	74	1127
45-49岁	6	1	11	225	99	1079	62	1017
50-54岁	9	1	6	280	61	920	68	852
55-59岁	4		2	209	36	498	40	458
60-64岁	4			70	11	251	25	226
65-69岁	1			33	2	87	8	79
70-74岁				17	1	12	1	11
75岁及以上				5		4	2	2
男	**54**	**4**	**38**	**1160**	**683**	**4012**	**206**	**3806**
16-19岁	1		1	3	15	168	5	163
20-24岁	8		2	28	65	392	16	376
25-29岁	8		1	39	109	553	22	531
30-34岁	5	1	5	93	150	783	32	751
35-39岁	5		5	98	87	542	27	515
40-44岁	9	1	7	150	88	505	18	487
45-49岁	4	1	9	191	75	394	19	375
50-54岁	5	1	6	257	51	310	25	285
55-59岁	4		2	192	30	186	20	166
60-64岁	4			63	10	126	14	112
65-69岁	1			27	2	41	5	36
70-74岁				14	1	8	1	7
75岁及以上				5		4	2	2
女	**36**		**5**	**162**	**261**	**4473**	**316**	**4157**
16-19岁	1			2	9	99	4	95
20-24岁	9		2	4	35	234	26	208
25-29岁	12			8	30	388	44	344
30-34岁	3		1	12	58	685	32	653
35-39岁	2			17	54	589	34	555
40-44岁	3			29	34	696	56	640
45-49岁	2		2	34	24	685	43	642
50-54岁	4			23	10	610	43	567
55-59岁				17	6	312	20	292
60-64岁				7	1	125	11	114
65-69岁				6		46	3	43
70-74岁				3		4		4
75岁及以上								

4-5c　续表 8

单位：人

年龄组 性　别	信息传输、软件和信息技术服务业				金融业				
	小计	电信、广播电视和卫星传输服务	互联网和相关服务	软件和信息技术服务业	小计	货币金融服　务	资本市场服　务	保险业	其　他金融业
总　计	**1097**	**390**	**366**	**341**	**1446**	**776**	**46**	**578**	**46**
16-19岁	22	2	18	2	7	2	1	3	1
20-24岁	168	33	68	67	91	49	1	35	6
25-29岁	262	58	113	91	271	156	9	98	8
30-34岁	263	81	80	102	321	179	11	119	12
35-39岁	136	60	35	41	157	59	10	85	3
40-44岁	95	54	28	13	148	56	6	80	6
45-49岁	61	40	10	11	188	99	5	79	5
50-54岁	47	36	6	5	143	96		45	2
55-59岁	36	22	8	6	103	69	2	29	3
60-64岁	4	3		1	12	6	1	5	
65-69岁	2	1		1	3	3			
70-74岁					2	2			
75岁及以上	1			1					
男	**667**	**247**	**215**	**205**	**660**	**414**	**28**	**195**	**23**
16-19岁	8	2	5	1	2			2	
20-24岁	98	15	37	46	39	21		15	3
25-29岁	157	29	80	48	120	61	7	48	4
30-34岁	149	46	46	57	138	85	6	40	7
35-39岁	75	32	18	25	56	31	6	18	1
40-44岁	62	39	14	9	52	27	3	21	1
45-49岁	45	31	6	8	82	55	3	22	2
50-54岁	37	30	3	4	87	68		17	2
55-59岁	31	20	6	5	74	58	2	11	3
60-64岁	2	2			7	5	1	1	
65-69岁	2	1		1	1	1			
70-74岁					2	2			
75岁及以上	1			1					
女	**430**	**143**	**151**	**136**	**786**	**362**	**18**	**383**	**23**
16-19岁	14		13	1	5	2	1	1	1
20-24岁	70	18	31	21	52	28	1	20	3
25-29岁	105	29	33	43	151	95	2	50	4
30-34岁	114	35	34	45	183	94	5	79	5
35-39岁	61	28	17	16	101	28	4	67	2
40-44岁	33	15	14	4	96	29	3	59	5
45-49岁	16	9	4	3	106	44	2	57	3
50-54岁	10	6	3	1	56	28		28	
55-59岁	5	2	2	1	29	11		18	
60-64岁	2	1		1	5	1		4	
65-69岁					2	2			
70-74岁									
75岁及以上									

4−5c　续表 9　　　　　　　　　　　　　　　　　　　　　　　　　　　　单位：人

年龄组 性　别	房地产业		租赁和商务服务业			科学研究和技术服务业			
	小计	房地产业	小计	租赁业	商　务 服务业	小计	研究和 试验发展	专业技术 服务业	科技推广 和应用 服务业
总　计	**1641**	**1641**	**1748**	**306**	**1442**	**828**	**137**	**520**	**171**
16−19岁	18	18	28	1	27	12	1	10	1
20−24岁	128	128	151	9	142	73	14	47	12
25−29岁	231	231	276	47	229	159	26	110	23
30−34岁	262	262	322	63	259	179	28	123	28
35−39岁	172	172	185	36	149	85	15	51	19
40−44岁	154	154	185	44	141	84	8	59	17
45−49岁	135	135	183	33	150	63	11	33	19
50−54岁	189	189	174	36	138	93	14	47	32
55−59岁	192	192	128	22	106	46	10	23	13
60−64岁	101	101	57	8	49	13	5	5	3
65−69岁	44	44	38	4	34	16	4	10	2
70−74岁	14	14	18	3	15	4	1	1	2
75岁及以上	1	1	3		3	1		1	
男	**1039**	**1039**	**1222**	**283**	**939**	**545**	**80**	**361**	**104**
16−19岁	15	15	15	1	14	6		5	1
20−24岁	70	70	84	9	75	46	7	34	5
25−29岁	152	152	178	46	132	97	12	73	12
30−34岁	156	156	207	55	152	110	14	77	19
35−39岁	101	101	119	35	84	61	12	39	10
40−44岁	83	83	135	38	97	56	4	41	11
45−49岁	77	77	134	31	103	39	8	23	8
50−54岁	119	119	142	32	110	67	10	34	23
55−59岁	145	145	107	21	86	36	6	21	9
60−64岁	71	71	48	8	40	8	3	3	2
65−69岁	38	38	33	4	29	14	3	9	2
70−74岁	11	11	17	3	14	4	1	1	2
75岁及以上	1	1	3		3	1		1	
女	**602**	**602**	**526**	**23**	**503**	**283**	**57**	**159**	**67**
16−19岁	3	3	13		13	6	1	5	
20−24岁	58	58	67		67	27	7	13	7
25−29岁	79	79	98	1	97	62	14	37	11
30−34岁	106	106	115	8	107	69	14	46	9
35−39岁	71	71	66	1	65	24	3	12	9
40−44岁	71	71	50	6	44	28	4	18	6
45−49岁	58	58	49	2	47	24	3	10	11
50−54岁	70	70	32	4	28	26	4	13	9
55−59岁	47	47	21	1	20	10	4	2	4
60−64岁	30	30	9		9	5	2	2	1
65−69岁	6	6	5		5	2	1	1	
70−74岁	3	3	1		1				
75岁及以上									

4-5c 续表 10 单位：人

年龄组 性 别	水利、环境和公共设施管理业					居民服务、修理和其他服务业			
	小计	水 利 管理业	生态保护 和环境 治理业	公共设施 管理业	土 地 管理业	小计	居 民 服务业	机动车、 电子产品 和日用产 品修理业	其 他 服务业
总 计	**1531**	**117**	**67**	**1339**	**8**	**6297**	**3586**	**1879**	**832**
16-19岁						256	167	82	7
20-24岁	14			13	1	534	318	197	19
25-29岁	46	4	9	33		657	351	258	48
30-34岁	73	5	2	64	2	956	518	384	54
35-39岁	68	5	7	55	1	639	344	244	51
40-44岁	120	14	8	95	3	662	356	220	86
45-49岁	199	26	16	156	1	710	419	169	122
50-54岁	251	23	9	219		711	406	156	149
55-59岁	317	20	9	288		492	283	92	117
60-64岁	250	9	4	237		314	181	51	82
65-69岁	160	8	2	150		232	144	18	70
70-74岁	28	3	1	24		87	64	7	16
75岁及以上	5			5		47	35	1	11
男	**1084**	**92**	**53**	**935**	**4**	**3306**	**1273**	**1591**	**442**
16-19岁						152	71	79	2
20-24岁	7			7		329	131	189	9
25-29岁	41	3	8	30		404	149	224	31
30-34岁	53	4	1	48		560	214	313	33
35-39岁	51	4	6	40	1	347	121	198	28
40-44岁	74	9	5	58	2	333	108	181	44
45-49岁	119	18	10	90	1	294	116	130	48
50-54岁	164	19	8	137		309	115	128	66
55-59岁	225	20	8	197		232	93	79	60
60-64岁	191	7	4	180		168	71	44	53
65-69岁	131	6	2	123		117	51	18	48
70-74岁	24	2	1	21		39	21	7	11
75岁及以上	4			4		22	12	1	9
女	**447**	**25**	**14**	**404**	**4**	**2991**	**2313**	**288**	**390**
16-19岁						104	96	3	5
20-24岁	7			6	1	205	187	8	10
25-29岁	5	1	1	3		253	202	34	17
30-34岁	20	1	1	16	2	396	304	71	21
35-39岁	17	1	1	15		292	223	46	23
40-44岁	46	5	3	37	1	329	248	39	42
45-49岁	80	8	6	66		416	303	39	74
50-54岁	87	4	1	82		402	291	28	83
55-59岁	92		1	91		260	190	13	57
60-64岁	59	2		57		146	110	7	29
65-69岁	29	2		27		115	93		22
70-74岁	4	1		3		48	43		5
75岁及以上	1			1		25	23		2

4-5c　续表 11　　　　　　　　　　　　　　　　　　单位：人

年龄组 性　别	教育		卫生和社会工作			文化、体育和娱乐业				
	小计	教育	小计	卫生	社会工作	小计	新闻和出版业	广播、电视、电影和录音制作业	文　化艺术业	体育
总　计	**6485**	**6485**	**3387**	**3136**	**251**	**677**	**39**	**112**	**142**	**144**
16–19岁	324	324	36	36		26		1	3	4
20–24岁	541	541	307	306	1	63	2	10	15	12
25–29岁	712	712	434	427	7	102	10	9	28	27
30–34岁	718	718	380	368	12	135	5	29	21	27
35–39岁	442	442	309	299	10	73	7	15	11	10
40–44岁	796	796	499	483	16	81	2	14	19	14
45–49岁	721	721	515	475	40	58	4	14	10	19
50–54岁	881	881	381	333	48	61	4	10	17	14
55–59岁	970	970	296	230	66	45	5	6	8	12
60–64岁	193	193	117	84	33	21		2	7	3
65–69岁	89	89	72	57	15	9			2	2
70–74岁	51	51	30	27	3	2		2		
75岁及以上	47	47	11	11		1			1	
男	**2717**	**2717**	**1454**	**1360**	**94**	**408**	**22**	**66**	**73**	**94**
16–19岁	140	140	8	8		18			1	4
20–24岁	148	148	49	49		33		7	4	7
25–29岁	179	179	91	89	2	58	7	5	12	13
30–34岁	200	200	113	107	6	84	1	17	12	19
35–39岁	141	141	141	137	4	41	3	7	8	7
40–44岁	283	283	251	247	4	46	1	9	8	9
45–49岁	276	276	262	252	10	33	2	9	5	11
50–54岁	390	390	200	184	16	40	4	5	12	10
55–59岁	682	682	175	150	25	31	4	5	4	10
60–64岁	132	132	73	57	16	15			6	2
65–69岁	62	62	56	46	10	6				2
70–74岁	42	42	25	24	1	2		2		
75岁及以上	42	42	10	10		1			1	
女	**3768**	**3768**	**1933**	**1776**	**157**	**269**	**17**	**46**	**69**	**50**
16–19岁	184	184	28	28		8		1	2	
20–24岁	393	393	258	257	1	30	2	3	11	5
25–29岁	533	533	343	338	5	44	3	4	16	14
30–34岁	518	518	267	261	6	51	4	12	9	8
35–39岁	301	301	168	162	6	32	4	8	3	3
40–44岁	513	513	248	236	12	35	1	5	11	5
45–49岁	445	445	253	223	30	25	2	5	5	8
50–54岁	491	491	181	149	32	21		5	5	4
55–59岁	288	288	121	80	41	14	1	1	4	2
60–64岁	61	61	44	27	17	6		2	1	1
65–69岁	27	27	16	11	5	3			2	
70–74岁	9	9	5	3	2					
75岁及以上	5	5	1	1						

4-5c 续表 12

单位：人

年龄组 性别	娱乐业	公共管理、社会保障和社会组织							国际组织	
		小计	中国共产党机关	国家机构	人民政协、民主党派	社会保障	群众团体、社会团体和其他成员组织	基层群众自治组织	小计	国际组织
总 计	**240**	**5147**	**83**	**3227**	**16**	**32**	**142**	**1647**	**1**	**1**
16-19岁	18	15		9			2	4		
20-24岁	24	203	2	170	1	2	9	19		
25-29岁	28	508	10	440		4	10	44		
30-34岁	53	590	16	451	2	6	16	99	1	1
35-39岁	30	388	5	267		3	11	102		
40-44岁	32	645	12	432	2	4	15	180		
45-49岁	11	813	12	500	4	7	14	276		
50-54岁	16	801	15	479		3	17	287		
55-59岁	14	639	7	369	5	3	18	237		
60-64岁	9	261	2	58	2		14	185		
65-69岁	5	182	2	33			10	137		
70-74岁		81		11			5	65		
75岁及以上		21		8			1	12		
男	**153**	**3497**	**58**	**2241**	**11**	**11**	**52**	**1124**	**1**	**1**
16-19岁	13	10		8				2		
20-24岁	15	129	1	117	1		2	8		
25-29岁	21	319	8	291			2	18		
30-34岁	35	361	9	288	1	3	8	52	1	1
35-39岁	16	245	2	179		1	9	54		
40-44岁	19	379	6	262	2	1	5	103		
45-49岁	6	511	10	330	2	1	3	165		
50-54岁	9	584	13	351		2	6	212		
55-59岁	8	534	6	327	4	3	9	185		
60-64岁	7	189	2	44	1		3	139		
65-69岁	4	151	1	28			5	117		
70-74岁		68		9				59		
75岁及以上		17		7				10		
女	**87**	**1650**	**25**	**986**	**5**	**21**	**90**	**523**		
16-19岁	5	5		1			2	2		
20-24岁	9	74	1	53		2	7	11		
25-29岁	7	189	2	149		4	8	26		
30-34岁	18	229	7	163	1	3	8	47		
35-39岁	14	143	3	88		2	2	48		
40-44岁	13	266	6	170		3	10	77		
45-49岁	5	302	2	170	2	6	11	111		
50-54岁	7	217	2	128		1	11	75		
55-59岁	6	105	1	42	1		9	52		
60-64岁	2	72		14	1		11	46		
65-69岁	1	31	1	5			5	20		
70-74岁		13		2			5	6		
75岁及以上		4		1			1	2		

4–6 各地区分性别、职业中类的就业人口

单位：人

地区 性别	合计	党的机关、国家机关、群众团体和社会组织、企事业单位负责人						
		小计	中国共产党机关负责人	国家机关负责人	民主党派和工商联负责人	人民团体和群众团体、社会组织及其他成员组织负责人	基层群众自治组织负责人	企事业单位负责人
全　省	**1008886**	**15241**	**190**	**1079**	**2**	**438**	**587**	**12945**
长春市	383085	6298	32	188		69	172	5837
吉林市	151968	2266	50	200		33	89	1894
四平市	72638	962	10	108	1	62	27	754
辽源市	44595	730	2	47		26	14	641
通化市	58054	1042	30	82		56	45	829
白山市	37513	557	25	102		11	48	371
松原市	99448	856	7	62		37	66	684
白城市	62757	1006	3	109		56	39	799
延边朝鲜族自治州	69357	1047	25	133	1	75	71	742
长白山管委会	2609	63	2	15			4	42
梅河口市	26862	414	4	33		13	12	352
男	**593245**	**11089**	**156**	**912**	**1**	**228**	**436**	**9356**
长春市	225145	4564	25	156		28	120	4235
吉林市	89009	1662	43	169		17	58	1375
四平市	42134	685	9	92		35	23	526
辽源市	25678	503	2	39		14	11	437
通化市	34465	721	23	63		29	35	571
白山市	22603	437	23	85		5	43	281
松原市	59345	660	7	54		25	56	518
白城市	37088	720	2	96		31	34	557
延边朝鲜族自治州	40812	817	18	119	1	37	50	592
长白山管委会	1672	46	1	11				34
梅河口市	15294	274	3	28		7	6	230
女	**415641**	**4152**	**34**	**167**	**1**	**210**	**151**	**3589**
长春市	157940	1734	7	32		41	52	1602
吉林市	62959	604	7	31		16	31	519
四平市	30504	277	1	16	1	27	4	228
辽源市	18917	227		8		12	3	204
通化市	23589	321	7	19		27	10	258
白山市	14910	120	2	17		6	5	90
松原市	40103	196		8		12	10	166
白城市	25669	286	1	13		25	5	242
延边朝鲜族自治州	28545	230	7	14		38	21	150
长白山管委会	937	17	1	4			4	8
梅河口市	11568	140	1	5		6	6	122

4-6 续表 1

单位：人

地区 性别	专业技术人员									
	小计	科学研究人员	工程技术人员	农业技术人员	飞机和船舶技术人员	卫生专业技术人员	经济和金融专业人员	法律、社会和宗教专业人员	教学人员	文学艺术、体育专业人员
全　省	**110045**	**800**	**18687**	**880**	**68**	**21587**	**19730**	**2447**	**41593**	**1374**
长春市	50954	601	10727	289	51	8670	9740	970	17882	681
吉林市	15608	46	2488	105	6	3371	2615	466	5985	199
四平市	6332	17	843	97	1	1465	888	138	2626	62
辽源市	3539	11	438	33		841	576	89	1432	41
通化市	5440	19	714	52	3	1199	1009	160	2086	53
白山市	4359	11	385	50	1	974	955	78	1719	45
松原市	7946	42	1155	88	1	1654	1264	164	3295	104
白城市	5560	20	636	97		1206	845	128	2452	45
延边朝鲜族自治州	7905	18	926	45	1	1685	1479	181	3163	115
长白山管委会	317	3	70	1	1	57	50	18	101	3
梅河口市	2085	12	305	23	3	465	309	55	852	26
男	**43954**	**467**	**15575**	**626**	**65**	**6337**	**5583**	**1049**	**12319**	**789**
长春市	21223	359	8782	208	51	2513	2621	382	5428	388
吉林市	5968	25	2085	76	5	926	707	180	1709	121
四平市	2535	6	724	74	1	431	284	64	797	41
辽源市	1353	8	387	23		228	172	49	430	24
通化市	2044	10	610	41	2	338	286	65	600	33
白山市	1529	6	329	37	1	281	293	48	469	23
松原市	3243	20	958	60	1	560	430	87	1002	54
白城市	2242	15	574	65		404	279	50	768	23
延边朝鲜族自治州	2881	9	794	28	1	489	411	93	870	68
长白山管委会	136	3	64	1	1	18	12	4	25	2
梅河口市	800	6	268	13	2	149	88	27	221	12
女	**66091**	**333**	**3112**	**254**	**3**	**15250**	**14147**	**1398**	**29274**	**585**
长春市	29731	242	1945	81		6157	7119	588	12454	293
吉林市	9640	21	403	29	1	2445	1908	286	4276	78
四平市	3797	11	119	23		1034	604	74	1829	21
辽源市	2186	3	51	10		613	404	40	1002	17
通化市	3396	9	104	11	1	861	723	95	1486	20
白山市	2830	5	56	13		693	662	30	1250	22
松原市	4703	22	197	28		1094	834	77	2293	50
白城市	3318	5	62	32		802	566	78	1684	22
延边朝鲜族自治州	5024	9	132	17		1196	1068	88	2293	47
长白山管委会	181		6			39	38	14	76	1
梅河口市	1285	6	37	10	1	316	221	28	631	14

4-6 续表 2

单位：人

地区 性别	专业技术人员		办事人员和有关人员				社会生产服务和生活服务人员		
	新闻出版、文化专业人员	其他专业技术人员	小计	办事人员	安全和消防人员	其他办事人员和有关人员	小计	批发与零售服务人员	交通运输、仓储和邮政业服务人员
全 省	**2558**	**321**	**81778**	**69777**	**11639**	**362**	**306500**	**112137**	**63090**
长春市	1203	140	33874	31002	2733	139	124546	48057	24297
吉林市	299	28	10961	9231	1696	34	45157	16275	9296
四平市	113	82	4873	3962	843	68	17308	6258	3974
辽源市	70	8	2860	2414	433	13	10126	3638	2140
通化市	137	8	5031	3930	1087	14	17686	6458	3695
白山市	140	1	5463	4235	1223	5	12544	4341	2751
松原市	167	12	5664	4588	1056	20	24191	8137	6003
白城市	95	36	4636	3821	778	37	16653	6063	3737
延边朝鲜族自治州	286	6	6550	5212	1315	23	27752	9199	5082
长白山管委会	13		446	287	159		1137	285	246
梅河口市	35		1420	1095	316	9	9400	3426	1869
男	**906**	**238**	**50540**	**39884**	**10445**	**211**	**174593**	**50033**	**55942**
长春市	393	98	19908	17422	2419	67	72036	22239	21388
吉林市	115	19	6680	5137	1522	21	25159	6982	8170
四平市	49	64	3141	2319	775	47	10039	2685	3577
辽源市	25	7	1746	1335	402	9	5958	1618	1927
通化市	51	8	3192	2200	987	5	9975	2886	3298
白山市	41	1	3584	2485	1096	3	6950	1863	2455
松原市	63	8	3724	2764	948	12	14047	3557	5346
白城市	35	29	3042	2335	681	26	9570	2692	3287
延边朝鲜族自治州	114	4	4280	3087	1179	14	15210	4048	4595
长白山管委会	6		313	168	145		650	139	227
梅河口市	14		930	632	291	7	4999	1324	1672
女	**1652**	**83**	**31238**	**29893**	**1194**	**151**	**131907**	**62104**	**7148**
长春市	810	42	13966	13580	314	72	52510	25818	2909
吉林市	184	9	4281	4094	174	13	19998	9293	1126
四平市	64	18	1732	1643	68	21	7269	3573	397
辽源市	45	1	1114	1079	31	4	4168	2020	213
通化市	86		1839	1730	100	9	7711	3572	397
白山市	99		1879	1750	127	2	5594	2478	296
松原市	104	4	1940	1824	108	8	10144	4580	657
白城市	60	7	1594	1486	97	11	7083	3371	450
延边朝鲜族自治州	172	2	2270	2125	136	9	12542	5151	487
长白山管委会	7		133	119	14		487	146	19
梅河口市	21		490	463	25	2	4401	2102	197

4-6 续表 3

单位：人

地区 性别	社会生产服务和生活服务人员								
	住宿和餐饮服务人员	信息传输、软件和信息技术服务人员	金融服务人员	房地产服务人员	租赁和商务服务人员	技术辅助服务人员	水利、环境和公共设施管理服务人员	居民服务人员	电力、燃气及水供应服务人员
全省	**43362**	**6532**	**11046**	**5154**	**9262**	**6153**	**13748**	**18970**	**3514**
长春市	15200	3162	4280	2538	4841	3433	5520	6752	1087
吉林市	6447	772	1724	928	1557	713	2051	2876	500
四平市	2384	308	583	231	261	230	696	1306	196
辽源市	1370	193	428	73	297	165	457	803	117
通化市	2911	336	670	201	236	259	766	1185	315
白山市	1986	274	539	141	131	184	643	775	256
松原市	2985	426	936	385	643	374	1210	1556	368
白城市	2251	252	503	128	221	185	892	1312	230
延边朝鲜族自治州	5955	630	1084	337	789	448	1150	1580	322
长白山管委会	257	11	35	14	65	14	85	45	32
梅河口市	1616	168	264	178	221	148	278	780	91
男	**19464**	**4308**	**4745**	**3004**	**7332**	**3933**	**5972**	**6240**	**2898**
长春市	7113	2150	1884	1506	3783	2197	2198	2335	954
吉林市	2841	521	714	553	1290	446	891	784	408
四平市	1138	188	263	126	197	150	327	510	166
辽源市	664	126	213	46	244	114	225	322	104
通化市	1330	191	296	113	180	163	368	391	229
白山市	806	200	199	96	93	106	290	227	189
松原市	1308	250	370	194	538	233	518	506	303
白城市	976	171	234	72	169	116	487	477	193
延边朝鲜族自治州	2470	405	444	192	623	311	534	418	247
长白山管委会	98	6	12	10	42	7	30	15	29
梅河口市	720	100	116	96	173	90	104	255	76
女	**23898**	**2224**	**6301**	**2150**	**1930**	**2220**	**7776**	**12730**	**616**
长春市	8087	1012	2396	1032	1058	1236	3322	4417	133
吉林市	3606	251	1010	375	267	267	1160	2092	92
四平市	1246	120	320	105	64	80	369	796	30
辽源市	706	67	215	27	53	51	232	481	13
通化市	1581	145	374	88	56	96	398	794	86
白山市	1180	74	340	45	38	78	353	548	67
松原市	1677	176	566	191	105	141	692	1050	65
白城市	1275	81	269	56	52	69	405	835	37
延边朝鲜族自治州	3485	225	640	145	166	137	616	1162	75
长白山管委会	159	5	23	4	23	7	55	30	3
梅河口市	896	68	148	82	48	58	174	525	15

4-6　续表 4

单位：人

地区 性别	社会生产服务和生活服务人员				农、林、牧、渔业生产及辅助人员				
	修理及制作服务人员	文化、体育和娱乐服务人员	健康服务人员	其他社会生产和生活服务人员	小计	农业生产人员	林业生产人员	畜牧业生产人员	渔业生产人员
全　省	**10423**	**1964**	**949**	**196**	**375855**	**358535**	**3919**	**11837**	**507**
长春市	4239	648	371	121	120217	117238	320	2412	91
吉林市	1454	388	173	3	59198	56594	781	1599	86
四平市	678	106	73	24	37319	35726	144	1329	20
辽源市	340	59	40	6	21971	21430	80	419	14
通化市	502	106	35	11	21052	20100	259	559	81
白山市	395	88	39	1	8776	7557	662	512	30
松原市	1003	94	68	3	51058	48688	116	1844	76
白城市	730	87	49	13	29197	26799	130	2060	57
延边朝鲜族自治州	784	305	79	8	16672	14405	1304	891	24
长白山管委会	32	13	3		262	143	109	6	
梅河口市	266	70	19	6	10133	9855	14	206	28
男	**9085**	**1210**	**313**	**114**	**216622**	**204654**	**3192**	**7634**	**405**
长春市	3729	391	104	65	68853	66845	217	1598	78
吉林市	1256	242	58	3	33954	32148	634	996	70
四平市	596	70	30	16	21021	19942	119	870	14
辽源市	299	40	13	3	12284	11920	63	272	12
通化市	443	70	11	6	12492	11829	200	361	62
白山市	355	54	16	1	5480	4520	580	344	24
松原市	839	58	26	1	29666	28079	95	1223	66
白城市	624	42	19	11	16976	15462	108	1259	39
延边朝鲜族自治州	688	198	30	7	10103	8389	1067	598	17
长白山管委会	28	5	2		206	99	98	5	
梅河口市	228	40	4	1	5587	5421	11	108	23
女	**1338**	**754**	**636**	**82**	**159233**	**153881**	**727**	**4203**	**102**
长春市	510	257	267	56	51364	50393	103	814	13
吉林市	198	146	115		25244	24446	147	603	16
四平市	82	36	43	8	16298	15784	25	459	6
辽源市	41	19	27	3	9687	9510	17	147	2
通化市	59	36	24	5	8560	8271	59	198	19
白山市	40	34	23		3296	3037	82	168	6
松原市	164	36	42	2	21392	20609	21	621	10
白城市	106	45	30	2	12221	11337	22	801	18
延边朝鲜族自治州	96	107	49	1	6569	6016	237	293	7
长白山管委会	4	8	1		56	44	11	1	
梅河口市	38	30	15	5	4546	4434	3	98	5

4–6 续表 5

单位：人

地　区 性　别	农林牧渔生产辅助人员	其他农、林、牧、渔业生产加工人员	生产制造及有关人员 小计	农副产品加工人员	食品、饮料生产加工人员	烟草及其制品加工人员	纺织、针织、印染人员	纺织品、服装和皮革、毛皮制品加工制作人员	木材加工、家具与木制品制作人员
全　省	**1033**	**24**	**118879**	**3051**	**3153**	**173**	**1352**	**1901**	**4192**
长春市	149	7	47013	1009	1015	56	41	706	1388
吉林市	134	4	18718	392	420	1	83	182	725
四平市	98	2	5743	182	221	18	56	107	184
辽源市	27	1	5325	154	138		1042	187	122
通化市	52	1	7783	190	195	10	12	83	196
白山市	14	1	5805	137	264	2	4	66	360
松原市	334		9732	249	200	3	16	110	340
白城市	149	2	5554	233	231	1	75	125	199
延边朝鲜族自治州	45	3	9427	259	237	82	12	267	572
长白山管委会	2	2	383	6	24				21
梅河口市	29	1	3396	240	208		11	68	85
男	**722**	**15**	**96095**	**1938**	**1679**	**131**	**455**	**587**	**3386**
长春市	111	4	38442	661	510	45	18	205	1149
吉林市	105	1	15555	234	215	1	43	54	622
四平市	74	2	4649	124	138	11	19	31	161
辽源市	16	1	3820	99	85		329	79	108
通化市	39	1	6026	126	108	8	3	28	160
白山市	12		4616	80	132	1		21	283
松原市	203		8004	170	97	3	7	34	269
白城市	107	1	4450	166	122	1	25	35	155
延边朝鲜族自治州	30	2	7518	147	124	61	6	72	387
长白山管委会	2	2	320	4	13				12
梅河口市	23	1	2695	127	135		5	28	80
女	**311**	**9**	**22784**	**1113**	**1474**	**42**	**897**	**1314**	**806**
长春市	38	3	8571	348	505	11	23	501	239
吉林市	29	3	3163	158	205		40	128	103
四平市	24		1094	58	83	7	37	76	23
辽源市	11		1505	55	53		713	108	14
通化市	13		1757	64	87	2	9	55	36
白山市	2	1	1189	57	132	1	4	45	77
松原市	131		1728	79	103		9	76	71
白城市	42	1	1104	67	109		50	90	44
延边朝鲜族自治州	15	1	1909	112	113	21	6	195	185
长白山管委会			63	2	11				9
梅河口市	6		701	113	73		6	40	5

4-6　续表 6　　　　　　　　　　　　　　　　　　单位：人

地　区 性　别	生产制造及有关人员								
	纸及纸制品生产加工人员	印刷和记录媒介复制人员	文教、工美、体育和娱乐用品制造人　员	石油加工和炼焦、煤化工生产人员	化学原料和化学制品制造人　员	医药制造人　　员	化学纤维制造人员	橡胶和塑料制品制造人员	非金属矿物制品制造人员
全　省	**415**	**753**	**396**	**374**	**1544**	**2737**	**543**	**762**	**1711**
长春市	127	360	124	51	182	462	20	289	413
吉林市	83	84	101	146	961	214	518	156	587
四平市	40	37	21	6	71	83		76	141
辽源市	16	36	15	8	29	64	1	44	35
通化市	22	52	17	42	82	736	2	19	111
白山市	32	17	27	29	8	612		37	102
松原市	14	55	16	67	123	39	2	62	113
白城市	9	28	12	14	29	45		22	62
延边朝鲜族自治州	53	49	40	7	46	303		41	90
长白山管委会			2			18			3
梅河口市	19	35	21	4	13	161		16	54
男	**248**	**410**	**213**	**330**	**1240**	**1387**	**373**	**517**	**1456**
长春市	68	199	62	46	128	224	11	199	337
吉林市	53	46	42	123	801	116	358	104	534
四平市	17	14	11	6	50	40		53	117
辽源市	10	22	9	8	25	43	1	26	30
通化市	15	26	12	36	61	366	1	12	93
白山市	24	11	23	28	7	291		32	85
松原市	8	28	12	61	106	11	2	37	88
白城市	3	15	7	12	21	23		13	49
延边朝鲜族自治州	40	29	23	6	30	181		31	75
长白山管委会			2			12			2
梅河口市	10	20	10	4	11	80		10	46
女	**167**	**343**	**183**	**44**	**304**	**1350**	**170**	**245**	**255**
长春市	59	161	62	5	54	238	9	90	76
吉林市	30	38	59	23	160	98	160	52	53
四平市	23	23	10		21	43		23	24
辽源市	6	14	6		4	21		18	5
通化市	7	26	5	6	21	370	1	7	18
白山市	8	6	4	1	1	321		5	17
松原市	6	27	4	6	17	28		25	25
白城市	6	13	5	2	8	22		9	13
延边朝鲜族自治州	13	20	17	1	16	122		10	15
长白山管委会						6			1
梅河口市	9	15	11		2	81		6	8

4-6 续表 7 单位：人

地 区 性 别	生产制造及有关人员								
	采矿人员	金属冶炼和压延加工人员	机械制造基础加工人员	金属制品制造人员	通用设备制造人员	专用设备制造人员	汽车制造人员	铁路、船舶、航空设备制造人员	电气机械和器材制造人员
全 省	**5163**	**1297**	**6310**	**1393**	**996**	**371**	**9876**	**799**	**416**
长春市	450	122	2790	647	395	163	8687	636	222
吉林市	691	445	1337	174	123	69	537	51	60
四平市	58	71	354	94	82	21	91	13	20
辽源市	225	111	278	64	64	18	89	2	18
通化市	181	384	319	70	44	21	60	20	14
白山市	809	40	152	33	8	5	43	15	6
松原市	2090	32	439	98	75	28	95	17	20
白城市	78	13	221	56	70	9	108	14	28
延边朝鲜族自治州	481	45	310	91	105	29	121	18	17
长白山管委会			8	1	1	2	2		1
梅河口市	100	34	102	65	29	6	43	13	10
男	**4491**	**1140**	**5937**	**1121**	**877**	**238**	**7960**	**696**	**312**
长春市	400	106	2599	516	359	105	7010	550	159
吉林市	624	406	1255	148	111	32	429	44	48
四平市	55	63	330	79	73	16	73	13	15
辽源市	214	92	261	53	54	17	81	2	14
通化市	166	326	305	56	39	12	48	18	10
白山市	767	36	147	28	7	3	37	14	6
松原市	1666	28	421	74	72	25	74	13	17
白城市	62	10	215	45	62	7	85	13	21
延边朝鲜族自治州	444	43	298	73	76	15	92	18	13
长白山管委会			8	1	1	1	2		
梅河口市	93	30	98	48	23	5	29	11	9
女	**672**	**157**	**373**	**272**	**119**	**133**	**1916**	**103**	**104**
长春市	50	16	191	131	36	58	1677	86	63
吉林市	67	39	82	26	12	37	108	7	12
四平市	3	8	24	15	9	5	18		5
辽源市	11	19	17	11	10	1	8		4
通化市	15	58	14	14	5	9	12	2	4
白山市	42	4	5	5	1	2	6	1	
松原市	424	4	18	24	3	3	21	4	3
白城市	16	3	6	11	8	2	23	1	7
延边朝鲜族自治州	37	2	12	18	29	14	29		4
长白山管委会						1			1
梅河口市	7	4	4	17	6	1	14	2	1

4-6 续表 8

单位：人

地区 性别	生产制造及有关人员								不便分类的其他从业人员
	计算机、通信和其他电子设备制造人员	仪器仪表制造人员	废弃资源综合利用人员	电力、热力、气体、水生产和输配人员	建筑施工人员	运输设备和通用工程机械操作人员及有关人员	生产辅助人员	其他生产制造及有关人员	
全 省	**3372**	**138**	**176**	**2886**	**41027**	**5237**	**16069**	**296**	**588**
长春市	1953	32	90	706	15714	1814	6185	164	183
吉林市	445	55	16	601	5282	996	3164	19	60
四平市	191	2	2	214	2198	339	682	68	101
辽源市	86	6	2	102	1287	209	861	12	44
通化市	102	16	7	208	3107	322	1132	7	20
白山市	34	3		244	1658	300	758		9
松原市	141	16	16	275	3414	432	1123	12	1
白城市	88	5	18	150	2731	262	612	6	151
延边朝鲜族自治州	240	2	23	278	4058	383	1163	5	4
长白山管委会	1			28	187	31	47		1
梅河口市	91	1	2	80	1391	149	342	3	14
男	**2493**	**109**	**122**	**2546**	**36623**	**5012**	**11854**	**214**	**352**
长春市	1501	22	66	627	14125	1712	4605	118	119
吉林市	299	47	12	539	4781	954	2466	14	31
四平市	148	2	1	191	1925	332	490	51	64
辽源市	68	6	1	93	1184	202	596	8	14
通化市	69	13	4	179	2723	306	693	4	15
白山市	23	2		218	1485	285	540		7
松原市	102	12	12	225	3063	420	839	8	1
白城市	61	3	12	132	2342	253	475	5	88
延边朝鲜族自治州	167	2	13	249	3538	375	886	4	3
长白山管委会				27	168	28	39		1
梅河口市	55		1	66	1289	145	225	2	9
女	**879**	**29**	**54**	**340**	**4404**	**225**	**4215**	**82**	**236**
长春市	452	10	24	79	1589	102	1580	46	64
吉林市	146	8	4	62	501	42	698	5	29
四平市	43		1	23	273	7	192	17	37
辽源市	18		1	9	103	7	265	4	30
通化市	33	3	3	29	384	16	439	3	5
白山市	11	1		26	173	15	218		2
松原市	39	4	4	50	351	12	284	4	
白城市	27	2	6	18	389	9	137	1	63
延边朝鲜族自治州	73		10	29	520	8	277	1	1
长白山管委会	1			1	19	3	8		
梅河口市	36	1	1	14	102	4	117	1	5

4-6a 各地区分性别、职业中类的就业人口(城市)

单位：人

地区 性别	合计	党的机关、国家机关、群众团体和社会组织、企事业单位负责人						
		小计	中国共产党机关负责人	国家机关负责人	民主党派和工商联负责人	人民团体和群众团体、社会组织及其他成员组织负责人	基层群众自治组织负责人	企事业单位负责人
全　省	**389549**	**8965**	**120**	**669**	**2**	**245**	**148**	**7781**
长春市	162785	3075	25	114		32	52	2852
吉林市	66752	1684	40	160		23	28	1433
四平市	19884	596	2	59	1	26	7	501
辽源市	13760	573	2	26		20	4	521
通化市	18282	655	12	48		44	7	544
白山市	15731	317	17	56		6	7	231
松原市	22902	408		36		16	11	345
白城市	16355	505	1	45		19	2	438
延边朝鲜族自治州	40738	842	17	97	1	55	23	649
长白山管委会								
梅河口市	12360	310	4	28		4	7	267
男	**227268**	**6457**	**97**	**564**	**1**	**123**	**77**	**5595**
长春市	94835	2258	19	98		14	19	2108
吉林市	38902	1211	33	134		10	12	1022
四平市	11585	407	2	48		15	5	337
辽源市	8035	383	2	21		12	1	347
通化市	10615	450	10	34		24	3	379
白山市	9245	243	15	46		3	6	173
松原市	13721	305		32		9	11	253
白城市	9691	344		39		8	2	295
延边朝鲜族自治州	23670	654	13	87	1	27	14	512
长白山管委会								
梅河口市	6969	202	3	25		1	4	169
女	**162281**	**2508**	**23**	**105**	**1**	**122**	**71**	**2186**
长春市	67950	817	6	16		18	33	744
吉林市	27850	473	7	26		13	16	411
四平市	8299	189		11	1	11	2	164
辽源市	5725	190		5		8	3	174
通化市	7667	205	2	14		20	4	165
白山市	6486	74	2	10		3	1	58
松原市	9181	103		4		7		92
白城市	6664	161	1	6		11		143
延边朝鲜族自治州	17068	188	4	10		28	9	137
长白山管委会								
梅河口市	5391	108	1	3		3	3	98

4-6a 续表 1

单位：人

地区 性别	专业技术人员									
	小计	科学研究人员	工程技术人员	农业技术人员	飞机和船舶技术人员	卫生专业技术人员	经济和金融专业人员	法律、社会和宗教专业人员	教学人员	文学艺术、体育专业人员
全　省	**67754**	**464**	**11687**	**412**	**34**	**13697**	**12783**	**1575**	**24238**	**901**
长春市	31194	349	6142	154	27	5702	6165	580	10762	424
吉林市	11173	31	1855	60	2	2444	1949	343	4089	147
四平市	3550	6	594	24	1	838	524	93	1299	42
辽源市	2181	7	318	14		531	403	59	765	28
通化市	2985	8	449	19	1	656	615	113	991	38
白山市	2495	5	272	21	1	595	570	56	861	34
松原市	3938	33	734	36	1	734	708	92	1427	52
白城市	2508	2	368	36		529	403	46	1035	21
延边朝鲜族自治州	6131	15	732	34	1	1314	1192	146	2363	93
长白山管委会										
梅河口市	1599	8	223	14		354	254	47	646	22
男	**26021**	**266**	**9743**	**263**	**33**	**3620**	**3479**	**684**	**6648**	**509**
长春市	12522	204	5075	98	27	1484	1683	240	3154	234
吉林市	4143	16	1540	40	1	635	509	127	1087	84
四平市	1367	2	509	15	1	215	143	44	325	31
辽源市	822	7	284	9		139	112	32	201	16
通化市	1062	5	374	15	1	165	145	42	251	27
白山市	858	2	232	15	1	161	169	35	203	17
松原市	1524	16	585	21	1	189	207	48	387	24
白城市	968	1	327	21		161	127	16	274	10
延边朝鲜族自治州	2181	8	620	20	1	366	319	76	616	57
长白山管委会										
梅河口市	574	5	197	9		105	65	24	150	9
女	**41733**	**198**	**1944**	**149**	**1**	**10077**	**9304**	**891**	**17590**	**392**
长春市	18672	145	1067	56		4218	4482	340	7608	190
吉林市	7030	15	315	20	1	1809	1440	216	3002	63
四平市	2183	4	85	9		623	381	49	974	11
辽源市	1359		34	5		392	291	27	564	12
通化市	1923	3	75	4		491	470	71	740	11
白山市	1637	3	40	6		434	401	21	658	17
松原市	2414	17	149	15		545	501	44	1040	28
白城市	1540	1	41	15		368	276	30	761	11
延边朝鲜族自治州	3950	7	112	14		948	873	70	1747	36
长白山管委会										
梅河口市	1025	3	26	5		249	189	23	496	13

4-6a 续表 2 单位：人

地区 性别	专业技术人员		办事人员和有关人员				社会生产服务和生活服务人员		
	新闻出版、文化专业人员	其他专业技术人员	小计	办事人员	安全和消防人员	其他办事人员和有关人员	小计	批发与零售服务人员	交通运输、仓储和邮政业服务人员
全省	**1722**	**241**	**52010**	**44512**	**7286**	**212**	**181944**	**68168**	**36938**
长春市	788	101	21322	19391	1828	103	77568	31090	14895
吉林市	227	26	8406	7103	1274	29	30227	11064	6206
四平市	62	67	3112	2575	509	28	9131	3264	2080
辽源市	53	3	1975	1678	296	1	5635	1994	1261
通化市	90	5	2893	2297	589	7	8318	3074	1922
白山市	80		3050	2426	622	2	6831	2350	1480
松原市	112	9	2993	2318	670	5	9341	3074	2274
白城市	44	24	2275	1862	399	14	7338	2662	1757
延边朝鲜族自治州	235	6	4818	3934	867	17	20865	7041	3759
长白山管委会									
梅河口市	31		1166	928	232	6	6690	2555	1304
男	**603**	**173**	**31794**	**25186**	**6490**	**118**	**102493**	**29776**	**32764**
长春市	257	66	12623	10963	1609	51	44376	14249	13130
吉林市	87	17	5102	3949	1135	18	16706	4619	5430
四平市	29	53	1918	1433	467	18	5181	1322	1866
辽源市	20	2	1172	899	272	1	3331	865	1121
通化市	32	5	1785	1262	523		4729	1319	1702
白山市	23		1969	1408	559	2	3710	971	1316
松原市	39	7	1913	1323	588	2	5255	1261	2044
白城市	12	19	1472	1116	346	10	4163	1104	1564
延边朝鲜族自治州	94	4	3092	2304	776	12	11496	3113	3426
长白山管委会									
梅河口市	10		748	529	215	4	3546	953	1165
女	**1119**	**68**	**20216**	**19326**	**796**	**94**	**79451**	**38392**	**4174**
长春市	531	35	8699	8428	219	52	33192	16841	1765
吉林市	140	9	3304	3154	139	11	13521	6445	776
四平市	33	14	1194	1142	42	10	3950	1942	214
辽源市	33	1	803	779	24		2304	1129	140
通化市	58		1108	1035	66	7	3589	1755	220
白山市	57		1081	1018	63		3121	1379	164
松原市	73	2	1080	995	82	3	4086	1813	230
白城市	32	5	803	746	53	4	3175	1558	193
延边朝鲜族自治州	141	2	1726	1630	91	5	9369	3928	333
长白山管委会									
梅河口市	21		418	399	17	2	3144	1602	139

4-6a 续表 3

单位：人

地 区 性 别	社会生产服务和生活服务人员								
	住宿和餐饮服务人员	信息传输、软件和信息技术服务人员	金融服务人员	房地产服务人员	租赁和商务服务人员	技术辅助服务人员	水利、环境和公共设施管理服务人员	居民服务人员	电力、燃气及水供应服务人员
全　省	**24282**	**4175**	**7421**	**3412**	**5464**	**3965**	**7402**	**11005**	**2052**
长春市	9147	1897	2869	1732	2868	2118	3060	4081	672
吉林市	3997	566	1275	652	1011	519	1268	1930	335
四平市	1158	202	371	130	152	162	367	718	108
辽源市	687	125	297	41	183	119	224	415	69
通化市	1051	210	415	93	117	165	268	506	196
白山市	986	176	348	86	68	121	334	465	136
松原市	1056	216	481	188	187	184	552	587	158
白城市	963	119	247	60	80	106	351	526	107
延边朝鲜族自治州	4243	522	895	281	628	361	791	1244	208
长白山管委会									
梅河口市	994	142	223	149	170	110	187	533	63
男	**11132**	**2766**	**3133**	**1964**	**4230**	**2552**	**3049**	**3496**	**1647**
长春市	4302	1299	1233	1025	2193	1363	1201	1346	588
吉林市	1795	386	521	393	833	331	532	523	272
四平市	568	123	164	62	114	103	161	279	84
辽源市	371	81	140	26	150	79	115	149	60
通化市	498	121	180	47	83	104	134	170	131
白山市	404	127	112	61	43	73	131	138	96
松原市	475	127	201	79	141	116	200	181	118
白城市	423	81	109	31	51	66	166	196	90
延边朝鲜族自治州	1820	331	376	160	489	251	342	347	156
长白山管委会									
梅河口市	476	90	97	80	133	66	67	167	52
女	**13150**	**1409**	**4288**	**1448**	**1234**	**1413**	**4353**	**7509**	**405**
长春市	4845	598	1636	707	675	755	1859	2735	84
吉林市	2202	180	754	259	178	188	736	1407	63
四平市	590	79	207	68	38	59	206	439	24
辽源市	316	44	157	15	33	40	109	266	9
通化市	553	89	235	46	34	61	134	336	65
白山市	582	49	236	25	25	48	203	327	40
松原市	581	89	280	109	46	68	352	406	40
白城市	540	38	138	29	29	40	185	330	17
延边朝鲜族自治州	2423	191	519	121	139	110	449	897	52
长白山管委会									
梅河口市	518	52	126	69	37	44	120	366	11

4-6a 续表 4

单位：人

地区 性别	社会生产服务和生活服务人员				农、林、牧、渔业生产及辅助人员				
	修理及制作服务人员	文化、体育和娱乐服务人员	健康服务人员	其他社会生产和生活服务人员	小计	农业生产人员	林业生产人员	畜牧业生产人员	渔业生产人员
全省	**5546**	**1359**	**618**	**137**	**17672**	**15570**	**1053**	**752**	**93**
长春市	2329	467	248	95	6310	5884	119	210	31
吉林市	973	298	131	2	4262	3778	275	156	22
四平市	303	64	38	14	623	499	47	52	1
辽源市	153	42	25		335	291	19	19	1
通化市	210	58	23	10	390	324	31	22	6
白山市	229	38	14		456	240	157	51	5
松原市	318	35	31		1612	1516	20	44	11
白城市	287	40	25	8	1358	1236	33	66	3
延边朝鲜族自治州	558	262	68	4	1679	1210	345	106	5
长白山管委会									
梅河口市	186	55	15	4	647	592	7	26	8
男	**4882**	**821**	**203**	**78**	**10932**	**9324**	**842**	**551**	**81**
长春市	2049	279	69	50	3826	3529	80	145	27
吉林市	850	174	45	2	2529	2164	211	109	21
四平市	268	43	15	9	409	312	37	45	1
辽源市	139	28	7		203	169	18	14	1
通化市	188	38	8	6	253	205	27	14	4
白山市	209	23	6		333	150	139	39	4
松原市	278	22	12		984	911	17	32	10
白城市	248	17	11	6	848	747	28	57	2
延边朝鲜族自治州	489	165	27	4	1182	813	279	80	3
长白山管委会									
梅河口市	164	32	3	1	365	324	6	16	8
女	**664**	**538**	**415**	**59**	**6740**	**6246**	**211**	**201**	**12**
长春市	280	188	179	45	2484	2355	39	65	4
吉林市	123	124	86		1733	1614	64	47	1
四平市	35	21	23	5	214	187	10	7	
辽源市	14	14	18		132	122	1	5	
通化市	22	20	15	4	137	119	4	8	2
白山市	20	15	8		123	90	18	12	1
松原市	40	13	19		628	605	3	12	1
白城市	39	23	14	2	510	489	5	9	1
延边朝鲜族自治州	69	97	41		497	397	66	26	2
长白山管委会									
梅河口市	22	23	12	3	282	268	1	10	

4-6a　续表 5　　　　单位：人

地区 性别	农林牧渔生产辅助人员	其他农、林、牧、渔业生产加工人员	生产制造及有关人员 小计	农副产品加工人员	食品、饮料生产加工人员	烟草及其制品加工人员	纺织、针织、印染人员	纺织品、服装和皮革、毛皮制品加工制作人员	木材加工、家具与木制品制作人员
全　省	**195**	**9**	**60961**	**1037**	**1489**	**135**	**865**	**1037**	**1912**
长春市	60	6	23231	403	461	32	19	334	693
吉林市	31		10980	145	223	1	57	109	407
四平市	23	1	2841	63	104	14	38	46	58
辽源市	5		3037	22	68		696	153	40
通化市	7		3039	18	68	8	3	19	58
白山市	2	1	2579	24	72	1	2	46	172
松原市	21		4609	50	55	1	9	38	93
白城市	20		2302	64	134	1	31	62	54
延边朝鲜族自治州	12	1	6402	135	157	77	8	199	287
长白山管委会									
梅河口市	14		1941	113	147		2	31	50
男	**129**	**5**	**49408**	**655**	**797**	**104**	**289**	**297**	**1601**
长春市	41	4	19171	265	227	28	9	100	595
吉林市	24		9193	90	111	1	30	28	358
四平市	13	1	2282	43	69	9	15	13	54
辽源市	1		2115	17	44		219	66	39
通化市	3		2334	11	41	6		3	50
白山市	1		2130	16	34			13	139
松原市	14		3739	34	26	1	4	11	82
白城市	14		1852	43	66	1	6	15	47
延边朝鲜族自治州	7		5064	75	80	58	4	40	191
长白山管委会									
梅河口市	11		1528	61	99		2	8	46
女	**66**	**4**	**11553**	**382**	**692**	**31**	**576**	**740**	**311**
长春市	19	2	4060	138	234	4	10	234	98
吉林市	7		1787	55	112		27	81	49
四平市	10		559	20	35	5	23	33	4
辽源市	4		922	5	24		477	87	1
通化市	4		705	7	27	2	3	16	8
白山市	1	1	449	8	38	1	2	33	33
松原市	7		870	16	29		5	27	11
白城市	6		450	21	68		25	47	7
延边朝鲜族自治州	5	1	1338	60	77	19	4	159	96
长白山管委会									
梅河口市	3		413	52	48			23	4

4-6a 续表 6 单位：人

地区 性别	生产制造及有关人员								
	纸及纸制品生产加工人员	印刷和记录媒介复制人员	文教、工美、体育和娱乐用品制造人员	石油加工和炼焦、煤化工生产人员	化学原料和化学制品制造人员	医药制造人员	化学纤维制造人员	橡胶和塑料制品制造人员	非金属矿物制品制造人员
全省	**192**	**487**	**200**	**254**	**1044**	**1225**	**232**	**365**	**684**
长春市	49	247	63	18	87	267	9	128	173
吉林市	48	56	49	121	745	115	222	85	222
四平市	17	25	12	2	53	57		31	66
辽源市		18	7	4	19	45		13	17
通化市	8	30	8	36	35	274		10	51
白山市	23	9	10	24	5	52		30	29
松原市	5	19	6	36	33	12	1	18	24
白城市	3	16	3	7	19	20		9	25
延边朝鲜族自治州	31	39	27	3	38	246		35	56
长白山管委会									
梅河口市	8	28	15	3	10	137		6	21
男	**117**	**285**	**104**	**224**	**836**	**630**	**164**	**264**	**571**
长春市	22	141	29	15	60	134	5	88	138
吉林市	33	35	24	106	621	62	158	64	201
四平市	8	9	6	2	35	26		23	52
辽源市		13	5	4	17	34		10	13
通化市	5	18	5	32	25	133		7	37
白山市	16	7	8	23	4	17		26	26
松原市	4	10	4	31	25	1	1	11	20
白城市	2	10	2	6	14	8		4	22
延边朝鲜族自治州	24	26	16	2	26	148		27	46
长白山管委会									
梅河口市	3	16	5	3	9	67		4	16
女	**75**	**202**	**96**	**30**	**208**	**595**	**68**	**101**	**113**
长春市	27	106	34	3	27	133	4	40	35
吉林市	15	21	25	15	124	53	64	21	21
四平市	9	16	6		18	31		8	14
辽源市		5	2		2	11		3	4
通化市	3	12	3	4	10	141		3	14
白山市	7	2	2	1	1	35		4	3
松原市	1	9	2	5	8	11		7	4
白城市	1	6	1	1	5	12		5	3
延边朝鲜族自治州	7	13	11	1	12	98		8	10
长白山管委会									
梅河口市	5	12	10		1	70		2	5

4-6a　续表 7　　　　　　　　　　　　　　　　　　　　　　单位：人

地　　区 性　　别	生产制造及有关人员								
	采矿人员	金属冶炼和压延加工人员	机械制造基础加工人　　员	金属制品制造人员	通用设备制造人员	专用设备制造人员	汽车制造人　　员	铁路、船舶、航空设备制造人　　员	电气机械和器材制造人员
全　省	**3338**	**791**	**3412**	**651**	**565**	**200**	**4189**	**596**	**210**
长春市	265	61	1467	278	188	79	3553	499	109
吉林市	285	248	798	104	93	37	324	36	36
四平市	25	32	193	40	58	12	38	9	7
辽源市	187	27	175	27	32	15	62		16
通化市	31	331	163	30	12	9	8	1	5
白山市	438	35	76	13	5	4	26	13	4
松原市	1741	7	174	32	30	13	28	5	7
白城市	29	5	104	22	38	4	56	12	10
延边朝鲜族自治州	290	29	217	63	96	22	78	13	12
长白山管委会									
梅河口市	47	16	45	42	13	5	16	8	4
男	**2843**	**697**	**3219**	**544**	**489**	**146**	**3465**	**524**	**162**
长春市	233	51	1376	229	173	59	2947	436	79
吉林市	259	228	749	93	85	22	265	30	32
四平市	22	28	181	37	51	11	32	9	5
辽源市	181	24	168	24	28	15	58		12
通化市	26	282	155	25	11	5	5	1	4
白山市	411	31	74	12	4	2	21	12	4
松原市	1364	7	162	22	28	12	23	5	6
白城市	28	4	102	17	32	4	45	11	7
延边朝鲜族自治州	276	28	210	53	68	12	59	13	9
长白山管委会									
梅河口市	43	14	42	32	9	4	10	7	4
女	**495**	**94**	**193**	**107**	**76**	**54**	**724**	**72**	**48**
长春市	32	10	91	49	15	20	606	63	30
吉林市	26	20	49	11	8	15	59	6	4
四平市	3	4	12	3	7	1	6		2
辽源市	6	3	7	3	4		4		4
通化市	5	49	8	5	1	4	3		1
白山市	27	4	2	1	1	2	5	1	
松原市	377		12	10	2	1	5		1
白城市	1	1	2	5	6		11	1	3
延边朝鲜族自治州	14	1	7	10	28	10	19		3
长白山管委会									
梅河口市	4	2	3	10	4	1	6	1	

4-6a 续表 8 单位：人

地区 性别	生产制造及有关人员								不便分类的其他从业人员
	计算机、通信和其他电子设备制造人员	仪器仪表制造人员	废弃资源综合利用人员	电力、热力、气体、水生产和输配人员	建筑施工人员	运输设备和通用工程机械操作人员及有关人员	生产辅助人员	其他生产制造及有关人员	
全　省	**1729**	**91**	**115**	**1748**	**19576**	**2826**	**9616**	**150**	**243**
长春市	894	16	64	392	7982	911	3427	63	85
吉林市	316	41	13	395	2931	638	2063	17	20
四平市	106	1	2	150	916	192	426	48	31
辽源市	61	2	2	65	517	108	631	8	24
通化市	30	14	6	119	885	138	627	4	2
白山市	17	3		151	721	141	433		3
松原市	54	11	6	144	1160	189	604	4	1
白城市	39	1	5	73	1030	131	294	1	69
延边朝鲜族自治州	185	1	15	196	2692	263	889	3	1
长白山管委会									
梅河口市	27	1	2	63	742	115	222	2	7
男	**1295**	**73**	**74**	**1497**	**17415**	**2713**	**7209**	**105**	**163**
长春市	689	11	43	337	7123	862	2625	42	59
吉林市	218	35	9	357	2633	612	1632	12	18
四平市	87	1	1	129	798	188	301	37	21
辽源市	50	2	1	60	473	107	426	5	9
通化市	23	12	4	93	791	127	395	2	2
白山市	10	2		131	632	135	320		2
松原市	43	8	4	105	1040	186	455	4	1
白城市	26	1	3	61	912	126	227		44
延边朝鲜族自治州	128	1	8	172	2328	257	677	2	1
长白山管委会									
梅河口市	21		1	52	685	113	151	1	6
女	**434**	**18**	**41**	**251**	**2161**	**113**	**2407**	**45**	**80**
长春市	205	5	21	55	859	49	802	21	26
吉林市	98	6	4	38	298	26	431	5	2
四平市	19		1	21	118	4	125	11	10
辽源市	11		1	5	44	1	205	3	15
通化市	7	2	2	26	94	11	232	2	
白山市	7	1		20	89	6	113		1
松原市	11	3	2	39	120	3	149		
白城市	13		2	12	118	5	67	1	25
延边朝鲜族自治州	57		7	24	364	6	212	1	
长白山管委会									
梅河口市	6	1	1	11	57	2	71	1	1

4-6b　各地区分性别、职业中类的就业人口(镇)

单位：人

地　区 性　别	合计	党的机关、国家机关、群众团体和社会组织、企事业单位负责人						
		小计	中国共产党机关负责人	国家机关负责人	民主党派和工商联负责人	人民团体和群众团体、社会组织及其他成员组织负责人	基层群众自治组织负责人	企事业单位负责人
全　省	**189831**	**4787**	**61**	**335**		**123**	**130**	**4138**
长春市	78013	2835	6	61		33	29	2706
吉林市	16965	302	8	29		4	27	234
四平市	12726	261	6	44		26	4	181
辽源市	6318	98		17		1	3	77
通化市	13924	289	17	26		8	13	225
白山市	12167	186	8	46		4	13	115
松原市	20559	283	6	22		11	15	229
白城市	15011	326	1	44		25	3	253
延边朝鲜族自治州	9710	115	7	28		11	18	51
长白山管委会	2599	63	2	15			4	42
梅河口市	1839	29		3			1	25
男	**113416**	**3469**	**50**	**286**		**64**	**93**	**2976**
长春市	46296	2001	5	46		12	23	1915
吉林市	10177	226	8	25		2	18	173
四平市	7531	192	5	39		14	4	130
辽源市	3704	79		17		1	3	58
通化市	8227	199	12	23		4	10	150
白山市	7411	148	8	39		1	12	88
松原市	12470	227	6	20		9	11	181
白城市	8969	240	1	40		14		185
延边朝鲜族自治州	5865	92	4	25		7	12	44
长白山管委会	1665	46	1	11				34
梅河口市	1101	19		1				18
女	**76415**	**1318**	**11**	**49**		**59**	**37**	**1162**
长春市	31717	834	1	15		21	6	791
吉林市	6788	76		4		2	9	61
四平市	5195	69	1	5		12		51
辽源市	2614	19						19
通化市	5697	90	5	3		4	3	75
白山市	4756	38		7		3	1	27
松原市	8089	56		2		2	4	48
白城市	6042	86		4		11	3	68
延边朝鲜族自治州	3845	23	3	3		4	6	7
长白山管委会	934	17	1	4			4	8
梅河口市	738	10		2			1	7

4-6b 续表 1

单位：人

地区 性别	专业技术人员									
	小计	科学研究人员	工程技术人员	农业技术人员	飞机和船舶技术人员	卫生专业技术人员	经济和金融专业人员	法律、社会和宗教专业人员	教学人员	文学艺术、体育专业人员
全省	**30422**	**282**	**5393**	**268**	**26**	**5241**	**5299**	**636**	**12218**	**325**
长春市	15205	227	3856	67	21	2085	2921	314	5138	194
吉林市	2509	9	378	27	3	478	380	44	1124	17
四平市	1885	6	147	54		415	251	35	919	13
辽源市	896	2	60	11		189	127	20	467	6
通化市	1739	9	175	21	1	367	278	37	797	13
白山市	1614	4	89	19		319	340	20	759	9
松原市	2672	4	274	23		580	397	54	1258	37
白城市	2267	15	199	36		481	345	64	1052	20
延边朝鲜族自治州	1202	3	117	5		248	199	28	554	13
长白山管委会	317	3	70	1	1	57	50	18	101	3
梅河口市	116		28	4		22	11	2	49	
男	**12310**	**174**	**4440**	**203**	**26**	**1577**	**1458**	**263**	**3693**	**193**
长春市	6480	141	3101	54	21	588	714	117	1487	117
吉林市	995	6	318	22	3	139	103	22	354	12
四平市	745	2	129	43		140	90	14	299	6
辽源市	313	1	50	7		48	41	11	148	3
通化市	656	3	154	17	1	107	95	18	239	6
白山市	558	3	75	14		100	101	13	230	6
松原市	1047	2	240	15		199	141	27	379	22
白城市	888	12	183	24		155	99	22	351	13
延边朝鲜族自治州	432	1	102	4		75	57	13	162	6
长白山管委会	136	3	64	1	1	18	12	4	25	2
梅河口市	60		24	2		8	5	2	19	
女	**18112**	**108**	**953**	**65**		**3664**	**3841**	**373**	**8525**	**132**
长春市	8725	86	755	13		1497	2207	197	3651	77
吉林市	1514	3	60	5		339	277	22	770	5
四平市	1140	4	18	11		275	161	21	620	7
辽源市	583	1	10	4		141	86	9	319	3
通化市	1083	6	21	4		260	183	19	558	7
白山市	1056	1	14	5		219	239	7	529	3
松原市	1625	2	34	8		381	256	27	879	15
白城市	1379	3	16	12		326	246	42	701	7
延边朝鲜族自治州	770	2	15	1		173	142	15	392	7
长白山管委会	181		6			39	38	14	76	1
梅河口市	56		4	2		14	6		30	

4-6b 续表 2

单位：人

地区 性别	专业技术人员		办事人员和有关人员				社会生产服务和生活服务人员		
	新闻出版、文化专业人员	其他专业技术人员	小计	办事人员	安全和消防人员	其他办事人员和有关人员	小计	批发与零售服务人员	交通运输、仓储和邮政业服务人员
全　省	**677**	**57**	**23266**	**20061**	**3091**	**114**	**74246**	**26862**	**15250**
长春市	351	31	10090	9379	684	27	30646	11575	5722
吉林市	49		1656	1402	251	3	6457	2335	1256
四平市	33	12	1303	1056	209	38	5064	1947	1107
辽源市	14		645	549	84	12	2466	917	449
通化市	40	1	1641	1317	321	3	5463	2010	1095
白山市	54	1	2182	1673	506	3	4383	1488	979
松原市	43	2	2069	1794	267	8	8448	2808	2180
白城市	45	10	1891	1601	275	15	5872	2105	1323
延边朝鲜族自治州	35		1274	973	297	4	3669	1150	733
长白山管委会	13		444	285	159		1135	285	246
梅河口市			71	32	38	1	643	242	160
男	**238**	**45**	**14409**	**11546**	**2796**	**67**	**42363**	**12007**	**13413**
长春市	114	26	5680	5066	604	10	17719	5372	4936
吉林市	16		1024	790	233	1	3551	1016	1094
四平市	14	8	901	682	192	27	2911	852	999
辽源市	4		408	319	81	8	1408	397	418
通化市	15	1	1060	766	293	1	3034	893	982
白山市	15	1	1451	1001	449	1	2457	637	878
松原市	21	1	1380	1127	247	6	4923	1214	1933
白城市	21	8	1246	990	246	10	3371	927	1146
延边朝鲜族自治州	12		889	616	271	2	1979	462	654
长白山管委会	6		311	166	145		649	139	227
梅河口市			59	23	35	1	361	98	146
女	**439**	**12**	**8857**	**8515**	**295**	**47**	**31883**	**14855**	**1837**
长春市	237	5	4410	4313	80	17	12927	6203	786
吉林市	33		632	612	18	2	2906	1319	162
四平市	19	4	402	374	17	11	2153	1095	108
辽源市	10		237	230	3	4	1058	520	31
通化市	25		581	551	28	2	2429	1117	113
白山市	39		731	672	57	2	1926	851	101
松原市	22	1	689	667	20	2	3525	1594	247
白城市	24	2	645	611	29	5	2501	1178	177
延边朝鲜族自治州	23		385	357	26	2	1690	688	79
长白山管委会	7		133	119	14		486	146	19
梅河口市			12	9	3		282	144	14

4-6b 续表 3

单位：人

地 区 性 别	社会生产服务和生活服务人员								
	住宿和餐饮服务人员	信息传输、软件和信息技术服务人员	金融服务人员	房地产服务人员	租赁和商务服务人员	技术辅助服务人员	水利、环境和公共设施管理服务人员	居民服务人员	电力、燃气及水供应服务人员
全 省	**10402**	**1728**	**2705**	**1230**	**2217**	**1659**	**3354**	**4407**	**956**
长春市	3513	1025	1099	636	1225	1097	1476	1560	274
吉林市	1019	108	283	127	223	100	297	361	81
四平市	721	71	160	74	70	45	179	369	45
辽源市	354	47	95	19	72	29	95	236	32
通化市	982	83	188	65	86	69	242	365	80
白山市	766	88	176	46	52	51	186	250	109
松原市	1005	126	334	152	244	129	345	565	126
白城市	817	104	201	56	106	59	262	427	89
延边朝鲜族自治州	861	60	132	38	68	60	169	177	79
长白山管委会	255	11	35	14	65	14	85	45	32
梅河口市	109	5	2	3	6	6	18	52	9
男	**4589**	**1143**	**1218**	**728**	**1754**	**1046**	**1410**	**1492**	**799**
长春市	1659	699	508	380	938	692	561	552	236
吉林市	448	67	119	69	191	61	124	99	63
四平市	326	45	77	46	50	32	84	136	42
辽源市	138	31	55	14	59	22	42	109	30
通化市	431	44	87	38	72	40	102	127	65
白山市	312	66	83	27	41	28	90	67	82
松原市	441	72	122	88	210	81	142	182	107
白城市	349	70	107	33	88	37	133	150	77
延边朝鲜族自治州	337	43	48	20	58	42	94	36	60
长白山管委会	97	6	12	10	42	7	30	15	29
梅河口市	51			3	5	4	8	19	8
女	**5813**	**585**	**1487**	**502**	**463**	**613**	**1944**	**2915**	**157**
长春市	1854	326	591	256	287	405	915	1008	38
吉林市	571	41	164	58	32	39	173	262	18
四平市	395	26	83	28	20	13	95	233	3
辽源市	216	16	40	5	13	7	53	127	2
通化市	551	39	101	27	14	29	140	238	15
白山市	454	22	93	19	11	23	96	183	27
松原市	564	54	212	64	34	48	203	383	19
白城市	468	34	94	23	18	22	129	277	12
延边朝鲜族自治州	524	17	84	18	10	18	75	141	19
长白山管委会	158	5	23	4	23	7	55	30	3
梅河口市	58	5	2		1	2	10	33	1

4-6b　续表 4　　　　单位：人

地区 性别	社会生产服务和生活服务人员				农、林、牧、渔业生产及辅助人员				
	修理及制作服务人员	文化、体育和娱乐服务人员	健康服务人员	其他社会生产和生活服务人员	小计	农业生产人员	林业生产人员	畜牧业生产人员	渔业生产人员
全　省	**2835**	**388**	**221**	**32**	**26806**	**23776**	**1610**	**1092**	**107**
长春市	1227	115	90	12	4970	4785	44	108	7
吉林市	194	43	30		2680	2238	298	92	17
四平市	215	26	27	8	2849	2649	47	116	5
辽源市	101	7	10	3	1278	1196	28	44	1
通化市	159	31	8		2522	2308	106	81	9
白山市	129	47	15	1	1841	1338	381	100	14
松原市	370	40	22	2	4746	4474	46	164	22
白城市	269	39	13	2	2841	2501	49	228	25
延边朝鲜族自治州	116	21	3	2	2088	1448	503	124	4
长白山管委会	32	13	3		258	142	106	6	
梅河口市	23	6		2	733	697	2	29	3
男	**2426**	**243**	**76**	**19**	**16721**	**14331**	**1359**	**783**	**83**
长春市	1082	69	27	8	3029	2894	33	77	6
吉林市	159	30	11		1718	1358	257	65	13
四平市	189	16	12	5	1673	1517	42	86	4
辽源市	82	6	4	1	776	711	22	37	1
通化市	131	20	2		1546	1389	80	55	6
白山市	111	30	4	1	1290	866	335	69	13
松原市	296	25	9	1	2920	2709	39	125	19
白城市	228	20	4	2	1778	1529	42	160	16
延边朝鲜族自治州	105	18	1	1	1379	871	413	86	3
长白山管委会	28	5	2		204	99	96	5	
梅河口市	15	4			408	388		18	2
女	**409**	**145**	**145**	**13**	**10085**	**9445**	**251**	**309**	**24**
长春市	145	46	63	4	1941	1891	11	31	1
吉林市	35	13	19		962	880	41	27	4
四平市	26	10	15	3	1176	1132	5	30	1
辽源市	19	1	6	2	502	485	6	7	
通化市	28	11	6		976	919	26	26	3
白山市	18	17	11		551	472	46	31	1
松原市	74	15	13	1	1826	1765	7	39	3
白城市	41	19	9		1063	972	7	68	9
延边朝鲜族自治州	11	3	2	1	709	577	90	38	1
长白山管委会	4	8	1		54	43	10	1	
梅河口市	8	2		2	325	309	2	11	1

4-6b 续表 5 单位：人

地区 性别	农林牧渔生产辅助人员	其他农、林、牧、渔业生产加工人员	生产制造及有关人员						
			小计	农副产品加工人员	食品、饮料生产加工人员	烟草及其制品加工人员	纺织、针织、印染人员	纺织品、服装和皮革、毛皮制品加工制作人员	木材加工、家具与木制品制作人员
全　省	**215**	**6**	**30195**	**646**	**862**	**22**	**172**	**436**	**1141**
长春市	25	1	14213	182	304	19	11	209	310
吉林市	34	1	3349	76	96		3	26	117
四平市	31	1	1348	49	57		12	36	49
辽源市	8	1	932	44	30		107	13	29
通化市	18		2267	59	54	2	5	36	73
白山市	8		1961	61	130		1	15	160
松原市	40		2341	62	54	1	5	40	71
白城市	38		1796	38	62		26	34	84
延边朝鲜族自治州	9		1361	50	39		1	25	221
长白山管委会	2	2	381	6	24				21
梅河口市	2		246	19	12		1	2	6
男	**161**	**4**	**24068**	**430**	**454**	**16**	**52**	**125**	**877**
长春市	19		11346	134	149	13	3	50	243
吉林市	25		2655	49	53		1	9	94
四平市	23	1	1099	34	31		2	9	42
辽源市	4	1	718	26	18		32	6	28
通化市	16		1730	40	28	2	1	13	56
白山市	7		1507	36	69			7	120
松原市	28		1973	44	27	1	2	13	59
白城市	31		1436	27	37		10	9	66
延边朝鲜族自治州	6		1093	27	24			9	152
长白山管委会	2	2	318	4	13				12
梅河口市			193	9	5		1		5
女	**54**	**2**	**6127**	**216**	**408**	**6**	**120**	**311**	**264**
长春市	6	1	2867	48	155	6	8	159	67
吉林市	9	1	694	27	43		2	17	23
四平市	8		249	15	26		10	27	7
辽源市	4		214	18	12		75	7	1
通化市	2		537	19	26		4	23	17
白山市	1		454	25	61		1	8	40
松原市	12		368	18	27		3	27	12
白城市	7		360	11	25		16	25	18
延边朝鲜族自治州	3		268	23	15		1	16	69
长白山管委会			63	2	11				9
梅河口市	2		53	10	7			2	1

4−6b 续表 6

单位：人

地 区 性 别	生产制造及有关人员								
	纸及纸制品生产加工人员	印刷和记录媒介复制人员	文教、工美、体育和娱乐用品制造人 员	石油加工和炼焦、煤化工生产人员	化学原料和化学制品制造人 员	医药制造人 员	化学纤维制造人员	橡胶和塑料制品制造人员	非金属矿物制品制造人员
全 省	**102**	**170**	**105**	**89**	**299**	**834**	**238**	**193**	**426**
长春市	46	75	37	26	45	131	9	82	109
吉林市	14	15	35	20	144	63	227	28	162
四平市	7	8	5	3	10	14		25	34
辽源市	6	12			5	13		24	11
通化市	9	14	7	3	32	246	2	4	36
白山市	2	6	6	1	2	303		6	18
松原市		25	2	28	57	17		16	26
白城市	5	11	4	4	2	13		7	15
延边朝鲜族自治州	12	4	7	3	2	16		1	7
长白山管委会			2			18			3
梅河口市	1			1					5
男	**66**	**71**	**54**	**80**	**241**	**406**	**148**	**127**	**371**
长春市	31	36	24	25	29	63	4	58	89
吉林市	7	5	9	13	118	33	143	15	147
四平市	2	3	2	3	7	8		18	28
辽源市	4	6			4	6		14	11
通化市	8	5	5	3	26	117	1	3	35
白山市	2	2	6	1	2	145		5	15
松原市		10	2	27	52	9		9	22
白城市	1	4	1	4	2	7		4	12
延边朝鲜族自治州	10		3	3	1	6		1	5
长白山管委会			2			12			2
梅河口市	1			1					5
女	**36**	**99**	**51**	**9**	**58**	**428**	**90**	**66**	**55**
长春市	15	39	13	1	16	68	5	24	20
吉林市	7	10	26	7	26	30	84	13	15
四平市	5	5	3		3	6		7	6
辽源市	2	6			1	7		10	
通化市	1	9	2		6	129	1	1	1
白山市		4				158		1	3
松原市		15		1	5	8		7	4
白城市	4	7	3			6		3	3
延边朝鲜族自治州	2	4	4		1	10			2
长白山管委会						6			1
梅河口市									

4-6b 续表 7 单位：人

地 区 性 别	生产制造及有关人员								
	采矿人员	金属冶炼和压延加工人员	机械制造基础加工人员	金属制品制造人员	通用设备制造人员	专用设备制造人员	汽车制造人员	铁路、船舶、航空设备制造人员	电气机械和器材制造人员
全 省	**901**	**241**	**1676**	**377**	**212**	**97**	**4736**	**85**	**113**
长春市	56	38	881	211	113	52	4514	55	68
吉林市	176	97	235	12	8	19	103	6	9
四平市	12	12	91	26	8	5	20	1	5
辽源市	12	30	51	23	20	2	14	1	
通化市	61	45	74	21	16	3	16	10	8
白山市	175	3	54	14	2	1	7	1	2
松原市	248	8	150	34	21	10	10	7	1
白城市	36	1	76	13	16	3	36	1	15
延边朝鲜族自治州	94	3	40	13	2		14	2	2
长白山管委会			8	1	1	2	2		1
梅河口市	31	4	16	9	5			1	2
男	**791**	**211**	**1557**	**292**	**191**	**48**	**3791**	**73**	**82**
长春市	48	34	811	164	100	25	3616	47	49
吉林市	152	87	216	7	6	3	79	5	6
四平市	12	10	84	22	8	4	17	1	4
辽源市	11	24	43	18	17	2	14	1	
通化市	58	37	72	16	14	2	12	9	5
白山市	170	3	51	11	2	1	7	1	2
松原市	203	8	145	28	21	9	8	5	1
白城市	23	1	74	11	15	1	25	1	12
延边朝鲜族自治州	84	3	38	9	2		11	2	2
长白山管委会			8	1	1	1	2		
梅河口市	30	4	15	5	5			1	1
女	**110**	**30**	**119**	**85**	**21**	**49**	**945**	**12**	**31**
长春市	8	4	70	47	13	27	898	8	19
吉林市	24	10	19	5	2	16	24	1	3
四平市		2	7	4		1	3		1
辽源市	1	6	8	5	3				
通化市	3	8	2	5	2	1	4	1	3
白山市	5		3	3					
松原市	45		5	6		1	2	2	
白城市	13		2	2	1	2	11		3
延边朝鲜族自治州	10		2	4			3		
长白山管委会						1			1
梅河口市	1		1	4					1

4-6b　续表 8　　　　单位：人

地　区 性　别	生产制造及有关人员								不便分类的其他从业人员
	计算机、通信和其他电子设备制造人　员	仪器仪表制造人员	废弃资源综合利用人　员	电力、热力、气体、水生产和输配人员	建筑施工人　员	运输设备和通用工程机械操作人员及有关人员	生产辅助人　员	其他生产制造及有关人员	
全　省	**1055**	**36**	**24**	**685**	**8663**	**1307**	**4163**	**89**	**109**
长春市	857	13	15	193	2954	539	1991	68	54
吉林市	46	13		116	683	138	661	1	12
四平市	26			29	588	84	119	13	16
辽源市	6			24	315	41	99		3
通化市	25	2		44	947	95	317	1	3
白山市	12			66	584	101	228		
松原市	26	3	1	82	896	127	308	5	
白城市	30	4	5	50	912	81	211	1	18
延边朝鲜族自治州	18	1	3	49	521	64	147		1
长白山管委会	1			28	185	31	47		1
梅河口市	8			4	78	6	35		1
男	**801**	**27**	**19**	**620**	**7719**	**1234**	**3029**	**65**	**76**
长春市	664	9	14	176	2643	498	1446	51	41
吉林市	29	11		100	626	132	499	1	8
四平市	19			27	516	82	95	9	10
辽源市	4			22	292	38	77		2
通化市	15	1		42	819	91	194		2
白山市	10			60	534	95	150		
松原市	19	3		74	812	123	234	3	
白城市	23	2	3	44	770	79	167	1	10
延边朝鲜族自治州	12	1	2	44	469	62	111		1
长白山管委会				27	166	28	39		1
梅河口市	6			4	72	6	17		1
女	**254**	**9**	**5**	**65**	**944**	**73**	**1134**	**24**	**33**
长春市	193	4	1	17	311	41	545	17	13
吉林市	17	2		16	57	6	162		4
四平市	7			2	72	2	24	4	6
辽源市	2			2	23	3	22		1
通化市	10	1		2	128	4	123	1	1
白山市	2			6	50	6	78		
松原市	7		1	8	84	4	74	2	
白城市	7	2	2	6	142	2	44		8
延边朝鲜族自治州	6		1	5	52	2	36		
长白山管委会	1			1	19	3	8		
梅河口市	2				6		18		

4-6c　各地区分性别、职业中类的就业人口(乡村)

单位：人

地区 性别	合计	党的机关、国家机关、群众团体和社会组织、企事业单位负责人						
		小计	中国共产党机关负责人	国家机关负责人	民主党派和工商联负责人	人民团体和群众团体、社会组织及其他成员组织负责人	基层群众自治组织负责人	企事业单位负责人
全　省	**429506**	**1489**	**9**	**75**		**70**	**309**	**1026**
长春市	142287	388	1	13		4	91	279
吉林市	68251	280	2	11		6	34	227
四平市	40028	105	2	5		10	16	72
辽源市	24517	59		4		5	7	43
通化市	25848	98	1	8		4	25	60
白山市	9615	54				1	28	25
松原市	55987	165	1	4		10	40	110
白城市	31391	175	1	20		12	34	108
延边朝鲜族自治州	18909	90	1	8		9	30	42
长白山管委会	10							
梅河口市	12663	75		2		9	4	60
男	**252561**	**1163**	**9**	**62**		**41**	**266**	**785**
长春市	84014	305	1	12		2	78	212
吉林市	39930	225	2	10		5	28	180
四平市	23018	86	2	5		6	14	59
辽源市	13939	41		1		1	7	32
通化市	15623	72	1	6		1	22	42
白山市	5947	46				1	25	20
松原市	33154	128	1	2		7	34	84
白城市	18428	136	1	17		9	32	77
延边朝鲜族自治州	11277	71	1	7		3	24	36
长白山管委会	7							
梅河口市	7224	53		2		6	2	43
女	**176945**	**326**		**13**		**29**	**43**	**241**
长春市	58273	83		1		2	13	67
吉林市	28321	55		1		1	6	47
四平市	17010	19				4	2	13
辽源市	10578	18		3		4		11
通化市	10225	26		2		3	3	18
白山市	3668	8					3	5
松原市	22833	37		2		3	6	26
白城市	12963	39		3		3	2	31
延边朝鲜族自治州	7632	19		1		6	6	6
长白山管委会	3							
梅河口市	5439	22				3	2	17

4-6c 续表 1

单位：人

地区 性别	专业技术人员									
	小计	科学研究人员	工程技术人员	农业技术人员	飞机和船舶技术人员	卫生专业技术人员	经济和金融专业人员	法律、社会和宗教专业人员	教学人员	文学艺术、体育专业人员
全 省	**11869**	**54**	**1607**	**200**	**8**	**2649**	**1648**	**236**	**5137**	**148**
长春市	4555	25	729	68	3	883	654	76	1982	63
吉林市	1926	6	255	18	1	449	286	79	772	35
四平市	897	5	102	19		212	113	10	408	7
辽源市	462	2	60	8		121	46	10	200	7
通化市	716	2	90	12	1	176	116	10	298	2
白山市	250	2	24	10		60	45	2	99	2
松原市	1336	5	147	29		340	159	18	610	15
白城市	785	3	69	25		196	97	18	365	4
延边朝鲜族自治州	572		77	6		123	88	7	246	9
长白山管委会										
梅河口市	370	4	54	5	3	89	44	6	157	4
男	**5623**	**27**	**1392**	**160**	**6**	**1140**	**646**	**102**	**1978**	**87**
长春市	2221	14	606	56	3	441	224	25	787	37
吉林市	830	3	227	14	1	152	95	31	268	25
四平市	423	2	86	16		76	51	6	173	4
辽源市	218		53	7		41	19	6	81	5
通化市	326	2	82	9		66	46	5	110	
白山市	113	1	22	8		20	23		36	
松原市	672	2	133	24		172	82	12	236	8
白城市	386	2	64	20		88	53	12	143	
延边朝鲜族自治州	268		72	4		48	35	4	92	5
长白山管委会										
梅河口市	166	1	47	2	2	36	18	1	52	3
女	**6246**	**27**	**215**	**40**	**2**	**1509**	**1002**	**134**	**3159**	**61**
长春市	2334	11	123	12		442	430	51	1195	26
吉林市	1096	3	28	4		297	191	48	504	10
四平市	474	3	16	3		136	62	4	235	3
辽源市	244	2	7	1		80	27	4	119	2
通化市	390		8	3	1	110	70	5	188	2
白山市	137	1	2	2		40	22	2	63	2
松原市	664	3	14	5		168	77	6	374	7
白城市	399	1	5	5		108	44	6	222	4
延边朝鲜族自治州	304		5	2		75	53	3	154	4
长白山管委会										
梅河口市	204	3	7	3	1	53	26	5	105	1

4-6c 续表 2

单位：人

地区 性别	专业技术人员		办事人员和有关人员				社会生产服务和生活服务人员		
	新闻出版、文化专业人员	其他专业技术人员	小计	办事人员	安全和消防人员	其他办事人员和有关人员	小计	批发与零售服务人员	交通运输、仓储和邮政业服务人员
全 省	**159**	**23**	**6502**	**5204**	**1262**	**36**	**50310**	**17107**	**10902**
长春市	64	8	2462	2232	221	9	16332	5392	3680
吉林市	23	2	899	726	171	2	8473	2876	1834
四平市	18	3	458	331	125	2	3113	1047	787
辽源市	3	5	240	187	53		2025	727	430
通化市	7	2	497	316	177	4	3905	1374	678
白山市	6		231	136	95		1330	503	292
松原市	12	1	602	476	119	7	6402	2255	1549
白城市	6	2	470	358	104	8	3443	1296	657
延边朝鲜族自治州	16		458	305	151	2	3218	1008	590
长白山管委会			2	2			2		
梅河口市	4		183	135	46	2	2067	629	405
男	**65**	**20**	**4337**	**3152**	**1159**	**26**	**29737**	**8250**	**9765**
长春市	22	6	1605	1393	206	6	9941	2618	3322
吉林市	12	2	554	398	154	2	4902	1347	1646
四平市	6	3	322	204	116	2	1947	511	712
辽源市	1	5	166	117	49		1219	356	388
通化市	4	2	347	172	171	4	2212	674	614
白山市	3		164	76	88		783	255	261
松原市	3		431	314	113	4	3869	1082	1369
白城市	2	2	324	229	89	6	2036	661	577
延边朝鲜族自治州	8		299	167	132		1735	473	515
长白山管委会			2	2			1		
梅河口市	4		123	80	41	2	1092	273	361
女	**94**	**3**	**2165**	**2052**	**103**	**10**	**20573**	**8857**	**1137**
长春市	42	2	857	839	15	3	6391	2774	358
吉林市	11		345	328	17		3571	1529	188
四平市	12		136	127	9		1166	536	75
辽源市	2		74	70	4		806	371	42
通化市	3		150	144	6		1693	700	64
白山市	3		67	60	7		547	248	31
松原市	9	1	171	162	6	3	2533	1173	180
白城市	4		146	129	15	2	1407	635	80
延边朝鲜族自治州	8		159	138	19	2	1483	535	75
长白山管委会							1		
梅河口市			60	55	5		975	356	44

4-6c 续表 3 单位：人

地 区 性 别	社会生产服务和生活服务人员								
	住宿和餐饮服务人员	信息传输、软件和信息技术服务人员	金融服务人员	房地产服务人员	租赁和商务服务人员	技术辅助服务人员	水利、环境和公共设施管理服务人员	居民服务人员	电力、燃气及水供应服务人员
全 省	**8678**	**629**	**920**	**512**	**1581**	**529**	**2992**	**3558**	**506**
长春市	2540	240	312	170	748	218	984	1111	141
吉林市	1431	98	166	149	323	94	486	585	84
四平市	505	35	52	27	39	23	150	219	43
辽源市	329	21	36	13	42	17	138	152	16
通化市	878	43	67	43	33	25	256	314	39
白山市	234	10	15	9	11	12	123	60	11
松原市	924	84	121	45	212	61	313	404	84
白城市	471	29	55	12	35	20	279	359	34
延边朝鲜族自治州	851	48	57	18	93	27	190	159	35
长白山管委会	2								
梅河口市	513	21	39	26	45	32	73	195	19
男	**3743**	**399**	**394**	**312**	**1348**	**335**	**1513**	**1252**	**452**
长春市	1152	152	143	101	652	142	436	437	130
吉林市	598	68	74	91	266	54	235	162	73
四平市	244	20	22	18	33	15	82	95	40
辽源市	155	14	18	6	35	13	68	64	14
通化市	401	26	29	28	25	19	132	94	33
白山市	90	7	4	8	9	5	69	22	11
松原市	392	51	47	27	187	36	176	143	78
白城市	204	20	18	8	30	13	188	131	26
延边朝鲜族自治州	313	31	20	12	76	18	98	35	31
长白山管委会	1								
梅河口市	193	10	19	13	35	20	29	69	16
女	**4935**	**230**	**526**	**200**	**233**	**194**	**1479**	**2306**	**54**
长春市	1388	88	169	69	96	76	548	674	11
吉林市	833	30	92	58	57	40	251	423	11
四平市	261	15	30	9	6	8	68	124	3
辽源市	174	7	18	7	7	4	70	88	2
通化市	477	17	38	15	8	6	124	220	6
白山市	144	3	11	1	2	7	54	38	
松原市	532	33	74	18	25	25	137	261	6
白城市	267	9	37	4	5	7	91	228	8
延边朝鲜族自治州	538	17	37	6	17	9	92	124	4
长白山管委会	1								
梅河口市	320	11	20	13	10	12	44	126	3

4-6c 续表 4

单位：人

地区 性别	社会生产服务和生活服务人员				农、林、牧、渔业生产及辅助人员				
	修理及制作服务人员	文化、体育和娱乐服务人员	健康服务人员	其他社会生产和生活服务人员	小计	农业生产人员	林业生产人员	畜牧业生产人员	渔业生产人员
全省	**2042**	**217**	**110**	**27**	**331377**	**319189**	**1256**	**9993**	**307**
长春市	683	66	33	14	108937	106569	157	2094	53
吉林市	287	47	12	1	52256	50578	208	1351	47
四平市	160	16	8	2	33847	32578	50	1161	14
辽源市	86	10	5	3	20358	19943	33	356	12
通化市	133	17	4	1	18140	17468	122	456	66
白山市	37	3	10		6479	5979	124	361	11
松原市	315	19	15	1	44700	42698	50	1636	43
白城市	174	8	11	3	24998	23062	48	1766	29
延边朝鲜族自治州	110	22	8	2	12905	11747	456	661	15
长白山管委会					4	1	3		
梅河口市	57	9	4		8753	8566	5	151	17
男	**1777**	**146**	**34**	**17**	**188969**	**180999**	**991**	**6300**	**241**
长春市	598	43	8	7	61998	60422	104	1376	45
吉林市	247	38	2	1	29707	28626	166	822	36
四平市	139	11	3	2	18939	18113	40	739	9
辽源市	78	6	2	2	11305	11040	23	221	10
通化市	124	12	1		10693	10235	93	292	52
白山市	35	1	6		3857	3504	106	236	7
松原市	265	11	5		25762	24459	39	1066	37
白城市	148	5	4	3	14350	13186	38	1042	21
延边朝鲜族自治州	94	15	2	2	7542	6705	375	432	11
长白山管委会					2		2		
梅河口市	49	4	1		4814	4709	5	74	13
女	**265**	**71**	**76**	**10**	**142408**	**138190**	**265**	**3693**	**66**
长春市	85	23	25	7	46939	46147	53	718	8
吉林市	40	9	10		22549	21952	42	529	11
四平市	21	5	5		14908	14465	10	422	5
辽源市	8	4	3	1	9053	8903	10	135	2
通化市	9	5	3	1	7447	7233	29	164	14
白山市	2	2	4		2622	2475	18	125	4
松原市	50	8	10	1	18938	18239	11	570	6
白城市	26	3	7		10648	9876	10	724	8
延边朝鲜族自治州	16	7	6		5363	5042	81	229	4
长白山管委会					2	1	1		
梅河口市	8	5	3		3939	3857		77	4

4–6c　续表 5　　　　单位：人

地区 性别	农林牧渔生产辅助人员	其他农、林、牧、渔业生产加工人员	生产制造及有关人员						
			小计	农副产品加工人员	食品、饮料生产加工人员	烟草及其制品加工人员	纺织、针织、印染人员	纺织品、服装和皮革、毛皮制品加工制作人员	木材加工、家具与木制品制作人员
全　省	**623**	**9**	**27723**	**1368**	**802**	**16**	**315**	**428**	**1139**
长春市	64		9569	424	250	5	11	163	385
吉林市	69	3	4389	171	101		23	47	201
四平市	44		1554	70	60	4	6	25	77
辽源市	14		1356	88	40		239	21	53
通化市	27	1	2477	113	73		4	28	65
白山市	4		1265	52	62	1	1	5	28
松原市	273		2782	137	91	1	2	32	176
白城市	91	2	1456	131	35		18	29	61
延边朝鲜族自治州	24	2	1664	74	41	5	3	43	64
长白山管委会			2						
梅河口市	13	1	1209	108	49		8	35	29
男	**432**	**6**	**22619**	**853**	**428**	**11**	**114**	**165**	**908**
长春市	51		7925	262	134	4	6	55	311
吉林市	56	1	3707	95	51		12	17	170
四平市	38		1268	47	38	2	2	9	65
辽源市	11		987	56	23		78	7	41
通化市	20	1	1962	75	39		2	12	54
白山市	4		979	28	29	1		1	24
松原市	161		2292	92	44	1	1	10	128
白城市	62	1	1162	96	19		9	11	42
延边朝鲜族自治州	17	2	1361	45	20	3	2	23	44
长白山管委会			2						
梅河口市	12	1	974	57	31		2	20	29
女	**191**	**3**	**5104**	**515**	**374**	**5**	**201**	**263**	**231**
长春市	13		1644	162	116	1	5	108	74
吉林市	13	2	682	76	50		11	30	31
四平市	6		286	23	22	2	4	16	12
辽源市	3		369	32	17		161	14	12
通化市	7		515	38	34		2	16	11
白山市			286	24	33		1	4	4
松原市	112		490	45	47		1	22	48
白城市	29	1	294	35	16		9	18	19
延边朝鲜族自治州	7		303	29	21	2	1	20	20
长白山管委会									
梅河口市	1		235	51	18		6	15	

4–6c 续表 6

单位：人

地区 性别	生产制造及有关人员								
	纸及纸制品生产加工人员	印刷和记录媒介复制人员	文教、工美、体育和娱乐用品制造人员	石油加工和炼焦、煤化工生产人员	化学原料和化学制品制造人员	医药制造人员	化学纤维制造人员	橡胶和塑料制品制造人员	非金属矿物制品制造人员
全省	**121**	**96**	**91**	**31**	**201**	**678**	**73**	**204**	**601**
长春市	32	38	24	7	50	64	2	79	131
吉林市	21	13	17	5	72	36	69	43	203
四平市	16	4	4	1	8	12		20	41
辽源市	10	6	8	4	5	6	1	7	7
通化市	5	8	2	3	15	216		5	24
白山市	7	2	11	4	1	257		1	55
松原市	9	11	8	3	33	10	1	28	63
白城市	1	1	5	3	8	12		6	22
延边朝鲜族自治州	10	6	6	1	6	41		5	27
长白山管委会									
梅河口市	10	7	6		3	24		10	28
男	**65**	**54**	**55**	**26**	**163**	**351**	**61**	**126**	**514**
长春市	15	22	9	6	39	27	2	53	110
吉林市	13	6	9	4	62	21	57	25	186
四平市	7	2	3	1	8	6		12	37
辽源市	6	3	4	4	4	3	1	2	6
通化市	2	3	2	1	10	116		2	21
白山市	6	2	9	4	1	129		1	44
松原市	4	8	6	3	29	1	1	17	46
白城市		1	4	2	5	8		5	15
延边朝鲜族自治州	6	3	4	1	3	27		3	24
长白山管委会									
梅河口市	6	4	5		2	13		6	25
女	**56**	**42**	**36**	**5**	**38**	**327**	**12**	**78**	**87**
长春市	17	16	15	1	11	37		26	21
吉林市	8	7	8	1	10	15	12	18	17
四平市	9	2	1			6		8	4
辽源市	4	3	4		1	3		5	1
通化市	3	5		2	5	100		3	3
白山市	1		2			128			11
松原市	5	3	2		4	9		11	17
白城市	1		1	1	3	4		1	7
延边朝鲜族自治州	4	3	2		3	14		2	3
长白山管委会									
梅河口市	4	3	1		1	11		4	3

4-6c　续表 7　　　　单位：人

地　区 性　别	生产制造及有关人员								
	采矿人员	金属冶炼和压延加工人员	机械制造基础加工人员	金属制品制造人员	通用设备制造人员	专用设备制造人员	汽车制造人员	铁路、船舶、航空设备制造人员	电气机械和器材制造人员
全　省	**924**	**265**	**1222**	**365**	**219**	**74**	**951**	**118**	**93**
长春市	129	23	442	158	94	32	620	82	45
吉林市	230	100	304	58	22	13	110	9	15
四平市	21	27	70	28	16	4	33	3	8
辽源市	26	54	52	14	12	1	13	1	2
通化市	89	8	82	19	16	9	36	9	1
白山市	196	2	22	6	1		10	1	
松原市	101	17	115	32	24	5	57	5	12
白城市	13	7	41	21	16	2	16	1	3
延边朝鲜族自治州	97	13	53	15	7	7	29	3	3
长白山管委会									
梅河口市	22	14	41	14	11	1	27	4	4
男	**857**	**232**	**1161**	**285**	**197**	**44**	**704**	**99**	**68**
长春市	119	21	412	123	86	21	447	67	31
吉林市	213	91	290	48	20	7	85	9	10
四平市	21	25	65	20	14	1	24	3	6
辽源市	22	44	50	11	9		9	1	2
通化市	82	7	78	15	14	5	31	8	1
白山市	186	2	22	5	1		9	1	
松原市	99	13	114	24	23	4	43	3	10
白城市	11	5	39	17	15	2	15	1	2
延边朝鲜族自治州	84	12	50	11	6	3	22	3	2
长白山管委会									
梅河口市	20	12	41	11	9	1	19	3	4
女	**67**	**33**	**61**	**80**	**22**	**30**	**247**	**19**	**25**
长春市	10	2	30	35	8	11	173	15	14
吉林市	17	9	14	10	2	6	25		5
四平市		2	5	8	2	3	9		2
辽源市	4	10	2	3	3	1	4		
通化市	7	1	4	4	2	4	5	1	
白山市	10			1			1		
松原市	2	4	1	8	1	1	14	2	2
白城市	2	2	2	4	1		1		1
延边朝鲜族自治州	13	1	3	4	1	4	7		1
长白山管委会									
梅河口市	2	2		3	2		8	1	

4-6c 续表 8

单位：人

地区 性别	生产制造及有关人员								不便分类的其他从业人员
	计算机、通信和其他电子设备制造人员	仪器仪表制造人员	废弃资源综合利用人员	电力、热力、气体、水生产和输配人员	建筑施工人员	运输设备和通用工程机械操作人员及有关人员	生产辅助人员	其他生产制造及有关人员	
全　省	**588**	**11**	**37**	**453**	**12788**	**1104**	**2290**	**57**	**236**
长春市	202	3	11	121	4778	364	767	33	44
吉林市	83	1	3	90	1668	220	440	1	28
四平市	59	1		35	694	63	137	7	54
辽源市	19	4		13	455	60	131	4	17
通化市	47		1	45	1275	89	188	2	15
白山市	5			27	353	58	97		6
松原市	61	2	9	49	1358	116	211	3	
白城市	19		8	27	789	50	107	4	64
延边朝鲜族自治州	37		5	33	845	56	127	2	2
长白山管委会					2				
梅河口市	56			13	571	28	85	1	6
男	**397**	**9**	**29**	**429**	**11489**	**1065**	**1616**	**44**	**113**
长春市	148	2	9	114	4359	352	534	25	19
吉林市	52	1	3	82	1522	210	335	1	5
四平市	42	1		35	611	62	94	5	33
辽源市	14	4		11	419	57	93	3	3
通化市	31			44	1113	88	104	2	11
白山市	3			27	319	55	70		5
松原市	40	1	8	46	1211	111	150	1	
白城市	12		6	27	660	48	81	4	34
延边朝鲜族自治州	27		3	33	741	56	98	2	1
长白山管委会					2				
梅河口市	28			10	532	26	57	1	2
女	**191**	**2**	**8**	**24**	**1299**	**39**	**674**	**13**	**123**
长春市	54	1	2	7	419	12	233	8	25
吉林市	31			8	146	10	105		23
四平市	17				83	1	43	2	21
辽源市	5			2	36	3	38	1	14
通化市	16		1	1	162	1	84		4
白山市	2				34	3	27		1
松原市	21	1	1	3	147	5	61	2	
白城市	7		2		129	2	26		30
延边朝鲜族自治州	10		2		104		29		1
长白山管委会									
梅河口市	28			3	39	2	28		4

4-7　全省分年龄、性别、职业中类的就业人口

单位：人

年龄组 性　别	合计	党的机关、国家机关、群众团体和社会组织、企事业单位负责人						
		小计	中国共产党机关负责人	国家机关负责人	民主党派和工商联负责人	人民团体和群众团体、社会组织及其他成员组织负责人	基层群众自治组织负责人	企事业单位负责人
总　计	**1008886**	**15241**	**190**	**1079**	**2**	**438**	**587**	**12945**
16–19岁	6099	7						7
20–24岁	33880	200	1			3	1	195
25–29岁	80862	1019	3	19		22	11	964
30–34岁	139500	2496	7	53		75	45	2316
35–39岁	117478	2574	16	93		65	56	2344
40–44岁	129738	2605	49	179		78	83	2216
45–49岁	149658	2591	50	278		76	120	2067
50–54岁	144164	2085	36	251	1	58	116	1623
55–59岁	103847	1287	26	190	1	44	80	946
60–64岁	50951	222	1	6		9	47	159
65–69岁	35074	97		6		5	17	69
70–74岁	13029	43	1	2		3	11	26
75岁及以上	4606	15		2				13
男	**593245**	**11089**	**156**	**912**	**1**	**228**	**436**	**9356**
16–19岁	3871	6						6
20 24岁	18852	123	1			1	1	120
25–29岁	45933	678	1	14		14	6	643
30–34岁	80768	1734	4	37		41	31	1621
35–39岁	67316	1734	13	78		28	34	1581
40–44岁	72966	1829	41	137		36	50	1565
45 49岁	83992	1893	41	234		32	86	1500
50–54岁	88407	1657	28	221		34	94	1280
55–59岁	67261	1131	25	177	1	31	73	824
60–64岁	30476	175	1	5		7	37	125
65–69岁	21745	78		5		3	15	55
70–74岁	8582	36	1	2		1	9	23
75岁及以上	3076	15		2				13
女	**415641**	**4152**	**34**	**167**	**1**	**210**	**151**	**3589**
16–19岁	2228	1						1
20–24岁	15028	77				2		75
25–29岁	34929	341	2	5		8	5	321
30–34岁	58732	762	3	16		34	14	695
35–39岁	50162	840	3	15		37	22	763
40–44岁	56772	776	8	42		42	33	651
45–49岁	65666	698	9	44		44	34	567
50–54岁	55757	428	8	30	1	24	22	343
55–59岁	36586	156	1	13		13	7	122
60–64岁	20475	47		1		2	10	34
65–69岁	13329	19		1		2	2	14
70–74岁	4447	7				2	2	3
75岁及以上	1530							

4-7 续表 1　　　　单位：人

年龄组 性别	专业技术人员									
	小计	科学研究人员	工程技术人员	农业技术人员	飞机和船舶技术人员	卫生专业技术人员	经济和金融专业人员	法律、社会和宗教专业人员	教学人员	文学艺术、体育专业人员
总　计	**110045**	**800**	**18687**	**880**	**68**	**21587**	**19730**	**2447**	**41593**	**1374**
16-19岁	584	2	43	2		147	24	6	321	29
20-24岁	7170	35	964	23	5	1776	1005	99	2912	179
25-29岁	15523	103	2689	48	18	3339	2873	315	5430	285
30-34岁	20522	158	4306	91	19	4066	4161	412	6443	321
35-39岁	15889	142	2987	79	10	3013	3097	410	5475	181
40-44岁	15725	104	2279	113	6	2697	3075	363	6518	155
45-49岁	14384	86	2148	161	6	2795	2738	345	5687	88
50-54岁	11277	70	1851	190	3	2055	1706	244	4799	61
55-59岁	7253	85	1210	130	1	1155	812	181	3447	63
60-64岁	906	9	123	23		260	122	29	319	7
65-69岁	492	4	61	14		178	81	28	116	3
70-74岁	184	1	16	4		64	31	7	60	
75岁及以上	136	1	10	2		42	5	8	66	2
男	**43954**	**467**	**15575**	**626**	**65**	**6337**	**5583**	**1049**	**12319**	**789**
16-19岁	184		38	2		26	9	3	92	8
20-24岁	2180	18	812	16	4	331	245	37	567	96
25-29岁	5084	52	2176	37	16	577	702	131	1104	143
30-34岁	7545	77	3534	67	19	814	1010	139	1491	188
35-39岁	6279	90	2467	55	10	949	773	155	1465	110
40-44岁	5975	51	1852	70	6	1009	757	134	1860	84
45-49岁	5643	49	1735	91	6	937	754	122	1757	60
50-54岁	5197	50	1619	137	3	804	630	145	1651	40
55-59岁	4716	67	1155	114	1	570	547	143	1955	52
60-64岁	604	7	112	19		142	83	18	210	4
65-69岁	317	4	57	12		99	51	17	72	2
70-74岁	128	1	11	4		48	18	2	43	
75岁及以上	102	1	7	2		31	4	3	52	2
女	**66091**	**333**	**3112**	**254**	**3**	**15250**	**14147**	**1398**	**29274**	**585**
16-19岁	400	2	5			121	15	3	229	21
20-24岁	4990	17	152	7	1	1445	760	62	2345	83
25-29岁	10439	51	513	11	2	2762	2171	184	4326	142
30-34岁	12977	81	772	24		3252	3151	273	4952	133
35-39岁	9610	52	520	24		2064	2324	255	4010	71
40-44岁	9750	53	427	43		1688	2318	229	4658	71
45-49岁	8741	37	413	70		1858	1984	223	3930	28
50-54岁	6080	20	232	53		1251	1076	99	3148	21
55-59岁	2537	18	55	16		585	265	38	1492	11
60-64岁	302	2	11	4		118	39	11	109	3
65-69岁	175		4	2		79	30	11	44	1
70-74岁	56		5			16	13	5	17	
75岁及以上	34		3			11	1	5	14	

4-7　续表 2　　　　　　　　　　　　　　　　　　　　　　　　　　　　　　单位：人

年龄组 性　别	专业技术人员		办事人员和有关人员				社会生产服务和生活服务人员		
	新闻出版、文化专业人员	其他专业技术人员	小计	办事人员	安全和消防人员	其他办事人员和有关人员	小计	批发与零售服务人　员	交通运输、仓储和邮政业服务人员
总　计	**2558**	**321**	**81778**	**69777**	**11639**	**362**	**306500**	**112137**	**63090**
16–19岁	5	5	117	82	34	1	2645	628	193
20–24岁	161	11	2834	2148	670	16	14026	4856	1699
25–29岁	386	37	9015	7477	1509	29	31529	12049	4960
30–34岁	491	54	14526	12602	1860	64	54052	21793	9712
35–39岁	450	45	11688	10493	1142	53	45515	18772	9579
40–44岁	358	57	11965	10755	1151	59	46214	18373	10940
45–49岁	283	47	12612	11089	1455	68	45711	16235	11176
50–54岁	253	45	9986	8317	1636	33	34775	10499	8773
55–59岁	153	16	7589	5936	1618	35	21029	5498	4896
60–64岁	10	4	810	533	274	3	6700	1956	789
65–69岁	7		419	214	205		3150	1022	274
70–74岁	1		151	85	65	1	861	319	76
75岁及以上			66	46	20		293	137	23
男	**906**	**238**	**50540**	**39884**	**10445**	**211**	**174593**	**50033**	**55942**
16–19岁	2	4	71	38	33		1592	263	147
20–24岁	48	6	1563	919	636	8	8037	2139	1416
25–29岁	119	27	4925	3556	1358	11	18148	5438	4191
30–34岁	161	45	7827	6177	1616	34	30401	9513	8521
35–39岁	168	37	6650	5646	978	26	25171	7796	8449
40–44岁	121	31	6816	5788	987	41	24844	7477	9607
45–49岁	100	32	7457	6177	1241	39	24002	6753	9716
50–54岁	80	38	7311	5758	1535	18	21125	5416	8180
55–59岁	97	15	6769	5189	1549	31	14374	3258	4671
60–64岁	6	3	627	381	244	2	4159	1130	720
65–69岁	3		341	152	189		2035	593	245
70–74岁	1		133	71	61	1	546	183	65
75岁及以上			50	32	18		159	74	14
女	**1652**	**83**	**31238**	**29893**	**1194**	**151**	**131907**	**62104**	**7148**
16–19岁	3	1	46	44	1	1	1053	365	46
20–24岁	113	5	1271	1229	34	8	5989	2717	283
25–29岁	267	10	4090	3921	151	18	13381	6611	769
30–34岁	330	9	6699	6425	244	30	23651	12280	1191
35–39岁	282	8	5038	4847	164	27	20344	10976	1130
40–44岁	237	26	5149	4967	164	18	21370	10896	1333
45–49岁	183	15	5155	4912	214	29	21709	9482	1460
50–54岁	173	7	2675	2559	101	15	13650	5083	593
55–59岁	56	1	820	747	69	4	6655	2240	225
60–64岁	4	1	183	152	30	1	2541	826	69
65–69岁	4		78	62	16		1115	429	29
70–74岁			18	14	4		315	136	11
75岁及以上			16	14	2		134	63	9

4-7 续表 3

单位：人

年龄组 性别	社会生产服务和生活服务人员								
	住宿和餐饮服务人员	信息传输、软件和信息技术服务人员	金融服务人员	房地产服务人员	租赁和商务服务人员	技术辅助服务人员	水利、环境和公共设施管理服务人员	居民服务人员	电力、燃气及水供应服务人员
总　计	**43362**	**6532**	**11046**	**5154**	**9262**	**6153**	**13748**	**18970**	**3514**
16-19岁	780	63	13	37	76	66	12	438	12
20-24岁	2246	638	567	375	417	612	62	1248	76
25-29岁	3973	1329	1846	835	793	1233	257	2005	286
30-34岁	7370	1672	2629	1175	1063	1646	526	3123	523
35-39岁	6261	1042	1526	751	899	978	723	2496	494
40-44岁	6822	785	1277	596	835	639	1368	2407	516
45-49岁	6929	496	1491	528	1061	454	2588	2694	668
50-54岁	5069	301	1142	418	1442	308	2961	2174	550
55-59岁	2710	189	509	298	1650	170	2744	1325	328
60-64岁	849	5	29	90	577	37	1580	560	40
65-69岁	290	5	14	38	331	7	752	317	13
70-74岁	49	2	2	10	101		151	128	4
75岁及以上	14	5	1	3	17	3	24	55	4
男	**19464**	**4308**	**4745**	**3004**	**7332**	**3933**	**5972**	**6240**	**2898**
16-19岁	530	33	4	23	46	44	5	201	10
20-24岁	1365	407	254	251	249	368	38	509	66
25-29岁	2323	863	788	531	453	778	153	799	238
30-34岁	3881	1057	1089	604	663	1039	243	1150	405
35-39岁	2955	672	591	382	597	627	263	862	394
40-44岁	2766	510	470	284	604	391	393	683	399
45-49岁	2305	331	551	277	867	274	693	710	509
50-54岁	1745	244	560	304	1339	232	1090	591	505
55-59岁	1101	177	411	232	1595	146	1445	417	320
60-64岁	341	4	16	72	522	27	975	159	35
65-69岁	118	4	9	34	295	5	545	105	10
70-74岁	27	2	2	8	90		113	36	3
75岁及以上	7	4		2	12	2	16	18	4
女	**23898**	**2224**	**6301**	**2150**	**1930**	**2220**	**7776**	**12730**	**616**
16-19岁	250	30	9	14	30	22	7	237	2
20-24岁	881	231	313	124	168	244	24	739	10
25-29岁	1650	466	1058	304	340	455	104	1206	48
30-34岁	3489	615	1540	571	400	607	283	1973	118
35-39岁	3306	370	935	369	302	351	460	1634	100
40-44岁	4056	275	807	312	231	248	975	1724	117
45-49岁	4624	165	940	251	194	180	1895	1984	159
50-54岁	3324	57	582	114	103	76	1871	1583	45
55-59岁	1609	12	98	66	55	24	1299	908	8
60-64岁	508	1	13	18	55	10	605	401	5
65-69岁	172	1	5	4	36	2	207	212	3
70-74岁	22			2	11		38	92	1
75岁及以上	7	1	1	1	5	1	8	37	

4-7　续表 4　　　　单位：人

年龄组 性　别	社会生产服务和生活服务人员				农、林、牧、渔业生产及辅助人员				
	修理及制作服务人　员	文化、体育和娱乐服务人员	健康服务人　　员	其他社会生产和生活服务人　员	小计	农业生产人　　员	林业生产人　　员	畜牧业生产人员	渔业生产人　　员
总　计	**10423**	**1964**	**949**	**196**	**375855**	**358535**	**3919**	**11837**	**507**
16−19岁	223	98	6		1737	1688	2	43	
20−24岁	807	314	96	13	5503	5287	19	173	8
25−29岁	1385	421	140	17	13333	12783	86	395	16
30−34岁	2237	376	176	31	28007	26719	229	906	44
35−39岁	1613	224	131	26	26513	25209	235	921	51
40−44岁	1325	178	120	33	35447	33544	489	1199	68
45−49岁	1118	135	109	29	54265	51363	852	1773	75
50−54岁	934	98	84	22	68677	65142	1116	2141	118
55−59岁	556	75	63	18	56803	54066	666	1876	61
60−64岁	142	26	18	2	39937	38558	107	1162	47
65−69岁	67	11	4	5	30013	29027	80	834	15
70−74岁	13	6			11600	11260	20	304	4
75岁及以上	3	2	2		4020	3889	18	110	
男	**9085**	**1210**	**313**	**114**	**216622**	**204654**	**3192**	**7634**	**405**
16−19岁	219	65	2		1224	1183	2	36	
20−24岁	753	191	26	5	3492	3342	13	120	5
25−29岁	1260	291	35	7	8348	7928	72	291	15
30−34岁	1939	238	45	14	16932	15974	194	640	39
35−39岁	1391	134	39	19	15483	14556	186	624	42
40−44岁	1121	90	32	17	20101	18854	357	730	59
45−49岁	896	60	42	18	29922	27997	626	1108	59
50−54岁	811	59	36	13	38299	35795	993	1318	87
55−59岁	495	51	40	15	31414	29502	592	1174	46
60−64岁	127	19	11	1	22877	21969	77	758	39
65−69岁	57	7	3	5	18234	17574	54	557	11
70−74岁	13	4			7591	7356	14	211	3
75岁及以上	3	1	2		2705	2624	12	67	
女	**1338**	**754**	**636**	**82**	**159233**	**153881**	**727**	**4203**	**102**
16−19岁	4	33	4		513	505		7	
20−24岁	54	123	70	8	2011	1945	6	53	3
25−29岁	125	130	105	10	4985	4855	14	104	1
30−34岁	298	138	131	17	11075	10745	35	266	5
35−39岁	222	90	92	7	11030	10653	49	297	9
40−44岁	204	88	88	16	15346	14690	132	469	9
45−49岁	222	75	67	11	24343	23366	226	665	16
50−54岁	123	39	48	9	30378	29347	123	823	31
55−59岁	61	24	23	3	25389	24564	74	702	15
60−64岁	15	7	7	1	17060	16589	30	404	8
65−69岁	10	4	1		11779	11453	26	277	4
70−74岁		2			4009	3904	6	93	1
75岁及以上		1			1315	1265	6	43	

4-7 续表 5

单位：人

年龄组 性别			生产制造及有关人员						
	农林牧渔生产辅助人员	其他农、林、牧、渔业生产加工人员	小计	农副产品加工人员	食品、饮料生产加工人员	烟草及其制品加工人员	纺织、针织、印染人员	纺织品、服装和皮革、毛皮制品加工制作人员	木材加工、家具与木制品制作人员
总　计	**1033**	**24**	**118879**	**3051**	**3153**	**173**	**1352**	**1901**	**4192**
16-19岁	4		810	10	40		5	7	16
20-24岁	16		4069	40	128	5	39	34	56
25-29岁	50	3	10401	116	294	28	129	120	236
30-34岁	106	3	19822	340	513	24	254	275	640
35-39岁	92	5	15262	376	446	14	239	262	564
40-44岁	146	1	17739	485	481	20	267	323	638
45-49岁	200	2	20063	574	561	43	211	416	734
50-54岁	156	4	17323	548	372	22	140	292	702
55-59岁	133	1	9869	329	203	16	44	115	443
60-64岁	60	3	2367	126	70	1	17	31	110
65-69岁	55	2	895	80	35		5	20	42
70-74岁	12		186	20	6		2	4	10
75岁及以上	3		73	7	4			2	1
男	**722**	**15**	**96095**	**1938**	**1679**	**131**	**455**	**587**	**3386**
16-19岁	3		704	7	21		4	7	13
20-24岁	12		3416	36	76	4	24	20	54
25-29岁	39	3	8718	91	176	21	63	61	201
30-34岁	83	2	16277	231	284	19	109	107	534
35-39岁	73	2	11970	226	234	10	76	91	454
40-44岁	101		13376	281	214	15	71	65	479
45-49岁	131	1	15054	339	252	28	40	88	543
50-54岁	103	3	14789	339	218	18	38	84	574
55-59岁	100		8842	214	139	15	15	45	395
60-64岁	31	3	2025	91	37	1	10	14	92
65-69岁	37	1	734	63	22		3	5	37
70-74岁	7		147	16	4		2		9
75岁及以上	2		43	4	2				1
女	**311**	**9**	**22784**	**1113**	**1474**	**42**	**897**	**1314**	**806**
16-19岁	1		106	3	19		1		3
20-24岁	4		653	4	52	1	15	14	2
25-29岁	11		1683	25	118	7	66	59	35
30-34岁	23	1	3545	109	229	5	145	168	106
35-39岁	19	3	3292	150	212	4	163	171	110
40-44岁	45	1	4363	204	267	5	196	258	159
45-49岁	69	1	5009	235	309	15	171	328	191
50-54岁	53	1	2534	209	154	4	102	208	128
55-59岁	33	1	1027	115	64	1	29	70	48
60-64岁	29		342	35	33		7	17	18
65-69岁	18	1	161	17	13		2	15	5
70-74岁	5		39	4	2			4	1
75岁及以上	1		30	3	2			2	

4-7 续表 6 单位：人

年龄组 性 别	生产制造及有关人员								
	纸及纸制品生产加工人员	印刷和记录媒介复制人员	文教、工美、体育和娱乐用品制造人 员	石油加工和炼焦、煤化工生产人员	化学原料和化学制品制造人 员	医药制造人 员	化学纤维制造人员	橡胶和塑料制品制造人员	非金属矿物制品制造人员
总 计	**415**	**753**	**396**	**374**	**1544**	**2737**	**543**	**762**	**1711**
16-19岁	3	9	3		2	8	1	2	7
20-24岁	6	29	10	14	38	99	34	21	42
25-29岁	25	54	36	30	99	272	93	57	90
30-34岁	61	132	61	41	195	455	139	113	253
35-39岁	49	104	69	51	200	389	81	117	196
40-44岁	63	125	71	63	277	447	101	120	278
45-49岁	84	130	67	88	339	497	57	144	310
50-54岁	69	95	37	64	241	341	32	102	286
55-59岁	40	48	26	23	130	150	4	55	172
60-64岁	9	16	10		14	39	1	20	49
65-69岁	5	9	3		8	24		9	24
70-74岁			2		1	10		1	3
75岁及以上	1	2	1			6		1	1
男	**248**	**410**	**213**	**330**	**1240**	**1387**	**373**	**517**	**1456**
16-19岁	2	6	1		1	5		2	6
20-24岁	2	19	5	12	31	62	29	17	35
25-29岁	12	31	27	28	81	163	79	46	77
30-34岁	41	72	31	39	169	264	90	82	218
35-39岁	24	62	34	47	152	173	46	77	173
40-44岁	34	61	32	55	206	193	59	76	230
45-49岁	50	63	30	68	247	196	37	75	246
50-54岁	46	51	25	60	213	197	29	78	243
55-59岁	31	31	17	21	120	97	3	45	163
60-64岁	4	7	8		13	17	1	13	43
65-69岁	2	6	2		6	13		5	19
70-74岁					1	4		1	2
75岁及以上		1	1			3			1
女	**167**	**343**	**183**	**44**	**304**	**1350**	**170**	**245**	**255**
16-19岁	1	3	2		1	3	1		1
20-24岁	4	10	5	2	7	37	5	4	7
25-29岁	13	23	9	2	18	109	14	11	13
30-34岁	20	60	30	2	26	191	49	31	35
35-39岁	25	42	35	4	48	216	35	40	23
40-44岁	29	64	39	8	71	254	42	44	48
45-49岁	34	67	37	20	92	301	20	69	64
50-54岁	23	44	12	4	28	144	3	24	43
55-59岁	9	17	9	2	10	53	1	10	9
60-64岁	5	9	2		1	22		7	6
65-69岁	3	3	1		2	11		4	5
70-74岁			2			6			1
75岁及以上	1	1				3		1	

4-7 续表 7

单位：人

年龄组 性　别	生产制造及有关人员								
	采矿人员	金属冶炼和压延加工人员	机械制造基础加工人员	金属制品制造人员	通用设备制造人员	专用设备制造人员	汽车制造人员	铁路、船舶、航空设备制造人员	电气机械和器材制造人员
总　计	**5163**	**1297**	**6310**	**1393**	**996**	**371**	**9876**	**799**	**416**
16-19岁	1	4	69	9	9	2	304	8	9
20-24岁	19	30	211	53	42	24	818	68	34
25-29岁	172	92	608	135	81	48	1616	98	56
30-34岁	435	211	1304	316	194	91	2349	216	84
35-39岁	444	168	871	205	135	54	1426	80	55
40-44岁	895	250	949	214	136	53	1252	76	66
45-49岁	1362	250	979	193	155	41	1095	85	50
50-54岁	1223	199	803	154	137	40	654	90	36
55-59岁	498	72	404	74	78	16	312	70	20
60-64岁	79	13	66	27	19	2	30	8	5
65-69岁	26	6	36	11	2		10		
70-74岁	5	1	9		2		3		1
75岁及以上	4	1	1	2	6		7		
男	**4491**	**1140**	**5937**	**1121**	**877**	**238**	**7960**	**696**	**312**
16-19岁	1	4	68	8	7	2	276	8	8
20-24岁	19	29	200	47	39	20	729	63	26
25-29岁	148	87	586	118	73	31	1413	88	38
30-34岁	358	181	1250	261	174	50	1939	191	67
35-39岁	387	148	815	167	116	31	1063	63	39
40-44岁	736	217	872	164	112	37	868	58	43
45-49岁	1098	213	883	139	125	24	780	65	36
50-54岁	1157	179	775	125	130	28	566	85	30
55-59岁	480	65	389	62	76	13	286	67	20
60-64岁	76	11	61	19	19	2	26	8	4
65-69岁	25	5	30	10	1		9		
70-74岁	4	1	7		2		3		1
75岁及以上	2		1	1	3		2		
女	**672**	**157**	**373**	**272**	**119**	**133**	**1916**	**103**	**104**
16-19岁			1	1	2		28		1
20-24岁		1	11	6	3	4	89	5	8
25-29岁	24	5	22	17	8	17	203	10	18
30-34岁	77	30	54	55	20	41	410	25	17
35-39岁	57	20	56	38	19	23	363	17	16
40-44岁	159	33	77	50	24	16	384	18	23
45-49岁	264	37	96	54	30	17	315	20	14
50-54岁	66	20	28	29	7	12	88	5	6
55-59岁	18	7	15	12	2	3	26	3	
60-64岁	3	2	5	8			4		1
65-69岁	1	1	6	1	1		1		
70-74岁	1		2						
75岁及以上	2	1		1	3		5		

4-7 续表 8

单位：人

年龄组 性别	生产制造及有关人员								不便分类的其他从业人员
	计算机、通信和其他电子设备制造人员	仪器仪表制造人员	废弃资源综合利用人员	电力、热力、气体、水生产和输配人员	建筑施工人员	运输设备和通用工程机械操作人员及有关人员	生产辅助人员	其他生产制造及有关人员	
总　计	**3372**	**138**	**176**	**2886**	**41027**	**5237**	**16069**	**296**	**588**
16－19岁	59			2	148	24	45	4	199
20－24岁	267	4	4	72	900	231	693	4	78
25－29岁	484	11	5	191	2843	636	1613	33	42
30－34岁	796	23	11	317	6081	1108	2727	63	75
35－39岁	467	20	15	247	5104	723	2039	52	37
40－44岁	452	20	23	384	5981	710	2477	42	43
45－49岁	418	36	33	575	7125	702	2669	40	32
50－54岁	240	14	34	583	6993	637	2110	33	41
55－59岁	147	9	23	375	4111	418	1421	23	17
60－64岁	23	1	16	103	1234	37	190	1	9
65－69岁	16		9	27	418	9	60	1	8
70－74岁	2		1	9	76	1	17		4
75岁及以上	1		2	1	13	1	8		3
男	**2493**	**109**	**122**	**2546**	**36623**	**5012**	**11854**	**214**	**352**
16－19岁	49			2	137	23	32	4	90
20－24岁	219	4	3	65	773	225	527	2	41
25－29岁	386	10	4	170	2569	621	1193	26	32
30－34岁	610	19	8	271	5492	1073	1992	51	52
35－39岁	321	16	11	217	4564	686	1413	34	29
40－44岁	283	13	14	306	5266	663	1626	27	25
45－49岁	271	24	22	458	6175	656	1761	22	21
50－54岁	198	14	26	555	6293	615	1773	27	29
55－59岁	128	8	16	365	3783	406	1307	20	15
60－64岁	18	1	9	100	1121	36	163		9
65－69岁	8		6	27	371	7	51	1	6
70－74岁	2		1	9	67	1	10		1
75岁及以上			2	1	12		6		2
女	**879**	**29**	**54**	**340**	**4404**	**225**	**4215**	**82**	**236**
16－19岁	10				11	1	13		109
20－24岁	48		1	7	127	6	166	2	37
25－29岁	98	1	1	21	274	15	420	7	10
30－34岁	186	4	3	46	589	35	735	12	23
35－39岁	146	4	4	30	540	37	626	18	8
40－44岁	169	7	9	78	715	47	851	15	18
45－49岁	147	12	11	117	950	46	908	18	11
50－54岁	42		8	28	700	22	337	6	12
55－59岁	19	1	7	10	328	12	114	3	2
60－64岁	5		7	3	113	1	27	1	
65－69岁	8		3		47	2	9		2
70－74岁					9		7		3
75岁及以上	1				1	1	2		1

4-7a 全省分年龄、性别、职业中类的就业人口(城市)

单位：人

年龄组 性　别	合计	党的机关、国家机关、群众团体和社会组织、企事业单位负责人						
		小计	中国共产党机关负责人	国家机关负责人	民主党派和工商联负责人	人民团体和群众团体、社会组织及其他成员组织负责人	基层群众自治组织负责人	企事业单位负责人
总　计	**389549**	**8965**	**120**	**669**	**2**	**245**	**148**	**7781**
16-19岁	1869	5						5
20-24岁	16165	108	1			2		105
25-29岁	40802	586	3	6		12	2	563
30-34岁	68280	1452	4	28		48	21	1351
35-39岁	58015	1563	9	53		45	21	1435
40-44岁	60010	1541	32	107		31	28	1343
45-49岁	60498	1561	29	174		44	33	1281
50-54岁	46050	1222	20	158	1	37	18	988
55-59岁	28401	764	21	134	1	22	13	573
60-64岁	5736	105		5		2	9	89
65-69岁	2652	42		3		2	3	34
70-74岁	774	11	1					10
75岁及以上	297	5		1				4
男	**227268**	**6457**	**97**	**564**	**1**	**123**	**77**	**5595**
16-19岁	1089	4						4
20-24岁	8374	65	1					64
25-29岁	22129	404	1	5		7		391
30-34岁	38328	1006	2	19		25	9	951
35-39岁	32506	1030	8	44		20	9	949
40-44岁	33046	1068	25	84		15	12	932
45-49岁	33489	1133	24	146		22	15	926
50-54岁	30407	951	15	134		18	10	774
55-59岁	21773	666	20	123	1	16	11	495
60-64岁	3764	81		5			9	67
65-69岁	1698	33		3			2	28
70-74岁	482	11	1					10
75岁及以上	183	5		1				4
女	**162281**	**2508**	**23**	**105**	**1**	**122**	**71**	**2186**
16-19岁	780	1						1
20-24岁	7791	43				2		41
25-29岁	18673	182	2	1		5	2	172
30-34岁	29952	446	2	9		23	12	400
35-39岁	25509	533	1	9		25	12	486
40-44岁	26964	473	7	23		16	16	411
45-49岁	27009	428	5	28		22	18	355
50-54岁	15643	271	5	24	1	19	8	214
55-59岁	6628	98	1	11		6	2	78
60-64岁	1972	24				2		22
65-69岁	954	9				2	1	6
70-74岁	292							
75岁及以上	114							

4-7a　续表 1

单位：人

年龄组 性　别	专业技术人员									
	小计	科学研究人员	工程技术人员	农业技术人员	飞机和船舶技术人员	卫生专业技术人员	经济和金融专业人员	法律、社会和宗教专业人员	教学人员	文学艺术、体育专业人员
总　计	**67754**	**464**	**11687**	**412**	**34**	**13697**	**12783**	**1575**	**24238**	**901**
16-19岁	259		24			82	13	1	111	23
20-24岁	4337	15	555	11	3	1110	626	52	1736	116
25-29岁	9571	57	1579	26	8	2169	1811	210	3251	183
30-34岁	12756	75	2472	59	11	2777	2658	247	3905	198
35-39岁	10379	88	1865	42	6	2029	2075	279	3538	127
40-44岁	9959	63	1524	59	2	1654	2078	252	3906	104
45-49岁	9073	58	1481	78	3	1683	1839	235	3396	55
50-54岁	6717	51	1239	80	1	1255	1104	160	2587	43
55-59岁	4006	48	832	48		677	483	116	1643	47
60-64岁	398	6	68	6		141	50	10	104	3
65-69岁	191	3	34	3		75	27	9	35	2
70-74岁	64		8			27	17	2	10	
75岁及以上	44		6			18	2	2	16	
男	**26021**	**266**	**9743**	**263**	**33**	**3620**	**3479**	**684**	**6648**	**509**
16-19岁	77		20			15	4		27	7
20-24岁	1283	7	471	7	3	210	150	20	321	59
25-29岁	3076	25	1272	17	7	366	436	88	682	91
30-34岁	4545	34	2039	43	11	543	654	83	904	109
35-39岁	3955	55	1545	30	6	584	509	107	905	79
40-44岁	3688	31	1243	32	2	560	495	98	1053	56
45-49岁	3417	31	1176	38	3	475	480	81	995	37
50-54岁	3024	33	1084	53	1	433	392	94	826	27
55-59岁	2536	42	791	38		306	311	96	835	40
60-64岁	256	5	61	4		67	32	9	69	2
65-69岁	99	3	30	1		30	10	6	16	2
70-74岁	35		7			17	5	2	4	
75岁及以上	30		4			14	1		11	
女	**41733**	**198**	**1944**	**149**	**1**	**10077**	**9304**	**891**	**17590**	**392**
16-19岁	182		4			67	9	1	84	16
20-24岁	3054	8	84	4		900	476	32	1415	57
25-29岁	6495	32	307	9	1	1803	1375	122	2569	92
30-34岁	8211	41	433	16		2234	2004	164	3001	89
35-39岁	6424	33	320	12		1445	1566	172	2633	48
40-44岁	6271	32	281	27		1094	1583	154	2853	48
45-49岁	5656	27	305	40		1208	1359	154	2401	18
50-54岁	3693	18	155	27		822	712	66	1761	16
55-59岁	1470	6	41	10		371	172	20	808	7
60-64岁	142	1	7	2		74	18	1	35	1
65-69岁	92		4	2		45	17	3	19	
70-74岁	29		1			10	12		6	
75岁及以上	14		2			4	1	2	5	

4-7a 续表 2

单位：人

年龄组 性别	专业技术人员		办事人员和有关人员				社会生产服务和生活服务人员		
	新闻出版、文化专业人员	其他专业技术人员	小计	办事人员	安全和消防人员	其他办事人员和有关人员	小计	批发与零售服务人员	交通运输、仓储和邮政业服务人员
总　计	**1722**	**241**	**52010**	**44512**	**7286**	**212**	**181944**	**68168**	**36938**
16-19岁	2	3	63	50	12	1	1281	320	78
20-24岁	107	6	1714	1332	375	7	8049	2996	900
25-29岁	249	28	5698	4719	960	19	18967	7435	2830
30-34岁	318	36	8992	7754	1201	37	32702	13604	5553
35-39岁	297	33	7670	6869	773	28	28149	11972	5715
40-44岁	270	47	7866	7066	768	32	28515	11785	6438
45-49岁	202	43	8250	7256	950	44	27903	10104	6711
50-54岁	164	33	6333	5289	1024	20	20143	5936	5274
55-59岁	103	9	4856	3799	1034	23	11783	2784	2948
60-64岁	7	3	360	246	113	1	2890	726	336
65-69岁	3		138	78	60		1181	347	116
70-74岁			41	29	12		283	109	27
75岁及以上			29	25	4		98	50	12
男	**603**	**173**	**31794**	**25186**	**6490**	**118**	**102493**	**29776**	**32764**
16-19岁	2	2	37	25	12		759	134	58
20-24岁	32	3	931	574	354	3	4526	1316	766
25-29岁	72	20	3032	2170	856	6	10802	3349	2375
30-34岁	96	29	4819	3767	1033	19	18138	5863	4877
35-39岁	109	26	4319	3645	660	14	15453	4934	5046
40-44岁	92	26	4455	3779	654	22	15017	4665	5638
45-49岁	72	29	4796	3979	796	21	14355	3999	5811
50-54岁	53	28	4607	3638	957	12	12379	3059	4926
55-59岁	69	8	4352	3340	991	21	8361	1749	2833
60-64岁	5	2	283	177	106		1735	414	300
65-69岁	1		109	53	56		747	207	102
70-74岁			34	23	11		173	63	25
75岁及以上			20	16	4		48	24	7
女	**1119**	**68**	**20216**	**19326**	**796**	**94**	**79451**	**38392**	**4174**
16-19岁		1	26	25		1	522	186	20
20-24岁	75	3	783	758	21	4	3523	1680	134
25-29岁	177	8	2666	2549	104	13	8165	4086	455
30-34岁	222	7	4173	3987	168	18	14564	7741	676
35-39岁	188	7	3351	3224	113	14	12696	7038	669
40-44岁	178	21	3411	3287	114	10	13498	7120	800
45-49岁	130	14	3454	3277	154	23	13548	6105	900
50-54岁	111	5	1726	1651	67	8	7764	2877	348
55-59岁	34	1	504	459	43	2	3422	1035	115
60-64岁	2	1	77	69	7	1	1155	312	36
65-69岁	2		29	25	4		434	140	14
70-74岁			7	6	1		110	46	2
75岁及以上			9	9			50	26	5

4−7a　续表 3　　　　单位：人

年龄组 性　别	社会生产服务和生活服务人员								
	住宿和餐饮服务人　员	信息传输、软件和信息技术服务人　员	金融服务人　　员	房地产服务人员	租赁和商务服务人　员	技术辅助服务人员	水利、环境和公共设施管理服务人员	居民服务人　　员	电力、燃气及水供应服务人　员
总　计	**24282**	**4175**	**7421**	**3412**	**5464**	**3965**	**7402**	**11005**	**2052**
16−19岁	361	36	8	25	40	43	3	201	7
20−24岁	1170	375	365	218	236	391	27	665	43
25−29岁	2181	826	1231	523	510	791	143	1186	175
30−34岁	4205	1058	1755	804	637	1027	295	1854	315
35−39岁	3627	680	1057	511	586	621	422	1518	299
40−44岁	3959	531	894	419	532	424	775	1488	314
45−49岁	3998	341	1025	360	671	305	1522	1645	400
50−54岁	2751	201	753	281	877	214	1652	1259	296
55−59岁	1485	120	310	190	997	120	1494	744	183
60−64岁	392	2	13	53	244	25	716	279	17
65−69岁	123	3	8	21	110	4	300	111	3
70−74岁	24		1	6	18		47	45	
75岁及以上	6	2	1	1	6		6	10	
男	**11132**	**2766**	**3133**	**1964**	**4230**	**2552**	**3049**	**3496**	**1647**
16−19岁	245	20	2	16	21	28	1	89	7
20−24岁	716	241	169	148	139	233	15	247	37
25−29岁	1306	540	536	342	271	497	86	467	139
30−34岁	2258	674	706	410	390	664	128	662	234
35−39岁	1779	443	411	260	374	391	156	533	229
40−44岁	1637	338	329	195	368	255	224	414	236
45−49岁	1355	228	378	182	519	191	396	418	291
50−54岁	984	161	338	196	819	165	598	330	274
55−59岁	646	115	250	150	976	106	790	223	181
60−64岁	143	2	8	41	230	20	425	62	16
65−69岁	48	2	5	19	102	2	196	35	3
70−74岁	13		1	4	17		31	14	
75岁及以上	2	2		1	4		3	2	
女	**13150**	**1409**	**4288**	**1448**	**1234**	**1413**	**4353**	**7509**	**405**
16−19岁	116	16	6	9	19	15	2	112	
20−24岁	454	134	196	70	97	158	12	418	6
25−29岁	875	286	695	181	239	294	57	719	36
30−34岁	1947	384	1049	394	247	363	167	1192	81
35−39岁	1848	237	646	251	212	230	266	985	70
40−44岁	2322	193	565	224	164	169	551	1074	78
45−49岁	2643	113	647	178	152	114	1126	1227	109
50−54岁	1767	40	415	85	58	49	1054	929	22
55−59岁	839	5	60	40	21	14	704	521	2
60−64岁	249		5	12	14	5	291	217	1
65−69岁	75	1	3	2	8	2	104	76	
70−74岁	11			2	1		16	31	
75岁及以上	4		1		2		3	8	

4—7a 续表 4 单位：人

年龄组 性　别	社会生产服务和生活服务人员				农、林、牧、渔业生产及辅助人员				
	修理及制作服务人员	文化、体育和娱乐服务人员	健康服务人员	其他社会生产和生活服务人员	小计	农业生产人员	林业生产人员	畜牧业生产人员	渔业生产人员
总　计	**5546**	**1359**	**618**	**137**	**17672**	**15570**	**1053**	**752**	**93**
16—19岁	97	58	4		23	22		1	
20—24岁	380	213	60	10	245	226	5	11	2
25—29岁	723	308	94	11	1037	941	32	47	3
30—34岁	1193	259	115	28	2333	2122	89	90	8
35—39岁	873	160	88	20	2237	2018	96	89	14
40—44岁	728	128	78	22	2429	2108	157	110	18
45—49岁	638	91	72	20	2568	2134	223	144	20
50—54岁	516	65	54	14	2545	2136	258	100	18
55—59岁	312	49	37	10	1890	1604	165	92	8
60—64岁	55	18	13	1	1126	1066	15	38	2
65—69岁	25	7	2	1	831	795	10	23	
70—74岁	4	2			319	313	1	5	
75岁及以上	2	1	1		89	85	2	2	
男	**4882**	**821**	**203**	**78**	**10932**	**9324**	**842**	**551**	**81**
16—19岁	97	39	2		18	17		1	
20—24岁	348	129	18	4	149	135	4	8	1
25—29岁	661	206	22	5	685	603	27	39	3
30—34岁	1060	167	32	13	1496	1325	76	72	7
35—39岁	759	94	28	16	1383	1214	72	69	13
40—44岁	628	60	20	10	1511	1296	110	70	16
45—49岁	511	37	25	14	1522	1225	156	101	16
50—54岁	457	40	24	8	1582	1244	227	73	15
55—59岁	284	31	20	7	1175	933	151	67	8
60—64岁	52	13	9		665	619	11	28	2
65—69岁	19	4	2	1	495	468	7	18	
70—74岁	4	1			187	183		4	
75岁及以上	2		1		64	62	1	1	
女	**664**	**538**	**415**	**59**	**6740**	**6246**	**211**	**201**	**12**
16—19岁		19	2		5	5			
20—24岁	32	84	42	6	96	91	1	3	1
25—29岁	62	102	72	6	352	338	5	8	
30—34岁	133	92	83	15	837	797	13	18	1
35—39岁	114	66	60	4	854	804	24	20	1
40—44岁	100	68	58	12	918	812	47	40	2
45—49岁	127	54	47	6	1046	909	67	43	4
50—54岁	59	25	30	6	963	892	31	27	3
55—59岁	28	18	17	3	715	671	14	25	
60—64岁	3	5	4	1	461	447	4	10	
65—69岁	6	3			336	327	3	5	
70—74岁		1			132	130	1	1	
75岁及以上		1			25	23	1	1	

4-7a 续表 5 单位：人

年龄组 性别	农林牧渔生产辅助人员	其他农、林、牧、渔业生产加工人员	生产制造及有关人员 小计	农副产品加工人员	食品、饮料生产加工人员	烟草及其制品加工人员	纺织、针织、印染人员	纺织品、服装和皮革、毛皮制品加工制作人员	木材加工、家具与木制品制作人员
总计	**195**	**9**	**60961**	**1037**	**1489**	**135**	**865**	**1037**	**1912**
16–19岁			211	3	17			2	5
20–24岁	1		1686	11	64	4	18	15	25
25–29岁	12	2	4924	30	157	16	81	65	111
30–34岁	23	1	9991	142	261	19	175	130	303
35–39岁	19	1	7988	132	213	12	156	129	263
40–44岁	35	1	9673	193	233	14	176	177	303
45–49岁	46	1	11128	207	275	36	149	243	338
50–54岁	30	3	9062	172	169	20	82	184	314
55–59岁	21		5090	98	68	13	20	61	190
60–64岁	5		852	31	21	1	8	19	44
65–69岁	3		269	16	9			11	12
70–74岁			55	2	1				4
75岁及以上			32		1			1	
男	**129**	**5**	**49408**	**655**	**797**	**104**	**289**	**297**	**1601**
16–19岁			184	2	9			2	4
20–24岁	1		1402	10	32	3	11	9	25
25–29岁	11	2	4117	26	92	12	43	30	95
30–34岁	15	1	8287	98	146	15	75	50	263
35–39岁	15		6344	79	119	9	52	38	218
40–44岁	19		7292	114	107	10	46	33	235
45–49岁	24		8257	119	123	25	27	41	258
50–54岁	21	2	7841	108	104	17	21	55	268
55–59岁	16		4673	69	46	12	9	29	180
60–64岁	5		739	18	11	1	5	7	41
65–69岁	2		215	10	7			3	11
70–74岁			41	2					3
75岁及以上			16		1				
女	**66**	**4**	**11553**	**382**	**692**	**31**	**576**	**740**	**311**
16–19岁			27	1	8				1
20–24岁			284	1	32	1	7	6	
25–29岁	1		807	4	65	4	38	35	16
30–34岁	8		1704	44	115	4	100	80	40
35–39岁	4	1	1644	53	94	3	104	91	45
40–44岁	16	1	2381	79	126	4	130	144	68
45–49岁	22	1	2871	88	152	11	122	202	80
50–54岁	9	1	1221	64	65	3	61	129	46
55–59岁	5		417	29	22	1	11	32	10
60–64岁			113	13	10		3	12	3
65–69岁	1		54	6	2			8	1
70–74岁			14		1				1
75岁及以上			16					1	

4-7a 续表 6 单位：人

年龄组 性 别	生产制造及有关人员								
	纸及纸制品生产加工人员	印刷和记录媒介复制人员	文教、工美、体育和娱乐用品制造人 员	石油加工和炼焦、煤化工生产人员	化学原料和化学制品制造人 员	医药制造人 员	化学纤维制造人员	橡胶和塑料制品制造人员	非金属矿物制品制造人员
总 计	**192**	**487**	**200**	**254**	**1044**	**1225**	**232**	**365**	**684**
16-19岁		6	1		1	2			1
20-24岁	2	15	5	6	27	43	4	9	18
25-29岁	9	38	15	19	71	130	34	26	31
30-34岁	24	79	40	23	128	233	64	53	111
35-39岁	20	65	33	39	145	203	37	51	89
40-44岁	34	80	37	40	197	206	49	57	113
45-49岁	45	87	37	66	217	227	26	64	136
50-54岁	28	69	17	45	151	126	16	59	105
55-59岁	21	31	12	16	94	48	1	34	61
60-64岁	7	12	3		5	3	1	6	8
65-69岁	1	5			7	3		5	8
70-74岁					1	1			2
75岁及以上	1							1	1
男	**117**	**285**	**104**	**224**	**836**	**630**	**164**	**264**	**571**
16-19岁		4	1			1			1
20-24岁	1	10	2	6	21	26	3	7	16
25-29岁	5	24	9	17	61	78	28	24	26
30-34岁	16	46	21	22	109	137	46	43	99
35-39岁	10	40	16	35	114	91	21	38	76
40-44岁	18	43	18	35	147	79	33	39	89
45-49岁	27	46	15	51	151	86	17	32	104
50-54岁	19	40	12	44	135	86	14	45	89
55-59岁	17	22	8	14	87	40	1	30	56
60-64岁	4	6	2		5	3	1	3	8
65-69岁		4			5	2		3	5
70-74岁					1	1			1
75岁及以上									1
女	**75**	**202**	**96**	**30**	**208**	**595**	**68**	**101**	**113**
16-19岁		2			1	1			
20-24岁	1	5	3		6	17	1	2	2
25-29岁	4	14	6	2	10	52	6	2	5
30-34岁	8	33	19	1	19	96	18	10	12
35-39岁	10	25	17	4	31	112	16	13	13
40-44岁	16	37	19	5	50	127	16	18	24
45-49岁	18	41	22	15	66	141	9	32	32
50-54岁	9	29	5	1	16	40	2	14	16
55-59岁	4	9	4	2	7	8		4	5
60-64岁	3	6	1					3	
65-69岁	1	1			2	1		2	3
70-74岁									1
75岁及以上	1							1	

4-7a　续表 7　　　　单位：人

年龄组 性　别	生产制造及有关人员								
	采矿人员	金属冶炼和压延加工人员	机械制造基础加工人员	金属制品制造人员	通用设备制造人员	专用设备制造人员	汽车制造人员	铁路、船舶、航空设备制造人员	电气机械和器材制造人员
总　计	**3338**	**791**	**3412**	**651**	**565**	**200**	**4189**	**596**	**210**
16-19岁		2	23	4	1	1	50	6	4
20-24岁	11	14	102	24	16	14	263	38	15
25-29岁	128	50	300	58	43	27	571	72	27
30-34岁	287	135	641	149	105	39	912	167	40
35-39岁	297	105	456	100	83	26	622	58	27
40-44岁	618	156	497	97	76	30	631	60	26
45-49岁	913	159	584	106	98	29	575	64	26
50-54岁	761	123	481	72	76	23	374	69	25
55-59岁	279	37	276	28	53	10	171	57	16
60-64岁	28	7	35	8	7	1	8	5	3
65-69岁	10	2	11	4	1		4		
70-74岁	4		6		1		3		1
75岁及以上	2	1		1	5		5		
男	**2843**	**697**	**3219**	**544**	**489**	**146**	**3465**	**524**	**162**
16-19岁		2	23	4	1	1	45	6	4
20-24岁	11	13	99	23	16	11	240	35	12
25-29岁	110	48	291	53	39	18	508	63	17
30-34岁	228	117	617	129	94	28	781	152	34
35-39岁	256	94	428	83	66	21	490	49	21
40-44岁	501	136	451	76	62	21	457	47	17
45-49岁	704	137	525	81	79	18	434	47	19
50-54岁	720	108	472	61	71	19	334	64	19
55-59岁	272	34	266	25	51	8	160	56	16
60-64岁	27	6	33	6	7	1	8	5	2
65-69岁	10	2	10	3			3		
70-74岁	3		4		1		3		1
75岁及以上	1				2		2		
女	**495**	**94**	**193**	**107**	**76**	**54**	**724**	**72**	**48**
16-19岁							5		
20-24岁		1	3	1		3	23	3	3
25-29岁	18	2	9	5	4	9	63	9	10
30-34岁	59	18	24	20	11	11	131	15	6
35-39岁	41	11	28	17	17	5	132	9	6
40-44岁	117	20	46	21	14	9	174	13	9
45-49岁	209	22	59	25	19	11	141	17	7
50-54岁	41	15	9	11	5	4	40	5	6
55-59岁	7	3	10	3	2	2	11	1	
60-64岁	1	1	2	2					1
65-69岁			1	1	1		1		
70-74岁	1		2						
75岁及以上	1	1		1	3		3		

4–7a 续表 8　　　　单位：人

年龄组 性 别	生产制造及有关人员								不便分类的其他从业人员
	计算机、通信和其他电子设备制造人员	仪器仪表制造人员	废弃资源综合利用人员	电力、热力、气体、水生产和输配人员	建筑施工人员	运输设备和通用工程机械操作人员及有关人员	生产辅助人员	其他生产制造及有关人员	
总　计	**1729**	**91**	**115**	**1748**	**19576**	**2826**	**9616**	**150**	**243**
16–19岁	12			1	42	6	18	3	27
20–24岁	99	1	3	36	365	97	321	1	26
25–29岁	192	6	4	117	1319	289	876	12	19
30–34岁	363	12	6	198	2987	576	1558	31	54
35–39岁	252	15	9	166	2577	385	1197	26	29
40–44岁	270	15	15	266	2983	394	1608	22	27
45–49岁	258	25	25	383	3576	415	1717	22	15
50–54岁	156	11	20	341	3296	374	1285	18	28
55–59岁	103	5	16	196	1872	271	918	14	12
60–64岁	14	1	9	34	428	13	81	1	5
65–69岁	7		7	8	109	5	24		
70–74岁	2			1	17	1	8		1
75岁及以上	1		1	1	5		5		
男	**1295**	**73**	**74**	**1497**	**17415**	**2713**	**7209**	**105**	**163**
16–19岁	11			1	39	6	14	3	10
20–24岁	87	1	2	33	308	92	237		18
25–29岁	159	6	3	103	1190	281	650	8	13
30–34岁	283	9	4	170	2698	559	1171	27	37
35–39岁	179	12	6	143	2305	373	846	16	22
40–44岁	165	10	10	201	2629	370	1079	14	15
45–49岁	174	19	15	287	3035	387	1163	11	9
50–54岁	133	11	16	323	2957	366	1096	14	23
55–59岁	88	4	9	192	1742	263	855	12	10
60–64岁	10	1	4	34	396	12	72		5
65–69岁	4		4	8	99	3	19		
70–74岁	2			1	13	1	4		1
75岁及以上			1	1	4		3		
女	**434**	**18**	**41**	**251**	**2161**	**113**	**2407**	**45**	**80**
16–19岁	1				3		4		17
20–24岁	12		1	3	57	5	84	1	8
25–29岁	33		1	14	129	8	226	4	6
30–34岁	80	3	2	28	289	17	387	4	17
35–39岁	73	3	3	23	272	12	351	10	7
40–44岁	105	5	5	65	354	24	529	8	12
45–49岁	84	6	10	96	541	28	554	11	6
50–54岁	23		4	18	339	8	189	4	5
55–59岁	15	1	7	4	130	8	63	2	2
60–64岁	4		5		32	1	9	1	
65–69岁	3		3		10	2	5		
70–74岁					4		4		
75岁及以上	1				1		2		

4-7b 全省分年龄、性别、职业中类的就业人口(镇)

单位：人

年龄组 性别	合计	党的机关、国家机关、群众团体和社会组织、企事业单位负责人						
		小计	中国共产党机关负责人	国家机关负责人	民主党派和工商联负责人	人民团体和群众团体、社会组织及其他成员组织负责人	基层群众自治组织负责人	企事业单位负责人
总计	**189831**	**4787**	**61**	**335**		**123**	**130**	**4138**
16-19岁	1103	2						2
20-24岁	7383	74						74
25-29岁	19091	356		10		9	4	333
30-34岁	33760	868	3	21		22	9	813
35-39岁	26735	872	7	35		14	17	799
40-44岁	26911	852	17	62		30	26	717
45-49岁	27757	765	19	82		22	23	619
50-54岁	23598	576	10	72		11	26	457
55-59岁	14935	333	4	49		10	11	259
60-64岁	4706	53	1			3	11	38
65-69岁	2704	18		2		1	1	14
70-74岁	808	14		2		1	2	9
75岁及以上	340	4						4
男	**113416**	**3469**	**50**	**286**		**64**	**93**	**2976**
16-19岁	764	2						2
20-24岁	4174	45						45
25-29岁	10719	229		8		7	3	211
30-34岁	19540	595	2	16		12	7	558
35-39岁	15405	604	5	30		4	10	555
40-44岁	15243	605	16	45		11	17	516
45-49岁	15873	556	15	70		8	16	447
50-54岁	15311	468	7	67		10	20	364
55-59岁	10823	292	4	47		8	9	224
60-64岁	3040	44	1			3	8	32
65-69岁	1780	14		1		1	1	11
70-74岁	531	11		2			2	7
75岁及以上	213	4						4
女	**76415**	**1318**	**11**	**49**		**59**	**37**	**1162**
16-19岁	339							
20-24岁	3209	29						29
25-29岁	8372	127		2		2	1	122
30-34岁	14220	273	1	5		10	2	255
35-39岁	11330	268	2	5		10	7	244
40-44岁	11668	247	1	17		19	9	201
45-49岁	11884	209	4	12		14	7	172
50-54岁	8287	108	3	5		1	6	93
55-59岁	4112	41		2		2	2	35
60-64岁	1666	9					3	6
65-69岁	924	4		1				3
70-74岁	277	3				1		2
75岁及以上	127							

4-7b 续表 1

单位：人

年龄组 性别	专业技术人员									
	小计	科学研究人员	工程技术人员	农业技术人员	飞机和船舶技术人员	卫生专业技术人员	经济和金融专业人员	法律、社会和宗教专业人员	教学人员	文学艺术、体育专业人员
总计	**30422**	**282**	**5393**	**268**	**26**	**5241**	**5299**	**636**	**12218**	**325**
16-19岁	106		8	1		30	4		61	
20-24岁	1738	15	258	2		386	245	31	713	43
25-29岁	4267	35	837	11	7	805	796	80	1522	66
30-34岁	6085	72	1485	12	8	997	1212	130	1933	83
35-39岁	4461	51	943	26	4	743	827	107	1579	46
40-44岁	4260	38	594	36	2	631	791	82	1966	38
45-49岁	3884	24	500	53	3	695	711	83	1724	22
50-54岁	3185	14	447	67	2	526	438	63	1531	10
55-59岁	2008	31	265	51		300	219	39	1044	13
60-64岁	221		31	5		55	29	9	86	3
65-69岁	129	1	15	3		49	20	9	29	
70-74岁	43		8	1		12	5		16	
75岁及以上	35	1	2			12	2	3	14	1
男	**12310**	**174**	**4440**	**203**	**26**	**1577**	**1458**	**263**	**3693**	**193**
16-19岁	27		8	1		5	2		10	
20-24岁	549	8	218	2		76	61	9	134	28
25-29岁	1417	21	671	11	7	148	187	34	269	32
30-34岁	2322	39	1208	8	8	195	269	42	437	54
35-39岁	1838	33	758	16	4	241	212	38	454	24
40-44岁	1622	20	474	24	2	233	194	25	604	21
45-49岁	1530	16	417	34	3	240	192	31	557	15
50-54岁	1435	12	381	50	2	214	154	39	545	6
55-59岁	1294	23	255	48		156	153	30	592	10
60-64岁	141		29	5		28	15	8	53	2
65-69岁	80	1	15	3		24	13	6	17	
70-74岁	31		4	1		10	4		11	
75岁及以上	24	1	2			7	2	1	10	1
女	**18112**	**108**	**953**	**65**		**3664**	**3841**	**373**	**8525**	**132**
16-19岁	79					25	2		51	
20-24岁	1189	7	40			310	184	22	579	15
25-29岁	2850	14	166			657	609	46	1253	34
30-34岁	3763	33	277	4		802	943	88	1496	29
35-39岁	2623	18	185	10		502	615	69	1125	22
40-44岁	2638	18	120	12		398	597	57	1362	17
45-49岁	2354	8	83	19		455	519	52	1167	7
50-54岁	1750	2	66	17		312	284	24	986	4
55-59岁	714	8	10	3		144	66	9	452	3
60-64岁	80		2			27	14	1	33	1
65-69岁	49					25	7	3	12	
70-74岁	12		4			2	1		5	
75岁及以上	11					5		2	4	

4–7b 续表 2

单位：人

年龄组 性别	专业技术人员		办事人员和有关人员				社会生产服务和生活服务人员		
	新闻出版、文化专业人员	其他专业技术人员	小计	办事人员	安全和消防人员	其他办事人员和有关人员	小计	批发与零售服务人员	交通运输、仓储和邮政业服务人员
总　计	**677**	**57**	**23266**	**20061**	**3091**	**114**	**74246**	**26862**	**15250**
16–19岁	1	1	23	12	11		498	109	53
20–24岁	41	4	782	576	200	6	3151	1029	422
25–29岁	103	5	2539	2131	400	8	7674	2909	1279
30–34岁	142	11	4514	3994	497	23	13819	5490	2539
35–39岁	125	10	3393	3070	308	15	11218	4451	2353
40–44岁	74	8	3324	3018	285	21	10972	4198	2648
45–49岁	66	3	3446	3045	380	21	10998	3806	2663
50–54岁	78	9	2800	2351	438	11	8376	2622	1950
55–59岁	40	6	2031	1598	424	9	4938	1351	1071
60–64岁	3		223	153	70		1640	544	192
65–69岁	3		131	75	56		713	252	55
70–74岁	1		42	26	16		186	70	20
75岁及以上			18	12	6		63	31	5
男	**238**	**45**	**14409**	**11546**	**2796**	**67**	**42363**	**12007**	**13413**
16–19岁		1	16	6	10		335	53	45
20–24岁	11	2	444	253	188	3	1811	440	341
25–29岁	33	4	1405	1043	358	4	4354	1262	1067
30–34岁	52	10	2422	1975	435	12	7822	2420	2212
35–39岁	48	10	1956	1689	261	6	6179	1803	2064
40–44岁	22	3	1882	1623	245	14	5965	1746	2304
45–49岁	23	2	2079	1729	334	16	5844	1638	2308
50–54岁	25	7	2072	1649	418	5	5027	1346	1810
55–59岁	21	6	1805	1389	409	7	3365	778	1021
60–64岁	1		178	112	66		1037	317	173
65–69岁	1		101	49	52		485	153	51
70–74岁	1		34	20	14		110	35	16
75岁及以上			15	9	6		29	16	1
女	**439**	**12**	**8857**	**8515**	**295**	**47**	**31883**	**14855**	**1837**
16–19岁	1		7	6	1		163	56	8
20–24岁	30	2	338	323	12	3	1340	589	81
25–29岁	70	1	1134	1088	42	4	3320	1647	212
30–34岁	90	1	2092	2019	62	11	5997	3070	327
35–39岁	77		1437	1381	47	9	5039	2648	289
40–44岁	52	5	1442	1395	40	7	5007	2452	344
45–49岁	43	1	1367	1316	46	5	5154	2168	355
50–54岁	53	2	728	702	20	6	3349	1276	140
55–59岁	19		226	209	15	2	1573	573	50
60–64岁	2		45	41	4		603	227	19
65–69岁	2		30	26	4		228	99	4
70–74岁			8	6	2		76	35	4
75岁及以上			3	3			34	15	4

4－7b 续表 3

单位：人

年龄组 性 别	社会生产服务和生活服务人员								
	住宿和餐饮服务人员	信息传输、软件和信息技术服务人员	金融服务人员	房地产服务人员	租赁和商务服务人员	技术辅助服务人员	水利、环境和公共设施管理服务人员	居民服务人员	电力、燃气及水供应服务人员
总 计	**10402**	**1728**	**2705**	**1230**	**2217**	**1659**	**3354**	**4407**	**956**
16－19岁	140	17	2	7	12	10	5	74	4
20－24岁	473	153	137	94	96	151	16	283	16
25－29岁	926	358	441	206	192	312	59	462	64
30－34岁	1775	465	672	256	305	480	133	797	144
35－39岁	1523	290	368	176	224	297	186	652	131
40－44岁	1637	203	282	142	190	168	334	589	147
45－49岁	1733	112	347	126	238	121	664	637	188
50－54岁	1292	74	294	98	337	70	724	481	155
55－59岁	642	51	145	82	394	38	635	263	90
60－64岁	176	2	13	24	136	7	397	90	10
65－69岁	64	1	4	14	71	2	165	51	6
70－74岁	14			3	19		35	21	
75岁及以上	7	2		2	3	3	1	7	1
男	**4589**	**1143**	**1218**	**728**	**1754**	**1046**	**1410**	**1492**	**799**
16－19岁	107	10		4	8	8	2	39	2
20－24岁	285	100	59	66	47	94	10	128	13
25－29岁	523	234	180	117	113	199	31	179	56
30－34岁	916	293	301	135	188	283	71	291	118
35－39岁	687	186	148	90	155	198	63	224	108
40－44岁	655	136	108	71	140	109	92	167	115
45－49岁	577	72	128	69	208	65	167	183	149
50－54岁	455	64	162	81	309	49	253	140	140
55－59岁	271	45	121	60	382	33	327	90	86
60－64岁	75	1	8	18	122	4	246	26	7
65－69岁	28	1	3	13	63	2	124	19	4
70－74岁	6			3	18		24	5	
75岁及以上	4	1		1	1	2		1	1
女	**5813**	**585**	**1487**	**502**	**463**	**613**	**1944**	**2915**	**157**
16－19岁	33	7	2	3	4	2	3	35	2
20－24岁	188	53	78	28	49	57	6	155	3
25－29岁	403	124	261	89	79	113	28	283	8
30－34岁	859	172	371	121	117	197	62	506	26
35－39岁	836	104	220	86	69	99	123	428	23
40－44岁	982	67	174	71	50	59	242	422	32
45－49岁	1156	40	219	57	30	56	497	454	39
50－54岁	837	10	132	17	28	21	471	341	15
55－59岁	371	6	24	22	12	5	308	173	4
60－64岁	101	1	5	6	14	3	151	64	3
65－69岁	36		1	1	8		41	32	2
70－74岁	8				1		11	16	
75岁及以上	3	1		1	2	1	1	6	

4-7b　续表 4　　　　单位：人

年龄组 性　别	社会生产服务和生活服务人员				农、林、牧、渔业生产及辅助人员				
	修理及制作服务人　员	文化、体育和娱乐服务人员	健康服务人　员	其他社会生产和生活服务人　员	小计	农业生产人　员	林业生产人　员	畜牧业生产人员	渔业生产人　员
总　计	**2835**	**388**	**221**	**32**	**26806**	**23776**	**1610**	**1092**	**107**
16–19岁	40	24	1		78	74		3	
20–24岁	200	61	20		324	302	7	10	3
25–29岁	367	70	28	1	1172	1075	34	51	4
30–34岁	638	78	46	1	2766	2534	86	119	9
35–39岁	488	45	30	4	2727	2464	95	130	12
40–44岁	361	38	29	6	3198	2830	203	117	14
45–49岁	296	33	26	8	4076	3461	377	170	14
50–54岁	236	18	21	4	4682	3932	496	192	29
55–59岁	142	15	14	5	3480	3032	269	138	15
60–64岁	42	2	4	1	2102	1980	18	85	7
65–69岁	23	2	1	2	1509	1440	12	51	
70–74岁	2	2			493	468	5	19	
75岁及以上			1		199	184	8	7	
男	**2426**	**243**	**76**	**19**	**16721**	**14331**	**1359**	**783**	**83**
16–19岁	40	17			56	52		3	
20–24岁	188	36	4		210	193	5	8	2
25–29岁	331	54	7	1	737	658	28	41	4
30–34岁	538	44	11	1	1768	1575	74	97	9
35–39岁	414	29	9	1	1728	1525	78	97	9
40–44岁	290	22	7	3	2000	1745	141	78	12
45–49岁	243	18	15	4	2483	2028	285	121	9
50 54岁	200	8	9	1	2946	2313	460	129	20
55–59岁	124	11	11	5	2151	1767	254	95	12
60–64岁	37	1	1	1	1246	1157	17	60	6
65–69岁	19	2	1	2	943	892	9	36	
70–74岁	2	1			324	307	3	13	
75岁及以上			1		129	119	5	5	
女	**409**	**145**	**145**	**13**	**10085**	**9445**	**251**	**309**	**24**
16–19岁		7	1		22	22			
20–24岁	12	25	16		114	109	2	2	1
25–29岁	36	16	21		435	417	6	10	
30–34岁	100	34	35		998	959	12	22	
35–39岁	74	16	21	3	999	939	17	33	3
40–44岁	71	16	22	3	1198	1085	62	39	2
45–49岁	53	15	11	4	1593	1433	92	49	5
50–54岁	36	10	12	3	1736	1619	36	63	9
55–59岁	18	4	3		1329	1265	15	43	3
60–64岁	5	1	3		856	823	1	25	1
65–69岁	4				566	548	3	15	
70–74岁		1			169	161	2	6	
75岁及以上					70	65	3	2	

4-7b 续表 5

单位：人

年龄组 性别	农林牧渔生产辅助人员	其他农、林、牧、渔业生产加工人员	生产制造及有关人员						
			小计	农副产品加工人员	食品、饮料生产加工人员	烟草及其制品加工人员	纺织、针织、印染人员	纺织品、服装和皮革、毛皮制品加工制作人员	木材加工、家具与木制品制作人员
总　计	**215**	**6**	**30195**	**646**	**862**	**22**	**172**	**436**	**1141**
16-19岁	1		359	2	9			1	5
20-24岁	2		1297	13	26		3	6	10
25-29岁	8		3072	28	85	9	13	26	46
30-34岁	16	2	5695	73	149	3	25	56	182
35-39岁	24	2	4058	90	125	2	26	70	150
40-44岁	34		4295	104	136	4	39	77	175
45-49岁	53	1	4582	116	158	3	24	95	207
50-54岁	33		3974	107	95		27	61	206
55-59岁	26		2143	70	52	1	10	28	119
60-64岁	11	1	466	22	17		3	6	23
65-69岁	6		203	13	9		2	6	13
70-74岁	1		30	4				3	4
75岁及以上			21	4	1			1	1
男	**161**	**4**	**24068**	**430**	**454**	**16**	**52**	**125**	**877**
16-19岁	1		311		5			1	4
20-24岁	2		1103	11	16		2	4	10
25-29岁	6		2566	22	53	6	5	14	38
30-34岁	12	1	4600	53	84	3	11	18	148
35-39岁	18	1	3095	60	61	1	6	23	117
40-44岁	24		3161	64	59	3	8	10	128
45-49岁	39	1	3377	76	72	2	7	23	145
50-54岁	24		3359	68	51		7	17	157
55-59岁	23		1914	43	40	1	4	12	101
60-64岁	5	1	393	19	8		2	1	14
65-69岁	6		156	10	5			2	10
70-74岁	1		21	3					4
75岁及以上			12	1					1
女	**54**	**2**	**6127**	**216**	**408**	**6**	**120**	**311**	**264**
16-19岁			48	2	4				1
20-24岁			194	2	10		1	2	
25-29岁	2		506	6	32	3	8	12	8
30-34岁	4	1	1095	20	65		14	38	34
35-39岁	6	1	963	30	64	1	20	47	33
40-44岁	10		1134	40	77	1	31	67	47
45-49岁	14		1205	40	86	1	17	72	62
50-54岁	9		615	39	44		20	44	49
55-59岁	3		229	27	12		6	16	18
60-64岁	6		73	3	9		1	5	9
65-69岁			47	3	4		2	4	3
70-74岁			9	1				3	
75岁及以上			9	3	1			1	

4-7b 续表 6

单位：人

年龄组 性 别	生产制造及有关人员								
	纸及纸制品生产加工人员	印刷和记录媒介复制人员	文教、工美、体育和娱乐用品制造人 员	石油加工和炼焦、煤化工生产人员	化学原料和化学制品制造人 员	医药制造人 员	化学纤维制造人员	橡胶和塑料制品制造人员	非金属矿物制品制造人员
总 计	**102**	**170**	**105**	**89**	**299**	**834**	**238**	**193**	**426**
16–19岁		1	2		1	3	1		4
20–24岁	2	9		3	6	26	22	6	9
25–29岁	8	8	13	8	16	65	42	16	33
30–34岁	11	35	10	16	35	119	54	35	72
35–39岁	16	25	25	8	34	109	34	38	37
40–44岁	13	25	19	17	43	161	45	26	75
45–49岁	15	33	18	19	83	153	25	40	67
50–54岁	23	18	9	12	53	114	13	19	70
55–59岁	11	10	5	6	23	55	2	8	45
60–64岁		1	1		4	17		4	11
65–69岁	3	3	2		1	8		1	3
70–74岁						3			
75岁及以上		2	1			1			
男	**66**	**71**	**54**	**80**	**241**	**406**	**148**	**127**	**371**
16–19岁					1	3			4
20–24岁	1	6		3	6	17	18	5	8
25–29岁	4	3	11	8	11	34	36	10	30
30–34岁	7	14	7	15	30	71	26	24	61
35–39岁	7	11	10	8	24	44	18	25	31
40–44岁	9	8	6	15	27	72	22	20	66
45–49岁	11	12	8	14	68	59	15	21	52
50–54岁	17	9	6	11	47	59	12	14	63
55–59岁	8	6	3	6	22	33	1	5	45
60–64岁			1		4	8		2	8
65–69岁	2	1	1		1	4		1	3
70–74岁						1			
75岁及以上		1	1			1			
女	**36**	**99**	**51**	**9**	**58**	**428**	**90**	**66**	**55**
16–19岁		1	2				1		
20–24岁	1	3				9	4	1	1
25–29岁	4	5	2		5	31	6	6	3
30–34岁	4	21	3	1	5	48	28	11	11
35–39岁	9	14	15		10	65	16	13	6
40–44岁	4	17	13	2	16	89	23	6	9
45–49岁	4	21	10	5	15	94	10	19	15
50–54岁	6	9	3	1	6	55	1	5	7
55–59岁	3	4	2		1	22	1	3	
60–64岁		1				9		2	3
65–69岁	1	2	1			4			
70–74岁						2			
75岁及以上		1							

4-7b 续表 7

单位：人

年龄组 性 别	生产制造及有关人员								
	采矿人员	金属冶炼和压延加工人员	机械制造基础加工人员	金属制品制造人员	通用设备制造人员	专用设备制造人员	汽车制造人员	铁路、船舶、航空设备制造人员	电气机械和器材制造人员
总 计	**901**	**241**	**1676**	**377**	**212**	**97**	**4736**	**85**	**113**
16—19岁		1	29	1	4		228		4
20—24岁	3	10	62	16	9	6	460	5	9
25—29岁	22	18	181	38	18	12	871	11	16
30—34岁	79	33	412	85	45	32	1226	27	25
35—39岁	80	27	255	56	30	20	660	13	13
40—44岁	148	43	258	56	29	10	515	6	20
45—49岁	221	51	219	49	27	4	413	9	15
50—54岁	224	41	172	37	33	9	228	8	8
55—59岁	102	11	69	25	9	3	115	6	1
60—64岁	16	3	9	9	5	1	15		2
65—69岁	6	2	10	5	1		3		
70—74岁		1			1				
75岁及以上					1		2		
男	**791**	**211**	**1557**	**292**	**191**	**48**	**3791**	**73**	**82**
16—19岁		1	29	1	2		206		4
20—24岁	3	10	54	13	9	6	407	5	7
25—29岁	19	17	170	32	16	8	759	11	10
30—34岁	69	30	392	66	40	12	1003	23	18
35—39岁	68	22	235	44	29	5	484	8	9
40—44岁	116	38	236	43	24	8	346	4	12
45—49岁	180	42	197	30	22	1	277	9	11
50—54岁	214	37	163	32	32	4	189	8	8
55—59岁	100	10	68	21	9	3	105	5	1
60—64岁	16	2	7	5	5	1	12		2
65—69岁	6	1	6	5	1		3		
70—74岁		1			1				
75岁及以上					1				
女	**110**	**30**	**119**	**85**	**21**	**49**	**945**	**12**	**31**
16—19岁					2		22		
20—24岁			8	3			53		2
25—29岁	3	1	11	6	2	4	112		6
30—34岁	10	3	20	19	5	20	223	4	7
35—39岁	12	5	20	12	1	15	176	5	4
40—44岁	32	5	22	13	5	2	169	2	8
45—49岁	41	9	22	19	5	3	136		4
50—54岁	10	4	9	5	1	5	39		
55—59岁	2	1	1	4			10	1	
60—64岁		1	2	4			3		
65—69岁		1	4						
70—74岁									
75岁及以上							2		

4-7b 续表 8 单位：人

年龄组 性别	生产制造及有关人员								不便分类的其他从业人员
	计算机、通信和其他电子设备制造人员	仪器仪表制造人员	废弃资源综合利用人员	电力、热力、气体、水生产和输配人员	建筑施工人员	运输设备和通用工程机械操作人员及有关人员	生产辅助人员	其他生产制造及有关人员	
总　计	**1055**	**36**	**24**	**685**	**8663**	**1307**	**4163**	**89**	**109**
16-19岁	27				21	1	13	1	37
20-24岁	94	1		15	171	61	232	2	17
25-29岁	186	4		46	564	174	484	11	11
30-34岁	297	9	4	85	1328	298	814	21	13
35-39岁	140	3	2	50	1137	192	574	17	6
40-44岁	112	2	3	79	1316	182	546	11	10
45-49岁	99	11	2	122	1493	158	621	12	6
50-54岁	60	3	7	140	1500	148	520	9	5
55-59岁	28	3	1	110	830	83	297	5	2
60-64岁	4		2	27	212	8	44		1
65-69岁	8		2	8	79	1	14		1
70-74岁				3	8		3		
75岁及以上			1		4	1	1		
男	**801**	**27**	**19**	**620**	**7719**	**1234**	**3029**	**65**	**76**
16-19岁	22				20	1	6	1	17
20-24岁	80	1		11	143	60	186	1	12
25-29岁	153	3		39	504	169	362	9	11
30-34岁	234	9	3	70	1189	283	572	15	11
35-39岁	96	2	2	45	1018	175	395	12	5
40-44岁	72	1		70	1143	170	354	7	8
45-49岁	64	5	2	107	1298	146	394	7	4
50-54岁	47	3	6	132	1366	142	430	8	4
55-59岁	25	3	1	108	766	79	275	5	2
60-64岁	4		2	27	194	8	41		1
65-69岁	4		2	8	67	1	12		1
70-74岁				3	7		1		
75岁及以上			1		4		1		
女	**254**	**9**	**5**	**65**	**944**	**73**	**1134**	**24**	**33**
16-19岁	5				1		7		20
20-24岁	14			4	28	1	46	1	5
25-29岁	33	1		7	60	5	122	2	
30-34岁	63		1	15	139	15	242	6	2
35-39岁	44	1		5	119	17	179	5	1
40-44岁	40	1	3	9	173	12	192	4	2
45-49岁	35	6		15	195	12	227	5	2
50-54岁	13		1	8	134	6	90	1	1
55-59岁	3			2	64	4	22		
60-64岁					18		3		
65-69岁	4				12		2		
70-74岁					1		2		
75岁及以上						1			

4-7c 全省分年龄、性别、职业中类的就业人口(乡村)

单位：人

年龄组 性别	合计	党的机关、国家机关、群众团体和社会组织、企事业单位负责人						
		小计	中国共产党机关负责人	国家机关负责人	民主党派和工商联负责人	人民团体和群众团体、社会组织及其他成员组织负责人	基层群众自治组织负责人	企事业单位负责人
总　计	**429506**	**1489**	**9**	**75**		**70**	**309**	**1026**
16-19岁	3127							
20-24岁	10332	18				1	1	16
25-29岁	20969	77		3		1	5	68
30-34岁	37460	176		4		5	15	152
35-39岁	32728	139		5		6	18	110
40-44岁	42817	212		10		17	29	156
45-49岁	61403	265	2	22		10	64	167
50-54岁	74516	287	6	21		10	72	178
55-59岁	60511	190	1	7		12	56	114
60-64岁	40509	64		1		4	27	32
65-69岁	29718	37		1		2	13	21
70-74岁	11447	18				2	9	7
75岁及以上	3969	6		1				5
男	**252561**	**1163**	**9**	**62**		**41**	**266**	**785**
16-19岁	2018							
20-24岁	6304	13				1	1	11
25-29岁	13085	45		1			3	41
30-34岁	22900	133		2		4	15	112
35-39岁	19405	100		4		4	15	77
40-44岁	24677	156		8		10	21	117
45-49岁	34630	204	2	18		2	55	127
50-54岁	42689	238	6	20		6	64	142
55-59岁	34665	173	1	7		7	53	105
60-64岁	23672	50				4	20	26
65-69岁	18267	31		1		2	12	16
70-74岁	7569	14				1	7	6
75岁及以上	2680	6		1				5
女	**176945**	**326**		**13**		**29**	**43**	**241**
16-19岁	1109							
20-24岁	4028	5						5
25-29岁	7884	32		2		1	2	27
30-34岁	14560	43		2		1		40
35-39岁	13323	39		1		2	3	33
40-44岁	18140	56		2		7	8	39
45-49岁	26773	61		4		8	9	40
50-54岁	31827	49		1		4	8	36
55-59岁	25846	17				5	3	9
60-64岁	16837	14		1			7	6
65-69岁	11451	6					1	5
70-74岁	3878	4				1	2	1
75岁及以上	1289							

4-7c　续表 1　　　　单位：人

年龄组 性　别	专业技术人员									
	小计	科学研究人员	工程技术人员	农业技术人员	飞机和船舶技术人员	卫生专业技术人员	经济和金融专业人员	法律、社会和宗教专业人员	教学人员	文学艺术、体育专业人员
总　计	**11869**	**54**	**1607**	**200**	**8**	**2649**	**1648**	**236**	**5137**	**148**
16–19岁	219	2	11	1		35	7	5	149	6
20–24岁	1095	5	151	10	2	280	134	16	463	20
25–29岁	1685	11	273	11	3	365	266	25	657	36
30–34岁	1681	11	349	20		292	291	35	605	40
35–39岁	1049	3	179	11		241	195	24	358	8
40–44岁	1506	3	161	18	2	412	206	29	646	13
45–49岁	1427	4	167	30		417	188	27	567	11
50–54岁	1375	5	165	43		274	164	21	681	8
55–59岁	1239	6	113	31	1	178	110	26	760	3
60–64岁	287	3	24	12		64	43	10	129	1
65–69岁	172		12	8		54	34	10	52	1
70–74岁	77	1		3		25	9	5	34	
75岁及以上	57		2	2		12	1	3	36	1
男	**5623**	**27**	**1392**	**160**	**6**	**1140**	**646**	**102**	**1978**	**87**
16–19岁	80		10	1		6	3	3	55	1
20–24岁	348	3	123	7	1	45	34	8	112	9
25–29岁	591	6	233	9	2	63	79	9	153	20
30–34岁	678	4	287	16		76	87	14	150	25
35–39岁	486	2	164	9		124	52	10	106	7
40–44岁	665		135	14	2	216	68	11	203	7
45–49岁	696	2	142	19		222	82	10	205	8
50–54岁	738	5	154	34		157	84	12	280	7
55–59岁	886	2	109	28	1	108	83	17	528	2
60–64岁	207	2	22	10		47	36	1	88	
65–69岁	138		12	8		45	28	5	39	
70–74岁	62	1		3		21	9		28	
75岁及以上	48		1	2		10	1	2	31	1
女	**6246**	**27**	**215**	**40**	**2**	**1509**	**1002**	**134**	**3159**	**61**
16–19岁	139	2	1			29	4	2	94	5
20–24岁	747	2	28	3	1	235	100	8	351	11
25–29岁	1094	5	40	2	1	302	187	16	504	16
30–34岁	1003	7	62	4		216	204	21	455	15
35–39岁	563	1	15	2		117	143	14	252	1
40–44岁	841	3	26	4		196	138	18	443	6
45–49岁	731	2	25	11		195	106	17	362	3
50–54岁	637		11	9		117	80	9	401	1
55–59岁	353	4	4	3		70	27	9	232	1
60–64岁	80	1	2	2		17	7	9	41	1
65–69岁	34					9	6	5	13	1
70–74岁	15					4		5	6	
75岁及以上	9		1			2		1	5	

4-7c 续表 2

单位：人

年龄组 性别	专业技术人员		办事人员和有关人员				社会生产服务和生活服务人员		
	新闻出版、文化专业人员	其他专业技术人员	小计	办事人员	安全和消防人员	其他办事人员和有关人员	小计	批发与零售服务人员	交通运输、仓储和邮政业服务人员
总 计	**159**	**23**	**6502**	**5204**	**1262**	**36**	**50310**	**17107**	**10902**
16-19岁	2	1	31	20	11		866	199	62
20-24岁	13	1	338	240	95	3	2826	831	377
25-29岁	34	4	778	627	149	2	4888	1705	851
30-34岁	31	7	1020	854	162	4	7531	2699	1620
35-39岁	28	2	625	554	61	10	6148	2349	1511
40-44岁	14	2	775	671	98	6	6727	2390	1854
45-49岁	15	1	916	788	125	3	6810	2325	1802
50-54岁	11	3	853	677	174	2	6256	1941	1549
55-59岁	10	1	702	539	160	3	4308	1363	877
60-64岁		1	227	134	91	2	2170	686	261
65-69岁	1		150	61	89		1256	423	103
70-74岁			68	30	37	1	392	140	29
75岁及以上			19	9	10		132	56	6
男	**65**	**20**	**4337**	**3152**	**1159**	**26**	**29737**	**8250**	**9765**
16-19岁		1	18	7	11		498	76	44
20-24岁	5	1	188	92	94	2	1700	383	309
25-29岁	14	3	488	343	144	1	2992	827	749
30-34岁	13	6	586	435	148	3	4441	1230	1432
35-39岁	11	1	375	312	57	6	3539	1059	1339
40-44岁	7	2	479	386	88	5	3862	1066	1665
45-49岁	5	1	582	469	111	2	3803	1116	1597
50-54岁	2	3	632	471	160	1	3719	1011	1444
55-59岁	7	1	612	460	149	3	2648	731	817
60-64岁		1	166	92	72	2	1387	399	247
65-69岁	1		131	50	81		803	233	92
70-74岁			65	28	36	1	263	85	24
75岁及以上			15	7	8		82	34	6
女	**94**	**3**	**2165**	**2052**	**103**	**10**	**20573**	**8857**	**1137**
16-19岁	2		13	13			368	123	18
20-24岁	8		150	148	1	1	1126	448	68
25-29岁	20	1	290	284	5	1	1896	878	102
30-34岁	18	1	434	419	14	1	3090	1469	188
35-39岁	17	1	250	242	4	4	2609	1290	172
40-44岁	7		296	285	10	1	2865	1324	189
45-49岁	10		334	319	14	1	3007	1209	205
50-54岁	9		221	206	14	1	2537	930	105
55-59岁	3		90	79	11		1660	632	60
60-64岁			61	42	19		783	287	14
65-69岁			19	11	8		453	190	11
70-74岁			3	2	1		129	55	5
75岁及以上			4	2	2		50	22	

4-7c　续表 3　　　　　　　　　　　　　　　　　　　　　　　　单位：人

年龄组 性　别	社会生产服务和生活服务人员								
	住宿和餐饮服务人　员	信息传输、软件和信息技术服务人　员	金融服务人　　员	房地产服务人员	租赁和商务服务人　员	技术辅助服务人员	水利、环境和公共设施管理服务人员	居民服务人　　员	电力、燃气及水供应服务人　员
总　计	**8678**	**629**	**920**	**512**	**1581**	**529**	**2992**	**3558**	**506**
16–19岁	279	10	3	5	24	13	4	163	1
20–24岁	603	110	65	63	85	70	19	300	17
25–29岁	866	145	174	106	91	130	55	357	47
30–34岁	1390	149	202	115	121	139	98	472	64
35–39岁	1111	72	101	64	89	60	115	326	64
40–44岁	1226	51	101	35	113	47	259	330	55
45–49岁	1198	43	119	42	152	28	402	412	80
50–54岁	1026	26	95	39	228	24	585	434	99
55–59岁	583	18	54	26	259	12	615	318	55
60–64岁	281	1	3	13	197	5	467	191	13
65–69岁	103	1	2	3	150	1	287	155	4
70–74岁	11	2	1	1	64		69	62	4
75岁及以上	1	1			8		17	38	3
男	**3743**	**399**	**394**	**312**	**1348**	**335**	**1513**	**1252**	**452**
16–19岁	178	3	2	3	17	8	2	73	1
20–24岁	364	66	26	37	63	41	13	134	16
25–29岁	494	89	72	72	69	82	36	153	43
30–34岁	707	90	82	59	85	92	44	197	53
35–39岁	489	43	32	32	68	38	44	105	57
40–44岁	474	36	33	18	96	27	77	102	48
45–49岁	373	31	45	26	140	18	130	109	69
50–54岁	306	19	60	27	211	18	239	121	91
55–59岁	184	17	40	22	237	7	328	104	53
60–64岁	123	1		13	170	3	304	71	12
65 69岁	42	1	1	2	130	1	225	51	3
70–74岁	8	2	1	1	55		58	17	3
75岁及以上	1	1			7		13	15	3
女	**4935**	**230**	**526**	**200**	**233**	**194**	**1479**	**2306**	**54**
16–19岁	101	7	1	2	7	5	2	90	
20–24岁	239	44	39	26	22	29	6	166	1
25–29岁	372	56	102	34	22	48	19	204	4
30–34岁	683	59	120	56	36	47	54	275	11
35–39岁	622	29	69	32	21	22	71	221	7
40–44岁	752	15	68	17	17	20	182	228	7
45–49岁	825	12	74	16	12	10	272	303	11
50–54岁	720	7	35	12	17	6	346	313	8
55–59岁	399	1	14	4	22	5	287	214	2
60–64岁	158		3		27	2	163	120	1
65–69岁	61		1	1	20		62	104	1
70–74岁	3				9		11	45	1
75岁及以上					1		4	23	

4-7c 续表 4

单位：人

年龄组 性别	社会生产服务和生活服务人员				农、林、牧、渔业生产及辅助人员				
	修理及制作服务人员	文化、体育和娱乐服务人员	健康服务人员	其他社会生产和生活服务人员	小计	农业生产人员	林业生产人员	畜牧业生产人员	渔业生产人员
总计	**2042**	**217**	**110**	**27**	**331377**	**319189**	**1256**	**9993**	**307**
16-19岁	86	16	1		1636	1592	2	39	
20-24岁	227	40	16	3	4934	4759	7	152	3
25-29岁	295	43	18	5	11124	10767	20	297	9
30-34岁	406	39	15	2	22908	22063	54	697	27
35-39岁	252	19	13	2	21549	20727	44	702	25
40-44岁	236	12	13	5	29820	28606	129	972	36
45-49岁	184	11	11	1	47621	45768	252	1459	41
50-54岁	182	15	9	4	61450	59074	362	1849	71
55-59岁	102	11	12	3	51433	49430	232	1646	38
60-64岁	45	6	1		36709	35512	74	1039	38
65-69岁	19	2	1	2	27673	26792	58	760	15
70-74岁	7	2			10788	10479	14	280	4
75岁及以上	1	1			3732	3620	8	101	
男	**1777**	**146**	**34**	**17**	**188969**	**180999**	**991**	**6300**	**241**
16-19岁	82	9			1150	1114	2	32	
20-24岁	217	26	4	1	3133	3014	4	104	2
25-29岁	268	31	6	1	6926	6667	17	211	8
30-34岁	341	27	2		13668	13074	44	471	23
35-39岁	218	11	2	2	12372	11817	36	458	20
40-44岁	203	8	5	4	16590	15813	106	582	31
45-49岁	142	5	2		25917	24744	185	886	34
50-54岁	154	11	3	4	33771	32238	306	1116	52
55-59岁	87	9	9	3	28088	26802	187	1012	26
60-64岁	38	5	1		20966	20193	49	670	31
65-69岁	19	1		2	16796	16214	38	503	11
70-74岁	7	2			7080	6866	11	194	3
75岁及以上	1	1			2512	2443	6	61	
女	**265**	**71**	**76**	**10**	**142408**	**138190**	**265**	**3693**	**66**
16-19岁	4	7	1		486	478		7	
20-24岁	10	14	12	2	1801	1745	3	48	1
25-29岁	27	12	12	4	4198	4100	3	86	1
30-34岁	65	12	13	2	9240	8989	10	226	4
35-39岁	34	8	11		9177	8910	8	244	5
40-44岁	33	4	8	1	13230	12793	23	390	5
45-49岁	42	6	9	1	21704	21024	67	573	7
50-54岁	28	4	6		27679	26836	56	733	19
55-59岁	15	2	3		23345	22628	45	634	12
60-64岁	7	1			15743	15319	25	369	7
65-69岁		1	1		10877	10578	20	257	4
70-74岁					3708	3613	3	86	1
75岁及以上					1220	1177	2	40	

4-7c　续表 5　　　　单位：人

年龄组 性　别	农林牧渔生产辅助人员	其他农、林、牧、渔业生产加工人员	生产制造及有关人员 小计	农副产品加工人员	食品、饮料生产加工人员	烟草及其制品加工人员	纺织、针织、印染人员	纺织品、服装和皮革、毛皮制品加工制作人员	木材加工、家具与木制品制作人员
总　计	**623**	**9**	**27723**	**1368**	**802**	**16**	**315**	**428**	**1139**
16-19岁	3		240	5	14		5	4	6
20-24岁	13		1086	16	38	1	18	13	21
25-29岁	30	1	2405	58	52	3	35	29	79
30-34岁	67		4136	125	103	2	54	89	155
35-39岁	49	2	3216	154	108		57	63	151
40-44岁	77		3771	188	112	2	52	69	160
45-49岁	101		4353	251	128	4	38	78	189
50-54岁	93	1	4287	269	108	2	31	47	182
55-59岁	86	1	2636	161	83	2	14	26	134
60-64岁	44	2	1049	73	32		6	6	43
65-69岁	46	2	423	51	17		3	3	17
70-74岁	11		101	14	5		2	1	2
75岁及以上	3		20	3	2				
男	**432**	**6**	**22619**	**853**	**428**	**11**	**114**	**165**	**908**
16-19岁	2		209	5	7		4	4	5
20-24岁	9		911	15	28	1	11	7	19
25-29岁	22	1	2035	43	31	3	15	17	68
30-34岁	56		3390	80	54	1	23	39	123
35-39岁	40	1	2531	87	54		18	30	119
40-44岁	58		2923	103	48	2	17	22	116
45-49岁	68		3420	144	57	1	6	24	140
50 54岁	58	1	3589	163	63	1	10	12	149
55-59岁	61		2255	102	53	2	2	4	114
60-64岁	21	2	893	54	18		3	6	37
65-69岁	29	1	363	43	10		3		16
70-74岁	6		85	11	4		2		2
75岁及以上	2		15	3	1				
女	**191**	**3**	**5104**	**515**	**374**	**5**	**201**	**263**	**231**
16-19岁	1		31		7		1		1
20-24岁	4		175	1	10		7	6	2
25-29岁	8		370	15	21		20	12	11
30-34岁	11		746	45	49	1	31	50	32
35-39岁	9	1	685	67	54		39	33	32
40-44岁	19		848	85	64		35	47	44
45-49岁	33		933	107	71	3	32	54	49
50-54岁	35		698	106	45	1	21	35	33
55-59岁	25	1	381	59	30		12	22	20
60-64岁	23		156	19	14		3		6
65-69岁	17	1	60	8	7			3	1
70-74岁	5		16	3	1			1	
75岁及以上	1		5		1				

4-7c 续表 6 单位：人

年龄组 性 别	生产制造及有关人员								
	纸及纸制品生产加工人员	印刷和记录媒介复制人员	文教、工美、体育和娱乐用品制造人员	石油加工和炼焦、煤化工生产人员	化学原料和化学制品制造人员	医药制造人员	化学纤维制造人员	橡胶和塑料制品制造人员	非金属矿物制品制造人员
总 计	**121**	**96**	**91**	**31**	**201**	**678**	**73**	**204**	**601**
16-19岁	3	2				3		2	2
20-24岁	2	5	5	5	5	30	8	6	15
25-29岁	8	8	8	3	12	77	17	15	26
30-34岁	26	18	11	2	32	103	21	25	70
35-39岁	13	14	11	4	21	77	10	28	70
40-44岁	16	20	15	6	37	80	7	37	90
45-49岁	24	10	12	3	39	117	6	40	107
50-54岁	18	8	11	7	37	101	3	24	111
55-59岁	8	7	9	1	13	47	1	13	66
60-64岁	2	3	6		5	19		10	30
65-69岁	1	1	1			13		3	13
70-74岁			2			6		1	1
75岁及以上						5			
男	**65**	**54**	**55**	**26**	**163**	**351**	**61**	**126**	**514**
16-19岁	2	2				1		2	1
20-24岁		3	3	3	4	19	8	5	11
25-29岁	3	4	7	3	9	51	15	12	21
30-34岁	18	12	3	2	30	56	18	15	58
35-39岁	7	11	8	4	14	38	7	14	66
40-44岁	7	10	8	5	32	42	4	17	75
45-49岁	12	5	7	3	28	51	5	22	90
50-54岁	10	2	7	5	31	52	3	19	91
55-59岁	6	3	6	1	11	24	1	10	62
60-64岁		1	5		4	6		8	27
65-69岁		1	1			7		1	11
70-74岁						2		1	1
75岁及以上						2			
女	**56**	**42**	**36**	**5**	**38**	**327**	**12**	**78**	**87**
16-19岁	1					2			1
20-24岁	2	2	2	2	1	11		1	4
25-29岁	5	4	1		3	26	2	3	5
30-34岁	8	6	8		2	47	3	10	12
35-39岁	6	3	3		7	39	3	14	4
40-44岁	9	10	7	1	5	38	3	20	15
45-49岁	12	5	5		11	66	1	18	17
50-54岁	8	6	4	2	6	49		5	20
55-59岁	2	4	3		2	23		3	4
60-64岁	2	2	1		1	13		2	3
65-69岁	1					6		2	2
70-74岁			2			4			
75岁及以上						3			

4-7c 续表 7 单位：人

年龄组 性 别	生产制造及有关人员								
	采矿人员	金属冶炼和压延加工人员	机械制造基础加工人员	金属制品制造人员	通用设备制造人员	专用设备制造人员	汽车制造人员	铁路、船舶、航空设备制造人员	电气机械和器材制造人员
总 计	**924**	**265**	**1222**	**365**	**219**	**74**	**951**	**118**	**93**
16–19岁	1	1	17	4	4	1	26	2	1
20–24岁	5	6	47	13	17	4	95	25	10
25–29岁	22	24	127	39	20	9	174	15	13
30–34岁	69	43	251	82	44	20	211	22	19
35–39岁	67	36	160	49	22	8	144	9	15
40–44岁	129	51	194	61	31	13	106	10	20
45–49岁	228	40	176	38	30	8	107	12	9
50–54岁	238	35	150	45	28	8	52	13	3
55–59岁	117	24	59	21	16	3	26	7	3
60–64岁	35	3	22	10	7		7	3	
65–69岁	10	2	15	2			3		
70–74岁	1		3						
75岁及以上	2		1	1					
男	**857**	**232**	**1161**	**285**	**197**	**44**	**704**	**99**	**68**
16–19岁	1	1	16	3	4	1	25	2	
20–24岁	5	6	47	11	14	3	82	23	7
25–29岁	19	22	125	33	18	5	146	14	11
30–34岁	61	34	241	66	40	10	155	16	15
35–39岁	63	32	152	40	21	5	89	6	9
40–44岁	119	43	185	45	26	8	65	7	14
45–49岁	214	34	161	28	24	5	69	9	6
50–54岁	223	34	140	32	27	5	43	13	3
55–59岁	108	21	55	16	16	2	21	6	3
60–64岁	33	3	21	8	7		6	3	
65–69岁	9	2	14	2			3		
70–74岁	1		3						
75岁及以上	1		1	1					
女	**67**	**33**	**61**	**80**	**22**	**30**	**247**	**19**	**25**
16–19岁			1	1			1		1
20–24岁				2	3	1	13	2	3
25–29岁	3	2	2	6	2	4	28	1	2
30–34岁	8	9	10	16	4	10	56	6	4
35–39岁	4	4	8	9	1	3	55	3	6
40–44岁	10	8	9	16	5	5	41	3	6
45–49岁	14	6	15	10	6	3	38	3	3
50–54岁	15	1	10	13	1	3	9		
55–59岁	9	3	4	5		1	5	1	
60–64岁	2		1	2			1		
65–69岁	1		1						
70–74岁									
75岁及以上	1								

4—7c 续表 8

单位：人

年龄组 性 别	生产制造及有关人员								不便分类的其他从业人员
	计算机、通信和其他电子设备制造人员	仪器仪表制造人员	废弃资源综合利用人员	电力、热力、气体、水生产和输配人员	建筑施工人员	运输设备和通用工程机械操作人员及有关人员	生产辅助人员	其他生产制造及有关人员	
总 计	**588**	**11**	**37**	**453**	**12788**	**1104**	**2290**	**57**	**236**
16—19岁	20			1	85	17	14		135
20—24岁	74	2	1	21	364	73	140	1	35
25—29岁	106	1	1	28	960	173	253	10	12
30—34岁	136	2	1	34	1766	234	355	11	8
35—39岁	75	2	4	31	1390	146	268	9	2
40—44岁	70	3	5	39	1682	134	323	9	6
45—49岁	61		6	70	2056	129	331	6	11
50—54岁	24		7	102	2197	115	305	6	8
55—59岁	16	1	6	69	1409	64	206	4	3
60—64岁	5		5	42	594	16	65		3
65—69岁	1			11	230	3	22	1	7
70—74岁			1	5	51		6		3
75岁及以上					4		2		3
男	**397**	**9**	**29**	**429**	**11489**	**1065**	**1616**	**44**	**113**
16—19岁	16			1	78	16	12		63
20—24岁	52	2	1	21	322	73	104	1	11
25—29岁	74	1	1	28	875	171	181	9	8
30—34岁	93	1	1	31	1605	231	249	9	4
35—39岁	46	2	3	29	1241	138	172	6	2
40—44岁	46	2	4	35	1494	123	193	6	2
45—49岁	33		5	64	1842	123	204	4	8
50—54岁	18		4	100	1970	107	247	5	2
55—59岁	15	1	6	65	1275	64	177	3	3
60—64岁	4		3	39	531	16	50		3
65—69岁				11	205	3	20	1	5
70—74岁			1	5	47		5		
75岁及以上					4		2		2
女	**191**	**2**	**8**	**24**	**1299**	**39**	**674**	**13**	**123**
16—19岁	4				7	1	2		72
20—24岁	22				42		36		24
25—29岁	32				85	2	72	1	4
30—34岁	43	1		3	161	3	106	2	4
35—39岁	29		1	2	149	8	96	3	
40—44岁	24	1	1	4	188	11	130	3	4
45—49岁	28		1	6	214	6	127	2	3
50—54岁	6		3	2	227	8	58	1	6
55—59岁	1			4	134		29	1	
60—64岁	1		2	3	63		15		
65—69岁	1				25		2		2
70—74岁					4		1		3
75岁及以上									1

中国人口普查
CHINA POPULATION CENSUS

2020

吉林省人口普查年鉴

（下册）

JILIN POPULATION CENSUS YEARBOOK 2020

（BOOK 3）

吉林省第七次全国人口普查领导小组办公室
吉林省统计局 编

Compiled by
Office of the Leading Group of Jilin Province for the Seventh National Population Census
Jilin Provincial Bureau of Statistics

中国统计出版社
China Statistics Press

图书在版编目（CIP）数据

吉林省人口普查年鉴. 2020. 下册 / 吉林省第七次全国人口普查领导小组办公室, 吉林省统计局编. -- 北京 : 中国统计出版社, 2022.10
ISBN 978-7-5037-9961-7

Ⅰ. ①吉… Ⅱ. ①吉… ②吉… Ⅲ. ①人口普查－统计资料－吉林－2020－年鉴 Ⅳ. ①C924.253.4-54

中国版本图书馆 CIP 数据核字(2022)第 167295 号

吉林省人口普查年鉴-2020（下册）
Jilin Population Census Yearbook 2020 (Book 3)

作　　者/吉林省第七次全国人口普查领导小组办公室　吉林省统计局
责任编辑/郭　栋
执行编辑/吕仁睿
封面设计/李雪燕
出版发行/中国统计出版社有限公司
通信地址/北京市丰台区西三环南路甲 6 号　邮政编码/100073
发行电话/邮购（010）63376909　书店（010）68783171
网　　址/http://www.zgtjcbs.com/
印　　刷/河北鑫兆源印刷有限公司
经　　销/新华书店
开　　本/880mm×1230mm　1/16
字　　数/827 千字
印　　张/34.5
版　　别/2022 年 10 月第 1 版
版　　次/2022 年 10 月第 1 次印刷
定　　价/990.00 元（全三册附光盘）

目　　录

下　册

第二部分　长表数据资料（续）

第五卷　婚姻

第六卷　生育

第七卷　迁移和户口登记地

第八卷　老年人口

第三部分　附　录

第二部分　长表数据资料

第五卷　婚姻

5-1 各地区分性别、婚姻状况的15岁及以上人口

单位：人

地区	15岁及以上人口			未婚		
	合计	男	女	小计	男	女
全省	**1937575**	**958960**	**978615**	**291931**	**166749**	**125182**
长春市	742641	368543	374098	139859	77210	62649
吉林市	290963	143252	147711	38589	22827	15762
四平市	144351	71146	73205	18989	10548	8441
辽源市	82040	40796	41244	10302	6171	4131
通化市	109223	54147	55076	14525	8658	5867
白山市	78746	38998	39748	9250	5839	3411
松原市	177012	87948	89064	20402	11962	8440
白城市	124191	61044	63147	13886	7953	5933
延边朝鲜族自治州	140259	68951	71308	19230	11504	7726
长白山管委会	5018	2575	2443	630	399	231
梅河口市	43131	21560	21571	6269	3678	2591

5-1 续表

单位：人

地区	有配偶			离婚			丧偶		
	小计	男	女	小计	男	女	小计	男	女
全省	**1422648**	**710613**	**712035**	**87828**	**45115**	**42713**	**135168**	**36483**	**98685**
长春市	529362	264589	264773	28675	13952	14723	44745	12792	31953
吉林市	213940	106532	107408	16075	8163	7912	22359	5730	16629
四平市	109160	54511	54649	5783	3103	2680	10419	2984	7435
辽源市	60531	30277	30254	4817	2613	2204	6390	1735	4655
通化市	80697	40323	40374	5818	3112	2706	8183	2054	6129
白山市	57943	28991	28952	5093	2685	2408	6460	1483	4977
松原市	138552	69203	69349	5657	3033	2624	12401	3750	8651
白城市	95963	47863	48100	4896	2600	2296	9446	2628	6818
延边朝鲜族自治州	100711	50361	50350	8757	4651	4106	11561	2435	9126
长白山管委会	3754	1927	1827	295	171	124	339	78	261
梅河口市	32035	16036	15999	1962	1032	930	2865	814	2051

5-1a　各地区分性别、婚姻状况的15岁及以上人口(城市)

单位：人

地　区	15岁及以上人口			未　婚		
	合计	男	女	小计	男	女
全　省	**828966**	**399141**	**429825**	**138302**	**75994**	**62308**
长春市	334598	162594	172004	68713	36922	31791
吉林市	148735	71007	77728	20192	11598	8594
四平市	45985	21920	24065	6754	3583	3171
辽源市	33282	16083	17199	4408	2618	1790
通化市	38790	18488	20302	5637	3017	2620
白山市	36018	17342	18676	4343	2646	1697
松原市	44641	21441	23200	6325	3408	2917
白城市	36912	17506	19406	4524	2485	2039
延边朝鲜族自治州	87625	41952	45673	13524	7618	5906
长白山管委会						
梅河口市	22380	10808	11572	3882	2099	1783

5-1a　续表

单位：人

地　区	有配偶			离　婚			丧　偶		
	小计	男	女	小计	男	女	小计	男	女
全　省	**587000**	**289683**	**297317**	**48941**	**21678**	**27263**	**54723**	**11786**	**42937**
长春市	230314	114071	116243	16758	7253	9505	18813	4348	14465
吉林市	106684	52276	54408	10651	4763	5888	11208	2370	8838
四平市	33416	16501	16915	2653	1132	1521	3162	704	2458
辽源市	23480	11606	11874	2855	1322	1533	2539	537	2002
通化市	27877	13774	14103	2514	1120	1394	2762	577	2185
白山市	25962	12846	13116	2776	1284	1492	2937	566	2371
松原市	33805	16698	17107	1857	748	1109	2654	587	2067
白城市	27607	13589	14018	1952	831	1121	2829	601	2228
延边朝鲜族自治州	61638	30348	31290	5830	2765	3065	6633	1221	5412
长白山管委会									
梅河口市	16217	7974	8243	1095	460	635	1186	275	911

5-1b 各地区分性别、婚姻状况的15岁及以上人口(镇)

单位：人

地区	15岁及以上人口			未婚		
	合计	男	女	小计	男	女
全省	**390575**	**190309**	**200266**	**68112**	**37000**	**31112**
长春市	156826	76730	80096	36182	19284	16898
吉林市	36672	17539	19133	5943	2993	2950
四平市	27948	13659	14289	3812	2199	1613
辽源市	13994	6716	7278	2026	1076	950
通化市	28415	13802	14613	3845	2215	1630
白山市	26617	13140	13477	3216	1966	1250
松原市	38577	18663	19914	4867	2657	2210
白城市	31503	15081	16422	4748	2399	2349
延边朝鲜族自治州	21572	10660	10912	2495	1594	901
长白山管委会	4996	2563	2433	628	397	231
梅河口市	3455	1756	1699	350	220	130

5-1b 续表

单位：人

地区	有配偶			离婚			丧偶		
	小计	男	女	小计	男	女	小计	男	女
全省	**282527**	**140012**	**142515**	**17052**	**8024**	**9028**	**22884**	**5273**	**17611**
长春市	108444	53726	54718	5224	2157	3067	6976	1563	5413
吉林市	26568	13144	13424	1740	826	914	2421	576	1845
四平市	21286	10506	10780	1257	590	667	1593	364	1229
辽源市	10245	5032	5213	753	370	383	970	238	732
通化市	21001	10382	10619	1629	788	841	1940	417	1523
白山市	19685	9819	9866	1620	859	761	2096	496	1600
松原市	30021	14790	15231	1482	656	826	2207	560	1647
白城市	23363	11543	11820	1385	649	736	2007	490	1517
延边朝鲜族自治州	15525	7789	7736	1503	857	646	2049	420	1629
长白山管委会	3738	1918	1820	293	170	123	337	78	259
梅河口市	2651	1363	1288	166	102	64	288	71	217

5-1c 各地区分性别、婚姻状况的15岁及以上人口(乡村)

单位：人

地区	15岁及以上人口			未婚		
	合计	男	女	小计	男	女
全省	**718034**	**369510**	**348524**	**85517**	**53755**	**31762**
长春市	251217	129219	121998	34964	21004	13960
吉林市	105556	54706	50850	12454	8236	4218
四平市	70418	35567	34851	8423	4766	3657
辽源市	34764	17997	16767	3868	2477	1391
通化市	42018	21857	20161	5043	3426	1617
白山市	16111	8516	7595	1691	1227	464
松原市	93794	47844	45950	9210	5897	3313
白城市	55776	28457	27319	4614	3069	1545
延边朝鲜族自治州	31062	16339	14723	3211	2292	919
长白山管委会	22	12	10	2	2	
梅河口市	17296	8996	8300	2037	1359	678

5-1c 续表

单位：人

地区	有配偶			离婚			丧偶		
	小计	男	女	小计	男	女	小计	男	女
全省	**553121**	**280918**	**272203**	**21835**	**15413**	**6422**	**57561**	**19424**	**38137**
长春市	190604	96792	93812	6693	4542	2151	18956	6881	12075
吉林市	80688	41112	39576	3684	2574	1110	8730	2784	5946
四平市	54458	27504	26954	1873	1381	492	5664	1916	3748
辽源市	26806	13639	13167	1209	921	288	2881	960	1921
通化市	31819	16167	15652	1675	1204	471	3481	1060	2421
白山市	12296	6326	5970	697	542	155	1427	421	1006
松原市	74726	37715	37011	2318	1629	689	7540	2603	4937
白城市	44993	22731	22262	1559	1120	439	4610	1537	3073
延边朝鲜族自治州	23548	12224	11324	1424	1029	395	2879	794	2085
长白山管委会	16	9	7	2	1	1	2		2
梅河口市	13167	6699	6468	701	470	231	1391	468	923

5-2 全省分性别、职业、婚姻状况的人口

单位：人

职业大类	15岁及以上人口			未婚		
	合计	男	女	小计	男	女
总计	**1009445**	**593576**	**415869**	**111262**	**72496**	**38766**
党的机关、国家机关、群众团体和社会组织、企事业单位负责人	15241	11089	4152	1063	706	357
专业技术人员	110109	43993	66116	20240	7700	12540
办事人员和有关人员	81782	50540	31242	11548	6736	4812
社会生产服务和生活服务人员	306659	174689	131970	44377	28448	15929
农、林、牧、渔业生产及辅助人员	376067	216754	159313	18491	15327	3164
生产制造及有关人员	118896	96110	22786	15118	13369	1749
不便分类的其他从业人员	691	401	290	425	210	215

5-2 续表

单位：人

职业大类	有配偶			离婚			丧偶		
	小计	男	女	小计	男	女	小计	男	女
总计	**829284**	**483951**	**345333**	**48007**	**28519**	**19488**	**20892**	**8610**	**12282**
党的机关、国家机关、群众团体和社会组织、企事业单位负责人	13382	9975	3407	709	368	341	87	40	47
专业技术人员	84772	34824	49948	4313	1307	3006	784	162	622
办事人员和有关人员	65770	41516	24254	3887	2064	1823	577	224	353
社会生产服务和生活服务人员	237547	135410	102137	20328	9683	10645	4407	1148	3259
农、林、牧、渔业生产及辅助人员	332299	185827	146472	11413	9240	2173	13864	6360	7504
生产制造及有关人员	95267	76214	19053	7348	5854	1494	1163	673	490
不便分类的其他从业人员	247	185	62	9	3	6	10	3	7

5-2a　全省分性别、职业、婚姻状况的人口(城市)

单位：人

职业大类	15岁及以上人口			未　婚		
	合计	男	女	小计	男	女
总　计	**389640**	**227316**	**162324**	**56330**	**33536**	**22794**
党的机关、国家机关、群众团体和社会组织、企事业单位负责人	8965	6457	2508	636	408	228
专业技术人员	67765	26027	41738	12758	4756	8002
办事人员和有关人员	52013	31794	20219	7565	4311	3254
社会生产服务和生活服务人员	181997	102524	79473	27559	17308	10251
农、林、牧、渔业生产及辅助人员	17676	10936	6740	707	562	145
生产制造及有关人员	60966	49413	11553	7016	6150	866
不便分类的其他从业人员	258	165	93	89	41	48

5-2a　续表

单位：人

职业大类	有 配 偶			离　婚			丧　偶		
	小计	男	女	小计	男	女	小计	男	女
总　计	**305562**	**180709**	**124853**	**23628**	**11881**	**11747**	**4120**	**1190**	**2930**
党的机关、国家机关、群众团体和社会组织、企事业单位负责人	7835	5806	2029	448	229	219	46	14	32
专业技术人员	51721	20350	31371	2833	845	1988	453	76	377
办事人员和有关人员	41532	26017	15515	2592	1352	1240	324	114	210
社会生产服务和生活服务人员	138953	78682	60271	13128	5969	7159	2357	565	1792
农、林、牧、渔业生产及辅助人员	15757	9745	6012	778	479	299	434	150	284
生产制造及有关人员	49601	39987	9614	3844	3006	838	505	270	235
不便分类的其他从业人员	163	122	41	5	1	4	1	1	

5-2b 全省分性别、职业、婚姻状况的人口(镇)

单位：人

职业大类	15岁及以上人口			未婚		
	合计	男	女	小计	男	女
总 计	**189891**	**113451**	**76440**	**22598**	**14539**	**8059**
党的机关、国家机关、群众团体和社会组织、企事业单位负责人	4787	3469	1318	343	237	106
专业技术人员	30431	12314	18117	4840	1925	2915
办事人员和有关人员	23267	14409	8858	2953	1772	1181
社会生产服务和生活服务人员	74277	42384	31893	9066	5915	3151
农、林、牧、渔业生产及辅助人员	26814	16723	10091	1126	942	184
生产制造及有关人员	30199	24072	6127	4198	3704	494
不便分类的其他从业人员	116	80	36	72	44	28

5-2b 续表

单位：人

职业大类	有配偶			离婚			丧偶		
	小计	男	女	小计	男	女	小计	男	女
总 计	**155688**	**93125**	**62563**	**9263**	**5018**	**4245**	**2342**	**769**	**1573**
党的机关、国家机关、群众团体和社会组织、企事业单位负责人	4210	3111	1099	210	108	102	24	13	11
专业技术人员	24298	10045	14253	1085	311	774	208	33	175
办事人员和有关人员	19125	12032	7093	1023	542	481	166	63	103
社会生产服务和生活服务人员	59933	34202	25731	4299	2036	2263	979	231	748
农、林、牧、渔业生产及辅助人员	23959	14705	9254	1024	776	248	705	300	405
生产制造及有关人员	24123	18996	5127	1621	1245	376	257	127	130
不便分类的其他从业人员	40	34	6	1		1	3	2	1

5-2c　全省分性别、职业、婚姻状况的人口(乡村)

单位：人

职业大类	15岁及以上人口			未　婚		
	合计	男	女	小计	男	女
总　计	**429914**	**252809**	**177105**	**32334**	**24421**	**7913**
党的机关、国家机关、群众团体和社会组织、企事业单位负责人	1489	1163	326	84	61	23
专业技术人员	11913	5652	6261	2642	1019	1623
办事人员和有关人员	6502	4337	2165	1030	653	377
社会生产服务和生活服务人员	50385	29781	20604	7752	5225	2527
农、林、牧、渔业生产及辅助人员	331577	189095	142482	16658	13823	2835
生产制造及有关人员	27731	22625	5106	3904	3515	389
不便分类的其他从业人员	317	156	161	264	125	139

5-2c　续表

单位：人

职业大类	有配偶			离　婚			丧　偶		
	小计	男	女	小计	男	女	小计	男	女
总　计	**368034**	**210117**	**157917**	**15116**	**11620**	**3496**	**14430**	**6651**	**7779**
党的机关、国家机关、群众团体和社会组织、企事业单位负责人	1337	1058	279	51	31	20	17	13	4
专业技术人员	8753	4429	4324	395	151	244	123	53	70
办事人员和有关人员	5113	3467	1646	272	170	102	87	47	40
社会生产服务和生活服务人员	38661	22526	16135	2901	1678	1223	1071	352	719
农、林、牧、渔业生产及辅助人员	292583	161377	131206	9611	7985	1626	12725	5910	6815
生产制造及有关人员	21543	17231	4312	1883	1603	280	401	276	125
不便分类的其他从业人员	44	29	15	3	2	1	6		6

5-3 全省分年龄、性别、受教育

受教育程度 / 年龄	15岁及以上人口			未婚		
	合计	男	女	小计	男	女
总计	**1937575**	**958960**	**978615**	**291931**	**166749**	**125182**
15-19岁	**100008**	**50730**	**49278**	**99692**	**50680**	**49012**
15	21889	11316	10573	21884	11315	10569
16	22530	11560	10970	22524	11559	10965
17	16737	8562	8175	16715	8557	8158
18	17914	9153	8761	17821	9142	8679
19	20938	10139	10799	20748	10107	10641
20-24岁	**89092**	**43483**	**45609**	**79244**	**40583**	**38661**
20	21306	10255	11051	20882	10181	10701
21	17880	8743	9137	17100	8600	8500
22	16523	8101	8422	15016	7713	7303
23	16119	7888	8231	13333	7086	6247
24	17264	8496	8768	12913	7003	5910
25-29岁	**111784**	**55798**	**55986**	**48365**	**29211**	**19154**
25	18956	9429	9527	12339	6959	5380
26	19227	9533	9694	10575	6171	4404
27	22632	11354	11278	9932	6144	3788
28	24134	12045	12089	8357	5274	3083
29	26835	13437	13398	7162	4663	2499
30-34岁	**183268**	**92331**	**90937**	**27941**	**18739**	**9202**
30	35791	18078	17713	7773	5138	2635
31	37080	18626	18454	6424	4333	2091
32	36031	18069	17962	5315	3560	1755
33	39696	20121	19575	4814	3314	1500
34	34670	17437	17233	3615	2394	1221
35-39岁	**151769**	**76886**	**74883**	**11050**	**7554**	**3496**
35	30412	15501	14911	2828	1946	882
36	29060	14683	14377	2245	1526	719
37	29052	14774	14278	2151	1434	717
38	34323	17351	16972	2156	1510	646
39	28922	14577	14345	1670	1138	532
40-44岁	**166475**	**84353**	**82122**	**6936**	**4919**	**2017**
40	32023	16073	15950	1561	1065	496
41	37924	19272	18652	1672	1197	475
42	34149	17409	16740	1488	1046	442
43	30130	15248	14882	1109	816	293
44	32249	16351	15898	1106	795	311
45-49岁	**199156**	**100280**	**98876**	**5991**	**4579**	**1412**
45	31622	15966	15656	1046	774	272
46	34341	17068	17273	1044	789	255
47	41452	20816	20636	1327	1017	310
48	44832	22852	21980	1311	1011	300
49	46909	23578	23331	1263	988	275
50-54岁	**224039**	**112578**	**111461**	**4586**	**3710**	**876**
50	49764	25111	24653	1142	916	226
51	45299	22856	22443	988	798	190
52	47454	23819	23635	962	759	203
53	39324	19589	19735	723	605	118
54	42198	21203	20995	771	632	139
55-59岁	**203515**	**100746**	**102769**	**3044**	**2494**	**550**
55	44197	22081	22116	741	601	140
56	44137	21940	22197	654	527	127
57	50046	24946	25100	805	669	136
58	38086	18574	19512	508	413	95
59	27049	13205	13844	336	284	52
60-64岁	**165319**	**80902**	**84417**	**1918**	**1587**	**331**
60	36581	18144	18437	475	387	88
61	28763	14213	14550	353	281	72
62	33661	16598	17063	376	312	64
63	34323	16622	17701	396	338	58
64	31991	15325	16666	318	269	49
65岁及以上	**343150**	**160873**	**182277**	**3164**	**2693**	**471**

程度、婚姻状况的人口

单位：人

有配偶			离婚			丧偶		
小计	男	女	小计	男	女	小计	男	女
1422648	**710613**	**712035**	**87828**	**45115**	**42713**	**135168**	**36483**	**98685**
313	**50**	**263**	**3**		**3**			
5	1	4						
6	1	5						
22	5	17						
91	11	80	2		2			
189	32	157	1		1			
9666	**2838**	**6828**	**178**	**60**	**118**	**4**	**2**	**2**
423	74	349	1		1			
764	140	624	15	3	12	1		1
1482	381	1101	24	7	17	1		1
2731	782	1949	54	19	35	1	1	
4266	1461	2805	84	31	53	1	1	
61311	**25551**	**35760**	**2070**	**1026**	**1044**	**38**	**10**	**28**
6450	2412	4038	163	58	105	4		4
8417	3249	5168	230	112	118	5	1	4
12315	5036	7279	379	171	208	6	3	3
15238	6492	8746	526	276	250	13	3	10
18891	8362	10529	772	409	363	10	3	7
147233	**69343**	**77890**	**7858**	**4189**	**3669**	**236**	**60**	**176**
26849	12345	14504	1140	588	552	29	7	22
29181	13515	15666	1442	764	678	33	14	19
29113	13686	15427	1570	817	753	33	6	27
32939	15742	17197	1875	1047	828	68	18	50
29151	14055	15096	1831	973	858	73	15	58
130648	**64132**	**66516**	**9648**	**5102**	**4546**	**423**	**98**	**325**
25802	12596	13206	1726	946	780	56	13	43
24999	12205	12794	1739	933	806	77	19	58
24982	12362	12620	1830	954	876	89	24	65
29710	14607	15103	2344	1210	1134	113	24	89
25155	12362	12793	2009	1059	950	88	18	70
146000	**72648**	**73352**	**12407**	**6527**	**5880**	**1132**	**259**	**873**
28050	13798	14252	2246	1173	1073	166	37	129
33179	16439	16740	2876	1584	1292	197	52	145
29836	14957	14879	2595	1352	1243	230	54	176
26449	13157	13292	2327	1237	1090	245	38	207
28486	14297	14189	2363	1181	1182	294	78	216
175612	**87713**	**87899**	**14561**	**7269**	**7292**	**2992**	**719**	**2273**
27896	13946	13950	2333	1172	1161	347	74	273
30411	14959	15452	2441	1221	1220	445	99	346
36510	18169	18341	3026	1491	1535	589	139	450
39469	19983	19486	3321	1674	1647	731	184	547
41326	20656	20670	3440	1711	1729	880	223	657
197408	**99421**	**97987**	**15522**	**7944**	**7578**	**6523**	**1503**	**5020**
43888	22126	21762	3635	1830	1805	1099	239	860
39917	20101	19816	3277	1714	1563	1117	243	874
41815	21045	20770	3290	1674	1616	1387	341	1046
34670	17342	17328	2622	1334	1288	1309	308	1001
37118	18807	18311	2698	1392	1306	1611	372	1239
176915	**89167**	**87748**	**12722**	**6536**	**6186**	**10834**	**2549**	**8285**
38698	19559	19139	2819	1470	1349	1939	451	1488
38595	19480	19115	2812	1451	1361	2076	482	1594
43363	22052	21311	3226	1621	1605	2652	604	2048
32939	16430	16509	2299	1183	1116	2340	548	1792
23320	11646	11674	1566	811	755	1827	464	1363
140480	**71755**	**68725**	**7210**	**3652**	**3558**	**15711**	**3908**	**11803**
31361	16112	15249	1945	978	967	2800	667	2133
24535	12628	11907	1385	691	694	2490	613	1877
28654	14727	13927	1436	747	689	3195	812	2383
29057	14733	14324	1312	684	628	3558	867	2691
26873	13555	13318	1132	552	580	3668	949	2719
237062	**127995**	**109067**	**5649**	**2810**	**2839**	**97275**	**27375**	**69900**

5-3 续表 1

受教育程度 年龄	15岁及以上人口			未婚		
	合计	男	女	小计	男	女
未上过学	**29868**	**8573**	**21295**	**3950**	**3195**	**755**
15-19岁	**260**	**158**	**102**	**259**	**158**	**101**
15	44	28	16	44	28	16
16	58	33	25	58	33	25
17	59	28	31	58	28	30
18	52	33	19	52	33	19
19	47	36	11	47	36	11
20-24岁	**304**	**203**	**101**	**290**	**198**	**92**
20	61	46	15	61	46	15
21	54	32	22	51	31	20
22	56	35	21	55	34	21
23	63	44	19	57	41	16
24	70	46	24	66	46	20
25-29岁	**331**	**196**	**135**	**276**	**184**	**92**
25	64	35	29	54	33	21
26	56	36	20	51	34	17
27	72	43	29	55	37	18
28	52	33	19	45	32	13
29	87	49	38	71	48	23
30-34岁	**493**	**284**	**209**	**357**	**246**	**111**
30	106	56	50	80	51	29
31	105	63	42	78	52	26
32	88	51	37	64	45	19
33	104	59	45	68	47	21
34	90	55	35	67	51	16
35-39岁	**405**	**225**	**180**	**254**	**188**	**66**
35	92	57	35	66	48	18
36	80	42	38	47	35	12
37	72	36	36	42	26	16
38	81	49	32	54	43	11
39	80	41	39	45	36	9
40-44岁	**561**	**297**	**264**	**279**	**218**	**61**
40	98	50	48	61	42	19
41	111	55	56	56	42	14
42	111	65	46	58	48	10
43	96	47	49	44	35	9
44	145	80	65	60	51	9
45-49岁	**980**	**461**	**519**	**393**	**320**	**73**
45	138	49	89	45	34	11
46	162	75	87	73	53	20
47	224	118	106	98	82	16
48	209	106	103	89	80	9
49	247	113	134	88	71	17
50-54岁	**1434**	**625**	**809**	**426**	**386**	**40**
50	236	108	128	79	71	8
51	281	124	157	83	75	8
52	310	136	174	94	89	5
53	284	117	167	84	74	10
54	323	140	183	86	77	9
55-59岁	**1706**	**559**	**1147**	**307**	**278**	**29**
55	351	115	236	83	73	10
56	312	106	206	62	60	2
57	379	130	249	70	64	6
58	371	118	253	51	45	6
59	293	90	203	41	36	5
60-64岁	**3171**	**877**	**2294**	**331**	**303**	**28**
60	502	146	356	78	65	13
61	501	133	368	45	43	2
62	666	187	479	72	65	7
63	756	194	562	73	68	5
64	746	217	529	63	62	1
65岁及以上	**20223**	**4688**	**15535**	**778**	**716**	**62**

单位：人

有配偶			离婚			丧偶		
小计	男	女	小计	男	女	小计	男	女
13616	**3505**	**10111**	**463**	**227**	**236**	**11839**	**1646**	**10193**
1		**1**						
1		1						
13	**5**	**8**	**1**		**1**			
2	1	1	1		1			
1	1							
6	3	3						
4		4						
51	**12**	**39**	**4**		**4**			
10	2	8						
5	2	3						
16	6	10	1		1			
6	1	5	1		1			
14	1	13	2		2			
125	**34**	**91**	**10**	**4**	**6**	**1**		**1**
26	5	21						
25	10	15	2	1	1			
21	5	16	3	1	2			
33	11	22	2	1	1	1		1
20	3	17	3	1	2			
136	**33**	**103**	**12**	**4**	**8**	**3**		**3**
26	9	17						
30	5	25	3	2	1			
27	10	17	3		3			
26	5	21	1	1				
27	4	23	5	1	4	3		3
245	**64**	**181**	**29**	**12**	**17**	**8**	**3**	**5**
35	8	27	2		2			
45	10	35	9	2	7	1	1	
50	16	34	2	1	1	1		1
43	8	35	6	3	3	3	1	2
72	22	50	10	6	4	3	1	2
508	**110**	**398**	**51**	**24**	**27**	**28**	**7**	**21**
86	14	72	4	1	3	3		3
76	16	60	10	6	4	3		3
101	24	77	19	10	9	6	2	4
104	21	83	8	2	6	8	3	5
141	35	106	10	5	5	8	2	6
880	**203**	**677**	**60**	**31**	**29**	**68**	**5**	**63**
145	34	111	4	2	2	8	1	7
170	40	130	14	7	7	14	2	12
185	39	146	14	8	6	17		17
175	36	139	12	6	6	13	1	12
205	54	151	16	8	8	16	1	15
1136	**226**	**910**	**58**	**29**	**29**	**205**	**26**	**179**
228	37	191	11	4	7	29	1	28
203	43	160	7	1	6	40	2	38
252	50	202	18	12	6	39	4	35
252	53	199	15	8	7	53	12	41
201	43	158	7	4	3	44	7	37
2214	**484**	**1730**	**84**	**38**	**46**	**542**	**52**	**490**
337	68	269	14	7	7	73	6	67
380	79	301	13	5	8	63	6	57
472	102	370	16	10	6	106	10	96
519	108	411	19	8	11	145	10	135
506	127	379	22	8	14	155	20	135
8307	**2334**	**5973**	**154**	**85**	**69**	**10984**	**1553**	**9431**

5-3 续表 2

受教育程度 年　　龄	15岁及以上人口			未　婚		
	合计	男	女	小计	男	女
学前教育	**508**	**194**	**314**	**94**	**51**	**43**
15-19岁	**41**	**18**	**23**	**41**	**18**	**23**
15	18	10	8	18	10	8
16	10	2	8	10	2	8
17	3	2	1	3	2	1
18	8	3	5	8	3	5
19	2	1	1	2	1	1
20-24岁	**18**	**9**	**9**	**17**	**9**	**8**
20	2	1	1	2	1	1
21	1	1		1	1	
22	4	1	3	3	1	2
23	5	2	3	5	2	3
24	6	4	2	6	4	2
25-29岁	**19**	**9**	**10**	**12**	**5**	**7**
25	3		3	3		3
26	2	2		2	2	
27	2	2		1	1	
28	6	2	4	2		2
29	6	3	3	4	2	2
30-34岁	**14**	**6**	**8**	**3**	**2**	**1**
30	4		4	1		1
31	1	1				
32	6	4	2	2	2	
33	2		2			
34	1	1				
35-39岁	**12**	**9**	**3**	**4**	**4**	
35	3	2	1	1	1	
36	1	1				
37	4	3	1	1	1	
38	3	2	1	1	1	
39	1	1		1	1	
40-44岁	**20**	**11**	**9**	**6**	**5**	**1**
40	3	1	2			
41	3	1	2	1	1	
42	3	3		1	1	
43	5	2	3	1		1
44	6	4	2	3	3	
45-49岁	**26**	**10**	**16**	**1**	**1**	
45	3	2	1			
46	9	2	7			
47	1		1			
48	7	2	5			
49	6	4	2	1	1	
50-54岁	**29**	**20**	**9**	**4**	**2**	**2**
50	8	6	2	1	1	
51	6	6				
52	4	2	2	1		1
53	5	3	2			
54	6	3	3	2	1	1
55-59岁	**41**	**7**	**34**			
55	11	1	10			
56	10	1	9			
57	9	1	8			
58	4	2	2			
59	7	2	5			
60-64岁	**61**	**24**	**37**	**2**	**2**	
60	12	4	8			
61	10	7	3	1	1	
62	9	1	8			
63	18	8	10			
64	12	4	8	1	1	
65岁及以上	**227**	**71**	**156**	**4**	**3**	**1**

单位：人

有配偶			离婚			丧偶		
小计	男	女	小计	男	女	小计	男	女
267	**108**	**159**	**12**	**6**	**6**	**135**	**29**	**106**
1		**1**						
1		1						
7	**4**	**3**						
1	1							
4	2	2						
2	1	1						
11	**4**	**7**						
3		3						
1	1							
4	2	2						
2		2						
1	1							
8	**5**	**3**						
2	1	1						
1	1							
3	2	1						
2	1	1						
13	**5**	**8**	**1**	**1**				
3	1	2						
2		2						
1	1		1	1				
4	2	2						
3	1	2						
19	**6**	**13**	**5**	**3**	**2**	**1**		**1**
2	1	1	1	1				
7	2	5	2		2			
1		1						
6	2	4				1		1
3	1	2	2	2				
22	**16**	**6**	**2**	**2**		**1**		**1**
7	5	2						
6	6							
3	2	1						
5	3	2						
1		1	2	2		1		1
33	**6**	**27**	**3**		**3**	**5**	**1**	**4**
8	1	7	2		2	1		1
9	1	8				1		1
7	1	6	1		1	1		1
4	2	2						
5	1	4				2	1	1
53	**20**	**33**				**6**	**2**	**4**
9	3	6				3	1	2
9	6	3						
9	1	8						
16	8	8				2		2
10	2	8				1	1	
100	**42**	**58**	**1**		**1**	**122**	**26**	**96**

5-3 续表 3

受教育程度 年 龄	15岁及以上人口			未 婚		
	合计	男	女	小计	男	女
小 学	**371547**	**165889**	**205658**	**13668**	**11609**	**2059**
15-19岁	**827**	**477**	**350**	**804**	**474**	**330**
15	149	87	62	149	87	62
16	156	91	65	156	91	65
17	141	82	59	139	80	59
18	164	91	73	155	90	65
19	217	126	91	205	126	79
20-24岁	**1586**	**881**	**705**	**1064**	**728**	**336**
20	231	121	110	196	118	78
21	237	132	105	188	124	64
22	288	152	136	202	132	70
23	383	223	160	236	171	65
24	447	253	194	242	183	59
25-29岁	**4868**	**2669**	**2199**	**1506**	**1182**	**324**
25	570	317	253	263	201	62
26	667	370	297	269	209	60
27	996	569	427	337	263	74
28	1207	663	544	322	262	60
29	1428	750	678	315	247	68
30-34岁	**11770**	**6277**	**5493**	**1626**	**1339**	**287**
30	2072	1136	936	381	317	64
31	2295	1246	1049	345	293	52
32	2385	1262	1123	325	264	61
33	2729	1471	1258	334	275	59
34	2289	1162	1127	241	190	51
35-39岁	**9817**	**5029**	**4788**	**901**	**772**	**129**
35	2032	1071	961	208	180	28
36	1853	973	880	189	163	26
37	1727	907	820	153	129	24
38	2189	1076	1113	180	148	32
39	2016	1002	1014	171	152	19
40-44岁	**15855**	**7848**	**8007**	**1003**	**868**	**135**
40	2495	1243	1252	161	138	23
41	3409	1724	1685	244	210	34
42	3144	1569	1575	226	191	35
43	3090	1530	1560	166	150	16
44	3717	1782	1935	206	179	27
45-49岁	**30867**	**14675**	**16192**	**1450**	**1344**	**106**
45	4006	1970	2036	229	214	15
46	4988	2320	2668	250	232	18
47	6294	3003	3291	314	286	28
48	7272	3491	3781	321	295	26
49	8307	3891	4416	336	317	19
50-54岁	**48988**	**22856**	**26132**	**1531**	**1425**	**106**
50	9523	4462	5061	314	290	24
51	9310	4444	4866	329	305	24
52	10354	4832	5522	319	299	20
53	9548	4402	5146	256	242	14
54	10253	4716	5537	313	289	24
55-59岁	**48742**	**21401**	**27341**	**1237**	**1145**	**92**
55	10392	4746	5646	277	256	21
56	10303	4609	5694	263	240	23
57	11494	5139	6355	347	323	24
58	9470	3992	5478	212	194	18
59	7083	2915	4168	138	132	6
60-64岁	**49550**	**21067**	**28483**	**871**	**810**	**61**
60	9972	4309	5663	197	184	13
61	8107	3447	4660	156	146	10
62	9986	4299	5687	181	166	15
63	10885	4600	6285	188	173	15
64	10600	4412	6188	149	141	8
65岁及以上	**148677**	**62709**	**85968**	**1675**	**1522**	**153**

单位：人

有配偶			离婚			丧偶		
小计	男	女	小计	男	女	小计	男	女
284590	**130101**	**154489**	**11144**	**6980**	**4164**	**62145**	**17199**	**44946**
23	**3**	**20**						
2	2							
9	1	8						
12		12						
501	**145**	**356**	**20**	**8**	**12**	**1**		**1**
34	3	31	1		1			
48	7	41	1	1				
82	20	62	3		3	1		1
137	48	89	10	4	6			
200	67	133	5	3	2			
3124	**1359**	**1765**	**234**	**127**	**107**	**4**	**1**	**3**
287	108	179	20	8	12			
370	150	220	27	11	16	1		1
621	282	339	37	24	13	1		1
816	368	448	69	33	36			
1030	451	579	81	51	30	2	1	1
9289	**4401**	**4888**	**829**	**529**	**300**	**26**	**8**	**18**
1568	748	820	120	71	49	3		3
1790	853	937	154	97	57	6	3	3
1889	891	998	169	107	62	2		2
2187	1057	1130	201	135	66	7	4	3
1855	852	1003	185	119	66	8	1	7
8145	**3769**	**4376**	**730**	**474**	**256**	**41**	**14**	**27**
1670	792	878	151	97	54	3	2	1
1520	715	805	133	91	42	11	4	7
1454	699	755	115	77	38	5	2	3
1815	809	1006	180	116	64	14	3	11
1686	754	932	151	93	58	8	3	5
13572	**6139**	**7433**	**1115**	**782**	**333**	**165**	**59**	**106**
2131	967	1164	184	132	52	19	6	13
2890	1321	1569	253	181	72	22	12	10
2647	1206	1441	238	162	76	33	10	23
2687	1225	1462	194	144	50	43	11	32
3217	1420	1797	246	163	83	48	20	28
27158	**12077**	**15081**	**1612**	**1066**	**546**	**647**	**188**	**459**
3481	1580	1901	236	158	78	60	18	42
4360	1878	2482	288	185	103	90	25	65
5545	2481	3064	312	206	106	123	30	93
6434	2904	3530	358	243	115	159	49	110
7338	3234	4104	418	274	144	215	66	149
43575	**19620**	**23955**	**2084**	**1323**	**761**	**1798**	**488**	**1310**
8473	3813	4660	475	298	177	261	61	200
8280	3802	4478	429	272	157	272	65	207
9233	4143	5090	422	268	154	380	122	258
8503	3807	4696	364	239	125	425	114	311
9086	4055	5031	394	246	148	460	126	334
42611	**18402**	**24209**	**1682**	**1064**	**618**	**3212**	**790**	**2422**
9159	4090	5069	384	241	143	572	159	413
9064	3996	5068	372	229	143	604	144	460
9979	4361	5618	427	278	149	741	177	564
8265	3454	4811	297	185	112	696	159	537
6144	2501	3643	202	131	71	599	151	448
41497	**17987**	**23510**	**1232**	**747**	**485**	**5950**	**1523**	**4427**
8510	3705	4805	303	182	121	962	238	724
6826	2936	3890	248	156	92	877	209	668
8382	3669	4713	246	152	94	1177	312	865
9039	3927	5112	232	138	94	1426	362	1064
8740	3750	4990	203	119	84	1508	402	1106
95095	**46199**	**48896**	**1606**	**860**	**746**	**50301**	**14128**	**36173**

5-3 续表 4

受教育程度 年 龄	15岁及以上人口			未 婚		
	合计	男	女	小计	男	女
初 中	**758349**	**392074**	**366275**	**55946**	**39213**	**16733**
15-19岁	**15911**	**9065**	**6846**	**15696**	**9034**	**6662**
15	6753	3790	2963	6748	3789	2959
16	3501	1909	1592	3495	1908	1587
17	1894	1086	808	1877	1083	794
18	1822	1140	682	1761	1133	628
19	1941	1140	801	1815	1121	694
20-24岁	**14685**	**8206**	**6479**	**9636**	**6622**	**3014**
20	1964	1153	811	1694	1097	597
21	2116	1224	892	1683	1142	541
22	2723	1548	1175	1912	1319	593
23	3482	1849	1633	2070	1431	639
24	4400	2432	1968	2277	1633	644
25-29岁	**36342**	**19467**	**16875**	**10195**	**7700**	**2495**
25	5206	2819	2387	2269	1640	629
26	5704	3063	2641	2045	1522	523
27	7370	3954	3416	2174	1646	528
28	8157	4314	3843	1911	1467	444
29	9905	5317	4588	1796	1425	371
30-34岁	**75873**	**39274**	**36599**	**8089**	**6260**	**1829**
30	14050	7435	6615	2081	1631	450
31	15095	7814	7281	1847	1442	405
32	14557	7464	7093	1519	1163	356
33	16907	8754	8153	1537	1186	351
34	15264	7807	7457	1105	838	267
35-39岁	**70084**	**35986**	**34098**	**3594**	**2748**	**846**
35	13863	7129	6734	870	658	212
36	13542	6936	6606	736	551	185
37	13351	6907	6444	694	536	158
38	15879	8182	7697	731	568	163
39	13449	6832	6617	563	435	128
40-44岁	**79266**	**40744**	**38522**	**2750**	**2126**	**624**
40	14934	7683	7251	598	455	143
41	17978	9205	8773	650	511	139
42	16090	8356	7734	593	448	145
43	14557	7432	7125	465	361	104
44	15707	8068	7639	444	351	93
45-49岁	**99831**	**50606**	**49225**	**2337**	**1832**	**505**
45	15691	7976	7715	413	314	99
46	17106	8568	8538	406	323	83
47	20789	10458	10331	522	414	108
48	22566	11582	10984	537	423	114
49	23679	12022	11657	459	358	101
50-54岁	**110020**	**56348**	**53672**	**1723**	**1379**	**344**
50	25122	12842	12280	484	396	88
51	22259	11361	10898	371	299	72
52	23340	11917	11423	355	271	84
53	19314	9903	9411	265	216	49
54	19985	10325	9660	248	197	51
55-59岁	**84902**	**43673**	**41229**	**961**	**793**	**168**
55	19983	10342	9641	257	210	47
56	18764	9616	9148	209	167	42
57	20666	10656	10010	254	216	38
58	15192	7783	7409	151	125	26
59	10297	5276	5021	90	75	15
60-64岁	**59063**	**30538**	**28525**	**437**	**340**	**97**
60	13626	7049	6577	117	96	21
61	10374	5411	4963	78	60	18
62	11822	6164	5658	80	59	21
63	11994	6211	5783	89	70	19
64	11247	5703	5544	73	55	18
65岁及以上	**112372**	**58167**	**54205**	**528**	**379**	**149**

单位：人

有配偶			离婚			丧偶		
小计	男	女	小计	男	女	小计	男	女
619701	**317572**	**302129**	**42035**	**23198**	**18837**	**40667**	**12091**	**28576**
213	**31**	**182**	**2**		**2**			
5	1	4						
6	1	5						
17	3	14						
59	7	52	2		2			
126	19	107						
4929	**1540**	**3389**	**117**	**42**	**75**	**3**	**2**	**1**
270	56	214						
423	81	342	9	1	8	1		1
791	222	569	20	7	13			
1379	408	971	32	9	23	1	1	
2066	773	1293	56	25	31	1	1	
24954	**11116**	**13838**	**1173**	**643**	**530**	**20**	**8**	**12**
2830	1139	1691	104	40	64	3		3
3519	1462	2057	137	78	59	3	1	2
4982	2207	2775	209	98	111	5	3	2
5960	2670	3290	280	174	106	6	3	3
7663	3638	4025	443	253	190	3	1	2
63448	**30523**	**32925**	**4198**	**2455**	**1743**	**138**	**36**	**102**
11290	5414	5876	659	384	275	20	6	14
12467	5927	6540	767	439	328	14	6	8
12205	5833	6372	811	463	348	22	5	17
14316	6938	7378	1016	622	394	38	8	30
13170	6411	6759	945	547	398	44	11	33
61323	**30268**	**31055**	**4925**	**2913**	**2012**	**242**	**57**	**185**
12053	5902	6151	910	564	346	30	5	25
11837	5819	6018	925	555	370	44	11	33
11677	5790	5887	925	565	360	55	16	39
13912	6936	6976	1166	661	505	70	17	53
11844	5821	6023	999	568	431	43	8	35
69788	**34983**	**34805**	**6125**	**3500**	**2625**	**603**	**135**	**468**
13154	6586	6568	1097	621	476	85	21	64
15762	7796	7966	1453	872	581	113	26	87
14110	7134	6976	1265	741	524	122	33	89
12807	6400	6407	1157	656	501	128	15	113
13955	7067	6888	1153	610	543	155	40	115
88824	**44535**	**44289**	**7128**	**3828**	**3300**	**1542**	**411**	**1131**
13956	6974	6982	1148	642	506	174	46	128
15288	7558	7730	1177	631	546	235	56	179
18461	9174	9287	1477	784	693	329	86	243
20025	10169	9856	1641	887	754	363	103	260
21094	10660	10434	1685	884	801	441	120	321
97225	**50002**	**47223**	**7865**	**4209**	**3656**	**3207**	**758**	**2449**
22249	11379	10870	1817	932	885	572	135	437
19650	10004	9646	1673	933	740	565	125	440
20600	10551	10049	1689	927	762	696	168	528
17077	8825	8252	1355	713	642	617	149	468
17649	9243	8406	1331	704	627	757	181	576
74084	**38739**	**35345**	**5369**	**2971**	**2398**	**4488**	**1170**	**3318**
17525	9183	8342	1339	747	592	862	202	660
16467	8547	7920	1207	670	537	881	232	649
17990	9448	8542	1311	710	601	1111	282	829
13208	6912	6296	899	502	397	934	244	690
8894	4649	4245	613	342	271	700	210	490
50600	**27309**	**23291**	**2722**	**1430**	**1292**	**5304**	**1459**	**3845**
11773	6292	5481	737	393	344	999	268	731
8921	4841	4080	508	264	244	867	246	621
10098	5486	4612	560	307	253	1084	312	772
10259	5580	4679	476	256	220	1170	305	865
9549	5110	4439	441	210	231	1184	328	856
84313	**48526**	**35787**	**2411**	**1207**	**1204**	**25120**	**8055**	**17065**

5-3 续表 5

受教育程度 年龄	15岁及以上人口			未婚		
	合计	男	女	小计	男	女
高 中	**372600**	**191151**	**181449**	**79495**	**44668**	**34827**
15-19岁	**52567**	**26986**	**25581**	**52509**	**26978**	**25531**
15	14481	7182	7299	14481	7182	7299
16	17992	9107	8885	17992	9107	8885
17	12443	6401	6042	12441	6401	6040
18	5191	2892	2299	5172	2891	2281
19	2460	1404	1056	2423	1397	1026
20-24岁	**10471**	**5780**	**4691**	**8635**	**5269**	**3366**
20	2133	1218	915	2054	1211	843
21	1744	977	767	1594	952	642
22	1972	1086	886	1681	1022	659
23	2091	1138	953	1568	984	584
24	2531	1361	1170	1738	1100	638
25-29岁	**17693**	**9417**	**8276**	**7327**	**4980**	**2347**
25	2958	1672	1286	1794	1219	575
26	2946	1590	1356	1503	994	509
27	3606	1939	1667	1489	1042	447
28	3887	2017	1870	1365	912	453
29	4296	2199	2097	1176	813	363
30-34岁	**29446**	**15171**	**14275**	**5084**	**3553**	**1531**
30	5768	2982	2786	1357	951	406
31	5882	3013	2869	1128	779	349
32	5849	3011	2838	1026	727	299
33	6494	3392	3102	921	665	256
34	5453	2773	2680	652	431	221
35-39岁	**25655**	**12948**	**12707**	**2222**	**1540**	**682**
35	4765	2435	2330	518	372	146
36	4621	2336	2285	425	302	123
37	4770	2409	2361	455	302	153
38	6116	3083	3033	459	322	137
39	5383	2685	2698	365	242	123
40-44岁	**32409**	**16451**	**15958**	**1380**	**904**	**476**
40	6176	3089	3087	333	227	106
41	7558	3901	3657	338	226	112
42	6688	3352	3336	281	175	106
43	5905	3008	2897	215	148	67
44	6082	3101	2981	213	128	85
45-49岁	**35006**	**17737**	**17269**	**1022**	**677**	**345**
45	5692	2871	2821	204	129	75
46	5937	2964	2973	181	109	72
47	7278	3662	3616	213	149	64
48	7993	4099	3894	205	130	75
49	8106	4141	3965	219	160	59
50-54岁	**38467**	**19350**	**19117**	**607**	**381**	**226**
50	8496	4317	4179	175	108	67
51	8004	4075	3929	128	84	44
52	8131	4090	4041	134	80	54
53	6369	3127	3242	86	58	28
54	7467	3741	3726	84	51	33
55-59岁	**47915**	**23507**	**24408**	**376**	**221**	**155**
55	8949	4428	4521	82	52	30
56	10080	4952	5128	77	44	33
57	12328	5970	6358	94	51	43
58	9482	4614	4868	72	41	31
59	7076	3543	3533	51	33	18
60-64岁	**42229**	**21610**	**20619**	**217**	**112**	**105**
60	9845	5012	4833	64	35	29
61	7760	3993	3767	54	24	30
62	8932	4594	4338	36	19	17
63	8424	4296	4128	37	25	12
64	7268	3715	3553	26	9	17
65岁及以上	**40742**	**22194**	**18548**	**116**	**53**	**63**

单位：人

有配偶			离婚			丧偶		
小计	男	女	小计	男	女	小计	男	女
256289	**132668**	**123621**	**21695**	**9954**	**11741**	**15121**	**3861**	**11260**
58	**8**	**50**						
2		2						
19	1	18						
37	7	30						
1816	**507**	**1309**	**20**	**4**	**16**			
79	7	72						
148	24	124	2	1	1			
290	64	226	1		1			
518	153	365	5	1	4			
781	259	522	12	2	10			
10002	**4297**	**5705**	**355**	**139**	**216**	**9**	**1**	**8**
1136	447	689	27	6	21	1		1
1409	583	826	34	13	21			
2042	870	1172	75	27	48			
2428	1070	1358	89	35	54	5		5
2987	1327	1660	130	58	72	3	1	2
23033	**10984**	**12049**	**1302**	**625**	**677**	**27**	**9**	**18**
4225	1961	2264	183	69	114	3	1	2
4525	2125	2400	222	105	117	7	4	3
4528	2143	2385	291	140	151	4	1	3
5266	2580	2686	298	144	154	9	3	6
4489	2175	2314	308	167	141	4		4
21535	**10534**	**11001**	**1834**	**867**	**967**	**64**	**7**	**57**
3935	1917	2018	301	145	156	11	1	10
3873	1888	1985	309	144	165	14	2	12
3968	1952	2016	336	155	181	11		11
5169	2538	2631	475	222	253	13	1	12
4590	2239	2351	413	201	212	15	3	12
27996	**14138**	**13858**	**2831**	**1370**	**1461**	**202**	**39**	**163**
5339	2634	2705	471	223	248	33	5	28
6548	3338	3210	634	327	307	38	10	28
5763	2891	2872	603	280	323	41	6	35
5088	2570	2518	560	282	278	42	8	34
5258	2705	2553	563	258	305	48	10	38
30010	**15476**	**14534**	**3491**	**1520**	**1971**	**483**	**64**	**419**
4856	2505	2351	563	233	330	69	4	65
5148	2604	2544	542	245	297	66	6	60
6234	3174	3060	748	324	424	83	15	68
6847	3590	3257	812	359	453	129	20	109
6925	3603	3322	826	359	467	136	19	117
33046	**17026**	**16020**	**3766**	**1750**	**2016**	**1048**	**193**	**855**
7284	3764	3520	860	413	447	177	32	145
6922	3593	3329	778	361	417	176	37	139
6988	3627	3361	795	345	450	214	38	176
5459	2750	2709	635	285	350	189	34	155
6393	3292	3101	698	346	352	292	52	240
40832	**20884**	**19948**	**4342**	**1961**	**2381**	**2365**	**441**	**1924**
7690	3934	3756	820	375	445	357	67	290
8643	4398	4245	922	427	495	438	83	355
10468	5309	5159	1147	503	644	619	107	512
8014	4079	3935	854	386	468	542	108	434
6017	3164	2853	599	270	329	409	76	333
35973	**19542**	**16431**	**2650**	**1222**	**1428**	**3389**	**734**	**2655**
8373	4514	3859	735	329	406	673	134	539
6576	3606	2970	526	233	293	604	130	474
7660	4182	3478	517	242	275	719	151	568
7198	3879	3319	490	235	255	699	157	542
6166	3361	2805	382	183	199	694	162	532
31988	**19272**	**12716**	**1104**	**496**	**608**	**7534**	**2373**	**5161**

5-3 续表 6

受教育程度 年　　龄	15岁及以上人口			未　婚		
	合计	男	女	小计	男	女
大学专科	**177258**	**91496**	**85762**	**47952**	**26295**	**21657**
15-19岁	**11974**	**6130**	**5844**	**11961**	**6125**	**5836**
15	405	202	203	405	202	203
16	728	389	339	728	389	339
17	1110	534	576	1110	534	576
18	4012	2114	1898	4009	2112	1897
19	5719	2891	2828	5709	2888	2821
20-24岁	**19163**	**9489**	**9674**	**17560**	**9065**	**8495**
20	4882	2428	2454	4849	2420	2429
21	3561	1803	1758	3452	1786	1666
22	3434	1695	1739	3210	1647	1563
23	3556	1757	1799	3106	1640	1466
24	3730	1806	1924	2943	1572	1371
25-29岁	**21433**	**10677**	**10756**	**10332**	**6192**	**4140**
25	4035	1992	2043	2781	1543	1238
26	3933	1996	1937	2324	1400	924
27	4304	2149	2155	2135	1320	815
28	4460	2203	2257	1693	1058	635
29	4701	2337	2364	1399	871	528
30-34岁	**27461**	**13743**	**13718**	**5040**	**3154**	**1886**
30	5920	2960	2960	1492	932	560
31	5832	2890	2942	1190	749	441
32	5451	2751	2700	946	597	349
33	5588	2782	2806	784	489	295
34	4670	2360	2310	628	387	241
35-39岁	**18306**	**9117**	**9189**	**1641**	**1012**	**629**
35	3716	1899	1817	457	293	164
36	3488	1711	1777	340	212	128
37	3579	1811	1768	334	199	135
38	4042	1973	2069	302	191	111
39	3481	1723	1758	208	117	91
40-44岁	**18196**	**8991**	**9205**	**728**	**409**	**319**
40	3730	1769	1961	182	98	84
41	4170	2078	2092	188	109	79
42	3921	1971	1950	173	105	68
43	3137	1570	1567	102	62	40
44	3238	1603	1635	83	35	48
45-49岁	**16173**	**8315**	**7858**	**386**	**211**	**175**
45	2924	1469	1455	74	36	38
46	3026	1554	1472	72	44	28
47	3416	1784	1632	86	44	42
48	3440	1763	1677	79	46	33
49	3367	1745	1622	75	41	34
50-54岁	**13553**	**7007**	**6546**	**153**	**80**	**73**
50	3357	1740	1617	53	32	21
51	2960	1533	1427	41	21	20
52	2859	1470	1389	26	12	14
53	2109	1088	1021	13	6	7
54	2268	1176	1092	20	9	11
55-59岁	**11325**	**6259**	**5066**	**91**	**31**	**60**
55	2481	1310	1171	27	6	21
56	2540	1379	1161	20	7	13
57	2919	1655	1264	25	8	17
58	2083	1162	921	10	6	4
59	1302	753	549	9	4	5
60-64岁	**6983**	**4088**	**2895**	**25**	**6**	**19**
60	1574	945	629	7	2	5
61	1265	738	527	9	3	6
62	1389	821	568	3		3
63	1443	822	621	5	1	4
64	1312	762	550	1		1
65岁及以上	**12691**	**7680**	**5011**	**35**	**10**	**25**

单位：人

有配偶			离婚			丧偶		
小计	男	女	小计	男	女	小计	男	女
119106	**61541**	**57565**	**6965**	**2714**	**4251**	**3235**	**946**	**2289**
12	**5**	**7**	**1**		**1**			
3	2	1						
9	3	6	1		1			
1588	**418**	**1170**	**15**	**6**	**9**			
33	8	25						
108	17	91	1		1			
224	48	176						
443	112	331	7	5	2			
780	233	547	7	1	6			
10920	**4413**	**6507**	**177**	**72**	**105**	**4**		**4**
1247	448	799	7	1	6			
1591	591	1000	17	5	12	1		1
2130	813	1317	39	16	23			
2718	1124	1594	47	21	26	2		2
3234	1437	1797	67	29	38	1		1
21583	**10267**	**11316**	**815**	**317**	**498**	**23**	**5**	**18**
4332	1991	2341	94	37	57	2		2
4470	2070	2400	168	70	98	4	1	3
4340	2082	2258	164	72	92	1		1
4606	2221	2385	195	71	124	3	1	2
3835	1903	1932	194	67	127	13	3	10
15575	**7672**	**7903**	**1056**	**428**	**628**	**34**	**5**	**29**
3094	1538	1556	157	66	91	8	2	6
2967	1432	1535	176	66	110	5	1	4
3021	1528	1493	221	84	137	3		3
3466	1671	1795	266	110	156	8	1	7
3027	1503	1524	236	102	134	10	1	9
16129	**8070**	**8059**	**1247**	**503**	**744**	**92**	**9**	**83**
3274	1562	1712	260	107	153	14	2	12
3694	1853	1841	274	114	160	14	2	12
3450	1763	1687	273	100	173	25	3	22
2795	1418	1377	223	89	134	17	1	16
2916	1474	1442	217	93	124	22	1	21
14326	**7589**	**6737**	**1273**	**482**	**791**	**188**	**33**	**155**
2622	1356	1266	200	74	126	28	3	25
2695	1414	1281	230	88	142	29	8	21
3034	1640	1394	266	97	169	30	3	27
3019	1597	1422	296	112	184	46	8	38
2956	1582	1374	281	111	170	55	11	44
12098	**6511**	**5587**	**1061**	**385**	**676**	**241**	**31**	**210**
2969	1591	1378	281	110	171	54	7	47
2621	1408	1213	241	93	148	57	11	46
2585	1386	1199	204	67	137	44	5	39
1890	1015	875	170	63	107	36	4	32
2033	1111	922	165	52	113	50	4	46
10140	**5865**	**4275**	**765**	**304**	**461**	**329**	**59**	**270**
2233	1239	994	149	55	94	72	10	62
2271	1284	987	179	78	101	70	10	60
2614	1564	1050	201	70	131	79	13	66
1859	1080	779	144	60	84	70	16	54
1163	698	465	92	41	51	38	10	28
6289	**3875**	**2414**	**313**	**116**	**197**	**356**	**91**	**265**
1414	893	521	97	38	59	56	12	44
1146	702	444	57	19	38	53	14	39
1262	787	475	49	15	34	75	19	56
1289	766	523	64	33	31	85	22	63
1178	727	451	46	11	35	87	24	63
10446	**6856**	**3590**	**242**	**101**	**141**	**1968**	**713**	**1255**

5-3 续表 7

受教育程度 年 龄	15岁及以上人口			未 婚		
	合计	男	女	小计	男	女
大学本科	**206172**	**99759**	**106413**	**82295**	**38252**	**44043**
15-19岁	**18414**	**7892**	**10522**	**18408**	**7889**	**10519**
15	39	17	22	39	17	22
16	85	29	56	85	29	56
17	1087	429	658	1087	429	658
18	6663	2879	3784	6662	2879	3783
19	10540	4538	6002	10535	4535	6000
20-24岁	**39344**	**17613**	**21731**	**38551**	**17400**	**21151**
20	12005	5275	6730	11999	5275	6724
21	10013	4505	5508	9977	4495	5482
22	7324	3319	4005	7233	3294	3939
23	5283	2439	2844	5041	2381	2660
24	4719	2075	2644	4301	1955	2346
25-29岁	**26704**	**11624**	**15080**	**15252**	**7499**	**7753**
25	4893	2096	2797	3996	1836	2160
26	4989	2109	2880	3520	1659	1861
27	5463	2376	3087	3120	1561	1559
28	5642	2519	3123	2541	1326	1215
29	5717	2524	3193	2075	1117	958
30-34岁	**33823**	**15736**	**18087**	**6645**	**3675**	**2970**
30	6954	3150	3804	1997	1079	918
31	6974	3237	3737	1569	894	675
32	6824	3159	3665	1245	680	565
33	6950	3257	3693	1033	580	453
34	6121	2933	3188	801	442	359
35-39岁	**23964**	**11915**	**12049**	**2108**	**1156**	**952**
35	5262	2616	2646	626	361	265
36	4810	2364	2446	449	238	211
37	4845	2388	2457	397	210	187
38	5182	2585	2597	367	209	158
39	3865	1962	1903	269	138	131
40-44岁	**18027**	**8874**	**9153**	**694**	**347**	**347**
40	4012	1946	2066	196	92	104
41	4144	2008	2136	172	88	84
42	3751	1858	1893	139	72	67
43	3038	1497	1541	100	50	50
44	3082	1565	1517	87	45	42
45-49岁	**14956**	**7726**	**7230**	**370**	**184**	**186**
45	2909	1479	1430	72	43	29
46	2859	1455	1404	59	27	32
47	3174	1639	1535	86	40	46
48	3050	1627	1423	75	35	40
49	2964	1526	1438	78	39	39
50-54岁	**10694**	**5812**	**4882**	**137**	**55**	**82**
50	2788	1480	1308	34	17	17
51	2284	1188	1096	36	14	22
52	2275	1247	1028	32	7	25
53	1589	887	702	19	9	10
54	1758	1010	748	16	8	8
55-59岁	**8189**	**4834**	**3355**	**68**	**24**	**44**
55	1855	1016	839	14	4	10
56	1955	1158	797	22	8	14
57	2071	1262	809	14	6	8
58	1380	822	558	11	2	9
59	928	576	352	7	4	3
60-64岁	**4042**	**2525**	**1517**	**35**	**14**	**21**
60	993	633	360	12	5	7
61	712	455	257	10	4	6
62	816	498	318	4	3	1
63	770	467	303	4	1	3
64	751	472	279	5	1	4
65岁及以上	**8015**	**5208**	**2807**	**27**	**9**	**18**

单位：人

有配偶			离婚			丧偶		
小计	男	女	小计	男	女	小计	男	女
116783	**58927**	**57856**	**5134**	**1899**	**3235**	**1960**	**681**	**1279**
6	**3**	**3**						
1		1						
5	3	2						
788	**213**	**575**	**5**		**5**			
6		6						
35	10	25	1		1			
91	25	66						
242	58	184						
414	120	294	4		4			
11324	**4080**	**7244**	**127**	**45**	**82**	**1**		**1**
892	257	635	5	3	2			
1454	445	1009	15	5	10			
2325	809	1516	18	6	12			
3061	1180	1881	40	13	27			
3592	1389	2203	49	18	31	1		1
26500	**11816**	**14684**	**657**	**243**	**414**	**21**	**2**	**19**
4873	2044	2829	83	27	56	1		1
5279	2291	2988	124	52	72	2		2
5451	2448	3003	124	31	93	4		4
5762	2608	3154	145	67	78	10	2	8
5135	2425	2710	181	66	115	4		4
20827	**10365**	**10462**	**992**	**379**	**613**	**37**	**15**	**22**
4441	2181	2260	191	71	120	4	3	1
4178	2054	2124	180	71	109	3	1	2
4224	2108	2116	210	64	146	14	6	8
4578	2283	2295	229	91	138	8	2	6
3406	1739	1667	182	82	100	8	3	5
16309	**8186**	**8123**	**965**	**328**	**637**	**59**	**13**	**46**
3591	1766	1825	211	85	126	14	3	11
3734	1841	1893	230	79	151	8		8
3416	1729	1687	188	55	133	8	2	6
2757	1385	1372	170	60	110	11	2	9
2811	1465	1346	166	49	117	18	6	12
13549	**7201**	**6348**	**940**	**326**	**614**	**97**	**15**	**82**
2656	1376	1280	170	57	113	11	3	8
2598	1361	1237	180	63	117	22	4	18
2877	1530	1347	194	67	127	17	2	15
2760	1524	1236	193	67	126	22	1	21
2658	1410	1248	203	72	131	25	5	20
9758	**5499**	**4259**	**644**	**230**	**414**	**155**	**28**	**127**
2542	1391	1151	185	69	116	27	3	24
2086	1127	959	131	44	87	31	3	28
2052	1176	876	156	56	100	35	8	27
1459	845	614	83	27	56	28	6	22
1619	960	659	89	34	55	34	8	26
7425	**4557**	**2868**	**476**	**194**	**282**	**220**	**59**	**161**
1690	957	733	108	44	64	43	11	32
1776	1096	680	118	43	75	39	11	28
1882	1190	692	114	46	68	61	20	41
1240	772	468	87	40	47	42	8	34
837	542	295	49	21	28	35	9	26
3650	**2376**	**1274**	**199**	**93**	**106**	**158**	**42**	**116**
891	593	298	56	27	29	34	8	26
644	429	215	32	14	18	26	8	18
731	467	264	47	20	27	34	8	26
712	448	264	28	11	17	26	7	19
672	439	233	36	21	15	38	11	27
6647	**4631**	**2016**	**129**	**61**	**68**	**1212**	**507**	**705**

5-3 续表 8

受教育程度 年龄	15岁及以上人口			未婚		
	合计	男	女	小计	男	女
硕士研究生	**18540**	**8397**	**10143**	**7558**	**3020**	**4538**
15-19岁	**14**	**4**	**10**	**14**	**4**	**10**
15						
16						
17						
18	2	1	1	2	1	1
19	12	3	9	12	3	9
20-24岁	**3393**	**1250**	**2143**	**3367**	**1243**	**2124**
20	24	11	13	23	11	12
21	149	68	81	149	68	81
22	709	259	450	707	258	449
23	1229	424	805	1223	424	799
24	1282	488	794	1265	482	783
25-29岁	**3737**	**1450**	**2287**	**2903**	**1218**	**1685**
25	1100	451	649	1056	441	615
26	804	314	490	741	300	441
27	675	251	424	498	211	287
28	576	222	354	363	159	204
29	582	212	370	245	107	138
30-34岁	**3855**	**1569**	**2286**	**895**	**402**	**493**
30	776	291	485	309	136	173
31	783	305	478	215	96	119
32	773	319	454	154	66	88
33	825	352	473	113	60	53
34	698	302	396	104	44	60
35-39岁	**3072**	**1414**	**1658**	**271**	**105**	**166**
35	599	245	354	65	23	42
36	593	277	316	52	22	30
37	614	270	344	61	23	38
38	727	351	376	54	24	30
39	539	271	268	39	13	26
40-44岁	**1739**	**917**	**822**	**75**	**36**	**39**
40	480	239	241	21	12	9
41	445	241	204	22	10	12
42	358	187	171	11	3	8
43	240	131	109	14	9	5
44	216	119	97	7	2	5
45-49岁	**1092**	**634**	**458**	**24**	**7**	**17**
45	213	123	90	9	4	5
46	213	114	99	2	1	1
47	230	128	102	5	1	4
48	242	157	85	3	1	2
49	194	112	82	5		5
50-54岁	**726**	**476**	**250**	**4**	**2**	**2**
50	198	136	62	1	1	
51	167	106	61			
52	151	103	48	1	1	
53	89	53	36			
54	121	78	43	2		2
55-59岁	**564**	**409**	**155**	**4**	**2**	**2**
55	150	103	47	1		1
56	146	100	46	1	1	
57	142	107	35	1	1	
58	74	58	16	1		1
59	52	41	11			
60-64岁	**175**	**137**	**38**			
60	43	34	9			
61	28	23	5			
62	34	28	6			
63	24	19	5			
64	46	33	13			
65岁及以上	**173**	**137**	**36**	**1**	**1**	

单位：人

有配偶			离　婚			丧　偶		
小计	男	女	小计	男	女	小计	男	女
10591	**5227**	**5364**	**339**	**124**	**215**	**52**	**26**	**26**
26	**7**	**19**						
1		1						
2	1	1						
6		6						
17	6	11						
834	**232**	**602**						
44	10	34						
63	14	49						
177	40	137						
213	63	150						
337	105	232						
2916	**1152**	**1764**	**44**	**15**	**29**			
466	155	311	1		1			
563	209	354	5		5			
611	250	361	8	3	5			
697	286	411	15	6	9			
579	252	327	15	6	9			
2710	**1274**	**1436**	**89**	**35**	**54**	**2**		**2**
520	219	301	14	3	11			
528	251	277	13	4	9			
535	239	296	17	8	9	1		1
650	318	332	23	9	14			
477	247	230	22	11	11	1		1
1578	**852**	**726**	**84**	**29**	**55**	**2**		**2**
438	222	216	20	5	15	1		1
403	222	181	20	9	11			
325	174	151	22	10	12			
211	119	92	14	3	11	1		1
201	115	86	8	2	6			
1008	**606**	**402**	**56**	**20**	**36**	**4**	**1**	**3**
193	113	80	9	6	3	2		2
200	110	90	11	3	8			
214	123	91	10	3	7	1	1	
227	152	75	11	4	7	1		1
174	108	66	15	4	11			
684	**465**	**219**	**33**	**9**	**24**	**5**		**5**
186	131	55	11	4	7			
158	105	53	7	1	6	2		2
140	99	41	9	3	6	1		1
85	52	33	3	1	2	1		1
115	78	37	3		3	1		1
528	**392**	**136**	**24**	**12**	**12**	**8**	**3**	**5**
141	98	43	6	4	2	2	1	1
137	97	40	6	2	4	2		2
134	103	31	6	2	4	1	1	
67	55	12	3	2	1	3	1	2
49	39	10	3	2	1			
162	**128**	**34**	**7**	**4**	**3**	**6**	**5**	**1**
41	32	9	2	2				
27	23	4	1		1			
33	27	6	1	1				
18	14	4	1	1		5	4	1
43	32	11	2		2	1	1	
145	**119**	**26**	**2**		**2**	**25**	**17**	**8**

5-3 续表 9

受教育程度 年　　龄	15岁及以上人口			未　　婚		
	合计	男	女	小计	男	女
博士研究生	**2733**	**1427**	**1306**	**973**	**446**	**527**
15-19岁						
15						
16						
17						
18						
19						
20-24岁	**128**	**52**	**76**	**124**	**49**	**75**
20	4	2	2	4	2	2
21	5	1	4	5	1	4
22	13	6	7	13	6	7
23	27	12	15	27	12	15
24	79	31	48	75	28	47
25-29岁	**657**	**289**	**368**	**562**	**251**	**311**
25	127	47	80	123	46	77
26	126	53	73	120	51	69
27	144	71	73	123	63	60
28	147	72	75	115	58	57
29	113	46	67	81	33	48
30-34岁	**533**	**271**	**262**	**202**	**108**	**94**
30	141	68	73	75	41	34
31	113	57	56	52	28	24
32	98	48	50	34	16	18
33	97	54	43	24	12	12
34	84	44	40	17	11	6
35-39岁	**454**	**243**	**211**	**55**	**29**	**26**
35	80	47	33	17	10	7
36	72	43	29	7	3	4
37	90	43	47	14	8	6
38	104	50	54	8	4	4
39	108	60	48	9	4	5
40-44岁	**402**	**220**	**182**	**21**	**6**	**15**
40	95	53	42	9	1	8
41	106	59	47	1		1
42	83	48	35	6	3	3
43	62	31	31	2	1	1
44	56	29	27	3	1	2
45-49岁	**225**	**116**	**109**	**8**	**3**	**5**
45	46	27	19			
46	41	16	25	1		1
47	46	24	22	3	1	2
48	53	25	28	2	1	1
49	39	24	15	2	1	1
50-54岁	**128**	**84**	**44**	**1**		**1**
50	36	20	16	1		1
51	28	19	9			
52	30	22	8			
53	17	9	8			
54	17	14	3			
55-59岁	**131**	**97**	**34**			
55	25	20	5			
56	27	19	8			
57	38	26	12			
58	30	23	7			
59	11	9	2			
60-64岁	**45**	**36**	**9**			
60	14	12	2			
61	6	6				
62	7	6	1			
63	9	5	4			
64	9	7	2			
65岁及以上	**30**	**19**	**11**			

单位：人

有配偶			离婚			丧偶		
小计	男	女	小计	男	女	小计	男	女
1705	**964**	**741**	**41**	**13**	**28**	**14**	**4**	**10**
4	**3**	**1**						
4	3	1						
95	**38**	**57**						
4	1	3						
6	2	4						
21	8	13						
32	14	18						
32	13	19						
328	**162**	**166**	**3**	**1**	**2**			
66	27	39						
61	29	32						
64	32	32						
70	41	29	3	1	2			
67	33	34						
389	**212**	**177**	**10**	**2**	**8**			
61	37	24	2		2			
65	40	25						
73	34	39	3	1	2			
92	46	46	4		4			
98	55	43	1	1				
370	**211**	**159**	**10**	**2**	**8**	**1**	**1**	
85	52	33	1		1			
101	58	43	3		3	1	1	
74	43	31	3	2	1			
57	30	27	3		3			
53	28	25						
210	**113**	**97**	**5**		**5**	**2**		**2**
44	27	17	2		2			
39	16	23	1		1			
43	23	20						
47	24	23	2		2	2		2
37	23	14						
120	**79**	**41**	**7**	**5**	**2**			
33	18	15	2	2				
24	16	8	4	3	1			
29	22	7	1		1			
17	9	8						
17	14	3						
126	**96**	**30**	**3**	**1**	**2**	**2**		**2**
24	20	4				1		1
25	18	7	1	1		1		1
37	26	11	1		1			
30	23	7						
10	9	1	1		1			
42	**34**	**8**	**3**	**2**	**1**			
13	12	1	1		1			
6	6							
7	6	1						
7	3	4	2	2				
9	7	2						
21	**16**	**5**				**9**	**3**	**6**

5-3a 全省分年龄、性别、受教育

受教育程度 年龄	15岁及以上人口			未婚		
	合计	男	女	小计	男	女
总 计	**828966**	**399141**	**429825**	**138302**	**75994**	**62308**
15-19岁	**42201**	**21295**	**20906**	**42107**	**21279**	**20828**
15	8933	4485	4448	8932	4485	4447
16	10085	5128	4957	10082	5127	4955
17	7650	3843	3807	7641	3841	3800
18	7194	3695	3499	7168	3693	3475
19	8339	4144	4195	8284	4133	4151
20-24岁	**41642**	**20355**	**21287**	**37558**	**19172**	**18386**
20	8852	4429	4423	8692	4406	4286
21	7861	3983	3878	7573	3930	3643
22	7931	3842	4089	7352	3695	3657
23	8200	3894	4306	7021	3580	3441
24	8798	4207	4591	6920	3561	3359
25-29岁	**56506**	**27180**	**29326**	**26892**	**15314**	**11578**
25	9789	4691	5098	6826	3639	3187
26	9954	4776	5178	5964	3316	2648
27	11443	5554	5889	5538	3205	2333
28	12192	5830	6362	4667	2763	1904
29	13128	6329	6799	3897	2391	1506
30-34岁	**89106**	**43468**	**45638**	**15436**	**9714**	**5722**
30	17079	8280	8799	4181	2592	1589
31	17857	8729	9128	3532	2217	1315
32	17611	8496	9115	2979	1871	1108
33	19336	9531	9805	2662	1731	931
34	17223	8432	8791	2082	1303	779
35-39岁	**75127**	**36970**	**38157**	**6308**	**4043**	**2265**
35	14777	7357	7420	1627	1067	560
36	14237	7021	7216	1253	791	462
37	14583	7235	7348	1275	795	480
38	17279	8407	8872	1238	824	414
39	14251	6950	7301	915	566	349
40-44岁	**77481**	**38149**	**39332**	**3442**	**2214**	**1228**
40	15471	7556	7915	816	509	307
41	17829	8824	9005	855	567	288
42	16002	7872	8130	723	469	254
43	13871	6784	7087	569	362	207
44	14308	7113	7195	479	307	172
45-49岁	**82612**	**40447**	**42165**	**2644**	**1738**	**906**
45	13781	6754	7027	469	290	179
46	14499	6968	7531	443	292	151
47	17294	8465	8829	611	400	211
48	18323	9129	9194	567	375	192
49	18715	9131	9584	554	381	173
50-54岁	**84474**	**41146**	**43328**	**1703**	**1138**	**565**
50	19492	9471	10021	466	309	157
51	17810	8750	9060	370	252	118
52	17951	8756	9195	358	225	133
53	13887	6694	7193	244	172	72
54	15334	7475	7859	265	180	85
55-59岁	**79768**	**38831**	**40937**	**1049**	**702**	**347**
55	16994	8263	8731	265	175	90
56	17544	8632	8912	229	150	79
57	20018	9788	10230	263	174	89
58	14794	7114	7680	168	111	57
59	10418	5034	5384	124	92	32
60-64岁	**65561**	**31367**	**34194**	**542**	**313**	**229**
60	14131	6870	7261	157	94	63
61	11539	5610	5929	112	65	47
62	13739	6657	7082	104	62	42
63	13601	6368	7233	92	55	37
64	12551	5862	6689	77	37	40
65岁及以上	**134488**	**59933**	**74555**	**621**	**367**	**254**

程度、婚姻状况的人口(城市)

单位：人

有配偶			离婚			丧偶		
小计	男	女	小计	男	女	小计	男	女
587000	**289683**	**297317**	**48941**	**21678**	**27263**	**54723**	**11786**	**42937**
94	**16**	**78**						
1		1						
3	1	2						
9	2	7						
26	2	24						
55	11	44						
4036	**1171**	**2865**	**48**	**12**	**36**			
160	23	137						
285	53	232	3		3			
574	146	428	5	1	4			
1163	309	854	16	5	11			
1854	640	1214	24	6	18			
28884	**11593**	**17291**	**716**	**271**	**445**	**14**	**2**	**12**
2919	1045	1874	44	7	37			
3912	1436	2476	76	24	52	2		2
5780	2302	3478	123	45	78	2	2	
7324	2988	4336	196	79	117	5		5
8949	3822	5127	277	116	161	5		5
70266	**32318**	**37948**	**3313**	**1424**	**1889**	**91**	**12**	**79**
12448	5510	6938	441	178	263	9		9
13739	6274	7465	576	235	341	10	3	7
13959	6334	7625	661	289	372	12	2	10
15837	7426	8411	812	373	439	25	1	24
14283	6774	7509	823	349	474	35	6	29
63862	**30820**	**33042**	**4790**	**2080**	**2710**	**167**	**27**	**140**
12312	5917	6395	815	367	448	23	6	17
12141	5878	6263	820	351	469	23	1	22
12359	6032	6327	903	401	502	46	7	39
14802	7069	7733	1196	505	691	43	9	34
12248	5924	6324	1056	456	600	32	4	28
67030	**32989**	**34041**	**6524**	**2871**	**3653**	**485**	**75**	**410**
13427	6530	6897	1152	504	648	76	13	63
15442	7578	7864	1456	667	789	76	12	64
13770	6786	6984	1402	603	799	107	14	93
11952	5851	6101	1242	557	685	108	14	94
12439	6244	6195	1272	540	732	118	22	96
70634	**35106**	**35528**	**8122**	**3423**	**4699**	**1212**	**180**	**1032**
11927	5939	5988	1235	511	724	150	14	136
12572	6113	6459	1298	538	760	186	25	161
14703	7294	7409	1751	733	1018	229	38	191
15600	7905	7695	1862	804	1058	294	45	249
15832	7855	7977	1976	837	1139	353	58	295
70838	**35419**	**35419**	**9183**	**4133**	**5050**	**2750**	**456**	**2294**
16455	8176	8279	2075	914	1161	496	72	424
14990	7517	7473	1952	899	1053	498	82	416
15028	7529	7499	1990	884	1106	575	118	457
11558	5739	5819	1567	702	865	518	81	437
12807	6458	6349	1599	734	865	663	103	560
66028	**33494**	**32534**	**8127**	**3786**	**4341**	**4564**	**849**	**3715**
14182	7149	7033	1734	800	934	813	139	674
14610	7464	7146	1800	846	954	905	172	733
16502	8435	8067	2109	969	1140	1144	210	934
12181	6130	6051	1488	698	790	957	175	782
8553	4316	4237	996	473	523	745	153	592
53707	**27595**	**26112**	**4697**	**2180**	**2517**	**6615**	**1279**	**5336**
11505	5958	5547	1282	595	687	1187	223	964
9449	4917	4532	898	415	483	1080	213	867
11353	5895	5458	913	426	487	1369	274	1095
11153	5608	5545	854	414	440	1502	291	1211
10247	5217	5030	750	330	420	1477	278	1199
91621	**49162**	**42459**	**3421**	**1498**	**1923**	**38825**	**8906**	**29919**

5-3a 续表 1

受教育程度 年 龄	15岁及以上人口			未 婚		
	合计	男	女	小计	男	女
未上过学	**5761**	**1407**	**4354**	**762**	**520**	**242**
15-19岁	**60**	**38**	**22**	**60**	**38**	**22**
15	14	9	5	14	9	5
16	15	9	6	15	9	6
17	7	1	6	7	1	6
18	9	7	2	9	7	2
19	15	12	3	15	12	3
20-24岁	**81**	**51**	**30**	**81**	**51**	**30**
20	16	11	5	16	11	5
21	13	8	5	13	8	5
22	10	5	5	10	5	5
23	17	11	6	17	11	6
24	25	16	9	25	16	9
25-29岁	**90**	**46**	**44**	**79**	**44**	**35**
25	19	10	9	18	9	9
26	16	8	8	16	8	8
27	23	13	10	19	13	6
28	17	8	9	15	8	7
29	15	7	8	11	6	5
30-34岁	**111**	**60**	**51**	**80**	**50**	**30**
30	15	6	9	10	5	5
31	31	16	15	25	14	11
32	18	11	7	14	9	5
33	26	15	11	17	11	6
34	21	12	9	14	11	3
35-39岁	**89**	**53**	**36**	**63**	**44**	**19**
35	14	9	5	11	7	4
36	13	8	5	9	6	3
37	20	7	13	13	6	7
38	22	14	8	15	12	3
39	20	15	5	15	13	2
40-44岁	**104**	**55**	**49**	**57**	**40**	**17**
40	21	11	10	12	7	5
41	25	8	17	15	7	8
42	13	8	5	8	7	1
43	22	10	12	10	7	3
44	23	18	5	12	12	
45-49岁	**190**	**92**	**98**	**95**	**66**	**29**
45	31	12	19	11	7	4
46	33	17	16	16	11	5
47	50	28	22	28	22	6
48	34	18	16	19	15	4
49	42	17	25	21	11	10
50-54岁	**237**	**120**	**117**	**74**	**60**	**14**
50	36	17	19	12	10	2
51	39	21	18	11	9	2
52	63	33	30	19	17	2
53	44	22	22	13	9	4
54	55	27	28	19	15	4
55-59岁	**264**	**92**	**172**	**56**	**45**	**11**
55	57	19	38	20	13	7
56	42	17	25	11	11	
57	62	25	37	9	8	1
58	53	16	37	8	7	1
59	50	15	35	8	6	2
60-64岁	**493**	**135**	**358**	**42**	**29**	**13**
60	81	23	58	14	7	7
61	67	19	48	5	4	1
62	101	25	76	13	10	3
63	112	28	84	5	4	1
64	132	40	92	5	4	1
65岁及以上	**4042**	**665**	**3377**	**75**	**53**	**22**

单位：人

有配偶			离婚			丧偶		
小计	男	女	小计	男	女	小计	男	女
2006	**549**	**1457**	**184**	**77**	**107**	**2809**	**261**	**2548**
10	**2**	**8**	**1**		**1**			
1	1							
4		4						
2		2						
3	1	2	1		1			
31	**10**	**21**						
5	1	4						
6	2	4						
4	2	2						
9	4	5						
7	1	6						
21	**8**	**13**	**5**	**1**	**4**			
3	2	1						
3	1	2	1	1				
6	1	5	1		1			
7	2	5						
2	2		3		3			
35	**14**	**21**	**10**	**1**	**9**	**2**		**2**
8	4	4	1		1			
6	1	5	4		4			
5	1	4						
7	2	5	4	1	3	1		1
9	6	3	1		1	1		1
73	**19**	**54**	**19**	**7**	**12**	**3**		**3**
17	4	13	3	1	2			
12	5	7	3	1	2	2		2
16	4	12	6	2	4			
13	2	11	2	1	1			
15	4	11	5	2	3	1		1
125	**44**	**81**	**24**	**15**	**9**	**14**	**1**	**13**
20	7	13	1		1	3		3
22	8	14	4	3	1	2	1	1
30	10	20	9	6	3	5		5
23	9	14	6	4	2	2		2
30	10	20	4	2	2	2		2
148	**31**	**117**	**26**	**11**	**15**	**34**	**5**	**29**
30	4	26	4	2	2	3		3
21	6	15	4		4	6		6
37	12	25	9	4	5	7	1	6
31	3	28	6	3	3	8	3	5
29	6	23	3	2	1	10	1	9
298	**78**	**220**	**43**	**18**	**25**	**110**	**10**	**100**
43	11	32	9	5	4	15		15
44	13	31	4	1	3	14	1	13
64	10	54	7	4	3	17	1	16
67	17	50	13	5	8	27	2	25
80	27	53	10	3	7	37	6	31
1265	**343**	**922**	**56**	**24**	**32**	**2646**	**245**	**2401**

5–3a 续表 2

受教育程度/年龄	15岁及以上人口			未婚		
	合计	男	女	小计	男	女
学前教育	**97**	**36**	**61**	**24**	**10**	**14**
15–19岁	**10**	**3**	**7**	**10**	**3**	**7**
15	5	2	3	5	2	3
16	3	1	2	3	1	2
17						
18	2		2	2		2
19						
20–24岁	**5**	**2**	**3**	**5**	**2**	**3**
20						
21						
22						
23	1		1	1		1
24	4	2	2	4	2	2
25–29岁	**6**	**2**	**4**	**4**	**1**	**3**
25	1		1	1		1
26	1	1		1	1	
27						
28	2		2	2		2
29	2	1	1			
30–34岁	**4**	**3**	**1**	**1**	**1**	
30						
31	1	1				
32	2	2		1	1	
33	1		1			
34						
35–39岁	**1**	**1**		**1**	**1**	
35						
36						
37	1	1		1	1	
38						
39						
40–44岁	**6**	**3**	**3**	**3**	**2**	**1**
40	1		1			
41						
42	1	1		1	1	
43	3	1	2	1		1
44	1	1		1	1	
45–49岁	**7**	**4**	**3**			
45	1	1				
46	3	1	2			
47						
48	1		1			
49	2	2				
50–54岁	**6**	**5**	**1**			
50	2	2				
51	3	3				
52						
53						
54	1		1			
55–59岁	**8**	**2**	**6**			
55	2		2			
56						
57	2	1	1			
58	2		2			
59	2	1	1			
60–64岁	**8**	**2**	**6**			
60	1		1			
61	2	1	1			
62	1		1			
63	4	1	3			
64						
65岁及以上	**36**	**9**	**27**			

单位：人

有配偶			离婚			丧偶		
小计	男	女	小计	男	女	小计	男	女
46	**22**	**24**	**4**	**1**	**3**	**23**	**3**	**20**
2	**1**	**1**						
2	1	1						
3	**2**	**1**						
1	1							
1	1							
1		1						
3	**1**	**2**						
1		1						
2	1	1						
5	**3**	**2**	**2**	**1**	**1**			
1	1							
2	1	1	1		1			
1		1						
1	1		1	1				
6	**5**	**1**						
2	2							
3	3							
1		1						
5	**1**	**4**	**2**		**2**	**1**	**1**	
			2		2			
2	1	1						
2		2						
1		1				1	1	
8	**2**	**6**						
1		1						
2	1	1						
1		1						
4	1	3						
14	**7**	**7**				**22**	**2**	**20**

5-3a 续表 3

受教育程度 年龄	15岁及以上人口			未婚		
	合计	男	女	小计	男	女
小 学	**65042**	**24890**	**40152**	**2287**	**1745**	**542**
15-19岁	**110**	**60**	**50**	**107**	**59**	**48**
15	22	14	8	22	14	8
16	15	9	6	15	9	6
17	17	8	9	17	8	9
18	24	13	11	23	12	11
19	32	16	16	30	16	14
20-24岁	**292**	**151**	**141**	**198**	**127**	**71**
20	36	19	17	32	19	13
21	35	21	14	26	19	7
22	58	25	33	44	22	22
23	64	39	25	44	34	10
24	99	47	52	52	33	19
25-29岁	**1081**	**563**	**518**	**323**	**250**	**73**
25	129	65	64	58	45	13
26	137	74	63	62	50	12
27	236	135	101	83	62	21
28	254	130	124	62	49	13
29	325	159	166	58	44	14
30-34岁	**2646**	**1335**	**1311**	**336**	**241**	**95**
30	446	227	219	71	58	13
31	509	249	260	63	44	19
32	564	286	278	75	51	24
33	619	327	292	69	47	22
34	508	246	262	58	41	17
35-39岁	**2040**	**1039**	**1001**	**192**	**149**	**43**
35	449	240	209	46	37	9
36	418	223	195	45	36	9
37	363	177	186	35	27	8
38	418	205	213	38	28	10
39	392	194	198	28	21	7
40-44岁	**2939**	**1409**	**1530**	**187**	**150**	**37**
40	529	265	264	31	24	7
41	643	298	345	55	46	9
42	561	265	296	36	27	9
43	579	294	285	35	28	7
44	627	287	340	30	25	5
45-49岁	**4498**	**2030**	**2468**	**242**	**196**	**46**
45	652	310	342	39	31	8
46	786	338	448	40	33	7
47	892	412	480	65	49	16
48	1026	468	558	59	48	11
49	1142	502	640	39	35	4
50-54岁	**6352**	**2748**	**3604**	**223**	**187**	**36**
50	1317	556	761	47	37	10
51	1256	547	709	51	43	8
52	1330	572	758	42	36	6
53	1178	512	666	41	35	6
54	1271	561	710	42	36	6
55-59岁	**6021**	**2462**	**3559**	**171**	**148**	**23**
55	1262	524	738	48	41	7
56	1281	531	750	28	22	6
57	1408	599	809	39	36	3
58	1156	460	696	27	24	3
59	914	348	566	29	25	4
60-64岁	**6688**	**2492**	**4196**	**102**	**80**	**22**
60	1217	494	723	28	22	6
61	1102	429	673	22	20	2
62	1387	508	879	21	14	7
63	1495	551	944	18	14	4
64	1487	510	977	13	10	3
65岁及以上	**32375**	**10601**	**21774**	**206**	**158**	**48**

单位：人

有配偶			离婚			丧偶		
小计	男	女	小计	男	女	小计	男	女
42736	**18471**	**24265**	**3304**	**1480**	**1824**	**16715**	**3194**	**13521**
3	**1**	**2**						
1	1							
2		2						
89	**24**	**65**	**5**		**5**			
4		4						
9	2	7						
13	3	10	1		1			
18	5	13	2		2			
45	14	31	2		2			
720	**292**	**428**	**37**	**21**	**16**	**1**		**1**
67	20	47	4		4			
71	22	49	4	2	2			
148	69	79	5	4	1			
180	74	106	12	7	5			
254	107	147	12	8	4	1		1
2163	**1028**	**1135**	**146**	**66**	**80**	**1**		**1**
358	165	193	17	4	13			
422	196	226	24	9	15			
453	217	236	36	18	18			
517	260	257	33	20	13			
413	190	223	36	15	21	1		1
1667	**804**	**863**	**177**	**85**	**92**	**4**	**1**	**3**
362	185	177	41	18	23			
341	171	170	31	16	15	1		1
302	134	168	25	16	9	1		1
347	160	187	31	16	15	2	1	1
315	154	161	49	19	30			
2461	**1133**	**1328**	**253**	**118**	**135**	**38**	**8**	**30**
454	218	236	42	23	19	2		2
525	225	300	58	26	32	5	1	4
454	207	247	60	29	31	11	2	9
496	246	250	36	17	19	12	3	9
532	237	295	57	23	34	8	2	6
3713	**1618**	**2095**	**442**	**202**	**240**	**101**	**14**	**87**
546	251	295	62	26	36	5	2	3
652	272	380	75	32	43	19	1	18
712	313	399	95	49	46	20	1	19
846	375	471	96	41	55	25	4	21
957	407	550	114	54	60	32	6	26
5163	**2222**	**2941**	**644**	**292**	**352**	**322**	**47**	**275**
1081	457	624	134	57	77	55	5	50
1016	436	580	137	63	74	52	5	47
1104	471	633	116	50	66	68	15	53
933	403	530	123	61	62	81	13	68
1029	455	574	134	61	73	66	9	57
4714	**1942**	**2772**	**559**	**263**	**296**	**577**	**109**	**468**
999	414	585	115	48	67	100	21	79
1015	429	586	132	62	70	106	18	88
1079	457	622	149	77	72	141	29	112
911	372	539	97	44	53	121	20	101
710	270	440	66	32	34	109	21	88
4985	**2007**	**2978**	**439**	**203**	**236**	**1162**	**202**	**960**
923	390	533	96	49	47	170	33	137
820	333	487	98	52	46	162	24	138
1039	414	625	81	32	49	246	48	198
1096	445	651	85	37	48	296	55	241
1107	425	682	79	33	46	288	42	246
17058	**7400**	**9658**	**602**	**230**	**372**	**14509**	**2813**	**11696**

5-3a 续表 4

受教育程度 年 龄	15岁及以上人口			未 婚		
	合计	男	女	小计	男	女
初 中	**278969**	**134123**	**144846**	**19300**	**12988**	**6312**
15—19岁	**4400**	**2450**	**1950**	**4345**	**2440**	**1905**
15	1966	1092	874	1965	1092	873
16	918	501	417	915	500	415
17	503	279	224	495	277	218
18	494	287	207	480	286	194
19	519	291	228	490	285	205
20—24岁	**4551**	**2424**	**2127**	**2995**	**1943**	**1052**
20	570	296	274	481	282	199
21	632	356	276	512	334	178
22	842	464	378	607	400	207
23	1068	534	534	635	410	225
24	1439	774	665	760	517	243
25—29岁	**12613**	**6470**	**6143**	**3610**	**2600**	**1010**
25	1742	895	847	773	530	243
26	1992	1044	948	715	517	198
27	2591	1356	1235	774	567	207
28	2893	1449	1444	717	515	202
29	3395	1726	1669	631	471	160
30—34岁	**26706**	**13378**	**13328**	**3082**	**2284**	**798**
30	4827	2483	2344	736	555	181
31	5254	2661	2593	693	509	184
32	5069	2485	2584	584	419	165
33	5999	3007	2992	600	459	141
34	5557	2742	2815	469	342	127
35—39岁	**25392**	**12461**	**12931**	**1548**	**1117**	**431**
35	4945	2465	2480	373	282	91
36	4855	2418	2437	307	216	91
37	4905	2429	2476	298	210	88
38	5830	2812	3018	316	231	85
39	4857	2337	2520	254	178	76
40—44岁	**27684**	**13588**	**14096**	**1139**	**819**	**320**
40	5278	2617	2661	245	175	70
41	6331	3112	3219	270	200	70
42	5636	2754	2882	250	177	73
43	5126	2470	2656	205	142	63
44	5313	2635	2678	169	125	44
45—49岁	**33054**	**15714**	**17340**	**1003**	**708**	**295**
45	5280	2531	2749	174	115	59
46	5681	2656	3025	160	117	43
47	6965	3342	3623	238	170	68
48	7313	3546	3767	225	157	68
49	7815	3639	4176	206	149	57
50—54岁	**36468**	**17403**	**19065**	**750**	**534**	**216**
50	8327	3936	4391	209	150	59
51	7636	3666	3970	158	114	44
52	7774	3714	4060	153	103	50
53	6267	3009	3258	111	81	30
54	6464	3078	3386	119	86	33
55—59岁	**28850**	**13935**	**14915**	**412**	**304**	**108**
55	6791	3314	3477	105	77	28
56	6413	3101	3312	95	68	27
57	7065	3448	3617	110	82	28
58	5090	2398	2692	61	44	17
59	3491	1674	1817	41	33	8
60—64岁	**23176**	**10738**	**12438**	**195**	**124**	**71**
60	4779	2224	2555	49	34	15
61	3957	1880	2077	31	23	8
62	4826	2281	2545	39	23	16
63	4888	2219	2669	44	28	16
64	4726	2134	2592	32	16	16
65岁及以上	**56075**	**25562**	**30513**	**221**	**115**	**106**

单位：人

有配偶			离婚			丧偶		
小计	男	女	小计	男	女	小计	男	女
217928	**106657**	**111271**	**20811**	**9707**	**11104**	**20930**	**4771**	**16159**
55	**10**	**45**						
1		1						
3	1	2						
8	2	6						
14	1	13						
29	6	23						
1531	**473**	**1058**	**25**	**8**	**17**			
89	14	75						
119	22	97	1		1			
232	63	169	3	1	2			
424	122	302	9	2	7			
667	252	415	12	5	7			
8703	**3755**	**4948**	**294**	**113**	**181**	**6**	**2**	**4**
948	362	586	21	3	18			
1247	517	730	29	10	19	1		1
1766	772	994	49	15	34	2	2	
2098	904	1194	76	30	46	2		2
2644	1200	1444	119	55	64	1		1
22267	**10481**	**11786**	**1318**	**609**	**709**	**39**	**4**	**35**
3906	1844	2062	179	84	95	6		6
4325	2054	2271	234	98	136	2		2
4239	1952	2287	242	113	129	4	1	3
5052	2388	2664	335	160	175	12		12
4745	2243	2502	328	154	174	15	3	12
21876	**10470**	**11406**	**1892**	**865**	**1027**	**76**	**9**	**67**
4246	2022	2224	319	160	159	7	1	6
4199	2049	2150	337	153	184	12		12
4218	2037	2181	368	180	188	21	2	19
5018	2376	2642	473	200	273	23	5	18
4195	1986	2209	395	172	223	13	1	12
23664	**11499**	**12165**	**2671**	**1239**	**1432**	**210**	**31**	**179**
4573	2244	2329	427	193	234	33	5	28
5432	2620	2812	591	285	306	38	7	31
4768	2300	2468	574	272	302	44	5	39
4347	2072	2275	524	251	273	50	5	45
4544	2263	2281	555	238	317	45	9	36
27937	**13355**	**14582**	**3541**	**1550**	**1991**	**573**	**101**	**472**
4508	2171	2337	526	235	291	72	10	62
4895	2294	2601	543	232	311	83	13	70
5841	2811	3030	769	338	431	117	23	94
6142	3003	3139	810	361	449	136	25	111
6551	3076	3475	893	384	509	165	30	135
29883	**14534**	**15349**	**4434**	**2096**	**2338**	**1401**	**239**	**1162**
6878	3305	3573	988	439	549	252	42	210
6273	3050	3223	955	463	492	250	39	211
6351	3074	3277	964	471	493	306	66	240
5116	2527	2589	781	362	419	259	39	220
5265	2578	2687	746	361	385	334	53	281
23279	**11639**	**11640**	**3223**	**1623**	**1600**	**1936**	**369**	**1567**
5528	2793	2735	788	385	403	370	59	311
5193	2579	2614	708	367	341	417	87	330
5664	2869	2795	811	407	404	480	90	390
4099	2020	2079	550	267	283	380	67	313
2795	1378	1417	366	197	169	289	66	223
18610	**9250**	**9360**	**1795**	**867**	**928**	**2576**	**497**	**2079**
3781	1868	1913	486	236	250	463	86	377
3174	1609	1565	319	154	165	433	94	339
3904	1963	1941	367	187	180	516	108	408
3957	1935	2022	307	154	153	580	102	478
3794	1875	1919	316	136	180	584	107	477
40123	**21191**	**18932**	**1618**	**737**	**881**	**14113**	**3519**	**10594**

5-3a 续表 5

受教育程度 年 龄	15岁及以上人口			未 婚		
	合计	男	女	小计	男	女
高 中	**231283**	**115102**	**116181**	**41623**	**23424**	**18199**
15-19岁	**25170**	**12755**	**12415**	**25143**	**12753**	**12390**
15	6724	3279	3445	6724	3279	3445
16	8718	4394	4324	8718	4394	4324
17	6263	3163	3100	6262	3163	3099
18	2371	1300	1071	2361	1300	1061
19	1094	619	475	1078	617	461
20-24岁	**5497**	**3006**	**2491**	**4498**	**2725**	**1773**
20	1047	591	456	1004	587	417
21	886	499	387	815	487	328
22	983	535	448	837	505	332
23	1166	638	528	871	552	319
24	1415	743	672	971	594	377
25-29岁	**10236**	**5417**	**4819**	**4377**	**2933**	**1444**
25	1603	874	729	994	650	344
26	1735	946	789	914	612	302
27	2092	1114	978	912	618	294
28	2250	1170	1080	815	543	272
29	2556	1313	1243	742	510	232
30-34岁	**18171**	**9209**	**8962**	**3342**	**2304**	**1038**
30	3423	1753	1670	853	593	260
31	3504	1773	1731	721	489	232
32	3636	1820	1816	693	488	205
33	4087	2120	1967	626	445	181
34	3521	1743	1778	449	289	160
35-39岁	**16824**	**8322**	**8502**	**1595**	**1090**	**505**
35	3004	1513	1491	366	254	112
36	2960	1467	1493	296	204	92
37	3174	1588	1586	333	220	113
38	4102	2030	2072	336	242	94
39	3584	1724	1860	264	170	94
40-44岁	**21211**	**10498**	**10713**	**985**	**635**	**350**
40	3993	1940	2053	234	158	76
41	4928	2475	2453	241	158	83
42	4426	2171	2255	202	127	75
43	3868	1914	1954	161	105	56
44	3996	1998	1998	147	87	60
45-49岁	**23028**	**11392**	**11636**	**744**	**476**	**268**
45	3711	1817	1894	135	80	55
46	3893	1878	2015	135	78	57
47	4802	2343	2459	153	101	52
48	5302	2659	2643	154	95	59
49	5320	2695	2625	167	122	45
50-54岁	**24976**	**12207**	**12769**	**431**	**255**	**176**
50	5591	2742	2849	129	75	54
51	5235	2613	2622	92	60	32
52	5295	2595	2700	99	54	45
53	3991	1887	2104	54	34	20
54	4864	2370	2494	57	32	25
55-59岁	**31403**	**14842**	**16561**	**278**	**159**	**119**
55	5941	2807	3134	60	37	23
56	6740	3250	3490	58	34	24
57	8113	3766	4347	70	36	34
58	6142	2890	3252	55	30	25
59	4467	2129	2338	35	22	13
60-64岁	**27561**	**13440**	**14121**	**157**	**67**	**90**
60	6289	3040	3249	50	26	24
61	5059	2480	2579	41	14	27
62	5890	2911	2979	26	12	14
63	5563	2689	2874	18	9	9
64	4760	2320	2440	22	6	16
65岁及以上	**27206**	**14014**	**13192**	**73**	**27**	**46**

单位：人

有配偶			离婚			丧偶		
小计	男	女	小计	男	女	小计	男	女
163317	**82210**	**81107**	**15883**	**7070**	**8813**	**10460**	**2398**	**8062**
27	**2**	**25**						
1		1						
10		10						
16	2	14						
994	**281**	**713**	**5**		**5**			
43	4	39						
70	12	58	1		1			
145	30	115	1		1			
295	86	209						
441	149	292	3		3			
5663	**2415**	**3248**	**192**	**69**	**123**	**4**		**4**
599	222	377	10	2	8			
802	329	473	19	5	14			
1143	482	661	37	14	23			
1383	610	773	49	17	32	3		3
1736	772	964	77	31	46	1		1
13978	**6524**	**7454**	**836**	**378**	**458**	**15**	**3**	**12**
2443	1115	1328	126	45	81	1		1
2652	1227	1425	128	55	73	3	2	1
2758	1247	1511	182	84	98	3	1	2
3266	1585	1681	191	90	101	4		4
2859	1350	1509	209	104	105	4		4
13934	**6683**	**7251**	**1257**	**545**	**712**	**38**	**4**	**34**
2429	1167	1262	203	91	112	6	1	5
2452	1180	1272	204	82	122	8	1	7
2604	1267	1337	227	101	126	10		10
3436	1645	1791	322	142	180	8	1	7
3013	1424	1589	301	129	172	6	1	5
18115	**8922**	**9193**	**1984**	**920**	**1064**	**127**	**21**	**106**
3426	1642	1784	313	135	178	20	5	15
4218	2091	2127	449	223	226	20	3	17
3762	1848	1914	432	192	240	30	4	26
3286	1618	1668	395	187	208	26	4	22
3423	1723	1700	395	183	212	31	5	26
19455	**9818**	**9637**	**2495**	**1061**	**1434**	**334**	**37**	**297**
3152	1584	1568	379	153	226	45		45
3317	1626	1691	391	168	223	50	6	44
4043	2005	2038	547	227	320	59	10	49
4484	2295	2189	583	259	324	81	10	71
4459	2308	2151	595	254	341	99	11	88
20969	**10522**	**10447**	**2851**	**1303**	**1548**	**725**	**127**	**598**
4706	2348	2358	636	301	335	120	18	102
4441	2261	2180	571	264	307	131	28	103
4436	2248	2188	621	265	356	139	28	111
3322	1616	1706	484	215	269	131	22	109
4064	2049	2015	539	258	281	204	31	173
26106	**12902**	**13204**	**3380**	**1497**	**1883**	**1639**	**284**	**1355**
4991	2443	2548	635	285	350	255	42	213
5651	2839	2812	729	325	404	302	52	250
6714	3273	3441	901	389	512	428	68	360
5057	2486	2571	659	304	355	371	70	301
3693	1861	1832	456	194	262	283	52	231
22990	**11982**	**11008**	**2026**	**922**	**1104**	**2388**	**469**	**1919**
5196	2676	2520	573	251	322	470	87	383
4182	2198	1984	414	188	226	422	80	342
4972	2625	2347	384	175	209	508	99	409
4658	2396	2262	375	178	197	512	106	406
3982	2087	1895	280	130	150	476	97	379
21086	**12159**	**8927**	**857**	**375**	**482**	**5190**	**1453**	**3737**

5-3a 续表 6

受教育程度 年　龄	15岁及以上人口			未　婚		
	合计	男	女	小计	男	女
大学专科	**109547**	**55792**	**53755**	**25802**	**14100**	**11702**
15-19岁	**4840**	**2431**	**2409**	**4834**	**2430**	**2404**
15	181	79	102	181	79	102
16	378	203	175	378	203	175
17	405	194	211	405	194	211
18	1495	789	706	1494	789	705
19	2381	1166	1215	2376	1165	1211
20-24岁	**9978**	**4827**	**5151**	**9046**	**4564**	**4482**
20	2180	1057	1123	2161	1052	1109
21	1768	863	905	1703	852	851
22	1850	881	969	1721	847	874
23	2045	974	1071	1770	907	863
24	2135	1052	1083	1691	906	785
25-29岁	**12738**	**6300**	**6438**	**6324**	**3755**	**2569**
25	2368	1182	1186	1638	915	723
26	2319	1171	1148	1428	859	569
27	2528	1263	1265	1329	806	523
28	2716	1305	1411	1067	649	418
29	2807	1379	1428	862	526	336
30-34岁	**17368**	**8571**	**8797**	**3364**	**2068**	**1296**
30	3545	1729	1816	955	589	366
31	3697	1823	1874	810	495	315
32	3450	1694	1756	624	382	242
33	3586	1776	1810	544	339	205
34	3090	1549	1541	431	263	168
35-39岁	**12570**	**6237**	**6333**	**1205**	**742**	**463**
35	2501	1283	1218	333	213	120
36	2351	1165	1186	238	148	90
37	2476	1243	1233	257	158	99
38	2825	1356	1469	226	141	85
39	2417	1190	1227	151	82	69
40-44岁	**12085**	**5898**	**6187**	**510**	**290**	**220**
40	2526	1187	1339	132	72	60
41	2764	1375	1389	132	80	52
42	2621	1294	1327	121	76	45
43	2050	990	1060	75	40	35
44	2124	1052	1072	50	22	28
45-49岁	**10704**	**5416**	**5288**	**285**	**155**	**130**
45	1947	957	990	52	23	29
46	1973	1009	964	50	33	17
47	2256	1156	1100	67	31	36
48	2339	1187	1152	58	35	23
49	2189	1107	1082	58	33	25
50-54岁	**8607**	**4331**	**4276**	**116**	**61**	**55**
50	2143	1085	1058	43	25	18
51	1932	992	940	27	15	12
52	1817	900	917	19	8	11
53	1326	660	666	12	6	6
54	1389	694	695	15	7	8
55-59岁	**7183**	**3905**	**3278**	**72**	**24**	**48**
55	1564	816	748	22	5	17
56	1607	868	739	16	7	9
57	1854	1024	830	21	5	16
58	1340	743	597	7	4	3
59	818	454	364	6	3	3
60-64岁	**4656**	**2660**	**1996**	**20**	**4**	**16**
60	1035	608	427	7	2	5
61	837	475	362	7	2	5
62	918	537	381	1		1
63	961	531	430	4		4
64	905	509	396	1		1
65岁及以上	**8818**	**5216**	**3602**	**26**	**7**	**19**

单位：人

有配偶			离婚			丧偶		
小计	男	女	小计	男	女	小计	男	女
76619	**39196**	**37423**	**4871**	**1885**	**2986**	**2255**	**611**	**1644**
6	**1**	**5**						
1		1						
5	1	4						
923	**259**	**664**	**9**	**4**	**5**			
19	5	14						
65	11	54						
129	34	95						
270	64	206	5	3	2			
440	145	295	4	1	3			
6301	**2503**	**3798**	**111**	**42**	**69**	**2**		**2**
724	266	458	6	1	5			
878	309	569	12	3	9	1		1
1176	448	728	23	9	14			
1616	640	976	33	16	17			
1907	840	1067	37	13	24	1		1
13437	**6299**	**7138**	**548**	**200**	**348**	**19**	**4**	**15**
2527	1116	1411	62	24	38	1		1
2769	1283	1486	114	44	70	4	1	3
2712	1259	1453	113	53	60	1		1
2904	1390	1514	136	47	89	2		2
2525	1251	1274	123	32	91	11	3	8
10616	**5188**	**5428**	**726**	**304**	**422**	**23**	**3**	**20**
2052	1019	1033	110	50	60	6	1	5
1996	970	1026	116	47	69	1		1
2074	1027	1047	144	58	86	1		1
2404	1141	1263	188	73	115	7	1	6
2090	1031	1059	168	76	92	8	1	7
10646	**5265**	**5381**	**868**	**339**	**529**	**61**	**4**	**57**
2187	1034	1153	199	80	119	8	1	7
2439	1222	1217	184	72	112	9	1	8
2299	1146	1153	186	71	115	15	1	14
1808	892	916	155	57	98	12	1	11
1913	971	942	144	59	85	17		17
9408	**4913**	**4495**	**887**	**333**	**554**	**124**	**15**	**109**
1740	888	852	136	46	90	19		19
1758	915	843	150	59	91	15	2	13
1994	1063	931	177	61	116	18	1	17
2030	1061	969	219	86	133	32	5	27
1886	986	900	205	81	124	40	7	33
7577	**3995**	**3582**	**741**	**256**	**485**	**173**	**19**	**154**
1869	986	883	186	70	116	45	4	41
1682	898	784	184	72	112	39	7	32
1616	841	775	151	48	103	31	3	28
1175	615	560	114	37	77	25	2	23
1235	655	580	106	29	77	33	3	30
6350	**3614**	**2736**	**556**	**231**	**325**	**205**	**36**	**169**
1383	763	620	107	41	66	52	7	45
1415	796	619	134	59	75	42	6	36
1648	960	688	144	52	92	41	7	34
1184	683	501	106	47	59	43	9	34
720	412	308	65	32	33	27	7	20
4142	**2502**	**1640**	**237**	**91**	**146**	**257**	**63**	**194**
912	566	346	73	31	42	43	9	34
755	455	300	42	11	31	33	7	26
825	514	311	37	12	25	55	11	44
840	483	357	52	28	24	65	20	45
810	484	326	33	9	24	61	16	45
7213	**4657**	**2556**	**188**	**85**	**103**	**1391**	**467**	**924**

5-3a 续表 7

受教育程度 年 龄	15岁及以上人口			未 婚		
	合计	男	女	小计	男	女
大学本科	**124990**	**61543**	**63447**	**43240**	**20981**	**22259**
15-19岁	**7608**	**3558**	**4050**	**7605**	**3556**	**4049**
15	21	10	11	21	10	11
16	38	11	27	38	11	27
17	455	198	257	455	198	257
18	2799	1299	1500	2799	1299	1500
19	4295	2040	2255	4292	2038	2254
20-24岁	**19189**	**9071**	**10118**	**18707**	**8944**	**9763**
20	4988	2447	2541	4984	2447	2537
21	4445	2193	2252	4422	2187	2235
22	3792	1767	2025	3738	1752	1986
23	3078	1424	1654	2926	1392	1534
24	2886	1240	1646	2637	1166	1471
25-29岁	**16934**	**7248**	**9686**	**9941**	**4766**	**5175**
25	3154	1328	1826	2597	1158	1439
26	3141	1289	1852	2253	1034	1219
27	3450	1480	1970	2018	972	1046
28	3593	1571	2022	1683	854	829
29	3596	1580	2016	1390	748	642
30-34岁	**21486**	**9833**	**11653**	**4529**	**2445**	**2084**
30	4262	1861	2401	1310	680	630
31	4340	1998	2342	1050	588	462
32	4357	1993	2364	869	470	399
33	4482	2059	2423	719	388	331
34	4045	1922	2123	581	319	262
35-39岁	**16002**	**7833**	**8169**	**1493**	**811**	**682**
35	3473	1680	1793	448	254	194
36	3211	1543	1668	315	164	151
37	3212	1592	1620	285	147	138
38	3534	1732	1802	269	154	115
39	2572	1286	1286	176	92	84
40-44岁	**12088**	**5963**	**6125**	**505**	**254**	**251**
40	2756	1349	1407	148	68	80
41	2792	1363	1429	131	70	61
42	2467	1227	1240	93	50	43
43	2031	1000	1031	70	33	37
44	2042	1024	1018	63	33	30
45-49岁	**10190**	**5259**	**4931**	**254**	**131**	**123**
45	1975	1019	956	52	31	21
46	1955	976	979	39	19	20
47	2142	1085	1057	56	26	30
48	2089	1115	974	50	24	26
49	2029	1064	965	57	31	26
50-54岁	**7259**	**3960**	**3299**	**105**	**39**	**66**
50	1918	1026	892	25	11	14
51	1576	824	752	31	11	20
52	1548	857	691	25	6	19
53	1018	571	447	13	7	6
54	1199	682	517	11	4	7
55-59岁	**5581**	**3260**	**2321**	**56**	**20**	**36**
55	1257	695	562	9	2	7
56	1348	789	559	20	7	13
57	1400	839	561	13	6	7
58	940	554	386	9	2	7
59	636	383	253	5	3	2
60-64岁	**2836**	**1785**	**1051**	**26**	**9**	**17**
60	695	453	242	9	3	6
61	494	308	186	6	2	4
62	586	368	218	4	3	1
63	554	332	222	3		3
64	507	324	183	4	1	3
65岁及以上	**5817**	**3773**	**2044**	**19**	**6**	**13**

单位：人

有配偶			离婚			丧偶		
小计	男	女	小计	男	女	小计	男	女
76639	**38680**	**37959**	**3622**	**1351**	**2271**	**1489**	**531**	**958**
3	**2**	**1**						
3	2	1						
478	**127**	**351**	**4**		**4**			
4		4						
22	6	16	1		1			
54	15	39						
152	32	120						
246	74	172	3		3			
6911	**2456**	**4455**	**81**	**26**	**55**	**1**		**1**
554	169	385	3	1	2			
876	251	625	12	4	8			
1423	505	918	9	3	6			
1884	708	1176	26	9	17			
2174	823	1351	31	9	22	1		1
16503	**7231**	**9272**	**437**	**156**	**281**	**17**	**1**	**16**
2894	1160	1734	57	21	36	1		1
3213	1381	1832	76	29	47	1		1
3401	1505	1896	83	18	65	4		4
3652	1621	2031	104	49	55	7	1	6
3343	1564	1779	117	39	78	4		4
13813	**6757**	**7056**	**672**	**255**	**417**	**24**	**10**	**14**
2887	1377	1510	134	46	88	4	3	1
2773	1330	1443	122	49	73	1		1
2787	1399	1388	128	41	87	12	5	7
3100	1510	1590	162	67	95	3	1	2
2266	1141	1125	126	52	74	4	1	3
10869	**5469**	**5400**	**668**	**229**	**439**	**46**	**11**	**35**
2440	1211	1229	156	68	88	12	2	10
2505	1240	1265	152	53	99	4		4
2234	1144	1090	133	31	102	7	2	5
1841	925	916	113	41	72	7	1	6
1849	949	900	114	36	78	16	6	10
9176	**4864**	**4312**	**689**	**252**	**437**	**71**	**12**	**59**
1796	941	855	120	45	75	7	2	5
1772	911	861	127	43	84	17	3	14
1922	1003	919	150	54	96	14	2	12
1880	1037	843	142	53	89	17	1	16
1806	972	834	150	57	93	16	4	12
6581	**3736**	**2845**	**462**	**162**	**300**	**111**	**23**	**88**
1750	968	782	122	44	78	21	3	18
1430	779	651	92	32	60	23	2	21
1377	804	573	121	41	80	25	6	19
928	537	391	58	22	36	19	5	14
1096	648	448	69	23	46	23	7	16
4997	**3045**	**1952**	**361**	**151**	**210**	**167**	**44**	**123**
1139	649	490	78	35	43	31	9	22
1207	741	466	90	32	58	31	9	22
1250	779	471	90	39	51	47	15	32
832	515	317	67	31	36	32	6	26
569	361	208	36	14	22	26	5	21
2543	**1669**	**874**	**150**	**73**	**77**	**117**	**34**	**83**
617	421	196	43	21	22	26	8	18
451	290	161	21	9	12	16	7	9
519	343	176	36	15	21	27	7	20
514	320	194	19	9	10	18	3	15
442	295	147	31	19	12	30	9	21
4765	**3324**	**1441**	**98**	**47**	**51**	**935**	**396**	**539**

5-3a 续表 8

受教育程度 / 年龄	15岁及以上人口 合计	男	女	未婚 小计	男	女
硕士研究生	**11530**	**5331**	**6199**	**4653**	**1937**	**2716**
15-19岁	**3**		**3**	**3**		**3**
15						
16						
17						
18						
19	3		3	3		3
20-24岁	**1966**	**784**	**1182**	**1947**	**778**	**1169**
20	14	7	7	13	7	6
21	79	42	37	79	42	37
22	384	159	225	383	158	225
23	744	267	477	740	267	473
24	745	309	436	732	304	428
25-29岁	**2390**	**944**	**1446**	**1882**	**801**	**1081**
25	691	306	385	668	302	366
26	531	202	329	498	196	302
27	436	154	282	330	132	198
28	372	148	224	234	106	128
29	360	134	226	152	65	87
30-34岁	**2284**	**918**	**1366**	**573**	**255**	**318**
30	463	178	285	194	87	107
31	456	174	282	140	60	80
32	451	175	276	97	41	56
33	479	198	281	71	36	35
34	435	193	242	71	31	40
35-39岁	**1916**	**865**	**1051**	**176**	**70**	**106**
35	343	138	205	40	15	25
36	378	168	210	36	14	22
37	374	168	206	42	18	24
38	481	227	254	35	15	20
39	340	164	176	23	8	15
40-44岁	**1123**	**606**	**517**	**45**	**22**	**23**
40	309	152	157	10	5	5
41	285	165	120	10	6	4
42	225	122	103	9	3	6
43	154	84	70	10	6	4
44	150	83	67	6	2	4
45-49岁	**786**	**460**	**326**	**18**	**6**	**12**
45	153	90	63	6	3	3
46	149	82	67	2	1	1
47	157	82	75	3	1	2
48	177	117	60	2	1	1
49	150	89	61	5		5
50-54岁	**478**	**315**	**163**	**4**	**2**	**2**
50	138	97	41	1	1	
51	110	70	40			
52	98	67	31	1	1	
53	53	29	24			
54	79	52	27	2		2
55-59岁	**369**	**269**	**100**	**4**	**2**	**2**
55	102	75	27	1		1
56	97	64	33	1	1	
57	88	67	21	1	1	
58	51	40	11	1		1
59	31	23	8			
60-64岁	**114**	**90**	**24**			
60	27	21	6			
61	17	14	3			
62	25	22	3			
63	17	13	4			
64	28	20	8			
65岁及以上	**101**	**80**	**21**	**1**	**1**	

单位：人

有配偶			离婚			丧偶		
小计	男	女	小计	男	女	小计	男	女
6606	**3281**	**3325**	**235**	**98**	**137**	**36**	**15**	**21**
19	**6**	**13**						
1		1						
1	1							
4		4						
13	5	8						
508	**143**	**365**						
23	4	19						
33	6	27						
106	22	84						
138	42	96						
208	69	139						
1685	**649**	**1036**	**26**	**14**	**12**			
269	91	178						
316	114	202						
349	131	218	5	3	2			
397	156	241	11	6	5			
354	157	197	10	5	5			
1683	**772**	**911**	**55**	**23**	**32**	**2**		**2**
297	121	176	6	2	4			
333	151	182	9	3	6			
322	146	176	9	4	5	1		1
428	205	223	18	7	11			
303	149	154	13	7	6	1		1
1015	**560**	**455**	**62**	**24**	**38**	**1**		**1**
284	142	142	14	5	9	1		1
260	151	109	15	8	7			
201	112	89	15	7	8			
132	75	57	12	3	9			
138	80	58	6	1	5			
719	**436**	**283**	**45**	**17**	**28**	**4**	**1**	**3**
137	82	55	8	5	3	2		2
139	78	61	8	3	5			
146	78	68	7	2	5	1	1	
165	113	52	9	3	6	1		1
132	85	47	13	4	9			
447	**306**	**141**	**23**	**7**	**16**	**4**		**4**
129	93	36	8	3	5			
103	70	33	6		6	1		1
89	63	26	7	3	4	1		1
51	28	23	1	1		1		1
75	52	23	1		1	1		1
344	**257**	**87**	**17**	**9**	**8**	**4**	**1**	**3**
95	70	25	5	4	1	1	1	
93	63	30	2		2	1		1
83	65	18	4	1	3			
45	38	7	3	2	1	2		2
28	21	7	3	2	1			
104	**82**	**22**	**5**	**4**	**1**	**5**	**4**	**1**
25	19	6	2	2				
17	14	3						
24	21	3	1	1				
12	9	3	1	1		4	3	1
26	19	7	1		1	1	1	
82	**70**	**12**	**2**		**2**	**16**	**9**	**7**

5-3a 续表 9

受教育程度 年龄	15岁及以上人口 合计	男	女	未婚 小计	男	女
博士研究生	**1747**	**917**	**830**	**611**	**289**	**322**
15-19岁						
15						
16						
17						
18						
19						
20-24岁	**83**	**39**	**44**	**81**	**38**	**43**
20	1	1		1	1	
21	3	1	2	3	1	2
22	12	6	6	12	6	6
23	17	7	10	17	7	10
24	50	24	26	48	23	25
25-29岁	**418**	**190**	**228**	**352**	**164**	**188**
25	82	31	51	79	30	49
26	82	41	41	77	39	38
27	87	39	48	73	35	38
28	95	49	46	72	39	33
29	72	30	42	51	21	30
30-34岁	**330**	**161**	**169**	**129**	**66**	**63**
30	98	43	55	52	25	27
31	65	34	31	30	18	12
32	64	30	34	22	10	12
33	57	29	28	16	6	10
34	46	25	21	9	7	2
35-39岁	**293**	**159**	**134**	**35**	**19**	**16**
35	48	29	19	10	5	5
36	51	29	22	7	3	4
37	58	30	28	11	8	3
38	67	31	36	3	1	2
39	69	40	29	4	2	2
40-44岁	**241**	**129**	**112**	**11**	**2**	**9**
40	58	35	23	4		4
41	61	28	33	1		1
42	52	30	22	3	1	2
43	38	21	17	2	1	1
44	32	15	17	1		1
45-49岁	**155**	**80**	**75**	**3**		**3**
45	31	17	14			
46	26	11	15	1		1
47	30	17	13	1		1
48	42	19	23			
49	26	16	10	1		1
50-54岁	**91**	**57**	**34**			
50	20	10	10			
51	23	14	9			
52	26	18	8			
53	10	4	6			
54	12	11	1			
55-59岁	**89**	**64**	**25**			
55	18	13	5			
56	16	12	4			
57	26	19	7			
58	20	13	7			
59	9	7	2			
60-64岁	**29**	**25**	**4**			
60	7	7				
61	4	4				
62	5	5				
63	7	4	3			
64	6	5	1			
65岁及以上	**18**	**13**	**5**			

单位：人

有配偶			离　婚			丧　偶		
小计	男	女	小计	男	女	小计	男	女
1103	617	486	27	9	18	6	2	4
2	1	1						
2	1	1						
66	26	40						
3	1	2						
5	2	3						
14	4	10						
23	10	13						
21	9	12						
199	94	105	2	1	1			
46	18	28						
35	16	19						
42	20	22						
39	22	17	2	1	1			
37	18	19						
252	138	114	6	2	4			
36	24	12	2		2			
44	26	18						
46	21	25	1	1				
62	30	32	2		2			
64	37	27	1	1				
222	126	96	8	1	7			
54	35	19						
57	28	29	3		3			
47	28	19	2	1	1			
33	20	13	3		3			
31	15	16						
148	80	68	2		2	2		2
30	17	13	1		1			
25	11	14						
29	17	12						
39	19	20	1		1	2		2
25	16	9						
87	55	32	4	2	2			
20	10	10						
20	12	8	3	2	1			
25	18	7	1		1			
10	4	6						
12	11	1						
85	63	22	3	1	2	1		1
17	13	4				1		1
15	11	4	1	1				
25	19	6	1		1			
20	13	7						
8	7	1	1		1			
27	23	4	2	2				
7	7							
4	4							
5	5							
5	2	3	2	2				
6	5	1						
15	11	4				3	2	1

5-3b 全省分年龄、性别、受教育

受教育程度 年龄	15岁及以上人口			未婚		
	合计	男	女	小计	男	女
总计	**390575**	**190309**	**200266**	**68112**	**37000**	**31112**
15-19岁	**25373**	**12709**	**12664**	**25295**	**12692**	**12603**
15	4883	2589	2294	4882	2589	2293
16	5479	2796	2683	5479	2796	2683
17	4175	2171	2004	4171	2170	2001
18	4684	2346	2338	4662	2342	2320
19	6152	2807	3345	6101	2795	3306
20-24岁	**22848**	**10712**	**12136**	**20662**	**10080**	**10582**
20	6287	2806	3481	6206	2792	3414
21	4864	2298	2566	4705	2271	2434
22	3999	1888	2111	3654	1802	1852
23	3732	1804	1928	3114	1619	1495
24	3966	1916	2050	2983	1596	1387
25-29岁	**26595**	**12851**	**13744**	**10631**	**6334**	**4297**
25	4391	2120	2271	2798	1549	1249
26	4538	2171	2367	2384	1366	1018
27	5366	2598	2768	2159	1323	836
28	5769	2795	2974	1797	1133	664
29	6531	3167	3364	1493	963	530
30-34岁	**44671**	**22152**	**22519**	**5697**	**3797**	**1900**
30	8914	4487	4427	1670	1103	567
31	9141	4503	4638	1342	915	427
32	8756	4339	4417	1037	688	349
33	9708	4781	4927	978	656	322
34	8152	4042	4110	670	435	235
35-39岁	**34974**	**17544**	**17430**	**2121**	**1415**	**706**
35	7280	3650	3630	557	376	181
36	6717	3360	3357	424	283	141
37	6813	3376	3437	404	262	142
38	7703	3921	3782	417	286	131
39	6461	3237	3224	319	208	111
40-44岁	**35386**	**17743**	**17643**	**1179**	**767**	**412**
40	6927	3400	3527	250	160	90
41	8220	4105	4115	312	201	111
42	7283	3713	3570	249	161	88
43	6316	3217	3099	178	131	47
44	6640	3308	3332	190	114	76
45-49岁	**38425**	**19132**	**19293**	**990**	**712**	**278**
45	6378	3233	3145	185	134	51
46	6777	3350	3427	163	108	55
47	7981	3948	4033	218	167	51
48	8574	4304	4270	215	151	64
49	8715	4297	4418	209	152	57
50-54岁	**40635**	**20168**	**20467**	**629**	**491**	**138**
50	9019	4573	4446	172	140	32
51	8336	4119	4217	141	110	31
52	8741	4339	4402	130	95	35
53	7025	3451	3574	91	69	22
54	7514	3686	3828	95	77	18
55-59岁	**35685**	**17567**	**18118**	**361**	**280**	**81**
55	7807	3901	3906	89	70	19
56	7867	3869	3998	90	71	19
57	8769	4385	4384	92	74	18
58	6665	3173	3492	54	40	14
59	4577	2239	2338	36	25	11
60-64岁	**28013**	**13392**	**14621**	**182**	**141**	**41**
60	6203	3025	3178	47	37	10
61	4808	2327	2481	43	33	10
62	5735	2781	2954	30	20	10
63	5847	2736	3111	40	31	9
64	5420	2523	2897	22	20	2
65岁及以上	**57970**	**26339**	**31631**	**365**	**291**	**74**

程度、婚姻状况的人口(镇)

单位：人

有配偶			离婚			丧偶		
小计	男	女	小计	男	女	小计	男	女
282527	**140012**	**142515**	**17052**	**8024**	**9028**	**22884**	**5273**	**17611**
77	**17**	**60**	**1**		**1**			
1		1						
4	1	3						
22	4	18						
50	12	38	1		1			
2163	**625**	**1538**	**23**	**7**	**16**			
81	14	67						
157	26	131	2	1	1			
342	85	257	3	1	2			
609	182	427	9	3	6			
974	318	656	9	2	7			
15594	**6350**	**9244**	**362**	**166**	**196**	**8**	**1**	**7**
1571	568	1003	21	3	18	1		1
2114	788	1326	39	17	22	1		1
3139	1244	1895	67	31	36	1		1
3876	1615	2261	93	47	46	3		3
4894	2135	2759	142	68	74	2	1	1
37411	**17635**	**19776**	**1517**	**710**	**807**	**46**	**10**	**36**
7031	3300	3731	206	83	123	7	1	6
7504	3442	4062	285	144	141	10	2	8
7413	3524	3889	300	127	173	6		6
8366	3949	4417	349	171	178	15	5	10
7097	3420	3677	377	185	192	8	2	6
30747	**15139**	**15608**	**2019**	**974**	**1045**	**87**	**16**	**71**
6354	3097	3257	355	175	180	14	2	12
5919	2910	3009	359	165	194	15	2	13
6000	2929	3071	395	180	215	14	5	9
6766	3393	3373	496	238	258	24	4	20
5708	2810	2898	414	216	198	20	3	17
31477	**15786**	**15691**	**2495**	**1149**	**1346**	**235**	**41**	**194**
6188	3034	3154	449	202	247	40	4	36
7276	3617	3659	586	277	309	46	10	36
6480	3299	3181	512	246	266	42	7	35
5618	2854	2764	468	224	244	52	8	44
5915	2982	2933	480	200	280	55	12	43
33865	**16972**	**16893**	**3010**	**1360**	**1650**	**560**	**88**	**472**
5635	2876	2759	492	212	280	66	11	55
6006	2987	3019	519	237	282	89	18	71
7042	3498	3544	602	271	331	119	12	107
7515	3794	3721	718	333	385	126	26	100
7667	3817	3850	679	307	372	160	21	139
35739	**17954**	**17785**	**3137**	**1514**	**1623**	**1130**	**209**	**921**
7909	4048	3861	747	358	389	191	27	164
7339	3646	3693	658	327	331	198	36	162
7706	3885	3821	658	311	347	247	48	199
6211	3096	3115	519	255	264	204	31	173
6574	3279	3295	555	263	292	290	67	223
31070	**15763**	**15307**	**2315**	**1142**	**1173**	**1939**	**382**	**1557**
6850	3495	3355	525	265	260	343	71	272
6890	3465	3425	532	272	260	355	61	294
7617	3941	3676	566	267	299	494	103	391
5761	2835	2926	417	208	209	433	90	343
3952	2027	1925	275	130	145	314	57	257
23953	**12129**	**11824**	**1242**	**575**	**667**	**2636**	**547**	**2089**
5343	2726	2617	332	152	180	481	110	371
4109	2100	2009	247	106	141	409	88	321
4917	2522	2395	267	130	137	521	109	412
4990	2492	2498	221	107	114	596	106	490
4594	2289	2305	175	80	95	629	134	495
40431	**21642**	**18789**	**931**	**427**	**504**	**16243**	**3979**	**12264**

5-3b 续表 1

受教育程度 年　　龄	15岁及以上人口			未　　婚		
	合计	男	女	小计	男	女
未上过学	**4315**	**1071**	**3244**	**473**	**350**	**123**
15-19岁	**32**	**17**	**15**	**32**	**17**	**15**
15	8	3	5	8	3	5
16	8	5	3	8	5	3
17	4	2	2	4	2	2
18	6	2	4	6	2	4
19	6	5	1	6	5	1
20-24岁	**56**	**37**	**19**	**52**	**34**	**18**
20	11	8	3	11	8	3
21	11	7	4	11	7	4
22	10	7	3	9	6	3
23	14	10	4	12	8	4
24	10	5	5	9	5	4
25-29岁	**55**	**31**	**24**	**49**	**29**	**20**
25	10	7	3	10	7	3
26	6	5	1	5	4	1
27	10	3	7	7	2	5
28	10	6	4	9	6	3
29	19	10	9	18	10	8
30-34岁	**66**	**36**	**30**	**47**	**31**	**16**
30	11	5	6	10	5	5
31	13	9	4	8	8	
32	10	5	5	7	4	3
33	20	11	9	12	8	4
34	12	6	6	10	6	4
35-39岁	**54**	**31**	**23**	**34**	**24**	**10**
35	17	10	7	12	7	5
36	9	4	5	5	3	2
37	11	6	5	7	5	2
38	10	7	3	7	6	1
39	7	4	3	3	3	
40-44岁	**71**	**33**	**38**	**29**	**20**	**9**
40	12	5	7	8	4	4
41	15	5	10	6	4	2
42	15	9	6	7	6	1
43	8	4	4	4	3	1
44	21	10	11	4	3	1
45-49岁	**109**	**51**	**58**	**42**	**31**	**11**
45	15	4	11	7	4	3
46	17	8	9	6	3	3
47	18	10	8	6	6	
48	28	16	12	11	10	1
49	31	13	18	12	8	4
50-54岁	**161**	**71**	**90**	**46**	**42**	**4**
50	27	15	12	12	11	1
51	36	17	19	9	9	
52	35	18	17	10	10	
53	32	11	21	11	10	1
54	31	10	21	4	2	2
55-59岁	**198**	**57**	**141**	**28**	**26**	**2**
55	32	8	24	6	5	1
56	34	11	23	8	8	
57	47	17	30	6	6	
58	53	13	40	4	3	1
59	32	8	24	4	4	
60-64岁	**403**	**89**	**314**	**22**	**20**	**2**
60	62	16	46	6	5	1
61	60	14	46	4	4	
62	81	23	58	3	3	
63	113	24	89	7	6	1
64	87	12	75	2	2	
65岁及以上	**3110**	**618**	**2492**	**92**	**76**	**16**

单位：人

有配偶			离　婚			丧　偶		
小计	男	女	小计	男	女	小计	男	女
1945	**492**	**1453**	**95**	**36**	**59**	**1802**	**193**	**1609**
4	**3**	**1**						
1	1							
2	2							
1		1						
5	**2**	**3**	**1**		**1**			
1	1							
3	1	2						
			1		1			
1		1						
17	**5**	**12**	**1**		**1**	**1**		**1**
1		1						
4	1	3	1		1			
3	1	2						
7	3	4				1		1
2		2						
18	**6**	**12**	**2**	**1**	**1**			
5	3	2						
4	1	3						
3	1	2	1		1			
3	1	2						
3		3	1	1				
33	**10**	**23**	**8**	**3**	**5**	**1**		**1**
4	1	3						
7		7	2	1	1			
7	3	4	1		1			
4	1	3						
11	5	6	5	2	3	1		1
55	**16**	**39**	**6**	**2**	**4**	**6**	**2**	**4**
7		7	1		1			
9	4	5	2	1	1			
11	3	8	1	1				
15	5	10	1		1	1	1	
13	4	9	1		1	5	1	4
94	**27**	**67**	**16**	**2**	**14**	**5**		**5**
13	4	9	1		1	1		1
23	7	16	4	1	3			
21	7	14	4	1	3			
16	1	15	3		3	2		2
21	8	13	4		4	2		2
137	**25**	**112**	**10**	**4**	**6**	**23**	**2**	**21**
24	3	21	1		1	1		1
21	3	18				5		5
35	7	28	2	2		4	2	2
38	8	30	5	2	3	6		6
19	4	15	2		2	7		7
273	**55**	**218**	**17**	**6**	**11**	**91**	**8**	**83**
47	9	38	3	1	2	6	1	5
41	8	33	3	1	2	12	1	11
59	17	42	2	1	1	17	2	15
69	13	56	5	3	2	32	2	30
57	8	49	4		4	24	2	22
1309	**343**	**966**	**34**	**18**	**16**	**1675**	**181**	**1494**

5-3b 续表 2

受教育程度 年龄	15岁及以上人口			未婚		
	合计	男	女	小计	男	女
学前教育	**80**	**27**	**53**	**18**	**8**	**10**
15-19岁	**12**	**5**	**7**	**12**	**5**	**7**
15	3	2	1	3	2	1
16	6	1	5	6	1	5
17	1	1		1	1	
18	1		1	1		1
19	1	1		1	1	
20-24岁						
20						
21						
22						
23						
24						
25-29岁	**5**	**3**	**2**	**3**	**2**	**1**
25	1		1	1		1
26	1	1		1	1	
27	2	2		1	1	
28	1		1			
29						
30-34岁	**5**	**1**	**4**	**1**		**1**
30	3		3	1		1
31						
32	1		1			
33						
34	1	1				
35-39岁	**4**	**2**	**2**			
35	1		1			
36						
37	1	1				
38	2	1	1			
39						
40-44岁	**2**		**2**			
40	1		1			
41						
42						
43	1		1			
44						
45-49岁	**1**		**1**			
45						
46						
47						
48	1		1			
49						
50-54岁	**5**	**2**	**3**	**2**	**1**	**1**
50	2	1	1	1	1	
51	1	1				
52	1		1			
53						
54	1		1	1		1
55-59岁	**4**		**4**			
55	1		1			
56						
57	2		2			
58						
59	1		1			
60-64岁	**2**	**1**	**1**			
60	1		1			
61	1	1				
62						
63						
64						
65岁及以上	**40**	**13**	**27**			

单位：人

有配偶			离　婚			丧　偶		
小计	男	女	小计	男	女	小计	男	女
35	**14**	**21**	**1**		**1**	**26**	**5**	**21**
2	**1**	**1**						
1	1							
1		1						
4	**1**	**3**						
2		2						
1		1						
1	1							
4	**2**	**2**						
1		1						
1	1							
2	1	1						
2		**2**						
1		1						
1		1						
1		**1**						
1		1						
3	**1**	**2**						
1		1						
1	1							
1		1						
2		**2**	**1**		**1**	**1**		**1**
						1		1
1		1	1		1			
1		1						
2	**1**	**1**						
1		1						
1	1							
15	**8**	**7**				**25**	**5**	**20**

5-3b 续表 3

受教育程度 年 龄	15岁及以上人口			未 婚		
	合计	男	女	小计	男	女
小 学	**45326**	**18380**	**26946**	**1453**	**1181**	**272**
15-19岁	**93**	**58**	**35**	**91**	**57**	**34**
15	16	12	4	16	12	4
16	16	8	8	16	8	8
17	19	13	6	18	12	6
18	14	9	5	13	9	4
19	28	16	12	28	16	12
20-24岁	**191**	**109**	**82**	**129**	**84**	**45**
20	24	11	13	20	11	9
21	27	13	14	24	12	12
22	33	19	14	23	14	9
23	53	33	20	34	25	9
24	54	33	21	28	22	6
25-29岁	**763**	**392**	**371**	**189**	**137**	**52**
25	78	40	38	35	24	11
26	106	55	51	43	29	14
27	151	77	74	36	24	12
28	206	107	99	44	35	9
29	222	113	109	31	25	6
30-34岁	**2049**	**1045**	**1004**	**213**	**170**	**43**
30	377	204	173	57	48	9
31	410	230	180	49	40	9
32	412	199	213	36	27	9
33	472	234	238	35	29	6
34	378	178	200	36	26	10
35-39岁	**1494**	**727**	**767**	**115**	**101**	**14**
35	352	187	165	31	30	1
36	284	143	141	23	18	5
37	242	117	125	17	16	1
38	329	148	181	21	15	6
39	287	132	155	23	22	1
40-44岁	**2055**	**951**	**1104**	**88**	**71**	**17**
40	345	149	196	16	13	3
41	462	223	239	26	20	6
42	405	199	206	20	18	2
43	397	182	215	11	10	1
44	446	198	248	15	10	5
45-49岁	**3340**	**1538**	**1802**	**153**	**137**	**16**
45	479	245	234	30	30	
46	537	248	289	22	20	2
47	695	316	379	34	30	4
48	798	362	436	28	24	4
49	831	367	464	39	33	6
50-54岁	**4925**	**2158**	**2767**	**130**	**118**	**12**
50	928	422	506	31	27	4
51	965	432	533	25	22	3
52	1101	449	652	27	25	2
53	931	425	506	17	16	1
54	1000	430	570	30	28	2
55-59岁	**4709**	**1928**	**2781**	**97**	**86**	**11**
55	1012	455	557	23	21	2
56	1070	428	642	28	24	4
57	1060	447	613	27	23	4
58	931	349	582	14	13	1
59	636	249	387	5	5	
60-64岁	**5255**	**1952**	**3303**	**74**	**65**	**9**
60	997	377	620	13	12	1
61	781	286	495	16	15	1
62	1080	407	673	12	9	3
63	1244	466	778	20	17	3
64	1153	416	737	13	12	1
65岁及以上	**20452**	**7522**	**12930**	**174**	**155**	**19**

单位：人

有配偶			离　婚			丧　偶		
小计	男	女	小计	男	女	小计	男	女
33000	**14375**	**18625**	**1652**	**820**	**832**	**9221**	**2004**	**7217**
2	**1**	**1**						
1	1							
1		1						
62	**25**	**37**						
4		4						
3	1	2						
10	5	5						
19	8	11						
26	11	15						
543	**244**	**299**	**29**	**10**	**19**	**2**	**1**	**1**
42	16	26	1		1			
61	26	35	2		2			
107	50	57	7	3	4	1		1
155	71	84	7	1	6			
178	81	97	12	6	6	1	1	
1716	**806**	**910**	**115**	**69**	**46**	**5**		**5**
302	147	155	18	9	9			
340	177	163	19	13	6	2		2
349	157	192	26	15	11	1		1
403	184	219	34	21	13			
322	141	181	18	11	7	2		2
1271	**574**	**697**	**103**	**50**	**53**	**5**	**2**	**3**
297	142	155	22	14	8	2	1	1
250	122	128	11	3	8			
206	91	115	18	9	9	1	1	
273	116	157	33	17	16	2		2
245	103	142	19	7	12			
1797	**805**	**992**	**144**	**68**	**76**	**26**	**7**	**19**
301	129	172	21	6	15	7	1	6
399	184	215	34	18	16	3	1	2
347	164	183	35	16	19	3	1	2
355	157	198	26	14	12	5	1	4
395	171	224	28	14	14	8	3	5
2893	**1284**	**1609**	**211**	**107**	**104**	**83**	**10**	**73**
405	195	210	35	20	15	9		9
459	206	253	44	19	25	12	3	9
609	274	335	34	12	22	18		18
709	311	398	44	25	19	17	2	15
711	298	413	54	31	23	27	5	22
4271	**1849**	**2422**	**318**	**152**	**166**	**206**	**39**	**167**
793	360	433	69	31	38	35	4	31
850	376	474	65	30	35	25	4	21
963	386	577	72	29	43	39	9	30
802	361	441	61	38	23	51	10	41
863	366	497	51	24	27	56	12	44
3954	**1630**	**2324**	**269**	**150**	**119**	**389**	**62**	**327**
853	384	469	66	37	29	70	13	57
892	358	534	74	40	34	76	6	70
892	372	520	59	38	21	82	14	68
783	297	486	43	23	20	91	16	75
534	219	315	27	12	15	70	13	57
4246	**1674**	**2572**	**179**	**78**	**101**	**756**	**135**	**621**
809	325	484	51	16	35	124	24	100
629	238	391	32	12	20	104	21	83
884	352	532	40	23	17	144	23	121
1008	407	601	36	18	18	180	24	156
916	352	564	20	9	11	204	43	161
12245	**5483**	**6762**	**284**	**136**	**148**	**7749**	**1748**	**6001**

5-3b 续表 4

受教育程度 年　　龄	15岁及以上人口			未　婚		
	合计	男	女	小计	男	女
初　中	**146099**	**72821**	**73278**	**9379**	**6532**	**2847**
15-19岁	**2645**	**1496**	**1149**	**2593**	**1488**	**1105**
15	1167	658	509	1166	658	508
16	622	320	302	622	320	302
17	302	169	133	300	169	131
18	269	173	96	252	170	82
19	285	176	109	253	171	82
20-24岁	**2478**	**1364**	**1114**	**1538**	**1070**	**468**
20	317	194	123	265	183	82
21	356	202	154	275	183	92
22	457	247	210	300	204	96
23	610	317	293	346	237	109
24	738	404	334	352	263	89
25-29岁	**7219**	**3590**	**3629**	**1711**	**1264**	**447**
25	961	485	476	381	277	104
26	1095	539	556	372	269	103
27	1450	725	725	359	259	100
28	1647	807	840	309	238	71
29	2066	1034	1032	290	221	69
30-34岁	**16130**	**7960**	**8170**	**1397**	**1063**	**334**
30	2881	1472	1409	341	264	77
31	3188	1560	1628	320	255	65
32	3080	1504	1576	265	198	67
33	3683	1797	1886	308	226	82
34	3298	1627	1671	163	120	43
35-39岁	**15136**	**7524**	**7612**	**666**	**508**	**158**
35	3045	1474	1571	168	120	48
36	2874	1419	1455	135	101	34
37	2939	1470	1469	124	99	25
38	3430	1775	1655	150	122	28
39	2848	1386	1462	89	66	23
40-44岁	**15955**	**8066**	**7889**	**478**	**358**	**120**
40	3047	1512	1535	88	65	23
41	3676	1851	1825	122	92	30
42	3279	1685	1594	106	78	28
43	2863	1473	1390	82	62	20
44	3090	1545	1545	80	61	19
45-49岁	**18815**	**9241**	**9574**	**425**	**331**	**94**
45	3049	1523	1526	66	49	17
46	3271	1576	1695	70	50	20
47	3823	1847	1976	95	79	16
48	4322	2155	2167	101	82	19
49	4350	2140	2210	93	71	22
50-54岁	**20349**	**10099**	**10250**	**295**	**235**	**60**
50	4513	2275	2238	87	72	15
51	4178	2054	2124	72	57	15
52	4429	2238	2191	60	44	16
53	3536	1717	1819	42	32	10
54	3693	1815	1878	34	30	4
55-59岁	**15425**	**7671**	**7754**	**156**	**129**	**27**
55	3727	1871	1856	42	34	8
56	3489	1739	1750	39	32	7
57	3688	1837	1851	39	34	5
58	2745	1353	1392	21	18	3
59	1776	871	905	15	11	4
60-64岁	**10819**	**5266**	**5553**	**46**	**34**	**12**
60	2438	1201	1237	17	12	5
61	1898	924	974	13	10	3
62	2155	1080	1075	7	5	2
63	2243	1078	1165	4	2	2
64	2085	983	1102	5	5	
65岁及以上	**21128**	**10544**	**10584**	**74**	**52**	**22**

单位：人

有配偶			离婚			丧偶		
小计	男	女	小计	男	女	小计	男	女
120782	**60064**	**60718**	**8287**	**4234**	**4053**	**7651**	**1991**	**5660**
52	**8**	**44**						
1		1						
2		2						
17	3	14						
32	5	27						
927	**289**	**638**	**13**	**5**	**8**			
52	11	41						
81	19	62						
154	42	112	3	1	2			
258	78	180	6	2	4			
382	139	243	4	2	2			
5340	**2240**	**3100**	**164**	**86**	**78**	**4**		**4**
568	207	361	11	1	10	1		1
700	259	441	22	11	11	1		1
1065	452	613	26	14	12			
1295	539	756	42	30	12	1		1
1712	783	929	63	30	33	1		1
13954	**6544**	**7410**	**752**	**348**	**404**	**27**	**5**	**22**
2426	1163	1263	108	44	64	6	1	5
2726	1240	1486	137	64	73	5	1	4
2672	1246	1426	139	60	79	4		4
3191	1482	1709	177	88	89	7	1	6
2939	1413	1526	191	92	99	5	2	3
13470	**6502**	**6968**	**960**	**508**	**452**	**40**	**6**	**34**
2694	1265	1429	178	89	89	5		5
2545	1223	1322	187	95	92	7		7
2639	1274	1365	167	94	73	9	3	6
3032	1522	1510	236	128	108	12	3	9
2560	1218	1342	192	102	90	7		7
14112	**7062**	**7050**	**1237**	**625**	**612**	**128**	**21**	**107**
2713	1329	1384	229	116	113	17	2	15
3232	1608	1624	291	145	146	31	6	25
2907	1472	1435	245	132	113	21	3	18
2517	1287	1230	239	121	118	25	3	22
2743	1366	1377	233	111	122	34	7	27
16562	**8097**	**8465**	**1528**	**765**	**763**	**300**	**48**	**252**
2715	1352	1363	238	114	124	30	8	22
2893	1383	1510	257	133	124	51	10	41
3348	1606	1742	309	152	157	71	10	61
3770	1850	1920	385	209	176	66	14	52
3836	1906	1930	339	157	182	82	6	76
17750	**8860**	**8890**	**1699**	**881**	**818**	**605**	**123**	**482**
3940	1993	1947	379	192	187	107	18	89
3626	1770	1856	361	205	156	119	22	97
3859	1970	1889	371	195	176	139	29	110
3119	1523	1596	277	146	131	98	16	82
3206	1604	1602	311	143	168	142	38	104
13339	**6759**	**6580**	**1065**	**582**	**483**	**865**	**201**	**664**
3247	1647	1600	264	150	114	174	40	134
3024	1528	1496	266	142	124	160	37	123
3188	1626	1562	245	126	119	216	51	165
2368	1184	1184	176	107	69	180	44	136
1512	774	738	114	57	57	135	29	106
9245	**4716**	**4529**	**492**	**253**	**239**	**1036**	**263**	**773**
2097	1064	1033	125	66	59	199	59	140
1619	819	800	102	54	48	164	41	123
1838	968	870	110	57	53	200	50	150
1915	975	940	90	45	45	234	56	178
1776	890	886	65	31	34	239	57	182
16031	**8987**	**7044**	**377**	**181**	**196**	**4646**	**1324**	**3322**

5-3b 续表 5

受教育程度 年龄	15岁及以上人口			未婚		
	合计	男	女	小计	男	女
高 中	**83286**	**42948**	**40338**	**18836**	**10744**	**8092**
15-19岁	**13422**	**7084**	**6338**	**13405**	**7080**	**6325**
15	3601	1853	1748	3601	1853	1748
16	4670	2365	2305	4670	2365	2305
17	3218	1709	1509	3217	1709	1508
18	1314	776	538	1311	776	535
19	619	381	238	606	377	229
20-24岁	**2299**	**1288**	**1011**	**1839**	**1163**	**676**
20	449	271	178	433	270	163
21	369	218	151	334	215	119
22	461	254	207	378	233	145
23	479	249	230	339	210	129
24	541	296	245	355	235	120
25-29岁	**4285**	**2245**	**2040**	**1549**	**1080**	**469**
25	743	441	302	409	300	109
26	683	351	332	313	205	108
27	825	427	398	282	203	79
28	987	502	485	316	208	108
29	1047	524	523	229	164	65
30-34岁	**7112**	**3722**	**3390**	**1018**	**735**	**283**
30	1454	768	686	290	206	84
31	1474	774	700	247	178	69
32	1425	746	679	191	140	51
33	1547	793	754	177	129	48
34	1212	641	571	113	82	31
35-39岁	**5762**	**2965**	**2797**	**392**	**276**	**116**
35	1154	610	544	94	72	22
36	1067	532	535	74	53	21
37	1080	554	526	82	54	28
38	1312	666	646	78	50	28
39	1149	603	546	64	47	17
40-44岁	**7137**	**3678**	**3459**	**242**	**156**	**86**
40	1370	698	672	57	40	17
41	1690	880	810	65	42	23
42	1422	720	702	42	23	19
43	1319	697	622	37	29	8
44	1336	683	653	41	22	19
45-49岁	**7756**	**3949**	**3807**	**193**	**133**	**60**
45	1287	671	616	49	34	15
46	1330	684	646	31	21	10
47	1610	803	807	39	29	10
48	1726	888	838	36	21	15
49	1803	903	900	38	28	10
50-54岁	**8463**	**4226**	**4237**	**102**	**70**	**32**
50	1829	957	872	28	21	7
51	1743	876	867	21	15	6
52	1791	886	905	22	13	9
53	1460	708	752	15	10	5
54	1640	799	841	16	11	5
55-59岁	**10011**	**4852**	**5159**	**54**	**29**	**25**
55	1845	930	915	12	8	4
56	2039	987	1052	10	6	4
57	2602	1268	1334	15	8	7
58	1994	927	1067	10	4	6
59	1531	740	791	7	3	4
60-64岁	**8686**	**4366**	**4320**	**27**	**16**	**11**
60	2027	1025	1002	8	6	2
61	1541	772	769	4	1	3
62	1851	943	908	6	3	3
63	1703	841	862	8	5	3
64	1564	785	779	1	1	
65岁及以上	**8353**	**4573**	**3780**	**15**	**6**	**9**

单位：人

有配偶			离婚			丧偶		
小计	男	女	小计	男	女	小计	男	女
57368	**29627**	**27741**	**4070**	**1858**	**2212**	**3012**	**719**	**2293**
17	**4**	**13**						
1		1						
3		3						
13	4	9						
454	**124**	**330**	**6**	**1**	**5**			
16	1	15						
34	2	32	1	1				
83	21	62						
138	39	99	2		2			
183	61	122	3		3			
2650	**1131**	**1519**	**85**	**34**	**51**	**1**		**1**
325	139	186	9	2	7			
361	142	219	9	4	5			
524	217	307	19	7	12			
650	284	366	20	10	10	1		1
790	349	441	28	11	17			
5830	**2850**	**2980**	**257**	**134**	**123**	**7**	**3**	**4**
1131	548	583	32	14	18	1		1
1175	567	608	50	28	22	2	1	1
1169	577	592	64	29	35	1		1
1311	632	679	56	30	26	3	2	1
1044	526	518	55	33	22			
4947	**2480**	**2467**	**404**	**208**	**196**	**19**	**1**	**18**
988	503	485	67	35	32	5		5
921	442	479	69	37	32	3		3
919	462	457	79	38	41			
1122	568	554	108	48	60	4		4
997	505	492	81	50	31	7	1	6
6285	**3256**	**3029**	**565**	**258**	**307**	**45**	**8**	**37**
1201	610	591	102	48	54	10		10
1492	774	718	127	62	65	6	2	4
1255	640	615	116	55	61	9	2	7
1165	610	555	105	55	50	12	3	9
1172	622	550	115	38	77	8	1	7
6711	**3484**	**3227**	**750**	**319**	**431**	**102**	**13**	**89**
1086	582	504	134	54	80	18	1	17
1177	612	565	109	51	58	13		13
1405	707	698	149	66	83	17	1	16
1484	794	690	179	67	112	27	6	21
1559	789	770	179	81	98	27	5	22
7453	**3800**	**3653**	**681**	**320**	**361**	**227**	**36**	**191**
1604	853	751	162	79	83	35	4	31
1543	792	751	145	63	82	34	6	28
1580	806	774	139	61	78	50	6	44
1299	648	651	108	46	62	38	4	34
1427	701	726	127	71	56	70	16	54
8744	**4427**	**4317**	**706**	**311**	**395**	**507**	**85**	**422**
1627	850	777	137	59	78	69	13	56
1806	897	909	137	69	68	86	15	71
2250	1154	1096	191	81	110	146	25	121
1718	845	873	144	56	88	122	22	100
1343	681	662	97	46	51	84	10	74
7573	**4031**	**3542**	**451**	**202**	**249**	**635**	**117**	**518**
1766	938	828	121	58	63	132	23	109
1346	720	626	87	30	57	104	21	83
1616	872	744	94	41	53	135	27	108
1492	780	712	75	36	39	128	20	108
1353	721	632	74	37	37	136	26	110
6704	**4040**	**2664**	**165**	**71**	**94**	**1469**	**456**	**1013**

5-3b 续表 6

受教育程度 年　　龄	15岁及以上人口			未　婚		
	合计	男	女	小计	男	女
大学专科	**46633**	**24297**	**22336**	**12130**	**6810**	**5320**
15-19岁	**3384**	**1771**	**1613**	**3379**	**1768**	**1611**
15	78	55	23	78	55	23
16	129	85	44	129	85	44
17	316	174	142	316	174	142
18	1128	599	529	1127	598	529
19	1733	858	875	1729	856	873
20-24岁	**5019**	**2552**	**2467**	**4551**	**2440**	**2111**
20	1429	706	723	1422	704	718
21	951	514	437	920	512	408
22	814	410	404	753	402	351
23	842	452	390	722	416	306
24	983	470	513	734	406	328
25-29岁	**5868**	**2955**	**2913**	**2463**	**1531**	**932**
25	1077	531	546	704	393	311
26	1065	538	527	554	336	218
27	1188	597	591	493	320	173
28	1207	609	598	376	257	119
29	1331	680	651	336	225	111
30-34岁	**7701**	**3933**	**3768**	**1119**	**731**	**388**
30	1776	920	856	349	230	119
31	1639	828	811	262	176	86
32	1494	784	710	207	142	65
33	1554	779	775	158	93	65
34	1238	622	616	143	90	53
35-39岁	**4464**	**2206**	**2258**	**331**	**198**	**133**
35	940	475	465	94	57	37
36	893	433	460	76	46	30
37	861	434	427	58	32	26
38	936	461	475	57	35	22
39	834	403	431	46	28	18
40-44岁	**4602**	**2276**	**2326**	**161**	**81**	**80**
40	918	432	486	30	12	18
41	1083	529	554	47	24	23
42	969	510	459	37	20	17
43	810	413	397	18	15	3
44	822	392	430	29	10	19
45-49岁	**4135**	**2131**	**2004**	**73**	**38**	**35**
45	723	378	345	14	8	6
46	815	406	409	17	8	9
47	883	459	424	15	10	5
48	829	417	412	16	7	9
49	885	471	414	11	5	6
50-54岁	**3661**	**1936**	**1725**	**28**	**14**	**14**
50	913	474	439	7	5	2
51	786	406	380	10	5	5
52	748	403	345	5	2	3
53	572	317	255	1		1
54	642	336	306	5	2	3
55-59岁	**3018**	**1639**	**1379**	**16**	**7**	**9**
55	667	350	317	3	1	2
56	684	366	318	3		3
57	771	433	338	4	3	1
58	551	294	257	3	2	1
59	345	196	149	3	1	2
60-64岁	**1758**	**1044**	**714**	**4**	**1**	**3**
60	407	242	165			
61	331	194	137	2	1	1
62	359	211	148	2		2
63	353	209	144			
64	308	188	120			
65岁及以上	**3023**	**1854**	**1169**	**5**	**1**	**4**

单位：人

有配偶			离婚			丧偶		
小计	男	女	小计	男	女	小计	男	女
32134	**16652**	**15482**	**1598**	**604**	**994**	**771**	**231**	**540**
4	**3**	**1**	**1**		**1**			
1	1							
3	2	1	1		1			
465	**111**	**354**	**3**	**1**	**2**			
7	2	5						
30	2	28	1		1			
61	8	53						
119	35	84	1	1				
248	64	184	1		1			
3354	**1402**	**1952**	**50**	**22**	**28**	**1**		**1**
373	138	235						
506	200	306	5	2	3			
686	273	413	9	4	5			
819	350	469	11	2	9	1		1
970	441	529	25	14	11			
6379	**3113**	**3266**	**201**	**88**	**113**	**2**	**1**	**1**
1401	679	722	26	11	15			
1340	633	707	37	19	18			
1248	629	619	39	13	26			
1349	666	683	46	19	27	1	1	
1041	506	535	53	26	27	1		1
3874	**1916**	**1958**	**249**	**90**	**159**	**10**	**2**	**8**
810	402	408	34	15	19	2	1	1
774	377	397	40	9	31	3	1	2
746	385	361	55	17	38	2		2
816	400	416	62	26	36	1		1
728	352	376	58	23	35	2		2
4136	**2083**	**2053**	**281**	**109**	**172**	**24**	**3**	**21**
832	398	434	51	21	30	5	1	4
966	476	490	67	29	38	3		3
861	470	391	63	19	44	8	1	7
741	381	360	46	17	29	5		5
736	358	378	54	23	31	3	1	2
3713	**1969**	**1744**	**298**	**111**	**187**	**51**	**13**	**38**
657	352	305	45	16	29	7	2	5
726	375	351	62	19	43	10	4	6
788	417	371	70	31	39	10	1	9
740	389	351	60	18	42	13	3	10
802	436	366	61	27	34	11	3	8
3334	**1820**	**1514**	**248**	**96**	**152**	**51**	**6**	**45**
825	437	388	74	31	43	7	1	6
716	383	333	46	15	31	14	3	11
693	386	307	39	13	26	11	2	9
517	295	222	47	22	25	7		7
583	319	264	42	15	27	12		12
2737	**1559**	**1178**	**162**	**56**	**106**	**103**	**17**	**86**
616	335	281	32	11	21	16	3	13
632	353	279	28	12	16	21	1	20
689	412	277	46	13	33	32	5	27
492	275	217	32	11	21	24	6	18
308	184	124	24	9	15	10	2	8
1610	**1005**	**605**	**62**	**21**	**41**	**82**	**17**	**65**
373	232	141	22	7	15	12	3	9
302	185	117	12	5	7	15	3	12
328	202	126	11	3	8	18	6	12
328	204	124	8	4	4	17	1	16
279	182	97	9	2	7	20	4	16
2528	**1671**	**857**	**43**	**10**	**33**	**447**	**172**	**275**

5-3b 续表 7

受教育程度 年　　龄	15岁及以上人口			未　婚		
	合计	男	女	小计	男	女
大学本科	**58453**	**27888**	**30565**	**23520**	**10518**	**13002**
15-19岁	**5774**	**2274**	**3500**	**5772**	**2273**	**3499**
15	10	6	4	10	6	4
16	28	12	16	28	12	16
17	315	103	212	315	103	212
18	1950	786	1164	1950	786	1164
19	3471	1367	2104	3469	1366	2103
20-24岁	**11819**	**5058**	**6761**	**11575**	**4988**	**6587**
20	4048	1613	2435	4046	1613	2433
21	3108	1328	1780	3099	1326	1773
22	2006	887	1119	1974	879	1095
23	1415	643	772	1344	623	721
24	1242	587	655	1112	547	565
25-29岁	**7240**	**3207**	**4033**	**3789**	**1939**	**1850**
25	1214	511	703	967	446	521
26	1353	599	754	892	445	447
27	1516	675	841	816	437	379
28	1515	690	825	611	333	278
29	1642	732	910	503	278	225
30-34岁	**10112**	**4813**	**5299**	**1599**	**915**	**684**
30	2121	1003	1118	517	297	220
31	2111	977	1134	383	222	161
32	2033	963	1070	279	153	126
33	2100	1013	1087	248	147	101
34	1747	857	890	172	96	76
35-39岁	**6871**	**3523**	**3348**	**492**	**277**	**215**
35	1514	788	726	135	83	52
36	1372	714	658	99	56	43
37	1434	692	742	97	52	45
38	1432	735	697	85	49	36
39	1119	594	525	76	37	39
40-44岁	**4899**	**2385**	**2514**	**149**	**67**	**82**
40	1055	506	549	38	19	19
41	1115	524	591	36	16	20
42	1053	517	536	33	14	19
43	826	399	427	23	10	13
44	850	439	411	19	8	11
45-49岁	**3947**	**2038**	**1909**	**95**	**39**	**56**
45	764	376	388	17	9	8
46	743	398	345	17	6	11
47	869	461	408	26	12	14
48	803	425	378	20	6	14
49	768	378	390	15	6	9
50-54岁	**2830**	**1515**	**1315**	**25**	**11**	**14**
50	738	383	355	5	3	2
51	576	299	277	4	2	2
52	590	312	278	6	1	5
53	460	250	210	5	1	4
54	466	271	195	5	4	1
55-59岁	**2132**	**1281**	**851**	**10**	**3**	**7**
55	483	262	221	3	1	2
56	503	303	200	2	1	1
57	545	344	201	1		1
58	363	213	150	2		2
59	238	159	79	2	1	1
60-64岁	**1027**	**624**	**403**	**9**	**5**	**4**
60	253	149	104	3	2	1
61	185	127	58	4	2	2
62	200	111	89			
63	183	111	72	1	1	
64	206	126	80	1		1
65岁及以上	**1802**	**1170**	**632**	**5**	**1**	**4**

单位：人

有配偶			离婚			丧偶		
小计	男	女	小计	男	女	小计	男	女
33303	**16805**	**16498**	**1246**	**444**	**802**	**384**	**121**	**263**
2	**1**	**1**						
2	1	1						
243	**70**	**173**	**1**		**1**			
2		2						
9	2	7						
32	8	24						
71	20	51						
129	40	89	1		1			
3418	**1254**	**2164**	**33**	**14**	**19**			
247	65	182						
460	154	306	1		1			
694	235	459	6	3	3			
892	353	539	12	4	8			
1125	447	678	14	7	7			
8336	**3827**	**4509**	**173**	**70**	**103**	**4**	**1**	**3**
1583	701	882	21	5	16			
1691	735	956	36	20	16	1		1
1725	800	925	29	10	19			
1817	852	965	32	13	19	3	1	2
1520	739	781	55	22	33			
6099	**3135**	**2964**	**267**	**106**	**161**	**13**	**5**	**8**
1332	684	648	47	21	26			
1223	637	586	48	20	28	2	1	1
1267	620	647	68	19	49	2	1	1
1292	668	624	50	17	33	5	1	4
985	526	459	54	29	25	4	2	2
4500	**2236**	**2264**	**241**	**81**	**160**	**9**	**1**	**8**
975	476	499	41	11	30	1		1
1016	487	529	61	21	40	2		2
974	483	491	45	20	25	1		1
749	371	378	50	17	33	4	1	3
786	419	367	44	12	32	1		1
3627	**1944**	**1683**	**207**	**53**	**154**	**18**	**2**	**16**
707	360	347	38	7	31	2		2
681	377	304	42	14	28	3	1	2
804	441	363	36	8	28	3		3
734	406	328	47	13	34	2		2
701	360	341	44	11	33	8	1	7
2608	**1441**	**1167**	**162**	**58**	**104**	**35**	**5**	**30**
670	358	312	57	22	35	6		6
532	285	247	35	11	24	5	1	4
545	297	248	31	12	19	8	2	6
426	245	181	21	3	18	8	1	7
435	256	179	18	10	8	8	1	7
1980	**1229**	**751**	**95**	**36**	**59**	**47**	**13**	**34**
445	251	194	24	8	16	11	2	9
472	293	179	23	7	16	6	2	4
511	333	178	20	6	14	13	5	8
335	203	132	17	9	8	9	1	8
217	149	68	11	6	5	8	3	5
944	**598**	**346**	**39**	**15**	**24**	**35**	**6**	**29**
232	143	89	10	4	6	8		8
161	120	41	10	4	6	10	1	9
183	105	78	10	5	5	7	1	6
171	107	64	7	1	6	4	2	2
197	123	74	2	1	1	6	2	4
1546	**1070**	**476**	**28**	**11**	**17**	**223**	**88**	**135**

5-3b 续表 8

受教育程度 年龄	15岁及以上人口			未婚		
	合计	男	女	小计	男	女
硕士研究生	**5545**	**2435**	**3110**	**2009**	**728**	**1281**
15-19岁	**11**	**4**	**7**	**11**	**4**	**7**
15						
16						
17						
18	2	1	1	2	1	1
19	9	3	6	9	3	6
20-24岁	**951**	**293**	**658**	**945**	**292**	**653**
20	8	2	6	8	2	6
21	41	16	25	41	16	25
22	217	64	153	216	64	152
23	310	96	214	308	96	212
24	375	115	260	372	114	258
25-29岁	**955**	**343**	**612**	**698**	**277**	**421**
25	266	91	175	251	88	163
26	189	73	116	165	67	98
27	174	64	110	121	52	69
28	154	55	99	97	41	56
29	172	60	112	64	29	35
30-34岁	**1337**	**554**	**783**	**251**	**119**	**132**
30	260	95	165	87	39	48
31	269	106	163	59	28	31
32	271	122	149	44	20	24
33	302	135	167	33	19	14
34	235	96	139	28	13	15
35-39岁	**1043**	**492**	**551**	**75**	**25**	**50**
35	231	94	137	20	6	14
36	197	101	96	12	6	6
37	216	91	125	16	4	12
38	218	109	109	14	6	8
39	181	97	84	13	3	10
40-44岁	**526**	**273**	**253**	**25**	**11**	**14**
40	147	81	66	10	6	4
41	142	67	75	10	3	7
42	112	56	56	1		1
43	71	39	32	3	2	1
44	54	30	24	1		1
45-49岁	**261**	**150**	**111**	**4**		**4**
45	49	27	22	2		2
46	49	25	24			
47	67	45	22	1		1
48	58	35	23	1		1
49	38	18	20			
50-54岁	**205**	**135**	**70**			
50	53	36	17			
51	46	29	17			
52	43	30	13			
53	27	18	9			
54	36	22	14			
55-59岁	**155**	**112**	**43**			
55	37	22	15			
56	40	29	11			
57	44	33	11			
58	18	14	4			
59	16	14	2			
60-64岁	**49**	**39**	**10**			
60	12	10	2			
61	9	7	2			
62	7	5	2			
63	6	6				
64	15	11	4			
65岁及以上	**52**	**40**	**12**			

单位：人

有配偶			离婚			丧偶		
小计	男	女	小计	男	女	小计	男	女
3432	**1676**	**1756**	**93**	**24**	**69**	**11**	**7**	**4**
6	**1**	**5**						
1		1						
2		2						
3	1	2						
257	**66**	**191**						
15	3	12						
24	6	18						
53	12	41						
57	14	43						
108	31	77						
1068	**434**	**634**	**18**	**1**	**17**			
172	56	116	1		1			
205	78	127	5		5			
224	102	122	3		3			
265	116	149	4		4			
202	82	120	5	1	4			
938	**456**	**482**	**30**	**11**	**19**			
204	87	117	7	1	6			
181	94	87	4	1	3			
195	84	111	5	3	2			
199	101	98	5	2	3			
159	90	69	9	4	5			
483	**258**	**225**	**17**	**4**	**13**	**1**		**1**
133	75	58	4		4			
128	63	65	4	1	3			
105	53	52	6	3	3			
65	37	28	2		2	1		1
52	30	22	1		1			
248	**147**	**101**	**9**	**3**	**6**			
46	26	20	1	1				
47	25	22	2		2			
63	44	19	3	1	2			
55	34	21	2	1	1			
37	18	19	1		1			
194	**133**	**61**	**10**	**2**	**8**	**1**		**1**
50	35	15	3	1	2			
44	28	16	1	1		1		1
41	30	11	2		2			
25	18	7	2		2			
34	22	12	2		2			
144	**107**	**37**	**7**	**3**	**4**	**4**	**2**	**2**
35	22	13	1		1	1		1
35	27	8	4	2	2	1		1
41	31	10	2	1	1	1	1	
17	13	4				1	1	
16	14	2						
46	**38**	**8**	**2**		**2**	**1**	**1**	
12	10	2						
8	7	1	1		1			
7	5	2						
5	5					1	1	
14	11	3	1		1			
48	**36**	**12**				**4**	**4**	

5-3b 续表 9

受教育程度 年龄	15岁及以上人口			未婚		
	合计	男	女	小计	男	女
博士研究生	**838**	**442**	**396**	**294**	**129**	**165**
15-19岁						
15						
16						
17						
18						
19						
20-24岁	**35**	**11**	**24**	**33**	**9**	**24**
20	1	1		1	1	
21	1		1	1		1
22	1		1	1		1
23	9	4	5	9	4	5
24	23	6	17	21	4	17
25-29岁	**205**	**85**	**120**	**180**	**75**	**105**
25	41	14	27	40	14	26
26	40	10	30	39	10	29
27	50	28	22	44	25	19
28	42	19	23	35	15	20
29	32	14	18	22	11	11
30-34岁	**159**	**88**	**71**	**52**	**33**	**19**
30	31	20	11	18	14	4
31	37	19	18	14	8	6
32	30	16	14	8	4	4
33	30	19	11	7	5	2
34	31	14	17	5	2	3
35-39岁	**146**	**74**	**72**	**16**	**6**	**10**
35	26	12	14	3	1	2
36	21	14	7			
37	29	11	18	3		3
38	34	19	15	5	3	2
39	36	18	18	5	2	3
40-44岁	**139**	**81**	**58**	**7**	**3**	**4**
40	32	17	15	3	1	2
41	37	26	11			
42	28	17	11	3	2	1
43	21	10	11			
44	21	11	10	1		1
45-49岁	**61**	**34**	**27**	**5**	**3**	**2**
45	12	9	3			
46	15	5	10			
47	16	7	9	2	1	1
48	9	6	3	2	1	1
49	9	7	2	1	1	
50-54岁	**36**	**26**	**10**	**1**		**1**
50	16	10	6	1		1
51	5	5				
52	3	3				
53	7	5	2			
54	5	3	2			
55-59岁	**33**	**27**	**6**			
55	3	3				
56	8	6	2			
57	10	6	4			
58	10	10				
59	2	2				
60-64岁	**14**	**11**	**3**			
60	6	5	1			
61	2	2				
62	2	1	1			
63	2	1	1			
64	2	2				
65岁及以上	**10**	**5**	**5**			

单位：人

有配偶			离婚			丧偶		
小计	男	女	小计	男	女	小计	男	女
528	**307**	**221**	**10**	**4**	**6**	**6**	**2**	**4**
2	**2**							
2	2							
25	**10**	**15**						
1		1						
1		1						
6	3	3						
7	4	3						
10	3	7						
107	**55**	**52**						
13	6	7						
23	11	12						
22	12	10						
23	14	9						
26	12	14						
126	**68**	**58**	**4**		**4**			
23	11	12						
21	14	7						
24	11	13	2		2			
27	16	11	2		2			
31	16	15						
129	**76**	**53**	**2**	**1**	**1**	**1**	**1**	
28	16	12	1		1			
36	25	11				1	1	
24	14	10	1	1				
21	10	11						
20	11	9						
55	**31**	**24**	**1**		**1**			
12	9	3						
14	5	9	1		1			
14	6	8						
7	5	2						
8	6	2						
32	**23**	**9**	**3**	**3**				
13	8	5	2	2				
4	4		1	1				
3	3							
7	5	2						
5	3	2						
33	**27**	**6**						
3	3							
8	6	2						
10	6	4						
10	10							
2	2							
14	**11**	**3**						
6	5	1						
2	2							
2	1	1						
2	1	1						
2	2							
5	**4**	**1**				**5**	**1**	**4**

5-3c 全省分年龄、性别、受教育

受教育程度 年龄	15岁及以上人口			未婚		
	合计	男	女	小计	男	女
总 计	**718034**	**369510**	**348524**	**85517**	**53755**	**31762**
15-19岁	**32434**	**16726**	**15708**	**32290**	**16709**	**15581**
15	8073	4242	3831	8070	4241	3829
16	6966	3636	3330	6963	3636	3327
17	4912	2548	2364	4903	2546	2357
18	6036	3112	2924	5991	3107	2884
19	6447	3188	3259	6363	3179	3184
20-24岁	**24602**	**12416**	**12186**	**21024**	**11331**	**9693**
20	6167	3020	3147	5984	2983	3001
21	5155	2462	2693	4822	2399	2423
22	4593	2371	2222	4010	2216	1794
23	4187	2190	1997	3198	1887	1311
24	4500	2373	2127	3010	1846	1164
25-29岁	**28683**	**15767**	**12916**	**10842**	**7563**	**3279**
25	4776	2618	2158	2715	1771	944
26	4735	2586	2149	2227	1489	738
27	5823	3202	2621	2235	1616	619
28	6173	3420	2753	1893	1378	515
29	7176	3941	3235	1772	1309	463
30-34岁	**49491**	**26711**	**22780**	**6808**	**5228**	**1580**
30	9798	5311	4487	1922	1443	479
31	10082	5394	4688	1550	1201	349
32	9664	5234	4430	1299	1001	298
33	10652	5809	4843	1174	927	247
34	9295	4963	4332	863	656	207
35-39岁	**41668**	**22372**	**19296**	**2621**	**2096**	**525**
35	8355	4494	3861	644	503	141
36	8106	4302	3804	568	452	116
37	7656	4163	3493	472	377	95
38	9341	5023	4318	501	400	101
39	8210	4390	3820	436	364	72
40-44岁	**53608**	**28461**	**25147**	**2315**	**1938**	**377**
40	9625	5117	4508	495	396	99
41	11875	6343	5532	505	429	76
42	10864	5824	5040	516	416	100
43	9943	5247	4696	362	323	39
44	11301	5930	5371	437	374	63
45-49岁	**78119**	**40701**	**37418**	**2357**	**2129**	**228**
45	11463	5979	5484	392	350	42
46	13065	6750	6315	438	389	49
47	16177	8403	7774	498	450	48
48	17935	9419	8516	529	485	44
49	19479	10150	9329	500	455	45
50-54岁	**98930**	**51264**	**47666**	**2254**	**2081**	**173**
50	21253	11067	10186	504	467	37
51	19153	9987	9166	477	436	41
52	20762	10724	10038	474	439	35
53	18412	9444	8968	388	364	24
54	19350	10042	9308	411	375	36
55-59岁	**88062**	**44348**	**43714**	**1634**	**1512**	**122**
55	19396	9917	9479	387	356	31
56	18726	9439	9287	335	306	29
57	21259	10773	10486	450	421	29
58	16627	8287	8340	286	262	24
59	12054	5932	6122	176	167	9
60-64岁	**71745**	**36143**	**35602**	**1194**	**1133**	**61**
60	16247	8249	7998	271	256	15
61	12416	6276	6140	198	183	15
62	14187	7160	7027	242	230	12
63	14875	7518	7357	264	252	12
64	14020	6940	7080	219	212	7
65岁及以上	**150692**	**74601**	**76091**	**2178**	**2035**	**143**

程度、婚姻状况的人口(乡村)

单位：人

有配偶			离婚			丧偶		
小计	男	女	小计	男	女	小计	男	女
553121	**280918**	**272203**	**21835**	**15413**	**6422**	**57561**	**19424**	**38137**
142	**17**	**125**	**2**		**2**			
3	1	2						
3		3						
9	2	7						
43	5	38	2		2			
84	9	75						
3467	**1042**	**2425**	**107**	**41**	**66**	**4**	**2**	**2**
182	37	145	1		1			
322	61	261	10	2	8	1		1
566	150	416	16	5	11	1		1
959	291	668	29	11	18	1	1	
1438	503	935	51	23	28	1	1	
16833	**7608**	**9225**	**992**	**589**	**403**	**16**	**7**	**9**
1960	799	1161	98	48	50	3		3
2391	1025	1366	115	71	44	2	1	1
3396	1490	1906	189	95	94	3	1	2
4038	1889	2149	237	150	87	5	3	2
5048	2405	2643	353	225	128	3	2	1
39556	**19390**	**20166**	**3028**	**2055**	**973**	**99**	**38**	**61**
7370	3535	3835	493	327	166	13	6	7
7938	3799	4139	581	385	196	13	9	4
7741	3828	3913	609	401	208	15	4	11
8736	4367	4369	714	503	211	28	12	16
7771	3861	3910	631	439	192	30	7	23
36039	**18173**	**17866**	**2839**	**2048**	**791**	**169**	**55**	**114**
7136	3582	3554	556	404	152	19	5	14
6939	3417	3522	560	417	143	39	16	23
6623	3401	3222	532	373	159	29	12	17
8142	4145	3997	652	467	185	46	11	35
7199	3628	3571	539	387	152	36	11	25
47493	**23873**	**23620**	**3388**	**2507**	**881**	**412**	**143**	**269**
8435	4234	4201	645	467	178	50	20	30
10461	5244	5217	834	640	194	75	30	45
9586	4872	4714	681	503	178	81	33	48
8879	4452	4427	617	456	161	85	16	69
10132	5071	5061	611	441	170	121	44	77
71113	**35635**	**35478**	**3429**	**2486**	**943**	**1220**	**451**	**769**
10334	5131	5203	606	449	157	131	49	82
11833	5859	5974	624	446	178	170	56	114
14765	7377	7388	673	487	186	241	89	152
16354	8284	8070	741	537	204	311	113	198
17827	8984	8843	785	567	218	367	144	223
90831	**46048**	**44783**	**3202**	**2297**	**905**	**2643**	**838**	**1805**
19524	9902	9622	813	558	255	412	140	272
17588	8938	8650	667	488	179	421	125	296
19081	9631	9450	642	479	163	565	175	390
16901	8507	8394	536	377	159	587	196	391
17737	9070	8667	544	395	149	658	202	456
79817	**39910**	**39907**	**2280**	**1608**	**672**	**4331**	**1318**	**3013**
17666	8915	8751	560	405	155	783	241	542
17095	8551	8544	480	333	147	816	249	567
19244	9676	9568	551	385	166	1014	291	723
14997	7465	7532	394	277	117	950	283	667
10815	5303	5512	295	208	87	768	254	514
62820	**32031**	**30789**	**1271**	**897**	**374**	**6460**	**2082**	**4378**
14513	7428	7085	331	231	100	1132	334	798
10977	5611	5366	240	170	70	1001	312	689
12384	6310	6074	256	191	65	1305	429	876
12914	6633	6281	237	163	74	1460	470	990
12032	6049	5983	207	142	65	1562	537	1025
105010	**57191**	**47819**	**1297**	**885**	**412**	**42207**	**14490**	**27717**

5-3c 续表 1

受教育程度 年龄	15岁及以上人口			未婚		
	合计	男	女	小计	男	女
未上过学	**19792**	**6095**	**13697**	**2715**	**2325**	**390**
15-19岁	**168**	**103**	**65**	**167**	**103**	**64**
15	22	16	6	22	16	6
16	35	19	16	35	19	16
17	48	25	23	47	25	22
18	37	24	13	37	24	13
19	26	19	7	26	19	7
20-24岁	**167**	**115**	**52**	**157**	**113**	**44**
20	34	27	7	34	27	7
21	30	17	13	27	16	11
22	36	23	13	36	23	13
23	32	23	9	28	22	6
24	35	25	10	32	25	7
25-29岁	**186**	**119**	**67**	**148**	**111**	**37**
25	35	18	17	26	17	9
26	34	23	11	30	22	8
27	39	27	12	29	22	7
28	25	19	6	21	18	3
29	53	32	21	42	32	10
30-34岁	**316**	**188**	**128**	**230**	**165**	**65**
30	80	45	35	60	41	19
31	61	38	23	45	30	15
32	60	35	25	43	32	11
33	58	33	25	39	28	11
34	57	37	20	43	34	9
35-39岁	**262**	**141**	**121**	**157**	**120**	**37**
35	61	38	23	43	34	9
36	58	30	28	33	26	7
37	41	23	18	22	15	7
38	49	28	21	32	25	7
39	53	22	31	27	20	7
40-44岁	**386**	**209**	**177**	**193**	**158**	**35**
40	65	34	31	41	31	10
41	71	42	29	35	31	4
42	83	48	35	43	35	8
43	66	33	33	30	25	5
44	101	52	49	44	36	8
45-49岁	**681**	**318**	**363**	**256**	**223**	**33**
45	92	33	59	27	23	4
46	112	50	62	51	39	12
47	156	80	76	64	54	10
48	147	72	75	59	55	4
49	174	83	91	55	52	3
50-54岁	**1036**	**434**	**602**	**306**	**284**	**22**
50	173	76	97	55	50	5
51	206	86	120	63	57	6
52	212	85	127	65	62	3
53	208	84	124	60	55	5
54	237	103	134	63	60	3
55-59岁	**1244**	**410**	**834**	**223**	**207**	**16**
55	262	88	174	57	55	2
56	236	78	158	43	41	2
57	270	88	182	55	50	5
58	265	89	176	39	35	4
59	211	67	144	29	26	3
60-64岁	**2275**	**653**	**1622**	**267**	**254**	**13**
60	359	107	252	58	53	5
61	374	100	274	36	35	1
62	484	139	345	56	52	4
63	531	142	389	61	58	3
64	527	165	362	56	56	
65岁及以上	**13071**	**3405**	**9666**	**611**	**587**	**24**

单位：人

有配偶			离婚			丧偶		
小计	男	女	小计	男	女	小计	男	女
9665	**2464**	**7201**	**184**	**114**	**70**	**7228**	**1192**	**6036**
1		**1**						
1		1						
9	**2**	**7**	**1**		**1**			
2	1	1	1		1			
4	1	3						
3		3						
36	**8**	**28**	**2**		**2**			
9	1	8						
4	1	3						
9	5	4	1		1			
4	1	3						
10		10	1		1			
77	**19**	**58**	**9**	**4**	**5**			
20	4	16						
15	7	8	1	1				
14	2	12	3	1	2			
17	4	13	2	1	1			
11	2	9	3	1	2			
97	**19**	**78**	**5**	**2**	**3**	**3**		**3**
18	4	14						
23	3	20	2	1	1			
18	8	10	1		1			
16	2	14	1	1				
22	2	20	1		1	3		3
177	**40**	**137**	**11**	**8**	**3**	**5**	**3**	**2**
23	3	20	1		1			
32	9	23	3	1	2	1	1	
38	12	26	1	1		1		1
32	5	27	2	2		2	1	1
52	11	41	4	4		1	1	
380	**75**	**305**	**26**	**15**	**11**	**19**	**5**	**14**
62	10	52				3		3
55	7	48	5	4	1	1		1
74	17	57	12	7	5	6	2	4
76	14	62	5	1	4	7	2	5
113	27	86	4	3	1	2	1	1
661	**132**	**529**	**20**	**14**	**6**	**49**	**4**	**45**
112	23	89	2	2		4	1	3
125	25	100	6	3	3	12	1	11
134	22	112	1	1		12		12
136	26	110	3	2	1	9	1	8
154	36	118	8	6	2	12	1	11
851	**170**	**681**	**22**	**14**	**8**	**148**	**19**	**129**
174	30	144	6	2	4	25	1	24
161	34	127	3	1	2	29	2	27
180	31	149	7	6	1	28	1	27
183	42	141	4	3	1	39	9	30
153	33	120	2	2		27	6	21
1643	**351**	**1292**	**24**	**14**	**10**	**341**	**34**	**307**
247	48	199	2	1	1	52	5	47
295	58	237	6	3	3	37	4	33
349	75	274	7	5	2	72	7	65
383	78	305	1		1	86	6	80
369	92	277	8	5	3	94	12	82
5733	**1648**	**4085**	**64**	**43**	**21**	**6663**	**1127**	**5536**

5-3c 续表 2

受教育程度 年 龄	15岁及以上人口			未 婚		
	合计	男	女	小计	男	女
学前教育	**331**	**131**	**200**	**52**	**33**	**19**
15-19岁	**19**	**10**	**9**	**19**	**10**	**9**
15	10	6	4	10	6	4
16	1		1	1		1
17	2	1	1	2	1	1
18	5	3	2	5	3	2
19	1		1	1		1
20-24岁	**13**	**7**	**6**	**12**	**7**	**5**
20	2	1	1	2	1	1
21	1	1		1	1	
22	4	1	3	3	1	2
23	4	2	2	4	2	2
24	2	2		2	2	
25-29岁	**8**	**4**	**4**	**5**	**2**	**3**
25	1		1	1		1
26						
27						
28	3	2	1			
29	4	2	2	4	2	2
30-34岁	**5**	**2**	**3**	**1**	**1**	
30	1		1			
31						
32	3	2	1	1	1	
33	1		1			
34						
35-39岁	**7**	**6**	**1**	**3**	**3**	
35	2	2		1	1	
36	1	1				
37	2	1	1			
38	1	1		1	1	
39	1	1		1	1	
40-44岁	**12**	**8**	**4**	**3**	**3**	
40	1	1				
41	3	1	2	1	1	
42	2	2				
43	1	1				
44	5	3	2	2	2	
45-49岁	**18**	**6**	**12**	**1**	**1**	
45	2	1	1			
46	6	1	5			
47	1		1			
48	5	2	3			
49	4	2	2	1	1	
50-54岁	**18**	**13**	**5**	**2**	**1**	**1**
50	4	3	1			
51	2	2				
52	3	2	1	1		1
53	5	3	2			
54	4	3	1	1	1	
55-59岁	**29**	**5**	**24**			
55	8	1	7			
56	10	1	9			
57	5		5			
58	2	2				
59	4	1	3			
60-64岁	**51**	**21**	**30**	**2**	**2**	
60	10	4	6			
61	7	5	2	1	1	
62	8	1	7			
63	14	7	7			
64	12	4	8	1	1	
65岁及以上	**151**	**49**	**102**	**4**	**3**	**1**

单位：人

有配偶			离婚			丧偶		
小计	男	女	小计	男	女	小计	男	女
186	**72**	**114**	**7**	**5**	**2**	**86**	**21**	**65**
1		**1**						
1		1						
3	**2**	**1**						
3	2	1						
4	**1**	**3**						
1		1						
2	1	1						
1		1						
4	**3**	**1**						
1	1							
1	1							
2	1	1						
8	**4**	**4**	**1**	**1**				
1	1							
2		2						
1	1		1	1				
1	1							
3	1	2						
13	**3**	**10**	**3**	**2**	**1**	**1**		**1**
1		1	1	1				
5	1	4	1		1			
1		1						
4	2	2				1		1
2		2	1	1				
13	**10**	**3**	**2**	**2**		**1**		**1**
4	3	1						
2	2							
2	2							
5	3	2						
			2	2		1		1
26	**5**	**21**				**3**		**3**
8	1	7						
9	1	8				1		1
4		4				1		1
2	2							
3	1	2				1		1
43	**17**	**26**				**6**	**2**	**4**
7	3	4				3	1	2
6	4	2						
8	1	7						
12	7	5				2		2
10	2	8				1	1	
71	**27**	**44**	**1**		**1**	**75**	**19**	**56**

5-3c 续表 3

受教育程度 年　龄	15岁及以上人口			未　婚		
	合计	男	女	小计	男	女
小　学	**261179**	**122619**	**138560**	**9928**	**8683**	**1245**
15-19岁	**624**	**359**	**265**	**606**	**358**	**248**
15	111	61	50	111	61	50
16	125	74	51	125	74	51
17	105	61	44	104	60	44
18	126	69	57	119	69	50
19	157	94	63	147	94	53
20-24岁	**1103**	**621**	**482**	**737**	**517**	**220**
20	171	91	80	144	88	56
21	175	98	77	138	93	45
22	197	108	89	135	96	39
23	266	151	115	158	112	46
24	294	173	121	162	128	34
25-29岁	**3024**	**1714**	**1310**	**994**	**795**	**199**
25	363	212	151	170	132	38
26	424	241	183	164	130	34
27	609	357	252	218	177	41
28	747	426	321	216	178	38
29	881	478	403	226	178	48
30-34岁	**7075**	**3897**	**3178**	**1077**	**928**	**149**
30	1249	705	544	253	211	42
31	1376	767	609	233	209	24
32	1409	777	632	214	186	28
33	1638	910	728	230	199	31
34	1403	738	665	147	123	24
35-39岁	**6283**	**3263**	**3020**	**594**	**522**	**72**
35	1231	644	587	131	113	18
36	1151	607	544	121	109	12
37	1122	613	509	101	86	15
38	1442	723	719	121	105	16
39	1337	676	661	120	109	11
40-44岁	**10861**	**5488**	**5373**	**728**	**647**	**81**
40	1621	829	792	114	101	13
41	2304	1203	1101	163	144	19
42	2178	1105	1073	170	146	24
43	2114	1054	1060	120	112	8
44	2644	1297	1347	161	144	17
45-49岁	**23029**	**11107**	**11922**	**1055**	**1011**	**44**
45	2875	1415	1460	160	153	7
46	3665	1734	1931	188	179	9
47	4707	2275	2432	215	207	8
48	5448	2661	2787	234	223	11
49	6334	3022	3312	258	249	9
50-54岁	**37711**	**17950**	**19761**	**1178**	**1120**	**58**
50	7278	3484	3794	236	226	10
51	7089	3465	3624	253	240	13
52	7923	3811	4112	250	238	12
53	7439	3465	3974	198	191	7
54	7982	3725	4257	241	225	16
55-59岁	**38012**	**17011**	**21001**	**969**	**911**	**58**
55	8118	3767	4351	206	194	12
56	7952	3650	4302	207	194	13
57	9026	4093	4933	281	264	17
58	7383	3183	4200	171	157	14
59	5533	2318	3215	104	102	2
60-64岁	**37607**	**16623**	**20984**	**695**	**665**	**30**
60	7758	3438	4320	156	150	6
61	6224	2732	3492	118	111	7
62	7519	3384	4135	148	143	5
63	8146	3583	4563	150	142	8
64	7960	3486	4474	123	119	4
65岁及以上	**95850**	**44586**	**51264**	**1295**	**1209**	**86**

单位：人

有配偶			离婚			丧偶		
小计	男	女	小计	男	女	小计	男	女
208854	**97255**	**111599**	**6188**	**4680**	**1508**	**36209**	**12001**	**24208**
18	**1**	**17**						
1	1							
7		7						
10		10						
350	**96**	**254**	**15**	**8**	**7**	**1**		**1**
26	3	23	1		1			
36	4	32	1	1				
59	12	47	2		2	1		1
100	35	65	8	4	4			
129	42	87	3	3				
1861	**823**	**1038**	**168**	**96**	**72**	**1**		**1**
178	72	106	15	8	7			
238	102	136	21	9	12	1		1
366	163	203	25	17	8			
481	223	258	50	25	25			
598	263	335	57	37	20			
5410	**2567**	**2843**	**568**	**394**	**174**	**20**	**8**	**12**
908	436	472	85	58	27	3		3
1028	480	548	111	75	36	4	3	1
1087	517	570	107	74	33	1		1
1267	613	654	134	94	40	7	4	3
1120	521	599	131	93	38	5	1	4
5207	**2391**	**2816**	**450**	**339**	**111**	**32**	**11**	**21**
1011	465	546	88	65	23	1	1	
929	422	507	91	72	19	10	4	6
946	474	472	72	52	20	3	1	2
1195	533	662	116	83	33	10	2	8
1126	497	629	83	67	16	8	3	5
9314	**4201**	**5113**	**718**	**596**	**122**	**101**	**44**	**57**
1376	620	756	121	103	18	10	5	5
1966	912	1054	161	137	24	14	10	4
1846	835	1011	143	117	26	19	7	12
1836	822	1014	132	113	19	26	7	19
2290	1012	1278	161	126	35	32	15	17
20552	**9175**	**11377**	**959**	**757**	**202**	**463**	**164**	**299**
2530	1134	1396	139	112	27	46	16	30
3249	1400	1849	169	134	35	59	21	38
4224	1894	2330	183	145	38	85	29	56
4879	2218	2661	218	177	41	117	43	74
5670	2529	3141	250	189	61	156	55	101
34141	**15549**	**18592**	**1122**	**879**	**243**	**1270**	**402**	**868**
6599	2996	3603	272	210	62	171	52	119
6414	2990	3424	227	179	48	195	56	139
7166	3286	3880	234	189	45	273	98	175
6768	3043	3725	180	140	40	293	91	202
7194	3234	3960	209	161	48	338	105	233
33943	**14830**	**19113**	**854**	**651**	**203**	**2246**	**619**	**1627**
7307	3292	4015	203	156	47	402	125	277
7157	3209	3948	166	127	39	422	120	302
8008	3532	4476	219	163	56	518	134	384
6571	2785	3786	157	118	39	484	123	361
4900	2012	2888	109	87	22	420	117	303
32266	**14306**	**17960**	**614**	**466**	**148**	**4032**	**1186**	**2846**
6778	2990	3788	156	117	39	668	181	487
5377	2365	3012	118	92	26	611	164	447
6459	2903	3556	125	97	28	787	241	546
6935	3075	3860	111	83	28	950	283	667
6717	2973	3744	104	77	27	1016	317	699
65792	**33316**	**32476**	**720**	**494**	**226**	**28043**	**9567**	**18476**

5-3c 续表 4

受教育程度 年 龄	15岁及以上人口			未 婚		
	合计	男	女	小计	男	女
初 中	**333281**	**185130**	**148151**	**27267**	**19693**	**7574**
15-19岁	**8866**	**5119**	**3747**	**8758**	**5106**	**3652**
15	3620	2040	1580	3617	2039	1578
16	1961	1088	873	1958	1088	870
17	1089	638	451	1082	637	445
18	1059	680	379	1029	677	352
19	1137	673	464	1072	665	407
20-24岁	**7656**	**4418**	**3238**	**5103**	**3609**	**1494**
20	1077	663	414	948	632	316
21	1128	666	462	896	625	271
22	1424	837	587	1005	715	290
23	1804	998	806	1089	784	305
24	2223	1254	969	1165	853	312
25-29岁	**16510**	**9407**	**7103**	**4874**	**3836**	**1038**
25	2503	1439	1064	1115	833	282
26	2617	1480	1137	958	736	222
27	3329	1873	1456	1041	820	221
28	3617	2058	1559	885	714	171
29	4444	2557	1887	875	733	142
30-34岁	**33037**	**17936**	**15101**	**3610**	**2913**	**697**
30	6342	3480	2862	1004	812	192
31	6653	3593	3060	834	678	156
32	6408	3475	2933	670	546	124
33	7225	3950	3275	629	501	128
34	6409	3438	2971	473	376	97
35-39岁	**29556**	**16001**	**13555**	**1380**	**1123**	**257**
35	5873	3190	2683	329	256	73
36	5813	3099	2714	294	234	60
37	5507	3008	2499	272	227	45
38	6619	3595	3024	265	215	50
39	5744	3109	2635	220	191	29
40-44岁	**35627**	**19090**	**16537**	**1133**	**949**	**184**
40	6609	3554	3055	265	215	50
41	7971	4242	3729	258	219	39
42	7175	3917	3258	237	193	44
43	6568	3489	3079	178	157	21
44	7304	3888	3416	195	165	30
45-49岁	**47962**	**25651**	**22311**	**909**	**793**	**116**
45	7362	3922	3440	173	150	23
46	8154	4336	3818	176	156	20
47	10001	5269	4732	189	165	24
48	10931	5881	5050	211	184	27
49	11514	6243	5271	160	138	22
50-54岁	**53203**	**28846**	**24357**	**678**	**610**	**68**
50	12282	6631	5651	188	174	14
51	10445	5641	4804	141	128	13
52	11137	5965	5172	142	124	18
53	9511	5177	4334	112	103	9
54	9828	5432	4396	95	81	14
55-59岁	**40627**	**22067**	**18560**	**393**	**360**	**33**
55	9465	5157	4308	110	99	11
56	8862	4776	4086	75	67	8
57	9913	5371	4542	105	100	5
58	7357	4032	3325	69	63	6
59	5030	2731	2299	34	31	3
60-64岁	**25068**	**14534**	**10534**	**196**	**182**	**14**
60	6409	3624	2785	51	50	1
61	4519	2607	1912	34	27	7
62	4841	2803	2038	34	31	3
63	4863	2914	1949	41	40	1
64	4436	2586	1850	36	34	2
65岁及以上	**35169**	**22061**	**13108**	**233**	**212**	**21**

单位：人

有配偶			离婚			丧偶		
小计	男	女	小计	男	女	小计	男	女
280991	**150851**	**130140**	**12937**	**9257**	**3680**	**12086**	**5329**	**6757**
106	**13**	**93**	**2**		**2**			
3	1	2						
3		3						
7	1	6						
28	3	25	2		2			
65	8	57						
2471	**778**	**1693**	**79**	**29**	**50**	**3**	**2**	**1**
129	31	98						
223	40	183	8	1	7	1		1
405	117	288	14	5	9			
697	208	489	17	5	12	1	1	
1017	382	635	40	18	22	1	1	
10911	**5121**	**5790**	**715**	**444**	**271**	**10**	**6**	**4**
1314	570	744	72	36	36	2		2
1572	686	886	86	57	29	1	1	
2151	983	1168	134	69	65	3	1	2
2567	1227	1340	162	114	48	3	3	
3307	1655	1652	261	168	93	1	1	
27227	**13498**	**13729**	**2128**	**1498**	**630**	**72**	**27**	**45**
4958	2407	2551	372	256	116	8	5	3
5416	2633	2783	396	277	119	7	5	2
5294	2635	2659	430	290	140	14	4	10
6073	3068	3005	504	374	130	19	7	12
5486	2755	2731	426	301	125	24	6	18
25977	**13296**	**12681**	**2073**	**1540**	**533**	**126**	**42**	**84**
5113	2615	2498	413	315	98	18	4	14
5093	2547	2546	401	307	94	25	11	14
4820	2479	2341	390	291	99	25	11	14
5862	3038	2824	457	333	124	35	9	26
5089	2617	2472	412	294	118	23	7	16
32012	**16422**	**15590**	**2217**	**1636**	**581**	**265**	**83**	**182**
5868	3013	2855	441	312	129	35	14	21
7098	3568	3530	571	442	129	44	13	31
6435	3362	3073	446	337	109	57	25	32
5943	3041	2902	394	284	110	53	7	46
6668	3438	3230	365	261	104	76	24	52
44325	**23083**	**21242**	**2059**	**1513**	**546**	**669**	**262**	**407**
6733	3451	3282	384	293	91	72	28	44
7500	3881	3619	377	266	111	101	33	68
9272	4757	4515	399	294	105	141	53	88
10113	5316	4797	446	317	129	161	64	97
10707	5678	5029	453	343	110	194	84	110
49592	**26608**	**22984**	**1732**	**1232**	**500**	**1201**	**396**	**805**
11431	6081	5350	450	301	149	213	75	138
9751	5184	4567	357	265	92	196	64	132
10390	5507	4883	354	261	93	251	73	178
8842	4775	4067	297	205	92	260	94	166
9178	5061	4117	274	200	74	281	90	191
37466	**20341**	**17125**	**1081**	**766**	**315**	**1687**	**600**	**1087**
8750	4743	4007	287	212	75	318	103	215
8250	4440	3810	233	161	72	304	108	196
9138	4953	4185	255	177	78	415	141	274
6741	3708	3033	173	128	45	374	133	241
4587	2497	2090	133	88	45	276	115	161
22745	**13343**	**9402**	**435**	**310**	**125**	**1692**	**699**	**993**
5895	3360	2535	126	91	35	337	123	214
4128	2413	1715	87	56	31	270	111	159
4356	2555	1801	83	63	20	368	154	214
4387	2670	1717	79	57	22	356	147	209
3979	2345	1634	60	43	17	361	164	197
28159	**18348**	**9811**	**416**	**289**	**127**	**6361**	**3212**	**3149**

5-3c 续表 5

受教育程度 年 龄	15岁及以上人口			未 婚		
	合计	男	女	小计	男	女
高 中	**58031**	**33101**	**24930**	**19036**	**10500**	**8536**
15-19岁	**13975**	**7147**	**6828**	**13961**	**7145**	**6816**
15	4156	2050	2106	4156	2050	2106
16	4604	2348	2256	4604	2348	2256
17	2962	1529	1433	2962	1529	1433
18	1506	816	690	1500	815	685
19	747	404	343	739	403	336
20-24岁	**2675**	**1486**	**1189**	**2298**	**1381**	**917**
20	637	356	281	617	354	263
21	489	260	229	445	250	195
22	528	297	231	466	284	182
23	446	251	195	358	222	136
24	575	322	253	412	271	141
25-29岁	**3172**	**1755**	**1417**	**1401**	**967**	**434**
25	612	357	255	391	269	122
26	528	293	235	276	177	99
27	689	398	291	295	221	74
28	650	345	305	234	161	73
29	693	362	331	205	139	66
30-34岁	**4163**	**2240**	**1923**	**724**	**514**	**210**
30	891	461	430	214	152	62
31	904	466	438	160	112	48
32	788	445	343	142	99	43
33	860	479	381	118	91	27
34	720	389	331	90	60	30
35-39岁	**3069**	**1661**	**1408**	**235**	**174**	**61**
35	607	312	295	58	46	12
36	594	337	257	55	45	10
37	516	267	249	40	28	12
38	702	387	315	45	30	15
39	650	358	292	37	25	12
40-44岁	**4061**	**2275**	**1786**	**153**	**113**	**40**
40	813	451	362	42	29	13
41	940	546	394	32	26	6
42	840	461	379	37	25	12
43	718	397	321	17	14	3
44	750	420	330	25	19	6
45-49岁	**4222**	**2396**	**1826**	**85**	**68**	**17**
45	694	383	311	20	15	5
46	714	402	312	15	10	5
47	866	516	350	21	19	2
48	965	552	413	15	14	1
49	983	543	440	14	10	4
50-54岁	**5028**	**2917**	**2111**	**74**	**56**	**18**
50	1076	618	458	18	12	6
51	1026	586	440	15	9	6
52	1045	609	436	13	13	
53	918	532	386	17	14	3
54	963	572	391	11	8	3
55-59岁	**6501**	**3813**	**2688**	**44**	**33**	**11**
55	1163	691	472	10	7	3
56	1301	715	586	9	4	5
57	1613	936	677	9	7	2
58	1346	797	549	7	7	
59	1078	674	404	9	8	1
60-64岁	**5982**	**3804**	**2178**	**33**	**29**	**4**
60	1529	947	582	6	3	3
61	1160	741	419	9	9	
62	1191	740	451	4	4	
63	1158	766	392	11	11	
64	944	610	334	3	2	1
65岁及以上	**5183**	**3607**	**1576**	**28**	**20**	**8**

单位：人

有配偶			离婚			丧偶		
小计	男	女	小计	男	女	小计	男	女
35604	**20831**	**14773**	**1742**	**1026**	**716**	**1649**	**744**	**905**
14	**2**	**12**						
6	1	5						
8	1	7						
368	**102**	**266**	**9**	**3**	**6**			
20	2	18						
44	10	34						
62	13	49						
85	28	57	3	1	2			
157	49	108	6	2	4			
1689	**751**	**938**	**78**	**36**	**42**	**4**	**1**	**3**
212	86	126	8	2	6	1		1
246	112	134	6	4	2			
375	171	204	19	6	13			
395	176	219	20	8	12	1		1
461	206	255	25	16	9	2	1	1
3225	**1610**	**1615**	**209**	**113**	**96**	**5**	**3**	**2**
651	298	353	25	10	15	1	1	
698	331	367	44	22	22	2	1	1
601	319	282	45	27	18			
689	363	326	51	24	27	2	1	1
586	299	287	44	30	14			
2654	**1371**	**1283**	**173**	**114**	**59**	**7**	**2**	**5**
518	247	271	31	19	12			
500	266	234	36	25	11	3	1	2
445	223	222	30	16	14	1		1
611	325	286	45	32	13	1		1
580	310	270	31	22	9	2	1	1
3596	**1960**	**1636**	**282**	**192**	**90**	**30**	**10**	**20**
712	382	330	56	40	16	3		3
838	473	365	58	42	16	12	5	7
746	403	343	55	33	22	2		2
637	342	295	60	40	20	4	1	3
663	360	303	53	37	16	9	4	5
3844	**2174**	**1670**	**246**	**140**	**106**	**47**	**14**	**33**
618	339	279	50	26	24	6	3	3
654	366	288	42	26	16	3		3
786	462	324	52	31	21	7	4	3
879	501	378	50	33	17	21	4	17
907	506	401	52	24	28	10	3	7
4624	**2704**	**1920**	**234**	**127**	**107**	**96**	**30**	**66**
974	563	411	62	33	29	22	10	12
938	540	398	62	34	28	11	3	8
972	573	399	35	19	16	25	4	21
838	486	352	43	24	19	20	8	12
902	542	360	32	17	15	18	5	13
5982	**3555**	**2427**	**256**	**153**	**103**	**219**	**72**	**147**
1072	641	431	48	31	17	33	12	21
1186	662	524	56	33	23	50	16	34
1504	882	622	55	33	22	45	14	31
1239	748	491	51	26	25	49	16	33
981	622	359	46	30	16	42	14	28
5410	**3529**	**1881**	**173**	**98**	**75**	**366**	**148**	**218**
1411	900	511	41	20	21	71	24	47
1048	688	360	25	15	10	78	29	49
1072	685	387	39	26	13	76	25	51
1048	703	345	40	21	19	59	31	28
831	553	278	28	16	12	82	39	43
4198	**3073**	**1125**	**82**	**50**	**32**	**875**	**464**	**411**

5-3c 续表 6

受教育程度 年龄	15岁及以上人口			未婚		
	合计	男	女	小计	男	女
大学专科	**21078**	**11407**	**9671**	**10020**	**5385**	**4635**
15-19岁	**3750**	**1928**	**1822**	**3748**	**1927**	**1821**
15	146	68	78	146	68	78
16	221	101	120	221	101	120
17	389	166	223	389	166	223
18	1389	726	663	1388	725	663
19	1605	867	738	1604	867	737
20-24岁	**4166**	**2110**	**2056**	**3963**	**2061**	**1902**
20	1273	665	608	1266	664	602
21	842	426	416	829	422	407
22	770	404	366	736	398	338
23	669	331	338	614	317	297
24	612	284	328	518	260	258
25-29岁	**2827**	**1422**	**1405**	**1545**	**906**	**639**
25	590	279	311	439	235	204
26	549	287	262	342	205	137
27	588	289	299	313	194	119
28	537	289	248	250	152	98
29	563	278	285	201	120	81
30-34岁	**2392**	**1239**	**1153**	**557**	**355**	**202**
30	599	311	288	188	113	75
31	496	239	257	118	78	40
32	507	273	234	115	73	42
33	448	227	221	82	57	25
34	342	189	153	54	34	20
35-39岁	**1272**	**674**	**598**	**105**	**72**	**33**
35	275	141	134	30	23	7
36	244	113	131	26	18	8
37	242	134	108	19	9	10
38	281	156	125	19	15	4
39	230	130	100	11	7	4
40-44岁	**1509**	**817**	**692**	**57**	**38**	**19**
40	286	150	136	20	14	6
41	323	174	149	9	5	4
42	331	167	164	15	9	6
43	277	167	110	9	7	2
44	292	159	133	4	3	1
45-49岁	**1334**	**768**	**566**	**28**	**18**	**10**
45	254	134	120	8	5	3
46	238	139	99	5	3	2
47	277	169	108	4	3	1
48	272	159	113	5	4	1
49	293	167	126	6	3	3
50-54岁	**1285**	**740**	**545**	**9**	**5**	**4**
50	301	181	120	3	2	1
51	242	135	107	4	1	3
52	294	167	127	2	2	
53	211	111	100			
54	237	146	91			
55-59岁	**1124**	**715**	**409**	**3**		**3**
55	250	144	106	2		2
56	249	145	104	1		1
57	294	198	96			
58	192	125	67			
59	139	103	36			
60-64岁	**569**	**384**	**185**	**1**	**1**	
60	132	95	37			
61	97	69	28			
62	112	73	39			
63	129	82	47	1	1	
64	99	65	34			
65岁及以上	**850**	**610**	**240**	**4**	**2**	**2**

单位：人

有配偶			离婚			丧偶		
小计	男	女	小计	男	女	小计	男	女
10353	**5693**	**4660**	**496**	**225**	**271**	**209**	**104**	**105**
2	**1**	**1**						
1	1							
1		1						
200	**48**	**152**	**3**	**1**	**2**			
7	1	6						
13	4	9						
34	6	28						
54	13	41	1	1				
92	24	68	2		2			
1265	**508**	**757**	**16**	**8**	**8**	**1**		**1**
150	44	106	1		1			
207	82	125						
268	92	176	7	3	4			
283	134	149	3	3		1		1
357	156	201	5	2	3			
1767	**855**	**912**	**66**	**29**	**37**	**2**		**2**
404	196	208	6	2	4	1		1
361	154	207	17	7	10			
380	194	186	12	6	6			
353	165	188	13	5	8			
269	146	123	18	9	9	1		1
1085	**568**	**517**	**81**	**34**	**47**	**1**		**1**
232	117	115	13	1	12			
197	85	112	20	10	10	1		1
201	116	85	22	9	13			
246	130	116	16	11	5			
209	120	89	10	3	7			
1347	**722**	**625**	**98**	**55**	**43**	**7**	**2**	**5**
255	130	125	10	6	4	1		1
289	155	134	23	13	10	2	1	1
290	147	143	24	10	14	2	1	1
246	145	101	22	15	7			
267	145	122	19	11	8	2		2
1205	**707**	**498**	**88**	**38**	**50**	**13**	**5**	**8**
225	116	109	19	12	7	2	1	1
211	124	87	18	10	8	4	2	2
252	160	92	19	5	14	2	1	1
249	147	102	17	8	9	1		1
268	160	108	15	3	12	4	1	3
1187	**696**	**491**	**72**	**33**	**39**	**17**	**6**	**11**
275	168	107	21	9	12	2	2	
223	127	96	11	6	5	4	1	3
276	159	117	14	6	8	2		2
198	105	93	9	4	5	4	2	2
215	137	78	17	8	9	5	1	4
1053	**692**	**361**	**47**	**17**	**30**	**21**	**6**	**15**
234	141	93	10	3	7	4		4
224	135	89	17	7	10	7	3	4
277	192	85	11	5	6	6	1	5
183	122	61	6	2	4	3	1	2
135	102	33	3		3	1	1	
537	**368**	**169**	**14**	**4**	**10**	**17**	**11**	**6**
129	95	34	2		2	1		1
89	62	27	3	3		5	4	1
109	71	38	1		1	2	2	
121	79	42	4	1	3	3	1	2
89	61	28	4		4	6	4	2
705	**528**	**177**	**11**	**6**	**5**	**130**	**74**	**56**

5-3c 续表 7

受教育程度 年 龄	15岁及以上人口			未 婚		
	合计	男	女	小计	男	女
大学本科	**22729**	**10328**	**12401**	**15535**	**6753**	**8782**
15-19岁	**5032**	**2060**	**2972**	**5031**	**2060**	**2971**
15	8	1	7	8	1	7
16	19	6	13	19	6	13
17	317	128	189	317	128	189
18	1914	794	1120	1913	794	1119
19	2774	1131	1643	2774	1131	1643
20-24岁	**8336**	**3484**	**4852**	**8269**	**3468**	**4801**
20	2969	1215	1754	2969	1215	1754
21	2460	984	1476	2456	982	1474
22	1526	665	861	1521	663	858
23	790	372	418	771	366	405
24	591	248	343	552	242	310
25-29岁	**2530**	**1169**	**1361**	**1522**	**794**	**728**
25	525	257	268	432	232	200
26	495	221	274	375	180	195
27	497	221	276	286	152	134
28	534	258	276	247	139	108
29	479	212	267	182	91	91
30-34岁	**2225**	**1090**	**1135**	**517**	**315**	**202**
30	571	286	285	170	102	68
31	523	262	261	136	84	52
32	434	203	231	97	57	40
33	368	185	183	66	45	21
34	329	154	175	48	27	21
35-39岁	**1091**	**559**	**532**	**123**	**68**	**55**
35	275	148	127	43	24	19
36	227	107	120	35	18	17
37	199	104	95	15	11	4
38	216	118	98	13	6	7
39	174	82	92	17	9	8
40-44岁	**1040**	**526**	**514**	**40**	**26**	**14**
40	201	91	110	10	5	5
41	237	121	116	5	2	3
42	231	114	117	13	8	5
43	181	98	83	7	7	
44	190	102	88	5	4	1
45-49岁	**819**	**429**	**390**	**21**	**14**	**7**
45	170	84	86	3	3	
46	161	81	80	3	2	1
47	163	93	70	4	2	2
48	158	87	71	5	5	
49	167	84	83	6	2	4
50-54岁	**605**	**337**	**268**	**7**	**5**	**2**
50	132	71	61	4	3	1
51	132	65	67	1	1	
52	137	78	59	1		1
53	111	66	45	1	1	
54	93	57	36			
55-59岁	**476**	**293**	**183**	**2**	**1**	**1**
55	115	59	56	2	1	1
56	104	66	38			
57	126	79	47			
58	77	55	22			
59	54	34	20			
60-64岁	**179**	**116**	**63**			
60	45	31	14			
61	33	20	13			
62	30	19	11			
63	33	24	9			
64	38	22	16			
65岁及以上	**396**	**265**	**131**	**3**	**2**	**1**

单位：人

有配偶			离婚			丧偶		
小计	男	女	小计	男	女	小计	男	女
6841	**3442**	**3399**	**266**	**104**	**162**	**87**	**29**	**58**
1		**1**						
1		1						
67	**16**	**51**						
4	2	2						
5	2	3						
19	6	13						
39	6	33						
995	**370**	**625**	**13**	**5**	**8**			
91	23	68	2	2				
118	40	78	2	1	1			
208	69	139	3		3			
285	119	166	2		2			
293	119	174	4	2	2			
1661	**758**	**903**	**47**	**17**	**30**			
396	183	213	5	1	4			
375	175	200	12	3	9			
325	143	182	12	3	9			
293	135	158	9	5	4			
272	122	150	9	5	4			
915	**473**	**442**	**53**	**18**	**35**			
222	120	102	10	4	6			
182	87	95	10	2	8			
170	89	81	14	4	10			
186	105	81	17	7	10			
155	72	83	2	1	1			
940	**481**	**459**	**56**	**18**	**38**	**4**	**1**	**3**
176	79	97	14	6	8	1	1	
213	114	99	17	5	12	2		2
208	102	106	10	4	6			
167	89	78	7	2	5			
176	97	79	8	1	7	1		1
746	**393**	**353**	**44**	**21**	**23**	**8**	**1**	**7**
153	75	78	12	5	7	2	1	1
145	73	72	11	6	5	2		2
151	86	65	8	5	3			
146	81	65	4	1	3	3		3
151	78	73	9	4	5	1		1
569	**322**	**247**	**20**	**10**	**10**	**9**		**9**
122	65	57	6	3	3			
124	63	61	4	1	3	3		3
130	75	55	4	3	1	2		2
105	63	42	4	2	2	1		1
88	56	32	2	1	1	3		3
448	**283**	**165**	**20**	**7**	**13**	**6**	**2**	**4**
106	57	49	6	1	5	1		1
97	62	35	5	4	1	2		2
121	78	43	4	1	3	1		1
73	54	19	3		3	1	1	
51	32	19	2	1	1	1	1	
163	**109**	**54**	**10**	**5**	**5**	**6**	**2**	**4**
42	29	13	3	2	1			
32	19	13	1	1				
29	19	10	1		1			
27	21	6	2	1	1	4	2	2
33	21	12	3	1	2	2		2
336	**237**	**99**	**3**	**3**		**54**	**23**	**31**

5-3c 续表 8

受教育程度 年龄	15岁及以上人口			未婚		
	合计	男	女	小计	男	女
硕士研究生	**1465**	**631**	**834**	**896**	**355**	**541**
15-19岁						
15						
16						
17						
18						
19						
20-24岁	**476**	**173**	**303**	**475**	**173**	**302**
20	2	2		2	2	
21	29	10	19	29	10	19
22	108	36	72	108	36	72
23	175	61	114	175	61	114
24	162	64	98	161	64	97
25-29岁	**392**	**163**	**229**	**323**	**140**	**183**
25	143	54	89	137	51	86
26	84	39	45	78	37	41
27	65	33	32	47	27	20
28	50	19	31	32	12	20
29	50	18	32	29	13	16
30-34岁	**234**	**97**	**137**	**71**	**28**	**43**
30	53	18	35	28	10	18
31	58	25	33	16	8	8
32	51	22	29	13	5	8
33	44	19	25	9	5	4
34	28	13	15	5		5
35-39岁	**113**	**57**	**56**	**20**	**10**	**10**
35	25	13	12	5	2	3
36	18	8	10	4	2	2
37	24	11	13	3	1	2
38	28	15	13	5	3	2
39	18	10	8	3	2	1
40-44岁	**90**	**38**	**52**	**5**	**3**	**2**
40	24	6	18	1	1	
41	18	9	9	2	1	1
42	21	9	12	1		1
43	15	8	7	1	1	
44	12	6	6			
45-49岁	**45**	**24**	**21**	**2**	**1**	**1**
45	11	6	5	1	1	
46	15	7	8			
47	6	1	5	1		1
48	7	5	2			
49	6	5	1			
50-54岁	**43**	**26**	**17**			
50	7	3	4			
51	11	7	4			
52	10	6	4			
53	9	6	3			
54	6	4	2			
55-59岁	**40**	**28**	**12**			
55	11	6	5			
56	9	7	2			
57	10	7	3			
58	5	4	1			
59	5	4	1			
60-64岁	**12**	**8**	**4**			
60	4	3	1			
61	2	2				
62	2	1	1			
63	1		1			
64	3	2	1			
65岁及以上	**20**	**17**	**3**			

单位：人

有配偶			离婚			丧偶		
小计	男	女	小计	男	女	小计	男	女
553	**270**	**283**	**11**	**2**	**9**	**5**	**4**	**1**
1		**1**						
1		1						
69	**23**	**46**						
6	3	3						
6	2	4						
18	6	12						
18	7	11						
21	5	16						
163	**69**	**94**						
25	8	17						
42	17	25						
38	17	21						
35	14	21						
23	13	10						
89	**46**	**43**	**4**	**1**	**3**			
19	11	8	1		1			
14	6	8						
18	9	9	3	1	2			
23	12	11						
15	8	7						
80	**34**	**46**	**5**	**1**	**4**			
21	5	16	2		2			
15	8	7	1		1			
19	9	10	1		1			
14	7	7						
11	5	6	1	1				
41	**23**	**18**	**2**		**2**			
10	5	5						
14	7	7	1		1			
5	1	4						
7	5	2						
5	5		1		1			
43	**26**	**17**						
7	3	4						
11	7	4						
10	6	4						
9	6	3						
6	4	2						
40	**28**	**12**						
11	6	5						
9	7	2						
10	7	3						
5	4	1						
5	4	1						
12	**8**	**4**						
4	3	1						
2	2							
2	1	1						
1		1						
3	2	1						
15	**13**	**2**				**5**	**4**	**1**

5-3c 续表 9

受教育程度 年　　龄	15岁及以上人口			未　婚		
	合计	男	女	小计	男	女
博士研究生	**148**	**68**	**80**	**68**	**28**	**40**
15-19岁						
15						
16						
17						
18						
19						
20-24岁	**10**	**2**	**8**	**10**	**2**	**8**
20	2		2	2		2
21	1		1	1		1
22						
23	1	1		1	1	
24	6	1	5	6	1	5
25-29岁	**34**	**14**	**20**	**30**	**12**	**18**
25	4	2	2	4	2	2
26	4	2	2	4	2	2
27	7	4	3	6	3	3
28	10	4	6	8	4	4
29	9	2	7	8	1	7
30-34岁	**44**	**22**	**22**	**21**	**9**	**12**
30	12	5	7	5	2	3
31	11	4	7	8	2	6
32	4	2	2	4	2	2
33	10	6	4	1	1	
34	7	5	2	3	2	1
35-39岁	**15**	**10**	**5**	**4**	**4**	
35	6	6		4	4	
36						
37	3	2	1			
38	3		3			
39	3	2	1			
40-44岁	**22**	**10**	**12**	**3**	**1**	**2**
40	5	1	4	2		2
41	8	5	3			
42	3	1	2			
43	3		3			
44	3	3		1	1	
45-49岁	**9**	**2**	**7**			
45	3	1	2			
46						
47						
48	2		2			
49	4	1	3			
50-54岁	**1**	**1**				
50						
51						
52	1	1				
53						
54						
55-59岁	**9**	**6**	**3**			
55	4	4				
56	3	1	2			
57	2	1	1			
58						
59						
60-64岁	**2**		**2**			
60	1		1			
61						
62						
63						
64	1		1			
65岁及以上	**2**	**1**	**1**			

单位：人

有配偶			离婚			丧偶		
小计	男	女	小计	男	女	小计	男	女
74	**40**	**34**	**4**		**4**	**2**		**2**
4	**2**	**2**						
1	1							
2		2						
1	1							
22	**13**	**9**	**1**		**1**			
7	3	4						
3	2	1						
8	5	3	1		1			
4	3	1						
11	**6**	**5**						
2	2							
3	2	1						
3		3						
3	2	1						
19	**9**	**10**						
3	1	2						
8	5	3						
3	1	2						
3		3						
2	2							
7	**2**	**5**	**2**		**2**			
2	1	1	1		1			
1		1	1		1			
4	1	3						
1	**1**							
1	1							
8	**6**	**2**				**1**		**1**
4	4							
2	1	1				1		1
2	1	1						
1		**1**	**1**		**1**			
			1		1			
1		1						
1	**1**					**1**		**1**

5-4 全省分初婚年龄、性别、初婚年份的人口

单位：人、岁

初婚年龄	初婚年份								
	合计			1980年			1981年		
	合计	男	女	小计	男	女	小计	男	女
总计	**1294574**	**638645**	**655929**	**42334**	**20220**	**22114**	**35444**	**16844**	**18600**
15岁以下	**948**	**175**	**773**	**64**	**9**	**55**	**59**	**12**	**47**
15-19岁	**159116**	**50067**	**109049**	**6060**	**1833**	**4227**	**4686**	**1353**	**3333**
15	5015	1264	3751	294	74	220	182	59	123
16	10410	2655	7755	585	165	420	341	86	255
17	21849	6198	15651	1241	345	896	774	192	582
18	42810	13243	29567	1428	381	1047	1511	444	1067
19	79032	26707	52325	2512	868	1644	1878	572	1306
20-24岁	**716049**	**344512**	**371537**	**25081**	**11770**	**13311**	**21897**	**10163**	**11734**
20	121601	45131	76470	3943	1582	2361	2999	1204	1795
21	153532	70656	82876	4487	2057	2430	4216	1895	2321
22	171459	88207	83252	5585	2616	2969	4516	2064	2452
23	146528	75222	71306	5765	2847	2918	5248	2530	2718
24	122929	65296	57633	5301	2668	2633	4918	2470	2448
25-29岁	**309465**	**177237**	**132228**	**10365**	**6121**	**4244**	**8243**	**4937**	**3306**
25	103432	57075	46357	4689	2594	2095	3730	2127	1603
26	77701	44118	33583	2854	1772	1082	2248	1387	861
27	57058	33318	23740	1528	930	598	1286	810	476
28	40984	24514	16470	828	538	290	642	402	240
29	30290	18212	12078	466	287	179	337	211	126
30-34岁	**70459**	**43076**	**27383**	**609**	**393**	**216**	**463**	**320**	**143**
30	22342	13662	8680	297	190	107	203	141	62
31	16948	10282	6666	122	78	44	113	74	39
32	12957	7882	5075	87	60	27	70	47	23
33	10158	6259	3899	64	35	29	45	31	14
34	8054	4991	3063	39	30	9	32	27	5
35-39岁	**21432**	**13221**	**8211**	**114**	**64**	**50**	**63**	**40**	**23**
35	6270	3887	2383	37	18	19	16	11	5
36	4934	2984	1950	24	14	10	17	11	6
37	4120	2547	1573	25	18	7	12	5	7
38	3300	2047	1253	17	10	7	9	5	4
39	2808	1756	1052	11	4	7	9	8	1
40-44岁	**9115**	**5561**	**3554**	**27**	**19**	**8**	**16**	**9**	**7**
40	2358	1420	938	9	8	1	7	4	3
41	2056	1263	793	5	1	4	4	3	1
42	1805	1093	712	6	5	1	2	1	1
43	1559	984	575	5	4	1			
44	1337	801	536	2	1	1	3	1	2
45-49岁	**4112**	**2519**	**1593**	**9**	**8**	**1**	**11**	**6**	**5**
45	1120	699	421	1	1		5	2	3
46	908	555	353	4	3	1	3	2	1
47	833	502	331	4	4		1	1	
48	656	405	251				1	1	
49	595	358	237				1		1
50岁及以上	**3878**	**2277**	**1601**	**5**	**3**	**2**	**6**	**4**	**2**
平均初婚年龄	**24.13**	**24.82**	**23.46**	**23.16**	**23.76**	**22.61**	**23.18**	**23.78**	**22.64**

5-4 续表 1

单位：人、岁

初婚年龄	初婚年份								
	1982年			1983年			1984年		
	小计	男	女	小计	男	女	小计	男	女
总　计	**39434**	**18897**	**20537**	**36877**	**17696**	**19181**	**40036**	**19316**	**20720**
15岁以下	**49**	**12**	**37**	**39**	**4**	**35**	**45**	**7**	**38**
15-19岁	**7141**	**2250**	**4891**	**6788**	**2244**	**4544**	**7317**	**2522**	**4795**
15	244	62	182	268	71	197	286	78	208
16	477	117	360	499	146	353	541	145	396
17	913	240	673	906	282	624	1036	325	711
18	1798	556	1242	1763	538	1225	1962	670	1292
19	3709	1275	2434	3352	1207	2145	3492	1304	2188
20-24岁	**23594**	**11446**	**12148**	**22561**	**10917**	**11644**	**25694**	**12508**	**13186**
20	3650	1434	2216	5278	2181	3097	5563	2306	3257
21	4713	2202	2511	4381	2071	2310	7142	3388	3754
22	5651	2817	2834	4741	2342	2399	4941	2432	2509
23	4883	2447	2436	4584	2331	2253	4347	2302	2045
24	4697	2546	2151	3577	1992	1585	3701	2080	1621
25-29岁	**7962**	**4741**	**3221**	**6696**	**4031**	**2665**	**6120**	**3734**	**2386**
25	3590	2044	1546	2939	1729	1210	2426	1463	963
26	2040	1247	793	1746	1024	722	1736	1077	659
27	1274	800	474	1028	640	388	986	598	388
28	703	437	266	616	399	217	582	363	219
29	355	213	142	367	239	128	390	233	157
30-34岁	**573**	**371**	**202**	**627**	**399**	**228**	**681**	**432**	**249**
30	228	156	72	243	164	79	255	163	92
31	156	101	55	147	86	61	162	100	62
32	91	51	40	102	57	45	125	77	48
33	57	37	20	94	63	31	84	62	22
34	41	26	15	41	29	12	55	30	25
35-39岁	**76**	**57**	**19**	**102**	**60**	**42**	**118**	**74**	**44**
35	24	15	9	29	14	15	49	34	15
36	21	17	4	25	18	7	29	18	11
37	13	10	3	20	12	8	20	13	7
38	11	9	2	19	8	11	13	5	8
39	7	6	1	9	8	1	7	4	3
40-44岁	**22**	**11**	**11**	**39**	**27**	**12**	**40**	**24**	**16**
40	5	1	4	13	8	5	10	4	6
41	3	3		6	5	1	9	7	2
42	7	3	4	6	4	2	11	7	4
43	5	3	2	5	4	1	3	3	
44	2	1	1	9	6	3	7	3	4
45-49岁	**14**	**7**	**7**	**17**	**9**	**8**	**17**	**11**	**6**
45	3	1	2	4	1	3	3	2	1
46	3	2	1	3	2	1	6	4	2
47	2	1	1	4	3	1	1		1
48	5	3	2	2		2	4	3	1
49	1		1	4	3	1	3	2	1
50岁及以上	**3**	**2**	**1**	**8**	**5**	**3**	**4**	**4**	
平均初婚年龄	**22.84**	**23.45**	**22.29**	**22.66**	**23.25**	**22.11**	**22.48**	**23.03**	**21.96**

5-4 续表 2

单位：人、岁

初婚年龄	初婚年份								
	1985年			1986年			1987年		
	小计	男	女	小计	男	女	小计	男	女
总　计	**47322**	**22869**	**24453**	**43736**	**21306**	**22430**	**42817**	**20857**	**21960**
15岁以下	**52**	**8**	**44**	**38**	**9**	**29**	**39**	**4**	**35**
15—19岁	**8643**	**3010**	**5633**	**8191**	**2838**	**5353**	**8491**	**3065**	**5426**
15	329	90	239	262	59	203	245	65	180
16	707	215	492	568	157	411	601	161	440
17	1282	392	890	1249	422	827	1262	402	860
18	2262	754	1508	2332	788	1544	2440	897	1543
19	4063	1559	2504	3780	1412	2368	3943	1540	2403
20—24岁	**30773**	**15011**	**15762**	**28937**	**14397**	**14540**	**27976**	**13983**	**13993**
20	5934	2511	3423	5478	2333	3145	5157	2138	3019
21	7755	3630	4125	6961	3323	3638	6212	2887	3325
22	8619	4346	4273	7236	3711	3525	6639	3528	3111
23	4841	2484	2357	6222	3328	2894	5596	2959	2637
24	3624	2040	1584	3040	1702	1338	4372	2471	1901
25—29岁	**6606**	**4084**	**2522**	**5392**	**3340**	**2052**	**5035**	**3039**	**1996**
25	2788	1693	1095	2052	1289	763	2052	1226	826
26	1607	1005	602	1512	946	566	1221	759	462
27	1084	689	395	794	489	305	858	519	339
28	672	417	255	612	369	243	502	300	202
29	455	280	175	422	247	175	402	235	167
30—34岁	**994**	**599**	**395**	**876**	**537**	**339**	**949**	**560**	**389**
30	332	209	123	264	158	106	299	185	114
31	259	157	102	238	151	87	217	128	89
32	183	93	90	171	95	76	196	109	87
33	127	83	44	111	78	33	150	86	64
34	93	57	36	92	55	37	87	52	35
35—39岁	**170**	**101**	**69**	**212**	**129**	**83**	**212**	**142**	**70**
35	69	40	29	76	55	21	71	49	22
36	41	23	18	50	24	26	50	33	17
37	19	12	7	27	19	8	39	27	12
38	26	14	12	30	17	13	29	16	13
39	15	12	3	29	14	15	23	17	6
40—44岁	**50**	**34**	**16**	**56**	**36**	**20**	**73**	**36**	**37**
40	15	14	1	22	10	12	23	11	12
41	12	8	4	11	7	4	18	9	9
42	11	5	6	3	3		14	8	6
43	7	5	2	10	8	2	9	6	3
44	5	2	3	10	8	2	9	2	7
45—49岁	**25**	**16**	**9**	**22**	**12**	**10**	**29**	**21**	**8**
45	3	2	1	5	1	4	10	8	2
46	7	5	2	4	3	1	7	4	3
47	5	2	3	6	2	4	3	2	1
48	6	4	2	2	2		5	4	1
49	4	3	1	5	4	1	4	3	1
50岁及以上	**9**	**6**	**3**	**12**	**8**	**4**	**13**	**7**	**6**
平均初婚年龄	**22.48**	**23.01**	**21.98**	**22.46**	**22.97**	**21.97**	**22.50**	**23.01**	**22.02**

5-4　续表 3　　　　单位：人、岁

初婚年龄	初婚年份								
	1988年			1989年			1990年		
	小计	男	女	小计	男	女	小计	男	女
总　计	**43380**	**21127**	**22253**	**43036**	**20967**	**22069**	**46885**	**23002**	**23883**
15岁以下	**39**	**5**	**34**	**35**	**3**	**32**	**46**	**13**	**33**
15—19岁	**9077**	**3253**	**5824**	**8907**	**3239**	**5668**	**9559**	**3425**	**6134**
15	255	74	181	212	50	162	261	73	188
16	607	184	423	554	166	388	602	172	430
17	1370	436	934	1302	452	850	1341	449	892
18	2591	917	1674	2638	985	1653	2675	932	1743
19	4254	1642	2612	4201	1586	2615	4680	1799	2881
20—24岁	**27322**	**13708**	**13614**	**26840**	**13332**	**13508**	**29576**	**14857**	**14719**
20	5627	2342	3285	5824	2362	3462	6371	2579	3792
21	5836	2815	3021	6372	3030	3342	7344	3580	3764
22	6257	3249	3008	5723	2979	2744	7017	3708	3309
23	5421	2937	2484	5074	2747	2327	5015	2780	2235
24	4181	2365	1816	3847	2214	1633	3829	2210	1619
25—29岁	**5677**	**3383**	**2294**	**5967**	**3641**	**2326**	**6318**	**3850**	**2468**
25	2924	1747	1177	2783	1692	1091	2637	1568	1069
26	1145	681	464	1777	1108	669	1713	1035	678
27	724	440	284	637	395	242	1153	749	404
28	538	309	229	433	250	183	493	314	179
29	346	206	140	337	196	141	322	184	138
30—34岁	**940**	**588**	**352**	**932**	**544**	**388**	**898**	**560**	**338**
30	291	187	104	244	155	89	262	170	92
31	216	130	86	225	128	97	184	107	77
32	167	95	72	184	102	82	195	129	66
33	154	95	59	158	86	72	138	84	54
34	112	81	31	121	73	48	119	70	49
35—39岁	**219**	**130**	**89**	**237**	**143**	**94**	**314**	**192**	**122**
35	77	47	30	88	57	31	105	71	34
36	60	37	23	56	33	23	68	40	28
37	38	16	22	35	22	13	56	28	28
38	29	20	9	32	18	14	45	27	18
39	15	10	5	26	13	13	40	26	14
40—44岁	**61**	**38**	**23**	**78**	**43**	**35**	**107**	**68**	**39**
40	15	6	9	31	14	17	44	26	18
41	19	11	8	14	8	6	25	15	10
42	13	10	3	12	7	5	11	7	4
43	8	6	2	14	10	4	14	9	5
44	6	5	1	7	4	3	13	11	2
45—49岁	**27**	**16**	**11**	**27**	**14**	**13**	**34**	**19**	**15**
45	12	7	5	6	3	3	11	6	5
46	5	3	2	7	4	3	8	4	4
47	4	2	2	6	3	3	3	2	1
48	2	2		4	2	2	6	3	3
49	4	2	2	4	2	2	6	4	2
50岁及以上	**18**	**6**	**12**	**13**	**8**	**5**	**33**	**18**	**15**
平均初婚年龄	**22.45**	**22.97**	**21.96**	**22.47**	**22.98**	**21.97**	**22.46**	**23.01**	**21.93**

5-4 续表 4

单位：人、岁

初婚年龄	初婚年份								
	1991年			1992年			1993年		
	小计	男	女	小计	男	女	小计	男	女
总　计	**32522**	**15916**	**16606**	**36372**	**17893**	**18479**	**35601**	**17568**	**18033**
15岁以下	**32**	**4**	**28**	**24**	**2**	**22**	**17**	**2**	**15**
15-19岁	**5393**	**1802**	**3591**	**5036**	**1612**	**3424**	**3833**	**1150**	**2683**
15	139	34	105	136	36	100	120	33	87
16	234	53	181	247	65	182	180	42	138
17	665	198	467	558	149	409	432	115	317
18	1549	487	1062	1245	379	866	956	279	677
19	2806	1030	1776	2850	983	1867	2145	681	1464
20-24岁	**21674**	**10763**	**10911**	**25000**	**12360**	**12640**	**24948**	**12276**	**12672**
20	4512	1768	2744	4557	1757	2800	3988	1387	2601
21	5114	2460	2654	6007	2818	3189	5635	2593	3042
22	5390	2833	2557	6245	3289	2956	6454	3421	3033
23	4095	2220	1875	4873	2589	2284	5124	2703	2421
24	2563	1482	1081	3318	1907	1411	3747	2172	1575
25-29岁	**4549**	**2816**	**1733**	**5110**	**3201**	**1909**	**5401**	**3339**	**2062**
25	1914	1163	751	1975	1226	749	2335	1408	927
26	1169	754	415	1302	829	473	1246	790	456
27	755	465	290	810	508	302	834	524	310
28	470	291	179	582	372	210	560	347	213
29	241	143	98	441	266	175	426	270	156
30-34岁	**559**	**333**	**226**	**766**	**464**	**302**	**910**	**522**	**388**
30	155	95	60	224	136	88	347	206	141
31	155	94	61	174	99	75	191	95	96
32	96	62	34	153	97	56	157	96	61
33	89	46	43	104	61	43	141	78	63
34	64	36	28	111	71	40	74	47	27
35-39岁	**211**	**134**	**77**	**273**	**157**	**116**	**291**	**169**	**122**
35	48	31	17	78	38	40	77	45	32
36	58	39	19	70	41	29	57	36	21
37	41	25	16	50	33	17	45	29	16
38	36	23	13	39	24	15	65	34	31
39	28	16	12	36	21	15	47	25	22
40-44岁	**65**	**42**	**23**	**103**	**57**	**46**	**134**	**74**	**60**
40	22	13	9	27	17	10	37	22	15
41	17	11	6	21	10	11	37	20	17
42	12	9	3	27	13	14	22	12	10
43	10	8	2	16	11	5	20	9	11
44	4	1	3	12	6	6	18	11	7
45-49岁	**23**	**12**	**11**	**28**	**18**	**10**	**36**	**21**	**15**
45	8	4	4	9	8	1	14	7	7
46	5	2	3	3	2	1	6	5	1
47	3	1	2	8	5	3	10	5	5
48	2	2		3	2	1	3	1	2
49	5	3	2	5	1	4	3	3	
50岁及以上	**16**	**10**	**6**	**32**	**22**	**10**	**31**	**15**	**16**
平均初婚年龄	**22.62**	**23.17**	**22.09**	**22.89**	**23.44**	**22.36**	**23.18**	**23.71**	**22.67**

5-4 续表 5

单位：人、岁

初婚年龄	初婚年份								
	1994年			1995年			1996年		
	小计	男	女	小计	男	女	小计	男	女
总 计	**34298**	**16970**	**17328**	**36233**	**17866**	**18367**	**31262**	**15483**	**15779**
15岁以下	**19**	**3**	**16**	**19**	**2**	**17**	**19**	**6**	**13**
15-19岁	**3235**	**904**	**2331**	**3121**	**835**	**2286**	**2496**	**639**	**1857**
15	92	25	67	111	29	82	54	11	43
16	177	38	139	223	51	172	154	26	128
17	365	84	281	381	88	293	347	83	264
18	825	235	590	708	195	513	591	152	439
19	1776	522	1254	1698	472	1226	1350	367	983
20-24岁	**23804**	**11634**	**12170**	**24134**	**11640**	**12494**	**19850**	**9428**	**10422**
20	3373	1107	2266	3176	1017	2159	2721	817	1904
21	5283	2418	2865	4958	2222	2736	3788	1648	2140
22	6187	3267	2920	6370	3283	3087	4920	2494	2426
23	5115	2672	2443	5308	2771	2537	4692	2435	2257
24	3846	2170	1676	4322	2347	1975	3729	2034	1695
25-29岁	**5724**	**3511**	**2213**	**6964**	**4226**	**2738**	**6980**	**4285**	**2695**
25	2597	1541	1056	2979	1773	1206	2834	1671	1163
26	1423	910	513	1868	1147	721	1820	1129	691
27	748	478	270	1044	654	390	1146	745	401
28	563	341	222	583	354	229	705	453	252
29	393	241	152	490	298	192	475	287	188
30-34岁	**974**	**595**	**379**	**1275**	**739**	**536**	**1233**	**757**	**476**
30	332	205	127	377	214	163	364	221	143
31	263	159	104	333	191	142	307	176	131
32	160	97	63	294	172	122	244	164	80
33	109	69	40	158	92	66	209	129	80
34	110	65	45	113	70	43	109	67	42
35-39岁	**292**	**182**	**110**	**370**	**234**	**136**	**300**	**168**	**132**
35	75	60	15	100	60	40	70	40	30
36	55	37	18	75	55	20	85	44	41
37	69	31	38	76	49	27	43	27	16
38	46	26	20	68	39	29	57	33	24
39	47	28	19	51	31	20	45	24	21
40-44岁	**155**	**89**	**66**	**211**	**111**	**100**	**210**	**113**	**97**
40	55	32	23	50	27	23	35	20	15
41	29	18	11	48	26	22	63	36	27
42	35	20	15	50	23	27	42	18	24
43	19	12	7	37	24	13	37	21	16
44	17	7	10	26	11	15	33	18	15
45-49岁	**37**	**20**	**17**	**76**	**45**	**31**	**93**	**47**	**46**
45	10	6	4	30	21	9	23	13	10
46	8	5	3	17	8	9	21	10	11
47	4	1	3	16	9	7	27	12	15
48	11	6	5	7	4	3	14	9	5
49	4	2	2	6	3	3	8	3	5
50岁及以上	**58**	**32**	**26**	**63**	**34**	**29**	**81**	**40**	**41**
平均初婚年龄	**23.40**	**23.96**	**22.85**	**23.72**	**24.30**	**23.17**	**24.01**	**24.63**	**23.40**

5-4 续表 6

单位：人、岁

初婚年龄	初婚年份								
	1997年			1998年			1999年		
	小计	男	女	小计	男	女	小计	男	女
总　计	**30240**	**15000**	**15240**	**31172**	**15541**	**15631**	**29655**	**14734**	**14921**
15岁以下	**6**	**3**	**3**	**16**	**6**	**10**	**16**	**1**	**15**
15-19岁	**2366**	**557**	**1809**	**2605**	**648**	**1957**	**2485**	**616**	**1869**
15	58	15	43	75	13	62	63	13	50
16	96	24	72	152	28	124	131	31	100
17	283	57	226	231	62	169	272	68	204
18	632	156	476	651	169	482	550	126	424
19	1297	305	992	1496	376	1120	1469	378	1091
20-24岁	**18510**	**8812**	**9698**	**17958**	**8489**	**9469**	**18009**	**8443**	**9566**
20	2462	699	1763	2653	748	1905	2948	807	2141
21	3778	1627	2151	3663	1592	2071	3736	1639	2097
22	4719	2495	2224	4716	2531	2185	4659	2459	2200
23	3999	2028	1971	3723	1892	1831	3838	1969	1869
24	3552	1963	1589	3203	1726	1477	2828	1569	1259
25-29岁	**7301**	**4426**	**2875**	**8034**	**4905**	**3129**	**7173**	**4414**	**2759**
25	2783	1628	1155	2888	1722	1166	2356	1360	996
26	1954	1183	771	2017	1255	762	1931	1197	734
27	1231	775	456	1430	899	531	1324	856	468
28	801	519	282	964	611	353	925	612	313
29	532	321	211	735	418	317	637	389	248
30-34岁	**1260**	**744**	**516**	**1728**	**992**	**736**	**1333**	**859**	**474**
30	340	203	137	518	292	226	474	309	165
31	290	158	132	361	194	167	337	223	114
32	264	151	113	336	197	139	202	128	74
33	189	118	71	277	166	111	186	115	71
34	177	114	63	236	143	93	134	84	50
35-39岁	**355**	**218**	**137**	**493**	**305**	**188**	**363**	**234**	**129**
35	99	67	32	188	114	74	117	67	50
36	68	45	23	95	56	39	99	63	36
37	86	50	36	83	48	35	60	41	19
38	55	29	26	79	56	23	43	31	12
39	47	27	20	48	31	17	44	32	12
40-44岁	**299**	**152**	**147**	**195**	**115**	**80**	**146**	**88**	**58**
40	62	29	33	39	25	14	31	24	7
41	59	33	26	42	21	21	38	17	21
42	75	39	36	34	21	13	27	19	8
43	52	27	25	48	27	21	21	11	10
44	51	24	27	32	21	11	29	17	12
45-49岁	**96**	**60**	**36**	**102**	**59**	**43**	**90**	**56**	**34**
45	35	24	11	27	13	14	30	18	12
46	22	12	10	22	13	9	18	11	7
47	19	10	9	21	16	5	19	12	7
48	11	7	4	14	6	8	15	9	6
49	9	7	2	18	11	7	8	6	2
50岁及以上	**47**	**28**	**19**	**41**	**22**	**19**	**40**	**23**	**17**
平均初婚年龄	**24.20**	**24.86**	**23.55**	**24.34**	**25.04**	**23.65**	**24.05**	**24.83**	**23.28**

5–4　续表 7

单位：人、岁

初婚年龄	初婚年份								
	2000年			2001年			2002年		
	小计	男	女	小计	男	女	小计	男	女
总　计	**35799**	**18020**	**17779**	**23099**	**11447**	**11652**	**26816**	**13425**	**13391**
15岁以下	**52**	**16**	**36**	**30**	**8**	**22**	**27**	**4**	**23**
15–19岁	**3334**	**856**	**2478**	**2061**	**534**	**1527**	**2551**	**703**	**1848**
15	149	43	106	92	35	57	121	35	86
16	232	57	175	119	30	89	177	48	129
17	390	103	287	236	50	186	285	71	214
18	908	212	696	451	117	334	590	159	431
19	1655	441	1214	1163	302	861	1378	390	988
20–24岁	**21790**	**10448**	**11342**	**14311**	**6715**	**7596**	**16329**	**7767**	**8562**
20	3584	1153	2431	1866	527	1339	2488	755	1733
21	5330	2386	2944	3225	1415	1810	3010	1343	1667
22	5327	2868	2459	4239	2215	2024	4319	2243	2076
23	4298	2267	2031	2845	1431	1414	3980	2065	1915
24	3251	1774	1477	2136	1127	1009	2532	1361	1171
25–29岁	**7989**	**5038**	**2951**	**5183**	**3209**	**1974**	**5961**	**3694**	**2267**
25	2618	1561	1057	1745	1007	738	2072	1209	863
26	1934	1214	720	1258	771	487	1498	919	579
27	1537	1003	534	953	601	352	1011	653	358
28	1106	729	377	689	476	213	701	467	234
29	794	531	263	538	354	184	679	446	233
30–34岁	**1706**	**1071**	**635**	**1043**	**680**	**363**	**1357**	**881**	**476**
30	589	383	206	361	237	124	455	288	167
31	445	282	163	238	157	81	321	199	122
32	275	159	116	199	128	71	257	172	85
33	214	132	82	134	86	48	185	128	57
34	183	115	68	111	72	39	139	94	45
35–39岁	**546**	**356**	**190**	**262**	**168**	**94**	**370**	**240**	**130**
35	162	102	60	76	50	26	92	60	32
36	133	85	48	64	42	22	99	64	35
37	118	79	39	60	34	26	70	49	21
38	79	49	30	38	28	10	59	34	25
39	54	41	13	24	14	10	50	33	17
40–44岁	**223**	**132**	**91**	**98**	**62**	**36**	**105**	**64**	**41**
40	58	34	24	23	16	7	28	15	13
41	43	31	12	18	11	7	23	15	8
42	43	23	20	19	12	7	24	12	12
43	38	28	10	25	14	11	15	11	4
44	41	16	25	13	9	4	15	11	4
45–49岁	**99**	**66**	**33**	**63**	**42**	**21**	**63**	**43**	**20**
45	21	14	7	20	13	7	12	8	4
46	22	19	3	16	9	7	14	9	5
47	25	17	8	9	7	2	16	11	5
48	15	9	6	10	6	4	11	6	5
49	16	7	9	8	7	1	10	9	1
50岁及以上	**60**	**37**	**23**	**48**	**29**	**19**	**53**	**29**	**24**
平均初婚年龄	**23.98**	**24.76**	**23.18**	**23.95**	**24.72**	**23.19**	**24.01**	**24.79**	**23.23**

5-4 续表 8 单位：人、岁

初婚年龄	初婚年份								
	2003年			2004年			2005年		
	小计	男	女	小计	男	女	小计	男	女
总　计	**26930**	**13430**	**13500**	**26974**	**13527**	**13447**	**27658**	**13939**	**13719**
15岁以下	**20**	**5**	**15**	**26**	**8**	**18**	**15**	**2**	**13**
15-19岁	**2669**	**689**	**1980**	**3051**	**828**	**2223**	**3574**	**1001**	**2573**
15	107	32	75	105	19	86	134	38	96
16	226	58	168	219	46	173	246	55	191
17	358	88	270	430	117	313	496	130	366
18	673	190	483	791	210	581	998	262	736
19	1305	321	984	1506	436	1070	1700	516	1184
20-24岁	**15396**	**7284**	**8112**	**14541**	**6973**	**7568**	**13925**	**6748**	**7177**
20	2290	681	1609	2287	741	1546	2506	858	1648
21	3442	1547	1895	3021	1444	1577	2836	1343	1493
22	3445	1820	1625	3780	1993	1787	3245	1765	1480
23	3256	1665	1591	2643	1340	1303	3042	1569	1473
24	2963	1571	1392	2810	1455	1355	2296	1213	1083
25-29岁	**6444**	**3894**	**2550**	**6984**	**4158**	**2826**	**7312**	**4359**	**2953**
25	2247	1256	991	2578	1434	1144	2406	1342	1064
26	1605	975	630	1834	1060	774	2045	1199	846
27	1178	738	440	1156	723	433	1325	830	495
28	779	503	276	882	588	294	880	546	334
29	635	422	213	534	353	181	656	442	214
30-34岁	**1704**	**1105**	**599**	**1635**	**1088**	**547**	**1817**	**1193**	**624**
30	572	374	198	453	305	148	480	324	156
31	440	294	146	416	276	140	413	255	158
32	303	191	112	285	181	104	363	252	111
33	224	143	81	259	178	81	312	198	114
34	165	103	62	222	148	74	249	164	85
35-39岁	**414**	**274**	**140**	**460**	**292**	**168**	**554**	**355**	**199**
35	138	89	49	143	96	47	169	114	55
36	78	54	24	107	66	41	138	91	47
37	77	54	23	82	58	24	111	73	38
38	59	34	25	76	41	35	63	37	26
39	62	43	19	52	31	21	73	40	33
40-44岁	**148**	**95**	**53**	**148**	**101**	**47**	**241**	**154**	**87**
40	47	31	16	50	33	17	71	41	30
41	33	17	16	40	29	11	59	39	20
42	21	14	7	18	12	6	60	41	19
43	24	18	6	19	11	8	25	15	10
44	23	15	8	21	16	5	26	18	8
45-49岁	**70**	**44**	**26**	**65**	**42**	**23**	**95**	**53**	**42**
45	17	10	7	15	10	5	19	11	8
46	17	12	5	17	12	5	17	9	8
47	16	9	7	15	10	5	18	7	11
48	13	9	4	9	6	3	16	8	8
49	7	4	3	9	4	5	25	18	7
50岁及以上	**65**	**40**	**25**	**64**	**37**	**27**	**125**	**74**	**51**
平均初婚年龄	**24.25**	**25.10**	**23.41**	**24.25**	**25.09**	**23.40**	**24.45**	**25.33**	**23.54**

5-4 续表 9

单位：人、岁

初婚年龄	初婚年份								
	2006年			2007年			2008年		
	小计	男	女	小计	男	女	小计	男	女
总 计	**28699**	**14373**	**14326**	**26234**	**13201**	**13033**	**31643**	**15994**	**15649**
15岁以下	**12**	**1**	**11**	**11**	**5**	**6**	**16**	**2**	**14**
15-19岁	**3672**	**1065**	**2607**	**3429**	**1065**	**2364**	**4031**	**1258**	**2773**
15	88	25	63	82	13	69	81	20	61
16	215	55	160	183	46	137	177	33	144
17	420	97	323	471	131	340	462	121	341
18	977	268	709	930	289	641	1207	362	845
19	1972	620	1352	1763	586	1177	2104	722	1382
20-24岁	**13742**	**6606**	**7136**	**12413**	**5983**	**6430**	**14819**	**7246**	**7573**
20	2635	938	1697	2633	933	1700	2978	1159	1819
21	2853	1359	1494	2836	1342	1494	3562	1716	1846
22	2924	1605	1319	2803	1521	1282	3495	1883	1612
23	2640	1332	1308	2135	1152	983	2598	1347	1251
24	2690	1372	1318	2006	1035	971	2186	1141	1045
25-29岁	**8312**	**4762**	**3550**	**7523**	**4311**	**3212**	**9004**	**5126**	**3878**
25	2230	1104	1126	2302	1236	1066	2415	1266	1149
26	2298	1306	992	1578	843	735	2343	1271	1072
27	1859	1118	741	1571	931	640	1552	912	640
28	1132	716	416	1239	771	468	1441	874	567
29	793	518	275	833	530	303	1253	803	450
30-34岁	**1894**	**1248**	**646**	**1743**	**1121**	**622**	**2266**	**1405**	**861**
30	574	362	212	560	374	186	753	445	308
31	426	276	150	405	244	161	546	353	193
32	331	217	114	275	184	91	374	230	144
33	328	230	98	250	162	88	319	197	122
34	235	163	72	253	157	96	274	180	94
35-39岁	**671**	**431**	**240**	**689**	**449**	**240**	**897**	**580**	**317**
35	213	131	82	199	139	60	251	166	85
36	156	107	49	169	105	64	215	128	87
37	135	79	56	120	79	41	171	115	56
38	102	66	36	104	66	38	135	97	38
39	65	48	17	97	60	37	125	74	51
40-44岁	**222**	**143**	**79**	**246**	**159**	**87**	**337**	**206**	**131**
40	49	31	18	49	34	15	85	55	30
41	52	36	16	62	43	19	62	39	23
42	44	28	16	54	36	18	76	45	31
43	46	32	14	41	24	17	59	35	24
44	31	16	15	40	22	18	55	32	23
45-49岁	**94**	**61**	**33**	**81**	**49**	**32**	**143**	**94**	**49**
45	13	9	4	25	14	11	51	35	16
46	22	13	9	18	8	10	25	17	8
47	22	14	8	17	12	5	19	12	7
48	20	13	7	12	8	4	26	16	10
49	17	12	5	9	7	2	22	14	8
50岁及以上	**80**	**56**	**24**	**99**	**59**	**40**	**130**	**77**	**53**
平均初婚年龄	**24.60**	**25.50**	**23.70**	**24.62**	**25.48**	**23.75**	**24.79**	**25.61**	**23.95**

5-4 续表 10　　单位：人、岁

初婚年龄	初婚年份								
	2009年			2010年			2011年		
	小计	男	女	小计	男	女	小计	男	女
总　计	**28297**	**14250**	**14047**	**29481**	**15002**	**14479**	**25410**	**12783**	**12627**
15岁以下	**13**	**3**	**10**	**11**	**1**	**10**	**6**	**1**	**5**
15-19岁	**3296**	**1050**	**2246**	**3004**	**963**	**2041**	**1918**	**545**	**1373**
15	74	10	64	73	7	66	60	5	55
16	140	23	117	194	45	149	109	17	92
17	368	94	274	416	109	307	263	59	204
18	862	268	594	795	236	559	575	160	415
19	1852	655	1197	1526	566	960	911	304	607
20-24岁	**13013**	**6343**	**6670**	**13676**	**6638**	**7038**	**11221**	**5279**	**5942**
20	2412	938	1474	2535	1004	1531	1597	605	992
21	2857	1382	1475	2866	1319	1547	2320	1053	1267
22	3268	1751	1517	3158	1697	1461	2558	1291	1267
23	2413	1214	1199	2830	1492	1338	2368	1151	1217
24	2063	1058	1005	2287	1126	1161	2378	1179	1199
25-29岁	**8097**	**4436**	**3661**	**8182**	**4464**	**3718**	**8568**	**4587**	**3981**
25	2005	1001	1004	2192	1118	1074	2291	1107	1184
26	2073	1066	1007	1811	934	877	1995	1031	964
27	1856	1038	818	1726	923	803	1642	881	761
28	1158	721	437	1522	909	613	1445	849	596
29	1005	610	395	931	580	351	1195	719	476
30-34岁	**2414**	**1494**	**920**	**2771**	**1746**	**1025**	**2414**	**1547**	**867**
30	848	527	321	897	573	324	679	424	255
31	570	352	218	699	446	253	628	402	226
32	421	260	161	515	313	202	503	335	168
33	316	198	118	352	226	126	327	211	116
34	259	157	102	308	188	120	277	175	102
35-39岁	**914**	**578**	**336**	**1018**	**665**	**353**	**697**	**438**	**259**
35	239	151	88	246	166	80	173	106	67
36	211	132	79	202	122	80	153	96	57
37	187	123	64	218	150	68	133	84	49
38	145	90	55	181	118	63	133	82	51
39	132	82	50	171	109	62	105	70	35
40-44岁	**307**	**188**	**119**	**437**	**294**	**143**	**336**	**225**	**111**
40	88	54	34	139	89	50	95	57	38
41	71	44	27	120	85	35	75	54	21
42	57	33	24	76	54	22	73	40	33
43	47	30	17	58	38	20	62	52	10
44	44	27	17	44	28	16	31	22	9
45-49岁	**138**	**92**	**46**	**188**	**114**	**74**	**132**	**89**	**43**
45	54	35	19	56	32	24	33	23	10
46	43	28	15	47	29	18	25	16	9
47	12	9	3	44	30	14	35	25	10
48	17	12	5	18	10	8	26	16	10
49	12	8	4	23	13	10	13	9	4
50岁及以上	**105**	**66**	**39**	**194**	**117**	**77**	**118**	**72**	**46**
平均初婚年龄	**25.06**	**25.85**	**24.27**	**25.41**	**26.25**	**24.54**	**25.68**	**26.50**	**24.84**

5-4　续表 11　　　　单位：人、岁

初婚年龄	初婚年份								
	2012年			2013年			2014年		
	小计	男	女	小计	男	女	小计	男	女
总　计	**28203**	**14180**	**14023**	**26593**	**13282**	**13311**	**25078**	**12525**	**12553**
15岁以下	**4**		**4**	**7**	**1**	**6**	**8**		**8**
15-19岁	**1975**	**553**	**1422**	**1371**	**359**	**1012**	**1117**	**280**	**837**
15	53	4	49	29	6	23	33	3	30
16	162	28	134	102	11	91	75	8	67
17	297	67	230	216	37	179	174	29	145
18	536	141	395	386	116	270	311	81	230
19	927	313	614	638	189	449	524	159	365
20-24岁	**11511**	**5369**	**6142**	**9546**	**4323**	**5223**	**7905**	**3541**	**4364**
20	1355	512	843	1054	357	697	783	261	522
21	1981	897	1084	1307	551	756	1116	441	675
22	2811	1394	1417	2097	992	1105	1557	784	773
23	2585	1272	1313	2520	1185	1335	1877	879	998
24	2779	1294	1485	2568	1238	1330	2572	1176	1396
25-29岁	**9969**	**5285**	**4684**	**10637**	**5533**	**5104**	**11101**	**5704**	**5397**
25	2927	1415	1512	3020	1432	1588	2959	1375	1584
26	2491	1268	1223	2907	1453	1454	2808	1378	1430
27	1919	1045	874	2098	1114	984	2449	1317	1132
28	1445	858	587	1501	870	631	1705	963	742
29	1187	699	488	1111	664	447	1180	671	509
30-34岁	**3057**	**1875**	**1182**	**3263**	**1959**	**1304**	**2991**	**1805**	**1186**
30	1028	621	407	932	565	367	853	514	339
31	598	376	222	804	467	337	718	427	291
32	569	344	225	563	350	213	604	379	225
33	512	318	194	536	324	212	409	238	171
34	350	216	134	428	253	175	407	247	160
35-39岁	**914**	**573**	**341**	**940**	**596**	**344**	**1057**	**642**	**415**
35	244	152	92	278	163	115	371	223	148
36	211	121	90	206	135	71	248	142	106
37	177	104	73	193	120	73	177	110	67
38	133	92	41	146	101	45	139	97	42
39	149	104	45	117	77	40	122	70	52
40-44岁	**443**	**307**	**136**	**465**	**278**	**187**	**494**	**299**	**195**
40	120	77	43	103	60	43	97	55	42
41	103	72	31	93	54	39	111	70	41
42	95	69	26	114	69	45	105	73	32
43	79	58	21	87	50	37	103	60	43
44	46	31	15	68	45	23	78	41	37
45-49岁	**173**	**116**	**57**	**193**	**133**	**60**	**222**	**139**	**83**
45	41	29	12	45	33	12	70	42	28
46	25	16	9	33	25	8	51	34	17
47	44	32	12	40	25	15	38	17	21
48	27	17	10	41	30	11	28	23	5
49	36	22	14	34	20	14	35	23	12
50岁及以上	**157**	**102**	**55**	**171**	**100**	**71**	**183**	**115**	**68**
平均初婚年龄	**26.08**	**26.92**	**25.23**	**26.66**	**27.45**	**25.87**	**27.09**	**27.86**	**26.32**

5-4 续表 12 单位：人、岁

初婚年龄	初婚年份								
	2015年			2016年			2017年		
	小计	男	女	小计	男	女	小计	男	女
总 计	**25439**	**12697**	**12742**	**22449**	**11263**	**11186**	**20482**	**10231**	**10251**
15岁以下	**6**	**1**	**5**	**4**		**4**			
15-19岁	**820**	**186**	**634**	**602**	**121**	**481**	**408**	**67**	**341**
15	15	3	12	10		10	4		4
16	52	3	49	36	6	30	28	7	21
17	126	25	101	76	10	66	52	6	46
18	226	47	179	164	36	128	114	16	98
19	401	108	293	316	69	247	210	38	172
20-24岁	**7049**	**3013**	**4036**	**5451**	**2281**	**3170**	**4768**	**1926**	**2842**
20	656	201	455	508	146	362	434	109	325
21	937	350	587	733	274	459	652	228	424
22	1492	699	793	1092	477	615	1043	455	588
23	1642	719	923	1406	615	791	1056	442	614
24	2322	1044	1278	1712	769	943	1583	692	891
25-29岁	**12174**	**6258**	**5916**	**11200**	**5726**	**5474**	**10038**	**5103**	**4935**
25	3102	1481	1621	2459	1135	1324	1928	878	1050
26	2899	1407	1492	2788	1380	1408	2249	1089	1160
27	2678	1450	1228	2479	1298	1181	2405	1228	1177
28	2093	1135	958	1989	1075	914	1908	1011	897
29	1402	785	617	1485	838	647	1548	897	651
30-34岁	**3221**	**1931**	**1290**	**3151**	**1868**	**1283**	**3353**	**1971**	**1382**
30	952	560	392	968	578	390	1163	663	500
31	732	415	317	732	439	293	835	502	333
32	608	386	222	574	338	236	573	339	234
33	564	336	228	483	285	198	425	244	181
34	365	234	131	394	228	166	357	223	134
35-39岁	**1108**	**664**	**444**	**1121**	**687**	**434**	**1028**	**613**	**415**
35	339	210	129	291	174	117	359	200	159
36	307	183	124	257	134	123	201	124	77
37	200	117	83	260	176	84	183	114	69
38	134	72	62	186	115	71	159	99	60
39	128	82	46	127	88	39	126	76	50
40-44岁	**530**	**331**	**199**	**475**	**302**	**173**	**420**	**279**	**141**
40	114	74	40	119	77	42	103	71	32
41	97	60	37	114	67	47	89	54	35
42	106	66	40	70	47	23	75	46	29
43	121	73	48	79	55	24	68	46	22
44	92	58	34	93	56	37	85	62	23
45-49岁	**260**	**155**	**105**	**227**	**150**	**77**	**238**	**133**	**105**
45	67	43	24	88	54	34	56	29	27
46	61	40	21	49	34	15	51	23	28
47	57	29	28	42	29	13	57	38	19
48	42	25	17	23	15	8	40	25	15
49	33	18	15	25	18	7	34	18	16
50岁及以上	**271**	**158**	**113**	**218**	**128**	**90**	**229**	**139**	**90**
平均初婚年龄	**27.57**	**28.33**	**26.81**	**27.92**	**28.72**	**27.11**	**28.23**	**29.03**	**27.42**

5-4　续表 13　　　　单位：人、岁

初婚年龄	初婚年份								
	2018年			2019年			2020年		
	小计	男	女	小计	男	女	小计	男	女
总　计	**21576**	**10618**	**10958**	**17178**	**8483**	**8695**	**11880**	**5903**	**5977**
15岁以下	**4**	**2**	**2**	**2**		**2**	**1**		**1**
15-19岁	**388**	**75**	**313**	**260**	**51**	**209**	**155**	**23**	**132**
15	16	2	14	1		1	2		2
16	29	4	25	10	2	8	3	1	2
17	51	6	45	35	5	30	17	2	15
18	102	17	85	67	12	55	40	4	36
19	190	46	144	147	32	115	93	16	77
20-24岁	**4688**	**1841**	**2847**	**3545**	**1357**	**2188**	**2272**	**894**	**1378**
20	363	82	281	254	57	197	169	35	134
21	627	188	439	412	118	294	228	65	163
22	1005	421	584	761	286	475	455	183	272
23	1186	492	694	893	383	510	552	239	313
24	1507	658	849	1225	513	712	868	372	496
25-29岁	**10339**	**5165**	**5174**	**7772**	**3876**	**3896**	**5059**	**2525**	**2534**
25	2108	924	1184	1532	680	852	1025	450	575
26	2186	1017	1169	1702	802	900	1070	500	570
27	2226	1141	1085	1620	821	799	1144	590	554
28	2145	1156	989	1513	803	710	937	496	441
29	1674	927	747	1405	770	635	883	489	394
30-34岁	**3929**	**2240**	**1689**	**3534**	**2029**	**1505**	**2616**	**1511**	**1105**
30	1309	723	586	1007	566	441	860	497	363
31	993	591	402	908	537	371	631	363	268
32	724	403	321	690	366	324	474	276	198
33	479	280	199	534	330	204	352	201	151
34	424	243	181	395	230	165	299	174	125
35-39岁	**1220**	**683**	**537**	**1038**	**613**	**425**	**729**	**391**	**338**
35	344	196	148	280	168	112	170	98	72
36	310	168	142	219	128	91	147	73	74
37	208	112	96	235	124	111	148	78	70
38	183	100	83	161	104	57	137	81	56
39	175	107	68	143	89	54	127	61	66
40-44岁	**450**	**273**	**177**	**467**	**257**	**210**	**436**	**226**	**210**
40	121	73	48	128	74	54	119	54	65
41	97	57	40	101	50	51	113	67	46
42	88	53	35	93	51	42	74	35	39
43	74	41	33	77	45	32	72	40	32
44	70	49	21	68	37	31	58	30	28
45-49岁	**265**	**164**	**101**	**262**	**136**	**126**	**228**	**127**	**101**
45	59	42	17	54	37	17	55	28	27
46	68	40	28	46	21	25	62	37	25
47	48	31	17	51	21	30	42	24	18
48	48	28	20	68	36	32	29	17	12
49	42	23	19	43	21	22	40	21	19
50岁及以上	**293**	**175**	**118**	**298**	**164**	**134**	**384**	**206**	**178**
平均初婚年龄	**28.55**	**29.34**	**27.79**	**29.07**	**29.81**	**28.36**	**29.79**	**30.45**	**29.14**

5-4a 全省分初婚年龄、性别、初婚年份的人口(城市)

单位：人、岁

初婚年龄	初婚年份								
	合计			1980年			1981年		
	合计	男	女	小计	男	女	小计	男	女
总计	**564686**	**271002**	**293684**	**16475**	**7614**	**8861**	**15627**	**7227**	**8400**
15岁以下	**206**	**40**	**166**	**16**	**3**	**13**	**6**	**1**	**5**
15-19岁	**41004**	**11258**	**29746**	**1268**	**360**	**908**	**1095**	**300**	**795**
15	1312	404	908	71	26	45	52	27	25
16	2519	637	1882	133	42	91	79	22	57
17	5064	1308	3756	247	65	182	190	48	142
18	10764	2956	7808	328	85	243	344	104	240
19	21345	5953	15392	489	142	347	430	99	331
20-24岁	**287496**	**124204**	**163292**	**9140**	**3785**	**5355**	**9251**	**3789**	**5462**
20	36431	10817	25614	934	339	595	737	237	500
21	51517	19521	31996	1272	478	794	1320	467	853
22	67849	30210	37639	1932	758	1174	1822	722	1100
23	67613	31499	36114	2343	997	1346	2614	1087	1527
24	64086	32157	31929	2659	1213	1446	2758	1276	1482
25-29岁	**177184**	**99635**	**77549**	**5726**	**3271**	**2455**	**4994**	**2946**	**2048**
25	58054	31200	26854	2577	1342	1235	2273	1268	1005
26	44828	24984	19844	1608	977	631	1387	841	546
27	33236	19088	14148	882	536	346	783	494	289
28	23662	13933	9729	436	278	158	354	216	138
29	17404	10430	6974	223	138	85	197	127	70
30-34岁	**39206**	**23890**	**15316**	**258**	**157**	**101**	**239**	**165**	**74**
30	12506	7636	4870	133	87	46	109	75	34
31	9536	5796	3740	41	20	21	55	35	20
32	7112	4268	2844	40	25	15	40	29	11
33	5545	3373	2172	27	14	13	23	15	8
34	4507	2817	1690	17	11	6	12	11	1
35-39岁	**11416**	**6959**	**4457**	**47**	**23**	**24**	**30**	**21**	**9**
35	3446	2101	1345	19	9	10	8	6	2
36	2598	1562	1036	7	2	5	10	6	4
37	2183	1325	858	10	7	3	4	2	2
38	1741	1068	673	8	5	3	4	3	1
39	1448	903	545	3		3	4	4	
40-44岁	**4442**	**2760**	**1682**	**15**	**10**	**5**	**6**	**2**	**4**
40	1117	694	423	5	4	1	2	1	1
41	995	615	380	3		3	1		1
42	880	541	339	4	4		1		1
43	776	497	279	2	2				
44	674	413	261	1		1	2	1	1
45-49岁	**1931**	**1184**	**747**	**3**	**3**		**3**		**3**
45	553	336	217				3		3
46	432	263	169	1	1				
47	367	234	133	2	2				
48	316	195	121						
49	263	156	107						
50岁及以上	**1801**	**1072**	**729**	**2**	**2**		**3**	**3**	
平均初婚年龄	**25.02**	**25.82**	**24.28**	**24.03**	**24.60**	**23.54**	**24.00**	**24.60**	**23.49**

5-4a 续表 1

单位：人、岁

初婚年龄	初婚年份								
	1982年			1983年			1984年		
	小计	男	女	小计	男	女	小计	男	女
总　计	**15979**	**7456**	**8523**	**14077**	**6523**	**7554**	**14852**	**6904**	**7948**
15岁以下	**6**	**1**	**5**	**14**	**1**	**13**	**7**	**3**	**4**
15–19岁	**1616**	**461**	**1155**	**1567**	**480**	**1087**	**1564**	**485**	**1079**
15	53	16	37	70	20	50	68	20	48
16	86	26	60	114	31	83	116	30	86
17	198	50	148	186	53	133	173	47	126
18	403	119	284	371	114	257	409	135	274
19	876	250	626	826	262	564	798	253	545
20–24岁	**9572**	**4167**	**5405**	**8433**	**3620**	**4813**	**9558**	**4155**	**5403**
20	996	296	700	1386	468	918	1528	520	1008
21	1504	584	920	1290	485	805	2279	864	1415
22	2118	880	1238	1789	712	1077	1867	782	1085
23	2331	1042	1289	2081	953	1128	1956	932	1024
24	2623	1365	1258	1887	1002	885	1928	1057	871
25–29岁	**4462**	**2623**	**1839**	**3711**	**2206**	**1505**	**3368**	**2034**	**1334**
25	2009	1111	898	1666	968	698	1359	807	552
26	1158	714	444	979	567	412	970	613	357
27	737	460	277	556	340	216	539	324	215
28	396	239	157	332	217	115	306	175	131
29	162	99	63	178	114	64	194	115	79
30–34岁	**271**	**170**	**101**	**271**	**172**	**99**	**279**	**179**	**100**
30	117	83	34	111	72	39	96	63	33
31	70	41	29	56	36	20	67	40	27
32	42	22	20	44	26	18	56	36	20
33	27	17	10	40	24	16	37	29	8
34	15	7	8	20	14	6	23	11	12
35–39岁	**37**	**25**	**12**	**47**	**23**	**24**	**43**	**28**	**15**
35	13	8	5	16	5	11	15	10	5
36	12	8	4	9	7	2	10	6	4
37	6	3	3	7	4	3	8	4	4
38	4	4		12	4	8	6	4	2
39	2	2		3	3		4	4	
40–44岁	**10**	**7**	**3**	**18**	**12**	**6**	**16**	**7**	**9**
40	2		2	4	2	2	4		4
41	1	1		2	1	1	2	2	
42	4	3	1	2	2		6	3	3
43	2	2		4	3	1	1	1	
44	1	1		6	4	2	3	1	2
45–49岁	**5**	**2**	**3**	**9**	**5**	**4**	**13**	**9**	**4**
45	1		1	2	1	1	2	1	1
46	1	1		3	2	1	6	4	2
47	2	1	1	1	1				
48	1		1	1		1	3	3	
49				2	1	1	2	1	1
50岁及以上				**7**	**4**	**3**	**4**	**4**	
平均初婚年龄	**23.69**	**24.31**	**23.15**	**23.53**	**24.20**	**22.96**	**23.32**	**23.97**	**22.75**

5-4a 续表 2

单位：人、岁

初婚年龄	初婚年份								
	1985年			1986年			1987年		
	小计	男	女	小计	男	女	小计	男	女
总 计	**17796**	**8355**	**9441**	**16881**	**7939**	**8942**	**16629**	**7874**	**8755**
15岁以下	**7**	**1**	**6**	**10**	**5**	**5**	**7**		**7**
15-19岁	**1961**	**571**	**1390**	**1904**	**545**	**1359**	**1947**	**573**	**1374**
15	85	21	64	60	18	42	50	14	36
16	160	43	117	123	30	93	124	28	96
17	272	76	196	288	77	211	240	69	171
18	471	144	327	522	156	366	578	163	415
19	973	287	686	911	264	647	955	299	656
20-24岁	**11799**	**5271**	**6528**	**11481**	**5213**	**6268**	**11316**	**5269**	**6047**
20	1649	563	1086	1479	508	971	1389	432	957
21	2620	1027	1593	2386	941	1445	2046	799	1247
22	3495	1568	1927	3058	1385	1673	2739	1296	1443
23	2194	1090	1104	2978	1502	1476	2716	1375	1341
24	1841	1023	818	1580	877	703	2426	1367	1059
25-29岁	**3519**	**2211**	**1308**	**2969**	**1864**	**1105**	**2777**	**1689**	**1088**
25	1514	939	575	1140	742	398	1177	714	463
26	878	558	320	869	556	313	649	409	240
27	578	363	215	438	267	171	480	297	183
28	334	214	120	317	188	129	262	152	110
29	215	137	78	205	111	94	209	117	92
30-34岁	**398**	**228**	**170**	**391**	**230**	**161**	**424**	**241**	**183**
30	141	87	54	123	71	52	131	85	46
31	108	57	51	103	61	42	99	54	45
32	66	32	34	77	43	34	91	48	43
33	47	30	17	42	25	17	61	31	30
34	36	22	14	46	30	16	42	23	19
35-39岁	**70**	**44**	**26**	**82**	**53**	**29**	**95**	**66**	**29**
35	35	18	17	33	24	9	33	25	8
36	14	10	4	25	13	12	23	15	8
37	8	6	2	6	5	1	16	13	3
38	7	5	2	7	6	1	11	4	7
39	6	5	1	11	5	6	12	9	3
40-44岁	**24**	**17**	**7**	**26**	**17**	**9**	**42**	**24**	**18**
40	7	7		8	4	4	12	7	5
41	6	4	2	6	3	3	9	5	4
42	8	4	4	2	2		10	6	4
43	3	2	1	4	4		7	6	1
44				6	4	2	4		4
45-49岁	**13**	**8**	**5**	**11**	**7**	**4**	**17**	**10**	**7**
45	2	1	1	3	1	2	4	2	2
46	4	3	1	3	2	1	6	3	3
47	2		2	2	2				
48	3	2	1				4	3	1
49	2	2		3	2	1	3	2	1
50岁及以上	**5**	**4**	**1**	**7**	**5**	**2**	**4**	**2**	**2**
平均初婚年龄	**23.19**	**23.85**	**22.61**	**23.18**	**23.81**	**22.63**	**23.31**	**23.93**	**22.76**

5-4a　续表 3　　　　单位：人、岁

初婚年龄	初婚年份								
	1988年			1989年			1990年		
	小计	男	女	小计	男	女	小计	男	女
总　计	**16038**	**7575**	**8463**	**16014**	**7546**	**8468**	**17310**	**8180**	**9130**
15岁以下	**9**	**1**	**8**	**6**		**6**	**10**		**10**
15-19岁	**2078**	**618**	**1460**	**2029**	**606**	**1423**	**2332**	**694**	**1638**
15	49	12	37	56	17	39	62	25	37
16	135	45	90	105	30	75	116	30	86
17	280	83	197	265	77	188	290	89	201
18	595	180	415	594	186	408	632	190	442
19	1019	298	721	1009	296	713	1232	360	872
20-24岁	**10319**	**4751**	**5568**	**10082**	**4568**	**5514**	**10960**	**5056**	**5904**
20	1550	519	1031	1752	543	1209	1868	603	1265
21	1779	690	1089	2026	798	1228	2446	986	1460
22	2288	1028	1260	2122	962	1160	2667	1275	1392
23	2470	1260	1210	2260	1173	1087	2129	1132	997
24	2232	1254	978	1922	1092	830	1850	1060	790
25-29岁	**3063**	**1866**	**1197**	**3292**	**2032**	**1260**	**3379**	**2056**	**1323**
25	1595	975	620	1538	950	588	1409	846	563
26	626	389	237	980	614	366	949	571	378
27	393	247	146	357	227	130	596	384	212
28	273	151	122	242	141	101	266	169	97
29	176	104	72	175	100	75	159	86	73
30-34岁	**424**	**255**	**169**	**440**	**243**	**197**	**417**	**261**	**156**
30	137	87	50	116	74	42	120	77	43
31	101	60	41	111	58	53	86	47	39
32	60	27	33	84	44	40	87	57	30
33	64	37	27	72	34	38	71	46	25
34	62	44	18	57	33	24	53	34	19
35-39岁	**96**	**55**	**41**	**109**	**65**	**44**	**132**	**71**	**61**
35	32	18	14	42	26	16	40	27	13
36	22	15	7	23	13	10	28	13	15
37	21	10	11	10	6	4	24	9	15
38	13	6	7	19	10	9	20	10	10
39	8	6	2	15	10	5	20	12	8
40-44岁	**28**	**18**	**10**	**33**	**19**	**14**	**48**	**24**	**24**
40	7	3	4	13	4	9	22	9	13
41	8	4	4	6	4	2	13	6	7
42	4	4		7	6	1	3	2	1
43	5	4	1	4	3	1	4	2	2
44	4	3	1	3	2	1	6	5	1
45-49岁	**11**	**8**	**3**	**14**	**9**	**5**	**17**	**9**	**8**
45	5	3	2	2	2		4	2	2
46	3	3		4	2	2	3	1	2
47				4	3	1	2	1	1
48	2	2		3	2	1	3	2	1
49	1		1	1		1	5	3	2
50岁及以上	**10**	**3**	**7**	**9**	**4**	**5**	**15**	**9**	**6**
平均初婚年龄	**23.29**	**23.93**	**22.71**	**23.30**	**23.97**	**22.70**	**23.20**	**23.88**	**22.60**

5-4a 续表 4

单位：人、岁

初婚年龄	初婚年份								
	1991年			1992年			1993年		
	小计	男	女	小计	男	女	小计	男	女
总　计	**12674**	**5987**	**6687**	**14696**	**7022**	**7674**	**14481**	**6886**	**7595**
15岁以下	**3**		**3**	**5**		**5**	**4**		**4**
15–19岁	**1330**	**369**	**961**	**1368**	**396**	**972**	**1114**	**296**	**818**
15	32	6	26	37	14	23	34	13	21
16	59	17	42	64	18	46	63	14	49
17	140	39	101	144	37	107	109	29	80
18	335	89	246	342	101	241	270	73	197
19	764	218	546	781	226	555	638	167	471
20–24岁	**8327**	**3746**	**4581**	**9921**	**4505**	**5416**	**9777**	**4377**	**5400**
20	1333	402	931	1342	410	932	1177	325	852
21	1701	671	1030	2029	762	1267	1837	688	1149
22	2177	1022	1155	2458	1168	1290	2557	1158	1399
23	1875	945	930	2370	1191	1179	2273	1098	1175
24	1241	706	535	1722	974	748	1933	1108	825
25–29岁	**2603**	**1635**	**968**	**2790**	**1758**	**1032**	**2905**	**1822**	**1083**
25	1093	661	432	1053	651	402	1258	767	491
26	701	466	235	691	441	250	640	413	227
27	445	278	167	467	303	164	468	295	173
28	254	163	91	327	210	117	299	187	112
29	110	67	43	252	153	99	240	160	80
30–34岁	**268**	**156**	**112**	**395**	**237**	**158**	**448**	**258**	**190**
30	72	46	26	116	71	45	168	104	64
31	79	43	36	95	53	42	91	49	42
32	37	22	15	80	52	28	75	45	30
33	46	24	22	46	23	23	74	35	39
34	34	21	13	58	38	20	40	25	15
35–39岁	**89**	**49**	**40**	**142**	**85**	**57**	**154**	**90**	**64**
35	19	9	10	44	22	22	44	27	17
36	26	14	12	31	17	14	22	13	9
37	22	14	8	30	22	8	29	19	10
38	15	8	7	19	13	6	36	17	19
39	7	4	3	18	11	7	23	14	9
40–44岁	**32**	**18**	**14**	**48**	**23**	**25**	**46**	**26**	**20**
40	9	5	4	9	7	2	9	6	3
41	9	6	3	9		9	15	7	8
42	7	4	3	12	6	6	7	4	3
43	4	3	1	9	7	2	7	4	3
44	3		3	9	3	6	8	5	3
45–49岁	**10**	**6**	**4**	**12**	**8**	**4**	**15**	**8**	**7**
45	2	1	1	3	3		6	2	4
46	2	1	1				3	2	1
47	1		1	3	2	1	4	3	1
48	2	2		3	2	1	1		1
49	3	2	1	3	1	2	1	1	
50岁及以上	**12**	**8**	**4**	**15**	**10**	**5**	**18**	**9**	**9**
平均初婚年龄	**23.35**	**24.03**	**22.74**	**23.55**	**24.22**	**22.94**	**23.75**	**24.42**	**23.15**

5-4a　续表 5　　　　　　单位：人、岁

初婚年龄	初婚年份								
	1994年			1995年			1996年		
	小计	男	女	小计	男	女	小计	男	女
总　计	**13925**	**6703**	**7222**	**14930**	**7146**	**7784**	**13261**	**6403**	**6858**
15岁以下	**5**		**5**	**6**		**6**	**5**	**3**	**2**
15-19岁	**922**	**249**	**673**	**921**	**252**	**669**	**694**	**189**	**505**
15	29	13	16	36	10	26	16	6	10
16	54	14	40	70	22	48	44	13	31
17	91	20	71	115	30	85	96	23	73
18	237	72	165	196	55	141	161	48	113
19	511	130	381	504	135	369	377	99	278
20-24岁	**9314**	**4159**	**5155**	**9435**	**4119**	**5316**	**7885**	**3396**	**4489**
20	1018	262	756	978	269	709	861	195	666
21	1753	668	1085	1608	576	1032	1214	434	780
22	2401	1095	1306	2360	1020	1340	1855	822	1033
23	2238	1081	1157	2351	1119	1232	2099	979	1120
24	1904	1053	851	2138	1135	1003	1856	966	890
25-29岁	**3020**	**1871**	**1149**	**3651**	**2235**	**1416**	**3774**	**2295**	**1479**
25	1415	853	562	1605	958	647	1553	896	657
26	771	485	286	1011	620	391	1010	618	392
27	364	241	123	533	343	190	634	403	231
28	282	176	106	276	179	97	360	240	120
29	188	116	72	226	135	91	217	138	79
30-34岁	**443**	**287**	**156**	**612**	**356**	**256**	**585**	**344**	**241**
30	159	103	56	186	107	79	166	90	76
31	112	72	40	148	89	59	141	81	60
32	79	51	28	144	77	67	128	82	46
33	47	31	16	71	45	26	95	59	36
34	46	30	16	63	38	25	55	32	23
35-39岁	**130**	**81**	**49**	**172**	**113**	**59**	**134**	**79**	**55**
35	31	27	4	40	23	17	38	26	12
36	24	17	7	43	33	10	35	17	18
37	29	12	17	36	24	12	23	13	10
38	23	13	10	28	15	13	15	8	7
39	23	12	11	25	18	7	23	15	8
40-44岁	**57**	**36**	**21**	**78**	**41**	**37**	**90**	**52**	**38**
40	23	16	7	18	13	5	17	7	10
41	10	8	2	19	8	11	26	17	9
42	11	7	4	18	8	10	16	7	9
43	5	2	3	14	8	6	17	11	6
44	8	3	5	9	4	5	14	10	4
45-49岁	**9**	**4**	**5**	**26**	**13**	**13**	**50**	**26**	**24**
45	3	2	1	12	8	4	14	8	6
46				8	2	6	7	3	4
47	3	1	2	3	1	2	19	10	9
48	2	1	1	2	2		5	3	2
49	1		1	1		1	5	2	3
50岁及以上	**25**	**16**	**9**	**29**	**17**	**12**	**44**	**19**	**25**
平均初婚年龄	**23.86**	**24.55**	**23.23**	**24.21**	**24.88**	**23.59**	**24.58**	**25.25**	**23.95**

5-4a 续表 6

单位：人、岁

初婚年龄	初婚年份								
	1997年			1998年			1999年		
	小计	男	女	小计	男	女	小计	男	女
总　计	**13268**	**6377**	**6891**	**13514**	**6569**	**6945**	**12891**	**6170**	**6721**
15岁以下				**5**	**3**	**2**	**4**		**4**
15-19岁	**721**	**146**	**575**	**738**	**176**	**562**	**724**	**167**	**557**
15	21	7	14	26	7	19	28	6	22
16	31	5	26	36	6	30	46	14	32
17	81	15	66	72	20	52	81	20	61
18	193	50	143	180	54	126	143	35	108
19	395	69	326	424	89	335	426	92	334
20-24岁	**7496**	**3194**	**4302**	**7190**	**3007**	**4183**	**7210**	**2981**	**4229**
20	768	210	558	863	194	669	980	222	758
21	1280	442	838	1225	423	802	1214	416	798
22	1805	776	1029	1794	824	970	1848	825	1023
23	1788	826	962	1664	747	917	1732	791	941
24	1855	940	915	1644	819	825	1436	727	709
25-29岁	**4087**	**2463**	**1624**	**4430**	**2691**	**1739**	**4021**	**2436**	**1585**
25	1572	912	660	1589	920	669	1288	714	574
26	1117	679	438	1182	737	445	1122	671	451
27	707	432	275	826	528	298	742	483	259
28	435	285	150	499	312	187	520	346	174
29	256	155	101	334	194	140	349	222	127
30-34岁	**603**	**364**	**239**	**758**	**457**	**301**	**640**	**396**	**244**
30	164	101	63	231	140	91	235	147	88
31	134	74	60	149	88	61	166	105	61
32	129	72	57	144	84	60	89	50	39
33	90	62	28	134	81	53	84	50	34
34	86	55	31	100	64	36	66	44	22
35-39岁	**155**	**100**	**55**	**237**	**143**	**94**	**168**	**115**	**53**
35	47	29	18	102	63	39	56	33	23
36	29	21	8	46	25	21	40	27	13
37	43	27	16	30	19	11	26	20	6
38	17	11	6	35	21	14	23	18	5
39	19	12	7	24	15	9	23	17	6
40-44岁	**135**	**69**	**66**	**81**	**49**	**32**	**64**	**41**	**23**
40	22	13	9	16	12	4	14	11	3
41	20	12	8	14	7	7	16	8	8
42	40	20	20	10	7	3	14	11	3
43	30	14	16	24	11	13	8	5	3
44	23	10	13	17	12	5	12	6	6
45-49岁	**47**	**26**	**21**	**50**	**29**	**21**	**39**	**24**	**15**
45	13	6	7	15	7	8	16	9	7
46	13	8	5	11	7	4	8	5	3
47	9	4	5	7	5	2	8	6	2
48	6	4	2	6	3	3	6	3	3
49	6	4	2	11	7	4	1	1	
50岁及以上	**24**	**15**	**9**	**25**	**14**	**11**	**21**	**10**	**11**
平均初婚年龄	**24.74**	**25.50**	**24.04**	**24.90**	**25.70**	**24.14**	**24.63**	**25.53**	**23.82**

5-4a 续表 7

单位：人、岁

初婚年龄	初婚年份								
	2000年			2001年			2002年		
	小计	男	女	小计	男	女	小计	男	女
总　计	**15538**	**7591**	**7947**	**10369**	**4901**	**5468**	**12276**	**5909**	**6367**
15岁以下	**17**	**5**	**12**	**10**	**3**	**7**	**9**	**3**	**6**
15–19岁	**1086**	**273**	**813**	**639**	**154**	**485**	**792**	**207**	**585**
15	58	21	37	28	11	17	40	15	25
16	83	19	64	47	12	35	53	15	38
17	126	34	92	59	13	46	74	19	55
18	293	66	227	150	38	112	187	38	149
19	526	133	393	355	80	275	438	120	318
20–24岁	**8654**	**3724**	**4930**	**5891**	**2394**	**3497**	**6916**	**2897**	**4019**
20	1182	343	839	595	137	458	845	212	633
21	1881	721	1160	1158	411	747	1108	398	710
22	2028	915	1113	1689	749	940	1781	794	987
23	1914	913	1001	1340	565	775	1890	875	1015
24	1649	832	817	1109	532	577	1292	618	674
25–29岁	**4471**	**2768**	**1703**	**3071**	**1857**	**1214**	**3527**	**2130**	**1397**
25	1420	815	605	989	553	436	1179	665	514
26	1067	662	405	776	454	322	911	539	372
27	891	557	334	568	352	216	599	385	214
28	641	432	209	408	275	133	436	275	161
29	452	302	150	330	223	107	402	266	136
30–34岁	**901**	**561**	**340**	**540**	**359**	**181**	**737**	**485**	**252**
30	319	206	113	192	127	65	254	164	90
31	238	152	86	135	92	43	173	110	63
32	142	84	58	90	60	30	139	90	49
33	111	66	45	69	46	23	98	70	28
34	91	53	38	54	34	20	73	51	22
35–39岁	**264**	**175**	**89**	**127**	**81**	**46**	**189**	**120**	**69**
35	86	55	31	39	24	15	37	24	13
36	59	37	22	31	20	11	56	36	20
37	49	37	12	26	16	10	43	29	14
38	40	25	15	18	12	6	30	16	14
39	30	21	9	13	9	4	23	15	8
40–44岁	**98**	**57**	**41**	**43**	**24**	**19**	**46**	**28**	**18**
40	26	15	11	7	4	3	12	7	5
41	18	12	6	8	5	3	11	8	3
42	18	10	8	13	7	6	10	4	6
43	19	15	4	12	7	5	6	4	2
44	17	5	12	3	1	2	7	5	2
45–49岁	**31**	**19**	**12**	**22**	**13**	**9**	**33**	**24**	**9**
45	11	7	4	9	4	5	5	4	1
46	3	2	1	1	1		8	5	3
47	8	6	2	6	4	2	9	6	3
48	4	2	2	2	1	1	5	3	2
49	5	2	3	4	3	1	6	6	
50岁及以上	**16**	**9**	**7**	**26**	**16**	**10**	**27**	**15**	**12**
平均初婚年龄	**24.56**	**25.43**	**23.72**	**24.56**	**25.47**	**23.75**	**24.65**	**25.54**	**23.82**

5-4a 续表 8

单位：人、岁

初婚年龄	初婚年份								
	2003年			2004年			2005年		
	小计	男	女	小计	男	女	小计	男	女
总　计	**12442**	**5994**	**6448**	**12186**	**5876**	**6310**	**12463**	**6048**	**6415**
15岁以下	**5**	**2**	**3**	**7**	**1**	**6**	**3**	**1**	**2**
15-19岁	**824**	**203**	**621**	**880**	**227**	**653**	**1060**	**254**	**806**
15	34	9	25	21	5	16	39	14	25
16	69	25	44	57	14	43	76	17	59
17	104	25	79	124	30	94	125	34	91
18	197	46	151	214	50	164	290	65	225
19	420	98	322	464	128	336	530	124	406
20-24岁	**6518**	**2712**	**3806**	**5930**	**2454**	**3476**	**5638**	**2407**	**3231**
20	805	185	620	714	183	531	780	238	542
21	1212	449	763	1024	417	607	992	394	598
22	1399	640	759	1534	674	860	1252	566	686
23	1548	708	840	1239	525	714	1443	653	790
24	1554	730	824	1419	655	764	1171	556	615
25-29岁	**3839**	**2258**	**1581**	**4123**	**2374**	**1749**	**4252**	**2419**	**1833**
25	1311	691	620	1461	766	695	1354	697	657
26	972	585	387	1086	605	481	1219	684	535
27	718	432	286	720	435	285	785	480	305
28	476	305	171	538	350	188	509	309	200
29	362	245	117	318	218	100	385	249	136
30-34岁	**927**	**603**	**324**	**906**	**608**	**298**	**1042**	**677**	**365**
30	330	220	110	263	174	89	279	181	98
31	241	162	79	235	159	76	231	146	85
32	146	90	56	156	97	59	211	144	67
33	127	80	47	123	86	37	180	110	70
34	83	51	32	129	92	37	141	96	45
35-39岁	**200**	**132**	**68**	**218**	**131**	**87**	**246**	**154**	**92**
35	65	42	23	70	46	24	77	48	29
36	37	25	12	53	33	20	68	48	20
37	36	25	11	36	24	12	44	27	17
38	25	14	11	36	18	18	30	16	14
39	37	26	11	23	10	13	27	15	12
40-44岁	**57**	**37**	**20**	**70**	**50**	**20**	**108**	**69**	**39**
40	13	9	4	26	17	9	33	21	12
41	16	11	5	24	17	7	28	18	10
42	8	5	3	5	4	1	28	18	10
43	7	6	1	8	5	3	9	5	4
44	13	6	7	7	7		10	7	3
45-49岁	**31**	**20**	**11**	**21**	**14**	**7**	**50**	**27**	**23**
45	6	3	3	6	4	2	11	7	4
46	6	6		7	6	1	10	4	6
47	10	5	5	3	1	2	9	4	5
48	7	5	2	3	2	1	9	4	5
49	2	1	1	2	1	1	11	8	3
50岁及以上	**41**	**27**	**14**	**31**	**17**	**14**	**64**	**40**	**24**
平均初婚年龄	**24.91**	**25.86**	**24.03**	**25.01**	**25.94**	**24.14**	**25.27**	**26.24**	**24.35**

5-4a　续表 9　　　　单位：人、岁

初婚年龄	初婚年份								
	2006年			2007年			2008年		
	小计	男	女	小计	男	女	小计	男	女
总　计	**13810**	**6718**	**7092**	**12102**	**5873**	**6229**	**14871**	**7294**	**7577**
15岁以下	**2**	**1**	**1**	**2**		**2**	**2**		**2**
15–19岁	**1120**	**305**	**815**	**969**	**276**	**693**	**1186**	**331**	**855**
15	31	11	20	15	3	12	27	7	20
16	48	12	36	43	6	37	48	5	43
17	109	23	86	133	34	99	118	33	85
18	303	83	220	257	69	188	354	83	271
19	629	176	453	521	164	357	639	203	436
20–24岁	**5886**	**2484**	**3402**	**4980**	**2075**	**2905**	**5994**	**2607**	**3387**
20	887	256	631	829	224	605	963	325	638
21	958	387	571	1006	389	617	1257	517	740
22	1224	579	645	1073	502	571	1399	672	727
23	1288	553	735	998	478	520	1202	530	672
24	1529	709	820	1074	482	592	1173	563	610
25–29岁	**5131**	**2831**	**2300**	**4600**	**2522**	**2078**	**5583**	**3049**	**2534**
25	1309	598	711	1365	681	684	1461	715	746
26	1413	775	638	956	476	480	1404	724	680
27	1153	664	489	980	562	418	975	556	419
28	735	463	272	782	477	305	921	541	380
29	521	331	190	517	326	191	822	513	309
30–34岁	**1113**	**740**	**373**	**997**	**645**	**352**	**1344**	**826**	**518**
30	341	221	120	327	226	101	459	270	189
31	253	166	87	244	142	102	348	221	127
32	186	120	66	162	110	52	215	131	84
33	186	131	55	118	78	40	164	100	64
34	147	102	45	146	89	57	158	104	54
35–39岁	**355**	**218**	**137**	**353**	**225**	**128**	**483**	**305**	**178**
35	128	78	50	103	68	35	129	77	52
36	79	53	26	80	49	31	127	78	49
37	67	35	32	64	44	20	79	53	26
38	56	35	21	52	30	22	81	57	24
39	25	17	8	54	34	20	67	40	27
40–44岁	**122**	**84**	**38**	**113**	**78**	**35**	**159**	**97**	**62**
40	26	16	10	17	12	5	32	23	9
41	28	21	7	30	20	10	24	12	12
42	24	16	8	28	19	9	36	20	16
43	25	20	5	20	15	5	35	22	13
44	19	11	8	18	12	6	32	20	12
45–49岁	**42**	**27**	**15**	**37**	**21**	**16**	**59**	**43**	**16**
45	4	3	1	11	5	6	22	18	4
46	12	7	5	10	5	5	14	11	3
47	9	6	3	8	5	3	7	6	1
48	11	7	4	4	3	1	8	4	4
49	6	4	2	4	3	1	8	4	4
50岁及以上	**39**	**28**	**11**	**51**	**31**	**20**	**61**	**36**	**25**
平均初婚年龄	**25.48**	**26.46**	**24.55**	**25.57**	**26.56**	**24.64**	**25.74**	**26.65**	**24.87**

5－4a 续表 10

单位：人、岁

初婚年龄	初婚年份								
	2009年			2010年			2011年		
	小计	男	女	小计	男	女	小计	男	女
总　计	**13353**	**6492**	**6861**	**13939**	**6884**	**7055**	**13037**	**6405**	**6632**
15岁以下	**3**	**1**	**2**	**3**	**1**	**2**	**1**		**1**
15－19岁	**918**	**254**	**664**	**895**	**263**	**632**	**540**	**134**	**406**
15	17	2	15	18	1	17	11	1	10
16	35	8	27	60	13	47	20	2	18
17	95	19	76	117	28	89	59	11	48
18	241	58	183	224	61	163	166	34	132
19	530	167	363	476	160	316	284	86	198
20－24岁	**5289**	**2249**	**3040**	**5565**	**2380**	**3185**	**4976**	**2075**	**2901**
20	751	234	517	824	262	562	550	155	395
21	1005	405	600	992	392	600	873	338	535
22	1306	614	692	1278	599	679	1092	503	589
23	1165	508	657	1291	614	677	1186	503	683
24	1062	488	574	1180	513	667	1275	576	699
25－29岁	**4961**	**2625**	**2336**	**4932**	**2628**	**2304**	**5360**	**2809**	**2551**
25	1194	556	638	1244	617	627	1393	647	746
26	1266	635	631	1071	542	529	1223	610	613
27	1169	627	542	1071	560	511	1031	548	483
28	695	415	280	965	555	410	945	549	396
29	637	392	245	581	354	227	768	455	313
30－34岁	**1440**	**889**	**551**	**1614**	**1009**	**605**	**1481**	**951**	**530**
30	517	321	196	521	331	190	435	279	156
31	357	215	142	411	262	149	371	247	124
32	248	158	90	300	174	126	309	201	108
33	175	113	62	203	130	73	192	114	78
34	143	82	61	179	112	67	174	110	64
35－39岁	**475**	**298**	**177**	**555**	**355**	**200**	**368**	**231**	**137**
35	129	85	44	135	93	42	96	58	38
36	110	71	39	110	64	46	81	49	32
37	98	62	36	135	86	49	73	45	28
38	72	47	25	87	56	31	70	47	23
39	66	33	33	88	56	32	48	32	16
40－44岁	**149**	**97**	**52**	**213**	**145**	**68**	**173**	**115**	**58**
40	40	29	11	70	47	23	38	21	17
41	37	24	13	62	43	19	42	29	13
42	25	14	11	39	28	11	40	22	18
43	27	18	9	19	13	6	34	29	5
44	20	12	8	23	14	9	19	14	5
45－49岁	**71**	**51**	**20**	**89**	**59**	**30**	**77**	**52**	**25**
45	26	18	8	29	18	11	24	16	8
46	19	13	6	26	18	8	13	8	5
47	7	6	1	16	12	4	17	13	4
48	10	7	3	10	6	4	12	8	4
49	9	7	2	8	5	3	11	7	4
50岁及以上	**47**	**28**	**19**	**73**	**44**	**29**	**61**	**38**	**23**
平均初婚年龄	**26.01**	**26.95**	**25.13**	**26.27**	**27.24**	**25.33**	**26.45**	**27.37**	**25.57**

5-4a 续表 11 单位：人、岁

初婚年龄	初婚年份								
	2012年			2013年			2014年		
	小计	男	女	小计	男	女	小计	男	女
总 计	**14479**	**7108**	**7371**	**14011**	**6861**	**7150**	**13280**	**6515**	**6765**
15岁以下	**1**		**1**				**2**		**2**
15-19岁	**630**	**133**	**497**	**428**	**97**	**331**	**322**	**64**	**258**
15	13	2	11	9	2	7	3		3
16	43	2	41	30	3	27	15		15
17	76	10	66	62	10	52	41	4	37
18	166	29	137	110	28	82	91	19	72
19	332	90	242	217	54	163	172	41	131
20-24岁	**5173**	**2199**	**2974**	**4381**	**1820**	**2561**	**3660**	**1489**	**2171**
20	462	150	312	410	118	292	303	79	224
21	775	330	445	498	187	311	443	158	285
22	1241	544	697	918	390	528	695	309	386
23	1197	520	677	1199	521	678	879	368	511
24	1498	655	843	1356	604	752	1340	575	765
25-29岁	**5919**	**3066**	**2853**	**6300**	**3194**	**3106**	**6437**	**3233**	**3204**
25	1692	786	906	1689	752	937	1658	723	935
26	1468	730	738	1736	847	889	1631	774	857
27	1169	626	543	1248	646	602	1433	769	664
28	874	502	372	917	518	399	999	573	426
29	716	422	294	710	431	279	716	394	322
30-34岁	**1850**	**1122**	**728**	**1986**	**1175**	**811**	**1781**	**1060**	**721**
30	645	380	265	572	348	224	497	295	202
31	374	245	129	497	290	207	431	255	176
32	321	197	124	332	204	128	367	228	139
33	297	174	123	319	185	134	257	145	112
34	213	126	87	266	148	118	229	137	92
35-39岁	**512**	**317**	**195**	**540**	**339**	**201**	**636**	**383**	**253**
35	153	90	63	165	97	68	221	129	92
36	113	68	45	117	75	42	146	85	61
37	95	50	45	112	74	38	106	64	42
38	78	55	23	83	54	29	92	63	29
39	73	54	19	63	39	24	71	42	29
40-44岁	**238**	**165**	**73**	**209**	**130**	**79**	**257**	**161**	**96**
40	72	44	28	47	31	16	46	27	19
41	53	36	17	39	22	17	60	44	16
42	48	35	13	54	31	23	53	38	15
43	45	33	12	42	26	16	56	31	25
44	20	17	3	27	20	7	42	21	21
45-49岁	**88**	**59**	**29**	**86**	**61**	**25**	**100**	**66**	**34**
45	22	17	5	19	15	4	31	18	13
46	12	7	5	14	10	4	24	17	7
47	18	13	5	19	12	7	15	10	5
48	18	14	4	22	16	6	13	11	2
49	18	8	10	12	8	4	17	10	7
50岁及以上	**68**	**47**	**21**	**81**	**45**	**36**	**85**	**59**	**26**
平均初婚年龄	**26.71**	**27.63**	**25.82**	**27.15**	**27.97**	**26.37**	**27.56**	**28.41**	**26.75**

5-4a 续表 12 单位：人、岁

初婚年龄	初婚年份								
	2015年			2016年			2017年		
	小计	男	女	小计	男	女	小计	男	女
总　计	**13680**	**6745**	**6935**	**12213**	**6057**	**6156**	**11268**	**5578**	**5690**
15岁以下	**2**		**2**	**2**		**2**			
15-19岁	**232**	**50**	**182**	**171**	**32**	**139**	**124**	**15**	**109**
15	2	1	1	3		3			
16	13	1	12	5		5	6	1	5
17	26	6	20	18	3	15	12		12
18	54	10	44	51	12	39	42	4	38
19	137	32	105	94	17	77	64	10	54
20-24岁	**3280**	**1276**	**2004**	**2579**	**956**	**1623**	**2305**	**862**	**1443**
20	235	51	184	201	41	160	173	41	132
21	379	118	261	293	81	212	257	75	182
22	649	270	379	495	200	295	497	199	298
23	786	315	471	696	277	419	530	199	331
24	1231	522	709	894	357	537	848	348	500
25-29岁	**7020**	**3520**	**3500**	**6347**	**3190**	**3157**	**5707**	**2812**	**2895**
25	1693	770	923	1342	598	744	1074	479	595
26	1673	786	887	1523	738	785	1275	565	710
27	1567	817	750	1420	727	693	1350	674	676
28	1214	655	559	1174	632	542	1096	574	522
29	873	492	381	888	495	393	912	520	392
30-34岁	**1972**	**1203**	**769**	**1970**	**1165**	**805**	**2042**	**1222**	**820**
30	571	336	235	616	369	247	686	398	288
31	461	267	194	458	268	190	517	317	200
32	373	241	132	343	191	152	350	205	145
33	351	218	133	308	184	124	270	159	111
34	216	141	75	245	153	92	219	143	76
35-39岁	**649**	**383**	**266**	**665**	**413**	**252**	**634**	**373**	**261**
35	205	123	82	179	110	69	237	136	101
36	179	112	67	151	77	74	119	74	45
37	109	61	48	155	108	47	108	60	48
38	81	42	39	113	70	43	93	55	38
39	75	45	30	67	48	19	77	48	29
40-44岁	**290**	**175**	**115**	**267**	**170**	**97**	**239**	**168**	**71**
40	56	37	19	77	49	28	62	40	22
41	55	33	22	59	34	25	49	37	12
42	62	39	23	33	24	9	44	29	15
43	63	33	30	41	29	12	40	26	14
44	54	33	21	57	34	23	44	36	8
45-49岁	**112**	**70**	**42**	**119**	**76**	**43**	**115**	**62**	**53**
45	25	15	10	53	30	23	29	15	14
46	32	21	11	21	14	7	31	14	17
47	22	14	8	19	16	3	23	16	7
48	22	15	7	13	8	5	17	9	8
49	11	5	6	13	8	5	15	8	7
50岁及以上	**123**	**68**	**55**	**93**	**55**	**38**	**102**	**64**	**38**
平均初婚年龄	**27.97**	**28.74**	**27.22**	**28.31**	**29.15**	**27.47**	**28.54**	**29.39**	**27.70**

5-4a　续表 13

单位：人、岁

初婚年龄	初婚年份								
	2018年			2019年			2020年		
	小计	男	女	小计	男	女	小计	男	女
总　计	**12032**	**5880**	**6152**	**9548**	**4664**	**4884**	**6471**	**3153**	**3318**
15岁以下									
15-19岁	**127**	**24**	**103**	**110**	**20**	**90**	**58**	**9**	**49**
15	6	1	5				2		2
16	6	1	5	2		2	2	1	1
17	14	3	11	10	1	9	4	1	3
18	29	5	24	23	3	20	18	2	16
19	72	14	58	75	16	59	32	5	27
20-24岁	**2397**	**889**	**1508**	**1845**	**688**	**1157**	**1173**	**439**	**734**
20	146	28	118	114	24	90	74	14	60
21	283	74	209	185	50	135	109	31	78
22	514	205	309	396	125	271	237	83	154
23	596	231	365	471	209	262	293	114	179
24	858	351	507	679	280	399	460	197	263
25-29岁	**5844**	**2882**	**2962**	**4394**	**2105**	**2289**	**2825**	**1359**	**1466**
25	1169	518	651	809	331	478	565	248	317
26	1266	575	691	997	461	536	597	278	319
27	1280	643	637	941	469	472	643	314	329
28	1193	619	574	836	416	420	538	260	278
29	936	527	409	811	428	383	482	259	223
30-34岁	**2400**	**1369**	**1031**	**2086**	**1209**	**877**	**1513**	**856**	**657**
30	808	428	380	564	327	237	479	265	214
31	604	361	243	564	336	228	381	220	161
32	443	255	188	418	212	206	269	152	117
33	284	166	118	314	197	117	201	109	92
34	261	159	102	226	137	89	183	110	73
35-39岁	**726**	**392**	**334**	**635**	**372**	**263**	**417**	**233**	**184**
35	209	124	85	178	103	75	98	56	42
36	192	93	99	126	79	47	85	44	41
37	125	65	60	138	72	66	97	49	48
38	104	57	47	100	62	38	78	52	26
39	96	53	43	93	56	37	59	32	27
40-44岁	**233**	**149**	**84**	**242**	**133**	**109**	**219**	**116**	**103**
40	66	40	26	70	45	25	58	29	29
41	50	29	21	54	25	29	53	32	21
42	47	33	14	41	20	21	38	15	23
43	35	19	16	39	24	15	40	23	17
44	35	28	7	38	19	19	30	17	13
45-49岁	**147**	**87**	**60**	**112**	**60**	**52**	**115**	**59**	**56**
45	34	22	12	31	24	7	33	14	19
46	42	24	18	15	4	11	26	16	10
47	28	17	11	21	9	12	21	11	10
48	27	15	12	32	16	16	14	5	9
49	16	9	7	13	7	6	21	13	8
50岁及以上	**158**	**88**	**70**	**124**	**77**	**47**	**151**	**82**	**69**
平均初婚年龄	**28.79**	**29.54**	**28.08**	**29.11**	**29.91**	**28.35**	**29.69**	**30.38**	**29.04**

5－4b　全省分初婚年龄、性别、初婚年份的人口(镇)

单位：人、岁

初婚年龄	初婚年份								
	合　计			1980年			1981年		
	合计	男	女	小计	男	女	小计	男	女
总　计	**264455**	**128612**	**135843**	**7143**	**3329**	**3814**	**6296**	**2921**	**3375**
15岁以下	**151**	**30**	**121**	**7**	**1**	**6**	**10**	**4**	**6**
15－19岁	**25624**	**7483**	**18141**	**809**	**242**	**567**	**635**	**182**	**453**
15	685	184	501	44	15	29	24	7	17
16	1527	398	1129	83	26	57	36	8	28
17	3324	901	2423	177	47	130	100	18	82
18	6784	1962	4822	185	54	131	211	71	140
19	13304	4038	9266	320	100	220	264	78	186
20－24岁	**144251**	**67028**	**77223**	**4308**	**1909**	**2399**	**4041**	**1798**	**2243**
20	21856	7251	14605	546	219	327	454	165	289
21	29420	12626	16794	741	322	419	733	310	423
22	35071	17433	17638	981	408	573	889	357	532
23	31151	15663	15488	1084	508	576	1015	501	514
24	26753	14055	12698	956	452	504	950	465	485
25－29岁	**71051**	**39945**	**31106**	**1886**	**1096**	**790**	**1519**	**885**	**634**
25	23291	12595	10696	865	480	385	719	406	313
26	18070	9989	8081	540	323	217	409	252	157
27	13350	7670	5680	269	155	114	229	132	97
28	9527	5689	3838	136	94	42	111	68	43
29	6813	4002	2811	76	44	32	51	27	24
30－34岁	**15327**	**9214**	**6113**	**108**	**66**	**42**	**76**	**42**	**34**
30	4962	2983	1979	49	29	20	32	16	16
31	3598	2135	1463	25	15	10	23	15	8
32	2838	1718	1120	17	13	4	7	2	5
33	2174	1350	824	9	4	5	6	4	2
34	1755	1028	727	8	5	3	8	5	3
35－39岁	**4527**	**2779**	**1748**	**20**	**11**	**9**	**10**	**7**	**3**
35	1316	819	497	3	1	2	4	3	1
36	1055	625	430	9	6	3	1	1	
37	871	528	343	3	2	1			
38	685	433	252				4	2	2
39	600	374	226	5	2	3	1	1	
40－44岁	**1902**	**1135**	**767**	**4**	**3**	**1**	**2**	**1**	**1**
40	487	280	207	1	1		2	1	1
41	458	283	175	1		1			
42	383	231	152						
43	323	196	127	1	1				
44	251	145	106	1	1				
45－49岁	**835**	**528**	**307**	**1**	**1**		**3**	**2**	**1**
45	237	153	84				1	1	
46	180	109	71				1	1	
47	175	107	68	1	1				
48	122	82	40						
49	121	77	44				1		1
50岁及以上	**787**	**470**	**317**						
平均初婚年龄	**24.46**	**25.17**	**23.79**	**23.42**	**23.96**	**22.94**	**23.38**	**23.90**	**22.94**

5-4b　续表 1　　　　单位：人、岁

初婚年龄	初婚年份								
	1982年			1983年			1984年		
	小计	男	女	小计	男	女	小计	男	女
总　计	**6906**	**3251**	**3655**	**6312**	**2986**	**3326**	**6738**	**3215**	**3523**
15岁以下	**9**	**2**	**7**	**3**		**3**	**6**	**1**	**5**
15-19岁	**1041**	**313**	**728**	**967**	**303**	**664**	**1070**	**369**	**701**
15	24	6	18	30	8	22	39	9	30
16	56	15	41	60	16	44	69	17	52
17	140	42	98	129	38	91	153	57	96
18	277	76	201	249	78	171	272	101	171
19	544	174	370	499	163	336	537	185	352
20-24岁	**4215**	**1971**	**2244**	**4017**	**1919**	**2098**	**4420**	**2107**	**2313**
20	599	204	395	856	324	532	868	333	535
21	791	352	439	752	340	412	1214	559	655
22	1039	489	550	875	436	439	898	439	459
23	899	446	453	880	436	444	782	417	365
24	887	480	407	654	383	271	658	359	299
25-29岁	**1536**	**895**	**641**	**1182**	**679**	**503**	**1086**	**643**	**443**
25	679	389	290	505	284	221	431	252	179
26	409	236	173	325	173	152	318	186	132
27	248	150	98	199	124	75	171	104	67
28	128	80	48	103	69	34	97	65	32
29	72	40	32	50	29	21	69	36	33
30-34岁	**87**	**55**	**32**	**121**	**73**	**48**	**136**	**83**	**53**
30	37	23	14	50	30	20	54	28	26
31	22	14	8	28	14	14	28	18	10
32	12	7	5	23	14	9	27	17	10
33	9	5	4	13	11	2	15	11	4
34	7	6	1	7	4	3	12	9	3
35-39岁	**9**	**8**	**1**	**11**	**6**	**5**	**15**	**9**	**6**
35	2	2		3	2	1	8	6	2
36	1	1		2	2		3	2	1
37	2	2		4	1	3			
38	2	2		1		1	3	1	2
39	2	1	1	1	1		1		1
40-44岁	**5**	**3**	**2**	**7**	**4**	**3**	**2**	**2**	
40	1		1	3	1	2			
41	2	2		1	1		2	2	
42	1		1	1		1			
43	1	1		1	1				
44				1	1				
45-49岁	**2**	**2**		**3**	**1**	**2**	**3**	**1**	**2**
45				1		1			
46									
47				1	1		1		1
48	2	2		1		1	1		1
49							1	1	
50岁及以上	**2**	**2**		**1**	**1**				
平均初婚年龄	**23.08**	**23.69**	**22.53**	**22.86**	**23.42**	**22.36**	**22.65**	**23.16**	**22.19**

5-4b 续表 2

单位：人、岁

初婚年龄	初婚年份								
	1985年			1986年			1987年		
	小计	男	女	小计	男	女	小计	男	女
总　计	**7856**	**3719**	**4137**	**7714**	**3681**	**4033**	**7427**	**3549**	**3878**
15岁以下	**8**	**3**	**5**	**7**	**1**	**6**	**3**		**3**
15-19岁	**1207**	**415**	**792**	**1223**	**398**	**825**	**1258**	**428**	**830**
15	49	19	30	25	2	23	38	12	26
16	97	32	65	75	19	56	63	20	43
17	172	51	121	168	65	103	185	61	124
18	307	104	203	342	105	237	361	116	245
19	582	209	373	613	207	406	611	219	392
20-24岁	**5322**	**2526**	**2796**	**5310**	**2592**	**2718**	**5027**	**2445**	**2582**
20	972	363	609	886	344	542	795	288	507
21	1276	588	688	1219	555	664	1042	457	585
22	1550	754	796	1374	707	667	1235	643	592
23	885	444	441	1226	654	572	1131	579	552
24	639	377	262	605	332	273	824	478	346
25-29岁	**1120**	**658**	**462**	**976**	**570**	**406**	**927**	**560**	**367**
25	488	290	198	396	228	168	361	221	140
26	281	168	113	276	170	106	269	161	108
27	165	96	69	142	80	62	141	83	58
28	117	68	49	101	59	42	93	57	36
29	69	36	33	61	33	28	63	38	25
30-34岁	**159**	**94**	**65**	**148**	**92**	**56**	**149**	**80**	**69**
30	58	33	25	40	25	15	41	17	24
31	35	25	10	41	25	16	31	20	11
32	25	13	12	35	21	14	35	17	18
33	27	14	13	19	16	3	24	15	9
34	14	9	5	13	5	8	18	11	7
35-39岁	**28**	**16**	**12**	**39**	**20**	**19**	**43**	**25**	**18**
35	9	4	5	13	7	6	11	8	3
36	8	5	3	6	4	2	10	4	6
37	4	2	2	3	2	1	11	7	4
38	4	2	2	9	3	6	7	5	2
39	3	3		8	4	4	4	1	3
40-44岁	**8**	**4**	**4**	**6**	**5**	**1**	**11**	**5**	**6**
40	3	3		2	1	1	5	4	1
41	3	1	2	1	1		3	1	2
42							1		1
43				2	2		1		1
44	2		2	1	1		1		1
45-49岁	**3**	**3**		**2**	**1**	**1**	**5**	**4**	**1**
45	1	1					3	3	
46	1	1							
47				1		1	1		1
48	1	1		1	1				
49							1	1	
50岁及以上	**1**		**1**	**3**	**2**	**1**	**4**	**2**	**2**
平均初婚年龄	**22.61**	**23.09**	**22.18**	**22.63**	**23.12**	**22.18**	**22.72**	**23.23**	**22.26**

5-4b 续表 3

单位：人、岁

初婚年龄	初婚年份								
	1988年			1989年			1990年		
	小计	男	女	小计	男	女	小计	男	女
总　计	**7605**	**3632**	**3973**	**8072**	**3881**	**4191**	**8396**	**4032**	**4364**
15岁以下	**4**	**1**	**3**	**7**	**1**	**6**	**9**	**2**	**7**
15-19岁	**1316**	**463**	**853**	**1396**	**455**	**941**	**1396**	**468**	**928**
15	36	9	27	33	6	27	31	9	22
16	72	19	53	93	30	63	77	23	54
17	171	50	121	176	52	124	169	48	121
18	368	138	230	402	137	265	401	129	272
19	669	247	422	692	230	462	718	259	459
20-24岁	**5036**	**2441**	**2595**	**5311**	**2597**	**2714**	**5567**	**2687**	**2880**
20	903	345	558	1019	425	594	1060	377	683
21	976	411	565	1258	563	695	1362	611	751
22	1177	598	579	1133	574	559	1360	709	651
23	1123	597	526	1103	578	525	988	524	464
24	857	490	367	798	457	341	797	466	331
25-29岁	**1038**	**600**	**438**	**1166**	**714**	**452**	**1169**	**723**	**446**
25	589	348	241	571	345	226	486	294	192
26	204	108	96	358	222	136	298	190	108
27	110	66	44	125	79	46	248	156	92
28	82	48	34	61	37	24	79	50	29
29	53	30	23	51	31	20	58	33	25
30-34岁	**160**	**96**	**64**	**134**	**79**	**55**	**164**	**92**	**72**
30	48	31	17	39	23	16	42	24	18
31	38	21	17	33	17	16	30	17	13
32	31	15	16	29	18	11	39	27	12
33	27	19	8	21	14	7	28	15	13
34	16	10	6	12	7	5	25	9	16
35-39岁	**30**	**20**	**10**	**41**	**26**	**15**	**56**	**36**	**20**
35	15	11	4	12	10	2	23	14	9
36	10	6	4	12	6	6	10	7	3
37	3	1	2	13	9	4	11	6	5
38	2	2					5	3	2
39				4	1	3	7	6	1
40-44岁	**11**	**6**	**5**	**13**	**7**	**6**	**19**	**13**	**6**
40	3	1	2	4	3	1	6	4	2
41	4	2	2	4	1	3	5	3	2
42	2	1	1	2		2	2	2	
43	1	1		2	2		3	1	2
44	1	1		1	1		3	3	
45-49岁	**5**	**3**	**2**	**2**		**2**	**6**	**4**	**2**
45	3	2	1	1		1	3	2	1
46	1		1				1	1	
47							1	1	
48				1		1	1		1
49	1	1							
50岁及以上	**5**	**2**	**3**	**2**	**2**		**10**	**7**	**3**
平均初婚年龄	**22.68**	**23.19**	**22.23**	**22.59**	**23.12**	**22.09**	**22.70**	**23.31**	**22.15**

5-4b 续表 4 单位：人、岁

初婚年龄	初婚年份								
	1991年			1992年			1993年		
	小计	男	女	小计	男	女	小计	男	女
总　计	**6006**	**2906**	**3100**	**6657**	**3222**	**3435**	**6745**	**3283**	**3462**
15岁以下	**8**	**1**	**7**	**3**		**3**	**4**	**1**	**3**
15-19岁	**818**	**271**	**547**	**770**	**217**	**553**	**581**	**173**	**408**
15	14	7	7	15	5	10	15	4	11
16	37	12	25	39	10	29	27	11	16
17	96	21	75	89	22	67	65	17	48
18	233	74	159	185	45	140	140	39	101
19	438	157	281	442	135	307	334	102	232
20-24岁	**4160**	**2017**	**2143**	**4708**	**2272**	**2436**	**4828**	**2301**	**2527**
20	760	267	493	793	274	519	726	240	486
21	948	428	520	1080	493	587	1062	448	614
22	1045	540	505	1183	611	572	1236	652	584
23	829	441	388	982	508	474	1032	534	498
24	578	341	237	670	386	284	772	427	345
25-29岁	**877**	**531**	**346**	**984**	**620**	**364**	**1088**	**678**	**410**
25	391	248	143	400	260	140	488	302	186
26	204	126	78	269	169	100	272	171	101
27	135	72	63	149	94	55	158	94	64
28	99	59	40	96	59	37	100	68	32
29	48	26	22	70	38	32	70	43	27
30-34岁	**90**	**53**	**37**	**129**	**76**	**53**	**165**	**89**	**76**
30	22	16	6	33	20	13	63	33	30
31	23	14	9	27	13	14	32	16	16
32	21	12	9	31	19	12	35	20	15
33	14	7	7	17	10	7	21	13	8
34	10	4	6	21	14	7	14	7	7
35-39岁	**38**	**25**	**13**	**33**	**19**	**14**	**45**	**25**	**20**
35	14	10	4	9	4	5	13	8	5
36	12	10	2	6	5	1	13	8	5
37	3	1	2	9	3	6	6	3	3
38	4	2	2	5	3	2	8	4	4
39	5	2	3	4	4		5	2	3
40-44岁	**5**	**4**	**1**	**18**	**10**	**8**	**27**	**12**	**15**
40				2	2		8	3	5
41	1	1		6	5	1	6	5	1
42	1	1		8	2	6	7	3	4
43	3	2	1	1		1	3		3
44				1	1		3	1	2
45-49岁	**7**	**2**	**5**	**6**	**3**	**3**	**4**	**3**	**1**
45	4	1	3	1	1		1	1	
46	2	1	1	2	1	1	1	1	
47				2	1	1	1		1
48									
49	1		1	1		1	1	1	
50岁及以上	**3**	**2**	**1**	**6**	**5**	**1**	**3**	**1**	**2**
平均初婚年龄	**22.79**	**23.30**	**22.31**	**22.99**	**23.56**	**22.46**	**23.27**	**23.75**	**22.82**

5-4b 续表 5 单位：人、岁

初婚年龄	初婚年份								
	1994年			1995年			1996年		
	小计	男	女	小计	男	女	小计	男	女
总 计	**6380**	**3092**	**3288**	**6895**	**3332**	**3563**	**6201**	**3029**	**3172**
15岁以下				**1**		**1**	**3**		**3**
15-19岁	**486**	**124**	**362**	**495**	**131**	**364**	**411**	**97**	**314**
15	15	4	11	14	6	8	4	1	3
16	22	4	18	39	11	28	25	2	23
17	56	20	36	61	12	49	52	17	35
18	116	30	86	111	30	81	105	23	82
19	277	66	211	270	72	198	225	54	171
20-24岁	**4551**	**2156**	**2395**	**4649**	**2175**	**2474**	**4047**	**1873**	**2174**
20	567	163	404	558	163	395	463	133	330
21	951	398	553	891	377	514	721	293	428
22	1221	602	619	1218	602	616	1032	477	555
23	1035	563	472	1086	559	527	1000	511	489
24	777	430	347	896	474	422	831	459	372
25-29岁	**1067**	**652**	**415**	**1407**	**834**	**573**	**1425**	**869**	**556**
25	497	292	205	634	377	257	591	345	246
26	281	182	99	369	220	149	369	226	143
27	130	77	53	208	122	86	248	159	89
28	91	58	33	115	66	49	135	90	45
29	68	43	25	81	49	32	82	49	33
30-34岁	**165**	**98**	**67**	**220**	**124**	**96**	**209**	**131**	**78**
30	50	30	20	70	38	32	57	31	26
31	50	28	22	53	31	22	56	35	21
32	25	14	11	47	24	23	39	27	12
33	22	15	7	24	15	9	35	21	14
34	18	11	7	26	16	10	22	17	5
35-39岁	**48**	**29**	**19**	**62**	**33**	**29**	**41**	**28**	**13**
35	16	12	4	21	12	9	6	3	3
36	10	4	6	10	6	4	11	8	3
37	13	7	6	13	7	6	5	5	
38	7	5	2	11	4	7	12	8	4
39	2	1	1	7	4	3	7	4	3
40-44岁	**36**	**21**	**15**	**36**	**21**	**15**	**41**	**19**	**22**
40	10	6	4	5	4	1	2	1	1
41	6	5	1	7	4	3	13	8	5
42	10	6	4	9	4	5	7	2	5
43	4	2	2	8	5	3	13	5	8
44	6	2	4	7	4	3	6	3	3
45-49岁	**12**	**7**	**5**	**11**	**9**	**2**	**9**	**3**	**6**
45	4	2	2	5	4	1	2	1	1
46	4	3	1	3	2	1	1		1
47	1		1	3	3		2		2
48	2	1	1				2	1	1
49	1	1					2	1	1
50岁及以上	**15**	**5**	**10**	**14**	**5**	**9**	**15**	**9**	**6**
平均初婚年龄	**23.54**	**24.09**	**23.02**	**23.81**	**24.33**	**23.32**	**24.02**	**24.66**	**23.41**

5-4b 续表 6

单位：人、岁

初婚年龄	初婚年份								
	1997年			1998年			1999年		
	小计	男	女	小计	男	女	小计	男	女
总 计	**6078**	**2955**	**3123**	**6239**	**3071**	**3168**	**6055**	**2975**	**3080**
15岁以下	**2**	**2**		**3**	**1**	**2**	**4**		**4**
15–19岁	**415**	**96**	**319**	**434**	**111**	**323**	**433**	**100**	**333**
15	9	2	7	13	3	10	4	1	3
16	17	5	12	24	6	18	32	9	23
17	50	10	40	42	14	28	46	14	32
18	109	25	84	113	24	89	95	21	74
19	230	54	176	242	64	178	256	55	201
20–24岁	**3769**	**1732**	**2037**	**3648**	**1691**	**1957**	**3724**	**1716**	**2008**
20	460	98	362	470	112	358	532	133	399
21	742	286	456	711	299	412	740	292	448
22	996	522	474	944	475	469	1004	514	490
23	857	428	429	811	411	400	836	420	416
24	714	398	316	712	394	318	612	357	255
25–29岁	**1527**	**910**	**617**	**1681**	**1003**	**678**	**1526**	**924**	**602**
25	583	336	247	625	355	270	536	310	226
26	430	238	192	426	256	170	411	254	157
27	255	174	81	295	179	116	286	182	104
28	147	96	51	188	131	57	175	116	59
29	112	66	46	147	82	65	118	62	56
30–34岁	**218**	**130**	**88**	**319**	**171**	**148**	**251**	**163**	**88**
30	52	34	18	97	50	47	88	64	24
31	46	27	19	64	29	35	55	38	17
32	57	32	25	61	32	29	43	26	17
33	34	18	16	45	30	15	37	22	15
34	29	19	10	52	30	22	28	13	15
35–39岁	**60**	**37**	**23**	**82**	**54**	**28**	**63**	**41**	**22**
35	16	12	4	29	16	13	24	16	8
36	12	7	5	11	8	3	18	13	5
37	13	6	7	16	10	6	11	6	5
38	7	5	2	19	16	3	7	5	2
39	12	7	5	7	4	3	3	1	2
40–44岁	**56**	**29**	**27**	**39**	**21**	**18**	**28**	**17**	**11**
40	11	4	7	7	3	4	6	6	
41	15	6	9	8	5	3	10	5	5
42	7	5	2	12	6	6	4	2	2
43	10	6	4	8	5	3	4	2	2
44	13	8	5	4	2	2	4	2	2
45–49岁	**21**	**15**	**6**	**25**	**15**	**10**	**22**	**11**	**11**
45	11	8	3	6	4	2	6	3	3
46	4	3	1	3	2	1	6	3	3
47	2	1	1	8	6	2	4	2	2
48	2	1	1	4	2	2	2	1	1
49	2	2		4	1	3	4	2	2
50岁及以上	**10**	**4**	**6**	**8**	**4**	**4**	**4**	**3**	**1**
平均初婚年龄	**24.21**	**24.90**	**23.55**	**24.43**	**25.09**	**23.79**	**24.09**	**24.84**	**23.37**

5-4b　续表 7　　　　单位：人、岁

初婚年龄	初婚年份								
	2000年			2001年			2002年		
	小计	男	女	小计	男	女	小计	男	女
总　计	**7883**	**3882**	**4001**	**4916**	**2384**	**2532**	**5760**	**2809**	**2951**
15岁以下	**10**	**3**	**7**	**9**	**2**	**7**	**6**		**6**
15-19岁	**643**	**158**	**485**	**383**	**81**	**302**	**522**	**135**	**387**
15	24	4	20	15	6	9	21	4	17
16	50	14	36	17	3	14	37	12	25
17	68	21	47	45	7	38	65	15	50
18	163	31	132	77	22	55	109	27	82
19	338	88	250	229	43	186	290	77	213
20-24岁	**4963**	**2307**	**2656**	**3147**	**1442**	**1705**	**3616**	**1664**	**1952**
20	738	208	530	358	83	275	499	130	369
21	1145	459	686	655	264	391	642	264	378
22	1227	663	564	972	488	484	1000	503	497
23	1062	532	530	651	330	321	877	430	447
24	791	445	346	511	277	234	598	337	261
25-29岁	**1763**	**1100**	**663**	**1118**	**691**	**427**	**1267**	**786**	**481**
25	596	350	246	409	237	172	476	271	205
26	467	291	176	263	168	95	317	195	122
27	317	216	101	195	124	71	212	141	71
28	235	150	85	157	107	50	131	90	41
29	148	93	55	94	55	39	131	89	42
30-34岁	**322**	**201**	**121**	**179**	**113**	**66**	**248**	**160**	**88**
30	108	66	42	63	39	24	98	62	36
31	94	58	36	41	28	13	45	24	21
32	54	33	21	38	23	15	51	37	14
33	34	25	9	16	11	5	34	23	11
34	32	19	13	21	12	9	20	14	6
35-39岁	**117**	**71**	**46**	**42**	**29**	**13**	**53**	**34**	**19**
35	32	17	15	10	8	2	18	11	7
36	29	20	9	11	11		7	3	4
37	31	18	13	15	6	9	8	5	3
38	17	10	7	2	2		11	9	2
39	8	6	2	4	2	2	9	6	3
40-44岁	**39**	**22**	**17**	**17**	**11**	**6**	**22**	**15**	**7**
40	9	4	5	4	3	1	6	4	2
41	8	4	4	3	1	2	6	4	2
42	9	7	2	3	3		6	3	3
43	6	4	2	3		3	1	1	
44	7	3	4	4	4		3	3	
45-49岁	**16**	**13**	**3**	**10**	**9**	**1**	**13**	**8**	**5**
45	3	3		4	4		2	1	1
46	5	4	1				3	2	1
47	5	4	1	1	1		1	1	
48	1	1		2	1	1	5	2	3
49	2	1	1	3	3		2	2	
50岁及以上	**10**	**7**	**3**	**11**	**6**	**5**	**13**	**7**	**6**
平均初婚年龄	**23.93**	**24.72**	**23.17**	**23.89**	**24.70**	**23.13**	**23.90**	**24.72**	**23.12**

5-4b 续表 8 单位：人、岁

初婚年龄	初婚年份								
	2003年			2004年			2005年		
	小计	男	女	小计	男	女	小计	男	女
总　计	**5709**	**2789**	**2920**	**5863**	**2889**	**2974**	**5983**	**2943**	**3040**
15岁以下	**3**	**1**	**2**	**3**		**3**	**3**		**3**
15-19岁	**502**	**116**	**386**	**613**	**178**	**435**	**682**	**165**	**517**
15	18	7	11	19	8	11	22	4	18
16	31	5	26	48	12	36	38	6	32
17	62	11	51	74	27	47	90	23	67
18	111	31	80	172	45	127	185	47	138
19	280	62	218	300	86	214	347	85	262
20-24岁	**3348**	**1516**	**1832**	**3228**	**1486**	**1742**	**3054**	**1417**	**1637**
20	502	153	349	511	142	369	559	167	392
21	730	303	427	703	310	393	615	278	337
22	757	383	374	793	404	389	742	405	337
23	705	329	376	593	307	286	641	329	312
24	654	348	306	628	323	305	497	238	259
25-29岁	**1389**	**851**	**538**	**1534**	**906**	**628**	**1665**	**987**	**678**
25	504	303	201	573	322	251	582	327	255
26	350	211	139	419	243	176	462	273	189
27	255	160	95	247	153	94	295	177	118
28	155	95	60	182	120	62	200	123	77
29	125	82	43	113	68	45	126	87	39
30-34岁	**336**	**219**	**117**	**326**	**216**	**110**	**373**	**244**	**129**
30	111	67	44	90	63	27	103	71	32
31	83	57	26	85	56	29	91	53	38
32	68	46	22	54	34	20	79	54	25
33	35	25	10	57	38	19	62	39	23
34	39	24	15	40	25	15	38	27	11
35-39岁	**79**	**55**	**24**	**94**	**63**	**31**	**118**	**77**	**41**
35	27	16	11	30	22	8	40	27	13
36	13	11	2	20	12	8	24	17	7
37	15	10	5	17	12	5	32	19	13
38	11	8	3	17	10	7	3	2	1
39	13	10	3	10	7	3	19	12	7
40-44岁	**32**	**19**	**13**	**29**	**17**	**12**	**44**	**30**	**14**
40	12	5	7	12	8	4	11	6	5
41	5	2	3	3	3		10	7	3
42	5	4	1	5	2	3	11	8	3
43	8	6	2	3	3		6	4	2
44	2	2		6	1	5	6	5	1
45-49岁	**15**	**9**	**6**	**19**	**12**	**7**	**19**	**10**	**9**
45	7	5	2	5	4	1	6	2	4
46	4	2	2	6	2	4	3	3	
47	1	1		5	3	2	4	1	3
48	3	1	2	2	2				
49				1	1		6	4	2
50岁及以上	**5**	**3**	**2**	**17**	**11**	**6**	**25**	**13**	**12**
平均初婚年龄	**24.21**	**25.09**	**23.38**	**24.25**	**25.08**	**23.43**	**24.46**	**25.40**	**23.55**

5-4b　续表 9　　　　单位：人、岁

初婚年龄	初婚年份								
	2006年			2007年			2008年		
	小计	男	女	小计	男	女	小计	男	女
总　计	**6293**	**3085**	**3208**	**5744**	**2844**	**2900**	**7184**	**3575**	**3609**
15岁以下	**1**		**1**				**2**		**2**
15-19岁	**732**	**182**	**550**	**655**	**170**	**485**	**818**	**219**	**599**
15	11	3	8	12	2	10	12	2	10
16	43	11	32	35	8	27	28	5	23
17	88	15	73	75	16	59	93	18	75
18	198	42	156	182	50	132	221	59	162
19	392	111	281	351	94	257	464	135	329
20-24岁	**3023**	**1408**	**1615**	**2709**	**1269**	**1440**	**3367**	**1593**	**1774**
20	555	172	383	552	180	372	640	222	418
21	631	268	363	607	277	330	821	379	442
22	653	345	308	631	335	296	791	410	381
23	597	309	288	469	243	226	619	341	278
24	587	314	273	450	234	216	496	241	255
25-29岁	**1902**	**1087**	**815**	**1745**	**1001**	**744**	**2147**	**1230**	**917**
25	538	267	271	521	284	237	583	303	280
26	533	295	238	393	214	179	602	335	267
27	435	274	161	371	218	153	379	223	156
28	245	145	100	283	176	107	307	185	122
29	151	106	45	177	109	68	276	184	92
30-34岁	**423**	**273**	**150**	**387**	**243**	**144**	**532**	**330**	**202**
30	128	77	51	133	87	46	183	111	72
31	94	63	31	84	55	29	114	80	34
32	85	53	32	55	34	21	77	43	34
33	72	49	23	65	40	25	94	57	37
34	44	31	13	50	27	23	64	39	25
35-39岁	**141**	**88**	**53**	**142**	**94**	**48**	**182**	**120**	**62**
35	39	21	18	38	27	11	57	44	13
36	38	23	15	38	22	16	40	21	19
37	30	20	10	23	16	7	37	23	14
38	20	13	7	24	18	6	29	21	8
39	14	11	3	19	11	8	19	11	8
40-44岁	**39**	**24**	**15**	**63**	**41**	**22**	**75**	**48**	**27**
40	10	7	3	13	9	4	18	10	8
41	12	7	5	19	17	2	15	13	2
42	7	4	3	15	9	6	18	12	6
43	7	5	2	6	3	3	12	6	6
44	3	1	2	10	3	7	12	7	5
45-49岁	**18**	**11**	**7**	**20**	**13**	**7**	**26**	**14**	**12**
45	2	1	1	6	5	1	11	5	6
46	3	1	2	6	2	4	3	2	1
47	4	2	2	3	3		4	1	3
48	4	4		3	2	1	5	4	1
49	5	3	2	2	1	1	3	2	1
50岁及以上	**14**	**12**	**2**	**23**	**13**	**10**	**35**	**21**	**14**
平均初婚年龄	**24.63**	**25.62**	**23.68**	**24.81**	**25.74**	**23.90**	**24.88**	**25.78**	**24.00**

5-4b 续表 10

单位：人、岁

初婚年龄	2009年 小计	2009年 男	2009年 女	2010年 小计	2010年 男	2010年 女	2011年 小计	2011年 男	2011年 女
总 计	**6438**	**3159**	**3279**	**6856**	**3439**	**3417**	**6141**	**3065**	**3076**
15岁以下	**4**	**1**	**3**	**1**		**1**	**1**	**1**	
15-19岁	**623**	**184**	**439**	**628**	**178**	**450**	**372**	**86**	**286**
15	14	3	11	11	2	9	9	1	8
16	24	4	20	31	6	25	24	4	20
17	68	17	51	76	18	58	45	10	35
18	165	44	121	169	41	128	109	24	85
19	352	116	236	341	111	230	185	47	138
20-24岁	**2946**	**1346**	**1600**	**3167**	**1503**	**1664**	**2726**	**1258**	**1468**
20	489	170	319	553	194	359	360	135	225
21	627	278	349	622	268	354	514	236	278
22	752	369	383	723	382	341	632	300	332
23	573	273	300	688	364	324	598	291	307
24	505	256	249	581	295	286	622	296	326
25-29岁	**2063**	**1136**	**927**	**2051**	**1114**	**937**	**2171**	**1169**	**1002**
25	503	256	247	560	278	282	577	272	305
26	565	292	273	467	229	238	540	287	253
27	458	252	206	447	247	200	430	233	197
28	315	213	102	365	226	139	342	206	136
29	222	123	99	212	134	78	282	171	111
30-34岁	**504**	**310**	**194**	**639**	**400**	**239**	**574**	**365**	**209**
30	183	119	64	214	135	79	161	100	61
31	107	61	46	168	105	63	159	95	64
32	80	50	30	108	68	40	118	81	37
33	81	47	34	77	47	30	81	57	24
34	53	33	20	72	45	27	55	32	23
35-39岁	**187**	**110**	**77**	**206**	**136**	**70**	**171**	**104**	**67**
35	44	26	18	53	35	18	38	25	13
36	41	16	25	39	23	16	43	28	15
37	36	24	12	34	28	6	25	14	11
38	36	24	12	40	25	15	34	18	16
39	30	20	10	40	25	15	31	19	12
40-44岁	**60**	**35**	**25**	**91**	**61**	**30**	**79**	**50**	**29**
40	21	11	10	25	16	9	31	17	14
41	13	8	5	24	18	6	16	12	4
42	11	8	3	20	12	8	14	9	5
43	9	5	4	15	10	5	15	10	5
44	6	3	3	7	5	2	3	2	1
45-49岁	**26**	**18**	**8**	**28**	**17**	**11**	**25**	**20**	**5**
45	13	8	5	6	4	2	5	4	1
46	9	6	3	7	3	4	5	4	1
47	1	1		8	6	2	8	7	1
48	2	2		3	2	1	6	4	2
49	1	1		4	2	2	1	1	
50岁及以上	**25**	**19**	**6**	**45**	**30**	**15**	**22**	**12**	**10**
平均初婚年龄	**25.17**	**26.00**	**24.37**	**25.42**	**26.33**	**24.51**	**25.76**	**26.55**	**24.96**

5-4b　续表 11　　　　　　　　　　　　　　　　单位：人、岁

初婚年龄	初婚年份								
	2012年			2013年			2014年		
	小计	男	女	小计	男	女	小计	男	女
总　计	**7017**	**3478**	**3539**	**6754**	**3315**	**3439**	**6617**	**3284**	**3333**
15岁以下	**1**		**1**	**2**		**2**			
15-19岁	**335**	**90**	**245**	**256**	**56**	**200**	**198**	**33**	**165**
15	8	1	7	5		5	3	1	2
16	23	5	18	10		10	12	1	11
17	45	6	39	34	6	28	31	3	28
18	77	24	53	73	19	54	48	9	39
19	182	54	128	134	31	103	104	19	85
20-24岁	**2800**	**1227**	**1573**	**2341**	**1002**	**1339**	**2000**	**865**	**1135**
20	328	93	235	214	58	156	181	61	120
21	472	181	291	310	120	190	254	86	168
22	671	342	329	505	223	282	377	178	199
23	610	289	321	621	265	356	486	226	260
24	719	322	397	691	336	355	702	314	388
25-29岁	**2799**	**1473**	**1326**	**2905**	**1512**	**1393**	**3186**	**1627**	**1559**
25	817	390	427	844	407	437	870	405	465
26	703	358	345	789	382	407	800	398	402
27	528	287	241	606	322	284	708	369	339
28	414	245	169	395	236	159	491	270	221
29	337	193	144	271	165	106	317	185	132
30-34岁	**730**	**458**	**272**	**803**	**470**	**333**	**766**	**480**	**286**
30	264	172	92	244	153	91	228	141	87
31	143	82	61	195	98	97	177	108	69
32	133	80	53	140	85	55	161	109	52
33	110	75	35	127	77	50	93	55	38
34	80	49	31	97	57	40	107	67	40
35-39岁	**206**	**124**	**82**	**242**	**150**	**92**	**254**	**151**	**103**
35	48	34	14	69	39	30	86	50	36
36	55	25	30	48	29	19	70	38	32
37	40	26	14	51	28	23	37	23	14
38	25	16	9	41	32	9	30	20	10
39	38	23	15	33	22	11	31	20	11
40-44岁	**86**	**64**	**22**	**128**	**77**	**51**	**124**	**73**	**51**
40	21	15	6	28	16	12	25	14	11
41	19	14	5	35	21	14	27	13	14
42	22	17	5	26	15	11	25	20	5
43	14	11	3	26	15	11	25	16	9
44	10	7	3	13	10	3	22	10	12
45-49岁	**32**	**23**	**9**	**44**	**26**	**18**	**54**	**34**	**20**
45	5	4	1	9	5	4	21	13	8
46	6	5	1	9	6	3	10	5	5
47	4	3	1	10	4	6	10	5	5
48	7	3	4	9	6	3	7	6	1
49	10	8	2	7	5	2	6	5	1
50岁及以上	**28**	**19**	**9**	**33**	**22**	**11**	**35**	**21**	**14**
平均初婚年龄	**26.15**	**26.99**	**25.32**	**26.80**	**27.61**	**26.02**	**27.15**	**27.91**	**26.41**

5-4b 续表 12

单位：人、岁

初婚年龄	初婚年份								
	2015年			2016年			2017年		
	小计	男	女	小计	男	女	小计	男	女
总　计	**6634**	**3267**	**3367**	**6051**	**3014**	**3037**	**5467**	**2718**	**2749**
15岁以下	**2**	**1**	**1**						
15-19岁	**151**	**30**	**121**	**111**	**22**	**89**	**79**	**10**	**69**
15	2	1	1	2		2			
16	6		6	10	2	8	6	1	5
17	25	7	18	9	1	8	12		12
18	48	5	43	31	9	22	17	4	13
19	70	17	53	59	10	49	44	5	39
20-24岁	**1806**	**722**	**1084**	**1412**	**586**	**826**	**1246**	**491**	**755**
20	144	38	106	109	24	85	87	17	70
21	209	68	141	167	62	105	173	62	111
22	369	152	217	274	110	164	279	118	161
23	430	179	251	367	161	206	274	109	165
24	654	285	369	495	229	266	433	185	248
25-29岁	**3427**	**1771**	**1656**	**3299**	**1692**	**1607**	**2850**	**1469**	**1381**
25	879	423	456	720	334	386	533	227	306
26	820	404	416	861	419	442	645	336	309
27	762	432	330	726	387	339	692	358	334
28	617	320	297	570	301	269	540	287	253
29	349	192	157	422	251	171	440	261	179
30-34岁	**767**	**450**	**317**	**748**	**426**	**322**	**839**	**479**	**360**
30	234	136	98	236	137	99	309	175	134
31	174	98	76	174	103	71	203	115	88
32	140	84	56	133	80	53	139	81	58
33	130	77	53	108	59	49	91	52	39
34	89	55	34	97	47	50	97	56	41
35-39岁	**265**	**164**	**101**	**280**	**158**	**122**	**251**	**148**	**103**
35	78	50	28	76	45	31	85	42	43
36	80	43	37	66	35	31	53	34	19
37	49	35	14	62	34	28	44	31	13
38	30	16	14	46	26	20	35	22	13
39	28	20	8	30	18	12	34	19	15
40-44岁	**101**	**58**	**43**	**96**	**60**	**36**	**94**	**57**	**37**
40	32	17	15	16	11	5	22	16	6
41	18	10	8	33	15	18	19	9	10
42	20	12	8	19	14	5	18	10	8
43	19	12	7	18	14	4	16	10	6
44	12	7	5	10	6	4	19	12	7
45-49岁	**56**	**35**	**21**	**54**	**39**	**15**	**52**	**30**	**22**
45	20	14	6	18	12	6	12	4	8
46	10	6	4	18	13	5	6	2	4
47	17	9	8	10	7	3	16	12	4
48	5	3	2	3	3		9	7	2
49	4	3	1	5	4	1	9	5	4
50岁及以上	**59**	**36**	**23**	**51**	**31**	**20**	**56**	**34**	**22**
平均初婚年龄	**27.43**	**28.16**	**26.72**	**27.79**	**28.46**	**27.13**	**28.11**	**28.83**	**27.41**

5-4b　续表 13　　　　单位：人、岁

初婚年龄	初婚年份								
	2018年			2019年			2020年		
	小计	男	女	小计	男	女	小计	男	女
总　计	**5646**	**2762**	**2884**	**4637**	**2293**	**2344**	**3141**	**1557**	**1584**
15岁以下	**1**		**1**	**1**		**1**			
15–19岁	**68**	**17**	**51**	**56**	**12**	**44**	**36**	**5**	**31**
15	1		1						
16	6	2	4	5	2	3			
17	12	3	9	6	1	5	4		4
18	19	4	15	18	4	14	10	1	9
19	30	8	22	27	5	22	22	4	18
20–24岁	**1179**	**449**	**730**	**933**	**331**	**602**	**582**	**221**	**361**
20	85	15	70	62	11	51	43	8	35
21	155	45	110	102	24	78	56	12	44
22	234	93	141	191	76	115	108	45	63
23	321	131	190	236	92	144	149	74	75
24	384	165	219	342	128	214	226	82	144
25–29岁	**2907**	**1439**	**1468**	**2225**	**1145**	**1080**	**1451**	**715**	**736**
25	596	235	361	472	219	253	303	123	180
26	580	267	313	455	215	240	321	146	175
27	609	325	284	452	226	226	315	168	147
28	628	353	275	445	258	187	256	145	111
29	494	259	235	401	227	174	256	133	123
30–34岁	**972**	**548**	**424**	**953**	**537**	**416**	**698**	**405**	**293**
30	308	177	131	293	150	143	249	150	99
31	257	154	103	215	122	93	155	88	67
32	175	88	87	180	109	71	131	76	55
33	126	78	48	146	91	55	88	49	39
34	106	51	55	119	65	54	75	42	33
35–39岁	**315**	**191**	**124**	**245**	**146**	**99**	**163**	**91**	**72**
35	91	51	40	70	46	24	36	22	14
36	74	51	23	59	31	28	32	19	13
37	51	29	22	55	27	28	36	20	16
38	55	28	27	33	24	9	29	17	12
39	44	32	12	28	18	10	30	13	17
40–44岁	**117**	**64**	**53**	**99**	**56**	**43**	**93**	**46**	**47**
40	34	21	13	25	11	14	31	11	20
41	24	16	8	25	16	9	26	15	11
42	19	7	12	24	15	9	12	6	6
43	19	10	9	15	7	8	14	8	6
44	21	10	11	10	7	3	10	6	4
45–49岁	**43**	**32**	**11**	**67**	**34**	**33**	**46**	**31**	**15**
45	13	10	3	10	6	4	6	5	1
46	8	6	2	14	7	7	15	9	6
47	6	5	1	12	5	7	16	10	6
48	7	6	1	15	9	6	4	4	
49	9	5	4	16	7	9	5	3	2
50岁及以上	**44**	**22**	**22**	**58**	**32**	**26**	**72**	**43**	**29**
平均初婚年龄	**28.39**	**29.11**	**27.70**	**28.84**	**29.56**	**28.13**	**29.31**	**30.08**	**28.55**

5-4c 全省分初婚年龄、性别、初婚年份的人口(乡村)

单位：人、岁

初婚年龄	初婚年份								
	合计			1980年			1981年		
	合计	男	女	小计	男	女	小计	男	女
总　计	**465433**	**239031**	**226402**	**18716**	**9277**	**9439**	**13521**	**6696**	**6825**
15岁以下	**591**	**105**	**486**	**41**	**5**	**36**	**43**	**7**	**36**
15-19岁	**92488**	**31326**	**61162**	**3983**	**1231**	**2752**	**2956**	**871**	**2085**
15	3018	676	2342	179	33	146	106	25	81
16	6364	1620	4744	369	97	272	226	56	170
17	13461	3989	9472	817	233	584	484	126	358
18	25262	8325	16937	915	242	673	956	269	687
19	44383	16716	27667	1703	626	1077	1184	395	789
20-24岁	**284302**	**153280**	**131022**	**11633**	**6076**	**5557**	**8605**	**4576**	**4029**
20	63314	27063	36251	2463	1024	1439	1808	802	1006
21	72595	38509	34086	2474	1257	1217	2163	1118	1045
22	68539	40564	27975	2672	1450	1222	1805	985	820
23	47764	28060	19704	2338	1342	996	1619	942	677
24	32090	19084	13006	1686	1003	683	1210	729	481
25-29岁	**61230**	**37657**	**23573**	**2753**	**1754**	**999**	**1730**	**1106**	**624**
25	22087	13280	8807	1247	772	475	738	453	285
26	14803	9145	5658	706	472	234	452	294	158
27	10472	6560	3912	377	239	138	274	184	90
28	7795	4892	2903	256	166	90	177	118	59
29	6073	3780	2293	167	105	62	89	57	32
30-34岁	**15926**	**9972**	**5954**	**243**	**170**	**73**	**148**	**113**	**35**
30	4874	3043	1831	115	74	41	62	50	12
31	3814	2351	1463	56	43	13	35	24	11
32	3007	1896	1111	30	22	8	23	16	7
33	2439	1536	903	28	17	11	16	12	4
34	1792	1146	646	14	14		12	11	1
35-39岁	**5489**	**3483**	**2006**	**47**	**30**	**17**	**23**	**12**	**11**
35	1508	967	541	15	8	7	4	2	2
36	1281	797	484	8	6	2	6	4	2
37	1066	694	372	12	9	3	8	3	5
38	874	546	328	9	5	4	1		1
39	760	479	281	3	2	1	4	3	1
40-44岁	**2771**	**1666**	**1105**	**8**	**6**	**2**	**8**	**6**	**2**
40	754	446	308	3	3		3	2	1
41	603	365	238	1	1		3	3	
42	542	321	221	2	1	1	1	1	
43	460	291	169	2	1	1			
44	412	243	169				1		1
45-49岁	**1346**	**807**	**539**	**5**	**4**	**1**	**5**	**4**	**1**
45	330	210	120	1	1		1	1	
46	296	183	113	3	2	1	2	1	1
47	291	161	130	1	1		1	1	
48	218	128	90				1	1	
49	211	125	86						
50岁及以上	**1290**	**735**	**555**	**3**	**1**	**2**	**3**	**1**	**2**
平均初婚年龄	**22.87**	**23.50**	**22.19**	**22.29**	**22.99**	**21.60**	**22.14**	**22.83**	**21.46**

5-4c　续表 1　　　　单位：人、岁

初婚年龄	初婚年份								
	1982年			1983年			1984年		
	小计	男	女	小计	男	女	小计	男	女
总　计	**16549**	**8190**	**8359**	**16488**	**8187**	**8301**	**18446**	**9197**	**9249**
15岁以下	**34**	**9**	**25**	**22**	**3**	**19**	**32**	**3**	**29**
15-19岁	**4484**	**1476**	**3008**	**4254**	**1461**	**2793**	**4683**	**1668**	**3015**
15	167	40	127	168	43	125	179	49	130
16	335	76	259	325	99	226	356	98	258
17	575	148	427	591	191	400	710	221	489
18	1118	361	757	1143	346	797	1281	434	847
19	2289	851	1438	2027	782	1245	2157	866	1291
20-24岁	**9807**	**5308**	**4499**	**10111**	**5378**	**4733**	**11716**	**6246**	**5470**
20	2055	934	1121	3036	1389	1647	3167	1453	1714
21	2418	1266	1152	2339	1246	1093	3649	1965	1684
22	2494	1448	1046	2077	1194	883	2176	1211	965
23	1653	959	694	1623	942	681	1609	953	656
24	1187	701	486	1036	607	429	1115	664	451
25-29岁	**1964**	**1223**	**741**	**1803**	**1146**	**657**	**1666**	**1057**	**609**
25	902	544	358	768	477	291	636	404	232
26	473	297	176	442	284	158	448	278	170
27	289	190	99	273	176	97	276	170	106
28	179	118	61	181	113	68	179	123	56
29	121	74	47	139	96	43	127	82	45
30-34岁	**215**	**146**	**69**	**235**	**154**	**81**	**266**	**170**	**96**
30	74	50	24	82	62	20	105	72	33
31	64	46	18	63	36	27	67	42	25
32	37	22	15	35	17	18	42	24	18
33	21	15	6	41	28	13	32	22	10
34	19	13	6	14	11	3	20	10	10
35-39岁	**30**	**24**	**6**	**44**	**31**	**13**	**60**	**37**	**23**
35	9	5	4	10	7	3	26	18	8
36	8	8		14	9	5	16	10	6
37	5	5		9	7	2	12	9	3
38	5	3	2	6	4	2	4		4
39	3	3		5	4	1	2		2
40-44岁	**7**	**1**	**6**	**14**	**11**	**3**	**22**	**15**	**7**
40	2	1	1	6	5	1	6	4	2
41				3	3		5	3	2
42	2		2	3	2	1	5	4	1
43	2		2				2	2	
44	1		1	2	1	1	4	2	2
45-49岁	**7**	**3**	**4**	**5**	**3**	**2**	**1**	**1**	
45	2	1	1	1		1	1	1	
46	2	1	1						
47				2	1	1			
48	2	1	1						
49	1		1	2	2				
50岁及以上	**1**		**1**						
平均初婚年龄	**21.93**	**22.56**	**21.31**	**21.84**	**22.44**	**21.25**	**21.73**	**22.27**	**21.20**

5-4c 续表 2 单位：人、岁

初婚年龄	初婚年份								
	1985年			1986年			1987年		
	小计	男	女	小计	男	女	小计	男	女
总　计	**21670**	**10795**	**10875**	**19141**	**9686**	**9455**	**18761**	**9434**	**9327**
15岁以下	**37**	**4**	**33**	**21**	**3**	**18**	**29**	**4**	**25**
15-19岁	**5475**	**2024**	**3451**	**5064**	**1895**	**3169**	**5286**	**2064**	**3222**
15	195	50	145	177	39	138	157	39	118
16	450	140	310	370	108	262	414	113	301
17	838	265	573	793	280	513	837	272	565
18	1484	506	978	1468	527	941	1501	618	883
19	2508	1063	1445	2256	941	1315	2377	1022	1355
20-24岁	**13652**	**7214**	**6438**	**12146**	**6592**	**5554**	**11633**	**6269**	**5364**
20	3313	1585	1728	3113	1481	1632	2973	1418	1555
21	3859	2015	1844	3356	1827	1529	3124	1631	1493
22	3574	2024	1550	2804	1619	1185	2665	1589	1076
23	1762	950	812	2018	1172	846	1749	1005	744
24	1144	640	504	855	493	362	1122	626	496
25-29岁	**1967**	**1215**	**752**	**1447**	**906**	**541**	**1331**	**790**	**541**
25	786	464	322	516	319	197	514	291	223
26	448	279	169	367	220	147	303	189	114
27	341	230	111	214	142	72	237	139	98
28	221	135	86	194	122	72	147	91	56
29	171	107	64	156	103	53	130	80	50
30-34岁	**437**	**277**	**160**	**337**	**215**	**122**	**376**	**239**	**137**
30	133	89	44	101	62	39	127	83	44
31	116	75	41	94	65	29	87	54	33
32	92	48	44	59	31	28	70	44	26
33	53	39	14	50	37	13	65	40	25
34	43	26	17	33	20	13	27	18	9
35-39岁	**72**	**41**	**31**	**91**	**56**	**35**	**74**	**51**	**23**
35	25	18	7	30	24	6	27	16	11
36	19	8	11	19	7	12	17	14	3
37	7	4	3	18	12	6	12	7	5
38	15	7	8	14	8	6	11	7	4
39	6	4	2	10	5	5	7	7	
40-44岁	**18**	**13**	**5**	**24**	**14**	**10**	**20**	**7**	**13**
40	5	4	1	12	5	7	6		6
41	3	3		4	3	1	6	3	3
42	3	1	2	1	1		3	2	1
43	4	3	1	4	2	2	1		1
44	3	2	1	3	3		4	2	2
45-49岁	**9**	**5**	**4**	**9**	**4**	**5**	**7**	**7**	
45				2		2	3	3	
46	2	1	1	1	1		1	1	
47	3	2	1	3		3	2	2	
48	2	1	1	1	1		1	1	
49	2	1	1	2	2				
50岁及以上	**3**	**2**	**1**	**2**	**1**	**1**	**5**	**3**	**2**
平均初婚年龄	**21.84**	**22.33**	**21.36**	**21.74**	**22.23**	**21.25**	**21.69**	**22.15**	**21.22**

5-4c　续表 3　　　　单位：人、岁

初婚年龄	初婚年份								
	1988年			1989年			1990年		
	小计	男	女	小计	男	女	小计	男	女
总　计	**19737**	**9920**	**9817**	**18950**	**9540**	**9410**	**21179**	**10790**	**10389**
15岁以下	**26**	**3**	**23**	**22**	**2**	**20**	**27**	**11**	**16**
15-19岁	**5683**	**2172**	**3511**	**5482**	**2178**	**3304**	**5831**	**2263**	**3568**
15	170	53	117	123	27	96	168	39	129
16	400	120	280	356	106	250	409	119	290
17	919	303	616	861	323	538	882	312	570
18	1628	599	1029	1642	662	980	1642	613	1029
19	2566	1097	1469	2500	1060	1440	2730	1180	1550
20-24岁	**11967**	**6516**	**5451**	**11447**	**6167**	**5280**	**13049**	**7114**	**5935**
20	3174	1478	1696	3053	1394	1659	3443	1599	1844
21	3081	1714	1367	3088	1669	1419	3536	1983	1553
22	2792	1623	1169	2468	1443	1025	2990	1724	1266
23	1828	1080	748	1711	996	715	1898	1124	774
24	1092	621	471	1127	665	462	1182	684	498
25-29岁	**1576**	**917**	**659**	**1509**	**895**	**614**	**1770**	**1071**	**699**
25	740	424	316	674	397	277	742	428	314
26	315	184	131	439	272	167	466	274	192
27	221	127	94	155	89	66	309	209	100
28	183	110	73	130	72	58	148	95	53
29	117	72	45	111	65	46	105	65	40
30-34岁	**356**	**237**	**119**	**358**	**222**	**136**	**317**	**207**	**110**
30	106	69	37	89	58	31	100	69	31
31	77	49	28	81	53	28	68	43	25
32	76	53	23	71	40	31	69	45	24
33	63	39	24	65	38	27	39	23	16
34	34	27	7	52	33	19	41	27	14
35-39岁	**93**	**55**	**38**	**87**	**52**	**35**	**126**	**85**	**41**
35	30	18	12	34	21	13	42	30	12
36	28	16	12	21	14	7	30	20	10
37	14	5	9	12	7	5	21	13	8
38	14	12	2	13	8	5	20	14	6
39	7	4	3	7	2	5	13	8	5
40-44岁	**22**	**14**	**8**	**32**	**17**	**15**	**40**	**31**	**9**
40	5	2	3	14	7	7	16	13	3
41	7	5	2	4	3	1	7	6	1
42	7	5	2	3	1	2	6	3	3
43	2	1	1	8	5	3	7	6	1
44	1	1		3	1	2	4	3	1
45-49岁	**11**	**5**	**6**	**11**	**5**	**6**	**11**	**6**	**5**
45	4	2	2	3	1	2	4	2	2
46	1		1	3	2	1	4	2	2
47	4	2	2	2		2			
48							2	1	1
49	2	1	1	3	2	1	1	1	
50岁及以上	**3**	**1**	**2**	**2**	**2**		**8**	**2**	**6**
平均初婚年龄	**21.69**	**22.16**	**21.21**	**21.71**	**22.14**	**21.27**	**21.75**	**22.23**	**21.25**

5-4c 续表 4

单位：人、岁

初婚年龄	初婚年份								
	1991年			1992年			1993年		
	小计	男	女	小计	男	女	小计	男	女
总　计	**13842**	**7023**	**6819**	**15019**	**7649**	**7370**	**14375**	**7399**	**6976**
15岁以下	**21**	**3**	**18**	**16**	**2**	**14**	**9**	**1**	**8**
15-19岁	**3245**	**1162**	**2083**	**2898**	**999**	**1899**	**2138**	**681**	**1457**
15	93	21	72	84	17	67	71	16	55
16	138	24	114	144	37	107	90	17	73
17	429	138	291	325	90	235	258	69	189
18	981	324	657	718	233	485	546	167	379
19	1604	655	949	1627	622	1005	1173	412	761
20-24岁	**9187**	**5000**	**4187**	**10371**	**5583**	**4788**	**10343**	**5598**	**4745**
20	2419	1099	1320	2422	1073	1349	2085	822	1263
21	2465	1361	1104	2898	1563	1335	2736	1457	1279
22	2168	1271	897	2604	1510	1094	2661	1611	1050
23	1391	834	557	1521	890	631	1819	1071	748
24	744	435	309	926	547	379	1042	637	405
25-29岁	**1069**	**650**	**419**	**1336**	**823**	**513**	**1408**	**839**	**569**
25	430	254	176	522	315	207	589	339	250
26	264	162	102	342	219	123	334	206	128
27	175	115	60	194	111	83	208	135	73
28	117	69	48	159	103	56	161	92	69
29	83	50	33	119	75	44	116	67	49
30-34岁	**201**	**124**	**77**	**242**	**151**	**91**	**297**	**175**	**122**
30	61	33	28	75	45	30	116	69	47
31	53	37	16	52	33	19	68	30	38
32	38	28	10	42	26	16	47	31	16
33	29	15	14	41	28	13	46	30	16
34	20	11	9	32	19	13	20	15	5
35-39岁	**84**	**60**	**24**	**98**	**53**	**45**	**92**	**54**	**38**
35	15	12	3	25	12	13	20	10	10
36	20	15	5	33	19	14	22	15	7
37	16	10	6	11	8	3	10	7	3
38	17	13	4	15	8	7	21	13	8
39	16	10	6	14	6	8	19	9	10
40-44岁	**28**	**20**	**8**	**37**	**24**	**13**	**61**	**36**	**25**
40	13	8	5	16	8	8	20	13	7
41	7	4	3	6	5	1	16	8	8
42	4	4		7	5	2	8	5	3
43	3	3		6	4	2	10	5	5
44	1	1		2	2		7	5	2
45-49岁	**6**	**4**	**2**	**10**	**7**	**3**	**17**	**10**	**7**
45	2	2		5	4	1	7	4	3
46	1		1	1	1		2	2	
47	2	1	1	3	2	1	5	2	3
48							2	1	1
49	1	1		1		1	1	1	
50岁及以上	**1**		**1**	**11**	**7**	**4**	**10**	**5**	**5**
平均初婚年龄	**21.88**	**22.38**	**21.36**	**22.19**	**22.66**	**21.70**	**22.56**	**23.02**	**22.07**

5-4c　续表 5　　　　单位：人、岁

初婚年龄	初婚年份								
	1994年			1995年			1996年		
	小计	男	女	小计	男	女	小计	男	女
总　计	**13993**	**7175**	**6818**	**14408**	**7388**	**7020**	**11800**	**6051**	**5749**
15岁以下	**14**	**3**	**11**	**12**	**2**	**10**	**11**	**3**	**8**
15—19岁	**1827**	**531**	**1296**	**1705**	**452**	**1253**	**1391**	**353**	**1038**
15	48	8	40	61	13	48	34	4	30
16	101	20	81	114	18	96	85	11	74
17	218	44	174	205	46	159	199	43	156
18	472	133	339	401	110	291	325	81	244
19	988	326	662	924	265	659	748	214	534
20—24岁	**9939**	**5319**	**4620**	**10050**	**5346**	**4704**	**7918**	**4159**	**3759**
20	1788	682	1106	1640	585	1055	1397	489	908
21	2579	1352	1227	2459	1269	1190	1853	921	932
22	2565	1570	995	2792	1661	1131	2033	1195	838
23	1842	1028	814	1871	1093	778	1593	945	648
24	1165	687	478	1288	738	550	1042	609	433
25—29岁	**1637**	**988**	**649**	**1906**	**1157**	**749**	**1781**	**1121**	**660**
25	685	396	289	740	438	302	690	430	260
26	371	243	128	488	307	181	441	285	156
27	254	160	94	303	189	114	264	183	81
28	190	107	83	192	109	83	210	123	87
29	137	82	55	183	114	69	176	100	76
30—34岁	**366**	**210**	**156**	**443**	**259**	**184**	**439**	**282**	**157**
30	123	72	51	121	69	52	141	100	41
31	101	59	42	132	71	61	110	60	50
32	56	32	24	103	71	32	77	55	22
33	40	23	17	63	32	31	79	49	30
34	46	24	22	24	16	8	32	18	14
35—39岁	**114**	**72**	**42**	**136**	**88**	**48**	**125**	**61**	**64**
35	28	21	7	39	25	14	26	11	15
36	21	16	5	22	16	6	39	19	20
37	27	12	15	27	18	9	15	9	6
38	16	8	8	29	20	9	30	17	13
39	22	15	7	19	9	10	15	5	10
40—44岁	**62**	**32**	**30**	**97**	**49**	**48**	**79**	**42**	**37**
40	22	10	12	27	10	17	16	12	4
41	13	5	8	22	14	8	24	11	13
42	14	7	7	23	11	12	19	9	10
43	10	8	2	15	11	4	7	5	2
44	3	2	1	10	3	7	13	5	8
45—49岁	**16**	**9**	**7**	**39**	**23**	**16**	**34**	**18**	**16**
45	3	2	1	13	9	4	7	4	3
46	4	2	2	6	4	2	13	7	6
47				10	5	5	6	2	4
48	7	4	3	5	2	3	7	5	2
49	2	1	1	5	3	2	1		1
50岁及以上	**18**	**11**	**7**	**20**	**12**	**8**	**22**	**12**	**10**
平均初婚年龄	**22.87**	**23.35**	**22.36**	**23.18**	**23.72**	**22.62**	**23.37**	**23.97**	**22.74**

5-4c 续表 6

单位：人、岁

初婚年龄	初婚年份								
	1997年			1998年			1999年		
	小计	男	女	小计	男	女	小计	男	女
总　计	**10894**	**5668**	**5226**	**11419**	**5901**	**5518**	**10709**	**5589**	**5120**
15岁以下	**4**	**1**	**3**	**8**	**2**	**6**	**8**	**1**	**7**
15-19岁	**1230**	**315**	**915**	**1433**	**361**	**1072**	**1328**	**349**	**979**
15	28	6	22	36	3	33	31	6	25
16	48	14	34	92	16	76	53	8	45
17	152	32	120	117	28	89	145	34	111
18	330	81	249	358	91	267	312	70	242
19	672	182	490	830	223	607	787	231	556
20-24岁	**7245**	**3886**	**3359**	**7120**	**3791**	**3329**	**7075**	**3746**	**3329**
20	1234	391	843	1320	442	878	1436	452	984
21	1756	899	857	1727	870	857	1782	931	851
22	1918	1197	721	1978	1232	746	1807	1120	687
23	1354	774	580	1248	734	514	1270	758	512
24	983	625	358	847	513	334	780	485	295
25-29岁	**1687**	**1053**	**634**	**1923**	**1211**	**712**	**1626**	**1054**	**572**
25	628	380	248	674	447	227	532	336	196
26	407	266	141	409	262	147	398	272	126
27	269	169	100	309	192	117	296	191	105
28	219	138	81	277	168	109	230	150	80
29	164	100	64	254	142	112	170	105	65
30-34岁	**439**	**250**	**189**	**651**	**364**	**287**	**442**	**300**	**142**
30	124	68	56	190	102	88	151	98	53
31	110	57	53	148	77	71	116	80	36
32	78	47	31	131	81	50	70	52	18
33	65	38	27	98	55	43	65	43	22
34	62	40	22	84	49	35	40	27	13
35-39岁	**140**	**81**	**59**	**174**	**108**	**66**	**132**	**78**	**54**
35	36	26	10	57	35	22	37	18	19
36	27	17	10	38	23	15	41	23	18
37	30	17	13	37	19	18	23	15	8
38	31	13	18	25	19	6	13	8	5
39	16	8	8	17	12	5	18	14	4
40-44岁	**108**	**54**	**54**	**75**	**45**	**30**	**54**	**30**	**24**
40	29	12	17	16	10	6	11	7	4
41	24	15	9	20	9	11	12	4	8
42	28	14	14	12	8	4	9	6	3
43	12	7	5	16	11	5	9	4	5
44	15	6	9	11	7	4	13	9	4
45-49岁	**28**	**19**	**9**	**27**	**15**	**12**	**29**	**21**	**8**
45	11	10	1	6	2	4	8	6	2
46	5	1	4	8	4	4	4	3	1
47	8	5	3	6	5	1	7	4	3
48	3	2	1	4	1	3	7	5	2
49	1	1		3	3		3	3	
50岁及以上	**13**	**9**	**4**	**8**	**4**	**4**	**15**	**10**	**5**
平均初婚年龄	**23.53**	**24.11**	**22.91**	**23.64**	**24.28**	**22.95**	**23.32**	**24.06**	**22.51**

5-4c　续表 7　　　　单位：人、岁

初婚年龄	初婚年份								
	2000年			2001年			2002年		
	小计	男	女	小计	男	女	小计	男	女
总　计	**12378**	**6547**	**5831**	**7814**	**4162**	**3652**	**8780**	**4707**	**4073**
15岁以下	**25**	**8**	**17**	**11**	**3**	**8**	**12**	**1**	**11**
15-19岁	**1605**	**425**	**1180**	**1039**	**299**	**740**	**1237**	**361**	**876**
15	67	18	49	49	18	31	60	16	44
16	99	24	75	55	15	40	87	21	66
17	196	48	148	132	30	102	146	37	109
18	452	115	337	224	57	167	294	94	200
19	791	220	571	579	179	400	650	193	457
20-24岁	**8173**	**4417**	**3756**	**5273**	**2879**	**2394**	**5797**	**3206**	**2591**
20	1664	602	1062	913	307	606	1144	413	731
21	2304	1206	1098	1412	740	672	1260	681	579
22	2072	1290	782	1578	978	600	1538	946	592
23	1322	822	500	854	536	318	1213	760	453
24	811	497	314	516	318	198	642	406	236
25-29岁	**1755**	**1170**	**585**	**994**	**661**	**333**	**1167**	**778**	**389**
25	602	396	206	347	217	130	417	273	144
26	400	261	139	219	149	70	270	185	85
27	329	230	99	190	125	65	200	127	73
28	230	147	83	124	94	30	134	102	32
29	194	136	58	114	76	38	146	91	55
30-34岁	**483**	**309**	**174**	**324**	**208**	**116**	**372**	**236**	**136**
30	162	111	51	106	71	35	103	62	41
31	113	72	41	62	37	25	103	65	38
32	79	42	37	71	45	26	67	45	22
33	69	41	28	49	29	20	53	35	18
34	60	43	17	36	26	10	46	29	17
35-39岁	**165**	**110**	**55**	**93**	**58**	**35**	**128**	**86**	**42**
35	44	30	14	27	18	9	37	25	12
36	45	28	17	22	11	11	36	25	11
37	38	24	14	19	12	7	19	15	4
38	22	14	8	18	14	4	18	9	9
39	16	14	2	7	3	4	18	12	6
40-44岁	**86**	**53**	**33**	**38**	**27**	**11**	**37**	**21**	**16**
40	23	15	8	12	9	3	10	4	6
41	17	15	2	7	5	2	6	3	3
42	16	6	10	3	2	1	8	5	3
43	13	9	4	10	7	3	8	6	2
44	17	8	9	6	4	2	5	3	2
45-49岁	**52**	**34**	**18**	**31**	**20**	**11**	**17**	**11**	**6**
45	7	4	3	7	5	2	5	3	2
46	14	13	1	15	8	7	3	2	1
47	12	7	5	2	2		6	4	2
48	10	6	4	6	4	2	1	1	
49	9	4	5	1	1		2	1	1
50岁及以上	**34**	**21**	**13**	**11**	**7**	**4**	**13**	**7**	**6**
平均初婚年龄	**23.27**	**24.01**	**22.44**	**23.17**	**23.86**	**22.38**	**23.20**	**23.89**	**22.41**

5-4c　续表 8　　　　　　　　　　　　　　　　　　　　　　　　　　单位：人、岁

初婚年龄	初婚年份								
	2003年			2004年			2005年		
	小计	男	女	小计	男	女	小计	男	女
总　计	**8779**	**4647**	**4132**	**8925**	**4762**	**4163**	**9212**	**4948**	**4264**
15岁以下	**12**	**2**	**10**	**16**	**7**	**9**	**9**	**1**	**8**
15-19岁	**1343**	**370**	**973**	**1558**	**423**	**1135**	**1832**	**582**	**1250**
15	55	16	39	65	6	59	73	20	53
16	126	28	98	114	20	94	132	32	100
17	192	52	140	232	60	172	281	73	208
18	365	113	252	405	115	290	523	150	373
19	605	161	444	742	222	520	823	307	516
20-24岁	**5530**	**3056**	**2474**	**5383**	**3033**	**2350**	**5233**	**2924**	**2309**
20	983	343	640	1062	416	646	1167	453	714
21	1500	795	705	1294	717	577	1229	671	558
22	1289	797	492	1453	915	538	1251	794	457
23	1003	628	375	811	508	303	958	587	371
24	755	493	262	763	477	286	628	419	209
25-29岁	**1216**	**785**	**431**	**1327**	**878**	**449**	**1395**	**953**	**442**
25	432	262	170	544	346	198	470	318	152
26	283	179	104	329	212	117	364	242	122
27	205	146	59	189	135	54	245	173	72
28	148	103	45	162	118	44	171	114	57
29	148	95	53	103	67	36	145	106	39
30-34岁	**441**	**283**	**158**	**403**	**264**	**139**	**402**	**272**	**130**
30	131	87	44	100	68	32	98	72	26
31	116	75	41	96	61	35	91	56	35
32	89	55	34	75	50	25	73	54	19
33	62	38	24	79	54	25	70	49	21
34	43	28	15	53	31	22	70	41	29
35-39岁	**135**	**87**	**48**	**148**	**98**	**50**	**190**	**124**	**66**
35	46	31	15	43	28	15	52	39	13
36	28	18	10	34	21	13	46	26	20
37	26	19	7	29	22	7	35	27	8
38	23	12	11	23	13	10	30	19	11
39	12	7	5	19	14	5	27	13	14
40-44岁	**59**	**39**	**20**	**49**	**34**	**15**	**89**	**55**	**34**
40	22	17	5	12	8	4	27	14	13
41	12	4	8	13	9	4	21	14	7
42	8	5	3	8	6	2	21	15	6
43	9	6	3	8	3	5	10	6	4
44	8	7	1	8	8		10	6	4
45-49岁	**24**	**15**	**9**	**25**	**16**	**9**	**26**	**16**	**10**
45	4	2	2	4	2	2	2	2	
46	7	4	3	4	4		4	2	2
47	5	3	2	7	6	1	5	2	3
48	3	3		4	2	2	7	4	3
49	5	3	2	6	2	4	8	6	2
50岁及以上	**19**	**10**	**9**	**16**	**9**	**7**	**36**	**21**	**15**
平均初婚年龄	**23.34**	**24.11**	**22.46**	**23.21**	**24.04**	**22.27**	**23.32**	**24.19**	**22.31**

5-4c　续表 9　　　　单位：人、岁

初婚年龄	初婚年份								
	2006年			2007年			2008年		
	小计	男	女	小计	男	女	小计	男	女
总　计	**8596**	**4570**	**4026**	**8388**	**4484**	**3904**	**9588**	**5125**	**4463**
15岁以下	**9**		**9**	**9**	**5**	**4**	**12**	**2**	**10**
15-19岁	**1820**	**578**	**1242**	**1805**	**619**	**1186**	**2027**	**708**	**1319**
15	46	11	35	55	8	47	42	11	31
16	124	32	92	105	32	73	101	23	78
17	223	59	164	263	81	182	251	70	181
18	476	143	333	491	170	321	632	220	412
19	951	333	618	891	328	563	1001	384	617
20-24岁	**4833**	**2714**	**2119**	**4724**	**2639**	**2085**	**5458**	**3046**	**2412**
20	1193	510	683	1252	529	723	1375	612	763
21	1264	704	560	1223	676	547	1484	820	664
22	1047	681	366	1099	684	415	1305	801	504
23	755	470	285	668	431	237	777	476	301
24	574	349	225	482	319	163	517	337	180
25-29岁	**1279**	**844**	**435**	**1178**	**788**	**390**	**1274**	**847**	**427**
25	383	239	144	416	271	145	371	248	123
26	352	236	116	229	153	76	337	212	125
27	271	180	91	220	151	69	198	133	65
28	152	108	44	174	118	56	213	148	65
29	121	81	40	139	95	44	155	106	49
30-34岁	**358**	**235**	**123**	**359**	**233**	**126**	**390**	**249**	**141**
30	105	64	41	100	61	39	111	64	47
31	79	47	32	77	47	30	84	52	32
32	60	44	16	58	40	18	82	56	26
33	70	50	20	67	44	23	61	40	21
34	44	30	14	57	41	16	52	37	15
35-39岁	**175**	**125**	**50**	**194**	**130**	**64**	**232**	**155**	**77**
35	46	32	14	58	44	14	65	45	20
36	39	31	8	51	34	17	48	29	19
37	38	24	14	33	19	14	55	39	16
38	26	18	8	28	18	10	25	19	6
39	26	20	6	24	15	9	39	23	16
40-44岁	**61**	**35**	**26**	**70**	**40**	**30**	**103**	**61**	**42**
40	13	8	5	19	13	6	35	22	13
41	12	8	4	13	6	7	23	14	9
42	13	8	5	11	8	3	22	13	9
43	14	7	7	15	6	9	12	7	5
44	9	4	5	12	7	5	11	5	6
45-49岁	**34**	**23**	**11**	**24**	**15**	**9**	**58**	**37**	**21**
45	7	5	2	8	4	4	18	12	6
46	7	5	2	2	1	1	8	4	4
47	9	6	3	6	4	2	8	5	3
48	5	2	3	5	3	2	13	8	5
49	6	5	1	3	3		11	8	3
50岁及以上	**27**	**16**	**11**	**25**	**15**	**10**	**34**	**20**	**14**
平均初婚年龄	**23.17**	**24.01**	**22.21**	**23.11**	**23.90**	**22.21**	**23.25**	**24.01**	**22.37**

5-4c 续表 10

单位：人、岁

初婚年龄	初婚年份								
	2009年			2010年			2011年		
	小计	男	女	小计	男	女	小计	男	女
总　计	**8506**	**4599**	**3907**	**8686**	**4679**	**4007**	**6232**	**3313**	**2919**
15岁以下	**6**	**1**	**5**	**7**		**7**	**4**		**4**
15–19岁	**1755**	**612**	**1143**	**1481**	**522**	**959**	**1006**	**325**	**681**
15	43	5	38	44	4	40	40	3	37
16	81	11	70	103	26	77	65	11	54
17	205	58	147	223	63	160	159	38	121
18	456	166	290	402	134	268	300	102	198
19	970	372	598	709	295	414	442	171	271
20–24岁	**4778**	**2748**	**2030**	**4944**	**2755**	**2189**	**3519**	**1946**	**1573**
20	1172	534	638	1158	548	610	687	315	372
21	1225	699	526	1252	659	593	933	479	454
22	1210	768	442	1157	716	441	834	488	346
23	675	433	242	851	514	337	584	357	227
24	496	314	182	526	318	208	481	307	174
25–29岁	**1073**	**675**	**398**	**1199**	**722**	**477**	**1037**	**609**	**428**
25	308	189	119	388	223	165	321	188	133
26	242	139	103	273	163	110	232	134	98
27	229	159	70	208	116	92	181	100	81
28	148	93	55	192	128	64	158	94	64
29	146	95	51	138	92	46	145	93	52
30–34岁	**470**	**295**	**175**	**518**	**337**	**181**	**359**	**231**	**128**
30	148	87	61	162	107	55	83	45	38
31	106	76	30	120	79	41	98	60	38
32	93	52	41	107	71	36	76	53	23
33	60	38	22	72	49	23	54	40	14
34	63	42	21	57	31	26	48	33	15
35–39岁	**252**	**170**	**82**	**257**	**174**	**83**	**158**	**103**	**55**
35	66	40	26	58	38	20	39	23	16
36	60	45	15	53	35	18	29	19	10
37	53	37	16	49	36	13	35	25	10
38	37	19	18	54	37	17	29	17	12
39	36	29	7	43	28	15	26	19	7
40–44岁	**98**	**56**	**42**	**133**	**88**	**45**	**84**	**60**	**24**
40	27	14	13	44	26	18	26	19	7
41	21	12	9	34	24	10	17	13	4
42	21	11	10	17	14	3	19	9	10
43	11	7	4	24	15	9	13	13	
44	18	12	6	14	9	5	9	6	3
45–49岁	**41**	**23**	**18**	**71**	**38**	**33**	**30**	**17**	**13**
45	15	9	6	21	10	11	4	3	1
46	15	9	6	14	8	6	7	4	3
47	4	2	2	20	12	8	10	5	5
48	5	3	2	5	2	3	8	4	4
49	2		2	11	6	5	1	1	
50岁及以上	**33**	**19**	**14**	**76**	**43**	**33**	**35**	**22**	**13**
平均初婚年龄	**23.50**	**24.19**	**22.68**	**24.01**	**24.73**	**23.17**	**23.97**	**24.76**	**23.07**

5-4c 续表 11

单位：人、岁

初婚年龄	初婚年份								
	2012年			2013年			2014年		
	小计	男	女	小计	男	女	小计	男	女
总　计	**6707**	**3594**	**3113**	**5828**	**3106**	**2722**	**5181**	**2726**	**2455**
15岁以下	**2**		**2**	**5**	**1**	**4**	**6**		**6**
15-19岁	**1010**	**330**	**680**	**687**	**206**	**481**	**597**	**183**	**414**
15	32	1	31	15	4	11	27	2	25
16	96	21	75	62	8	54	48	7	41
17	176	51	125	120	21	99	102	22	80
18	293	88	205	203	69	134	172	53	119
19	413	169	244	287	104	183	248	99	149
20-24岁	**3538**	**1943**	**1595**	**2824**	**1501**	**1323**	**2245**	**1187**	**1058**
20	565	269	296	430	181	249	299	121	178
21	734	386	348	499	244	255	419	197	222
22	899	508	391	674	379	295	485	297	188
23	778	463	315	700	399	301	512	285	227
24	562	317	245	521	298	223	530	287	243
25-29岁	**1251**	**746**	**505**	**1432**	**827**	**605**	**1478**	**844**	**634**
25	418	239	179	487	273	214	431	247	184
26	320	180	140	382	224	158	377	206	171
27	222	132	90	244	146	98	308	179	129
28	157	111	46	189	116	73	215	120	95
29	134	84	50	130	68	62	147	92	55
30-34岁	**477**	**295**	**182**	**474**	**314**	**160**	**444**	**265**	**179**
30	119	69	50	116	64	52	128	78	50
31	81	49	32	112	79	33	110	64	46
32	115	67	48	91	61	30	76	42	34
33	105	69	36	90	62	28	59	38	21
34	57	41	16	65	48	17	71	43	28
35-39岁	**196**	**132**	**64**	**158**	**107**	**51**	**167**	**108**	**59**
35	43	28	15	44	27	17	64	44	20
36	43	28	15	41	31	10	32	19	13
37	42	28	14	30	18	12	34	23	11
38	30	21	9	22	15	7	17	14	3
39	38	27	11	21	16	5	20	8	12
40-44岁	**119**	**78**	**41**	**128**	**71**	**57**	**113**	**65**	**48**
40	27	18	9	28	13	15	26	14	12
41	31	22	9	19	11	8	24	13	11
42	25	17	8	34	23	11	27	15	12
43	20	14	6	19	9	10	22	13	9
44	16	7	9	28	15	13	14	10	4
45-49岁	**53**	**34**	**19**	**63**	**46**	**17**	**68**	**39**	**29**
45	14	8	6	17	13	4	18	11	7
46	7	4	3	10	9	1	17	12	5
47	22	16	6	11	9	2	13	2	11
48	2		2	10	8	2	8	6	2
49	8	6	2	15	7	8	12	8	4
50岁及以上	**61**	**36**	**25**	**57**	**33**	**24**	**63**	**35**	**28**
平均初婚年龄	**24.65**	**25.43**	**23.74**	**25.33**	**26.16**	**24.38**	**25.80**	**26.50**	**25.03**

5-4c 续表 12

单位：人、岁

初婚年龄	初婚年份								
	2015年			2016年			2017年		
	小计	男	女	小计	男	女	小计	男	女
总　计	**5125**	**2685**	**2440**	**4185**	**2192**	**1993**	**3747**	**1935**	**1812**
15岁以下	**2**		**2**	**2**		**2**			
15-19岁	**437**	**106**	**331**	**320**	**67**	**253**	**205**	**42**	**163**
15	11	1	10	5		5	4		4
16	33	2	31	21	4	17	16	5	11
17	75	12	63	49	6	43	28	6	22
18	124	32	92	82	15	67	55	8	47
19	194	59	135	163	42	121	102	23	79
20-24岁	**1963**	**1015**	**948**	**1460**	**739**	**721**	**1217**	**573**	**644**
20	277	112	165	198	81	117	174	51	123
21	349	164	185	273	131	142	222	91	131
22	474	277	197	323	167	156	267	138	129
23	426	225	201	343	177	166	252	134	118
24	437	237	200	323	183	140	302	159	143
25-29岁	**1727**	**967**	**760**	**1554**	**844**	**710**	**1481**	**822**	**659**
25	530	288	242	397	203	194	321	172	149
26	406	217	189	404	223	181	329	188	141
27	349	201	148	333	184	149	363	196	167
28	262	160	102	245	142	103	272	150	122
29	180	101	79	175	92	83	196	116	80
30-34岁	**482**	**278**	**204**	**433**	**277**	**156**	**472**	**270**	**202**
30	147	88	59	116	72	44	168	90	78
31	97	50	47	100	68	32	115	70	45
32	95	61	34	98	67	31	84	53	31
33	83	41	42	67	42	25	64	33	31
34	60	38	22	52	28	24	41	24	17
35-39岁	**194**	**117**	**77**	**176**	**116**	**60**	**143**	**92**	**51**
35	56	37	19	36	19	17	37	22	15
36	48	28	20	40	22	18	29	16	13
37	42	21	21	43	34	9	31	23	8
38	23	14	9	27	19	8	31	22	9
39	25	17	8	30	22	8	15	9	6
40-44岁	**139**	**98**	**41**	**112**	**72**	**40**	**87**	**54**	**33**
40	26	20	6	26	17	9	19	15	4
41	24	17	7	22	18	4	21	8	13
42	24	15	9	18	9	9	13	7	6
43	39	28	11	20	12	8	12	10	2
44	26	18	8	26	16	10	22	14	8
45-49岁	**92**	**50**	**42**	**54**	**35**	**19**	**71**	**41**	**30**
45	22	14	8	17	12	5	15	10	5
46	19	13	6	10	7	3	14	7	7
47	18	6	12	13	6	7	18	10	8
48	15	7	8	7	4	3	14	9	5
49	18	10	8	7	6	1	10	5	5
50岁及以上	**89**	**54**	**35**	**74**	**42**	**32**	**71**	**41**	**30**
平均初婚年龄	**26.69**	**27.50**	**25.80**	**26.96**	**27.88**	**25.95**	**27.46**	**28.29**	**26.59**

5-4c 续表 13　　单位：人、岁

初婚年龄	初婚年份								
	2018年			2019年			2020年		
	小计	男	女	小计	男	女	小计	男	女
总　计	**3898**	**1976**	**1922**	**2993**	**1526**	**1467**	**2268**	**1193**	**1075**
15岁以下	**3**	**2**	**1**	**1**		**1**	**1**		**1**
15—19岁	**193**	**34**	**159**	**94**	**19**	**75**	**61**	**9**	**52**
15	9	1	8	1		1			
16	17	1	16	3		3	1		1
17	25		25	19	3	16	9	1	8
18	54	8	46	26	5	21	12	1	11
19	88	24	64	45	11	34	39	7	32
20—24岁	**1112**	**503**	**609**	**767**	**338**	**429**	**517**	**234**	**283**
20	132	39	93	78	22	56	52	13	39
21	189	69	120	125	44	81	63	22	41
22	257	123	134	174	85	89	110	55	55
23	269	130	139	186	82	104	110	51	59
24	265	142	123	204	105	99	182	93	89
25—29岁	**1588**	**844**	**744**	**1153**	**626**	**527**	**783**	**451**	**332**
25	343	171	172	251	130	121	157	79	78
26	340	175	165	250	126	124	152	76	76
27	337	173	164	227	126	101	186	108	78
28	324	184	140	232	129	103	143	91	52
29	244	141	103	193	115	78	145	97	48
30—34岁	**557**	**323**	**234**	**495**	**283**	**212**	**405**	**250**	**155**
30	193	118	75	150	89	61	132	82	50
31	132	76	56	129	79	50	95	55	40
32	106	60	46	92	45	47	74	48	26
33	69	36	33	74	42	32	63	43	20
34	57	33	24	50	28	22	41	22	19
35—39岁	**179**	**100**	**79**	**158**	**95**	**63**	**149**	**67**	**82**
35	44	21	23	32	19	13	36	20	16
36	44	24	20	34	18	16	30	10	20
37	32	18	14	42	25	17	15	9	6
38	24	15	9	28	18	10	30	12	18
39	35	22	13	22	15	7	38	16	22
40—44岁	**100**	**60**	**40**	**126**	**68**	**58**	**124**	**64**	**60**
40	21	12	9	33	18	15	30	14	16
41	23	12	11	22	9	13	34	20	14
42	22	13	9	28	16	12	24	14	10
43	20	12	8	23	14	9	18	9	9
44	14	11	3	20	11	9	18	7	11
45—49岁	**75**	**45**	**30**	**83**	**42**	**41**	**67**	**37**	**30**
45	12	10	2	13	7	6	16	9	7
46	18	10	8	17	10	7	21	12	9
47	14	9	5	18	7	11	5	3	2
48	14	7	7	21	11	10	11	8	3
49	17	9	8	14	7	7	14	5	9
50岁及以上	**91**	**65**	**26**	**116**	**55**	**61**	**161**	**81**	**80**
平均初婚年龄	**28.03**	**29.05**	**26.98**	**29.33**	**29.88**	**28.75**	**30.72**	**31.11**	**30.30**

5-5 全省分年龄、性别、初婚年龄的人口

单位：人

年 龄	初婚年龄					
	合 计			15岁以下		
	合计	男	女	小计	男	女
总 计	**1645644**	**792211**	**853433**	**2014**	**392**	**1622**
20岁以下	**316**	**50**	**266**	**16**	**4**	**12**
20-24岁	**9848**	**2900**	**6948**	**43**	**5**	**38**
20	424	74	350	4		4
21	780	143	637	10		10
22	1507	388	1119	6	1	5
23	2786	802	1984	10	1	9
24	4351	1493	2858	13	3	10
25-29岁	**63419**	**26587**	**36832**	**76**	**13**	**63**
25	6617	2470	4147	11	2	9
26	8652	3362	5290	19	3	16
27	12700	5210	7490	9	1	8
28	15777	6771	9006	16	5	11
29	19673	8774	10899	21	2	19
30-34岁	**155327**	**73592**	**81735**	**138**	**37**	**101**
30	28018	12940	15078	32	7	25
31	30656	14293	16363	28	8	20
32	30716	14509	16207	30	12	18
33	34882	16807	18075	24	5	19
34	31055	15043	16012	24	5	19
35-39岁	**140719**	**69332**	**71387**	**79**	**19**	**60**
35	27584	13555	14029	30	6	24
36	26815	13157	13658	10	2	8
37	26901	13340	13561	10	5	5
38	32167	15841	16326	16	2	14
39	27252	13439	13813	13	4	9
40-44岁	**159539**	**79434**	**80105**	**137**	**22**	**115**
40	30462	15008	15454	20	2	18
41	36252	18075	18177	26	5	21
42	32661	16363	16298	28	7	21
43	29021	14432	14589	34	3	31
44	31143	15556	15587	29	5	24
45-49岁	**193165**	**95701**	**97464**	**196**	**35**	**161**
45	30576	15192	15384	36	8	28
46	33297	16279	17018	38	5	33
47	40125	19799	20326	40	5	35
48	43521	21841	21680	46	6	40
49	45646	22590	23056	36	11	25
50-54岁	**219453**	**108868**	**110585**	**263**	**40**	**223**
50	48622	24195	24427	51	8	43
51	44311	22058	22253	56	8	48
52	46492	23060	23432	60	12	48
53	38601	18984	19617	48	7	41
54	41427	20571	20856	48	5	43
55-59岁	**200471**	**98252**	**102219**	**146**	**28**	**118**
55	43456	21480	21976	40	8	32
56	43483	21413	22070	35	6	29
57	49241	24277	24964	23	4	19
58	37578	18161	19417	25	3	22
59	26713	12921	13792	23	7	16
60-64岁	**163401**	**79315**	**84086**	**185**	**42**	**143**
60	36106	17757	18349	35	9	26
61	28410	13932	14478	34	8	26
62	33285	16286	16999	29	5	24
63	33927	16284	17643	43	10	33
64	31673	15056	16617	44	10	34
65岁及以上	**339986**	**158180**	**181806**	**735**	**147**	**588**

5-5 续表 1

单位：人

年 龄	初婚年龄								
	15岁			16岁			17岁		
	小计	男	女	小计	男	女	小计	男	女
总 计	**10769**	**2233**	**8536**	**21268**	**4562**	**16706**	**40533**	**10308**	**30225**
20岁以下	**28**	**2**	**26**	**59**	**10**	**49**	**85**	**12**	**73**
20-24岁	**174**	**18**	**156**	**367**	**46**	**321**	**584**	**89**	**495**
20	13		13	25	6	19	57	5	52
21	29	5	24	52	5	47	58	9	49
22	30	5	25	62	6	56	107	15	92
23	41	5	36	90	8	82	144	29	115
24	61	3	58	138	21	117	218	31	187
25-29岁	**385**	**66**	**319**	**793**	**156**	**637**	**1690**	**417**	**1273**
25	65	6	59	131	21	110	262	64	198
26	72	10	62	159	33	126	270	58	212
27	74	15	59	171	36	135	363	83	280
28	84	18	66	162	32	130	387	105	282
29	90	17	73	170	34	136	408	107	301
30-34岁	**567**	**162**	**405**	**1092**	**267**	**825**	**2255**	**589**	**1666**
30	125	37	88	204	56	148	477	121	356
31	109	24	85	249	55	194	455	117	338
32	110	29	81	229	53	176	451	117	334
33	117	36	81	219	50	169	470	129	341
34	106	36	70	191	53	138	402	105	297
35-39岁	**409**	**104**	**305**	**765**	**180**	**585**	**1427**	**349**	**1078**
35	113	36	77	147	37	110	276	66	210
36	104	24	80	177	45	132	278	64	214
37	58	14	44	182	40	142	301	78	223
38	73	13	60	154	33	121	334	87	247
39	61	17	44	105	25	80	238	54	184
40-44岁	**556**	**138**	**418**	**920**	**197**	**723**	**1732**	**404**	**1328**
40	78	15	63	111	18	93	257	59	198
41	104	30	74	215	48	167	337	72	265
42	105	29	76	195	38	157	352	94	258
43	134	35	99	168	42	126	382	84	298
44	135	29	106	231	51	180	404	95	309
45-49岁	**1182**	**320**	**862**	**2427**	**698**	**1729**	**4838**	**1545**	**3293**
45	205	60	145	223	57	166	483	131	352
46	232	59	173	421	117	304	621	173	448
47	229	67	162	604	176	428	1062	345	717
48	262	68	194	593	181	412	1319	460	859
49	254	66	188	586	167	419	1353	436	917
50-54岁	**1342**	**352**	**990**	**2859**	**802**	**2057**	**5949**	**1904**	**4045**
50	312	80	232	602	153	449	1344	441	903
51	300	87	213	651	194	457	1172	367	805
52	289	64	225	631	184	447	1348	438	910
53	238	59	179	504	141	363	1092	335	757
54	203	62	141	471	130	341	993	323	670
55-59岁	**909**	**207**	**702**	**1795**	**439**	**1356**	**4025**	**1022**	**3003**
55	266	77	189	400	100	300	908	260	648
56	231	59	172	492	131	361	782	195	587
57	182	37	145	432	109	323	1106	297	809
58	128	19	109	306	69	237	776	192	584
59	102	15	87	165	30	135	453	78	375
60-64岁	**698**	**122**	**576**	**1417**	**268**	**1149**	**2569**	**550**	**2019**
60	126	19	107	234	37	197	473	91	382
61	106	21	85	277	51	226	425	89	336
62	140	27	113	296	54	242	517	127	390
63	169	30	139	292	56	236	574	116	458
64	157	25	132	318	70	248	580	127	453
65岁及以上	**4519**	**742**	**3777**	**8774**	**1499**	**7275**	**15379**	**3427**	**11952**

5-5 续表 2

单位：人

年龄	初婚年龄								
	18岁			19岁			20岁		
	小计	男	女	小计	男	女	小计	男	女
总　计	**70587**	**20986**	**49601**	**118383**	**40855**	**77528**	**166893**	**63717**	**103176**
20岁以下	**76**	**12**	**64**	**52**	**10**	**42**			
20-24岁	**825**	**162**	**663**	**1151**	**264**	**887**	**1547**	**371**	**1176**
20	98	14	84	125	28	97	102	21	81
21	106	15	91	172	34	138	230	46	184
22	135	29	106	208	45	163	320	77	243
23	222	40	182	267	57	210	426	91	335
24	264	64	200	379	100	279	469	136	333
25-29岁	**2919**	**852**	**2067**	**4057**	**1333**	**2724**	**5027**	**1762**	**3265**
25	339	102	237	481	138	343	627	192	435
26	460	129	331	566	171	395	708	227	481
27	607	155	452	831	259	572	994	344	650
28	710	192	518	917	312	605	1239	437	802
29	803	274	529	1262	453	809	1459	562	897
30-34岁	**4959**	**1423**	**3536**	**9392**	**3149**	**6243**	**12992**	**4898**	**8094**
30	1104	333	771	1809	657	1152	2294	891	1403
31	1045	321	724	2027	694	1333	2539	971	1568
32	914	258	656	1776	591	1185	2649	1036	1613
33	1056	285	771	1983	666	1317	2865	1077	1788
34	840	226	614	1797	541	1256	2645	923	1722
35-39岁	**3236**	**832**	**2404**	**6931**	**1895**	**5036**	**11563**	**3649**	**7914**
35	696	179	517	1528	452	1076	2451	824	1627
36	618	171	447	1396	363	1033	2387	796	1591
37	487	141	346	1268	331	937	2182	683	1499
38	807	187	620	1319	363	956	2549	785	1764
39	628	154	474	1420	386	1034	1994	561	1433
40-44岁	**3288**	**845**	**2443**	**7294**	**1859**	**5435**	**14112**	**4136**	**9976**
40	594	137	457	1524	396	1128	2880	838	2042
41	681	178	503	1567	380	1187	3346	1049	2297
42	613	142	471	1351	335	1016	2800	796	2004
43	633	175	458	1252	322	930	2377	642	1735
44	767	213	554	1600	426	1174	2709	811	1898
45-49岁	**8320**	**2748**	**5572**	**13067**	**4445**	**8622**	**18914**	**6649**	**12265**
45	910	276	634	1706	492	1214	2896	912	1984
46	1081	316	765	1996	613	1383	3283	1041	2242
47	1461	451	1010	2607	847	1760	3850	1315	2535
48	2166	695	1471	2827	1028	1799	4375	1643	2732
49	2702	1010	1692	3931	1465	2466	4510	1738	2772
50-54岁	**11883**	**4188**	**7695**	**20479**	**7861**	**12618**	**28196**	**11591**	**16605**
50	2728	984	1744	4611	1791	2820	5936	2358	3578
51	2410	888	1522	4034	1528	2506	5844	2415	3429
52	2434	854	1580	4254	1650	2604	5970	2468	3502
53	2212	735	1477	3660	1399	2261	4985	2086	2899
54	2099	727	1372	3920	1493	2427	5461	2264	3197
55-59岁	**7782**	**2291**	**5491**	**15437**	**5452**	**9985**	**23967**	**9929**	**14038**
55	1848	586	1262	3761	1430	2331	5659	2396	3263
56	1737	519	1218	3281	1207	2074	5537	2324	3213
57	1663	521	1142	3623	1250	2373	5683	2362	3321
58	1556	414	1142	2739	923	1816	4302	1735	2567
59	978	251	727	2033	642	1391	2786	1112	1674
60-64岁	**4836**	**1238**	**3598**	**8917**	**3046**	**5871**	**14491**	**5834**	**8657**
60	1094	284	810	2246	769	1477	4035	1606	2429
61	793	197	596	1526	514	1012	2634	1108	1526
62	956	243	713	1646	572	1074	2730	1095	1635
63	1023	253	770	1716	575	1141	2677	1076	1601
64	970	261	709	1783	616	1167	2415	949	1466
65岁及以上	**22463**	**6395**	**16068**	**31606**	**11541**	**20065**	**36084**	**14898**	**21186**

5–5 续表 3 单位：人

年 龄	初婚年龄								
	21岁			22岁			23岁		
	小计	男	女	小计	男	女	小计	男	女
总 计	**196965**	**90580**	**106385**	**211661**	**107838**	**103823**	**180673**	**92481**	**88192**
20岁以下									
20–24岁	**1685**	**509**	**1176**	**1853**	**739**	**1114**	**1175**	**509**	**666**
20									
21	123	29	94						
22	369	103	266	270	107	163			
23	526	153	373	702	259	443	358	159	199
24	667	224	443	881	373	508	817	350	467
25–29岁	**5565**	**2221**	**3344**	**6868**	**3186**	**3682**	**6812**	**2960**	**3852**
25	699	240	459	1054	459	595	1113	469	644
26	850	332	518	1075	456	619	1072	433	639
27	1063	414	649	1385	648	737	1355	592	763
28	1220	507	713	1516	730	786	1569	691	878
29	1733	728	1005	1838	893	945	1703	775	928
30–34岁	**14269**	**6727**	**7542**	**15147**	**7889**	**7258**	**12796**	**6345**	**6451**
30	2259	1028	1231	2728	1367	1361	2397	1128	1269
31	2767	1267	1500	2681	1349	1332	2680	1310	1370
32	2754	1298	1456	2892	1503	1389	2368	1139	1229
33	3527	1731	1796	3449	1842	1607	2847	1489	1358
34	2962	1403	1559	3397	1828	1569	2504	1279	1225
35–39岁	**14918**	**6931**	**7987**	**16023**	**8618**	**7405**	**12884**	**6624**	**6260**
35	2777	1302	1475	2882	1597	1285	2429	1254	1175
36	2845	1375	1470	2922	1610	1312	2270	1195	1075
37	2845	1341	1504	3078	1652	1426	2478	1283	1195
38	3491	1592	1899	3746	2016	1730	3014	1528	1486
39	2960	1321	1639	3395	1743	1652	2693	1364	1329
40–44岁	**19495**	**8539**	**10956**	**23010**	**12227**	**10783**	**18006**	**9294**	**8712**
40	3093	1375	1718	3945	2071	1874	3046	1543	1503
41	4750	2079	2671	4581	2408	2173	3894	2032	1862
42	4335	1942	2393	4967	2656	2311	3181	1611	1570
43	3588	1531	2057	4675	2455	2220	3695	1940	1755
44	3729	1612	2117	4842	2637	2205	4190	2168	2022
45–49岁	**24812**	**11267**	**13545**	**27949**	**14560**	**13389**	**22301**	**11495**	**10806**
45	3733	1629	2104	4613	2434	2179	3688	1881	1807
46	4466	1948	2518	4803	2476	2327	3819	1944	1875
47	5302	2387	2915	5971	3043	2928	4555	2324	2231
48	5455	2570	2885	6314	3340	2974	5137	2678	2459
49	5856	2733	3123	6248	3267	2981	5102	2668	2434
50–54岁	**31022**	**14863**	**16159**	**30799**	**16189**	**14610**	**24237**	**13067**	**11170**
50	5753	2726	3027	6563	3489	3074	5375	2841	2534
51	6366	3092	3274	5421	2857	2564	4709	2482	2227
52	7058	3383	3675	6859	3597	3262	4529	2453	2076
53	5720	2756	2964	5839	3010	2829	4464	2450	2014
54	6125	2906	3219	6117	3236	2881	5160	2841	2319
55–59岁	**31018**	**14617**	**16401**	**32191**	**16426**	**15765**	**26202**	**13864**	**12338**
55	6772	3203	3569	6620	3479	3141	5340	2884	2456
56	7085	3324	3761	6769	3510	3259	5395	2867	2528
57	7759	3704	4055	8453	4273	4180	6317	3361	2956
58	5492	2618	2874	6278	3106	3172	5322	2755	2567
59	3910	1768	2142	4071	2058	2013	3828	1997	1831
60–64岁	**19240**	**8726**	**10514**	**24005**	**11314**	**12691**	**24652**	**12226**	**12426**
60	4975	2338	2637	5874	2865	3009	5064	2637	2427
61	4059	1855	2204	4416	2068	2348	4267	2142	2125
62	3772	1658	2114	5430	2546	2884	5161	2553	2608
63	3465	1538	1927	4466	2059	2407	5803	2872	2931
64	2969	1337	1632	3819	1776	2043	4357	2022	2335
65岁及以上	**34941**	**16180**	**18761**	**33816**	**16690**	**17126**	**31608**	**16097**	**15511**

5−5 续表 4 单位：人

年龄	初婚年龄								
	24岁			25岁			26岁		
	小计	男	女	小计	男	女	小计	男	女
总计	**150939**	**80029**	**70910**	**124455**	**68890**	**55565**	**91507**	**52656**	**38851**
20岁以下									
20−24岁	**444**	**188**	**256**						
20									
21									
22									
23									
24	444	188	256						
25−29岁	**7809**	**3435**	**4374**	**8196**	**3654**	**4542**	**6443**	**3020**	**3423**
25	1131	481	650	704	296	408			
26	1392	597	795	1304	600	704	705	313	392
27	1595	694	901	1958	849	1109	1484	705	779
28	1663	748	915	1999	901	1098	2125	987	1138
29	2028	915	1113	2231	1008	1223	2129	1015	1114
30−34岁	**12842**	**6075**	**6767**	**14476**	**6895**	**7581**	**13939**	**6910**	**7029**
30	2498	1117	1381	2997	1440	1557	2696	1332	1364
31	2639	1251	1388	2993	1411	1582	2924	1436	1488
32	2630	1255	1375	2896	1349	1547	2655	1281	1374
33	2687	1279	1408	3142	1503	1639	3050	1500	1550
34	2388	1173	1215	2448	1192	1256	2614	1361	1253
35−39岁	**11144**	**5751**	**5393**	**11093**	**5686**	**5407**	**10043**	**5262**	**4781**
35	2096	1101	995	2193	1100	1093	2115	1084	1031
36	2123	1077	1046	2107	1054	1053	1881	976	905
37	1992	1033	959	2125	1109	1016	1995	1010	985
38	2580	1276	1304	2529	1331	1198	2317	1259	1058
39	2353	1264	1089	2139	1092	1047	1735	933	802
40−44岁	**13490**	**7160**	**6330**	**11276**	**6322**	**4954**	**9302**	**5431**	**3871**
40	2634	1385	1249	2365	1269	1096	2040	1104	936
41	3009	1555	1454	2607	1445	1162	2227	1312	915
42	2709	1486	1223	2352	1319	1033	1930	1131	799
43	2191	1164	1027	2072	1205	867	1564	928	636
44	2947	1570	1377	1880	1084	796	1541	956	585
45−49岁	**17281**	**9401**	**7880**	**13194**	**7735**	**5459**	**9051**	**5593**	**3458**
45	2938	1609	1329	2359	1397	962	1384	847	537
46	3069	1684	1385	2437	1433	1004	1675	1040	635
47	3485	1920	1565	2775	1605	1170	2009	1231	778
48	3696	1998	1698	2835	1702	1133	2009	1277	732
49	4093	2190	1903	2788	1598	1190	1974	1198	776
50−54岁	**17561**	**10089**	**7472**	**12080**	**7302**	**4778**	**7776**	**4864**	**2912**
50	4231	2398	1833	3020	1822	1198	1890	1162	728
51	3550	2038	1512	2608	1550	1058	1778	1105	673
52	3639	2103	1536	2548	1536	1012	1618	1001	617
53	2658	1540	1118	1919	1176	743	1210	786	424
54	3483	2010	1473	1985	1218	767	1280	810	470
55−59岁	**18888**	**10687**	**8201**	**12318**	**7428**	**4890**	**6992**	**4325**	**2667**
55	3909	2242	1667	2470	1475	995	1233	807	426
56	3975	2276	1699	2674	1623	1051	1488	896	592
57	4450	2498	1952	3023	1783	1240	1926	1195	731
58	3514	1973	1541	2326	1415	911	1327	792	535
59	3040	1698	1342	1825	1132	693	1018	635	383
60−64岁	**21737**	**11576**	**10161**	**14919**	**8740**	**6179**	**8474**	**5196**	**3278**
60	4045	2304	1741	2783	1682	1101	1582	987	595
61	3249	1814	1435	2260	1376	884	1492	925	567
62	4450	2412	2038	2895	1728	1167	1691	1063	628
63	4827	2476	2351	3400	1928	1472	1785	1047	738
64	5166	2570	2596	3581	2026	1555	1924	1174	750
65岁及以上	**29743**	**15667**	**14076**	**26903**	**15128**	**11775**	**19487**	**12055**	**7432**

5-5 续表 5

单位：人

年 龄	初婚年龄								
	27岁			28岁			29岁		
	小计	男	女	小计	男	女	小计	男	女
总 计	**65589**	**38706**	**26883**	**45817**	**27715**	**18102**	**33204**	**20078**	**13126**
20岁以下									
20-24岁									
20									
21									
22									
23									
24									
25-29岁	**4232**	**2163**	**2069**	**1947**	**1017**	**930**	**600**	**332**	**268**
25									
26									
27	811	415	396						
28	1493	757	736	677	349	328			
29	1928	991	937	1270	668	602	600	332	268
30-34岁	**12287**	**6474**	**5813**	**9835**	**5327**	**4508**	**7452**	**4173**	**3279**
30	2483	1268	1215	2014	1101	913	1281	703	578
31	2438	1269	1169	2026	1074	952	1605	903	702
32	2574	1369	1205	1904	1017	887	1569	888	681
33	2591	1396	1195	2148	1158	990	1543	853	690
34	2201	1172	1029	1743	977	766	1454	826	628
35-39岁	**8813**	**4837**	**3976**	**7269**	**4309**	**2960**	**5688**	**3353**	**2335**
35	1923	1054	869	1545	876	669	1159	664	495
36	1693	907	786	1507	908	599	1145	667	478
37	1705	918	787	1417	820	597	1146	682	464
38	1955	1072	883	1590	940	650	1242	742	500
39	1537	886	651	1210	765	445	996	598	398
40-44岁	**7244**	**4425**	**2819**	**5651**	**3534**	**2117**	**4630**	**2966**	**1664**
40	1537	910	627	1361	829	532	1004	629	375
41	1842	1100	742	1310	808	502	1183	744	439
42	1496	935	561	1169	735	434	948	602	346
43	1183	731	452	926	580	346	778	524	254
44	1186	749	437	885	582	303	717	467	250
45-49岁	**6167**	**3969**	**2198**	**4203**	**2781**	**1422**	**3111**	**2071**	**1040**
45	1009	641	368	771	504	267	560	369	191
46	970	618	352	725	471	254	598	408	190
47	1377	890	487	714	491	223	663	429	234
48	1451	949	502	1031	685	346	573	378	195
49	1360	871	489	962	630	332	717	487	230
50-54岁	**5163**	**3279**	**1884**	**3695**	**2345**	**1350**	**2943**	**1760**	**1183**
50	1333	833	500	956	610	346	708	433	275
51	1132	744	388	818	531	287	690	408	282
52	1105	698	407	756	495	261	595	346	249
53	798	494	304	581	363	218	486	296	190
54	795	510	285	584	346	238	464	277	187
55-59岁	**4072**	**2552**	**1520**	**2531**	**1581**	**950**	**1884**	**1142**	**742**
55	838	531	307	545	330	215	449	275	174
56	735	442	293	581	368	213	396	255	141
57	1103	706	397	525	330	195	455	279	176
58	785	507	278	503	318	185	316	187	129
59	611	366	245	377	235	142	268	146	122
60-64岁	**4671**	**2871**	**1800**	**2892**	**1745**	**1147**	**1929**	**1138**	**791**
60	948	565	383	583	327	256	361	213	148
61	717	449	268	476	277	199	325	197	128
62	1021	641	380	576	358	218	385	218	167
63	999	614	385	666	418	248	408	256	152
64	986	602	384	591	365	226	450	254	196
65岁及以上	**12940**	**8136**	**4804**	**7794**	**5076**	**2718**	**4967**	**3143**	**1824**

5-5 续表 6

单位：人

年龄	初婚年龄								
	30岁			31岁			32岁		
	小计	男	女	小计	男	女	小计	男	女
总计	**24055**	**14829**	**9226**	**18048**	**11014**	**7034**	**13725**	**8382**	**5343**
20岁以下									
20-24岁									
20									
21									
22									
23									
24									
25-29岁									
25									
26									
27									
28									
29									
30-34岁	**5068**	**2880**	**2188**	**3164**	**1864**	**1300**	**1689**	**932**	**757**
30	620	354	266						
31	989	573	416	462	260	202			
32	1185	650	535	809	486	323	321	178	143
33	1242	704	538	1018	596	422	649	362	287
34	1032	599	433	875	522	353	719	392	327
35-39岁	**4512**	**2718**	**1794**	**3625**	**2155**	**1470**	**2960**	**1801**	**1159**
35	899	531	368	742	463	279	607	355	252
36	881	519	362	714	394	320	558	327	231
37	898	559	339	693	410	283	617	392	225
38	1066	633	433	839	492	347	593	368	225
39	768	476	292	637	396	241	585	359	226
40-44岁	**3661**	**2306**	**1355**	**2904**	**1825**	**1079**	**2439**	**1521**	**918**
40	813	522	291	597	377	220	558	349	209
41	903	566	337	715	454	261	539	350	189
42	785	472	313	613	386	227	530	326	204
43	556	346	210	523	325	198	440	267	173
44	604	400	204	456	283	173	372	229	143
45-49岁	**2373**	**1561**	**812**	**2032**	**1313**	**719**	**1581**	**1042**	**539**
45	466	299	167	405	266	139	292	189	103
46	483	330	153	411	257	154	319	206	113
47	532	352	180	431	274	157	358	250	108
48	498	320	178	428	283	145	302	204	98
49	394	260	134	357	233	124	310	193	117
50-54岁	**2274**	**1403**	**871**	**1681**	**1034**	**647**	**1246**	**775**	**471**
50	522	338	184	254	176	78	280	182	98
51	493	320	173	378	228	150	208	132	76
52	514	296	218	400	265	135	258	159	99
53	377	225	152	332	190	142	205	119	86
54	368	224	144	317	175	142	295	183	112
55-59岁	**1479**	**883**	**596**	**1288**	**724**	**564**	**1177**	**706**	**471**
55	376	213	163	310	164	146	290	166	124
56	326	204	122	301	178	123	246	156	90
57	365	219	146	290	175	115	274	167	107
58	254	148	106	225	112	113	228	136	92
59	158	99	59	162	95	67	139	81	58
60-64岁	**1335**	**835**	**500**	**978**	**575**	**403**	**785**	**484**	**301**
60	249	158	91	173	105	68	155	103	52
61	238	150	88	168	97	71	111	67	44
62	272	173	99	223	126	97	186	129	57
63	307	200	107	217	128	89	180	103	77
64	269	154	115	197	119	78	153	82	71
65岁及以上	**3353**	**2243**	**1110**	**2376**	**1524**	**852**	**1848**	**1121**	**727**

5-5　续表 7　　　　单位：人

年　龄	初婚年龄								
	33岁			34岁			35岁		
	小计	男	女	小计	男	女	小计	男	女
总　计	**10660**	**6580**	**4080**	**8448**	**5248**	**3200**	**6498**	**4023**	**2475**
20岁以下									
20–24岁									
20									
21									
22									
23									
24									
25–29岁									
25									
26									
27									
28									
29									
30–34岁	**749**	**449**	**300**	**219**	**127**	**92**			
30									
31									
32									
33	255	146	109						
34	494	303	191	219	127	92			
35–39岁	**2371**	**1386**	**985**	**1912**	**1145**	**767**	**1367**	**796**	**571**
35	496	289	207	358	213	145	122	72	50
36	423	250	173	426	240	186	249	142	107
37	439	256	183	352	216	136	335	205	130
38	580	339	241	407	241	166	358	199	159
39	433	252	181	369	235	134	303	178	125
40–44岁	**2082**	**1299**	**783**	**1800**	**1092**	**708**	**1439**	**877**	**562**
40	508	315	193	369	226	143	320	190	130
41	521	319	202	441	269	172	355	208	147
42	384	240	144	378	221	157	326	197	129
43	335	219	116	301	184	117	253	159	94
44	334	206	128	311	192	119	185	123	62
45–49岁	**1489**	**977**	**512**	**1270**	**823**	**447**	**1123**	**728**	**395**
45	316	203	113	258	162	96	226	142	84
46	273	168	105	250	154	96	232	143	89
47	284	201	83	292	189	103	251	175	76
48	329	209	120	224	151	73	209	140	69
49	287	196	91	246	167	79	205	128	77
50–54岁	**952**	**620**	**332**	**842**	**551**	**291**	**660**	**437**	**223**
50	239	159	80	235	155	80	199	125	74
51	175	112	63	171	108	63	141	97	44
52	154	101	53	159	106	53	151	103	48
53	202	126	76	112	71	41	103	64	39
54	182	122	60	165	111	54	66	48	18
55–59岁	**971**	**586**	**385**	**782**	**481**	**301**	**637**	**390**	**247**
55	257	147	110	144	80	64	143	90	53
56	204	124	80	203	126	77	124	72	52
57	215	139	76	205	130	75	165	99	66
58	181	104	77	131	81	50	144	93	51
59	114	72	42	99	64	35	61	36	25
60–64岁	**608**	**340**	**268**	**482**	**291**	**191**	**388**	**240**	**148**
60	139	76	63	116	69	47	85	48	37
61	96	55	41	80	51	29	94	69	25
62	112	63	49	101	64	37	83	55	28
63	112	71	41	84	49	35	76	38	38
64	149	75	74	101	58	43	50	30	20
65岁及以上	**1438**	**923**	**515**	**1141**	**738**	**403**	**884**	**555**	**329**

5-5 续表 8

单位：人

年 龄	初婚年龄								
	36岁			37岁			38岁		
	小计	男	女	小计	男	女	小计	男	女
总 计	**5127**	**3109**	**2018**	**4247**	**2620**	**1627**	**3402**	**2105**	**1297**
20岁以下									
20-24岁									
20									
21									
22									
23									
24									
25-29岁									
25									
26									
27									
28									
29									
30-34岁									
30									
31									
32									
33									
34									
35-39岁	**825**	**462**	**363**	**527**	**279**	**248**	**251**	**150**	**101**
35									
36	101	51	50						
37	187	99	88	111	63	48			
38	303	173	130	209	111	98	96	59	37
39	234	139	95	207	105	102	155	91	64
40-44岁	**1224**	**709**	**515**	**1022**	**637**	**385**	**809**	**491**	**318**
40	222	112	110	192	110	82	175	106	69
41	303	187	116	246	166	80	166	96	70
42	269	152	117	219	134	85	187	122	65
43	214	129	85	174	107	67	132	75	57
44	216	129	87	191	120	71	149	92	57
45-49岁	**958**	**588**	**370**	**888**	**578**	**310**	**732**	**484**	**248**
45	160	104	56	182	112	70	142	96	46
46	201	117	84	144	83	61	138	99	39
47	199	128	71	207	146	61	127	82	45
48	230	140	90	182	117	65	178	107	71
49	168	99	69	173	120	53	147	100	47
50-54岁	**601**	**396**	**205**	**558**	**362**	**196**	**499**	**321**	**178**
50	178	119	59	142	93	49	142	96	46
51	133	92	41	129	75	54	112	74	38
52	111	65	46	124	82	42	102	66	36
53	80	53	27	80	51	29	80	45	35
54	99	67	32	83	61	22	63	40	23
55-59岁	**459**	**291**	**168**	**387**	**251**	**136**	**289**	**175**	**114**
55	77	51	26	67	43	24	65	33	32
56	92	65	27	61	42	19	58	35	23
57	129	73	56	107	67	40	49	30	19
58	98	62	36	84	59	25	73	49	24
59	63	40	23	68	40	28	44	28	16
60-64岁	**350**	**218**	**132**	**327**	**190**	**137**	**312**	**190**	**122**
60	92	56	36	97	58	39	74	56	18
61	71	46	25	37	22	15	61	34	27
62	63	43	20	70	45	25	51	30	21
63	52	32	20	68	33	35	64	41	23
64	72	41	31	55	32	23	62	29	33
65岁及以上	**710**	**445**	**265**	**538**	**323**	**215**	**510**	**294**	**216**

5-5 续表 9

单位：人

年龄	初婚年龄					
	39岁			40岁及以上		
	小计	男	女	小计	男	女
总计	**2890**	**1804**	**1086**	**17287**	**10471**	**6816**
20岁以下						
20-24岁						
20						
21						
22						
23						
24						
25-29岁						
25						
26						
27						
28						
29						
30-34岁						
30						
31						
32						
33						
34						
35-39岁	**84**	**41**	**43**			
35						
36						
37						
38						
39	84	41	43			
40-44岁	**693**	**430**	**263**	**1323**	**748**	**575**
40	149	87	62	70	34	36
41	168	103	65	216	112	104
42	152	92	60	287	163	124
43	109	75	34	332	185	147
44	115	73	42	418	254	164
45-49岁	**660**	**428**	**232**	**3046**	**1867**	**1179**
45	141	83	58	474	289	185
46	99	65	34	513	311	202
47	145	99	46	595	377	218
48	127	83	44	725	429	296
49	148	98	50	739	461	278
50-54岁	**525**	**327**	**198**	**3368**	**2146**	**1222**
50	158	100	58	860	523	337
51	113	67	46	719	459	260
52	111	73	38	715	462	253
53	75	46	29	541	361	180
54	68	41	27	533	341	192
55-59岁	**243**	**159**	**84**	**2602**	**1616**	**986**
55	58	33	25	611	377	234
56	58	40	18	617	369	248
57	51	32	19	668	437	231
58	35	22	13	430	269	161
59	41	32	9	276	164	112
60-64岁	**236**	**149**	**87**	**1968**	**1171**	**797**
60	54	41	13	414	254	160
61	42	28	14	356	222	134
62	45	23	22	384	235	149
63	48	30	18	406	235	171
64	47	27	20	408	225	183
65岁及以上	**449**	**270**	**179**	**4980**	**2923**	**2057**

5-5a 全省分年龄、性别、初婚年龄的人口(城市)

单位：人

年龄	初婚年龄					
	合计			15岁以下		
	合计	男	女	小计	男	女
总计	**690664**	**323147**	**367517**	**452**	**101**	**351**
20岁以下	**94**	**16**	**78**	**2**		**2**
20-24岁	**4084**	**1183**	**2901**	**9**	**2**	**7**
20	160	23	137	2		2
21	288	53	235	2		2
22	579	147	432	1		1
23	1179	314	865	1		1
24	1878	646	1232	3	2	1
25-29岁	**29614**	**11866**	**17748**	**15**	**3**	**12**
25	2963	1052	1911	2		2
26	3990	1460	2530	5		5
27	5905	2349	3556			
28	7525	3067	4458	4	1	3
29	9231	3938	5293	4	2	2
30-34岁	**73670**	**33754**	**39916**	**39**	**10**	**29**
30	12898	5688	7210	8		8
31	14325	6512	7813	6	3	3
32	14632	6625	8007	10	5	5
33	16674	7800	8874	10	2	8
34	15141	7129	8012	5		5
35-39岁	**68819**	**32927**	**35892**	**27**	**9**	**18**
35	13150	6290	6860	13	6	7
36	12984	6230	6754	2		2
37	13308	6440	6868	4	2	2
38	16041	7583	8458	4		4
39	13336	6384	6952	4	1	3
40-44岁	**74039**	**35935**	**38104**	**23**		**23**
40	14655	7047	7608	6		6
41	16974	8257	8717	5		5
42	15279	7403	7876	3		3
43	13302	6422	6880	4		4
44	13829	6806	7023	5		5
45-49岁	**79968**	**38709**	**41259**	**47**	**10**	**37**
45	13312	6464	6848	9	2	7
46	14056	6676	7380	5	2	3
47	16683	8065	8618	14	1	13
48	17756	8754	9002	10	2	8
49	18161	8750	9411	9	3	6
50-54岁	**82771**	**40008**	**42763**	**46**	**6**	**40**
50	19026	9162	9864	6	1	5
51	17440	8498	8942	8		8
52	17593	8531	9062	12	3	9
53	13643	6522	7121	6		6
54	15069	7295	7774	14	2	12
55-59岁	**78719**	**38129**	**40590**	**23**	**6**	**17**
55	16729	8088	8641	8	2	6
56	17315	8482	8833	5	2	3
57	19755	9614	10141	4		4
58	14626	7003	7623	4	1	3
59	10294	4942	5352	2	1	1
60-64岁	**65019**	**31054**	**33965**	**44**	**15**	**29**
60	13974	6776	7198	6	1	5
61	11427	5545	5882	9	2	7
62	13635	6595	7040	9	3	6
63	13509	6313	7196	10	3	7
64	12474	5825	6649	10	6	4
65岁及以上	**133867**	**59566**	**74301**	**177**	**40**	**137**

5-5a　续表 1　　单位：人

年　龄	初婚年龄								
	15岁			16岁			17岁		
	小计	男	女	小计	男	女	小计	男	女
总　计	**2631**	**664**	**1967**	**5143**	**1053**	**4090**	**9930**	**2267**	**7663**
20岁以下	**10**	**1**	**9**	**12**	**3**	**9**	**24**	**4**	**20**
20-24岁	**35**	**6**	**29**	**92**	**5**	**87**	**143**	**19**	**124**
20	2		2	4		4	14	1	13
21	1	1		12		12	13	3	10
22	6	1	5	14	1	13	20	1	19
23	13	2	11	20		20	34	6	28
24	13	2	11	42	4	38	62	8	54
25-29岁	**99**	**20**	**79**	**203**	**31**	**172**	**424**	**92**	**332**
25	17	1	16	30	3	27	56	9	47
26	15	1	14	40	5	35	78	12	66
27	22	6	16	50	12	38	91	22	69
28	22	4	18	46	10	36	110	26	84
29	23	8	15	37	1	36	89	23	66
30-34岁	**170**	**58**	**112**	**298**	**80**	**218**	**625**	**152**	**473**
30	41	15	26	47	9	38	150	33	117
31	26	6	20	64	16	48	106	31	75
32	31	8	23	68	19	49	129	29	100
33	39	15	24	68	19	49	120	33	87
34	33	14	19	51	17	34	120	26	94
35-39岁	**150**	**47**	**103**	**260**	**61**	**199**	**409**	**105**	**304**
35	36	14	22	61	19	42	75	21	54
36	43	10	33	58	11	47	73	16	57
37	25	8	17	72	17	55	92	25	67
38	26	7	19	39	11	28	100	27	73
39	20	8	12	30	3	27	69	16	53
40-44岁	**160**	**54**	**106**	**280**	**75**	**205**	**480**	**112**	**368**
40	25	6	19	23	7	16	78	18	60
41	32	11	21	68	22	46	93	19	74
42	27	13	14	65	17	48	105	28	77
43	40	15	25	54	11	43	103	21	82
44	36	9	27	70	18	52	101	26	75
45-49岁	**267**	**82**	**185**	**510**	**153**	**357**	**1044**	**294**	**750**
45	41	14	27	61	16	45	130	35	95
46	62	22	40	87	27	60	134	39	95
47	50	13	37	114	30	84	244	71	173
48	59	17	42	118	41	77	259	81	178
49	55	16	39	130	39	91	277	68	209
50-54岁	**329**	**97**	**232**	**614**	**154**	**460**	**1204**	**347**	**857**
50	75	23	52	116	21	95	257	82	175
51	84	22	62	156	40	116	262	66	196
52	57	12	45	127	32	95	303	93	210
53	66	20	46	121	35	86	191	46	145
54	47	20	27	94	26	68	191	60	131
55-59岁	**192**	**69**	**123**	**358**	**100**	**258**	**830**	**209**	**621**
55	73	31	42	84	25	59	190	52	138
56	37	14	23	109	34	75	193	45	148
57	37	12	25	90	23	67	233	63	170
58	23	7	16	49	11	38	132	36	96
59	22	5	17	26	7	19	82	13	69
60-64岁	**128**	**34**	**94**	**238**	**56**	**182**	**441**	**96**	**345**
60	25	7	18	34	5	29	80	19	61
61	22	6	16	60	14	46	69	11	58
62	25	9	16	43	12	31	96	23	73
63	33	8	25	46	13	33	94	23	71
64	23	4	19	55	12	43	102	20	82
65岁及以上	**1091**	**196**	**895**	**2278**	**335**	**1943**	**4306**	**837**	**3469**

5-5a 续表 2

单位：人

年龄	初婚年龄								
	18岁			19岁			20岁		
	小计	男	女	小计	男	女	小计	男	女
总 计	**18364**	**4810**	**13554**	**32058**	**9140**	**22918**	**49337**	**15027**	**34310**
20岁以下	**30**	**4**	**26**	**16**	**4**	**12**			
20-24岁	**237**	**44**	**193**	**401**	**79**	**322**	**630**	**132**	**498**
20	34	4	30	57	11	46	47	7	40
21	36	5	31	74	13	61	93	20	73
22	41	8	33	69	14	55	134	29	105
23	59	11	48	75	12	63	174	32	142
24	67	16	51	126	29	97	182	44	138
25-29岁	**846**	**192**	**654**	**1333**	**373**	**960**	**1840**	**512**	**1328**
25	104	21	83	160	35	125	226	48	178
26	133	28	105	193	50	143	282	70	212
27	182	39	143	281	68	213	375	105	270
28	199	37	162	304	90	214	453	138	315
29	228	67	161	395	130	265	504	151	353
30-34岁	**1438**	**357**	**1081**	**2862**	**858**	**2004**	**4162**	**1269**	**2893**
30	305	72	233	533	170	363	732	219	513
31	298	77	221	598	199	399	821	257	564
32	280	74	206	554	169	385	792	253	539
33	323	75	248	592	174	418	936	299	637
34	232	59	173	585	146	439	881	241	640
35-39岁	**988**	**227**	**761**	**2175**	**555**	**1620**	**3785**	**972**	**2813**
35	193	44	149	473	121	352	796	228	568
36	186	40	146	430	115	315	732	209	523
37	157	37	120	401	95	306	728	192	536
38	265	59	206	424	106	318	884	191	693
39	187	47	140	447	118	329	645	152	493
40-44岁	**928**	**257**	**671**	**2135**	**474**	**1661**	**4585**	**1163**	**3422**
40	153	35	118	445	96	349	953	247	706
41	211	65	146	453	95	358	1084	300	784
42	182	46	136	409	85	324	943	217	726
43	172	52	120	372	78	294	751	182	569
44	210	59	151	456	120	336	854	217	637
45-49岁	**2026**	**600**	**1426**	**3602**	**1001**	**2601**	**5670**	**1582**	**4088**
45	261	82	179	506	130	376	894	230	664
46	293	79	214	581	160	421	1009	258	751
47	354	100	254	746	199	547	1141	300	841
48	493	129	364	757	221	536	1305	398	907
49	625	210	415	1012	291	721	1321	396	925
50-54岁	**2664**	**805**	**1859**	**5006**	**1488**	**3518**	**7995**	**2572**	**5423**
50	617	180	437	1171	344	827	1766	556	1210
51	573	172	401	977	277	700	1730	560	1170
52	561	167	394	1018	313	705	1719	547	1172
53	456	151	305	879	276	603	1318	428	890
54	457	135	322	961	278	683	1462	481	981
55-59岁	**1697**	**486**	**1211**	**3578**	**1038**	**2540**	**6514**	**2177**	**4337**
55	373	115	258	858	261	597	1552	528	1024
56	397	119	278	779	253	526	1543	527	1016
57	354	111	243	916	266	650	1537	526	1011
58	376	97	279	612	162	450	1144	357	787
59	197	44	153	413	96	317	738	239	499
60-64岁	**862**	**215**	**647**	**1711**	**515**	**1196**	**3214**	**1108**	**2106**
60	185	43	142	439	142	297	922	314	608
61	133	33	100	303	97	206	634	240	394
62	186	47	139	302	93	209	583	198	385
63	191	45	146	316	91	225	553	179	374
64	167	47	120	351	92	259	522	177	345
65岁及以上	**6648**	**1623**	**5025**	**9239**	**2755**	**6484**	**10942**	**3540**	**7402**

5-5a 续表 3

单位：人

年 龄	初婚年龄								
	21岁			22岁			23岁		
	小计	男	女	小计	男	女	小计	男	女
总 计	**64913**	**24624**	**40289**	**82039**	**35968**	**46071**	**81636**	**37550**	**44086**
20岁以下									
20-24岁	**729**	**198**	**531**	**956**	**338**	**618**	**620**	**261**	**359**
20									
21	57	11	46						
22	158	42	116	136	51	85			
23	250	64	186	370	114	256	183	73	110
24	264	81	183	450	173	277	437	188	249
25-29岁	**2192**	**751**	**1441**	**3088**	**1281**	**1807**	**3318**	**1305**	**2013**
25	285	68	217	515	215	300	551	225	326
26	350	116	234	494	183	311	550	204	346
27	420	148	272	587	255	332	665	262	403
28	463	168	295	689	293	396	761	301	460
29	674	251	423	803	335	468	791	313	478
30-34岁	**5082**	**2047**	**3035**	**6281**	**2897**	**3384**	**6082**	**2698**	**3384**
30	845	351	494	1175	533	642	1137	498	639
31	978	389	589	1145	516	629	1285	572	713
32	954	366	588	1201	555	646	1130	466	664
33	1264	550	714	1382	639	743	1320	616	704
34	1041	391	650	1378	654	724	1210	546	664
35-39岁	**5187**	**2010**	**3177**	**6405**	**2932**	**3473**	**6085**	**2689**	**3396**
35	946	376	570	1113	546	567	1113	494	619
36	980	398	582	1168	557	611	1070	488	582
37	1013	408	605	1233	555	678	1195	528	667
38	1183	433	750	1478	657	821	1441	638	803
39	1065	395	670	1413	617	796	1266	541	725
40-44岁	**6725**	**2394**	**4331**	**9024**	**4088**	**4936**	**8338**	**3811**	**4527**
40	1162	426	736	1602	732	870	1449	650	799
41	1639	598	1041	1812	814	998	1845	858	987
42	1481	546	935	1943	881	1062	1499	652	847
43	1172	387	785	1836	795	1041	1653	762	891
44	1271	437	834	1831	866	965	1892	889	1003
45-49岁	**8141**	**3015**	**5126**	**10654**	**4706**	**5948**	**9913**	**4613**	**5300**
45	1223	448	775	1790	775	1015	1648	742	906
46	1450	495	955	1788	786	1002	1710	770	940
47	1744	665	1079	2230	939	1291	2009	940	1069
48	1754	657	1097	2435	1117	1318	2293	1087	1206
49	1970	750	1220	2411	1089	1322	2253	1074	1179
50-54岁	**10030**	**3943**	**6087**	**11835**	**5504**	**6331**	**10896**	**5524**	**5372**
50	1947	729	1218	2629	1217	1412	2361	1138	1223
51	2124	865	1259	2170	1046	1124	2288	1139	1149
52	2271	901	1370	2658	1248	1410	2122	1088	1034
53	1737	683	1054	2153	973	1180	1871	958	913
54	1951	765	1186	2225	1020	1205	2254	1201	1053
55-59岁	**10137**	**3912**	**6225**	**12996**	**5823**	**7173**	**12230**	**6133**	**6097**
55	2352	932	1420	2703	1245	1458	2404	1213	1191
56	2344	899	1445	2767	1310	1457	2620	1347	1273
57	2543	1012	1531	3514	1558	1956	3049	1525	1524
58	1720	644	1076	2480	1081	1399	2427	1208	1219
59	1178	425	753	1532	629	903	1730	840	890
60-64岁	**5369**	**2010**	**3359**	**8532**	**3361**	**5171**	**11075**	**4823**	**6252**
60	1581	609	972	2167	858	1309	2282	1069	1213
61	1200	458	742	1771	718	1053	2001	896	1105
62	1024	360	664	2005	805	1200	2531	1102	1429
63	846	314	532	1430	544	886	2526	1058	1468
64	718	269	449	1159	436	723	1735	698	1037
65岁及以上	**11321**	**4344**	**6977**	**12268**	**5038**	**7230**	**13079**	**5693**	**7386**

5-5a 续表 4

单位：人

年 龄	初婚年龄								
	24岁			25岁			26岁		
	小计	男	女	小计	男	女	小计	男	女
总 计	**77546**	**38467**	**39079**	**69274**	**37121**	**32153**	**52624**	**29638**	**22986**
20岁以下									
20-24岁	**232**	**99**	**133**						
20									
21									
22									
23									
24	232	99	133						
25-29岁	**4211**	**1743**	**2468**	**4471**	**1948**	**2523**	**3712**	**1689**	**2023**
25	619	259	360	398	168	230			
26	782	315	467	684	301	383	384	175	209
27	852	350	502	1052	450	602	864	409	455
28	874	356	518	1129	492	637	1230	545	685
29	1084	463	621	1208	537	671	1234	560	674
30-34岁	**6787**	**2951**	**3836**	**8189**	**3700**	**4489**	**8023**	**3858**	**4165**
30	1286	527	759	1649	756	893	1455	690	765
31	1382	602	780	1643	735	908	1680	808	872
32	1410	632	778	1636	716	920	1520	688	832
33	1431	625	806	1793	820	973	1822	873	949
34	1278	565	713	1468	673	795	1546	799	747
35-39岁	**5939**	**2762**	**3177**	**6567**	**3165**	**3402**	**6059**	**3054**	**3005**
35	1069	499	570	1270	619	651	1263	620	643
36	1109	517	592	1250	592	658	1138	566	572
37	1085	510	575	1251	609	642	1202	612	590
38	1446	620	826	1539	751	788	1400	728	672
39	1230	616	614	1257	594	663	1056	528	528
40-44岁	**6930**	**3296**	**3634**	**6434**	**3415**	**3019**	**5611**	**3158**	**2453**
40	1345	622	723	1353	670	683	1255	643	612
41	1532	701	831	1453	751	702	1323	757	566
42	1429	710	719	1367	736	631	1159	653	506
43	1131	531	600	1192	660	532	940	548	392
44	1493	732	761	1069	598	471	934	557	377
45-49岁	**8769**	**4461**	**4308**	**7282**	**4147**	**3135**	**5263**	**3205**	**2058**
45	1485	751	734	1287	743	544	839	499	340
46	1575	787	788	1338	737	601	968	576	392
47	1871	958	913	1505	845	660	1146	697	449
48	1835	938	897	1607	962	645	1179	732	447
49	2003	1027	976	1545	860	685	1131	701	430
50-54岁	**8780**	**4977**	**3803**	**6553**	**3975**	**2578**	**4216**	**2618**	**1598**
50	2086	1156	930	1615	973	642	1039	625	414
51	1841	1040	801	1422	866	556	985	609	376
52	1892	1088	804	1391	836	555	873	535	338
53	1314	743	571	1036	637	399	615	402	213
54	1647	950	697	1089	663	426	704	447	257
55-59岁	**9925**	**5568**	**4357**	**6801**	**4188**	**2613**	**3868**	**2434**	**1434**
55	1959	1107	852	1333	799	534	698	475	223
56	2078	1173	905	1490	918	572	857	521	336
57	2446	1372	1074	1652	1008	644	1044	643	401
58	1883	1065	818	1307	798	509	734	452	282
59	1559	851	708	1019	665	354	535	343	192
60-64岁	**11626**	**5856**	**5770**	**8459**	**4896**	**3563**	**4768**	**2957**	**1811**
60	2062	1143	919	1506	930	576	910	576	334
61	1704	920	784	1257	758	499	822	523	299
62	2459	1288	1171	1658	977	681	929	590	339
63	2709	1280	1429	1920	1056	864	1011	594	417
64	2692	1225	1467	2118	1175	943	1096	674	422
65岁及以上	**14347**	**6754**	**7593**	**14518**	**7687**	**6831**	**11104**	**6665**	**4439**

5–5a　续表 5　　　　单位：人

年　龄	初婚年龄								
	27岁			28岁			29岁		
	小计	男	女	小计	男	女	小计	男	女
总　计	**38159**	**22161**	**15998**	**26259**	**15657**	**10602**	**18951**	**11403**	**7548**
20岁以下									
20–24岁									
20									
21									
22									
23									
24									
25–29岁	**2443**	**1219**	**1224**	**1085**	**522**	**563**	**334**	**185**	**149**
25									
26									
27	464	223	241						
28	848	423	425	393	183	210			
29	1131	573	558	692	339	353	334	185	149
30–34岁	**7100**	**3662**	**3438**	**5669**	**3032**	**2637**	**4355**	**2407**	**1948**
30	1374	678	696	1099	576	523	713	373	340
31	1383	700	683	1165	605	560	910	512	398
32	1501	772	729	1135	607	528	898	500	398
33	1522	812	710	1239	656	583	933	513	420
34	1320	700	620	1031	588	443	901	509	392
35–39岁	**5441**	**2905**	**2536**	**4512**	**2610**	**1902**	**3542**	**2075**	**1467**
35	1159	624	535	913	507	406	706	394	312
36	1053	552	501	927	541	386	716	425	291
37	1053	552	501	906	520	386	707	424	283
38	1237	660	577	1008	582	426	781	464	317
39	939	517	422	758	460	298	632	368	264
40–44岁	**4485**	**2649**	**1836**	**3521**	**2150**	**1371**	**2944**	**1855**	**1089**
40	980	561	419	848	495	353	642	409	233
41	1128	646	482	823	494	329	765	473	292
42	907	557	350	758	475	283	595	364	231
43	736	432	304	567	349	218	522	348	174
44	734	453	281	525	337	188	420	261	159
45–49岁	**3589**	**2282**	**1307**	**2499**	**1638**	**861**	**1832**	**1236**	**596**
45	591	365	226	474	308	166	336	222	114
46	597	381	216	443	271	172	337	233	104
47	790	486	304	438	300	138	395	262	133
48	828	541	287	597	398	199	347	236	111
49	783	509	274	547	361	186	417	283	134
50–54岁	**2801**	**1781**	**1020**	**1897**	**1229**	**668**	**1428**	**877**	**551**
50	750	459	291	501	314	187	395	251	144
51	642	408	234	442	296	146	327	199	128
52	569	367	202	399	268	131	284	162	122
53	404	257	147	268	169	99	217	138	79
54	436	290	146	287	182	105	205	127	78
55–59岁	**2262**	**1428**	**834**	**1383**	**881**	**502**	**980**	**599**	**381**
55	476	309	167	296	185	111	222	134	88
56	431	262	169	321	199	122	217	145	72
57	580	369	211	296	191	105	262	163	99
58	437	282	155	259	164	95	156	92	64
59	338	206	132	211	142	69	123	65	58
60–64岁	**2540**	**1560**	**980**	**1485**	**874**	**611**	**968**	**554**	**414**
60	517	324	193	300	156	144	191	106	85
61	398	245	153	252	143	109	161	98	63
62	550	343	207	299	184	115	204	120	84
63	537	324	213	333	215	118	199	112	87
64	538	324	214	301	176	125	213	118	95
65岁及以上	**7498**	**4675**	**2823**	**4208**	**2721**	**1487**	**2568**	**1615**	**953**

5-5a 续表 6

单位：人

年 龄	初婚年龄								
	30岁			31岁			32岁		
	小计	男	女	小计	男	女	小计	男	女
总 计	**13319**	**8189**	**5130**	**10084**	**6141**	**3943**	**7455**	**4479**	**2976**
20岁以下									
20-24岁									
20									
21									
22									
23									
24									
25-29岁									
25									
26									
27									
28									
29									
30-34岁	**2992**	**1687**	**1305**	**1956**	**1161**	**795**	**1001**	**538**	**463**
30	349	188	161						
31	552	323	229	283	161	122			
32	699	365	334	503	306	197	181	95	86
33	747	437	310	615	361	254	379	208	171
34	645	374	271	555	333	222	441	235	206
35-39岁	**2771**	**1658**	**1113**	**2236**	**1337**	**899**	**1794**	**1088**	**706**
35	552	321	231	449	274	175	375	223	152
36	531	316	215	449	257	192	334	189	145
37	517	324	193	414	244	170	374	239	135
38	676	396	280	522	308	214	370	230	140
39	495	301	194	402	254	148	341	207	134
40-44岁	**2194**	**1398**	**796**	**1762**	**1104**	**658**	**1434**	**887**	**547**
40	486	319	167	351	237	114	326	201	125
41	538	337	201	433	271	162	324	214	110
42	468	281	187	376	235	141	308	174	134
43	342	216	126	326	194	132	262	167	95
44	360	245	115	276	167	109	214	131	83
45-49岁	**1362**	**897**	**465**	**1147**	**753**	**394**	**881**	**572**	**309**
45	275	170	105	243	161	82	170	112	58
46	272	181	91	230	150	80	191	122	69
47	316	210	106	243	154	89	195	131	64
48	274	183	91	243	162	81	171	117	54
49	225	153	72	188	126	62	154	90	64
50-54岁	**1105**	**681**	**424**	**833**	**529**	**304**	**606**	**370**	**236**
50	282	178	104	142	104	38	148	96	52
51	252	159	93	207	125	82	104	67	37
52	230	142	88	211	138	73	127	79	48
53	169	102	67	132	79	53	90	47	43
54	172	100	72	141	83	58	137	81	56
55-59岁	**723**	**437**	**286**	**595**	**345**	**250**	**574**	**338**	**236**
55	182	98	84	145	75	70	123	73	50
56	160	107	53	135	82	53	128	76	52
57	180	111	69	126	80	46	140	80	60
58	122	71	51	107	58	49	114	69	45
59	79	50	29	82	50	32	69	40	29
60-64岁	**613**	**387**	**226**	**465**	**256**	**209**	**349**	**207**	**142**
60	112	73	39	88	47	41	78	53	25
61	111	67	44	85	49	36	47	28	19
62	131	83	48	104	50	54	76	49	27
63	147	95	52	105	61	44	81	46	35
64	112	69	43	83	49	34	67	31	36
65岁及以上	**1559**	**1044**	**515**	**1090**	**656**	**434**	**816**	**479**	**337**

5-5a 续表 7

单位：人

年 龄	初婚年龄								
	33岁			34岁			35岁		
	小计	男	女	小计	男	女	小计	男	女
总 计	**5791**	**3524**	**2267**	**4687**	**2933**	**1754**	**3554**	**2158**	**1396**
20岁以下									
20-24岁									
20									
21									
22									
23									
24									
25-29岁									
25									
26									
27									
28									
29									
30-34岁	**429**	**255**	**174**	**130**	**77**	**53**			
30									
31									
32									
33	139	73	66						
34	290	182	108	130	77	53			
35-39岁	**1473**	**874**	**599**	**1161**	**732**	**429**	**852**	**504**	**348**
35	296	169	127	209	132	77	70	39	31
36	266	166	100	260	153	107	149	83	66
37	271	161	110	227	144	83	209	136	73
38	363	214	149	238	154	84	245	135	110
39	277	164	113	227	149	78	179	111	68
40-44岁	**1218**	**731**	**487**	**1071**	**634**	**437**	**865**	**510**	**355**
40	316	187	129	206	129	77	197	116	81
41	299	172	127	273	158	115	207	117	90
42	217	122	95	219	117	102	195	116	79
43	202	131	71	202	124	78	160	95	65
44	184	119	65	171	106	65	106	66	40
45-49岁	**795**	**520**	**275**	**742**	**476**	**266**	**606**	**389**	**217**
45	169	108	61	158	96	62	120	79	41
46	131	81	50	139	82	57	128	80	48
47	162	118	44	163	107	56	134	91	43
48	184	112	72	141	96	45	104	63	41
49	149	101	48	141	95	46	120	76	44
50-54岁	**491**	**317**	**174**	**444**	**298**	**146**	**316**	**199**	**117**
50	129	85	44	139	100	39	103	60	43
51	92	60	32	86	55	31	70	45	25
52	75	51	24	85	60	25	69	48	21
53	110	67	43	57	33	24	43	25	18
54	85	54	31	77	50	27	31	21	10
55-59岁	**452**	**286**	**166**	**379**	**233**	**146**	**329**	**204**	**125**
55	126	75	51	76	43	33	78	50	28
56	92	60	32	86	57	29	60	36	24
57	104	67	37	96	62	34	92	58	34
58	79	49	30	66	39	27	66	41	25
59	51	35	16	55	32	23	33	19	14
60-64岁	**297**	**156**	**141**	**234**	**151**	**83**	**189**	**118**	**71**
60	65	31	34	47	32	15	39	27	12
61	48	23	25	42	27	15	37	26	11
62	57	30	27	53	34	19	48	33	15
63	59	39	20	48	29	19	42	21	21
64	68	33	35	44	29	15	23	11	12
65岁及以上	**636**	**385**	**251**	**526**	**332**	**194**	**397**	**234**	**163**

5-5a 续表 8 单位：人

年　龄	初婚年龄								
	36岁			37岁			38岁		
	小计	男	女	小计	男	女	小计	男	女
总　计	**2689**	**1617**	**1072**	**2235**	**1356**	**879**	**1789**	**1091**	**698**
20岁以下									
20-24岁									
20									
21									
22									
23									
24									
25-29岁									
25									
26									
27									
28									
29									
30-34岁									
30									
31									
32									
33									
34									
35-39岁	**491**	**272**	**219**	**323**	**169**	**154**	**147**	**92**	**55**
35									
36	60	29	31						
37	101	58	43	71	40	31			
38	195	106	89	123	67	56	54	39	15
39	135	79	56	129	62	67	93	53	40
40-44岁	**697**	**413**	**284**	**603**	**368**	**235**	**488**	**292**	**196**
40	126	62	64	109	53	56	103	57	46
41	175	109	66	148	100	48	96	57	39
42	160	94	66	127	78	49	108	70	38
43	126	75	51	97	58	39	89	50	39
44	110	73	37	122	79	43	92	58	34
45-49岁	**524**	**318**	**206**	**479**	**296**	**183**	**397**	**264**	**133**
45	96	59	37	90	54	36	84	54	30
46	108	58	50	78	42	36	78	57	21
47	97	65	32	131	86	45	74	46	28
48	141	85	56	92	54	38	89	56	33
49	82	51	31	88	60	28	72	51	21
50-54岁	**301**	**197**	**104**	**258**	**160**	**98**	**267**	**165**	**102**
50	89	58	31	74	51	23	79	55	24
51	63	46	17	67	37	30	56	35	21
52	55	33	22	53	30	23	56	32	24
53	42	28	14	31	19	12	42	24	18
54	52	32	20	33	23	10	34	19	15
55-59岁	**209**	**135**	**74**	**182**	**128**	**54**	**133**	**78**	**55**
55	38	28	10	44	29	15	23	10	13
56	45	30	15	31	21	10	29	18	11
57	53	30	23	45	33	12	25	14	11
58	45	28	17	33	26	7	34	23	11
59	28	19	9	29	19	10	22	13	9
60-64岁	**156**	**96**	**60**	**156**	**94**	**62**	**126**	**76**	**50**
60	39	22	17	44	28	16	32	23	9
61	34	24	10	17	9	8	22	14	8
62	34	25	9	31	23	8	18	11	7
63	20	12	8	37	16	21	24	14	10
64	29	13	16	27	18	9	30	14	16
65岁及以上	**311**	**186**	**125**	**234**	**141**	**93**	**231**	**124**	**107**

5-5a　续表 9　　　　单位：人

年　龄	初婚年龄					
	39岁			40岁及以上		
	小计	男	女	小计	男	女
总　计	**1488**	**929**	**559**	**8257**	**5079**	**3178**
20岁以下						
20-24岁						
20						
21						
22						
23						
24						
25-29岁						
25						
26						
27						
28						
29						
30-34岁						
30						
31						
32						
33						
34						
35-39岁	**40**	**23**	**17**			
35						
36						
37						
38						
39	40	23	17			
40-44岁	**398**	**240**	**158**	**706**	**407**	**299**
40	85	49	36	31	20	11
41	102	59	43	113	59	54
42	83	50	33	146	86	60
43	67	46	21	184	95	89
44	61	36	25	232	147	85
45-49岁	**344**	**225**	**119**	**1583**	**974**	**609**
45	81	49	32	251	160	91
46	56	36	20	268	164	104
47	71	49	22	306	202	104
48	66	42	24	375	227	148
49	70	49	21	383	221	162
50-54岁	**257**	**151**	**106**	**1599**	**1044**	**555**
50	83	46	37	427	260	167
51	57	31	26	355	233	122
52	60	40	20	316	218	98
53	34	18	16	241	164	77
54	23	16	7	260	169	91
55-59岁	**125**	**80**	**45**	**1244**	**814**	**430**
55	25	11	14	288	183	105
56	34	21	13	327	206	121
57	28	20	8	309	217	92
58	16	11	5	201	131	70
59	22	17	5	119	77	42
60-64岁	**117**	**77**	**40**	**857**	**506**	**351**
60	32	22	10	191	116	75
61	20	14	6	168	102	66
62	16	7	9	164	96	68
63	28	20	8	164	101	63
64	21	14	7	170	91	79
65岁及以上	**207**	**133**	**74**	**2268**	**1334**	**934**

5-5b 全省分年龄、性别、初婚年龄的人口(镇)

单位：人

年 龄	初婚年龄					
	合 计			15岁以下		
	合计	男	女	小计	男	女
总 计	**322463**	**153309**	**169154**	**295**	**65**	**230**
20岁以下	**78**	**17**	**61**	**4**	**1**	**3**
20-24岁	**2186**	**632**	**1554**	**4**	**1**	**3**
20	81	14	67			
21	159	27	132			
22	345	86	259	2		2
23	618	185	433	2	1	1
24	983	320	663			
25-29岁	**15964**	**6517**	**9447**	**17**	**2**	**15**
25	1593	571	1022	4	1	3
26	2154	805	1349	2		2
27	3207	1275	1932	2	1	1
28	3972	1662	2310	2		2
29	5038	2204	2834	7		7
30-34岁	**38974**	**18355**	**20619**	**26**	**5**	**21**
30	7244	3384	3860	3		3
31	7799	3588	4211	8		8
32	7719	3651	4068	6	3	3
33	8730	4125	4605	4	2	2
34	7482	3607	3875	5		5
35-39岁	**32853**	**16129**	**16724**	**12**	**3**	**9**
35	6723	3274	3449	6		6
36	6293	3077	3216	1	1	
37	6409	3114	3295	2	2	
38	7286	3635	3651	2		2
39	6142	3029	3113	1		1
40-44岁	**34207**	**16976**	**17231**	**26**	**4**	**22**
40	6677	3240	3437	3		3
41	7908	3904	4004	2		2
42	7034	3552	3482	5	1	4
43	6138	3086	3052	8	1	7
44	6450	3194	3256	8	2	6
45-49岁	**37435**	**18420**	**19015**	**27**	**6**	**21**
45	6193	3099	3094	4	2	2
46	6614	3242	3372	6	1	5
47	7763	3781	3982	1		1
48	8359	4153	4206	8	1	7
49	8506	4145	4361	8	2	6
50-54岁	**40006**	**19677**	**20329**	**34**	**7**	**27**
50	8847	4433	4414	5	1	4
51	8195	4009	4186	9	1	8
52	8611	4244	4367	9	3	6
53	6934	3382	3552	7	1	6
54	7419	3609	3810	4	1	3
55-59岁	**35324**	**17287**	**18037**	**22**	**7**	**15**
55	7718	3831	3887	4	1	3
56	7777	3798	3979	6	1	5
57	8677	4311	4366	5	3	2
58	6611	3133	3478	5	1	4
59	4541	2214	2327	2	1	1
60-64岁	**27831**	**13251**	**14580**	**25**	**4**	**21**
60	6156	2988	3168	7		7
61	4765	2294	2471	3	2	1
62	5705	2761	2944	2		2
63	5807	2705	3102	7		7
64	5398	2503	2895	6	2	4
65岁及以上	**57605**	**26048**	**31557**	**98**	**25**	**73**

5-5b　续表 1　　　　单位：人

年　龄	初婚年龄								
	15岁			16岁			17岁		
	小计	男	女	小计	男	女	小计	男	女
总　计	**1502**	**317**	**1185**	**3160**	**707**	**2453**	**6274**	**1535**	**4739**
20岁以下	**2**		**2**	**15**	**5**	**10**	**20**	**4**	**16**
20-24岁	**25**	**3**	**22**	**50**	**6**	**44**	**98**	**14**	**84**
20	1		1	5		5	10		10
21	4	2	2	11	2	9	4		4
22	4		4	8		8	27	6	21
23	7	1	6	12	1	11	22	3	19
24	9		9	14	3	11	35	5	30
25-29岁	**57**	**10**	**47**	**139**	**26**	**113**	**310**	**66**	**244**
25	9	1	8	25	5	20	46	5	41
26	16	3	13	31	4	27	36	9	27
27	9	3	6	30	6	24	71	13	58
28	13	3	10	27	5	22	75	23	52
29	10		10	26	6	20	82	16	66
30-34岁	**97**	**31**	**66**	**200**	**46**	**154**	**404**	**95**	**309**
30	19	6	13	35	9	26	76	16	60
31	19	4	15	49	8	41	86	15	71
32	19	8	11	44	8	36	83	18	65
33	24	6	18	35	11	24	88	25	63
34	16	7	9	37	10	27	71	21	50
35-39岁	**57**	**12**	**45**	**146**	**40**	**106**	**263**	**66**	**197**
35	19	3	16	22	4	18	54	13	41
36	11	2	9	39	13	26	55	9	46
37	11	3	8	38	8	30	53	12	41
38	8	2	6	32	10	22	60	20	40
39	8	2	6	15	5	10	41	12	29
40-44岁	**67**	**22**	**45**	**145**	**35**	**110**	**276**	**72**	**204**
40	11	4	7	20	2	18	53	14	39
41	13	5	8	38	7	31	48	11	37
42	14	4	10	30	7	23	56	16	40
43	14	2	12	25	9	16	59	20	39
44	15	7	8	32	10	22	60	11	49
45-49岁	**158**	**40**	**118**	**331**	**102**	**229**	**664**	**184**	**480**
45	22	9	13	31	9	22	77	22	55
46	36	6	30	58	21	37	95	21	74
47	34	12	22	84	22	62	131	33	98
48	33	9	24	95	28	67	184	57	127
49	33	4	29	63	22	41	177	51	126
50-54岁	**172**	**48**	**124**	**361**	**101**	**260**	**823**	**273**	**550**
50	41	14	27	72	16	56	172	57	115
51	40	12	28	83	24	59	168	60	108
52	40	9	31	83	25	58	183	61	122
53	25	7	18	63	15	48	149	48	101
54	26	6	20	60	21	39	151	47	104
55-59岁	**115**	**32**	**83**	**223**	**58**	**165**	**565**	**148**	**417**
55	36	14	22	38	7	31	138	43	95
56	35	12	23	67	21	46	97	27	70
57	22	4	18	54	12	42	162	42	120
58	16	2	14	41	13	28	105	25	80
59	6		6	23	5	18	63	11	52
60-64岁	**85**	**12**	**73**	**187**	**41**	**146**	**284**	**64**	**220**
60	12	2	10	36	8	28	49	6	43
61	6	2	4	32	8	24	52	9	43
62	19	2	17	38	11	27	46	17	29
63	23	4	19	43	6	37	66	15	51
64	25	2	23	38	8	30	71	17	54
65岁及以上	**667**	**107**	**560**	**1363**	**247**	**1116**	**2567**	**549**	**2018**

5-5b 续表 2

单位：人

年 龄	初婚年龄								
	18岁			19岁			20岁		
	小计	男	女	小计	男	女	小计	男	女
总 计	**11153**	**3144**	**8009**	**19508**	**6176**	**13332**	**28894**	**9953**	**18941**
20岁以下	**24**	**5**	**19**	**13**	**2**	**11**			
20-24岁	**149**	**27**	**122**	**215**	**43**	**172**	**348**	**65**	**283**
20	16	1	15	25	7	18	24	6	18
21	18	5	13	29	5	24	65	9	56
22	23	8	15	37	6	31	66	10	56
23	45	5	40	51	8	43	91	16	75
24	47	8	39	73	17	56	102	24	78
25-29岁	**545**	**142**	**403**	**824**	**217**	**607**	**1123**	**346**	**777**
25	61	18	43	89	20	69	134	34	100
26	64	16	48	120	21	99	154	45	109
27	118	31	87	170	48	122	210	67	143
28	135	23	112	186	47	139	291	81	210
29	167	54	113	259	81	178	334	119	215
30-34岁	**951**	**239**	**712**	**1922**	**557**	**1365**	**2792**	**947**	**1845**
30	206	56	150	373	126	247	501	168	333
31	210	57	153	432	127	305	521	180	341
32	163	34	129	354	102	252	584	203	381
33	213	49	164	408	117	291	594	193	401
34	159	43	116	355	85	270	592	203	389
35-39岁	**591**	**141**	**450**	**1433**	**358**	**1075**	**2450**	**682**	**1768**
35	130	35	95	310	87	223	529	145	384
36	120	29	91	292	73	219	505	148	357
37	86	26	60	269	64	205	495	140	355
38	143	29	114	267	61	206	523	156	367
39	112	22	90	295	73	222	398	93	305
40-44岁	**543**	**129**	**414**	**1246**	**296**	**950**	**2631**	**665**	**1966**
40	99	23	76	275	69	206	584	150	434
41	113	27	86	256	54	202	628	169	459
42	111	21	90	242	55	187	493	134	359
43	104	27	77	221	58	163	470	99	371
44	116	31	85	252	60	192	456	113	343
45-49岁	**1232**	**366**	**866**	**2030**	**646**	**1384**	**3308**	**1058**	**2250**
45	132	39	93	256	68	188	511	156	355
46	146	33	113	317	84	233	549	145	404
47	227	67	160	404	120	284	669	217	452
48	321	99	222	452	148	304	777	270	507
49	406	128	278	601	226	375	802	270	532
50-54岁	**1725**	**596**	**1129**	**3213**	**1117**	**2096**	**4599**	**1758**	**2841**
50	395	154	241	720	246	474	924	333	591
51	355	119	236	661	236	425	1031	411	620
52	375	124	251	681	241	440	975	397	578
53	308	90	218	556	198	358	792	290	502
54	292	109	183	595	196	399	877	327	550
55-59岁	**1079**	**332**	**747**	**2254**	**759**	**1495**	**3842**	**1433**	**2409**
55	247	87	160	568	218	350	909	331	578
56	265	72	193	501	162	339	894	348	546
57	246	84	162	508	168	340	903	348	555
58	206	54	152	416	128	288	711	247	464
59	115	35	80	261	83	178	425	159	266
60-64岁	**628**	**174**	**454**	**1197**	**371**	**826**	**2080**	**787**	**1293**
60	150	47	103	310	82	228	594	225	369
61	97	23	74	200	64	136	352	146	206
62	108	30	78	200	69	131	412	147	265
63	146	43	103	232	69	163	368	140	228
64	127	31	96	255	87	168	354	129	225
65岁及以上	**3686**	**993**	**2693**	**5161**	**1810**	**3351**	**5721**	**2212**	**3509**

5-5b　续表 3

单位：人

年　龄	初婚年龄								
	21岁			22岁			23岁		
	小计	男	女	小计	男	女	小计	男	女
总　计	**36427**	**15631**	**20796**	**41879**	**20614**	**21265**	**37264**	**18600**	**18664**
20岁以下									
20-24岁	**430**	**121**	**309**	**442**	**175**	**267**	**311**	**139**	**172**
20									
21	28	4	24						
22	100	24	76	78	32	46			
23	120	33	87	168	65	103	100	52	48
24	182	60	122	196	78	118	211	87	124
25-29岁	**1292**	**459**	**833**	**1695**	**734**	**961**	**1789**	**760**	**1029**
25	159	56	103	261	114	147	304	122	182
26	191	64	127	284	117	167	266	103	163
27	244	86	158	355	140	215	372	161	211
28	283	105	178	372	168	204	412	179	233
29	415	148	267	423	195	228	435	195	240
30-34岁	**3161**	**1417**	**1744**	**3552**	**1785**	**1767**	**3116**	**1488**	**1628**
30	511	216	295	658	327	331	602	265	337
31	598	279	319	674	332	342	643	286	357
32	625	263	362	666	332	334	582	284	298
33	795	359	436	795	397	398	711	375	336
34	632	300	332	759	397	362	578	278	300
35-39岁	**3283**	**1409**	**1874**	**3551**	**1860**	**1691**	**2908**	**1511**	**1397**
35	627	268	359	654	345	309	596	320	276
36	625	286	339	676	362	314	505	265	240
37	642	268	374	684	356	328	548	289	259
38	765	341	424	802	428	374	663	342	321
39	624	246	378	735	369	366	596	295	301
40-44岁	**3970**	**1594**	**2376**	**5093**	**2620**	**2473**	**4072**	**2019**	**2053**
40	624	252	372	903	452	451	640	305	335
41	1035	422	613	1078	542	536	873	428	445
42	870	340	530	1131	595	536	714	358	356
43	694	284	410	1003	529	474	886	449	437
44	747	296	451	978	502	476	959	479	480
45-49岁	**4581**	**1936**	**2645**	**5609**	**2795**	**2814**	**4697**	**2412**	**2285**
45	688	266	422	986	510	476	807	405	402
46	844	347	497	984	462	522	818	429	389
47	961	399	562	1180	586	594	985	475	510
48	1002	442	560	1234	611	623	1072	558	514
49	1086	482	604	1225	626	599	1015	545	470
50-54岁	**5603**	**2480**	**3123**	**5929**	**3046**	**2883**	**4946**	**2594**	**2352**
50	1022	477	545	1260	657	603	1097	583	514
51	1203	524	679	1021	514	507	938	479	459
52	1367	610	757	1350	703	647	908	479	429
53	1034	450	584	1121	569	552	896	475	421
54	977	419	558	1177	603	574	1107	578	529
55-59岁	**5294**	**2426**	**2868**	**5944**	**3001**	**2943**	**5143**	**2677**	**2466**
55	1198	550	648	1235	650	585	1109	598	511
56	1182	545	637	1286	653	633	1112	557	555
57	1286	595	691	1558	767	791	1204	650	554
58	946	440	506	1109	541	568	1035	535	500
59	682	296	386	756	390	366	683	337	346
60-64岁	**3128**	**1314**	**1814**	**4317**	**1880**	**2437**	**4645**	**2268**	**2377**
60	845	366	479	1097	517	580	938	487	451
61	674	289	385	825	340	485	796	395	401
62	619	272	347	1025	430	595	980	492	488
63	539	217	322	752	310	442	1138	544	594
64	451	170	281	618	283	335	793	350	443
65岁及以上	**5685**	**2475**	**3210**	**5747**	**2718**	**3029**	**5637**	**2732**	**2905**

5-5b 续表 4 单位：人

年龄	初婚年龄								
	24岁			25岁			26岁		
	小计	男	女	小计	男	女	小计	男	女
总　计	**31819**	**16698**	**15121**	**26980**	**14613**	**12367**	**20496**	**11443**	**9053**
20岁以下									
20-24岁	**114**	**38**	**76**						
20									
21									
22									
23									
24	114	38	76						
25-29岁	**2153**	**916**	**1237**	**2367**	**1009**	**1358**	**1772**	**834**	**938**
25	303	115	188	198	80	118			
26	367	152	215	407	182	225	216	89	127
27	441	185	256	579	240	339	399	185	214
28	453	208	245	539	227	312	567	269	298
29	589	256	333	644	280	364	590	291	299
30-34岁	**3393**	**1584**	**1809**	**4064**	**1946**	**2118**	**4002**	**1988**	**2014**
30	695	305	390	864	430	434	833	414	419
31	700	344	356	870	393	477	838	410	428
32	695	325	370	810	387	423	763	384	379
33	707	317	390	886	426	460	834	410	424
34	596	293	303	634	310	324	734	370	364
35-39岁	**2556**	**1299**	**1257**	**2706**	**1376**	**1330**	**2650**	**1394**	**1256**
35	536	285	251	564	269	295	588	307	281
36	495	234	261	524	272	252	483	255	228
37	434	214	220	521	262	259	546	263	283
38	598	323	275	597	321	276	591	318	273
39	493	243	250	500	252	248	442	251	191
40-44岁	**3109**	**1680**	**1429**	**2602**	**1478**	**1124**	**2105**	**1233**	**872**
40	581	299	282	561	303	258	488	262	226
41	683	351	332	610	347	263	497	285	212
42	602	336	266	533	309	224	434	263	171
43	547	307	240	465	280	185	354	211	143
44	696	387	309	433	239	194	332	212	120
45-49岁	**3716**	**2056**	**1660**	**2888**	**1668**	**1220**	**1994**	**1199**	**795**
45	657	371	286	542	316	226	299	180	119
46	684	389	295	548	329	219	390	251	139
47	722	403	319	631	349	282	426	252	174
48	802	437	365	594	352	242	427	272	155
49	851	456	395	573	322	251	452	244	208
50-54岁	**3661**	**2075**	**1586**	**2487**	**1531**	**956**	**1574**	**974**	**600**
50	869	476	393	639	381	258	386	229	157
51	725	402	323	519	301	218	343	217	126
52	749	425	324	516	324	192	325	200	125
53	570	343	227	386	243	143	268	173	95
54	748	429	319	427	282	145	252	155	97
55-59岁	**3730**	**2127**	**1603**	**2369**	**1414**	**955**	**1335**	**809**	**526**
55	807	467	340	439	267	172	237	147	90
56	815	466	349	543	332	211	249	156	93
57	867	505	362	611	360	251	381	246	135
58	688	369	319	440	262	178	243	129	114
59	553	320	233	336	193	143	225	131	94
60-64岁	**4026**	**2133**	**1893**	**2706**	**1549**	**1157**	**1579**	**922**	**657**
60	722	416	306	503	296	207	287	176	111
61	580	335	245	409	241	168	257	153	104
62	823	443	380	484	277	207	331	203	128
63	938	481	457	623	347	276	316	166	150
64	963	458	505	687	388	299	388	224	164
65岁及以上	**5361**	**2790**	**2571**	**4791**	**2642**	**2149**	**3485**	**2090**	**1395**

5-5b　续表 5　　　　单位：人

年　龄	初婚年龄								
	27岁			28岁			29岁		
	小计	男	女	小计	男	女	小计	男	女
总　计	**14803**	**8568**	**6235**	**10362**	**6193**	**4169**	**7319**	**4328**	**2991**
20岁以下									
20-24岁									
20									
21									
22									
23									
24									
25-29岁	**1154**	**597**	**557**	**553**	**314**	**239**	**174**	**85**	**89**
25									
26									
27	207	109	98						
28	433	221	212	184	103	81			
29	514	267	247	369	211	158	174	85	89
30-34岁	**3538**	**1889**	**1649**	**2845**	**1536**	**1309**	**2096**	**1191**	**905**
30	723	380	343	608	346	262	368	213	155
31	709	383	326	566	305	261	468	249	219
32	740	408	332	540	285	255	460	265	195
33	753	398	355	636	333	303	425	241	184
34	613	320	293	495	267	228	375	223	152
35-39岁	**2332**	**1289**	**1043**	**1906**	**1159**	**747**	**1460**	**861**	**599**
35	542	295	247	434	251	183	308	177	131
36	451	247	204	416	257	159	293	167	126
37	452	252	200	354	200	154	315	188	127
38	483	257	226	385	234	151	307	179	128
39	404	238	166	317	217	100	237	150	87
40-44岁	**1626**	**996**	**630**	**1244**	**770**	**474**	**973**	**623**	**350**
40	350	211	139	310	191	119	213	119	94
41	440	267	173	291	182	109	254	161	93
42	334	204	130	249	152	97	217	142	75
43	250	156	94	201	121	80	138	97	41
44	252	158	94	193	124	69	151	104	47
45-49岁	**1282**	**827**	**455**	**859**	**559**	**300**	**594**	**382**	**212**
45	220	144	76	149	95	54	116	70	46
46	186	118	68	148	99	49	119	82	37
47	293	195	98	144	94	50	135	87	48
48	302	197	105	226	148	78	106	64	42
49	281	173	108	192	123	69	118	79	39
50-54岁	**1045**	**654**	**391**	**698**	**460**	**238**	**569**	**321**	**248**
50	284	194	90	191	134	57	136	69	67
51	246	161	85	148	98	50	129	74	55
52	219	128	91	143	94	49	126	75	51
53	141	83	58	115	74	41	93	55	38
54	155	88	67	101	60	41	85	48	37
55-59岁	**775**	**479**	**296**	**427**	**265**	**162**	**314**	**183**	**131**
55	151	96	55	88	57	31	68	40	28
56	134	76	58	101	64	37	59	41	18
57	232	144	88	96	58	38	79	44	35
58	158	99	59	95	58	37	58	34	24
59	100	64	36	47	28	19	50	24	26
60-64岁	**800**	**472**	**328**	**488**	**296**	**192**	**300**	**170**	**130**
60	155	86	69	94	58	36	59	37	22
61	119	69	50	82	51	31	47	29	18
62	171	101	70	97	59	38	56	31	25
63	159	96	63	120	66	54	60	37	23
64	196	120	76	95	62	33	78	36	42
65岁及以上	**2251**	**1365**	**886**	**1342**	**834**	**508**	**839**	**512**	**327**

5-5b 续表 6

单位：人

年龄	初婚年龄								
	30岁			31岁			32岁		
	小计	男	女	小计	男	女	小计	男	女
总计	**5269**	**3180**	**2089**	**3785**	**2256**	**1529**	**2973**	**1808**	**1165**
20岁以下									
20-24岁									
20									
21									
22									
23									
24									
25-29岁									
25									
26									
27									
28									
29									
30-34岁	**1341**	**758**	**583**	**775**	**451**	**324**	**442**	**252**	**190**
30	169	107	62						
31	300	159	141	108	57	51			
32	303	177	126	199	117	82	83	48	35
33	309	167	142	268	156	112	180	106	74
34	260	148	112	200	121	79	179	98	81
35-39岁	**1146**	**713**	**433**	**879**	**496**	**383**	**725**	**437**	**288**
35	222	129	93	180	104	76	147	83	64
36	212	128	84	170	93	77	133	80	53
37	259	161	98	178	107	71	149	90	59
38	270	173	97	199	101	98	140	86	54
39	183	122	61	152	91	61	156	98	58
40-44岁	**845**	**528**	**317**	**655**	**408**	**247**	**525**	**331**	**194**
40	189	111	78	155	89	66	120	78	42
41	210	141	69	158	98	60	130	82	48
42	189	112	77	136	83	53	114	79	35
43	122	79	43	98	66	32	85	48	37
44	135	85	50	108	72	36	76	44	32
45-49岁	**478**	**309**	**169**	**398**	**254**	**144**	**349**	**226**	**123**
45	100	64	36	79	53	26	60	39	21
46	106	76	30	95	55	40	74	43	31
47	97	63	34	92	62	30	87	58	29
48	104	64	40	77	52	25	60	40	20
49	71	42	29	55	32	23	68	46	22
50-54岁	**411**	**253**	**158**	**300**	**179**	**121**	**242**	**151**	**91**
50	94	61	33	44	28	16	52	36	16
51	102	65	37	79	45	34	42	27	15
52	92	51	41	67	46	21	50	29	21
53	63	41	22	62	37	25	45	27	18
54	60	35	25	48	23	25	53	32	21
55-59岁	**244**	**140**	**104**	**221**	**127**	**94**	**214**	**119**	**95**
55	62	33	29	60	34	26	62	32	30
56	55	31	24	45	29	16	41	28	13
57	65	39	26	56	33	23	43	23	20
58	34	18	16	40	18	22	38	20	18
59	28	19	9	20	13	7	30	16	14
60-64岁	**201**	**114**	**87**	**159**	**88**	**71**	**147**	**94**	**53**
60	41	23	18	29	16	13	32	21	11
61	36	21	15	26	12	14	28	16	12
62	43	29	14	38	20	18	32	23	9
63	39	22	17	33	18	15	35	21	14
64	42	19	23	33	22	11	20	13	7
65岁及以上	**603**	**365**	**238**	**398**	**253**	**145**	**329**	**198**	**131**

5-5b　续表 7　　　　单位：人

年　龄	初婚年龄								
	33岁			34岁			35岁		
	小计	男	女	小计	男	女	小计	男	女
总　计	**2266**	**1405**	**861**	**1823**	**1067**	**756**	**1361**	**841**	**520**
20岁以下									
20-24岁									
20									
21									
22									
23									
24									
25-29岁									
25									
26									
27									
28									
29									
30-34岁	**198**	**117**	**81**	**59**	**33**	**26**			
30									
31									
32									
33	65	37	28						
34	133	80	53	59	33	26			
35-39岁	**557**	**325**	**232**	**499**	**269**	**230**	**339**	**197**	**142**
35	132	84	48	99	54	45	24	16	8
36	88	46	42	113	55	58	64	40	24
37	117	68	49	89	51	38	88	49	39
38	122	72	50	112	58	54	75	42	33
39	98	55	43	86	51	35	88	50	38
40-44岁	**480**	**307**	**173**	**425**	**256**	**169**	**327**	**204**	**123**
40	115	77	38	97	60	37	79	46	33
41	110	70	40	101	60	41	78	44	34
42	102	71	31	91	56	35	78	48	30
43	72	45	27	62	36	26	55	38	17
44	81	44	37	74	44	30	37	28	9
45-49岁	**359**	**228**	**131**	**250**	**160**	**90**	**231**	**149**	**82**
45	91	57	34	45	31	14	53	30	23
46	75	43	32	59	39	20	40	25	15
47	58	42	16	64	32	32	57	43	14
48	76	45	31	42	28	14	44	33	11
49	59	41	18	40	30	10	37	18	19
50-54岁	**159**	**112**	**47**	**154**	**95**	**59**	**133**	**89**	**44**
50	36	27	9	38	23	15	43	28	15
51	40	25	15	35	23	12	29	21	8
52	19	14	5	36	22	14	28	19	9
53	28	20	8	14	8	6	21	13	8
54	36	26	10	31	19	12	12	8	4
55-59岁	**163**	**98**	**65**	**153**	**91**	**62**	**108**	**66**	**42**
55	45	25	20	26	12	14	24	13	11
56	31	18	13	46	27	19	25	17	8
57	36	25	11	37	22	15	27	14	13
58	33	17	16	25	17	8	27	18	9
59	18	13	5	19	13	6	5	4	1
60-64岁	**101**	**59**	**42**	**93**	**50**	**43**	**70**	**43**	**27**
60	28	17	11	26	15	11	13	6	7
61	12	7	5	13	8	5	23	16	7
62	16	9	7	19	11	8	15	9	6
63	25	13	12	11	8	3	8	5	3
64	20	13	7	24	8	16	11	7	4
65岁及以上	**249**	**159**	**90**	**190**	**113**	**77**	**153**	**93**	**60**

5-5b 续表 8

单位：人

年龄	初婚年龄								
	36岁			37岁			38岁		
	小计	男	女	小计	男	女	小计	男	女
总计	**1084**	**644**	**440**	**893**	**542**	**351**	**701**	**444**	**257**
20岁以下									
20-24岁									
20									
21									
22									
23									
24									
25-29岁									
25									
26									
27									
28									
29									
30-34岁									
30									
31									
32									
33									
34									
35-39岁	**206**	**127**	**79**	**125**	**64**	**61**	**52**	**33**	**19**
35									
36	22	15	7						
37	51	26	25	28	15	13			
38	70	45	25	51	24	27	21	13	8
39	63	41	22	46	25	21	31	20	11
40-44岁	**324**	**172**	**152**	**242**	**150**	**92**	**200**	**116**	**84**
40	58	30	28	53	36	17	46	30	16
41	79	49	30	56	34	22	45	23	22
42	77	39	38	49	31	18	47	28	19
43	51	29	22	38	25	13	25	12	13
44	59	25	34	46	24	22	37	23	14
45-49岁	**199**	**110**	**89**	**176**	**121**	**55**	**169**	**110**	**59**
45	39	24	15	46	33	13	37	27	10
46	42	28	14	32	16	16	29	21	8
47	39	16	23	28	23	5	27	17	10
48	38	23	15	46	32	14	42	21	21
49	41	19	22	24	17	7	34	24	10
50-54岁	**109**	**71**	**38**	**128**	**82**	**46**	**100**	**71**	**29**
50	43	27	16	28	17	11	32	23	9
51	25	17	8	28	18	10	24	17	7
52	20	12	8	35	25	10	23	18	5
53	11	9	2	22	11	11	9	4	5
54	10	6	4	15	11	4	12	9	3
55-59岁	**79**	**57**	**22**	**78**	**44**	**34**	**52**	**34**	**18**
55	12	11	1	10	6	4	13	7	6
56	17	14	3	10	6	4	13	11	2
57	23	14	9	31	16	15	4	3	1
58	19	14	5	15	9	6	15	8	7
59	8	4	4	12	7	5	7	5	2
60-64岁	**53**	**33**	**20**	**53**	**29**	**24**	**54**	**37**	**17**
60	14	11	3	16	9	7	19	16	3
61	7	5	2	6	3	3	8	6	2
62	10	3	7	12	6	6	10	6	4
63	13	8	5	12	8	4	9	6	3
64	9	6	3	7	3	4	8	3	5
65岁及以上	**114**	**74**	**40**	**91**	**52**	**39**	**74**	**43**	**31**

5-5b　续表 9　　　　单位：人

年　龄	初婚年龄					
	39岁			40岁及以上		
	小计	男	女	小计	男	女
总　计	**615**	**385**	**230**	**3558**	**2152**	**1406**
20岁以下						
20-24岁						
20						
21						
22						
23						
24						
25-29岁						
25						
26						
27						
28						
29						
30-34岁						
30						
31						
32						
33						
34						
35-39岁	**21**	**8**	**13**			
35						
36						
37						
38						
39	21	8	13			
40-44岁	**162**	**103**	**59**	**294**	**165**	**129**
40	32	21	11	18	6	12
41	36	25	11	46	20	26
42	44	26	18	72	42	30
43	22	14	8	69	44	25
44	28	17	11	89	53	36
45-49岁	**174**	**111**	**63**	**682**	**406**	**276**
45	37	24	13	109	55	54
46	22	15	7	112	64	48
47	40	26	14	147	88	59
48	35	22	13	160	100	60
49	40	24	16	154	99	55
50-54岁	**105**	**69**	**36**	**726**	**470**	**256**
50	34	23	11	190	119	71
51	20	12	8	152	106	46
52	19	12	7	173	98	75
53	17	11	6	118	87	31
54	15	11	4	93	60	33
55-59岁	**49**	**33**	**16**	**532**	**328**	**204**
55	13	8	5	119	77	42
56	13	10	3	135	74	61
57	8	5	3	133	87	46
58	7	4	3	86	53	33
59	8	6	2	59	37	22
60-64岁	**33**	**19**	**14**	**392**	**228**	**164**
60	4	2	2	76	43	33
61	4	2	2	71	42	29
62	11	7	4	88	54	34
63	7	4	3	85	51	34
64	7	4	3	72	38	34
65岁及以上	**71**	**42**	**29**	**932**	**555**	**377**

5-5c 全省分年龄、性别、初婚年龄的人口(乡村)

单位：人

年龄	初婚年龄					
	合计			15岁以下		
	合计	男	女	小计	男	女
总计	**632517**	**315755**	**316762**	**1267**	**226**	**1041**
20岁以下	**144**	**17**	**127**	**10**	**3**	**7**
20-24岁	**3578**	**1085**	**2493**	**30**	**2**	**28**
20	183	37	146	2		2
21	333	63	270	8		8
22	583	155	428	3	1	2
23	989	303	686	7		7
24	1490	527	963	10	1	9
25-29岁	**17841**	**8204**	**9637**	**44**	**8**	**36**
25	2061	847	1214	5	1	4
26	2508	1097	1411	12	3	9
27	3588	1586	2002	7		7
28	4280	2042	2238	10	4	6
29	5404	2632	2772	10		10
30-34岁	**42683**	**21483**	**21200**	**73**	**22**	**51**
30	7876	3868	4008	21	7	14
31	8532	4193	4339	14	5	9
32	8365	4233	4132	14	4	10
33	9478	4882	4596	10	1	9
34	8432	4307	4125	14	5	9
35-39岁	**39047**	**20276**	**18771**	**40**	**7**	**33**
35	7711	3991	3720	11		11
36	7538	3850	3688	7	1	6
37	7184	3786	3398	4	1	3
38	8840	4623	4217	10	2	8
39	7774	4026	3748	8	3	5
40-44岁	**51293**	**26523**	**24770**	**88**	**18**	**70**
40	9130	4721	4409	11	2	9
41	11370	5914	5456	19	5	14
42	10348	5408	4940	20	6	14
43	9581	4924	4657	22	2	20
44	10864	5556	5308	16	3	13
45-49岁	**75762**	**38572**	**37190**	**122**	**19**	**103**
45	11071	5629	5442	23	4	19
46	12627	6361	6266	27	2	25
47	15679	7953	7726	25	4	21
48	17406	8934	8472	28	3	25
49	18979	9695	9284	19	6	13
50-54岁	**96676**	**49183**	**47493**	**183**	**27**	**156**
50	20749	10600	10149	40	6	34
51	18676	9551	9125	39	7	32
52	20288	10285	10003	39	6	33
53	18024	9080	8944	35	6	29
54	18939	9667	9272	30	2	28
55-59岁	**86428**	**42836**	**43592**	**101**	**15**	**86**
55	19009	9561	9448	28	5	23
56	18391	9133	9258	24	3	21
57	20809	10352	10457	14	1	13
58	16341	8025	8316	16	1	15
59	11878	5765	6113	19	5	14
60-64岁	**70551**	**35010**	**35541**	**116**	**23**	**93**
60	15976	7993	7983	22	8	14
61	12218	6093	6125	22	4	18
62	13945	6930	7015	18	2	16
63	14611	7266	7345	26	7	19
64	13801	6728	7073	28	2	26
65岁及以上	**148514**	**72566**	**75948**	**460**	**82**	**378**

5-5c 续表 1

单位：人

年龄	初婚年龄								
	15岁			16岁			17岁		
	小计	男	女	小计	男	女	小计	男	女
总 计	**6636**	**1252**	**5384**	**12965**	**2802**	**10163**	**24329**	**6506**	**17823**
20岁以下	**16**	**1**	**15**	**32**	**2**	**30**	**41**	**4**	**37**
20-24岁	**114**	**9**	**105**	**225**	**35**	**190**	**343**	**56**	**287**
20	10		10	16	6	10	33	4	29
21	24	2	22	29	3	26	41	6	35
22	20	4	16	40	5	35	60	8	52
23	21	2	19	58	7	51	88	20	68
24	39	1	38	82	14	68	121	18	103
25-29岁	**229**	**36**	**193**	**451**	**99**	**352**	**956**	**259**	**697**
25	39	4	35	76	13	63	160	50	110
26	41	6	35	88	24	64	156	37	119
27	43	6	37	91	18	73	201	48	153
28	49	11	38	89	17	72	202	56	146
29	57	9	48	107	27	80	237	68	169
30-34岁	**300**	**73**	**227**	**594**	**141**	**453**	**1226**	**342**	**884**
30	65	16	49	122	38	84	251	72	179
31	64	14	50	136	31	105	263	71	192
32	60	13	47	117	26	91	239	70	169
33	54	15	39	116	20	96	262	71	191
34	57	15	42	103	26	77	211	58	153
35-39岁	**202**	**45**	**157**	**359**	**79**	**280**	**755**	**178**	**577**
35	58	19	39	64	14	50	147	32	115
36	50	12	38	80	21	59	150	39	111
37	22	3	19	72	15	57	156	41	115
38	39	4	35	83	12	71	174	40	134
39	33	7	26	60	17	43	128	26	102
40-44岁	**329**	**62**	**267**	**495**	**87**	**408**	**976**	**220**	**756**
40	42	5	37	68	9	59	126	27	99
41	59	14	45	109	19	90	196	42	154
42	64	12	52	100	14	86	191	50	141
43	80	18	62	89	22	67	220	43	177
44	84	13	71	129	23	106	243	58	185
45-49岁	**757**	**198**	**559**	**1586**	**443**	**1143**	**3130**	**1067**	**2063**
45	142	37	105	131	32	99	276	74	202
46	134	31	103	276	69	207	392	113	279
47	145	42	103	406	124	282	687	241	446
48	170	42	128	380	112	268	876	322	554
49	166	46	120	393	106	287	899	317	582
50-54岁	**841**	**207**	**634**	**1884**	**547**	**1337**	**3922**	**1284**	**2638**
50	196	43	153	414	116	298	915	302	613
51	176	53	123	412	130	282	742	241	501
52	192	43	149	421	127	294	862	284	578
53	147	32	115	320	91	229	752	241	511
54	130	36	94	317	83	234	651	216	435
55-59岁	**602**	**106**	**496**	**1214**	**281**	**933**	**2630**	**665**	**1965**
55	157	32	125	278	68	210	580	165	415
56	159	33	126	316	76	240	492	123	369
57	123	21	102	288	74	214	711	192	519
58	89	10	79	216	45	171	539	131	408
59	74	10	64	116	18	98	308	54	254
60-64岁	**485**	**76**	**409**	**992**	**171**	**821**	**1844**	**390**	**1454**
60	89	10	79	164	24	140	344	66	278
61	78	13	65	185	29	156	304	69	235
62	96	16	80	215	31	184	375	87	288
63	113	18	95	203	37	166	414	78	336
64	109	19	90	225	50	175	407	90	317
65岁及以上	**2761**	**439**	**2322**	**5133**	**917**	**4216**	**8506**	**2041**	**6465**

5-5c 续表 2

单位：人

年龄	初婚年龄								
	18岁			19岁			20岁		
	小计	男	女	小计	男	女	小计	男	女
总 计	**41070**	**13032**	**28038**	**66817**	**25539**	**41278**	**88662**	**38737**	**49925**
20岁以下	**22**	**3**	**19**	**23**	**4**	**19**			
20-24岁	**439**	**91**	**348**	**535**	**142**	**393**	**569**	**174**	**395**
20	48	9	39	43	10	33	31	8	23
21	52	5	47	69	16	53	72	17	55
22	71	13	58	102	25	77	120	38	82
23	118	24	94	141	37	104	161	43	118
24	150	40	110	180	54	126	185	68	117
25-29岁	**1528**	**518**	**1010**	**1900**	**743**	**1157**	**2064**	**904**	**1160**
25	174	63	111	232	83	149	267	110	157
26	263	85	178	253	100	153	272	112	160
27	307	85	222	380	143	237	409	172	237
28	376	132	244	427	175	252	495	218	277
29	408	153	255	608	242	366	621	292	329
30-34岁	**2570**	**827**	**1743**	**4608**	**1734**	**2874**	**6038**	**2682**	**3356**
30	593	205	388	903	361	542	1061	504	557
31	537	187	350	997	368	629	1197	534	663
32	471	150	321	868	320	548	1273	580	693
33	520	161	359	983	375	608	1335	585	750
34	449	124	325	857	310	547	1172	479	693
35-39岁	**1657**	**464**	**1193**	**3323**	**982**	**2341**	**5328**	**1995**	**3333**
35	373	100	273	745	244	501	1126	451	675
36	312	102	210	674	175	499	1150	439	711
37	244	78	166	598	172	426	959	351	608
38	399	99	300	628	196	432	1142	438	704
39	329	85	244	678	195	483	951	316	635
40-44岁	**1817**	**459**	**1358**	**3913**	**1089**	**2824**	**6896**	**2308**	**4588**
40	342	79	263	804	231	573	1343	441	902
41	357	86	271	858	231	627	1634	580	1054
42	320	75	245	700	195	505	1364	445	919
43	357	96	261	659	186	473	1156	361	795
44	441	123	318	892	246	646	1399	481	918
45-49岁	**5062**	**1782**	**3280**	**7435**	**2798**	**4637**	**9936**	**4009**	**5927**
45	517	155	362	944	294	650	1491	526	965
46	642	204	438	1098	369	729	1725	638	1087
47	880	284	596	1457	528	929	2040	798	1242
48	1352	467	885	1618	659	959	2293	975	1318
49	1671	672	999	2318	948	1370	2387	1072	1315
50-54岁	**7494**	**2787**	**4707**	**12260**	**5256**	**7004**	**15602**	**7261**	**8341**
50	1716	650	1066	2720	1201	1519	3246	1469	1777
51	1482	597	885	2396	1015	1381	3083	1444	1639
52	1498	563	935	2555	1096	1459	3276	1524	1752
53	1448	494	954	2225	925	1300	2875	1368	1507
54	1350	483	867	2364	1019	1345	3122	1456	1666
55-59岁	**5006**	**1473**	**3533**	**9605**	**3655**	**5950**	**13611**	**6319**	**7292**
55	1228	384	844	2335	951	1384	3198	1537	1661
56	1075	328	747	2001	792	1209	3100	1449	1651
57	1063	326	737	2199	816	1383	3243	1488	1755
58	974	263	711	1711	633	1078	2447	1131	1316
59	666	172	494	1359	463	896	1623	714	909
60-64岁	**3346**	**849**	**2497**	**6009**	**2160**	**3849**	**9197**	**3939**	**5258**
60	759	194	565	1497	545	952	2519	1067	1452
61	563	141	422	1023	353	670	1648	722	926
62	662	166	496	1144	410	734	1735	750	985
63	686	165	521	1168	415	753	1756	757	999
64	676	183	493	1177	437	740	1539	643	896
65岁及以上	**12129**	**3779**	**8350**	**17206**	**6976**	**10230**	**19421**	**9146**	**10275**

5-5c　续表 3　　　　单位：人

年　龄	初婚年龄								
	21岁			22岁			23岁		
	小计	男	女	小计	男	女	小计	男	女
总　计	**95625**	**50325**	**45300**	**87743**	**51256**	**36487**	**61773**	**36331**	**25442**
20岁以下									
20-24岁	**526**	**190**	**336**	**455**	**226**	**229**	**244**	**109**	**135**
20									
21	38	14	24						
22	111	37	74	56	24	32			
23	156	56	100	164	80	84	75	34	41
24	221	83	138	235	122	113	169	75	94
25-29岁	**2081**	**1011**	**1070**	**2085**	**1171**	**914**	**1705**	**895**	**810**
25	255	116	139	278	130	148	258	122	136
26	309	152	157	297	156	141	256	126	130
27	399	180	219	443	253	190	318	169	149
28	474	234	240	455	269	186	396	211	185
29	644	329	315	612	363	249	477	267	210
30-34岁	**6026**	**3263**	**2763**	**5314**	**3207**	**2107**	**3598**	**2159**	**1439**
30	903	461	442	895	507	388	658	365	293
31	1191	599	592	862	501	361	752	452	300
32	1175	669	506	1025	616	409	656	389	267
33	1468	822	646	1272	806	466	816	498	318
34	1289	712	577	1260	777	483	716	455	261
35-39岁	**6448**	**3512**	**2936**	**6067**	**3826**	**2241**	**3891**	**2424**	**1467**
35	1204	658	546	1115	706	409	720	440	280
36	1240	691	549	1078	691	387	695	442	253
37	1190	665	525	1161	741	420	735	466	269
38	1543	818	725	1466	931	535	910	548	362
39	1271	680	591	1247	757	490	831	528	303
40-44岁	**8800**	**4551**	**4249**	**8893**	**5519**	**3374**	**5596**	**3464**	**2132**
40	1307	697	610	1440	887	553	957	588	369
41	2076	1059	1017	1691	1052	639	1176	746	430
42	1984	1056	928	1893	1180	713	968	601	367
43	1722	860	862	1836	1131	705	1156	729	427
44	1711	879	832	2033	1269	764	1339	800	539
45-49岁	**12090**	**6316**	**5774**	**11686**	**7059**	**4627**	**7691**	**4470**	**3221**
45	1822	915	907	1837	1149	688	1233	734	499
46	2172	1106	1066	2031	1228	803	1291	745	546
47	2597	1323	1274	2561	1518	1043	1561	909	652
48	2699	1471	1228	2645	1612	1033	1772	1033	739
49	2800	1501	1299	2612	1552	1060	1834	1049	785
50-54岁	**15389**	**8440**	**6949**	**13035**	**7639**	**5396**	**8395**	**4949**	**3446**
50	2784	1520	1264	2674	1615	1059	1917	1120	797
51	3039	1703	1336	2230	1297	933	1483	864	619
52	3420	1872	1548	2851	1646	1205	1499	886	613
53	2949	1623	1326	2565	1468	1097	1697	1017	680
54	3197	1722	1475	2715	1613	1102	1799	1062	737
55-59岁	**15587**	**8279**	**7308**	**13251**	**7602**	**5649**	**8829**	**5054**	**3775**
55	3222	1721	1501	2682	1584	1098	1827	1073	754
56	3559	1880	1679	2716	1547	1169	1663	963	700
57	3930	2097	1833	3381	1948	1433	2064	1186	878
58	2826	1534	1292	2689	1484	1205	1860	1012	848
59	2050	1047	1003	1783	1039	744	1415	820	595
60-64岁	**10743**	**5402**	**5341**	**11156**	**6073**	**5083**	**8932**	**5135**	**3797**
60	2549	1363	1186	2610	1490	1120	1844	1081	763
61	2185	1108	1077	1820	1010	810	1470	851	619
62	2129	1026	1103	2400	1311	1089	1650	959	691
63	2080	1007	1073	2284	1205	1079	2139	1270	869
64	1800	898	902	2042	1057	985	1829	974	855
65岁及以上	**17935**	**9361**	**8574**	**15801**	**8934**	**6867**	**12892**	**7672**	**5220**

5-5c 续表 4

单位：人

年 龄	初婚年龄								
	24岁			25岁			26岁		
	小计	男	女	小计	男	女	小计	男	女
总 计	**41574**	**24864**	**16710**	**28201**	**17156**	**11045**	**18387**	**11575**	**6812**
20岁以下									
20—24岁	**98**	**51**	**47**						
20									
21									
22									
23									
24	98	51	47						
25—29岁	**1445**	**776**	**669**	**1358**	**697**	**661**	**959**	**497**	**462**
25	209	107	102	108	48	60			
26	243	130	113	213	117	96	105	49	56
27	302	159	143	327	159	168	221	111	110
28	336	184	152	331	182	149	328	173	155
29	355	196	159	379	191	188	305	164	141
30—34岁	**2662**	**1540**	**1122**	**2223**	**1249**	**974**	**1914**	**1064**	**850**
30	517	285	232	484	254	230	408	228	180
31	557	305	252	480	283	197	406	218	188
32	525	298	227	450	246	204	372	209	163
33	549	337	212	463	257	206	394	217	177
34	514	315	199	346	209	137	334	192	142
35—39岁	**2649**	**1690**	**959**	**1820**	**1145**	**675**	**1334**	**814**	**520**
35	491	317	174	359	212	147	264	157	107
36	519	326	193	333	190	143	260	155	105
37	473	309	164	353	238	115	247	135	112
38	536	333	203	393	259	134	326	213	113
39	630	405	225	382	246	136	237	154	83
40—44岁	**3451**	**2184**	**1267**	**2240**	**1429**	**811**	**1586**	**1040**	**546**
40	708	464	244	451	296	155	297	199	98
41	794	503	291	544	347	197	407	270	137
42	678	440	238	452	274	178	337	215	122
43	513	326	187	415	265	150	270	169	101
44	758	451	307	378	247	131	275	187	88
45—49岁	**4796**	**2884**	**1912**	**3024**	**1920**	**1104**	**1794**	**1189**	**605**
45	796	487	309	530	338	192	246	168	78
46	810	508	302	551	367	184	317	213	104
47	892	559	333	639	411	228	437	282	155
48	1059	623	436	634	388	246	403	273	130
49	1239	707	532	670	416	254	391	253	138
50—54岁	**5120**	**3037**	**2083**	**3040**	**1796**	**1244**	**1986**	**1272**	**714**
50	1276	766	510	766	468	298	465	308	157
51	984	596	388	667	383	284	450	279	171
52	998	590	408	641	376	265	420	266	154
53	774	454	320	497	296	201	327	211	116
54	1088	631	457	469	273	196	324	208	116
55—59岁	**5233**	**2992**	**2241**	**3148**	**1826**	**1322**	**1789**	**1082**	**707**
55	1143	668	475	698	409	289	298	185	113
56	1082	637	445	641	373	268	382	219	163
57	1137	621	516	760	415	345	501	306	195
58	943	539	404	579	355	224	350	211	139
59	928	527	401	470	274	196	258	161	97
60—64岁	**6085**	**3587**	**2498**	**3754**	**2295**	**1459**	**2127**	**1317**	**810**
60	1261	745	516	774	456	318	385	235	150
61	965	559	406	594	377	217	413	249	164
62	1168	681	487	753	474	279	431	270	161
63	1180	715	465	857	525	332	458	287	171
64	1511	887	624	776	463	313	440	276	164
65岁及以上	**10035**	**6123**	**3912**	**7594**	**4799**	**2795**	**4898**	**3300**	**1598**

5-5c　续表 5　　　　单位：人

年　龄	初婚年龄								
	27岁			28岁			29岁		
	小计	男	女	小计	男	女	小计	男	女
总　计	**12627**	**7977**	**4650**	**9196**	**5865**	**3331**	**6934**	**4347**	**2587**
20岁以下									
20-24岁									
20									
21									
22									
23									
24									
25-29岁	**635**	**347**	**288**	**309**	**181**	**128**	**92**	**62**	**30**
25									
26									
27	140	83	57						
28	212	113	99	100	63	37			
29	283	151	132	209	118	91	92	62	30
30-34岁	**1649**	**923**	**726**	**1321**	**759**	**562**	**1001**	**575**	**426**
30	386	210	176	307	179	128	200	117	83
31	346	186	160	295	164	131	227	142	85
32	333	189	144	229	125	104	211	123	88
33	316	186	130	273	169	104	185	99	86
34	268	152	116	217	122	95	178	94	84
35-39岁	**1040**	**643**	**397**	**851**	**540**	**311**	**686**	**417**	**269**
35	222	135	87	198	118	80	145	93	52
36	189	108	81	164	110	54	136	75	61
37	200	114	86	157	100	57	124	70	54
38	235	155	80	197	124	73	154	99	55
39	194	131	63	135	88	47	127	80	47
40-44岁	**1133**	**780**	**353**	**886**	**614**	**272**	**713**	**488**	**225**
40	207	138	69	203	143	60	149	101	48
41	274	187	87	196	132	64	164	110	54
42	255	174	81	162	108	54	136	96	40
43	197	143	54	158	110	48	118	79	39
44	200	138	62	167	121	46	146	102	44
45-49岁	**1296**	**860**	**436**	**845**	**584**	**261**	**685**	**453**	**232**
45	198	132	66	148	101	47	108	77	31
46	187	119	68	134	101	33	142	93	49
47	294	209	85	132	97	35	133	80	53
48	321	211	110	208	139	69	120	78	42
49	296	189	107	223	146	77	182	125	57
50-54岁	**1317**	**844**	**473**	**1100**	**656**	**444**	**946**	**562**	**384**
50	299	180	119	264	162	102	177	113	64
51	244	175	69	228	137	91	234	135	99
52	317	203	114	214	133	81	185	109	76
53	253	154	99	198	120	78	176	103	73
54	204	132	72	196	104	92	174	102	72
55-59岁	**1035**	**645**	**390**	**721**	**435**	**286**	**590**	**360**	**230**
55	211	126	85	161	88	73	159	101	58
56	170	104	66	159	105	54	120	69	51
57	291	193	98	133	81	52	114	72	42
58	190	126	64	149	96	53	102	61	41
59	173	96	77	119	65	54	95	57	38
60-64岁	**1331**	**839**	**492**	**919**	**575**	**344**	**661**	**414**	**247**
60	276	155	121	189	113	76	111	70	41
61	200	135	65	142	83	59	117	70	47
62	300	197	103	180	115	65	125	67	58
63	303	194	109	213	137	76	149	107	42
64	252	158	94	195	127	68	159	100	59
65岁及以上	**3191**	**2096**	**1095**	**2244**	**1521**	**723**	**1560**	**1016**	**544**

5-5c 续表 6

单位：人

年龄	初婚年龄								
	30岁			31岁			32岁		
	小计	男	女	小计	男	女	小计	男	女
总计	**5467**	**3460**	**2007**	**4179**	**2617**	**1562**	**3297**	**2095**	**1202**
20岁以下									
20-24岁									
20									
21									
22									
23									
24									
25-29岁									
25									
26									
27									
28									
29									
30-34岁	**735**	**435**	**300**	**433**	**252**	**181**	**246**	**142**	**104**
30	102	59	43						
31	137	91	46	71	42	29			
32	183	108	75	107	63	44	57	35	22
33	186	100	86	135	79	56	90	48	42
34	127	77	50	120	68	52	99	59	40
35-39岁	**595**	**347**	**248**	**510**	**322**	**188**	**441**	**276**	**165**
35	125	81	44	113	85	28	85	49	36
36	138	75	63	95	44	51	91	58	33
37	122	74	48	101	59	42	94	63	31
38	120	64	56	118	83	35	83	52	31
39	90	53	37	83	51	32	88	54	34
40-44岁	**622**	**380**	**242**	**487**	**313**	**174**	**480**	**303**	**177**
40	138	92	46	91	51	40	112	70	42
41	155	88	67	124	85	39	85	54	31
42	128	79	49	101	68	33	108	73	35
43	92	51	41	99	65	34	93	52	41
44	109	70	39	72	44	28	82	54	28
45-49岁	**533**	**355**	**178**	**487**	**306**	**181**	**351**	**244**	**107**
45	91	65	26	83	52	31	62	38	24
46	105	73	32	86	52	34	54	41	13
47	119	79	40	96	58	38	76	61	15
48	120	73	47	108	69	39	71	47	24
49	98	65	33	114	75	39	88	57	31
50-54岁	**758**	**469**	**289**	**548**	**326**	**222**	**398**	**254**	**144**
50	146	99	47	68	44	24	80	50	30
51	139	96	43	92	58	34	62	38	24
52	192	103	89	122	81	41	81	51	30
53	145	82	63	138	74	64	70	45	25
54	136	89	47	128	69	59	105	70	35
55-59岁	**512**	**306**	**206**	**472**	**252**	**220**	**389**	**249**	**140**
55	132	82	50	105	55	50	105	61	44
56	111	66	45	121	67	54	77	52	25
57	120	69	51	108	62	46	91	64	27
58	98	59	39	78	36	42	76	47	29
59	51	30	21	60	32	28	40	25	15
60-64岁	**521**	**334**	**187**	**354**	**231**	**123**	**289**	**183**	**106**
60	96	62	34	56	42	14	45	29	16
61	91	62	29	57	36	21	36	23	13
62	98	61	37	81	56	25	78	57	21
63	121	83	38	79	49	30	64	36	28
64	115	66	49	81	48	33	66	38	28
65岁及以上	**1191**	**834**	**357**	**888**	**615**	**273**	**703**	**444**	**259**

5-5c　续表 7　　　　单位：人

年　龄	初婚年龄								
	33岁			34岁			35岁		
	小计	男	女	小计	男	女	小计	男	女
总　计	**2603**	**1651**	**952**	**1938**	**1248**	**690**	**1583**	**1024**	**559**
20岁以下									
20-24岁									
20									
21									
22									
23									
24									
25-29岁									
25									
26									
27									
28									
29									
30-34岁	**122**	**77**	**45**	**30**	**17**	**13**			
30									
31									
32									
33	51	36	15						
34	71	41	30	30	17	13			
35-39岁	**341**	**187**	**154**	**252**	**144**	**108**	**176**	**95**	**81**
35	68	36	32	50	27	23	28	17	11
36	69	38	31	53	32	21	36	19	17
37	51	27	24	36	21	15	38	20	18
38	95	53	42	57	29	28	38	22	16
39	58	33	25	56	35	21	36	17	19
40-44岁	**384**	**261**	**123**	**304**	**202**	**102**	**247**	**163**	**84**
40	77	51	26	66	37	29	44	28	16
41	112	77	35	67	51	16	70	47	23
42	65	47	18	68	48	20	53	33	20
43	61	43	18	37	24	13	38	26	12
44	69	43	26	66	42	24	42	29	13
45-49岁	**335**	**229**	**106**	**278**	**187**	**91**	**286**	**190**	**96**
45	56	38	18	55	35	20	53	33	20
46	67	44	23	52	33	19	64	38	26
47	64	41	23	65	50	15	60	41	19
48	69	52	17	41	27	14	61	44	17
49	79	54	25	65	42	23	48	34	14
50-54岁	**302**	**191**	**111**	**244**	**158**	**86**	**211**	**149**	**62**
50	74	47	27	58	32	26	53	37	16
51	43	27	16	50	30	20	42	31	11
52	60	36	24	38	24	14	54	36	18
53	64	39	25	41	30	11	39	26	13
54	61	42	19	57	42	15	23	19	4
55-59岁	**356**	**202**	**154**	**250**	**157**	**93**	**200**	**120**	**80**
55	86	47	39	42	25	17	41	27	14
56	81	46	35	71	42	29	39	19	20
57	75	47	28	72	46	26	46	27	19
58	69	38	31	40	25	15	51	34	17
59	45	24	21	25	19	6	23	13	10
60-64岁	**210**	**125**	**85**	**155**	**90**	**65**	**129**	**79**	**50**
60	46	28	18	43	22	21	33	15	18
61	36	25	11	25	16	9	34	27	7
62	39	24	15	29	19	10	20	13	7
63	28	19	9	25	12	13	26	12	14
64	61	29	32	33	21	12	16	12	4
65岁及以上	**553**	**379**	**174**	**425**	**293**	**132**	**334**	**228**	**106**

5-5c 续表 8

单位：人

年　龄	初婚年龄								
	36岁			37岁			38岁		
	小计	男	女	小计	男	女	小计	男	女
总　计	**1354**	**848**	**506**	**1119**	**722**	**397**	**912**	**570**	**342**
20岁以下									
20-24岁									
20									
21									
22									
23									
24									
25-29岁									
25									
26									
27									
28									
29									
30-34岁									
30									
31									
32									
33									
34									
35-39岁	**128**	**63**	**65**	**79**	**46**	**33**	**52**	**25**	**27**
35									
36	19	7	12						
37	35	15	20	12	8	4			
38	38	22	16	35	20	15	21	7	14
39	36	19	17	32	18	14	31	18	13
40-44岁	**203**	**124**	**79**	**177**	**119**	**58**	**121**	**83**	**38**
40	38	20	18	30	21	9	26	19	7
41	49	29	20	42	32	10	25	16	9
42	32	19	13	43	25	18	32	24	8
43	37	25	12	39	24	15	18	13	5
44	47	31	16	23	17	6	20	11	9
45-49岁	**235**	**160**	**75**	**233**	**161**	**72**	**166**	**110**	**56**
45	25	21	4	46	25	21	21	15	6
46	51	31	20	34	25	9	31	21	10
47	63	47	16	48	37	11	26	19	7
48	51	32	19	44	31	13	47	30	17
49	45	29	16	61	43	18	41	25	16
50-54岁	**191**	**128**	**63**	**172**	**120**	**52**	**132**	**85**	**47**
50	46	34	12	40	25	15	31	18	13
51	45	29	16	34	20	14	32	22	10
52	36	20	16	36	27	9	23	16	7
53	27	16	11	27	21	6	29	17	12
54	37	29	8	35	27	8	17	12	5
55-59岁	**171**	**99**	**72**	**127**	**79**	**48**	**104**	**63**	**41**
55	27	12	15	13	8	5	29	16	13
56	30	21	9	20	15	5	16	6	10
57	53	29	24	31	18	13	20	13	7
58	34	20	14	36	24	12	24	18	6
59	27	17	10	27	14	13	15	10	5
60-64岁	**141**	**89**	**52**	**118**	**67**	**51**	**132**	**77**	**55**
60	39	23	16	37	21	16	23	17	6
61	30	17	13	14	10	4	31	14	17
62	19	15	4	27	16	11	23	13	10
63	19	12	7	19	9	10	31	21	10
64	34	22	12	21	11	10	24	12	12
65岁及以上	**285**	**185**	**100**	**213**	**130**	**83**	**205**	**127**	**78**

5-5c 续表 9

单位：人

年 龄	初婚年龄					
	39岁			40岁及以上		
	小计	男	女	小计	男	女
总 计	**787**	**490**	**297**	**5472**	**3240**	**2232**
20岁以下						
20—24岁						
20						
21						
22						
23						
24						
25—29岁						
25						
26						
27						
28						
29						
30—34岁						
30						
31						
32						
33						
34						
35—39岁	**23**	**10**	**13**			
35						
36						
37						
38						
39	23	10	13			
40—44岁	**133**	**87**	**46**	**323**	**176**	**147**
40	32	17	15	21	8	13
41	30	19	11	57	33	24
42	25	16	9	69	35	34
43	20	15	5	79	46	33
44	26	20	6	97	54	43
45—49岁	**142**	**92**	**50**	**781**	**487**	**294**
45	23	10	13	114	74	40
46	21	14	7	133	83	50
47	34	24	10	142	87	55
48	26	19	7	190	102	88
49	38	25	13	202	141	61
50—54岁	**163**	**107**	**56**	**1043**	**632**	**411**
50	41	31	10	243	144	99
51	36	24	12	212	120	92
52	32	21	11	226	146	80
53	24	17	7	182	110	72
54	30	14	16	180	112	68
55—59岁	**69**	**46**	**23**	**826**	**474**	**352**
55	20	14	6	204	117	87
56	11	9	2	155	89	66
57	15	7	8	226	133	93
58	12	7	5	143	85	58
59	11	9	2	98	50	48
60—64岁	**86**	**53**	**33**	**719**	**437**	**282**
60	18	17	1	147	95	52
61	18	12	6	117	78	39
62	18	9	9	132	85	47
63	13	6	7	157	83	74
64	19	9	10	166	96	70
65岁及以上	**171**	**95**	**76**	**1780**	**1034**	**746**

5-6 全省分性别、受教育程度、初婚年龄的人口

单位：人

受教育程度	初婚年龄					
	合计			15岁以下		
	合计	男	女	小计	男	女
总　计	**1645644**	**792211**	**853433**	**2014**	**392**	**1622**
未上过学	25918	5378	20540	162	10	152
学前教育	414	143	271	2		2
小　学	357879	154280	203599	887	123	764
初　中	702403	352861	349542	763	200	563
高　中	293105	146483	146622	141	41	100
大学专科	129306	65201	64105	34	9	25
大学本科	123877	61507	62370	24	9	15
硕士研究生	10982	5377	5605	1		1
博士研究生	1760	981	779			

5-6 续表 1

单位：人

受教育程度	初婚年龄								
	15岁			16岁			17岁		
	小计	男	女	小计	男	女	小计	男	女
总　计	**10769**	**2233**	**8536**	**21268**	**4562**	**16706**	**40533**	**10308**	**30225**
未上过学	834	50	784	1423	72	1351	2134	122	2012
学前教育	6	2	4	8	1	7	34	4	30
小　学	4957	773	4184	9884	1625	8259	17777	3634	14143
初　中	3964	1040	2924	8212	2286	5926	17191	5410	11781
高　中	702	249	453	1320	419	901	2626	855	1771
大学专科	179	72	107	249	94	155	523	189	334
大学本科	114	42	72	168	63	105	238	89	149
硕士研究生	11	4	7	4	2	2	9	4	5
博士研究生	2	1	1				1	1	

5-6 续表 2

单位：人

受教育程度	初婚年龄								
	18岁			19岁			20岁		
	小计	男	女	小计	男	女	小计	男	女
总 计	**70587**	**20986**	**49601**	**118383**	**40855**	**77528**	**166893**	**63717**	**103176**
未上过学	2848	272	2576	3471	465	3006	3393	560	2833
学前教育	36	6	30	46	14	32	47	15	32
小 学	28091	7121	20970	41977	13539	28438	50993	19323	31670
初 中	32726	11146	21580	58543	21962	36581	85509	34628	50881
高 中	5326	1838	3488	11031	3694	7337	19856	6950	12906
大学专科	1110	422	688	2300	818	1482	4841	1538	3303
大学本科	429	171	258	991	355	636	2191	681	1510
硕士研究生	18	9	9	21	8	13	56	20	36
博士研究生	3	1	2	3		3	7	2	5

5 6 续表 3

单位：人

受教育程度	初婚年龄								
	21岁			22岁			23岁		
	小计	男	女	小计	男	女	小计	男	女
总 计	**196965**	**90580**	**106385**	**211661**	**107838**	**103823**	**180673**	**92481**	**88192**
未上过学	2757	574	2183	2164	580	1584	1598	489	1109
学前教育	55	19	36	42	15	27	25	8	17
小 学	49777	22779	26998	43609	22319	21290	31267	16719	14548
初 中	100913	49910	51003	102297	56338	45959	78580	42916	35664
高 中	30240	12457	17783	40789	18986	21803	41150	20145	21005
大学专科	8537	3280	5257	13854	6053	7801	15667	7057	8610
大学本科	4536	1495	3041	8556	3385	5171	11737	4837	6900
硕士研究生	142	63	79	320	154	166	568	275	293
博士研究生	8	3	5	30	8	22	81	35	46

5-6 续表 4

单位：人

受教育程度	初婚年龄								
	24岁			25岁			26岁		
	小计	男	女	小计	男	女	小计	男	女
总　计	**150939**	**80029**	**70910**	**124455**	**68890**	**55565**	**91507**	**52656**	**38851**
未上过学	1234	422	812	854	333	521	582	273	309
学前教育	25	17	8	26	12	14	12	5	7
小　学	21822	11978	9844	14599	8479	6120	9589	5888	3701
初　中	57920	32860	25060	42526	24894	17632	28767	17459	11308
高　中	36724	19254	17470	29894	16950	12944	20419	12196	8223
大学专科	16915	8231	8684	16819	8844	7975	13638	7529	6109
大学本科	15208	6762	8446	18092	8625	9467	16630	8440	8190
硕士研究生	955	444	511	1409	623	786	1636	739	897
博士研究生	136	61	75	236	130	106	234	127	107

5-6 续表 5

单位：人

受教育程度	初婚年龄								
	27岁			28岁			29岁		
	小计	男	女	小计	男	女	小计	男	女
总　计	**65589**	**38706**	**26883**	**45817**	**27715**	**18102**	**33204**	**20078**	**13126**
未上过学	431	201	230	335	163	172	286	120	166
学前教育	9	6	3	10	6	4	6	4	2
小　学	6568	4086	2482	4825	2995	1830	3837	2355	1482
初　中	19648	12106	7542	13615	8535	5080	10093	6238	3855
高　中	13767	8348	5419	9188	5708	3480	6513	3979	2534
大学专科	9940	5872	4068	6806	4086	2720	4775	2896	1879
大学本科	13364	7232	6132	9546	5496	4050	6611	3912	2699
硕士研究生	1576	702	874	1279	603	676	940	493	447
博士研究生	286	153	133	213	123	90	143	81	62

5-6　续表 6　　单位：人

受教育程度	初婚年龄								
	30岁			31岁			32岁		
	小计	男	女	小计	男	女	小计	男	女
总　计	**24055**	**14829**	**9226**	**18048**	**11014**	**7034**	**13725**	**8382**	**5343**
未上过学	244	124	120	170	87	83	158	71	87
学前教育	1		1	3	1	2	2		2
小　学	2984	1832	1152	2356	1450	906	1799	1100	699
初　中	7928	4841	3087	6157	3616	2541	4804	2891	1913
高　中	4679	2923	1756	3561	2204	1357	2868	1730	1138
大学专科	3208	1973	1235	2328	1450	878	1680	1064	616
大学本科	4277	2707	1570	2967	1901	1066	2076	1317	759
硕士研究生	617	356	261	436	264	172	287	170	117
博士研究生	117	73	44	70	41	29	51	39	12

5-6　续表 7　　单位：人

受教育程度	初婚年龄								
	33岁			34岁			35岁		
	小计	男	女	小计	男	女	小计	男	女
总　计	**10660**	**6580**	**4080**	**8448**	**5248**	**3200**	**6498**	**4023**	**2475**
未上过学	114	52	62	84	38	46	66	29	37
学前教育	1		1	4	2	2	1		1
小　学	1467	921	546	1104	706	398	992	638	354
初　中	3971	2417	1554	3092	1915	1177	2384	1510	874
高　中	2227	1371	856	1866	1146	720	1372	815	557
大学专科	1218	770	448	1008	620	388	756	453	303
大学本科	1443	919	524	1142	724	418	808	501	307
硕士研究生	184	106	78	117	72	45	98	62	36
博士研究生	35	24	11	31	25	6	21	15	6

5-6 续表 8 单位：人

受教育程度	初婚年龄								
	36岁			37岁			38岁		
	小计	男	女	小计	男	女	小计	男	女
总 计	**5127**	**3109**	**2018**	**4247**	**2620**	**1627**	**3402**	**2105**	**1297**
未上过学	62	36	26	49	23	26	43	20	23
学前教育				1	1				
小 学	831	507	324	683	419	264	618	366	252
初 中	1907	1146	761	1625	1005	620	1309	802	507
高 中	1083	651	432	882	559	323	738	460	278
大学专科	545	334	211	460	275	185	328	220	108
大学本科	598	368	230	483	297	186	321	212	109
硕士研究生	89	58	31	53	36	17	38	21	17
博士研究生	12	9	3	11	5	6	7	4	3

5-6 续表 9 单位：人

受教育程度	初婚年龄					
	39岁			40岁及以上		
	小计	男	女	小计	男	女
总 计	**2890**	**1804**	**1086**	**17287**	**10471**	**6816**
未上过学	46	18	28	376	174	202
学前教育	1	1		11	4	7
小 学	526	329	197	4060	2276	1784
初 中	1194	722	472	6765	4068	2697
高 中	582	363	219	3561	2192	1369
大学专科	285	191	94	1303	861	442
大学本科	225	154	71	1102	813	289
硕士研究生	26	22	4	92	67	25
博士研究生	5	4	1	17	16	1

5-6a 全省分性别、受教育程度、初婚年龄的人口(城市)

单位：人

受教育程度	初婚年龄					
	合计			15岁以下		
	合计	男	女	小计	男	女
总 计	**690664**	**323147**	**367517**	**452**	**101**	**351**
未上过学	4999	887	4112	28	3	25
学前教育	73	26	47			
小 学	62755	23145	39610	112	14	98
初 中	259669	121135	138534	201	54	147
高 中	189660	91678	97982	80	21	59
大学专科	83745	41692	42053	19	4	15
大学本科	81750	40562	41188	12	5	7
硕士研究生	6877	3394	3483			
博士研究生	1136	628	508			

5-6a 续表 1

单位：人

受教育程度	初婚年龄								
	15岁			16岁			17岁		
	小计	男	女	小计	男	女	小计	男	女
总 计	**2631**	**664**	**1967**	**5143**	**1053**	**4090**	**9930**	**2267**	**7663**
未上过学	145	9	136	281	11	270	450	15	435
学前教育	1		1	2	1	1	6		6
小 学	709	102	607	1571	206	1365	2902	483	2419
初 中	1161	335	826	2283	546	1737	4629	1191	3438
高 中	420	147	273	762	207	555	1488	432	1056
大学专科	111	41	70	139	41	98	299	92	207
大学本科	74	27	47	101	39	62	150	52	98
硕士研究生	9	3	6	4	2	2	6	2	4
博士研究生	1		1						

5-6a 续表 2

单位：人

受教育程度	初婚年龄								
	18岁			19岁			20岁		
	小计	男	女	小计	男	女	小计	男	女
总 计	**18364**	**4810**	**13554**	**32058**	**9140**	**22918**	**49337**	**15027**	**34310**
未上过学	576	43	533	625	63	562	643	85	558
学前教育	4	1	3	4	1	3	6	2	4
小 学	4658	934	3724	6581	1599	4982	8040	2307	5733
初 中	9305	2621	6684	16874	5125	11749	25296	8219	17077
高 中	2922	890	2032	6032	1710	4322	11166	3251	7915
大学专科	634	212	422	1337	427	910	2799	748	2051
大学本科	252	103	149	594	211	383	1344	402	942
硕士研究生	12	6	6	10	4	6	41	12	29
博士研究生	1		1	1		1	2	1	1

5-6a 续表 3

单位：人

受教育程度	初婚年龄								
	21岁			22岁			23岁		
	小计	男	女	小计	男	女	小计	男	女
总 计	**64913**	**24624**	**40289**	**82039**	**35968**	**46071**	**81636**	**37550**	**44086**
未上过学	503	90	413	433	96	337	307	70	237
学前教育	7	2	5	7	2	5	2		2
小 学	7750	2788	4962	7370	3084	4286	5820	2589	3231
初 中	31164	12749	18415	35095	16587	18508	30907	14996	15911
高 中	17574	6308	11266	24962	10569	14393	26499	12226	14273
大学专科	4969	1748	3221	8410	3411	4999	9931	4289	5642
大学本科	2845	896	1949	5527	2112	3415	7738	3165	4573
硕士研究生	96	42	54	212	101	111	379	190	189
博士研究生	5	1	4	23	6	17	53	25	28

5-6a　续表 4　　单位：人

受教育程度	初婚年龄								
	24岁			25岁			26岁		
	小计	男	女	小计	男	女	小计	男	女
总　计	**77546**	**38467**	**39079**	**69274**	**37121**	**32153**	**52624**	**29638**	**22986**
未上过学	257	75	182	171	71	100	126	55	71
学前教育	8	4	4	11	6	5	1		1
小　学	4485	2125	2360	3254	1681	1573	2229	1212	1017
初　中	25884	13513	12371	20656	11531	9125	14655	8600	6055
高　中	24966	12666	12300	20938	11667	9271	14363	8565	5798
大学专科	11101	5273	5828	11146	5879	5267	9099	5049	4050
大学本科	10132	4485	5647	12059	5813	6246	10960	5590	5370
硕士研究生	619	285	334	892	396	496	1038	482	556
博士研究生	94	41	53	147	77	70	153	85	68

5-6a　续表 5　　单位：人

受教育程度	初婚年龄								
	27岁			28岁			29岁		
	小计	男	女	小计	男	女	小计	男	女
总　计	**38159**	**22161**	**15998**	**26259**	**15657**	**10602**	**18951**	**11403**	**7548**
未上过学	87	42	45	69	33	36	56	24	32
学前教育	2	1	1	6	4	2			
小　学	1510	834	676	1116	640	476	875	494	381
初　中	10094	6098	3996	6808	4163	2645	5028	3077	1951
高　中	9798	5948	3850	6504	4022	2482	4636	2842	1794
大学专科	6707	3961	2746	4637	2785	1852	3264	1991	1273
大学本科	8825	4750	4075	6214	3556	2658	4412	2614	1798
硕士研究生	960	436	524	765	372	393	583	304	279
博士研究生	176	91	85	140	82	58	97	57	40

5-6a 续表 6

单位：人

受教育程度	初婚年龄								
	30岁			31岁			32岁		
	小计	男	女	小计	男	女	小计	男	女
总　计	**13319**	**8189**	**5130**	**10084**	**6141**	**3943**	**7455**	**4479**	**2976**
未上过学	45	22	23	33	12	21	29	10	19
学前教育									
小　学	642	338	304	483	272	211	387	216	171
初　中	3767	2304	1463	2986	1726	1260	2255	1317	938
高　中	3276	2067	1209	2557	1581	976	2012	1210	802
大学专科	2221	1368	853	1639	1016	623	1192	742	450
大学本科	2910	1822	1088	2061	1332	729	1375	866	509
硕士研究生	383	222	161	275	170	105	177	98	79
博士研究生	75	46	29	50	32	18	28	20	8

5-6a 续表 7

单位：人

受教育程度	初婚年龄								
	33岁			34岁			35岁		
	小计	男	女	小计	男	女	小计	男	女
总　计	**5791**	**3524**	**2267**	**4687**	**2933**	**1754**	**3554**	**2158**	**1396**
未上过学	23	8	15	11	4	7	13	7	6
学前教育				2	1	1	1		1
小　学	314	177	137	256	146	110	216	118	98
初　中	1895	1108	787	1522	963	559	1183	738	445
高　中	1570	963	607	1333	820	513	979	579	400
大学专科	859	548	311	692	440	252	539	324	215
大学本科	989	633	356	783	503	280	553	349	204
硕士研究生	119	71	48	66	39	27	57	34	23
博士研究生	22	16	6	22	17	5	13	9	4

5-6a　续表 8　　　　单位：人

受教育程度	初婚年龄								
	36岁			37岁			38岁		
	小计	男	女	小计	男	女	小计	男	女
总　计	**2689**	**1617**	**1072**	**2235**	**1356**	**879**	**1789**	**1091**	**698**
未上过学	14	5	9	9	3	6	7	3	4
学前教育									
小　学	171	89	82	134	81	53	143	68	75
初　中	877	520	357	756	441	315	638	372	266
高　中	762	455	307	654	425	229	526	324	202
大学专科	384	239	145	329	196	133	236	167	69
大学本科	417	264	153	306	181	125	211	139	72
硕士研究生	55	38	17	41	28	13	23	15	8
博士研究生	9	7	2	6	1	5	5	3	2

5-6a　续表 9　　　　单位：人

受教育程度	初婚年龄					
	39岁			40岁及以上		
	小计	男	女	小计	男	女
总　计	**1488**	**929**	**559**	**8257**	**5079**	**3178**
未上过学	7	2	5	51	26	25
学前教育				3	1	2
小　学	117	72	45	910	476	434
初　中	591	355	236	3159	1886	1273
高　中	417	258	159	2464	1525	939
大学专科	196	129	67	856	572	284
大学本科	146	101	45	760	552	208
硕士研究生	10	9	1	45	33	12
博士研究生	4	3	1	9	8	1

5-6b 全省分性别、受教育程度、初婚年龄的人口(镇)

单位：人

受教育程度	初婚年龄					
	合计			15岁以下		
	合计	男	女	小计	男	女
总计	**322463**	**153309**	**169154**	**295**	**65**	**230**
未上过学	3842	721	3121	11	2	9
学前教育	62	19	43			
小学	43873	17199	26674	90	14	76
初中	136720	66289	70431	144	31	113
高中	64450	32204	32246	32	12	20
大学专科	34503	17487	17016	10	3	7
大学本科	34933	17370	17563	7	3	4
硕士研究生	3536	1707	1829	1		1
博士研究生	544	313	231			

5-6b 续表 1

单位：人

受教育程度	初婚年龄								
	15岁			16岁			17岁		
	小计	男	女	小计	男	女	小计	男	女
总计	**1502**	**317**	**1185**	**3160**	**707**	**2453**	**6274**	**1535**	**4739**
未上过学	96	3	93	198	13	185	331	20	311
学前教育							6	1	5
小学	559	85	474	1163	182	981	2232	385	1847
初中	616	143	473	1412	384	1028	2936	872	2064
高中	149	49	100	261	79	182	571	175	396
大学专科	49	24	25	75	32	43	135	56	79
大学本科	31	12	19	51	17	34	61	24	37
硕士研究生	2	1	1				2	2	
博士研究生									

5-6b 续表 2

单位：人

受教育程度	初婚年龄								
	18岁			19岁			20岁		
	小计	男	女	小计	男	女	小计	男	女
总 计	**11153**	**3144**	**8009**	**19508**	**6176**	**13332**	**28894**	**9953**	**18941**
未上过学	429	34	395	530	69	461	476	60	416
学前教育	5	1	4	8		8	2		2
小 学	3364	739	2625	5010	1421	3589	5848	1924	3924
初 中	5694	1782	3912	10450	3539	6911	15852	5700	10152
高 中	1226	414	812	2581	815	1766	4720	1625	3095
大学专科	302	125	177	621	224	397	1359	451	908
大学本科	126	46	80	298	105	193	621	186	435
硕士研究生	5	2	3	8	3	5	12	6	6
博士研究生	2	1	1	2		2	4	1	3

5-6b 续表 3

单位：人

受教育程度	初婚年龄								
	21岁			22岁			23岁		
	小计	男	女	小计	男	女	小计	男	女
总 计	**36427**	**15631**	**20796**	**41879**	**20614**	**21265**	**37264**	**18600**	**18664**
未上过学	406	66	340	304	80	224	264	65	199
学前教育	7	3	4	7	3	4	6		6
小 学	5841	2347	3494	5284	2379	2905	3887	1868	2019
初 中	19280	8849	10431	20307	10714	9593	16022	8562	7460
高 中	7093	2946	4147	9490	4579	4911	9362	4711	4651
大学专科	2462	964	1498	3955	1823	2132	4293	1977	2316
大学本科	1300	441	859	2439	990	1449	3250	1341	1909
硕士研究生	35	13	22	88	44	44	156	68	88
博士研究生	3	2	1	5	2	3	24	8	16

5-6b 续表 4

单位：人

受教育程度	初婚年龄								
	24岁			25岁			26岁		
	小计	男	女	小计	男	女	小计	男	女
总　计	**31819**	**16698**	**15121**	**26980**	**14613**	**12367**	**20496**	**11443**	**9053**
未上过学	194	56	138	136	44	92	86	35	51
学前教育	4	3	1	2		2	3	2	1
小　学	2840	1470	1370	1964	1059	905	1325	773	552
初　中	11810	6599	5211	8679	5026	3653	5900	3499	2401
高　中	7897	4270	3627	6160	3545	2615	4229	2494	1735
大学专科	4530	2262	2268	4498	2351	2147	3611	1979	1632
大学本科	4241	1895	2346	5024	2346	2678	4751	2397	2354
硕士研究生	269	127	142	440	195	245	523	227	296
博士研究生	34	16	18	77	47	30	68	37	31

5-6b 续表 5

单位：人

受教育程度	初婚年龄								
	27岁			28岁			29岁		
	小计	男	女	小计	男	女	小计	男	女
总　计	**14803**	**8568**	**6235**	**10362**	**6193**	**4169**	**7319**	**4328**	**2991**
未上过学	59	21	38	57	25	32	51	20	31
学前教育	3	1	2				3	3	
小　学	897	531	366	627	347	280	511	291	220
初　中	4038	2445	1593	2790	1741	1049	2050	1230	820
高　中	2763	1647	1116	1845	1159	686	1284	776	508
大学专科	2538	1513	1025	1721	1041	680	1199	713	486
大学本科	3871	2125	1746	2803	1639	1164	1861	1106	755
硕士研究生	532	228	304	453	203	250	319	167	152
博士研究生	102	57	45	66	38	28	41	22	19

5-6b 续表 6

单位：人

受教育程度	初婚年龄								
	30岁			31岁			32岁		
	小计	男	女	小计	男	女	小计	男	女
总　计	**5269**	**3180**	**2089**	**3785**	**2256**	**1529**	**2973**	**1808**	**1165**
未上过学	33	20	13	23	11	12	27	12	15
学前教育	1		1	1		1	1		1
小　学	417	235	182	333	197	136	244	137	107
初　中	1661	964	697	1242	704	538	1026	597	429
高　中	990	597	393	696	422	274	575	341	234
大学专科	788	485	303	542	341	201	398	260	138
大学本科	1141	739	402	789	492	297	586	384	202
硕士研究生	203	116	87	142	82	60	96	60	36
博士研究生	35	24	11	17	7	10	20	17	3

5-6b 续表 7

单位：人

受教育程度	初婚年龄								
	33岁			34岁			35岁		
	小计	男	女	小计	男	女	小计	男	女
总　计	**2266**	**1405**	**861**	**1823**	**1067**	**756**	**1361**	**841**	**520**
未上过学	13	6	7	16	8	8	7	2	5
学前教育				1	1				
小　学	196	112	84	152	87	65	152	95	57
初　中	887	555	332	641	370	271	486	307	179
高　中	455	291	164	386	230	156	273	169	104
大学专科	263	160	103	260	143	117	171	103	68
大学本科	388	246	142	310	189	121	228	132	96
硕士研究生	52	28	24	48	31	17	37	28	9
博士研究生	12	7	5	9	8	1	7	5	2

5-6b 续表 8

单位：人

受教育程度	初婚年龄								
	36岁			37岁			38岁		
	小计	男	女	小计	男	女	小计	男	女
总　计	**1084**	**644**	**440**	**893**	**542**	**351**	**701**	**444**	**257**
未上过学	9	8	1	4	2	2	4	2	2
学前教育									
小　学	109	70	39	89	49	40	77	46	31
初　中	430	247	183	361	226	135	272	176	96
高　中	216	132	84	165	94	71	158	102	56
大学专科	130	76	54	105	60	45	77	47	30
大学本科	156	91	65	153	100	53	99	65	34
硕士研究生	31	18	13	12	8	4	13	5	8
博士研究生	3	2	1	4	3	1	1	1	

5-6b 续表 9

单位：人

受教育程度	初婚年龄					
	39岁			40岁及以上		
	小计	男	女	小计	男	女
总　计	**615**	**385**	**230**	**3558**	**2152**	**1406**
未上过学	9	5	4	69	32	37
学前教育				2	1	1
小　学	64	37	27	598	319	279
初　中	257	157	100	1477	870	607
高　中	133	81	52	740	449	291
大学专科	74	51	23	337	223	114
大学本科	61	40	21	287	219	68
硕士研究生	16	13	3	41	32	9
博士研究生	1	1		7	7	

5-6c 全省分性别、受教育程度、初婚年龄的人口(乡村)

单位：人

受教育程度	初婚年龄					
	合计			15岁以下		
	合计	男	女	小计	男	女
总　计	**632517**	**315755**	**316762**	**1267**	**226**	**1041**
未上过学	17077	3770	13307	123	5	118
学前教育	279	98	181	2		2
小　学	251251	113936	137315	685	95	590
初　中	306014	165437	140577	418	115	303
高　中	38995	22601	16394	29	8	21
大学专科	11058	6022	5036	5	2	3
大学本科	7194	3575	3619	5	1	4
硕士研究生	569	276	293			
博士研究生	80	40	40			

5-6c 续表 1

单位：人

受教育程度	初婚年龄								
	15岁			16岁			17岁		
	小计	男	女	小计	男	女	小计	男	女
总　计	**6636**	**1252**	**5384**	**12965**	**2802**	**10163**	**24329**	**6506**	**17823**
未上过学	593	38	555	944	48	896	1353	87	1266
学前教育	5	2	3	6		6	22	3	19
小　学	3689	586	3103	7150	1237	5913	12643	2766	9877
初　中	2187	562	1625	4517	1356	3161	9626	3347	6279
高　中	133	53	80	297	133	164	567	248	319
大学专科	19	7	12	35	21	14	89	41	48
大学本科	9	3	6	16	7	9	27	13	14
硕士研究生							1		1
博士研究生	1	1					1	1	

5-6c 续表 2

单位：人

受教育程度	初婚年龄								
	18岁			19岁			20岁		
	小计	男	女	小计	男	女	小计	男	女
总　计	**41070**	**13032**	**28038**	**66817**	**25539**	**41278**	**88662**	**38737**	**49925**
未上过学	1843	195	1648	2316	333	1983	2274	415	1859
学前教育	27	4	23	34	13	21	39	13	26
小　学	20069	5448	14621	30386	10519	19867	37105	15092	22013
初　中	17727	6743	10984	31219	13298	17921	44361	20709	23652
高　中	1178	534	644	2418	1169	1249	3970	2074	1896
大学专科	174	85	89	342	167	175	683	339	344
大学本科	51	22	29	99	39	60	226	93	133
硕士研究生	1	1		3	1	2	3	2	1
博士研究生							1		1

5-6c 续表 3

单位：人

受教育程度	初婚年龄								
	21岁			22岁			23岁		
	小计	男	女	小计	男	女	小计	男	女
总　计	**95625**	**50325**	**45300**	**87743**	**51256**	**36487**	**61773**	**36331**	**25442**
未上过学	1848	418	1430	1427	404	1023	1027	354	673
学前教育	41	14	27	28	10	18	17	8	9
小　学	36186	17644	18542	30955	16856	14099	21560	12262	9298
初　中	50469	28312	22157	46895	29037	17858	31651	19358	12293
高　中	5573	3203	2370	6337	3838	2499	5289	3208	2081
大学专科	1106	568	538	1489	819	670	1443	791	652
大学本科	391	158	233	590	283	307	749	331	418
硕士研究生	11	8	3	20	9	11	33	17	16
博士研究生				2		2	4	2	2

5-6c 续表 4　　单位：人

受教育程度	初婚年龄								
	24岁			25岁			26岁		
	小计	男	女	小计	男	女	小计	男	女
总　计	**41574**	**24864**	**16710**	**28201**	**17156**	**11045**	**18387**	**11575**	**6812**
未上过学	783	291	492	547	218	329	370	183	187
学前教育	13	10	3	13	6	7	8	3	5
小　学	14497	8383	6114	9381	5739	3642	6035	3903	2132
初　中	20226	12748	7478	13191	8337	4854	8212	5360	2852
高　中	3861	2318	1543	2796	1738	1058	1827	1137	690
大学专科	1284	696	588	1175	614	561	928	501	427
大学本科	835	382	453	1009	466	543	919	453	466
硕士研究生	67	32	35	77	32	45	75	30	45
博士研究生	8	4	4	12	6	6	13	5	8

5-6c 续表 5　　单位：人

受教育程度	初婚年龄								
	27岁			28岁			29岁		
	小计	男	女	小计	男	女	小计	男	女
总　计	**12627**	**7977**	**4650**	**9196**	**5865**	**3331**	**6934**	**4347**	**2587**
未上过学	285	138	147	209	105	104	179	76	103
学前教育	4	4		4	2	2	3	1	2
小　学	4161	2721	1440	3082	2008	1074	2451	1570	881
初　中	5516	3563	1953	4017	2631	1386	3015	1931	1084
高　中	1206	753	453	839	527	312	593	361	232
大学专科	695	398	297	448	260	188	312	192	120
大学本科	668	357	311	529	301	228	338	192	146
硕士研究生	84	38	46	61	28	33	38	22	16
博士研究生	8	5	3	7	3	4	5	2	3

5－6c 续表 6

单位：人

受教育程度	初婚年龄								
	30岁			31岁			32岁		
	小计	男	女	小计	男	女	小计	男	女
总　计	**5467**	**3460**	**2007**	**4179**	**2617**	**1562**	**3297**	**2095**	**1202**
未上过学	166	82	84	114	64	50	102	49	53
学前教育				2	1	1	1		1
小　学	1925	1259	666	1540	981	559	1168	747	421
初　中	2500	1573	927	1929	1186	743	1523	977	546
高　中	413	259	154	308	201	107	281	179	102
大学专科	199	120	79	147	93	54	90	62	28
大学本科	226	146	80	117	77	40	115	67	48
硕士研究生	31	18	13	19	12	7	14	12	2
博士研究生	7	3	4	3	2	1	3	2	1

5－6c 续表 7

单位：人

受教育程度	初婚年龄								
	33岁			34岁			35岁		
	小计	男	女	小计	男	女	小计	男	女
总　计	**2603**	**1651**	**952**	**1938**	**1248**	**690**	**1583**	**1024**	**559**
未上过学	78	38	40	57	26	31	46	20	26
学前教育	1		1	1		1			
小　学	957	632	325	696	473	223	624	425	199
初　中	1189	754	435	929	582	347	715	465	250
高　中	202	117	85	147	96	51	120	67	53
大学专科	96	62	34	56	37	19	46	26	20
大学本科	66	40	26	49	32	17	27	20	7
硕士研究生	13	7	6	3	2	1	4		4
博士研究生	1	1					1	1	

5-6c　续表 8　　　　单位：人

受教育程度	初婚年龄								
	36岁			37岁			38岁		
	小计	男	女	小计	男	女	小计	男	女
总　计	**1354**	**848**	**506**	**1119**	**722**	**397**	**912**	**570**	**342**
未上过学	39	23	16	36	18	18	32	15	17
学前教育				1	1				
小　学	551	348	203	460	289	171	398	252	146
初　中	600	379	221	508	338	170	399	254	145
高　中	105	64	41	63	40	23	54	34	20
大学专科	31	19	12	26	19	7	15	6	9
大学本科	25	13	12	24	16	8	11	8	3
硕士研究生	3	2	1				2	1	1
博士研究生				1	1		1		1

5-6c　续表 9　　　　单位：人

受教育程度	初婚年龄					
	39岁			40岁及以上		
	小计	男	女	小计	男	女
总　计	**787**	**490**	**297**	**5472**	**3240**	**2232**
未上过学	30	11	19	256	116	140
学前教育	1	1		6	2	4
小　学	345	220	125	2552	1481	1071
初　中	346	210	136	2129	1312	817
高　中	32	24	8	357	218	139
大学专科	15	11	4	110	66	44
大学本科	18	13	5	55	42	13
硕士研究生				6	2	4
博士研究生				1	1	

第二部分 长表数据资料

第六卷 生育

6-1 各地区分性别、孩次的出生人口
(2019.11.1-2020.10.31)

单位：人

地　区	出生人数				第　一　孩			
	合计	男	女	性别比（女=100）	小计	男	女	性别比（女=100）
全　省	**11821**	**6028**	**5793**	**104.06**	**7697**	**3954**	**3743**	**105.64**
长春市	5226	2646	2580	102.56	3588	1812	1776	102.03
吉林市	1575	819	756	108.33	1007	533	474	112.45
四平市	702	352	350	100.57	437	217	220	98.64
辽源市	434	216	218	99.08	267	139	128	108.59
通化市	648	342	306	111.76	387	204	183	111.48
白山市	434	232	202	114.85	261	143	118	121.19
松原市	958	470	488	96.31	574	281	293	95.90
白城市	631	315	316	99.68	388	206	182	113.19
延边朝鲜族自治州	876	460	416	110.58	571	311	260	119.62
长白山管委会	53	28	25	112.00	34	17	17	100.00
梅河口市	284	148	136	108.82	183	91	92	98.91

6-1 续表 1

单位：人

地　区	第　二　孩				第　三　孩			
	小计	男	女	性别比（女=100）	小计	男	女	性别比（女=100）
全　省	**3836**	**1921**	**1915**	**100.31**	**257**	**142**	**115**	**123.48**
长春市	1528	764	764	100.00	100	62	38	163.16
吉林市	550	275	275	100.00	17	11	6	183.33
四平市	237	122	115	106.09	24	13	11	118.18
辽源市	157	73	84	86.90	10	4	6	66.67
通化市	240	129	111	116.22	17	8	9	88.89
白山市	159	84	75	112.00	11	5	6	83.33
松原市	352	174	178	97.75	27	14	13	107.69
白城市	224	103	121	85.12	17	6	11	54.55
延边朝鲜族自治州	281	137	144	95.14	23	12	11	109.09
长白山管委会	18	10	8	125.00	1	1		
梅河口市	90	50	40	125.00	10	6	4	150.00

6-1　续表 2

单位：人

地　区	第　四　孩				第五孩及以上			
	小计	男	女	性别比(女=100)	小计	男	女	性别比(女=100)
全　省	**25**	**9**	**16**	**56.25**	**6**	**2**	**4**	**50.00**
长春市	8	6	2	300.00	2	2		
吉林市					1		1	
四平市	4		4					
辽源市								
通化市	4	1	3	33.33				
白山市	2		2		1		1	
松原市	4	1	3	33.33	1		1	
白城市	1		1		1		1	
延边朝鲜族自治州	1		1					
长白山管委会								
梅河口市	1	1						

6-1a　各地区分性别、孩次的出生人口
(2019.11.1-2020.10.31)(城市)

单位：人

地　区	出生人数				第　一　孩			
	合计	男	女	性别比(女=100)	小计	男	女	性别比(女=100)
全　省	**5982**	**3036**	**2946**	**103.05**	**4210**	**2153**	**2057**	**104.67**
长春市	2639	1313	1326	99.02	1876	940	936	100.43
吉林市	943	491	452	108.63	648	334	314	106.37
四平市	307	145	162	89.51	224	106	118	89.83
辽源市	228	112	116	96.55	166	84	82	102.44
通化市	285	148	137	108.03	194	100	94	106.38
白山市	222	122	100	122.00	154	86	68	126.47
松原市	322	144	178	80.90	225	105	120	87.50
白城市	187	100	87	114.94	139	75	64	117.19
延边朝鲜族自治州	659	364	295	123.39	454	260	194	134.02
长白山管委会								
梅河口市	190	97	93	104.30	130	63	67	94.03

6-1a 续表 1

单位：人

地　区	第二孩				第三孩			
	小计	男	女	性别比(女=100)	小计	男	女	性别比(女=100)
全　省	**1659**	**830**	**829**	**100.12**	**99**	**49**	**50**	**98.00**
长春市	714	347	367	94.55	45	23	22	104.55
吉林市	290	154	136	113.24	5	3	2	150.00
四平市	76	39	37	105.41	5		5	
辽源市	59	28	31	90.32	3		3	
通化市	81	44	37	118.92	8	4	4	100.00
白山市	64	36	28	128.57	2		2	
松原市	90	36	54	66.67	6	3	3	100.00
白城市	41	22	19	115.79	6	3	3	100.00
延边朝鲜族自治州	191	95	96	98.96	13	9	4	225.00
长白山管委会								
梅河口市	53	29	24	120.83	6	4	2	200.00

6-1a 续表 2

单位：人

地　区	第四孩				第五孩及以上			
	小计	男	女	性别比(女=100)	小计	男	女	性别比(女=100)
全　省	**12**	**3**	**9**	**33.33**	**2**	**1**	**1**	**100.00**
长春市	3	2	1	200.00	1	1		
吉林市								
四平市	2		2					
辽源市								
通化市	2		2					
白山市	1		1		1		1	
松原市	1		1					
白城市	1		1					
延边朝鲜族自治州	1		1					
长白山管委会								
梅河口市	1	1						

6–1b　各地区分性别、孩次的出生人口
(2019.11.1–2020.10.31)(镇)

单位：人

地　区	出生人数				第　一　孩			
	合计	男	女	性别比(女=100)	小计	男	女	性别比(女=100)
全　省	**3134**	**1589**	**1545**	**102.85**	**2034**	**1042**	**992**	**105.04**
长春市	1635	849	786	108.02	1132	587	545	107.71
吉林市	229	115	114	100.88	141	76	65	116.92
四平市	156	72	84	85.71	89	43	46	93.48
辽源市	88	45	43	104.65	45	25	20	125.00
通化市	178	95	83	114.46	107	57	50	114.00
白山市	168	85	83	102.41	88	46	42	109.52
松原市	285	143	142	100.70	174	90	84	107.14
白城市	217	106	111	95.50	155	75	80	93.75
延边朝鲜族自治州	110	40	70	57.14	64	23	41	56.10
长白山管委会	53	28	25	112.00	34	17	17	100.00
梅河口市	15	11	4	275.00	5	3	2	150.00

6–1b　续表 1

单位：人

地　区	第　二　孩				第　三　孩			
	小计	男	女	性别比(女=100)	小计	男	女	性别比(女=100)
全　省	**1053**	**523**	**530**	**98.68**	**42**	**23**	**19**	**121.05**
长春市	485	249	236	105.51	17	12	5	240.00
吉林市	85	36	49	73.47	3	3		
四平市	64	28	36	77.78	2	1	1	100.00
辽源市	41	19	22	86.36	2	1	1	100.00
通化市	68	38	30	126.67	3		3	
白山市	75	36	39	92.31	4	3	1	300.00
松原市	103	51	52	98.08	6	2	4	50.00
白城市	60	31	29	106.90	2		2	
延边朝鲜族自治州	44	17	27	62.96	2		2	
长白山管委会	18	10	8	125.00	1	1		
梅河口市	10	8	2	400.00				

6-1b 续表 2

单位：人

地　　区	第四孩				第五孩及以上			
	小计	男	女	性别比（女=100）	小计	男	女	性别比（女=100）
全　省	**5**	**1**	**4**	**25.00**				
长春市	1	1						
吉林市								
四平市	1		1					
辽源市								
通化市								
白山市	1		1					
松原市	2		2					
白城市								
延边朝鲜族自治州								
长白山管委会								
梅河口市								

6-1c　各地区分性别、孩次的出生人口
(2019.11.1-2020.10.31)(乡村)

单位：人

地　　区	出生人数				第一孩			
	合计	男	女	性别比（女=100）	小计	男	女	性别比（女=100）
全　省	**2705**	**1403**	**1302**	**107.76**	**1453**	**759**	**694.00**	**109.37**
长春市	952	484	468	103.42	580	285	295.00	96.61
吉林市	403	213	190	112.11	218	123	95.00	129.47
四平市	239	135	104	129.81	124	68	56.00	121.43
辽源市	118	59	59	100.00	56	30	26.00	115.38
通化市	185	99	86	115.12	86	47	39.00	120.51
白山市	44	25	19	131.58	19	11	8.00	137.50
松原市	351	183	168	108.93	175	86	89.00	96.63
白城市	227	109	118	92.37	94	56	38.00	147.37
延边朝鲜族自治州	107	56	51	109.80	53	28	25.00	112.00
长白山管委会								
梅河口市	79	40	39	102.56	48	25	23.00	108.70

6-1c 续表 1

单位：人

地区	第二孩				第三孩			
	小计	男	女	性别比(女=100)	小计	男	女	性别比(女=100)
全省	**1124**	**568**	**556**	**102.16**	**116**	**70**	**46**	**152.17**
长春市	329	168	161	104.35	38	27	11	245.45
吉林市	175	85	90	94.44	9	5	4	125.00
四平市	97	55	42	130.95	17	12	5	240.00
辽源市	57	26	31	83.87	5	3	2	150.00
通化市	91	47	44	106.82	6	4	2	200.00
白山市	20	12	8	150.00	5	2	3	66.67
松原市	159	87	72	120.83	15	9	6	150.00
白城市	123	50	73	68.49	9	3	6	50.00
延边朝鲜族自治州	46	25	21	119.05	8	3	5	60.00
长白山管委会								
梅河口市	27	13	14	92.86	4	2	2	100.00

6-1c 续表 2

单位：人

地区	第四孩				第五孩及以上			
	小计	男	女	性别比(女=100)	小计	男	女	性别比(女=100)
全省	**8**	**5**	**3**	**166.67**	**4**	**1**	**3**	**33.33**
长春市	4	3	1	300.00	1	1		
吉林市					1		1	
四平市	1		1					
辽源市								
通化市	2	1	1	100.00				
白山市								
松原市	1	1			1		1	
白城市					1		1	
延边朝鲜族自治州								
长白山管委会								
梅河口市								

6-2 全省按年龄、受教育程度、生育孩次

受教育程度 年龄	合计	生男孩的妇女人数	生女孩的妇女人数	一孩		
				小计	男	女
总计	**11821**	**6028**	**5793**	**7697**	**3954**	**3743**
15-19岁	**76**	**36**	**40**	**69**	**35**	**34**
15	1		1	1		1
16	3	1	2	3	1	2
17	4	2	2	4	2	2
18	27	14	13	25	14	11
19	41	19	22	36	18	18
20-24岁	**1117**	**580**	**537**	**961**	**491**	**470**
20	89	52	37	78	48	30
21	109	64	45	97	57	40
22	205	113	92	181	100	81
23	311	148	163	274	125	149
24	403	203	200	331	161	170
25-29岁	**4109**	**2067**	**2042**	**3224**	**1631**	**1593**
25	542	274	268	430	221	209
26	679	335	344	534	261	273
27	838	412	426	682	341	341
28	992	518	474	786	414	372
29	1058	528	530	792	394	398
30-34岁	**4597**	**2359**	**2238**	**2640**	**1373**	**1267**
30	1144	564	580	787	392	395
31	1079	555	524	650	347	303
32	907	481	426	511	281	230
33	814	423	391	390	195	195
34	653	336	317	302	158	144
35-39岁	**1529**	**790**	**739**	**643**	**333**	**310**
35	436	225	211	189	107	82
36	381	180	201	167	82	85
37	288	166	122	111	57	54
38	256	125	131	104	50	54
39	168	94	74	72	37	35
40-44岁	**309**	**163**	**146**	**123**	**71**	**52**
40	99	54	45	32	18	14
41	97	55	42	42	27	15
42	55	24	31	18	8	10
43	37	18	19	20	12	8
44	21	12	9	11	6	5
45-49岁	**84**	**33**	**51**	**37**	**20**	**17**
45	18	6	12	5	2	3
46	11	6	5	9	6	3
47	21	7	14	11	5	6
48	19	7	12	5	3	2
49	15	7	8	7	4	3

分的育龄妇女人数(2019.11.1−2020.10.31)

单位：人

二孩			三孩及以上		
小计	男	女	小计	男	女
3836	**1921**	**1915**	**288**	**153**	**135**
5	**1**	**4**	**2**		**2**
2		2			
3	1	2	2		2
146	**81**	**65**	**10**	**8**	**2**
9	4	5	2		2
12	7	5			
21	10	11	3	3	
36	22	14	1	1	
68	38	30	4	4	
842	**413**	**429**	**43**	**23**	**20**
108	51	57	4	2	2
140	72	68	5	2	3
146	66	80	10	5	5
193	99	94	13	5	8
255	125	130	11	9	2
1841	**930**	**911**	**116**	**56**	**60**
341	163	178	16	9	7
403	196	207	26	12	14
359	184	175	37	16	21
402	218	184	22	10	12
336	169	167	15	9	6
798	**403**	**395**	**88**	**54**	**34**
229	108	121	18	10	8
196	87	109	18	11	7
152	96	56	25	13	12
140	67	73	12	8	4
81	45	36	15	12	3
161	**81**	**80**	**25**	**11**	**14**
59	33	26	8	3	5
46	23	23	9	5	4
34	15	19	3	1	2
13	5	8	4	1	3
9	5	4	1	1	
43	**12**	**31**	**4**	**1**	**3**
12	4	8	1		1
1		1	1		1
9	1	8	1	1	
14	4	10			
7	3	4	1		1

6-2 续表 1

受教育程度 年　龄	合　计	生男孩的 妇女人数	生女孩的 妇女人数	一　孩		
				小计	男	女
未上过学	**12**	**5**	**7**	**6**	**3**	**3**
15-19岁						
15						
16						
17						
18						
19						
20-24岁	**1**		**1**			
20						
21						
22						
23						
24	1		1			
25-29岁	**2**		**2**	**1**		**1**
25						
26						
27	2		2	1		1
28						
29						
30-34岁	**7**	**3**	**4**	**4**	**2**	**2**
30	2	1	1	2	1	1
31	2		2	1		1
32						
33						
34	3	2	1	1	1	
35-39岁	**2**	**2**		**1**	**1**	
35						
36						
37						
38	1	1				
39	1	1		1	1	
40-44岁						
40						
41						
42						
43						
44						
45-49岁						
45						
46						
47						
48						
49						

单位：人

二孩			三孩及以上		
小计	男	女	小计	男	女
5	**1**	**4**	**1**	**1**	
1		**1**			
1		1			
1		**1**			
1		1			
3	**1**	**2**			
1		1			
2	1	1			
			1	**1**	
			1	1	

6–2 续表 2

受教育程度 年龄	合计	生男孩的妇女人数	生女孩的妇女人数	一孩		
				小计	男	女
学前教育	**1**		**1**			
15–19岁						
15						
16						
17						
18						
19						
20–24岁						
20						
21						
22						
23						
24						
25–29岁	**1**		**1**			
25						
26						
27						
28						
29	1		1			
30–34岁						
30						
31						
32						
33						
34						
35–39岁						
35						
36						
37						
38						
39						
40–44岁						
40						
41						
42						
43						
44						
45–49岁						
45						
46						
47						
48						
49						

单位：人

二　孩			三孩及以上		
小计	男	女	小计	男	女
1		**1**			
1		**1**			
1		1			

6-2 续表 3

受教育程度 年 龄	合 计	生男孩的 妇女人数	生女孩的 妇女人数	一 孩		
				小计	男	女
小 学	**476**	**245**	**231**	**220**	**108**	**112**
15-19岁	**4**	**1**	**3**	**4**	**1**	**3**
15						
16						
17						
18	1		1	1		1
19	3	1	2	3	1	2
20-24岁	**41**	**19**	**22**	**32**	**14**	**18**
20	5	1	4	3	1	2
21	7	6	1	5	4	1
22	9	4	5	9	4	5
23	5	2	3	3		3
24	15	6	9	12	5	7
25-29岁	**127**	**63**	**64**	**80**	**39**	**41**
25	24	10	14	19	8	11
26	22	10	12	13	5	8
27	26	15	11	19	10	9
28	23	11	12	11	7	4
29	32	17	15	18	9	9
30-34岁	**185**	**98**	**87**	**57**	**27**	**30**
30	33	14	19	17	8	9
31	40	22	18	13	4	9
32	38	23	15	11	6	5
33	34	18	16	11	7	4
34	40	21	19	5	2	3
35-39岁	**76**	**42**	**34**	**28**	**13**	**15**
35	25	17	8	7	4	3
36	18	7	11	6	1	5
37	14	7	7	5	1	4
38	11	6	5	5	4	1
39	8	5	3	5	3	2
40-44岁	**24**	**15**	**9**	**11**	**8**	**3**
40	4	2	2			
41	9	7	2	5	4	1
42	2	1	1	1		1
43	4	1	3	2	1	1
44	5	4	1	3	3	
45-49岁	**19**	**7**	**12**	**8**	**6**	**2**
45	3	1	2			
46	1	1		1	1	
47	7	3	4	4	3	1
48	6	2	4	3	2	1
49	2		2			

单位：人

二孩			三孩及以上		
小计	男	女	小计	男	女
215	**111**	**104**	**41**	**26**	**15**
8	**4**	**4**	**1**	**1**	
2		2			
2	2				
1	1		1	1	
3	1	2			
43	**21**	**22**	**4**	**3**	**1**
5	2	3			
8	4	4	1	1	
6	4	2	1	1	
11	4	7	1		1
13	7	6	1	1	
108	**59**	**49**	**20**	**12**	**8**
16	6	10			
22	15	7	5	3	2
21	14	7	6	3	3
18	8	10	5	3	2
31	16	15	4	3	1
39	**21**	**18**	**9**	**8**	**1**
16	11	5	2	2	
10	5	5	2	1	1
6	3	3	3	3	
5	1	4	1	1	
2	1	1	1	1	
8	**5**	**3**	**5**	**2**	**3**
2	1	1	2	1	1
3	2	1	1	1	
1	1				
			2		2
2	1	1			
9	**1**	**8**	**2**		**2**
2	1	1	1		1
3		3			
3		3			
1		1	1		1

6-2 续表 4

受教育程度 年　　龄	合　计	生男孩的 妇女人数	生女孩的 妇女人数	一　孩		
				小计	男	女
初　中	**3812**	**1960**	**1852**	**1986**	**1048**	**938**
15-19岁	**60**	**27**	**33**	**53**	**26**	**27**
15	1		1	1		1
16	3	1	2	3	1	2
17	4	2	2	4	2	2
18	21	10	11	19	10	9
19	31	14	17	26	13	13
20-24岁	**521**	**280**	**241**	**420**	**218**	**202**
20	61	38	23	55	34	21
21	63	40	23	57	36	21
22	106	59	47	93	51	42
23	136	65	71	109	50	59
24	155	78	77	106	47	59
25-29岁	**1100**	**558**	**542**	**666**	**337**	**329**
25	191	84	107	126	57	69
26	207	113	94	129	70	59
27	211	109	102	137	73	64
28	238	118	120	139	69	70
29	253	134	119	135	68	67
30-34岁	**1397**	**714**	**683**	**588**	**316**	**272**
30	327	157	170	168	87	81
31	312	160	152	121	72	49
32	288	156	132	120	69	51
33	265	139	126	101	46	55
34	205	102	103	78	42	36
35-39岁	**568**	**302**	**266**	**198**	**114**	**84**
35	150	80	70	52	28	24
36	143	67	76	53	30	23
37	110	60	50	32	21	11
38	97	53	44	35	20	15
39	68	42	26	26	15	11
40-44岁	**122**	**58**	**64**	**42**	**25**	**17**
40	33	16	17	6	4	2
41	41	21	20	13	10	3
42	21	7	14	12	5	7
43	15	7	8	6	4	2
44	12	7	5	5	2	3
45-49岁	**44**	**21**	**23**	**19**	**12**	**7**
45	10	4	6	4	2	2
46	8	4	4	6	4	2
47	9	4	5	4	2	2
48	8	3	5			
49	9	6	3	5	4	1

单位：人

二孩			三孩及以上		
小计	男	女	小计	男	女
1679	**834**	**845**	**147**	**78**	**69**
5	**1**	**4**	**2**		**2**
2		2			
3	1	2	2		2
96	**57**	**39**	**5**	**5**	
6	4	2			
6	4	2			
11	6	5	2	2	
27	15	12			
46	28	18	3	3	
415	**209**	**206**	**19**	**12**	**7**
61	25	36	4	2	2
76	43	33	2		2
71	34	37	3	2	1
94	46	48	5	3	2
113	61	52	5	5	
750	**366**	**384**	**59**	**32**	**27**
149	64	85	10	6	4
178	81	97	13	7	6
148	76	72	20	11	9
155	88	67	9	5	4
120	57	63	7	3	4
325	**165**	**160**	**45**	**23**	**22**
88	47	41	10	5	5
83	35	48	7	2	5
66	35	31	12	4	8
56	29	27	6	4	2
32	19	13	10	8	2
65	**28**	**37**	**15**	**5**	**10**
23	12	11	4		4
22	8	14	6	3	3
7	2	5	2		2
7	2	5	2	1	1
6	4	2	1	1	
23	**8**	**15**	**2**	**1**	**1**
6	2	4			
1		1	1		1
4	1	3	1	1	
8	3	5			
4	2	2			

6-2 续表 5

受教育程度 年龄	合计	生男孩的妇女人数	生女孩的妇女人数	一孩		
				小计	男	女
高中	**1800**	**925**	**875**	**1171**	**617**	**554**
15-19岁	**9**	**7**	**2**	**9**	**7**	**2**
15						
16						
17						
18	4	4		4	4	
19	5	3	2	5	3	2
20-24岁	**232**	**126**	**106**	**206**	**116**	**90**
20	17	9	8	14	9	5
21	20	8	12	18	8	10
22	45	29	16	41	29	12
23	72	38	34	67	34	33
24	78	42	36	66	36	30
25-29岁	**568**	**279**	**289**	**437**	**214**	**223**
25	88	48	40	69	38	31
26	99	41	58	80	33	47
27	117	52	65	94	42	52
28	122	72	50	93	56	37
29	142	66	76	101	45	56
30-34岁	**683**	**354**	**329**	**378**	**208**	**170**
30	160	90	70	108	64	44
31	161	85	76	94	52	42
32	143	73	70	78	40	38
33	118	56	62	45	22	23
34	101	50	51	53	30	23
35-39岁	**235**	**122**	**113**	**108**	**55**	**53**
35	67	30	37	30	16	14
36	54	29	25	26	14	12
37	53	35	18	22	12	10
38	37	16	21	20	8	12
39	24	12	12	10	5	5
40-44岁	**60**	**32**	**28**	**27**	**15**	**12**
40	29	19	10	14	10	4
41	16	7	9	8	2	6
42	9	4	5	1	1	
43	4	2	2	3	2	1
44	2		2	1		1
45-49岁	**13**	**5**	**8**	**6**	**2**	**4**
45	2	1	1			
46	2	1	1	2	1	1
47	1		1	1		1
48	5	2	3	2	1	1
49	3	1	2	1		1

单位：人

二孩			三孩及以上		
小计	男	女	小计	男	女
592	**290**	**302**	**37**	**18**	**19**
24	**10**	**14**	**2**		**2**
1		1	2		2
2		2			
4		4			
5	4	1			
12	6	6			
122	**62**	**60**	**9**	**3**	**6**
19	10	9			
19	8	11			
20	8	12	3	2	1
25	15	10	4	1	3
39	21	18	2		2
296	**143**	**153**	**9**	**3**	**6**
50	25	25	2	1	1
65	32	33	2	1	1
62	33	29	3		3
72	33	39	1	1	
47	20	27	1		1
113	**57**	**56**	**14**	**10**	**4**
34	13	21	3	1	2
26	13	13	2	2	
27	20	7	4	3	1
14	6	8	3	2	1
12	5	7	2	2	
30	**15**	**15**	**3**	**2**	**1**
14	8	6	1	1	
6	4	2	2	1	1
8	3	5			
1		1			
1		1			
7	**3**	**4**			
2	1	1			
3	1	2			
2	1	1			

6-2 续表 6

受教育程度 年 龄	合 计	生男孩的 妇女人数	生女孩的 妇女人数	一 孩		
				小计	男	女
大学专科	**2347**	**1171**	**1176**	**1769**	**871**	**898**
15-19岁	**2**	**1**	**1**	**2**	**1**	**1**
15						
16						
17						
18						
19	2	1	1	2	1	1
20-24岁	**226**	**105**	**121**	**210**	**94**	**116**
20	3	2	1	3	2	1
21	15	9	6	14	8	6
22	34	17	17	27	12	15
23	63	25	38	61	24	37
24	111	52	59	105	48	57
25-29岁	**1013**	**509**	**504**	**883**	**443**	**440**
25	138	82	56	123	72	51
26	173	78	95	152	68	84
27	209	104	105	185	95	90
28	258	135	123	231	121	110
29	235	110	125	192	87	105
30-34岁	**842**	**418**	**424**	**546**	**267**	**279**
30	236	110	126	177	82	95
31	213	104	109	154	77	77
32	159	78	81	94	51	43
33	139	77	62	67	35	32
34	95	49	46	54	22	32
35-39岁	**215**	**110**	**105**	**105**	**55**	**50**
35	69	35	34	38	25	13
36	48	23	25	25	14	11
37	35	20	15	16	6	10
38	36	15	21	15	4	11
39	27	17	10	11	6	5
40-44岁	**45**	**28**	**17**	**20**	**11**	**9**
40	14	8	6	5	2	3
41	15	12	3	7	5	2
42	9	4	5	3	1	2
43	6	3	3	4	2	2
44	1	1		1	1	
45-49岁	**4**		**4**	**3**		**3**
45						
46						
47	3		3	2		2
48						
49	1		1	1		1

单位：人

二孩			三孩及以上		
小计	男	女	小计	男	女
549	**288**	**261**	**29**	**12**	**17**
14	**9**	**5**	**2**	**2**	
1	1				
6	4	2	1	1	
2	1	1			
5	3	2	1	1	
124	**63**	**61**	**6**	**3**	**3**
15	10	5			
21	10	11			
23	9	14	1		1
25	14	11	2		2
40	20	20	3	3	
282	**146**	**136**	**14**	**5**	**9**
55	26	29	4	2	2
57	27	30	2		2
62	26	36	3	1	2
68	41	27	4	1	3
40	26	14	1	1	
103	**53**	**50**	**7**	**2**	**5**
31	10	21			
23	9	14			
15	13	2	4	1	3
20	11	9	1		1
14	10	4	2	1	1
25	**17**	**8**			
9	6	3			
8	7	1			
6	3	3			
2	1	1			
1		**1**			
1		1			

6-2 续表 7

受教育程度 年 龄	合 计	生男孩的 妇女人数	生女孩的 妇女人数	一 孩		
				小计	男	女
大学本科	**2952**	**1497**	**1455**	**2237**	**1139**	**1098**
15-19岁	**1**		**1**	**1**		**1**
15						
16						
17						
18	1		1	1		1
19						
20-24岁	**95**	**50**	**45**	**92**	**49**	**43**
20	3	2	1	3	2	1
21	4	1	3	3	1	2
22	11	4	7	11	4	7
23	34	18	16	33	17	16
24	43	25	18	42	25	17
25-29岁	**1186**	**595**	**591**	**1059**	**544**	**515**
25	97	49	48	90	45	45
26	173	91	82	156	84	72
27	254	121	133	230	113	117
28	321	164	157	286	146	140
29	341	170	171	297	156	141
30-34岁	**1268**	**658**	**610**	**897**	**460**	**437**
30	333	161	172	266	121	145
31	300	160	140	225	122	103
32	238	132	106	174	99	75
33	215	108	107	140	68	72
34	182	97	85	92	50	42
35-39岁	**351**	**169**	**182**	**168**	**76**	**92**
35	100	48	52	50	26	24
36	96	45	51	43	18	25
37	60	35	25	32	15	17
38	63	30	33	26	12	14
39	32	11	21	17	5	12
40-44岁	**49**	**25**	**24**	**19**	**10**	**9**
40	15	7	8	5	2	3
41	14	7	7	8	5	3
42	13	8	5	1	1	
43	6	3	3	4	2	2
44	1		1	1		1
45-49岁	**2**		**2**	**1**		**1**
45	2		2	1		1
46						
47						
48						
49						

单位：人

二孩			三孩及以上		
小计	男	女	小计	男	女
683	**341**	**342**	**32**	**17**	**15**
3	**1**	**2**			
1		1			
1	1				
1		1			
122	**49**	**73**	**5**	**2**	**3**
7	4	3			
15	6	9	2	1	1
22	8	14	2		2
34	17	17	1	1	
44	14	30			
357	**194**	**163**	**14**	**4**	**10**
67	40	27			
71	37	34	4	1	3
59	32	27	5	1	4
72	40	32	3		3
88	45	43	2	2	
172	**84**	**88**	**11**	**9**	**2**
48	21	27	2	1	1
46	21	25	7	6	1
26	18	8	2	2	
37	18	19			
15	6	9			
28	**13**	**15**	**2**	**2**	
9	4	5	1	1	
6	2	4			
11	6	5	1	1	
2	1	1			
1		**1**			
1		1			

6-2 续表 8

受教育程度 年龄	合 计	生男孩的 妇女人数	生女孩的 妇女人数	一 孩		
				小计	男	女
硕士研究生	**387**	**204**	**183**	**286**	**153**	**133**
15-19岁						
15						
16						
17						
18						
19						
20-24岁	**1**		**1**	**1**		**1**
20						
21						
22						
23	1		1	1		1
24						
25-29岁	**105**	**59**	**46**	**92**	**51**	**41**
25	4	1	3	3	1	2
26	5	2	3	4	1	3
27	19	11	8	16	8	8
28	28	18	10	24	15	9
29	49	27	22	45	26	19
30-34岁	**196**	**100**	**96**	**156**	**82**	**74**
30	52	30	22	48	28	20
31	47	21	26	38	17	21
32	35	15	20	29	12	17
33	38	20	18	24	15	9
34	24	14	10	17	10	7
35-39岁	**75**	**40**	**35**	**33**	**18**	**15**
35	24	14	10	11	7	4
36	20	8	12	14	5	9
37	14	9	5	4	2	2
38	10	4	6	2	2	
39	7	5	2	2	2	
40-44岁	**8**	**5**	**3**	**4**	**2**	**2**
40	4	2	2	2		2
41	2	1	1	1	1	
42						
43	2	2		1	1	
44						
45-49岁	**2**		**2**			
45	1		1			
46						
47	1		1			
48						
49						

单位：人

二孩			三孩及以上		
小计	男	女	小计	男	女
100	**50**	**50**	**1**	**1**	
13	**8**	**5**			
1		1			
1	1				
3	3				
4	3	1			
4	1	3			
40	**18**	**22**			
4	2	2			
9	4	5			
6	3	3			
14	5	9			
7	4	3			
41	**21**	**20**	**1**	**1**	
12	6	6	1	1	
6	3	3			
10	7	3			
8	2	6			
5	3	2			
4	**3**	**1**			
2	2				
1		1			
1	1				
2		**2**			
1		1			
1		1			

6-2 续表 9

受教育程度 年龄	合计	生男孩的妇女人数	生女孩的妇女人数	一孩 小计	一孩 男	一孩 女
博士研究生	**34**	**21**	**13**	**22**	**15**	**7**
15-19岁						
15						
16						
17						
18						
19						
20-24岁						
20						
21						
22						
23						
24						
25-29岁	**7**	**4**	**3**	**6**	**3**	**3**
25						
26						
27						
28	2		2	2		2
29	5	4	1	4	3	1
30-34岁	**19**	**14**	**5**	**14**	**11**	**3**
30	1	1		1	1	
31	4	3	1	4	3	1
32	6	4	2	5	4	1
33	5	5		2	2	
34	3	1	2	2	1	1
35-39岁	**7**	**3**	**4**	**2**	**1**	**1**
35	1	1		1	1	
36	2	1	1			
37	2		2			
38	1		1	1		1
39	1	1				
40-44岁	**1**		**1**			
40						
41						
42	1		1			
43						
44						
45-49岁						
45						
46						
47						
48						
49						

单位：人

二孩			三孩及以上		
小计	男	女	小计	男	女
12	**6**	**6**			
1	**1**				
1	1				
5	**3**	**2**			
1		1			
3	3				
1		1			
5	**2**	**3**			
2	1	1			
2		2			
1	1				
1		**1**			
1		1			

6-2a 全省按年龄、受教育程度、生育孩次

受教育程度 年龄	合计	生男孩的妇女人数	生女孩的妇女人数	一孩 小计	一孩 男	一孩 女
总计	**5982**	**3036**	**2946**	**4210**	**2153**	**2057**
15-19岁	**18**	**9**	**9**	**16**	**9**	**7**
15						
16	2	1	1	2	1	1
17	1	1		1	1	
18	5	3	2	5	3	2
19	10	4	6	8	4	4
20-24岁	**455**	**229**	**226**	**422**	**211**	**211**
20	34	19	15	34	19	15
21	38	24	14	35	21	14
22	60	34	26	54	32	22
23	145	69	76	137	64	73
24	178	83	95	162	75	87
25-29岁	**2100**	**1056**	**1044**	**1759**	**891**	**868**
25	236	128	108	208	115	93
26	345	164	181	287	139	148
27	427	203	224	369	178	191
28	522	279	243	434	229	205
29	570	282	288	461	230	231
30-34岁	**2403**	**1224**	**1179**	**1545**	**799**	**746**
30	589	283	306	446	220	226
31	533	276	257	370	200	170
32	517	264	253	318	169	149
33	419	217	202	222	112	110
34	345	184	161	189	98	91
35-39岁	**817**	**417**	**400**	**383**	**194**	**189**
35	224	119	105	116	67	49
36	214	97	117	107	48	59
37	141	82	59	50	27	23
38	148	71	77	67	32	35
39	90	48	42	43	20	23
40-44岁	**160**	**92**	**68**	**68**	**42**	**26**
40	54	32	22	20	13	7
41	55	34	21	24	17	7
42	31	17	14	10	5	5
43	13	7	6	8	5	3
44	7	2	5	6	2	4
45-49岁	**29**	**9**	**20**	**17**	**7**	**10**
45	9	2	7	3	1	2
46	4	1	3	4	1	3
47	4	1	3	3	1	2
48	6	3	3	3	2	1
49	6	2	4	4	2	2

分的育龄妇女人数(2019.11.1—2020.10.31)(城市)

单位：人

二孩			三孩及以上		
小计	男	女	小计	男	女
1659	**830**	**829**	**113**	**53**	**60**
			2		**2**
			2		2
32	**17**	**15**	**1**	**1**	
3	3				
6	2	4			
8	5	3			
15	7	8	1	1	
322	**158**	**164**	**19**	**7**	**12**
26	12	14	2	1	1
56	24	32	2	1	1
54	23	31	4	2	2
80	48	32	8	2	6
106	51	55	3	1	2
809	**404**	**405**	**49**	**21**	**28**
136	60	76	7	3	4
157	74	83	6	2	4
181	89	92	18	6	12
186	100	86	11	5	6
149	81	68	7	5	2
400	**203**	**197**	**34**	**20**	**14**
104	51	53	4	1	3
97	40	57	10	9	1
83	53	30	8	2	6
76	36	40	5	3	2
40	23	17	7	5	2
84	**46**	**38**	**8**	**4**	**4**
30	17	13	4	2	2
29	16	13	2	1	1
19	11	8	2	1	1
5	2	3			
1		1			
12	**2**	**10**			
6	1	5			
1		1			
3	1	2			
2		2			

6-2a 续表 1

受教育程度 年 龄	合 计	生男孩的妇女人数	生女孩的妇女人数	一 孩		
				小计	男	女
未上过学	**4**	**2**	**2**	**4**	**2**	**2**
15-19岁						
15						
16						
17						
18						
19						
20-24岁						
20						
21						
22						
23						
24						
25-29岁	**1**		**1**	**1**		**1**
25						
26						
27	1		1	1		1
28						
29						
30-34岁	**3**	**2**	**1**	**3**	**2**	**1**
30	2	1	1	2	1	1
31						
32						
33						
34	1	1		1	1	
35-39岁						
35						
36						
37						
38						
39						
40-44岁						
40						
41						
42						
43						
44						
45-49岁						
45						
46						
47						
48						
49						

单位：人

二　孩			三孩及以上		
小计	男	女	小计	男	女

6-2a 续表 2

受教育程度 年　　龄	合　计	生男孩的妇女人数	生女孩的妇女人数	一　孩		
				小计	男	女
学前教育	**1**		**1**			
15-19岁						
15						
16						
17						
18						
19						
20-24岁						
20						
21						
22						
23						
24						
25-29岁	**1**		**1**			
25						
26						
27						
28						
29	1		1			
30-34岁						
30						
31						
32						
33						
34						
35-39岁						
35						
36						
37						
38						
39						
40-44岁						
40						
41						
42						
43						
44						
45-49岁						
45						
46						
47						
48						
49						

单位：人

二　孩			三孩及以上		
小计	男	女	小计	男	女
1		**1**			
1		**1**			
1		1			

6-2a 续表 3

受教育程度 年龄	合计	生男孩的妇女人数	生女孩的妇女人数	一孩		
				小计	男	女
小学	**111**	**59**	**52**	**64**	**31**	**33**
15-19岁	**1**		**1**	**1**		**1**
15						
16						
17						
18						
19	1		1	1		1
20-24岁	**7**	**3**	**4**	**7**	**3**	**4**
20						
21	1		1	1		1
22	1		1	1		1
23						
24	5	3	2	5	3	2
25-29岁	**33**	**16**	**17**	**23**	**10**	**13**
25	11	2	9	9	2	7
26	3	2	1	2	1	1
27	3	2	1	2	1	1
28	7	5	2	4	3	1
29	9	5	4	6	3	3
30-34岁	**51**	**31**	**20**	**23**	**12**	**11**
30	9	4	5	7	3	4
31	9	5	4	5	2	3
32	14	9	5	5	3	2
33	8	5	3	3	2	1
34	11	8	3	3	2	1
35-39岁	**15**	**6**	**9**	**8**	**4**	**4**
35	3	1	2	1		1
36	4	1	3	4	1	3
37	2		2			
38	4	2	2	1	1	
39	2	2		2	2	
40-44岁	**2**	**2**		**1**	**1**	
40						
41	2	2		1	1	
42						
43						
44						
45-49岁	**2**	**1**	**1**	**1**	**1**	
45	1		1			
46						
47						
48	1	1		1	1	
49						

单位：人

二孩			三孩及以上		
小计	男	女	小计	男	女
39	**21**	**18**	**8**	**7**	**1**
10	**6**	**4**			
2		2			
1	1				
1	1				
3	2	1			
3	2	1			
22	**14**	**8**	**6**	**5**	**1**
2	1	1			
4	3	1			
7	4	3	2	2	
2	1	1	3	2	1
7	5	2	1	1	
6	**1**	**5**	**1**	**1**	
2	1	1			
2		2			
2		2	1	1	
			1	**1**	
			1	1	
1		**1**			
1		1			

6-2a 续表 4

受教育程度 年龄	合计	生男孩的妇女人数	生女孩的妇女人数	一孩		
				小计	男	女
初 中	**1360**	**708**	**652**	**817**	**433**	**384**
15-19岁	**16**	**8**	**8**	**14**	**8**	**6**
15						
16	2	1	1	2	1	1
17	1	1		1	1	
18	4	2	2	4	2	2
19	9	4	5	7	4	3
20-24岁	**151**	**77**	**74**	**136**	**68**	**68**
20	20	11	9	20	11	9
21	21	16	5	18	13	5
22	20	10	10	17	8	9
23	43	20	23	40	20	20
24	47	20	27	41	16	25
25-29岁	**389**	**203**	**186**	**271**	**136**	**135**
25	63	32	31	52	26	26
26	68	36	32	48	26	22
27	79	39	40	57	27	30
28	86	47	39	56	27	29
29	93	49	44	58	30	28
30-34岁	**512**	**257**	**255**	**274**	**146**	**128**
30	126	58	68	80	40	40
31	102	54	48	56	36	20
32	110	54	56	49	25	24
33	93	45	48	47	20	27
34	81	46	35	42	25	17
35-39岁	**228**	**129**	**99**	**92**	**54**	**38**
35	69	39	30	29	17	12
36	52	26	26	22	13	9
37	41	24	17	10	8	2
38	41	23	18	19	11	8
39	25	17	8	12	5	7
40-44岁	**52**	**28**	**24**	**22**	**16**	**6**
40	15	9	6	3	3	
41	22	12	10	8	7	1
42	8	4	4	6	3	3
43	4	2	2	2	2	
44	3	1	2	3	1	2
45-49岁	**12**	**6**	**6**	**8**	**5**	**3**
45	3	1	2	2	1	1
46	3	1	2	3	1	2
47	1	1		1	1	
48	2	1	1			
49	3	2	1	2	2	

单位：人

二孩			三孩及以上		
小计	男	女	小计	男	女
502	**257**	**245**	**41**	**18**	**23**
			2		**2**
			2		2
15	**9**	**6**			
3	3				
3	2	1			
3		3			
6	4	2			
113	**65**	**48**	**5**	**2**	**3**
9	5	4	2	1	1
20	10	10			
22	12	10			
27	19	8	3	1	2
35	19	16			
220	**102**	**118**	**18**	**9**	**9**
43	16	27	3	2	1
43	17	26	3	1	2
55	26	29	6	3	3
43	23	20	3	2	1
36	20	16	3	1	2
124	**68**	**56**	**12**	**7**	**5**
38	21	17	2	1	1
29	12	17	1	1	
27	15	12	4	1	3
22	12	10			
8	8		5	4	1
26	**12**	**14**	**4**		**4**
10	6	4	2		2
13	5	8	1		1
1	1		1		1
2		2			
4	**1**	**3**			
1		1			
2	1	1			
1		1			

6-2a 续表 5

受教育程度 年龄	合计	生男孩的妇女人数	生女孩的妇女人数	一孩		
				小计	男	女
高中	**1080**	**542**	**538**	**716**	**368**	**348**
15-19岁	**1**	**1**		**1**	**1**	
15						
16						
17						
18	1	1		1	1	
19						
20-24岁	**122**	**66**	**56**	**110**	**61**	**49**
20	10	6	4	10	6	4
21	7	3	4	7	3	4
22	20	14	6	18	14	4
23	40	21	19	37	18	19
24	45	22	23	38	20	18
25-29岁	**317**	**152**	**165**	**254**	**124**	**130**
25	47	28	19	41	25	16
26	62	24	38	52	21	31
27	59	26	33	47	21	26
28	61	33	28	49	29	20
29	88	41	47	65	28	37
30-34岁	**436**	**219**	**217**	**250**	**135**	**115**
30	95	53	42	65	39	26
31	106	51	55	64	31	33
32	90	46	44	53	27	26
33	80	39	41	27	14	13
34	65	30	35	41	24	17
35-39岁	**148**	**76**	**72**	**74**	**34**	**40**
35	36	16	20	18	8	10
36	38	18	20	18	7	11
37	33	20	13	16	8	8
38	26	13	13	15	7	8
39	15	9	6	7	4	3
40-44岁	**47**	**26**	**21**	**22**	**12**	**10**
40	22	15	7	10	7	3
41	12	5	7	7	2	5
42	7	4	3	1	1	
43	4	2	2	3	2	1
44	2		2	1		1
45-49岁	**9**	**2**	**7**	**5**	**1**	**4**
45	2	1	1			
46	1		1	1		1
47	1		1	1		1
48	3	1	2	2	1	1
49	2		2	1		1

单位：人

二孩			三孩及以上		
小计	男	女	小计	男	女
343	**163**	**180**	**21**	**11**	**10**
12	**5**	**7**			
2		2			
3	3				
7	2	5			
57	**26**	**31**	**6**	**2**	**4**
6	3	3			
10	3	7			
10	3	7	2	2	
10	4	6	2		2
21	13	8	2		2
179	**81**	**98**	**7**	**3**	**4**
28	13	15	2	1	1
41	19	22	1	1	
34	19	15	3		3
52	24	28	1	1	
24	6	18			
67	**37**	**30**	**7**	**5**	**2**
17	8	9	1		1
18	9	9	2	2	
17	12	5			
8	4	4	3	2	1
7	4	3	1	1	
24	**13**	**11**	**1**	**1**	
11	7	4	1	1	
5	3	2			
6	3	3			
1		1			
1		1			
4	**1**	**3**			
2	1	1			
1		1			
1		1			

6-2a 续表 6

受教育程度 年龄	合计	生男孩的妇女人数	生女孩的妇女人数	一孩		
				小计	男	女
大学专科	**1327**	**655**	**672**	**1006**	**498**	**508**
15-19岁						
15						
16						
17						
18						
19						
20-24岁	**113**	**53**	**60**	**109**	**50**	**59**
20	3	2	1	3	2	1
21	7	5	2	7	5	2
22	12	7	5	11	7	4
23	38	16	22	37	15	22
24	53	23	30	51	21	30
25-29岁	**547**	**266**	**281**	**480**	**238**	**242**
25	58	35	23	53	33	20
26	94	42	52	79	36	43
27	110	54	56	102	52	50
28	151	80	71	132	71	61
29	134	55	79	114	46	68
30-34岁	**502**	**255**	**247**	**334**	**169**	**165**
30	121	54	67	97	46	51
31	124	66	58	97	52	45
32	115	57	58	69	39	30
33	81	45	36	40	20	20
34	61	33	28	31	12	19
35-39岁	**133**	**62**	**71**	**71**	**35**	**36**
35	39	20	19	25	16	9
36	33	14	19	22	11	11
37	18	10	8	5	2	3
38	25	9	16	11	2	9
39	18	9	9	8	4	4
40-44岁	**29**	**19**	**10**	**10**	**6**	**4**
40	8	4	4	2	1	1
41	11	10	1	3	3	
42	7	3	4	3	1	2
43	2	1	1	1		1
44	1	1		1	1	
45-49岁	**3**		**3**	**2**		**2**
45						
46						
47	2		2	1		1
48						
49	1		1	1		1

单位：人

二孩			三孩及以上		
小计	男	女	小计	男	女
303	**153**	**150**	**18**	**4**	**14**
3	**2**	**1**	**1**	**1**	
1		1			
1	1				
1	1		1	1	
63	**27**	**36**	**4**	**1**	**3**
5	2	3			
15	6	9			
7	2	5	1		1
17	9	8	2		2
19	8	11	1	1	
160	**84**	**76**	**8**	**2**	**6**
22	8	14	2		2
26	14	12	1		1
43	17	26	3	1	2
40	25	15	1		1
29	20	9	1	1	
57	**27**	**30**	**5**		**5**
14	4	10			
11	3	8			
10	8	2	3		3
13	7	6	1		1
9	5	4	1		1
19	**13**	**6**			
6	3	3			
8	7	1			
4	2	2			
1	1				
1		**1**			
1		1			

6-2a 续表 7

受教育程度 年 龄	合 计	生男孩的 妇女人数	生女孩的 妇女人数	一 孩		
				小计	男	女
大学本科	**1856**	**944**	**912**	**1417**	**721**	**696**
15-19岁						
15						
16						
17						
18						
19						
20-24岁	**61**	**30**	**31**	**59**	**29**	**30**
20	1		1	1		1
21	2		2	2		2
22	7	3	4	7	3	4
23	23	12	11	22	11	11
24	28	15	13	27	15	12
25-29岁	**741**	**377**	**364**	**665**	**345**	**320**
25	55	30	25	51	28	23
26	115	59	56	103	54	49
27	162	74	88	149	71	78
28	198	102	96	176	89	87
29	211	112	99	186	103	83
30-34岁	**781**	**402**	**379**	**563**	**286**	**277**
30	208	95	113	168	73	95
31	165	90	75	124	70	54
32	161	87	74	118	65	53
33	133	70	63	90	47	43
34	114	60	54	63	31	32
35-39岁	**243**	**119**	**124**	**117**	**55**	**62**
35	64	36	28	37	23	14
36	73	33	40	31	12	19
37	34	20	14	17	7	10
38	46	21	25	19	9	10
39	26	9	17	13	4	9
40-44岁	**28**	**16**	**12**	**12**	**6**	**6**
40	9	4	5	5	2	3
41	7	4	3	4	3	1
42	8	6	2			
43	3	2	1	2	1	1
44	1		1	1		1
45-49岁	**2**		**2**	**1**		**1**
45	2		2	1		1
46						
47						
48						
49						

单位：人

二孩			三孩及以上		
小计	男	女	小计	男	女
414	**210**	**204**	**25**	**13**	**12**
2	**1**	**1**			
1	1				
1		1			
72	**30**	**42**	**4**	**2**	**2**
4	2	2			
10	4	6	2	1	1
12	3	9	1		1
21	12	9	1	1	
25	9	16			
208	**114**	**94**	**10**	**2**	**8**
40	22	18			
40	20	20	1		1
39	22	17	4		4
40	23	17	3		3
49	27	22	2	2	
117	**57**	**60**	**9**	**7**	**2**
26	13	13	1		1
35	15	20	7	6	1
16	12	4	1	1	
27	12	15			
13	5	8			
14	**8**	**6**	**2**	**2**	
3	1	2	1	1	
3	1	2			
7	5	2	1	1	
1	1				
1		**1**			
1		1			

6-2a 续表 8

受教育程度 年龄	合 计	生男孩的妇女人数	生女孩的妇女人数	一 孩		
				小计	男	女
硕士研究生	**226**	**117**	**109**	**177**	**94**	**83**
15-19岁						
15						
16						
17						
18						
19						
20-24岁	**1**		**1**	**1**		**1**
20						
21						
22						
23	1		1	1		1
24						
25-29岁	**67**	**40**	**27**	**61**	**36**	**25**
25	2	1	1	2	1	1
26	3	1	2	3	1	2
27	13	8	5	11	6	5
28	18	12	6	16	10	6
29	31	18	13	29	18	11
30-34岁	**110**	**52**	**58**	**93**	**45**	**48**
30	28	18	10	27	18	9
31	25	9	16	22	8	14
32	25	9	16	22	8	14
33	21	10	11	14	8	6
34	11	6	5	8	3	5
35-39岁	**46**	**24**	**22**	**21**	**12**	**9**
35	13	7	6	6	3	3
36	12	4	8	10	4	6
37	11	8	3	2	2	
38	6	3	3	2	2	
39	4	2	2	1	1	
40-44岁	**1**	**1**		**1**	**1**	
40						
41	1	1		1	1	
42						
43						
44						
45-49岁	**1**		**1**			
45	1		1			
46						
47						
48						
49						

单位：人

二孩			三孩及以上		
小计	男	女	小计	男	女
49	**23**	**26**			
6	**4**	**2**			
2	2				
2	2				
2		2			
17	**7**	**10**			
1		1			
3	1	2			
3	1	2			
7	2	5			
3	3				
25	**12**	**13**			
7	4	3			
2		2			
9	6	3			
4	1	3			
3	1	2			
1		**1**			
1		1			

6-2a 续表 9

受教育程度 年 龄	合 计	生男孩的妇女人数	生女孩的妇女人数	一 孩		
				小计	男	女
博士研究生	**17**	**9**	**8**	**9**	**6**	**3**
15-19岁						
15						
16						
17						
18						
19						
20-24岁						
20						
21						
22						
23						
24						
25-29岁	**4**	**2**	**2**	**4**	**2**	**2**
25						
26						
27						
28	1		1	1		1
29	3	2	1	3	2	1
30-34岁	**8**	**6**	**2**	**5**	**4**	**1**
30						
31	2	1	1	2	1	1
32	2	2		2	2	
33	3	3		1	1	
34	1		1			
35-39岁	**4**	**1**	**3**			
35						
36	2	1	1			
37	2		2			
38						
39						
40-44岁	**1**		**1**			
40						
41						
42	1		1			
43						
44						
45-49岁						
45						
46						
47						
48						
49						

单位：人

二孩			三孩及以上		
小计	男	女	小计	男	女
8	**3**	**5**			
3	**2**	**1**			
2	2				
1		1			
4	**1**	**3**			
2	1	1			
2		2			
1		**1**			
1		1			

6-2b 全省按年龄、受教育程度、生育孩次

受教育程度 年　龄	合　计	生男孩的妇女人数	生女孩的妇女人数	一孩 小计	一孩 男	一孩 女
总　计	**3134**	**1589**	**1545**	**2034**	**1042**	**992**
15-19岁	**18**	**9**	**9**	**17**	**9**	**8**
15	1		1	1		1
16						
17	1	1		1	1	
18	7	3	4	6	3	3
19	9	5	4	9	5	4
20-24岁	**253**	**129**	**124**	**215**	**108**	**107**
20	13	9	4	12	8	4
21	26	11	15	23	10	13
22	54	26	28	47	23	24
23	65	28	37	56	24	32
24	95	55	40	77	43	34
25-29岁	**1100**	**559**	**541**	**891**	**450**	**441**
25	155	72	83	128	55	73
26	167	83	84	142	69	73
27	238	119	119	196	100	96
28	274	149	125	226	124	102
29	266	136	130	199	102	97
30-34岁	**1285**	**664**	**621**	**726**	**386**	**340**
30	317	167	150	217	113	104
31	323	162	161	197	104	93
32	214	121	93	121	70	51
33	229	119	110	111	55	56
34	202	95	107	80	44	36
35-39岁	**382**	**185**	**197**	**151**	**73**	**78**
35	136	66	70	47	26	21
36	72	31	41	29	13	16
37	71	39	32	39	18	21
38	63	28	35	22	9	13
39	40	21	19	14	7	7
40-44岁	**77**	**36**	**41**	**26**	**12**	**14**
40	25	12	13	6	1	5
41	16	6	10	5	2	3
42	13	5	8	4	2	2
43	15	8	7	8	5	3
44	8	5	3	3	2	1
45-49岁	**19**	**7**	**12**	**8**	**4**	**4**
45	3	2	1	1	1	
46	2	1	1	1	1	
47	5	1	4	2		2
48	6	1	5	1		1
49	3	2	1	3	2	1

分的育龄妇女人数(2019.11.1—2020.10.31)(镇)

单位：人

二孩			三孩及以上		
小计	男	女	小计	男	女
1053	**523**	**530**	**47**	**24**	**23**
1		**1**			
1		1			
38	**21**	**17**			
1	1				
3	1	2			
7	3	4			
9	4	5			
18	12	6			
203	**104**	**99**	**6**	**5**	**1**
26	16	10	1	1	
25	14	11			
39	17	22	3	2	1
48	25	23			
65	32	33	2	2	
539	**272**	**267**	**20**	**6**	**14**
98	53	45	2	1	1
119	56	63	7	2	5
89	49	40	4	2	2
113	63	50	5	1	4
120	51	69	2		2
215	**101**	**114**	**16**	**11**	**5**
83	37	46	6	3	3
41	18	23	2		2
29	18	11	3	3	
39	17	22	2	2	
23	11	12	3	3	
46	**22**	**24**	**5**	**2**	**3**
18	11	7	1		1
8	2	6	3	2	1
9	3	6			
6	3	3	1		1
5	3	2			
11	**3**	**8**			
2	1	1			
1		1			
3	1	2			
5	1	4			

6-2b 续表 1

受教育程度 年 龄	合 计	生男孩的 妇女人数	生女孩的 妇女人数	一 孩		
				小计	男	女
未上过学	**1**		**1**			
15-19岁						
15						
16						
17						
18						
19						
20-24岁						
20						
21						
22						
23						
24						
25-29岁						
25						
26						
27						
28						
29						
30-34岁	**1**		**1**			
30						
31						
32						
33						
34	1		1			
35-39岁						
35						
36						
37						
38						
39						
40-44岁						
40						
41						
42						
43						
44						
45-49岁						
45						
46						
47						
48						
49						

单位：人

二孩			三孩及以上		
小计	男	女	小计	男	女
1		**1**			
1		**1**			
1		1			

6-2b 续表 2

受教育程度 年龄	合计	生男孩的妇女人数	生女孩的妇女人数	一孩		
				小计	男	女
学前教育						
15-19岁						
15						
16						
17						
18						
19						
20-24岁						
20						
21						
22						
23						
24						
25-29岁						
25						
26						
27						
28						
29						
30-34岁						
30						
31						
32						
33						
34						
35-39岁						
35						
36						
37						
38						
39						
40-44岁						
40						
41						
42						
43						
44						
45-49岁						
45						
46						
47						
48						
49						

单位：人

二　孩			三孩及以上		
小计	男	女	小计	男	女

6-2b 续表 3

受教育程度 年 龄	合 计	生男孩的妇女人数	生女孩的妇女人数	一 孩 小计	一 孩 男	一 孩 女
小 学	**76**	**38**	**38**	**33**	**15**	**18**
15-19岁						
15						
16						
17						
18						
19						
20-24岁	**3**	**1**	**2**	**3**	**1**	**2**
20	1	1		1	1	
21						
22						
23						
24	2		2	2		2
25-29岁	**21**	**8**	**13**	**13**	**7**	**6**
25	2	1	1	1	1	
26	2	2		1	1	
27	6	2	4	6	2	4
28	6	2	4	3	2	1
29	5	1	4	2	1	1
30-34岁	**33**	**19**	**14**	**10**	**4**	**6**
30	3	3		2	2	
31	9	4	5	4	1	3
32	7	5	2			
33	7	4	3	2	1	1
34	7	3	4	2		2
35-39岁	**10**	**7**	**3**	**3**	**2**	**1**
35	6	6		1	1	
36	2		2			
37	1		1	1		1
38	1	1		1	1	
39						
40-44岁	**5**	**2**	**3**	**2**	**1**	**1**
40						
41						
42						
43	2		2	1		1
44	3	2	1	1	1	
45-49岁	**4**	**1**	**3**	**2**		**2**
45	1	1				
46						
47	2		2	1		1
48	1		1	1		1
49						

单位：人

二孩			三孩及以上		
小计	男	女	小计	男	女
42	**23**	**19**	**1**		**1**
8	**1**	**7**			
1		1			
1	1				
3		3			
3		3			
23	**15**	**8**			
1	1				
5	3	2			
7	5	2			
5	3	2			
5	3	2			
7	**5**	**2**			
5	5				
2		2			
2	**1**	**1**	**1**		**1**
			1		1
2	1	1			
2	**1**	**1**			
1	1				
1		1			

6-2b 续表 4

受教育程度 年龄	合计	生男孩的妇女人数	生女孩的妇女人数	一孩		
				小计	男	女
初 中	**854**	**418**	**436**	**428**	**220**	**208**
15-19岁	**13**	**5**	**8**	**12**	**5**	**7**
15	1		1	1		1
16						
17	1	1		1	1	
18	7	3	4	6	3	3
19	4	1	3	4	1	3
20-24岁	**97**	**51**	**46**	**74**	**36**	**38**
20	8	4	4	7	3	4
21	12	5	7	12	5	7
22	23	13	10	21	12	9
23	26	12	14	19	8	11
24	28	17	11	15	8	7
25-29岁	**255**	**131**	**124**	**165**	**83**	**82**
25	45	17	28	33	10	23
26	46	28	18	34	20	14
27	54	26	28	37	20	17
28	58	30	28	34	19	15
29	52	30	22	27	14	13
30-34岁	**318**	**155**	**163**	**121**	**68**	**53**
30	58	30	28	26	16	10
31	69	33	36	28	17	11
32	60	33	27	25	15	10
33	64	33	31	24	12	12
34	67	26	41	18	8	10
35-39岁	**133**	**58**	**75**	**44**	**21**	**23**
35	43	21	22	12	7	5
36	29	9	20	10	4	6
37	23	11	12	10	4	6
38	23	10	13	8	3	5
39	15	7	8	4	3	1
40-44岁	**27**	**14**	**13**	**8**	**4**	**4**
40	8	4	4	1		1
41	5	1	4			
42	4	2	2	3	1	2
43	5	4	1	2	2	
44	5	3	2	2	1	1
45-49岁	**11**	**4**	**7**	**4**	**3**	**1**
45	2	1	1	1	1	
46	1		1			
47	2	1	1			
48	3		3			
49	3	2	1	3	2	1

单位：人

二孩			三孩及以上		
小计	男	女	小计	男	女
400	**186**	**214**	**26**	**12**	**14**
1		**1**			
1		1			
23	**15**	**8**			
1	1				
2	1	1			
7	4	3			
13	9	4			
86	**44**	**42**	**4**	**4**	
11	6	5	1	1	
12	8	4			
15	4	11	2	2	
24	11	13			
24	15	9	1	1	
188	**85**	**103**	**9**	**2**	**7**
31	14	17	1		1
39	15	24	2	1	1
32	17	15	3	1	2
38	21	17	2		2
48	18	30	1		1
79	**32**	**47**	**10**	**5**	**5**
27	13	14	4	1	3
17	5	12	2		2
12	6	6	1	1	
13	5	8	2	2	
10	3	7	1	1	
16	**9**	**7**	**3**	**1**	**2**
6	4	2	1		1
3		3	2	1	1
1	1				
3	2	1			
3	2	1			
7	**1**	**6**			
1		1			
1		1			
2	1	1			
3		3			

6-2b 续表 5

受教育程度 年龄	合计	生男孩的妇女人数	生女孩的妇女人数	一孩		
				小计	男	女
高　中	**434**	**224**	**210**	**281**	**149**	**132**
15-19岁	**3**	**3**		**3**	**3**	
15						
16						
17						
18						
19	3	3		3	3	
20-24岁	**54**	**29**	**25**	**47**	**27**	**20**
20	2	2		2	2	
21	6	2	4	5	2	3
22	12	7	5	10	7	3
23	17	7	10	16	7	9
24	17	11	6	14	9	5
25-29岁	**142**	**73**	**69**	**113**	**56**	**57**
25	22	12	10	18	9	9
26	20	7	13	17	7	10
27	36	20	16	32	17	15
28	38	23	15	29	15	14
29	26	11	15	17	8	9
30-34岁	**168**	**89**	**79**	**92**	**51**	**41**
30	45	26	19	32	19	13
31	38	21	17	20	12	8
32	34	18	16	18	10	8
33	26	11	15	14	6	8
34	25	13	12	8	4	4
35-39岁	**54**	**24**	**30**	**22**	**10**	**12**
35	17	6	11	6	2	4
36	7	5	2	4	3	1
37	11	8	3	5	4	1
38	11	3	8	5	1	4
39	8	2	6	2		2
40-44岁	**10**	**4**	**6**	**3**	**1**	**2**
40	5	2	3	2	1	1
41	3	2	1	1		1
42	2		2			
43						
44						
45-49岁	**3**	**2**	**1**	**1**	**1**	
45						
46	1	1		1	1	
47						
48	2	1	1			
49						

单位：人

二孩			三孩及以上		
小计	男	女	小计	男	女
148	**72**	**76**	**5**	**3**	**2**
7	**2**	**5**			
1		1			
2		2			
1		1			
3	2	1			
29	**17**	**12**			
4	3	1			
3		3			
4	3	1			
9	8	1			
9	3	6			
74	**38**	**36**	**2**		**2**
13	7	6			
17	9	8	1		1
16	8	8			
12	5	7			
16	9	7	1		1
30	**12**	**18**	**2**	**2**	
11	4	7			
3	2	1			
5	3	2	1	1	
6	2	4			
5	1	4	1	1	
6	**2**	**4**	**1**	**1**	
3	1	2			
1	1		1	1	
2		2			
2	**1**	**1**			
2	1	1			

6-2b 续表 6

受教育程度 年　龄	合　计	生男孩的妇女人数	生女孩的妇女人数	一　孩		
				小计	男	女
大学专科	**749**	**371**	**378**	**558**	**267**	**291**
15-19岁	**2**	**1**	**1**	**2**	**1**	**1**
15						
16						
17						
18						
19	2	1	1	2	1	1
20-24岁	**77**	**33**	**44**	**70**	**29**	**41**
20						
21	7	4	3	6	3	3
22	15	5	10	12	3	9
23	16	4	12	15	4	11
24	39	20	19	37	19	18
25-29岁	**326**	**166**	**160**	**286**	**142**	**144**
25	55	31	24	49	26	23
26	53	22	31	50	20	30
27	70	34	36	57	28	29
28	77	42	35	73	39	34
29	71	37	34	57	29	28
30-34岁	**271**	**130**	**141**	**168**	**77**	**91**
30	95	43	52	66	28	38
31	67	30	37	43	20	23
32	35	19	16	21	11	10
33	46	25	21	20	10	10
34	28	13	15	18	8	10
35-39岁	**61**	**36**	**25**	**26**	**17**	**9**
35	26	14	12	11	9	2
36	8	5	3	1	1	
37	12	7	5	9	4	5
38	8	4	4	2	1	1
39	7	6	1	3	2	1
40-44岁	**11**	**5**	**6**	**5**	**1**	**4**
40	5	3	2	2		2
41	1		1	1		1
42	2	1	1			
43	3	1	2	2	1	1
44						
45-49岁	**1**		**1**	**1**		**1**
45						
46						
47	1		1	1		1
48						
49						

单位：人

二孩			三孩及以上		
小计	男	女	小计	男	女
184	**100**	**84**	**7**	**4**	**3**
7	**4**	**3**			
1	1				
3	2	1			
1		1			
2	1	1			
39	**23**	**16**	**1**	**1**	
6	5	1			
3	2	1			
13	6	7			
4	3	1			
13	7	6	1	1	
98	**51**	**47**	**5**	**2**	**3**
28	14	14	1	1	
23	10	13	1		1
14	8	6			
23	14	9	3	1	2
10	5	5			
34	**18**	**16**	**1**	**1**	
15	5	10			
7	4	3			
3	3				
6	3	3			
3	3		1	1	
6	**4**	**2**			
3	3				
2	1	1			
1		1			

6-2b 续表 7

受教育程度 年 龄	合 计	生男孩的 妇女人数	生女孩的 妇女人数	一 孩		
				小计	男	女
大学本科	**866**	**450**	**416**	**632**	**332**	**300**
15-19岁						
15						
16						
17						
18						
19						
20-24岁	**22**	**15**	**7**	**21**	**15**	**6**
20	2	2		2	2	
21	1		1			
22	4	1	3	4	1	3
23	6	5	1	6	5	1
24	9	7	2	9	7	2
25-29岁	**326**	**166**	**160**	**292**	**152**	**140**
25	29	11	18	26	9	17
26	45	23	22	40	21	19
27	68	35	33	61	32	29
28	89	49	40	83	47	36
29	95	48	47	82	43	39
30-34岁	**407**	**219**	**188**	**271**	**145**	**126**
30	95	53	42	73	38	35
31	118	61	57	85	43	42
32	64	38	26	47	28	19
33	70	36	34	42	20	22
34	60	31	29	24	16	8
35-39岁	**92**	**42**	**50**	**42**	**16**	**26**
35	32	11	21	11	2	9
36	18	8	10	10	4	6
37	21	12	9	12	6	6
38	15	9	6	5	3	2
39	6	2	4	4	1	3
40-44岁	**19**	**8**	**11**	**6**	**4**	**2**
40	5	2	3			
41	6	3	3	3	2	1
42	5	2	3	1	1	
43	3	1	2	2	1	1
44						
45-49岁						
45						
46						
47						
48						
49						

单位：人

二孩			三孩及以上		
小计	男	女	小计	男	女
227	**114**	**113**	**7**	**4**	**3**
1		**1**			
1		1			
33	**14**	**19**	**1**		**1**
3	2	1			
5	2	3			
6	3	3	1		1
6	2	4			
13	5	8			
132	**72**	**60**	**4**	**2**	**2**
22	15	7			
30	17	13	3	1	2
16	9	7	1	1	
28	16	12			
36	15	21			
48	**24**	**24**	**2**	**2**	
20	8	12	1	1	
8	4	4			
8	5	3	1	1	
10	6	4			
2	1	1			
13	**4**	**9**			
5	2	3			
3	1	2			
4	1	3			
1		1			

6-2b 续表 8

受教育程度 年 龄	合 计	生男孩的 妇女人数	生女孩的 妇女人数	一 孩		
				小计	男	女
硕士研究生	**140**	**77**	**63**	**92**	**51**	**41**
15-19岁						
15						
16						
17						
18						
19						
20-24岁						
20						
21						
22						
23						
24						
25-29岁	**28**	**13**	**15**	**21**	**9**	**12**
25	2		2	1		1
26	1	1				
27	4	2	2	3	1	2
28	6	3	3	4	2	2
29	15	7	8	13	6	7
30-34岁	**78**	**45**	**33**	**57**	**35**	**22**
30	20	11	9	17	9	8
31	20	11	9	15	9	6
32	10	6	4	7	4	3
33	15	9	6	9	6	3
34	13	8	5	9	7	2
35-39岁	**29**	**16**	**13**	**12**	**6**	**6**
35	11	7	4	5	4	1
36	8	4	4	4	1	3
37	3	1	2	2		2
38	4	1	3			
39	3	3		1	1	
40-44岁	**5**	**3**	**2**	**2**	**1**	**1**
40	2	1	1	1		1
41	1		1			
42						
43	2	2		1	1	
44						
45-49岁						
45						
46						
47						
48						
49						

单位：人

二孩			三孩及以上		
小计	男	女	小计	男	女
47	**25**	**22**	**1**	**1**	
7	**4**	**3**			
1		1			
1	1				
1	1				
2	1	1			
2	1	1			
21	**10**	**11**			
3	2	1			
5	2	3			
3	2	1			
6	3	3			
4	1	3			
16	**9**	**7**	**1**	**1**	
5	2	3	1	1	
4	3	1			
1	1				
4	1	3			
2	2				
3	**2**	**1**			
1	1				
1		1			
1	1				

6-2b 续表 9

受教育程度 年 龄	合 计	生男孩的妇女人数	生女孩的妇女人数	一 孩		
				小计	男	女
博士研究生	**14**	**11**	**3**	**10**	**8**	**2**
15-19岁						
15						
16						
17						
18						
19						
20-24岁						
20						
21						
22						
23						
24						
25-29岁	**2**	**2**		**1**	**1**	
25						
26						
27						
28						
29	2	2		1	1	
30-34岁	**9**	**7**	**2**	**7**	**6**	**1**
30	1	1		1	1	
31	2	2		2	2	
32	4	2	2	3	2	1
33	1	1				
34	1	1		1	1	
35-39岁	**3**	**2**	**1**	**2**	**1**	**1**
35	1	1		1	1	
36						
37						
38	1		1	1		1
39	1	1				
40-44岁						
40						
41						
42						
43						
44						
45-49岁						
45						
46						
47						
48						
49						

单位：人

二孩			三孩及以上		
小计	男	女	小计	男	女
4	**3**	**1**			
1	**1**				
1	1				
2	**1**	**1**			
1		1			
1	1				
1	**1**				
1	1				

6-2c 全省按年龄、受教育程度、生育孩次

受教育程度 年龄	合计	生男孩的妇女人数	生女孩的妇女人数	一孩		
				小计	男	女
总计	**2705**	**1403**	**1302**	**1453**	**759**	**694**
15-19岁	**40**	**18**	**22**	**36**	**17**	**19**
15						
16	1		1	1		1
17	2		2	2		2
18	15	8	7	14	8	6
19	22	10	12	19	9	10
20-24岁	**409**	**222**	**187**	**324**	**172**	**152**
20	42	24	18	32	21	11
21	45	29	16	39	26	13
22	91	53	38	80	45	35
23	101	51	50	81	37	44
24	130	65	65	92	43	49
25-29岁	**909**	**452**	**457**	**574**	**290**	**284**
25	151	74	77	94	51	43
26	167	88	79	105	53	52
27	173	90	83	117	63	54
28	196	90	106	126	61	65
29	222	110	112	132	62	70
30-34岁	**909**	**471**	**438**	**369**	**188**	**181**
30	238	114	124	124	59	65
31	223	117	106	83	43	40
32	176	96	80	72	42	30
33	166	87	79	57	28	29
34	106	57	49	33	16	17
35-39岁	**330**	**188**	**142**	**109**	**66**	**43**
35	76	40	36	26	14	12
36	95	52	43	31	21	10
37	76	45	31	22	12	10
38	45	26	19	15	9	6
39	38	25	13	15	10	5
40-44岁	**72**	**35**	**37**	**29**	**17**	**12**
40	20	10	10	6	4	2
41	26	15	11	13	8	5
42	11	2	9	4	1	3
43	9	3	6	4	2	2
44	6	5	1	2	2	
45-49岁	**36**	**17**	**19**	**12**	**9**	**3**
45	6	2	4	1		1
46	5	4	1	4	4	
47	12	5	7	6	4	2
48	7	3	4	1	1	
49	6	3	3			

分的育龄妇女人数(2019.11.1—2020.10.31)(乡村)

单位：人

二孩			三孩及以上		
小计	男	女	小计	男	女
1124	**568**	**556**	**128**	**76**	**52**
4	**1**	**3**			
1		1			
3	1	2			
76	**43**	**33**	**9**	**7**	**2**
8	3	5	2		2
6	3	3			
8	5	3	3	3	
19	13	6	1	1	
35	19	16	3	3	
317	**151**	**166**	**18**	**11**	**7**
56	23	33	1		1
59	34	25	3	1	2
53	26	27	3	1	2
65	26	39	5	3	2
84	42	42	6	6	
493	**254**	**239**	**47**	**29**	**18**
107	50	57	7	5	2
127	66	61	13	8	5
89	46	43	15	8	7
103	55	48	6	4	2
67	37	30	6	4	2
183	**99**	**84**	**38**	**23**	**15**
42	20	22	8	6	2
58	29	29	6	2	4
40	25	15	14	8	6
25	14	11	5	3	2
18	11	7	5	4	1
31	**13**	**18**	**12**	**5**	**7**
11	5	6	3	1	2
9	5	4	4	2	2
6	1	5	1		1
2		2	3	1	2
3	2	1	1	1	
20	**7**	**13**	**4**	**1**	**3**
4	2	2	1		1
			1		1
5		5	1	1	
6	2	4			
5	3	2	1		1

6-2c 续表 1

受教育程度 年龄	合计	生男孩的妇女人数	生女孩的妇女人数	一孩		
				小计	男	女
未上过学	**7**	**3**	**4**	**2**	**1**	**1**
15-19岁						
15						
16						
17						
18						
19						
20-24岁	**1**		**1**			
20						
21						
22						
23						
24	1		1			
25-29岁	**1**		**1**			
25						
26						
27	1		1			
28						
29						
30-34岁	**3**	**1**	**2**	**1**		**1**
30						
31	2		2	1		1
32						
33						
34	1	1				
35-39岁	**2**	**2**		**1**	**1**	
35						
36						
37						
38	1	1				
39	1	1		1	1	
40-44岁						
40						
41						
42						
43						
44						
45-49岁						
45						
46						
47						
48						
49						

单位：人

二孩			三孩及以上		
小计	男	女	小计	男	女
4	**1**	**3**	**1**	**1**	
1		**1**			
1		1			
1		**1**			
1		1			
2	**1**	**1**			
1		1			
1	1				
			1	**1**	
			1	1	

6-2c 续表 2

受教育程度 年 龄	合 计	生男孩的妇女人数	生女孩的妇女人数	一 孩		
				小计	男	女
学前教育						
15-19岁						
15						
16						
17						
18						
19						
20-24岁						
20						
21						
22						
23						
24						
25-29岁						
25						
26						
27						
28						
29						
30-34岁						
30						
31						
32						
33						
34						
35-39岁						
35						
36						
37						
38						
39						
40-44岁						
40						
41						
42						
43						
44						
45-49岁						
45						
46						
47						
48						
49						

单位：人

二　孩			三孩及以上		
小计	男	女	小计	男	女

6-2c 续表 3

受教育程度 年龄	合计	生男孩的妇女人数	生女孩的妇女人数	一孩		
				小计	男	女
小学	**289**	**148**	**141**	**123**	**62**	**61**
15-19岁	**3**	**1**	**2**	**3**	**1**	**2**
15						
16						
17						
18	1		1	1		1
19	2	1	1	2	1	1
20-24岁	**31**	**15**	**16**	**22**	**10**	**12**
20	4		4	2		2
21	6	6		4	4	
22	8	4	4	8	4	4
23	5	2	3	3		3
24	8	3	5	5	2	3
25-29岁	**73**	**39**	**34**	**44**	**22**	**22**
25	11	7	4	9	5	4
26	17	6	11	10	3	7
27	17	11	6	11	7	4
28	10	4	6	4	2	2
29	18	11	7	10	5	5
30-34岁	**101**	**48**	**53**	**24**	**11**	**13**
30	21	7	14	8	3	5
31	22	13	9	4	1	3
32	17	9	8	6	3	3
33	19	9	10	6	4	2
34	22	10	12			
35-39岁	**51**	**29**	**22**	**17**	**7**	**10**
35	16	10	6	5	3	2
36	12	6	6	2		2
37	11	7	4	4	1	3
38	6	3	3	3	2	1
39	6	3	3	3	1	2
40-44岁	**17**	**11**	**6**	**8**	**6**	**2**
40	4	2	2			
41	7	5	2	4	3	1
42	2	1	1	1		1
43	2	1	1	1	1	
44	2	2		2	2	
45-49岁	**13**	**5**	**8**	**5**	**5**	
45	1		1			
46	1	1		1	1	
47	5	3	2	3	3	
48	4	1	3	1	1	
49	2		2			

单位：人

二孩			三孩及以上		
小计	男	女	小计	男	女
134	**67**	**67**	**32**	**19**	**13**
8	**4**	**4**	**1**	**1**	
2		2			
2	2				
1	1		1	1	
3	1	2			
25	**14**	**11**	**4**	**3**	**1**
2	2				
6	2	4	1	1	
5	3	2	1	1	
5	2	3	1		1
7	5	2	1	1	
63	**30**	**33**	**14**	**7**	**7**
13	4	9			
13	9	4	5	3	2
7	5	2	4	1	3
11	4	7	2	1	1
19	8	11	3	2	1
26	**15**	**11**	**8**	**7**	**1**
9	5	4	2	2	
8	5	3	2	1	1
4	3	1	3	3	
3	1	2			
2	1	1	1	1	
6	**4**	**2**	**3**	**1**	**2**
2	1	1	2	1	1
3	2	1			
1	1				
			1		1
6		**6**	**2**		**2**
			1		1
2		2			
3		3			
1		1	1		1

6-2c 续表 4

受教育程度 年龄	合计	生男孩的妇女人数	生女孩的妇女人数	一孩		
				小计	男	女
初中	**1598**	**834**	**764**	**741**	**395**	**346**
15-19岁	**31**	**14**	**17**	**27**	**13**	**14**
15						
16	1		1	1		1
17	2		2	2		2
18	10	5	5	9	5	4
19	18	9	9	15	8	7
20-24岁	**273**	**152**	**121**	**210**	**114**	**96**
20	33	23	10	28	20	8
21	30	19	11	27	18	9
22	63	36	27	55	31	24
23	67	33	34	50	22	28
24	80	41	39	50	23	27
25-29岁	**456**	**224**	**232**	**230**	**118**	**112**
25	83	35	48	41	21	20
26	93	49	44	47	24	23
27	78	44	34	43	26	17
28	94	41	53	49	23	26
29	108	55	53	50	24	26
30-34岁	**567**	**302**	**265**	**193**	**102**	**91**
30	143	69	74	62	31	31
31	141	73	68	37	19	18
32	118	69	49	46	29	17
33	108	61	47	30	14	16
34	57	30	27	18	9	9
35-39岁	**207**	**115**	**92**	**62**	**39**	**23**
35	38	20	18	11	4	7
36	62	32	30	21	13	8
37	46	25	21	12	9	3
38	33	20	13	8	6	2
39	28	18	10	10	7	3
40-44岁	**43**	**16**	**27**	**12**	**5**	**7**
40	10	3	7	2	1	1
41	14	8	6	5	3	2
42	9	1	8	3	1	2
43	6	1	5	2		2
44	4	3	1			
45-49岁	**21**	**11**	**10**	**7**	**4**	**3**
45	5	2	3	1		1
46	4	3	1	3	3	
47	6	2	4	3	1	2
48	3	2	1			
49	3	2	1			

单位：人

二孩			三孩及以上		
小计	男	女	小计	男	女
777	**391**	**386**	**80**	**48**	**32**
4	**1**	**3**			
1		1			
3	1	2			
58	**33**	**25**	**5**	**5**	
5	3	2			
3	1	2			
6	3	3	2	2	
17	11	6			
27	15	12	3	3	
216	**100**	**116**	**10**	**6**	**4**
41	14	27	1		1
44	25	19	2		2
34	18	16	1		1
43	16	27	2	2	
54	27	27	4	4	
342	**179**	**163**	**32**	**21**	**11**
75	34	41	6	4	2
96	49	47	8	5	3
61	33	28	11	7	4
74	44	30	4	3	1
36	19	17	3	2	1
122	**65**	**57**	**23**	**11**	**12**
23	13	10	4	3	1
37	18	19	4	1	3
27	14	13	7	2	5
21	12	9	4	2	2
14	8	6	4	3	1
23	**7**	**16**	**8**	**4**	**4**
7	2	5	1		1
6	3	3	3	2	1
5		5	1		1
2		2	2	1	1
3	2	1	1	1	
12	**6**	**6**	**2**	**1**	**1**
4	2	2			
			1		1
2		2	1	1	
3	2	1			
3	2	1			

6-2c 续表 5

受教育程度 年龄	合计	生男孩的 妇女人数	生女孩的 妇女人数	一孩		
				小计	男	女
高中	**286**	**159**	**127**	**174**	**100**	**74**
15-19岁	**5**	**3**	**2**	**5**	**3**	**2**
15						
16						
17						
18	3	3		3	3	
19	2		2	2		2
20-24岁	**56**	**31**	**25**	**49**	**28**	**21**
20	5	1	4	2	1	1
21	7	3	4	6	3	3
22	13	8	5	13	8	5
23	15	10	5	14	9	5
24	16	9	7	14	7	7
25-29岁	**109**	**54**	**55**	**70**	**34**	**36**
25	19	8	11	10	4	6
26	17	10	7	11	5	6
27	22	6	16	15	4	11
28	23	16	7	15	12	3
29	28	14	14	19	9	10
30-34岁	**79**	**46**	**33**	**36**	**22**	**14**
30	20	11	9	11	6	5
31	17	13	4	10	9	1
32	19	9	10	7	3	4
33	12	6	6	4	2	2
34	11	7	4	4	2	2
35-39岁	**33**	**22**	**11**	**12**	**11**	**1**
35	14	8	6	6	6	
36	9	6	3	4	4	
37	9	7	2	1		1
38						
39	1	1		1	1	
40-44岁	**3**	**2**	**1**	**2**	**2**	
40	2	2		2	2	
41	1		1			
42						
43						
44						
45-49岁	**1**	**1**				
45						
46						
47						
48						
49	1	1				

单位：人

二孩			三孩及以上		
小计	男	女	小计	男	女
101	**55**	**46**	**11**	**4**	**7**
5	**3**	**2**	**2**		**2**
1		1	2		2
1		1			
1	1				
2	2				
36	**19**	**17**	**3**	**1**	**2**
9	4	5			
6	5	1			
6	2	4	1		1
6	3	3	2	1	1
9	5	4			
43	**24**	**19**			
9	5	4			
7	4	3			
12	6	6			
8	4	4			
7	5	2			
16	**8**	**8**	**5**	**3**	**2**
6	1	5	2	1	1
5	2	3			
5	5		3	2	1
			1		**1**
			1		1
1	**1**				
1	1				

6-2c 续表 6

受教育程度 年龄	合计	生男孩的妇女人数	生女孩的妇女人数	一孩		
				小计	男	女
大学专科	**271**	**145**	**126**	**205**	**106**	**99**
15-19岁						
15						
16						
17						
18						
19						
20-24岁	**36**	**19**	**17**	**31**	**15**	**16**
20						
21	1		1	1		1
22	7	5	2	4	2	2
23	9	5	4	9	5	4
24	19	9	10	17	8	9
25-29岁	**140**	**77**	**63**	**117**	**63**	**54**
25	25	16	9	21	13	8
26	26	14	12	23	12	11
27	29	16	13	26	15	11
28	30	13	17	26	11	15
29	30	18	12	21	12	9
30-34岁	**69**	**33**	**36**	**44**	**21**	**23**
30	20	13	7	14	8	6
31	22	8	14	14	5	9
32	9	2	7	4	1	3
33	12	7	5	7	5	2
34	6	3	3	5	2	3
35-39岁	**21**	**12**	**9**	**8**	**3**	**5**
35	4	1	3	2		2
36	7	4	3	2	2	
37	5	3	2	2		2
38	3	2	1	2	1	1
39	2	2				
40-44岁	**5**	**4**	**1**	**5**	**4**	**1**
40	1	1		1	1	
41	3	2	1	3	2	1
42						
43	1	1		1	1	
44						
45-49岁						
45						
46						
47						
48						
49						

单位：人

二孩			三孩及以上		
小计	男	女	小计	男	女
62	**35**	**27**	**4**	**4**	
4	**3**	**1**	**1**	**1**	
2	2		1	1	
2	1	1			
22	**13**	**9**	**1**	**1**	
4	3	1			
3	2	1			
3	1	2			
4	2	2			
8	5	3	1	1	
24	**11**	**13**	**1**	**1**	
5	4	1	1	1	
8	3	5			
5	1	4			
5	2	3			
1	1				
12	**8**	**4**	**1**	**1**	
2	1	1			
5	2	3			
2	2		1	1	
1	1				
2	2				

6-2c 续表 7

受教育程度 年 龄	合 计	生男孩的妇女人数	生女孩的妇女人数	一 孩		
				小计	男	女
大学本科	**230**	**103**	**127**	**188**	**86**	**102**
15-19岁	**1**		**1**	**1**		**1**
15						
16						
17						
18	1		1	1		1
19						
20-24岁	**12**	**5**	**7**	**12**	**5**	**7**
20						
21	1	1		1	1	
22						
23	5	1	4	5	1	4
24	6	3	3	6	3	3
25-29岁	**119**	**52**	**67**	**102**	**47**	**55**
25	13	8	5	13	8	5
26	13	9	4	13	9	4
27	24	12	12	20	10	10
28	34	13	21	27	10	17
29	35	10	25	29	10	19
30-34岁	**80**	**37**	**43**	**63**	**29**	**34**
30	30	13	17	25	10	15
31	17	9	8	16	9	7
32	13	7	6	9	6	3
33	12	2	10	8	1	7
34	8	6	2	5	3	2
35-39岁	**16**	**8**	**8**	**9**	**5**	**4**
35	4	1	3	2	1	1
36	5	4	1	2	2	
37	5	3	2	3	2	1
38	2		2	2		2
39						
40-44岁	**2**	**1**	**1**	**1**		**1**
40	1	1				
41	1		1	1		1
42						
43						
44						
45-49岁						
45						
46						
47						
48						
49						

单位：人

二孩			三孩及以上		
小计	男	女	小计	男	女
42	**17**	**25**			
17	**5**	**12**			
4	2	2			
7	3	4			
6		6			
17	**8**	**9**			
5	3	2			
1		1			
4	1	3			
4	1	3			
3	3				
7	**3**	**4**			
2		2			
3	2	1			
2	1	1			
1	**1**				
1	1				

6-2c 续表 8

受教育程度 年龄	合计	生男孩的妇女人数	生女孩的妇女人数	一孩		
				小计	男	女
硕士研究生	**21**	**10**	**11**	**17**	**8**	**9**
15-19岁						
15						
16						
17						
18						
19						
20-24岁						
20						
21						
22						
23						
24						
25-29岁	**10**	**6**	**4**	**10**	**6**	**4**
25						
26	1		1	1		1
27	2	1	1	2	1	1
28	4	3	1	4	3	1
29	3	2	1	3	2	1
30-34岁	**8**	**3**	**5**	**6**	**2**	**4**
30	4	1	3	4	1	3
31	2	1	1	1		1
32						
33	2	1	1	1	1	
34						
35-39岁						
35						
36						
37						
38						
39						
40-44岁	**2**	**1**	**1**	**1**		**1**
40	2	1	1	1		1
41						
42						
43						
44						
45-49岁	**1**		**1**			
45						
46						
47	1		1			
48						
49						

单位：人

二孩			三孩及以上		
小计	男	女	小计	男	女
4	**2**	**2**			
2	**1**	**1**			
1	1				
1		1			
1	**1**				
1	1				
1		**1**			
1		1			

6-2c 续表 9

受教育程度 年 龄	合 计	生男孩的 妇女人数	生女孩的 妇女人数	一 孩		
				小计	男	女
博士研究生	**3**	**1**	**2**	**3**	**1**	**2**
15-19岁						
15						
16						
17						
18						
19						
20-24岁						
20						
21						
22						
23						
24						
25-29岁	**1**		**1**	**1**		**1**
25						
26						
27						
28	1		1	1		1
29						
30-34岁	**2**	**1**	**1**	**2**	**1**	**1**
30						
31						
32						
33	1	1		1	1	
34	1		1	1		1
35-39岁						
35						
36						
37						
38						
39						
40-44岁						
40						
41						
42						
43						
44						
45-49岁						
45						
46						
47						
48						
49						

单位：人

二　孩			三孩及以上		
小计	男	女	小计	男	女

6-3 全省育龄妇女分年龄、孩次的生育状况
(2019.11.1-2020.10.31)

单位：人、‰

年 龄	平均育龄妇女人数	出生人数	生育率	第一孩		第二孩		第三孩及以上	
				出生数	生育率	出生数	生育率	出生数	生育率
总 计	**504463**	**11830**	**23.45**	**7703**	**15.27**	**3839**	**7.61**	**288**	**0.57**
15-19岁	**49768**	**109**	**2.19**	**96**	**1.93**	**9**	**0.18**	**4**	**0.08**
15	11233	3	0.27	3	0.27				
16	8954	2	0.22	2	0.22				
17	8907	11	1.23	11	1.23				
18	9465	35	3.70	32	3.38	3	0.32		
19	11209	58	5.17	48	4.28	6	0.54	4	0.36
20-24岁	**44733**	**1328**	**29.69**	**1133**	**25.33**	**185**	**4.14**	**10**	**0.22**
20	10154	103	10.14	93	9.16	10	0.98		
21	8871	149	16.80	135	15.22	12	1.35	2	0.23
22	7989	249	31.17	212	26.54	35	4.38	2	0.25
23	8440	379	44.91	326	38.63	52	6.16	1	0.12
24	9279	448	48.28	367	39.55	76	8.19	5	0.54
25-29岁	**59517**	**4427**	**74.38**	**3422**	**57.50**	**957**	**16.08**	**48**	**0.81**
25	9472	604	63.77	468	49.41	131	13.83	5	0.53
26	10256	723	70.50	582	56.75	135	13.16	6	0.59
27	11699	933	79.75	763	65.22	158	13.51	12	1.03
28	12442	1021	82.06	774	62.21	235	18.89	12	0.96
29	15648	1146	73.24	835	53.36	298	19.04	13	0.83
30-34岁	**90139**	**4239**	**47.03**	**2331**	**25.86**	**1793**	**19.89**	**115**	**1.28**
30	18529	1111	59.96	718	38.75	369	19.91	24	1.30
31	17793	974	54.74	562	31.59	387	21.75	25	1.41
32	19413	911	46.93	479	24.67	397	20.45	35	1.80
33	18125	707	39.01	321	17.71	367	20.25	19	1.05
34	16279	536	32.93	251	15.42	273	16.77	12	0.74
35-39岁	**74382**	**1384**	**18.61**	**576**	**7.74**	**722**	**9.71**	**86**	**1.16**
35	14603	435	29.79	195	13.35	219	15.00	21	1.44
36	14219	326	22.93	125	8.79	177	12.45	24	1.69
37	14974	277	18.50	117	7.81	145	9.68	15	1.00
38	16719	213	12.74	87	5.20	111	6.64	15	0.90
39	13867	133	9.59	52	3.75	70	5.05	11	0.79
40-44岁	**82692**	**260**	**3.14**	**104**	**1.26**	**134**	**1.62**	**22**	**0.27**
40	18089	85	4.70	32	1.77	48	2.65	5	0.28
41	18023	81	4.49	31	1.72	41	2.27	9	0.50
42	15453	42	2.72	18	1.16	21	1.36	3	0.19
43	15372	32	2.08	15	0.98	14	0.91	3	0.20
44	15755	20	1.27	8	0.51	10	0.63	2	0.13
45-49岁	**103232**	**83**	**0.80**	**41**	**0.40**	**39**	**0.38**	**3**	**0.03**
45	15979	13	0.81	7	0.44	5	0.31	1	0.06
46	18754	12	0.64	8	0.43	4	0.21		
47	21585	28	1.30	10	0.46	17	0.79	1	0.05
48	22797	15	0.66	7	0.31	7	0.31	1	0.04
49	24117	15	0.62	9	0.37	6	0.25		

6-3a 全省育龄妇女分年龄、孩次的生育状况 (2019.11.1-2020.10.31)(城市)

单位：人、‰

年 龄	平均育龄妇女人数	出生人数	生育率	第一孩		第二孩		第三孩及以上	
				出生数	生育率	出生数	生育率	出生数	生育率
总 计	**239716**	**5988**	**24.98**	**4214**	**17.58**	**1661**	**6.93**	**113**	**0.47**
15-19岁	**21068**	**27**	**1.28**	**25**	**1.19**			**2**	**0.09**
15	4923	1	0.20	1	0.20				
16	4175	1	0.24	1	0.24				
17	3864	2	0.52	2	0.52				
18	3652	6	1.64	6	1.64				
19	4454	17	3.82	15	3.37			2	0.45
20-24岁	**21579**	**554**	**25.67**	**507**	**23.50**	**46**	**2.13**	**1**	**0.05**
20	4136	42	10.15	41	9.91	1	0.24		
21	4044	48	11.87	42	10.39	6	1.48		
22	4009	94	23.45	87	21.70	7	1.75		
23	4427	169	38.17	155	35.01	13	2.94	1	0.23
24	4963	201	40.50	182	36.67	19	3.83		
25-29岁	**30925**	**2296**	**74.24**	**1899**	**61.41**	**376**	**12.16**	**21**	**0.68**
25	5035	285	56.60	238	47.27	43	8.54	4	0.79
26	5475	372	67.95	326	59.54	44	8.04	2	0.37
27	6121	502	82.01	422	68.94	74	12.09	6	0.98
28	6411	511	79.71	421	65.67	85	13.26	5	0.78
29	7883	626	79.41	492	62.41	130	16.49	4	0.51
30-34岁	**45211**	**2210**	**48.88**	**1366**	**30.21**	**795**	**17.58**	**49**	**1.08**
30	9157	557	60.83	407	44.45	140	15.29	10	1.09
31	8947	513	57.34	324	36.21	182	20.34	7	0.78
32	9718	487	50.11	284	29.22	186	19.14	17	1.75
33	9177	367	39.99	202	22.01	157	17.11	8	0.87
34	8212	286	34.83	149	18.14	130	15.83	7	0.85
35-39岁	**37918**	**737**	**19.44**	**339**	**8.94**	**364**	**9.60**	**34**	**0.90**
35	7199	230	31.95	121	16.81	102	14.17	7	0.97
36	7337	167	22.76	71	9.68	86	11.72	10	1.36
37	7796	147	18.86	60	7.70	84	10.77	3	0.38
38	8611	127	14.75	60	6.97	57	6.62	10	1.16
39	6975	66	9.46	27	3.87	35	5.02	4	0.57
40-44岁	**39316**	**133**	**3.38**	**58**	**1.48**	**69**	**1.76**	**6**	**0.15**
40	8779	47	5.35	18	2.05	27	3.08	2	0.23
41	8869	48	5.41	21	2.37	25	2.82	2	0.23
42	7395	21	2.84	9	1.22	10	1.35	2	0.27
43	7096	9	1.27	5	0.70	4	0.56		
44	7177	8	1.11	5	0.70	3	0.42		
45-49岁	**43699**	**31**	**0.71**	**20**	**0.46**	**11**	**0.25**		
45	7062	7	0.99	4	0.57	3	0.42		
46	8052	2	0.25	2	0.25				
47	9187	8	0.87	4	0.44	4	0.44		
48	9357	5	0.53	4	0.43	1	0.11		
49	10041	9	0.90	6	0.60	3	0.30		

6-3b 全省育龄妇女分年龄、孩次的生育状况
(2019.11.1-2020.10.31)(镇)

单位：人、‰

年龄	平均育龄妇女人数	出生人数	生育率	第一孩		第二孩		第三孩及以上	
				出生数	生育率	出生数	生育率	出生数	生育率
总计	**116506**	**3135**	**26.91**	**2035**	**17.47**	**1053**	**9.04**	**47**	**0.40**
15-19岁	**13318**	**24**	**1.80**	**23**	**1.73**	**1**	**0.08**		
15	2634	1	0.38	1	0.38				
16	2130								
17	2229	4	1.79	4	1.79				
18	2802	6	2.14	5	1.78	1	0.36		
19	3523	13	3.69	13	3.69				
20-24岁	**11500**	**316**	**27.48**	**269**	**23.39**	**46**	**4.00**	**1**	**0.09**
20	3082	16	5.19	15	4.87	1	0.32		
21	2345	34	14.50	31	13.22	3	1.28		
22	1918	59	30.76	48	25.03	11	5.74		
23	1963	87	44.32	75	38.21	12	6.11		
24	2192	120	54.74	100	45.62	19	8.67	1	0.46
25-29岁	**14687**	**1184**	**80.62**	**942**	**64.14**	**236**	**16.07**	**6**	**0.41**
25	2313	170	73.50	141	60.96	29	12.54		
26	2497	181	72.49	146	58.47	35	14.02		
27	2840	249	87.68	214	75.35	32	11.27	3	1.06
28	3084	293	95.01	227	73.61	65	21.08	1	0.32
29	3953	291	73.61	214	54.14	75	18.97	2	0.51
30-34岁	**22320**	**1189**	**53.27**	**636**	**28.49**	**533**	**23.88**	**20**	**0.90**
30	4637	315	67.93	202	43.56	110	23.72	3	0.65
31	4434	271	61.12	164	36.99	100	22.55	7	1.58
32	4888	236	48.28	124	25.37	107	21.89	5	1.02
33	4401	206	46.81	76	17.27	126	28.63	4	0.91
34	3960	161	40.66	70	17.68	90	22.73	1	0.25
35-39岁	**17044**	**338**	**19.83**	**135**	**7.92**	**188**	**11.03**	**15**	**0.88**
35	3465	116	33.48	42	12.12	68	19.62	6	1.73
36	3340	71	21.26	30	8.98	39	11.68	2	0.60
37	3519	73	20.74	34	9.66	35	9.95	4	1.14
38	3685	49	13.30	17	4.61	30	8.14	2	0.54
39	3035	29	9.56	12	3.95	16	5.27	1	0.33
40-44岁	**17709**	**64**	**3.61**	**21**	**1.19**	**38**	**2.15**	**5**	**0.28**
40	4094	19	4.64	5	1.22	13	3.18	1	0.24
41	3864	15	3.88	3	0.78	9	2.33	3	0.78
42	3263	14	4.29	5	1.53	8	2.45	1	0.31
43	3278	12	3.66	7	2.14	5	1.53		
44	3210	4	1.25	1	0.31	3	0.93		
45-49岁	**19928**	**20**	**1.00**	**9**	**0.45**	**11**	**0.55**		
45	3187	4	1.26	2	0.63	2	0.63		
46	3717	1	0.27			1	0.27		
47	4177	9	2.15	2	0.48	7	1.68		
48	4398	4	0.91	3	0.68	1	0.23		
49	4449	2	0.45	2	0.45				

6–3c 全省育龄妇女分年龄、孩次的生育状况 (2019.11.1–2020.10.31)(乡村)

单位：人、‰

年龄	平均育龄妇女人数	出生人数	生育率	第一孩		第二孩		第三孩及以上	
				出生数	生育率	出生数	生育率	出生数	生育率
总计	**148241**	**2707**	**18.26**	**1454**	**9.81**	**1125**	**7.59**	**128**	**0.86**
15–19岁	**15382**	**58**	**3.77**	**48**	**3.12**	**8**	**0.52**	**2**	**0.13**
15	3676	1	0.27	1	0.27				
16	2649	1	0.38	1	0.38				
17	2814	5	1.78	5	1.78				
18	3011	23	7.64	21	6.97	2	0.66		
19	3232	28	8.66	20	6.19	6	1.86	2	0.62
20–24岁	**11654**	**458**	**39.30**	**357**	**30.63**	**93**	**7.98**	**8**	**0.69**
20	2936	45	15.33	37	12.60	8	2.72		
21	2482	67	26.99	62	24.98	3	1.21	2	0.81
22	2062	96	46.56	77	37.34	17	8.24	2	0.97
23	2050	123	60.00	96	46.83	27	13.17		
24	2124	127	59.79	85	40.02	38	17.89	4	1.88
25–29岁	**13905**	**947**	**68.10**	**581**	**41.78**	**345**	**24.81**	**21**	**1.51**
25	2124	149	70.15	89	41.90	59	27.78	1	0.47
26	2284	170	74.43	110	48.16	56	24.52	4	1.75
27	2738	182	66.47	127	46.38	52	18.99	3	1.10
28	2947	217	73.63	126	42.76	85	28.84	6	2.04
29	3812	229	60.07	129	33.84	93	24.40	7	1.84
30–34岁	**22608**	**840**	**37.15**	**329**	**14.55**	**465**	**20.57**	**46**	**2.03**
30	4735	239	50.48	109	23.02	119	25.13	11	2.32
31	4412	190	43.06	74	16.77	105	23.80	11	2.49
32	4807	188	39.11	71	14.77	104	21.64	13	2.70
33	4547	134	29.47	43	9.46	84	18.47	7	1.54
34	4107	89	21.67	32	7.79	53	12.90	4	0.97
35–39岁	**19420**	**309**	**15.91**	**102**	**5.25**	**170**	**8.75**	**37**	**1.91**
35	3939	89	22.59	32	8.12	49	12.44	8	2.03
36	3542	88	24.84	24	6.78	52	14.68	12	3.39
37	3659	57	15.58	23	6.29	26	7.11	8	2.19
38	4423	37	8.37	10	2.26	24	5.43	3	0.68
39	3857	38	9.85	13	3.37	19	4.93	6	1.56
40–44岁	**25667**	**63**	**2.45**	**25**	**0.97**	**27**	**1.05**	**11**	**0.43**
40	5216	19	3.64	9	1.73	8	1.53	2	0.38
41	5290	18	3.40	7	1.32	7	1.32	4	0.76
42	4795	7	1.46	4	0.83	3	0.63		
43	4998	11	2.20	3	0.60	5	1.00	3	0.60
44	5368	8	1.49	2	0.37	4	0.75	2	0.37
45–49岁	**39605**	**32**	**0.81**	**12**	**0.30**	**17**	**0.43**	**3**	**0.08**
45	5730	2	0.35	1	0.17			1	0.17
46	6985	9	1.29	6	0.86	3	0.43		
47	8221	11	1.34	4	0.49	6	0.73	1	0.12
48	9042	6	0.66			5	0.55	1	0.11
49	9627	4	0.42	1	0.10	3	0.31		

6-4 各地区育龄妇女年龄别生育率

单位：‰

地　区	15-19岁	20-24岁	25-29岁	30-34岁	35-39岁	40-44岁	45-49岁	总　和 生育率
全　省	**2.19**	**29.69**	**74.38**	**47.03**	**18.61**	**3.14**	**0.80**	**879.21**
长春市	1.36	22.08	72.63	48.20	20.30	3.16	0.77	842.48
吉林市	2.25	29.85	76.09	45.01	17.79	3.65	0.84	877.35
四平市	3.86	32.05	74.03	38.81	14.79	3.23	0.73	837.52
辽源市	2.24	43.35	67.91	48.15	19.53	1.43	1.33	919.68
通化市	1.24	35.97	79.41	56.22	24.43	3.65	0.49	1007.11
白山市	3.77	40.43	84.49	58.70	18.50	3.26	0.84	1049.98
松原市	3.88	49.75	73.47	37.11	13.98	2.20	0.77	905.74
白城市	4.78	51.88	74.48	38.16	12.51	3.17	1.21	930.95
延边朝鲜族自治州	1.92	30.85	77.77	57.50	20.37	3.83	0.53	963.96
长白山管委会		63.16	98.36	101.69	31.06			1471.35
梅河口市	1.11	49.57	77.65	47.00	17.77	3.15	0.88	985.61

6-4a 各地区育龄妇女年龄别生育率(城市)

单位：‰

地　区	15-19岁	20-24岁	25-29岁	30-34岁	35-39岁	40-44岁	45-49岁	总　和 生育率
全　省	**1.28**	**25.67**	**74.24**	**48.88**	**19.44**	**3.38**	**0.71**	**868.05**
长春市	0.69	18.20	69.52	49.65	21.08	3.26	0.86	816.37
吉林市	2.02	32.72	76.16	44.75	18.42	4.00	0.13	890.98
四平市	0.80	31.76	87.80	40.93	17.81	2.24		906.73
辽源市	1.81	38.79	81.19	45.59	20.82	1.36	0.57	950.58
通化市	1.03	21.63	86.81	63.93	22.78	5.62	0.93	1013.66
白山市	3.51	41.45	83.86	57.77	17.11	1.83	1.36	1034.43
松原市	1.59	46.81	80.29	40.33	14.33	1.20		922.77
白城市	4.46	43.66	60.00	31.06	8.88	3.80	3.13	775.01
延边朝鲜族自治州	1.04	26.93	77.74	59.29	21.58	4.30	0.21	955.53
长白山管委会								
梅河口市	1.66	48.25	75.20	52.26	19.08	5.19	1.64	1016.41

6−4b　各地区育龄妇女年龄别生育率(镇)

单位：‰

地　区	15−19岁	20−24岁	25−29岁	30−34岁	35−39岁	40−44岁	45−49岁	总和生育率
全　省	**1.80**	**27.48**	**80.62**	**53.27**	**19.83**	**3.61**	**1.00**	**938.08**
长春市	0.90	20.81	84.39	58.16	23.29	4.44	0.77	963.81
吉林市	2.34	18.32	88.76	46.95	17.32	2.96	1.04	888.47
四平市	4.91	43.86	57.86	42.19	9.42	2.24	1.26	808.70
辽源市	2.04	37.45	53.30	57.99	23.30	1.30	1.27	883.34
通化市		40.40	75.32	50.77	19.03	2.80	0.59	944.59
白山市	3.48	37.23	85.93	67.66	21.16	4.18	0.60	1101.27
松原市	3.78	39.89	76.57	37.68	14.80	3.72	2.18	893.15
白城市	3.21	42.79	83.42	43.51	16.18	2.67	1.07	964.19
延边朝鲜族自治州		51.50	79.11	56.74	17.54	6.27	0.84	1059.96
长白山管委会		63.16	98.36	101.69	31.06			1471.35
梅河口市		62.50	64.10	42.02	21.74			951.79

6−4c　各地区育龄妇女年龄别生育率(乡村)

单位：‰

地　区	15−19岁	20−24岁	25−29岁	30−34岁	35−39岁	40−44岁	45−49岁	总和生育率
全　省	**3.77**	**39.30**	**68.10**	**37.15**	**15.91**	**2.45**	**0.81**	**837.52**
长春市	2.82	32.60	64.82	32.02	15.07	1.98	0.66	749.90
吉林市	2.52	33.96	69.46	44.55	16.52	3.29	1.72	860.10
四平市	5.48	28.13	68.26	33.81	14.65	4.74	1.01	780.45
辽源市	2.68	52.30	53.46	45.98	14.91	1.60	2.06	864.91
通化市	2.81	53.23	72.18	50.88	32.40	1.94		1067.19
白山市	5.49	44.30	82.42	36.04	16.53	5.54		951.58
松原市	5.54	59.16	64.53	34.23	13.10	1.98	0.55	895.49
白城市	7.63	73.06	83.33	40.82	13.33	3.00		1105.85
延边朝鲜族自治州	8.67	39.86	76.60	47.74	17.30		1.28	957.25
长白山管委会								
梅河口市		50.18	85.57	37.22	14.23			935.99

6-5　各地区按活产子女数分的15-64岁妇女人数

单位：人

地　　区	15-64岁妇女人数	活产0个	活产1个	活产2个	活产3个	活产4个	活产5个及以上
全　省	**796338**	**163059**	**433180**	**173212**	**21784**	**4098**	**1005**
长春市	311630	80256	160310	60986	8159	1557	362
吉林市	117624	21158	69178	23967	2725	484	112
四平市	58594	10740	31218	14725	1581	276	54
辽源市	32887	5379	19339	7495	590	72	12
通化市	43814	7655	24696	10241	1018	173	31
白山市	31207	4683	18520	6888	897	164	55
松原市	73740	11081	36786	20820	3927	867	259
白城市	51376	7882	30470	11494	1220	247	63
延边朝鲜族自治州	55806	10492	32109	11826	1147	190	42
长白山管委会	1978	319	1145	462	40	11	1
梅河口市	17682	3414	9409	4308	480	57	14

6-6　全省按受教育程度、活产子女数分的15-64岁妇女人数

单位：人

受教育程度	15-64岁妇女人数	活产0个	活产1个	活产2个	活产3个	活产4个	活产5个及以上
总　计	**796338**	**163059**	**433180**	**173212**	**21784**	**4098**	**1005**
未上过学	5760	901	1738	2261	647	163	50
学前教育	158	47	51	50	8		2
小　学	119690	4980	49650	52382	10138	2010	530
初　中	312070	28317	186329	86234	9212	1614	364
高　中	162901	41808	100440	18994	1375	233	51
大学专科	80751	28228	45856	6393	224	45	5
大学本科	103606	52484	44810	6117	165	28	2
硕士研究生	10107	5610	3795	682	14	5	1
博士研究生	1295	684	511	99	1		

6-7　全省按职业、活产子女数分的15-64岁妇女人数

单位：人

职业大类	15-64岁妇女人数	活产0个	活产1个	活产2个	活产3个	活产4个	活产5个及以上	妇女平均活产子女数
总　计	**396563**	**62414**	**225045**	**94855**	**11656**	**2069**	**524**	**1.16**
党的机关、国家机关、群众团体和社会组织、企事业单位负责人	4126	660	2736	684	42	2	2	1.03
专业技术人员	65851	18789	41150	5691	175	37	9	0.81
办事人员和有关人员	31130	7791	20369	2850	102	18		0.85
社会生产服务和生活服务人员	130406	25297	82243	21043	1552	240	31	1.00
农、林、牧、渔业生产及辅助人员	142210	6584	63226	60705	9486	1737	472	1.56
生产制造及有关人员	22556	3072	15271	3870	298	35	10	1.07
不便分类的其他从业人员	284	221	50	12	1			0.27

6-8　各地区按存活子女数分的15-64岁妇女人数

单位：人

地　区	15-64岁妇女人数	存活0个	存活1个	存活2个	存活3个	存活4个	存活5个及以上
全　省	**796338**	**178335**	**426074**	**167273**	**20389**	**3481**	**786**
长春市	311630	85345	157886	59080	7688	1343	288
吉林市	117624	23163	68272	23152	2552	397	88
四平市	58594	11979	30656	14218	1468	237	36
辽源市	32887	6160	18926	7210	535	47	9
通化市	43814	8563	24286	9883	922	135	25
白山市	31207	5425	18172	6593	835	141	41
松原市	73740	12734	36121	20148	3736	780	221
白城市	51376	9024	29975	11025	1111	197	44
延边朝鲜族自治州	55806	11816	31375	11377	1064	149	25
长白山管委会	1978	327	1162	446	37	6	
梅河口市	17682	3799	9243	4141	441	49	9

6-9 全省按受教育程度、存活子女数分的15-64岁妇女人数

单位：人

受教育程度	15-64岁妇女人数	存活0个	存活1个	存活2个	存活3个	存活4个	存活5个及以上
总　计	**796338**	**178335**	**426074**	**167273**	**20389**	**3481**	**786**
未上过学	5760	1047	1743	2177	607	142	44
学前教育	158	56	50	42	8	1	1
小　学	119690	7662	49456	50865	9511	1775	421
初　中	312070	35234	183180	83395	8631	1342	288
高　中	162901	44989	98319	18124	1267	173	29
大学专科	80751	29388	45040	6089	205	28	1
大学本科	103606	53573	44048	5820	146	18	1
硕士研究生	10107	5688	3739	664	13	2	1
博士研究生	1295	698	499	97	1		

6-10 全省按职业、存活子女数分的15-64岁妇女人数

单位：人

职业大类	15-64岁妇女人数	存活0个	存活1个	存活2个	存活3个	存活4个	存活5个及以上	妇女平均存活子女数
总　计	**396563**	**69756**	**221892**	**91841**	**10906**	**1756**	**412**	**1.13**
党的机关、国家机关、群众团体和社会组织、企事业单位负责人	4126	717	2710	656	39	2	2	1.01
专业技术人员	65851	19836	40388	5441	157	24	5	0.79
办事人员和有关人员	31130	8321	19973	2734	89	13		0.83
社会生产服务和生活服务人员	130406	27814	80781	20169	1444	177	21	0.97
农、林、牧、渔业生产及辅助人员	142210	9311	62995	59107	8906	1514	377	1.52
生产制造及有关人员	22556	3532	14997	3724	270	26	7	1.04
不便分类的其他从业人员	284	225	48	10	1			0.25

6-11　各地区15-64岁妇女平均活产子女数和平均存活子女数

单位：人、%

地　　区	15-64岁妇女人数	活产子女总数			存活子女总数			存活子女数占活产子女数的百分比	妇女平均活产子女数	妇女平均存活子女数
		合计	男	女	合计	男	女			
全　省	**796338**	**866752**	**453454**	**413298**	**839872**	**437432**	**402440**	**96.90**	**1.09**	**1.05**
长春市	311630	314931	165784	149147	306004	160557	145447	97.17	1.01	0.98
吉林市	117624	127818	66276	61542	124279	64113	60166	97.23	1.09	1.06
四平市	58594	66811	35361	31450	64635	34048	30587	96.74	1.14	1.10
辽源市	32887	36451	18989	17462	35186	18221	16965	96.53	1.11	1.07
通化市	43814	49095	25428	23667	47494	24459	23035	96.74	1.12	1.08
白山市	31207	35940	18533	17407	34653	17771	16882	96.42	1.15	1.11
松原市	73740	95048	49955	45093	91908	48077	43831	96.70	1.29	1.25
白城市	51376	58450	30305	28145	56381	29040	27341	96.46	1.14	1.10
延边朝鲜族自治州	55806	60197	31299	28898	58052	30033	28019	96.44	1.08	1.04
长白山管委会	1978	2238	1150	1088	2189	1127	1062	97.81	1.13	1.11
梅河口市	17682	19773	10374	9399	19091	9986	9105	96.55	1.12	1.08

6-12 全省按年龄分的15-64岁妇女平均活产子女数和平均存活子女数

单位：人、%

年龄	15-64岁妇女人数	活产子女总数			存活子女总数			存活子女数占活产子女数的百分比	妇女平均活产子女数	妇女平均存活子女数
		合计	男	女	合计	男	女			
总 计	**796338**	**866752**	**453454**	**413298**	**839872**	**437432**	**402440**	**96.90**	**1.09**	**1.05**
15-19岁	**49278**	**151**	**75**	**76**	**149**	**74**	**75**	**98.68**		
15	10573	4	1	3	4	1	3	100.00		
16	10970	3	1	2	3	1	2	100.00		
17	8175	9	4	5	9	4	5	100.00		
18	8761	44	18	26	44	18	26	100.00	0.01	0.01
19	10799	91	51	40	89	50	39	97.80	0.01	0.01
20-24岁	**45609**	**4952**	**2575**	**2377**	**4846**	**2508**	**2338**	**97.86**	**0.11**	**0.11**
20	11051	229	122	107	224	120	104	97.82	0.02	0.02
21	9137	419	219	200	408	211	197	97.37	0.05	0.04
22	8422	744	399	345	729	388	341	97.98	0.09	0.09
23	8231	1392	731	661	1363	713	650	97.92	0.17	0.17
24	8768	2168	1104	1064	2122	1076	1046	97.88	0.25	0.24
25-29岁	**55986**	**32411**	**16841**	**15570**	**31611**	**16396**	**15215**	**97.53**	**0.58**	**0.56**
25	9527	3140	1609	1531	3059	1559	1500	97.42	0.33	0.32
26	9694	4245	2189	2056	4142	2128	2014	97.57	0.44	0.43
27	11278	6292	3266	3026	6127	3169	2958	97.38	0.56	0.54
28	12089	8105	4222	3883	7924	4124	3800	97.77	0.67	0.66
29	13398	10629	5555	5074	10359	5416	4943	97.46	0.79	0.77
30-34岁	**90937**	**91261**	**47622**	**43639**	**88964**	**46324**	**42640**	**97.48**	**1.00**	**0.98**
30	17713	15544	8093	7451	15189	7878	7311	97.72	0.88	0.86
31	18454	17774	9252	8522	17336	9009	8327	97.54	0.96	0.94
32	17962	18115	9429	8686	17679	9179	8500	97.59	1.01	0.98
33	19575	20898	10901	9997	20324	10586	9738	97.25	1.07	1.04
34	17233	18930	9947	8983	18436	9672	8764	97.39	1.10	1.07
35-39岁	**74883**	**87134**	**45398**	**41736**	**84757**	**44039**	**40718**	**97.27**	**1.16**	**1.13**
35	14911	16931	8798	8133	16473	8541	7932	97.29	1.14	1.10
36	14377	16671	8571	8100	16237	8322	7915	97.40	1.16	1.13
37	14278	16551	8733	7818	16074	8469	7605	97.12	1.16	1.13
38	16972	19973	10381	9592	19445	10068	9377	97.36	1.18	1.15
39	14345	17008	8915	8093	16528	8639	7889	97.18	1.19	1.15
40-44岁	**82122**	**97585**	**50708**	**46877**	**94957**	**49207**	**45750**	**97.31**	**1.19**	**1.16**
40	15950	18979	9806	9173	18524	9556	8968	97.60	1.19	1.16
41	18652	22207	11528	10679	21620	11194	10426	97.36	1.19	1.16
42	16740	19730	10365	9365	19170	10038	9132	97.16	1.18	1.15
43	14882	17705	9212	8493	17208	8908	8300	97.19	1.19	1.16
44	15898	18964	9797	9167	18435	9511	8924	97.21	1.19	1.16
45-49岁	**98876**	**120779**	**63155**	**57624**	**117158**	**60991**	**56167**	**97.00**	**1.22**	**1.18**
45	15656	18814	9740	9074	18257	9435	8822	97.04	1.20	1.17
46	17273	20905	10893	10012	20316	10529	9787	97.18	1.21	1.18
47	20636	25206	13187	12019	24408	12732	11676	96.83	1.22	1.18
48	21980	27034	14177	12857	26208	13676	12532	96.94	1.23	1.19
49	23331	28820	15158	13662	27969	14619	13350	97.05	1.24	1.20
50-54岁	**111461**	**146603**	**76608**	**69995**	**141857**	**73767**	**68090**	**96.76**	**1.32**	**1.27**
50	24653	31007	16070	14937	30001	15486	14515	96.76	1.26	1.22
51	22443	28615	15018	13597	27725	14492	13233	96.89	1.28	1.24
52	23635	31114	16252	14862	30133	15646	14487	96.85	1.32	1.27
53	19735	26921	14021	12900	26028	13484	12544	96.68	1.36	1.32
54	20995	28946	15247	13699	27970	14659	13311	96.63	1.38	1.33
55-59岁	**102769**	**149261**	**78574**	**70687**	**144063**	**75374**	**68689**	**96.52**	**1.45**	**1.40**
55	22116	30775	16202	14573	29760	15579	14181	96.70	1.39	1.35
56	22197	31581	16546	15035	30513	15895	14618	96.62	1.42	1.37
57	25100	36170	19041	17129	34923	18281	16642	96.55	1.44	1.39
58	19512	29312	15530	13782	28234	14846	13388	96.32	1.50	1.45
59	13844	21423	11255	10168	20633	10773	9860	96.31	1.55	1.49
60-64岁	**84417**	**136615**	**71898**	**64717**	**131510**	**68752**	**62758**	**96.26**	**1.62**	**1.56**
60	18437	28765	15175	13590	27742	14548	13194	96.44	1.56	1.50
61	14550	22990	12017	10973	22154	11512	10642	96.36	1.58	1.52
62	17063	27335	14385	12950	26310	13761	12549	96.25	1.60	1.54
63	17701	29088	15358	13730	27977	14662	13315	96.18	1.64	1.58
64	16666	28437	14963	13474	27327	14269	13058	96.10	1.71	1.64

6-13 全省按受教育程度分的15-64岁妇女平均活产子女数和平均存活子女数

单位：人、%

受教育程度	15-64岁妇女人数	活产子女总数		
		合计	男	女
总　计	**796338**	**866752**	**453454**	**413298**
未上过学	5760	9110	4803	4307
学前教育	158	187	101	86
小　学	119690	195745	102856	92889
初　中	312070	394835	206610	188225
高　中	162901	143754	74842	68912
大学专科	80751	59522	31126	28396
大学本科	103606	57661	30044	27617
硕士研究生	10107	5226	2702	2524
博士研究生	1295	712	370	342

6-13 续表

单位：人、%

受教育程度	存活子女总数			存活子女数占活产子女数的百分比	妇女平均活产子女数	妇女平均存活子女数
	合计	男	女			
总　计	**839872**	**437432**	**402440**	**96.90**	**1.09**	**1.05**
未上过学	8712	4549	4163	95.63	1.58	1.51
学前教育	167	90	77	89.30	1.18	1.06
小　学	189060	98710	90350	96.58	1.64	1.58
初　中	382756	199430	183326	96.94	1.27	1.23
高　中	139208	72181	67027	96.84	0.88	0.85
大学专科	57951	30244	27707	97.36	0.74	0.72
大学本科	56203	29232	26971	97.47	0.56	0.54
硕士研究生	5119	2638	2481	97.95	0.52	0.51
博士研究生	696	358	338	97.75	0.55	0.54

第二部分　长表数据资料

第七卷　迁移和户口登记地

7-1　全省按现住地、户口登记地类型分的户口登记地在外乡镇街道人口

单位：人

现住地	合计					省内				
	合计	乡	镇的村委会	镇的居委会	街道	小计	乡	镇的村委会	镇的居委会	街道
全　省	**878563**	**148351**	**298192**	**77256**	**354764**	**785150**	**130466**	**259823**	**68264**	**326597**
长春市	390075	67415	139761	29348	153551	336202	56942	118751	23875	136634
吉林市	124745	17197	40484	8467	58597	115217	15622	36636	7822	55137
四平市	50617	6995	16875	5344	21403	45869	6253	14734	4800	20082
辽源市	30120	4177	9190	3261	13492	28580	3911	8579	3084	13006
通化市	39847	4117	13363	6048	16319	36957	3777	12078	5705	15397
白山市	32664	1932	8275	6224	16233	30792	1688	7391	5970	15743
松原市	76310	24499	27390	4458	19963	73032	23614	26007	4214	19197
白城市	49209	12051	14101	4259	18798	45612	11067	12751	3920	17874
延边朝鲜族自治州	64835	6648	22592	7336	28259	54081	4484	17179	6545	25873
长白山管委会	1663	103	642	560	358	1427	83	549	485	310
梅河口市	18478	3217	5519	1951	7791	17381	3025	5168	1844	7344

7-1　续表 1

单位：人

现住地	省外									
	小计					北京				
	小计	乡	镇的村委会	镇的居委会	街道	小计	乡	镇的村委会	镇的居委会	街道
全　省	**93413**	**17885**	**38369**	**8992**	**28167**	**883**	**39**	**89**	**63**	**692**
长春市	53873	10473	21010	5473	16917	457	18	54	28	357
吉林市	9528	1575	3848	645	3460	124	5	8	7	104
四平市	4748	742	2141	544	1321	29	3	2	2	22
辽源市	1540	266	611	177	486	40	4	2	6	28
通化市	2890	340	1285	343	922	43	2	3	2	36
白山市	1872	244	884	254	490	28		5	6	17
松原市	3278	885	1383	244	766	48	4	7	2	35
白城市	3597	984	1350	339	924	52	2	5	6	39
延边朝鲜族自治州	10754	2164	5413	791	2386	50	1	3	3	43
长白山管委会	236	20	93	75	48	1				1
梅河口市	1097	192	351	107	447	11			1	10

7-1 续表 2

单位：人

现住地	省外									
	天津					河北				
	小计	乡	镇的村委会	镇的居委会	街道	小计	乡	镇的村委会	镇的居委会	街道
全省	**974**	**78**	**246**	**88**	**562**	**5345**	**1051**	**2226**	**479**	**1589**
长春市	636	46	168	48	374	3319	648	1347	326	998
吉林市	97	11	16	5	65	645	173	258	20	194
四平市	51	1	23	7	20	226	24	97	32	73
辽源市	15	4	1	1	9	87	13	43	8	23
通化市	45		14	9	22	176	10	76	27	63
白山市	21		6	4	11	106	12	54	15	25
松原市	35	6	6	2	21	183	35	105	9	34
白城市	22	7	3	4	8	178	57	72	6	43
延边朝鲜族自治州	32	1	5	6	20	334	63	140	25	106
长白山管委会	1			1		10		3	3	4
梅河口市	19	2	4	1	12	81	16	31	8	26

7-1 续表 3

单位：人

现住地	省外									
	山西					内蒙古				
	小计	乡	镇的村委会	镇的居委会	街道	小计	乡	镇的村委会	镇的居委会	街道
全省	**1730**	**280**	**572**	**196**	**682**	**7751**	**1356**	**3225**	**1009**	**2161**
长春市	1288	209	394	155	530	4089	696	1604	591	1198
吉林市	164	27	59	9	69	621	109	219	73	220
四平市	68	6	28	15	19	583	70	274	55	184
辽源市	16	2	8	3	3	98	14	41	17	26
通化市	32	2	16	3	11	136	18	65	16	37
白山市	30	1	19	1	9	90	13	36	20	21
松原市	21	8	7	3	3	385	96	176	45	68
白城市	45	17	10	3	15	1138	231	536	126	245
延边朝鲜族自治州	57	7	24	4	22	538	89	258	52	139
长白山管委会	1		1			20	7	3	7	3
梅河口市	8	1	6		1	53	13	13	7	20

7-1　续表 4　　　　单位：人

现住地	省外									
	辽宁					黑龙江				
	小计	乡	镇的村委会	镇的居委会	街道	小计	乡	镇的村委会	镇的居委会	街道
全　省	**14239**	**2327**	**5681**	**1248**	**4983**	**27879**	**6541**	**12140**	**2579**	**6619**
长春市	6571	1114	2424	521	2512	15421	3703	6462	1493	3763
吉林市	1459	209	607	86	557	2486	468	1075	202	741
四平市	2051	346	994	205	506	746	148	272	105	221
辽源市	663	107	295	82	179	285	68	91	32	94
通化市	1022	111	492	120	299	445	79	167	60	139
白山市	362	53	144	40	125	342	42	167	52	81
松原市	355	97	132	28	98	1433	455	578	97	303
白城市	378	99	125	27	127	979	286	370	93	230
延边朝鲜族自治州	896	128	326	74	368	5497	1246	2870	402	979
长白山管委会	69	2	19	29	19	60	6	25	20	9
梅河口市	413	61	123	36	193	185	40	63	23	59

7-1　续表 5　　　　单位：人

现住地	省外									
	上海					江苏				
	小计	乡	镇的村委会	镇的居委会	街道	小计	乡	镇的村委会	镇的居委会	街道
全　省	**272**	**5**	**38**	**30**	**199**	**2369**	**344**	**927**	**277**	**821**
长春市	152	2	27	19	104	1691	279	624	186	602
吉林市	36		3	1	32	218	22	82	26	88
四平市	13	1	3		9	63	3	30	11	19
辽源市	7	1		2	4	21	4	9	3	5
通化市	11			1	10	65	3	33	6	23
白山市	2				2	29	2	13	5	9
松原市	16		3	4	9	57	7	30	8	12
白城市	3		1		2	37	10	13	6	8
延边朝鲜族自治州	30	1	1	3	25	161	14	85	19	43
长白山管委会						6		2	3	1
梅河口市	2				2	21		6	4	11

7–1　续表 6　　单位：人

现住地	省外									
	浙江					安徽				
	小计	乡	镇的村委会	镇的居委会	街道	小计	乡	镇的村委会	镇的居委会	街道
全省	**2097**	**304**	**801**	**198**	**794**	**3274**	**701**	**1716**	**280**	**577**
长春市	1394	190	538	138	528	2190	490	1105	215	380
吉林市	196	13	57	11	115	369	75	204	15	75
四平市	83	12	36	10	25	80	10	47	6	17
辽源市	24		12		12	30	5	12	4	9
通化市	70	17	22	8	23	72	7	39	9	17
白山市	32	5	18	3	6	64	7	47	1	9
松原市	59	16	28	2	13	110	19	62	10	19
白城市	59	22	8	10	19	60	17	31	6	6
延边朝鲜族自治州	163	25	77	12	49	249	59	147	11	32
长白山管委会	1			1		2		2		
梅河口市	16	4	5	3	4	48	12	20	3	13

7–1　续表 7　　单位：人

现住地	省外									
	福建					江西				
	小计	乡	镇的村委会	镇的居委会	街道	小计	乡	镇的村委会	镇的居委会	街道
全省	**1259**	**191**	**617**	**109**	**342**	**1015**	**189**	**376**	**145**	**305**
长春市	816	141	380	78	217	706	144	261	106	195
吉林市	174	9	99	12	54	96	14	31	15	36
四平市	47	5	26	11	5	32	3	19	2	8
辽源市	21	4	10		7	9		4	1	4
通化市	28	3	7	1	17	45	1	15	10	19
白山市	24	3	16		5	9	4		1	4
松原市	25	10	8	4	3	36	7	20	1	8
白城市	23	7	11		5	27	9	12	2	4
延边朝鲜族自治州	84	9	53	3	19	48	6	12	4	26
长白山管委会										
梅河口市	17		7		10	7	1	2	3	1

7-1　续表 8　　　　单位：人

现住地	省外									
	山东					河南				
	小计	乡	镇的村委会	镇的居委会	街道	小计	乡	镇的村委会	镇的居委会	街道
全　省	**6296**	**1028**	**2900**	**515**	**1853**	**5113**	**1377**	**2282**	**339**	**1115**
长春市	3365	523	1404	279	1159	3430	958	1480	260	732
吉林市	726	109	361	37	219	545	129	239	16	161
四平市	139	22	64	12	41	132	28	57	9	38
辽源市	51	12	20	3	16	40	8	27	1	4
通化市	235	26	115	20	74	161	28	93	16	24
白山市	410	49	213	67	81	65	11	32	4	18
松原市	122	30	64	5	23	152	41	80	6	25
白城市	109	31	36	12	30	125	56	34	7	28
延边朝鲜族自治州	1047	213	577	73	184	423	104	225	16	78
长白山管委会	28	2	21	3	2	6	1	2		3
梅河口市	64	11	25	4	24	34	13	13	4	4

7-1　续表 9　　　　单位：人

现住地	省外									
	湖北					湖南				
	小计	乡	镇的村委会	镇的居委会	街道	小计	乡	镇的村委会	镇的居委会	街道
全　省	**1909**	**357**	**921**	**133**	**498**	**1093**	**175**	**439**	**132**	**347**
长春市	899	172	333	78	316	768	131	291	101	245
吉林市	191	40	86	11	54	128	17	65	8	38
四平市	42	11	8	8	15	27	4	10	4	9
辽源市	24	3	10	1	10	8	1	3	3	1
通化市	22	2	10	3	7	22	2	9	2	9
白山市	18	5	8	2	3	28	5	16	3	4
松原市	30	8	7	2	13	20	3	14		3
白城市	33	10	9	4	10	16	2	10		4
延边朝鲜族自治州	634	106	440	22	66	49	10	17	8	14
长白山管委会	4		2	1	1	4			3	1
梅河口市	12		8	1	3	23		4		19

7-1 续表 10

单位：人

现住地	省外									
	广东					广西				
	小计	乡	镇的村委会	镇的居委会	街道	小计	乡	镇的村委会	镇的居委会	街道
全省	**1246**	**57**	**175**	**113**	**901**	**699**	**109**	**231**	**80**	**279**
长春市	747	32	105	63	547	480	66	150	66	198
吉林市	202	9	21	16	156	96	13	33	4	46
四平市	25		8	4	13	30	6	14	2	8
辽源市	35	3	4	3	25	6	1	2	1	2
通化市	35		5	1	29	21		17		4
白山市	33		5	7	21	9	1	2	1	5
松原市	38	4	11	3	20	11	1	3	1	6
白城市	38	3	6	8	21	32	16	9	3	4
延边朝鲜族自治州	75	5	10	7	53	12	5		2	5
长白山管委会	1				1					
梅河口市	17	1		1	15	2		1		1

7-1 续表 11

单位：人

现住地	省外									
	海南					重庆				
	小计	乡	镇的村委会	镇的居委会	街道	小计	乡	镇的村委会	镇的居委会	街道
全省	**578**	**48**	**160**	**82**	**288**	**764**	**101**	**292**	**66**	**305**
长春市	412	36	134	66	176	501	72	173	41	215
吉林市	58	2	7	5	44	118	11	58	6	43
四平市	31	1	12	5	13	19	1	10	5	3
辽源市	9				9	3	1	1		1
通化市	13		3	2	8	23	2	18		3
白山市	8				8	10		6	3	1
松原市	7			1	6	21	4	7		10
白城市	17	8			9	22	3	3	7	9
延边朝鲜族自治州	20	1	4	3	12	40	4	15	4	17
长白山管委会						1		1		
梅河口市	3				3	6	3			3

7-1　续表 12

单位：人

现住地	省外									
	四川					贵州				
	小计	乡	镇的村委会	镇的居委会	街道	小计	乡	镇的村委会	镇的居委会	街道
全省	**1738**	**360**	**620**	**174**	**584**	**938**	**202**	**335**	**140**	**261**
长春市	1123	224	389	115	395	606	121	207	111	167
吉林市	196	25	74	18	79	134	15	52	6	61
四平市	46	9	20	5	12	37	4	18	7	8
辽源市	22	2	7	4	9	2	1		1	
通化市	63	13	24	9	17	19		10	7	2
白山市	71	23	33	6	9	8	4	3		1
松原市	40	18	10	2	10	8	1	7		
白城市	48	20	12	3	13	62	36	13	3	10
延边朝鲜族自治州	100	21	41	9	29	55	18	21	4	12
长白山管委会	10	1	5	1	3	1		1		
梅河口市	19	4	5	2	8	6	2	3	1	

7-1　续表 13

单位：人

现住地	省外									
	云南					西藏				
	小计	乡	镇的村委会	镇的居委会	街道	小计	乡	镇的村委会	镇的居委会	街道
全省	**545**	**92**	**229**	**70**	**154**	**168**	**54**	**61**	**19**	**34**
长春市	344	57	140	49	98	116	31	47	10	28
吉林市	62	11	17	5	29	8	5	2		1
四平市	23	2	12	4	5	5	1	2	2	
辽源市	5	1	3		1	4	1	2		1
通化市	18	1	8	1	8	14	10	3	1	
白山市	19	2	15	1	1	5		1	2	2
松原市	7	2	4	1		7	3		4	
白城市	16	4	6	1	5	6	3	1		2
延边朝鲜族自治州	47	10	22	8	7					
长白山管委会	1		1			2		2		
梅河口市	3	2	1			1		1		

7–1 续表 14

单位：人

现住地	省外									
	陕西					甘肃				
	小计	乡	镇的村委会	镇的居委会	街道	小计	乡	镇的村委会	镇的居委会	街道
全省	**1077**	**131**	**421**	**129**	**396**	**836**	**168**	**294**	**101**	**273**
长春市	756	96	296	90	274	570	114	191	85	180
吉林市	106	8	34	15	49	117	16	43	3	55
四平市	40	4	21	6	9	31	4	18	2	7
辽源市	3	1	2			4	1	2		1
通化市	24	1	13	5	5	18	1	5	2	10
白山市	32	2	14	6	10	9		7	2	
松原市	34	6	6	2	20	11	2	6	1	2
白城市	15	3	5		7	40	23	7	1	9
延边朝鲜族自治州	50	7	21	2	20	29	6	12	3	8
长白山管委会	4		2	2		3	1	1	1	
梅河口市	13	3	7	1	2	4		2	1	1

7–1 续表 15

单位：人

现住地	省外									
	青海					宁夏				
	小计	乡	镇的村委会	镇的居委会	街道	小计	乡	镇的村委会	镇的居委会	街道
全省	**277**	**61**	**69**	**41**	**106**	**260**	**31**	**73**	**42**	**114**
长春市	185	36	49	25	75	193	21	55	33	84
吉林市	39	13	8	3	15	42	6	11	5	20
四平市	19	5	5	3	6	7	2	3	1	1
辽源市	2	1			1					
通化市	2		1		1	2		1		1
白山市	2		1	1		2		1		1
松原市										
白城市	4		1		3	6	1	1		4
延边朝鲜族自治州	19	3	4	8	4	5	1		1	3
长白山管委会										
梅河口市	5	3		1	1	3		1	2	

7-1　续表 16

单位：人

现住地	省外				
	新疆				
	小计	乡	镇的村委会	镇的居委会	街道
全　省	**789**	**128**	**213**	**115**	**333**
长春市	648	103	178	97	270
吉林市	75	11	19	5	40
四平市	23	6	8	4	5
辽源市	6	3		1	2
通化市	8	1	1	2	4
白山市	4		2	1	1
松原市	7	2	2	1	2
白城市	7	1		1	5
延边朝鲜族自治州	10	1	3	3	3
长白山管委会					
梅河口市	1				1

7-1a　全省按现住地、户口登记地类型分的户口登记地在外乡镇街道人口(城市)

单位：人

现住地	合计					省内				
	合计	乡	镇的村委会	镇的居委会	街道	小计	乡	镇的村委会	镇的居委会	街道
全　省	**543078**	**82943**	**163206**	**39198**	**257731**	**490100**	**72408**	**142114**	**34663**	**240915**
长春市	234715	39895	79023	16286	99511	205197	33618	67818	13485	90276
吉林市	90588	12099	26966	5687	45836	84988	11180	24678	5334	43796
四平市	29629	3369	6902	2289	17069	26994	2931	5858	2041	16164
辽源市	19415	2310	4098	1054	11953	18610	2199	3851	969	11591
通化市	20126	1636	4821	1854	11815	18519	1454	4220	1705	11140
白山市	22101	689	3927	2847	14638	21189	585	3545	2791	14268
松原市	36830	9568	11573	1531	14158	35448	9203	11067	1445	13733
白城市	24893	5520	5677	1061	12635	23526	5239	5131	966	12190
延边朝鲜族自治州	49672	5243	16128	5006	23295	41283	3513	12030	4423	21317
长白山管委会										
梅河口市	15109	2614	4091	1583	6821	14346	2486	3916	1504	6440

7-1a 续表 1

单位：人

现住地	省外									
	小计					北京				
	小计	乡	镇的村委会	镇的居委会	街道	小计	乡	镇的村委会	镇的居委会	街道
全省	**52978**	**10535**	**21092**	**4535**	**16816**	**513**	**8**	**16**	**10**	**479**
长春市	29518	6277	11205	2801	9235	239	5	11	6	217
吉林市	5600	919	2288	353	2040	83	1	2	1	79
四平市	2635	438	1044	248	905	21		2	1	18
辽源市	805	111	247	85	362	26	1			25
通化市	1607	182	601	149	675	34		1		33
白山市	912	104	382	56	370	16				16
松原市	1382	365	506	86	425	19				19
白城市	1367	281	546	95	445	24				24
延边朝鲜族自治州	8389	1730	4098	583	1978	41	1		1	39
长白山管委会										
梅河口市	763	128	175	79	381	10			1	9

7-1a 续表 2

单位：人

现住地	省外									
	天津					河北				
	小计	乡	镇的村委会	镇的居委会	街道	小计	乡	镇的村委会	镇的居委会	街道
全省	**397**	**28**	**67**	**32**	**270**	**2838**	**604**	**1139**	**214**	**881**
长春市	211	15	38	17	141	1811	405	721	154	531
吉林市	65	6	9	2	48	341	93	128	10	110
四平市	9		1		8	74	7	21	6	40
辽源市	10	3	1		6	42	5	14	6	17
通化市	26		9	2	15	79	4	33	7	35
白山市	11		2	1	8	54	6	31	4	13
松原市	18	2	1	1	14	63	8	35	4	16
白城市	5		2	3		79	21	44	2	12
延边朝鲜族自治州	29	1	3	6	19	245	43	105	13	84
长白山管委会										
梅河口市	13	1	1		11	50	12	7	8	23

7–1a　续表 3

单位：人

现住地	省外									
	山西					内蒙古				
	小计	乡	镇的村委会	镇的居委会	街道	小计	乡	镇的村委会	镇的居委会	街道
全　省	**799**	**128**	**273**	**85**	**313**	**4028**	**676**	**1564**	**486**	**1302**
长春市	617	104	192	72	249	2149	381	807	304	657
吉林市	58	9	28	2	19	372	66	128	47	131
四平市	7	1	5		1	319	29	120	23	147
辽源市	11	2	3	3	3	65	10	21	11	23
通化市	22	1	11		10	71	8	24	5	34
白山市	20	1	11	1	7	39	4	14	2	19
松原市	10	5	1	2	2	104	24	43	10	27
白城市	9	3	2	1	3	461	79	209	36	137
延边朝鲜族自治州	40	1	17	4	18	407	65	190	41	111
长白山管委会										
梅河口市	5	1	3		1	41	10	8	7	16

7–1a　续表 4

单位：人

现住地	省外									
	辽宁					黑龙江				
	小计	乡	镇的村委会	镇的居委会	街道	小计	乡	镇的村委会	镇的居委会	街道
全　省	**8408**	**1356**	**3189**	**672**	**3191**	**17220**	**4111**	**7220**	**1499**	**4390**
长春市	3649	625	1321	292	1411	9020	2233	3598	899	2290
吉林市	961	131	402	44	384	1648	316	683	123	526
四平市	1463	249	681	138	395	402	88	103	49	162
辽源市	298	37	104	38	119	152	27	46	10	69
通化市	506	59	185	51	211	242	42	66	27	107
白山市	209	38	66	8	97	183	20	91	13	59
松原市	147	42	53	6	46	634	192	219	40	183
白城市	150	34	47	9	60	418	115	156	30	117
延边朝鲜族自治州	729	104	263	55	307	4393	1048	2222	294	829
长白山管委会										
梅河口市	296	37	67	31	161	128	30	36	14	48

7-1a 续表 5

单位：人

现住地	省外									
	上海					江苏				
	小计	乡	镇的村委会	镇的居委会	街道	小计	乡	镇的村委会	镇的居委会	街道
全　省	**144**	**3**	**7**	**9**	**125**	**1198**	**186**	**471**	**125**	**416**
长春市	56	2	1	5	48	804	154	296	84	270
吉林市	27		2		25	122	12	46	11	53
四平市	9		2		7	31	2	14	2	13
辽源市	4				4	14	1	6	3	4
通化市	10				10	32	2	17	2	11
白山市	2				2	14		4	2	8
松原市	9		1	1	7	22	2	10	4	6
白城市	1				1	11		7		4
延边朝鲜族自治州	24	1	1	3	19	133	13	68	16	36
长白山管委会										
梅河口市	2				2	15		3	1	11

7-1a 续表 6

单位：人

现住地	省外									
	浙江					安徽				
	小计	乡	镇的村委会	镇的居委会	街道	小计	乡	镇的村委会	镇的居委会	街道
全　省	**1081**	**182**	**383**	**91**	**425**	**2061**	**478**	**1089**	**152**	**342**
长春市	679	118	241	58	262	1417	351	725	116	225
吉林市	90	6	28	4	52	226	45	141	7	33
四平市	22	4	4	5	9	28	8	11	2	7
辽源市	14		7		7	17	2	4	4	7
通化市	54	11	15	5	23	48	2	23	7	16
白山市	19	1	10	2	6	34	6	19		9
松原市	33	14	7	1	11	54	7	32	4	11
白城市	23	8		4	11	21	2	19		
延边朝鲜族自治州	131	16	66	9	40	194	51	109	9	25
长白山管委会										
梅河口市	16	4	5	3	4	22	4	6	3	9

7-1a　续表 7　　　　单位：人

现 住 地	省外									
	福建					江西				
	小计	乡	镇的村委会	镇的居委会	街道	小计	乡	镇的村委会	镇的居委会	街道
全　省	**798**	**130**	**422**	**47**	**199**	**533**	**110**	**209**	**69**	**145**
长春市	509	96	257	35	121	354	84	146	42	82
吉林市	109	9	63	7	30	48	11	16	10	11
四平市	16	1	13		2	5		5		
辽源市	16	4	9		3	7		3		4
通化市	20	2	6	1	11	37	1	13	9	14
白山市	15	2	11		2	6	3		1	2
松原市	17	8	4	2	3	18	5	9		4
白城市	7		6		1	15		11		4
延边朝鲜族自治州	74	8	48	2	16	37	5	5	4	23
长白山管委会										
梅河口市	15		5		10	6	1	1	3	1

7-1a　续表 8　　　　单位：人

现 住 地	省外									
	山东					河南				
	小计	乡	镇的村委会	镇的居委会	街道	小计	乡	镇的村委会	镇的居委会	街道
全　省	**3320**	**562**	**1473**	**240**	**1045**	**2863**	**804**	**1290**	**170**	**599**
长春市	1777	312	736	137	592	1949	587	837	129	396
吉林市	413	58	213	17	125	261	69	121	6	65
四平市	62	13	18	7	24	45	10	15	2	18
辽源市	24	3	6	2	13	19	6	9		4
通化市	114	14	43	5	52	115	16	69	13	17
白山市	148	4	72	15	57	41	3	19	1	18
松原市	53	8	33	5	7	57	19	32		6
白城市	22	2	10	1	9	32	9	12	1	10
延边朝鲜族自治州	663	138	332	49	144	320	77	167	14	62
长白山管委会										
梅河口市	44	10	10	2	22	24	8	9	4	3

7-1a 续表 9

单位：人

现住地	省外									
	湖北					湖南				
	小计	乡	镇的村委会	镇的居委会	街道	小计	乡	镇的村委会	镇的居委会	街道
全省	**1310**	**241**	**707**	**65**	**297**	**599**	**107**	**227**	**58**	**207**
长春市	526	113	205	37	171	421	87	156	39	139
吉林市	120	17	68	7	28	62	7	32	6	17
四平市	18	8	3		7	10	2		3	5
辽源市	18	3	5	1	9	1		1		
通化市	15		9		6	16		8	1	7
白山市	11	4	5		2	8	1	2	1	4
松原市	16	3	2	1	10	11	1	7		3
白城市	10		3	1	6	4		4		
延边朝鲜族自治州	567	93	401	18	55	45	9	15	8	13
长白山管委会										
梅河口市	9		6		3	21		2		19

7-1a 续表 10

单位：人

现住地	省外									
	广东					广西				
	小计	乡	镇的村委会	镇的居委会	街道	小计	乡	镇的村委会	镇的居委会	街道
全省	**768**	**39**	**74**	**54**	**601**	**305**	**48**	**89**	**32**	**136**
长春市	428	23	51	36	318	218	34	54	29	101
吉林市	145	4	11	7	123	34	5	14	1	14
四平市	10			1	9	11	3	3		5
辽源市	28	2	1	3	22	4		2	1	1
通化市	31		2	1	28	15		12		3
白山市	18		2		16	7	1	2		4
松原市	18	2	1		15	5		2	1	2
白城市	18	3	2		13	2	1			1
延边朝鲜族自治州	60	5	4	6	45	8	4			4
长白山管委会										
梅河口市	12				12	1				1

7-1a 续表 11

单位：人

现住地	省外									
	海南					重庆				
	小计	乡	镇的村委会	镇的居委会	街道	小计	乡	镇的村委会	镇的居委会	街道
全　省	**238**	**17**	**37**	**24**	**160**	**445**	**59**	**173**	**35**	**178**
长春市	152	15	31	19	87	293	43	106	24	120
吉林市	29	1	2	3	23	62	4	31	3	24
四平市	8	1			7	1		1		
辽源市	9				9	2	1	1		
通化市	10		3	1	6	18	1	14		3
白山市	5				5	4		3		1
松原市	3				3	11	3	4		4
白城市	6				6	13		2	5	6
延边朝鲜族自治州	13		1	1	11	35	4	11	3	17
长白山管委会										
梅河口市	3				3	6	3			3

7-1a 续表 12

单位：人

现住地	省外									
	四川					贵州				
	小计	乡	镇的村委会	镇的居委会	街道	小计	乡	镇的村委会	镇的居委会	街道
全　省	**874**	**190**	**303**	**91**	**290**	**366**	**92**	**112**	**54**	**108**
长春市	587	136	200	63	188	279	70	76	41	92
吉林市	93	6	38	12	37	33	6	18	3	6
四平市	17	4	6	1	6	2			1	1
辽源市	12	1	1	2	8	2	1		1	
通化市	30	8	15	2	5	16		8	6	2
白山市	19	8	5	1	5	1	1			
松原市	26	12	5		9	1		1		
白城市	15	1	5	2	7	2	1	1		
延边朝鲜族自治州	69	14	26	8	21	28	11	8	2	7
长白山管委会										
梅河口市	6		2		4	2	2			

7-1a　续表 13　　　　单位：人

现住地	省外									
	云南					西藏				
	小计	乡	镇的村委会	镇的居委会	街道	小计	乡	镇的村委会	镇的居委会	街道
全　省	**238**	**46**	**86**	**24**	**82**	**71**	**29**	**15**	**9**	**18**
长春市	162	32	58	17	55	44	14	7	6	17
吉林市	35	5	11	3	16	3	2	1		
四平市	5	1	2	1	1	3		1	2	
辽源市	2		1		1	3		2		1
通化市	5		2		3	14	10	3	1	
白山市	2		2							
松原市	2		1	1		3	3			
白城市	3				3					
延边朝鲜族自治州	20	7	8	2	3					
长白山管委会										
梅河口市	2	1	1			1		1		

7-1a　续表 14　　　　单位：人

现住地	省外									
	陕西					甘肃				
	小计	乡	镇的村委会	镇的居委会	街道	小计	乡	镇的村委会	镇的居委会	街道
全　省	**541**	**78**	**197**	**56**	**210**	**386**	**91**	**123**	**41**	**131**
长春市	380	64	142	37	137	282	71	84	36	91
吉林市	54	2	19	9	24	51	16	18	1	16
四平市	9	1	3	2	3	13	1	8	1	3
辽源市						2	1			1
通化市	10		5	1	4	10		3		7
白山市	20	1	8	3	8	2		1	1	
松原市	20	1	2	2	15	4	2			2
白城市	8	2	3		3	4		1		3
延边朝鲜族自治州	35	6	13	2	14	17		8	2	7
长白山管委会										
梅河口市	5	1	2		2	1				1

7-1a 续表 15

单位：人

现住地	省外									
	青海					宁夏				
	小计	乡	镇的村委会	镇的居委会	街道	小计	乡	镇的村委会	镇的居委会	街道
全　省	**166**	**44**	**36**	**26**	**60**	**127**	**17**	**32**	**17**	**61**
长春市	110	28	26	14	42	95	13	23	13	46
吉林市	18	5	5	3	5	21	3	7	2	9
四平市	10	5	1		4	1				1
辽源市	1				1					
通化市	1				1	1		1		
白山市						2		1		1
松原市										
白城市	2				2	1				1
延边朝鲜族自治州	19	3	4	8	4	5	1		1	3
长白山管委会										
梅河口市	5	3		1	1	1			1	

7-1a 续表 16

单位：人

现住地	省外				
	新疆				
	小计	乡	镇的村委会	镇的居委会	街道
全　省	**343**	**71**	**69**	**48**	**155**
长春市	300	62	59	40	139
吉林市	16	4	3	2	7
四平市	4		1	1	2
辽源市	2	1			1
通化市	5	1	1	2	1
白山市	2		1		1
松原市	4	2	1	1	
白城市	1				1
延边朝鲜族自治州	8	1	3	2	2
长白山管委会					
梅河口市	1				1

7-1b 全省按现住地、户口登记地类型分的户口登记地在外乡镇街道人口(镇)

单位：人

现住地	合计					省内				
	合计	乡	镇的村委会	镇的居委会	街道	小计	乡	镇的村委会	镇的居委会	街道
全　省	**219658**	**39812**	**84444**	**28375**	**67027**	**195157**	**35553**	**74965**	**25608**	**59031**
长春市	108805	17629	39923	9167	42086	91940	14681	33359	7568	36332
吉林市	15234	1768	5345	1589	6532	13343	1536	4832	1431	5544
四平市	13259	2280	6656	2331	1992	12741	2207	6396	2225	1913
辽源市	7131	1144	3341	1768	878	6815	1095	3210	1694	816
通化市	14576	1903	6154	3396	3123	13897	1834	5844	3251	2968
白山市	7858	994	3254	2844	766	7197	898	2950	2680	669
松原市	25696	9688	9735	2290	3983	24803	9448	9388	2194	3773
白城市	16889	3864	5984	2598	4443	15405	3413	5521	2399	4072
延边朝鲜族自治州	7943	372	3165	1696	2710	7037	293	2701	1552	2491
长白山管委会	1657	103	642	554	358	1425	83	549	483	310
梅河口市	610	67	245	142	156	554	65	215	131	143

7-1b 续表 1

单位：人

现住地	省外									
	小计					北京				
	小计	乡	镇的村委会	镇的居委会	街道	小计	乡	镇的村委会	镇的居委会	街道
全　省	**24501**	**4259**	**9479**	**2767**	**7996**	**246**	**5**	**30**	**45**	**166**
长春市	16865	2948	6564	1599	5754	163	3	23	17	120
吉林市	1891	232	513	158	988	24		1	4	19
四平市	518	73	260	106	79	4			1	3
辽源市	316	49	131	74	62	9		1	6	2
通化市	679	69	310	145	155	4			2	2
白山市	661	96	304	164	97	7		1	6	
松原市	893	240	347	96	210	13	2		2	9
白城市	1484	451	463	199	371	15		1	6	8
延边朝鲜族自治州	906	79	464	144	219	6		3	1	2
长白山管委会	232	20	93	71	48	1				1
梅河口市	56	2	30	11	13					

7−1b　续表 2

单位：人

现住地	省外									
	天津					河北				
	小计	乡	镇的村委会	镇的居委会	街道	小计	乡	镇的村委会	镇的居委会	街道
全　省	**355**	**35**	**80**	**29**	**211**	**1494**	**239**	**591**	**151**	**513**
长春市	292	28	69	17	178	1034	166	425	84	359
吉林市	12			2	10	116	18	40	6	52
四平市	4		3		1	46	6	15	11	14
辽源市	4			1	3	8	1	5	1	1
通化市	10		1	4	5	53	1	14	16	22
白山市	8		2	3	3	42	4	17	11	10
松原市	5	1			4	52	10	30	5	7
白城市	15	6	1	1	7	81	30	16	4	31
延边朝鲜族自治州	1		1			44	2	20	10	12
长白山管委会	1			1		10		3	3	4
梅河口市	3		3			8	1	6		1

7−1b　续表 3

单位：人

现住地	省外									
	山西					内蒙古				
	小计	乡	镇的村委会	镇的居委会	街道	小计	乡	镇的村委会	镇的居委会	街道
全　省	**588**	**97**	**170**	**65**	**256**	**2210**	**368**	**905**	**336**	**601**
长春市	469	75	139	54	201	1327	211	538	177	401
吉林市	58	6	12	2	38	138	18	42	13	65
四平市	8	2	3	3		79	17	43	16	3
辽源市	1		1			13	1	6	5	1
通化市	7	1	2	3	1	40	3	23	11	3
白山市	5		3		2	42	6	19	15	2
松原市	5		3	1	1	135	36	53	20	26
白城市	31	13	4	2	12	361	64	156	67	74
延边朝鲜族自治州	3		2		1	54	5	21	5	23
长白山管委会	1		1			20	7	3	7	3
梅河口市						1		1		

7-1b 续表 4 单位：人

现住地	省外									
	辽宁					黑龙江				
	小计	乡	镇的村委会	镇的居委会	街道	小计	乡	镇的村委会	镇的居委会	街道
全　省	**3452**	**511**	**1323**	**403**	**1215**	**6520**	**1370**	**2851**	**748**	**1551**
长春市	2176	358	798	158	862	4575	1017	2002	423	1133
吉林市	179	14	49	27	89	349	56	134	43	116
四平市	160	14	81	35	30	108	12	58	26	12
辽源市	158	26	68	38	26	65	15	19	15	16
通化市	270	20	155	51	44	106	11	53	20	22
白山市	102	10	46	22	24	121	16	54	33	18
松原市	111	31	33	15	32	364	120	146	31	67
白城市	152	35	50	16	51	344	76	140	53	75
延边朝鲜族自治州	69	1	22	10	36	414	40	212	82	80
长白山管委会	68	2	19	28	19	57	6	25	17	9
梅河口市	7		2	3	2	17	1	8	5	3

7-1b 续表 5 单位：人

现住地	省外									
	上海					江苏				
	小计	乡	镇的村委会	镇的居委会	街道	小计	乡	镇的村委会	镇的居委会	街道
全　省	**107**		**24**	**20**	**63**	**659**	**90**	**227**	**89**	**253**
长春市	86		24	14	48	526	78	179	63	206
吉林市	6			1	5	34	1	7	5	21
四平市	1				1	3		2	1	
辽源市	2			2		2		2		
通化市	1			1		25	1	10	3	11
白山市						11	1	6	3	1
松原市	4			2	2	20	1	12	3	4
白城市	1				1	20	8	4	5	3
延边朝鲜族自治州	6				6	12		3	3	6
长白山管委会						6		2	3	1
梅河口市										

7-1b 续表 6

单位：人

现住地	省外									
	浙江					安徽				
	小计	乡	镇的村委会	镇的居委会	街道	小计	乡	镇的村委会	镇的居委会	街道
全省	**628**	**89**	**250**	**62**	**227**	**726**	**147**	**339**	**63**	**177**
长春市	447	45	194	48	160	558	112	273	47	126
吉林市	68	6	13	2	47	55	7	12	5	31
四平市	14	5	9			12		10		2
辽源市	5				5	7	2	3		2
通化市	12	6	4	2		10	4	3	2	1
白山市	11	4	6	1		14		13	1	
松原市	11	1	8		2	22	6	6	2	8
白城市	31	13	5	6	7	30	13	5	6	6
延边朝鲜族自治州	28	9	11	2	6	16	3	12		1
长白山管委会	1			1		2		2		
梅河口市										

7-1b 续表 7

单位：人

现住地	省外									
	福建					江西				
	小计	乡	镇的村委会	镇的居委会	街道	小计	乡	镇的村委会	镇的居委会	街道
全省	**277**	**41**	**111**	**25**	**100**	**299**	**61**	**81**	**50**	**107**
长春市	195	32	74	18	71	239	50	69	42	78
吉林市	44		22	3	19	26	1	5	3	17
四平市	1			1		4		2	2	
辽源市	2				2	2		1	1	
通化市	4	1	1		2	5			1	4
白山市	4	1			3	3	1			2
松原市	8	2	4	2		6	1	1		4
白城市	13	5	5		3	9	7	1	1	
延边朝鲜族自治州	4		3	1		4	1	1		2
长白山管委会										
梅河口市	2		2			1		1		

7-1b 续表 8

单位：人

现住地	省外									
	山东					河南				
	小计	乡	镇的村委会	镇的居委会	街道	小计	乡	镇的村委会	镇的居委会	街道
全省	**1770**	**255**	**734**	**179**	**602**	**1370**	**347**	**566**	**81**	**376**
长春市	1167	161	475	76	455	953	245	402	60	246
吉林市	113	12	32	10	59	168	29	59	4	76
四平市	18	2	10	2	4	12	6	3	2	1
辽源市	11	4	6		1	10		9	1	
通化市	51	4	20	12	15	31	9	12	3	7
白山市	176	30	82	47	17	16	4	9	3	
松原市	31	9	11		11	49	9	22	2	16
白城市	58	21	10	10	17	77	41	15	5	16
延边朝鲜族自治州	112	10	65	17	20	44	3	30	1	10
长白山管委会	28	2	21	3	2	6	1	2		3
梅河口市	5		2	2	1	4		3		1

7-1b 续表 9

单位：人

现住地	省外									
	湖北					湖南				
	小计	乡	镇的村委会	镇的居委会	街道	小计	乡	镇的村委会	镇的居委会	街道
全省	**380**	**63**	**134**	**39**	**144**	**301**	**53**	**107**	**40**	**101**
长春市	261	43	84	23	111	229	35	86	31	77
吉林市	32	5	5	1	21	33	9	8	1	15
四平市	9	2	1	4	2	7	2	5		
辽源市	4		3		1	4		1	2	1
通化市	6	1	1	3	1	4	1		1	2
白山市	6	1	2	2	1	7	4	1	2	
松原市	7	1	5	1		1		1		
白城市	20	10	6		4	11	2	5		4
延边朝鲜族自治州	30		24	4	2	1				1
长白山管委会	4		2	1	1	4			3	1
梅河口市	1		1							

7-1b　续表 10　　单位：人

现住地	省外									
	广东					广西				
	小计	乡	镇的村委会	镇的居委会	街道	小计	乡	镇的村委会	镇的居委会	街道
全　省	**339**	**10**	**44**	**42**	**243**	**235**	**42**	**61**	**26**	**106**
长春市	247	6	35	20	186	151	23	40	18	70
吉林市	40	3	1	6	30	46	5	9	3	29
四平市	2				2	3	1	2		
辽源市	1		1			1				1
通化市	1				1	4		3		1
白山市	12		3	4	5	1			1	
松原市	9	1	1	3	4	2				2
白城市	18		2	8	8	26	13	7	3	3
延边朝鲜族自治州	7		1	1	5	1			1	
长白山管委会	1				1					
梅河口市	1				1					

7-1b　续表 11　　单位：人

现住地	省外									
	海南					重庆				
	小计	乡	镇的村委会	镇的居委会	街道	小计	乡	镇的村委会	镇的居委会	街道
全　省	**217**	**22**	**60**	**35**	**100**	**189**	**28**	**55**	**14**	**92**
长春市	167	14	55	31	67	151	22	45	10	74
吉林市	27		4	2	21	18	1	5		12
四平市	3		1		2	1	1			
辽源市										
通化市	3			1	2					
白山市	3				3	5		3	2	
松原市	2			1	1	6	1	1		4
白城市	11	8			3	6	3		1	2
延边朝鲜族自治州	1				1	1			1	
长白山管委会						1		1		
梅河口市										

7-1b 续表 12

单位：人

现住地	省外									
	四川					贵州				
	小计	乡	镇的村委会	镇的居委会	街道	小计	乡	镇的村委会	镇的居委会	街道
全省	**551**	**113**	**197**	**45**	**196**	**304**	**75**	**101**	**36**	**92**
长春市	363	54	130	28	151	155	32	59	30	34
吉林市	57	14	12	3	28	74	5	19	3	47
四平市	4	2	1		1	2		1	1	
辽源市	5		4	1						
通化市	10	4	1	5						
白山市	37	12	21	2	2	4	2	1		1
松原市	9	4	3	2		4	1	3		
白城市	30	18	6	1	5	56	35	10	1	10
延边朝鲜族自治州	20	4	13	1	2	8		7	1	
长白山管委会	10	1	5	1	3	1		1		
梅河口市	6		1	1	4					

7-1b 续表 13

单位：人

现住地	省外									
	云南					西藏				
	小计	乡	镇的村委会	镇的居委会	街道	小计	乡	镇的村委会	镇的居委会	街道
全省	**168**	**26**	**71**	**22**	**49**	**89**	**20**	**44**	**9**	**16**
长春市	110	18	42	18	32	69	16	39	3	11
吉林市	17	3	2	1	11	3	1	1		1
四平市	1		1							
辽源市	1		1							
通化市	6		3		3					
白山市	9		7	1	1	5		1	2	2
松原市	2		2			4			4	
白城市	13	4	6	1	2	6	3	1		2
延边朝鲜族自治州	8	1	6	1						
长白山管委会	1		1			2		2		
梅河口市										

7-1b 续表 14

单位：人

现住地	省外									
	陕西					甘肃				
	小计	乡	镇的村委会	镇的居委会	街道	小计	乡	镇的村委会	镇的居委会	街道
全省	**295**	**31**	**111**	**30**	**123**	**272**	**61**	**76**	**28**	**107**
长春市	221	23	89	21	88	179	37	53	23	66
吉林市	37	4	7	3	23	38		4	1	33
四平市	5		4		1	5	1	4		
辽源市										
通化市	8	1	4	3		4	1		1	2
白山市	1			1		5		5		
松原市	8	3			5	1		1		
白城市	4				4	34	21	6	1	6
延边朝鲜族自治州	7		5		2	3		2	1	
长白山管委会	4		2	2		3	1	1	1	
梅河口市										

7-1b 续表 15

单位：人

现住地	省外									
	青海					宁夏				
	小计	乡	镇的村委会	镇的居委会	街道	小计	乡	镇的村委会	镇的居委会	街道
全省	**71**	**14**	**15**	**9**	**33**	**88**	**8**	**22**	**12**	**46**
长春市	49	6	13	7	23	67	7	19	10	31
吉林市	17	8			9	15		2	2	11
四平市	1			1		1		1		
辽源市										
通化市						1				1
白山市	2		1	1						
松原市										
白城市	2		1		1	4	1			3
延边朝鲜族自治州										
长白山管委会										
梅河口市										

7-1b 续表 16

单位：人

现住地	省外				
	新疆				
	小计	乡	镇的村委会	镇的居委会	街道
全省	**301**	**38**	**99**	**34**	**130**
长春市	239	31	91	28	89
吉林市	47	6	6	2	33
四平市					
辽源市	1			1	
通化市	3				3
白山市	2		1	1	
松原市	2		1		1
白城市	5	1		1	3
延边朝鲜族自治州	2			1	1
长白山管委会					
梅河口市					

7-1c 全省按现住地、户口登记地类型分的户口登记地在外乡镇街道人口(乡村)

单位：人

现住地	合计					省内				
	合计	乡	镇的村委会	镇的居委会	街道	小计	乡	镇的村委会	镇的居委会	街道
全省	**115827**	**25596**	**50542**	**9683**	**30006**	**99893**	**22505**	**42744**	**7993**	**26651**
长春市	46555	9891	20815	3895	11954	39065	8643	17574	2822	10026
吉林市	18923	3330	8173	1191	6229	16886	2906	7126	1057	5797
四平市	7729	1346	3317	724	2342	6134	1115	2480	534	2005
辽源市	3574	723	1751	439	661	3155	617	1518	421	599
通化市	5145	578	2388	798	1381	4541	489	2014	749	1289
白山市	2705	249	1094	533	829	2406	205	896	499	806
松原市	13784	5243	6082	637	1822	12781	4963	5552	575	1691
白城市	7427	2667	2440	600	1720	6681	2415	2099	555	1612
延边朝鲜族自治州	7220	1033	3299	634	2254	5761	678	2448	570	2065
长白山管委会	6			6		2			2	
梅河口市	2759	536	1183	226	814	2481	474	1037	209	761

7-1c 续表 1

单位：人

现住地	省外									
	小计					北京				
	小计	乡	镇的村委会	镇的居委会	街道	小计	乡	镇的村委会	镇的居委会	街道
全省	**15934**	**3091**	**7798**	**1690**	**3355**	**124**	**26**	**43**	**8**	**47**
长春市	7490	1248	3241	1073	1928	55	10	20	5	20
吉林市	2037	424	1047	134	432	17	4	5	2	6
四平市	1595	231	837	190	337	4	3			1
辽源市	419	106	233	18	62	5	3	1		1
通化市	604	89	374	49	92	5	2	2		1
白山市	299	44	198	34	23	5		4		1
松原市	1003	280	530	62	131	16	2	7		7
白城市	746	252	341	45	108	13	2	4		7
延边朝鲜族自治州	1459	355	851	64	189	3			1	2
长白山管委会	4			4						
梅河口市	278	62	146	17	53	1				1

7-1c 续表 2

单位：人

现住地	省外									
	天津					河北				
	小计	乡	镇的村委会	镇的居委会	街道	小计	乡	镇的村委会	镇的居委会	街道
全省	**222**	**15**	**99**	**27**	**81**	**1013**	**208**	**496**	**114**	**195**
长春市	133	3	61	14	55	474	77	201	88	108
吉林市	20	5	7	1	7	188	62	90	4	32
四平市	38	1	19	7	11	106	11	61	15	19
辽源市	1	1				37	7	24	1	5
通化市	9		4	3	2	44	5	29	4	6
白山市	2		2			10	2	6		2
松原市	12	3	5	1	3	68	17	40		11
白城市	2	1			1	18	6	12		
延边朝鲜族自治州	2		1		1	45	18	15	2	10
长白山管委会										
梅河口市	3	1		1	1	23	3	18		2

7－1c　续表 3　　　　单位：人

现住地	省外									
	山西					内蒙古				
	小计	乡	镇的村委会	镇的居委会	街道	小计	乡	镇的村委会	镇的居委会	街道
全　省	**343**	**55**	**129**	**46**	**113**	**1513**	**312**	**756**	**187**	**258**
长春市	202	30	63	29	80	613	104	259	110	140
吉林市	48	12	19	5	12	111	25	49	13	24
四平市	53	3	20	12	18	185	24	111	16	34
辽源市	4		4			20	3	14	1	2
通化市	3		3			25	7	18		
白山市	5		5			9	3	3	3	
松原市	6	3	3			146	36	80	15	15
白城市	5	1	4			316	88	171	23	34
延边朝鲜族自治州	14	6	5		3	77	19	47	6	5
长白山管委会										
梅河口市	3		3			11	3	4		4

7－1c　续表 4　　　　单位：人

现住地	省外									
	辽宁					黑龙江				
	小计	乡	镇的村委会	镇的居委会	街道	小计	乡	镇的村委会	镇的居委会	街道
全　省	**2379**	**460**	**1169**	**173**	**577**	**4139**	**1060**	**2069**	**332**	**678**
长春市	746	131	305	71	239	1826	453	862	171	340
吉林市	319	64	156	15	84	489	96	258	36	99
四平市	428	83	232	32	81	236	48	111	30	47
辽源市	207	44	123	6	34	68	26	26	7	9
通化市	246	32	152	18	44	97	26	48	13	10
白山市	51	5	32	10	4	38	6	22	6	4
松原市	97	24	46	7	20	435	143	213	26	53
白城市	76	30	28	2	16	217	95	74	10	38
延边朝鲜族自治州	98	23	41	9	25	690	158	436	26	70
长白山管委会	1			1		3			3	
梅河口市	110	24	54	2	30	40	9	19	4	8

7-1c 续表 5

单位：人

现住地	省外									
	上海					江苏				
	小计	乡	镇的村委会	镇的居委会	街道	小计	乡	镇的村委会	镇的居委会	街道
全省	**21**	**2**	**7**	**1**	**11**	**512**	**68**	**229**	**63**	**152**
长春市	10		2		8	361	47	149	39	126
吉林市	3		1		2	62	9	29	10	14
四平市	3	1	1		1	29	1	14	8	6
辽源市	1	1				5	3	1		1
通化市						8		6	1	1
白山市						4	1	3		
松原市	3		2	1		15	4	8	1	2
白城市	1		1			6	2	2	1	1
延边朝鲜族自治州						16	1	14		1
长白山管委会										
梅河口市						6		3	3	

7-1c 续表 6

单位：人

现住地	省外									
	浙江					安徽				
	小计	乡	镇的村委会	镇的居委会	街道	小计	乡	镇的村委会	镇的居委会	街道
全省	**388**	**33**	**168**	**45**	**142**	**487**	**76**	**288**	**65**	**58**
长春市	268	27	103	32	106	215	27	107	52	29
吉林市	38	1	16	5	16	88	23	51	3	11
四平市	47	3	23	5	16	40	2	26	4	8
辽源市	5		5			6	1	5		
通化市	4		3	1		14	1	13		
白山市	2		2			16	1	15		
松原市	15	1	13	1		34	6	24	4	
白城市	5	1	3		1	9	2	7		
延边朝鲜族自治州	4			1	3	39	5	26	2	6
长白山管委会										
梅河口市						26	8	14		4

7-1c　续表 7　　　　单位：人

现住地	省外									
	福建					江西				
	小计	乡	镇的村委会	镇的居委会	街道	小计	乡	镇的村委会	镇的居委会	街道
全　省	**184**	**20**	**84**	**37**	**43**	**183**	**18**	**86**	**26**	**53**
长春市	112	13	49	25	25	113	10	46	22	35
吉林市	21		14	2	5	22	2	10	2	8
四平市	30	4	13	10	3	23	3	12		8
辽源市	3		1		2					
通化市	4				4	3		2		1
白山市	5		5							
松原市						12	1	10	1	
白城市	3	2			1	3	2		1	
延边朝鲜族自治州	6	1	2		3	7		6		1
长白山管委会										
梅河口市										

7-1c　续表 8　　　　单位：人

现住地	省外									
	山东					河南				
	小计	乡	镇的村委会	镇的居委会	街道	小计	乡	镇的村委会	镇的居委会	街道
全　省	**1206**	**211**	**693**	**96**	**206**	**880**	**226**	**426**	**88**	**140**
长春市	421	50	193	66	112	528	126	241	71	90
吉林市	200	39	116	10	35	116	31	59	6	20
四平市	59	7	36	3	13	75	12	39	5	19
辽源市	16	5	8	1	2	11	2	9		
通化市	70	8	52	3	7	15	3	12		
白山市	86	15	59	5	7	8	4	4		
松原市	38	13	20		5	46	13	26	4	3
白城市	29	8	16	1	4	16	6	7	1	2
延边朝鲜族自治州	272	65	180	7	20	59	24	28	1	6
长白山管委会										
梅河口市	15	1	13		1	6	5	1		

7−1c　续表 9

单位：人

现住地	省外									
	湖北					湖南				
	小计	乡	镇的村委会	镇的居委会	街道	小计	乡	镇的村委会	镇的居委会	街道
全　省	**219**	**53**	**80**	**29**	**57**	**193**	**15**	**105**	**34**	**39**
长春市	112	16	44	18	34	118	9	49	31	29
吉林市	39	18	13	3	5	33	1	25	1	6
四平市	15	1	4	4	6	10		5	1	4
辽源市	2		2			3	1	1	1	
通化市	1	1				2	1	1		
白山市	1		1			13		13		
松原市	7	4			3	8	2	6		
白城市	3			3		1		1		
延边朝鲜族自治州	37	13	15		9	3	1	2		
长白山管委会										
梅河口市	2		1	1		2		2		

7−1c　续表 10

单位：人

现住地	省外									
	广东					广西				
	小计	乡	镇的村委会	镇的居委会	街道	小计	乡	镇的村委会	镇的居委会	街道
全　省	**139**	**8**	**57**	**17**	**57**	**159**	**19**	**81**	**22**	**37**
长春市	72	3	19	7	43	111	9	56	19	27
吉林市	17	2	9	3	3	16	3	10		3
四平市	13		8	3	2	16	2	9	2	3
辽源市	6	1	2		3	1	1			
通化市	3		3			2		2		
白山市	3			3		1				1
松原市	11	1	9		1	4	1	1		2
白城市	2		2			4	2	2		
延边朝鲜族自治州	8		5		3	3	1		1	1
长白山管委会										
梅河口市	4	1		1	2	1		1		

7-1c 续表 11　　单位：人

现住地	省外									
	海南					重庆				
	小计	乡	镇的村委会	镇的居委会	街道	小计	乡	镇的村委会	镇的居委会	街道
全省	**123**	**9**	**63**	**23**	**28**	**130**	**14**	**64**	**17**	**35**
长春市	93	7	48	16	22	57	7	22	7	21
吉林市	2	1	1			38	6	22	3	7
四平市	20		11	5	4	17		9	5	3
辽源市						1				1
通化市						5	1	4		
白山市						1			1	
松原市	2				2	4		2		2
白城市						3		1	1	1
延边朝鲜族自治州	6	1	3	2		4		4		
长白山管委会										
梅河口市										

7-1c 续表 12　　单位：人

现住地	省外									
	四川					贵州				
	小计	乡	镇的村委会	镇的居委会	街道	小计	乡	镇的村委会	镇的居委会	街道
全省	**313**	**57**	**120**	**38**	**98**	**268**	**35**	**122**	**50**	**61**
长春市	173	34	59	24	56	172	19	72	40	41
吉林市	46	5	24	3	14	27	4	15		8
四平市	25	3	13	4	5	33	4	17	5	7
辽源市	5	1	2	1	1					
通化市	23	1	8	2	12	3		2	1	
白山市	15	3	7	3	2	3	1	2		
松原市	5	2	2		1	3		3		
白城市	3	1	1		1	4		2	2	
延边朝鲜族自治州	11	3	2		6	19	7	6	1	5
长白山管委会										
梅河口市	7	4	2	1		4		3	1	

7-1c　续表 13　　单位：人

现住地	省外									
	云南					西藏				
	小计	乡	镇的村委会	镇的居委会	街道	小计	乡	镇的村委会	镇的居委会	街道
全　省	**139**	**20**	**72**	**24**	**23**	**8**	**5**	**2**	**1**	
长春市	72	7	40	14	11	3	1	1	1	
吉林市	10	3	4	1	2	2	2			
四平市	17	1	9	3	4	2	1	1		
辽源市	2	1	1			1	1			
通化市	7	1	3	1	2					
白山市	8	2	6							
松原市	3	2	1							
白城市										
延边朝鲜族自治州	19	2	8	5	4					
长白山管委会										
梅河口市	1	1								

7-1c　续表 14　　单位：人

现住地	省外									
	陕西					甘肃				
	小计	乡	镇的村委会	镇的居委会	街道	小计	乡	镇的村委会	镇的居委会	街道
全　省	**241**	**22**	**113**	**43**	**63**	**178**	**16**	**95**	**32**	**35**
长春市	155	9	65	32	49	109	6	54	26	23
吉林市	15	2	8	3	2	28		21	1	6
四平市	26	3	14	4	5	13	2	6	1	4
辽源市	3	1	2			2		2		
通化市	6		4	1	1	4		2	1	1
白山市	11	1	6	2	2	2		1	1	
松原市	6	2	4			6		5	1	
白城市	3	1	2			2	2			
延边朝鲜族自治州	8	1	3		4	9	6	2		1
长白山管委会										
梅河口市	8	2	5	1		3		2	1	

7-1c 续表 15

单位：人

现住地	省外									
	青海					宁夏				
	小计	乡	镇的村委会	镇的居委会	街道	小计	乡	镇的村委会	镇的居委会	街道
全省	**40**	**3**	**18**	**6**	**13**	**45**	**6**	**19**	**13**	**7**
长春市	26	2	10	4	10	31	1	13	10	7
吉林市	4		3		1	6	3	2	1	
四平市	8		4	2	2	5	2	2	1	
辽源市	1	1								
通化市	1		1							
白山市										
松原市										
白城市						1		1		
延边朝鲜族自治州										
长白山管委会										
梅河口市						2		1	1	

7-1c 续表 16

单位：人

现住地	省外				
	新疆				
	小计	乡	镇的村委会	镇的居委会	街道
全省	**145**	**19**	**45**	**33**	**48**
长春市	109	10	28	29	42
吉林市	12	1	10	1	
四平市	19	6	7	3	3
辽源市	3	2			1
通化市					
白山市					
松原市	1				1
白城市	1				1
延边朝鲜族自治州					
长白山管委会					
梅河口市					

7-2　全省按现住地、职业和性别分的户口登记地在本省其他乡镇街道人口

单位：人

现住地	合计			党的机关、国家机关、群众团体和社会组织、企事业单位负责人		
	合计	男	女	小计	男	女
全　省	**345516**	**198074**	**147442**	**7680**	**5496**	**2184**
长春市	151386	86921	64465	3243	2301	942
吉林市	50662	28638	22024	1128	817	311
四平市	18230	10215	8015	477	326	151
辽源市	11587	6576	5011	375	263	112
通化市	16246	9231	7015	489	338	151
白山市	12914	7512	5402	262	198	64
松原市	32902	19400	13502	472	370	102
白城市	19198	11126	8072	517	350	167
延边朝鲜族自治州	22831	13131	9700	441	352	89
长白山管委会	737	468	269	23	18	5
梅河口市	8823	4856	3967	253	163	90

7-2　续表 1

单位：人

现住地	专业技术人员			办事人员和有关人员			社会生产服务和生活服务人员		
	小计	男	女	小计	男	女	小计	男	女
全　省	**52860**	**19932**	**32928**	**37802**	**22857**	**14945**	**156824**	**86294**	**70530**
长春市	26008	10245	15763	16786	9642	7144	70386	39199	31187
吉林市	7296	2603	4693	5014	2987	2027	22777	12147	10630
四平市	2875	1068	1807	2193	1370	823	8033	4455	3578
辽源市	1622	570	1052	1244	735	509	4573	2654	1919
通化市	2157	738	1419	1958	1231	727	7412	3964	3448
白山市	1780	582	1198	2101	1349	752	5404	2887	2517
松原市	4402	1701	2701	3002	1954	1048	14361	8072	6289
白城市	2507	960	1547	2085	1355	730	7967	4410	3557
延边朝鲜族自治州	3095	1068	2027	2540	1666	874	11072	5988	5084
长白山管委会	80	29	51	126	89	37	325	176	149
梅河口市	1038	368	670	753	479	274	4514	2342	2172

7-2 续表 2

单位：人

现住地	农、林、牧、渔业生产及辅助人员			生产制造及有关人员			不便分类的其他从业人员		
	小计	男	女	小计	男	女	小计	男	女
全　省	**35318**	**19185**	**16133**	**54809**	**44169**	**10640**	**223**	**141**	**82**
长春市	10129	5332	4797	24762	20149	4613	72	53	19
吉林市	6194	3307	2887	8240	6765	1475	13	12	1
四平市	2224	1057	1167	2399	1919	480	29	20	9
辽源市	1327	644	683	2430	1705	725	16	5	11
通化市	1562	890	672	2663	2066	597	5	4	1
白山市	1141	705	436	2225	1791	434	1		1
松原市	5696	3197	2499	4968	4105	863	1	1	
白城市	3441	1931	1510	2601	2079	522	80	41	39
延边朝鲜族自治州	2604	1610	994	3078	2446	632	1	1	
长白山管委会	50	40	10	133	116	17			
梅河口市	950	472	478	1310	1028	282	5	4	1

7-3 全省按现住地、职业和性别分的户口登记地在外省人口

单位：人

现住地	合计			党的机关、国家机关、群众团体和社会组织、企事业单位负责人		
	合计	男	女	小计	男	女
全　省	**38103**	**23724**	**14379**	**964**	**745**	**219**
长春市	19382	12392	6990	535	422	113
吉林市	4083	2554	1529	126	95	31
四平市	1886	1060	826	50	35	15
辽源市	778	413	365	31	19	12
通化市	1376	803	573	54	40	14
白山市	946	596	350	20	18	2
松原市	1706	1048	658	40	28	12
白城市	1528	892	636	38	31	7
延边朝鲜族自治州	5646	3478	2168	58	51	7
长白山管委会	135	98	37			
梅河口市	637	390	247	12	6	6

7-3 续表 1

单位：人

现住地	专业技术人员			办事人员和有关人员			社会生产服务和生活服务人员		
	小计	男	女	小计	男	女	小计	男	女
全　省	**4294**	**2115**	**2179**	**2400**	**1457**	**943**	**19331**	**11233**	**8098**
长春市	2608	1311	1297	1440	881	559	9941	6020	3921
吉林市	460	221	239	248	146	102	1976	1145	831
四平市	184	72	112	117	65	52	979	530	449
辽源市	87	44	43	54	31	23	326	163	163
通化市	144	60	84	89	53	36	653	358	295
白山市	97	40	57	85	48	37	402	223	179
松原市	155	73	82	72	42	30	846	493	353
白城市	124	55	69	99	48	51	730	416	314
延边朝鲜族自治州	348	192	156	145	101	44	3111	1688	1423
长白山管委会	20	15	5	25	22	3	58	32	26
梅河口市	67	32	35	26	20	6	309	165	144

7-3 续表 2

单位：人

现住地	农、林、牧、渔业生产及辅助人员			生产制造及有关人员			不便分类的其他从业人员		
	小计	男	女	小计	男	女	小计	男	女
全　省	**2553**	**1230**	**1323**	**8539**	**6928**	**1611**	**22**	**16**	**6**
长春市	547	234	313	4299	3515	784	12	9	3
吉林市	315	149	166	955	795	160	3	3	
四平市	268	111	157	286	245	41	2	2	
辽源市	109	35	74	170	121	49	1		1
通化市	153	76	77	282	215	67	1	1	
白山市	97	57	40	245	210	35			
松原市	252	134	118	341	278	63			
白城市	277	131	146	257	210	47	3	1	2
延边朝鲜族自治州	484	282	202	1500	1164	336			
长白山管委会	5	5		27	24	3			
梅河口市	46	16	30	177	151	26			

7－4 全省按现住地、户口登记地类型、受教育程度分的户口登记地在本省其他乡镇街道人口

单位：人

现住地	合计					未上过学				
	合计	乡	镇的村委会	镇的居委会	街道	小计	乡	镇的村委会	镇的居委会	街道
全　省	**772324**	**128260**	**254899**	**67415**	**321750**	**8662**	**1588**	**3247**	**791**	**3036**
长春市	330582	55993	116488	23556	134545	2724	532	1083	167	942
吉林市	113354	15362	35905	7752	54335	1511	225	597	101	588
四平市	45237	6178	14498	4748	19813	548	92	205	54	197
辽源市	28123	3847	8408	3047	12821	335	54	121	42	118
通化市	36303	3680	11821	5628	15174	497	59	193	95	150
白山市	30290	1648	7228	5891	15523	766	59	231	170	306
松原市	71881	23224	25589	4166	18902	848	310	339	34	165
白城市	44966	10904	12551	3870	17641	551	157	157	39	198
延边朝鲜族自治州	53118	4376	16822	6467	25453	739	78	273	65	323
长白山管委会	1389	81	532	472	304	41	6	17	17	1
梅河口市	17081	2967	5057	1818	7239	102	16	31	7	48

7－4 续表 1

单位：人

现住地	学前教育					小学				
	小计	乡	镇的村委会	镇的居委会	街道	小计	乡	镇的村委会	镇的居委会	街道
全　省	**17960**	**3343**	**6935**	**1168**	**6514**	**112150**	**25864**	**48639**	**7584**	**30063**
长春市	7430	1339	2982	412	2697	41929	9875	19101	2111	10842
吉林市	2656	448	1039	121	1048	17315	3357	7573	1041	5344
四平市	900	135	326	70	369	6353	1216	2766	528	1843
辽源市	661	95	258	56	252	3841	666	1549	365	1261
通化市	823	114	339	92	278	5901	771	2725	740	1665
白山市	697	58	226	105	308	4666	401	1696	797	1772
松原市	1872	614	729	86	443	14536	5846	6161	527	2002
白城市	1094	315	370	66	343	7729	2368	2814	508	2039
延边朝鲜族自治州	1323	125	490	114	594	7296	821	3224	697	2554
长白山管委会	40	3	21	11	5	237	15	117	66	39
梅河口市	464	97	155	35	177	2347	528	913	204	702

7-4 续表 2

单位：人

现住地	初中					高中				
	小计	乡	镇的村委会	镇的居委会	街道	小计	乡	镇的村委会	镇的居委会	街道
全 省	**276395**	**56349**	**110389**	**22704**	**86953**	**168853**	**22307**	**47507**	**16362**	**82677**
长春市	109000	23314	48330	6381	30975	68476	10021	21950	5303	31202
吉林市	39468	6689	15527	2773	14479	26773	2723	6678	2048	15324
四平市	16477	2810	6203	1584	5880	10923	1152	2960	1155	5656
辽源市	12978	2006	4165	1213	5594	5509	575	1479	676	2779
通化市	13656	1658	5265	2185	4548	8517	678	2106	1367	4366
白山市	10997	704	3212	2172	4909	7259	249	1252	1524	4234
松原市	29089	10845	11547	1508	5189	13896	3510	4492	931	4963
白城市	18428	5033	5943	1564	5888	9872	1892	2037	955	4988
延边朝鲜族自治州	19468	2014	7715	2472	7267	13024	811	3364	1770	7079
长白山管委会	478	27	224	153	74	268	11	88	95	74
梅河口市	6356	1249	2258	699	2150	4336	685	1101	538	2012

7-4 续表 3

单位：人

现住地	大学专科					大学本科				
	小计	乡	镇的村委会	镇的居委会	街道	小计	乡	镇的村委会	镇的居委会	街道
全 省	**85392**	**10037**	**21058**	**8482**	**45815**	**94392**	**8361**	**16436**	**9543**	**60052**
长春市	42209	5529	12256	3606	20818	52596	5073	10303	4991	32229
吉林市	12630	1155	2704	839	7932	12191	731	1725	799	8936
四平市	5032	439	1153	658	2782	4741	320	858	671	2892
辽源市	2352	267	462	313	1310	2357	182	365	369	1441
通化市	3366	231	595	565	1975	3387	167	582	561	2077
白山市	3136	102	404	604	2026	2700	74	203	505	1918
松原市	5854	1261	1328	574	2691	5571	822	975	484	3290
白城市	3778	605	763	395	2015	3387	520	457	331	2079
延边朝鲜族自治州	4984	224	999	675	3086	5779	289	703	628	4159
长白山管委会	173	13	41	72	47	144	6	24	55	59
梅河口市	1878	211	353	181	1133	1539	177	241	149	972

7-4 续表 4

单位：人

现住地	硕士研究生					博士研究生				
	小计	乡	镇 的村委会	镇 的居委会	街道	小计	乡	镇 的村委会	镇 的居委会	街道
全　省	**7507**	**366**	**646**	**717**	**5778**	**1013**	**45**	**42**	**64**	**862**
长春市	5349	271	449	532	4097	869	39	34	53	743
吉林市	748	31	60	29	628	62	3	2	1	56
四平市	252	14	26	26	186	11		1	2	8
辽源市	87	2	9	12	64	3			1	2
通化市	146	2	15	23	106	10		1		9
白山市	68	1	4	13	50	1			1	
松原市	208	15	17	22	154	7	1	1		5
白城市	121	12	9	12	88	6	2	1		3
延边朝鲜族自治州	464	14	52	42	356	41		2	4	35
长白山管委会	7			2	5	1			1	
梅河口市	57	4	5	4	44	2			1	1

7-5 全省按现住地、户口登记地类型、受教育程度分的户口登记地在外省人口

单位：人

现住地	合　计					未上过学				
	合计	乡	镇 的村委会	镇 的居委会	街道	小计	乡	镇 的村委会	镇 的居委会	街道
全　省	**92428**	**17679**	**37928**	**8917**	**27904**	**925**	**236**	**441**	**74**	**174**
长春市	53415	10362	20790	5442	16821	360	109	157	26	68
吉林市	9414	1555	3807	639	3413	99	23	44	5	27
四平市	4687	735	2114	537	1301	50	12	25	5	8
辽源市	1516	263	602	173	478	12	5	6		1
通化市	2855	333	1270	339	913	31	2	14	3	12
白山市	1843	242	873	248	480	53	11	28	7	7
松原市	3234	872	1359	243	760	52	10	30	5	7
白城市	3540	973	1326	334	907	51	15	14	3	19
延边朝鲜族自治州	10610	2133	5350	784	2343	199	48	115	15	21
长白山管委会	229	20	92	71	46	8		3	5	
梅河口市	1085	191	345	107	442	10	1	5		4

7-5　续表 1　　　　单位：人

现 住 地	学前教育					小　学				
	小计	乡	镇 的 村委会	镇 的 居委会	街道	小计	乡	镇 的 村委会	镇 的 居委会	街道
全 省	**1544**	**284**	**773**	**98**	**389**	**11654**	**3105**	**6103**	**737**	**1709**
长春市	696	147	355	44	150	4897	1473	2535	287	602
吉林市	178	29	72	13	64	1280	336	662	67	215
四平市	93	9	56	5	23	650	137	320	47	146
辽源市	34	2	18	2	12	205	47	99	15	44
通化市	75	9	31	8	27	534	85	286	45	118
白山市	53	9	23	4	17	350	64	200	28	58
松原市	62	19	34	2	7	692	226	318	47	101
白城市	72	15	31	2	24	620	172	293	54	101
延边朝鲜族自治州	243	40	138	14	51	2203	519	1292	121	271
长白山管委会	5		2	1	2	33	8	13	11	1
梅河口市	33	5	13	3	12	190	38	85	15	52

7-5　续表 2　　　　单位：人

现 住 地	初　中					高　中				
	小计	乡	镇 的 村委会	镇 的 居委会	街道	小计	乡	镇 的 村委会	镇 的 居委会	街道
全 省	**27820**	**6519**	**14130**	**2191**	**4980**	**12453**	**2171**	**5013**	**1342**	**3927**
长春市	12659	3297	6427	929	2006	6393	1253	2656	672	1812
吉林市	2950	603	1514	203	630	1379	189	530	137	523
四平市	1791	333	925	150	383	684	103	261	73	247
辽源市	733	135	325	82	191	230	35	75	30	90
通化市	1026	140	536	118	232	485	47	152	72	214
白山市	739	102	417	94	126	290	28	114	47	101
松原市	1359	415	610	84	250	526	122	195	52	157
白城市	1397	363	631	143	260	488	93	175	61	159
延边朝鲜族自治州	4656	1030	2551	328	747	1708	267	781	159	501
长白山管委会	76	8	38	16	14	47	2	20	15	10
梅河口市	434	93	156	44	141	223	32	54	24	113

7-5 续表 3 单位：人

现住地	大学专科					大学本科				
	小计	乡	镇的村委会	镇的居委会	街道	小计	乡	镇的村委会	镇的居委会	街道
全省	**8566**	**1317**	**3034**	**911**	**3304**	**25869**	**3613**	**7500**	**3086**	**11670**
长春市	5157	816	1911	542	1888	20090	2864	5927	2491	8808
吉林市	1028	146	344	65	473	2347	218	595	142	1392
四平市	364	58	125	54	127	998	77	390	197	334
辽源市	163	25	43	28	67	126	12	33	14	67
通化市	262	24	80	36	122	423	26	168	57	172
白山市	182	14	52	38	78	164	11	37	29	87
松原市	285	49	97	26	113	241	30	73	27	111
白城市	328	69	99	37	123	569	244	80	31	214
延边朝鲜族自治州	661	102	248	56	255	797	121	184	84	408
长白山管委会	38	2	13	15	8	22		3	8	11
梅河口市	98	12	22	14	50	92	10	10	6	66

7-5 续表 4 单位：人

现住地	硕士研究生					博士研究生				
	小计	乡	镇的村委会	镇的居委会	街道	小计	乡	镇的村委会	镇的居委会	街道
全省	**3124**	**384**	**818**	**430**	**1492**	**473**	**50**	**116**	**48**	**259**
长春市	2722	355	710	404	1253	441	48	112	47	234
吉林市	142	10	46	6	80	11	1		1	9
四平市	50	5	11	6	28	7	1	1		5
辽源市	11	2	2	2	5	2		1		1
通化市	17		3		14	2				2
白山市	12	3	2	1	6					
松原市	16	1	2		13	1				1
白城市	14	2	2	3	7	1		1		
延边朝鲜族自治州	135	6	40	7	82	8		1		7
长白山管委会										
梅河口市	5			1	4					

7–6　全省按现住地和出生地分的人口

单位：人

现住地	出生地							
	合计	省内		省外				
		本县市区	本省其他县市区	北京	天津	河北	山西	内蒙古
全　省	**2199788**	**1714740**	**337639**	**919**	**909**	**8644**	**2172**	**10052**
长春市	846711	607808	170286	485	565	4650	1572	4982
吉林市	327938	258018	50060	172	114	1458	232	877
四平市	164026	145976	11673	21	43	320	69	748
辽源市	91845	82982	6292	20	12	164	19	131
通化市	123270	107410	9784	41	37	293	40	189
白山市	88379	67232	11046	35	27	343	37	152
松原市	204380	177113	22671	34	29	251	45	505
白城市	139928	124438	9856	37	24	319	58	1617
延边朝鲜族自治州	158690	97578	39802	67	44	724	82	765
长白山管委会	5693	3002	1820	2	1	25	1	37
梅河口市	48928	43183	4349	5	13	97	17	49

7–6　续表 1

单位：人

现住地	出生地								
	省外								
	辽宁	黑龙江	上海	江苏	浙江	安徽	福建	江西	山东
全　省	**24498**	**36946**	**420**	**3264**	**1995**	**3560**	**1245**	**1075**	**30210**
长春市	9897	19543	238	1949	1323	2307	801	744	6288
吉林市	3950	3760	68	447	188	426	191	116	5229
四平市	2788	1006	17	68	76	71	47	23	495
辽源市	1073	429	6	32	21	41	12	4	390
通化市	1947	706	14	96	68	86	27	47	1878
白山市	1200	606	6	163	40	96	22	10	6899
松原市	532	1747	11	63	57	109	21	41	574
白城市	821	1374	8	51	41	84	31	27	544
延边朝鲜族自治州	1678	7448	49	357	164	290	79	50	7183
长白山管委会	114	102	1	18		6			504
梅河口市	498	225	2	20	17	44	14	13	226

7–6　续表 2　　单位：人

现住地	出生地								
	省外								
	河南	湖北	湖南	广东	广西	海南	重庆	四川	贵州
全　省	**6158**	**2352**	**1348**	**872**	**740**	**450**	**818**	**2470**	**990**
长春市	3971	1169	916	570	487	329	528	1446	626
吉林市	709	241	173	113	113	40	134	294	126
四平市	149	48	36	20	22	23	19	61	44
辽源市	78	28	15	14	6	1	2	30	4
通化市	190	33	29	24	23	16	26	94	22
白山市	116	31	37	21	8	3	11	82	19
松原市	167	63	25	19	14	3	25	134	4
白城市	210	37	25	18	38	16	20	71	59
延边朝鲜族自治州	515	687	73	60	22	18	49	212	79
长白山管委会	16	3	7				2	14	1
梅河口市	37	12	12	13	7	1	2	32	6

7–6　续表 3　　单位：人

现住地	出生地							
	省外							港澳台或国外
	云南	西藏	陕西	甘肃	青海	宁夏	新疆	
全　省	**624**	**148**	**1264**	**1022**	**300**	**270**	**937**	**737**
长春市	366	102	857	664	208	192	760	82
吉林市	76	6	135	162	46	46	98	120
四平市	25	5	49	33	14	7	23	7
辽源市	4	3	8	9	1	1	10	3
通化市	23	14	33	21	2	6	6	45
白山市	29	6	40	14	4	2	9	33
松原市	14	3	36	27	4	2	10	27
白城市	14	6	23	47	3	3	6	2
延边朝鲜族自治州	67		66	38	14	9	15	406
长白山管委会	1	2	6	2				6
梅河口市	5	1	11	5	4	2		6

7–7　全省按现住地和五年前常住地分的人口

单位：人

现住地	五年前常住地							
	合计	省内		省外				
		本县市区	本省其他县市区	北京	天津	河北	山西	内蒙古
全　省	**2129913**	**1992534**	**84342**	**2147**	**1013**	**3285**	**1400**	**3221**
长春市	817255	736793	48355	1150	628	2172	1098	2015
吉林市	318112	300001	12302	348	100	355	114	330
四平市	159713	153985	3679	63	43	120	52	194
辽源市	89304	86797	1700	63	22	63	14	45
通化市	119307	115740	2018	103	56	95	18	53
白山市	85688	83046	1689	72	36	58	10	30
松原市	198395	191791	5369	81	26	92	10	96
白城市	136016	131831	2611	57	25	123	43	300
延边朝鲜族自治州	153307	141365	5656	174	64	164	33	147
长白山管委会	5423	5044	254	6		9	2	6
梅河口市	47393	46141	709	30	13	34	6	5

7–7　续表 1

单位：人

现住地	五年前常住地								
	省外								
	辽宁	黑龙江	上海	江苏	浙江	安徽	福建	江西	山东
全　省	**6807**	**8464**	**540**	**1646**	**1466**	**1287**	**675**	**652**	**3527**
长春市	3751	5370	270	1201	1023	950	454	512	2163
吉林市	742	799	84	147	161	139	92	49	403
四平市	638	260	13	42	50	41	31	17	71
辽源市	272	99	19	7	20	7	7		32
通化市	373	105	14	41	47	17	9	26	128
白山市	134	110	9	23	19	9	14	6	209
松原市	179	408	12	33	23	31	8	17	52
白城市	190	287	6	32	26	21	15	6	77
延边朝鲜族自治州	359	947	109	94	90	53	44	17	336
长白山管委会	30	18	1	9				1	10
梅河口市	139	61	3	17	7	19	1	1	46

7-7 续表 2

单位：人

现住地	五年前常住地								
	省外								
	河南	湖北	湖南	广东	广西	海南	重庆	四川	贵州
全　省	**2623**	**887**	**798**	**1190**	**644**	**460**	**511**	**1228**	**803**
长春市	1977	603	581	736	433	331	350	909	532
吉林市	284	90	85	160	91	37	81	133	102
四平市	61	26	21	38	18	26	15	30	33
辽源市	17	16	6	27	11	2	5	4	1
通化市	52	22	16	29	20	8	16	29	16
白山市	15	13	19	31	7	9	2	21	7
松原市	34	13	7	26	6	6	12	16	3
白城市	74	18	13	21	32	15	12	30	62
延边朝鲜族自治州	103	82	42	108	22	22	16	45	45
长白山管委会	2		3	2	1		1	4	
梅河口市	4	4	5	12	3	4	1	7	2

7-7 续表 3

单位：人

现住地	五年前常住地							
	省外							港澳台或国外
	云南	西藏	陕西	甘肃	青海	宁夏	新疆	
全　省	**501**	**153**	**832**	**659**	**215**	**233**	**817**	**4353**
长春市	334	102	607	469	162	168	666	390
吉林市	55	7	80	90	28	37	77	509
四平市	26	7	33	16	10	6	23	25
辽源市	6	3	5	2	2	1	8	21
通化市	10	13	15	7	1	1	9	200
白山市	10	6	24	10	2	2	8	28
松原市	8	3	10	4		1	5	13
白城市	12	8	9	34	2	5	7	12
延边朝鲜族自治州	37	1	33	21	7	11	13	3047
长白山管委会		2	5	3				10
梅河口市	3	1	11	3	1	1	1	98

第二部分　长表数据资料

第八卷　老年人口

8-1　各地区分性别、健康状况的60岁及以上老年人口

单位：人

地　区	60岁及以上人口			健　康		
	合计	男	女	小计	男	女
全　省	**508469**	**241775**	**266694**	**239949**	**120199**	**119750**
长春市	174831	83109	91722	95041	46955	48086
吉林市	84054	40024	44030	39408	19812	19596
四平市	40329	19283	21046	18450	9347	9103
辽源市	23445	11180	12265	10870	5503	5367
通化市	31797	15325	16472	14844	7673	7171
白山市	22836	10702	12134	8884	4461	4423
松原市	44263	21194	23069	18925	9555	9370
白城市	33157	15799	17358	12018	6073	5945
延边朝鲜族自治州	41097	19024	22073	15067	7504	7563
长白山管委会	1170	547	623	426	219	207
梅河口市	11490	5588	5902	6016	3097	2919

8-1　续表　　单位：人

地　区	基本健康			不健康，但生活能自理			不健康，生活不能自理		
	小计	男	女	小计	男	女	小计	男	女
全　省	**175558**	**78890**	**96668**	**76471**	**34973**	**41498**	**16491**	**7713**	**8778**
长春市	54794	24501	30293	20147	9349	10798	4849	2304	2545
吉林市	29403	13107	16296	12312	5665	6647	2931	1440	1491
四平市	14771	6700	8071	5918	2676	3242	1190	560	630
辽源市	8318	3747	4571	3500	1569	1931	757	361	396
通化市	10917	4913	6004	5047	2285	2762	989	454	535
白山市	8769	3908	4861	4189	1892	2297	994	441	553
松原市	15675	7103	8572	8083	3791	4292	1580	745	835
白城市	12520	5816	6704	7357	3358	3999	1262	552	710
延边朝鲜族自治州	16218	7188	9030	8201	3626	4575	1611	706	905
长白山管委会	543	237	306	151	70	81	50	21	29
梅河口市	3630	1670	1960	1566	692	874	278	129	149

8-1a 各地区分性别、健康状况的60岁及以上老年人口(城市)

单位：人

地区	60岁及以上人口			健康		
	合计	男	女	小计	男	女
全省	**200049**	**91300**	**108749**	**108894**	**51637**	**57257**
长春市	71474	32925	38549	42802	20290	22512
吉林市	41403	18910	22493	22139	10490	11649
四平市	11312	5149	6163	6552	3068	3484
辽源市	8726	3900	4826	4617	2129	2488
通化市	10394	4771	5623	5420	2652	2768
白山市	10147	4563	5584	4586	2210	2376
松原市	9418	4277	5141	5214	2412	2802
白城市	9392	4229	5163	4578	2125	2453
延边朝鲜族自治州	22875	10268	12607	9665	4647	5018
长白山管委会						
梅河口市	4908	2308	2600	3321	1614	1707

8-1a 续表

单位：人

地区	基本健康			不健康，但生活能自理			不健康，生活不能自理		
	小计	男	女	小计	男	女	小计	男	女
全省	**64459**	**27654**	**36805**	**20225**	**8921**	**11304**	**6471**	**3088**	**3383**
长春市	20516	8877	11639	6008	2734	3274	2148	1024	1124
吉林市	13488	5765	7723	4347	1949	2398	1429	706	723
四平市	3393	1468	1925	1021	437	584	346	176	170
辽源市	3019	1295	1724	810	343	467	280	133	147
通化市	3784	1625	2159	933	371	562	257	123	134
白山市	3862	1600	2262	1289	565	724	410	188	222
松原市	2961	1266	1695	951	441	510	292	158	134
白城市	3127	1368	1759	1322	579	743	365	157	208
延边朝鲜族自治州	9080	3840	5240	3258	1390	1868	872	391	481
长白山管委会									
梅河口市	1229	550	679	286	112	174	72	32	40

8-1b 各地区分性别、健康状况的60岁及以上老年人口(镇)

单位：人

地区	60岁及以上人口			健康		
	合计	男	女	小计	男	女
全省	**85983**	**39731**	**46252**	**44025**	**21288**	**22737**
长春市	28272	13010	15262	18153	8585	9568
吉林市	9357	4369	4988	4758	2322	2436
四平市	6612	3032	3580	3066	1483	1583
辽源市	3429	1590	1839	1503	754	749
通化市	7382	3451	3931	4106	2043	2063
白山市	7006	3265	3741	2766	1373	1393
松原市	7561	3451	4110	3587	1716	1871
白城市	7077	3290	3787	2775	1344	1431
延边朝鲜族自治州	6925	3156	3769	2311	1147	1164
长白山管委会	1163	544	619	425	218	207
梅河口市	1199	573	626	575	303	272

8-1b 续表

单位：人

地区	基本健康			不健康，但生活能自理			不健康，生活不能自理		
	小计	男	女	小计	男	女	小计	男	女
全省	**28378**	**12268**	**16110**	**10821**	**4902**	**5919**	**2759**	**1273**	**1486**
长春市	7266	3078	4188	2155	1007	1148	698	340	358
吉林市	3002	1306	1696	1259	575	684	338	166	172
四平市	2592	1115	1477	774	358	416	180	76	104
辽源市	1335	573	762	462	200	262	129	63	66
通化市	2119	881	1238	929	423	506	228	104	124
白山市	2694	1213	1481	1209	529	680	337	150	187
松原市	2561	1103	1458	1132	507	625	281	125	156
白城市	2895	1292	1603	1168	542	626	239	112	127
延边朝鲜族自治州	2944	1287	1657	1424	617	807	246	105	141
长白山管委会	539	236	303	149	69	80	50	21	29
梅河口市	431	184	247	160	75	85	33	11	22

8-1c 各地区分性别、健康状况的60岁及以上老年人口(乡村)

单位：人

地区	60岁及以上人口			健康		
	合计	男	女	小计	男	女
全省	**222437**	**110744**	**111693**	**87030**	**47274**	**39756**
长春市	75085	37174	37911	34086	18080	16006
吉林市	33294	16745	16549	12511	7000	5511
四平市	22405	11102	11303	8832	4796	4036
辽源市	11290	5690	5600	4750	2620	2130
通化市	14021	7103	6918	5318	2978	2340
白山市	5683	2874	2809	1532	878	654
松原市	27284	13466	13818	10124	5427	4697
白城市	16688	8280	8408	4665	2604	2061
延边朝鲜族自治州	11297	5600	5697	3091	1710	1381
长白山管委会	7	3	4	1	1	
梅河口市	5383	2707	2676	2120	1180	940

8-1c 续表

单位：人

地区	基本健康			不健康，但生活能自理			不健康，生活不能自理		
	小计	男	女	小计	男	女	小计	男	女
全省	**82721**	**38968**	**43753**	**45425**	**21150**	**24275**	**7261**	**3352**	**3909**
长春市	27012	12546	14466	11984	5608	6376	2003	940	1063
吉林市	12913	6036	6877	6706	3141	3565	1164	568	596
四平市	8786	4117	4669	4123	1881	2242	664	308	356
辽源市	3964	1879	2085	2228	1026	1202	348	165	183
通化市	5014	2407	2607	3185	1491	1694	504	227	277
白山市	2213	1095	1118	1691	798	893	247	103	144
松原市	10153	4734	5419	6000	2843	3157	1007	462	545
白城市	6498	3156	3342	4867	2237	2630	658	283	375
延边朝鲜族自治州	4194	2061	2133	3519	1619	1900	493	210	283
长白山管委会	4	1	3	2	1	1			
梅河口市	1970	936	1034	1120	505	615	173	86	87

8-2　全省分年龄、性别、健康状况的60岁及以上老年人口

单位：人

年　龄	60岁及以上人口			健　康		
	合计	男	女	小计	男	女
总　计	**508469**	**241775**	**266694**	**239949**	**120199**	**119750**
60-64岁	**165319**	**80902**	**84417**	**101008**	**50694**	**50314**
60	36581	18144	18437	23743	12032	11711
61	28763	14213	14550	18115	9168	8947
62	33661	16598	17063	20737	10528	10209
63	34323	16622	17701	20292	10082	10210
64	31991	15325	16666	18121	8884	9237
65-69岁	**152228**	**73084**	**79144**	**76628**	**38583**	**38045**
65	34606	16832	17774	18937	9556	9381
66	33724	16320	17404	17700	9000	8700
67	29485	14040	15445	14856	7413	7443
68	28733	13708	15025	13561	6843	6718
69	25680	12184	13496	11574	5771	5803
70-74岁	**92305**	**43241**	**49064**	**35888**	**17996**	**17892**
70	24720	11675	13045	10561	5325	5236
71	22359	10663	11696	8967	4573	4394
72	16685	7810	8875	6268	3108	3160
73	15437	7140	8297	5534	2759	2775
74	13104	5953	7151	4558	2231	2327
75-79岁	**49992**	**22645**	**27347**	**15578**	**7497**	**8081**
75	11213	5028	6185	3723	1801	1922
76	10976	4965	6011	3518	1697	1821
77	9913	4501	5412	3080	1472	1608
78	9143	4212	4931	2793	1383	1410
79	8747	3939	4808	2464	1144	1320
80-84岁	**30627**	**13911**	**16716**	**7599**	**3808**	**3791**
80	7731	3529	4202	2113	1070	1043
81	6805	3054	3751	1681	834	847
82	6527	2999	3528	1562	785	777
83	4963	2294	2669	1197	617	580
84	4601	2035	2566	1046	502	544
85-89岁	**13257**	**5890**	**7367**	**2563**	**1261**	**1302**
85	3842	1678	2164	797	386	411
86	3229	1416	1813	633	303	330
87	2702	1229	1473	512	259	253
88	1920	846	1074	355	164	191
89	1564	721	843	266	149	117
90-94岁	**3999**	**1787**	**2212**	**590**	**307**	**283**
90	1505	669	836	258	135	123
91	938	406	532	131	64	67
92	727	331	396	102	54	48
93	472	220	252	56	33	23
94	357	161	196	43	21	22
95-99岁	**663**	**280**	**383**	**81**	**46**	**35**
95	245	113	132	31	18	13
96	178	66	112	27	18	9
97	114	49	65	10	2	8
98	71	30	41	4	4	
99	55	22	33	9	4	5
100岁及以上	**79**	**35**	**44**	**14**	**7**	**7**

8-2 续表 单位：人

年 龄	基本健康			不健康，但生活能自理			不健康，生活不能自理		
	小计	男	女	小计	男	女	小计	男	女
总 计	**175558**	**78890**	**96668**	**76471**	**34973**	**41498**	**16491**	**7713**	**8778**
60-64岁	**47956**	**21686**	**26270**	**14213**	**7207**	**7006**	**2142**	**1315**	**827**
60	9637	4323	5314	2775	1511	1264	426	278	148
61	7961	3658	4303	2318	1168	1150	369	219	150
62	9693	4376	5317	2802	1439	1363	429	255	174
63	10435	4706	5729	3145	1558	1587	451	276	175
64	10230	4623	5607	3173	1531	1642	467	287	180
65-69岁	**53597**	**23929**	**29668**	**19074**	**8956**	**10118**	**2929**	**1616**	**1313**
65	11484	5157	6327	3643	1825	1818	542	294	248
66	11586	5159	6427	3841	1813	2028	597	348	249
67	10342	4581	5761	3736	1740	1996	551	306	245
68	10563	4740	5823	3987	1785	2202	622	340	282
69	9622	4292	5330	3867	1793	2074	617	328	289
70-74岁	**36219**	**16173**	**20046**	**17313**	**7672**	**9641**	**2885**	**1400**	**1485**
70	9502	4232	5270	4003	1796	2207	654	322	332
71	8785	4002	4783	4006	1770	2236	601	318	283
72	6650	2992	3658	3217	1439	1778	550	271	279
73	6069	2670	3399	3287	1452	1835	547	259	288
74	5213	2277	2936	2800	1215	1585	533	230	303
75-79岁	**20097**	**8929**	**11168**	**11678**	**5041**	**6637**	**2639**	**1178**	**1461**
75	4502	1955	2547	2506	1061	1445	482	211	271
76	4362	1941	2421	2548	1077	1471	548	250	298
77	4027	1793	2234	2298	996	1302	508	240	268
78	3695	1652	2043	2137	931	1206	518	246	272
79	3511	1588	1923	2189	976	1213	583	231	352
80-84岁	**11681**	**5335**	**6346**	**8560**	**3661**	**4899**	**2787**	**1107**	**1680**
80	3025	1370	1655	2002	839	1163	591	250	341
81	2615	1199	1416	1927	779	1148	582	242	340
82	2506	1135	1371	1877	837	1040	582	242	340
83	1862	881	981	1400	623	777	504	173	331
84	1673	750	923	1354	583	771	528	200	328
85-89岁	**4570**	**2153**	**2417**	**4126**	**1785**	**2341**	**1998**	**691**	**1307**
85	1384	615	769	1182	521	661	479	156	323
86	1146	539	607	995	433	562	455	141	314
87	927	453	474	830	358	472	433	159	274
88	619	308	311	606	241	365	340	133	207
89	494	238	256	513	232	281	291	102	189
90-94岁	**1230**	**589**	**641**	**1285**	**557**	**728**	**894**	**334**	**560**
90	460	219	241	480	198	282	307	117	190
91	288	134	154	309	131	178	210	77	133
92	238	121	117	212	90	122	175	66	109
93	143	72	71	164	81	83	109	34	75
94	101	43	58	120	57	63	93	40	53
95-99岁	**188**	**83**	**105**	**202**	**85**	**117**	**192**	**66**	**126**
95	70	38	32	67	26	41	77	31	46
96	48	17	31	58	19	39	45	12	33
97	29	13	16	41	21	20	34	13	21
98	24	7	17	22	12	10	21	7	14
99	17	8	9	14	7	7	15	3	12
100岁及以上	**20**	**13**	**7**	**20**	**9**	**11**	**25**	**6**	**19**

8-2a 全省分年龄、性别、健康状况的60岁及以上老年人口(城市)

单位：人

年龄	60岁及以上人口			健康		
	合计	男	女	小计	男	女
总计	**200049**	**91300**	**108749**	**108894**	**51637**	**57257**
60-64岁	**65561**	**31367**	**34194**	**43735**	**20968**	**22767**
60	14131	6870	7261	9781	4767	5014
61	11539	5610	5929	7901	3850	4051
62	13739	6657	7082	9258	4490	4768
63	13601	6368	7233	8879	4146	4733
64	12551	5862	6689	7916	3715	4201
65-69岁	**57474**	**26577**	**30897**	**33953**	**16079**	**17874**
65	13126	6171	6955	8224	3922	4302
66	13002	6042	6960	7858	3717	4141
67	11137	5104	6033	6551	3111	3440
68	10761	4947	5814	6127	2890	3237
69	9448	4313	5135	5193	2439	2754
70-74岁	**34264**	**15308**	**18956**	**16698**	**7824**	**8874**
70	9218	4198	5020	4905	2313	2592
71	8236	3772	4464	4089	1964	2125
72	6134	2701	3433	2901	1325	1576
73	5624	2465	3159	2598	1194	1404
74	5052	2172	2880	2205	1028	1177
75-79岁	**20744**	**8725**	**12019**	**8327**	**3788**	**4539**
75	4399	1856	2543	1913	876	1037
76	4331	1802	2529	1801	819	982
77	4111	1733	2378	1649	756	893
78	4046	1753	2293	1569	738	831
79	3857	1581	2276	1395	599	796
80-84岁	**13688**	**5782**	**7906**	**4281**	**2056**	**2225**
80	3333	1424	1909	1131	535	596
81	3044	1266	1778	952	463	489
82	2954	1266	1688	929	459	470
83	2212	958	1254	685	339	346
84	2145	868	1277	584	260	324
85-89岁	**6119**	**2545**	**3574**	**1490**	**690**	**800**
85	1758	691	1067	461	207	254
86	1475	580	895	359	155	204
87	1250	554	696	317	158	159
88	937	399	538	212	93	119
89	699	321	378	141	77	64
90-94岁	**1855**	**847**	**1008**	**350**	**196**	**154**
90	711	312	399	144	81	63
91	428	192	236	85	46	39
92	324	154	170	58	33	25
93	218	112	106	36	23	13
94	174	77	97	27	13	14
95-99岁	**304**	**125**	**179**	**50**	**30**	**20**
95	110	52	58	18	12	6
96	88	30	58	15	9	6
97	50	19	31	7	2	5
98	28	11	17	4	4	
99	28	13	15	6	3	3
100岁及以上	**40**	**24**	**16**	**10**	**6**	**4**

8-2a 续表

单位：人

年 龄	基本健康			不健康，但生活能自理			不健康，生活不能自理		
	小计	男	女	小计	男	女	小计	男	女
总 计	**64459**	**27654**	**36805**	**20225**	**8921**	**11304**	**6471**	**3088**	**3383**
60-64岁	**16816**	**7580**	**9236**	**4163**	**2234**	**1929**	**847**	**585**	**262**
60	3289	1471	1818	889	509	380	172	123	49
61	2790	1272	1518	703	391	312	145	97	48
62	3500	1609	1891	809	440	369	172	118	54
63	3656	1624	2032	882	471	411	184	127	57
64	3581	1604	1977	880	423	457	174	120	54
65-69岁	**17858**	**7651**	**10207**	**4643**	**2230**	**2413**	**1020**	**617**	**403**
65	3792	1665	2127	933	476	457	177	108	69
66	3953	1714	2239	985	490	495	206	121	85
67	3485	1467	2018	902	406	496	199	120	79
68	3484	1476	2008	929	439	490	221	142	79
69	3144	1329	1815	894	419	475	217	126	91
70-74岁	**12687**	**5327**	**7360**	**3877**	**1631**	**2246**	**1002**	**526**	**476**
70	3198	1356	1842	870	398	472	245	131	114
71	3032	1320	1712	913	379	534	202	109	93
72	2336	990	1346	704	285	419	193	101	92
73	2115	867	1248	736	311	425	175	93	82
74	2006	794	1212	654	258	396	187	92	95
75-79岁	**8369**	**3372**	**4997**	**3032**	**1133**	**1899**	**1016**	**432**	**584**
75	1723	677	1046	589	230	359	174	73	101
76	1710	688	1022	622	202	420	198	93	105
77	1665	680	985	610	218	392	187	79	108
78	1679	701	978	582	217	365	216	97	119
79	1592	626	966	629	266	363	241	90	151
80-84岁	**5623**	**2348**	**3275**	**2565**	**922**	**1643**	**1219**	**456**	**763**
80	1384	594	790	568	201	367	250	94	156
81	1267	526	741	582	186	396	243	91	152
82	1205	492	713	542	211	331	278	104	174
83	901	379	522	425	161	264	201	79	122
84	866	357	509	448	163	285	247	88	159
85-89岁	**2333**	**1013**	**1320**	**1416**	**550**	**866**	**880**	**292**	**588**
85	705	280	425	393	143	250	199	61	138
86	581	244	337	332	126	206	203	55	148
87	475	220	255	281	113	168	177	63	114
88	326	158	168	231	86	145	168	62	106
89	246	111	135	179	82	97	133	51	82
90-94岁	**661**	**313**	**348**	**446**	**183**	**263**	**398**	**155**	**243**
90	255	112	143	165	60	105	147	59	88
91	145	70	75	103	43	60	95	33	62
92	125	67	58	74	31	43	67	23	44
93	81	41	40	57	31	26	44	17	27
94	55	23	32	47	18	29	45	23	22
95-99岁	**101**	**41**	**60**	**73**	**31**	**42**	**80**	**23**	**57**
95	36	19	17	23	9	14	33	12	21
96	31	11	20	21	7	14	21	3	18
97	16	7	9	15	7	8	12	3	9
98	8		8	7	3	4	9	4	5
99	10	4	6	7	5	2	5	1	4
100岁及以上	**11**	**9**	**2**	**10**	**7**	**3**	**9**	**2**	**7**

8-2b　全省分年龄、性别、健康状况的60岁及以上老年人口(镇)

单位：人

年　龄	60岁及以上人口			健　康		
	合计	男	女	小计	男	女
总　计	**85983**	**39731**	**46252**	**44025**	**21288**	**22737**
60-64岁	**28013**	**13392**	**14621**	**17944**	**8709**	**9235**
60	6203	3025	3178	4119	2031	2088
61	4808	2327	2481	3069	1514	1555
62	5735	2781	2954	3695	1839	1856
63	5847	2736	3111	3761	1790	1971
64	5420	2523	2897	3300	1535	1765
65-69岁	**25368**	**11885**	**13483**	**13930**	**6739**	**7191**
65	5857	2799	3058	3429	1683	1746
66	5666	2672	2994	3210	1577	1633
67	4925	2289	2636	2714	1296	1418
68	4680	2168	2512	2429	1161	1268
69	4240	1957	2283	2148	1022	1126
70-74岁	**15094**	**6738**	**8356**	**6741**	**3225**	**3516**
70	3995	1825	2170	1912	950	962
71	3648	1623	2025	1721	817	904
72	2630	1198	1432	1155	563	592
73	2525	1106	1419	1035	480	555
74	2296	986	1310	918	415	503
75-79岁	**8889**	**3844**	**5045**	**3164**	**1479**	**1685**
75	1950	865	1085	751	362	389
76	1962	826	1136	733	349	384
77	1781	766	1015	636	284	352
78	1628	690	938	569	259	310
79	1568	697	871	475	225	250
80-84岁	**5513**	**2456**	**3057**	**1564**	**784**	**780**
80	1388	630	758	442	236	206
81	1236	552	684	344	161	183
82	1139	502	637	301	148	153
83	929	418	511	253	127	126
84	821	354	467	224	112	112
85-89岁	**2338**	**1073**	**1265**	**543**	**288**	**255**
85	703	314	389	183	91	92
86	565	265	300	155	82	73
87	446	200	246	88	47	41
88	339	163	176	65	38	27
89	285	131	154	52	30	22
90-94岁	**667**	**302**	**365**	**125**	**57**	**68**
90	253	122	131	51	26	25
91	159	71	88	25	8	17
92	129	51	78	25	9	16
93	80	38	42	14	7	7
94	46	20	26	10	7	3
95-99岁	**87**	**39**	**48**	**14**	**7**	**7**
95	33	16	17	5	2	3
96	26	15	11	8	5	3
97	13	4	9			
98	10	2	8			
99	5	2	3	1		1
100岁及以上	**14**	**2**	**12**			

8-2b 续表 单位：人

年 龄	基本健康			不健康，但生活能自理			不健康，生活不能自理		
	小计	男	女	小计	男	女	小计	男	女
总 计	**28378**	**12268**	**16110**	**10821**	**4902**	**5919**	**2759**	**1273**	**1486**
60-64岁	**7529**	**3332**	**4197**	**2203**	**1141**	**1062**	**337**	**210**	**127**
60	1577	694	883	447	260	187	60	40	20
61	1289	573	716	384	199	185	66	41	25
62	1522	676	846	458	234	224	60	32	28
63	1554	679	875	456	221	235	76	46	30
64	1587	710	877	458	227	231	75	51	24
65-69岁	**8319**	**3621**	**4698**	**2675**	**1275**	**1400**	**444**	**250**	**194**
65	1841	816	1025	512	263	249	75	37	38
66	1792	754	1038	568	291	277	96	50	46
67	1605	699	906	524	247	277	82	47	35
68	1609	716	893	553	239	314	89	52	37
69	1472	636	836	518	235	283	102	64	38
70-74岁	**5655**	**2298**	**3357**	**2212**	**991**	**1221**	**486**	**224**	**262**
70	1478	608	870	499	216	283	106	51	55
71	1334	544	790	493	209	284	100	53	47
72	999	402	597	399	196	203	77	37	40
73	966	391	575	422	188	234	102	47	55
74	878	353	525	399	182	217	101	36	65
75-79岁	**3595**	**1516**	**2079**	**1658**	**642**	**1016**	**472**	**207**	**265**
75	784	342	442	335	132	203	80	29	51
76	773	312	461	370	127	243	86	38	48
77	729	306	423	314	124	190	102	52	50
78	657	266	391	308	122	186	94	43	51
79	652	290	362	331	137	194	110	45	65
80-84岁	**2199**	**956**	**1243**	**1265**	**517**	**748**	**485**	**199**	**286**
80	553	231	322	287	115	172	106	48	58
81	493	221	272	284	114	170	115	56	59
82	482	211	271	265	111	154	91	32	59
83	356	156	200	231	104	127	89	31	58
84	315	137	178	198	73	125	84	32	52
85-89岁	**839**	**412**	**427**	**601**	**250**	**351**	**355**	**123**	**232**
85	257	119	138	172	76	96	91	28	63
86	191	100	91	137	58	79	82	25	57
87	162	72	90	108	45	63	88	36	52
88	133	69	64	94	37	57	47	19	28
89	96	52	44	90	34	56	47	15	32
90-94岁	**212**	**116**	**96**	**187**	**80**	**107**	**143**	**49**	**94**
90	82	51	31	68	26	42	52	19	33
91	58	28	30	44	21	23	32	14	18
92	38	20	18	35	11	24	31	11	20
93	23	15	8	23	13	10	20	3	17
94	11	2	9	17	9	8	8	2	6
95-99岁	**24**	**15**	**9**	**18**	**6**	**12**	**31**	**11**	**20**
95	10	7	3	7	2	5	11	5	6
96	6	5	1	5	1	4	7	4	3
97	3	2	1	4	1	3	6	1	5
98	4		4	1	1		5	1	4
99	1	1		1	1		2		2
100岁及以上	**6**	**2**	**4**	**2**		**2**	**6**		**6**

8–2c　全省分年龄、性别、健康状况的60岁及以上老年人口(乡村)

单位：人

年　龄	60岁及以上人口			健　康		
	合计	男	女	小计	男	女
总　计	**222437**	**110744**	**111693**	**87030**	**47274**	**39756**
60–64岁	**71745**	**36143**	**35602**	**39329**	**21017**	**18312**
60	16247	8249	7998	9843	5234	4609
61	12416	6276	6140	7145	3804	3341
62	14187	7160	7027	7784	4199	3585
63	14875	7518	7357	7652	4146	3506
64	14020	6940	7080	6905	3634	3271
65–69岁	**69386**	**34622**	**34764**	**28745**	**15765**	**12980**
65	15623	7862	7761	7284	3951	3333
66	15056	7606	7450	6632	3706	2926
67	13423	6647	6776	5591	3006	2585
68	13292	6593	6699	5005	2792	2213
69	11992	5914	6078	4233	2310	1923
70–74岁	**42947**	**21195**	**21752**	**12449**	**6947**	**5502**
70	11507	5652	5855	3744	2062	1682
71	10475	5268	5207	3157	1792	1365
72	7921	3911	4010	2212	1220	992
73	7288	3569	3719	1901	1085	816
74	5756	2795	2961	1435	788	647
75–79岁	**20359**	**10076**	**10283**	**4087**	**2230**	**1857**
75	4864	2307	2557	1059	563	496
76	4683	2337	2346	984	529	455
77	4021	2002	2019	795	432	363
78	3469	1769	1700	655	386	269
79	3322	1661	1661	594	320	274
80–84岁	**11426**	**5673**	**5753**	**1754**	**968**	**786**
80	3010	1475	1535	540	299	241
81	2525	1236	1289	385	210	175
82	2434	1231	1203	332	178	154
83	1822	918	904	259	151	108
84	1635	813	822	238	130	108
85–89岁	**4800**	**2272**	**2528**	**530**	**283**	**247**
85	1381	673	708	153	88	65
86	1189	571	618	119	66	53
87	1006	475	531	107	54	53
88	644	284	360	78	33	45
89	580	269	311	73	42	31
90–94岁	**1477**	**638**	**839**	**115**	**54**	**61**
90	541	235	306	63	28	35
91	351	143	208	21	10	11
92	274	126	148	19	12	7
93	174	70	104	6	3	3
94	137	64	73	6	1	5
95–99岁	**272**	**116**	**156**	**17**	**9**	**8**
95	102	45	57	8	4	4
96	64	21	43	4	4	
97	51	26	25	3		3
98	33	17	16			
99	22	7	15	2	1	1
100岁及以上	**25**	**9**	**16**	**4**	**1**	**3**

8-2c 续表 单位：人

年 龄	基本健康			不健康，但生活能自理			不健康，生活不能自理		
	小计	男	女	小计	男	女	小计	男	女
总 计	**82721**	**38968**	**43753**	**45425**	**21150**	**24275**	**7261**	**3352**	**3909**
60-64岁	**23611**	**10774**	**12837**	**7847**	**3832**	**4015**	**958**	**520**	**438**
60	4771	2158	2613	1439	742	697	194	115	79
61	3882	1813	2069	1231	578	653	158	81	77
62	4671	2091	2580	1535	765	770	197	105	92
63	5225	2403	2822	1807	866	941	191	103	88
64	5062	2309	2753	1835	881	954	218	116	102
65-69岁	**27420**	**12657**	**14763**	**11756**	**5451**	**6305**	**1465**	**749**	**716**
65	5851	2676	3175	2198	1086	1112	290	149	141
66	5841	2691	3150	2288	1032	1256	295	177	118
67	5252	2415	2837	2310	1087	1223	270	139	131
68	5470	2548	2922	2505	1107	1398	312	146	166
69	5006	2327	2679	2455	1139	1316	298	138	160
70-74岁	**17877**	**8548**	**9329**	**11224**	**5050**	**6174**	**1397**	**650**	**747**
70	4826	2268	2558	2634	1182	1452	303	140	163
71	4419	2138	2281	2600	1182	1418	299	156	143
72	3315	1600	1715	2114	958	1156	280	133	147
73	2988	1412	1576	2129	953	1176	270	119	151
74	2329	1130	1199	1747	775	972	245	102	143
75-79岁	**8133**	**4041**	**4092**	**6988**	**3266**	**3722**	**1151**	**539**	**612**
75	1995	936	1059	1582	699	883	228	109	119
76	1879	941	938	1556	748	808	264	119	145
77	1633	807	826	1374	654	720	219	109	110
78	1359	685	674	1247	592	655	208	106	102
79	1267	672	595	1229	573	656	232	96	136
80-84岁	**3859**	**2031**	**1828**	**4730**	**2222**	**2508**	**1083**	**452**	**631**
80	1088	545	543	1147	523	624	235	108	127
81	855	452	403	1061	479	582	224	95	129
82	819	432	387	1070	515	555	213	106	107
83	605	346	259	744	358	386	214	63	151
84	492	256	236	708	347	361	197	80	117
85-89岁	**1398**	**728**	**670**	**2109**	**985**	**1124**	**763**	**276**	**487**
85	422	216	206	617	302	315	189	67	122
86	374	195	179	526	249	277	170	61	109
87	290	161	129	441	200	241	168	60	108
88	160	81	79	281	118	163	125	52	73
89	152	75	77	244	116	128	111	36	75
90-94岁	**357**	**160**	**197**	**652**	**294**	**358**	**353**	**130**	**223**
90	123	56	67	247	112	135	108	39	69
91	85	36	49	162	67	95	83	30	53
92	75	34	41	103	48	55	77	32	45
93	39	16	23	84	37	47	45	14	31
94	35	18	17	56	30	26	40	15	25
95-99岁	**63**	**27**	**36**	**111**	**48**	**63**	**81**	**32**	**49**
95	24	12	12	37	15	22	33	14	19
96	11	1	10	32	11	21	17	5	12
97	10	4	6	22	13	9	16	9	7
98	12	7	5	14	8	6	7	2	5
99	6	3	3	6	1	5	8	2	6
100岁及以上	**3**	**2**	**1**	**8**	**2**	**6**	**10**	**4**	**6**

8–3　全省分性别、婚姻状况、健康状况的60岁及以上老年人口

单位：人

婚姻状况	60岁及以上人口			健　康		
	合计	男	女	小计	男	女
总　计	**508469**	**241775**	**266694**	**239949**	**120199**	**119750**
未　婚	5082	4280	802	1212	873	339
有配偶	377542	199750	177792	197848	107488	90360
离　婚	12859	6462	6397	6196	2754	3442
丧　偶	112986	31283	81703	34693	9084	25609

8–3　续表

单位：人

婚姻状况	基本健康			不健康，但生活能自理			不健康，生活不能自理		
	小计	男	女	小计	男	女	小计	男	女
总　计	**175558**	**78890**	**96668**	**76471**	**34973**	**41498**	**16491**	**7713**	**8778**
未　婚	1573	1353	220	1925	1759	166	372	295	77
有配偶	126318	63494	62824	44824	23696	21128	8552	5072	3480
离　婚	4187	2128	2059	2133	1351	782	343	229	114
丧　偶	43480	11915	31565	27589	8167	19422	7224	2117	5107

8–3a　全省分性别、婚姻状况、健康状况的60岁及以上老年人口(城市)

单位：人

婚姻状况	60岁及以上人口			健　康		
	合计	男	女	小计	男	女
总　计	**200049**	**91300**	**108749**	**108894**	**51637**	**57257**
未　婚	1163	680	483	419	192	227
有配偶	145328	76757	68571	87028	46215	40813
离　婚	8118	3678	4440	4177	1696	2481
丧　偶	45440	10185	35255	17270	3534	13736

8–3a　续表

单位：人

婚姻状况	基本健康			不健康，但生活能自理			不健康，生活不能自理		
	小计	男	女	小计	男	女	小计	男	女
总　计	**64459**	**27654**	**36805**	**20225**	**8921**	**11304**	**6471**	**3088**	**3383**
未　婚	305	165	140	289	216	73	150	107	43
有配偶	44152	22419	21733	11044	6128	4916	3104	1995	1109
离　婚	2538	1145	1393	1161	680	481	242	157	85
丧　偶	17464	3925	13539	7731	1897	5834	2975	829	2146

8-3b 全省分性别、婚姻状况、健康状况的60岁及以上老年人口(镇)

单位：人

婚姻状况	60岁及以上人口			健　康		
	合计	男	女	小计	男	女
总　计	**85983**	**39731**	**46252**	**44025**	**21288**	**22737**
未　婚	547	432	115	143	92	51
有配偶	64384	33771	30613	36411	19373	17038
离　婚	2173	1002	1171	1062	416	646
丧　偶	18879	4526	14353	6409	1407	5002

8-3b 续表

单位：人

婚姻状况	基本健康			不健康，但生活能自理			不健康，生活不能自理		
	小计	男	女	小计	男	女	小计	男	女
总　计	**28378**	**12268**	**16110**	**10821**	**4902**	**5919**	**2759**	**1273**	**1486**
未　婚	138	113	25	208	188	20	58	39	19
有配偶	20207	10074	10133	6366	3478	2888	1400	846	554
离　婚	719	348	371	351	208	143	41	30	11
丧　偶	7314	1733	5581	3896	1028	2868	1260	358	902

8-3c 全省分性别、婚姻状况、健康状况的60岁及以上老年人口(乡村)

单位：人

婚姻状况	60岁及以上人口			健　康		
	合计	男	女	小计	男	女
总　计	**222437**	**110744**	**111693**	**87030**	**47274**	**39756**
未　婚	3372	3168	204	650	589	61
有配偶	167830	89222	78608	74409	41900	32509
离　婚	2568	1782	786	957	642	315
丧　偶	48667	16572	32095	11014	4143	6871

8-3c 续表

单位：人

婚姻状况	基本健康			不健康，但生活能自理			不健康，生活不能自理		
	小计	男	女	小计	男	女	小计	男	女
总　计	**82721**	**38968**	**43753**	**45425**	**21150**	**24275**	**7261**	**3352**	**3909**
未　婚	1130	1075	55	1428	1355	73	164	149	15
有配偶	61959	31001	30958	27414	14090	13324	4048	2231	1817
离　婚	930	635	295	621	463	158	60	42	18
丧　偶	18702	6257	12445	15962	5242	10720	2989	930	2059

8-4　全省分性别、主要生活来源、健康状况的60岁及以上老年人口

单位：人

主要生活来源	60岁及以上人口			健　康		
	合计	男	女	小计	男	女
总　计	**508469**	**241775**	**266694**	**239949**	**120199**	**119750**
劳动收入	105399	65300	40099	65894	41499	24395
离退休金/养老金	223600	107299	116301	125766	61637	64129
最低生活保障金	24954	12180	12774	2414	1140	1274
失业保险金	35	17	18	10	4	6
财产性收入	17497	8824	8673	5371	2805	2566
家庭其他成员供养	121714	40833	80881	34201	10064	24137
其　他	15270	7322	7948	6293	3050	3243

8-4　续表

单位：人

主要生活来源	基本健康			不健康，但生活能自理			不健康，生活不能自理		
	小计	男	女	小计	男	女	小计	男	女
总　计	**175558**	**78890**	**96668**	**76471**	**34973**	**41498**	**16491**	**7713**	**8778**
劳动收入	35455	21292	14163	3944	2448	1496	106	61	45
离退休金/养老金	73060	33471	39589	18807	9050	9757	5967	3141	2826
最低生活保障金	6934	3218	3716	13127	6635	6492	2479	1187	1292
失业保险金	7	3	4	14	8	6	4	2	2
财产性收入	7416	3586	3830	4312	2225	2087	398	208	190
家庭其他成员供养	46873	14685	32188	33548	13211	20337	7092	2873	4219
其　他	5813	2635	3178	2719	1396	1323	445	241	204

8-4a 全省分性别、主要生活来源、健康状况的60岁及以上老年人口(城市)

单位：人

主要生活来源	60岁及以上人口			健康		
	合计	男	女	小计	男	女
总计	**200049**	**91300**	**108749**	**108894**	**51637**	**57257**
劳动收入	9123	5966	3157	6675	4445	2230
离退休金/养老金	153240	71632	81608	87867	42219	45648
最低生活保障金	4991	2208	2783	635	262	373
失业保险金	22	8	14	8	2	6
财产性收入	2374	1181	1193	1121	563	558
家庭其他成员供养	27185	8844	18341	11014	3397	7617
其他	3114	1461	1653	1574	749	825

8-4a 续表

单位：人

主要生活来源	基本健康			不健康，但生活能自理			不健康，生活不能自理		
	小计	男	女	小计	男	女	小计	男	女
总计	**64459**	**27654**	**36805**	**20225**	**8921**	**11304**	**6471**	**3088**	**3383**
劳动收入	2192	1351	841	241	160	81	15	10	5
离退休金/养老金	49258	21792	27466	11963	5505	6458	4152	2116	2036
最低生活保障金	1365	550	815	2411	1125	1286	580	271	309
失业保险金	3	1	2	10	5	5	1		1
财产性收入	906	443	463	296	147	149	51	28	23
家庭其他成员供养	9706	3066	6640	4902	1771	3131	1563	610	953
其他	1029	451	578	402	208	194	109	53	56

8-4b　全省分性别、主要生活来源、健康状况的60岁及以上老年人口(镇)

单位：人

主要生活来源	60岁及以上人口			健　康		
	合计	男	女	小计	男	女
总　计	**85983**	**39731**	**46252**	**44025**	**21288**	**22737**
劳动收入	8441	5546	2895	5753	3801	1952
离退休金/养老金	50334	24466	25868	28830	14320	14510
最低生活保障金	3798	1667	2131	425	180	245
失业保险金	3	2	1	1	1	
财产性收入	1899	960	939	797	401	396
家庭其他成员供养	19020	5937	13083	7115	2081	5034
其　他	2488	1153	1335	1104	504	600

8-4b　续表

单位：人

主要生活来源	基本健康			不健康，但生活能自理			不健康，生活不能自理		
	小计	男	女	小计	男	女	小计	男	女
总　计	**28378**	**12268**	**16110**	**10821**	**4902**	**5919**	**2759**	**1273**	**1486**
劳动收入	2405	1561	844	277	180	97	6	4	2
离退休金/养老金	16229	7507	8722	4036	1978	2058	1239	661	578
最低生活保障金	1111	463	648	1884	852	1032	378	172	206
失业保险金	2	1	1						
财产性收入	732	359	373	335	182	153	35	18	17
家庭其他成员供养	6984	1978	5006	3890	1498	2392	1031	380	651
其　他	915	399	516	399	212	187	70	38	32

8－4c　全省分性别、主要生活来源、健康状况的60岁及以上老年人口(乡村)

单位：人

主要生活来源	60岁及以上人口			健康		
	合计	男	女	小计	男	女
总　计	**222437**	**110744**	**111693**	**87030**	**47274**	**39756**
劳动收入	87835	53788	34047	53466	33253	20213
离退休金/养老金	20026	11201	8825	9069	5098	3971
最低生活保障金	16165	8305	7860	1354	698	656
失业保险金	10	7	3	1	1	
财产性收入	13224	6683	6541	3453	1841	1612
家庭其他成员供养	75509	26052	49457	16072	4586	11486
其　他	9668	4708	4960	3615	1797	1818

8－4c　续表

单位：人

主要生活来源	基本健康			不健康，但生活能自理			不健康，生活不能自理		
	小计	男	女	小计	男	女	小计	男	女
总　计	**82721**	**38968**	**43753**	**45425**	**21150**	**24275**	**7261**	**3352**	**3909**
劳动收入	30858	18380	12478	3426	2108	1318	85	47	38
离退休金/养老金	7573	4172	3401	2808	1567	1241	576	364	212
最低生活保障金	4458	2205	2253	8832	4658	4174	1521	744	777
失业保险金	2	1	1	4	3	1	3	2	1
财产性收入	5778	2784	2994	3681	1896	1785	312	162	150
家庭其他成员供养	30183	9641	20542	24756	9942	14814	4498	1883	2615
其　他	3869	1785	2084	1918	976	942	266	150	116

8-5 全省分性别、居住状况、健康状况的60岁及以上老年人口

单位：人

居住状况	60岁及以上人口			健康		
	合计	男	女	小计	男	女
总 计	**508469**	**241775**	**266694**	**239949**	**120199**	**119750**
与配偶和子女同住	81977	43382	38595	44637	24362	20275
与配偶同住	270165	142962	127203	139341	75854	63487
与子女同住	78956	22180	56776	27308	7626	19682
独居(有保姆)	1080	559	521	251	139	112
独居(无保姆)	61243	24847	36396	23571	9879	13692
养老机构	5610	3072	2538	430	211	219
其 他	9438	4773	4665	4411	2128	2283

8-5 续表

单位：人

居住状况	基本健康			不健康，但生活能自理			不健康，生活不能自理		
	小计	男	女	小计	男	女	小计	男	女
总 计	**175558**	**78890**	**96668**	**76471**	**34973**	**41498**	**16491**	**7713**	**8778**
与配偶和子女同住	25174	12485	12689	9893	5192	4701	2273	1343	930
与配偶同住	93415	46979	46436	32006	16895	15111	5403	3234	2169
与子女同住	28549	7834	20715	17623	5150	12473	5476	1570	3906
独居(有保姆)	308	157	151	233	142	91	288	121	167
独居(无保姆)	23932	9315	14617	12901	5341	7560	839	312	527
养老机构	1218	668	550	2203	1308	895	1759	885	874
其 他	2962	1452	1510	1612	945	667	453	248	205

8-5a 全省分性别、居住状况、健康状况的60岁及以上老年人口(城市)

单位：人

居住状况	60岁及以上人口			健康		
	合计	男	女	小计	男	女
总 计	**200049**	**91300**	**108749**	**108894**	**51637**	**57257**
与配偶和子女同住	31006	16456	14550	19350	10364	8986
与配偶同住	103030	54614	48416	60812	32467	28345
与子女同住	31575	7359	24216	13729	3144	10585
独居(有保姆)	657	340	317	152	90	62
独居(无保姆)	26843	9392	17451	12344	4501	7843
养老机构	2736	1335	1401	203	81	122
其 他	4202	1804	2398	2304	990	1314

8-5a 续表

单位：人

居住状况	基本健康			不健康，但生活能自理			不健康，生活不能自理		
	小计	男	女	小计	男	女	小计	男	女
总 计	**64459**	**27654**	**36805**	**20225**	**8921**	**11304**	**6471**	**3088**	**3383**
与配偶和子女同住	8482	4263	4219	2354	1304	1050	820	525	295
与配偶同住	32555	16579	15976	7806	4347	3459	1857	1221	636
与子女同住	11164	2555	8609	4626	1115	3511	2056	545	1511
独居(有保姆)	189	89	100	135	85	50	181	76	105
独居(无保姆)	10276	3401	6875	3918	1377	2541	305	113	192
养老机构	551	273	278	922	477	445	1060	504	556
其 他	1242	494	748	464	216	248	192	104	88

8-5b　全省分性别、居住状况、健康状况的60岁及以上老年人口(镇)

单位：人

居住状况	60岁及以上人口			健　康		
	合计	男	女	小计	男	女
总　计	**85983**	**39731**	**46252**	**44025**	**21288**	**22737**
与配偶和子女同住	13004	6836	6168	7917	4221	3696
与配偶同住	46762	24666	22096	25677	13782	11895
与子女同住	13100	3236	9864	5251	1265	3986
独居(有保姆)	235	108	127	50	19	31
独居(无保姆)	10460	3680	6780	4246	1600	2646
养老机构	884	518	366	78	45	33
其　他	1538	687	851	806	356	450

8-5b　续表

单位：人

居住状况	基本健康			不健康，但生活能自理			不健康，生活不能自理		
	小计	男	女	小计	男	女	小计	男	女
总　计	**28378**	**12268**	**16110**	**10821**	**4902**	**5919**	**2759**	**1273**	**1486**
与配偶和子女同住	3480	1703	1777	1275	719	556	332	193	139
与配偶同住	15491	7775	7716	4672	2535	2137	922	574	348
与子女同住	4572	1107	3465	2344	620	1724	933	244	689
独居(有保姆)	64	35	29	48	23	25	73	31	42
独居(无保姆)	4118	1357	2761	1959	689	1270	137	34	103
养老机构	186	95	91	321	205	116	299	173	126
其　他	467	196	271	202	111	91	63	24	39

8-5c 全省分性别、居住状况、健康状况的60岁及以上老年人口(乡村)

单位：人

居住状况	60岁及以上人口			健　康		
	合计	男	女	小计	男	女
总　计	**222437**	**110744**	**111693**	**87030**	**47274**	**39756**
与配偶和子女同住	37967	20090	17877	17370	9777	7593
与配偶同住	120373	63682	56691	52852	29605	23247
与子女同住	34281	11585	22696	8328	3217	5111
独居(有保姆)	188	111	77	49	30	19
独居(无保姆)	23940	11775	12165	6981	3778	3203
养老机构	1990	1219	771	149	85	64
其　他	3698	2282	1416	1301	782	519

8-5c 续表

单位：人

居住状况	基本健康			不健康，但生活能自理			不健康，生活不能自理		
	小计	男	女	小计	男	女	小计	男	女
总　计	**82721**	**38968**	**43753**	**45425**	**21150**	**24275**	**7261**	**3352**	**3909**
与配偶和子女同住	13212	6519	6693	6264	3169	3095	1121	625	496
与配偶同住	45369	22625	22744	19528	10013	9515	2624	1439	1185
与子女同住	12813	4172	8641	10653	3415	7238	2487	781	1706
独居(有保姆)	55	33	22	50	34	16	34	14	20
独居(无保姆)	9538	4557	4981	7024	3275	3749	397	165	232
养老机构	481	300	181	960	626	334	400	208	192
其　他	1253	762	491	946	618	328	198	120	78

8-6　各地区分性别、主要生活来源的60岁及以上老年人口

单位：人

地　区	60岁及以上人口			劳动收入		
	合计	男	女	小计	男	女
全　省	**508469**	**241775**	**266694**	**105399**	**65300**	**40099**
长春市	174831	83109	91722	37946	23206	14740
吉林市	84054	40024	44030	15849	9972	5877
四平市	40329	19283	21046	10933	6570	4363
辽源市	23445	11180	12265	6604	3916	2688
通化市	31797	15325	16472	6497	4204	2293
白山市	22836	10702	12134	2621	1743	878
松原市	44263	21194	23069	10849	6820	4029
白城市	33157	15799	17358	5617	3650	1967
延边朝鲜族自治州	41097	19024	22073	5181	3224	1957
长白山管委会	1170	547	623	70	54	16
梅河口市	11490	5588	5902	3232	1941	1291

8-6　续表 1

单位：人

地　区	离退休金/养老金			最低生活保障金			失业保险金		
	小计	男	女	小计	男	女	小计	男	女
全　省	**223600**	**107299**	**116301**	**24954**	**12180**	**12774**	**35**	**17**	**18**
长春市	74744	35918	38826	4359	2282	2077	20	9	11
吉林市	42523	20130	22393	3300	1742	1558	1	1	
四平市	14357	7044	7313	1508	766	742	7	5	2
辽源市	10332	4870	5462	1072	516	556			
通化市	15490	7489	8001	1728	865	863	1	1	
白山市	14430	6695	7735	2558	1183	1375			
松原市	10867	5656	5211	2047	1021	1026			
白城市	12275	6028	6247	4152	1903	2249	4	1	3
延边朝鲜族自治州	22842	10652	12190	3437	1533	1904	1		1
长白山管委会	793	368	425	50	28	22			
梅河口市	4947	2449	2498	743	341	402	1		1

8-6 续表 2

单位：人

地区	财产性收入			家庭其他成员供养			其他		
	小计	男	女	小计	男	女	小计	男	女
全 省	**17497**	**8824**	**8673**	**121714**	**40833**	**80881**	**15270**	**7322**	**7948**
长春市	4685	2399	2286	45011	15413	29598	8066	3882	4184
吉林市	2017	1051	966	19755	6823	12932	609	305	304
四平市	1017	520	497	9337	2891	6446	3170	1487	1683
辽源市	227	115	112	4565	1437	3128	645	326	319
通化市	459	228	231	7330	2401	4929	292	137	155
白山市	43	23	20	2763	863	1900	421	195	226
松原市	4583	2286	2297	15468	5182	10286	449	229	220
白城市	3109	1507	1602	7052	2284	4768	948	426	522
延边朝鲜族自治州	1213	622	591	7825	2692	5133	598	301	297
长白山管委会	4	2	2	212	76	136	41	19	22
梅河口市	140	71	69	2396	771	1625	31	15	16

8-6a 各地区分性别、主要生活来源的60岁及以上老年人口(城市)

单位：人

地区	60岁及以上人口			劳动收入		
	合计	男	女	小计	男	女
全 省	**200049**	**91300**	**108749**	**9123**	**5966**	**3157**
长春市	71474	32925	38549	3568	2385	1183
吉林市	41403	18910	22493	1672	1072	600
四平市	11312	5149	6163	429	268	161
辽源市	8726	3900	4826	250	154	96
通化市	10394	4771	5623	365	242	123
白山市	10147	4563	5584	303	214	89
松原市	9418	4277	5141	534	368	166
白城市	9392	4229	5163	478	312	166
延边朝鲜族自治州	22875	10268	12607	1122	703	419
长白山管委会						
梅河口市	4908	2308	2600	402	248	154

8-6a　续表 1

单位：人

地　区	离退休金/养老金			最低生活保障金			失业保险金		
	小计	男	女	小计	男	女	小计	男	女
全　省	**153240**	**71632**	**81608**	**4991**	**2208**	**2783**	**22**	**8**	**14**
长春市	52541	24791	27750	1199	593	606	18	7	11
吉林市	33565	15597	17968	960	436	524			
四平市	9092	4251	4841	251	99	152	2	1	1
辽源市	7543	3405	4138	258	98	160			
通化市	9005	4191	4814	173	74	99			
白山市	8657	3926	4731	425	179	246			
松原市	5934	2943	2991	222	90	132			
白城市	6659	3117	3542	489	201	288	1		1
延边朝鲜族自治州	16503	7600	8903	902	389	513	1		1
长白山管委会									
梅河口市	3741	1811	1930	112	49	63			

8-6a　续表 2

单位：人

地　区	财产性收入			家庭其他成员供养			其　他		
	小计	男	女	小计	男	女	小计	男	女
全　省	**2374**	**1181**	**1193**	**27185**	**8844**	**18341**	**3114**	**1461**	**1653**
长春市	734	376	358	11534	3877	7657	1880	896	984
吉林市	356	177	179	4737	1570	3167	113	58	55
四平市	46	22	24	1050	307	743	442	201	241
辽源市	8	5	3	550	183	367	117	55	62
通化市	29	13	16	790	238	552	32	13	19
白山市	12	8	4	649	191	458	101	45	56
松原市	467	217	250	2254	657	1597	7	2	5
白城市	225	108	117	1329	397	932	211	94	117
延边朝鲜族自治州	449	232	217	3700	1254	2446	198	90	108
长白山管委会									
梅河口市	48	23	25	592	170	422	13	7	6

8-6b 各地区分性别、主要生活来源的60岁及以上老年人口(镇)

单位：人

地区	60岁及以上人口			劳动收入		
	合计	男	女	小计	男	女
全省	**85983**	**39731**	**46252**	**8441**	**5546**	**2895**
长春市	28272	13010	15262	2457	1621	836
吉林市	9357	4369	4988	864	571	293
四平市	6612	3032	3580	976	601	375
辽源市	3429	1590	1839	452	292	160
通化市	7382	3451	3931	835	534	301
白山市	7006	3265	3741	471	324	147
松原市	7561	3451	4110	988	676	312
白城市	7077	3290	3787	571	395	176
延边朝鲜族自治州	6925	3156	3769	497	315	182
长白山管委会	1163	544	619	69	53	16
梅河口市	1199	573	626	261	164	97

8-6b 续表 1

单位：人

地区	离退休金/养老金			最低生活保障金			失业保险金		
	小计	男	女	小计	男	女	小计	男	女
全省	**50334**	**24466**	**25868**	**3798**	**1667**	**2131**	**3**	**2**	**1**
长春市	16922	8086	8836	434	185	249			
吉林市	5774	2815	2959	355	155	200			
四平市	3363	1698	1665	216	97	119	2	1	1
辽源市	1889	939	950	172	68	104			
通化市	4508	2222	2286	316	141	175	1	1	
白山市	4844	2289	2555	692	317	375			
松原市	3143	1647	1496	282	121	161			
白城市	3992	1995	1997	561	251	310			
延边朝鲜族自治州	4506	2107	2399	648	274	374			
长白山管委会	791	367	424	50	28	22			
梅河口市	602	301	301	72	30	42			

8-6b 续表 2

单位：人

地 区	财产性收入			家庭其他成员供养			其 他		
	小计	男	女	小计	男	女	小计	男	女
全 省	**1899**	**960**	**939**	**19020**	**5937**	**13083**	**2488**	**1153**	**1335**
长春市	630	322	308	6633	2230	4403	1196	566	630
吉林市	241	124	117	2039	661	1378	84	43	41
四平市	118	59	59	1406	348	1058	531	228	303
辽源市	30	16	14	762	212	550	124	63	61
通化市	81	37	44	1597	489	1108	44	27	17
白山市	6	3	3	833	263	570	160	69	91
松原市	328	162	166	2753	808	1945	67	37	30
白城市	340	167	173	1474	432	1042	139	50	89
延边朝鲜族自治州	104	61	43	1071	351	720	99	48	51
长白山管委会	4	2	2	209	75	134	40	19	21
梅河口市	17	7	10	243	68	175	4	3	1

8−6c 各地区分性别、主要生活来源的60岁及以上老年人口(乡村)

单位：人

地 区	60岁及以上人口			劳动收入		
	合计	男	女	小计	男	女
全 省	**222437**	**110744**	**111693**	**87835**	**53788**	**34047**
长春市	75085	37174	37911	31921	19200	12721
吉林市	33294	16745	16549	13313	8329	4984
四平市	22405	11102	11303	9528	5701	3827
辽源市	11290	5690	5600	5902	3470	2432
通化市	14021	7103	6918	5297	3428	1869
白山市	5683	2874	2809	1847	1205	642
松原市	27284	13466	13818	9327	5776	3551
白城市	16688	8280	8408	4568	2943	1625
延边朝鲜族自治州	11297	5600	5697	3562	2206	1356
长白山管委会	7	3	4	1	1	
梅河口市	5383	2707	2676	2569	1529	1040

8-6c 续表 1

单位：人

地区	离退休金/养老金			最低生活保障金			失业保险金		
	小计	男	女	小计	男	女	小计	男	女
全省	**20026**	**11201**	**8825**	**16165**	**8305**	**7860**	**10**	**7**	**3**
长春市	5281	3041	2240	2726	1504	1222	2	2	
吉林市	3184	1718	1466	1985	1151	834	1	1	
四平市	1902	1095	807	1041	570	471	3	3	
辽源市	900	526	374	642	350	292			
通化市	1977	1076	901	1239	650	589			
白山市	929	480	449	1441	687	754			
松原市	1790	1066	724	1543	810	733			
白城市	1624	916	708	3102	1451	1651	3	1	2
延边朝鲜族自治州	1833	945	888	1887	870	1017			
长白山管委会	2	1	1						
梅河口市	604	337	267	559	262	297	1		1

8-6c 续表 2

单位：人

地区	财产性收入			家庭其他成员供养			其他		
	小计	男	女	小计	男	女	小计	男	女
全省	**13224**	**6683**	**6541**	**75509**	**26052**	**49457**	**9668**	**4708**	**4960**
长春市	3321	1701	1620	26844	9306	17538	4990	2420	2570
吉林市	1420	750	670	12979	4592	8387	412	204	208
四平市	853	439	414	6881	2236	4645	2197	1058	1139
辽源市	189	94	95	3253	1042	2211	404	208	196
通化市	349	178	171	4943	1674	3269	216	97	119
白山市	25	12	13	1281	409	872	160	81	79
松原市	3788	1907	1881	10461	3717	6744	375	190	185
白城市	2544	1232	1312	4249	1455	2794	598	282	316
延边朝鲜族自治州	660	329	331	3054	1087	1967	301	163	138
长白山管委会				3	1	2	1		1
梅河口市	75	41	34	1561	533	1028	14	5	9

8-7　全省分年龄、性别、主要生活来源的人口

单位：人

年　龄	15岁及以上人口			劳动收入		
	合计	男	女	小计	男	女
总　计	**1937575**	**958960**	**978615**	**1033867**	**609914**	**423953**
45岁以下	**802396**	**403581**	**398815**	**517739**	**296475**	**221264**
45—49岁	**199156**	**100280**	**98876**	**154157**	**86808**	**67349**
45	31622	15966	15656	25112	14068	11044
46	34341	17068	17273	27028	14951	12077
47	41452	20816	20636	32242	18022	14220
48	44832	22852	21980	34459	19578	14881
49	46909	23578	23331	35316	20189	15127
50—54岁	**224039**	**112578**	**111461**	**149131**	**91658**	**57473**
50	49764	25111	24653	35154	21208	13946
51	45299	22856	22443	30612	18837	11775
52	47454	23819	23635	31382	19356	12026
53	39324	19589	19735	25634	15738	9896
54	42198	21203	20995	26349	16519	9830
55—59岁	**203515**	**100746**	**102769**	**107441**	**69673**	**37768**
55	44197	22081	22116	25498	16311	9187
56	44137	21940	22197	23969	15587	8382
57	50046	24946	25100	26182	17233	8949
58	38086	18574	19512	19188	12468	6720
59	27049	13205	13844	12604	8074	4530
60—64岁	**165319**	**80902**	**84417**	**52491**	**31531**	**20960**
60	36581	18144	18437	13527	8124	5403
61	28763	14213	14550	9562	5719	3843
62	33661	16598	17063	10310	6171	4139
63	34323	16622	17701	10257	6218	4039
64	31991	15325	16666	8835	5299	3536
65—69岁	**152228**	**73084**	**79144**	**35752**	**22272**	**13480**
65	34606	16832	17774	9277	5681	3596
66	33724	16320	17404	8369	5283	3086
67	29485	14040	15445	6899	4286	2613
68	28733	13708	15025	6168	3925	2243
69	25680	12184	13496	5039	3097	1942

8-7 续表 1

单位：人

年 龄	15岁及以上人口			劳动收入		
	合计	男	女	小计	男	女
70-74岁	**92305**	**43241**	**49064**	**12913**	**8603**	**4310**
70	24720	11675	13045	4261	2761	1500
71	22359	10663	11696	3395	2252	1143
72	16685	7810	8875	2193	1468	725
73	15437	7140	8297	1808	1258	550
74	13104	5953	7151	1256	864	392
75-79岁	**49992**	**22645**	**27347**	**3079**	**2160**	**919**
75	11213	5028	6185	898	606	292
76	10976	4965	6011	797	559	238
77	9913	4501	5412	597	432	165
78	9143	4212	4931	425	304	121
79	8747	3939	4808	362	259	103
80-84岁	**30627**	**13911**	**16716**	**892**	**572**	**320**
80	7731	3529	4202	294	193	101
81	6805	3054	3751	205	128	77
82	6527	2999	3528	172	119	53
83	4963	2294	2669	120	78	42
84	4601	2035	2566	101	54	47
85-89岁	**13257**	**5890**	**7367**	**218**	**134**	**84**
85	3842	1678	2164	69	52	17
86	3229	1416	1813	59	32	27
87	2702	1229	1473	46	28	18
88	1920	846	1074	22	7	15
89	1564	721	843	22	15	7
90-94岁	**3999**	**1787**	**2212**	**49**	**26**	**23**
90	1505	669	836	19	8	11
91	938	406	532	9	4	5
92	727	331	396	9	6	3
93	472	220	252	7	4	3
94	357	161	196	5	4	1
95-99岁	**663**	**280**	**383**	**4**	**2**	**2**
95	245	113	132	2	1	1
96	178	66	112	1	1	
97	114	49	65	1		1
98	71	30	41			
99	55	22	33			
100岁及以上	**79**	**35**	**44**	**1**		**1**

8-7　续表 2　　　　单位：人

年　龄	离退休金/养老金			最低生活保障金			失业保险金		
	小计	男	女	小计	男	女	小计	男	女
总　计	**297934**	**119810**	**178124**	**45251**	**24505**	**20746**	**553**	**352**	**201**
45岁以下	**70**	**59**	**11**	**5875**	**3354**	**2521**	**245**	**141**	**104**
45-49岁	**1774**	**103**	**1671**	**3938**	**2244**	**1694**	**134**	**70**	**64**
45	93	15	78	505	278	227	25	12	13
46	134	10	124	611	340	271	19	10	9
47	256	17	239	828	478	350	25	11	14
48	444	29	415	944	550	394	26	13	13
49	847	32	815	1050	598	452	39	24	15
50-54岁	**24795**	**1960**	**22835**	**5241**	**3374**	**1867**	**103**	**89**	**14**
50	3847	198	3649	1047	654	393	33	20	13
51	4955	296	4659	1040	659	381	23	23	
52	5500	377	5123	1093	729	364	15	14	1
53	4625	387	4238	935	601	334	15	15	
54	5868	702	5166	1126	731	395	17	17	
55-59岁	**47695**	**10389**	**37306**	**5243**	**3353**	**1890**	**36**	**35**	**1**
55	8539	1421	7118	1118	739	379	20	20	
56	9958	2041	7917	1068	673	395	4	3	1
57	12212	2631	9581	1295	856	439	7	7	
58	9476	2101	7375	1049	653	396	4	4	
59	7510	2195	5315	713	432	281	1	1	
60-64岁	**70627**	**33938**	**36689**	**5199**	**2823**	**2376**	**4**	**2**	**2**
60	14232	6608	7624	1033	607	426	2	1	1
61	12396	6031	6365	817	439	378			
62	15101	7419	7682	999	551	448	1	1	
63	15011	7186	7825	1182	618	564			
64	13887	6694	7193	1168	608	560	1		1
65-69岁	**64628**	**31398**	**33230**	**6884**	**3370**	**3514**	**9**	**4**	**5**
65	14790	7282	7508	1353	682	671	3	2	1
66	14679	7146	7533	1351	642	709	3	1	2
67	12556	6018	6538	1370	699	671			
68	12034	5791	6243	1391	636	755	3	1	2
69	10569	5161	5408	1419	711	708			

8-7 续表 3

单位：人

年龄	离退休金/养老金			最低生活保障金			失业保险金		
	小计	男	女	小计	男	女	小计	男	女
70-74岁	**38664**	**18713**	**19951**	**6155**	**2883**	**3272**	**12**	**7**	**5**
70	10340	5077	5263	1415	648	767	2	1	1
71	9292	4557	4735	1422	678	744	4	3	1
72	6839	3307	3532	1159	566	593	3	2	1
73	6360	3041	3319	1175	541	634	1		1
74	5833	2731	3102	984	450	534	2	1	1
75-79岁	**24277**	**11122**	**13155**	**3476**	**1688**	**1788**	**5**	**2**	**3**
75	5031	2343	2688	854	405	449	1		1
76	5054	2274	2780	795	398	397			
77	4838	2204	2634	677	328	349			
78	4809	2243	2566	566	279	287	3	1	2
79	4545	2058	2487	584	278	306	1	1	
80-84岁	**16162**	**7534**	**8628**	**1936**	**898**	**1038**	**4**	**2**	**2**
80	3958	1915	2043	518	228	290			
81	3569	1595	1974	441	217	224	1	1	
82	3476	1631	1845	385	186	199			
83	2637	1271	1366	305	132	173	2	1	1
84	2522	1122	1400	287	135	152	1		1
85-89岁	**6932**	**3333**	**3599**	**906**	**382**	**524**	**1**		**1**
85	2044	904	1140	269	123	146			
86	1714	785	929	197	81	116			
87	1380	697	683	192	77	115	1		1
88	1027	525	502	130	61	69			
89	767	422	345	118	40	78			
90-94岁	**1978**	**1084**	**894**	**314**	**112**	**202**			
90	784	428	356	105	36	69			
91	454	245	209	76	22	54			
92	343	185	158	67	25	42			
93	226	130	96	36	15	21			
94	171	96	75	30	14	16			
95-99岁	**294**	**152**	**142**	**72**	**22**	**50**			
95	111	63	48	27	6	21			
96	90	46	44	16	6	10			
97	43	18	25	13	7	6			
98	24	12	12	11	1	10			
99	26	13	13	5	2	3			
100岁及以上	**38**	**25**	**13**	**12**	**2**	**10**			

8-7　续表 4　　单位：人

年　龄	财产性收入			家庭其他成员供养			其　他		
	小计	男	女	小计	男	女	小计	男	女
总　计	**41080**	**20772**	**20308**	**457785**	**153264**	**304521**	**61105**	**30343**	**30762**
45岁以下	**9474**	**4850**	**4624**	**244343**	**86535**	**157808**	**24650**	**12167**	**12483**
45–49岁	**3853**	**1883**	**1970**	**28389**	**5810**	**22579**	**6911**	**3362**	**3549**
45	579	273	306	4279	800	3479	1029	520	509
46	626	323	303	4716	870	3846	1207	564	643
47	776	378	398	5882	1212	4670	1443	698	745
48	907	450	457	6467	1417	5050	1585	815	770
49	965	459	506	7045	1511	5534	1647	765	882
50–54岁	**5094**	**2616**	**2478**	**31968**	**8917**	**23051**	**7707**	**3964**	**3743**
50	1064	542	522	6894	1646	5248	1725	843	882
51	976	511	465	6119	1694	4425	1574	836	738
52	1038	545	493	6809	1948	4861	1617	850	767
53	954	481	473	5835	1676	4159	1326	691	635
54	1062	537	525	6311	1953	4358	1465	744	721
55–59岁	**5162**	**2599**	**2563**	**31371**	**11169**	**20202**	**6567**	**3528**	**3039**
55	1063	546	517	6509	2255	4254	1450	789	661
56	1134	570	564	6586	2324	4262	1418	742	676
57	1257	641	616	7542	2755	4787	1551	823	728
58	975	485	490	6163	2181	3982	1231	682	549
59	733	357	376	4571	1654	2917	917	492	425
60–64岁	**5160**	**2453**	**2707**	**27073**	**7860**	**19213**	**4765**	**2295**	**2470**
60	1081	555	526	5615	1733	3882	1091	516	575
61	866	398	468	4368	1252	3116	754	374	380
62	992	457	535	5314	1532	3782	944	467	477
63	1110	519	591	5779	1598	4181	984	483	501
64	1111	524	587	5997	1745	4252	992	455	537
65–69岁	**6095**	**3031**	**3064**	**33944**	**10704**	**23240**	**4916**	**2305**	**2611**
65	1287	627	660	6813	2058	4755	1083	500	583
66	1344	681	663	6947	2088	4859	1031	479	552
67	1164	565	599	6544	2028	4516	952	444	508
68	1228	610	618	6941	2288	4653	968	457	511
69	1072	548	524	6699	2242	4457	882	425	457

8–7 续表 5

单位：人

年 龄	财产性收入			家庭其他成员供养			其 他		
	小计	男	女	小计	男	女	小计	男	女
70–74岁	**3805**	**1962**	**1843**	**27660**	**9585**	**18075**	**3096**	**1488**	**1608**
70	1023	519	504	6814	2255	4559	865	414	451
71	897	472	425	6568	2325	4243	781	376	405
72	726	354	372	5177	1824	3353	588	289	299
73	659	350	309	4946	1728	3218	488	222	266
74	500	267	233	4155	1453	2702	374	187	187
75–79岁	**1520**	**838**	**682**	**16199**	**6134**	**10065**	**1436**	**701**	**735**
75	371	209	162	3717	1308	2409	341	157	184
76	393	200	193	3609	1364	2245	328	170	158
77	272	155	117	3261	1255	2006	268	127	141
78	272	150	122	2808	1100	1708	260	135	125
79	212	124	88	2804	1107	1697	239	112	127
80–84岁	**667**	**392**	**275**	**10282**	**4169**	**6113**	**684**	**344**	**340**
80	190	102	88	2580	1000	1580	191	91	100
81	172	108	64	2266	927	1339	151	78	73
82	133	75	58	2228	917	1311	133	71	62
83	96	61	35	1694	690	1004	109	61	48
84	76	46	30	1514	635	879	100	43	57
85–89岁	**187**	**112**	**75**	**4744**	**1785**	**2959**	**269**	**144**	**125**
85	66	39	27	1317	512	805	77	48	29
86	53	30	23	1126	443	683	80	45	35
87	33	23	10	996	376	620	54	28	26
88	18	11	7	696	231	465	27	11	16
89	17	9	8	609	223	386	31	12	19
90–94岁	**54**	**30**	**24**	**1518**	**496**	**1022**	**86**	**39**	**47**
90	19	12	7	549	170	379	29	15	14
91	13	7	6	367	122	245	19	6	13
92	12	6	6	279	100	179	17	9	8
93	7	4	3	181	58	123	15	9	6
94	3	1	2	142	46	96	6		6
95–99岁	**8**	**6**	**2**	**270**	**92**	**178**	**15**	**6**	**9**
95	4	3	1	95	38	57	6	2	4
96				67	10	57	4	3	1
97	2	1	1	54	23	31	1		1
98	2	2		32	14	18	2	1	1
99				22	7	15	2		2
100岁及以上	**1**		**1**	**24**	**8**	**16**	**3**		**3**

8-7a　全省分年龄、性别、主要生活来源的人口(城市)

单位：人

年　龄	15岁及以上人口			劳动收入		
	合计	男	女	小计	男	女
总　计	**828966**	**399141**	**429825**	**391375**	**228887**	**162488**
45岁以下	**382063**	**187417**	**194646**	**246502**	**136463**	**110039**
45-49岁	**82612**	**40447**	**42165**	**60943**	**33809**	**27134**
45	13781	6754	7027	10584	5796	4788
46	14499	6968	7531	11024	5946	5078
47	17294	8465	8829	12830	7070	5760
48	18323	9129	9194	13390	7522	5868
49	18715	9131	9584	13115	7475	5640
50-54岁	**84474**	**41146**	**43328**	**46328**	**30707**	**15621**
50	19492	9471	10021	11953	7533	4420
51	17810	8750	9060	10114	6696	3418
52	17951	8756	9195	9740	6525	3215
53	13887	6694	7193	7156	4795	2361
54	15334	7475	7859	7365	5158	2207
55-59岁	**79768**	**38831**	**40937**	**28479**	**21942**	**6537**
55	16994	8263	8731	7017	5183	1834
56	17544	8632	8912	6675	5126	1549
57	20018	9788	10230	7111	5589	1522
58	14794	7114	7680	4876	3850	1026
59	10418	5034	5384	2800	2194	606
60-64岁	**65561**	**31367**	**34194**	**5585**	**3696**	**1889**
60	14131	6870	7261	1674	1161	513
61	11539	5610	5929	1055	729	326
62	13739	6657	7082	1091	697	394
63	13601	6368	7233	1007	625	382
64	12551	5862	6689	758	484	274
65-69岁	**57474**	**26577**	**30897**	**2561**	**1651**	**910**
65	13126	6171	6955	743	490	253
66	13002	6042	6960	632	406	226
67	11137	5104	6033	495	331	164
68	10761	4947	5814	391	251	140
69	9448	4313	5135	300	173	127

8-7a 续表 1

单位：人

年 龄	15岁及以上人口			劳动收入		
	合计	男	女	小计	男	女
70-74岁	**34264**	**15308**	**18956**	**748**	**470**	**278**
70	9218	4198	5020	268	170	98
71	8236	3772	4464	198	121	77
72	6134	2701	3433	124	79	45
73	5624	2465	3159	88	58	30
74	5052	2172	2880	70	42	28
75-79岁	**20744**	**8725**	**12019**	**150**	**98**	**52**
75	4399	1856	2543	43	28	15
76	4331	1802	2529	44	29	15
77	4111	1733	2378	28	21	7
78	4046	1753	2293	22	13	9
79	3857	1581	2276	13	7	6
80-84岁	**13688**	**5782**	**7906**	**59**	**39**	**20**
80	3333	1424	1909	18	11	7
81	3044	1266	1778	16	13	3
82	2954	1266	1688	9	5	4
83	2212	958	1254	8	6	2
84	2145	868	1277	8	4	4
85-89岁	**6119**	**2545**	**3574**	**14**	**8**	**6**
85	1758	691	1067	6	3	3
86	1475	580	895	1		1
87	1250	554	696	4	3	1
88	937	399	538	1	1	
89	699	321	378	2	1	1
90-94岁	**1855**	**847**	**1008**	**5**	**3**	**2**
90	711	312	399	2		2
91	428	192	236	1	1	
92	324	154	170	1	1	
93	218	112	106	1	1	
94	174	77	97			
95-99岁	**304**	**125**	**179**	**1**	**1**	
95	110	52	58	1	1	
96	88	30	58			
97	50	19	31			
98	28	11	17			
99	28	13	15			
100岁及以上	**40**	**24**	**16**			

8-7a　续表 2　　　　单位：人

年　龄	离退休金/养老金			最低生活保障金			失业保险金		
	小计	男	女	小计	男	女	小计	男	女
总　计	**205625**	**80321**	**125304**	**14102**	**7883**	**6219**	**350**	**216**	**134**
45岁以下	**45**	**40**	**5**	**2592**	**1451**	**1141**	**157**	**89**	**68**
45–49岁	**1218**	**68**	**1150**	**1864**	**1015**	**849**	**84**	**41**	**43**
45	55	8	47	237	116	121	16	6	10
46	88	8	80	280	151	129	15	8	7
47	177	11	166	406	231	175	13	5	8
48	296	19	277	449	245	204	17	7	10
49	602	22	580	492	272	220	23	15	8
50–54岁	**17590**	**1343**	**16247**	**2514**	**1695**	**819**	**63**	**55**	**8**
50	2758	129	2629	522	338	184	20	12	8
51	3557	216	3341	536	357	179	17	17	
52	3950	257	3693	519	373	146	10	10	
53	3216	260	2956	428	292	136	8	8	
54	4109	481	3628	509	335	174	8	8	
55–59岁	**33532**	**7238**	**26294**	**2141**	**1514**	**627**	**24**	**23**	**1**
55	6056	1004	5052	504	357	147	13	13	
56	6964	1413	5551	433	300	133	4	3	1
57	8644	1823	6821	542	396	146	4	4	
58	6633	1463	5170	389	266	123	2	2	
59	5235	1535	3700	273	195	78	1	1	
60–64岁	**49118**	**23351**	**25767**	**1363**	**761**	**602**	**2**		**2**
60	9931	4577	5354	347	212	135	1		1
61	8667	4167	4500	226	135	91			
62	10512	5117	5395	262	143	119			
63	10402	4913	5489	261	128	133			
64	9606	4577	5029	267	143	124	1		1
65–69岁	**44062**	**20931**	**23131**	**1306**	**603**	**703**	**7**	**3**	**4**
65	10081	4846	5235	280	139	141	2	2	
66	10087	4823	5264	273	125	148	2		2
67	8487	3956	4531	273	134	139			
68	8274	3896	4378	244	97	147	3	1	2
69	7133	3410	3723	236	108	128			

8-7a 续表 3 单位：人

年 龄	离退休金/养老金			最低生活保障金			失业保险金		
	小计	男	女	小计	男	女	小计	男	女
70-74岁	**25861**	**12102**	**13759**	**1058**	**422**	**636**	**8**	**3**	**5**
70	6990	3321	3669	255	102	153	2	1	1
71	6227	2970	3257	238	97	141	2	1	1
72	4607	2133	2474	197	83	114	1		1
73	4208	1949	2259	208	73	135	1		1
74	3829	1729	2100	160	67	93	2	1	1
75-79岁	**16439**	**7176**	**9263**	**640**	**238**	**402**	**3**	**1**	**2**
75	3366	1491	1875	142	50	92			
76	3336	1431	1905	149	56	93			
77	3284	1441	1843	123	49	74			
78	3306	1480	1826	119	46	73	2		2
79	3147	1333	1814	107	37	70	1	1	
80-84岁	**11147**	**4967**	**6180**	**360**	**126**	**234**	**2**	**1**	**1**
80	2665	1217	1448	92	27	65			
81	2482	1080	1402	82	36	46			
82	2437	1096	1341	65	23	42			
83	1795	827	968	61	17	44	2	1	1
84	1768	747	1021	60	23	37			
85-89岁	**4934**	**2211**	**2723**	**183**	**43**	**140**			
85	1448	592	856	46	9	37			
86	1202	503	699	34	8	26			
87	996	484	512	39	8	31			
88	750	354	396	32	7	25			
89	538	278	260	32	11	21			
90-94岁	**1427**	**763**	**664**	**66**	**14**	**52**			
90	559	285	274	21	5	16			
91	329	176	153	20	4	16			
92	240	129	111	13	3	10			
93	166	99	67	6	2	4			
94	133	74	59	6		6			
95-99岁	**222**	**110**	**112**	**14**	**1**	**13**			
95	84	46	38	5		5			
96	67	29	38	3		3			
97	29	13	16	2	1	1			
98	20	11	9	4		4			
99	22	11	11						
100岁及以上	**30**	**21**	**9**	**1**		**1**			

8-7a　续表 4　　单位：人

年龄	财产性收入			家庭其他成员供养			其他		
	小计	男	女	小计	男	女	小计	男	女
总计	**9518**	**4922**	**4596**	**187149**	**66002**	**121147**	**20847**	**10910**	**9937**
45岁以下	**3552**	**1796**	**1756**	**118994**	**42432**	**76562**	**10221**	**5146**	**5075**
45-49岁	**1199**	**596**	**603**	**14425**	**3449**	**10976**	**2879**	**1469**	**1410**
45	179	84	95	2240	503	1737	470	241	229
46	194	95	99	2399	509	1890	499	251	248
47	248	129	119	2995	711	2284	625	308	317
48	284	147	137	3250	845	2405	637	344	293
49	294	141	153	3541	881	2660	648	325	323
50-54岁	**1302**	**706**	**596**	**14077**	**5128**	**8949**	**2600**	**1512**	**1088**
50	314	155	159	3261	955	2306	664	349	315
51	282	154	128	2768	989	1779	536	321	215
52	246	142	104	2971	1146	1825	515	303	212
53	225	132	93	2426	950	1476	428	257	171
54	235	123	112	2651	1088	1563	457	282	175
55-59岁	**1091**	**643**	**448**	**12468**	**6149**	**6319**	**2033**	**1322**	**711**
55	213	118	95	2707	1266	1441	484	322	162
56	248	146	102	2742	1344	1398	478	300	178
57	264	164	100	2989	1513	1476	464	299	165
58	213	125	88	2320	1177	1143	361	231	130
59	153	90	63	1710	849	861	246	170	76
60-64岁	**851**	**425**	**426**	**7587**	**2603**	**4984**	**1055**	**531**	**524**
60	203	120	83	1713	672	1041	262	128	134
61	142	57	85	1272	424	848	177	98	79
62	167	84	83	1512	519	993	195	97	98
63	167	84	83	1542	501	1041	222	117	105
64	172	80	92	1548	487	1061	199	91	108
65-69岁	**807**	**388**	**419**	**7767**	**2568**	**5199**	**964**	**433**	**531**
65	176	89	87	1625	516	1109	219	89	130
66	177	86	91	1630	518	1112	201	84	117
67	130	58	72	1553	536	1017	199	89	110
68	191	98	93	1472	515	957	186	89	97
69	133	57	76	1487	483	1004	159	82	77

8-7a 续表 5

单位：人

年 龄	财产性收入			家庭其他成员供养			其 他		
	小计	男	女	小计	男	女	小计	男	女
70-74岁	**447**	**231**	**216**	**5525**	**1783**	**3742**	**617**	**297**	**320**
70	128	64	64	1408	458	950	167	82	85
71	109	62	47	1314	451	863	148	70	78
72	79	30	49	1012	321	691	114	55	59
73	72	45	27	939	290	649	108	50	58
74	59	30	29	852	263	589	80	40	40
75-79岁	**175**	**95**	**80**	**3063**	**992**	**2071**	**274**	**125**	**149**
75	40	23	17	732	223	509	76	41	35
76	45	18	27	696	238	458	61	30	31
77	40	24	16	588	179	409	48	19	29
78	30	20	10	519	174	345	48	20	28
79	20	10	10	528	178	350	41	15	26
80-84岁	**72**	**33**	**39**	**1924**	**572**	**1352**	**124**	**44**	**80**
80	21	10	11	495	145	350	42	14	28
81	16	4	12	425	123	302	23	10	13
82	18	8	10	403	127	276	22	7	15
83	13	7	6	314	95	219	19	5	14
84	4	4		287	82	205	18	8	10
85-89岁	**17**	**6**	**11**	**921**	**255**	**666**	**50**	**22**	**28**
85	3	1	2	241	79	162	14	7	7
86	7	3	4	216	58	158	15	8	7
87	3	1	2	202	57	145	6	1	5
88	2	1	1	146	33	113	6	3	3
89	2		2	116	28	88	9	3	6
90-94岁	**4**	**2**	**2**	**325**	**56**	**269**	**28**	**9**	**19**
90				120	18	102	9	4	5
91	1		1	71	10	61	6	1	5
92	1	1		63	19	44	6	1	5
93	1	1		41	6	35	3	3	
94	1		1	30	3	27	4		4
95-99岁	**1**	**1**		**64**	**12**	**52**	**2**		**2**
95	1	1		18	4	14	1		1
96				18	1	17			
97				18	5	13	1		1
98				4		4			
99				6	2	4			
100岁及以上				**9**	**3**	**6**			

8-7b 全省分年龄、性别、主要生活来源的人口(镇)

单位：人

年 龄	15岁及以上人口			劳动收入		
	合计	男	女	小计	男	女
总 计	**390575**	**190309**	**200266**	**192744**	**115651**	**77093**
45岁以下	**189847**	**93711**	**96136**	**116684**	**67081**	**49603**
45-49岁	**38425**	**19132**	**19293**	**28320**	**16265**	**12055**
45	6378	3233	3145	4885	2808	2077
46	6777	3350	3427	5156	2919	2237
47	7981	3948	4033	5939	3352	2587
48	8574	4304	4270	6203	3608	2595
49	8715	4297	4418	6137	3578	2559
50-54岁	**40635**	**20168**	**20467**	**24123**	**15710**	**8413**
50	9019	4573	4446	5913	3773	2140
51	8336	4119	4217	5108	3299	1809
52	8741	4339	4402	5098	3337	1761
53	7025	3451	3574	3982	2619	1363
54	7514	3686	3828	4022	2682	1340
55-59岁	**35685**	**17567**	**18118**	**15176**	**11049**	**4127**
55	7807	3901	3906	3715	2647	1068
56	7867	3869	3998	3524	2559	965
57	8769	4385	4384	3721	2757	964
58	6665	3173	3492	2612	1891	721
59	4577	2239	2338	1604	1195	409
60-64岁	**28013**	**13392**	**14621**	**4711**	**3063**	**1648**
60	6203	3025	3178	1345	900	445
61	4808	2327	2481	867	551	316
62	5735	2781	2954	920	575	345
63	5847	2736	3111	870	571	299
64	5420	2523	2897	709	466	243
65-69岁	**25368**	**11885**	**13483**	**2668**	**1774**	**894**
65	5857	2799	3058	715	465	250
66	5666	2672	2994	640	428	212
67	4925	2289	2636	518	355	163
68	4680	2168	2512	442	298	144
69	4240	1957	2283	353	228	125

8-7b 续表 1 单位：人

年 龄	15岁及以上人口			劳动收入		
	合计	男	女	小计	男	女
70-74岁	**15094**	**6738**	**8356**	**778**	**523**	**255**
70	3995	1825	2170	272	192	80
71	3648	1623	2025	206	129	77
72	2630	1198	1432	128	82	46
73	2525	1106	1419	104	71	33
74	2296	986	1310	68	49	19
75-79岁	**8889**	**3844**	**5045**	**210**	**143**	**67**
75	1950	865	1085	65	49	16
76	1962	826	1136	48	30	18
77	1781	766	1015	44	33	11
78	1628	690	938	29	16	13
79	1568	697	871	24	15	9
80-84岁	**5513**	**2456**	**3057**	**54**	**33**	**21**
80	1388	630	758	23	15	8
81	1236	552	684	14	10	4
82	1139	502	637	7	6	1
83	929	418	511	5	2	3
84	821	354	467	5		5
85-89岁	**2338**	**1073**	**1265**	**15**	**7**	**8**
85	703	314	389	5	3	2
86	565	265	300	4	1	3
87	446	200	246	4	2	2
88	339	163	176	1		1
89	285	131	154	1	1	
90-94岁	**667**	**302**	**365**	**5**	**3**	**2**
90	253	122	131	1		1
91	159	71	88			
92	129	51	78	2	1	1
93	80	38	42	2	2	
94	46	20	26			
95-99岁	**87**	**39**	**48**			
95	33	16	17			
96	26	15	11			
97	13	4	9			
98	10	2	8			
99	5	2	3			
100岁及以上	**14**	**2**	**12**			

8-7b　续表 2　　单位：人

年　龄	离退休金/养老金			最低生活保障金			失业保险金		
	小计	男	女	小计	男	女	小计	男	女
总　计	**67499**	**27385**	**40114**	**7755**	**3976**	**3779**	**128**	**81**	**47**
45岁以下	**17**	**12**	**5**	**1142**	**619**	**523**	**57**	**30**	**27**
45-49岁	**460**	**27**	**433**	**839**	**455**	**384**	**31**	**16**	**15**
45	29	4	25	115	61	54	7	4	3
46	44	2	42	119	58	61	3	2	1
47	73	6	67	182	101	81	5	2	3
48	114	7	107	198	113	85	5	4	1
49	200	8	192	225	122	103	11	4	7
50-54岁	**5735**	**484**	**5251**	**989**	**620**	**369**	**28**	**24**	**4**
50	859	53	806	202	124	78	10	7	3
51	1117	65	1052	178	100	78	3	3	
52	1254	97	1157	213	137	76	5	4	1
53	1112	100	1012	172	111	61	5	5	
54	1393	169	1224	224	148	76	5	5	
55-59岁	**10953**	**2396**	**8557**	**987**	**615**	**372**	**9**	**9**	
55	1978	337	1641	209	143	66	5	5	
56	2276	457	1819	204	124	80			
57	2783	619	2164	244	155	89	2	2	
58	2189	482	1707	206	128	78	2	2	
59	1727	501	1226	124	65	59			
60-64岁	**15859**	**7650**	**8209**	**834**	**424**	**410**	**1**	**1**	
60	3226	1483	1743	169	98	71	1	1	
61	2722	1336	1386	150	78	72			
62	3371	1662	1709	145	81	64			
63	3393	1635	1758	186	90	96			
64	3147	1534	1613	184	77	107			
65-69岁	**14577**	**7182**	**7395**	**1068**	**485**	**583**	**2**	**1**	**1**
65	3378	1704	1674	219	100	119	1		1
66	3272	1609	1663	210	101	109	1	1	
67	2869	1385	1484	214	97	117			
68	2661	1316	1345	204	79	125			
69	2397	1168	1229	221	108	113			

8-7b 续表 3

单位：人

年 龄	离退休金/养老金			最低生活保障金			失业保险金		
	小计	男	女	小计	男	女	小计	男	女
70-74岁	**8699**	**4201**	**4498**	**888**	**378**	**510**			
70	2310	1144	1166	187	73	114			
71	2094	1015	1079	213	87	126			
72	1496	735	761	174	80	94			
73	1404	665	739	176	79	97			
74	1395	642	753	138	59	79			
75-79岁	**5559**	**2614**	**2945**	**528**	**220**	**308**			
75	1173	568	605	125	48	77			
76	1202	556	646	120	48	72			
77	1124	515	609	103	42	61			
78	1061	488	573	91	47	44			
79	999	487	512	89	35	54			
80-84岁	**3702**	**1768**	**1934**	**281**	**102**	**179**			
80	926	466	460	84	26	58			
81	814	369	445	61	22	39			
82	756	369	387	59	25	34			
83	641	306	335	40	16	24			
84	565	258	307	37	13	24			
85-89岁	**1494**	**805**	**689**	**140**	**42**	**98**			
85	458	228	230	42	12	30			
86	386	205	181	28	12	16			
87	277	143	134	28	7	21			
88	212	133	79	17	6	11			
89	161	96	65	25	5	20			
90-94岁	**394**	**219**	**175**	**49**	**15**	**34**			
90	166	102	64	16	4	12			
91	88	46	42	10	3	7			
92	77	37	40	12	4	8			
93	39	21	18	8	2	6			
94	24	13	11	3	2	1			
95-99岁	**44**	**25**	**19**	**7**	**1**	**6**			
95	16	9	7	2		2			
96	16	12	4	2	1	1			
97	6	2	4	2		2			
98	2		2	1		1			
99	4	2	2						
100岁及以上	**6**	**2**	**4**	**3**		**3**			

8-7b　续表 4　　单位：人

年　龄	财产性收入			家庭其他成员供养			其　他		
	小计	男	女	小计	男	女	小计	男	女
总　计	**5962**	**2993**	**2969**	**103353**	**33581**	**69772**	**13134**	**6642**	**6492**
45岁以下	**1883**	**908**	**975**	**63814**	**21918**	**41896**	**6250**	**3143**	**3107**
45−49岁	**675**	**329**	**346**	**6614**	**1315**	**5299**	**1486**	**725**	**761**
45	116	55	61	989	173	816	237	128	109
46	101	55	46	1100	205	895	254	109	145
47	137	72	65	1345	272	1073	300	143	157
48	170	80	90	1543	316	1227	341	176	165
49	151	67	84	1637	349	1288	354	169	185
50−54岁	**803**	**423**	**380**	**7328**	**2016**	**5312**	**1629**	**891**	**738**
50	159	79	80	1537	357	1180	339	180	159
51	156	77	79	1439	390	1049	335	185	150
52	182	109	73	1623	452	1171	366	203	163
53	145	69	76	1334	388	946	275	159	116
54	161	89	72	1395	429	966	314	164	150
55−59岁	**702**	**373**	**329**	**6577**	**2395**	**4182**	**1281**	**730**	**551**
55	166	95	71	1442	523	919	292	151	141
56	155	87	68	1440	490	950	268	152	116
57	178	91	87	1533	583	950	308	178	130
58	124	64	60	1300	460	840	232	146	86
59	79	36	43	862	339	523	181	103	78
60−64岁	**635**	**315**	**320**	**5150**	**1540**	**3610**	**823**	**399**	**424**
60	137	70	67	1136	376	760	189	97	92
61	107	59	48	846	254	592	116	49	67
62	134	70	64	993	294	699	172	99	73
63	129	58	71	1095	305	790	174	77	97
64	128	58	70	1080	311	769	172	77	95
65−69岁	**681**	**337**	**344**	**5581**	**1730**	**3851**	**791**	**376**	**415**
65	150	64	86	1198	376	822	196	90	106
66	149	88	61	1225	365	860	169	80	89
67	145	67	78	1039	318	721	140	67	73
68	119	54	65	1101	340	761	153	81	72
69	118	64	54	1018	331	687	133	58	75

8-7b 续表 5

单位：人

年 龄	财产性收入			家庭其他成员供养			其 他		
	小计	男	女	小计	男	女	小计	男	女
70-74岁	**361**	**192**	**169**	**3924**	**1248**	**2676**	**444**	**196**	**248**
70	119	62	57	973	293	680	134	61	73
71	80	46	34	942	302	640	113	44	69
72	63	30	33	687	225	462	82	46	36
73	56	32	24	725	233	492	60	26	34
74	43	22	21	597	195	402	55	19	36
75-79岁	**143**	**74**	**69**	**2210**	**691**	**1519**	**239**	**102**	**137**
75	38	21	17	500	161	339	49	18	31
76	33	14	19	506	153	353	53	25	28
77	23	11	12	436	142	294	51	23	28
78	30	15	15	373	105	268	44	19	25
79	19	13	6	395	130	265	42	17	25
80-84岁	**52**	**30**	**22**	**1300**	**467**	**833**	**124**	**56**	**68**
80	12	6	6	312	106	206	31	11	20
81	15	10	5	305	125	180	27	16	11
82	11	5	6	280	83	197	26	14	12
83	6	4	2	218	82	136	19	8	11
84	8	5	3	185	71	114	21	7	14
85-89岁	**20**	**7**	**13**	**623**	**197**	**426**	**46**	**15**	**31**
85	4	2	2	176	61	115	18	8	10
86	4		4	137	46	91	6	1	5
87	7	3	4	119	41	78	11	4	7
88	1		1	104	24	80	4		4
89	4	2	2	87	25	62	7	2	5
90-94岁	**7**	**5**	**2**	**199**	**55**	**144**	**13**	**5**	**8**
90	1	1		67	14	53	2	1	1
91	4	2	2	54	20	34	3		3
92	1	1		36	7	29	1	1	
93	1	1		24	9	15	6	3	3
94				18	5	13	1		1
95-99岁				**30**	**9**	**21**	**6**	**4**	**2**
95				12	5	7	3	2	1
96				6	1	5	2	1	1
97				5	2	3			
98				6	1	5	1	1	
99				1		1			
100岁及以上				**3**		**3**	**2**		**2**

8-7c 全省分年龄、性别、主要生活来源的人口(乡村)

单位：人

年 龄	15岁及以上人口			劳动收入		
	合计	男	女	小计	男	女
总 计	**718034**	**369510**	**348524**	**449748**	**265376**	**184372**
45岁以下	**230486**	**122453**	**108033**	**154553**	**92931**	**61622**
45-49岁	**78119**	**40701**	**37418**	**64894**	**36734**	**28160**
45	11463	5979	5484	9643	5464	4179
46	13065	6750	6315	10848	6086	4762
47	16177	8403	7774	13473	7600	5873
48	17935	9419	8516	14866	8448	6418
49	19479	10150	9329	16064	9136	6928
50-54岁	**98930**	**51264**	**47666**	**78680**	**45241**	**33439**
50	21253	11067	10186	17288	9902	7386
51	19153	9987	9166	15390	8842	6548
52	20762	10724	10038	16544	9494	7050
53	18412	9444	8968	14496	8324	6172
54	19350	10042	9308	14962	8679	6283
55-59岁	**88062**	**44348**	**43714**	**63786**	**36682**	**27104**
55	19396	9917	9479	14766	8481	6285
56	18726	9439	9287	13770	7902	5868
57	21259	10773	10486	15350	8887	6463
58	16627	8287	8340	11700	6727	4973
59	12054	5932	6122	8200	4685	3515
60-64岁	**71745**	**36143**	**35602**	**42195**	**24772**	**17423**
60	16247	8249	7998	10508	6063	4445
61	12416	6276	6140	7640	4439	3201
62	14187	7160	7027	8299	4899	3400
63	14875	7518	7357	8380	5022	3358
64	14020	6940	7080	7368	4349	3019
65-69岁	**69386**	**34622**	**34764**	**30523**	**18847**	**11676**
65	15623	7862	7761	7819	4726	3093
66	15056	7606	7450	7097	4449	2648
67	13423	6647	6776	5886	3600	2286
68	13292	6593	6699	5335	3376	1959
69	11992	5914	6078	4386	2696	1690

8-7c 续表 1

单位：人

年 龄	15岁及以上人口			劳动收入		
	合计	男	女	小计	男	女
70-74岁	**42947**	**21195**	**21752**	**11387**	**7610**	**3777**
70	11507	5652	5855	3721	2399	1322
71	10475	5268	5207	2991	2002	989
72	7921	3911	4010	1941	1307	634
73	7288	3569	3719	1616	1129	487
74	5756	2795	2961	1118	773	345
75-79岁	**20359**	**10076**	**10283**	**2719**	**1919**	**800**
75	4864	2307	2557	790	529	261
76	4683	2337	2346	705	500	205
77	4021	2002	2019	525	378	147
78	3469	1769	1700	374	275	99
79	3322	1661	1661	325	237	88
80-84岁	**11426**	**5673**	**5753**	**779**	**500**	**279**
80	3010	1475	1535	253	167	86
81	2525	1236	1289	175	105	70
82	2434	1231	1203	156	108	48
83	1822	918	904	107	70	37
84	1635	813	822	88	50	38
85-89岁	**4800**	**2272**	**2528**	**189**	**119**	**70**
85	1381	673	708	58	46	12
86	1189	571	618	54	31	23
87	1006	475	531	38	23	15
88	644	284	360	20	6	14
89	580	269	311	19	13	6
90-94岁	**1477**	**638**	**839**	**39**	**20**	**19**
90	541	235	306	16	8	8
91	351	143	208	8	3	5
92	274	126	148	6	4	2
93	174	70	104	4	1	3
94	137	64	73	5	4	1
95-99岁	**272**	**116**	**156**	**3**	**1**	**2**
95	102	45	57	1		1
96	64	21	43	1	1	
97	51	26	25	1		1
98	33	17	16			
99	22	7	15			
100岁及以上	**25**	**9**	**16**	**1**		**1**

8-7c　续表 2　　　　　单位：人

年　龄	离退休金/养老金			最低生活保障金			失业保险金		
	小计	男	女	小计	男	女	小计	男	女
总　计	**24810**	**12104**	**12706**	**23394**	**12646**	**10748**	**75**	**55**	**20**
45岁以下	**8**	**7**	**1**	**2141**	**1284**	**857**	**31**	**22**	**9**
45-49岁	**96**	**8**	**88**	**1235**	**774**	**461**	**19**	**13**	**6**
45	9	3	6	153	101	52	2	2	
46	2		2	212	131	81	1		1
47	6		6	240	146	94	7	4	3
48	34	3	31	297	192	105	4	2	2
49	45	2	43	333	204	129	5	5	
50-54岁	**1470**	**133**	**1337**	**1738**	**1059**	**679**	**12**	**10**	**2**
50	230	16	214	323	192	131	3	1	2
51	281	15	266	326	202	124	3	3	
52	296	23	273	361	219	142			
53	297	27	270	335	198	137	2	2	
54	366	52	314	393	248	145	4	4	
55-59岁	**3210**	**755**	**2455**	**2115**	**1224**	**891**	**3**	**3**	
55	505	80	425	405	239	166	2	2	
56	718	171	547	431	249	182			
57	785	189	596	509	305	204	1	1	
58	654	156	498	454	259	195			
59	548	159	389	316	172	144			
60-64岁	**5650**	**2937**	**2713**	**3002**	**1638**	**1364**	**1**	**1**	
60	1075	548	527	517	297	220			
61	1007	528	479	441	226	215			
62	1218	640	578	592	327	265	1	1	
63	1216	638	578	735	400	335			
64	1134	583	551	717	388	329			
65-69岁	**5989**	**3285**	**2704**	**4510**	**2282**	**2228**			
65	1331	732	599	854	443	411			
66	1320	714	606	868	416	452			
67	1200	677	523	883	468	415			
68	1099	579	520	943	460	483			
69	1039	583	456	962	495	467			

8-7c 续表 3

单位：人

年 龄	离退休金/养老金			最低生活保障金			失业保险金		
	小计	男	女	小计	男	女	小计	男	女
70-74岁	**4104**	**2410**	**1694**	**4209**	**2083**	**2126**	**4**	**4**	
70	1040	612	428	973	473	500			
71	971	572	399	971	494	477	2	2	
72	736	439	297	788	403	385	2	2	
73	748	427	321	791	389	402			
74	609	360	249	686	324	362			
75-79岁	**2279**	**1332**	**947**	**2308**	**1230**	**1078**	**2**	**1**	**1**
75	492	284	208	587	307	280	1		1
76	516	287	229	526	294	232			
77	430	248	182	451	237	214			
78	442	275	167	356	186	170	1	1	
79	399	238	161	388	206	182			
80-84岁	**1313**	**799**	**514**	**1295**	**670**	**625**	**2**	**1**	**1**
80	367	232	135	342	175	167			
81	273	146	127	298	159	139	1	1	
82	283	166	117	261	138	123			
83	201	138	63	204	99	105			
84	189	117	72	190	99	91	1		1
85-89岁	**504**	**317**	**187**	**583**	**297**	**286**	**1**		**1**
85	138	84	54	181	102	79			
86	126	77	49	135	61	74			
87	107	70	37	125	62	63	1		1
88	65	38	27	81	48	33			
89	68	48	20	61	24	37			
90-94岁	**157**	**102**	**55**	**199**	**83**	**116**			
90	59	41	18	68	27	41			
91	37	23	14	46	15	31			
92	26	19	7	42	18	24			
93	21	10	11	22	11	11			
94	14	9	5	21	12	9			
95-99岁	**28**	**17**	**11**	**51**	**20**	**31**			
95	11	8	3	20	6	14			
96	7	5	2	11	5	6			
97	8	3	5	9	6	3			
98	2	1	1	6	1	5			
99				5	2	3			
100岁及以上	**2**	**2**		**8**	**2**	**6**			

8-7c 续表 4

单位：人

年 龄	财产性收入			家庭其他成员供养			其 他		
	小计	男	女	小计	男	女	小计	男	女
总 计	**25600**	**12857**	**12743**	**167283**	**53681**	**113602**	**27124**	**12791**	**14333**
45岁以下	**4039**	**2146**	**1893**	**61535**	**22185**	**39350**	**8179**	**3878**	**4301**
45–49岁	**1979**	**958**	**1021**	**7350**	**1046**	**6304**	**2546**	**1168**	**1378**
45	284	134	150	1050	124	926	322	151	171
46	331	173	158	1217	156	1061	454	204	250
47	391	177	214	1542	229	1313	518	247	271
48	453	223	230	1674	256	1418	607	295	312
49	520	251	269	1867	281	1586	645	271	374
50–54岁	**2989**	**1487**	**1502**	**10563**	**1773**	**8790**	**3478**	**1561**	**1917**
50	591	308	283	2096	334	1762	722	314	408
51	538	280	258	1912	315	1597	703	330	373
52	610	294	316	2215	350	1865	736	344	392
53	584	280	304	2075	338	1737	623	275	348
54	666	325	341	2265	436	1829	694	298	396
55–59岁	**3369**	**1583**	**1786**	**12326**	**2625**	**9701**	**3253**	**1476**	**1777**
55	684	333	351	2360	466	1894	674	316	358
56	731	337	394	2404	490	1914	672	290	382
57	815	386	429	3020	659	2361	779	346	433
58	638	296	342	2543	544	1999	638	305	333
59	501	231	270	1999	466	1533	490	219	271
60–64岁	**3674**	**1713**	**1961**	**14336**	**3717**	**10619**	**2887**	**1365**	**1522**
60	741	365	376	2766	685	2081	640	291	349
61	617	282	335	2250	574	1676	461	227	234
62	691	303	388	2809	719	2090	577	271	306
63	814	377	437	3142	792	2350	588	289	299
64	811	386	425	3369	947	2422	621	287	334
65–69岁	**4607**	**2306**	**2301**	**20596**	**6406**	**14190**	**3161**	**1496**	**1665**
65	961	474	487	3990	1166	2824	668	321	347
66	1018	507	511	4092	1205	2887	661	315	346
67	889	440	449	3952	1174	2778	613	288	325
68	918	458	460	4368	1433	2935	629	287	342
69	821	427	394	4194	1428	2766	590	285	305

8-7c 续表 5

单位：人

年龄	财产性收入			家庭其他成员供养			其他		
	小计	男	女	小计	男	女	小计	男	女
70-74岁	**2997**	**1539**	**1458**	**18211**	**6554**	**11657**	**2035**	**995**	**1040**
70	776	393	383	4433	1504	2929	564	271	293
71	708	364	344	4312	1572	2740	520	262	258
72	584	294	290	3478	1278	2200	392	188	204
73	531	273	258	3282	1205	2077	320	146	174
74	398	215	183	2706	995	1711	239	128	111
75-79岁	**1202**	**669**	**533**	**10926**	**4451**	**6475**	**923**	**474**	**449**
75	293	165	128	2485	924	1561	216	98	118
76	315	168	147	2407	973	1434	214	115	99
77	209	120	89	2237	934	1303	169	85	84
78	212	115	97	1916	821	1095	168	96	72
79	173	101	72	1881	799	1082	156	80	76
80-84岁	**543**	**329**	**214**	**7058**	**3130**	**3928**	**436**	**244**	**192**
80	157	86	71	1773	749	1024	118	66	52
81	141	94	47	1536	679	857	101	52	49
82	104	62	42	1545	707	838	85	50	35
83	77	50	27	1162	513	649	71	48	23
84	64	37	27	1042	482	560	61	28	33
85-89岁	**150**	**99**	**51**	**3200**	**1333**	**1867**	**173**	**107**	**66**
85	59	36	23	900	372	528	45	33	12
86	42	27	15	773	339	434	59	36	23
87	23	19	4	675	278	397	37	23	14
88	15	10	5	446	174	272	17	8	9
89	11	7	4	406	170	236	15	7	8
90-94岁	**43**	**23**	**20**	**994**	**385**	**609**	**45**	**25**	**20**
90	18	11	7	362	138	224	18	10	8
91	8	5	3	242	92	150	10	5	5
92	10	4	6	180	74	106	10	7	3
93	5	2	3	116	43	73	6	3	3
94	2	1	1	94	38	56	1		1
95-99岁	**7**	**5**	**2**	**176**	**71**	**105**	**7**	**2**	**5**
95	3	2	1	65	29	36	2		2
96				43	8	35	2	2	
97	2	1	1	31	16	15			
98	2	2		22	13	9	1		1
99				15	5	10	2		2
100岁及以上	**1**		**1**	**12**	**5**	**7**	**1**		**1**

8-8　全省分性别、婚姻状况、主要生活来源的60岁及以上老年人口

单位：人

婚姻状况	60岁及以上人口			劳动收入		
	合计	男	女	小计	男	女
总　计	**508469**	**241775**	**266694**	**105399**	**65300**	**40099**
未　婚	5082	4280	802	882	801	81
有配偶	377542	199750	177792	92442	58087	34355
离　婚	12859	6462	6397	1655	1206	449
丧　偶	112986	31283	81703	10420	5206	5214

8-8　续表 1

单位：人

婚姻状况	离退休金/养老金			最低生活保障金			失业保险金		
	小计	男	女	小计	男	女	小计	男	女
总　计	**223600**	**107299**	**116301**	**24954**	**12180**	**12774**	**35**	**17**	**18**
未　婚	718	302	416	2366	2221	145	4	4	
有配偶	169063	92400	76663	13550	7069	6481	26	12	14
离　婚	7857	3355	4502	1217	804	413			
丧　偶	45962	11242	34720	7821	2086	5735	5	1	4

8-8　续表 2

单位：人

婚姻状况	财产性收入			家庭其他成员供养			其　他		
	小计	男	女	小计	男	女	小计	男	女
总　计	**17497**	**8824**	**8673**	**121714**	**40833**	**80881**	**15270**	**7322**	**7948**
未　婚	160	151	9	446	371	75	506	430	76
有配偶	13856	7337	6519	77334	29171	48163	11271	5674	5597
离　婚	203	137	66	1601	776	825	326	184	142
丧　偶	3278	1199	2079	42333	10515	31818	3167	1034	2133

8-8a 全省分性别、婚姻状况、主要生活来源的60岁及以上老年人口(城市)

单位：人

婚姻状况	60岁及以上人口			劳动收入		
	合计	男	女	小计	男	女
总　计	**200049**	**91300**	**108749**	**9123**	**5966**	**3157**
未　婚	1163	680	483	99	78	21
有配偶	145328	76757	68571	7617	5271	2346
离　婚	8118	3678	4440	507	301	206
丧　偶	45440	10185	35255	900	316	584

8-8a 续表 1

单位：人

婚姻状况	离退休金/养老金			最低生活保障金			失业保险金		
	小计	男	女	小计	男	女	小计	男	女
总　计	**153240**	**71632**	**81608**	**4991**	**2208**	**2783**	**22**	**8**	**14**
未　婚	532	190	342	321	265	56			
有配偶	114307	61497	52810	2169	1169	1000	20	8	12
离　婚	6022	2532	3490	652	407	245			
丧　偶	32379	7413	24966	1849	367	1482	2		2

8-8a 续表 2

单位：人

婚姻状况	财产性收入			家庭其他成员供养			其　他		
	小计	男	女	小计	男	女	小计	男	女
总　计	**2374**	**1181**	**1193**	**27185**	**8844**	**18341**	**3114**	**1461**	**1653**
未　婚	12	9	3	118	84	34	81	54	27
有配偶	1922	1039	883	17093	6630	10463	2200	1143	1057
离　婚	57	33	24	739	320	419	141	85	56
丧　偶	383	100	283	9235	1810	7425	692	179	513

8-8b　全省分性别、婚姻状况、主要生活来源的60岁及以上老年人口(镇)

单位：人

婚姻状况	60岁及以上人口			劳动收入		
	合计	男	女	小计	男	女
总　计	**85983**	**39731**	**46252**	**8441**	**5546**	**2895**
未　婚	547	432	115	60	50	10
有配偶	64384	33771	30613	7413	5007	2406
离　婚	2173	1002	1171	205	141	64
丧　偶	18879	4526	14353	763	348	415

8-8b　续表 1

单位：人

婚姻状况	离退休金/养老金			最低生活保障金			失业保险金		
	小计	男	女	小计	男	女	小计	男	女
总　计	**50334**	**24466**	**25868**	**3798**	**1667**	**2131**	**3**	**2**	**1**
未　婚	94	39	55	231	216	15			
有配偶	39045	21451	17594	2016	1046	970	3	2	1
离　婚	1368	563	805	209	127	82			
丧　偶	9827	2413	7414	1342	278	1064			

8-8b　续表 2

单位：人

婚姻状况	财产性收入			家庭其他成员供养			其　他		
	小计	男	女	小计	男	女	小计	男	女
总　计	**1899**	**960**	**939**	**19020**	**5937**	**13083**	**2488**	**1153**	**1335**
未　婚	11	9	2	72	49	23	79	69	10
有配偶	1539	835	704	12552	4513	8039	1816	917	899
离　婚	35	19	16	291	123	168	65	29	36
丧　偶	314	97	217	6105	1252	4853	528	138	390

8−8c 全省分性别、婚姻状况、主要生活来源的60岁及以上老年人口(乡村)

单位：人

婚姻状况	60岁及以上人口			劳动收入		
	合计	男	女	小计	男	女
总　计	**222437**	**110744**	**111693**	**87835**	**53788**	**34047**
未　婚	3372	3168	204	723	673	50
有配偶	167830	89222	78608	77412	47809	29603
离　婚	2568	1782	786	943	764	179
丧　偶	48667	16572	32095	8757	4542	4215

8−8c 续表 1

单位：人

婚姻状况	离退休金/养老金			最低生活保障金			失业保险金		
	小计	男	女	小计	男	女	小计	男	女
总　计	**20026**	**11201**	**8825**	**16165**	**8305**	**7860**	**10**	**7**	**3**
未　婚	92	73	19	1814	1740	74	4	4	
有配偶	15711	9452	6259	9365	4854	4511	3	2	1
离　婚	467	260	207	356	270	86			
丧　偶	3756	1416	2340	4630	1441	3189	3	1	2

8−8c 续表 2

单位：人

婚姻状况	财产性收入			家庭其他成员供养			其　他		
	小计	男	女	小计	男	女	小计	男	女
总　计	**13224**	**6683**	**6541**	**75509**	**26052**	**49457**	**9668**	**4708**	**4960**
未　婚	137	133	4	256	238	18	346	307	39
有配偶	10395	5463	4932	47689	18028	29661	7255	3614	3641
离　婚	111	85	26	571	333	238	120	70	50
丧　偶	2581	1002	1579	26993	7453	19540	1947	717	1230

8-9　全省分性别、居住状况、主要生活来源的60岁及以上老年人口

单位：人

居住状况	60岁及以上人口			劳动收入		
	合计	男	女	小计	男	女
总　计	**508469**	**241775**	**266694**	**105399**	**65300**	**40099**
与配偶和子女同住	81977	43382	38595	21308	13527	7781
与配偶同住	270165	142962	127203	65533	40814	24719
与子女同住	78956	22180	56776	8040	4168	3872
独居(有保姆)	1080	559	521	59	36	23
独居(无保姆)	61243	24847	36396	8408	5468	2940
养老机构	5610	3072	2538	58	28	30
其　他	9438	4773	4665	1993	1259	734

8-9　续表 1

单位：人

居住状况	离退休金/养老金			最低生活保障金			失业保险金		
	小计	男	女	小计	男	女	小计	男	女
总　计	**223600**	**107299**	**116301**	**24954**	**12180**	**12774**	**35**	**17**	**18**
与配偶和子女同住	32256	17684	14572	2216	1160	1056	4	2	2
与配偶同住	125708	68774	56934	10657	5552	5105	21	9	12
与子女同住	29644	7524	22120	4218	1098	3120	4	1	3
独居(有保姆)	754	409	345	65	33	32			
独居(无保姆)	29502	10320	19182	5797	2842	2955	2	1	1
养老机构	2134	1044	1090	971	728	243	3	3	
其　他	3602	1544	2058	1030	767	263	1	1	

8-9　续表 2

单位：人

居住状况	财产性收入			家庭其他成员供养			其　他		
	小计	男	女	小计	男	女	小计	男	女
总　计	**17497**	**8824**	**8673**	**121714**	**40833**	**80881**	**15270**	**7322**	**7948**
与配偶和子女同住	1972	1055	917	22291	8961	13330	1930	993	937
与配偶同住	11131	5856	5275	48837	17819	31018	8278	4138	4140
与子女同住	1547	550	997	33705	8273	25432	1798	566	1232
独居(有保姆)	12	9	3	174	65	109	16	7	9
独居(无保姆)	2537	1181	1356	13058	4151	8907	1939	884	1055
养老机构	54	40	14	2014	954	1060	376	275	101
其　他	244	133	111	1635	610	1025	933	459	474

8-9a 全省分性别、居住状况、主要生活来源的60岁及以上老年人口(城市)

单位：人

居住状况	60岁及以上人口			劳动收入		
	合计	男	女	小计	男	女
总　计	**200049**	**91300**	**108749**	**9123**	**5966**	**3157**
与配偶和子女同住	31006	16456	14550	1781	1273	508
与配偶同住	103030	54614	48416	4794	3325	1469
与子女同住	31575	7359	24216	747	326	421
独居(有保姆)	657	340	317	15	6	9
独居(无保姆)	26843	9392	17451	1196	739	457
养老机构	2736	1335	1401	27	11	16
其　他	4202	1804	2398	563	286	277

8-9a 续表 1

单位：人

居住状况	离退休金/养老金			最低生活保障金			失业保险金		
	小计	男	女	小计	男	女	小计	男	女
总　计	**153240**	**71632**	**81608**	**4991**	**2208**	**2783**	**22**	**8**	**14**
与配偶和子女同住	22682	12275	10407	377	204	173	3	1	2
与配偶同住	83915	45171	38744	1653	900	753	16	6	10
与子女同住	21266	5095	16171	1035	209	826	1		1
独居(有保姆)	538	296	242	24	9	15			
独居(无保姆)	20717	6987	13730	1433	608	825	2	1	1
养老机构	1423	679	744	240	148	92			
其　他	2699	1129	1570	229	130	99			

8-9a 续表 2

单位：人

居住状况	财产性收入			家庭其他成员供养			其　他		
	小计	男	女	小计	男	女	小计	男	女
总　计	**2374**	**1181**	**1193**	**27185**	**8844**	**18341**	**3114**	**1461**	**1653**
与配偶和子女同住	443	243	200	5253	2198	3055	467	262	205
与配偶同住	1349	721	628	9831	3730	6101	1472	761	711
与子女同住	282	87	195	7765	1516	6249	479	126	353
独居(有保姆)	1	1		74	26	48	5	2	3
独居(无保姆)	254	103	151	2818	780	2038	423	174	249
养老机构	11	7	4	961	443	518	74	47	27
其　他	34	19	15	483	151	332	194	89	105

8-9b　全省分性别、居住状况、主要生活来源的60岁及以上老年人口(镇)

单位：人

居住状况	60岁及以上人口			劳动收入		
	合计	男	女	小计	男	女
总　计	**85983**	**39731**	**46252**	**8441**	**5546**	**2895**
与配偶和子女同住	13004	6836	6168	1629	1121	508
与配偶同住	46762	24666	22096	5114	3459	1655
与子女同住	13100	3236	9864	594	296	298
独居(有保姆)	235	108	127	8	4	4
独居(无保姆)	10460	3680	6780	800	498	302
养老机构	884	518	366	3	1	2
其　他	1538	687	851	293	167	126

8-9b　续表 1

单位：人

居住状况	离退休金/养老金			最低生活保障金			失业保险金		
	小计	男	女	小计	男	女	小计	男	女
总　计	**50334**	**24466**	**25868**	**3798**	**1667**	**2131**	**3**	**2**	**1**
与配偶和子女同住	6993	3843	3150	345	183	162			
与配偶同住	29690	16372	13318	1562	809	753	3	2	1
与子女同住	6231	1618	4613	712	147	565			
独居(有保姆)	174	84	90	9	2	7			
独居(无保姆)	6380	2155	4225	863	321	542			
养老机构	232	131	101	168	123	45			
其　他	634	263	371	139	82	57			

8-9b　续表 2

单位：人

居住状况	财产性收入			家庭其他成员供养			其　他		
	小计	男	女	小计	男	女	小计	男	女
总　计	**1899**	**960**	**939**	**19020**	**5937**	**13083**	**2488**	**1153**	**1335**
与配偶和子女同住	276	148	128	3436	1374	2062	325	167	158
与配偶同住	1171	638	533	7953	2746	5207	1269	640	629
与子女同住	174	52	122	5042	1029	4013	347	94	253
独居(有保姆)	3	2	1	39	16	23	2		2
独居(无保姆)	234	96	138	1909	500	1409	274	110	164
养老机构	7	5	2	387	194	193	87	64	23
其　他	34	19	15	254	78	176	184	78	106

8-9c 全省分性别、居住状况、主要生活来源的60岁及以上老年人口(乡村)

单位：人

居住状况	60岁及以上人口			劳动收入		
	合计	男	女	小计	男	女
总　计	**222437**	**110744**	**111693**	**87835**	**53788**	**34047**
与配偶和子女同住	37967	20090	17877	17898	11133	6765
与配偶同住	120373	63682	56691	55625	34030	21595
与子女同住	34281	11585	22696	6699	3546	3153
独居(有保姆)	188	111	77	36	26	10
独居(无保姆)	23940	11775	12165	6412	4231	2181
养老机构	1990	1219	771	28	16	12
其　他	3698	2282	1416	1137	806	331

8-9c 续表 1

单位：人

居住状况	离退休金/养老金			最低生活保障金			失业保险金		
	小计	男	女	小计	男	女	小计	男	女
总　计	**20026**	**11201**	**8825**	**16165**	**8305**	**7860**	**10**	**7**	**3**
与配偶和子女同住	2581	1566	1015	1494	773	721	1	1	
与配偶同住	12103	7231	4872	7442	3843	3599	2	1	1
与子女同住	2147	811	1336	2471	742	1729	3	1	2
独居(有保姆)	42	29	13	32	22	10			
独居(无保姆)	2405	1178	1227	3501	1913	1588			
养老机构	479	234	245	563	457	106	3	3	
其　他	269	152	117	662	555	107	1	1	

8-9c 续表 2

单位：人

居住状况	财产性收入			家庭其他成员供养			其　他		
	小计	男	女	小计	男	女	小计	男	女
总　计	**13224**	**6683**	**6541**	**75509**	**26052**	**49457**	**9668**	**4708**	**4960**
与配偶和子女同住	1253	664	589	13602	5389	8213	1138	564	574
与配偶同住	8611	4497	4114	31053	11343	19710	5537	2737	2800
与子女同住	1091	411	680	20898	5728	15170	972	346	626
独居(有保姆)	8	6	2	61	23	38	9	5	4
独居(无保姆)	2049	982	1067	8331	2871	5460	1242	600	642
养老机构	36	28	8	666	317	349	215	164	51
其　他	176	95	81	898	381	517	555	292	263

8-10 各地区分性别、居住状况的60岁及以上老年人口

单位：人

地 区	60岁及以上人口			与配偶和子女同住		
	合计	男	女	小计	男	女
全 省	**508469**	**241775**	**266694**	**81977**	**43382**	**38595**
长春市	174831	83109	91722	34939	18345	16594
吉林市	84054	40024	44030	12563	6687	5876
四平市	40329	19283	21046	6234	3272	2962
辽源市	23445	11180	12265	3793	2008	1785
通化市	31797	15325	16472	5022	2703	2319
白山市	22836	10702	12134	2494	1354	1140
松原市	44263	21194	23069	7767	4092	3675
白城市	33157	15799	17358	3361	1791	1570
延边朝鲜族自治州	41097	19024	22073	3612	1948	1664
长白山管委会	1170	547	623	134	73	61
梅河口市	11490	5588	5902	2058	1109	949

8-10 续表 1

单位：人

地 区	与配偶同住			与子女同住			独居(有保姆)		
	小计	男	女	小计	男	女	小计	男	女
全 省	**270165**	**142962**	**127203**	**78956**	**22180**	**56776**	**1080**	**559**	**521**
长春市	86885	45569	41316	29179	8587	20592	389	208	181
吉林市	44809	23984	20825	13088	3442	9646	206	114	92
四平市	22414	11711	10703	5860	1729	4131	64	30	34
辽源市	12427	6607	5820	3505	977	2528	43	25	18
通化市	17367	9318	8049	4680	1227	3453	88	47	41
白山市	13112	6993	6119	3075	735	2340	34	14	20
松原市	23491	12320	11171	8070	2546	5524	67	42	25
白城市	19935	10570	9365	4663	1287	3376	62	25	37
延边朝鲜族自治州	22974	12286	10688	4894	1082	3812	102	42	60
长白山管委会	655	353	302	183	50	133			
梅河口市	6096	3251	2845	1759	518	1241	25	12	13

8-10 续表 2

单位：人

地　区	独居(无保姆)			养老机构			其　他		
	小计	男	女	小计	男	女	小计	男	女
全　省	**61243**	**24847**	**36396**	**5610**	**3072**	**2538**	**9438**	**4773**	**4665**
长春市	17604	7395	10209	1889	1002	887	3946	2003	1943
吉林市	10939	4469	6470	1269	705	564	1180	623	557
四平市	4433	1847	2586	280	175	105	1044	519	525
辽源市	2928	1182	1746	294	172	122	455	209	246
通化市	3953	1622	2331	300	176	124	387	232	155
白山市	3379	1200	2179	181	120	61	561	286	275
松原市	4119	1775	2344	349	224	125	400	195	205
白城市	4395	1722	2673	243	144	99	498	260	238
延边朝鲜族自治州	8031	3013	5018	676	293	383	808	360	448
长白山管委会	163	48	115	7	7		28	16	12
梅河口市	1299	574	725	122	54	68	131	70	61

8-10a 各地区分性别、居住状况的60岁及以上老年人口(城市)

单位：人

地　区	60岁及以上人口			与配偶和子女同住		
	合计	男	女	小计	男	女
全　省	**200049**	**91300**	**108749**	**31006**	**16456**	**14550**
长春市	71474	32925	38549	13643	7219	6424
吉林市	41403	18910	22493	5973	3172	2801
四平市	11312	5149	6163	1476	793	683
辽源市	8726	3900	4826	1035	536	499
通化市	10394	4771	5623	1615	864	751
白山市	10147	4563	5584	1197	644	553
松原市	9418	4277	5141	1681	881	800
白城市	9392	4229	5163	1065	553	512
延边朝鲜族自治州	22875	10268	12607	2332	1256	1076
长白山管委会						
梅河口市	4908	2308	2600	989	538	451

8-10a　续表 1　　单位：人

地　区	与配偶同住			与子女同住			独居(有保姆)		
	小计	男	女	小计	男	女	小计	男	女
全　省	**103030**	**54614**	**48416**	**31575**	**7359**	**24216**	**657**	**340**	**317**
长春市	34126	18051	16075	12156	3067	9089	251	137	114
吉林市	21731	11597	10134	6429	1419	5010	141	73	68
四平市	6217	3253	2964	1634	386	1248	31	15	16
辽源市	4765	2515	2250	1283	273	1010	20	14	6
通化市	5590	2990	2600	1607	343	1264	41	20	21
白山市	5712	3023	2689	1440	281	1159	21	11	10
松原市	4997	2606	2391	1671	404	1267	29	17	12
白城市	5341	2823	2518	1464	324	1140	29	13	16
延边朝鲜族自治州	12084	6442	5642	3059	636	2423	76	31	45
长白山管委会									
梅河口市	2467	1314	1153	832	226	606	18	9	9

8-10a　续表 2　　单位：人

地　区	独居(无保姆)			养老机构			其　他		
	小计	男	女	小计	男	女	小计	男	女
全　省	**26843**	**9392**	**17451**	**2736**	**1335**	**1401**	**4202**	**1804**	**2398**
长春市	8334	3073	5261	1037	490	547	1927	888	1039
吉林市	5769	2006	3763	729	376	353	631	267	364
四平市	1554	533	1021	67	37	30	333	132	201
辽源市	1358	458	900	93	43	50	172	61	111
通化市	1363	467	896	78	40	38	100	47	53
白山市	1413	435	978	94	53	41	270	116	154
松原市	867	288	579	79	52	27	94	29	65
白城市	1176	371	805	162	79	83	155	66	89
延边朝鲜族自治州	4501	1581	2920	365	156	209	458	166	292
长白山管委会									
梅河口市	508	180	328	32	9	23	62	32	30

8-10b 各地区分性别、居住状况的60岁及以上老年人口(镇)

单位：人

地区	60岁及以上人口			与配偶和子女同住		
	合计	男	女	小计	男	女
全省	**85983**	**39731**	**46252**	**13004**	**6836**	**6168**
长春市	28272	13010	15262	6126	3219	2907
吉林市	9357	4369	4988	1191	624	567
四平市	6612	3032	3580	725	377	348
辽源市	3429	1590	1839	423	221	202
通化市	7382	3451	3931	1126	596	530
白山市	7006	3265	3741	680	364	316
松原市	7561	3451	4110	1212	631	581
白城市	7077	3290	3787	784	413	371
延边朝鲜族自治州	6925	3156	3769	431	229	202
长白山管委会	1163	544	619	134	73	61
梅河口市	1199	573	626	172	89	83

8-10b 续表 1

单位：人

地区	与配偶同住			与子女同住			独居(有保姆)		
	小计	男	女	小计	男	女	小计	男	女
全省	**46762**	**24666**	**22096**	**13100**	**3236**	**9864**	**235**	**108**	**127**
长春市	13846	7297	6549	4795	1151	3644	89	42	47
吉林市	5288	2809	2479	1318	320	998	28	16	12
四平市	4061	2088	1973	840	194	646	15	6	9
辽源市	1931	1018	913	473	114	359	10	4	6
通化市	4089	2177	1912	1043	245	798	27	14	13
白山市	3990	2128	1862	946	249	697	11	2	9
松原市	4003	2080	1923	1489	404	1085	20	12	8
白城市	4227	2224	2003	1097	300	797	19	6	13
延边朝鲜族自治州	4007	2141	1866	769	166	603	14	6	8
长白山管委会	652	351	301	181	50	131			
梅河口市	668	353	315	149	43	106	2		2

8-10b 续表 2

单位：人

地 区	独居(无保姆)			养老机构			其 他		
	小计	男	女	小计	男	女	小计	男	女
全 省	**10460**	**3680**	**6780**	**884**	**518**	**366**	**1538**	**687**	**851**
长春市	2579	905	1674	254	144	110	583	252	331
吉林市	1277	460	817	149	91	58	106	49	57
四平市	711	244	467	62	41	21	198	82	116
辽源市	436	159	277	91	51	40	65	23	42
通化市	949	341	608	71	40	31	77	38	39
白山市	1176	407	769	43	39	4	160	76	84
松原市	662	233	429	91	52	39	84	39	45
白城市	845	297	548	18	13	5	87	37	50
延边朝鲜族自治州	1505	520	985	54	21	33	145	73	72
长白山管委会	162	48	114	7	7		27	15	12
梅河口市	158	66	92	44	19	25	6	3	3

8-10c 各地区分性别、居住状况的60岁及以上老年人口(乡村)

单位：人

地 区	60岁及以上人口			与配偶和子女同住		
	合计	男	女	小计	男	女
全 省	**222437**	**110744**	**111693**	**37967**	**20090**	**17877**
长春市	75085	37174	37911	15170	7907	7263
吉林市	33294	16745	16549	5399	2891	2508
四平市	22405	11102	11303	4033	2102	1931
辽源市	11290	5690	5600	2335	1251	1084
通化市	14021	7103	6918	2281	1243	1038
白山市	5683	2874	2809	617	346	271
松原市	27284	13466	13818	4874	2580	2294
白城市	16688	8280	8408	1512	825	687
延边朝鲜族自治州	11297	5600	5697	849	463	386
长白山管委会	7	3	4			
梅河口市	5383	2707	2676	897	482	415

8-10c 续表 1

单位：人

地区	与配偶同住			与子女同住			独居(有保姆)		
	小计	男	女	小计	男	女	小计	男	女
全省	**120373**	**63682**	**56691**	**34281**	**11585**	**22696**	**188**	**111**	**77**
长春市	38913	20221	18692	12228	4369	7859	49	29	20
吉林市	17790	9578	8212	5341	1703	3638	37	25	12
四平市	12136	6370	5766	3386	1149	2237	18	9	9
辽源市	5731	3074	2657	1749	590	1159	13	7	6
通化市	7688	4151	3537	2030	639	1391	20	13	7
白山市	3410	1842	1568	689	205	484	2	1	1
松原市	14491	7634	6857	4910	1738	3172	18	13	5
白城市	10367	5523	4844	2102	663	1439	14	6	8
延边朝鲜族自治州	6883	3703	3180	1066	280	786	12	5	7
长白山管委会	3	2	1	2		2			
梅河口市	2961	1584	1377	778	249	529	5	3	2

8-10c 续表 2

单位：人

地区	独居(无保姆)			养老机构			其他		
	小计	男	女	小计	男	女	小计	男	女
全省	**23940**	**11775**	**12165**	**1990**	**1219**	**771**	**3698**	**2282**	**1416**
长春市	6691	3417	3274	598	368	230	1436	863	573
吉林市	3893	2003	1890	391	238	153	443	307	136
四平市	2168	1070	1098	151	97	54	513	305	208
辽源市	1134	565	569	110	78	32	218	125	93
通化市	1641	814	827	151	96	55	210	147	63
白山市	790	358	432	44	28	16	131	94	37
松原市	2590	1254	1336	179	120	59	222	127	95
白城市	2374	1054	1320	63	52	11	256	157	99
延边朝鲜族自治州	2025	912	1113	257	116	141	205	121	84
长白山管委会	1		1				1	1	
梅河口市	633	328	305	46	26	20	63	35	28

8-11　全省分年龄、性别、居住状况的60岁及以上老年人口

单位：人

年　龄	60岁及以上人口			与配偶和子女同住		
	合计	男	女	小计	男	女
总　计	**508469**	**241775**	**266694**	**81977**	**43382**	**38595**
60-64岁	**165319**	**80902**	**84417**	**30434**	**15722**	**14712**
60	36581	18144	18437	6924	3632	3292
61	28763	14213	14550	5386	2806	2580
62	33661	16598	17063	6342	3304	3038
63	34323	16622	17701	6087	3090	2997
64	31991	15325	16666	5695	2890	2805
65-69岁	**152228**	**73084**	**79144**	**26164**	**13515**	**12649**
65	34606	16832	17774	6050	3106	2944
66	33724	16320	17404	5868	3041	2827
67	29485	14040	15445	5153	2656	2497
68	28733	13708	15025	4832	2508	2324
69	25680	12184	13496	4261	2204	2057
70-74岁	**92305**	**43241**	**49064**	**14246**	**7499**	**6747**
70	24720	11675	13045	3926	2045	1881
71	22359	10663	11696	3609	1877	1732
72	16685	7810	8875	2563	1356	1207
73	15437	7140	8297	2296	1205	1091
74	13104	5953	7151	1852	1016	836
75-79岁	**49992**	**22645**	**27347**	**6509**	**3685**	**2824**
75	11213	5028	6185	1561	852	709
76	10976	4965	6011	1441	832	609
77	9913	4501	5412	1284	720	564
78	9143	4212	4931	1155	673	482
79	8747	3939	4808	1068	608	460
80-84岁	**30627**	**13911**	**16716**	**3313**	**2067**	**1246**
80	7731	3529	4202	880	548	332
81	6805	3054	3751	753	453	300
82	6527	2999	3528	739	458	281
83	4963	2294	2669	489	313	176
84	4601	2035	2566	452	295	157
85-89岁	**13257**	**5890**	**7367**	**1073**	**726**	**347**
85	3842	1678	2164	322	196	126
86	3229	1416	1813	283	186	97
87	2702	1229	1473	219	159	60
88	1920	846	1074	137	103	34
89	1564	721	843	112	82	30
90-94岁	**3999**	**1787**	**2212**	**214**	**154**	**60**
90	1505	669	836	90	63	27
91	938	406	532	52	38	14
92	727	331	396	36	26	10
93	472	220	252	17	12	5
94	357	161	196	19	15	4
95-99岁	**663**	**280**	**383**	**22**	**14**	**8**
95	245	113	132	7	4	3
96	178	66	112	9	6	3
97	114	49	65	1		1
98	71	30	41	3	2	1
99	55	22	33	2	2	
100岁及以上	**79**	**35**	**44**	**2**		**2**

8—11　续表 1　　单位：人

年　龄	与配偶同住			与子女同住			独居(有保姆)		
	小计	男	女	小计	男	女	小计	男	女
总　计	**270165**	**142962**	**127203**	**78956**	**22180**	**56776**	**1080**	**559**	**521**
60—64岁	**99453**	**50605**	**48848**	**14231**	**3911**	**10320**	**139**	**71**	**68**
60	21962	11211	10751	2919	785	2134	26	12	14
61	17217	8820	8397	2400	668	1732	29	13	16
62	20186	10343	9843	2852	794	2058	26	15	11
63	20815	10537	10278	3024	845	2179	27	15	12
64	19273	9694	9579	3036	819	2217	31	16	15
65—69岁	**89628**	**46087**	**43541**	**16657**	**4629**	**12028**	**125**	**70**	**55**
65	20906	10753	10153	3332	930	2402	22	12	10
66	20125	10378	9747	3515	989	2526	30	13	17
67	17315	8836	8479	3206	865	2341	24	13	11
68	16690	8576	8114	3378	963	2415	20	15	5
69	14592	7544	7048	3226	882	2344	29	17	12
70—74岁	**48436**	**26041**	**22395**	**15120**	**3975**	**11145**	**132**	**64**	**68**
70	13806	7310	6496	3447	927	2520	31	12	19
71	12040	6456	5584	3432	958	2474	32	18	14
72	8598	4611	3987	2832	790	2042	19	8	11
73	7675	4191	3484	2843	696	2147	27	11	16
74	6317	3473	2844	2566	604	1962	23	15	8
75—79岁	**20861**	**12251**	**8610**	**12490**	**3262**	**9228**	**158**	**73**	**85**
75	5089	2851	2238	2439	599	1840	22	11	11
76	4830	2772	2058	2549	659	1890	25	10	15
77	4052	2397	1655	2528	695	1833	39	19	20
78	3662	2223	1439	2427	639	1788	33	17	16
79	3228	2008	1220	2547	670	1877	39	16	23
80—84岁	**8906**	**5856**	**3050**	**11193**	**3287**	**7906**	**232**	**128**	**104**
80	2656	1684	972	2473	674	1799	44	28	16
81	2083	1345	738	2335	660	1675	57	26	31
82	1802	1216	586	2441	742	1699	49	30	19
83	1301	892	409	1991	624	1367	45	24	21
84	1064	719	345	1953	587	1366	37	20	17
85—89岁	**2444**	**1771**	**673**	**6350**	**2037**	**4313**	**202**	**97**	**105**
85	814	588	226	1746	520	1226	46	24	22
86	633	441	192	1514	478	1036	40	17	23
87	474	340	134	1286	440	846	45	20	25
88	314	232	82	987	313	674	32	16	16
89	209	170	39	817	286	531	39	20	19
90—94岁	**398**	**317**	**81**	**2408**	**890**	**1518**	**76**	**45**	**31**
90	187	141	46	846	304	542	33	21	12
91	82	67	15	570	199	371	15	8	7
92	66	54	12	435	170	265	16	10	6
93	42	37	5	314	123	191	9	3	6
94	21	18	3	243	94	149	3	3	
95—99岁	**38**	**33**	**5**	**446**	**162**	**284**	**14**	**9**	**5**
95	17	15	2	163	58	105	8	5	3
96	14	12	2	113	34	79	2	2	
97	4	4		83	35	48	2	1	1
98	1	1		45	19	26	2	1	1
99	2	1	1	42	16	26			
100岁及以上	**1**	**1**		**61**	**27**	**34**	**2**	**2**	

8-11　续表 2　　　　　　　　　　　　　　　　　　单位：人

年　龄	独居(无保姆)			养老机构			其　他		
	小计	男	女	小计	男	女	小计	男	女
总　计	**61243**	**24847**	**36396**	**5610**	**3072**	**2538**	**9438**	**4773**	**4665**
60–64岁	**16393**	**8007**	**8386**	**758**	**550**	**208**	**3911**	**2036**	**1875**
60	3621	1845	1776	162	123	39	967	536	431
61	2887	1452	1435	115	82	33	729	372	357
62	3304	1612	1692	163	111	52	788	419	369
63	3415	1625	1790	162	123	39	793	387	406
64	3166	1473	1693	156	111	45	634	322	312
65–69岁	**16016**	**6737**	**9279**	**984**	**667**	**317**	**2654**	**1379**	**1275**
65	3443	1548	1895	183	120	63	670	363	307
66	3390	1444	1946	204	140	64	592	315	277
67	3083	1295	1788	201	138	63	503	237	266
68	3127	1254	1873	200	135	65	486	257	229
69	2973	1196	1777	196	134	62	403	207	196
70–74岁	**11962**	**4327**	**7635**	**1000**	**609**	**391**	**1409**	**726**	**683**
70	2920	1058	1862	216	133	83	374	190	184
71	2719	1058	1661	190	121	69	337	175	162
72	2210	789	1421	213	130	83	250	126	124
73	2141	771	1370	203	127	76	252	139	113
74	1972	651	1321	178	98	80	196	96	100
75–79岁	**8347**	**2657**	**5690**	**960**	**441**	**519**	**667**	**276**	**391**
75	1777	566	1211	178	91	87	147	58	89
76	1840	560	1280	168	81	87	123	51	72
77	1688	538	1150	183	76	107	139	56	83
78	1525	511	1014	217	99	118	124	50	74
79	1517	482	1035	214	94	120	134	61	73
80–84岁	**5522**	**1923**	**3599**	**996**	**432**	**564**	**465**	**218**	**247**
80	1352	448	904	218	90	128	108	57	51
81	1260	438	822	214	84	130	103	48	55
82	1183	408	775	217	104	113	96	41	55
83	890	331	559	162	73	89	85	37	48
84	837	298	539	185	81	104	73	35	38
85–89岁	**2317**	**897**	**1420**	**647**	**269**	**378**	**224**	**93**	**131**
85	691	252	439	169	73	96	54	25	29
86	546	211	335	162	62	100	51	21	30
87	484	194	290	143	59	84	51	17	34
88	323	121	202	89	41	48	38	20	18
89	273	119	154	84	34	50	30	10	20
90–94岁	**604**	**260**	**344**	**219**	**87**	**132**	**80**	**34**	**46**
90	256	104	152	72	29	43	21	7	14
91	142	67	75	57	21	36	20	6	14
92	108	44	64	41	15	26	25	12	13
93	53	28	25	28	11	17	9	6	3
94	45	17	28	21	11	10	5	3	2
95–99岁	**76**	**37**	**39**	**41**	**15**	**26**	**26**	**10**	**16**
95	29	20	9	12	5	7	9	6	3
96	19	7	12	15	5	10	6		6
97	13	4	9	5	2	3	6	3	3
98	10	4	6	7	2	5	3	1	2
99	5	2	3	2	1	1	2		2
100岁及以上	**6**	**2**	**4**	**5**	**2**	**3**	**2**	**1**	**1**

8-11a 全省分年龄、性别、居住状况的60岁及以上老年人口(城市)

单位：人

年 龄	60岁及以上人口			与配偶和子女同住		
	合计	男	女	小计	男	女
总 计	**200049**	**91300**	**108749**	**31006**	**16456**	**14550**
60-64岁	**65561**	**31367**	**34194**	**11994**	**6306**	**5688**
60	14131	6870	7261	2666	1430	1236
61	11539	5610	5929	2150	1144	1006
62	13739	6657	7082	2604	1385	1219
63	13601	6368	7233	2373	1225	1148
64	12551	5862	6689	2201	1122	1079
65-69岁	**57474**	**26577**	**30897**	**9579**	**4959**	**4620**
65	13126	6171	6955	2197	1109	1088
66	13002	6042	6960	2310	1194	1116
67	11137	5104	6033	1888	999	889
68	10761	4947	5814	1706	894	812
69	9448	4313	5135	1478	763	715
70-74岁	**34264**	**15308**	**18956**	**4968**	**2607**	**2361**
70	9218	4198	5020	1415	739	676
71	8236	3772	4464	1247	658	589
72	6134	2701	3433	869	439	430
73	5624	2465	3159	790	423	367
74	5052	2172	2880	647	348	299
75-79岁	**20744**	**8725**	**12019**	**2540**	**1357**	**1183**
75	4399	1856	2543	574	301	273
76	4331	1802	2529	532	280	252
77	4111	1733	2378	505	259	246
78	4046	1753	2293	488	276	212
79	3857	1581	2276	441	241	200
80-84岁	**13688**	**5782**	**7906**	**1359**	**835**	**524**
80	3333	1424	1909	346	213	133
81	3044	1266	1778	293	173	120
82	2954	1266	1688	330	198	132
83	2212	958	1254	194	124	70
84	2145	868	1277	196	127	69
85-89岁	**6119**	**2545**	**3574**	**452**	**302**	**150**
85	1758	691	1067	144	87	57
86	1475	580	895	113	70	43
87	1250	554	696	87	64	23
88	937	399	538	59	48	11
89	699	321	378	49	33	16
90-94岁	**1855**	**847**	**1008**	**103**	**82**	**21**
90	711	312	399	33	26	7
91	428	192	236	29	21	8
92	324	154	170	21	18	3
93	218	112	106	11	9	2
94	174	77	97	9	8	1
95-99岁	**304**	**125**	**179**	**11**	**8**	**3**
95	110	52	58	6	3	3
96	88	30	58	2	2	
97	50	19	31			
98	28	11	17	1	1	
99	28	13	15	2	2	
100岁及以上	**40**	**24**	**16**			

8-11a　续表 1

单位：人

年　龄	与配偶同住			与子女同住			独居(有保姆)		
	小计	男	女	小计	男	女	小计	男	女
总　计	**103030**	**54614**	**48416**	**31575**	**7359**	**24216**	**657**	**340**	**317**
60-64岁	**36907**	**18950**	**17957**	**6434**	**1524**	**4910**	**71**	**29**	**42**
60	7741	4007	3734	1351	315	1036	13	6	7
61	6402	3339	3063	1131	273	858	17	6	11
62	7790	4045	3745	1312	315	997	11	4	7
63	7785	3892	3893	1351	327	1024	18	9	9
64	7189	3667	3522	1289	294	995	12	4	8
65-69岁	**33019**	**16913**	**16106**	**6575**	**1517**	**5058**	**64**	**35**	**29**
65	7677	3938	3739	1343	316	1027	11	7	4
66	7422	3795	3627	1473	360	1113	12	7	5
67	6363	3217	3146	1281	299	982	16	8	8
68	6158	3163	2995	1302	289	1013	7	5	2
69	5399	2800	2599	1176	253	923	18	8	10
70-74岁	**18249**	**9714**	**8535**	**5373**	**1101**	**4272**	**67**	**33**	**34**
70	5115	2715	2400	1304	275	1029	13	7	6
71	4517	2402	2115	1171	250	921	15	7	8
72	3277	1711	1566	980	226	754	10	5	5
73	2841	1535	1306	988	176	812	15	4	11
74	2499	1351	1148	930	174	756	14	10	4
75-79岁	**8993**	**5117**	**3876**	**4833**	**1014**	**3819**	**90**	**46**	**44**
75	2044	1126	918	930	183	747	15	7	8
76	1969	1096	873	953	192	761	11	5	6
77	1794	1037	757	946	204	742	22	13	9
78	1731	1004	727	973	216	757	19	11	8
79	1455	854	601	1031	219	812	23	10	13
80-84岁	**4371**	**2825**	**1546**	**4515**	**1039**	**3476**	**144**	**80**	**64**
80	1229	762	467	963	209	754	29	17	12
81	1027	647	380	942	201	741	32	16	16
82	908	607	301	980	228	752	29	17	12
83	654	432	222	806	215	591	30	18	12
84	553	377	176	824	186	638	24	12	12
85-89岁	**1240**	**891**	**349**	**2610**	**720**	**1890**	**151**	**71**	**80**
85	419	289	130	709	166	543	34	18	16
86	307	216	91	632	158	474	29	11	18
87	238	180	58	538	166	372	36	16	20
88	171	126	45	433	125	308	24	11	13
89	105	80	25	298	105	193	28	15	13
90-94岁	**228**	**183**	**45**	**1013**	**361**	**652**	**60**	**39**	**21**
90	105	78	27	366	126	240	26	17	9
91	51	42	9	230	78	152	12	7	5
92	39	34	5	179	64	115	13	10	3
93	25	21	4	126	52	74	6	2	4
94	8	8		112	41	71	3	3	
95-99岁	**22**	**20**	**2**	**190**	**65**	**125**	**8**	**5**	**3**
95	9	9		67	24	43	5	2	3
96	9	7	2	54	16	38	1	1	
97	3	3		33	11	22	1	1	
98	1	1		16	6	10	1	1	
99				20	8	12			
100岁及以上	**1**	**1**		**32**	**18**	**14**	**2**	**2**	

8-11a 续表 2

单位：人

年 龄	独居(无保姆)			养老机构			其 他		
	小计	男	女	小计	男	女	小计	男	女
总 计	**26843**	**9392**	**17451**	**2736**	**1335**	**1401**	**4202**	**1804**	**2398**
60-64岁	**7871**	**3440**	**4431**	**376**	**256**	**120**	**1908**	**862**	**1046**
60	1805	813	992	80	55	25	475	244	231
61	1417	653	764	59	41	18	363	154	209
62	1561	671	890	80	53	27	381	184	197
63	1604	702	902	81	57	24	389	156	233
64	1484	601	883	76	50	26	300	124	176
65-69岁	**6691**	**2413**	**4278**	**412**	**252**	**160**	**1134**	**488**	**646**
65	1527	617	910	76	40	36	295	144	151
66	1452	533	919	88	56	32	245	97	148
67	1269	428	841	92	57	35	228	96	132
68	1304	454	850	81	52	29	203	90	113
69	1139	381	758	75	47	28	163	61	102
70-74岁	**4643**	**1407**	**3236**	**434**	**225**	**209**	**530**	**221**	**309**
70	1123	353	770	99	52	47	149	57	92
71	1076	362	714	82	42	40	128	51	77
72	827	243	584	84	42	42	87	35	52
73	813	232	581	84	46	38	93	49	44
74	804	217	587	85	43	42	73	29	44
75-79岁	**3542**	**885**	**2657**	**474**	**210**	**264**	**272**	**96**	**176**
75	694	179	515	84	39	45	58	21	37
76	741	182	559	82	37	45	43	10	33
77	709	173	536	82	29	53	53	18	35
78	676	174	502	115	54	61	44	18	26
79	722	177	545	111	51	60	74	29	45
80-84岁	**2585**	**730**	**1855**	**507**	**189**	**318**	**207**	**84**	**123**
80	602	163	439	118	41	77	46	19	27
81	597	173	424	107	38	69	46	18	28
82	567	163	404	100	39	61	40	14	26
83	406	119	287	84	34	50	38	16	22
84	413	112	301	98	37	61	37	17	20
85-89岁	**1177**	**377**	**800**	**385**	**152**	**233**	**104**	**32**	**72**
85	345	95	250	87	30	57	20	6	14
86	269	80	189	102	38	64	23	7	16
87	244	85	159	84	37	47	23	6	17
88	174	56	118	54	23	31	22	10	12
89	145	61	84	58	24	34	16	3	13
90-94岁	**294**	**122**	**172**	**124**	**45**	**79**	**33**	**15**	**18**
90	132	49	83	37	12	25	12	4	8
91	67	33	34	31	10	21	8	1	7
92	44	15	29	24	10	14	4	3	1
93	27	17	10	17	6	11	6	5	1
94	24	8	16	15	7	8	3	2	1
95-99岁	**38**	**17**	**21**	**22**	**5**	**17**	**13**	**5**	**8**
95	12	9	3	6	2	4	5	3	2
96	10	3	7	9	1	8	3		3
97	6	2	4	2		2	5	2	3
98	5	1	4	4	1	3			
99	5	2	3	1	1				
100岁及以上	**2**	**1**	**1**	**2**	**1**	**1**	**1**	**1**	

8-11b　全省分年龄、性别、居住状况的60岁及以上老年人口(镇)

单位：人

年　龄	60岁及以上人口			与配偶和子女同住		
	合计	男	女	小计	男	女
总　计	**85983**	**39731**	**46252**	**13004**	**6836**	**6168**
60-64岁	**28013**	**13392**	**14621**	**5076**	**2612**	**2464**
60	6203	3025	3178	1175	603	572
61	4808	2327	2481	897	475	422
62	5735	2781	2954	1042	537	505
63	5847	2736	3111	999	505	494
64	5420	2523	2897	963	492	471
65-69岁	**25368**	**11885**	**13483**	**4149**	**2172**	**1977**
65	5857	2799	3058	1036	530	506
66	5666	2672	2994	905	459	446
67	4925	2289	2636	817	436	381
68	4680	2168	2512	723	376	347
69	4240	1957	2283	668	371	297
70-74岁	**15094**	**6738**	**8356**	**2016**	**1022**	**994**
70	3995	1825	2170	576	299	277
71	3648	1623	2025	499	236	263
72	2630	1198	1432	345	184	161
73	2525	1106	1419	331	157	174
74	2296	986	1310	265	146	119
75-79岁	**8889**	**3844**	**5045**	**983**	**537**	**446**
75	1950	865	1085	231	133	98
76	1962	826	1136	233	126	107
77	1781	766	1015	182	101	81
78	1628	690	938	176	95	81
79	1568	697	871	161	82	79
80-84岁	**5513**	**2456**	**3057**	**543**	**329**	**214**
80	1388	630	758	139	87	52
81	1236	552	684	140	84	56
82	1139	502	637	111	71	40
83	929	418	511	76	42	34
84	821	354	467	77	45	32
85-89岁	**2338**	**1073**	**1265**	**193**	**134**	**59**
85	703	314	389	60	36	24
86	565	265	300	46	30	16
87	446	200	246	35	29	6
88	339	163	176	33	23	10
89	285	131	154	19	16	3
90-94岁	**667**	**302**	**365**	**39**	**27**	**12**
90	253	122	131	19	12	7
91	159	71	88	8	7	1
92	129	51	78	7	4	3
93	80	38	42	3	2	1
94	46	20	26	2	2	
95-99岁	**87**	**39**	**48**	**5**	**3**	**2**
95	33	16	17			
96	26	15	11	4	3	1
97	13	4	9			
98	10	2	8	1		1
99	5	2	3			
100岁及以上	**14**	**2**	**12**			

8-11b 续表 1 单位：人

年 龄	与配偶同住			与子女同住			独居(有保姆)		
	小计	男	女	小计	男	女	小计	男	女
总 计	**46762**	**24666**	**22096**	**13100**	**3236**	**9864**	**235**	**108**	**127**
60-64岁	**16893**	**8595**	**8298**	**2625**	**611**	**2014**	**23**	**10**	**13**
60	3693	1903	1790	548	127	421	6	1	5
61	2873	1453	1420	410	100	310	4	1	3
62	3472	1800	1672	523	121	402	3	1	2
63	3571	1800	1771	578	130	448	4	2	2
64	3284	1639	1645	566	133	433	6	5	1
65-69岁	**15126**	**7749**	**7377**	**2884**	**687**	**2197**	**25**	**12**	**13**
65	3522	1840	1682	598	146	452	1		1
66	3424	1767	1657	615	141	474	10	1	9
67	2928	1487	1441	565	121	444	4	3	1
68	2784	1417	1367	571	149	422	6	6	
69	2468	1238	1230	535	130	405	4	2	2
70-74岁	**8281**	**4359**	**3922**	**2358**	**534**	**1824**	**30**	**13**	**17**
70	2289	1200	1089	524	124	400	5	1	4
71	2072	1074	998	556	129	427	11	8	3
72	1406	758	648	439	103	336	5		5
73	1320	695	625	421	92	329	4	2	2
74	1194	632	562	418	86	332	5	2	3
75-79岁	**4067**	**2334**	**1733**	**1980**	**444**	**1536**	**41**	**15**	**26**
75	982	540	442	359	83	276	4	2	2
76	948	510	438	404	89	315	8	3	5
77	776	452	324	427	101	326	10	4	6
78	685	405	280	391	71	320	9	3	6
79	676	427	249	399	100	299	10	3	7
80-84岁	**1779**	**1162**	**617**	**1808**	**485**	**1323**	**60**	**30**	**30**
80	541	346	195	399	93	306	12	9	3
81	392	243	149	377	108	269	20	8	12
82	343	229	114	374	95	279	13	7	6
83	282	195	87	338	98	240	9	2	7
84	221	149	72	320	91	229	6	4	2
85-89岁	**531**	**395**	**136**	**1017**	**313**	**704**	**40**	**21**	**19**
85	176	135	41	280	73	207	10	6	4
86	138	96	42	236	80	156	9	6	3
87	93	61	32	207	68	139	8	3	5
88	73	59	14	159	50	109	6	4	2
89	51	44	7	135	42	93	7	2	5
90-94岁	**79**	**68**	**11**	**368**	**139**	**229**	**12**	**4**	**8**
90	39	31	8	119	49	70	6	3	3
91	20	18	2	86	28	58	2	1	1
92	10	9	1	77	26	51	2		2
93	6	6		55	26	29	2		2
94	4	4		31	10	21			
95-99岁	**6**	**4**	**2**	**49**	**21**	**28**	**4**	**3**	**1**
95	1		1	21	9	12	2	2	
96	3	3		11	5	6	1	1	
97				9	4	5			
98				6	2	4	1		1
99	2	1	1	2	1	1			
100岁及以上				**11**	**2**	**9**			

8-11b　续表 2　　　　　　　　　　　　　　　　　　　　　　　　　　　单位：人

年　龄	独居(无保姆)			养老机构			其　他		
	小计	男	女	小计	男	女	小计	男	女
总　计	**10460**	**3680**	**6780**	**884**	**518**	**366**	**1538**	**687**	**851**
60—64岁	**2635**	**1180**	**1455**	**101**	**77**	**24**	**660**	**307**	**353**
60	596	297	299	19	12	7	166	82	84
61	482	221	261	17	11	6	125	66	59
62	534	246	288	21	14	7	140	62	78
63	535	220	315	23	21	2	137	58	79
64	488	196	292	21	19	2	92	39	53
65—69岁	**2592**	**960**	**1632**	**162**	**107**	**55**	**430**	**198**	**232**
65	567	220	347	23	13	10	110	50	60
66	577	231	346	36	26	10	99	47	52
67	502	189	313	28	20	8	81	33	48
68	495	166	329	29	18	11	72	36	36
69	451	154	297	46	30	16	68	32	36
70—74岁	**2013**	**597**	**1416**	**178**	**118**	**60**	**218**	**95**	**123**
70	498	148	350	37	26	11	66	27	39
71	433	137	296	30	20	10	47	19	28
72	355	100	255	46	33	13	34	20	14
73	370	117	253	39	29	10	40	14	26
74	357	95	262	26	10	16	31	15	16
75—79岁	**1546**	**403**	**1143**	**164**	**73**	**91**	**108**	**38**	**70**
75	318	85	233	29	13	16	27	9	18
76	316	71	245	33	18	15	20	9	11
77	329	86	243	34	14	20	23	8	15
78	310	97	213	35	13	22	22	6	16
79	273	64	209	33	15	18	16	6	10
80—84岁	**1088**	**334**	**754**	**164**	**85**	**79**	**71**	**31**	**40**
80	250	73	177	32	16	16	15	6	9
81	248	80	168	39	20	19	20	9	11
82	248	74	174	38	21	17	12	5	7
83	183	59	124	29	16	13	12	6	6
84	159	48	111	26	12	14	12	5	7
85—89岁	**442**	**156**	**286**	**81**	**39**	**42**	**34**	**15**	**19**
85	143	48	95	26	12	14	8	4	4
86	109	42	67	23	10	13	4	1	3
87	77	25	52	15	9	6	11	5	6
88	55	19	36	8	5	3	5	3	2
89	58	22	36	9	3	6	6	2	4
90—94岁	**131**	**48**	**83**	**26**	**15**	**11**	**12**	**1**	**11**
90	53	19	34	15	8	7	2		2
91	34	13	21	6	4	2	3		3
92	25	9	16	3	2	1	5	1	4
93	11	3	8	1	1		2		2
94	8	4	4	1		1			
95—99岁	**12**	**2**	**10**	**6**	**4**	**2**	**5**	**2**	**3**
95	5	2	3	2	1	1	2	2	
96	2		2	4	3	1	1		1
97	4		4						
98	1		1				1		1
99							1		1
100岁及以上	**1**		**1**	**2**		**2**			

8-11c 全省分年龄、性别、居住状况的60岁及以上老年人口(乡村)

单位：人

年龄	60岁及以上人口			与配偶和子女同住		
	合计	男	女	小计	男	女
总　计	**222437**	**110744**	**111693**	**37967**	**20090**	**17877**
60-64岁	**71745**	**36143**	**35602**	**13364**	**6804**	**6560**
60	16247	8249	7998	3083	1599	1484
61	12416	6276	6140	2339	1187	1152
62	14187	7160	7027	2696	1382	1314
63	14875	7518	7357	2715	1360	1355
64	14020	6940	7080	2531	1276	1255
65-69岁	**69386**	**34622**	**34764**	**12436**	**6384**	**6052**
65	15623	7862	7761	2817	1467	1350
66	15056	7606	7450	2653	1388	1265
67	13423	6647	6776	2448	1221	1227
68	13292	6593	6699	2403	1238	1165
69	11992	5914	6078	2115	1070	1045
70-74岁	**42947**	**21195**	**21752**	**7262**	**3870**	**3392**
70	11507	5652	5855	1935	1007	928
71	10475	5268	5207	1863	983	880
72	7921	3911	4010	1349	733	616
73	7288	3569	3719	1175	625	550
74	5756	2795	2961	940	522	418
75-79岁	**20359**	**10076**	**10283**	**2986**	**1791**	**1195**
75	4864	2307	2557	756	418	338
76	4683	2337	2346	676	426	250
77	4021	2002	2019	597	360	237
78	3469	1769	1700	491	302	189
79	3322	1661	1661	466	285	181
80-84岁	**11426**	**5673**	**5753**	**1411**	**903**	**508**
80	3010	1475	1535	395	248	147
81	2525	1236	1289	320	196	124
82	2434	1231	1203	298	189	109
83	1822	918	904	219	147	72
84	1635	813	822	179	123	56
85-89岁	**4800**	**2272**	**2528**	**428**	**290**	**138**
85	1381	673	708	118	73	45
86	1189	571	618	124	86	38
87	1006	475	531	97	66	31
88	644	284	360	45	32	13
89	580	269	311	44	33	11
90-94岁	**1477**	**638**	**839**	**72**	**45**	**27**
90	541	235	306	38	25	13
91	351	143	208	15	10	5
92	274	126	148	8	4	4
93	174	70	104	3	1	2
94	137	64	73	8	5	3
95-99岁	**272**	**116**	**156**	**6**	**3**	**3**
95	102	45	57	1	1	
96	64	21	43	3	1	2
97	51	26	25	1		1
98	33	17	16	1	1	
99	22	7	15			
100岁及以上	**25**	**9**	**16**	**2**		**2**

8-11c 续表 1 单位：人

年 龄	与配偶同住			与子女同住			独居(有保姆)		
	小计	男	女	小计	男	女	小计	男	女
总 计	**120373**	**63682**	**56691**	**34281**	**11585**	**22696**	**188**	**111**	**77**
60-64岁	**45653**	**23060**	**22593**	**5172**	**1776**	**3396**	**45**	**32**	**13**
60	10528	5301	5227	1020	343	677	7	5	2
61	7942	4028	3914	859	295	564	8	6	2
62	8924	4498	4426	1017	358	659	12	10	2
63	9459	4845	4614	1095	388	707	5	4	1
64	8800	4388	4412	1181	392	789	13	7	6
65-69岁	**41483**	**21425**	**20058**	**7198**	**2425**	**4773**	**36**	**23**	**13**
65	9707	4975	4732	1391	468	923	10	5	5
66	9279	4816	4463	1427	488	939	8	5	3
67	8024	4132	3892	1360	445	915	4	2	2
68	7748	3996	3752	1505	525	980	7	4	3
69	6725	3506	3219	1515	499	1016	7	7	
70-74岁	**21906**	**11968**	**9938**	**7389**	**2340**	**5049**	**35**	**18**	**17**
70	6402	3395	3007	1619	528	1091	13	4	9
71	5451	2980	2471	1705	579	1126	6	3	3
72	3915	2142	1773	1413	461	952	4	3	1
73	3514	1961	1553	1434	428	1006	8	5	3
74	2624	1490	1134	1218	344	874	4	3	1
75-79岁	**7801**	**4800**	**3001**	**5677**	**1804**	**3873**	**27**	**12**	**15**
75	2063	1185	878	1150	333	817	3	2	1
76	1913	1166	747	1192	378	814	6	2	4
77	1482	908	574	1155	390	765	7	2	5
78	1246	814	432	1063	352	711	5	3	2
79	1097	727	370	1117	351	766	6	3	3
80-84岁	**2756**	**1869**	**887**	**4870**	**1763**	**3107**	**28**	**18**	**10**
80	886	576	310	1111	372	739	3	2	1
81	664	455	209	1016	351	665	5	2	3
82	551	380	171	1087	419	668	7	6	1
83	365	265	100	847	311	536	6	4	2
84	290	193	97	809	310	499	7	4	3
85-89岁	**673**	**485**	**188**	**2723**	**1004**	**1719**	**11**	**5**	**6**
85	219	164	55	757	281	476	2		2
86	188	129	59	646	240	406	2		2
87	143	99	44	541	206	335	1	1	
88	70	47	23	395	138	257	2	1	1
89	53	46	7	384	139	245	4	3	1
90-94岁	**91**	**66**	**25**	**1027**	**390**	**637**	**4**	**2**	**2**
90	43	32	11	361	129	232	1	1	
91	11	7	4	254	93	161	1		1
92	17	11	6	179	80	99	1		1
93	11	10	1	133	45	88	1	1	
94	9	6	3	100	43	57			
95-99岁	**10**	**9**	**1**	**207**	**76**	**131**	**2**	**1**	**1**
95	7	6	1	75	25	50	1	1	
96	2	2		48	13	35			
97	1	1		41	20	21	1		1
98				23	11	12			
99				20	7	13			
100岁及以上				**18**	**7**	**11**			

8-11c 续表 2

单位：人

年 龄	独居(无保姆)			养老机构			其 他		
	小计	男	女	小计	男	女	小计	男	女
总 计	**23940**	**11775**	**12165**	**1990**	**1219**	**771**	**3698**	**2282**	**1416**
60-64岁	**5887**	**3387**	**2500**	**281**	**217**	**64**	**1343**	**867**	**476**
60	1220	735	485	63	56	7	326	210	116
61	988	578	410	39	30	9	241	152	89
62	1209	695	514	62	44	18	267	173	94
63	1276	703	573	58	45	13	267	173	94
64	1194	676	518	59	42	17	242	159	83
65-69岁	**6733**	**3364**	**3369**	**410**	**308**	**102**	**1090**	**693**	**397**
65	1349	711	638	84	67	17	265	169	96
66	1361	680	681	80	58	22	248	171	77
67	1312	678	634	81	61	20	194	108	86
68	1328	634	694	90	65	25	211	131	80
69	1383	661	722	75	57	18	172	114	58
70-74岁	**5306**	**2323**	**2983**	**388**	**266**	**122**	**661**	**410**	**251**
70	1299	557	742	80	55	25	159	106	53
71	1210	559	651	78	59	19	162	105	57
72	1028	446	582	83	55	28	129	71	58
73	958	422	536	80	52	28	119	76	43
74	811	339	472	67	45	22	92	52	40
75-79岁	**3259**	**1369**	**1890**	**322**	**158**	**164**	**287**	**142**	**145**
75	765	302	463	65	39	26	62	28	34
76	783	307	476	53	26	27	60	32	28
77	650	279	371	67	33	34	63	30	33
78	539	240	299	67	32	35	58	26	32
79	522	241	281	70	28	42	44	26	18
80-84岁	**1849**	**859**	**990**	**325**	**158**	**167**	**187**	**103**	**84**
80	500	212	288	68	33	35	47	32	15
81	415	185	230	68	26	42	37	21	16
82	368	171	197	79	44	35	44	22	22
83	301	153	148	49	23	26	35	15	20
84	265	138	127	61	32	29	24	13	11
85-89岁	**698**	**364**	**334**	**181**	**78**	**103**	**86**	**46**	**40**
85	203	109	94	56	31	25	26	15	11
86	168	89	79	37	14	23	24	13	11
87	163	84	79	44	13	31	17	6	11
88	94	46	48	27	13	14	11	7	4
89	70	36	34	17	7	10	8	5	3
90-94岁	**179**	**90**	**89**	**69**	**27**	**42**	**35**	**18**	**17**
90	71	36	35	20	9	11	7	3	4
91	41	21	20	20	7	13	9	5	4
92	39	20	19	14	3	11	16	8	8
93	15	8	7	10	4	6	1	1	
94	13	5	8	5	4	1	2	1	1
95-99岁	**26**	**18**	**8**	**13**	**6**	**7**	**8**	**3**	**5**
95	12	9	3	4	2	2	2	1	1
96	7	4	3	2	1	1	2		2
97	3	2	1	3	2	1	1	1	
98	4	3	1	3	1	2	2	1	1
99				1		1	1		1
100岁及以上	**3**	**1**	**2**	**1**	**1**		**1**		**1**

8-12　全省分性别、婚姻状况、居住状况的60岁及以上老年人口

单位：人

居住状况	60岁及以上人口			未　婚		
	合计	男	女	小计	男	女
总　计	**508469**	**241775**	**266694**	**5082**	**4280**	**802**
与配偶和子女同住	81977	43382	38595			
与配偶同住	270165	142962	127203			
与子女同住	78956	22180	56776	148	116	32
独居(有保姆)	1080	559	521	44	37	7
独居(无保姆)	61243	24847	36396	2356	1986	370
养老机构	5610	3072	2538	948	844	104
其　他	9438	4773	4665	1586	1297	289

8-12　续表

单位：人

居住状况	有配偶			离　婚			丧　偶		
	小计	男	女	小计	男	女	小计	男	女
总　计	**377542**	**199750**	**177792**	**12859**	**6462**	**6397**	**112986**	**31283**	**81703**
与配偶和子女同住	81977	43382	38595						
与配偶同住	270165	142962	127203						
与子女同住	12398	5518	6880	3494	1184	2310	62916	15362	47554
独居(有保姆)	148	92	56	67	39	28	821	391	430
独居(无保姆)	8733	5541	3192	7618	4271	3347	42536	13049	29487
养老机构	939	533	406	332	250	82	3391	1445	1946
其　他	3182	1722	1460	1348	718	630	3322	1036	2286

8−12a 全省分性别、婚姻状况、居住状况的60岁及以上老年人口(城市)

单位：人

居住状况	60岁及以上人口			未婚		
	合计	男	女	小计	男	女
总　计	**200049**	**91300**	**108749**	**1163**	**680**	**483**
与配偶和子女同住	31006	16456	14550			
与配偶同住	103030	54614	48416			
与子女同住	31575	7359	24216	31	14	17
独居(有保姆)	657	340	317	6	4	2
独居(无保姆)	26843	9392	17451	570	319	251
养老机构	2736	1335	1401	190	150	40
其　他	4202	1804	2398	366	193	173

8−12a 续表

单位：人

居住状况	有配偶			离婚			丧偶		
	小计	男	女	小计	男	女	小计	男	女
总　计	**145328**	**76757**	**68571**	**8118**	**3678**	**4440**	**45440**	**10185**	**35255**
与配偶和子女同住	31006	16456	14550						
与配偶同住	103030	54614	48416						
与子女同住	5103	2058	3045	2249	644	1605	24192	4643	19549
独居(有保姆)	74	47	27	50	30	20	527	259	268
独居(无保姆)	4034	2461	1573	4776	2432	2344	17463	4180	13283
养老机构	516	291	225	207	150	57	1823	744	1079
其　他	1565	830	735	836	422	414	1435	359	1076

8-12b　全省分性别、婚姻状况、居住状况的60岁及以上老年人口(镇)

单位：人

居住状况	60岁及以上人口			未婚		
	合计	男	女	小计	男	女
总　计	**85983**	**39731**	**46252**	**547**	**432**	**115**
与配偶和子女同住	13004	6836	6168			
与配偶同住	46762	24666	22096			
与子女同住	13100	3236	9864	15	11	4
独居(有保姆)	235	108	127	7	4	3
独居(无保姆)	10460	3680	6780	214	162	52
养老机构	884	518	366	160	139	21
其　他	1538	687	851	151	116	35

8-12b　续表

单位：人

居住状况	有配偶			离婚			丧偶		
	小计	男	女	小计	男	女	小计	男	女
总　计	**64384**	**33771**	**30613**	**2173**	**1002**	**1171**	**18879**	**4526**	**14353**
与配偶和子女同住	13004	6836	6168						
与配偶同住	46762	24666	22096						
与子女同住	2331	934	1397	588	156	432	10166	2135	8031
独居(有保姆)	32	19	13	11	3	8	185	82	103
独居(无保姆)	1507	919	588	1298	687	611	7441	1912	5529
养老机构	156	94	62	48	40	8	520	245	275
其　他	592	303	289	228	116	112	567	152	415

8-12c 全省分性别、婚姻状况、居住状况的60岁及以上老年人口(乡村)

单位：人

居住状况	60岁及以上人口			未婚		
	合计	男	女	小计	男	女
总　计	**222437**	**110744**	**111693**	**3372**	**3168**	**204**
与配偶和子女同住	37967	20090	17877			
与配偶同住	120373	63682	56691			
与子女同住	34281	11585	22696	102	91	11
独居(有保姆)	188	111	77	31	29	2
独居(无保姆)	23940	11775	12165	1572	1505	67
养老机构	1990	1219	771	598	555	43
其　他	3698	2282	1416	1069	988	81

8-12c 续表

单位：人

居住状况	有配偶			离婚			丧偶		
	小计	男	女	小计	男	女	小计	男	女
总　计	**167830**	**89222**	**78608**	**2568**	**1782**	**786**	**48667**	**16572**	**32095**
与配偶和子女同住	37967	20090	17877						
与配偶同住	120373	63682	56691						
与子女同住	4964	2526	2438	657	384	273	28558	8584	19974
独居(有保姆)	42	26	16	6	6		109	50	59
独居(无保姆)	3192	2161	1031	1544	1152	392	17632	6957	10675
养老机构	267	148	119	77	60	17	1048	456	592
其　他	1025	589	436	284	180	104	1320	525	795

第二部分　长表数据资料

第九卷　住房

9-1 各地区按建筑层数、承重类型分的家庭户户数

单位：户

地区	合计	建筑层数				承重类型				
		平房	多层（7层及以下）	高层（8-33层）	超高层（34层及以上）	钢及钢筋混凝土结构	混合结构	砖木结构	竹草土坯结构	其他结构
全省	**857737**	**305152**	**395392**	**154438**	**2755**	**447354**	**180446**	**221037**	**6367**	**2533**
长春市	313652	95661	130950	85601	1440	186907	62102	62468	1403	772
吉林市	133257	41806	69860	20382	1209	69633	28497	34831	148	148
四平市	63461	31722	23232	8415	92	29830	11362	21425	371	473
辽源市	37281	14645	16694	5941	1	15163	8612	12915	257	334
通化市	49039	18526	24174	6339		26802	9027	13099	60	51
白山市	37761	10519	22651	4591		26725	1386	9184	351	115
松原市	76336	41157	25855	9324		24985	19263	30529	1392	167
白城市	57583	28847	25016	3720		20033	17317	17717	2098	418
延边朝鲜族自治州	68716	14740	46069	7906	1	35556	20802	12069	238	51
长白山管委会	2329	235	2094			2094	81	147	5	2
梅河口市	18322	7294	8797	2219	12	9626	1997	6653	44	2

注：本表数据为居住在普通住宅的家庭户，下表同。

9-1a 各地区按建筑层数、承重类型分的家庭户户数(城市)

单位：户

地区	合计	建筑层数				承重类型				
		平房	多层（7层及以下）	高层（8-33层）	超高层（34层及以上）	钢及钢筋混凝土结构	混合结构	砖木结构	竹草土坯结构	其他结构
全省	**383735**	**11105**	**265379**	**105596**	**1655**	**288427**	**87146**	**7920**	**103**	**139**
长春市	148436	5153	88074	54559	650	115044	29519	3819	19	35
吉林市	71628	1510	53031	16188	899	52720	17808	1092	5	3
四平市	21918	1096	14393	6337	92	18087	3030	708	4	89
辽源市	16642	83	11665	4893	1	11155	5435	51		1
通化市	18247	506	13910	3831		14552	3309	384	1	1
白山市	17449	619	13027	3803		16499	379	564	4	3
松原市	19558	271	14196	5091		12140	7211	207		
白城市	17186	1136	13670	2380		12697	3840	575	67	7
延边朝鲜族自治州	43058	501	35911	6645	1	27329	15390	337	2	
长白山管委会										
梅河口市	9613	230	7502	1869	12	8204	1225	183	1	

9-1b 各地区按建筑层数、承重类型分的家庭户户数(镇)

单位：户

地区	合计	建筑层数				承重类型				
		平房	多层(7层及以下)	高层(8-33层)	超高层(34层及以上)	钢及钢筋混凝土结构	混合结构	砖木结构	竹草土坯结构	其他结构
全省	**171930**	**27341**	**102930**	**40941**	**718**	**116566**	**34284**	**20350**	**561**	**169**
长春市	65101	4952	32478	27256	415	53765	7980	3300	33	23
吉林市	16513	2230	11318	2662	303	10273	4478	1746	10	6
四平市	12359	3212	7561	1586		7615	2546	2147	21	30
辽源市	6344	1207	4331	806		2899	2348	1042	20	35
通化市	13077	2143	8716	2218		10083	1481	1505	2	6
白山市	12820	2946	9089	785		9645	537	2551	75	12
松原市	16903	4157	9194	3552		9590	4034	3100	145	34
白城市	13909	3519	9130	1260		4247	7054	2373	220	15
延边朝鲜族自治州	11002	1906	8294	802		5878	3414	1683	21	6
长白山管委会	2319	225	2094			2094	81	137	5	2
梅河口市	1583	844	725	14		477	331	766	9	

9-1c 各地区按建筑层数、承重类型分的家庭户户数(乡村)

单位：户

地区	合计	建筑层数				承重类型				
		平房	多层(7层及以下)	高层(8-33层)	超高层(34层及以上)	钢及钢筋混凝土结构	混合结构	砖木结构	竹草土坯结构	其他结构
全省	**302072**	**266706**	**27083**	**7901**	**382**	**42361**	**59016**	**192767**	**5703**	**2225**
长春市	100115	85556	10398	3786	375	18098	24603	55349	1351	714
吉林市	45116	38066	5511	1532	7	6640	6211	31993	133	139
四平市	29184	27414	1278	492		4128	5786	18570	346	354
辽源市	14295	13355	698	242		1109	829	11822	237	298
通化市	17715	15877	1548	290		2167	4237	11210	57	44
白山市	7492	6954	535	3		581	470	6069	272	100
松原市	39875	36729	2465	681		3255	8018	27222	1247	133
白城市	26488	24192	2216	80		3089	6423	14769	1811	396
延边朝鲜族自治州	14656	12333	1864	459		2349	1998	10049	215	45
长白山管委会	10	10						10		
梅河口市	7126	6220	570	336		945	441	5704	34	2

9–2　各地区按住房建成时间分的家庭户住房状况

单位：户、间、平方米

地　区	合　计			1949年以前		
	户数	间数	面积	户数	间数	面积
全　省	**857737**	**1885691**	**69211044**	**397**	**779**	**25434**
长春市	313652	713385	26516432	188	371	11187
吉林市	133257	278179	10201111	22	40	1737
四平市	63461	146627	5149261	37	84	2583
辽源市	37281	82982	2768316	1	2	72
通化市	49039	108475	3863640	20	35	1379
白山市	37761	79901	2728223	9	16	541
松原市	76336	176197	6471665	19	38	1343
白城市	57583	121254	4627583	61	125	4527
延边朝鲜族自治州	68716	134647	5256344	35	59	1751
长白山管委会	2329	4706	167729			
梅河口市	18322	39338	1460740	5	9	314

9–2　续表 1

单位：户、间、平方米

地　区	1949–1959年			1960–1969年		
	户数	间数	面积	户数	间数	面积
全　省	**1428**	**2843**	**87909**	**3743**	**7926**	**244588**
长春市	717	1419	43314	1171	2599	78846
吉林市	172	330	9347	528	984	29295
四平市	80	174	5091	350	826	24624
辽源市	22	53	1466	130	292	8611
通化市	62	129	3718	217	460	14602
白山市	41	85	2268	275	542	14452
松原市	74	159	5558	291	652	22434
白城市	151	312	11150	474	998	33352
延边朝鲜族自治州	88	148	4751	220	397	12963
长白山管委会				4	6	295
梅河口市	21	34	1246	83	170	5114

9–2 续表 2

单位：户、间、平方米

地 区	1970–1979年			1980–1989年			1990–1999年		
	户数	间数	面积	户数	间数	面积	户数	间数	面积
全 省	**18286**	**40178**	**1223423**	**96129**	**218695**	**6812743**	**185617**	**427179**	**14503573**
长春市	5991	13940	416622	32617	77783	2392179	65846	156790	5275340
吉林市	3069	6053	178919	18920	39197	1213102	33240	70475	2435473
四平市	1533	3655	113580	9137	22524	701896	15423	37491	1237852
辽源市	586	1320	38292	3111	7315	220646	7532	18197	566594
通化市	1106	2429	74002	6894	15526	481388	10854	24600	818072
白山市	1165	2488	67401	4708	10315	297325	5749	12760	406383
松原市	1479	3462	111464	7734	18744	599375	17863	43866	1485258
白城市	1634	3591	120913	5160	11508	391977	11500	25503	911742
延边朝鲜族自治州	1067	1932	62136	5246	10307	334196	13171	28011	1038739
长白山管委会	21	56	1772	227	486	13446	177	356	13137
梅河口市	635	1252	38322	2375	4990	167213	4262	9130	314983

9–2 续表 3

单位：户、间、平方米

地 区	2000–2009年			2010–2014年			2015年以后		
	户数	间数	面积	户数	间数	面积	户数	间数	面积
全 省	**257737**	**566509**	**21684886**	**197516**	**413858**	**16360377**	**96884**	**207724**	**8268111**
长春市	96303	219191	8566477	71905	155055	6234656	38914	86237	3497811
吉林市	36461	77176	2979341	30436	61983	2469849	10409	21941	884048
四平市	16702	38833	1413980	13457	28956	1108655	6742	14084	541000
辽源市	12591	27590	917792	9827	20702	732395	3481	7511	282448
通化市	14826	32603	1203532	10146	21562	821100	4914	11131	445847
白山市	12160	25629	903482	10195	20748	756126	3459	7318	280245
松原市	21734	50609	1925081	18329	39485	1594812	8813	19182	726340
白城市	14340	30624	1220349	13788	28019	1148281	10475	20574	785292
延边朝鲜族自治州	26790	51572	2081696	14766	27599	1106970	7333	14622	613142
长白山管委会	504	1016	37494	1068	2133	76705	328	653	24880
梅河口市	5326	11666	435662	3599	7616	310828	2016	4471	187058

9–2a　各地区按住房建成时间分的家庭户住房状况(城市)

单位：户、间、平方米

地　区	合　计			1949年以前		
	户数	间数	面积	户数	间数	面积
全　省	**383735**	**777914**	**30191279**	**131**	**223**	**6596**
长春市	148436	308120	11874489	95	159	4255
吉林市	71628	140198	5473812	7	8	365
四平市	21918	45172	1702630	5	14	418
辽源市	16642	32579	1167839			
通化市	18247	38903	1448098	1	2	80
白山市	17449	36312	1291220	2	3	80
松原市	19558	40573	1636506			
白城市	17186	33429	1349800	17	30	1116
延边朝鲜族自治州	43058	82248	3461094	4	7	282
长白山管委会						
梅河口市	9613	20380	785791			

9–2a　续表 1

单位：户、间、平方米

地　区	1949–1959年			1960–1969年		
	户数	间数	面积	户数	间数	面积
全　省	**369**	**637**	**18383**	**738**	**1315**	**38708**
长春市	209	333	9120	336	563	16461
吉林市	76	139	3673	142	212	5997
四平市	20	49	1434	75	170	4395
辽源市	3	6	175	5	11	393
通化市	15	27	912	34	65	1859
白山市	5	11	206	53	114	2844
松原市	4	9	440	3	5	204
白城市	11	21	863	60	119	4569
延边朝鲜族自治州	26	42	1560	17	29	1138
长白山管委会						
梅河口市				13	27	848

9-2a 续表 2

单位：户、间、平方米

地区	1970-1979年			1980-1989年			1990-1999年		
	户数	间数	面积	户数	间数	面积	户数	间数	面积
全 省	**4326**	**7893**	**226509**	**31047**	**61071**	**1867479**	**76029**	**156200**	**5561998**
长春市	1843	3320	94559	12664	25473	773213	29786	62350	2192393
吉林市	1251	2166	61054	9083	16901	519469	15992	30492	1132852
四平市	178	369	10651	1496	3212	97250	4557	9730	324321
辽源市	33	61	1641	634	1243	37998	2107	4200	141582
通化市	197	379	10098	1873	3738	109947	3548	7519	251554
白山市	208	422	11294	1307	2807	78030	2567	5559	176655
松原市	52	99	2996	676	1287	38553	3586	7814	253791
白城市	252	516	17168	1182	2427	82298	3558	7229	262821
延边朝鲜族自治州	127	200	6404	1562	2857	96355	8538	17572	698630
长白山管委会									
梅河口市	185	361	10644	570	1126	34366	1790	3735	127399

9-2a 续表 3

单位：户、间、平方米

地区	2000-2009年			2010-2014年			2015年以后		
	户数	间数	面积	户数	间数	面积	户数	间数	面积
全 省	**126683**	**257314**	**10399701**	**98816**	**197497**	**8079157**	**45596**	**95764**	**3992748**
长春市	48079	100946	4101270	36612	74821	3041186	18812	40155	1642032
吉林市	19440	38730	1621640	18686	37103	1532363	6951	14447	596399
四平市	6372	13416	523306	5822	11409	462645	3393	6803	278210
辽源市	6096	11490	405151	5689	11215	406918	2075	4353	173981
通化市	6703	14361	551167	3955	8418	333573	1921	4394	188908
白山市	6288	13058	474299	5275	10773	404551	1744	3565	143261
松原市	6084	12669	519149	6470	13057	576244	2683	5633	245129
白城市	5228	10124	415504	4255	7707	339550	2623	5256	225911
延边朝鲜族自治州	19154	35551	1519855	9480	17606	756957	4150	8384	379913
长白山管委会									
梅河口市	3239	6969	268360	2572	5388	225170	1244	2774	119004

9–2b　各地区按住房建成时间分的家庭户住房状况(镇)

单位：户、间、平方米

地　区	合　计			1949年以前		
	户数	间数	面积	户数	间数	面积
全　省	**171930**	**366268**	**14132757**	**73**	**140**	**4321**
长春市	65101	144022	5855538	17	31	1035
吉林市	16513	34103	1306392	5	11	266
四平市	12359	27432	1003637	14	29	789
辽源市	6344	13514	469729			
通化市	13077	27693	1028850	5	10	312
白山市	12820	26305	905894	3	6	179
松原市	16903	35516	1394369	3	7	135
白城市	13909	28776	1139129	12	22	911
延边朝鲜族自治州	11002	20777	748397	10	16	404
长白山管委会	2319	4686	167242			
梅河口市	1583	3444	113580	4	8	290

9–2b　续表 1

单位：户、间、平方米

地　区	1949–1959年			1960–1969年		
	户数	间数	面积	户数	间数	面积
全　省	**546**	**1044**	**33172**	**719**	**1382**	**42834**
长春市	332	648	20690	132	282	9047
吉林市	30	53	1423	124	221	6676
四平市	28	46	1325	53	135	4030
辽源市	4	7	160	14	23	673
通化市	9	22	555	28	57	1988
白山市	26	53	1549	120	215	5688
松原市	19	42	1253	44	85	2716
白城市	68	128	4756	121	224	7673
延边朝鲜族自治州	22	34	1003	60	102	3092
长白山管委会				4	6	295
梅河口市	8	11	458	19	32	956

9-2b 续表 2　　单位：户、间、平方米

地　区	1970-1979年			1980-1989年			1990-1999年		
	户数	间数	面积	户数	间数	面积	户数	间数	面积
全　省	**3039**	**6348**	**191871**	**13356**	**28762**	**882945**	**24893**	**54582**	**1884755**
长春市	472	1090	32733	2888	6376	197456	7557	16368	575857
吉林市	410	786	22999	1812	3672	109173	3104	6344	225819
四平市	285	657	21427	1295	3166	98213	2516	6146	206186
辽源市	144	286	8006	516	1157	33147	1115	2473	80003
通化市	200	437	13485	967	2082	65692	2183	4780	160246
白山市	467	946	25273	1615	3418	100409	1775	3853	129767
松原市	247	528	16467	1263	2892	90820	2503	5727	199326
白城市	342	720	24590	1103	2262	76695	2193	4813	166648
延边朝鲜族自治州	250	441	13717	1329	2518	76412	1442	2978	103255
长白山管委会	18	51	1655	221	474	13136	177	356	13137
梅河口市	204	406	11519	347	745	21792	328	744	24511

9-2b 续表 3　　单位：户、间、平方米

地　区	2000-2009年			2010-2014年			2015年以后		
	户数	间数	面积	户数	间数	面积	户数	间数	面积
全　省	**51323**	**109799**	**4412261**	**53118**	**109983**	**4428000**	**24863**	**54228**	**2252598**
长春市	20789	46318	1961256	19929	43537	1824572	12985	29372	1232892
吉林市	4390	9248	389837	5106	10471	413125	1532	3297	137074
四平市	2762	5986	226827	3883	8039	314723	1523	3228	130117
辽源市	2071	4299	150370	1953	4081	149102	527	1188	48268
通化市	4360	9217	349093	3924	8088	315431	1401	3000	122048
白山市	4151	8443	296433	3725	7329	264471	938	2042	82125
松原市	4686	9919	401892	5914	11647	488097	2224	4669	193663
白城市	3773	7825	320893	4184	8511	355924	2113	4271	181039
延边朝鲜族自治州	3513	6763	252294	3177	5616	205611	1199	2309	92609
长白山管委会	504	1016	37494	1067	2130	76645	328	653	24880
梅河口市	324	765	25872	256	534	20299	93	199	7883

9-2c 各地区按住房建成时间分的家庭户住房状况(乡村)

单位：户、间、平方米

地 区	合 计			1949年以前		
	户数	间数	面积	户数	间数	面积
全 省	**302072**	**741509**	**24887008**	**193**	**416**	**14517**
长春市	100115	261243	8786405	76	181	5897
吉林市	45116	103878	3420907	10	21	1106
四平市	29184	74023	2442994	18	41	1376
辽源市	14295	36889	1130748	1	2	72
通化市	17715	41879	1386692	14	23	987
白山市	7492	17284	531109	4	7	282
松原市	39875	100108	3440790	16	31	1208
白城市	26488	59049	2138654	32	73	2500
延边朝鲜族自治州	14656	31622	1046853	21	36	1065
长白山管委会	10	20	487			
梅河口市	7126	15514	561369	1	1	24

9-2c 续表 1

单位：户、间、平方米

地 区	1949-1959年			1960-1969年		
	户数	间数	面积	户数	间数	面积
全 省	**513**	**1162**	**36354**	**2286**	**5229**	**163046**
长春市	176	438	13504	703	1754	53338
吉林市	66	138	4251	262	551	16622
四平市	32	79	2332	222	521	16199
辽源市	15	40	1131	111	258	7545
通化市	38	80	2251	155	338	10755
白山市	10	21	513	102	213	5920
松原市	51	108	3865	244	562	19514
白城市	72	163	5531	293	655	21110
延边朝鲜族自治州	40	72	2188	143	266	8733
长白山管委会						
梅河口市	13	23	788	51	111	3310

9-2c 续表 2 单位：户、间、平方米

地 区	1970-1979年			1980-1989年			1990-1999年		
	户数	间数	面积	户数	间数	面积	户数	间数	面积
全 省	**10921**	**25937**	**805043**	**51726**	**128862**	**4062319**	**84695**	**216397**	**7056820**
长春市	3676	9530	289330	17065	45934	1421510	28503	78072	2507090
吉林市	1408	3101	94866	8025	18624	584460	14144	33639	1076802
四平市	1070	2629	81502	6346	16146	506433	8350	21615	707345
辽源市	409	973	28645	1961	4915	149501	4310	11524	345009
通化市	709	1613	50419	4054	9706	305749	5123	12301	406272
白山市	490	1120	30834	1786	4090	118886	1407	3348	99961
松原市	1180	2835	92001	5795	14565	470002	11774	30325	1032141
白城市	1040	2355	79155	2875	6819	232984	5749	13461	482273
延边朝鲜族自治州	690	1291	42015	2355	4932	161429	3191	7461	236854
长白山管委会	3	5	117	6	12	310			
梅河口市	246	485	16159	1458	3119	111055	2144	4651	163073

9-2c 续表 3 单位：户、间、平方米

地 区	2000-2009年			2010-2014年			2015年以后		
	户数	间数	面积	户数	间数	面积	户数	间数	面积
全 省	**79731**	**199396**	**6872924**	**45582**	**106378**	**3853220**	**26425**	**57732**	**2022765**
长春市	27435	71927	2503951	15364	36697	1368898	7117	16710	622887
吉林市	12631	29198	967864	6644	14409	524361	1926	4197	150575
四平市	7568	19431	663847	3752	9508	331287	1826	4053	132673
辽源市	4424	11801	362271	2185	5406	176375	879	1970	60199
通化市	3763	9025	303272	2267	5056	172096	1592	3737	134891
白山市	1721	4128	132750	1195	2646	87104	777	1711	54859
松原市	10964	28021	1004040	5945	14781	530471	3906	8880	287548
白城市	5339	12675	483952	5349	11801	452807	5739	11047	378342
延边朝鲜族自治州	4123	9258	309547	2109	4377	144402	1984	3929	140620
长白山管委会				1	3	60			
梅河口市	1763	3932	141430	771	1694	65359	679	1498	60171

9–3 各地区按住房设施状况分的家庭户户数

单位：户

地 区	合 计	住房所在建筑有无电梯		主要炊事燃料				
		有	无	燃气	电	煤炭	柴草	其他
全 省	**857737**	**166120**	**691617**	**484092**	**104782**	**17902**	**250706**	**255**
长春市	313652	91937	221715	214428	13969	4997	80121	137
吉林市	133257	22736	110521	88582	9684	1832	33159	
四平市	63461	9096	54365	27289	9488	2573	24051	60
辽源市	37281	6193	31088	7731	15664	434	13418	34
通化市	49039	6580	42459	25304	7449	880	15405	1
白山市	37761	4247	33514	12610	15592	1802	7757	
松原市	76336	10001	66335	35295	2028	1399	37612	2
白城市	57583	4319	53264	15006	17863	2310	22402	2
延边朝鲜族自治州	68716	8439	60277	46492	10474	989	10756	5
长白山管委会	2329	81	2248	1677	462	2	174	14
梅河口市	18322	2491	15831	9678	2109	684	5851	

9–3 续表 1

单位：户

地 区	住房内有无管道自来水		住房内有无厨房			住房内有无厕所	
	有	无	独立使用	与其他户合用	无	水冲式卫生厕所	水冲式非卫生厕所
全 省	**767335**	**90402**	**848633**	**3905**	**5199**	**564331**	**3088**
长春市	282534	31118	309523	1890	2239	220492	710
吉林市	116294	16963	132554	426	277	93234	862
四平市	59639	3822	62214	249	998	32427	111
辽源市	23816	13465	36925	95	261	22802	87
通化市	43434	5605	48674	171	194	31953	286
白山市	36567	1194	37586	78	97	27748	141
松原市	66434	9902	75938	278	120	36481	239
白城市	54338	3245	56811	285	487	29628	319
延边朝鲜族自治州	67253	1463	67922	365	429	55876	233
长白山管委会	2294	35	2322	1	6	2126	
梅河口市	14732	3590	18164	67	91	11564	100

9-3 续表 2

单位：户

地区	住房内有无厕所			住房内有无洗澡设施			
	卫生旱厕	普通旱厕	无	统一供热水	家庭自装热水器	其他	无
全省	**46001**	**235943**	**8374**	**8579**	**511168**	**6353**	**331637**
长春市	17917	72555	1978	3561	200149	2954	106988
吉林市	5094	33737	330	993	84149	153	47962
四平市	3860	26162	901	1122	28046	741	33552
辽源市	1946	12041	405	309	17236	485	19251
通化市	3124	12339	1337	98	30922	168	17851
白山市	1186	8529	157	144	24171	286	13160
松原市	5230	34079	307	811	34710	185	40630
白城市	2879	22399	2358	618	27306	943	28716
延边朝鲜族自治州	2920	9234	453	607	52629	419	15061
长白山管委会	11	179	13	3	1883	5	438
梅河口市	1834	4689	135	313	9967	14	8028

9-3a 各地区按住房设施状况分的家庭户户数(城市)

单位：户

地区	合计	住房所在建筑有无电梯		主要炊事燃料				
		有	无	燃气	电	煤炭	柴草	其他
全省	**383735**	**111518**	**272217**	**319724**	**56778**	**4424**	**2693**	**116**
长春市	148436	57369	91067	140421	5062	1548	1328	77
吉林市	71628	17884	53744	64468	6055	745	360	
四平市	21918	6804	15114	17728	3346	697	143	4
辽源市	16642	4889	11753	3485	13061	46	18	32
通化市	18247	3808	14439	15427	2453	182	185	
白山市	17449	3368	14081	7912	9045	349	143	
松原市	19558	5437	14121	19222	217	94	23	2
白城市	17186	2731	14455	6842	9611	465	268	
延边朝鲜族自治州	43058	7159	35899	35716	6919	203	219	1
长白山管委会								
梅河口市	9613	2069	7544	8503	1009	95	6	

9-3a　续表 1

单位：户

地　区	住房内有无管道自来水		住房内有无厨房			住房内有无厕所	
	有	无	独立使用	与其他户合用	无	水冲式卫生厕所	水冲式非卫生厕所
全　省	**377875**	**5860**	**381146**	**1373**	**1216**	**372629**	**689**
长春市	145578	2858	146950	722	764	143370	186
吉林市	71154	474	71374	208	46	69980	284
四平市	21589	329	21799	74	45	20811	15
辽源市	16423	219	16584	24	34	16585	5
通化市	18006	241	18231	8	8	17731	25
白山市	17168	281	17386	28	35	16854	12
松原市	19373	185	19503	30	25	19320	12
白城市	16390	796	17082	31	73	15999	102
延边朝鲜族自治州	42685	373	42694	227	137	42558	40
长白山管委会							
梅河口市	9509	104	9543	21	49	9421	8

9-3a　续表 2

单位：户

地　区	住房内有无厕所			住房内有无洗澡设施			
	卫生旱厕	普通旱厕	无	统一供热水	家庭自装热水器	其他	无
全　省	**987**	**7545**	**1885**	**5495**	**328451**	**1257**	**48532**
长春市	489	3362	1029	2313	129322	585	16216
吉林市	44	1123	197	717	61880	55	8976
四平市	119	892	81	858	16844	116	4100
辽源市	1	35	16	213	11418	99	4912
通化市	108	340	43	21	16302	13	1911
白山市	64	486	33	50	14187	146	3066
松原市	8	109	109	328	17326	20	1884
白城市	54	802	229	348	13461	104	3273
延边朝鲜族自治州	72	291	97	435	39665	118	2840
长白山管委会							
梅河口市	28	105	51	212	8046	1	1354

9-3b 各地区按住房设施状况分的家庭户户数(镇)

单位：户

地　区	合　计	住房所在建筑有无电梯		主要炊事燃料				
		有	无	燃气	电	煤炭	柴草	其他
全　省	**171930**	**45415**	**126515**	**121358**	**28864**	**4995**	**16624**	**89**
长春市	65101	29975	35126	57011	4152	869	3014	55
吉林市	16513	3199	13314	13702	1099	290	1422	
四平市	12359	1776	10583	7114	2801	812	1605	27
辽源市	6344	1031	5313	3318	1972	260	792	2
通化市	13077	2323	10754	7630	3743	260	1443	1
白山市	12820	874	11946	4279	6045	650	1846	
松原市	16903	3835	13068	12470	913	629	2891	
白城市	13909	1475	12434	6375	4738	798	1998	
延边朝鲜族自治州	11002	821	10181	7500	2347	168	987	
长白山管委会	2319	81	2238	1677	462	2	174	4
梅河口市	1583	25	1558	282	592	257	452	

9-3b 续表 1

单位：户

地　区	住房内有无管道自来水		住房内有无厨房			住房内有无厕所	
	有	无	独立使用	与其他户合用	无	水冲式卫生厕所	水冲式非卫生厕所
全　省	**164531**	**7399**	**170175**	**886**	**869**	**145475**	**599**
长春市	63013	2088	63951	711	439	60173	151
吉林市	15880	633	16441	37	35	14388	60
四平市	11900	459	12185	23	151	9239	31
辽源市	5312	1032	6303	4	37	5109	17
通化市	12456	621	13018	14	45	11056	80
白山市	12607	213	12781	23	16	9982	34
松原市	15497	1406	16845	32	26	12904	43
白城市	13458	451	13834	21	54	10427	125
延边朝鲜族自治州	10843	159	10933	14	55	9272	45
长白山管委会	2284	35	2312	1	6	2125	
梅河口市	1281	302	1572	6	5	800	13

9-3b 续表 2

单位：户

地 区	住房内有无厕所			住房内有无洗澡设施			
	卫生旱厕	普通旱厕	无	统 一 供热水	家庭自装 热水器	其他	无
全 省	**3542**	**20687**	**1627**	**2148**	**132272**	**741**	**36769**
长春市	1085	3432	260	936	55673	226	8266
吉林市	253	1757	55	158	12804	41	3510
四平市	373	2446	270	198	7653	204	4304
辽源市	105	986	127	88	4402	32	1822
通化市	407	1349	185	62	10253	32	2730
白山市	160	2574	70	89	8922	72	3737
松原市	353	3556	47	333	11965	19	4586
白城市	262	2698	397	174	9519	72	4144
延边朝鲜族自治州	235	1258	192	103	8693	38	2168
长白山管委会	11	179	4	3	1883	5	428
梅河口市	298	452	20	4	505		1074

9-3c 各地区按住房设施状况分的家庭户户数(乡村)

单位：户

地 区	合 计	住房所在建筑有无电梯		主要炊事燃料				
		有	无	燃气	电	煤炭	柴草	其他
全 省	**302072**	**9187**	**292885**	**43010**	**19140**	**8483**	**231389**	**50**
长春市	100115	4593	95522	16996	4755	2580	75779	5
吉林市	45116	1653	43463	10412	2530	797	31377	
四平市	29184	516	28668	2447	3341	1064	22303	29
辽源市	14295	273	14022	928	631	128	12608	
通化市	17715	449	17266	2247	1253	438	13777	
白山市	7492	5	7487	419	502	803	5768	
松原市	39875	729	39146	3603	898	676	34698	
白城市	26488	113	26375	1789	3514	1047	20136	2
延边朝鲜族自治州	14656	459	14197	3276	1208	618	9550	4
长白山管委会	10		10					10
梅河口市	7126	397	6729	893	508	332	5393	

9-3c 续表 1

单位：户

地　区	住房内有无管道自来水		住房内有无厨房			住房内有无厕所	
	有	无	独立使用	与其他户合用	无	水冲式卫生厕所	水冲式非卫生厕所
全　省	**224929**	**77143**	**297312**	**1646**	**3114**	**46227**	**1800**
长春市	73943	26172	98622	457	1036	16949	373
吉林市	29260	15856	44739	181	196	8866	518
四平市	26150	3034	28230	152	802	2377	65
辽源市	2081	12214	14038	67	190	1108	65
通化市	12972	4743	17425	149	141	3166	181
白山市	6792	700	7419	27	46	912	95
松原市	31564	8311	39590	216	69	4257	184
白城市	24490	1998	25895	233	360	3202	92
延边朝鲜族自治州	13725	931	14295	124	237	4046	148
长白山管委会	10		10			1	
梅河口市	3942	3184	7049	40	37	1343	79

9-3c 续表 2

单位：户

地　区	住房内有无厕所			住房内有无洗澡设施			
	卫生旱厕	普通旱厕	无	统　一供热水	家庭自装热水器	其他	无
全　省	**41472**	**207711**	**4862**	**936**	**50445**	**4355**	**246336**
长春市	16343	65761	689	312	15154	2143	82506
吉林市	4797	30857	78	118	9465	57	35476
四平市	3368	22824	550	66	3549	421	25148
辽源市	1840	11020	262	8	1416	354	12517
通化市	2609	10650	1109	15	4367	123	13210
白山市	962	5469	54	5	1062	68	6357
松原市	4869	30414	151	150	5419	146	34160
白城市	2563	18899	1732	96	4326	767	21299
延边朝鲜族自治州	2613	7685	164	69	4271	263	10053
长白山管委会			9				10
梅河口市	1508	4132	64	97	1416	13	5600

9-4　各地区按住房来源分的家庭户户数

单位：户

地　区	合　计	租赁廉租住房/公租房	租　赁其他住房	购买新建商品房	购　买二手房	购买原公有住房	购买经济适用房/两限房	自建住房	继承或赠　予	其　他
全　省	**857737**	**13372**	**70488**	**272180**	**149256**	**40981**	**27853**	**262970**	**7156**	**13481**
长春市	313652	5894	33491	98502	51112	18227	12454	86275	2334	5363
吉林市	133257	1713	10433	43438	26875	9538	3442	35558	1352	908
四平市	63461	797	3115	15479	8209	1749	1884	28513	821	2894
辽源市	37281	358	1730	13890	5252	734	984	13396	290	647
通化市	49039	669	2623	18474	8252	2084	578	15675	361	323
白山市	37761	829	2407	16241	7773	1765	399	7235	408	704
松原市	76336	526	5946	17034	11525	2513	2717	35438	434	203
白城市	57583	703	3884	13845	9712	1503	1840	24248	492	1356
延边朝鲜族自治州	68716	1650	5475	27741	17314	1973	2858	10188	538	979
长白山管委会	2329	91	273	1001	259	168	320	110	15	92
梅河口市	18322	142	1111	6535	2973	727	377	6334	111	12

9-4a　各地区按住房来源分的家庭户户数(城市)

单位：户

地　区	合　计	租赁廉租住房/公租房	租　赁其他住房	购买新建商品房	购　买二手房	购买原公有住房	购买经济适用房/两限房	自建住房	继承或赠　予	其　他
全　省	**383735**	**9514**	**45293**	**173930**	**90060**	**31583**	**16515**	**6366**	**3082**	**7392**
长春市	148436	4895	22226	59418	32593	15163	7086	2990	1095	2970
吉林市	71628	1435	8209	31531	18242	7850	2473	701	647	540
四平市	21918	504	1738	9621	4398	1326	1249	853	325	1904
辽源市	16642	224	1018	10805	3056	475	613	50	106	295
通化市	18247	231	1483	10286	3873	1474	395	291	131	83
白山市	17449	403	1292	10145	3708	853	144	352	188	364
松原市	19558	186	2389	8552	4480	2157	1583	98	95	18
白城市	17186	297	1786	6982	4945	830	783	740	185	638
延边朝鲜族自治州	43058	1222	4251	21136	12514	996	1887	214	259	579
长白山管委会										
梅河口市	9613	117	901	5454	2251	459	302	77	51	1

9-4b　各地区按住房来源分的家庭户户数(镇)

单位：户

地　区	合　计	租赁廉租住房/公租房	租　赁其他住房	购买新建商品房	购　买二手房	购买原公有住房	购买经济适用房/两限房	自建住房	继承或赠　予	其　他
全　省	**171930**	**2631**	**17751**	**78729**	**35751**	**6942**	**8944**	**17486**	**1232**	**2464**
长春市	65101	746	8530	31746	12411	2549	4039	3839	457	784
吉林市	16513	114	1111	7771	4076	1190	775	1236	136	104
四平市	12359	259	1095	4912	2321	311	604	2304	103	450
辽源市	6344	106	579	2522	1413	195	360	877	52	240
通化市	13077	255	859	6924	2724	337	146	1587	88	157
白山市	12820	245	960	5872	2986	686	248	1466	120	237
松原市	16903	243	2195	6939	3573	275	891	2619	79	89
白城市	13909	347	1522	5453	3167	465	682	1979	111	183
延边朝鲜族自治州	11002	217	554	5242	2559	568	826	854	54	128
长白山管委会	2319	91	273	1001	259	159	320	110	15	91
梅河口市	1583	8	73	347	262	207	53	615	17	1

9-4c　各地区按住房来源分的家庭户户数(乡村)

单位：户

地　区	合　计	租赁廉租住房/公租房	租　赁其他住房	购买新建商品房	购　买二手房	购买原公有住房	购买经济适用房/两限房	自建住房	继承或赠　予	其　他
全　省	**302072**	**1227**	**7444**	**19521**	**23445**	**2456**	**2394**	**239118**	**2842**	**3625**
长春市	100115	253	2735	7338	6108	515	1329	79446	782	1609
吉林市	45116	164	1113	4136	4557	498	194	33621	569	264
四平市	29184	34	282	946	1490	112	31	25356	393	540
辽源市	14295	28	133	563	783	64	11	12469	132	112
通化市	17715	183	281	1264	1655	273	37	13797	142	83
白山市	7492	181	155	224	1079	226	7	5417	100	103
松原市	39875	97	1362	1543	3472	81	243	32721	260	96
白城市	26488	59	576	1410	1600	208	375	21529	196	535
延边朝鲜族自治州	14656	211	670	1363	2241	409	145	9120	225	272
长白山管委会	10					9				1
梅河口市	7126	17	137	734	460	61	22	5642	43	10

9-5 各地区按月租房费用分的家庭户户数

单位：户

地 区	合 计	200元以下	200-499元	500-999元	1000-1999元
全 省	**83860**	**15534**	**13155**	**28386**	**22598**
长春市	39385	4667	4999	9312	17331
吉林市	12146	2941	2007	5300	1740
四平市	3912	909	685	1721	382
辽源市	2088	505	643	780	98
通化市	3292	907	531	1410	390
白山市	3236	1106	721	1123	220
松原市	6472	1039	1144	3274	864
白城市	4587	1137	932	1997	389
延边朝鲜族自治州	7125	2040	1251	2849	815
长白山管委会	364	72	68	147	54
梅河口市	1253	211	174	473	315

9-5 续表

单位：户

地 区	2000-2999元	3000-3999元	4000-5999元	6000-7999元	8000-9999元	10000元及以上
全 省	**2917**	**595**	**279**	**168**	**109**	**119**
长春市	2397	425	131	55	31	37
吉林市	147	7	4			
四平市	68	42	43	33	13	16
辽源市	10	8	14	15	9	6
通化市	19	9	8	10	3	5
白山市	40	8	10	1	2	5
松原市	42	22	13	13	26	35
白城市	79	22	15	5	6	5
延边朝鲜族自治州	68	24	27	29	15	7
长白山管委会	6	4	4	4	2	3
梅河口市	41	24	10	3	2	

9-5a 各地区按月租房费用分的家庭户户数(城市)

单位：户

地区	合计	200元以下	200-499元	500-999元	1000-1999元
全省	**54807**	**8273**	**8277**	**19448**	**16294**
长春市	27121	3218	3588	5978	12498
吉林市	9644	2099	1478	4530	1430
四平市	2242	414	354	1074	272
辽源市	1242	223	493	452	40
通化市	1714	270	279	900	252
白山市	1695	412	375	789	85
松原市	2575	157	210	1674	456
白城市	2083	235	450	1141	192
延边朝鲜族自治州	5473	1151	922	2471	781
长白山管委会					
梅河口市	1018	94	128	439	288

9-5a 续表

单位：户

地区	2000-2999元	3000-3999元	4000-5999元	6000-7999元	8000-9999元	10000元及以上
全省	**1748**	**366**	**175**	**94**	**68**	**64**
长春市	1427	254	91	33	17	17
吉林市	99	5	3			
四平市	49	26	28	10	7	8
辽源市	3	3	9	9	5	5
通化市	7	4	1			1
白山市	20	7	5	1		1
松原市	13	7	5	10	20	23
白城市	39	15	4	3	2	2
延边朝鲜族自治州	58	22	21	25	15	7
长白山管委会						
梅河口市	33	23	8	3	2	

9–5b　各地区按月租房费用分的家庭户户数(镇)

单位：户

地　　区	合　计	200元以下	200–499元	500–999元	1000–1999元
全　省	**20382**	**3600**	**3320**	**6816**	**5296**
长春市	9276	666	852	2494	4248
吉林市	1225	256	379	397	161
四平市	1354	386	263	546	83
辽源市	685	197	137	287	39
通化市	1114	325	165	473	114
白山市	1205	415	320	316	126
松原市	2438	354	580	1160	288
白城市	1869	601	357	709	157
延边朝鲜族自治州	771	306	170	268	17
长白山管委会	364	72	68	147	54
梅河口市	81	22	29	19	9

9–5b　续表

单位：户

地　　区	2000–2999元	3000–3999元	4000–5999元	6000–7999元	8000–9999元	10000元及以上
全　省	**944**	**176**	**80**	**66**	**37**	**47**
长春市	804	132	33	20	11	16
吉林市	32					
四平市	13	13	15	22	6	7
辽源市	5	5	4	6	4	1
通化市	10	4	6	10	3	4
白山市	17	1	4		2	4
松原市	20	14	3	2	6	11
白城市	31	2	7	1	3	1
延边朝鲜族自治州	4	1	4	1		
长白山管委会	6	4	4	4	2	3
梅河口市	2					

9—5c 各地区按月租房费用分的家庭户户数(乡村)

单位：户

地　区	合　计	200元以下	200—499元	500—999元	1000—1999元
全　省	**8671**	**3661**	**1558**	**2122**	**1008**
长春市	2988	783	559	840	585
吉林市	1277	586	150	373	149
四平市	316	109	68	101	27
辽源市	161	85	13	41	19
通化市	464	312	87	37	24
白山市	336	279	26	18	9
松原市	1459	528	354	440	120
白城市	635	301	125	147	40
延边朝鲜族自治州	881	583	159	110	17
长白山管委会					
梅河口市	154	95	17	15	18

9—5c 续表

单位：户

地　区	2000—2999元	3000—3999元	4000—5999元	6000—7999元	8000—9999元	10000元及以上
全　省	**225**	**53**	**24**	**8**	**4**	**8**
长春市	166	39	7	2	3	4
吉林市	16	2	1			
四平市	6	3		1		1
辽源市	2		1			
通化市	2	1	1			
白山市	3		1			
松原市	9	1	5	1		1
白城市	9	5	4	1	1	2
延边朝鲜族自治州	6	1	2	3		
长白山管委会						
梅河口市	6	1	2			

9−6 各地区按住房来源分的同时拥有厨房和厕所的家庭户户数

单位：户

地区	合计	租赁廉租住房/公租房	租赁其他住房	购买新建商品房	购买二手房	购买原公有住房	购买经济适用房/两限房	自建住房	继承或赠予	其他
全省	**844551**	**13300**	**68028**	**271996**	**147789**	**40334**	**27795**	**255253**	**6944**	**13112**
长春市	309604	5872	32125	98423	50863	18094	12434	84261	2274	5258
吉林市	132654	1708	10294	43432	26781	9434	3438	35325	1341	901
四平市	61614	793	2989	15460	8038	1681	1876	27158	785	2834
辽源市	36642	355	1664	13883	5184	712	980	12952	282	630
通化市	47542	664	2575	18464	8105	2019	578	14478	349	310
白山市	37510	829	2353	16237	7733	1739	399	7134	401	685
松原市	75917	523	5798	17029	11460	2490	2714	35283	425	195
白城市	54805	688	3645	13826	9341	1374	1825	22423	436	1247
延边朝鲜族自治州	67851	1638	5269	27715	17076	1920	2854	9903	526	950
长白山管委会	2311	91	271	999	259	158	320	108	15	90
梅河口市	18101	139	1045	6528	2949	713	377	6228	110	12

9−6a 各地区按住房来源分的同时拥有厨房和厕所的家庭户户数(城市)

单位：户

地区	合计	租赁廉租住房/公租房	租赁其他住房	购买新建商品房	购买二手房	购买原公有住房	购买经济适用房/两限房	自建住房	继承或赠予	其他
全省	**380818**	**9491**	**43955**	**173813**	**89726**	**31352**	**16499**	**5612**	**3044**	**7326**
长春市	146783	4884	21372	59358	32485	15064	7079	2523	1079	2939
吉林市	71387	1435	8094	31525	18209	7814	2469	656	646	539
四平市	21794	504	1707	9617	4385	1287	1247	830	320	1897
辽源市	16595	224	1000	10801	3054	474	613	37	106	286
通化市	18197	231	1470	10285	3862	1459	395	284	128	83
白山市	17383	403	1266	10141	3696	849	144	335	188	361
松原市	19431	186	2316	8549	4471	2150	1583	64	94	18
白城市	16898	296	1739	6977	4853	818	783	631	175	626
延边朝鲜族自治州	42832	1214	4143	21113	12467	990	1884	188	257	576
长白山管委会										
梅河口市	9518	114	848	5447	2244	447	302	64	51	1

9-6b 各地区按住房来源分的同时拥有厨房和厕所的家庭户户数(镇)

单位：户

地　区	合　计	租赁廉租住房/公租房	租　赁其他住房	购买新建商品房	购　买二手房	购买原公有住房	购买经济适用房/两限房	自建住房	继承或赠　予	其　他
全　省	**169517**	**2596**	**16984**	**78670**	**35210**	**6735**	**8917**	**16857**	**1167**	**2381**
长春市	64414	737	8118	31729	12331	2526	4027	3755	433	758
吉林市	16423	109	1099	7771	4052	1150	775	1230	136	101
四平市	11963	256	1012	4898	2231	284	598	2155	99	430
辽源市	6193	103	535	2520	1378	176	356	840	49	236
通化市	12862	254	837	6916	2683	329	146	1456	86	155
白山市	12735	245	940	5872	2971	673	248	1444	116	226
松原市	16830	241	2172	6937	3556	264	890	2606	75	89
白城市	13466	336	1404	5442	3057	432	679	1857	90	169
延边朝鲜族自治州	10763	216	525	5239	2430	537	825	813	52	126
长白山管委会	2310	91	271	999	259	157	320	108	15	90
梅河口市	1558	8	71	347	262	207	53	593	16	1

9-6c 各地区按住房来源分的同时拥有厨房和厕所的家庭户户数(乡村)

单位：户

地　区	合　计	租赁廉租住房/公租房	租　赁其他住房	购买新建商品房	购　买二手房	购买原公有住房	购买经济适用房/两限房	自建住房	继承或赠　予	其　他
全　省	**294216**	**1213**	**7089**	**19513**	**22853**	**2247**	**2379**	**232784**	**2733**	**3405**
长春市	98407	251	2635	7336	6047	504	1328	77983	762	1561
吉林市	44844	164	1101	4136	4520	470	194	33439	559	261
四平市	27857	33	270	945	1422	110	31	24173	366	507
辽源市	13854	28	129	562	752	62	11	12075	127	108
通化市	16483	179	268	1263	1560	231	37	12738	135	72
白山市	7392	181	147	224	1066	217	7	5355	97	98
松原市	39656	96	1310	1543	3433	76	241	32613	256	88
白城市	24441	56	502	1407	1431	124	363	19935	171	452
延边朝鲜族自治州	14256	208	601	1363	2179	393	145	8902	217	248
长白山管委会	1					1				
梅河口市	7025	17	126	734	443	59	22	5571	43	10

9-7　全省按户主的受教育程度、住房来源分的家庭户户数

单位：户

受教育程度	合　计	租赁廉租住房/公租房	租　　赁其他住房	购买新建商品房	购　买二手房	购买原公有住房	购买经济适用房/两限房	自建住房	继承或赠　予	其　他
总　计	**839914**	**13285**	**69714**	**269304**	**146882**	**39972**	**27562**	**252958**	**6943**	**13294**
未上过学	9175	284	515	1224	994	424	254	5012	174	294
学前教育	199		8	32	30	14	4	102	5	4
小　学	164013	1927	8494	18410	17166	3856	3485	106422	1499	2754
初　中	346232	6601	30038	89421	59738	14400	12812	124293	3087	5842
高　中	159562	3084	14155	68477	35374	13200	6813	14241	1395	2823
大学专科	77424	786	8098	41628	16768	4199	2354	2313	440	838
大学本科	75438	530	7638	45413	15104	3485	1750	562	317	639
硕士研究生	6851	66	673	4130	1481	294	84	9	22	92
博士研究生	1020	7	95	569	227	100	6	4	4	8

9-7a　全省按户主的受教育程度、住房来源分的家庭户户数(城市)

单位：户

受教育程度	合　计	租赁廉租住房/公租房	租　　赁其他住房	购买新建商品房	购　买二手房	购买原公有住房	购买经济适用房/两限房	自建住房	继承或赠　予	其　他
总　计	**378734**	**9466**	**44778**	**172062**	**88763**	**30761**	**16313**	**6273**	**3021**	**7297**
未上过学	2136	187	274	674	347	287	130	102	41	94
学前教育	48		4	16	17	7	2	1		1
小　学	29498	1205	4500	10456	6361	2523	1715	1598	294	846
初　中	136283	4655	18205	55111	33101	10362	7061	3577	1127	3084
高　中	104546	2417	10163	47374	25191	10885	4650	803	978	2085
大学专科	50960	587	5718	26787	11888	3437	1500	118	313	612
大学本科	50348	362	5404	28894	10711	2961	1188	74	245	509
硕士研究生	4280	47	451	2416	993	231	62		19	61
博士研究生	635	6	59	334	154	68	5		4	5

9-7b 全省按户主的受教育程度、住房来源分的家庭户户数(镇)

单位：户

受教育程度	合　计	租赁廉租住房/公租房	租　赁其他住房	购买新建商品房	购　买二手房	购买原公有住房	购买经济适用房/两限房	自建住房	继承或赠　予	其　他
总　计	**169879**	**2600**	**17567**	**77917**	**35362**	**6822**	**8873**	**17072**	**1222**	**2444**
未上过学	1547	50	140	463	281	98	96	344	27	48
学前教育	36		3	12	7	3	2	7	2	
小　学	20292	427	2269	5791	3958	850	1310	5023	205	459
初　中	68748	1306	7861	25941	15043	2796	4576	9439	588	1198
高　中	34666	495	3114	17213	7724	1883	1731	1779	253	474
大学专科	20747	161	2022	12549	4056	663	683	372	87	154
大学本科	21306	145	1939	14249	3800	457	454	107	59	96
硕士研究生	2201	15	188	1489	429	45	20	1	1	13
博士研究生	336	1	31	210	64	27	1			2

9-7c 全省按户主的受教育程度、住房来源分的家庭户户数(乡村)

单位：户

受教育程度	合　计	租赁廉租住房/公租房	租　赁其他住房	购买新建商品房	购　买二手房	购买原公有住房	购买经济适用房/两限房	自建住房	继承或赠　予	其　他
总　计	**291301**	**1219**	**7369**	**19325**	**22757**	**2389**	**2376**	**229613**	**2700**	**3553**
未上过学	5492	47	101	87	366	39	28	4566	106	152
学前教育	115		1	4	6	4		94	3	3
小　学	114223	295	1725	2163	6847	483	460	99801	1000	1449
初　中	141201	640	3972	8369	11594	1242	1175	111277	1372	1560
高　中	20350	172	878	3890	2459	432	432	11659	164	264
大学专科	5717	38	358	2292	824	99	171	1823	40	72
大学本科	3784	23	295	2270	593	67	108	381	13	34
硕士研究生	370	4	34	225	59	18	2	8	2	18
博士研究生	49		5	25	9	5		4		1

9–8　全省按户主的受教育程度、月租房费用分的家庭户户数

单位：户

受教育程度	合　计	200元以下	200–499元	500–999元	1000–1999元
总　计	**82999**	**15393**	**13076**	**28093**	**22321**
未上过学	799	405	136	184	65
学前教育	8	1	1	2	3
小　学	10421	3410	2217	3266	1340
初　中	36639	8176	7033	13159	7076
高　中	17239	2681	2558	6158	4988
大学专科	8884	449	662	2850	4211
大学本科	8168	244	441	2304	4206
硕士研究生	739	24	26	157	382
博士研究生	102	3	2	13	50

9–8　续表

单位：户

受教育程度	2000–2999元	3000–3999元	4000–5999元	6000–7999元	8000–9999元	10000元及以上
总　计	**2867**	**584**	**277**	**166**	**104**	**118**
未上过学	8	1				
学前教育	1					
小　学	103	33	20	11	11	10
初　中	691	182	125	89	54	54
高　中	583	131	58	30	23	29
大学专科	558	88	29	17	6	14
大学本科	771	131	32	18	10	11
硕士研究生	124	16	10			
博士研究生	28	2	3	1		

9–8a 全省按户主的受教育程度、月租房费用分的家庭户户数(城市)

单位：户

受教育程度	合 计	200元以下	200–499元	500–999元	1000–1999元
总 计	**54244**	**8200**	**8232**	**19259**	**16080**
未上过学	461	206	78	123	49
学前教育	4			2	1
小 学	5705	1398	1225	2101	892
初 中	22860	4308	4261	8763	4855
高 中	12580	1819	1873	4509	3835
大学专科	6305	306	464	1997	3085
大学本科	5766	149	311	1637	3070
硕士研究生	498	11	19	118	260
博士研究生	65	3	1	9	33

9–8a 续表

单位：户

受教育程度	2000–2999元	3000–3999元	4000–5999元	6000–7999元	8000–9999元	10000元及以上
总 计	**1716**	**360**	**174**	**94**	**65**	**64**
未上过学	5					
学前教育	1					
小 学	51	13	6	8	7	4
初 中	383	114	72	47	32	25
高 中	364	86	44	17	17	16
大学专科	350	55	20	13	5	10
大学本科	473	83	22	8	4	9
硕士研究生	74	8	8			
博士研究生	15	1	2	1		

9-8b　全省按户主的受教育程度、月租房费用分的家庭户户数(镇)

单位：户

受教育程度	合　计	200元以下	200-499元	500-999元	1000-1999元
总　计	**20167**	**3557**	**3298**	**6741**	**5245**
未上过学	190	87	36	49	14
学前教育	3	1			2
小　学	2696	821	620	849	335
初　中	9167	1942	1866	3237	1736
高　中	3609	533	509	1313	1001
大学专科	2183	94	154	704	1009
大学本科	2084	69	107	551	1031
硕士研究生	203	10	6	34	104
博士研究生	32			4	13

9-8b　续表

单位：户

受教育程度	2000-2999元	3000-3999元	4000-5999元	6000-7999元	8000-9999元	10000元及以上
总　计	**928**	**174**	**79**	**64**	**35**	**46**
未上过学	3	1				
学前教育						
小　学	37	14	9	3	3	5
初　中	223	41	39	38	20	25
高　中	173	39	14	10	5	12
大学专科	182	29	5	3	1	2
大学本科	258	41	9	10	6	2
硕士研究生	39	8	2			
博士研究生	13	1	1			

9-8c 全省按户主的受教育程度、月租房费用分的家庭户户数(乡村)

单位：户

受教育程度	合 计	200元以下	200-499元	500-999元	1000-1999元
总 计	**8588**	**3636**	**1546**	**2093**	**996**
未上过学	148	112	22	12	2
学前教育	1		1		
小 学	2020	1191	372	316	113
初 中	4612	1926	906	1159	485
高 中	1050	329	176	336	152
大学专科	396	49	44	149	117
大学本科	318	26	23	116	105
硕士研究生	38	3	1	5	18
博士研究生	5		1		4

9-8c 续表

单位：户

受教育程度	2000-2999元	3000-3999元	4000-5999元	6000-7999元	8000-9999元	10000元及以上
总 计	**223**	**50**	**24**	**8**	**4**	**8**
未上过学						
学前教育						
小 学	15	6	5		1	1
初 中	85	27	14	4	2	4
高 中	46	6		3	1	1
大学专科	26	4	4	1		2
大学本科	40	7	1			
硕士研究生	11					
博士研究生						

9–9　全省按户主的职业、住房来源分的家庭户户数

单位：户

职业大类	合　计	租赁廉租住房/公租房	租　赁其他住房	购买新建商品房	购　买二手房
总　计	**504041**	**4389**	**45421**	**158022**	**88567**
党的机关、国家机关、群众团体和社会组织、企事业单位负责人	9638	60	872	5714	1912
专业技术人员	48932	390	5538	26246	10842
办事人员和有关人员	45334	463	3369	27119	8850
社会生产服务和生活服务人员	150375	2271	23996	61374	37157
农、林、牧、渔业生产及辅助人员	181400	391	3762	9953	13925
生产制造及有关人员	68184	809	7871	27515	15855
不便分类的其他从业人员	178	5	13	101	26

9–9　续表

单位：户

职业大类	购买原公有住房	购买经济适用房/两限房	自建住房	继承或赠　予	其　他
总　计	**12661**	**12611**	**173629**	**3443**	**5298**
党的机关、国家机关、群众团体和社会组织、企事业单位负责人	200	226	541	26	87
专业技术人员	1781	1312	2151	212	460
办事人员和有关人员	1903	1416	1349	273	592
社会生产服务和生活服务人员	4945	5678	11792	983	2179
农、林、牧、渔业生产及辅助人员	1011	1174	148782	1423	979
生产制造及有关人员	2817	2800	8996	525	996
不便分类的其他从业人员	4	5	18	1	5

9-9a 全省按户主的职业、住房来源分的家庭户户数(城市)

单位：户

职业大类	合计	租赁廉租住房/公租房	租赁其他住房	购买新建商品房	购买二手房
总计	**205191**	**2917**	**29136**	**97538**	**52534**
党的机关、国家机关、群众团体和社会组织、企事业单位负责人	5671	35	531	3491	1213
专业技术人员	30254	282	3805	16061	7386
办事人员和有关人员	28845	296	2360	17102	6073
社会生产服务和生活服务人员	93073	1651	16366	39502	25404
农、林、牧、渔业生产及辅助人员	10075	136	1299	4354	2609
生产制造及有关人员	37158	512	4766	16954	9832
不便分类的其他从业人员	115	5	9	74	17

9-9a 续表

单位：户

职业大类	购买原公有住房	购买经济适用房/两限房	自建住房	继承或赠予	其他
总计	**9265**	**6878**	**2981**	**1193**	**2749**
党的机关、国家机关、群众团体和社会组织、企事业单位负责人	157	132	35	22	55
专业技术人员	1421	787	77	144	291
办事人员和有关人员	1526	826	101	184	377
社会生产服务和生活服务人员	3894	3150	1143	564	1399
农、林、牧、渔业生产及辅助人员	126	438	1013	38	62
生产制造及有关人员	2137	1542	612	241	562
不便分类的其他从业人员	4	3			3

9-9b　全省按户主的职业、住房来源分的家庭户户数(镇)

单位：户

职业大类	合　计	租赁廉租住房/公租房	租　赁其他住房	购买新建商品房	购　买二手房
总　计	**100212**	**972**	**11539**	**48422**	**21215**
党的机关、国家机关、群众团体和社会组织、企事业单位负责人	3035	21	279	1936	580
专业技术人员	13965	81	1439	8560	2741
办事人员和有关人员	13157	139	824	8545	2361
社会生产服务和生活服务人员	37140	450	5515	17136	8500
农、林、牧、渔业生产及辅助人员	14891	97	1238	3838	2801
生产制造及有关人员	17988	184	2240	8382	4229
不便分类的其他从业人员	36		4	25	3

9-9b　续表

单位：户

职业大类	购买原公有住房	购买经济适用房/两限房	自建住房	继承或赠　予	其　他
总　计	**2247**	**4480**	**9784**	**557**	**996**
党的机关、国家机关、群众团体和社会组织、企事业单位负责人	38	75	81	3	22
专业技术人员	298	403	290	45	108
办事人员和有关人员	318	496	297	60	117
社会生产服务和生活服务人员	811	2008	2061	224	435
农、林、牧、渔业生产及辅助人员	224	505	5971	100	117
生产制造及有关人员	558	991	1083	125	196
不便分类的其他从业人员		2	1		1

9-9c 全省按户主的职业、住房来源分的家庭户户数(乡村)

单位：户

职业大类	合　计	租赁廉租住房/公租房	租　赁其他住房	购买新建商品房	购　买二手房
总　计	**198638**	**500**	**4746**	**12062**	**14818**
党的机关、国家机关、群众团体和社会组织、企事业单位负责人	932	4	62	287	119
专业技术人员	4713	27	294	1625	715
办事人员和有关人员	3332	28	185	1472	416
社会生产服务和生活服务人员	20162	170	2115	4736	3253
农、林、牧、渔业生产及辅助人员	156434	158	1225	1761	8515
生产制造及有关人员	13038	113	865	2179	1794
不便分类的其他从业人员	27			2	6

9-9c 续表

单位：户

职业大类	购买原公有住房	购买经济适用房/两限房	自建住房	继承或赠　予	其　他
总　计	**1149**	**1253**	**160864**	**1693**	**1553**
党的机关、国家机关、群众团体和社会组织、企事业单位负责人	5	19	425	1	10
专业技术人员	62	122	1784	23	61
办事人员和有关人员	59	94	951	29	98
社会生产服务和生活服务人员	240	520	8588	195	345
农、林、牧、渔业生产及辅助人员	661	231	141798	1285	800
生产制造及有关人员	122	267	7301	159	238
不便分类的其他从业人员			17	1	1

9-10　全省按户主的职业、月租房费用分的家庭户户数

单位：户

职业大类	合　计	200元以下	200-499元	500-999元	1000-1999元
总　计	**49810**	**5586**	**7161**	**17879**	**16071**
党的机关、国家机关、群众团体和社会组织、企事业单位负责人	932	37	56	270	402
专业技术人员	5928	227	437	2006	2728
办事人员和有关人员	3832	282	403	1231	1568
社会生产服务和生活服务人员	26267	2481	3700	9410	8928
农、林、牧、渔业生产及辅助人员	4153	1227	898	1657	306
生产制造及有关人员	8680	1331	1667	3298	2130
不便分类的其他从业人员	18	1		7	9

9-10　续表

单位：户

职业大类	2000-2999元	3000-3999元	4000-5999元	6000-7999元	8000-9999元	10000元及以上
总　计	**2152**	**473**	**212**	**111**	**70**	**95**
党的机关、国家机关、群众团体和社会组织、企事业单位负责人	119	28	11	1	3	5
专业技术人员	432	51	22	13	6	6
办事人员和有关人员	270	46	13	6	3	10
社会生产服务和生活服务人员	1154	289	143	64	38	60
农、林、牧、渔业生产及辅助人员	16	18	11	6	7	7
生产制造及有关人员	160	41	12	21	13	7
不便分类的其他从业人员	1					

9-10a 全省按户主的职业、月租房费用分的家庭户户数(城市)

单位：户

职业大类	合 计	200元以下	200-499元	500-999元	1000-1999元
总 计	**32053**	**2401**	**4243**	**12126**	**11415**
党的机关、国家机关、群众团体和社会组织、企事业单位负责人	566	14	33	186	249
专业技术人员	4087	128	286	1372	1966
办事人员和有关人员	2656	148	271	845	1172
社会生产服务和生活服务人员	18017	1305	2362	6707	6560
农、林、牧、渔业生产及辅助人员	1435	146	254	863	161
生产制造及有关人员	5278	660	1037	2147	1300
不便分类的其他从业人员	14			6	7

9-10a 续表

单位：户

职业大类	2000-2999元	3000-3999元	4000-5999元	6000-7999元	8000-9999元	10000元及以上
总 计	**1286**	**295**	**130**	**63**	**45**	**49**
党的机关、国家机关、群众团体和社会组织、企事业单位负责人	56	17	6		1	4
专业技术人员	264	34	18	8	6	5
办事人员和有关人员	173	27	7	4	1	8
社会生产服务和生活服务人员	714	193	92	37	22	25
农、林、牧、渔业生产及辅助人员	4	1	1		3	2
生产制造及有关人员	74	23	6	14	12	5
不便分类的其他从业人员	1					

9-10b 全省按户主的职业、月租房费用分的家庭户户数(镇)

单位：户

职业大类	合 计	200元以下	200-499元	500-999元	1000-1999元
总 计	**12511**	**1368**	**1886**	**4364**	**3907**
党的机关、国家机关、群众团体和社会组织、企事业单位负责人	300	15	18	64	132
专业技术人员	1520	58	111	507	674
办事人员和有关人员	963	97	108	321	339
社会生产服务和生活服务人员	5965	582	863	2047	1948
农、林、牧、渔业生产及辅助人员	1335	350	362	510	86
生产制造及有关人员	2424	265	424	914	726
不便分类的其他从业人员	4	1		1	2

9-10b 续表

单位：户

职业大类	2000-2999元	3000-3999元	4000-5999元	6000-7999元	8000-9999元	10000元及以上
总 计	**690**	**135**	**61**	**40**	**22**	**38**
党的机关、国家机关、群众团体和社会组织、企事业单位负责人	56	9	4	1	1	
专业技术人员	143	17	4	5		1
办事人员和有关人员	72	16	4	2	2	2
社会生产服务和生活服务人员	343	77	38	24	14	29
农、林、牧、渔业生产及辅助人员	6	3	8	2	4	4
生产制造及有关人员	70	13	3	6	1	2
不便分类的其他从业人员						

9－10c　全省按户主的职业、月租房费用分的家庭户户数(乡村)

单位：户

职业大类	合　计	200元以下	200－499元	500－999元	1000－1999元
总　计	**5246**	**1817**	**1032**	**1389**	**749**
党的机关、国家机关、群众团体和社会组织、企事业单位负责人	66	8	5	20	21
专业技术人员	321	41	40	127	88
办事人员和有关人员	213	37	24	65	57
社会生产服务和生活服务人员	2285	594	475	656	420
农、林、牧、渔业生产及辅助人员	1383	731	282	284	59
生产制造及有关人员	978	406	206	237	104
不便分类的其他从业人员					

9－10c　续表

单位：户

职业大类	2000－2999元	3000－3999元	4000－5999元	6000－7999元	8000－9999元	10000元及以上
总　计	**176**	**43**	**21**	**8**	**3**	**8**
党的机关、国家机关、群众团体和社会组织、企事业单位负责人	7	2	1		1	1
专业技术人员	25					
办事人员和有关人员	25	3	2			
社会生产服务和生活服务人员	97	19	13	3	2	6
农、林、牧、渔业生产及辅助人员	6	14	2	4		1
生产制造及有关人员	16	5	3	1		
不便分类的其他从业人员						

9-11 全省按户主的职业分的家庭户住房状况

职业大类	户 数（户）	人 数（人）	平均每户住房间数（间/户）	人均住房建筑面积（平方米/人）	人均住房间 数（间/人）
总 计	**504041**	**1317852**	**2.25**	**31.91**	**0.86**
党的机关、国家机关、群众团体和社会组织、企事业单位负责人	9638	25523	2.36	39.50	0.89
专业技术人员	48932	119317	2.19	37.05	0.90
办事人员和有关人员	45334	113223	2.23	37.71	0.89
社会生产服务和生活服务人员	150375	376693	2.06	31.74	0.82
农、林、牧、渔业生产及辅助人员	181400	503857	2.49	29.92	0.90
生产制造及有关人员	68184	178804	2.09	29.66	0.80
不便分类的其他从业人员	178	435	2.12	34.62	0.87

9-11a 全省按户主的职业分的家庭户住房状况(城市)

职业大类	户 数（户）	人 数（人）	平均每户住房间数（间/户）	人均住房建筑面积（平方米/人）	人均住房间 数（间/人）
总 计	**205191**	**514621**	**2.06**	**32.58**	**0.82**
党的机关、国家机关、群众团体和社会组织、企事业单位负责人	5671	15025	2.31	39.04	0.87
专业技术人员	30254	73559	2.15	36.62	0.88
办事人员和有关人员	28845	71739	2.20	37.39	0.88
社会生产服务和生活服务人员	93073	229634	2.00	31.27	0.81
农、林、牧、渔业生产及辅助人员	10075	27479	2.05	28.63	0.75
生产制造及有关人员	37158	96897	2.00	29.18	0.77
不便分类的其他从业人员	115	288	2.03	33.25	0.81

9—11b 全省按户主的职业分的家庭户住房状况(镇)

职业大类	户数（户）	人数（人）	平均每户住房间数（间/户）	人均住房建筑面积（平方米/人）	人均住房间数（间/人）
总计	**100212**	**258525**	**2.16**	**33.08**	**0.84**
党的机关、国家机关、群众团体和社会组织、企事业单位负责人	3035	8085	2.41	39.73	0.90
专业技术人员	13965	34309	2.22	37.91	0.90
办事人员和有关人员	13157	33320	2.26	37.97	0.89
社会生产服务和生活服务人员	37140	95263	2.09	32.17	0.82
农、林、牧、渔业生产及辅助人员	14891	40385	2.26	29.33	0.83
生产制造及有关人员	17988	47078	2.08	29.99	0.80
不便分类的其他从业人员	36	85	2.28	40.31	0.96

9—11c 全省按户主的职业分的家庭户住房状况(乡村)

职业大类	户数（户）	人数（人）	平均每户住房间数（间/户）	人均住房建筑面积（平方米/人）	人均住房间数（间/人）
总计	**198638**	**544706**	**2.50**	**30.71**	**0.91**
党的机关、国家机关、群众团体和社会组织、企事业单位负责人	932	2413	2.55	41.66	0.99
专业技术人员	4713	11449	2.35	37.27	0.97
办事人员和有关人员	3332	8164	2.35	39.40	0.96
社会生产服务和生活服务人员	20162	51796	2.29	33.05	0.89
农、林、牧、渔业生产及辅助人员	156434	435993	2.54	30.05	0.91
生产制造及有关人员	13038	34829	2.34	30.55	0.88
不便分类的其他从业人员	27	62	2.26	33.18	0.98

9-12　全省按户主的职业、人均住房建筑面积分的家庭户户数

单位：户

职业大类	合　计	人均住房建筑面积(平方米)			
		8及以下	9-12	13-16	17-19
总　计	**504041**	**1147**	**8664**	**29517**	**29719**
党的机关、国家机关、群众团体和社会组织、企事业单位负责人	9638	10	56	303	351
专业技术人员	48932	35	352	1453	1944
办事人员和有关人员	45334	32	342	1234	1708
社会生产服务和生活服务人员	150375	427	2836	8735	10084
农、林、牧、渔业生产及辅助人员	181400	454	3672	13107	10398
生产制造及有关人员	68184	189	1403	4684	5229
不便分类的其他从业人员	178		3	1	5

9-12　续表

单位：户

职业大类	人均住房建筑面积(平方米)					
	20-29	30-39	40-49	50-59	60-69	70及以上
总　计	**144580**	**110919**	**78479**	**31578**	**23454**	**45984**
党的机关、国家机关、群众团体和社会组织、企事业单位负责人	2177	2090	1627	792	642	1590
专业技术人员	11681	10834	8815	4103	2863	6852
办事人员和有关人员	10747	10222	8304	4018	2729	5998
社会生产服务和生活服务人员	46124	30818	19958	9550	7004	14839
农、林、牧、渔业生产及辅助人员	50482	42671	31641	9525	7622	11828
生产制造及有关人员	23311	14239	8105	3578	2591	4855
不便分类的其他从业人员	58	45	29	12	3	22

9-12a 全省按户主的职业、人均住房建筑面积分的家庭户户数(城市)

单位：户

职业大类	合 计	人均住房建筑面积(平方米)			
		8及以下	9-12	13-16	17-19
总 计	**205191**	**410**	**3205**	**11031**	**13556**
党的机关、国家机关、群众团体和社会组织、企事业单位负责人	5671	5	27	194	241
专业技术人员	30254	19	241	997	1312
办事人员和有关人员	28845	22	216	803	1164
社会生产服务和生活服务人员	93073	254	1779	5550	6823
农、林、牧、渔业生产及辅助人员	10075	16	191	734	863
生产制造及有关人员	37158	94	748	2753	3149
不便分类的其他从业人员	115		3		4

9-12a 续表

单位：户

职业大类	人均住房建筑面积(平方米)					
	20-29	30-39	40-49	50-59	60-69	70及以上
总 计	**60686**	**42995**	**28247**	**14677**	**9967**	**20417**
党的机关、国家机关、群众团体和社会组织、企事业单位负责人	1286	1207	931	503	375	902
专业技术人员	7322	6635	5161	2688	1831	4048
办事人员和有关人员	6797	6536	5152	2692	1819	3644
社会生产服务和生活服务人员	28797	18841	11753	6281	4263	8732
农、林、牧、渔业生产及辅助人员	3600	2049	1146	455	339	682
生产制造及有关人员	12844	7698	4088	2049	1337	2398
不便分类的其他从业人员	40	29	16	9	3	11

9-12b 全省按户主的职业、人均住房建筑面积分的家庭户户数(镇)

单位：户

职业大类	合 计	人均住房建筑面积(平方米)			
		8及以下	9-12	13-16	17-19
总 计	**100212**	**233**	**1509**	**4884**	**5629**
党的机关、国家机关、群众团体和社会组织、企事业单位负责人	3035	2	20	78	86
专业技术人员	13965	11	72	314	467
办事人员和有关人员	13157	9	96	325	447
社会生产服务和生活服务人员	37140	99	652	2029	2267
农、林、牧、渔业生产及辅助人员	14891	64	320	1018	1022
生产制造及有关人员	17988	48	349	1119	1339
不便分类的其他从业人员	36			1	1

9-12b 续表

单位：户

职业大类	人均住房建筑面积(平方米)					
	20-29	30-39	40-49	50-59	60-69	70及以上
总 计	**30404**	**21306**	**15057**	**6034**	**4471**	**10685**
党的机关、国家机关、群众团体和社会组织、企事业单位负责人	719	681	527	219	192	511
专业技术人员	3340	3118	2692	1096	750	2105
办事人员和有关人员	3237	2957	2511	1068	692	1815
社会生产服务和生活服务人员	11759	7639	5146	2126	1610	3813
农、林、牧、渔业生产及辅助人员	4950	3190	2096	652	575	1004
生产制造及有关人员	6391	3712	2079	871	652	1428
不便分类的其他从业人员	8	9	6	2		9

9-12c 全省按户主的职业、人均住房建筑面积分的家庭户户数(乡村)

单位：户

职业大类	合 计	人均住房建筑面积(平方米)			
		8及以下	9-12	13-16	17-19
总 计	**198638**	**504**	**3950**	**13602**	**10534**
党的机关、国家机关、群众团体和社会组织、企事业单位负责人	932	3	9	31	24
专业技术人员	4713	5	39	142	165
办事人员和有关人员	3332	1	30	106	97
社会生产服务和生活服务人员	20162	74	405	1156	994
农、林、牧、渔业生产及辅助人员	156434	374	3161	11355	8513
生产制造及有关人员	13038	47	306	812	741
不便分类的其他从业人员	27				

9-12c 续表

单位：户

职业大类	人均住房建筑面积(平方米)					
	20-29	30-39	40-49	50-59	60-69	70及以上
总 计	**53490**	**46618**	**35175**	**10867**	**9016**	**14882**
党的机关、国家机关、群众团体和社会组织、企事业单位负责人	172	202	169	70	75	177
专业技术人员	1019	1081	962	319	282	699
办事人员和有关人员	713	729	641	258	218	539
社会生产服务和生活服务人员	5568	4338	3059	1143	1131	2294
农、林、牧、渔业生产及辅助人员	41932	37432	28399	8418	6708	10142
生产制造及有关人员	4076	2829	1938	658	602	1029
不便分类的其他从业人员	10	7	7	1		2

9–13 各地区按拥有全部家用汽车总价分的家庭户户数

单位：户

地 区	合 计	不 满 10万元	10万元以上，不满20万元	20万元以上，不满30万元	30万元以上，不满50万元	50万元以上，不满100万元	100万元及以上	没有汽车
全 省	**857737**	**162957**	**94519**	**21653**	**9903**	**3464**	**974**	**564267**
长春市	313652	59226	45364	11202	5618	2151	568	189523
吉林市	133257	23999	13169	2881	1277	438	135	91358
四平市	63461	12834	4907	1045	446	139	37	44053
辽源市	37281	7255	2699	493	182	56	16	26580
通化市	49039	7314	4036	918	352	88	37	36294
白山市	37761	5669	2689	612	205	68	15	28503
松原市	76336	19641	7181	1418	581	150	45	47320
白城市	57583	12229	4588	913	318	79	24	39432
延边朝鲜族自治州	68716	11321	7904	1766	788	256	77	46604
长白山管委会	2329	464	296	61	17	3	2	1486
梅河口市	18322	3005	1686	344	119	36	18	13114

9–13a 各地区按拥有全部家用汽车总价分的家庭户户数(城市)

单位：户

地 区	合 计	不 满 10万元	10万元以上，不满20万元	20万元以上，不满30万元	30万元以上，不满50万元	50万元以上，不满100万元	100万元及以上	没有汽车
全 省	**383735**	**64151**	**53986**	**13178**	**5971**	**2077**	**548**	**243824**
长春市	148436	24436	24970	6387	3134	1195	276	88038
吉林市	71628	11744	9019	2035	876	323	101	47530
四平市	21918	3550	2494	621	270	88	24	14871
辽源市	16642	2706	1504	293	102	31	11	11995
通化市	18247	2455	1925	508	222	37	16	13084
白山市	17449	2435	1476	374	127	44	9	12984
松原市	19558	4703	3335	794	299	75	13	10339
白城市	17186	3430	1771	396	158	34	12	11385
延边朝鲜族自治州	43058	7037	6261	1516	694	226	71	27253
长白山管委会								
梅河口市	9613	1655	1231	254	89	24	15	6345

9-13b　各地区按拥有全部家用汽车总价分的家庭户户数(镇)

单位：户

地　　区	合　计	不　满10万元	10万元以上，不满20万元	20万元以上，不满30万元	30万元以上，不满50万元	50万元以上，不满100万元	100万元及以上	没有汽车
全　省	**171930**	**33219**	**24807**	**6092**	**2882**	**1012**	**285**	**103633**
长春市	65101	12811	14005	3766	1951	762	224	31582
吉林市	16513	2938	1860	507	255	62	15	10876
四平市	12359	2626	1124	234	94	32	5	8244
辽源市	6344	1053	587	117	43	13	1	4530
通化市	13077	1929	1317	266	85	28	14	9438
白山市	12820	1961	1014	214	68	21	3	9539
松原市	16903	4625	2030	422	215	45	15	9551
白城市	13909	3116	1671	358	109	35	4	8616
延边朝鲜族自治州	11002	1510	840	136	40	10	2	8464
长白山管委会	2319	461	296	61	17	3	2	1479
梅河口市	1583	189	63	11	5	1		1314

9-13c　各地区按拥有全部家用汽车总价分的家庭户户数(乡村)

单位：户

地　　区	合　计	不　满10万元	10万元以上，不满20万元	20万元以上，不满30万元	30万元以上，不满50万元	50万元以上，不满100万元	100万元及以上	没有汽车
全　省	**302072**	**65587**	**15726**	**2383**	**1050**	**375**	**141**	**216810**
长春市	100115	21979	6389	1049	533	194	68	69903
吉林市	45116	9317	2290	339	146	53	19	32952
四平市	29184	6658	1289	190	82	19	8	20938
辽源市	14295	3496	608	83	37	12	4	10055
通化市	17715	2930	794	144	45	23	7	13772
白山市	7492	1273	199	24	10	3	3	5980
松原市	39875	10313	1816	202	67	30	17	27430
白城市	26488	5683	1146	159	51	10	8	19431
延边朝鲜族自治州	14656	2774	803	114	54	20	4	10887
长白山管委会	10	3						7
梅河口市	7126	1161	392	79	25	11	3	5455

第三部分 附录

附录 1 2020 年吉林省第七次全国人口普查主要数据公报

吉林省第七次全国人口普查公报[1]（第一号）

——全省人口情况

吉林省统计局

吉林省第七次全国人口普查领导小组办公室

2021 年 5 月 24 日

根据《中华人民共和国统计法》《全国人口普查条例》规定和《国务院关于开展第七次全国人口普查的通知》（国发〔2019〕24 号）要求，我省在国务院人口普查领导小组办公室的指导下，开展了吉林省第七次全国人口普查[2]。一年以来，在省委省政府的坚强领导下，在各地区各有关部门的大力支持下，在全省 13 万普查工作人员的共同努力下，在广大普查对象的积极配合下，圆满完成普查机构组建、建筑物标绘和区域划分、人员选聘和业务培训、普查现场登记、事后质量抽查、数据比对复查和行职业编码等各项任务，我省第七次全国人口普查取得重大成果和显著成效。

根据第七次全国人口普查结果，现将 2020 年 11 月 1 日零时我省人口的基本情况公布如下：

一、总人口

全省总人口为 24073453 人，与 2010 年第六次全国人口普查相比，减少 3379362 人，10 年间减少 12.31%，年均减少 1.31 个百分点。

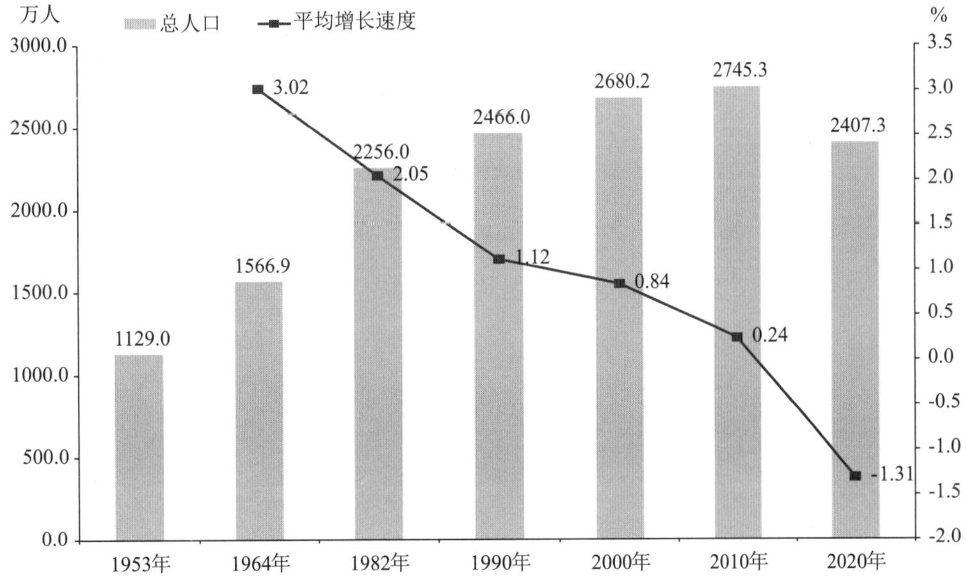

图 1-1 历次人口普查总人口及年均增长率

二、性别构成

全省人口中，男性人口为 12018319 人，女性人口为 12055134 人，性别比（以女性为 100，男性对女性的比例）为 99.69。

三、户别人口

全省共有家庭户[3]9426822户，集体户534833户，家庭户人口为22103381人，集体户人口为1970072人。平均每个家庭户的人口为2.34人，比2010年第六次全国人口普查减少0.60人。

四、民族人口

全省人口中，汉族人口为21985839人，占91.33%；各少数民族人口为2087614人，占8.67%。与2010年第六次全国人口普查相比，汉族人口减少3281271人，十年间减少12.99%；各少数民族人口减少98091人，十年间减少4.49 %。

五、城乡[4]人口

全省人口中，居住在城镇的人口为15079014人，占全省人口的比重（城镇化率）为62.64%；居住在乡村的人口为8994439人，占全省人口的比重为37.36%。与2010年第六次全国人口普查相比，城镇人口增加430815人，乡村人口减少3810177人，城镇人口比重上升9.28个百分点。

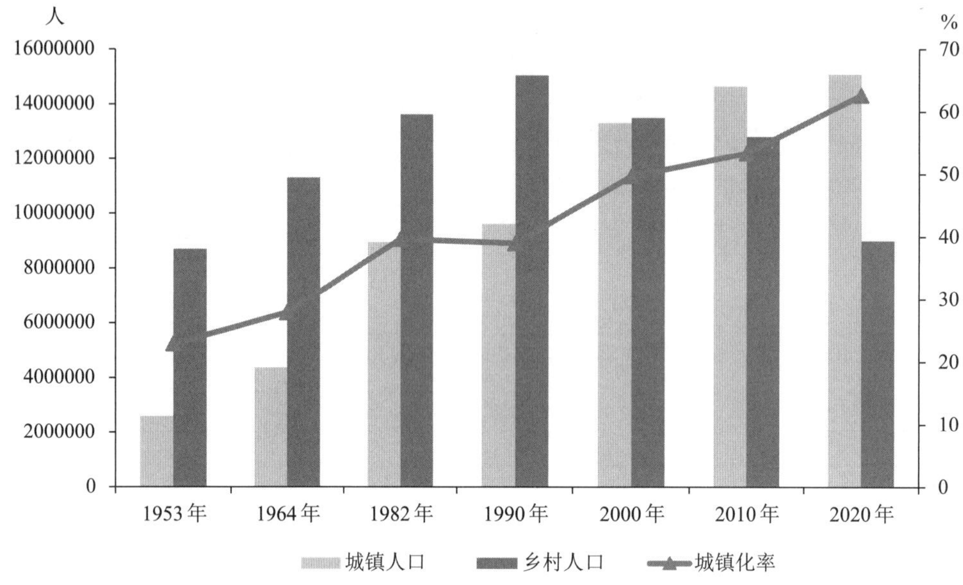

图1-2 历次人口普查城乡人口

六、流动人口[5]

全省人口中，人户分离人口[6]为10350683人，其中，市辖区内人户分离[7]人口为2399266人，流动人口为7951417人。流动人口中，跨省流入人口为1001471人，省内流动人口为6949946人。与2010年第六次全国人口普查相比，人户分离人口增加5888506人，增长131.96%；市辖区内人户分离人口增加1087203人，增长82.86%；流动人口增加4801303人，增长152.42%。

注释：

[1]本公报数据均为初步汇总数据。

[2]普查标准时点为2020年11月1日零时，普查对象是普查标准时点在中华人民共和国境内的自然人以及在中华人民共和国境外但未定居的中国公民，不包括在中华人民共和国境内短期停留的境外人员。

[3]家庭户是指以家庭成员关系为主、居住一处共同生活的人组成的户。

[4]城镇、乡村是按国家统计局《统计上划分城乡的规定》划分的。

[5]流动人口是指人户分离人口中扣除市辖区内人户分离的人口。

[6]人户分离人口是指居住地与户口登记地所在的乡镇街道不一致且离开户口登记地半年以上的人口。

[7]市辖区内人户分离人口是指一个直辖市或地级市所辖的区内和区与区之间，居住地和户口登记地不在同一乡镇街道的人口。

吉林省第七次全国人口普查公报[1]（第二号）

——地区人口情况

吉林省统计局

吉林省第七次全国人口普查领导小组办公室

2021 年 5 月 24 日

根据第七次全国人口普查结果，现将 2020 年 11 月 1 日零时我省分市（州）常住人口[2]有关数据公布如下：

一、地区人口

9 个市（州）中，人口超过 500 万人的地区有 1 个，在 200 万人至 500 万人之间的地区有 2 个，在 100 万人至 200 万人之间的地区有 4 个，少于 100 万人的地区有 2 个。其中，人口居前 3 位的地区合计人口占全省人口的比重为 62.08%。

分区域[3]看，东部地区人口为 4766826 人，占 19.80%；中部地区人口为 13687522 人，占 56.86%；西部地区人口为 5619105 人，占 23.34%。

表 2-1 各市（州）常住人口

单位：人、%

地 区	人口数	比重[4]	
		2020 年	2010 年
全 省	24073453	100.00	100.00
长春市	9066906	37.66	31.94
吉林市	3623713	15.05	16.08
四平市	1814733	7.54	8.35
辽源市	996903	4.14	4.28
通化市	1302778	5.41	6.23
白山市	951866	3.95	4.72
松原市	2252994	9.36	10.49
白城市	1551378	6.44	7.40
延边朝鲜族自治州	1941700	8.07	8.27
长白山管委会	61146	0.25	
梅河口市	509336	2.12	2.24

二、地区人口变化

与 2010 年第六次全国人口普查相比，9 个市（州）中，仅长春市常住人口有所增加，十年间净增加 299531 人，其他地区常住人口均有不同程度减少。

分区域看，与 2010 年第六次全国人口普查相比，东部地区常住人口所占比重减少 1.66 个百分点，中部地区常住人口所占比重增加 4.56 个百分点，西部地区常住人口所占比重减少 2.90 个百分点。

注释：

[1] 本公报数据均为初步汇总数据。部分数据因四舍五入的原因，存在总计与分项合计不等的情况。

[2] 常住人口包括：居住在本乡镇街道且户口在本乡镇街道或户口待定的人；居住在本乡镇街道且离开户口登记地所在的乡镇街道半年以上的人；户口在本乡镇街道且外出不满半年或在境外工作学习的人。

[3] 东部地区是指通化、白山和延边 3 个地区（含长白山管委会和梅河口市）；中部地区是指长春、吉林和辽源 3 个地区；西部地区是指四平、松原和白城 3 个地区。

[4] 比重：指各市（州）的常住人口占全省人口的比重。2010 年第六次全国人口普查数据中，长白山管委会的人口包含在白山市和延边州人口中，占全省人口的比重为 0.23%。

吉林省第七次全国人口普查公报[1]（第三号）

——人口年龄构成情况

吉林省统计局

吉林省第七次全国人口普查领导小组办公室

2021年5月24日

根据第七次全国人口普查结果，现将2020年11月1日零时我省常住人口[2]的年龄构成情况公布如下：

一、全省人口年龄构成

全省常住人口中，0—14岁[3]人口为2818723人，占11.71%；15—59岁人口为15703565人，占65.23%；60岁及以上人口为5551165人，占23.06%，其中，65岁及以上人口为3757224人，占15.61%。与2010年第六次全国人口普查相比，0—14岁人口的比重下降了0.28个百分点，15—59岁人口的比重下降了9.57个百分点，60岁及以上人口的比重上升了9.85个百分点，65岁及以上人口的比重上升了7.23个百分点。

表3-1 全省人口年龄构成

单位：人、%

年 龄	人口数	比重
总 计	24073453	100.00
0-14岁	2818723	11.71
15-59岁	15703565	65.23
60岁及以上	5551165	23.06
其中，65岁及以上	3757224	15.61

二、地区人口年龄构成

9个市（州）中，15—59岁人口比重在65%以上的地区有3个，在60%—65%之间的地区有6个。

全省各市（州）65岁及以上老年人口比重均在14%以上，其中比重最低的是长春市，为14.15%，比重最高的是白山市，为17.62%。

表 3-2　各地区人口年龄构成

单位：%

地　区	占总人口比重			
	0-14 岁	15-59 岁	60 岁及以上人口	其中：65 岁及以上人口
全　省	11.71	65.23	23.06	15.61
长春市	12.14	67.01	20.85	14.15
吉林市	10.93	63.81	25.25	17.13
四平市	11.83	63.68	24.48	16.88
辽源市	10.71	63.89	25.41	17.14
通化市	11.24	62.86	25.90	17.53
白山市	10.97	63.70	25.33	17.62
松原市	13.19	65.31	21.50	14.31
白城市	11.06	65.34	23.59	15.83
延边朝鲜族自治州	10.96	64.10	24.93	16.57
长白山管委会	11.76	67.61	20.63	14.14
梅河口市	11.86	64.06	24.08	16.02

注释：

[1]本公报数据均为初步汇总数据。部分数据因四舍五入的原因存在总计与分项合计不等的情况。

[2]常住人口包括：居住在本乡镇街道且户口在本乡镇街道或户口待定的人；居住在本乡镇街道且离开户口登记地所在的乡镇街道半年以上的人；户口在本乡镇街道且外出不满半年或在境外工作学习的人。

[3]0-15 岁人口为 3046210 人，16-59 岁人口为 15476078 人。

吉林省第七次全国人口普查公报[1]（第四号）

——人口受教育情况

吉林省统计局

吉林省第七次全国人口普查领导小组办公室

2021年5月24日

根据第七次全国人口普查结果，现将2020年11月1日零时我省常住人口受教育基本情况公布如下：

一、受教育程度人口

全省常住人口[2]中，拥有大学（指大专及以上）文化程度的人口为4029488人；拥有高中（含中专）文化程度的人口为4111787人；拥有初中文化程度的人口为9204361人；拥有小学文化程度的人口为5372821人（以上各种受教育程度的人包括各类学校的毕业生、肄业生和在校生）。与2010年第六次全国人口普查相比，每10万人中拥有大学文化程度的人口由9890人上升为16738人；拥有高中文化程度的人口由16866人上升为17080人；拥有初中文化程度的人口由42069人下降为38234人；拥有小学文化程度的人口由24059人下降为22318人。

表4-1　各市（州）每10万人口中拥有的各类受教育程度人数

单位：人/10万人

地　区	大学（大专及以上）	高中（含中专）	初中	小学
全　省	16738	17080	38234	22318
长春市	22217	16042	35749	20418
吉林市	15822	18923	37390	22314
四平市	12342	15822	41350	24926
辽源市	10782	14358	45183	24477
通化市	13499	17669	38141	24867
白山市	15389	21181	37237	18932
松原市	10126	13201	40403	30538
白城市	11125	15687	42022	25850
延边朝鲜族自治州	16219	23704	39241	15331
长白山管委会	17620	19926	37041	17265
梅河口市	12077	18903	41059	22596

二、平均受教育年限[3]

与2010年第六次全国人口普查相比，全省常住人口中，15岁及以上人口的平均受教育年限由9.49年增长至10.17年。

9个市（州）中，平均受教育年限在10年以上的地区有4个，在9年至10年之间的地区有5个。

表4-2　各地区15岁及以上人口平均受教育年限

单位：年

地　区	平均受教育年限
全　省	10.17
长春市	10.69
吉林市	10.12
四平市	9.65
辽源市	9.52
通化市	9.82
白山市	10.13
松原市	9.24
白城市	9.54
延边朝鲜族自治州	10.59
长白山管委会	10.38
梅河口市	9.91

三、文盲人口

全省常住人口中，文盲人口（15岁及以上不识字的人）为321318人，与2010年第六次全国人口普查相比，文盲人口减少205597人，文盲率[4]由1.92%下降为1.33%，下降0.59个百分点。

注释：

[1]本公报数据均为初步汇总数据。

[2]常住人口包括：居住在本乡镇街道且户口在本乡镇街道或户口待定的人；居住在本乡镇街道且离开户口登记地所在的乡镇街道半年以上的人；户口在本乡镇街道且外出不满半年或在境外工作学习的人。

[3]平均受教育年限是将各种受教育程度折算成受教育年限计算平均数得出的，具体的折算标准是：小学=6年，初中=9年，高中=12年，大专及以上=16年。

[4]文盲率是指常住人口中15岁及以上不识字人口所占比例。

第三部分 附录

附录2 吉林省人民政府关于做好第七次全国人口普查工作的通知

吉林省人民政府关于做好第七次全国人口普查工作的通知

吉政发〔2019〕20号

各市（州）人民政府，长白山管委会，长春新区管委会，各县（市）人民政府，省政府各厅委办、各直属机构：

为贯彻落实《国务院关于开展第七次全国人口普查的通知》（国发〔2019〕24号）精神，切实做好我省第七次全国人口普查工作，现将有关事项通知如下：

一、总体要求

（一）指导思想。以习近平新时代中国特色社会主义思想为指导，全面贯彻党的十九大和十九届二中、三中、四中全会精神，认真落实党中央、国务院和省委、省政府关于统计改革发展的决策部署，坚持实事求是、务实高效，确保我省第七次全国人口普查数据真实准确，全面客观反映我省人口发展状况。

（二）普查目的。第七次全国人口普查是在中国特色社会主义进入新时代开展的重大国情国力调查。通过普查，全面查清我省人口数量、结构、分布、城乡住房等方面情况，特别是摸清我省老年人口状况、育龄妇女生育情况、就业人口结构，为完善我省人口发展战略和政策体系，促进人口长期均衡发展，科学制定国民经济和社会发展规划，提供科学准确的统计信息支持。

二、普查对象、内容和时间

普查对象是普查标准时点居住在我省行政区域内的自然人以及户籍登记地在我省但普查标准时点居住在我省行政区域外的自然人，不包括在我省行政区域内短期停留的境外人员。

普查主要调查人口和住户的基本情况，包括：姓名、公民身份号码、性别、年龄、民族、受教育程度、行业、职业、迁移流动、婚姻生育、死亡、住房情况等。

普查的标准时点是2020年11月1日零时。

三、普查组织和实施

人口普查工作涉及范围广、参与部门多、技术要求高、工作难度大，各地、各有关部门要按照“全国统一领导、部门分工协作、地方分级负责、各方共同参与”的原则，认真做好普查的宣传动员和组织实施工作。

为加强我省第七次全国人口普查工作的组织和领导，省政府决定成立吉林省第七次全国人口普查领导小组，负责普查的组织与实施。领导小组办公室设在省统计局，具体负责普查的组织和协调。领导小组各成员单位要按照职能分工，各负其责、通力协作、密切配合，共同做好人口普查工作。各地要设立相应的普查领导小组及其办公室，各市（州）、长白山保护开发区、长春新区普查领导机构要在2020年1月底前组建完成；各县（市、区、开发区）普查领导机构要在2020年2月底前组建完成。要充分发挥街道办事处和乡镇政府、居民委员会和村民委员会的作用，广泛宣传、动员和组织社会力量积极参与，高效开展普查工作。

各级普查机构可根据工作需要，招聘或者从有关单位借调符合条件的普查指导员和普查员。为稳定普查工作队伍，确保普查工作顺利进行，应及时支付招聘人员的劳动报酬，保证借调人员在原单位的工资、福利及其他待遇不变，并保留其原有工作岗位。

四、普查经费保障

国务院规定，第七次全国人口普查经费由中央和地方各级政府共同承担。各地对属于本级负责的普查经费，要列入相应年度财政预算，及时足额拨付到位。普查工作要厉行节约，保证专款专用，提高资金使用效率，杜绝浪费和违规使用。

五、工作要求

（一）坚持依法普查，遵守规章制度。各地、各有关部门要认真做好我省第七次全国人口普查工作，按照《中华人民共和国统计法》《中华人民共和国统计法实施条例》《全国人口普查条例》《吉林省统计管理条例》等法律、法规要求，依法普查。要按时、如实填报普查表，确保普查数据的全面、准确、真实、可信。任何单位和个人不得虚报、瞒报、漏报、拒报、迟报，不得伪造、篡改普查数据。对普查取得的数据，严格限定用于普查目的，不得作为任何部门和单位对各级行政管理工作实施考核、奖惩的依据。普查中获得的能够识别或者推断单个普查对象身份的资料，不得作为对普查对象实施处罚等具体行政行为的依据。

（二）建立问责机制，强化质量控制。建立健全普查数据质量追溯和问责机制，各级统计部门要加大对普查工作中违法违纪行为的查处和通报曝光力度，坚决杜绝人为干扰普查工作的现象，确保普查工作顺利进行和普查数据真实准确。各级普查机构要制定并严格执行普查数据质量控制办法，对普查的各个环节实施全流程控制。对普查中发现应当给予党纪政务处分或组织处理的违纪违法责任人，由统计部门按规定提出处分处理建议并及时移送任免机关、纪检监察机关或组织（人事）部门。

（三）加大宣传力度，营造舆论氛围。各地、各有关部门要切实做好普查的宣传报道工作，利用电视、广播、报刊、网络以及各种新型媒体，采取多种宣传形式，深入解读统计法律、法规，广泛深入宣传第七次全国人口普查的重要意义和要求，引导广大普查对象依法配合普查，如实申报普查项目，为普查工作顺利实施创造良好的舆论环境。

（四）加强协同配合，推进大数据应用。按照国务院统一要求，采取电子化方式开展普查登记，探索使用智能手机采集数据。要广泛应用部门行政记录，推进大数据在普查中的应用，各级相关部门要积极向普查机构提供部门基础资料。要全流程加强对公民个人信息的保护，各级普查机构及其工作人员必须严格履行保密义务，严禁向任何机构、单位、个人泄露或出售公民个人信息。

附件：吉林省第七次全国人口普查领导小组组成人员名单（略）

吉林省人民政府
2019 年 12 月 17 日
（此件公开发布）

第三部分 附录

附录3 全国人口普查条例

中华人民共和国国务院令

第 576 号

《全国人口普查条例》已经 2010 年 5 月 12 日国务院第 111 次常务会议通过，现予公布，自 2010 年 6 月 1 日起施行。

总理　温家宝

二〇一〇年五月二十四日

全国人口普查条例

第一章　总　　则

第一条　为了科学、有效地组织实施全国人口普查，保障人口普查数据的真实性、准确性、完整性和及时性，根据《中华人民共和国统计法》，制定本条例。

第二条　人口普查的目的是全面掌握全国人口的基本情况，为研究制定人口政策和经济社会发展规划提供依据，为社会公众提供人口统计信息服务。

第三条　人口普查工作按照全国统一领导、部门分工协作、地方分级负责、各方共同参与的原则组织实施。

国务院统一领导全国人口普查工作，研究决定人口普查中的重大问题。地方各级人民政府按照国务院的统一规定和要求，领导本行政区域的人口普查工作。

在人口普查工作期间，各级人民政府设立由统计机构和有关部门组成的人口普查机构（以下简称普查机构），负责人口普查的组织实施工作。

村民委员会、居民委员会应当协助所在地人民政府动员和组织社会力量，做好本区域的人口普查工作。

国家机关、社会团体、企业事业单位应当按照《中华人民共和国统计法》和本条例的规定，参与并配合人口普查工作。

第四条　人口普查对象应当按照《中华人民共和国统计法》和本条例的规定，真实、准确、完整、及时地提供人口普查所需的资料。

人口普查对象提供的资料，应当依法予以保密。

第五条　普查机构和普查机构工作人员、普查指导员、普查员（以下统称普查人员）依法独立行使调查、报告、监督的职权，任何单位和个人不得干涉。

地方各级人民政府、各部门、各单位及其负责人，不得自行修改普查机构和普查人员依法搜集、整理的人口普查资料，不得以任何方式要求普查机构和普查人员及其他单位和个人伪造、篡改人口普查资料，不得对依法履行职责或者拒绝、抵制人口普查违法行为的普查人员打击报复。

第六条　各级人民政府应当利用报刊、广播、电视、互联网和户外广告等媒介，开展人口普查的宣传动员工作。

第七条 人口普查所需经费，由国务院和地方各级人民政府共同负担，并列入相应年度的财政预算，按时拨付，确保足额到位。

人口普查经费应当统一管理、专款专用，从严控制支出。

第八条 人口普查每 10 年进行一次，尾数逢 0 的年份为普查年度，标准时点为普查年度的 11 月 1 日零时。

第九条 国家统计局会同国务院有关部门制定全国人口普查方案（以下简称普查方案），报国务院批准。

人口普查应当按照普查方案的规定执行。

第十条 对认真执行本条例，忠于职守、坚持原则，做出显著成绩的单位和个人，按照国家有关规定给予表彰和奖励。

第二章 人口普查的对象、内容和方法

第十一条 人口普查对象是指普查标准时点在中华人民共和国境内的自然人以及在中华人民共和国境外但未定居的中国公民，不包括在中华人民共和国境内短期停留的境外人员。

第十二条 人口普查主要调查人口和住户的基本情况，内容包括姓名、性别、年龄、民族、国籍、受教育程度、行业、职业、迁移流动、社会保障、婚姻、生育、死亡、住房情况等。

第十三条 人口普查采用全面调查的方法，以户为单位进行登记。

第十四条 人口普查采用国家统计分类标准。

第三章 人口普查的组织实施

第十五条 人口普查登记前，公安机关应当按照普查方案的规定完成户口整顿工作，并将有关资料提交本级人口普查机构。

第十六条 人口普查登记前应当划分普查区，普查区以村民委员会、居民委员会所辖区域为基础划分，每个普查区划分为若干普查小区。

第十七条 每个普查小区应当至少有一名普查员，负责入户登记等普查工作。每个普查区应当至少有一名普查指导员，负责安排、指导、督促和检查普查员的工作，也可以直接进行入户登记。

第十八条 普查指导员和普查员应当具有初中以上文化水平，身体健康，责任心强。

第十九条 普查指导员和普查员可以从国家机关、社会团体、企业事业单位借调，也可以从村民委员会、居民委员会或者社会招聘。借调和招聘工作由县级人民政府负责。

国家鼓励符合条件的公民作为志愿者参与人口普查工作。

第二十条 借调的普查指导员和普查员的工资由原单位支付，其福利待遇保持不变，并保留其原有工作岗位。

招聘的普查指导员和普查员的劳动报酬，在人口普查经费中予以安排，由聘用单位支付。

第二十一条 普查机构应当对普查指导员和普查员进行业务培训，并对考核合格的人员颁发全国统一的普查指导员证或者普查员证。

普查指导员和普查员执行人口普查任务时，应当出示普查指导员证或者普查员证。

第二十二条 人口普查登记前，普查指导员、普查员应当绘制普查小区图，编制普查小区户主姓名底册。

第二十三条 普查指导员、普查员入户登记时，应当向人口普查对象说明人口普查的目的、法律依据以及人口普查对象的权利和义务。

第二十四条 人口普查对象应当按时提供人口普查所需的资料，如实回答相关问题，不得隐瞒有关情况，不得提供虚假信息，不得拒绝或者阻碍人口普查工作。

第二十五条 人口普查对象应当在普查表上签字或者盖章确认，并对其内容的真实性负责。

第二十六条 普查人员应当坚持实事求是，恪守职业道德，拒绝、抵制人口普查工作中的违法行为。

普查机构和普查人员不得伪造、篡改普查资料，不得以任何方式要求任何单位和个人提供虚假的普查资料。

第二十七条 人口普查实行质量控制岗位责任制，普查机构应当对人口普查实施中的每个环节实行质量控制和检查，对人口普查数据进行审核、复查和验收。

第二十八条 国家统计局统一组织人口普查数据的事后质量抽查工作。

第四章 人口普查资料的管理和公布

第二十九条 地方各级普查机构应当按照普查方案的规定进行数据处理，并按时上报人口普查资料。

第三十条 人口普查汇总资料，除依法应当保密的外，应当予以公布。

全国和各省、自治区、直辖市主要人口普查数据，由国家统计局以公报形式公布。

地方人民政府统计机构公布本行政区域主要人口普查数据，应当报经上一级人民政府统计机构核准。

第三十一条 各级人民政府统计机构应当做好人口普查资料的管理、开发和应用，为社会公众提供查询、咨询等服务。

第三十二条 人口普查中获得的原始普查资料，按照国家有关规定保存、销毁。

第三十三条 人口普查中获得的能够识别或者推断单个普查对象身份的资料，任何单位和个人不得对外提供、泄露，不得作为对人口普查对象作出具体行政行为的依据，不得用于人口普查以外的目的。

人口普查数据不得作为对地方人民政府进行政绩考核和责任追究的依据。

第五章 法律责任

第三十四条 地方人民政府、政府统计机构或者有关部门、单位的负责人有下列行为之一的，由任免机关或者监察机关依法给予处分，并由县级以上人民政府统计机构予以通报；构成犯罪的，依法追究刑事责任：

（一）自行修改人口普查资料、编造虚假人口普查数据的；

（二）要求有关单位和个人伪造、篡改人口普查资料的；

（三）不按照国家有关规定保存、销毁人口普查资料的；

（四）违法公布人口普查资料的；

（五）对依法履行职责或者拒绝、抵制人口普查违法行为的普查人员打击报复的；

（六）对本地方、本部门、本单位发生的严重人口普查违法行为失察的。

第三十五条 普查机构在组织实施人口普查活动中有下列违法行为之一的，由本级人民政府或者上级人民政府统计机构责令改正，予以通报；对直接负责的主管人员和其他直接责任人员，由任免机关或者监察机关依法给予处分：

（一）不执行普查方案的；

（二）伪造、篡改人口普查资料的；

（三）要求人口普查对象提供不真实的人口普查资料的；

（四）未按照普查方案的规定报送人口普查资料的；

（五）违反国家有关规定，造成人口普查资料毁损、灭失的；

（六）泄露或者向他人提供能够识别或者推断单个普查对象身份的资料的。

普查人员有前款所列行为之一的，责令其停止执行人口普查任务，予以通报，依法给予处分。

第三十六条 人口普查对象拒绝提供人口普查所需的资料，或者提供不真实、不完整的人口普查资料的，由县级以上人民政府统计机构责令改正，予以批评教育。

人口普查对象阻碍普查机构和普查人员依法开展人口普查工作，构成违反治安管理行为的，由公安机关依法给予处罚。

第三十七条 县级以上人民政府统计机构应当设立举报电话和信箱，接受社会各界对人口普查违法行为的检举和监督。

第六章　附　　则

第三十八条 中国人民解放军现役军人、人民武装警察等人员的普查内容和方法，由国家统计局会同国务院有关部门、军队有关部门规定。

交通极为不便地区的人口普查登记的时间和方法，由国家统计局会同国务院有关部门规定。

第三十九条 香港特别行政区、澳门特别行政区的人口数，按照香港特别行政区政府、澳门特别行政区政府公布的资料计算。

台湾地区的人口数，按照台湾地区有关主管部门公布的资料计算。

第四十条 为及时掌握人口发展变化情况，在两次人口普查之间进行全国 1%人口抽样调查。全国 1%人口抽样调查参照本条例执行。

第四十一条 本条例自 2010 年 6 月 1 日起施行。

第三部分 附录

附录 4 第七次全国人口普查方案

第七次全国人口普查方案

国家统计局
国务院第七次全国人口普查领导小组办公室

第一部分 总说明

根据《中华人民共和国统计法》《中华人民共和国统计法实施条例》《全国人口普查条例》和《国务院关于开展第七次全国人口普查的通知》，制定本方案。

一、普查目的

全面查清我国人口数量、结构、分布、城乡住房等方面情况，为完善人口发展战略和政策体系，促进人口长期均衡发展，科学制定国民经济和社会发展规划，推动经济高质量发展，开启全面建设社会主义现代化国家新征程，向第二个百年奋斗目标进军，提供科学准确的统计信息支持。

二、普查时点

普查的标准时点是 2020 年 11 月 1 日零时。

三、普查对象

普查对象是指普查标准时点在中华人民共和国境内的自然人以及在中华人民共和国境外但未定居的中国公民，不包括在中华人民共和国境内短期停留的境外人员。

四、普查内容和普查表

普查登记的主要内容包括：姓名、公民身份号码、性别、年龄、民族、受教育程度、行业、职业、迁移流动、婚姻生育、死亡、住房情况等。

根据不同的普查对象和普查内容，具体分为四种普查表。

（一）第七次全国人口普查短表

普查短表包括反映人口基本状况的项目，由全部住户（不包括港澳台居民和外籍人员）填报。

（二）第七次全国人口普查长表

普查长表包括所有短表项目和人口的经济活动、婚姻生育和住房等情况的项目，在全部住户中抽取 10% 的户（不包括港澳台居民和外籍人员）填报。

（三）第七次全国人口普查港澳台居民和外籍人员普查表

港澳台居民和外籍人员普查表包括反映人口基本状况的项目以及入境目的、居住时间、身份或国籍、就业情况等项目，由在境内居住的港澳台居民和外籍人员填报。

（四）第七次全国人口普查死亡人口调查表

死亡人口调查表包括死亡人口的基本信息，由 2019 年 11 月 1 日至 2020 年 10 月 31 日期间有死亡人口的户填报。

五、普查方法

普查采用全面调查的方法，以户为单位进行登记。

普查采用按现住地登记的原则，每个人必须在现住地进行登记。普查对象不在户口登记地居住的，户口登记地要登记相应信息。

普查登记采用普查员入户询问、当场填报，或由普查对象自主填报等方式进行。

普查数据采集原则上采用电子化的方式。采取普查员使用电子采集设备（PAD 或智能手机）登记普查对象信息并联网实时上报，或由普查对象通过互联网自主填报等方式进行。

普查员应按照工作要求，在户口整顿基础上对所负责普查小区进行全面摸底，掌握普查小区内的人口和居住情况，编制《户主姓名底册》，根据《户主姓名底册》进行入户登记工作，并参考部门行政记录等资料进行比对复查，确保普查登记真实准确、不重不漏。

六、普查数据处理

各级普查机构负责普查数据处理。国务院人口普查办公室统一编制数据采集、审核、编辑、汇总程序。

国务院人口普查办公室集中部署数据采集处理环境。各级普查机构应保障必要的数据处理办公环境和网络条件，采取必要的安全措施，确保数据处理工作安全、顺利地进行。

七、普查组织实施

（一）全国统一领导

国务院第七次全国人口普查领导小组负责普查组织实施中重大问题的研究和决策。普查领导小组办公室设在国家统计局，具体负责普查的组织实施。

（二）部门分工协作

领导小组各成员单位要按照职能分工，各负其责、通力协作、密切配合，共同做好普查工作。对普查工作中遇到的困难和问题，要及时采取措施予以解决。

（三）地方分级负责

地方各级人民政府设立相应的普查领导小组及其办公室，领导和组织实施本区域内的普查工作。村民委员会和居民委员会设立人口普查小组，协助街道办事处和乡镇政府动员和组织社会力量，做好本区域内的普查工作。

普查指导员和普查员可以从国家机关、社会团体、企业事业单位借调，也可以从村民委员会、居民委员会或者社会招聘。借调和招聘工作由县级人民政府负责。

（四）各方共同参与

国家机关、社会团体、企业事业单位应当按照《中华人民共和国统计法》《中华人民共和国统计法实施条例》和《全国人口普查条例》的规定，参与并配合普查工作。

八、普查质量控制

普查实行严格的质量控制制度，建立健全普查数据质量追溯和问责机制，确保普查数据可核查、可追溯、可问责。国务院人口普查办公室统一领导、统筹协调普查全过程质量控制的有关工作。地方各级普查机构主要负责人对本行政区域普查数据质量负总责，确保普查数据真实、准确、完整、及时。各级普查办公室必须严格执行各阶段工作要求，保证各阶段工作质量达到规定标准，确保普查工作质量与数据质量合格达标。

九、普查宣传

各级宣传部门和普查机构应制定宣传工作方案，深入开展普查宣传。

各级宣传部门应组织协调新闻媒体及有关部门，通过报刊、广播、电视、互联网、手机和户外广告等多种渠道，充分利用微博、微信、短视频等新媒体传播手段，宣传普查的重大意义、政策规定和工作要求，积极营造良好的普查氛围。

各级普查机构要组织开展形式多样的宣传活动，动员社会各界支持、参与普查。

十、普查法规与纪律要求

坚持依法普查，普查工作要严格按照《中华人民共和国统计法》《中华人民共和国统计法实施条例》《全国人口普查条例》《国务院关于开展第七次全国人口普查的通知》及相关规定组织开展。

普查对象应当依法履行普查义务，如实提供普查信息，不得虚报、瞒报、拒报。拒绝提供普查所需的资料，或者提供不真实、不完整的普查资料的，由县级以上人民政府统计机构责令改正，予以批评教育，情节严重的依法严肃处理。普查取得的数据，严格限定用于普查目的，不得作为任何部门和单位对各级行政管理工作实施考核、奖惩的依据。普查中获得的能够识别或者推断单个普查对象身份的资料，任何单位和个人不得对外提供、泄露，不得作为对普查对象实施处罚等具体行政行为的依据，不得用于普查以外的目的。各级普查机构及其工作人员，必须严格履行保密义务。

十一、普查主要工作阶段

普查工作分三个阶段进行：

一是准备阶段（2019 年 10 月—2020 年 10 月）。这一阶段的主要工作是：组建各级普查机构，制定普查方案和工作计划，进行普查试点，落实普查经费和物资，准备数据采集处理环境，开展普查宣传，选聘培训普查指导员和普查员，普查区域划分及绘图，进行户口整顿，开展摸底等。

二是普查登记阶段（2020 年 11 月—12 月）。这一阶段的主要工作是：普查员入户登记，进行比对复查，开展事后质量抽查等。

三是数据汇总和发布阶段（2020 年 12 月—2022 年 12 月）。这一阶段的主要工作是：数据处理、汇总、评估，发布主要数据公报，普查资料开发利用等。

十二、其他

（一）香港特别行政区、澳门特别行政区的人口数，按照香港特别行政区政府、澳门特别行政区政府公布的资料计算。

台湾地区的人口数，按照台湾地区有关主管部门公布的资料计算。

（二）因交通极为不便等特殊因素，需采用其他登记时间和方法的地区，须报请国务院人口普查办公室批准。

（三）对认真执行本方案，忠于职守，坚持原则，在普查工作中做出显著成绩的单位和个人，按照国家有关规定给予表彰奖励。

（四）本方案由国务院人口普查办公室负责解释。

第二部分　普查表式

第七次全国人口普查短表

经国务院批准进行第七次全国人口普查
人口普查的标准时点为2020年11月1日零时
人口普查的原始资料不向任何单位和个人提供，
仅供汇总使用
公民应履行如实申报普查项目的义务

表　　号：R　6　0　1　表
制定机关：国　家　统　计　局
国务院人口普查办公室
批准文号：国发（2019）24号
有效期至：2021年3月

地址：____省（区、市）____市（地、州、盟）____县（市、区、旗）____乡（镇、街道）____普查区____普查小区____户编号

一、住户项目

H1．户别

1．家庭户

2．集体户

H2．本户应登记人数

2020年10月31日晚居住本户的人数____人

户口在本户，2020年10月31日晚未住本户的人数____人

H3．本户2019年11月1日至2020年10月31日期间的出生人口

男____人 女____人

H4．本户2019年11月1日至2020年10月31日期间的死亡人口

男____人 女____人

H5．住所类型

1．普通住宅

2．集体住所

3．工作地住所

4．其他住房

5．无住房

（选择2—5的，跳至个人项目。）

H6．本户现住房建筑面积

____平方米

H7．本户现住房间数

_____间

二、个人项目

每个人都填报的项目

D1．姓名

____

D2．与户主关系

0．户主

1．配偶

2．子女

3．父母

4．岳父母或公婆

5．祖父母

6．媳婿

7．孙子女

8．兄弟姐妹

9．其他

D3．公民身份号码

□□□□□□□□□□□□□□□□□□

D4．性别

1．男

2．女

D5．出生年月

出生于：_______年_______月

D6．民族

_______族

D7．普查时点（2020年11月1日零时）居住地

1．本普查小区

2．本村（居）委会其他普查小区

3．本乡（镇、街道）其他村（居）委会

4．本县（市、区、旗）其他乡（镇、街道）

5．其他县（市、区、旗），请在下面填写地址

______省（区、市）
______市（地、州、盟）
______县（市、区、旗）
6．香港特别行政区、澳门特别行政区、台湾地区
7．国外

D8．户口登记地
1．本村（居）委会
2．本乡（镇、街道）其他村（居）委会
3．本县（市、区、旗）其他乡（镇、街道）
4．其他县（市、区、旗），请在下面填写地址
______省（区、市）
______市（地、州、盟）
______县（市、区、旗）
5．户口待定→D11

D9．离开户口登记地时间
1．没有离开户口登记地→D11
2．不满半年
3．半年以上，不满一年
4．一年以上，不满二年
5．二年以上，不满三年
6．三年以上，不满四年
7．四年以上，不满五年
8．五年以上，不满十年
9．十年以上

D10．离开户口登记地原因
0．工作就业
1．学习培训
2．随同离开/投亲靠友
3．拆迁/搬家
4．寄挂户口
5．婚姻嫁娶
6．照料孙子女
7．为子女就学
8．养老/康养
9．其他

3 周岁及以上（2017 年 10 月 31 日以前出生）的人填报的项目
D11．受教育程度
1．未上过学

2．学前教育
3．小学
4．初中
5．高中
6．大学专科
7．大学本科
8．硕士研究生
9．博士研究生

15 周岁及以上（2005 年 10 月 31 日以前出生）的人填报的项目

D12．是否识字

1．是
2．否

第七次全国人口普查长表

经国务院批准进行第七次全国人口普查
人口普查的标准时点为 2020 年 11 月 1 日零时
人口普查的原始资料不向任何单位和个人提供，
仅供汇总使用
公民应履行如实申报普查项目的义务

表　　号：R 6 0 2 表
制定机关：国 家 统 计 局
国务院人口普查办公室
批准文号：国发（2019）24 号
有效期至：2021 年 3 月

地址：_____省（区、市）_____市（地、州、盟）_____县（市、区、旗）_____乡（镇、街道）_____普查区_____普查小区_____户编号

一、住户项目

H1．户别
1．家庭户
2．集体户

H2．本户应登记人数
2020 年 10 月 31 日晚居住本户的人数_____人
户口在本户，2020 年 10 月 31 日晚未住本户的人数_____人

H3．本户 2019 年 11 月 1 日至 2020 年 10 月 31 日期间的出生人口
男_____人　女_____人

H4．本户 2019 年 11 月 1 日至 2020 年 10 月 31 日期间的死亡人口
男_____人　女_____人

H5．住所类型
1．普通住宅
2．集体住所
3．工作地住所
4．其他住房
5．无住房
（选择 2—5 的，跳至个人项目。）

H6．本户现住房建筑面积
_____平方米

H7．本户现住房间数
_____间

H8．住房所在建筑的总层数

1．平房

2．多层（7 层及以下）

3．高层（8—33 层）

4．超高层（34 层及以上）

H9．承重类型

1．钢及钢筋混凝土结构

2．混合结构

3．砖木结构

4．竹草土坯结构

5．其他结构

H10．住房建成年代

1．1949 年以前

2．1949—1959 年

3．1960—1969 年

4．1970—1979 年

5．1980—1989 年

6．1990—1999 年

7．2000—2009 年

8．2010—2014 年

9．2015 年以后

H11．住房所在建筑有无电梯

1．有

2．无

H12．主要炊事燃料

1．燃气

2．电

3．煤炭

4．柴草

5．其他

H13．住房内有无管道自来水

1．有

2．无

H14．住房内有无厨房

1．独立使用

2．与其他户合用

3．无

H15．住房内有无厕所

1．水冲式卫生厕所

2．水冲式非卫生厕所

3．卫生旱厕

4．普通旱厕

5．无

H16．住房内有无洗澡设施

1．统一供热水

2．家庭自装热水器

3．其他

4．无

H17．住房来源

1．租赁廉租房/公租房

2．租赁其他住房

3．购买新建商品房

4．购买二手房

5．购买原公有住房

6．购买经济适用房/两限房

7．自建住房

8．继承或赠予

9．其他

（选择3—9的，跳至H19。）

H18．月租房费用

0．200元以下

1．200—499元

2．500—999元

3．1000—1999元

4．2000—2999元

5．3000—3999元

6．4000—5999元

7．6000—7999元

8．8000—9999元

9．10000元以上

H19．拥有全部家用汽车的总价

1．不满10万元

2．10万元以上，不满20万元

3．20 万元以上，不满 30 万元
4．30 万元以上，不满 50 万元
5．50 万元以上，不满 100 万元
6．100 万元以上
7．没有汽车

二、个人项目

每个人都填报的项目

C1．姓名

______

C2．与户主关系

0．户主
1．配偶
2．子女
3．父母
4．岳父母或公婆
5．祖父母
6．媳婿
7．孙子女
8．兄弟姐妹
9．其他

C3．公民身份号码

□□□□□□□□□□□□□□□□□□

C4．性别

1．男
2．女

C5．出生年月

出生于：______年______月

C6．民族

______族

C7．普查时点（2020 年 11 月 1 日零时）居住地

1．本普查小区
2．本村（居）委会其他普查小区
3．本乡（镇、街道）其他村（居）委会
4．本县（市、区、旗）其他乡（镇、街道）

5．其他县（市、区、旗），请在下面填写地址

________省（区、市）

________市（地、州、盟）

________县（市、区、旗）

6．香港特别行政区、澳门特别行政区、台湾地区

7．国外

C8．户口登记地

1．本村（居）委会

2．本乡（镇、街道）其他村（居）委会

3．本县（市、区、旗）其他乡（镇、街道）

4．其他县（市、区、旗），请在下面填写地址

________省（区、市）

________市（地、州、盟）

________县（市、区、旗）

5．户口待定→C12

C9．离开户口登记地时间

1．没有离开户口登记地→C12

2．不满半年

3．半年以上，不满一年

4．一年以上，不满二年

5．二年以上，不满三年

6．三年以上，不满四年

7．四年以上，不满五年

8．五年以上，不满十年

9．十年以上

C10．离开户口登记地原因

0．工作就业

1．学习培训

2．随同离开/投亲靠友

3．拆迁/搬家

4．寄挂户口

5．婚姻嫁娶

6．照料孙子女

7．为子女就学

8．养老/康养

9．其他

C11．户口登记地类型

1．乡

2．镇的村委会

3．镇的居委会

4．街道

C12．是否有农村土地承包经营权

1．有

2．无

C13．出生地

1．本县（市、区、旗）

2．本省其他县（市、区、旗）

3．省外：________省（区、市）

5 周岁及以上（2015 年 10 月 31 日以前出生）的人填报的项目

C14．五年前常住地

2015 年 11 月 1 日常住地：

1．本县（市、区、旗）

2．其他地区，请在下面填写地址

______省（区、市）

______市（地、州、盟）

______县（市、区、旗）

3 周岁及以上（2017 年 10 月 31 日以前出生）的人填报的项目

C15．受教育程度

1．未上过学→C17

2．学前教育→C17

3．小学

4．初中

5．高中

6．大学专科

7．大学本科

8．硕士研究生

9．博士研究生

C16．学业完成情况

1．在校

2．毕业

3．肄业

4．辍学

5．其他

15 周岁及以上（2005 年 10 月 31 日以前出生）的人填报的项目

C17．是否识字

1．是

2．否

C18．工作情况

10 月 25—31 日是否为取得收入而工作了一小时以上（包括临时工、依托互联网平台灵活就业、家庭经营无酬帮工等）

1．是，上周工作时间______小时

2．在职休假、在职学习培训、临时停工（保留工资）

3．未做任何工作→C22

C19．工作单位或生产经营活动所属类型

1．企业、事业、机关或社会团体等法人单位

2．个体经营户

3．经营农村家庭承包地（家庭农林牧渔生产经营活动）

4．自由职业/灵活就业

C20．行业

单位详细名称：____

主要产品或主要业务：____

C21．职业

本人从事的具体工作：____→C23

C22．未工作原因

1．在校学习

2．离退休

3．料理家务

4．丧失工作能力

5．其他

C23．主要生活来源

1．劳动收入

2．离退休金/养老金

3．最低生活保障金

4．失业保险金

5．财产性收入

6．家庭其他成员供养

7．其他

C24．婚姻状况

1．未婚→C28

2．有配偶

3．离婚

4．丧偶

C25．初婚年月

______年______月

15 至 64 周岁（1955 年 11 月 1 日—2005 年 10 月 31 日出生）的妇女填报的项目

C26．生育子女数

1．未生育→C28

2．有生育（请填报生育的子女数）

生过几个孩子：

男______人

女______人

其中现在存活几个孩子：

男______人

女______人

15 至 50 周岁（1969 年 11 月 1 日—2005 年 10 月 31 日出生）的妇女填报的项目

C27．过去一年（2019 年 11 月 1 日—2020 年 10 月 31 日）的生育状况

1．一年内未生育（结束）

2．一年内有生育（请填报生育时间和孩子性别）

生育时间：

____月

婴儿性别：

1．男

2．女

一年内生育两个以上孩子的，请填报第二个孩子的状况。

生育时间：

____月

婴儿性别：

1．男

2．女

60 周岁及以上（1960 年 10 月 31 日以前出生）的人填报的项目

C28．居住状况

1．与配偶和子女同住

2．与配偶同住

3. 与子女同住
4. 独居（有保姆）
5. 独居（无保姆）
6. 养老机构
7. 其他

C29. 身体健康状况

1. 健康
2. 基本健康
3. 不健康，但生活能自理
4. 不健康，生活不能自理

第七次全国人口普查港澳台居民和外籍人员普查表

The Seventh National Population Census Form for Residents from Hong Kong, Macao, Taiwan and from Foreign Countries

中国政府决定进行第七次全国人口普查
人口普查标准时点为2020年11月1日零时
我们将对您在普查表中填写的信息给予
保密，敬请合作。

The Government of China has decided to conduct the 7th National Population Census, with zero hour on 1 November 2020 as the reference time.
Information provided will be kept confidential.
Your cooperation is highly appreciated.

表　　号：R603表
制定机关：国家统计局
　　　　　国务院人口普查办公室
批准文号：国发〔2019〕24号
有效期至：2021年3月

Form number: R603
Form issued by: National Bureau of Statistics
Office of the State Council for the Seventh National Population Census
Approval number: 〔2019〕24
Valid until: March 2021

地址 Address：

_____省（区、市）**Province**

_____市（地、州、盟）**City (prefecture)**

_____县（市、区、旗）**County (city, district)**

_____乡（镇、街道）**Town (township, street)**

_____普查区 **Enumeration area (village/community committee)**

_____普查小区 **Enumeration block**

_____户编号 **Household number**

一、住户项目

Household Information

F1. 户别

Type of household

1. 家庭户 Family household
2. 集体户 Collective household

F2. 住所类型

Type of dwelling

1. 普通住宅 Conventional dwellings
2. 集体住所 Collective living quarters
3. 工作地住所 Living in work places
4. 其他住房 Other dwellings
5. 无住房 With no dwellings

（选择2—5的，跳至个人项目。）

(If the answer is 2-5, then skip to 'Individual Information'.)

F3. 本户现住房建筑面积

Floor space for this household

_____平方米 m^2

F4. 本户现住房间数

Number of rooms for this household

_____间 rooms

二、个人项目

Individual Information

R1. 姓名 Full name

____

R2. 与户主关系

Relationship with head of household

0. 户主 Head of household
1. 配偶 Spouse
2. 子女 Son or daughter
3. 父母 Parent
4. 岳父母或公婆 Parent-in-law
5. 祖父母 Grandparent
6. 媳婿 Son-in-law or daughter-in-law
7. 孙子女 Grandchild
8. 兄弟姐妹 Brother or sister
9. 其他 Other relationship

R3. 性别

Sex

1. 男 Male
2. 女 Female

R4. 出生年月

Date of birth

出生于 Born in：_______年 year_______月 month

R5. 来内地（大陆）或来华目的

Purpose for stay in the mainland of China

1. 商务 Business
2. 就业 Work
3. 学习 Study
4. 定居 Residence
5. 探亲 Visiting relatives

6. 其他 Others

R6. 已在内地（大陆）或在华居住时间
Duration of stay in the mainland of China
1. 不满三个月 Less than 3 months
2. 三个月以上，不满半年 3 months to less than 6 months
3. 半年以上，不满一年 6 months to less than 12 months
4. 一年以上，不满二年 1 year to less than 2 years
5. 二年以上，不满五年 2 years to less than 5 years
6. 五年以上 5 years or more

R7. 受教育程度
3 周岁及以上（2017 年 10 月 31 日以前出生）的人填报
Educational attainment
For persons aged 3 and over（Born before 31st Oct. 2017）
1. 未上过学 No schooling
2. 学前教育 Pre-primary education
3. 小学 Primary education
4. 初中 Junior secondary education
5. 高中 Senior secondary education
6. 大学专科 College
7. 大学本科 University
8. 硕士研究生 Master
9. 博士研究生 Doctor

R8. 身份或国籍
Citizenship
1. 香港特别行政区居民 Hong Kong SAR resident
2. 澳门特别行政区居民 Macao SAR resident
3. 台湾地区居民 Taiwan resident
4. 外国人 Foreigner：国籍 Country_______（结束）(End)

15 周岁及以上（2005 年 10 月 31 日以前出生）港澳台居民填报的项目
For persons aged 15 and over (Born before 31st Oct. 2005) from Hong Kong, Macao and Taiwan

R9. 工作情况
10 月 25—31 日是否为取得收入而工作了一小时以上
1．是
2．在职休假、在职学习培训、临时停工（保留工资）
3．未做任何工作→R12

R10．行业
1．农、林、牧、渔业

2．采矿业
3．制造业
4．电力、热力、燃气及水生产和供应业
5．建筑业
6．批发和零售业
7．交通运输、仓储和邮政业
8．住宿和餐饮业
9．信息传输、软件和信息技术服务业
10．金融业
11．房地产业
12．租赁和商务服务业
13．科学研究和技术服务业
14．水利、环境和公共设施管理业
15．居民服务、修理和其他服务业
16．教育
17．卫生和社会工作
18．文化、体育和娱乐业
19．公共管理、社会保障和社会组织
20．国际组织

R11．职业

1．党的机关、国家机关、群众团体和社会组织、企事业单位负责人
2．专业技术人员
3．办事人员和有关人员
4．社会生产服务和生活服务人员
5．农、林、牧、渔业生产及辅助人员
6．生产制造及有关人员
7．不便分类的其他从业人员

R12．婚姻状况

1．未婚
2．有配偶
3．离婚
4．丧偶

第七次全国人口普查死亡人口调查表

（2019 年 11 月 1 日至 2020 年 10 月 31 日死亡的人口登记）

经国务院批准进行第七次全国人口普查
人口普查的标准时点为 2020 年 11 月 1 日零时
人口普查的原始资料不向任何单位和个人提供，
仅供汇总使用
公民应履行如实申报普查项目的义务

表　　号：R 6 0 4 表
制定机关：国 家 统 计 局
　　　　　国务院人口普查办公室
批准文号：国发（2019）24 号
有效期至：2 0 2 1 年 3 月

地址：_____省（区、市）_____市（地、州、盟）_____县（市、区、旗）_____乡（镇、街道）_____普查区_____普查小区_____户编号

每个死亡人口都登记的项目

S1．姓名

____

S2．公民身份号码

□□□□□□□□□□□□□□□□□□

S3．性别

1．男
2．女

S4．出生年月

出生于：_______年_______月

S5．死亡时间

死亡于：_______月

S6．民族

_______族

死亡时满 3 周岁的人登记的项目

S7．受教育程度

1．未上过学
2．学前教育
3．小学
4．初中
5．高中
6．大学专科
7．大学本科

8．硕士研究生

9．博士研究生

死亡时满15周岁的人登记的项目

S8．婚姻状况

1．未婚

2．有配偶

3．离婚

4．丧偶

第三部分　普查表填写说明

一、普查表的种类

第七次全国人口普查表分为《第七次全国人口普查短表》《第七次全国人口普查长表》《第七次全国人口普查港澳台居民和外籍人员普查表》和《第七次全国人口普查死亡人口调查表》四种表。

二、标准时点

第七次全国人口普查的标准时点为2020年11月1日零时。

普查员在掌握普查标准时点时，应注意以下两点：

（一）2020年11月1日零时以后出生的人不登记；2020年11月1日零时以后死亡的人仍要在普查短表中登记。

（二）2020年11月1日零时以后居住地发生变化的人，仍在原居住地登记。

三、普查对象

普查对象是指普查标准时点在中华人民共和国境内的自然人以及在中华人民共和国境外但未定居的中国公民，不包括在中华人民共和国境内短期停留的境外人员。

（一）普查短表和普查长表的普查对象具体是指2020年10月31日晚住本普查小区的人，以及户口登记在本普查小区但2020年10月31日晚未住本普查小区的人。

1.2020年10月31日晚住本普查小区的人，无论其户口登记在何处。

2.户口登记在本普查小区，但2020年10月31日晚未住本普查小区的人，无论其外出时间长短、外出原因如何。

（二）港澳台居民和外籍人员普查表的普查对象具体是指2020年10月31日晚住本普查小区的港澳台居民和外籍人员。

（三）死亡人口调查表的登记对象具体是指2019年11月1日至2020年10月31日期间本普查小区的死亡人口。

四、登记原则

人口普查采用按现住地登记的原则，每个人必须在现住地进行登记。普查对象不在户口登记地居住的，户口登记地要登记相应信息。

人口普查以户为单位进行登记，户分为家庭户和集体户。集体户以一个住房单元为一户进行普查登记。

为便于理解登记对象，并考虑到普查中可能遇到的特殊情况，普查员在入户登记时可采取以下方式询问住户：

应在您家普查登记的人包括：

•2020年10月31日晚住在您家里的人。

•经常居住在您家，由于临时出差、探亲、旅游或值夜班等原因，2020年10月31日晚未住在您家的人（视为2020年10月31日晚住在您家）。

•幼儿园全托孩子，小学、初中住校生（视为2020年10月31日晚住在您家）。

•户口登记在现住房地址的其他人。

不包括：

•现役军人和武警。

•由于临时出差、探亲、旅游等原因，2020 年 10 月 31 日晚暂住在您家的人。

•2020 年 11 月 1 日零时以后出生的人。

五、普查项目

（一）普查短表

按户填报的项目有：户别、本户应登记人数、本户 2019 年 11 月 1 日至 2020 年 10 月 31 日期间的出生人口、本户 2019 年 11 月 1 日至 2020 年 10 月 31 日期间的死亡人口、住所类型、本户现住房建筑面积、本户现住房间数。

按人填报的项目有：姓名、与户主关系、公民身份号码、性别、出生年月、民族、普查时点（2020 年 11 月 1 日零时）居住地、户口登记地、离开户口登记地时间、离开户口登记地原因、受教育程度、是否识字。

（二）普查长表

按户填报的项目有：户别、本户应登记人数、本户 2019 年 11 月 1 日至 2020 年 10 月 31 日期间的出生人口、本户 2019 年 11 月 1 日至 2020 年 10 月 31 日期间的死亡人口、住所类型、本户现住房建筑面积、本户现住房间数、住房所在建筑的总层数、承重类型、住房建成年代、住房所在建筑有无电梯、主要炊事燃料、住房内有无管道自来水、住房内有无厨房、住房内有无厕所、住房内有无洗澡设施、住房来源、月租房费用、拥有全部家用汽车的总价。

按人填报的项目有：姓名、与户主关系、公民身份号码、性别、出生年月、民族、普查时点（2020 年 11 月 1 日零时）居住地、户口登记地、离开户口登记地时间、离开户口登记地原因、户口登记地类型、是否有农村土地承包经营权、出生地、五年前常住地、受教育程度、学业完成情况、是否识字、工作情况、经常工作单位或生产经营活动所属类型、行业、职业、未工作原因、主要生活来源、婚姻状况、初婚年月、生育子女数、过去一年（2019 年 11 月 1 日—2020 年 10 月 31 日）的生育状况、居住状况、身体健康状况。

（三）港澳台居民和外籍人员普查表

按户填报的项目有：户别、住所类型、本户现住房建筑面积、本户现住房间数。

按人填报的项目有：姓名、与户主关系、性别、出生年月、来内地（大陆）或来华目的、已在内地（大陆）或在华居住时间、受教育程度、身份或国籍、工作情况、行业、职业、婚姻状况。

（四）死亡人口调查表

填报的项目有：姓名、公民身份号码、性别、出生年月、死亡时间、民族、受教育程度、婚姻状况。

六、普查表的填写方法

（一）普查表以户为单位进行登记。普查短表、死亡人口调查表采用普查员入户询问、当场填报，或由普查对象通过互联网自主填报等方式进行。普查长表、港澳台居民和外籍人员普查表采用普查指导员和普查员入户询问、当场填报的登记方式。

（二）普查小区中的每一户有且只有一个户编号，为“001”开始的 3 位顺序码，在《户主姓名底册》编制完成后自动生成，普查表上的户编号与其一致，不可修改。

（三）普查表的填写顺序：先填写住户项目，再逐人填写个人项目。

普查员填写普查短表时，填写按人登记的项目时，表内第一人应填户主，然后依次填户主的配偶和其他关系的人。全户死亡的户，只填写“H4.本户 2019 年 11 月 1 日至 2020 年 10 月 31 日期间的死亡人口”，其他住户项目和个人项目均不再登记。

普查员填写普查长表时，与普查短表相同的项目直接代入短表信息，经向普查对象核实确认后，再填报其他项目。

（四）普查表每户最多可以填写 20 人。对于超过 20 人的大集体户，可酌情分成若干集体户填写。

（五）有标准选项的项目，根据实际情况选填，并且每个问题只能选择一个标准选项。民族、普查时点（2020 年 11 月 1 日零时）居住地、户口登记地、出生地、五年前常住地等项目可根据列表栏进行选择。没有标准选项的项目，用文字或阿拉伯数字据情填报。

（六）如果填写错误或发生逻辑关系异常，数据采集程序会给出审核提示。审核类型分为强制性审核和确认性审核，若为强制性审核错误，必须根据提示信息对错误项目进行修改；若为确认性审核提示，应根据提示信息对异常项目进行核实，确认无误后，继续进行填报。

（七）普查员每填完一户，应即刻进行审核，将通过审核的信息向申报人当面宣读，核对无误后，由申报人签字确认。

第四部分　指标解释

一、普查短表

（一）住户项目

H1.户别——按家庭户、集体户的类别填报。

1.家庭户：以家庭成员关系为主，居住一处共同生活的人口，作为一个家庭户。单身居住独自生活的，也作为一个家庭户。

2.集体户：相互之间没有家庭成员关系，集体居住共同生活的人口作为一个集体户。

H2.本户应登记人数——包括两个部分。一部分是 2020 年 10 月 31 日晚居住本户的人数，既包括户口在本户、2020 年 10 月 31 日晚居住本户的人数，也包括户口不在本户、2020 年 10 月 31 日晚居住本户的人数，填写 H2 的第一项；另一部分是户口在本户，2020 年 10 月 31 日晚未居住本户的人数，填写 H2 的第二项。

H3.本户 2019 年 11 月 1 日至 2020 年 10 月 31 日期间的出生人口——填写本户在 2019 年 11 月 1 日至 2020 年 10 月 31 日期间出生的人数。分别填写男、女的合计数。若本户在此期间没有出生人口，请填写“0”。

H4.本户 2019 年 11 月 1 日至 2020 年 10 月 31 日期间的死亡人口——填写本户在 2019 年 11 月 1 日至 2020 年 10 月 31 日期间死亡的人数。分别填写男、女的合计数。若本户在此期间没有死亡人口，请填写“0”。

填写 H3、H4 时应注意：

不要漏掉出生时有某种生命现象（如在胎儿脱离母体时，有呼吸或心跳，脐带搏动、随意肌收缩等）不久即死亡的婴儿，既要填写出生人数，也要填写死亡人数。

H5.住所类型——按居住的住所类型填报。

1.普通住宅：指人工建造的，有墙、顶、门、窗等结构，具有独立入口，专门供人居住的房屋或场所。如单元房、平房、四合院、独栋别墅、筒子楼、窑洞等传统意义上的住宅。

2.集体住所：指学生宿舍、职工宿舍、工棚、养老院、福利院、宗教场所等。

3.工作地住所：指居住在办公楼、发廊、商铺、餐馆等工作场所。

4.其他住房：指居住在上述场所以外的其他房屋或场所。

5.无住房：指本户没有住房，居无定所（如流动人口中那些睡在桥下、公园、车站或睡在运载货物、商品车辆上的人等）。

H6.本户现住房建筑面积——本户现住房的建筑面积以房屋所有权证（不动产权证）或租赁凭证上的相关信息为准。

若只知道使用面积的，可用使用面积乘以 1.33，换算成建筑面积。填写本项目时应注意：

1.在租借房屋居住的户，按租借住房的实际情况填写其住房建筑面积。

2.合住在同一所住房里的住户，其建筑面积为各户所独立使用的房间面积加上公共使用面积（包括厨房、厕所、门厅、阳台等）的分摊部分：两户合住的，各按二分之一计算；三户合住的，各按三分之一计算，依此类推。

3.建筑面积应填写整数，不为整数时四舍五入获得。

H7.本户现住房间数——指除厨房、厕所、过道和厅以外的所有自然间数（包括扩建的房间）。填写本项目时应注意：

1.在租借房屋居住的户，按租借住房的实际居住情况填写其住房间数。

2.合住同一所住房的，在填写住房间数时，填写其独立使用的房间数。

（二）个人项目

D1.姓名——填写被登记人的正式姓名。没有正式姓名的可填小名或某某氏，但不能填笔名、代号等。婴儿未起名的，可填“未取名”。

D2.与户主关系——指被登记人与本户户主的关系。申报人不是户主的，不要将被登记人与申报人的关系错填为与户主的关系。

0.户主：按家庭日常生活习惯确定户主。

1.配偶：指户主的妻子或丈夫。

2.子女：指户主的子女。

3.父母：指户主的父母或继父母、养父母。

4.岳父母或公婆：指户主配偶的父母或继父母、养父母。

5.祖父母：指户主或配偶的祖父母、外祖父母、曾祖父母、外曾祖父母。

6.媳婿：指户主子女的配偶。

7.孙子女：指户主的孙子女、外孙子女、孙媳婿、外孙媳婿、重孙子女、重孙媳婿、重外孙子女、重外孙媳婿。

8.兄弟姐妹：指户主及其配偶的兄弟姐妹以及他们的配偶。

9.其他：指以上九种人以外的成员。

在登记家庭户时，户主应登记为第一人，选填“0.户主”。如果户主的配偶也在本户登记，应登记为第二人，选填“1.配偶”，然后再登记该户的其他成员；如果户主没有配偶，或户主配偶不在本户登记，第二人登记本户其他成员。

在登记集体户时，任选一人登记为户主，选填“0.户主”，本户其他成员与户主关系一律登记为其他，选填“9.其他”。

D3.公民身份号码——指18位公民身份号码。无公民身份号码的填写18位0。

D4.性别——指被登记人的性别。

D5.出生年月——指被登记人的出生年、月。

出生年月按公历填写，只知道农历的，要换算成公历。按照一般的规律，农历的月份与公历的月份相差一个月左右，换算时农历的月份加1即可作为公历的月份，但要注意农历的12月应当是公历下一年的1月。

D6.民族——指被登记人的民族。

外国人加入中国籍，其民族和我国的某一民族相同的，就选填某一民族；没有相同民族的，按外国人加入中国籍填写，选填“入籍”。

D7.普查时点（2020年11月1日零时）居住地——指被登记人在普查标准时点居住的地址。

1.本普查小区：指普查时点居住在本普查小区的人。如果本户在本普查小区拥有一套以上的住房，可确定其中一处进行登记。

2.本村（居）委会其他普查小区：指户口登记地在本普查小区，普查时点居住在本村（居）委会其他普查小区的人。

3.本乡（镇、街道）其他村（居）委会：指户口登记地在本普查小区，普查时点居住在本乡（镇、街道）其他村（居）委会的人。

4.本县（市、区、旗）其他乡（镇、街道）：指户口登记地在本普查小区，普查时点居住在本县（市、区、旗）的其他乡（镇、街道）的人。

5.其他县（市、区、旗）：指户口登记地在本普查小区，普查时点居住在本县（市、区、旗）以外地区的人。填报本选项的人还需选填普查时点居住地所在省（区、市）、市（地、州、盟）、县（市、区、旗）

的具体名称。

6.香港特别行政区、澳门特别行政区、台湾地区：指户口登记地在本户，普查时点居住在香港特别行政区、澳门特别行政区、台湾地区的人。

7.国外：指户口登记地在本户，普查时点居住在国外的人。

D8.户口登记地——指被登记人的居民户口簿上的地址。

1.本村（居）委会：指户口登记地在本村（居）委会的人。

2.本乡（镇、街道）其他村（居）委会：指普查时点居住本普查小区，户口登记地在本乡（镇、街道）其他村（居）委会的人。

3.本县（市、区、旗）其他乡（镇、街道）：指普查时点居住本普查小区，户口登记地在本县（市、区、旗）的其他乡（镇、街道）的人。

4.其他县（市、区、旗）：指普查时点居住本普查小区，户口登记地在本县（市、区、旗）以外地区的人。填报本选项的人还需填写户口登记地所在省（区、市）、市（地、州、盟）、县（市、区、旗）的具体名称。

5.户口待定：指普查时点居住本普查小区，在任何地方都没有登记户口的人。包括手持户口迁移证、出生证、退伍证等情况。

D9.离开户口登记地时间——指到普查标准时点为止，被登记人离开户口登记地（居住地与户口登记地不一致）的时间。

没有离开户口登记地是指户口登记地在本村（居）委会，普查标准时点居住在本普查小区或本村（居）委会其他普查小区。

若常年外出的人由于农忙、节假日等原因偶尔回家的，或回家后因疫情原因推迟外出的，还应该从第一次离开户口登记地的时间开始计算。

D10.离开户口登记地原因——指被登记人离开户口登记地（居住地与户口登记地不一致）的原因。

0.工作就业：指十五周岁及以上因务工经商、工作招聘、调动等原因离开户口登记地的人。

1.学习培训：指六周岁及以上因考入各级各类学校或参加各种学习班、培训班而离开户口登记地的人。

2.随同离开/投亲靠友：指因跟随亲属、投亲靠友而离开户口登记地的人。

3.拆迁/搬家：指因房屋拆迁、改造或者搬家而离开户口登记地的人。

4.寄挂户口：指户口落在集体户或没有在户口登记地居住过、只落户口的人。

5.婚姻嫁娶：指十五周岁及以上因结婚而离开户口登记地的人。

6.照料孙子女：指为照料孙子女而离开户口登记地的人。

7.为子女就学：指为子女就学而离开户口登记地的人。

8.养老/康养：指因旅游（度假）养老/康养、候鸟式养老/康养、回籍贯地养老/康养、居住在养老院而离开户口登记地的人，不包括跟随子女养老。

9.其他：指上述几种以外的原因。

凡具有两种以上原因的，按其主要的原因选填一个标准选项。

D11.受教育程度——指按照国家教育体制，被登记人接受教育的情况。通过自学或成人学历教育经国家统一考试合格的，分别归入相应的受教育程度。

1.未上过学：指从未接受过各级各类学校教育。包括参加过各种扫盲班或成人识字班学习，且以后再没有接受过各级各类学校教育的人。

2.学前教育：指仅接受过或正在接受专门学前教育机构教育，即在幼儿园或附设幼儿班接受保育和教育。

3.小学：指接受的最高一级教育为小学，无论其是否在校、毕业、肄业或辍学。

4.初中：指接受的最高一级教育为初中，无论其是否在校、毕业、肄业或辍学。

5.高中：指接受的最高一级教育为普通高中、成人高中和中等职业学校，无论其是否在校、毕业、肄业或辍学。

6.大学专科：指接受的最高一级教育为大学专科。在普通高等学校学习大学专科的，无论其是否在校、毕业、肄业或辍学，都填报此项。

凡国家授权承认学历的开放大学、广播电视大学、职工大学等成人高校和普通高等学校举办的函授大学、夜大学和其他形式的大学，按教育部颁布的大学专科教学大纲进行授课的，其毕业生选填此项；其肄业生、在校生按原有受教育程度填报。含成人专科和网络专科。

通过自学，经国家统一举办的自学考试合格，并取得大学专科毕业证书的，也选填此项。

7.大学本科：指接受的最高一级教育为大学本科。在普通高等学校学习大学本科的，无论其是否在校、毕业、肄业或辍学，都填报此项。

凡国家授权承认学历的开放大学、广播电视大学、职工大学等成人高校和普通高等学校举办的函授大学、夜大学和其他形式的大学，按教育部颁布的大学本科教学大纲进行授课的，其毕业生选填此项；其肄业生、在校生按原有受教育程度填报。含成人本科和网络本科。

通过自学和进修大学课程，经考试合格，并取得大学本科毕业证书的，也选填此项。

8.硕士研究生：指接受的最高一级教育为硕士研究生，无论其是否在校、毕业、肄业或辍学。含 2016 年 12 月 1 日以后录取的非全日制硕士研究生。

在职接受硕士研究生教育的，其毕业生选填此项；肄业生和在校生按原有受教育程度填报。

9.博士研究生：指接受的最高一级教育为博士研究生，无论其是否在校、毕业、肄业或辍学。含 2016 年 12 月 1 日以后录取的非全日制博士研究生。

在职接受博士研究生教育的，其毕业生选填此项；肄业生和在校生按原有受教育程度填报。

凡是没有按教育部的教学大纲培养或只学单科的人，不能填报“大学专科”“大学本科”“硕士研究生”或“博士研究生”，一律按原有受教育程度填报。

D12.是否识字：指被登记人是否达到国家规定的脱盲标准（城镇居民和企、事业单位职工识字 2000 个，农村居民识字 1500 个）。登记时可询问，日常生活中是否能读懂简单的书信或书写简短的句子。如果能阅读通俗书报、能写便条就认为具有识字能力。

二、普查长表

（一）住户项目

H1.户别——与短表 H1 相同。

H2.本户应登记人数——与短表 H2 相同。

H3.本户 2019 年 11 月 1 日至 2020 年 10 月 31 日期间的出生人口——与短表 H3 相同。

H4.本户 2019 年 11 月 1 日至 2020 年 10 月 31 日期间的死亡人口——与短表 H4 相同。

H5.住所类型——与短表 H5 相同。

H6.本户现住房建筑面积——与短表 H6 相同。

H7.本户现住房间数——与短表 H7 相同。

H8.住房所在建筑的总层数——层数是指建筑物的自然层数，一般按室内地坪以上计算。

采光窗在室外地坪以上的半地下室，其室内层高在 2.20m 以上（不含 2.20m）的，计算自然层数；假层、附层（夹层）、插层、阁楼（暗楼）、装饰性塔楼，以及突出屋面的楼梯间、水箱间不计层数。

其中，平房是指只有一层的房子。

H9.承重类型——指在房屋建筑中，由各种构件（屋架、梁、板、柱等）组成的能够承受各种作用的体系。

1.钢及钢筋混凝土结构：指承重的主要构件是用钢及钢筋混凝土建造的。它包括“钢结构”“钢、钢筋混凝土”和“钢筋混凝土”三种结构类型。

钢结构：承重的主要构件是钢材料建成的，包括悬索结构。

钢、钢筋混凝土结构：承重的主要构件是用钢、钢筋混凝土建造的。如一幢房屋一部分梁柱采用钢、钢筋混凝土构架建成。

钢筋混凝土结构：承重的主要构件是用钢筋混凝土建造的。包括薄壳结构、大模板现浇结构及使用滑模、升板等建造的钢筋混凝土结构的建筑物。

2.混合结构：指承重的主要构件是用钢筋混凝土和砖木建造的。如一幢房屋的梁是用钢筋混凝土制成，以砖墙为承重墙，或者梁是用木材建造，柱是用钢筋混凝土建造。

3.砖木结构：指承重的主要构件是用砖、木材建造的。如一幢房屋是木制房架、砖墙、木柱建成的。

4.竹草土坯结构：指承重的主要构件是用竹、草、土坯等建造的。如竹楼、土窑洞等。

5.其他结构：指不属于上述类型的结构。

H10.住房建成年代——指本户住房所属建筑物的建成年份。

本户住房所属建筑物翻修过的，按翻修时的年份选填。经过改建的，如改建面积大于原面积的，按改建时的年份选填；如改建面积小于原面积的，按原建成年份选填。

H11.住房所在建筑有无电梯——指本户住房所属建筑物内部、外部是否安装电梯。

H12.主要炊事燃料——指本户用于炊事的主要燃料。

如果本户用于炊事的燃料有两种以上，选填主要的一种。

H13.住房内有无管道自来水——指本户住房内是否有经过公用设施净化处理的管道输送水。

在院子里自己打的机井不能算作有自来水。

H14.住房内有无厨房——指本户住房内是否有专供做饭使用的房间，无论是否装有上下水道及固定灶具。

在公用过道、客堂等处烧饭的和在庭院、路边搭建的、临时简陋设施中做饭的都不算有厨房。

H15.住房内有无厕所——指本户住房内是否有厕所。

1.水冲式卫生厕所：指有上下水系统，或厕间有备水桶（瓢冲），坐便或蹲便器有水封或无水封的厕所，且粪便及污水冲入到下水道、化粪池和厕坑，无蝇，不会造成环境污染。

2.水冲式非卫生厕所：指虽然是水冲式厕所，但是粪便被冲到开放的水渠、沟塘等开放水体或者不确定冲到何处，会污染环境。

3.卫生旱厕：指有固定盖板的厕所，粪便基本无暴露，保持无蝇。比如通风改良厕所、堆肥厕所、双坑交替厕所、粪尿分集厕所、阁楼厕所、深坑防冻厕所等。

4.普通旱厕：包括无盖板的敞开式旱厕，有或无防渗处理。通常粪便暴露、有蛆蝇。

5.无：指没有厕所。

H16.住房内有无洗澡设施——指住房内是否有固定浴缸（浴盆）或淋浴龙头等能使用的洗浴设施。

1.统一供热水：指本户洗浴用热水由社区、物业管理部门或其他公共设施统一供应。

2.家庭自装热水器：指本户洗浴用热水是由自己安装的各种热水器，如电热水器、燃气（罐装、管道）热水器等。

3.其他：指上述两种以外的洗浴设施。

4.无：指住房内没有洗浴设施。

H17.住房来源——指本户获取现住房的方式。

1.租赁廉租房/公租房：指向政府相关部门申请并租住廉租房、公租房。

2.租赁其他住房：指通过私人、单位或房屋中介等渠道租住住房。

3.购买新建商品房：指按市场价购买的新建商品房。

4.购买二手房：指购买那些进入房屋市场进行交易，第二次及以上进行产权登记的住房，包括二手商品房、允许上市交易的已售公房、经济适用房等。

5.购买原公有住房：指个人以成本价或优惠价购买的、原作为福利分配给本单位职工的住房。

6.购买经济适用房/两限房：指向政府相关部门申请并购买经济适用房、两限房。

7.自建住房：指个人建造的住房，其产权属于个人所有。

8.继承或赠予：指从亲属处继承而来或者受他人赠予而获取住房。

9.其他：指上述几种住房来源以外的情况。

H18.月租房费用——指最近用于交纳房租的单月金额，不包括水电费、物业费、取暖费等附加费用。月租房费用不为整数时，按四舍五入计算。

若多人合租作一户登记时，则需将每人月租费加总计算。

H19.拥有全部家用汽车的总价——是指住户拥有的全部供家庭生活使用的汽车价格之和。

汽车价格按汽车实际购买价格（含税）的方式计算。

若住户有多辆家用汽车，则按全部家用汽车的价格总和选填。

（二）个人项目

C1.姓名——与短表 D1 相同。

C2.与户主关系——与短表 D2 相同。

C3.公民身份号码——与短表 D3 相同。

C4.性别——与短表 D4 相同。

C5.出生年月——与短表 D5 相同。

C6.民族——与短表 D6 相同。

C7.普查时点（2020 年 11 月 1 日零时）居住地——与短表 D7 相同。

C8.户口登记地　　与短表 D8 相同。

C9.离开户口登记地时间——与短表 D9 相同。

C10.离开户口登记地原因——与短表 D10 相同。

C11.户口登记地类型——指离开户口登记地（居住地与户口登记地不一致）时的户口登记地类型。

若离开时户口登记地的类型是“乡”，而现在已改成“镇”，应选填“1.乡”，不要填报“2.镇的村委会”或“3.镇的居委会”。

C12.是否有农村土地承包经营权——指被登记人户口所在的户是否有农村土地承包经营权。

户口所在的户应以被登记人的户口簿为准。拥有农村土地承包经营权是指被登记人户口登记地在农村地区或以前的农村地区，目前户口所在的户与集体经济组织签订了农村土地承包合同。

拥有农村土地承包经营权的户，目前可能实际经营承包地，也可能因各种原因不再经营承包地，包括以转包、出租、入股、托管等方式流转所承包土地经营权。

C13.出生地——指被登记人的出生地点。

1.本县（市、区、旗）：指出生在本县、县级市、区、旗。

2.本省其他县（市、区、旗）：指出生在本省的其他县、县级市、区、旗。

3.省外：指出生在本省（区、市）以外其他地区，并选填出生地所在省（区、市）的名称。在港、澳、台或国外出生的，根据实际情况选填　“香港特别行政区”“澳门特别行政区”“台湾地区”或“国外”。

C14.五年前常住地——指被登记人在普查标准时点的五年前，即 2015 年 11 月 1 日零时的常住地。

五年前居住在本县（市、区、旗）以外其他地区的人，还需选填五年前常住地的地址。

五年前居住在港、澳、台或国外的，根据实际情况选填“香港特别行政区”“澳门特别行政区”“台湾地区”或“国外”。

C15.受教育程度——与短表 D11 项相同。

C16.学业完成情况——指受教育程度为小学及以上的人完成学业的情况。

1.在校：正在接受各级各类学校教育并有学籍。

2.毕业：已修完全部课程，并经过考试鉴定合格。

3.肄业：修完全部课程，但考试不及格或因种种原因未取得毕业资格。

4.辍学：未能修完所规定的全部课程，中途退学。

5.其他：私塾、自学等其他方式。

C17.是否识字——与短表 D12 项相同。

C18.工作情况——指被登记人在 10 月 25—31 日期间，即普查标准时点前一周，是否为取得收入而工作了 1 小时以上，包括临时工、互联网灵活就业、家庭经营无酬帮工。

工作是指为获取工资、实物报酬或经营收入而从事的各种生产、经营或服务性活动，其目的是为了取得收入，无论实际是否取得。不包括义务劳动和公益性劳动。

1.是：指在 10 月 25—31 日期间，为取得收入而干过固定的、临时的或兼职的工作，并且工作时间超过 1 小时。在校学生利用课余或假期以及退休人员为取得收入而从事了工作，也选填此项。

家庭成员在自家或亲属经营的公司、企业、商铺或网店工作，即使本人没有劳动报酬，也选填此项。

选填“1.是”的人，还需填写工作时间。工作时间按在 10 月 25—31 日期间实际的工作时间填写，而不是按国家或企业规定的制度工作时间填写。

计算工作时间，要注意把握以下几种情况：

（1）从事一种以上有收入工作的，几项工作时间相加计算。

（2）在规定的工作时间以外加班工作的，加班时间一并计算在内。

（3）农村既干家务又从事农业或其他有收入工作的人，家务劳动时间除外。

2.在职休假、在职学习培训、临时停工（保留工资）：

在职休假是指在 10 月 25—31 日期间，因各种休假或请假临时未工作，包括公休假、年休假、空勤人员、船员、火车乘务人员的轮休假、病假、工伤假、产假、事假、探亲假、婚丧假等。个人档案、人事关系已在某单位，但因各种原因尚未到新单位报到上班，如军人转业或工作调动等，也视为休假。

在职学习培训是指有工作单位，在 10 月 25—31 日期间参加脱产学习或培训。

临时停工（保留工资）是指在 10 月 25—31 日期间，由于机械或电力故障、原料或燃料短缺、天气或其他灾害等原因导致的暂时未工作，但仍可以有工资收入。

打零工、计件工等临时就业或灵活就业的人，因为上述原因停工并且没有收入，不填此项，应填“3.未做任何工作”。

3.未做任何工作：指在 10 月 25—31 日期间，没有工作单位，也未从事过任何可以有收入的工作。

对于下岗、内退人员，如果未与原单位解除劳动合同，仍有工资性收入的，选填“2.在职休假、在职学习培训、临时停工”；如果没有工资性收入，选填“3.未做任何工作”。对于承包土地的农民，在 10 月 25—31 日期间，如果干农活或其他有收入的工作超过 1 小时，选填“1.是”；如果外出打工，未从事任何工作，选填“3.未做任何工作”；如果正处于农业生产季节，没有外出打工，期间临时没有干农活，选填“2.在职休假、在职学习培训、临时停工”。

对于从事季节性生产经营的人，如果生产经营仍在进行中，只是在 10 月 25—31 日期间没有工作，选填“2.在职休假、在职学习培训、临时停工”；如果正处于季节性歇业，选填“3.未做任何工作”。

C19.工作单位或生产经营活动所属类型——指普查标准时点前一周的主要工作单位或生产经营活动类型。

1.企业、事业、机关或社会团体等法人单位：法人单位指依法成立，有自己的名称、组织机构和场所，能够独立承担民事责任，独立拥有和使用（或授权使用）资产承担负债，有权与其他单位签订合同，会计上独立核算，能够编制资产负债表的单位。包括企业、事业、机关、社会团体、民办非企业单位、基金会、居委会、村委会、农民专业合作社、农村集体经济组织和其他组织机构。

2.个体经营户：指资产归个人所有，以个体劳动为基础，劳动成果归劳动者个人占有和支配的一种经济组织。既包括在各级工商行政管理机关登记注册、领取《营业执照》的个体工商户，也包括没有领取《营业执照》，但实际从事个体经营活动的人。

3.经营农村家庭承包地（家庭农林牧渔生产经营活动）：指在自家承包的耕地、林地、草地、池塘以及其他合法用于农业的土地上，从事农林牧渔业生产经营活动，也包括家庭在转包和租用他人农业用地上从事农林牧渔业生产经营活动，所从事的农业生产活动以自营劳动为主，不雇佣长期雇工，但可能雇佣临时短工。

农业生产季节在承包土地上从事农业生产，但上周未做任何工作的人，也选填此项。

普查标准时点前一周未在自家承包土地上工作而从事其他生产经营活动的人，或外出务工经商的人不填此项，选填上周实际工作单位或生产经营活动。

4.自由职业/灵活就业：指除个体经营户以外的自雇就业或自主型的个体就业。包括律师、自由撰稿人、歌手、模特等自主就业人员，也包括家庭自雇家政服务、街头小贩、其他类型打零工的临时就业人员，还包括依赖平台承接工作任务、不隶属于任何雇主的劳动者。

C20.行业——指普查标准时点前一周主要工作所在单位的生产经营活动。如果前一周从事两项不同工作，按工作时间长短确定主要工作；如果工作时间相同，再按报酬高低确定主要工作。

行业是按照经济活动的同一性进行分类的，不是按其所属的行政管理系统来分的。产业活动单位是划分行业的分类标准。产业活动单位是指：（1）具有一个场所、从事一种或主要从事一种经济活动；（2）单独组织生产、经营或业务活动；（3）掌握收入和支出的会计核算资料。

填写行业时要注意以下情况：

有工作单位的，既要填写单位名称，也要填写单位的主要产品或从事的主要业务。单位名称要具体到分厂、分公司或营业部，即产业活动单位，不能笼统地只填写总厂名称。最重要的是单位的主要产品或主要业务要详细填写，要用动宾词组表达，如“生产服装”或“销售服装”，不能简写为“服装”。保密单位，填写其公开使用的名称和公开的主要产品或主要业务。

没有工作单位的，只填写主要产品或主要业务，如“送外卖”“当滴滴司机”。务农人员不能笼统地填写“农业”，要根据其具体的农业生产活动或农户具体从事的主要业务填写。如“种粮食”“养猪”等。

C21.职业——指普查标准时点前一周主要工作具体是干什么。如果前一周从事两项不同工作，按工作时间长短确定主要工作；如果工作时间相同，再按报酬高低确定主要工作。

职业分类是以工作性质的同一性为基本原则。所谓“同一性”，是指不论其所在工作单位是什么经济类型，不论用工形式是固定工还是临时工，也不论其隶属于哪个行业，凡是从事同一性质工作的人都划分为同 类。

填写职业时应注意以下情况：

填写职业要具体、详细。不能笼统地写“工人”“农民”“公务员”“工程师”等，而应具体填写其实际工作种类，如“铸轧工”“捕鱼”“统计人员”“通信工程技术员”等。具有专业技术职称的行政领导人员，应按行政领导职务填写其职业；同时担任两个以上职务的领导干部，应按主要职务填写其职业。工种尚未确定，暂时又无具体工作岗位的，要填写“工种未定”。

C22.未工作原因——指被登记人在普查标准时点前一周没有工作的主要原因。

1.在校学习：指在各级各类学校学习，并有正式学籍的人员。不包括有工作单位，脱产学习的人员。

2.离退休：指已办理离休、退休手续，定期领取离退休生活费，且未从事任何有收入劳动的人。

3.料理家务：指主要在自己家里从事家务劳动，且没有劳动收入的人。离、退休人员从事家务劳动的，选填“2.离退休”。为自家经营的摊位、商店、门市部、工厂工作的人，农村中既料理家务又务农或从事家庭副业的人，在别人家干家务活的临时工或小时工，均属于有工作的人，不选填此项。

4.丧失工作能力：指经专门机构鉴定或虽未鉴定但本人或其法定监护人认为，其因生理或心理疾患已丧失了从事劳动的能力。包括年老体弱生活不能自理的人员，但不包括离休、退休人员，这些人不论是身体残疾还是年老体弱生活不能自理，均选填“2.离退休”。

5.其他：指上述几种以外的原因。

C23.主要生活来源——指被登记人主要依靠什么生活。

如果被登记人同时有几种生活来源，选填其认为最主要的一项。

1.劳动收入：指主要依靠劳动报酬、经营利润或家庭收益（包括现金和实物收入）生活。

2.离退休金/养老金：指办理了离休、退休或退职手续，主要依靠从原工作单位或社会保险经办机构领取的离退休金（包括退职费）生活。

3.最低生活保障金：指建立最低生活保障制度的地区，家庭人均收入低于当地规定的最低生活保障线，主要依靠从政府有关部门或集体领取最低生活保障金生活，以及依靠民政部门发放的烈军属、五保户、残疾人等的生活抚恤金生活。

4.失业保险金：指失业保险经办机构依法支付给符合条件的失业人员的基本生活费用，是对失业人员在失业期间失去工资收入的一种临时补偿。

5.财产性收入：指以资金储蓄、借贷入股以及财产运营、房屋租赁等所取得的利息、股息、红利、租金等收入。

6.家庭其他成员供养：指主要依靠家庭其他成员或亲属的供养和资助生活。

7.其他：指上述几种以外的情况。

C24.婚姻状况——指被登记人在普查标准时点的实际婚姻状况。

1.未婚：指从未结过婚。

2.有配偶：指有配偶，处于婚姻中。

3.离婚：指曾经结过婚，但已办理了离婚手续且没有再婚，或正在办理离婚手续。

4.丧偶：指配偶已去世，且没有再婚。

人口普查的婚姻是指事实婚姻，不是单指法律意义上的婚姻，对不到法定结婚年龄，或未办理结婚手续而同居、实际结婚的人，应根据其在普查标准时点的实际情况，按照被登记人的申报选填。

C25.初婚年月——指被登记人第一次结婚时的年、月。

C26.生育子女数——指截止到普查标准时点，15至64周岁妇女的生育状况。

1.未生育：指被登记妇女没有生育过子女。

2.有生育：指被登记妇女生育过子女，需分别填写生过和存活的子女数。

生过几个孩子：指生育的活产男孩和女孩数，包括产后不久就死亡的婴儿。胎儿脱离母体时（不管孕期长短），凡有过呼吸或心跳、脐带搏动、随意肌收缩等生命现象的，都视为“活产”。这里所说的“子女”是指该妇女的亲生子女，不包括丈夫前妻的子女和领养的子女，但鉴于有些家庭不愿公开领养关系，可尊重申报人的意愿，按亲生子女填报。

其中现在存活几个孩子：指活产子女中，仍然存活的男孩和女孩数，无论是否与父母一起居住。在普查标准时点前已死亡的孩子不包括在内。无存活子女的填写“0”。

C27.过去一年（2019年11月1日—2020年10月31日）的生育状况——指普查标准时点前12个月内，15至50周岁被登记妇女的生育状况。

1.一年内未生育：指过去一年内没有生育过子女。

2.一年内有生育：指过去一年内生育过子女，需选填生育时间和孩子性别。

一年内生育两个以上孩子的，包括两次生育或生育多胞胎，还需填报第二个孩子的状况，第三个或以上的孩子不用填报。

C28.居住状况——指普查标准时点前一个月，60周岁及以上被登记人的主要居住状况。

1.与配偶和子女同住：指与配偶和子女住在一起。

2.与配偶同住：指子女不在身边，与配偶住在一起。

3.与子女同住：指配偶不在身边，与子女住在一起。

4.独居（有保姆）：指本户中只有老人和保姆。

5.独居（无保姆）：指独身一人居住。

6.养老机构：指在提供养老服务的场所，包括敬老院、老年公寓等居住的情况。凡在养老机构居住的老年人，不论与谁同住。

7.其他：指上述几种以外的状况。

C29.身体健康状况——指60周岁及以上被登记人根据自身健康状况，对普查标准时点前一个月能否保证正常生活做出的自我判断。

1.健康：指过去一个月健康状况良好，完全可以保证日常的生活。

2.基本健康：指过去一个月健康状况一般，可以保证日常的生活。

3.不健康，但生活能自理：指普查标准时点前一个月健康状况不是太好，但可以基本保证正常的生活。

4.不健康，生活不能自理：指普查标准时点前一个月健康状况较差，不能照顾自己日常的生活起居，如吃饭、穿衣、自行走动等。

三、港澳台居民和外籍人员普查表

（一）住户项目

F1.户别——与短表H1相同。

F2.住所类型——与短表H5相同。

F3.本户现住房建筑面积——与短表H6相同。

F4.本户现住房间数——与短表H7相同。

（二）个人项目

R1.姓名——填写被登记人的正式姓名。婴儿未起名的，可填“未取名”。外籍人员的姓名最好用中文填写，也可以用其它文字填写。

R2.与户主关系——与短表D2相同。

R3.性别——与短表D4相同。

R4.出生年月——与短表D5相同。

R5.来内地（大陆）或来华目的——指被登记人来中华人民共和国境内居住的原因。

1.商务：指进行各种商务活动的人。

2.就业：指已有工作或正在寻找工作的人。

3.学习：指已经或准备在各类学校学习的人。

4.定居：指在中华人民共和国境内定居但没有工作或上学的人。包括在中华人民共和国境内工作人士的家属。

5.探亲：指探望亲戚或朋友的人。

6.其他：指上述以外的其他原因。

R6.已在内地（大陆）或在华居住时间——指到普查标准时点为止，被登记人在中华人民共和国境内居住的时间。

R7.受教育程度——指被登记人接受教育情况。按照被登记人的申报选填。

R8.身份或国籍——指被登记人是香港特别行政区居民、澳门特别行政区居民还是台湾地区居民。如果是外国人，还应填写国籍。

R9.工作情况——参照长表C18。

R10.行业——指被登记人的工作单位主要生产的产品或提供的服务类别，参照《国民经济行业分类（GB/T4754—2017)》，按标准选项据情选填。

R11.职业——指被登记人所从事的工作类别，按标准选项据情选填。